Albrecht Greule
Deutsches Gewässernamenbuch

Albrecht Greule

Deutsches Gewässernamenbuch

Etymologie der Gewässernamen
und der dazugehörigen Gebiets-,
Siedlungs- und Flurnamen

Unter Mitarbeit von
Sabine Hackl-Rößler

De Gruyter

ISBN 978-3-11-057891-1
e-ISBN 978-3-11-033859-1

Bibliografische Information der Deutschen Nationalbibliothek

Die Deutsche Nationalbibliothek verzeichnet diese Publikation in der Deutschen
Nationalbibliografie; detaillierte bibliografische Daten sind im Internet
über http://dnb.dnb.de abrufbar.

Library of Congress Cataloging-in-Publication Data

CIP catalog record for this book has been applied for at the Library of Congress.

© 2014 Walter de Gruyter GmbH & Co. KG, Berlin/Boston

Dieser Band ist text- und seitenidentisch mit der 2014 erschienenen gebundenen Ausgabe.

Satz: Dörlemann Satz GmbH & Co. KG, Lemförde
Druck und buchbinderische Verarbeitung: Hubert & Co. GmbH & Co. KG
∞ Gedruckt auf säurefreiem Papier

Printed in Germany

www.degruyter.com

Vorwort und Dank

Die Abfassung des „Deutschen Gewässernamenbuchs" entspricht der Forderung nach einer zusammenfassenden Darstellung der Ergebnisse der auf die deutschsprachige Hydronymie bezogenen Forschungen. Der wichtigste Impuls auf die neuere Gewässernamenforschung ging von dem Indogermanisten Hans Krahe aus; er gründete 1960 das Archiv für die Gewässernamen Deutschlands und Europas an der Akademie der Wissenschaften und der Literatur in Mainz. Bis 2006 sind aus diesem Projekt unter dem Titel „Hydronymia Germaniae" 18 Faszikel, zwei Indices-Bände und ein Supplementband hervorgegangen und im Druck erschienen. Das Fehlen von etymologischen Hinweisen zu den darin verzeichneten Namen ist vielfach bedauert worden; der zur „Hydronymia Germaniae" ursprünglich von Hans Krahe erdachte Etymologie-Band ist 2004 von Wolfgang Paul Schmid angemahnt worden.

Dank der Initiative des Verlags Walter de Gruyter, ein Wörterbuch unter dem Titel Deutsches *Gewässernamenbuch* (DGNB) als Parallele zu dem Deutschen Ortsnamenbuch (DONB) zu initiieren und in sein Verlagsprogramm aufzunehmen, konnte das Projekt eines etymologischen Gewässernamenbuchs, das auch den Laien die Ergebnisse der modernen Forschung erschließt, in die Tat umgesetzt werden. Das so projektierte DGNB entstand in den Jahren 2006-2012 an der Universität Regensburg.

Obwohl das DGNB nicht als Gemeinschaftswerk entstehen, sondern von nur einem Autor verfasst werden sollte, wäre sein Zustandekommen ohne die freundlichen Auskünfte und fachlichen Ratschläge vieler Kolleginnen und Kollegen nicht möglich gewesen. Ich erwähne ihre Namen mit Respekt und Dankbarkeit: Ulf Beier (Weißenburg), Sabina Buchner (Regensburg), Friedhelm Debus (Kiel), Josef Egginger (Winhöring), Wolfgang Janka (München), Stefan Hackl (Tacherting), Wolfgang Haubrichs (Saarbrücken), Isolde Hausner (Wien), Karlheinz Hengst (Chemnitz), Christopher Kolbeck (Regensburg), Rolf-Max Kully (Solothurn), Wulf Müller (Boudry), Michael Prinz (Zürich), Wolf-Armin von Reitzenstein (München), Theodor Ruf (Aschaffenburg), Günter Schneeberger+ (München), Heinrich Tiefenbach (Regensburg), Rainer Vogel (München).

Dankbar bin ich dem Verlag De Gruyter (Berlin), der sechs Jahre auf das digitale Manuskript warten musste, für die verständnisvoll aufgebrachte Geduld und die Professionalität mit der Daniel Gietz, Andreas Vollmer und ihre Mitarbeiter den schwierigen Text zum Druck gebracht haben.

Viele Inkonsequenzen und Tippfehler sind noch vor dem Druck durch die beständige Aufmerksamkeit von Sabine Hackl-Rößler beseitigt worden; ihrer Assistenz verdanken das Buch, wie es vorliegt, und besonders sein Autor sehr viel.

Regensburg, im Juni 2013

Albrecht Greule

Inhalt

Vorwort und Dank V

1. Gewässernamen. Einleitung 1
   1.1. Definition 1
   1.2. Bildung der Gewässernamen 1
   1.3. Benennungsmotive 3
   1.4. Historische Schichtung der Gewässernamen 4
   1.5. Gewässernamenforschung 5
2. Einrichtung des Deutschen Gewässernamenbuchs (DGNB) 7
   2.1. Entstehungsgeschichte 7
   2.2. Konzeption des DGNB 8
   2.3. Aufbau der Namenartikel 9
   2.4. Bemerkungen zu den Artikelteilen 10
   2.5. Fachterminologie 11
3. Alphabete, Zeichen und Abkürzungen 13
   3.1. Alphabete 13
   3.2. Diakritische Zeichen und besondere Lautzeichen 13
   3.3. Nicht-phonetische Zeichen 15
   3.4. Abkürzungen 15

Namenbuch 19

Abgekürzt zitierte Literatur 621

1. Gewässernamen. Einleitung

1.1 Definition

Ein Gewässername (Hydronym) ist ein sprachliches Zeichen, mit dem sich die Sprachbenutzer auf eine bestimmte, geographisch bedeutende Wasseransammlung (*Gewässer*) beziehen können. Im appellativischen Wortschatz der deutschen Sprache wird das entsprechende Wortfeld der Gewässerbezeichnungen nach stehendem und fließendem Wasser, nach der Größe des Gewässers und seiner natürlichen bzw. künstlichen Entstehung untergliedert in die Wörter *Strom, Fluss, Bach, Graben, Kanal, See, Teich, Weiher*. Die Namen der fließenden Gewässer fasst man als Flussnamen, die der stehenden als Seenamen zusammen, ohne dass mit diesen Termini etwas über die Größe des benannten Gewässers ausgesagt werden soll. Die Gesamtheit der Gewässernamen/Hydronyme eines bestimmten Gebiets oder einer bestimmten Zeit wird Hydronymie genannt.

Die Gewässernamen gehören zur Klasse der geographischen Namen (Geonyme), zu denen einerseits die Ortsnamen (auch Toponyme) sowie andererseits Berg-, Tal-, Landschafts-, Gegend-, Gau-, Wald-, Flurnamen und andere gerechnet werden. **Ortsname** wird im engen Sinn auch für die Namen verwendet, mit denen eine menschliche Siedlung benannt ist (auch Siedlungsname, Oikonym). Zwischen den Namenklassen gibt es vielfältige Beziehungen, die durch den Prozess der (Namen-)Übertragung zustande kommen. Besonders eng ist die Beziehung zwischen Hydronym und Oikonym, weil Siedlungen oft nach dem Gewässer benannt sind, an dem sie liegen, aber Flüsse bzw. Abschnitte von Flüssen auch nach bedeutenden Siedlungen an ihrem Ufer nachbenannt wurden (↗Altmühl). Flüsse sind auch Namengeber für Gebiete, Landschaften, Täler und Fluren.

1.2 Bildung der Gewässernamen

Die Beschreibung der Bildung von Gewässernamen gehört in den Bereich der historischen Wortbildungslehre sowohl der deutschen als auch der Sprachen, aus denen Namen in den deutschen Namenschatz übernommen wurden, z.B. Keltisch, Romanisch, Slawisch. Der einfachste Prozess, durch den ein Gewässername gebildet wurde, ist der der **Onymisierung** (d.h. Bildung eines Namens) eines Appellativs oder einer appellativischen Wortgruppe (siehe Zusammenrückung), z.B. ist ↗Glatt, ahd. *Glata*, die Onymisierung des femininen Adjektivs ahd. *glata* 'hell, klar'; bei ↗Ohe wurde das ahd./as. Appellativ *aha* 'Fließgewässer' onymisiert. Die Onymisierung hängt wie im Beispielfall Glatt mit dem grammatischen Prozess der Transposition (hier der Verwendung eines Adjektivs als Substantiv/Nomen) zusammen.

Historisch gesehen ist der wichtigste (und älteste) Prozess der eigentlichen Namen- oder Wortbildung der der **Derivation** oder Ableitung. Er folgt dem Muster „Stamm/Basis + Suffix (Wortbildungsmorphem)". Auf diese Weise entstehen „einstämmige Namen" im Unterschied zu den „mehrstämmigen Namen", die durch Komposition und Zusammenrückung (s.u.) gebildet sind.

Wortbildungsmorpheme sind einfache, funktionale Sprachzeichen (Morpheme), z.B. das Suffix germanisch *-jō*, mit dem der Flussname ↗Glött, mhd. *Glette*, ahd. *Gletta*, gm. *Glad-jō* von dem germanischen Adjektiv **glad-* 'schlüpfrig, glatt' abgeleitet, d.h. gebildet wurde.

Im Verlauf der germanischen (deutschen) Sprachgeschichte nimmt die Bedeutung der **Komposition** (Zusammensetzung) im Vergleich zur Derivation zu. Ein Kompositum besteht aus zwei Wörtern, die so komponiert sind, dass das erste Wort (Bestimmungswort) das zweite Wort (Grundwort) determiniert bzw. näher bestimmt (Determinativkompositum). Historisch gesehen ist es sinnvoll zwischen (primärem) Stammkompositum, z.B. ↗Aschach, ahd. *Aschaha*, mit dem Bestimmungswort ahd. *asc* stM. 'Esche' und dem Grundwort ahd. *aha* ↗Aach, und sekundärem Kompositum zu unterscheiden. Das sekundäre Kompositum ist durch Zusammenrückung (s.u.) einer Wortgruppe, die ursprünglich aus einem flektierten Wort, oft dem Genitiv eines Personennamens (> Bestimmungswort), und einem Gewässer bezeichnenden Appellativ (> Grundwort) bestand, zum Namen-Kompositum geworden, z.B. ↗Vöckla, ahd. **Feckilesaha*, bestehend aus dem Genitiv des Personennamens *Feckil* und ahd. *aha*, mit der Bedeutung 'Fließgewässer des Feckil' bzw. 'Siedlung des Feckil am Fließgewässer'. Die wichtigsten Grundwörter in deutschen Gewässernamen sind *-ach* ↗Aach, *-bach* ↗Bach/Beck, *-graben*, *-see* ↗See, *-wasser/-water* ↗Wasser. Als Bestimmungswort kommen vor: flektierte und nicht flektierte Adjektive (↗Röten-bach, ↗Rot-ach), meist unflektierte Substantive (*Eber-bach*, aber ahd. *mānin-sēo* ↗Mondsee mit dem Genitiv von ahd. *māno* 'Mond'), Partizipien (↗Dießbach, mhd. **Diezentenbach*) und Adverbien (z.B. ↗Unter-). Im Unterschied zu Determinativkomposita sind Kopulativkomposita, die bei Orts- und Ländernamen nicht selten vorkommen, z.B. Schleswig-Holstein, Castrop-Rauxel, und in welchen Erst- und Zweitglied einfach angereiht zu verstehen sind, unter den Gewässernamen sehr selten. Ganz vereinzelt ist z.B. as. *Waharna* < **Warna-Hardna* ↗2Werre. Um ein Gewässer als solches zu kennzeichnen, wird besonders auf Landkarten der Name, vorzüglich der Name von Fließgewässern, mit den Grundwörtern *-bach* (auch *-Bach*) oder *-ach* zusätzlich komponiert (**verdeutlichendes Kompositum**). Historisch begegnet das verdeutlichende Kompositum bei Gewässernamen schon in frühen Urkunden, z.B. ahd. *Iutr-aha* neben *Iutra* ↗1Itter neben Itter-bach. Zu den Komposita zählen auch die aus drei Gliedern gekürzten **Klammerformen** (s.u.).

Durch die Attribuierung eines Gewässernamens mit einem flektierten Adjektiv, z.B. Große Laaber, Kleine Laaber, Schwarze Laaber ↗Laaber, entsteht eine Wortgruppe (**Wortgruppen-Bildung**), die als einheitlicher Name gebraucht wird. In historischen Quellen sind solche Wortgruppen zum Teil noch mit einer Präposition belegt, z.B. ahd. *in uuidinon seo* 'in den mit Weiden bestandenen See', jetzt Weidsee ↗Weid-. Meist werden die Wortgruppen zu einem Namen zusammengezogen und die einzelnen Bestandteile der Wortgruppe (unter Wegfall der Präposition) zusammengeschrieben (Univerbierung, **Zusammenrückung**), wodurch sie zu Komposita werden.

Im Zusammenhang mit der Zusammenrückung werden phonetische Prozesse der **Namenkürzung**, vor allem Vokalausfall (Synkope), wirksam und in der Namenschreibung fixiert. Zur Namenkürzung zählen ferner die **Klammerformen**, das heißt, das mittlere Element eines aus drei Konstituenten (Wörtern) bestehenden Kompositums wird ausgespart, z.B. Feldsee, gekürzt aus dem Trikompositum Feldberg-see. Anders als bei den Klammerformen wird bei der **Ellipse** in einer ursprünglichen Wortgruppe Adjektiv + Nomen das Nomen ausgespart. Auf diese Weise wird die Entstehung vieler alter Gewässernamen erklärt, wenn z.B. mndd. Wande ↗Wanne aus gm. **wandō ahʷō* 'sich windendes Gewässer' durch Aussparung des Nomens erklärt wird. Schließlich gehört zur Namenkürzung die **Rückbildung** eines Gewässernamens aus einem Ortsnamen, z.B. die ↗Al ist rückgebildet aus dem ON. Aalen.

1.3 Benennungsmotive

Von der Nameetymologie wird erwartet, dass sie Auskunft über das Motiv, den Anlass der Benennung eines Gewässers gibt. Grundlage dafür ist die aus den Belegen sich ergebende oder rekonstruierte Grund-/Ausgangsform eines Gewässernamens und die Erklärung seiner Bildungsweise (s.o. 1.2). Dass ein Fluss z.B. einfach wie in Süddeutschland *die Aach*, also 'Fließgewässer', oder einfach *der/die Bach* ohne morphologische Differenzierung (durch ein Suffix) oder syntaktische Differenzierung durch ein Attribut (s.o. Wortgruppe) heißt, ist bei ursprünglich geringer kommunikativer Reichweite des Namens und ohne die Notwendigkeit, das Gewässer von einem anderen zu unterscheiden, möglich, aber selten. Darüber hinaus gab es ein weites Spektrum von Anlässen, ein Gewässer zu benennen, das wir über die Semantik der Bestandteile der Grund-/Ausgangsformen der Namen erschließen können. Auf diese Weise können wir Einblicke in die Art und Weise erhalten, wie Menschen der frühgeschichtlichen Zeit die Landschaft mit Namen differenzierend benannten.

Deutlich kristallisieren sich schon bei alten Flussnamen Benennungsmotive heraus, die sich auf den Wasserreichtum (z.B. ↗Reich-), auf die Kraft und Wildheit des fließenden Wassers (z.B. ↗Wutach), auf seine temporäre unheilvolle Macht bei Überschwemmungen (z.B. ↗Wigger) beziehen, aber auch auf die Auswirkungen von Ebbe und Flut auf Gewässer, die direkt oder indirekt in die Nordsee fließen. Als Beispiel für eine sehr alte Benennung nach der Wasserkraft kann ↗Schüss, kelt. *Segusiā, abgeleitet von ig. **seĝʰ-* 'überwältigen, in den Griff bekommen', dienen. In diesen Bereich gehören auch Benennungen, die durch Eindrücke des Wassers auf die Sinne des Menschen motiviert sind, z.B. ↗Schwarz-, ↗Kling-, ↗Sauer-, ↗Warm-. Einen wichtigen Motivationsbereich bilden die das Gewässer bewohnende bzw. umgebende Fauna (z.B. ↗Wolf-) und Flora (z.B. ↗Rohr-) ebenso die Gestalt des Flusslaufs selbst (z.B. ↗Krum-) oder seine Lage in Relation zu anderen geographischen Objekten (z.B. ↗Hinter-) sowie die Gegend, in der ein Fluss fließt (z.B. ↗Wald-).

Fasst man die diesen Motivationsbereichen zu verdankenden Gewässernamen als **Naturnamen** zusammen, so können die durch die folgenden Benennungsanlässe gegebenen Namen zu den **Kulturnamen** gerechnet werden, insofern als sie das Wirken von Menschen festschreiben. Man kann dabei zwei wichtige Bereiche unterscheiden:[1] Erstens das Einwirken des Menschen auf das Gewässer selbst durch Wassereinbauten zur Regelung des Wassers oder zum Fischfang, mit dem wichtigen Ziel, das Wasser als Nahrungs- und Kraftquelle (↗Fisch-, ↗Mühl-) zu nutzen. Zweitens: Die Benennung spiegelt historische Rechtsverhältnisse wider, wobei entweder der Name des Menschen, der in einem Rechtsverhältnis zu dem Gewässer steht, genannt wird (hierzu zählen die Bildungen mit dem Genitiv eines Personennamens, s.o. 1.2) oder historische Sachverhalte, die als Appellativ in den Gewässernamen eingehen (z.B. ↗Zehent-, ↗Marck-). Hier kann das häufige Motiv der Benennung nach einem am Gewässer stehenden markanten Gebäude (z.B. ↗Kirch-) oder einer historisch be-

---

[1] A. Greule, Gewässernamen als Spiegel der Kulturlandschaft. In: I. Hausner und P. Wiesinger (Hg.), Deutsche Wortforschung als Kulturgeschichte, Wien 2005, S. 421–432.

deutenden Siedlung am Gewässer, deren Name die Gewässerbezeichnung teilweise ganz verdrängt (z. B. ↗Altmühl), angefügt werden.

1.4 Historische Schichtung der Gewässernamen

Die Menge der Gewässernamen im deutschen Sprachraum kann historisch in Gruppen (Schichten) unterschiedlichen Alters und unterschiedlicher sprachlicher Herkunft eingeteilt werden. Es handelt sich grob um zwei durch die Etymologie aufzudeckende Schichten oder Gruppen: erstens um die Namen, die im Verlauf der deutschen Sprachgeschichte als Folge der Besiedelung Mitteleuropas durch germanisch sprechende Völkerschaften ungefähr seit der Zeitenwende gegeben wurden (germanisch-deutsche Namen), und zweitens um Gewässernamen, die im Verlauf der germanisch-deutschen „Landnahme" aus anderen davor gesprochenen Sprachen als Lehnnamen in den deutschen Namenschatz übernommen wurden. Die historische Sprachwissenschaft geht heute davon aus, dass infolge der Ausbreitung des Sprachtypus „indogermanisch" große Flüsse in Mitteleuropa indogermanische Namen bekamen, noch bevor sich die Sprachgruppen Keltisch, Germanisch oder Slawisch herausgebildet hatten.[1] Solche Gewässernamen, die etymologisch nicht einer einzelnen indogermanischen Sprachgruppe zugewiesen, aber morphologisch und semantisch als indogermanisch gedeutet werden können (z. B. ↗Donau), werden **voreinzelsprachlich-indogermanisch** (ves.-ig.) genannt. Das Prädikat „alteuropäisch" weise ich nur den ves.-ig. Gewässernamen zu, die in identischer Gestalt mehrfach in Europa vorkommen, z. B. *$nāu̯ā$ *$nidā$, *$salā$, *$u̯islā$, *$u̯isurā$ (↗Nahe ↗Nied ↗Saale ↗Weichsel ↗Weser).

In frühgeschichtlicher Zeit waren Süddeutschland und Teile Mitteldeutschlands von Sprechern des post-indogermanischen Sprachtyps **keltisch** (z. B. ↗Glan), in Norddeutschland von Sprechern des davon (z. B. durch die Erste Lauberschiebung) gut unterscheidbaren Sprachtyps **germanisch** besiedelt, was durch die Etymologie von Gewässernamen nachgewiesen werden kann (z. B. ↗Elde). Bereiche, in denen sich beide Sprachen überschnitten, dürfte es gegeben haben. Durch die römische Herrschaft in Teilen Süd- und Westmitteleuropas wurden keltische Namen romanisiert (z. B. ↗Sorne) bzw. neue vulgärlateinische Namen gebildet, bevor sie von germanophonen Sprechern übernommen wurden. Andere Gegenden des späteren deutschen Sprachgebiets wurden seit etwa dem 6./7. Jahrhundert von Sprechern des **slawischen** Sprachtyps besiedelt; es handelt sich um Zonen östlich von Elbe und Saale mit altpolabischen (apolab.) und altsorbischen (asorb.) Namen sowie um den Obermain, Kärnten, die Steiermark und Osttirol. Im Nordosten überlagert die slawische Namenschicht bereits vorhandene germanische (vorslawische) Namen (z. B. ↗Parthe)[2].

---

[1] A. Greule, Donau, Rhein, Moldau und die Indogermanisierung Europas. In: M. Harvalík, E. Mináříková, J. M. Tušková (eds.), Teoretické a komunikační aspekty proprií, Brno 2009, S. 205–210.
[2] A. Greule, Slawisch-deutsche Namenpaare germanischen Ursprungs. In: B. Hansen (Hrsg.), Diachrone Aspekte slavischer Sprachen, München/Berlin/Washington 2013, S. 17–21.

1.5 Gewässernamenforschung

Die Geschichte der Gewässernamenforschung fasst Jürgen Udolph zusammen.[1] Der Überblick ist mit einer Methodik der Gewässernamendeutung und einer umfänglichen Bibliographie ausgestattet. Besonders nach Abschluss der von der Akademie der Wissenschaften und der Literatur in Mainz betriebenen Großprojekte „Hydronymia Germaniae", durch das die Gewässernamen fast aller Flusssysteme in Deutschland, teilweise in Österreich, der Schweiz, den Niederlanden, Frankreich und Dänemark aus den Karten 1:25 000 gesammelt und mit historischen Nennungen belegt wurden, und „Hydronymia Europaea", wodurch auf die gleiche Weise die Gewässernamen Polens erhoben und gedeutet wurden, ist unter den zahlreichen Desideraten der Gewässernamenforschung eines der dringendsten die Erarbeitung eines nicht nur der Wissenschaft, sondern auch der interessierten Öffentlichkeit zugänglichen Namenbuchs, in dem die beachtlichen Ergebnisse der intensiven Erforschung der Gewässernamen in Europa nach dem Zweiten Weltkrieg, auf das deutsche Sprachgebiet konzentriert, darzustellen wären.[2]

---

[1] J. Udolph, Gewässernamen. In: Andrea Brendler und Silvio Brendler (Hg.), Namenarten und ihre Erforschung, Hamburg 2004, S. 329–347.
[2] A. Greule, Gewässernamenforschung – Rückblick und Ausblick. In: Namenkundliche Informationen 89/90, 2006, S. 13–30.

2. Einrichtung des Deutschen Gewässernamenbuchs (DGNB)

2.1 Entstehungsgeschichte

Die Abfassung des „Deutschen Gewässernamenbuchs" entspricht der dringenden Forderung nach einer Darstellung der Ergebnisse der auf die deutschsprachige Hydronymie bezogenen etymologischen Forschungen. Der wichtigste Impuls auf die neuere Gewässernamenforschung ging von dem Indogermanisten Hans Krahe aus; er gründete 1960 das Archiv für die Gewässernamen Deutschlands und Europas an der Akademie der Wissenschaften und der Literatur in Mainz. Zwar musste das Archiv seine erfolgreiche Tätigkeit mit dem Jahr 2005 einstellen, ohne das gesteckte Ziel, alle Gewässernamen Deutschlands zu erfassen, erreicht zu haben. Aber bis dahin sind 18 Faszikel der Reihe Hydronymia Germaniae (HG) mit zwei Indices-Bänden erschienen. Die Faszikel bieten jeweils die Namen eines Flusssystems, z. B. „Flussgebiet des Neckar" (1. Lieferung 1962). Die Namen wurden einheitlich aus der Topographischen Karte 1:25 000 erhoben. Ferner bieten die Faszikel die zu den Namen bekannten historischen Belege sowie Literaturhinweise. Das Fehlen von etymologischen Hinweisen, die gerade die Laien interessieren, ist vielfach kritisiert worden. Bei der auf Polen konzentrierten Parallelreihe Hydronymia Europaea (1. Lieferung 1985) ist dieses Manko zwar beseitigt, was aber einer auf Deutschland konzentrierten Gewässernamenforschung wenig nützt. Außer der von der geographischen Größe der Flusssysteme ausgehenden Gewässernamen-Lexikographie wurde öfters die Forderung nach landesspezifischen, kleinräumigen historisch-etymologischen Gewässernamenbüchern erhoben. Sie konnte aber bislang nur durch den 10. Band des Brandenburgischen Namenbuchs, der die Gewässernamen des gewässerreichen Bundeslandes Brandenburg vorbildlich erfasst und deutet, erfüllt werden. Der zur Reihe Hydronymia Germaniae ursprünglich von Hans Krahe erdachte Etymologie-Band ist 2004 von Wolfgang Paul Schmid (im Vorwort zu HG.A, Sonderband 1) erneut angemahnt worden.

2005 fragte der damalige Cheflektor des Verlags Walter de Gruyter, Heiko Hartmann, bei Albrecht Greule (Regensburg) an, ob der Plan eines „Wörterbuchs der deutschen Flur- und Gewässernamen" im Format von „Kluges Etymologischem Wörterbuch" und als Parallele zu dem (inzwischen erschienenen) Deutschen Ortsnamenbuch (DONB)[1] zu realisieren sei. In Anbetracht der erwarteten Namenfülle wurde dieser Plan jedoch aufgegeben und stattdessen ein Wörterbuch unter dem Titel *Deutsches Gewässernamenbuch – Etymologie der Gewässernamen und der zugehörigen Gebiets-, Siedlungs- und Flurnamen* (DGNB) projektiert, das kein Gemeinschaftswerk werden, sondern von nur einem Autor verfasst werden sollte. Damit wurde ein etymologisches Namenbuch projektiert, das auch den Laien die Ergebnisse der modernen Gewässernamenforschung erschließt, ohne den wissenschaftlichen Anspruch aufzugeben. Der De Gruyter-Verlag stimmte dem Konzept

---
[1] Deutsches Ortsnamenbuch, herausgegeben von Manfred Niemeyer, Berlin/Boston 2012.

Einrichtung des Deutschen Gewässernamenbuchs

zu und nahm das DGNB in die Reihe „Sprachschätze" (Blaue Reihe) auf, in der auch Kluge, Dornseiff und andere wichtige Handbücher der Sprachwissenschaft erscheinen. Seitens des Verlags wurde das Konzept dahingehend erweitert, dass nach Möglichkeit auch die deutschen Exonyme wie z. B. *Oder, Weichsel, Moldau* und *Waag* aufzunehmen waren.[1] Das so projektierte DGNB entstand unter der Assistenz von Dr. Sabine Hackl-Rößler (Regensburg) und in Abstimmung mit Prof. Dr. Manfred Niemeyer (Greifswald), dem Herausgeber des Deutschen Ortsnamenbuchs, in den Jahren 2006–2012 an der Universität Regensburg.

2.2 Konzeption des DGNB

Die Gestaltung des Buches orientiert sich an Kluges Etymologischem Wörterbuch, 24. und 25. Auflage, bearbeitet von Elmar Seebold (Berlin 2002, 2011). In jeweils halbspaltigen Namenartikeln auf zweispaltigen Seiten werden die Namen von Gewässern von einiger Bedeutung im deutschen Sprachgebiet, die sich nicht selbst deuten, aufgrund der geographischen Gegebenheiten und der historischen Belege auf dem Level der heute international gültigen Namendeutungsmethode, aber möglichst für den sprachinteressierten Laien verstehbar erklärt.

Erfasst werden die im jetzigen und einstigen deutschen Sprachraum gebräuchlichen Namen für fließende und stehende Gewässer, sofern für sie ausreichend historische Belege vorliegen. Namen ohne historische Belege werden nicht in Einzelnamen- oder Sammelartikeln, sondern in Namenbestandteil-Artikeln – mit historischen Belegen für ein Fallbeispiel – summarisch erfasst (z. B. ↗Fisch-) und über die Etymologie des Appellativlemmas gedeutet. Ein Name, zu dem keine Belege vorliegen und der nicht dem Lemma eines Namenbestandteil-Artikels zugeordnet werden kann, findet keine Aufnahme in das DGNB.

Die erste Datengrundlage ist der „Index zur Reihe Hydronymia Germaniae" und sind die dort verzeichneten, in den 18 Einzelbänden dieser Reihe aus den Karten erhobenen und belegten deutschen Namen. Damit ist zwar der größte Teil der Namen, sofern sie zu einem von der „Hydronymia" beschriebenen Flusssystem im deutschen Sprachgebiet gehören, erfasst. Es fehlen jedoch mehrere Flusssysteme in Deutschland selbst, in Österreich, Italien/Südtirol und der Schweiz, von den Exonymen ganz zu schweigen. Um dieses Manko auszugleichen werden auch deutsche Gewässernamen aufgenommen, die in Einzeldarstellungen historisch belegt und gedeutet sind. In dieser Lage besonders hilfreich war das von Isolde Hausner und Elisabeth Schuster bearbeitete „Altdeutsche Namenbuch" für Österreich und Südtirol mit dem Ergänzungsband zum Bundesland Vorarlberg.

---

[1] A. Greule, Exonyme im etymologischen Wörterbuch der deutschen Gewässernamen. In: Studia Etymologica Cracoviensia 13, 2008, S. 69–74.

2.3 Aufbau der Namenartikel

Im DGNB werden vier Artikel-Typen unterschieden:
1. Einzelnamen-Artikel, z. B. ↗Rhein
2. Sammelartikel (Mehrnamen-Artikel), z. B. ↗Gurk
3. Namenbestandteil-Artikel, z. B. ↗Eiter-
4. Verweisartikel.

Der **Einzelnamen-Artikel** hat folgende Grundstruktur, von der nur abgewichen wird, wenn es die Argumentation erfordert:
1. Lemma-Name (wo notwendig mit regionalen Schreibformen)
2. Lokalisierung in Kurzform und geographische Hinweise, wenn sie für die Namendeutung wichtig sein können
3. Belegteil: zur Deutung wichtige historische Nennungen des Lemma-Namens und, sofern bereits erhoben, die Mundartform (fakultativ)
4. Zugehörige Siedlungs-, Flur- und weitere Namen (auch Personennamen) mit historischen Nennungen in Auswahl (fakultativ)
5. Etymologische Erläuterung
6. Verweise auf „Parallelnamen" (fakultativ)
7. Literatur

Beispiel

(1) **Rhein, der**   frz. le Rhin, ndl. Rijn, räto-rom. Rain, Rein, Rogn, Ragn.

Fettgedruckter Lemma-Name mit Angabe des Artikels und Nennung der Namenvarianten in den Sprachen, durch deren Gebiet der Fluss fließt,

(2) siebtgrößter Fluss Europas, entspringt im Schweizer Kanton Graubünden und mündet in den Niederlanden in die Nordsee.

Kurze Beschreibung des Flusses nach seinem Ursprung und seiner Mündung.

(3) – Erstbeleg angeblich 4. Jh. v. Chr. (eher 1. Jh. n. Chr.) griechischer Genitiv *Rhēnu* (angeblich bei Pytheas von Massalia, eher Strabon), 57–52 v. Chr. (lat. Akkusativ) *Rhenum* (Catull 11, 11; Caesar, Bellum Gallicum 1, 1, 3), 762 (Kopie 12. Jh.) *fluvium Hrin*, 763 (Kopie 12. Jh.) *fluvius Rin*, 1295 *von dem Reine* usw.

Belegteil

(5) – Zugrunde liegt der ves.-ig. FlN. **Reinos*, der aus l. *Rēnus* und germanisch **Reinaz* (ahd. *Rīn*) rekonstruiert werden kann. **Reinos* entspricht einem urig. Nomen **(h_3)réi(H)-no-s* 'wallender, wirbelnder (Fluss)', das von der Verbalwurzel urig. **$h_3$reiH-* 'wallen, wirbeln; fließen' abgeleitet ist. Diese Deutung des Namens lässt vermuten, dass die Benennung vom Oberlauf des Flusses in den Alpen und dem Alpenvorland ausging. Vielleicht war der Rheinfall bei Schaffhausen am Hochrhein

der geographische Anlass zur Benennung. Das Appellativ ir. *rían* 'Meer' dürfte deonymisch, also aus dem Namen kelt. *Rēnos abstrahiert sein.

Deutungsteil, etymologische Erläuterung

(7) – Borchers, *Große Flüsse*, S. 46–61; Reitzenstein, *Rezension Liechtenstein*, S. 115; Krahe, *UäFlNN*, S. 95f.; Rix, *LIV*, S. 305.

Literatur (s.u. 4)

Der **Sammel- bzw. Mehrnamen-Artikel** vereinigt unter einem Oberlemma die nummerierten Artikel zu den Gewässern mit einem und demselben Namen (Namen-Homonymie), z.B. ↗Gurk. In den Fällen, in denen alle subsumierten Namen die gleiche Etymologie haben, wird diese nur am Ende des ganzen Sammelartikels angegeben.

Im **Namenbestandteil-Artikel** wird das einer Reihe von Gewässernamen-Komposita als Bestimmungswort zugrunde liegende Appellativ lemmatisiert, erklärt und an einem Namen-Beispiel verdeutlicht, z.B. ↗Eiter-. Die mit dem Lemma-Namen als Bestimmungswort zu Gewässernamen komponierten Grundwörter werden in alphabetischer Reihenfolge aufgeführt.

2.4 Bemerkungen zu den Artikelteilen

Eine wesentliche Erleichterung bei der Abfassung der Einzelnamen- und Sammelartikel stellte die Möglichkeit dar, in den Jahren der Erstellung des DGNB in den meisten Fällen auf die geographische Beschreibung der Flüsse in der Internet-Enzyklopädie Wikipedia zurückgreifen zu können, wodurch ein Mangel der Gewässernamenforschung, nämlich die geringe Beachtung geographischer Gegebenheiten bei der Deutung der Gewässernamen, gemildert werden konnte.

Ein besonders sensibler Bereich des Namenbuchs sind die historischen **Belege**. Mit der hier praktizierten Methode wird zwar gegen die Prinzipien der Ortsnamendeutung verstoßen. In der zur Verfügung stehenden Zeit und in dem zur Verfügung stehenden Platz war es aber nicht möglich, die Belege zu Hunderten von Namen weder erneut aus den Originalquellen zu erheben noch nachzuprüfen. Der Bearbeiter musste sich auf die in der ortsnamenkundlichen Literatur vorhandenen Daten stützen, musste auswählen, zusammenfassen und auf die Angabe der Quellen verzichten. Sie sind jeweils in der am Schluss des Artikels verzeichneten Literatur genannt. Gleiches ist zu den **Mundartformen** zu sagen: Sofern sie in der Literatur erhoben sind, werden sie in der dort vorgefundenen, auf verschiedenen phonetischen Alphabeten beruhenden Schreibform aufgeführt, ohne diese Namensformen einem phonetischen Alphabet eigens anzupassen.

Wie alle Teile des Namenartikels unterliegt auch die Darstellung der **Etymologie** im Deutungsteil dem Diktat der Kürze. Dabei wird folgende Methode angewendet: Aus den aufgeführten historischen Belegen (s. Belegteil) wird eine **Grundform** des Lemma-Namens rekonstruiert. In den Belegen wurde im günstigsten Fall von den Schreibern in einem Skriptorium oder einer Kanzlei die gesprochene Form des Namens direkt schriftlich fixiert; oder sie kopierten eine Namensform aus älteren Quellen oder „erfanden" unter Umständen eine Namensform. Überschreitet die Rekonstruktion der Grundform die Grenzen der Belegreihe, dann wird sie **Ausgangsform** genannt. Bei der Rekonstruktion von Grund-/Ausgangsform sind bestimmte Regularitäten des sich in den Schreibungen niederschlagenden Lautwandels zu berücksichtigen. Die Deutung der Grundform erfolgt entweder durch ihre Rückführung auf ein Appellativ einer historischen Einzelsprache (s. o. 1.4) oder durch die nach den Wortbildungsregeln einer Einzelsprache erfolgte Onymisierung (s. o. 1.2). Dabei wird auch das Ziel verfolgt, ein mögliches Benennungsmotiv (s. o. 1.3) für den zu deutenden Namen anzugeben. In den Fällen, in denen die Namensdeutung ein Ausgreifen der Etymologie bis in die indogermanische Grundsprache erfordert, werden die neuesten Erkenntnisse der indogermanischen Sprachwissenschaft, besonders die Laryngaltheorie, berücksichtigt.[1] Gemäß der Laryngaltheorie kannte das Lautsystem der indogermanischen Grundsprache (markiert als „urig.") drei Konsonanten, die als h_1, h_2, h_3 oder durch das Cover-Symbol H notiert werden, vgl. im Beispiel oben die Verbalwurzel urig. *h_3reiH- 'wallen, wirbeln; fließen'.

2.5 Fachterminologie

Eine Einführung in die zum Verständnis der Nameetymologien im vorliegenden Namenbuch notwendige Fachterminologie gibt Kluges etymologisches Wörterbuch.[2] Dort werden außer grundlegenden Termini der Sprachtheorie die Bereiche der Wortbildung, Syntax, Lexik, Entlehnung, des Bedeutungswandels, der Grammatik, des Lautstandes und der Sprachgeschichte terminologisch erschlossen. Einige vornehmlich den Lautwandel betreffende Fachtermini, die für das Verständnis, wie aus den historischen Belegen auf die Grundform bzw. Ausgangsform des Lemma-Namens geschlossen wird, notwendig sind, werden hier ergänzend erläutert.

Glossar

Agglutination: durch Verwischen der Wortgrenze verschmilzt der Konsonant einer Präposition oder des Artikels mit dem Anlaut des Namens, z. B. ↗Zorn < /d'sorn/.
Assimilation: Konsonanten unterschiedlicher Artikulationsstellen werden zu einer einheitlichen Artikulation angeglichen, partielle Assimilation, z. B. /-nb-/ > /-mb-/, totale Assimilation z. B. /-mb/ > /-mm/.
Apokope: Schwund eines unbetonten Vokals (meist /e/) am Wortende
Diminutiv: Mit einem Verkleinerungssuffix, z. B. alem. *-le*, versehenes Wort.
Diphthongierung: Bildung eines Zwielauts aus einem Langvokal; charakterisiert unter anderem den Übergang vom Mittelhochdeutschen zum Frühneuhochdeutschen.
Entrundung: Mit gerundeten Lippen gesprochener Vokal wird ohne Lippenrundung gesprochen, z. B. /ö, ü/ > /e, i/.
Epithese (auch *Epenthese*): Sprosskonsonant (meist /t/) am Wortende, mhd. *nieman* > nhd *niemand*. Sprosskonsonanten im Wortinnern sind selten ↗Oichten.

---
[1] M. Meier-Brügger, Indogermanische Sprachwissenschaft. 7., völlig neubearbeitete Auflage unter Mitarbeit von M. Fritz und M. Meierhofer. Berlin, New York 2000.
[2] Kluge. Etymologisches Wörterbuch der deutschen Sprache. Bearbeitet von E. Seebold, 25., durchgesehene und erweiterte Auflage, Berlin/Boston 2011, S. XII–XXXIV.

Hebung: Lautwandel, durch den ein „tiefer" Vokal mit Zungenhebung gesprochen wird, z. B. /a/ > /e/.

Hyperkorrektur: Irrtümliche Anpassung (der Schreibweise) an eine Schreibnorm, z. B. ⁊Oichten statt *Oiten.

Kanzleiform: oft hyperkorrekte, in der Kanzlei verfasste Schreibung eines Namens.

Kontraktion: Zusammenziehung zweier Vokale zu einem Diphthong oder Langvokal, z. B. oft als Folge des Schwundes eines zwischenvokalischen Konsonanten.

Metathese: Umstellung von Konsonanten, im Deutschen besonders des /r/, wie in *Born* mit Metathese aus *Brunnen*.

Monophthongierung: Bildung eines Langvokals aus einem Diphthong, mhd. *huot* > nhd. *Hut* /hu:t/.

Nasalschwund: Schwund eines Nasals (besonders /n/) vor einem Konsonanten, mit Dehnung des vorangehenden Vokals.

Palatalisierung: Aussprache des /s/ als /š/, teils ohne Auswirkung auf die Schrift, teils als <sch>.

Rundung: ein ungerundet gesprochener Vokal wird mit Rundung der Lippen gesprochen, z. B. /e/ > /ö/.

Senkung: die hohe Zungenstellung wird bei der Artikulation eines Vokals abgesenkt, z. B. /i/>/e/, /u/>/o/, /o/>/a/.

Sprosskonsonant/Sprossvokal: ein Konsonant oder Vokal entsteht beim Sprechen in besonderen lautlichen Umgebungen.

Synkope: Ausstoßung/Schwund eines unbetonten Vokals im Wortinnern.

Zetazismus: Wandel besonders von /k/ vor den palatalen Vokalen /e/, /i/ > /ts/ =<z> (gr. Zeta).

3. Alphabete, Zeichen und Abkürzungen

(nach Kluge, Etymologisches Wörterbuch der deutschen Sprache, bearbeitet von Elmar Seebold, 25. Auflage, Berlin, Boston, 2011, S. XXXV–XLIV).

3.1 Alphabete

Die alphabetische Ordnung ist die des Deutschen Alphabets; ß gilt als s + s; Umlaute werden als a+e, o+e, u+e gewertet.

Fremde Schriften (d.h. andere als die lateinische) werden transliteriert, d.h.: Jedem Buchstaben der fremden Schrift entspricht immer der gleiche Buchstabe der lateinischen Schrift (gegebenenfalls mit Hilfe von diakritischen Zeichen); bei Silbenschriften u.ä. (z.B. Hethitisch) werden die Zeichen der fremden Schrift in Buchstabenfolgen der lateinischenSchrift aufgelöst. Variationen in der Schreibung werden in der Regel normalisiert. Im Einzelnen:
1. Griechische Schrift: Klassische Transliteration, DUDEN 5, S. 193, Spalte IV.
2. Kyrillische Schriften: DUDEN 5, S. 188–192.
3. Indische Schrift (*Devanagari*): DUDEN 5, S. 200f.

3.2 Diakritische Zeichen und besondere Lautzeichen

- ¯ über einem Vokalzeichen (z.B. $\bar{a}$) bezeichnet einen Langvokal.
- ´ (Akut) über einem Vokalzeichen (z.B. $\acute{a}$) bezeichnet den Wortakzent, in der Schreibung verschiedener Sprachen auch die Vokallänge.
- ` (Gravis) über einem Vokalzeichen (z.B. $\grave{a}$) bezeichnet einen davon verschiedenen Akzent (mit einzelsprachlich stark unterschiedlichen Regelungen).
- ~ (Zirkumflex[1] = Tilde) über einem Vokalzeichen (z.B. $\tilde{a}$) bezeichnet in der Regel die schleiftonige Intonation, die den Wortton und die Vokallänge einschließt (in den baltischen Sprachen auch bei *l, r, m, n*, den Liquida- und Nasaldiphthongen).
- ^ (Zirkumflex[2] = Dach) über einem Vokalzeichen (z.B. $\hat{a}$) bezeichnet in der Regel eine bestimmte Vokalqualität, die die Vokallänge in sich schließt.
- ¨ (Trema) über einem Vokalzeichen (z.B. *ï*) bezeichnet die selbständige Aussprache eines Vokals nach einem Vokal (also nicht als Diphthong o.ä.). Beim *e* (*ë*) bezeichnet es in manchen Sprachen (Albanisch) eine besondere Vokalqualität.
- _ ein Strich über oder unter einem Buchstaben für einen Geräuschlaut (gelegentlich auch durchstrichen) bezeichnet einen entsprechenden Spiranten.

Alphabete, Zeichen und Abkürzungen

Besondere Lautzeichen

1. Allgemein

a) Konsonanten

č	stimmlose Affrikata *tsch*
ŋ	velarer Nasal in phonetischer Schreibung
š/ž	stimmloser/stimmhafter *sch*-Laut
z	stimmhaftes *s* (in phonetischer Schreibung), in der Umschrift des Hethitischen Affrikata *ts*

b) Vokale

ə	Murmelvokal (wie im Deutschen unbetontes *e*)
å	offenes *a*
ɛ	offenes *e* (*ä*) in phonetischer Schreibung

2. Einzelne Sprachen

a) Indogermanisch, erschlossene Formen

i̯/u̯	*i/u* in konsonantischer Funktion (im Deutschen *j/w*)
b^h, d^h, g^h	aspirierte Medien
h	indogermanischer Laryngal. Die Differenzierung der drei verschiedenen Laryngale wird durch numerische Indizes (h_1, h_2, h_3) wiedergegeben; *H* bezeichnet den nicht differenzierbaren Laryngal.
k̂, ĝ	palatale Konsonanten
l̥, m̥, n̥, r̥	silbentragende Sonoranten

b) Germanisch

á	(usw.: Akut auf Vokalzeichen bezeichnet awn. Vokallänge)
aí/aú vor *r/h*	gt. *e/o*
ǫ	(nordische Sprachen) offenes *o*
ƀ	stimmhafter labialer Reibelaut
đ	stimmhafter dentaler Reibelaut
þ	stimmloser dentaler Reibelaut (wie e. *th* in *thin*)

c) Altindisch

c/j	stimmloses/stimmhaftes tsch
r̥	silbentragendes *r*
y	wie deutsch *j*

d) Slawisch und Baltisch

ą, ę, į, ǫ	nasalierte Vokale
c	Affrikata *ts*
ě	slaw. langes *e* mit palataler Qualität des vorausgehenden Konsonanten

ė   balt. langes *e*
y   slaw. langes zentrales *i*, balt. langes *i*
ь/ъ   slaw. reduzierte Kurzvokale *i/u*

e) Die Mundartform der Gewässernamen wird, sofern sie in der Literatur vorhanden ist, in der dort vorgefundenen, auf verschiedenen phonetischen Alphabeten beruhenden Schreibform aufgeführt, ohne diese Namensform einem phonetischen Alphabet eigens anzupassen.

f) Außerdem
> steht für: »wird zu«
< steht für: »entstanden aus«,
zwischen /.../ stehen Lautungen
zwischen < ...> stehen Schreibungen.

3.3 Nicht-phonetische Zeichen

*   bezeichnet eine erschlossene, nicht belegte Form,
†   bezeichnet einen heute nicht mehr gebräuchlichen Namen.

3.4 Abkürzungen

Allgemeine Abkürzungen

abgeg. = abgegangen
Adj. = Adjektiv
Adv. = Adverb
Akk. = Akkusativ
Anm. = Anmerkung
Art. = Artikel
Aufl. = Auflage
Bd. = Band
d. = der/des
dass. = dasselbe
Dat. = Dativ
d. h. = das heißt
f. = feminin(um)
F. = Fälschung
FlN. Flussname
FS = Festschrift
Gen. = Genitiv
GS = Gedenkschrift
GwN. = Gewässername
hg./hrsg. = herausgegeben

Hg./Hrsg. = Herausgeber
Instr. = Instrumental
Jh. = Jahrhundert
m. = maskulin(um)
n. = neutrum
+N. = Name, z. B. FlurN. = Flurname
n. Chr. = nach Christus
Nom. = Nominativ
o. ä. = oder ähnlich
ON. = Ortsname
PN. = Personenname
Pl. = Plural
Präp. = Präposition
s. = siehe
S. = Seite
Sg. = Singular
s. o. = siehe oben
stF., stM., stN. = stark flektiertes Feminin, Maskulin, Neutrum
s. u. = siehe unten

Alphabete, Zeichen und Abkürzungen

Subst. = Substantiv
s.v. = sub voce (»unter dem Stichwort«)
swF., swM., swN. = schwach flektiertes Feminin, Maskulin, Neutrum
trans. = transitiv
u.a. = unter anderem

u.ä. = und ähnlich
u.dgl. = und dergleichen
vgl. = vergleiche
z.B. = zum Beispiel
z.T. = zum Teil

Geographische Abkürzungen

A = Österreich
B = Belgien
B.-W. = Baden-Württemberg
CH = Schweiz
CZ = Tschechien
D = Deutschland
Dep. = Departement
DK = Dänemark
E = Spanien
F = Frankreich
GB = Großbritannien
Gem. = Gemeinde
H = Ungarn
I. = Italien
Kr. = Kreis
L = Luxemburg
km = Kilometer
Lkr. = Landkreis

l.z. = links zur/zum
m = Meter
M.-V. = Mecklenburg-Vorpommern
NL = Niederlande
N.-Ö. = Niederösterreich
NRW = Nordrhein-Westfalen
O.-Ö. = Oberösterreich
PB = Politisches Bezirk
PL = Polen
Prov. = Provinz
r.z. = rechts zur/zum
Rh.-Pf. = Rheinland-Pfalz
RUS = Russland
S = Schweden
S.-A. = Sachsen-Anhalt
S.-H. = Schleswig-Holstein
SK = Slowakei
VG = Verbandsgemeinde

Abkürzungen von Sprachbezeichnungen

abret. = altbretonisch
abulg. = altbulgarisch
adän. = altdänisch
ae. = altenglisch
afr. = altfriesisch
afrz. = altfranzösisch
ahd. = althochdeutsch
air. = altirisch
akslav. = altkirchenslavisch
akymr. = altkymrisch
alb. = albanisch
alem. = alemannisch
andd. = altniederdeutsch
andl. = altniederländisch

apolab. = altpolabisch
aprov. = altprovenzalisch
apreuß. = altpreußisch
arm. = armenisch
aruss. = altrussisch
as. = altsächsisch
asorb. = altsorbisch
avest. = avestisch
awn. = altwestnordisch (auch altisländisch)
bair. = bairisch
brandenburg. = brandenburgisch
bret. = bretonisch
brit. = britannisch (inselkeltisch)
bsl. = baltoslavisch

bulg. = bulgarisch
čech. = tschechisch
d./dt. = deutsch
dn. = dänisch
e./engl. = englisch
finn. = finnisch
fläm. = flämisch
fnhd. = frühneuhochdeutsch
fr. = friesisch
frankoprov. = frankoprovenzalisch
frk. = fränkisch
frz. = französisch
gall. = gallisch
gallo-lat. = gallolateinisch
gallo-rom. = gallo-romanisch
gm. = germanisch
gr. = griechisch
gt. = gotisch
hd. = hochdeutsch
heth. = hethitisch
ig. = indogermanisch
isl. = isländisch
it. = italienisch
kelt. = keltisch
korn. = kornisch
kroat. = kroatisch
kymr. = kymrisch (walisisch)
l./lat. = lateinisch
lett. = lettisch
lit. = litauisch
lux. = luxemburgisch
maked. = makedonisch
mbret. = mittelbretonisch
md. = mitteldeutsch
me. = mittelenglisch
mfr. = mittelfränkisch

mhd. = mittelhochdeutsch
mir. = mittelirisch
mkymr. = mittelkymrisch
ml. = mittellateinisch
mndd. = mittelniederdeutsch
mndl. = mittelniederländisch
ndd. = niederdeutsch
ndl. = niederländisch
ne. = neuenglisch
nhd. = neuhochdeutsch
nisl. = neuisländisch
norw. = norwegisch
obd. = oberdeutsch
omd. = ostmitteldeutsch
österr. = österreichisch
pfälz. = pfälzisch
räto-rom. = rätoromanisch
rom. = romanisch
rum. = rumänisch
russ. = russisch
schw. = schwedisch
schwz. = schweizerisch
serbo-kr. = serbo-kroatisch
slav. = slavisch
slovak. = slovakisch
sloven. = slovenisch
sorb. = sorbisch
südd. = süddeutsch
toch. = tocharisch
ung. = ungarisch
urig. = urindogermanisch
ved. = vedisch (altindisch)
ves.-ig. = voreinzelsprachlich-indogermanisch
wd. = westdeutsch
wgm. = westgermanisch
wmd. = westmitteldeutsch

Abgekürzt zitierte Literatur
s. Literaturverzeichnis

Namenbuch

Aa
- ¹Aa, l.z. Möhne (zur Ruhr). – 1367 *super Aham*. ON. Aamühlen. – Schmidt, *HG.A 6*, S. 1.
- ²Aa, l.z. Nethe (zur Oberweser). – 1625 *uf dem Ahewasser*. – Kramer, *HG.A 10*, S. 1.
- ³Aa, l.z. Werre (zur Oberweser). – 1334 *uppe de A.* – Kramer, *HG.A 10*, S. 1.
Etymologie ↗ Aach.

Aabach
z. Afte (z. Alme z. Lippe). – 1656 *die grosse Ahe*. ON. Aamühle, FlurN. Aastein. – Etymologie ↗ Aach. – Schmidt, *HG.A 6*, S. 1.

Aach, Ach(e), Ah(e), Oh(e), die
(in der Komposition auch *Achen*-). In Süddeutschland noch halbappellativisch verwendete Bezeichnung für einen Wasserlauf, ahd., as. *aha* (< gm. *ahwō* f.) 'Wasserlauf'. Das Wort ist sowohl als Grundwort als auch allein stehend häufig. Zur Unterscheidung von anderen Achen wird es meist mit dem Zugehörigkeitsadjektiv von Ortsnamen zu einer Wortgruppe erweitert, z.B. *Mühlberger Ach*, r.z. Forggensee (z. Lech).

Aal-
-*bach*, -*bek*, -*graben*, -*kute*, -*pfuhl*, -*see*. Bestimmungswort nhd. *Aal* m. *Aal-* kann auch das Ergebnis der Kürzung von *Altbach* (↗ *Alt-*) sein, z.B. *Aalbach*, l.z. Etsch bei St. Florian zwischen Neumarkt und Laag (Prov. Bozen, I.), ausgetrocknetes Rinnsal, das nur bei starken Niederschlägen Wasser führt, /Åålpåch/, 1368 *rivus communis Aalbach*, um 1775 *Ahllpach, Ahl Bach*. < *Altbach* mit Erleichterung der Dreierkonsonant /-ltb-/ > /-lb-/, -lp-/. – Fischer, *BNB 10*, S. 16; Springer, *Flussnamen*, 121; Kühebacher, *Ortsnamen 2*, S. 14.

Aalbach
l.z. Main bei Bettingen (Main-Tauber-Kreis, B.-W., D). – 775 *super fluviolum Albaha*; ON. (†) 1165 *in Albestat*, 1172 *in albstat*, 1178 *in Albstat*. – Grundform FlN. *Alba*, der zur Unterscheidung vom ON. mhd. *Albe-stat* („Stelle an der *Alba*") mit dem verdeutlichenden Grundwort ahd. *aha* 'Fließgewässer' versehen wurde. Etymologie: entweder gm. *albō* f. 'Weißwasser' (↗ Olbe) oder vorgm. *Alba* (↗ Alb ↗ Albe). – Sperber, *HG.A.7*, S. 1.

Aalgastsee
nordöstlich von Stegelitz (Kr. Uckermark/Templin, Brandenburg, D). – 1375 *stagnum nomine Malgast*, 1577 *kleine Aelgast ... bei dem großen Algast*, 1675 *Ahlgastsee*. – Apolab. Grundform *Malogošč-*, mit possessivischem *j*-Suffix abgeleitet vom PN. *Malogast*. Ursprünglich identisch mit ↗ Mahlgastsee. Die Form *Algast-* kam durch Deglutination im Ausdruck *to dem (M)algast* zustande. – Fischer, *BNB 10*, S. 176.

Aar
- ¹Aar, l.z. Lahn (z. Rhein), entspringt im hessischen Taunus auf der Südseite des Limes beim Römerkastell Zugmantel, mündet in Diez (Rhein-Lahn-Kreis, Rh.-Pf., D). – 812? (Kopie 16. Jh.) *in Ardam*, 845 (Transsumpt 1333) *Arda*, 845 (Transsumpt 1518) *Aarda*, 1021–1031 (Kopie 17. Jh.) *ad flumen Arida*, 1281 *amnem ... Arde*, 14. Jh. *Arde* (mehrfach), 1420 *an der Arden*, 1462 *uff der Ar*, 1523 *Ahr*, Anfang 17. Jh. *uff der Aar*; ON. Aarbergen (Rheingau-Taunus-Kreis, Hessen); ON. Ruine Aardeck bei Diez, 1453 *Ardecke*, 1480 *Ardeck* („exponiert über der Aar liegende Burg"). – Grundform FlN. (ahd.) *Arda* > mhd. *Arde*, apokopiert **Ar(d)*, mit Dehnung des einsilbigen Namens *Ahr*, *Aar*. **Arda* wird als ves.-ig. Name mit ai. *árdati* 'fließt, zerstiebt, löst sich auf; beunruhigt', gr. *árda* 'Schmutz' (< 'Schmutzgewässer'?), lit. *ardas* 'Tal, Vertiefung, Pfütze', Fluss- und Ortsname *Ardappen* im Flussgebiet des Pregel (ehemals Ostpreußen, PL), urig. *h_2erd-* '(zer)fließen' in Verbindung gebracht. Ob diese Wurzel mit urig. **Herd-* 'ins Schwanken geraten' identisch ist und ob der gm. ON. ↗ † *Ertene* in die Deutung einbezogen werden kann, bleibt unklar. Ein Parallelname im französischen Sprachgebiet dürfte l'Erdre, r.z. Loire in Nantes, 1072 *Erda* (< *Arda*?), sein. – Faust, *HG.A.4*, S. 1; Biolik, *HE 11*, S. 14; Pokorny, *IEW*, S. 334; Rix, *LIV*, S. 223f.
- ²Aar, l.z. Dill (z. Lahn) mündet in Herborn-Burg (Lahn-Dill-Kreis, Hessen, D). 856 (Kopie 12. Jh.) *fluuium Ardaha*, 856 (Kopie 12. Jh.) *fluuioli Ardehe*; zwei Zuflüsse: 778 (Kopie 12. Jh.) *fluuios Gamenarden et Winarden*; GauN. 8. und 9. Jh. (Kopie 12. Jh.) *in pago Erdehe* (mehrfach genannt); ON. Ardt an der Aartalsperre und ON. Erda (Ortsteile d. Gemeinde Hohenahr, Lahn-Dill-Kreis), 771 (Kopie 12. Jh.), 9.–11. Jh. (Kopie 12. Jh.) *Erdehe*, 8. und 9. Jh. (Kopie

12. Jh.) *in Erdeher marca*, 773 (Kopie 12. Jh.) *in Ardaher marca*, 1237 *Erde*, 1246 *de Ardehe*, 1274 *de Arde*, 1301 *de Erdee*, 1305 *de Erde*; ON. Mittenaar (Lahn-Dill-Kreis). – Der aus **Ardahi* hervorgegangene Gauname wurde sowohl auf den Fluss als auch auf die Siedlungen übertragen. **Ardahi* ist wie ahd. *Loganahi* (↗Lahn) vom Flussnamen **Arda*, mhd. **-arde*, mit dem Kollektivsuffix ahd. *-ahi* abgeleitet. Die Namen der Nebenflüsse **Gamenarde* und **Winarde* enthalten wohl ahd. *gaman* 'Lust, Vergnügen Freude' und ahd. *wīn* 'Wein' als differenzierende Bestimmungswörter. Etymologie von **Arda* ↗¹Aar. – Faust, *HG.A.4*, S. 1.

Aarbach r.z. Este (z. Elbe) bei Hollenstedt (Lkr. Harburg, Niedersachsen, D). – /Aarbeck/, 1769 *die Ahr-Bache*, um 1820 *Arbach*; ON. Aarbach, 1568 *von Arbeck bis Winsen an der Lhu* (hierher?). – Deutung unsicher; das Bestimmungswort könnte auf gm.*arō* (?) (↗Ohre) zurückgehen. – Udolph, *HG.A.16*, S. 1.

Aare, die (frz. auch *Arole*), Hauptzufluss des Rheins in der Schweiz (CH), entspringt den Aaregletschern, durchfließt den Brienzer und Thunersee, fließt durch Bern und Solothurn, mündet bei Koblenz (CH) gegenüber Waldshut (D). – /d ārə, d ār/, 2. Viertel 5. Jh. (Passio Acaunensium martyrum) *supra Arulam flumen*, 7. Jh. (Fredegar) *in laco Dunensi quem Arola flumenis influit*, 778 (Kopie 10. Jh.) *super fluvium Araris*, *super ... Ararim*, 9. Jh.(?) *Ara fluvius*, 1. Hälfte 9. Jh. *circa Ararim*, 1155 *usque ad flumen Are*, und zahlreiche weitere Nennungen; PN. spätes 2. Jh. n.Chr. (inschriftlich) *nautae Aruranci* „Aare-Schiffer"; GegendN. (undatierte römische Inschrift aus Muri) *Deae Nariae reg(io) Arure(nsis) ...*; GauN. Aargau (später Kantonsname), 778 (Kopie 10. Jh.) *in ... Aragougense, in Aragaugia* (weitere zahlreiche Nennungen); ON. Aarberg (Kanton Bern), um 1220 *Arolae mons*, 1234–1235 *apud Arberch*; ON. Aarwangen (Kanton Bern), 1194–1212 (?) (Kopie 15. Jh.) *ze Arwangen*; ON. Aarburg (Kanton Aargau), 1123 *de Areburc*, 1183 *Arburch*; ON. Aarau (Hauptort des Kantons Aargau), 1267 *apud Arouwe*; BergN. Aarberg (gegenüber der Mündung der Aare), 885 *in ... Araberge*, 1361 *uff Arberg*. – Die älteste erreichbare Form des Flussnamens ist **Arura*, dissimiliert *Arula*, romanisiert *Arola*. Die häufigste Form in lateinischen Urkunden ist *Araris*, eine Übertragung des aus Caesar bekannten Namens der Saône (*Arari-*). Durch haplologische Kürzung (aus **Arura* oder **Arara*) ist die altalemannische Form *Ara*, deren Tonvokal später zu /ār/ gedehnt wurde, zu erklären; nur sie kommt als Bestimmungswort in den Komposita vor. **Arura* wird als „alteuropäischer" Name (**Orurā*), von der ig. Wurzel **or-* (urig.*h₃er-*) 'sich in (Fort-)Bewegung setzen' mit -r-Suffix abgeleitet, gedeutet. Die Lautentwicklung muss dann aber durch den vorgeschichtlichen Einfluss einer Sprache, in der /o-/ > /a-/ gewandelt wurde, erklärt werden. Diese Annahme ist nicht notwendig, wenn **Arurā* auf urig. **h₂er-* 'sich (zusammen)fügen' zurückgeführt bzw. von dem Verbalnomen **h₂er-u* (> **haru-* > **aru-*) 'Zusammenfügung, Zusammenfluss'(?) mit -r-Suffix abgeleitet wird. Der Fluss wäre dann als der, der mit dem Rhein zusammenfließt, benannt worden. Unabhängig davon kann **Arura* aus keiner indogermanischen Einzelsprache gedeutet werden und ist deshalb ein ves.-ig. Name. Der Name zahlreicher *Aarbäche* geht vielleicht auf Übertragung des Namens der Aare zurück. – Greule, *Oberrhein*, S. 101–104; Zinsli, *BNB* I, 1, S. 39; Rix, *LIV*, S. 299 f., 269 f.

Aas- -graben, -kuhle, -mörtel, -pfuhl, Gewässer in Brandenburg (D). Bestimmungswort nhd. *Aas* n. 'verwesender Tierkörper'. Die Gewässer könnten wegen unangenehmen Geruchs benannt worden sein. – Fischer, *BNB 10*, S. 16.

Abbach
– ¹Abbach, r.z. Donau, Abbacher Mühlbach, r.z. Donau. – ON. Bad Abbach (Lkr. Kelheim, Bayern, D), 1007 *Ahabah*, 12. Jh. (Kopie 1281) *Achbach*, 1231–1234 *Abach*, 1485 *Abbach*. – Snyder, *HG.A.3*, S. 1; Reitzenstein, *Oberbayern*, S. 27.
– ²Abbach, l.z. Sulzbach (z. Schwarzbach z. Rhein) bei Bühl/Baden (Lkr. Rastatt, B.-W., D). – 1320, 1471 *an der Ahe*, 1452 *Ahebach*. – Geiger, *HG.A.2*, S. 1. Verdeutlichendes Kompositum (ahd.) **Aha-bach* > mhd. *Ahebach*, (nach Synkope) *Ah-/Achbach*, mit dissimilatorischem Schwund /-chb- ... -ch/ > /-b- -b/ *Abach* oder mit Assimilation /-chb-/ > /-bb-/ *Abbach*.

Abbeke l.z. Ilme (z. Leine z. Aller z. Weser) südlich von Sievershausen (Stadt Dassel, Lkr. Northeim, Niedersachsen, D). – 1596 *die Abbach*, 1601 *die Abbeke entlangk*; ON. Abbecke (zu Sievershausen/Dassel). – Deutung unsicher, vermutlich wie ↗Abbach. – Kettner, *HG.A.8*, S. 1; Kettner, *Leine*, S. 11.

Abelebach identisch mit Wäsch-Bach, r.z. Große Nister (z. Nister z. Sieg z. Rhein). – 1048 (Kopie 12. Jh.) *ubi oritur Abelebach et deorsum Abelebach*. – Unsichere Deutung. Bestimmungswort vielleicht zu (kelt.) **ablo-* (↗Ablach) oder Genitiv eines Personennamens (**Abelen-*). – Faust, *HG.A.4*, S. 1.

† Abelica, Ablica, Eblica ↗²Albe.

Abens, die r.z. Donau. – 847–863 *Apansa*, ca.1000 *Abensa*, 1285 *Abens*. In der Nähe der Mündung der Abens in die Donau lag die römische Straßenstation

(3. Jh., Kopie 7./8. Jh.) *Abusina*, 759 (Kopie 824) *Abunsna*. ON. Abensberg, Stadt (Lkr. Kelheim, Bayern, D), 1138 (Kopie 12. Jh.) *Habensperch*, 1143 *Abensberch*, 1394 *Abensberg*. Das Grundwort *-berg* nimmt Bezug auf die Burg der Babonen. – Die Ausgangsform für den Flussnamen ist *Abusina*, eine Bildung mit **abu-* (idg. **ab-/*ap-* < **h₂ep-*'Wasser') als Basis und einem *-s*-Suffix. Vermutlich wurde aus dem ursprünglichen Flussnamen **Abusā* mit dem Suffix *-ina* der Siedlungsname *Abusina* gebildet. Weil ig. **abā* 'Wasser' in den keltischen Sprachen gut vertreten ist, darf vermutet werden, dass **Abusā* ein keltischer Reliktname ist. Im Verlauf der Entwicklung weist *Abusina* einen ungewöhnlichen Nasalumsprung auf: **Abus(i)na* > 759 *Abunsna* > **Abunsa* > 1000 *Abensa* auf. – Snyder, *HG.A.3*, S. 1; Reitzenstein, *Oberbayern*, S. 7.

Abersee (auch *Sankt Wolfgang-See*), See im Salzkammergut westlich Bad Ischl (PB Gmunden, O.-Ö. und Salzburg, A). – Um 788 (Kopie Mitte 12. Jh.) *Abriani lacum, de Abriani lacu*, 798–814 (Kopie Ende 12. Jh. und Kopie Ende 13. Jh.) *Parnsê*, 798–814 (Kopie Ende 12. Jh. und Kopie Ende 13. Jh.) *Aparnse*, 829 (Kopie Mitte 12. Jh. nach Kopie 890) *Aparinesseo*, 843 (Kopie 12. Jh.) und 849 (Kopie 13. Jh.) *ad Apirinesseo*, 1141 *ad Aberse*; FlurN. †Abersee-Forst, 951 (Fälschung kurz vor 1175, Kopie 15. Jh.) *decimis foresti Aᵉbernse*; FlurN. Abersee-Egg, Bergflur (Gem. Faistenau, PB Salzburg-Umgebung), 1182 *ab Aberseekke*. – Die bair.-ahd. Form des Namens ist (829) *Aparines sēo*, daraus entwickelte sich durch mehrfache Synkope (mhd.) *Apernsē* /ǣbernsē/, mit falscher Abtrennung der ersten Silbe in der Fügung */z'äparnsē/, die Nebenform *Parnsê*, später mit Vereinfachung der Konsonantengruppe /rns/ und Sekundärumlaut *Abersee*. Bair.-ahd. *Aparines sēo* kann als Lehnübersetzung der kanzlei-lateinischen Form *Abriani lacus* gelten. Trotz des auffälligen Genitivs dürfte in *Abriani* ein römischer Prädienname **fundus Aprianus* (vulgärlat., rom. **Abrianu*) vorliegen, vgl. den *-iacum*-Namen **Apriacum* (mehrfach in Ortsnamen Frankreichs). Der vermutliche ON. **Abrianu* (= Sankt Wolfgang?) entwickelte sich im Altbairischen wie andere *-ianum*-Namen zu **Aprin*, (mit Sprossvokal) **Aparin* oder **Apirin* stN. – Hausner/Schuster, *Namenbuch*, S. 1; Reutner/Wiesinger, *Gmunden*, S. 40 f.; Buchmüller-Pfaff, *Siedlungsnamen*, S. 75; Greule, *Ortsnameninterferenzen*.

Ablach, die r.z. Donau bei Blochingen (Ortsteil von Mengen, Lkr. Sigmaringen, B.-W., D). – /ˈɑːblə/, 1272 *Abilach*, 1295 *Ablach* usw.; ON. Ablach (Krauchenwies, Lkr. Sigmaringen). – Kelt. **Ablakā*, mit *k*-Suffix abgeleitet von **ab-lo-*, einer *l*-Erweiterung von ig. **ab-* 'Wasser'. Möglicherweise liegt auch kelt.

*abl-/*abal- 'Apfel' zugrunde ('Fluss, an dem Apfelbäume wachsen'; zum Benennungsmotiv ↗Aflenz), ↗†Abelica ↗Nebelbach. – Snyder, *HG.A.3*, S. 1; Springer, *Flußnamen*, S. 70.

Ablass-Bach r.z. Wertach (z. Lech z. Donau) bei Augsburg-Göggingen (Bayern, D). 1413 *des Ablas*, 1430 *des Ablaspach*, ca.1563 *Ablass*. – Ursprünglich Stellenbezeichnung (mhd.) **abelâz* m. 'fallen- oder zapfenartiger Verschluss zum Stauen und Ablassen von Gewässern; das abgelassene Wasser'. – Keinath, *Württemberg*, S. 138; Springer, *Flussnamen*, S. 211.

Abzucht, die (Oberlauf auch *Wintertalbach*), l.z. Oker (z. Aller z. Weser) durch Goslar (Lkr. Goslar, Niedersachsen, D). – 1271 (Kopie 14. Jh.) *alse de Agetucht vlút ut deme Rammesberge*, 1293 *inter Agetucht et ...*, 1294 *inter Agethucht et ...*, 1296 *aquam ... Agethuch*, 1313 *aqueductum, qui Aghetucht dicitur*, 1320 (gleichzeitige Kopie) *aquam ... Aghetucht*, (weitere Beleg des 14. Jh. in dieser Form), 1802 *Abzucht*. – Mndd. *āgeducht*, ahd. *agedoht*, mhd. *aducht*, nhd. *Andauche, Abzucht* 'Röhre, Abzugsgraben', entlehnt aus lat. *aquaeductus*, im Nhd. eingedeutet nach *Abzug*. Die Abzucht war der Abzugsgraben für die Hüttenwässer aus dem Erz-Bergwerk im Rammelsberg (südlich von Goslar). – Borchers, *HG.A.18*, S. 1.

Ach-, Ache-, Achen- *-bach, -leitenbach, -reingraben, -tal(bach)* ↗Aach.

Acher, die r.z. Rhein bei Lichtenau/Baden (Lkr. Rastatt, B.-W., D), entspringt im Schwarzwald in 848m Höhe. – 1471 *uff der Acher*, 1581 *in die Acher*; TalN. 1291 *in valle ... Achertal*; ON. Achern (Große Kreisstadt, Ortenaukreis, B.-W.), 1050 *ad villam Acchara*, 1138 *Achara*, 1179 *Achare*, 1245 *de Acher*, 1291 *in Achere*, 1339 *de Acheren*. Die heutige Form des Ortsnamens zeigt den Flussnamen im Dativ Singular. – *Acher* wird auf vorgm. **Akʷarā/*Akwara* zurückgeführt und als Ableitung mit *r*-Suffix von (ig.) **akʷā* (lat. *aqua*) 'Wasser' erklärt. /w/ ist in der Verbindung /kw/ im Alemannischen ausgefallen, ↗Kinzig (< **Kwentika*). Die nahe liegende Deutung von **Akʷarā* als keltisch ist nicht beweisbar, da ig. **akʷā* im Keltischen nicht belegt ist (↗Echaz ↗Eichel). Keine lautlichen Probleme entstehen, wenn *Acher* wie die Flussnamen ↗Agger (lies *Aacher*) und ↗Oker auf germ. **Akra* bzw. **Akara* zurückgeführt und als *r*-Ableitung zum starken Verb gm. **ak-a-* 'fahren, treiben' erklärt wird. – Geiger, *HG.A.2*, S. 2; Greule, *Oberrhein*, S. 174–176.

Achtelsbach r.z. Traunbach (z. Nahe z. Rhein). – ON. Achtelsbach (Lkr. Birkenfeld, Rh.-Pf., D), 1256 *de atelsphach*, 1334 *von Atelspach*, 1357 *Achtilbach*,

Achter-

1359 *Aychtilsbach*, 1365 *Achtelspach*, 1396 *Aichtelsbach*, 1467 *zu Achtelspache*, 1480 *Achtelsbach*. – Ausgangsform mhd. **Âhtelesbach*, Kompositum mit dem Grundwort *-bach* und dem PN. *Âhtel* (< ahd. **Âht(w)olf?*) im Genitiv als Bestimmungswort. – Greule, *HG.A.15*, S. 1.

Achter- *-pfuhl, -see*, Gewässer in Brandenburg (D), z. B. 1592 *Ein Seh hinter dem Dorffe der Achter See genandt*. Bestimmungswort brandenburg. (nordmärkisch) *achter* 'hinter, hinten'. – Fischer, *BNB 10*, S. 17.

Acker- *-bach, -graben, -pfuhl, -teich*, z. B. *Ackerbach*, l.z. Dörsbach (z. Lahn z. Rhein) mit ON. Ackerbach, 1194–1198 *Acherbach*, 14. Jh. *Ackirbach*, 1359 *Ackerbach*. Bestimmungswort nhd. *Acker*. – Fischer, *BNB 10*, S. 17; Faust, *HG.A.4*, S. 2.

Adda, die (im Unterlauf *Puff-Bach*), r.z. Plane (z. Breitling-See/Havel, Brandenburg, D). – 1736, 1772 *Ada*, 1820 *am Addabach*, 1841 *Adda Fließ, Adda Bach*, 1854 *Adda*. – Deutung unsicher, vielleicht Zusammenhang mit brandenburg. *Adder* 'Schlange', ↗ Adder-. – Wauer, *HG.A.17*, S. 1; Fischer, *BNB 10*, S. 17.

Adde-Bach Fortsetzung Preister-Bach, r.z. Langenfelder Bach (z. Ferndorf z. Sieg z. Rhein). – 1609 *Attenbach*, 1642 *über den Altenbach* (lies *Attenbach?*), 1653 *die Attenbach*. – Kompositum mit dem Grundwort *-bach* und dem PN. (ahd.) *Atto* im Genitiv (*Atten-*) als Bestimmungswort. – Faust, *HG.A.4*, S. 2.

Ad(d)er- *-lake, -lanke, -loch, -pfuhl*, Gewässer in Brandenburg (D). Bestimmungswort brandenburg. *Adder (Arrer)* 'Schlange'; Benennung nach dem Vorkommen von Nattern. – Fischer, *BNB 10*, S. 198.

Aden-Bach r.z. Odenbach (z. Glan z. Nahe z. Rhein). – ON. Adenbach (Lkr. Kusel, Rh.-Pf., D), 1379 (Kopie) *Adenbach*, 1380 (Kopie) *Adinbach*, 1415 (Kopie) *Adenbach*, 1757 *Adenbach*. – Kompositum mit dem Grundwort *-bach* und dem PN. (ahd./rheinfränk.) *Ado* im Genitiv (*Aden-*) als Bestimmungswort, ↗ Adener Bach ↗ Adenauer Bach. – Greule, *HG.A.15*, S. 1; Dolch/Greule, *Pfalz*, S. 29 f.

Adenauer Bach r.z. Ahr (z. Rhein). – 992 *ubi Adenoua fluvius cadit in aquam Ara*; ON. Adenau, Stadt in der Hocheifel (Lkr. Ahrweiler, Rh.-Pf., D). – Grundlage ist der FlN. (ahd.) **Adenaha*; von ihm wurde der ON. (ahd.) **Adenouwe* 'Siedlung an der **Adenaha*' gebildet. **Adenaha* ist ein Kompositum mit dem Grundwort ahd. *aha* 'Fließgewässer' und dem PN. (ahd./mittelfränk.) *Ado* im Genitiv (*Aden-*) als Bestimmungswort, ↗ Aden-Bach ↗ Adener Bach. – Kaufmann, *Ortsnamen auf „aha"*, S. 18 f.

Adener Bach l.z. Seseke (z. Lippe z. Rhein). – ON. Niederaden (Stadtteil von Lünen, Kreis Unna, NRW, D), Oberaden (Stadtteil von Bergkamen, Kreis Unna), Römerlager Oberaden, um 1150 *De Adene*, 1188–1300 *curia dicta Adene* (so mehrfach im 14. Jh.). – Grundform vermutlich FlN. (as.) **Adenaha*, Kompositum mit dem Grundwort as. *aha* 'Fließgewässer' und dem PN. (as.) *Ado* im Genitiv (*Aden-*) als Bestimmungswort, ↗ Aden-Bach. Das ursprüngliche Grundwort wurde über *-ah, -ā* zu *-e* abgeschwächt. Der Flussname ist als Wortgruppe mit dem Adjektiv des Ortsnamens neu gebildet. – Schmidt, *HG.A.6*, S. 88.

Ader-Bach l.z. Morgenbach (z. Rhein) im Binger Wald (Hunsrück, Lkr. Mainz-Bingen, Rh.-Pf., D). – 1290 (Kopie 14. Jh.) *and(er) bach*, 1296 *an der bach*, 1507 (Kopie 16. Jh.) *in der bach*, 1771 *Aderbach*. – Zusammenrückung der Wortgruppe mhd. *an der bach*, die als Name (ursprünglich Stellenbezeichnung) elliptisch ist, d. h. es dürfte ein Bezugswort z. B. *Fels* oder *Weg* ausgefallen sein. – Greule, *HG.A.15*, S. 1.

Adlersbach l.z. Kinzig (z. Rhein). – HofN. Adlersbach (Stadt Hausach, Ortenaukreis, B.-W., D), 1139 *Arnoldesbach*, 1351 *Arnoltzspach*, 1374 *Arnerspach*, 1506 *Arnenspach*. – Kompositum mit dem Grundwort *-bach* und dem Genitiv des PN. *Arnold* (mhd. *Arnoldes-*) als Bestimmungswort; neuzeitlich eingedeutet als „Bach des Adlers". – Geiger, *HG.A.2*, S. 2.

Aeke r.z. Gr. Bramke (z. Weißes Wasser z. Oker z. Aller z. Weser). – FlurN. 1784 *in der Eecke*. – Deutung vielleicht wie ↗ Eckbach (< **Akja*), vgl. ↗ Oker (< **Akra*). – Borchers, *HG.A.18*, S. 2.

Ächli (auch *Götznerbach*), r.z. Rhein (Vorarlberg, A). – 1363 *das Áchli Å*. – Alem. Diminutiv zu ↗ Ach „Kleine Ache". – Geiger, *HG.A.2*, S. 2.

Äschach (jetzt Lindauer Ach), z. Bodensee (z. Rhein, D). 802 *inter fluvium … Acaha*, ↗ Asch, mit alemannischer Hebung des /a-/ > /ê-/ vor /š/. – Geiger, *HG.A.2*, S. 3.

aff(a) ↗ apa.

Affer-Bach r.z. Hös-Bach (z. Aschaff z. Main z. Rhein). – ON. Oberafferbach (Gem. Johannesberg, Lkr. Aschaffenburg, Bayern, D), ON. Unterafferbach (Markt Goldbach, Lkr. Aschaffenburg), 1339 *Affulderbach*, 1380 *Affolderbach*, zw Niedern Affelderbach. – Kompositum mit dem Grundwort *-bach* und mhd. *apfalter*, (wmd.) *affelder* 'Apfelbaum' als Bestimmungswort; durch Synkope der unbetonten Silben verkürzt zu *Affer-*. Ähnliche Entwicklung bei *Affter-*

bach (r.z. Trubach z. Wiesent z. Regnitz z. Main) mit dem ON. *Affalterthal*, ⁊ Affhöllerbach ⁊ Affolterbach ⁊ Apfaltersbach. – Sperber, *HG.A.7*, S. 1.

Affhöllerbach r.z. Gersprenz (z. Main z. Rhein). – ON. Affhöllerbach (Gem. Brensbach, Odenwaldkreis, Hessen, D), 1398 *Affelterbach*. – Deutung wie ⁊ Affer-Bach, ⁊ Affolterbach, ⁊ Apfaltersbach; *Affelter-* wird durch Rundung von /-e-/ > /-ö-/ vor /-l-/ und Assimilation von /-lt-/ > /-ll-/ zu *Afföller-*, dann Eindeutung nach *Hölle*. – Sperber, *HG.A.7*, S. 1.

Affolterbach, die l.z. Ulfenbach (z. Neckar z. Rhein). – 1613 *die Affolterbach*; ON. Affolderbach (Gem. Wald-Michelbach, Kr. Bergstraße, Hessen, D), 1353 *Affolderbach*, 1364 *Affolterbach*, 1398 *Affelterbach*, 1424 *Affalterbach*, 1433 *Affhulderbach*, 1509 *Apffholderbach*. – Kompositum mit dem Grundwort *-bach* und mhd. *apfalter*, *affalter* 'Apfelbaum' als Bestimmungswort, ⁊ Affer-Bach ⁊ Affhöllerbach ⁊ Apfaltersbach. Vgl. *Afholderbach*, r.z. Aach(bach) (z. Stockacher Aach z. Bodensee) mit Eindeutung nach *Holder/Holunder*. – Schmid, *HG.A.1*, S. 1; Ramge, *Flurnamenbuch*, S. 157 f.; Geiger, *HG.A.2*, S. 3.

Aflenz, die r.z. Mur (z. Donau) bei Leibnitz (PB Leibnitz, Steiermark, A). – 1265 *due Aulencz*, 1385 *Auelniz*, 1387 *in der Afflencz*. Früher belegt ist der Orts- und Talname Aflenz (PB Bruck an der Mur, Steiermark), 1025 *in loco Auelniz*, 1060–1076 *ad Auoloniza*, 1060–1076 *in valle Âuoloniza* (und weitere Belege). – Grundform slaw. *Abolьnica* 'Bach bei den Apfelbäumen', abgeleitet von slaw. *abolnъ* 'Apfelbaum', slowen. *jablana*; ins Bairische integriert als mhd. *Avelniz* > *Aflenz*. Zum Benennungsmotiv ⁊ Apfaltersbach. – Hausner/Schuster, *Namenbuch*, S. 12; Lochner von Hüttenbach, *Steirische Hydronyme*, S. 68 f.

Afling, die l.z. Kainach nördlich von Bärnbach (PB Voitsberg, Steiermark, A). – 1318 *Avelinch*, 1389 *an dem Afelink*, 1400 *im Afelnig*, 1450 *im Afling*. – Slaw. *Aboln-ikъ* m., vermutlich gekürzt aus *Abolnьn-ikъ*, mit substantivierendem *-ik*-Suffix abgeleitet vom Adjektiv *abolnьn-* 'den Apfelbaum betreffend'; früh ins Bairische integriert als (ahd.) *Avelinch* > *Aflink* > *Afling*. – Lochner von Hüttenbach, *Steirische Hydronyme*, S. 69.

Afte, die (im Ober- und Mittellauf auch *Wiele*), r.z. Alme (z. Lippe z. Rhein) bei Büren/Westfalen (Lkr. Paderborn, NRW, D). – 1306 *inter fluvium Affatam et …*, 1350, 1371 *Affte*, 1391 *vor der Afte porten*, 1656 *in die Ahe oder Atte* (lies: *Afte*). – Grundform (gm.) *Afs-tō* f., *t*-Ableitung zu gm. *afs-* (schwed. dial. *afse* m. < *af-san-* 'kleiner Bach'), entspricht gall. *apsa*

'Bach' (zu ig. *ap-* 'Wasser'). – Schmid, *HG.A.6*, S. 1, 88; Schmid, *Wupper und Lippe*, S. 7–9 (vorgm.); Grzęga, *Romania*, S. 64 f.

Aga, die r.z. Weißen Elster (z. Thür. Saale). – 1432 *in der Aga*; ON. Aga (südlich von Zeitz nordöstlich von Gera, Thüringen, D), 1248 *Ogawe*, 1250 *Ogau*, 1364 *Agow*, 1533 *Agaw*. – Asorb. *Ogava*, vermutlich aus gm. *Agʷ(j)ō* (s. die FlN. *Aue*, *Egau*) auf der Grundlage *Aga+a(h)wa* slawisiert und eingedeutscht als *Ag+a*. – Ulbricht, *Saale*, S. 237; Walther, *Gewässernamenschichten*, S. 31, 37, 43.

Ager, die l.z. Traun bei Lambach (PB Wels-Land, O.-Ö., A). – Um 810 (?) (Kopie Ende 9. Jh.) *ad Flumen Agre*, 823 (Kopie Ende 9. Jh.) *Agra*, 1103 (Fälschung Mitte 12. Jh.) *in Ægre piscationem* 1139–46 *iuxta fluvium Eger*; ON. Ader (Gem. Timelkam, PB Vöcklabruck, O.-Ö.), /ādᵃ/, um 810 (Kopie Ende 9. Jh.) *in loco … Agira*. – Wegen des Sekundärumlautes (mhd. *Eger*, *Ægre*) ist von vorahd. *Agria* auszugehen. Der Name kann aus dem Keltischen als adjektivische *r*-Ableitung zur Verbalwurzel *ag-* 'treiben, führen' (urig. *h₂éǵ-e-*) erklärt werden. Benennungsmotiv war die Triebkraft des Flusses; Parallelname ⁊ Eger. – Hausner/Schuster, *Namenbuch*, S. 12; Reutner/Bito/Wiesinger, *Vöcklabruck*, S. 187 f.; Rix, *LIV*, S. 255 f.

Agerbach

– ¹Agerbach, l.z. Talfers (z. Eisack) fließt vom Agratsberg herab (Prov. Bozen, I.). – /Aagerpåch/, 1278 *Agerpach*; ON. 1377 *curia d. Agerbach*. – Bestimmungswort ist mundartlich *Aagerer* m. 'Almertrag, Almnutzen eines Sommers'. – Kühebacher, *Ortsnamen 2*, S. 16.

– ²Agerbach (auch *A*, *Aarbach*, *Ahe*), Oberlauf d. Nuthe (z. Havel z. Elbe; Brandenburg, D). – /ābax/, 1753 *Agerbach*. – Sichere Deutung nicht möglich; vielleicht ist der Name übertragen von der ⁊ Agger. – Wauer, *HG.A.17*; Fischer, *BNB 10*, S. 18.

Agger, die (amtlich *Aggerbach*), r.z. Sieg bei Troisdorf (Rhein-Sieg-Kreis, NRW, D), entspringt im Oberbergischen Land bei Meinerzhagen auf ca. 437 m Höhe, speist den Aggertal-Stausee und überwindet auf ihrem Lauf einen Höhenunterschied von 386 m, /ácher/. – 1071 *Acchera, per ascensum Accherę, Achera*, 1174 *Achera*, 1357 *dy Achger*, 1363 *beneden der Achgeren*, 1457 *de Achger, in der Acher*, 1575 *Aicher*; ON. Agger (Stadtteil von Lohmar, Rhein-Sieg-Kreis), 1064 *Achera*, 1109 *Acchera*, 1181 *Achara*, 1395 *Aldenacher*. – Grundform (altwestmitteldeutsch) *Achara* < gm. *Akrō*, Femininum des Adjektivs (gm.) *akra-* 'treibend', *r*-Ableitung von gm. *ak-a-* 'fahren, (treiben)'. Gm. *akra-* entspricht ig. *aǵ-ro-s* 'treibend,

Aggsbach

hetzend', ↗ Acher ↗ Oker ↗ Exter. – Faust, *HG.A.4*, S. 2; Barth, *Sieg und Ruhr*, S. 63; Pokorny, *IEW*, S. 6.

Aggsbach r.z. Donau (bei Aggsbach). – 1072–1091 *de Achispach*; ON. Aggsbach (Gem. Schönbühel-Aggsbach, PB Melk, N.-Ö., A), 830 (Kopie 11. Jh.) *Accussabah*, 1115 *Acchesbach*. – Die Belege enthalten als Bestimmungswort ahd. *ackus* 'Axt' (< gm. **akwisjō*). Da bei einem Gewässernamen **Axt-bach* das Benennungsmotiv nur schwer zu erklären ist, kann die Eindeutung eines vorgm. (kelt.?) Gewässernamens **Akwisia* vorliegen. Der gleiche Name existiert in Frankreich als *La Guisane*, Nfl. d. Durance (Dép.Hautes Alpes), 739 *in valle Aquisiana*. – Hausner/Schuster, *Namenbuch*, S. 12f.; Holder, *Sprachschatz* 1, Sp.169.

Ah-/Aha-/Ahe- -bach, -beck(e), -graben ↗ Aach.

Ahl- -bach, -graben, z.B. *Ahl-Bach*, l.z. Mehrbach (z. Wied z. Rhein). Wmd. *Al, Alen, Ahl,* /ōl/ 'schmaler Gang zwischen zwei Häusern, Gasse, schmaler Fußweg, schmales keilförmiges Feld, Gemarkungsteil mit schluchtartiger Lage'; FlurN. (oberes Rheinengtal) *Elling* (< **Alding*) 'längliche Vertiefung bzw. Hohlweg', bair. *alden* 'Ackerfurche, Vertiefung im Ackerfeld', gm. **aldōn* f. 'Mulde, Vertiefung, enge Stelle', ↗ Elde ↗ Ollen. – Metzler, *Westerwald*, S. 94; Halfer, *Flurnamen*, S. 254; Ramge, *Flurnamenbuch*, S. 159.

Ahle, die

– ¹Ahle, Nasse ~, Trockene ~, l.z. Weser bei Reinhardshagen-Vaake (Lkr. Kassel, Hessen, D). – (1583–85) *Die Oell*; FlurN., (1583–85) *Naßahl, Die Ohelgern*; ON. Kleine Ahle (Reinhardshagen).
– ²Ahle, r.z. Schwülme (z. Weser) bei Uslar (Lkr. Northeim, Niedersachsen, D), entspringt in feuchtem Wiesengelände im Zentrum des Sollings (Weserbergland). – 1586 *de Aell*, 1587 *die Ahle*, 1588 *mit der Ale*, 1603 *ahle fluß*.
Etymologie: Übertragung der Geländebezeichnung ↗ Ahl- auf den Fluss. – Kramer, *HG.A.10*, S. 2.

Ahlenbach (auch *Aalenbach, Alenbach*), l.z. Glotter (z. Elz z. Rhein). – ON. Ahlenbach (Gem. Glottertal, Lkr. Breisgau-Hochschwarzwald, B.-W., D), um 1113, 1497 *in Mallinbach*, 1530 *im Alebach*. – Kompositum mit -bach als Grundwort und dem Genitiv des PN. **Mallo* (**Mallen-*) als Bestimmungswort. In der Fügung **im Mallenbach* wurde M- deglutiniert (> **Alenbach*). – Geiger, *HG.A.2*, S. 3.

Ahlenrönne z. Dahlemer See (z. Halemer See z. Flögelner See z. Lehe z. Aue z. Hadelner Kanal z. Medem z. Elbe). – /Ohlsröll, Ahlenrünn'n/, 1599 *uf die Alens Renne, von der Alens Rennen, Alens Ronne*, 1667 *Ahls Rönne*, 1692 *aalsrollen*, 1768 *die Ahls-Röllen*; FlurN. Große, Kleine Ahlen, 1599 *die Ahlen*, 1768 *der Große Ahlen, Klein Ahlen*; ON. Ahlen-Falkenberg (Gem. Wanna, Lkr. Cuxhaven, Niedersachsen, D). – Kompositum mit dem Grundwort ↗ *rönne* und dem FlurN. *der Ahlen* (< *Adeln*?) mit Entsprechung in mhd. *atel* stM. 'Schlamm, Morast, schlammiges Wasser' (↗ Attel). – Udolph, *HG.A.16*, S. 3.

Ahler-/Aller- -bach, -beek, z.B. Ahler-Bach, r.z. Nette (z. Innerste z. Leine z. Aller z. Weser). 1578 *in den allerbeck*. Bestimmungswort ↗ Eller-. – Kettner, *Leine*, S. 56f.; Ulbricht, *Saale*, S. 71.

Ahlersbach

– ¹Ahlersbach, l.z. Kinzig (z. Main z. Rhein), mündet bei Schlüchtern-Herolz (Stadtteil von Schlüchtern, Main-Kinzig-Kreis, Hessen, D). – ON. Ahlersbach (Stadtteil von Schlüchtern), 1274 *Alsbach*, 1279, 1303 *Alespach*, 1330 *Alenspach*, 1331 *Alersbach*.
– ²Ahlersbach, l.z. Kinzig (z. Main z. Rhein), mündet bei Steinau an der Straße (Main-Kinzig-Kreis, Hessen, D). – 860 (Druck 1850) *ubi Alesbach influit in Kincicham*, um 900 *ubi ... Althesbach* (lies: *Alchesbach?*) *influit in Kinzicham*.
Deutung: Kompositum mit dem Grundwort -bach und dem Genitiv eines nicht mehr genau bestimmbaren Personennamens (ahd. **Alwīch*?). – Sperber, *HG.A.7*, S. 1f.

Ahne, die l.z. Fulda (z. Weser). – 1154 *iuxta fluvium Ána*, in der Form *Ana* oft belegt im 14., 15. und 16. Jh., 1356 *Ane*; Kloster Ahnaberg (Stadt Kassel, Hessen, D), (1184) *Anenberc*, 1222 *Anneberc*, 1235 *Anenberch*, 1255 *Aneberge*; ON. Ahnatal (Großgem. Lkr.Kassel). – Die Grundform **Anā* wird – unter Hinweis auf ausgedehnte Torfmoore am Oberlauf der Ahne – mit kelt. (gall.) *ana-(m)* 'Sumpf' (↗ Enns ↗ Ahrbach) identifiziert. Parallelname ist der ON. Ahn (Luxemburg), um 1200 *apud An*, 1255 *Ana*. Nicht auszuschließen ist eine Beziehung zum Verbstamm gm. **an(n)-* 'gewogen sein', gm. **an-sti-* 'Gunst' (↗ Ennepe): gm. **An(n)ō* 'angenehmer, günstiger Fluss'(?). Eine Ableitung mit dem Suffix -s- könnte dazu der ON. (Nieder-, Ober-)*Ense* (Kreis Soest, Westfalen), 1230 *de Ense* < **Anisa*, sein. – Sperber, *HG.A.5*, S. 1; Bach, *Namenkunde* 1, S. 224f.; Buchmüller/Haubrichs/Spang, *Namenkontinuität*, S. 76f.; Krahe, *UäFlNN*, S. 105; Seebold, *starke Verben*, S. 79f.; Flöer/Korsmeier, *Soest*, S. 155–158.

Ahnebeeke l.z. Soltbeeke (z. Akebeke z. Saale z. Leine z. Aller z. Weser), mündet südwestlich von Deinsen (Flecken Eime, Samtgem. Gronau, Lkr. Hildesheim, Niedersachsen, D). – 1744 *der Ahnebeck*, 1858 *im Ohnebeck*. – Unsichere Deutung. – Kettner, *Leine*, S. 12.

Ahr, die

– ¹Ahr (auch *Ahrn-Bach*), r.z. Rienz bei Bruneck (Prov. Bozen/Südtirol, I.). – TalN. Ahrntal (auch: Tauferer-Ahrntal), größtes Nebental des Pustertals, auch Gemeinde (Prov. Bozen), 1048 *vallis Aurina*, 1065–1077 *in Ourin*, 1070-um 1180 *in valle Ourin*, 1142–1147 *Oweren*, usw., 1315 *Eurn*, *Euren*, 1324 *Aeuren*, 1329 *Aüren*, 1370 *Arn*, usw. – Die Lautentwicklung, ausgehend von *Aurina*, führt über Sekundärumlaut, Diphthongierung und Entrundung zur heutigen (mundartlichen) Form des Namens. Lat. (vallis) *Aurina* entspricht abair. **Ourin tal*. Im Talnamen dürfte der ves.-ig. Flussname **Aurā* (Femininum zu urig. **h₂eu-ro-*) vorliegen. Zur Etymologie ↗ Auer. – Kühebacher, *Ortsnamen 1*, S. 28, 2, S. 17 f.; Hausner/Schuster, *Namenbuch*, 14.
– ²Ahr, l.z. Rhein bei Remagen-Kripp (Lkr. Ahrweiler, Rh.-Pf., D). – 855 (Kopie um 1191) *Are*, 856 (Kopie um 920) *Ara*, 1222 *Arre*; GauN. Ahrgau, 880 (Kopie) *in pago Arisco*, 886 (Kopie) *in pago Aroense*, 898 *Aregeuue*; ON. Bad Neuenahr-Ahrweiler (Kreisstadt im Lkr. Ahrweiler), 1044 *Arewilere*, 1051 *VVilere*, 1108 *Arwilre*, 1168 *Areuuilre*; ON. Altenahr (Sitz d. Verbandsgem. Altenahr, Lkr. Ahrweiler), 1105 *Ara*, 1112 *Are*. – Zugrunde liegt der vorgm. (kelt.?) FlN. **Orā*, der durch Lautersatz /o/ > /a/ germanisiert wurde. **Orā* ist Nomen actionis oder Nomen acti zum Verbstamm idg. **h₃er-* 'sich in (Fort-)Bewegung setzen' (gr. *óros* 'Antrieb', lat. *orior* 'erhebe mich, entstehe', kelt. *-or* in kymr. *dygyff-or* 'Erhebung'). – Gysseling, *Woordenboek 1*, S. 40 f.; Krahe, *UäFlNN*, S. 45.

Ahrbach

l.z. Gelbach (z. Lahn z. Rhein) östlich von Montabaur (Westerwaldkreis, Rh.-Pf., D). – 959 *ex fluuio anarê, usque in anarae gespринc, in minorem anaram, in anaram* (bezieht sich auf den Gelbach), ca.1220 *in fluuium ... anra*, 1355, 1368, 1462 *hynsiit Anre*, *uff, von der Anre*, 1492 *die Anner*, 1525 *die Ayner*, *die Eyner*, vor 1630 *die Eyr*, *Aure*. Orte am Ahrbach und am Gelbach: Oberahr (Verbandsgem. Wallmerod, Westerwaldkreis, Rh.-Pf.), 1490 *Oberanre*; Mittelahr, 1545 *Mitteläher*; Niederahr (Verbandsgem. Wallmerod), 1468 *von Niedern Anre*, 1490 *Nideranre*, 1607 *Nidereer*; Kirchähr (Gem. Gackenbach, Westerwaldkreis), 1107 *Anre*, 1486 *Kirchanre*, 1453 *Auner kirchspil*, 1594 *Kirchaer*, 1607 *Kircheer*; Weinähr (Verbandsgem. Nassau, Rhein-Lahn-Kreis, Rh.-Pf.), 1592 *Weinayer*, 1607 *Weineer*; /aː(r)/, /eː(r)/. – Grundform FlN. ahd. *Anara*, mit Synkope (mhd.) *Anre*; die Schreibungen der Belege reflektieren die unterschiedliche Entwicklung von (mhd.) *Anre* in der moselfränkischen Mundart. Etymologie: *r*-Ableitung von kelt. (gall.) *ana-(m)* 'Sumpf'. Wegen des ON. Andrup (Stadt Haselünne, Lkr. Emsland, Niedersachsen), 947 *Anar-upe*, ist auch eine *r*-Ableitung von gm. **an(n)-* 'gewogen sein' (↗ Ahne ↗ Ennepe) möglich. – Faust, *HG.A.4*, S. 3; Greule, *Ortsnamenwechsel*, S. 319 f.

Ahringsbach

l.z. Großbach (z. Mosel), Kleinfluss aus dem Hunsrück, mündet in Enkirch (Verbandsgem. Traben-Trarbach, Lkr. Bernkastel-Wittlich, Rh.-Pf., D). – 1135 *argenza*, 1475 *Argentz*, 1498 *die Argentzer Bach*, 1555 *im argentz*, 1640 *Arings*, 1653 *Arigantz*. – Grundform (vorahd.) **Argantia* > ahd. *Argenza* > mhd. **Argenz(e)*, mit mundartlicher Erleichterung von /arg-/ > /aːr-/ > moselfränk. /aːrints/ und /aːriŋs/. **Argantia* ist eine feminine Ableitung mit dem Suffix ig. **-ṇt-* von der Wurzel **arg-* (< urig. **h₂erĝ-*) 'weiß, hell, glänzend, (blitz-)schnell'; Benennungsmotiv ist die weißglänzende Farbe des Wassers (↗ Argen). Genauso ist das Wort für Silber in mehreren ig. Sprachen gebildet (lat. *argentum*, gall. *Arganto-*, air. *arggat*, arm. *arcat'*, toch. *ārkyant*). Auf **Argantia* (auch in der Form **Argantā*, **Argantios*, **Argantellā*) beruhen zahlreiche Flussnamen (↗ Ergers ↗ Ergolz), die die Grenzen des ursprünglichen keltischen Sprachgebiets nicht überschreiten. – Jungandreas, *Moselland*, S. 7, 1169; Pokorny, *IEW*, S. 64; Krahe, *UäFlNN*, S. 53 f.

Ahse, die

l.z. Lippe (z. Rhein), entspringt zwischen Erwitte und Soest (Kr. Soest, NRW, D), fließt in der Soester Börde, mündet nach 39 km in Hamm (NRW). – /āsə, ōsə/, 1269 *infra Lippam et Orsnam*, 1293 *in ripa ... Orsna*, 1404 *on der Arsene, Orsene*, 1413 *by der Artzene, by der lutteken Aessen*, 1563 *up dusser siden der Aetzen*, 1613 *auf der Aasen*, 1699 *an der Aeßen*; ON. Haus Ahse, 1375 *hoave tho der Orsne*, 1382 *hove to der Orsne*, 1392 *hove to der Oyrsene*, 1439 *to der Orsene, tor Orsen*, 1484 *tor Oirsene*, 1488 *tor Groten Arssene*, 1543 *tor Groten Aissen*, 1593 *tor Aetzen, zur Aaßen*. – Grundform (as.) **Arsana* f. > mndd. **Ars(e)ne*, **Ās(e)ne*, mit Hebung des A-: *Ors(e)ne*, **Ōsene*, später verstummt die Endung /-ne/. **Arsana* kann als germanische Bildung mit *-n*-Suffix von gm.**arsa-* m. 'Hinterteil' (as., ahd., awn. *ars*, ae. *ears*) erklärt werden, womit entweder vom Mündungsgebiet aus der aus dem „Hinterland" kommende Fluss benannt wurde oder gm. **arsa-* hat im Namen die vom Körperteil übertragene metaphorische Bedeutung 'Erhebung, Kuppe, Anhöhe'. Parallelname ↗ Erse. – Schmidt, *HG.A.6*, S. 1 f.; Schmidt, *Wupper und Lippe*, S. 9 f. (mit anderer Etymologie: zu ig. **ers-*, ai. *arṣati* 'fließt').

Aich, die

l.z. Neckar bei Nürtingen (Lkr. Esslingen, B.-W., D). – 1403 *an der Ehe*, 1442 *an de Ee*, 1498–1503 *an der Ech*, 1536 *ienat Oeha*; ON. Aich (Stadtteil von Aichtal, Lkr. Esslingen), /aeχ/, 1229 (Druck 17. Jh.) *in Ech*, 1275 *ville ... E*, 1275 (Kopie um 1350) *Ehe*, 1383 *ze E*, 1403 *zu Eh*, 1526 *Eich*; FlurN. Aichhalde. – Grundform FlN. ahd. *Ēwaha/mhd. *Ēwehe, Kompositum mit mhd. ēwe 'Gesetz, Gemeinderecht, Gemeindegebiet' als Bestimmungswort und mhd. ahe 'Fließwasser' als Grundwort, mit der Bedeutung 'Gemeinde-Gewässer', ↗Ehe-. Die Entwicklung der Lautgestalt führt mit Ausfall des /-w-/ zu 1275 Ehe (/ēhe/), nach Apokope zu (1403) Eh bzw. Ech (/ēch/) und mundartlicher Diphthongierung zu /aeχ/. – Schmid, *HG.A.1*, S. 1; Reichardt, *Esslingen*, S. 7 f. (mit anderer Etymologie: 'Eibenbach'); Keinath, *Württemberg*, S. 113, 150.

Aich- -a, -ach, -bach, -graben ↗Eich.

Aid, die l.z. Würm (z. Nagold z. Enz z. Neckar z. Rhein). – ON. Aidlingen (Lkr. Böblingen, B.-W., D), 843 (Fälschung um 1150) *de Otelingen*, 1271 *villa Ottelingen*, 1294 *Ôtelingen Ô*, 1334 *Oettlingen*, 1592 *Eytling*, 1664 *Aydling*. – Rückbildung des Flussnamens aus dem ON. Aidlingen (ahd. *Ôtilingun 'bei den Leuten des Ôtilo'). – Schmid, *HG.A.1*, S. 1 f.; Reichardt, *Böblingen*, S. 17–19.

Aidenbach l.z. Feldlohkanal (z. Isen z. Inn z. Donau). – 1830 *Eidenbach*, 1855 *Aidenbach*; ON. Aidenbach (Gem. Ampfing, Lkr. Mühldorf am Inn, Bayern, D), ca.1180 *in Aeittenpach, de Eutenbach, Aitenpach*, 12. Jh. *Haeutenbach, Aitpach*, ca.1563 *Aitnpach*. – Kompositum mit dem Grundwort *-bach* und dem Genitiv des PN. (ahd.) *Eito*. – Dotter/Dotter, *HG.A.14*, S. 4.

Ailbach l.z. Unteren Murg (z. Rhein). – 12. Jh. *Aigelpach*; ON. Ailwald, FlurN. Ailteich, Ailberg. – Grundform vielleicht FlN. (ahd.) *Agilinbach, Kompositum mit Grundwort *-bach* und dem Genitiv des PN. *Agilo* als Bestimmungswort. – Geiger, *HG.A.2*, S. 3.

Aisch, die l.z. Regnitz (z. Main) nordwestlich von Forchheim (Bayern, D). – 9. Jh. (Kopie 12. Jh.) *Eisga, Eisge*, 1069 *in Eiscam*, 1303–1313 (Kopie 1358) *apud Eisch*, 1317/1318 *Eis*, 1318 *bei der Aysch*, 1322/1323 *Eisch*, 1349 *an der Eysche*; ON. Aisch (Bezirksamt Höchstadt a.d. Aisch, Bayern), 905 *Aisga*, 1123 *Eiske*. – Über ahd. *Eiska < gm. *Aiskō f. 'die Helle, Klare' < (ig.) *aidʰ-sko-, vgl. lit. *áiškus* 'klar'. Der Name *Eisch* (Luxemburg) ist kein Parallelname. – Reitzenstein, *Lexikon*, S. 25, 273; Fuchshuber, *Uffenheim*, S. 6 f.; Sperber, *HG.A.7*, S. 2; Beck, *Aischtal*, S. 12 f., 56, 62; Bammesberger, *Aisch*; Reitzenstein, *fränkische Ortsnamen*, S. 20.

Aisch(en)bach Name mehrerer Bäche besonders im Flussgebiet des Neckars. Der Name entstand durch mundartliche (schwäbische) Diphthongierung und Palatalisierung über *eisbach aus *ēsbach, z.B. Aischbach, l.z. Körsch (z. Neckar), 1524/29 *der Eespach, der Eysbach, der Eyßpach*, 1628 *das Ayschbächlin*. *ēsbach ist entweder Umdeutung von (mhd.) *ēspan oder haplologisch verkürzt aus *ēspanbach 'Bach am oder durch den Espan'. *Der/das Espan* (< *ē-spann*) 'vor dem Dorf gelegener Weidegrund' ist häufiger ober- und mitteldeutscher Flurname. – Schmid, *HG.A.1*, S. 2; Keinath, *Württemberg*, S. 104, 151; Schnetz, *Flurnamenkunde*, S. 66 f.; Bach, *Namenkunde* 1, S. 382.

Aist, die l.z. Donau südlich von Schwertberg (O.-Ö., A). – /oaßt/, 853 *inter Agastam et Nardinam*. Die Aist verzweigt sich bei Hohensteg in die westliche Feldaist und in die östliche Waldaist, 1131 (Kopie nach 1356) *Westeragist, Waldaigst*; ON. (alle im PB Perg, O.-Ö.): Aisthofen, 983–91 (Kopie 1140–50) *de Agesta*; Waldaist, 1125–47 *de Agasta*; Aisting, 1378 *In Aistern*; Aist am Aist-Mühlbach, einem der Mündungsarme der Aist, 1598 *bei der Aist*. – Aist ist kontrahiert aus mhd. *Ageste*, ahd., (kelt.) *Agasta*, mit dem Suffix *-st-* abgeleitet von einem Verbaladjektiv *ago-s, das zur kelt. Verbalwurzel *ag- 'treiben' gehört, die auch zur Bildung von Fließgewässern verwendet wurde (↗Ager ↗Eger usw.). Da mit dem Suffix *-st-* in einigen indogermanischen Sprachen der Superlativ gebildet wird, ist die Bedeutung des FlN. *Agasta* 'die sehr rasch Fließende', was dem starken Gefälle entspricht. – Hohensinner/Wiesinger, *Perg und Freistadt*, S. 16, 27, 31, 53.

Aiter- ↗Eiter-.

Aitnach, die l.z. Schwarzer Regen bei Viechtach (Lkr. Regen, Bayern, D). – (1272–1281) *apud fluvium Aitnach*; ON. Altaitnach, (um 1112–1115) *de Etinaha*, (um 1150–1156) *de Ætinaha*. – Grundform ahd. *Eitin-aha, Kompositum mit dem Grundwort ahd. *aha* 'Wasserlauf' und dem Genitiv des PN. *Eito*. Alle drei im Altlandkreis Viechtach von links dem Schwarzen Regen zufließenden Gewässer waren ursprünglich *aha*-Bildungen: ↗Teisnach (im Oberlauf *Achslach*), Aitnach und Viechtach (< ahd. *Fioht-aha 'Fichtenbach'), jetzt Riedbach. – Hackl, *Viechtach*, S. 83–87, 171–174.

Ake, die (amtlich *Akebeke*, auch *Horste*), r.z. Saale (z. Leine z. Aller z. Weser) bei Eime (Samtgemeinde Gronau/Leine, Lkr. Hildesheim, Niedersachsen, D). – 1743 *die Acke*, 1744 *die Aake, die Aacke*, 1831 *in der Ake, Ake-Bach*, 1852/53 *die Aeke*, 1854 *die Aake*, 1858/60 *die Ake*. – Der Name wird mit dem norw. FlN. *Aka* in Verbindung gebracht; dieser kann als Nomen loci zum starken Verb gm. *ak-a- (awn. *aka* 'fahren') mit der Bedeutung '(Fluss) auf dem gefahren werden kann' gehören. Da im Einzugsbereich der Akebeke auch der Name *Ahebecke* vorkommt, ist in Anbetracht der späten Überlieferung des Namens *Ake* auch eine Kontraktion *Ahebeke > *Ābeke > *Ake* denkbar. – Kettner, *HG.A.8*, S. 1; Kettner, *Leine*, S. 12.

Al, die   (auch *Aal*), l.z. Kocher (z. Neckar z. Rhein), der Name gilt ab dem Zusammenfluss von Rombach und Sauerbach beim Eintritt in die Stadtgemarkung von Aalen. – 1820 *Aal*; ON. Aalen (Stadt, Ostalbkreis, B.-W., D), /ˈōlə/ (/ō/ offen), (um 1136) *in Alon*, 1300 *in Aelun*, 1331 *von Alvn*, 1349 *gen Auln* (und weitere zahlreiche Nennungen). – Der Flussname ist eine Rückbildung aus dem ON. *Aalen*, der zu ahd. *āla f. mhd. (?) *āle* 'Ahlkirsche, Traubenkirsche' gestellt und als Stellenbezeichnung bei den 'Ahlen, Traubenkirschen' gedeutet wird. – Schmid, *HG.A.1*, S. 3; Reichardt, *Ostalbkreis*, 1, S. 16–22.

Alach, die   ↗*Allachbach*.

Aland, der   (im Oberlauf *Milde*, im Mittellauf *Biese*), l.z. Elbe in Schnackenburg (Lkr. Lüchow-Danneberg, Niedersachsen, D), entsteht in der Wische (Altmark), einem ehemaligen Überflutungsgebiet der Elbe. – 786 *in rivum Alend*, 1151 (Kopie) *in praedio ... Alant*, 1208 *super rivum ... Aland*, 14. Jh. (Kopie) *in rivum Alend*, 1858 *Aland*. – Ausgangsform (gm.) *Aland m. ist identisch mit gt. *alands* 'aufwachsend' (Partizip Präsens zum starken Verb gm. **al-a-* 'nähren'). Flussnamen mit gm. **al-* (urig. **h₂el-*) als Basis beziehen sich auf anschwellende, überflutende Gewässer, ↗*Elte* (mit Suffixablaut < gm. *Alenda). Die Parallelisierung von gm. *Aland* mit dem lit. FlN. *Ālantas* und mit lett. *aluõts* 'Quelle' (< **alont-*) kann beibehalten werden, wenn Name und Appellativ mit lit. *alèti* 'vom Wasser überschwemmt werden' (< urig. **h₂el-*?) zusammenhängen. – Schmitz, *Lüchow-Dannenberg*, S. 218; Andersson, *Al- i ortnamn*; Krahe, *UäFlNN*, S 35.

Alandsgraben   bei Oderberg (Kreis Uckermark/Angermünde, Brandenburg, D). – 1786 *der Alands-Graben*. – Kompositum mit dem Grundwort *Graben* und dem Genitiv von *Aland* m. 'ein karpfenähnlicher Fisch'. – Fischer, *BNB 10*, S. 18.

alb   Grundwort in Namen kleinerer, dicht beieinander liegender Bäche in abseitiger Lage auf der Westricher Hochfläche im Einzugsbereich des Schwarzbachs (im Hinterland von Zweibrücken, Rh.-Pf., D), z.B. *Bickenalb* (Bestimmungswort PN. *Bicko*), *Trualb*, *Felsalb*. Die Übertragung ging vermutlich von der *Schwalb* (ca.742, Kopie, *Suabalba*) aus; *-alb* geht auf vorgm. (gallorom.) *albā 'Weißwasser' (↗*Alb* ↗*Albe*) zurück. – Dolch/ Greule, *Westricher Hochfläche*.

Alb, die

– ¹*Alb*, Obere~, r.z. Rhein in Albbruck (Lkr. Waldshut, B.-W., D), entsteht im Südschwarzwald aus Menzenschwander ~ (vom Feldberg-Massiv) und Bernauer ~ (vom Herzoghorn) oberhalb von St. Blasien. – /dˈalb/, 983 *ortus Albae*, 1018 *Alba*, 1065 *influit Albam, ad ortum Albae*, *Alba* (und weitere Belege der gleichen Form), 1383 *in die albe vnd die albe abe*, 1428 *disent alb*; GauN. 781 *Alpegauuia*, 844 *in pago Alpegouve*, 855 *in pago Alpagouve* (und weitere Belege im 9. Jh.); ON. Albbruck, 1454 *uf der Albbruck* („auf der Brücke über die Alb"); ON. Alb (Gem. Albbruck), um 1342 *ze/von albe*; ON. Albert (Gem. Albbruck), 1347 *Alphart* („Wald an der Alb"). – Der aus St. Galler Quellen zitierte Gauname enthält den Flussnamen in lautverschobener Form (*Alpa-* < *Alba-*). – Geiger, *HG. A.* 2, S. 3f.; Greule, *Oberrhein*, S. 178f.

– ²*Alb*, Untere~, r.z. Rhein, entsteht im Nordschwarzwald, mündet bei Karlsruhe (B.-W., D); ein linker Zufluss ist die von Moosbronn kommende Moosalb. – /dˈalb/, 1110 *juxta fluvium ... Alba*, 1148 *fluvius Albe* (und weitere Belege dieser Form); FlN. Moosalb, 1148 *Mosalba*, 1149–1152 *in Mosalbam* (↗Moos-); TalN. Albtal, 1149–1152 *vallem ... Albetal*; GauN. 1110 *in pago Albicgouwa, in pago Albegowa*; ON. Bad Herrenalb (Lkr. Calw, B.-W.), 1149–1152 *in Alba* (und so oft belegt), 1497 *Alba dominorum*; ON. (Klosterruine) Frauenalb (Gem. Marxzell, Lkr. Karlsruhe), 1248 *monasterium in Alba* (so oft belegt), 1341 *zù Frowen Albe*; ON. Langenalb (Gem. Straubenhardt, Enzkreis, B.-W.), 1382 *Langenalbe*. – Geiger, *HG. A.* 2, S. 4; Greule, *Oberrhein*, S. 178f.

Dem Namen der beiden aus dem Schwarzwald kommenden Flüsse liegt (vorgm.) *Albā 'Weißwasser' (↗Albe) zugrunde; *Albā scheint eine wohl keltische Bezeichnung für Gebirgsflüsse gewesen und von gm. *Albō f. (↗Olbe) zu unterscheiden zu sein.

Albabach   l.z. Felda (z. Werra z. Weser) in der Thüringer Rhön. – 1183 *Albaha*; ON. Oberalba und Unteralba (Ortsteile d. Gem. Dermbach, Wartburgkreis, Thüringen, D), 1378 *Czu Obirn Alba*. – Grundform (ahd.) *Alb-aha*, Kompositum mit dem Grundwort ahd. *aha* 'Fließwasser'; das Bestimmungswort ist entweder (gm.) **alba-* m. 'Kies, Kiesboden' (↗Lober) oder gm. *albō f. 'Weißwasser'(?), ↗Olbe. – Sperber, *HG.A.5*, S. 1.

Albach, der   Oberlauf d. Nasenbachs, l.z. Inn (z. Donau). – ON. Albaching (Pfarrdorf Gem. Pfaffing, Lkr. Rosenheim, Bayern, D), 808 (Kopie 824) *Alpicha*, 818 (Kopie 824) *Alpihha*, 1162–1172 *Albichingen*. – Vorausgesetzt der Name des Albachs wurde auf die heutige Siedlung Albaching übertragen, dann liegt ein (keltisches?) Hydronym *Albika vor, das mit *k*-Suffix (↗Illach) von der in Europa weit verbreiteten

Flussnamen-Basis *Alb-* (urig. *$^*h_2elb^h$-* 'weiß') abgeleitet wurde. Um die Siedlung vom Bach zu unterscheiden, wurde an den Gewässernamen das germanische Suffix *-inga-* angefügt: **Albich-inga* 'Leute, die in der Nähe des Albachs siedeln'. – Dotter, *HG.A.14*, S. 5; Reitzenstein, *Oberbayern*, S. 10.

Albe, die

– ¹†Albe, alter Name der Fieberbrunner Ache (auch *Pillerseeache*) z. Kössener Ache (z. Tiroler Ache z. Chiemsee z. Alz z. Inn) bei St. Ulrich am Pillersee (PB Kitzbühel, Tirol, A). – 1295 ... *ripae cuiusdam Albe* ..., 1416 *dy Alben*, 1743 *mit der Alben*; ON. Albendorf, später (1407) *Almdorf*. – Grundform kelt.(?) **Albā* 'Weißwasser' (ig. **alb^h ā* 'die Weiße'). – Dotter/Dotter, *HG.A.14*, S. 299; Anreiter, *Besiedelung*, S. 99; Anreiter, *Tiroler Gewässernamen*, S. 38.

– ²Albe, l.z. Saar bei Sarralbe (Dep. Moselle, Lothringen, F). – 1675 *Alba*; ON. Rodalbe, d. Rodalben (Dep. Moselle) an der Quelle der Albe, 1455 *Rodalbe*, 1594 *Rodalben*; ON. Sarralbe, d. Saaralben, 718 *ad Alba*, 1201 *Albe*, 1265 *de Alba*, 1275 *saline d'Aubes*, 1463 *Alba supra Sarram*, 1474 *Saar-Albe*. – Grundform (kelt.) **Alba* 'Weißwasser'. Drei für das Kloster Weißenburg im Jahr 712 (Kopie 9. Jh.) ausgestellte Traditionsurkunden überliefern für ²Albe einen anderen Namen: *super fluuiolo Abelica* (Traditiones Wizenburgenses Nr.225), *super fluuio Eblica* (Nr.231), *super fluuio Ablica* (Nr.232). Es dürfte sich um einen älteren oder nur für die Teilstrecke der Albe bei Guéblange-lès-Sarralbe (Gem. Val-de-Guéblange, Dep. Moselle) geltenden Namen handeln; Grundform (kelt.) **Ablika*, ↗Ablach (< **Ablaka*). – Spang, *HG.A.13*, S. 1f.; Pitz, *Siedlungsnamen*, S. 246f.; Krahe, *UäFlNN.*, S. 41.

Alberbach

(auch *Alber*), l.z. Weserangersbach (z. Weser). – 1622 *die Alferbach*, 1636 *die Alberbache*, 1638 *die Alferbäche*; FlurN. *In der Alber*. – Falls sekundäre (verdeutlichende) Komposition vorliegt, könnte die Ausgangsform des FlN. (gm.) **Albar-* (↗Lober) gewesen sein. Bei echter Komposition entspricht das Bestimmungswort wohl nhd. *Alber* 'Weißpappel'. – Kramer, *HG.A.10*, S. 2.

Albersbach

r.z. Reichenbach (z. Glan z. Nahe z. Rhein). – ON. Albersbach (Reichenbach-Steegen, Verbandsgem. Weilernbach, Lkr. Kaiserslautern, Rh.-Pf., D), /alw^erschbach/, 1377 *Albispach*, 1393 *Alßbach*, nach 1430 *Almspach*, 1448 *Almspach*, 1480 *Albißbach*, 1578 *Albeßbach*, 1788 *Albersbach*. – Möglicherweise verdeutlichende Zusammensetzung mit dem FlN. **Albes-* (↗Albess-Bach) als Bestimmungswort. Eine andere Deutung sieht im Bestimmungswort den Genitiv eines PN., z.B. (ahd.) *Albolf-es*. – Greule, *HG.A.15*, S. 1; Dolch/Greule, *Pfalz*, S. 31.

Albess-Bach

l.z. Bledes-Bach (z. Kusel-Bach z. Glan z. Nahe z. Rhein). – 1587 *inn der Albß*, 1806 *Albese*; ON. Albessen (Verbandsgem. Kusel, Lkr. Kusel, Rh.-Pf., D), /alw^es^e/, 1436 *Albeßen*, 1446 *Albesau*, *Albesen*, 1456 *Albeßan*, 1458 *Albeßan*, *Albessang*, 1460 *Albeßen*, 1480 *Albesen*, *Albßen*. Die Form des Ortsnamens entspricht dem Dativ des schwach flektierten Flussnamens; Schreibungen wie *Albesau*, *Albessang* sind entweder Eindeutungen oder Verlesungen. – Grundform FlN. **Albasa* oder **Albusa*. Der Name ist mit *s*-Suffix entweder abgeleitet von kelt. **albu-* (gall. **albūka* 'mergelhaltige Erde') oder von gm. **alba-m.* 'Kies, Kiesboden', ↗Lober. In beiden Fällen liegt eine Benennung nach der Beschaffenheit des Flussbetts vor. – Greule, *HG.A.15*, S. 1f.; Dolch/Greule, *Pfalz*, S. 32.

Albula

räto-rom. *Alvra*, r.z. Hinterrhein bei Thussis (Kanton Graubünden, CH), entspringt am Albulapass (räto-rom. Pass d'Alvra), durchfließt das Albulatal (räto-rom. Val d'Alvra). – 1349 (Kopie) *an il-bellen* (Variante *Elbellen*), 1394 *ponte Alvella, ze dem tail der Älvell*, 1410 *die Albellen*, 1421 *enthalb der Elbelen*, 1699 *zu der Elbälla*, 1705 *Alva*, 1712 *in der Elberen*, 1747 *an der Albula*, 1780 *an der elbra*, 1787 *Ällbula*. Die heutige Namensform *Albula* ist gelehrte Neubildung (vermutlich nach *Albula*, anderer Name des Tiber in Latium, I.). – Grundform (kelt.) **Albela/*Albila* > (umgelautet altalem. **Älbelen/Elbelen* (dissimiliert *Elberen*), räto-rom. *Alvella*, synkopiert und dissimiliert *Alvra*. Der Name ist eine *l*-Ableitung von kelt. (?) **albā* 'Weißwasser', ↗Alb ↗Albe. – Geiger, *HG.A.2*, S. 5; Geiger, *Gewässernamen-Schichten*, BNF 16, S. 120.

Alche, die

(amtlich *Alchenbach*), r.z. Sieg (z. Rhein) bei Siegen (Kreis Siegen-Wittgenstein, NRW, D). – ON. Alchen (Stadtteil von Freudenberg, Kreis Siegen-Wittgenstein), 1382 *von Alche*, 1417–1419 *in der Alche, in der Aylche*, 1463 *Aliche* (lies *Ailche*), 16. Jh. *Ailche*, 1559 *Oilche*, 1560 *Alch*, 1663 *Aalchen*, 17. Jh. *Alchen*. – Grundform Flussname (westmitteldeutsch) **Älche* (mit mundartlicher Längung des /a-/) (< gm.) **Alkō* f., gm. **alk-* mit der Bedeutung 'Schlamm, Matsch, Dreck, Kot' liegt als Bestimmungswort vor im ON. Alkmaar (Noordholland, NL), 1063 (Kopie 12. Jh.) *Alcmere*, im schweizerdeutschen FlurN. *Alche(n)* f. (Kanton Bern und Wallis, CH) für eine sumpfige Wiese und ähnliches Gelände, ferner in ndd. *alken* 'in unreinen Sachen rühren, in Schmutz treten'. Gm.**al-k-* ist eine nominale *k*-Ableitung von der Wurzel gm. **al-* (ablautend **ul-*) 'modrig, faul', vgl. norw. (dialektal) *ulka* 'Schimmel'. – Faust, *HG.A.4*, S. 3; Barth, *Sieg und Ruhr*, S. 64; Künzel/Blok/Verhoeff, *Lexicon*, S. 62f.; Zinsli, *BNB* I,1, S. 15f.; Pokorny, *IEW*, S. 305.

Ald-/-e- ↗Alt-, z.B. 933 *in aldaha* (Urkundenbuch Hersfeld), jetzt FlurN. Alttal; 1339 *der Alde Wac*, ein Lahnarm bei Wetzlar. – Sperber, *HG.A.5*, S. 2; Faust, *HG.A.4*, S. 3.

Alf, die (auch *Alfbach*), l.z. Mosel in Alf (Lkr. Cochem-Zell, Rh.-Pf., D), entspringt in der Vulkaneifel in 549m Höhe. – 1406 *uff der Alben*, 1490 *uff der Alff*, 16. Jh. *durch die Albe, jenseit der Alben*; ON. Alf, 1143 *In Biscouesalven*, um 1190 *zu Elve*, um 1220 *Alve*. – Grundform (vorgm., kelt.) *Albā 'Weißwasser'*, ↗Alb. Die heutige Namensform zeigt den mundartlichen Lautwandel /-lb-/ > /-lf-/, in der Überlieferung schwankt der Name zwischen starker und schwacher Flexion (*Alben*). – Jungandreas, *Moselland*, S. 11.

Alfbach r.z. Prüm (z. Sauer z. Mosel) bei Pronsfeld (Verbandsgem. Prüm, Eifelkreis Bitburg-Prüm, Rh.-Pf., D). – 816 (Kopie) *per albam*; ON. Bleialf (Bleierz-Lagerstätte, Verbandsgem. Prüm), 893 (Kopie 1222) *Alve*, um 1046 *alva*, 1115 *de Alvo*. – Deutung wie ↗Alf. – Jungandreas, *Moselland*, S. 11 und 84.

Alfenz, die r.z. Ill (z. Rhein), Hauptfluss des Klostertals (Vorarlberg, A), mündet bei Bludenz. – 1355 *das wasser Alnentze* (lies *Aluentze* oder *Alfentze*), 1542 *(aus der) Alfennz*. – Grundform roman. *Alvanza < (vorrom., kelt.) *Albantịā 'reich an Weißwasser'*, ↗Lafnitz ↗Lavant. – Geiger, *HG.A.2*, S. 5; Krahe, *UäFlNN*, S. 53.

Allachbach (auch *die Alach*), r.z. Donau durch Straubing (Bayern, D). – Ca.863–885 *iuxta laticem quae Alaha vocatur*, 1364 *stöst auf die alach*, 1404 *auf der alach*, ca.1563 *Alahae influxum*; ON. Alburg (Teil der Stadt Straubing). – Der Flussname ahd. *Alaha* entspricht der Bildung nach (andd.) *Alapa (↗Alpe); es handelt sich um ein Kompositum mit dem Grundwort *-aha* 'Fließwasser'. Die Herkunft des Bestimmungsworts *Al-* ist nicht sicher; vielleicht gehört es zu gm. *al-* (ablautend *ul-) 'modrig, faul'. Da bei Alburg, einem Stadtteil von Straubing (777 *Albpurch*, 877 *Alburch*, 1411 *zu Alburg*), ein römischer Gutshof entdeckt wurde, darf erwogen werden, dass im ON. *Alburg* und im FlN. *Alach* eine vorgm. ON., etwa *Alacum* (> abair. *Alaha*) weiterlebt, indem er auf den Fluss übertragen wurde; der ON. *Alburg* könnte dazu als Klammerform *Al[aha]burg* erklärt werden. – Snyder, *HG.A.3*, S. 4; briefliche Mitteilung (23. 2. 2010) von Ch. Kolbeck (Straubing).

Alle
- ¹Alle ↗Hall(e)/Allaine.
- ²Alle, die poln. Łyna, l.z. Pregel in Wehlau/Wielawa (Ostpreußen, PL). – 1251 *Alna* usw., 1388 *ad flumen Alle*; ON. Allendorf (poln. Łyna), 1387 *Lana*, 1906 *Allendorf*; ON. *Allenstein* poln. Olsztyn), 1353 *Allensteyn*; ON. *Allenburg*, 1384 *Allenborg*; ON. Allenau, 1370 *Alnow*. – Grundform: (balt.) *Alna*, entwickelt sich im Deutschen (durch Assimilation) zu *Alle/Allen-*, im Polnischen (durch Liquidametathese) zu *Lana*. Der Name gehört mit lit. FlN. *Alnà*, SeeN. *Alnas* zu lit. *alnèti* 'laufen'. – Biolik, *HE 11*, S. 113–115.

Aller- ↗Ahler-.

Aller, die r.z. Weser, entspringt im Westen der Magdeburger Börde (S.-A., D), mündet nach 211 km bei Verden (Lkr. Verden, Niedersachsen). – 849 (848?) *super fluvium Halera*, 997 *ad Aleram fluvium*, 1006 *super fluvium Alera*, 1013 *in Elere, in Aelere*, 1013 *in ripa Aelerê*, 1019 *super Aleram fluvium*, 12. Jh. *Alera*, 1296 *inter aleram …*, 14. Jh. und 15. Jh. *Alre*, 1507 *Aller*. – Grundform (as.) *Alera* (das H- in *Halera* der Königsurkunden ist hyperkorrekt), mit Sprossvokal vor /-r-/ < gm. *Alrō f., identisch mit dem norwegischen Ortsnamen Orre, 1448 *Alro sokn*, ursprünglich Gewässername *Alra, jetzt Orreâna. Als Name eines ehemaligen Überschwemmungsgebiets ist Aller wohl wie ↗Aland zu beurteilen, d.h. *r-*Ableitung von gm. *al-*, womit Namen gebildet werden, die sich auf anschwellende, überflutende Gewässer beziehen. – Borchers, *HG.A.18*, S. 3–6; Særheim, *Settlement Names*, S. 322 f.

Allmend- *-bach, -bächle, -graben*; Bestimmungswort zu nhd. *Allmende* f. 'gemeinsamer Grund': 'Gewässer an der/durch die Allmende'. – Geiger, *HG.A.2*, S. 5; Spang, *HG.A.13*, S. 2.

Allna, die r.z. Lahn (z. Rhein), entspringt an den *Allbergen*, fließt im Lkr. Marburg-Biedenkopf (Hessen, D) und mündet bei Argenstein (Gem. Weimar/Lahn, Lkr. Marburg-Biedenkopf). – Ca.1250–1260 *(inter) Dudefe et Allena*, ca.1282–1283 *ultra … Dudefe et Allena*; ON. Allna (Ortsteil von Weimar/Lahn), 807 (Kopie 12. Jh.) *Allanaher marca*, 1254 *de Alnaha*, 14. Jh. *Alnahe*, 1352 *Allnahe*, 1363/64 *zu Alnen*, 1434 *Alna*, 15. Jh. *Alnau*, 1572 *Ayln*, 1577 *Ahln*, 1586 *Allna*. – Unter der Annahme, dass die Schreibung <-ll-> in den Belegen das Ergebnis der Assimilation /-ld-/ > /-ll-/ (vgl. ↗Kahl ↗Wahle-Bach) wiedergibt, ist die Grundform (ahd.) *Aldan-aha > (mhd.) *Allen-a*, mit Schwund des /-e-/ *Allna*. Da die Ohe (< ahd. *Aha*) ein linker Zufluss der Allna ist, liegt die Vermutung nahe, dass *Aldenaha* 'alte Aha' bedeutet, *alt* (↗Alt-) im Sinne von 'ursprünglich'. – Faust, *HG.4*, S. 4, 60; Greule, *Studien*, S. 47 f. (mit anderer Etymologie: vorgm. *Alna).

Alm, die
– ¹Alm kommt aus dem Almsee, r.z. ¹Traun (O.-Ö., A). 791 (Kopie Mitte 12. Jh.) *fluuium … Albina*, 992–993

(Kopie Ende 11. Jh.) *Alpana, Alpanase* (=Almsee); SeeN. 789 (Fälschung 10. Jh.) *lacum Albinae*; ON. Almau (Gem. Pettenbach, PB Kirchdorf an der Krems, O.-Ö.), /ōi′māu/, 1581 *in der Albmau*; ON. Almburg (Gem. Pettenbach), /′ōimbūəg/, 1299 *De Albenpùrch*; Almeck, Rotte von Mühldorf (Gem. Scharnstein, PB Gmunden, O.-Ö.), /ōi′mek/ (ō offen), 1449 *Albekk*. Der See- und die Ortsnamen sind Komposita mit den Grundwörtern *-see, -au, -burg* und *-eck* und dem GwN. *Albana, n-*Ableitung von ig. *alb^h- 'weiß* („Weißbach"). Wegen des fehlenden Umlauts liegt dem Namen in der heutigen Form *Albana* (nicht *Albina*) zugrunde. – Hausner/Schuster, *Namenbuch*, S. 26; Hohensinner/Reutner/Wiesinger, *Kirchdorf an der Krems*, S. 44; Reutner/Wiesinger, *Gmunden*, S. 119.

– ²Alm, l.z. Riehe (z. Lamme z. Innerste z. Leine). 1832 /40 *die Alme*. Vermutlich Rückbildung aus dem ON. Almstedt (Samtgemeinde Sibbesse, Lkr. Hildesheim, Niedersachsen, D), 1151 *Almenstad, Almenstide*, der einen verloren gegangenen Flussnamen *Almana* (↗Alme) enthalten kann. – Kettner, *HG.A.8*, S. 2; Kettner, *Leine*, S. 13.

Almbach

– ¹Almbach, l.z. Weißen Achen (z. Sossauer Kanal z. Tiroler Ache z. Chiemsee z. Alz z. Inn). – Ca.1563 *fluviolus Albm*, 1743 *Albenfluss*; ON. Almau, Weiler am westlichen Ufer der Tiroler Ache (Lkr. Traunstein, Bayern, D), ca.1147–1167 *de Albenowe*, ca.1180 *de Albenowe*. – Der Ortsname, ein Kompositum mit dem Grundwort ahd. *ouwe* 'Land am Wasser', enthält wahrscheinlich den FlN. *Alben-*, vielleicht den alten Namen der Tiroler Ache; Etymologie wie unter ↗¹Alm. – Dotter/Dotter, *HG.A.14*, S6.

– ²Almbach, r.z. Salzach bei Hallein (Salzburg, A). – 798 (Kopie Ende 12. Jh.) *Albína*; ON. Ober-, Niederalm (Gem. Oberalm u. Gem. Anif, PB Hallein u. PB Salzburg-Umgebung, Salzburg); Oberalm: 798 (Kopie Ende 12. Jh.) *in villa Albîn*; Niederalm: 930 *ad Albinam inferiorem*. – Deutung wie unter ↗¹Alm. – Straberger, *HG.A.9*, S. 2f.; Hausner/Schuster, *Namenbuch*, S. 26.

Alme, die

– ¹Alme, l.z. Lippe. – Nach 1075 (Kopie vor 1306) *Almana*, 1107 *Almana*, 2. Hälfte 13. Jh. (Kopie) *iuxta flumen Almen*, 1480 *over de alme*; GauN. 852–884 (Kopie) *Almango*, 1015–1036 *Almunga*, 1021 (Kopie) *Almunga*; ON. Alme (Stadtteil von Brilon, Hochsauerlandkreis, NRW, D), 952 *Almundoraf*, 1234 *de Almene*, 1277 *de Almina*, 1308 *de Almana*, 1325 *van Almene*, 1370 (Kopie) *zu Almen*, 1526 *Ouer Almen*. – Grundform (gm.) *Almanō*, Parallelname mit anderem Suffixvokal *Almino* (↗Elmen). Es handelt sich um onymische Weiterbildungen vom Adj. gm.

alma- 'wachsend, anschwellend (vom Wasserstand)', vgl. lit. *almėti* 'unaufhörlich fließen', *almais* Adv. 'eilig, heftig', vielleicht auch kelt. *almo-* in FlN. Yealm (Devonshire, GB), 1309 *Yhalm* < ae. *Ealme*. – J. Hartig, Rezensen zu Schmid, *HG.A.6*, S. 2, in: BNF.N.F.5, 1970, S. 50f.; Krahe, *UäFNN*, S. 35; Watts, *EPN*, S. 710.

– ²Alme, l.z. Exter. – 1790 *Die Alme* (Schöpfung d. Topographen W.G.L.von Donop); ON. *Almena* (Ortsteil d. Gem. Extertal, Lkr. Lippe, NRW, D), 1348 *tho Almena*, 1487 *to almena*, 1614/15 *Allminahe, Allmnahe, Allmna*. – Der Name scheint ein Kompositum mit ahd./as. *aha* 'Fließgewässer' als Grundwort gewesen zu sein. Er ist mit ↗Almecke vergleichbar. Das Bestimmungswort könnte wie bei Almecke mndd. *allmen(d)-*, mhd. *almeinde, almende* 'Gemeindegut' sein. – Kramer, *HG.A.10*, S. 2.

Almecke

l.z. Lenne (z. Ruhr z. Rhein). – ON. Almecke (Stadtteil von Plettenberg, Märkischer Kreis, NRW, D), um 1314 *in Almenbeck*. – Kompositum mit dem Grundwort mndd. *becke* 'Bach'; das Bestimmungswort ist vielleicht die mndd. Entsprechung von mhd. *almeinde, almende* 'Allmende, Gemeindeland', vgl. ↗²Alme. – Schmidt, *HG.A.6*, S. 2.

Almfluß

Unterlauf der Königssee Ache, l.z. Salzach bei Rif (Gem. u. PB Hallein, A). – 1123 (Fälschung vor 1196) *inter fluvios Salzah et Albam inferiorem*. – Falls der Name *Alba* aus *Albana* gekürzt ist, gehört er etymologisch zu ↗¹Alm und ↗Almbach; falls nicht, gehört er zur Gruppe der Namen, die ohne *n-*Suffix auf ig. *Alb^hā* 'die Weiße, Weißwasser' zurückgehen, ↗Alb. – Straberger, *HG.A.9*, S. 3f.; Hausner/Schuster, *Namenbuch*, S. 26.

Alp, die

l.z. Sihl (z. Limmat) unterhalb von Einsiedeln (Kanton Schwyz, CH). – 1095 *Alba*; ON. Alpthal, /alpəl/, 1018 *Albetal*, 1217 *Albtal*, 1311 *in Alptal* („Tal der Alp"). – Grundform (ahd.) *Alb-aha* (?), Bestimmungswort des Kompositums mit dem Grundwort ahd. *aha* 'Fließwasser' vermutlich (kelt.?) *albā* 'Weißwasser', ↗Alb. – Kristol, *LSG*, S. 84.

Alpbach

– ¹Alpbach (auch *Aalbach*), r.z. Tegernsee (z. Mangfall z. Inn z. Donau). – Ca.1563 *Altbach*, 1829 *Aalbach*, 1868 *Albach* (*Allbach*); ON. Alpbachalpe. – Bestimmungswort vermutlich zu ↗Alt, nach Sprecherleichterung zu *Albach* und Eindeutung als *Alp-bach* bzw. *Aal-bach*.

– ²Alpbach, r.z. Tiroler Ache (z. Alz z. Inn z. Donau). 1633 *Altpach*, 1763–79, 1792 *Albach*, um 1800 *Altbach*. Deutung wie ¹Alpbach.

– Dotter/Dotter, *HG.A.14*, S. 7.

Alpe, die

– ¹Alpe (amtlich *Alpebach*), r.z. Wiehl (z. Agger z. Sieg z. Rhein). – 1575 *die Olpe*; ON. Alpe (Stadt Wiehl, Oberbergischer Kreis, NRW, D), 1453 *Aelpe*, 1520 *in der Alpe*, 1557, 1577 *Overalpe, die Nieder-Alpe*, 1575 *In der Olpen*, 1724 *auf der Alpe*. Die Belege sind von der Dehnung (*Aelpe* lies /ālpe/) und Rundung (*Olpe*) in der Mundart beeinflusst. – Faust, *HG.A.4*, S. 4; Barth, *Sieg und Ruhr*, S. 65.
– ²Alpe (amtlich *Alpebach*), r.z. Bruchgraben (z. Innerste z. Leine) in der Gemeinde Algermissen (Lkr. Hildesheim, Niedersachsen, D). – 1593 *die Alpe hin, die Allpe*, 1620 (Kopie 1777) *die Alpe*, 1630 *die Alpe*. – Kettner, *HG.A.8*, S. 2; Kettner, *Leine*, S. 13 f.
– ³Alpe, l.z. Aller (z. Weser), durchquert das Dudenser Moor, fließt am Rand des Lichtenmoors, mündet in Rethem/Aller (Heidekreis Soltau-Fallingbostel, Niedersachsen, D). – 788 (Fälschung 10. Jh., Kopie 11. Jh.) *Alapam*, (1584) *auf die Alpen, die Alpe*, 1767 *die Alpe*. – Borchers, *HG.A.18*, S. 6.
Grundform (as.) *Alapa*. Die Grundform gilt auch für den ON. Gut *Alpe* (Lippstadt, Kreis Soest, NRW), 1284 *in villa Alapa*. Mit oberdeutscher Lautverschiebung: ON. Oberalpfen (Stadtteil von Waldshut-Tiengen, Lkr. Waldshut, B.-W.) und ON. Unteralpfen (Gem. Albbruck, Lkr. Waldshut), 850 (Kopie 1126) *in villa Alaffin*, 858 *Aloffa*, 860 (Kopie 1126) *ad Alapfin*, 861–872 (Kopie 1126) *in villa Alaffin*, 883–885 *in Alolfun* (lies *Aloffun*?), 1049 *Aloffa*, ursprünglich Name des Steinbachs (z. Alb z. Rhein). Bei *Alapa* handelt sich um ein Kompositum mit dem Grundwort ↗apa; das Bestimmungswort ist mehrdeutig. Es kann gm. *al-* für anschwellende, überflutende Gewässer wie in ↗Aland vorliegen oder gm. *al-* (: *ul-*) 'modrig, faul' wie in ↗Alche, was auf ³Alpe zutreffen dürfte. – Flöer/Korsmeier, *Soest*, S. 25–27; Boesch, *Frühmittelalter*, S. 169; Greule, *Waldshut*, S. 96.

Alpirsbächle

r.z. Kinzig (z. Rhein). – 1494 *die Alperspach*; ON. Alpirsbach (Stadt, Lkr. Freudenstadt, B.-W., D), vor 1095 *monasterium Alpirsbach*, um 1099 *Alpirsbach*, 1211 *Albirsbach*, 1254, 1353 *Alpersbach* (und oft). – Kompositum mit dem Grundwort *-bach* und dem Genitiv des PN. *Albert* (*Albertsbach > Albersbach*, mit Lautverschiebung *Alpersbach*), vgl. auch Alpersbächle, l.z. Elz (z. Rhein), und FlurN. Alpersbach an Bach l.z. Rothbach (z. Dreisam z. Elz z. Rhein), 1446 *Alpperspach*, 1484 *Alpersbach*. – Geiger, *HG.A.2*, S. 5.

Alpsee

See in der Gemeinde Schwangau (ehemaliger Landkreis Füssen, D). – 1523 *der Albsee*. – Kompositum aus ahd. *alba* 'hochgelegener Weideplatz, Berghang, Alpe' und *-see*. – Steiner, *Füssen*, S. 4.

Alsbach

– ¹Alsbach (auch *Alserbach*), r.z. Donaukanal in Wien (A) oberhalb des Wienzuflusses, in der Stadt Wien teilweise eingewölbt. – 1158 (Fälschung 1252–61, Kopie 1261) *rivus ... Als*, 1158 (Fälschung 1251–61, Kopie 14. Jh.) *Alsse*; ON. Hernals, Gebiet am Alserbach (17. Wiener Bezirk); ON. Alsergrund (9. Wiener Bezirk), vor 1044 *ad Alsam*, um 1120 *de Alsa*, um 1125-um 1236 *in loco ... Alse*. – Der Wiener Gewässername *Alsa* ist identisch mit den Gewässernamen *Alsa* (Plinius, Naturalis historia III 126), jetzt *Áussa*, Fluss zum Adriatischen Meer bei Aquileja (Friaul-Julisch-Venetien, I.) und mit dem litauischen GwN. *Alsà* (Bezirk Raséiniai). **Alsā* kann, da aus einer ig. Einzelsprache nicht erklärbar, als ves.-ig. gelten. Er könnte mit dem urig. Verb **h₂el-* 'nähren, aufziehen' (vgl. lat. *alere* 'nähren, aufziehen', air. *-ail* 'nährt, zieht auf', awn. *ala* 'aufziehen, gebären'), von dem auch andere Gewässernamen abgeleitet sind, bzw. mit dem Desiderativ **h₂el-s-* 'will/wird nähren' zusammenhängen. Durch Thematisierung **h₂els-eh₂* (> **alsā*) entstand daraus das Nomen agentis feminin 'die nähren wird'. – Hausner/Schuster, *Namenbuch*, S. 27 f.; Rix, *LIV*, S. 262.
– ²Alsbach, r.z. Saar (z. Mosel z. Rhein). – 1448 *alßpache*, 1460 *Alsbach*, 1524 *Alschbach*; ON. † Alsweiler (Stadt Saarbrücken, Saarland, D), 1290 (Kopie 18. Jh.) *Alswilre*, 1344 *Alentzwilre*, 1346 (Kopie) *Alensweiler*. – Vom Ortsnamen aus gebildete Klammerform *Als[weiler]bach*; ON. Alsweiler < (ahd.) *Adaleneswīlāri*. – Spang, *HG.A.13*, S. 2; Pitz, *Siedlungsnamen*, S. 66 f.

Alsenz, die

r.z. Nahe (z. Rhein), entspringt aus dem Alsenbrunnen bei Alsenborn, mündet in Bad Münster am Stein-Ebernburg (Lkr. Bad Kreuznach, Rh.-Pf., D). – 1359 *of der Alsentzen*, 1387 *uff der Alsenzen*, 1481 *uff der Alsenzz*, 1519 *die Allsentz*; ON. Alsenborn (Lkr. Kaiserslautern, Rh.-Pf.), 863–864 (Kopie 1144) *Alsenzbrunne*, um 1150 *in Alsenzenburnen*, 1180 *Alsencenbrunn*, 1680 *Alsensborn*; ON. Alsenbrück(-Langmeil) (Ortsteil der Gem. Winnweiler, Donnersbergkreis, Rh.-Pf.), 1100 *Alezenzi*, 1185 *Alsenzen*, 1369 *Alsenzebruke*; ON. Alsenz (Verbandsgem. Alsenz-Obermoschel, Lkr. Donnersbergkreis), 775 (Kopie um 1190) *Alisencia*, um 810 (Kopie) *Alasenza*, Ende 9. Jh. (Kopie um 1280) *Alisinza*, 893 *Alsoncia*, 897 *Alsunza*, 972 (Kopie) *Alsentia*, 1023 *Alsontia*, 1182 *Alsontia*, 1274 *Alzencen*, 1358 *Alsentzen*, 1429–1432 *Alsenze*. – Grundform (ahd.) *Alsenza* < (vorahd./vorgm.) **Alsantịā*, eine Erweiterung des ves.-ig. Gewässernamens **Alsā* (↗Alsbach) mit dem Suffix ig. *-nt-*. Schreibungen des 9. Jh. für Alsenz wie *Alsoncia, Alsontia, Alsunza* sind Latinisierungen in Anlehnung an den (romanischen) Namen der ↗Alzig/Elze. – Greule, *HG.A.15*, S. 2–5; Dolch/Greule, *Pfalz*, S. 24 f.

Alster, die

– ¹Alster, r.z. Rodach (z. Itz z. Main). – (Um 1600, Karteneintrag) *Alster*; FlurN. Alstergrund. – Sperber, *HG.A.7*, S. 3; Fastnacht, *Staffelstein*, S. 41*.
– ²Alster, l.z. Diemel (z. Oberweser). – Kramer, *HG.A.10*, S. 3.
– ³Alster, r.z. Elbe in Hamburg. – Um 1075 *Alstra*, um 1210 *Halstera*, um 1250 *apud Alstriam* (zahlreiche weitere Belege dieser Form), 1266 *juste Alstera*, 1314 *up dhe Alstere*, 1357 *Alster*. – Udolph, *HG.A.16*, S. 5–8.
Der FlN. *Alster* findet sich auch in Schweden (Värmland) in der Form *Alstran* (*Alstersälven*), 1503 *Alster soken*. Er wird als *Alstrō* f. des gm. Adj. *al-stra- 'wachsend, anschwellend', einer Ableitung mit dem Suffix -*stra*- vom Verb gm. *al- 'nähren', gedeutet, ↗ Elster. – Wahlberg, *SOL*, S. 21.

Alt-/-e-/-en-/-er-

(ndd. *Ald-*) -ach, -au, -bach, -bächle, -flussgraben, -graben, -lach(en), -see, -teich, -wasser, -wassergraben, -weiherbach, -weihergraben; in der Komposition als Bestimmungswort oder (flektiert) in Wortgruppen als erste Konstituente. Alte Flussarme heißen *Altach*, *Altbach*, *Alt-Rhein*, *Alter Rhein*, *Alte Donau*, usw., z.B. 1299 *cum paludibus dictis Altahe* 'mit den *Altahe* genannten Sümpfen' (ein Altwasser der Fils, z. Neckar). – Bach, *Namenkunde 1*, S. 278; Schmid, *HG.A.1*, S. 3.

Altmühl, die

l.z. Donau, entspringt nordöstlich von Rothenburg ob der Tauber (Lkr. Ansbach, Bayern, D), fließt durch Treuchtlingen (Lkr. Weißenburg-Gunzenhausen), ab Töging bei Dietfurt (Lkr. Neumarkt in der Oberpfalz, Bayern) als Teil des Main-Donau-Kanals kanalisiert, mündet nach 220 km unterhalb Kelheim (Bayern). – Belege in Auswahl: vor 803 (zu 793, Kopie 9. Jh.) *Alcmona*, 832 *Alchmuna*, 889 (Kopie 14. Jh.) *fluminis Alimoniae*, 895 *Alcmona*, 9. Jh. (Kopie 12. Jh.) *iuxta fluuium Altmule*, 1299 *Altmvl*, 1329 *Altmül*, 1596 *Altmühl*; ON. Altmühlmünster (Gem. Riedenburg, Lkr. Kelheim), 1415 *ze Munster an der Altmul* „Klosterkirche an der Altmühl" (obwohl nicht unmittelbar an der Altmühl gelegen). – Die zahlreichen historischen Belege lassen sich auf eine Ausgangsform (vorahd.) *Alkimonia (> ahd. *Alchmuna*) zurückführen. Die erschließbare mhd. Namensform *Alchmüne* wird zu *Alchmüle* assimiliert und als *Altmüle* eingedeutet.
Die in der Geographie des Ptolemaios (2. Jh., Kopie 11. Jh.) genannte *Polis Alkimoennís* wird mit dem Namen der Altmühl in Verbindung gebracht. Das setzt voraus, dass die auf dem Michelsberg bei Kelheim ausgegrabene latènezeitliche Anlage, die über dem Zusammenfluss von Altmühl und Donau liegt, mit der bei Ptolemaios genannten Polis identisch ist und die Schreibung des Namens unter dem Einfluss von *Moenus* (↗ Main) steht. Wenn dem so ist, dann gibt es zwei Wege der Etymologie: Entweder ist der Name der keltischen Siedlung auf den Fluss übertragen worden oder die Siedlung ist nach dem Fluss benannt. Die erste Möglichkeit verdient den Vorzug; es liegt ein Kompositum aus **alk(i)-*, einem Nomen zum urig. Verb *$h_2$elk-* 'abwehr', vgl. griech. *alkē* 'Abwehr, Hilfe', und (kelt.) *monįo- 'Berg' vor. *Alkimonįa* bedeutet demnach 'Berg mit Abwehr'. Im Zusammenhang mit der Übernahme des Namens ins Althochdeutsche wird der auf der betonten Stammsilbe folgende Vokal synkopiert. Eine letzte Klärung des Namens, wozu auch die Frage nach der indogermanischen Einzelsprache, aus der er stammt, gehört, ist noch nicht erreicht. – Borchers, *HG. A. Supplement*, S. 9; Reitzenstein, *Oberbayern*, S. 15; Pokorny, *IEW*, S. 726; Rix, *LIV*, S. 264.

Alvier, die

(auch *Alvierbach*), l.z. Ill (z. Rhein), Gebirgsbach durch das Brandner Tal (Vorarlberg, A). – 1569 (gegen die) *Alvier*. – Vielleicht ursprünglich Bergname, der vom Alvier, dem namengebenden Gipfel der Alviergruppe im Kanton St.Gallen, übertragen sein könnte. – Geiger, *HG.A.2*, S. 7.

Alz, die

r.z. Inn (z. Donau), verlässt bei Seebruck den Chiemsee und mündet bei Marktl (Lkr. Altötting, Bayern, D). Beim Ausfluss und bei der Mündung findet sich sumpfiges Gelände. – 785-798 (Kopie 1004) *Alzus*, 815 (Kopie 13. Jh.) *Alezussa*, 832 *Alzissa*, 1107–1125 (Kopie 1203/04) *Alzussa*, ca.1140 *Alzussa*, 1147–1156 (Kopie 1203/04) *ad pontem Altisone*, 1246 *Altisona*, 1254 *ultra Altsam*, vor 1300 *Altz*; ON. Alzgern (Gem. Neuötting, Lkr. Altötting), ca.1180 *Halzgere*, Kopie 13. Jh. *Alzesgeren*. Der ON. Alzgern ist ursprünglich FlurN. 'keilförmige Flur an der Alz'. Bei den Belegen (1147–56, Kopie 1203/04; 1246) *Altisona* liegt sicherlich keine keltoromanische Form vor, sondern eine klosterlateinische Eindeutung oder Resemantisierung (ausgehend von Kloster Baumburg oder Kloster Seeon), womit die Kenntnis verbunden war, dass <z> mit <t> verschoben wurde; die ältesten Belege sind eindeutig. Die beste Form für *Alz* bietet der Originalbeleg von 832 *Alzissa* < kelt. *Altisia* wie frz. *Autisse* (< *Altissa*) und *Autise* (< *Altisa*). Die Belege des Typs *Alzussa* führen eine Variante des ahd. Suffixes -*issa*, nämlich -*ussa* ein. – Die Ausgangsform *Altisia* ist vorgermanisch; dabei gibt es mehrere Möglichkeiten der Erklärung aus dem Keltischen: 1. urkelt. *alto- 'Höhe, Ufer, Küste' (hydronymisch): 'Fluss aus der Höhe' oder 'Fluss mit hohem Ufer'); 2. Ableitung von kelt. *alta*, das dem vorrömischen Wort *palta* 'Schlamm, Sumpf' entspricht; 3. der Stamm *alt- (urig. *$p_e lh_2$-tó-*) ist ein Verbalnomen zum Verb kelt. *el- 'treiben, gehen' im Sinne von 'Treibung' > 'Fluss, der etwas treibt'. Die Entscheidung muss durch die Realprobe gefällt werden. Da der Fluss durch sumpfiges Gelände an zwei wichtigen Stellen ausgezeichnet ist, trifft die zweite Erklärung am ehesten zu. – Dotter/Dotter, *HG.A.*14, S. 10 f.; Reitzenstein, *Oberbayern*, S. 17; Greule, *Flußnamen*, S. 196; Greule, *Kontinuität und Diskontinuität*, S. 34; Rix, *LIV*, S. 235, 470 f.

† Alzig (auch † *Elze*), frz. *Alzette*, luxemburg. *Uelzecht* ↗Elsenz.

† Amber ↗Amdorf.

Amdorf (auch *Amdorfbach*), r.z. Dill (z. Lahn z. Rhein) bei Herborn (Lahn-Dill-Kreis, Hessen, D). – ON. Amdorf (Stadtteil von Herborn), 1345, 1347 *Amberfe, Ammerph*, 16. Jh. *Amorffe*, 1710 *Ameruf*. – Die heutige Namensform ist aus der mundartlichen (16. Jh. *Amorffe*) eingedeutet. Die Belege lassen sich auf den FlN. (mhd.) *Amberfe*, assimiliert *Ammerf(e)*, und dieser aus (ahd.) *Ambraffa zurückführen. Es handelt sich wahrscheinlich um einen *apa*-Namen, um ein Kompositum mit dem Grundwort (gm.) ↗apa und *Ambra- als Bestimmungswort. Der FlN. *Ambra- wird in weiteren in der Germania verbreiteten Ortsnamen angesetzt, in ↗Emmer, im GauN. Ambergau, historische Landschaft um Bockenem (Lkr. Hildesheim, Niedersachsen), (9. Jh.) (Kopie 1479) *Ambergo*, 873 *Ambergeuue*, 979 *Ambraga*, 1001 *Ambarga(n)*, 1009 *Ambraga*, 1021 *Ommergavvi*, 1186 *Ambergo*; ON. Amberloup/Ammerlo, an der Ourthe (Dep. Luxembourg, B), 880 (Kopie um 1191) *Amberlao*, 896 (Kopie 13. Jh.) *Amberlaus*; ON. Ammersooien (Gelderland, NL), (1026–1044) (Fälschung 12. Jh., Kopie 12. Jh.) *de Ambersoi*; *Ammerån*, Fluss in Jämtland (S), 1378 (Kopie) *in Ambro*, 1448 *j Ambir*; Ammerön, Insel in Jämtland (S), 1344 *im Amber*; ferner ↗Emmer. Der FlN. west- und nordgm. *Ambra dürfte auf (gm.) *Am-ra-, mit Sprosskonsonant im West- und Nordgermanischen (vgl. got. *timrjan* 'bauen', awn. *timbra*, ahd. *zimbaron*), eine r-Ableitung zu (gm.) **am(a)*-, *ami- 'natürlicher Wasserlauf' oder zu gm. **am(a)*- 'energisch vorgehen, anpacken', zurückgehen. Etymologische Identität mit dem kelt. FlN. *Ambra (↗Amper) ist unwahrscheinlich. – Faust, *HG.A.*4, S. 4; Kettner, *Leine*, S. 15; Gysseling, *Woordenboek*, S. 52; Künzel/Blok/Verhoeff, *Lexicon*, S. 66; Wahlberg, *SOL*, S. 22.

Amel, die frz. *Amblève*, r.z. Ourthe (z. Maas). – 670–950 (Kopie 10. und 13. Jh.) *Amblauam*, (circa 681) (Kopie 13. Jh.) *Amblaua*, 877 (Kopie 13. Jh.) *Amblauiam*, 915 (Kopie 13. Jh.) *Ambleuam*, 950 (Kopie 13. Jh.) *Amblauiam, Amblauam*, (1105–19) (Kopie 13. Jh.) *flumen Amblauie*, um 1200 *ad aquam Ambele*; ON. Amel/Amblève bei Malmédy (B). – Der Beleg (um 1200) *ad aquam Ambele* sowie der Name des Nebenflusses ↗Emmels (<*Amblisa) lassen darauf schließen, dass die Grundform des Namens Amel *Ambla (oder *Ambila?) war. Man kann dann annehmen, dass die Belege *Amblaua, Amblauia* ein (latinisiertes) Kompositum *Ambl-avia mit gm. *agwjō 'Land am Wasser' als Grundwort wiedergeben, das ursprünglich nur den Ort/die Siedlung an der Amel bezeichnete. Ein ähnlicher Fall liegt bei ↗Andlau vor. *Ambla* lautet im 9. Jh. (Kopie 1150–1158) auch der Name der Insel Ameland (Friesland, NL) (*in insula ... Ambla*). *Ambla* ist eine l-Ableitung von gall. *ambe* = *rivo*; gall. *ambe* ist der Dativ (oder Lokativ) Singular des keltischen Wurzelnomens *amb-. – Holder, *Sprachschatz*, 1, Sp.123; Gysseling, *Woordenboek*, 1, S. 52; Künzel/Blok/Verhoeff, *Lexicon*, S. 65.

Amelieth, die (auch *Reiherbach*), r.z. Weser bei Bodenwerder (Lkr. Holzminden, Niedersachsen, D). – FlurN., 1603 *Die Amelith Grundt*, 1783 *Ameliths Grund, Ameliths Halbe*, 1784 *in der Amalith*; ON. Amelith (Gem. Bodenfelde, Lkr. Northeim, Niedersachsen). – Deutung unklar. – Kramer, *HG.A.*10, S. 3.

Amer- -*bach*, -*tal*, Bestimmungswort mhd. *amer* stM. 'Sommerdinkel' und *Ammer* 'eine Vogelart', die nach der bevorzugten Nahrung (mhd. *amer*) benannt wurde. – Ramge, *Flurnamenbuch*, S. 168.

Ammer, die l.z. Neckar (z. Rhein) bei Lustnau (Stadt Tübingen, B.-W., D). – 1293 *rivum dictum Ammer*, 1311 *an der Ammer*, 1326 *an der Amer*, 1482 *an der Amor*; GauN. 779–783 (Kopie 12. Jh.) *in Ambrachgouue*; ON. Ammern, Siedlungsrest eines Dorfes westlich von Tübingen, /āmərn, āmərhöf/, (um 1100) (Kopie 12. Jh., Kopie 16. Jh.) *de Ambera*, (12. Jh.) (Kopie 12. Jh., Kopie.16. Jh.) *in Ambra*, 1160 *de Ammera*, 1171 *in villa Ambra*, 13. Jh. *Ambra*, 14. Jh. *ze Ammer*, 15. Jh. *Amar, Ammerhof*; ON. Ammerbuch (Lkr. Tübingen). – Grundform (kelt.) *Ambrā, wird über (mhd.) *Amber(e)* > *Ammer* assimiliert. Zur Deutung Parallelname ↗Amper. – Schmid, *HG.A.*1, S. 4; Reichardt, *Tübingen*, S. 13–16.

Ammerbach r.z. Vils (z. Naab z. Donau) bei Amberg (Bayern, D). – ON. Ammerthal (Gem. Lkr. Amberg-Sulzbach), 975–980 *Amartal*, 1112 *Amertal*, 1578 *Ammerthal*. – Der Ortsname ist entweder die Klammerform eines Kompositums **Ammer(bach)tal*, vergleichbar mit ↗Hamerbek, und (ahd.) *Amar*- entspricht ↗Amer- oder er enthält als Bestimmungswort den ursprünglich einfachen Namen des Ammerbachs (*Amar-). Im zweiten Fall kann der Name an kelt. *am- 'gießen, begießen' (↗Emme ↗¹Ems-Bach), mit r-Suffix abgeleitet, angeschlossen werden. – Reitzenstein, *Oberbayern*, S. 18.

Ammersee drittgrößter See in Bayern (Lkr. Landsberg am Lech/Starnberg, Bayern, D). – 1158 *Ambersê*, 1243 *Amirse*, 1300 *Amberse*, 1431 *Amer See*, 1440 *Ammersee*. – Kompositum mit dem Grundwort mhd. *sê* 'See' und dem FlN. ↗Amper als Bestimmungswort. – Reitzenstein, *Oberbayern*, S. 17 f.

Amorbach r.z. Richer-Bach (z. Gersprenz z. Main z. Rhein), 1464 *in der Amerbach*, ↗Amer-. – Sperber, *HG.A.7*, S. 4.

Amper, die l.z. Isar (z. Donau), im Oberlauf bis zur Mündung in den ↗Ammersee (zuerst 1397) *Ammer*; mündet in Moosburg (Lkr. Freising, Bayern, D), s.a. ↗Halbammer. – 775 (Kopie 824) *Ambre confluentis*, 823 *Ampra*, (1043) (Kopie 12. Jh.) *Ambara*, 1107 *Ambare*, 1300 *Ambre*, 1305 *iuxta Amperam*, 1309 *Amber*, 14. Jh. *Amper*, 1424 *Amer*; ON. Römische Straßenstation (3. Jh. n. Chr.) *Ambre*, *Ambris* (Lokativ Singular und Plural). – Grundform ahd./abair. *Ampra*, (ohne Lautverschiebung) *Ambra*, mit Sprossvokal *Ambara*, mit Assimiliation /-mb-/ > /-mm-/ *Ammer*. Parallelname ↗Ammer. In Anbetracht der Tatsache, dass der FlN. *Ambra* in Oberitalien, Südfrankreich, England und Wales verbreitet ist, liegt eine Erklärung als keltischer Name nahe. Kelt. *Ambrā* f. geht regulär auf vorkelt. *m̥bʰrā* zurück, was ein Verbaladjektiv zu ig. *nebʰ-* 'feucht werden, bewölkt werden' (*n̥bʰ-ró- 'feucht') mit Labialassimilation im Anlaut ist, das auch in ai. *abhrá-* m. 'trübes Wetter, Gewölk' und lat. *imber* 'Regenguss' belegt ist; verwandt ist das Wurzelnomen kelt. *amb-* 'Fluss'. – Reitzenstein, *Oberbayern*, S. 18; Bammesberger, *Amper*; Pokorny, *IEW*, S. 316; Rix, *LIV*, 448.

Amper Bach l.z. Blögge (z. Soest-Bach z. Ahse z. Lippe z. Rhein). – ON. Ampen (Ortsteil von Soest, Lkr. Soest, NRW, D), 833 *uilla ... Anadopa*, 1167–79 *Anedoppen*, 13. Jh. *Anedopen*, *Andopen*, 1511 *Annepen*, 1601 *Anpen*, 1717 *Ampen*. – Der Bach ist heute nach dem Ort benannt; dessen Name entspricht dem ursprünglichen FlN. (as.) *Anad-apa*, Kompositum mit dem Grundwort ↗apa und as. *anad* 'Ente', mit der Bedeutung 'Entenbach'. – Schmidt, *HG.A.6*, S. 3; Schmidt, *Wupper und Lippe*, S. 141.

Ampfrach, die r.z. Wörnitz (z. Donau) bei Feuchtwangen (Lkr. Ansbach, Bayern, D). – ON. Unterampfrach, ON. Oberampfrach (Gem. Schnelldorf, Lkr. Ansbach), 15. Jh. *Ober Ampferach*, *Unterampferach*. – Kompositum mit dem Grundwort ahd. *aha* 'fließendes Wasser' und ahd. *amph(a)ra*, *amph(a)ro*, mhd. *ampfer* '(Sauer-)Ampfer, Rumex (acetosa)' als Bestimmungswort, 'Fluss, an dem Ampfer wächst'. – N.N., *HG.A.20*.

Andelsbach
– ¹Andels-Bach, r.z. Ablach (z. Donau) bei Krauchenwies (Lkr. Sigmaringen, B.-W., D). – 1236 *Andolfspach*, 1266 *Andoltspach*, 1271 *Andoltsbach*. – Kompositum mit dem Grundwort (mhd.) *bach* und dem Genitiv des PN. *Andolf* (*Andolfes*-) als Bestimmungswort; die durch Synkope entstandene Lautgruppe /-lfsp-/ wurde zu /-ltsp-/ vereinfacht. – Snyder, *HG.A.3*, S. 6.
– ²Andelsbach, r.z. Rhein bei Görwihl (Lkr. Waldshut, B.-W., D). – 1460, 1545 *Andelspach*. – Etymologie möglicherweise wie ↗¹Andels-Bach. – Geiger, *HG.A.2*, S. 7.

Andlau, die l.z. Ill (z. Rhein) im Elsass (F). – /d'ándlöi/, 900–910 (Fälschung) *super fluvium Andelaha*, 912 (Fälschung) *iuxta rivum Antalaha*, 1097 *juxta flumen Andelaha*, 1285 *bi der andelahen*, 1521 *Andeloa torrens*, 1576 *Andeloa flu*; ON. ehemaliges Kloster Andlau, jetzt Andlau (Dep. Bas-Rhin), 886 *monasterium ... Andelaha*, 999 *Abbatiam ... vulgo Andelaha*, 1004 *Antilaha*, 12. Jh. *de Andelach*, 1127, 1144 *Andelahe*, 1181 *de Andela*, im 13. und 14. Jh. *Andelahe, Andlahe, Andelah*; von der Mitte des 13. Jh. bis ins 16. Jh. häufig *Andela, Andla*, 15. Jh. *Andelo, Andlo*, im 16. Jh. häufig *Andelaw, Andelaw, Andlow*; GegendN. Andlauried südlich von Straßburg. – Grundform FlN. (vorgm.) *Andalā*, verdeutlicht durch Komposition mit dem Grundwort ahd. *aha* 'Fließgewässer', im Unterschied zur Siedlung an der Andlau, mit Namen *Andelouwe*, mit dem Grundwort ahd. *ouwe* 'Land am Wasser'. Mit Bezug auf das Andlauried kann man in *Andalā* eine Ableitung mit *l*-Suffix von kelt. (gall.) *anda-* 'blind' sehen ('blind' im Gegensatz zu klarem durchsichtigem Wasser) oder *Andalā* ist von der Verbalwurzel urig. *h₁nedʰ-* 'hervorkommen' (gr., bei Homer auch 'hervorquellen') abgeleitet; der schwache Stamm urig. *h₁n̥dʰ-* entspräche kelt. *and-*, ↗Antiesen; Parallelnamen *die Antel*, 1228 *ad Antellam*, Bach, der unterirdisch durch Andernach (Lkr. Mayen-Koblenz, Rh-Pf., D) floss; ON. Andel (Stadtteil von Bernkastel-Kues, Lkr. Bernkastel-Wittlich, Rh.-Pf.), um 1140 *versus andule ... Andullen*, 1245 *in Andelle*, ↗Entle. – Greule, *Oberrhein*, S. 26–30; Rix, *LIV*, S. 249 f.; Jungandreas, *Moselland*, S. 21, 24.

Andritz, die l.z. Mur (z. Donau) nördlich von Graz (PB Graz, Steiermark, A). – 1265 *Endritz*, 1290 *Endertz*, ca.1430 *Andritz*. – Grundform *Andrica* 'rasch, stark fließender Bach', abgeleitet von urslaw. *jędrъ* 'stark, schnell', slowen. *jedro* 'Kraft', ins Bairische integriert als *Endriz/Andritz* (mit Sekundärumlaut). – Lochner von Hüttenbach, *Steirische Hydronyme*, S. 70.

Angel
- ¹Angel- -bach, -beck, -beke, -graben. Bestimmungswort ahd. *angul*, mhd. *angel* 'Angel'? 'Gewässer, in dem geangelt werden kann/darf'.
- ²Angel, die čech. *Úhlava*, Quellfluss der Radbusa (z. Beraunka z. Moldau) in Tschechien, entspringt im Böhmerwald, mündet nach 108 km in Pilsen/Plzeň (CZ). – 1341 *Auglauia* (lies *Anglauia*?), 1347 *Anglauia*, *Aglauia*. – Grundform **Anglava* > čech. *Úhlava*. An den ursprünglich germanischen Namen **Angala* (↗ ³Angel ↗ Angelbach) ist im Zuge der Slawisierung das Suffix *-ava* (< gm. **-ahʷō*? vgl. ↗ Moldau) angefügt und der fünfsilbige Name zu **Anglava* verkürzt worden. Die Lautgruppe /angl-/ wurde zu slaw. /ągl-/ nasaliert und später denasaliert zu čech. /úhl/. – Schwarz, *Ortsnamen der Sudentenländer*, S. 49.
- ³Angel, die r.z. Werse (z. Ems) bei Angelmodde-Dorf. 11. Jh. *Angela*; ON. Angelmodde (Stadtteil von Münster/Westfalen, NRW, D), 1175 *Angelmudden* (= Angel-Münde, Mündung der Angel). – Grundform FlN. (gm.) **Angala* oder **Angula*, *l*-Ableitung zu gm. **angu-* 'eng'. Da die Angel öfter die Fließrichtung ändert, liegt eine Deutung, die von gm. **ang-* 'biegen' ausgeht („Fluss mit Biegungen"), näher. Der Parallelname ON. Engelen (Noordbrabant, NL), 1147 (Kopie 13. Jh.) *de Angle*, 1186 (Kopie 13. Jh.) *de Engle* (< **Angila*), dürfte wegen des zugrunde liegenden Stamms **angi-* (für **angu-*), wie auch der schw. SeeN. Enstern, 1655 *Änstern* (Medelpad, Norrland, < urnord. **Angi-sta-R*) eher zu gm. **angu-* 'eng, schmal' gehören. – Pokorny, *IEW*, S. 42f., 45–47; Künzel/Blok/Verhoeff, *Lexicon*, S. 131; Neumüller, *Vattensjön*, S. 57f.

Angelbach r.z. Leimbach (auch *Gauangelbach*) und l.z. Leimbach (auch *Waldangelbach*) (z. Rhein) bei Wiesloch (Rhein-Neckar-Kreis, B.-W., D). – 1283 *rivus Andelahe* (lies *Angelahe*?); GauN. 768, 770 (Kopie 12. Jh.) *Anglachgowe* (so oft im 8. und 9. Jh.), 769/70 (Kopie 12. Jh.) *Engelagowe*; ON.Gauangelloch (Stadt Leimen, Rhein-Neckar-Kreis), 12. Jh., 1369 *Angelachen*, 1289, 1389, 1406 *Angelach*, 1455 *Angellach*, 1496 *Gauangelach*; ON.Waldangelloch (Stadt Sinsheim, Rhein-Neckar-Kreis), 1228 *Angelachen*, 1237 *Angelacha*. – Grundform FlN. **Angala* oder **Angula*, Ableitung mit *l*-Suffix entweder von gm. **ang-* 'Gebogenes' als 'Flusslauf mit Biegungen' oder von gm. **angu-* 'eng' nach dem Gelände, Tal, ↗ ³Angel. *Angelaha* ist ein sekundär gebildetes Kompositum mit dem Grundwort ahd. *aha* 'Fließgewässer', möglicherweise aufgrund einer frühen Eindeutung als 'Angel-Gewässer'. Die heutige Schreibweise der Ortsnamen beruht auf der mundartlichen Entwicklung von /-lach/ > /-loch/ und der Eindeutung nach *Loch* oder *loh* 'Wald'. – Geiger, *HG.A.2*, S. 7.

Anger- -bach, -feldgraben, -graben, -grube, -mühlbach, -pfuhl, -rinne, -weiher. Nhd. *Anger*, ahd., as. *angar* 'ungeplügtes, wildgrünes Grasland',↗ Angerbach.

Angerapp, die poln.*Węgorapa*, z. Pisa (z. Pregel) in den Kreisen Insterburg, Gumbinen, Goldap (Ostpreußen, PL). – 1326 *Wangrapia*, *Wengrapia*, 1340 *fluuij Angerapie*, *angrape*, *Angrapia*, 1341 *Angrabe*, 1433 *Wangrappe*, 1576 *Angerap*; ON. Angerburg/Węgorzewo, 1335 *Angerburg*; ON. Angerau/Węgorzyn, 1399 *Angerow*. – Vorausgesetzt **Wangrape* ist die sekundäre Form des Namens, in der sporadisch prothetisches /w-/ auftritt, könnte das Kompositum (mit dem Grundwort ↗ apa) **Angr-apa* die Ausgangsform sein. Sie hätte Parallelen in gm. **angra-* 'Flusskrümmung', nhd. *Anger* 'ungeplügtes wildgrünes Grasland' und in Gewässernamen wie ↗ Anger. – Biolik, *HE 11*, S. 209–211.

Angerbach (auch *die Anger*), r.z. Rhein, entspringt in Wülfrath (Kr. Mettmann, NRW, D), mündet bei Wanheim-Angerhausen (Stadt Duisburg, NRW) unterhalb einer großen Rheinschleife. – 12. Jh. *iuxta pontem fluminis Angere*, um 1150 *Iuxta Angeren*, 1166 *apud Angeram*, 1189 *prope fluuium … anger*, 13. und 14. Jh. *up der Angeren*, *super ripam Angeren*, 1282 *super flumen Angere*, 1289 *ad flumen … Angera*, 1301 *per pontem lapideam super Angern* (und weitere Belege); GebietsN. Angerland, Gebiet um den unteren Lauf der Anger, entspricht dem alten bergischen Amt Angermund; ON. (curtis) † Anger: 904 *in angoron curtem*, 1047 *Iuxta Angeron*, 1148 *curtim … Angera*, 12. und 13. Jh. *Angeren*, 1426 *curia in Anger*; ON. Angermund (Stadtteil von Düsseldorf, NRW), 1167–1191 *Allodium de Angermonde*, 1188 *Angermonde*, 13. Jh. *Angermunt* (und zahlreiche weitere Belege); ON. Angerhausen, 1052 *in angerohuson*, 1234 *de Angirhusen*, 1281, 1349, 1401 *Angerhusen*; FlurN. um 1425 *Angeroorde* („Spitze, Mündung der Anger"), 1331 *Angerbroke* („Sumpf an der Anger"). – Grundform FlN. (as.) **Angera* f. (z. T. schwach flektiert: 904 *angoron*), wohl identisch mit gm. **angra-* m. (ahd. as. *angar*) 'ungeplügtes, wildgrünes Grasland', eigentlich 'der Flusskrümmung folgender Grasstreifen'; ursprünglich Name des Angerlandes im Rheinbogen, der auf den dort mündenden Fluss (mit femininem Genus) übertragen wurde. – Schmidt, *HG.A.6*, S. 3, 88; Schmidt, *Wupper und Lippe*, S. 13–15.

Aniferbach l.z. Salzach (z. Inn z. Donau). – ON. Anif mit Wasserschloss Anif (Gem., PB Salzburg-Umgebung, Salzburg, A). Ab circa 788 (Kopie 12. Jh.) als *Anaua* in Quellen des 10. und 12. Jh. häufig belegt, 1124/25 *ad villam … Anaua ubi fontes decurrunt ad Salzaha*, 1191 *Aneve*, ca.1259–97 *Anif*. – Es besteht Einigkeit, dass der Ortsname ahd. *Anaua* von (kelt.)

*anā 'Sumpf' (gall. *anam* 'paludem') ↗ Enns abgeleitet ist. Unklar ist die Bildungsweise; eine Möglichkeit besteht in der Annahme von (kelt.) *Ana-b-ā* 'Sumpfgebiet' (vgl. (Dea) *Abno-b-a* 'Gewässerland', keltischer Name für den Schwarzwald, B.-W., D). *Anaba* entwickelte sich mit romanischer Spirantisierung /-b-/ > /-β-/, geschrieben <u>, zu ahd. *Anaua*, mhd. *Aneve*, später *Anef*, *Anif*. – Straberger, *HG.A.9*, S. 5; Hausner/Schuster, *Namenbuch*, S. 34 (ig. *an-apa* 'Wasser' oder kelt. *an-ava* 'Sumpfwasser').

Anlaßbach r.z. Ahr (z. Rienz z. Eisack) zwischen Kasern und Heiliggeist/Gem. Prettau (Prov. Bozen, I.). – /Åålåspåch/ (Åå- nasaliert), um 1770 *Noblässbach*. – 'Bach bei einer Anlass'; mundartl. (bair.) *Anlaß* 'Ort, an dem man die Viehherde auflösen und *anlassen*, d.h. frei auf die Weide gehen lassen konnte'. – Kühebacher, *Ortsnamen 2*, S. 25.

Anlauter, die r.z. Schwarzach (z. Altmühl z. Donau) bei Kinding (Lkr. Eichstätt, Bayern, D). – /ölaudə/, 1304 *Laynlautter*, 1417 *Leinlauter*, 1832 *Einlauter*. – Kompositum mit dem Grundwort (ahd.) *lūtar* 'lauter, klar, rein' und vermutlich mhd. *lei*, *leie*, *leien* (?) 'Fels, Stein, auch Schiefer' als Bestimmungswort; andere Deutungen des Bestimmungsworts ↗ Leinleiter; (mhd.) *Leinlūter* > *Einlauter* durch regressiven dissimilatorischen Schwund. – Beier, *Weißenburg-Gunzenhausen*, S. 85 f.

Annelsbach l.z. Mömling/Mümling (z. Main z. Rhein). – ON. Annelsbach (Gem. Höchst, Odenwaldkreis, Hessen, D), 1314 *Onoldispach*. – Zusammensetzung mit Grundwort (mhd.) *bach* und dem Genitiv des PN. *Ōnold* (*Ōnoldes-), ahd. *Onoald*, als Bestimmungswort, ↗ Ans-Bach. – Sperber, *HG.A.7*, S. 5.

Ans-Bach l.z. Krebsbach (z. Main z. Rhein) bei Neustadt am Main (Bayern, D). – ON. Ansbach (Stadt in Mittelfranken, Bayern), 1303 *Onspach*, 1317 *Anspach*, 1534–1554 *Onsbach*. – Möglicherweise zu deuten wie ON. Ansbach (Bayern), 837 *Onoltespah*, als Zusammensetzung aus Grundwort (mhd.) *bach* und dem Genitiv des PN. *Ōnold* (*Ōnoldes- ↗ Annelsbach) als Bestimmungswort. – Sperber, *HG.A.7*, S. 5; Reitzenstein, *fränkische Ortsnamen*, S. 25.

Ansenbach l.z. Acher (z. Rhein) im Ortenaukreis (B.-W., D). – 1285 *Ancenbach*, 1347 *der Anczenbach*. – Zusammensetzung mit dem Grundwort (mhd.) *bach* und dem Genitiv des PN. (ahd.) *Anzo* (*Anzen-) als Bestimmungswort. – Geiger, *HG.A.2*, S. 7.

Antiesen, die r.z. Inn bei Gerau (Gem. Sankt Marienkirchen bei Schärding, PB Schärding O.-Ö., A). – 788–804 *ad Antesnam fluminam*, um 1150 *prope fluuium Antesin*; ON. Andiesen (Rotte, Gem. Sankt Marienkirchen bei Schärding), /ˈåtəsn/ (/å/ nasaliert und lang) oder /ˈåntīsn/, Antiesen (Gem. Utzenaich, PB Ried im Innkreis, O.-Ö.), Antiesen (St. Marienkirchen am Hausruck, PB Ried im Innkreis), Antiesenhofen (PB Ried im Innkreis), 768–769 (Kopie Ende 9. Jh.) *in loco … Antesana*, 788–800 *in villa Antesna* (Zuordnung der historischen Belege zu einem der vier Orte ist unsicher), 1140–1144 *de Antesenhouen*; GegendN. Antiesenberg (Gegend in der Gem. Antiesenhofen um die Gehöfte Finstermann und Hartl, PB Ried im Innkreis), 1140–1144 *de Antesinperge*. – Der Name *Antiesen* wird auf vorgm. *Andesana* zurückgeführt. Er wurde spätestens in der zweiten Hälfte des 8. Jahrhunderts eingedeutscht, denn er weist die Verschiebung von /-d-/ > ahd. /-t-/ auf. Ferner wurde der dritte Vokal synkopiert (> *Antesna*). Die Bildung des Namens *Andesana* kann aus dem Keltischen erklärt werden, nämlich als eine *n*-Ableitung eines *s*-Stammes *andes-*, der seinerseits in gall. *anda-bata* 'Gladiator, der mit öffnungslosem Helm kämpft' eine Erklärung findet und auf ig *andʰo-s* 'blind' zurückgeht. Die Bildungsweise mit dem gleichen Suffix liegt auch bei ↗ Sanna/Trisanna/Rosanna (< kelt. *trages-ēnā*) vor. Das Benennungsmotiv dürfte die Trübheit des Gewässers im Mündungsgebiet sein. Da es mehrere Gewässernamen gibt, die kelt. *ando-* als Basis enthalten (↗ Andlau ↗ Entle), kann auch erwogen werden, in *and-* die keltische Fortsetzung des urig. Verbs *h₁nedʰ-* 'hervorkommen, hervorquellen' (schwundstufig urig. *h₁n̥dʰ-* > kelt. *and-*) zu sehen. – Dotter, *HG.A.14*, S. 14–18; Hausner/Schuster, *Namenbuch*, S. 32 f., 36 f.; Wiesinger/Reutner, *Schärding*, S. 1; Rix, *LIV*, S. 249.

† Antrafa ↗ Antreff.

Antreff, die l.z. Schwalm (z. Eder z. Fulda z. Weser), entspringt im Vogelsberg, im Oberlauf **Antrift**, mündet bei Loshausen (Gem. Willingshausen, Schwalm-Eder-Kreis, Hessen, D). – 812 (Regest) *Andrefa*, 825 (Druck 1850) *ad antreffa*, *de antreffa*, (ohne Jahresangabe, Druck 1850) *fluminis … Antrefa, iuxta fluuium Anátrafa*, 1228 *super aquam … Antreffe*, 1366 *Antreffe*, 1655 *die Antreff*, *Antriefft*, 1707 *Antrifft*; ON. † Andreffe, 1319 *de Antreffe*, 1362 *zu Antreffe*, 1364 *czu Antreffe*; ON. Antrifttal (Vogelsbergkreis, Hessen). – Grundform FlN. (ahd.) *Antraffa* > mhd. *Antreffe*, ein Kompositum mit dem Grundwort *-affa* (↗ *apa* 'Fließgewässer'). Die Bestimmung des Grundworts *Antr-*, vorahd. *Andr-* ist schwierig: Vermutlich entspricht es, um ein *r*-Suffix erweitert, als Lehnname dem vermutlich keltischen Basiselement in *And-* (Grundbedeutung 'hervorkommen, hervorsprudeln') in ↗ Entle (< vorgm. *Andila*). Die Antrift/Antreff sprudelt gleichsam aus dem Vogelsberg hervor, wo sie auf 430m Höhe entspringt. Die Namensform *Antrift* ist eine späte Eindeutung 'an (der) Trift'. Parallelnamen: FlN. ca.750–79 (Kopie) *super ripam fluminis ... Antrafa*, jetzt Rulf-Bach, l.z. Ohm (z. Lahn)?; ON. † *Antreff* (Wüstung im Lkr. Gießen, südwestlich von Geilshausen nordöstlich von Gießen, an einem Zufluss zur Wieseck z. Lahn), 1267 *in villa Antreffa*, (um 1300) (Kopie 1400–1425) *Andreff*, 1356 *czu Antreffe*. – Sperber, *HG.A.5*, S. 2f.; Faust, *HG.A.4*, S. 5; Reichardt, *Gießen*, S. 35f.

Anzbach r.z. Großen Tulln bei Au am Anzbach (Gem. Neulengbach, PB Sankt Pölten/Land, N.-Ö., A). – 998 *inter rivos ... Amizinesbahc*. – Ahd. **Amizīnesbach* 'Bach des **Amizī*'. – Hausner/Schuster, *Namenbuch*, S. 37.

Anzenbach (auch *Schlögelsbach*), r.z. Zettelbach bei Busendorf (Gem. Mank, PB Melk, N.-Ö., A). – 1072–1091 *usque ad Mazinbach*. – Ahd. *Mazinbach* 'Bach des Mazo'; im weiteren Verlauf der Namenentwicklung in der Verbindumg **am Mazenbach* Aphärese des anlautenden *M-*; **Azenbach* wird an Ortsnamen wie *Anzenberg*, *-hof* angeglichen. – Hausner/Schuster, *Namenbuch*, S. 37.

apa andd. Grundwort in Gewässernamen (ahd. *-affa*), das in seiner Funktion nhd. ↗ *ach* und ↗ *bach* entspricht. Gm. **apō* 'Wasser, Fluss' entspricht air. *ab* (**abā*) 'Fluss', lat. *amnis* 'Fluss' (**ab-ni-*), heth. *ḫab-ā* 'zum/am Fluss', urig. **h₂eb-*, als Nebenform zu urig. **h₂ep-* 'Wasser' aus dem Deklinationsparadigma (z.B. Dativ Plural **h₂eb-bhi*) abstrahiert. – Dittmaier, *apa-Problem*; Pokorny, *IEW*, S. 1; Meier-Brügger, *Sprachwissenschaft*, S. 109.

Apenke, der l.z. Söse (z. Rhume z. Leine z. Aller z. Weser) östlich von Osterode (Lkr. Osterode am Harz, Niedersachsen, D). – Um 1515–32 *by dem Akemcke, in dem Ackemke*, 1624 *im apenke, im abenke*, 1632 *im Apemke, im Apembke*. – Grundform (mndd.) **Akenbeke*, Kompositum mit dem Grundwort *beke* 'Bach' und mndd. *āke* 'Netzsack, Fischgarn' ('Bach, in dem mit dem Netz gefischt wird'). **Akenbeke > *Akenke > Akemke > Apenke*. – Kettner, *HG.A.8*, S. 3; Kettner, *Leine*, S. 16f.

Apfaltersbach r.z. Schwarza bei Schmidsdorf (Gem. Payerbach, PB Neunkirchen, N.-Ö., A). – 1134 *vsque ad caput rivi ... Appfolterbach*. – Ahd. **Apfoltarbach*, Kompositum mit dem Grundwort *-bach* und ahd. *apfoltra, affoltra* stF. 'Apfelbaum'. Das (Fugen)-*s*- in *Apfaltersbach* ist hyperkorrekt. – Hausner/Schuster, *Namenbuch*, S. 38; Karg-Gasterstädt/Frings, *Wörterbuch 1*, Sp. 33, 35.

Apfel- *-bach, -see*; 'Bach/See, an dem Apfelbäume stehen'; Klammerform aus *Apfel*(baum)*bach, -see*. – Fischer, *BNB 10*, S. 20.

Apfelbach, die l.z. Heegbach (z. Schwarzbach z. Landgraben z. Rhein) bei Königstädten (Rüsselsheim, Lkr. Groß-Gerau, Hessen, D). – /ɛbəlbax/, 1317 *Eppenbach*, 1331 *in der eppenbach*, 1531 *Eppenbach*, 1566 *Eppelbach*, 1616 *vff der Eppenbach*, 1760 *Äpfelbach*. – Ursprünglich Kompositum mit *-bach* als Grundwort und dem Genitiv des PN. ahd. *Eppo* (*Eppen-*) als Bestimmungswort; aufgrund der Mundart umgedeutet in *Eppelbach*, schriftsprachlich *Äpfel-/Apfelbach*. – Geiger, *HG.A.2*, S. 8; Ramge, *Flurnamenbuch*, S. 176.

Apfelstädt, die l.z. Gera (z. Unstrut z. Thüringische Saale), entspringt unterhalb des Rennsteigs (Thüringen, D), mündet in Molsdorf (Landeshauptstadt Erfurt, Thüringen). – /apflšt, abfelšdoat/, 1143 *ad flumen Aphilste*, 1144 *ad fluvium Apphilste*, 1168 *amnem Apphelste*, 1189 *Aphelste*, 1209 *Appelste*, 1218 *fluvium Apphilstede*, 1232 *Apphilste*, 1246 *Aphiliste*, 1265 *Apelstete*, 1298 *am wasser Apfelstet*, 1299 *an der Aphelstet*, 1330 *Apphelste*; ON. Apfelstädt (Ortsteil d. Gemeinde Nesse-Apfelstädt, Lkr. Gotha, Thüringen), /apflšt/, 775 *ex fisco Aplast* (gleichzeitige Dorsualnotiz: *de Aplosta*), 9. Jh. *Apflosta*, 899 *Affolesto*, 1216 *Aphilste*, 1224 *Appelste*, 1243 *Apphelste*, 1289 *Aphelste*, 1299 *Aphilste*, 1323 *Apphelste*, 1336 *Appfelstet*. – Ausgangsform ahd. *Apflosta*, mhd. *Apfelste* < gm. **Aplust-a* (mit westgm. Gemination **Applusta* und ahd. Lautverschiebung **Apflusta > Apflosta*). Der Ortsname mhd. *Apfelste* wird im 13. Jh. als **Apfelstete* „Apfel-stelle" nach mhd. *stat*, Dativ *stete* 'Stätte, Stelle, Stadt' eingedeutet und auf den Fluss übertragen. Gm. **Aplu-st-a* ist eine Stellenbezeichnung („wo Äpfel/Apfelbäume wachsen"), mit dem Suffix *-st-* abgeleitet von gm. **aplu-* 'Apfel' (as. *appul*, ahd. *apful*) wie ahd. *ewist* 'Schafstall', awn. *naust* 'Schiffsplatz', awn. *vǫst* 'Fischplatz am Meer' (< **wadastō*). – Ulbricht, *Saale*, S. 246.

Appelbach (auch *die Appel*), r.z. Nahe (z. Rhein), entspringt im Nordpfälzer Bergland und mündet gegenüber von Bretzenheim (Lkr. Bad Kreuznach, Rh.-Pf., D). – 12. Jh. (Kopie 16. Jh.) *duo flumina, quorum ... secundum Apffla dicitur*, 1387 *uff der Appellan*, 1601 *die Appel*; TalN. 1355 (Kopie) *in dem Appelretale*; ON. Münsterappel (Verbandsgemeinde Alsenz-Obermoschel, Donnersbergkreis, Rh.-Pf.), /mindscʰerabel/, 777 (Kopie 12. Jh.) *in Affloheim*, 778 (Kopie 12. Jh.) *in Affloheim marca*, 853 (Kopie 9. Jh.) *Appola monasterium*, 856–869 (Kopie 9. Jh.) *in villa ... Apfloa* (lies *Apfola*?), 893 (Mitte 9. Jh. verunechtete Originalurkunde) *Apula*, 897, 912 *Appula*, 940 *cel-*

lam ... *Appola*, um 1152 (Kopie) *de Apela*, 1190 *de Aplamonstre*, 1297 (Kopie 14. Jh.) *Munsterapplan*, 1303 *Munsterappela*, 1554 *Munster Appel*. – Grundform FlN. ahd. (rheinfränkisch) *Apula* (im Kompositum synkopiert *Apla-*), oberdeutsch *Affula (im Kompositum *Afflo-*), in Anlehnung an as. *appul*, ahd. *apful* 'Apfel' *Appula*, mit Senkung des /u/ > /o/ vor /a/ *Appola*, oberdeutsch *Apfola (synkopiert *Apfla). Der FlN. *Apula ist sicherlich vorgermanisch und, da nicht aus einer Einzelsprache erklärbar, voreinzelsprachlich-indogermanisch; Ableitung mit *l*-Suffix von dem *u*-Stamm **ap-u-* (vgl. apreuß. *apus* 'Quelle, Brunnen'), urig. **h₂ep-* f. 'Wasser, Fluss'. – Greule, *HG.A.15*, S. 8f.; Dolch/Greule, *Pfalz*, S. 323f.; Wodtko/Irslinger/Schneider, *Nomina*, S. 311f.

Appelbeeke r.z. Este (z. Elbe). – 1451 *up dem Appeler beke*, um 1820 *Appelbach oder die Appelbeke*; ON. Appel (Samtgemeinde Hollenstedt, Lkr. Harburg, Niedersachsen, D), 1295 *Appele*, 1345 *de molen tů Appele*, 1404 *van Appeln*, 1471 *to Appel*. – Grundform FlN. gm. *Appalō, mit *l*-Suffix abgeleitet vom Stamm gm. **appa-* (< **apna-* < ig.**abno-*) zu gm. *apō f. 'Gewässer' (↗apa). Der ursprüngliche Flussname ist auf die Siedlung übertragen und der Bachname vom Ortsnamen abgeleitet: *Appeler beke*, gekürzt zu *Appelbeeke*. – Udolph, *HG.A.16*, S. 12.

Appen-Bach r.z. Urfe (z. Schwalm z. Eder z. Fulda z. Weser) unterhalb Armsfeld (Stadt Bad Wildungen, Lkr. Waldeck-Frankenberg, Hessen, D). – 1533 *in der Eppenbach*, 1561 *Eppenbach*. – Zur Deutung ↗ Apfelbach. – Sperber, *HG.A.5*, S. 3.

Ar-/Ohr-/Ort(h)- -bach, -beek. Bestimmungswort ist as. *ord* 'Spitze', mndd. *ort* 'Winkel, Ecke; Anfang, Ende; Landspitze', auch 'Grenze'(?). – Kettner, *Leine*, S. 216f.

Ardning, die l.z. Enns (z. Donau) bei Ardning westlich von Admont (PB Liezen, Steiermark, A). – 15. Jh. *der Erdinpach*; ON. Ardning, 1130–1135 (Kopie 13. Jh.) *ad Arnich* (und zahlreiche weitere Belege dieser Form). – Grundform slaw. **(J)arьnikъ* m., mit substantivierendem *-ik*-Suffix abgeleitet vom Adjektiv **jarьn-* zu urslaw. *jarъ 'Graben, Schlucht, Rinne, Bächlein'; ins Bairische integriert als (mhd.) *Arnich/*Ernich* (mit Sekundärumlaut), später an die Namen mit *-ing*-Suffix angeglichen **Er(d)ning/*Ar(d)ning*. – Hausner/Schuster, *Namenbuch*, S. 40; Lochner von Hüttenbach, *Steirische Hydronyme*, S. 70.

Arendsee See in der Region Altmark im Norden von Sachsen-Anhalt (D), über die Jetzel indirekt mit der Elbe verbunden. – Um 830 (Annalen) *Arnseo*, 11. Jh. *Arnseo*, um 1125 *Arnsee*, um 1150 *Arnsee*, 1208 *Arnesse*; ON. Arendsee, Stadt (Altmarkkreis Salzwedel, S.-A.), 1184 *Arnse*, 13. und 14. Jh. (oft) *Arnesse*, 1232 *arnsse*, 1312 *in Arndse*, 1322 *Arnse*, 1328 *Arndtsehe*, 1378 *Arntsee*, 1438 *Arndtsee*, 1528 *Arentsehe*, 1562 *Arendsee*. – Die Deutung des Namens kann auf zwei Wegen erfolgen: entweder als Kompositum mit dem Grundwort as. *sēo* 'See' und dem PN. *Arn* (im Genitiv *Arnes*) als Bestimmungswort oder mit gm. **arna-*, awn. *ern* (< **arnja-*) 'tüchtig, energisch' (↗Erft), als Bestimmungswort. Im ersten Fall müssten die ältesten Belege als Verkürzungen von as. *Arnes-sēo interpretiert werden. Denkbar ist, dass ein alter Gewässername *Arnsēo* im Zusammenhang mit der Gründung des Klosters 1184 neu benannt wurde. Das Bestimmungswort (gm.) **arna-* könnte sich auf die besondere Entstehung des Arendsees (er ist der größte Einbruchsee Norddeutschlands und sehr tief) beziehen. Von *Arnsē führen der Sprosskonsonant /-t-, -d-/ und der Sprossvokal /-e-/ schließlich zu *Arendsee*. Parallelname: ON. Arentsee (Gem. Brokdorf, Amt Wilstermarsch, Lkr. Steinburg/Itzehoe, S.-H.), 1466 (Kopie 17. Jh.) *Arnesse*, 1518 *Arnnßee*. – Udolph, *HG.A.16*, S. 13–16; Laur, *Schleswig-Holstein*, S. 130; Fischer, *BNB 10*, S. 20.

Arensbek Oberlauf der Silberstedter Au (z. Treene z. Eider z. Nordsee). – 1649 *Arnbeck, Arenbek*; ON. Arenholz (Gem. Lürschau, Amt Schuby, Kreis Schleswig-Flensburg, S.-H., D), /arnholt/, 1268 (Kopie 1588) *Arnholtt*, 1352 *Arnhold*, 1503 *to Arnholte*; SeeN. Arenholzer See (bei Arenholz und Lürschau), 1503 *Arssee*. – Der ON. Arenholz ist eine Klammerform < **Arn(bek)holt* 'Wald am Arensbek', der Name des Arenholzer Sees war ursprünglich *Arnsee. Allen drei Namen liegt vermutlich (wie bei dän. *Arnå*, r.z. Hvirlå (z. Vidå z. Nordsee), 1641 *Arn Aw*, 1781 *Arnaae*) ein einfacher Gewässername (gm.) *Arnō f. ↗Arendsee zugrunde. – Kvaran, *HG.A.12*, S. 5; Laur, *Schleswig-Holstein*, S. 129.

Arfe l.z. Eder (z. Fulda z. Weser). – GebietsN. 800 (Kopie 12. Jh.) *pagus Arahafelt super fluvium Adrina*; ON. Arfeld (Stadt Bad Berleburg, Lkr. Siegen-Wittgenstein, NRW, D), 804–813 (Kopie 12. Jh.) *Harafelder marca* (lies *Arahfelder*), 1232 *Arenfelt*, 1258 *Arevelt*, 1283ff. *Arevelde, Arfelden*; ON. (†) 1418 *Araff*; BergN. Arfelder Bracht. – Da keine Belege für den Flussnamen nachgewiesen sind, liegt die Vermutung nahe, dass *Arfe* eine Rückbildung aus dem Gebiets- und Ortsnamen *Arahafelt, Arefelt* ist und der Gebietsname den ursprünglichen Flussnamen *Araha enthält. Der Wüstungsname (1418) *Araff* könnte darauf hindeuten, dass neben *Araha auch die Namensform (ahd.) *Araffa existierte und diese in *Arfe* erhalten ist. Das Bestimmungswort beider Komposita ist (gm.) *arō; Etymologie ↗²Ahr ↗Ohre. – Sperber, *HG.A.5*, S. 3.

† **Arga** l.z. Rhein zwischen Buchs und Grabs (Kanton St.Gallen, CH), unsichere Lokalisierung des nur 1050 (*ad fluuium Arga*) genannten Flusses. Vermutlich geneuerter Nominativ zu dem vermeintlichen Dativ-Akkusativ *ze Argun*, ahd. **Arguna* ↗ Argen. – Geiger, *HG.A.2*, S. 8.

Argen, die z. Bodensee (z. Rhein), kommt aus dem Allgäu, im Oberlauf zweigeteilt in *Obere* und *Untere Argen*, die sich bei Neuravensburg (Stadt Wangen im Allgäu, Lkr. Ravensburg, B.-W., D) vereinen, mündet bei Langenargen (Bodenseekreis, B.-W.). – 839 *ad Argunam*, 855 *prope Argunam*, um 1155 *zwüschen Argun*, 1498 *in der Argen*, 1525 *an der Argen*; GauN. 770 *in pago Argonense*, 771 *in bago Argunensi* (und weitere Belege dieser Form), 856 *in Argungoue*; ON. 770 *in villa ... Argona*, *actum Aruguna villa*, 794 *in villa Arguna*, 798 *in villa ... Arguna*, *Arcuna*, 807 *in villa Arcuna*, 815 *Argunu*, 861 *in loco ... Arguna*, 1270 *terminis parochie Argun*, 1428 *Langenargen*; ON. Argenbühl (Lkr. Ravensburg, Gemeinde seit 1971) „Hügellandschaft zwischen Oberer und Unterer Argen". Die Bildung des Ortsnamens *Langen-argen* steht in Verbindung mit dem ON. Langnau (Stadt Tettnang; mhd. **Langen-ouwe*) im Argental oberhalb von Langenargen. – Der Flussname ist früh in St.Galler Urkunden als ahd. *Arguna*, (im Dativ) *Argunu*, sporadisch mit Lautverschiebung (*Arcuna*) und Senkung des /u/ vor /a/ (*Argona*) belegt. Er entspricht weitgehend der für das Adjektiv ai. *árjuna-* 'licht, weiß' rekonstruierbaren indogermanischen Form (feminin) **arǵunā*, einer -n-Ableitung von urig. **h₂erǵ-u-* (>**hargu-* > **argu-*) 'weiß, hell, glänzend, (blitz-)schnell'. Der Name ist aus keiner Einzelsprache deutbar und daher ves.-ig. Das Benennungsmotiv ist die charakteristische Farbe des Wassers, so dass der Name mit „Weißwasser" übersetzt werden kann (↗ Weiß-). Es fällt auf, dass die drei *Arguna* genannten Flüsse (↗ Argenbach ↗ †Arga) nur in der Berglandschaft um den östlichen Bodensee (mit Bregenz als Mittelpunkt) vorkommen. Ein Zufluss zur Bregenzer Ache unterhalb der Mündung des Argenbachs trägt zudem den Namen *Weißbach*. – Geiger, *HG.A.2*, S. 8; Pokorny, *IEW*, S. 64f.; Wodtko/Irslinger/Schneider, *Nomina*, S. 317f.

Argenbach l.z. Bregenzer Ache (z. Bodensee z. Rhein), entspringt bei Damüls (PB Bregenz, Vorarlberg, A), mündet in Au (PB Bregenz), 14. Jh. *de alpa dicti Argun*; ON. Argen, Argenau, Argenzipfel. Der Flussname ist identisch mit ↗ Argen. – Geiger, *HG.A.2*, S. 8.

Arlau, die nordfriesisch *Arluu*, *Arel*, z. Nordsee nördlich von Husum (S.-H., D). – 1649 *Arle fl.*, 1652 *Arrel*, *durch die Arle-Aw*; ON. Arlewatt, Dorf (Amt Hattstedt, Kreis Nordfriesland, S.-H.), 1466 *by der ow Arlewatt*, 1492 (dänische Urkunde) *af Arlæwadh*, 1501 *to Arlewat*. HofN. Arlewatthof (Gem. Arelwatt, 1455 (Kopie 1601) *up sinen haue Arlewatt*. Mehrere Parallelen in Bezeichnungen kleinerer Gewässer wie die FlurN. *Arl*, *Arlfeld*, *Arlholt*, BachN. *Arl*, FlurN. *Arling*, *Goos-Arl*. – Trotz der spät einsetzenden historischen Nennungen kann angenommen werden, dass *Arlau* ursprünglich einstämmig war (**Arle* bzw. **Arel*) und *-au* 'Gewässer' zur Verdeutlichung spät angefügt wurde. Deshalb ist die Deutung des Gewässernamens mit *Erle* (ahd. *elira*, *erila*, mndd. *alre*, *elre*, *eller*, ae. *alor*) wenig wahrscheinlich. Es bietet sich stattdessen an, von einer *l*-Ableitung (**Arala*) zu gm. **arō* (ig. **orā* 'Flusslauf') in Flussnamen wie ↗ Ohre auszugehen. – Kvaran, *HG.A.12*, S. 5; Laur, *Schleswig-Holstein*, S. 130.

Arlbach, Groß- r.z. Salzach (z. Inn z. Donau) unterhalb von Niederuntersberg (Gem. St.Veit im Pongau, Salzburg, A), Klein-Arlbach, l.z. Wagrainer Bach bei Wagrain (PB Sankt Johann im Pongau, Salzburg). – 930 (*flumen*) *Arla*, um 1130–um 1135 (Kopie Mitte 13. Jh.) *ad Inferiorem Arelam*. – Ausgehend von der ältesten Nennung wird *Arla* gedeutet als ves.-ig. Name, der von der ig. Wurzel **or-* 'etwas in Bewegung setzen, erregen', urig. **h₃er-* (gr. *órnymi* 'treibe an, lasse losstürzen', lat. *oritur* 'erhebt sich, entsteht') mit *l*-Suffix abgeleitet ist. Im Unterschied zu ↗ Orla (< **Orula*) ist *Arla* aber mit der Schwundstufe der Verbalwurzel gebildet: **h₃r̥-ló-* ist das Verbaladjektiv in der (hydronymischen) Bedeutung 'los stürzend' (im Sinne von Wildbach?). **h₃r̥-ló-* bzw. das Femininum **h₃r̥-lā́* entwickelte sich zu **arlā*. Der Beleg aus dem 12. Jh. *Arela* dürfte den Sprossvokal /-e-/ enthalten. – Hausner/Schuster, *Namenbuch*, S. 41; Rix, *LIV*, S. 299f.

† **Arlebach** bei Entringen (Gem. Ammerbuch, Lkr. Tübingen, B.-W., D) vermutlich der Arenbach, r.z. Goldersbach (z. Ammer z. Neckar z. Rhein). – 1294 (mehrfach) *rivum Arlebach*, 1295 *Arlebach*, 1296 *Arlibach*. – Kompositum mit dem Grundwort *-bach* und alem. *Arle* 'Legföhre' ↗ Arlenbach. – Schmid, *HG.A.1*, S. 5.

Arlenbach auch *Rauzbach*, l.z. Alfenz (z. Ill z. Rhein) in Vorarlberg (A). – 1218 *silva que iuncta est Arle* (?); BergN. Arlberg, Arlbergpass, Arlensattel, 1305 *montem dictum Arlesberg*. – Falls der Alpenpass zwischen Vorarlberg und Tirol nach einem Fluss (1218) *Arle* (?) (< **Arla*) benannt wurde, hat er die gleiche Etymologie wie ↗ Arlbach (Salzburg). Die historischen Nennungen sind jedoch zu selten, um diese Deutung abzusichern. Für den Bergnamen liegen andere Deutungen näher (z.B. **Arlenberg* mit alem. *Arle* 'Legföhre' als Bestimmungswort), der GwN.

Arlenbach ist eher eine Klammerbildung aus **Arlen<berg>bach*. – Geiger, *HG.A.2*, S. 9; Geiger, *Gewässernamen-Schichten*, BNF 16, S. 124 f.

Armbach, die

l.z. Werra (z. Weser) in Bad Salzungen (Wartburgkreis, Thüringen, D). – 933 *Arahenbach*, 1183 *in Arahenbach*, 1320, 1352 *Arinbach*, 1453 *die arenbach*, 1457 *die armbach*. – Kompositum mit dem Grundwort *-bach* und ahd. *arhe* (Plural) 'Stricke, zwischen denen ein Netz zum Fischfang ausgespannt ist', mhd. *arche* 'Vorrichtung zum Fischfang, Fischwehr'. In der Komposition **Arhenbach* 'Bach mit Archen' verstummte das /-h-/, wodurch sich (1453) *arenbach* ergibt. – Sperber, *HG.A.5*, S. 3; Karg-Gasterstädt/Frings, *Wörterbuch* I, Sp.616 f.; Bach, *Namenkunde*, S. 377.

Arnbach

– ¹Arnbach, r.z. Pfinz (z. Rhein), /ōrnbaχ/ (/ō/ offen), ON. Arnbach (Stadt Neuenbürg, Enzkreis, B.-W., D), 1231 *villam Ahernbach*. – Kompositum mit dem Grundwort *-bach* und mhd. *ahern* 'Ahorn', nach Ausfall des /-h-/, *ārn-(bach)*. – Geiger, *HG.A.2*, S. 9.
– ²Arnbach, die z. Wallhalbe, r.z. Schwarzbach (z. Blies z. Saar z. Mosel), /áarnbach, áarmbach/, ON. Kirchenarnbach (Gem. Obernheim-Kirchenarnbach, Kreis Pirmasens, Rh.-Pf., D), 10. Jh. (Kopie) *in Annenbache*, 1309 *Aren-, Arinbach*, 1471 *Arnbach*; ON. Oberarnbach (Verbandsgem. Landstuhl, Kreis Kaiserlautern, Rh.-Pf.), 1364 (Kopie) *Obirarenbach*, *Arenbach*. – Kompositum mit dem Grundwort *-bach* und dem Genitiv des PN. *Arno* (**Arnen-*) als Bestimmungswort; **Arnenbach* wurde sowohl zu *Annenbach* als auch zu *Arenbach/Arnbach* vereinfacht. – Spang, *HG.A.13*, S. 3; Dolch/Greule, *Pfalz*, S. 256, 346 f.

Arzbach

– ¹Arzbach, l.z. Ahr (z. Rienz z. Eisack), mündet zwischen St. Johann und Ortsteil Gisse unter St. Martin (Südtirol, Prov. Bozen, I.). – /Aaschpåch/, 1315 *Ertzbach*, 1350 *an dem Ertzpach*, 1355 *ob Artzpach*, 1406 *Erczpacher*; ON. (Weiler) Groß-, Klein-, Oberarzbach. – Kühebacher, *Ortsnamen 2*, S. 28.
– ²Arz-Bach, l.z. Isar (z. Donau). – Ca.1563 *Artzpach*; ON. Arzbach (Gem. Wackersberg, Lkr. Bad Tölz-Wolfratshausen, Bayern, D), 779 *Aruzzapah*, 807–811 *Aruzapach, Aruzpach*, 926–937 *Aricipahc*, 1031–1039 *Arizpach*, 12. Jh. *Arcepach*, 1418 *Artzpach*. – Snyder, *HG.A.3*, S. 7.
Kompositum mit dem Grundwort *-bach* und dem Bestimmungswort ahd. *aruz, aruzzi*, mhd. *erze* 'Erz' mit der Bedeutung 'Erzbach' (weil in der Nähe ein Schmelzwerk lag oder nach Erz geschürft wurde). Die heutige Namensform gibt den Sekundärumlaut der bairischen Mundart wieder.

As-/Aß-/Ass(e)-

-bach, -bächl, -beck(e), z.B. Asbach, r.z. Stille (z. Schmalkalde z. Werra), ON. Asbach, 1168 *Asbach*, 1384 *Aspach*; Asbeck, r.z. Hönne (z. Ruhr), ON. Asbeck, 1202 *Asbeke*. Bestimmungswort verkürzt aus **As(k)-bach* ↗ Asch- oder aus **As(p)-bach* ↗ Asp-. – Sperber, *HG.A.5*, S. 3; Schmidt, *HG.A.6*, S. 4 f.; Ulbricht, *Saale*, S. 70, 144.

Asch-

-a, -ach, -au, -aubach, -bach, -bäch(e)l, -bächle, -graben, z.B. Aschach, l.z. Innbach bei Gstocket (Gem. Alkoven, PB Eferding, O.-Ö., A), 776 *in ripa uocante Aschaha*. Es handelt sich um Namen mit ahd. *asc* stM., *asca* stF. 'Esche' als Bestimmungswort, mit der Bedeutung 'Gewässer, an dem Eschen wachsen', ↗ Äschach ↗ Aschaff (< **Ask-affa*). – Hausner/Schuster, *Namenbuch*, S. 43; Karg-Gasterstädt/Frings, *Wörterbuch*, 1, Sp.672 f.

Aschaff, die

r.z. Main, entspringt im Spessart in der Nähe von Waldaschaff, mündet in Aschaffenburg (Bayern, D); die Kleinaschaff gilt als linker Quellbach. – 980 *Ascafa, Aschaf, Aschaffa*, 1144 *in flumine Aschapha*; ON. Aschaffenburg, /ascheberch/, 496/506 (Kopie 13./14. Jh. nach Kopie um 700) *Ascapha*, um 800 (Kopie um 1000) *ad ascafanaburc* (Aschaffenburger Forstbeschreibung), 974 (Kopie 12. Jh.) *Ascafenburg*, 982 *Ascafaburg*, 1131 *Aschaphene burch*, 1143 *Aschafenburc*, 1173 *Aschaffenburg*; ON. Mainaschaff (Gem., Lkr. Aschaffenburg), 980 *Askafa, Ascafa*, 1103 *Aschapha*; ON. Waldaschaff (Gem., Lkr. Aschaffenburg). – Welchen Lautwert die Graphie <ph> im Erstbeleg für die Siedlung Aschaffenburg hat, ist nicht mit Sicherheit zu entscheiden. Da Schreibungen mit <ph> für den Namen auch im 12. Jh. belegt sind, liegt die Annahme nahe, dass die Schreibung <ascapha> auf das Konto der Kopisten geht, die das in der Quelle stehende <ascapa>(?) der Lautung ihrer Zeit, nämlich /ascafa/ (mit Lautverschiebung), in der Schrift anpassten. Der (altalemannische) Name der Siedlung ist identisch mit dem Namen der Aschaff. Später wird – mit Bezug auf die in Aschaffenburg ergrabene Befestigung – die Wortgruppe *Ascafana burg* (> 1131 *Aschaphene burch* usw.) 'Festung an der Aschaff' gebildet, worin *Ascafana* eine altertümliche feminine Adjektiv-Bildung darstellt. Der Flussname ist ein Kompositum gm. **Askapa*. Er gehört zu den in Süddeutschland seltenen *apa/affa*-Namen (↗ *apa*). Gm. **apa* ist ein Flussnamengrundwort, das in seiner Funktion ahd. *aha*/nhd. *-ach* 'Fließgewässer' entspricht, ↗ Aschach. Das Bestimmungswort gm. **aska-, *aski-* 'Esche, Eberesche, aus Eschenholz gefertigter Speer' bezog sich vermutlich darauf, dass der Fluss aus einer Gegend kommt, in der Eschen geschlagen wurden. Auch die Ortsnamen *Mainaschaff* und *Waldaschaff* führen den Flussnamen als Grundwort eines Kompositums weiter.

wobei die Bestimmungswörter *Main-* und *Wald-* den Namen nach der Lage spezifizieren: Waldaschaff liegt im Spessart ('Spechtswald'), Mainaschaff am Main gegenüber der Mündung. – Sperber, *HG.A.7*, S. 6; Reitzenstein, *Lexikon*, S. 40 f.; frdl. Mitteilung v. Theodor Ruf (Aschaffenburg), 18. 08. 2009.

Aschen-Bach r.z. Nüst (z. Haune z. Fulda z. Weser). – ON. Ober-, Mittel-, Hofaschenbach (Gemeinde Nüsttal, Lkr. Fulda, Hessen, D), 1300 *Echenbach*, 1422 *Aschenbach*, 1494 *Eyschenbach*, 1510 *Hofetschenbach*, *Mittelschenbach*, um 1560 *Hoffeschenbach*. – Bestimmungswort ↗ Esch-/Asch-. – Sperber, *HG.A.5*, S. 4.

Asdorf, die (auch *Asdofer Bach*, im Oberlauf *Weibe*), r.z. Sieg (z. Rhein) im Siegerland (Kr. Siegen-Wittgenstein, NRW, und Lkr. Altenkirchen, Rh.-Pf., D). – 1423 *uff der Aestorff*, 1469 *uff dem wasser genant die Aistorff*, 1476 *die Aelstorff*, 1478 *die Aestorff*, 1482 *die Aistorff*, 1569 *uff der Assdorf*, 1569 *das wasser, die Assdorff genant*, 1610 *die Astorff*; ON. Niederasdorf (Stadt Kirchen/Sieg, Lkr. Altenkirchen), 1347 *von der Astraft*, 1442–1447 *Astroff*. – Aus den Belegen wird ein FlN. (mhd.) *Âstraf(t)* erschlossen, der durch Umstellung des /-r-/ und Hebung von /-a-/ > /-o-/ zu einem *-dorf-*Namen umgestaltet wurde. *Âstraf(t)* kann über (ahd.) *Âstraffa* als Kompositum mit dem Grundwort (gm.) ↗ *apa* gedeutet werden; das Bestimmungswort (*āstr-*) ist unklar. Vielleicht liegt eine Ableitung mit dem Suffix (gm.) *-tra-* von mhd. *âs*, ae. *æs* 'Nahrung, Aas, Beute' zur Stellenbezeichnung vor. – Faust, *HG.A.4*, S. 5; Barth, *Sieg und Ruhr*, S. 66 (mit anderer Etymolgie, < *Adstra*?).

Asp-/-en- *-ach*, *-bach*, z.B. um 1140 (Kopie 13. Jh.) *Aspach*, jetzt Aschbach, l.z. Urlbach (bei Markt Aschbach, N.-Ö., A). Das Bestimmungswort in diesen häufig als Gewässername mit der Bedeutung 'Gewässer, an dem Espen wachsen' vorkommenden Komposita ist ahd. *aspa*, mhd. *aspe* swF. 'Espe'; vgl. auch ↗ Espen-. – Hausner/Schuster, *Namenbuch*, S. 45; Karg-Gasterstädt/Frings, *Wörterbuch*, 1, Sp.678 f.

Asphe, die (auch *Asphebach*), l.z. Treisbach (z. Wetschaft z. Lahn z. Rhein), entspringt im Vorland des Rothaargebirges, fließt in den Landkreisen Waldeck-Frankenberg und Marburg-Biedenkopf (Hessen, D), mündet in Amönau (Wetter, Lkr. Marburg-Biedenkopf). – ON. Oberasphe, ON. Niederasphe (Ortsteile von Münchhausen, Lkr. Marburg-Biedenkopf), 1107, 1128 *Asfo*, 1262, 1270 *Aspha*, 1287 *in villa Asphe inferiori*, 1300 *Asphe*, 1301 *Aysphe*, 1304 *Aspe*, 1331, 1388 *Asfe*, Obernasfe, 1358 *Walbergasphe*, 1557 *Aes*. – Ausgangsform ist der FlN. (obd.) *Asfa* neben (ndd.) *Aspa*, der durch Silbenkürzung aus

As[pa]pa, ein Kompositum mit dem Grundwort ↗ *apa* und dem Bestimmungswort ↗ asp-, entstanden ist. – Faust, *HG.A.4*, S. 5.

Aspichbach l.z. Dorfbach (z. Nothbach z. Laufbach z. Abbach z. Sulzbach z. Schwarzbach z. Rhein). – ON. Aspich (Zinken d. Gem. Lauf, Ortenaukreis, B.-W., D), 1360 *der hof yn der Aspach*, 1405 *in dem Aspach*, 1601 *im Aspach*, 1621 *im vordern Aspach*. – Verdeutlichendes Kompositum mit dem Grundwort *-bach* und dem FlN. *die Aspach* 'Espenbach' ↗ Asp- als Bestimmungswort. Das maskuline Genus ergibt sich aus dem elliptischen Hofnamen **der Aspach(hof)*. – Geiger, *HG.A.2*, S. 9.

Asse r.z. Hörsel (z. Werra z. Weser) in Teutleben (Lkr. Gotha, Thüringen, D). – ON. Aspach (Lkr. Gotha), 932 *Asbah*, um 1150 *Ascbeche*, 1168 *Asbeche*, 1183 *Ascbeche*, 1367 *Aspeche*, 1484 *Aspach*. – Grundform (ahd.) FlN. *Ask-bah* (Dativ *Askbeahi*) ↗ Asch-; die heutige Form ist die möglicherweise in der Mundart gekürzte Form *Asbeche* > *Asbe* > *Asse* ↗ As-/Ass(e)-. – Sperber *HG.A.5*, S. 4.

Assekenbach l.z. Markau (z. Nette z. Innerste z. Leine z. Aller z. Weser), nördlich von Münchehof (Stadt Seesen, Lkr. Goslar, Niedersachsen, D). – Um 1550 *am Assenbeck*, 1575 *im Aßmicke*, 1578 *Aßbeck*, 1762/63 *Asseken-Bach*. – Kompositum mit dem Grundwort mndd. *-beke* 'Bach' und mndd. *asche*, *esche* 'Esche' als Bestimmungswort, ↗ Asch-. – Kettner, *HG.A.8*, S. 4; Kettner, *Leine*, S. 59 f.

Attel, die l.z. Inn (z. Donau). – 1323 *pei der Aetel*. Bei der Mündung liegt Attel, Pfarrdorf (Gem. Wasserburg am Inn, Lkr. Rosenheim, Bayern, D) und ehemals Benediktinerkloster, 807 (Kopie 824) *Hatile ... Atulla*, 885 (Kopie 12. Jh.) *Atilla*, ca.935 *Atila*, 1137 *Aetila*, ca.1140 *Atile* (und weitere Belege). – Die Schreibungen deuten auf vorbair. *Adila*, mit Lautverschiebung im Inlaut und Sekundärumlaut im Anlaut: /ätele/. *Adila* kann als *l*-Ableitung von der in europäischen Flussnamen verbreiteten Basis *Ad-* (zur Etymologie ↗ Oder) erklärt werden. Näher liegt ein Zusammenhang mit mhd. *atel* stM. 'Schlamm, Morast, schlammiges Wasser', ahd. *adel* stM. 'kleines Geschwür', bair. *Adel* 'Jauche'. Die Differenz zwischen dem Namen *Attel* und dem Gattungswort läge dann nur beim Genus (*Adila* f.) und beim Vokal des Suffixes (gm. *-adel-az/-ōn* m.). – Dotter, *HG.A.14*, S. 25 f.; Reitzenstein, *Oberbayern*, S. 23; Kluge/Seebold, *Wörterbuch*, S. 16; Orel, *Handbook*, S. 2.

Attersee (auch *Kammersee*) im Salzkammergut (O.-Ö., A). – 798–814 (Kopie Ende 12. Jh.) *super lacum Atersē*; LandschaftsN. Attergau (für das südliche

Hausruckviertel), vor 748 (Kopie Ende 9. Jh.) *intra Atargauui*, 768 (Kopie Ende 9. Jh.) *in loco ... Atargauui*, 1007 *in pago Ateragoui*; ON. Attersee (PB Vöcklabruck, O.-Ö.), /'ōdᵃsē/, 885 (Kopie 12. Jh.) *de Atarnhova* (lies: *Atarahova*?), 1007 *locum Aterahof*, um 1130 *de Atersê*. – Primär ist ahd. *Atara, das Bestimmungswort der Zusammensetzungen *Atter-gau*, *Atter-see* und (ahd.) *Atarhova. Gewöhnlich wird ahd. *Atara (< vorahd.*Adra) als vorgermanischer Gewässername auf ig. *adrā 'Wasserlauf' zurückgeführt, obwohl *Atara als Gewässername nicht belegt ist und es sich beim Attersee um einen großen See und nicht um ein Fließgewässer handelt. Die Deutung des Namens sollte nicht außer Acht lassen, dass der Abfluss des Attersees ↗Ager (< *Agria) mit vorahd. *Adra reimt und dass Attersee und Mondsee zusammen ein System bilden. Da ↗Mondsee ein vergleichsweise junger Name ist und die Etymologie von ig. *adro- (↗Oder) nicht geklärt ist, ist folgende ursprüngliche Benennung der Teile des Systems Mondsee-Attersee denkbar: Der obere, hintere Teil (Mondsee und Seeache) trug den Namen *Adra, der untere, vordere Teil, vor allem sein Abfluss, den Namen *Agra (*Agria). Durch die Neubenennung des oberen Teils als *Mondsee* wird der Geltungsbereich des Namens *Adra nach unten auf den Attersee verdrängt. Die ursprüngliche Verteilung der Namen würde es erlauben, *Adra auf ig. *ped- 'treten; fallen, sinken' (Femininum des Verbaladjektivs ig. *p$_e$d-ró-s 'fallend, sinkend' > kelt. *adros) zurückzuführen. Eine vergleichbare Bildung liegt in ↗Vesser (< gm. *Fetarō zum Verb. gm. *fet-a- 'fallen') vor. – Hausner/Schuster, *Namenbuch*, S. 49 f.; Reutner/Bito/Wiesinger, *Vöcklabruck*, S. 89 f.; Rix, *LIV*, S. 458.

Attich-Bach r.z. Nesse (z. Hörsel z. Werra z. Weser) unterhalb Molschleben (Lkr. Gotha, Thüringen, D). – 1347 *Am atichbache*, 1425 *am attichbache*, 1467 *Im attenbach*, *Im attichbache*. – Grundform vielleicht (mhd.) *Adichtbach mit mhd. āducht 'Abzugsgraben' ↗Abzucht als Bestimmungswort. – Sperber, *HG.A.5*, S. 4.

Attlesee See in der Gemeinde Nesselwang (ehemaliger Landkreis Füssen, D). – 1324 (inseriert 1441) *umb den Otolfse*, 1533 *Otelsse*, 1534 *Ottlesee*. – Zusammenrückung aus dem Genitiv des (ahd.) Namens des Besitzers (?) *Ōtolf* und mhd. *sē* 'See': *Ōtolfes-se > Otelsse > Ottlesee*, mda. /óatlesea/, mit falscher hochdeutscher Schreibung: Attlesee. – Steiner, *Füssen*, S. 7.

Atzbach r.z. Lahn (z. Rhein). – ON. Atzbach (Gem. Lahnau, Lahn-Dill-Kreis, Hessen, D), Belege des 8. Jh. (im Codex Laureshamensis, Kopie 12. Jh.): *Ettisbach*, *Attesbacher marca*, *Ettisbacher marca*;1257 *Adspach*, 1271 *Adispach*, 1280, 1300 *Adesbach*, 1325 *Addesbach*, *Adesbach*. – Kompositum mit dem Grundwort -bach und dem Genitiv des PN. (ahd.) *Atti/*Etti (Attes-, Ad(d)es-, Ettis-), durch Synkope des /-e-/ verkürzt zu *Adsbach/Atzbach. – Faust, *HG.A.4*, S. 5.

Atzel-/Atzlen-/Atzen- -bach, wmd. Atzel f. 'Elster', ahd. *agazzala*, z.B. Atzlenbach, l.z. Wupper, 1803 *auf die Azelenbach*; ON. Atzlenbach, ca.1450 *Atzelbach*. – Schmidt, *HG.A.6*, S. 5.

Atzelbach l.z. Unterwasser (z. Acher, z. Rhein). – 1291 *ad ... riuum Athelinespach*; ON. Atzelbach, Wohnplatz (Gem. Ottenhöfen im Schwarzwald, Ortenaukreis, B.-W., D). – Kompositum mit dem Grundwort -bach und dem Genitiv des PN. (ahd.) *Adal(w)in- (*Adalines-), umgedeutet nach ↗Atzel 'Elster'. – Geiger, *HG.A.2*, S. 9.

Au-/-e-/-en- -bach/-bek(e), -bachl/-bächel/-bächle/-bächlein, -graben, -mühlbach, -wasser, -weiher. Bestimmungswort ahd. ouwa, mhd. ouwe f. 'Wasserland, Insel, Halbinsel, wasserreiches Wiesenland', z.B. Aubach, l.z. Kaltenbach (z. Mangfall z. Inn z. Donau) mit ON. Au, ca.1020 *Oua*, ca.1180 *de Owe*; Aue-Bach, l.z. Luhe (z.Ilmenau z. Elbe), 1776 *Aue Bache*, 1879 *Auebach*. – Springer, *Flussnamen*, S. 140 f.; Ulbricht, *Saale*, S. 53; Dotter/Dotter, *HG.A.14*, S. 27; Udolph, *HG.A.16*, S. 19.

au(e) Grundwort in vielen niederdeutschen Ortsnamen, mndd. ouw(e), ow(e), ou f. 'vom Wasser umflossenes Land; wasserreiches, grasiges, fruchtbares Land'; ausgehend von Wiesengebieten mit langsam fließenden Wasserläufen entwickelte sich die Bedeutung 'Wasserlauf'. – Kettner, *Leine*, S. 357 f.

Aub- -bach, -graben, Nebenform von ↗Au-, mhd. ouwe, apokopiert *ouw- > aub-. – Sperber, *HG.A.6*, S. 7.

Aubach
– ¹Aubach, l.z. Leitenbach bei Andling (Gem. Heiligenberg, PB Grieskirchen, O.-Ö., A). – 776 *usque ad riuolum nuncupantem Auuinpach*; ON. Ober-, Mitter-, Unter-Aubach (Gem. Eschenau im Hausruckkreis, PB Grieskirchen), um 1180 *Auenbach*, um 1180-um 1200 *in Owenbah*, 1371 *Aunpach*. – In *Auuin*- liegt der Genitiv eines PN. *Ouwo* vor. – Hausner/Schuster, *Namenbuch*, S. 52; Wiesinger, *Flussnamen*, S. 445.

– ²Au-Bach, r.z. Dill (z. Lahn z. Rhein). – /áobax/, 1430 *die Ubach uff, die dorre Ubach*; ON. Langenaubach (Stadt Haiger, Lahn-Dill-Kreis, Hessen, D), ON. Waldaubach (Gem. Driedorf, Lahn-Dill-Kreis), 1283, 1285, 1304 *Ubach*, 1430–31 *Ubach*, ca.1450 *Ubach*, 1710

Langenaubach, *Waldaubach*. – Ausgangsform (mhd.) **Übach*, Kompositum mit dem Grundwort *-bach* und einem nicht genau bestimmbaren Bestimmungswort, das in der Komposition verkürzt wurde. Bestimmungswort ist wahrscheinlich mhd. *üche* swF. 'Kröte'. Die lautliche Entwicklung führte über **Üchenbach* (mit Synkope) > **Üchbach* und dissimilatorischem Schwund des /-ch-/ zu **Übach*. – Faust, *HG.A.4*, S. 6; Metzler, *Westerwald*, S. 67, 72.

– ³Aubach (auch *Bieber*), l.z. Wied (z. Rhein) bei Niederbieber (Stadt Neuwied, Rh.-Pf., D). – ON. (†) 1326 *Ouchbach*, 1429 (zu) *Auche*, 16., 17. Jh. *Auch*. – Der Name entspricht möglicherweise gm. **aukōn* m. 'Hinzufügung' (awn. *auki*, ae. *ēaca*, afr. *āka*) mit der Bedeutung 'Zufluss'; verdeutlichend komponiert mit *-bach*. – Faust, *HG.A.4*, S. 6; Seebold, *starke Verben*, S. 84.

Aue

– ¹Aue, Name mehrerer Flüsse im Einzugsgebiet von Leine, Unter- und Mittelweser und Unterer Elbe, z. B. Aue (z. Ammersbek z. Alster z. Elbe), 1263 *ad riuulum, qui dicitur Owe*. Etymologie ↗ Au-. – Kettner, *HG.A.8*, S. 4 f.; Kettner, *Leine*, S. 18 f.; Borchers, *HG.A.18*, S. 10–13; Udolph, *HG.A.16*, S. 18–21.

– ²Aue, r.z. Leine, entspringt bei Westerhof (Lkr. Northeim, Niedersachsen, D), mündet bei Kreiensen (Lkr. Northeim). – 10. Jh. (Kopie 15. Jh.) *in flumen Audan et sic per Audan*, 1013 *in Audan*, 1580 *in die Auwe, aue flus*, 1596 *die Owe*, (1651) *die Auwen, daß Auwenwaßer*, 1663 *die Auwe*; GauN. Aueagau, 1021 *Auganagavvi* (lies *Audanagavvi*?). – Die übliche Deutung des Namens als **Audana*, abgeleitet von ig. **oud^h-* 'reich, reichlich', stößt auf die Schwierigkeit, dass /au/ > /ō/ hätte monophthongiert werden müssen. Diese Schwierigkeit wird umgangen, wenn man auf (gm.) **a(g)w(a)da-* > (as.) **auda-*, als schwach flektiertes Maskulinum im Dativ Singular (1013) *in Audan*, zurückgeht. Nach Schwund des /-d-/ entstehen die Formen *Auwen* und *Aue*. **a(g)w(a)da-(n-)* dürfte eine Ableitung mit dem (gm.) Suffix *-da-* oder *-dan-* sein, wie ae. *weard̄*, *warod̄* 'Strand', as. *racud* 'Gebäude', ahd. *zimbirid* 'Bau', mit der Bedeutung 'Wasserstelle' o. ä. Zu gm. **a(g)w-* ↗ Auma. – Kettner, *HG.A.8*, S. 4; Kettner, *Leine*, S. 18; Möller, *Nasalsuffixe*, S. 36 f.

Auer-/Aur-

-a, -ach, -bach/-bächle. Bestimmungswort gm. **ūra-*, mhd. *ūr* 'Ur, Auerochse', ↗ Aurach. *Auer-* kann auch Adjektiv zum ON. *Au(e)* sein. – Springer, *Flussnamen*, S. 117; Geiger, *HG.A.2*, S. 10; Snyder, *HG.A.3*, S. 8; Sperber, *HG.A.7*, S. 8 f.; Spang, *HG.A.13*, S. 4 f.; Dotter/Dotter, *HG.A.14*, S. 28–31.

Auer, die

(auch *Auerbach*), r.z. Pregel (z. Frischen Haff), ehemals Ostpreußen (PL). – 1352 *do heisit dy Aure, di Aure*, 1353 *trans flumen ... Aura, circa fluvium Aura*, 1362 *czu deme vlise der Aure*, usw. – Die Grundform *Aura* gehört in den Zusammenhang mit folgenden Namen: *Aura*(*joki*), südwestfinnischer Fluss, altschwedischer Gewässernamen **Ora*, jetzt Oreälven (in Dalarna), norwegischer Flussname *Aura*, ↗ Ohra, † *Aúras* (bei Herodot IV 49), Nebenfluss der Donau in Nordostbulgarien. Problematisch ist die Erwägung, die skandinavischen Namen auf awn. *aurr* 'Sand' zu beziehen. Eher lassen sich die Namen einerseits an ae. *ēar* (< **aura-*) 'Woge, Meer' anschließen, andererseits an gr. (*án-*)*auros* 'wasserlos'. Zugrunde liegt urig. **h₂eu-ro-/-ā*, eine *r*-Ableitung zu einer ig. Wurzel, mit der nicht nur zahlreiche Gewässernamen gebildet wurden, sondern auch die Appellative ai. *avatá-* m. (< **au̯n̥to-s*) 'Brunnen' und lett. *avuõts* (< **au̯ontos*) 'Quelle'. – Biolik, *HE 11*, S. 15 f.; Ritter, *Studien*, S. 157 f.; Wahlberg, *SOL*, S. 245; Naert, *Aura*; Krahe, *UäFlNN.*, S. 43 f.

Auerbach

(im Oberlauf *Kautzenbach*), r.z. Totenalb (z. Steinalpbach/Steinalp z. Glan z. Nahe z. Rhein). – 1570/71 *Auersbach*; ON. † *Auersbach*, 1387/1405 *Ursbach*, 1430 *Urspach*. – Kompositum mit dem Grundwort *-bach* und dem Genitiv des PN. ahd. **Ūr* (**Ūres-*) als Bestimmungswort. In *Auerbach* ist in Analogie zu dem häufigen Ortsnamen *Auerbach* nach Synkope des /-e-/ das Genitiv-*s* ausgespart (oder der Name ist falsch geschrieben). – Greule, *HG.A.15*, S. 10.

Auersbach

mehrfach in der Steiermark (A), z. B. Oberlauf des Radischbachs westlich von Gnas (PB Feldbach), 1255 *Awerspach*. – Kompositum mit den Grundwort *-bach*; das Bestimmungswort ist früh aus dem Slawischen (urslaw. **avorъ* 'Ahorn', slowen. *javor*) entlehnt worden; das Fugen-*s* in Analogie zu anderen Namen auf *-s-pach*. – Lochner von Hüttenbach, *Steirische Hydronyme*, S. 70.

Aufseß, die

r.z. Wiesent (z. Regnitz z. Main), fließt im Naturpark Fränkische Schweiz-Veldensteiner Forst, mündet bei Doos (Gem. Gösseldorf, Stadt Ansbach, Bayern, D). – 1601 *die Auffsees*, 1801 *das Flüsschen Aufsees*, 1822 *Doos, einem kleinen Wasserfall, wo sich Aufsees und Wiesent vereinigen*; ON. Aufseß (Lkr. Bayreuth, Bayern), 1114 (Kopie ca.1150) *de Vfsaze*; ON. Schloss Oberaufseß (Gem. Aufseß), 1326 *ze Niedern Aufsezze vnd ze obern Aufsezze*; ON. † Höchstaufseß. – Übertragung des Ortsnamens mhd. *ûfsæze* 'hochgelegener Ort/Wohnsitz' auf den Fluss. – Sperber, *HG.A.7*, S. 8; Fastnacht, *Ebermannstadt*, S. 11–16.

Aula, die

l.z. Fulda, mündet oberhalb von Bad Hersfeld (Hessen, D). – 1003, 1070 *aqua/flumen*

Ouuelaha; ON. Niederaula (Kr. Hersfeld-Rotenburg), 779 (Kopie 12. Jh.) *Ovlaho*, 1106 *Ouwelacha*, 1108 *Olaha*, um 1114/1127 *Owilaha*, ca.1340 *Eula*; ON. Oberaula (Schwalm-Eder-Kreis, Hessen), 869 (verunechtet, Kopie ca.1160) *Ovilah*, 9. Jh. *Ouuelaha*, 1325 *Ewla*. – Wie die ahd. Belege deutlich zeigen, handelt es sich um ein Kompositum mit dem Grundwort ahd. *aha* 'Fließgewässer, Bach' und ahd. **ouwila*, einer *l*-Ableitung von ahd. *ouwa* 'Land am Wasser, Aue', als Bestimmungswort. Ahd. *ouwila* lebt im Rheinland als Namenwort *Auel*, *Ohl* usw. in der Bedeutung 'von drei Seiten von Wasser umgebene Flusswiese' fort. Demnach bedeutet der Name *Aula* 'Bach mit Flusswiesen'. Jüngere Belege für Nieder-/Oberaula mit der Schreibung <Eu-, Ew-> bezeichnen den Umlaut von ahd. /ou/, der aber vor /w/ verhindert wurde. – Sperber, *HG.A.5*, S. 5; Bickert, *Aula-Problem*, S. 187–191; Dittmaier, *Flurnamen*, S. 218.

Aulenbach l.z. Elsava (z. Main z. Rhein). – ON. Unteraulenbach, Wasserschloss Oberaulenbach (Markt Eschau, Lkr. Miltenberg, Bayern, D), 1381 *von Ulnbach*. – Kompositum mit dem Grundwort *-bach* und dem Genitiv des PN. **Ūlo* (**Ūlen-*) als Bestimmungswort. – Sperber, *HG.A.7*, S. 8.

Auma, die l.z. Weida (z. Weißen Elster z. Thüringische Saale). – 1351 *an der Hùme*; Stadt Auma (Lkr. Greiz, Thüringen, D), 1237, 1248 *de Uma*; ON. Wenigenauma, 1349/50 *Wengin-Uma*. – Gm. **Auma* > asorb. **Uma* > ahd. **Uma* > nhd. *Auma*. Sicher ist die Suffigierung durch ein *m*-Suffix. Als Basis der Ableitung kommen ig. **au̯-* 'Wasser, Flusslauf' oder eher gm. **a(g)w-* (grammatische Wechselform zu gm. **ahw-* 'Wasser') in Frage. Parallelname ist vermutlich *Auma*, Name zweier Nebenflüsse zur Glomma (Norwegen). – Ulbricht, *Saale*, S. 243; Greule, *Mit -m- suffigierte germanische Gewässernamen*, S. 94; Hengst, *Frühgeschichte des Orla-Gaues*, S. 54.

Aupa, die čech. *Úpa*, l.z. Elbe, entspringt westlich der Schneekoppe (Riesengebirge, CZ), mündet nach 77 km in Jermer (Jaroměř, Královéhradecký kraj, CZ); *Kleine Aupa*, čech. *Mala Úpa*, l.z. Aupa. – 1476 *w Vpie wodie*; ON. Groß Aupa (Velká Úpa, Bezirk Trutnov); ON. Eipel (Úpice, Bez. Trutnov), 1359 *Vpicz*; ON. † Aupa, jetzt Trautenau (Trutnov, Královéhradecký kraj), 1260 *de Upa*, 1286 *de Vppa*. – Grundlage der Namensform nhd. *Aupa* ist der FlN. **Ūpa*, zu dem im Deutschen eine Verkleinerungsform **Ūpila*, mhd. **Iupele*, nhd. **Eupel*, entrundet *Eipel*, gebildet wurde. **Ūpa* hängt vielleicht mit ai. *vāpī-* f. 'länglicher Teich' und akslav. *vapa* 'See' (< **u̯ōpā*) zusammen und könnte als schwundstufige Bildung (**ūp-ā* < **uHp-*) zu urig. **u̯eHp-* 'Wasser'(?) erklärt werden. Der tschechische Name wird auf **Ōpa* zurückgeführt, was ebenfalls auf durch **u̯ōpā* 'See' beeinflusstes **Ūpa* zurückgehen kann. – Schwarz, *Ortsnamen der Sudetenländer*, S. 23f.; Pokorny, *IEW*, S. 1149.

Aupke, die verkürzt aus **Aubeke* ↗ Au-. – Schmidt, *HG.A.6*, S. 5.

Aurach, die auch *Aura*, *Urach*, mehrfach vorkommender Fluss- und Ortsname im süddeutschen Sprachgebiet. – Kompositum aus mhd. *ūr(e)* swstM. 'Auerochse' und dem Grundwort ahd. *aha*, mhd. *ahe*, *-ach* 'fließendes Wasser', z.B. *Aurach*, l.z. Regnitz (↗Main), 1007 *Vraha* (=ahd. **ūraha*). – Reutner/Wiesinger, *Gmunden*, S. 63; Hausner/Schuster, *Namenbuch*, S. 54f.

Auroffer Bach r.z. Kesselbach (z. Wall-Bach z. Wörs-Bach z. Ems-Bach z. Lahn z. Rhein). – ON. Niederauroff, ON. Oberauroff (Stadt Idstein, Rheingau-Taunus-Kreis, Hessen, D), 1160 *Urefo*, (1230/31) *superior Vrefe et Vrefe inferior*, 1253 *apud superiori Uriphi*, 1381 *Urfe*, 1418 *obern Wrff*, ca.1439 *Urffe*, 1476 *Urff*. – Der Fluss ist sekundär nach dem Ort *Auroff* (< **Ūraffa*) benannt. **Ūraffa*, der primäre Flussname, ist Kompositum mit (gm.) ↗apa als Grundwort und gm. **ūra-*, mhd. *ūr* 'Ur, Auerochse' als Bestimmungswort, ↗Auer- ↗Aurach. – Faust, *HG.A.4*, S. 6.

Ausbach

– ¹Ausbach, r.z. Rott (z. Inn z. Donau). – Ca.1563 *ad rivum Auspach*, 1844 *Aussbach*; ON. Ausbach, 1140–60 *de Owesbach*, 1173–80 *de Oswesbach*, ca.1563 *Auspach*. – Kompositum mit dem Grundwort *-bach* und dem Genitiv des PN. ahd. **Ouw-* (**Ouwes-*), ↗¹Aubach. – Dotter/Dotter, *HG.A.14*, S. 33; Kaufmann, *Ergänzungsband*, S. 48f.

– ²Aus-Bach, l.z. Zellersbach (z. Werra z. Weser). – ON. Ausbach (Hohenroda, Lkr. Hersfeld-Rotenburg, Hessen, D), 1597 *vonn Auspach*, 1673 *Ußpach*. – Mhd. **ûz-bach* 'außerhalb der Gemarkung/aus der Gemarkung hinaus fließender Bach'. – Sperber, *HG.A.5*, S. 5.

Auschnippe

– ¹Auschnippe, die l.z. Schwülme (z. Weser) im Lkr. Göttingen (Niedersachsen, D). – 1347 *vppe der Ossnippe*, 1426 *an der Osnyppe*, 1427 (Kopie) *up der Ousnippe*, 1447 *up der Osnippe*, 1477/78 *tor Osnippen*, 1715 *Auwschnippe*, 1784 *Ausschnip Bache*.

– ²Auschnippe (auch *Italbach*), l.z. Ahle (z. Schwülme z. Weser). – 1498 *in der Oysnippe*, 1587 *die Auschnippe*, 1715 *die Ausschneppe*; FlurN. 1603 *Der Osnipper Lith*, 1747 *Ohschnipperliedt*.

Vermutlich auf den Fluss übertragene Stellenbezeichnung; Kompositum mit dem Grundwort mndd. *snippe*, *sneppe* 'Schnepfe' und dem Bestimmungswort mndd. *ō, ou, ouwe, aue* 'Wasserlauf' mit der Bedeutung '(Stelle im Wasser,) wo Schnepfen vorkommen'. – Kramer, *HG.A.10*, S. 3f.

Auter, die   r.z. Leine (z. Aller z. Weser), im Oberlauf *Alte Auter*. – 1588 *die Oter*, 1771, 1778 *die Auter*; ON. Otternhagen (Stadt Neustadt am Rübenberge, Region Hannover, Niedersachsen, D), 1215 *in otherenhagen*, 1245 *oterenhagen*, 1255 *in otherenhagen*, 1309 *Oterenhaghen*, 1314 (in) *Oternhagen*, 1359 *Uterenhagen*, 1360 *ta deme oternhaghen*, 1493 *to dem Otherenhagen*, 1584 *Auterhagen*, 1588 *Otternhagen*, um 1750 *Auterhagen*. – Rückbildung aus dem Ortsnamen Otternhagen (Auternhagen), Kompositum mit *-hagen* (as. *hagan* 'Dornstrauch') als Grundwort und dem Genitiv des PN. (as.) *Ōthero (*Ōtheren-)* als Bestimmungswort 'eingefriedete Siedlung des *Ōthero*' – Bochers, *HG.A.18*, S. 13; Ohainski/Udolph, *Hannover*, S. 355f. (mit anderer Etymologie: FlN. gm.-ig. *Ōtrana*).

Autmut(bach)   r.z. Neckar (z. Rhein) durch Großbettlingen (Kreis Esslingen, B.-W., D). – /d'aotmət/, 11. Jh. *Otimot, Ottmuot*, 17. Jh. *Ottnach*. – Die Belege des 11. Jahrhunderts sind elliptische Kurzformen für den FlN. *Ōtmuot-aha*, Kompositum mit dem Grundwort *-aha* 'Fließgewässer' und ahd. *ōdmuot*, mhd. *ōtmuote* stF. 'Demut, Gnade, Milde' als Bestimmungswort, das sich zu (17. Jh.) *Ottnach* entwickelte. Die elliptische Form *Ōtmuot* wird in der Mundart (mit Diphthongierung) zu /aotmət/. Das Bestimmungswort kann sich auf den auffälligen niedrigen Wasserstand des Flusses beziehen. – Schmid, *HG.A.1*, S. 6.

B

Baalensee verbunden mit Schwedt-See/Oberhavel bei Fürstenberg/Havel (Lkr. Oberhavel, Brandenburg, D). – 1299 (Kopie) *Balam*, 1348 (Kopie) *stagno Balam sito circa Furstenberg*, um 1700 *Baln See*, 1886 *Baalen-See*. Etymologie ↗Baalsee. – Wauer, *HG.A.17*, S. 4.

Baalsee Großer ~, Kleiner ~, nordöstlich von Dranse (Stadt Wittstock/Dosse, Lkr. Ostprignitz-Ruppin, Brandenburg, D). – 1573 *Klein Balen, Grosse Balen*, 1704 *großen und kleinen Baalen*, 1772 *Die Große und die Kleine Bahlensee*; ON. † *Bale*, 1244 *in bale*. – Ausgangsform apolab. **bala* 'feuchte Niederung', lit. *balà* 'Sumpf, Morast, Pfuhl, Bruch'; eingedeutscht mit Flexionsendung als *Balen-*, ↗Baalensee. – Fischer, *BNB 10*, S. 21.

Baasee nördlich von Dobbrikow (Gem. Nuthe-Urstromtal, Lkr. Teltow-Fläming, Brandenburg, D). – 1307 (Kopie 1642) *Boghan*, 1480 *auf dem Bogenschen sehe*, 1568 *aufm Bogensehe*, 1745 *Der Boge*, 1936 *Baa, Baasen-See*. – Ursprünglich WaldN. *Bogen*, brandenburg. *Bān* 'Dickicht, worin sich das Wild befindet', ↗Bogensee. – Fischer, *BNB 10*, S. 37 f.

Babe, die Name mehrerer Seen und Bäche in Brandenburg (D). Apolab. **baba* 'sumpfige, morastige Stelle', russ. dial. *baba* 'sumpfige, morastige Stelle, die mit Gras bewachsen ist'. – Fischer, *BNB 10*, S. 21 f.

Baberowsee
– ¹Baberowsee, nördlich von Mahlendorf (Lkr. Uckermark, Brandenburg, D), 1375 *stagnum ... Bokerow* (lies *Boberow*), 1528 *Babrow*, 1745 *Baberow See*.
– ²Baberowsee, bei Kagel (Lkr. Oder-Spree, Brandenburg), 1471 *aufm Babro*.
Grundform apolab. **Bobrov-* zu **bobr* 'Biber', 'Bibersee'. – Wauer, *HG.A.17*, S4f.; Fischer, *BNB 10*, S. 37.

Bach, -bach ndd. *Beck(e), Beeck, Bek, Beek, Beeke -au, -bek*, auch *Bäck(e), Bäk(e)*. Ahd. *bah* (Plural *behhi*), as. *beki*, mndd. *beke*, ae. *bece*, westgm. **baki-* m./f., vorgm. **bʰog-i-*; appellative und propriale Bezeichnung für ein nicht sehr großes fließendes Gewässer, häufigstes Flussnamen-Grundwort. – Kettner, *Leine*, S. 358 f., Fischer, *BNB 10*, S. 22 f.

Bachsee östlich von Weitlage (Kreis Uckermark/Angermünde, Brandenburg, D). – 1375 *Batse, Batsee, Bacsee*, 1573 *Backsee*, 1767 *Bach-See*. – Mndd. **Baksē* 'Trogsee', mndd. *bak* n. 'hölzernes Gefäß, Trog'. – Fischer, *BNB 10*, S. 23.

† Badana(ch) ↗²Bode.

Bade l.z. Oste (z. Elbe). – 1796 *Bade*; ON. Badenstedt bei Zeven (Lkr. Rottenburg/Wümme, Niedersachsen, D), 1150 *Badenstede*; ON. Bademühlen. – Wegen der späten Überlieferung wahrscheinlich Rückbildung aus dem ON. Badenstedt; dieser ist Kompositum mit dem Grundwort as. *stedi* 'Stätte' und dem Genitiv des PN. (as.) *Bado* (*Baden-*). – Udolph, *HG.A.16*, S. 22.

Badewasser l.z. Hörsel (z. Werra z. Weser) in Hörselgau (Lkr. Gotha, Thüringen, D). – 1039 *rivulus Batenbahc*, 1044, 1111 *rivulus Batenbach*, 1111 *ad ... rivulum Batinbach*. – Kompositum mit dem Grundwort *-bach*, spät ersetzt durch *-wasser*, und dem Genitiv des PN. (ahd.) *Bato* (*Baten-*) als Bestimmungswort. – Sperber, *HG.A.5*, S. 5.

Badraer-Bach z. Thalleber Bach (l.z. Kleine Wippe z. Sool-Graben z. Unstrut z. Thüringische Saale z. Elbe). – ON. Badra (Gem., Kyffhäuserkreis, Thüringen, D), 1197, ca.1206, 1250, 1253 *Badere*, 1251 *Bader*, 1344 *Badra*. – Ausgangsform FlN. (ahd.) **Badara*, r-Ableitung von gm. **baþa-* 'gewärmt, Bad', ↗²Bode. Da keine Belege für den Flussnamen vorliegen und dieser vom Ortsnamen abgeleitet ist, ist nicht auszuschließen, dass **Badara* primär ein Siedlungsname war. – Ulbricht, *Saale*, S. 41; Krahe, *Gewässernamen*, S. 182; Udolph, *Germanenproblem*, S. 170.

Bächbächle r.z. Holdersbach (z. Wolfach z. Kinzig z. Rhein). – ON. Bäch; FlurN. In der Bäch, 1495 *in den Bechen*. – Kompositum mit dem Diminutiv (alem.) *Bächle* 'kleiner Bach' als Grundwort und dem ON. Bäch als Bestimmungswort. Der Ortsname geht auf den Dativ Plural von mhd. *bach* (*bechen*) ↗Bach zurück. – Geiger, *HG.A.2*, S. 11.

Bäck(e), Bäk(e) ↗ Bach.

Bär-, Bären-, Bärn-, auch **Ber-, Beren-, Bern-,** ndd. **Bahren-** *-ach (-a), -au, -bach/-bächle, -beke, -brunnen, -graben, -grube, -kolk, -kuhle, -pfuhl, -see, -siepen, -teich.* Das Bestimmungswort *Bär-/Ber-* entspricht entweder ahd., as., mhd. *bër* stM. 'Zuchteber', nhd. *Bär* (< gm. **baiza-*) oder ahd., as. *beri*, mhd. *ber* stN. 'Beere'. Enthält das Bestimmungswort ein /-n-/, das auf schwache Flexion deutet, entspricht es entweder dem Stamm *beren-/berin-* von ahd. *bero* swM., mndd. *bare* 'Bär (ursus)' oder dem Genitiv des PN. (ahd.) *Bero (Beren-)*, z. B. Bärbach, r.z. Rup-Bach (z. Lahn), 1197 *Berbach*, 1335 *Berpach*; Bärenbach, r.z. Eisack südlich von Brixen (Prov. Bozen, I.), 1275 *Pernpach*, um 1840 *Bärnbach*, synkopiert aus **Berenbach*. – Faust, *HG.A.54*, S. 6; Kühebacher, *Ortsnamen 2*, S. 35; Fischer, *BNB 10*, S. 24 f.

Bahra
– ¹Bahra, l.z. Streu (z. Fränkische Saale z. Main) bei Oberstreu (Lkr. Rhön-Grabfeld, Bayern, D). – ON. Bahra (Stadtteil von Mellrichstadt, Lkr. Rhön-Grabfeld), 1141, 1165 *Baraha*, 1344 *Bare*, 1348 *Bar*; ON. Behrungen (Gem. Grabfeld, Lkr. Schmalkalden-Meiningen, Thüringen), nach 800, 812, 814 *in pago Baringe*, 813, 824 *in pago Paringe*, 822 *in Baringheimero marcu*, 823 *in Baringe*, 829 *in marcu Baringensium*, 869 *in uilla quae dicitur Uualdbaringi* (weitere Belege dieser Art). – FlN. (ahd.) **Bāra* identisch mit mndd. *bāre*, ndl. *baar*, awn. *bára* f. 'Woge' (< gm. **bē²rō* f. 'Ort, worauf getragen wird', zu gm. **ber-a-* 'tragen', vgl. nhd. *Bahre*). Der ON. Behrungen (< ahd. **Bāringa* 'die Leute, die an der Bahra wohnen'), mit Sekundärumlaut mhd. **Bæringe/*Beringe*, bekam zur Unterscheidung von Behringen (Gem. Hörselberg-Hainich, Wartburgkreis, Thüringen) die Endung *-ungen*. Der ON. Bahra, ahd. **Bāraha*, ist verdeutlichendes Kompositum. – Sperber, *HG.A.7*, S. 11; Bach, *Namenkunde 1*, S. 185.
– ²Bahra, die (auch *Moorgrundbach*), r.z. Gottleuba (z. Elbe) entspringt im Osterzgebirge (CZ) in einem durch ein Sumpfareal geprägtes Quellgebiet, mündet südlich von Langenhennersdorf (Stadt Bad Gottleuba-Berggießhübel, Lkr. Sächsische Schweiz-Osterzgebirge, Sachsen, D). – ON. Bahra (Stadt Bad Gottleuba-Berggießhübel), aus einer ehemaligen Eisenhütte entstanden, /də bārə/, 1524 *zu Bar*, 1548 *der Hamer die Bahr*, 1552 *in der Bahre*, 1581 *aus der Bar*, 1596 *Bahra*. – Asorb. **bara* 'Schlamm, Sumpf', zur Abgrenzung von der benachbarten *Bahre* (im Oberlauf *Bahrebach*) r.z. Seidewitz (z. Gottleuba z. Elbe) bei Pirna (Lkr. Sächsische Schweiz-Osterzgebirge), mit der Endung *-a* versehen. – Eichler/Walther, *HONBSachsen* I, S. 34 f.

Bahre, die ↗²Bahra.

Bahrenflether Außenwettern l.z. Stör (z. Elbe), linker Zufluss *Bahrenflether Wettern*. – ON. Bahrenfleth (Kreis Steinburg, S.-H., D), 1348 *de Bardenulete*, 1377 *Bardenulete*, 1546 *tom Barneflete*, 1625 *thom Bahrenfleth*. – Der Ortsname ist Kompositum mit dem Grundwort mndd. *vlēt* 'Wasserlauf in den Marschen' und dem Genitiv des PN. (as.) **Bardo (Barden-)* 'Wasserlauf des Bardo'. Zu Außenwettern ↗Wetter. – Udolph, *HG.A.16*, S. 23.

Baier-/Bayerbach Name mehrerer Flüsse und Siedlungen im oberdeutschen Sprachgebiet; z.B. Baier-Bach, l.z. Großen Vils (z. Donau); ON. Baierbach (Lkr. Landshut, Bayern, D), 1310 *Pewerbach*, 1377 *Piwrbach*, 1739 *Beurbach*, 1811 *Baierbach*; Baierbach, l.z. Ohrn (z. Kocher z. Neckar z. Rhein), 1276 *Burbach*; Bayerbach, r.z. Rott (z. Inn z. Donau), ON. Bayerbach (Lkr. Rottal-Inn, Bayern), 1120–1133 *Purbach*, 1130–1135 *Pivrbach*, 1314 *Peurbach*, 1670 *Peyrbach*. – Kompositum mit dem Grundwort *-bach* und dem Bestimmungswort ahd. *in bure* 'im Haus', *puur*, **būri* stN. 'Häuschen, Hütte, Vorratsraum', nhd. (Vogel-)*bauer*: 'Bach, an dem ein Vorratshaus steht/stand'; ahd. **Būri-bach*, mhd. **Biurbach*, fnhd. *Beurbach* > mda. (entrundet) *Baierbach*, ↗Bauer-Bach ↗Beuer-Bach. – Schmid, *HG.A.1*, S. 6 (dort fälschlich *Baienbach*); Snyder, *HG.A.3*, S. 9; Dotter/Dotter, *HG.A.14*, S. 38–40; Reitzenstein, *Oberbayern*, S. 30, 32.

Baknitz-See bei Zirtow (Lkr. Mecklenburg-Strelitz, M.-V., D). – 1768 *Backnitz See*, 1780 *Backeritz See*, 1790 *Backnitz*, 1883 *Bachnitz See*. – Keine sichere Deutung möglich, Grundform vielleicht (slaw.) **Bagnica*, abgeleitet von (slaw.) poln. *bagno* 'Sumpf'? – Wauer, *HG.A.17*, S. 6.

Balbach r.z. Tauber (z. Main z. Rhein). – ON. Oberbalbach, Unterbalbach (Lauda-Königshofen, Main-Tauber-Kreis, B.-W., D), 1328 *Gotzo dictus Ballebach*, 1350, 1387, 1400 *in Balbach*. – Grundform FlN. (mhd.) **Ballenbach*, Kompositum mit dem Grundwort *-bach* und dem Genitiv des PN. **Ballo* (< *Baldo*). – Sperber, *HG.A.7*, S. 11.

† Balgach ↗ Balge.

† Balge, die (auch *Balje*), rechter Nebenarm der Weser in der Altstadt von Bremen (D), 1838 zugeschüttet, vgl. Balge, abgegangener Name des Brammerpriels bei Oerichsheil (Oederquart, Lkr. Stade, Niedersachsen), 1330 *usque in meatum aque, qui Balghe vocatur*, 1339 *aqua Balgha*; FlN. Baljer Loch (l.z. Elbe) mit ON. Balje (Gem., Lkr. Stade), 1357 *Balghe*, 1400 *in Balge*, 1568 *Baly*, 1644 *von der Ballie*

1717 *Balje*; ON. Balge (Lkr. Nienburg/Weser, Niedersachsen) an der Weser. – Ndd. *balge* 'Wasserlauf, Vertiefung, in der bei Ebbe Wasser zurückbleibt; Priel' (< gm. **balgō*). Gm. **balgō* ist vermutlich (wie gm. **balgi-z* 'Schlauch, Sack') ein von gm. **belg-a-* 'schwellen, zürnen' ausgehendes Nomen, das sich im Sinne von 'Aufschwellung' auf Gewässer bezieht, deren Wasser zeitweilig „aufschwillt". – Anders zu beurteilen sind die schweizerischen Orts- bzw. ehemaligen Flussnamen *Balge* (Kanton Thurgau), 854 *in alveum Balgahae*, 1413 *balgach*, und *Balgach* (Kanton Sankt Gallen), 890 *palgaa*, 1330 *Balgach*, in denen ahd. *balg* stM. 'Schlauch', auch 'Wasserschlauch' vermutet wird. – Borchers, *HG.18*, S. 14; Udolph, *HG.A.16*, S. 23f.; Udolph, *Germanenproblem*, S. 17–25; Seebold, *starke Verben*, S. 99; Nyffenegger/Bandle, *Siedlungsnamen 1*, S. 234; Kristol, *LSG*, S. 116f.

Bam-Bach r.z. Treisbach (z. Wetschaft z. Lahn z. Rhein) bei Treisbach (Stadt Wetter, Lkr. Marburg-Biedenkopf, Hessen, D). – ON. † Bambach, 1355 *Bannebach*, 1358 *von Bannbach*, 1415 *Banebach*, 1485 *Bambach*. – Grundform (mhd.) **Bannenbach*, Kompositum mit dem Grundwort *-bach* und dem Genitiv des PN. (ahd.) **Banno* (**Bannen-*) < **Bando*? Nach Synkope der Mittelsilbe /-en-/ bzw. /-e-/ wird **Ban(n)bach* zu *Bambach* assimiliert. – Faust, *HG.A.4*, S. 7.

Bampfen, der l.z. Schussen (z. Bodensee), Quellflüsse Oberer ~, Unterer ~, 1259 *iuxta Banpfen*. – Entspricht vermutlich obd. *Pampf* m. 'Brei', nhd. *Pampe* f. 'dicke breiige Masse', übertragen auf ein zäh fließendes Gewässer. – Geiger, *HG.A.2*, S. 12.

Banfe
– ¹Banfe (im Oberlauf *Fischelbach*), r.z. Lahn, kommt aus dem Rothaargebirge, mündet bei Laasphe. – ON. Banfe (Stadt Bad Laasphe, Kreis Siegen-Wittgenstein, NRW, D), 1268 *Banefe*, 1329 *Bannefe*, 1365 *Banffe*, 1448 *Bammphe*, 1450 *Bamphe*, 1591 *Banfe*. – Faust, *HG.A.4*, S. 7.
– ²Banfe(-Bach), r.z. Eder, mündet bei Bringhausen (Gem. Edertal, Lkr. Waldeck-Frankenberg, Hessen, D). – 1226 *Banefe*, 1254 *Banafe*, 1346 *Banefe*, um 1530 *Banphe*; ON. † Banfe, 1312 *Banefe*. – Sperber, *HG.A.5*, S. 6.
Grundform (ahd.) **Ban(n)-affa* Kompositum mit dem Grundwort (gm.) ↗*apa* und ahd., mhd. *ban*, nhd. *Bann* (gm. **banna-*) stM. 'Gebot unter Strafandrohung, Gerichtsbezirk, gesonderte Flur, Gemarkung', vgl. Bannholz, Bannwald, ↗Benfe. – Bach, *Namenkunde 1*, S. 401, 425.

Bansenbach l.z. Leine (z. Aller z. Weser) nördlich von Calenberg (Region Hannover, Niedersachsen, D). – 1783 *Pansen*, 1840/41 *der Bansenbach*. – Kompositum mit dem Grundwort *-bach* und dem Bestimmungswort mndd. *banse* 'aufgeschichteter Haufen, Scheunenfach'? – Kettner, *HG.A.8*, S. 6; Kettner, *Leine*, S. 22.

Bardaune, die (auch *Oderitz, Mühlenfließ*), l.z. Oder südlich von Frankfurt (Oder) (Brandenburg, D). – /pardaune/, 1644 *Pardun*, 1745 *Die Bardaune*, 1788 *Bardaune (Pardune)*, 1828/29 *Bardaune*. – Brandenburg. *Bardaune, Bardune* f. 'Schutzwehr aus Bohlen und hölzernen Jochen', *Pardaune* f., Bezeichnung für Seitenarme oder größere, längere Ausspülungen der Oder. – Fischer, *BNB 10*, S. 25.

Barget l.z. Fränkischen Saale. – ON. Bargetsmühle (Kleinbardorf), /barchedsmül/, 1609 *Barchantzmühl*, 1611 *Barchetsmühl*, 1621 *Parchentz Mühl*, 1695 *Pargetsmüller*, 1720 *der Barcolts Mühl zu*, 1865 *Bargetsmühle*; ON. Kleinbardorf (Gem. Sulzfeld, Lkr. Rhön-Grabfeld, Bayern, D), /glennə badroff/, ca. 789/94 *in Pargthorfum* (Urkundenbuch Fulda, Nr.201), 800 *Barcthorf*, 953 *Barahdorph*, 1160 *In Barchdorf*, 1268 *von Bartorff*, 1317 *Wenigen Bartdorf*, 1371 *Wenigen Barcdorf*, 1378 *Cleynen Bartdorf*, 1702 *Kleinbardorff*; ON Großbardorf (Gem., Lkr. Rhön-Grabfeld), /grậssə badroff/, 1315 *zu Grossen-Bardorf*. – Der Namengruppe liegt vermutlich der FlN. (ahd.) **Bāraha* (↗Bahra) zugrunde; in der Komposition mit dem Grundwort *-dorf* wurde er gekürzt zu **Barch-* (später weiter gekürzt > *Bardorf*). Von **Barch-* wurde mit dem Suffix (gm.) **-atja-* > mhd. *-etze* (↗Schernetz) ein Geländename **Barch-etz* (in *Bargetsmühle*) abgeleitet und daraus der FlN. *Barget* rückgebildet. – Sperber, *HG.A.7*, S. 11; Braun, *Königshofen im Grabfeld*, S. 8, 13–15.

Barnbach r z. Drau (z. Donau) zwischen Vierschach und Winnebach (Prov. Bozen/Südtirol, I.). – /póornpách/, um 1770 *Parn Ba.* – 'Bach an einem Barn ('Krippe, Raufe, Heustock') für die Wildfütterung'. – Kühebacher, *Ortsnamen 2*, S. 36.

Barrelbeke r.z. Hagenbeck (z. Beffer z. Nette z. Innerste z. Leine z. Aller z. Weser) nördlich von Vokersheim (Stadt Bockenem, Lkr. Hildesheim, Niedersachsen, D). – /barrlbēke, barlebēk/, 1759 *der Ballibeck* (hierher?), 1761 *am Barelbeck*; FlurN. Barlebecksweg, 1761 *Barlebecks Weg*. – Ausgangsform **Borrelbeke*?, Kompositum mit dem Grundwort (mndd.) *-beke* und (ndl.) *borrelen* 'aufsteigend von Wasserblasen, brodeln'. – Kettner, *HG.A.8*, S. 6; Kettner, *Leine*, S. 22f.

Bars-, Barsch- *-bek, -pfuhl, -see*. Ahd., as., mhd. *bars* 'Barsch'. – Laur, *Schleswig-Holstein*, S. 142; Fischer, *BNB 10*, S. 26.

Bartelsee Großer ~, Kleiner ~, ostnordöstlich von Döbberin (Lkr. Märkisch-Oderland, Brandenburg, D). – 1540/1704 *Der Bartoldt, Der kleine Bartoldt*, 1841 *auf den beiden kleinen Seen, oder Bartels genannt*. – Kompositum mit dem Grundwort *-see* und dem PN. *Bartold* als Bestimmungswort. Die ältesten Belege sind als Ellipsen des Grundworts zu sehen. – Fischer, *BNB 10*, S. 26.

Baselitz, die (auch *Baselitzfließ*), z. Dreetzer See (z. Mühlen-Rhin z. Alter Rhin z. Rhin z. Havel). – 1736 *die Baselitz*, 1772 *Baselitz*, 1788 *Baselitzfließ*, 1799 *Das Baselitz-Fließ*, 1840 *die Baselitz*; ON. Baselitz. – Unsichere Deutung; Ausgangsform vielleicht apolab. *Baz´nica* zu *baz* 'Holunder', dissimiliert zu nhd. *Baselitz*. – Wauer, *HG.A.17*, S. 7; Fischer, *BNB 10*, S. 26.

Bastau, die l.z. Weser, entsteht aus kleinen Bächen, die im Wiehengebirge entspringen, fließt durch das Naturschutzgebiet *Bastauniederung*, mündet in Minden (Kreis Minden-Lübbecke, NRW, D), 1347 *Bastauwe*. – Kompositum mit dem Grundwort mndd. *-ouw(e)* (↗ *-au(e)*) und *Bast* 'Linden-, Weidengehölz', ↗ Baste. – Borchers, *HG.A.18*, S. 14 f.

Baste, die l.z. Radau (z. Oker z. Aller z. Weser) im Oberharz. – 1570 ... *dar die Baste in die Radow veldt*, 1578 *Bastbeeck*, 1666 *bis an die Barste*, 1784 *Bast Bache*; QuellN. Basteborn, 1666 1680 *Der Bastborn*; FlurN.Baste, 1784 *Baste Bruch*; ON. Bastesiedlung (Stadt Altenau, Lkr. Goslar, Niedersachsen, D). – Grundform vermutlich (mndd.) *Bastbeke*, Kompositum mit dem Grundwort *-beke* und *Bast* 'Linden-, Weidengehölz' als Bestimmungswort (↗ Bastau). Der heutige Name (schon 1570 *Baste*) ist aus Klammerformen wie *Bast(bek)eborn* oder *Bast(bek)ebruch* durch Verkürzung hervorgegangen; in (1666) *Barste* ist /r/ hyperkorrekt eingefügt. – Borchers, *HG.A.18*, S. 15.

Bauer-Bach l.z. Nienze (z. Nuhne z. Eder z. Fulda z. Weser) westlich von Schreufa (Stadt Frankenberg/Weser, Lkr. Waldeck-Frankenberg, Hessen, D), 1515 *an dem Burbach*. – Ausgangsform (mhd.) *Bűrbach*, Kompositum mit dem Grundwort *-bach* und (ahd.) *bűr* 'Häuschen, Hütte, Vorratsraum' (↗ Baierbach). – Sperber, *HG.A.5*, S. 6.

Bauer-/-n- (ndd. *Bur-*)-brack, -fließ, -graben, -kolk, -kute, -loch, -pfuhl, -rinne, -see, -teich, -wässerung. Das Bestimmungswort *Bauer(n)-* weist auf Besitz oder Nutzung des Gewässers durch Bauern hin. – Fischer, *BNB 10*, S. 27.

Bauernholz- -bach, -graben; Bestimmungswort ist der FlurN. *Bauernholz* 'Bauernwald'. – Kettner, *HG.A.8*, S. 6; Fischer, *BNB 10*, S. 27.

Bauersbach r.z. Herrenbach (z. Künzbach z. Kocher z. Neckar z. Rhein). – ON. Bauersbach (Gem. Kupferzell, Hohenlohekreis, B.-W., D), 1251 in *Bivrbach*, 1276 *Burbach*. – Grundform (mhd.) *Bűrbach* neben *Biurbach*, Kompositum mit dem Grundwort *-bach* und (ahd.) *bűr(i)* 'Häuschen, Hütte, Vorratsraum' (↗ Baierbach ↗ Bauer-Bach); das Fugen-*s* im heutigen Namen ist sekundär. – Schmid, *HG.A.1*, S. 7.

Bauersee ↗ Bauern-.

Baum-/Baumgarten- -bach, -graben, -rönne, -see, -wasser; Bestimmungswort ahd., mhd. *boum*, as. *bōm* 'Baum, Obstbaum'; z.B. Baum-Bach r.z. Schwalm (z. Eder z. Fulda z. Weser), 1413 *Boymbich* (lies: *Bōmbich*) < *boumbach*; Baumrönne, z. Altenbrucher Tief (z. Elbe), 1594 *Bomronne, Boom Rone*. Einige Namen mit *Baum* als Bestimmungswort können durch Klammerbildung z.B. aus *Baum(garten)bach* ('Bach an einer Obstbaumwiese') hervorgegangen sein. – Sperber, *HG.A.5*, S. 6; Udolph, *HG.A.16*, S. 30.

Bauna, die (auch *Baune*), l.z. Fulda (z. Weser), entsteht im Hohen Habichtswald durch den Zusammenfluss von Hinterer ~ und Vorderer ~ in Hoof (Gem. Schauenburg, Lkr. Kassel, Hessen, D), mündet östlich von Guntershausen (Baunatal, Lkr. Kassel). – 1614 *In der Bauna*; ON. Baunatal mit den Stadtteilen Altenbauna und Kirchbauna (Lkr. Kassel), 1015 *in villa Búnon*, nach 1074 *Bunun*, 1123 *Kilechbune, Altdenbune*, 1145 *in Bŭnun*, um 1200 *in Aldebunen*, 1227 *Bunen*, 1246 *Hermann v. Bune*, 1255 *Kirhbune*, 1299 *Kerichbune*; BergN. Baunsberg (zwischen Baunatal und Kassel). – Der Flussname geht auf eine Ortsbezeichnung (ahd.) (*zi*) *Bŭnun* (Dat. Sing.) 'bei der Buhne' (↗ Baunach) zurück; dazu wurde vom Nominativ aus sekundär der FlN. *Bŭn-a* gebildet. – Sperber, *HG.A.5*, S. 6.

Baunach, die r.z. Main (z. Rhein). – 1321 *Bunach*, 1339 *an der Bunach*, 1349 *by der Bunach*, 1353 *an der Bunach*, 1398 *Pawnach*, 1416 *Bawnach*, 1656 ... *von welchem Wasser Baunach*; ON. Baunach (Stadt, Lkr. Bamberg, Bayern, D), 804 (Kopie 9. Jh., Druck 1607) *in Bunahu*, 9. Jh. (Kopie 12. Jh.) *Bunaha*, 1124 (Kopie 12. Jh.) *Punaha*, ca.1135 *Bunahe*, 1195 *Bunach*, 1326–28 *Baunach*. – Grundform ahd. *Bŭnaha* > mhd. *Bŭnach* > fnhd. *Baunach*, Kompositum mit dem Grundwort ahd. *aha* 'Fließgewässer' und (mndd.) *bűne* f., *bűn* n. 'Buhne als Deichschutz zum Abweisen des Wassers, als Fischwehr', nhd. *Buhne* f. 'Uferschutzanlage', ↗Bauna. – Sperber, *HG.A.7*, S. 12; Reitzenstein, *fränkische Ortsnamen*, S. 35.

Bavenpfuhl (auch *Oberpfuhl*), See östlich von Lychen (Lkr. Uckermark, Brandenburg, D). – 1556 *Babenpfuel*, 1574 *bouen Puel*, 1580 *Baffen Phuhl*, 1719 *Baven See*, 1751 *Bavenpohl oder Oberpfuhl*. – Bestimmungswort mndd. *boven* 'oben, oberhalb' > mda. *bāven*; zu *Oberpfuhl* verhochdeutscht. – Wauer, *HG.A.17*, S. 126; Fischer, *BNB 10*, S. 24.

Baybach
– ¹Baybach, r.z. Mosel, entspringt bei Hausbay im Hunsrück, durchfließt das mühlenreiche Baybachtal, das sich im mittleren Bereich zu einer Klamm verengt, mündet bei Burgen (Lkr. Mayen-Koblenz, Rh.-Pf., D). – 820 Kopie (920) *in rivolum ... uuesterbeia*, 916–917 (Kopie 12. Jh.) *intra Luceium et Baiam*, 1460 *in die Beie*, 15. Jh. (Kopie 17. Jh.) *in Beyhe*; ON. Hausbay (Rhein-Hunsrück-Kreis, Rh.-Pf.), 1275–76 *Beyie*, 1372 *Beye*, 1482 *zu Boye*, 1484 *zu Boy*, 1501 (Kopie 16. Jh.) *Beige*.
– ²Baybach, l.z. Rhein (auch *Beyerbach*, jetzt *Weilerer Bach*). – (1290) *in Beyerbach*, 1350 *a ripa Beyerbach*, 1375 *die Beyerbach*, 1387 *Beyerbach*, 1555 *biss in die Beierbach*; ON. Rheinbay, Ortsbezirk der Stadt Boppard (Rhein-Hunsrück-Kreis, Rh.-Pf., D), /ˈrɛm‚baɛ/, 1114 *Beiȝ*, 1149 *Beie*, 1291 *de Beie*, 1393 *villa Bey*, 1594 *Reinbey*. Wie aus den Belegen für *Rheinbay* hervorgeht, war auch der Name des Beyerbachs ursprünglich einfach *Beie*.

Die beiden ursprünglich gleichnamigen Flüsse wurden nach den Himmelsrichtungen differenziert; 820 *uuersterbeia* (ahd. *westar* 'westlich') meint den vom Rhein aus gesehen westlichen ¹Baybach. Beide Flüsse entspringen im östlichen Hunsrück.

Grundform ahd. *Beia*, vermutlich aus (vorahd.) *Baia*, *Bagia*. Unter der Voraussetzung romanischer Lautentwicklung könnte *Baia* über *Bagia* auf kelt. *bāgiā* 'Buchenwald', abgeleitet von gall. *bāgo-* 'Buche' (ig. *bʰāgós* f.), zurückgehen. Der keltische Name eines Waldgebiets im Hunsrück ist demnach auf dort entspringende Gewässer übertragen worden. Parallelname *la Baye* de Montreux und *la Baye* de Clarens (z. Genfer See, Kanton Waadt, CH), 1250 *intra duas Baies*. Die Bildung geographischer Namen mit dem Suffix *-iā/-io-* ist im Keltischen und Germanischen geläufig, vgl. kelt. *erkūniā* 'Eichenwald' (z. B. *Hercynia silva* bei Caesar) oder *Caesia silva* (bei Tacitus, Annalen, zwischen Ruhr und Lippe), vermutlich latinisiert gm. *haisja-* 'Buschwald, Niederwald' (↗Hesperbach). – Halfer, *Flurnamen*, S. 25f.; Pokorny, *IEW*, S. 107; Müller, *Hydronymes*, S. 74.

Beber ↗Biber-.

Bebra r.z. Fulda (z. Weser), fließt durch Bebra (Lkr. Hersfeld-Rotenburg, Hessen, D). – ON. Bebra, 9. Jh. *Bibaraho*, 1105 *de Biberacha*, 1182, 1216 *Bibera*, 1251 *Biuera*, 1253 *Biberahe*, 1351 *bybera*, 1471 *Bebra*. – Grundform (ahd.) *Bibaraha*, mhd. *Biberahe*, *Bibera*, *Bibra*, mit mundartlicher Senkung /-i-/ > /-e-/ *Bebra*; zum Bestimmungswort ↗Biber-; Parallelname ↗Bibra. – Sperber, *HG.A.5*, S. 7.

Becherbach
– ¹Becherbach, l.z. Schwalb (z. Hornbach z. Schwarzbach z. Blies z. Saar z. Mosel). – 1451 *becherbach*, 1564 *Große Becherbach*, *Kleine Becherbach*. – Spang, *HG.A.13*, S. 6.
– ²Becherbach, r.z. Odenbach (z. Glan z. Nahe z. Rhein). – ON. Becherbach/Pfalz (Verbandsgem. Meisenheim, Lkr. Bad Kreuznach, Rh.-Pf., D), vor 1363 (Kopie) *Becherbach*, 1456 (Kopie 16. Jh.) *Becherbach*, 1490 *Becherbach*. – Greule, *HG.A.15*, S. 12; Dolch/Greule, *Pfalz*, S. 54.
– ³Becherbach, z. Großbach (z. Nahe z. Rhein). – 1601 *Die Becherbach*; ON. Becherbach bei Kirn (Lkr. Bad Kreuznach, Rh.-Pf., D). – Greule, *HG.A.15*, S. 12.
– ⁴Becher-Bach, l.z. Fulda (z. Weser), fließt an Eichhof (Stadt Bad Hersfeld, Lkr. Hersfeld-Rotenburg, Hessen, D) vorbei und durch den † Becher-Teich. – 1630 *Vecher Bach* (hierher?), 1650 *Becher Möhlen*, 1673 *Becher Deich*, 1705–1710 *Becher Bach*. – Sperber, *HG.A.5*, S. 7, 122.
Kompositum mit dem Grundwort *-bach* und mhd. *becher* 'Pechbrenner'.

Béchine/Béhine ↗Beke.

Beck(e), Beeck, Bek, Beek, Beeke ↗Bach.

Bederkesaer See Moorsee durchflossen vom Falkenburger Bach (z. Bederkesa-Geeste-Kanal z. Aue z. Hadelner Kanal z. Medem z. Elbe). – /de beerster see/, 1603 *Bederkeser See*; ON. Bad Bederkesa (Samtgemeinde Bederkesa, Lkr. Cuxhaven, Niedersachsen, D), /beers/, 1159 *de Bederkesa*, 1162 *Bederikesa*, 1180–84 *de Bedirkesa*, 1201 *de Bedricsa*, 1205 *de Bederikesha*, weitere zahlreiche Belege für die Namensform *Bederkesa*. – Grundform (as.) *Betrīkes-aha*, Kompositum mit dem Grundwort *aha* 'Fließgewässer' und dem Genitiv des PN. *Be(rh)t-rīk* 'Gewässer eines *Betrīk*'; im Gewässernamen liegt der Personenname in einer leichter sprechbaren Form vor: *Berht-rīk* > *Bertric(us)* > *Betrīk-es* > *Bederkes-*. – Udolph, *HG.A.16*, S. 31–33.

Beeck-Bach r.z. Alten Emscher (z. Rhein). – ON. Beeck (Stadtbezirk Meiderich/Beeck in Duisburg, NRW, D), 947, 974 *curtem ... beki dictam*, 1306 (und oft) *Beke*, 1422 *in Beykem*, um 1430 *to Beicke*, 1446 *von*

Becke, 1522 *Beeck*. – Verdeutlichendes Kompositum mit dem Grundwort nhd. *Bach* und dem ON. *Beeck* (< as. *beki* 'Bach') ↗*Bach* als Bestimmungswort. – Schmidt, *HG.A.6*, S. 6.

Beente, die   l.z. Markau (z. Nette z. Innerste z. Leine z. Aller z. Weser). – 1577 *in das Behnnte*, 1613 *Behendt*, 1856 *die Beente*. – Ursprünglicher FlurN. ndd. *beent* n. 'Gegend mit hartstengeligem Gras' auf den Fluss übertragen. – Kettner, *HG.A.8*, S. 8; Kettner, *Leine*, S. 23f.

Beerbach   r.z. Schweinebach (z. Aisch z. Regnitz z. Main z. Rhein). – ON. Beerbach (Gem. Dietersheim, Lkr. Neustadt a.d. Aisch-Bad Windsheim, Bayern, D), 1157 *in Berenbach*, 1164 *Berbach*, 1182 *Perenbach*. – Etymologie ↗*Bär*-. – Sperber, *HG.A.7*, S. 12.

Beerebach, die   l.z. Wasch (z. Beerebach z. Rindelbach z. Borbach z. Münzbach z. Rhein). – 1602, 1813 *in der Berenbach*. Etymologie ↗*Bär*-. – Greule, *HG.A.15*, S. 13.

Beffer   r.z. Nette ↗*Biber*-. – Kettner, *Leine*, S. 26.

Bega, die   Name für Teilstücke des Oberlaufs *Hasenborn*, *Hunte*, *Mülenbach*, r.z. Werre (z. Weser), Quellgebiet bei Barntrup (Kreis Lippe, NRW, D), mündet in Bad Salzuflen (Kreis Lippe). – 1345 (Kopie 15. Jh.) *twisschen der Beghe …*, 1405 *up de süd der Beghe*, (um 1614) *Die Bege, bey der Bege*, 1635 *in die Bege, die Bege hinauf*; ON. Bega (Gem. Dörentrup, Kreis Lippe), 1227 *de Byche*, (1231) (Kopie 17. Jh.) *Biche*, 1242, 1254 *de Bege*, 1265 *de Biga*, 1266 *de Beche*, 1291 *de Beghe*, 1299 *in Bege*, 1312 *de Beghe*, 1364, 1381, 1405 *to Beghe*; HofN. 1802 *bei der Beie*. – Die Schreibungen mit <g>, <gh> stehen für aus gm. /k/ verschobenes <ch>. Grundlage ist gm. **baki-* 'Bach' > as. *beki*, *beke*, *bike* f., mitteldeutsch **bechi*, *beche*, *bich*. Die heutige Form entspricht dem latinisierten Namen, ↗*Bigge*. – Kramer, *HG.A.10*, S. 5f.; Bach *Namenkunde* 1, S. 97.

Behlensee   südöstlich von Poratz (Gem. Temmen-Ringenwalde, Lkr. Uckermark, Brandenburg, D), ausgetrocknet, 1650 *Behlensee*. – Grundform apolab. **Běl´n-*, abgeleitet von **běl´-* 'Sumpf' (ursprünglich 'etwas Weißes'). – Fischer, *BNB* 10, S. 28.

Behrendsee   nordöstlich von Temmen (Gem. Temmen-Ringenwalde, Lkr. Uckermark, Brandenburg, D). – 1375 *stagnum … Berendesse*, 1751 *Der Berntsee*, 1826 *Bären See*. – Kompositum mit dem Grundwort *-see* und dem Genitiv des PN. *Ber(e)nd* (*Bernhard*) 'See des Behrend'. – Fischer, *BNB* 10, S. 28.

Beibach   l.z. Rems (z. Neckar z. Rhein) bei Endersbach (Stadt Weinstadt, Rems-Murr-Kreis, B.-W., D). – 1402, 1408 *Bibach*; FlurN. Beiburg. – Klammerform **Bi(burg)bach* 'Bach bei einer Beiburg'. – Schmid, *HG.A.1*, S. 7.

† Beidenfleth   (Beidenflether Wettern), heute vielleicht Altenfelder Wettern, r.z. Stör (z. Elbe). – ON. Beidenfleth (Kreis Steinburg, S.-H., D), /beinfleet/, 809 *Badenfliot*, 1226 *Beienvlete*, 1246 *Beynflete*, weitere zahlreiche Belege. – FlN. as. *Badenfliot*, mndd. **Baienvlēt*, hyperkorrekt nhd. *Beidenfleth*, Kompositum mit dem Grundwort as. *fliot* 'Wasserlauf' und dem Genitiv des PN. (as.) *Bado* (*Baden-*). – Udolph, *HG.A.16*, S. 34–36; Laur, *Schleswig-Holstein*, S. 146.

Beider(wies)bach   ↗*Boiterbach*.

Beimbach   l.z. Brettach (z. Jagst z. Neckar z. Rhein). – ON. Beimbach (Gem. Rot am See, Lkr. Schwäbisch Hall, B.-W., D.), 1. Hälfte 14. Jh. *zu Beúnbach*, *Peúnpach*, *von Peunbach*, 1389 *zu Beindtbach*, 1389 *Beundtbach*. – Grundform **Beundebach* > **Beundbach* > *Beunbach*, entrundet **Beinbach*, assimiliert *Beimbach*; Kompositum mit dem Grundwort *-bach* und dem FlurN. *Beunde*, mhd. *biunde* 'dorfnahe, eingebundene, gegen das Weidevieh geschützte Fläche'. – Schmid, *HG.A.1*, S. 7; Keinath, *Württemberg*, S. 90.

Beise, die   l.z. Fulda (z. Weser), kommt aus dem Knüllgebirge, mündet in Beisförth. – 1521 *Beysa*, 1523 *in der Besa*, 1572 *Beise*, 1615 *aus der Beise*; ON. Beiseförth (Ortsteil von Malsfeld, Schwalm-Eder-Kreis, Hessen, D), 1348 *Beysenvorte*, 1411 *Beysefurte*, 1471 *Beysfurt*, 1484 *Beyßfordt*, 1585 *Beisefort*, 1603 *Beiseförth* ('Furt an der Beise'); ON. Niederbeisheim, ON. Oberbeisheim (Ortsteile von Knüllwald, Schwalm-Eder-Kreis), um 800 *villa Bessiheim vel Begesheim*, um 1150 *in Beisheim*, 1295 *Superior Besseym*, 1338 *Nidernbeisheim*, 1370 *Obirnbesheym*, 1376 *Nider Besheym*, 1647 *Niedern-, Ober(n)beißheim*; BergN. Beisen-Berg, (1562–86) *zwischen des Besenbergs*, *uf der hohe des Besenbergs*, *von dem Besenberge*. – Grundform (as.) **Begisa* > *Beise* > **Bēse* (teilweise hyperkorrekt mit der Endung *-a*); gebildet wie der Name der benachbarten ↗*Efze* (< **Efisa*), mit dem Suffix *-sa* von der Basis (gm.) **bagi-* abgeleitet, vgl. ON. Hogenbögen (Bauerschaft, Gem. Visbek, Lkr. Vechta, Niedersachsen), um 1000 (Kopie 11. und 15. Jh.) *in Baginni*, *de Baginne*, *in Bagini*, 1350–1366 *in Bogene* (Hogenbögen liegt nördlich einer sumpfigen Flussniederung) < **Bagin-j-*, abgeleitet von einem Gewässernamen **Bagina*. Die Etymologie von **bag-i-* ist unklar; vermutlich handelt es sich um eine Variante zu gm. **baki-* 'Bach' (vorgm. **b^{h}og^h-* neben *bʰog-), die auch in mndl. *baggher* 'Schlamm, Modder' (< gm. *bagra-?) vorliegt. – Sperber, *HG.A.5*, S. 7; Möller, *Nasalsuffixe*, S. 53 f.

Bek(e) ↗ Bach.

Beke

– ¹Beke, l.z. Lippe (z. Rhein) mit den (nur zeitweilig fließenden) Nebenflüssen *Durbeke*, r.z. Beke, und *Silberbeke*, l.z. Beke. – ON. Altenbeke (Kreis Paderborn, NRW, D), ON. Neuenbeken (Stadtbezirk von Paderborn), 1036 *Bekena*, 11. Jh. *Bechinun*, 1211, 1231 *a Bekene*, 1211 *de Aldebekene*, 1268 *de Bekene*, 1448 *Oldenbeken*, 1541 *Oldenbecke, Nienbecke*. – Schmidt, *HG.A.6*, S. 6, 16.

– ²Beke, l.z. Wümme nordöstlich von Hellwege (Lkr. Rottenburg/Wümme, Niedersachsen, D). – Zum Jahr 786 (Fälschung 11. Jh.) *Bicinam*, zum Jahr 788 (Fälschung 11. Jh., Kopie 12./13. Jh.) *Bicinam*. – Möller, *Nasalsuffixe*, S. 42 f.; Borchers, *HG.A.18*, S. 149. Grundform (as.) *Bekinal/*Bikina < gm. *Bakinō, n-Ableitung von gm. *baki- m. 'Bach'. Auf gm. *Bakinō geht auch ahd. (altalem.) *Bachina, jetzt la Béhine (Béchine), l.z. Weiß (z. Fecht z. Ill z. Rhein) im Welschen Bann (Oberelsass, Dep. Haut-Rhin, F) zurück, 1421 (Kopie 1441) *la bachiene*, 1441 *in dem Beschbach*; vgl. auch 747 und 769 *inter duas Pachinas* für die Quellflüsse der ↗ Fecht (Groß-, Klein-Fecht). – Greule/Müller, *Béhine*.

Belchenbach (auch *Belchen-Wiese, Kleine Wiese*), r.z. Wiese (z. Rhein). – BergN. Belchen (Schwarzwald, Lkr. Lörrach, Lkr. Breisgau-Hochschwarzwald, B.-W., D), 1278 *der berc … der Belche*. Parallelnamen: BergN. Belchen, frz. Grand Ballon (Elsass, F), 817 *Peleus* (lies *Pelcus, Belcus*); BergN. Belchenflue/Bölchen im Schweizer Jura (CH), 1145, 1305 *usque Belchin*. – Der BergN. (mhd.) *Belch, Belche* m. ist auf den Fluss übertragen worden. Zugrunde liegt der (kelt.?) Bergname *Belkos* (< *Belakos?), der vom Stamm *bela- (urig. *bʰelH- 'glänzend, weiß') mit k-Suffix abgeleitet ist; zum gleichen Stamm gehören auch die kelt. FlN. *Belenosl/-ā 'glänzend' (↗ Böllenbach). – Geiger, *HG.A.2*, S. 12; Greule, *Oberrhein*, S. 180 f.

Bellen-/Böllen- -bach, mundartlich *Belle* '(Weiß-)pappel'. – Ramge, *Flurnamenbuch*, S. 209.

Bellat-Bach ↗ Pöllat.

Benfe, die r.z. Eder (z. Fulda z. Weser) entspringt im Rothaargebirge, mündet bei Erndtebrück. – 1515 *in die Benff, uss der Benff*, 1564 *Benfe, Benffe*, 1569 *Benff*, 1630 *in der Banff*; ON. Benfe (Ortsteil von Erndtebrück, Kreis Siegen-Wittgenstein, NRW, D), 18. Jh. *Bänffe*, 1760 *Benfe*, 1819 *Bänfe*. – Grundform (ahd.) *Ban(n)-affa* wie ↗ Banfe, aber abgeschwächt zu *Baniffe, mit Umlaut und Synkope *Benffe*. – Sperber, *HG.A.5*, S. 7.

Benzach r.z. Sulzbach (z. Körsch z. Neckar) bei Neuhausen auf den Fildern (Lkr. Esslingen, B.-W., D). – FlurN. Benzberg, Benzwiese, Benzenäcker; FlurN. 1379, 1402 *Binsach*. – Übertragung des Flurnamens (mhd.) *Bins-ach* 'Gelände mit Binsen', abgeleitet mit dem Kollektiv-Suffix -ach (< -ahi) und mhd. *binz* 'Binse'. – Schmid, *HG.A.1*, S. 7.

Bentreff, die r.z. Wohra (z. Ohm z. Lahn z. Rhein) bei Wohra (Gem. Wohratal, Lkr. Marburg-Biedenkopf, Hessen, D). – ON. † Bentreff, 1215, 1264, 1300 *Bentreffe*, 1264 *Bentreffa*, 1270 *Benetrepha*, 1293, 1294 *de Benthrefe*, 1293, 1310 *Bentref*, 1334, 1377 *Bentreffe*, 1472–73 *Bintreff*, 1564 *Bendorf*, 1591 *Beindorf*. – Ausgangsform FlN. *Binutra, verdeutlicht durch das Grundwort ↗ affa. Der FlN. *Binutra ist eine r-Ableitung von wgm. *benut- 'Binse' (ahd. *binuz* m., as. *binut* m.), ursprüngliche Bedeutung 'Fluss mit Binsen'. – Faust, *HG.A.4*, S. 7.

Berbke, die r.z. Ruhr (z. Rhein), StraßenN. Berbke (Arnsberg, Hochsauerlandkreis, NRW, D), 1173, 1193 *berbeke*; FlurN. 1329 *Berbike*. – Kompositum (mndd.) *Berbeke* mit dem Grundwort -beke 'Bach' und dem Bestimmungswort (mndd.) *ber- (↗ Bere). – Schmidt, *HG.A.6*, S. 6.

Bere, die (auch *Behre, Bähre*), l.z. Zorge (z. Helme z. Unstrut z. Thüringische Saale z. Elbe). – 1189 *Bera*, (1318) *Bera*, 1319 *berenbeke*, 1590 *die Ber*. – Ausgangsform (ahd.) *Beraha, Kompositum mit dem Grundwort ahd. *aha* 'Fließgewässer' und dem Bestimmungswort *ber-, mndl. *beer* m. 'Dreck', *bere* 'Schlamm', nndl. *beer* 'Dreck, Mist'. – Ulbricht, *Saale*, S. 182; Walther, *Siedlungsgeschichte*, S. 254.

Berf (im Oberlauf *Berfa*), r.z. Schwalm (z. Eder z. Fulda z. Weser). – 1366 *Berfe*, 1574, 1580 *Berff*; ON. Berfa (Stadt Alsfeld, Vogelsbergkreis, Hessen, D), 1282/95 *superior Berfa*, 1295 *Berfe*, (1360–67) *Berfe*, um 1580 *Obernberf*. – Grundform (ahd.) *Bibraffa, Kompositum mit dem Grundwort gm. ↗ apa und ahd. *bibar* 'Biber' (↗ Biber-) 'Biberbach'. – Sperber, *HG.A.5*, S. 7 f.

Berg- in Gewässernamen Brandenburgs ↗ Birk-.

Berk- ↗ Birk-.

Berka, die l.z. Werra (z. Weser), mündet südlich von Albungen (Stadt Eschwege, Werra-Meißner-Kreis, Hessen, D). – 1555 *die Berka*; ON. Berkatal

(Gem., Werra-Meißner-Kreis), ON. †Berka, 1035 *Birckehe villa*, 1350 *an der Berckasmolen*. – Übertragung des Flur- und Ortsnamens (mhd.) **Birkach, -ehe* 'Birkengegend', Ableitung von mhd. *birke* (↗Birk-) mit dem Kollektiv-Suffix *-ach/-ehe* (< ahd. *-ahi*). – Sperber, *HG.A.5*, S. 8.

Berkel, die r.z. IJsel (z. IJselmeer), entspringt in Billerbeck (Kreis Coesfeld, NRW, D), schneidet bei Vreden die deutsch-niederländische Grenze, mündet in Zutphen (Prov. Gelderland, NL). – /barkel/, 1322 *bercla*, 1337 (Kopie 17. Jh.) *Berkele*, 1354 *an der bercle*, 1420 *de Berkel*, 1445 *up de bercle*, 1481 *Berckel*, 1520 *die Birckel*, 1650 *die Barckel*, 1692 *Berckel*; BrückenN. 1537 *an der berkel brügge*. – Ausgangsform FlN. mndd. *Berkele* < as. **Birkila*, *-l-*Ableitung von gm. **berkjō/*berkō* 'Birke', mndd. *berk* 'Birke', as. *birka* 'Hainbuche'. – Zelders, *HG.A.11*, S. 3; Piirainen, *Vreden*, S. 52.

Berlebecke, die Mittellauf des Knochenbachs, l.z. Werre (z. Weser). – 1790 *Die Berlebecke*; ON. Berlebeck (Stadt Detmold, Kreis Lippe, NRW, D), 1151 (Kopie 14. Jh.) *Bertelwic*, (1324–50) *to Bartelwick*, 1467 *to Bertelwick*. – Ausgangsform **Bertel(wic)beke*, Kompositum (Klammerform) mit dem Grundwort mndd. *beke* und dem ON. *Bertelwic*. – Kramer, *HG.A.10*, S. 6.

Berlpfuhl nördlich von Ahrensfelde (Lkr. Barnim, Brandenburg, D). – 1767 *Der Berl-Puhl*, 1820 *Börlpfühle*; FlurN. *der Börl*. – Das Bestimmungswort zu slaw. **bьrl-* 'Sumpf, Morast, feuchte Stelle'; *Berlpfuhl* ist Übersetzungspaar. – Fischer, *BNB 10*, S. 29.

Bernbach ↗Bär-.

Berne, die l.z. Ollen (z. Hunte z. Weser). – 1149 *fluvium … Berna*, 1236 *Berne*, 1378 *by der Berne*, 1417 *twischen der Berne …*, 1419 *tho der Berne wert, by der Berne*; ON. Berne (Lkr. Wesermarsch, Niedersachsen, D), 1235 *de Berna*, 1247 *in Berna*, 1256 *in castro Berne* (weitere zahlreiche Belege dieser Form), 1518 *thor Beerne*. – Ausgangsform (as.) *Berna* f., *n-*Ableitung von dem auch in westgm. **ber-ma-/ōn* m. 'Hefe' (ae. *beorm(a)*, mndd. *berm, barm*, nhd. *Bärme* 'Bierhefe', brandenburg. *Bärmepfuhl*) vorliegenden Stamm (gm.) **ber-*, in **Berna* bezogen auf sich hebendes, aufwallendes Wasser? – Borchers, *HG.A.18*, S. 17; Fischer, *BNB 10*, S. 26.

Bersch-Bach, die l.z. Aula (z. Fulda z. Weser) bei Oberaula (Schwalm-Eder-Kreis, Hessen, D). – 1642 *in die Birschbach*, 1673 *biß uf die Pirschbachs wieße*. – Kompositum mit dem Grundwort *-bach* und mhd. *birsen, pirsen* 'jagen'. – Sperber, *HG.A.5*, S. 8.

Berst(e)-, Birste-, Börste-, Perste- Bestimmungswort in brandenburgischen Gewässernamen, z.B. ↗Perstepfuhl, Klammerform **Berste(kraut)-pfuhl*, brandenburg. *Berstekraut* 'Wasserschierling' (giftig). – Fischer, *BNB 10*, S. 30.

Besen-/Besel- (auch *Biesen-/Biesel-*) *-bek*, *-graben*, *-kute*, *-pfuhl*, *-see*, *-wettern*; Bestimmungswort mndd. *bēse*, mhd. *biese* 'Binse', ↗Biese. – Fischer, *BNB 10*, S. 32; Udolph, *HG.A.16*, S. 39.

Bessenbach l.z. Aschaff (z. Main z.Rhein). – ON. Bessenbach (Lkr. Aschaffenburg, Bayern, D), ca. 1183 *de Pessinbach*, 1184 *in Bessembach*, 1187, 1232 *Bessenbach*, 1264 *de Besenbach*, 1283 *Bessenbach*. – Grundform (mhd.) *Bessenbach*, Kompositum mit dem Grundwort *-bach* und dem Genitiv des PN. (ahd.) *Basso* (Genitiv **Bessin-*) als Bestimmungswort. – Sperber, *HG.A.7*, S. 13.

Beste, die (im Mittellauf *Süderbeste*) r.z. Trave (z. Ostsee), mündet in Bad Oldesloe (Kreis Stormarn, S.-H., D), Zufluss *Norderbeste*. – 1263, 1288 *in fluuium … Bestene*, 1300 (Kopie 14. Jh.) *ab aqua dicta Bestene*, 1386 *uppe de Besten*, 1525 (Kopie 16. Jh.) *de Beste*, 1645 *Beeste fl.*; die Identifikation folgender Belege ist nicht klar: Ende 11. Jh. *in Horbistenon* ('Dreck-Beste'↗Hor-, Süderbeste?), 1327 *in Hørebesten*, 1328 *in Horobessen* (Bach zwischen Hammoor und Beimoor, Kreis Stormarn). – Grundform (as.) *Bistina* (<**Bestina*), meist gedeutet als *n-*Ableitung von as. *bast* (gm. **basta-* 'Bast, innere Schicht der Pflanzenrinde, Bastseil'). Andererseits wird als Basis der Ableitung auch (gm.?) **besta-* in Erwägung gezogen, eine Ableitung von ig. **bʰedʰh₂-* 'stechen, graben' (vorgm. **bʰedʰ-s-to-* 'gegraben, Graben'), mit den auffälligen Parallelen lit. *bedù (bèsti)* 'graben' und gall. **bedo-* 'Graben' (↗Bist). Der FlN. *Beste*, r.z. Windau (Lettland), 1338 *die siep Bestien*, 1466 *Beste*, 1511 *Beiste*, 1640 *Beisten*, ist möglicherweise von der holsteinischen *Beste* übertragen. – Kvaran, *HG.A.12*, S. 14; Schmitz, *Lauenburg*, S. 380f.; Rix, *LIV*, S. 66; Grzęga, *Romania*, S. 79; Krahe, *Gewässernamen*, S. 183.

Bettenbach, die r.z. Weschnitz (z. Rhein). – /ˈbɛdəˌbɔx/, ON. Bettenbach, Höfe bei Mörlenbach (Kreis Bergstraße, Hessen, D), 1406 *in der bettenbach*, 1654 *in der bettebach, in der bettenbach*. – Kompositum mit dem Grundwort *-bach* und dem Bestimmungswort mhd. *bette, bet* 'Feld-, Gartenbeet'. – Geiger, *HG.A.2*, S. 13; Ramge, *Flurnamenbuch*, S. 218.

Betzelbach, die r.z. Oster (z. Blies z. Saar z. Mosel z. Rhein). – 1538 *in die Betzelbach*, 1585 *Betzelbach*. – Ausgangsform **Betzenbach*? Kompositum mit dem

Grundwort -*bach* und mhd. *bitze* stF., md. (< *biziune*) 'ertragreiche eingezäunte Wiese nahe am Dorf', ↗Beimbach. – Spang, *HG.A.13*, S. 7.

Beuer-Bach   r.z. Windach (z. Amper z. Isar z. Donau). – ON. Oberbeuern, Unterbeuern (Ortsteile der Gem. Dießen am Ammersee, Lkr. Landsberg am Lech, Bayern, D), 1223 *Buirbach*. – Etymologie ↗Baier-/Bayerbach. – Snyder, *HG.A.3*, S. 10.

Beunbach, die   Oberlauf d. Harbach, Oberlauf d. Weinbach (z. Nidda z. Main z. Rhein) im Wetteraukreis (Hessen, D). – 1313 *bey der Buninbach* (lies *Bünenbach*?), 1570 *vff der Beunbachen holn*, 1742 *vff die Beunbach*; ON. †Beumühle, 1394 *bey der Bäumühln*. – Kompositum mit dem Grundwort -*bach* und mhd. *biunde* stswF., nhd. *Beun(d)e* 'eingezäuntes Grundstück', ↗Beimbach. – Sperber, *HG.A.7*, S. 13; Ramge, *Flurnamenbuch*, S. 219–222.

Beuster, die   l.z. Innerste (z. Leine z. Aller z. Weser), Quellflüsse Kalte ~, Warme~, mündet bei Hildesheim-Marienburg (Lkr. Hildesheim, Niedersachsen, D). – 1305 *Bostere*, 1308 *Botestere*, 1313, 1332, 1355 *Bodestre*, 1525 *in der Boyster*, 1526 *der Boyster halven*, 1578 *die Boister*, 1798 *die Beuster*. – Grundform (mndd.) *Bōdestre > *Bōjester > *Boister*, wahrscheinlich Ableitung von gm. **bauþa-* (↗¹Bode) mit dem Suffix gm. *-*stra-*. Auffällig ist, dass auch die Quellflüsse der Bode mit *warm* und *kalt* unterschieden werden. – Kettner, *HG.A.8*, S. 9; Kettner, *Leine*, S. 25 f.

Beutelsbach
– ¹†Beutels-Bach, jetzt Aunkirchner Bach, r.z. Vils (z. Donau). – ON. Beutelsbach (Lkr. Passau, Bayern, D), 1200–1220 *de Peutelspach*, *Piutelspach*. – Snyder, *HG.A.3*, S. 10.
– ²Beutelsbach, Oberlauf des Schweizerbachs, l.z. Rems (z. Neckar z. Rhein). – ON. Beutelsbach (Stadtteil von Weinstadt, Rems-Murr-Kreis, B.-W., D), /ˈbəɪdlsbax/, 1238 (Kopie 15. Jh.) *de Butelspach*/*Budelspach*, 1247 *Butelspach*, 1280 *Biutelsbach*, 1522 *Beutelspach* (zahlreiche weitere Belege). – Schmid, *HG.A.1*, S. 8; Reichardt, *Rems-Murr-Kreis*, S. 48–50. Ausgangsform (ahd.) *Biutilīnesbach > mhd. *Biutelsbach/*Piutelsbach*, Kompositum mit dem Grundwort -*bach* und dem Genitiv des PN. (ahd.) *Biutilīn.

Bever
– ¹Bever ↗Biber-.
– ²Bever, die, r.z. Oste (z. Elbe), bei Bremervörde (Lkr. Rotenburg/Wümme, Niedersachsen, D). – 786 (Fälschung 11. Jh.) *Biuernam*, 788 (Fälschung 10. Jh.) *Bivernam*, um 1075 *Bivernam*, Anfang 13. Jh. (zum Jahr 1218) *super Bevernam*, um 1500 *upp der Beveren*, 1578 *by der Beueren*, 1594 *by der Beverden*, 1684 *Bever*; ON. Bevern (Stadt Bremervörde), 986 *Biveranthorp*, 1334 *in Biveren*, 1337 *de Beveren*, 1474 *Bevern* (weitere zahlreiche Belege). – Grundform as. *Biverna* < *Biƀruna < gm. *Beƀrunō f. 'Biberbach', mit -*n*-Suffix abgeleitet von gm. **beƀru-* 'Biber'. Liquida-Umstellung in der Endung (-*runa* > -*erna*) wie bei ↗Ecker, ↗Otter. – Udolph, *HG.A.16*, S. 40 f.

Bever-Bach   z. Schmechtings-Bach (z. Rossbach z. Emscher). 1342 *by der Byverne*. Der einzige Beleg ist entweder Verschreibung für *Byveren (↗Biber-) oder der Name ist identisch mit ↗²Bever. – Schmidt, *HG.A.6*, S. 7.

Beverinsee   bei Liebenwalde (Lkr. Oberhavel, Brandenburg, D). – 1589 *Der Bewerin*, 1614 *Beberin Vndt Müllensehe*, 1825 *Beverien*. – Ausgangsform apolab. *Bobrovina 'Bibersee' zu *bobr 'Biber'. Die Integration ins Deutsche ist von ndd. *bever* 'Biber' beeinflusst. – Wauer, *HG.A.17*, S. 9 f.; Fischer, *BNB 10*, S. 31.

Bewer(-Bach)   ↗Biber-.

Bexbach, die   l.z. Blies (z. Saar z. Mosel z. Rhein). – 1837 *die Bexbach*; ON. Bexbach (Stadt, Saarpfalzkreis, Saarland, D), 1180 (Kopie) *Bittesbach*, 1214 (Kopie 16. Jh.) *Bittensbach*, 1219 (Kopie 15. Jh.) *Bittesbach*, 1225 (Kopie) *Bütinsbach*, (Kopie 16. Jh.) *Bitterspach*, 1270 *Byttersbach*, 1292, 1296 *Beckensbach*, 1304 *Bekesbach*, 1492 *Becxbach*, 1564 *Oberbexbach*, *Mittelbexbach*, *Nieder Bexbach*. – Grundform *Bittensbach > *Bittensbach* (*Bittersbach) > (mit md. Senkung /i/>/e/) *Bettensbach > *Beckensbach* > *Bekesbach > *Beksbach/*Bexbach*, Kompositum mit dem Grundwort -*bach* und dem Genitiv des PN. (ahd.) *Bittīn (**Bittīnes-* > **Bittenes-*). Auffällig ist der Lautwandel /-ett(e)ns- > -eck(e)ns-/. – Spang, *HG.A.13*, S. 7.

Beyerbach   ↗Baier-/Bayerbach, ↗²Baybach.

Beysiepen   r.z. Eschbach (z. Wupper z. Rhein). – ON. Baisiepen, Baisieper Hof, Baisieper Straße (Stadt Remscheid/Süd, NRW, D), 1369 *Henck vom Beysiepen*, 1692 *Beysiepen*. – Eine eindeutige Erklärung des Namens ist nicht möglich; Kompositum mit dem Grundwort -*siepen* (mndd. *sīpe* 'Bach, Niederung' ↗Seifen); das Bestimmungswort ist unklar. – Schmidt, *HG.A.6*, S. 89.

Bibart   r.z. Laimbach (z. Ehebach z. Aisch z. Regnitz z. Main z. Rhein). – ON. Markt Bibart (Lkr. Neustadt a.d. Aisch-Bad Windsheim, Bayern, D), 816 (Kopie 14. Jh.) *Bibaroth*, 1195 *Bibert*, 1420 (Kopie 1457) *Bibart*. – Der Flussname ist vom Gegend- (und Siedlungs-)namen ahd. *Bibar-ōdi 'Einöde, in der sich Biber aufhalten' übertragen; Parallelname ↗Bibert. – Sperber, *HG.A.7*, S. 14; Reitzenstein, *fränkische Ortsnamen*, S. 139.

Bibel-/Biebel- -*pfuhl*, -*see*; brandenburg. *Biebel* m. 'zur Gattung der Silberkarausche gehörender Fisch', Bestimmungswort in brandenburgischen Gewässernamen. – Wauer, *HG.A.17*, S. 10; Fischer, *BNB 10*, S. 31.

Biber- (auch *Bieber-*, obd. *Piber-*, ndd. *Beber-, Bever-, Bewer-*) -*ach, -bach/-beck, -tal*. Bestimmungswort ahd. *bibar*, as. *bivar*, mndd. *bēver*, ae. *beofer*, awn. *bjórr* (gm. *bebru-* m.) 'Biber', z.B. ahd. *Bibar-aha* 'Biberbach' hieß ursprünglich der in Biberach in die Riß mündende Rotbach: 1304 *Byberach*, 1350 *an der Bibrachun, diu Biberach*, 1413 *an der Bibrach*; ON. Biberach an der Riß (Große Kreisstadt, B.-W., D), 1083 *Bibra*, 1279 *Biberach*, 14. Jh. *Bibera*. In Namen des niederdeutschen Sprachgebiets wurde as. *Bivar-aha* früh verkürzt zu *Bever/Beber*. – Hausner/Schuster, *Namenbuch*, S. 94; Kettner, *Leine*, S. 26 f.

Biber/Biberen/Bibern verkürztes und teils schwach flektiertes, ursprüngliches Kompositum (ahd.) *Bibaraha* (↗Biber-), z.B. ON. Biber (Bezirk Reiath, Kanton Schafhausen, CH), 965 *Bibera*, 1050 *Biberaha*; ON. Bibern (Bezirk Stein, Kanton Schafhausen), 1050 *Biberaha*, 1122 *Bibera*, 1447 *Biberach*. – Kully, *Ortsnamen*, S. 208 f.

Bibere, die z. Kleinen Emme (z. Reuß z. Aare z. Rhein), kommt aus dem Gebiet von Heiligkreuz, mündet bei Hasle (Amt Entlebuch, Kanton Luzern, CH). – /d bibərə/, 1433 *an die biber vnd die biber vff*, 1489 (Kopie 17. Jh.) *an die Biberen*, Ende 15. Jh. *enet der bibren*, 1549 *an die bibren*, 1583 *an die bibry*, 1591 *an Biberbach*, 1596 *die Biberen*; ON. †Biberhof, FlurN. Bibermatten, 12./13. Jh. *ir Bibrun, de Bibrun*, Ende 15. Jh. *zù der Bibren, die bibermaten*. – Grundform (ahd.) *Bibruna* > mhd. *Bibrene*, verkürzt Nom. *Bibre*, Dativ *Bibren/Biberen*; -*n*-Ableitung zu gm. *bebru-* 'Biber' (↗Biber- ↗²Bever). – Waser, *Entlebuch*, S. 114.116.

Biberenbach l.z. Emme, entspringt bei Gächwil, mündet in Biberist (Kanton Solothurn, CH). – ON. Bibern (Gem., Bezirk Bucheggberg, Kanton Solothurn) im Quellgebiet des Biberenbachs, vor 1366, 1369, 1376, 1379, 1411, 1415 *Bibron*, 1368, 1468 *Bibren*. – Ursprünglich Ortsname (ahd.) *zi bibron* 'bei den Bibern'. – Kully, *Ortsnamen*, S. 206–209.

Bibers, die l.z. Kocher (z. Neckar z. Rhein), Abfluss des Burgvogtsees südlich von Waldenburg (Hohenlohekreis, B.-W., D), mündet südlich von Westheim (Gem. Rosengarten, Lkr. Schwäbisch Hall, B.-W.). – 1265 *in ripa ... Bibers*, 1357 *an der Bybers*, 1544–1550 *die Bieber*, ca. 1545 *die Bibers*; ON. Bibersfeld (Stadt Schwäbisch Hall), 1265 *Bibersvelt*, 1523–1532 *Biberszfeld*, 1544–1550 *Bybersfeldt* 'Siedlung auf einem Feld an der Bibers'. – Grundform (ahd.) *Bibrusa* > mhd. *Biberse* 'Biberbach', *s*-Ableitung von gm.*bebru-* 'Biber' (↗Biber-); Parallelname ↗†Bibersch? – Schmid, *HG.A.1*, S. 9.

†Bibersch, die Abschnitt des Limpachs (r.z. Emme) im Kanton Bern (CH), mündet oberhalb von Biberist. – 1495, 1495, 1497 *Bibersch*, 1533 *zwuschen der Alten vnnd nüwen Byberst*; ON. Biberist (Bezirk Wasseramt, Kanton Solothurn), /ds ˈbibəˌrišt/, 762 (Kopie 17. Jh. von Vidimus 1457), 1262 *de Bibervsce, Bibrische*, 1268 *Bibersche* (und weitere Belege dieser Form), 1332 (Kopie 16. Jh.) *de Bibirusa*, 1425 *Bibersch*, 1508 *Biberst*, 1513 *Bibers*, 1589 *Biberist*. – Der FlN. Bibersch führte möglicherweise den ON. Biberist, ahd. *Biberussa*, fort. Wegen der Parallelnamen im germanisch-romanischen Kontaktgebiet (*Bibiche*, r.z. Mosel bei Thionville (F), 791 *super fluviolum Bibersa*, und ON. Bibiche (Dep. Moselle, Lothringen, F) am Ruisseau de Bibiche (l.z. Nied z. Saar z. Mosel z. Rhein), 1186 (Kopie 17. Jh.) *de Biversen*, 1250 *Biversim*, 1264 *Biverse*, 1266 *Byverbach*, 1296 *Biberse*, 1575 *Bibechen*, 1594 *Biversheim*, 1606 *Bibichen*, 1726 *Bibisch*) kann die Existenz eines Flussnamens kelt. *Bebrusā* (oder *Bebrisā*) 'Biberbach' erwogen werden, der in Anlehnung an ahd. *bibar* 'Biber' zu *Bibrussa* (mit ahd. Suffix *-ussa*) und zu *Biberse* usw. eingedeutscht wurde. Der FlN.*Bebrusā* ist mit *s*-Suffix von kelt. *bebro-s*, gallolat. *beber*, Akk. *bebrum* abgeleitet. Zur germanischen Parallele ↗Bibers. – Grossenbacher Künzler, *Wasseramt*, S. 64, 67–70; Kully, *Ortsnamen*, S. 200–205; Buchmüller/Haubrichs/Spang, *Namenkontinuität*, S. 78; Spang, *HG.A.13*, S. 8; Lebel, *Principes*, S. 282.

Bibert, die l.z. Rednitz (z. Main z. Rhein), entspringt auf der Frankenhöhe bei Flachslanden (Lkr. Ansbach, Bayern, D), durchfließt den Rangau, mündet gegenüber Weikershof (Stadt Fürth, Bayern). – 810 *duo flumina ... Piparodi*, 1301 *in flumine Bybert*, 1338 *in die Bibert*; ON. Obernbibert, Unternbibert (Gem. Rügland, Lkr. Ansbach), 808 *in ipso loco ... Piparodi*, 1294 *zu Obernnbibart*. – Ausgangsform Gegendname abair. *Pipar-odi* (ahd. *Bibarodi* > mhd. *Biberœde* > *Bibert*) 'Einöde, in der sich Biber aufhalten'; der Gegendname ist auf den Fluss übertragen; Parallelname ↗Bibart. – Sperber, *HG.A.7*, S. 14.

Bibischerbach (frz. *Ruisseau de Bibiche*) ↗†Bibersch.

Bibra, die   l.z. Jüchse (z. Parte z. Werra z. Weser). – ON. Bibra (Gem. Grabfeld, Lkr. Schmalkalden-Meiningen, Thüringen, D), 825 (Kopie 9. Jh, Druck 1607) *in villa Bibarahu* (hierher?), 1049 *Biberaha* (zahlreiche weitere Belege dieser Form), 1139 *Bibraha*, 1189 *Bibera* (zahlreiche weitere Belege dieser Form), 1315 *Bibra* (zahlreiche weitere Belege dieser Form). – Ausgangsform ahd. *Bibar-aha* 'Biberfluss', zum Grundwort ↗ Biber-, Parallelname ↗ Bebra. – Sperber, *HG.A.7*, S. 8.

Bickenalb, die   l.z. Hornbach (z. Schwarzbach z. Blies z. Saar z. Mosel). – 1196 *riuulum ... Bechenalbe*, 1545 (Kopie) *Bikenalbe*, (Kopie 16. Jh.) *die Bickenalb*, 1837 *die Bickenalbe*. – Kompositum mit dem Grundwort *-alb* (↗ alb) und dem Genitiv des PN. (ahd.) *Bicko* (Genitiv *Bicken-*) als Bestimmungswort. – Spang, *HG.A.13*, S. 8.

Biebeck, der   r.z. Dünne (z. Rhume z. Leine z. Aller z. Weser), westlich von Langenholtensen (Stadt Northeim, Lkr. Northeim, Niedersachsen, D). – /dei beibecke/, 1663 *der Biebecke*; FlurN. 1856 *Biebecksanger*. – Kompositum mit dem Grundwort (mndd.) *-beke*, das Bestimmungswort ist unklar. – Kettner, *HG.A.8*, S. 9; Kettner, *Leine*, S. 27 f.

Bieben   l.z. Jossa (z. Fulda z. Weser). – ON. Bieben (Stadt Grebenau, Vogelsbergkreis, Hessen, D), 1231 *bibenahe*, 1259 *Bibenahe*, (nach 1381) *Bybena*, 1495 (Kopie 1549) *Bebena*, 1580 *Bieben*. – Ausgangsform FlN. (ahd.) *Bibenaha*, Kompositum mit dem Grundwort *-aha*, 'fließendes Wassser', das im Verlauf der Namengeschichte schwindet, und dem Genitiv des PN. (ahd.) *Bibo* (Genitiv *Biben-*). – Sperber, *HG.A.5*, S. 8; Reichardt, *Gießen*, S. 55 f. (zu ahd. *bibēn*).

Bieber, Bieber-   ↗ Biber-.

Biedebach
– ¹Biedebach, entwässert das wasserreiche Quellgebiet zwischen Bitburg und Mötsch. – ON. Bitburg (Eifelkreis Bitburg-Prüm, Rh.-Pf., D), römisches Kastell und Zentralort des Bitgaus, 245 *VIKAN[IS BE]DENSIBU[S]*, um 300 (Kopie 7. Jh.) *Beda vicus*, um 350 (Kopie 12./13. Jh.) *Beda*, 7. Jh. *Bidana* (Cosmograph von Ravenna), 715/16 *castro Bedinse*; GauN. bis 870 in der lat.-rom. Form *in pago Bedensi*, 870 (Kopie 11. Jh.) *Bedagouua*, 895 *in pago Piatahgeuue*, 943, 978 *in pago Biedensi*, 1023 *Biedegouui*; WaldN. *Bedhard*, /ˈbedert/, 1270 *Bittart*. – Ausgangsform gallo-rom. GwN. *Beda*, moviertes Femininum oder kollektiver lat. Plural zu gall. **bedo-* 'Graben, Kanal, kleiner Bach'. Das roman. /-e-/ wurde als gm. /ē²/ > /-ia-, -ie-/ ins Ahd. übernommen und später monophthongiert > /-ī-/. – Kaufmann, *rheinische Städte*, S. 188; Puhl, *Gaue*, S. 73–80.
– ²Biede-Bach, die, r.z. Rohrbach (z. Fulda z. Weser). – 1642 *von der Biedenbach*, 1673 *nach der Biedenbach, Biedenbacher flußgen*; ON. Biedebach (Gem. Ludwigsau, Lkr. Hersfeld-Rotenburg, Hessen, D), 1369 *Bydenbach*, 1392 *de Budenbach*, *Bidenbach*, 1517 *Bidenbach*, 1596 *Biedenbach*. – Ausgangsform (mhd.) *Bidenbach*, Kompositum mit der Grundwort *-bach* und dem Genitiv des (ahd.) PN. **Bido/*Bito* (**Biden-*) als Bestimmungswort. Die Dehnung von /-i-/ in offener Tonsilbe wird ab dem Ende des 16. Jh. mit <ie> verschriftet. – Sperber, *HG.A.5*, S. 9.

Biederbach   r.z. Elz (z. Rhein). – ON. Biederbach (Gem., Lkr. Emmendingen, B.-W., D), 14. Jh. *Biderbach*, 1456 *Byderbach*, 1482 *im Biderbach*, 1507 *Biderbach*. – Ausgangsform FlN. (mhd.) **Bider(ben)bach* (?), Kompositum mit dem Grundwort *-bach* und dem flektierten Adjektiv (ahd.) *bitherbi* 'nützlich, brauchbar, vorteilhaft'. – Geiger, *HG.A.2*, S. 14.

Bierbach
– ¹Bier-Bach, l.z. Großen Vils (z. Vils z. Donau). – ON. Oberbierbach, Unterbierbach (Gem. Fraunberg, Lkr. Erding, Bayern, D), ca.1120 *Piuerpach*. – Unsichere Deutung, vielleicht < **Biberbach* (↗ Biber-) kontrahiert. – Snyder, *HG.A.3*, S. 11.
– ²Bierbach, die, l.z. Gersprenz (z. Main z. Rhein) bei Fränkisch-Crumbach (Odenwaldkreis, Hessen, D). – 1457 *an die Birebach in biss wider in die Gespenz*, 1767 *auf die Bierbach*; HofN. Bierbach (Fränkisch-Crumbach). – Ausgangsform *Birebach*, Kompositum mit dem Grundwort *-bach*, dessen Bestimmungswort mhd. *bire* swF., ahd. *bira* 'Birne' ist: 'Bach, an dem Birnbäume stehen', ↗ Birnbaum. – Sperber, *HG.A.7*, S. 15; Ramge, *Flurnamenbuch*, S. 226.
– ³Bierbach, die, r.z. Blies (z. Saar z. Mosel). – 15. Jh. *in die Birbach*, 1564 *am Beurbach*, 1837 *die Bierbach*; ON. Bierbach (Stadt Blieskastel, Saarpfalz-Kreis, Saarland, D), 1247 (Kopie 16. Jh.) *Birbach*, 1382 (Kopie 15./16. Jh.) *Birbach*, 1535 *birbach*, 1564 *Beurbach*, 1837 *Bierbach*. Die Belege 1564 *Beuerbach* mit hyperkorrektem <eu> stammen aus einer Quelle (Tilemann Stella). – Ausgangsform (mhd.) **Bir(e)bach*, Deutung wie ²Bierbach. – Spang, *HG.A.13*, S. 8.

Biese, die
– ¹† Biese (auch † *Beese*), l.z. Wirbelbach (z. Wipper z. Thüringischen Saale z. Elbe). – ON. Niederbösa, ON. Oberbösa (Kyffhäuserkreis, Thüringen, D); 9. Jh. (*Bysaho*), 1262 *Biesa*. – Grundform (ahd.) **Biesaha* (?), Kompositum mit dem Grundwort ahd. *aha* 'fließendes Wasser' und ahd. *bieso* 'Binse', ↗ ²Biese; Bedeutung: 'Fluss mit Binsen'. – Walther, *Siedlungsgeschichte*, S. 255.

– ²Biese, Mittellauf von Milde-Biese-Aland, l.z. Elbe, von Beese bis Seehausen/Altmark (Lkr. Stendal, S.-A., D). – 796 (Fälschung 11. Jh.) *Bese*, 10. Jh. *Biesne*; ON. Beese, ON. Biesenthal (Gem. Meßdorf, Lkr. Stendal). – Aus dem Beleg 10. Jh. *Biesne* kann auf eine Ausgangsform (gm.) **Beusnō* bzw. *Beusanō*, eine *n*-Ableitung von gm. **beusō* f. 'Binse' (ahd. *bieso*, mhd./md., mndl. *biese* f., mndd. *bēse*) geschlossen werden; Bedeutung: 'Fluss mit Binsen'. – Foerstemann, *Ortsnamen*, Sp.433, 1504.

Biesen- (auch *Besen-*)/**Biesel-** *-graben, -kute, -pfuhl, -rumpf, -see*; brandenburgische Gewässernamen, brandenburg. *Biese* f., *Biesen* Pl., auch *Beesen(n)*, *Biesel* u.ä. 'verschiedene Juncus- und Scirpusarten', ↗ Biese. – Fischer, *BNB 10*, S. 32.

Biesenbach z. Antholzer Bach (Pustertal, Prov. Bozen, I.). – /piisnpåch/, um 1770 *Biesenbach*. – Das Bestimmungswort *Biesen-* zu mundartlich *piisn* 'rennen (von Rindern, wenn sie von Bremsen verfolgt werden)': 'Bach mit vielen stechenden Insekten'. – Kühebacher, *Ortsnamen 2*, S. 37.

Biewerbach l.z. Mosel (z. Rhein) in Trier-Biewer. – 1217 *Beverbach*, 1228 *Bivirbach*, 1229 *Beverbach*, 1246 *Biverbach*; ON. Biewer (Stadt-Trier, Rh.-Pf., D), 929 (Kopie 14. Jh.) *Beuera*, 1017 *Bevera*, 1024/5 *Bibera*, 1030 *Bivera*, 1139 *bevera*, 1200 *Bivere*, um 1250 *bibere*, 1313 *byvere*. – Zugrunde liegt vielleicht (ahd.) **Bibaraha* 'Biberbach' (↗ Biber-), im westmitteldeutschen Sprachgebiet verkürzt zu **Bibera* bzw. *Bivera, Bevera*. Im Flussnamen wurde *-aha* früh ersetzt durch das Grundwort *-bach*. Die vorgeschlagene Deutung, die den Namen mit kelt. **bebro-* 'Biber' in Verbindung bringt, lässt die Frage der Namenbildung unbeantwortet; zu erwarten wäre kelt. **Bebronā*. – Jungandreas, *Mosellland*, S. 72 (< vorgm. **Bebera* 'Biberbach'); Gysseling, *Woordenboek*, S. 142; Lebel, *Principes*, S. 313–315.

Bigge, die l.z. Lenne (z. Ruhr z. Rhein), entspringt im Ebbegebirge (NRW, D), durchfließt den Biggesee (Kreis Olpe, NRW), mündet bei Finnentrop (Kreis Olpe); r. Nebenfluss *Biecke-Bach*. – 1490 *in der Bychen*, 1566 *zwischen der … Bichenn*, 1607 *Bich flu*, 1694 *in fl. Bigge*. – Parallelname: ON. Bigge (Stadt Olsberg, Hochsauerlandkreis, NRW), 1183 *Bige*, 1222 *Bike, de Bigge, de Bigie*, 1299 *in Byge*. – Ausgangsform **Biche*, zur Etymologie ↗ Bega. – Schmid, *HG.A.6*, S. 7, 89; Barth, *Sieg und Ruhr*, S. 126; Schmidt, *Wupper und Lippe*, S. 17–19.

Bille, die r.z. Norderelbe, entspringt bei Trittau (Kreis Stormarn, S.-H., D), mündet in Hamburg. – /bil/, um 1075 *Bilena*, 1162 *Bilnam*, 1167 *Bilne*, 1189 *Billa*, 1208 *Bille* (zahlreiche weitere Belege); Quelle: 786 (Fälschung 11. Jh.) *in ortum Bilene*, um 1075 *Bilenispring*; Mündung: 1162 *Bilnemuthe*; ON. † Bille/Bilna, um 1250 *de Bilna*, 1251 *ecclesia Bilne*; ON. Billbrook (Stadt Hamburg, Bez. Hamburg-Mitte), ursprünglich Sumpfgebiet an der Bille; ON. Billstedt (Stadt Hamburg, Bez. Hamburg-Mitte); ON. Billwerder (Stadt Hamburg, Bez. Bergedorf), eigentlich Insel zwischen Dove Elbe und Bille, 1257 *insula que Bilnewerdhere vocatur*; FlurN. Billhorn, 1319 *prato dicto Billehorn*. – Ausgangsform as. *Bilena* (< gm. **Belina*), früh synkopiert > *Bilna*, assimiliert > *Billa/Bille*. Ableitung mit dem Suffix *-n-* von gm. **beli-* 'weiß' (wie in ahd. *bilisa*, as. *bilina* 'Bilsenkraut'), benannt nach der glänzenden Farbe des Wassers, ↗ Bühler (< **Belira*). – Udolph, *HG.A.16*, S. 42–46; Schmitz, *Lauenburg*, S. 381f.; Laur, *Schleswig-Holstein*, S. 154.

Billerbeck, der r.z. Leine (z. Aller z. Weser). – 1580 (Kopie 1595) *biß an den Bilderbeck*; ON. Billerbeck (Gem. Kreiensen, Lkr. Northeim, Niedersachsen, D), 9. Jh. (Kopie 1479) *Billurbeki*, 1297 *de Bilrebeke*, 1303 *Bilderbeke*, 1489 *Bilderbecke*. – Grundform as. *Billurbeki*, Kompositum mit dem Grundwort as. *beki* 'Bach'; das Bestimmungswort wird unterschiedlich gedeutet: entweder zu ae. *billere* 'Brunnenkresse' oder zu ndd. **billern*, ablautend zu *ballern, bollern, bullern* 'poltern, lärmen, murmeln'. – Kettner, *HG.A.8*, S. 9f.; Kettner, *Leine*, S. 28.

Billingsbach r.z. Rötelbach (z. Jagst z. Neckar). – ON. Billingsbach (Gem. Blaufelden, Lkr. Schwäbisch Hall, B.-W., D), 1323 *von Bullingezbach*, 1334 *Bullingesbach*, 1351–1371 *Bullingsbach*, 1. Hälfte 15. Jh. *Bullespach, Bûllespach*. – Grundform (mhd.) **Büllingesbach*, Kompositum mit dem Grundwort *-bach* und dem Genitiv des PN. *Bulling* (*Bullinges-*) als Bestimmungswort; **Büllingesbach* wurde verkürzt > **Büllesbach* oder entrundet und synkopiert > *Billingsbach*. – Schmid, *HG.A.1*, S. 10.

Bilsbek r.z Pinnau (z. Elbe), entspringt im Himmelmoor (Quickborn, Kreis Pinneberg, S.-H., D), mündet bei Appen (Kreis Pinneberg). – 1650 *Bilsbeck*, 1652 *Bilßbeck*, 1743 *Bilsbek*. – Kompositum mit dem Grundwort mndd. *-bek* 'Bach' und mndd. *bilse*, mndl., mhd. *bilse, belse*, ahd. *bilsa, bilisa* 'Bilsenkraut', eine Heil- und Giftpflanze als Bestimmungswort, ↗ Bilsener Bek. – Udolph, *HG.A.16*, S. 47.

Bilsener Bek Oberlauf d. Pinnau (z. Elbe). – 1686 *Bilserauwe*; ON. Bilsen (Gem., Kreis Pinneberg, S.-H., D), 1148 (Fälschung um 1180, Kopie Anfang 12. Jh.) *de Bilsele*, 1303, 1310, 1350 *Bilsen*, 1385 *Bilzen*, 1410 *De Bylzen*, 1560 *ex Belszen* (weitere zahlreiche

Belege). – Grundform ON. *Bilsen*; die Etymologie kann sich nicht auf den ältesten Beleg (Kopie einer Fälschung) stützen. *Bilsen* dürfte als Dat. Pl. von mndd. *bilse* 'Bilsenkraut' ('wo es Bilsenkraut gibt') ↗*Bilsbek* zu verstehen sein. – Udolph, *HG.A.16*, S. 47f.

Bilsterbach r.z. Eder (z. Fulda z. Weser) nördlich von Dotzlar (Stadt Bad Berleburg, Lkr. Siegen-Wittgenstein, NRW, D). – 1570 *auf den Kleinen Bilsterbach*, 1590 *vff den Kleinen Bilsterbach*; ON. Hof Bilsterbach (Bad Berleburg). – Kompositum mit dem Grundwort *-bach*, dessen Bestimmungswort (*Bilster-*) unklar ist. – Sperber, *HG.A.5*, S. 9.

Bina, die l.z. Rott (z. Inn z. Donau) in den Landkreisen Landshut und Rottal-Inn (Bayern, D). – 790 *Boninaha*, 1011/12 *Punnahe*, 1418 *Pinnath* (lies *Pinnach*?), 1458 *bei der Pünnach* (so mehrfach im 15. Jh.), 1561 *Pynnach*, ca.1563 *Auf der Pina*, 1655 *Bina*; GegendN. 1066 (Kopie Ende 12. Jh.) *in pago Bunnaha*; ON. Binabiburg (Gem. Bodenkirchen, Lkr. Landshut), 1177 *de Punnache*, 12. Jh. *Punnach*, 1227–30 *de Pvnna*, 1402 *Pünapyburg*, ca.1563 *Pina Biburg*. – Grundform ahd. FlN. **Bunin-aha/*Puninaha* > mhd. **Bünenahe* > **Bünnahe, Bünnach* > (entrundet) *Binnach*, vereinfacht *Bina*; Kompositum mit ahd. *aha* 'fließendes Gewässer' als Grundwort und dem Genitiv des PN. ahd. *Bono* (Genitiv *Bunin-*) als Bestimmungswort. Der PN. *Bono* ist vom entlehnten lat. Adj. *bonus* 'gut' gebildeter Personenname. In dem aus Salzburg stammenden Beleg 790 *Boninaha* ist die ahd. Hebung von /-o-/ vor /-i-/ > /-u-/ noch nicht durchgeführt. Der Ortsname wird spät durch Bildung eines Kompositums mit ahd. **bīburg* 'Beiburg, Umwallung' (↗*Beibach*) vom Flussnamen unterschieden. – Dotter/Dotter, *HG.A.14*, S. 43f.; Kaufmann, *Ortsnamen auf „aha"*, S. 47.

Binde, die
- [1]† Binde, z. Jeetzel bei Salzwedel (Altmarkkreis Salzwedel, S.-A., D). – 1184 *ad fluvium ... Binden*.
- [2]† Binde, l.z. Jeetzel im Landkreis Lüchow-Dannenberg (Niedersachsen, D). – 1208 *fluvium ... Bindin*, 1434 *bei der Binde to Wustrowe, de Dumme mit der Olden Binde*, 1858 *Die Binde*.

Möglicherweise handelt es sich um ein einziges Gewässer. Der Name wird mit nhd. *Binde* in Verbindung gebracht und als 'Verbindungsstück innerhalb eines Gewässersystems' gedeutet. – Schmitz, *Lüchow-Dannenberg*, S. 218f.

Bins-/-Binz-/-en- *-achgraben, -bach, -graben, -kuhle, -kute, -pfuhl*. Bestimmungswort *Binse* f., Pl. *Binsen* 'Sumpfpflanze', mhd. *binez, binz*. – Fischer, *BNB 10*, S. 32.

Birk-/-el-/-en- (md. auch *Berk-*) *-ach, -bach/-bächle, -graben, -pfuhl, -see, -soll, -weiher*; mhd. *birke*, ahd., as. *birka*, brandenburg. *berke/barke* (< gm. **berkjō* f.) 'Birke'. Das Stoffadjektiv ahd. *birkīn* liegt in *Birkenbach*, l.z. Leine, vor. Der Flussname ist als Klammerform zum ON. Birkenfelde (Lkr. Eichsfeld, Thüringen, D) gebildet, 1055 (Kopie 16. Jh.) *in Berchineueld*, 1186 *de Birkinvelt*, 1189 *de Berchinefeld*, 1283 *in Birkenevelt*, 1297 *Berkenvelde* (ahd. **(zi demo) birkīnen felde* 'an dem mit Birken bestandenen Feld'). – Springer, *Flußnamen*, S. 106, 111; Ramge, *Flurnamenbuch*, S. 214; Fischer, *BNB 10*, S. 32f.; Kettner, *Leine*, S. 28f.

Birlenbach
- [1]Birlenbach, l.z. Wintzenbach (z. Hausauerbach z. Seltzbach z. Sauer z. Rhein). – ON. Birlenbach (Gem. Drachenbronn-Birlenbach, Dep. Bas-Rhin, Unter-Elsass, F), 1298, 1457 *Birlebach*, 1619 *Burlenbach*. – Greule, *HG.A.15*, S. 14.
- [2]Birlen-Bach, r.z. Ferndorf-Bach (z. Sieg z. Rhein), mündet bei Klafeld. – ON. Birlnbach (Stadt Siegen, Kreis Siegen-Wittgenstein, NRW, D), 1266, 1461 *Birlebach*. – Faust, *HG.A.4*, S. 8.

Ausgangsform (mhd.) **Birlenbach*, Kompositum mit dem Grundwort *-bach* und einem nicht gedeuteten Bestimmungswort; es könnte auf **Birnen-*, den Genitiv des PN. (ahd.) **Birno*, dissimiliert > *Birlen-*, zurückgehen.

Birnbach
- [1]Birnbach, l.z. Rott (z. Inn z. Donau). – ON. Bad Birnbach (Lkr. Rottal-Inn, Bayern, D), /ˈbiəmbo/, 812 (Kopie 10. Jh.) *Perinpah*, 1110–30 (Kopie 12. Jh.) *Pirenbach*, 1130–1138 (Kop. 12. Jh.) *de Pirnpach*, vor 1131–1135 (Kop. 12. Jh.) *de Pirnpach*, 1157 *de Pirmbach* (zahlreiche weitere Belege in diesen Formen), 1708 *Birnbach*. – Grundform ahd. **Berinpah*, abair. *Perinpah*, mhd. (bair.) *Pirnbach* (mit Hebung des /-e-/ vor /-rn-/). Kompositum mit dem Grundwort *-bach* und dem Genitiv des PN. ahd. *Bero*, abair. *Pero* (**Berin-, Perin-*) als Bestimmungswort. – Dotter/Dotter, *HG.A.14*, S. 44–46; Egginger, *Griesbach*.
- [2]Birnbach, r.z. Queich (z. Rhein), entspringt in der Haardt bei Leinsweiler, mündet bei Landau in der Pfalz (Rh.-Pf., D). – 1306 *versus ripam ... Birbach*, 1836 *Bierbach*. – Ausgangsform mhd.*Bir(en)bach*, Kompositum mit dem Grundwort *-bach*, dessen Bestimmungswort ahd. *bira, pira*, mhd. *bire* swF. 'Birne' ist: 'Bach, an dem Birnbäume stehen', ↗[2,3]Bierbach. – Greule, *HG.A.15*, S. 14.

Birs, die l.z. Rhein, entspringt im Berner Jura bei Tavannes auf 762m Höhe, mündet nach 73 km bei Basel (CH). – /bēRs/ (/ē/ geschlossen), 1101–1103 *in ripa Birsę* (*Birse*) (so belegt im ganzen 12. Jh.); 1279 *citra fluvium Birsa*, 1294 *an der Birse*, 1301 *untz an die Birse*, 1406 *untz an die Byrse*, 1435 *von der Birsz*, 1446 *von der Birs*; TalN. 1303 *in dem Birstal*; BrückenN. 1102–1103 *ad pontem Birse*, 1260–62 *ennunt Birsbrugge*, 1348 *Birsbrugge* (und weitere Belege dieser Form); ON. Birsfelden (Bezirk Arlesheim, Kanton Basel-Landschaft), 1763 *Birsfeld*. – Grundform (kelt.) *Bersi̯ā* 'die schnell Fließende', abgeleitet von (kelt.) *bers-* 'schnell', das schwundstufig vorliegt in inselkelt. *bris-to-* (kymr. *brys*, mbret. *brezic, brezec* 'eilig' neben mir. *bras* 'schnell, stürmisch'). (Kelt.) *bers-* ist das Desiderativ des Verbs urig. *bʰerh₂-* 'sich schnell bewegen' (*bʰerh₂-s-*). Dass /-rs-/ im Namen *Birs* nicht zu /-rr-/ assimiliert wurde, wie im Gallischen üblich (vgl. *carrus* < *karsos*), hängt vielleicht mit dem ursprünglich zwischen /r/ und /s/ stehenden Larnygal /h/ zusammen. – Greule, *Oberrhein*, S. 106–108; Pokorny, *IEW*, S. 143; Rix, *LIV*, S. 81.

Birsig, der l.z. Rhein, entspringt im Elsass (F) nahe der Schweizer Grenze, mündet in Basel (CH). – /ˈbīrsig/ (/ī/ offen), 1004 (Kopie 13. Jh.) *aqua Bersich*, 1040 (Kopie 13. Jh.) *aqua Birsich*, 12. und 13. Jh. *Birsicus*, seit der 2. Hälfte des 13 Jh. durchwegs *Birsich*, 1784 *gegen den Birßig*. – Ausgangsform (kelt.) *Bersikos*, mit *-k-*Suffix von FlN. *Bersi̯ā* (↗Birs) in differenzierender, vielleicht diminuierender Funktion abgeleitet („kleine Birs"?). – Greule, *Oberrhein*, S. 106–108.

Bisnitz, die (auch *Bißnitz*), entspringt bei Rehhorst (Kreis Stormarn, S.-H., D), mündet in den Warder-See (Kreis Segeberg, S.-H.). – 1189 *flumen ... Bisenci*, 1189 (Fälschung 14. Jh., Kopie 1565) *rivum ... Bisneze*, 1189 (Kopie 1565) *flumen ... Bisnize*, 1855 *Bisnitz*. – Apolab. *Bezdnica* zu *Bezdna* 'Abgrund' ('tiefer Fluss', 'der in einer Vertiefung fließt') oder apolab. *Bešnica* zu *beš* 'böser Geist, Dämon, Teufel', russ. *bes* 'Teufel, Satan, böser Geist'. – Kvaran, *HG.A.12*, 17; Laur, *Schleswig-Holstein*, S. 156f.

Bist, die l.z. Saar (z. Mosel), entspringt in Lothringen, mündet bei Wadgassen (Lkr. Saarlouis, Saarland, D). – /biescht/, 1450 *bis uff die Biste, von der Biesten an*, 1471 *uff der Biesten, am Biestenbach*, 1581 *die Biest*; ON. Bisten (Gem. Überherrn, Lkr. Saarlouis), 1121 (Kop.17. Jh.) *Bistam*, 1180 (Kopie 17. Jh.) *ad Bistam*, 1197 (Kopie 15. Jh.) *apud Bestente*, 1221 (Kop.) *de Bisten*, 1222 *Bisten*, 1305 *Bysten*, 1310–20 *de Bista*, 1318, 1321 *Bysten*, 1414 *von Biesten*, 17. Jh. *Biesten*; ON. Bisten-en-Lorraine (dt. *Bisten im Loch*), 1115 *Bistam*, 1121 (Kopie 17. Jh.) *Bisstam, Bistam*, 1180 (Kopie 17. Jh.) *Bistam*, 1293 (Kopie) *Owerbisten*, 1321 *Orbisten*, 1393 *Bistein*, 1563 *Bisten*, 1564 *Biestein*, 1689 *Biste in loch*. – Grundform (vorgm., kelt.?) *Bēstā*. Die lautliche Entwicklung des Namens verläuft ähnlich der von ↗Blies und ↗Biedebach (Bitburg):

vorgm. /ē/ wird wie gm. /ē²/ als /ie/ ins Alt-/Mittelhochdeutsche übernommen und später monophthongiert (> /ī/, in der Mundart erneut diphthongiert). Vorgm. *Bēstā* wird als *t-*Ableitung auf ig. *bʰedʰ-s-tā* f. 'Graben' (↗Beste) zurückgeführt, wegen gall. *bedo-* 'Graben' vielleicht eine keltische Bildung, vgl. aber ↗Beste. – Spang, *HG.A.13*, S. 9; Buchmüller/Haubrichs/Spang, *Namenkontinuität*, S. 78f., 120.

Bistensee See z. Sorge (z. Eider) im Naturpark Hüttener Berge (S.-H., D). – 1651 *Bijstensee*, 1781 *Bustensee*; ON. Bistensee (Gem. Ahlenfeld-Bistensee, Kreis Rendsburg-Eckernförde, S.-H.), 1542 *Bystenzee*, 1554 *Bistensehe*. – Kompositum mit dem Grundwort *-see* und dem Gewässernamen (as.) *Bistena* (↗Beste) als Bestimmungswort. – Kvaran, *HG.A.12*, S. 17; Laur, *Schleswig-Holstein*, S. 157.

Bistritz l.z. Oder bei Brieskow-Finkenheerd (Lkr. Oder-Spree, Brandenburg, D), fließt entlang der brandenburgisch-lausitzischen Grenze. – 1316 *in rivulum Bysteritze*, 1433 (Kopie) *bystericz*, 1758 *Büsträne*, 1880 *Bysteriz*. – Apolab. *Bystrica* zu *bystr-* 'schnell, reißend, klar, rein (vom Wasser)'. – Fischer, *BNB 10*, S. 33.

Bittensbach z. Gerhardsgraben (z. Blies z. Saar z. Mosel z. Rhein). – 1630 *Betschbacherthal*; ON. † Bittensbach bei Wörschweiler (Stadt Homburg, Saarpfalz-Kreis, Saarland, D), nach 1180 (Kopie 15. Jh.) *Bittesbach*, 1219 *Bittesbach*, 1225 *Bütinsbach*, 1270 *Byttersbach*. – Ausgangsform (ahd.) *Bittīnesbach* > (mhd.) *Bittenesbach, Bittensbach, Bittesbach*, mundartlich *Betschbach*; Kompositum mit dem Grundwort *-bach* und dem Genitiv des PN. (ahd.) *Bittī(n)* (Gen. *Bittīnes-*) als Bestimmungswort. – Spang, *HG.A.13*, S. 9.

Bizzenbach ↗Pissebach

Blätter- (auch *Blader-, Blarer-, Plader-*) *-pfuhl, -see, -zopf*; Benennung der Gewässer (besonders in Brandenburg, D), weil ihre Oberfläche mit Blättern von Wasserpflanzen bedeckt war. – Fischer, *BNB 10*, S. 14.

Blakesee westlich von Altlandsberg (Lkr. Märkisch-Oderland, Brandenburg, D). – 1683 *Der Blacke See*, 1839 *Blaker S.* – Brandenburg. *black* 'flach, eben', mecklenburg. *black* 'still, unbewegt'; Benennung nach der stillen, unbewegten Oberfläche. – Fischer, *BNB 10*, S. 33.

† Blandbach abgegangener Name des Rankbachs (z. Würm z. Nagold z. Enz z. Neckar z. Rhein). – 12. Jh. (Kopie 16. Jh.) *iuxta fluvium Blanda*, 1398 *an* *der Bach ... Bland*; ON. †Blanda, jetzt Planmühle (Kreis Böblingen, B.-W., D), 1075 (Kopie, Fälschung 1080–91) *Blanda*, 12. Jh. (Kopie) *in villa Blanda, de mol(endino) in Blanda*, 1344 *hoff ze Blande*, 1599 *Plandhof*, 1852 *Plan-Mühle*. – Ausgangsform (ahd.) *Blanda*, Adjektiv feminin zum Verb gm. *bland-a-* '(hinein-)mischen', awn. *blanda* 'Gemisch' (besonders aus Molken und Wasser), ae. *geblond* 'Gewühl, Durcheinander' (besonders von Wasser, Schnee u.ä.); Benennung des Flusses nach einer Stelle, wo das Wasser aufgewirbelt wird. – Schmid, *HG.A.1*, S. 10; Reichardt, *Böblingen*, S. 182f.; Seebold, *starke Verben*, S. 115–117.

Blanke/-n-/-r *-bach, Heller, Hölle, Kiete, Kolk, Kute, Meer, Pfuhl, See, -see, Teich, Wasser*; ahd. *blanc*, mhd., mndd. *blank* 'blank, glänzend, hell', Benennung nach der glänzenden Oberfläche der Gewässer; z.B. Blanken-Bach, r.z. Pleis (z. Sieg z. Rhein), 948 (Kopie 12. Jh.) *blanconbiechi gispringun, blancanbag*. – Fischer, *BNB 10*, S. 34; Faust, *HG.A.4*, S. 8.

Blas-Bach l.z. Dill (z. Lahn z. Rhein). – ON. Blasbach (Stadt Wetzlar, Lahn-Dill-Kreis, Hessen, D), 797 (Kopie 12. Jh.) *Blasbach*, 1150 *de Blasbahc*, 13. Jh. *Blasbach*, 1342 *Blaspach*, 1384 *Blaisbach*. – Ausgangsform (mhd.) **Blas(en)bach*, Kompositum mit dem Grundwort *-bach* und dem Genitiv des PN. (ahd.) *Blaso* (*Blasen-*) als Bestimmungswort. Die im Beleg 1384 *Blaisbach* (lies: Bläsbach) zum Ausdruck kommende Länge des /-a-/ geht auf Eindeutung nach mhd. *blāsen* 'blasen' zurück. – Faust, *HG.A.4*, S. 8.

Blau/-e/-er *Adria, -bach, Flut, Gumpe, Lacke, Pfütze, See, Wasser*; Benennung der Gewässer nach der Farbe mit dem Adjektiv mhd. *blā(w)* 'hellblau' als Bestimmunsgwort, z.B. Blau-Bach, l.z. Kusel-Bach (z. Glan z. Nahe z. Rhein), 1588 *die Blawbach*; ON. Blaubach (Verbandsgem. Kusel, Lkr. Kusel, Rh.-Pf., D), /blääbach, bloobach/, 1436 *Blaubach*, 1460 *Blawbach*, 1570/71 *Blaibach*, 1588 *Blaubach*. – Greule, *HG.A.15*, S. 15; Dolch/Greule, *Pfalz*, S. 68.

Blau, die l.z. Donau, entsteht aus dem Blautopf, einer Karstquelle, in Blaubeuren (Alb-Donau-Kreis, B.-W., D). – 14. Jh. *Blawe, Blaw, Plau*; ON. Blaubeuren, 1095 *de Buirron*, 1175–78 (Kop. 13./14. Jh.) *Blabivron*, 1267 *in Blabúrrvn*, 1288 *Blabrron*, 1303 *Blaburn*, 1447 (Kop. 16. Jh.) *Blaubeuren*. – Grundform ahd. Adj.**Blāwa* f. (gm. **blē¹wa-*) 'die Blaue', Benennung nach der Farbe des Wassers (im Blautopf?), ↗Blaubach ↗Blögge; Blaubeuren ist Kompositum mit dem Grundwort im Dat. Pl. (mhd.) *(ze) biuren* und dem Flussnamen *Blau* als Bestimmungswort: 'bei den kleinen Häusern an der Blau'. – Reichardt, *Alb-Donau-Kreis*, S. 56–58.

Blaubach r.z. Brettach (z. Jagst z. Neckar z. Rhein). – 1. Hälfte 15. Jh. *an der Ploach, an der Plobach*; ON. Blaubach (Gem. Blaufelden, Lkr. Schwäbisch Hall, B.-W., D), 1262 *de Blawach*, 1300 *de Blaach*, 1311, 1347, 1360, 1361 *von Bloach*, 1362 *Ploach*, 1372 *de Blaach*; ON. Blaufelden, 1175 *de Blauelden*, 1300 *Blavelden*, 1354 *Blovelden*, 1355, 1367 *Plavelden*, 1362 *Plafelden*, 1363 *Bloefelden*, 1364 *Blofelden*, 1367 *Blofelde*, 1. Hälfte 15. Jh. *Blowfelden, von Blofelden*. – Grundform FlN. (ahd.) **Blāwaha* f.> mhd. **Blāwach* (mit Ausfall des /-w-/) > fnhd. **Blāach*, mda. **Blōach*, später mit erneuertem Grundwort **Blōbach/ Blaubach*, Kompositum mit dem ahd. Grundwort *aha* 'Fließgewässer' und ahd. *blāw-* f. 'blau' ↗Blau ↗Blögge. ON. Blaufelden 'zu den Feldern am Blaubach' wahrscheinlich Klammerform (ahd.) **Blāw(aha)felden*. Parallelname: 1184–89 *riuum ... Blawach*, 1250 *fluuium ... Blawach, riuum Blǣwach*, umgedeutet (nach mhd. *wāc* 'Wasser, Flut, Meer, See, Fluss, Strom'↗Waag und ahd. *wang* 'Feld'): nach 1176 *ripam ... Blawac*, 1183, 1192 *Blewac*, 1258 *riwlum ... Blǣwang*, 1263 *Blawang*, 13. Jh. *ripam Blǣwanc*, alter Name des Schwarzengrabens (z. Stefansfelder Kanal z. Uhldinger Aach z. Bodensee). – Schmid, *HG.A.1*, S. 10f.; Geiger, *HG.A.2*, S. 14f.

Bledesbach r.z. Kusel-Bach (z. Glan z. Nahe z. Rhein). – ON. Bledesbach (Stadt Kusel, Lkr. Kusel, Rh.-Pf., D), /blidᵉsbach/, 1436 *Bledeßbach*, 1456 *Bledersbach*, 1458 *Bledetzbach*, 1460 *Bledeßbach*, 1480 *Bledisbach*, 1546 *Bledesbach*. – Kompositum mit dem Grundwort *-bach* und dem Genitiv des PN. *Bleder* (*Bleders-*) als Bestimmungswort. – Greule, *HG.A.15*, S. 15; Dolch/Greule, *Pfalz*, S. 68.

Blees, die l.z. Sauer/Sûre (z. Mosel z. Rhein) in Luxemburg, mündet in Bleesbrück (Kanton Diekirch, Ardennes, Lux.). – (805–806, Kopie ca. 1222) *Blinsa*, – Ausgangsform vielleicht **Blin(d)sa* < (gm.) **Blendsō* f., *s*-Ableitung von gm. **blenda-* 'blind', auf Gewässer bezogen 'dunkel(farbig), undurchsichtig'.

Blei- *-kuhle, -pfuhl, -see, -zug*; Gewässer in Brandenburg (D), Bestimmungswort: brandenburg. *Blei* m. 'ein Karpfenfisch' (auch Brassen). – Fischer, *BNB 10*, S. 35.

Bleich- *-bach, -graben, -loch, -pfuhl, -see*; zu nhd. *bleichen* 'Wäsche (durch Besprengen mit Wasser) bleichen'. – Fischer, *BNB 10*, S. 35.

Bleiche, die r.z. Elz (z. Rhein) mit r. Zufluss Bleichbach. – 1155 *ad fluvium Bleichaha*, 1337, 1357, 1447 *uf der Bleicha*, 1366 *nidwendig der Bleichache*, 1386 *vff die Bleicha*, 15. Jh. *uff der Bleicha*, 1402 *Bleichach*; ON. Bleichheim (Stadt Herbolzheim, Lkr. Emmendingen, B.-W., D), 1301 *ze Bleika*, 1317, 1335 *Bleicha*, 1346, 1353, 1357 *Bleichach*, 1358, 1422 *Bleichen*. – Grundform ahd. *Bleichaha*, Kompositum mit dem Grundwort ahd. *-aha* 'fließendes Wasser' und dem Adj. ahd. *bleih*, mhd. *bleich* 'blass, hell, weiß, fahl, trübe' als Bestimmungswort; Benennung nach der natürlichen Färbung des (trüben) Wassers. Das Grundwort (mhd. *-ach*) verstummt als Folge der Dissimilation /-eichach/; im Ortsnamen wurde *-heim* in Analogie zu anderen *-heim*-Namen hyperkorrekt aus der Form *Bleiche* ergänzt. – Geiger, HG.A.2, S. 15.

Bleichenbach

– ¹Bleichenbach, r.z. Rott (z. Inn z. Donau). – Ca. 1563 *Plaicknpach*, 1844 *Blaichenbach*; ON. Bleichenbach (Gem. Bad Birnbach, Lkr. Rottal-Inn, Bayern, D), 1110–30 *de Plaichinpach*, 1130–47 *Pleichenpahc*, 12. Jh. *Pleichenpach*. – Dotter/Dotter, HG.A.14, S. 48.
– ²Bleichenbach, l.z. Nidder (z. Nidda z. Main z. Rhein). – 12. Jh. *ze der Bleichinbach*, 1489 *die bleichenbecher bach*, 1511 *vff diu Blichenbach*, 1540 *bisz vff die Bleichenbach*; ON. Bleichenbach (Stadt Ortenberg, Wetteraukreis, Hessen, D), 1191 *Bleichenbach*, 1226 *de Bleichinbach*, 1258 *Blechinbach*, 1393 *Bleichenbach*. – Sperber, HG.A.7, S. 16 f.
Ausgangsform (ahd., mhd.) (*zi demo*) *bleichen bache*. 'am bleichen Bach'.

Bleischbach

r.z. Betzelbach (z. Oster z. Blies z. Saar z. Mosel z. Rhein) bei Grügelborn (Gem. Freisen, Lkr. St. Wendel, Saarland, D). – ON. † Bleischbach, 1567 *Bleiszbach*, 1585–88 *Pleißbach*, 1784 *Bleischbacher Mühle*. – Etymologie vielleicht wie ↗ Pleis-Bach. – Spang, HG.A.13, S. 10.

Bletterbach

r.z. Schwarzenbach (z. Etsch) bei Aldein (Südtirol, Prov. Bozen, I.). – /pletᵉrpåch/, um 1770 *Bletter Ba.*, 1775 *Platterbach*, um 1845 *Blätterbach*; ON. Blettermühle, Bletterbachschlucht. – Das Bestimmungswort *Bletter-* ist die mundartliche Pluralform von *Blatt* (mhd. *bleter*); benannt nach den blattförmigen Gesteinsschichten in der Bletterbachschlucht. – Kühebacher, *Ortsnamen 2*, S. 38.

Bliebke, die

(auch *Bliebkesgraben*), l.z. Schledde (z. Rosenau z. Ahse z. Lippe z. Rhein) bei Soest, NRW, D). – 1350 *rivum … Blibeke*, 1436 *up der Blibeke*, 1450 *bii der luttiken Bligbeke*, 1659 *uf die Bliebeke*, 1699 *an der Bliebke*. – Grundform (mndd.) *Blī-beke*, Kompositum mit dem Grundwort *-beke* 'Bach' und as. *blī* 'Farbe, gefärbt' (?). – Schmidt, HG.A.6, S. 8.

Blies, die

r.z. Saar, entspringt im Nordosten des Saarlandes (D) und mündet nach 100km in der Stadt Saargemünd, frz. Sarreguemines (F), in die Saar. Die Blies fließt im Ober- und Unterlauf durch enge, im Mittellauf durch breite Täler, in denen sie mäandriert. – /bli:s/, 782 (Fälschung Mitte 9. Jh.) *fluvium Blesa*, 796 (Kopie 15. Jh.) *apud flumen Blesa*, ca. 800 (Kopie 13. Jh.) *Bleza*, 1196 *ad rivvulum … Blicse* (lies: *Bliese*), 1343 *Bliese*, usw.; GegendN. Bliesgau, ca. 742 (verfälscht Anfang 9. Jh.) *in pago Blesinse*, 796 (Kopie 1430) *in pago Blesensi*, usw., 862 (Kopie 862–865) *in pago Bliasahgouue*; ON. Bliesen (Lkr. St. Wendel, Saarland, D), 10. Jh. *in villa Bliasa*. Der Flussname stellt in mehreren Ortsnamen entlang der Blies das Bestimmungswort von teils erst neuzeitlich gebildeten Zusammensetzungen: Bliesbruck, Bliesdalheim, Blies-Ebersing, Blies-Guerviller, Blieskastel, Bliesmengen-Bolchen, Bliesransbach, Blies-Schweyen. – Blies wird auf vorgm. (rom.) *$Blesa$ (< kelt. *$Bl\bar{e}s\bar{a}$) zurückgeführt. Das vorgm. /e/ wurde ins Althochdeutsche als gm. /ē²/ > ahd. /ia/ übernommen, mit der weiteren Entwicklung über mhd. *Bliese* nach Monophthongierung und Apokope zu /bli:s/. Genaue Parallelnamen gibt es in Frankreich im Departement Haute-Marne (*la Blaise*, 1050–1052 *aquam Blesa*) und im Departement Eure-et-Loire (*la Blaise*, 1024 *Blesis*). Eine weitere Parallele zum FlN. *$Bl\bar{e}s\bar{a}$ stellt das vorrom. alpine Reliktwort *$bl\bar{e}se$ 'steile Grashalde' u.Ä. (räto-rom. *blaisch, blais, bleisa*, alem. *blīs*, bair. *plais*) dar. Die verschiedenen Versuche, den vermutlich keltischen Namen bzw. das Appellativ etymologisch zu deuten, überzeugen noch nicht. Möglich ist es, *$bl\bar{e}sa$ aus vorkelt. *$b^hleis\bar{a}$ ('Schwellung'?) herzuleiten und dieses Nomen als *s*-Ableitung von einem iterativ-intensiven Verb-Stamm ig. *b^hlei- zu erklären, der seinerseits von urig. *b^helH- 'aufblasen, aufschwellen, sprudeln' (↗ Bölle) abgeleitet sein könnte und 'immer wieder anschwellen' bedeutete (vgl. norw. dial. *bleime*, aschw. *blēma* 'Hautbläschen' < gm. *$blai$-*m*-, gr. *éphliden* 'zerfloss' < ig. *b^hli-*d*-). Die Ausgangsbedeutung von *$bl\bar{e}sa$ kann sich in Anbetracht dieses Etymologie-Versuchs sowohl auf das anschwellende Wasser als auch auf das den Fluss umgebende (steile) Gelände (vgl. kymr. *bâl* f. 'Erhöhung, Berggipfel' < vorkelt. *$b^h{_*}l$-ā) bezogen haben. – Spang, HG.A.13, S. 10 f.; Buchmüller/Haubrichs/Spang, *Namenkontinuität*, S. 46, 74, 79; Puhl, *Gaue*, S. 118–120; Lebel, *Principes*, S. 175, 334; Gabriel, *Sprachgrenze*, S. 244 f.; Pfister, LEI, vol. VI, Sp. 290 f.; Pokorny, IEW, S. 120, 156; Rix, LIV, S. 88.

Blind-/-e/-en/-er

-bach, *-graben*, *-pfuhl*, *-see*, *-zopf*; als *blind* werden trübe, zuwachsende Gewässer bezeichnet. – Fischer, BNB 10, S. 35.

† Blockentin

See in der Uckermark, wahrscheinlich der Haussee nordöstlich von Himmelpfort (Stadt Fürstenberg/Havel, Lkr. Oberhavel, Brandenburg, D). – 1299 (Kopie) *Blokenthien*, 1574 *Blockentin* (keine weiteren Belege). – Wahrscheinlich von einem slaw. PN. gebildet. – Wauer, *HG.A.17*, S. 11, 59; Fischer, *BNB 10*, S. 35f.

Blögge, die r.z. Soest-Bach (z. Ahse z. Lippe z. Rhein) nördlich von Schwefe (Gem. Welver, Lkr. Soest, NRW, D). – 1266 *rivum ... Blewe*; FlurN. (Soest) 1685 *an der Blöggen*. – Grundform (as.) **Blāwja* f., *-j*-Ableitung von (as.) *blā(w)-* 'blau', Benennung nach der Farbe des Wassers, ↗Blau ↗Blaubach. – Schmidt, *HG.A.6*, S. 8; Schmidt, *Wupper und Lippe*, S. 22.

Blote ↗Plothenbach.

Blühnbach l.z. Salzach (z. Inn z. Donau). – 1332 *Plümbach*, 14. Jh. *an dem plúmpach, in plúnpach*, 1540 (Kopie 18. Jh.) *Plienpach*, 1570 *In Pleunbach*, 1862 *Blienbach*; GegendN. Blühnbachtal (Pongau, Salzburg, A), ON. Schloß Blühnbach bei Werfen (Pongau). – Grundform (mhd.) **Blüendbach*? Ursprünglich Klammerform **Blüend(tal)bach*? Kompositum mit dem Partizip Präsens des Verbs mhd. *blüen* 'blühen'. Die Lautfolge /-ndb-/ wird teilweise zu /-mb-/ erleichtert; in den Belegen 1540 (Kopie 18. Jh.) und 1862 *Blienbach* liegt die entrundete Mundartform /blienbach/ vor. – Straberger, *HG.A.9*, S. 12.

Bober, der poln. *Bóbr*, l.z. Oder, entspringt an der Boberlehne (CZ), bildet die Ostgrenze der Niederlausitz, mündet in Crossen an der Oder/Krosno Odrzańskie (Woiwodschaft Lebus, PL). – Zum Jahr 1005 *Pober* (Thiemar von Merseburg), ON. Bobersberg, poln. Bobrowice (Woiwodschaft Lebus), 1374 *in Bobirspergk*, 1387 *zum Babirsberge* (und weitere Belege), 1497 *Bobersberg*. – Grundform slaw. **Bobr-j-*? Ableitung mit *j*-Suffix von slaw. **bobrъ* 'Biber'. Ungewöhnlich wäre die suffixlose Identifikation des Flussnamens mit dem Appellativ **bobrъ* 'Biber'. – Eichler/Zschieschang, *Niederlausitz*, S. 75, 108.

Boberkin Kleines ~, See bei Frankfurt/Oder (Brandenburg, D). – 1516 *das kleyne boberkin* (einziger Beleg). – Mit Diminutiv-Suffix *-ken* versehener apolab./asorb. GwN. **Bobr-(ov-)*, abgeleitet von **bobr* 'Biber'. – Fischer, *BNB 10*, S. 36.

Boberow-See, Boberower See in Brandenburg (D), Etymologie wie ↗Baberowsee. – Wauer, *HG.A.17*, S. 37; Fischer, *BNB 10*, S. 11.

Bock-/Buck-/-s- *-bach, -graben, -pfuhl, -see*; Bestimmungswort: *Bock* m. (brandenburg. *Buck*) 'männliches Tier, besonders Schafbock, Ziegenbock'. – Fischer, *BNB 10*, S. 37

Bocken-Bach r.z. Littfeld-Bach (z. Ferndorf-Bach z. Sieg z. Rhein) bei Eichen (Stadt Kreuztal, Lkr. Siegen-Wittgenstein, NRW, D). – ON. Bockenbach (Stadt Kreuztal), um 1300, 1463, 1560 *Buckenbach*, 15. Jh. *Buckenbach*, 1461 *Bockenbach*, 1482 *van Bockenbich*, 1566 *Bockenbach*. – Ausgangsform **Buckendbach* (?), mit dem Partizip Präsens des Verbs mndd. *bukken* 'bücken' (Intensivum zu *biegen*) als Bestimmungswort: 'Bach mit starker Biegung'. – Faust, *HG.A.4*, S. 8.

Bode, die
– ¹Bode, l.z. Thüringischen Saale (z. Elbe), entspringt aus mehreren Quellflüssen (darunter *Kalte ~, Warme ~*) am Brocken (Harz), mündet bei Nienburg (Salzlandkreis, S.-A., D), Nebenflüsse: Rappbode, r.z. Bode bei Wendefurth (Stadt Thale, Lkr. Harz, S.-A.), Luppbode, r.z. Bode gegenüber von Treseburg (Stadt Thale). – (968) *inter fluuios ... et bodam*, 979, 980 *Boda*, 983 (Kopie) *in ripis fluminum ... Bode*, 994 *usque Badam*, (um 1012) *inter ... et Badam*, 1134 *ex altera parte Bode*, 1205 *iuxta Bodam*, 1334 *over der Bode*; Rappbode, 1209 *Ratbode* (Bestimmungswort ahd. *rado* Adv. 'schnell, gewandt' oder gm. **wrat-* ↗Retz-Bach); Luppbode (< **Lut-bode*, Bestimmungswort as. *lūt/lut* 'wenig' oder as. *hlūd* 'laut'); ON. Bodfeld, Wüstung bei Elbingerode (Stadt Oberharz am Brocken, Lkr. Harz), ehemals Königshof, 936 *in Bodfeldon*, 1009 *Badfeldun*. – Grundform ahd./as. **Bōda*; akzeptabel ist die Deutung als gm. **BauÞō* f. in der Bedeutung 'die Taube'. Allerdings wird das Adjektiv *bauÞs* in der gotischen Bibelübersetzung auch auf das geschmacklose Salz bezogen. Die Bode könnte demnach auch nach dem auffälligen Geschmack des Wassers benannt worden sein. – Borchers, *HG. A. Supplement*, S. 10; Ulbricht, *Saale*, S. 200f.
– ²Bode, l.z. Wipper (z. Unstrut z. Thür. Saale z. Elbe), entspringt im Ohmgebirge, mündet bei Bleicherode. – 749 *Bada*, ON. Großbodungen (Lkr. Eichsfeld, Thüringen, D), ON. Kleinbodungen (Lkr. Nordhausen, Thüringen), 9. Jh. *Padungen, Badungen*, 1205 (Fälschung?) *de Badingen*, 1209 *de Bodungen*, 1209 *de Bodungen*. – Trotz unsicherer Beleglage dürfte ²Bode nicht von ¹Bode übertragen sein, sondern geht vielleicht auf (ahd.) *Bada* f. zurück. Der Name könnte mit gm. **baÞa-* (awn. *bað* 'Dampfbad', as. *bath*, ae. *bæÞ*, ahd. *bad* 'Bad') zusammenhängen, einer Ableitung von der Schwundstufe des Verbstamms gm. **bē¹-* 'wärmen' (ahd. *bāen* 'bäen, durch Umschläge wärmen') mit der Grundbedeutung 'gewärmt, warm'. Gm. **baÞa-* ist ein Synonym zu gm. **warma-* (↗Warme) und ein Antonym zu gm. **kalda-* 'kalt' (↗Kalde ↗Kahl). Die Etymologie setzt voraus, dass die ²Bode vergleichsweise warmes Wasser führt. Neben einer *r*-Ableitung (↗Badraer Bach) scheint auch eine *n*-Ableitung von gm. **baÞa-* als

Flussname (ahd. *Badana) existiert zu haben, und zwar im GauN. 820 Badanachgaouui, 822 Baddenagaugia (Kopie 13. Jh. Badengeu), 837 Badanagaui, Pagus um Ochsenfurt (Lkr. Würzburg, Bayern). – Bach, Namenkunde 1, S. 183; Udolph, Germanenproblem, S. 155; Rix, LIV, S. 67f.; Menke, Namengut, S. 192.

Boden-/Bodden- -bach, -graben, -kolk, -pfuhl, -see, -weiherbach, -wiesengraben; Bestimmungswort Boden m. (brandenburg. Bodden) 'Erdboden' (brandenburg. Bodden auch 'Fischerboot ohne eingebauten Fischkasten'), Name für Gewässer auf dem Ackerland. – Fischer, BNB 10, S. 37.

Bodensee zusammenfassender Name für die Gewässereinheiten Obersee (mit Überlinger See) zwischen Bregenz (A) und Bodman-Ludwigshafen (D) und Untersee, die durch den Seerhein (bei Konstanz, D) verbunden sind; der Untersee bildet zum Teil die Grenze zwischen Deutschland und der Schweiz. – 840 in lacum potamicum, 890 (Kopie) ad lacum Podamicum, 902, 905 prope lacum Potamicum, 1087 ad lacum Bodinse, ad Bodemse, um 1150 zů dem Bodensee (zahlreiche weitere Belege); ON. Bodman (Gem. Bodman-Ludwigshafen, Lkr. Konstanz, B.-W.), alemannischer Herzogssitz, fränkische Königspfalz und Münzstätte, 496/506 (Kopie 13./14. Jh. nach Kopie um 700) Bodungo (lies Bodumo), 839 Bodomo, 887 Podoma, 1167 Bodimin, 1222 Bodemen, 1256 Bodem (zahlreiche weitere Belege); Gegendname Bodanrück, Höhenzug zwischen Überlinger See und Untersee (Lkr. Konstanz), „Bergrücken bei Bodman". – Ausgangsform ahd. *Bodamsē bzw. (mit Lautverschiebung) *Potamsē 'See, an dem Bodman liegt', latinisiert lacus Potamicus. Das Bestimmungswort des Kompositums ist der ON. ahd. Bodomo (Gen. Bodemen), der sich als Name von ahd. bodam stM. 'Boden, Erdboden, Grundfläche' durch die schwache Flexion unterscheidet und die Bedeutung 'tief gelegener Siedlungsplatz' gehabt haben kann. Die Benennung nach der Königspfalz Bodomo verdrängte alle anderen seit der Römerzeit für Teile des Bodensees bezeugten Namen (z.B. lacus Brigantinus ↗ Bregenzer Ache). – Geiger, HG.A.2, S. 15–17; Nyffenegger/Bandle, Thurgau 2, S. 288f.; Beck, Bodman.

Böhme, die r.z. Aller (z. Weser), entspringt im Pietzmoor (Lüneburger Heide, D), fließt durch Soltau und Bad Fallingbostel (Lkr. Soltau-Fallingbostel, Niedersachsen) sowie zwischen Dorfmark und Walsrode durch ein enges Tal, mündet unterhalb Böhme. – 1362 (Kopie) van der bomen, de bomen, 1412 (Kopie) up der bomene, an de bomene, 1413 (Kopie) up der bomene, bij der bomene, 1491 (Kopie) by beyden overn der Bomene, 1661 über dem Böhmefluss, die Böhme … hinauf, in die Böhme, an die Böhme; ON. Böhme (Gem., Lkr. Soltau-Fallingbostel), (1330–1352) (Handschrift 15. Jh.) tor bomene, 1360 tor bomene, to der bomene, (1368) (Handschrift 14. Jh.) houe tor bomene, 1412 (Kopie 15. Jh.) in deme dorpe to der bomene, 1413 (Kopie 15. Jh.) up der bomene, to der bomene, 1417 to der Bomen; ON. Bömme südwestlich von Jettebruch (Stadt Bad Fallingbostel), 1438 Tor Bomen, 1778 Böhmhoff; MühlenN. 1438 tor Bomenen Molen. – Grundform, FlN. mndd. *Bömene < *Bömmene (?) < (as.) *Budmina, Ableitung mit Suffix -ana-/-ina- von gm. *budma- m. (as. bothom 'Boden, Tiefe, Abgrund', ahd. bodam ↗ Bodensee); der Name bezieht sich auf das enge Tal, das die Böhme im Mittellauf durchfließt; Parallelname: Bommenee, früher Insel, jetzt Dorf (Zeeland, NL), 1165 insulam Bomnę, 1189 (Kopie) Bomna, 1197–1212 Bomma. – Borchers, HG.A.18, S. 19; Künzel/Blok/Verhoeff, Lexicon, S. 94.

Bölle, die l.z. Leine in Hollenstedt (Stadt Northeim, Niedersachsen, D). – 1437 water de bolle, 1564 uff die Bollen, 1570 an der Bölle, 1575 vber die Bollen, 1596 an der Leine und Böllen; FlurN. 1408 vor dem bolenberge, 1570 daß Böllen Veldt, Böllenkamp, 1596 an den Böllenberg, 1632 bey der Böllendrifft, 1859 Böllenanger. – Wegen der spät einsetzenden Überlieferung ist die Deutung unsicher. Einerseits wird eine Grundform vorgm. *Bolja, j-Ableitung von dem ig. Wasserwort *bʰolH-[ā 'aufschwellendes, sprudelndes Wasser', vorgeschlagen (↗ Pöls); dann ist Bölle identisch mit Bolia, Name eines pannonischen Flusses (erwähnt bei Jordanes, Getica). Anderseits können die historischen Namensformen auch auf gm. *Bul(g)jō(-n-) (mit Senkung des /u/ zu /o/ und Umlaut /ö/) zurückgeführt werden. Teilweise wird der Name schwach flektiert. Der Flussname Bölle ist dann identisch mit mndd., mhd. bulge 'Welle', awn. bylja 'Woge' < *bulgjōn f.; seine Entwicklung stand vielleicht unter dem Einfluss von mhd. büllen 'bellen' (< *buljan). – Kettner, Leine, S. 30f; Anreiter, vorrömische Namen, S. 223f.; Seebold, starke Verben, S. 99; Pokorny, IEW, S. 120–122; Ekwall, ERN, S. 25f.; Gysseling, Woordenboek, S. 118, 724; Orel, Handbook, S. 62.

Böllenbach (auch Böllener Bächle), r.z. Wiese (z. Rhein). – 1352 bi der Belna, 1374 gegen der Belna; l. Nebenfluss Wildböllenbach, 1352, 1374, 1488 in der wilden Belna; ON. Böllen (Lkr. Lörrach, B.-W., D), 1352 in Belna inferiori, in Belna superiori, 1374 ze nidern Belna, ze obern Belna, ca. 1400 in Belnen, Belnen uß, 1488 Nider, Ober Belna; FlurN. Böllen, Böllemereck. – Grundform FlN. (ahd.) *Belnaha, älter (kelt.) *Belena, in der Komposition verkürzt zu (mhd.) *Belne, assimiliert > Belle, Bellen, mit Rundung des /e/ nach Labial > Böllen. Parallelnamen:

†Belnau, Zufluss des Neumagens, l.z. Möhlin (z. Rhein) und TalN. (unsichere Lokalisierung), 902 (Fälschung, Insert 2. Hälfte 13. Jh.) *Belnowa*, 1144 *vallem ... Bellinowa*, 1185 *vallem ... Belnowa*, ahd. **Beln-ouwe*; frz. FlNN. wie *Beaune, Baulne, Beuno* (< **Belena, *Belenos*). Dem keltischen Adjektiv **belenos/-ā* wird, weil es auch als GötterN. (Apollo) *Belenos* belegt ist, die Bedeutung 'glänzend' zugewiesen (zu urig. **bʰelH-* 'glänzend, weiß'). Böllenbach und †Belnau, die zum Belchenmassiv (Schwarzwald) gehören, sind mit dem BN. *Belchen* (↗Belchenbach) verwandt. – Geiger, *HG.A.2*, S. 17; Greule, *Oberrhein*, S. 179–182.

Böse/-n/-r -bach, -fluss, -graben. Mit *böse* (mhd. *bœse*, ahd. *bōsi* 'böse, gering, schlecht') werden Gewässer charakterisiert, die durch die Heftigkeit ihres Wasserlaufs der Umgebung Schaden zufügen. – Ulbricht, *Saale*, S. 211, 247.

Bogenbach l.z. Donau. – /bōŋ/, 1579 *an der Pogn gelegen*; ON. Bogen, Stadt (Lkr. Straubing-Bogen, Bayern, D), um 790 (Kopie 1254) *In uilla Pogana, uineas ... ad Bogana*, 864 *Bogana*; ON. Inderbogen (Gem. Neukirchen, Lkr. Straubing-Bogen), 1274 *In der Pogen*; ON. Bogenwies; ON. Mühlbogen, 1538 *Mŭlenpogn*. – Die Grundform ahd. *Bogana* erlaubt zwei Deutungen. Die Erklärung als (wohl keltische) Bildung **Bognā* (mit -n-Suffix abgeleitet von vorkelt./ig. **bʰog-* 'fließendes Wasser' (ebenso **bʰoglā* > mir. *búal* 'fließendes Wasser', **bʰogro-* > mir. *búar* 'Durchfall') hängt davon ab, ob man akzeptiert, dass vorgm. /o/ hier nicht durch gm. /a/ substituiert wurde. Lehnt man dies ab, dann bietet sich eine Erklärung aus dem Althochdeutschen an: Ahd. *Bogana* ist das (präfixlose) Partizip des Praeteritums feminin zum Verbum ahd. *biogan* 'biegen' und bedeutet 'die Gebogene'. Denkbar ist auch, dass der vorgermanische, unverstandene Name **Bognā* in germanischer Zeit in Übereinstimmung mit den geographischen Gegebenheiten durch das Verb *biogan* resemantisiert wurde. – Prinz, *Regensburg*, S. 158–164.

Bogensee zwischen Wandlitz, Prenden und Klosterfelde (Brandenburg, D), 15 km nördlich von Berlin. – 1598 *den Bogen*, 1668 *die Boegensehe*, 1844 *Der Bogen See*; WaldgebietsN. Bogenheide, 1740 *aufm Bogen*. – Etymologie ↗Baasee. – Fischer, *BNB 10*, S. 37.

Bogler Bach z. Hasen-Bach (r.z. Rhein). – 1361 *in Boycheler bach*; ON. Bogel (Gem. Rhein-Lahn-Kreis, Rh.-Pf., D), 893 *de bachele*, 1138 *Bachelo*, ca. 1260 *Bachile*, 1293 *Bokele*, 1356, 1404, 1453 *Bachel*, 1429 *Bochel*, 1449 *Baichel*, 1455 *Baechel*. – Grundform ON. ahd. **Bachala* < (gm.) **Bakalō*, Ableitung mit dem Suffix *-ala-* von gm. **bak(i)-* 'Bach'. Parallelnamen: ON. Becheln (Rhein-Lahn-Kreis), 1255 *Bechiln* (< gm. **Bakilō*); ON. Bakel, (Gem. Gemert-Bakel, Nordbrabant, NL), 1335 *de Bakele*. – Faust, *HG.A.4*, S. 9; Bach, *Taunusgebiet*, S. 92; Gysseling, *Woordenboek*, S. 95.

Boiterbach (auch *Beiderbach, Beiderwiesbach*), r.z. Inn (z. Donau) bei Passau (Bayern, D). – 1067 (Kopie 13. Jh.) *in ripa ... Peutra*, 1144 *in rivulo ... Poutera*, 1253 *Boytra*, um 1342 *in der Pewter*, ca. 1563 *a rivo Boiter*. – Übertragung des Namens der römerzeitlichen und spätrömischen Siedlung *Boióduron* (Ptolemaios) (Passau), der sich über **Boiodro* und **Boidra* zu abair. **Poitra/Peutra* entwickelte, auf den Fluss, in dessen Mündungsgebiet das Kleinkastell *Boiotro*, heute Museum, lag. Durch mundartliche Entrundung und Konsonantenschwächung entstand *Beider*; die offizielle Namensform *Boiterbach* greift die historische Schreibweise auf. – Dotter/Dotter, *HG.A.14*, S. 48 f.; Kully, *duron-Namen*, S. 65.

Boize, die r.z. Sude (z. Elbe), entspringt im Osten von Schleswig-Holstein (D), mündet in Boizenburg/Elbe. – 1591 *die Boitze*, 1704 *den Beutzestrohm*, 1762 *die Boitze*; ON. Boizenburg/Elbe (Lkr. Ludwigslust, M.-V.), 1158 *in Boyceneburg*. – Grundform FlN. (mndd.) **Boicene* < (gm.) **Bōkina* 'Buchenbach' (↗Buch) oder apolab. **Byčina* 'Stierbach'? – Laur, *Schleswig-Holstein*, S. 165 f.

Bollenbach
– ¹Bollenbach, r.z. Kinzig (z. Rhein). – ON. Bollenbach mit ON. †Welschbollenbach (Stadt Haslach in Kinzigtal, Ortenaukreis, B.-W., D), 14., 15. Jh. *Bollenbach*, 1437 *in dem Welschen Bollenbach*. – Geiger, *HG.A.2*, S. 17.
– ²Bollenbach, r.z. Nahe (z. Rhein). – ON. Nahbollenbach, Mittel ~, Kirchen ~ (Stadt Idar-Oberstein, Lkr. Birkenfeld, Rh.-Pf., D), ON. Bollenbach im Hunsrück (Verbandsgem. Rhaunen, Lkr. Birkenfeld), 1128 (Kopie 14. Jh.) *Bollenbach*, 1148 (Vidimus 1268) *Bollenbach*, 1297 *Bullenbach*, 1460, 1515 *Bollenbach*. – Greule, *HG.A.15*, S. 16.
Kompositum mit dem Grundwort *-bach* und mhd. *bol(l-)* m., *bolle* f. 'kugelige, rundliche Anhöhe' als Bestimmungswort; beide Flüsse fließen in Gebirgen.

Bollertsbach (auch *Rehbach*), l.z. Rehbach (z. Ahle z. Schwülme z. Weser). – 1587 *die Boller bach*, 1591 *die Bollerbache*, 1771 *Der Bollerbach*. – Kompositum mit dem Grundwort *-bach* und dem Schallverb *bullern/bollern* als Bestimmungswort. – Kramer, *HG.A.10*, S. 8.

Bombach r.z. Schwarzengraben (z. Stadtbach z. Weschnitz z. Rhein) bei Heppenheim/Bergstraße (Hessen, D). – 12. Jh. *ultra Bamebach* (lies *Banne-*

bach?), *ultra Bantbach* (lies *Banebach*?), *ad Banbach*, 1460 (Kopie 1623) *an der Wambach*, 1479 *in der Bampach*, 1517 *in der Bompach*, 1528 (Kopie 1567–1608) *in der Bampach*, 1617 *Baumbach*, 1703 *Bonbach*. – Kompositum mit dem Grundwort -*bach* und mhd. *ban* stM. (< gm. **banna-*) 'Bann', ↗ Banfe. – Geiger, *HG.A.*2, S. 18; Ramge, *Flurnamenbuch*, S. 243.

Borbach l.z. Ennepetalsperre (z. Ennepe z. Ruhr z. Rhein). – 1773 *auf der Borbach*; ON. Borbeck (Radevormwalde, Oberbergischer Kreis, NRW, D), 1353 *de Borbeke*, 1369 *de Borbicke*. – Kompositum mit Grundwort mndd. -*beke* 'Bach', Bestimmungswort unklar, vielleicht as. *būr* 'Gemach, Wohnsitz', ahd. *būr* 'Haus', ↗ Bauer-Bach. – Schmidt, *HG.A.*6, S. 9; Barth, *Sieg und Ruhr*, S. 127.

Borbeck (auch *Peperbecke, Burgbach*), l.z. Ruhr (z. Rhein), fließt an der Altenburg (Essen, NRW, D) vorbei. – 801 *a riuulo ... burgbeki*; ON. 1301 *olde Borbecksgut*, 1365 *in der Borbeke*, 1437 *in der Borbeicke*, 1480 *in der Borbeck*, 1483 *die olde Borbeke*, 1515 *De olde Borbeck*. – Ausgangsform FlN. as. **Burgbeki*, Kompositum mit dem Grundwort as. -*beki* 'Bach' und as. *burg* f. '(befestigte) Stadt, Ortschaft', mndd. *borch*. – Schmidt, *HG.A.*6, S. 9.

Borbecker Mühlbach l.z. Emscher (z. Rhein). – ON. Borbeck, Bergeborbeck (Stadtteile von Essen, NRW, D), 10. Jh. *van Borthbeke*, 12. Jh. *in Bordbeke*, 1272 *in Bortbike*, 1288 *Borbeck*, 1372 *burg Borbecke*, 1378 *to Borbeke*, 15. Jh. *Bortbeke*, 1519 *Borbeicke*. – Grundform FlN. (as.) **Bordbeki*, Kompositum mit dem Grundwort as. -*beki* 'Bach' und as. *bord*, ahd. *bort* 'Rand', auch 'Uferböschung, begrenzender Abhang' als Bestimmungswort. – Schmidt, *HG.A.*6, S. 9.

Borbeke (im Oberlauf auch *Heimbeck*), r.z. Riehe (z. Lamme z. Innerste z. Leine z. Aller z. Weser), westlich von Bodenburg (Bad Salzdetfurth, Lkr. Hildesheim, Niedersachsen, D). – 1578 *in den Burgbeck, Burchbeck, Burchbach*, 1680 *der Borbeck*, 1782 *Borbeke*. – Kompositum mit dem Grundwort mndd. -*beke* 'Bach' und mndd. *borch* 'Burg, Schloss' als Bestimmungswort. – Kettner, *HG.A.*8, S. 11; Kettner, *Leine*, S. 32.

Borg- -*beeke, -meer, -see, (-wall)-see, -watering* ↗ Burg-.

Born/-e/-er -*bach, -beck/-bek, -floß/-flus/-fluß, -graben, -pfuhl, -riehe, -see, -siek, -siepen, -teich, -thal*; mndd. *born, borne* m. 'Quelle, Bach, Brunnen, frisches Wasser', as. *brunno* 'Brunnen, Quellwasser'. – Ulbricht, *Saale*, S. 6; Kettner, *Leine*, S. 363–365; Fischer, *BNB* 10, S. 38.

Bornichbach r.z. Rhein bei St. Goarshausen. ON. Bornich (Verbandsgem. Loreley, Rhein-Lahn-Kreis, Rh.-Pf., D). 646 (Fälschung, Kopie um 1100) *Brunneche*, 816 (Fälschung, Kopie 12. Jh.) *Bruneche*, 902 (Fälschung, Kopie um 1100) *Brunneche*, 1138 (Kopie 16. Jh.) *Bornacho*, um 1250/60 *Burniche*, 1276/77 (Kopie 14. Jh.) *in Burniche*, 1410 *Borniche*, 1448 *Burnich*, 1460 *Bornich*; FlurN. (auf dem) Bornigerseien, in Neuburg auf der Bornich gegenüber liegenden Rheinseite: 1561 *im Bornigseyh(en)*, 1608–09 *Im Bornicher Seigen*, 1812 *auf dem Bornigseien*. – Grundform ON. (ahd.) **Brunn-ahi* > **Born-ech* > Bornich 'Quellgebiet', Ableitung von *born* (↗ Born) mit dem Kollektivsuffix (ahd.) *-ahi*? – Faust, *HG.A.*4, S. 9; Elsenbast, *Siedlungsnamen*, S. 12 f.; Halfer, *Flurnamen*, S. 109.

Bos, die (auch *Bosbach*), l.z. Nahe (z. Rhein), entspringt am Zallenberg in 490m Höhe, durchfließt den Stausee Bostalsee, mündet bei Gonnesweiler (Gem. Nohfelden, Lkr. St. Wendel, Saarland, D), überwindet auf einer Länge von 5,8 km einen Höhenunterschied von 111m. – 1607 *in der Bas*, 1837 *Die Bose*; FlurN. In der Boos; ON. Bosen(-Eckelhausen) (Gem. Nohfelden), 972 (Kopie) *Bunsena*, 1084–1103 *von Bunsen*, 1335, 1364 *Bonsen*, 1469 *Boussen*, 1556 *Bousen*, 1578 *Booßen*. – Grundform FlN. *Bunsena* < (gall.) **Bun(d)-s-ona* zu gall. **bundos*, **bunda* 'Boden, Sohle', mir. *bond* 'Boden eines Gefäßes, Flussbett', kymr. *bond* 'Boden', *n*-Ableitung von einer *s*-Erweiterung **bund-s-* von gall. **bundo-*. Es kann sich auch um eine *n*-Ableitung von einem Adjektiv zum Präsensstamm (ig.) **bʰundʰ-* des Verbs ig. **bʰeudʰ-* 'wach werden, aufmerksam werden' (**bʰundʰ-só-* 'wach, munter'?) handeln, was dem Charakter des Bosbachs eher entspricht. – Greule, *HG.A.*15, S. 17; Buchmüller/Haubrichs/Spang, *Namenkontinuität*, S. 79 f.; Rix, *LIV*, S. 82 f.

Bosenbach
– [1]Bosen-Bach, r.z. Reichen-Bach (z. Glan z. Nahe z. Rhein). – ON. Bosenbach (Verbandsgem. Altenglan, Lkr. Kusel, Rh.-Pf., D), /booseˈbach/, 945 *Basinbahc*, 962 (Fälschung um 1100) *Basinbah*, 14. Jh. *Basinbach*, 1417 *Basenbach*, 1567 *Boßenbach*. – Greule, *HG.A.*15, S. 17; Dolch/Greule, *Pfalz*, S. 75.
– [2]Bosenbach, l.z. Blies (z. Saar z. Mosel z. Rhein) durch St. Wendel (Saarland, D). – FlurN. 1360 *in der basenbach*, 1451 *in der obersten Basinbach*, 1477 *in der Basenbach*; BergN. Bosenberg; ON. (St. Wendel): 9. Jh. *Basonis villare*. – Spang, *HG.A.*13, S. 11. Grundform FlN. ahd. **Basenbah*, Kompositum mit dem Grundwort -*bach* und dem Genitiv des PN. ahd. *Baso* (*Basen-, Basin-*) als Bestimmungswort.

Bossee See westlich von Westensee (Gem. Achterwehr, Kreis Rendsburg-Eckernförde, S.-H., D). – ON. Gut Bossee, 1443 *Bodsee*, 1480 *tome Boszee*, 1502 *tome Boze*. – Kompositum mit dem Grundwort *-see* und (mndd.) **bōd* 'stumm, taub' (↗¹Bode) oder mndd. *bōte* 'Bündel Flachs' als Bestimmungswort. – Kvaran, *HG.A.12*, S. 24; Laur, *Schleswig-Holstein*, S. 172f.

Bottenbach, die l.z. Hornbach (z. Schwarzbach z. Blies z. Saar z. Mosel z. Rhein). – 1564 *die Bottenbach*, 1775 *das Bottenbächlein*; ON. Bottenbach (Verbandsgem. Pirmasens-Land, Lkr. Südwestpfalz, Rh.-Pf., D), /bodᵉbach/, ca.1150 *Botenbach*, 1311 (Kopie 16. Jh.) *Buttenbach*, 1360 *Buthenbach*, 1564 *Bottenbach*. – Kompositum mit dem Grundwort *-bach* und dem Genitiv des PN. (ahd.) *Boto* (*Boten-*) als Bestimmungswort. – Spang, *HG.A.13*, S. 11; Dolch/Greule, *Pfalz*, S. 76.

Bottwar, die (auch *Mühlbach*), r.z. Murr (z. Neckar z. Rhein), entspringt in den Löwensteiner Bergen, mündet bei Steinheim an der Murr (Lkr. Ludwigsburg, B.-W., D), Kleine Bottwar, r.z. Bottwar in Großbottwar. – (Um 1260) *fluvium ... Botebor*; ON. Großbottwar (Lkr. Ludwigsburg), ON. Kleinbottwar (Stadt Steinheim an der Murr), /ˈbāodmər/, (um 750–802) (Kopie 1150–65) *in ... Boteburon*, 873 *villa Bodibura*, (um 1260) *villam ... Minus Botebor*, 1304(–1316) *In Botbor*, 1495 *Botwar*. – Grundform ON. (ahd.) **Bōtenbūr*, Kompositum mit dem Grundwort ahd. *būr* 'Wohnung, kleines Haus' und dem Genitiv des PN. ahd. **Bōto* (**Bōten-*). Der Siedlungsname ist auf den Fluss übertragen worden. Nach der Synkope von /-en-/ entwickelte sich die Lautfolge /-tb-/ > /-tw-/ > /-dm-/. – Schmid, *HG.A.1*, S. 12; Reichardt, *Stuttgart*, S. 28f.

Braak/Brack/Brak-/-e/-en/-er *-born, -fleth, -graben, -see, -sieltief, -strom, -wettern*; das Bestimmungswort gehört zu mndd. *brak* n., m. (*brack, gebrack*) 'stehendes Gewässer hinter dem Deich', *brāk(e)* f. 'stehendes Gewässer, das nach einem Deichbruch übrig bleibt', ndd. *brackwater* 'stehendes Gewässer', gm. **brak-* 'Sumpf, stehendes Wasser', z.B. Braakstrom, r.z. Altenburger Kanal (z. Elbe), 1594 *De brake*, 1756 *Braak Strom*, 1767 *die Bracke*. – Udolph, *HG.A.16*, S. 55; Udolph, *Germanenproblem*, S. 130f., 136.

Bracht, die (im Oberlauf *Hundsbach, Horstbach*), r.z. Kinzig (z. Main z. Rhein), entspringt im Vogelsberg bei Volkartshain (Gem. Grebenhain, Vogelsbergkreis, Hessen, D), mündet bei Wächtersbach (Main-Kinzig-Kreis, Hessen). – Um 810 *in Durrenbrahtaha, in Grunenbrataha*, 900 *Brahtaha*, 1377 *dy Brachta uff, uff der Brachta*; ON. Kirchbracht (Gem. Birstein, Main-Kinzig-Kreis) und ON. Burgbracht (Gem. Kefenrod, Wetteraukreis, Hessen), um 750–802 (Kopie Mitte 12. Jh.) *in villa Brahtaha*, 929 (Kopie Mitte 12. Jh.) *in Brataha, in Brahtaphu*, 1016 *in Brahtaha*, 1363 *zů Brachta, Brahta*, um 1370 *de Brachta*, 1372 *czu Kirchbrachta*, 1380 *zu Burgbratha*, 1393 *Bracht*; ON. Brachttal (Main-Kinzig-Kreis). – Grundform FlN. ahd. *Braht-aha* (oder **Brāht-aha*); in <Brachta> ist *-aha* verkürzt, Schreibungen wie <Brataha> deuten auf dissimilatorischen Schwund des ersten /-h-/, <Brathaha> ist „umgekehrte" Schreibung; in <Brahtaphu> ist das Grundwort ahd. *aha* singulär durch ↗ *affa* ersetzt. *Braht-aha* ist Kompositum mit dem Grundwort ahd. *aha* 'Fließgewässer' und ahd., as. *braht* stM. 'Lärm, Geschrei, Getöse' als Bestimmungswort. Als Bestimmungswort kommt auch **Bracht* (< ahd. **brāht-*) in hessischen Flurnamen, die an Bergen und Erhöhungen in der Nähe alter Fernwege liegen, infrage. Im Fall der Bracht (z. Kinzig) könnte die Herchenhainer Höhe (733m) Namen gebend gewesen sein, ↗ Brachtpe. – Sperber, *HG.A.7*, S. 18; Ramge, *Flurnamenbuch*, S. 249.

Brabecker Mühlenbach l.z. Boye (z. Emscher) in Gladbeck (Kr. Recklinghausen, NRW, D). – ON. Brabeck, 1052, 1059 *Brahtbeke*, 1055 *Brathbeke*, 12. Jh. *Brahbeke*, 1264 *Brachtbeke*, 1420 *Bratbeke*. – Grundform FlN. (as.) **Brahtbeki*, Kompositum mit dem Grundwort as. *-beki*, mndd. *-beke* 'Bach', und as. *braht* 'Lärm', ↗ Bracht ↗ Brachtpe. – Schmidt, *HG.A.6*, S. 10.

Brach- (ndd. *Brak-*) *-bach, -graben, -pfuhl*; mhd. *brāche*, mndd. *brāke* 'Brache, unbestelltes Land', z.B. Brachbach, r.z. Zenn (z. Regnitz z. Main), mit ON. Brachbach (Markt Obernzenn, Lkr. Neustadt a.d. Aisch-Bad Windsheim, Bayern, D), 1294 *ze Brachbach*, 1345 *ze Prohpach*. – Sperber, *HG.A.7*, S. 18; Fischer, *BNB 10*, S. 39.

Brachtpe l.z. Bigge (z. Lenne z. Ruhr z. Rhein). – Vor 1757 *Brachtpe*; ON. Brachtpe (Stadt Drolshagen, Kreis Olpe, NRW, D), 13. Jh. *Brachtepe*. – Ausgangsform (as.) **Braht-apa*, Kompositum mit dem Grundwort ↗ *apa* und as. *braht* stM. 'Lärm, Geschrei, Getöse' als Bestimmungswort, ↗ Bracht. – Schmidt, *HG.A.6*, S. 10; Schmidt, *Wupper und Lippe*, S. 142.

Bramau, die l.z. Stör (z. Elbe), entsteht in Bad Bramstedt (Kreis Segeberg, S.-H., D) aus dem Zusammenfluss von Osterau und Schmalfelder Au (Huldau). – 1650 *Brabm fl.* (lies *Brahm*), *Braem-Au*, 1743 *Bramau*, 1756 *auf der Brame Aue*; ON. Bad Bramstadt, /brȧmstəd/, um 1274 (Kopie 13. Jh.?) *in villa Bramstede*, 1316 *tho Bramzsthede*, 1317 *prope* *villam Bramstede* (weitere zahlreiche Belege). – Bestimmungswort von Fluss- (und Ortsnamen) ist ndd. *Bråhm*, mnd. *bråm* 'Ginster, Dornbusch' mit der Bedeutung 'Fluss, der an Dornsträuchern, Ginsterbüschen vorbeifließt', ↗Bramke. – Udolph, *HG.A.16*, S. 56f.; Laur, *Schleswig-Holstein*, S. 175, 176.

Bramke, der r.z. Wendebach (z. Leine z. Aller z. Weser) bei Klein Lengden (Gem. Gleichen, Lkr. Göttingen, Niedersachsen, D). – 1588 *ann dem Bramcke*, 1634 *an dem Bramke*, 1670 *im Brambeeke, im Brambeke*, 1883 *Bramke*. – Grundform (mndd.) **Brāmbeke*, gekürzt > **Brāmke*, Kompositum mit dem Grundwort mndd. *-beke* 'Bach' und mndd. *brām* 'Brombeerstrauch, Dornstrauch' als Bestimmungswort, ↗Bramau. – Kettner, *HG.A.8*, S. 12; Kettner, *Leine*, S. 33f.

Brand- *-bach/-bächle, -graben, -lake, -pfuhl, -see, -siek, -(statt-)graben*. Benennung meist nach einem FlurN. *Brand* (ahd., mhd. *brant* stM. 'Brand') teils auch als Klammerform (z.B. *Brand(wiesen)bach*). Der Flurname benennt einen Ort, wo etwas verbrannt wurde oder wird, z.B. durch Brandrodung. – Fischer, *BNB 10*, S. 39; Ramge, *Flurnamenbuch*, S. 249f.

Brandenbeek, der z. Iljehäuser Bach (z. Aue z. Leine z. Aller z.Weser) östlich von Düderode (Gem. Kalefeld, Lkr. Northeim, Niedersachsen, D). – 1779 *Brandelbeck*, 1857/58 *über dem Brandelbeeke*, 20. Jh. *Brandenbeek*. – Grundform (mndd.) **de brandende beke* > *Brandenbeek*, Kompositum mit dem Grundwort (mndd.) *-beke* und dem Partizip Präsens des Verbs ndd. *branden* 'wallen'. – Kettner, *HG.A.8*, S. 12; Kettner, *Leine*, S. 34.

Brau-/-er- *-bach, -beck, -graben, -see*; Bestimmungswort ist das Verb mhd. *briuwen*, mndd. *brūwen, brouwen, brüwen* 'brauen' (wegen der Nutzung des Wassers zur Bierherstellung) bzw. *Brauer* 'Fachmann für die Bierherstellung'; z.B. Braubach, r.z. Main bei Offenbach (Hessen, D), 793 *Briubah*, 874 *briubahc*, 1263 *Brubach*, 1338 *Brūbach*. – Sperber, *HG.A.7*, S. 18; Kettner, *Leine*, S. 34f.; Fischer, *BNB 10*, S. 40.

Braun-/-e/-s- (ndd. *brūn*) *-au/Aue, -bach, Meer, -see, Wasser*; mhd., mndd. *brūn* 'braun', Bennung des Gewässers nach der Farbe, ↗Braunlauf.

Braunlauf r.z. Our (z. Sauer z. Mosel z. Rhein). – ON. Braunlauf (Burg-Reuland, Provinz Lüttich, B), 915 *Brunafa*, 1140 *Brunefa*. – Ausgangsform FlN. (ahd.) **Brūnaffa*, Kompositum mit dem Grundwort ↗*affa* und ahd. *brūn* 'braun' oder gm. **brūna-* 'Ecke, Kante, hervorstechender Rand' (awn. *brún*) als Bestimmungswort; über **Braunaf* umgedeutet zu **Braunlaf/Braunlauf*; benannt entweder nach der Farbe des Wassers oder nach dem bergigen Gelände, das der Fluss durchfließt. – Dittmaier, *apa-Problem*, S. 35.

Brause/- (auch *Brus-/-e-*) *-bach, -pfuhl, -see*; mhd., mndd. *brūsen* 'brausen, sausen'. – Fischer, *BNB 10*, S. 40; Kettner, *Leine*, S. 35.

Braut- *-siek, -see*; 1744 *Brut-Syke*, 1641 *Brut-See*; mndd. *brūt* 'Braut'; Benennung nach einem Ereignis, einem Brauchtum oder einer Sage. – Kettner, *Leine*, S. 35; Laur, *Schleswig-Holstein*, S. 177f.

Brebach, der l.z. Spreelerbach (z. Wupper z. Rhein). – (Ohne Jahresangabe) *die Bretbeke, die Breidebeicke*; ON. Brebach, Hofschaft in Radevormwalde (Oberbergischer Kreis, NRW, D). – Grundform (mndd.) **Brēdebeke* (↗Bred-) > **Brēdbeke* > **Brebeke*/nhd. Brebach, Kompositum mit dem Grundwort mndd. *-beke* und dem Adj. mndd. *brēd-* 'breit' als Bestimmungswort. – Schmidt, *HG.A.6*, S. 10.

Bred-/Breed-/-e-/-en- *-beck(e)/-beek/-bek, -fleth, -see*; mndd. *brēt, brēd-* 'breit'.

Breg, die r.z. Donau, längster Quellfluss der Donau, Quelle im Briglirain nordwestlich von Furtwangen (Schwarzwald-Baar-Kreis, B.-W., D), vereinigt sich bei Donaueschingen mit der Brigach zur Donau. – 1152–1186 *apud Pregin*, 1234 *Brega*, 1404 *an der Brāgen*, 1487 *Bregen*, 1489 *gegen der Breg*; TalN. Bregtal, 1311 *vallem Bregen*, 1435 *Bregen das tale*, 1450 *dem tal Bregen*, 1491 *dem tal Bregen*; ON. †*Brigobanne* (4. Jh., Kopie 13. Jh., Tabula Peutingeriana) römisches Kastell bei Hüfingen (Schwarzwald-Baar-Kreis); ON. Breg, Zinken bei Furtwangen; ON. (Hammereisenbach-)Bregenbach (Stadt Vöhrenbach, Schwarzwald-Baar-Kreis); ON. Obere Breg, Untere ~, Breghöfe, Zinken von Langenbach (Stadt Vöhrenbach). – Grundform FlN. (kelt.) **Brigonā* > gm. **Brigana* > ahd. **Bregana*, **Bregene*, *n*-Ableitung von kelt. **briga* 'Berg, Hügel, Burg'; der mit **briga* gemeinte Berg dürfte der 1149m hohe Brend im Hochschwarzwald sein, an dem sowohl die nach Osten abfließende Breg als auch die nach Norden abfließende Elz (im Oberlauf 1178 *Bregen*) und der nach Westen abfließende ↗Bregenbach entspringen. Von **Brigana* aus wurde mit germanischem Wechselsuffix *-ana/-ina* der Name der parallel zur Breg fließenden ↗Brigach (<**Brigina*) gebildet. Nach der **Brigonā* ist wohl auch das Kastell Hüfingen benannt: **Brigona-banno-*, haplologisch verkürzt zu *Brigobanne*, ein Kompositum mit gall. **bannon* 'Horn', womit die Lage der Siedlung an der Breg charakterisiert wurde. – Snyder, HG.A.3, S. 12; Greule, Studien, S. 203–210.

Bregenbach r.z. Heubach (z. Wilden Gutach z. Elz z. Rhein). – ON. Ober-, Unterbregenbach, Zinken der Gem. Neukirch (Furtwangen im Schwarzwald, Schwarzwald-Baar-Kreis, B.-W., D), zum Jahr 1112 Bregenbach. – Ausgangsform FlN. *Bregen-, übertragen von der ↗Breg (< *Brigana). – Geiger, HG.A.2, S. 18; Greule, Oberrhein, S. 182–185.

Bregenzer Ache (auch Bregenzer Ach) (z. Bodensee). – 1249 in fluvio ... Bregenze, an der Bregenze, 1338 bis in die Bregenz, 1362 von der Bregenz, 1378 in dem wasser ... die Bregentz, 1390 am Wasser der Bregentz, 1391 ob der Bregentz, 1491 hinter den Wuhren der Pregentz (Bregentz), 1518 das Wasser Bregenz; VN. 1. Jh. v. Chr./1. Jh. n. Chr. Brigántioi; ON. Bregenz (Hauptstadt von Vorarlberg, A), /ˈbreagats/, 1. Jh. v. Chr./1. Jh. n. Chr. Brigántion (Strabon), 2. Jh. (Kopie 11. Jh.) Brigántion (Ptolemaios), 3. Jh. (Kopie 7./8. Jh.) Brigantia (Itinerarium Antonini), 4. Jh. (Kopie 13. Jh.) Brigantio (Tabula Peutingeriana), 5. Jh. (Kopie 15./16. Jh.) Brecantia (Notitia dignitatum occidentalium), 496/506 (Kopie 13./14. Jh. nach Kopie um 700) Bracantia, 802 Bregantia castrum, in Pregancia, 811 Prigantia, 946–1249 Brigantium, 1209 de castro Brigantion (und weitere Belege dieser Form), 1218 de Pregentz, 1226 in ecclesia Briganzie (und weitere Belege dieser Form); SeeN. (Bodensee) 1. Jh. lacus Raetiae Brigantinus (Plinius), 4. Jh. lacus Brigantiae (Ammianus Marcellinus), ca.1040–1100 ad Brigantinum vel Potamicum lacum; GegendN. Bregenzer Wald, 1418 in Bregenczerwald. – Ausgangsform FlN. kelt. *Brigantiā 'Berg-, Gebirgsbach' < *Brigant- (ursprünglich Partizip ig. *bʰr̥ĝʰn̥t- 'sich erhebend, sich erhoben habend; Berg, Gebirge') mit i̯-Suffix zum Fluss- (Brigantia f.) und Ortsnamen (*Brigantion n.) abgeleitet. Die Siedlung wurde später mit dem Flussnamen bezeichnet. Vom Fluss- oder Ortsnamen ist das Ethnonym Brigántioi abgeleitet; ferner existierte ein lat. Zugehörigkeitsadjektiv Brigantinus. Die aus den Belegen ablesbare Lautentwicklung ist – bis auf 5. Jh. (Kopie) Brecantia (daraus übernommen 496/506 Bracantia) – aus dem Althochdeutschen erklärbar: vorgm., kelt. *Brigantiā > ahd. Bregenze (mit Senkung des /i/ vor /a/ und Abschwächung des /a/ > /e/), teils mit /p/ im Anlaut gemäß der 2. Lautverschiebung. Brecantia weist romanische Lautentwicklung auf (/i/ > /e/); die Graphie <c> kann als Hyperkorrektur für vermeintlich vulgärlat. *Bregantia erklärt werden. Parallelname: River Brent (Greater London, GB), 972 (oft) of brægentan < *Brigantiā, ferner ON. Brienz (Kanton Bern, CH), 1146 Briens (< *Brigantion); ON. Brienzauls, dt. Brienz (Kanton Graubünden), 1222 Brienzols (< *Brigant-iolu). – Geiger, HG.A.2, S. 18f.; Neumann, Bregenz; Bichlmeier, Orts- und Flussnamen, S. 20–22; Watts, EPN, S. 83; Kristol, LSG, S. 186.

Brehbach l.z. Elz (z. Rhein). – /brēⁱbax/ (/ē/ überoffen), ON. Prechtal, Oberprechtal (Stadt Elzach, Lkr. Emmendingen, B.-W., D), /s brēⁱχd/ (/ē/ überoffen), 1359, 1390 Gebreche das tal, 1360–70 Gebrech, 1372 zu Gebrichen, 1400 ze Gebrechtte in dem tal, 1462 Brech, 1466 im Brêcht tale. – Ausgangsform FlN. *Brech(tal)bach, mit dissimilatorischem Schwund von Brechbach zu /brēbach/. Der TalN. war ursprünglich ein FlurN. Gebreche (zu brechen 'roden'). – Geiger, HG.A.2, S. 19; Greule, Oberrhein, S. 182.

Brehmbach, der l.z. Tauber (z. Main z. Rhein), mündet bei Tauberbischofsheim (Main-Tauber-Kreis, B.-W., D). – ON. Brehmen (Gem. Königheim, Main-Tauber-Kreis), 1282 uon Bremen. – Ausgangsform FlN. (ahd.) *Brema 'die Laute'(?), ↗Bremer Bach. – Sperber, HG.A.7, S. 19.

Brehme, die r.z. Hahle (z. Rhume z.Leine z. Aller z. Weser). – (1437–43) in die Breme, 1440 to der Breme wort, 1465 over dey Breme, 1512 by der breme, 1562 uff der brehme, 1610 uf die Brema; ON. Brehme (Lkr. Eichsfeld, Thüringen, D), 1312 to der Breme, 1344 von der Breme, 1384 zu der Breme, 1574 Brema. – Grundform (ahd., as.) *Brema 'die Laute'(?), ↗Bremer Bach. – Kettner, HG.A.8, S. 13; Kettner, Leine, S. 35 (andere Etymologie: *Brēmaha 'Ginsterbach').

Breibach l.z. Eisack bei Blumau (Gem. Völs am Schlern, Prov. Bozen, I.). – /práipåch/, 1027 (Transumpt 1280) in Bria fluvio, 1390 über den Prein, 1497, 1520 Preipach, 1609 zu der Preypruggen; ON. Breien (Fraktion der Gem. Karneid und Weiler in der Fraktion St. Kathrein, Gem. Völs am Schlern, im Tal Tiers, Prov. Bozen), /praidn/, 1446 im Preyen, 1480 in dem Preyn, 1778 Preyerguet. – Möglicherweise zu kelt. *brīva f. 'Brücke', ursprünglich wohl Ortsname, der auf den Bach übertragen wurde, vgl. la Brive (z. Rhone, Dep. Ain, F), 1429 aqua de Briva. Der Genuswechsel (von femininem *brīva zu maskulinem 1390 über den Prein) ist bedingt durch das verdeutlichend angefügte (der) -bach. Parallelname ↗Breyer-Bach. – Kühebacher, Ortsnamen, 1, S. 62; 2, S. 40; Hausner/Schuster, Namenbuch, S. 148; Anreiter, Keltische Ortsnamen, S. 39–41.

Breid-/Breit-/-e-/-en-/-er-/-es- -ach, (-au-)graben, -bach, -beck/Beckel-beek(e), -brunn, Fenn, Flies/Fließ, -graben, Kolk, (-moos-)Graben, Pfuhl, Riede/Riege, -see, Siek, Siepen, -sülze, (-thal-)Bach, -wasser,

-weiher, (-wies-/-en-/-er-)Bach/-graben/-pfuhl; mhd. breit, mndd. brēd-/-t 'breit', ⁊Bred-. – Fischer, BNB 10, S. 40.

Breitbach l.z. Main (z. Rhein) in Marktbreit. – ON. Markt Obernbreit (Lkr. Kitzingen, Bayern, D) und ON. Marktbreit (Stadt, Lkr. Kitzingen), 1250 (Kopie 14. Jh.) *Prauthe*, 1256 *Brovthe*, ca.1258 *Broite*, 1263 *Breute*, ca.1270 *in inferiori Brouthe*, 1311 *Nydernbreith*, 1311 *Nydernbreuth*, 1393 *Niederbreit*, 1562 *Markt Undernbreit*, 1572 *Marckbrayt*. – Grundform mhd. **Briute* < Stellenbezeichnung (gm.) **brūdjō* 'wo es wallt' oder 'wo gebraut wird' zum Verb gm. **breww-a-* 'brauen' (ae. *breowan*), urig. **bʰreu̯H-*, ablautend **bʰrū-* 'sprudeln'. Mhd. **Briute* wird diphthongiert zu Breute/Broite und entrundet zu Breit; der Flussname ist als Kompositum mit dem Ortsnamen als Bestimmungswort gebildet. – Sperber, *HG.A.7*, S. 19; Reitzenstein, *fränkische Ortsnamen*, S. 139f.; Seebold, *starke Verben*, S. 143f.; Rix, *LIV*, S. 96.

Breitsach, die Bach, der sich bei Ried im Innkreis (O.-Ö., A) mit der Oberach vereinigt und als Riederbach in die Antiesen (z. Inn) mündet. – /ˈbroadsa/, ON Mitter-, Oberbreitsach (PB Ried im Innkreis), 13. Jh. *Praitsahe*, 1455 *Praitschach*, circa 1470 *Praitsach*. – Zugrunde liegt ahd. (bair.) **Praites-aha*, ein verdeutlichendes Kompositum mit dem Grundwort ahd. *aha* 'fließendes Wasser'. Der Namenbestandteil **Praites-* setzt eine vorgermanische (romanisierte) Namensform **Braidisa* (< **Brajidisa* < **Bragidisa*) voraus (⁊Oichten). **Bragidisa* findet folgende Erklärung aus dem Keltischen: aus kelt. *bragos* 'Sumpf', das einerseits in ON. wie *Bragodunum* (in Rätien) und (662) *Bragum*, jetzt Bray-Saint-Christoph (Dep. Aisne, F); Bray, région naturelle (Dep. Seine-Maritime/Oise), 1097 *Brai*, und hameau (commune de Rully, Dep. Oise), 849 *locum ... Bragio*, 972 *villa ... Braio*; Prags, Hochpustertaler Nebental (Prov. Bozen, I.), bair. /proogis, proowis/, ladin. /braies/, 966 (Fälschung), 974 (Fälschung) *Pragas*, 1085 *Prages* (< Genitiv des Bereichs altbair. *Prages*, vorbair. **brag* m./n.), andererseits in prov. *brac*, afrz. *brai* 'feucht', bewahrt ist, wurde mittels des Suffixes *-ēto-* **bragēto-* 'Sumpfgegend' abgeleitet, ein regionales Synonym zu **borbēto-* im Ortsnamen Borbetomagos/Worms (zu gall. **borba* 'Flüssiges; Schmutz'). Damit könnte das mehrfach als moosig bezeugte Gebiet nördlich der Stadt Ried im Innkreis gemeint sein. Der von **bragēto-* mit dem Suffix *-isa* abgeleitete Bachname **Bragetisa/*Bragitisa* (> rom. **Brajidisa*) bedeutet demnach 'Bach aus/in der Sumpfgegend'. – Dotter/Dotter, *HG.A.14*, S. 52; Bertol-Raffin/Wiesinger, *Inn im Riedkreis*, S. 40f., 66; Kühebacher, *Ortsnamen*, 1, S. 336.

Brembeck/Bremecke/Bremeke/Bremke/Bremke-/Bremge-/-r- -bach, -siepen. – Grundform (mndd.) **(im) brēden beke* 'Breitenbach', mit Schwund des /-d-/ und Assimilation von /-nb-/ > /-mb-/ **Brembeke*, gekürzt > *Bremke*. – Kettner, *Leine*, S. 36–38.

Bremer Bach r.z. Ruhr (z. Rhein). – ON. Bremen (Gem. Ense, Kr. Soest, NRW, D), um 1085 *in villa Bremo*, 1149 *ecclesia Bremen* usw. – Grundform: FlN. (as.) **Brema* 'die Laute', zum Verb (gm.) **brem-a-* 'brüllen', partizipial FlN. norw. *Brumunda* (1578, 1604 *Bremund*), schw. *Brommö* (< **Bremund* f.) und ablautend ⁊Pram; Parallelname ⁊Brehmbach ⁊Brehme. – Schmidt, *HG.A.6*, S. 11; Flöer/Korsmeier, *Soest*, S. 85–87; Seebold, *starke Verben*, S. 135; Nyman, *Ortnamn*, S. 256–260.

Brend, die r.z. Fränkischen Saale (z. Main z. Rhein), entspringt aus mehreren Quellen bei Oberweißenbrunn (Stadt Bischofsheim a.d. Rhön, Lkr. Rhön-Grabfeld, Bayern, D), mündet in Bad Neustadt a.d.Saale. – 1161 *Brende*; ON. Brendlorenzen (Bad Neustadt a.d.Saale, Lkr. Rhön-Grabfeld), 786–794 (Kopie ca.1600) *Brenti*, 822 *in uilla Branda*, 845 *Brande*, 889 *Brante*, 974 (Kopie 1293) *Brenden*, 1143 (von) *Brenten*, 1161 *Brent*, 1184 *in Brendi*, 1193 *in Brenden*, 1234 *Brende*, 1360 *zu Obern Brende by sant Laurencien kirchen*. Im Ortsnamen ist Brend das Bestimmungswort und der Name des Kirchenpatrons das Grundwort („St. Lorenz an der Brend"). – Grundform (ahd.) (Nom. latinisiert) *Brand(a)*, (Dat.) *Brenti*, mhd. *Brende*, *Brenden*. Es handelt sich um einen ahd. femininen *i*-Stamm, der als (vorahd.) **Brandi-* in gm. **branda-* m. 'Brand' keine Erklärung findet, sondern eher an kelt. **brannd-* 'hervorquellen, sprudeln' (air. *do:e-prinn* 'quollt hervor, sprudelt' mir. *bruinnid* 'lässt hervorquellen', ig. **bʰrend(ʰ)-*) angeschlossen wird, und zwar als Nomen actionis kelt. **brannd-i-* f. 'das Hervorquellen'. Das Benennungsmotiv könnte, wie bei ⁊Brenz, die Besonderheit gewesen sein, dass die Brend aus mehreren Quellen entspringt. – Sperber, *HG.A.7*, S. 20; Reitzenstein, *fränkische Ortsnamen*, S. 41; Rix, *LIV*, S. 95.

Brenn-/-e-/-en- -graben, -pfuhl, -wasser; Gewässernamen in Brandenburg (D) zu *brennen*, vgl. FlurN. *Brennbruch*, ⁊Brand-. – Fischer, *BNB 10*, S. 41.

Brenschelbach, die l.z. Schwalb (z. Hornbach z. Schwarzbach z. Blies z. Saar z. Mosel). – 1837 *die Brenschelbach*; TalN. 1757 *Im Brenschelbacher Thal*; ON. Brenschelbach (Stadt Blieskastel, Saarpfalz-Kreis, Saarland, D), ca.1150 *Brenstelbach*, 1358, 1403 *Brenstelbach*, 1489 *Breinstelbach*, 1555 *Brenstelbach*,

1837 *Brenschelbach*. – Unklar ist das Bestimmungswort des Kompositums mit dem Grundwort *-bach*; es wird als mhd. **brenstal* 'Brennstelle' erklärt oder auf gm.**Branstila*, den ursprünglichen einstämmigen Namen der Brenschelbach (?), zurückgeführt und mit den Flussnamen ↗Brend und ↗Brenz verglichen. Da diese Namen aber keltischen Ursprungs sind, müsste auch **Branstila* mit *l*-Suffix von kelt. **brannsti-* (ig. **b^{h}ŗnd-ti-*) 'das Hervorquellen' abgeleitet sein. – Spang, *HG.A.13*, S. 13; Dolch/Greule, *Westricher Hochfläche*, S. 27.

Brenz, die l.z. Donau, entspringt in einer mächtigen Karstquelle (*Brenztopf*) bei Königsbronn (Lkr. Heidenheim, B.-W., D) auf der östlichen Schwäbischen Alb, mündet zwischen Faimingen und Lauingen (Lkr. Dillingen an der Donau, Bayern). – (Um 750–802) (Kopie 1150–65) *super fluvium Brenze*, (um 774, Original) *super fluvium Brancia*, (1143) *prope fluvium Brenza*, 1171 (Druck 1636) *prope fluvium Brence*; ON. Brenz (Ortsteil von Sontheim a.d.Brenz, Lkr. Heidenheim a.d. Brenz), 875 *ad Prenza*, 888 *ad Brenza*, 895 *locum … qui dicitur Prenza*, 1118 (Kopie 12. Jh.) *de Brenzi*, 1221, 1267 *de Brenze*, 1340 *gen Brentze* (und zahlreiche weitere Belege). – Ausgangsform (ahd.) *Brenza/*Branza* < **Brentsa/*Brantsa* < (vorgm.) **Brandisa*, mit *s*-Suffix abgeleitet von (kelt.) **brannd-i-* f. 'das Hervorquellen' (↗Brend) mit der Bedeutung 'Fluss, der aus einer großen Quelle kommt'. – Reichardt, *Heidenheim*, S. 36–38.

Bresen Großer ~, Kleiner ~, Mittel ~, Seen im Flussgebiet der Havel. 1569 *bis an den sehe Brisen*, 1883 *Bresen*. – Deutung ↗Briese. – Wauer, *HG.A.17*, S. 14.

Brettach, die
– ¹Brettach, l.z. Kocher (z. Neckar z. Rhein), entspringt im Mainhardter Wald (Lkr. Schwäbisch Hall, B.-W., D), mündet in Neuenstadt am Kocher (Lkr. Heilbronn, B.-W.). – 1277 *in fluvio … Brethach*, 1331 *bis an diu Brettach, diu Brettach auf*, 1333 *umb die Bretach*, 1528 *die Prettach hinauff … die Prettach*; GauN. 787 *in pago Brethachgowe*, 788, 814, 860 (Kopie 12. Jh.) *Bretachgouue*; ON. Brettach (Gem. Bretzfeld, Hohenlohekreis, B.-W.), ON. Brettach (Gem. Langenbrettach, Lkr. Heilbronn), 1264 *in Brittach*, 1271 *de Brettach*, 1276 *de Bretach* (weitere zahlreiche Belege). – Grundform FlN. ahd. **Bretaha*, Kompositum mit dem Grundwort ahd. *aha* 'Fließwasser' und dem Bestimmungswort ahd. *bret* stN. 'Brett, aus Brettern Gefertigtes' (< wgm. **breda-*), benannt nach einer Vorrichtung zur Lenkung des Wassers. Möglicherweise ist **Bretaha* Eindeutung eines vorgm. FlN. **Breda* (↗Brettenbach). – Schmid, *HG.A.1*, S. 13.

– ²Brettach, r.z. Jagst (z. Neckar z. Rhein), entspringt auf der Hohenloher Ebene bei Brettheim (Lkr. Schwäbisch Hall, B.-W., D), mündet bei Gerabronn-Elpershofen (Lkr. Schwäbisch Hall). – 1. Hälfte 15. Jh. *von dem wasser Prettach, von dem wasser gnant Prettach, an der Prettach*; ON. Brettheim (Gem. Rot am See, Lkr. Schwäbisch Hall), 1262 *in Bretheim*, 1269 *de Bretteheim*, 1357 *Pretheim*, 1358 *von Pretheim* (weitere Belege); ON. Brettenfeld (Gem. Rot am See) 1384 *Bretfeld*, 1. Hälfte 15. Jh. *Prettenfeld*; ON. Kleinbrettheim (Gem. Rot am See). – Deutung wie ↗¹Brettach; die Ortsnamen sind Klammerformen *Bret(ach)heim* und *Bret(ach)feld*. – Schmid, *HG.A.1*, S. 13f.

Brettenbach r.z. Elz (z. Rhein) entspringt auf ungefähr 700m in Freiamt im Schwarzwald (Lkr. Emmendingen, B.-W., D), mündet in Emmendingen (Lkr. Emmendingen). – /in bredeme/ (altmundartlich), /bred^{e}bax/, 1317–41 *an der Brettenun, iuxta aquam Bretten, bi der Brettun, disehalp der Brettenun iuxta Bretenan, gen der Brettenun*, 1336 *die Brettene*, 1343 *uf sinem wasser der Brettenun*, nach 1349 *iuxta aquam Bretten, zwischend … der Bretten, by der Brettenen* (und weitere Belege), 1549 *an der Bretten*; ON. Brettental (Gem. Freiamt), 1275 *in Brettun*, 1359 *ze Bretten in dem tal*. – Grundform FlN. (ahd.) **Bretana*, flektiert Dat. **Bretnūn* > *Brettun*, mhd. *Bretten*. **Bretana* kann auf zwei Wegen gedeutet werden. Der Name kann eine *n*-Ableitung von gm. **breda-* 'Brett' (↗Brettach) sein, mit der Bedeutung 'Bach mit Schaltbrettern' (zur Bildung ↗Lossele z. Elz, < **Lahsana*); oder er ist wegen der Parallelnamen (ON. (Stadt-, Wald-) Bredimus (Kanton Remich, Lux.) im Quellbereich und an der Mündung des Albachs, 1096 *de Bridin*, 1222 *Bridenes*, 1243 *apud Bredenes*, 1363/64 *Bredinisse* (<**Bredinā*); ON. † Brede (Dep. Moselle, F), 1122/25 *Pretene*, jetzt FlN. Bride, r.z. Seille, < **Bredina*; FlN. Brenne (Dep.Ain, F) < *Bredanna*; FlN. Brenne (Dep. Côte d'Or, F), 659 *Bridena*) aus einem vorgm. FlN. **Bredana*, einer *n*-Ableitung von (ig.) **b^{h}red^h-ā* 'Furt'(?) mit der Bedeutung 'Fluss mit einer Furt', hervorgegangen. – Geiger, *HG.A.2*, S. 20; Greule, *Oberrhein*, S. 185–187; Buchmüller/Haubrichs/Spang, *Namenkontinuität*, S. 80; Haubrichs, *Fulrad*, S. 7, 26, 29.

Breulbach r.z. Griesbach (z. Wilden Gutach z. Elz z. Rhein), ↗Brühl-. – Geiger, HG.A.2, S. 20.

Breun, die (amtlich *Breun-Bach*), r.z. Sülze (z. Sülz z. Agger z. Sieg z. Rhein) bei Lindlar. – ON. Breun, Weiler (Gem. Lindlar, Oberbergischer Kreis, NRW, D), 1415 *de Brune*, 1472 *in der Bruyne*, 1481 *Bruyne*. – Die Belege repräsentieren die Lautung /brü:ne/, diphthongiert und apokopiert zu <Breun>. Grundform gm. **Brūnjō*, *j*-Ableitung von ahd. *brûn* 'braun', identisch mit ↗Prein; Parallelname: ON. Breuna (Lkr. Kassel, Hessen), 1257 *Brune*. – Faust, *HG.A.4*, S. 10; Barth, *Sieg und Ruhr*, S. 70.

Breusch, die frz. *la Bruche*, l.z. Ill (z. Rhein), entspringt in den Vogesen am Climont (Elsass, Dep. Bas-Rhin, F), durchfließt das Breuschtal, mündet in Straßburg. – /brịṣ̌/, (Belege in Auswahl) 711–715 (Kopie 9. Jh.) *super fluvio Bursca*, 816 *in Brusca*, um 950 (Kopie um 1100) *citra flumen … briuscha*, nach 1003 *versus Bruscham*, 1017 *ultra Prûscam*, 1124 *Briusch*, *Bruscha*, 13., 14. und 15. Jh. *Brusca*, *Brusche*, *Brusch*, *Brúsche*, *Brúsch*, 1518 *an die Breisch*, 1550 *uf die Preusch*; TalN. 13. Jh. *in introitu Brusce vallis*, 1239 *Bruschetal*, 1317 *von Brùschetal*; ON. Bourg-Bruche (Dep. Haut-Rhin), 13. Jh. *villam Bruscam*, um 1306 *ze Brúsch*. – Grundform FlN. ahd. **Brūsc(i)a*, mhd. *Briusche*, fnhd. *Breusch* < vorahd. **Brūskja*; *j*-Ableitung von (gm.) **brūskō* 'Wasserfall, Wasserbrause' (mhd. *brúsche*, elsäss. *Brusche*) zur Bezeichnung einer Stelle am Fluss. Weniger wahrscheinlich ist die Annahme, dass *Breusch* auf gall. **brūska* 'die Angeschwollene', vgl. lat. *brūscum* 'Auswuchs des Ahorns' (< gall.) eigentlich 'Geschwulst', zurückgeht. – Parallelname *le Breuchin* (< cas régime **Bruscane*), l.z. Lanterne (z. Saône), entspringt in den südwestlichen Vogesen, fließt an Luxeuil-les-bains (Dep. Haute-Saône, F) vorbei, 7. Jh. *ad Bruscam* (Vita Columbani), mit den Orten Breuches (1258 *Bruscham*, 1265 *Brusche*) und Breuchotte (1258 *Bruschate*). – Greule, *Oberrhein*, S. 32–37; Chambon, *Luxeuil*, S. 9–11.

Breutzensee im Rheinsberger Seengebiet nordöstlich von Rheinsberg (Lkr. Ostprignitz-Ruppin, Brandenburg, D). – Zu 1574 *einer See Brötzenitz*, 1746/47 *Brötznitz*, 1772 *Breutznitz See*, 1778 *Breutzensee*. – Grundform apolab. **Brus′nica* zu **brus* 'Wetzstein'; Benennungsmotiv: glatte, abgeschliffene Steine im Wasser. – Wauer, *HG.A.17*, S. 14 f.; Fischer, *BNB 10*, S. 41.

Brexbach l.z. Saynbach (z. Rhein) entsteht bei Höhr-Grenzhausen (Westerwaldkreis, Rh.-Pf., D), fließt durch das Kannenbäckerland mit den größten Tonvorkommen Europas, mündet in Bendorf-Sayn (Kreis Mayen-Koblenz, Rh.-Pf.). – (959) *in brachysa*, 1788–89 *Brechsbach*. – Grundform (ahd.) **Brachisa* > mhd. **Brechese*/**Brechse*, zur Verdeutlichung mit dem Grundwort *-bach* versehen (*Brechsbach*); **Brachisa* ist eine *s*-Ableitung von gm. **brak-*'Sumpf' (ablautend zu gm. **brōk-*, ahd. *bruoh* 'Bruch, Sumpfland') in ON. Brechen (Lkr. Limburg-Weilburg, Hessen), 772 (Kopie 12. Jh.) *Brachina*, ON. Brakel (Prov.Ostflandern, B), 1096 *Superior Bracla*. Parallelname *die Prex*, Flur zwischen Lauterbach nordöstlich von Selb (Lkr. Wunsiedel, Bayern) und Asch/Aš (Region Karlsbad, Kreis Eger, CZ), im Mittelalter ein einheitliches Sumpfgebiet, /breks/, 1663 *vf die gegent Prex genandt*, 1740 *auf die Brex*, < mhd. **Brechse*, ahd. **Brachisa;* ON. Prex (Gem. Regnitzlosau, Lkr. Hof, Bayern), /breks/, 1345 *Prex*. Namen gebend für den Brexbach waren möglicherweise die Tonvorkommen im Westerwald. – Faust, *HG.A.4*, S. 10; Gütter, *Prex*.

Breyer-Bach, die l.z. Rhein. – 1335 *bryerbach*, 14. Jh. *brierbach*, 1368 *in Bryerbach*, 1824 *die Breyerbach*; ON. Brey (Verbandsgem. Rhens, Lkr. Mayen-Koblenz, Rh.-Pf., D), 824 (Kopie 9. Jh.) *in Bruom*, 824 (Kopie 9. Jh.) *in Prioni*, 945 *in loco Brua*, 12. Jh. *Bria*, 13. Jh. *Bria*, 1217, 1219, 1224, 1322 *Brie*, 1250, 1361 *Brye*, 13. Jh. *Bria*, 1639 *Brey*. – Grundform ahd. **Brīwa* > mhd. **Brīe*, Lehnname gallorom. **brīva* 'Brücke' für den Ort, an dem die Römerstraße den Breybach überquerte. Parallelname ↗Breibach. – Greule, *HG.A.15*, S. 18; Elsenbast, *Siedlungsnamen*, S. 13–15.

Briel- *-bach*, *-graben* ↗Brühl-.

Briese/-n-/-ner Bache, -graben, -see, Wasser; z.B. die Briese, l.z. Havel, 1595 *Ins Briesenfließ*, mit WaldN. Briesen, 1350 *vf den briesen*, 1418 (Kopie) *uss den holtze bryesen*. – Ausgangsform apolab. **Brez′n-* zu **breza* 'Birke'. – Wauer, *HG.A.17*, S. 15; Fischer, *BNB 10*, S. 41f.

Brigach, die linker Quellfluss der Donau, entspringt in Brigach (Stadt St. Georgen im Schwarzwald, Schwarzwald-Baar-Kreis, B.-W., D), fließt durch Donaueschingen (B.-W.) und vereinigt sich dort mit der Breg zur Donau. – 1084 *ab fontibus Brichenae*, 1095, 1139, 1179 *iuxta flumen Briganam*, 1108 *iuxta fluvium Brigaham*, 1234, 1291 *Brigen*, 1306 *in der Briginne*, 1310 *zwúschent der Brigenne*, 1313 *die Birigine*, 1487 *die Prigen*; ON. Brigach, ON. Brigachtal (Schwarzwald-Baar-Kreis), 1124 *im Brigenthal*, 1326 *daz Brigenthal*, 1421 *im Brigental*. – Grundform FlN. (ahd.) **Brigina*, Ableitung mit dem ahd. Suffix *-ina* in Analogie zu ↗Breg (<**Brigana*) um die Parallelität der beiden Flussläufe auszudrücken. Die Bildung eines verdeutlichenden Kompositums mit *-ach* (ahd. *aha* 'Fluss') als Grundwort und **Brig-* als Bestimmungswort ist spät und sekundär. – Snyder, *HG.A.3*, S. 13; Greule, *Studien*, S. 206–209.

† Britznach Name des Neumagens (z. Möhlin z. Rhein) im Oberlauf bis Spielweg (Gem. Münstertal, Lkr. Breisgau-Hochschwarzwald, B.-W., D). – 902 (Fälschung 13. Jh.) *Brizina* (oder *Brinzina*, *Brizzina*), 1267 (Fälschung) *vallis de Brizzena*, 1269 (Kopie 14. Jh.) *in valle Brizzina*, 1277 *vallis Brizzina*, 1321 *ze Brizzina*, 1325 (Vidimus 1386) *Brytzena das tal*, 1333 *ze*

Brizzena, 1370 *das tal ze Britzen*, 1417 *Britzna*, 1480 *Britzenbach*, 1488 *in die Britznow*; BergN./ON. Stohren (Weiler, Gem. Münstertal, in dessen Nähe die Britznach/Neumagen entspringt): 902 (Fälschung 13. Jh.) *in monte Brizzinberg*, 1185 *a monte Brizzinberg*, 1269 (Kopie 14. Jh.) *a monte Brizzinberg*, 1325 (Vidimus 1386) *von Brytzenberg abe*. – Grundform TalN. (ahd.) **Britzintal*, BergN. (ahd.) **Britzinberg*, Komposita mit den Grundwörtern *-tal*/*-berg* und dem Genitiv des PN. **Britzo* (**Britzin-*) als Bestimmungswort? Die Bildung mit *-ach* als Grundwort ist jüngeren Datums. Möglicherweise ist das Bestimmungswort aber der ursprüngliche, einstämmige Name des ↗Neumagens (vorahd.) **Brittina* < **Brigtena* synkopiert < (kelt.) **Brigetenā* 'Bergbach', vgl. ON. Britten (Gem. Losheim am See, Lkr. Merzig-Wadern, Saarland), 1282 *Britte*, 1293 *Britten*, 1328 *Britta*, ↗Brettenbach ↗Brigach. – Geiger, *HG.A.2*, S. 20; Greule, *Oberrhein*, S. 187 f.; Buchmüller/Haubrichs/Spang, *Namenkontinuität*, S. 64.

Bröggel-Bach z. Quabbe (z. Lippe z. Rhein). – FlurN. Bröggel, StraßenN. Am Bröggel (Lippetal, Kreis Soest, NRW, D); ON. Bröggelhof, um 1150 *In Brugele*, 1415 *Brogelhus*, 15. Jh. *dat Broylhus*. – Bestimmungswort ist der FlurN. Bröggel, mndd. *brögil* 'feuchte Niederung, Buschwerk in sumpfiger Gegend', ↗Brühl-. – Schmidt, *HG.A.6*, S. 11.

Brombach
– ¹Brombach, Name mehrerer Flüsse in Süddeutschland; z. B. Brombach, l.z. Schwäbischen Rezat, mit ON. Brombach nordnordwestlich von Gunzenhausen (Lkr. Weißenburg-Gunzenhausen, Bayern, D), 1214 *Bi der Brambach*, 1310 *an der Pramach*, (15. Jh.) *Pranpach*, 1832 *Brambach*. – Kompositum mit dem Grundwort *-bach* und mhd. *bräme*, ahd. *bräma* 'Brombeerstrauch, Dornstrauch' als Bestimmungswort, ↗Bramau ↗Bramke. – Schmid, *HG.A.1*, S. 14; Geiger, *HG.A.2*, S. 20; Sperber, *HG.A.7*, S. 20; Beier, *Weißenburg-Gunzenhausen*, S. 86 f.
– ²Brombach, l.z. Rott (z. Inn z. Donau). – Ca. 1563 *Pronpach*, 1844 *Brombach*; ON. Brombach (Gem. Bad Birnbach, Lkr. Rottal-Inn, Bayern, D), /brōwa/ (/ō/ nasaliert), (ca. 1150) *Prachpach*, (ca.1160) *Prachpach*, (1165–1175), 1171 *Bracbach*, (1175–1185) *Pracbach*, 1316 *Prahpech*, um 1342 *Prapach*, 1456 *Prabach*, 1495 *Pranpach*, 1517 *Prapach*, 1553 *Prampach*, 1603 *Pronbach*, 1752 *Pronbach*, 1808 *Brombach*. – Grundform FlN. (ahd.) **Brāchbach*, abair. **Prächpach*, dissimiliert > **Brābach*/**Präpach* und umgedeutet zu **Brämbach* > *Brombach* ↗¹Brombach. Ahd. **Brāchbach* ist Kompositum mit dem Grundwort *-bach* und ahd. *brāhha*, mhd. *brāche* 'unbestelltes Land' als Bestimmungswort, ↗Brach-. – Dotter/Dotter, *HG.A.14*, S. 52; Egginger, *Griesbach*.

Brook-/-s- *-bach, -bäke, -graben, -fleth, -wetter(ung)* ↗Bruch.

Bruch/- (ndd. *Brook-*/*Bruuk*) *-bach*/*-beek, -graben, -loch, -riede, -see, (-see)-graben, Siegen/-siek, -teich, -wasser, -weiher, (-wiesen)-bach*; nhd. *Bruch* 'Sumpfland', mhd. *bruoch*, ahd. *bruoh*, ae. *brōc* 'Bach', westgm. **brōka-* m./n. 'Sumpfland'. – Udolph, *Germanenproblem*, S. 130–132; Fischer, *BNB 10*, S. 43.

Brucht, die l.z. Nethe (z. Weser), entspringt bei Kleinbreden (Stadt Marienmünster, Kreis Höxter, NRW, D), mündet bei Brakel (Kreis Höxter). – 14. und 15. Jh. (mehrfach) *Brucht*, 1533 *uppe der Brucht*, vgl. Bruchtsiek, r.z. Leine, 1578 *das Bruchtseich*, mit FlurN. Brucht. – Ursprünglich Stellenbezeichnung (as.) **Bruht* f. 'wo es lärmt' zu ahd. *kipruhti* 'Krachen', ablautend zu as. *braht* 'Lärm'. – Kramer, *HG.A.10*, S. 10; Kettner, *HG.A.8*, S. 16.

Bruck-/-en-/Brück-/-e-/-(e)l-/-en-/-les-/Brügg-/-e-/-l- *-bach, -graben, (-loh)-bach, (-moos)-graben, (-see)-graben, -streek, -teich, (-tobel)-bach, (-wasen)-graben, (-weg)-graben, -weiher, (-wies)Graben*; mhd. *brücke, brucke, brügge*, ahd. *brugga*, as. *bruggia* 'Brücke'.

Brüdenbach r.z. Weissach (z. Murr z. Neckar z. Rhein) in Unterweissach (Rems-Murr-Kreis, B.-W., D). – 1699(?) *Am Brüdemer Bach*; ON. Oberbrüden, ON. Mittelbrüden, ON. Unterbrüden (Rems-Murr-Kreis), /-brīdə/, 1245 (Kopie 15. Jh.) *Bruden*, 1382 *gen Obern Brúden*, 1450 *Mytteln Brúden*, 1528 *Obernbrúden*. – Ausgangsform FlN. (ahd.) **Brudina*, *-n*-Ableitung von gm. **bruda-* n. 'Brühe' (awn. *broð*, ae. *broð*, ahd. *broth, brot*); Benennung nach der schlechten Wasserqualität. Brüdenbach ist späte verdeutlichende Komposition. – Schmid, *HG.A.1*, S. 14; Reichardt, *Rems-Murr-Kreis*, S. 63–65.

Brüh-Bach (alt *Braubach*), r.z. Pfieffe (z. Fulda z. Weser) bei Mörshausen (Stadt Spangenberg, Schwalm-Eder-Kreis, Hessen, D). – ON. † Braubach, 1463 *Brubach*. – Ausgangsform (mhd.) **Brūbach* ↗Brau-. – Sperber, *HG.A.5*, S. 12.

Brühl- (auch *Briel-, Bröl-, Brohl-*) *-bach*/*-bächle, -brunnen, -graben*; z. B. Brölbach, r.z. Sieg, 1433 *van der Broylle*, Mitte 15. Jh. *zom Broyl, van Broile*, 1464 *die Bruelle, Broelle*, 1487 *van broyll*, 1555 *die groisse Broel, die Broelbach*, 1575 *die Bruill*, mit Nebenfluss Waldbröl-Bach, 1464 *Waltprulle*; Brohlbach, l.z. Mosel bei Karden (Gem. Treis-Karden, Lkr. Cochen-Zell, Rh.-Pf.), 1446 (Kopie 18. Jh.) *tuschen der Brüell unnd …*, 1652 (Kopie 18. Jh.) *Broilbach*. Das Bestimmungswort, ahd. *bruil, broil* 'Aue', mhd. *brüel* 'bewässerte, buschige Wiese', nhd. *Brühl* 'Feuchtwiese', ist entlehnt aus ml. *brogilus, broilus*, gallorom. *brogilos 'eingehegtes Gehölz, Gebüsch' (frz. *breuil* 'eingehegtes Gebüsch', räto-rom. *brögl* 'Einfang, Baumgarten', it. *broglio* 'Küchengarten'), abgeleitet von gall. *broga 'Bezirk, Gegend, Land, Grenze'. – Faust, *HG.A.4*, S. 10 f., 81; Barth, *Sieg und Ruhr*, S. 71; Schorta, *RNB*, S. 51.

Bründ(e)l   ↗ Brünn(e)l.

† Brüne   Fluss im Einzugsbereich der Niese (z. Emmer z. Weser). – 1496 (Kopie 1725) *de Brune*, 1515 (Kopie 1725) *in de Brüne*. – Etymologie ↗ Breun. – Kramer, *HG.A.10*, S. 10.

Brünn(e)l-/-le-/-lein(s)-/-lis-   (auch *Bründ(e)l-*) *-bach/-bächlein, -graben, (-wiesen)-graben*; oberdeutsche Form des Diminutivs von ↗ Brunn(en).

Brugga, die   l.z. Dreisam (z. Rhein), entsteht am Schauinslandmassiv, fließt an Kirchzarten vorbei, mündet bei Ebnet (Stadt Freiburg, B.-W., D). – /ˈbrugᵉbax/, 1252 *aqua ... Brugga*, 1289 *das wasser ... Brugga*, 1298 *Brugga*, 1329 *(in die) Brugga*, 1395 *das wasser ... ze Brugge*. – Grundform FlN. (ahd.) *Bruggaha, Kompositum mit Grundwort *aha* 'Fließgewässer' und ahd. *brugga* 'Brücke'. Es handelt sich vermutlich um die Eindeutung eines vorahd./vorgm. FlN. *Brogja (> ahd.*Brugge) der (mit der Bedeutung 'Landwasser') mit *j̯*-Suffix von gall. *broga 'Bezirk, Gegend, Land, Grenze' abgeleitet ist, zumal die Brugga in der Nähe des keltischen Oppidums Tarodunum (↗ Zartenbach) fließt. Parallelname la Broye (1155 *Brodia* < *Brogja), d. (16. Jh.) *die Bruch*, drei Wasserläufe in den Kantonen Vaud und Freiburg (CH). – Geiger, *HG.A.2*, S. 22; Greule, *Oberrhein*, S. 189; Müller, *Hydronymes*, S. 75.

Brummel-Bach   l.z. Bruchwetter (z. Neetze z. Ilmenau z. Elbe). – 1776 *Brummel Beck*, 1850 *Brummelbäk*; BergN. Brummel-Berg. – Zu nhd. *brummeln*, Iterativum zu *brummen*, Benennung nach dem Schalleindruck. – Udolph, *HG.A.16*, S. 63.

Brun-/-e   *-au, -bach, Riege* ↗ Braun.

Brunecke   r.z. Hahle (z. Rhume z. Leine z. Aller z. Weser) nordöstlich von Rollshausen (Lkr. Göttingen, Niedersachsen, D). – 1673 *am Brumecke, im Bruneke*, 1866 *im Bruneke*, 20. Jh. *an der Brunicke*. – Grundform (mndd.) *Brünbeke, Kompositum mit dem Grundwort *-beke* 'Bach' und *brün* 'braun' (↗ Braun-) als Bestimmungswort. – Kettner, *HG.A.8*, S. 16; Kettner, *Leine*, S. 40.

Brunie   r.z. Rehbach (z. Ahle z. Schwülme z. Weser) im Solling (Niedersachsen, D). – 1587 *die Braun Lag*, 1591 *die Braunlage*, 1603 *In der Brunla*, 1747 *an der Brunie*, 1779–83, 1784 *In der Brunie*; FlurN. Brunier-Berg, 1603 *Bruner berg*, 1747 *der Brunerberg*, 1783 *Brüner Berge*. – Übertragung des Gegendnamens (mndd.) *Brünlage, Kompositum mit dem Grundwort ndd. *Lage* f. 'freie offene Fläche zwischen Wäldern' und *brün* 'braun' ↗ Braun-, geneuert mit dem Lehnsuffix *-īe* zu *Brün-īe. – Kramer, *HG.A.10*, S. 10 f.; Bach, *Namenkunde 1*, S. 261.

Brunn-/-en-   *-bach/-bächl/-bächle/-bächlein, -fluß, -graben, -grund, -kute, (-loch)-graben, (-loh)bach, (-moos)-graben, -riede, -see, -tal, (-tal)-bach, (-tal)-graben, -teich, (-tobel)-Bach, -wasser, -weiher, (-wies/wiesel)-graben*; ahd., as. *brunno*, mhd. *brunne* swM. 'Quellwasser, Quelle', nhd. *Brunnen* 'Anlage zur Förderung von Grundwasser'.

Bruno, die   r.z. Ise (z. Aller z. Weser) bei Wahrenholz (Lkr. Gifhorn, Niedersachsen, D). – 1443 *bij der brünow*, (1669) *bey der Bruno, bey der Brunaw, an der Brunow, an der Bruno*, 1779 *die Brunau*. – Grundform (mndd.) *Brünouw, Kompositum mit dem Grundwort mndd. *-ouw(e)* 'Wasserlauf' und *brün* 'braun', ↗ Braun- ↗ Braunlauf. – Borchers, *HG.A.18*, S. 24.

Brusesee   ↗ Brause-.

Buben-   *-bach, -graben, -see*; zu *Bube* m. 'junger Karpfen' (nur obd. belegt); möglich ist auch der Genitiv des PN. (mhd.) *Buobe*. – Fischer, *BNB 10*, S. 44.

Bubach   r.z. Isar (z. Donau). – 882 *Purcbach*, ca. 1563 *Puchpach*; ON. Bubach (Gem. Mamming, Lkr. Dingolfing-Landau, Bayern, D). – Ausgangsform FlN. ahd. *Burgbah, abair. *Purkpah, > *Bu(rg)bach*. Etymologie ↗ Burg-. – Snyder, *HG.A.3*, S. 14.

Bubbach, die   l.z. Oster (z. Blies z. Saar z- Mosel z. Rhein). – 1585 *Die Buppach*; ON. Bubach (Stadt St. Wendel, Lkr. St.Wendel, Saarland, D), 1451 *Bobbach*, 1565 *Bobach*, 1837 *Bubach*. – Grundform FlN. (mhd.) *Buoch-bach > *Büchbach, assimiliert > *Bübbach; Kompositum mit dem Grundwort *-bach* und dem Bestimmungswort mhd. *buoch* 'Buchenbestand', ↗ Buch-. – Spang, *HG.A.13*, S. 14.

Bubber   See westlich von Altkietz bei Bad Freienwalde (Lkr. Märkisch Oderland, Brandenburg, D). – 1737 *auf ... Bubberschen See*; Bubbergraben, östlich von Falkenberg (Lkr. Märkisch Oderland). – Zu brandenburg. *bubbern* 'anhaltend klopfen, poltern'. – Fischer, *BNB 10*, S. 44.

Buch-/-en-/-er-/Büch-(e)l-/-en- Bestimmungswort in zahlreichen Gewässernamen: *Buch-bach, -see, -au, -born, -brunnen, -graben*; auch: *Buchenbach, -see, -born*; *Bucher Bach, Graben, Weiher, Bucherbach*; *Büchenbach, Büchelsee.* Mhd. *buoch* stN., ahd. *buoh* n. 'Buchenbestand', mhd. *buoche*, ahd. *buohha* stswF, as. *bōka* 'Buche', ndd. *Boke, Böke, Buke*; Adjektiv ahd. *buohhīn*, mhd. *büechen* 'mit Buchen bestanden'; *buchel/büchel*, ndd. *bökel* 'Buchecker'. Die Gewässer sind benannt nach einer Buche, einem Buchenbestand oder Buchenwald. – Fischer, *BNB 10*, S. 44.

Bucht-/-e-/-en- *-graben, -pfuhl, -see*; Benennung nach einem Flurstück (brandenburg.) *Bucht(e)* f. 'umzäunter Raum'. – Fischer, *BNB 10*, S. 45.

Buchwitzsee nördlich von Märkisch Buchholz (Lkr. Dahme-Spreewald, Brandenburg, D). – 1518 *auf sehe die Buckwitz genant*. – Ausgangsform, asorb./ apolab. *Bukovica* zu Adj. *bukov-* (*buk* 'Rotbuche'). – Fischer, *BNB 10*, S. 45.

Buck-/-s- ↗Bock.

Buckau, die l.z. Breitling-See/Havel nordwestlich von Brandenburg an der Havel (Brandenburg, D). – 1441 *tu der Bukowen, na der Bukowen*, 1470 *yn der Bukowen*, 1745 *Buckau*; ON. Buckau (Ortsteil von Buckautal, Lkr. Potsdam-Mittelmark, Brandenburg), 1572 *Buckaw*, 1725 *Buckau*. – Grundform apolab. *Bukov-* zu *buk* 'Rotbuche'. Die slawische Endung -*ov* wurde mit mndd. -*ouwe* (↗aue) identifiziert. – Wauer, *HG.A.17*, S. 16 f.; Fischer, *BNB 10*, S. 45 f.

Buckow-/Bukowsee Name mehrerer Seen in Brandenburg (D), z.B. 1589 *Grosse, Kleine Bukow*. Etymologie ↗Buckau. – Fischer, *BNB 10*, S. 45 f.

Büh(e)l- *-bach/-bächle, -graben*; mhd. *bühel* 'Anhöhe'. – Springer, *Flußnamen*, S. 148.

Bühler, die r.z. Kocher (z. Neckar z. Rhein), entspringt am Büchelberger Grat (Ostalbkreis, B.-W., D), durchfließt im Unterlauf, 150m tief eingegraben, die Hochfläche der Haller Ebene, mündet bei Geislingen am Kocher (Gem. Braunsbach, Lkr. Schwäbisch Hall, B.-W.). – /bīlər/, 1024 (Kopie 1335) *in Bilerna, de Bilerna*, 1152 *in Bilarna*, 1331 *die Biler auf*, 1359 *an/in der Bilre*, 1360 *an der Bilar*, 1371 (Kopie) *Biler*, 1387 *an der Bilar*, 1400 *Biler* (weitere Belege dieser Form), 1449 *Byler*, um 1550 *die Bieler*, 1854 *Die Bühler*; ON. Bühler, 1398 *ze Biler*, ON. Bühlertann (Lkr. Schwäbisch Hall), 1. Hälfte 15. Jh. *Bilertann*; ON. Bühlerzell (Lkr. Schwäbisch Hall), 1360 *zu Byler Zelle*; ON. Bühlerzimmern (Stadt Braunsbach, Lkr. Schwäbisch Hall). – Grundform FlN. (mhd.) *Bilere* < (ahd.) *Bilira* (mit der Nebenform *Bilara*?); die aus zwei Kaiserurkunden stammenden Belege 1024 (Kopie 1335) *Bilerna*, 1152 *Bilarna* sind vermutlich vom Namen des Hauptflusses ↗Kocher (1024, Kopie 1335 *Chochina*, 1152 *Cochena*) beeinflusste Kanzlei-Bildungen. Die Ausgangsform *Bilira* (< vorgm. *Belira*) kann an das kelt. Adj. *belo-* 'weiß' angeschlossen werden, zur Namenstruktur und Lautentwicklung ↗Iller (< kelt. *Elirā*, 833 *Hilirgaoe*). Will man *Bühler* nicht von ↗Bille (< gm.? *Belina*) trennen, dann kann er als *r*-Ableitung an gm. *bel-a-* 'schwellen' (?) oder an gm. *bel-* 'weiß' in ahd. *bilisa*, as. *bilene* 'Bilsenkraut' angeschlossen werden und mit Billerbek, Dorf (Kreis Lüchow-Dannenberg, Niedersachsen, 1330/52 *Bilre-beke*) verglichen werden. – Schmid, *HG.A.1*, S. 16; Reichardt, *Ostalbkreis* I, S. 109 f.; Seebold, *starke Verben*, S. 99; Pokorny, *IEW*, S. 118–120; Schmitz, *Lüchow-Dannenberg*, S. 30.

Bühlott, die (auch *Bühlot*) Forsetzung als Sandbach (z. Rhein), kommt aus dem Bühlertal (Schwarzwald), fließt durch Bühl/Baden (Lkr. Rastatt, B.-W., D). – 1377 *Bühelache*, 1427 *Buhelat*, 1432 *Buͥhelat*, 1492 *die Bühelot*, 1540 *Buhellat*; ON. Bühl, 1283 *in banno Bühel*, 1317 *Buhele*; ON. Bühlertal (Lkr. Rastatt), 1325 *Búheltal*, 1335 *in Búhelertal*, 1557 *im Búheler thal*. – Ausgangsform FlN. mhd. *Bühelache, Bühelach*, im Auslaut dissimiliert zu *Bühelat*, mit mundartlicher Hebung des /a/ > /o/ *Bühelot, Bühlot(t)*; Kompositum mit dem Grundwort mhd. *ache* 'fließendes Wasser' und dem ON. *Bühel*, mhd. *bühel* stM. 'Hügel, Berg, Erhebung' mit der Bedeutung 'Fluss bei der Siedlung am Hügel/Berg'. – Geiger, *HG.A.2*, S. 23.

Bült-/-en- *-graben, -pfuhl, -see*; ndd. (brandenburg.) *Bülte(n), Bölte, Bulte* f./m. 'kleine, oft mit Schilf, Segge oder Binse bewachsene Erhöhung in feuchtem Gelände'. – Fischer, *BNB 10*, S. 47.

Bünz, die r.z. Aare (z. Rhein), entspringt im Freiamt (Kanton Aargau, CH), mündet bei Möriken-Wildegg (Bezirk Lenzburg, Kanton Aargau). – /bünts, bönts/, 1426 *an die Búntzen*, 1508 *die Büntz*, 1583 *an der Büntz*, 1597 *ennet der Büntz*; ON. Bünzen (Bezirk Muri, Kanton Aargau), /ˈbyntse/, 1259 *de Bunzina*, 1273 *in Bunzena*, 1288 *de Bunzenach*, 1303–08 *ze Búntznach*, nach 1312 *ze Búntzen*, 1320 *von Búnzenach*. – Zugrunde liegt der auf den Fluss übertragene ON. lat. (praedium) *Pontianum* über /pontsi:na/ > ahd. (alem.) *Bunzina*. – Greule, *Oberrhein*, S. 108 f.; Kristol, *LSG*, S. 201.

Bünzener Au Abschnitt der Buckener Au, r.z. Stör (z. Elbe). – Um 1450 *flumen Buntzing*, 1855 *Bünzener Au*; ON. Bünzen (Gem. Aukrug, Kreis Rendsburg-

Eckernförde, S.-H., D), 1140 (Transsumpt 1168) *Bunzinge*, um 1300 *in Bunzinge*, 1447 *van Buntzinge*. – Übertragung des Ortsnamens auf den Fluss; ON. (1140) *Bunzinge* vielleicht identisch mit ndl. *bunzing* 'Iltis'. – Udolph, *HG.A.16*, S. 65; Lauer, *Schleswig-Holstein*, S. 189 f.

Bütnitz, die   l.z. Oder (Friedländer Strom) nördlich von Metzdorf (Gem. Bliesdorf, Lkr. Märkisch-Oderland, Brandenburg, D). – 1826 *die Butenitze*, 1853 *das Bütenitzfließ*; GegendN. 1486 *die Büttnitz*, 1688 *die Butenitz*. – Grundform FlN./GegendN. apolab. *But´nica* zu *but´n-* 'verfault'. – Fischer, *BNB 10*, S. 48.

Bütt-/-en-/ner(s)-   -bach, -graben, -pfuhl, -see, -tal; mhd. *bütte, büte, büten*, mndd. *büdde*, nhd. *Bütte* f. 'hölzernes Gefäß, Wanne, Kübel', *Büttner* 'Böttcher'. Metaphorische Benennung des Gewässers nach der Geländeformation und Benennung nach der Berufsbezeichnung. – Fischer, *BNB 10*, S. 48.

Büttenerbach   frz. *R.au de Butten*, r.z. Eichel (z. Saar z. Mosel z. Rhein). – ON. Bütten, frz. *Butten* (Kanton Sarre-Union, Arrondissement Saverne, Dep. Bas-Rhin, Krummes Elsass, F), 1318 *Budena*, 1341 *Büthen*, 1360 *de Budena*, 1499 *Buten*, 1542 *Bitten*. – Ausgangsform FlN. (ves.-ig.) *Budina*, ⁊ Pitten ⁊ Salzböde. – Spang, *HG.A.13*, S. 15 f.

Bulder-/Buller-   -bäke, -fließ, -graben, -kolk, -rinne, -spring, -wettern; ndd. *buldern, buller* 'poltern, dumpfen Lärm hervorbringen', Benennung nach dem Gehörseindruck.

Bullen-   -bek, -fluß, -graben, -kute, -loch, -pfuhl, -see, -spring, -teich, -winkel, (-wisch)-graben. Nhd. *Bulle(n-)* 'männliches Zuchtrind', Gewässer, an denen Bullen getränkt wurden. – Fischer, *BNB 10*, S. 46.

Bullow-See z. **Bullow-Fließ**   (z. Jäthen-See/Oberhavel) in der Gemeinde Userin (Lkr. Mecklenburg-Sterlitz, M.-V., D). – 1300 *Fließ Buleglow, stagni … Buleglow*, 1301 *Bulgelowe*, 1305 *Bulchelowe*, 1593 *Der Bülgelow, der Bulgo*, 1778/80 *Der Bullo*, 1780 *Der Bullow See*; FlurN.: 1798 *das Bullo Bruch*. – Apolab. *bolgelov* m. 'Wasserschierling', niedersorb. *bołgłowa*. – Wauer, *HG.A.17*, S. 19; Bilek, *Sprachgut*, S. 62.

Bundenbach   r.z. Auerbach (z. Schwarzbach z. Blies z. Saar z. Mosel z. Rhein). – 1837 *die kleine und große Bundenbäche*; ON. Großbundenbach (Verbandsgem. Zweibrücken-Land, Lkr. Südwestpfalz, Rh.-Pf., D), /bundᵉbach/, 1177 *Bontinbach*, 1212 (Kopie 1420) *Buntenbach*, 1389 *Büntenbach*, 1441, 1464 *Bontenbach*, 1486 *Pontenbach*, 1564 *Grossen Bunttenbach*; ON Kleinbundenbach (Verbandsgem. Zweibrücken-Land), 1434 (Kopie 1555) *Wenigen-Bontenbach*, 1453 *Wenigenbontenbach*, 1564 *Klein-Bontenbach*. – Deutung unklar. Wegen der durchgängigen Komposition mit dem Grundwort -*bach* ist eher an einen ursprünglichen Ortsnamen mit dem Genitiv des PN. *Bondo* (ahd. *Bonden-*) als Bestimmungswort zu denken als an einen ursprünglichen einstämmigen Flussnamen *Bundona*, der an gall. *bundos* 'Boden, Sohle' (⁊ Bosbach) anzuschließen wäre. – Spang, *HG.A.13*, S. 14; Dolch/Greule, *Pfalz*, S. 86, 174, 259; Kaufmann, *Ergänzungsband*, S. 68; Pokorny, *IEW*, S. 174.

Bur-

– ¹Bur- -*bach* ⁊ Burgbach.

– ²Bur-/Buhr-/Buur- -bach, -beck(e), -graben, -siepen ⁊ Bauern-.

Burg-   (obd. auch *Burk-*, ndd. *Borg-*) -bach, -bek, -graben, (-graben)-bächle, -riede, -see, -siefen, (-stall)-bach, (-wall)-graben, (-wall)-tränke; z.B. Burgbach und Burggraben bei der Ruine Wolfach (Stadt Wolfach, Ortenaukreis, B.-W., D), l.z. Wolfach (z. Kinzig z. Rhein) mit ON. Burgbach, zu 1113 *de Burbach*, 1371, 1398 *Burgraben*, 1428, 1493 *Burgbach, im Burggraben*. – Bestimmungswort ahd. *burg*, mhd. *burc* f. 'mit Mauern umschlossener Ort, Stadt, Burg', mndd. *borch* f. 'Burg, Feste, Schloss, Haus, Stadt'; Benennung nach mittelalterlichen befestigten Wohn- und Verteidigungsbauten. – Fischer, *BNB 10*, S. 47; Geiger, *HG.A.2*, S. 23.

Burgalb, die   Abschnitt des Schwarzbachs, l.z. Blies (z. Saar z. Mosel z. Rhein). – 1180 *Burchalben*, 1369 (Kopie) *die Burgalbe*; ON.Burgalben (Gem. Waldfischbach-Burgalben, Lkr. Südwestpfalz, Rh.-Pf., D), /buʳchalwᵉ/, 1184 *Burgalben*, 1202 *Burcalba*, 1333 *Bůrchalben*, 1414 *Burghalben*, 1564 *Burgalbe*. – Kompositum mit Grundwort ⁊ *alb* und Bestimmungswort *Burg-* nach der Heidelsburg. – Spang, *HG.A.13*, S. 15; Dolch/Greule, *Pfalz*, S. 86 f.

Busbach   z. Ehrlichbach (z. Truppach z. Wiesent z. Regnitz z. Main z. Rhein). – ON. Busbach (Gem. Eckersdorf, Lkr. Bayreuth, Bayern, D), /busbàx/, 1312 *de Buzbach*, (1398–1420) *Pustbach, Pussbach, Pußbach, Putzbach, Puzspach*, 1421–1440 *Poßbach, Buzbach, Puspach, Puzbach, Buzpach*, 1444 *Pusbach*, 1800 nach *Bußbach*. – Grundform (mhd.) *Buoz(e)sbach*, Kompositum mit dem Grundwort -*bach* und dem Genitiv des PN. (ahd.) *Buozi* (*Buozes-*). – Sperber, *HG.A.7*, S. 23.

Busch-/-en-/Büsch-/-en- -graben, -kute, -mörtel, -pfuhl, -teich, -wässering; nhd. *Busch* bedeutet auch 'Wald, Laubwald'. – Fischer, *BNB 10*, S. 47.

Buschelde, die älter *Buschschelde*, r.z. Sieg (z. Rhein) entspringt in Oberschelden, mündet in Niederschelden. – ON. Oberschelden, Niederschelden (Stadt Siegen, Kreis Siegen-Wittgenstein, NRW, D), 1330 *Schelte*, 1560 *Niederscheldt*, *Oberscheldt*. Etymologie ↗ Schelde. – Faust, *HG.A.4*, S. 69.

† Businca in der Vita S. Severini (15,1) des Eugippius (511, Kopie 10./11. Jh.) erwähnter kleiner Fluss bei Quintanis (jetzt Künzing, Lkr. Deggendorf, Bayern, D); gemeint ist vielleicht die ↗ Ohe, l.z. Donau, bei Künzing. Der Name ist sicherlich vorgermanisch und als *Bud-s-enk-$\bar{a}$ zu ig. *b^hud^h- 'Boden' (↗ Pitten) zu stellen. Das kombinierte Suffix -en-ko- kommt in diversen Ortsnamen vor, vgl. *Acumincum*, *Aquincum* usw. Möglicherweise war *Businca* ursprünglich kein Gewässername, sondern der vorrömische Name von Quintanis/Künzing. – Greule, *Kontinuität und Diskontinuität*, S. 32; Anreiter, *Pannonien*, S. 22 f.

Butten- -graben, -pfuhl; mhd. *butte* f., nhd. *Butte*, *Hagebutte* 'Frucht der Heckenrose', ahd. *hagenbutta* 'Christusdorn'. – Fischer, *BNB 10*, S. 48.

Butter- -bach, -graben, -kute, -pfuhl, -see; mit *Butter* werden vor allem gute, fette Böden und fette Wiesen benannt; danach die dort existierenden Gewässer. – Ramge, *Flurnamenbuch*, S. 279 f.; Fischer, *BNB 10*, S. 48.

Buxpfuhl Kleiner ~, Seen westlich von Melchow (Gem., Lkr. Barnim, Brandenburg, D). – 1595 *Buchspfuhl*, 1704 *buchs Pfuhl*, 1744 *Bockspfuhl*. – Kompositum mit dem Grundwort -pfuhl und brandenburg. *Buck* 'männliches Tier, Schaf-, Ziegenbock' als Bestimmungswort. – Fischer, *BNB 10*, S. 37.

C

Caarpsee in Boek (Gem. Rechlin, Lkr. Müritz, M.-V., D). – 1578 *Der Caap*, um 1700 *durch die Karpe*, 1780 *Caarp*, 1790 *Carpen*, 1886 *Caarp-See*. – Die Mehrzahl der (späten) Belege lässt vermuten, dass es sich um eine Kurzform *Karpensee* handelt, mit dem Bestimmungswort mndd. *karpe* 'Karpfen', ↗ Karpf. – Wauer, *HG.A.17*, S. 20.

Calder-Bach l.z. Walters-Bach (z. Elnhauser Wasser z. Ohe z. Allna z. Lahn z. Rhein) bei Dilschhausen (Stadt Marburg, Hessen, D). – ON. Caldern (Gem. Lahntal, Lkr. Marburg-Biedenkopf, Hessen), Fälschung 12. Jh. (nach echter Vorlage 8./9. Jh.?) *in uilla Calantra* (Codex Eberhardi I, 146va, 155vb), 1238 *Calderen*, 1502 *Kallern*. – Falls der älteste Beleg zuverlässig ist, kann (ahd.) *Calantra* als ein mit *r*-Suffix von einem Gewässernamen (gm.) *Kaland-* abgeleiteter Ortsname sein. *Kaland-* entspricht dem Partizip Präsens des Verbs gm. *kal-a-* 'frieren, kalt werden', mit der Bedeutung 'kalter Bach'; zum Bildungstyp vgl. ↗ Aland ↗ Schwechat. – Faust, *HG.A.4*, S. 11; Seebold, *starke Verben*, S. 288f.; Greule, *Namentypen*, S. 42.

Call-Bach r.z. Reiffel-Bach (z. Glan z. Nahe z. Rhein). – ON. Callbach (Verbandsgem. Meisenheim, Lkr. Bad Kreuznach, Rh.-Pf., D), 1494 *Caltpach*, 1797 *Kalbach*, 1824 *Callbach*. – Deutung ↗ kalt. – Greule, *HG.A.15*, S. 20; Dolch/Greule, *Pfalz*, S. 89.

Calmbächle r.z. Kleinen Enz (z. Enz z. Neckar z. Rhein). – ON. Calmbach (Stadt Bad Wildbad, Lkr. Calw, B.-W., D), 1110 *Calenbach*, 1306 *in Callenbach sita*. – Ausgangsform (mhd.) *(ze) kal(w)en bache* > *Kalenbach*, mit dem Adj. mhd. *kal, kalwes* 'kahl' als Bestimmungswort, mit dem baumfreie, sich scharf abhebende Geländeteile bezeichnet wurden. – Schmid, *HG.A.1*, S. 16; Keinath, *Württemberg*, S. 38f.

Campsiek, das r.z. Aue (z. Gande z. Leine z. Aller z. Weser), mündet nördlich von Dankelsheim (Bad Gandersheim, Lkr. Northeim, Niedersachsen, D). – 1706 *auf dem Campsieke*, 1757 *Camp Siek*. – Grundwort ndd. *sīk* m., n. 'kleiner Bach, feuchte Senke', Bestimmungswort mndd. *kamp* 'eingehegtes Land'; bezeichnet einen im *Kamp* fließenden oder aus dem *Kamp* kommenden Bach. – Kettner, *HG.A.8*, S. 16; Kettner, *Leine*, S. 140.

Canner ↗ Kanner

† Caspau, die abgegangener Name für den Unterlauf der Aue, l.z. Leine (z. Aller z. Weser) in Niedersachsen (D). – 1298 (Kopie) *in aqua Kerspou*, 1330 *rivus Kerspouwe*, 1477 *Karspauwe*, 1527 *up dem water der Cersbaw*, 1557 *auf der Kerßbaw*, 1600 *in die Caspaw, Die Caspaw, aus der Caspaw*, 1655 *in die Caspawe*, 1782 *Caspe*, 1836 *von der Kaspaue*, 1884 *die Caspau*. – Verdeutlichendes Kompositum mit dem Grundwort mndd. *ouw(e), ow(e), ou* 'Wasserlauf'. Voraus liegt der FlN. *Kersapa*, ↗ Kerspe ↗ Kierspe. – Borchers, *HG.A.18*, S. 26.

Castellbach l.z. Schwarzbach (z. Main z. Rhein). ON. Castell (Gem., Lkr. Kitzingen, Bayern, D). 1230 *inter Kastele et Ipphouen*, 1265 *sub castris Kastele*, 1298 *in Kastele*. – Bestimmungswort ist mhd. *kastel* stN. 'Burg, Schloss, Kastell', als ON. *Castell* ursprünglich im Dativ mhd. *kastele*. – Sperber, *HG.A.7*, S. 23.

Chärscheler ↗ Kärscheler(bach)

Chamb, der čech. *Kouba*, r.z. Regen (z. Donau), entspringt in Tschechien im Bezirk Domažlice (Plzeňský kraj, CZ), bildet kurz die deutsch-tschechische Grenze, mündet bei Cham (D); wegen des niedrigen Gefälles und der geringen Fließgeschwindigkeit hat der Fluss viele starke Windungen. – /d^a kåb/ (/å/ lang und nasaliert), 1058 *Kamb*, 1086 (ačech.) *Kub*, 1371 *auf dem Campp*, 1514 *der Kamp ... der Champ*; ON. Cham (Lkr. Cham, Bayern), /ka:m/, 1012–1018 (zu 977) *Camma*, ca.1040 *Champa*, 1189–1197 *Chambe, Chamb*, 1369 *Cham*; ON. Chammünster (Stadt Cham), 819 (Kopie 9. Jh.) *ad Chambe, vbi ipsa cella constructa est*, 1170–1182 *Munstere*, 1260 *ecclesia Chambe*; ON. Chamerau (Lkr. Cham), 1298 (PN.) *Eisenrico Chamerawer*; ON. Chameregg (Stadt Cham); ON. Eschelkam (Markt, Lkr. Cham), (um 1180) *de Eskilkambe*, (1231–1234) *Eschelkambe ... zu Eschenkambe*, 1265 *Echsilkamb*, (nach 1301) *ze Eschelkamb der Marcht*, 1422–1423 *Eschelkam*. – FlN. kelt. *Kambos* m. 'der Gekrümmte, Windungsreiche', abair. Nom. *Champ*, Dativ (*zi*) *Chambe*. Parallelname ↗*Kamp*. In den ON. *Cham*, *Cham-* bzw. *-kam* wurde (im Unterschied zum Flussnamen) der Dativ *Chambe* > *Chamm* > *Cham*/*-kam* fest. In *Eschelkam* liegt als Bestimmungswort wahrscheinlich abair. **eskil* 'Esche', beeinflusst durch das Adj. ahd. *eschīn* 'mit Eschen bestanden', vor. *Chamer-au* und *Chamer-egg*, mit dem typischen Grundwort *-egg*/*-eck* in Burgennamen, enthalten das Herkunftsadjektiv zum ON. *Cham*. Das Grundwort *-münster* in *Chammünster* bezieht sich auf die 819 als *cella* bezeichnete ehemalige Niederlassung von Mönchen aus St. Emmeram in Regensburg. – N.N., *HG.A.20*; Reitzenstein, *Oberbayern*, S. 54; Janka, *Eschlkam*, S. 9–11.

Cheme ↗Keme

Chemnitz, die
r.z. Zwickauer Mulde (z. Mulde z. Elbe), entsteht aus dem Zusammenfluss von Würschnitz und Zwönitz im Süden der Stadt Chemnitz (Sachsen, D), mündet südlich von Wechselburg (Lkr. Mittelsachsen). – /ˈkemnɪts/, mundartl. /kams/, (892 und 981) 1012/18 *in Camenizi fluvium*; *ac fluviis Caminici Albique*, 1174 *in Kamenizam fluvium*, (1280) (Kopie 14. Jh.) *trans aquam Kempnicz*, 1285 *fluvius Kemenitz*, ON. Chemnitz, 1143 *locus Kameniz*, 1264 *Kemniz*. – Grundform FlN. asorb. **Kamenica* 'Steinbach' ↗Kemnitz. – Eichler/Walther, *HONB Sachsen* I, S. 141f.

Chiemsee
Großer See in Oberbayern (D). – /ˈkiːmseː/, 790 (Kopie 12. Jh.) *Chiminsaeo, iuxta lacum Chieminge*; LandschaftsN. Chiemgau, 790 *in pago Chimingaoe, in pago Chiemingen*; ON. Chieming (Lkr. Traunstein, Bayern), 804 (Kopie 12. Jh.) *Chiemingen*; Insel- und KlosterN. Frauenchiemsee, ca. 900 (Kopie 10./11. Jh, zum Jahr 894) *in monasterio puellarum quod Chemissem dicitur*; Insel- und KlosterN. Herrenchiemsee, 788 (Kopie 13. Jh.) *monasterium virorum nomine Kieminseo*. – Der Name *Chiemsee* ist aus einer Zusammensetzung des ON. *Chieming* mit ahd. *sēo* 'See' entstanden und bedeutet 'See, an dem Chieming liegt'. *Chieming* ist entweder ein Mischname, der mit Hilfe des germanischen Suffixes *-inga-* direkt von dem nicht germanischen (keltisch-romanischen) PN. **Cēmius* (< **Coemeus*) abgeleitet wurde: **Kēm-inga* > ahd., bair. *Chieminga*, mhd. *Chieminge* 'die Leute des Chiemo' bzw. im Dat. Pl. *Chiemingen*, oder ein bereits vorgermanischer ON. (praedium) **Cēmian(um)* (an der Römerstraße Augsburg-Salzburg) wurde über *Chiemin-* als *ing*-Name (*Chieming*) ins Bairische integriert. In jedem Fall wurde bei der Übernahme des Personennamens ins Bairische vorgm. /ē/ wie gm. /ē²/ zu /ie/ diphthongiert und <C> als /k/ übernommen. – Reitzenstein, *Oberbayern*, S. 55, 84; Dotter/Dotter, *HG.A.14*, S. 59–69.

Chiene, die
r.z. Kander (z. Aare z. Rhein) im Berner Oberland (CH). – /d xiənə/, 1493, 1530 *an die kienna*, um 1540 *an kienen*, 1577 *rivus kůn*; TalN., ON. Kiental (Gem. Reichental im Kandertal, Kanton Bern), /ˈxiəntəl/, 1305 *de Kiental*, 1311 *ze Kiental*, 1317 *in Chiental*. – Ausgangsform FlN. (mhd.) **kienīn ache* > **kienena(h)* (mit Synkope) > *kienna* 'das mit Kiefern bestandene Fließgewässer', mhd. *kienīn* Adj. zu *kien(boum)* 'Kiefer', schwz. *Chien* m., n. 'Waldföhre', neben TalN. *Kiental* 'Tal der Kiefern'. Vergleichbar ist † *Kühnenbach* (z. Walkersbach z. Rems z. Neckar z. Rhein), 1380 *ze Kienybach*, 1407 *Kienenbach*, 1467 *Kömbach* < (mhd.) **kienīnbach*. – Zinsli, *BNB* I, Sp. 451; Reichardt, *Rems-Murr-Kreis*, S. 197.

Chirch- ↗Kirch-.

Chirel ↗Kirel.

Clanssee
südsüdöstlich von Beenz (Stadt Lychen, Lkr. Uckermark, Brandenburg, D). – 1556 *bis an den Klansehe*, 1745 *die Clans See*, 1770 *Clans-See*. – Kompositum mit dem Grundwort *-see* und dem Bestimmungswort (FlurN.) apolab.**Klonec*, čech. *klanec* 'Bergsenke', sloven. *klanec* 'Hohlweg'. – Fischer, *BNB 10*, S. 137.

Cleebach
(auch *Kleebach*), l.z. Lahn (z. Rhein), entspringt im Hintertaunus, mündet bei Dutenhofen (Stadt Wetzlar, Lahn-Dill-Kreis, Hessen, D). – 774 (Kopie 12. Jh.) *riuulum Chleon*, 1275 (1276) *iuxta ripam … Cle*, 1301 *prope ripam Cleen*, 1304 *supra ripam Clen*; ON. Niederkleen, Oberkleen (Gem. Langgöns, Lkr. Gießen, Hessen), 8. und 9. Jh. (Kopie 12. Jh.) *in uilla Clehon, in Cleheimer marca* (mehrfach), *in Cleuuer marca, in Cleher marca* (mehrfach), *in uilla Clehen, in uilla Cleheim, Cleuere marca*, 1197 *Obernclên*, 1223 *de Clen*, 1255 *Nideren Clen*, 1260 *de Clein*, 14. Jh. *Cleen, Clen*; ON. Cleeberg mit Burg Cleeberg (Gem. Langgöns), 1220 *de Chleberch*, 1248 *de Cleberch*; FlurN., 1404 *der Clebaum*, 1439 *in der halben Clee*, 1532 *in der Cleen*. – Auszugehen ist von ahd. *klēo* stM., mhd. *klē*, *klēwes*, as. *klē*, mndd. *klēver* 'Klee' (< gm. **klaiwa-*). Zugrunde liegt ein ursprünglicher Flur-/Gegendname (ahd.) *in den *klē(w)on* (mit dem Dativ Plural **klē(w)on*) 'in dem Gebiet, wo Futter- oder Wildklee vorkommt/angebaut wird', der auf den dortigen Bach und die Siedlungen (mhd.) **Klē(w)en*, **Klēn*) übertragen wurde. In den Komposita wie 8. Jh. *Cleheim* wurde nicht der Dativ Plural, sondern die Stammform ahd., mhd. *klē(w)-* als Bestimmungswort verwendet. *Cleebach* ist spät in Analogie zu *Cleeberg*, *Clebaum* gebildetes Kompositum. – Faust, *HG.A.4*, S. 11f.; Ramge, *Flurnamenbuch*, S. 576.

Clöwen Flacher ~, Tiefer ~, Seen westlich von Klaushagen (Gem. Boitzenburger Land, Lkr. Uckermark, Brandenburg, D). – 1288 *stagnis Clodene*, 1324 *ambo clodene*, 1573/1618 *Der Clöwen*, 1575 *Der flacke Kliewen … am tieffen Kliewen*, 1685 *Flachen und Tiefen Klehe*. – Grundform apolab. **Klod'n-*, abgeleitet von apolab. **kloda* 'Baumstumpf, Klotz'; eingedeutscht als mndd. **Klödene*, mit Ausfall des /-d-/, Apokope und hiatustilgendem /-w-/: *Clöwen*. – Fischer, *BNB 10*, S. 142 f.

† Cobach, die r.z. Werra (z. Weser) nordöstlich von Gerstungen (Wartburgkreis, Thüringen, D). (1014) *ad Kubach et de Kubach*, 1016 *ubi influit Cobahc, ubi oritur Cobach*, 1330 *in Kübach*, 1352 *yn dy Cubach*; FlurN. Cobigsgraben (< **Cobachs-graben*). – Grundform (mhd.) **Kuobach*, Kompositum mit Grundwort *-bach* und Bestimmungswort mhd. *kuo* 'Kuh', ↗ † Kobach ↗ Kuh-. – Sperber, *HG.A.5*, S. 13.

Cötenteich bei Altenmedingen (Gem., Lkr. Uelzen, Niedersachsen, D) am nordöstlichen Rand der Lüneburger Heide. ON. † Cöten, 1262 *in Coten*, 1271 *von Cote*; FlurN. Cötenfeld, Cötenberg, Cötenmoor. – Kompositum mit dem Grundwort *-teich* und dem ON. **Köten* (Dat. Plural zu mndd. *kôte* 'Hütte, Häuslerwohnung' als Bestimmungswort. – Udolph, *HG.A.16*, S. 69.

Colpin-See ↗ Kolpin-See

Cottenbach r.z. Roten Main (z. Main z. Rhein). – 1398 (–1420) *im Kottenpach*, 1406 (1398–1420) *gen den Kottenbach*; ON. Cottenbach (Gem. Heinersreuth, Lkr. Bayreuth, Bayern, D), /kʰodnbōx/, (ca.1398) *Kotembach*, 1404 (1398–1420) *zum Kotenbach*, 1451 *Cottenbach*. – Kompositum mit dem Grundwort *-bach* und dem Genitiv des PN. **Kotto* (Genitiv *Kotten-*) als Bestimmungswort. – Sperber, *HG.A.7*, S. 23; Eichler/Greule/Janka/Schuh, *Bayreuth*, S. 66–68.

Cresbach l.z. Waldach (z. Nagold z. Enz z. Neckar z. Rhein), mündet bei Oberwaldach. – ON. Cresbach (Gem. Waldach, Lkr. Freudenstadt, B.-W., D), 1075 *Chresbach*, 1267 *CRESB(ach)*. – Kompositum mit dem Grundwort *-bach* und mhd. *kresse* 'Brunnenkresse' als Bestimmungswort: 'Bach, an dem Kresse wächst'. – Schmidt, *HG.A.1*, S. 6 f.; Springer, *Flußnamen*, S. 115.

Creußen, die r.z. Haidenaab (z. Naab z. Donau). – 1357 *an der Crûsen*, 1383 *an der Krewsen … bis in die Krewsen*, (1396–2399) *an der Kreusen … an der Chreusen*; ON. Altencreußen (Gem. Prebitz, Lkr. Bayreuth, Bayern, D) im Quellgebiet der Creußen, 1320 *de Alten Creusen*, 1337 *von Alten Crusen*, 1466 *zu Alten Kreusen*, 1506 *Altenkreußen*; ON. Creußen (Stadt, Lkr. Bayreuth) an der Mündung des Schwarzbachs in den Roten Main, von Altencreußen übertragen, /græsn/, zu 1003 (Chronik ca.1013) *ad Crusni castellum … urbem Crusni*, zu 1003 (Annalen 11. Jh., Kopie 16. Jh.) *castellum Chrusna*, 1125 *in nemore Chrusene*, 1130 *de Chrusine*, 1139 *de Crûzsane*, 1251 *castrvm … Crusen*, 1273 *Chrusen*, 1319 *de Creusen*, 1358 *zu Kreusen*, 1469 *zw Crewßen*, 1799 *Creußen*. – Ausgangsform (gm.) **Krûsinō* > slaw. **Kružьna* > afränk. **Krūs(i)na*, abair. **Chrūsina*, diphtongiert **Kreusen*; mit *n*-Suffix abgeleitet von (gm.) **krūsa-*, mhd. *krūs* 'kraus, gelockt', metaphorisch auf den gewundenen Verlauf des Flusses bezogen. – N.N., *HG.A.20*; Eichler/Greule/Janka/Schuh, *Bayreuth*, S. 73–77.

Cröffelbach r.z. Bühler (z. Kocher z. Neckar z. Rhein). – ON. Cröffelbach (Weiler, Gem. Wolpertshausen, Lkr. Schwäbisch Hall, B.-W., D), 1085 *in Creftelbach*, 1274 *Krefftelbach*, 1276, 1359 *Creftelbach*, 1402 *Crefftelbach*, 1558–1561 *Kröffelbach*. – Grundform (ahd.) **Kreftil(en)bach*, Kompositum mit dem Grundwort *-bach* und dem Genitiv des PN. (ahd.) **Kreftilo* (**Kreftilen*) als Bestimmungswort. – Schmid, *HG.A.1*, S. 17.

Cumbach l.z. Leina-Hörsel (z. Hörsel z. Werra z. Weser). ON. Cumbach bei Waltershausen (Lkr. Gotha, Thüringen, D), 1111 *in Chúnbach*, 121(6) *in Cumbach*. – Grundform (mhd.) **Kuonenbach*? Kompositum mit dem Grundwort *-bach* und dem Genitiv des PN. (ahd.) *Kuono* (Genitiv **Kuonen-*), haplologisch verkürzt zu **Kuonbach*, als Bestimmungswort. – Sperber, *HG.A.5*, S. 13.

D

Daade, die (auch *Daadenbach*), l.z. Heller (z. Sieg z. Rhein), entspringt im Westerwald, mündet bei Alsdorf (Verbandsgem. Betzdorf, Lkr. Altenkirchen, Rh.-Pf., D). – ON. Daaden (Verbandsgem. Daaden, Lkr. Altenkirchen), 1219, 1303 *de* (*von*) *Dadene*, 1387 *zu Dadenbach, van Daden*, 1389, 1485 *von Daden, zo Daden*, 1422 *Daeden*, 1449, 1474 *Daden*, 1471 *Dadenbachz*. – Unklar ist, ob die Grundform ursprünglich langes /a/ (FlN. mhd. **Dādene*) oder kurzes /a/ (mhd. **Dadene*) in der Stammsilbe enthielt. Im zweiten Fall, von dem hier ausgegangen wird, wurde /a/ in offener Tonsilbe gedehnt: FlN. mhd. **Dadene* < (ahd.) **Dadana* könnte eine *n*-Ableitung von (gm.) **Þaða-* (< ig. **tətó-* < **th₂tó-*) 'geschmolzen', Partizip zu ig. **teh₂-* (**teh₂-u-*?) 'tauen, schmelzen', gm. **Þau-ja-* swV., mhd. *touwen*, mndd. *do(u)wen*, mndl. *dauwen*, ae. *Þāwian*, awn. *Þeja* 'tauen', synonym zu gm. **Þīda-* (↗Deilbach) sein. Bedeutung 'Schmelzwasser', weil der Fluss bei der Schneeschmelze besonders viel Wasser führt(e), ↗Totenalb. – Faust, *HG.A.*4, S. 13; Pokorny, *IEW*, S. 241f.

Dabelow-See im Naturpark Feldberger Seen (Lkr. Mecklenburg-Strelitz, M.-V., D). – 1299, 1300, 1305 *stagnum Dobelouu*, 1480 *den sehee to Dabelow*, 1780 *Der Dabelowsche See*, 1886 *Dabelow-See*; ON. Wokuhl-Dabelow (Amt Neustrelitz-Land, Lkr. Mecklenburg-Strelitz). – Grundform ON. (apolab.) **Dobelov-* 'Siedlung des Dobel', vgl. ON. Döbeln, Stadt östlich von Meißen (Sachsen), 1197 *de Dobelin*, asorb. **Doblin-* 'Siedlung eines Dobl(a), Dobel(a)'. – Wauer, *HG.A.*17, S. 21; Bilek, *Sprachgut*, S. 72; Eichler/Walther, *HONBSachsen* I, S. 188f.

Daber, die (auch *Berlincher Graben*), l.z. Dosse (z. Havel z. Elbe), mündet westlich von Alt Daber (Wittstock/Dosse, Lkr. Ostprignitz-Ruppin, Brandenburg, D). – 1274 *aqua dicta Dobera*, 1284 *super fluentem, Dobre dictum*, 1507 (Kopie) *vnter der Daber*. – Grundform apolab./asorb. **Dobr-* zum Adjektiv **dobr-* 'gut'. Benennungsmotiv entweder Klarheit, Schönheit, Sauberkeit oder Fischreichtum des Gewässers. – Fischer, *BNB 10*, S. 49; Wauer, *HG.A.*17, S. 74.

Dabersee Großer ~, † Kleiner~, ostsüdöstlich von Grumsin/Angermünde (Lkr. Uckermark, Brandenburg, D). – 1589 *Die Dabersee, von dem blanken Daber an bis vf den Vordruncken* (= ertrunken, verlandet) *Daber*. – Etymologie ↗Daber. – Fischer, *BNB 10*, S. 49.

Dachs-/Dax- -bach, -graben, -see, -weiher, z.B. um 1160 (Kopie 1302) *a flumine Dahspach*, Bach bei Viechtwang (Gem. Scharnstein, PB Gmunden, O.-Ö., A). Ahd. *dahs* stM. 'Dachs', ↗Dasbach. – Hausner/Schuster, *Namenbuch*, S. 218.

† **Dachtel** ursprünglicher Name der ↗Aid, l.z. Würm (z. Nagold z. Enz z. Neckar z. Rhein). – ON. Dachtel (Gem. Aidlingen, Lkr. Böblingen, B.-W., D), westlich von Dachtel talaufwärts Tonerdevorkommen, /dɔχdl/ (/ō/ offen), 1356 *Dahteln, Dachteln, Dachtel*, 1379 *Dauhtel*, 1523 *Dachtel*. – Grundform (ahd.) **Dāhtila* f., Ableitung mit *l*-Suffix von gm. **Þanhta-* 'Tonerde', Nebenform zu gm. **Þanhōn* f., ahd. *dāha* 'Tonerde'. – Reichardt, *Böblingen*, S. 48–50.

† **Dämmchen** See südöstlich von Am Mellensee (Lkr. Teltow-Fläming, Brandenburg, D), jetzt Polenzsee. – 1655 *Daß Dämmchen*, FlurN. Damkenplan, /de dämmken/. – Grundform FlurN. apolab. **Dąbky*, Plural zu **dąbek*, Diminutiv zu **dąb* 'Eiche'. Ins Brandenburgische integriert als **Dämbke(n)* und auf den See übertragen. – Fischer, *BNB 10*, S. 51.

Dämeritzsee im Nordwesten von Berlin, liegt teilweise im Lkr. Oder-Spree (Brandenburg, D); ein Teil des Sees heißt *Dämeritzbabe*. – 1591 *die Dameritz*, 1704 *in die Dehmeritzbabe, in die Demeritz-See*. – Grundform apolab. **Dąbravica* 'Gewässer am Eichenwald', abgeleitet von apolab. **dąbrava/*dąbrova* 'Eichenwald', ins Brandenburgische integriert als **Däm(b)eritz*; *Dämeritzbabe* ist Klammerform **Dämeritz[see]babe*, ↗Babe. – Fischer, *BNB 10*, S. 50.

Dänitzfließ r.z. Langerönner Fließ südlich von Biesenthal (Lkr. Barnim, Brandenburg, D). – 1315 *de winische flieth* (Kopie) (lies *Dewinische*), 1553 *us dem See der Dowin ... in die Dewenitz*, 1711 *Denitzfließ*, 1857 *Dänitzfließ*. – Grundform apolab. **Děv'nica*, abgeleitet vom Gewässernamen **Děvin-* (↗Dewin). – Fischer, *BNB 10*, S. 51.

Dagow-See (auch *Großer Dagow-See*), z. Fließ (z. Kleiner Gadow-See z. Großer Stechlin See) westlich von Dagow (Gem. Stechlin, Lkr. Oberhavel, Brandenburg, D). – 1575 *Dadow*, 1746/47 *Dadau*, 1751 *Der Daduische See*, 1772 *Daudausche* (lies *Dadausche*) *See*, 1780 *Gr. Dago See*, 1908 *Dagow-See*; ON. Dagow. – Grundform ON. apolab. **Dad'ov-* bzw. **D'ad'ov-* 'Ort eines Dad bzw. D'ad', dissimiliert zu *Dagow*. – Wauer, HG.A.17, S. 21 f.

Dahbach l.z. Brettach (z. Kocher z. Neckar z. Rhein), mündet bei Neuenstadt am Kocher (Lkr. Heilbronn, B.-W., D). – /di daxbax/; ON. Dahenfeld (Stadt Neckarsulm, Lkr. Heilbronn), 1177 *Tahenuelt*, 1235 *Dahenuelt*, 1298, 1323, 1331, 1341 *Dahenvelt*, 1341 *Dahenveld*, 1365 *Dahenfelt*. – Kompositum mit dem Grundwort *-bach* und ahd. *dāha* 'Tonerde', mhd. *tahe* swMF. 'Ton(-erde)', ↗†Dachtel. Da der Flussname nicht alt belegt ist, kann es sich um eine Klammerform **Dah[enfeld]bach* handeln. – Schmid, HG.A.1, S. 17; Springer, *Flussnamen*, S. 124.

Dahl-/Dal-/Dall- *-bach, -pfuhl, -teich* ↗Tal-.

Dahme, die (im Unterlauf auch *Wendische Spree*), l.z. Spree (z. Havel), entspringt bei Dahme/Mark (Lkr. Teltow-Fläming, Brandenburg, D), mündet bei Berlin-Köpenik. – 1336 *des wazzers tzu der dame*, 1440 (Kopie) *an die dame*, 1446 (Kopie) *bis an die Dame*; ON. Dahme/Mark, 1166 (1171) *provincia, que Dame dicitur*, 1186 *Dame*. – Da der Name trotz der Länge des damit benannten Gewässers auffällig schlecht historisch belegt ist, ist seine Deutung unsicher. Doch ist gegen die mehrfach vorgetragene Rückführung auf gm. **Dāmō* (> slaw. **Dama*) 'die Dunkle' zu norw. *daam* 'dunkel' (gm. **dē̆m-*) nichts einzuwenden, ↗Emster (< **Dāmistra-*). – Borchers, HG. A. *Supplement*, S. 10 f.; Fischer, BNB 10, S. 49 f.

Daisbach r.z. Schwarzbach (z. Goldbach z. Main) bei Okriftel (Stadt Hattersheim am Main, Main-Taunus-Kreis, Hessen, D). – 1043 *Duosna, a fonte Duosnę*, 1221 *ad aquam … Dussina, Dussena*, 1479 *die Dusch*, 1491 *von der Deuse*. – Ausgangsform FlN. gm. **Dūsinō*, n-Ableitung von gm. **dūs-* in mndd. *dūsen* 'gedankenlos dahingehen', nhd. *Dusel*, urig. **dʰuHs-*, Desiderativstamm zum Verb urig. **dʰeuH-* 'rasch hin und her bewegen, schütteln'. **Dūsinō* > mhd. **Diusene*/**Diusne* (mit <iu> = /y:/) > fnhd. *Deuse* (entrundet) > *Dais-*; die Belege *Duosna* dürften auf einer Schreibung <důsna> beruhen, in der <ů> /y:/ bezeichnete. – Sperber, HG.A.7, S. 24; Pokorny, IEW, S. 269 f.; Rix, LIV, S. 149 f.

Dalke, die (auch *Dalkebach*, im Oberlauf *Bullerbach*), fließt durch Bielefeld und Gütersloh (NRW, D). – ON. Dalbke (Bezirk Sennestadt, Bielefeld, NRW, D), 1587 *Dalbeke*. – Aus (mndd.) *Dalbeke* über **Dalbke* > *Dalke*. – Witt, *Flußnamen*, S. 208.

Dam- *-bach, -beke*, z. B. 1183 (F. 1264) *flumen Tampach, Tanpach*, 1190 *tanpahc*, Bach im PB Kirchdorf an der Krems, Gem. Rosenau am Hengstpaß (O.-Ö., A), /ˈdãũmbõ/. – Mhd. *tan* stM. 'Tannenwald'. – Hohensinner/Reutner/Wiesinger, *Kirchdorf an der Krems*, S. 21; Hausner/Schuster, *Namenbuch*, S. 224.

Damers-Bach r.z. Grenff (z. Schwalm z. Eder z. Fulda z. Weser). – 1366 *Tamyrsbach*; ON. †Damersbach, 1330 *Damirsbach*, 1346 *Demersbach*, 1348 *Damersbach*, später *Amersbach*. – Etymologie ↗*Dammersbach*, vielleicht ist der Name von dort übertragen. – Sperber, HG.A.5, S. 14.

Damm- *-bach, -brunnen, -fleth, -graben, -lake, -pfuhl, -see, -weihergraben, -wies(en)graben*. Bestimmungswort mhd. *tam*, mndd. *dam* 'Damm'; brandenburg. *Damm* bedeutet außer 'Schutzbau am Flussufer, Deich' auch 'fester Fahrweg, Straße' (ursprünglich 'erhöhter Fahrweg durch Niederungen'); z. B. ON./FlN. Dammfleth (Amt Wilstermarsch, Kr. Steinburg, S.-H., D), 1164 *inter … Damflite*, 1174 (Kopie nach 1200) *lacui … Dammflet* 'Fleet (Wasserlauf) bei einem Damm'. – Springer, *Flußnamen*, S. 156; Ulbricht, *Saale*, S. 80; Fischer, BNB 10, S. 50; Laur, *Schleswig-Holstein*, S. 203 f.

Damm-Bach r.z. Miselbach (z. Kohl-Bach z. Neuwoogbach/Mühl-Bach z. Glan z. Nahe z. Rhein). – 1564 *Daubenbach*, 1600 *Dambach, Daumbach*, 1748 *Thombach*. – Kompositum mit dem Grundwort *-bach* und mhd. *tūbe*, md. *dūbe* 'Taube' als Bestimmungswort oder zu ↗Taub-. – Greule, HG.A.15, S. 20.

Dammersbach r.z. Haune (z. Fulda z. Weser). – 1093 *iuxta Dagemaresbach*; ON. Dammersbach (Lkr. Fulda, Hessen, D), 799–800 (Kopie) *Tagamaresbach*, 1093 *Dagemaresbach*, 1186 *Damarspach*, 1369 *Thamerspach*. – Kompositum mit dem Grundwort *-bach* und dem Genitiv des PN. ahd. *Tagamār, Dagamār*. *Dagamāres-bach* wird synkopiert zu **Dagmarsbach*, nach Assimilation /-mb-/ > /-mm-/ zu *Dammersbach*. – Sperber, HG.A.5, S. 14.

Damsbach l.z. Oh (z. Ohe z. Allna z. Lahn z. Rhein). – ON. Damshausen (Gem. Dautphe, Lkr. Marburg-Biedenkopf, Hessen, D), 1251 *de Tagemanneshusen*, 1260 *Daymanshusin*, 1292 *Demppeshusen*, 1322 *Temeshusen*, 1333 *Demshusin*, 1335 *Teymeshusen*, 1387 *Demshusen*, 1577 *Damptshausen*. – Grundform ON. mhd. **Tagemanneshūsen*, Kompositum mit dem Grundwort (im Dat. Pl.) mhd. *hūs* 'Haus' und dem

Genitiv des PN. (ahd.) *Tagaman. *Tagemanneshüsen wurde kontrahiert zu *Dāmanshūsen (im 14. Jh. umgelautet) > Dam(p)shausen. Der FlN. Damsbach ist eine Klammerform *Dams[hausen]bach. – Faust, HG.A.4, S. 13.

Dappach   r.z. Rot (z. Kocher z. Neckar z. Rhein). – ON. Dappach (Weiler Gem. Fichtenberg, Lkr. Schwäbisch Hall, B.-W., D), 1338 Tanpach. – Grundform mhd. *Tanbach, Tanpach, assimiliert *Tappach/Dappach, Kompositum mit dem Grundwort -bach und mhd. tan 'Tannenwald' als Bestimmungswort, ↗Tann-. – Schmid, HG.A.1, S. 17.

Darmbach   (auch Soderbach, Schachgraben, Blinbach), r.z. Landgraben (z. Schwarzbach z. Rhein), entspringt aus der Darm(bach)quelle im Darmstädter Ostwald, fließt durch Darmstadt, mündet in der Nähe von Büttelborn (Lkr. Groß-Gerau, Hessen, D). – 1520 hinseit der Bach, 1595 an der Bach, 1759 Darm flus; ON. Darmstadt (Stadt, Hessen), 11. Jh. Darmundestat, 1275 Darmestat, 1355 Darmstat. – Spät gebildete Klammerform *Darm[stat]bach; der ON. Darmstadt ist ein Kompositum (ahd.) *Darmundesstat mit dem Genitiv des PN. *Darmund als Bestimmungswort und ahd. stat 'Stelle, Stätte' als Grundwort. – Geiger, HG.A.2, S. 24, Kaufmann, Ergänzungsband, S. 92.

Darsbach, die   r.z. Neckar (z. Rhein) in Heidelberg. – 1094 (Kopie 12. Jh.) in amnem ... Dagrisbach; ON. † Darsbach, 1211 Dagesbach, 1261, 1281 Dagisbach; FlurN. 1622 der wiesengrundt die Darßbach. – Grundform FlN. (ahd.) *Dag(a)resbach, Kompositum mit dem Grundwort -bach und dem Genitiv des PN. ahd. *Dagar als Bestimmungswort. Die Entwicklung des Namens wird bestimmt durch die Erleichterung der Lautgruppe /-agres-/ entweder zu Dages- oder zu Dars-. – Schmid, HG.A.1, S. 17.

Dasbach   r.z. Wehre (z. Werra z. Weser), östlich von Waldkappel (Lkr. Werra-Meißner-Kreis, Hessen, D). – ON. † Dasbach, 1141 Dasbach, 1408 Daßpach; FlurN. Dasbach, Dasberg. – Grundform FlN. *Da(hs)bach, Kompositum mit dem Grundwort -bach und mndd. das(se), ahd., mhd. dahs 'Dachs' als Bestimmungswort, ↗Dachs-. – Sperber, HG.A.5, S. 14.

Dase, die   r.z. Erpe (z. Twiste z. Diemel z. Weser), entspringt in der Elsunger Senke bei Nothfelden (Stadt Wolfhagen, Lkr. Kassel, Hessen, D), mündet bei Ehringen (Volkmarsen, Lkr. Waldeck-Frankenberg, Hessen). – 1587 biß uffs wasser die Dauße genant, uff die Dauße. – Die aus nur einer Quelle stammenden Nennungen erlauben keine sichere Deutung, vielleicht zu mndd. dūsen 'gedankenlos dahingehen', ↗Daisbach. – Kramer, HG.A.10, S. 11.

Daspe, die   l.z. Weser. – 1400 (Kopie) in der Derspe, 1555 (Kopie 17. Jh.) zur Darßpe, ON. Daspe (Gem. Hehlen, Lkr. Holzminden, Niedersachsen, D), (1013, Fälschung 12. Jh.) Drespun, 1022 (Fälschung 12. Jh.) Drespen, (1147–58) de Draspe, 1197 de Derspe, (1205–16) de Derspe, 1245, 1284, 1291 de Derspe, 1309 in Derspe, 1311 (Kopie 14. Jh.) de Derspen, 1534 Darspe; FlurN. Dasper Brink. – Grundform FlN. mndd. *Drēspe f. (< gm. *Þrais-apa) mit Liquida-Metathese *Dērspe > Darspe > Daspe, Kompositum mit dem Grundwort ↗apa und gm. *Þrais-, ahd. *dreis/dreisa 'wallende, sprudelnde Quelle' (↗Dreis-/Dres-) als Bestimmungswort. – Kramer, HG.A.10, S. 11.

Dattenbach, die   l. Quellbach d. Schwarzbachs (z. Goldbach z. Main), entspringt östlich von Nieder-Oberrod (Stadt Idstein, Rheingau-Taunuskreis, Hessen, D), Zusammenfluss mit dem Daisbach (r. Quellbach d. Schwarzbachs) südlich von Eppstein (Main-Taunus-Kreis, Hessen). – 1556 in die Dattenbach; FlurN. Dattenberg. – Ausgangsform FlN. (mhd.?) Dattenbach, Kompositum mit dem Grundwort -bach und dem Genitiv des PN. mhd. *Datte als Bestimmungswort. – Sperber, HG.A.7, S. 24.

Datterpfeife, die   r.z. Sontra (z. Wehre z. Werra z. Weser), mündet in Wichmannshausen (Stadt Sontra, Werra-Meißner-Kreis, Hessen, D). – ON. Gut Datterpfeife, 1471 Toderpieffe, 1585 Todenpfeif; ON. Datterode im benachbarten Netratal (Gem. Ringgau, Werra-Meißner-Kreis), 1140/41 Dathenrot, 1141 Datdenroth. – Ausgangsform vielleicht *Datteroder Pfeife, wobei Pfeife/-pief ndd. piep f. 'schmaler Abzugsgraben zwischen Acker-, Weide- und Wiesenstücken' entspricht. Bedeutung 'Abzugsraben, der aus Richtung Datterode kommt', ↗Pfieffe. – Sperber, HG.A.5, S. 14; Rohden, Treene, S. 55.

Daubach
– ¹Daubach, r.z. Ellerbach (z. Nahe z. Rhein). – ON. Daubach (Verbandsgem. Bad Sobernheim, Lkr. Bad Kreuznach, Rh.-Pf., D), 1438 Daupach. – Greule, HG.A.15, S. 20.
– ²Daubach, r.z. Gelbach (z. Lahn z. Rhein). – ON. Daubach (Verbandsgem. Montabaur, Westerwaldkreis, Rh.-Pf.), 1343 Dupach, 1453 Duppach, 1556 Duppenbach, 1575 Daupach. – Faust, HG.A.4, S. 13. Ausgangsform vielleicht FlN. (mhd.) *Tübenbach/*Dübenbach, Kompositum mit dem Grundwort -bach und mhd. (md.) dūbe swF. 'Taube' als Bestimmungswort. Nach Synkope der Mittelsilbe zu *Dūb(b)ach verkürzt und zu Daubach diphthongiert.

Dauerbach (z. Aurach), in der Gemeinde Altmünster (GB, PB Gmunden, O.-Ö., A). – ON. Dauerbach, Rotte von Gmundnerberg (ebd.), /ˈdaøχpō/ (ō offen), 1588 *Taurpach*. – Bestimmungswort ist mhd. *Türe*, alte alpenländische Bezeichnung eines Berges und eines Bergübergangs; Bedeutung: 'der vom Übergang auf der Anhöhe herabkommende Bach'. – Reutner/Wiesinger, *Gmunden*, S. 69.

Dautphe, die (lies: *dautfe*), r.z. Lahn in Friedensdorf a.d. Lahn (Hessen, D). – /ˈdaurof/, ca. 1250–60 *Dudefe*, ca.1282/83 *Dudefe*; ON. Dautphe (Großgem. Dautphetal, Lkr. Marburg-Biedenkopf, Hessen, D), 791 (Kopie 12. Jh.) *in Dudafhero marca*, 780/800 (Kopie 12. Jh.) *Dutoffahe*, 1238 *Duduffe, Dudephe*. – Die historischen und heutigen Formen des Namens führen auf einen Flussnamen ahd. *Dūdaffa* zurück. Der Name der Siedlung ist mit dem Flussnamen identisch. Die Erwähnung der Siedlung Dautphe im Codex Laureshamensis (791, Kopie 12. Jh. *Dudafhero*) entspricht dem Genitiv Plural des Einwohnernamens („in der Gemarkung der Dautpher"). Im Beleg 780/800 *Dutoffahe* ist zur Verdeutlichung ahd. *-aha* 'Fließgewässer' an den eigentlichen Namen *Dutoff* angefügt. Die Entwicklung des Namens geht in der Schriftsprache andere Wege als in der Mundart. Die Mundart entwickelte ahd. *Dūdaffa* über *Dūdof* zu /daudof/ > /daurof/ (mit *d*-Rhotazismus) weiter. In der Schriftsprache setzt sich dagegen die ahd. Form *Dūtaffa* (mit Lautverschiebung /-d-/ > /-t-/) über mhd. *Dūtefe*, frühnhd. *Dautfe* und historisierender Schreibung *Dautphe* fort. – Bei ahd. *Dūdaffa*/*Dūtaffa* handelt es sich um ein Kompositum mit dem Grundwort *-affa* (↗-apa) 'Gewässer, Fluss'. An der markanten Stelle, wo der Fluss am Fuß des Ortes Dautphe eine Biegung macht und sein Gefälle sehr gering ist, existierte ein Sumpfgebiet. Deshalb liegt die Vermutung nahe, dass der Fluss seinen Namen nach einem Sumpfgewächs hat und dass das Bestimmungswort *Dūd-* verwandt ist mit ahd. *tutil(cholbo)* 'Rohrkolben', dn. *dude* 'Taumellolch', engl. *dodder* 'Zittergras'. Der Langvokal in gm. *Dūd-* erklärt sich aus der Rekonstruktionsform gm. *dūda-* < urig. *dʰuH-tó-* 'rasch hin- und herbewegt', Partizip der Verbalwurzel urig. *dʰeuH-* 'rasch hin und her bewegen, schütteln'. – Faust, *HG.A 4*, S. 12f.; Pokorny, *IEW*, S. 265; Debus, *Friedensdorf*, S. 48; Friedhelm Debus, brieflich v. 09. 10. 2007 und 17. 10. 2007; Rix, *LIV*, S. 149f.

Debrod-See südlich von Großzerlang (Stadt Rheinsberg, Lkr. Ostprignitz-Ruppin, Brandenburg, D). – 1788 *Degebrod*. Das Dorf † Degebrod (1556 *Degebrode*) lag an einer Landenge, die den Debrod-See vom Großen Pälitz-See trennte. – Der ON. enthält als Zweitglied apolab. **broad* 'Furt' und als Erstglied einen von apolab. **deget* 'Teer' abgeleiteten Gewässernamen. – Fischer, *BNB 10*, S. 51.

Deesbach l.z. Lichte (z. Schwarza z. Thüringische Saale z. Elbe); Deesbächel, l.z. Deesbach. – ON. Deesbach (Gem., Lkr.Saalfeld-Rudolstadt, Thüringen, D), /ˈdīəšbχ/, 1465 *Tespach*, 1493, 1500, 1516 *Teschbach*. – Kompositum mit dem Grundwort *-bach* und entweder PN. slaw. **Teš* oder PN./FN. *Dees* (< *Matthäus, Mathias*) als Bestimmungswort. Parallelname: Deesch-Bach (r.z. Ilm z. Thüringische Saale). – Ulbricht, *Saale*, S. 94, 130.

Degelbach r.z. Nollen-Bach (z. Ablach z. Donau) bei Sauldorf (Lkr. Sigmaringen, B.-W., D). – 1477 *Tegelbach*. – Kompositum mit dem Grundwort *-bach* und *Tegel* 'bläulicher Ton', schwäb. /deəgl/ (ahd. *tegel* stM. 'Tongeschirr') als Bestimmungswort. – Snyder, *HG.A.3*, S. 15; Keinath, *Württemberg*, S. 37.

Degern- Variante von ↗Tegern-, vgl. ↗Dernbach; z.B. Degern-Bach, r.z. Loisach (z. Isar), jetzt Breitenbach; Degernbach, l.z. Rott (z. Inn); ON. Degernbach (Lkr. Rottal-Inn, Bayern, D), 874–897 *Tegirinpah*. – Snyder, *HG.A.3*, S. 15; Dotter/Dotter, *HG.A.14*, S. 172.

Deggenbach r.z. Großen Laber (z. Donau). – ON. Ober~, Unter~ (Markt Schierling, Lkr. Regensburg, Bayern, D), ca.863–885 (Kopie) *Tecchinpah*, 12. Jh. *de Teken(p)ah*, 1135 *de Teckinbach*, 1143 *de Teckenbah*, ca.1160 *de Dekkenbach*. – Grundform ahd. **Tekchinpach*, Kompositum mit dem Grundwort *-bach* und dem Genitiv des PN. ahd. **Takcho/Daggo* (Gen. **Tekchin/Deggin*) als Bestimmungswort. – Snyder, *HG.A.3*, S. 15.

Dehmsee östlich von Berkenbrück (Lkr. Oder-Spree, Brandenburg, D). – 1373 (stagnum) *Deme*, 1606 *der Dehmen*, 1751 *Der Dehm*, 1775 *der Dehm See*. – Vielleicht vorslaw./gm. Name **Dem-*, ablautend zu ↗Dahme (< gm. **Dāmō*), Benennung nach der dunklen Farbe des Wassers. – Fischer, *BNB 10*, S. 51f.

Dehren-/Deren-/Dern- *-bach*, z.B. Dern-Bach, l.z. Aar (z. Dill z. Lahn), öfter als Ortsname, z.B. Gaudernbach (Stadtteil von Weilburg, Ldkr. Limburg-Weilburg, Hessen, D), /ˈdêrmbax/, 1053 *Degerenbach, Degerembach*, 1226, 1255 *Derinbach*, 1325 *Gauderinbach* usw., 1661 *Gaudernbach*. Bestimmungswort mhd. (wmd.) Adj. *degeren-*, (mit Kontraktion /-ege-/ > /-ē-/), **dērn-* 'groß, dick, breit, voll', ↗Tegern-. – Bei anderer Beleglage kann als Bestimmungswort auch der PN. (ahd.) **Daro* (Genitiv **Derin-*) vorliegen, z.B. Dernbach (Verbandsgem.

Wirges, Westerwaldkreis, Rh.-Pf.), /dɐrwiš/, 1234 *Derenbach* usw. – Faust, *HG.A.4*, S. 14; Metzler, *Westerwald*, S. 84, 108.

Dehrlacke r.z. Weser bei Meinbrexen (Gem. Lauenförde, Lkr. Holzminden, Niedersachsen, D). – 1587 *oben Meinbrechtssen ... ein Becke ... die Dierlacke*; FlurN. 1772 *In der Dehrlacke*. – Kompositum mit dem Grundwort mndd.-*lāke* (↗Lach-) und mndd. *dēr* 'Tier' (↗Thier-/Tier-) als Bestimmunsgwort. – Kramer, *HG.A.10*, S. 11 f.

Deichgrabe künstlicher Wasserzug im Bereich des Eberbachs (z. Forstbach z. Weser) in Stadtoldendorf (Lkr. Holzminden, Niedersachsen, D). – 1759 *Deichgrabe*; FlurN. Teich, Teichplatz. – Bestimmungswort ist ndd. *diek* 'natürliches oder künstlich angelegtes stehendes Gewässer', verhochdeutscht als *Deich* und ↗ *Teich*. – Kramer, *HG.A.10*, S. 12.

Deilbach l.z. Baldeney-See (z. Ruhr z. Rhein), entspringt auf der Wasserscheide von Wupper und Ruhr, mündete bis 1864 an der *Kupperdrehe* (Kupferdreh-Essen). – 875 (Kopie Mitte 12. Jh.) *Thidela*, 11. Jh. (Kopie Mitte 12. Jh.) *Thithelam*, um 1370 *up der Dedelen*, 15. Jh. (mehrfach) *opper Dedelen*, 15./16. Jh. *in der Deele*, *upper Deele*, 1622 *naher der Deel*; ON. Dilldorf (Stadtteil von Kupferdreh, Stadt Essen, NRW, D), um 1150 *de Thiedele*, um 1220 *Didele*, 13. Jh. *Didiledorp*, *Deledorp*, 1355 *de Dedele*, 1365 *Deideldorpe*, 1407 *Dydeldorpe*, 1487/88 *Deele*. – Grundform FlN. as. *Thidela* > mndd. *Dedele*, (mit -d-Ausfall) *Dēle/ Dēl*. Aus dieser Form wurde standardsprachlich in Anlehnung an ndd. *dēl*/nhd. *Teil* der FlN. *Deil*(bach) geneuert. Der ON. *Didiledorp*/*Dilldorf* entwickelte sich anders (mit Haplologie > *Dildorp*). As. *Thidela* findet als Ableitung mit *l*-Suffix Anschluss an gm. *þīda-*, awn. *þíðr* 'aufgetaut, eisfrei, (Schiff) leicht steuerbar', altes Partizip zum Verb gm. *þīna-*, ae. *ðīnan* 'feucht werden'. Unklar bleibt dabei der kurze Vokal in der Stammsilbe. – Schmidt, *HG.A.6*, S. 12 f.; Barth, *Sieg und Ruhr*, S. 130; Derks, *Essen*, S. 128–130.

Deime, die rechter Arm des Pregel zum Kurischen Haff (Samland, Kaliningrader Gebiet, RUS). – 1352 *super flumen Deyme, de flumine Deim, fluvium vulgariter Deyme, Das vliz Deime*, 1400 *Deim*, 1450 *Deyme*, 1456 *Deheme*, 1576 *Deme fl.*, um 1790 *die Deime*, usw.; ON. Deimemünde (so 1938), Gut Paddeim, 1336 *Padeim, in dem velde Padeim*, 1780 *Paddeim*, usw. – Die Ausgangsform ist (balt.) *Deimena*, vermutlich abgeleitet von urig. *deih₂-* 'aufleuchten' und bedeutet vermutlich 'die hell Glänzende'. Der ON. *Paddeim* ist mit dem baltischen Präfix *pa-* gebildet. – Biolik, *HE 11*, S. 40 f.; Rix, *LIV*, S. 108.

Deiming, die l.z. Naarn (↗Donau) beim Baumgartenberg (PB Perg, O.-Ö., A). – 1139–41 (Kopie 1335) *Teymich*, 1141(Fälschung vor 1188) *Timnich*; ON Deiming (PB Perg), /däimiŋ/, 1147 *de Timnich*. – Über mhd. *Tîmniche* < slaw. *Timěnika* von slaw. *timěno* 'Sumpf', mit Angleichung des Suffixes -*ich* an die -*ing*-Namen. – Hausner/Schuster, *Namenbuch*, S. 233; Hohensinner/Wiesinger, *Perg und Freistadt*, S. 49 f.

Deimke, der r.z. Bruchgraben (z. Söse z. Rhume z. Leine z. Aller z. Weser) bei Förste (Stadt Osterode, Lkr. Osterode am Harz, Niedersachsen, D). – 1784 *im Dehmke*, 1866/68 *auf dem Deimke*, 20. Jh. *auf dem Deimke*. – Kompositum mit dem Grundwort mndd. -*beke* 'Bach' und einem nicht deutbaren Bestimmungswort. – Kettner, *HG.A.8*, S. 17; Kettner, *Leine*, S. 43.

Deinbach r.z. Rotenbach (z. Rems z. Neckar z. Rhein). – ON. Groß~, Klein~, Hangen~ (Stadt Schwäbisch Gmünd, Ostalbkreis, B.-W., D), /-dōēbax̌/ (/ōē/ offen), 1271 *Tainbůch*, 1339 *Tůnbůch* (weitere zahlreiche Belege). – Grundform ON. (ahd.) *Tagin[en]buoch* 'Siedlung am/im Buchenwald des Tagino', Kompositum mit dem Grundwort mhd. -*buoch* und dem Genitiv des PN. ahd. *Tagino*. Das Grundwort erscheint abgeschwächt seit dem 16. Jh. als -*bach*. Hagendeinbach < *hangend Deinbach* 'das sich den Hang herabziehende Deinbach'. – Schmid, *HG.A.1*, S. 18; Reichardt, *Ostalbkreis I*, S. 123–125.

Deisengraben versickert in Richtung Krummbach bzw. r.z. Leitzach (z. Mangfall z. Inn z. Donau). – Ca.1858 *Deisengraben*; ON. Deisenried (Gem. Fischbachau, Lkr. Miesbach, Bayern, D), 1469 *Deysnried, Deisenrieder*, 1513 *Teysnrieder*; FlurN. Deisenrieder Moos, BergN. Deisenrieder Moos. – Klammerform *Deisen[ried]graben*, ON. Deisenried, Kompositum mit dem Genitiv des PN. (ahd.) *Deiso* (*Deisen-*) als Bestimmungswort und mhd. -*riet* 'Ried, Moor' als Grundwort. – Dotter/Dotter, *HG.A.14*, S. 71.

Delme, die (im Oberlauf *Rote Riede*), l.z. Ochtum (z. Weser), entspringt in Twistringen (Lkr. Diepholz, Niedersachsen, D), mündet am Rande von Bremen. – 1504 *up de Delme*, 1525 *an de Delme*, 1537 *upper Delme*, 1773 *die Delme*; ON. Delmenhorst (Niedersachsen), 1254 *Delmenhorst* (weitere Belege dieser Form), 1262, 1292 *Delmenehorst*. – Ausgangsform FlN. (mndd.) *Delmene* < gm. *þelmanō* f., vermutlich abgeleitet von gm. *þel-* 'Grund, Boden, Brett' (↗Dill ↗Dielfe). Nicht auszuschließen ist, dass im Stamm der Rest eines Verbs gm.*þel-a-* '(weg)tragen' (got. *þulan* 'dulden, leiden') vorliegt und der Name auf die Fähigkeit des Flusses z.B. Lasten zu tragen anspielt. Das

Delvenau

Grundwort im ON. *Delmen-horst* entspricht mndd. *horst* 'Gebüsch, Buschwald'. – Borchers, *HG.A.18*, S. 27 f.

Delvenau, die (auch *Stecknitz*), r.z. Elbe im Kreis Herzogtum Lauenburg (S.-H., D), bereits im Mittelalter reguliert als Stecknitzkanal, seit Ende des 19. Jh. Teil des Elbe-Lübeck-Kanals, mündet bei Lauenburg; seit 810 Grenze zwischen slawischen Abodriten und Sachsen. – /dɛlvənau/, um 1075 *in fluvium Delvundam*, 1319 *Delvene*, 1350, 1369 *Deluene*, 1371 *super Delvenam*, *super Delvene*, 1373, 1374, 1383, 1384, 1390 *Delvene*, 1391 *de grave der Delvene* (zahlreiche Belege dieser Form im 15. Jh.), 1410 *vp dem grauen gheten de Deluene*, 1518 *Delmenow*, um 1724 *Delvenau*, 1777 *Delvenau-Graben*; ON. † Delvenau, Anfang 9. Jh. *castellum ... trans Albiam* (Elbe) ... *Delbende*; WaldN. um 1075 *per silvam Delvunder*; GebietsN. 1158 (Fälschung 13. Jh.) *Sadelbandia*, 1172 *in Sadelbandingen*, *in Sadelbandia*, um 1210 *terra ... Sadelbent*, 1292 *tho Zadelbende*, 1315 *Sadelbandie*, 1415 *to Zadelbande* (< slaw. *Za-delbạd* 'jenseits der Delvenau'). – Grundform as. *Delvunda*/*Delbunda* > mndd. *Delven(n)e*, spät zur Verdeutlichung erweitert um ndd. *-au* 'Wasserlauf'. Im slawischen Gebietsnamen *Za-delbạd'e* liegt eine im Suffix ablautende Form (gm.) *Delbạnd-* vor. Bei beiden Formen handelt es sich um eine partizipiale Bildung zum Verb gm. *delb-a-* 'graben' (↗ Dölbe) mit der Bedeutung 'die Grabende, der Graben'. Die Deutung wird durch historische Nennungen, die die Delvenau als Graben bezeichnen, belegt. – Udolph, *HG.A.16*, S. 74–76; Schmitz, *Lauenburg*, S. 384 f.

Demenzsee Stadt Strasburg (Gem. Uckerland, M.-V., D). – 1714 *der Dementzsee*, 1787 *den Dementz-See*, 1796 *Metz See*, 1908 *Mentz-See*, auch *Dementz-See*. – Grundform apolab. *Dmęc-*, Partizip Präsens Aktiv zu urslaw. *dǫti* (*dъmǫ*) 'blasen', Motivation des Namens unklar. – Fischer, *BNB 10*, S. 52.

Demmbach, die r.z. Werthenbach (z. Sieg z. Rhein). – 1467 *in der Deynenbach, in der Deynebach, in der Deinbach*, 1471 *in der Deynbach*. – Grundform (mndd.) *Dennenbach* mit dem Bestimmungswort mundartlich (siegerländisch) *den, dēn*, as. *dennia* 'Tanne' und dem Grundwort *-bach*. *Dennenbach* wird nach Synkope (*Dennbach*) und Assimilation zu *Demmbach*. – Faust, *HG.A.4*, S. 13; Barth, *Sieg und Ruhr*, S. 72.

Dendelbach r.z. Bibers (z. Kocher z. Neckar z. Rhein). – ON. Dendelbach (Gem. Rosengarten, Lkr. Schwäbisch Hall, B.-W., D), 1544–1550 *Dennelbach*. – Grundform (ahd.) *Tennīnbach*, mhd. *Tennenbach*/ *Dennenbach* mit dem von ahd. *tanna* 'Tanne' abge-

leiteten Adjektiv ahd. *tennīn* als Bestimmungswort und *-bach* als Grundwort; Bedeutung 'mit Tannen bestandener Bach'. In (mhd.) *Dennenbach* wurde die Lautgruppe /-ennen-/ > /-ennel-/ dissimiliert (*Dennelbach*) und ein Sproßkonsonant /-d-/ (*Dendelbach*) eingefügt. Oberdeutsche Entsprechung: ON. *Tennenbach* ↗ Tenn-. – Schmid, *HG.A.1*, S. 18.

Densbach z. Maßholderbach (z. Hasel z. Sontra z. Wehre z. Werra z. Weser). – ON. Dens (Gem. Nentershausen, Lkr. Hersfeld-Rotenburg, Hessen, D), 1195 *Tense, Superior Tense*, 1252 *Zense*, 1296 *Supratens*, 1361 *Döns*. – Ausgangsform ON./FlN. (ahd.) *Tenisa*, (as.) *Denisa*, diminuierende (?) *s*-Ableitung von (gm.) *dan-* 'Wald', ahd. *tan-esel* 'Waldesel', mndd. *denne* f. 'Lagerstätte, Niederung, Waldtal', nhd. *Tann* 'Wald', mit der Bedeutung 'Siedlung/Bach im Waldtal'. Vielleicht vergleichbar Densbach (z. Rabenthalsbächlein z. Buchbach z. Arnsbach z. Zopte z. Loquitz z. Thür. Saale); Densen-Pfuhl südlich von Flemsdorf (Gem. Schöneberg, Lkr. Uckermark, Brandenburg), 1689 *Densensee*; ON. Densen, 1536 *zu Densen*; Densow-See südlich von Densow (Stadt Templin, Lkr. Uckermark), 1375 *stagnum ... Densow*, 1574 *Densaw*; ON. Densow, 1307 (Kopie 17. Jh.) *uille Densouue*. – Sperber, *HG.A.5*; Ulbricht, *Saale*, S. 94; Fischer, *BNB 10*, S. 52.

Densen-Pfuhl ↗ Densbach.

Densow-See ↗ Densbach.

Deppenbeek r.z. Oder (z. Rhume z. Leine z. Aller z. Weser) bei Wulften am Harz (Lkr. Osterode am Harz, Niedersachsen, D). – 1571 *im Deppennbecke*, 1785 *Deppen Beck*, 1879/81 *im Deppenbeek*. – Bestimmungswort des Kompositums mit dem Grundwort mndd. *beke* 'Bach' ist der Familienname *Deppe*; eine Wiese am Deppenbeek gehörte den Brüdern Deppe. – Kettner, *HG.A.8*, S. 17; Kettner, *Leine*, S. 43.

Dermbach l.z. Felda (z. Werra z. Weser). – ON. Dernbach (Wartburgkreis, Thüringen, D), 1317 *zu Theyrenbach*, 1323 *Terimbach*, 1364 *Terembach*, 1378 *Ternbach*, 1443 *von Thernbach*, 1525 *Terbach*, 1655 *Dermbach*. – Grundform (mhd.) *Tērnbach* kontrahiert aus *tegerenbach*, Deutung ↗ Tegern-, ↗ Dehren-/Deren-/Dern-. – Sperber, *HG.A.5*, S. 14.

Dernbach ↗ Dehren-/Deren-/Dern-.

Derschbach, die z. Albess-Bach (z. Bledes-Bach z. Kusel-Bach z. Glan z. Nahe z. Rhein). – 1790 *Dörsbach*, 1860 *Dörrmoch*, 1885/88 *die Dersbach*; ON. † Derschbach nördlich von Wahnwegen (Verbandsgem. Glan-Münchweiler, Lkr. Kusel, Rh.-Pf., D), 1445 *von Dirsbach*, 1480 *Derspach*, 1546 (Kopie vor 1726) *Derschbach*, 1588 *Tersbach*, 1656 *Derschbach*; FlurN. 1588 *im Tersbacher grund*. – Das Bestimmungswort des Kompositums mit dem Grundwort *-bach* entspricht dem ON. mhd. *Derse*, jetzt Derschen (↗ Derscher Bach) und bedeutet etwa 'Dürrbach'. – Dolch/ Greule, *Pfalz*, S. 99 (kelt. **Durisa*); Seebold, *starke Verben*, S. 515.

Derscher Bach l.z. Daade (z. Heller z. Sieg z. Rhein). – ON. Derschen (Lkr. Altenkirchen/Westerwald, Rh.-Pf., D), 1252 (Kopie 16. Jh.) *Derse*, 1272, 1292, 1300, 1303, 1306 *Derse*. – Grundform FlN. (oder ursprünglich ON.) mhd. *Derse*, ahd. **Darsia/ *Dersia*, der auf gm. **þars-jō* f. 'Stelle, wo es trocken ist/wird', mit *j*-Suffix abgeleitet vom starken Verb gm. **þers-a-* 'trocknen', zurückgeht, ↗ Derschbach. As. **Dersia* liegt als Bestimmungswort auch im ON. Dersaburg (Gem. Holdorf, Lkr. Vechta, Niedersachsen, D), 980 *Dersiburg* vor. Eine Ableitung mit *n*-Suffix, (as.) **Dersina*, stellt der ON. Dersum (Lkr. Emsland, Niedersachsen), um 1000 (Kopie 15. Jh.) *in Dersinun*, dar. – Faust, *HG.A.4*, S. 14; Barth, *Sieg und Ruhr*, S. 73 (< **Darisā*); Möller, *Nasalsuffixe*, S. 58–61.

Desmecke, die r.z. Ruhr (z. Rhein). – ON., Straße in Brilon (Stadt Hochsauerlandkreis, NRW, D), 1194 *Desbeke*, 1281–1313 *in Dessebeke*, 1313 *Desbike*, 1338 *Desbeke*, 1368 *Deesbecke*. – Ausgangsform mndd. **Dēssebeke*, Kompositum mit dem Grundwort mndd. *beke* 'Bach' und einem Bestimmungswort, das vielleicht mit dem Verb gm. **þehs-a-*, mhd. *dehsen* 'Flachs schwingen, Flachs brechen', zusammenhängt. Das Benennungsmotiv wäre dann die Flachsbearbeitung, zu der Wasser benötigt wurde. **Dēsbeke* wird spät zu *Desmecke* umgestaltet. – Schmidt, *HG.A.6*, S. 13; Seebold, *starke Verben*, S. 511.

Despe, die r.z. Leine in Gronau (Lkr. Hildesheim, Niedersachsen, D). – 1302 *Espene*, 1345 *in der despe*, 1578 *die Despe, die Deßpe*; MühlenN. 1310 *cum molendino ... Despemole*. – Ausgangsform (gm.) **Aspina* „Espenbach", mit *-n*-Suffix abgeleitet von as. *aspa*, *espa* 'Espe' ↗ Asp-; mit Agglutination des Artikels nach Verstummen der Endsilbe /-ne/: **die Espe > Despe*. – Kettner, *HG.A.8*, S. 17; Kettner, *Leine*, S. 43.

Dettelbach r.z. Wäschgraben (z. Stockacher Aach z. Bodensee). – ON.† Dättelbach bei Bodman (Lkr. Konstanz, B.-W., D), 905 *in villa Thatalabahc*. – Ausgangsform ahd. **Thātilen-bach > mhd. *Dǣtel(n)bach > Dettelbach*, Kompositum mit dem Genitiv des PN. **Thātilo* als Bestimmungswort und dem Grundwort *-bach*. – Geiger, *HG.A.2*, S. 25.

Dettenbächle l.z. Elz (z. Rhein). – ON. (Hof) Dettenbach (Stadt Waldkirch, Lkr. Emmendingen, B.-W., D), 14. Jh. *Tetenbach*, 1364 *Tettenbach*, 1441 *Töttembach*, 1565 *im Dettenbach*. – Grundform mhd. *Tetenbach*, Kompositum mit dem Genitiv des PN. (ahd.) **Tato* (Genitiv **Tetin*) als Bestimmungswort und *-bach* als Grundwort: 'Bach des **Tato*'. – Geiger, *HG.A.2*, S. 25.

Dewin, der Arm der Oder und See südlich von Schwedt (Lkr. Uckermark, Brandenburg, D). – 1826 *Dewin Graben, der Dewin*, 1908 *Dewin-See*; FlurN. Dewinwiesen. – Etymologie ↗ Dewinsee. – Fischer, *BNB 10*, S. 52.

Dewinsee südlich von Biesenthal (Lkr. Barnim, Brandenburg, D). – 1553 *aus dem See der Dowien*, 1577 (Kopie) *denn Dobin*, 1595 *Döwinn, Dowin*, 1840 *der Dewin See*. – Ausgangsform apolab. **Děvin-*, Adjektiv zu **děva* 'Mädchen, Jungfrau', mit unklarer Motivation (vielleicht war der See im Besitz eines Frauenklosters). – Fischer, *BNB 10*, S. 52f.

Dhron, die r.z. Mosel (z. Rhein), entspringt im Idarwald bei Hinzerath (Gem. Morbach, Lkr. Bernkastel-Wittlich, Rh.-Pf., D), mündet bei Dhron, überwindet einen Höhenunterschied von ca. 434m; Kleine ~, l.z. Dhron (auch *Dhrönchen*), mündet bei Papiermühle. – Ende 4. Jh. *tenuem ... Drahonum* (Ausonius, Mosella), 752 *Drona* (Kopie 1222), 802 *Troganus*, 949 *Drogana*, 1052 *circa rivum trogonę*, Anfang 13. Jh. *Drogene*, 1383 *Dronchen*, 1386 *Tronichen*; ON. Bischofsdhron (Gem. Morbach, Lkr. Bernkastel-Wittlich), 1052 *in trogona*; ON. Gräfendhron (Lkr. Bernkastel-Wittlich), ON. Dhron (Gem. Neumagen-Dhron, Lkr. Bernkastel-Wittlich), ON. Dhronecken (Lkr. Bernkastel-Wittlich), ON. Dhrönchen (an der Kleinen Dhron) (Gem. Trittenheim, Lkr. Bernkastel-Wittlich); FlurN. Zweindhronen (bei Neumagen), 1400 *zu zwen Droine*, 1532 *von zweien Dronen*. Die ON. Bischofs- und Gräfendhron sind jeweils mit der Bezeichnung des Grundherrn als Bestimmungswort komponiert, Drohnecken ist ein Burgenname mit *-eck* als Grundwort. – Grundform ahd. (moselfränk.) **Drogana*, nach Ausfall des /-g-/ kontrahiert zu **Drōna/Drōn* (↗ Lahn), mit Verkleinerungssuffix **Drōn-ichen > Drönchen*. Ausgangsform kelt. FlN. **Drogonā* f., **Drogonos m.*(?), Ableitung mit *n*-Suffix von kelt. **drogo-*, air. *droch* (<**drogon*) n. 'Rad', kymr. *troi* 'drehen, wälzen'. Benennung des Flusses nach dem sich zu Tal „wälzenden" Wasser. Die Nennung bei Ausonius (*Drahónum < *Drogónum*) reflektiert romanische Spirantisierung von /-g-/, vgl. ON. Faha (Gem. Mettlach, Lkr. Merzig-Wadern, Saarland), 770 *de Faho* < lat. Lokativ *fago* 'Buche', auf die möglicherweise eine Vokaldissimilation folgte /-ogo- > -oho- > -aho-/. – Jungandreas, *Moselland*, S. 78, 290f., 1163; Gysseling, *Woordenboek*, S. 267; Neumann, *Drahonus*; Pokorny, *IEW*, S. 273.

Dhünn, die l.z. Wupper (z. Rhein), entspringt mit zwei Quellflüssen (Große ~, Kleine ~), die sich in der Großen Dhünntalsperre vereinen, im Bergischen Land, mündet in Leverkusen (Reg.-Bez. Köln, NRW, D). – 1295 *Dûne*, 1326 *dye Dune nyeder, dye Dune up*, 1344 *dey dûne*, 1499–1502 *bys up die Done, up der Dunnen*, 1517 *circa flumen Duynam*, 1555 *Dhun, in der grossen Dhun, die kleine Dhun*, 1563 *Dhuin*, 1582 *die Dün*, 1600 *Duin*, 1773 *auf der Duhn*; ON. Dhünn (Wermelskirchen, Rheinisch-Bergischer Kreis, NRW), 12. Jh. (mehrfach) *Dune*, 1382, 1469 (*hof up der*) *Doene*, 1399 *up der Doynen*, 1461 *zu der Doenen*, 1499–1502 *zo Doen*, 1513 *Doenhove*, 16. Jh. *Dhun* (mehrfach); ON. † Dünfeld, jetzt StraßenN. Dünfelder Straße (Leverkusen), 1179 *Dunevelt*, 1499–1502 *zo Doenvelt*; ON. Dünnwald (Stadt Köln, Bez. Mülheim), 1117 *Diunewalt*, 12. Jh. (mehrfach) *Dunewalt*, ca.1150 *de Donewalt*, 1304 *in Doynwald(e)*, 1491 *zom Duinwalde*. – Ausgangsform (ahd./mfrk.) *Duni f.* entspricht ahd. *tuni* 'Dröhnen, Getöse', ae. *dyne* 'Lärm. Geräusch', awn. *dynr* m. 'Gedröhne' (< gm. *duni-* 'Lärm'), as. *dunnian* 'erdröhnen', awn. *dynja* 'dröhnen, lärmen', norw. FlN. *Dynjandi*. *n*-Ableitung (ig. *d^huni-*, ai. *dhúni-* 'rauschend, brausend, tosend') von der Verbwurzel ig. *d^hu̯en-* 'tönen'. Ursprüngliche Stellenbezeichnung 'wo das Wasser tost'. Die Belege für *Dhünn* reflektieren verschiedene dialektale Lautwandlungen: Umlaut (/dyne/), Dehnung in offener Tonsilbe (/dý:ne/), Senkung (/dœ:ne/) und Apokope (/dy:n/). – Schmidt, *HG.A.6*, S. 13f.; Schmidt, *Wupper und Lippe*, S. 26f. (< as. *Dūnia*); Pokorny, *IEW*, S. 277; Rix, *LIV*, S. 158.

Dichtelbach l.z. Guldenbach (z. Nahe z. Rhein). – 996 (Grenzbeschreibung in Königsurkunde, Kopie 13. Jh.) *Dahdilebach*; ON. Dichtelbach (Verbandsgem. Rheinböllen, Lkr. Rhein-Hunsrück, Rh.-Pf., D). – Ausgangsform FlN. ahd. *Dāhtila* (Etymologie ↗† Dachtel) > mhd. *Dæchtel*, in verdeutlichender Komposition mit -bach. Über die Entwicklung zu *Dichtelbach* kann man ohne weitere Belege nur spekulieren. Die Entwicklung könnte durch den PN. *Benedikt*, Kurzform *Dikt*, diminuiert *Diktel/Dichtel* (↗ Diktelebach), beeinflusst sein. – Greule, *HG.A.15*, S. 21.

Dickesbach, die r.z. Sulersbach (z. Nahe z. Rhein). – 1514 *oben ain der Dyckespach*, 1601 *von der Dickesbach an*; ON. Dickesbach (Verbandsgem. Herrstein, Lkr. Birkenfeld, Rh.-Pf., D). – Kompositum mit dem Genitiv des PN. *Dick* als Bestimmungswort und *-bach* als Grundwort. – Greule, *HG.A.15*, S. 21.

Diebach
– ¹Diebach, l.z. Rot (z. Neckar z. Rhein) mündet in Fichtenberg (Lkr. Schwäbisch Hall, B.-W., D). – ON. Diebach (Weiler, Gem. Fichtenberg), 12. Jh. *Tithebach* (lies *Thietbach*?), 1465 *Diepach*. – Schmid, *HG.A.1*, S. 18.
– ²Diebach, l.z. Aisch (z. Regnitz z. Main z. Rhein). – ON. Diebach (Stadt Neustadt a.d.Aisch, Lkr. Neustadt an der Aisch-Bad Windsheim, Bayern, D), 14. Jh. *ze Ditpach*, 1327 *Dieppach*, 1421 *Tieppach, Diepach*, 1525/42 *Diebach*. – Sperber, *HG.A.7*, S. 25.
– ³† Diebach, die, jetzt Fallbach, r.z. Kinzig (z. Main z. Rhein) bei Hanau (Main-Kinzig-Kreis, Hessen, D). – 1370 *hinsit der Dippahe*, 1383 *uff der Dieppach*, 1387 *Diepach*, 1426 *das wasser der Dieppach*; ON. Diebach am Haag (Stadt Büdingen, Wetteraukreis, Hessen), 1213 *de Dippach*, 1236 *in Diepach*, Beiname *am Haag* nach ON. Herrnhaag (1738 in der Nähe gegründete Niederlassung der Herrnhuter Brüdergemeine); ON.Langendiebach (Gem. Erlensee, Main-Kinzig-Kreis), 1288 *Langindiebach, Langenditbach*. – Sperber, *HG.A.7*, S. 25.
– ⁴Diebach, r.z. Gailsbach (z. Rhein). – 1072 *Ad tietbac*, 1079–89? *Tietbac*; ON. Oberdiebach (Gem. Lkr. Mainz-Bingen, Rh.-Pf., D), 1091 *in uilla Dietbach*, 12. Jh. *in loco Diebach*, 1110 (Kopie 18. Jh.) *Diepach*, 1190 (Kopie 18. Jh.) *apud villas nostras Diebach, de Diepach*; ON. Rheindiebach (Gem. Oberdiebach). – Greule, *HG.A.15*, S. 21.
– ⁵† Diebach, die, jetzt Diebachs-Graben, r.z. Losse (z. Fulda z. Weser) mündet unterhalb Niederkaufungen (Gem. Kaufungen, Lkr. Kassel, Hessen, D). – 1378 *die Dybach*. – Sperber, *HG.A.5*, S. 14.
Auch wenn nicht für jeden der fünf Diebäche frühe Belege überliefert sind, ist die Ausgangsform aller Namen doch ahd. *Thiotbach*, mhd. *Dietbach*, Kompositum mit ahd. *thiota*, mhd. *diet* stMFN. '(fahrendes) Volk, Leute, Heiden' als Bestimmungswort und *-bach* als Grundwort. *Dietbach* wurde sprechsprachlich zu /dieppach/ assimiliert und zu /dīp(p)ach, dībach/ monophthongiert. *Diet-* kann einen Hinweis auf vorgeschichtliche und mittelalterliche Fernwege enthalten oder auch 'mächtig, groß, breit' bedeuten. – Bach, *Namenkunde* 1, S. 419; Keinath, *Württemberg*, S. 136, 164.

Diebbach r.z. Neckar (z. Rhein) bei Untertürkheim. – 1341 *gen Diepach*, 1346 *Diepach*, 1350 *Dyepach*, 1355 *im Dyepach*, 1379 *im Diepach*; FlurN. Diebachthälle, Diebbachäcker; BergN. 1282 *in monte Diepach*. – Etymologie ↗ Diebach. – Schmid, *HG.A.1*, S. 19.

Diebel-/Dübel- *-loch, -pfuhl, -see*; *Hecht~see, Plötzen~see*, brandenburg. *Döbel* m. (neben *Diebel, Dübel*) ein Karpfenfisch. – Fischer, *BNB 10*, S. 54.

Diebelsbach r.z. Schönmünzach (z. Unteren Murg z. Rhein). – ON.† Diebelsbach (Gem Baiersbronn, Lkr. Freudenstadt, B.-W., D), 1337 *Dieboldsbach*. – Kompositum mit dem Genitiv des PN. mhd. **Die(t)bolt* als Bestimmungswort und *-bach* als Grundwort. – Geiger, *HG.A.2*, S. 25.

Diebig, der (auch *Bischhausener Bach*), l.z. Garte (z. Leine z. Aller z. Weser) bei Bischhausen (Gem.Gleichen, Lkr. Göttingen, Niedersachsen, D). – 18. Jh. *die Diebecke Bach*, 1887 *der Dübig*, 20. Jh. *der Diebig, der Dübig*; ON. Diebigmühle, 1785 *Dübecke Mühle*, 1832/42 *Diebisch*. – Etymologie ↗ Diebach? – Kettner, *HG.A.8*, S. 17; Kettner, *Leine*, S. 44.

Dieck-/-e-/Diek-/-(e)s-/Dik *-bach, -bäke, -bek, -fleet, -fluß, -gosse, -graben, -kampsfleet, -moorgraben, -pfuhl, -see, -streek, -wiesen-Bach*, Diminutiv *Dieksken*, ↗ Teich.

Dielfe, die (auch *Dielfer Bach*), l.z. Weiß (z. Sieg z. Rhein), entspringt am Höhwäldchen, mündet in Niederdielfen. – ON. Niederdielfen, Oberdielfen (Gem. Wilnsdorf, Lkr. Siegen-Wittgenstein, NRW, D), 1333 (Kopie) *de Dyllft*, 1404 *van Dilphe*, 1417–19 *tzu Oberen Dylffe, zcu Dilffe*, 1440 *van Dilphe*, 1447 *Dielphe*. – Ausgangsform FlN. (fnhd.) **Dilfe < *Dileffe, *Dili-(a)ffa*, Kompositum mit dem Grundwort gm. ↗ *apa* und gm. **þelja-* n. 'Brett', vgl. ahd. *thil* stM., *thilla* swF., mhd. *dille*, nhd. *Diele/Dille*, als Bestimmungswort. Benennung des kleinen Flusses nach einer Vorrichtung zum Schalten des Wassers (↗ Dill). – Barth, *Sieg und Ruhr*, S. 73.

Diemel, die l.z. Weser, entspringt im Rothaargebirge, bildet den Diemelsee, mündet nach 105km in Bad Karlshafen in die Oberweser; überwindet 554m Höhenunterschied (Hessen und NRW, D). – 8. Jh. *ubi Timella fluit in Wisaraha*, 1065 (Kopie Anfang 14. Jh.) *usque in fluvium Dimila et per Dimilam sursum*, 1252 *super Dimella*, 1305 *in der Dimele, in der Tymele*; ON Diemelsee, Diemelstadt. – Vorausgesetzt der Name beruht auf ahd./as. **Dīmila* (mit gm.(?) *l*-Suffix), dann liegt als Basis der Ableitung ves.-ig. **dīmo-*, wie beim Namen des ↗ Dünnbachs, vor. – Kramer, *HG.A.10*, S. 12f.

Dientenbach (auch *Dientnerbach*), l.z. Salzach südöstlich Hundsdorf (Gem. Taxenbach, PB Zell am See, Salzburg, A). – Um 963 *usque ad Tuontina*, 885 (Fälschung 10. Jh.) *Tuontina*, 885 (Fälschung 10. Jh., Kopie 12. Jh.) *Dŭnta*, 984 (Kopie 13. Jh.) *Tuontina*, 997 (Fälschung 11. Jh., Kopie) *Tuontina*, 1051, 1057 *Tuontina*, 1177–1216 (Kopie um 1250) *Tŭnt*, 1178 *Tŭnta*. – Ahd. *Tuontina*, teils gekürzt auf <Tuonta>, umgelautet (**Tüentene*), apokopiert (> **Tüenten*) und entrundet (> **Tienten*). In der heutigen Form ist die Lautverschiebung im Anlaut zurückgenommen (*Dienten-*) und zur Verdeutlichung ist *-bach* angefügt. Ahd. *Tuontina* geht auf vorgm. (kelt.?) **Dondenā* zurück, wobei angenommen werden muss, dass bei der Eindeutschung der Stammvokal /o/ durch ahd. /ō/ > /uo/ wie bei ↗ Gscheinzbach (< **Tondesā*) substituiert wurde. Zugrunde liegen kann das Verb urig. **dʰenh₂-* 'sich in Lauf setzen, sich davonmachen' bzw. der Präsensstamm **dʰen(h)-dʰ-* bzw. ein davon abgeleitetes Nomen **dʰondʰo-* 'Wasserlauf'. Von (kelt.?) **dondo-* wurde der Flussname mit *n*-Suffix abgeleitet (**Dondenā*). Vgl. ON. (Nieder-, Ober-) *Donven* (Luxemburg) am Donvenerbach (l.z. Mosel), 929 *Dundeba*, 959 *Dundeva*, 1121 *Dondenua*, um 1200 *apud Dundeuen*, 1284 *overdunneve, Nyderdunneve* < (kelt.) FlN. **Dondewā* < ig. **dʰon(h₂)dʰ-eu̯-ā*. Hierzu gehört vermutlich auch gallorom. **dond-* 'aufschwellen, dröhnen, dick, fett'. – Straberger, *HG.A.9*, S. 16; Hausner/Schuster, *Namenbuch*, S. 242f.; Rix, *LIV*, S. 144f.; Buchmüller/Haubrichs/Spang, *Namenkontinuität*, S. 80f.

Diep-/-en-/ ↗ Tief-.

Dierbach ↗ Tier-.

Diersbach r.z. Pfudabach (z. Pram z. Inn z. Donau). – Ca. 1125 *Tirspach*, ca.1563 *Dierspach, Tierspach*; ON. Diersbach (PB Schärding, O.-Ö., A), /ˈdiɐsbɔ/ (/ɔ/ lang), ca. 838 (Kopie 12. Jh.) *Thisarespach* (lies *Thiarespach*?), 1110–30 *de Tirspach*, 1170–80 *Tirespach*, 1200–20 *Tirspach*, 1220–40 *Tierspach*, 1473 *in Diersbacher Pfarr*, 1489 *Tierspach*, 1633 *Dirsbach*, 1640 *Tirschpach*. – Grundform (ahd.) **Tioresbach*, mhd. **Tierespach*, Kompositum mit dem Genitiv des PN. (ahd./bair.) *Tior* (↗ Tier-) als Bestimmungswort und dem Grundwort *-bach*. – Dotter/Dotter, *HG.A.14*, S. 71f.; Wiesinger/Reutner, *Schärding*, S. 122; Hausner/Schuster, *Namenbuch*, S. 243.

Dies r.z. Gelbach (z. Lahn). – (959) *usque in riuum thyeza*; ON. Dies (Gem. Gackenbach, Verbandsgem. Montabaur, Westerwaldkreis, Rh.-Pf., D), /dɛis/, 1453 *Dieß*, 1486 *Dyesz*. – Grundform ahd. **Thioza*, vgl. ahd. (*wazzar-*)*thiozo* swM. 'cataracta', ae. *théote* 'cataracta, canalis, fistula, tuber, organa', gm. **þeutō* f. 'Stelle, wo das Wasser (wegen eines Wasserfalls) schallt', zum Verb gm. **þeut-a-* 'schallen'; vgl. ON. Dießen am Ammersee (Lkr. Landsberg am Lech, Bayern), 1039–1953 *Diezen*; (↗ Dießbach). – Faust, *HG.A.4*, S. 14; Metzler, *Westerwald*, S. 108f.; Seebold, *starke Verben*, S. 516; Reitzenstein, *Oberbayern*, S. 57.

† Diesbach r.z. Sinn (z. Main). – 1059 *in fluuium Dissibach. et deorsum Dissibach*; ON. Disbachshof,

Disbachsmühle. – Vermutlich < (ahd.) *Dissin-bach, mit dem Genitiv des PN. Disso als erste Konstituente. – Sperber, HG.A.7, S26; Förstemann, Personennamen, Sp.411.

Diesenbach r.z. Sur (↗ Salzach). – ON. Diesenbach, 14. Jh. Tisenpach, 1405 Tissenpach. – Kompositum mit dem Genitiv des PN. Tiso (Tisen-) als Bestimmungswort und dem Grundwort -bach. – Straberger, HG.A.9, S. 17; Förstemann, Personennamen, Sp.411.

Diesenleitenbach z. Donau östlich von Urfahr (O.-Ö., A), weist auf kurzer Strecke von nur rund 7 km ein starkes Gefälle auf. – 1310 ain pach in der Tuerschlewtten, 1787 Diesenleithen. – Der Gewässername ist eigentlich ein Geländename mit dem Grundwort -leite, mhd. līte 'Hügel, Abhang', der als Klammerform aus (mhd.) *Türsen(bach)līten zu erklären ist. Darin steckt vermutlich der einfache GwN. *Türse < (vorahd.) *Durisa, der am besten etymologischen Anschluss an das gall. Wort *durīsia 'Wasser' (Gallia Cisalpina) findet. – Wiesinger, Mühlviertel, S. 579; Grzęga, Romania, S. 168.

Dießbach r.z. Saalach bei Diesbach (Gem. Weißbach bei Lofer, PB Zell am See, Salzburg, A). – 1124–1125 a rivulo ... Diezzenpach, 1147–1160 (Verfälschung) Diezpahc, Diezpach, 1194 Diezpach; ON. Diesbach, vor 1147 iuxta Tiezpach, 1163 (Fälschung 1265–1274) in Diezbach. – < *Diezenten bach, mit dem schwach flektierten Partizip Präsens des Verbs ahd. diozan, mhd. diezen 'laut tönen, schallen, rauschen', ↗ Tissenbach. – Hausner/Schuster, Namenbuch, S. 243 f.; Straberger, HG:A.9, S. 17; Schröder, Namenkunde, S. 236.

Diesse, die (auch Dieße), r.z. Ilm (z. Leine z. Aller z. Weser), entspringt am Ostrand des Sollings (Niedersachsen, D), mündet in Holtensen (Stadt Einbeck, Niedersachsen). – 1570 in die Diesen, 1596 die Diessen, Ende 16. Jh. bis an die Dießen (in dieser Form oft genannt), 1698 die Deisse, 1715 die Deichßel, 1779 Diessel, 18. Jh. die Deisse; FlurN Diesenanger. – Grundform (mndd.) FlN. *Dīsen f. wird als Ableitung mit n-Suffix von dem auch im Adj. nhd. diesig, ndd. disig 'dunstig' vorliegenden Stamm nordfr. dīs 'Dunst', mndd. dising 'Nebelwetter' (vielleicht zu gm.*þemsa- 'dunkel') erklärt; Benennung nach der dunklen Färbung des Wasseruntergrunds. Möglich ist auch eine Verbindung mit dem starken Verb ahd. dinsan, as. farthinsan 'entziehen', gm. *þens-a- 'ziehen, schleppen'. Benennungsmotiv war dann, an dem Fluss zu treideln (Lastkähne zu ziehen). In beiden Fällen muss Nasalausfall vor /s/ mit Vokaldehnung angenommen werden: gm. *þensanō f. > *þinsana > *þīsene > *Dīsen. – Kettner, HG.A.8, S. 18; Kettner, Leine, S. 44; Seebold, starke Verben, S. 514.

Diessen-Bach l.z. Iller (z. Donau), 1399 von dem Diessenbach. Deutung ↗ Dießbach. – Snyder, HG.A.3, S. 15.

Dießenbach, die r.z. Cleebach (z. Lahn), 1491 uff der Diesennbach, 1700 die oberste Thiesenbach, die alt Dießenbach. Deutung ↗ Dießbach. – Faust, HG.A.4, S. 14.

Diestelbach (auch die Diestel), l.z. Emmer (z. Weser), entspringt am Winterberg bei Blomberg (Kreis Lippe, NRW, D), mündet westlich von Schieder-Schwalenberg (Kreis Lippe). – 1495 Dyssel, 1790 Die Distel. – Die Belege ermöglichen keine sichere Deutung, Ausgangsform vielleicht (mndd.) *Dīstil-/*Distil-a(ha), Kompositum mit as. thīstil/thistil m., mndd. dīstel/distel m. 'Distel' als Bestimmungswort und (früh geschwundenem) as. aha 'Fluß, Wasser' als Grundwort. – Kramer, HG.A.10, S. 13.

Diete, die l.z. Perf (z. Lahn z. Rhein), mündet südlich von Breidenbach (Lkr. Marburg-Biedenkopf, Hessen, D). – ON. Niederdieten, Oberdieten (Gem. Breidenbach), 1299 Didenau, 1395 Dydena, 1395 Obirndiedena, 1403 zù Nedirndýdenaůwe, 1422 Niedern Thiedenaw, 1452 Obirdydin, 1492 Uberndedennau, 1492 (Kopie 16. Jh.) Niederndiedenau, 1737 Ober-Dieden, Nieder-Dieden. Weil alte Belege für den Flussnamen fehlen, könnte die heutige Form eine Rückbildung aus Ober-/Nieder-dieten sein. – Grundform FlN. (mhd.) *Didena, im ON. komponiert mit dem Grundwort mhd. ouwe 'Land am Wasser'. Der FlN. *Didena (< gm. *þidinō) enthält ein n-Suffix und könnte von gm. *þida-, awn. þiðr 'aufgetaut, eisfrei, (Schiff) leicht steuerbar' abgeleitet sein, ↗ Deilbach. Parallelname schw. SeeN. Teen (älter thidhna). – Faust, HG.A.4, S. 14; Strandberg, Närke, S. 10.

Dietersbach l.z. Schwarzbach (z. Blies z. Saar z. Mosel z. Rhein). – 1563/46 (Kopie 1738) die Diderdorferbach, 1600 Diedersbach, 1908 Im Dietersbächel; ON. † Didersbach (Gem. Waldfischbach-Burgalben, Lkr. Südwestpfalz, Rh.-Pf., D), 1272 (Kopie 1430) Didenspach, 1292 Didersbach, 1362 Diedersbag, 1518, 1577 Diderßbach, 1581 Dieterspach, 1600 (Kopie 18. Jh.) Düdersbach. – Kompositum mit dem Genitiv des PN. (mhd.) Diether > Dieder als Bestimmungswort und Grundwort -bach. – Spang, HG.A.13, S. 17; Dolch/Greule, Pfalz, S. 100 f.

Dietzhölze, die l.z. Dill (z. Lahn z. Rhein), entspringt im Südwesten des Rothaargebirges, mündet im Nordwesten von Dillenburg (Lahn-Dill-Kreis,

Hessen, D). – 1048 (Kopie 12. Jh.) *in Dietsulze et deorsum Dietsulzam*, 1467 *uff der Dietzhultz hyen*, 1532 *die Diezsolze, in dem ... wasser der Diezsolze*, 1630 *nacher der Dietzhölz*; ON. Dietzhölztal (Lahn-Dill-Kreis). – Grundform (mhd.) **Diet-sülze* > md. *Dietsölze*, umgedeutet in *Dietz-hölze*. Kompositum mit dem Bestimmungswort mhd. *diet* stMFN. '(fahrendes) Volk, Leute, Heiden' (↗Diebach) und Grundwort mhd. *sülze* (< gm. **sultjō*) 'Salzwasser, Sumpf' (↗Sulz-). – Faust, *HG.A.4*, S. 15.

Diezenbach (auch *Langegger Bach*), l.z. Antholzer Bach (Pustertal, Südtirol, Prov. Bozen, I.). – /díazpåch/, 15. Jh. *Diezenpach*, 1720 *Diezenpachel*. – Grundform (mhd.) **Diezent(en)bach* (↗Dießbach). – Kühebacher, *Ortsnamen 2*, S. 48.

Diktelebach r.z. Eisack südlich von Kollmann (Prov. Bozen, I.). – /díkti̯lepåch/, 1775 *Dicktelebach*, um 1900 *Diktele Bach*, 1909 *Dietelebach*. – Das Bestimmungswort entspricht der Koseform des PN. (Bene)*dikt* + Diminutivsuffix *-le*. – Kühebacher, *Ortsnamen 2*, S. 49.

Dill, die r.z. Lahn (z. Rhein), entspringt in ca. 567m am Südosthang der Hainicher Höhe, mündet in Wetzlar (Lahn-Dill-Kreis, Hessen, D) auf 147m. – 790 (Kopie 12. Jh.) *fluuium Filina*, 1048 (Kopie 12. Jh.) *ubi ipsa influit Dillenam*, 1225 *Dilna*, 1248 *in fluvio Dilna*, 1255 *uff der Dillen*, 1281, 1292, 1311, 1323 *Dillene*, 1300 *Dille*, 1311 *Dillenne*, 1313 *uff der Dylne*, 1317 *inter Logenam et Dyllen*, 1329 *dy Dylene*, 1346 *gegyn der Dilna*, 1469 *ubir die Dille*. **Enge Dill**, Abzweigung aus der Dill, r.z. Lahn, 1281 *an der engen Dillen*, 1310 *enge Dille*, 1339 *ubir die eyngen Dylne*; ON. Offdilln (Stadt Haiger, Lahn-Dill-Kreis) *off der Dill* „oberstes Dorf an der Dill", vor 1630 *vftdillon*; ON. Dillbrecht (Lahn-Dill-Kreis), ON. Fellerdilln (Stadt Haiger, Lahn-Dill-Kreis), vor 1630 *Fellerdille* (< **Felderdille*); ON. Dillheim (Gem. Ehringshausen, Lahn-Dill-Kreis), 1268 *Dillenhem*, 1350 *Dilnheim*; ON. Dillenburg (Lahn-Dill-Kreis), 1255 *Dillenberg*, 1292 *Dillenburg*. (Der Beleg 790 (Kopie 12. Jh.) *fluuium Filina* wird gewöhnlich als Verschreibung für **Dilina* (im Lorscher Codex) gedeutet; er könnte aber auch selbständig als Name eines Abschnitts oder eines Zuflusses der Dill (↗Fils ↗Vils) erklärt werden). – Ausgangsform FlN. ahd. **Dilina* > mhd. *Dilene, Dilne* > *Dillene, Dillen* < gm. **þelinō* f., Ableitung mit *n*-Suffix von gm. **þeli-*, awn. *þel* n., 'Grund, Boden', *þil(i)* n. 'Bretterwand'. Die ig. Wurzel **tel-* bedeutet 'flach, flacher Boden, Brett'. Der Name nimmt entweder Bezug auf eine Besonderheit des Flussbetts der Dill oder er bezieht sich auf Vorrichtungen zum Schalten des Wassers (↗Delme ↗Dielfe). – Faust, *HG.A.4*, S. 15f.; Pokorny, *IEW*, S. 1061; Trier, *Name und Technik*, S. 135f.

Dillerbach Mittellauf des Sohrbachs (r.z. Kyr-Bach/Hahnenbach z. Nahe z. Rhein). – 1601 *in den Diller Bach*; ON. Dill (Verbandsgem. Kirchberg, Rhein-Hunsrück-Kreis, Rh.-Pf., D), 1338 (Kopie 14. Jh.) *Dille*; ON. Dillendorf (Verbandsgem. Kirchberg). FlurN. 1338 (Kopie 14. Jh.) *Dille das holtz*. – Ausgangsform ON. *Dille* (mhd. **ze der Dillen*), mhd. *dille* stswF. 'Diele, Brett, Vorrichtung zum Schalten des Wassers' ↗Dill, Benennungmotiv: die Stelle im Diller-/Sohrbach, an der eine Schaltvorrichtung existierte, danach wird der Flussabschnitt Dillerbach genannt. – Greule, *HG.A.15*, S. 22.

Dimbach r.z. Schwabbach (z. Brettach z. Kocher z. Neckar z. Rhein). – ON. Dimbach (Gem. Bretzfeld, Hohenlohekreis, B.-W., D), 1289, 1291, 1311 *Tindebach*, 1312 *Dindibach*, 1384 *Tynbach*, 1390 *Dindebach*, 1493 *Dinbach*. – Grundform mhd.*Tindenbach*, Kompositum mit dem Genitiv des PN. (ahd.) **Tindo* als Bestimmungswort und *-bach* als Grundwort. – Schmid, *HG.A.1*, S. 19.

Diming, die jetzt Kreuzner- bzw. Kämpbach, z. Donau, fließt am Fuß der Greinburg (PB Perg, O.-Ö., A), im Oberlauf HofN. Diminger. – 984 (Kopie 13. Jh.) *Tuontina*, 1037 *inter fluvios Dumilicha et Sabinicha*, 1049 *intra geminas fluminum Sabinichi et Tvminichi*, 1430 *die Tuming*, 1849 *Timingbach*. – Zugrunde liegt vermutlich (slaw.) **Dъmblika*, Slawisierung (Wegfall der Gemination, Suffix *-ika*) eines germanischen Namens **Dummila* < **Dumbila*, einer *-l*-Ableitung von gm. **dumb-*, awn. *dumba* 'Staub(wolke)', schw. *dumma* 'Unklarheit in der Luft, Nebeldecke', wozu auch ↗Dumme und ↗Dümmer gehören. – Hausner/Schuster, *Namenbuch*, S. 292; Wiesinger, *Mühlviertel*, S. 575.

Dinkel, die l.z. Vechte (z. Zwarte Water z. IJsselmeer z. Nordsee), entspringt im Münsterland im Kreis Coesfeld (NRW, D), quert zweimal die deutsch-niederländische Grenze, mündet bei Neuenhaus (Lkr. Grafschaft Bentheim, Niedersachsen). – 1332 *de Dinkel, van der Dinckel brücken*, 1334 *aan de Dincle*, 1352 *supra Dinclam*, 1437 *up der Dijncle*, 1472 *bij der Dinkele*, 1527 *de Dijnckel*; ON. Overdinkel (Gem.Losser, Prov. Overijssel, NL). – Grundform FlN. mndd. **Dinkele* f. < as. **Thinkala*, *l*-Ableitung von germ. **Þinka-* 'feucht' (schwz. *tink* 'feucht'), ablautend ahd. *dunkōn*, nhd. *tunken*. Mit anderem Suffix gehören hierher der ON. Dinker (Gem. Welver, Kreis Soest, NRW, D), 1166 *Thinkere, Dinkere*, im Überflutungsgebiet der Ahse. Die Grundlage für gm. **Þinka-* 'feucht' ist das ig. Verb **teng-* 'benetzen, anfeuchten' (lat. *tingere*). – Zelders, *HG.A.11*, S. 8; Flöer/Korsmeier, *Soest*, S. 120f.; Pokorny, *IEW*, S. 1067.

Dinkholder-Bach, die r.z. Rhein (Rhein-Lahn-Kreis, Rh.-Pf., D), fließt durch das Dinkholder Tal, mündet bei Braubach. – 10. Jh. *in ripam Dinkolter*, 1223–35 *iuxta fontem in denkoldren*, 1225 *in Dencoldren*, 1260 *in Dinkholthin*, 1263 *Dinkoldre*, 1361 *in die Dickolder*, 1557 *die Dingholderbach*, 1641 *uff Dückholler bach, Ahm Dinckholler bach*; ON. Dinkholdermühlen, 1228 *molendinum fratrum in Denkoldris*, 1283 *molendinum in Dynkoldirdal*, 1309 *Mŭlenstŭcke in Dyncholder dail*; BergN. Dinkholder-Berg. – Übertragung des Namens einer Gerichtsstätte (mhd. *dinc*) in der Nähe eines für heilig gehaltenen Holunderbaumes (mhd. *holunter, holder*) auf das Tal und den Fluss. – Faust, *HG.A.4*, S. 16; Halfer, *Flurnamen*, S. 240.

Dirsching, der it. *Dirsìn*, grödnerisch *Dorsung*, alter Name des Grödner Bachs (l.z. Eisack) und eines Gasthauses am Grödner Bach (*Dirsching*); heute Name eines Baches, r.z. Grödner Bach, der von der Raschötzalm herabfließt und bei Pontifes mündet. – 1264, 1272 *ripa Tursum, Tvrsûn*, 1288 *daz wazzer … Dursan, in dem Dv̌rsan*, 1420 *Dwrsen, Türsan*, 1494 *Darsung*, 1547 *der Tursing*, 1552 *Duorsingbach*, 1554 *Duorsungbach*, 1775 *Thirsinger Bach*; Hof- und GeländeN. 1228 *ein mul in dem Dúrsan*, 1360 *ze Dürsan*, 1619 *Dürsinghof*, 1750 *Dirsching Mŭl*. – Grundform Geländename (rom.) **Dorsóne*, abgeleitet von lat. *dorsum* 'Bergrücken', übertragen auf den Fluss (als Abschnittsname), ins Bairische integriert als (ahd.) **Tursún*, später über **Tursen/Dursen* an die *-ing*-Ortsnamen als **Tursing, Türsing, Dürsing*, entrundet > *Dirsching*, angelehnt. – Kühebacher, *Ortsnamen*, 2, S. 49.

Distel- *-bach, -beek, -pfuhl*; Bestimmungwort ist nhd. *Distel*, mhd. *distel* m./f., mndd. *distel, dīstel* 'Distel, Sumpf-Kratzdistel', z.B. Distelbeek, l.z. Lamme (z. Innerste z. Leine z. Aller z. Weser), 1830 *der Distelbeck*. – Kettner, *HG.A.8*, S. 18; Kettner, *Leine*, S,45; Fischer, *BNB 10*, S. 53.

Ditlbach z. Abersee in Sankt Wolfgang (Salzkammergut, O.-Ö., A). – Um 788 (Kopie 12. Jh.) *ad Tinilpach*, 829 *Tinilpah*, 829 *Tinnilipah*, 984 (Kopie 13. Jh.) *Tinnilinpach*. – Zusammensetzung aus Genitiv des PN. *Tinnilo* (< *Tindilo*) und *-bach*. (Ahd.) *Tinnilinpach* > *Tinnilpach* > (mhd.) **Dinelbach*, nach der Synkope (**Dindlbach*) und dissimilatorischem Schwund von /-n-/ > **Didlbach/Dintlbach*. – Hausner/Schuster, *Namenbuch*, S. 250.

Ditz, die r.z. Fils (z. Neckar z. Rhein), mündet nach 2 km in Bad Ditzenbach (Lkr. Göppingen, B.-W., D). – ON. Bad Ditzenbach, 861 (Kopie 16. Jh.) *Tizzenbach*, 1208 *de Ticimach*, 1264–1289 *Tizenbach*. – Rückbildung (Verkürzung) aus dem ON. *Ditzenbach*, einem Kompositum mit dem Grundwort *-bach* und dem Genitiv (*Titzen-*) des PN. (ahd.) *Titzo* als Bestimmungswort. – Schmid, *HG.A.1*, S. 19; Reichardt, *Göppingen*, S. 26 f.

Dobel-/Dobl- (auch *Tobel-*) *-bach, -bächle, -graben*. Bestimmungswort nhd./obd. *Tobel* n. 'Tal mit starkem Gefälle, enge (Wald-)Schlucht von einem Bach durchflossen', mhd. *tobel*, Diminutiv *Döbele*; z.B. Dobelbach r.z. Schwackenreuther Aach (z. Stockacher Aach z. Bodensee), 1437 *der Tobelbach*. – Geiger, *HG.A.2*, S. 25; Springer, *Flußnamen*, S. 138; Berchtold, *Namenbuch*, S. 601–603.

Dober, die (auch *Doberbach*), l.z. Kremnitz (z. Kronach z. Haßlach z. Rodach z. Main z. Rhein), entspringt im Frankenwald, mündet in Lehesten (Lkr. Saalfeld-Rudolstadt, Thüringen, D). – 1157 *a fluviolo Dobera*; ON. Dobermühle. – FlN. (bayern-)slaw. *Dobera*, Etymologie ↗ *Daber*. – Sperber, *HG.A.7*, S. 26.

Dobersbach l.z. Liesing zwischen Mautern und Kalwang (PB Leoben, Steiermark, A). – 1449 *die Döber*, 1499 *Tobersgraben*. – Kompositum mit dem Grundwort *-graben* und urslaw. **dъbrъ*, sloven. *deber* 'Waldtal, Schlucht, Graben, Kluft' als Bestimmungswort; das Fugen-s ist sekundär; Übersetzungsname. – Lochner von Hüttenbach, *Steirische Hydronyme*, S. 71.

Dobrasee südlich von Schwerin (Landeshauptstadt, M.-V., D). – 1448 *uff dem Sehe dobur*, 1518 *auff dem Sehe Doberin*, 1707 *die Dobbrow*, 1745 *Dobrow*, 1836 *Duber*, 1846 *Dobra See*. – Etymologie ↗ *Daber*. – Fischer, *BNB 10*, S. 49.

Dobrachbach r.z. Weißen Main (z. Main z. Rhein). – 1692 *Dobrach*; ON.Grafendobrach (Stadt Kulmbach, Lkr. Kulmbach, Bayern, D), 1317 *Grauendabrach*, 1398 *Grafendobrach*; ON. Niederndobrach (Stadt Kulmbach), 1398 *Munchdabrach*, 1520 *Untern Dobrach*. – FlN. (bayern-)slaw. **Dabera*, Etymologie ↗ *Daber*; verdeutlichende Komposition mit spät angefügtem *-bach*, um den Bach von den Siedlungen zu unterscheiden. – Sperber, *HG.A.7*, S. 26.

Dobrein, die r.z. Mürz bei Mürzsteig (PB Mürzzuschlag, Steiermark, A). – 1345 *gegen der Dürren Tobra(e)n*. – Slaw. **Dъbrina* (?), abgeleitet von urslaw. **dъbrъ*, sloven. *deber* 'Waldtal, Schlucht, Graben, Kluft', ↗ Dobersbach. – Lochner von Hüttenbach, *Steirische Hydronyme*, S. 71.

Döberten l.z. Lauterbach (z. Main) im Altlandkreis Staffelstein (Oberfranken, Bayern, D). – Vielleicht als *Dobretin o. ä. mit dem Suffix -in- abgeleitet von dem slawischen Personennamen *Dobręta (zu Dobr- 'gut') wie der tschechische ON. Dobřetin (1131 Dobretin). – Faust, HG.A.7, S. 27; Fastnacht, Staffelstein, S. 45*; Bergermayer, Glossar, S. 62.

Döbitz-Bach l.z. Pleiße (z. Weißen Elster z. Thüringische Saale z. Elbe). – ON. Dewitz (Stadt Taucha, Lkr. Nordsachsen; Sachsen, D), 1212 de Dewitz, 1449 Debicz; ON. Döbitz (Klein-, Wenigsdewitz), ehemaliger Sattelhof (Stadt Taucha), 1490 Winichstewitz, (15. Jh.) Dobitschen, 1540 Debitz. – Grundform asorb. ON. *Děvic- (*Děvica oder *Děvici) 'Siedlung der Jungfrau' oder 'Siedlung der Leute eines Děva'. – Ulbricht, Saale, S. 123; Eichler/Walther, HONBSachsen I, S. 181, 194.

Döbra, die Brunn~, l.z. Zwota (z. Eger z. Elbe); Stein~, l.z. Brunndöbra in Klingenthal (Vogtlandkreis, Sachsen, D). – 1537/38 die Steindobra, die Dobra, 1542 die Steindobra, vom ursprunge bis an die rechte Dobra; ON. Brunndöbra (Stadt Klingenthal), 1768 BrunnDobra; ON. Steindobra (Stadt Klingenthal), 1728 auf der Glashütten-Stein-Döbra. – Deutung ↗Döbraer Bach. – Eichler/Walther, HONBSachsen I, S. 195f.

Döbra-Bach l.z. Selbitz (z. Thüringische Saale z. Elbe), entspringt am Fuß des Döbrabergs im Frankenwald, mündet südlich von Weidesgrün (Stadt Selbitz, Lkr. Hof, Bayern, D). – 1692 das Döbrabächlein; ON. Döbra (Stadt Schwarzenbach am Wald, Lkr. Hof), 1401 Döbrey, um 1635 Döbra. Deutung ↗Döbraer Bach. – Ulbricht, Saale, S. 115f.

Döbraer Bach l.z. Eulabach (z. Elbe in Tschechien). – ON. Döbra (Stadt Liebstadt, Lkr. Sächsische Schweiz-Osterzgebirge, Sachsen, D), 1376 in Dobrano, 1495 Dobraw, 1515 Döbere, 1539/40 Döbernn. – Zu slaw. *dobry 'gut' oder zu *dobŕ/debŕ 'Schlucht'. – Eichler/Walther, HONBSachsen I, S. 195.

Döhlenke, der Oberlauf der Krummel, l.z. Moore (z. Leine z. Aller z. Elbe) bei Moringen (Lkr. Northeim, Niedersachsen, D). – 1632 im Dölmke, 1647 Jenseit dem Dolmcke, 1729 auf dem Döhlmecke, dißeit dem Dölmcke, jenseit dem Döhlcke, um 1745 dießeit dem Dölmke, 1864/65 vor dem Döhlenke; ON. †Dodelbeck (östlich von Moringen an der Krummel), 1298 (Kopie16. Jh.) iuxta locum … Dodelbeke, Ende 16. Jh. (Kopie Anfang 20. Jh.) locus dictus Dodelbeck et ut modo dicunt Dolmke. – Grundform FlN. (mndd.) *Dödelbeke > *Dölbeke (mit langem /ö/) > Döhlmecke, Kompositum mit dem Grundwort mndd. -beke 'Bach' und einem Grundwort mndd. *dödel-, dessen Deutung unklar ist. Es könnte die mndd. Entsprechung von ahd. *tutil in tutilcholbo 'Rohrkolben' ↗Dautphe sein, also der Name einer Wasserpflanze. – Kettner, HG.A.8, S. 18; Casemir/Menzel/Ohainski, Northeim, S. 97 (< FlN.*Dudila 'die Wirbende').

Dölbe, die r.z. Innerste (z. Leine z. Aller z. Weser) nördlich von Lautenthal (Stadt Langelsheim, Lkr. Goslar, Niedersachsen, D). – 1355 (Kopie 16. Jh.) de Delue, 1758 die Delwe, 1788 Dölbe. – Ausgangsform mndd. *Delve < gm. *Delbō, Femininum neben gm. *delba- m./n. (afries. *delv(e), nfries. deel, mndd. delf '(Wasser)graben'), Nomina acti zum Verb gm. *delb-a- 'graben', ↗Delvenau ↗Thulba. – Kettner, HG.A.12, S. 18; Kettner, Leine, S. 45.

Döllbach (im Oberlauf Döllau), r.z. Fliede (z. Fulda z. Weser), mündet in Kerzell (Gem. Eichenzell, Lkr. Fulda, Hessen, D). – Quell- und FlN. (1011) (Fälschung 12. Jh.) in Tugilhoubeth, per Tugilum descendendo; ON.Döllbach (Gem. Eichenzell), 852 Delbach, Telbach, 1271 Teilbach, 1510 Delbach, um 1560 Dilpach, 1573 Delbich, 1811 Döllbach. – Grundform FlN. (ahd.) *Tugil-/*Dugilbach? > *Dögelbach > Döllbach. Eine sichere Deutung ist nicht möglich; *dugil- 'tüchtig' ist vielleicht ein mit l-Suffix von gm. *dugi- m. (awn. dugr 'Tüchtigkeit') abgeleitetes Neigungsadjektiv, vgl. ahd. touc (tugun, tohta) 'taugen'. Die Belege Delbach, Teilbach legen eine andere Etymologie nahe: (mhd.) *Dēlbach (> Döllbach) < (ahd.) *Degelbach, ↗Degelbach. – Sperber, HG.A.5, S. 15; Seebold, starke Verben, S. 149f.

Dölme, die r.z. Ahle (z. Schwülme z. Weser). – 1565 Dölmke, 1587 nach der Dölmpke, 1647 Die Dölmkebeke, 1772 An der Dülmke Bach, 1783 die Doelme; FlurN. Dölmkerstrang, 1783 Dölmecken oder Dörenker Strang. – Grundform (mndd.) *Döllenbeke > *Döllnbeke > *Dölmeke, Dölmke, Kurzform (Rückbildung) Dölme, Kompositum mit dem Grundwort mndd. -beke 'Bach' und mndd. dölle f. 'flache, kleinere Bodensenkung im Gelände'. – Kramer, HG.A.10, S. 13.

Döllnfließ, das l.z. Vosskanal (z. Havel), entspringt in der Schorfheide aus dem **Großen Döllnsee**, durchfließt den **Kleinen Döllnsee**, mündet bei der Schleuse Bischofswerder (Brandenburg, D). – 1491 vff dem flies Dollen, das Dellische vlyss, 1514 das Dellische vlyss, 1589 Dellenfließ, 1750 Döllen flies; ON. Groß Dölln (Stadt Templin, Lkr. Uckermark, Brandenburg), 1727 Dellensche Glashütte; ON. Klein Dölln (Groß Dölln), 1737 bey der Döllenschen Mühle; SeeN. Großer Döllnsee, 1490 bis auf den dollen, 1514 am grossen Dellen, 1767/87 Gr. Döllen See; SeeN. Kleiner Dölln-See, 1590 der kleine Dellen Teich, am …

Lüttcken Dellen, 1622 *Der Kleine Dellen*, 1854 *den ... kleinen Döllen See*. – Grundform apolab. **Dol'n-*, abgeleitet von apolab. **dol* 'Tal, Grube, Vertiefung'. Die Schreibungen mit <e> sind Angleichungen an mndd. *delle, dölle* f. 'flache, kleinere Bodensenkung im Gelände'. – Wauer, *HG.A.17*, S. 23 f.; Fischer, *BNB 10*, S. 55 f.

Dölschsee (auch † *Teutzschen*), *Großer~* z. Fließ (z. Kleiner Dölsch-See z. Kirch-See z. Huwenow-See z. Wutz-See z. Gudelack-See z. Möllen-See/Lindower Rhin), *Kleiner~*, im Amt Gransee und Gemeinden (Lkr. Oberhavel, Brandenburg, D). – 1348 *in stagnis ambobus Delsich*, 1590 *Der grosse Teutzschen ... döltsch, der Lüttke Teutzschen*, 1778/86 *Döllzig See*. – Grundform apolab. **Dol'sk(o)*, abgeleitet von apolab. **dol* 'Tal, Grube, Vertiefung', ↗ Döllnfließ. – Wauer, *HG.A.17*, S. 24; Fischer, *BNB 10*, S. 56.

Dömnitz, die l.z. Stepenitz (z. Elbe) in der Region Prignitz (Brandenburg, D). – 1420 *flumen ... Domenitz*, 1489 *Domenitz*, 1751 *Dömnitz*; ON. † Doemitz, 1358 *doueuitz*, 1489 *de Domenitz*. – Grundform apolab. **Dob'nica*, abgeleitet vom Adj. apolab. **dob'n-* 'schön, anmutig'. Ins Deutsche integriert über **Dövenitz*, **Dövnitz* > *Dömnitz*. – Fischer, *BNB 10*, S. 56.

Döritz l.z. Lauterbach (z. Main) bei Staffelstein (Lkr. Lichtenfels, Bayern, D). – ON. Döritzmühle, QuellN. Döritzbrunnen. – Vielleicht mit dem slaw. Suffix *-ica* abgeleitet von slaw. **torъ* 'Bahn, Weg'. – Sperber, *HG.A.7*, S. 27; Fastnacht, *Staffelstein*, S. 45*.

Dörnbach l.z. Alsenz (z. Nahe z. Rhein). – 1828, 1837 *Dörnbach*; ON. Dörnbach (Stadt Rockenhausen, Donnersbergkreis, Rh.-Pf., D), /de^rnbach, de^rmbach/, 1194–98 (Kopie um 1250) *Duringebach*, 1315 (Kopie um 1316) *Duringebach*, 1355 (Kopie) *Dorngebach*, 1358 *Doringenbach*, 1482 *Dornbach*, 1797 *Dernbach*, 1824 *Dörnbach*. – Ausgangsform ON. (ahd.) **Duringobach* 'Bach, an dem Thüringer siedeln', Bestimmungswort ist der Genitiv des Ethnonyms ahd. *Thuringa* 'die Thüringer'. Der Stammvokal /u/ unterliegt folgenden Lautwandlungen: wmd. Senkung (> /o/), Umlautung />/ö/), Entrundung (>/e/). – Greule, *HG.A.15*, S. 22; Dolch/Greule, *Pfalz*, S. 105 f.

Dörpe-Bach l.z. Wupper (z. Rhein). – 1773 *auf der Durperbach*; ON. Dörpe (Hückeswagen, Oberbergischer Kreis, NRW, D), 1189 *in dùripe, de duripvelde*, 1484 *duyrpe, durpfelde*; ON. Döpersteeg (Hückeswagen), ON. Dörpmühle (zwischen Hückeswagen und Remscheid), 1484 *Durpmühle*; ON. Dörpholz, ursprünglich WaldN. (Stadt Remscheid, NRW, D), 1484 *durpholt*. – Grundform (as.) **Duripa*, vielleicht ver-

kürztes Kompositum (**Dur[r]i-[a]pa*) aus Bestimmungswort (ahd.) *thurri* 'ausgetrocknet' (↗ dürr-) und Grundwort ↗ *apa*. Benennung nach der Neigung des Flusses, Feuchtigkeit zu verlieren? – Schmidt, *HG.A.6*, S. 14; Schmidt, *Wupper und Lippe*, S. 142 f.

Dörr-/-e-/-(e)n-/-er- -*bach*, -*mühlenbach*. wmd. Form von ↗ Dürr-, z. B. *Dörrenbach*, r.z. Otterbach (z. Michelsbach z. Altrhein), ON. Dörrenbach (Gem., Lkr. Südliche Weinstraße, Rh.-Pf., D), 992 (Kopie 12. Jh.) *Turrenbach*, um 1171 *Durrinbach*, 1329, 1418 *Durrenbach*, nach 1430 *Dornbach*, 1460 (Kopie) *Dorrenbach*, 1591 *Dürrenbach*, 1620 *Dörrenbach*. – Greule, *HG.A.15*, S. 23. – Dolch/Greule, *Pfalz*, S. 106.

Dörsbach l.z. Lahn (z. Rhein), entspringt im westlichen Hintertaunus, mündet bei Kloster Arnstein in Obernhof (Verbandsgem. Nassau, Rhein-Lahn-Kreis, Rh.-Pf., D). – 1397 *in der Durst*, 1411 *yn die Duerste*, 1568 *in die Doerst, die Dorst hinoff*, 16. Jh.? *in die Dürst*, 1614 *die Dörst*, vor 1630 *Durste fluv.*, 1668 *die bah, die Dürst genant, die Dürster bah hinab*, 1775 *biß in den bach die Dörßbach genannt*; ON. Dörsdorf (Verbandsgem. Katzenelnbogen, Rhein-Lahn-Kreis), 1194–98 *Durstorf*, 1250–60 *Dursdorff*, 1259 *Durstdorf*, 1261 *Durstorp*, 1325 *Dùrsdorf*, 1336 *Dorstdorf*, 1448 *Durstorff*, um 1480 *Dorstorff*, 1501 *Dorstorf*, 1523 *Dürstorff*; FlurN. Dörsbachtal, Dörster Berg. – Grundform FlN. (ahd.) **Thurstia* > mhd. **Dürste* (mit Senkung /ü/ > /ö/) > fnhd. *Dörste*. Das Grundwort *-bach* ist in Anlehnung an *Dörs(t)dorf* sekundär angefügt. Der Name findet eine zwanglose Erklärung, wenn er mit *j*-Suffix von gm. **þurstu-* 'vertrocknet, dürr' (**þurstjō*) bzw. von rhein. FlurN. *Durst/Dorst* (bezeichnet wasserarme Bäche oder sandiges wasserdurchlässiges Gelände) abgeleitet wird, Faust, *HG.A.4*, S. 16 f.; Dittmaier, *Flurnamen*, S. 55.

Dörspe l.z. Agger (z. Sieg z. Rhein), entspringt auf dem Dümpel (Oberbergischer Kreis, NRW, D), mündet in Derschlag (Gummersbach, Oberbergischer Kreis). – 1575 *die durspe*; ON. Derschlag, 1585 *Durslinck*, später *Dörsslag*. – Aufgrund der dürftigen Beleglage lässt sich keine sichere Deutung geben. 1575 *durspe* kann auf **Dürsbach/*Dürstbach* zurückgehen, was man mit ↗ Dörsbach (< **Dörstbach*) verbinden kann. – Faust, *HG.A.4*, S. 17.

Döser Wettern l.z. Elbe, ON. Döse ↗ Töss.

Döttelbächle r.z. Rench (z. Rhein). – ON. Döttelbach (Bad Peterstal-Griesbach, Ortenaukreis, B.-W., D). 14. Jh. *Dettelmbach*, 1330, 1381, 1411, 1476 *Dettelnbach*. – Kompositum mit dem Grundwort *-bach* bzw. dem Diminutiv *-bächle* und dem Genitiv des PN. (ahd.) **Dettilo* (**Dettilen*), mhd. *Dettelnbach*, mit

Rundung des Stammvokals und Ausfall des /-n-/ Döttelbach. – Geiger, *HG.A.2*, S. 26.

Dohl-/-en-/, Dol-, Doll-/-e-/-en- -bach/-bächle, -beck, -graben/-gräble. Das Bestimmungswort zu ahd. *dola*, mhd. *dol(e)*, *tole*, *tol* stswF. 'Rinne, Abzugskanal, Entwässerungsgraben', z.B. Dollenbach, r.z. Wolfach (z. Kinzig z. Rhein), ON. Dollenbach (Gem. Bad Rippoldsau-Schapbach, Lkr. Freudenstadt, B.-W., D), 1452 *Dolenbach*, 1493 *Dollenbach*, *Tollenbach*. Vielleicht hierzu auch 1767/87 *die Dolle*, linker Seitenarm der Havel westlich von Gülpe (Gem. Havelaue, Lkr. Havelland, Brandenburg). – Springer, *Flußnamen*, S. 157; Berchtold, *Namenbuch*, S. 604; Geiger, *HG.A.2*, S. 26; Wauer, *HG.A.17*, S. 25.

Dolgensee (auch *Dolgener See*), Name mehrerer Seen in Brandenburg (D), z.B. Dolgensee bei Warnitz (Gem. Oberuckersee, Lkr.Uckermark, Brandenburg). – 1375 *stagnum nomine Dolghen*, 1592 *der groß Dollen, der kleinen Dollen*, 1827 *Dollgensee*. – Grundform apolab./asorb. *Dolg- 'Langer (See)' zu *dolg- 'lang', ins Deutsche integriert mit schwacher Flexion (*Dolgen-/Dollen-*). – Wauer, *HG.A.17*, S. 24f.; Fischer, *BNB 10*, S. 54f.

Dolger Bach r.z. Kiefbach (z. Steimkerbach z. Neile z. Innerste z. Leine z. Aller z. Weser), mündet südlich von Lutter am Barenberge (Lkr. Goslar, Niedersachsen, D). – 1548 *Dolger beck*, um 1568 *Dolffer beck*, (1642) *Dolverbeck*, 1656 *den Doluerbeck hinunter, in den Dolfferbeck*, 1757/58 *der Dolier*, 1767 *Dolber Beek*, 1803 *Dolber Beck*, *Dobberbach*, 1836/40 *Dolgenbach*; FlurN. Auf dem Dolgen, 1476 *Dolgen*, 1767 *auf den Dolben*. – Der Bach durchfließt die ehemalige Feldmark der Wüstung Dolgen. Der Wüstungsname ist nicht gedeutet. Falls ein Gewässername † *Dolbe(n)* zugrunde liegt, könnte es mit gm. *dulbō f. (fries. *dulve* 'Wassergraben') ↗Thulba verwandt sein. – Kettner, *HG.A.8*, S. 19; Kettner, *Leine*, S. 46.

Dollart, der ndl. Dollard, Meeresbucht westlich der Emsmündung bei Pogum (Ostfriesland) und gegenüber Emden (Niedersachsen, D), durch Meereseinbrüche im späten Mittelalter entstanden. – Ostfries. *dollerd*, *dollert*, *dullert* 'talähnliche Mulde, Vertiefung, Senkung, großes weites Loch im Boden, Untiefe, Sumpf' zu fries. *dolle* 'graben, ausgraben', afries. *delva* 'graben', gm. starkes Verb *delb-a- 'graben'. – Doornkaat Koolman, *Wörterbuch 1*, S. 311f.; Seebold, *starke Verben*, S. 153.

Doller, die l.z. Ill (z. Rhein), entspringt im Bereich des Elsässer Belchen (Ballon d'Alsace), mündet in Mülhausen (Mulhouse, Elsass, Dep. Haut-Rhin, F). – /dolr, dolᵉr/ (/o/ geschlossen), 12. Jh. *in fluvio ... Olruna*, 14. Jh. *entzwischent ... der Tolre*, 1513–17 *Tholdre*, 1531 *vff die Tollder ... vf die Toldoren*, 1537 *vf die tolder*, 1550 *in amne Olruna uulgo Tolder*, 1555 *vf der Tolder*, 1567 *Tholierbach*, 1581 *die dolder*; ON. Dollern, frz. Dolleren (Dep. Haut-Rhin), 1567 *Tholier*, 1576 *Tolder*, 1691 *Dollern*; FlurN. Dollermatten (Illzach und Pfastatt), 1531 *an der Toldermatt*, 1551 *die Tollermatten*. – Grundform (ahd.) *Tolra f., Gen./Dat. (schwach flektiert) *Tolrūn. Der älteste Beleg ist eine Latinisierung der Kanzlei, die vom Dat. *Tolrūn mit Konsonantenschwächung im Anlaut *Dolrun-a und Abspaltung des vermeintlichen Artikels D- ausging. Hydronymische r-Ableitung (gm. *Dulrō f.) vom Adjektiv gm. *dwula- > *dula-, ahd. *tol* 'toll' (im Sinne von 'reißend'), vgl. ↗Thalach, mit der Bedeutung 'Wildbach'. In den fnhd. Belegen ist sowohl ein Sprosskonsonant als auch ein Sprossvokal erkennbar: (mhd.) *Tolre* > *Toldre, Toldere, Tolder*. Parallelnamen: 838 (Kopie 11. Jh.) *in Thulere* (Dolder), jetzt ON. Bovenbuurt (Wageningen, Gelderland, NL); 1178 (Kopie 1351–53) *de Tolre*, 1178 *de Dolre*, jetzt ON. Dulder bei Weerselo (Overijsel, NL)?; 12. Jh.? (Kopie ca. 1530) *de Dolre*, unbekannte Lage (Gelderland oder Overijsel, NL). – Greule, *Oberrhein*, S. 37–39; Heidermanns, *Primäradjektive*, S. 170; Künzel/Blok/Verhoeff, *Lexicon*, S. 113f.

Dollgowsee bei Rheinsberg (Lkr. Ostprignitz-Ruppin, Brandenburg, D). – 1590 *den dolgen*, 1772 *die Dollg-See*, 1786/87 *auf dem Dollgow*, 1825 *Dolgow See*. – Grundform SeeN. apolab. *Dolg- 'Langer (See)' ↗Dolgensee, das Suffix -ow ist in Analogie zu anderen Ortsnamen mit -ow teilweise angefügt. – Wauer, *HG.A.17*, S. 26; Fischer, *BNB 10*, S. 55.

Dollgower See bei Gransee (Lkr. Oberhavel, Brandenburg, D). – 1530 *das dorff Dolge ... vnnd einem Sehe hinder dem dorff*, 1751 *Der Dolgowische See*, ON. Dollgow, 1422 *tho dolghe*, 1652 *in Dolgaw*, 1775 *Dolgow*, 1854 *bei Dolge oder Dolgow*. – Grundform SeeN. apolab. *Dolg- 'Langer (See)' ↗Dolgensee, das Suffix -ow ist in Analogie zu anderen Ortsnamen mit -ow teilweise angefügt. – Wauer, *HG.A.17*, S. 25; Fischer, *BNB 10*, S. 55.

Dollinsee *Großer~, Kleiner~* bei Blankenburg (Gem. Oberuckersee, Lkr. Uckermark, Brandenburg, D). – 1375 *stagunum nomine Dollyn*, 1592 *der große Dollin, der luttke Dollin*. – Grundform FlurN. apolab. *Dolina 'Tal, Niederung', auf den See übertragen. – Fischer, *BNB 10*, S. 55.

Domjüchsee im Ortsteil Strelitz-Alt (Stadt Neustrelitz, Lkr. Mecklenburg-Strelitz, M.-V., D). – 1569 *bis an die Dumgucher Sehe*, *die Domjuche*, 1603 *auf die Dohm*, 1772 *Domjuchsee*, *Domjücher See*, 1783 *die Gr.*

und Kleine Domjüch; ON. Domjüch, 1349 *tů Domiuche*, 1569 *Domjücher Mühle*, 1593/97 *zu Domjüch*. – Grundform ON. apolab. **Domajuchy*?, Plural des PN. apolab. **Domajuch*? Mit der Bedeutung 'Leute des **Domajuch*' ins Deutsche integriert als (Dat. Sg.) **Domjüche*. – Wauer, *HG.A.17*, S. 26; Bilek, *Sprachgut*, S. 72.

Donau, die ung. *Duna*, slowak. *Dunaj*, kroat. *Dunaj*, serb. *Dunav*, rum. *Dunărea*, bulg. *Dunav*; zweitgrößter Strom Europas, entspringt im Schwarzwald (B.-W., D), mündet in Rumänien in einem Delta ins Schwarze Meer. – Lat. *Dānubius* (zuerst bei Sallust), auch *Dānuvius* (zuerst bei Ovid), mhd. (Nibelungenlied) *Tuonouwe*. – Grundform ves.-ig. **Dāneu̯os*, Ableitung von urig. **déh₂nu-* 'Fluss, Flüssigkeit' (ai.-ved. *dānu-* '(Herab-)Träufeln, Flüssigkeit', *Dānu*, eine indische weibliche Gottheit, jung-avest. *dānu-* 'Fluss', osset. *don* 'Fluss, Wasser', europäischer FlN. **Dānu*/Don). Phasen der Onymisierung: urig. **déh₂nu-*'Fluss, Flüssigkeit', dazu das Adj. **dāneu̯-o-*, vgl. avest. VN. *Dānavō* Pl. 'Flussanwohner'; davon mit individualisierend-identifizierendem Suffix *-i̯o-* das Hydronym **Dāneu̯-i̯o-s* > keltisch **Dānou̯i̯os* (auch **Dānou̯i̯ā* f.), lat. *Danuvius*; frühe Übernahme des keltischen Femininus in die Sprache von Germanen mit Anpassung an gm. **a(g)wi̯ō* f. 'Land am Wasser, Aue' als gm. **Dōnawi̯ō* > mhd. *Tuonouwe*/Donau. Belege: Hausner/Schuster, *Namenbuch*, S. 256–264; Anreiter, *vorrömische Namen*, S. 231–237; Borchers, *HG. A. Supplement*, S. 11–19; Pokorny, *IEW*, S. 175; Anreiter, *vorrömische Namen*, S. 237 f.

Donbronnerbach r.z. Gruppenbach (z. Schozach z. Neckar z. Rhein). – ON. Donnbronn (Weiler, Gem. Untergruppenbach, Lkr. Heilbronn, B.-W., D), 1277 *Dannbrunn*. – Ausgangsform ON. (mhd.) **Tann(en)brunn* 'Quelle im Tannenwald', ↗Tann-. – Schmid, *HG.A.1*, S. 20.

Donnebach r.z. Holzape (z. Diemel z. Weser), verläuft im Reinhardswald (Lkr. Kassel, Hessen, D), durchfließt den Tierpark Sababurg (bei Hofgeismar, Lkr. Kassel). – 1551 *auff der* (*auffr, vff der*) *Thon*, 1570 *vff der Thonnen, zwischen der Holtzappe vnnd der Thonnenn*. – Eine eindeutige Etymologie ist nicht möglich; vielleicht geht der Name auf (as.) **Dannaha* (> **Donna* > **Donne*/*Thonne*) 'Fließgewässer im Tannenwald' zurück, ↗Tann-. – Kramer, *HG.A.10*, S. 13.

Donner See jetzt moorige Fläche in der Marsch bei Süderdonn (Gem. Sankt Michaelisdonn, Kreis Dithmarschen, S.-H., D). – ON. Sankt Michaelisdonn, 1598 *Niekerken upe Dunne*, *Donekerken*, 1651 *Donn*, 1803 *St.Michaels Donnen*; ON. Dingerdonn, ON. Donndiek, ON. Hochdonn, ON. Norderdonn, ON. Warferdonn. – ON. *Donn*, mndd. *donne*, *dune*, *dun(e)*, as. **dūn*, **dūna* 'Erhebung, Düne'. – Udolph, *HG.A.16*, S. 78 f.; Laur, *Schleswig-Holstein*, S. 332.

Donnersbach r.z. Saalach (z. Salzach z. Inn z. Donau). – 1228 (Kopie 17. Jh.) *in Thonerspach*, 1862 *Donnersbach*. – Vielleicht Kompositum mit *Donner* als Bestimmungswort, *-bach* als Grundwort und analogem Fugen-*s*. – Straberger, *HG.A.9*, S. 18.

Donvenerbach ↗Dientenbach.

Dorenbach zum Birsig (z. Rhein), bildet die Kantonsgrenze zwischen Basel-Landschaft und Basel-Stadt, mündet in Basel (CH). – 1365 *uf der Thornbach*, 1446 *uff den Torenbach, in die Torenbach, in dem Torenbach*. – Bestimmungswort des Kompositums mit dem Grundwort *-bach* ↗Dorn-. – Geiger, *HG.A.2*, S. 26.

Dorf-/-er-/-s- (ndd. Dorp-) -bach/-bachl/-bächle, -be(c)k, -graben, -grundbach, -kanal, -lacke, -lohne, -mühlbach, -pfuhl, -schleusenfleth, -see, -teich, -weiher, -wettern, -wetterung, -wiesenbach, -wiesenbächlein, -wiesengraben. Namen von Gewässern, die zum Dorf gehören oder beim Dorf liegen. – Fischer, *BNB 10*, S. 56.

Dorfen, die r.z. Isar (z. Donau), entspringt nördlich des Ismanninger Speichersees (Gem. Moosinning, Lkr. Erding, Bayern, D), fließt durch die Gemeinde Oberding, mündet in Berglern (Lkr. Erding). – 1368 *zu Diengen gelegen ienhalb der Ah*, ca.1563 *Dorffa amnis*. – Grundform vielleicht (mhd.) **Dorfa(he)*, **ze der Dorf(ah)en*, Kompositum mit dem Grundwort mhd. *ahe* 'Fließgewässer' und ↗Dorf- als Bestimmungswort. – Snyder, *HG.A.3*, S. 16.

Dorn-/-s- -ach, -bach/-bachl, -beek, -graben, -lach, -loch, -pfuhl, -ride/-riethe, -siek, -weiher, -wasenbächle, -weidbach, -wiesgraben. Ahd. *dorn* stM. 'Dornstrauch', z. B. 1136 (Fälschung vor 1236, Insert) *Dornbach*, l.z. Sattelbach in Heiligen Kreuz (PB Baden, N.-Ö., A). – Hausner/Schuster, *Namenbuch*, S. 267; Fischer, *BNB 10*, S. 57.

† Dorsbach, die (oder *Dörsbach*?), jetzt Kirschbach, r.z. Traunbach (z. Nahe z. Rhein). – 1345 *biß in Toirßbach ... die Toirßbach*, 1507 (Kopie 16. Jh.) *in das Horschbechelgin* (lies *Torsch-*), 1600 *hinab in Torschbach*, *bis in die Dorsbach*, 1653 *Dorsbach*. – Die Herkunft des Namens ist nicht eindeutig zu klären. Falls in den Belegen <o> bzw. <oi> als Umlaut /ö/ zu lesen ist, könnte er wie ↗Dörsbach erklärt werden. – Greule, *HG.A.15*, S. 23.

† Dorst, die jetzt Weniger-Bach, l.z. Naaf-Bach (z. Agger z. Sieg z. Rhein). – 1555 *die Dorst*; ON. Oberdorst (Gem. Neukirchen-Seelscheid, Rhein-Sieg-Kreis, NRW, D), 1555 *Durst*. – Rheinisch *Durst* (*Dorst*) bezeichnet wasserarme Bäche oder sandige, wasserdurchlässige Geländestücke, zu gm. Adj. **Pursta-* 'vertrocknet, dürr'. – Faust, *HG.A.*4, S. 17 f.; Dittmaier, *Flurnamen*, S. 55.

Dosenbek r.z. Schwale (z. Stör z. Elbe), wird vom Dosenmoor in der Nähe von Neumünster gespeist, mündet im Stadtgebiet von Neumünster (S.-H., D). – 1649 *Dosenbeck*, 1743, 1856 *Dosenbek*; ON. Dosenbek (Gem. Bothkamp, Kreis Plön, S.-H.), 1333 *de Dosenbeke*, 1538 *Dosenbeke*. – Kompositum mit ndd. *Dos*, *Dös* 'hellfarbiges Moos' als Bestimmungswort und mndd. *beke* 'Bach' als Grundwort. – Udolph, *HG.A.*16, S. 79; Laur, *Schleswig-Holstein*, S. 217.

Dosse, die
- ¹Dosse, r.z. Havel (z. Elbe), entspringt am Nordrand der Prignitz, fließt durch Wittstock/Dosse (Lkr. Ostprignitz-Ruppin, Brandenburg, D), mündet bei Vehlgast-Kümmernitz (Stadt Havelberg, Lkr. Stendal, S.-A., D). – Um 1172 *iuxta ... Doxam*, 1274 (Kopie) *dossam*, 1287 (Kopie) *infra dosam*, 1336 (Kopie) *tuschen der dosse vnd der hauele*, 1441 *to der Dosse*; StammesN. *Dossanen* (Slawengau an der Dosse): 948 (Kopie) *Desseri*, um 1074 *Doxani*, 1150 (Kopie) *desseri*; ON. Dossow (Stadt Wittstock/Dosse), 1273 *Dosse*, 1574 *Dossow*.
- ²Dosse, r.z. Havel (z. Elbe) im Havelland, mündet nördlich von Pinnow (Stadt Hohen Neuendorf, Lkr. Oberhavel, Brandenburg, D). – 1238 *fluvius ... Massowe* (lies *Dassowe*), 1595 *Die Dosse*, 1745 *Dosse*; GauN. (Slawengau): 948 (1161, 1188) *Dassia*; ON. † Dossow, 1412 *daz halp dorff dosszow*.

Der Name ²Dosse ist wahrscheinlich von ¹Dosse übertragen. Grundform vorslaw. *Dossa*/*Dussa, das über *Duhsa/*Dohsa aus gm. *Duhsō f. (< vorgm. **dʰu(H)k-so-*) erklärbar ist. Es handelt sich um die mit *s*-Suffix erfolgte Onymisierung des Stammes urig. **dʰu(H)k-* (gm. **duh-*/**dug-*), ahd. *tugot* 'variatur', der seinerseits eine *k*-Erweiterung des Verbs urig. **dʰeuH-* 'rasch hin und her bewegen, schütteln', vgl. awn. *dýja* 'schütteln', ist, ↗Düssel (< *Duhsilō). Diese Erklärung setzt voraus, dass der Lautwandel gm. /-ks-/ > as. /-ss-/ bereits erfolgt war, als die Slawen den Namen kennenlernten. Im Stammesnamen *Desseri* (< *Dassarjōz?) wird das Grundwort gm. **-warjōz* 'Bewohner' vermutet. Das /a/ in *Dassowe und *Dassia* wird durch die apolab. Lautentwicklung von vorslaw. /u/ erklärt. Die Endung *-ow* im Ortsnamen *Dossow* ist sekundär. – Wauer, *HG.A.*17, S. 26–28; Fischer, *BNB* 10, S. 57 f.; Schmid, *Dosse*; Pokorny, *IEW*, S. 265; Rix, *LIV*, S. 150 f.

Dossenbach r.z. Rhein, kommt aus dem Dinkelberg, mündet bei Schwörstadt. – ON. Dossenbach (Gem. Schwörstadt, Lkr. Lörrach, B.-W., D), 1247 *de Tossinbah*, 1258 *de Tossenbach*, 1305, 1347 *Tossenbach*, 1514 *Tossembach*; ON. Niederdossenbach (Gem. Schwörstadt), 1363 *Nidratossenbach*, 1445 *von Nidern Tossembach*. – Kompositum mit dem Genitiv des PN. *Tosso (*Tossin-*/*Tossen-*) als Bestimmungswort und *-bach* als Grundwort. – Geiger, *HG.A.*2, S. 27.

Dove/-n/-r, Dowe/-r *-au*, *Beke*, *-diek*, *-dieksbek*, *-fleet*, *-mühlenteich*, *See*, *Strang*; ndd., ndl. *doof*, mndd. *dōf*, ahd. *toub*, got *daufs* (gm. **dauba-*) 'taub', auch 'leer'. Bei Gewässernamen auch Bezeichnung eines Fluss-Seitenarms, bei Seen kann Fischarmut gemeint sein; z. B. Dowe Elbe (bei Lütjenheide, Stadt Wittenberge, Lkr. Prignitz, Brandenburg, D), 1686 *in der Doben Elbe*; Dovenfleet, jetzt Straße in Hamburg, Anfang 15. Jh. *Dovefleet*, 1415 *prope surdum flumen*, 1508 *by dem Dovenflete*. – Fischer, *BNB* 10, S. 283; Udolph, *HG.A.*16, S. 80 f.

Dovinsee nordöstlich von Joachimsthal (Lkr. Barnim, Brandenburg, D). – 1649 *der Debbin*, 1704 *Der Debbin*, 1772 *Dewien-See, der Dewien*, 1826 *Dowin See*. – Etymologie ↗Dewinsee. – Fischer, *BNB* 10, S. 53.

† Dradenau (auch *Tradenau*), Elbarm und Flussinsel in Hamburg, zeitweise ein vielbefahrener Schifffahrtsweg, um 1800 teilweise verlandet. – Um 1285/Anfang 14. Jh. *oppe de Dradenowe*, 1368/Anfang 15. Jh. *to der Tradenouwe*, 1375/Anfang 15. Jh. *boven der Dradenouwe*, 1413 *umme de Dradenow*, 1417 *flumina ... Dradenowe*, 1508 *insula sive fluentum ... de Tradenow* (zahlreiche weitere Belege). – Kompositum mit dem Grundwort mndd. *ouwe* 'Wasserlauf' und dem flektierten Adjektiv mndd. *drāde*, mhd. *dræte*, ahd. *thrāti* 'rasch, schnell, eilig, geschwind'. – Udolph, *HG.A.*16, S. 80 f.

Drage, die polnisch *Drawa*, r.z. Netze/Noteć (PL), entspringt in der Pommerschen Schweiz, mündet bei Krzyż Wielkopolski, wegen der ausgeglichenen Wasserführung zur Holzflößerei benutzt. – Vielleicht identisch mit dem Ortsnamen *Drage*, z. B. Drage, Gem. an der Eider (Kreis Nordfriesland, S.-H., D), 1462 *de Draghe*, 1470 *Drage*, der als Ableitung vom Verb gm. **drag-a-* 'ziehen' (e. *draw*, dän. *drage*, mundartl. *drave*), adän. *dragh* 'Sumpf, Moor, sumpfiges Wiesengelände', gedeutet wird, vgl. ferner awn. *drag* n. 'Kiel, Kufe', *draga* f. 'von Pferden geschleifte Holzlast'. – Laur, *Schleswig-Holstein*, S. 217 f.; Udolph, *Gewässernamen Polens*, S. 103–107 (<*Druantia); Seebold, *starke Verben*, S. 160 f.

Dragenbach Oberlauf des Reindorfer Bachs (l.z. Raab in Ungarn); entlehnt aus kroat. *Drágapatak* 'Bach im Tal'. – Hausner/Schuster, *Namenbuch*, S. 270.

Drame See bei Frankfurt (Oder) (Brandenburg, D). – 1510 (Kopie) *Drame*, 1516 *dromel*. – Keine eindeutige Etymologie möglich. Vorslawische Herkunft wird vermutet. Vielleicht ist der Name mit ↗ *Dremse* und mndd. *dram* 'Lärm, Bedrängnis, Getümmel' verwandt. Dann ist das Benennungsmotiv beim Schalleindruck zu vermuten, wofür auch 1516 *dromel* spricht, oder es liegt metaphorische Benennung des Sees nach der Gestalt einer Trommel vor. – Fischer, *BNB 10*, S. 58.

Dramme l.z. Leine (z. Aller z. Weser), Quellgebiet in der Gem. Scheden (Samtgem. Dransfeld, Lkr. Göttingen, Niedersachsen, D), mündet bei Obernjesa (Gem. Rosdorf, Lkr. Göttingen). – /dramə/, 1386 *ouer de Dramme*, *uppe de Dramme*, 1506 *by der Dramme*, 1591 *an die Dramme*, 1700, 1715 *die Dramme*, 1718 *die Drann*, um 1750 *die Dramme*; ON. Dramfeld (Gem. Rosdorf), /dramfelə/, 1229 (Kopie 15. Jh.) *Dramfelde*, 1246 *de Tranvelde*, *de Dranuelde*, 1259, 1266 *Dranuelt*, 1268 *Dranwelt*, 1270 *de Tramvelt*, 1278 *Dramvelt*, 1301 *Dranfelt*, 1326 *Dranuelde*, 1355 *Dramuelde*, 1486, 1585 *Dramfelde*, 1664 *Drambfelde*, 1823 *Dramfeld*. – Der Flussname ist eine Rückbildung aus dem ON. *Dramfeld* < mndd. *Dranfelde* 'Feld an der Dramme' mit Assimilation /-nf- > -mf-/. *Dranfelde* ist ein Kompositum mit dem ursprünglichen Namen der Dramme, (as.) *Drana* f., als Bestimmungswort. *Drana* (gm. *Dranō*) steht im Ablautverhältnis zu as. *dreno*, ahd. *treno* 'Drohne', gt. *drunjus* 'Schall', as. *drān*, *drāno* (< gm. *drē₁n-*) 'Drohne', denen die ig. Wurzel *dʰren-* 'murren, brummen, dröhnen' zugrunde liegt. Benennung des Flusses nach einem auffälligen brummenden Geräusch. – Casemir/Ohainski/Udolph, *Göttingen*, S. 101–104; Pokorny, *IEW*, S. 255.

Drann, die sloven. *Dravinja*, r.z. Drau in der Steiermark (Slowenien). – 855 (unecht, 2. Hälfte 10. Jh.) *usque dum Treuuina fluit in amnem Trauum* (Urkunden Arnulfs, Nr.184). – Mit (slaw.?) Suffix *-ina* von ↗ Drau, dem Namen des Hauptflusses, abgeleitet. Die früheste Überlieferung zeigt den Namen in ahd. lautverschobener Form mit Primärumlaut. Parallelnamen: 1061 *Trewina*, *Trevvina* (Diplome Heinrichs IV., nr.69), Oberlauf der ↗ Kössein bzw. der in diese mündenden ↗ Trebnitz (bei Marktredwitz, Bayern, D) und lit. *Dravinė*, Fluss zum Južinto ežeras (Litauen). Mit Suffixablaut ↗ Trave. – Gütter, *Marktredwitz*, S. 46.

Dransebach l.z. Panke (z. Spree z. Havel z. Elbe), mündet bei Zepernick (Gem. Panketal, Lkr. Barnim, Brandenburg, D). – 1772 *Transse*, 1839 *Dranse Bach*. – Grundform FlN. apolab. *Drąž-*, als Beziehungsadjektiv mit dem Suffix -*bj*- von *drąg* 'Stock, Stecken' abgeleitet, ↗ Dranser See. – Fischer, *BNB 10*, S. 58.

Dranser See nördlich von Schweinrich (Lkr. Ostprignitz-Ruppin, Brandenburg, D). – 1233 *stagnum ... drans*, Anfang 14. Jh. (Kopie) *in stagno dransz*, 1574 *Der Dranser See*; ON. Dranse (Stadt Wittstock/Dosse, Lkr. Ostprignitz-Ruppin), 1225 *grangiam Drans*. – Ausgangsform SeeN. apolab.*Drąž-*, ↗ Dransebach. – Fischer, *BNB 10*, S. 58.

Draschelbach l.z. Gurk. – 1172 *ad usque vallem Drachsalpach*; ON. Draschelbach (Gem. Gurk, PB Sankt Veit an der Glan, Kärnten, A), 1169 *Drehsilpach*, 1171 *Drahselpach*, usw. – Vermutlich aus mhd. *Dræhseln-bach* mit Ausfall des /-n-/ in der Lautkombination /-lnb-/. Das Bestimmungswort ist der PN. (BeiN.) ahd. *drâhsil* 'Drechsler'. – Hausner/Schuster, *Namenbuch*, S. 272.

Drau, die sloven., kroat. Drava, ungar. Dráva entspringt am Toblacher Feld (Südtirol, I), fließt durch Osttirol und Kärnten und mündet r.z. Donau bei Osijek (Kroation). – In der Antike seit Strabon (circa 63 v. Chr. bis 19. n. Chr.) häufig erwähnt, bei den griechischen Autoren in der Form *Drábos*, *Draos*, bei den lateinischen *Dravus*, *Draus*; vor 799 (Kopie 8. Jh.) *castrum Dravumque*, vor 799 (Kopie 10./11. Jh.) *Drauva*, 811 (Kopie 13. Jh.) *Dravus*, 816 (Kopie 12. Jh.) *Draus*, 819 (Kopie 13. Jh.) *Drauus*, usw., 878 *per fluvium Tráam*, 1022–1023 *iuxta fluvium Trâ*, um 1060–1070 *iuxta flumen Traha*, usw. Den Flussnamen tragen im Verlauf der Geschichte mehrere Örtlichkeiten an der Drau in Kärnten, (Ost-)Tirol oder Krain/Slowenien. ON. Drauhofen (Gem. und PB Völkermarkt, Kärnten, A), 860 *curtes ... ad Trahoue*; ON. Drauhofen, Schloss (Gem. Lurnfeld, PB Spittal an der Drau, Kärnten), 1005–1039 (Kopie 12. Jh.) *ad Trahun*, 1125–1136 *in villa ... Thrahouen*; 1308 *Draua*. – Der Flussname geht auf ig. *dro̯u̯os* 'Lauf, Flusslauf' zurück, ein mit Ablaut gebildetes Verbalnomen zu ig. *dreu̯-e-* 'laufen' (vedisch *drávati* 'er läuft'). Die Entwicklung von *Drovos* zu *Dravos*/*Dravus* geht auf den Einfluss einer Einzelsprache (pannonisch?) zurück. Wie beim Reimnamen ↗ Save und bei ↗ Donau wurde das ursprüngliche Maskulinum *Dravus* zum Femininum *Drava* (slavisiert *Drāva*) umgedeutet. Als althochdeutsche Form des Namens kann aus den Belegen *Trâwa*, mhd. *Trâ* erschlossen werden. Alteuropäische Parallelnamen sind *Drawa* (↗ Noteć) und *Drawe* (Ostpreußen). – Anreiter, *vorrömische Namen*, S. 238–242; Hausner/Schuster, *Namenbuch*, S. 273–275; Krahe, *UäFlN.*, S. 44 f.; Rix, *LIV*, S. 129.

Drausensee (z. Elbing z. Frischen Haff), poln. *Jezioro Drużno*, südlich von Elbing/Elbląg (Woiwodschaft Ermland-Masuren, PL), Ende des 19. Jh. auf der Grenze von West- und Ostpreußen gelegen. – 1243 *stagnum Drusnie, Drusin*, 1246 *lacu … Drusa*, 1344 *circa Drusenam*. – Ausgangsform (gm.) *Drūsina? n*-Ableitung vom Stamm gm. *drūs-* in ae. *drūsian* 'träge sein (vom Alter)', e. *drowse* 'schläfern', Benennung nach der Trägheit des Wassers, ↗ Truse. – Biolik, *HE.*5, S. 67f., Pokorny, *IEW*, S. 275.

Dreba, die (auch *Drebabach*), r.z. Thüringischen Saale (z. Elbe), mündet in Ziegenrück (Saale-Orla-Kreis, Thüringen, D). – 1499 *Drebe*, 1504 *Drewe, Drebe*, 1505 *Drebe*; ON. Dreba (Saale-Orla-Kreis), 1302 *de Trebene*. – Grundform asorb. *Trebin-* (?) entweder 'Siedlung eines *Treben/*Treba' oder 'Siedlung auf der Rodung', vgl. die ON. Treben in Sachsen. – Ulbricht, *Saale*, S. 227; Eichler/Walther, *HONBSachsen* II, S. 516f.

Drebber, die l.z. Esseler Kanal (z. Aller z. Weser) in Niedersachsen. – (1377) *vppe der dreuere*, 1771 *die Drebber, An der Drebber*, 1779 *Drebber Fl.*; FlurN. Drebbermoor, 1779 *Drebber Mohr*, 1771 *Drebber Feld*. – Zugrunde liegt vielleicht ein Adjektiv (gm.) *dreb-ra-*, abgeleitet von einem im Germanischen nicht erhaltenen ablautenden Verbstamm *dreb-* (ig. *dʰrebʰ-*), das mit dem Ausfällen von festen Flüssigkeiten zu tun hatte, vgl. ahd. *truobi*, mhd. *trüebe* 'trüb' (< gm. *drōb-ija-*) und mndd. *draf*, e. *draff* 'Treber', aschw. *draf* 'Bodensatz, Hefe', mit Intensivgemination ndd. *Drabbe* 'Spülicht, Schmutz, Bodensatz'. Die Benennung bezieht sich vielleicht darauf, dass sich in der Drebber Moor absetzte. – Borchers, *HG.A.18*, S. 29f.; Rix, *LIV*, S. 153; Ohainski/Udolph, *Hannover*, S. 429 (Gm. *Drabirā*).

† **Drecks** ↗ Dreiecksee.

Dredenbach, die im Einzugsgebiet des Rehbachs (z. Dill z. Lahn z. Rhein) zwischen Herborn (Lahn-Dill-Kreis, Hessen, D) und Driedorf (Lahn-Dill-Kreis). – 1430 *zu dem floße … die Dredenbach*, 1431 *dye Dreden(bach)*. – Kompositum mit mhd. *dræte* 'rasch, schnell, eilig, geschwind' als Bestimmungswort und *-bach* als Grundwort. – Faust, *HG.A.4*, S. 18.

Dreetzer See südöstlich von Dreetz (Lkr. Ostprignitz-Ruppin, Brandenburg, D). – 1337 (Kopie) *den se … den Dretze*, 1525 (Kopie) *Eine Sehe … Dretz*, 1549 (Kopie) *vff dem Dretzischen sehe*, 1840 *Dretzer See*; ON. Dreetz, 1337 (Kopie) *dath dorp to den … Dretze*, 1420 *zcu dem Dretze*, 1643 *zu Dreetz*. – Etymologie des Namens unklar. Grundform vielleicht apolab. *Dre-vič*, *Drevec* oder *Drevica*, wohl Ableitungen von *drevo* 'Holz, Baum'. – Wauer, *HG.A.17*, S. 28; Fischer, *BNB 10*, S. 58f.

Dreetz-See

– ¹Dreetz-See (auch *Teschendorfer See*), nördlich von Teschendorf (Gem. Löwenberger Land, Lkr. Oberhavel, Brandenburg, D). – 1270 *stagni, qui dicitur Drezz*, 1840 *Der Draetz See*. – Wauer, *HG.A.17*, S. 28; Fischer, *BNB 10*, S. 58f.

– ²Dreetz-See, Teil der Feldberger Seen (Lkr. Mecklenburg-Strelitz, M.-V. D), Seengruppe z. Havel (z. Elbe). – 1537 *In dem Sehe Dreß genant*, 1556 *Von dem Drescher See, mit dem Dreßer sehe*, 1564 *Drescher See*, 1578 *Der Drees*, 1764 *Dräsch See*, 1780 *Dreetz See*. – Wauer, *HG. A.17*, S. 28.
Etymologie ↗ Dreetzer See.

Drehbach r.z. Thüringischen Saale (z. Elbe) bei Orlamünde (Saale-Holzland-Kreis, Thüringen, D). – 1258, 1260 *Trogebach*. – Ausgangsform *Drogebach*? Kompositum mit slaw. *droga* 'Weg, Bahn' als Bestimmungswort. – Ulbricht, *Saale*, S. 131.

Drehbächle l.z. Neumagen (z. Möhlin z. Rhein). – ON. Drehbach (Gem. Münstertal/Schwarzwald, Lkr. Breisgau-Hochschwarzwald, B.-W., D), 1423 *Trebach*. – Kompositum mit dem Partizip Präsens (?) des Verbs mhd. *dræ(je)n* 'drehen' (*dræjendbach > *dræbach*) als Bestimmungswort. Benennung vielleicht nach einem auffälligen Strudel. – Geiger, *HG.A.2*, S. 27.

Drehnitz, die r.z. Finowkanal (z. Oder), mündet westlich von Eberswalde (Lkr. Barnim, Brandenburg, D). – 1300 *Droghenitz*, 1595 *die Drögenitz*; WaldN.1307 *Droghenizce*, 1840 *Drogenitz*. – Grundform FlN.(?) apolab. *Droganica* oder *Droganec*? zu urslaw. *dorga* 'Höhlung, Vertiefung, Graben', ins Deutsche integriert als *Drögenitz*, kontrahiert (*Dröhnitz*) und entrundet (*Drehnitz*). – Fischer, *BNB 10*, S. 59.

Dreiecksee südlich von Blankenburg (Gem. Oberuckersee, Lkr. Uckermark, Brandenburg, D). – 1592 *der Drecksee*, 1664 *der Dreck See*, 1827 *Dreieck S.* – Bestimmungswort ist mndd. *dreck* 'Dreck, Schmutz, Unrat, Schlamm, Morast', wegen der leicht dreieckigen Form umgedeutet in Dreieck-See. Vgl. FlN. † Drecks, r.z. Glan (z. Nahe z. Rhein), 1797 *Drecks*, Rückbildung aus dem ON. Drecksodernheim, jetzt Odernheim am Glan (Lkr. Bad Kreuznach, Rh.-Pf.), 1513 *Treck Oderheim*, 1540 *Dreck Odernheim*, 1555 *Dercks Oderim*, mit sekundärem Fugen-s. – Fischer, *BNB 10*, S. 59; Greule, *HG.A.15*, S. 24.

Dreis- (auch *Dres-*) *-apa/-afa, -bach, -graben*, z. B. Dreis-Bach, r.z. Sieg. – ON. Dreis-Tiefenbach (Stadt Netphen, Kreis Siegen-Wittgenstein, NRW, D), 1353 *Dresphe*, 1397 (und so oft) *Dreispe* (< **Dreisapa*). Dreis-Bach, l.z. Daadenbach (⁊Heller ⁊Sieg), ca. 8.–10. Jh. (Kopie 16. Jh.) *Dreisafa*. – Aus zahlreichen, besonders westdeutschen Ortsnamen, wie *Dreisen* (Kr. Kirchheimbolanden, Rheinland-Pfalz; 863–64, Kopie 1144, *Dreisa*) sowie aus *Dreis, Drees, Treis*, der Benennung für Mineral- oder Sauerbrunnen in der Eifel, kann ahd. **dreis/dreisa* 'wallende, sprudelnde Quelle' (gm. **þrais-*) erschlossen werden. Damit verwandt sind landschaftlich gebundene Wörter wie *treisch, trēsch, trēscher, drēsch* 'starker Regenguss' und *treischen* usw. 'spritzen, stark regnen' (gm. **þrais-k-*). – Faust, *HG.A.4*, S. 18; Barth, *Sieg und Ruhr*, S. 74f.; Kaufmann, *Rheinhessische Ortsnamen*, S. 42.

Dreisam, die ursprünglich l.z. Elz, von Freiburg im Breisgau (B.-W., D) an *Dreisamkanal* (Fortsetzung Leopoldskanal) r.z. Rhein, genannt. – /ˈdraisᵉmᵉ/, 864 *circa fluvium Dreisima*, 1008 *Treisama flumen*, ad a. 1094 *iuxta fluvium Treisamam*, Anfang 13. Jh. (ad a. 1112) *Treisimę sprinc*, 1234 *Treysenia*, 1286 (*an der*) *Dreisimun*, 1298 (*an der*) *Treisemin*, Anfang 14. Jh. *treisme, in die Treismun, treiseme*, 1313 *an der Treisemun*, usw. 1462 *Dreisam*. – Zugrunde liegt ahd. *Treisima, Treisama*. *Dreisam* wird wie der Parallelname ⁊Traisen (und ⁊Trisanna) in Verbindung mit dem keltischen Stamm **trag-* (ig. **tr̥ₑgʰ-* 'schleppen, ziehen') in gall. *ver-tragus* 'schnellfüßiger Hund' und air. *traig* (< **trageⁱtos*) 'Fuß' gebracht. Dazu muss ein kelt. *-s-*Stamm (**trages-*) angesetzt werden, so dass von ihm mit Hilfe des Superlativ-Suffixes *-amo-* ein Name mit der Bedeutung 'sehr schneller (Fluss-)lauf' abgeleitet worden sein kann. Die frühen Schreibungen mit anlautendem <D> sowohl 864 *Dreisima* als auch 828 (Kopie 12. Jh.) *in Dreisma* (⁊Traisen) gehen auf Einfluss von ahd. **dreis, -a* 'wallende, sprudelnde Quelle' (< gm. **þrais-*) (⁊Dreis-) zurück. – Greule, *Oberrhein*, S. 189–191; Rix, *LIV*, S. 154; Pokorny, *IEW*, S. 273 und 258.

Dremse, die l.z. Sarre (z. Bode z. Saale z. Elbe) bei Domersleben (Stadt Wanzleben-Börde; Lkr. Börde, S.-A., D). – 1751, 1865, 1911 *Dremse, Dröhmse*. – Keine sichere Etymologie möglich. Ausgangsform: Flussname mit *s-*Suffix, vielleicht gm. **þramisō* f. > as. **thremisa* > *Dremse*, Ableitung von gm. **þram-*, mndd. *dram* 'Lärm, Bedrängnis, Getümmel', vgl. gt. *þrams(tei)* 'Heuschrecke', Benennung nach der Wildheit des Wassers, oder gm. **þrumisō* f. > mndd. **Drömese* von mndd. *drum, drom* 'Endstücke, Kante', 'Fluss, der am Rand fließt'. – Burghardt, *Flurnamen*, S. 86; Pokorny, *IEW*, S. 1092, 1075.

Drepte, die r.z. Weser, entspringt nördlich von Osterholz-Scharmbeck (Lkr. Osterholz, Niedersachsen, D), mündet bei Dreptersiel südlich von Bremerhaven. – 1768 *Drepte Flus*; ON. Driftsethe (Gem., Lkr. Cuxhaven, Niedersachsen), 1110 *Drepti sati*. – Unsichere Deutung. Falls im ON. 1110 *Drepti sati* der Flussname als Bestimmungswort vorliegt, könnte *Drepte* mit ndd. *Drift* 'durch Wind erzeugte Strömung, unkontrolliertes Treiben', awn. *dript, drift* 'Schneegestöber' (*t-*Ableitung von gm. **dreib-a-* 'treiben') zusammenhängen. – Borchers, *HG.A.18*, S. 30; Seebold, *starke Verben*, S. 162 f.

Dresbach ⁊Dreis-.

Dresselbach

– ¹Dresselbach, l.z. Fischbach (z. Schluchsee z. Schwarza z. Schlücht z. Wutach z. Rhein). – ON. Dresselbach (Gem. Schluchsee, Lkr. Breisgau-Hochschwarzwald, B.-W., D), 1329 *Trȧhselbach*, 1352 *Trechselbach*, 1365 *Trehselbach*, 1407 *Trahselbach*. – Geiger, *HG.A.2*, S. 28.

– ²Dresselbach, r.z. Weissach (z. Murr z. Neckar z. Rhein), ON. Ober~, Mittel~, Unterdresselhof, drei Weiler auf dem Dresselberg (Gem. Weissach im Tal, Rems-Murr-Kreis, B.-W., D), /ˈdrɛslhōf/, 1245 (Kopie 15. Jh.) *Tresselbach*, 1393 *Trehselbach*, 1459 *Trechsel/Treßelbach*, 1702–1747 *Tresselhoff*, 1871 *Dresselhof*; BergN. Dresselberg, 1699(?) *Dresselberg*, 1745(?) *Drexelberg/Dresselberg*. – Schmid, *HG.A.1*, S. 20; Reichardt, *Rems-Murr-Kreis*, S. 82.

Grundform: (mhd.) **Trehsels-/*Drehselsbach* > *Dresselbach*, Kompositum mit den Personen- und Berufsnamen mhd. *drǣhsel, drehsel* 'Drechsler' im Genitiv als Bestimmungswort und *-bach* als Grundwort. Das Genitiv-*s* schwindet durch Dissimilation (/-hsels-/ > /-hsel-/). Die Belege zeigen erst spät die Wirkung des Lautwandels /-hs-/ > /ss/.

Drewensee (auch †*Dreffin*), See im Ortsteil Ahrensberg (Gem. Wesenberg, Lkr. Mecklenburg-Strelitz, M.-V., D). – 1569 *sehe, den Drewen genandt, Dreffin*, 1573 *der Dreffin*, 1575 *Drewin See*, 1778/80 *Drebensee*, 1780 *Der Dreffin See, Der Drewen*, 1796 *Dreffin S.*, 1797 *Drewen S.*; ON. †Dreffin, 1572 *wuste feltmarckt Dreffin*, 1583 *Dreffin*. – Zu apolab. **drevo* n. 'Holz, Baum'. – Wauer, *HG.A.17*, S. 29.

Drewenz poln. Drwęca r.z. Weichsel bei Thorn, poln. Toruń (Woiwodschaft Kujawien-Pommern, PL); auch ON. Drewenz im ehemaligen Kreis Heilsberg/Ostpreußen (jetzt Woiwodschaft Ermland-Masuren, PL), 1243 *Drewancz, Drawanta, Drauanza*. – Ausgangsform **Dravantia*, *nt-*Ableitung von ig. **drou̯-(os)* 'Lauf, Flusslauf', ⁊Drau. – Krahe, *UäFlNN*, S. 45 (dort: r. Nfl. d. Passarge im Kreis Heilsberg).

Drietze, die Sumpfgebiet mit **Drietzengraben** westlich von Solikante (Ortsteil Kinitz, Gem. Letschin, Lkr. Märkisch Oderland, Brandenburg, D). – 1738 *Die Wiesen an der Drietze*, 1749 *Die Drietze, eine Laacke ...*, 1799 *die Drietz*, 1857 *Drietzen Gr.*, 1908 *Drietzengraben*. – Grundform vielleicht apolab. *Drevica* zu apolab. *drevo* 'Holz, Baum'. – Fischer, *BNB 10*, S. 60.

Drobschsee nordwestlich von Kossenblatt (Gem. Tauche bei Beeskow, Lkr. Oder-Spree, Brandenburg, D). – 1643 *Drobaz*, 1700 *die Drowatz*, 1751 *Der Trobsch*, 1847 *Der Drobsch See*. – Vielleicht mit Suffix -*c*- oder -*š*- von obersorb., niedersorb. *drob* 'alles Kleine' abgeleitet. – Fischer, *BNB 10*, S. 60.

Dröge- -*see*, -*strom*, mndd. *dröge* 'trocken', z.B. Drögesee, verlandeter See nordwestlich von Flecken Zechlin (Stadt Rheinsberg, Lkr. Ostprignitz-Ruppin, Brandenburg, D), 1573 *Troge sehe*, 1825 *Trockener See*, ↗ Eider. – Fischer, *BNB 10*, S. 60; Wauer, *HG.A.17*, S. 29.

Droverbach r.z. Rur (z. Maas). – ON. Drove (Gem. Kreuzau, Kr. Düren, NRW, D), 1312 *Drŭve*, 1548/49 (Kopie 16. Jh.) *von Droiff*, (Kopie 1630) *von Droff*. – Grundform FlN. (gm.) *Drōbō* 'die Trübe' oder (as.) *Drōb-aha*, zu mndd. *drove* 'trüb', as. *drōvi* 'trübe', ae. *drōf* 'schmutzig', gm. *drōb(j)a-*. Parallelnamen ↗ Trueb (CH) ↗ Trubach (D). – Kaspers, *Dürener Gegend*, S. 44.

Drüsensee südlich der Stadt Mölln (Kreis Herzogtum Lauenburg, S.-H, D). – 1382 *stagni Drusene*, 1383 *ute dem Zee to Druzen*, 1385 *den ... Druzener zee*, 1777 *Drüsener See*; ON. Drüsen, Gutshof (Gem. Lehmrade, Kreis Herzogtum Lauenburg), 1230 *Drvsen*, 1292 *Drusene*, 1385 *an der Druzener dorpstede*, 1444 *to Drŭsen*. – Grundform SeeN. apolab. *Družno (jezero)* (?) 'See des *Drug*, abgeleitet vom PN. *Drug*, apolab. *drug* 'Freund'. – Udolph, *HG.A.16*, S. 82; Laur, *Schleswig-Holstein*, S. 221.

Drusel, die (im Unterlauf *Kleine Fulda*), r.z. Fulda (z. Weser) in Kassel (Hessen, D), entspringt im Habichtswald in ca. 520m, durchfließt das waldreiche Druseltal, mündet auf ca. 152m Höhe. – 1420 *zwischen ... der Trŭsel*, 1429 *(zwischen ...) der trusel*, 1483 *Truseln*, 1503 *im Truselgrund*, 1505 *zwischen ... der Truseln*, 1660 *hinab durch die Trusel*. – Ausgangsform (fnhd.) *Trüsel/Trusel*, mit *l*-Suffix abgeleitet vom Stamm gm. *trus-* 'unsicher, langsam gehen' u.ä., westfäl. *trŭseln* 'langsam rollen', ndl. *treuzelen* 'trendeln, trödeln, ostfries. *trüsel* 'Taumel, Schwindel', norw. mundartl. *trusal* 'Tor, Narr'; Benennung nach der Eigenart des Wasserlaufs? Möglich ist auch (mit Bezug auf das waldreiche Druseltal) eine Verbindung mit gm. *trus-/*trūs-* (ablautend zu gm. *trew-* 'Baum') in afries. *tros* 'Baumstumpf', ae. *trūs* 'Reisig', awn. *tros* 'Abfall'; Benennung nach der Umgebung des Flusses. Die Schreibung <dr> reflektiert die „binnendeutsche Konsonantenschwächung" /tr-/ > /dr-/. – Sperber, *HG.A.5*, S. 17; Pokorny, *IEW*, S. 205f., 216; Orel, *Handbook*, S. 411.

Drusenbach r.z. Talfer (Prov. Bozen, I.) – /druusnpắch/, um 1770 *Trusen Ba.*; TalN. Drusental zwischen Vormeßwald und Putzen auf dem alten Weg ins Sarntal, um 1840 *Drusenthal*. – Die wenigen Belege erlauben keine sichere Etymologie. Möglich ist eine Verbindung des Namens mit dem gm. starken Verb *dreus-a-* 'fallen', gt. *driuso* 'Abhang', ablautend gt. *drus* 'Fall'. Die Benennung wäre dann nach der typischen Gestaltung des Tales erfolgt. Möglicherweise handelt es sich aber um Übertragung von Drusental, dem Namen des Tals der Ill in Vorarlberg (A), jetzt Walgau, 940 *in ualle Trusiana*, 1040 *Uallis Trusiana*. Da sich im Vorarlberger Drusental Belege für das Wort alem. *Tros(ə)* 'Alpenerle' (< vorröm. *drausa*) häufen, könnte das Tal nach dem Vorkommen der Alpenerle benannt worden sein. Der Name (ahd.) *Trusiana*, entlehnt aus roman. *vallis *Drosiana*, könnte eine Ableitung von *drausa* mit dem lat. Suffix -*ianus, -a, -um* sein. Bei der Namenbildung kann die aus Sueton und Tacitus bekannte *Fossa Drusiana* (in den Niederlanden) eine Rolle gespielt haben. – Kühebacher, *Ortsnamen 2*, S. 52; Seebold, *starke Verben*, S. 170f.; Geiger, *HG.A.2*, S. 28; Isolde Hausner, Wien (brieflich vom 7.1.2011); Gabriel, *Sprachgrenze*, S. 259.

Dschuggengraben l.z. Spree südöstlich von Brieschт (Gem. Tauche, Lkr. Oder-Spree, Brandenburg, D). – 1704 *über die Tschugge*, Mitte 18. Jh. *Biß an die Tschugge*, 1936 *Dschuggengraben*. – Grundform niedersorb. *Tšuga* (< urslaw. *struga*) 'Wassergraben, Fließ, Bach, Strömung, Flutgraben'. – Fischer, *BNB 10*, S. 293.

Dubreitze, der Spreearm, l.z. Wasserburger Spree südlich von Groß Wasserburg (Gem. Krausnick-Groß Wasserburg, Lkr. Dahme-Spreewald, Brandenburg, D). – Um 1800 *der Dubraitz*, 1846 *Dubreitze*, 1936 *Dubbreitze*; Wald-/FlurN. Dubreitz. – Grundform asorb. *Dubravica* zu asorb. *dubrava* 'Eichenwald'. Übertragung des Waldnamens auf den Spreearm. – Fischer, *BNB 10*, S. 60.

Dudenbach z. Oberrieder-Bach (z. Werra z. Weser), mündet bei Hilgershausen (Stadt Bad Sooden-Allendorf, Werra-Meißner-Kreis, Hessen, D). – ON. Dudenrode (Stadt Bad Sooden-Allendorf), 1267 *den*

Dudenrod, 1268 *de Tutenroth*, 1359 *Tudinrade*; StraßenN. Am Dudenbach (Bad Sooden-Allendorf). – Klammerform **Duden(rode)-bach* mit ON. *Dudenrode* ('Rodung des **Dudo*') als Bestimmungswort. – Sperber, *HG.A.5*, S. 17.

Dümmer, der (auch *Dümmersee*), zweitgrößter See in Niedersachsen (D) im Lkr. Diepholz, durchflossen von der Hunte (z. Weser). – 804 (Fälschung, Kopie 15. Jh.) *Dumeri*, 965 *Diummeri*, 1002 (Kopie 15. Jh.) *Dummeri*, 1023, 1028, 1057 *Diumeri*, 1248 *de lacu Dummere*, 1321 *in Dummaro*, 1388 *vom Dummer*, 1558 (Kopie 17. Jh.) *midden durch den Dummer*, *von dem Dummer*, 1773 *der Dümmer See*. – Grundform as. *Diummeri* (<iu> als Umlaut-Schreibung) < **Dumb(i)meri*, Kompositum mit dem Grundwort as. *meri* f. 'Meer, See' und gm. **dumb-* (⁊ Dumme ⁊ Diming) in der Bedeutung 'Nebeldecke' oder 'stumm'. – Borchers, *HG.A.18*, S. 30; Berger, *Geographische Namen*, S. 83.

Dümpel Dümpelsee ⁊ Tümpel.

Dünnbach r.z. Flaumbach (⁊ Mosel) bei Treis (VG Treis-Karden, Rheinland-Pfalz, D). – 1342 *inter duas Ripas ... flume et Dyme*, 1401 *bis in die Dyme*, 1801–1814 *Deim-Bach*. – Dünnbach ist volksetymologische Umdeutung von ursprünglichem *Deim-Bach*. Die historischen Belege garantieren einen einstämmigen Namen **Dīma*, der dem Namen ⁊ Diemel (< **Dīmila*) vergleichbar ist. In beiden Fällen handelt es sich um Gewässer, die durch ihr Gefälle und die damit verbundenen Besonderheiten des Wasserlaufs auffielen. Diesem Umstand wird auch die Etymologie gerecht, die beide Namen als voreinzelsprachlich-indogermanisch klassifiziert und auf eine nominale *m*-Ableitung zum Verbstamm urig. **deih₁-* 'dahinjagen' zurückführt: urig. **dih₁-mo-* > **dīmo-*, als Name feminin **dīmā* (in der Bedeutung 'Wildbach'?). Vergleichbar sind am nächsten air. *dían* 'schnell' und gr. *dīnos*, *dīnē* 'Wirbel, Strudel'. – Rix, *LIV*, S. 107.

Dünne, die (auch *Mühlbach*), r.z. Rhume (z. Leine z. Aller z. Elbe) bei Langenholtensen (Stadt Northeim, Lkr. Northein, Niedersachsen, D). – 1663 *ein klein Waßer die Dünne genandt*, 1678 *die Dünne*, 1754 *Dünne-Bach*, 1779 *die Dünne*. – FlN. mndd. *Dünne* 'die Dünne', mndd. *dünne* 'dünn, schwach, gering', benannt entweder nach dem schmalen Bachbett oder nach der geringen Wassermenge. – Kettner, *HG.A.8*, S. 20; Kettner, *Leine*, S. 49.

Dünnern, die l.z. Aare (z. Rhein), entspringt auf rund 760m Höhe im Gebiet der Gem. Gänsbrunnen (Bez. Thal, Kanton Solothurn, CH), fließt östlich von Welschenrohr durch eine Talenge und überwindet auf 2 km eine Höhendifferenz von 100m, durchbricht bei Balsthal (Balsthaler Klus) die erste Jurakette, mündet bei Olten (Kanton Solothurn). – /ˈtʏnnᵉrᵉ/, 1384 *bi der Dunron*, 1438 *by der Tünnren*, 1484 *neben der Tünren*, 1490 *uf die Tünren*, 1568 *an der Thünneren*, 1594 *an die Thüner*, 1611 *an der Thüneren, an der Tünnern*, 1620 *ennet der Thünern*, 1747/65 *Dünneren oder Dinneren*. – Ausgangsform (ahd.) **Tunira* (< gm. **Dunirō* f.), mhd. schwach flektiert **Tüneren*, *Tünren*. Gm. **Dunirō* ist das mit *r*-Suffix von gm. **duni-* 'Lärm', ahd. *tuni* 'Dröhnen, Getöse' ⁊ Dhünn, abgeleitete und onymisierte Adjektiv feminin. Der Name bezieht sich auf Stellen, an denen der Fluss aufgrund von Engstellen „lärmt". – Greule, *Oberrhein*, S. 112.

Dünsbach l.z. Jagst (z. Neckar z. Rhein). – ON. Dünsbach (Stadt Gerabronn, Lkr. Schwäbisch Hall, B.-W.), 1226 *Tuntzebach*, 1345–1350 *zu Tintzbach, zu Tunzebach*, 1350 *Tüntzbach*, 1358 *Tuntzbach*, 1360 *Tunzbach*, 15. Jh. *Dunczbach*. – Ausgangsform mhd. **Tünzenbach* > **Tünzebach* > **Tünzbach*, Kompositum mit dem Grundwort -*bach* und dem Genitiv des PN. (ahd.) **Tunizo* (**Tunizen* > mhd. **Tünzen-*) als Bestimmungswort; Parallelname ⁊ Dünzebach. – Schmid, *HG.A.1*, S. 20.

Dünzebach l.z. Werra (z. Weser), mündet oberhalb von Eschwege (Werra-Meißner-Kreis, Hessen, D). – 1353 *Tuntzebach*, 1433 *in deme Tunczebache*, 1522 *bie den Thuntzebach*; ON. Nieder-, Oberdünzebach (Stadt Eschwege), 1263 *inter villas Thuncenbach et Owam*, 1272 *Tunzebach* (und weitere zahlreiche Belege dieser Form), 14. Jh. *Dontzbach, Tontzebach, Tüntzebach*. – Ausgangsform mhd. **Tünzenbach*, Etymologie wie ⁊ Dünsbach. – Sperber, *HG.A.5*, S. 17.

Dünzelbach r.z. Paar (z. Donau), mündet in Egling an der Paar (Lkr. Landsberg am Lech, Bayern, D). – Ca. 1563 *rivum ... Dintzelbach*; ON. Dünzelbach (Gem. Moorenweis, Lkr. Fürstenfeldbruck, Bayern), 1126–1179 *Tinzelpach*, 1337 *Tintzelbach*. – Ausgangsform mhd. **Tinzel(e)nbach* > *Tinzelbach*, Kompositum mit dem Grundwort -*bach* und dem Genitiv des PN. (ahd.) **Tinzilo* (**Tinzilen-*) als Bestimmungswort. Die schriftsprachliche Form mit hyperkorrekter Rundung **Dinzel-* > *Dünzelbach*. – Snyder, *HG.A.3*, S. 16.

Dürr-/-(e)n-, Dürn- (wmd. ⁊ Dörr-) -*ach*, -*bach*, -*bachbrunnen*, -*bächle*, -*graben*, -*lachgraben*, -*see*, -*weihergraben*. Komposition mit dem (teils flektierten) Bestimmungswort ahd. Adj. *durri* 'dürr (wenig Wasser führend)', z. B. Dürnbach, r.z. Schmida östlich Unterdürnbach (PB Hollabrunn, N.-Ö., A), 1110 *Durrinpach.* Auch als Wortgruppe *Dürrer Bach, Dürre Hassel* (1111 *super fluviolum Durrinhesilon*), usw. – Hausner/Schuster, *Namenbuch,* S. 295–297; Sperber, *HG.A.5,* S. 42.

Dürreich ↗ Eyach.

Dürrschweinnaab ↗ Naab.

Dürsch-Bach (auch *Dürsch*), r.z. Sülz (z. Agger z. Sieg z. Rhein), mündet bei Offermannsheide (Gem. Kürten, Rheinisch-Bergischer Kreis, NRW, D). – ON. Dürscheid (Gem. Kürten), 1217 *dursgeidhe* (lies *durscheide*), 1218 *Durscheide,* 1227, 1257 *Durschede,* 1281 *Durscit,* 1352 *van Duyrscheid. Dürsch(bach)* ist Rückbildung aus dem ON. *Dürscheid* (< **Dürst-scheid?*), der vielleicht den ursprünglichen FlN. **Dürst* o. ä. (↗ Dörsbach) als Bestimmungswort und das rheinisch-westfälische Grundwort *-scheid* für Rodungssiedlungen enthält. – Faust, *HG.A.4,* S. 19; Barth, *Sieg und Ruhr,* S. 75 (vorgm. **Durisa*).

Düsedieksbach l.z. Werre (z. Weser), entspringt bei Oetinghausen (Gem. Hiddenhausen, Kreis Herford, NRW, D), mündet südlich von Sundern (Gem. Hiddenhausen). – TeichN. **Düsediek,* (1224–56) *piscinam … Dusdic,* 1299 *Dusdic, Dusdich,* 1407 *Dusdik,* 1412 *Dusdyk,* 1416 *pratum supra Dusdyk.* – Der Teichname ist ein Kompositum mit dem Grundwort mndd. *dīk* ↗ Teich und einem nhd. *Düse* (?) entsprechenden Bestimmungswort. – Kramer, *HG.A.10,* S. 13.

Düssel, die r.z. Rhein, entspringt in Wülfrath-Blomrath (Kreis Mettmann, NRW, D), fließt durch Wuppertal, mündet mit vier Armen im Stadtgebiet von Düsseldorf. – 1065 *Tussale,* 1361 *thor Dusselen,* 1396, 1448 *Dusselbach,* 1555 *Duissel, Duisselbach,* 1587 *auff der Dußelbach,* 1729 *die Düssel*; ON. Düssel (Stadt Wülfrath), 1182 *in Dussele* (weitere zahlreiche Belege); ON. Düsseldorf (Landeshauptstadt des Bundeslandes Nordrhein-Westfalen), 1135–1159 *Dusseldorp* (weitere zahlreiche Belege) 'Dorf an der Düssel'; ON. Düsseltal (Stadt Düsseldorf), 1772 *Abtey Düsseldahl*; StraßenN. Oberdüssel, Unterdüssel (Stadt Wülfrath), 1555 *Overdussel, Underdussel*; FlurN. Düsselberg. – Der Beleg 1065 *Tussale* (statt **Dussele*) weist als einziger obd. Lautverschiebung und den Endsilbenvokal <a> auf. Ausgangsform FlN. (as.) **Dussila,* mndd. *Düssele* (gm. **Duhsila*), *l*-Ableitung von dem Flussnamen *Dossa/ *Dussa,* über **Duhsa/*Dohsa,* jetzt ↗ Dosse. Eine Ableitung mit dem Suffix gm. *-na-/-nō* (**Duhsnō*) scheint ndl. de Dussen, ursprünglich ein Fluss, jetzt eingedeichtes Gewässer in Altena (Nordbrabant), zu sein, mit ON. Dussen (Prov. Noord-Brabant, NL), 1156 (Kopie 13. Jh.) *de Dussan,* 1167 *de Dusna,* 1200 (Kopie 1305) *Dusne,* 1241 *de Dussene.* – Schmidt, *HG.A.6,* S. 15 f., 90; Künzel/Blok/Verhoeff, *Lexicon,* S. 121.

Düster- (auch *Duster-*) *-bach/-beek/-beck(e), -bruch, -graben, -holz, -loch, -pfuhl, -see, -siep.* Mndd. *düster* (mit langem /ü/) 'finster, trübe, unklar, zweifelhaft', as. *thiustri* 'finster, düster', ndl. *duister,* z. B. Düstergraben, Bach oder Havelarm bei Toppel (Hansestadt Havelberg, Lkr. Stendal, S.-A., D), 1470 (Kopie) *by dem dusterenn grauen,* 1556 (Kopie) *bei dem Duestergraben,* 1784 *beym … Düstern Graben.* Auch als Wortgruppe *Düsterer Born, Düsterer Teich.* – Fischer, *BNB 10,* S. 61 f.

Düte, die z. Hase (z. Ems), entspringt am Südhang des Teutoburger Waldes am Hohenberg bei Bad Iburg (Lkr. Osnabrück, Niedersachsen, D), mündet in Osnabrück. – ON. †Düte, 1150 *Thuite,* 1272 *Dhute.* – Etymologie unklar, vielleicht aus gm. **Puti-* (awn. *Þytr* 'Lärm, Geheul') zum Verb gm. **Peut-a-* 'schallen', ↗ Dies. – Witt, *Flußnamen,* S. 228 (zu *düte* 'Niederung, flache Vertiefung').

Düvels-, Düwels- ↗ Teufels-.

Duisitzkarsee (auch *Diusitzsee*), südlich von Schladming (PB Liezen, Steiermark, A). – BergN. das Diusitzkar, 1322 *Tositzchar die alben,* 14. Jh. *alpis Tewsiczchor.* – Grundform slaw. (SeeN.) **Tušica,* abgeleitet von urslaw. **tuchъ* in sloven. **tuchna* 'Bach, der faules, stinkendes Wasser führt'; ins Bairische integriert über **Tūsitz > *Tausitz > *Teusitz/ Duisitz-.* – Lochner von Hüttenbach, *Steirische Hydronyme,* S. 1 f.

Dultbach l.z. Mur bei Gratkorn nördlich von Graz (PB Graz-Umgebung, Steiermark, A). – 1223 *Thulgen,* 1337 *die Dulge.* – Slaw. **Dъlga (rěka)* 'langer Fluss', urslaw. **dъlgъ* 'lang'. In der späten Komposition mit verdeutlichendem *-bach* wird **Dulgbach* an bair. *dult* 'Fest' angelehnt. – Lochner von Hüttenbach, *Steirische Hydronyme,* S. 72.

Dumme, die
– ¹Salzwedeler Dumme, l.z. Jeetzel (z. Elbe), fließt in der Altmark (S.-A., D), mündet in Salzwedel (Altmarkkreis Salzwedel, S.-A.). – 1343 (Kopie 1458) *in de dummen,* 1362 (Kopie 1604) *zwischen der Dumme,* 1417, 1430 *de dumme,* 1430 *de düme,* 1434 *in de dumme,* 1453 *vppe der Dumme* (zahlreiche weitere Belege dieser Form).
– ²Wustrower Dumme, l.z. Jeetzel (z. Elbe), fließt im Grenzland zwischen Altmark (S.-A., D) und Wend-

land, mündet bei Wustrow (Lkr. Lüchow-Dannenberg, Niedersachsen, D). – 1914 *Dumme.* Ausgangsform as. **Dumba* f., entweder identisch mit awn. *dumba* 'Staub(wolke)', schw. *dumma* 'Unklarheit in der Luft, Nebeldecke', gm. **dumb-* (↗*Diming*) oder wahrscheinlicher nominalisiertes Adjektiv feminin zu as. *dumb*, ahd. *tumb*, got. *dumbs* 'stumm', mit Lautwandel /-mb-/ > /-mm-/. Benennung nach dem Gehörseindruck des still fließenden Gewässers. – Udolph, *HG.A.16*, S. 83; Schmitz, *Lüchow-Dannenberg*, S. 220.

Dune, die l.z. Forstbach (z. Weser) bei Negenborn (Lkr. Holzminden, Niedersachsen, D). – 1395 *bouen der dune*, 1745/46 (Kopie) *Die Dunen*, 1802 *die Dune*, 1803 *ein kleiner Bach, die Duhn*; ON. † Dune, Duhne Mühle, südwestlich von Negenborn, (882–72) (Kopie 15. Jh.) *in Thiunun*, (1231) (Kopie 17. Jh.) *Dune*, 1286 (Kopie 15. Jh.) *in Dune*, 1493 *dat (wöste) dorpp tor Dune*; FlurN. 1756 *Düne-Wiese*. – Übertragung einer Stellenbezeichnung (Ortsname), mndd. *donne, dune, dun(e)*, as. **dūn*, **dūna* 'Erhebung, Düne' (↗*Donner See*) auf den Bach, an dem der Ort liegt. – Kramer, *HG.A.10*, S. 13.

Dungbach (auch *Dunkbach*), l.z. Leine (z. Aller z. Weser), mündet südlich von Bovenden (Lkr. Göttingen, Niedersachsen, D). – 1616 *im Dumigeßbach*, 1847/48 *auf dem Thunke*, 1887/88 *der Dunkes Graben*, 20. Jh. *Dunkgraben, Dungbach.* – Keine eindeutige Erklärung möglich, Ausgangsform vielleicht **Dumike*, **Dumeke* (< mndd. **Dumbeke*), Kompositum mit mndd. *-beke* 'Bach' als Grundwort und gm. **dumb-* ↗*Dumme* als Bestimmungswort. **Dumeke* wurde zur Verdeutlichung erneut mit dem Grundwort *-bach* komponiert (> Dunkbach). – Kettner, *HG.A.8*, S. 20; Kettner, *Leine*, S. 49 f.

Dunkel- (auch *Dunker-*) *-bach, -furtgraben, -graben, -höllensee, -pfuhl, -see, -strom, -teich.* Mhd. *tunkel, dunkel, tunker*, ahd. *tunkal*, as. *dunkar* 'dunkel', z. B. Dunkelsee nordwestlich von Prützke (Gem. Kloster Lehnin, Lkr. Potsdam-Mittelmark, Brandenburg, D), 1319, 1375, 1483 (Kopie) *Dunkersee*, 1745 *Dunckele See.* – Fischer, *BNB 10*, S. 61.

Durach, die
– ¹Durach, r.z. Rhein in Schaffhausen (CH). – 1253 *In ripa … Turra*, 1415 *uf dem wasser Durrach*, 1475 *an der … Turrach*, 1606 *Durach.* – Geiger, *HG.A.2*, S. 29; Greule, *Oberrhein*, S. 191–194.
– ²Durach, r.z. Iller (z. Donau). – ON. Durach (Lkr. Oberallgäu, Bayern, D), 1059 *Durgibach*, 1170 *Durraha.* – Snyder, *HG.A.3*, S. 17. Vorahd. **Durja* > ahd. **Turra/*Durra* (ohne Umlaut), verdeutlichend werden mhd. *-ach* oder *-bach* 'Fließgewässer' angefügt. Zur Etymologie von **Durja* (< kelt. **duriā* 'Wasser, Flusslauf'), ↗Thur.

Durbach
– ¹Durbach, r.z. Rhein, entspringt im Moosgebiet (Schwarzwald) auf ca.700m Höhe, mündet bei Rheinau (Ortenaukreis, B.-W., D). – /dúʳbax/, 1342 *an dem durbach, uffe turbach*, 1360 *Turbach*, 1399 *Durbach*, 1405, 1415 *Turbach*, 1423 *Tůrbach*, 1475, 1482 *Turbach*, 1515 *Thurbach*; ON. Durbach (Gem. Ortenaukreis), 1289 *Turbach, Durrenbachwiler*, 1347 *Turbach*, 1378 *Turbach wiler*, 1433 *Turbach.* – Bestimmungswort kelt. (gall.) **durā* 'Flusslauf', verdeutlichend komponiert mit Grundwort *-bach* wie ²Durbach. – Geiger, *HG.A.2*, S. 29; Greule, *Oberrhein*, S. 191–193.
– ²Durbach, die, r.z. Deutsche Nied (z. Saar z. Mosel z. Rhein). – 1488 *uff turbache*, 1580 *an der Dorbach herab*; ON. Dorweiler, frz. Dorviller (Lothringen, F), 1121 (Kopie 17. Jh.) *Dorvillere*, 1681 *Durveiller.* – Grundform FlN. **Dur-* > mundartlich *Dor-*, verdeutlichend komponiert mit Grundwort *-bach*. **Dur-* entspricht kelt. (gall.) **durā* 'Flusslauf', ↗Durach ↗¹Durbach ↗† Duria ↗Thur. – Buchmüller/Haubrichs/Spang, *Siedlungsnamen*, S. 82.

Durenbächle r.z. Schutter (z. Kinzig z. Rhein). – /dūrəbax/, 16. Jh. *der Dürenbach*; ON. Durenbach (Gem. Schuttertal Dörlinbach, Ortenaukreis, B.-W., D), 1531 *Durenbach.* – Der Name könnte wie ↗Türnitz und der ON. Düren (↗Türnitz) auf vorgm. (kelt.) **Durina/*Durana* zurückgehen. Die Deutung ist jedoch wegen der schlechten Beleglage unsicher. – Geiger, *HG.A.2*, S. 29; Kleiber, *Galloromania*, S. 426.

† Duria alter Name der Zusam (r.z. Donau) oder z. Flossach (z. Mindel z. Donau), jetzt Mühlbach. – GauN. 898, 1046 *in pago Duria*; ON. 898 *locus Duria*, 1046 *Duria*; ON. Ober-, Unterthürheim (Gem. Buttenwiesen, Lkr. Dillingen a.d. Donau, Bayern, D), 1048 *de duabus villis Türeheim.* – Etymologie wie ↗Thur. Parallelname ON. Türk (Gem. Marzoll, Bad Reichenhall, Bayern), 987–991 (13. Jh.) *ad Turia*; Düren (Reg.-Bez. Köln, NRW), 8. Jh. (mehrfach) *Dura, Duria.* – Snyder, *HG.A.3*, S. 17; Schnetz, *Flußnamen*, S. 36–54.

Dutzendsee nordwestlich von Schwerin (Stadt Storkow, Lkr. Oder-Spree, Brandenburg, D). – 1745 *Tutzna See*, 1772 *Tutzna-See*, 1846 *Dutzen See.* – Grundform apolab./asorb. **Tučn-* zum Adj. **tučn-* von **tuk* 'Fett, Talg, Schmalz', Benennungsmotiv ist der Fischreichtum des Gewässers. – Fischer, *BNB 10*, S. 287.

Duvenseebach z. Steinau (z. Elbe-Lübeck-Kanal), SeeN. †Duvensee (um 1850 verlandet). – /dūvnzē/, 1321 *de Duuenze*, 1324 *de duuense* (zahlreiche weitere Belege dieser Form), 1667 *Duvensee*; ON. Duvensee (Gem. Kreis Herzogtum Lauenburg, S.-H., D), um 1230 *Dvuense*, 1292 *Duuensee* (zahlreiche weitere Belege dieser Form), 1760 *Duvensee*. – Kompositum mit dem Grundwort -*see* und dem Plural von mndd. *dūve*, ndd. *Duuf* 'Taube' als Bestimmungswort, ↗Daubach. – Udolph, *HG.A.16*, S. 83f.; Laur, *Schleswig-Holstein*, S. 224.

E

Ebbebach Oberlauf des Oester-Bachs (z. Else z. Lenne z. Ruhr z. Rhein), mündet in Plettenberg (Märkischer Kreis, NRW, D), LandschaftsN. Ebbegebirge (Sauerland, Märkischer Kreis und Kreis Olpe, NRW). – 1247 *siluam que dicitur Ebbe*; ON. Ebbefeld (Herscheid, Märkischer Kreis). – Vielleicht auf den Oberlauf des Oester-Bachs übertragener, aus gm. **Abjō* entstandener Geländename, wie awn. *efja* f. 'Flussbucht, schlammiger Grund, Morast', aschw. *æfja* f. 'Schlamm, Morast', mit *j*-Suffix abgeleitet von gm. **ab-* in norw. *ave* m. (< **aƀan-*) 'ziemlich kleine Wasseransammlung', mit der Bedeutung 'Morast-/Moorgegend'. – Schmidt, *HG.A.6*, S. 16.

Ebbs die r.z. Inn. – /ēbs, d'eps/; ON. Ebbs (PB Kufstein, Tirol, A), um 788 (Kopie 12. Jh.) *ad Episas ecclesias*, 1097 *Ebese*, 1104–1116 *ad Ebse*, um 1120–um 1136 *de Ebesa*, um 1140 *de Ebese*, 1168 *de Ebes* (und weitere Belege). – Ausgangsform FlN. (kelt.) **Abisā*. Parallelnamen: 829 *canale qui dicitur Avisa*, heute *Avèsa* bei Fusina (Lagune von Venedig, I.), *Avèze*, Fluss im Dep. Hérault (F), 9. Jh. *Avisus*, und *Avísio* (**Abisi̯o-*), dt. Laifserbach, l.z. Etsch (Fassatal, Prov. Bozen, I.), mündet bei *Lavís*. Die Namen sind mit *s*-Suffix abgeleitet von kelt. **abā* 'Wasser', ↗ Abens (< *Abusina*). – Hausner/Schuster, *Namenbuch*, S. 298 (andere Etymologie: kelt. **Episa* 'Rosswiese, -bach'); Schürr, *Unterinntal*, S. 270–274.

Ebelsbach r.z. Main (z. Rhein), entspringt in Hofstetten, mündet in Eltmann (Lkr. Haßberge, Bayern, D). – 1172 *rivus Ebilnbach*, 1399 *in der Ebelspach*; ON. Ebelsbach (Lkr. Haßberge), 804 (Kopie) *in Ebalihbechin* (lies *Ebalin-*), 1347 *ze Ebelsbach*, 1396 Ebelspach, 1399 *Ebilspach*. – Grundform FlN. (ahd.) **Ebilīnesbach*, Kompositum mit dem Grundwort *-bach* und dem Genitiv des PN. **Ebilīn* als Bestimmungswort. – Sperber, *HG.A.7*, S. 29.

Eber-/Ebr- -ach, -bach, -bächle, -graben. Komposition mit ahd. *ebur* 'Eber', z.B. Rauhe Ebrach, l.z. Regnitz (z. Main), 1297 *gegen die Ebrach*; Eberbach (indirekt z. Unteren Murg z. Rhein), 1355 *ripa Eberbach*. Wie Ebrach, r.z. Eschach (z. Neckar), 786 *Eburinbach*, zeigt, kann Ebrach auch auf eine verkürzte Zusammensetzung mit dem schwach flektierten Genitiv des PN. *Eburo* (↗ Ebers-) zurückgehen. – Sperber, *HG.A.7*, S. 30; Geiger, *HG.A 2*, S. 29.

Ebers- -bach (-pach), -bächle, -graben, -tal; z.B. Ebers-Bach (indirekt zum Lech), 1339 Ebersbach. Zusammensetzung mit dem Genitiv des männlichen PN. (ahd.) *Ebur* (Genitiv *Ebures*). Gewässernamen werden auch mit dem schwach flektierten PN. (ahd.) *Eburo* (Genitiv *Eburin*) gebildet, ↗ Eber-/Ebr-. – Snyder, *HG.A.3*, S. 17.

Echaz, die r.z. Neckar (z. Rhein), entspringt unterhalb von Schloss Lichtenstein (Gem. Lichtenstein, Lkr. Reutlingen, B.-W., D), mündet mit einem Gefälle von 271m auf 23 km in Kirchentellinsfurt (Lkr. Tübingen, B.-W.). Die Wasserkraft der Echaz wird heute zur Stromerzeugung genutzt. – 938 *a natatorio fluminis Achaza*, 1289 *fluvium ... Áchenz, fluvium ... Aechenzun*; FlurN. 1737 *Echatzenberg*, (ohne Jahresangabe) *Echentzenberg*. – Grundform FlN. (ahd.) **Achenze*, mhd. *Aechenze* (mt Sekundärumlaut, teils schwach flektiert), fnhd. **Ächetz*, aus vorgm. (kelt.?) **Ak^{u}antjā* entlehnt. Der Labiovelar /k^u/ wurde bei der Übernahme ins Alemannische zu /k/ delabialisiert und zu /ch/ lautverschoben. Ableitung mit *nt*-Suffix von (ig.) **ak^{u}ā* (urig. **h₂ek^u-*) 'Wasser' (↗ Acher ↗ Eichel) mit der Bedeutung 'die Wasserreiche', ↗ Wörnitz. – Schmid, *HG.A.1*, S. 21.

Eck-/Egg-/-e-/-en-/-er- -bach, -bachgraben, -bachweiher, -becksteich, -bek, -graben, -tal, -talbach; z.B. Ecker Bach (z. Fehnbach z. Schlierach z. Mangfall z. Inn z. Donau) mit ON. Vorder-/Hintereck, 1157–63 *de Ecke*, und mit BergN. Eckerkogel, 978–80 *Cacumen Citolfesecca*. Bestimmungswort ist ahd. *egga* stswF. 'Ecke', ↗ Ecker-. – Dotter/Dotter, *HG.A.14*, S. 77 f.

Eckbach (auch *die Eck*), l.z. Eisbach (z. Rhein) bei Kirchheim an der Weinstraße (Verbandsgem. Grünstadt-Land, Lkr. Bad Dürkheim, Rh.-Pf., D), vom 16. Jh. bis 1952 *Kirchheim an der Eck* genannt. – 1335 (Kopie um 1440) *an der Hecken*, 1378 *an der Hecken*, 1530 *a. d. Eck*; FlurN. (Großkarlbach) 1350 *an dem Heckewege*. – Als Grundform wird der Flussname (mhd.) **Ecke*, ahd. **Ecka* < (gm.) **Akjō* f., *j*-Ableitung vom starken Verb *ak-a- 'fahren' (awn. *ekja* < *akjōn* f. 'Karren, Fuhre') angesetzt, ursprünglich Stellenbezeichnung 'Stelle am Fluss, wo (hinüber-) gefahren werden kann'(?). – Greule, *HG.A.15*, S. 24; Dolch/Greule, *Pfalz*, S. 175, 256; Seebold, *starke Verben*, S. 74.

Ecker, die   r.z. Oker (z. Aller z. Weser) bei Wiedelah (Stadt Vienenburg, Lkr. Goslar, Niedersachsen, D), entspringt am Eckersprung am Westhang des Brockens (Harz), im Oberlauf Grenze zwischen Sachsen-Anhalt und Niedersachsen; *Eckergraben* aus der Ecker, r.z. Oker. – 1222 *usque ad riuum ... Ekkerne*, 1462 *vppe der Eckeren*, 1481 *uf der Eckern*, *uff die Eickern*, 1496 *by der Eckeren*, 1566 *bi der Ecker*. – Grundform mndd. *Ekerne* < (gm.) *Akrinō*, mit dem Suffix gm. *-ina-* abgeleitet vom Flussnamen (gm.) *Akrō*, der Grundform von ↗ Oker. Mit dem Suffix *-ina-* wird die Zuordnung der Ecker zur Oker als deren Nebenfluss ausgedrückt. In gm.*Akrinō* wird über *Ekrene* die Lautfolge /-krene/ > /-kerne/ (Liquida-Metathese) umgestellt, wie in ↗²Bever ↗Otter. Parallelname: *de Ekerne*, Fluss, der die Grenze zwischen Oosterweel und Antwerpen (B) bildete (1240 *Akerne*, 1262, 1263 *Ekrene*). – Borchers, *HG.A.18*, S. 31 f.; Van Lon, *Schijn*, S. 155.

Ecker-/Egger-/-n-   -kuhle, -kute, -pfuhl, -see. Gewässernamen in Brandenburg (D) mit dem Bestimmungswort brandenburg. *Ecker* f. 'Buchecker' oder 'Eichel'. – Fischer, *BNB.10*, S. 62.

Eckersbach   l.z. Reichen Ebrach (z. Regnitz z. Main z. Rhein). – ON. Eckersbach (Stadt Schlüsselfeld, Lkr. Bamberg, Bayern, D), 1399 *von Eckerspach*. – Kompositum mit dem Grundwort *-bach* und dem Genitiv des PN. *Ecker* (Kurzform von *Eckhard*) als Bestimmungswort. – Sperber, *HG.A.7*, S. 30.

Ecknach, die   r.z. Paar (z. Donau), entspringt westlich von Adelzhausen (Lkr. Aichach-Friedberg, Bayern, D), mündet in der Kreisstadt Aichach (Lkr. Aichach-Friedberg). – Ca. 784 *Ecchinaha*, ca. 1563 *Ecknacha*; ON. Ecknach (Stadt Aichach), 817 *in loco Echinaha*, 822 *Ecchinaha*, 842–843 *ad Echinaha*, 852 *prope Ecchinaha*, 876–880 *Echinaha*, 1110 *Enchinaha*, 1115 *de Echina*, 1140 *Enkenhae* (lies *Eckenahe*), 1150 *Echinaha*. – Grundform FlN. ahd. *Echinaha* und *Ecchinaha*, Kompositum mit dem Grundwort ahd. *aha* 'Fließgewässer' und dem Genitiv des PN. ahd. *Echo* und **Eccho* als Bestimmungswort 'Fließgewässer, an dem ein Ec(c)ho siedelt'. – Snyder, *HG.A.3*, S. 17.

Edde-/-l-   -lake, -fleth; z.B. † Eddelfleth, Name d. Braake, r.z. Elbe, 1700 *Eddelfleth*; ON. Eddelak (Kreis Dithmarschen, S.-H., D), 1323 *Edelake*. Bestimmungswort ndd. *Addel, Eddel* 'schmutziges, stinkendes Wasser, Jauche', ↗ Attel. – Udolph, *HG.A.16*, S. 55, 85 f.; Laur, *Schleswig-Holstein*, S. 227.

Edder, die   rechter Quellfluss der Wietze (z. Aller z. Weser), der bei Altwarmbüchen (Gem. Isernhagen, Region Hannover, Niedersachsen, D) mit der Flöth zusammenfließt. – 1669 *an der Etter, bei der Etter, über der Etter, über die Etter*; FlurN. 1669 *uffem Etterberg, uffm Ettercampe, bei Etterdamme, uf den Edderlagden, Etterwiesen*, 1781 *Etterwinkel*. Die Belege des 17. Jh. stammen alle aus dem Erbregister der Vogtei Burgwedel. – Vermutlich Rückbildung aus den Flurnamen, in denen das Bestimmungswort ndd. *Eddel-* (assimiliert *Edder-* und angelehnt an nhd. *Etter* 'Zaun') 'schmutziges Wasser' war, ↗ Edde-. Vielleicht besteht, über *Ētra-* gekürzt zu *Etter-*, auch ein etymologischer Zusammenhang mit ↗ Eterna (< as. *Ēterna*). – Borchers, *HG.A.18*, S. 32.

Eder, die
– ¹Eder, l.z. Fulda (z. Weser), entspringt im Rothaargebirge (NRW, Hessen, D) am Ederkopf im Wittgensteiner Land, durchfließt den Edersee (Lkr. Waldeck-Frankenberg, Hessen), mündet nach 176 km in Edermünde (Lkr. Schwalm-Eder-Kreis, Hessen). – 2. Jh. n.Chr. (Kopie 9. Jh.) *Adrana* (Tacitus, Annalen), 778 (Annalen) *super fluvium Adernam, usque ad flumen Adernam, super fluvium Adarna*, 800 (Kopie 12. Jh.) *Adrina*, 1028 *Adara*, 1243 *juxta Edernam*, vor 1250 *in edernam*, 1254 *aqua ... Ederina*, 1273 *in Ederam* (so oft im 13. und 14. Jh.), 1336 *Eddera*, 1344 *iensid der Eder*, 1353 *uber dii Edern*, 1355 *by der Edren*, 1358 *bi der Ederen* (in diesen Formen belegt im 15. Jh. belegt), 1515 *byß in die Edder*; ON. Schameder (Gem. Erndtebrück, Kreis Siegen-Wittgenstein, NRW), 1338 *Niedern Schemeder*, 1498 *Schameyder*, 1502 *Schammeder*. – Der ON. Schameder enthält als Bestimmungswort ahd. *skam* 'kurz, klein' ↗ Schambach. Ausgangsform FlN. *Adrana* mit Suffixvariante *Adrina* (wie bei ↗Lahn), die sich mit Umlaut und Liquida-Umstellung (wie bei ↗²Bever ↗Ecker ↗Otter) zu (as.) *Edirna*, *Ederne* > *Eder* entwickelte. Wird erklärt als Ableitung mit *n*-Suffix von vorgm. (ig.) *adro-* 'Wasserlauf'(?), dessen Etymologie unklar ist, ↗Attersee ↗Oder; vgl. auch den nur ein Mal überlieferten FlN. *Edria* (1330 *ab Edria fluvio usque ad Bilnam*) bei Hamburg. Unter der Annahme, dass *Adrana/Adrina* eine germanische Namenbildung ist, könnte die Ableitungsbasis (gm.) *adra-* oder *aðera-* (vielleicht > westflämisch *aar, are* f. 'kleiner Bach') mit gm. *aðela-* m. 'Schlamm, Morast, schlammiges Wasser', ahd., mhd. *atel*, bair. *Adel* 'Jauche', mndd. *ādel(e)*, ndd. *Adel, Ahl, Ahle* 'Jauche u.ä.' ↗Attel, verglichen werden. – Sperber, *HG.A.5*, S. 18 f.; Krahe, *UäFlNN*, S. 41; Udolph, *HG.A.16*, S. 86.

– ²Eder, r.z. Eggel (z. Diemel z. Weser), entspringt in Bonenburg (Stadt Warburg, Kreis Höxter, NRW, D), fließt durch die Warburger Börde, mündet bei Lütgeneder (Stadt Borgentreich, Kreis Höxter). – ON. Großeneder und Lütgeneder (Stadt Borgentreich, Kreis Höxter), 887 *in villa Nadri*, 958 *Uuestnetri*, (1015–25) *Astnederi*, (zu 1015–36, geschrieben um 1160) *in villa Nederi, in Westnederi*, 1017 (Kopie 11. Jh.) *in villa Nedere*, zu 1018 (geschrieben um 1160) *curtem Nederi*, 1183 *Nedere* (so mehrfach im 13. Jh.). – Rückbildung (mit Deglutination/Weglassen des N-) aus dem ON. (Große-, Lütge-) *Neder, über as. Nadri < gm. *Nadr-ja- 'Ort, wo es Nattern, Schlangen gibt', got. *nadrs*, awn. *naðrs*, gm. *nadra- m., ↗ Ad(d)er-. – Kramer, *HG.A.10*, S. 14.

Edlbach l.z. Dambach östlich Windischgarsten (PB Kirchdorf an der Krems, O.-Ö., A). – 1190 ... *vbi fluit Erlibahc*, 1199 (Insert 1259) *inter Erlbach et* ... – Zusammensetzung mit dem Bestimmungswort ahd. *erila* 'Erle'. Die sprechsprachliche Form, die durch Erleichterung der Lautfolge mhd. /-rlb-/ > /-dlb-/ entstand, wurde in die Schreibsprache übernommen. – Hausner/Schuster, *Namenbuch*, S. 302.

† Edlitz (heute Bischofstetten Bach?), r.z. Sierning (z. Pielach z. Donau) in Bischofstetten (PB Melk, N.-Ö., A). – 1072–91 *usque ad ortum Hediliz*, um 1124 *ad caput Edilize*. – Slaw. FlN. *Edlica* 'Tannenbach' mit Suffix *-ica* abgeleitet von slaw. *edla* 'Tanne'. *Edlitz* ist mehrfach Ortsname in Niederösterreich. – Hausner/Schuster, *Namenbuch*, S. 303; Bergermayer, *Glossar*, S. 75.

Effelder, die l.z. Itz (z. Main z. Rhein), entspringt im Thüringer Schiefergebirge bei Steinach (Lkr. Sonneberg, Thüringen, D), überquert die Landesgrenze zu Bayern und mündet über den Froschgrundsee, ein Hochwasserrückhaltebecken, im Gebiet von Rödental (Lkr. Coburg, Bayern). – 1034 *Affalderbach*; ON. Effelder(-Rauenstein, Lkr. Sonneberg), 956 (Fälschung? Druck 1850) *in Affeldrahe*, 1069 *Affalteren*, 1162 *Affalteren*, ca. 1225 *zu Affelter*, 1232 *in Affeltre*, *Affaltere*, 1336 *Effelter*. – Grundform ahd. *Affaltr-aha*, Komposition mit dem (später zu <-e> abgeschwächten) Grundwort ahd. *aha* 'Fließgewässer' und ahd. *affalter*, mhd. *apfalter, affalter* 'Apfelbaum', ↗ Affolterbach; die Hebung /a-/ zu /e-/ in *Effelder* ist vermutlich durch den Umlaut im Plural nhd. *Äpfel/*Epfel*, der mundartlich auch auf den Singular übertragen wurde (*ein Epfel*), bedingt. – Faust, *HG.A.7*, S. 31.

Efze, die r.z. Ohe (z. Schwalm z. Fulda z. Weser), entspringt im Knüllgebirge, mündet unterhalb Homberg/Efze (Schwalm-Eder-Kreis, Hessen, D). – 1240 *Effese*, 1250 *ad fluvium ... Effese*, 1267 *fluuium Effese*, 1282 *Effese*, 1386 *Effuse*, 1440 *Effse*, 1446 *die Effza*, 1572 *Effza*, 1612 *uber die Eße* (lies *Efse*?) *hin*, 1647 *die Efza*. – Grundform (ahd.) **Effisa* < **Affisa* (< gm. **Apisō*). Ahd. **Effisa* wird zu mhd. *Effese* abgeschwächt, mit Synkope *Effse* > *Efze*. Ableitung mit s-Suffix von gm. **ap-i-*, vgl. ↗ *apa* 'Fließgewässer'. Parallelnamen: ON. Epse (Gelderland, NL), 1195 *de Epse*; Epitz, Wüstung im Kreis Merseburg, jetzt Saalekreis (S.-A., D), um 1330 *in Epicz*, sorabisiert < vorslaw. **Episa*. – Sperber, *HG.A.5*, S. 19; Künzel/Blok/Verhoeff, *Lexicon*, S. 133; Eichler/Walther, *Untersuchungen*, S. 140.

Egau, die l.z. Donau bei Steinheim (Kr. Dillingen, Bayern, D). – 1292 *Egwau*, 1344 *Egwan*, 1476 *Egway*, 1478 *an der Egwa*, /d'eagət, d'ägət/. – Vorgm. (kelt.?) **Agiva* (+ ahd. *ouwe* 'Land am Wasser'), abgeleitet von der keltischen Verbalwurzel **ag-* 'treiben', oder gm.**Ag^{w}jō* (↗ Flussnamen *Aue, Aga*) (+ahd. *ouwe*). – Seitz, *Dillingen*, S. 44.

Egel-/Egl- -bach, -kute, -pfuhl, -see, -teich, -weiher; z.B. ON. Egelsee (Gem. Würmla, PB Tulln, N.-Ö., A), 1112 *ad Egilse, ad Egelse*. Bestimmungswort ahd. *egala* swF. '(Blut)Egel', mndd. *ēgele, īgel*, brandenburg. *Eäle* f., m., *Iel(e)* f. 'Gemeiner Blutegel', ↗ Ehl-. – Hausner/Schuster, *Namenbuch*, S. 304; Fischer, *BNB 10*, S. 62f.

Egelsbach

– ¹Egelsbach, l.z. Ahr (z. Rienz z. Eisack z. Etsch), mündet zwischen Uttenheim und Mühlen (Prov. Bozen/Südtirol, I.). – 1324 *Egelspach*, 1406, 1430 PN. *Eglspacher*; HofN. Egelsbach. – Kühebacher, *Ortsnamen 2*, S. 56.

– ²Egelsbach, l.z. Weisach (z. Aisch z. Regnitz z. Main), ON. Egelsbach (Markt Uehlfeld, Lkr. Neustadt a.d.Aisch-Bad Windsheim, Bayern, D). – Sperber, *HG.A.7*, S. 31.
Komposition mit dem Grudwort *-bach* und dem Genitiv des PN. ahd. *Egil* (< *Agil*), mhd. **Egel* (Gen. **Egeles*) als Bestimmungswort.

Egenbach r.z. Kaibenbach (z. Kinzig z. Rhein), FlurN. Hinterer ~, Vorderer~ (Gem. Schenkenzell, Lkr. Rottweil, B.-W., D), 1422 *(an den) Egenbach*. – Komposition mit *-bach* als Grundwort und dem Genitiv des PN. (ahd.) *Ago* (**Agin-* > mhd. *Egen-*) als Bestimmungswort. – Geiger, *HG.A.2*, S. 30.

Eger, die

– ¹Eger, r.z. Wörnitz (z. Donau), entspringt in ca. 520m Höhe bei Aufhausen (Ostalbkreis, B.-W., D), fließt durch das Nördlinger Ries, mündet nach 37 km bei Heroldingen (Stadt Harburg, Lkr. Donau-Ries, Bay-

ern). – 760 (Originalurkunde) *sup(er) fluuio qui uocatur Agira*, 760 (Kopie 12. Jh.) *iuxta fluvium … Egira*, 1310 *Eger*, 1345 *enhalb der Eger.*
– ²Eger, čech. *Ohře*, l.z. Elbe, entspringt im Fichtelgebirge (D), mündet bei Leitmeritz (Litoměřice, Ústecký kraj, CZ). – /īaχa, ĕχə/, 805 (Kopie) *Agara*, 1125 *Ogra* (Kosmas von Prag), 1165 *aqua Egre, Oegre, Eger* (weitere zahlreiche Belege dieser Form), 1186 *Ogre*; ON. Eger (čech. Cheb, Region Karlsbad, CZ), 1061 *Egire*, 1125 *de Egere*, ca. 1135 *von Egire*, 1214 *von Egra*, 1221 *zu Eger*; RaumN. Egerland, 1135 *in regione Egere*, vor 1170 *Egere*, 1182 (Kopie 15. Jh.) *in pago … Egere*, 1299 *in dem Egerlant.*
Grundform (kelt.) **Agriā* > ahd. *Agira*, mhd. *Egere*, **Agria* > čech. *Ohře*; zur weiteren Etymologie vgl. Parallelname ↗ Ager. – N.N., *HG.A.20*; Menke, *Namengut*, S. 204; Schwarz, *Ortsnamen der Sudetenländer*, S. 25 f.; Pleintinger, *obere Eger*, S. 26–35.

Egertseen *Moarer~, Senner~,* zwei durch das Egertjoch getrennte Seengruppen im Talschluss von Ridnaun (Gem. Ratschins, Wipptal, Prov. Bozen/Südtirol, I.). – /égitnseawe/, 1500 *im Egart beim Se*, 1768 *ein See der Mayrer Egert genannt*, um 1770 *Egeter See*. – Bestimmungswort ist mhd. *egerte, egerde* swF. 'Brachland'. – Kühebacher, *Ortsnamen 2*, S. 57.

Egg- ↗ Eck-.

Eggel, die l.z. Diemel (z. Weser), entspringt in der Warburger Börde nordwestlich von Borgentreich (Kreis Höxter, NRW, D), bildet im Unterlauf kurz die Grenze zwischen NRW und Hessen, mündet zwischen Warburg und Liebenau (Lkr. Kassel, Hessen). – 1570 *biß in die Echeln*, 1571 *bis über die Echeln, die Echeln hienunter*, 1597 *bis in die Echel*, 1649 *biß in die Echel*, 1649 *nicht weit von der Eichel*; FlurN. die Echeln (Wiesen an der Eggel westlich von Borgentreich). – Sichere Deutung ist nicht möglich. Grundform **Echel* (**Ekel*) swF., vielleicht ursprünglich Kompositum mit dem Grundwort as. *aha* 'Fließgewässer' (das im Verlauf der Namengeschichte abgeschwächt wurde und verschwindet) und einer as., mndd. Entsprechung von ahd. *eihhila*, mndl. *eikel* 'Eichel': **Ēkela(ha)*, in nhd. Schreibung *Echel, Eichel.* Die heutige offizielle Schreibung ist an *Egg-*, as. *eggia* 'Ecke' angelehnt und deutet darauf, dass der Flussname wie /ekel/ ausgesprochen wurde. – Kramer, *HG.A.10*, S. 15.

Eggenbach l.z. Itz (z. Main). – ON. Eggenbach (Lkr. Lichtenfels, Bayern, D), /eχəbox/ (/o/ offen), 9. Jh. (Regest um 1160) *in Echerbach* (weitere Belege). – Kompositum aus ahd. *ehir*, mhd. *eher* stN. 'Ähre' und *-bach*, oder das Bestimmungswort *Echer-* entspricht einem germanischen Gewässernamen **Akira* (> ahd. **Echira* mhd. *Echer-*), vgl. ↗ Agger ↗ Oker (< gm. **Akara*). Das sind mit dem Suffix *-ra-* vom Verb gm. **ak-a-* 'fahren' (hier in der ursprünglichen Bedeutung 'treiben') abgeleitete Flussnamen. – Sperber, *HG.A.7*, S. 31; Fastnacht, *Staffelstein*, S. 95–98; Seebold, *starke Verben*, S. 74.

Eggenpfuhl See bei Blindow (Stadt Prenzlau, Lkr. Uckermark, Brandenburg, D). – 1847 *Egelpfuhl*, 1936 *Eggenpfuhl*. – Bestimmungswort ursprünglich ↗ Egel-. – Fischer, *BNB 10*, S. 62.

Ehe, die
– ¹Ehe (auch *Ehebach*), l.z. Aisch (z. Regnitz z. Main) bei Neustadt an der Aisch (Lkr. Neustadt a.d. Aisch-Bad Windsheim, Bayern, D); Kleine ~, l.z. Ehe. – 1023 *Eha*, 1479 *zu Ee*, 1481 *die Ee hinuff, uber die Ee*, 1541 *Ehe*; GauN. Ehegau, 816 *pago … Eegauue*, (ohne Jahr) *in pago Egeuui*, 1230 *in Ehengouwe*; ON. Ehe (bei Neustadt an der Aisch). – Ausgangsform ist (ahd.) *Eha*, vielleicht eine *j*-Ableitung von gm. **ahwō* 'Wasserlauf' (gm. **Ahwjō* f.). – Sperber, *HG.A.7*, S. 31.
– ²Ehe, r.z. Ems, älter *Ee*. – ON. Emden (Ostfriesland, Niedersachsen, D), 9. Jh. *Amuthon*, 10. Jh., 1312 *Emutha* 'Mündung der A/Ee'. – Der Flussname entspricht afr. *ā, ē,* ae. *ēa,* as., ahd. *aha* (gm. **ahwō*) 'Wasserlauf'. – Berger, *Geographische Namen*, S. 86, 91 f.

Ehe-/-n- *-bach, -bächlein, -beck, -graben.* Ahd., as. *ēuua*, mhd., mndd. *ē* 'Recht, Gesetz', in Flussnamen in der Bedeutung 'Rechtsgrenze, Gemeindegrenze'. – Springer, *Flußnamen*, S. 181; Kettner, *Leine*, S. 51.

Ehl- *-beck, -pfuhl.* Bestimmungswort mndd. *ēgel(e)*, *eyle* m., nndd. *eile* 'Blutegel' ↗ Egel-; z. B. die Ehlbeck, r.z. Lopau (z. Luhe z. Ilmenau z. Elbe), in der Lüneburger Heide, mündet in Bockum (Gem. Rehlingen, Lkr. Lüneburg, Niedersachsen, D), um 1820 *Elebeke*; ON. Ehlbeck (Oster~, Wester~, Gem. Rehlingen), 1295 *de Eylbeke*, 1319 *in suder eylbeke, suderelebeke*, 133(5) *de Eylbeker*, 1. Hälfte 15. Jh. *Westerelebeke*, 1432 *To Elebecke*, 1443 *gerberd Eelbeken*, 1450 *Elebeke*. – Udolph, *HG.A.16*, S. 86; Fischer, *BNB 10*, S. 62.

Ehle, die r.z. Elbe entspringt bei Schweinitz im Westfläming (S.-A., D), mündet in den Elbe-Umflutkanal bei Calenberge (Stadtteil von Magdeburg, S.-A.), durchfloss bis ins 19. Jh. ein ausgedehntes Sumpfgebiet; ältere Nennung: *Eelde*. – Trotz fehlender historischer Belege kann der Name etymologisch wie ↗ Elde beurteilt werden. – Walther, *Siedlungsgeschichte*, S. 226.

Ehlsche, die (auch *Elsche*), l.z. Ahne (z. Fulda), mündet in Vellmar (Lkr. Kassel, Hessen, D). – 1313 *aqua Elsche*. – Keine sichere Deutung möglich, vielleicht über mndd. **Else* < (as.) **Elisaha* mit mndd. *else* 'Erle' ⁊ Else ⁊ Elsbach als Bestimmungswort. – Sperber, *HG.A.5*, S. 20.

Ehn, die   l.z. Ill (z. Rhein) im Elsass (Dep. Bas-Rhin, F). – /d'ān, d'ēn/, 1284 *in der enahe* (lies: *ehena*?), 1374–1401 *in der Ahen*; ON. Niederehnheim, frz. Niedernai, /nedernā/, 11. Jh. *Ahenhaim*, 1050 *Ehenheim*; ON. Oberehnheim, frz. Obernai, /ownā/, um 720(?) (Fälschung vor 1239) *Ehenheim*, 788 *in Ehinhaim*, 837 (Fälschung vor 1249) *superius Ehenheim*. – Grundform (ahd.) **Ehina* neben **Ahana* (?) < gm. **Ahwinō* f. neben **Ahwanō*, *n*-Ableitung von gm. **ahwō* 'Wasserlauf'. Der Flussname **Ah(w)inō* wird auch als Grundlage des Namens der Matronen *Matronis Ahinehiabus* vermutet. – Greule, *Oberrhein*, S. 40f.; Greule, *Studien*, S. 81, 159.

Ehrenbach
– ¹Ehrenbach, l.z. Kitzbüheler Ache (z. Kössener Ache z. Tiroler Ache z. Chiemsee z. Alz z. Inn z. Donau). – ON. Ehrenbach (Bezirk Kitzbühel, Tirol, A), 1297 *Ernpach*, 1362 *Ernbach*, 1670 *Ehrnpach*, 1774 *Ehrnbach* (Alm). – Kompositum mit dem Grundwort *-bach* und dem Genitiv des PN. (ahd.) *Ero* (*Erin*-) als Bestimmungswort, vgl. ON. Erstein (Elsass), 9. Jh. *Erinstein*; ON. Erfelden (Kreis Groß-Gerau, Hessen, D), 1447 *Ernfelden*. – Dotter/Dotter, *HG.A.14*, S. 80f.; Kaufmann, *Ergänzungsband*, S. 105.
– ²Ehrenbach, l.z. Wiesent (z. Regnitz z. Main z. Rhein). – ON. Kirchehrenbach (Lkr. Forchheim, Bayern, D), ON. Mittelehrenbach, Oberehrenbach (Gem. Leutenbach, Lkr. Forchheim), 1007, 1062 *Arihinbach*, 1089 *arinbach*, 1121, 1177 *Erhenbach*, *Erchinbach*. – Enthält als Bestimmungswort vermutlich das Adjektiv (ahd.) **arahīn* > *erihin*, mhd. **erchen*, abgeleitet von ahd. *arah* stM. bair. *archen* (Plural) 'Vorrichtung zum Fischfang'; Bedeutung 'Bach, in den eine Fischfangvorrichtung eingebaut ist'. – Sperber, *HG.A.7*, S. 31f.; Bach, *Namenkunde* 1, S. 377.

Eib-/-en-   *-ach*, *-bach/-bachl*. Grundwort ahd. *īwa* swstF., *īwo* swM. 'Eibe'; z.B. ON. (Ober-)Eibach (Gem. Kallham, PB Grieskirchen, O.-Ö., A), 1110–1130 *Ibach*; Eibenbach, l.z. Tradigistbach bei Breitmühl (Gem. Kirchberg an der Pielach, PB Sankt Pölten/Land, N.-Ö.), 1108–14 *in Iuuinbach*; ⁊ Eifa ⁊ Eyach ⁊ Eyb ⁊ Iba. – Hausner/Schuster, *Namenbuch*, S. 307f.

Eich-/-el-/-eln-/-en-, südd. auch **Aich-/Aichel-** *-bach, -bächle, -graben, -kolk, -pfuhl, -see, -siek, -tal, -tümpel, -wasser*. Bestimmungswort ahd. *eih*, *eihha*, as. *ēk*, mndd. *ēik*, *ēike*, ndd. *Eek*- 'Eiche, Eichenwald', Adjektiv ahd. *eihhīn*, mhd. *eichīn*, mndd. *ēiken* 'aus Eiche, mit Eichen', z.B. Eichelbach, l.z. Murr (z. Neckar z. Rhein), entspringt am Eichelberg (1027 *ad montem Eicheneberch*), mündet in Aichelbach (Rems-Murr-Kreis, B.-W., D), 1247 *de Aichelbach*, Ausgangsform mhd. **Eichīnen-(bach)* > **Eichelen-* > *Eichel-* 'Bach/Berg, an dem Eichen wachsen' mit Dissimilation /n – n/ > /n – l/ und Schwund der Flexionsendung /-en/, ⁊ Eipenke. – Schmid, *HG.A.1*, S. 21f.; Reichardt, *Rems-Murr-Kreis*, S. 15f.; Kettner, *Leine*, S. 52f.

Eichel, die   (im Oberlauf *Donnenbach*), r.z. Saar (z. Mosel z. Rhein), entspringt bei Lützelstein/La Petite-Pierre (Dep. Bas-Rhin, Elsass, F), bildet die Grenze des Krummen Elsass zu Lothringen, mündet bei Herbitzheim (Dep. Bas-Rhin). – In Traditionsurkunden des Klosters Weißenburg (Elsasss) mehrfach belegt: 8. Jh. (Kopie 9. Jh.) *Aquila*, *Aculia*, *Aquela*, *Achilla*; 1196 *ad rivulum ... Hechele*, 1506 *uff der Echel*, 1555 *die Eichel ab*; TalN. 1419 (Kop.15./16. Jh.) *Eicheldale*, 1429 *Eycheldale*; GauN. Eichelgau: 713 (Kopie 9. Jh.) *in pago Aculinse*, 755 (Kopie 9. Jh.) *in pago Aquilinse*, 838 (Kopie 11. Jh.) *Achilgouue*. – Ausgangsform vorgm. (kelt.?) **Ak^{u}ilā*, die in den Weißenburger Urkunden mit der Schreibung <Aquila> in Anlehnung an l. *aquila* 'Adler' bewahrt ist. Die Schreibung <aculi> deutet auf eine (rom. oder vorahd.) Delabialisierung; mit vorahd. Delabialisierung /k^u/ > /k/, mit Lautverschiebung /-k-/ > /-ch-/ (⁊ Acher ⁊ Echaz) und Primärumlaut der ersten Silbe **Achila* (788, Kopie 9. Jh., *Achilla*)> **Echila*, mhd. **Echele* kann die lautliche Entwicklung des Namens erklärt werden. Wegen der mundartlichen wmd. Monophthongierung /e:/ < mhd. /ei/ wird der Flussname hyperkorrekt statt <Echel> (in Anlehnung an nhd. *Eichel*) <Eichel> geschrieben. Parallelname: Ailette, l.z. Oise (Dep. Aisne, Picardie, F), 877 *Aquila fluvius*, 922 *Alea*, 1160 *Aila*, ON. (Chermizy-)Ailles, 1224 *Aquila*. – Spang, *HG.A.13*, S. 19f.; Puhl, *Gaue*, S. 136f. (rom. **aquila*, Diminutiv von *aqua*); Lebel, *Principes*, S. 110; Nègre, *Toponymie*, S. 293.

Eichelsbach, die   Wasserlauf (z. Rhein?) bei Nackenheim (Kreis Mainz-Bingen, Rh.-Pf., D), /aiχəlsbax/, 1406 *in der eichelsbaich*, Anfang 15. Jh. *an der eygelsbach*, 1747 *die aichels Bach*. – Wie vermutlich auch bei den anderen *Eichelsbach* genannten Gewässern (ohne historische Belege) Kompositum mit dem Grundwort *-bach* und dem Genitiv des PN. (ahd.) *Eichili* (**Eichiles-* > *Eichels-*). – Zernecke, *Siedlungs- und Flurnamen*, S. 136.

Eichersbach   ⁊ Eichterthal.

Eichertsbach   ⁊ Eichterthal.

Eichetsbach ↗ Eichterthal.

Eichterthal z. Welscherthal (z. Gölitz z. Loquitz z. Thüringische Saale z. Elbe). – /das ächterle/ (1902), 1673 *Eickerthal*. – Vermutlich liegt in dem ursprünglichen TalN. als Bestimmungswort *Eich-hart > *Eichert* 'Eichenwald' vor, mit Genitiv-s ebenso in den Flussnamen *Eichertsbach*, *Eichetsbach* und *Eichersbach*, zum Teil mit Reflex der Sprechererleichterung /-rts-/ > /-ts-/ oder /-rs-/ und spätem Sprosskonsonanten *Eich-t-erthal*. – Ulbricht, *Saale*, S. 170; Sperber, *HG.A.7*, S. 32; Spang, *HG.A.13*, S. 20.

Eider, die dn. *Ejderen*, z. Nordsee, mit 188 km längster Fluss in Schleswig-Holstein (D), dessen Quelle bei Wattenbek (Kreis Rendsburg-Eckernförde) liegt, mündet bei Tönning (Kreis Nordfriesland) in einen großen Mündungstrichter. – Anfang 9. Jh. (Annalen) *Egidorae fluminis*, 1053 *ad fluuium Egidore*, Ende 11. Jh. (Adam von Bremen) *Egdoram fluvium*, 12. Jh. *fluminis Eydori, fluvius Eidorus, ad Eydoram*, 1148 (Fälschung um 1180, Kopie nach 1200) *de Eidera*, um 1200 (awn.) *til Ægisdyra*, 1231 *inter ... Eydær* 1340 *de Eider*, 1412 *op de Eydere*; ON. Eiderstedt, Halbinsel nördlich der Eidermündung (Kreis Nordfriesland), 1195 (Kopie 14. Jh.) *de Eydurstathe* 'Eidergestade, Eiderufer'; ON. Eiderstede (Gem. Bordesholm, Kreis Rendsburg-Eckernförde), 1148 (Fälschung um 1180, Kopie nach 1200) *de Eiderstide* 'Wohnstätte an der Eider'; ON. Eiderdeich (Gem. St. Annen, Kreis Dithmarschen), 1709 *Eyderdiecke*. – Grundform as. *Egidor 'Schreckenstor' zu as. *egis, got. *agis 'Schrecken, Furcht' oder *Ēgidor 'Fluttor' zu as. *ēgi 'Flut, See' und as. *dor*, gm. *dura- n. 'Tor'; die Benennung ging von der Trichtermündung aus. – Kvaran, *HG.A.12*, S. 42–44; Laur, *Schleswig-Holstein*, S. 230 f.; Berger, *Geographische Namen*, S. 87.

Eider- ↗ Eiter.

Eier- *-pfuhl, -teich*. Benannt nach der ovalen Form? – Fischer, *BNB 10*, S. 63.

Eifa, die
– ¹Eifa, r.z. Schwalm (z. Eder z. Fulda z. Weser), mündet bei Alsfeld (Vogelbergskreis, Hessen, D). – 1356 *an der Yffe*, 1366 *Yffe*, 1393 *an der Iffe, an der Eiff*; ON. Eifa (Stadt Alsfeld, Vogelbergskreis), 782 (Fälschung vor 1057, Kopie um 1150) *in Ypha*, 1339 *zu Yfe*, 1398 *von Yffe*, 1476 *zu Yff*, 1553 *Eyff*, 1574 *Eyffa*. – Sperber, *HG.A.5*, S. 20; Reichardt, *Gießen*, S. 99.
– ²Eifa, r.z. Eder (z. Fulda z. Weser), mündet bei Hatzfeld (Lkr. Waldeck-Frankenberg, Hessen, D). – ON. Eifa (Stadt Hatzfeld/Eder), 1334 *de Yfe*, 1339 *von Yphe*, 1375 *czu Iffe*, um 1498 *Omeln Eyff*. – Sperber, *HG.A.5*, S. 20.

Grundform ahd. *Īwaffa*, mhd. *Īweffe*, Kompositum mit dem Grundwort ahd. ↗ aff(a), gm. *apa und ahd. *īwa* 'Eibe' ↗ Eib- als Bestimmungswort. In mhd. *Īweffe* schwindet /-w-/ nach Langvokal (> *Ī(e)ffe*) und /-e-/ wird synkopiert (> *Iffe* <Iffe, Yffe>). Der Name wird von der nhd. Diphthongierung erfasst (*Eiffe*), apokopiert (*Eif*) und in Analogie zu den mitteldeutschen Ortsnamen auf -a sekundär zu Eifa erweitert.

Eilbach, die r.z. Alsenz (z. Nahe z. Rhein), letzter Zufluss der Alsenz vor deren Mündung in die Nahe. – 1370 (Kopie 1370–89) *in der Ylenbach*. – Ausgangsform *Īlen(d)bach*. Das Bestimmungswort ist vermutlich mhd. *īlent* 'eilend'. – Greule, *HG. A.15*, S. 25.

Eilbek (im Oberlauf Wandse) z. Alster (z. Elbe). – 1247 *in aqua ... Eylenbeke*, 1247 (Kopie) *in molendino Ylenbeke*, 1306, 1310 *fluviis Eylembek*, 1309 *fluviis Eylenbek*, 1571 *up den Eylbeke*, 1620 *bei dem Eilbek*; ON. Eilbek (Stadt Hamburg, Bez. Wandsbek, D), 1247 *in Eilenbeke*, 1256 *inter Eillenbeke et Hamme*; PN. 1367 *Alberti Elbeken* (so oft, hierher?). – Bestimmungswort mndd. *ēgel(e), eyle* m., ndd. *eile, īle* 'Blutegel', ↗ Ehl-. – Udolph, *HG.A.16*, S. 87 f.

Eilpe, die (amtlich *Eilper Bach*), l.z. Mäckinger Bach (z. Selbecke z. Volme z. Ruhr z. Rhein). – (Ohne Jahr) *de Eilpe* (Grimm, *Weisthümer* 3, 39); ON. Eilpe (Stadtteil von Hagen, Reg.-Bez. Arnsberg, NRW, D) an der Mündung der Selbecke (ursprünglich Zufluss der Eilpe) in die Volme, 1020 (Kopie 14. Jh.) *in Eilpe*, 12. Jh. *Eilepe*, 13. Jh. *Eilipe*, 1318 *in Eylpe*, 1486 *to Eylpen, to Eylpe*. – Grundform (altwestmitteldeutsch) *Eil-apa*, zum Grundwort ↗ apa; das Bestimmungswort (gm. *ail-) wird zu norw. dial. *eil* f., schw. dial. *ela* 'rinnenförmige Vertiefung' gestellt. – Schmidt, *HG.A.6*, S. 17; Barth, *Sieg und Ruhr*, S. 132; Pokorny, *IEW*, S. 296; Schmidt, *Wupper und Lippe*, S. 143 (mit anderer Etymologie: Grundform *Elapa, *Alipa).

Einach, die l.z. Mur bei Predlitz (PB Murau, Steiermark, A). – ON. Einach, 1188 *predia ... Jvnach*, 1189 *Junach*, 1300 *Evnach*, ca. 1450 *Einach*. – Grundform mhd. *Iunach* (/y:nax/), vielleicht < slaw. *Juňachъ, Lok.Pl. zu *Juňane, abgeleitet von urslaw. *juňъ 'junges Tier', sloven. *junec* 'junges Rind'. – Hausner/Schuster, *Namenbuch*, S. 310; Lochner von Hüttenbach, *Steirische Hydronyme*, S. 72.

Einbach
– ¹Einbach, z. Einödbach, l.z. Inn (z. Donau). – 1836 *Einödbach*; ON. Einöden (Gem. Flintsbach a. Inn, Lkr. Rosenheim, Bayern, D), ca. 1180 *Einhode*, ca. 1180–95 *Ainode*, 1280 *Einode*, 1483 *Ainöd*. – Klammerform von *Ein(öd)bach*, Kompositum mit dem ON.

ahd. *Einōdi 'Einöde'. – Dotter/Dotter, *HG.A.14*, S. 82.
– ²Einbach, r.z. Pram (z. Inn z. Donau). – ON. Einbach (Gem. Altschwendt, PB Schärding, O.-Ö., A), 12. Jh.(zu 1084, Druck 17. Jh.) *Iwenpah*, 15. und 16. Jh. *Einpach*, 1603 *Einbach*. – Grundform (ahd.) *Īwenbach, mit Synkope der Mittelsilbe (mhd.) *Īnbach, diphthongiert bair. *Einpach* 'Bach, an dem Eiben wachsen', ↗ Eib-. – Dotter/Dotter, *HG.A.14*, S. 82 f.; Hausner/Schuster, *Namenbuch*, S. 310.
– ³Einbach (auch *Kühstettenbach*), z. Huberbach (z. Rott z. Inn z. Donau). – Ca. 1563 *Rivus Im Pach* (Verlesung für *Ainpach*?); ON. Einbach (Gem. Pfarrkirchen, Lkr. Rottal-Inn, Bayern, D), 1447 *Ainpach*. – Etymologie wie ↗⁴Einbach? – Dotter/Dotter, *HG.A.14*, S. 82.
– ⁴Einbach, r.z. Kinzig (z. Rhein). 1400 *von dez Ainbachs ... wegen*, 1436 *den Einbach*, 1493 *im Eynbach*, *im Eymbach*; TalN. 1411 *Einbach des tales*; ON. Einbach (Stadt Hausach, Ortenaukreis, B.-W., D), zu 1092 *praedium Einbac*, 1139 *Embach* (lies *Einbach*), 1148, 1179, 1443 *Einbach*. – Grundform (ahd.) *Eginbach > Einbach, Kompositum mit Grundwort *-bach* und dem Genitiv des PN. ahd. *Ago* (Gen. *Egin-*) als Bestimmungswort. – Geiger, *HG.A.2*, S. 31.

Eine, die (im Oberlauf *Eine-Bach*), l.z. Wipper (z. Thüringische Saale), entspringt südöstlich von Harzgerode (Lkr. Harz, S.-A., D), mündet südöstlich von Aschersleben. – 1321 *Ena* (/e:na/?); GegendN. Verwaltungsgemeinschaft Wipper-Eine (Lkr. Mansfeld-Südharz, S.-A.). – Ausgangsform (ahd.) *Aginaha? Kompositum mit dem Grundwort ahd. *aha* 'Fließgewässer' und dem Genitiv des PN. ahd. *Ago* (Gen. *Agin-*), ↗⁴Einbach ↗ Ihne. – Ulbricht, *Saale*, S. 181 f.

Eipbach (auch *Eitorfer Bach*, *Mühleiper Bach*, † *Eipe*), l.z. Sieg (z. Rhein) bei Eitorf. – 1487 *in der eyppe*; ON. Eitorf (Rhein-Sieg-Kreis, NRW, D), 1144 *Eidtorph*, 1145 *Eichtorp*, 1173 *Heichdorp*, 1176 *Echedorp*, 1218 *Eicdorp*, 1267 *Eytorp*, 1487 *Eyttorp*, 1736 *Eitorf*; ON. Kircheip (Lkr. Altenkirchen/Westerwald, Rh.-Pf.), 1311, 1331, 1429 *Eype*; ON. Mühleip (Ortsteil von Eitorf), ON. Obereip, Obereipermühle (Ortsteile von Eitorf), 1494 *Eyp*, 1555 *Overeep*. – Zugrunde liegt der Flussname (altwestmitteldeutsch) *Eich-apa (> *Eichepe > *Eichpe > *Eip(p)e) 'Bach mit Eichenbestand; Bach, der aus einem Eichenwald kommt', zum Grundwort ↗ apa. Der ON. Eitorf bzw. Eitorp ist eine Klammerform: *Eich[epe]dorp, 1145 *Eichtorp* > 1267 *Eytorp*, hochdeutsch *Eitorf*. – Faust, *HG.A.4*, S. 20; Barth, *Sieg und Ruhr*, S. 75.

Eipel, die slovak. *Ipel'*, ung. *Ipoly*, l.z. Donau (Slowakei). – 1135/1262 *Ipul*, 1138 *Ipol*, *Ipul*. – Mögliche Etymologie: gm. *Lip-la-z (vgl. ↗ Leppe < gm. *Lipjō, ig. *leib- 'gießen') > *Lipl, slaw. *Lipul, dissimiliert > *Ipul*. Eine andere Möglichkeit stellt eine Verbindung mit dem Verbstamm gm. *hneip- 'sich biegen'(?), ig. *kneib(ʰ)- 'hängen lassen, sinken lassen' dar. Demnach müsste ein von der Schwundstufe der Wurzel mit *l*-Suffix abgeleiteter Name gm. *Hnip-la-z zu *Nipul und dann mit Aphärese des N- zu *Ipul usw. entwickelt worden sein. Die gleiche Aphärese wird in alemannischen Flurnamen wie *Eifen* und *Ifen*, die zu gm. *hnīp-an- zurückgehen, beobachtet. Mit gm. *hneip- hängen vermutlich auch der niederrheinische Name *Niep* f. (1358 *in der Nepen*, 1401 *Niepen*), Altwasser des Rheins, teils versumpft, und *Niep* (Oberlauf), r.z. Niers (z. Maas) sowie niederrheinisch mundartlich *nīp* 'Erdfalte, worin sich Wasser angesammelt hat', zusammen. – Šmilauer, *Vodopis*, S. 360 f.; Seebold, *starke Verben*, S. 267; Rix, *LIV*, S. 365; Steiner, *Neuffen*.

Eipenke, die l.z. Söse (z. Rhume z. Leine z. Aller z. Weser), entspringt südlich der Sösetalsperre bei Osterode am Harz (Niedersachsen, D), mündet östlich von Osterode. – 1460 *vor dem Eckmecke*, um 1515–32 *im Eickmecke*, *in dem eckemke*, 1624 *im Eikemke*, *Im Ekemke*, 1632/35 *im Eikemke*, 1737 *in dem Eipenck*, *aus dem Eipencke*, 1784 *die Eybencke*, 1794 *Eibencke*, 20. Jh. *Eipencke*. – Ausgangsform mndd. *Eikenbeke/*Eikembeke m. 'Eichenbach', woraus durch Abschwächung des Grundworts (*-beke*) *Eikenke/Eikemke und durch Dissimilation /k – k/ > /b – k/ *Eibenke* und *Eipenke* entstand. Bestimmungswort ↗ Eich-. – Kettner, *HG.A.8*, S. 22; Kettner, *Leine*, S. 52 f.

Eis- -bach, -graben, -kuten, -see, -weiher. Bestimmungswort ahd., mhd. *īs*, as. *īs* (Rune) 'Eis'. Benannt werden Gewässer, die besonders kalt sind, leicht zufrieren und aus denen Eis gewonnen werden konnte. – Fischer, *BNB 10*, S. 64.

Eisack, der it. *Isarco*, ladinisch (Gröden) *ádesch*, bair. /áisåk/, älter /áisågg/. Größter linker Nebenfluss der Etsch, entspringt am Brenner, mündet südlich von Bozen (Südtirol). StammesN. *Isarci*. – Der Eisack wird in der Form *Átagin* (Akkusativ) beim Geographen Strabon (ca. 63 v. Chr.–19 n. Chr.) erwähnt. 12 n. Chr.? (Handschriften 2. Hälfte 15. Jh.) *Isargus aqua* (Consolatio ad Liviam 385 ff.). Weitere Belege setzen später ein: um 1073 zu 1041 (Kopie 16. Jh.) *Isac fluvius*, um 1100 *ab Ysarco flumine*, um 1115–25 *ultra Ysarcum fluvium*, 1298 *Eisach*, 1314 *Eysachk*. – Aus der Belegreihe kann auf eine vorbairische Ausgangsform *Īsak geschlossen werden. Diese ist zur Sprechererleichterung aus *Isarcus entstanden, wobei die Dehnung des /I-/ (und spätere Diphthongierung) durch die Integration ins Bairische in Anlehnung an mhd. *īs* 'Eis' erfolgte. *Isarcus* (ergänze: *fluvius*) ist als Adjektiv durch die Übertragung des Stammesnamens *Isarci* auf den Fluss entstanden. Der Stammesname ist als Ableitung mit *k*-Suffix von einem GwN. *Isara* (↗Isar), dem ursprünglichen Namen des Eisack, zu erklären. Probleme bereitet die Nennung des Eisack bei Strabon: *Átagi*- hat keinerlei Parallelen und ist kaum etymologisierbar. Trotz der Tatsache, dass der ladinische Name für den Eisack, *ádesch*, *Átagi*- lautlich fortsetzen könnte, ist anzunehmen, dass Strabon nicht einen Gewässer-, sondern einen Siedlungs- oder Landschaftsnamen zitiert und dass ladin. *ádesch* von der Etsch (ladin. *ládesch*) übertragen ist. Als Etymologie für *Átagi*- kommen gall. *at(e-)tegia* 'Hütte', aber auch eine keltische Bildung *a(te-)tagi-* (Bedeutung von *tagi*-?) infrage. – Holder, *Sprachschatz*, 1, Sp.259, 2, Sp.75; Hausner/Schuster, *Namenbuch*, S. 311; Kühebacher, *Ortsnamen*, 2, S. 59f.; Greule, *Gebietsnamen*, S. 49; Pfister, *LEI*, 3,2, Sp.2048–2052.

Eisbach

– ¹Eisbach, l.z. Mertseebach (z. Rott z. Inn z. Donau). – Ca. 1563 *Elsenpach* (lies *Eisenpach*?), 1844 *Eys-Bach*; ON. Obereisbach, Untereisbach (Markt Falkenberg, Lkr. Rottal-Inn, Bayern, D), 1011/12 *Egilaspah*, 1498 *zu Nidern Älspach* (*Eilspach*), ca. 1563 *Elsenpach*. – Grundform ON. (ahd.) *Egilespach > *Eilsbach* (mit Sprechererleichterung) > *Eisbach*, Kompositum mit dem Grundwort -*bach* und dem Genitiv des PN. ahd. *Egil* (**Egiles-*) 'am Bach liegende Siedlung des Egil'. – Dotter/Dotter, *HG.A.14*, S. 83.
– ²Eisbach (auch *die Eis*, im Unterlauf *Altbach*), entspringt im südlichen Pfälzerwald südwestlich von Ramsen (Donnersbergkreis, Rh.-Pf., D), füllt den Stausee Eiswoog, passiert Worms, mündet dort an der Südspitze des Floßhafens. – 766 (Kopie um 1190) *Isina*, 771 (Kopie um 1190) *Isena*, 1016 (Kopie 12. Jh.) *inter Ysenam et* ..., 1080 *Hisena*, 1282 *Ysena*, 1378 *die Ysen*, 1400 *Yser beche*, 1497 (gleichzeitige Kopie) *naher der Iser*, 1525 (gleichzeitige Kopie) *die Eiser*; GewN. Eiswoog 'durch den Eisbach gebildeter See' (-*woog*, ahd. *wāg* 'See'); ON. Eisenberg (Pfalz) (Donnersbergkreis), 765 (Fälschung vor 1175) *Isemburc*, *Isinburc*, 788 (Kopie um 1190) *Isenburg*, vor 1179 *de Isenburc*, 1220 *de Isenburg* (weitere zahlreiche Belege), 1552 *Eysenburg*, 1584/85 *Eisenbergk*. Das Grundwort -*burg* (später -*berg*) bezieht sich auf die in Eisenberg nachgewiesene römische Siedlung: 'römische Befestigung an der Isina'. – Ausgangsform FlN. ves.-ig. *Isənā /*Isanā, eingedeutet nach mhd. *īsen*, *īser* 'Eisen' als *Isena* 'die Eiserne'. Ves. – ig. *Isənā* ist das Femininum eines urig. Verbaladjektivs *h₁ish₂-nó-s* 'die Antreibende', ↗Isar ↗Isen ↗Isnyer Ach. – Greule, *HG.A.15*, S. 25f.; Dolch/Greule, *Pfalz*, S. 122.
– ³Eisbach, r.z. Söterbach (z. Nahe z. Rhein), fließt im Schwarzwälder Hochwald (Hunsrück). – 1345 *bis in die Isenbach, von der Isenbach*; ON. Eisen (Gem. Nohfelden, Lkr. St. Wendel, Saarland, D), um 1220 *Isena*, 1334 *van Ysen*, 1367 *zu Isenahen*, 1410 *von Ysenaüwe*, 1421 *zu Ysen*, 1438 *zu Ysenauw*, 1776 *Eisen*. – Ausgangsform (mhd.) FlN. *Īsenahe* (ON. *Īsenouwe*), Kompositum mit dem Grundwort mhd. -*ahe* 'Fließgewässer' und mhd. *īsen* stN. 'Eisen', ↗Eisen-/Eiser-. Bedeutung 'Bach, an dem Eisen gefunden wird' mit Bezug auf die Eisenerzvorkommen im Hunsrückvorland. Das Grundwort -*ahe* wurde über -*ah*, -*a* früh abgeschwächt, schwand und wurde durch -*bach* ersetzt. – Greule, *HG.A.15*, S. 26.

Eisbach ↗Eußerbach.

Eisch, die l.z. Alzette (z. Sauer z. Mosel z. Rhein) bei Mersch (Luxemburg). – 960 *Ischa* 1237 *aqua ... Yssche*, 1274 *fluvio ... Ysschen*, ON. Eischen (Gem. Hobscheid, Kanton Capellen, L), 1247 *de Hysse*, 1390 *Yxen*, 1480 *Yschen*. Parallelname Ijssche, Nfl. d. Dijle mit den ON. Over-/Neer-Ijssche (Provinz Brabant, Belgien), 832 *Isca*, 1180 *Ischa*, 1140 *Nederyscha*. – Beide Namen gehen über gm. *Īska auf kelt. *eiskā-, altbritisch *ēskā (in mehreren Gewässernamen der britischen Hauptinsel) zurück; *k*-Ableitung zu ig. *eis- (< urig. *h₁eish₂-) 'kräftigen, antreiben', Bedeutung 'Fluss mit kräftigem Antrieb'. – Gysseling, *Woordenboek*, S. 308; Greule, *Rheinlande*, S. 11; Nicolaisen, *Gewässernamen*, S. 241f. Belege nach freundlicher Mitteilung von Wolfgang Haubrichs (Saarbrücken).

Eisen-/Eiser- -*bach*, -*bek*, -*graben*, -*lake*, -*pfuhl*, -*strom*, -*weiher*. Bestimmungswort mhd. *īsen*, mndd. *īser* 'Eisen', brandenburg. *Isen*, *Iser*. Die Namen weisen auf eisenhaltigen Boden, auf die Gewinnung und Verarbeitung von Eisenerde oder auf Eisenwerke (Eisenhammer), z.B. Eisenbach r.z. Breg z. Donau) mit ON. Obereisenbach, Untereisenbach, Hammereisenbach(-Bregenbach) (Stadt Vöhrenbach Schwarzwald-Baar-Kreis, B.-W., D), 1523 *Eisenbach*, 1625 *im Eyssenbach*, 1633 *a ferro rivo*, vermutlich Klammerform *Eisen(hammer)bach*, nach einem mit Wasserkraft angetriebenen Eisenhammer, ↗³Eisbach. – Snyder, *HG.A.3*, S. 18; Dolch/Greule, *Pfalz*, S. 122; Fischer, *BNB 10*, S. 64.

Eisenbach

– ¹Eisenbach, l.z. Gelbach (z. Lahn z. Rhein) im Westerwald. – Ca. 1220 *ad flumen isena*, 1479 *off der Isen*; ON. Eisen (Gem. Meudt, Westerwaldkreis, Rh.-Pf., D), /aezə/, 1097 (15. Jh.) *in Mude et in Isen*, 1124 *in villis Hisena et Muede*, ca. 1220 *Isena*, 1710 *Eisen*. – Grundform FlN. (ahd.) *Īsana, -n-Ableitung von gm. *īsa-, ahd., mhd. īs 'Eis', Benennung nach der Kälte des Wassers. Parallelnamen: ON. † Ihsen, nordöstlich von Völksen (Lkr. Hannover, Niedersachsen), 1241 de Ysne, 1304–1324 Ysen, 1320 Ysene, Ysne, 1851 Istmer Beeke; adän. FlN. *Īsæn, jetzt Isen Bæk, r.z. Fjederholt Å (z. Rind Å z. Skjern Å) in Westjütland (DK) mit HofN. Over Isen (1506 Ysen), Vester Isen (1516 Lille Ysen); WaldN. 1506 Ysenskoff. – Faust, HG.A.4, S. 20; Metzler, Westerwald, S. 134; Ohainski/Udolph, Hannover, S. 232f.; Kvaran Yngvason, Untersuchungen, S. 6f.

– ²Eisenbach, r.z. Lauter (z. Schlitz z. Fulda z. Weser) bei Eisenbach (Hessen, D). – ON. Eisenbach, Hof und Schloss bei Frischborn südlich von Lauterbach (Vogelsbergkreis, Hessen), 1217 de Isenbach, 1234 de Eysinbach, 1236 de Esenbach, 1266 de Heisinbach, 1270 in Esenbach, 1307 de Eysenbach, 1352 Eisemach, 1404 von Eysinbache, 1436 Esinbach. – Ursprünglich einstämmiger Flussname (gm.) *Aisan-, mit zur Verdeutlichung angefügtem Grundwort -bach. Gm. *Aisan- ist eine n-Ableitung von der Wurzel gm. *ais- im schwachen Verb *aisōn (awn. eisa '(sich) heftig, schnell bewegen') und in den Flussnamen Eisa (Norwegen), Eisand (Norwegen), Gesunda und Gesunden (Schweden) (< *Aisund-). – Sperber, HG.A.5, S. 20; Reichardt, Gießen, S. 102f.; Nyman, Ortnamn, S. 290–296.

Eisernbach (bis Eisern Heckenbach), l.z. Sieg (z. Rhein), entspringt in 468m Höhe an der Kalteiche (Rothaargebirge), mündet bei Eiserfeld (Stadt Siegen, Lkr. Siegen-Wittgenstein, NRW, D). – 1417–19 uff der Ysern, 1444, 1463 off der Ysern, 1471 uff der Isern. Der Fluss wurde zur Lokalisierung der Eiserner Hütte erwähnt. ON. Eisern mit Eiserner Hütte (Stadt Siegen), jahrhundertelang durch die Eisenerzgewinnung und -verhüttung geprägt, 1289, 1293 de Yseren, 1337 Iseren, 1377, 1417–19 Ysern, 1461 Isern, 1495 Ysern, 1600 Eisern; ON. Eiserfeld mit zwei Eisenhütten (Stadt Siegen), 1292 Ysernvelde, 1342 Ysrinvelde, 1417–19 Yservelde, 15. Jh. in Issenfelde, 1563 Eissernfelt, 1600 Eyserfeld; BergN. Eisernhardt. – Vermutlich Übertragung des ON. (mhd.) *Īseren (mhd. īsern stN. 'Eisen'), Gegendname 'wo Eisen gewonnen wird' auf den Bach, oder ursprünglicher FlN. mhd. *Īser-ahe 'Eisen-Bach' > *Īsere, schwach flektiert Iseren, ↗Eisen-/Eiser-. – Faust, HG.A.4, S. 20.

Eiter-, md. **Eider-**, süddeutsch auch **Aiter-**, Bestimmungswort in zahlreichen Flussnamen Aitr-ach/Eitr-ach, Aiter-bach/Eiter-bach/Eiter-bächle, z.B. Eitra, r.z. Haune (z. Fulda z. Weser), 780–781 ad Eitraha gispringum ('an der Quelle der Eitra'), mit ON. Eiterfeld (Lkr. Fulda, Hessen, D), 845 in Eitrahafelden marca, 1250 Eitervelt; Eiterbach, l.z. Steinach (z. Neckar z. Rhein), ON. Eiterbach, 1355 Eyterbach; Eiter, l.z. Weser, 1612 Zwischen ... dem Eiter Strohme, 1771 Eyter Flus, 1802 die Eyther. – Zugrunde liegt das Adjektiv gm. *aitra- in der Bedeutung 'anschwellend', das sich mit Bedeutungsverengung zu nhd. Eiter 'giftige Körperflüssigkeit' entwickelt hat. Das Femininum gm. *Aitrō kommt als Gewässername auch als Simplex in der Bedeutung 'die Schwellende' vor und bezeichnet Flüsse, die nach Regen gerne anschwellen. Das Adjektiv gm. *aitra- (< vorgm. *oidro-) ist von der o-Stufe des urig. Verbs *h₂eid- 'schwellen' abgeleitet, mit der auch das Iterativ *h₂oid-éi̯e- 'immer wieder schwellen' gebildet ist. – Sperber, HG.A.5, S. 20f.; Schmid, HG.A.1, S. 92; Borchers, HG.A.18, S. 33; Krahe, UäFlNN, S. 29ff.; Rix, LIV, S. 258.

Eitorfer Bach ↗Eipbach.

Elbach r.z. Leitzach (z. Mangfall z. Inn z. Donau). – Ca. 1858 Ellbach; ON. Elbach (Gem. Fischbachau, Lkr. Miesbach, Bayern, D), 1078–80 ad curtim Elhpach, 1087–1090 (Kopie 1209/10) Elichpach, 1148–1156 Elchbach, vor 1192 Elpach, 1295 Ellenpach, 1315 Elenpach, 1524 (Kopie 1618) Elbach; FlurN. 1078–80 usque in Elhpachesŏa (Elchbachau). – Kompositum mit dem Grundwort ahd. (bair.) -pach 'Bach' und ahd. *elh, elahho < westgm. *elha- m. 'Elch' als Bestimmungswort. – Dotter/Dotter, HG.A.14, S. 83f.; Reitzenstein, Oberbayern, S. 69.

Elbbach

– ¹Elbbach, Zu- und Abfluss des Elbsees, r.z. Kirnach (z. Wertach z. Lech z. Donau). – 1499 Eltbach, Elchsee, 1505 Elchbach, 1506/07 Älchsee, 1520 Elbach. – Vielleicht Klammerform *Elch(see)bach, Bestimmungswort des Kompositums mit dem Grundwort -see ist ahd. elahho 'Elch'. Benennung nach dem Vorkommen von Elchen am Elbsee. – Dertsch, Marktoberdorf, S. 16.

– ²Elbbach, r.z. Lahn (z. Rhein), entspringt im Westerwald bei Westerburg (Rh.-Pf., D), mündet bei Limburg (Hessen). – 1353, 1359, 1363 uf, by Elben, 1405 in dy Elbe, 15. Jh. by, uff, geyn, ane, uß der Elben, 15. Jh. uff, gehen, über die Elbe, 1489 zu der Elwen, 1491 ober dem Elben; ON. 1336 zŭ Elbin brucke, 1483 bie Elben brugh; Elbtal (Gem., Lkr. Limburg-Weilburg, Hessen), ON. Elbgrund (Ortsteil von Elbtal). – Faust, HG.A.4, S. 20f.

– ³Elbbach (auch Elbe), l.z. Sieg in Wissen. – 1048 (Kopie 12. Jh.) usque in Elbenam, 1384 uff der Elben; ON. Elben (Lkr. Altenkirchen/Westerwald, Rh.-Pf.), /élwə/, 1243 de Elbene, 1438 Elven; FlurN. Elbergrund. – Faust, HG.A.4, S. 21; Metzler, Westerwald, S. 134; Barth, Sieg und Ruhr, S. 76.

Grundform von ²Elbbach und ³Elbbach ist (gm.) *Alḃinō, n-Ableitung von (gm.) *Alḃi-, ↗³Elbe; die Komposition mit dem Grundwort -bach ist spät zur Verdeutlichung gebildet worden.

Elbe, die
- ¹Elbe, r.z. Bigge (z. Lenne z. Ruhr z. Rhein). – ON. Elben (Gem. Wenden, Kreis Olpe, NRW, D), 1248 *de Elvene*, vor 1757 *Elben*; FlurN. Elberscheid. – Schmidt, *HG.A.6*, S. 17; Barth, *Sieg und Ruhr*, S. 132.
- ²Elbe, l.z. Eder (z. Fulda z. Weser) oberhalb Fritzlar (Schwalm-Eder-Kreis, Hessen, D). – 1205 *molendino sito apud Albeam* (lies *Albe(n)am*?), 1280 *super aquas Edram et Elbenam*, 1380 *die Elbe*; ON. Elbe, Elberberg, jetzt Elbenberg (Stadtteil von Naumburg, Lkr. Kassel, Hessen, D), 1074 *Aeluinu*, um 1123 *in villa ... Elvun*, ca. 1200 *de Elbene*, 1200 *Elbena*, 1237 *de Elbene*, 1252 *Elvene* (und zahlreiche weitere Belege dieser Form). – Sperber, *HG.A.5*, S. 21.
  Grundform von ¹Elbe und ²Elbe ist (gm.) *Albīnō, n*-Ableitung von (gm.) **Albi-*, ↗³Elbe.
- ³Elbe, čech. *Labe*, sorb. *Lobja*. Die Erwähnungen der Elbe bei den griechischen und lateinischen Autoren der Antike wie *Albis, Albim* (Akk.), *Albios, Albíu* (Gen.) oder *Alba*, auch 9. Jh. (ae.) *Ælfe muÞa* („Mündung der Elbe"), as./ahd. *Albia* deuten auf einen maskulinen *i*-Stamm *Albi-*, hinter dem aber wie bei ↗Weser ein germanischer langsilbiger-*jō*-Stamm (feminin) steckt: Nom. **Albi*, Gen. **Albjōs*, später Nom. **Albja*. Daraus entstand mit *i*-Umlaut korrekt das Femininum *Elbe/Elve*. Aus dem Namen haben sich im Prozess der Deonymisierung die Appellative awn. *elfr* 'Fluss' und mndd. *elve* 'Flussbett' entwickelt. Wird normalerweise zum indogermanischen Farbadjektiv **alb^ho-* 'weiß' gestellt, was auch (im Keltischen?) die Bedeutung 'Fluss' angenommen haben kann und wozu auch altgriechisch *Alpheiós*, größter Fluss der Peloponnes, gehören soll. In Anbetracht der Größe und Bedeutung der Elbe wurde die „weiße" Farbe des Wassers als Benennungsmotiv aber auch in Frage gestellt. Unter einer anderen Perspektive kann man den Flussnamen (ig.) **Alb^hjā-* mit dem keltischen Namen für Britannien gallo-lat. *Albiōn*, mir. *Albbu* (Gen. *Albban*, < **Albien-*) und kymr. *elfydd* (< **albíjo-*) 'Erde, Welt' in Verbindung bringen. Diese Gruppe könnte mit einem Suffix -*b^hi*- von der urig. Verbwurzel **h₂el-* 'nähren, aufziehen' abgeleitet sein; **h₂el-b^hi-* > (kelt.-gm.) **albi-* in der Bedeutung 'Raum (Fluss), der nährt'. – Udolph, *HG.A.16*, S. 89–98; Reichert, *Lexikon*, S. 32 f.; Pokorny, *IEW*, S. 30 f.; Bathe, *Elbe*; Schmid, *Elbe*; Orel, *Handbook*, S. 13; Rix, *LIV*, S. 262.

Elben-/Elbicher Bach (auch *Elbe*), r.z. Waldbröl-Bach (z. Bröl-Bach z. Sieg z. Rhein) bei Benroth. – 1575 *die Elbicher bach*; ON. Ober-, Niederelben (Ortsteile von Nümbrecht, Oberbergischer Kreis, NRW, D), 1534 *v. Elven*, 1575 *Ober, Neer Eluen*, 1578 *Over, Neder Elven*. – Deutung wie ↗¹Elbbach, ²Elbbach, ¹Elbe, ²Elbe. – Faust, *HG.A.4*, S. 21; Barth, *Sieg und Ruhr*, S. 76.

Elbing, der poln. *Elbląg*, zum Frischen Haff (Ostsee), kommt aus dem See Drużno/Drausensee, mündet bei Elbing (Woiwodschaft Ermland-Masuren, PL). – 890 *Ilfing*, 1234 *bey das vlis Elbing*, 1246 *versus fluvium Elbinc*; ON. Elbing, poln. *Elbląg*, 1240 *de Elbingo*, 1246 *in Elbinge*. – Ausgangsform Gewässername apreuß. **Alb-ing-is*? – Udolph, *Elbing*; Biolik, *HE.5*, S. 12 f.

Elde, die r.z. Elbe, mit 208 km längster Fluss in Mecklenburg-Vorpommern (D), entspringt im Lkr. Müritz, durchfließt mehrere Seen des Mecklenburgischen Großseengebiets, ab Plau am See (Lkr. Parchim) kanalisiert (*Alte Elde*), mündet (als *Elde-Müritz-Wasserstraße*) bei Dömitz (Lkr. Ludwigslust). – 786 (Fälschung 12. Jh.) *in Eldam*, 946 (Kopie 1748) *ab ortu ... fluminis ... Eldia*, 1150 (Kopie) *Aldia*, 1167 *in Eldam, per decursum Eldene*, 1186 *fluminis ... Eldene*, 1214/1215 *ultra Eldanam*, bis ins 15. Jh. gilt *Eldene*, 1484 *auff der Elden*; ON. Eldena (Amt Grabow, Lkr. Ludwigslust), ON. Eldenburg (Ortsteil von Lenzen/Elbe, Brandenburg) ehemals *Geldenitz*. – Grundform (as.) *Eldina* (auch *Aldia, Eldia*) > mndd. *Eldene*, nach Apokope des /-e/ wurde der Nominativ *Elde* neu gebildet. **Eldina* < gm. **Aldinō, n*-Ableitung von Adj. gm. **alđa-* (ursprünglich 'genährt, groß, alt'), wovon auch abgeleitet sind awn. *alda* f. (<**aldōn*) 'hohe Welle', norw. (dialektal) *olda* 'Trog, Furche, Tal', auch ↗Ahl-, ↗Ollen. Der slawische Name der Elde kann als **Jelde* aus dem ON. *Geldenitz* < apolab. **Jeld'n-ica* erschlossen werden. Als Benennungsmotiv kommt vielleicht die typische Form des Flussbetts infrage. – Borchers, *Große Flüsse*, S. 19–21; Fischer, *BNB 10*, S. 65; Pokorny, *IEW*, S. 26 und 31.

Elend-/-s- -*bach*, -*brunnen*, -*graben*. Bestimmungswort mhd. Adj. *ellende* 'heimatlos, fern, einsam, öde, vergänglich', z.B. ist der Elendsbrunnen ein kleiner Zufluss der Ilmquelle (z. Thüringischen Saale). – Ulbricht, *Saale*, S. 153.

† Elisa vermutlich ehemaliger Name des Pfingstbachs, r.z. Rhein bei Östrich-Winkel (Rheingau-Taunus-Kreis, Hessen, D), einziger Beleg: 983 *Elisa rivulus*; hierzu der nicht sicher identifizierbare Ort 817 *in loco ... Helise*, 1134 *molendinum in loco ... Elso*, 1285 *in loco Elsebach*. – Entweder ist *Elisa* (gm. **alisō* 'Erle' ↗Els-/Else-) von einem Ort (Mühle?) am Pfingstbach auf den Fluss übertragen worden oder *Elisa* ist eine Latinisierung von (ahd.) **Elis-aha* 'Erlenbach', worin das Grundwort *aha* über **Elisa(h)* verkürzt ist. – Faust, *HG.A.4*, S. 21.

Ellbach l.z. Mertseebach (z. Rott z. Inn z. Donau). – ON. Oberellbach (Gem., Lkr. Rottal-Inn, Bayern, D), Unterellbach (Gem. Rimbach, Lkr. Rottal-Inn),

1138–58 *de Elehenpach*, 1158–84 *in villa … Elchinpach*, 1420 *Elichpach*, 1498 *Niederällspach*, 1500 *Oberällspach*, 1559 *Obern-Ellnpach*, ca. 1563 *Elbach villa*. – Deutung ↗Elbach. – Dotter/Dotter, *HG.A.14*, S. 84.

Ellebach (auch *die Elle*), l.z. Rur (z. Maas) bei Jülich (Kr. Düren, NRW, D). – 1548/49 (Kopie 16. Jh.) *bis in die Ellenn, aus der Ellen, bis uber die Ellen*; ON. Ellen (Ortsteil von Niederzier, Kr. Düren), 1222 (Quelle 893) *Alina*. – Grundform FlN. *Alina* < vorgm./kelt. **Olenā* oder **Olinā* mit Lautwandel vorgm. /o/ > gm. /a/ wie in ↗Maas (< *Mosa*). **Olenā/ *Olinā* hat folgende Parallelen: FlN. (Genitiv) *Olinā* (Ptolemaios 2,8,2), heute entweder *Orne Saôsnoise* (Dep. Sarthe, F) oder *Orne de Caen* (Dep. Calvados, F); *Olana* (Polybios II 16), jetzt Po di Volane, eine Po-Mündung (I.), *Olonna* (Geograph von Ravenna IV 36), l.z. Po in der Gallia Transpadana. Der Namentyp vorroman. **Ólona* ist in der Form *Orne* und **Olóna* in der Form *Olonne* u. ä. mehrfach im französischen Sprachgebiet als Flussname belegt. Die Basis der Ableitung mit *n*-Suffix dürfte kelt. **olo-*, **olā* sein, ein Nomen actionis mit der o-Stufe des Verbs kelt. **el-* 'treiben' (< urig. **pelh₂-* 'sich nähern'), ↗Ill ↗Illach. – Gysseling, *Woordenboek*, S. 311; Krahe, *UäFlNN*, S. 37; Rix, *LIV*, S. 470.

Ellenbach
– ¹Ellenbach, r.z. Bayersbacher Bach (z. Kleinen Laaber). – ON. Oberellenbach, Unterellenbach (Markt Mallersdorf-Pfaffenberg, Lkr. Straubing-Bogen, Bayern, D), /eimbō/ (/ō/ offen/), (1133–1146) (Kopie 13. Jh.) *de Elenpac*, 1230 *Ellempach*, (1231–1234) *ze Ellenbach*, *Elnpach*, (1248–1262) *in Elimpach* (weitere zahlreiche Belege). – Bestimmungswort Genitiv entweder des PN. (ahd.) *Alo* (**Elin-*) oder des PN. *Ello* (*Ellen-*). – Snyder, *HG.A.3*, S. 19; Plomer, *Mallersdorf*, S. 212–214.
– ²Ellenbach, die, l.z. Ulfenbach/Laxbach (z. Neckar z. Rhein). – /ˈɛlmox/, 1568 *Die Elnbach, die Elmansbach*, 1613 *die Elban bach* (/o/ offen/); ON. Ellenbach (Gem. Fürth, Kreis Bergstraße, Hessen, D), Graselenbach (Kreis Bergstraße), 1503 *Elnbach*; FlurN. 1654 *die Eln wießen*. – Bestimmungswort entweder Ellen 'Erle' oder Elen 'Elch'. – Schmid, *HG.A.1*, S. 23; Ramge, *Flurnamenbuch*, S. 326.

Eller-/-n- (neben **Ahler-/Aller-**) -au, -bach, -beck/-beek/-bek, -graben, -lachgraben, -rie, -siek. Bestimmungswort mndd. *alre*, *elre* 'Erle', ↗Els-/Else- ↗Erl-/Erle-, z.B. ON. Ellerbek (Kreis Pinneberg, S.-H., D), um 1330 *Elrebeke*, 1464/65 *Ellerbek*. – Udolph, *HG.A.16*, S. 98; Laur, *Schleswig-Holstein*, S. 234.

Eller, die l.z. Rhume (z. Leine z. Aller z. Weser); entsteht bei Zwinge (Lkr. Eichsfeld, Thüringen, D) aus dem südlichen Quellfluss *Geroder Eller* und dem nördlichen Quellfluss *Weilroder Eller*. – 1516 *up der Eller*, 1598 *das Waßer die Eller*, 1615 *die Eller*, 1656 *in der Aller, über die Aller*; ON. Ruine Allerburg (auch Ellerburg) bei Bockelnhagen (Lkr. Eichsfeld), 1266 *Allerberg*, 1324 *Alreberg*, 1350 *tzum Allerberge*, 1360 *to dem Alreberghe*. – Wegen der späten Belege für den Flussnamen nicht eindeutig bestimmbarer Name. Mögliche Ausgangsform **Eller-/*Aller-aha*, Kompositum mit dem Grundwort mndd. *eller*, *aller* 'Erle'. – Kettner, *HG.A.8*, S. 22; Kettner, *Leine*, S. 55 f.

Ellerbach
– ¹Ellerbach, l.z. Schwarzbach (z. Messenbach z. Pram z. Inn z. Donau). – ON. Ellerbach (Gem. St. Lambrechten und Gem. Traiskirchen im Innkreis, PB Ried im Innkreis, O.-Ö., A), /ˈɛlᵃbō/ (/ō/ offen/), zu 1084 (12. Jh., Annalen, Druck 17. Jh.) *Elenbach*, um 1200 *aput Elhenpach*, ca. 1240 *Elhenpach*, ca. 1250 *Elhenpach* (und weitere Belege), 1695 *Ellepach*, *Elchenpach*. – Kompositum mit dem Grundwort abair. -*pach* und dem Genitiv des PN. ahd. **Alicho* (**Elichen-*, **Elchen-*) als Bestimmungswort. – Dotter/Dotter, *HG.A.14*, S. 85; Hausner/Schuster, *Namenbuch*, S. 315; Bertol-Raffin/Wiesinger, *Ried im Innkreis*, S. 111, 164 (Bestimmungswort Plural von mhd. *elhe* 'Elch, Hirsch').
– ²Ellerbach, l.z. Nahe (z. Rhein) bei Bad Kreuznach (Rh.-Pf., D), entspringt an der Ellerspring im Soonwald auf 529m Höhe. – 868 (Kopie 10. Jh.) *super fluuiolum Elera*, 12. Jh. (Kopie 16. Jh.) *fluviolum Elram dictam*, 1270 *am Elrebach*, 1476 (Kopie 16. Jh.) *uf der Allerbach,ußer der Ellerbach*, 1601 *auf der Ellerbach, Die Ellerbach*. – Grundform ahd. **Elraha/*Eleraha* ↗Eller, gekürzt und latinisiert zu *Elera*, Kompositum mit dem Grundwort ahd. -*aha* 'Fließgewässer' und (mndd.) *elre* (< gm. **alizō*) 'Erle' ↗Eller- als Bestimmungswort, später zur Verdeulichung komponiert mit -*bach*. – Greule, *HG.A.16*, S. 27.
– ³Ellerbach, l.z. Mosel. ON. Eller (Ortsteil von Ediger-Eller, Lkr. Cochem-Zell, Rh.-Pf., D). – 1051 (Vidimus) *Elre*, 1056 (Vidimus) *Ellre*, 1097 (Original) *ad Elra*. Für den Fluss gibt es keine historischen Belege; vermutlich liegt eine Übertragung des Ortsnamens auf den Fluss vor. Der Ortsname könnte identisch sein mit (mndd.) *elre* 'Eller'. – Jungandreas, *Moselland*, S. 335 (alteurop. FlN. **Elara* oder **Alira?*).

Elm, die poln. *Elma*, l.z. Alle/Łyna (z. Pregel), mündet unterhalb von Heilsberg, poln. Lidzbark Warminski (Ermland/Ostpreußen, PL). – 1325 *Elmone*, 1332 *ylmune*, 1351/82 *Ilmena*, 1352 *Elmene*, *Ilmena*, 1374 *Ylme*, 1576 *Elme*. – Wegen FlN. lit. *Elmė* (< **Elmi̯ā*), Zufluss der Šventa (Litauen), wohl ursprünglich baltischer (apreuß.) Name. – Biolik, *HE 11*, S. 53; Krahe, *UäFlNN*, S. 36.

Elm- -*aha*, -*au*, -*aubach*, -*bach*. Bestimmungswort ahd. *elm, elmo* stswM. 'Ulme', z. B. Elmbach, r.z. Kinzig (z. Main z. Rhein), entspringt nördlich von Hutten (Stadt Schlüchtern, Main-Kinzig-Kreis, Hessen, D), mündet bei Schlüchtern. 796 (Kopie) *circa fluvium Elmaha*, 1361 *die Elmbach*, 1380 *die Elma* 'Bach, an dem Ulmen wachsen', mit ON. Elm (Stadt Schlüchtern), 8. Jh. (Kopie 12. Jh.) *in villa Elmaha* (mehrfach erwähnt). Nachdem -*aha* verkürzt und weggefallen war, wurde das Grundwort -*bach* zur Unterscheidung vom Ortsnamen angefügt. Parallelnamen (bis auf das Grundwort ahd. -*ouwe*): ON. Ellmau (PB Kufstein, Tirol, A), 1148 *Elmaue*, vor 1163 (Kopie um 1180) *Elmowi*, 12. Jh. *Elmŏe*; ON. Ober-, Unter-Ellmau (Gem. Fuschl am See, PB Salzburg-Umgebung, Salzburg, A), vor 1151 *Elmůwe*. Vielleicht hierher auch der ON. Elm (Stadt Bremervörde, Lkr. Rotenburg/Wümme, Niedersachsen, D), 1226 *Elme*, 1335 *de Elme*, 1352 *van Elme*, 1359 *Elmer water* (z. Ostsee), wenn ebenfalls aus (as.) **Elmaha* entstanden. – Sperber, *HG.A.7*, S. 34; Hausner/Schuster, *Namenbuch*, S. 315; Udolph, *HG.A.16*, S. 99.

† Elmen(a) l.z. Elbe südlich von Magdeburg, ON. Elmen, jetzt Bad Salzelmen (Stadt Schönebeck/Elbe, Lkr. Salzlandkreis, S.-A., D), 1124, 1197 *Elmen*, 1221 *villa Elemene*, 1230 *Helmene*, 1254 *in sale Elmene*, 1300 *Elemen*. – Grundform FlN. (as.) **Elmina* < gm. **Almĭnō*, Parallelname ist ↗ ¹Alme (< gm. **Almanō*) mit anderem Suffixvokal; dort die weitere Etymologie. – Bily, *Mittelelbegebiet*, S. 160; Greule, *Bode, Saale, Elbe*, S. 250.

Elpe, die l.z. Ruhr (z. Rhein) im Hochsauerlandkreis (NRW, D), mündet in Ostwig (Gem. Bestwig, Hochsauerlandkreis). – Vor 1757 *Elpe* fl.; ON. Elpe (Gem. Olsberg, Hochsauerlandkreis), 1557–58 *Elpe*, 1649 *Elpe*. – Ausgangsform vermutlich **Elapa*, mndd. **Ēlepe*, Kompositum mit dem Grundwort andd. ↗ *apa*. Das Bestimmungwort kann zu gm. **el-* 'lärmen', norw. (nynorsk) *jala* 'laut schreien', awn. *jalmr* 'Lärm' gehören; das Partizip urnord. **elund-* 'lärmend' liegt in dem SeeN. aschw. **Iælunde, Iælunder* m. und in dem Inselnamen awn. *Jalund* f., aschw. *Iælund* f. vor. Parallelnamen: mehrere gleichlautende Ortsnamen in Nord- und Westdeutschland. – Schmidt, *HG.A.6*, S. 17; Schmidt, *Wupper und Lippe*, S. 143; Barth, *Sieg und Ruhr*, S. 132 f.; Nyman, *Ortnamn*, S. 350 f.

Els-/-e-/-en- -*bach*, -*fließ*, -*graben*, -*kuhle*, -*lake*, -*lanke*, -*pfuhl*, -*quelle*, -*spring*. Bestimmungswort mndd. *else* < gm. **alisō* f. (neben *alre, elre* < gm. **alizō*) 'Erle', ↗ ²Elsbach ↗ Elzenbach. – Fischer, *BNB 10*, S. 66.

Elsava, die r.z. Main (z. Rhein), entspringt bei Hessenthal (Gem. Mespelbrunn, Lkr. Aschaffenburg, Bayern, D), mündet bei Elsenfeld (Lkr. Miltenberg, Bayern). – /elsafa/, 1744 (Karte) *die Essapha* fl.; ON. Elsenfeld, Markt (Lkr. Miltenberg), 1248/1249 *Elsaffe, Elsaphe*, 1325 *Elsaffe*, 1345 *Elsaf*, 1594 *Eilsuf*, 1625 *Elsenfeld*. – Ausgangsform ahd. **Elisaffa* 'Erlenbach', eine ↗ Aschaff vergleichbare Namenbildung, die aus dem Grundwort ahd. -*affa* (↗ *apa*) und gm. **alisō* f. 'Erle' besteht. Der ON. Elsenfeld, der zunächst mit dem Flussnamen identisch war, wurde im 17. Jh. gleichsam neu geschaffen, indem die Endsilbe als -*feld* interpretiert und die neue Kompositionsfuge (**Elsefeld*) durch -*en*- analogisch aufgefüllt wurde: Els-en-feld. Die heutige amtliche Form des Flussnamens ist latinisiertes /elsaf/ (so 1345). Parallelname ↗ Elsoff. – Sperber, *HG.A.7*, S. 34; Reitzenstein, *fränkische Ortsnamen*, S. 63 f.

Elsbach

– ¹Elsbach, l.z. Mömling (z. Main). – ON. Elsbach (Stadtteil von Erbach, Odenwaldkreis, Hessen, D), 1095 (Kopie 12. Jh.) *Alingisbach*, 1443 *Ellingßpach*. – Bestimmungswort des Kompositums mit dem Grundwort -*bach* ist der PN. (ahd.) **Aling* (< **Alawing*?) im Genitiv **Alinges*, **Elinges* 'Siedlung (am Bach) eines **Aling*'. – Sperber, *HG.A.7*, S. 34.

– ²Elsbach, r.z. Streu (z. Fränkischen Saale z. Main). – ON. Oberelsbach (Markt, Lkr. Rhön-Grabfeld, Bayern, D), ON. Unterelsbach (Markt Oberelsbach), 812 (Kopie 9. Jh., Druck 1607) *Espiu* (lies *Elspiu*), ca. 817 (Kopie 9. Jh., Druck 1607) *Elspa*, 819 (Kopie 9. Jh., Druck 1607) *Elispa*, 856–869 (Druck 1607) *Elisba*, 1145 *Elspe, Elsbe*, 1317 *in superiori Elspe*, ca. 1576 *Obern-Elßbach ... Nidern-Elßbach*. – Grundform FlN (ahd.) *Elispa* gm. **Alisapa* 'Erlenbach' mit durch die Betonung des Grundworts gm. **álisō* (↗ Els-) hervorgerufener, vor der zweiten Lautverschiebung liegender Synkope (**Alisapa > *Alispa*), ↗ Elspe. Die Endsilbe /'-pa/ > /'-pe/ wurde als -*bach* eingedeutet. – Sperber, *HG.A.7*, S. 34; Reitzenstein, *fränkische Ortsnamen*, S. 167.

Else, die

– ¹Else (auch *Else-Bach*), l.z. Lenne (z. Ruhr z. Rhein) in Plettenberg (Märkischer Kreis, NRW, D). – 1613 *ahn dem wasserflußgen bei der Elsen*, 1692 *Else R*, vor 1757 *Elsa* fl.; ON. Elsen (Ortsteil d. Gem. Herscheid, Märkischer Kreis), 1272 *in Else*, 1363 *de Else*, 1607 *Else*. – Die Belege erlauben keine eindeutige Etymologie. Entweder ist der Name wie ↗ ²Else über **Elsene* aus gm. **Alisanō* 'Erlenbach' entstanden oder er war ursprünglich ein Kompositum mit dem Grundwort (ahd., as.) *aha* 'Fließgewässer' (as. **Elis-aha* 'Erlenwasser'), welches zu /-e/ abgeschwächt wurde, und dem Bestimmungswort ↗ Els-/Else-. – Schmidt,

HG.A.6, S. 18 und 91; Schmidt, *Wupper und Lippe*, S. 30 f.; Barth, *Sieg und Ruhr*, S. 133.

– ²Else, l.z. Werre (z. Weser) entsteht bei Melle (Lkr. Osnabrück, Niedersachsen, D) durch Bifurkation aus der Hase, mündet bei Kirchlengern (Kreis Herford, NRW). – 1456–1458 (Handschrift 1473) *up der Elsene*, 1510 (Handschrift Mitte 16. Jh.) *uper Else*, 1745 *die Else, die Elße, über den Else Fluß*; ON. Else-Mühle (östlich von Bünde, Kreis Herford), 1333 *Elsene mole*, PN. 1342 *Elsenemolnere*. – Ausgangsform (gm.) *Alisanō* f. 'Erlenbach' > (mndd.) *Elsene* mit Umlaut und Synkope des zweiten Vokals > *Elsen* > *Else*, mit *n*-Suffix von gm. *alisō abgeleitet, ↗ Els- ↗ Ölze. Vergleichbar sind: *Else(n)*, Wüstung vermutlich bei Elsfleth (Kr. Wesermarsch, Niedersachsen), 8. Jh. *Alisni* (< FlN. *Alisna); um 1525 *Ennet der Elsen*, *an die Elsen* (Kanton Bern, CH), heute im Kanton Neuenburg (CH) verlandender Bach; le ru des Alleines (z. Semois) (B), 648 *Alisna*. – Kramer, *HG.A.10*, S. 15; Möller, *Nasalsuffixe*, S. 72 f.; Zinsli, *BNB* I, 1, Sp. 78 f.; Lebel, *Principes*, S. 233.

Elsenbach (im Unterlauf auch *Kumpfmühler Bach*), l.z. Rott (z. Inn z. Donau). – 1844 *Elsenbacher Bach*; ON. Elsenbach mit ehemaligem Kloster Sankt Veit (Stadt Neumarkt-St. Veit, Lkr. Mühldorf am Inn, Bayern, D), 1011/12 *Elsanpah*, 1121, 1127 *Elsinpah*, 1144 *Piligrinus Elsinpahensis*, 1155(?) *apud Elsenbach*, 1188 *abbas de Elsenbach*, 1402 *Elsenpach*, *Elsinbach*, ca. 1563 *caenobium in Elsenpach*. – Kompositum mit Grundwort abair. -*pach* und dem Genitiv des PN. ahd. *Eliso* (*Elisen-, Elsen-*) als Bestimmungswort. – Dotter/Dotter, *HG.A.14*, S. 86.

Elsenfließ Bach bei Kagel (Oberbarnim, Brandenburg, D). – 1471 *auf dem Olsenschen flies … im Ulssenschen flies*. – Grundform asorb. *Ol'š-, Beziehungsadjektiv zu *ol'ša 'Erle'. In die brandenburgische Mundart als *Ölsenfließ integriert und entrundet zu *Elsenfließ*. – Fischer, *BNB 10*, S. 66.

Elsensee See westsüdwestlich von Kagel (Oberbarnim, Brandenburg, D). – 1574 *Der Ölß Sehe*, 1652 *Der Ölß See*, 1745 *der Eltzer*, 1843 *Elsensee*. – Etymologie wie ↗ Elsenfließ. – Fischer, *BNB 10*, S. 66.

Elsenz, die l.z. Neckar (z. Rhein), entspringt in Elsenz (Stadt Eppingen, Lkr. Heilbronn, B.-W., D), fließt durch Kraichgau und Kleinen Odenwald, mündet in Neckargemünd (Rhein-Neckar-Kreis, B.-W.). – 988 *Elisinza fluvius, sursum Elizinza, Elisenza*; GauN. Elsenzgau, im 8. und 9. Jh. (Kopie 12. Jh.) oft genannt: *Elsenzgouue, Elisanzgowe*, 1100 *in pago Elezenzgowi*; ON. Elsenz, 888 *Elisinza*, 1137 *Elesence*, 1161 *Elsenze*, 1496 *Elsentz*, 1504 *Elsens*. – Grundform ahd. *Elisenza* < (vorahd.) *Alisantiā* < (kelt.?)

Alisontiā (?). Der Name *Elsenz* ist der östlichste Vertreter einer Gruppe von Gewässernamen mit der Grundform *Alisantiā (auch *Alisontiā), die außerdem in Luxemburg, Frankreich, der Westschweiz und Nordspanien verbreitet sind. Der älteste Beleg ist im Moselgedicht des Ausonius 371 zu finden: 4. Jh. *stringit frugiferas felix Alisontia ripas*. Ob er auf die Alzette (luxemburg. *Uelzecht*, nhd. ungebräuchlich *Alzig*, *Elze*), r.z. Sauer (z. Mosel) in Luxemburg (8., 9., 10. Jh. *Alsantia*, *Alsentia*, *Alsuntia*, 1300 *Alsence*, 1470 *uf der Ailsetzen*, 1659 *Altzet*) zu beziehen ist, ist umstritten. Die Struktur von *Alisantiā/*Alisontiā ist klar: es handelt sich um eine Ableitung mit dem Suffix (ig.) *-n̥t- (> kelt. -ant-), mit der o-Stufe *-ont-, das zum Ausdruck bringen konnte, dass das im Basiswort Bezeichnete in großer Fülle vorhanden ist. Unklar ist jedoch die Etymologie der Basis *Alis-; vermutlich gallische (?) Entsprechung zu gm. *alisō/ *alizō 'Erle', vgl. frz. *alise* (<*alisia) 'Elsbeere'. Die Bedeutung von *Alisantiā/*Alisontiā wäre dann 'Gewässer, an dem Erlen vorkommen'. – Schmid, *HG.A.1*, S. 23; Lebel, *Principes*, S. 306–308; Jungandreas, *Moselland*, S. 19; Greule, *Alsenz*, S. 332 f.; Pokorny, *IEW*, S. 302.

Elsoff, die (auch *Elsoffbach*), l.z. Eder (z. Fulda z. Weser), entsteht aus dem Zusammenfluss von Bubenkirchbach und Schoppenwasser in Wunderthausen (Bad Berleburg, Kreis Siegen-Wittgenstein, NRW, D), bildet die Grenze zwischen NRW und Hessen, mündet bei Beddelhausen (Bad Berleburg). – 1384 *in der Elsoff, in der Elsaf*, 1484 *bis uf die Elsaf*, 1499 *an der Elsoff*, 1532 *die Elsaf, uber die Elsaffe, die Elsafft*; ON. Elsoff (Bad Berleburg), 1059 *in villa … Elsaphu*, 1194 *de Elsaffen*, 1270 *Elsafe*, 1294 *Elscaffe*, 1366 *Elsaph*, 1569 *Elsoff* (zahlreiche weitere Belege). – Ausgangsform FlN. ahd. *Elisaffa 'Erlenbach', mhd. *Elsaf*, stark flektiert (Akkusativ) *Elsaffe*, schwach flektiert *Elsaffen*. Etymologie wie ↗ Elsava. – Sperber, *HG.A.5*, S. 22.

Elspebach (auch *die Elspe*, im Oberlauf *Schwartmecke*, im Mittellauf *Oedinger Bach* und *Öhne*), r.z. Lenne (z. Ruhr z. Rhein), entspringt in 529 m Höhe, mündet nach 12 km bei Grevenbrück (Stadt Lennestadt, Kreis Olpe, NRW, D). – 1694 *Elspe*; ON. Elspe (Stadt Lennestadt), 1000 *actum elisopu*, 1203 (und oft) *Elsepe*, 1299 (und oft) *Elzepe*, 1472 *Elspe*; Oberelspe (Stadt Lennestadt), Elsperhusen (Stadt Lennestadt). – Grundform ahd. *Elisapa, Etymologie wie ↗ ²Elsbach. – Schmidt, *HG.A.6*, S. 18.

Elster, die

– ¹Elster, Weiße ~, r.z. Thüringischen Saale (z. Elbe), entspringt im Elstergebirge (CZ), fließt durch Leipzig (D), mündet bei Halle (Saale). – / ɛl(d)sdər/,

1012/18 *fluvius Elstra*, 1122 *in Alestra*, 1152 *flumen Elstra*, *Elstre*, 1244 *fluvius Alestra*, 1321 *den fluz der Elster*; ON. Bad Elster (Vogtlandkreis, Sachsen, D), 1320/24 *von Elster*, 1333 *czu Elster*, 1378 *Elstere*, 1445 *Elster*; ON. (ursprünglich BurgN.) Elsterberg (Vogtlandkreis), /ɑl(d)sdərbɑrx/, 1198 *de Elsterberg*. – Eichler/Walther, *HONBSachsen*, I, S. 242f.

– ²Elster, Schwarze ~, sorb. Čorny Halštrow, r.z. Elbe, entspringt in der Oberlausitz, mündet bei Elster/Elbe (Stadt Zahna-Elster, Lkr. Wittenberg, S.-A.). Die Siedlungen an der Schwarzen Elster litten unter häufigen Überschwemmungen. – 1017/18 *ad Nigram Elstram*, 1241 *trans Alestram*; ON. Elstra, sorb. Halštrow (Kr. Kamenz, Sachsen, D), /ęlsdər, alsdər/, 1248 *de Elstrowe*, 1303 *de Elstrow*, *Elstrowe*, 1319 *de Elstraw*, 1476 *zcur Elster*, 1522 *zcur Elster*, 1542 *zcur Elstra*; ON. Elsterheide (Lkr. Bautzen, Sachsen), ON. Elsterwerda (Lkr. Elbe-Elster, Brandenburg), Grundwort -*werda* zu mndd. *werd* 'Insel, Halbinsel'; ON. Elster (Elbe) (Lkr. Wittenberg, S.-A.), 12. Jh. *Alstermunde*, 1295 *Alestria*, 1363 *Alestria*, 1378 *Adelster*, *Alestria*, *Elstere*, 1396 *Elster*. – Eichler/Walther, *HONBSachsen*, I, S. 243; Bily, *Mittelelbegebiet*, S. 243.
Grundform FlN. (gm.) **Alistrō* f. (↗*Alster*) mit Suffixvokal /i/, der Umlaut bewirkt. Die Etymologie wird (zumindest für die Schwarze Elster) bestätigt durch die Hochwassergefährdung. Das anlautende A- geht auf die aus dem Vorslawischen (Germanischen) übernommene slawische Form **Alъstra*, **Alъstrov-* zurück, latinisiert *Alestra*, teils gestützt durch die Wiedergabe des Umlauts in der Mundart.

Elta, die l.z. Donau in Tuttlingen (Lkr. Tuttlingen, B.-W., D). – In der Endung an benachbarte Flussnamen wie *Bära*, *Schmiecha* usw. angepasst. Grundform gm. **Aldjō* > ahd. **Elta* > mhd. **Elte*. Der Name kann wie ↗*Elde* zur Gruppe besonders norddeutscher Namen mit gm. **alđa-* mit sekundärer Bedeutung 'hoch, tief; Furche, Tal' gehören. – Springer, *Flußnamen*, S. 52f.

Elte, die r.z. Werra (z. Weser) in Lauchröden (Wartburgkreis, Thüringen, D) entspringt in der Gemeinde Moorgrund mit ausgedehntem Feuchtgebiet. – 1014 (Kopie 12. Jh.) *ad Âlinde et Alinde inferius*; ON. Ober-, Unterellen (Ortsteile von Gerstungen, Wartburgkreis), 1075 *in Elenen*, 1121 *das Dorf Elnde*, 1138 *Elendi*, 1216 *Elede*, 1219 *Elinde*, 1222/27 *Ellende*, 1268 *Elnde*, 1439 *zcü Abernelne*, 1440 *zu Obirelen*, 1443 *zu Eln*, 1673 *an der Ober Eller gemein, neben denen Untern Ellern äckern*; ON. Epichnellen (zu Förtha, Gem. Marksuhl, Wartburgkreis), ON. Mühle Taubenellen (Etterwinden, Gem. Moorgrund, Wartburgkreis), 1266 *Toubinelnde*, 1269 *Tobenelnde*, 1280 *Toybinelnde*. – Grundform FlN. (ahd.) **Elinda* < **Alinda* < gm. **Alendō* f.; Orts- und Flussname entwickelten sich lautlich unterschiedlich: durch Ausfall des /-e-/ in **Elende* und Sprechererleichterung wird der Flussname über **Elnde* > **Elde/Elte*, während der ON. über *Elend* zu *Elen/Ellen* wurde. Obgleich gm. **Alendō* wie eine Parallele zum Flussnamen ↗*Aland* mit Suffixablaut (-*and*-: -*end*-) anmutet, dürfte der Name, weil die Elte in einem Moorgebiet entstand, eher eine Ableitung von (gm.) **al-* (ablautend **ul-*) 'modrig, faul'(?) sein. – Sperber, *HG.A.*5, S. 22; Pokorny, *IEW*, S. 305.

Elz, die

– ¹Elz, l.z. Ilz bei Pressguts östlich von Weiz (PB Weiz, Steiermark, A). – ON. Elz (Gem. Puch bei Weiz), 1318 *Edlncz*, 1381 *Elncz*, 1387 *Edlicz*. – Slaw. FlN. **Edlica* 'Tannenbach' ↗† Edlitz. – Lochner von Hüttenbach, *Steirische Hydronyme*, S. 72.

– ²Elz, r.z. Rhein, entspringt im Gebiet des Brend und des Rohrhardbergs (Schwarzwald), fließt durch den nördlichen Breisgau, mündet als *Alte Elz* bei Allmannsweier (Gem. Schwanau, Ortenaukreis, B.-W., D). – /dˈęlds, ˈęldsbax/ (/e/ sehr offen, Sekundärumlaut), 762 (Vidimus 1471, Kopie 17. Jh.) *Helzaha fluvium*, 1156 *aqua ... Elza*, 1234 *Elzach*, zu 1298 *fluvius ... Elzahe*, 14. Jh. *propter flumen Elzam*, 1317–41 *Elza* (so mehrfach), 1335 *zu der wilden Elza* (weitere Belege), 1490 *die Elcz*; TalN. Elztal, 1317–41 *in Elzatal*, 15. Jh. *im Eltzental*, 1461 *im Elzachere tal*; ON. Elzach, Stadt (Lkr. Emmendingen, B.-W.), /ˈęldsᵉ/ (/e/ sehr offen), 1275 *Alza*, 1296 *Elza*, 1317–41 *de Elza* (so oft), 1318 *Elzahe*, 1329 *Elzah* und weitere Belege. – Grundform ahd. **Alzaha*, mhd. **Älzahe*, *Elzahe*, vermutlich sekundäres Kompositum mit dem verdeutlichten Grundwort ahd. *aha* 'Fließgewässer' und dem FlN. vorahd./kelt. **Altịā* f. als Bestimmungswort. **Altịā* ist mit *ị*-Suffix, das die Zugehörigkeit ausdrückt, von urkelt. **alto-* 'height, cliff' (mir. *alt* 'Höhe, Ufer, Küste', kymr. *allt* 'Seite eines Hügels, bewaldeter Hügel') abgeleitet und bedeutete '(der) von der bewaldeten Höhe (kommende Fluss)'. Parallelname ↗*Elzbach*. – Geiger, *HG.A.2*, S. 31f.; Greule, *Oberrhein*, S. 194–196; Matasović, *Proto-Celtic*, S. 38.

– ³Elz, r.z. Neckar (z. Rhein) entspringt im südöstlichen Odenwald, fließt durch Neckarburken (das dortige römische Ostkastell war Sitz des Numerus Brittonum Elantiensium), mündet bei Neckarelz (Stadtteil der Großen Kreisstadt Mosbach, Neckar-Odenwald-Kreis, B.-W., D). – 1416 *die wasser, genant Ellentz*, 1554 *Elz*; ON. Elztal (Gem., Neckar-Odenwald-Kreis), Neckarelz, 773 (Kopie 12. Jh.) *in uilla Alantia*, 778 (Kopie 12. Jh.) *in Alancer marca*, 798 (Kopie 12. Jh.) *in Alancer marca*, 853 (Kopie 12. Jh.) *in Alenzer marca*, 976 *Aliza* (lies *Alinza*?), 1138–1152 *in villa Elinza*, 1277 *Elntz*, 1289 *de Ellenze*, 1360 *Elnz*, 1572 *Neckarelntz*. – Grundform FlN. (ahd.) **Alanzia*, *Alenze*, mhd. **Älenze* (mit Sekundärumlaut), fnhd.

Elnz < (vorahd., vorgm.) **Alantiā*, eine möglicherweise ursprünglich partizipiale Ableitung mit dem Suffix (ig.) **-nt-* (> kelt. *-ant-*) vom im Keltischen gut belegten Verb **al-* (urig. **h₂el-*) 'nähren, aufziehen' (↗Hall(e)) und direkt mit ↗Aland (und *Alantà*, mehrfach in Litauen) vergleichbar. – Schmid, *HG.A.1*, S. 24; Krahe, *UäFlNN*, S. 37.

Elzbach l.z. Mosel (z. Rhein), entspringt in der Hohen Eifel, mündet bei Moselkern (Gem., Lkr. Cochem-Zell, Rh.-Pf., D). Der Unterlauf liegt in einem tiefen Tal mit der Burg Eltz (Gem. Wierschem, Lkr. Mayen-Koblenz, Rh.-Pf.). – (931–56) *fluviolus Elza*, 952 *Alcia*, 1051 *Elza*, 1056 *Elssa*, 1150 *rivum Elza*, 1151 *Helze*, um 1200 *fluvius Alcie*, 1209 *Elze*, 1322 *in ripa Eltze*, 1325 *Elze*, 1330 *Eltz*, 1340 *ripam Alzie*, 1391 *an der eltze*; BurgN. Eltz, um 1120–62 *de elza*, 1157 *elze*, 1221 *Eylce*, 1224 *Eilze*, 1245 *Alcea*, 1256 *Elce*, *Alcea*, 1260 *Heilse*, 1270 *Elce* (und weitere Nennungen). – Grundform FlN. mhd. *Elze* f., latinisiert *Alcia* < vorgerm./kelt. *Altiā* f., Etymologie wie Parallelname ↗²Elz. – Jungandreas, *Moselland*, S. 337f.; Pier, *Moselkern*, S. 35.

† Elze (auch †*Alzig*), frz. *Alzette*, luxemburg. *Uelzecht* ↗Elsenz.

Elzenbach z. Antholzer See im Talgrund des Tales Antholz (Pustertal, Prov. Bozen/Südtirol, I.). – /élznpåch/, altmundartlich /elggsn-/, um 1770 *Elxen Ba*. – Benennung nach dem Bewuchs mit Traubenkirschensträuchern (südbair. *Elze*) entlang dem Ufer, ↗Els-/Else-. – Kühebacher, *Ortsnamen 2*, S. 63f.

Emersbach
– ¹Emersbach (auch *Emmersbach*), l.z. Kinzig (z. Rhein). – 1444 *(in den) Memelspach*, 1476 *Memelsbach*, 1496 *im Emellspach*, 1505 *Memelspach*, 16. Jh. *ein bach … der Emerspach*; ON. Emmersbach (Biberach, Ortenaukreis, B.-W., D). – Grundform FlN. mhd. *Memelsbach*, Kompositum mit dem Grundwort *-bach* und dem Genitiv des PN. ahd. **Memil(i)* < **Mamil(i)* (*Memeles-*). In der Verbindung mit dem Dativ des Artikels *in dem (M)emelsbach* wurde falsch getrennt in *(in dem) Emelsbach*, später angelehnt an *Emer* 'Sommerdinkel'. – Geiger, *HG.A.2*, S. 32.
– ²Emersbach, r.z. Schönmünzach (z. Unteren Murg z. Rhein). – 12. Jh. *in Wininemansbach* (lies *Winemansbach*?), später *Wimmersbach*, *Immersbach*. – Grundform vermutlich mhd. **Winemannesbach*, Kompositum mit dem Grundwort *-bach* und dem Genitiv des PN. ahd. **Winiman* (**Winimannes-*), gekürzt zu **Wimma(n)s-*, *Wimmersbach*, eingedeutet als *(wie)immersbach* und *Emersbach* ↗¹Emersbach. – Geiger, *HG.A.2*, S. 32.

-emme ↗Holtemme.

Emme, die
– ¹Emme (auch *Große Emme*), r.z. Aare, entspringt im Kanton Bern an der Grenze zum Kanton Luzern (CH), durchfließt das Emmental, mündet nach 80 km unterhalb Solothurn (CH). – /d æmmə/, 1249 *inter Murten et Emmun rivum*, 1250–1256 (Kopie 1420) *aque … Emma*, 1267 *zwischen den wassren der Emmen und der Are*, 1316 *bi der Emmun*, 1324 *ad aquam … Emma*, 1354 *von der Emmon*, 1361 *die Emme*; TalN. Emmental (Kanton Bern), 1250–1256 (Kopie 1420) *in valle aque … Emma*, ca. 1377 *an dem Emmental*. – Greule, *Oberrhein*, S. 113–115; Waser, *Entlebuch*, S. 233; Grossenbacher Künzler, *Wasseramt*, S. 57f.
– ²Emme, Kleine ~, l.z. Reuss (z. Aare z. Rhein), Hauptfluss des Amtes Entlebuch (Kanton Luzern, CH), entsteht aus den Quellarmen Waldemme und Wissemme, die sich bei Schüpfheim vereinen. – /di xlī æmmə/, 1363 *die usernd Êmmen*, 1433 *in die Emmen*, 1433 *in die Emmen*, 1807 *Waldemme*; ON. Emmen (Amt Hochdorf, Kanton Luzern), 840 *in … villa Emau* (lies *Eman*), 1257 *in Emmon*, 1271 *in Emmun*, 1361 *ze Emmen*; ON. Emmenbrücke (Teil der Gemeinde Emmen), 1236 *apud pontem Emmon*; ON. (die) Ämmenegg, Liegenschaft am Schüpferberg, ursprünglich Name für den ganzen Geländezug entlang des Tales der Kleinen Emme, 1314 *Emmonegga*, 1382 *von Emmenegg*; ON. Emmen/Emmenhof, abgegangener Name mehrerer Höfe am linken Ufer der Kleinen Emme gegenüber Hasle, jetzt Änetämme, 12./13. Jh. *in der Emmun*, *bi der Emmun*, *in der Emmon*. – Waser, *Entlebuch*, S. 232–238; Kristol, *LSG*, S. 320.
Beide Namen gehen auf ahd. *Emma*, das als schwaches Femininum dekliniert wurde (Dativ *zi Emmun, Emmon*), zurück, vorgm. **Amiā*. Parallelname *la Miette*, älter *l'Amiette* (Dep. Aisne, F), 12. Jh. *Amia*, 1243 *Amica* (für **Amie*), 15. Jh. *Amiete*. Der vorgermanische und vorromanische Gewässername **Amiā* ist vom Verbalstamm kelt. **am-* 'begießen' (air. *at-aim* 'wäscht Hände und Füße' < urig. **h₂em(H)-e-* 'gießen, begießen') abgeleitet und direkt mit den ON. Nieder-/Oberems (Kanton Wallis, CH, ↗¹Ems-Bach, <**Amisa*) vergleichbar. Es kann sich bei **Amiā* ursprünglich um ein Verbalabstraktum **amiā* 'Begießung' handeln, das als Name vielleicht (euphemistisch) auf die Hochwasser führenden Flüsse Bezug nimmt. – Lebel, *Principes*, S. 110; Matasović, *Proto-Celtic*, S. 31; Rix, *LIV*, S. 265.

Emmelke, der/die (auch *Stro(h)m*, *Lech*, *Leda*), l.z. Medem (z. Elbe), fließt im Bereich von Wanna-Süderleda (Lkr. Cuxhaven, Niedersachsen, D). – /an'e emmelk/, 1185 *iuxta Amlake* (hierher?), 1386 *Emmelke*, 1762 *zwischen der Emmelcke*, 1767 *Em-*

merke, 1843 *Emmelke*, Gau- und ON. 1207 (Kopie 13. Jh.) *in Amlake*, 1280 *Amleke*, 1386 *Emmelke*, um 1520 *in dem Emmelke richte*. – *Amlake/Emmelke* kann auf einen FlN. gm. **Amblikō* zurückgehen, wobei in *Amlake* der Umlaut durch Eindeutung (nach mndl. *lake* 'stehendes Wasser') ausgeblieben ist, während **Emmelke* mit Assimilation /-mb-/ > /-mm-/ und Umstellung der Liquida /-l-/ auf umgelautetes as. **Emblika* zurückgeht. Der Name ist von gm. **amla-/ *ambla-* mit *-k*-Suffix abgeleitet. Die Basis gm. **amla-*, mit Sprosskonsonant **ambla-*, scheint parallel zu dem west- und nordgm. FlN. *Ambra* ↗ *Amdorf* gebildet und mit -*l*-Suffix ebenfalls von (gm.) **am(a)-, *ami-* 'natürlicher Wasserlauf' oder gm. **am(a)-* 'energisch vorgehen, anpacken' abgeleitet zu sein. Parallelname ON. Emmerke (Gem. Giesen, Kreis Hildesheim, Niedersachsen), 1126 *iuxta Embrike* (< FlN. **Ambrika*). – Udolph, *HG.A.16*, S. 101; Möller, *Siedlungs- und Flurnamen*, S. 23 f.

Emmels-Bach l.z. Amel/Amblève (z. Ourthe z. Maas), entsteht aus zwei Quellbächen, dem nördlichen, der im Nieder-Emmelser Venn entspringt, und dem südlichen, der im Ober-Emmelser Vennchen entspringt. ON. Ober-/Nieder-Emmels (Ostbelgien, B). Da der Emmels-Bach ein Zufluss der Amel/Amblève ist, liegt eine Ausgangsform **Amblisa* (> **Emblisa* > *Emmelse*) nahe. Sie stellt eine Erweiterung mit *s*-Suffix von **Ambla*, einer Form des Namens ↗ *Amel*, dar. Das Suffix *-isa* kennzeichnet den Emmels-Bach als Nebenfluss der Amel. – Holder, *Sprachschatz*, 1, Sp.123; 3, Sp.591; Cramer, *Rheinische Ortsnamen*, S. 88.

Emmer
– ¹Emmer, die l.z. Weser, entspringt im Eggegebirge (NRW, D), mündet nach 61,8 km bei Emmern (Gem. Emmerthal, Lkr. Hameln-Pyrmont, Niedersachsen). – 793–829 (Kopie 9. Jh., annalistisch zu 784/785) *super fluvium Ambra*, 9. Jh. (Kopie 11./12. Jh., annalistisch zu 784) *super fluvium Ambra*, 822 (Kopie 1479) *super fluvium Embrine*, 1065 (Kopie 14. Jh.) *fluvium Ambrinna* 1403 *vp de Emmerne*, 1488 *upp der Emmere*, 1510 *in de Emmeren*; ON. Emmern (Ortsteil d. Gem. Emmerthal), 1183 (Kopie 15. Jh.) *de Embere* (hierher?), 1215 *de Emberen*, 1237 *de Embere*, 1294 *de Emeren*, 1307 *in villa Emmeren*. – Aus den Belegen sind zwei altsächsische Ausgangsformen zu erschließen: *Ambra* und *Embrina* (< **Ambrina*). *Embrina* hat im Namen eines Sumpfgebiets (ca. 990, Kopie 11. Jh.) *Embrinasole*, am Jürsenbach (z. Leine nordwestlich von Luttmersen/Neustadt am Rübenberge, Niedersachsen) eine Parallele. **Ambrina* ist ein von *Ambra* mit dem Suffix (gm.) -*ina*- abgeleiteter Abschnittsname der Emmer (vielleicht der Oberlauf). Zum (west- und nordgm.) FlN. *Ambra* ↗ Amdorf. – Kramer, *HG.A.10*, S. 17 f.; Möller, *Nasalsuffixe*, S. 73–76, 77–78.

– ²Emmer (auch *Emmerbach*), r.z. Ise (z. Aller z. Weser), 1380 *by dem Emer beke*, abgeleitet vom ON. Emmen. – Borchers, *HG.A.18*, S. 34.

Ems, die
– ¹Ems (Fortsetzung *Ems-Bach*), z. Eder (z. Fulda z. Weser), entspringt bei Schauenburg-Breitenbach (Emserhof, Lkr. Kassel, Hessen, D), mündet bei Felsberg (Schwalm-Eder-Kreis, Hessen). – 1401 *Eymese*; ON. †Emsberg, 1325 *Emseberg*, 1344 *Emmeseberg*, 1377 *zu dem Emmeseberge, Ymmeseberg*, 1386 *Emsperg*, 1403 *czo dem Emeseberg*; ON. Bad Emstal (Lkr. Kassel, Hessen). – Grundform FlN. **Amisa*, *s*-Ableitung von gm. **ami-* 'natürlicher Wasserlauf', ↗ ²Ems. – Sperber, *HG.A.5*, S. 23.

– ²Ems, z. Nordsee, entspringt in der Emssandebene bei Schloss Holte-Stukenbrock (Kreis Gütersloh, NRW, D), mündet nach 371 km zwischen Emden (Niedersachsen, D) und Eemshaven (Gem. Eemsmond, Prov. Groningen, NL); der Unterlauf (das Ems-Ästuar) unterliegt dem Gezeiteneinfluss der Nordsee. – Westfäl. /iems/, ndd. /eems/, saterfries. /oamse/; die römischen Autoren (Strabon, Mela, Plinius, Tacitus, Ptolemaios, Marcianus von Herakleia) überliefern die Namensformen *Amasía* (gr. Dativ), *Amissis, Amisis, Amisia, Amisíou* (gr. Genitiv), 496/506 (Kopie 13./14. Jh. nach Kopie um 700) *Lamizon* (lies: *Amizon*) (Geograph von Ravenna IV, 17); as., mndd. *Emese*, 1499 *upt der Eemse*, 1500 *zcwischen der Embs*; StammesN. Ampsivarii (zuerst bei Tacitus, Annalen 13,54,56) 'Anwohner an der Ems'; GauN.: 788 (Fälschung 11. Jh.) *paludem Emisgoe*, 1063 *in Emisga*, 1096 (Kopie 14. Jh.) *in Emescowa*; LandschaftsN. Emsland (im westlichen Niedersachsen und nördlichen Nordrhein-Westfalen); ON. †Emshorn bei Sassenberg (Kreis Warendorf, NRW), 11. Jh. *van Emisahornon*, 1241 *Emesehorne*, um 1336 *Emshorne*, ON. †Emsmann bei Einen (Stadt Warendorf), 11. Jh. *van Emesahornon*, 1239 *Emshorn*. – Ähnlich wie bei ↗ Elbe und ↗ Weser lässt sich auch aus den Erwähnungen der Ems bei den antiken Autoren eine Grundform gm. Nom. **Amisi*, Gen. **Amisjōs* f., erschließen; aus ihr ist die altsächsische Form *Emese* (mit Umlaut des A-) entstanden. Man kann ²Ems an gm. **am(a)-* 'bedrängen, zusetzen' (in awn. *ama* swv. 'plagen, belästigen', germanisches Ethnonym *Amali* 'die Energischen', ahd. *emizēn* Adv. 'beständig, beharrlich, eifrig' usw.), mit *s*-Suffix abgeleitet, in Beziehung setzen; das setzt voraus, dass der Bedeutungsumfang der Wurzel ig. **amə-* (> gm. **ama-*) 'energisch vorgehen, anpacken' auf die Wasserkraft von Flüssen ausgeweitet wurde. Hieran könnte man auch das aus niederländischen, friesischen und nordwestdeutschen Ortsnamen erschließbare (gm.) **ama-, *ami-* 'een algemene aanduiding voor een natuurlijke waterloop' anschließen. Die Ortsnamen sind mit dem Grundwort as. *horn* 'Landspitze' gebildet. – Borchers, *Große Flüsse*, S. 21–24, Reichert, *Lexikon*, S. 46 und 48; Rübekeil, *Studien*, S. 316–327; Korsmeier, *Münster und Warendorf*, S. 128f.; Pokorny, *IEW*, S. 778; Schönfeld, *NW*, S. 44–46.

Emsbach   r.z. Koblacher Kanal (z. Dornbirner Ache z. Bodensee). – 1638 *(des) Emser Baches*; ON. Hohenems (Stadt, Bez. Dornbirn, Vorarlberg, A), 1170 *de Amides*, 1252 *de Ammidis*, 1270 *in castro Amiz*, 1345 *von Äms*, *Ämptz*, 1377 *zu Empz*, 1547 *zu der Hohen Embs*; BurgN. Ruine Alt-Ems (auch Alt-Embs). – Der Flussname ist sekundär; Namen gebend war die Burganlage Alt-Ems (12. Jh.). Auffällig ist die Parallelität des Namens mit dem ON. Ems, räto-rom. Domat (Gem., Bezirk Imboden, Graubünden, CH), 765 (Kopie) *in Amede*, *de Amede*, 960 *in villa Amedes*, 1155 *in Amedes*, vor 1170 *in Amite*, 1182 *Amedes*, 1232 *Emides*, 1261 *Emds*, 1314 *Emz*. Da der Graubündner Ortsname wesentlich früher überliefert ist, könnte er auf Hohenems übertragen worden sein. Die Grundlage beider Namen ist wahrscheinlich vorrom. ON. *Am-it-*, der mit ai. *ámatra-* 'fest' und dem Ethnonym gm. *Amalōz* 'die Eifrigen' verglichen und zu urig. *h_2emh_3-* (> ig.*$amə$-*) 'anfassen, anpacken' gestellt werden kann. – Geiger, *HG.A.2*, S. 32; Kristol, *LSG*, S. 299f., Pokorny, *IEW*, S. 778; Rix, *LIV*, S. 265f.

Ems-Bach

– ¹Ems-Bach (auch *die Ems*), l.z. Lahn (z. Rhein), entspringt am Kleinen Feldberg, Gemeinde Glashütten (Taunus), nahe am Limes, mündet gegenüber Dietkirchen (Stadtteil von Limburg, Landkreis Limburg-Weilburg, Hessen, D). – 795 (Kopie 12. Jh.) *fluuium Hemisa*, 805 (Kopie 12. Jh.) *fluminis … Emisa*, *fluminis Heimese*, 1420 *off der Emse*, 1428, 1471 *off/uff der Emße*, 1468 *dy Emese*, 1471 *uff der Emßen*; ON. Oberems (Gem. Glashütten, Hochtaunuskreis, Hessen), ON. Waldems (Rheingau-Taunus-Kreis, Hessen), ON. Niederems (Ortsteil von Waldems), ON. Wüstems (Ortsteil von Waldems): (ca. 1250–1260), 1274 *in superiori Emese*, *in Emese*, (1453–1454) *die dry Eymeß*, 1542 *in der Emeß*, 1619 *aus der Ems*. – Grundform (vorahd.) *Amisa*. Für ¹Ems-Bach gibt es zwei Deutungsmöglichkeiten. Entweder ist *Amisa* wie ↗¹Ems und ↗Emse ein germanischer Name oder er ist wie die Ortsnamen Oberems und Niederems (Bezirk Leuk, Kanton Wallis, CH), 1101–1300 *in superiori Emesa*, 1270 *apud inferiorem hemesa* (< FlN. *Amisa*) von kelt. *am-* air. *at-aim* 'wäscht Hände und Füße' < urig. *$h_2em(H)-e$-* 'gießen, begießen') mit *s*-Suffix abgeleitet, ↗Emme (< *Amiā*). – Faust, *HG.A.4*, S. 22; Kristol, *LSG*, S. 660 und 899; Rix, *LIV*, S. 265.

– ²Ems-Bach, r.z. Lahn in Bad Ems, 1503 *uf der Enbs*; ON. Bad Ems (Kreisstadt im Rhein-Lahn-Kreis, Rh.-Pf., D), ca. 200 n.Chr. (inschriftlich) *AVIO MONTE*, 880 *in aumenzu*, 10./11. Jh. *Ovmence*, Anf. 13. Jh. *Ovmeze*, ca. 1220 *omeze*, *omize*, 1351 *Eumeze*, 1359 *Eymtz*, 1513 *Emes*. – Ohne Berücksichtigung der Inschrift lässt sich an den Belegen die lautliche Entwicklung des Namens Ems aus ahd. *Oumenzi* ablesen (Umlautung des Diphthongs /ou/, Entrundung des Umlauts /öu/ > /ai, ei/, Monophthongierung zu /ē/ und Kürzung des Langvokals vor Mehrfachkonsonanz). *Oumenzi* wird zurückgeführt auf den vorgermanischen Namen des Ems-Bachs *Aumantia*, der idg. *au-* 'Wasser', erweitert um die Suffixkombination ig. *-mn̥t-*, enthält. Es ist nicht auszuschließen, dass auf der Inschrift der gm. ON. *Awjomunþja-*, romanisiert als *Aviomonte*, fixiert ist. Vermutlich ist *Awjo-munþja-* eine germanische Eindeutung des FlN. *Aumantia*. Im zweiten Kompositionsglied kann gm. *-munþ-ja-* 'Mündungsgebiet', im ersten das Appellativ gm. *agwjō* f. 'Land am Wasser' oder ein FlN. *Agwjō* vorliegen. Germ. *agwjō* existiert auch, erweitert um das Kollektivsuffix *-atja-*, als FlurN. *die Aust* (1092 *Ovuūeza*, 1357 *dy autze*, 1442 *in der Aucz* < *Ouwetze* < *awatjō*) am Oberlauf des Ems-Bachs. – Faust, *HG.A.4*, S. 22f.; Bach, *Bad Ems*; Krahe, *UäFlNN*, S. 44.

Emscher, die   r.z. Rhein, entspringt südöstlich von Dortmund, mündet nach 83km bei Dinslaken-Eppinghoven (Kreis Wesel, NRW, D). – 947 *Embisccara*, 10. Jh. *Embiscara*, Ende 10. Jh. *Emescare*, 1239 *super Emescharam*, 14. Jh. *Emescher*, *Emscher*. – Die Grundform *Ambiskara* kann auf zwei Weisen gedeutet werden. In beiden Fällen liegt vermutlich die Übertragung eines mit (kelt.) *ambi-* 'um, herum' gebildeten Ethnonyms/BewohnerN. (*Ambiscari*) auf den Fluss vor. Im Ethnonym steckt als zweites Glied entweder der FlN. *Iskara* (↗Ischert) (*Ambiscari* 'die um die *Iskara* Wohnenden') oder der FlN. *Skaria* (↗Scheer) (*Ambi-scari* 'die um die *Skaria* Wohnenden'). – Schmidt, *HG.A.6*, S. 18f.; Krahe, *UäFlNN*, S. 91; Schmidt, *Wupper und Lippe*, S. 33.

Emse   l.z. Hörsel (z. Werra z. Weser), entsteht westlich des Inselsbergs in Winterstein (Thüringer Wald), mündet in Sättelstädt (Gem. Hörselberg-Hainich, Wartburgkreis, Thüringen, D). – 1103 *in Emisam, decursum … Emisae*, 1272 *ad aquam Emese*, 1313 *Emese*, 1436 *by der emsz*, 1513 *Die Emse*; BergN. 1330 *Emmseberg*, 1378 *Enseberg*, 1505 *Enßelberg*, 1510 *Ensilbergk*, 1584 *Gr. u. Kl. Enselberg*, 1655 *Inselberg*, jetzt Großer Inselsberg; ON. Emsetal (Lkr. Gotha, Thüringen). – Grundform FlN. (vorahd.) *Amisa*; Deutung wie ↗¹Ems ↗¹Ems-Bach. – Sperber, *HG.A.5*, S. 23.

Emsenbach   (auch *die Emse*), l.z. Ilm (z. Thüringische Saale z. Elbe) bei Bad Sulza (Lkr. Weimarer

Land, Thüringen, D). – (1501–1512) *Emsenbach*, 1540–41 *die Emessemohl*. – Kompositum mit dem Grundwort *-bach* und mhd. *emeze*, nhd. *die Emse* 'Ameise', vermutlich späte Eindeutung eines alten einstämmigen Namens *Amisa* wie ↗ Emse. – Ulbricht, *Saale*, S. 69.

Emster, die (auch *die Emster Gewässer*), l.z. Havel im Landkreis Potsdam-Mittelmark (Brandenburg, D) am nördlichen Rand der Zauche. – 1351 *aque que Demester dicte*, 1374 *Dempstar*, 1380 *dy Demster*, 1441/45 (Kopie) *von der deinster* (lies *demster*), 1745 *Ehmster*, 1772 *Emster*, 1839 *Die Emster*. – Grundform *Demster*, mit Aphärese des Anlauts (*D'emster*), über slaw. *Damьstr- < westgm. *Dāmistra-, Ableitung von gm. *dēⁱm- 'dunkel' ↗ Dahme mit dem Suffix gm. *-str-*. – Wauer, *HG.A.17*, S. 31; Fischer, *BNB 10*, S. 66 f.

Eng-/-e-/-el-/-en-/-er- *-bach, -graben*. Bestimmungswort entweder Adj. nhd. *eng* oder Subst. mhd. *enge* 'Talschlucht', z.B. Enge Dill, Abzweigung von der Dill, r.z. Lahn in Wetzlar (Lahn-Dill-Kreis, Hessen, D), 1281 *an der engen Dillen*, 1338 *Engedille*, 1347 *bie der engen Dilne*, ebenso Enge Havel, Enge Laine, Enger Reh-Bach. Eine Klammerform ist Enge-Bach, r.z. Rhein, < *Enge(höll)bach*. *Engelbach* kann dissimiliert sein aus *Engenbach*. – Faust, *HG.A.4*, S. 15 f.; Greule, *HG.A.15*, S. 28; Springer, *Flussnamen*, S. 139; Fischer, *BNB 10*, S. 67.

Engelbach
– ¹Engelbach, l.z. Kinzig (z. Rhein). – 1338 *vor Engelnbach*, 1433, 1436, 1488 *Engelbach*, 1501 *Engelspach*, 1504, 1508 *Engelbach*; FlurN. Engelberg. – Geiger, *HG.A.2*, S. 33.
– ²Engelbach, z. Treis-Bach r.z. Wetschaft (z. Lahn z. Rhein). – ON. Engelbach (Stadt Biedenkopf, Lkr. Marburg-Biedenkopf, Hessen, D), 1283 *Engelenbahc* (so!), 1301 *Engelenbach*, 1317, 1318 *Engelnbach*. – Faust, *HG.A.4*, S. 23.
Grundform beider Namen ist mhd. *Engelenbach*, mit Synkope der Mittelsilbe *Engelbach*, Kompositum mit dem Grundwort *-bach* und dem Genitiv des PN. ahd. *Angilo (*Engilen-) als Bestimmungswort.

Engels- *-bach, -graben*. Bestimmungswort ist der Familienname *Engel* (im Genitiv).

Engnisse Abschnitt der Alten Oder bei Altfriedland (Gem. Neuhardenberg, Lkr. Märkisch- Oderland, Brandenburg, D). – 1747 *die Engnisse*. – Entspricht nhd. *Engnisse* f. 'Enge'. So ist vielleicht auch der FlN. *Engnitz* (z.B. l.z. Steinach z. Rodach z. Main z. Rhein) zu erklären. – Fischer, *BNB 10*, S. 67.

Enkenbach l.z. Speyerbach (z. Rhein). – ON. Enkenbach (Gem. Enkenbach-Alsenborn, Kreis Kaiserslautern, Rh.-Pf., D) mit 1148 gegründetem Prämonstratenserinnenkloster, /enkᵉbach/, um 1150 *Enkenbach*, 1266 *Einkenbach*, 1330 *Enginbach*, 1456 *Ingkebach*, 1553 *Enckenbach*. – Kompositum mit dem Grundwort *-bach* und mhd. *enke* 'Viehknecht, Hütejunge'. – Greule, *HG. A.15*, S. 28; Dolch/Greule, *Pfalz*, S. 126.

Enknach die r.z. Inn, mündet in Braunau am Inn. – 788 *secus fluenta ... Ankinaha*, 803 *Enchinaha*; ON. Enknach (Gem. Neukirchen an der Enknach, PB Braunau am Inn, O.-Ö., A), /ˈɛŋknə, ˈɛŋtnə/, 777 *de Inchinaha*, 803 *Ankinaha*, 868 *Hechinaha*. – Zusammensetzung mit dem Grundwort ahd. *aha* 'Fließgewässer' und dem Genitiv des ahd. PN. *Anko* (*Ankin-, Enkin-*). – Hausner/Schuster, *Namenbuch*, S. 320 f.; Dotter, *HG.A.14*, S. 88; Bertol-Raffin/Wiesinger, *Braunau am Inn*, S. 103, 106.

Ennepe, die l.z. Volme (z. Ruhr z. Rhein), entspringt südöstlich von Halver (Märkischer Kreis, Sauerland, NRW, D), wird im Gebiet von Breckerfeld (Ennepe-Ruhr-Kreis, NRW) zur Ennepetalsperre aufgestaut, mündet in Vorhalle (Stadt Hagen, Reg.-Bez. Arnsberg, NRW). – 1235 (Kopie 16. Jh.) *flumen ... Ennepe*, 1325 *in der Enepe*, 1383 *entuschen ... der Eympen*; ON. Ennepe (Gem. Halver), Ennepetal (Ennepe-Ruhr-Kreis), 1285 *de Enepene* (lies *Ennepe*?), 1398 *van der Enepe*, 1410 (Kopie) *Enepe*. – Sicher ist *Ennepe* ein Kompositum mit dem Grundwort ndd. ↗ *apa* 'Fließgewässer'. Unklar ist das Bestimmungswort, das mit kelt. (gall.) *ana-(m)* 'Sumpf' (< *Aniapa*) in Beziehung gebracht wird. Die bei dieser Ausgangsform geforderte westgermanische Gemination /-nnj-/ ist jedoch in keinem der Belege gesichert. *En(n)epe* sollte deshalb auf (gm.) *Anipa* zurückgeführt und an den Verbstamm gm. *ann-* 'günstig sein', gm. *an-sti-* 'Gunst' angeschlossen werden, ↗ Ahne. Das Grundwort *-apa* wäre in Verbindung mit dem Bestimmungswort (gm.) *anja-* (Kollektivum 'günstige Lage'?) in der Kompositionsfuge bereits abgeschwächt zu *Anipa*. – Schmidt, *HG.A.6*, S. 19; Schmidt, *Wupper und Lippe*, S. 144; Barth, *Sieg und Ruhr*, S. 133 f.

Enns, die r.z. Donau, kommt aus den Radstädter Tauern, durchfließt das Oberennstal und mündet unterhalb Linz (A), Länge 304km. – 772 (Kopie 9. Jh.) *circa Anisam fluvium*, Anfang 9. Jh. (zu 783, Kopie Anfang 11. Jh.) *ad Enisam*, um 1150 *iuxta Ense*. Im 9. Jh. sind mehrere weibliche Hörige mit dem Namen *Enisa* bezeugt (Freisinger Traditionen, Verbrüderungsbuch St.Peter, Salzburg). RaumN. Ennstal, 11. Jh. *Enisitala*; abgeg. RaumN. Ennswald an der unteren Enns, 863 (?) *in saltu Enisae fluvii*; ON. Enns (PB Linz-Land, O.-Ö.) 791 *actum ... ad Enisa*; Ennsdorf (PB Steyr-Stadt, O.-Ö.), ca. 1313 *in dem Ennsdorff*; Ennsdorf (PB Amstetten, N.-Ö.), 1028 *de Ensdorf*; ON Ennsleite (PB Steyr-Stadt), 1477 *Ennslewttn*; FlurN. Ennswald (Gem. Radstadt, PB Sankt Johann im Pongau, Salzburg), 1171 (Kopie Mitte 13. Jh.) *in Enswalde*. – Die Ausgangsform *Anisa* (woraus mit Primärumlaut *Enisa* und mit Synkope *Ense* entstand) erklärt sich als *s*-Ableitung von gall. (kelt.) *ana(m)* 'paludem, Sumpf'. Die Benennung erfolgte wahrscheinlich am steiermärkischen Oberlauf um Schladming-Liezen, wo der breite Talboden heute noch saure Wiesen und sumpfiges Gelände aufweist. Kelt. *ana-* 'Sumpf' ist eine nominale Ableitung von der Verbalwurzel (kelt.) **ana-* (air. *-ana* 'bleibt, wartet, hört auf') oder gehört zu urig.*h_2en-* (heth. *hāni* 'schöpft', gr. *ántlos* 'Leckwasser'). Mit kelt. **ana-* sind auch gebildet ↗Ahne, ↗Ahrbach, ↗Aniferbach. Ein FlN. **Anisa* liegt als Bestimmungswort auch vor in *Ensdorf* an der Mündung des Lochbachs in die Saar (Kr. Saarlouis, Saarland, D), 1179 *Enstorf*, 1197 *Enestorf*. – Hausner/Schuster, *Namenbuch*, S. 321–326; Wagner, *Frauennnamen*; Hohensinner/Reutner/Wiesinger, *Kirchdorf an der Krems*, S. 210 f.; Schmid, *Hethitische Etyma*, S. 311; Rix, *LIV*, S. 267 f., 266; Buchmüller/Haubrichs/Spang, *Namenkontinuität*, S. 83.

Enten- *-bach, -fang, -graben, -pfuhl, -pfuhlgraben, -see, -teich*. Bestimmungswort nhd. *Ente* f. Entenpfühle und Ententeiche sind meist Gewässer für die Hausenten im Dorf. – Fischer, *BNB 10*, S. 67.

Entle, die Große ~, r.z. Kleinen Emme, entspringt am Fürstein, nimmt auf der Höhe von Fürstein die **Kleine Entle** auf, mündet bei Entlebuch (Kanton Luzern, CH). – /d'æntlə/, 1433 *von der Entlen, vsser der Entlen*, 1584 *ob ändtlen*, 1591 *an die Enttlen*, um 1600 *ein Zimlich grosser fluss die Entlen genannt*; Kleine Entle: 1433 *in die mindren Entlen* (so mehrfach), 16./17. Jh. *an die kley Entlen*; ON. Entlebuch: 1139 (Kopie 15. Jh.) *Endtlibůch, Enndlybuch*, 1157 *Entiliböch*, 1217–22 *Entilbůh*, 1797 *Entlebuch*; Flur- und ON. (in Auswahl): Äntlematt, Liegenschaft, ehemals Poststelle, über dem Ufer der Großen Emme; Äntlemoos, Liegenschaft am Ufer der Entle südlich von Entlebuch; Äntlemüli, früher Getreidemühle an der Entle; Äntlestalde, Liegenschaft nördlich von Entlebuch. – Grundform FlN. (vorgm.) **Andila* > ahd. **Entila* > mhd. *Entle* (mit schwacher Flexion: *Entlen*). Parallename ↗Andlau (**Andala*); Ableitung mit *-l*-Suffix von (vermutlich kelt.) **and-* 'hervorkommen, hervorsprudeln' (uridg. **h₁ṇdʰ-* 'hervorkommen'), ↗Antiesen. – Waser, *Entlebuch*, S. 238–245.

Enz, die

– ¹Enz, r.z. Neckar. – 835 (Kopie 12. Jh.) *in flumine Enzin*, (nach 1082) *usque in Enzi*, ca. 1150 *Enze fluvius*, 1285 *in flumine Enza*, 1288 *Enzze*, 1293 *an der Enze*, usw.; LandschaftsN. Enzgau, 8. und 9. Jh. *Enzingowe* (oft belegt); ON. Enzberg (Stadtteil von Mühlacker, Lkr. Enzkreis, B.-W., D), Ausgrabungsort einer römischen Villa rustica, 1100 *Enzeberch*, 1236 *Encenberch* usw.; ON. Dürrmenz (Stadtteil von Mühlacker), an der mittleren Enz, 852 (Kopie 1183–1195) *in uilla Turmenza*, usw. < ahd. **Turmi-enza*, das Bestimmungswort **turmi-* zu mhd. *türmen* 'schwindlig sein, taumeln'. – Ahd. *Enz(ī)n* neben **Enza*; mhd. *Enze*, Gen./Dat. *Enzen*, vorahd. **Antjā*. – Schmid, *HG.A.1*, S. 25 f.; Schmid, *Neckar*, 12, S. 236; Hackl, *Studien*, S. 58–67, 78–83.

– ²Enz (auch *Enzbach*), r.z. Prüm (z. Sauer z. Mosel) in der Westeifel. – ON. Enzen (Eifelkreis Bitburg-Prüm, Rh.-Pf., D), 1259 *de Enzene*, 1539/40 *Intzen*, 1771 *Entzen*. – Jungandreas, *Mosellland*, S. 345; Buchmüller/Haubrichs/Spang, *Namenkontinuität*, S. 83.

Beide Flussnamen, die auf vorgm. **Antjā* bzw. **Antinos/-ā* beruhen, finden eine Erklärung, wenn man sie in Verbindung bringt mit dem (ursprünglich maskulinen) Berg- und Alpnamen *Änzi* n. (im Amt Entlebuch, Kanton Luzern, CH): 1371 (Kopie 1417) *uff den Entzen, von dem Entzen*, 1418 *an Entzen*, 1470 *uff die hôche des Entzen*, usw. (< vorgm. **Antinos*?). Der Name bezeichnet in den frühesten Zeugnissen die Anhöhen des Grenzgrates, auf dem die Landmarch verläuft. Man kann damit an die Deutungen anschließen, die den Namen der ¹Enz mit urig. **h₂ent-* 'Vorderseite, Stirn, Ende, Grenze, Rand' verbinden. Unter der Voraussetzung, dass kelt.(?) **anto-, *anti-* (vgl. air. *étan* 'Stirn' < **antono-*) metaphorisch auf den Gebirgsrand (bei ¹Enz der Schwarzwald, bei ²Enz die Eifel) übertragen wurde, könnte **Antiā* und *Antinos/-ā* 'Fluss, der aus dem Gebirge kommt' bedeutet haben. – Waser, *Entlebuch*, S. 68–71; Pokorny, *IEW*, S. 48.

Epbach r.z. Ohrn (z. Kocher z. Neckar z. Rhein), mündet bei Cappel (Stadt Öhringen, Hohenlohekreis, B.-W., D). – ON. Obereppach, Untereppach (Stadt Neuenstein, Hohenlohekreis), 1037 *Ettebach*, 1319 *de Etbach*, 1344 *in Etbach*, 1344 *Obern Ettebach*. – Grundform mhd. **Ettenbach*, Kompositum mit dem Grundwort *-bach* und dem Genitiv des PN. ahd. *Atto* (**Ettin-*) als Bestimmungswort, mit Kürzung um die Silbe /-en-/ und nachfolgender regressiver Assimilation der Lautgruppe /-tb-/ > /-pp-/. Das Grundwort *-bach* ist im Flussnamen sekundär wieder hergestellt worden. – Schmid, *HG.A.1*, S. 26.

Epfenbach (im Mittellauf *Mühlbach*), r.z. Schwarzbach (z. Elsenz z. Neckar z. Rhein) bei Eschelbronn (Rhein-Neckar-Kreis, B.-W., D). – ON.

Epfenbach (Gem., Rhein-Neckar-Kreis), 1286 *Epphinbach*, 1326 *Ephenbach*, 1383 *Epphenbach*, 1386 *Eppfenbach*, 1430 *Epffenbach*, *Epfenbach*. – Kompositum mit Grundwort *-bach* und dem Genitiv des PN. ahd. **Apfo/*Epfo* (**Epfin-/Epfen-*) als Bestimmungswort. – Schmid, *HG.A.1*, S. 26; Kaufmann, *Ergänzungsband*, S. 19.

Erasbach
r.z. Rossbach (z. Sulz z. Altmühl z. Donau). – ON. Erasbach (Stadt Berching, Lkr. Neumarkt, Bayern, D), 1080 (Kopie 11. Jh.) *Erichesbach*, 12. Jh. (Anfang) *Erichespach*, 1138/49 (Kopie 1514) *Erichspach*, 12. Jh. (Mitte) *Erinspach*, (1188–94) *Erinsbach*, 1223 *de Erichesbah(e)*, 1359 *ze Erespach*. – Grundform ahd. **Erīchesbach* 'Siedlung eines Erich am Bach', Kompositum mit Grundwort *-bach* und dem Genitiv des PN. ahd. **Erīch* (**Erīches-*), mit Synkope des /-e-/ der Mittelsilbe und temporärer Dissimilation der Lautgruppe /-īchsbach/ > /-īnsbach/ (12. Jh. *Erinspach*), nach Abschwächung des /-ī-/ > /-e-/ (**Erechsbach*) regressive Schwunddissimilation /-echsbach/ > /-esbach/ (1359 *Erespach*), mundartlich /'-əsbax/, verschriftlicht als <Erasbach>. – NN., *HG.A.20*; freundliche Mitteilung von Günter Schneeberger (München), vom 25. 02. 2011.

Erbach
– ¹Erbach, l.z. Nesenbach (z. Neckar z. Rhein), mündet nördlich von Kaltental (Stadt Stuttgart, Stuttgart-Süd, B.-W., D). – ON. † Erbach, 1346 *Elrbach*. – Deutung ↗Eller-. – Schmid, *HG.A.1*, S. 26.
– ²Erbach, die, l.z. (Heppenheimer) Stadtbach (z. Neuen Weschnitz z. Rhein). – /in də ɛˈbɔx/, 1200 *Ertbach*, *im Erbach*, 1479 *in der Erpach*, 1554 *Erbach*, 1568 *in der Klein Erpach*, ON. Erbach (Odenwaldkreis, Hessen, D), 12. Jh. *Erbach*, *Erpbach*, *Ertbach*. – Grundform **Erd-bach*, Bestimmungswort ist ahd. *erda*, mhd. *erde* stswF. 'Erde'. – Geiger, *HG.A.2*, S. 33; Ramge, *Flurnamenbuch*, S. 332.
– ³Erbach, die (Oberlauf *Ebersbach*), l.z. Blies (z. Saar z. Mosel z. Rhein). – ON. Erbach (Stadt Homburg, Kreis Homburg, Saarland, D), 1354 (Kopie) *Erbach*, 1412 (Kopie) *Erbach*, 1564 *Erbach*. – Deutung fraglich, Bestimmungswort ↗Eber-? – Spang, *HG.A.13*, S. 21.
– ⁴Erbach (Oberlauf *Eber-Bach*), r.z. Rhein. – ON. Erbach (Stadt Eltville, Rheingau-Taunus-Kreis, Hessen, D), 1060–84 *Eberbach*, 1069, 1131 *Everbach*, 1218, 1327 *Eberbach*, 1328 *von Erbach*. – Bestimmungswort ↗Eber-. – Faust, *HG.A.4*, S. 23.
– ⁵Erbach, die r.z. Elb-Bach (z. Lahn z. Rhein). – 1420 *off der Erlebach*, (1465–1467), 1515 *bii*, *uff Erlenbach*, 1487 *biie der Erlebach*, Anfang 17. Jh. *die Erbach*; ON. Niedererbach (Verbandsgem. Montabaur, Westerwaldkreis, Rh-Pf., D), /ˈɛrwox/, 1291 *in Erlebach*; ON. Obererbach (Verbandsgem. Wallmerod, Westerwaldkreis, um 1292 *in superiori Erlebach*. – Bestimmungswort ↗Erl-. – Faust, *HG.A.4*, S. 23; Metzler, *Westerwald*, S. 120 f.

Erbeck
r.z. Weende (z. Leine z. Aller z. Weser), mündet nördlich von Weende (Stadt Göttingen, Kreis Göttingen, Niedersachsen, D). – 1427 *in deme erbeke*, 1571 *der Erbichesgrabe*, 1588 *inn dem Arfeke*, 1634 *im Erveke*, *im Arfke*, 1700 *die Erbecksbach*, 1752 *im Arvecke*, 20. Jh. *Erbeck*, *Arbeck*; FlurN. Erbecksberg, 1784 *Erbachs Berg*. – Grundform **Erpbeke* > **Erbbeke* > *Erbeke*, Kompositum mit dem Grundwort mndd. *-beke* und as. *erp* 'braun, dunkelfarben' als Bestimmungswort, Benennung nach der dunklen Farbe des Gewässeruntergrunds. – Kettner, *HG.A.8*, S. 23; Kettner, *Leine*, S. 59.

Erbes-/Erbs-/-en-
-bach, -born, -graben, -pfuhl. Bestimmungswort mhd. *erweiz*, *arweiz* stF., nhd. *Erbse*, Benennung nach einem am Gewässer liegenden Erbsengarten. – Fischer, *BNB 10*, S. 68.

Erd-Bach
l.z. Amdorf-Bach (z. Dill z. Lahn), ON. Erdbach (Lahn-Dill-Kreis, Rh.-Pf., D), /ˈɛrˈbax/, 1190 *Erdinebach*, *Erdinebag*, 1195 *Erdinebag*, 13. Jh. *Erdinebach*, 1311 *Ertpach*, 1710 *Erbach*. – Ahd. (*zi demo*) **Erdīnenbache* 'unter der Erde fließender Bach'; der Erd-Bach fließt einige Hundert Meter unterirdisch. – Faust, *HG.A.4*, S. 24; Metzler, *Westerwald*, S. 63.

Erdbach
↗²Erbach.

Erden-Bach
l.z. Ueß-Bach (z. Mosel z. Rhein) bei Bad Bertrich (Lkr. Cochem-Zell, Rh.-Pf., D). – 1460 (Kopie 18. Jh.) *yn der Erden*, 1515 *bis uff die Erdenbach* (in dieser Form weitere Belege). – Übertragung des Gelände-, Wald- und Ortsnamens **Ardina* auf den Fluss, vgl. ON. Erden (1177 *Erdene*) in einer Moselschleife gegenüber von Ürzig (Lkr. Bernkastel-Wittlich, Rh.-Pf.). Grundform GeländeN. **Ardina* < **Arduina* < kelt. *Arduenna*, abgeleitet vom urkelt. Adj. **ardu̯o-*, air. *ard* 'hoch'. – Jungandreas, *Mosellland*, S. 346 f.; Matasović, *Proto-Celtic*, S. 40 f.

Erfa
– ¹Erfa (auch *Erf*, *Erfbach*), l.z. Main (z. Rhein), entspringt in Buch am Ahorn (Gem. Ahorn, Main-Tauber-Kreis, B.-W., D), fließt durch den Ostteil des Odenwalds, mündet in Bürgstadt (Lkr. Miltenberg, Bayern). – 1234 *in fluvio dicto Erphe*, 1379 *Erffe*, 1465 *die Erf uf*; ON. Erfeld (Gem. Hardheim, Neckar-Odenwald-Kreis, B.-W.). – Sperber, *HG.A.7*, S. 36.
– ²† Erfa, heute *Bieberbach*, r.z. Nesse (z. Hörsel z. Werra z. Weser), mündet bei † Erffa/Erf, jetzt Friedrichswerth (Lkr. Gotha, Thüringen, D). – ON. † Erffa/Erf, 775–814 (Kopie 12. Jh.) *in villa Erphohi*, 1157 *de Erpha*, 1170 *Erfaha*, 1176 *Erph*, 1239 *de Erfa*,

1257 *Erpha* (weitere zahlreiche Belege). – Riese, *Gotha*, S. 66–68; Walther, *Siedlungsgeschichte*, S. 255.
Bei ²†*Erfa* liegt sicher ein Kompositum mit dem Grundwort ahd. *aha* 'Fließgewässer' vor, bei ¹*Erfa*, wo das Grundwort vor Einsetzen der Belege geschwunden sein kann, vermutlich. Bestimmungswort ist ahd. *erpf* 'dunkelfarbig, fuscus', Benennung nach der charakteristischen Färbung des Wassers, ↗ Erpe.

Erft, die l.z. Rhein, entspringt am Westrand des Ahrgebirges (Ahreifel) (Kr. Euskirchen, NRW, D), mündet in Neuss (Rhein-Kreis Neuss, NRW). – /ɛrəf/, alt auch /ɛrəp/, 496/506 (Kopie 13./14. Jh. nach Kopie um 700) (flumen) *Arnefa* (Geograph v. Ravenna IV 24), 796 (Kopie 10. Jh.) *in ripa fluvii arnapi, in ripa fluuii arnapea*, 802 (Kopie 10. Jh.) *iuxta arnapa*, 816 (Kopie 10. Jh.) *Arnapa*, nach 864 (Kopie 11. Jh.) *secus fluvium Arnapa*, 868 (Kopie 18. Jh.) *Arnafa*, 893 *Inter arnafa et ...*, um 948–950 (Kopie 10.–12. Jh.) *super arnefa fluuium*, 973 (Kopie 14. Jh.) *usque flumen Arnapham*, 1028 *trans fluuium ... arnefe*, 1051 *trans fluuium ... arnefe*, 11. Jh. *Arnopa*, 1112 *Arnephê* (Genitiv), 1158, 1159 *Arlefe*, 1166 *arlefe*, 1169 *Arlepha*, 1222 *super fluuium arlafae*, 1231 *citra Arnapam*, 1256 *Erlepe*, 1329 (Kopie) *Arpa*, 1456 *die Arffe*; ON. Erftstadt (seit 1969, Rhein-Erft-Kreis, NRW). – Aus den Belegen lassen sich as. *Arnapa* und ahd. **Arnafa/Arnefa* erschließen. Formen wie *Arlefe* und *Erlepe* zeigen Assimilation der Lautgruppe /-rn-/ > /-rl-/ und teils ndd. Hebung des /a/ vor /r/+Konsonant; durch Apokope und Synkope wird der Lautstand *Arf/*Erf und mit epenthetischem /-t/ die heutige Form *Erft* erreicht. *Arnapa*/*Arnafa ist ein Kompositum mit dem Grundwort ↗ *apa* und dem Bestimmungswort (gm.) **arna-*/**arni-* in got. *arniba* (Adverb) 'sicher', awn. *ern* (<**arnja-*) 'tüchtig, energisch' sowie in *Arne* (1217 *Arnam*, *Erna*), Bach auf der Insel Walcheren (Holland, NL), im ON. †*Sommarne* (so 1325, Dep. Ardennes) an der Quelle der *Arne* (1066 *fluvius Arne*), und in †*Earn*, Name eines Nebenflusses der Isle (Somerset, GB), 762, 966 *Earn*, mit ON. Earnshill (1086 *Erneshele*). Gm. **arna-*/**arni-* ist wie ai. *árṇa-* 'wallend, wogend, flutend' ein mit *n*-Suffix von urig. **h₃er-* 'sich in (Fort-)Bewegung setzen' abgeleitetes Adjektiv (**h₃ér-no-* > **h₃orno-* > **orno-* > gm. **arna-*), ↗ Arendsee ↗ Arensbek. – Borchers, *Große Flüsse*, S. 24 f.; Lebel, *Principes*, S. 182; Blok, *Probleme*, S. 15; Pokorny, *IEW*, S. 327 f.; Rix, *LIV*, S. 299 f.

Ergers, die alter Name der ↗ Ehn im Elsass (Dep. Bas-Rhin, F), noch im Mittellauf und in der Form *Ergels(enbach)*, rechter Zufluss der Ehn, gebräuchlich. – /ærjls/, 833 (Kopie 9. Jh.) *in rivulum ... Argenza*, 1059 (Kopie 1553) *per rivolum Argenza*, 1321–1331 *gegen der ergenczen*, 1576 *Ergers flu*, 1663 *Die Ergers oder Argens*. – Grundform (vorahd.) *Argantịa > ahd. *Argenza* > mhd. **Ærgenz(e)*, in der Endung assimiliert zu **Erger(t)s* und *Ergels*. Etymologie ↗ Ahringsbach ↗ Ergolz. – Greule, *Oberrhein*, S. 41–44.

Ergolz, die l.z. Rhein, Hauptfluss des Baselbiets (Kanton Basel-Landschaft, CH), mündet bei Augst; diente der römischen Stadt Augusta Raurica zur Wasserversorgung. – /ærgolts/ (/æ/ lang), 1337 (?) *an der Erchenzen*, 1350 *iuxta fluvium Ergentz*, 1355 *ennant der Ergenzen*, 1357 *dú Ergentz*, 1359 *die Ergentz*, 1363 *in die Erchentz, an der Ergentzen*, 1363 *die Aergentz*, 15. Jh. *Ergentz*, 1438 *yensit Ergeitzen*, 1466 *über die Ergetz*, 1480 *Ergitz*, 1487 *an der Ergolzen*, 1525 *in der Ergolz*, 1540 *inn der Ergelz*; Name einer Zollbrücke in Augst: um 1318 *an Erchinzenbrugga, an Ergenzen brugge*, 1348 *apud pontem aque Ergentz*, 1385 *ze Ergentzen brugge*, 1412 *ze Ergentzen brugg*, 1421 *uber die steinin Ergetzbruck*, 1457 *uff der brugke des wassers der Ergentzen*, 1478 *zů Ergentzprugk*; Mühle: 1327 *du heisset Ergenze múli*; FlurN. Ergetzenmatten (Pratteln): 1532 *matten in der ergolzen*. – Grundform *Argantịa > ahd. *Argenza > mhd. **Ærgenz(e)* mit Sekundärumlaut, teils mit mundartlichem Nasalschwund (*Ergetz*), teils mit Assimilation in der Endung (*Ergelz*), später *Ergolz*. Etymologie ↗ Ahringsbach ↗ Ergers. – Greule, *Oberrhein*, S. 115 f.

Erl-/-e-/-en- -a, -ach, -achbach, -au, -bach/-bächlein/-bächle, -bachgraben, -becke, -born/-brunnen, -bruchgraben, -graben, -grabenteich, -moosgraben, -pfuhl, -wiesenweier, -see, z. B. Erla, r.z. Donau nördlich Achleiten (Gem. Strengberg, PB Amstetten, N.-Ö., A), um 1120–1130 *Erlaha*, 1151 (Vidimus 1292) *Erla*, um 1200 *Erlah*; Erlbach (zum Zeller See) bei Erlhof (Gem., PB Zell am See, Salzburg), um 963 *Erilipah*. – Zusammensetzungen mit ahd. *erila* st(?)swF. 'Erle' (ahd. *erila* < *elira mit Umstellung der Liquiden r/l < gm. *alizō, ↗ Eller-), ↗ Edlbach ↗ Erle. Ahd. *Erilipah* enthält das Adjektiv ahd *erilīn und bedeutet 'mit Erlen bestandener Bach'. – Hausner/Schuster, *Namenbuch*, S. 333, 334; Fischer, *BNB 10*, S. 68.

Erlauf, die r.z. Donau bei Pöchlarn (PB Melk, N.-Ö., A), GwN. Kleine Erlauf, l.z. Erlauf in Wieselburg (PB Scheibbs, N.-Ö.), /ˈɛ:alaf/, 832 *ubi Erlafa in Danubium cadit*, 832 (Kopie 11. Jh.) *Erlaffa*, 853 *ad Erlafa*, 853 (Kopie 11. Jh.) *Erlaffa*, 879 (Kopie 11. Jh.) *ad Erlafu*, 899–902 *Erilelaf*, 979 *Erlaffa, inter maiorem et minorem Erlaffam, confluvio Erlaffarum, litus maioris Erlaffae*, um 1000 (Kopie 12. Jh.) *Erlafa*, 11. Jh. *Erlaffam*. – Der Schlüssel zur Erklärung des Flussnamens liegt bei dem römischen Truppenlager in der Nähe der Einmündung der Erlauf in die Donau: *Arlape* (It. Ant.), *classis Arlapensis* (Not. Dign.), *Arelate* (Ptol., Tab. Peut.). Der Ortsname überliefert die älteste Form des Flussnamens, nämlich **Arlapa*, die von Ptolemaios und auf der Tabula Peutingeriana überlieferte Form ist eine Verschreibung nach *Arelate* (so Caesar), jetzt *Arles* in Südfrankreich. **Arlapa* ist ein Kompositum mit ig. **apā* 'Wasser' als Grundwort. Das Bestimmungswort ist **arlā*, das in ↗ Arlbach vorliegt und aus urig.**h₃rló-*, einem Verbaladjektiv zu urig. **h₃er-* (gr. *órnymi* 'treibe an, lasse losstürzen', lat. *oritur* 'erhebt sich, entsteht') in der (hydronymischen) Bedeutung 'los stürzend', hervorging. Die Eindeutschung des Namens erfolgte über mehrere Stufen der Resemantisierung: zunächst Anlehnung an gm. **erilaz* (runisch *erilaR*, as. *erl*, ae. *eorl*, awn. *jarl*) 'vornehmer Mann'; später wird fnhd. *Erlaf* wie bei ↗ Wieslauf an *Lauf* angelehnt. – Anreiter/Haslinger/Roider, *Eastern Alpine Region*, S. 116; Hausner/Schuster, *Namenbuch*, S. 334; Wiesinger, *bairische Frühzeit*, S. 326 f.; Wiesinger, *Kontinuitäten*, S. 283 f.

Erle r.z. Nahe bei Schleusingen (z. Schleuse z. Werra); FlN. Finstere Erle, l.z. Erle. – 1587 *Die Finstere Erlen*; ON. Erlau (südlich von Suhl, Thüringen, D), 1144 *Herle*, 1182, 1187 *Erle*, usw. – Wegen der heutigen Form des Ortsnamens *Erl-au* liegt vermutlich der FlN. **Erl-aha*, der dem ON. **Erl-ouwe* entspricht, zugrunde. Kompositum mit dem Bestimmungswort ahd. *erila* 'Erle' (↗ Erl-). Im mitteldeutschen Sprachgebiet wird das Grundwort ahd. *-aha* über *-ahe* > *-ah* > *-a* bis zu *-e* abgeschwächt. – Sperber, *HG.A.5*, S. 23.

Erlicht-Bach l.z. Löpitz-Bach (z. Pleiße z. Weißen Elster z. Thüringische Saale z. Elbe) in Thüringen (D). – Bestimmungswort ist der FlurN. *Erlicht* 'Gebiet mit Erlen', mit dem Kollektivsuffix *-icht*, abgeleitet von ↗ Erl- 'Erle' wie bei nhd. *Röhricht, Tannicht, Dickicht*. – Ulbricht, *Saale*, S. 73.

Erms, die r.z. Neckar (z. Rhein), entspringt in der Schwäbischen Alb, fließt durch Bad Urach (Lkr. Reutlingen, B.-W., D) und mündet in Neckartenzlingen (Lkr. Esslingen, B.-W.); der Flusslauf ist durch zwei „Talspinnen", an denen mehrere Flüsse in die Erms münden, gekennzeichnet. Am Talaustritt bei Metzingen (Lkr. Reutlingen) existierte ein römischer Vicus. – 1442 *der Erms nach*; Name der Vicus-Bewohner: *confanenses Armisenses* (auf einer Weihe-Inschrift aus Metzingen). – Die vorgm. Grundform des Flussnamens **Armisa* kann aus der Weihe-Inschrift *Armisenses* erschlossen werden. **Armisa* wird lautgeschichtlich über **Ermese* (mit Syn- und Apokope) zu *Erms*. Nahezu gleich lautet die Grundform für *Erme* (1240 *Irym*), Fluss zur Bigbury Bay in Devonshire (GB) mit ON. Ermington (1086 *Ermentona*), nämlich **Armīsa*. Beide Namen sind mit *s*-Suffix (wie der Zufluss ↗ Glemsbach) von vorgm. **armi-* abgeleitet, das vermutlich mit gr. *harmós* 'Fuge, Zusammenfügung, Gelenk', arm. *y-armar* 'passend, angemessen', toch. *yärm* 'Maß' zur urig. Verbalwurzel **h₂er-* (> **har-/*ar-*) 'sich (zusammen)fügen' gehört (↗ Aare). Das Benennungsmotiv könnten die zahlreichen Zuflüsse der Erms gewesen sein. **Armisa* kann keiner Einzelsprache zugewiesen werden und ist daher ves.-ig. – Schmid, *HG.A.1*, S. 28; Krahe, *UäFlNN*, S. 15 und 46; Pokorny, *IEW*, S. 58; Rix, *LIV*, S. 269 f.

Ernsbach r.z. Kocher (z. Neckar z. Rhein). – ON. Ernsbach (Stadt Forchtenberg, Hohenlohekreis, B.-W., D), 1037 *Ernsbach*, 1290 *Ernstbach*, 1298 *in Ernspach*, 1360 *zu Ernspach*. – Zusammensetzung mit dem Grundwort *-bach* und vermutlich mit dem Genitiv des PN. (ahd.) **Erni/*Arni* (**Ernes-*), synkopiert zu *Erns-* und sekundär erweitert zu *Ernst-*. – Schmid, *HG.A.1*, S. 28.

Ernz, die (auch *Erenz*), zwei ungefähr parallel fließende Flüsse r.z. Sauer (z. Mosel z. Rhein) in Luxemburg: Weiße ~ bei Reisdorf (Luxemburg), ON. Ernzen, Ernzerbierig; Schwarze ~ durch die Kleine Luxemburger Schweiz. – /ienrz/, 876–77 (Kopie um 1222) *super fluvio Arantia*. Der ON. Ernzen (Eifelkreis Bitburg-Prüm, Rh.-Pf., D) unweit vom Gutenbach (l.z. Sauer), 895, 915 *Arenza*, (992) *Arinza, in Errencin*, 1095 *Erinza*, dürfte von der Schwarzen Ernz übertragen sein. – Die Grundform (vorahd.) **Arantịa* ist wie **Argantịa* (↗ Ahringsbach) gebildet und mit dem Suffix ig. *-nt-* von der unter ↗ Aare behandelten Wurzel urig. **h₂er-* 'sich (zusammen)fügen' abgeleitet. Eine keltische Bildung **Orantịa* mit kelt. **or-* < urig.**h₃er-* 'sich in (Fort-)Bewegung setzen' (↗ ²Ahr) als Wortbildungsbasis ist möglich, setzt aber germanischen Lautersatz /a-/ anstelle von /o-/ voraus. – Jungandreas, *Mosellland*, S. 349; Greule, *Rheinlande*, S. 12.

Erpe, die

– ¹Erpe, r.z. Twiste (z. Diemel z. Weser), entspringt im Habichtswald südlich von Oelshausen (Stadt Zierenberg, Lkr. Kassel, Hessen, D), mündet nördlich von Volkmarsen (Lkr. Waldeck-Frankenberg, Hessen). – 1348 *Erpe*, (1583–85) *Die Erpffe*, (1583–1617) *die Erpfe*, 1587 *die Erpe*, 1595 *Die Erpe*, 1652 *die Erpe*, 1664 *bis auff das fuhr der Erpe*. – Grundform mndd. *Erpe* < (as.) **Erp-aha*?, Kompositum mit as.**erp*, der Entsprechung von ahd. *erpf*, ae. *earp, eorp*, awn. *jarpr*, gm. **erpa-* 'dunkelfarbig', als Bestimmungswort oder einstämmiger FlN. (as.) **Erpa* 'die Dunkelfarbige', ↗ Erfa. Parallelnamen: Erpe, z. Dender, 972 (Kopie 11. Jh.) *Arpia*, mit ON. Erpe (arrondissement Aalst,

Ostflandern, B), (1076–85) *Erpa*, 1088 *Erpe*. – Kramer, *HG.A.10*, S. 17; Gysseling, *Woordenboek*, S. 328.
– ²**Erpe** (auch *Neuhagener Mühlenfließ*), r.z. Spree (z. Elbe), entspringt nordöstlich von Berlin in Wegendorf (Stadt Altlandsberg, Lkr. Märkisch-Oderland, Brandenburg, D), teilt sich in Friedrichshagen (Bezirk Treptow-Köpenick, Berlin) vor der Mündung in *Alte Erpe* und *Neue Erpe*. – 1901 *die Erpe*, 1908 *Erpe*. – Rückbildung aus **Erb(wiesenfließ)* nach dem GebietsN. Köpenicker Erbwiesen (/erpwiesen/), der mit nhd. *Erbe* f. 'ererbter und vererbbarer Boden- und Hausbesitz' gebildet ist. – Fischer, *BNB 10*, S. 68 f.

Erpf, die   l.z. Lauchert (z. Donau), entspringt aus einer Karstquelle bei Erpfingen (Gem. Sonnenbühl, Lkr. Reutlingen, B.-W., D), mündet nach 1,5 km bei Stetten (Stadt Burladingen, Zollernalbkreis, B.-W.). – Rückbildung aus dem ON. Erpfingen, 775? (Kopie 1183–95) *Hephinger marca*, 777 (Kopie 1183–95) *in Erphinga*, (1137/38) (Kopie 16. Jh.) *apud/ad Erphingen*, 1356 *Erpfingen*, der mit dem Suffix -*ing*- vom PN. ahd. *Erpfo*, *Erpho* abgeleitet ist. Vergleichsname: ON. Erpfental, Weiler nordöstlich von Röhlingen (Stadt Ellwangen, Ostalbkreis, B.-W.) an der Röhlinger Sechta, 1333, 1381, 1485 *Erpfental*, 1733 *Erpfenthall*, 1886 *Erpfenthal* 'Siedlung des Erpfo im Tal'. – Reichardt, *Reutlingen*, S. 46 f.; Reichardt, *Ostalbkreis I*, S. 171.

Erse, die   (im Oberlauf *Aue*), r.z. Fuhse (z. Aller z. Weser), ursprüngliches Quellgebiet zwischen Watenstedt und Bleckenstedt (Salzgitter, Niedersachsen, D), unterquert den Mittellandkanal, mündet bei Uetze (Region Hannover). – 1335 *in fluvio Ersene*, 1347 (etwa gleichzeitiges Regest) *twischen … der ersen*, 1392 (Kopie 1392–95) *vp der erzen*, *twisschen … der erzen*, 1406 *ouer der erssen*, *ouer der erssene*, 1406 (Kopie 15. Jh.) *ouer der Eyrsen*, *ouer der Ersen*, 1583 *an der Ehsen*, 1781 *die Ersse*, 1802 *Die Erze*. – Grundform mndd. *Ersene*, später teils mit *r*-Schwund und Dehnung des *e*- (*Ehsen*) sowie Verstummen der Endung -*ne*. *Ersene* ist aus (gm.) **Arsina* (mit Primärumlaut) entstanden. Wie beim Parallelnamen ⤴ *Ahse* liegt eine germanische -*n*-Ableitung von gm.**arsa*- 'Hinterteil' (metaphorisch auch 'Erhebung, Kuppe, Anhöhe'?) vor. Das Benennungsmotiv könnte die Herkunft des Flusses aus dem Harzvorland sein. – Borchers, *HG.A.18*, S. 34; Krahe, *UäFlNN*, S. 34 (mit anderer Etymologie: zu ig. **er-/*or-* 'in Bewegung setzen, erregen').

† Ertene   verschwundener Wasserlauf (r.z. Elbe) in den lüneburgischen Elbmarschen zwischen Artlenburg (Lkr. Lüneburg, Niedersachsen, D) und Bleckede (Lkr. Lüneburg), 1137 *Erthene*, 1228 *ad fluuium que Ertene nominatur*. An oder gegenüber der Mündung der Ertene lag die Burg Erteneburg, 1137 (verunechtet) *de Erteneburg*, 1163 *castrum Erteneburch*, 1188 *preter Ertheneb(u)rch*, 12. Jh. *de Ertiniburh*, Ende 12. Jh. *Ertheneburg*. Der FlN. *Ertene* wird auf (gm.) **Artina* zurückgeführt und als onymische Ableitung mit *n*-Suffix zu gm. **artjan* swV., awn. *erta* 'reizen, necken', e. dial. *ert* 'vorwärtstreiben' gedeutet. Unsicher ist der Zusammenhang mit **h₂erd-* '(zer)fließen' (⤴ *Aar*). – Udolph, *HG.A.16*, S. 102–104; Laur, *Schleswig-Holstein*, S. 239 f.; Möller, *Nasalsuffixe*, S. 34–36.

Erzebach   r.z. Geisbach (z. Fulda z. Weser), mündet oberhalb von Obergeis (Gem. Neuenstein im Geistal, Lkr. Hersfeld-Rottenburg, Hessen, D). – ON. Hof *Erzebach* (zu Geisbach, Gem. Neuenstein im Geistal), 1462 *Etzenbach*, 1550 *Ezzenbach*, 1592 *Erzenbach* (lies *Etzenbach*?), 1857 *Etzebach*. Die heutige Schreibung beruht vermutlich auf einem Schreibfehler: /tz/ verlesen als /rz/. – Kompositum mit dem Grundwort -*bach* und dem Genitiv des PN. ahd. *Etzo* (*Etzen*-). – Sperber, *HG.A.5*, S. 24.

Erzwäsch-   -*bach*, -*graben*. In den Erzwäschen wurde das Erz von den Erzwäschern ausgewaschen. – Keinath, *Württemberg*, S. 130.

Es-/-e-   -*beck*. Bestimmungswort mndd. *asche*, *esche* 'Esche' ⤴ *Esch*-, z. B. Esebeck, r.z. Harste (z. Leine z. Aller z. Weser) mit ON. Esebeck (bei Northeim Niedersachsen, D), /esbēke/, 12. Jh. *Esbike*, 1270 *Esbecke*, 1368 *esbeke*, 1494 *Ezebecke*, 1519 *essebecke*. – Kettner, *HG.A.8*, S. 24; Kettner, *Leine*, S. 60 f.

Esch-/Asch-, -e-, -el-/-l-, -en-   -*ach*, -*bach*/-*bächel*/-*bächle*/-*bächl*, -*bachgraben*, -*beke*, -*brönnlesbach*, -*graben*, -*lache*, -*moosbach*, -*see*, -*talbach*. Bestimmungswort ahd., as. *asc* m., ahd. *asca*, mhd. *esch(e)*, *asch* 'Esche', mndd. *asch*, *esche*; Adj. ahd. **askīn*- 'mit Eschen (bestanden)', Dativ **askīnen*-, umgelautet **eschen(en)*-, dissimiliert **eschel(en)*-, z. B. Eschelbach (Stadt Montabaur, Westerwaldkreis, Rh.-Pf., D), 994–1008 *Aschabach*, Anf. 13. Jh. *Eschelenbach*. – Metzler, *Westerwald*, S. 109.

Esche, die   (veraltet auch *Fischbach* oder *Krebsbach*), r.z. Rhein, kommt von Tosters (Vorarlberg, A), fließt durch Mauren, Eschen und Gamprin (Liechtenstein). – /t-ˈeʃe/, 1332 *bi der Eschan*, 1402 *vmb die vischezen in der Eschan*, 1442 *Eschinen*; ON. Eschen, Dorf und Gemeinde (Liechtenstein), /ˈeʃɑ/, 842 (Kopie 12. Jh.) *In Essane ecclesia*, 1045 (Kopie 12. Jh.) *Estanes* <lies *Escanes*?>, vor 1167 (Kopie 12. Jh.) *de eschans*, 1178 (Kopie 12. Jh.) *Eschans*, 1236 *de Escans*; BergN. Eschnerberg, Hügelzug zwischen Rhein und Nendeln (Liechtenstein), 1319 *Eschiner Berge*. Alle drei Ortsnamen gehen letztlich zurück auf den Gewässernamen (rom.) *Escan(a)*. Das auslautende /-s/ im ON. (1236 *Escans*) ist romanisches Flexionsmorphem. Da nach den Urkunden die Esche ein Fischwasser war, liegt die Etymologie, die den Namen *Esche* aus *Iskana* von kelt. *isko-* 'Fisch' mit *n*-Suffix ableitet, nahe, ↗ Emscher ↗ Ischl ↗ Ischert. – Geiger, *HG.A.2*, S. 35; Stricker/Banzer/Hilbe, *Liechtensteiner Namenbuch 3*, S. 137–144, 370 f.

† Escone Römische Straßenstation (Tabula Peutingeriana), Name der Landschaft um das Mündungsgebiet von Kirnach und Geltach (z. Wertach), vorgm. Name der Kirnach (?), FlurN. Im Hessen, auf der hochwassersicheren Terrasse der Kirnach zwischen Apfeltrang (Gem. Ruderatshofen, Lkr. Ostallgäu, Bayern, D) und Ebenhofen (Gem. Biessenhofen, Lkr. Ostallgäu), 1474 *uff dem Hessen*. – Ausgangsform FlN. kelt. *Esokona*, mit Synkope des zweiten Vokals *Eskona*, im lat. Lokativ *Esconae*, Parallelname *river Ock* (Oxfordshire, GB) < ae. *Eoccen* < urwalisisch *Jogan* < brit. *Esocona*, mit Suffix *-onā* abgeleitet von urkelt. *esok-* 'Salm, Lachs', gall. (lat.) *esox*, kymr. *eog*, ir. *iach*. – Dertsch, *Marktoberdorf*, S. 17; Dertsch, *Kaufbeuren*, S. 30 f.; Watts, *EPN*, S. 448; Matasović, *Proto-Celtic*, S. 119.

Esel/-s- -bach, -graben, -klamm, -kuhle, -steinbach, -wasser. Bestimmungsgwort ahd. *esil*, mhd. *esel* 'Esel', entlehnt aus l. *asinus*. Bezieht sich auf Esel als Lasttiere. – Bach, *Namenkunde*, S. 318; Keinath, *Württemberg*, S. 107.

Espan- -bach, -graben, -weiher. Bestimmungswort mhd. *ē-span, der/ das Espan* 'zwischen Äckern und Wiesen gelegenes ortsnahes Gelände'. – Keinath, *Württemberg*, S. 104, 151.

Esp(en)- -bach, -graben, -lake, -pfuhl, -see, -tal. Bestimmungswort mndd. *espe*, nhd. *Espe* f. 'Zitterpappel', ahd. *espīn-* Adj. 'mit Espen (bestanden)', ↗ Asp-. – Fischer, *BNB 10*, S. 69.

Espichbach Bestimmungswort ist der FlurN. *das Espich*, ahd. *asp-ahi*, mhd. *espech* 'Gebiet mit Espen', ↗ Asp-; zum Suffix ↗ Ehrlicht-Bach. – Ulbricht, *Saale*, S. 73; Sperber, *HG.A.5*, S. 24.

Espolde, die l.z. Leine (z. Aller z. Weser), entspringt bei Espol (Stadtteil von Hardegsen, Lkr. Northeim, Niedersachsen, D), mündet in Nörten-Hadenberg (Lkr. Northeim). – 1409 *an dey Espeln*, 1539 *bey der Espell*, 1571 *die Aspell, ein Wesserlein die Espoll genennet*, 1587 *die Espolde*, 1590 *vf der Espel*; ON. Espol, 1280 *Espele*, 1409 *to der Espeln*, 1571 *Espell*, 1587 *Espolde*, 1590 *Espell*, 1697 *Espoll*, 1710 *Espöld*, 1724 *Espoll*. – Ausgangsform (gm.) *Aspila* > as. *Espila*,

mndd. *Espele* „Espenbach", mit *l*-Suffix abgeleitet von as. *aspa, espa* 'Espe', ↗ Asp-. Der FlN. *Espele* wird sekundär zu *Espelde*, später *Espolde*, erweitert. – Kettner, *HG.A.8*, S. 25 f.; Casemir/Menzel/Ohainski, *Northeim*, S. 133 f.

Ess-/Eßbach durch Assimilation aus *Esp-bach* ↗ Esp(en)-. – Ulbricht, *Saale*, S. 71.

Esse, die r.z. Diemel (z. Weser), entspringt nördlich von Kassel (Hessen, D), mündet bei Stammen (Stadt Trendelburg, Lkr. Kassel). – 1407 *up der Eße*, 1455 *die Ese, uff der Ese, geyn der Esen*, 1455 *uff der Ese*, 1472 *vf der Ese*, 1493 *an der Eese*, 1520 *vf die Esse*, 1554 *in der Ese, die Esse, gegen der Essen*, 1569 *zwischenn ... der Ehsenn, zwischen der Ehesenn ..., zwischen der Ehse, zwischenn ... der Ehse*, 1583 *die Ese, vff der Ese*, 1593 *auf der Esse*, 1648 *die Esa*. – Die heutige Schreibweise überspielt die Indizien der historischen Belege, die auf langes /e-/ im Anlaut hindeuten: (fnhd.) *Ēse(n)*, wahrscheinlich aus andd. *Ēsa* oder *Ēsana*, dieses – wie ↗ Eisenbach (< gm. *Aisan-*) – abgeleitet von gm. *ais-* im schwachen Verb *aisōn* (awn. *eisa* '(sich) heftig, schnell bewegen') und in den Flussnamen *Eisa* (Norwegen), *Eisand* (Norwegen), *Gesunda* und *Gesunden* (Schweden) (< *Aisund-*). – Kramer, *HG.A.10*, S. 17.

Esse-Bach r.z. Pfieffe (z. Fulda) unterhalb Spangenberg (Schwalm-Eder-Kreis, Hessen, D). – 1482 *Osße*, (1562–86) *die Oeß, uber die Oeß*, 1594 *in der Eßenn*. – Grundform (mhd.) *Œsse*, ahd. *Ōssja*. Die heutige Schreibung hält die mundartliche Entrundung von /ö/ > /e/ fest. Zur Etymologie ↗ Öse. – Sperber, *HG.A.5*, S. 24.

Esselbach r.z. Wagenbach (z. Hafenloh z. Main z. Rhein). – ON. Esselbach (Gem. Lkr. Main-Spessart, Bayern, D), 1182 *De Espelbach*, 1199 *Espelbach* (und weitere Belege in dieser Form). – Ausgangsform mhd. *espen-bach*, zum Bestimmungswort ↗ Esp(en)-. – Sperber, *HG.A.7*, S. 39.

Essenbach l.z. Rohr-Bach (z. Glon z. Amper z. Isar z. Donau). – Ca. 1563 *Essepach rivus*; ON. Essenbach (Gem. Odelzhausen, Lkr. Dachau, Bayern, D), 852 *Ezinpah*. – Kompositum mit dem Grundwort *-bach* und dem Genitiv des PN. ahd. *Azzo/*Ezzo (*Ezzin-) als Bestimmungswort. – Snyder, *HG.A.3*, S. 21.

† Esslingbach (jetzt *Kreistengraben*), r.z. Enns bei Kübelbauer (Gem. Altenmarkt bei Sankt Gallen, PB Liezen, Steiermark, A). – Um 1135 (Kopie) *iuxta arentem Ozlich*, 1139 (Kopie 13. Jh.) *Ozlich fluvius*, um 1180 (Kopie) *iuxta riuum Ozlich*, 1195 (Kopie) *Ozlich fluvius*, 1340 *Ozlich fluvius*, 1434 *die O(e)ssling*,

1442–1458 *die Essling*. – Grundform mhd. **Özlich*, mit Ersetzung des Suffixes fnhd. *Össling*, entrundet *Essling*, aus slaw. **Oslika*, mit dem Suffix *-ika* abgeleitet von urslaw.**osla*, sloven. *osla* 'Wetzstein, Schleifstein'. – Lochner von Hüttenbach, *Steirische Hydronyme*, S. 73.

Este, die   l.z. Elbe, entspringt am Westrand der Lüneburger Heide bei Schneverdingen (Gem. Jork, Lkr. Soltau-Fallingbostel, Niedersachsen, D), durchquert das Alte Land, mündet bei Cranz (Hamburg). – /an de ist/, 1229 *in aqua Eschete*, 1289 *Eschete*, 1310 *up de Eschete* (zahlreiche weitere Belege dieser Form), 1389 *to der Este*, ON. † *Eschete*, 1197 *iuxta Eschedam*, 1219 *de Eschete*, 1221 *Eschete*, 1250 *Eskete* (zahlreiche weitere Belege); ON. Estebrügge (Lkr. Stade, Niedersachsen), 1256 *in Eschete*, um 1330 *Eschedebrughe*, *Eschedebrugge*, 1471 *Estebrugge*, 1676 *Estebrügge*. – Grundform as. **Eskita* (< gm. **Askitō* f.), vermutlich Übertragung eines Gebietsnamens 'Eschenwald', mit gm. *t*-Suffix abgeleitet von gm. **aski-* 'Esche', ↗Asch-. – Udolph, *HG.A.16*, S. 105–107.

Eterna, die   (auch *Hasselbeck*) l.z. Gande (z. Leine z. Aller z. Weser) bei Harriehausen (Stadt Bad Gandersheim, Lkr. Northeim, Niedersachsen, D). Ursprünglich mündete die Eterna in die Leine und die Gande war ein Zufluss der Eterna. Nach der Gründung des Stifts Gandersheim wurde der Name *Gande* auf den Unterlauf der Eterna übertragen. Der Name *Eterna* kam außer Gebrauch und wird erst seit dem 18. Jh. wieder verwendet. – Ungefähr zum Jahr 865 (Fälschung 13. Jh.) *iuxta fluuium Gande, qui alio nomine Ettherna nuncupatur*, 948 *iuxta fluvium Eternan*, 1007 (Kopie 15. Jh.) *ad fontem Eterne*, *per Eternam*, *in Eternam flumen*, 1013 *in Aeterne*, Anfang 11. Jh. *nomine Edernae fluminis*, 1740 *Eterna*. – Grundform (as.) **Ēterna* 'die öfter Anschwellende' < gm. **Aitranō*, onymische *n*-Ableitung vom gm. Adj. **aitra-* 'anschwellend', ↗Eiter-. Denselben Namen führt das ehemalige Kloster *Eiteren* (Gem. IJsselstein, Prov. Utrecht, NL), 10. Jh. *te Aiturnon*. – Kettner, *HG.A.8*, S. 26; Kettner, *Leine*, S. 63–65; Möller, *Nasalsuffixe*, S. 82.

Etsch, die   it. *Adige*; entspringt am Reschen, durchfließt in Südtirol (Prov. Bozen, I.) den Vinschgau, das Burggrafenamt, den Bozener Raum und das Unterland und mündet südlich von Chioggia (I.) in das Adriatische Meer. – Beim Geographen Strabon (ca. 63 v.–19 n. Chr.) (im Akkusativ) *Atēsínon potamón*; die lateinische Form des Namens ist seit Vergil, Aeneis IX 677, *Atesis* (oder *Athesis*) (Nominativ eines i-Stamms). Anzeichen der Romanisierung zeigt zuerst der Beleg um 855/64–um 1022/55 (Kopie 12. Jh) *iuxta Adicem*. Die Übernahme des Namens in der romanischen Form **Adise* (latinisiert **Adisa*) ins Bairische muss früh erfolgt sein, weil die heutige Mundart Primärumlaut zeigt /etsch/; der älteste bairische Beleg ist dementsprechend 845 *Etisa*, Name einer Hörigen (Traditionen Freising), und weist die 2. Lautverschiebung /d/ > /t/ auf. Später entsteht über **Etese* mit Synkope des /-e-/ **Etse*, geschrieben <Eze> und <Ezze> erstmals im TalN. 1163 *in Ezetal*, seit dem 13. Jh. auch *Etsche*, *Etsch*, eine Form, die wohl unter romanischem Einfluss entstand. *Atesis* hat eine genaue Parallele in den litauischen Gewässernamen *Atesė* und *Atesys*. Die Namen können als *s*-Ableitungen von einer Basis **At-* (**At-es-*) angesehen werden. In der Basis liegt vermutlich urig. **h₂et(H)-* (> ig. **at-*) 'gehen, wandern' vor. Das Benennungsmotiv ist ähnlich wie bei den zahlreichen Gewässernamen, die die urig. Wurzel **h₁ei-* 'gehen' enthalten, das dahin fließende Wasser oder die Orientierung, die der Fluss dem Fußgänger bietet. Man kann den Namen jedenfalls nur als voreinzelsprachlich-indogermanisch kategorisieren. Fraglich ist, ob die Schreibweise *Athesis* mit <th> eine graphische literarische Variante ist oder ob damit versucht wurde, eine Aussprachebesonderheit wiederzugeben. – Holder, *Sprachschatz*, 1, Sp.259 f.; Hausner/Schuster, *Namenbuch*, S. 337; Kühebacher, *Ortsnamen*, 2, S. 66–68; Wagner, *Frauennamen*, S. 183 f.; Schmid, *Baltische Gewässernamen*, S. 7 f.; Rix, *LIV*, S. 273.

Ette, die   r.z. Jagst (z. Neckar z. Rhein), entsteht aus dem Zusammenfluss von Tierbach und Eselsbach bei Ettenhausen, mündet nördlich von Mulfingen (Hohenlohekreis, B.-W., D). – ON. Ettenhausen (Gem. Schrozberg, Lkr. Schwäbisch Hall, B.-W.), 1334 *Ettenhausen* (so öfter belegt). – Rückbildung aus dem ON. Ettenhausen, Kompositum mit dem Grundwort *-hausen* und dem Genitiv des PN. ahd. *Atto* (**Ettin-*) als Bestimmungswort. – Schmid, *HG.A.1*, S. 30.

Ettenbach   (Abschnittsname *Unditz*), r.z. Elz (z. Rhein), fließt durch Ettenheim. – ON. Ettenheim (Stadt, Ortenaukreis, B.-W., D), 926 *Ettenheim* (und weitere Belege). – Klammerform **Etten(heim/er)bach*, mit dem ON. als Bestimmungswort. Dieser enthält als Bestimmungswort den Genitiv des PN. ahd. *Atto* (**Ettin-*). – Geiger, *HG.A.2*, S. 35.

Etzbach   l.z. Sieg (z. Rhein), mündet bei Hamm (Lkr. Altenkirchen/Westerwald, Rh.-Pf., D). – ON. Etzbach (Gem., Lkr. Altenkirchen/Westerwald), 1300 *Ezzebach*, 1315 *van Ezebach*, 1475 *Etzbach*, 1555 *des gutz Ezbach*, 1580 *Etzbach*. – Grundform mhd. **Etzenbach*, Kompositum mit dem Grundwort *-bach* und dem Genitiv des PN. ahd. *Etzo* (*Etzen-*) als Bestimmungswort, mit Synkope der Mittelsilbe /-en-/. – Faust, *HG.A.4*, S. 24; Barth, *Sieg und Ruhr*, S. 77 f.

Etzelbach

- ¹Etzelbach (auch *Auingerbach*), z. Pfudabach (z. Pram z. Inn z. Donau). – 1891 *Ezzel-Bach*, ON. Etzelbach (Gem. Diersbach, PB Schärding, O.-Ö., A), vor 1140 *Ezimpah*, ca. 1140 *Ezelenbach*, 12. Jh. *Ezzinbach*, 1338 *Etzelpach* (und weitere Belege); ON. Etzelberg, ca. 1235 *Ezzelenperg*, 1340 *Ezelperg*. – Kompositum mit dem Grundwort *-bach* und dem Genitiv des PN. ahd. *Ezzo/Azzo* (*Ezzin-*), der später ersetzt wird durch den Genitiv des PN. *Etzele* (*Etzelen-*), als Bestimmungswort. – Dotter/Dotter, *HG.A.14*, S. 32; Hausner/Schuster, *Namenbuch*, S. 338.
- ²Etzelbach, r.z. Prims (z. Saar z Mosel z. Rhein). – ON. † Etzelbach, 1411 *von Utzelbach*, 1514 *Etzelbach*. – Grundform mhd. **Ützelbach*, Kompositum mit dem Grundwort *-bach* und dem Genitiv des PN. ahd. *Utzilo* (**Utzilen-*) als Bestimmunsgwort, mit Synkope der Mittelsilbe /-en-/, Senkung des Tonvokals /ü-/ > /ö-/ und Entrundung zu /e-/. – Spang, *HG.A.13*, S. 22.
- ³Etzelbach, l.z. Thüringischen Saale (z. Elbe), mündet bei Rudolstadt (Thüringen, D). – ON. Etzelbach (Gem. Uhlstädt-Kirchenhasel, Lkr. Saalfeld-Rudolstadt, Thüringen), (1083) *Etcelbeche*, 1194 *Etzelbeche*, 1314 *Essilbach*. – Grundform mhd. **Etzelenbach*, Kompositum mit dem Grundwort *-bach* und dem Genitiv des PN. mhd. *Etzele* ↗¹Etzelbach als Bestimmungswort. – Ulbricht, *Saale*, S. 96.

Etzelsbach

r.z. Leine (z. Aller z. Weser), mündet nördlich von Wingerode (Lkr. Eichsfeld, Thüringen, D). – 1663 *im Atzelsbach, hinterm Ätzelsbache, im Etzels Bache*, 1880 *im Etzelsbach*; ON. † Etzelsbach, 1556 *Achzelsbach*, (1570/81) *Etzelsbach*, 1610 *Atzelßbach*, 1663 *zu Atzelsbache*. – Kompositum mit dem Grundwort *-bach* und dem Genitiv des PN. ahd. *Atzel, Etzel* (*Atzels-*, *Etzels-*) als Bestimmungswort. – Kettner, *HG.A.8*, S. 26; Kettner, *Leine*, S. 65.

Etzenbach

- ¹Etzenbach, r.z. Vils (z. Donau). – Ca. 1563 *ad confluentum rivi Hetznpach*; ON. Etzenbach (Gem. Biburg, Lkr. Kelheim, Bayern, D), ca. 1048 (Randnotiz) *Ozinpah*, 13. Jh. *Ozenbach*, 15. Jh. *Ozsenpach*. – Grundform ahd. **Otzinbach*, mhd. **Ötzenbach*, entrundet zu *Etzenbach*, Kompositum mit dem Grundwort *-bach* und dem Genitiv des PN. ahd. *Otzo* (**Otzin-*) als Bestimmungswort. – Snyder, *HG.A.3*, S. 21f.
- ²Etzenbach, r.z. Neumagen (z. Möhlin z. Rhein). – 902 (Fälschung?) *ad Mezzinbach fluviolum, ad fluvium Mezzinbach*, 1144 *usque Mezzenbach*, 1186 *ad fluuium Mezzinbach, ad fluuiolum Mezzinbach*, 1277 *fluvius Meizzinbach*, 1327 *vor dem Mezenbach*, 14. Jh. *an metzenbach, an den Metzenbach*, 1351 *vor dem Metzenbach*, 1575 *am Metzennpach gelegen*, 1666 *im Etzenbach*; ON. Weiler Etzenbach (Stadt Staufen, Lkr. Breisgau-Hochschwarzwald, B.-W., D). – Kompositum mit dem Grundwort *-bach* und dem Genitiv des PN. ahd. *Matzo* (**Metzin-*) als Bestimmungswort, späte Deglutination des <M-> in der Verbindung *im (M)etzenbach*. – Geiger, *HG.A.2*, S. 35f.

Euer-Bach

l.z. Mühlbach (z. Biegen-Bach z. Wern z. Main z. Rhein). – ON. Euerbach (Gem., Lkr.Schweinfurt, Bayern, D), 1336 *in villa … Vrbach*, 1384, 1388 *zu Vrbech*. – Ausgangsform ON. ahd. **Ūrinbechi* > mhd. **Iur(en)beche* > fnhd. *Euerbach*, Dativ Singular 'am Euerbach', Kompositum mit dem Grundwort *-bach* und dem Genitiv des PN. ahd. **Ūro* (**Ūrin-*) als Bestimmungswort. – Sperber, *HG.A.7*, S. 40.

Eugenbach

l.z. Fischbach (z. Salzach z. Inn z. Donau). – 1625 *Eugnbach*; ON. Eugenbach (PB Salzburg-Umgebung, Salzburg, A), vor 1147 *de Eichanpach*, 1219–34 *de Evgenpach* – Grundform ahd. **Eichīnbach* 'Bach, an dem Eichen wachsen', Kompositum mit dem Grundwort *-bach* und dem Adj. ahd. *eichīn* 'aus/mit Eichen', ↗Eich-. Die Lautentwicklung erfolgte unter Einfluss des ON. Eugendorf, 788–90 (Kopie 12. Jh.) *ad Iubindorf*, 1326 *ze Eugendorf*. – Straberger, *HG.A.9*, S. 22; Hausner/Schuster, *Namenbuch*, S. 338.

Eula, die

r.z. Wyhra (z. Pleiße z. Weißen Elster z. Thüringische Saale z. Elbe), Kleine Eula, r.z. Eula. – ON. Eula (Stadt Borna, Lkr. Leipzig, Sachsen, D), /aelə/, 1090 (Kopie um 1150) *Hyla*, 1206, 1341 *de Yla*, 1378 *Ila, Yla*, 1416 *Ylaw, Ylow*, 1485 *Eyllaw*, 1515 *Eyla*, 1696 *Eula*. – Übertragung des Ortsnamens auf den Fluss. ON. Eula 'Ort, wo es Lehm/Ton gibt' < asorb. **Ił*, Plural **Iły*, **Iłava*, zu asorb. **ił* 'Lehm, Ton'. – Ulbricht, *Saale*, S. 232; Eichler/Walther, *HONBSachsen* I, S. 254.

Eulach, die

r.z. Töss (z. Rhein), entspringt in Hofstetten (Bezirk Winterthur, Kanton Zürich, CH), fließt durch Winterthur, mündet bei Wülfingen (Stadt Winterthur, Kanton Zürich). – /ailach/ (altmundartlich), 1285 *in fluvio … ôllach*, 1339 *dú ôllach*, 1394 *Oillach*, 1480 *óulach*, 16. Jh. *Öülach, Oülach, Öwlach*, 1520 *ólach*, 1539 *Oylach*, 1548 *Eulach*, 1700 *by der öüwlachen*, 1787–1790 *Eylach*. – Grundform mhd. **Öuwelach*, die Graphien geben den mhd. Umlaut /öü/ des Diphthongs /ou/ wieder, der mundartlich zu /ai/ entrundet wurde. Der Name kann gedeutet werden wie ↗Aula als Kompositum mit dem Bestimmungswort ahd. **ouwila* 'Flusswiese'. – Im ON. Elgg (Bezirk Winterthur, Kanton Zürich) am Oberlauf der Eulach, /elk:/, 760 *Ailaghoga* (lies *Ailahgoga*), 761–767 *in vicus … Ailhccaugia*, 788 *villa Elihcauia*, 803–805 *villa … Eilicgauge*, 827 *Eilacgauve*, 843–864

Elagaui (und weitere Belege), wird ein alter Name der Eulach vermutet, nämlich kelt. *Agilā > rom. *Aila. Davon ist im 8. Jh. ein Name für den vom Kloster St. Gallen erworbenen Siedlungskomplex mit dem kombinierten Grundwort ahd. *-ah-gouwe* gebildet und auf den Zentralort Elgg übertragen worden, vgl. z. B. 841 *Spir-ahgeuue* 'Speiergau', 774 (Kopie 12. Jh.) *Moyn-ichgouue* 'Maingau'. Der Beleg 760 *Ailaghoga* ist verschrieben und steht für ahd. *Ailahgouwe. Die folgenden Belege zeigen im Innern des Namens Schreibungen für die durch die Lautverschiebung (*-gouwe* > *-kouwe*) entstandene Affrikata /-chk-/ und teilweise Assimilation des Mittelsilbenvokals /-achk-/ an den Tonvokal /ail-/ > /-ichkouwe/ > /eilichcouwe/. Kelt. *Agilā gehört zu der vom urkelt. Verb **ag-o-* 'treiben' abgeleiteten Namengruppe ↗Ager ↗Aist ↗Eger. Parallelname: ON. Ayl (Lkr. Trier-Saarburg, Rh.-Pf., D), 1052 (Kopie) *Eile*, 1214 *Eyel*, 14. Jh. *Eyle*, Grundform *Agila. – Greule, *Oberrhein*, S. 116 f.; Kristol, *LSG*, S. 318 f.; Buchmüller/Haubrichs/Spang, *Namenkontinuität*, S. 77.

Eulen- *-bach/-bächle/-bächlein*, *-beeck*, *-graben*, *-grube*, *-pfuhl*, *-wasser*. Bestimmungswort nhd. *Eule* f., mhd. *iule*, *iuwele*, ahd. *ūwila*, *ūla*, ndd. *Ule* f. – Fischer, *BNB* 10, S. 69.

Eußerbach (Unterlauf *Eisbach*), l.z. Queich (z. Rhein), entspringt im Pfälzerwald in 470m Höhe, vereinigt sich bei Annweiler am Trifels (Lkr. Südliche Weinstraße, Rh.-Pf., D) mit dem Dernbach zum Eisbach. – ON. Eußerthal (Lkr. Südliche Weinstraße, /eise^rschdaal/, 1163 *in Utrina Ualle*, 1164 *Utersdal*, 1168 *Uterstal* (zahlreiche weitere Belege), 1528 *Eusserstal*, 1824 *Euserthal*. – Neubildung in Anlehnung an den ON. Eußerthal oder Klammerform **Eußer(tal)bach*, Grundform mhd. *Uterstal*, Kompositum mit dem PN. ahd. *Ūtheri (**Ūtheres-* > **Ūters-/Uters-*), als Name des Zisterzienserklosters umgedeutet zu *Ūzirstal 'äußerstes Tal'. – Greule, *HG.A.15*, S. 30 f.; Dolch/Greule, *Pfalz*, S. 135 f.

Euterbach ↗¹Itter.

Exenbach r.z. Saalach (z. Salzach z. Inn z. Donau). – 1862 *Exen Bach*; ON. Exenbach (Gem. Lofer, PB Zell am See, Salzburg, A), 1238 *predio Ohsenpach*, ca. 1350 *in dem Ochsenpach*. – Grundform mhd. *Öhsenbach, Kompositum mit dem Grundwort *-bach* und dem Genitiv des PN. ahd. *Ohso* (**Ohsin-* > mhd. **Öhsen-*), entrundet zu *Ehsenbach <Exenbach>. – Straberger, *HG.A.9*, S. 23.

Exter, die l.z. Weser in Rinteln (Lkr. Schaumburg, Niedersachsen, D). – 1328 *de Eckerste*, *de Eckste*, 1387 *den vlote der Eckersten*, weitere gleichlautende Belege, 1487 *bauen der ecsten*, *bauen der exten*, 1614/15 *die Exter*, 1638 *die Exte*; ON. Exten (Stadtteil von Rinteln), 896 *infra terminum villae ... Achriste* (in einer Urkunde der deutschen Karolinger, mit oberdeutscher Lautung des Namens), 1227 *Ekersten*, 1265 *de Eckersten*; ON. Extertal (Kreis Detmold, NRW, seit 1996). – Ausgangsform (as.) *Akrista, *Ekrista, mit *r*-Umstellung und Abschwächung der Vokale der Endsilben: mndd. *Ekerste, nach Ausfall der Mittelsilbe **Ekste/Exte*; die heutige Form *Exter* ist dazu das Adjektiv. *Akrista enthält das Suffix (gm.) *-ista-*; Basis der Ableitung ist das in den Flussnamen ↗Agger ↗Oker ↗Ecker vorliegende Adjektiv gm. **akra-* 'treibend'. Das Suffix kann entweder (wie ein Superlativ) den besonders schnellen Lauf des Flusses bezeichnen oder eine Stelle am Fluss, an der ein besonderer „Antrieb" besteht. – Kramer, *HG.A.10*, S. 17 f.; Krahe/Meid, *Wortbildungslehre*, S. 163–170.

Eyach, die

– ¹Eyach, r.z. Neckar (z. Rhein) bei Felldorf (Gem. Starzach, Lkr. Tübingen, B.-W., D), 1402 *die Ah vfhin*. – Schmid, *HG.A.1*, S. 30.
– ²Eyach, l.z. Enz (z. Neckar z. Rhein) nördlich von Höfen an der Enz (Lkr. Calw, B.-W., D), 1149/52 *ad fluvium ... Yach*, 1396 *an der Yhen*; ON. Eyachmühle, FlurN. Eyachhalde. – Schmid, *HG.A.1*, S. 30. Grundform ahd. *Īwaha 'Eibenfluss'> mhd. *Īach, nhd. *Eiach <Eyach>, ↗Eifa ↗Eyb ↗Iba, Ibach

Eyb, die r.z. Fils (z. Neckar z. Rhein), entspringt unterhalb von Treffelhausen (Gem. Böhmenkirch, Lkr. Göppingen, B.-W., D), mündet in Altenstadt (Stadt Geislingen an der Steige, Lkr. Göppingen). – 1362(?) *unter der Ybach*, 1415–16 *an der Ybach*; ON. Eybach (Stadt Geislingen an der Steige), 1265 *de Ybach*, 1281 *de Iwach*, 1291 (Kopie 16. Jh.) *castrum Iwach*, *villa Ywach*, 1297 *apud Ybach*, 1300 *Ywach* – Grundform ahd. *Īwaha, ↗Eyach ↗Iba ↗Eifa. – Schmid, *HG.A.1*, S. 30; Reichardt, *Göppingen*, S. 73 f.

Eyrser Bach (auch *Tanaser Bach*), l.z. Etsch, entspringt am Tanaser Joch, mündet bei Eyrs (Gem. Laas, Vinschgau, Prov. Bozen/Südtirol, I.). – /airschrpåch/, 1845 *Eyrserbach*; ON. Eyrs /airsch/, 1290 *Eurs*, 1817 *Eyrs*, 1923 (italienisiert) *Oris*. – Ausgangsform FlN. (ves.-ig.) *Ūrisa > mhd. **Iur(e)se* > diphthongiert *Eurse, entrundet /airsch/, *s*-Ableitung von ig. **ūri-* (urig. **Huh₁-r-*) 'Wasser', vgl. lat. *ūrīna* 'Harn', ↗Oersch – Graben. – Kühebacher, *Ortsnamen* 1, S. 99, 2, S. 68; Wodtko/Irslinger/Schneider, *Nomina*, S. 715.

F

Fachbach r.z. Lahn (z. Rhein), am Fachbach liegt die Gemeinde Fachbach (Rhein-Lahn-Kreis, Rh.-Pf., D). – (959) *usque in fachbach*; ON. Fachbach, 931–948 *Fachbach* (und weitere Belege dieser Form). – Bestimmungswort des Kompositums mit -bach ist ahd. *fah* 'Vorrichtung zum Fischfang', mhd. *vach* stN. 'Wehr, Wasserschwelle, Umzäunung im Wasser für den Fischfang', ↗ Fecht. – Faust, *HG.A.4*, S. 24; Metzler, *Westerwald*, S. 104.

Faden, die Donauarm, träges, stark gewundenes Gewässer in der Aulandschaft unmittelbar nördlich des Hauptstroms zwischen Wien und Hainburg (N.-Ö., A). – 1260 *insula Phatenouwe*, 1412 *an der Pfeden*. – Grundform ahd. *Fatina* (?), später mit Artikelassimilation und Sekundärumlaut (mhd.) *Pfæten*. Zum FlurN. *die Fade, Faten, Pfatten*, mhd. *vade, vate* 'Umhegung, Zaun', got. *faþa* f. 'Zaun'. Da die Bedeutung 'Umhegung, Zaun' nicht recht zu einem Gewässer passt, es sei denn metaphorisch im Sinne eines eine Insel umfließenden Gewässers, liegt eine Verbindung mit dem awn. FlN. *Foð*, Genitiv *Faðar* (gm. *faþō*) usw. nahe, woraus ein gm. „Wasserwort" (mit grammatischem Wechsel) *faþ-/*fað-* rekonstruiert werden kann; dazu vielleicht auch ↗ Veddelkanal (< *Fadila*). Die Etymologie von gm. *faþ-/*fað-* ist unklar, außer dass das Wort mit gr. *potamós* 'Fluss' zusammenhängen dürfte. – Wiesinger, *bairische Frühzeit*, S. 334f.

Fährsee bei Templin (Lkr. Uckermark, Brandenburg, D). – 1573/1618 *der Fahr See*, 1751 *Der Fehrsee, Ober-Fehrsee, Unter-Fehrsee*, 1770 *Faehr See*. Benannt nach einer Fähre. – Fischer, *BNB 10*, S. 70.

Fängersee bei Strausberg (Lkr. Märkisch-Oderland, Brandenburg, D). – 1367 *der Vender*, 1683 *Fenger See*, 1772 *der Fänger*, 1786 *der Fender oder Fenger*, 1839 *Faenger See*. – Grundform apolab. *Vedr-* (< *Vendr-*) zu *vedr-/*vodr-* 'Wasser'. – Fischer, *BNB 10*, S. 70.

Färb-/-e-/-er- -bach, -graben, -teich, z.B. † Färbbach, Ferberbach, r.z. Au-Bach (z. Gel-Bach z. Lahn z. Rhein), 1575 *bis an den Ferberbach*, 1643 *uff der färbach*, 1752 *Färbbach*. Bestimmungswort *färben, Färber* (der Textilien färbt). – Faust, *HG.A.4*, S. 24; Fischer, *BNB 10*, S. 71.

Fätsch, die (auch *Fätschbach*), l.z. Linth oberhalb Linthal (Kanton Glarus, CH), Hauptbach des Urnerboden (Kanton Uri), entspringt am Gletscher des Clariden. – /it fætš/ (/æ/ lang/), 1063 (Fälschung) *ad torrentem ... Varta*, 1196 *flumen ... Fersch*a, 1435 *das wasser Fersha*, 1483 *Fersch*a, 1700 *die fätscha*, 1705 *Fätschbach* usw., 1900 *Die Fertscha heisst jetzt Fätschbach*. – Grundform (mhd.) *Färse, *Färsche (mit Sekundärumlaut). Weitere Entwicklung: Sprechererleichterung der Lautgruppe /rsch/ durch Ausfall des /r/ und Dehnung des vorausgehenden Vokals > */fæš/ mit langem /æ/. Dadurch gerät der Name in die Nähe des Flurnamens *Fätsch* (< lat. *fascia* 'Band'), der Felsbänder bezeichnet, und wird mit ihm identifiziert. Unter einer Ausgangsform (vorgm., rom.) *u̯arsā bzw. *u̯arsiā kann auch die (entstellte) Form *Varta* (lies: *Varsa*) in der Fälschung von 1063 einbezogen werden. Rom. /u̯-/ wird durch mhd. /f-/ ersetzt und /a/ umgelautet. Rom. *u̯arsā bzw. *u̯arsiā kann als s-Ableitung an gall. *ver-/*var-* 'Wasser, Regen' angeschlossen werden. Flussnamen mit der Grundform *u̯arsiā sind besonders im französischen Sprachgebiet vorhanden, z.B. Ruisseau de *Varize* (Lothringen, F). Im Unterschied zu *u̯arsiā beruht der ON. *Vierschach*, /fi̯ᵃrscha/, Fraktion der Gem. Innichen (Südtirol, I.), 1030 *Virsach*, auf einem Flussnamen *u̯ersā ↗ Werse. – Walch, *Glarus*, S. 92–96; Grzęga, *Romania*, S. 253; Buchmüller/Haubrichs/Spang, *Namenkontinuität*, S. 101; Kühebacher, *Ortsnamen* 1, S. 517f.

Fagenbach r.z. Talfer (z. Eisack z. Etsch), durchfließt die Fagenschlucht, fällt in einem Wasserfall in das Bozener Becken (Prov. Bozen/Südtirol, I.). – /fáagngpåch/, altmundartlich /foog-, foochpåch/, 1276 *Vach* (Schlucht), 1295 *aqua Vage*, 1309 *fluctus ... Vagus*, 15. Jh. *Vagenpach*, 1539 *Vagenbach*; ON. Fagen (Stadt Bozen), /faagn/, 1237, 1242 *de Vage*, 1245 *supra Fage*, 1364 *auf dem Vagen*, 1649 *Vagenhof*. – Die uneinheitliche Schreibung mit <-g-> und <-ch-> legt die Vermutung nahe, dass der ON. Fagen primär ist, auf l. *fāgus*, rom. *fa(h)o* 'Buche' zurückgeht und später mit mhd. *vach* stN. 'Wehr, Wasserschwelle, Umzäunung im Wasser für den Fischfang' identifiziert wurde. Parallelname: ON. Faha (Gem. Mettlich, Lkr. Merzig-Wadern, Saarland, D), 770 *de Faho*, 878 *Fao*, 11. Jh.

Vah. – Kühebacher, *Ortsnamen* 1, S. 102, 2, S. 70; Buchmüller/Haubrichs/Spang, *Namenkontinuität*, S. 65.

Fahr- -bach, -gießen. Bestimmungswort mhd. *var* stN. 'Anlegestelle', nhd. *das Fahr* 'Überfahrtsstelle'.

Fahrenbach

– [1]Fahrenbach, l.z. Gelster (z. Werra z. Weser) unterhalb von Großalmerode (Werra-Meißner-Kreis, Hessen, D). – 1536 *bis an die Vartbach, in der Vertbach*, um 1600 *die Farbach hinunter*. – Kompositum mit Grundwort -*bach* und mhd. *vart* 'Furt, Übergang, Überfahrtstelle', ↗ Fahrt-; das Fugenelement /-en-/ ist sekundär in Analogie zu [2]Fahrenbach eingefügt, nachdem die Konsonantenverbindung /-rtb-/ zu /-rb-/ vereinfacht worden war. – Sperber, *HG.A.5*, S. 25.
– [2]Fahrenbach, l.z. Gelster (z. Werra z. Weser) oberhalb von Witzenhausen (Werra-Meißner-Kreis, Hessen, D). – 1575 *uber den Farenbach*; ON. Gut Fahrenbach (bei Witzenhausen), 1420 *zu Farenbach*, 1575 *naich Farenbach*. – Kompositum mit dem Grundwort -*bach* und dem Genitiv des PN. ahd. *Faro* (*Faren*-) als Bestimmungswort, ↗ Farrenbach. – Sperber, *HG.A.5*, S. 25.
– [3]Fahrenbach, die, r.z. Forstbach (z. Weser). – 1759 *Fahrenbache, Auf der Fahren-Beke*, 1765 *Fahrenbeke*. – Kompositum ursprünglich mit dem Grundwort mndd. -*beke* und unklarem Bestimmungswort, vielleicht wie in ↗ [2]Fahrenbach oder mndd. *värn(e)* 'Farn' 'Bach, an dem Farn wächst'. – Kramer, *HG.A.10*, S. 19.

Fahrnbach

l.z. Isen (z. Inn z. Donau). – 1856 *Fahrnbach*; ON. Fahrnbach (Gem. Isen, Lkr. Erding, Bayern, D), vor 788 (Kopie 9. Jh.) *Forhanpach*, ca. 1000 *ad Fornapah*, ca. 1563 *Varnpach*, 1738–40 *Farnbach*. – Kompositum mit dem Grundwort -*bach* (abair. -*pach*) und ahd. *forhana* stF. 'Föhre' als Bestimmungswort. – Dotter/Dotter, *HG.A.14*, S. 94.

† Fahrentrappe

(auch *Vahrentrappe*), abgegangener Name des Felderbachs, r.z. Deilbach (z. Ruhr z. Rhein). – 837 *inter duo flumina … farnthrapa*; ON. Fahrentrappe (Hofschaft im Ortsteil Elfringhausen, Stadt Hattingen, Ennepe-Ruhr-Kreis, NRW, D), 13. Jh. *In Varentrape*, 16. Jh. *Varentrappe*. – Der Name wird als sekundärer *apa*-Name ↗ apa erklärt. Der Stamm *Farnthr*-, **Farentr*- soll einem FlN. gm. **Farandra*, mit *r*-Suffix abgeleitet vom Partizip (**farand*-) des Verbs gm. **far-a-* 'fahren', afr. *fere, fare* (< **farjan*-) 'Fahrt, Reise, Fahrweg, Fahrwasser', entsprechen; Parallelname ↗ Ferndorf. Eine einfachere Erklärung ergibt sich, wenn der Flussname auf eine Übertragung von dem ursprünglichen Ortsnamen as. **Faren-thorp*, **Faren-tharp*, Dativ **Farentharpa*, mit Umstellung des zweiten /r/ > **Faren-thrapa*, zurückgeht, Kompositum mit dem Grundwort as. *thorp* (*tharp*) 'Dorf' und dem Genitiv des PN. *Faro* (*Faren*-) als Bestimmungswort. – Schmidt, *HG.A.6*, S. 20; Barth, *Sieg und Ruhr*, S. 134.

Fahrt, die

– [1]Fahrt, Nebenarm d. Löcknitz (z. Elbe) bei Wustrow (Gem. Lanz, Lkr. Prignitz, Brandenburg, D). – 1772 *die Fahrt*, 1780 *Fohrt*. – Fischer, *BNB 10*, S. 70.
– [2]Fahrt, l.z. Havel (z. Elbe) nördlich von Wust (Stadt Brandenburg, Brandenburg, D). – 1812/24, 1839 *Die Fahrt*. – Wauer, *HG.A.17*, S. 32.
Deutung ↗ Fahrt-.

Fahrt- -fließ, -graben. Bestimmungswort mhd. *vart* 'Furt, Übergang, Überfahrtstelle', brandenburg. *Foahrt* f. auch 'Fahrrinne'. – Bach, *Namenkunde* 1, S. 423; Fischer, *BNB 10*, S. 70.

Falken- -bach, -beck/-bek, -graben, -see, -seebach, z.B. † Falkenbeck, Teil des Landgrabens, l.z. Trave (z. Ostsee), 1356, 1357 *aque dicte Valkenbeke*. Bestimmungswort ahd. *falk(o)*, mhd., mndd. *valke* 'Falke' oder Genitiv des PN. ahd. *Falko* (Genitiv *Falken*-). – Kvaran, *HG.A.12*, S. 51; Springer, *Flußnamen*, S. 121.

Fall-/-en- -bach, -brunnen, -brunnenbach, -geißbach, -graben, -see, z.B. Fallbach, l.z. Arbach (z. Echaz z. Neckar z. Rhein), 1484 *ze uallenbach*. Bestimmungswort wahrscheinlich mhd. *valle* stswF. mit Bezug auf eine (Wasser-)falle, Verschluss zur Stauung von Gewässern. Dass die Etymologie von *Fallbach* im Einzelfall auf Grund der historischen Überlieferung geklärt werden muss, zeigt ON. Fallbach (PB Mistelbach, N.-Ö., A), 1147 (Vidimus 1194) *Ualwaha*, 1188 *de Valwa*, Kompositum mit Grundwort ahd. -*aha* 'Fließgewässer' und ahd. *falo*, mhd. < gm. **falwa*- 'fahl', Benennung nach der Farbe des Wassers. – Schmid, *HG.A.1*, S. 31; Keinath, *Württemberg*, S. 138; Hausner/Schuster, *Namenbuch*, S. 342.

Fallbach

(alt *Diebach*), r.z. Kinzig (z. Main z. Rhein), der Unterlauf wird 793 (Kopie 12. Jh.) *Surdafalacha* (lies *Surda Falaha*), mit lat. *surda* 'die Taube' ↗ Taub-, genannt. FlN. *Falaha* ist ein 1147 (Kopie 1194) *Ualwaha* ↗ Fall- vergleichbares ahd. Kompositum mit Grundwort -*aha* 'Fließgewässer', das als Bestimmungswort ebenfalls ahd. *falo* (< gm. **falwa*-) 'fahl', aber auch gm. **fal*- (mit unklarer Bedeutung) ↗ Felda enthalten kann. – Sperber, *HG.A.7*, S. 40; Bach, *Namenkunde* 1, S. 25 f.

Falsbach

r.z. Passer (z. Etsch), fließt vom Almtal hinter Riffian (Prov. Bozen/Südtirol, I.) herab, an der Falswand vorbei, mündet beim Lufer. – /fålspåch/, 1316 *rivus dictus Valles, Vallespach*, um 1770 *Fals A.* – Übertragen vom TalN. *Fals* (< l. *vallis* 'Tal'), später durch Bildung des Kompositums mit -bach verdeutlicht. – Kühebacher, *Ortsnamen 2*, S. 76.

Falsterbach (auch *Falstertobel*), r.z. Lutz (z. Ill z. Rhein), kommt aus dem Alpgebiet Tschöppa-Alpila, teilt die Gemeinde Thüringerberg (Bezirk Bludenz, Vorarlberg, A) in den Inner- und Usserberg. – 1419 *zwüschent Vallstären Tobel ...*, 1439 *zuschent Vallstaeren tobel*, 1509 *das Vallstär thobel hinuff*, 1532 *in vallstern tobel*, 1548 *an das thobel Valstär*; FlurN., Gelände am Falsterbach, ca. 1501 *an die Valstaur*, 1514 *die Valstär uff*; GutsN. Falstor /valštór/. – Grundform TalN. (rom.) *Valstaria < *val(lis) stiráriа? Die Komposition mit mhd. *tobel* stm. 'Tal mit starkem Gefälle, enge (Wald-)Schlucht von einem Bach durchflossen' deutet daraufhin, dass im Namen lat. *vallis* (verkürzt) vorliegt. Im zweiten Bestandteil (mhd. *-stär*) könnte (ebenfalls verkürzt) der ursprüngliche Name des Baches *Stīra (?) ⇗ Steyr vorliegen. – Geiger, *HG.A.2*, S. 51; Berchtold, *Namenbuch*, S. 123f., 601f.

Farmbke, die z. Bega (z. Werre z. Weser). – 1523 *Wermyke*, 1530 *die Varmecke*, 1533 *die Vermecke*; ON. Farmbeck (Gem. Dörentrup, Kreis Lippe, NRW, D), 1366 *to Varenbeke*; ON. Fermke (Gem. Dörentrup). – Vielleicht zu deuten als Kompositum mit ⇗ Farn- als Bestimmungswort und mit mndd. *-beke* als Grundwort. – Kramer, *HG.A.10*, S. 19.

Farn- -bach/-bächle, -graben. Bestimmungswort ahd. *farn*, *farm*, mhd. *varn*, *varm*, as. *farn*, mndd. *värn(e)* 'Farn', ⇗ Farmbke.

Farnbach, die r.z. Werra (z. Weser), mündet in Breitungen (Breitungen, Lkr. Schmalkalden-Meiningen, Thüringen, D). – 1010 *per rivum ... Farenbahc*; HofN. Farnbach (Gem. Breitungen), 1248 *v. Varrenbach*, 1249 *v. Farrenbach*, 1286 *Varinbach*, 1321 *tzü Farmbach*, 1347 *von Varnbach*. – Kompositum mit dem Grundwort *-bach* und vermutlich ahd. *farro* swM., mhd. *varre* 'Stier' als Bestimmungswort. – Sperber, *HG.A.5*, S. 25.

Farrenbach, die l.z. Regnitz (z. Main z. Rhein) bei Fürth. – 1414 *an der Farenbach*; ON. Burgfarrnbach, ON. Unterfarrnbach (Stadt Fürth, Bayern, D), 903 *Varenbach*, 1314 *Das obern Varmbach, Das Nydern Varmbach*, 1414 *Burgfarenbach, Nydernfarenbach, Oberfarenbach*, 1450 *gen farembach*. – Kompositum mit dem Grundwort *-bach* und dem Genitiv des PN. ahd. *Faro* (Genitiv *Faren-*) als Bestimmungswort. Die Kürze des Stammvokals /a/ bleibt nach der Synkope *Farenbach > Farnbach, Farmbach* erhalten; die Graphie <-arr-> soll die Kürze des Vokals andeuten, eine etymologische Beziehung zu *Farre*, ahd. *farro* 'Stier' liegt nicht vor. – Sperber, *HG.A.7*, S. 41.

Fauerbach, die l.z. Usa (z. Wetter z. Nidda z. Main z. Rhein), mündet bei Ober-Mörlen (Wetteraukreis, Hessen, D). – 1396 *an der furbach*; ON. Fauerbach v.d.H. (Stadt Butzbach, Wetteraukreis), 948 *Fiurbach*, 1036 *Fuerbach*, um 1130 *Fiurbach*, 1237 *de Fürbach*, 1255, 1302, 1335, 1341 *Furbach*, 1343, 1372 *von Fürbach*. – Ausgangsform FlN. ahd. *Fiurbach > mhd., md. *Fürbach*, diphthongiert nhd. *Fauerbach*. Kompositum mit Grundwort *-bach* und ahd. *fiur* 'Feuer' als Bestimmungswort. Benennung vielleicht, weil am Fluss durch Feuer gerodet wurde (Brandrodung), ⇗ Feuer-. – Sperber, *HG.A.7*, S. 41.

Faul-/-e-/-en-/-er-/-es- -bach, -born, -fließ, -graben, -see, -tal, -talbach. Bestimmungswort mhd., mndd. *vūl*, ahd. *fūl*, gm. *fūla-, ig. *pūló- (<*puHló-) 'faulend, stinkend', Verbaladjektiv zum Verb urig. *peuH- 'faulen, stinken', vgl. awn. *fúinn* 'verfault'. Der weit verbreitete Namentyp *Faulenbach* bezeichnet sehr langsam fließende, stagnierende Gewässer, häufig mit Sumpfbildung. Das Wasser daraus eignet sich wegen des sumpfig-fauligen Geschmacks nicht als Trinkwasser, ⇗ Fuhl-/Ful-. – Kühebacher, *Ortsnamen 2*, S. 79; Steiner, *Füssen*, S. 45; Fischer, *BNB 10*, S. 71; Rix, *LIV*, S. 480f.

Fautenbächle (auch *Fautenbach*), l.z. Acher (z. Rhein), ON. Fautenbach (Stadt Achern, Ortenaukreis, B.-W., D), ca. 1100 *Vultenbach*, 1339, 1341, 1434 *Voltenbach*, 1372 *Vautenbach*, 1434, 1476 *Vogtenbach*, 1502 *Nydervoutenbach*, 1528 *Fautenbach*. – Grundform mhd. *Vultenbach*, Kompositum mit Grundwort *-bach* und dem Genitiv des PN. ahd. *Fulto* (*Fulten-*) als Bestimmungswort, nach Ausfall des /-l-/ umgedeutet in mhd. *vogt*, *võt*, *vout* 'Vogt'. – Geiger, *HG.A.2*, S. 37.

Fechenbach r.z. Main (z. Rhein), mündet in Fechenbach. – ON. Fechenbach (Gem. Collenberg, Lkr. Miltenberg, Bayern, D), 1240 *de Vechenbach* (weitere zahlreiche Belege dieser Form), 1370 *von Fechenbach*. – Kompositum mit dem Grundwort *-bach*, das Bestimmungswort ist vermutlich das Adj. *fachīn*, mhd. *fächen*, *fechen* zu ahd. *fah* 'Vorrichtung zum Fischfang', mhd. *vach* stN. 'Wehr, Wasserschwelle, Umzäunung im Wasser für den Fischfang', ⇗ Fachbach ⇗ Fecht, so dass sich als Bedeutung von *Fechenbach* ergibt: 'Bach, an dem Wasserschwellen oder Vorrichtungen zum Fischfang eingebaut sind'. – Sperber, *HG.A.7*, S. 41f.

Fecht, die
– ¹Fecht, l.z. Ill (z. Rhein) im Münstertal (Dep. Haut-Rhin, Elsass, F), mündet bei Illhaeusern. – /dˈfæxt, dˈfaxt/ (mit Sekundärumlaut), 772 (Kopie 15. Jh.) *in Fachinam* (hierher?), 823 (Kopie) *in Fachinam*, 865 (Kopie) *super fluvium Phachina* (lies *Pfachina*?),

12. Jh. (Chronik) *Vaconna*, 1291 (Kopie) *zwischen der Vechennen …*, 14. Jh. *uf der vechenen*, 1365 *ginsit der Vechen* (und weitere Belege dieser Form), 1560 *vff die alt vächt*. – Greule, *Oberrhein*, S. 44–49.
– ²† Fecht, abgegangener Name der Weiß, l.z. Fecht (z. Ill), im Tal von Kaysersberg (Dep. Haut-Rhin, F), und anderer Gewässer in der Gegend von Guémar (Dep. Haut-Rhin). – 1149 *Fechne*, 1352 *vber die vechen*, 1521/23 (Kopie 18. Jh.) *Keisersperger Veche*. – Greule, *Oberrhein*, S. 45.
Grundform FlN. ahd. *Fachina*, mhd. *Vächene (flektiert *Vächenen, *Vechen*), Ableitung mit gm. *n*-Suffix von ahd. *fah* 'Vorrichtung zum Fischfang', mhd. *vach* stN. 'Wehr, Wasserschwelle, Umzäunung im Wasser für den Fischfang' ↗ Fachbach. Motiv der Benennung ist die im Unterlauf der Fecht früh betriebene Sperrfischerei. Der einstige Name der Oberläufe von Fecht und Weiß war der reimende Name ahd. *Bachina ↗ Béchine. – Greule/Müller, *Béhine*, S. 94–101.

Federbach l.z. Unteren Alb (z. Rhein), Alte Federbach, l.z. Federbach. – 1313 *die Pfetermuln* (Klammerform **Pfeter(bach)mühle*). – Grundform vermutlich *Federbach, mit Artikelassimilation *Pfeterbach, Kompositum mit dem Grundwort *-bach* und *Feder-* wie in ↗ Federsee als Bestimmungswort. – Geiger, *HG.A.2*, S. 37.

Federsee z. Kanzach bei Bad Buchau (Lkr. Biberach, B.-W., D) inmitten eines zusammenhängenden Moorgebiets. – /fɛədrsɛ/, 817 *ad Fedarhaun* (lies: *Fedarahun*), 819 (Fälschung 12. Jh.) *juxta lacum qui vocatur Phedersee*, 1317 *die Federach*, 1388 *an dem Vedersew*, 1559 (Abschrift 17. Jh.). *Federach* war der Name des von Norden in den See mündenden Bachs. – *Federsee* könnte eine Klammerform aus **Feder<ach>see* sein. Das Bestimmungswort im Kompositum *Feder-aha dürfte mit ahd. *fedara* 'Feder' in der übertragenen Bedeutung 'Gras mit federähnlichem Blütenstand' identisch sein. Die in dem Beleg von 819 auftretende Schreibung für die Affrikata <ph-> ist aus der Sprechsprache zu erklären, und zwar durch die Kombination mit einer Präposition und dem im Vorton syn-/apokopierten Artikel: /in federse/ > /impfederse/. – Greule, *Federsee*, S. 267 f. (mit anderer Etymologie); Keinath, *Württemberg*, S. 73.

† Fegefeuer See östlich von Lychen (Lkr. Uckermark, Brandenburg, D), abgegangener Teilabschnittsname für Oberpfuhl/Lychener Gewässer. – 1751 *Das Fegefeuer, ein mittelmäßiger See hanget mit dem See, die Hölle zusammen*, 1767/87 *Ober oder Fegefeüer See*; ON. *Fegefeuer* 1724 *das Feg-Feuer*, 1775 *Fegefeuer*; FlurN. *Fegefeuer*, 1767/87 *Fegefeuer*. – Metaphorisch in Anlehnung an den benachbarten See *Hölle* benannt. – Wauer, *HG.A.17*, S. 34; Fischer, *BNB 10*, S. 71 f.

Fegersbächlein l.z. Wolfach (z. Kinzig z. Rhein) im Ortenaukreis (B.-W., D), 1499 *an des Vegersbach*. – Nicht sicher zu deuten, vermutlich ist das Bestimmungswort mhd. *veger* stM. (*swertveger*) 'Waffenschmied': 'Bach, an dem ein Schwertfeger wohnt'? – Geiger, *HG.A.2*, S. 37.

Fehnbach l.z. Schlierach (z. Mangfall z. Inn z. Donau) durch Agatharied (Gem. Hausham, Lkr. Miesbach, Bayern, D). – 1829, 1868 *Fendbach*, 1858 *Fehnbach*. – Grundform *Fenbach > *Fendbach* > *Fehnbach*. Das Bestimmungswort *Fen-* entspricht mhd. *venne*, mndd. *vēn*, *vēnne*, gm. **fanja-* 'Sumpfland'. Wegen der späten Überlieferung ist auch Entlehnung des mnnd. *vēn* als Fachwort möglich. – Dotter/Dotter, *HG.A.14*, S. 96.

Fehrbach r.z. Hillscheider Bach (z. Rhein) im Westerwaldkreis (Rh.-Pf., D), (959) *usque in uerrebache gespringon* ('bis zur Quelle des Uerrebachs'). – Das Bestimmungswort ist mhd. *verre* 'fern', mit der Bedeutung 'entfernt (im Westerwald) fließender Bach'. – Faust, *HG.A.4*, S. 25.

Fehrlingsee bei Schwarz bei Neustrelitz (Kreis Müritz, M.-V., D), Mecklenburgische Seenplatte. – 1274 *de stagno Uerlinge*, 1593 (Kopie) *die Vierlingk*, 1654 *die Vierling*, 1780 *Der Fehrling See*; ON. † Verlinge, 1257 *in Verlinge*, 1263 *Virlin*, 1274 *Verlinge*, 1288 *Virlinche*. – Zugrunde liegt der ON. as. *Ferlinga, zum PN. *Ferilo? – Wauer, *HG.A.17*, S. 35.

Feichsen, die l.z. Erlauf in Purgstall an der Erlauf (PB Scheibbs, N.-Ö., A). – /faekßn/, um 1100 (Kopie 12. Jh.) *usque ad flumen … Fursse* (lies: *Fuchse?*); ON. Feichsen (Gem. Purgstall an der Erlauf, PB Scheibbs), um 1115 *de Fusinen*, 1121–1122 *de Fussin*, um 1130–1140 *de Uusse*, 1131 *de Vuchsen*. – Ausgangsform ahd. *Fūsina, mhd. *Fiusene / ˈfyːsene/ mit dem hyperkorrekten Lautwandel /-s- > -hs>/: /fyːçsen/, nhd. Diphthongierung /foiçsen/ und Entrundung sowie Despirantisierung von /-çs-/ > /-ks-/: /faekßn/. Ahd. *Fūsina lässt sich als *n*-Ableitung anschließen an den Stamm gm. **fūs-*, der ablautet mit **fausa-* (adän. *fos* 'Sumpf', ndl. *voos* 'schwammig', schwz. *gefōsen* 'morsch geworden') und vielleicht mit *feusanō > *Fjósn*, Name zweier Flüsse in Norwegen. Gm. **fūs-* gehört als Desiderativ-Bildung zum starken Verb gm. **fū-a-* 'faulen, stinken', urig. **peuH-*, **puH-s-*. – Schuster, *niederösterreichische Ortsnamen 2*, S. 10 f.; Hausner/Schuster, *Namenbuch*, S. 344; Pokorny, *IEW*, S. 849; Hovda, *elvenamn*, S. 137; Seebold, *starke Verben*, S. 196 f.; Rix, *LIV*, S. 480; Bergermayer, *Glossar*, S. 46 f. (mit anderer Etymologie: slaw. *Byčina 'Stierweide').

Feicht-/-en- -bach, -graben, -weiher. Das Bestimmungswort ist identisch mit Ortsnamen wie Feicht (Gem. Lendorf, PB Spittal an der Drau, Kärnten, A), 1072 (Kopie 12. Jh.) *Fûhta*, und Feichten (Gem. Berndorf bei Salzburg, PB Salzburg-Umgebung), um 798–800 (Kopie 12. Jh.) *ad Fiûhte*, die auf ahd. *fiuhta* stswF., mhd. *fiuhte* /fyːçte/, frühnhd. *feuchte* swF., mundartlich entrundet *Faichte* 'Fichte, Föhre', auch 'Fichtenwald', beruhen, ↗ Ficht-. Das Stoffadjektiv ahd. *fiuhtīn* liegt vor in ON. Feuchtenbach (Gem. Altenfelden, PB Rohrbach, O.-Ö.), um 1140 *de Fiuhtinpach* 'Bach mit Fichtenbestand'. – Hausner/Schuster, *Namenbuch*, S. 344 f., 352; Kühebacher, *Ortsnamen 2*, S. 79.

Feilbach l.z. Blies (z. Saar z. Mosel z. Rhein), entspringt am Höcherberg (Nordpfälzer Bergland), mündet bei Limbach (Gem. Kirkel, Saarpfalz-Kreis, Saarland, D). – 1297 *an der Vulenbach*, 1305 (Kopie) *Vulenbach*, 1317 (Kopie) *Fulenbach*, 1547 *die Feilbach, Feulbach, Feuelbach*; ON. † Fulenbach, 1272 (Kopie) *Fuhlenbach*, 1292 *Vulenbach*, 1304 *Vůlenbach*, 1320–21 *Vulenbach*; FlurN. 1725 *An der Feielbach*. – Grundform FlN. ahd. **Fūlīnbach* > mhd. **Fiulenbach* > fnhd. **Feulenbach, Feulbach*, entrundet *Feilbach*, Kompositum mit dem Grundwort *-bach* und dem flektierten Adj. ahd. *fūl* 'faul', ↗ Faul-. – Spang, *HG.A.13*, S. 22.

Feilnbach l.z. Jenbach (z. Kaltenbach z. Mangfall z. Inn z. Donau). – Ca. 1583 *rivi … Feilnpach*; ON. Bad Feilnbach (Lkr. Rosenheim, Bayern, D), ca. 980 *Fūlinpah*, 1034–1041 *Fulinpach*, 1127–1147 *Fulenpach*, 1149–1155 *Fōlenpahc*, 1174–1180 *Fuelnbah* (lies *Feulnbah*), ca. 1220–1240 *Veulenpach*, 1289 *Feulnpach*, 1375 *Fäulnpach*, 1475 *Feylnpach*, 1561 *Veilnpach*, 1796 *Feilenbach*, 1867 *Feilnbach*; ON. Feilenberg. – Etymologie ↗ Feilbach. – Dotter/Dotter, *HG.A.14*, S. 96; Reitzenstein, *Oberbayern*, S. 27 f.

Feista, die r.z. Sölk bei Großsölk (PB Liezen, Steiermark, A), 1480 *an der Fewstritz, die Ober Fewster*. Etymologie ↗ Feister-, Feistritz. – Lochner v. Hüttenbach, *Steirische Hydronyme*, S. 73.

Feister, die; Feister- -bach, -graben, **Feisterer Bach**, mehrfach in der Steiermark und Niederösterreich (A). – Slaw. **Bystra* Feminin zu urslaw. **bystrъ* 'schnell, reißend, hell, klar, durchsichtig'. – Lochner v. Hüttenbach, *Steirische Hydronyme*, S. 73 f.; Hausner/Schuster, *Namenbuch*, S. 345; Bergermayer, *Glossar*, S. 48–50.

Feistritz, die (auch *Feistritzbach*), Flussname in Kärnten, in der Steiermark, Tirol, Nieder- und Oberösterreich, z. B. l.z. Feldaist unterhalb von Dornach (PB Freistadt, O.-Ö., A), ca. 1160 *Viustriza*, ca. 1430 *Feystricz*, 1455 *Feustricz*. Über mhd. **Fiustrize* < slaw. **Bystrica*, sloven. *bistrica* 'Wildbach, Gießbach' von slaw. *bystrъ* 'schnell, rasch'. – Hausner/Schuster, *Namenbuch*, S. 345–347; Lochner v. Hüttenbach, *Steirische Hydronyme*, S. 74–76; Hohensinner/Wiesinger, *Perg und Freistadt*, S. 170; Bergermayer, *Glossar*, S. 49 f.

Felberbach r.z. Salzach (z. Inn z. Donau). – 1494, 1498 *Velben*, 1570 *Velbra*; ON. Felben (Stadt Mittersill, PB Zell am See, Salzburg, A), 1147–67 *de Uelwen, de Velwen*, nach 1151 *de Velwe*, um 1155–um 1165 *de Uelwen* (und so im 13. Jh. oft belegt), 1300 *von Velben*, 1329 *Felben*; BN. Der Felber Tauern. – Ausgangsform **Felbener Bach*, gekürzt zu *Felberbach*, abgeleitet vom ON. Felben, mhd. *(an den) velwen* 'an/bei den Weiden', ahd. *felawa* 'Silberweide, Salweide'. – Straberger, *HG.A.9*, S. 24 f.; Hausner/Schuster, *Namenbuch*, S. 347.

Felchbach r.z. Schwäbischen Rezat (z. Rednitz z. Regnitz z. Main z. Rhein), mündet nördlich von Weißenburg (Lkr. Weißenburg-Gunzenhausen, Bayern, D). – /fɛlbâχ/, 1425 *die Felge*, 1715 *Velch*, 1789 *die Felb* (lies *Felh*?), 1833 *Felchbach*; FlurN. *In der Felch*, 1545 *an der felich*. – Kompositum mit dem Grundwort *-bach* und einem Bestimmungswort, das vielleicht an ahd. *felga* 'umgepflügtes Feld' (ursprünglich 'Wendung'?) angeschlossen werden kann. – Sperber, *HG.A.7*, S. 42; Beier, *Weißenburg-Gunzenhausen*, S. 87–89.

Feld- -bach, -born, -graben, -pfuhl, -riehe, -see, -wasser, -wettern, -wies(en)bach. Bestimmungswort ahd. *feld*, nhd. *Feld* 'ausgedehnte Anbaufläche, das gesamte Pflugland, Ackerstück, freies Feld (im Gegensatz zum Wald)', auch Bezeichnung von Landstrichen, ↗ ²Felda.

Felda, die
– ¹Felda, r.z. Ohm (z. Lahn z. Rhein), entspringt am Sieben Ahorn (Vogelsberg) in 630m Höhe in der Nähe von Ulrichstein (Vogelsbergkreis, Hessen, D), mündet bei Nieder-Gemünden (Gemünden/Felda, Vogelsbergkreis). – ON. Feldatal (Vogelsbergkreis), ON. Groß-Felda (Gem. Feldatal), ON. Klein Felda (Zeilbach, Gem. Feldatal), 1190 (Kopie 15. Jh.) *in Velle, in Vellen*, 1233 *de vello*, 1337 *tzu Velle*, 1498 (Kopie 16. Jh.) *zu Fel*, 1592 *Felda*. – Grundform FlN. mhd. *Velle* < gm. **Faljō* f., *j*-Ableitung von gm. **fal-*, von dem zwar weitere Gewässernamen abgeleitet sind (↗ Valme), dessen Bedeutung und Herkunft aber nicht geklärt sind. Die germanischen Flussnamen, die vielleicht auf gm. **Falō* f. beruhen, z. B. river Fal, z. Ärmelkanal bei Falmouth (GB), 969, 11. Jh. *to Fæle*; aschw. **Fala*, jetzt Fulan (Dalarna, Schweden), haben

vorgermanische Parallelen im lit. FlN. *Palà* und in *Paglia*, r.z. Tiber in Orvieto (I.). Lit. *Palà* wird zu lit. *ampalas* 'Aufwasser auf dem Eis', lett. *pali* 'Überschwemmung', russ. *vodo-polь(je)* 'Hochwasser' gestellt (< urig. *polh₁-*, Nomen zum Verb urig. *pelh₁-* 'sich füllen, voll werden'). Möglicherweise lebt in gm. *Fal-* (im Ablaut zu gm. *felu-* 'viel') eine verloren gegangene Bezeichnung für Hochwasser führende Flüsse weiter. – Faust, *HG.A.4*, S. 25; Greule, *Studien*, S. 166–169.

– ²**Felda**, l.z. Werra (z. Weser), entsteht aus dem Zusammenfluss zweier Quellflüsse in der Rhön, mündet nach 40 km in Dorndorf (Wartburgkreis, Thüringen, D). – 786 *trans fluviolum Feldaha*, 1016 *ad fluvium Veldaha*, (1191) *circa decursum aquae Feldahe*, 1330 *aquam dictam Velda*, 1334 *in flumine Veldawe*, 1352 *dy Velda*, 1772 *zwischen … der Felda*. – Grundform ahd. *Feldaha*, Kompositum mit dem Grundwort ahd. *aha* 'Fließgewässer' und ahd. *feld* stN. 'ebenes, offenes, anbaufähiges Land (im Gegensatz zum Gebirge oder zum Wald)', die Benennung geht vermutlich von dem im Unterschied zum Feldatal offenen Mündungsgebiet aus. – Sperber, *HG.A.5*, S. 25 f.

Feldaist   ↗Aist.

Feldkahlbach   ↗Kahl.

Feldschutter   ↗²Schutter.

Fella   (auch *Fellach*, *Fellenbach*), r.z. Aura (z. Sinn z. Fränkische Saale z. Main z. Rhein), entsteht aus dem Zusammenfluss von Rengersbrunner Bach und Wohnroder Bach, fließt durch Fellen (Lkr. Main-Spessart, Bayern, D). – ON. Fellen, 1277 *Veldin*. – Ausgangsform FlN. ahd. **Feld-aha*? > mhd. **Velda(ch)* > (mit Assimilation /-ld- > -ll-/) *Fella*. Etymologie wie ↗²Felda. – Sperber, *HG.A.7*, S. 42.

Fels-/-en-   Flussnamen, die mit *Fels-* (ahd. *felis*, mhd. *vels*) als Bestimmungswort zusammengesetzt sind, beziehen sich auf eine felsartige Geländeformation dem Flusslauf entlang, z. B. Felsweißbach, z. Pförner Weissach (z. Hofweißbach z. Weissach z. Tegernsee) (Bayern, D), 1829 *Felsenweissach*, 1859 *Felsweissache*, mit BergN. 1774 *Felsen* 'die vom Berg *Felsen* kommende Weißach'; Felsalbe, r.z. Hornbach (z. Schwarzbach z. Blies z. Saar z. Mosel z. Rhein), 1445 (Kopie) *an der Felsalben*, um 1500 *biß uff die Felshalbe*, mit ON. †Felsalben, westlich von Walshausen (Lkr. Südwestpfalz, Rh.-Pf.), 1310 (Kopie 14. Jh.) *Velshalben*, 1485 *Felßalben*, FlurN. 1564 *Filshalber berg*, *Filtzhalber glame* ↗Felsbach, l.z. Moschel-Bach (z. Alsenz z. Nahe z. Rhein) mit ON. und FlurN. Felsberg (Gem. Überherrn, Lkr. Saarlouis, Saarland), vor 1574 *zue Felsbach*. – Dotter/Dotter,

HG.A.14, S. 98; Spang, *HG.A.13*, S. 23; Dolch/Greule, *Pfalz*, S. 140; Greule, *HG.A.15*, S. 31.

Fembach, die   l.z. Zenn (z. Regnitz z. Main z. Rhein), mündet bei Veitsbronn-Retzelfembach (Lkr. Fürth, Bayern, D). – 1414 *die Fennbach das wasser*; ON. Oberfembach (Gem. Hagenbüchach, Lkr. Neustadt an der Aisch-Bad Windsheim, Bayern, D), Kirchfembach (Marktgem. Langenzenn, Lkr. Fürth, Bayern), Retzelfembach (Gem. Veitsbronn, Lkr. Fürth), 1235 *de Vendebach*, *de uendebach*, 1246, 1274 *de Vendebach*, 1255, 1291 *de Vendbach*, 1299 *de Vendebach*, 2. Hälfte 14. Jh. *Kirchuendenbach*, *in Kirchuenbach*, 1414 *Kirchfennbach*, *Reczelfennbach*. – Grundform mhd. *Vendenbach* (lies /fendenbach/), Kompositum mit dem Grundwort *-bach* und dem Genitiv des PN. ahd. *Fendo* (< **Fandjan-*) (Gen. *Fenden-*), mhd. *Vendenbach* entwickelte sich über **Vennenbach* > *Fennbach* > *Fembach*. Parallelname ON. Fembach (Gem. Seeon-Seebruck, Lkr. Traunstein, Bayern, D), ca. 1180 *De (ad) Uendenbach*, *Uendenpach*, *de Fendenpach*, ca. 1563 *Vempach*. – Sperber, *HG.A.7*, S. 42; Dotter/Dotter, *HG.A.14*, S. 98.

Fenn-   (ndd. auch *Venn-*) *-graben*, *-kute*, *-pfuhl*, *-see*. Bestimmungswort ndd. (brandenburg.) *Fenn(e)* m. (f.), mndd. *venne* 'Moor, Sumpf' (gm. **fanja-*), bezeichnet (verlandete) Teiche, Seen und besonders feuchte Niederungen in Acker und Wiese. Als Flussname: Fagnon, z. Meuse, mit ON. Fagnon (Dep. Ardennes, F), 12. Jh. (Kopie 13. Jh.), 1184 *Fanium*. – Fischer, *BNB 10*, S. 72 f.; Rohden, *Treene*, S. 409 f.; Udolph, *Germanenproblem*, S. 300–317; Gysseling, *Woordenboek*, S. 346.

Fensterbach   r.z. Naab (z. Donau), mündet unterhalb von Schwarzenfeld (Lkr. Schwandorf, Bayern, D). – 1413 *jenseits des Ventzenbachs*; ON. Fensterbach (Lkr. Schwandorf), 1350 *Veusterpach*, 1355 *Fewsterpach*, 1390, 1555 *Ventzenbach*, 1676 *Fensterbach*. – Die ältesten Belege (1350 *Veusterpach*, 1355 *Fewsterpach*) enthalten als Bestimmungswort das über mhd. **Fiuster* (lies fy:ster) ins Bairische integrierte Lehnwort urslaw. **bystrъ* 'schnell, reißend, hell, klar, durchsichtig' ↗Feister(bach). Der Name wurde umgedeutet sowohl als Kompositum mit dem Genitiv des PN. **Ventze* (*Ventzen-*) und als *Fenster*-Bach. – N.N., *HG.A.20*; Reitzenstein, *Oberbayern*, S. 81.

† **Fergitz**   See östlich von Fergitz (Gem. Gerswalde, Lkr. Uckermark, Brandenburg, D), heute Oberuckersee. – 1359 *In den virckwitz*, 1375 *Verketz*, 1592 *Ein Sehe der Ferckwitz*, 1703 *der Ferckwitz*; ON. Fergitz, 1354 *Verckwitz*. – Grundform apolab. **Virchovica* oder **Virchivec* 'Oberlauf-Bach' zu **virch* 'Höhe, Erhebung, oberer Teil'. – Fischer, *BNB 10*, S. 73.

Fermersbach l.z. Rissbach (z. Isar z. Donau) an der Grenze zwischen Bayern (D) und Tirol (A). – Ca. 1563 *Fermanspach*; BergN. Fermersbach-Wand, Fermerskopf. – Bestimmungswort ist der PN. *Ferman* 'Fährmann' im Genitiv, **Fermansbach* abgeschwächt > **Fermensbach*, dissimiliert > *Fermersbach*. – Snyder, *HG.A.3*, S. 22.

Ferndorf, die (auch *Ferndorfbach*), r.z. Sieg (z. Rhein), entspringt im Süden des Rothaargebirges an der Rhein-Weser-Wasserscheide in 600m Höhe bei Oberndorf (Stadt Hilchenbach, Kreis Siegen-Wittgenstein, NRW, D), mündet in Weidenau (Stadt Siegen, Kreis Siegen-Wittgenstein), gilt wegen der abfließenden Wassermenge als eigentlicher Oberlauf der Sieg. – 1319 *in der Verentref*, 1345 *dy Veerenstref, dy Veerintref nyder, uf der siit der Veerentref, dy vyrentref*, 1362 *dy Verntreff*, 1399 *die Verrentreff*, 1686 *die Ferndorf*; ON. Ferndorf (Stadt Kreuztal, Kreis Siegen-Wittgenstein), 1304 *Verentreſh*, 1344 *Verrentrap*, 1345 *Veerentraf, Verintref*, 1349 *Verntreft*, 1362 *Verntreff*, 1365 *Verentref*, 1378 *in Ferintraffer kirchspell*, 1378, 1399 *Verrentreff*, 15. Jh. *Ferntorff* (so mehrfach belegt), 1560–1696 *Ferndorf*. – Grundform ahd. **Ferindraffa*, sekundärer *apa*-Name ↗ *apa*, ahd. *affa*, auf der Grundlage eines FlN. gm. **Farend-ra-* (> **Farindra-*), der mit gm. *r*-Suffix von gm. **farend-*, Verbaladjektiv zum Verb gm. **far-a-* mit der Bedeutung 'eilend, schnell' (?) abgeleitet ist, vgl. dänischer ON. Farendløse (Sjælland) < FlN. **Farundar-* oder **Faranda-* (mit ablautendem Suffix). Ausgehend von der Siedlung wurde **Ferentreff* umgedeutet als *Ferndorf*. – Faust, *HG.A.4*, S. 25 f.; Barth, *Sieg und Ruhr*, S. 78; Nyman, *Ortnamn*, S. 269.

Ferner- *-bach, -see*. Bestimmungswort südbair. *Ferner* 'Gletscher'. – Kühebacher, *Ortsnamen 1*, S. 80 f.

Fernitz l.z. Kamp bei Plank (PB Krems an der Donau, N.-Ö., A). – Ableitung von slaw. Adj. **borьna* 'Nadelwald-, Kiefern-' mit Suffix slaw. **-ica* 'Bach, der durch einen Nadelwald/Kiefernwald fließt'. – Hausner/Schuster, *Namenbuch*, S. 351; Bergermayer, *Glossar*, S. 35 f.

† Fernitzbach l.z. Dosse (z. Havel z. Elbe) westlich von Gadow (Lkr. Ostprignitz-Ruppin, Brandenburg, D), heute Splitterbach. – 1721 *an der Fernitz*, 1722 *bis an die Fernitz-Bach*, 1825 *Die Vernitz, Vernitz Bach*. – Grundform apolab. **Varnica* 'Ort, wo es Raben oder Krähen gibt' zu **varn* 'Rabe' oder **varna* 'Krähe'. – Fischer, *BNB 10*, S. 299.

Ferschnitzbach r.z. Ybbs bei Truckenstetten (Gem. Ferschnitz, PB Amstetten, N.-Ö., A), um 1000 (Kopie 12. Jh.) *in flumen Flesnici*, 1303 *Vesnitztal*; ON. Ferschnitz (PB Amstetten), 1034 *Phezniza*, 14. Jh. *Vessnitz*, 1345 *Versnitz*. – Slaw. **Běsьnica* 'rasender, tobender Bach', abgeleitet mit Suffix *-ica* von der Verkürzung **běsьna* (erg. *rěka*) zu slaw. **běsъ* 'Teufel'. Die Eindeutung des Namens erfolgte nach Synkope (**Besnitz-*) durch Lautersatz slaw. /b-/ durch /f-/ > **Fesnitz*. Hyperkorrekt oder analogisch sind sowohl die heutige Form mit /-r-/ (**Fersnitz* palatalisiert > *Ferschnitz*) als auch der älteste Beleg (in Kopie) *Flesnici* mit anlautenden /fl-/. – Hausner/Schuster, *Namenbuch*, S. 351; Bergermayer, *Glossar*, S. 28.

Fessbach l.z. Lietenbach (z. Kupfer z. Kocher z. Neckar z. Rhein) in Kupferzell (Hohenlohekreis, B.-W., D). – ON. Fessbach (Gem. Kupferzell), /fε̣sbaχ/, 1319 *Velselsbach* (lies *Vesselsbach*), 1357 *Vesselspach*, 18. Jh. *Feßbach*. – Grundform spätmhd. *Vesselsbach*, Kompositum mit dem Grundwort *-bach* und dem Genitiv des PN. ahd. **Fezzil* (spätmhd. *Vessels-*). – Schmid, *HG.A.1*, S. 31; Kaufmann, *Ergänzungsband*, S. 117.

Fessenbach r.z. Mühlbach (z. Mühl- und Floßkanal z. Kinzig z. Rhein). – 1242 *rivus ... Vessenbach*, 1254 *Vesinbach*, 1284 *in Vessenbach*, 1398, 1424 *in dem hindern Vessembach*, 1484, 1491, 1504 *Vessembach*; ON. Fessenbach (Stadt Offenburg, Ortenaukreis, B.-W., D). – Kompositum mit dem Grundwort *-bach* und dem Genitiv des PN. ahd. **Fazzo* (**Fezzin-* > mhd. *Vessen-*). – Geiger, *HG.A.2*, S. 37.

Fessnach, die r.z. Doppelbach bei St. Lorenzen bei Scheifling. – ON. Feßnach, Ober-, Unter- (Gem. Sankt Lorenzen bei Scheifling, PB Murau, Steiermark, A), 1154 *R. de Veztnach*, um 1170 *de Ueznach*, 12. Jh. *A. de Veznach, G. de Veznach*, 12./13. Jh. *Veznah*. – Grundform ahd. **Fezzan-aha* (oder **Fezzant-aha*) > mhd. *Veznach*; in **fezzan(t)* liegt entweder das Partizip Präteritum oder das Partizip Präsens des starken Verbs ahd. **fezzan* 'wanken, fallen wollen' vor. Es bezieht sich auf die als reißenden Bach, der oft große Schäden anrichtete, beschriebene Fessnach. Eine andere Ableitung von ahd. **fezzan* (gm. **fet-a-*) liegt in ↗ Vesser (< **Fetarō*) vor. – Hausner/Schuster, *Namenbuch*, S. 352 (mit slawischer Etymologie); Lochner von Hüttenbach, *Steirische Hydronyme*, S. 76 (mit slawischer Etymologie); Karg-Gasterstädt/Frings, *Wörterbuch*, Bd. 3, Sp.789.

Fetz- *-achgraben, -achmoos, -achried, -bach*, z.B. Fetzenbach, r.z. Rothmoosbach (z. Wehra z. Rhein), 1267 *rivus ... Vetzbach*. Bestimmungswort (alem.) *Fetzen* vielleicht mit der Bedeutung 'sumpfiges Gelände' bzw. 'massig ungeformtes Stück Land'. – Geiger, *HG.A.2*, S. 37; Snyder, *HG.A.3*, S. 23; Keinath, *Württemberg*, S. 44, 61.

Feuer- -bach, -graben, -see, -tobelbach, z.B. Feuerbach (alt *Biberbach*, am Unterlauf auch *Mühlbach*), l.z. Neckar (z. Rhein) mündet in Mühlhausen (Stuttgart, B.-W., D), 1229 *in Fûrbach*, 1287 *Fiurbach*, 1381 *Fürbach*, 1483 *Feuerbach*. Bestimmungswort mhd. *fiur* 'Feuer', Benennung vielleicht, weil am Fluss durch Feuer gerodet wurde (Brandrodung) oder weil aus dem Gewässer Löschwasser entnommen wurde, ↗ Fauerbach. – Schmid, *HG.A.1*, S. 31f.

Feuersbach r.z. Weisbach (z. Sieg z. Rhein). – ON. Feuersbach (Stadt Siegen, Kreis Siegen-Wittgenstein, NRW, D), 1337 *in Wurspach inferiori* (lies *Vurspach*), 1353 *Furspach*, 1417–19 *zu Nyderen Vurspach*, 1560–1732 *Feuersbach*. – Kompositum mit dem Grundwort *-bach* und dem Genitiv des PN. mhd. *Fiurære* 'Feuerer' (Gen. *Fiurers-* mit /y:/). – Faust, *HG.A.6*, S. 26.

Ficht-/-e-/-el-/-en- -ach, -bach, -born, -graben, -grundbach, -ohe, -pfuhl. Bestimmungswort ahd. *fiohta* swF., mhd. *viehte* 'Fichte', ↗ Feicht-.

Fichtelnaab ↗ Naab.

Fie (auch *Hansdorfer Fie*, *Viehe*), verlandeter Teich bei Großhansdorf (Lkr. Stormarn, S.-H., D). – 1529 *... des fyes thom Hanstorpe*, 1532 *inth fy gesettet*, 1536 *fihy*. – Mndd. *vī*, ndd. *Vie* 'Sumpf, sumpfige Wiese'. – Udolph, *HG.A.16*, S. 147.

Fielenbach (auch *Violenbach*), r.z. Ergolz (z. Rhein) bei Augst (Kanton Basel-Landschaft)/Kaiseraugst (Kanton Aargau, CH), trennte in römischer Zeit die Oberstadt von Augusta Raurica von der Unterstadt. – /fiólᵉbax/, 1355 *nidwendig der Fielinen*, *über die Fielenen*, 1363 *in die Vielinen*, *die Vielinen uf*, *untz do die Fieline in den Rin flúszet und die Fielien uff*, 1504 *in die Fielen*, 1510 *inn die Vyelinenn*, *die Vielennen uf*, 1539 *der Fielen dem bach*, 1540 *dem bach die Fielen*, 1664 *im Violenbach*. – Grundform mhd. *Fieline* f., Lehnname < rom. **vialīna* 'Straßenbächlein, Bächlein an der Straße'. – Greule, *Oberrhein*, S. 168f.; Greule, *Kontinuität durch Wechsel*, S. 117.

† Fifeldor vermutlich alter Name der Eider. – 8. Jh. (ae. poetisch) *bi Fifeldore* (Widsith). – Kompositum mit dem Grundwort ae. *dōr* wie in ↗ Eider und ae. *fīfel* 'Ungetüm, Riese', awn. *fīfl* 'Unhold'. – Kvaran, *HG.A.12*, S. 53; Laur, *Schleswig-Holstein*, S. 249.

Fillmannsbach z. Enknach (z. Inn z. Donau). – Ca. 1180 *Vilmuspach*, ca. 1563 *lacuna*, *ex qua Vilmerspach manat*; ON. Fillmannsbach (Gem. Sankt Georgen am Fillmannsbach, PB Braunau am Inn, O.-Ö., A), 1123 (Kopie 14. Jh.) *in Vilmotzpach*, *Vilmůtspach*, um 1180 (Kopie 17. Jh., Druck 18. Jh.) *de Filmousbach*, 1207/18 *de Uilmannesbach*. – Kompositum mit dem Grundwort *-bach* und dem Genitiv des PN. ahd. *Filmuot* (*Filmuotes-*) als Bestimmungswort, Umdeutung von **Filmuotesbach* in **Filmannesbach*. – Dotter/Dotter, *HG.A.14*, S. 100; Hausner/Schuster, *Namenbuch*, S. 358.

Fils, die r.z. Neckar (z. Rhein), entspringt auf der Schwäbischen Alb in 625m Höhe südwestlich von Wiesensteig (Lkr. Göppingen, B.-W., D), mündet nach 63 km bei Plochingen (Lkr. Esslingen, B.-W.). – /fils/, 861 (Kopie 16. Jh.) *flumen ... Filisa*, 1137/38 (Chronik, Kopie 16. Jh.) *prope fluvium Vilisam*, 1299 (Kopie 13./14. Jh.) *fluvii dicti Vilse*, 1452 *zwischen der Vilse...*, 1472 *an der Vils*, 1482 *an der Vylse*; GebietsN., 861 (Kopie 16. Jh.) *filiuuisgauue*, 998 *Viluesgeuui*, 1142 (Druck 1791–95) *Philiskove*, 1396 *in dem Vilßtale*; ON. Schloss Filseck zwischen Faurndau (Stadt Göppingen) und Uhingen (Lkr. Göppingen), 1216 *de Villeseke*, 1268 *de Vilsecke/Vilsegge* (und weitere Belege) 'Burg an der Fils'. – Grundform ahd. *Filisa*, Deutung ↗²Vils. Falls es sich bei dem Beleg 861 (Kopie 16. Jh.) *filiuuis-gauue* nicht um eine dittologische Verschreibung (für *filisgauue*) handelt, liegt im Gaunamen ein von ahd. *fel(a)wa* 'Felbe, Felber' Weide' abgeleiteter zweiter Name für die Fils vor, **Felw-isa > *Filwisa* (998 *Vilues-*) mit Sprossvokal **Filiwisa*. – Schmidt, *HG.A.1*, S. 32; Reichardt, *Göppingen*, S. 77f.; Mauch, *Vils und Fils*.

Filz-/-en-/-er- -bach/-bach, -graben, -moos, -laine, -tal, -webgraben, z.B. 1125 *paludem quę dicitur Uilzmos*, 1194 *paludem que dicitur Vilzmos*, heute Mitter-, Ober-, Unter-Moos (Stadt Salzburg, A). Bestimmungswort ahd. *filz* stM. 'Filz, Moos', mhd. *vilz* 'Moor, Moorgrund, faules Moos', ↗ Vilzbach. – Hausner/Schuster, *Namenbuch*, S. 359, 754.

Filzbach z. Walensee (z. Zürichsee), /bim fillts bà χ/; ON. Filzbach (Kanton Glarus, CH), 1394, 1412 *von Vilentspach*, 1405 *von Vilentzbach*, 1480 *ab Villentzbach*, 1551 *uff Vilentzbach*, 1579 *uff Filetzbach*, *zuo Filtzbach*. – Ausgangsform FlN. (mhd.) **Filenz(e)*, durch Komposition mit dem Grundwort *-bach* erweitert, was zur Synkope der Mittelsilbe /-en-/ beiträgt (> *Filz-bach*). **Filenze* ist ein Lehnname aus vorgm. (ves.-ig.) **ṷilantia*. Der vereinzelte Flussname hat vielleicht eine Parallele im ON. *Villanders*, /flådrsch/, Gem. am Westhang des Eisacktales südwestlich von Oberklausen (Südtirol, I.), 1018 *Filanders*, 1070 *Filandres*. Beiden Namen liegt als Ableitungsbasis (ig.) **ṷilo-* (< **h₂ṷiló-*), mit *l-*Suffix abgeleitetes Verbaladjektiv zu urig. **h₂ṷei-* 'laufen' zugrunde. In **ṷilantia* liegt das in der alteuropäischen Gewässernamengebung bekannte (kelt.?) Suffix -*antia* vor, das ein Vorhandensein bezeichnete; urig.**h₂u̯iló-* 'laufend' kann sich sowohl auf den Flusslauf selbst als auch auf den Fluss als Weg beziehen. – Walch, *Glarus*, S. 243–246; Kristol, *LSG*, S. 356; Kühebacher, *Ortsnamen* 1, S. 520; Rix, *LIV*, S. 287 f.

Fimbach l.z. Kleinen Vils (z. Vils z. Donau). – Ca. 1563 *rivus Vimpach*; ON. Fimbach (Markt Geisenhausen, Lkr. Landshut, Bayern, D), 1474 *Vimpach*. – Kompositum mit -*bach* als Grundwort. Das Bestimmungswort kann zum Adj. gm. **fima-*, awn. *fimr* 'rasch, flink' gehören. – Snyder, *HG.A.3*, S. 23; Heidermanns, *Primäradjektive*, S. 197.

Fimberbach räto-rom. *Ava da Fenga*, r.z. Trisanna (Fortsetzung Sanna z. Inn z. Donau), mündet in Ischgl (PB Landeck, Tirol, A). TalN. Fimbatal (auch Fimbertal), räto-rom. *Val Fenga*, AlpN. Fimber Alm mit Fimberpass, 1163 (Kopie 14. Jh.) *in alpe Finua*, 1200 *Finna* 1200–1230 *per alpem Fenuam*. – Grundform AlpN. vorrom.(?) **Fingu̯a* 'fetter Viehleger', ins Bairische integriert als *Fimba* (ahd. *fimba* 'Getreidehaufen'). – Hausner/Schuster, *Namenbuch*, S. 359.

Finelebach Unterlauf des Spronser Talbachs, r.z. Passer (z. Etsch), mündet hinter der Zenoburg (Prov. Bozen, Südtirol, I.). – /finele, finl/, 769 (Kopie 11.–15. Jh.) *inter duos rivulos ... Finale*, 13. Jh. *in (us) dem Vinnal, Vinnel*, 1288 *ultra rivum Vinal*, 1301 *uf dem Vinal*, 1470 *der Vinel*. – Entstanden aus rom. *Finale*, l. *rivus finalis* 'Grenzfluss', der die Gemeinden Tirol und Kuens scheidet. – Kühebacher, *Ortsnamen* 2, S. 82, Hausner/Schuster, *Namenbuch*, Nachträge.

Finger- -*graben*, -*pfuhl*. Benennung nach der Form des Gewässers (wie ein Finger). – Fischer, *BNB 10*, S. 74.

Finken- -*bach*, -*born*, -*brack*, -*bruchsgraben*, -*brunnen*, -*kolk*, -*kuhle*, -*pfuhl*, -*rieke*, -*see*, -*siepen*, -*teich*, -*tigel*, z.B. Finkenbach, Fortsetzung Ulfenbach (z. Neckar z. Rhein) bei Hirschhorn (Lkr. Bergstraße, Hessen, D), 1509 *bis an die Finkenbach*, mit ON. Finkenbach (Gem. Rothenberg, Odenwaldkreis, Hessen), 1443 *Finckenpach*, 1457 *Finckenbach*, 1545 *Vinckenbach*, 1560 *Underfinkenbach*. Bestimmungswort ahd. *finko*, mhd., mndd. *vinke* 'Fink' (vor allem 'Grünfink' und 'Buchfink'). – Schmid, *HG.A.1*, S. 32; Ramge, *Flurnamenbuch*, S. 358; Fischer, *BNB 10*, S. 74.

Finow, die /'fi:no:/, l.z. Oder, heute größtenteils Finowkanal, FlN. Finowfließ, Oberlauf der Finow östlich von Marienwerder (Lkr. Barnim, Brandenburg, D), auch Bawenfinow. – 1294 *aquam ... Vino*, 1304 *aque vinoue*, 1315 *fluuium Vinowe*, 1589 *uf der Vina*, 1745 *die Fienow*, 1786 *die Finow oder Fühnow*, auch ... *Fine (Fühne)*, 1827 *Fuhne*, 1844 *die Finow*; FlN. Bawenfinow, 1704 *an der bawen Fuhne*, 1780 *Bawen-Finow*, *Bawen-Fühne*, 1936 *Babenfine* (zu mndd. *boven* 'oben'); ON. Niederfinow (Gem., Lkr. Barnim), ON. Hohenfinow (Gem., Lkr. Barnim), 1258 *in sinistre parte vie Vinowe*, 1267 *in molendino Vinauie inferioris*. – Grundform apolab. **Vinov-*, abgeleitet von slaw. **vin-* in čech. *vínek* 'Band, Stirnband', akslav. *věnъcь* 'Kranz', zu aksl. *viti* 'drehen, flechten, winden' (urig. **u̯ei̯h₁-*, **u̯ih₁-nó-* > **u̯īno-* 'gebogen'), **Vinov-* bezieht sich vielleicht auf eine in den Fluss eingebaute, aus Flechtwerk bestehende Vorrichtung der Sperrfischerei, ↗ Wyna. – Wauer, *HG.A.17*, S. 36; Fischer, *BNB 10*, S. 74; Pokorny, *IEW*, S. 1121.

Finster (auch *Finsternbach*), älterer Name des Kerker-Bach, r.z. Lahn (z. Rhein) bei Runkel (Lkr. Limburg-Weilburg, Hessen, D). – 1464 *uff der Ffynster*, 1497 *hynsite der Vinster, uff die Vinster*, ca. 1514, 1517 *uff der Fynster*, 1517 *uff der Finster* usw., 1580 *jenseits des Finsternbach*; ON. (wüst) 893 *Vénestre, Wénestre, Uenestre*, 1240 *Vinstere*, 1313 *v. Vinstern*, 1316 *Nederin Vinstern, Obern Vinstern, zu Vingstern*, 1408 *Fenstern*; ON. Finster-Mühle (Schupbach, Gem. Beselich, Lkr. Limburg-Weilburg), /finsdə'mil/, 1558 *die Finstermuhlen*. – Grundform ahd. **Fin(i)stra*, (mit mundartlicher Senkung) mhd. *Fenestre 'die Dunkle, Finstere', ↗ Finster-. – Faust, *HG.A.4*, S. 26; Metzler, *Westerwald*, S. 83.

Finster-/e-/-er-/-n- -*bach*/-*bächel*/-*bächle*/-*bächlein*, -*brunnen*, -*graben*, -*klingenbach*, *Tiegel*, Bestimmungswort mhd. *vinster*, ahd. *finstar* 'finster'. Benennung nach der schattigen Geländelage bzw. der Farbe des Wassers. – Kühebacher, *Ortsnamen* 2, S. 83 f.; Ramge, *Flurnamenbuch*, S. 358.

Fisch- -*a*, -*ach*, -*au*, -*bach*, -*becke*, -*bek*, -*born*, -*giessen*, -*graben*, -*see*, -*teich*, -*wasser*, -*weiher*, z.B. die Fischa, r.z. Donau bei Maria Ellend (Gem. Haslau-Maria-Ellend, PB Bruck an der Leitha, N.-Ö., A), 805 (Kopie 9. Jh.) *super Fiskaha*. Bestimmungswort ahd. *fisc*, mhd. *fisch* stM. 'Fisch'. Die Gewässer sind danach benannt, dass in ihnen gefischt werden kann oder darf. – Hausner/Schuster, *Namenbuch*, S. 361–363.

Fischbach l.z. Asdorf (z. Sieg z. Rhein). – /fišpə/; ON. Oberfischbach (Stadt Freudenberg, Kreis Siegen-Wittgenstein, NRW, D), 1342 *Overin Vispe*, 1345 *Overvyspe*, 1349 *Visphe*, 1351–52 *Vispe*, 1362 *zů Overnfispe*, 1399 *zoe Overenfispe*, 1404 *van Vispe*, 1423 *zu Fiispe*, 1442 *Fischpe*; ON. Niederfischbach (Gem., Lkr. Altenkirchen/Westerwald, Rh.-Pf.). – Grundform FlN. mndd. *Fispe < as. *Fisk-apa, Kompositum mit dem Grundwort ↗-*apa* und as. *fisk* m., mndd. *vis* 'Fisch', ⁊Fisch-. – Faust, *HG.A.4*, S. 26; Barth, *Sieg und Ruhr*, S. 79.

Fischelbach l.z. Banfer-Bach (z. Banfe z. Lahn z. Rhein). – ON. Fischelbach (Stadt Bad Laasphe, Kreis Siegen-Wittgenstein, NRW, D), 1223/54 *Vischilinbach*, 1307 *Visselenbach*, 1362 *Fischelbach*, 1472 *Ffysschelnbach*, 1569 *Fischelnbach*. – Kompositum mit dem Grundwort *-bach* und mhd. *vischelīn* 'Fischlein' als Bestimmungswort ⁊Fisch-, über fnhd. *Fischelnbach > Fischelbach*. – Faust, *HG.A.4*, S. 27.

Fischleinbach z. Sextenbach z. Drau, Bach des Fischleintals, it. *Val (di) Fiscalina*, das vom Sextental bei Moos abzweigt und in den Ostteil der Sextener Dolomiten führt (Prov. Bozen, Südtirol, I.). – /físchlanpåch/, /fischlantóol/, 965 (spätmittelalterliche Nachzeichnung) *Viscalina*, 12. Jh. (Fälschungen 8., 10. Jh.) *Viscalina*, um 1770 *Fischlein Bach*. – Ausgangsform kanzleilateinisch *(vallis) fiscalīna* 'dem Fiskus zinspflichtiges Tal' > mhd./südbair. *Vischeleine*, ⁊Vischelbach. – Kühebacher, *Ortsnamen 2*, S. 84 f.

Fisetenbach (auch *Fismetenbach*), l.z. Linth (z. Walensee z. Zürichsee), Grenzbach in der Gem. Linthal (Kanton Glarus, CH), 1196 *in rivum ... Uisinbach*, 1483 *zu dem Vysibach*, 1558 *an der Vissedten, kein vech uff Vissettent*, 1734 *Visinbach*, 1753 *Fisenbach, Visenbach*, 1753 *Fischmattbach*; ON. Fisetenalp/Fismatt (Kanton Uri) /i dr físətæ/, vor 1529 *Fisetten*, 1705 *Fismath oder Fiseten*. – Grundform FlN. *Uisin(bach)*, von dem der Alp- und FlurN. *Fisn-ete* (> *Fisete*) abgeleitet ist und mit der FlurN. *Fismatt* durch Komposition gebildet wurde. Beide, *Fisnete* und *Fismatt*, werden vereinzelt auf den Fluss übertragen. Auszugehen ist von einem vorgm. FlN. *ųisinā*, der als (mhd.) *Fisene* ins Alemannische integriert und zur Unterscheidung von der Alp mit dem Grundwort *-bach* versehen wurde. Zur Etymologie von *ųisinā* ⁊Wiese, zu der es ebenfalls einen mit dem Lehnsuffix (l.-rom.) *-āta* gebildeten Ortsnamen *Wiesleth* gibt. – Walch, *Glarus*, S. 96–100.

Fisseke l.z. Düderoder Bach (z. Aue z. Leine z. Aller z. Weser), mündet nordöstlich von Willershausen (Gem. Kalefeld, Lkr. Northeim, Niedersachsen, D). – Ende 16. Jh. *Fismeskes beck*, (1651) *im Vißembke, an der Vißembke*, 1779 *die Fisemke*, 1782 *Fissencke*, 1784 *Fissenke*, 1857/58 *im Fisseken*; TalN. 20. Jh. *Fissekental*. – Grundform mndd. *Vissendbeke* f. > *Vissembeke*, *Vissembke*, *Vissemke* > *Fisseke*, Kompositum mit dem Grundwort mndd. *-beke* und dem Partizip des Verbs *fissen*, vgl. ndd. *fisseln* 'fein regnen', ⁊Visnitz ⁊Vissel. – Kettner, *HG.A.8*, S. 27; Kettner, *Leine*, S. 68.

Flaake (der?), l.z. Moore (z. Leine z. Aller z. Weser), mündet bei Moringen (Kr. Northeim, Niedersachsen, D). – 1632 *im Flabeck, im Flake, im Flacke*, 1729 *im Flacke*, 1864 *im Flaake*; FlurN. Flaaksanger, 1729 *am Flackes Anger*, 1771 *Flaaks Anger*, 20. Jh. *Flaaksanger*. – Grundform mndd. *Flāt-beke*, gekürzt zu *Flaake*, Kompositum mit Grundwort mndd. *-beke* 'Bach' und mhd. *vlāt* 'Sauberkeit', negiert mndd. *unvlāt* 'Unflat', als Bestimmungswort. Als Bestimmungswort kommt auch gm. *flata-* 'flach, untief' ⁊Flape infrage. – Kettner, *HG.A.8*, S. 27; Kettner, *Leine*, S. 69.

Flach-/-en-/-er-/-es- *-bach, -bergbächle, -brunnen, Pfuhl, Seechen, Wasser, -weiher, -weihergraben*. Bestimmungswort nhd. *flach*, mhd. *vlach*, ahd. *flah* 'nicht tief', ⁊Flack-.

Flachs- *-bach, -bäke, -meer, -moorgraben, -pfuhl*. Bestimmungswort ahd. *flahs*, mhd. *vlahs*, as. *flas*, mndd. *vlas* 'Flachs'. Die Gewässer sind danach benannt, dass in ihnen der Flachs geröstet (gerötet, d. h. zum Faulen gebracht) wurde. – Fischer, *BNB 10*, S. 75.

Flack-/-en- *-see, -pfuhl*. Bestimmungswort mndd. *vlak*, brandenburg. *flack* 'nicht tief', ⁊flach-. – Fischer, *BNB 10*, S. 75.

Fladnitz, die

– ¹Fladnitz, r.z. Donau nördlich Palt (Gem. Furth bei Göttweig, PB Krems/Land, N.-Ö., A). – 1072–1091 *in flumen Fladnitz, de Fladniz*, 1096 (Fälschung 12. Jh.) *in Flaednize, de Flaidniza*, um 1124 *in Flaidnize, de Flaidniza*, um 1143 zu 1117 *Phlætniz*, um 1144 *Phlâtniz*.
– ²Fladnitz, l.z. Raab bei St. Ruprecht an der Raab (PB Weiz, Steiermark, A), 1265 *Fletmytz*, 1295 *Vlednetz*, 1372 *Flednitz*.

Mhd. *Flātnize* < slaw. *Blatъnica*, Ableitung mit dem Suffix *-ica* von *blatъna* 'sumpfig', dem femininen Adjektiv zu slaw. *blato* 'Sumpf, Morast, usw.' – Hausner/Schuster, *Namenbuch*, S. 364; Lochner von Hüttenbach, *Steirische Hydronyme*, S. 77; Bergermayer, *Glossar*, S. 30 f.

Flaggenpfuhl bei Röpersdorf (bei Prenzlau, Lkr. Uckermark, Brandenburg, D). – 1751 *Flakenpfühle*, 1936 *der Flaggenpfuhl*. – Bestimmungswort brandenburg. *flack* 'nicht tief', an *Flagge* f. angeglichen, ⁊Flack-. Hierzu vielleicht auch FlN. Flage, l.z. Flöte (z. Wiete z. Aue z. Warme Aue z. Weser). – Fischer, *BNB 10*, S. 75; Borchers, *HG.A.18*, S. 37.

Flagger Bach, ~ Tal, ~ Seen Bach durch das Flagger Tal, r.z. Eisack bei Mittewald (Prov. Bozen, Südtirol, I), die Abflüsse des Flagger Sees und der Unteren Flagger Seen münden in den Flagger Bach. –

/flågg, pflågg, flåggᵉrpåch, flåggᵉrtool/, 1184–um 1189 *Valakepach*, 1256, 1277 *Valakenpach*, 1400 *Pflaggerpach, alben in Pflag*, 1481 *alben in Flackh*, 1488 *Flack*, 1592 *Flagg*. – Der ursprünglich einstämmige Name des Tals *Valake(n)* wird auf rom. *vallócca 'großes Tal' > bair. *falákke > *flacke > *pflack zurückgeführt. – Hausner/Schuster, *Namenbuch*, S. 365; Kühebacher, *Ortsnamen 2*, S. 87.

Flake Große~, Kleine~, Buchten im Norden des Großen Pälitz-See/Müritz-Havel-Wasser, woran Strasen (Stadt Wesenberg, Lkr. Mecklenburg-Strelitz, M.-V., D) liegt. – 1778/80 *Der Große Flack See, Der Kl. Flack See*, 1780 *Gr. Flaken See, Kl. Flaken See*. – Deutung vielleicht wie ↗Flakensee. – Wauer, *HG.A.17*, S. 36 f.

Flakensee östlich von Berlin (Lkr. Oder-Spree, Brandenburg, D), Flakenkanal, Verbindung zwischen Flakensee und Dämeritzsee in Erkner (Lkr. Oder-Spree). – 1247 *stagnum Wlokene*, 1487 (Kopie) *vf dem Flacken*, 1591 *See den Flacken*, 1649 (Kopie) *auf dem Flacken*, 1702 *Flacken*. – Grundform apolab. **Vlok-* 'Ort, wo etwas gezogen wird' von apolab. *vlok 'Schleppnetz', ins Deutsche entlehnt als *Floken. – Fischer, *BNB 10*, S. 75.

Flambach r.z. Innerste (z. Leine z. Aller z. Weser) mündet nördlich von Lerbach (Stadt Osterode am Harz, Lkr. Osterode am Harz, Niedersachsen, D). – (1355) (Kopie 16. Jh.) *in dem Fladenbeke*, 1402 *in dem fladembeke*, 1794 *Flambach*. – Kompositum mit dem Grundwort mndd. *-beke*, später ersetzt durch *-bach*, und dem Bestimmungswort as. *flatho* swM. 'Fladen, flacher Kuchen', mndd. *vlāde*, ahd. *flado*, mhd. *vlade*, metaphorisch für einen Fluss mit flachem breitem Bachbett wie norw. *flade* 'small valley, flat field'. Der Namentyp mndd. *Flādenbeke ist im Flussgebiet der Leine mehrfach vertreten, ↗Flambeck ↗Flamecke ↗Flamke. – Kettner, *HG.A.8*, S. 27; Orel, *Handbook*, S. 105.

Flambeck l.z. Bever (z. Leine z. Aller z. Weser) mündet östlich von Sudershausen (Gem. Nörten-Hardenberg, Lkr. Northeim, Niedersachsen, D). – 1860 *im Flambeek*, 20. Jh. *Flambeck*; FlurN. Flameckgrund, 1779 *der Flamecksgrund*. – Zu deuten wie ↗Flambach. – Kettner, *HG.A.8*, S. 27 f.

Flamecke l.z. Suhle (z. Hahle z. Rhume z. Leine z. Aller z. Weser), mündet nördlich von Landolfshausen (Lkr. Göttingen, Niedersachsen, D). – 1557/58 *in dem flamcke, im flamecke*, 1558 *im flamcke*, 1559 *im flamcke*, 20. Jh. *Flammecke, Flamecke*. – Deutung ↗Flambeck. – Kettner, *HG.A.8*, S. 28.

† **Flamke** Fluss im Einzugsgebiet der Leine westlich von Salzderhelden (Stadt Einbeck, Lkr. Northeim, Niedersachsen, D). – 1664 *am Flambke*, 1675 *der Flambeck*, 1858 *Flamke*, 1873 *vor dem Flaeke*. – Deutung wie ↗Flambach. – Kettner, *HG.A.8*, S. 28.

Flandersbach, die r.z. Angerbach (z. Rhein). – 1434 *op der Flanderbeke*, 1458 *dissith der Flandersbeke … Flendersbeke*, 1475 *up der Flandersbeicke*, 15./16. Jh. *Flandersbecke*, Mitte 16. Jh. *Flandersbeick*, 1589/90 *Flandersbeeck*, 1634 *in der Flandersbeck*; ON. Flandersbach (Gem. Wülfrath, Kreis Mettmann, NRW, D), 875 *Flatmarasbeki*, 10./11. Jh. *in Flandrasbeke, in Flanderesbeke*, um 1150 *De Flandirsbeke*, 1265 *In Vlandersbeke*, 13. Jh. *De Flanderisbeke*, 1350, 1362 *Vlandersbeke*, um 1412 *Flanderbeke*. – Grundform as. *Flādmāresbeki, Kompositum mit dem Grundwort as. *beki* 'Bach' und dem Genitiv des PN. as. *Flādmāri (**Flādmāres-*) als Bestimmungswort. – Schmidt, *HG.A.6*, S. 21.

Flanitz, die

– ¹Flanitz, l.z. Feldaist bei Kefermarkt (PB Freistadt, O.-Ö., A). – /ˈvlānátß/, ca. 1260 *Vloenz* (*Vlemitz*), *Flenitz*, ca. 1380 *in der Fleintz, in Flamitz*. – Ausgangsform spätahd. *Vlanitza, mhd. *Vlänitz* < slaw. *Blanьnica, abgeleitet von slaw. *bolna/*blana, tschech. *blana* 'Au, Wiese, Feld' mit Bezug auf die Niederung am Unterlauf des Flusses, der dort fast parallel zur Feld-Aist fließt. – Hohensinner/Wiesinger, *Perg und Freistadt*, S. 164 f.

– ²Flanitz, l.z. Kleinen Regen (z. Schwarzer Regen z. Regen z. Donau). – 1009 *aqua Fladinza*, 1009 (Fälschung ca. 1100) *Fladniza*, 1040 *Fladniz*, 13. Jh. *a fluvio … vlemitz*, 1352 *bey der Flednitz*, 1356 *circum fluvium … Fladnicz*, 15. Jh. *vloenz*; ON. Flanitz, Flanitzalm, Flanitzmühle (Gem. Frauenau, Lkr. Regen, Bayern, D), FlurN. Flanitzhübel, Flanitzlöcher, Flanitzschwelle. – Deutung wie ¹Flanitz. – N.N., *HG.A.20*.

Flape, die (auch *Flape-Bach, Flaperbach*), l.z. Hundem-Bach (z. Lenne z. Ruhr z. Rhein) im Südsauerland. – 1757 *Vlape*, ON. Flape (Gem. Kirchhundem, Kreis Olpe, NRW, D), 1397 *to Vlape*. – Grundform mndd. **Vla(de)pe*, Kompositum mit dem Grundwort ↗apa und Adj. gm. **flata-* 'flach, untief' als Bestimmungswort. – Schmidt, *HG.A.6*, S. 21, 92; Schmidt, *Wupper und Lippe*, S. 144.

Flaßbach ↗Flachs-.

Flattnitzbach r. Quellbach des Paalbaches (r.z. Mur). – 1173 (Fälschung 1216–1218) *rivulum Vlatenitz*; ON. Flattnitz (Gem. Weitensfeld-Flattnitz, PB Sankt Veit an der Glan, Kärnten, A), 1072 (Fälschung 1203–1211) *in Vlātniz*, 1162 (Fälschung 1192–1200) *in*

Ulatniz, 1173 (Fälschung 1216–1218) *in Vlatniz*. – Ausgangsform slaw. **Blatьnica*, mit Suffix *-ica* abgleitet von **blatьna (rěka)* 'sumpfiger Fluss' (slaw. **blato* 'Sumpf'), ↗*Fladnitz*. – Hausner/Schuster, *Namenbuch*, S. 366; Bergermayer, *Glossar*, S. 30f.

Flaumbach r.z. Mosel bei Treis (VG Treis-Karden, Lkr. Cochem-Zell, Rh.-Pf., D), entspringt im Hunsrück bei Blankenrath. – 1272 *Flumen*. – Ausgangsform vulgärlateinisch **flūme* 'Fluss'. – Jungandreas, *Moselland*, S. 396f.

Fleck-/-en-   *-bach, -bachsee, -born, -graben, -pfuhl, -see*, z.B. Fleckenbach, l.z. Kocher (z. Neckar z. Rhein), 1360 *in dem Fleckenbach*. Bestimmungswort mhd. *vlec, vlecke* stswM. 'Flicken, Fetzen, Stelle, Platz', bezieht sich entweder auf ein Flurstück oder auf einen Marktflecken. – Schmid, *HG.A.1*, S. 33.

Fleet   ↗Fließ.

Flehe, die   Rheinarm bei Düsseldorf (NRW, D). – 1184 *versus Fleam*, 1277 *piscatura tocius Flee* (Genitiv), 14. Jh *Flea, Fleam* (mehrfach), 1330 *Vley*, 1368 *in der Vlie*, 1634 *bis uf die Vlie*; ON. Flehe (Stadtteil von Düsseldorf). – Ausgangsform FlN. ahd. **Flewa* f., der nahezu gleiche Name, ndl. *het Vlie* n., Seearm zwischen den Inseln Vlieland und Terschelling (Prov. Friesland, NL), ist bereits in römischen Quellen (Plinius, Ptolemaios, Tacitus, Mela) vorhanden und bezeichnet den nördlichsten Rheinarm im Mündungsgebiet (*Flevum ostium*) und die am Flevum angelegte römische Grenzbefestigung, *castellum Flevum*, vulgärlat. *Flevo* m. Daraus wird auf ein Adjektiv gm. **flewa-* 'flutend, strömend' geschlossen, dessen Genus neutrum durch gm. **watar* 'Wasser' bedingt war. Der FlN. ↗*Flöha* (< **Flawjō*) steht zu **Flewa* im Ablautverhältnis, die Grundlage bildet das Verb ig. **pleu̯-* 'schwimmen, schweben'. – Schmidt, *HG.A.6*, S. 21; Neumann, *Flevum*; Rix, *LIV*, S. 487f.

Fleis-Bach   r.z. Dill (z. Lahn z. Rhein) am Ostrand des Westerwaldes. – ON. Fleisbach (Gem. Sinn, Lahn-Dill-Kreis, Hessen, D), 1291 *Flysbach*, 1295 *Flispach*, 1298 *Vlisbach*, 1299 *Flysbach*, 1532 *Fleysbach*. – Kompositum mit dem Grundwort *-bach* und ahd. **flīs(a)*. Das Bestimmungswort ahd. **flīs(a)*, mndd. *vlīze* (daraus nhd. *Fliese*) geht auf gm. **flīsō* f. 'abgespaltenes Stück (Holz oder Stein), Splitter' zurück (ig. **spleidto-* 'gespalten' > **spleisso-* > (dissimiliert) **pleisso-* > gm. **flīsa-*). Weitere Namen dazu finden sich vor allem in Norwegen und Schweden, wo metamorphe Gesteine (Gneis, kristalline Schiefer) häufig vorkommen, z.B. norw. FlN. *Flisa, Flisabekken*, SeeN. *Flisingen*, schwed. FlN. *Flisbäcken* und *Flisebäcken*. Sie weisen in ihrem Bett Steinsplitter, Steingeröll bzw. leicht in kleine dünne Stücke zerfallendes Gestein auf, ↗Fleißen ↗Pleis-Bach ↗Pleiße. – Faust, *HG.A.4*, S. 27; Gütter, *Gewässernamen*, S. 81f., Pokorny, *IEW*, S. 1000.

Fleißen, die   (auch *Fleißenbach*), čech. *Plesná*, l.z. Eger/Ohře bei Nebanitz/Nebanice (CZ). – /flǣzn/, ca. 1360 *an der Fleysen*, ca. 1370–ca. 1400 *an der Fleis*, ca. 1400 *an der Fleisen*, ON Fleißen, čech. Plesná, Stadt im Bezirk Cheb/Eger (CZ), 1185 *Vlizen*, 1390 *Fleisen*. – Grundform ahd. **Flīsana,-n-*Ableitung zu gm. **flīsō* f. 'abgespaltenes Stück (Holz oder Stein), Splitter' mit der Bedeutung 'die über kleine, dünne Steinstücke, Steinsplitter (Steingeröll) fließende Ache'. Die Benennung erfolgte vom Oberlauf her. Die gleiche Etymologie liegt bei ↗Fleis-Bach ↗Pleis-Bach ↗Pleiße vor. – Gütter, *Gewässernamen*, S. 75–83.

Fliede, die   l.z. Fulda (z. Weser), entsteht durch den Zusammenfluss zweier Quellflüsse in Flieden (Lkr. Fulda, Hessen, D), mündet nach 22 km bei Ziegel (Bronnzell, Stadt Fulda, Hessen). – Aus den zahlreichen Erwähnungen in Fuldischen Quellen geht als ahd. Name von Fluss und Siedlung (9. Jh.) in lateinischem Kontext (9. Jh.) *Fliedina* hervor, 1611 *die Fliede*; ON. † Wenigenflieden, 1320 *Wenigen Fleiden* (lies *Flieden*), 1418 *Dorf Wenigenfliden* 'Kleinflieden'. – Die Grundform ahd. *Fliedina* geht auf die ältere Namensform **Fleodana* zurück, eine *-n-*Ableitung von (gm.) **fleuþa-*; **fleuþa-* n. 'das Schwimmen' ist seinerseits eine analoge, reimende Bildung zu **hleuþa-* n., gt. *hliuþ* 'Gehör', awn. *hljóð* 'Zuhören, Stille' (< ig. **ḱleu̯-to-m* 'das Hören'), auf der Grundlage von ig. **pleu̯-* 'schwimmen, schweben', ↗Flehe. – Sperber, *HG.A.5*, S. 27f.; Rix, *LIV*, S. 487f.

Fließ   ndd. *Fleet(h), Fleete, Fliet(e)* f., n. 'Bach, Fluss, schiffbarer Kanal', mhd. *vliez*, mndd. *vleet*, nndl. *vliet* (m.), afries. *fliāt* (n.), ae. *flēot* ('tidal stream'), awn. *fljót* 'river', gm. **fleuta-* n. Fleet ist in Schleswig-Holstein Bezeichnung eines Wasserlaufs in den Marschen, ablautend ↗Floß (< gm. **flutō*). – Bach, *Namenkunde*, § 299; Orel, *Woordenboek*, S. 107; Laur, *Schleswig-Holstein*, S. 251; Fischer, *BNB 10*, S. 76.

Fliet(e)   ↗Fließ.

Flinsbach
– ¹Flinsbach, r.z. Gronach (z. Jagst z. Neckar z. Rhein), HofN. 1262 *Vlinsbach*. – Schmid, *HG.A.1*, S. 33.
– ²Flinsbach, l.z. Schondelle (z. Emscher z. Rhein), FlurN. um 1620 *die Flinsbecke*. – Schmidt, *HG.A.6*, S. 22.
Kompositum mit dem Grundwort mhd. *-bach*, mndd. *-beke* und mhd. *vlins* stM. 'harter Stein' als Bestimmungswort.

Flipp, die l.z. Dhron (z. Mosel z. Rhein), bis 1936 Name für den Unterlauf des Bruderbachs, l.z. Kleinen Dhron, bei Beuren/Hochwald (Lkr. Trier-Saarburg, Rh.-Pf., D). – /'flépʰ/, 1626 *Pflipp, Pflopp,* 1656 *bis zu die pflipe, die pfliepe,* 1789 *Plöpp.* – Ausgangsform **Flēpe?* < **Flewepe* < **Flewapa,* vielleicht Kompositum mit dem Grundwort ⁊-*apa* und mit ⁊ Flehe (< gm. **flewa-*) als Bestimmungswort. Die Schreibungen mit <pf-> sind hyperkorrekt. – Peetz, *Beuren,* S. 209.

Flitzen, die r.z. Palten (z. Enz z. Donau) bei Gaishorn (PB Liezen, Steiermark, A), 1434 *die Vilitz,* 1440 *an der Phylizen,* 15. Jh. *in der Fliczen.* – Ausgangsform slaw. **Bělica* 'weißer Fluss', abgeleitet von **bělъ* 'weiß', eingedeutscht über mhd. **Fe'litze(n).* – Lochner von Hüttenbach, *Steirische Hydronyme,* S. 77; Bergermayer, *Glossar,* S. 27.

Flockenbach l.z. Bollenbach (z. Argen z. Bodensee), ON. Flockenbach (Ortsteil Tannau, Stadt Tettnang, Bodenseekreis, B.-W., D), 13. Jh. *de Flokenbach, de bono Flockenbach,* 1262 *Vlokenbach.* – Kompositum mit dem Grundwort -*bach* und dem Genitiv des PN. ahd. **Flocko* (< **Folko?*) (**Flocken-*) als Bestimmungswort. – Geiger, *HG.A.2,* S. 39; Kaufmann, *Ergänzungsband,* S. 119.

Flöha, die čech. *Flájsky potok,* r.z. Zschopau (Freiberger Mulde z. Elbe), entspringt im Osterzgebirge (CZ), wird in der Talsperre Fleyh (CZ) gestaut, fließt ab Georgendorf in Sachsen, mündet in der Stadt Flöha (Lkr. Mittelsachsen, Sachsen, D). – /flęːˌ fleːˈ/, 1365 *die Flawe,* 1497 *die Flewe*; ON. Flöha, 1399 *zcu der Flaw,* 1445 *Fleye,* 1449 *Floye,* 1495 *Flew,* 1539/40 *die Flöhe,* 1728 *Flöha.* – Ausgangsform gm. **Flawjō* f., Onymisierung von gm. **flawja-* n. (> awn. *fley* 'a kind of ship') zu gm. **flaw-ja-* (ahd. *irlouwen* 'ausspülen'), kausatives Verb 'schwimmen lassen'. Die Ursprungsbedeutung des Flussnamens könnte 'Ort, worauf/worin man schwimmen lassen kann' gewesen sein. Auffällig sind die außergermanischen Parallelnamen: See N. Plavỹs (Litauen, < **Plauios*) und il Piave, l. (Akkusativ) *Plavem,* Fluss zur Adria bei Jesolo (I.) < **Plaui̯-* m., sie erlauben die Rückführung auf ein Adj. europ.-ig. **plou̯-i̯o-,* wozu auch gr. *ploion* 'Lastschiff' (< **plou̯ion*) gehört. – Eichler/Walther, *HONBSachsen I,* S. 263; Orel, *Handbook,* S. 106; Krahe, *Sprache und Vorzeit,* S. 109; Krahe, *Flussnamen-Schichten,* S. 196.

Flörsbach r.z. Main (z. Rhein), entspringt in Flörsbach (Gem. Flörsbachtal, Main-Kinzig-Kreis, Hessen, D) im Spessart. – ON. Flörsbach, 1324 *Flerssbach,* 1339 *Flersbach,* 1370 *Flerspach*; FlurN. Flörsbacher Höhe. – Kompositum mit dem Grundwort -*bach* und dem Genitiv des PN. ahd. **Flādrīd* (**Flādrīdes-,* umgelautet und verkürzt > mhd. **Flædreds-* > **Flērs-*) als Bestimmungswort, später gerundet > Flörsbach. – Sperber, *HG.A.7,* S. 44; Kaufmann, *Rheinhessische Ortsnamen,* S. 160–162.

Flöth-/-e-, Flöt-/-e-/-en- -*graben,* -*see.* Bestimmungswort mndd. *vlöte* (/ö/ lang) 'fließendes Gewässer', nnd. *flüte* f. 'Abflussgraben, Seitengraben, Abflussrinne', brandenburg. *Flöt(e)* n. (f.) 'Graben, Bach'. – Kettner, *Leine,* S. 367; Fischer, *BNB 10,* S. 77.

Flohbach (im Oberlauf *Dürre Flohbach*), l.z. Schmalkalde (z. Werra z. Weser), mündet unterhalb von Seligenthal. – ON. Floh (Gem. Floh-Seligenthal, Lkr. Schmalkalden-Meiningen, Thüringen, D), um 1400 *in Vloe,* 1401 *Floe,* 1407 *Flohe.* – Vermutlich Übertragung eines ursprünglichen Flurnamens, der von mhd. *vlō, vlōh* stMF. 'Floh' (**Vlōh-ahe* > **Vlōhe,* Dativ Singular 'an der Stelle, wo es Erdflöhe gibt'?) abgeleitet sein könnte. – Sperber, *HG.A.5,* S. 28.

Floot, die Verbindung zwischen dem Wootzensee und dem Zansen (Lkr. Mecklenburg-Strelitz, M.-V., D), 1795 *Die Floth.* – Entspricht brandenburg. *Floot* f. 'Wasserlauf, Bach'. – Wauer, *HG.A.17,* S. 38.

Floß, die /flos/ l.z. Waldnaab (z. Naab z. Donau). – Ca. 1285 *aput Flozzam,* 1417–1440 *die Floß*; ON. Markt Floß (Lkr. Neustadt an der Waldnaab, Bayern, D), zum Jahr 948 (Annalen 10. Jh.) *ad flozzun,* 1139–1141 (Kopie 15. Jh.) *Flossen,* 1142 *Flozze,* ca. 1200 *Floss,* 1239 *Flozze*; ON. Niedernfloß (Markt Floß), ON. Flossenbürg (Lkr. Neustadt an der Waldnaab), 1125 (Kopie 12. Jh.) *castrum ... Flozzen,* 1357 *Flossenberg,* 1473 *Flossenburg,* ca. 1610 *Flossenbürg* 'Burg an der Floß'. – Grundform ahd. **Flozza* < gm. **Flutō,* Femininum zu gm. **fluta-* n. (awn. *flot* 'schwimmender Gegenstand, Fahrwasser', ae. *flot* 'Meer'), eine zur Schwundstufe des starken Verbs gm. **fleut-a-* 'fließen' (vorgm. **pleud-*) gehörende Nominalbildung. – Reitzenstein, *Oberbayern,* S. 82f.; Seebold, *starke Verben,* S. 202.

Floss-/Floß- -*ach,* -*bach,* -*graben.* Bestimmungswort (bei kurzem /o/) mhd. *vluz,* ahd. *fluz,* as. *fluti* (gm. **flut-i-* m.) 'Fließen, Fluss' oder (bei langem /o/) ahd. *flaoz* 'fluxum', *flōz-,* as. *flōt* 'Überschwemmung' (gm. **flaut-a-*), z.B. Flossach r.z. Mindel (z. Donau), 1343 (Kopie 1609) *Flosach,* 1457 *Flossach,* 1666 *Flossa.* – Snyder, *HG.A.3,* S. 23; Heimrath, *Mindelheim,* S. 41.

Floss-/Floß-, Flöss-/Flöß-/-er- -*bach,* -*graben,* -*loch.* Bestimmungswort mhd. *vlōz,* nhd. *Floß* m. 'flaches Wasserfahrzeug' bzw. Berufsbezeichnung *Flößer* m. – Fischer, *BNB 10,* S. 77; Ulbricht, *Saale,* S. 47.

Flothe l.z. Fuhse (z. Aller z. Weser), 1802 *die Flöthe*, ↗ Flöth-. – Borchers, *HG. A.18*, S. 38.

Flottbek
- ¹Flottbek, l.z. Herdebek-Brokenlander-Au (z. Brokstedter Au z. Stör z. Elbe). – 1696, 1765, 1766 *Floth Beek*, 1772 *Flottbek*; ON. Flotthof (Gem. Hardebek, Kreis Segeberg, S.-H., D), FlurN. Flottmoor, 1670 *Flothmor*; FlurN. Flottbeksmoor, Flottwisch.
- ²Flottbek (auch *Aue*), r.z. Elbe in Hamburg (D). – 1301 *fluvium Vlotbeke*, 1305 *fluuium vlotbeke*, 1867 *Flottbeck*; ON. Groß ~, Klein ~, 1305 *Superioris et Inferioris Vlotbeke*, 1305 (Dorsalnotiz 14. Jh.) *Overen Vlotbeke et Nederen* (zahlreiche weitere Belege), 1525 *in Flottbeke*.
Kompositum mit dem Grundwort mndd. *-beke* und mndd. *vlōt* 'Fluss, Fließen, Flut, flutendes Wasser'. Vielleicht handelt es sich um eine verdeutlichende Zusammensetzung und das Grundwort ist sekundär. Das Bestimmungswort wurde an ndd. *flott (werden)* (von einem Schiff) angelehnt, vgl. Flotter Graben, ursprünglich *Flotgraben*, ↗ Flut-. – Udolph, *HG.A.16*, S. 115 f.; Wauer, *HG.A.17*, S. 38.

Flüte, die
- ¹Flüte, l.z. Sunderngraben (z. Ümmelbach z. Espolde z. Leine z. Aller z. Weser), mündet bei Lutterhausen (Stadt Hardegsen, Lkr. Northeim, Niedersachsen, D). – 1622 *in der fleuthen* (lies *fluethen*?), 1643 *an der Flueten*, 18. Jh. *in der Flüten*; FlurN. Flütenfeld, 1622 *im fleuten felde*, um 1750 *im Flühten Felde*, 1784 *Flüten Feld*.
- ²Flüte, Fortsetzung Sülbeck (z. Flaake z. Moore z. Leine z. Aller z. Weser), südlich von Lutterbeck (Stadt Moringen, Lkr. Northeim, Niedersachsen, D). – 1622 *hinter der Fluten*, 1735 *die Flüthen*, 1783 *hinter der Flüthe*, 18. Jh. *in der Flüten*, 1881/82 *jenseits der Flüthe*.
Deutung ↗ Flöth-. – Kettner, *HG.A.8*, S. 28.

Flurnsbach (auch *Gransdorfer Bach*), l.z. Grabensee (z. Mattig z. Inn z. Donau). – ON. Flurnsbach (Gem. Berndorf bei Salzburg, PB Salzburg-Umgebung, A), 1040 (verfälscht vor 1195, Kopie 14. Jh.) *de Flurelspach*, 1040 (verfälscht vor 1195, Druck 1764) *de Flurnesbach*, um 1167–93 (Kopie 13. Jh.) *de Flurnspach*, 1527 *Fludersbach*. – Kompositum mit dem Grundwort *-bach* und dem Genitiv des PN. ahd. *Flurin (Genitiv *Flurines-) > mhd. *Flurenesbach > Flurnesbach, *Flurnsbach, assimiliert > Flurelspach und *Fludersbach*; *Flurin ist aus l. *Florinus* entlehnt. – Dotter/Dotter, *HG.A.14*, S. 104; Kaufmann, *Ergänzungsband*, S. 118; Hausner/Schuster, *Namenbuch* (Nachträge).

Flut- *-graben, -kanal*. Bestimmungswort entweder mndd. *vlōt* f. (m.), brandenburg. *Floot* f. 'Wasserlauf, Bach' oder ahd. *fluot*, mhd. *vluot* 'überschwemmende Flut' (gm. *flōduz, *flōdiz). Auch als einfacher Name: die Flut, Havelarm südwestlich von Brandenburg an der Havel (Brandenburg, D), 1722 *Die Flut*, 1839 *Die Fluth*, und Verbindung von Dehmsee und Fürstenwalder Spree. Die Namen bezeichnen meist Seitenarme bzw. künstliche und kanalisierte Wasserläufe, zur Entlastung bei Überschwemmungen. – Kettner, *Leine*, S. 367; Fischer, *BNB 10*, S. 77; Ulbricht, *Saale*, S. 6.

Fockenbach, die l.z. Wied (z. Rhein), mündet bei Niederbreitbach (Lkr. Neuwied, Rh.-Pf., D). – 1553 *biss in die Funckenbach, die Funckenbach uffen*; ON. Fockenbachsmühl (Breitscheid, Lkr. Neuwied). – Deutung ↗ Funken-. Der Vokal /u/ wird in der Mundart gesenkt > /o/, mit dissimilatorischem Schwund des /-n-/: *Fonckenbach > Fockenbach. – Faust, *HG.A.4*, S. 27.

Föhr(e), der (?) (auch *Bußbergswasser*), r.z. Espolde (z. Leine z. Aller z. Weser), fließt im Bereich von Ertinghausen (Stadt Hardegsen, Lkr. Northeim, Niedersachsen, D) im südlichen Solling. – 1522 *bei dem Forde*, 1622 *im Ertiheußer forde*, am Volkdesfelder forde, 1765/66 *auf dem Ertiheuser Fohren*, 19. Jh. *im … Föhr*. – Entspricht mndd. *vörde, vör(e)* (mit langem /ö/) m. 'Wasserlauf', ↗ Föhrde. – Kettner, *HG.A.8*, S. 28; Kettner, *Leine*, S. 72, 368.

† Föhrde, die Abschnitt des Templiner Kanals zwischen Röddelin-See und Großer Lanken-See/Templiner Gewässer (Lkr. Uckermark, Brandenburg, D). – 1573/1618 *Föhrde*, 1. Hälfte 17. Jh. *biß an die Föhrde*. – Deutung wie ↗ Föhr(e), mndd. *vörde* (< *furdi- 'Furt') ursprünglich 'Bach mit einer Furt'. – Wauer, *HG.A.17*, S. 38; Fischer, *BNB 10*, S. 82.

Föhrenbach r.z. Schwarza (z. Schlücht z. Wutach z. Rhein), ON. Fohrenbachmühle nordwestlich von Nöggenschwiel (Gem. Weilheim, Lkr. Waldshut-Tiengen, B.-W., D), 1328 *molendinum in Forebach*. Mit dem Grundwort *-bächle* gehören hierher: Föhrenbächle, r.z. Würzbach (z. Enz z. Neckar z. Rhein) mit FlurN. Föhrenberg, ON. Föhrenbächle an einem Bach r.z. Schiltach (z. Kinzig z. Rhein), 1330 *in dem Verenbächli*. – Komposita mit dem Grundwort *-bach/-bächle* und dem Bestimmungswort ahd. *forha*, mhd. *vorhe* swF. 'Föhre, Kiefer' und mhd. *vörhīn* 'mit Föhren bestanden' (> *vörhen- > Föhren-, entrundet *Veren-*). – Geiger, *HG.A.2*, S. 40; Schmid, *HG.A.1*, S. 34.

Föhrenbächle ↗ Föhrenbach.

Fölschnitz r.z. Weißen Main (z. Main z. Rhein), ON. Fölschnitz (Gem. Ködnitz, Lkr. Kulmbach, Bayern, D), 1350 *Volczich*, 1398 *Folschitz*, 1422 *Follsnitz*. – Grundform fnhd. *Fölschitz* < slaw. ON. *Bolešici o.ä. 'Leute des Boleš', *Fölschitz* in Anlehnung an ON. Ködnitz > *Fölschnitz*. – Sperber, *HG.A.7*, S. 45.

Förchen- -bach, -see, z.B. Förchensee z. Seetraun (z. Traun z. Alz z. Inn z. Donau), ca. 1563 *Forchensee*, 17. Jh. *ferchensee*. Bestimmungswort mhd. *vörhīn, vörchin, vörchen* 'mit Föhren bestanden', ↗ Föhrenbach. – Dotter/Dotter, *HG.A.14*, S. 104 f.

Föritz, die l.z. Steinbach (z. Rodach z. Main z. Rhein) bei Mitwitz (Lkr. Kronach, Bayern, D), Alte Föritz, l.z. Föritz. – ON. Föritz (Lkr. Sonneberg, Thüringen), 1252 *Forhinze, Forhenze*, (1358–1362) *in villa Furhincz, in Vorincz*. – Grundform mhd. *Fürhenitze > *Fürhnitz, *Fürhintz > *Förintz > Föritz 'Ort, wo Föhren stehen', von mhd. *vorhe* swF. 'Föhre, Kiefer' mit dem germanische Kollektivsuffix *-itja- abgeleitet, vgl. ON. Weidnitz (Burgkunstadt, Lkr. Lichtenfels) 'Ort, wo Weiden stehen', Püchitz (Bad Staffelstein, Lkr. Lichtenfels), 9.Jh. (Kopie 12. Jh.) *Buchenze* 'Ort, wo Buchen stehen'. – Sperber, *HG.A.7*, S. 45; George, *Altlandkreis*, S. 166–169; Fastnacht, *Staffelstein*, S. 278–282.

Förmitzbach r.z. Thüringischen Saale (z. Elbe), ON. Förmitz (Stadt Schwarzenbach a.d. Saale, Lkr. Hof, Bayern, D), 1361 *Vormitz*, 1407 *zu Nidernbörmitz*. – Grundform slaw. ON. *Vṛbnica* 'Weidenort'? – Ulbricht, *Saale*, S. 123.

Fösse, die l.z. Leine (z. Aller z. Weser) in Hannover (Niedersachsen, D), dort größtenteils kanalisiert. StraßenN. Fössestraße in Hannover. – 1655 *bis an die Föße, Die Föße hinunter, über die Föße, von der Föße*, 1781 *Die Fosse*; FlurN. Fössefeld. – Die verbreitete Etymologie, die den Namen auf l. *fossa* 'Graben' zurückführt, ist unwahrscheinlich. Vielleicht besteht über die Ausgangsform as. *Fūsia* eine Verbindung zu dem unter ↗ Feichsen und ↗ Funne genannten Stamm gm. *fūs-*, der zum starken Verb gm. *fū-a-* 'faulen, stinken' gehört, mit der Bedeutung 'faulendes, stinkendes Gewässer' – Borchers, *HG.A.18*, S. 38.

Fohler-Bach ↗ Vöhler-Bach.

Folgenteich südöstlich von Polßen (Gem. Gramzow, Lkr. Uckermark, Brandenburg, D), 1827 *Volgenteich*, 1936 *Folgenteich, Follenteich*. Bestimmungswort zu brandenburg. *Fellchen* (< *Föhlchen) 'kleines Fohlen'. – Fischer, *BNB 10*, S. 78.

Folsch-Bach l.z. Etzelsbach (z. Leine z. Aller z. Weser), mündet nördlich von Wingerode (Lkr. Eichsfeld, Thüringen, D). – 1673 *ein kleines Bächlein die Folßbach*, 1847 *im Volzbache*, 20. Jh. *im Vollsbach, Folsch-Bach*; ON. † Folschbach, 1221 (Kopie 16./17. Jh.), 1281, 1318, 1331, 1362 *Volkoldisbach*, 1281, 1327, 1393 *Volkoldesbach*, 1534, 1565 *Volspach*, 1570 *Volbach*, 1615 *Foelßbach*. – Kompositum mit dem Grundwort *-bach* und dem Genitiv des PN. mhd. *Volkolt* (*Volkoldes-*) als Bestimmungswort. *Volkoldesbach* verkürzt zu *Voltsbach* und *Folsch-Bach*. – Kettner, *HG.A.8*, S. 28 f.; Kettner, *Leine*, S. 72.

Fontanne, die l.z. Kleinen Emme (z. Reuß z. Aare z. Rhein), entspringt im Napfgebiet mit den Quellflüssen Große und Kleine Fontanne, mündet südlich von Wolhusen (Amt Sursee, Kanton Luzern, CH). – /fúntànnə/, 1433 *in die funtannen*, 1545 *an dfuntannen*, 1596 *In die fontanen*, TalN. 1361 *in Funtanne*; ON./FlurN. Fontanne, 1473 *die fontanien*; WaldN. 1433 *zwüschen funtannen vnd* ... – Grundform spätmhd. *Funtane* < lat. *fontana* 'Quelle, Brunnen', zuerst Name der Quelle, dann auf die Alp im Quellgebiet und das ganze Flusssystem übertragen. – Waser, *Entlebuch*, S. 290–294.

Forbach r.z. Untere Murg (z. Rhein), mündet in Forbach (Lkr. Rastatt, B.-W., D). – 1267 *Vorchbach*; ON. 1386 *Fforppach*, 1434, 1454 *Forpbach*, 1488 *Forbach*, 1505 *Forbach*. – Ausgangsform mhd. *Vorchbach*, Kompositum mit dem Grundwort *-bach* und mhd. *vorhe*, ahd. *foraha* 'Föhre, Kiefer', als Bestimmungswort mit der Bedeutung 'Bach im Kiefernwald', *Vorchbach* wird durch Dissimilation von /-ch- ... -ch-/ zu *Vorbach, Forbach* vereinfacht. – Geiger, *HG.A.2*, S. 40.

Forellen- -bach, -bek, -fließ, -teich. Namen für Gewässer, in denen Forellen (ahd. *forhana*, mhd. *vorhe, vorhen, forhel, förhel*) vorkommen.

Forggensee Lechspeichersee im Kreis Füssen (Bayern, D), benannt nach der im See untergegangenen Ortschaft Forggen (< *Forh-gau*), Bestimmungswort ahd. *foraha* 'Föhre, Kiefer'. – Snyder, *HG.A.3*, S. 122; Steiner, *Füssen*, S. 49.

Fornbach r.z. Itz (z. Main), in den Ausläufern des Thüringer Waldes. – ON. Fornbach (Stadt Rödental, Lkr. Coburg, Bayern, D), um 1275 *in Vorenbach*, 1291 *Vorenbach*, 1317 *Forhenbach*, 1340 *Vorhenbach*, (1358–1362) *in Varnbache*. – Grundform mhd. *Vorhenbach*, Kompositum mit dem Grundwort *-bach* und mhd. *vorhe*, ahd. *foraha* 'Föhre, Kiefer'. – Sperber, *HG.A.7*, S. 45.

Fornsbach r.z. Murr (z. Neckar z. Rhein). – ON. Fornsbach (Stadt Murrhardt, Rems-Murr-Kreis, B.-W., D), /fórnsbə/, 1364 (Regest um 1499) *Fúrnspach*, 1466 *Furnspach*, 1590 *Fürnspach*, 1871 *Fornsbach*. – Grundform mhd. **Für(h)enbach* neben **For(h)enbach* mit sekundärem Fugen-*s* **Füresbach* > *Fürnsbach*, Kompositum mit dem Grundwort *-bach* und mhd. **fürhen, forhen* 'Forelle' als Bestimmungswort, ↗ Forellen-. – Schmid, *HG.A.1*, S. 34; Reichardt, *Rems-Murr-Kreis*, S. 110.

Forst- *-bach/-bächl, -brunnengraben, -graben, -moosgraben, -wasser*. Bestimmungswort ahd. *forst*, mhd., mndd. *vorst* 'Bannwald', nhd. *Forst* 'Wald in herrschaftlichem Besitz, Staatswald'. – Keinath, *Württemberg*, S. 176.

Forstbach r.z. Weser, im Norden des Burgbergs (Weserbergland, Niedersachsen, D). – (1007) (Kopie 15. Jh.) *in Vorstan*, 1251 (Kopie 13. Jh.) *in decursu aque ... Uorste*, 1575 *die Forst*, 1588 *vrsprung des Forstbachs*, 1756 *Forstbach*, 1760 *Die Forste Bache*, 1760 *Forstbach*; ON. Forst (Bevern, Lkr. Holzminden, Niedersachsen), (963–1037) (Handschrift 15. Jh.) *in Fersthan*, 1004 *Uarstan*, 1025 *Varstan*, 1245 *in Vorste*, (um 1350) *in vorste*, (um 1470) *to vorste*; FlurN. 1759 *in der Forst*. – Grundform FlN. as. **Forst-aha* > mndd. *Vorste*, ursprünglich Kompositum mit dem Grundwort *-aha* 'Fließgewässer' und ↗ Forst- als Bestimmungswort, später zur Verdeutlichung erneut komponiert mit dem Grundwort *-bach*. – Kramer, *HG.A.10*, S. 21.

Foßbeek r.z. Töllebach (z. Grane z. Innerste z. Leine z. Aller z. Weser), mündet südlich von Langelsheim (Lkr. Goslar, Niedersachsen, D). – 1678 *im Fosseke*, 1758 *im Voßmecke*, 1794 *Foßemcke*, 20. Jh. *Fosseke*, *Foßbēk*. – Grundform mndd. **Vos-beke*, Kompositum mit dem Grundwort *-beke* 'Bach' und mndd. *vos* 'Fuchs'. – Kettner, *HG.A.8*, S. 29; Kettner, *Leine*, S. 72.

Framingbach r.z. Fritzbach (z. Salzach z. Inn z. Donau), mündet nördlich von Eben im Pongau (PB Sankt Johann im Pongau, Salzburg, A). – Um 1130–35 (Kopie 13. Jh.) *usque in fluvium Fradnich*, FlurN. Framing, ca. 1350 *vrádnich*. – Die Ausgangsform slaw. **Brodъnika*, abgeleitet von slaw. **brodъ* 'Furt', ist unsicher. – Straberger, *HG.A.10*, S. 27; Hausner/Schuster, *Namenbuch*, S. 376.

Frankel-/Franken- *-bach/-bächle, -graben, -see*. Bestimmungswort ist der Genitiv des PN. ahd. *Franko* (Gen. *Franken-*, dissimiliert *Frankel-*) ↗ Frankel-/Franken- oder der FamilienN. *Frank(e)*, z.B. Frankelbach, l.z. Lauter (z. Glan z. Nahe z. Rhein) mit ON. Frankelbach (Lkr. Kaiserslautern, Rh.-Pf., D), 1345 *Frankelbach* (< **Frankenbach*). – Greule, *HG.A.15*, S. 33; Dolch/Greule, *Pfalz*, S. 147.

Frankenohe, die r.z. Vils (z. Naab z. Donau), 1119 *Frankenahe*; ON. Frankenohe (Reg.-Bez. Oberpfalz). – Ursprünglich Zusammensetzung mit dem Grundwort (ahd.) *aha* 'Fließgewässer'. Die amtliche Schreibung mit <ohe> reflektiert die mundartliche Hebung (Rundung) von /a/ > /o/. Im Bestimmungswort liegt entweder der Genitiv des Personennamens *Franko* ↗ Frankel-/Franken- vor oder der Genitiv Plural des Stammesnamens (ahd.) *Frankon* 'die Franken': **Frankōn-aha*, vgl. ON. Frankental (Rh.-Pf., D) > **Frankōno-tal*. – Kaufmann, *Ortsnamen auf „aha"*, S. 48; Krahe, *UäFlNN*, S. 23; Dolch/Greule, *Pfalz*, S. 147f.

Frauen- *-bach, -brack, -bründl/-brünnl, -graben, -holzgraben, -klingenbach, -kuhle, -lanke, -pfuhl, -riedbach, -see, -talbach, -teich, -weiher, -weiherbach*. Das Bestimmungswort (mhd. *frouwe*, mndd. *vrouwe*) kann sich auf die Herrin, auf die heilige Maria oder auf Klosterfrauen beziehen.

Frei-/-e-/-en-/-er- *-bach, -flut, -graben, -lanke, -pfuhl, -see, -wassergraben*. Das Bestimmungswort *frei* bezieht sich auf die rechtliche Unabhängigkeit der Gewässer und bedeutet meist 'unbelastet von Diensten und Abgaben'. – Keinath, *Württemberg*, S. 145; Fischer, *BNB 10*, S. 79f.

Freibach r.z. Drau nördlich Freibach (PB Völkermarkt, Kärnten, A), um 1100 (Transsumpt 1164) *fluvium ... Foruniz*. – Slaw. **Borovьnica* (?), vgl. slowen. *Borovnica*, mit Suffix *-ov-ьn-ica* abgeleitet von slaw. **borъ* 'Nadelwald'. – Hausner/Schuster, *Namenbuch*, S. 378; Bergermayer, *Glossar*, S. 35f.

Freiersbach l.z. Rench (z. Rhein). – 1563 *im Freyersbach*; ON. Freiersbach (Gem. Bad Peterstal-Griesbach, Ortenaukreis, B.-W., D), 1822 *Bad Freyersbach*. – Ausgangsform **Frīolfesbach*? Kompositum mit dem Grundwort *-bach* und dem Genitiv des PN. ahd. **Frī(w)olf* (**Frīolfes-* > **Frīelfs-* > **Frīels-* > **Frīers-* > *Freiers-*). – Geiger, *HG.A.2*, S. 41.

Freisbach r.z. Nahe (z. Rhein) im Nordpfälzer Bergland. – 1600 *in die Freis*, 1801–1828 *die Freis*; ON. Freisen (Lkr. St. Wendel, Saarland, D), /frɛzə/ (/ɛ/ lang), 1235 *Fresenaco*, 1334 (Kopie) *Frysenach*, *Fresenaco*, 1454 *Fresen*. – Verdeutlichendes Kompositum mit *Freis* als Bestimmungswort. Die *Freis* ist Rückbildung aus **Freisen(er)bach*, Kompositum mit dem ON. Freisen als Bestimmungswort. ON. *Fresenaco* ist ein gallolateinischer Prädienname, mit dem Suffix

-*ako*- abgeleitet vom PN. **Fresenus.* – Greule, *HG.A.15*, S. 33 f.; Buchmüller/Haubrichs/Spang, *Namenkontinuität*, S. 49.

Freisingbach r.z. Kainach nördlich Piber (PB Voitsberg, Steiermark, A), 1268–1269 *Freusnitz*, 1277 *Freusnich*. – Slaw. *Brusьnica, abgeleitet von slaw. *brusъ, slowen. *brus* 'Wetzstein'. Zur Eindeutschung vgl. ⁊ Freisinger Graben. – Lochner von Hüttenbach, *Steirische Hydronyme*, S. 78.

Freisinger Graben r.z. Enns (z. Donau) bei Sankt Ulrich bei Steyr (PB Steyr-Land, O.-Ö., A). – 1107–1122 (Fälschung 1180–1190) *Fruznich*, um 1110 (Fälschung nach 1240) *Fruznich*, um 1140 (Kopie 12. Jh.) *usque ad caput Frůznicha*, 1143 (Fälschung nach 1240) *Fruznich*. – Ausgangsform slaw. *Brusьnica, abgeleitet von slaw. *brusъ, sloven. *brus* 'Wetzstein', über mhd. *Friusnich, diphthongiert *Freusnich, entrundet *Freisnich als *Freising*(er Bach) eingedeutscht, ⁊ Freisingbach. – Hausner/Schuster, *Namenbuch*, S. 380.

Frenke, die l.z. Ergolz (z. Rhein), entsteht durch den Zusammenfluss von Hinterer ~ und Vorderer ~ in Bubendorf (Kanton Basel-Landschaft, CH), mündet südöstlich der Kantonshauptstadt Liestal. – /vrɛŋxə/ (/é/ sehr offen), 1145 *in fluvium ... Frenchina*, 1305 *Frenkina*, 1363 *zwüschen ... und der Frenkenen, Frenckinen*, 1877 *Frenke*. – Grundform ahd. *Frenkina*, *n*-Ableitung von gm. *franka- 'mutig, rasch', mit Wechsel des Suffixvokals (*Franka-na > *Frankina); Benennung nach der Schnelligkeit des Flusswassers. – Greule, *Oberrhein*, S. 120; Schneider, *Bubendorf*, S. 124.

Frenz, die (auch *Frenzbach*), r.z. Enns (z. Donau) nördlich Altenmarkt bei St. Gallen (PB Liezen, Steiermark, A). – Um 1130–um 1135 (Kopie 13. Jh.) *usque Frodniz*, *usque Frodnice*, 1140 *ad cursum Frödenize*, sw., ca. 1300 *a Vroudenitze*, 1530 *Frennz*; RaumN. Frenzgraben. – Ausgangsform slaw. *Brodьnica, mit dem Suffix -*ica* abgeleitet von slaw. *brodьna (*rěka*) 'Fluss mit einer Furt'. Über mhd. *Frödenitze (mit Lautersatz slaw. /br-/ < /fr-/) > *Frödnitz > *Frenz* eingedeutscht. – Hausner/Schuster, *Namenbuch*, S. 380; Bergermayer, *Glossar*, S. 41 f.

Fresenbach l.z. Feistritz bei Anger (PB Weiz, Steiermark, A). – 1265 *Vreseyn*, 14. Jh. *Friesen*, ca. 1400 *Fresen*. – Ausgangsform slaw. *Brězina 'Birkenbach', feminines Adjektiv abgeleitet von urslaw. *berzā 'Birke', eingedeutscht als mhd. *Fresīn und sekundär erweitert mit dem Grundwort -*bach*. – Lochner von Hüttenbach, *Steirische Hydronyme*, S. 79.

Fresing, die l.z. Sulm (z. Mur) östlich Gleinstätten (PB Leibnitz, Steiermark, A), 1136 *Frisin*, 1265 *Vrezen*, 1406 *Fresen*. – Etymologie wie ⁊ Fresenbach. Die Mundartform (1406 *Fresen*) wurde hyperkorrekt zum -*ing*-Namen umgedeutet. – Lochner von Hüttenbach, *Steirische Hydronyme*, S. 79.

Fressnitz, die l.z. Mürz südwestlich Krieglach. – ON. Freßnitz (PB Mürzzuschlag, Steiermark, A), 1139 (Kopie 13. Jh.) *de Frezen*, 1165/66 zu 1160 *in uilla Frezen*, 1166 *in villa Frezen*, 1232 *Freznitz*. – Etymologie wie ⁊ Fresenbach, sekundär erweitert um das aus dem Slawischen stammende Suffix -*itz*. – Hausner/Schuster, *Namenbuch*, S. 381; Lochner von Hüttenbach, *Steirische Hydronyme*, S. 79.

Fretterbach r.z. Lenne (z. Ruhr z. Rhein), entspringt dem Fretterspring nordöstlich von Fehrenbracht (Gem. Finnentrop, Kreis Olpe, NRW, D) auf einer Höhe von ca. 443 m, mündet unterhalb von Lenhausen (Gem. Finnentrop). – 1338 *supra Riuum ... Vretere*, 1387 *in der Vretere*, 1450 *pratum in der Vreter*, 1494 *up der Vreter*, 1694 *Fretter*; ON. Fretter (Gem. Finnentrop), Anfang 12. Jh. *Circa Fretesra*, 1313, 1338, 1368 *Vreter(e)*, 1395 *to Vrettere*. – Grundform mndd. *Vretere* < as. *Fretira, *r*-Ableitung von gm. *frat-, dessen Etymologie nicht ganz klar ist. Am nächsten stehen mndd. *vratem* 'Dunst, Hauch' und aschw. *fradha* 'Schaum, Geifer'. Benennung nach einem spritzenden Bergbach? – Schmidt, *HG.A.6*, S. 22, 92; Barth, *Sieg und Ruhr*, S. 137; Pokorny, *IEW*, S. 809.

Frieda, die r.z. Werra (z. Weser), entspringt südwestlich von Struth (Gem. Rodeberg, Unstrut-Hainich-Kreis, Thüringen, D), durchfließt Geismar (Lkr. Eichsfeld, Thüringen), mündet bei Frieda (Gem. Meinhard, Werra-Meißner-Kreis, Hessen). – 1583 *die Frieda*; ON. Frieda, 974 *Frioda*, 1306 *zcu Vrieden*, 1342 *Vryde*; ON. Wanfried (Werra-Meißner-Kreis), um 860 *Uuanevreodun*, 1015 *Wanifredun*, 1291 *Wenevriden*. – Zugrunde liegt der FlN. gm. *Freuđō, dessen Wurzel im (starken?) Verb ae. *ā-frēođan* '(auf)schäumen' und in awn. *frauđ* n. 'Schaum' vorliegt, urig. *preuth₂- 'schnauben, schäumen'). *Freuđō 'das Schäumen' war vermutlich ursprünglich eine Stellenbezeichnung, die auf den ganzen Fluss übertragen wurde. Die historischen Belege spiegeln die lautgesetzliche Entwicklung wider: ahd. *Freoda*, *Frioda*, mhd. *Friede*, monophthongiert > fnhd. /friːdə/; die Endung -*a* wird spät in Analogie zu anderen Namen auf -*a* in der Region angefügt. Der ON. *Wanfried* entstand aus einer Zusammenrückung des Adj. ahd. *wan* 'fehlend, mangelhaft, unvollkommen, nicht voll' mit dem FlN. ahd. *Freoda (im Dativ) *zi wanin Freodun 'an der kleinen Frieda'; der

Name gilt für den Ort, an dem ein Nebenbach in die Frieda mündet. – Sperber, *HG.A.5*, S. 28–29; Müller, *Heiligenstadt*, S. 30; Walther, *Siedlungsgeschichte*, S. 226, 246; Rix, *LIV*, S. 494.

Friede l.z. Wipper (z. Unstrut z. Thüringische Saale z. Elbe). Da für diesen Namen historische Belege fehlen, ist es nicht sicher, dass *Friede* die gleiche Etymologie wie ↗ *Frieda* hat oder ob der Name als Rückbildung aus dem Kompositum **Friedebach* zu mhd. *vride* 'Einzäumung' (mit der Bedeutung 'eingefriedeter Bach') gehört. – Ulbricht, *Saale*, S. 248; Eichler/ Walther, *HONBSachsen* I, S. 276.

Friedrichsgracht 1670–81 begradigter Spreearm in Berlin-Mitte (D), 1786 *der Friedrichsgraben (oder die Friedrichsgracht)*. Benannt nach Kurfürst Friedrich Wilhelm. Das Grundwort *gracht* f. 'Wassergraben, Kanalstraße' ist durch die holländischen Facharbeiter aus dem Niederländischen entlehnt. – Fischer, *BNB 10*, S. 80.

† Friese jetzt Dipperzer Wasser, r.z. Haune (z. Fulda z. Weser), kommt aus dem Hochrhön, mündet unterhalb Dipperz (Lkr. Fulda, Hessen, D). – 1011 (Fälschung, nach echter Vorlage?) *usque in Friosanaha, per Friosanaha*, (1093) *usque in Fresenaha, a Fresenaha*; ON. Friesenhausen (Gem. Dipperz), 815 (Kopie 9. Jh.) *Friesenhuus*, 1352 *Fresinhusen*, 1363 *Friesenhusen*. – Ausgangsform FlN. ahd. **Friosan(a)*, zu Unterscheidung von der Siedlung Friesenhausen (ahd. **Friosan-hūs*) mit dem Grundwort ahd. *-aha* 'Fließgewässer' erweitert. **Friosan(a)* ist eine mit dem Suffix gm. **-na-* von gm. **freusa-* (gt. Dat. Sg. *friusa*) 'Frost' abgeleiteter Name mit der Bedeutung 'Fluss, der leicht gefriert', zu gm. **freus-a-* 'gefrieren', ahd. *friosan* 'frieren'. In (1093) *Fresenaha* steht das <e> der Stammsilbe als as./mndd. /ē/ vielleicht für ahd. /io/. – Sperber, *HG.A.5*, S. 29; Seebold, *starke Verben*, S. 210 f.

Friesen, die (auch *Friesengraben*), Fluss im Gebiet von Straßgiech und Wiesengiech (Stadt Scheßlitz, Lkr. Bamberg, Bayern, D). – /di frīəsn/, 1399 *in der Fresen*, 1400 (1398–1421) *in der Fresen*. – Grundform mhd. **Frēsene* < slaw. **Brezina* 'Birkenbach', ↗ Friesenbach. – Eichler/Greule/Janka/Schuh, *Bamberg*, S. 75.

Friesenbach
– ¹Friesenbach, l.z. Roten Main (z. Rhein), entspringt aus der Friesenquelle südwestlich von Kasendorf (Lkr. Kulmbach, Bayern, D), mündet gegenüber von Dreschen. – 1421 *in der Friesen*; ON. Friesenmühle. – Sperber, *HG.A.7*, S. 46.
– ²Friesenbach, r.z. Weißen Elster (z. Thüringischen Saale z. Elbe), entspringt bei Theuma (Vogtland-

kreis, Sachsen, D), mündet im Stadtgebiet von Plauen (Vogtlandkreis). – 1466 *das Wasser die Friesen genannt*, 1480 *Friesenbach*; ON. Großfriesen, Kleinfriesen (Stadt Plauen), /frīsn/, 1267 *in magno Vrizen*, 1418 *zu Grosen Friesen, zu Winczigen Friesen*. – Ulbricht, *Saale*, S. 120; Eichler/Walther, *HONBSachsen* I, S. 280.
Ausgangsform Fluss- oder OrtsN. slaw. (asorb.) **Brez-n-*, abgeleitet von asorb. **breza* 'Birke', ins Deutsche übernommen als (mhd.) **Vriesen*.

Frischnaubach r.z. Elz (z. Rhein). – 1351 *in die Frischennach*; ON. Frischnau (Gem. Biederbach, Lkr. Emmendingen, B.-W., D), 1406 *Frischnow*, 16. Jh. *Fristnow, Frystnow*. – Grundform mhd. **(ze der) vrischen ache*, Wortgruppe mit mhd. *ach* 'Fließgewässer' als Wortgruppenkern und dem flektierten Adj. mhd. *vrisch* 'munter, kräftig, wild' als Attribut. Mit dem FlN. **Frischenach* korrespondiert der ON. mhd. **Frischenouwe* 'Land an der **Frischenach*' > Frischnau. – Geiger, *HG.1*, S. 41.

Fritzbach r.z. Salzach (z. Inn z. Donau), mündet nördlich von Bischofshofen (PB Sankt Johann im Pongau, Salzburg, A). – Um 1130–um 1135 (Kopie 13. Jh.) *in flumine Frice*, 1177–1216 (Kopie um 1250) *molendinum in Friz*; WaldN. Fritzwald, 1144 (Kopie 19. Jh.) *Frizewalt*, 1171 (Kopie 13.Jh.) *Fricenwald*, 1184 (Kopie 19. Jh.) *Vrizinwalde*, usw. – FlN. kelt. **Fritiā* < urkelt. **sritiā*, ig. **sr̥tī-ā*, vgl. akorn. *stret* 'latex', mkorn. *streyth* 'Fluss', mir. *srithit* f. 'Strahl (von Milch oder Blut)' (< ig. **sr̥t-n̥tī*). – Hausner/Schuster, *Namenbuch*, S. 386; Pokorny, *IEW*, S. 1002.

Frödisch, die (auch *Frödischbach, Frühdischbach*), r.z. Frutz in Röthis (Vorarlberg, A), das Frödischtal gilt als das waldreichste Tal Vorarlbergs. – 1417 *Fridisch*. – Roman. **fruditsch* < **frud-iciu-* (?), womit vielleicht ursprünglich die Gegend zwischen ↗ Frutz (< **Frutja*) und Frödisch benannt wurde, weil sie durch Wasserfälle und Sturzbäche (rom. *fruda*) gekennzeichnet ist. Zur Bildung vgl. Grafeis, Seitental im Passeier (Prov. Bozen/Südtirol, I.) < **grav-iciu* 'geröllreiches Gelände'. – Geiger, *HG.A.2*, S. 41; Geiger, *Gewässernamen-Schichten*, 1964, S. 135–140; Kühebacher, *Ortsnamen 2*, S. 112.

Frösaubach r.z. Ilz (z. Feistritz) westlich Ilz (PB Fürstenfeld, Steiermark, A), 1351 *Vresaw*, 1427 *Fresaw*, 1429 *Fressau*. – Ausgangsform slaw. **Brezavъ*, abgeleitet von urslaw. **berzā*, sloven. *breza* 'Birke'; eingedeutscht über mhd. **Fresau* und in der Endung an mhd. *ouwe* 'Au' angeglichen. – Lochner von Hüttenbach, *Steirische Hydronyme*, S. 79.

Fröschnitz, die l.z. Mur in Mürzzuschlag (Steiermark, A). – 1165/66 zu 1160 *amnis Froscnice*, 1161 (Kopie 16./17. Jh.) *amnis Vroescheniz*, 1166 *amnis Froscnice*, 1211 *ab amne Frosnice*. – Ausgangsform slaw. **Broč$_ъ$nica*, abgeleitet von slaw. **broč*, sloven. *broč* 'Färberröte, Krapp'. – Hausner/Schuster, *Namenbuch*, S. 387; Lochner von Hüttenbach, *Steirische Hydronyme*, S. 79; Bergermayer, *Glossar*, S. 43.

Frohn-/-en-/-s- *-bach/-bächle, -talgraben, -wiesbach*. Bestimmungswort ahd. *frō* swM. (Gen. **frōn*) 'Herr', Adj. ahd. *frōno*, mhd. *vrōn* 'herrschaftlich, dem Herrn zu eigen', z.B. Frohnbach, Bach des Frohntals, r.z. Lesachtal bei Sankt Lorenzen im Lesachtal (Gem. Lesachtal, PB Hermagor, Kärnten, A), 788 (Fälschung 12. Jh.) *Frontal*, 966 (Fälschung 12. Jh.) *Frontál*, 1187 *Frontal*, möglicherweise Klammerform aus **Fron[tal]bach*. Frohntal aus ahd. **Frōnotal* mit ahd. *frōno* 'herrschaftlich' als Bestimmungswort. – Hausner/Schuster, *Namenbuch*, S. 386.

Frohnbrunnen l.z. Unteren Murg (z. Rhein). – 11./12. Jh. *Pfrůdebach* (lies *Pfruondebach*?), 12. Jh. *in Pfrůndebach*. – Ursprünglich Kompositum mit dem Grundwort *-bach* und mhd. *pfruonde* 'Pfründe' als Bestimmungswort. Aufgrund der lautlichen Entwicklung (**Pfruondebach* > **Pfründ(e)bach* > **Frünbach*) an ↗Frohn- angeglichen und mit neuem Grundwort (*-brunnen* 'Quelle') komponiert. – Geiger, *HG.A.2*, S. 41.

Frohnsbach l.z. Würzbach (z. Blies z. Saar z. Mosel z. Rhein), fließt im Saarbrücken-Kirkeler-Wald (Saarland, D). – 1564 *Fronsbach oder Gauchsbach*; ON. † Fronsbach, ca. 1223 *Vrolsbach*, ca. 1225 *Vrolspach*, 1282 (Kop.) *Vronspach*, 1336 (Kopie) *Fronesbach*, 1343 (Kopie) *Vronespach*, 1427 *zu Fronspach*, 1564 *Fronsbach*. – Grundform mhd. **Frōnbach*, Kompositum mit dem Grundwort *-bach* und mhd. *vrōn* ↗Frohn- als Bestimmungswort. Das hyperkorrekte Fugen-*s* steht in Analogie zu *Gauchsbach*. – Spang, *HG.A.13*, S. 25.

Frombach l.z. Gutach (z. Kinzig z. Rhein). – 1423, 1551 *im Fronbach*, 1564 *der Frohnbach*, 1590 *Frombach Waßerlin*, 17. Jh. *das Frohnbächlin*; ON. Frombach (Stadt Hornberg, Ortenaukreis, B.-W., D). – Deutung ↗Frohn-. – Geiger, *HG.A.2*, S. 41.

Frosch- *-au, -bach/-bächle, -graben, -see, -teich*. Bestimmungswort mhd. *vrosch* 'Frosch', z.B. Froschsee z. Froschbach (z. Roten Traun z. Traun z. Alz z. Inn z. Donau), 1214–19 *de Vroschsê*, 1275 *Froschse*, 1308–13 *ob dem Se*, 1840 *Froschsee*, 'Gewässer, in dem Frösche leben'. – Dotter/Dotter, *HG.A.14*, S. 107.

Frutz, die r.z. Rhein, Fluss des Laternser Tals, entspringt an der Frutz-Alm, mündet bei Koblach (Bezirk Feldkirch, Vorarlberg, A), überwindet einen Höhenunterschied von 1200m. – 1127 (Kopie 16. Jh.) *in Fruza*, 1313 *an die Fruze*, 1319 *dú Frucz*, *in der Frutz*, *in der Frucz*, 1439 *in der Frucz*; ON. Frutz-Alp, BN. Frutzkopf. – Grundform FlN. rom. *Fruza* < vorrom. **Frutiā*, abgeleitet von vorrom.-kelt. **frutā* 'Sturzbach, Felseinschnitt', ein alpines Reliktwort, air. *sruth*, kymr. *ffrwd* 'Fluss' < urkelt. **sfrutā*, ig. **srutā*, abgeleitet vom Verb ig. **sreu̯-* 'fließen'. Die Benennung der Frutz als Sturzbach dürfte vom Oberlauf ausgegangen sein. – Geiger, *HG.A.2*, S. 42; Greule, *Reliktwörter*, S. 131.

Fuchs-/-en- *-(almen-)graben, -bach/-bachl, -(berg-)graben, -(fallen-)bach, -graben, -(halden-)bach, -kolk, -kuhle, -(kuten-)pfuhl, -(loch-)bach, -(loch-)graben, -pfuhl, -(stadt-)graben, -(steig-)graben, -teich, -weiher, (-wies-)graben*. Bestimmungswort mhd. *vuhs* 'Fuchs', in zahlreichen Fällen ein mit *Fuchs-* als Bestimmungswort gebildeter Flurname, ↗Voss-/Voß-.

Füllbach l.z. Itz (z. Main z. Rhein), mündet nordwestlich von Niederfüllbach. – ON. Niederfüllbach (Gem., Lkr. Coburg, Bayern, D), Oberfüllbach (Ebersdorf b. Coburg, Lkr. Coburg), 1075 *Vullebach*, ca. 1126 *Vullibach*, 1231 *de Fullebah*, 1317, 1331 *Fullebach*, 1340 *burc Fullebach*, 1347 *Veste Fullebach*, 1348 *dye vestin Fullebach*, 1399 *Nidernfulbach*. – Grundform ahd. **(zi) fullin bahe* > mhd. **Vüllenbach*, Kompositum mit dem flektierten Adj. ahd. *fol*, mhd. *vol* 'voll, stark, schwellend'. – Sperber, *HG.A.7*, S. 47.

Füllenbach r.z. Unteren Murg und l.z. Unteren Murg (z. Rhein). – 12. Jh. *Vilmódebach*. – Grundform mhd. **Vilmuodenbach*, Kompositum mit dem Grundwort *-bach* und dem Genitiv des PN. ahd. *Filmuoto* m. oder *Filmuota* f. (**Filmuoten-*) als Bestimmungswort. – Geiger, *HG.A.2*, S. 42.

Fugga, die l.z. Zirknitz bei Grafendorf bei Stainz (PB Deutschlandsberg, Steiermark, A). – 1450 *die Fuckaw*, 1499 *an der Fukha*. – Ausgangsform slaw. **Bukova*, Feminin zum Adjektiv slaw. **bukovъ*, zum Substantiv **bukъ*/**buky* '(Rot-)Buche'. – Lochner von Hüttenbach, *Steirische Hydronyme*, S. 79f.; Bergermayer, *Glossar*, S. 46.

Fugnitz, die r.z. Thaya bei Hardegg (N.-Ö., A), GegendN. Fugnitzwald, ON. Fugnitz (Gem. Geras, PB Horn, N.-Ö.), nach 1182 *de Fůchonice*, 1242 *villa Fukniz*, 1350 *Vucknicz*. – Slaw. **Bukovъnica*, mit dem Suffix *-ica* abgeleitet von **bukovъna (rěka)* 'Fluss, an dessen Ufern Buchen wachsen'; eingedeutscht über ahd. *Fuchoniza, *Fukniza. – Hausner/Schuster, *Namenbuch*, S. 388; Bergermayer, *Glossar*, S. 46.

Fuhl-/Ful-/e-/-en- -au-bach, -bach, -bek(e), Riede, -see, -schlot. Das Bestimmungswort ist die nicht diphthongierte (alemannische und niederdeutsche) Variante von ↗Faul-, z.B. Fulach r.z. Rhein bei Schaffhausen (CH) mit ON. † Fulach, 1111 *Fula*, 1436 *Fuelach*; ON. † Altfulach, 1359 *Altfulah*, 1360 *Altfula*. – Geiger, *HG.A.2*, S. 42.

Fuhne, die (auch *Landgraben*), r.z. Thüringischen Saale (z. Elbe) und l.z. Mulde (z. Elbe), entspringt bei Löberitz (Stadt Zörbig, Lkr. Anhalt-Bitterfeld, S.-A., D), teilt sich nördlich von Zörbig in einen westlichen Arm, der in Dröbel (Stadt Bernburg/Saale, Salzlandkreis, S.-A.) in die Saale mündet, und in einen östlichen Arm, der in Raguhn (Lkr. Anhalt-Bitterfeld) in die Mulde mündet. – 945 *Fona*, 965 *Fonam*, 973 *a palude Vona*, 1121 *ad Vonam*, (1160–1166) *Vonam*, 1180 *trans Uonam*, 1358 *up der Vůne*, 1361 *an der Voynen*. – Grundform as. *Fōna < gm. *Faunō f., norw. *fauna* f. 'Schimmelhaut auf Milch oder anderen Flüssigkeiten', formal ein mit *n*-Suffix vom Kausativ-Stamm *fau-(ja-)* (awn. *feyja* 'verfaulen lassen') abgeleitetes Adjektiv urig. *pou̯H-no-* 'faul' (zum Verb urig. *peu̯H-* 'faulen, stinken'), das sich im Fall der Fuhne auf die Neigung zur Sumpfbildung (973 *a palude Vona*) bezieht. – Ulbricht, *Saale*, S. 183; Walther, *Siedlungsgeschichte*, S. 230; Rix, *LIV*, S. 480 f.

Fuhse, die l.z. Aller (z. Weser), entspringt am Oderwald in Flöthe (Lkr. Wolfenbüttel, Niedersachsen, D), unterdükert den Mittellandkanal bei Peine, durchfließt Celle und mündet dort nach 98 km, Alte Fuhse, rechter Seitenarm bei Cramme (Lkr. Wolfenbüttel), bei Nienhagen (Lkr. Celle, Niedersachsen) zweigt der Fuhsekanal ab (z. Aller). – 1311 *apud Vusenam*, 1347 *twischen der vůsen* …, (um 1350) *uppe der Vusene*, 1360 (nach Druck aus der Urschrift) *by de Vusene*, 1368 (Kopie) *bi der vvsene*, 1386 *over de Vusen*, 1392 (Kopie 1392–95) *by der vůsen*, 1403 *by der ffusen*, 1438 *bii der Vusen*, 1438 (Kopie 16. Jh.) *by der vusen, by der fusen, twischen der fusen* (und weitere Belege), 1781 *die Fuse*. – Ausgangsform (gm.) *Funsanō* > as. *Fūsana* > mndd. *Vūsene*, Ableitung mit *n*-Suffix von Adj. gm. *funsa-* 'strebend, bereit', ahd. *funs*, as., ae., awn. *fūs* 'schnell, eifrig', Benennung, vermutlich zunächst des Oberlaufs, nach der Fließgeschwindigkeit. – Borchers, *HG.A.18*, S. 40; Heidermanns, *Primäradjektive*, S. 222; Orel, *Handbook*, S. 119.

Fulda, die linker Quellfluss der Weser, entspringt aus zwei Quellen an der Wasserkuppe (Rhön, Lkr. Fulda, Hessen, D), fließt durch Kassel (Hessen), vereinigt sich in Hannoversch Münden (Lkr. Göttingen, Niedersachsen) mit der Werra, Länge des Flusses 220,7 km. – 743 *in ripa fluminis Fuldae*, 751 *iuxta Fluvio … Uulta*, 754 *Fulda*, in dieser (latinisierten) Form sehr oft belegt. Belege wie 856 *Uuldaha, Fuldaha*, sind vereinzelte Komposita mit dem Grundwort ahd. *-aha*, um den Namen des Flusses von der der Siedlung (Kloster) zu unterscheiden. 1396 *Volde* zeigt mundartliche Senkung des Tonsilbenvokals, noch ohne die spätere Assimilation /-ld-/ > /-ll-/. Orts- und KlosterN. Fulda (Lkr. Fulda, Hessen), /folle/, 772 *in loco … Fulda*, 786 *in monasterium Fulda* (und zahlreiche weitere Belege). – Ausgangsform FlN. ahd. *Fulda*. Es bestehen zwei etymologische Deutungen: 1. *Fulda* wird zusammen mit *Folda*, Name dreier Fjorde in Norwegen, und aschw. *Fuld, Name des Västeråsfjard (Västmanland, Schweden), durch awn. *fold* f. 'Erde, Land', ae. *folde*, as. *folda* 'Erde' als 'Landfluss' bzw. 'Wasserfläche' erklärt, 2. *Fulda* < gm. *fuldō f. ist ein ursprüngliches feminines Adjektiv, das analog zum Adj. gm. *fulla- (< *fulna-) 'voll' und zu ↗Volme (< *Fulmana) gebildet wurde und dem Partizip urig. *pl̥h₁-tó- (zum Verb urig. *pleh₁-* 'sich füllen, voll werden') entspricht. Da die Fulda auf ihrer ganzen Strecke, bis auf den Kasseler Talkessel, in einem mehr oder weniger tief eingeschnittenen Tal fließt, leuchtet die zweite auf den Wasserreichtum Bezug nehmende Etymologie besser ein, ↗† Scamfulda. – Sperber, *HG.A.5*, S. 29–32; Berger, *Geographische Namen*, S. 106; Pokorny, *IEW*, S. 806; Udolph, *Fulda*; Rix, *LIV*, S. 482 f.

Fulde, die
– ¹Fulde, l.z. (Steinhuder) Meerbach (z. Weser), fließt durch Loccum (Stadt Rehburg-Loccum, Lkr. Nienburg/Weser, Niedersachsen, D). – 1591 *bis vf die Alte Fulde*. – Borchers, *HG.A.18*, S. 41.
– ²Fulde (auch *Fuldebach*), r.z. Böhme (z. Aller z. Weser), fließt ausschließlich im Bereich der Stadt Walsrode (Lkr. Soltau-Fallingbostel, Niedersachsen, D), der größte Quellast entwässert das Grundlose Moor, die Fulde mündet südlich des Klostersees Walsrode. – 1687 *up der Fulle*, 1767 *Fulde*, 1778 *Fulde Bach*; ON. Fulde (Stadt Walsrode), 1224, 1330 *Wlle* (lies *Uulle*), 1489, 1520 *Vulle*, 1524 *Vülle*. – Borchers, *HG.A.18*, S. 41; Udolph, *Germanenproblem*, S. 41 f.
Bei ²Fulde, die das Grundlose Moor entwässert, liegt es nahe, die Deutung an gm. *fūla-* 'faulend, stinkend' ↗Faul-/Fuhl- anzuschließen und von einer Ableitung mit *-n*-Suffix, as. *Fūlana*, mit Synkope *Fūlna* und Assimilation *Fūlla* > mndd. *Vūlle* auszugehen. In mndd. *Vūlle* wurde hyperkorrekt zu > *Fulde* erweitert. Diese Deutung kann auch für ¹Fulde in Anspruch genommen werden.

Fuldebach r.z. Holzape (z. Diemel z. Weser), fließt durch Gottsbüren (Stadt Trendelburg, Lkr. Kassel,

Hessen, D), das an der „Königstraße" von Fulda an die Weser lag. – 1551 *in der Fulda, vff der Fulda*, (1583–85) *uffer Fulda, Die grosse und kleine Fulda*; FlurN. Fulde-Bruch, (1583–85) *Bruch zur Fulda*. – Vermutlich übertragen von der unweit südlich in die Weser mündenden ↗Fulda. – Kramer, *HG.A.10*, S. 21.

Fulelohnsbach l.z. Ecker (z. Ocker z. Aller z. Weser), 1548 *der lodenbeeke*, 1578 *Lodenbeegk*, 1680 *der fuhle Logenbääck*. – Ursprünglich identisch mit ↗Lohbach (< *Lōdebeke*), später zur Wortgruppe durch den Zusatz ↗Fuhl-/Ful- erweitert. – Borchers, *HG.A.18*, S. 41.

Funderbach l.z. Adda (z. Plane z. Havel), Quellbereich im Naturpark Hoher Fläming, mündet nördlich von Niemegk (Lkr. Potsdam-Mittelmark, Brandenburg, D). – 1820 *die Funder*, 1841/42 *Funder Bach*, 1854 *Funderbach*; FlurN. 1820 *westl. vom Funderberge*. – Kompositum mit dem Grundwort *-bach* und brandenburg. **Funder* m. 'Steg über einen Graben', entlehnt aus ndl. *vonder, vunder* 'Fußbrücke, Steg'. Hierzu auch Funder-Graben, l.z. Ihle-Kanal, 1842 *Funder-Graben*. – Wauer, *HG.A.17*, S. 40; Fischer, *BNB 10*, S. 81.

Funken- *-bach, -graben*. Bestimmungswort mhd. *vunke* swMF., mndd. *vunke* 'Funke' für einen Ort, wo das Funkenschlagen stattfindet, oder für Irrtlichter, in der Nacht leuchtendes Holz, vgl. mecklenburg. SeeN. 1297 *in stagno cito Funkenkule*. – Keinath, *Württemberg*, S. 196; Fischer, *BNB 10*, S. 81f.

Funne, die l.z. Stever (z. Lippe z. Rhein), mündet im Stadtgebiet von Selm (Kreis Unna, NRW, D). – 12. Jh. *iuxta Vunnam*; HofN. †Funne, 1240–1250 *Funne*, 1274 *Vunne*, 1324 *den hof tor Vunne*. – In der Grundform FlN. mndd. *Vunne* ist /-nn-/ durch Assimilation entstanden, vielleicht aus gm. *Fusna* oder *Fūsna*, vgl. ae. *dunn* 'schwarzbraun', awn. *dunna* '(braungraue) Stockente' (< *dusn-*). **Fūsna* ist bindevokallose Parallele zu ↗Feichsen (< *Fūsina*). Parallelname schwed. BachN. *Funnan* im SeeN. **Funno-sior*, jetzt Funåsdalssjön, 1546 *Fonnesdal*. – Schmidt, *HG.A.6*, S. 22; Wahlberg, *SOL*, S. 83.

Funten See Karstsee im Nationalpark Berchtesgaden (Lkr. Berchtesgadener Land, Bayern, D), 1862 *Funten S.* – Bestimmungswort ist vielleicht das Partizip ahd. *(gi)funtan* 'gefunden' (der spät entdeckte See). – Straberger, *HG.A.9*, S. 29.

Furt-/Furth- *-bach/-bächle, -graben, -bek, -(brunnen-)bach, -see, -(wiesen-)bach*. Bestimmungswort ahd. *furt*, mhd. *vurt* 'Furt', Gewässer mit einer flachen Durchgangsstelle, ↗Föhr(e).

Fuscher Ache r.z. Salzach bei Oberhof (Gem. Bruck an der Glocknerstraße, PB Zell am See, Salzburg, A). – Um 963 *Uusca*; ON. Fusch an der Glocknerstraße (PB Zell am See), um 1135 *Fusca, Fûsca*. – Fluss- und Ortsname werden mit lat. *fuscus* 'dunkel, schwärzlich' identifiziert. Eine Erklärung aus dem Germanischen ist möglich, wenn (ahd.) *Fusca* im Ablaut zu awn. *fauskr* 'morsches Holz, verwitterter, fauler Baum' und norw. FlN. *Fauska* (ig. **puH-sko-*) steht. – Hausner/Schuster, *Namenbuch*, S. 390; Hovda, *elvenamn*, S. 143; Pokorny, *IEW*, S. 848; Rix, *LIV*, S. 480f.

Fuschlsee See südlich von Mondsee (PB Vöcklabruck, Salzburg, A). – Um 788–790 (Kopie 12. Jh.) *stagnum ... Lacusculus, ad lacum ... Labusculo, Lacus<culus/m>*, 1141 *ad Fusculse*, 1144 *Fusculse*. – Das Bestimmungswort *Fuscul-* ist in der Komposition mit dem Grundwort ahd. *sēo* 'See' um die anlautende Silbe <la> (romanischer Artikel?) aus **Lafuscul-* gekürzt. *Lacusculus* ist ein vulgärlateinisches Diminutiv zu lat. *lacus* 'See' (vgl. rom. *ponticella, rivuscellus*), das zu **Lavuscul-* dissimiliert und in gekürzter Form als *Fuscul-* ins Bairische integriert wurde. – Hausner/Schuster, *Namenbuch*, S. 390.

†**Fussach, die** alter Name der Dornbirner Ach (z. Bodensee), entspringt im Valorsertal, fließt durch den Bregenzerwald, mündet nach 30 km bei Hard (PB Bregenz, Vorarlberg, A). – 1319 *enhalp der Fůzach*, 1338 *bis in die Fuesach, in die Fuesach*, 1375 *die Fussach*, 1400 *an der Fussach*, 1404 *ennet der Fussach*, 1413 *an der Fussach*, 1470, 1472 *ennet der Fůßach*; ON. Fußach (PB Bregenz) an der alten Mündung der Dornbirner Ach, 1137–1139 zu 1089 (Kopie 16./17. Jh.) *ad villam Fozzaha*, um 1089 *uillam Fozzaha*, 1257 *Fůza*, 1319 *das dorf Fůssach, du burg Fůssach*, 1376 *zu Fůssach*, 1405 *Fußach* (und weitere Belege); ON. Fussenau, Fussenegg (Dornbirn, Vorarlberg). – Grundform ahd. **Fuozaha* > mhd. **Fuozach*, Kompositum mit dem Grundwort ahd. *-aha* 'Fließgewässer' und ahd. *fuoz*, mhd. *vuoz* 'Fuß', hier übertragen auf die Gegend unterhalb des Bregenzerwaldes bzw. auf den unteren Flusslauf. – Geiger, *HG.A.2*, S. 43.

Fußbach l.z. Kinzig (z. Rhein). – ON. Fußbach (Stadt Gengenbach, Ortenaukreis, B.-W., D), 1289 *Fůzoltsbach*, 1314 *Füßelspach*, 1387 *Obernfüsselspach*, 1423 *Fuselspach*, 1483 *im Füsserspach*, 1487 *Fühßerspach*, 1523 *zu obern Fuhsersbach*, 1530 *Fusserspach*. – Grundform mhd. **Fuozoltesbach*, Kompositum mit dem Grundwort *-bach* und dem Genitiv des PN. mhd. **Fuozolt* (**Fuozoltes-* > **Fuozelts-* > **Füßels-* > **Füßers-*), schließlich gekürzt zu *Fußbach*. – Geiger, *HG.A.2*, S. 43.

G

Gaatz-/Gatz-/Gats-/Gatsch- -graben, -pfuhl, -schlenke, -see, -wasser. Brandenburg. *Jatze* f. 'Gasse, schmale, enge Straße zwischen Gebäuden, auch Gärten'. – Fischer, *BNB 10*, S. 85.

Gabel-/Gabl- -bach, -graben, -teich, -wasser. Mhd. *gabel(e)* 'Gabel', die Gewässer sind benannt nach einer Flussgabelung, z.B. Gabelbach, l.z. Brettach (z. Kocher z. Neckar z. Rhein), mündet in Scheppach (Gem. Bretzfeld, Hohenlohekreis, B.-W., D), 1544–1550 *an der Gabelbach*. – Schmid, *HG.A.1*, S. 35; Ulbricht, *Saale*, S. 49.

Gabelsbach r.z. Queidersbach (z. Steinalbe z. Schwarzbach z. Blies z. Saar z. Mosel z. Rhein). – 1555 (Kopie) *Gabelspach*; ON. † Gabelsbach südwestlich von Queidersbach (Lkr. Kaiserslautern, Rh.-Pf., D), 1293 *de Gabelsbach*, 1309 PN. *dictus Gabelsbechere*, 1669/70 *zu Gabelsbach*. – Kompositum mit dem Grundwort *-bach* und dem Genitiv des PN. *Gabel* als Bestimmungswort. – Spang, *HG.A.13*, S. 25; Dolch/Greule, *Pfalz*, S. 155.

Gabelsee südlich von Falkenhagen (Lkr. Märkisch-Oderland, Brandenburg, D). – 1745 *Gabel See*. – Grundform apolab. *Jabl*-, Ableitung mit Suffix *-ьj-* von *jablo* 'wilder Apfel'. – Fischer, *BNB 10*, S. 82.

† Gablenbach (jetzt Klingenbach, auch Gaisburgerbach), l.z. Neckar (z. Rhein), entsteht aus drei Quellbächen, die bei ihrem Zusammenfließen hintereinander zweimal eine Gabel bilden, fließt durch Gablenberg (Stadt Stuttgart, B.-W., D). – 1451 *am Gablunbach*, 1472 *am Gablenbach*, 1495 *diesseits vom Gablenberger Bach*; ON., BergN. Gablenberg, 1275 *in monte dicto Gabenlemberc* (lies *Gablemberc*?), 1304 *Gablinberg, Gabelunberge*. – Grundform mhd. *Gabelun(berg)bach*, Klammerform des Kompositums mit dem Grundwort *-bach* und und dem BergN. *Gabelunberg* als Bestimmungswort. *Gabelunberg* ist selbst Kompositum mit dem Grundwort *-berg* und dem Genitiv von mhd. *gabele* swF. 'Berg an der Flussgabelung', ↗Gabel-. – Schmid, *HG.A.1*, S. 35; Dölker, *Stuttgart*, S. 435.

Gabraun, die l.z. Mur bei Pernegg (PB Bruck, Steiermark, A). – 1382 *in der Gabrawn, Gabraun*. – Ausgangsform slaw. *Gabr-ov-ina* 'Buchenbach', abgeleitet von slaw. *gabrъ* 'Hagebuche, Weißbuche'. – Lochner von Hüttenbach, *Steirische Hydronyme*, S. 80.

Gabriachbach r.z. Andritz nördlich Graz (PB Graz-Umgebung, Steiermark, A). – 1371 *Gabraw*, 1423 *Gabre*. – Ausgangsform slaw. *Gabr-avъ* 'Buchenbach', abgeleitet von slaw. *gabrъ* 'Hagebuche, Weißbuche'. Die Endung *-achbach* ist sekundär. – Lochner von Hüttenbach, *Steirische Hydronyme*, S. 80.

Gader, die (auch *Gader Bach*), ital. *Gádera*, ladin. *Ghaidra*, l.z. Rienz bei Pflaurenz (Gem. Sankt Lorenzen, Prov. Bozen/Südtirol, I.) und (ursprünglich identisch mit dem Flussnamen) TalN. Gadertal (auch *Enneberg, Abteital*), ital. *Val Baddia*, südliches Seitental des Pustertals zwischen Kurfar und Pflaurenz (Prov. Bozen). – /gaado/, 1002–1004 *in fluvium Gaidrẹ, pro fluvio Gaidra*, 1149 *in Geder*, 1142–1147 *predia … Gaᵉder(e)n*, 1177 *in Gader*, um 1187–1197 *de Gâdre*, 13. Jh. und 14. Jh. *zu Gaeder, Geder, Gedre, Gader, aqua Gayri*, 15. Jh. *die Gäder, an/in Gadern, Geder*. – Die Belege deuten im Bairischen auf Sekundärumlaut von vorbair. /a/ hin. Als Grundform wird der GegendN. *Gadria* rekonstruiert. Er wird für vorrömisch gehalten und als Bedeutung 'schluchtartiges Gelände' vermutet. Die weitere Etymologie ist unklar. Es bietet sich an, *Gadria* in indogermanischem Zusammenhang mit ai. (ved.) *gādhá-* 'Untiefe, Furt', gr. (dorisch) *bássa* 'Talgrund, Schlucht' und air. *-bádi* 'taucht etwas unter, ertränkt' (Verbstamm urig. *$g^ueh_2d^h$-* 'eintauchen') zu verbinden. Mit r-Suffix konnte von der Schwundstufe des Verbs ein Adjektiv urig. *$g^uh_2d^h$-ró-* > (kelt.?) *g^uadro-* 'eingetaucht' (metaphorisch auf die Landschaft übertragen: 'eingeschnitten') abgeleitet worden sein. Von *g^uadro-* wurde *G^uadria* 'eingeschnittene Landschaft' als Name abgeleitet. Die vorrömische Form des Namens wurde in der romanischen Mundart delabialisiert (> *Gadria*). – Hausner/Schuster, *Namenbuch*, S. 391; Kühebacher, *Ortsnamen 2*, S. 94; Pokorny, *IEW*, S. 465; Rix, *LIV*, S. 206.

Gäns-/-e- -angergraben, -bach, -fließ, -graben, -kolk, -kuhle, -lakengraben, -mühlbach, -pfuhl, -riedgraben, -see, -teich, -weggraben, -weiher. Mhd. *gense* Plural zu *gans* 'Gans'; Gewässer in Ortsnähe sind meist nach Hausgänsen, entferntere Gewässer nach Wildgänsen benannt; z. B. Gänsbach, l.z. Talfer (hinter Halbweg, Prov. Bozen/Südtirol, I.), 1288 *Genspach*. – Fischer, *BNB 10*, S. 83; Kühebacher, *Ortsnamen 2*, S. 98.

Gänten- -kuhle, -pfuhl. Brandenburg. *Gänt, Jänt* m. 'Gänserich' Bestimmungswort in brandenburgischen Gewässernamen. – Fischer, *BNB 10*, S. 84.

Gaflenz, die r.z. Enns südlich Weghaus (Gem. Weyer, PB Steyr-Land, O.-Ö., A). – Nach 1129 (Fälschung 1180–90) *circa riuulos in ablenzi*, 1177 (Fälschung 1263–74) *rivulus dictus Gavlentz*; ON. Gaflenz (PB Steyr-Land), /ˈgōvlęntß/, nach 1129 (Fälschung 1180–90) *predium Abelenzi*, 1140 *ecclesiam auelenze*. – Zugrunde liegt slaw. **Abol(ь)nica, *Jablonica* 'Apfelbaum-Bach'. Der Name wurde zweifach ins Deutsche integriert: als frühmhd. **Abelentze* und als mhd. *Gavelentz* (<*Jablonica*). – Hohensinner/Reutner/Wiesinger, *Kirchdorf an der Krems*, S. 142 f.; Hausner/ Schuster, *Namenbuch*, S. 392.

Gaibach, die Unterlauf des Kohlschlag-Grabens, r.z. Main (z. Rhein), mündet südlich von Neustadt a. Main (Lkr. Main-Spessart, Bayern, D). – 1534–1554 *bis in die Geibach*, 1667 *biss in die gewbach*, BergN. Gaiberg. – Kompositum mit dem Grundwort -*bach* (neben -*berg*). Die wenigen und späten Belege erlauben keine eindeutige Erklärung des Bestimmungsworts. Steht *Gei*- im ältesten Beleg für mundartlich entrundetes mhd. *gou, göu*, nhd. *Gäu* ('Land im Gegensatz zur Stadt') oder ist in *Geibach* (< **Geilbach/*Geilberg* mit dem Bestimmungswort mhd. *geil* 'von wilder Kraft, üppig' ↗Gailenbach) /-l-/ geschwunden? – Sperber, *HG.A.7*, S. 48; Bach, *Namenkunde 1*, S. 405.

Gail, die sloven. *Zilja*, entspringt am Tilliacher Joch (Osttirol, A), durchfließt das Tilliacher Tal, das Lesachtal und das Gailtal (zwischen Kötschach-Mauthen und Villach) und mündet nach 122 km südöstlich von Villach bei Maria Gail (Kärnten, A) von rechts in die Drau. – RaumN. Gailtal, 1024–1039 *in Gilitala*; ON. † Gail (bei Sankt Martin am Krappfeld, Gem. Kappel am Krappfeld, PB Sankt Veit an der Glan, Kärnten), 991–1023 (Kopie um 1075) *de Gila*, 1075 (Fälschung 13. Jh.) *de Gila*; ON. † Gail (unermittelt), um 1075–1090 *predium … in loco Gila*; ON. Maria Gail (Gem. Villach, PB Villach/Stadt, Kärnten), seit 1370 *vnser vrawn am dem Rayn pei der Geyl*. – Zugrunde liegt vermutlich der vorröm. (kelt.) Flussname **Gēljā*, der früh ins Althochdeutsche als **Gīlja* (1024–1039 *Gili-tal*) und von dort ins Slowenische als (frühsloven. **Dᶻilʾa*) entlehnt wurde (vgl. kelt. *Rēnos* > ahd. *Rīn*-). Obwohl der vorrömische Flussname **Gēljā* allgemein als *i*-Ableitung mit ig. **gʰoilos* in der Bedeutung 'die Überschäumende' in Verbindung gebracht wird, liegt eine Erklärung des Stammes kelt. **Gēl*- (< **gʰeilo*-) als *l*-Ableitung vom Verb ig. **gʰei-* 'antreiben' (ved. *hinóti* 'treibt an') näher. Ig. **gʰeilo-* 'antreibend' liegt auch im Germanischen vor: ndl. *gijl*, norw. *gīl* 'Bier im Gären', ndl. *gijlen* 'gären', vgl. ↗Giehl ↗Gillbach. – Hausner/Schuster, *Namenbuch*, S. 392 f., 412, 708; Pokorny, *IEW*, 452; Rix, *LIV*, S. 174.

Gailbach
– ¹Gailbach, l.z. Kuselbach (z. Glan z. Nahe z. Rhein), 1477 *In der Geyllerbach*. – Zur Deutung ↗²Gailbach. – Greule, *HG.A.15*, S. 34.
– ²Gailbach, l.z. Blies (z. Saar z. Mosel z. Rhein), entspringt südöstlich von Obergailbach (Dep. Moselle, Lothringen, F), mündet oberhalb von Reinheim (Gem. Gersheim, Saarpfalz-Kreis, Saarland, D). – 1837 *die Geilbach*; ON. Obergailbach, 1310 (Kop.17. Jh.) *Geilbach*, 1316 (Kopie) *de Geilbach*, 1461 (Kopie 16. Jh.) *Geilbach*, 1536 *Obergailbach*; ON. Niedergailbach (Gem. Gersheim), 1139–76 (Kopie 12. Jh.) *Gelbach*, 1334 (Kopie 16. Jh.) *Gailbach*, 1428 (Kopie) *Gaylbach*, 1532 (Kopie) *Nyddergailbach*, 1536 *Niedergailbach*, 1577 *von Gelbach*. – Da die älteren Belege alle aus kopialer Überlieferung stammen, ist anzunehmen, dass die Ausgangsform ahd./mhd. **Geilenbach*, synkopiert *Geil(n)bach*, war; Kompositum mit dem Grundwort -*bach* und dem Genitiv des PN. ahd. *Geilo* (*Geilen*-) als Bestimmungswort. – Spang, *HG.A.13*, S. 26.

Gailenbach Überschuss des Glanbachs (z. Salzach) im Salzburger Stadtteil Lehen (Salzburg, A). – 1273 *in Gail(n)pach*, 1281 *Gailenpach, Gailenpech*, 1348–1400 *In nydern Gaylenpach, in Gailnpach, in Gaylnpach*. – Grundform mhd. *(ze dem) *Geilenbache*, Kompositum mit dem Grundwort -*bach* und dem flektierten Adj. mhd. *geil* 'von wilder Kraft, üppig', ↗Gailsbach. – Straberger, *HG.A.9*, S. 30.

Gailitz, die sloven. *Zilica*, it. *Slizza*, r.z. Gail (z. Drau) bei Arnoldstein (Kärnten, A). Ableitung vom Namen des Hauptflusses ↗Gail mit dem ursprünglich slawischen Suffix -*ica* /-itsa/ zur Benennung eines Nebenflusses.

Gailsbach l.z. Rhein bei Manubach (Lkr. Mainz-Bingen, Rh.-Pf., D). – 1290 *in der geylinbach*, 1335 *de geylenbach*, 1489 *in der geilenbach*, 1813 *der Gailsbach*. – Grundform mhd. **Geilenbach*, Deutung wie ↗Gailenbach; nach der Synkope **Geilenbach* > **Geilbach* hyperkorrekt mit Fugen-*s* versehen. – Greule, *HG.A.15*, S. 34.

Gaiß-/Gais(s)-/-en-/Geiß-/Geis(s)- -*a*, -*ach*, -*bach*, -*graben*, -*teich*, -*weiher*. Sofern die Schreibungen der historischen Belege auf einen durch die 2. Lautverschiebung entstandenen *s*-Laut hinweisen, ist das Bestimmungswort gm. **gait(i)*- 'Ziege', z. B. *Gaissach*, r.z. Isar, ON. Gaißach (Lkr. Bad Tölz-Wolfratshausen, Bayern, D), 817 (Kopie 824) *ad Keizahu*, ca.1150 *Gaizahe*; Gaiß B(ach), r.z. Rauriser Ache (↗ Salzach), 1362 *in villa Gaisspach*, aber auch 1330 *von Gaispach* (mit <-sp-> statt <-ssp->). Nicht immer scharf zu trennen von *Geis* in ↗ Geisa. – Snyder, *HG.A.3*, S. 24; Reitzenstein, *Oberbayern*, S. 91; Straberger, *HG.A.9*, S. 31.

Galgen- -*bach*, -*brack*, -*graben*, -*pfuhl*, -*see*, -*teich*, -*weiher*. Gewässer an einem Galgenberg, der mittelalterlichen Hinrichtungsstätte mit einem Galgen. Es handelt sich um Klammerformen des Typs *Galgen(berg)bach*, z.B. Galgenbach, l.z. Rhein, mündet gegenüber der Loreley (St. Goar, Rhein-Hunsrück-Kreis, Rh.-Pf., D), 1614 *die Galgenbach*, FlurN. 1608–1609 *Aufm Galgenberg*. – Fischer, *BNB 10*, S. 83; Greule, *HG.A.15*, S. 34; Halfer, *Flurnamen*, S. 240.

Gallen- -*bach*, -*bächle*, -*beek*/-*beke*. Nhd. *Galle* f. hier 'unfruchtbarer, schlechter Fleck im Ackergrund; nasse Stelle', z.B. Gallen-Beek l.z. Havel, 1777 *in der Gallenbeck*, *die Gallen-Becke*, 1825 *Gallen Beek*. In Einzelfällen kann sich das Bestimmungswort auch auf den heiligen Gallus (Sankt Gallen) beziehen. – Wauer, *HG.A.17*, S. 41; Fischer, *BNB 10*, S. 83.

Gallenbach r.z. Paar (z. Donau). – 1150 *rivum Kalomanbach*; ON. Gallenbach (Stadt Aichach, Lkr. Aichach-Friedberg, Bayern, D), 823 (Kopie 824) *Calmanapah*, 824 *Calmanapach*, ca.1133–1135 (Kopie von 1175) *Gallenpach*, 1265 *Gallenbach*. – Grundform ahd. *Galmana-bach, abair. *Calmana-pah* (mit Lautverschiebung), Kompositum mit dem Grundwort -*bach* und abair. *Kalmana für ahd. *Galmana als Bestimmungswort, hier im Genitiv des Frauennamens *Galmana 'Bach der *Galmana, vgl. männlichen PN. *Galman*. *Galmanabach entwickelte sich lautlich durch Assimilation /-lm-/ > /-ll-/ und Synkope zu mhd. *Gallenbach*. Der Beleg 1150 *Kalomanbach* ist vermutlich angelehnt an den Namen des heiligen Koloman († 1012). – Snyder, *HG.A.3*, S. 25; W.A.Frhr.v.Reitzenstein, brieflich 16. 5. 2011; Kaufmann, *Ergänzungsband*, S. 135.

Gallusbeek r.z. Stroiter Bach (z. Mühlenbeck z. Krummes Wasser z. Mühlenkanal z. Ilme z. Leine z. Aller z. Weser), mündet bei Brunsen (Stadt Einbeck, Lkr. Northeim, Niedersachsen, D). – 1758 *Gallus-Beeck*, *über dem Gallus-Beecke*, 1857 *das Gallusbeek*. – Kompositum mit dem Grundwort mndd. -*beke* 'Bach' und dem FamilienN. *Gallus*. – Kettner, *HG.A.8*, S. 30; Kettner, *Leine*, S. 75.

Galmke, die z. Hellegraben (z. Weser). 1587 *die Galpke*; FlurN. 1756, 1766 *Vor der Galmke*. – Ausgangsform (mndd.) *Gallenbeke? Deutung ↗ Gallen-. – Kramer, *HG.A.10*, S. 22.

Gambach
– ¹Gambach, l.z. Rott (z. Inn z. Donau), mündet bei Pfarrkirchen (Lkr. Rottal-Inn, Bayern, D). – Ca.1563 *ad confluentem Gàmbachi in Rotam*; ON. Gambach, 768 (Kopie 9. Jh.) *de Gaginpah* (lies *Gawinpah*?), 12. Jh. *Goumbach*, 13. Jh. *Gainpach*, *Geinpach*, *Gaeinpach*, 1692 *Gänpach*. – Grundform ahd. *Gouwinbach > mhd. **Göu(we)nbach*, Kompositum mit dem Grundwort -*bach* und dem Genitiv des PN. ahd. *Gouwo (Gen. *Gouwin-) als Bestimmungswort, die Schreibungen des Stammvokals spiegeln die Entwicklung von ahd. /-ouwin-/, mhd /-öuwen-/ zu mundartlich /-an-/ und /-am-/ wider. – Dotter/Dotter, *HG.A.14*, S. 110.
– ²Gambach, r.z. Kleinen Laber (z. Donau). ON. Gambach, Gambachreutt, 1137 *Gampach*. – Deutung unklar. – Snyder, *HG.A.3*, S. 25.
– ³Gambach, r.z. Wolfegger Ach (z. Schussen z. Bodensee), ON. Gambach bei Bergatreute (Lkr. Ravensburg, B.-W., D), 1090 *Gambach*. 1143 *Ganbach*, *Gambach*, 1155 *Gambach*. – Deutung unklar. – Geiger, *HG.A.2*, S. 44.

Gamensee Großer~, See im Gamengrund bei Tiefensee (Stadt Werneuchen, Lkr. Barnim, Brandenburg, D). – 1375 *stagnum ... Godemo* (möglicherweise verunstalteter Beleg), 1683 *Game See*, 1843 *Gamen See*. – Vermutliche Grundform apolab. **Jam'n*- zu *jama 'Wildgrube, Höhle, Vertiefung'. – Fischer, *BNB 10*, S. 83.

Gametzbach l.z. Laming südlich Tragöß-Unterort (PB Bruck, Steiermark, A). – 1424 *in der Gamiczen*, 1454–1464 *in der Gamiczen*. – Grundform *Gamica < slaw. *Jamьn-ica 'Grubbach', abgeleitet vom Adjektiv slaw. *jamьnъ 'Grube, Höhle, Vertiefung betreffend', mit verdeutlichendem Grundwort -*bach*. – Lochner von Hüttenbach, *Steirische Hydronyme*, S. 80; Bergermayer, *Glossar*, S. 102.

Gamlitz, die r.z. Mur bei Ehrenhausen (PB Leibnitz, Steiermark, A). – 1096–1105 *Gomilnitz*, 1170 *Gomeliz*, 1193–1220 *Gomelniz*. – Slaw. *Gomilnica, von (sloven.) *gomila* 'Hügel, Erdhaufen' abgeleitet mit Suffix -*nica*. – Lochner von Hüttenbach, *Steirische Hydronyme*, S. 80.

† Gammelbe jetzt Gose Elbe, 15 km langer Altwasserarm der Elbe in den Vier- und Marschlanden (Bezirk Bergedorf, Hamburg, D). – Um 1200 *circa fluvium … Gamme*, 1438 *in der Gammerellve*, 1551 *yn der Gamme ynbrak*, 1568 *Tauben oder Gammer-Elbe*, 1568 *durch die Gamme, auß der Gamme, inn der Gamme*, 1621 *Gammeelue*, 1770–80 *Die sogenannte Gammer Elbe*, 1837 *Gammelbe*, 1855 *Gammer Elbe*; ON. Altengamme (Bezirk Bergedorf), Neuengamme (Bezirk Bergedorf), Anfang 11. Jh. *in Gamme*, 1158 *Gamma* (und zahlreiche weitere Belege). – Die Grundform FlN. as. *Gamma* ist wegen der Schreibung <mm> nicht sicher zu deuten. Vielleicht liegt eine Ableitung des Flussnamens mit *m*-Suffix vom Verb gm. **gang-a-* 'gehen' oder eher vom Substantiv gm. **ganga-* m., ahd. *gang*, das auch die Bedeutung 'Flussarm' ↗ Gang hatte, vor (**Gang-ma* f. assimiliert > *Gamma*). – Udolph, *HG.A.16*, S. 118–121; Greule, *Mit -m- suffigierte Gewässernamen*, S. 95.

Gammelsbach r.z. Neckar (z. Rhein), mündet bei Pleutersbach (Eberbach am Neckar, Rhein-Neckar-Kreis, B.-W., D). – 772 (Kopie 12. Jh.) *Gaminesbach, siluam in Gaminisbach*, 773 (Kopie 12. Jh.), 1012 *Gamenesbach*, 1462 *Gamelspacher Bach*, 1484 *Gamelspach*; ON. Gammelsbach (Gem. Beerfelden, Odenwaldkreis, Hessen), 1354 *Gammelspach*, 1424 *Gamelspach*, 1437 *Gammelsbach*. – Grundform ahd. **Gamanesbach* > mhd. *Gamenesbach*, Kompositum mit dem Grundwort -*bach* und dem Genitiv des PN. ahd. **Gaman* (Genitiv **Gamanes-*) als Bestimmungswort. Mhd. *Gamenesbach* wird durch Dissimilation der Nasale /m – n/ > /m – l/ zu *Gamelesbach*, mit Synkope zu *Gam(m)elsbach*. – Schmid, *HG.A.1*, S. 36.

Gammersbach l.z. Sülz (z. Agger z. Sieg z. Rhein), durch Gammersbach (Gem. Lohmar, Rhein-Sieg-Kreis, NRW, D). – ON. Weiler Gammersbach, Gammersbacher Mühle (Gem. Lohmar), 1530 *Jaemersbach*. – Deutung unsicher, vielleicht Ausgangsform wie ↗ Gammelsbach **Gamanesbach* > **Gamersbach* vereinfacht, mundartlich /jämersbach/, vielleicht mit Anlehnung an mhd. *jâmer* 'Jammer'. – Faust, *HG.A.4*, S. 28 f.

Gamsbach
– ¹Gamsbach, l.z. Salza in Gams bei Hieflau (PB Liezen, Steiermark, A). – 1139 (Kopie 13. Jh.) *Gemze*.
– ²Gamsbach, l.z. Wildbach bei Frauental an der Laßnitz (PB Deutschlandsberg, Steiermark, A). – 1184 (Kopie 19. Jh.) *inter Losniz et Kamniz*, 1185 (Kopie 13. Jh.) *Kamniz*, 1186 (Kopie 13. Jh.) *Kamniz*, 1187 (Kopie 13. Jh.) *Camniz*.
– ³Gamsbach, r.z. Mur bei Rothleiten (PB Graz-Umgebung, Steiermark, A). – 1230 *Gemze*, 1302 *Gempze*, 1366 *Gembs*.
Grundform slaw. **Kamenica* 'Steinbach' mit Suffix -*ica* abgeleitet vom Adjektiv slaw. **kamenьn-*, das zu slaw. **kamy* (Gen. **kamen*) 'Stein' gehört, und haplologisch gekürzt. Mit verdeutlichendem Grundwort -*bach*. – Hausner/Schuster, *Namenbuch*, S. 396; Lochner von Hüttenbach, *Steirische Hydronyme*, S. 80 f.; Bergermayer, *Glossar*, S. 109 f.
– ⁴Gamsbach (auch: *Bullebach*), r.z. Padolabach (z. Piave bei Santo Stefano, Prov. Bozen/Südtirol, I.), entspringt in der Alm *Bulle*. – /gámazpåch, gámpspåch/. – Bestimmungswort des Kompositums mit dem Grundwort -*bach* ist ahd. *gamiza*, mhd. *gemeze* 'Gemse'. Die Mundart weist Sekundärumlaut bair. /a/ auf. – Kühebacher, *Ortsnamen 2*, S. 97.

Gande, die (im Unterlauf auch *Aue*, im Oberlauf auch *Aue, Weißes Wasser*), r.z. Leine (z. Aller z. Weser), ursprünglich Nebenfluss der ↗ Eterna, entspringt bei Lamspringe (Lkr. Hildesheim, Niedersachsen, D), mündet bei Kreiensen (Bad Gandersheim, Lkr. Northeim, Niedersachsen). – (856) (Fälschung Anfang 13. Jh.) *iuxta fluuium Gande, qui alio nomine Ettherna nuncupatur*, 973–83 *trans ripas Gandae*, 11. Jh. *super fluuium Gandae, Ganda*, 1491 *inter fluentem Gandam et …*, 1580 *die Gande, die Ganne, ganda fluß*, 1598 *an der Gandaw*, 1655 *auf dem waßer die Gande*, 1757 *die Ganne*, 1803 *Gande* f.; ON. Bad Gandersheim, 780–802 (Kopie 12. Jh.) *in marcha Gandesheim*, 877 *monasterium … Gandesheim*, um 889 *Gandeshemense*, 956, 979, 995, 999 *Ganderesheim* (und zahlreiche weitere Belege); ON. Altgandersheim (Bad Gandersheim), 1007 *Aldangandesheim*, 1189 *de Aldengandersem* (und weitere Belege). – Grundform FlN. as. **Ganda*, anscheinend ein nordseegm.-nordgm. Flussname, vgl. 865 *in portu Ganda*, jetzt Gent (B), GewässerN. fr. **Gand(e)*, 1400 *schepe in de Ghand zenden*, im ON. Upgant (Lkr. Aurich, Niedersachsen, D) 'auf (der) Gande', adän. FlN. **Ganda*, ↗ Gander. Der Name wird mit gt. *gund* n. 'krebsartiges Geschwür', ae. *gund* m. 'Eiter', ahd. *gund* m. 'Eiter, eiterndes Geschwür' ↗ Günne in Zusammenhang gebracht, indem ein Ablautverhältnis **gand-*: **gund-* und die Bedeutung 'Schwellfluss' angenommen wird. **Ganda* (< gm. **Gandō*) könnte auch eine -*nt*-Ableitung von gm. **gē-* 'gehen' (urig. **ĝʰeH-* 'sich bewegen') ig. **ĝʰə-nt-ó-* > gm. **ganđa-* sein, mit der Wasserbewegung als Benennungsmotiv. Zur Namenbildung ↗ Aland. Die ältesten Belege für Gandersheim (*Gandes-, Ganderes-heim*) legen es nahe, den Ortsnamen nicht mit dem FlN. Gande zu verbinden, sondern ein ursprüngliches Kompositum mit dem Grundwort as. -*hēm* 'Heim' und dem Genitiv des as. PN. **Gandheri* > Gander bzw. der Kurzform *Gandi* (*Ganderes-, Gandes-*) anzusetzen. – Kettner, *HG.A.8*, S. 30–32; Kettner, *Leine*, S. 75–80; Casemir/Menzel/Ohainski, *Northeim*, S. 145–149 (RaumN. **Gandara*); Rix, *LIV*, S. 172, 196; Kaufmann, *Ergänzungsband*, S. 136 f.

Gander, die (auch *Altbach*), l.z. Mosel (z. Rhein) an der Grenze von Lothringen (F) und Luxemburg, mündet in Haute-Kontz (Dep. Moselle, Lothringen). – 751–68 (Kopie um 1222) *prope fluuio Gandren*, 768–69 (Kopie um 1222) *Gandra*, 775–84 (Kopie um 1222) *Gandra*; ON. Gandren (Lothringen), 1096 *Gandra*, 1145 (Kopie 13. Jh.) *Gandara*. – Grundform FlN. ahd. *Gand(a)ra*, Ableitung mit *r*-Suffix von FlN. gm. *Ganda ↗ Gande; Parallelnamen: FlN. † Gandera, jetzt Gänsebach, l.z. Leine, mit ON. Kirchgandern (Lkr. Eichsfeld, Thüringen, D), Hohengandern (Lkr. Eichsfeld), Niedergandern (Gem. Friedland, Lkr. Göttingen, Niedersachsen), 1100 *Gandera*, 1127 *in Ganderaha*, 1130, 1220, 1259 *Gandera*, 1261 *Gandera*, 1277 *Gandera*, 1283 *Gandere*, 1287 *Gandera, Gandara*, 1290 *Gandra*, 1293 *in … Gandera*, 1294 *Gandera, in Gandra*. *Gandera* wurde als *Gander-aha* (ndd. *gander* 'Gänserich') 'Gänsebach' eingedeutet; ferner ON. Genderen (Aalburg, Prov. Noord-Brabant, NL) an der Mündung eines Flussarms in den Dussense Stroom, 11. Jh. *in Ganderon*. – Gysseling, *Woordenboek*, S. 386; Jungandreas, *Moselland*, S. 427; Kettner, *HG.A.8*, S. 30, 32; Kettner, *Leine*, S. 80f.; Casemir/Ohainski/Udolph, *Göttingen*, S. 294–297; Künzel/Blok/Verhoeff, *Lexicon*, S. 147; Blok, *Flußnamenforschung*, S. 214f.

† Gandera ↗ Gander.

Gang Kalter~, r.z. Schwechat in Schwechat (PB Wien Umgebung, N.-Ö., A), 1120 *Chaltingange*; Gang, ursprünglich Donauarm zwischen Orth an der Donau und Eckartsau (PB Gänserndorf, N.-Ö.), 1209 *in Gange*, FlurN. Gangenholz, Gangenfeld, Gangerfeld. – Ahd. *gang, ahagang* 'Wasserlauf, Flussbett, Flussarm', 865 *ubi Spuotinesgang ex Danubio effluit* (zwischen Krems an der Donau und Hollenburg, N.-Ö.), 1021 (Kopie) *partem … insule Sahsonaganc dicte*, jetzt Schloss Sachsengang, Donauinsel östlich von Wien. – Hausner/Schuster, *Namenbuch*, S. 576, 900f., 1026; Schuster, *niederösterreichische Ortsnamen 2*, S. 79.

Gannenbach r.z. Breibach (z. Eisack z. Etsch). – /gånpåch/, um 1770 *Gannen Ba.*; GeländeN. Ganne bei Breien (Prov. Bozen/Südtirol, I.). – Bestimmungswort des Kompositums mit dem Grundwort *-bach* ist bair. *Gånd(e)* < vorröm. *ganda 'Steingeröll (meist auf einem Berghang)'. – Kühebacher, *Ortsnamen 2*, S. 98.

Gans-/-l- -aha, -bach, -graben, -weiher, -wiesbach. Ahd. *gans* stF. 'Gans' ↗ Gäns-, z.B. 1142 *Gansaha*, 1174 *in valle amnis Gansahen*, 1544–1550 *Gantzawe*, 16. Jh. Gansbächlein, jetzt Greiner Bach bzw. Geisenbach, l.z. Steinach (z. Neckar z. Rhein) in Neckarsteinach (Kr. Bergstraße, Hessen, D). – Schmid, *HG.A.1*, S. 36.

Gansbach Bach und Siedlung (Gem. Dunkelsteinerwald, PB Melk, N.-Ö., A). – Um 1182/89 *de Kamzisepach*, 1182/96 *de Gamcibach*, 1182/94 *de Gamizpach*, 1250/60 *in Gaentzpach*, 1426 *gen Gênczpach*. – Etymologie ↗ 1–3 Gamsbach. – Bergermayer, *Glossar*, S. 109.

Gansenitzsee Oderarm nordöstlich von Zützen (Stadt Schwedt/Oder, Lkr. Uckermark, Brandenburg, D). – 1826, 1859 *Gansenitz*. – Grundform apolab. **Gąs'nica* zu *gąs 'Gans'. – Fischer, *BNB 10*, S. 84.

Ganz, die (auch *Ganzbach*), l.z. Mürz (z. Mur z. Drau) südlich Mürzzuschlag (PB Mürzzuschlag, Steiermark, A). – 1211 *usque ad Gamnize fluuiolum*, 1269 *Gemcz*, 1322 *in der Gaentz*, 1333 *Gentz*. – Slaw. *Kamenica 'Steine führender Bach', ↗ 1–3 Gamsbach. – Lochner von Hüttenbach, *Steirische Hydronyme*, S. 81.

† Gargazon jetzt Gargazoner Bach, Unterlauf d. Aschler Bachs, l.z. Etsch (Prov. Bozen/Südtirol, I.). – 1027 (Fälschung? Kopie, Transsumpt 1280) *Garganzano fluvio*; ON. Gargazon südöstlich von Meran (Prov. Bozen/Südtirol, I.), /gárgazon/, 1242 *Gargezanum*, 1328 *an dem Gargezan*, usw. – Grundform **Gárgezan-* m. < roman. **gurg-ace-óne-*, mehrfach abgeleitet von lat. *gurga* 'Wasserstrudel'. – Hausner/Schuster, *Namenbuch*, S. 397f.; Kühebacher, *Ortsnamen 2*, S. 99.

Garstner Bach l.z. Enns in Garsten (PB Steyr-Land, O.-Ö., A). – 1173–1182 (Kopie 13. Jh.) *torrens, qui dicitur Garste, a quo locus nomen accepit*, ON. Garsten (PB Steyr-Land), Kloster Garsten (1785 aufgehoben), /ˈgaßtn/, 10.–12. Jh. *Garstina, Carstina, Garsten, Gersten, Gærsten, Gärsten, Garstn, Garste, Karste, Gærste, Garsta, Gerste*, (latinisiertes Adjektiv) *Garstensis, Gærstensis, Gerstensis*; Hauptschreibung im 13. und 14. Jh.: *Gersten* (mit unterschiedlicher Vokalschreibung), ab 1380 setzt die Schreibung *Garsten/Gärsten* ein; im 16. Jh. *Steyrgarsten* im Unterschied zu Windischgarsten (PB Kirchdorf an der Krems, O.-Ö.), RaumN. † Garstental, das Gebiet zwischen Windischgarsten und Spital am Pyhrn, 1190 *in ualle Gerste*. – Der Name wird auf (urslaw.) *Gariščína, eine Ableitung zum Adjektiv **garisk-* 'Berg-', zurückgeführt. Wenn die Notiz von 1173–1182 (Kopie 13. Jh.) *torrens, qui dicitur Garste, a quo locus nomen accepit* richtig ist, liegt dem Ortsnamen ein Gewässername zugrunde und *Garstina* bedeutete ursprünglich 'Bergbach'. Der Name müsste sehr früh, nämlich vor dem slawischen Lautwandel /a > o/, entlehnt worden sein. In Anbetracht der semantischen und lautlichen Probleme, die der Name bei einer Erklärung aus dem Slawischen bietet, kann auch eine germanische Erklärung erwogen werden. (Ahd.) *Garstina* lässt sich als Gewässername problemlos als Ableitung mit dem Suffix gm. (ahd.) *-ina* von mhd., mndd. *garst* 'ranzig, verdorben schmeckend oder riechend', als Substantiv 'ranziger stinkender Geschmack oder Geruch', verstehen. – Hausner/Schuster, *Namenbuch*, S. 399–401; Hohensinner/Reutner/Wiesinger, *Kirchdorf an der Krems*, S. 151 f.; Bergermayer, *Glossar*, 78 f.

† **Gartach** jetzt Lein(bach), l.z. Neckar (z. Rhein). – 988 *fluvium Garda*, 1283 *die Gartach*; GauN. † Gartachgau, ehemalige Gaugrafschaft, 8. und 9. Jh. (teils Kopien 12. Jh.) *Gardachouue, Cardachgowe, Gardagouue, gartahamarca, Gartaher marca, Gardaro marcha*; ON. Großgartach (Gem. Leingarten, Lkr. Heilbronn, B.-W., D), ON. Kleingartach (Stadt Eppingen, Lkr. Heilbronn), ON. Neckargartach (Stadt Heilbronn), 8. und 9. Jh. *Gardaha, Gartaha*, 988 *Mihelingarda* ('Großgartach'), ca.1099, 1101 *Garta*, ca.1140 *Nekkergartha*, 1161 *Waltgartaha*, 13./14. Jh. *Grossen-Gartach* (zahlreiche weitere Belege). – Grundform FlN. ahd. *Gardaha, Gartaha*, Kompositum mit dem Grundwort ahd. *aha* 'Fließgewässer' und gm. **garda-* m. (gt. *(aurti-)gards* 'Garten', awn. *garðr* 'Zaun, Hof, Garten', ae. *geard* 'Hof', ahd. *gart* 'Umhegung, Garten, Kreis') als Bestimmungswort. Vermutlich bezieht sich das Bestimmungswort *gard-/gart-* eher auf das Vorhandensein eines oder mehrerer Fischzäune im Fluss (↗ ¹Garte) als auf einen Garten. – Schmid, *HG.A.1*, S. 36 f.

Garte, die

– ¹Garte, r.z. Leine (z. Aller z. Weser), entsteht östlich von Weißenborn (Gem. Gleichen, Lkr. Göttingen, Niedersachsen, D), mündet südlich von Göttingen. – 1325 *meatus fluuij ... Garthe*, 1438 *von der Garthen*, 1469 *up der Garde*, 1578 *daß waßer die Garde*, 1585 *das wasser die Garten genant*, 1588 *jenseit der Garden, auf die Garten, ann der Gartt*, 1602 *die Garten*, 1715 *Die Garte*. – Grundform vermutlich as. **Gardana*, n-Ableitung von gm. **garda-* (awn. *garðr* 'Zaun, Hof, Garten', norw. *gard-* 'Zaun'), mehrfach als Flussname in Norwegen in der Spezialbedeutung 'Fischzaun', **Gardana* bedeutete dann 'Fluss mit einem Fischzaun' ↗ Gurten, Parallelname **Gardina* ↗ Gederbach. Eine zweite Deutung (mit derselben Bedeutung) geht von der Grundform as. **Gardaha* aus, in der das Grundwort -*aha* apokopiert und der Name danach schwach dekliniert wurde, mndd. *Garde*, Gen. *Garden*, Parallelname ↗ †Gartach. – Kettner, *HG.A.8*, S. 32 f.; Kettner, *Leine*, S. 81 f.; Hovda, *elvenamn*, S. 135.

– ²Garte, Name des Unterlaufs der Seege (z. Elbe). – 1356 *jn der Garte*, um 1820 *Gaarte, Gartow*; ON. Gartow (Lkr. Lüchow-Dannenberg, Niedersachsen, D), /ˈgado, ˈgaːtʰo/, 1255 (Johannes) *de Garttowe*, 1319 *bi der Chartowe*, 1320 *an der Chartowe*, 1321 *to der Chartowe*, um 1322 *de gharthowe*, 1328 *Castri Gartowe* (und zahlreiche weitere Belege), um 1820 *Gartow liegt an der Gaarte, von der es den Namen hat*. – Die Deutung des Namens ist unklar. Vermutlich ist der FlN. *Garte* eine Rückbildung aus der eingedeutschten Form (**Gartouwe*) des ursprünglich slaw. ON. und FlN. **Chartov-*, abgeleitet vom PN. slaw. *Chart* (zu slaw. **chart, chort* 'Windhund'). – Udolph, *HG.A.16*, S. 121; Schmitz, *Lüchow-Dannenberg*, S. 59–61, 222.

Garten- -bach/-bächle, -pfuhl, -see, -talbach, -teich, -wiesengraben. Mhd. *garte* swM., nhd. *Garten* 'begrenztes Stück Land zum Anbau von Gemüse, Obst und Blumen' (< gm. **gardōn*), z.B. Gartenbach, r.z. Talfer zwischen Nordheim und Astfeld (Prov. Bozen/Südtirol, I.), HofN. Gartenbach, 1372 *curia Gartenbach*, ↗ † Gartach. – Fischer, *BNB 10*, S. 84; Kühebacher, *Ortsnamen 2*, S. 100.

Gar(t)z- -kute, -pfuhl, -see. Brandenburgische Gewässernamen mit dem Flur- oder Wüstungsnamen apolab. **Gardec*, Diminutiv zu **gard* 'umzäunter Ort, Burg', als Bestimmungswort. – Fischer, *BNB 10*, S. 84.

Gassauer Mühlbach l.z. Bina (z. Rott z. Inn z. Donau). – 1830 *Mühlbach bey Gassau*; ON. Gassau (Gem. Bodenkirchen, Lkr. Landshut, Bayern, D), ca.840–46 *in loco ... Jazaha*, 899 (Kopie 12. Jh.) *Iazzaha*, ca.1125/40 *de Gazzaha*, 12. Jh. *Gâzahe*, 12. Jh. (Kopie 13. Jh.) *Gazza*, 1482 *in der Gassen, in der Obergassen*, ca.1563 *Gassaw*. – Grundform FlN. ahd. **Jāzaha*, ursprünglich Kompositum mit dem Grundwort ahd. -*aha* 'Fließgewässer' und unklarem Bestimmungswort, das früh an ahd. *gazza* 'Gasse' angelehnt wird. Ahd. **Jāz-* kann ein Reliktname (< vorahd. **Jāt-*) sein, an den verdeutlichend das Grundwort *aha* angefügt wurde und der vielleicht eine Erklärung in kelt. **jātu-* 'Furt' (air. *áth* m.) findet, Bedeutung 'Furtbach'? ↗ Jossa. – Dotter/Dotter, *HG.A.14*, S. 111; Matasović, *Proto-Celtic*, S. 435.

Gasen, die

– ¹Gasen, r.z. Stübming bei Thulin östlich Aflenz (PB Bruck, Steiermark, A).

– ²Gasen, r.z. Feistritz bei Birkfeld (PB Weiz, Steiermark, A), 1403 *die Gassen*, 1409 *Gessen*. Grundform **Gasina* (gekürzt) < slaw. **jasenьna* f. 'wo es Eschen gibt', Adjektiv zu slaw. **jasenъ*, Esche. – Lochner von Hüttenbach, *Steirische Hydronyme*, S. 81; Bergermayer, *Glossar*, S. 104.

Gasitze, die Wasserarm nordwestlich von Bad Freienwalde (Lkr. Märkisch-Oderland, Brandenburg, D). – 1751 *Gasitzke*, 1759, 1769 *Gesitze*, 1844 *die Gasitze*. – Ausgangsform apolab. **Jasica* zu **jaz* 'Fischwehr' oder zu **jaz* 'eine Fischart'. – Fischer, *BNB 10*, S. 85.

Gassenbach r.z. Auerbach (z. Inn z. Donau). – 1836 *Gassenbach*, BergN. 1478 *hinauf auf den Gassenstein*, 1559 *Gassenwand*, 1774 *Gassen Kopf B.*, FlurN. Gassenleite, ON. Rosengassenalm, Berggasthof Rosengasse (Oberaudorf, Lkr. Rosenheim, Bayern, D), 1478 *auf der Gassenalm*, 1858 *Rosengassen Alpe*. – Kompositum mit dem Grundwort -*bach* und mhd. *gazze* swF. 'Gasse', hier Geländeformation im Gebirge, wo der Bach entspringt, als Bestimmungswort. – Dotter/Dotter, HG.A.14, S. 111.

Gasteiner Ache r.z. Salzach (z. Inn z. Donau), mündet bei Lend (PB Zell am See, Salzburg, A). – 885 (Fälschung 10. Jh.) *rivolus Gastûna*, 885 (Fälschung 10. Jh., Kopie 12. Jh.) *Castuna*, um 963 *Castuna*, 977 (Fälschung 11. Jh.) *Gastuna*, 984 (Kopie 13. Jh.) *Gastuna*, 1051 *Gastuna*, 1057 *Gastuna*, 1178 *Gastuna*, 1199 (Kopie) *Gastûna*; RaumN. die Gastein (auch: Gasteiner Tal), vor 1023 *in valle, quę Gastuina dicitur*, um 1138 (Kopie 13. Jh.) *in loco Uuolgostona*, vor 1198 (Kopie 13. Jh.) *de Castûne*; ON. Hofgastein, ON. Bad Gastein /gastáin/ (PB Sankt Johann im Pongau, Salzburg), um 1147–1193 (Kopie 13. Jh.) *de Gastune*, 1170 *de Kastûne*, 1188 *de Castûne*, 12. Jh. *de Kastune*. – Primär ist der Flussname, der ahd. (abair.) *Gastuna*, mit Lautverschiebung *Castuna*, lautete. Die Deutung des Gewässernamens ist umstritten. Eine Ausgangsform (kelt.) *Gastona* dürfte sich aber zu frührom. *Gastúna* entwickelt haben und als abair. *Castuna* entlehnt worden sein. Eine Entlehnung des frühromanischen Namens ins Slawische führte zu *Gastýna*; diese Namensform wird erneut ins Bairische entlehnt als /gast´ü:ne/, diphthongiert /gastéune/, entrundet und apokopiert /gastáin/. Der rekonstruierte Name *Gastona* kann als Ableitung mit *n*-Suffix von urkelt. *gasto*- (mir. *gat* 'Weide, Weidenrute', vgl. lat. *hasta*) als 'Gewässer, an dem Weidenbäume wachsen' gedeutet werden. Wenn allerdings der polnische Flussname *Gostynia* bei der Etymologie von *Gastein* als Parallelname berücksichtigt wird, dann handelt es sich um einen ves.-ig. Namen, dessen Stamm *gast*- (slaw. *gost*-) auf ig. *$ǵʰəs$-tó*-, dem Verbaladjektiv zum Desiderativstamm des Verbs urig. *$ǵʰeH$*- 'die Körperstellung verändern, sich bewegen', beruhen kann. Der Name bedeutete in diesem Fall vielleicht 'die sich gern Bewegende'. – Straberger, HG.A.9, S. 31–33; Hausner/Schuster, Namenbuch, S. 402 f.; Matasović, Proto-Celtic, S. 155; Udolph, *Ex oriente lux*, S. 100–105; Rix, LIV, S. 172.

Gatt, das Norder~, Süder~, Elbarme bei Neuwerk (Hamburg, D). – 1721 *Norder Gatt, Süder Gatt, Das alte Gadt*, 1868 *Norder Gatt, Sueder Gatt*. – Ndd. fachsprachlich *Gat(t)* 'Stromrinne, in der Süßwasser meerwärts fließt', as. *gat* 'Loch, Nadelöhr', ae. *geat* 'Türe, Öffnung', afr. *jet, jot, gat* 'Loch (im Deich), Öffnung', awn. *gat* 'Loch, Öffnung' < gm. *gata*- n. (ig. *$ǵʰodo$*- Nomen zum Verb *$ǵʰed$*- 'scheißen'), vgl. ndd. *Kattegat* ('Katzenloch'), Meeresgebiet zwischen Jütland (Dänemark) und der Westküste Schwedens. – Udolph, HG.A.16, S. 123; Pokorny, IEW, S. 423; Rix, LIV, S. 172.

Gauchach, die l.z. Wutach (z. Rhein) durch die Gauchachschlucht, Quellgebiet westlich vom Kirnbergsee bei Unterbränd (Stadt Bräunlingen, Schwarzwald-Baar-Kreis, B.-W., D), mündet oberhalb der Wutachmühle; Gauchenbächle, l.z. Gauchach. – 1352 *bi der Goucha*, 1413 *die Gŏchach*, 1461 *in die Gouchen*, 1464/1473 *an der Gouchen*; ON. Gauchenmühle, 1488 *Gugkenmúllin*, FlurN. Gauchenwäldle. – Grundform FlN. mhd. *Gouchach*, Kompositum mit dem Grundwort ahd. *aha*, mhd. -*ach* 'Fließgewässer' und ahd. *gouh*, mhd. *gouch* 'Kuckuck'. – Geiger, HG.A.2, S. 44.

Gauchsbach ⁊ Frohnsbach.

Gaulbach l.z. Wupper (z. Rhein), entspringt in Königsheide (Gem. Marienheide, Oberbergischer Kreis, NRW, D), mündet in Wipperfürth (Oberbergischer Kreis). – 1340 *in die Golle*; ON. Dohrgaul, Nagels~, Nieder~, Ober~ (Stadt Wipperfürth), /jool/, 1443 *Goel*, 1470 *Goyll*, 15. Jh. *curia in der Goel*, 1513 *die Goel*, 1590 *guet auf der Obergöll*, *Göll*, 1662 *Goull*, 1766 *Gaul*. Nagel- im ON. Nagelsgaul bezieht sich auf die Freiherren von Nagel. – Ursprünglich einstämmiger FlN. (gm.) *Gulō f. > (ahd.) *Gola*, mhd. *Gole*, mit Apokope und Dehnung des einsilbigen Namens *Gōl*, später mundartlich diphthongiert (*Goul*, *Gaul*), Parallelname ON. Goole (Humberside, GB) 'der Graben', 1362 *Gulle*, me. *goule*, e. mundartlich *gool* 'a channel made by a stream' (< ae. *gūl*, *gul*). Die Identifikation von Gaul(bach) mit mndd. *göle* f., *göl(e)* m. (jeweils mit langem ö) 'sumpfige Niederung, mit Buschwerk bestandener feuchter Grund, durch den wohl auch ein Wasser geht' überzeugt wegen des Fehlens eines Umlauts in der mundartlichen Form des Namens nicht; die auf Umlaut deutenden Schreibungen können auch Dehnungszeichen sein. Der Stamm gm. *gula*-/-*i*- liegt wohl auch vor in mhd. *gülle* f. (< gm. *guljō*) 'Lache, Pfütze, Sumpf', ahd. *guli-(darm)* (⁊ Gollach), FlN. Geul, r.z. Maas (Limburg, NL), 991–998 *Gullo*, Mitte 12. Jh. *Gulia*, 1196 *Gola*, und ON. Güls (Stadt Koblenz, Rh.-Pf., D), 928 (Kopie 14. Jh.) *Gulisam*, ferner in ⁊ Gollach. Gm. *gula*- geht auf das Verbaladjektiv ig. *$ǵʰu$-ló*- zum Verb ig. *$ǵʰeu$*- 'gießen' (vgl. gm. *geut-a*- 'gießen' < ig. *$ǵʰeu$-d*-) zurück. – Schmidt, HG.A.6, S. 23; Schmidt, *Wupper und Lippe*, S. 37 f.; Künzel/Blok/Verhoeff, Lexicon, S. 149; Gysseling, Woordenboek, S. 430; Rix, LIV, S. 179.

Gaybach l.z. Sauer (z. Mosel), entspringt in der Südeifel, mündet nach 15 km bei Wallendorf (Eifel). – 783–784 (Kopie 1191) *super fluuio Geihe* (lies **Geine*?); ON. Obersgegen, Niedersgegen (Gem. Körperich, Eifelkreis Bitburg-Prüm, Rh.-Pf., D), 775 (Kopie 1183–95) *in Jaghine*, 783–84 (Kopie 1191) *Geinne*. – Die Grundform (ahd.) **Jagina* > mhd. **Gegene/*Geine* gehört mit *n*-Suffix zu gm. (?) **jag-* (wie in ahd. *jagōn* 'jagen'), ↗ Jagst. Gleicher Herkunft sind der Gewässername ↗ Geybach sowie die Ortsnamen Geyen, 962 *in villa Gegina* (Stadt Pulheim, Rhein-Erft-Kreis, NRW, D) und *(Oude)gein*, Gebiet und Polder auf der Grenze der Gemeinden Jutfaas und Vreeswijk (NL), 1200 (Kopie 2. Viertel 13. Jh.) *in loco … Geyn*, 2. Viertel 13. Jh. *in Gheyn*. – Künzel/Blok/Verhoeff, *Lexikon*, S. 145.

Gebenbach

– ¹Gebenbach, r.z. Blinden Rot (z. Rot z. Lein z. Kocher z. Neckar z. Rhein). – ON. Gebenweiler (Gem. Kaisersbach, Rems-Murr-Kreis, B.-W., D), 1085? (Kopie 12. Jh.) *Gebeneswilare* (hierher?), 1410 *Gebenwiler* (und weitere Belege), 1487 *Gebenweyler*. – Der Flussname ist vermutlich Klammerform aus **Geben(weiler)bach*; ON. Gebenweiler ist Kompositum mit dem Grundwort mhd. *wīler* 'Weiler' und Genitiv des PN. ahd. *Gebo* (*Geben-, Gebenes-*) als Bestimmungswort. – Schmid, *HG.A.1*, S. 37; Reichardt, *Rems-Murr-Kreis*, S. 118f.
– ²Gebenbach, l.z. Vils (z. Naab z. Donau), mündet bei Neumühle (Stadt Amberg, Bayern, D). – ON. Gebenbach (Lkr. Amberg-Sulzbach, Bayern), vor 1109 *Gebenpach*, 1109 *Gebenbach*. – Kompositum mit dem Grundwort *-bach* und dem Genitiv des PN. *Gebo*. – N.N., *HG.A.20*; Reitzenstein, *Oberbayern*, S. 94.

† Gebensbach jetzt Kollinger Bach, r.z. Großen Vils (z. Vils z. Donau). – Ca.1563 *de Gebnspach rivo*; ON. Gebensbach (Gem. Taufkirchen/Vils, Lkr. Erding, Bayern, D), 889–891 *Gepantespah*, 901 *Gepantespach*, ca.1261 *Gebenspach*. – Grundform FlN. ahd. bair. *Gepantespah*, Kompositum mit dem Grundwort *-bach* und dem Genitiv des PN. *Gebant* 'der Gebende'. – Snyder, *HG.A.3*, S. 25.

Gechbach, die r.z. Kinzig (z. Rhein). – 14. Jh. *in dem tälin Gahtbach* (e auf erstem a), *in dem Gehbach*; ON. Gechbach (Stadt Hausach, Ortenaukreis, B.-W., D), 1332, 1338 *Gehtebach*, 1351 *ze Gehtbach*, 1508 *Gechbach*, 1520 *Gechtbach*. – Grundform FlN. mhd. **Gæhtebach*, Kompositum mit dem Grundwort *-bach* und mhd. *gæhede, gæhte* stF. 'Eile, Ungeduld' als Bestimmungswort, 'durch besondere Eile, Schnelligkeit ausgezeichneter Bach'. – Geiger, *HG.A.2*, S. 44.

Gederbach r.z. Ruhr (z. Rhein). – ON. Gedern (Ortsteil von Witten-Annen, Stadt Witten, Ennepe-Ruhr-Kreis, NRW, D), ON. Obergedern, Gutshof in der ehemaligen Bauerschaft Gedern (Ende, Stadt Herdecke, Ennepe-Ruhr-Kreis), 1287 *curte in Gerdene*, 1250–1300 *Overengerdere*, nach 1350 *Overenghederen*, 1397–1429 *Nederen Geyrderen*, 1445, 1614 *Geideren*, 1490 *Gederen*. – Geht die Deutung des Namens vom ältesten Beleg (1287 *Gerdene*) aus, von dem sich die weiteren Belege durch Lautwandlungen erklären lassen, dann lautet die Ausgangsform as. **Gerdina* (< **Gardina*), die mittels des Suffixes gm. *-ina* von gm. **garda-* 'Fischzaun' ↗ Garte abgeleitet ist. Da der Namentyp **Gerdina* mehrfach im niederdeutschen Sprachgebiet als Ortsname (Gehrden, Lkr. Hannover, 1222–1227 *Gerdene*; Gehrden, Stadt Brakel, Lkr. Höxter, 826–876, Kopie 15. Jh., *Gerdinun*; Gerden, Gem. Melle, Lkr. Osnabrück, 1151, Kopie 14. Jh., *Gerdenen*) wohl in der Bedeutung 'Siedlung an der Stelle eines Fischzauns' vorkommt, liegt die Vermutung nahe, dass auch *Geder*(bach) primär ein Ortsname ist. – Schmidt, *HG.A.6*, S. 23; Möller, *Nasalsuffixe*, S. 92f.; Casemir/Ohainski, *Niedersächsische Orte*, S. 62; Ohainski/Udolph, *Hannover*, S. 161f.

Geeste, die r.z. Weser, entspringt in Hipstedt (Samtgem. Geestequelle, Lkr. Rotenburg/Wümme, Niedersachsen, D), fließt im Oberlauf durch Geestland, mündet bei Bremerhaven (Hansestadt Bremen). – 1406 *uppe de groten Ghestene*, 1408 *over de Geestene*, *ultra flumen Geeste*, ON. Geestenseth (Einheitsgem. Schiffdorf, Lkr. Cuxhaven, Niedersachsen), ON. Geestemünde (Stadt Bremerhaven), FlurN. Geesthelle, Geesthörn, Geestmoor. – Grundform FlN. mndd. **Gēstene* 'Bach in/aus der Geest', mit *n*-Suffix abgeleitet von mndd. Adj. *gēst* 'unfruchtbar, trocken' oder von Subst. *gēst* 'hochliegendes Heideland über der Marsch, Geestland' (< gm. **geis-t-*, ahd. *geisinī* 'Unfruchtbarkeit'). – Borchers, *HG.A.18*, S. 41f.; Berger, *Geographische Namen*, S. 65.

Gehbeek r.z. Alm (z. Riehe z. Lamme z. Innerste z. Leine z. Aller z. Weser), mündet südlich von Almstedt (Samtgem. Sibbesse, Lkr. Hildesheim, Niedersachsen, D). – 1578 *in den Geißbach*, 1583 *Geißbeck*, 1855/56 *das Gebeek, am Gehbeeke*. – Grundform mndd. **Gē(i)tebeke*, verhochdeutscht Geißbach, Kompositum mit dem Grundwort mndd. *-beke* 'Bach' und mndd. *gē(i)te* 'Geiß'. – Kettner, *HG.A.8*, S. 33; Kettner, *Leine*, S. 83.

Gehle, die r.z. Weser, entspringt bei Obernkirchen-Sülbeck (Lkr. Schaumburg, Niedersachsen, D), fließt durch den Schaumburger Wald, mündet bei Ilvese (Stadt Petershagen, Lkr. Minden-Lübbecke, NRW). – 1299 *rivuli … Ghela*, 1467 *vth der Gehle*, 1521

(Insert) *vth der gele*, 1523 (Insert) *vth der gele*, ON. Gelldorf (Stadt Obernkirchen, Lkr. Schaumburg), ON. Gehlberg, Gehlhäuser (Stadt Petershagen). – Grundform as. *Gela, falls aus *Gila, identisch mit ↗Gillbach. – Borchers, *HG.A.18*, S. 42.

Gehlenbach

– ¹Gehlenbach, die, l.z. Saar (z. Mosel z. Rhein). – 1756 *unten an der Geelenbach*, StraßenN. Am Gehlenbach (Saarbrücken/Klarenthal, Saarland, D). – Spang, *HG.A.13*, S. 26.
– ²Gehlenbach, l.z. Haller (z. Leine z. Aller z. Weser), mündet westlich von Eldagsen (Stadt Springe, Lkr. Region Hannover, Niedersachsen, D). – 1659 *an der Gelenbecke*, 1668 *an die Gehlenbecke*, 1751 *Geelen Bach*. – Kettner, *HG.A.8*, S. 33; Kettner, *Leine*, S. 83. Komposita mit dem Grundwort -*bach* bzw. mndd. -*beke* und dem Adj. mhd. *gel*, mndd. *gēl* 'gelb' nach der schmutzig-gelben Farbe des Wassers.

Gehnbach

– ¹Gehnbach, r.z. Osternach (z. Antiesen z. Inn z. Donau). – Ca.1563 *Genpach*; ON. Gehnbach (Gem. Andrichsfurt, PB Ried im Innkreis, O.-Ö., A), /gæbō/, 1100–44 *ad Geginbach*, 1147 *de Gengenbach*, um 1150 *de Geginbach* (und weitere Belege), um 1180 *de Geinpach*, 13. Jh. *Geinpach*, *Geimpach*, 1433 *Genpach*, 1490 *Genbach*. – Dotter/Dotter, *HG.A.14*, S. 111f.; Hausner/Schuster, *Namenbuch*, S. 405.
– ²Gehnbach (im Oberlauf *Nassauer Graben*), r.z. Rohrbach (z. Scheidter Bach z. Saar z. Mosel z. Rhein). – 1535 *in dem Geinbach*, 1585 *in Genbach*, 1729 *in der Gangbach*. – Spang, *HG.A.13*, S. 26. Komposita mit dem Grundwort -*bach* und dem Genitiv des PN. *Gago* (*Gegin*- > *Gein*-) als Bestimmungswort.

Gehr-/-en-

-bach/-bächle, -brunnen-Graben, -loch, -pfuhl, -see, -siepen, -weiher. Bestimmungswort ahd. *gēro*, mhd. *gēre* swM., nhd. *der Gehren* 'keilförmiges Stück Land', Gewässer bei oder auf einem keilförmigen Flurstück. – Bach, *Namenkunde 1*, S. 263; Fischer, *BNB.10*, S. 85.

Geidelbach

r.z. Wehre (z. Werra z. Weser), mündet unterhalb von Reichensachsen (Gem. Wehretal, Werra-Meißner-Kreis, Hessen, D). – 1308 *in dem Geydelbach*, 1347 *in dem Geydilbach*, 1355 *vor dem Geydilbach*, 1356 *bei dem Geydelbache*, 1433 *in dem Goidelbache*, 1527 *uffem Geydelbach*; StraßenN. Im Geidelbach (Reichensachsen). – Kompositum mit dem Grundwort -*bach* und dem Genitiv des PN. ahd. *Geidilo (*Geidilen-) als Bestimmungswort. Grundform *Geidilenbach > *Geidelnbach > Geidelbach. – Sperber, *HG.A.5*, S. 32; Kaufmann, *Ergänzungsband*, S. 131.

Geigenbach

r.z. Ahr (z. Rienz), bildet die Grenze zwischen Mühlen (Gem. Sand in Taufers) und Uttenheim (Gem. Gais, Prov. Bozen/Südtirol, I.), /gáigngpachl/, um 1775 *Geigenbach*. Vermutlich benannt nach einem *Geige* genannten Grenzpfahl oder einem Pfahl mit Quersprossen zum Aufhängen des Heus. – Kühebacher, *Ortsnamen 2*, S. 102.

Geilgraben

(auch *Geistgraben*) l.z. Leine (z. Aller z. Weser) in Göttingen (Niedersachsen, D). – 1588 *vor dem geilgraben*, 1594, 1736 *Geilgraben*, StraßenN. Am Geilgraben (Göttingen). – Kompositum mit dem Grundwort -*graben* und mndd. *gēil* 'kräftig, fruchtbar' als Bestimmungswort, weil in der Umgebung des Grabens die Pflanzen besonders üppig wachsen. – Kettner, *HG.A.8*, S. 33; Kettner, *Leine*, S. 84.

Geinzenbach

l.z. Albertsedter Bach (z. Osternach z. Antiesen z. Inn z. Donau). – 1642 *das Geinzpachel*; ON. Geinzen (Gem. Andrichsfurt, PB Ried im Innkreis, O.-Ö., A), 1526 *Geintznödt*, 1669 *auf der Geinzen*; FlurN. 1642 *Tal, der Geinzenpach Tobl*. – Kompositum mit dem Grundwort -*bach* und dem Genitiv des PN. ahd. *Geginizo (*Geginizen- > Geinzen-) ↗¹Gehnbach als Bestimmungswort. – Dotter/Dotter, *HG.A.14*, S. 112.

Geis(s)-/Geiß-   ↗Gaiß-.

Geisa

l.z. Ulster (z. Werra z. Weser), mündet in Geisa (Stadt, Wartburgkreis, Thüringen, D). – ON. Geisa, (814–817) *Geisaha*, 1116 *de Geysaha*, 113(8) *Geysaha*, 1140 *de Geisa*, 1156 *de Geysaha*, 1160 *Geisaha* (und weitere Belege), 1279 *de Geisa*, 1361 *zů Geysa*, 1366 *von Geisa* (und weitere Belege); ON. Geismar (Stadt Geisa), 825 *Geismari*, 839 *Geismara*, 1186 *de Geismar*, *de Gesmar*, 1322 *de Geysmare*. – Grundform ahd. *Geisaha*, Kompositum mit dem Grundwort ahd. *aha* 'Fließgewässer' und dem Bestimmungswort gm. *gais- (mit unklarer Bedeutung), das identisch zu sein scheint mit dem Stamm des Kausativverbs in got. *(us-)gais-jan 'jemanden erschrecken' < ig. *g^hois-: *g^heis-, vielleicht Desiderativ-Stamm zu ig. *g^hei- 'antreiben, lebhaft bewegen (schleudern), bewegt sein', vgl. langobard. *gaida* 'Speer'. Häufig ist gm. *gais- als Bestimmungswort belegt im ON. Geismar (verbreitet in Südniedersachsen, Westthüringen und Nordhessen), der als Grundwort gm. *mari 'größeres stehendes Gewässer, Binnengewässer, feuchte, sumpfige Stelle' ↗¹Maar enthält. *Geisaha* und *Geismari* bilden offensichtlich ein Gegensatzpaar (fließendes versus stehendes Gewässer), so dass an der Stelle der Siedlung Geismar der Bach vielleicht zum Stehen kam (und eine feuchte sumpfige Stelle ausbildete), im Unterlauf aber wieder als Fließgewässer wahrgenommen wurde. Parallelname ↗²Geis-Bach. –

Sperber, *HG.A.5*, S. 32; Udolph, *Geismar*; Pokorny, *IEW*, S. 424f.; Rix, *LIV*, S. 174f.

Geis-Bach
– ¹Geis-Bach, l.z. Geisa (z. Ulster z. Werra z. Weser) unterhalb von Spahl (Stadt Geisa Wartburgkreis, Thüringen, D) ↗Geisa. – Sperber, *HG.A.5*, S. 32.
– ²Geis-Bach (auch *die Geis*), l.z. Fulda (z. Weser), entsteht in Neuenstein (Lkr. Hersfeld-Rotenburg, Hessen, D) im Knüllgebirge, fließt durch und mündet in Bad Hersfeld. – (782) (Fälschung vor 1057) *Geysaha*, 1345 *iuxta fluvium ... Geysa*, 1347 *an die Geysa*, 1371 *dy geisa*, 1379 *an der Geysa*, 1422 *an der Geiß*, 1642 *die Geyß*, 1654 *an der Geiß*; ON. Obergeis, Untergeis (Gem. Neuenstein im Geistal), 1138–41, 1194 *de Geisaha*, 1252 *villula Geisa*, 1259 *inferior et superior Geissa* (und weitere Belege); FlurN. 1730 *der Geyßgrund hinauf*. – Grundform ahd. *Geisaha*, Etymologie wie ↗Geisa. Nachdem das Grundwort *aha* über *-a* weggefallen war, wurde zur Verdeutlichung ein Kompositum mit dem Grundwort *-bach* neu gebildet. – Sperber, *HG.A.5*, S. 32f.

Geisel, die l.z. Thüringischen Saale (z. Elbe), entspringt in Sankt Micheln (Gem. Mücheln/Geiseltal, Saale-Kreis, S.-A., D), mündet in Merseburg (S.-A.). – 1203 *Geizle*, 1350 *an der Geissel, Gesele*; ON. † Geisla, um 1230 *aput Geyslam, de Geisla*. – Grundform mhd. *Geizele* (< ahd. *Geizila* < gm. *Gaitilō*), Ableitung mit gm. *l*-Suffix von gm. *gait(i)-*, ahd. *geiz* stF. 'Ziege'? Parallelnamen ↗Geislede und ↗Göselbach, mit der Bedeutung 'Geißbach'. Da die Quelle der Geisel als eine der größten Mitteldeutschlands gilt und wegen der starken Wasserführung des Flusses früher zahlreiche Mühlen durch ihn betrieben wurden, ist die Möglichkeit nicht auszuschließen, dass eine alte Bildung gm. *Gaisilō*, abgeleitet von dem unter ↗Geisa behandelten Stammelement gm. *gais-* 'antreiben, lebhaft bewegen, bewegt sein', zu *Geizele* 'Geißbach' umgedeutet wurde. – Ulbricht, *Saale*, S. 219; Walther, *Siedlungsgeschichte*, S. 229.

Geislbach l.z. Isen (z. Inn z. Donau). – Ca.1563 *Geiselbach*, 1830 *Geiselbach, Obergeiselbacher-Bach*, 1868 *Geiselbach*; ON. Geislbach (Gem. Taufkirchen, Lkr. München, Bayern, D), /ɡaislbo/, 780 (Kopie 824) *Kisalpah*, 817–859/75 *Kysalpach, Kisalpah*, 1078–98 *de Gisilpach*, ca.1148/56 *Gisilpach* (und weitere Belege), 12. Jh. *Gisilnpach*, 1267 *Geiselpach*, 1463 *Nyderngeyselpach*, 1482 *Obergeyslpach*, 1571 *Geislpach*. – Grundform FlN. ahd. bair. *Kīsalenpach* neben *Gīsalenbach* verkürzt durch Synkope zu *Kīsalpach/ *Gīsalbach*, Kompositum mit dem Grundwort *-bach* und dem Genitiv des PN. ahd. *Gīsalo* (*Gīsalen-*) als Bestimmungswort. *Gīsalbach* > mhd. *Gīselbach* > fnhd. *Geiselbach*. – Dotter/Dotter, *HG.A.14*, S. 112f; Baumann, *Erding*, S. 58.

Geislede, die (im Oberlauf *Geisselbach*), l.z. Leine (z. Aller z. Weser). – 1554 *die Geislede*; ON. Geisleden (Lkr. Eichsfeld, Thüringen, D), 1022 *in villa Geizlaha*, 1028 *Geizlide, Gezlethi, Geizlethe*, (Mitte 11. Jh.) *Geizlethi, Geizlethe*. – Zugrunde liegt der Gewässername ahd. *Geizila*. Er ist nur als verdeutlichendes Kompositum (als Name der Siedlung) *Geizl-aha* bzw. *Geissel-bach* belegt. Der Ort am Fluss wurde auch mit dem Kollektivsuffix gm. *-ithja-*, ahd. *-ithi, -idi* benannt: *Geizilidi > Geizlide, Geislede*. Dieser Name wurde dann auf den Fluss zurück übertragen. *Geizila* ist eine Ableitung mit gm. *-l*-Suffix von gm. *gait(i)-* 'Ziege', ahd. *geiz* stF. Parallelnamen ↗Geisel und ↗Göselbach. – Kettner, *Leine*, S. 84f.

Geithe, die (auch *Geithebach*), r.z. Ahse (z. Lippe z. Rhein), entspringt in Schmehausen (Stadtbezirk Uentrop, Stadt Hamm, NRW, D), mündet beim Burghügel Mark (Hamm). – 1301 *up der Geithe*, 1414 *oppe de nartzyden der Geytene*, 1661 *die Geithe*, ON. Geithe (Stadtbezirk Uentrop), StraßenN. In der Geithe, 1303 *de Ghetene*, FlurN. 1353 *in der Ghetene*. – Grundform mndd. *Gētene*, Ableitung mit *n*-Suffix von mndd. *Gēte* (< as. *Giata*) ↗²Gete. Parallelname ON. Gieten (Prov. Drente, NL), 1223 *Geten*, 1327 *Gheyten*. – Schmidt, *HG.A.6*, S. 23; Schmidt, *Wupper und Lippe*, S. 38f.

Gelandsee bei Hessenhagen (Flieth-Stegelitz, Lkr. Uckermark, Brandenburg, D). – 16. Jh. *See Geeland*, 1650 *den Geland*, 1826 *Gehland See*. – Grundform apolab. *Jelen'-*, mit dem Suffix *-bj-* abgeleitet von *jelen* 'Hirsch': 'Hirschsee'. – Fischer, *BNB 10*, S. 85.

Gelbach r.z. Wolfach (z. Kinzig z. Rhein). – 1400 *dez Gelbachs ... wegen*, 1443 *Gelbach*, 1493 *im Gelbach*, ON. Gelbach, Vor Gelbach (Oberwolfach, Ortenaukreis, B.-W., D). – Grundform FlN. mhd. *Gel-bach*, Kompositum mit dem Grundwort *-bach* und mhd. *gel*, ahd. *gelo* 'gelb, hellgelb, weißlich', nach der Farbe des Wassers bzw. seines Untergrunds, ↗Gehlenbach. – Geiger, *HG.A.2*, S. 45.

Gelitze, die See südlich von Tornow (Stadt Fürstenberg, Lkr. Oberhavel, Brandenburg, D). – Vor 1600 *See, die Gägelitze*, 1720 *See, die Jägelitze*, 1724 *Gälitze See*, 1844 *Gallitze*. – Deutung ↗Jäglitz. – Fischer, *BNB 10*, S. 119.

Gellmersbach r.z. Eberbach (z. Schmalenbach z. Weissenhofbach z. Sulm z. Neckar z. Rhein). – ON. Gellmersbach (Stadt Weinsberg, Lkr. Heilbronn, B.-W., D), 1235/36, 1237 *in Gelmersbach*, 1237 *Gell-*

mersbach. – Grundform ahd. *Germāres-bach, dissimiliert *Gēlmāresbach, mhd. Gelmersbach, Kompositum mit dem Grundwort -bach und dem Genitiv des PN. ahd. *Germār als Bestimmungswort. – Schmid, HG.A.1, S. 38.

Gelmke, die r.z. Abzucht (z. Oker z. Aller z. Weser), entspringt auf einer Höhe von etwa 610m im oberen Gelmketal, mündet am Bahnhof in Goslar (Lkr. Goslar, Niedersachsen, D). – 1293 Gelbeke, 1294, 1300 Gelenbeke, 1312, 1313 Ghelenbeke, (1400) Gelenbeck; FlurN. 1332 en holtmarke ... de Ghelenbeke. – Grundform mndd. *Gēlenbēke, verkürzt zu Gelmke, Deutung ↗ ²Gehlenbach. – Borchers, HG.A.18, S. 42.

Gelpe
– ¹Gelpe (auch Gelpebach), l.z. Leppe (z. Agger z. Sieg z. Rhein). – Um 1100 Geleppe, 1174 (Kopie 13. Jh.) Gelepe, um 1190 Gelippe, 1469 in der Geilpe, Anfang 17. Jh. Geilpe, ON. Nieder~, Obergelpe (Stadt Gummersbach, Oberbergischer Kreis, NRW, D). – Faust, HG.A.4, S. 29; Barth, Sieg und Ruhr, S. 81.
– ²Gelpe (auch Gelpebach, Gelper Bach), r.z. Morsbach (z. Wupper z. Rhein), fließt durch das Gelpetal (im Süden von Wuppertal), mündet in Clemenshammer (Stadt Remscheid, NRW, D). – 1600 Gelpe, 1607 bei der Gelpen, 1749 auf der gelberbach, 1773 auf der Gelperbach. – Schmidt, HG.A.6, S. 24.
Ausgangsform *Gelapa, Kompositum mit dem Grundwort ↗ apa und ahd. gelo, mndd. gēl 'gelb' (nach der schmutzig-gelben Farbe des Wassers) als Bestimmungswort, ↗ Gehlenbach.

Gelster, die (im Oberlauf auch Schwarze Gelster), l.z. Werra (z. Weser), entspringt am Nordhang des Hirschbergs (Naturpark Meißner-Kaufunger Wald, Hessen, D) auf sumpfiger Hochfläche, mündet nach 17,5 km (Höhenunterschied ca. 326m) in Witzenhausen (Werra-Meißner-Kreis, Hessen). Der längste Zufluss, ↗ Laudenbach, wird auch Weiße Gelster genannt. – 1358 obir di Gelstra, 1374 an der Gelstera, 1421 an der Gelster (zahlreiche weitere Belege dieser Form), ON. Vorwerk Gelsterhof (Witzenhausen), BurgN. †Gelsterburg (Weißenbach, Stadt Großalmerode, Werra-Meißner-Kreis), FlurN. Gelsterspitze (bei der Mündung der Gelster). – Grundform FlN. mhd. *Gelstere f., mhd. gelster 'laut, rauschend' (möglich ist auch die Grundform ahd. *Gelstr-aha, Kompositum mit mhd. gelster als Bestimmungswort), Parallelname 1134 (ubi cadit Wambais) in Gelestre, jetzt Ruisseau du Cul des Trois Bois (Kanton Vaubecourt, Dep. Meuse, F), ON. Kelsterbach am Main (Kr. Groß-Gerau, Hessen, D), 882 Gelstrebah. – Sperber, HG.A.5, S. 33; Haubrichs, Germania submersa, S. 655.

Geltnach, die r.z. Wertach (z. Lech z. Donau) (in Bayerisch Schwaben, Bayern, D). – 983 in di geltinahe, 1059 ad geltenaha. – Grundform ahd. *Geltinaha, Zusammensetzung mit dem Genitiv des PN. Gelto (Geltin-) als Bestimmungswort und ahd. aha 'fließendes Wasser' als Grundwort. – Snyder, HG.A.3, S. 25f.; Kaufmann, Ortsnamen auf „aha", S. 48f.

Genkel, die z. Agger (z. Sieg z. Rhein), entspringt in Meinerzhagen (Märkischer Kreis, NRW, D), bildet die Genkeltalsperre und mündet in die Aggertalsperre im Oberbergischen Land (NRW). – ON. Genkel (Stadt Meinerzhagen), 1047–63 (Kopie 16. Jh.) Jenkila, 1384 to Genkel, um 1430 in Jenkele, 1443–44 to Jenkel, Ende 15. Jh. Jenckelen gudt, 1550 Jenkel, Jenckel, 1589/90 Jenckell. – Ausgangsform vielleicht FlN. ahd. *Genkila (< *Gankila), eine l-Ableitung von *gank-, einer dissimilierten Nebenform von gm. *ganga- 'Wasserlauf' ↗ Gang (?), die aus vorgm. *gank-ti- abstrahiert sein kann. Parallelname: ON. 2. Hälfte 9. Jh. (Kopie 1156–1158) in uillis ... Gankchala, Wüstung unbekannter Lage in der Umgebung von Tessel/Texel (Nordholland, NL). – Faust, HG.A.4, S. 29; Barth, Sieg und Ruhr, S. 81; Künzel/Blok/Verhoeff, Lexicon, S. 144.

Gennach r.z. Wertach (z. Lech z. Donau), entspringt südwestlich von Bernbach am Fennenberg, mündet bei Schwabmünchen (Lkr. Augsburg, Bayern, D). – 1443 baide Gennach (kleine und große Gennach), ON. Gennach, Gennachhausen (Gem. Stöttwang, Lkr. Ostallgäu, Bayern), ON. Geningen (ehemaliger Lkr. Kaufbeuren, Bayern), ca.1150 Genigen, 1190 Geningin 'Leute an der Gennach' (< *Gen(ach)ingen?). – Ausgangsform ahd. *Gennenaha > mhd. Gennach, Kompositum mit dem Grundwort ahd. aha 'Fließgewässer' und dem Genitiv des PN. ahd. Genno (*Gennen-) als Bestimmungswort. – Snyder, HG.A.3, S. 26; Dertsch, Marktoberdorf, S. 22; Kaufmann, Ortsnamen auf „aha", S. 48.

Gennenbach r.z. Hohlenbach (z. Rhein). – ON. Gennenbach (Ortsteil Feldberg, Stadt Müllheim, Lkr. Breisgau-Hochschwarzwald, B.-W., D), 1185, 1347, 1350, 1360–70, 1477, 1530 Gennenbach. – Kompositum mit dem Grundwort -bach und dem Genitiv des PN. ahd. Genno (*Gennen-) als Bestimmungswort, ↗ Gennach. – Geiger, HG.A.2, S. 45.

Gepring, die l.z. Doblbach südwestlich Premstätten (PB Graz-Umgebung, Steiermark, A). – 1448 das pechlein die Koprein. – Grundform *Koprīna < slaw. *koprivna 'Nesselgegend', abgeleitet von slaw. *kopriva 'Nessel, Brennessel', mit später Angleichung an die -ing-Namen. – Lochner von Hüttenbach, Steirische Hydronyme, S. 81.

Gera, die r.z. Unstrut (z. Thüringische Saale z. Elbe), entsteht in Plaue (Ilm-Kreis, Thüringen, D) aus dem Zusammenfluss von Wilder ~ und Zahmer ~, fließt durch Erfurt, mündet nach 85 km bei Gebesee (Lkr. Sömmerda, Thüringen). – /gire, gere/, 1108 *Gerahe*, 1133 *Geraham*, 1166 *super flumen Geram*, 1347 *prope Geram flumen*, 1366 *uf der Gera*, (um 1400–1425) *super aquam Gera*. – Grundform ahd. *Gēraha? > mhd. *Gēra(he), Kompositum mit dem Grundwort ahd. -*aha* 'Fließgewässer' und einem nicht eindeutig deutbaren Bestimmungswort. Dafür kommt ahd., mhd. *gēr* 'Wurfspieß' (< gm. *gaiza-) infrage, wobei das Benennungsmotiv sich auf ahd. *gērboum* 'Esche' (metonymisch 'Baum, aus dem man Wurfspieße macht'? ↗ Aschaff) beziehen kann; Bedeutung dann 'Fluss, an dem Bäume wachsen, aus denen man Wurfspieße macht', ↗ † Gerach ↗ Gerauerlach ↗ Gerbach. Ursprünglich wohl nur Abschnittsname der Gera. – Ulbricht, *Saale*, S. 185.

† Gerach abgegangener Name des Seebachs, r.z. Neckar (z. Rhein), mündet bei Neckargerach (Neckar-Odenwald-Kreis, B.-W., D). – 1447 *an die bach … die Gerach*; ON. Neckargerach, 976 *Geraha*, 1278 *de Gerach*, 1439 *zu Gerach*. – Deutung ↗ Gera. – Schmid, *HG.A.1*, S. 38.

Gerauerlach, die r.z. Rhein. – 1258 *in aquam … Geraha*, 1450 *an der Gerauwer lachen*, 1720 *die Gerauer Bach*, 1750 *die Gerauer Lach genent*; ON. Groß-Gerau (Kr. Groß-Gerau, Hessen, D), 1180 *apud gerahen*, 1189 *de Geraha* (und weitere Belege), 1341 *ze Groizen Gera*; ON. Klein-Gerau (Gem. Büttelborn, Kr. Groß-Gerau), 1355 *in villa Gera minori*. – Grundform FlN. ahd. *Gēraha? Deutung ↗ Gera. Die heutige Namenform ist eine Zusammenrückung der Wortgruppe mit mhd. *lache* 'Lache, Pfütze, Sumpf, Sumpfwiese' als Kern und dem aus dem Ortsnamen Gerau gebildeten Adjektiv *Gerauer* als Attribut. Mhd. *Gērahe* wurde über *Gēra* und *Gēre* abgeschwächt, woran zur Verdeutlichung das Grundwort -*au* 'Land am Wasser' angefügt wurde. – Geiger, *HG.A.2*, S. 45; Ramge, *Flurnamenbuch*, S. 402f.

Gerbach
– ¹Gerbach (im Oberlauf *Dörrbach*), l.z. Pfrimm (z. Rhein). – 1435 *biß auf die Gerbach*; ON. † Gerbach (südlich von Bolanden, Lkr. Kirchheimbolanden, Rh.-Pf., D), 1194–98 (Kopie um 1250) *Gerpach*. – Greule, *HG.A.15*, S. 35; Dolch/Greule, *Pfalz*, S. 159f.
– ²† Gerbach, jetzt Schwarzer Graben (im Unterlauf *Braunbach*), r.z. Appelbach (z. Nahe z. Rhein), entspringt am Eichelberg bei Ober- und Untergerbacher Hof. – ON. Gerbach (Lkr. Kirchheimbolanden, Rh.-Pf., D), /gäärbach/, um 1220 *Gerbach*, 1396, 1401 *Gerpach*, 1584/85 *Gerbach*; ON. † Wüstengerbach östlich von Ruppertsecken (Lkr. Kirchheimbolanden), jetzt Ober- und Untergerbacher Hof, 1291 (Kopie) *Wisten Gerpach*, 14. Jh. (Kopie 17. Jh.) *Gerbach disit der bach*, 1539 (Kopie 1767) *wüsten Gerbach*. – Greule, *HG.A.15*, S. 35; Dolch/Greule, *Pfalz*, S. 159, 501. Grundform *Gērbach (< *Gērenbach?), Kompositum mit dem Grundwort -*bach* und wahrscheinlich mit mhd. *gēr* 'Wurfspieß, keilförmiges (Flur-)Stück' als Bestimmungswort, ↗ Gera. Unter der Voraussetzung, dass das Genitivsuffix /-en-/ in den Belegen bereits synkopiert ist, kommt als Bestimmungswort auch der Genitiv des PN. ahd. *Gero* infrage.

Gerdau, die l.z. Ilmenau (z. Elbe), entspringt im Osten der Lüneburger Heide, bildet südlich von Uelzen (Lkr. Uelzen, Niedersachsen, D) mit der Stederau die Ilmenau. – 1352 *Gerdow*, 1365 *by der Gherdowe*, 1550–79 *in die Gerdaw*, 1654 *Gerdow*, 1667 *in die Gerdaw, der Strom Gerdaw*, 1743 *Gartau*, 1775 *Gerdau-Fluss*; ON. Gerdau (Lkr. Uelzen), 1004 *Gerdauge*, 1197 *Gherdou*, 1257 *Gerdowe*, 1292 *Gherdowe*, 1301 *Gerdov*, 1302 *de Gerdowe* (zahlreiche weitere Belege). – Kompositum mit dem Grundwort mndd. *ouwe* ↗ aue und einem Bestimmungswort *gerd-, das entweder identisch ist mit mndd. *gērde*, as. *gerdia*, mhd. *gerte* 'Rute, Zweig, Stab, Meßrute' (die an den Ufern der Gerdau wuchsen) oder zum Stamm gm. *gerd-, ig. *gʰerdʰ-'umfassen, umzäunen, umgürten' (gt. *gaírda*, awn. *gjǫrd* 'Gürtel' < *gerd-ō f.) gehört, der mit gm. *gard- (↗ ¹Garte ↗ Gederbach) und *gurd- (↗ Gurten) ablautet und in Gewässernamen sich auf das Vorhandensein eines Fischzauns beziehen dürfte. – Udolph, *HG.A.16*, S. 124; Pokorny, *IEW*, S. 444.

Gerenbach ↗ Gehr-.

Gerlin-See bei Rheinsberg (Lkr. Ostprignitz-Ruppin, Brandenburg, D). – 1530 *Goderling*, 1741 *Der Garlin*, 1772 *die Gerlische … See*, 1788 *Görlin*, 1799, 1825 *der Gerlin*, 1908 *Garlin=Gurlin-See*, 1933 *der Garlin, Jarlinsee*. – Grundform apolab. *Garlina zu *gar(d)lo 'Kehle, Verengung des Flussbetts', im Beleg 1530 *Goderling* an mndd. *gōderlinc* 'Märtyrer' angepasst. – Wauer, *HG.A.17*, S. 41; Fischer, *BNB 10*, S. 86.

Gerolsbach (auch *Kleine Ilm*), l.z. Ilm (z. Donau). – 1340 *vf dem Goltzpach*, ca.1563 *Gerespach, Gerlspachum, Gerelspach*; ON. Gerolsbach (Lkr. Pfaffenhofen a.d. Ilm, Bayern, D), 994–1005 *Geroltispach, curtem … Geroltespach*, nach 1031 *Geroltaspach*, 1104–1137 *Geroltsbach*, 1425–1432 *Gerolspach*. – Grundform ahd. bair. *Gēroltespach, Kompositum mit dem Grundwort -*bach* und dem Genitiv des PN. ahd. *Gērolt (*Gēroltes-) als Bestimmungswort. – Snyder, *HG.A.3*, S. 26; Reitzenstein, *Oberbayern*, S. 96.

Gersbach

– ¹Gersbach, r.z. Brandbach (z. Wehra z. Rhein). – ON. Gersbach (Stadt Schopfheim, Lkr. Lörrach, B.-W., D), 1166 *Gerisbac*, 1170 *gerispach*, 1256, 1257 *Gerisbach* (und öfter), 1258 (und öfter) *Gerispach*, 1383 *Gerspach*, 1530 *Gerenspach*. – Grundform mhd. **Gēresbach*, Kürzung einer nicht ermittelbaren Ausgangsform mit dem Genitiv eines zweigliedrigen Personennamens mit ahd. *Gēr-* (z.B. *Gērhart*) als Erstglied. – Geiger, *HG.A.2*, S. 45.

– ²Gersbach (auch *Erlbach*), r.z. Fränkischen Rezat (z. Rednitz z. Regnitz z. Main z. Rhein), mündet bei Windsbach (Lkr. Ansbach, Bayern, D). – 1284 *in Ripa Gerrichspach*, 1286 *ripae Gerichspach*, ON. Gersbach (Gem. Mitteleschenbach, Lkr. Ansbach). – Grundform mhd. **Gērrīchesbach*, Kompositum mit dem Grundwort *-bach* und dem Genitiv des PN. ahd. **Gērrīch* (*Gērrīches-*) als Bestimmungswort. – Sperber, *HG.A.7*, S. 50.

– ³Gersbach, z. Felsalbe (z. Hornbach z. Schwarzbach z. Blies z. Saar z. Mosel z. Rhein). – 1563/64 *die Gerstbach*, 1837 *die Gersbach*; ON. Gersbach (Stadt Pirmasens, Rh.-Pf., D), 1295 *Gerlisbach*, 1348 *von Gerspach*, 1396 *Gersbach*, 1534 *Gerstbach*, 1564 *Gersbach*, 1616 *Gerspach*. – Grundform FlN. mhd. **Gērilesbach*, Kompositum mit dem Grundwort *-bach* und dem Genitiv des PN. ahd. **Gēril* (**Gēriles-*) als Bestimmungswort. – Spang, *HG.A.13*, S. 27; Dolch/Greule, *Pfalz*, S. 161.

– ⁴Gersbach, r.z. Wälze-Bach (z. Schwalm z. Eder z. Fulda z. Weser), mündet bei Braunau (Stadt Bad Wildungen, Lkr. Waldeck-Frankenberg, Hessen, D). – ON. Gershäuser Hof (Bad Wildungen), 1251 *Gerhardishusen*, um 1252 *Gerharthusin*, 14. Jh. *Gerhartshusen*. – Vermutlich Klammerform **Gērhardes(hūsen)bach > *Gērhardesbach > *Gērsbach*. – Sperber, *HG.A.5*, S. 34.

Gersprenz, die

l.z. Main (z. Rhein) ensteht aus dem Zusammenfluss von Mergbach und Osterbach bei Reichelsheim-Bockenrod (Odenwaldkreis, Hessen, D), mündet nach 51 km bei Kleinostheim (Lkr. Aschaffenburg, Bayern, D). – /gäschbrins/, 786 (Kopie 12. Jh.) *Caspenza*, (1012?) *in Gaspenza*, 1307 *an Gaspenze*, 1408 *zu Gersprenze*, 1434 *an der Gersprencz*, 1454 *zu Gersprenz* (und weitere Belege), ON. Gersprenz (Gem. Reichelsheim, Odenwaldkreis). – Grundform FlN. vorahd. **Gaspantịā* gehört sicher zu den mit dem Suffix (kelt.) **-ant-iā* gebildeten Flussnamen ⁊Elsenz; vermutlich über mhd. **Gespenze* eingedeutet als **Gēr-sprenze* (mhd. *sprenzen* 'sprengen, spritzen'). Die Ableitungsbasis von **Gasp-* ist nur deutbar unter der Annahme, dass eine Dissimilation von **Gastantịā > *Gaspantịā* stattfand. **Gastantịā* kann an das Nomen urkelt. **gasto-* 'Weidenrute' (mir. *gat*) angeschlossen werden, ⁊Gasteiner Ache (< **Gastona*?), so dass sich für Gersprenz die ursprüngliche Bedeutung '(Fluss) an dem viele Weidenbäume stehen/wachsen' ergibt. – Sperber, *HG.A.7*, S. 50; Fritz-Scheuplin/König, *Ortsnamen*, S. 72; Ramge, *Flurnamenbuch*, S. 405; Greule, *Studien*, S. 145; Matasović, *Proto-Celtic*, S. 155.

Gertenbach

(auch Hüben-Bach), r.z. Werra (z. Weser). – ON. Gertenbach (Stadt Witzenhausen, Werra-Meißner-Kreis, Hessen, D), 1032 (Regest) *Gardenebiki*, (1093) (Regest) *Gardelbic*, (1249–71) *in Gerdenbecke*, 1276 *villa Gerdenbecke*, 1377 *Gerdenbeche*, 1417 *Gerthenbeche*, 1419 *von Gertenbeche*. – Grundform mndd. **Gerdenebēke*, Kompositum mit mndd. *-bēke* 'Bach' als Grundwort und einem von as. *gard* 'Gerte, Treibstecken' abgeleiteten, flektierten Adjektiv **gardīn > *gerdīn* 'mit Gerten bestanden' als Bestimmungswort; Bedeutung 'mit Gerten bestandener Bach'. – Sperber, *HG.A.5*, S. 34.

Geseker Bach

r.z. Brandenbaumer Bach (z. Lippe z. Rhein). – ON. Geseke (Stadt, Kr. Soest, NRW, D), 833 *Geiske*, 952 *Gesiki*, 958 *Gisici*, 986 *Gesize*, 1056–1075 *Geseke* (und zahlreiche weitere Belege). – Grundform ON. as. *Gesiki*, mit *-k-*Suffix abgeleitet vom Verb gm. **jes-a-* 'gären' (ig. **jes-e-* 'sieden, schäumen'), Benennung nach den in der Umgebung von Geseke vorkommenden Süßwasserquellen. Die Stellenbezeichnung wurde als Adjektiv (*Geseker*) auf den Bach übertragen. – Schmidt, *HG.A.6*, S. 24, 92; Flöer/Korsmeier, *Soest*, S. 189–194; Rix, *LIV*, S. 312f.

Gete, die

– ¹Gete, frz. *Gette*, ndl. *Geet*, l.z. Demer (z. Dijle z. Rupel z. Schelde z. Nordsee), entsteht in Budingen (Stadt Zoutleeuw, Flandern, B) durch den Zusammenfluss von Kleine Gete und Grote Gete, mündet bei Halen (Prov. Limburg, Region Flandern). – 956 (Kopie 13. Jh. *super fluvium Gatia*, 11. Jh. (Kopie) *fluvium ... Jetta*, 1227 *Jaceam*, 1312–1351 *die Ghete*, 1320 *le jauche*; ON. (Orp-)Jauche, ndl. Geten (Gem., Wallonisch-Brabant, B), 1088 *Gyaz*, 1091 *Jace*; ON. Jauchelette (Arrondissement Nivelles, Provinz Wallonisch-Brabant), 1172 (Kopie 17. Jh.) *Jacelette*. – Ausgangsform FlN. gm. **Gatjō* f., als Stellenbezeichnung mit *j-*Suffix abgeleitet von nord-nordsee-gm. **gata-* 'Loch, Öffnung, Durchlass, Durchgang' ⁊Getel 'Fluss und Siedlung an einem Durchgang/Durchlass'. – Herbillon, *Wallonie*, S. 83.

– ²†Gete, alter Arm der Weser bei Bremen-Hastedt (Bremen, D). – 1167 *vada ... fluminis Gete*, 1226 (Kopie 16. Jh.) *prope Getam*, 1257 *in Geth*, 1280 (Druck 1760) *prope Getam*, 1337 *juxta Gethe*, 1349 (Kopie 16. Jh.) *aquosum fossorium ... Gethe*, ON. Gete (Stadtteil Schwachhausen, Bremen), StraßenN. An der Gete (in Bremen). – Grundform mndd. **Gēte*

Getel

< as. *Giata < gm. *geutō, vgl. ahd. giozo swM. 'Bach, Meerenge', ndd. gēte 'niedrige Wasserstraße' ↗Gies-, eine Nominalbildung zum Verb gm. *geut-a- 'gießen', ↗Geithe (< *Gētene). – Borchers, *HG.A.18*, S. 42 f.; Blume, *Getel*, S. 266; Seebold, *starke Verben*, S. 228 f.

Getel, die l.z. Selke (z. Bode z. Thüringische Saale z. Elbe), entspringt am Fuß des Unterharzes oberhalb von Ballenstedt (Lkr. Harz, S.-A., D), mündet bei Hoym (Stadt Seeland, Salzlandkreis, S.-A.). – 1563 *uf der Gittel*; ON. † Getlede, 1019 *Getlo*, 1255 *Getlede*, 1302, 1303 *Gethele*, um 1316, 1327, 1332 *de Getle*, 1320 *Getlede*, 1335 *van Jetle*, 1337 *Getele*, um 1400 *Jettelde*. – In den Belegen für † Getlede sind Formen des Flussnamens (*Getlo*, *Getele*) mit solchen eines vom Flussnamen mit dem Suffix gm. -*ithi* (-*ida*) (*Getilida* > *Getlede*) abgeleiteten Ortsnamens vermischt. Ausgangsform FlN. as. *Getila (< *Gatila) > mndd. *Gētel (gekürzt > *Gettel), mit *l*-Suffix abgeleitet von nord-nordsee-gm. *gata- 'Loch, Öffnung, Durchlass, Durchgang' (awn. *gat* n., ae. *geat*, *gat*, as. *gat*, afr. *jet*/*jot*, *gat*, mnl. *gat*) mit der Bedeutung 'die Hindurchfließende', ↗Gete. – Blume, *Getel*.

Geybach, die vereinigt sich bei Birgel (Stadt Düren, NRW, D) mit dem ↗Baybach zum Birgelerbach, l.z. Rur (z. Maas) in Düren. – 1536 (Kopie ca.1636) *nach der Geyen, die Geybach hinab, uf der Geybach*, *uber die Geybach*, 1548/49 (Kopie Mitte 16. Jh.) *nach der Geien, die Geierbach, über die Geienbach, uf die Geienbach*, ON. Gey (Gem. Hürtgenwald, Kr. Düren, NRW). – Über *Geien < *Geine < *Geginel*/*Jegina < ahd. *Jagina*, identisch mit ↗Gaybach. – Kaspers, *Dürener Gegend*, S. 39.

Gfase (auch *Gfasebach*), r.z. Lasankenbach (z. Rienz z. Eisack z. Etsch), mündet unterhalb des Hauptorts von Lüsen (Prov. Bozen/Südtirol, I.). – /gfaase/ n., /gfásepách/, 1563 *Wasser aus dem Gefas*, 1615 *Gfässbach*, um 1770 *Gfas Ba*, 1779 *Gfäs*, um 1865 *Gfaßbach*. – Zugrunde liegt eine Kollektivbildung mit Präfix *ge*- zu *fassen*; der Bach entsteht durch das „Fassen" der Wässer mehrerer Bäche. – Kühebacher, *Ortsnamen 2*, S. 105.

Gichenbach z. Schmalnau (z. Fulda z. Weser), fließt durch das Gichenbachtal (Rhön), mündet südwestlich von Gersfeld (Lkr. Fulda, Hessen, D). – ON. Gichenbach (Stadt Gersfeld), 1500 *Gichenbach*, 1687 *Geichenbach*, 1811 *Giegenbach*. – Grundform fnhd. *Gichenbach*, Kompositum mit dem Grundwort -*bach* und dem Genitiv des ahd. PN. *Gīcho (*Gīchen-, gekürzt zu *Gichen*-) als Bestimmungswort. – Sperber, *HG.A.5*, S. 34; Kaufmann, *Ergänzungsband*, S. 146.

Giebel- -*kute*, -*pfuhl*, -*see*. Brandenburg. Giebel m. 'zur Gattung Silberkarausche gehörender Fisch', auch 'Karausche', z.B. Giebelpfuhl bei Leuenberg (Gem. Höhenland, Lkr. Märkisch-Oderland, Brandenburg, D), 1610 *Giebelpfuell*. – Fischer, *BNB 10*, S. 87.

Giehler Bach Oberlauf der Hamme (z. Lesum z. Weser), entspringt nördlich von Osterholz-Scharmbeck (Niedersachsen, D). – ON. Giehle, Giehlermühlen, Giehlermoor, 1187 *Gile*. – Gehört als ursprünglicher Gewässername zu dem unter ↗Gillbach behandelten germanischen Stamm *gīl- (ndl. gijl) 'Bier im Gären', *gil-, *gail- (mndd. *geile* 'Düngung, Dung'). – Borchers, *HG.A.18*, S. 43; Foerstemann, *Ortsnamen 2*, Sp.1051.

Gierbach r.z. Nidda (z. Main z. Rhein), mündet bei Rainrod (Stadt Schotten, Vogelsbergkreis, Hessen, D). – 1579 *die ... Gerbach, in der Gera, vff der Gera, obwendig dem Gier, in der Geraw, in der dörren Geraw*; ON. † Gera, 1250 *Geraha*, 1330 *Gera*. – Grundform (ahd.) *Gēraha, Deutung wie ↗Gera. Nachdem das Grundwort über *Gēra zu *Gēre abgeschwächt war, wurden verdeutlichend neue Grundwörter (-*au*, -*bach*) angefügt. Mhd. *Gēr- wird mundartlich gehoben zu *Gier*-. – Sperber, *HG.A.7*, S. 50.

Giersbach, die l.z. Ballerbach (z. Oberbach z. Rhein), fließt bei Damscheid (Rhein-Hunsrück-Kreis, Rh.-Pf., D). – /gi'ʳsbax/, 1413 (Kopie 15. Jh.) *in der gersbach*, 1468 *in der Girsbach*, 1813 *auf der Giersbach, Wiesen in der Giersbach*. – Grundform (mhd.) *Gērsbach, Deutung wie ↗¹Gersbach, mit mundartlicher Hebung Gērs- > Giers-. – Greule, *HG.A.15*, S. 35; Halfer, *Rheinengtal*, S. 148.

Gies-/Giess-/Gieß-/-en- -*bach*, -*graben*. Ahd. *giozo* swM. 'bewegtes Gewässer', mhd. *gieze* 'tiefer, langsam fließender Flussarm', ndd. *gēte* 'niedrige Wasserstraße' (< gm. *geut-ōn) ↗²Gete, z.B. Giesen, r.z. Schutter (z. Kinzig z. Rhein), 16. Jh. *Giessenbach*; auch als ursprüngliches Simplex: Gießen, r.z. Kanal (z. Rhein) in Liechtenstein, 1444 *an den Gießen*, 1582 *am Giessen*. Im Fall von Gießenbach, l.z. Kieferbach (z. Inn z. Donau) mit Gießenbachklamm bei Kiefersfelden (Lkr. Rosenheim, Bayern, D), 1530 *am Diessenbach*, ca.1563 *Diespach*, 1618 *Diessenpach*, 1836 *Giessenbach*, geht der Name auf eine Eindeutung für Diessenbach ↗Dießbach zurück. – Geiger, *HG.A.2*, S. 46; Springer, *Flussnamen*, S. 101, 207 f.; Ulbricht, *Saale*, S. 7; Dotter/Dotter, *HG.A.14*, S. 116.

Giesau, die r.z. Lichte (z. Schwarza z. Thüringische Saale z. Elbe). – 1386 *die Gesaw, die truckene Gesaw*. – Grundform ON. mhd. *Gesouwe, Kompositum mit dem Grundwort -*ouwe* 'Land am Wasser' und dem Verbstamm mhd. *jesen, gesen* 'schäumen, brodeln'; Übertragung des ursprünglichen Stellennamens auf den Fluss. – Ulbricht, *Saale*, S. 196.

Giesel, die l.z. Fulda (z. Weser), entwässert den Gieseler Forst (Unterer Vogelsberg, westlich von Fulda), mündet nördlich von Bronnzell (Stadt Fulda, Hessen, D). – ON. Giesel (Gem. Neuhof, Lkr. Fulda), um 820 (Kopie) *Gysilaha*, 1140–48 *villam ... giselaha*, 1266 *Gisala*, 1320, 1357 *Gisela*, 1403 *Giesel*; ON. Istergiesel (Stadtteil von Fulda), 1330 *Uezzern Gisela*, 1333 *Uzzern Gisela*, 1337 *Uezsern Gysela*, 1662 *Eusterngiesell*, 1790 *Eistergiesel*, 1811 *Istergiesel* (ursprünglich 'äußere Giesel'). – Grundform FlN. ahd. *Gisilaha*, (verdeutlichendes) Kompositum mit dem Grundwort ahd. -*aha* 'Fließgewässer' und dem Bestimmungswort *Gisil-*, das vermutlich eine Ableitung mit *l*-Suffix vom Stamm gm. *gis-*, ablautend zu gm. *gais-* 'antreiben, lebhaft bewegen, bewegt sein' ↗ Geisa, ↗ Geisel (< *Gaisilō*?), ist. Das Grundwort wurde auf /-a/ verkürzt. – Sperber, *HG.A.5*, S. 34.

Gieselau (auch *Schnittelau*), Fortsetzung Gieselau Kanal (z. Eider z. Nordsee) nördlich von Hademarschen (Hanerau-Hademarschen, Kr. Rendsburg-Eckernförde, S.-H., D). – 1531 *vp de Gieselowe*, 1566 *an de Gyselouwhe*, 1582 *Giselow*, 1649 *Giesel aw*, 1733 *die Gieselaw.* – Grundform (as.) *Gīsala*, Ableitung mit -*l*-Suffix vom Stamm *gīs-* (< gm. *geis-*), ablautend zu gm. *gais-*, *gis-* 'antreiben, lebhaft bewegen, bewegt sein', ↗ Geisa ↗ Geisel ↗ Giesel. Später zur Verdeutlichung erweitert mit dem Grundwort ↗ *au(e)*. – Kvaran, *HG.A.12*, S. 68; Laur, *Schleswig-Holstein*, S. 270.

Giesen/Giessen/Gießen ↗ Gies-.

Giesnaubach im Unterlauf *Gissnaubach*, l.z. Lindach (z. Lauter z. Neckar z. Rhein) im Lkr. Esslingen (B.-W., D). – 1261 *situm ultra Gissenowe*, FlurN. Gissenau. – Grundform ON. mhd. *Giezenouwe*, Kompositum mit dem Grundwort -*ouwe* 'Land am Wasser' und dem Bestimmungswort mhd. *gieze(n)* ↗ Gies-. – Schmid, *HG.A.1*, S. 38.

Gilge, die südlicher Mündungsarm der Memel, mündet bei dem Ort Gilge (russ. Matrossowo) ins Kurische Haff (Kaliningrader Gebiet, RUS). – 1391 *Gilge*, 1595 *Gilg fl.*, 1884 *Gilia, Gilge*. – Grundform ist preuß. *Gilija* (> dt. *Gilge*) 'Fluss mit Untiefen', eine Ableitung von preuß. *gillin* (Akk. Sing.) 'tief', vgl. lit. *gilùs* 'Tiefe, Abgrund'. – Biolik, *HE 11*, S. 63.

Gillbach (auch *die Gillbach*), r.z. Erft bei Neuss (Rhein-Kreis Neuss, NRW, D). – 871 (Kopie 10. Jh.) *Gilibecchi*, Ende 12. Jh. *Gelebach*; RaumN. 723–733 (Kopie 12. Jh.) *Gildegauia*, 962 *Gilegoui*, 1080 *Gilegowe*; ON. Gill, Ortsteil der Gem. Rommerskirchen (Rhein-Kreis Neuss), (1187–1193) *Giele*. – Zugrunde liegt FlN. gm. *Gilō*, ahd. *Gila/*Gela*, Substantivierung der femininen *l*-Ableitung vom Verb ig. *$gʰei$-* 'antreiben' (ved. *hinóti* 'treibt an'); ig. *$gʰiló$-* 'antreibend' liegt im Germanischen als ablautender Stamm vor: neben gm. *gil-* auch ndl. *gijl*, norw. *gil, gīl* 'Bier im Gären', ndl. *gijlen* 'gären' (< *gīl-*), mndd. *geile* 'Düngung, Dung' (< *gail-*). – Gysseling, *Woordenboek*, S. 404; Pokorny, *IEW*, S. 452.

Gilsa, die l.z. Schwalm (z. Eder z. Fulda z. Weser), entspringt in 370m Höhe an der Nordflanke der Kalten Hainbuche (Gilserberger Höhen), durchfließt in engem Talbereich Densberg (Gem. Jesberg, Schwalm-Eder-Kreis, Hessen, D), wo die Steilhänge des Hundskopfs bis an den Fluss reichen, mündet bei Bischhausen (Gem. Neuental, Schwalm-Eder-Kreis). – 1576, 1630 *Gilsa*, ON. Gilsa (Gem. Neuental), 1250, 1253 *Gilse*, 1369 *von Gilse* (weitere zahlreiche Belege), 1747 *Gilsa*, ON. Gilserberg (Schwalm-Eder-Kreis). – Ausgangsform wahrscheinlich ahd. *Gilisa*, Ableitung mit -(*i*)*s*-Suffix, bei der in Anbetracht der Tatsache, dass die Gilsa im Oberlauf durch bergiges Land fließt, als Basis gm. *gila-* n., *gil(j)ō* f. (awn. *gil* 'Bergkluft', ae. *geol* 'Schlund, Schlucht', schwz. *Gill, Gillen* m./f. 'Graben, Vertiefung' in Ortsnamen) infrage kommt, zur Bildung vgl. ↗ Efze (< *Affisa*), ↗ ¹Ems (< *Amisa*) im Einzugsbereich der Eder, Parallelname ON. Gilze (en Rijen) (Prov. Nordbrabant, NL), 1012–1018 (zu 995) *in curte ... Gilisa*, Mitte 12. Jh. (zu 995) *in curte ... Gilisa*. Falls ahd. *gilse* stN. 'Hirnschale, Vorderkopf' (Etymologie unklar) direkt mit dem Flussnamen aufgrund einer Metapher verglichen werden kann, kann auch bei Gilsa eine Bildung ohne Bindevokal (und späterer Synkope) vorliegen. Die Endung /-a/ ist in Analogie an hessisch-thüringische Namen mit /-a/ sekundär und spät angefügt worden. – Sperber, *HG.A.5*, S. 35; Orel, *Handbook*, S. 134; Nyffenegger/Bandle, *Siedlungsnamen* 1, S. 533; Künzel/Blok/Verhoeff, *Lexicon*, S. 150; Riecke, *Frühgeschichte* 2, S. 84.

Gilsbach (auch *Gilser Bach*), r.z. Schwalm (z. Eder z. Fulda z. Weser), mündet bei Singlis (Stadt Borken, Schwalm-Eder-Kreis, Hessen, D). – ON. Gilserhof (Stadt Borken), 1747 *Gilserhof*. – Deutung: Übertragung von ↗ Gilsa (ON. 1250 *Gilse*). – Sperber, *HG.A.5*, S. 35.

Gimsbach (im Oberlauf *Pfuhl-Graben*), r.z. Glan (z. Nahe z. Rhein) im Nordpfälzer Bergland. – ON. Gimsbach (Gem. Matzenbach, Lkr. Kusel, Rh.-Pf., D), /gimschbach/, um 1200 *Gininspach*, 1321 *Gimmespach*, 1393 *Gymssbach*, 1460 *Gymßbach*, um 1500

Gymbschbach, 1824 *Gimsbach*. – Grundform mhd. **Ginīnesbach* > **Ginensbach* > **Ginsbach* > *Gimsbach*, Kompositum mit dem Grundwort *-bach* und dem Genitiv des PN. ahd. **Ginīn* (*Ginīnes-*) als Bestimmungswort. – Greule, *HG.A.15*, S. 35; Dolch/Greule, *Pfalz*, S. 164.

Ginau Bach   r.z. Wagrainer Bach (z. Salzach z. Inn z. Donau). – ON. Ginau (PB Sankt Johann im Pongau, Salzburg, A), 1350 *der Hof zu Gnenau* (lies *Ginenau*?), 1381 *aus der Gynnaw*, 1465 *in Valle Gynnaw*, 1480 *in der Gunnaw*. – Grundform ON. mhd. **Ginenouwe*, Kompositum mit dem Grundwort mhd. *ouwe* 'Land am Wasser' und dem Genitiv des PN. ahd. **Gino* (**Ginen-*), vgl. PN. **Ginīn* ↗ *Gimsbach*, mit Synkope (> **Ginnau*), vielleicht mit hyperkorrekter Rundung (> **Günnau*, 1480 *Gunnaw*). – Straberger, *HG.A.9*, S. 34.

Ginnerbach   l.z. Heller (z. Sieg z. Rhein), mündet bei Burbach (Kr. Siegen-Wittgenstein, NRW, D). – ON. †Ginerbach, 1461, 1471 *von Ginderbach*, StraßenN. Ginnerbach (in Burbach). – Unsichere Deutung, Grundform vielleicht mhd. **Gündernbach*, Kompositum mit dem Grundwort *-bach* und dem Genitiv des PN. ahd **Gundiro* (**Gundiren-* > **Gündern-*), mundartlich entrundet (> **Gindernbach*), mit Kürzung der Dreierkonsonanz zur Sprechererleichterung und Assimilation (*Ginderbach* > *Ginnerbach*). – Faust, *HG.A.4*, S. 29.

Gissbach   z. Ahr (z. Rienz z. Eisack z. Etsch), mündet bei St. Georgen (Gem. Bruneck, Prov. Bozen/Südtirol, I.). – /gispåch/, 1590 *Gispach*, um 1600 *Geisbach*, um 1770 *Gisbach*, um 1840 *Gießbach*. – Kompositum mit dem Grundwort *-bach* und bair. (mundartlich) *Gisse* 'Erdrutsch, Stein- und Sandlawine' (< ahd. *gussi* stN. 'Guss, Flut, Überschwemmung') als Bestimmungswort. – Kühebacher, *Ortsnamen* 2, S. 206 f.

Gittersbach   l.z. Glon (z. Amper z. Isar z. Donau). – ON. Gittersbach (Markt Markt Indersdorf (sic!), Lkr. Dachau, Bayern, D), 972–976 *cis rivulum Guttinespah*. – Grundform FlN. ahd. **Gutīnesbach* > mhd. **Gütensbach* > **Gütersbach*, mundartlich entrundet > *Gittersbach*. – Snyder, *HG.A.3*, S. 27.

Gladbach   l.z. Wisper (z. Rhein). – ON. Nieder~, Obergladbach (Gem. Schlangenbad, Rheingau-Taunus-Kreis, Hessen, D), 1163 *curiam Cladinbach*, 1289 *Glappach*, 1487 *Gladebach*, *Gladbach*. – Grundform mhd. **Gladenbach*, verkürzt > *Gladbach*, assimiliert 1289 *Glappach*, Kompositum mit dem Grundwort *-bach* und dem flektierten Adj. mhd. *glat* ↗ Glatt. – Faust, *HG.A.4*, S. 29 f.

Gladbecker Bach   l.z. Mühlbach (z. Kleuterbach z. Stever z. Lippe z. Rhein). – ON. Gladbeck (Gem. Nottuln, Kr. Coesfeld, NRW, D), 12. Jh., 1384 *terra inculta Glatbeke*, 1299 *Glabeke*, 1315, 1318 *Gladbeke*, 1591 *tho Gladbecke*. – Grundform mndd. **Gladbeke*, Kompositum mit dem Grundwort *-beke* 'Bach' und mndd. *glat* ↗ Glatt 'Bach mit klarem Wasser'. Die moderne Form des Namens ist mit dem Adjektiv des Ortsnamens gebildet. – Schmidt, *HG.A.6*, S. 24.

†Gladebach   im Einzugsgebiet der Harste (z. Leine z. Aller z. Weser). – /chlake/, 1780 *auf dem Glade Bache*, *Glacke Bach*, 1868 *Glaakeweg*, *Glaakehöfe*, 1869/70 *auf der Glaake*, 20. Jh. *Gladebach*, *Glakebach*; ON. Gladebeck (Stadt Hardegsen, Lkr. Northeim, Niedersachsen, D), (1015–1036) *Gledabiki*, 1183, 1184 *de Gladbike*, 1184 *Gladbeke* (und zahlreiche weitere Belege). – Grundform FlN. as. **Gladbeki*, mndd. *Gladbeke*, verhochdeutscht *Gladbach*, mundartlich über **Glabeke* assimiliert zu **Gläke*, Kompositum mit dem Grundwort *-beke* 'Bach' und dem flektierten Adj. as. **glad* 'glänzend' ↗ Glatt als Bestimmungswort. – Kettner, *HG.A.8*, S. 34 f.; Kettner, *Leine*, S. 86 f.; Casemir/Menzel/Ohainski, *Northeim*, S. 156–158.

Gläseckenbach   (auch *Gläsekenbach*, *Gläsekentalsbach*), l.z. Radau (z. Oker z. Aller z. Weser) bei Bad Harzburg (Lkr. Goslar, Niedersachsen, D). – 1680 *Gläseckenbääck*, *nach dem Glasekenbäcke*, 1784 *Glaseken*, ON. (Schule) An der Gläsecke (Bad Harzburg). – Ausgangsform FlN. mndd. **Glasbeke*, Kompositum mit dem Grundwort mndd. *-beke* und mndd. *glas* 'Glas', wohl mit Bezug auf die Klarheit des Wassers, zur Sprechererleichterung gekürzt auf **Glaseke*. – Borchers, *HG.A.18*, S. 43.

Glambeck   Name mehrerer Seen in Brandenburg (D), z.B. Glambeck-See nordwestlich von Glambeck, Region Ruppiner Land, 1348 *in stagno ... inter ... villam Bongard et Glambeke*, 1530 *zwene Seen ... Glambecke*, 1799 *Der Glambeck*. Apolab. **gląbok-* 'tief', Bedeutung 'tiefer See'. – Wauer, *HG.A.17*, S. 42; Fischer, *BNB 10*, S. 88 f.

Glan, Glanbach

– ¹Glan, die r.z. Gurk östlich Gurnitz (Gem. Ebental, PB Klagenfurt Land, Kärnten, A), sloven. mundartlich /glána/, 983 *iuxta flumen Glana*, 1124–1138 (Kopie 13. Jh.) *secus fumen Glana*, 1131 *Glane*, 1196 *apud Glanam*; ON. Alt-Glandorf (Gem. und PB Sankt Veit an der Glan, Kärnten), 979 *Glanadorf*; ON. Glanhofen (Gem. Feldkirchen in Kärnten, PB Feldkirchen, Kärnten), um 1065–1077 *ad sanctum Laurentium alibi Glana nuncupatum*, 1070–um 1080 *zi Glanahôuvn*, usw.; Ruine Glanegg (PB Feldkirchen), 1134–1164 *de*

Glanekch. Die Ortsnamen sind jeweils Zusammensetzungen mit dem Flussnamen *Glan(a)* als Bestimmungswort und den Grundwörtern ahd. *-dorf*, (Dativ Plural) *-hovun* und mhd. *-eck* 'Ecke, Kante, Spitze'. – Hausner/Schuster, *Namenbuch*, S. 414 f.
– ²Glanbach, l.z. Salzach in Salzburg (A). 798–800 (Kopie 12. Jh.) *super rivolum Glane*, nach 923 *iuxta fluviolum Glana*; ON. (fraglich ob Glanhofen oder Maxglan, beide Stadtteile von Salzburg), 788–790 (Kopie 12. Jh.) *in villa ... Glana, in loco ... casam et curtem ad Glana* (und weitere Belege). – Straberger, *HG.A.9*, S. 34 f.; Hausner/Schuster, *Namenbuch*, S. 414.
– ³Glan, der r.z. Nahe (z. Rhein) bei Odernheim am Glan (VG Sobernheim, Kr. Bad Kreuznach, Rh.-Pf., D). 1127 (Kopie 1860) *super flumen Glan*, 1147 (Kopie 1386) *ad ripam fluvii Glan*, 1194–1198 (Kopie 13. Jh.) *iuxta Glan*, 1297 (altfranzösisch) *suz lou Glane*, um 1330 (Kopie um 1500) *ubi Lutra intrat Glanum ... ascendo Glanum*, 1343 *den Glan vf ... in dem Glane*, usw.; ONN. Altenglan (Kr. Kusel, Rh.-Pf.), /ald^eglaan/, 865/66 (Kopie 13. Jh.) *Gleni*, 877/78 (Kopie 11. Jh.) *Gleni*, um 950 (Kopie 13. Jh.) *Gleni*, 1124 (Kopie 1306) *Glene*, 1138 *Glana*, 992 (Kopie 12. Jh.) *Aldenglane*, usw.; † Glan, alter Name für Hundheim (Ortsteil von Offenbach-Hundheim, VG Lauterecken, Kr. Kusel), 870 (Kopie 10. Jh.) *in locis ... Glena*, 893 (Kopie 1222) *Glene, Glane*, 1222 *Glene ... iuxta unum fluvium, qui Glana vocatur*; Glanbrücken (VG Lauterecken), neuer Name für Hachenbach und Niedereisenbach. – Die Belege zu ³Glan lassen das Deklinationsparadigma der ahd. *i*-Stämme erkennen: Nominativ/Akkusativ *Glan* m./f. (?), Dativ *Gleni* (später *Glene*) f., *Glane* m. Auch die Latinisierungen (Akkusativ) *Glanum* und *Glana/Glena* deuten darauf hin, dass der Name sowohl mit femininem als auch mit maskulinem Genus gebraucht wurde. Die vorahd. (kelt.?) Ausgangsform ist *Glani-*. – Greule, *HG.A.15*, S. 36 f.; Dolch/Greule, *Pfalz*, S. 39, 232.
Etymologie: *Glana* entspricht dem Femininum des Adjektivs kelt. *glano-s, -ā*, air. *glan* 'rein, klar, glänzend'. Daneben steht der *i*-Stamm kelt. *glani-*, der in air. *glain* f. 'Kristall, Glas', kymr. *glain* 'Edelstein' und im Flussnamen ³Glan weiterlebt. Wegen gm. *glana-* 'glänzend' ↗Glane, ↗Glenne. – Krahe, *UäFlNN*, S. 88 f.; Buchmüller/Haubrichs/Spang, *Namenkontinuität*, S. 83 f.; Pokorny, *IEW*, S. 429; Matasović, *Proto-Celtic*, S. 160.

Glane, Glane-/-r-

-bach, *-beek*, z.B. Glane-Bach, l.z. Hunte (↗Weser), ON. Glane (Kr. Oldenburg, Niedersachsen, D), um 1000 (Kopie 11. Jh.) *Glana*. Glanebach/Glanerbeek, l.z. Dinkel bei Gronau (Kr. Borken, NRW), ON. Glane (Klein Glane), ON. Glanerbrücke (ndl. Glanerbrug) (Stadtteil von Enschede, NL). Glaner Bach, l.z. Bever (z. Ems), ON. Glane (Stadtteil von Bad Iburg, Lkr. Osnabrück, Niedersachsen, D), 1088 *Glano*, ON. Glandorf (Lkr. Osnabrück). – As. *Glana*, Femininum des Adjektivs gm. *glana-* 'glänzend'. – Casemir/Ohainski, *Niedersächsische Orte*, S. 91; Pokorny, *IEW*, S. 429; Heidermanns, *Primäradjektive*, S. 246.

Glanfurt, die

sloven. *Lankart*, Abfluss des Wörthersees, r.z. Glan (z. Gurk z. Drau) östlich von Ebenthal-Siedlung (Gem. Klagenfurt, PB Klagenfurt/Stadt, Kärnten, A), 1171 (Kopie 15. Jh.) *iuxta Lancquart*, 1213 zu 1198 *iuxta Lanquart*, 12.–16. Jh. *Lanquart*, später *Langfart, Langfurt, Glanfurt*. – Der unverstandene Name wird mehrfach gedeutet, zuletzt in Anlehnung an den Hauptfluss Glan und an den ON. (Klagen-)furt. – Etymologisch identisch mit ↗Landquart (< kelt. *Lang^uros* 'der Schnelle (Fluss)'). – Hausner/Schuster, *Namenbuch*, S. 415; Kranzmayer, *Ortsnamenbuch* 2, S. 82.

Glanzbach

l.z. Pößnitz östlich Leutschach (PB Leibnitz, Steiermark, A). – Ca.1248 *Glanz*, 1352 *Glancz*. – Grundform *Glanzna < slaw. *Klanьcina*, abgeleitet von slaw. *klanьcь* 'Hohlweg', mit verdeutlichendem Grundwort *-bach*. – Lochner von Hüttenbach, *Steirische Hydronyme*, S. 82.

Glas-/-e-

-bach, *-bek(e)*, *-wasser*. Benennung entweder nach einer Einrichtung der Glasindustrie (Glashütte) oder metaphorisch nach der Klarheit des Wassers, z.B. Glas-Bach, l.z. Langen-Bach (z. Breg z. Donau), 1326 *Glasbach daz tal*, 1442 *Glasbach*. – Springer, *Flussnamen*, S. 154; Ulbricht, *Saale*, S. 84; Snyder, *HG.A.3*, S. 27.

Glasau

z. Trave (z. Ostsee). – ON. Glasau (Kr. Segeberg, S.-H., D), 1304 *Glasowe*, 1394 (Kopie 1558) *tho Glasouw*, 1436 *to Glasowe*, 1514 *tho Glasow*, 1584 *zu Glasaw*. – Apolab. *Glazov* zu *glaz* 'Stein', 'Ort an einem Stein', Übertragung des ON. auf den Fluss. – Kvaran, *HG.A.12*, S. 69; Laur, *Schleswig-Holstein*, S. 271.

Glas-Bach

l.z. Aubach (z. Gersbach z. Salzach z. Inn z. Donau). – 991–1023 *prope rivulum, qui fluit iuxta locum ... Glasa*, 1862 *Glas B.*; ON. Glas (Aigen, Stadt Salzburg, A), 798–800 (Kopie 12. Jh.) *Clasâ*, 931 *ad Glasam*, nach 1060 *de Glasa*, zu 1090 (11.–12. Jh.) *ad Clasi*, 1090–1104 *de Glase*, 1124 *de Glâse*, 1125–47 *de Glasi*, zu 1117 (um 1143) *Glaese*, 1181 (Kopie 12. Jh.) *Clâes, Glês*, 1273 *Glese*, 1335 *in Glás*, 1405 *ze Glás*, 1487 *zu glás*, 1544 *in Glas*. – Grundform ON. ahd. *Glās(i)a*, abair. *Clāsa* > mhd. *Glæse* mit Sekundärumlaut bair. /glās/, mit *j*-Suffix zur Stellenbezeichnung abgeleitet von gm. *glēⁱsa-* 'Bernstein' mit der Bedeutung 'Stelle an einem Gewässer, das klar wie Bernstein ist', ↗Glösabach. – Straberger, *HG.A.9*, S. 36; Hausner/Schuster, *Namenbuch*, S. 416.

† Glasbach l.z. Enns (z. Donau) nordwestlich von Admont (PB Liezen, Steiermark, A). – 1090–1101 (Kopie 13. Jh.) *Glaspach*, um 1130–um 1135 (Kopie 13. Jh.) *de Glasibach*, vor 1139 (Kopie 13. Jh.) *Glaspach*, 1139 (Kopie 12. Jh.) *Glaspach*, 1185 (Kopie 13. Jh.) *Glaspach*. – Kompositum mit dem Grundwort *-bach* und ahd. *glas* 'Glas, Bernstein' als Bestimmungswort. – Hausner/Schuster, *Namenbuch*, S. 416.

Glasenbach (auch *Klausbach*), r.z. Salzach (z. Inn z. Donau) mit der Glasenbachklamm (Gem. Elsbethen, Salzburg, A). – 1207 *Glaserbach*, 1241 *Gleserpach*, ca.1334 *Gláserpach*, 1366 *Glæserpach*, 1477 *In dem Gläsnpach*, 1491 *aus dem Gläserpach*, 1553 *im Glaserpach*, 1556 *im Glässenpach*; ON. Glasenbach (Gem. Elsbethen), 1375 *von Gläserpach*, 1405 *von dem Glasserpach*, 1446 *Hanns Glassenpacher*. – Zusammenrückung des vom ON. Glas ↗Glas-Bach abgeleiteten Adjektivs *Gläser/Glaser* mit dem Grundwort *-bach*. *Glasenbach* ist aus *Glaserbach* /l-r/ > /l-n/ dissimiliert. – Straberger, *HG.A.8*, S. 36.

Glasow- *-bach, -graben, -pfuhl, -see*, z.B. Großer~, Kleiner Glasowsee bei Groß Schönebeck (Gem. Schorfheide, Lkr. Barnim, Brandenburg, D), 1451 *Sehen … die glasaw*, 1589 *Der große Glasow, Der Kleine See glaß*. Deutung wie ↗Glasau. – Fischer, *BNB 10*, S. 88; Wauer, *HG.A.17*, S. 42.

Glatt, die
– ¹Glatt, l.z. Rhein, Abfluss des Greifensees (Kanton Zürich, CH), vorbei an Zürich, mündet bei Rheinsfelden (Gem. Glattfelden, Kanton Zürich). – ON. Oberglatt, Niederglatt (Kanton Zürich), ON. Glattfelden (Kanton Zürich), 1130 *de Glatevelden*.
– ²Glatt, r.z. Thur (z. Rhein), entspringt bei Schwellbrunn (Kanton Appenzell-Außerrhoden, CH), mündet zwischen Uzwil und Oberbüren (Kanton Sankt Gallen). – ON. Glatt, (731, 736) *actum in … Glata villa*; ON. Glattburg (Gem. Oberbüren), 876 *Glataburc*. – Kristol, *LSG*, S. 392 f.
– ³Glatt, l.z. Neckar (z. Rhein), entsteht bei Aach (Gem. Dornstetten, Lkr. Freudenstadt, B.-W., D) im Schwarzwald, mündet bei Neckarhausen (Stadt Horb am Neckar, Lkr. Freudenstadt). – 1488 *an der Glat*; ON. Glatt (Stadt Sulz am Neckar, Lkr. Rottweil, B.-W.), ON. Glatten (Lkr. Freudenstadt), 767 *in Glatheimer marca*, 770 *Gladeheim*. – Schmid, *HG.A.1*, S. 39.

Grundform ahd., alem. *Glata* 'die Helle, Klare', Substantivierung des femininen Adjektivs ahd., mhd. *glat* 'hell, klar, glatt', as. *glad(môd)* 'frohgestimmt', mndd. *glat (glad-)*, ae. *glæd*, awn. *glaðr* 'froh' (< gm. *glada-*).

Glattbach
– ¹Glattbach, l.z. Grenzbach (Kreuzbach) (z. Strudelbach z. Enz z. Neckar z. Rhein). – ON. Großglattbach (Stadt Mühlacker, B.-W., D), /glábix/, 782 (Kopie 12. Jh.) *in Gladebach, in uilla Glatebach*.
– ²Glattbach, l.z. Schmie (z. Enz z. Neckar z. Rhein). ON. Kleinglattbach (Stadt Vaihingen/Enz, B.-W., D). – 1271 (Kopie) *villa … Glatbach iuxta Vaihingen*. Kompositum mit dem Grundwort *-bach* und dem Adj. ahd. *glat* 'hell, klar, glatt' ↗Glatt als Bestimmungswort.
Schmid, *HG.A.1*, S. 39 f.; Reichardt, *Stuttgart*, S. 55 f.

Glauningbach l.z. Mur bei Diepersdorf östlich Mureck (PB Radkersburg, Steiermark, A). – ON. 1406 *Golaunig*, 1443 *Kolawing*; 1405 *an dem Khollaunegg*, 1406 *im Golaunig*. – Grundform (sloven.) *goljavnik* 'der an der Blöße, an der unbewachsenen Fläche (Wohnende)', zu sloven. *goljava* 'Blöße, kahle Stelle', mit Angleichung an die *-ing*-Namen und verdeutlichendem Grundwort *-bach*. – Lochner von Hüttenbach, *Steirische Hydronyme*, S. 82.

Glawkesee nördlich von Rheinsberg (Lkr. Ostprignitz-Ruppin) im Naturpark Stechlin-Ruppiner Land (Brandenburg, D). – 1533 *Glowick*, 1825 *Glöft See*. – Grundform apolab. *Glovka, glovka* Diminutiv zu *glova* 'Kopf, Haupt', metaphorische Benennung. – Fischer, *BNB 10*, S. 88.

Glawoggenbach r.z. Raab nördlich St. Margarethen an der Raab (PB Weiz, Steiermark, A). – ON. 1265 *Clobecke*, 1390 *Globokken*. – Grundform *Glowoka* f. < (sloven.) *globok* 'tief', mit verdeutlichendem Grundwort *-bach*. – Lochner von Hüttenbach, *Steirische Hydronyme*, S. 82.

Gleen ↗Klein.

Glei-Bach r.z. Lahn (z. Rhein), mündet bei Wißmar (Gem. Wettenberg, Lkr. Gießen, Hessen, D). – ON. (Krofdorf-)Gleiberg (Gem. Wettenberg), BergN. (mit Burgruine) Gleiberg, aus Basalt bestehender ehemaliger Vulkan, 1129 *de Glizberc*, 1139 *de Gliberch*, 1145–53 *de Glizberch*, 1256 *Gliperg*. – *Glei-Bach* ist späte Rückbildung parallel zum ON. *Glei-berg* oder Klammerform *Glei(berg)bach*. Grundform des ON. mhd. *Glīzberc*, Kompositum mit dem Grundwort *-berg* und mhd. *glīz* stM. 'Glanz', Benennung vielleicht mit Bezug auf das Basaltgestein. – Faust, *HG.A.4*, S. 30.

Gleierbach (im Oberlauf *Westernahbach*), r.z. Lenne (z. Ruhr z. Rhein), mündet in Gleidorf (Stadt Schmallenberg, Hochsauerlandkreis, NRW, D). – ON. Gleidorf, 1072 *gledorf*, 1101–1131 *Gledorph*, 1261

Glydorp. – Klammerform **Glei(dorf)erbach*, Zusammensetzung mit dem Grundwort *-bach* und dem Adjektiv des Ortsnamens *Gleidorf*. – Schmidt, *HG.A.6*, S. 25.

Gleinbach r.z. Mur bei Sankt Margarethen bei Knittelfeld (PB Knittelfeld, Steiermark, A). – Um 1140 (Kopie 19. Jh. nach Kopie 13. Jh.) *molendinum … apud Glin*. – Der Gewässername enthält als Bestimmungswort urslaw. **glina* 'Lehm, Ton'. – Hausner/Schuster, *Namenbuch*, S. 417; Lochner von Hüttenbach, *Steirische Hydronyme*, S. 82.

Gleinz, die r.z. Laßnitz bei Preding (PB Deutschlandsberg, Steiermark, A). – ON. Michl-, Mönich-, Hoch-Gleinz (Gem. Unterbergla, PB Deutschlandsberg), 1159 (Kopie 19. Jh.) *usque in Glinizam locum*, 1172 (Kopie 19. Jh. nach Kopie 13. Jh.) *in Gliniz*. – Grundform slaw. **Glinica* 'Lehmbach', mit Suffix *-ica* abgeleitet von slaw. **glina* 'Ton, Lehm'. – Lochner von Hüttenbach, *Steirische Hydronyme*, S. 82; Hausner/Schuster, *Namenbuch*, S. 418.

Gleise, die (auch *Gleißbach*), r.z. Thüringischen Saale (z. Elbe), fließt im Saale-Holzland-Kreis (Thüringen, D), mündet bei Bürgel unterhalb von Jena. – 1136 *rivulus Gliza*, 1436 *dy Glisse*, 1444 *die Glyssa*; BurgN. Gleißberg (jetzt Kunitzburg) bei Jena, 1133 *de Glizberc*, 1239 *Glytzburg*, 1249 *Glizberc*, 1260 *Glisperg*, 1308 *Glisberg*, 1397 *Glissberg*, 1401/1405, 1410 *Glisperg*. – Ausgangsform FlN. ahd. **Glīza(ha)* < gm. **Gleitō*, Verbalsubstantiv zum starken Verb gm. **gleit-a-* 'gleißen', ahd. *glīzan* 'glänzen, funkeln', benannt nach dem „Glänzen" des Gewässers. – Ulbricht, *Saale*, S. 106, 207; Seebold, *starke Verben*, S. 231.

Gleissach, die (auch *Gleißenbach*), l.z. See-Bach (z. Isar z. Donau), mündet in Ismaning (Lkr. München, Bayern, D). – 1437 *gen der Gleusach*, 1832 *Gleisachbächel*. – Grundform mhd. **Glīsach*? Kompositum mit ahd. *aha* als Grundwort und dem Stamm gm. **glīs-* (ae. *glīsian* 'leuchten', norw., schw. *glīsa* 'glänzen, schimmern') als Bestimmungswort, Benennung nach dem „Glänzen" des Gewässers. Diese Deutung setzt voraus, dass der Diphthong /-ei-/ im ältesten Beleg zu /-eu-/ gerundet ist. – Snyder, *HG.A.3*, S. 27; Pokorny, *IEW*, S. 433.

Gleißbach ↗Gleise.

Gleissen-Bach r.z. Isar (z. Donau), mündet bei Eching (Lkr. Landshut, Bayern, D). – Ca.1563 *rivus Gleissenpach*, ON. Gleißbach (Gem. Tiefental, Lkr. Landshut). – Ausgangsform vielleicht FlN. mhd. **Glīzendbach*, Kompositum mit dem Grundwort *-bach* und dem Partizip Präsens des Verbs mhd. *glīzen* 'glänzen, schimmern, leuchten', ↗Gleise. – Snyder, *HG.A.3*, S. 27.

Gleißenbach Abfluss des Deininger Weihers (auch *Gleißentalweiher*), versickert nach wenigen Kilometern im Gleißental (Lkr. München, Bayern, D), das in das Tal des Hachinger Bachs (r.z. Isar in München) übergeht. – Ca.1563 *Gleisnaha*. – Ausgangsform mhd. **Glīsenaha*, Kompositum mit dem Grundwort *-bach* und dem Genitiv des PN. ahd. **Glīso* (**Glīsen-*) als Bestimmungswort. – Snyder, *HG.A.3*, S. 27.

Glems, die r.z. Enz (z. Neckar z. Rhein), entspringt im Glemswald auf einer Höhe von rund 460m, durchfließt den Glemsweiher und mehrere enge Täler, mündet nach 47,2 km nördlich von Unterriexingen (Stadt Markgröningen, Lkr. Ludwigsburg, B.-W., D). – (Um 1350) *an der Glemse, bi der Glemse, gen der Glemse*, 1379 *an der Glemß*, 1381 *jenhalb der Glems, an der Glems*, GauN. 769 (Kopie 12. Jh.) *Glemisgouwe* (und weitere zahlreiche Belege des 8. und 9. Jh.s), 1276 *Glemsgeu*, TalN. Glemstal (Stuttgart), BurgN. Glemseck, Ruine südöstlich von Leonberg (Lkr. Böblingen, B.-W.) auf dem Glemswald oberhalb der Glems, 1523 *Glemßeck*, MühlenN. Glemsmühle (Korntal-Münchingen, Lkr. Ludwigsburg), FlurN. Glemsloch, Glemsrain, Glemswiese, Glemsbrunnen. – Gm. **Glamīsō*, Ableitung mit *s*-Suffix von gm. **glam(i)-* 'schluchtartiger Einschnitt, Hohlweg', mhd. *glame* 'Geländevertiefung, Geländeeinschnitt', *-glam* 'enges, tief eingeschnittenes Tälchen' als Grundwort in Gewässernamen des Bliesgaus (Saarland), und als *j*-Ableitung in TalN. Glemm-Tal, ON. Hinterglemm (Gem. Saalbach-Hinterglemm, Salzburg, A), seit 1222 *Glemme*, seit 1272 *in dem Glemm, vor dem Glemm* (< gm. **Glamjō*). – Schmid, *HG.A.1*, S. 40; Reichardt, *Böblingen*, S. 81f.

Glemsbach l.z. Erms (z. Neckar z. Rhein), mündet in Neuhausen an der Erms (Lkr. Reutlingen, B.-W., D). – ON. Glems (Stadt Metzingen, Lkr. Reutlingen), /glems/ (/e/ geschlossen), 1254 *villam Glemse, Glemese*, 1383 *ze Glems*. – Ausgangsform gm. **Glamīsō* ↗Glems, verdeutlichendes Kompositum mit dem Grundwort *-bach*, um Fluss und Siedlung zu unterscheiden. – Reichardt, *Reutlingen*, S. 52f.

Glene, die l.z. Leine (z. Aller z. Weser) im Kreis Alfeld (Niedersachsen, D). – /gliene/, 1545–1559 *das wasser die glen genannt*, (1600) *Gleine*, 1710 *die glenebach*, 1715 *dißeits der gleene, an den Glenebach*. – As. **Gleni* (Dativ Sg.), mndd. *Glēne*. **Gleni* < gm. **glani-* 'glänzend', ein *i*-Stamm neben dem Adjektiv **glana-*, ↗Glan ↗Glenne. – Kettner, *HG.A.8*, S. 35; Kettner, *Leine*, S. 88.

Glenne, die l.z. Möhne (z. Ruhr z. Rhein) im Kr. Lippstadt (NRW, D). – 1306 *up der gleyne*, 1579 *Glene*, FlurN. Am Glensberge. – Zugrunde liegt voras. **Glanja*, eine *j*-Ableitung zum Adj. gm. **glana*- 'glänzend', ↗ Glane. – Schmidt, *HG.A.6*, S. 25; Barth, *Sieg und Ruhr*, S. 138 f.; Schmidt, *Wupper und Lippe*, S. 38 f.

Glenner, der räto-rom. *Glogn*, entspringt nahe der Grenze zum Kanton Tessin, r.z. Vorderrhein bei Ilanz (Kanton Graubünden, CH). – 1344 *zwischent dem Gelengen und der statt ze Inlantz*, 1485 *plon da Glong*, 1516 *bim glenden*, 1532 *Gloyn*. – Grundform kelt. **Glanjo-s*, abgeleitet von kelt. **glano-* 'rein, klar' (↗ Glan) > alem. **Glenn*, **Glend*, **Geleng*, Adjektiv *Glenner* (Tal), > räto-rom. *Glogn*. Auf kelt. (brit.) **Glanjo-* oder **Glanjā* gehen auch *river Glen* in Lincolnshire (GB), 1275 *Glenye*, und in Northumberland (GB), (ca.731) 8. Jh. *fluvio Gleni*, zurück. – Schorta, *RNB.2*, S. 711 f.; Watts, *EPN*, S. 252.

Glesse, die (auch *Glessebach*, *Brevörder Bach*), l.z. Weser, mündet bei Brevörde (Lkr. Holzminden, Niedersachsen, D). – 1593 *die Gleße auff*, 1745/46 (Kopie 1768) *Die Glesse*, 1760 *(Die) Glesse*, 1803 *Der Glesserbach*; ON. Glesse (Ottenstein, Lkr. Holzminden), (1155–84) (Kopie 13. Jh.) *Glesse*, 1600 *in der Glesse*, 1783 *die Glesse*; ON. Glesse, wieder besiedelte Wüstung (Flecken Ottenstein, Lkr. Holzminden), 1155–1184 (13. Jh.) *in Glesse*, um 1350 (15. Jh, 20. Jh.) *in Glesse*, 1460 *de Glesse*, 1531 *die Glesse*, 1540 *Gleßze*, *das ein wost gefallenes dorf ist*; FlurN. 1760 *Glesse-Wiese*; ON. Glesser Mühle (Flecken Ottenstein), 1593 *pulvermüle in der Glesse*. – Grundform mndd. *Glesse* < as. **Glessia* < gm. **Glasjō* f., *j*-Ableitung von Adj. gm. **glasa-* 'glänzend' bzw. as. *glas* 'Glas' zu Bezeichnung einer Stelle am Fluss, wo das Wasser besonders glänzt. – Kramer, *HG.A.10*, S. 22; Heidermanns, *Primäradjektive*, S. 247; Casemir/Ohainski, *Holzminden*, S. 94 f.

Gleuensee (auch *Knedener See*), östlich von Knehden (Stadt Templin, Lkr. Uckermark, Brandenburg, D), Gleuenfließ, Wasserlauf zwischen Gleuensee und Bruchsee. – 1719 *Gloiden See*, 1744 *Glauensche See*, 1751 *Der Gloen*, 1768–87 *Gleuen See*. – Grundform apolab./asorb. **Glod'n-* zu **glod* 'Hunger', Benennung wohl nach der Fischarmut. – Wauer, *HG.A.17*, S. 43; Fischer, *BNB 10*, S. 88.

Glieneken, das Gewässer bei Päwesin (Lkr. Potsdam-Mittelmark, Brandenburg, D). – 1444 *eyn water genant dat glyneken*, 1455 *dat Glineken*. – Grundform apolab. **Glinik-* oder **Glin'nik* zu **glina* 'Lehm', Benennung nach dem lehmigen Boden. – Fischer, *BNB 10*, S. 89.

Glienick, die Gewässer bei Bliesdorf (Lkr. Märkisch-Oderland, Brandenburg, D). – 1766 *die Glienicke mit den Glienicker Pühlen*. – Deutung ↗ Glieneken. – Fischer, *BNB 10*, S. 89.

Glienicker Lake/See
– ¹Glienicker Lake, l.z. Havel, ON. Klein Glienicke (Stadt Potsdam, Brandenburg, D), 1812 *Glinicke*, 1854 *in der Klein Gliniker Lanke*, 1893/1927 *Glienicker Lake*. – Wauer, *HG.A.17*, S. 43.
– ²Groß Glienicker See, südlich von Groß Glienicke (Berlin und Potsdam, D), 1320 *stagnum Glyneke*. – Fischer, *BNB 10*, S. 89.
Deutung ↗ Glieneken.

Glieningsee Großer~, Kleiner~, früher auch Vorderer~, Hinterer~, nordwestlich von Kersdorf (Gem. Briesen/Mark, Lkr. Oder-Spree, Brandenburg, D). – 1658 *die beiden kleinen Sehen die Glieningen genand*, 1844/45 *Vord., Hint. Gliening S*. – Grundform apolab. **Glinik-* zu **glina* 'Lehm', eingedeutscht mit Suffixersatz als **Glining-*. – Fischer, *BNB 10*, S. 89.

Glin Gewässer zu Altkietz bei Bad Freienwalde (Lkr. Märkisch-Oderland, Brandenburg, D). – 1678 *Gliner … See*, 1737 *bis an die Gliene*, 1759 *des Glin*. – Grundform apolab. **Glina* oder **Glin'n-* zu **glina* 'Lehm'. – Fischer, *BNB 10*, S. 88.

Glinde, die r.z. Diemel (z. Weser), mündet in Marsberg (Hochsauerlandkreis, NRW, D). – 1300 *iuxta fluvium Glindena*, 1650 (Kopie) *Der Glindefluss*, ON. Glindegrund (Stadt Marsberg), ON. † Glindengere (Essentho, Stadt Marsberg), 1258 *de Glindeger*, 1277 *de Glindengere*, 1280 *de*, in, *Glindengere*, 1291 *de Glindegere*, 1294 *de Glindengere*, 1295 *de Glindenger*, 1295, 1296 *de Glindengere*, 1295 *in Glindengere*. – Grundform FlN. as. *Glindena*, *n*-Ableitung von (mndd.) *glint* n. 'Umzäunung, Lattenzaun, eingezäuntes Gelände' ↗ Glinderau, benannt nach einem in den Fluss eingebauten Fischzaun oder Ähnlichem. Die ursprüngliche *n*-Ableitung ist gesichert durch das Kompositum ON. † *Glindengere*, in dem neben dem Grundwort *-gere* (ahd. *gēro* 'keilförmiges Stück Land, Landzunge', mhd. *gēre*, nhd. *Gehren*) der FlN. *Glinden-* das Bestimmungswort bildet. – Kramer, *HG.A.10*, S. 23; Bach, *Namenkunde*, § 291.

Glinderau (auch *Glinder Au*), r.z Bille (z. Elbe), Quelle in der Gem. Barsbüttel (Kr. Stormarn, S.-H., D), durchfließt mehrere Mühlenteiche, Mündung nach 17 km in Hamburg-Billstedt (Bezirk Hamburg-Mitte). – 1251, 1294 *in rivum … Glinderborn*, 1648 *am Glinder bach*, 1855 *Glinderau*; ON. Glinde (Kr. Stormarn), /glinn/, 1198/99 *villam Glinde*, 1229 *villam … Glinde*, 1238 *villam Glinde* (und weitere Belege);

FlurN. †Glindesmoor, jetzt ON. Hamburg-Moorburg, 1334 *in Glindesmoor*, 1335 *Datum Glindesmore*, 1338 *in Glindesmure* (und zahlreiche weitere Belege). – Zusammenrückung aus dem Grundwort ndd. ↗*au(e)* bzw. ↗*-born* und *-bach* und dem Adjektiv des Ortsnamens Glinde (*Glinder*), der in eine Reihe mit den anderen vor allem in Schleswig-Holstein vorkommenden Ortsnamen *Glinde* gehört. Sie werden auf mndd. **to deme glinde* zurückgeführt, mndd. *glint* n., ndd. *Glint* 'Zaun aus Latten, Rundhölzern, Staket, Einfriedung, Umfassung, Mühlenwehr'. Im FlurN. †Glindesmoor liegt ein Kompositum mit dem Genitiv des Ortsnamens Glinde (*Glindes*) und dem Grundwort mndd. *mōr* 'Moor' vor. – Udolph, *HG.A.16*, S. 125–127; Laur, *Schleswig-Holstein*, S. 272.

Glinze, die   r.z. Dosse (z. Havel), mündet in Wittstock/Dosse (Lkr. Ostprignitz-Ruppin, Brandenburg, D). – 1375 *In der glitze mollen* (Glinzmühle), 1574 *vorlang der Glinzen*, 1772 *Glintze*, 1825 *Glinze*. – Grundform apolab. **Glinica* oder **Glin'nica* zu **glina* 'Lehm', Benennung nach dem lehmigen Boden, ↗Glieneken ↗Glin. – Wauer, *HG.A.17*, S. 43 f.; Fischer, *BNB 10*, S. 89.

† Globnitz   jetzt Weißenbach, r.z. Auebach in Weißenbach (Gem. Gloggnitz, PB Neunkirchen, N.-Ö., A). – 1096–1109 *iuxta fluuiolum Glocniza*, 1134 *Clocnize*, um 1150 *Glocniza*; ON. Groß-Globnitz (Gem. Zwettl-Niederösterreich, PB Zwettl, N.-Ö.), 1164 (Kopie um 1200) *de Glotniz*, 1170 (Kopie um 1200) *de Glogginize* usw. – Grundform slaw. **Klokotьnica* 'sprudelnder, glucksender Bach', mit Suffix *-ica* abgeleitet vom Adjektiv slaw. **klokotьn-* 'Sprudel-, Glucks-'. – Hausner/Schuster, *Namenbuch*, S. 419; Bergermayer, *Glossar*, S. 111 f.

Glocken-   *-bach, -born/-bornlin, -brunnen, -graben, -pfuhl, -teich*. Mhd. *glocke, glogge*, mndd. *klocke* 'Glocke'. Das Benennungsmotiv ist unklar, möglich ist Benennung nach dem Klang des fließenden Wassers, nach dem Volksglauben (Sage von versunkenen Glocken) oder nach der Nähe des Gewässers zu einer Kirche. Die Gewässer können auch nach Pflanzen mit glockenähnlicher Blüte, die charakteristischerweise an den Ufern wachsen, benannt sein, z. B. Glockenbach z. Breitenbeck (z. Eterna z. Leine z. Aller z. Weser), 1580 *Klockenborn, glocke born*. – Kettner, *HG.A.8*, S. 35; Ulbricht, *Saale*, S. 50; Kettner, *Leine*, S. 89; Fischer, *BNB 10*, S. 89.

Glör, die   l.z. Volme (z. Ruhr z. Rhein), wird durch die Glörtalsperre (Ennepe-Ruhr-Kreis, Märkischer Kreis, NRW, D) gestaut. – Vor 1757 *Glor fl.*, ON. Glör (Stadt Breckerfeld, Ennepe-Ruhr-Kreis), ON. Glörfeld (Stadt Halver, Märkischer Kreis), 1476 *Glodervelden*, 1478 (Kopie 16. Jh.) *van Gloerfelde*, 1521 *to Gloerfelde*. – Rückbildung aus dem ON. Glörfeld < mndd. **Glöderfelde*, Zusammensetzung mit dem Grundwort *-feld* und einem Bestimmungswort, das vielleicht eine Stellenbezeichnung as. **glōdi-r-*, eine r-Ableitung von gm. **glōdi-* 'Glut', as. *glōd(-panna)* 'Kohlenbecken', ahd. *gluot* 'glühende Kohle(n)', awn. *glóđ*, repräsentiert. – Schmidt, *HG.A.6*, S. 25, 92; Barth, *Sieg und Ruhr*, S. 139.

Glösabach   r.z. Chemnitz (z. Zwickauer Mulde z. Mulde z. Elbe). – FlN. und ON. Glösa(-Draisdorf) (Stadt Chemnitz, Sachsen, D), /ɡlɛsə, ɡləs/, 1286 *de Glese*, 1330 *zur Gleßa*, 1345 (Kopie) *zu der Glese*, (1491) *zu der Glesaw*, 1501 *zur Glesaw*, 1530 *Glesa*, 1539/40 *Die Glesawe*, 1590 *zur Glösa, zur Glesa*. – Grundform mhd. **Glæse* < ahd. **Glās(i)a*, mit j-Suffix zur Stellenbezeichnung abgeleitet von gm. **glēˀsa-* (in l. Lehnwort *glēsum, glaesum* 'Bernstein') neben gm. **glēˀza-* (> ae. *glær*, mndd. *glār* 'Bernstein'; mit der Bedeutung 'Stelle an einem Gewässer, das klar wie Bernstein ist'. Der Name der Siedlung wird zeitweilig durch Anfügung des Grundworts ↗*au(e)* verdeutlicht, die Endung /-a/ geht auf kanzlistische Angleichung an andere Namen mit /-a/ zurück. Die hyperkorrekte Rundung (Glösa statt Glesa) tritt erst spät in der Schrift auf. – Eichler/Walther, *HONBSachsen* I, S. 317; Pokorny, *IEW*, S. 432.

Glött, die   r.z. Donau, entspringt im Scheppacher Forst bei Glöttweng (Lkr. Günzburg, Bayern, D), mündet südlich von Blindheim (Lkr. Dillingen an der Donau, Bayern). – 1431 *jenseits der Glette*; ON. Glött (Lkr. Dillingen an der Donau), 1126–1179 *de Glette*, 1272 *Glette*, 1277 *de Glet*, 1352 *von Glett*; ON. Glöttweng (Gem. Landensberg, Lkr. Günzburg). – Grundform mhd. **Glette*, ahd. **Gletta* < gm. **Glad-jō* f., Ableitung mit j-Suffix von gm. **glada-* 'glatt, schlüpfrig', ahd. *glat* 'hell, leuchtend, strahlend; klar, ungetrübt' (Synonym zu ahd. *hlūttar* 'lauter') ↗Glatt, als Benennungsmotiv kommt am ehesten die Klarheit und Ungetrübtheit des Wassers der Glött infrage. Die offizielle Namensform zeigt hyperkorrekte Rundung /e/ > /ö/. – Snyder, *HG.A.3*, S. 27.

Glogn   ↗Glenner.

Glonn, die

– ¹Glonn, l.z. Mangfall (z. Inn z. Donau) in Bad Aibling (Lkr. Rosenheim, Bayern, D). – 774 (Kopie 824) *Clana*, 1092–1113 *iuxta flumen Glana* (und weitere Belege); PN. ahd. *Clana-heri* (Traditionen Freising); ON. Glonn (Markt Lkr. Ebersberg, Bayern), 859–864 *Glana*, ca.1010–1020 *Glana*, 1121–1126 *de Glona*, 1563

Glon. – Schatz, *Personennamen*, S. 137; Dotter, *HG.A.14*, S. 116f.; Reitzenstein, *Oberbayern*, S. 97.
– ²Glonn, l.z. Amper bei Allershausen (Lkr. Freising, Bayern, D), entspringt bei Augsburg. – 770 (Kopie 824) *ripa fluminis Clana ... ripa Clanis* (lies: *Clana*) *fluminis*, 784 *Clana* (und weitere Belege), 1339 *bis in die Glan*; ON. Glonn (bei Markt Indersdorf, Lkr. Dachau, Bayern), 9.Jh. *Clana*, später *Glana*. – Snyder, *HG.A.3*, S. 27f.
Etymologie: Abgesehen von der mundartlichen Rundung des /a/ > /o/ ist *Glonn* mit ↗ ¹Glan und ²Glanbach identisch.

Glotter, die (auch *Glotterbach*), r.z. Dreisam (z. Elz z. Rhein), entspringt am Osthang des Kandel (Schwarzwald), fließt durch das Glottertal, mündet bei Riegel am Kaiserstuhl (Lkr. Emmendingen, B.-W., D). – /glōdᵉrbax/ (/ō/ offen), /glodᵉr/, zu 1112 (Anfang 13. Jh.) *Glôtron sprinc* ('Quelle der Glotter'), 1308 *unze in die Gloter*, 1317–41 *ennent der Gloter*, 1327 *dú Gloter*, 1381 *an die gloter*, 1423 *uf der gloteren*, 1492 *bei der Gloter*, 1567 *die Glotter*, 1614 *den Glotterbach*; TalN. zu 1112 (Anfang 13. Jh.) *Glotertal*, ca.1113 *in Glottertal*, 1288 *in valle Glotern*, 1297 *vallem Glotyri*, 1316 *Gloter das tal*, 1319 *Glotertal*, 1393 *tal ze Gloter*, 1460 *Glotterntal*; ON. Glottertal (Lkr. Breisgau-Hochschwarzwald, B.-W.), 1217–22 *de Glôtro*, 1245 *Gloter* (und weitere Belege); FlurN. (Gem. Holzhausen), /dʼglōdᵉri/, an dᵉr glōdᵉr/, 1327 *in der glotermattun*, 1423 *die Glotermat*. – Ausgangsform spätahd. *Glōtra*, Genitiv *Glōtron*, mhd. *Glōter* f. Unter der Annahme, dass der Anlaut /gl-/ dissimilatorisch (/kl-V-tr-/ > /gl-V-tr-/) für älteres /kl-/ steht, kann ahd. *Glōtra* auf frühahd. *Klōtra* zurückgehen und dieses auf kelt. *Kloutrā* (oder *Kloudrā*), eine *r*-Ableitung vom kelt. FlN. *Kloutā* (oder besser *Kloudā*?), jetzt river *Clyde* (Schottland), agäl. *Cluad*, akymr. *Clut*, schottisch-gäl. *Cluaidh*, (ig. *kleu̯d-* 'reinigen'), vgl. ON. Glooten (Gem. Inselwald am Brienzersee, Kanton Bern, CH), 1526 *Glotta, die glota, ob der gloten*, 1535 *die glota* (< voralem. *klōda*?). – Geiger, *HG.A.2*, S. 47; Greule, *Oberrhein*, S. 196–199 (gm. *Glaudrō*), Pokorny, *IEW*, S. 607; Zinsli, *BNB 2*, Sp.68f.

Glubigsee Großer~, Kleiner~, südlich von Wendisch Rietz (Lkr. Oder-Spree, Brandenburg, D). – 1643 *Glubrigk*, 1748 *Gros und Klein Glubike*, 1772 *Glubig, der große und der Kleine See*. – Grundform asorb. *Glubok-* 'tiefer See' zu *glubok-* 'tief'. – Fischer, *BNB 10*, S. 89.

Gnasbach l.z. Mühlbach westlich Fluttendorf (Gem. Gosdorf, PB Radkersburg, Steiermark, A). – 801 (Fälschung 13. Jh.) *iuxta aquam ... Knesaha*; ON. Gnas (PB Feldbach, Steiermark), 1193 (Kopie 13. Jh.) *Gnas*. – Vermutlich zum slaw. PN. *Gъnašь* > bair. *Knes*, zur Verdeutlichung komponiert mit ahd. *aha* 'Fließgewässer'. – Hausner/Schuster, *Namenbuch*, S. 422; Lochner von Hüttenbach, *Steirische Hydronyme*, S. 83.

† Gnigler Bach jetzt Alter Bach, r.z. Salzach nördlich Itzling (Stadt Salzburg, A). – 798–800 (Kopie 12. Jh.) *super rivulum, qui dicitur Glanicle*, 1271 *in fluvio Gnigel*, 1282 *super flumen Genigelam*, 1326 *in flumine Nigel*, 1405 *unz in ain wasser ... die Gnigel*; ON. Gnigl (Stadtteil von Salzburg), 1415 *in der Gnygel*, 1454 *Gnigl*, 1460 *aus der Gnigl* usw. – Zugrunde liegt rom. *Glanicula* 'kleine Glan' (↗Glan, Glanbach), synkopiert und mit abgeschwächter Endung 798–800 (Kopie 12. Jh.) *Glanicle*, mit vollständiger oder partieller Apokope der Stammsilbe *Gnikle*, *Nigel*, *Gnigl*. – Straberger, *HG.A.9*, S. 36f.; Lindner, *Glossar*, S. 543; Hausner/Schuster, *Namenbuch*, S. 415.

Gölitz l.z. Loquitz (z. Thüringischen Saale z. Elbe). – ON. Marktgölitz (Gem. Probstzella, Lkr. Saalfeld-Rudolstadt, Thüringen, D), 1394 *Obern Gols, Nedern Gols*, 1411 *czu wenygen Gels*, 1414 *Nydern, Obern Goles*. – Deutung ↗Göltzsch. – Ulbricht, *Saale*, S. 230.

Gölsen, die r.z. Traisen (z. Donau) nördlich von Traisen (PB Lilienfeld, N.-Ö., A). – Um 1124 *in Goelssana fluvium*, um 1170 (Kopie 12. Jh.) *ex una parte riui Golsena, rivus Golsena*. – Grundform vielleicht slaw. *Golišьna* '(Bach), wo es kahl/öde ist'. – Hausner/Schuster, *Namenbuch*, S. 426; Bergermayer, *Glossar*, S. 82.

Göltzsch, die r.z. Weißen Elster (z. Thüringische Saale z. Elbe), entspringt in einem Hochmoorgebiet im Götzschgesprenge (Vogtland, Sachsen, D), Quellflüsse Weiße ~ und Rote Göltzsch, durchfließt das Götzschtal mit der Göltzschtalbrücke, mündet in Greiz (Lkr. Greiz, Thüringen). – 1122 *ad aquam Golz*, 1266 *Goltsch*, 1274 *dy Goltsch*, 1329 *Golcz*, 1462 *Golsa*. – Grundform FlN. asorb. *Golica*, zu *golʼa* 'Heide'. – Ulbricht, *Saale*, S. 230.

Gönnerbach (auch *die Gönna, Gönnaer Bach*), r.z. Thüringischen Saale (z. Elbe), entspringt bei Vierzehnheiligen (Stadt Jena, Thüringen, D), mündet bei Neuengönna. – 1483/84 *in deme Gynnerbache*, GauN. 1044 *pagus Ginnaha*, ON. Altengönna (Gem. Lehesten, Saale-Holzland-Kreis, Thüringen), ON. Neuengönna (Saale-Holzland-Kreis) am Ausgang des Gönnatals, 1192 *Ginna*, 1482–1533 *Gynna, Ginne, Gynne*. – Ausgangsform FlN ahd. *Ginnaha*, über *Ginna*, *Genna* > *Gönna* (mit Rundung /e/ > /ö/), Kompositum mit dem Grundwort ahd. *aha* 'Fließgewässer' und *Ginn-* (< gm. *Gisna-*) als Bestimmungswort. Gm. *Gisna-* ist *n*-Ableitung zum Stamm gm. *gis-*

wie in ↗Giesel, ablautend mit gm. *gais- ↗Geisa ↗Geisel, zur Bildungsweise ↗Tonna (< *Tusn-aha). – Ulbricht, *Saale*, S. 41; Walther, *Siedlungsgeschichte*, S. 255 (zu awn. *gin* 'Rachen').

Göns-Bach Oberlauf des Dießenbach (z. Cleebach z. Lahn z. Rhein). – ON. Langgöns (Lkr. Gießen, Hessen, D), ON. Kirch-Göns und Pohl-Göns (Stadt Butzbach, Wetteraukreis, Hessen), Ebersgöns (Stadt Butzbach), mehrfach erwähnt in Urkunden des 8. und 9. Jh. des Codex Laureshamensis (Ende 12. Jh.) als *Gunniser marca, Gunnuser marca, Gunnoser marca, Gunnesheimer marca, Gunnissere marca, uilla Gunnissen*, 1017 (Kopie 15. Jh.) *Gundissa*, 1129 *de Gunnese*, (1145–53) *in Kirchunnesse*, 1197 *in Eberhartesgunnesso*, 1242 *Langengunse*, 1274 *Pailgunse*, 1333 *von Gonz*, 1336 *Gúnse* , 1371 *von Gense*. – Ausgangsform FlN. ahd. *Gunnisa, -usa, -issa*, Ableitung mit -*s*-Suffix vom Stamm *Gunni*-, der trotz des (kopierten) Belegs 1017 *Gundissa* nicht auf ahd. *gunt* 'Eiter, schleimige Flüssigkeit' (< gm. *gunda-* m.) beruht, sondern aus gm. *gus-ni-*, früh synkopiert < *gusu-ni-* (?) ↗Gusen, assimiliert ist. Das FlN.-Suffix -*isa* wird teilweise an das im ahd. Wortschatz geläufige Suffix -*issa*/-*ussa* (< gm. -*isjō-*/-*usjō*) angelehnt. – Reichardt, *Gießen*, S. 139–142.

Görtschitz, die l.z. Gurk bei Brückl (PB Sankt Veit an der Glan, Kärnten, A). – 831 *ubi Curciza in Curcam influit*, 860 *ad Kurcizam*, 927 *Kurkizam*, 984 (Kopie 13. Jh.) *ad Gurzizam*, 1160 (Kopie 13. Jh.) *Cortsiz* (und weitere Belege). – Die historischen Nennungen geben folgende Entwicklung des Namens zu erkennen: 1. An den Namen des Hauptflusses *Kurka* (↗Gurk) wurde zur Bezeichnung des Nebenflusses das slawische Suffix -*ica*/<-*iza*> (↗Mürz/Mur) angefügt: *Kurkiza*; 2. Die spätere Form *Gurkiza* (mit /g-/ für /k-/ wie beim Namen des Hauptflusses) entwickelte sich in der slawischen Sprache der Gegend über slaw. *Gurčica* zu *Gorčica*/*Gortschitsch* und dt. *Görschitz*. – Hausner/Schuster, *Namenbuch*, S. 428.

Gösche, die r.z. Medem (z. Elbe), entspringt bei Lamstedt (Lkr. Cuxhaven, Niedersachsen, D). – /an de Gösch, bi der Gösch/, 1523 *Goselke*, 1762 *den Goeschen Fluss*, 1768 *Gösche*, 1877 *Goesche*, FlurN. Göschfeld. – Unklare Deutung, Grundform vielleicht mndd. *Gösken* < (gm.) *gus-kīn-*, Deminutiv zu *gusa*- ↗Gose. – Udolph, *HG.A.16*, S. 128 f.

Gösel, die (auch *Göselbach*), r.z. Pleiße (z. Weißen Elster z. Thüringischen Saale z. Elbe), entsteht bei Stockheim (Bad Lausick, Lkr. Leipzig, Sachsen, D), mündet nach 21,5 km bei Rötha (Lkr. Leipzig). – /gēsl/ f., 1168 *Gazele*, 1474 *in der alten Geyssel*. – <Göselbach> ist die hyperkorrekte Namensform für mundartlich /gēsl/. Der älteste Beleg dürfte für <Gezele> verschrieben oder verlesen sein. Es liegt deshalb nahe, dass der GwN. aus ahd. *Geizila* 'Ziegenbach' (mit mundartlicher Monophthongierung /ei/ > /ē/) entstanden ist. Zur weiteren Deutung von *Geizila* vgl. die potentiellen Parallelnamen ↗Geisel und ↗Geislede. – Göschel, *Borna und Geithain*, S. 225 f.

Gössnitz, die l.z. Teigitsch südlich von Voitsberg (PB Voitsberg, Steiermark, A). – 1220–1230 *Gosnytz*, 1314 *die Geßnitz*, 1383 *an der Gössnizz*. – Grundform slaw. *Goz(d)ьn-ica* zu sloven. *gozd* '(trockner) Wald, Forst, Bergwald', urslaw. *gvozdъ*. – Lochner von Hüttenbach, *Steirische Hydronyme*, S. 83.

Göttenbach

– ¹Göttenbach (auch Reiterbächl, Höselsthaler Bach, Ziegelhuber Bach), r.z. Isen (z. Inn z. Donau). – 1831 *Göttenbach*; ON. Göttenbach (Gem. Lengdorf, Lkr. Erding, Bayern, D), 1267 *Getenbach*, ca.1300 *Yetenbach*, 1422 *in dem Giettenbach*, 1439 *Getenbach*, 1654 *Göttenbach*. – Dotter/Dotter, *HG.A.14*, S. 118.

– ²Göttenbach, l.z. Idarbach (z. Nahe z. Rhein) bei Idar-Oberstein (Lkr. Birkenfeld, Rh.-Pf., D). – 1287 *in die Iettenbach*, 1336 *in die Jettinbach*, 1550 *bis in Göttenbach*. – Greule, *HG.A.15*, S. 38. Deutung ↗Jettenbach.

Götsche, die r.z. Thüringischen Saale (z. Elbe), entspringt bei Merbitz (Stadt Wettin-Löbejün, S.-A., D), mündet bei Halle-Trotha. – 1156, 1157 *ad rivum Godessowe*. – Grundform asorb. *Godešʼova* zu PN. *Godeš*, *Godiš*. – Ulbricht, *Saale*, S. 235 f.

Götzenbächle r.z. Glotter (z. Elz z. Rhein). – 1344 *in Gezenbach*, 1349 *im Getenbach*. – Kompositum mit dem Diminutiv von -*bach* als Grundwort und dem Genitiv des PN. Götze (mit mundartlicher Entrundung *Getzen*- ?) als Bestimmungswort. – Geiger, *HG.A.2*, S. 47.

Goggenbach r.z. Kupfer (z. Kocher z. Neckar z. Rhein). – ON. Goggenbach (Gem. Kupferzell, Hohenlohekreis, B.-W., D), 1293 *Goggenbach*, 1345–1350, um 1357 *Gockenbach*. – Kompositum mit der Grundwort -*bach* und dem Genitiv des PN. ahd. *Goggo*/*Gocko* (< *Gukko*) (*Goggen-/Gocken-*) als Bestimmungswort. – Schmid, *HG.A.1*, S. 41; Kaufmann, *Ergänzungsband*, S. 156 f.

Goggitschbach r.z. Raab südlich von St. Margarethen (PB Weiz, Steiermark, A). – 1288 *Cokasch*, 1295 *Kokachs, Gogachz*, 1319 *Cokatsch*, 1334 *Gokachs*, 1343 *Cokotsch*. – Grundform slaw. *Kokačь*, mit possessivischem *j*-Suffix abgleitet vom PN. *Kokačь* (zu slaw.

Kok- 'Hahn, Henne'); Parallelname: Goggitsch (Gem. Geras, GB Horn, N.-Ö., A), 1242 *villa Gokatsch*, 1255 *Cocats*. – Lochner von Hüttenbach, *Steirische Hydronyme*, S. 83; Bergermayer, *Glossar*, S. 113 f.

Gohlitzsee südlich von Kloster Lehnin (Stadt Beelitz, Lkr. Potsdam-Mittelmark, Brandenburg, D). – 1663 *der Golitzsche See*, 1771 *Golitz See*. – Grundform apolab. *Golica* zu apolab. *gol'a* 'Heide, unbewaldete Stelle', niedersorb. *gólica* 'Heide, kahler Platz'. – Wauer, *HG.A.17*, S. 45; Fischer, *BNB 10*, S. 90.

† Goila, die jetzt *Biebergraben*, l.z. Hammerfließ (z. Nuthe z. Havel) nordwestlich von Dümde (Gem. Nuthe-Urstromtal, Lkr. Teltow-Fläming, Brandenburg, D). – 1828, 1841, 1854 *Goila*. – Wegen der späten Überlieferung ist eine sichere Deutung nicht möglich und vorslawische Herkunft unwahrscheinlich, erwogen wird Katastername und Verbindung mit mndd. *göle* f. 'sumpfige Niederung', ↗ Gaulbach. – Wauer, *HG.A.17*, S. 45 Fischer, *BNB 10*, S. 90.

Gold-/-en-/Golt-/Gülden- -*ach*, -*bach*, -*beck*, -*beke*, -*brunn*, -*gosse*, -*graben*, -*see*, -*spring*. Bestimmungswort ist ahd. *gold*, mhd. *golt* 'Gold', Adj. (alt) *gülden*, (neu) *golden*; z.B. Goldach (z. Bodensee), ON. Goldach (Kanton St. Gallen, CH), 789 (Kopie) *Goldaha*. – Das Benennungsmotiv ist entweder eine alte Goldwäscherei oder die (zeitweilige) goldgelbe Farbe des Wassers. – Kristol, *LSG*, S. 394; Fischer, *BNB 10*, S. 90 f.

Goldenke r.z. Sieber (z. Oder z. Rhume z. Leine) < ndd. *Golden-beke* ↗ Gold-. – Kettner, *Leine*, S. 90.

Gollach, die r.z. Tauber (z. Main z. Rhein), entsteht am südwestlichen Rand des Steigerwalds auf 337 m Höhe im Gebiet von Markt Nordheim (Lkr. Neustadt a.d. Aisch-Bad Windsheim, Bayern, D), mündet nach 29 km bei Bieberehren (Lkr. Würzburg, Bayern). – 1305/06 (Kopie 1358) *Golla*, 1366 *die Gollach*, 15. Jh. *an der Gollach*; GauN. Gollogaue, 807 *Collogaoe*, 822 *in pago Guligauginse*, 845 *in pago Collacgouuinense*, 889 *Gollachgeuue*; ON. Gollhofen (Lkr. Neustadt a.d. Aisch-Bad Windsheim), 822 *in uilla Gullahaoba, in villa Gollahoue*, 889 *Gollahofe, Gollahofa*, 923 *Gollehoua*, 1157 *Gollahouen*, 1198 *Gollehoven*, 1599 *Gollhofen*. – Ausgangsform ahd. *Gollaha* > mhd. *Gollach*, im ON. Gollenhofen als Bestimmungswort des Dreier-Kompositums *Goll-aha-hofe* verkürzt zu *Gollahofe*, im ältesten Beleg des Ortsnamens liegt ahd. *huoba* 'Stück Land, Zinsgut, Siedlung' als Bestimmungswort vor. Im Beleg für den Gaunamen 822 *Guli-gauginse* ist der FlN. ersetzt durch ahd. *guli-* in ahd. *gulidarm* '(unterer) Teil des Darmes' (glossiert l. *aqualiculus*). Das Bestimmungswort im FlN. Gollach geht vermutlich zurück auf gm. *Gulna-*, eine *n*-Ableitung vom Stamm *gul(i)-* ↗ Gaulbach mit Assimilation des *n*-Suffixes an den stammauslautenden Konsonanten wie bei ↗ Bille, ↗ Gönna, ↗ Gonna, ↗ Kalle, ↗ Tonna. – Sperber, *HG.A.7*, S. 52; Reitzenstein, *fränkische Ortsnamen*, S. 85; Menke, *Namengut*, S. 215; Riecke, *Frühgeschichte 2*, S. 95.

Gollenbach r.z. Berchtesgadener Ache (Königssee, D) (z. Salzach z. Inn z. Donau). – ON., FlurN. † Gollenbach, 1194 *Goldenpah*. – Deutung ↗ Gold-. – Straberger, *HG.A.9*, S. 38.

Gollerbach l.z. Grasenseer Bach (z. Rott z. Inn z. Donau). – 13. Jh. *Golderspach*, ca.1563 *Golderspach*, 1844 *Gollerbach*; ON. Gollerbach (Gem. Hebertsfelden, Lkr. Rottal-Inn, Bayern, D), 1170–90, 1200–20 *de Golderbach*, 1309 *Golderpach*, ca.1563 *Golderspach*. – Grundform mhd. *Golder-bach* neben *Golders-bach*, Kompositum mit dem Grundwort -*bach* und Genitiv Plural bzw. Singular von ahd. *goldāri* 'Goldwäscher' (ahd. *goldāro* > mhd. *goldere* neben ahd. *goldāres* > mhd. *golderes*) als Bestimmungswort. – Dotter/Dotter, *HG.A.14*, S. 121.

Gollin-See Großer~, Kleiner~, südwestlich von Gollin (Stadt Templin, Lkr. Uckermark, Brandenburg, D). – 1375 *Ghollyn ... stagnum*, 1573/1618 *Der See Gollin beym Dorffe Gollin*, 1745 *Gollien See*, 1826 *Gr., Kl. Gollin S.* – Grundform SeeN., ON. apolab. *Golina* zu *golina* 'nicht mit Bäumen bewachsene Stelle im Wald'. – Wauer, *HG.A.17*, S. 45 f.; Fischer, *BNB 10*, S. 91.

Golling, die
– ¹Golling (auch *Gulling*), r.z. Enns bei Wörschach (PB Liezen, Steiermark, A). – Ca.1300 *in der Gvlnich*, 1403 *Gulling*.
– ²Golling (auch *Hintereggerbach*), z. Wölzerbach bei Oberwölz (PB Murnau, Steiermark, A).
Grundform *Golnik*, ursprünglich Berg- oder Flurname slaw. *Golьnikъ* m., mit der Suffixkombination -*ьnikъ* abgeleitet von slaw. *golъ*, sloven. *gol* 'kahl, bloß'. *Golьnikъ* entwickelte sich lautgesetzlich zu bair. *Gulnich/*Gulinch* und zu *die Gulling/Golling* (als Flussname mit Genuswechsel). – Lochner von Hüttenbach, *Steirische Hydronyme*, S. 84; Bergermayer, *Glossar*, S. 81 f.

Gollnbach r.z. Pram (z. Inn z. Donau). – ON. Gollnbach (Gem. Zell an der Pram, PB Schärding, O.-Ö., A), 1200–35 *de Golnpach*, 1433 *Gallenbach*, 1489 *Gallnpach*, 1580 *Galbach*, 1669 *Galnbach*, 1738 *Gallnbach*. – Grundform mhd. *Golnbach*, Kompositum mit dem Grundwort -*bach* und dem Genitiv des

PN. ahd. *Golo* (*Golen-*) als Bestimmungswort. – Dotter/Dotter, *HG.A.14*, S. 121; Hausner/Schuster, *Namenbuch*, S. 425.

Golmeke, Golmke   < ndd. *Golden-beke* ↗ Gold-. – Kettner, *Leine*, S. 90.

Golno See   bei Frankfurt/Oder (Brandenburg, D). – 1516 *den Golno*. – Grundform apolab. *Gol'no* zu *gol'a* 'Heide, unbewaldete Stelle'. – Fischer, *BNB 10*, S. 91.

Gonbach   r.z. Alsenz (z. Nahe z. Rhein). – ON. Gonbach (Donnersbergkreis, Rh.-Pf., D), /guumbach/, 1276 *Gaenenbach*, 1401 *Gonenbach*, 1420 *Ganenbach*, 1472 *Ganbach*, 1492 *Gonbach*. – Grundform mhd. *Gānenbach* > *Gānbach*, mundartlich *Gōnbach*, *Gūmbach*, Kompositum mit dem Grundwort *-bach* und dem Genitiv des PN. ahd. *Gāno* (*Gānen-*) als Bestimmungswort. – Greule, *HG.A.15*, S. 38; Dolch/Greule, *Pfalz*, S. 170 f.

Gonna, die   l.z. Helme (z. Unstrut z. Thüringische Saale z. Elbe), mündet südlich von Sangerhausen (Lkr. Mansfeld-Südharz, S.-A., D). – 1274 *in rivula … Gunno*; ON. Gonna (Stadt Sangerhausen), /jɔnəˑ/, (881–899) *Cunnaha*, 1378 *Gonne*, 1400 *Gunna*. – Grundform FlN. ahd. *Gunnaha*, Kompositum mit dem Grundwort ahd. *aha* 'Fließgewässer' und einem Bestimmungswort *Gunn-* unsicherer Herkunft, ↗ Gunne ↗ Gönsbach. Die Geminate /-nn-/ kann zurückgehen auf gm. *Gund-na-* (↗ Günne) oder *Gus-na-* (↗ Gosaubach), jeweils mit assimiliertem *n*-Suffix gebildete Namen. – Ulbricht, *Saale*, S. 194; Walther, *Siedlungsgeschichte*, S. 194.

Gorinsee   nordöstlich von Schönwalde (Lkr. Barnim, Brandenburg, D). – 1591 *am Gohrin, am Gorin*, 1767 *Der Gorin See*, ON. Gorin. – Grundform apolab. *Goryn'-* oder *Gorina* zu *gora* 'Berg', 'Bergsee' mit unklarem Benennungsmotiv, da der See nicht auf einer Erhebung liegt. – Fischer, *BNB 10*, S. 91.

Gos, die   r.z. Fils (z. Neckar z. Rhein), entspringt südwestlich von Unterdrackenstein (Gem. Drackenstein, Lkr. Göppingen, B.-W., D), bildet den markanten Gos-Wasserfall, durchfließt das Gosbachtal, mündet in Gosbach. – ON. Gosbach (Gem. Bad Ditzenbach, Lkr. Göppingen), ca.1125 *Gosbac*, 1143 *Gosbach*, 1295 *zu Gospach*, 1543 *zu Gonspach*. – Rückbildung aus dem ON. Gosbach, dieser ist Kompositum mit dem Grundwort *-bach* und *Gos-* < gm. *gusa-* 'Sturzbach' ↗ Gosaubach mit Bezug auf den Gos-Wasserfall als Bestimmungswort. – Schmid, *HG.A.1*, S. 41.

Gosaubach   l.z. Hallstätter See (z. ¹Traun z. Donau). – 1231 *in utroque latere fluminis Gosach*, 1297 *in der Goza*, ca.1310 *diu Gosach*; FlurN. 1260 *der wald genant Gosa*, Gosauzwang, Schlucht (=*-zwang*), aus der der Gosaubach in den Hallstätter See mündet; ON. Gosau (PB Gmunden, Gerichtsbezirk Bad Ischl, O.-Ö., A), /i dᵃ ˈgösᵃ/, Anfang 18. Jh. *in die Gossau*. – Ausgangsform ahd. *Gosaha* > mhd. *Gosach/Gosa*. Eine Stelle (Siedlung) am Gosaubach wurde mit ahd. *Gosouwe* bezeichnet, eine Namensform, die aber in der Belegreihe für Gosau(bach) erst spät auftaucht. *Gosaha* ist regulär entwickelt aus (gm.) *Gus-aha*, ein Kompositum mit ahd. *-aha* 'Fließgewässer' und gm. *gusa-*, einem Nomen zum Verbum gm. *geus-a-* 'sprudeln' in der ungefähren Bedeutung 'Sturzbach', vgl. ahd. *gusi* 'Fluss' (< *gusja-* n.), zu dem auch awn. *geysir* 'Springquelle' (< *gauzja-* m.) gehört. Die Benennung erfolgte vom Hallstätter See aus, in den der Gosaubach mit starkem Gefälle hinabstürzt. Die germanische Herkunft des Namens ist aus morphologischen und semantischen Gründen der ebenfalls erwogenen keltischen Herkunft vorzuziehen. Zudem wird *Gosaha* in Verbindung gebracht mit ↗ Gose in Niedersachsen und ist nahezu identisch mit 776 (Kopie um 1170) *Gusaha*, Wasserlauf unbekannter Lage in den Niederlanden. – Reutner/Wiesinger, *Gmunden*, S. 2 f, 7; Seebold, *starke Verben*, S. 227 f.; Künzel/Blok/Verhoeff, *Lexicon*, S. 158.

Gose   l.z. Abzucht (z. Oker z. Aller z. Weser), entspringt im Harz an der Ostflanke des Blocksbergs auf 615m Höhe, fließt in einem engen Tal, überwindet einen Höhenunterschied von ca. 330m, mündet nach 7 km am Westrand von Goslar (Lkr. Goslar, Niedersachsen, D). – (1185–1189) *iuxta Gosam*, 1225 *citra Gosam*, 1259 *apud Gosam*, (1300–1359) *up der Gosen*, 1308 *iuxta Gosam*, 1352 *up der Ghose*, 1784 *die Gose*; ON. Goslar, 980 (Fälschung 12. Jh.) *actum Goslarie*, 1005 (Kopie 12. Jh.) *Goslar*, 1005 (Kopie 13. Jh.) *Goslar*, 1019 *ad Gosilare*, 1024 *actum Goslare* (weitere zahlreiche Belege). – Grundform FlN. as. *Gosa*, identisch mit gm. *gusa-*, einem ablautenden Nomen zum Verbum gm. *geus-a-* 'sprudeln' in der ungefähren Bedeutung 'Sturzbach', was den geographischen Gegebenheiten der Gose entspricht, ↗ Gosaubach ↗ Gusen. Der ON. Goslar ist ein Kompositum mit dem FlN. als Bestimmungswort und dem Siedlungsnamen kennzeichnenden Grundwort ahd. *(h)lār* 'Hürde, abgegrenzter Bezirk'. – Borchers, *HG.A.18*, S. 44–47.

Gosebach   r.z. Ise (z. Aller z. Weser). – 1777 *die Gose Bach*, ON. Gosemühle (Gem. Obernholz, Lkr. Gifhorn, Niedersachsen, D). – Vielleicht aufgrund einer Namensübertragung identisch mit ↗ Gose. – Borchers, *HG.A.18*, S. 47 f.

Gosenbach

Gosenbach
- ¹Gosenbach, l.z. Roten Main (z. Main z. Rhein). – 1398–1420 *an der Gasen*, (ca.1398) *hiedijsseiten der Jassen*, 1452 *an der Gasen*, 1692 *die Gosen*; ON. Gosen (Gem. Haag, Lkr. Bayreuth, Bayern, D), /gōsn/, 1398–1420 *czu Gásen*, (ca.1398) *Jassen*, 1405 *Gossen* (und weitere Belege). – Ableitung mit *n*-Suffix entweder FlN. gm. *Jasanō* von der *o*-Stufe des starken Verbs gm. *jes-a-* 'sieden, gären' ↗Jeetzel oder FlN. vorahd. *Jatana* ↗Jossa. Als Grundform wird auch slaw. *Jasenьna* 'Eschenbach' erwogen. – Sperber, *HG.A.7*, S. 52; Eichler/Greule/Janka/Schuh, *Bayreuth*, S. 110–112.
- ²Gosenbach, r.z. Sieg (z. Rhein), entsteht nördlich von Gosenbach (Stadt Siegen, NRW, D), bildet im Unterlauf die Landesgrenze zwischen Rh.-Pf. und NRW (D). – 1417–19 *uff die Goßenbach*, 1482 *die Goissenbach*, 1610 *die Gossenbach*, 1621 *die Gosenbach*, ON. Gosenbach, 1347 *Gosinbach*, 1417–19 *Gosenbach*, *Goßenbach* (und weitere Belege). – Kompositum mit dem Grundwort *-bach* und mndd. *gōte(n)* 'Abflussrinne' in hochdeutscher Form (mhd. *gōzen*) ↗Gosse als Bestimmungswort. – Faust, *HG.A.4*, S. 30.

Gosingbach l.z. Göß bei Gai nordwestlich Leoben (PB Leoben, Steiermark, A). – 1329 *Gesern*, 1375 *Gosern*, *Gosing*, 1461 *Gosarn*. – Ursprünglich ON. slaw. *Kozarь*, sloven. *kosár* 'Ziegenhirt'; angelehnt an andere ON. auf bair. *-arn* > *-ern* (vgl. *Zeitlarn*) und übertragen auf den Bach. Daneben dürfte ein Bachname slaw. *Kozьnika* (?) 'Ziegenbach' existiert haben, der sich mit Ersatz des Suffixes *-nika* (> bair. *-nich*) durch (bair.) *-ing* zu Gosing entwickelte. Parallelnamen: Gösing am Wagram (N.-Ö.) (1149/50 *de Gozniche*), Gösing an der Mariazeller Bahn (N.-Ö.) (1261 *Göznich*). – Lochner von Hüttenbach, *Steirische Hydronyme*, S. 84; Bergermayer, *Glossar*, S. 121.

Gosse l.z. Soestbach (z. Ahse z. Lippe z. Rhein). – 1685 *an der Gotten*. – Ins Hochdeutsche übertragener Name, der ursprünglich – wie (Löher, Östereider) Gotte, z. Schlette (z. Störmeder Bach z. Brandenbaumer Bach z. Lippe z. Rhein), Gottenbach, r.z. Bastau (z. Weser) und ↗Gothenbeek – zurückgeht auf mndd. *gote*, *gōte* 'Abflussrinne', as. *gota* 'Tränkrinne', fnhd. *gossen*, nhd. *Gosse* (< gm. *gutō* f.), ahd. *uzkoz* 'Vergießung' (< gm. *guta-*), Ableitung von der Schwundstufe des Verbs gm. *geut-a-* 'gießen', ursprüngliche Bedeutung 'Gießbach'. Von gm. *guta-* sind ferner abgeleitet ON. Göttingen (Niedersachsen, D), 953 *Gutingi*, 1229 *Gotinge*, und ON. Gotha (Thüringen), 775 *Gothaha* (< *Gut-aha*); wahrscheinlich auch FlN. die Gotterbach, r.z. Sieg (z. Rhein) bei Hövels (Lkr. Altenkirchen, Rh.-Pf.) (< ahd. *Gutra*?). – Schmidt, *HG.A.6*, S. 26; Borchers, *HG.A.18*, S. 48; Seebold, *starke Verben*, S. 228f.; Casemir/Ohainski/Udolph, *Göttingen*, S. 167f.; Walther, *Siedlungsgeschichte*, S. 255; Faust, *HG.A.4*, S. 30.

Gothenbeek, der r.z. Suhle (z. Hahle z. Rhume z. Leine z. Aller z. Weser) bei Seulingen (Lkr. Göttingen, Niedersachsen, D). – 1552 *in dem gothenbeck*, 1557/58 *am Gothenbecke*, 1615 *bis ahn den Gotenbeck* (und weitere Belege). – Grundform mndd. *Gotenbeke*, Kompositum mit dem Grundwort mndd. *-beke* 'Bach' und mndd. *gōte* 'Abflussrinne, Gosse, Renne' ↗Gotte. – Kettner, *HG.A.8*, S. 36; Kettner, *Leine*, S. 90f.

Gotte, Gotten-, Gotterbach ↗Gosse.

Gottes-/Gotts- *-bach*, *-graben*, *-kolk*, *-pfuhl*, *-see*, *-wies-graben*, *-tal*. Bestimmungswort ist der Genitiv des Nomens ahd., mhd. *got* oder des PN. ahd. *Got*, die Namen bezeichnen meist kirchlichen Besitz, z.B. RaumN. Gottstal mit Gottstalbach bei Fasching-Jagdhütte (Gem. Mautern in Steiermark, PB Leoben, Steiermark, A), 1262–1306 *a ualle Gotstal*. – Hausner/Schuster, *Namenbuch*, S. 431; Ulbricht, *Saale*, S. 17; Fischer, *BNB 10*, S. 92.

Gottschlägbach l.z. Acher (z. Rhein), durch das Gottschlägtal mit Wasserfall am Edelfrauengrab bei Ottenhöfen im Schwarzwald (Ortenaukreis, B.-W., D). – TalN./ON. 1458 *Gottschleg*, 1479 *in der Gottschleg*, 1479 *Gotslehe*, 1544 *fischwasser in der Gottschleg*. – Grundform GeländeN. mhd. *Gotes-lē* < fnhd. *Gotschleh*, Kompositum mit dem Grundwort mhd. *lē* stM. 'Hügel' und dem Bestimmungswort mhd. *got* im Genitiv, ↗Gottes-. Der Name fnhd. *Gotschleh* wird als *Gott-schlag*, *-schlege* (Schlag 'Forst- und Waldbezirk') umgedeutet. – Geiger, *HG.A.2*, S. 48.

Grabach l.z. Rienz östlich von Niederdorf (Prov. Bozen/Südtirol, I.). – /gráapachl/, um 1770 *Grau Bach*, um 1775 *Graa*, um 1845 *Graubach*. – Bestimmungswort mhd. *græwe* 'grau' > (mit Sekundärumlaut) bair. *grā*. – Kühebacher, *Ortsnamen 2*, S. 110f.

Grabbach l.z. Etsch bei Algund (Prov. Bozen/Südtirol, I.), /gróopāch/, 1780 *Grabpach*. – Mhd. *grabebach* 'Bach im Graben'. – Kühebacher, *Ortsnamen 2*, S. 111.

Grabensee östlich von Berndorf bei Salzburg (PB Salzburg-Umgebung, Salzburg, A). – 1040 (Kopie 14. Jh.) *usque in Gransse*, 1040 (Kopie 12. Jh./13. Jh.) *in Grabense*. – Grundform vielleicht ahd. *Grāmannes sēo*, verkürzt zu (1040) *Gransse*, heute mit falscher Auflösung der Lautgruppe /-ns-/ als /-ben-/, Kompositum mit dem Genitiv des PN. *Grāman als Bestimmungswort und ahd. *sēo* 'See' als Grundwort. – Hausner/Schuster, *Namenbuch*, S. 436.

† Grabenitz jetzt Kleine Jäglitz, ein Quellfluss d. Jäglitz (z. Havel). – 1274 (Kopie) *ultra aquam, que grabenitz dicitur*. – Grundform apolab. *Grab'nica zu *grab 'Weißbuche, Hainbuche'. – Wauer, *HG.A.17*, S. 46; Fischer, *BNB 10*, S. 94.

Graden, die
– ¹Graden (auch *Gradenbach*), l.z. Ingering, Gemeinde Gaal (PB Knittelfeld, Steiermark, A). – 1173 (Fälschung 1277–1306) *Gradnam*, 1174 (Fälschung 1262–1306) *qua aqua Grada in Vndrim influere incipit*; ON. Graden (Gem. Gaal), 1174 (Fälschung 1262–1306) *inter Gradam et Puschach*.
– ²Graden, l.z. Kainach bei Voitsberg (PB Voitsberg, Steiermark, A). – 1202 *fluuius Graden*.
– ³† Grada, jetzt Multererbach, l.z. Drau südlich von Multerer (Gem. Lavamünd, PB Wolfsberg, Kärnten, A). – 1193–1220 (Kopie 13. Jh.) *a fluvio qui dicitur Grada*.
Grundform *Gradna* < slaw. *Gradьna (erg. *rěka* 'Fluss') 'Burg-Bach'; *gradьn- ist das Zugehörigkeitsadjektiv zu slaw. *gradъ 'Burg, umzäunter Ort'. – Hausner/Schuster, *Namenbuch*, S. 436; Lochner von Hüttenbach, *Steirische Hydronyme*, S. 85; Bergermayer, *Glossar*, S. 85.

Gradnitz ↗Granitzenbach.

† Gräben jetzt Verlorenwasser, l.z. Buckau (z. Breitling-See/Havel) südlich von Brandenburg an der Havel-Wendgräben (Brandenburg, D). – 1009 *cum Grob(ion) flumine*; ON. Gräben (Lkr. Potsdam-Mittelmark, Brandenburg), 1452 *Groben*; ON. Görisgräben (Stadt Brandenburg), 1294 *villam Grobene*; ON. Wendgräben (Stadt Brandenburg), 1368–81 *Wentgroebene*. – Grundform FlN. apolab. *Grob'n- zu *grob 'Grab', Bedeutung 'gegrabener Bach'. – Fischer, *BNB 10*, S. 94.

Gräfen-/Grafen- -bach, -see, -tiegel. Bestimmungswort mhd. *gräve*, mhd. (md.) *grēve, grēbe* swM. 'Graf' oder PN. ahd. *Grāvo (Genitiv *Grāven-), z.B. Gräfenbach l.z. Ellerbach (z. Nahe z. Rhein), 1438 *vf die Grebenbach*, 1601 *von der Gräfenbach*. – Hausner/Schuster, *Namenbuch*, S. 437; Ulbricht, *Saale*, S. 82, 97, 173; Greule, *HG.A.15*, S. 38.

Grafentrau-Bach l.z. Kleinen Laber (z. Laber z. Donau) ↗Traubach.

Grafschaft, die l.z. Lenne (z. Ruhr z. Rhein) in Schmallenberg (Hochsauerlandkreis, NRW, D). – ON. Grafschaft (Stadt Schmallenberg) mit ehemaliger Benediktinerabtei, 1070 *Grascaf*, 1072 *grascaft*, 1077 *Grascahf*, 1123–26 *Grascaph*, 1168 *Grascap*, 1170 *Grascaf* (und weitere Belege), 1275–1332 *Graischap*, 1499 *Graefschaft*. – Übertragung des ON. ahd. *grā(f)-schaf(t)*, mndd. *grāveschap* 'Grafschaft, Amt eines Grafen' (hier 'Sitz eines Grafen') auf den Fluss. Bereits im ältesten Beleg ist das erste /f/ dissimilatorisch geschwunden, ab 1499 aber schriftsprachlich wieder hergestellt. – Schmidt, *HG.A.6*, S. 26.

Grambach l.z. Mur südwestlich von Thondorf südlich von Graz (PB Graz-Umgebung, Steiermark, A). – 1265 *Gramppe*, 1295 *Gro(e)mp*, 1299 *die Grompe*, 1414 *Gramp*. – Grundform *Grampa/*Grompa < slaw. *krompa f. zu slaw. *krompъ 'kurz; kurzes, kleines Tal'. – Lochner von Hüttenbach, *Steirische Hydronyme*, S. 85.

Gramme, die r.z. Unstrut (z. Thüringische Saale z. Elbe), entspringt am Ettersberg bei Weimar, durchquert die Verwaltungsgemeinschaft Gramme-Aue (Lkr. Sömmerda, Thüringen, D), mündet nach 30 km gegenüber von Wundersleben (Lkr. Sömmerda). Der Krambach/Grambach ist ein Zufluss der Gramme. – (1265) *Gramma*, (1483–1484) *gein der Gramme*. – Grundform mhd. *Gramme < gm. *Grammō, substantiviertes Adjektiv, das mit dem ablautenden Adj. *grimm* (< gm. *gremma-) und dem (starken?) Verb ahd. *crimman*, as. *grimman*, ae. *grimman* 'dröhnen, tosen, wüten, toben' verwandt ist. Die Geminate /-mm-/, gegenüber gm. *grama- 'zornig', erklärt sich entweder durch Einfluss des Kausativstammes gt. *gramjan* 'erzürnen', wg. *gremmja- oder durch Intensivgemination. Zugrunde liegt ig. *g^hrem-* 'dröhnen, wüten'. – Ulbricht, *Saale*, S. 201f.; Hänse, *Weimar*, S. 59, 96; Seebold, *starke Verben*, S. 239; Rix, *LIV*, S. 204.

Gramsenbach z. Soybach (z. Plima z. Etsch), Abfluss des Gramsensees auf 2800m im Almgelände Gramsenberg östlich oberhalb von Gand/Martell im hintersten Martelltal (Prov. Bozen/Südtirol, I.). – /grɑmsnpåch, grɑmsnsäa, (auf) Grɑmsn/, um 1770 *Gramse*, um 1900 *Gramsensee, Gramsen*. – Vermutlich aus mhd. *Gramsent-bach*, Kompositum mit dem Partizip Präsens von *gram(e)sen, Intensivum zu mhd. *gramen* 'zürnen', als Bestimmungswort. – Kühebacher, *Ortsnamen 2*, S. 113 f.

Gran, die slowak. *Hron*, l.z. Donau, entspringt im Erzgebirge (Slowakei) und mündet nach 289 km bei Esztergom (deutsch *Gran*) (Ungarn). – 166–180 *Granoua* (Dat. Sing., Marc Aurel, Selbstbetrachtungen 1,17), 1075/1124 *Gron*, *Grana*, 1135/1262 *fl. Gron*. – Die Ausgangsform ist vorslaw. *Grana. Der Beleg aus der in griechischer Sprache verfassten Schrift des Marc Aurel reflektiert möglicherweise eine Form *Gran(a)va (< gm. *Granahwa?). Auch bei ↗March stehen sich Formen mit und ohne Suffix gegenüber: *Marava (< gm. *Marahwa) neben Marus. Die Etymologie von *Grana (vgl. ↗Grane) ist unklar. Als Basis kommt urig. *g^wg^hrh$_1$-nó- 'zerfließend' > *g^hrənó- > *grano-, feminin *Granā, infrage. Dabei handelt es sich vielleicht um ein Adjektiv zu dem Verb urig. *g^wg^hreh$_1$-, Fientiv des Verbs urig. *g^wg^her- 'im Wasser dahintreiben, fließen' (ai. kṣárati 'fließt, strömt'). – Šmilauer, Vodopis, S. 348 f.; Krško, Spracovanie, S. 37; Anreiter, vorrömische Namen, S. 243 f.; Rix, LIV, S. 213.

Grane, die

– ¹Grane, r.z. Schildau (z. Nette z. Innerste z. Leine z. Aller z. Weser) östlich von Seesen (Lkr. Goslar, Niedersachsen, D). – 1578 die Grane.
– ²Grane, r.z. Innerste (z. Leine z. Aller z. Weser) südwestlich von Goslar (Niedersachsen, D). – 1131 (Fälschung Anfang 13. Jh.) ad rivum ... Grana, 1154 ad rivum ... Grana, 1157 ad rivum ... Grana, 1227 juxta aquam ... Grane.
Der Name ist ursprünglich identisch mit ↗Gran; möglicherweise ist er wie jener aus ig. *g^hrənā 'die Zerfließende' herleitbar. – Kettner, HG.A.8, S. 36 f., Kettner, Leine, S. 91–93.

Graning-See
Seenkette westlich von Falkenhagen/Mark (Lkr. Märkisch-Oderland, Brandenburg, D). – 1540/1704 Gruning (lies Graning?), 1745 die Graningen sind 3 Seen, 1844 Graning. – Grundform apolab. *Grab'nik (zu *grab 'Weißbuche') > *Gravenik > Graning mit Angleichung an das deutsche Suffix -ing. – Fischer, BNB 10, S. 95.

Granitzenbach
r.z. Mur (z. Drau) südöstlich von Zeltweg (PB Judenburg, Steiermark, A). – 1184 (Kopie 19. Jh. nach Kopie 13. Jh.) inter duas Chraedniz, nach 1192–1194 in Gardniz, 1499 de Gratnitz, 1580 Grädnizpach; ON. Granitzen (Gem. Obdach, PB Judenburg), um 1160 (Kopie 19. Jh. nach Kopie 13. Jh.) usque in Chrenize. – Slaw. *Gradьnica 'Burg-Bach', abgeleitet vom Adjektiv slaw. *gradьn- 'zur Burg gehörend' (slaw. *gradъ 'Burg, umzäunter Ort'). Direkt vergleichbar ist Gradnitz, l.z. Kamp bei Oberhof, mit ON. Gradnitz (Gem. Zwettl, PB Zwettl, N.-Ö.), 1139 Gradenze, 1140 Grademze, 1157, 1179 Gradenze. – Hausner/Schuster, Namenbuch, S. 437, 439; Lochner von Hüttenbach, Steirische Hydronyme, S. 85; Bergermayer, Glossar, S. 85.

Gran-See
(auch Gehronse) nördlich von Gransee (Lkr. Oberhavel, Brandenburg, D). – 1590 von dem Jaronschen see, 1654 von dem Jahronschen Sehe, 1799 Die Granseer Seen, 1855 Der große oder Jaron-See, 1908 Gehrensee=Gransee; ON. Gransee 1262 Gransoyge, 1267 Grangsoye, 1281 Granczoyge, 1290 Granzoye, 1302 Granzoge. – FlN. und ON. enthalten vermutlich apolab. *grąz 'Sumpf, Schlamm, Morast'. – Wauer, HG.A.17, S. 47; Fischer, BNB 10, S. 94.

Graschnitz, die
l.z. Mürz (z. Mur z. Drau) bei St. Marein im Mürztal (PB Bruck, Steiermark, A). – 1268–1269 Grezznich(?), 1328 Graessentz, Graeschentz, Greschnitz, Gretznitz, Gresnitz, 1498 Graschnitz. – Grundform *Graschnitza < slaw. *Gračnica < *Gradьcьnica mit dem Suffix -ьnica abgeleitet von slaw. *gradьcь 'kleine Burg' (↗Grazbach). – Lochner von Hüttenbach, Steirische Hydronyme, S. 85.

Grasenseer Bach
r.z. Rott (z. Inn z. Donau), mündet bei Untergrasensee (Stadt Pfarrkirchen, Lkr. Rottal-Inn, Bayern, D). – Ca.1563 Grasensee, 1844 Grasenbach, Grasenseebach; ON. Grasensee (Markt Wurmannsquick, Lkr. Rottal-Inn), ON. Grasensee (Walburgskirchen, Markt Tann, Lkr. Rottal-Inn), ON. Obergrasensee (Stadt Pfarrkirchen), ON. Untergrasensee, 890 Grasamaresaho, 1011/12 Grasamarasaha, 1014–24 Crasmaresaha, 1. Hälfte 12. Jh. Grasinse, 1158–94 de Grasin(en)se, 1170–90 de Grasimsê, 1200–20 Grasemeresse, 1375 zu Grasensee, 1394 Graßmse, 1423 zum Grasemsee, ca.1563 Grasensee. – Grundform FlN. ahd. *Grasamāres-aha neben SeeN. *Grasamāres-sēo > mhd. *Grasemeressē, Kompositum mit den Grundwörtern -aha 'fließendes Wasser' bzw. -sēo und dem Genitiv des PN. ahd. *Grasamār bzw. später mit dem Genitiv der Kurzform PN. *Graso (*Grasen-) als Bestimmungswort. Heute amtliche Benennung nach den Siedlungen als Grasenseer Bach. – Dotter/Dotter, HG.A.14, S. 124 f.

Grattenbach
r.z. Prien (z. Chiemsee z. Alz z. Inn z. Donau). – Ca.1563 Gretenpach rivus, 1836 Grattenbach; ON. Grattenbach (Gem. Aschau i.Chiemgau, Lkr. Rosenheim, Bayern, D), 1558 Grattenpach. – Kompositum mit dem Grundwort -bach und dem Genitiv des PN. *Grat(t)o? – Dotter/Dotter, HG.A.14, S. 126.

Grazbach
l.z. Mur (z. Drau) im PB Graz (Steiermark, A). – 1341 die Gra(e)cz daz wazzer; ON. Graz (PB Graz), nach 1110 (Kopie 12. Jh.) Grazzin, um 1135 de Graiz, 1136 de Grece, 1140 de Graci, 1148 (Fälschung?) data Graze (und weitere Belege). – Grundform mhd. *Grætze < slaw. ON. *Gradьcь 'kleine Burg'. Der Ortsname wurde auf den Bach übertragen und verdeutlichend mit dem Grundwort -bach versehen. – Hausner/Schuster, Namenbuch, S. 443 f.; Lochner von Hüttenbach, Steirische Hydronyme, S. 86.

Greene l.z. Leine, fließt durch Greene (Kr. Northeim, Niedersachsen, D). – 802 *die Grene*. – Übertragung des ON. Greene (980 *Grene*) auf den Bach. Der ON. beruht auf **Grani-*, das auf gm. **Granja-* n. zurückgeht und entweder eine Stelle am Bach **Grana* (vgl. ↗Gran, ↗Grane) bezeichnete oder als FlurN. von gm. **granō* 'Ährengranne' abgeleitet ist. – Kettner, *HG.A.8*, S. 37, Kettner, *Leine*, S. 92f.; Casemir/Ohainski, *Niedersächsische Orte*, S. 87.

† Greißlau r.z. Thüringischen Saale (z. Elbe). ON. Ober~, Unter-Greißlau (Langendorf, Stadt Weißenfels, Burgenlandkreis, S.-A., D), 1160 *Griszlauuae*, 1165–81 *de Griszlawe*. – Übertragung des ON. **Grīslouwe* auf den Fluss. Dieser trug vermutlich den Namen **Grīslaha* wie der ON. Greiselbach (Gem. Wilburgstetten, Lkr. Ansbach, Bayern), 1108 *Crislacha*, Kompositum mit dem Grundwort *-aha* 'Fließgewässer' bzw. *-ouwe* 'Land am Wasser' und ahd. *grīsil* 'grau' als Bestimmungswort. – Eichler/Walther, *Untersuchungen*, S. 96, 158f.

Grenff, die r.z. Schwalm (z. Eder z. Fulda z. Weser), entspringt im Ottrauer Bergland (Osthessen, D), mündet nach 22 km bei Loshausen (Gem. Willingshausen, Schwalm-Eder-Kreis, Hessen, D). – 1366 *Gerffe*; ON. † Grenf, 780–802 (Kopie Mitte 12. Jh.) *in villa Grintahe*, um 800 (Kopie Mitte 12. Jh.) *in Grintafo*, 12. Jh. (Kopie um 1160) *Grintiffa*, 12. Jh. (Kopie Mitte 12. Jh.) *Grintifa*. – Ausgangsform FlN. ahd. **Grintaffa*, Zusammensetzung aus dem Grundwort ↗aff(a) und ahd. *grint* stM. 'Grint, Haarausfall', auch Bezeichnung für Bergrücken, Felsköpfe und Bodenerhebungen verschiedenster Gestalt ↗Grindau, als Bestimmungswort. Das ursprüngliche Grundwort ist im ältesten Beleg, falls dieser hierher gehört (und nicht zu ↗Grindau) in der Kanzlei durch ahd. *aha* 'Fließgewässer' ersetzt. – Sperber, *HG.A.5*, S. 37; Andriessen, *Siedlungsnamen*, S. 170.

Grenz-/Grentz- *-bach/-bächlein, -Bek, -graben, -kanal, -kolk, -kute, -Laake, -pfuhl, -see*. Bestimmungswort *Grenze*, meist mit Bezug auf eine Gemarkungsgrenze. – Fischer, *BNB 10*, S. 95.

Grenzsee zwei Seen südöstlich und südwestlich von Grenz (Gem. Randowtal, Lkr. Uckermark, Brandenburg, D). – 1486 (Kopie) *den See … Grennczow*, 1591 *der Grentzische Sehe*, 1670 *Der Grenzische See*, 1827 *Grentz, Grosse Grentz*; ON. Grenz, 1332 (Kopie) *Grenze*. – Grundform SeeN., ON. apolab. **Gręz'* oder **Gręz'e* zu **gręz'* 'Sumpf, Kot'? – Fischer, *BNB 10*, S. 95.

Greven- *-au, -bach, -riede*. Bestimmungswort ist mndd. *grēve* 'Graf', z.B. 1571 *Grevendick* 'Teich des Grafen'. – Schmitz, *Lüchow-Danneberg*, S. 223.

Griebchen verlandeter See bei Lychen (Lkr. Uckermark, Brandenburg, D). – 1320 *cum duobis stagnis … Gribene*, 1326, 1333 *Gryben*, 1575 *Der Grieben*, 1685 *Klein Grübechen*, 1825 *d. Griebchen, der Griepken*, FlurN. Griebkenbruch. – Grundform apolab. **Grib'n-* zu **grib-* 'Pilz', ↗Griebensee, als Diminutiv angeglichen an brandenburg. *Grieben* (Plural) 'Stengel der gelben Teich- oder der weißen Seerose'. – Wauer, *HG.A.17*, S. 49; Fischer, *BNB 10*, S. 95f.

Griebchen-See bei Gandenitz (Stadt Templin, Lkr. Uckermark, Brandenburg, D). – 1765 *am Griepcken*, 1825 *das Griebchen*, 1908 *Griebchen-See=Griebken-See*, ON. Griebchen. – Grundform apolab. **Gribky* (Plural zu **Gribek-*) zu **grib* 'Pilz'. – Wauer, *HG.A.17*, S. 49; Fischer, *BNB 10*, S. 96.

Griebensee südlich von Bothkamp (Kr. Plön, S.-H., D). – 1369 *in deme see, dat de Gryben heten is, by der Grieben*, 1855 *Grieben-See*. – Grundform apolab. **Grib'no* zu **grib* 'Pilz, Schwamm'. – Kvaran, *HG.A.12*, S. 73; Laur, *Schleswig-Holstein*, S. 284.

Griebnitzsee z. Glienicker Lake (z. Havel) östlich von Potsdam-Babelsberg (Brandenburg, D). – 1382 *Gribenicz*, 1683 *Griebnitz See*, 1700 *die Griebenitz*, 1767/87 *die Griebnitz See*. – Grundform apolab. **Grib'nica* zu **grib* 'Pilz', ↗Griebchen. – Fischer, *BNB 10*, S. 96.

Griebocksee östlich von Tornow (Stadt Fürstenberg/Havel, Lkr. Oberhavel, Brandenburg, D). – 1664 *die Seen Griebock …*, 1745 *Griebeck*, 1772 *Grieback*, 1841 *Gribock See*. – Grundform apolab. **Gribek-* zu **grib* 'Pilz', ↗Griebchensee. – Wauer, *HG.A.17*, S. 49f.; Fischer, *BNB 10*, S. 96.

Griebsee östlich von Dranse (Stadt Wittstock/Dosse, Lkr. Ostprognitz-Ruppin, Brandenburg, D). – 1573 *Gripenn*, 1575 *am Grieben*. – Grundform apolab. **Grib'n-*, ↗Griebchen. – Fischer, *BNB 10*, S. 96.

Grienericksee nordwestlich von Rheinsberg (Lkr. Ostprignitz-Ruppin, Brandenburg, D). – 1745 *in die Krienerische See*, 1765–79 *auf den Krienerick … Krienrick See*, 1778–86 *Grünrücker See*, 1825 *der Grienrick See*. – Grundform unklar, vermutlich Umgestaltung eines von apolab. **krina* 'Mulde' abgeleiteten Namens. – Fischer, *BNB 10*, S. 96.

Griepensee nördlich von Buckow (Lkr. Märkisch-Oderland, Brandenburg, D). – 1300 *Gryben*, 1840 *Gripen S.* – Grundform apolab. **Grib'n-*, ↗Griebchen ↗Griebensee. – Fischer, *BNB 10*, S. 96.

Griepkensee zu Bröddin (Gem. Boitzenburger Land, Lkr. Uckermark, Brandenburg, D). – 1330 *stagnum cum palude ... griben*, 1745 *Gripken See, Griepken See*. – Grundform apolab. *Grib'n-*, ↗Griebchen. – Fischer, *BNB 10*, S. 96.

Gries-/Grieß-/Griess-/-e-/-(e)l-/-en- *-bach, -graben, -see, -teich*. Bestimmungswort im oberdeutschen Sprachgebiet ist ahd. *grioz*, mhd. *griez* m./n. 'Sand, Kies' (< gm.*greuta-*), Adjektiv mhd. *griezen* 'mit Sand'/↗Grüssel-Bach, z.B. Griesbach (z. Pram z. Inn), ON. Griesbach (Gem. Zell an der Pram und Gem. Andorf, PB Schärding, O.-Ö., A), 1160–1180 *H. de Griezpach*; Gries-Bach, r.z. Paar (z. Donau), ON. Unter Griesbach, 1121–1126 *de Griezinpach*, 1126–1127 *Griezpach*. Bestimmungswort im niederdeutschen Sprachgebiet mndd. *grīs*, brandenburg. *gries* 'grau', z.B. Griesensee bei Selchow (Stadt Storkow, Lkr. Oder-Spree, Brandenburg, D), 1448 *den großen Grysina*, 1772 *Griesen See*. – Hausner/Schuster, *Namenbuch*, S. 447; Snyder, *HG.A.3*, S. 29; Fischer, *BNB 10*, S. 96f.

Griesbach r.z. Wilden Gutach (z. Elz z. Rhein). ON. Vordergriesbach, Hinter~ (Gem. Simonswald, Lkr. Emmendingen, B.-W., D). – 14. Jh. *in dem Crisbach*, *im Krisbach*, 1374, 1479 *im Krisbach*. – Grundform mhd. *Krīzend-bach* (?) gekürzt > *Krīsbach*, Kompositum mit dem Grundwort *-bach* und dem Partizip Präsens des Verbs mhd. *krīzen* 'schreien, stöhnen' als Bestimmungswort, Benennung nach dem Schalleindruck, den der Zufluss der Wilden Gutach hinterlässt. In der Schrift angelehnt an ↗Gries-. – Geiger, *HG.A.2*, S. 49.

Griesbächle l.z. Rench (z. Rhein). – ON. Bad Griesbach (Gem. Bad Peterstal-Griesbach, Ortenaukreis, B.-W., D), 1330 *Grussenbach*, ca.1381 *Grusenczpach*, 1381 *Grusinspach*, 1476 *im Grußpach*, 1593 *in dem weiler Greißpach*, 1605 *im Greyspach*. – Grundform mhd. *Griuzensbach* (?), verkürzt > *Grüsbach* (mit /ü:/), entrundet zu *Grīsbach*, hyperkorrekt diphthongiert 1593 *Greißpach*. Kompositum mit dem Grundwort *-bach* und dem Genitiv des PN. ahd. *Grūzīn* (<*Grūzīl*?) (*Grūzīnes-*) als Bestimmungswort. – Geiger, *HG.A.2*, S. 49.

Grießebach r.z. Humme (z. Weser), fließt durch Grießem (Gem. Aerzen, Lkr. Hameln-Pyrmont, Niedersachsen, D). – 1494 (Kopie) *negest der Grisen*; ON. Grießem, (1245–47) *de Grisme*, (um 1350) *in Grisme*, 1469 *to dem Grisme*, 1510 *na dem Gryssem*. – Keine sichere Deutung möglich, vielleicht liegt ein FlN. as.*Grīsa* oder *Grīs-aha* f. 'Weiß-/Grau-Wasser', vgl. as. *grīs* 'weißhaarig', ahd. *grīs* 'grau', zugrunde, womit der ON. mndd. *Grīs-hēm(e)* als Be-

stimmungswort gebildet wurde. – Kramer, *HG.A.10*, S. 24.

Griffenbach l.z. ¹Gurk (z. Drau) südlich von Leßnitz (Gem. Weitensfeld-Flattnitz, PB Sankt Veit an der Glan, Kärnten, A). – 1157–1164 (Fälschung 1195–1203) *ubi Losnize rivulus influit Griuinam, Griuina ... influit Gurcam*; ON. Deutsch Griffen (Gem. Weitensfeld-Flattnitz), 1145 *de Grivene*, 1198 *de Grivin*, 1199 *de Griuen*, usw. – Slaw. *Krivina*, sloven. *krivina* 'Biegung, Kurve, Krümmung', ursprünglich Stellenbezeichnung 'Ort an der Flusskrümmung', die auf den Fluss übertragen wurde. Der Anlaut /kr-/ wird durch /gr-/ vielleicht in Analogie zu *Gurk* substituiert, slaw. /-v-/ durch bair. /-f-/. Vergleichbar: Griffen, abgekommener RaumN. für das ehemalige Griffener Eigengut, 1091 (Kopie 13. Jh.) *curtim Griuina*, 1161 *in monte ... Grivinberg*; ON. Griffen (PB Völkermarkt; Kärnten), 822 *infra Truhsna et Criuina*, 1153 *uillicatatione Crunne dicta*, 1157 zu 1154 *Criwine dicta*, 1167 *de Griuine* (und weitere Belege). – Hausner/Schuster, *Namenbuch*, S. 448f. (zu slaw. *griva* 'Mähne/Erhebung').

† Grimach Name für den Unterlauf der Vellach, r.z. Drau, westlich von Goritschach (Gem. Gallizien, PB Völkermarkt, Kärnten, A). – Vor 975 *de rivo Grimach*. – Kompositum mit dem Grundwort ahd. *aha* 'Fließgewässer' und Adj. ahd. *grim* 'verderblich, heftig' als Bestimmungswort. – Hausner/Schuster, *Namenbuch*, S. 450.

Grimmelbach r.z. Leine (z. Aller z. Weser), mündet westlich von Leinefelde (Stadt Leinefelde-Worbis, Lkr. Eichsfeld, Thüringen, D). – 1610 *im Crommelbach*, 1663 *auf den Krummelbach*, *in dem Crommelbache*, 1673 *der Krümmelbach*, 1865/66 *am Grimmelbache*; TeichN. Grimmelbachsteich, 1565 *under dem Krummelbachs Teiche*; ON. † Krummelbach, Grimmelbachsmühle, 1577 (PN.) *der Krummelbachs-Müller*, 1663 *bey der Crummelbachsmühle*, 1673 *an die Krümmelbachß Mühlen*. – Grundform *Krümmelbach*, mndd. *Krömmelbach* < (as.) *Krumbilbach* (dissimiliert) < *Krumbinbach* '(am/zum) krummen Bach', heute mit Lenisierung des Anlauts, ↗Krümmel-. – Kettner, *HG.A.8*, S. 37f.; Kettner, *Leine*, S. 156.

Grimnitzsee

– ¹Grimnitzsee z. Fließ (z. Havel) in Wilhelmstadt (Bezirk Spandau, Berlin, D). – 1590 *Die Grimnitz*, 1675 *den Grimnitz*, 1724 *an der Grimnitz*, 1791 *Der Grimnitzer See*, 1835 *Die Grimnitz*. – Wauer, *HG.A.17*, S. 50; Fischer, *BNB 10*, S. 97.

– ²Grimnitzsee bei Altgrimnitz (Stadt Joachimsthal, Lkr. Barnim, Brandenburg, D). – 1530 *an der Grym-*

nitz, 1589 *Grimnitzer See*; ON. Grimnitz, 1297 *supra Grimnitz*. – Fischer, *BNB 10*, S. 97. Grundform apolab. **Grim'nica* zu **grim-* 'Strauch, Garten'. – Fischer, *BNB 10*, S. 97.

Grindau, die   r.z. Leine (z. Aller z. Weser), entspringt im Viehbruch bei Wedemark-Plumhof (Lkr. Region Hannover, Niedersachsen, D), mündet nach 11 km bei Grindau (Gem. Schwarmstedt, Lkr. Soltau-Fallingbostel, Niedersachsen). – (1584) *bis auf die Grindaue, an die Grindaue auf, die Grindauen auf*, 1588, 1771 *die Grindau*; ON. Grindau, (Ende 13. Jh.?, Handschrift Mitte 15. Jh.) *to Grindawe*, 1314 *molendinum grindowe*, (1329, Kopie 1369–72) *in Grindowe*, (1330–1352, Handschrift Mitte 14. Jh.) *to grindowe*, 1360 *To grindowe*, 1368 *to grindow*, 1385 *to Gryndow*, 1385 *to Grindow*, 1389 *by der Molen to Grindow, van Grindow*, 1438 *To Grindow*. – Grundform FlN. mndd. *Grindowe*, Kompositum mit mndd. *owe* ↗ au(e) als Grundwort und ahd., mhd. *grint* stM. 'Grint, Haarausfall' (< gm. **grenda-*, Nomen acti zum Verb gm. **grend-a-* 'zerreiben'), hier wohl in der Bedeutung 'Zerriebenes, Sand, Grund', als Bestimmungswort. Bedeutung des Flussnamens 'Fluss, der viel aufgeriebene Erde/Sand mit sich führt'. Parallelname ↗ Gründau. – Borchers, *HG.A.18*, S. 51; Seebold, *starke Verben*, S. 240.

Grindelbach   (auch *Laue, Lauenbach, Lauensteiner Mühlbach, Stovenbeck*), l.z. Saale (z. Leine z. Aller z. Weser) bei Lauenstein (Gem. Salzhemmendorf, Lkr. Hameln-Pyrmont, Niedersachsen, D). – 1715 *Grindelbeck*, 1743 *Grindelbach*, 1744 *im Grindelbecke, der Grindel-Bach*. – Ausgangsform *Grindelbeck*, Kompositum mit dem Grundwort mndd. *beke* 'Bach' und mndd. *grindel* 'Mahlgang, Mühlengetriebe' als Bestimmungswort; Bedeutung 'Mühlbach'. – Kettner, *HG.A.8*, S. 38; Kettner, *Leine*, S. 95.

† Grindelbek   z. Isebek (z. Alster z. Elbe). 1599 *tho dem Grindelsbeke*, ON. (der) Grindel, Quartier in Hamburg-Rotherbaum (Hamburg, D), Gebiets-/WaldN. Grindelberg (Stadtteil Harvestehude, Hamburg), ehemals Wald- und Feuchtgebiet, 1310 *a loco ... Grin(del)*, 1350 *pro lignis de Grindel*, 1382 *nemus Gryndel*, 1393 *deme holte ... de Gryndel*, 1399 *twisschen dem Grindel*, um 1569 *im grindel*. – Späte (und vereinzelte) Flussnamen-Bildung ↗ Grindelbach, aber mit dem Bestimmungswort ON. *Grindel* als Bezeichnung einer sandigen Anhöhe (ahd. *grintil* stM. 'Sperre, Riegel'). – Udolph, *HG.A.16*, S. 134.

Grisselbach   r.z. Nuhne (z. Eder z. Fulda z. Weser), mündet unterhalb von Rengershausen (Stadt Frankenberg/Eder, Lkr. Waldeck-Frankenberg, Hessen, D). – 1513 *Gryszelsbach*, 1529 *vor dem Grusselbach*. –

Grundform **Grisend-bach* (?) > **Grisenbach* > **Griselbach*, Kompositum mit dem Grundwort -*bach* und dem Partizip Präsens des Verbs as. **grīsan*, mndl. *grisen* 'grausen' als Bestimmungswort, im Beleg 1529 *Grusselbach* ersetzt durch mhd. *griuseln* 'gruseln'. – Sperber, *HG.A.5*, S. 37; Seebold, *starke Verben*, S. 239.

Grissenbach   r.z. Sieg (z. Rhein), mündet in Grissenbach (Stadt Netphen, Kr. Siegen-Wittgenstein, NRW, D). – ON. Grissenbach, 1340 *von Cryssenbach*, 1417–19 *Crissinbach, zcu Krissinbach*, 1447, 1461, 1467, 1471 *Crissenbach*. – Kompositum mit dem Grundwort -*bach* und dem Genitiv des PN. (as.) **Griso* (?) als Bestimmungswort, mit hyperkorrektem Anlaut /kr-/ (< /gr-/) oder die Schreibung <C> ist falsch gelesen anstelle von <G>? – Faust, *HG.A.4*, S. 31; Barth, *Sieg und Ruhr*, S. 83.

Gröbmingbach   r.z. Salza bei St. Marien am Grimming (PB Grimming, Steiermark, A). – 1367 *Grebnich*, 1460 *Grebming*; ON. Gröbming (PB Liezen, Steiermark), vor 1139 (Kopie 19. Jh. nach Kopie 13. Jh.) *de Grebin*, 1139 (Kopie 13. Jh.) *de Grebnich*, um 1150 (Kopie 19. Jh. nach Kopie 13. Jh.) *de Grebinicha, de Grebnich*, um 1169–1170 *de Grebenich*, usw. – Ausgangsform slaw. **Grebьnika* mit ahd. Lautverschiebung des /-k-/ > Grebnich(e), mit Ersatz des Suffixes /-ich/ durch /-ing/ > **Grebning*, mit Assimilation /-bn-/ > -bm-/ *Grebming*, später mit Rundung des Stammvokals *Gröbming-*. Slaw. **Grebьnika* 'Kammbach' ist gekürzt aus **Grebenьnika*, abgeleitet vom Adjektiv **grebenьn-* (zu slaw. **grebenь* 'zum Bergkamm gehörend') mit dem Suffix -*ika*. – Hausner/Schuster, *Namenbuch*, S. 451f.; Lochner von Hüttenbach, *Steirische Hydronyme*, S. 86; Bergermayer, *Glossar*, S. 85.

Größbach   r.z. Schwarza in Wörth (Gem. Enzenreith, PB Neunkirchen, N.-Ö., A). – 1134–1144 *in riuum Chrebezbah*. ↗ Krebs-bach. – Hausner/Schuster, *Namenbuch*, S. 453.

Grönau   l.z. Wakenitz (z. Trave z. Ostsee). – ON. Groß Grönau (Gem. Kreis Herzogtum Lauenburg, S.-H., D), 1230 *Gronowe*, 1299 *de Gronowe*. – Der Ortsname (mndd.) **Grönouwe* (/ö/ lang) 'grüne Aue' ist auf das Gewässer übertragen worden, ↗ Gronau. Parallelname ON. Grünau im Almtal (PB Gmunden, O.-Ö., A), 1160 *Gruonna*. – Kvaran, *HG.A.12*, S. 74; Hausner/Schuster, *Namenbuch*, S. 458.

Grössinsee   im Naturpark Nuthe-Nieplitz auf dem Gebiet der Stadt Trebbin (Lkr. Potsdam-Mittelmark, Brandenburg, D), wird von der Nieplitz (z. Nuthe z. Havel) durchflossen. – 1683 *Crassin See*, 1748 *Kl. Cressin, der grosse Cressin*, 1772 *Kroessinische-See*, 1842

Grössin-See. – Grundform apolab. **Krasina* 'Schönsee' zu **krasa* 'Schönheit', ↗*Krossinsee*. – Wauer, *HG.A.17*, S. 50; Fischer, *BNB 10*, S. 153.

Grötschbach z. Wöllmißbach bei St. Martin a. d. Wöllmiß (PB Voitsberg, Steiermark, A). – ON. Grötsch (Gem. Sankt Nikolai im Sausal, PB Leibnitz, Steiermark), um 1060 *loco Chrotsa*, 1195 (Kopie 19. Jh.) *ad Chrotse*. – Ausgangsform slaw. **Kročь* (< **Krokjь-*), vom PN. slaw. **Krokъ* mit *j*-Suffix abgeleitet. – Hausner/Schuster, *Namenbuch*, S. 453; Lochner von Hüttenbach, *Steirische Hydronyme*, S. 86.

Grombach (auch *Grombacher Bach*), r.z. Weingarter Bach (z. Pfinz z. Rhein). – ON. Obergrombach, Untergrombach (Stadt Bruchsal, Lkr. Karlsruhe, B.-W., D), 791 (Kopie 12. Jh.) *in uilla Grumbach*, 1020 *in Grumbacheru marca*, 13. Jh. *Grunbach, Grûmbach, Grŭnbach*, 1397 *Grombach* (und weitere Belege). – Grundform ahd. **Gruonbach* > fnhd. *Grŭnbach, Grŭmbach* (assimiliert), *Grumbach* (gekürzt), in der Mundart > *Grombach* gesenkt, Kompositum mit dem Grundwort *-bach* und ahd. *gruon-* (anstelle von *gruoni* 'grün' in der Komposition) als Bestimmungswort, ↗Gronach ↗Gronau. – Geiger, *HG.A.2*, S. 49.

Gronach, die r.z. Jagst (z. Neckar z. Rhein), entsteht am nördlichen Rand der Frankenhöhe auf 469m Höhe, fließt durch die Gronachschlucht, mündet westlich von Satteldorf-Neidenfels (Lkr. Schwäbisch Hall, B.-W., D). – 1351–1371 *an der Grŭnach*; ON. Gröningen (Gem. Satteldorf, Lkr. Schwäbisch Hall), 1102 *Groningen*, 1108 *Gruoningen*, 1271 *de Gruningen*, 1351–1371, um 1357 *Grŭningen*, 1360 *zu Gruningen*, 1369 *ze Grŭningen*, 15. Jh. *Grŭningen*; ON. †Grunach, 1358 *Grunach*, 1360 *ze Grunach*. – Ausgangsform FlN. mhd. **Gruonach*, Kompositum mit dem Grundwort ahd. *aha* 'Fließgewässer' und gm. **grōna-*, Parallelbildung zum Adj. gm. **grōni-* (as. *grōni*, ahd. *gruoni* 'grün') als Bestimmungswort, ↗Grone ↗Grunau. ON. Gröningen (< ahd. **Gruoningun*), fnhd. **Grüningen* (mit /ü:/), Ableitung mit dem Siedlungsnamen bildenden Suffix *-ingen* vom Bestimmungswort Gruon- des Flussnamens, was den Schluss zulässt, dass der FlN. ursprünglich einstämmig war (ahd. **Gruona?*). – Schmid, *HG.A.1*, S. 42.

Gronau, die

– ¹Gronau (auch *Gronaubach*), r.z. Sinn (z. Fränkischen Saale z. Main z. Rhein), entspringt in Altengronau (Gem. Sinntal, Main-Kinzig-Kreis, Hessen, D), mündet nach 10 km. – 1361 *an der Gruna*, 1370 *in der Grunaw*, 1370, 1394 *dy Grŭna*; ON. Altengronau, Neuengronau (Gem. Sinntal), 907 *Gronhaa* (lies *Gronaha*), Kopie 11. Jh. *de Gruonaha*, Kopie 12. Jh. *Grunaha*, 1166 *in Grŭnaha*, 1167 *Grunaha*, 1295 *Nŭwengrŭnouwe*, 1300 *in Grunaha* (weitere Belege), 1396 *Burggrŭnaw*. – Übertragung des Siedlungsnamens (mhd.) **Grüenouwe* auf den Fluss, dessen ursprünglicher Name ahd. *Gruonaha* (älter **Grōnaha*) als Name der Siedungen überliefert ist. Bestimmungswort des Kompositums mit dem Grundwort ahd. *aha* 'Fließgewässer' ist ahd. *gruoni* 'grün' ↗grün-. Die lautliche Entwicklung des Stammvokals verläuft über mhd. /üe/, monophthongiert /ü:/ und gesenkt zu /ö:/, der Umlaut wird heute (in Anlehnung an die ältesten Belege?) nicht geschrieben. – Sperber, *HG.A.7*, S. 54f; Andrießen, *Siedlungsnamen*, S. 158.

– ²Gronau, l.z. Pinnau (z. Elbe), mündet nördlich von Quickborn (Kr. Pinneberg, S.-H., D). – 1791, 1856 *Gronau*, 1867 *Grönau*; ON. Gronau bei Ellerau (Kr. Segeberg, S.-H.), 1767 *bey der Gronau*. – Die sehr späten Belege legen Namenübertragung wie bei ↗Grönau nahe, der Umlaut wird fälschlicherweise nicht geschrieben. – Udolph, *HG.A.16*, S. 134.

Grone, die l.z. Leine (z. Aller z. Weser), im Stadtgebiet von Göttingen (Niedersachsen, D), entspringt am Gronespring, fließt durch den Stadtteil Grone (Göttingen), mündet nördlich des Hagenbergs. – 1334 *twisschen ... der Grone*, 1353 *von der Grone*, 1371 *in der Grone*, 1524 *ahn der Grone*, 1567 *up der Grone*, 1634 *an der Grohne*, 1655 *die Grohnde*, 1784 *die Grohne*, ON. Grone mit ehemaliger Königspfalz, ON. Altgrone, ON. †Burggrone, 929 *Gronaa*, 941 (Kopie 11. Jh.), 973 *Gruonaha*, 976, 986 *Gruona*, 1002, 1004 *Grona* (zahlreiche weitere Belege), 1146 *Grune*, 1155 *Grone*; 1268 *Aldengrune*, 1256 *de Boreggrone*, 1280 *Borggrone*. – Grundform FlN. as. **Grōnaha* (ahd. *Gruonaha*), Kompositum mit dem Grundwort ahd. *aha* 'Fließgewässer' (das im Verlauf der Sprachentwicklung schwindet bzw. zu /-e/ gekürzt wurde) und (gm.) **grōna-*, Parallelbildung zum Adj. gm. **grōni-* (as. *grōni*, ahd. *gruoni* 'grün'), mit *n*-Suffix vom starken Verb gm. **grō-a-* 'wachsen' abgeleitetes Adjektiv (ursprünglich 'sprießend, hervorwachsend') als Bestimmungswort. – Kettner, *HG.A.8*, S. 38f.; Kettner, *Leine*, S. 95f.; Casemir/Ohainski/Udolph, *Göttingen*, S. 169–172; Seebold, *starke Verben*, S. 242f.

Gropen- -bach, -born/-brunn. Bestimmungswort ist mndd. *grŏpe* 'Topf, Kessel, Quelltopf'. Die Flussnamen können aus Klammerformen entstanden sein: Groppen-Bach r.z. Emscher, mit ON./FlurN. Groppenbruch (Stadt Dortmund, Bezirk Dortmund-Mengede, NRW, D), um 1370 *in dem Gropenbroke*, 1382 *imme Gropenbroke* < **Gropen(brok)bach*, oder Gropenborn, l.z. Sieber (z. Oder z. Rhume z. Leine), 1747 *Gropen Born* < **Gropen(bergs)born*. – Schmidt, *HG.A.6*, S. 26, 92; Kettner, *HG.A.8*, S. 39; Kettner, *Leine*, S. 96.

Gross-/Groß-/Grot(h)-/-e-/-en-/-er- Häufiger unterscheidender Zusatz zu einem FlN. oder Bestimmungswort in FlN.-Komposita, um die absolute oder relative Größe eines Gewässers zu bezeichnen. – Fischer, *BNB 10*, S. 97f.

Grove (auch *Grovebach*, *-kanal*), Wasserläufe in Norddeutschland, z.B. Fleet in Hamburg, 1331 *fossatum superius, quod Grŭve dicitur*; ON. (Lokalisierung unklar), 1312 *prope pontem dictum Grovebrughe*, niederdeutsche Entsprechung von hochdeutsch ↗Grub-. – Udolph, *HG. A.16*, S. 138.

Grub-/-e/-er-/-en- *-bach/-bächle, -graben, -see, -siepen, -tal, -wasser, -wiesgraben*. Bestimmungswort ahd. *gruoba* stswF. 'Grube, Graben, Abgrund, Delle, Vertiefung', mhd. *gruobe*, z.B. 1200–1204 *trans aquam Grube*, jetzt Türnauer Graben, l.z. Sierning nordöstlich von Grubhof (Gem. Sankt Margarethen an der Sierning, PB Sankt Pölten, N.-Ö., A). – Hausner/Schuster, *Namenbuch*, S. 453–455; Fischer, *BNB 10*, S. 98.

Grübecker Bach r.z. Hönne (z. Ruhr z. Rhein). – ON. Grübeck (Stadt Balve, MärkischerKreis, NRW, D), 1281–1313 *in Grutbeke*. – Grundform FlN. mndd. **Grütbeke*, Kompositum mit dem Grundwort mndd. *-beke* und mndd. *grütte* f., as. *gruttia* 'Getreideschrot' als Bestimmungswort, Benennungsmotiv: Vorhandensein einer Mühle? – Schmidt, *HG.A.6*, S. 93.

Grümpel, die (auch *Grimpel*), Quellbach l.z. Kronach (z. Haßlach z. Rodach z. Main z. Rhein), entspringt im Frankenwald südlich von Tschirn (Lkr. Kronach, Bayern, D), vereinigt sich bei Wilhelmsthal (Lkr. Kronach) mit der Kremnitz zur Kronach. – 1223 *Crummen Cranache* 'Krumme Kronach', ON. Grümpel (Gem. Wilhelmsthal, Lkr. Kronach). – Entweder Kürzung der Wortgruppe (mhd.) **ze der krümben (Kranach)*' oder primärer FlN. (ahd.) **Krumbila*, mhd. **Krümpel > Grümpel*, mundartlich *Grimpel*, ↗Grümpen ↗Krümmel. – Sperber, *HG.A.7*, S. 55.

Grümpen, die l.z. Itz (z. Main z. Rhein), entspringt nahe dem Rennsteig (Thüringer Wald), mündet in Almerswind (Stadt Schalkau, Lkr. Sonneberg, Thüringen, D). – 1378 *gen der Krümpen*, 1428 *Kruempen*, 1520 *Crumppen*, ON. Grümpen (Gem. Effelder-Rauenstein, Lkr. Sonneberg). – Grundform (ahd.) **Krumbina/*Krumpina* (dissimiliert < **Krumbila*?), mhd. *Krümpen*, heute mit Lenisierung des Anlauts, ↗Grümpel ↗Krümmel, *l*-Ableitung von gm. **krumba-* 'gekrümmt, gewunden'. – Sperber, *HG.A.7*, S. 55.

Grün- -e/-en-/-er/-es- *-a(ch), -au, -bach, -bachgraben, -bächle, -born, -graben, -lacke, -pfuhl, -riehe, -see, -teich, -wasser* (auch *Grünau-, Grüneck-, Grünenstrich-, Grünwinkel-*). Bestimmungswort ahd. *gruoni*, as. *grōni*, mhd. *grüene*, mndd. *gröne* (mit /ö:/) 'grün, grünlich', Benennung des Wassers nach dem durch die umgebende Pflanzenwelt bestimmten Farbeindruck, z.B. FlN. und ON. Grünbach (ehemalige Gem. Grüntegernbach, Stadt Dorfen, Lkr. Erding, Bayern, D), 830 *prope rivulo … Craoninpah*, nach 1215 *Grumbach*, 1482 *Grüenpach*, 1571 *Grüenpach*, 1665 *Grienpach*, 1752 *Grienbach*. – Baumann, *Erding*, S. 68; Fischer, *BNB 10*, S. 99.

Gründau, die (im Oberlauf *Litterbach*), r.z. Kinzig (z. Main z. Rhein), entspringt an den Hängen des Büdinger Waldes in 375m bei Spielberg (Gem. Brachttal, Main-Kinzig-Kreis, Hessen, D), mündet nach 30 km bei Langenselbold (Main-Kinzig-Kreis). – 1173 *Grindaha*, 1352, 1370 *an der Grinda*, 1380 *da dye Grinda in dye Kintzge get*; ON. Gründau (Main-Kinzig-Kreis) mit Hain~, Mittel~, Nieder-Gründau, 1217 *in Grinda*, 1218, 1219 *de Grinda*, 1222 *in Grindaha*, 1230 *de Grindaha, de Grinda, in Grindaha* (zahlreiche weitere Belege), 1237 *Grindaw*. – Grundform ahd. *Grindaha*, Kompositum mit dem Grundwort ahd. *aha* 'Fließgewässer' und ahd. *grint* stM. 'Grint, Haarausfall' ↗Grindau als Bestimmungswort. Da mhd. *grint* auch Bergrücken, Felsköpfe, Bodenerhebungen verschiedenster Gestalt bezeichnet, kann *Grindaha* auch 'Fluss, der vom Berg kommt' bedeuten. Da im FlN. *Grindaha* das Grundwort im Verlauf der Sprachentwicklung schwindet, tritt an die Stelle des Flussnamens der ON. ahd. **Grindouwe* 'Land an der Grindaha' ein. Spät wird /i/ hyperkorrekt gerundet zu /ü/. Parallelnamen ↗Grindau ↗Grenff. – Sperber, *HG.A.7*, S. 55f.

Gründelbach
– ¹Gründelbach, l.z. Rhein, entspringt auf 400m Höhe im Hunsrück, mündet in der Ortslage von Sankt Goar (Rhein-Hunsrück-Kreis, Rh.-Pf., D). – 820 (Kopie 10. Jh.) *in granderiuum*, 1370 *grindilbach*, 1484 *in der Grendelbach*, 1812 *Gründelbach*, ON. Gründelbach (Stadt Sankt Goar). – Grundform (ahd.) **Grindil-bach(?)*, Kompositum mit dem Grundwort *-bach* und dem FlurN./BergN. **Grindil* 'sandige Anhöhe' als Bestimmungswort, ↗†Grindelbek; *Grindilbach* könnte auch (durch Dissimilation) aus **Grindīnbach* mit dem Adj. (ahd.) **grindīn* 'mit Sand' als Bestimmungswort entstanden sein. Für die Deutung mit FlurN./BergN. **Grindil/*Grindila* spricht die Existenz des ON. Gründl (Markt Nandlstadt, Lkr. Freising, Bayern), 859–864 *Crintila*, 977–94 *Crintilun*, ↗Gründlach. Der älteste Beleg *grande riuum* ist eine in der Trierer Kanzlei gebildete Latinisierung

von *Grind(il)bach. – Greule, HG.A.15, S. 39; Bauer, Grenzbeschreibungen, S. 163.
– ²Gründelbach ↗ Grundelke.

Gründlach, die r.z. Regnitz (z. Main z. Rhein), entspringt in Kleingeschaidt (Markt Heroldsberg, Lkr. Erlangen-Höchstadt, Bayern, D), mündet bei Eltersdorf (Stadt Erlangen), Zuflüsse Heroldsberger~, Simmelberger~. – ON. Großgründlach, ON. Kleingründlach (Stadt Nürnberg, Bayern), 1021 *crintilaha*, 1146 *de Grintelaha*, 1174 *Gryndela*, 1227, 1230 *Grindelach*, 1236 *Grindelah*, 1241 *Grindela*, 1326 *Grindlach*. – Grundform FlN. ahd. *Grintilaha* > mhd. *Grindelach* > nhd. *Gründlach* (mit gerundetem Stammvokal und Synkope), Kompositum mit dem Grundwort -*aha* 'Fließgewässer' und ahd. *Grindil*/*Grindila* 'sandige Anhöhe' als Bestimmungswort, das sich vermutlich auf den Gründlacher Berg bei Kalchreuth (Lkr. Erlangen-Höchstadt) bezieht, ↗ Gründelbach. – Sperber, HG.A.7, S. 56.

Grüne, die r.z. Emme (z. Aare), Bach, an dem Grünen (Gem. Sumiswald, Verwaltungskreis Emmental, Kanton Bern, CH) liegt. – ON. Grünen, /grüənnə/, 1274 *aput Grůne*, 1383 *von Grůnen* (weitere Belege); ON. Grünenmatt (Gem. Sumiswald), 1337 *ob Grůnenmatt*. – Ausgangsform FlN. (gm.) *Grönjō* f. > ahd. *Gruona*, mhd. *Grüene*, zur Namenbildung vom Adj. gm. *grōni-* 'grün' ↗ grün- abgeleitetes Femininum. – Zinsli, BNB 3, Sp.123.

Grüsing Teich bei Altruppin (Stadt Neuruppin, Lkr. Ostprignitz-Ruppin; Brandenburg, D). – 1654 *der Grüsingk*. – Umdeutung des ursprünglich slawischen Namens in Anlehnung an mndd. *grüssinc* m. 'Grutbier' (ein Bier, dem Wilder Rosmarin statt Hopfen zugesetzt war). – Fischer, BNB 10, S. 100.

Grüssel-Bach r.z. Taft (z. Ulster z. Werra z. Weser), mündet oberhalb Wenigentaft (Gem. Buttlar, Wartburgkreis, Thüringen, D). – 780–781 (Urkundenbuch Fulda) *Griuzinaha*; ON. Grüsselbach (Gem. Rasdorf, Lkr. Fulda, Hessen), 815 *Griuzzinabah*, 1327 *Gruzilbach*. – Kompositum mit ahd. *aha* 'Fließgewässer' als Grundwort und dem Adj. ahd. *griuzīn* 'sandig' (zu ahd. *grioz* 'Sand') als Bestimmungswort. Später wird verdeutlichend ein neues Kompositum mit dem Grundwort -*bach* gebildet: *Griuzinabach*. Der ahd. Diphthong <iu> wurde zu mhd. /ü:/ monophthongiert und vor der nhd. Diphthongierung regional zu /ü/ gekürzt. Durch Liquidenassimilation (/r–n/ > /r–l/) wurde *Grüssenbach* zu Grüsselbach (1327 *Gruzilbach*). – Sperber, HG.A.5, S. 38; Walther, Siedlungsgeschichte, S. 243.

Grumbach
– ¹Grumbach, Mittellauf d. Schweinsgrabens (z. Glan z. Nahe z. Rhein). – ON. Grumbach/Glan (Lkr. Kusel, Rh.-Pf., D), um 1250 *Grumbach*, 1325 *Grůmbach*, 1347 *Grumbach*, 1368 *Grunenbach*, 1401 *Grunbach*. – Grundform FlN. mhd. *(ze dem) *Gruonēndenbach*, gekürzt zu *Gruonenbach*, monophthongiert *Grünbach*, assimiliert und mit Kürzung des Langvokals *Grumbach*, Kompositum mit dem Grundwort -*bach* und dem Partizip Präsens des Verbs ahd. *gruonēn* 'grün, frisch sein'. – Greule, HG.A.15, S. 39; Dolch/Greule, Pfalz, S. 177.
– ²Grumbach, l.z. Haune (z. Fulda z. Weser), mündet in Dirlos (Gem. Künzell, Lkr. Fulda, Hessen, D). – 822–24 *Crumbenbach*, … *fontis Crummenbaches* (Urkundenbuch Fulda). – Grundform ahd. *(zi demo) *krumben bache* > mhd. *Krummbach*, *Krumbach*, mit Lenisierung im Anlaut *Grumbach*, Zusammenrückung einer Wortgruppe mit dem Adj. ahd. *krumb* 'krumm, gekrümmt', ↗ krum-. – Sperber, HG.A.5, S. 38.
– ³Grumbach, z. Breitzbach (z. Solz z. Fulda z. Weser), mündet nordöstlich von Kathus (Stadt Bad Hersfeld, Lkr. Hersfeld-Rotenburg, Hessen, D). – ON. † Krumbach, 1312 *Crumpach inferior*, 1370 *Krumbach*, um 1495 *Krumpach*, 1705–10 *Crombachs Wüstung*; FlurN. 1579 *Krumbacher Aue*. – Deutung wie ²Grumbach. – Sperber, HG.A.5, S. 38.
– ⁴Grumbach, l.z. Ulster (z. Werra z. Weser), mündet in Wüstensachsen (Gem. Ehrenberg/Rhön, Lkr. Fulda, Hessen, D). – ON. † Grumbach, 1230 *Gruonbach*, 1614 *alte Grombach*, *Grombach hinterm Westerfeld*. – Deutung wie ↗ Grombach. – Sperber, HG.A.5, S. 38.
– ⁵Grumbach, l.z. Stille (z. Schmalkalde z. Werra z. Weser), mündet bei Näherstille (Stadt Schmalkalden, Lkr. Schmalkalden-Meiningen, Thüringen, D). – 1336 *ubir die Krumpach*, 1420 *in den Krumpach*, ON. Grumbach bei Schmalkalden, ON. † Untergrumbach, 1166 *superiori Grunbach*, 1285 *in inferiori Grunbach*, 1330 *usque Crümpach*, 1335 *Nidern Crumpach*, 1336, 1345 *Crumpach*, 1349 *de Crumbach*, 1351 *Grumbach*. – Es handelt sich um ursprünglich zwei Namen: FlN. mhd. *Krumbach*, Deutung wie ²Grumbach, und ON. mhd. *Gruonbach*, Deutung wie ¹Grumbach. – Sperber, HG.A.5, S. 38.
– ⁶Grumbach, r.z. Werra (z. Weser), mündet unterhalb Breitungen (Lkr. Schmalkalden-Meiningen, Thüringen, D). – 1380, 1431 *an der Grunbach*, 1441 *Grimbach* (lies *Grunbach*?); ON. Grumbach (Gem. Breitungen), 1352 *tzü Grumbach*, 1394 *tzü Nydern Grumbach*, 1445 *Grumppach*. – Grundform mhd. *Gruonbach*, Deutung wie ¹Grumbach, oder mhd. *Gruntbach*, mit Sprecherleichterung *Grunbach* > *Grumbach*, Kompositum mit dem Bestimmungswort ↗ Grund-. – Sperber, HG.A.5, S. 38f.

– ⁷**Grumbach**, r.z. Gramme (z. Unstrut z. Thüringische Saale z. Elbe). – 1140 *Crumpach*. – Deutung wie ²Grumbach. – Ulbricht, *Saale*, S. 32.

– ⁸**Grumbach**, r.z. Innerste (z. Leine z. Aller z. Weser), entspringt im Oberharz, mündet nordöstlich von Wildemann (Lkr. Goslar, Niedersachsen, D). – 1317 (Kopie 16. Jh.) *Crumbeke*, 1340 (Kopie 16. Jh.) *in Crumbeke*, 1355 (Kopie 16. Jh.) *in Crumbeke, Krumpbeke*, um 1520 *Crumbeke*, 1543 (Kopie 1711/12) *Krumbach*, 17. Jh. *Grumbach*. – Grundform mndd. **Krumbeke*, Kompositum mit mndd. *-beke* als Grundwort und mndd. *krum* als Bestimmungswort. Deutung wie ²Grumbach. – Kettner, *HG.A.8*, S. 40; Kettner, *Leine*, S. 156–158.

Grumpenbächle l.z. Kinzig (z. Rhein) bei Schiltach/Schwarzwald (Lkr. Rottweil, B.-W., D). – 1676 *am Krumbbächlen*; FlurN. Grumpen, Grumpenberg (Lehengericht, Stadt Schiltach), 1774 *aufm Krumpen*. – Kompositum mit dem Diminutiv *-bächlein* als Bestimmungswort und dem FlurN. *Krumpen* (mhd. *krumb* 'Krumm, gekrümmt') als Bestimmungswort, heute mit lenisiertem Anlaut /gr-/. – Geiger, *HG.A.2*, S. 50.

Grunau, die z. Grune-Bach, r.z. Rippach (z. Thüringischen Saale z. Elbe), floss in der Grimmaer Landschaft, im Lauf durch den Braunkohle-Tagebau heute verändert. – 1004 *fluvius Gruonauua*, (1080) 1082 *paludem … Grona*, 1332 *Grona*; ON. † Grunau, einst Ortsteil von Großgrimma (Hohenmölsen, Burgenlandkreis, S.-A., D), 976 *Gruonouua*, 1168 *Gröna*, 1170 *Gruna*, 1171 *Grůna*, 1182 *Gruna*, 1184 *Grona*. – Ausgangsform FlN. as. **Grōnaha* (ahd. **Gruonaha*), ON. as. **Grōnouwa* (ahd. **Gruonouwa*), Kompositum mit den Grundwörtern as. *-aha* 'Fließgewässer' bzw. *-ouwe* 'Land am Wasser' und gm. **grōna-*, Parallelbildung zum Adj. gm. **grōni-* (as. *grōni*, ahd. *gruoni* 'grün') als Bestimmungswort, ↗ Grone. Entwicklung des Stammvokals: as. /ō/ (ahd. /uo/) > mndd. /ū/. Die moderne Form des Flussnamens ist der Übertragung vom Siedlungsnamen zu verdanken. – Ulbricht, *Saale*, S. 195; Eichler/Walther, *Untersuchungen*, S. 162.

Grunbach r.z. Rems (z. Neckar z. Rhein), daran Grunbach (Gem. Remshalden, Rems-Murr-Kreis, B.-W., D). – ON. Grunbach, /grōəbaχ/ (/oə/ nasaliert), 1238 *Grůnbach*, 1288 *Grombach*, 1293 *Grunbach* (und weitere zahlreiche Belege). – Grundform FlN. mhd. **Gruonbach*, Deutung ↗ ¹Grumbach. – Schmid, *HG.A.1*, S. 42f.; Reichardt, *Rems-Murr*, S. 130–132.

Grund- *-bach/-bächle/-bächlein*, *-beeke*, *-graben*, *-pfuhl*, *-see*, *-wiesen-graben*. Bestimmungswort ahd., mhd. *grunt* 'Grund, Tal, Talgrund', auch als FlurN. – Ulbricht, *Saale*, S. 52; Kettner, *Leine*, S. 100; Fischer, *BNB 10*, S. 99.

Grundelke, die (auch *Gründelke*), Große~, Kleine~, zwei parallel r.z. Sieber (z. Oder z. Rhume z. Leine z. Aller z. Weser) fließende Gewässer, die bei Herzberg am Harz (Lkr. Osterode, Niedersachsen, D) münden. – 1670 *in der Gründelbach*, 1747 *grose Gründel, kleine Gründel*, 1889 *Gr. Gründelke, Kl. Gründelke*, 20. Jh. *Gr. Grundelke, Kl. Grundelke* (Messtischblatt). – Ausgangsform mndd. **Gründelbeke*, Kompositum mit Grundwort mndd. *-beke*, teils ausgespart, teils ersetzt durch *-bach*, und mndd. *grundel(e), gründel(e)* 'Gründling, Schmerle'. Parallelname ↗ Gründelbach/Gründelbächle, mehrfach im Flussgebiet der Enz (z. Neckar z. Rhein). – Kettner, *HG.A.8*, S. 40f.; Kettner, *Leine*, S. 99; Schmid, *HG.A.1*, S. 42.

Grundlos/-er *-kuhle*, *-see*, z.B. 1745 *Grundlosen See*, jetzt Grundlos, See zu Sewekow (Lkr. Ostprignitz-Ruppin, Brandenburg, D). Bestimmungswort ist *grundlos*, weil die Gewässer unermesslich tief, nicht zu ergründen sind. – Fischer, *BNB 10*, S. 99.

Grundlsee östlich von Bad Aussee (PB Liezen, Steiermark, A). – 1188 (Kopie 19. Jh. nach Kopie 13. Jh.) *Chrungilse*, 1188 (Kopie 13. Jh.) *Chrungilse*, 1188 (Druck 1721) *Chrungilse*, 1494 *Grundelsee*. – Grundform **Krungel-* < slaw. **kronglъ*, sloven. *krógel* 'Kreis, runde Flur, kreisförmige Fläche'. Durch verdeutlichendes Anfügen von mhd. *sê* 'See' wird der Name zum slawisch-deutschen Mischnamen. Die Lautkombination /-ngls-/ wird später erleichtert zu /-ndls-/. – Hausner/Schuster, *Namenbuch*, S. 457; Lochner von Hüttenbach, *Steirische Hydronyme*, S. 87.

Gruppenbach (auch *Gruppbach, Gruppenbächle*), mehrfach im Flussgebiet des Neckars, z.B. Gruppenbach, r.z. Schozach (z. Neckar) mit ON. Unter-/Obergruppenbach (Lkr. Heilbronn, B.-W., D), 1109 *Gruppenbach*. Bestimmungswort der Komposition mit *-bach* ist *die Gruppe/Groppe* (Cottus gobio), ein Süßwasserfisch. – Schmid, *HG.A.1*, S. 43; Keinath, *Württemberg*, S. 84.

Grutte, die (auch *Grütte, Gruttbach*), r.z. Haferbach (z. Werra z. Weser), entspringt in Billinghausen (Stadt Lage, Kr. Lippe, NRW, D), mündet bei Ohrsen (Stadt Lage). – 1721 *Gruttbeke*, 1790 *Die Grütte*; HofN. (1409) *up der Grut*, HofN. 1550 *upper Gruth*. – Grundform as. **Grutti-aha* (?) > mndd. **Grütte*, mit verdeutlichendem Grundwort mndd. *-beke*, Bestimmungswort ist as. *gruttia*, mndd. *grütte* 'Getreideschrot', ↗ Grübecker Bach. Die Benennung ist möglicherweise im Kontext mit ⁊Haferbach zu sehen. – Kramer, *HG.A.10*, S. 25.

Gscheinzbach l.z. Mühlkamp, Mündungsarm des Kamps bei Hadersdorf-Kammern (PB Krems/Land, N.-Ö., A). – /gšęədsbox/ (/ęə/ nasaliert), 1073 *ad Zŏnza*, 1075 *Zouintis*, um 1110, 1111 *ad Zŏntes*; Gscheinzbachbrücke, ehemalige Brücke über den Gscheinzbach bei Straß im Straßertale (PB Krems/Land), 1083 (Fälschung 1164) *a ponte Ziŭnza*, vor 1091 *ad pontem … Zionza*, 1096 (Fälschung 12. Jh.) *a ponte … Zŭnza, ad pontem Ziŭnza*, um 1124 *a ponte Ziŭnza*. – Die heutige Mundartform ist das Ergebnis einer Dissimilation von */dsęəds-/ > /gšęəds-/ (ęə jeweils nasaliert), ahd. *Zuontisa > mhd. *Züentse, entrundet bair. */dsęəds-/. Die ahd. Ausgangsform kann bei der Annahme ungestörter Entwicklung des Namens auf vorahd. *Tondesā zurückgeführt und als keltisch gedeutet werden, da auch der Hauptfluss ⁊Kamp einen keltischen Namen trägt. Vielleicht war *Tondesā der alte Name des Mühlkamps. Vorausgesetzt *Tondesā bezeichnete ursprünglich eine Abzweigung des Kamps, dann bietet sich zur Deutung des Namens die Verbalwurzel ig. *tend- 'schneiden, spalten' (urkelt. *tend-o- 'break, cut', air. *tenn- 'schneiden, nagen', mir. -*tethainn* 'spaltete, brach') an. Von der o-Stufe der Wurzel konnte ein Nomen *tond-es- 'Spaltung' und davon der Name *Tondes-ā gebildet werden. Denkbar ist auch ein Zusammenhang mit urkelt. *tondā 'skin, surface' (ebenfalls zum Verb urkelt. *tend-o- 'cut'); das metaphorische Benennungsmotiv könnte dann die Wasserfläche gewesen sein. Die Eindeutung des keltischen Namens erfolgte durch Substitution des /-o-/ durch ahd. /ō/ > /uo/. Mit der gleichen Substitution wird auch bei ⁊Dientenbach (< *Dondenā) gerechnet. – Hausner/Schuster, *Namenbuch*, S. 458 (mit Annahme germanischer Herkunft); Rix, *LIV*, S. 628; Matasović, *Proto-Celtic*, S. 378, 383.

Gude r.z. Fulda (z. Weser). – 1336 *Wutha*; ON. Obergude, Niedergude (Gem. Alheim, Lkr. Hersfeld-Rotenburg, Hessen, D), 960 *Wodaha*, 1300 *Guda*, 1344 *Obernwuta, Nydernwuta, Nedernwota*, 1374 *Guda*, 1394 *Gutha*, Ende 14. Jh. *de Guda*, 1420 *de Guta*, 1425 *in Guda*. – Ausgangsform mhd. *Wuotaha, mhd.-md. *Wuoda(ha) > fnhd. *Wūde, in spätmhd. Zeit ersetzt durch das reimende, positive mhd. *Guotaha, fnhd. *Gūde. Ursprünglich Kompositum mit dem Grundwort ahd. *aha* 'fließendes Gewässer' und mhd. *wuot* 'Wut, heftige Bewegung' bzw. mhd. *guot* 'gut' als Bestimmungswort. Wahrscheinlich werden in den Quellen die Namen zweier Flussabschnitte vermischt, ⁊Gutach ⁊Wutach. – Sperber, *HG.A.5*, S. 39; Bach, *Namenkunde* 2, S. 553f.

Gudelacksee westlich von Lindow/Mark (Lkr. Ostprignitz-Ruppin, Brandenburg, D), Gudelackfließ, Bach zwischen Gudelacksee und Möllensee/Lindower Rhin. – 1530 *der Gudelow*, 1590 *ein fliss die Gudelage*, 1654 *Ein Fließ die Gude Lage*, 1767 *Gudlack See*, 1799 *Gudelack-See, Gundelake, Gundlaker-See*. – Der ursprünglich slawische Name wurde an mndd. *Gŏde lake* 'gute Lake' angeglichen. – Wauer, *HG.A.17*, S. 55; Fischer, *BNB 10*, S. 100.

Gülden- -*see* ⁊Gold-.

Gündelbach l.z. Metter (z. Enz z. Neckar z. Rhein), mündet in Gündelbach (Stadt Vaihingen an der Enz, B.-W., D). – ON. Gündelbach, 1116–1125 *Ginderatebach*, 1241 *Ginderrandebach*, 1262 *Gindrathebach*, 1277 *Gindratbach* (und weitere Belege). – Grundform ahd. *Gindrātabach*, gekürzt > *Gindertbach > *Ginder(t)bach > *Gindelbach*, gerundet *Gündelbach*. Kompositum mit dem Grundwort -*bach* und dem Genitiv des PN. (weiblich) *Gin(d)rāta (Gen. *Gin(d)rāta-) als Bestimmungswort. – Schmid, *HG.A.1*, S. 43f.

Günne, die (auch *Bokeler Bach*), Oberlauf der Stederau (z. Ilmenau z. Elbe), entspringt westlich von Bokel (Gem. Sprakensehl, Lkr. Gifhorn, Niedersachsen, D) in der Nähe der Bullenkuhle, eines vermoorten Kleinsees. – 1743 *die Günde genanndt*, um 1820 *Günne*; ON. Günne (Weiler in der Nähe der Stederau-Quelle), 1743 *zur Günde*, um 1820 *Schäferei Günne*. – Ausgangsform *Günde* < (gm.) *Gundjō auf den Fluss übertragene Stellenbezeichnung, mit j-Suffix von gm. *gunda- m. (as. *gund* 'Eiter', ae. *gund*, gt. *gunds*, ahd. *gunt* 'Eiter, schleimige Flüssigkeit'), schweizerdeutsch *Gunte(n)* m.f. 'Quelle, Wasserstelle, künstlich angelegte Tränke', abgeleitet ist. Falls das schweizerdeutsche Wort die ursprüngliche Bedeutung von gm. *gunda- bewahrt hat, bezieht sich Günne vielleicht auf die Quelle der Stederau und die Eigenart des dort zu Tage tretenden Wassers, ⁊Günz. – Udolph, *HG.A.16*, S. 139 f.; Pokorny, *IEW*, S. 438.

Günsbach (auch *Ginsbach*), l.z. Jagst (z. Neckar z. Rhein), mündet bei Krautheim/Jagst (Hohenlohekreis, B.-W., D). – ON. Oberginsbach, Unterginsbach (Stadt Krautheim), 1090 *in Gynesbach inferiori*, 1096 *Ginnisbach*, 12. Jh. *Ginnesbach*, 1291 *Ginspach*, 1365 *in superiore Gunsbach*. – Grundform FlN. mhd. *Ginnesbach*, Kompositum mit dem Grundwort -*bach* und dem Genitiv des PN. ahd. *Gin(n)i* (Gen. *Gin(n)es-) als Bestimmungswort. – Schmid, *HG.A.1*, S. 44.

Günz, die r.z. Donau, entsteht bei Lauben (Lkr. Unterallgäu, Bayern, D) durch den Zusammenfluss von Westlicher ~ und Östlicher ~, mündet nach circa 55 km bei Günzburg (Lkr. Günzburg, Bayern). – 2./3. Jh. (inschriftlich) *Gontiae sacr(um)*, für den ON. Günzburg am Zusammenfluss von Günz und Donau sind seit claudischer Zeit Kastell, Vicus und spätantike Befestigung nachgewiesen: Panegyrici Latini (297, Handschrift 15. Jh.) *transitum Guntiensem* (Lesart *contiensem*), Itinerarium Antonini (3. Jh., Handschrift 7./8. Jh.) und Notitia dignitatum occidentalium (425–430, Handschrift 15./16. Jh.) *Guntia*, 802 *castellum Guntionis*, 1065 *Gunceburch*, 1154 *Gunzeburch*, 1307 *Güntzeburg*, 1424 *Güntzburg*. In römischer Zeit ist der ON. mit dem FlN. identisch. Im Mittelalter wird mit Bezug auf die römische Befestigung -*burg* angefügt; ON. Günzach (Lkr. Ostallgäu, Bayern), ON. Obergünzburg (Lkr. Ostallgäu). – Die Grundform *Guntia* wird als Ableitung von der Schwundstufe des Verbs ig. *ĝʰeu-* 'gießen' mit dem Suffix ig. *-nt-i̯ā* und der ungefähren Bedeutung 'wasserreicher Fluss' gedeutet, was die Vermittlung des Namens durch eine Sprache, die ig. /ĝʰ/ als /g/ weiterführt, voraussetzt. Erwogen werden kann auch eine etymologische Verbindung mit urig. *ĝe̯uH-* 'sich in schnelle Bewegung setzen' (ai. *jávate* 'eilt'), und zwar als Ableitung vom Stamm des Nasal-Präsens *ĝunH-* (ai. *junāti* 'treibt zur Eile') mit (sekundärem?) *-t-*Suffix *gunato-* 'zur Eile angetrieben'(?), zum FlN. gebildet als *Gúnati̯ā*, synkopiert *Guntia*. Der FlN. *Guntia* ist jedenfalls ohne Vergleichsnamen und daher als ves.-ig. zu kategorisieren. – Snyder, *HG.A.3*, S. 30 f.; Reitzenstein, *Lexikon*, S. 166; Rix, *LIV*, S. 166.

Gürbe, die l.z. Aare (z. Rhein) im Kanton Bern (CH). – 1260 *ripam ... Gurba, ad Gurbam*, 1308 *in der Gurben*. – Zugrunde liegt *Gürbja*, mit Lautsubstitution alem. /g/ für rom. /k/ zu rom. *curbia* 'Flusskrümmung'?, abgeleitet von l. *curvus* 'krumm'. – Zinsli, *BNB*, I, 2, Sp.157.

Güßbach l.z. Main (z. Rhein), mündet bei Breitengüßbach (Lkr. Bamberg, Bayern, D). – ON. Breitengüßbach, ON. Hohengüßbach (Gem. Breitengüßbach), 809–831 (Kopie 10./12. Jh.) *Gusibah*, 1078–1138 (Kopie 13./14. Jh.) *Gusebach*, 1125 (Kopie 12. Jh.) *Gusebach*, 1215 *Gusembach*, 1326–1328 *Gvspach*, 1392 *Guespach*, 1413 *Güßbach*, 1831 *Breitengüßbach*. Die Zusätze *Breiten-* und *Hohen-* unterscheiden die beiden Orte am Fluss Güßbach: Hohengüßbach liegt am Oberlauf, Breitengüßbach dehnt sich rechts und links des Flusses kurz vor seiner Mündung „breit" aus. – Grundform FlN. ahd. *Gusibah*, mhd. *Güsebach*, fnhd. (synkopiert) *Güsbach*, Kompositum mit dem Grundwort ahd. *gusi* (Nom. Pl. *gusu*), *gussi* stN. 'Wasserschwall, Überschwemmung' (< gm. *gusja-* n.), neben ahd. *gussa* stF., mhd. *güsse* 'Flut, Überschwemmung, Sintflut' (< gm. *gusjō* f.). Für Güßbach (und den ähnlich gebildeten Namen *Gußgraben*) kann die gleiche Bedeutung wie bei bair. (Südtirol) *Gise* ('bei starkem Regen und Schneeschmelze hochgehender Wildbach') angenommen werden. – Sperber, *HG.A.7*, S. 58; Reitzenstein, *fränkische Ortsnamen*, S. 41; Seebold, *starke Verben*, S. 228; Kühebacher, *Ortsnamen 3*, S. 83.

Gußgraben ↗ Güßbach.

Guldenbach, die (im Oberlauf Volkenbach), l.z. Nahe (z. Rhein), entspringt nordwestlich von Erbach/Hunsrück, fließt vorbei an Rheinböllen (Rhein-Hunsrück-Kreis, Rh.-Pf., D), mündet bei Bretzenheim (Lkr. Bad Kreuznach, Rh.-Pf.). – 1345 (Kopie 15. Jh.) *uff der Gollenbach*, 1488 (Kopie 16. Jh.) *uff der Guldenbach*, 1508 *in die Güldenbach*, 1514 *uff der Guldenbach*, 1601 *an der Güldenbach, von der Guldenbach*, 1617 *an der Guldenbach*, ON. Guldental (Lkr. Bad Kreuznach). – Deutung ↗ Gülden- ↗ Gold-. Der Umlaut (*Güldenbach*) ist in Anlehnung an nhd. *der Gulden* unterdrückt worden. – Greule, *HG.A.15*, S. 40.

Gumnitz, die z. Großen Schlagenthin-See westlich von Müncheberg (Lkr. Märkisch Oderland, Brandenburg, D), fließt durch das gleichnamige Sumpfgebiet. – 1573 *über die Gümnitz*, 1840 *Die Gumnitz*; Sumpfgebiet Gumnitz, 1573 *die Zumnitz* (lies *Gumnitz*), 1936 *Gumnitz*. – Grundform apolab. *Gum'nica* zu *gum'no* 'Garten'. – Fischer, *BNB* 10, S. 100 f.

Gumpen- *-bach, -graben, -see*. Mhd. *gumpe* swM. 'Wasserwirbel'. Das Diminutiv mhd. *gümpel* in: um 1170 *de Gumpl-aha*, jetzt ON. Grünbach am Schneeberg (PB Neunkirchen, N.-Ö., A). – Ramge, *Flurnamenbuch*, S. 434; Hausner/Schuster, *Namenbuch*, S. 456.

Gunzenbach in Süddeutschland häufiger Fluss- und Ortsname, z.B. Gunzenbach, l.z. Hohlenbach (z. Reichenbach z. Kahl z. Main z. Rhein) im Spessart, ON. Gunzenbach (Marktgemeinde Mömbris, Lkr. Aschaffenburg, Bayern, D), 1167 *Gunzenbach*, 1361 *von Gunzenbach*, Kompositum mit dem Grundwort *-bach* und dem Genitiv des PN. ahd. *Gunzo* (< *Gund-so*) (*Gunzen-*) als Bestimmungswort. – Sperber, *HG.A.7*, S. 58.

Gurk, die

– ¹Gurk, l.z. Drau östlich von Klagenfurt (Kärnten, A). – 831 ... *ubi Curciza in Curcam influit*, 891–893 *iuxta flumen Gurca*, 1025 *inter fluenta Gurkę et Souuę*, 1043 (Fälschung 1172–1176) *usque ad Gurcam*, 1062 *riuuo qui dicitur Gvrca*, 1131 *aquam Gurcam*, 1186

iuxta Gurcam fluvium, 1187 ... *fluvii qui Gurka dicitur*; RaumN. Gurktal zwischen Leßnitz (Gem. Weitensfeld-Flattnitz) und der Mündung der Metnitz (südlich Friesach) (PB Sankt Veit an der Glan, Kärnten), 898 *in Gurcatala*, 975 *in pago Gurketal*, 1072 (Fälschung 12. Jh.) *in valle Gvrka*, 1169 *in valle Gurg*, usw.; ON. Gurk (PB Sankt Veit an der Glan), 864 (Kopie 13. Jh.) *in loco vocato Kurca*, 898 *curtem ... Gurca*, 982 *curtibus ... Curca*, 1051 *de curtibus ... Curca*, nach 1060 *de Gûrka*, 1106 *curtim suam Gurca*, latinisiertes Adjektiv 11./12. Jh. (*ecclesiam*) *Kurcensem*, *episcopus Gurcensis*, *episcopo Curchensi*. ↗ Görtschitz. – Hausner/Schuster, *Namenbuch*, S. 465–473.
– ²Gurk, sloven. *Krka*, r.z. *Save*, entspringt südöstlich von Ljubljana (Slowenien) und mündet nach 111km bei Brežice. – (63 v. Chr.-19 n. Chr.) Strabon (4, 6, 10; 7, 5, 2) *Korkóras*, (496/506, Kopie 13./14. Jh. nach Kopie um 700) Rav. 4,20 *Corcac* (var. *Corcat*).
– ³Gurk, sloven. *Krka*, ung. *Kerka*, l.z. Mur zwischen Kerkaszentkirály und Szemenyecsörnye (H). Aus ves.-ig. (vorslaw.) **Kūr-k-ā*, Onymisierung des Verbaladjektivs ig. **kŭro*- < **kuh₁-ró-s* 'kräftig, stark' (ai. *śūra*- 'kräftig, griech. *kyrios* 'Herr', lit. GwN. *Kūrà*) mit *k*-Suffix, vgl. „alteuropäische" Gewässernamen wie *Sarca*, **Serka*, **Arkos*, lit. *Alkà*, *Nerkà*. **Kūrkā* > vulgärlat. **Kurka*, abair. *Curca*, (später dissimilatorisch?) *Gurka*, slaw. **Kъrka* > sloven. *Krka*. *Korkóras* bei Strabon zeigt Erweiterung um ein r-Suffix und Harmonisierung des Wurzelvokals an den betonten Vokal (**Kurkóra*- > **Korkóra*-). Parallelname: *Krka*, Fluss z. Adriatischen Meer (Kroatien). – Anreiter, *vorrömische Namen*, S. 228f.; Pokorny, *IEW*, S. 592; Rix, *LIV*, S. 339.

Gurnbach r.z. Talfer (z. Eisack z. Etsch). – 1435 *sand Jórgen pach*, 1453 *am pache von sand Jorgen*, 1545 *Gúrn pach*; ON. Gurhof (Gries/Bozen, Prov. Bozen/Südtirol, I.), 1453–1460 *zu Gurren*, 1643 *Gurnhof*. – *Gur* ist Kurzform von *Georg*, *Gurn* < *Georgen*. – Kühebacher, *Ortsnamen* 2, S. 125.

Gurten, die (amtlich *Gurtenbach*), r.z. Inn bei Obernberg am Inn (PB Ried am Inn, O.-Ö., A). – 788 *secus fluenta ... Gurduna*, um 1160 *iuxta fluuium Gurtam*; ON. Gurten (PB Ried im Innkreis), (älter) /gu̯ɐχn̩, gu̯ɐχtn̩/, (jünger) /gu̯ɐtn̩/, 763 *in villa ... Curtana*, 786 *Curtuna*, 791–804 *Curtuna*, 805 *Gurtina*; ON. Gurtenhof (Obernberg am Inn), 1526 *Gurtnhof*. – Eine Erklärung geht davon aus, dass der Siedlungsname rom. **Curtīna* < l. *cōrtīna* 'Hofanlage' früh auf den Fluss, an dem die Siedlung liegt, übertragen wurde. Der Ortsname müsste dann um 800 ins Althochdeutsche integriert worden sein, nachdem die Lautverschiebung von /-t-/ vorbei, die Verschiebung von /k-/ zur Affrikata /kχ-/ nicht mehr aktiv war und stattdessen /k-/ durch /g-/ ersetzt wurde.

Bei der zweiten Erklärung ist die lautliche Entwicklung einfacher: Es wird von gm. **gurda*- (in l. *gordus/gordum* 'Fischzaun', normannisch-frz. *le gord* 'Fischzaun') ausgegangen. Aus dem mit *n*-Suffix abgeleiteten ON. **Gurdina/-una* 'Flussstelle mit Fischzaun' (vgl. afrz. *gourdaine* 'Fischzaun' < *gordana*) entwickelte sich lautgesetzlich ahd.-bair. *Curtana*, *Curtuna*, später *Gurtina*. Der Stamm von gm. **gurda*- 'Fischzaun' (< ig. **gʰr̥dʰ-ó-*, ai. *gr̥há*- 'Haus, Wohnstätte', mit Schwundstufe der ig. Wurzel **gʰerdʰ*- 'umfassen, umzäunen') liegt auch vor in gm. **gurd-ja-n* (ahd. *gurten*) 'gürten' und gm. **gurd-ila-z* 'Gürtel'. Zur Bildungsweise vgl. ↗ Gusen und ON. Suben (PB Schärding, O.-Ö.) (< *Subuna*). – Dotter/Dotter, *HG.A.*14, S. 137f.; Bertol-Raffin/Wiesinger, *Ried im Innkreis*, S. 128, 146; Hausner/Schuster, *Namenbuch*, S. 473f. (mit inakzeptabler Etymologie); Wiesinger, *Probleme*, S. 196f.; Trier, *Versuch*, S. 12f.; Seebold, *starke Verben*, S. 225; Rix, *LIV*, S. 197.

Gusen, die l.z. Donau bei Mauthausen (O.-Ö., A), entsteht aus der westlichen Großen ~ und der östlichen Kleinen Gusen. – 1125 (Fälschung Ende 12. Jh./Anfang 13. Jh.) *Gvvsin*; ON. Gusen (PB Perg, O.-Ö.), /gūsn̩/, ca.1230 *Gusen*. – Grundform ahd. **Gusuna*, *n*-Ableitung von gm. **gusu*-, vgl. ahd. *gussi* stN. 'Guss, Flut, Überschwemmung' (< gm.**gusja*-). – Hohensinner/Wiesinger, *Perg und Freistadt*, S. 6f.

Gutach, die
– ¹Gutach, aus dem Titisee z. Wutach (z. Rhein) im südlichen Schwarzwald (Lkr. Breisgau-Hochschwarzwald, B.-W., D), ab Einmündung der Haslach heißt der Fluss Wutach. – 1365, 1391, 1419, 1430, 1484, 1491 *in der Gůta*, 1508 *Gutach*. – Geiger, *HG.A.*2, S. 51.
– ²Gutach (auch *Wilde Gutach*), l.z. Elz (z. Rhein), fließt durch das Simonswälder Tal (Lkr. Emmendingen, B.-W., D), mündet bei Gutach im Breisgau (Lkr. Emmendingen). – Zum Jahr 1111 *rivus dictus Wůta*, 16. Jh. *in der Wildengutach*; ON. Gutach, 1309, 1341 *Gůta*, 1354 *Gueta*, 14. Jh. *Gutach*. – Geiger, *HG.A.*2, S. 51.
– ³Gutach, l.z. Kinzig (z. Rhein), entspringt auf der Gemarkung von Schönwald (Schwarzwald-Baar-Kreis, B.-W., D), bildet die Triberger Wasserfälle, mündet bei Hausach (Ortenaukreis, B.-W.). – 1370 *an der Gůta*, 1452 *Gůtach*, 1576 *in der Gůttach*; ON.Gutach / Schwarzwaldbahn (Ortenaukreis), 1275 *in Gůtach* (und zahlreiche weitere Belege). – Geiger, *HG.A.*2, S. 51.
Grundform ahd. **Guotaha*, mhd. *Guota*, *Guotach*, Kompositum mit dem Grundwort ahd. *-aha* 'fließendes Gewässer' und dem Adj. ahd., mhd. *guot* 'gut', hier 'friedliches ungefährliches Gewässer' im Gegensatz zu ↗ Wutach, als Bestimmungswort. Bei ²Gutach

scheint *(Wilde) Gutach* ein Euphemismus für den ursprünglichen Namen *Wutach* zu sein, Parallelname ↗Gude. – Bach, *Namenkunde* 2, S. 553f.

Gutenbach (im Oberlauf *Kallenbach*), r.z. Appelbach (z. Nahe z. Rhein). – ON. † Gudenbach, heute Gutenbacherhof (Gaugrehweiler, Donnersbergkreis, Rh.-Pf., D), um 1220 *Gudinbach*, vor 1537 *Oberguodenbacher geriecht*. – Grundform FlN./ON. mhd., md. *Guodenbach, Zusammerückung aus mhd. *(ze dem) *guoden bache* 'am guten, friedlichen Bach', ↗Gutach ↗Gude. – Greule, *HG.A.15*, S. 40; Dolch/Greule, *Pfalz*, S. 178.

Guttelsbach r.z. Fulda (z. Weser), fließt im Guttelsgrund, mündet unterhalb Rotenburg. – ON. Hof Guttels, † Oberguttels (Hersfeld-Rotenburg, Hessen, D), 1343–64 *villa Gutelins*, 1364 *Gutheils*, 1366–88 *Gudhels*, 1484 *Gutels*, 1585 *Gottels*, FlurN. Guttelsgrund, Guttelsberg. – Ausgangsform FlN. ahd. *Gutelīnesbach > *Gutelnsbach > *Gutels(bach), Kompositum mit dem Grundwort -*bach* und dem Genitiv des PN. ahd. *Gutelīn, daraus der ON. durch Ellipse gebildet. – Sperber, *HG.A.5*, S. 39.

H

Haar-/Har- -bach, -brunnen, -see, -weiher. Bestimmungswort ist nhd. *Haar* '(nicht zubereiteter) Flachs', ahd. *haro* stM., mhd. *har*.

Haarbach

- ¹† Haarbach (jetzt *Kandlinger Bach*), r.z. Schwärzenbach (z. Schwarzer Graben z. Rott z. Inn z. Donau). – Ca.1563 *ad influxum rivi Harbach*, 1844 *Harbach*; ON. Großhaarbach, Kleinhaarbach, Mitterhaarbach (Gem. Tettenweis, Lkr. Passau, Bayern, D), 820 (Kopie Ende 9. Jh.) *de Haropach* (lies *Horapach*), um 1130 *de Horbach* (und weitere Belege), vor 1140 *inferius Harbach, Harbach Superius*, 1200–20 *de Harbach* (und weitere Belege), 1343 *ze Schadenharbach*, 1347 *vor Horbach*, 1543 *Grossnharnbach*. – Dotter/Dotter, *HG.A.14*, S. 191.
- ²Haarbach, l.z. Großen Vils (z. Vils z. Donau), mündet bei Frauenhaarbach (Stadt Vilsbiburg, Lkr. Landshut, Bayern, D). – Ca.990–1000 *Horapach*, ca.1563 *Harbach*; ON. Oberhaarbach (Markt Geisenhausen, Lkr. Landshut), ON. Haarbach, Frauenhaarbach, Schnedenhaarbach (mhd. *snœde* 'gering, ärmlich') (Stadt Vilsbiburg), 972–976 *in loco Horapah*, ca.990–1000 *ad Horapach orientalem*, 994–1005 *in loco Horapahc* (sic), vor 1140 *inferius Harbach* ('Unterhaarbach'), 1200–1220 *de Harbach*, 1212–1216 *de Horebach*. – Snyder, *HG.A.3*, S. 32.
Ausgangsform (¹† Haarbach, ²Haarbach) *Horwabach*, Kompositum mit dem Grundwort -*bach* und ahd. *horo* swN. (< gm. *horwa-*) 'feuchte Erde, Schlamm, Morast, Schmutz, Kot'.
- ³Haarbach, r.z. Folschbach (z. Etzelsbach z. Leine z. Aller z. Weser), mündet östlich von Steinbach (Stadt Leinefeld-Worbis, Lkr. Eichsfeld, Thüringen, D). – Um 1600–1618 *im Horbach*, 1610 *im Harbache*, 1615 *die Harbach*, 1663 *von der Hahrbach*, 1673 *Hohrbach*, 1847 *Haarbach*; ON. † Haarbach, 1281 *Horebach*, um 1420 *villa Horbach*, FlurN. Horbachsgrund. – Kompositum mit dem Grundwort -*bach* und mndd. *hör(e)* 'Dreck, Unrat, Kot; Schlamm, Moorerde, Lehm', ↗¹† Haarbach ↗²Haarbach ↗¹Harbach. – Kettner, *HG.A.8*, S. 41; Kettner, *Leine*, S. 124 f.
- ⁴Haarbach, l.z. Weser, mündet bei Haverbeck (Stadt Hameln, Niedersachsen, D). – 1622 *Haer Krebse Bache*, 1636, 1638 *die Haer Bache*, (1638) *die Krebß Bach so durch die Haer fleust*, 1773 *Haar Bache*; ON. Hof Haare, GegendN. Große Haar, (1638) *durch die Haer*, 1773 *die Haare*. – Der ursprüngliche Name des Bachs ist *Krebsbach* (↗Krebs-), der durch *die Haar*, mndd. *hāre* f. 'Anhöhe, Bergrücken' (auch Waldname), gm. **har(u)-*, fließt und auf den der GegendN. übertragen wurde. – Kramer, *HG.A.10*, S. 25; Haubrichs, *Sprachliche Differenzen*, S. 129.

Haarbach-Graben l.z. Weißbach (z. Saalach z. Salzach z. Inn z. Donau). – 1247 *in Horbach*, 1349 *Harwach*. – Deutung ↗³Haarbach. – Straberger, *HG.A.9*, S. 42 f.

Haaren, die l.z. Hunte (z. Weser), entspringt bei Rastede (Lkr. Ammerland, Niedersachsen, D), entwässert die ammerländische Geest, fließt durch die Stadt Oldenburg (Niedersachsen) und mündet dort. – (1273–1278) (Kopie 16. Jh.) *by der Haren*, 1359 *by der Harne*, 1384 *prope Harnam*, 1387 *juxta aquam ... Harne*, 1388 *prope Harnam*, 1395 *uppe der Harnen* (und weitere Belege), zu 1529 (chronikal) *twischen ... un der Haren*; MühlenN. Haarenmühle, 1345 *to der Harnemolen* (und weitere Belege), ON. Haarenstroth (Bad Zwischenahn, Lkr. Ammerland), ehemaliger FlurN. 'Sumpfwald an der Haaren'. – Ausgangsform as. **Herina* (< gm. **Harina*) über *Herne* > *Harne/Haaren* 'Geest-Fluss', Ableitung mit *n*-Suffix von gm. **hari-/*haru-* 'Geestrücken, Sandrücken' ↗⁴Haarbach ↗Heerener Bach, vgl. Ortsnamen wie Herne (NRW, 10. Jh. *Haranni*), Herne, Hernen, die trotz der gleichen morphologischen Struktur keine Flussnamen sein müssen. – Borchers, *HG.A.18*, S. 52 f.; Haubrichs, *Germania submersa*, S. 656; Haubrichs, *Sprachliche Differenzen*, S. 129 f.

Habach r.z. Salzach (z. Inn z. Donau), durch das Habachtal (Hohe Tauern), mündet bei Habach (Gem. Bramberg am Wildkogel, PB Zell am See, Salzburg, A). – 1570 *Harpach*; ON. Habach 1147–67 *de Haipach*, 1345 *Haypach*, ca.1350 *in Haibach*, 1398 *ze Häbach*, ca.1400–1500 *(in) Habach, in Haÿpach*, 1494 *in dem Häbach*, BN. Habachkees. – Ausgangsform mhd. **Höubach* 'Heubach', Kompositum mit dem Grundwort -*bach* und mhd. *höu*, ahd. *hou(wi)* 'Heu', bairisch (mundartlich) entrundet > *Haibach*, monophthongiert zu *Hābach. – Straberger, HG.A.9, S. 43; Hausner/Schuster, Namenbuch, S. 477.

Habachbach (auch Habach), r.z. Abergbach (z. Kössener Ache z. Tiroler Ache z. Chiemsee z. Alz z. Inn z. Donau). – 1774 Habach; ON. Habach, Haberberg (Gem. Kirchdorf in Tirol, PB Kitzbühel, Tirol, A), 1400 Haeubach, 1452 Höpach, 1475 Häpach, 15. Jh. Heypach, 1509 Hapach, 1774 Habach. – Deutung ↗ Habach. Habachbach ist sekundäres Kompositum mit dem Grundwort -bach zur Abgrenzung des Flussnamens vom Ortsnamen. – Dotter/Dotter, HG.A.14, S. 139.

Habel-Bach l.z. Ulster (z. Werra z. Weser), mündet südöstlich von Spahl (Gem. Geisa, Wartburgkreis, Thüringen, D) mit Habelsee. – ON. Habel, Habelgraben (Stadt Tann/Rhön, Lkr. Fulda, Hessen), 1358 Habel; BergN. Habelberg (Rhön), 1093 in Habelenberg, BergN. Habelstein. – Ausgangsform ON. mhd. *Habelen (elliptisch), Genitiv des PN. mhd. *Habele, ausgehend vom ON. *Habelen (verkürzt > *Habeln, Habel) werden die Komposita Habel(en)-bach, -see, Habelen-berg und *Habel(en)-stein gebildet. – Sperber, HG.A.5, S. 40, 123.

Hachel- -bach, -graben. Bestimmungswort vermutlich Genitiv des PN. ahd. Hachilo (*Hachilen-), unsichere Deutung, da Belege fehlen. – Ulbricht, Saale, S. 248; Faust, HG.A.4, S. 31; Dotter/Dotter, HG.A.14, S. 140.

Hachenbach, die Oberlauf des Großbachs (Fortsetzung als Bärenbach z. Nahe z. Rhein). 1514 in die Hachenbach, die Hachenbach ußen, 1601 biß in die Hachenbach; ON. Schmidthachenbach (Lkr. Birkenfeld, Rh.-Pf., D), Sienhachenbach ('Hachenbach bei Sien' ↗ Siener Bach) (Lkr. Birkenfeld), 1150 Predia ... Hachenbach, 1340 in Hachenbach. – Kompositum mit dem Grundwort -bach und dem Genitiv des PN. ahd. Hacho (*Hachen-) als Bestimmungswort. – Greule, HG.A.15, S. 40.

Hackenbach r.z. Etzelsdorfer Bach (z. Inn z. Donau). – ON. Hackenbuch (Gem. Sankt Marienkirchen, PB Schärding, O.-Ö., A), 1090–1120 Haekcenböche, um 1120 Haginböch, 1170–90 Hachinböche, 1170–1240 Hakkenbuch. – Der Flussname ist wahrscheinlich eine Klammerform *Hacken(buch)bach, mit -bach als Grundwort und dem ON. Hackenbuch (mhd. *Hackenbuoch 'Buchenwald eines *Hago/ Hakko') als Bestimmungswort. – Dotter/Dotter, HG.A.14, S. 140; Hausner/Schuster, Namenbuch, S. 477f.

Haddenbach l.z. Morsbach (z. Wupper z. Rhein). – 1607 zwischen ... Hattenbach; ON. Haddenbach (Stadt Remscheid, NRW, D), /horrenbeck/, 1217 in hoddinbegge, um 1312 den hoddenbeke, 1369 Hoddenbach. – Grundform FlN./ON. mndd. *Hodden-beke, Kompositum mit dem Grundwort mndd. -beke 'Bach' und dem Genitiv des PN. *Hōddo? Die heutige Mundartform kommt durch den Rhotazismus /-d-/ > /-r-/ zustande. – Schmidt, HG.A.6, S. 27; Kaufmann, Ergänzungsband, S. 191.

Hadelner Kanal (auch Hadeler~, Hadler Kanal), r.z. Medem (z. Elbe), mündet bei Otterndorf (Lkr. Cuxhaven, Niedersachsen, D). – LandschaftsN. (Land) Hadeln im Dreieck zwischen den Mündungen von Elbe und Weser, mit dem Geestrücken Hohe Lieth, 8./9. Jh. (Annalen) in loco Hadalaon (lies Hadalo(h)on?), 9. Jh. (Annalen) ad Hadaloha (Variante adaloh), 10. Jh. (Annalen) Hadaloh, de Haduloha, um 960 Hathalaon, Hadalaun (Widukind), um 1075 a maritimis Hadelohe regionis, Haduloha, Hadloae maritima, Hadaloae fines, Hadeloe regionis, contra Hadeloam (Adam v. Bremen), um 1150 Hethelen, 1164 Hadeleria (und weitere Belege). – Ausgangsform LandschaftsN. as. *Hatha-lōh 'Wald am/mit dem Geestrücken Hohe Lieth', vgl. Water-loo, BewohnerN. *Hathal[ōh-]eria (< gm.*-warjōz), Kompositum mit dem Grundwort as. lōh m. 'Busch, Gehölz', ahd. lōh '(kleiner) Wald, (heiliger) Hain'. Das Bestimmungswort ist umstritten; neuerdings wird gm. *haþa- 'Neigung, Biegung' mit Bezug auf den Geestrücken vorgeschlagen. Die von dem Beleg Haduloha ausgehende Deutung 'Kampfwald' ist Gelehrtenetymologie. – Udolph, HG.A.16, S. 140f; Udolph, Hadaloha.

Hälver, die l.z. Volme (z. Ruhr z. Rhein), entspringt im westlichen Sauerland nordöstlich von Halver (Märkischer Kreis, NRW, D), mündet in Lüdenscheid (MärkischerKreis). – ON. Halver, 11. Jh. (Kopie 12. Jh.) Halvara, de Halvaru, 1127–31, 13. Jh. Halvere, um 1313 Halveren, 1378 Halvere, to Halver; ON. Halverscheid (Stadt Halver), 11. Jh. (Kopie 12. Jh.) Halverscetha, 12. Jh. De Halverschethe 'das aus der Gemarkung an der Hälver ausgeschiedene Gebiet' (vgl. Lüdenscheid), ON. In der Hälver (Stadt Halver). – Grundform FlN. (?) as. Halvara, nominalisiertes Adjektiv, mit r-Suffix abgeleitet von as. halva stF. 'Seite, Gegend', mndd. halve, ahd. halba, afr. halve, ae. healf, awn. halfa, got. halba; Benennungsmotiv: 'Fluss von der Seite, Nebenfluss (der Volme)', ↗ Halbammer ↗ Halblech. Zur Unterscheidung vom Ortsnamen wird die mundartlich umgelautete Form Hälver als FlN. standardisiert. Der Name Halver wird als Bestimmungswort auch im ON. Halberstadt (Lkr. Harz, S.-A., D), 946 Halvere-stat, 1014 Haluerstedi,

1012/18 *Halverstidi*, vermutet. – Schmid, *HG.A.6*, S. 27; Barth, *Sieg und Ruhr*, S. 142; Berger, *Geographische Namen*, S. 122.

Häsebach r.z. Kollbach (z. Gerdau z. Ilmenau z. Elbe), fließt durch die Gem. Gerdau (Lkr. Uelzen, Niedersachsen, D). – *1559–79 die Hesebeck, 1667 den Heesebeck hinauf, 1775 Hesebach, 1925 Häsebach, Hesebeck*. – Kompositum mit dem Grundwort mndd.-*beke* 'Bach' und ndd. *hees* 'Buschwald', ↗ Hesperbach. – Udolph, *HG.A.16*, S. 141.

Hässelbach (auch *Hässelmühlenbach*), l.z. Bruno (z. Ise z. Aller z. Weser) bei Oerrel (Gem. Dedelsdorf, Lkr. Gifhorn, Niedersachsen, D). – *1478 vppe dem haselebecke*; ON. Hässelmühle, *1779 Hässel Mühl*; FlurN. *Hässel-Berg, 1779 Hässel Berg*. – Grundform as. **heselīn beki* 'mit Haselsträuchern bestandener Bach', gekürzt zu **Heselbeke/Hässelbach*. – Borchers, *HG.A.18*, S. 53.

Hafenlohr, die r.z. Main, mündet in Hafenlohr (Lkr. Main-Spessart, Bayern, D). – /hoffəlooər/, 8. Jh. (echte Vorlage in Fälschung des 12. Jh.) *super fluviolum Lara, 1273 super ripam Lare, 1530 in der Bach Lore zu Havenlohr*; ON. Hafenlohr (im Unterschied zu ↗ Lohr auch: Nieder-Lohr), *1342 in inferiori Lare, 1365 Niderlar, 1448 Heffnerlor, 1502 Hafnerlor, 1530 Havenlohr*. – Der Zusatz *Hafen-, Heffner-, Hafner-* (mhd. *hafen, haven* 'Topf', *hefenaere* 'Töpfer') bezieht sich auf das Töpferhandwerk, das bei den dortigen Tongruben betrieben wurde. Etymologie ↗ Lohr. – Sperber, *HG.A.7*, S. 59; Bauer, *Grenzbeschreibungen*, S. 76; Fritz-Scheuplein/König, *Ortsnamen*, S. 72.

Hafer-/Haver-/Hawer- -bach, -beck/-bek, -pfuhl, -riede, -siek, -teich. Bestimmungswort as. *hauoro*, mndd. *hāver(e)*, ahd. *habaro* swM., mhd. *habere, haber*, awn. *hafr* 'Hafer (auch als Unkraut, Hafergras)', z.B. Haferriede, l.z. Möseke (z. Süd-Aue z. Aue z. Leine z. Aller z. Weser), *1681 boben an der Haberrie, auf der Haverrie entlang*. – Borchers, *HG.A.18*, S. 54.

Haferbach l.z. Werre (z. Weser), entspringt bei Oerlinghausen-Wellenbruch (Kreis Lippe, NRW, D) am Fuß des Teutoburger Waldes, mündet in Lage-Soorenheide (Kreis Lippe). – *1628 Haverbeck, 1721 Hafferbeke, 1790 Haferbach*; LandschaftsN. Hafergau, *822–826* (Kopie 1479) *in pago Haboga* (lies **Haborga*?), *1011, 1016 Hauerga*; ON. Hof Haverig (Wellentrup, Stadt Lage, Kreis Lippe), zum Jahr 1031 (um 1160) *Hauergo, 1183 Habergo, 1324–1360 de Havergho, 1382 van Havergo* (und weitere Belege); ON. Havergo (Müssen, Stadt Lage), *um 1003–1005* (Kopie 1479) *in Hauerga, 1306 Hauergo, 15. Jh* (dorsual) *to Havergo* (und weitere Belege). – Ausgangsform LandschaftsN.

as. **Haber-gō*, Kompositum mit dem Grundwort -gō (ahd. *gouwe*) 'Gau' und einem nicht eindeutigen Bestimmungswort, es wird identifiziert entweder mit as. *hauoro*, mndd. *hāver(e)* 'Hafer' (mit der Bedeutung 'Haferland', vgl. Haberlandbach, r.z. Altenhäger Kanal z. Freitagsgraben z. Aller z. Weser, *1779 Haverlands Beecke*) oder (wegen der häufigen Überschwemmungen) mit einem FlN. **Haver-* ↗ Havel ↗ Heverstrom oder (wegen der buckelartigen Geländedeformation) mit gm. **habar-* Bezeichnung für Erhebungen verschiedenster Art ↗ Heve. Der FlN. Haferbach ist eine Klammerform **Haver(go)beke* 'Fluss im Fafergau'. – Kramer, *HG.A.10*, S. 26; Meineke, *Lippe*, S. 198–201; Borchers, *HG.A.18*, S. 53.

Hag-/-en- -au, -bach, -beck/-beek/-bicke, -graben, -holz-graben, -pfuhl, -see, -siek, -weiher. Ahd. *hagan* stM. 'Dornenstrauch, Dornenbusch', mhd. *hagen, hac* stM. 'Dorngesträuch, Gebüsch, Einfriedung, gehegter Wald', mndd. *hāgen* 'Hecke, Dornbusch, Gehölz, umfriedetes Gelände', spätmhd. md. (kontrahiert) *hain*, in Ortsnamen auch -hahn, -hain, z.B. Hagbach, l.z. Schwarze Rot (z. Rot z. Lein z. Kocher z. Neckar z. Rhein) mit ON. Haghof, Hagmühle (Gem. Alfdorf, Rems-Murr-Kreis, B.-W., D), *1407 daz wiler zum Hag, 1417 die Hagmülin*; Hagenbach r.z. Nette (z. Innerste z. Leine z. Aller z. Weser) im Lkr. Goslar (Niedersachsen), *1578 Hagenbegk, 1699 im Hagenbeeke, Hagenbeke, 20. Jh. Hagenbach*, ↗ Hahmbach ↗ Hahn-. – Bach, *Namenkunde 2*, S. 380–383; Ramge, *Flurnamenbuch*, S. 443–445; Schmid, *HG.A.1*, S. 44; Reichardt, *Rems-Murr-Kreis*, S. 135f.; Kettner, *HG.A.8*, S. 41f.; Kettner, *Leine*, S. 101f.

Hagenbach

– [1]Hagenbach, z. Falschauer (z. Etsch) beim Schloss Eschenlohe (Prov. Bozen, I.). /hógnpåch/, *1328 Hagenpach*. – Kompositum mit dem Grundwort -*bach* und dem Genitiv des PN. ahd. *Hago* 'Bach des Hago'. – Kühebacher, *Ortsnamen 2*, S. 128.

– [2]Hagenbach, r.z. Harmersbach (z. Kinzig z. Rhein). *1469 in dem Hackenbach*. – Deutung ↗ Haggenbach. – Geiger, *HG.A.2*, S. 52.

Haggenbach r.z. Talfer (z. Eisack z. Etsch), mündet nördlich von Bozen (Prov. Bozen/ Südtirol, I.). – /hággnpåch/, *1327 Hakenpach, 1541 Hagckhnpach, 1554 Hagpach*; ON. um *1154/55–1157 Hachenbach, Hackenbach*. – Kompositum mit dem Grundwort -*bach* und dem Genitiv des PN. ahd. *Hakko* 'Bach des Hakko'. – Kühebacher, *Ortsnamen 2*, S. 128; Hausner/Schuster, *Namenbuch*, S. 482.

Hagsbach l.z. Mühlenbacher Talbach (z. Hofstetterbach z. Kinzig z. Rhein). – ON. Hagsbach (Gem. Mühlenbach, Ortenaukreis, B.-W., D), *14. Jh. Hags-*

bach (mehrfach), 1443 *im Hágspách*, 1455 *Hagspach*. – Kompositum mit dem Grundwort *-bach* und mhd. *hac* (*hag-*) stM. 'Dorngesträuch, Gebüsch, Einfriedung, gehegter Wald', mit sekundärem Fugen-*s Hags-bach*. – Geiger, *HG.A.2*, S. 52.

Hahl-Bäke r.z. Laufgraben (z. Delme z. Ochtum z. Weser). – 1259 *usque ad rivum ... Holenbeke*, 1272 *Holenbeke*; ON. Hahlbek (Gem. Ganderkesee, Lkr. Oldenburg, Niedersachsen, D). – Grundform FlN. mndd. **Hālenbeke*, Kompositum mit dem Grundwort mndd. *-beke* 'Bach' und ndd. (flektiert) *hahl*, *hähl* 'seicht, trocken' ↗ Hahle als Bestimmungswort. – Borchers, *HG.A.18*, S. 54.

Hahle, die l.z. Rhume (z. Leine z. Aller z. Weser), mündet bei Gieboldehausen (Lkr. Göttingen, Niedersachsen, D) am Rand des südlichen Rotenbergs. – /haohle, hōle/, 1303 *aquam ... hale*, 1349 *to der hale*, 1443 *by der Hale* (und zahlreiche weitere Belege), 1490 *twischen ... der haale*, 1512 *up der Hahle, up der Hale*. – Grundform mndd. **Hāle* f. 'die (relativ) Trockene', nominalisiertes Adj. mndl. *hael* 'trocken, mager, ausgetrocknet', nordfr. *hāl* 'seicht', ndd. *hahl*, *hähl* (< gm. **hē¹la-*, urig. **(s)kelh₁-* 'austrocknen') ↗ Haller, vgl. Halensee, verlandeter See südöstlich von Neuenwalde (Stadt Langen, Lkr. Cuxhaven, Niedersachsen) mit FlurN. Hahlensee, um 1790 *Holensee*, 1847 *Hahlen-See*, 1852 *Halensee*. – Kettner, *HG.A.8*, S. 42f.; Kettner, *Leine*, S. 103f. ('Steinbach'); Udolph, *HG.A.16*, S. 144; Walther, *Siedlungsgeschichte*, S. 227; Rix, *LIV*, S. 553.

Hahmbach l.z. Despe (z. Leine z. Aller z. Weser), entspringt im nord-nordwestlichen Teil der Vorberge im Lkr. Hildesheim (Niedersachsen, D), mündet bei Eberholzen (Lkr. Hildesheim). – 1578 *der Hagenbeck*, *an den Hagebeck*, 1583 *bey dem Hagenbecke*, 1787 *beim Hagen Beke*, 1855 *der Hahmbach*. – Kompositum mit dem Grundwort mndd. *-beke* 'Bach' und mndd. *hägen* 'Hecke, Dornbusch, Gehölz, umfriedetes Gelände', ↗ Hag-/-en-. – Kettner, *HG.A.8*, S. 43.

Hahn- *-bach, -wiesenbach*. Bestimmungswort ist kontrahiert aus mhd., mndd. *hagen* 'Dorngesträuch, Gebüsch, Einfriedung, gehegter Wald', ↗ Hag-/-en-.

Hahnen- *-bach, -graben, -pfuhl, -spring*. Bestimmungswort ahd., as. *hano* swM., mhd. *hane*, mndd. *hāne* 'Hahn, männliches Tier bei verschiedenen Vogelarten' oder Genitiv des PN. ahd. *Hano* (*Hanen-*), z. B. Hahnenbach r.z. Westerbach (z. Sieg z. Rhein), 1575 *die hanenbich*, mit ON. Hahnenbach (Gem. Windeck, Rhein-Sieg-Kreis, NRW, D), 1464 *Hanenbach*, 1575 *Hanenbich*. – Fischer, *BNB 10*, S. 102; Faust, *HG.A.4*, S. 31; Barth, *Sieg und Ruhr*, S. 84.

Hahnenbeek l.z. Luhebach (z. Gande z. Leine z. Aller z. Weser), mündet südlich von Altgandersheim (Stadt Bad Gandersheim, Lkr. Northeim, Niedersachsen, D). – 1663 *durch den Hagenbeck*, 1706 *bey den Hahnenbecke herunter, auf den Hahnebecke*, 1719 *auf der Hahnen Becke*, 1756 *über dem Hahnenbeck*, 1854 *der Hahnenbeek*. – Lediglich der älteste Beleg deutet auf ein Kompositum mit mndd. *hägen* 'Hecke, Dornbusch, Gehölz, umfriedetes Gelände' als Bestimmungswort, ↗ Hag-/-en-. Kettner, *HG.A.8*, S. 43; Kettner, *Leine*, S. 102 f.

Haibach

– ¹Haibach, r.z. Donau in Haibach ob der Donau (PB Eferding, O.-Ö., A). – 776 *usque ad riuolum Heihinpah*; ON. Haibach ob der Donau, 1123–1138 *ad Heichenpach*. – Kompositum mit dem Grundwort *-bach* und dem Genitiv des PN. ahd. *Haiho* (*Haihin-*) als Bestimmungswort, Bedeutung 'Stelle am Bach, benannt nach einem *Haiho*'. – Hausner/Schuster, *Namenbuch*, S. 482.

– ²†Haibach, jetzt Kohlbach, r.z. Gscheinzbach (z. Mühlkamp z. Donau), mündet südlich von Ruine Falkenberg (PB Krems/Land, N.-Ö., A). – Um 1091 *Habichisbach*, um 1124 *Habichespach*. – Kompositum mit dem Grundwort *-bach* und dem Genitiv des PN. ahd. *Habuh* (**Habuches-* > mhd **Habiches-*). – Hausner/Schuster, *Namenbuch*, S. 482.

– ³Haibach, r.z. Röderbach (z. Aschaff z. Main z. Rhein). – ON. Haibach (Lkr. Aschaffenburg, Bayern, D), 1515 *zü Heidbach*. – Deutung ↗ Heid-. – Sperber, *HG.A.7*, S. 59.

Haidelbach r.z. Röthenbach (z. Pegnitz z. Regnitz z. Main z. Rhein), mündet bei Röthenbach. – ON. Oberhaidelbach, Unterhaidelbach (Gem. Leinburg, Lkr. Nürnberger Land, Bayern, D), 11. Jh. (Kopie 12. Jh.) *In Heidebach*, 1270, 1312, 15. Jh. *Heidelbach*. – Der älteste Beleg weist den Namen als Kompositum (Grundform **Heidenbach*) mit dem Grundwort *-bach* und ahd. *heida* stswF. 'ebenes, flachbewachsenes, sandiges Gelände, unbebautes Land; Heidekraut', mhd. *heide*, als Bestimmungswort aus: 'Bach, der durch flachbewachsenes Gelände fließt', **Heidenbach* > **Heidelbach* in Analogie zu *Heidel(-beere)*, mit süddeutscher Schreibung <ai> statt <ei>. – Sperber, *HG.A.7*, S. 60; Udolph, *Heidelberg*, S. 49–51.

Haidenaab (auch *Heidenaab*) ↗ Naab.

Haidlasbach r.z. Kornbach (z. Lübnitz-Bach z. Ölschnitz z. Weißer Main z. Main z. Rhein). – ON. Haidlas (Stadt Gefrees, Lkr. Bayreuth, Bayern, D), 1346 *Haidleins*, 1348 *Haydleins*, 1360 *zu dem Heydleins*, 1692 *Heidlas*; FlurN. Haidlasberg, 1692 *Heidlas-Berg*, Hohe Haide. – Kompositum mit dem Grundwort -*bach* und dem (genitivischen) ON. *Heidleins (PN. mhd. *Heidlīn-). – Sperber, *HG.A.7*, S. 60.

Haigerbach   r.z. Dill (z. Lahn z. Rhein) im Westerwald, mündet in Haiger (Lahn-Dill-Kreis, Hessen, D). – ON. Haiger, 778 (Kopie 12. Jh.), 781 (Kopie 12. Jh.) *in Haigrahe*, 781 (Kopie 12. Jh.) *in Heigrehe*, 914 *Heigera*, 1048 *Heigerin, Heigero marca*, 1283, 1286, 1307 *de Heygeren*, 1321, 1340, 1372 *Heygere*, 1439 *Heyger*, 1500 *Heiger*. – Grundform FlN. ahd. *Heigraha 'Reiher-Bach', Kompositum mit dem Grundwort ahd. *aha* 'fließendes Gewässer', das früh zu /-e/ abgeschwächt wird, und ahd. *heigar* stM. 'Reiher' als Bestimmungswort. – Faust, *HG.A.4*, S. 31; Metzler, *Westerwald*, S. 65.

Haigermoosbach   r.z. Salzach (z. Inn z. Donau). – ON. Haigermoos (PB Braunau am Inn, O.-Ö., A), 1125–47 *ad Heigranmos*, 1125–47 *de Heigrinmos, de Heigirmos* (und weitere Belege). – Kompositum mit dem Grundwort -*bach* und dem ON. Haigermos als Bestimmungswort; der ON. ist Kompositum mit dem Bestimmungswort ahd. *heigaro* swM., *heigar* stM. 'Reiher' und dem Grundwort ahd. *mos* stM. 'Moos, Moor'. – Straberger, *HG.A.9*, S. 43 f.; Hausner/Schuster, *Namenbuch*, S. 483.

Hain-   -*bach*, -*bachsgraben*, -*brunnbach*, -*graben*, -*siek*. Ahd. *hein < *hegin 'Dornstrauch, Dornhecke' ↗Hag-/-en- ↗Hein- ↗Heim-, z.B. Hainbach, r.z. Speyerbach (z. Rhein), 769 (Kopie 12. Jh.) *super fluvio Heinbach*, um 1250 *in ripam … Hembach*, ON. † Heimbach bei Lustadt (Lkr. Germersheim, Rh.-Pf., D), 789 (Kopie 12. Jh.) *in loco … Heinbach*, 1250 *de Heinbach*, 1254 *Hembach*, 1308 *Heinbach* (und weitere Belege). – Ramge, *Flurnamenbuch*, S. 443–445; Greule, *HG.A.15*, S. 41; Dolch/Greule, *Pfalz*, S. 199; Kettner, *Leine*, S. 104 f.

Hainsbach
- ¹† Hainsbach, jetzt Eiglfurterbach, l.z. Isar (z. Donau). – Ca.1563 *rivum Hainspach*; ON. Hainsbach (Stadt Geiselhöring, Lkr. Straubing-Bogen, Bayern, D), 1156 *de Heidinspah*, 1179 *de Hadinspah*, 1181 *Heidinspah*. – Grundform FlN./ON. ahd. *Heidinesbach, Kompositum mit dem Grundwort -*bach* und dem Genitiv des PN. ahd. *Heidin* 'der Heide', kontrahiert > *Heidensbach > *Heinsbach/Hainsbach*. – Snyder, *HG.A.3*, S. 32.
- ²† Hainsbach, die r.z. Neckar zwischen Handschuhsheim und Neuenheim (Stadt Heidelberg, B.-W., D). – 1094 (Kopie 12. Jh.) *Ab originis fontis … Heiminisbach*; FlurN. Hainsbach, 1267 *zu Heimesbach*, 1469 *Heymsbach*, 1604 *die Heinßbacher Steig*, 1694 *in der Hainspach*. – Grundform ahd. *Heiminesbach, Kompositum mit dem Grundwort -*bach* und dem Genitiv des PN. ahd. *Heimīn, verkürzt mhd. *Heimesbach*, fnhd. *Heinsbach/Hainsbach*. – Schmid, *HG.A.1*, S. 45.

Hainsterbach, die   r.z. Morre/Saubach (z. Mudau z. Main z. Rhein), mündet bei Hainstadt (Stadt Buchen, Neckar-Odenwald-Kreis, B.-W., D). – 775 (Kopie 12. Jh.) *fluuio Heinbach*; ON. Hainstadt, 777 (Kopie 12. Jh.) *Heinstetten*, 792 (Kopie 12. Jh.) *Heinstette*, 801 (Kopie 12. Jh.) *in Heister marca*; StraßenN. In der Hainsterbach. – Grundform FlN. ahd. *Heinbach* (neben ON. ahd. *Heinsteti), Kompositum mit dem Grundwort -*bach* und ahd. *hein (< *hegin) 'Dornhecke' ↗Hain-. Die heutige Namensform ist aus der Zusammenrückung *Hainstadter Bach verkürzt. – Sperber, *HG.A.7*, S. 60.

Haiterbach   r.z. Waldach (z. Nagold z. Enz z. Neckar z. Rhein), mündet bei Unterschwandorf (Stadt Haiterbach). – ON. Haiterbach (Lkr. Calw, B.-W., D), ca.1099 *de Heitirbach*, 1125–1127 *Heîtirbach*, 1139 *Aiterbach*, 1228 *de Haitirbach*, 1273 *Haiterbach* (und weitere Belege). – Grundform ahd. *Heitarbach > mhd. *Heiterbach, Kompositum mit dem Grundwort -*bach* und dem Adj. ahd. *heitar* 'klar, licht, hell, ungetrübt, rein (auch vom Wasser)'. Das Adj. *heitar* ist ein Synonym zu ahd. *lūt(t)ar* ↗Lauter in zahlreichen Flussnamen. – Schmid, *HG.A.1*, S. 45 f.

Haken, der
- ¹Haken, Hafenbecken in der Norderelbe (Hamburg, D). – Udolph, *HG.A.16*, S. 143.
- ²Haken, z. Alte Süderelbe, Streckenabschnitt der Unterelbe (Hamburg, D), 1667, 1743, 1860 *Haken*. – Udolph, *HG.A.16*, S. 143.
- ³Haken, armartige Elbebucht westlich von Quitzöbel (Gem. Legde/Quitzöbel, Lkr. Prignitz, Brandenburg, D). – Fischer, *BNB 10*, S. 102.

Haken m., mndd. *hāke*, bezeichnet niederdeutsch auch Biegungen bei Wasserläufen, stehenden Gewässern und Flurstücken, tote Elbarme. – Fischer, *BNB 10*, S. 102.

Haken-   -*bach*, -*bek*, -*graben*, -*pfuhl*. ↗Haken, der, z.B. ON. † Hakenbek (Kreis Herzogtum Lauenburg, S.-H., D), 1230, 1292, 1355, 1361 *Hakenbeke*. – Fischer, *BNB 10*, S. 102; Udolph, *HG.A.16*, S. 143 f.; Laur, *Schleswig-Holstein*, S. 302.

Halb-/-e-   -*bach*, -*see*, -*mühlbach*. Ahd. *halp*, *halb*, mhd. *halbe*, *halve*, *halp*, mndd. *halve*, ndd. *Halbe* f. 'Seite' mit der besonderen Bedeutung 'auf der Seite liegend, Abzweigung, Zufluss', ↗Halbammer ↗Halblech ↗Halfbeke. – Fischer, *BNB 10*, S. 102.

Halbach l.z. Gölsen (z. Traien z. Donau), mündet in Rainfeld (Gem. Sankt Veit an der Gölsen, PB Lilienfeld, N.-Ö., A). – 1105–22, um 1124 *Halbach.* – Kompositum mit dem Grundwort *-bach* und mhd. *hal* stN. 'Salzquelle, Salzwerk' als Bestimmungswort, 'Bach mit Salzquelle' oder 'Bach an einem Salzwerk'. – Hausner/Schuster, *Namenbuch*, S. 486.

Halbammer, die r.z. Ammer. – 1060 (Kopie 1465) *Halpambara.* – Der Name enthält (anders als nhd. *Halbinsel* usw.) ahd. *halp, halb* 'Seite' und bedeutet 'Seiten-Ammer, Ammer-Zufluss', ↗ Amper. – Steiner, *Füssen*, S. 66.

Halblech, der r.z. Lech (z. Donau). – 1428 (Kopie 15. Jh.) *der Halblech, in den Halblech*; ON. Halblech (Gem. Trauchgau, ehemaliger Kreis Füssen, D), (ca.1280) *in Halbleche.* – Der Name enthält (anders als nhd. *Halbinsel* usw.) ahd. *halp, halb* 'Seite' und bedeutet 'Seiten-Lech, Lech-Zufluss', ↗ Lech. – Steiner, *Füssen*, S. 66.

Halemer See Moorsee nordwestlich von Flögeln (Lkr. Cuxhaven, Niedersachsen, D) im Ahlenmoor. – 1485 *Hole See*, 1603 *Hale See*, 1610 *Halen See*, 1768 *Halemer See.* – Zur Deutung ↗ Hahle zu ndd. *hahl* 'seicht, trocken'. Die heutige Namensform in Anlehnung an Dahlemer See (nach ON. † Dahlem). – Udolph, *HG.A.16*, S. 70, 144.

Halensee ↗ Hahle.

† Halfbeke, die im Kreis Mühlheim/Ruhr, genaue Lage unbekannt. – 1504 *gelegen … tusschen dem hilligen huysken und der Halffbeke.* – Kompositum mit dem Grundwort mndd. *-beke* 'Bach' und mndd. *halve* f. 'Seite', ↗ Halb-. – Schmidt, *HG.A.6*, S. 28.

Hall(e) (auch *Alle*), frz. *Allaine* (in der Schweiz), *Allan* (in Frankreich), r.z. Doubs, Quelle im Schweizer Kanton Jura, Übertritt in das Territoire de Belfort, Mündung bei Voujeaucourt (Dep. Doubs, F). – 1218 *iuxta fontem Allans*, 1271 *juxta fontem Ale*, 1394 *la riviere d'Allain*, 1434 *Alain*, 1471 *Ellein*, 1498 *la riviere de Alam*, 1644 *die Hallen*, 1752 *la Halle*; ON. Alle (Dorf, Kanton Jura, CH), frz. /a:l/, al/, 1136 *Alla*, 1148 (Fälschung ca.1179) *apud Allam*, ca.1180 *de Alla*, ca.1221 *de Halla.* – Ausgangsform ist der FlN. **Ala*, mit der alten Casus-obliquus-Endung **Al-an*, später *Allain* und *Allaine*. Das deutsche Exonym weist ein hyperkorrektes prothetisches H- auf, wodurch dt. *Halle*, frz. *la halle* assoziiert und die Schreibung mit <-ll-> verfestigt wurde. Der Parallelname *Elle*, affluent de la Vire, FlurN. *Bois d'Elle* (1032 *nemus Alae*, 1185 *silva … Elam*) (Dep. Manche, F) < **Ala*, erlaubt die Annahme eines vorromanischen, wahrscheinlich keltischen Flussnamens **Alā*, dessen indogermanische Grundlage nicht eindeutig ist: Er dürfte die Nominalisierung des im Keltischen gut belegten Verbs air. *-ail* 'nährt, zieht auf' (Präsens urig. **h₂él-e-*) sein, nämlich eine *ā*-Ableitung von der *e*-Stufe (**h₂el- > *al-ā*) oder von der Schwundstufe (**h₂l- > *al-ā*) mit der Bedeutung eines Nomen loci 'wo ernährt wird (z.B. durch Fischfang)'. – Müller, *Suisse romande I*, S. 1–3; Kristol, *LSG*, S. 82; Beaurepaire, *Manche*, S. 114 f.; Pokorny, *IEW*, S. 26; Rix, *LIV*, S. 262.

Haller, die l.z. Leine (z. Aller z. Weser), entspringt an der Deisterpforte bei Springe (Region Hannover, Niedersachsen, D) in 123m Höhe, fließt durch Hallerburg (Gem. Nordstemmen, Lkr. Hildesheim, Niedersachsen), mündet in Wülfingen (Stadt Elze, Lkr. Hildesheim), an ihrem Lauf standen mehrere Mühlen. – 10. Jh. (Kopie 15. Jh.) *Helere*, 1069 *Alera* (lies **Halera*, Verwechslung mit dem Namen der ↗ Aller), (1304–24) *twischen der halder …*, 1343 *iuxta halram*, 1378 *by der Halre*, 1411 *Halre*, 1458 *up der halre, by der alre*, 1659 *bey der Haller*; ON. Hallerburg, 1383 *Halreborch*; ON. Springe (ehemals Hallersringe), 10. Jh. (Kopie 15. Jh.) *Helereispring* (lies **Helere gispring*), 1013 *Eleraegisprig* (lies **(H)elerae gispring*), 1255 *Halresprige*, 1310 *Halrespringhe*, 1360 *Halrespringhe*, 1430 *to dem Hallerspringe* 'an der Quelle der Haller'; GrafschaftsN. 1170 *Halremund*, 1185 *Halremont*, 1195 *Halremunde*, 1204 *de Alremunt*, 1214 *de Halremunt* (und weitere Belege) 'an der Mündung der Haller'; LandschaftsN. Hallerbruch (bei Springe), 1389 (Kopie 14. Jh.) *in dem hallerbroke* 'Sumpfland an der Haller'. – Grundform FlN. as. **Halara > mndd. *Halere, Halre*, später *Haller*, mit *r*-Suffix abgeleitet von gm. **halō*, ahd. *hala* stF. 'Schutz, Umhüllung, Hülse', *helī* stF. 'Hülle, Bedeckung' zum starken Verb gm. **hel-a-* 'verbergen', vielleicht metaphorisch bezogen auf das Tal der Heller bzw. auf die Deisterpforte, in der die Haller entspringt, und von dort auf den Fluss übertragen. Aufgrund des Reims kommt es in den Quellen zur Verwechslung mit dem Namen der ↗ Aller (1006 *Alera*). – Kettner, *HG.A.8*, S. 43 f.; Kettner, *Leine*, S. 106–108; Seebold, *starke Verben*, S. 252.

Hals/Hals- -beck, -graben. Nhd. *Hals* m. metaphorisch für schmale Gewässer oder enge Stellen zwischen Gewässern, z.B. der Hals, Verbindung zwischen Zansen und Dreetz-See/Feldberger Seen (Lkr. Mecklenburg-Strelitz, M.-V., D), 1578 *Der Hals, bis In den Halß, bis durch den Halß*; ferner GwN. Halsing und Hälsing (Brandenburg), FlurN. Hälsing' f., Landzunge, die in ein Gewässer hineinreicht (Mecklenburg). – Fischer, *BNB 10*, S. 102; Wauer, *HG.A.17*, S. 56.

Halsbach

– ¹Halsbach, r.z. Alzkanal (z. Salzach z. Inn z. Donau) bzw. r.z. Alz (z. Inn z. Donau), entspringt als Wiesenbach in der Gem. Kirchweidach (Lkr. Altötting, Bayern, D), mündet bei Burgkirchen (Lkr. Altötting). – Ca.1563 *in Halspach*, 1845 *Hals-Bach*; ON. Halsbach (Lkr. Altötting), ca.790 (Kopie 12. Jh.) *Hadoluespach*, vor 799 (Kopie 9. Jh.) *Hadoluespah*, 2. Hälfte 8. Jh. *Hadolvespach*, ca.1188 *Halspahc*, 1199/1231 *Halspach*, 1255 *Halsbach* (und weitere Belege). – Grundform FlN. ahd. *Hadolfesbach*, gekürzt > mhd. *Halsbach*, Kompositum mit dem Grundwort *-bach* und dem Genitiv des PN. ahd. *Hadolf* (*Hadolfes-) als Bestimmungswort. – Dotter/Dotter, *HG.A.14*, S. 145f.
– ²Halsbach, r.z. Lütter (z. Fulda z. Weser), mündet nördlich von Lütter (Gem. Eichenzell, Lkr. Fulda, Hessen, D). – (1011) *in Haholdesbach*; ON. † Halsbach, (817) *Haholfesbach*, 822 *in terminis Haholfesbahhono* (Genitiv des Einwohnernamens). – Grundform FlN. ahd. *Hāholfesbach/*Hāholdesbach*, Kompositum mit dem Grundwort *-bach* und dem Genitiv des PN. ahd. *Hāholf/*Hāhold* (*Hāholfes-/*Hāholdes-) als Bestimmungswort. – Sperber, *HG.A.5*, S. 40f.

Halstenbach

l.z. Agger (z. Sieg z. Rhein), entspringt als Sauerbach nördlich von Alferzhagen (Stadt Wiehl, Oberbergischer Kreis, NRW, D), mündet bei Vollmershausen (Stadt Gummersbach, Oberbergischer Kreis). – ON. Halstenbach (Stadt Gummersbach, Oberbergischer Kreis), 1578 *Halstenbach*. – Unsichere Deutung, Bestimmungswort des Kompositums mit dem Grundwort *-bach* könnte der Superlativ des Adj. ndd. *hahl*, mndl. *hael* 'trocken, mager, ausgetrocknet', nordfr. *hāl* 'seicht' ↗Hahle ↗Hahlen-Bäke, mndd. *hālesten-beke* 'der seichteste, ausgetrocknetste Bach'. Parallelnamen ON. Halstenbek (Kreis Pinneberg, S.-H.), 1296 *de Halstembeke*; FlN. † Halstenfleth (bei Grünendeich, Lkr. Stade, Niedersachsen), 1274 *de Halstenvlete*. – Faust, *HG.A.4*, S. 32; Barth, *Sieg und Ruhr*, S. 85; Udolph, *HG.A.16*, S. 144f.; Laur, *Schleswig-Holstein*, S. 303.

Hambach

– ¹Hambach, l.z. Sulm (z. Neckar z. Rhein), mündet bei Willsbach (Gem. Obersulm, Lkr. Heilbronn, B.-W., D). – ON. † Han(n)bach am Hanensturz, 1262 *de Hanenbach*, 1324 *Hannebach*, 1466 *zu Hannbach*. – Deutung ↗Hahnen-. – Schmid, *HG.A.1*, S. 46.
– ²Hambach, l.z. Meerbach (z. Weschnitz z. Rhein). – /haːmbax/, 1477 *in der heymbach*, 1542 (Kopie 16. Jh.) *bis an die alten heynnbach*, 1589 *hombach, hembach, hambach*; ON. Ober~, Unterhambach (Stadt Heppenheim, Kreis Bergstraße, Hessen, D), 12. Jh. *Heimbach*. – Grundform FlN. ahd. *Heinbach* ↗Hain-, assimiliert > mhd. *Heimbach* > mundartlich *Hēmbach*, *Hāmbach*. – Geiger, *HG.A.2*, S. 53; Ramge, *Flurnamenbuch*, S. 451.
– ³Hambach, r.z. Speyerbach (z. Rhein). ON. Hambach, Hambacher Schloss (Stadt Neustadt an der Weinstraße, Rh.-Pf., D), 865 *Haganbah*, 1156 *Hagenbach*, 1262 *Hagebach*, Anfang 14. Jh. *Haumbach*, 1343/47 *Hanbach*, 1583 *Haum-, Haimbach*, 1824 *Hambach*. – Grundform FlN. ahd. *Haganbah*, Kompositum mit dem Grundwort *-bach* und ahd. *hagan* stM. 'Dornenstrauch, Dornenbusch' ↗Hag-/-en- als Bestimmungswort. – Greule, *HG.A.15*, S. 42; Dolch/Greule, *Pfalz*, S. 185.
– ⁴Hambach, r.z. Lahn (z. Rhein), mündet bei Aull (Rhein-Lahn-Kreis, Rh.-Pf., D). – 1456 *die Heymbach*; ON. Hambach (Rhein-Lahn-Kreis), 1237 *Hambach*, 1445–46 *Haymbach*. – Grundform *Heinbach* > *Heimbach*, mundartlich *Hāmbach*, Deutung ↗Heim- ↗Hain-. – Faust, *HG.A.4*, S. 32.
– ⁵Hambach, l.z. Kleinen Leina-Kanal (z. Lein-Kanal z. Wilde Leina z. Nesse z. Hörsel z. Werra z. Weser). – 1479 *In dem hanbach*, 1641 *Der Hambach*. – Deutung unklar, Bestimmungswort vielleicht zu ↗Hahn-. – Sperber, *HG.A.5*, S. 41.

Hamel, die

l.z. Weser, entspringt in Hamelspringe (Bad Münder am Deister, Lkr. Hameln-Pyrmont, Niedersachsen, D) am Ostrand des Süntel (Weserbergland), mündet in Hameln (Lkr. Hameln-Pyrmont). – 1309 *Hamele*, 1433 *up der Hamelen*, 1456 *de Hamelen, uppe der Hamelen*, 1458 *up de Hamel*, 1486 *de Hamele, uppe de Hamelen* (und weitere Belege); ON. Hameln, (9. Jh.) (Kopie 12. Jh.) *de Hamelon*, (Anfang 10. Jh.) *de monasterio hamala*, (um 1000?) (Kopie 12. Jh.) *In Hamelo*, 1196 *De Hamele* (und weitere Belege); ON. Hamelspringe, 1180 (Kopie 16. Jh.) *de Hamelspring*, 1219 *de Hamelspringe* (und weitere Belege) 'Quelle der Hamel'. – Grundform FlN. as. *Hamala* f., Nominalisierung eines Adjektivs (gm.) *hamala-* 'steil, abschüssig' (in ahd. *hamalscorro* 'steiler, schroffer Fels', *hamalstat* 'abschüssige, steile Stelle'), Benennung nach der Landschaftsgestalt, nach dem 440m hohen Süntel. Parallelname: river Hamble (Hampshire, GB), 8. Jh. *Homelea*, 9. Jh. *Hamele*; ON. Hemeln (↗Hemelbach), ON. Hammelburg (Lkr. Bad Kissingen, Bayern, D), 777 *Hamalumbur* (lies *Hamalunburg*), 845 *Hamalunpurc* (und weitere Belege) < ahd. *(zi) hamalūn burg* 'zu der Burg auf steilem, abschüssigem Felsen'. – Kramer, *HG.A.10*, S. 26f.; Ekwall, *ERN*, S. 189; Reitzenstein, *fränkische Ortsnamen*, S. 94.

Hamerbek

l.z. Bille (z. Norderelbe). – 1290 *in Amerbeke*. – Bestimmungswort ist südniederländ. *(h)amer* 'nat land op den oever van een beek' < (gm.) *amara-* mit *r*-Suffix abgeleitet von gm. *am(a)-*, *ami-* 'natürlicher Wasserlauf' oder von gm. *am(a)-*

'energisch vorgehen, anpacken', ↗ Ammerbach ↗ Amdorf. – Udolph, *HG.A.16*, S. 145.

Hamme, die (Oberlauf bis Teufelsmoor *Giehler Bach*), r.z. Lesum (z. Weser), entspringt in der Langen Heide, einem Geestplateau nordöstlich von Osterholz-Scharmbeck (Lkr. Osterholz, Niedersachsen, D), entwässert das Teufelsmoor, bildet bei Ritterhude (Lkr. Osterholz) zusammen mit der Wümme die Lesum; die zahlreichen Mäander im Unterlauf wurden im 19. Jh. begradigt. – 1331 (Transsumpt 1542) *a flumine Hamma*, 1385 (Kopie 19. Jh.) *affgensyth des fletes Hamme, ultra fluvium Hamma*, 1416 *bet an de Hamme*, 1418 *van der Hamme* (und weitere Belege aus Kopien), ON. Überhamm (Gem. Worpswede, Lkr. Osterholz). – Grundform FlN. mndd. *Hamme* < (as.) **Hamm-aha* (?), Kompositum mit dem Grundwort as. *-aha* 'Fließgewässer' und as. *hamma* 'Oberschenkel, Wade', ahd. *hamma* 'Kniekehle, Wade, Hinterbug', ae. *ham(m)* 'Kniekehle' (< gm. **hanmō* 'Kniekehle'), hier metaphorisch übertragen auf Flusskrümmungen, vgl. ON. Hamm (NRW, D) an der Lippe, 1188 *iuxta Hammonem* 'bei, in der Flusskrümmung'. – Borchers, *HG.A.18*, S. 55; Pokorny, *IEW*, S. 614; Berger, *Geographische Namen*, S. 124f.

Hammelbach, die r.z. Ulfenbach (z. Lachsbach z. Neckar z. Rhein). – 1484 *in der Hamelspach*, 1556 *in der Hammelbach*, 1568 *die Hammelbach*; ON. Hammelbach (Gem. Grasellenbach, Kreis Bergstraße, Hessen, D), 1392 *Hamelbach*, 1585 *Hammelbach*, FlurN. Hammelberg. – Grundform FlN. mhd. *Hamelbach*, Kompositum mit dem Grundwort *-bach* und mhd. *hamel* stM. 'verschnittener Schafbock, Hammel, Schaf' als Bestimmungswort, 'Bach, an dem Hammel bzw. Schafe gehalten werden'. – Schmid, *HG.A.1*, S. 46; Ramge, *Flurnamenbuch*, S. 453.

Hammer-/-l- *-bach, -fließ, -graben, -talbach, -teich, -woog, -weiher*. Nhd. *Hammer* m. 'Hammerwerk, Schmiede, in der große Hämmer durch Wasser- oder Dampfkraft betrieben werden', z. B. Hammerfließ, ehemals Fluss l.z. Havel, jetzt Verbindung zwischen Lübbesee und Polensee bei Vietmannsdorf (Stadt Templin, Lkr. Uckermark, Brandenburg, D), 1744 *Daß sogenannte Hammerfließ*, 1770 *den hammer Fluß*. – Fischer, *BNB 10*, S. 103; Wauer, *HG.A.17*, S. 56 f.

Hammersbach (auch *Hirschhorner Graben*), l.z. Geratskirchner Bach (z. Rott z. Inn z. Donau). Ca.1563 *Hamerspach rivum*; ON. Hammersbach (Gem. Mitterskirchen, Lkr. Rottal-Inn, Bayern, D), 1011 *Hamuntespah*, 1014–24 *Hamunt(e)spach*, vor 1025 *Hamuntespach*, vor 1060 *Hamuntespah*, ca.1563 *Hamerspach villae*. – Grundform ON./FlN. ahd.

*Hāmuntesbach, Kompositum mit dem Grundwort *-bach* und dem Genitiv des PN. ahd. **Hāhmunt* (**Hā(h)muntes-*) als Bestimmungswort, **Hāmuntesbach* gekürzt > **Hāmensbach* und dissimiliert /m – n/ > /m – r/ > **Hāmersbach*, gekürzt > *Hammersbach*. – Dotter/Dotter, *HG.A.14*, S. 147.

Hamper Bach l.z. Volme (z. Ruhr z. Rhein), mündet in Hagen-Ambrock (Stadt Hagen, Ruhrgebiet, NRW, D), ON. Hampe (Stadt Hagen), 1453 *Hanepe*, 1486 *Hannepe*, StraßenN. Im Hamperbach (Stadt Hagen). – Grundform mndd. *Hanepe* < as. **Hanapa*, Kompositum mit dem Grundwort ↗ *-apa* und dem Stamm gm. **han-*, ↗ Hanfbach ↗ Henne. – Barth, *Sieg und Ruhr*, S. 142.

Hanebach r.z. Diesse (z. Ilme z. Leine z. Aller z. Weser), mündet östlich von Lauenberg (Stadt Dassel, Lkr. Northeim, Niedersachsen, D). – 1596 *Hannenbach, Hanenbach*, 1601 *biß an den Hanenbeck*, 1696 *die Hanenbecke*, 1697 *der Hagen Becke, zum Hahnenbecke*, 1709 *biß an den Hanebeck*. – Kompositum mit dem Grundwort mndd. *-beke* 'Bach'. Die Mehrzahl der Belege deutet auf mndd. *hāne* 'Hahn, männliches Tier bei verschiedenen Vogelarten' als Bestimmungswort ↗ Hahnen- und nicht auf ↗ Hag-/Hagen-. – Kettner, *HG.A.8*, S. 45; Kettner, *Leine*, S. 102.

Hanerau (auch *Haner Au*), l.z. Nord-Ostsee-Kanal. – Ca.1500 *Haner Au*; ON. Hanerau (Gem. Hanerau-Hademarschen, Kreis Rendsburg-Eckernförde, S.-H., D), 1323 *Hanrouwe*, 1345 *to der Hanrowe*, 1348 *pro castro Hanerowe* (und zahlreiche weitere Belege). – Kompositum mit dem Grundwort ↗ *au(e)* 'von Wasser umflossenes Land, Wasserlauf' und einem FlN./ON. **Hane* (oder **Haner-*) als Bestimmungswort, das etymologisch vielleicht zu ↗ Hamper Bach, ↗ Hanfe ↗ Henne gehört. – Kvaran, *HG.A.12*, S. 80; Laur, *Schleswig-Holstein*, S. 307.

Hanfbach

– [1]Hanfbach, l.z. Schwechat (z. Donau), mündet westlich von Alland (Bezirk Baden, N.-Ö., A). – 1188 *in rivulum … Hanfpach*. – Bestimmungswort ist ahd. *hanaf* 'Hanf'; Bedeutung: 'Gewässer, das bei der Bearbeitung des Hanfes verwendet wird'. – Hausner/Schuster, *Namenbuch*, S. 489.

– [2]Hanfbach (auch *die Hanf*), l.z. Sieg (z. Rhein), entspringt im Westerwald aus dem Druden-Born nördlich von Buchholz-Mendt (Lkr. Neuwied, Rh.-Pf., D), mündet in Hennef/Sieg (Rhein-Sieg-Kreis, NRW). – 948 (Kopie 12. Jh.) *Hanapha*, 1555 *Hanffbach*; ON. Hanf (Stadt Hennef), 1462 *yn der Hanffe*, 1487 *in der Henfte*; ON. Hennef mit Halmshanf, Hanfmühle, Meisenhanf, 948 (Kopie 12. Jh.) *in Hanapham*, 1063–1066 (Fälschung 12. Jh.) *in Hanapha*,

Hanafo, 1109 *in Hanafo*, (1116) *in Hanefo*, 1132 *in Hanephe*, 1156 *in Hanefe*, 1215 *Henefe*, 1398 *Haynff*, 1452 *Haenffe*, 1582 *Henff, Henfft*. – Grundform **Hanaffa* > mhd. *Hanefe*, Nebenform **Henif*, Kompositum mit dem Grundwort ↗ *-affa*. Das Bestimmungswort ist gm. **han-* ↗ Henne (< **Hanja*), Parallelname ↗ Hampe(r Bach). Die Stadt Hennef übernimmt zur Unterscheidung vom FlN./ON. Hanf die umgelautete Nebenform des Namens. – Faust, *HG.A.4*, S. 32; Barth, *Sieg und Ruhr*, S. 85.

Harbach

- ¹Harbach, r.z. Gasteiner Ache (z. Salzach z. Inn z. Donau). – ON. Harbach (Markt Bad Hofgastein, PB Sankt Johann im Pongau, Salzburg, A), 1430, 1435, 1442, 1480 *Harbach*. – Kompositum mit dem Grundwort *-bach* und ahd. *horo* 'Schlamm, Brei, Schmutz, Kot, Erde', ↗ Hor-/Horb-/Horren- als Bestimmungswort. – Straberger, *HG.A.9*, S. 45.
- ²(Großer) Harbach, r.z. Großarl Bach (z. Salzach z. Inn z. Donau). – 1335 *Harwach*, 1862 *Harbach*. – Deutung wie ↗ ¹Harbach. – Straberger, *HG.A.9*, S. 45.
- ³Harbach, r.z. Murr (z. Neckar z. Rhein) bei Murrhardt (Rems-Murr-Kreis, B.-W., D). – 1504(?) *Harttpach*; ON. Harbach, /ˈhärbə/, 1575 *Harppach*, 1685/86 *Harbach*; FlurN. Harberg, 1575(?) *Hartberg*. – Grundform (mhd.) **Hartbach*, Kompositum mit dem Grundwort *-bach* und mhd. *hart* '(als Viehweide dienender) Wald' als Bestimmungswort, zur Sprechererleichterung wird /-rtb-/ > /-rb-/ vereinfacht. – Schmid, *HG.A.1*, S. 47; Reichardt, *Rems-Murr-Kreis*, S. 139.

Hard-/Hardt-/-en-

-au, -bach, -bek(e), -graben, -see. Bestimmungswort entweder mhd., mndd. *hart*, ae. *harađ* 'Bergwald, waldiger Höhenzug' ↗ Hart- oder mndd. Adj. *hart* 'hart, stark, heftig, laut', z.B. Hardenbeke, Bach bei Hardenbeck (Gem. Boitzenburger Land, Kreis Uckermark, Brandenburg, D), 1271 *hardenbeke*; FlN. Hardebek-Brokenlander-Au mit ON. Hardebek (Kreis Segeberg, S.-H.), 1345 *de Hartbeke*. – Fischer, *BNB 10*, S. 103f.; Udolph, *HG.A.16*, S. 148; Laur, *Schleswig-Holstein*, S. 308.

Harle, die

z. Nordsee, entsteht aus den Quellarmen Nordertief, Südertief und Uthörner Leide, die ihren Ursprung in Moorniederungen haben, mündet in Harlesiel (Stadt Wittmund, Lkr. Wittmund, Niedersachsen, D) über ein Siel. – LandschaftsN. Harlingerland um Esens (Lkr. Wittmund), um 1100 *pagus Herloga*, 1233 *Herlingie*, 1392 *Herlingherland*, 1401 *Hairlingerlant*; ON. Harlesiel. – Ausgangsform FlN. (afr.) **Horila* 'schlammiges Gewässer' > **Hörele/ Herle* > (mndd.) *Harle*, mit *l*-Suffix abgeleitet von afr. *hore*, gm. **hurhwa-* 'Schlamm, Kot'. Parallelname ↗ Hörle. – Remmers, *Aaltukerei*, S. 93f.

Harmensbächle

r.z. Welschensteinachbach (z. Kinzig z. Rhein). – ON. Harmensbach (Gem. Steinach, Ortenaukreis, B.-W., D), 14. Jh. *Harmispach*. – Grundform **Hademaresbach*, Deutung ↗ Harmersbach. – Geiger, *HG.A.2*, S. 53.

Harmersbach

(im Oberlauf *Zuwalder Bach*), r.z. Kinzig (z. Rhein), entspringt im Bereich der Moos (Mittlerer Schwarzwald), mündet bei Biberach. – ON. Oberharmersbach (Ortenaukreis, B.-W., D), ON. Unterharmersbach (Stadt Zell am Harmersbach, Ortenaukreis), 1139 *Hademarsbach*, ca.1235 *Hademersbach*, 1330 *Hadamarspach*, 1507 *Harmerspach*. – Grundform FlN./ON. ahd. **Hadamāresbach* > mhd. *Hademersbach*, gekürzt > *Harmersbach*, Kompositum mit dem Grundwort *-bach* und dem Genitiv des PN. ahd. *Hadamār* (**Hadamāres-*) als Bestimmungswort. – Geiger, *HG.A.2*, S. 53.

Harmersbächle

l.z. Steinbächle (z. Schutter z. Kinzig z. Rhein). ON. Harmersbächle (Gem. Seelbach, Ortenaukreis, B.-W., D). – Deutung ↗ Harmersbach. – Geiger, *HG.A.2*, S. 53.

Harschenflether Wetter(n)

(auch † *Bischofsgraben*), l.z. Osterbek (z. Schwinge z. Elbe). – 1239, 1390 *herschenvlete*, 1422 *herschenvlet*, 1775 *Harschenflether Wetter*; ON. Harschenfleth (Stadt Stade, Lkr. Stade, Niedersachsen), 1275 *in Hersingvlete*, 1288 *in Herscenflete*, 1306 *in Hersinghewlet*, 1313 *in Hersynghevlet*, 1314 *iuxta valvam Hersingevlet*, 1318 *Hersinghenvlet* (und weitere Belege), 1329 *Herschenvlete* (und weitere Belege). – Wortgruppe aus ↗ Wetter/-n und von FlN./ON. Harschenfleth abgeleiteten Adjektiv. Grundform mndd. **Hersingevleet*, Kompositum mit dem Grundwort mndd. *vleet* ↗ Fließ- und dem Insassennamen **Hersinge* (abgeleitet von PN. **Herso* < *Hariso*) 'Fließ der Hersinger'. – Udolph, *HG.A.16*, S. 148f.

Harste, die

l.z. Leine (z. Aller z. Weser), mündet nördlich von Bovenden (Lkr. Göttingen, Niedersachsen, D). – 1303 *ab illa parte aque … Herste*, 1351 *bi der herste*, ca.1443 *an de Harste*, 1571 *de harste, an der Harste*, 1616 *das wasser die Harste* (und zahlreiche weitere Belege); ON. Harste (Gem. Flecken Bovende, Lkr. Göttingen), 952, 953 *Heristi*, 1144 *Heriste*, 1152 (Fälschung) *Herste* (und weitere Belege). – Grundform as. FlN. **Herist-*, ON. *Heristi* < gm. **Harist-* 'Steinbach', Ableitung mit dem Suffix gm. *-st-* von gm. **har-u/*har-i-* 'mit dem Boden verwachsene Steine, Steinhaufen', das Suffix gm. *-st-* scheint bei denominalen Ableitungen zur Bezeichnung von Lokalitäten gedient zu haben, vgl. ahd. *ewist* 'Schafstall', awn. *naust* 'Schiffsplatz, Grabhügel', awn. *vǫzt* (< **wadastō*) 'Fischplatz am Meer'. – Kettner,

HG.A.8, S. 45f.; Casemir/Ohainski/Udolph, *Göttingen*, S. 179–182; Greule, *Studien*, S. 92f.; Krahe/Meid, *Wortbildung*, S. 170.

Hart(h)- -*au*, -*bach*, -*graben*, -*see*. Mhd., mndd. *hart*, ae. *harađ* 'Bergwald, waldiger Höhenzug', ↗Hard- ↗³Harbach ↗†Hartna.

Hartelsbach r.z. Enns (z. Donau), südwestlich von Hieflau (PB Leoben, Steiermark, A). – 1139 (Kopie 13. Jh.), 1195 (Kopie 19. Jh.) *Hartwigespach*. – Kompositum mit dem Grundwort -*bach* und dem Genitiv des PN. ahd. **Hartwīg (*Hartwīges-)* als Bestimmungswort, über **Hartegsbach > Hartelsbach*. – Hausner/Schuster, *Namenbuch*, S. 494.

† Hartna jetzt *Aa*, l.z. Werre (z. Weser) in Herford. – 868 (Kopie 980) *inter fluvios Uuerna et Hardna*, (1224–1256) (Handschrift 13. Jh.) *tam in Hartna quam in Werna* (Variante: *Harna*). – Grundform gm. **Hardanō*, mit *n*-Suffix abgeleitet von mhd., mndd. *hart*, ae. *harađ* 'Bergwald, waldiger Höhenzug'; mit Synkope des zweiten Vokals *Hardna*, mit Lautverschiebung /-d- > -t-/ *Hartna*. Im Verlauf der weiteren Namensgeschichte Erleichterung der Dreierkonsonanz /-rdn-/ > /-rn-/: *Harna*. – Bedeutung: 'Fluss, der aus dem Bergwald (= Teutoburger Wald) kommt'. – Kramer, *HG.A.10*, S. 1.

Hasbach, die r.z. Elz (z. Neckar z. Rhein). – ON. † Hasbach, 770 (Kopie 12. Jh.) *in Ascbach* (hierher?), 772 (Kopie) *in uilla Hasbach*, 773 (Kopie 12. Jh.) *in Asbach* (hierher?), 1305, 1363 *Haspach*. – Die Beleglage ist nicht eindeutig. Ignoriert man die Belege ohne <H->, dann dürfte der Name auf der Ausgangsform ahd. **Hasenbach*, gekürzt zu mhd. *Hasbach*, beruhen, Kompositum mit dem Grundwort -*bach* und dem Genitiv des PN. ahd. *Haso (*Hasen-)* als Bestimmungswort, ↗Hasen-. – Schmid, *HG.A.1*, S. 47.

Hase, die r.z. Ems, entspringt bei Melle-Wellingholzhausen (Lkr. Osnabrück, Niedersachsen, D) im Teutoburger Wald, teilt sich zwischen den Meller Stadtteilen Wellingholzhausen und Gesmold in Hase und Else (z. Werre z. Weser in Melle-Gesmold), mündet nach 169 km in Meppen (Lkr. Emsland, Niedersachsen). – Zu 763 (Annalen) *secus fluvium Hassa* (var. *Assa*), *ad fluvium … Hasa*, *super fluvium Hasam* (mehrfach), (9. Jh.) *Hasa*, 945 (Kopie 10. Jh.) *Hasa*, 946 *Hase*, 1177 *juxta Hasam* (und weitere Belege), 1301 (Kopie um 1400?) *by der Haze*; Ethnonym *Chasuarii* (Tacitus, Germania 34) < gm. **Haswarjōz* 'Hase-Anwohner'; ON. Haselünne (Stadt, Lkr. Emsland), 1107 *Lunni*, 1486 *Luenne*, 1496 *Haselonne* 'Lünne an der Hase'. – Ausgangsform FlN. gm. **Haswō* 'die Graue',

Femininum des Adj. gm. **haswa-* 'grau', ae. *hasu* 'graubraun', awn. *hoss* 'grau', Benennung nach der Farbe des Wassers bzw. des (moorigen) Untergrundes, ↗Hasperbach. Parallelname **Hasa*, abgegangener Name der Nassach, r.z. Main bei Haßfurt (Lkr. Haßberge, Bayern), LandschaftsN. Hassgau, 780 (Kopie 12. Jh.) *Hassega*, 812 (Kopie 9. Jh., Druck 1607) *Hasagewe*, ON. Haßfurt, 1230 *Hasefurth*. – Borchers, *Große Flüsse*, S. 25f.; Berger, *Geographische Namen*, S. 126; Reitzenstein, *fränkische Ortsnamen*, S. 95.

Hasel

– ¹Hasel, r.z. Haune (z. Fulda z. Weser) mit gleichnamigem Zufluss, der bei Großenbach (Stadt Hünfeld, Lkr. Fulda, Hessen, D) rechts mündet. – 780–781 *per illam Hasalaha, ad alteram Hasalaham* (Urkundenbuch Fulda); ON. Haselstein (Gem. Nüsttal, Lkr. Fulda), 780–781 *in Hasalahastein* (Urkundenbuch Fulda); ON. Kirchhasel, ON. † Dornhasel, † Nentershasel, ON. † Wünschenhasel: 800 *Haselaha*, 816 *tria Haselaha*, 1326 *Durnhasela*, 1330 *Nentershasela*, 1462 *Windischenhasela*, 1543 *Wunschenhasel*. – Sperber, *HG.A.5*, S. 41.

– ²Hasel, r.z. Werra (z. Weser), entspringt in Suhl (Thüringen, D), mündet bei Einhausen (Lkr. Schmalkalden-Meiningen, Thüringen). – 824 *Hasalaha*, 1445 *die Hasela*, 1587 *Hasel*. – Sperber, *HG.A.5*, S. 41.

– ³Hasel, r.z. Sontra (z. Wehre z. Werra z. Weser), mündet oberhalb von Sontra (Werra-Meißner-Kreis, Hessen, D). – 15. Jh. *in die Hasela*; ON. Weißenhasel, ON. † Oberhasel (tannenbergisch Hasel), ON. † Niederhasel, 1271 *von Haßela*, 1273 *von Hasela* (und weitere Belege), 1363 *czu nydirnhasela*, 1480 *Hasela superior bei Tanberg*. – Sperber, *HG.A.5*, S. 41f.

– ⁴Hasel, r.z. Unstrut (z. Thüringische Saale z. Elbe). – 1063 *rivulus Hasela*, 1168 *aque Gazele*. – Ulbricht, *Saale*, S. 219f.

Grundform ahd. *Hasalaha*, Kompositum mit dem Grundwort *aha* 'Fließgewässer' und ahd. *hasal* 'Haselstrauch, -nuss, -gebüsch' als Bestimmungswort ↗Hasel, 'Fluss, an dem Haselsträucher wachsen'. Das Grundwort *aha* wurde > mhd. -*a* und -*e* abgeschwächt und im unbetonten Auslaut getilgt.

Hasel-/Hasl- -*ach*, -*au*, -*bach*-*bächel*/-*bächle*, -*born*, -*brunn*-*bach*, -*graben*, -*grund*, -*pfuhl*, -*see*, -*spring*. Ahd. *hasal* stM. 'Haselstrauch, -nuss, -gebüsch', mhd. *hasel*, as. *hasal-*, mndd. *hasel*, *hassel*, ↗Hasel (< ahd. *Hasalaha*), ↗Hassel-; z. B. Haselbach, l.z. Donau in Sankt Magdalena (PB Linz/Stadt, O.-Ö., A), 1110 *usque Hasilpach*; Hasselbach, l.z. Sinnerbach (z. Blies z. Saar z. Mosel z. Rhein), 1768 *Hasselbach*. – Springer, *Flussnamen*, S. 108; Hausner/Schuster, *Namenbuch*, S. 496; Greule, *HG.A.15*, S. 30.

Hasen- -bach, -beekel-bek, -born, -brack, -graben, -kolk, -pfuhl, -see, -siek, -teich, -weiher. Bestimmungswort wahrscheinlich nhd. *Hase* m., ahd. *haso* swM., as. *haso* 'Hase', mhd., mndd. *hase* ('Gewässer, an dem häufig Hasen vorkommen' im Zusammenhang mit der Jagd), oder FamN. *Hase* oder ae. *hasu* 'graubraun', ↗Hase; z. B. Hasenbeeke, r.z. Ilse (z. Oker z. Aller z. Weser), (1419) *bey dem hasenbeke*, 1560 *jegen dem Hasenbeke*, 1802 *den ... Hasenbeek.* – Kettner, *Leine,* S. 111; Fischer, *BNB 10,* S. 104; Borchers, *HG.A.17,* S. 55.

Hasenke, der r.z. Moore (z. Leine z. Aller z. Weser), mündet südlich von Moringen (Lkr. Northeim, Niedersachsen, D). – 1632 *im Hasemke, vfm Haßemke,* 17. Jh. *beym Hasembke,* 18. Jh. *im Hasemcke,* 1864/65 *im Hasenke,* FlurN. Hasenkesanger, 1733 *Haßemckes Anger.* – Grundform mndd. **Hasenbeke,* durch Synkope im Grundwort und Assimilation /-nb-/ > /-mb-/ > *Hasembke/Hasemke,* vereinfacht > *Hasenke* 'Hasenbach', ↗Hasen-. – Kettner, *HG.A.8,* S. 46; Kettner, *Leine,* S. 111.

Haslochbach (auch *Haselbach*), r.z. Main (z. Rhein), die Quelle, der Haselbrunnen, befindet sich am Fuß des Geiersbergs (Spessart), fließt durch das Haseltal, mündet in Hasloch (Lkr. Main-Spessart, Bayern, D). – 1328 *dye Hasela;* ON. Hasloch, 1305 *Haßlach,* 1311 *Haslach,* 1313 *Hasela,* 1328 *Haselach.* – Grundform FlN. ahd. **Hasalaha* > mhd. *Haselach,* mundartlich *Hasloch,* ↗Hasel ↗Hasel-. Die heutige Form entstand durch verdeutlichende Komposition mit dem Grundwort -bach. – Sperber, *HG.A.7,* S. 63.

Hasperbach r.z. Ennepe (z. Volme z. Ruhr z. Rhein), gestaut durch die Hasper Talsperre. – ON. Haspe (Stadt Hagen, Ruhrgebiet, NRW, D), ON. Hasperbach (Stadt Ennepetal, Ennepe-Ruhr-Kreis, NRW), 14./15. Jh. (mehrfach) *in Hasepe,* 1405 *in der Hasepe belegen.* – Grundform FlN. as. **Hasapa,* Kompositum mit dem Grundwort ↗apa und dem Adj. (ae.) *hasu* 'graubraun' als Bestimmungswort, ↗Hase. – Schmid, *HG.A.6,* S. 28 f.

Hassbeck l.z. Despe (z. Leine z. Aller z. Weser), mündet bei Möllensen (Gem. Sibbesse, Lkr. Hildesheim, Niedersachsen, D). – 1678 *der Haßbeck, für dem Hassbecke nider,* FlurN. Hassbecksfeld, 1833/39 *Hassbeks Feld,* 1857 *Hassebeck-Feld.* – Deutung unsicher, Bestimmungswort vielleicht zu ae. *hasu* 'graubraun' ↗Hase. – Kettner, *HG.A.8,* S. 46; Kettner, *Leine,* S. 112.

Hassel, Dürre~ z. Häselbach (z. Schönau z. Schwarza z. Hasel z. Werra z. Weser), bei Bermbach (Lkr. Schmalkalden-Meiningen, Thüringen, D). – 1111 (Regest) *super fluviolum Durrinhesilon,* 1642 *Das wasser, die Hasel genannt.* – Die Grundform ist aus dem ältesten Beleg nicht sicher zu erschließen. Vielleicht liegt mhd. **Heselīn(bach)* ↗Hesselbach mit Ellipse des Grundworts -bach neben *Hasel(bach)* ↗Hasel ↗Hasel- zugrunde. – Sperber *HG.A.5,* S. 42.

Hassel-/Haßel-/Haßl- -ach, -bach, -beck/-beek/-bek/-bicke, -born, -graben, -pfuhl, -rieth, -see, -(s)siepen, -teich. Mndd. *hassel* neben *hāsel* 'Haselstrauch', as. *hasal-,* brandenburg. *Hassel,* ↗Hasel-; z. B. Hasselbach r.z. Dürre Holzminde (z. Holzminde z. Weser), 1587 *die Hasselbecke,* mit ON. †Haselbeki, (9. Jh., Handschrift 12. Jh.) *Haselbeche,* 944 *Haselbeki.* – Kettner, *Leine,* S. 112 f.; Fischer, *BNB 10,* S. 104; Kramer, *HG.A.10,* S. 28.

Hastebach l.z. Hamel (z. Weser). – ON. Hastenbeck (Stadt Hameln, Lkr. Hameln-Pyrmont, Niedersachsen, D), 1190 (Kopie 15. Jh.) *de Hastenbike,* 1197 (Kopie) *in Hastenbeke,* 1239 *de Hastenbike,* 1245 *Hastenbeke* (und weitere Belege). – Grundform FlN./ON. (as.) **Hastenbeki,* Kompositum mit dem Grundwort as. *beki* 'Bach' und dem Genitiv des PN. (as.?) **Hasto* (**Hasten-*) als Bestimmungswort. – Borchers, *HG.A.10,* S. 28; Kaufmann, *Ergänzungsband,* S. 177.

Hastelbach l.z. Rhein, mündet in Brey (Lkr. Mayen-Koblenz, Rh.-Pf., D). – /ɛn ˈhoːsdəl/, 1213 *Hassele,* 1365 *off dem hasel,* 1720 *im Hastell,* 1824 *im Hastel.* – Grundform mit Ellipse des Grundworts **Hasel(bach),* die heutige Namensform beruht auf der Klammerform **Hasel(bach)tal,* gekürzt > **Has(el)tal* > Hastel und erneut zur Verdeutlichung mit dem Grundwort -bach versehen. – Greule, *HG.A.15,* S. 42; Halfer, *Flurnamen,* S. 169.

Hattenbach
– [1]Hattenbach, r.z. Körsch (z. Neckar z. Rhein), mündet bei Plieningen (Stadt Stuttgart, B.-W., D). – ON. †Hattenbach, 1287 *in Hattenbach;* FlurN. Hattenbach, 1356 *in Dem hattenbach.* – Schmid, *HG.A.1,* S. 47.
– [2]Hattenbach, r.z. Aula (z. Fulda z. Weser), mündet in Niederaula (Lkr. Hersfeld-Rotenburg, Hessen, D). – ON. Hattenbach (Gem. Niederaula), 1230 *Hattinbach,* 1234 *in Haddenbach,* 1266 *Hatthenbach,* 1315 *de Hattenbach* (und weitere Belege). – Sperber, *HG.A.5,* S. 42.
Grundform mhd. *Hattenbach,* Kompositum mit dem Grundwort -bach und dem Genitiv des PN. *Hatto* (neben *Haddo*) (*Hatten-/Hadden-*) als Bestimmungswort.

Hattensee durchflossen von der Moosach (z. Salzach z. Inn z. Donau) bei Moosdorf (PB Braunau am Inn, O.-Ö., A). – 1122–47 *predium … Hattinse*, 1534 *Hattensee*, ca.1764 *durch den Hättensee*. – Grundform ahd. **Hattinsēo* > mhd. **Hättensē* (mit Sekundärumlaut?) > bair. *Hattensee*, Kompositum mit dem Grundwort ahd. *sēo* und dem Genitiv des PN. *Hatto* (*Hattin-*) als Bestimmungswort, ⤴ Hattenbach. – Straberger, *HG.A.9*, S. 46; Hausner/Schuster, *Namenbuch*, S. 499.

Hatzbach l.z. Wohra (z. Ohm z. Lahn z. Rhein), mündet bei Ernsthausen (Gem. Rauschenberg, Lkr. Marburg-Biedenkopf, Hessen, D). – ON. Hatzbach (Stadt Stadtallendorf, Lkr. Marburg-Biedenkopf), 1262 *Hatzbach*, 14. Jh. *Hattisbach*. – Grundform mhd. **Hattesbach*, mit Synkope **Hatsbach/Hatzbach*, Kompositum mit dem Grundwort *-bach* und dem Genitiv des PN. ahd. **Hatti* (Gen. *Hattes-*)? – Faust, *HG.A.4*, S. 33.

Hau-Bach r.z. Fränkischen Saale bei Großeibstadt (Lkr. Rhön-Grabfeld, Bayern, D). – /hauwich/, ON. Haumühle (Ipthausen, Ortsteil von Bad Königshofen, Lkr. Rhön-Grabfeld), /hāmül/, 1432 *die Hawn muel*, 1444 *von der Haubmohl*, 1465 *uff der Hawmullen*, 1494 *in der Hawmühle*, 1529 *Die Haymüllen*, 1574 *die Haubmhul*, 1596 *die Haw Mühl* usw. – Der Flussname geht auf die Klammerform **Hau[mül]bach* zurück. Bestimmungswort im ON. *Haumühle* ist mhd. *hou, hauw* 'Holzhieb, geschlagene Waldabteilung'. – Sperber, *HG.A.7*, S. 63; Braun, *Königshofen im Grabfeld*, S. 11f.

Haune, die r.z. Fulda (z. Weser), Quelle am Giebelrain (Rhön) in ca. 477m Höhe in der Gemeinde Künzell (Lkr. Fulda, Hessen, D), mündet in Bad Hersfeld (Lkr. Hersfeld-Rotenburg, Hessen). – 747 (Fälschung 12. Jh. nach echter Vorlage des 8./9. Jh) *in australem Hûnam, in alteram Hunam* (Codex Eberhardi), 789 *iuxta ripam fluvii … Huna*, 810 *super ripam fluminis Huna*, 812 *Huna*, 980 *in fluuium Huna*, in/de *Hunaha* (und weitere Belege); GegendN. Hünfeld (Staatsforst) nördlich von Fulda und ON. (Lkr. Fulda), 781 *Unofelt*, 825 *Hunafeld*, 1156 *Hunifelt*, 1195 *Hüneuelt*; ON. Haunetal (Lkr. Hersfeld-Rotenburg), 1217 *in Hunahe*, 1253 *von Hune, von Huna*, 1396 *von Haune*; ON. Haunedorf (Gem. Petersberg, Lkr. Fulda), ON. Hauneck mit Ortsteil Unterhaun (Lkr. Hersfeld-Rotenburg), Ende 11. Jh.–Anfang 12. Jh. (Kopie 12. Jh.) *Niderhuno*; ON. Burghaun (Lkr. Fulda), um 1160 (Kopie) *Huna*, 1556 *Burgkhaune*; ON. Margretenhaun (Gem. Petersberg, Lkr. Fulda), 1093 (Druck 1724) *Huna*; Hünhan (Gem. Burghaun): 816 *Huniham*; FlurN. Hün-Berg: 780?-781 *Hunaheberc*. – Die Belege setzen den FlN. ahd. **Hūna* (**Hūnaha*?) – mit einer Nebenform (in der Komposition) **Huni-* (?) – voraus. **Hūna* entwickelte sich regulär mit Diphthongierung und Apokope zu *Haun*, während die Namen, die <Huni-> enthalten, zwar Umlaut, aber keine Diphthongierung aufweisen, weshalb in der Komposition mit einer Nebenform **Huni-* ⤴ Hönne zu rechnen ist. Die Belege zeigen ferner, dass dem Flussnamen im Unterschied zu den Namen, die mit *-feld, -berg* usw. komponiert sind, teilweise verdeutlichend ahd. *aha* 'Fließgewässer' angefügt wurde. In gm. **Hūna* liegt wie in awn. *húnn* (< **hūn-r*) 'Würfel, klotzartiges Stück; Junges', ae. *hūn* 'Junges' und *Hūni-* (Erstglied in germanischen Personennamen) die germanische Entsprechung von ig. **k̑uh₁-nó-* 'anschwellend' (= ai. *śūná-* 'geschwollen, aufgedunsen') vor. – Sperber, *HG.A.5*, S. 42f.; Menke, *Namengut*, S. 222; Andrießen, *Siedlungsnamen*, S. 242; Pokorny, *IEW*, S. 594; Rix, *LIV*, S. 339.

Hauptgraben häufige Bezeichnung für die wichtigsten Gräben bei der Entwässerung, zuerst belegt 1716 *den Quergraben, welcher in den Haubtgraben fließet* zwischen Fehrbelliner Kanal und Alter Rhin nordöstlich von Kremmen (Lkr. Oberhavel, Brandenburg, D). Ableitung mit dem Präfixoid *Haupt-* 'erster, wichtigster, oberster', so auch in *Haupt-Kanal* und anderen Namen. – Fischer, *BNB 10*, S. 104; Wauer, *HG.A.17*, S. 57f.

Haus-/(Hauß-) *-bach, -Canal, -graben, -meer, -see, -seegraben, -siek, -teich, -weiher, -wiesenwasser.* Mhd., mndd. *hūs* 'festes, befestigtes Haus, Burg, Schloss', Gewässer, die an einem Schloss liegen oder der dort residierenden Herrschaft gehören', z.B. Hausbach z. Lindenbach (z. Rott z. Inn z. Donau), 890 (Kopie 11. Jh.) *Huspach, Hûspahc*; ON. Ober~, Unterhausbach (Gem. Hebertsfelden, Lkr. Rottal-Inn, Bayern, D), 1397 *Hauspach*, 1543 *zu Obernhauspach*, 1563 *zu Niderhauspach*, 1598–1610 *Hausbach*. – Fischer, *BNB 10*, S. 104f.; Dotter/Dotter, *HG.A.14*, S. 154f.

Haustenbach z. Glenne (z. Lippe z. Rhein). – ON. (Oesterholz-)Haustenbeck (Gem. Schlangen, NRW, D), 1678 *zur Hostenbeke*. – Grundform mndd. (zur) **höhesten beke* 'die am höchsten gelegene Stelle an einem Bach', kontrahiert und diphthongiert > *Haustenbeck*, standardsprachlich *Haustenbach*, Parallelname ⤴ Hösbach. – Schmidt, *HG.A.6*, S. 29.

Havel, die /ha:fəl/, sorb. *Hobola*, r.z. Elbe, entspringt in der Mecklenburgischen Seenplatte bei Ankershagen (Lkr. Müritz, M.-V., D), durchfließt Brandenburg und Berlin, mündet nach 334 km bei Werben/Elbe (Lkr. Stendal, S.-A.), fast im ganzen Flusslauf schiffbar. – 789 *Habola*, 979 *H(a)uela*, 981

Hauela, um 1075 *iuxta Habolam*, 1114 *inter … Havelam*, 1145 *Hauela* (so öfter), 1204 *Obula* (so öfter), 1394 *in der Havele*, 1490 *Havel*; Stammes- und LandschaftsN. um 845 *Hehfeldi*, um 900 (ae.) *Haefeldan*, 937, 948 *Heueldun*, um 967 (zu 928/29) *Sclavos, qui dicuntur Hevelli* ('Slawen, die Hevelli genannt werden'), 967 (zu 939) *Heveldi*, 973 *Hevoldo*, 979, 981, 993 *Heuellon*, 1010 *provincia … Heveldon* (und weitere Belege), 1216 *Havellant*; ON. Havelaue (Lkr. Havelland, Brandenburg), ON. Hansestadt Havelberg (Lkr. Stendal, S.-A.), 946 *Havelberg*; ON. Havelsee (Lkr. Potsdam-Mittelmark, Brandenburg). – Grundform as. *Habola*, slaw. *Obъla* ↗ Woblitz/Wublitz, wahrscheinlich Nominalisierung eines gm. Adj. *haƀula-* 'sich (gern) hebend' im grammatischen Wechsel zu gm. *hafula-* (in ae. *fæst-hafol* 'festhaltend, zurückhaltend'), das als „Neigungsadjektiv" mit *l*-Suffix vom Verbstamm gm. *haf-/*haƀ-* 'heben' (ig. *kap-*) ↗ Heve abgeleitet ist und sich wahrscheinlich auf das Überschwemmungsgebiet am Unterlauf des Flusses bezieht. Wegen der Parallelnamen balt. (apreuß.) 1273 *Cabula*, 1285 *Cabala*, abgegangener Name eines Flusses auf dem Großen Werder, und thrak. ON. *Kabýlē* wird auch erwogen, dass *Havel* (< vorgm. *Kapúlo-*) ein vorgermanischer („alteuropäischer") Name sei. Der StammesN. *Hevelli* 'Havelanwohner' (< gm. *Haƀiljōz*) ist vom FlN. in der Form gm. *Haƀil-* abgeleitet. – Wauer, *HG.A.17*, S. 60–63; Fischer, *BNB 10*, S. 105; Schmid, *Havel*; Biolik, *HE 5*, S. 20; Seebold, *starke Verben*, S. 244 f.; Bach, *Namenkunde 1*, S. 86.

Hecht-/-en-/-s- (ndd. *Heckt*) *-bach/-bächel, -diebelsee, -graben, -kuhle, -pfuhl, -see, -seebach, -seegraben, -zug*. Ahd. *hehhit* stM., mhd. *hech(e)t*, as. *hakth* 'Hecht', z.B. Hechtbach, r.z. Weser, (um 1350) *riuulum … heketbeke*, 1438 *myt der Heket beke*, 1491 *de Heket beke*, Hechtsee bei Flieth-Stegelitz (Lkr. Uckermark, Brandenburg, D), 1375 *stagnum nomine Hechtisse*, 1751 *Der Hechtsee*. – Fischer, *BNB 10*, S. 106; Kramer, *HG.A.10*, S. 28 f.

Heck-/-en- *-graben, -klingenbach, -lach, -pfuhl, -weiherbach*. Ahd. *hegga* stF., mhd. *hegge, hecke*, mndd. *hege, hecke* 'Hecke'. – Fischer, *BNB 10*, S. 106.

Heder, die l.z. Lippe (z. Rhein), entsteht aus 18 Quellen bei Upsprunge (Stadt Salzkotten, Kreis Paderborn, NRW, D), fließt durch Salzkotten, mündet bei Schwelle (Stadt Salzkotten). – 836–840 (Kopie 15. Jh.) *iuxta fluvium Serena vel Hedera*, um 890 (Kopie 16. Jh.) *iuxta fluvium … Hedera*, 1051–76 *iuxta flumen Hedera*, 1351 *by der Hedere*. – Ausgangsform (as.) *Hedira* > gm.*Haðirō*, Ableitung mit *r*-Suffix von einem Stamm gm. *hað-* (< vorgm. *kat´-*), dessen Herkunft nicht eindeutig geklärt ist. Da ig. *kat-* 'flechtend zusammendrehen' bedeutete, liegt es nahe im FlN. *Haðirō* die Benennung für ein am oder im Fluss befindliches Flechtwerk zum Fischfang oder zur Salzgewinnung (bei Salzkotten) zu sehen. Zu ig. *kat-* 'flechtend zusammendrehen' werden auch ae. *heaðor* n. 'Einschließung, Gefängnis' und russ. *kotý* Pl. 'Fischwehr, Fischzaun', bulg. *kótara* 'Hürde', serbo-kr. *kotar* 'Zaun', serbo-kr. (mundartlich) *kòtac* 'Art Fischfang' gestellt. – Schmidt, *HG.A.6*, S. 29, 93; Menke, *Gewässernamen*, S. 193; Pokorny, *IEW*, S. 534.

Hedersbach l.z. Glems (z. Enz z. Neckar z. Rhein). – SeeN. Hedersbachsee bei Leonberg (Lkr. Böblingen, B.-W., D), FlurN. Hedersbach, um 1350 *in dem Hederspach, von dem Hederspach*. – Kompositum mit dem Grundwort *-bach* und dem Genitiv des PN. mhd. *Heder* (gm. *Haþir*) (*Heders-*) als Bestimmungswort, ↗ Hesebecker Bach. – Schmid, *HG.A.1*, S. 48.

Heeg-/Hege- *-bach, -graben, -see*. Mndd. *hēgebach* ist vermutlich Synoym zu mndd. *hēgewāter* 'Gewässer, dessen Fischerei beschränkt ist' zu mndd. *hēgen* 'schonen, schützen'. *Hegesee* bezeichnet Seen, in denen die Fische gehegt werden, z.B. Heegesee nordwestlich von Repente (Stadt Rheinsberg, Lkr. Ostprignitz-Ruppin, Brandenburg, D), 1525 (Kopie) *hegesehe*. – Kettner, *Leine*, S. 114; Fischer, *BNB 10*, S. 106.

Heenesbach l.z. Geisbach (z. Fulda z. Weser) mündet nordwestlich von Bad Hersfeld (Lkr. Hersfeld-Rotenburg, Hessen, D). – 1674 *vor dem Hainer Bacher Flüßlein* (lies *Haines Bacher*); ON. Heenes (Stadt Bad Hersfeld), 1322 *villa Heynes*, 1334 *zu dem Hain*, 1366 *zu dem Heynechs*, 1778 *Heines, Heenes*; ON. Heenesmühle. – Grundform FlN. mhd. *Heinesbach*, Kompositum mit dem Grundwort *-bach* und dem Genitiv des PN. *Hein* (Genitiv *Heines-*) < ahd. *Hegin* neben *Hagan*, mhd. *Hagen*; im ON. ist das Grundwort elliptisch. Mundartlich wird *Heines(bach)* zu *Hēnesbach* monophthongiert. Die Belege zeigen Eindeutungsversuche in Richtung von nhd. Hain: 1334 *zu dem Hain* und 1366 *Heynechs* (< ahd. *heginahi/haganahi* stN. 'Dorngestrüpp, Dornstrauch'). – Sperber, *HG.A.5*, S. 43 f.

Heer- *-bach, -graben, -pfuhl, -siek*. Das Bestimmungswort ist nicht eindeutig. Es kann mit nhd. *Heer* n. identisch sein oder auf ndd. *hēre* (mndd. *hērde*) 'Hirte, besonders Kuhhirte' oder auf mhd., mndd. *hēre* 'Herr, Lehensherr' zurückgehen, z.B. Heersiek r.z. Saale (z. Leine z. Aller z. Weser), 1782 *Heer Siek*, 1875/77 *Heersiek*. – Fischer, *BNB 10*, S. 106; Kettner, *Leine*, S. 114; Kettner, *HG.A.8*, S. 47.

Heesbach (auch *die Hees*), r.z. Littfeldbach (z. Ferndorf-Bach z. Sieg z. Rhein), entspringt westlich von Oberhees (Stadt Kreuztal, Kreis Siegen-Wittgenstein, NRW, D) im Bereich der südlichen Landhecke, einer Grenzbefestigung (auch Kölsches Heck), mündet nach 5,8 km bei Fellinghausen (Stadt Kreuztal). – 1686 *forellenwasser entspringt bey der Oberhees, fleusst längst die Mittelheese und Heese herab*; ON. Oberhees, Mittelhees, Junkernhees (nach dem Adelsgeschlecht der Junker von der Hees) (Stadt Kreuztal), 1294, 1329 *von der Heyse*, 14., 15. Jh. (mehrfach) *von der Hese*, 1343, 1349 *von/van der Heese*, 1350 *van der Heysin*, *van der Heise*, 1424 *van der Heße*, 1461 *Mittelhese*, ab 1599 *Mittelnhees, Oberhees*, 1601 *von der Junckern Hese*. – Vermutlich ist der sich auf das Kölsche Heck beziehende Waldname mhd. (wmd.) *Hēs (gm. *haisja- n.) ⁊ Hesperbach auf den Fluss und die daran liegenden Siedlungen übertragen worden, vgl. ON. Heerse (Bad Salzuflen, Kreis Lippe, NRW), zu 1036 (um) 1160 *Hisi*, 1036 (Kopie 1409) *Hyse*, 1146 (Kopie 14./15. Jh.) *Hese* (< gm. *haisja-). – Faust, *HG.A.4*, S. 33; Barth, *Sieg und Ruhr*, S. 86; Meineke, *Lippe*, S. 202–205.

Heger-/Heher- -beke, -siek. Ahd. *hehar(a)*, mhd. *heher*, mndd. *hēger* '(Eichel-)Häher'; z.B. Hegerbeke, l.z. Westerkalle (z. Kalle z. Weser), 1614/15 *zwischen der Hegerbecke und …*, 1721 *Hegerbicke*, ON. Hegerbecke. – Kettner, *Leine*, S. 114 f.; Kramer, *HG.A.10*, S. 29.

† Hegesteinbach, -fließ jetzt Thymenbach, zwischen Thymensee und Schwedtsee nördlich von Ravensbrück (Stadt Fürstenberg, Lkr. Oberhavel, Brandenburg, D). – 1580 *Hegesteinische Beck*, 1770 *auf der Hegensteinschen Bache*, 1796 *Das Hegenstein-Fließ*. – Bestimmungswort ist der FlurN. Hegestein, Klammerform *Hege(meister)stein*? – Fischer, *BNB 10*, S. 107.

Heher- ⁊ Heger-.

Heibeek r.z. Lutter (z. Oder z. Rhume z. Leine z. Aller z. Weser), mündet westlich von Bad Lauterberg (Lkr. Osterode am Harz, Niedersachsen, D). – 1601 *Heidtbeck*, 1625–27 *im Heidtbecke, Heidtbeck, Heitbeck*, 1670 *im Heidbeck*, 1689 *hintern Hei Becke*, 1756/66 *im Heybeck hinauf*. – Grundform mndd. *Heidbeke*, Kompositum mit Grundwort mndd. -beke 'Bach' und dem Bestimmungswort ⁊ Heid-. – Kettner, *HG.A.8*, S. 48.

Heid-/-e-/-en- -bach/-bächle, -bäke/-beck/-bek, -graben, -kampgraben, -landsgraben, -kolk, -pfuhl, -see, -siek, -teich, -weiher, -wuhr. Ahd. *heida* stswF. 'Heide, Heidekraut', mhd. *heide* 'ebenes, unbebautes, wildbewachsenes Land', mndd. *heide* 'sandige, unbaute, wildbewachsene Fläche (im Gegensatz zum Nutzland)', brandenburg. *Hei(e)*, *Hede* 'Wald, vor allem Nadelwald', z.B. Heidbeck z. Riensförder Bach (z. Schwinge z. Elbe) mit ON. † Heidbeck, 1305, 1322 *in Heybeke* (und weitere Belege). – Kettner, *Leine*, S. 115 f.; Fischer, *BNB 10*, S. 107; Udolph, *HG.A.16*, S. 156.

Heidelbach l.z. Wichte (z. Fulda z. Weser), mündet oberhalb von Wichte (Gem. Morschen, Schwalm-Eder-Kreis, Hessen, D). – (1562–86) *Heydelbach*; ON. † Heidelbach, 1196 *Heidelbach*, 1303 *Heydelbach*, 1364 *Heydilbach*. – Grundform vielleicht (mhd.) *Heidenbach* 'Bach, an dem Heidekraut wächst' oder 'Bach, der durch wildbewachsenes sandiges Land fließt', Kompositum mit dem Grundwort -bach und ⁊ Heid- als Bestimmungswort. Der Lautwandel zu *Heidel-bach* vielleicht unter dem Einfluss von nhd. *Heidelbeere* (ahd. *heid(i)beri*). – Sperber, *HG.A.5*, S. 44.

Heidenaab (auch Haidenaab) ⁊ Naab.

Heigerbach l.z. Ulfe (z. Fulda z. Weser), mündet bei Weiterode (Stadt Bebra, Lkr. Hersfeld-Rotenburg, Hessen, D). – ON. † Heigern, 1376 *Czu Heygern*; FlurN. Heuergrund, 1538 *Heiern*. – Ausgangsform FlurN. mhd. (ze den) *Höugern*, Dativ Plural zu mhd. *houc* stN. 'Hügel'. Der im Heuergrund fließende Bach wurde *Höugerbach* genannt, mundartlich entrundet zu *Heierbach*, mit Hiatus tilgendem /-g-/ *Heigerbach*. – Sperber, *HG.A.5*, S. 44; Ramge, *Flurnamenbuch*, S. 174.

Heilbach r.z. Osterkalle (z. Kalle z. Weser). – ON. Heidelbeck (Gem. Kalletal, Kreis Lippe, NRW, D), 13. Jh. (Kopie 14. Jh.) *de Helbeke*, 1240 (Kopie 1466–70) *de Heilbeke*, 1257 (Kopie 14. Jh.) *de Hilbeke*, um 1276 *de Hilbike*, 1281 *de Heilbecke*, 1281 (dorsual) *de Helbek* (und weitere Belege). – Ausgangsform FlN./ON. as. *Helbeki* > mndd. *Hēlbēke*, Kompositum mit dem Grundwort as. -beki und dem Stamm des Verbs as., ahd. *helan* 'verbergen': '(im Wald) versteckter, verborgener Bach'. – Kramer, *HG.A.10*, S. 29 f.; Meineke, *Lippe*, S. 206 f.

Heilig-/-e-/-en-/-er-/-es- -bach/-bächl, -born, -bronnen, -brunnbach/-brunnenbächle, -graben, -grund, -meer, -pfuhl, -riehe, -see, -siek, -teich, -thalgraben. Ahd. *heilag*, *heilīg*, as. *hēlag*, mhd. *heilic*, mndd. *hillich*, *heilge*, *helge*, brandenburg. *heelig*, *hillig* 'heilig'. Gewässer mit dem Bestimmungswort *heilig* befanden sich meistens in kirchlichem Besitz, z.B. Heiligenbach, r.z. Innerste (z. Leine z. Aller z. Weser), 1578 *auff die Hilligen beckhe*, um 1765 *Hilgenbeck*, 1171 *boven dem Hilligen Beek*, 1834/40 *Heiligen Bach*, ⁊ Heiligengeist. – Fischer, *BNB 10*, S. 107 f.; Kettner, *Leine*, S. 116; Kettner, *HG.A.8*, S. 48.

Heilig(en)geist- *-lanke, -pfuhl, -teich.* Gewässer, die zu Heiliggeist-Hospitälern gehören. – Fischer, *BNB 10*, S. 108; Wauer, *HG.A.17*, S. 64.

Heim- *-bach/-bächle, -bachgraben, -beck.* Bestimmungswort durch Assimilation von /-nb- > -mb-/ aus ↗Hain-/Hein- entstanden, z.B. Heimbach, l.z. Rhein, mit ON. Oberheimbach, Niederheimbach (Lkr. Mainz-Bingen, Rh.-Pf., D), 983 (Kopie 13. Jh.), 996 (Kopie), 1092 (Kopie) *Heinbach* (und weitere Belege), 1219 (Kopie) *Heimbach.* – Greule, *HG.A.15*, S. 43.

Heimke Name mehrerer Flüsse im Gebiet der Leine. Grundform *Heinbeke > Heimbeke > Heimbke > Heimke,* ↗Hain- ↗Heim-. – Kettner, *HG.A.8*, S. 48.

Hein- ↗Hain- ↗Heim-.

Heinebach r.z. Fulda (z. Weser), mündet bei Heinebach (Gem. Alheim, Lkr. Hersfeld-Rotenburg, Hessen, D). – ON. Heinebach, 11. Jh. *Heginebahc*, 1061 *Hagenebach*, 1196 *Hegenebach*, 1229 *Heinebach* (und weitere Belege). – Grundform mhd. *Hegenīnbach*, Kompositum mit dem Grundwort *-bach* und dem Adj. ahd. *haginīn*, mhd. *hegenīn* 'mit Dornsträuchern bewachsen' als Bestimmungswort. – Sperber, *HG.A.5*, S. 44.

Heinebeek l.z. Meine (z. Gande z. Leine z. Aller z. Weser), mündet nordwestlich von Wolperode (Stadt Bad Gandersheim, Lkr. Northeim, Niedersachsen, D). – 1569 (Kopie 16. Jh.) *ienseit dem Heinbeck/Hainbeck,* 1756 *gegen den Heine-Beeck,* 1845/46 *Heinebeek.* – Deutung ↗Hain-. – Kettner, *Leine,* S. 49.

Heinzenbach, die r.z. Simmerbach/Kellenbach (z. Nahe z. Rhein). – Ca.1380 *die Eynzinbach,* 1414 *in der Eyntzinbach,* 1427 *in der Eintzinbach,* 1438 *in der Entzembach,* Mitte 15. Jh. *die Entzembach*; ON. Heinzenberg/Kirn (Lkr. Bad Kreuznach, Rh.-Pf., D). – Grundform mhd. *Einzenbach,* Kompositum mit dem Grundwort *-bach* und dem Genitiv des PN. ahd. *Einizo < *Aginizo (*Einizen-) als Bestimmungswort. Die heutige Namensform in Anlehnung an den PN. Heinz. – Greule, *HG.A.15*, S. 44f.

Heischbach r.z. Rohrbach (z. Fulda z. Weser), mündet in Tann/Rhön (Lkr. Fulda, Hessen, D). – 1673 *im Heischbach*; FlurN. 1673 *Heißbachs Raßen, Heischbachs Graben, Heißbachs Seihen.* – Vielleicht Kompositum mit dem Grundwort *-bach* und mhd. *heiz* 'heiß, warm' und mundartlicher Palatalisierung von /-sb- > -schb-/. Möglicherweise hierher auch 1125 *Heiscinbach,* ca.1373 *an den Haissenbach,* abgegangener Name für einen Bach l.z. Fischbach (z. Schluchsee) bei Sankt Blasien (Lkr. Waldshut, B.-W.) < mhd. *Heizenbach,* ebenso Heißengraben, versickert l.z. Leitzach (z. Mangfall z. Inn), 1858 *Heisengraben,* mit den Bergnamen Heißenplatte, Heißenberg und ON. Heißenbauer (Bayrischzell, Lkr. Miesbach, Bayern), dieser Name ist aber auch als Klammerform Heißen(berg)graben deutbar. – Sperber, *HG.A.5*, S. 45; Geiger, *HG.A.2*, S. 56; Dotter/Dotter, *HG.A.14*, S. 157.

† Heiscinbach ↗Heischbach.

Heißengraben ↗Heischbach.

† Heisterbach alter Name des Baerenbach, r.z. Otterbach (z. Biber z. Saar z. Mosel z. Rhein). 1018 *ad locum ... Heistrebach*; Parallelname ON. † Heisterbach bei Nalbach (Lkr. Saarlouis, Saarland, D), 1327 *Heysterbach,* 1514–22 *Heisterbach.* – Kompositum mit dem Grundwort *-bach* und mndd. *he(i)ster,* mndl. *heister,* fnhd. *heister* (< gm. *hais-tru-*) 'Niederwaldbaum', ↗Hesperbach. – Spang, *HG.A.13*, S. 5, 31.

Hekenbecker Bach anderer Name der Mahmilch (z. Gande), alter Name des Oberlaufs der Mahmilch. – ON. Heckenbeck (Stadt Bad Gandersheim, Lkr. Northeim, Niedersachsen, D), /häikenbeck/, 1188 *de Hakenbike,* 1189 *de Hakinbiche,* 1229 *de Hakenbeke* (und weitere Belege), 1280 *Hekenbeke* (und weitere Belege), 1580 (Kopie 1695) *Häkenbeck, Heckenbeck.* – Ausgangsform as. *Hākīnbeki* 'hakenförmig gekrümmter Flusslauf', mit Adj. (as.) *hākīn* 'hakenförmig, gekrümmt' (mndd. *hāke* Haken, gekrümmter Flusslauf') als Bestimmungswort und as. *beki* 'Bach' als Grundwort, später angelehnt an mndd. *hecke* 'Hecke'. – Kettner, *HG.A.8*, S. 47; Kettner, *Leine,* S. 113f.

Helba r.z. Werra (z. Weser), mündet unterhalb Meiningen (Lkr. Schmalkalden-Meiningen, Thüringen, D). – ON. Helba (Stadt Meiningen), 1264, 1271 *Helbe,* 1317, 1323 *von Helbe,* 1328, 1333 *zu Nydernhelbe, zu Vbirnhelbe, zv Nydern Helbe ... zv Obern Helbe,* 1347–1435 *Helbe,* WaldN. Staatsforst Helba. – Grundform FlN. *Helbe,* Deutung ↗Helbe. – Sperber, *HG.A.5*, S. 45.

Helbe, die l.z. Unstrut (z. Thüringische Saale z. Elbe), Quellgebiet im Dünwald (Lkr. Eichsfeld und Nordhausen, Thüringen, D) und der Hainleite (Lkr. Kyffhäuser, Nordhausen, Sömmerda, Thüringen), zwischen Wasserthaleben und Clingen (Kyffhäuserkreis) geteilt in Schwarzburgische~ und Sächsische~, mündet nach ca. 80 km bei Riethgen (Lkr. Sömmerda). – 1267 *aquam ... Helbe,* 1288 *Helbe*; ON. † Helbe, ON. Helbedündorf (Kyffhäuserkreis).

– Grundform *Helbe* < (ahd.) **Helwa* f. Da die Helbe sowohl im Oberlauf als auch im Helbetal aufgrund der Verkarstung des Untergrundes regelmäßig versiegt, liegt es nahe den FlN. als Ableitung (mit *w*-Suffix) vom Verb gm. **hel-a-* 'verbergen' zu deuten ('die sich Verbergende'?); gm. **hel-wa-* liegt mit spezieller Bedeutungsentwicklung auch vor in ahd. *hel(a)uua* stswF. (mhd. *helwe, helewe*, nhd. veraltet *helbe*) 'Spreu, Spelze, Hülse'. Der Lautwandel /-lw-/ > /-lb-/ ist regelmäßig ↗ Felberbach. – Ulbricht, *Saale*, S. 248f.; Seebold, *starke Verben*, S. 252f.; Pokorny, *IEW*, S. 553f.

Helderbach (im Oberlauf *Heller-Bach*), r.z. Flutkanal (z. Unstrut z. Thüringische Saale z. Elbe), entsteht am Höhenzug Hohe Schrecke, fließt durch Oberheldrungen und Heldrungen (Kyffhäuserkreis, Thüringen, D). – ON. Oberheldrungen, Heldrungen, 774 *Heltrunga*, 1003 *in Haldrungin*, 1128 *Helderongon*, 1143 *Helderingen*, 1169 *Heldrungen* (zahlreiche weitere Belege). – Zugrunde liegt ein Gegend- oder Flussname **Hald-ir-*, der mit *r*-Suffix von ahd. *halda, helda* swstF. '(Berg-)Abhang, abschüssige Gegend, Anhöhe' abgeleitet ist, ↗ Heldra. Davon weiters abgeleitet ist der Siedlungsname ahd. *Heltrunga* 'die an/bei **Haldir-* siedeln'. Die heutige Namensform ist eine Rückbildung aus *Heldrungen*, verdeutlichend mit dem Grundwort *-bach* komponiert. – Ulbricht, *Saale*, S. 36, 74; Walther, *Siedlungsgeschichte*, S. 232.

Heldersbach r.z. Lauter (z. Hasel z. Werra z. Weser), mündet in Goldlauter-Heidersbach (Stadt Suhl, Thüringen, D). – 1587 *Der Heitersbach*, ON. (Goldlauter-)Heidersbach. – Kompositum mit dem Grundwort *-bach* und dem Genitiv des PN. *Heit(h)er* (*Heiteres-*) als Bestimmungswort. – Sperber, *HG.A.5*, S. 45.

Heldra r.z. Werra (z. Weser), mündet in Heldra (Stadt Wanfried, Werra-Meißner-Kreis, Hessen, D). – ON. Heldra, 874 *Heldron*, 14. Jh. *zcu Helder*, 1613 *Heldra*; BergN. Heldrastein bei Treffurt (Wartburgkreis, Thüringen), 16. Jh. *supra lapidem ... Heldestein*, 1574 *am Hellerstein*, 1613 *des Hellersteins*, um 1745 *auf den Hellerstein*; ON. Hallungen (Wartburgkreis), 1378 *Haldungen*. – Die heutige Namensform ist analog zu den anderen Ortsnamen mit der Endung *-a* gebildet. Zugrunde liegt ein mit *r*-Suffix von ahd. *halda, helda* swstF. '(Berg-)Abhang, abschüssige Gegend, Anhöhe' abgeleiteter Berg- oder Siedlungsname **Hald-ir-* ↗ Hellerbach, der sich wahrscheinlich auf den Heldrastein bezog und von dort auf den Fluss übertragen wurde. Die späteren Belege weisen den md. Lautwandel /-ld-/ > /-ll-/ auf. – Sperber, *HG.A.5*, S. 45; Walther, *Siedlungsgeschichte*, S. 232, 249.

Helgen- ↗ Heilig-.

Hell-/-e-/-n- *-bach, -beckel-bek(e), -fließ, -graben, -grund, -mühlenfließ, -pfuhl, -siek, -tal, -teich, -wasser*. Mndd. **helle* 'abgelegener, versteckter Ort', ndd. *helle* 'tief eingeschnittener Grund', brandenburg. *Hölle, Helle* f. 'enge, kleine Räumlichkeit, Geländeeinschnitt, Höhle, Hohlweg', in Gegenden, in deren Mundart /-ld-/ > -ll-/ assimiliert wird, auch mhd. *helde* 'Halde, Bergabhang', meist Übertragung von Flurnamen. FlN. Helle, l.z. Spüligbach (z. Ilm z. Leine z. Aller z. Weser) ist Rückbildung aus ON. Hellental (ohne Belege). Als Bestimmungswort ist auch möglich nhd. *hell* 'schallend, laut; hell, klar'. Beispiele: Hellegraben, r.z. Weser, 1587 *der Hellegrabe*, 1760 *Hellegraben*; Hellbach, z. Drüsensee (z. Lüttauer See z. Schmalsee z. Möllner See z. Elbe-Lübeck-Kanal), 1593 *Hellebek*, 1856 *Hellbach*. – Laur, *Schleswig-Holstein*, S. 322; Kettner, *Leine*, S. 117f.; Fischer, *BNB 10*, S. 114; Bach, *Namenkunde 1*, S. 261; Kramer, *HG.A.10*, S. 31; Udolph, *HG.A.16*, S 157.

Heller
– [1]Heller, die (auch *Hellerbach*), l.z. Sieg (z. Rhein), entsteht in ca. 490m Höhe nördlich von Würgendorf (Gem. Burbach, Lkr. Siegen-Wittgenstein, NRW, D), durchfließt das Hellerbergland, mündet nach 30 km in Betzdorf (Lkr. Altenkirchen/Westerwald, Rh.-Pf.), Buchheller, l.z. Heller, mündet bei Wahlbach (Gem. Burbach) 'die durch Buchenbestand ausgezeichnete Heller'. – 1350 *dy Helre*, 1463 *in der Buchhelre*, 1579 *uf die Heller*. – Sichere Deutung nicht möglich, Grundform vielleicht mhd., md. **Helre* < älterem **Hel(l)ere* < gm. **Hallirō* (?), *r*-Ableitung von gm. **hallu-* m. (gt. *hallus* 'Fels', awn. *hallr* 'Stein') Benennungsmotiv ist vielleicht das Hellerbergland. Parallelname: *Hallaren sjö* (Uppland, S), 1650 *Hallaren*, ON. Hallarsbro (Västmanland, S), 1371 *jn Halorsbodhum*. Die Schwierigkeit, dass in den Belegen die Geminate /-ll-/ nicht auftritt, wird umgangen, wenn als Basis der Ableitung gm. **hal-/*hel-* (**Halirō* oder **Helarō*), Nebenformen des starken Verbs gm. **hella-* 'schallen' angenommen wird ↗ Helme, Benennungsmotiv in diesem Fall der Wasserschall. – Faust, *HG.A.4*, S. 34; Barth, *Sieg und Ruhr*, S. 87f.; Wahlberg, *SOL*, S. 160; Seebold, *starke Verben*, S. 253f.
– [2]Heller, der, Pfuhl nordwestlich von Prenden (Gem. Wandlitz, Lkr. Barnim, Brandenburg, D). Identisch mit brandenburg. *Hälter, Häller* m. 'Fischteich. Fischbehälter'. – Fischer, *BNB 10*, S. 103.

Heller-Bach ↗ Helderbach.

Helligbek l.z. Bollinstedter Au (z. Treene z. Eider z. Nordsee). – ON. Helligbek (Gem. Stolk-Helligbek, Kreis Schleswig-Flensburg, S.-H., D), 1548 *Hylgen-*

beke, 1650 *Hilligbeck*, 1741 *Hillebeck*, *Hellig-Beck*. – Kompositum mit dem Grundwort mndd. *beke* 'Bach' und ndd. *hillich* 'heilig' als Bestimmungswort, bezieht sich auf ein heiliges Gewässer. – Kvaran, *HG.A.12*, S. 83; Laur, *Schleswig-Holstein*, S. 322.

Helling, die r.z. Kreck (z. Rodach z. Itz z. Main z. Rhein). – ON. Hellingen (Lkr. Hildburghausen, Thüringen, D), (799–800) (Kopie um 1160) *in Helidungen* (Codex Eberhardi II, 113), 837 *Helidunga*, 838 *in Helidungero marcu* (und weitere Belege aus dem Codex diplomaticus Fuldensis); FlurN. Hellinger Haag. – Rückbildung aus dem ON. Hellingen (ahd. *Helidunga*) über die Ellipse *Helling(er Bach)*. – Sperber, *HG.A.7*, S. 65; Fastnacht, *Staffelstein*, S. 44*.

Helmbach r.z. Speyerbach (z. Rhein), entspringt im Pfälzer Wald (beim Forsthaus Taubensuhl), mündet beim Weiler Helmbach (Gem. Elmstein, Lkr. Bad Dürkheim, Rh.-Pf., D). – ON. Helmbach, Weiler, 1828 *Helmbacherhof*, 1836 *mit den Helmbacher Höfen, Helmbacher Mühle*, 1916 *Helmbach*. – Unsichere Deutung, Grundform vielleicht mhd. *Hellendebach*, mit dem Partizip Präsens des Verbs mhd. *hellen* 'hallen, dröhnen' als Bestimmungswort. – Greule, *HG.A.15*, S. 44.

Helme, die l.z. Unstrut (z. Thüringische Saale z. Elbe), entsteht am Helmspring in den Nordausläufern des Ohmgebirges zwischen Weißenborn-Lüderode und Stöckey (Lkr. Eichsfeld, Thüringen, D), mündet nach 65 km bei Kalbsried (Kyffhäuserkreis, Thüringen). – 976 *Helmana ulterior*, 979 *... quo confluunt Unstrut et Helmena*, 994 *Helmana*, 1000 *Helmena*, 1120, 1179 *Helmana*; LandschaftsN. Helmegau, 774/79 *Helmungowe*. – Die Grundform ahd. *Helmana* (neben *Helmun*-) wird einerseits als Ableitung mit n-Suffix zu dän. *haelm* 'still, ruhig', *helme* 'aufhören' ('der ruhig fließende Fluss') gestellt, andererseits als Ableitung von gm. *helma*- 'schallend' (?) zum Verb gm. *hell-a*- 'schallen' (Benennung nach dem Wasserschall), ↗Heller. Eine Resemantisierung des Namens durch ahd. *helm* 'Helm' ist wahrscheinlich. – Ulbricht, *Saale*, S. 216; Seebold, *starke Verben*, S. 253f.

Helmerte, die r.z. Nethe (z. Weser). – ON. Helmern (Stadt Willebadessen, Kreis Höxter, NRW, D), (1213–23) (Kopie 15. Jh.) *Helemere*, 1237 *Helmere* (und weitere Belege). – Die Grundform mndd. *Helmere* kann verschiedentlich gedeutet werden, entweder ähnlich wie ↗Helme (< *Helmana*) als Ableitung mit r-Suffix oder als Kompositum *Hel-meri* mit gm. *-mari* ↗¹Maar als Grundwort und unklarem Bestimmungswort (mndd. *helde*, *helle* 'Abhang, Halde'?). Die heutige Form des Namens ist hyperkorrekte Angleichung an andere Ortsnamen mit Dentalsuffix *-de*/*-te*. – Kramer, *HG.A.10*, S. 31.

Helser Fleth r.z. Braake (u. Elbe). – 1742, um 1800 *Helser Fleth*; ON. Helse (Amt Marne-Nordsee, Kreis Dithmarschen, S.-H., D), /hels/, 1560 *Haelsee*, 1561 *Helsche*, 1563/64 *Helse*, *Heelse*, *Haelse*, *Helsche*, 1803 *Helsen*. – Grundform FlN./ON. (mndd.) *Haelese*, s-Ableitung von Adj. mndl. *hael* 'trocken, mager, ausgetrocknet', nordfr. *hāl* 'seicht', ndd. *hahl*, *hähl* (< as. *Hālisō*, ↗Hahle. Die heutige Form des Gewässernamens ist eine Wortgruppe aus dem Adjektiv des Ortsnamens und Fleth ↗Fließ. – Udolph, *HG.A.16*, S. 158.

Hembach
– ¹Hembach, l.z. Ammer (z. Neckar z. Rhein) mündet bei Ammern (westlich von Tübingen, B.-W., D). – ON. † Hembach, 1263, 1283, 1293, 1294 *Hindebach*. – Kompositum mit dem Grundwort *-bach* und mhd. *hinde* 'Hirschkuh' als Bestimmungswort. *Hindebach* wird durch Synkope > *Hindbach*, Erleichterung der Konsonantengruppe /-ndb-/ > *Hinbach* und durch Assimilation > *Himbach*, mit mundartlicher Vokalsenkung zu *Hembach*. – Schmid, *HG.A.1*, S. 49.
– ²Hembach (auch *Hemmbach*), r.z. Rednitz (z. Main z. Rhein), mündet bei Schwabach. – ON. Oberhembach (Markt Pyrbaum, Lkr. Neumarkt, Bayern, D), ON. Mittelhembach (Lkr. Roth, Bayern), ON. Dürrenhembach (Markt Wendelstein/Mittelfranken, Lkr. Roth), Redniszhembach (Lkr. Roth), 14. Jh. *Oberhennbach*, Anfang 15. Jh. *Oberhennpach*, *Mittelnhennbach*, *Dürrenhennbach*, *Redniczhennbach*. – Grundform mhd. *Henenbach*, Kompositum mit dem Grundwort *-bach* und dem Genitiv des PN. ahd. *Hano* (*Henin-* > mhd. *Henen-*) als Bestimmungswort. *Henenbach* wird durch Synkope > *Hennbach*/*Henbach* und durch Assimilation /-nb- > -mb-/ > *Hembach*. – Sperber, *HG.A.7*, S. 65; Kaufmann, *Ergänzungsband*, S. 171.

Hemelbach l.z. Weser, entspringt am Gahrenberg im Reinhardswald (Weserbergland, Lkr. Kassel, Hessen, D), mündet in Veckerhagen (Gem. Reinhardswald, Lkr. Kassel) gegenüber von Hemeln (Stadt Hann. Münden, Lkr. Göttingen, Niedersachsen). – 1551 *in der Humel*, *in der Humle*, *in der Hummeln*, (1583–85) *Die Himmell*; ON. Hemeln, 834 *Hemlion*, 840 (Kopie 10. Jh.) *villa ... Hemli*, 1272 *Hemelen* (und weitere Belege), 1437 *to Hemeln*. – Grundform FlN. mndd. *Hemle*, *Hemele*, *Himele*, gerundet *Hümele* (1551 *in der Humel*), < as. *Hemli*- < gm. *Hamal-ja*-, vermutlich Gebietsname, der sich auf die Abhänge des Reinhardswaldes und des Bramwaldes bezieht und mit *j*-Suffix von (gm.) *hamala*- 'steil, abschüssig' ↗Hamel abgeleitet ist. – Kramer, *HG.A.10*, S. 31; Casemir/Ohainski/Udolph, *Göttingen*, S. 192–195.

Hemsbach

- ¹Hemsbach, alter Name des Rischbachs, l.z. Seckach (z. Jagst z. Neckar z. Rhein). – ON. Hemsbach (Stadt Osterburken, Neckar-Odenwals-Kreis, B.-W., D), 1270 *Heimersbach*. – Kompositum mit dem Grundwort *-bach* und dem Genitiv des PN. mhd. **Heimer (Heimers-)* als Bestimmungswort. – Schmid, *HG.A.1*, S. 49.
- ²Hemsbach, z. Schwalbenzahl (z. Neue Weschnitz z. Rhein). – ON. Hemsbach (Rhein-Neckar-Kreis, B.-W., D), um 800 (Kopie 12. Jh.) *Hemmingisbach*, 948 (Kopie 12. Jh.) *Hemmingesbach*, 1094 *Heiminisbach*, 10. Jh. (Kopie 12. Jh.) *Heimegesbach, Heimingesbach*, 1350 *Hemesbach*, 1364 *Hemsbach* (und weitere Belege). – Grundform FlN./ON. ahd. *Heimingesbach*, Kompositum mit dem Grundwort *-bach* und dem PN. ahd. *Heiminc (Heiminges-)* als Bestimmungswort, die ältesten Belege zeigen bereits das Ergebnis der md. Monophthongierung /ei/ > /ē/, *Heimingesbach* wurde verkürzt zu **Hēmesbach/ Hemsbach*. – Geiger, *HG.A.2*, S. 56.
- ³Hemsbach, l.z. Kahl (z. Main z. Rhein), mündet bei Mömbris (Lkr. Aschaffenburg, Bayern, D). – ON. Groß-, Kleinhemsbach (Markt Mömbris), 1361 *von Heymyngisbach*. – Grundform ahd. **Heimingesbach*, Deutung ↗²Hemsbach. – Sperber, *HG.A.7*, S. 66.

† Hene Fluss im Einzugsgebiet des Schafbachs (z. Elb-Bach z. Lahn z. Rhein) bei Westerburg (Westerwaldkreis, Rh.-Pf., D). – 1270 *flumina Leyme et Hene*, 1537 *die Heene*. – Grundform mhd., md. **Hēne*, Übertragung eines ON. **Heine* < ahd. Dativ Singular **hegine*, ↗Hag- ↗Hain-. – Faust, *HG.A.4*, 34.

Hengelsiek l.z. Nette (z. Innerste z. Leine z. Aller z. Weser), mündet südwestlich von Herrhausen (Stadt Seesen, Lkr. Goslar, Niedersachsen, D). – (1628) *Hangelsiek, biß an den Hengell siek*, 1756/57 *Hengel-Sieck*. – Grundform mndd. **Hangendensiek?* verkürzt > **Hangensiek* dissimiliert > *Hangelsiek*, Kompositum mit dem Grundwort ↗Siek und dem Partizip Präsens des Verbs mndd. *hangen* (vgl. nhd. *Hang*) wegen der Lage in abschüssigem Gelände. – Kettner, *HG.A.8*, S. 49; Kettner, *Leine*, S. 109.

Hengsbach r.z. Soestbach (z. Ahse z. Lippe z. Rhein). – 1383 *up der Hengestesbicke*, 1428 *oppe der Henghestesbecke*, 15. Jh. (mehrfach) *Hengestesbeke*, um 1594 *uff der Hengstbeck*, 1642 *uber der Hengstbecken*. – Grundform mndd. *Hengestesbeke* f., Kompositum mit dem Grundwort *-beke* 'Bach' und dem Genitiv des PN. (as.) **Hengist (*Hengistes-)* als Bestimmungswort. – Schmidt, *HG.A.6*, S. 30.

Hengsbecker Bach r.z. Esselbach (z. Salweybach z. Wenne z. Ruhr z. Rhein). – ON. Hengsbeck (Gem. Eslohe, Hochsauerlandkreis, NRW, D), 14. Jh. *Hengstbeke*, in *Hengesbecke*. – Deutung ↗Hengst-. – Schmidt, *HG.A.6*, S. 30.

Hengst-/-e- (Hingst-) *-bach, -beck/ -becke/ -beek/ -bek, -brunnen, -loch, -pfuhl.* Mhd. *heng(e)st*, mndd. *heng(e)st*, *hingest* 'Pferd, Hengst', 'Gewässer, an dem sich Pferde-/Hengstweiden befinden'; z.B. ON. Hengstbach (Stadt Zweibrücken, Rh.-Pf., D), 1274 *Hingespach*, 1363 *Hengespach*, 1460 *Hengesbach*, 1477 *Henxstpach*, 1564 *Hengstbach*. – Kettner, *Leine*, S. 118; Fischer, *BNB 10*, S. 109; Spang, *HG.A.13*, S. 32.

Henne, die l.z. Ruhr (z. Rhein), entspringt nördlich von Bad Fredeburg (Stadt Schmallenberg, Hochsauerlandkreis, NRW, D) im Fredeburger Wald auf 660m Höhe, bildet die Hennetalsperre, mündet in Meschede (Hochsauerlandkreis). Kleine Henne, l.z. Henne unterhalb der Hennetalsperre. – Um 1314 *in der lutteken henne* ('in der kleinen Henne'), 1694 *Henne*; ON. Oberhenneborn, Niederhenneborn (Stadt Schmallenberg), 1290 *de hennelare, van Hynnelere*, um 1314 *in Henbern inferiori, in Henler*, 1347 *in heynnelar*, 14. Jh. Henneborn, in *Hennelare*. – Grundform mndd. *Henne* < as. **Hennia* < gm. **Hanjō* f., mit *j*-Suffix abgeleitet von einem Stamm gm. **han-*, der wahrscheinlich dem ig. (gr., l., kelt.) Verb **kan-* 'singen, klingen, auch von anderen Geräuschen' (gr. *kanáxai* 'mit Geräusch fließen oder schütten') entspricht, aber im Germanischen nur als Substantiv (gt. *hana*, ahd. *hano* 'Hahn') existiert, ↗Hanfbach ↗Hamper Bach. Benennung nach dem Geräusch des zu Tal fließenden Wassers. Die Ortsnamen wechseln beim Grundwort zwischen *-born* 'Quelle' und *-hlār* 'Weideplatz'. – Schmidt, *HG.A.6*, S. 30 f.; Pokorny, *IEW*, S. 525 f.

Hennibeek l.z. Gande (z. Leine z. Aller z. Weser), mündet nördlich von Altgandersheim (Bad Gandersheim, Lkr. Northeim, Niedersachsen, D). – 1706 *bey dem Henningsbecke auf den Hennibecke, auff den Hennybecke, im Hänibecke, bey dem Hennie Beck*, 1719 *beym Henni Becke* (und weitere Belege). – Unsichere Deutung: Kompositum mit dem Grundwort mndd. *beke* 'Bach' und dem Genitiv des Familiennamens *Henning* (nur ein Mal so belegt) oder mit dem FlurN. *Heininge* ↗Hennigsee. – Kettner, *HG.A.8*, S. 49 f.; Kettner, *Leine*, S. 119.

Hennigsee zu Blankenburg (Gem. Oberuckersee, Brandenburg, D). 1592 *der Hennigsee*, 1664 *der Hennig See*, 1682 *der Hennigsee*. – Kompositum mit dem Grundwort *-see* und dem brandenburg. FlurN. *Heininge* 'mit einer Pflugfurche nach der Getreideernte umgepflügtes Land', 'beim Gehöft gelegenes eingezäuntes Weideland', vgl. brandenburg. Heiningsgraben, Hänungs-, Heiningspfuhl. – Fischer, *BNB 10*, S. 108.

Henschbach (im Oberlauf *Steinbach*), l.z. Glan (z. Nahe z. Rhein). – 1330 (16. Jh.) *Heingspach*, 1541 *die Heinsbach*, 1588 *Heinspach*; ON. Henschtal (seit 1969) (Lkr. Kusel, Rh.-Pf., D), ON. † Heinsbach östlich von Quirnbach/Pfalz (Lkr. Kusel), 11./12. Jh. *Hengesbach*, 1588 *Heinspach*. – Grundform mhd. **Hengestbach > *Hengstbach*, vereinfacht > **Hensbach > Henschbach*, Kompositum mit dem Grundwort *-bach* und mhd. *hengest* 'Hengst' ↗ Hengst-, teilweise angelehnt an den PN. *Heinz*. – Greule, *HG.A.15*, S. 44; Dolch/Greule, *Pfalz*, S. 200, 203.

Hepbach
– ¹Hepbach, r.z. Entengraben (z. Brunnisach z. Bodensee). – ON. Hepbach (Stadt Markdorf, Bodenseekreis, B.-W., D), ca.1163 *de Hegebach* (und so mehrfach), 1318 *ze Hegibach*, 1327 *Hegbach* (mehrfach), 1482 *Heppach*. – Geiger, *HG.A.2*, S. 56f.
– ²Hepbach, r.z. Saubach (z. Radolfzeller Aach z. Bodensee). – 1448 *Hegbach* – Geiger, *HG.A.2*, S. 57.
Grundform ahd. **Heginbach*, Kompositum mit dem Grundwort *-bach* und ahd. **hegin*, mhd. *hegen* 'Dornstrauch, Dornhecke' ↗ Hain- als Bestimmungswort, mhd. **Hegenbach > Hegebach* synkopiert > *Hegbach*, assimiliert *Heppach*, mit restituiertem Grundwort *Hepbach*.

Heppach r.z. Rems (z. Neckar z. Rhein), mündet in Großheppach (Stadt Weinstadt, Rems-Murr-Kreis, B.-W.). – ON. Kleinheppach (Gem. Korb, Rems-Murr-Kreis), ON. Großheppach, /'hɛbaχ/, 1278 *de Heggebach* (mehrfach), 1279 *Heckebach* (mehrfach), 1281 *Grosenheckenbach*, 1284 *Hekkebach superior*, 1343 *Obernheggbach*, 1365 *Hegbach*, 1534 *Grossenhepach*, *Clainhepach*, 1552 *Heppach*. – Grundform mhd. **Heggenbach/Heckenbach* '(Siedlung) an dem von Hecken gesäumten Bach', Kompositum mit Grundwort *-bach* und mhd. *hegge/hecke* 'Hecke' als Bestimmungswort, nach Synkope der Mittelsilbe > **Heckbach*, assimiliert *Heppach*. – Schmid, *HG.A.1*, S. 49; Reichardt, *Rems-Murr-Kreis*, S. 151–153.

Herfa-Bach l.z. Werra (z. Weser) in Wölfershausen (Stadt Heringen/Werra, Lkr. Hersfeld-Rotenburg, Hessen, D), Taube Herfa, l.z. Herfa-Bach (heute ein trockenes Tal nordwestlich Wölfershausen), vgl. ↗ Taub, 1003 *Deserta Hérafa*; ON. Herfa (Stadt Heringen), (779–802) *Herifa*, 1335 *villa Herfe*, 1476 *Hirff*, 1495 *Herft*, 1553 *Herpf*. FlurN. Herfagrund. – Abgesehen von der heutigen Festlegung auf die Schreibung mit <f> und die analoge Endung <-a> ist der Name mit ↗ Herpf identisch. Die ältesten Schreibungen lassen sich am einfachsten durch den Ansatz einer Ausgangsform gm. **Harpjō* erklären; /-j-/ bewirkte Primärumlaut, /p/ wurde auf hochdeutschem Gebiet nach /r/ sowohl zu /pf/ als auch zu /f/ oder /ff/ verschoben. Ferner zeigen die ältesten Belege mehrfach Sprossvokal in der Verbindung von /r/ und Labial. Die Qualität des Sprossvokals richtet sich nach dem Endsilbenvokal, demnach **Herifa < *Herfia*, aber auch **Herafa < *Herfa*. Germanisch **Harpjō* f. ist von gm. **harpa-* mit *j*-Suffix abgeleitet. Es handelt sich um einen Fluss- oder Geländenamen (Teil der Rhön), der ursprünglich auch für die in diesem Gelände fließenden Gewässer galt. Für Letzteres spricht das zweimalige Vorkommen als Name von linken Werra-Zuflüssen und die gleiche Bildungsweise wie beim Namen Rhön (< gm. **Hraunjō* mit *j*-Suffix abgeleitet von awn. *hraun* 'steiniges Gelände, Geröllfeld'). Mit **harpa-* werden auch schwedische Ortsnamen, z.B. **Harpund-*, jetzt Arpsund (Östergötland, S), gebildet. Ferner existieren in schwedischen Dialekten die Wörter *harp* 'Rauhheit', *harpe* 'schorfige Haut' und *harpa* 'starr, steif sein'. Mit *-l*-Suffix könnte abgeleitet sein: Herpel, r.z. Lister-Talsperre (< **Harpila?*), mit *-n*-Suffix die Ortsnamen (Bochum-)*Harpen*, 10.–11. Jh. *Harpunni*, Harpenau im Flussgebiet der Ems mit ON. *Harpenauer Mark* (Niedersachsen, D), ca.1186 *Harpena*, und Herpen (Nordbrabant, 815 *Herpina*). Mit dem Suffix gm. *-ithja-* ist Herpt (Nordbrabant, 1108–1122 *Harpede*) gebildet. Gm. **harpa-* (< ig. **korbo-*) mit der Ursprungsbedeutung 'eingeschrumpft, trocken, rauh' ist ein Verbaladjektiv zum ig. Verb **(s)kerb-* 'sich krümmen, schrumpfen'. Hiervon abgeleitete Namen bezeichneten ursprünglich Gelände oder Gewässer, die trocken waren oder leicht eintrockneten. Darauf deutet auch der Name Taube Herfa (s.o.) hin. – Sperber, *HG.A.5*, S. 46; Nyman, *Ortnamn*, S. 196–198; Wahlberg, *SOL*, S. 111; Rix, *LIV*, S. 557; Schmidt, *Wupper und Lippe*, S. 47f.; Udolph, *Germanenproblem*, S. 888–892.

Hergetsbach, die l.z. Efze (z. Ohe z. Schwalm z. Fulda z. Weser), mündet in Appenfeld (Gem. Knüllwald, Schwalm-Eder-Kreis, Hessen, D). – 1594 *die Hergetsbach*; ON. Hergetsfeld (Gem. Knüllwald), 1331 *Hergersfelt*, 1537 *Herigersfeld*, 1552 *Hergetsfeld*. – Grundform ON. (ahd.) **Herigēresfeld*, Kompositum mit dem Grundwort *-feld* und dem Genitiv des PN. ahd. *Herigēr* (**Herigēres-*) als Bestimmungswort, über *Hergersfelt* gekürzt > *Hergetsfeld*. Hergetsbach ist Klammerform < **Hergets(feld)bach*. – Sperber, *HG.A.5*, S. 46.

Hergstbach r.z. Jagst (z. Neckar z. Rhein), entsteht durch den Zusammenfluss von Hergstgraben und Heidelsgraben in Leibenstadt (Stadt Adelsheim, Neckar-Odenwald-Kreis, B.-W., D), fließt durch das Hergstbachtal, mündet bei Ruchsen (Stadt Möck-

Herings-

mühl, Lkr. Heilbronn, B.-W.). – ON. Hergenstadt (Stadt Adelsheim), 1469, 1472 *Hergenstal*, 1473 *Hergestal*. – Klammerform **Hergest(al)bach*, Grundform ON. **Hergenestal* dissimiliert < **Hergerestal*? Kompositum mit dem Grundwort *-tal* und dem Genitiv des PN. *Heriger* (mhd. **Hergērs-*) als Bestimmungswort. – Schmid, *HG.A.1*, S. 49.

Herings- *-bach, -brack, -fang, -lanke, -pfuhl, -teich*. Gewässer, in denen nur minderwertige Fische (als Speise armer Leute) vorkommen. – Fischer, *BNB 10*, S. 109.

Herpf, die l.z. Werra (z. Weser), entspringt im Südwesten der Vorderen Rhön bei Erbenhausen (Lkr. Schmalkalden-Meiningen, Thüringen. D), mündet bei Walldorf (Lkr. Schmalkalden-Meiningen). – 1031 *in rivulum Heripha*, 1383 *die Herfp*; ON. Herpf (Stadt Meiningen, Thüringen), 788 *Heripfe*, 795 *Herifatorphe, in Heriffu*, 819 *in Erpfe*, 860 *in Herfiu*, 874 *Heripha*, 1230 *Herfe, Herphe*, 1317 *Herpfe* (und weitere Belege). – Der Name ist, historisch gesehen, mit ↗*Herfa(-Bach)* identisch. Grundform gm. **Harpjō* > ahd. **Herfia*, **Herpfia*, **Herafa*, *Herifa*, **Heripfa*. – Sperber, *HG.A.5*, S. 46.

Herr-/-en-/-n- *-bach/-bachl/-bächl, -beecke, -brack, -brunnen, -fleth, -graben, -grabenfleth, -lanke, -lohgraben, -lohne, -moor, -pfuhl, -riede, -see, -siek, -teich, -wasser, -wies(en)bach, -wiesgraben*. Die Namen benennen Besitz des Landesherrn, von Adligen, Grundbesitzern oder Klosterherren, z.B. Herrenbach, l.z. Gutach (z. Kinzig z. Rhein) mit ON. Herrenbach (Gutach, Ortenaukreis, B.-W., D), 1551 *lehen und gut vorm Herrenbach*. – Fischer, *BNB 10*, S. 109f.; Kettner, *Leine*, S. 114; Geiger, *HG.A.1*, S. 57.

Herrlinsbach r.z. Kinzig (z. Rhein). – (1397), 1404 *Ha^{e}rlispach*, 1419 *Ha^{e}rlißpach*, 1472 *Herlinspach*, 1501 *Herelspaches*. – Grundform mhd. **Hærlīnesbach*, Kompositum mit dem Grundwort *-bach* und dem Genitiv des PN. mhd. **Hærlīn* (**Hærlīnes-*) als Bestimmungswort. Die moderne Namenschreibung ist an *Herr* angepasst. – Geiger, *HG.A.1*, S. 57.

Hersch- ↗Hirsch.

Herz- ↗Hirsch.

Hesebecker Bach (auch *Hesebach*), r.z. Ilmenau (z. Elbe), mündet bei Klein Hesebeck. – ON. Groß Hesebeck (Stadt Bad Bevensen, Lkr. Uelzen, Niedersachsen, D), 1004 *Hatherbiki*, 1017 (Kopie 15. Jh.) *Hatherbike*, 1025 *Hatherbiki*, 1039 (Kopie 15. Jh.) *Hatherbiki*, 13. Jh. *Hethesbeke*, 1270 *Hedesbeke*, 1304 *de Hesbecke* (und weitere Belege), 1482 *Hesebeke*, 1638 *zu Großen Heßbeck, Lütken Heßbeck*. – Die Belege des 11. Jh. enthalten als Bestimmungswort des Kompositums mit as. *beki* 'Bach' vermutlich eine altsächsische Entsprechung von mhd. *hader* 'Streit, Zank' (gm. **haþu-* 'Kampf') als Ereignisname ('Stelle am Bach, wo es Streit gab') oder einen PN. **Hathero*, dessen Genitivendung /-en-/ ausgefallen ist. Die späteren Belege enthalten demgegenüber die PN.-Kurzform **Hethi(n)/Hedi(n)* (Genitiv **Hethes-/*Hedes-*), kontrahiert zu mndd. **Hēsbeke*. – Udolph, *HG.A.16*, S. 160; Kaufmann, *Ergänzungsband*, S. 178.

Heselbach l.z. Einbach (z. Kinzig z. Rhein). – 1289 *villas ... Heselnbach*, FlurN. Heselbacher Höhe. – Deutung ↗Hesselbach. – Geiger, *HG.A.2*, S. 57.

Hespe l.z. Sorpesee (z. Sorpe z. Röhr z. Ruhr z. Rhein) im Hochsauerlandkreis (NRW, D). – ON. 1254 *in Hesepe*. – Deutung ↗Hesperbach, Parallelnamen: ON. Hesepe, Klein~, Groß~ (Gem. Geeste, Lkr. Emsland, Niedersachsen), links der Ems am Rand des Bourtanger Moors, /hääspe/; ON. Hesepe (Gem. Bramsche, Lkr. Osnabrück, Niedersachsen) /hääsepe/. – Schmidt, *HG.A.6*, S. 31.

Hespecker B(ach) (auch *Eckenbach*), l.z. Bigge (z. Lenne z. Ruhr z. Rhein). – ON. Hespecke (Stadt Lennstadt, Kreis Olpe, NRW, D), 1313, 15. Jh. *Hersebike*, 1338, 15. Jh. *Hersebeke*, 1405 *Herßebecke*, 1448 *Herßbeke*, 1456, 1457 *Hertzebeck*, 1680 *Heßpecke*. – Grundform FlN./ON. mndd. **Hersenbeke*, Kompositum mit dem Grundwort *-beke* 'Bach' und dem Genitiv des PN. (as.) *Heriso* (**Herisen-*), **Hersenbeke* verkürzt > **Hersebeke, Herspeck, Hespeck*. Die heutige Form enthält das Adjektiv des Ortsnamens *Herspecker*. In den Belegen 1456, 1457 *Hertzebeck* wird *Herz-* 'Hirsch' eingedeutet. – Schmidt, *HG.A.6*, S. 94.

Hesperbach l.z. Baldeney-See (z. Ruhr z. Rhein). – 827 *super hesepe riuulo*, 841 *super fluuium hesapa*, 1399 *by der Hesepe*, 1400 *by der Heyspe*, um 1412 *super Heyspe*, 1416, 1419 *bi der Hesepe*, 16. Jh. *Heseper beck*, 1589/90 *Heesepen, Heespen, Heisperbeeck*; ON. Hespertal (Stadt Essen, NRW, D), Oberhesper (Essen-Heidhausen), Mittelhespershof, Unterhespershof, um 1150 *De (H)esepe*, 12., 13. Jh. *in Hesepe* (und weitere Belege), 1330–45 *in der Heyspe, in der Heispen*. – Grundform FlN. as. **Hēsapa* > mndd. **Hēs(e)pe*, Kompositum mit dem Grundwort ↗*-apa* und as. **hēs-* (< gm. **hais-*) 'die im Niederwaldbetrieb stehende Hecke oder der Wurzelstock, aus dem die jungen Stämme wachsen' als Bestimmungswort; außer in mndd. *he(i)ster*, mndl. *heister*, fnhd. *heister* (< gm. **hais-tru-*) 'Niederwaldbaum' ↗Heisterbach ist gm. **hais-* belegt im Waldnamen gm. **Haisja-* n., 796 *silva Heissi*, um 1000 *Hesi*, latinisiert bei Tacitus (Annalen I, 50) als *Caesia silva* (im Ruhrgebiet), einer Kollektivbildung mit dem Suffix gm. *-ja-* (↗Heesbach) und in den ON. Heisingen (Stadt Essen), 834 *Hesingi* (< *Heis-ing-*), ON. Heisfelde (Stadt Leer, Ostfriesland), 1486 *Haiesvelde*, 1577 *Hayßfelde*. – Schmidt, *HG.A.6*, S. 31 f.; Bach, *Namenkunde* 1, S. 118, 2, S. 96; Kunz/Vòllono, *Nordwörter*, S. 129–137; Remmers, *Aaltukerei*, S. 98.

Hessel, die (auch *Hesselbach*), r.z. Rode (z. Frieda z. Werra z. Weser), mündet bei Wiesenfeld (Lkr. Eichsfeld, Thüringen, D). – ON. † Oberhessel, † Niederhessel westlich von Wiesenfeld, /hazl/, 1358 *villa Hesteler* (lies *Hesseler*?), 1465 *die Hessel*, 1543 *Niederhessel*, 1566 *Hesseln*, 1583 *nach der Hessell*, FlurN. Hesselwald, Hesselkopf. – Elliptischer Name statt ↗Hesselbach (<*Hesilīnbach*), *Hesseler* < (mhd.) *Heselære* < (ahd.) *Hasalāri*, Übertragung des Einwohnernamens auf den Ort. – Sperber, *HG.A.5*, S. 46; Müller, *Heiligenstadt*, S. 41 f.

Hesselbach
– ¹Hesselbach, r.z. Unteren Murg (z. Rhein). – ON. Hesselbach, 1475 *Hesselnbach*, 1482 *Hesselbach*, 1533 *zu Heßelbach*. – Geiger, *HG.A.2*, S. 57.
– ²Hesselbach, r.z. Banfer Bach (z. Banfe z. Lahn z. Rhein). – ON. Hesselbach (Stadt Bad Laasphe, Kreis Siegen-Wittgenstein, NRW, D), 802/30 *Hesilenbah* (Traditiones … Fuldenses), 1283 *Heselenbahe*, 1307 *Hesselnbach*, 1423 *Heselbach*, 1594 *Hässelbach*, 1634 *Hesselbach*. – Faust, *HG.A.4*, S. 35. Grundform ahd. FlN./ON. *Hesilīnbach*, Kompositum mit dem Grundwort -bach und ahd. Adj. *hesilīn* 'aus Haselholz', hier 'von Haselsträuchern umstanden'.

† Heßelgraben l.z. Bleichenbach (z. Nidder z. Nidda z. Main z. Rhein), mündete in Glauburg (Wetteraukreis, Hessen, D). – 1699 *ufm Heßelgraben*, 1712 *an dem Heßelgraben*; FlurN. *Heßel*, 1489 *das Hessel*. – Kompositum mit dem Grundwort -graben und dem FlurN. *Hessel* n. < *Häselich*, ahd. *hasalahi* 'Haselgebüsch' als Bestimmungswort. – Sperber, *HG.A.7*, S. 67; Bach, *Namenkunde* 1, S. 162.

Hessenbach, die l.z. Schülme (z. Weser), fließt durch Heisebeck (Gem. Oberweser, Lkr. Kassel, Hessen, D). – (1583–85) *Die Hesebeck*; ON. Heisebeck, 1152 (Fälschung) *in Hesbike*, 1288 *Hesbike*, 1451 *to Heysbeke*, 1451 *to Hesebeke*, 1452 *dat dorp Hesebeke*, *to der Hesbeke*, 1454 *dat woiste dorp to de Hesebeke* (und weitere Belege), 1516 *tor Heßebecke*, 1688 *zur Heyseback*. – Wegen der hyperkorrekten Schreibung <Hessebeke> eingedeutet als *Hessenbach*. Grundform (as.) *Hēsbeki*, mndd. *Hēsbeke*, Kompositum mit dem Grundwort as. *beki* 'Bach' und as. *hēs* 'die im Niederwaldbetrieb stehende Hecke oder die Wurzelstock, aus dem die jungen Stämme wachsen' als Bestimmungswort, ↗Hesperbach. Die Schreibung des ON. <Heisebeck> steht für /hēsbek/. – Kramer, *HG.A.10*, S. 32.

Hettenbach
– ¹Hettenbach, l.z. Wertach (z. Lech z. Donau), münmdet bei Augsburg. – Ca.1563 *Hettenpach*. – Snyder, *HG.A.3*, S. 35.
– ²Hettenbach, z. Oberellenbach, l.z. Bayerbacher-Bach (z. Kleine Laber z. Große Laber z. Donau). – Ca.995 *ad Hedinpah*, ca.1563 *Hettnpach*; ON. Langenhettenbach, ON. Dürrenhettenbach (Gem. Ergoldsbach, Lkr. Landshut, Bayern, D), 791, ca.863–885, 889–891, ca.995 *Hedinpah*, 1113–1121 *de Hetinpach*. – Snyder, *HG.A.3*, S. 35.
– ³Hettenbach, l.z. Langenbach (z. Kocher z. Neckar z. Rhein). – ON. † Hettenbach (Gem. Weißbach, Hohenlohekreis, B.-W., D), 1323 *Hettenbach*. – Schmid, *HG.A.1*, S. 50.
Kompositum mit dem Grundwort -bach und dem Genitiv des PN. ahd. *Hado/Hat(t)o*, (*Hedin-/*Hetin-* > mhd. *Hetten-*). – Kaufmann, *Ergänzungsband*, S. 178.

Hetschenbach, die r.z. Blies (z. Saar z. Mosel z. Rhein). – 1547 *ahn die unterst Hetschenbach*. – Kompositum mit dem Grundwort -bach und vermutlich dem Partizip Präsens des Verbs *hetschen* 'schluchzen, gurgeln, seufzen; langsam, schleifend, schleppend gehen' wie im ON. Hetschmühle bei Alsenborn (Lkr. Kaiserslautern, Rh.-Pf., D). – Spang, *HG.A.13*, S. 33; Christmann, *Pfalz II*, S. 275 f.

Heubach
– ¹Heubach, l.z. Haselbach (z. Schlücht z. Wutach z. Rhein). – ON. Heubach, 1279, 1289, 1328 *Haibach*. – Grundform *Heidbach* ↗Heid-, > *Heibach/Haibach*, gerundet > Heubach. – Geiger, *HG. A.2*, S. 57 f.
– ²Heubach, r.z. Wilden Gutach (z. Elz z. Rhein). – ON. Oberheubach, Unterheubach, ca.1740 *in dem Heidbach*. – Deutung wie ¹Heubach. – Geiger, *HG. A.2*, S. 58.
– ³Heubach, r.z. Main (z. Rhein), mündet bei Miltenberg. – ON. Großheubach, Kleinheubach, 1037 *Heidebach*. – Deutung wie ¹Heubach. – Sperber, *HG.A.7*, S. 67.
– ⁴Heubach, l.z. Emmer (z. Weser). – 1612 *bei der Hey*, 1767 *auf der Hey*, *über die Heye*. – Grundform *Heidebach* ↗Heid- > *Heibach*, mit Ellipse des Grundworts > Hei. – Kramer, *HG.A.10*, S. 32.
– ⁵Heubach, l.z. Mühlbach (z. Lahn z. Rhein). – 1429 *im Haubach, in der Hauppach*, ON. Heubach-Mühle. – Bestimmungswort mhd. *houwe, höu* 'Heu'. – Faust, *HG.A.4*, S. 35.
– ⁶Heubach, r.z. Kinzig (z. Rhein). – 1483 *der Hegbach, im Hegbach*; ON. Vor-, Vorder-, Hinter-Heubach,

Heubachmühle, 1348 *Hegebach*. – Grundform **Hege(n)bach* neben **Hei(n)bach* ↗Hain-, hyperkorrekt gerundet > *Heubach*. – Geiger, *HG. A.2*, S. 57f.

† Heubek alter Name der Glinderau (z. Bille z. Elbe)? – 1224 *ultra riuulum Hoibeke*, 1880 *Hoibeke*; ON. † Heubek, heute Mühlenbek (Gem. Schönningstedt, Kreis Stormarn, S.-H., D), 1224 *in hoibeke*, 1229 *in Hoibeke*. – Kompositum mit dem Grundwort mndd. *beke* 'Bach' und mndd. *hoi, höu* 'Heu' als Bestimmungswort, Parallelname ↗ ⁵Heubach. – Udolph, *HG.A.16*, S. 165; Laur, *Schleswig-Holstein*, S. 329.

Heutensbach r.z. Horbach (z. Weissach z. Murr z. Neckar z. Rhein), fließt durch Heutensbach (Gem. Allmersbach, Rems-Murr-Kreis, B.-W., D). – ON. Heutensbach, /'həidənšbaχ, 'həidlšbaχ /, 1245 (Kopie 15. Jh.) *Hittinspach*, 1403 *Húttingsbach*, 1428 *ze Hutenspach*, 1450 *Húttenspach* (und weitere Belege), 1536–37 *Heytenspach*, 1568–69 *Heuttensbach*. – Grundform mhd. **Hiutīnesbach* diphthongiert und synkopiert > fnhd. *Heutensbach*, mundartlich entrundet > 1536–37 *Heytenspach*, Kompositum mit Grundwort *-bach* und Genitiv des PN. ahd. **Hūtīn* (**Hūtīnes-* umgelautet > mhd. **Hiutīnes-*) als Bestimmungswort. – Schmid, *HG.A.1*, S. 50; Reichardt, *Rems-Murr-Kreis*, S. 156f.

Heve, die l.z. Möhnesee (z. Möhne z. Ruhr z. Rhein), entspringt nordwestlich von Hirschberg (Stadt Warstein, Kreis Soest, NRW, D); Hevesee, Mündung der Heve in den Möhnesee. – /de hiäwene/, 1523 *geensyt … der Heuen*, 1694 *Heffe*; ON. † Hevendenhusen, südlich von Wamel (Gem. Möhnesee, Kreis Soest), um 1190 (Kopie 13. Jh.) *curtem Hevendenhusen, curtem Hevedenhusen*, 1229 *de Heventlehusen* (lies *Hevendehusen*) 'bei den Häusern an der Heve'; TalN. Hevetal, FlurN. Heveberg. – Grundform FlN. **Hevende* < gm. **Haƀind-*, Ableitung mit dem Suffix gm. *-ind-* vom Verbstamm gm. **haf-/*haƀ-* 'heben'. Wegen des Parallelnamens norw. *Hǫfund* f. (1395 *a Hofunnd* < **Hafund-*), ein Höhenzug ('die sich erhebende Gegend'), handelt es sich bei *Heve* wohl auch um einen auf den Fluss übertragenen Namen für die Mittelgebirgslandschaft des Arnsberger Waldes, ↗Havel ↗Heverstrom. – Schmidt, *HG.A.6*, S. 32; Flöer/Korsmeier, *Soest*, S. 227f.; Seebold, *starke Verben*, S. 244.

Heverstrom (*die Hever*), Gezeitenstrom, der nördlich von Eiderstedt (Kreis Nordfriesland, S.-H., D) durch das Wattenmeer verläuft, verbindet den Husumer Hafen mit der offenen Nordsee. – 1475 *twysschen der Heveren*, 1584 *Heuer flu.*, 1637 *nach der Hever*, 1683 (latinisiert, Akkusativ) *Heveram*, 1763 *Heveren*; ON. Osterhever, ON. Westerhever (Eiderstedt, Kreis Nordfriesland), 1196 (Vidimus 1424, Druck 1806) *de Heuere*, 1352 *Osterhever*, 1378 *in … Heuer*, 1438 *van … Osterheuer*, 1445–1450 *Westerhever*. – Grundform afr. **Hevere* (gm. **haƀi-rō* f.), Ableitung mit r-Suffix von afries. *hef*, mndd. *haf* (entlehnt nhd. *Haff*), ae. *hæf*, awn. *haf* 'Meer', ahd. (Notker) *heui* 'das sich Heben (der Wellen)', ↗Havel. Der Name nimmt möglicherweise Bezug auf die Gezeiten. – Kvaran, *HG.A.12*, S. 85; Laur, *Schleswig-Holstein*, S. 329, 506, 690f.; Seebold, *starke Verben*, S. 244.

† Heydebach, die z. Wolfsbach (z. Rupbach z. Lahn z. Rhein). – 1411 *yn die Heydebach, die Heydebach uß*; FlurN. 1775 *das … Heydefeldgen*. – Deutung ↗Heid-. – Faust, *HG.A.4*, S. 35.

† Hiemensee (auch *Hebensee*), verlandeter See westlich von Hymendorf (Stadt Langen, Lkr. Cuxhaven, Niedersachsen, D). – 1597 *Der Himen Sehe*, 1599 *Heimensehe*, 1601 *Himenn Sehe, Heimensehe, Hemensehes Moor*, 1602 *Hymensehe*, 1692 *Hiemensee*; ON. Hymendorf, /hemendörp/, 1829 *Hymendorff*. – Grundform SeeN. mndd. **Hīmensē* > **Hēmense*? Kompositum mit dem Grundwort mndd. *sē* 'See' und dem Genitiv des PN. Himo (**Himen-*) als Bestimmungswort? – Udolph, *HG.A.16*, S. 161f.; Kaufmann, *Ergänzungsband*, S. 187.

Hilchenbach r.z. Ferndorf-Bach (z. Sieg z. Rhein). – 1688 *an die Hilchenbacher bach*; ON. Hilchenbach (Kreis Siegen-Wittgenstein, NRW, D), 1292 *Heylichinbach*, 1311 *Helchinbach* (und weitere Belege), 1328 *Helchenbach*, 1340 *Helgenbach*, 1481 *Hilchenbach*. – Grundform ON./FlN. **Helichenbach*, Kompositum mit dem Grundwort *-bach* und dem Genitiv des PN. (ahd.) Helicho (**Helichen-*) als Bestimmungswort. – Faust, *HG.A.4*, S. 35; Barth, *Sieg und Ruhr*, S. 88f.

Hildebrand See bei Prädikow (Kreis Märkisch-Oderland, Brandenburg, D). – 1643 *Der Hillebrandt*, 1663 *der Hildebrandt*. – Elliptischer Name < **Hildebrand(ssee)*. – Fischer, *BNB 10*, S. 111.

Hilfern, die (auch *Hilfere, Hilferebach*), Quellarm der Ilfis (z. Großen Emme z. Aare z. Rhein), der sich im Talboden von Marbach mit dem Schonbach zur Ilfis vereinigt (Kanton Luzern, CH), auch Name des Einzugsgebiets und des Tals der Hilfern. – /d'hüʊfərə, d'hiʊfərə/, im 15. Jh. und in späteren Quellen wird die Teilstrecke der Hilfern ↗Ilfis genannt, 16. Jh. *usserhalb hilffinen*, 1648, 1649, 1668 *an die hilffenen*, 1674 *uf der hilfen*, 1715 *an die Hilfferen*, 1782 *Hilfern*; ON. Hilferegrebli, Liegenschaft im Tal der Hilfern; ON. Hilferehüttli, Liegenschaft und Restaurant; ON. Hilferemättli, Liegenschaft; WaldN. Hilferewald. –

Grundform (fnhd.) *Hilfenen f., dissimiliert Hilferen, erstarrte Pluralbildung zur Benennung der Gewässer aus dem Quellgebiet der Ilfis und des Quellgebiets selbst; zugrunde liegt vermutlich ein FlN. *Ilfene Sg. f., der in Analogie zu Hilfe zu *Hilfene umgestaltet wurde. *Ilfene (< kelt. *Elu̯inā) ist vielleicht eine Parallelbildung mit n-Suffix zu ↗ Ilfis (<*Elu̯isā). – Waser, Entlebuch, S. 430–432.

Hilgen-/Hillgen-/Hillig   ↗ Heilig-.

Hillersbach
r.z. Nidder (z. Nidda z. Main z. Rhein), entspringt südlich von Schotte-Waldsiedlung (Vogelsbergkreis, Hessen, D), mündet bei Lißberg (Stadt Ortenberg, Wetteraukreis, Hessen). – 1493 Hilderichsbach. – Kompositum mit dem Grundwort -bach und dem PN. ahd. *Hildirīch (*Hildirīches-), gekürzt > *Hildrichs- > Hilders- > Hillers-. – Sperber, HG.A.7, S. 68.

Hilsbach
– ¹Hilsbach, l.z. Elsenz (z. Neckar z. Rhein). – ON. Waldhilsbach (Stadt Neckargemünd, Rhein-Neckar-Kreis, B.-W., D), 1350, 1380 Hilrspach, 1354 Hilrsbach, Hilresbach, 1369 Hilrsbach, 1414 Hulrspach, 1496 Hilsbach. – Schmid, HG.A.1, S. 51.
– ²Hilsbach, l.z. Elsenz (z. Neckar z. Rhein), mündet in Eppingen (Lkr. Heilbronn, B.-W., D). – ON. Hilsbach (Stadt Sinsheim, Rhein-Neckar-Kreis, B.-W.), 798 (Kopie 12. Jh.) Hilleresbach, 806 (Kopie 12. Jh.) Hilleresbach, 1293 Hilrispach, 1294 Hilspach, 13. Jh. Hilrispach, 1418 Hylspach, 1525 Hilspach. – Schmid, HG.A.1, S. 51.
Grundform *Hilaresbach synkopiert > mhd. *Hilrsbach, vereinfacht > Hilsbach, Kompositum mit dem Grundwort -bach und dem Genitiv des PN. *Hil(l)ar, Koseform zu Hildirīch (?) (*Hilares-) als Bestimmungswort.
– ³Hilsbach, z. Otterbach (z. Jossa z. Fulda z. Weser), mündet nördlich von Breitenbach am Herzberg (Lkr. Hersfeld-Rotenburg, Hessen, D). – FlurN. 1642 Holtzbacher Leuten, 1673 Hohlbachs Leiden. – Grundform *Hülsebach, Kompositum mit dem Grundwort -bach und mhd. hülse 'Walddistel, Stechpalme' ↗ Hüls- als Bestimmungswort, *Hülsebach synkopiert > *Hülsbach und einerseits gesenkt > *Hölsbach (1642 Holtzbach), anderseits entrundet zu Hilsbach. – Sperber, HG.A.5, S. 47.
– ⁴Hilsbach ↗ Hilsborn.

Hilsborn
r.z. Glasebach (z. Wispe z. Leine z. Aller z. Weser), mündet südwestlich von Grünenplan (Flecken Delligsen, Lkr. Holzminden, Niedersachsen, D). – 1578, 1583 Hilßbrun, um 1590 der Hilßbornn, 1715 Hilßborn, 1768 Hilsborn. – Kompositum mit dem Grundwort ↗ Born und dem Namen des Gebirgszugs der Hils, wo das Gewässer seine Quelle hat, als Bestimmungswort. Entsprechendes gilt für Hilsbach r.z. Hille (z. Glene z. Leine). – Kettner, HG.A.8, S. 50; Kettner, Leine, S. 120.

Hilschbach
l.z. Köllerbach (z. Saar z. Mosel z. Rhein). – ON. Hilschbach (Gem. Riegelsberg, Lkr. Regionalverband Saarbrücken, Saarland, D), 1339 Hulpach (lies Hulspach?), 1423 Helspach (lies Hilspach?), 1542 Hulspach, 1756 Hilschbach. – Grundform FlN./ON. mhd. *Hülsebach, Kompositum mit dem Grundwort -bach und mhd. hülse 'Walddistel, Stechpalme' als Bestimmungswort, *Hülsebach synkopiert > *Hülsbach, entrundet > Hilsbach ↗ ³Hilsbach, palatalisiert > Hilschbach. Parallelname ON. † Hilsberg, südwestlich von Waldleiningen (Lkr. Kaiserslautern, Rh.-Pf.), 1195 (Kopie um 1360) Hulsberg, 1373 Hilsperg. – Spang, HG.A.13, S. 33; Dolch/Greule, Pfalz, S. 213f.

Himbach
– ¹† Himbach, r.z. Krebsbach (z. Kinzig). – 1293 bei der Himpach; ON. Himbach (Gem. Limeshain, Wetteraukreis, Hessen, D), 1057 in dem dorfe ... Hintbach, 1288 Hinckpach, 1290 Himpach. – Sperber, HG.A.7, S. 68.
– ²Himbach, r.z. Unstrut (z. Thüringische Saale z. Elbe), mündet bei Bad Langensalza (Unstrut-Hainich-Kreis, Thüringen, D). Keine Belege. – Ulbricht, Saale, S. 63.
Grundform mhd. *Hindebach, Kompositum mit dem Grundwort -bach und ahd. hinda, mhd. hinde f. 'Hirschkuh' als Bestimmungswort, *Hindebach synkopiert > *Hintbach, mit Sprechererleichterung und Assimilation Himbach.

Himmelreich-/-s-
-bach, -graben, -see. Das Bestimmungswort ist der GegendN. Himmelreich für hoch gelegene, dem Himmel nahe Gebiete, z.B. Forstort Himmelreich am Himmelreichsgraben z. Kuhlägers-Graben (z. Wietze z. Aller z. Weser), 1454 (Kopie) vor dem Hemmelricke bolegen (lies gelegen). – Fischer, BNB 10, S. 111; Borchers, HG.A.18, S. 59.

Hinter-/-e-/-er-/-ere-/-ste-/-stes-
(Hinten-, Hinder-, Hinden-, Hinnen-), ndd. hinger. Häufiger Bestandteil in Wortgruppen und Zusammenrückungen, um die Lage eines Gewässers hinter einer anderen Örtlichkeit zu bezeichnen oder unterscheidender Zusatz hinter/vorder, z.B. Hinterrhein – Vorderrhein. – Fischer, BNB 10, S. 111.

Hirlenbach
r.z. Rot (z. Lein z. Kocher z. Neckar z. Rhein), mündet westlich von Ruppertshofen (Ostalbkreis, B.-W., D). – FlurN. Hirlenbach, 1460 Hurelbach. – Grundform FlN. mhd. *Hürwīnbach, Kompositum mit dem Grundwort -bach und dem

Adj. mhd. *hürwīn*, ahd. *hurwīn* 'moorig' als Bestimmungswort. **Hürwīnbach* > **Hürīnbach*/**Hürenbach* (mit Assimilation /r–n > r–l/ > *Hürelbach*, ⌐ Hürbe ⌐ Hürmbach. – Schmid, *HG.A.1*, S. 51.

Hirsch-/Hersch-/Hir(t)z(en)-/Herz(en)- -ach, -bach/-bächlein, -bek, -brunnen/-brünnlein, -graben, -lache/-lacke, -loch, -pfuhl, -tränke, -weiher. Ahd. *hiruz, hirz,* mhd. *hirz, herz* stswM., mndd. *hert, herte,* fnhd. *hirsch* (Adj. *hirschen*) 'Hirsch', z. B. † Hirsch-Bach, l.z. Amper bei Freising (Bayern, D), 828 *rivolus qui vulgo dicitur Hiruzpach,* ca.1563 *Hirschpach rivus.* – Snyder, *HG.A.3,* S. 36; Fischer, *BNB.10,* S. 111.

Hirt-/-en- -bach/-bachl, -graben, -kolk, -moosgraben, -see, -steinbach, -teich, -weiher, -wiesbach. Mhd. *hirte* swM. 'Hirt', Name für Gewässer, an denen der Viehhirt Nutzungsrechte hat. – Fischer, *BNB.10,* S. 111.

Hirz- ⌐ Hirsch-.

Hirzbach l.z. Fuscher Ache (z. Salzach z. Inn z. Donau), mündet in Fusch an der Großglocknerstraße (PB Zell am See, Salzburg, A). – 1137 *iuxta rivum Hartwigespach,* 1272 *Hirzpach,* ca.1350 *Hierspach,* 1862 *Hirz B.* – Die Grundform, Kompositum mit dem Genitiv des PN. ahd. **Hartwīg*, wird über die Kurzform **Hartspach* (?) früh eingedeutet als *Hirzpach* ⌐ Hirsch-. – Straberger, *HG.A.9,* S. 48; Hausner/Schuster, *Namenbuch,* S. 519.

Hoch-/Hoh-/-e-/-en-/-er- Mhd. Adj. *hōhe, hōch* 'hoch, tief, weit', Häufiger Bestandteil in Wortgruppen, Zusammenrückungen und Komposita, um die Lage eines Gewässers als 'hoch gelegen' oder seine Herkunft aus einem höher gelegenen Gebiet zu bezeichnen; z. T. bezieht sich *hoch* auch auf eine hohe Böschung, z. B. Hochspeyerbach, l.z. Speyerbach, 12. Jh. (Kopie 15. Jh.) *Hohspira,* 1304 *Hospire,* mit ON. Hochspeyer (Lkr. Kaiserslautern, Rh.-Pf., D), 1195 (Kopie um 1360) *Hospiren,* ⌐ Speyerbach, Benennung als hoch, weil das Tal des Hochspeyerbachs im Vergleich zum Speyerbach enger ist und stärker ansteigt. – Fischer, *BNB 10,* S. 112; Greule, *HG.A.15,* S. 45; Dolch/Greule, *Pfalz,* S. 218.

Höbenbach r.z. Fladnitz (z. Donau), mündet südlich von Paudorf (PB Krems/Land, N.-Ö., A). – Nach 895 *ad Horiginpaheshaupit* ('bei der Quelle des Höbenbachs') ... *usque ubi Horiginaltaha* ('das Altwasser des Höbenbachs') *Danubium influit*; ON. Höbenbach (Gem. Paudorf, PB Krems/Land), 1072–91 *Horiginbach,* 1096–1114 *Huriginbach,* 1108–1116 *Horginbach,* 1131 *Hurginbach,* 1188–1200 *Horinbach.* – Grundform Wortgruppe ahd. *(zi) *horwīgin bache* >

mhd. **Hörenbach,* assimiliert *Höbenbach*; das flektierte Adjektiv der Wortgruppe ist ahd. *horwag, -īg* 'schlammig, schmutzig, kotig'. – Hausner/Schuster, *Namenbuch,* S. 520, 536.

Höbmannsbach l.z. Biberbach (z. Pram z. Inn z. Donau). – 12. Jh. *Hebenespach*; ON. Höbmannsbach (Gem. Taufkirchen a.d. Pram, PB Schärding, O.-Ö., A), 1126 *Hebinspach,* um 1140 *Hebenesbach,* um 1150 *Hebenesbach,* 1236 *Hebenspach,* 1433 *Hebemspach,* 1535 *Hebmspach.* – Grundform mhd. **Hebenesbach,* Kompositum mit dem Grundwort *-bach* und dem Genitiv des PN. ahd. *Hebini* (**Hebines-* > mhd. *Hebenes-*) als Bestimmungswort. Nach Synkope der unbetonten Vokale und Assimilation in der Lautgruppe /-bnsb-/ > /-bmsb-/ wurde **Hebmsbach* eingedeutet als **Hebmannsbach,* mit Rundung > *Höbmannsbach.* – Dotter/Dotter, *HG.A.14,* S. 164; Hausner/Schuster, *Namenbuch,* S. 521.

Höckersee
– ¹Höckersee, z. Höckerseegraben (z. Pfaffbach z. Main z. Rhein), westlich von Haßfurt (Lkr. Haßberge, Bayern, D). – Sperber, *HG.A.7,* S. 69, 202.
– ²Höckersee, zu Wallmow (Gem. Carmzow-Wallmow, Lkr. Uckermark, Brandenburg, D). – 1591 *Der Hockersehe,* 1670 *Der Höcker See.* – Fischer, *BNB.10,* S. 112.
Bestimmungswort ist nhd. *Höcker* mit Bezug auf eine höckerartige Insel im See.

Högenbach l.z. Pegnitz (z. Regnitz z. Main z. Rhein), entspringt in Högen (Gem. Weigendorf, Lkr. Amberg-Sulzbach, Bayern, D), mündet bei Pommelsbrunn (Lkr. Nürnberger Land, Bayern). – ON. Högen, /hiŋ/, 1043 *in Hegina,* 1334 *von der Hegen,* 1366/68 *in der Hegen, in der Obern Hegen,* 1415 *aus der Hegen,* 1494 *Inn der Hög,* ca.1504 *Heg,* 1557 *in der Heg,* 1582 *die Hoeg,* 1584 *in der Hegen,* 1615 *Heeg,* 1652 *Högen.* – Grundform FlN. ahd. **Hegina,* n-Ableitung zu ahd. *hag* stM., gm. **haga-* 'umzäuntes Grundstück, Weideplatz, Hecke', Bedeutung 'Fluss am Weideplatz', verdeutlichend komponiert mit dem Grundwort *-bach.* Parallelname *la Haine* (dt. Henne), z. Schelde (F, B), 945 (Kopie 11. Jh.) *Haina,* mit GebietsN. Hainaut (B), 779 *in pago Haginao.* – Sperber, *HG.A.7,* S. 70; Frank/Oelwein/Schuh, *Sulzbach-Rosenberg,* S. 63 f.; Lebel, *Principes,* S. 234.

Hölderlebach z. Dorfbach, l.z. Dreisam (z. Rhein), entspringt im Schauinsland-Gebiet, mündet bei Gottenheim (Lkr. Breisgau-Hochschwarzwald, B.-W., D). – 1608, 1627 *Hölderlebach,* 1645, 1683, 1727 *Hölderlinbach,* 1796 *Hölderlebach*; FlurN. Hölderle, 1450 *im Holderly,* 1518 *hölderli,* 1679 *im Hölderlin.* – Kompositum mit dem Grundwort *-bach* und dem

FlurN. *Hölderle*, mhd. *hölderlīn*, Deminutiv von mhd. *holder* 'Holunder' als Bestimmungswort. – Geiger, HG.A.2, S. 59; Roos, *Flurnamen*, S. 227 f.

Höll-/-e-/-en-/-erer-/-n- *-au, -bach/ -bäche/ -bächle, -bek, -graben, -grund, -mecke, -moosbach, -pfuhl, -riedlgraben, -riete, -see, -seebach, -wasser, -weiher, -weiherbächel, -wiesenbächle*. Bestimmungswort ist meist der FlurN. die Hölle, Helle (< mhd. *helle*, ahd. *hella*) als Bezeichnung eines Geländeeinschnitts (Waldschlucht, Felskluft, Hohlweg), einer Höhle, einer verborgenen Lage oder eines schaurigen Ortes, oder *Hölle* geht auf *Helle* < mhd. *helde* 'Halde, Bergabhang' zurück, z. B. Höllenbach, z. Waginger See (z. Achenbach z. Salzach z. Inn z. Donau) (Lkr. Traunstein, Bayern, D), 1275 *in Holnpach, in Höllnpach*, 1293 *in dem Höllenpach*. – Fischer, *BNB 10*, S. 114; Ramge, *Flurnamenbuch*, S. 449 f.; Springer, *Flussnamen*, S. 138; Ulbricht, *Saale*, S. 52 f.; Straberger, HG.A.9, S. 50.

Hölle, die als Gewässername Übertragung eines Flurnamens ↗ Höll. – Fischer, *BNB 10*, S. 114; Ulbricht, *Saale*, S. 204.

Höllenbach, die r.z. Landgraben (z. Mühlbach z. Humpelsgraben z. Rohmbach z. Loosgraben z. Kanzelbach z. Neckar z. Rhein). – 1701 *hellenbächlein*, 1790 *Ober der Höllenbach*, 1816 *Hellenbach*, 1905 *Höllenbächel*; ON. † Hillenbach bei Handschuhsheim (Stadt Heidelberg, B.-W., D), 767 (Kopie 12. Jh.) *Hillenbach* (und so mehrfach belegt), 870 (Kopie 12. Jh.) *Hellenbach* (und so oft). – Grundform FlN./ON. ahd. *Hillenbach*, Kompositum mit dem Grundwort *-bach* und dem Genitiv des PN. ahd. *Hillo* (< *Hildo*) (**Hillen-*) als Bestimmungswort. Der Vokal /i/ im Bestimmungswort wurde im Westmitteldeutschen gesenkt > /e/ (*Hellenbach*) und später gerundet > *Höllenbach*. – Schmid, HG.A.1, S. 52.

Hölz-/-ener-/-er-/-erner- *-bach, -graben, See, -siefen, Krug-See*. Adj. *hölzern, hölzen*, mndd. *hölten* 'aus Holz', hier 'Gewässer, auf dem Holz schwimmt' oder 'Gewässer bei einem Holz/Wald', z. B. Hölzerner See südlich von Gräbendorf (Gem. Heidesee, Lkr. Dahme-Spreewald, Brandenburg, D), 1316–19 *in stagno Hulczensey*, 1518 (Kopie) *auf den holtzen See*, 1700 *die Höltzerne See*. – Fischer, *BNB 10*, S. 115.

Hölzbach z. Morbach (z. Losheimer Bach z. Dellbornbach z. Nunkircher Bach z. Prims z. Saar z. Mosel z. Rhein), fließt durch Waldhölzbach (Gem. Losheim am See, Lkr. Merzig-Wadern, Saarland, D). – ON. Waldhölzbach, 1434 *Hultzbach*, 1569 *Walthulzenbach*. – Grundform FlN./ON. mhd. **Hülsebach*, Kompositum mit dem Grundwort *-bach* und mhd. *hülse* 'Walddistel, Stechpalme' als Bestimmungswort, **Hülsebach* synkopiert > **Hülsbach* ↗ Hilschbach, die Lautverbindung /-lsb-/ mit Sprosskonsonant > /-ltsb-/ **Hülzbach*, mit westmitteldeutscher Senkung > Hölzbach. Im ON. Waldhölzbach dient der Zusatz *Wald-* zur Unterscheidung von ↗ Saarhölzbach. – Spang, HG.A.13, S. 34.

Hoenerbach l.z. Nahe (z. Rhein). – 1341 (Kopie 15. Jh.) *an der Hennenbach*, 1411 (Kopie 15. Jh.) *by der Hennenbach*. – Kompositum mit dem Grundwort *-bach* und dem Genitiv des PN. *Henne*, Kurzform von *Johannes*, als Bestimmungswort, hyperkorrekt ersetzt durch den Plural *Hühner*, mit mundartlicher Senkung > *Hoener*. – Greule, HG.A.15, S. 46.

Hönne l.z. Ruhr (z. Rhein), entspringt am Kohlberg im märkischen Sauerland westlich von Neuenrade (Märkischer Kreis, NRW, D), fließt durch das Hönnetal, ein enges Kalksteintal, mündet nach 33 km bei Menden (Märkischer Kreis). – Um 1230 *in fluvio … Hune*, 1694 *Hoenne*. – Ausgangsform vermutlich gm. **Hunjō*, j-Ableitung vom Farbadjektiv wgm. **huna-* 'gelb-braun', vgl. ae. *hunu* f. (< **hunō*) 'Eiter' (< 'die Gelbe', ergänze 'Flüssigkeit') und ndl. (veraltet) *huin* 'vuilnis, drek, mest'. Von der durch Schlamm und Morast bedingten auffälligen Färbung der Gewässer wurde **huna-* auch auf Schlamm, Morast, Schmutz und Dreck übertragen. (Von **huna-* dürften auch abgeleitet sein ahd. *honag*, ae. *hunig* n. 'Honig' = 'das Gelblich-Braune'). Im Fall von Hönne könnte die Farbe des Kalksteins im Tal, das der Fluss durchfließt, für die Benennung ausschlaggebend gewesen sein. Gm. **huna-* geht auf ig. **k̑uno-s* zurück, das mit ig. **k̑ouno-s* (ai. *śoná-* '(hoch)rot') ablautet. Von der Basis **huna-* sind weitere Flussnamen abgeleitet: le Hon, Nebenfluss der Haine (Dep. Nord, F), 920 (Kopien) *Hon, Hun* (< gm. **Hunaz* 'der Gelb-Braune'); Huolle, Nebenfluss der Aa (Dep. Nord), 962 (Kopie 12. Jh.) *Hunela* (< gm. **Hunulō*); de Hunze, nach der der Hunzego, Gau im Nordwesten der Provinz Groningen (NL), 840–849 (Kopie ca.1000) *Hunusga* (< gm. **Hunusō*), benannt ist; ON. Bad Honnef (Rhein-Sieg-Kreis, NRW, D), ursprünglich Gewässername, 922 *Hunapha*, 1102 *in Hunepho*, 1173 *Hunefe* (ahd **Hunaffa* < **Hunapa*); ON. Hunepe, Kloster (wüst bei Deventer, Overijsel, NL), 1129 (Kopie 1480) *Honeppe* (< **Hunapja*); zu **Hunbach, -beke* ↗ Haune. Ob auch der Flussname Hönnige, r.z. Wupper (mit Suffix *-ig* abgeleitet) hierher gehört, ist wegen fehlender Belege fraglich. – Schmidt, HG.A.6, S. 32; Schmidt, *Wupper und Lippe*, S. 49–51; Pokorny, *IEW*, S. 594; Gysseling, *Woordenboek*, S. 507, 515 f., 527, 509; Künzel/Blok/Verhoeff, *Lexicon*, S. 194.

Hönnige ↗ Hönne.

Hörgraben l.z. Hahle (z. Rhume z. Leine z. Aller z. Weser), mündet nördlich von Esplingerode (Stadt Duderstadt, Lkr. Göttingen, Niedersachsen, D). – 1475 *ahn Hörbeke*, 1655 *uff dem höhr beck*, 1717 *am Höer Becke*, 1886 *der Hörbach*, 20. Jh. *Hörflöthe, Hörgraben*. – Grundform FlN. mndd. **Hörenbeke* > *Hörbeke*, Kompositum mit dem Grundwort mndd. *-beke* 'Bach', das später durch *-flöte* und *-graben* ersetzt wurde, und dem von mndd. *hōr* 'Dreck, Unrat, Schlamm, Moorerde, Lehm' abgeleiteten Adjektiv (mhd. **hürwen*) ↗Hürmbach als Bestimmungswort. – Kettner, *HG.A.8*, S. 51; Kettner, *Leine*, S. 121.

Höribach z. Todenmannsbach (z. Inn z. Donau). – Ca.1563 *Heripach, Heripachseu*, 1695 *Horrichbach*; ON. Höribach (Gem. Eggerding, PB Schärding, O.-Ö., A), 1110–30 *Ho^vrinpach*, vor 1144 *Hoirunbach, Horinpach*, 1180–90 *Horwenbach*, 1200–30 *Horenpach*, 1338 *Hvernpach*, 1433 *Horipach*, 1545 *Hörichpach*. – Grundform **Horwīnbach* > mhd. **Hörīnbach*, Kompositum mit dem Grundwort *-bach* und dem Adj. ahd. *hor(a)wīn* 'sumpfig, schmutzig, kotig' als Bestimmungswort, **Hörīnbach* assimiliert > **Hörichbach* > *Höribach*. – Hausner/Schuster, *Namenbuch*, S. 536.

Hörlabach l.z. Mühl-Bach (z. Baunach z. Main). – ON. † Hürlbach, südlich von Sulzdorf a.d. Lederhecke (Lkr. Rhön-Grabfeld, Bayern, D), 1609 *In der Hürrlbacher Warth, von der Wüstung Hürlbach*, 1610 *Hürelbach*. – Grundform: (ahd.) **Hürwīnbach* > **Hür(w)elbach*; ahd. Adj. **hürwīn* 'kotig, schmutzig', abgeleitet von ahd. *horo* n. (< gm. **hurhwa-*) 'Sumpf, Schmutz', ↗Hürmbach. – Sperber, *HG.A.7*, S. 70; Braun, *Königshofen im Grabfeld*, S. 11.

Hörle, die l.z. Perf (z. Lahn z. Rhein). – ON. Oberhörlen, Niederhörlen (Stadt Steffenberg, Lkr. Marburg-Biedenkopf, Hessen, D), um 1340 *de Hůrle*, 1348 *fon Hurle*, 1362 *von Horle*, 15. Jh. *Zweyhorle*, 1431, 1453 *Oberhorle, Nedern Horle*. – Ausgangsform FlN. (ahd.) **Hurila* 'Sumpfbach', *l*-Ableitung von gm. **hurhwa-* '(feuchte) Erde, (Erd-)brei, Schlamm, Morast, Schmutz, Matsch' (mit Wechsel des Suffixvokals) > mhd. **Hürele*, mit Synkope und mitteldeutscher Senkung /ü/ > /ö/ > *Hörle*, Parallelname ↗Harle. – Faust, *HG.A.4*, S. 36.

Hörner Au ↗† Lutzbek.

Hörsel, die (im Oberlauf *Kleine Leina*), r.z. Werra (z. Weser), entspringt in ca. 692m Höhe in der Nähe des Rennsteigs (Thüringerwald), mündet nach 55,2 km in Hörschel (Stadt Eisenach, Wartburgkreis, Thüringen, D). – 932 *Hursilagemundi* ('Mündungsgebiet der Hörsel'), 979 *fluvio ... Hursilla*, 1012 *ad Hurselen*, 1014 (Kopie um 1160) *ad Hûrselen*, 1369 *czu Horsele, czu Hôrsel*, 1378 *de aquis Horsele*, 1469 *das wasser ... Horszel*, um 1510 *Horsel*, 1513 *an der Horsell, an der hörsel*; ON. Hörselgau (Lkr. Gotha, Thüringen), 1225 *de Hursegowe*, 1239 1280 *Hurselgeuwe*, 1289 *Hursulgowe* (und weitere Belege) 'Gebiet an der Hörsel'; ON. Hörselberg-Hainich (Wartburgkreis), ON. Hörschel (Stadt Eisenach), 1369 *czu Horsele, czu Hôrsele*, BergN. Hörselberge bei Eisenach, 1422 *Hoirselberge, an dem Horselberge* (und weitere Belege). – Grundform ahd. *Hursila* > mhd. **Hürsele*, mit mitteldeutscher Senkung > *Hörsel*, mundartlich *Hörschel*, Ableitung mit gm. *l*-Suffix von einer Basis gm. **hurs-i-*, einer Variante zu dem gm. Adj. **hurs-ka-* 'rasch, rege' (ahd. *horsc* 'rasch, schnell, eifrig, begierig', as. *horsk*, ae. *horsc*, awn. *horskr*). Dem ganzen Komplex liegt das ig. Verb **kers-* 'laufen' mit dem Nomen actionis ig. **kors-o-s* 'Lauf' und dem Nomen instrumenti **kr̥s-ó-s* 'Wagen' zugrunde; der schwundstufige Präsensstamm ig. **kr̥s-é-* (l. *curro* 'ich laufe') ist in mhd. *hurren* swV. 'sich rasch bewegen', e. *to hurry* 'sich beeilen' (< gm. **hurz-*, mit regulärem grammatischem Wechsel und Assimilation /-rz-/ > /-rr-/) vertreten. Die Hörsel bzw. einer ihrer Abschnitte wurde durch den Namen als 'schneller Flusslauf' charakterisiert. – Sperber, *HG.A.5*, S. 47f.; Riese, *Gotha*, S. 105–108; Riecke, *jan-Verben*, S. 436; Schmid, *Nehrungskurisch*, S. 24; Pokorny, *IEW*, S. 583f.; Rix, *LIV*, S. 355.

Hörspe, die l.z. Ollen (z. Hunte z. Weser), bei Altenesch (Gem. Lemwerder, Lkr. Wesermarsch, Niedersachsen, D). – 1149 *fluvium Hursebbe, palus Hursibberemor*; ON. Hörspe (Gem. Lemwerder), 1308 *de Horsibbe*, 1480 *tor Horsebe*, 1511 *in den Horsber velde, thor Horsbe*, 1512 *thor Horsbe*. – Vermutlich Übertragung des ON. (as.) **Hurst-sibbia* (vereinfacht) > **Hursibbia* > mndd. **Hörsebbe* (mit Synkope) > *Hörspe*, mit dem Grundwort as. *sibbia* 'Verwandtschaft' (hier vielleicht 'Wohngemeinschaft') und mndd. *hurst* 'Buschwald, Gebüsch, Gehölz, Gesträuch; bewachsene kleine Erhöhung in Sumpf und Moor' als Bestimmungswort, wie im ON. Hörste (Lage, Lkr. Lippe, NRW), 1188 *in ... Hursten*, 1262 *Horste*. Für die Ursprünglichkeit des Bewohnernamens spricht auch 1149 *Hursibbere mor* 'Moor der Leute von **Hursibbe*'. – Borchers, *HG.A.18*, S. 59; Meineke, *Lippe*, S. 251–253.

Hösbach r.z. Aschaff (z. Main z. Rhein). – ON. Hösbach (Markt, Lkr. Aschaffenburg, Bayern, D), ON. Wenighösbach (Markt Hösbach), ca.1160–1268 *Hostebach* (und weitere Belege), 1225 *Hoistebach*, 1380 *die tzwey Hospach*, 1574 *Hösbach*. – Grundform ON./FlN. mhd. **Höchestebach* > **Høstebach* > *Hösbach*, Kompositum mit dem Grundwort *-bach* und dem Superlativ des Adj. mhd. *hōch* 'hoch' als Bestimmungswort, Parallelname ↗Haustenbach. – Sperber, *HG.A.7*, S. 70; Reitzenstein, *fränkische Ortsnamen*, S. 106.

Hösslinsülzer Bach r.z. Hambach (z. Sulm z. Neckar). – ON. Hößlinsülz (Gem. Löwenstein, Lkr. Heilbronn, B.-W., D), 1325 *Hessenbachsultze*, 1360 *ze Hessensulcz*, *zu Hessensultz*, 1454 *Hesselensültz*. – Grundform vermutlich mhd. **Hessenbach*, Kompositum mit dem Grundwort *-bach* und dem Genitiv des PN. ahd. *Hasso* (**Hessin-* > *Hessen-*), als Stellenbezeichnung *Hessensülze* (mhd. *sülze* 'Salzwasser') ↗Sülze, eingedeutet als *Hesselin-*, *Hößlinsülze*. Der heutige Name ist als Wortgruppe mit dem Adjektiv des Ortsnamens gebildet. – Schmid, *HG.A.1*, S. 52.

Hof-/-e-/Höfe- *-au*, *-bach*/*-bächle*, *-graben*, *-pfuhl*, *-see*, *-teich(e)*. Nhd. *Hof* mit unterschiedlichen Bedeutungen, darunter 'Adels- oder Gutshof' und 'bäuerliches Anwesen, Gehöft'. – Fischer, *BNB.10*, S. 112.

Hoh- ↗Hoch-.

Hohl-/Hol(l)-/-e-/-en-/-er- *-bach*/*-bächle*, *-beck*/*-bek(e)*, *-brunnbach*, *-felsbach*, *-graben*, Rönne, See, Siek, Spring, *-steinbach*, *-wiesengraben*. Mhd., mndd. *hol* 'hohl, eingesenkt, vertieft, muldenförmig', z.B. Holbach, l.z. Ahrbach (z. Gelbach z. Lahn z. Rhein) mit ON. Großholbach, Kleinholbach (Westerwaldkreis, Rh.-Pf., D), um 1200 *Holenbach*, 1343 *Holbach*, ON. Kleinholbach (Gem. Girod, Westerwaldkreis), 1350 *Wingenholbach* (< **Wenigen Holbach*); † Holenbeke, z. Trave (z. Ostsee), 1286 *holenbeke*, 1298 *amnem ... Holenbeke* (und weitere Belege). – Fischer, *BNB 10*, S. 113; Faust, *HG.A.4*, S. 36; Kvaran, *HG.A.12*, S. 88.

Hohlenbach r.z. Rhein, entspringt am Hochblauen, mündet, westlich von Schliengen (Lkr. Lörrach, B.-W., D). – 1331 *das wasser ... dú Holle*, um 1380 *bi der holna*, 1409 *wasser und bach ... die Holle*, 1428 *die Hölle*, 1511, 1523 *die holna*, 1563 *die holl*, 1576 *die holla*, 1718 *die holl*, FlurN. Holen, die Holl. – Grundform FlN. (ahd.) **Holanaha* > mhd. *Holna* > *Holle*, Kompositum mit dem Grundwort ahd. *aha* 'Fließgewässer' und dem flektierten Adj. ahd. *hol* 'hohl' ↗Hohl-, ahd. *hol* stN. 'Höhle, Grube, Vertiefung, Schlucht, Abgrund'. – Geiger, *HG.A.2*, S. 60.

† Hoibeke ↗† Heubek.

Hoisleinbach l.z. Olsa in Grafendorf (Gem. Friesach, PB Sankt Veit an der Glan, Kärnten, A). – 1144 *apud Haselach*. – Deutung ↗Hasel-. Die amtliche Form ist eine hyperkorrekte Eindeutung von *Haslach* über mundartlich /haːsel/ als *Häuslein*/*Hoislein*. – Hausner/Schuster, *Namenbuch*, S. 530.

Hol-/-en- *-bach*, *-beckel*-*beke* ↗Hohl-.

Holdersbach l.z. Wolfach (z. Kinzig z. Rhein). – ON. Holdersbach (Gem. Oberharmersbach, Ortenaukreis, B.-W., D), 1342 *Holczebach* (hierher? lies *Holcze(r)bach*?), 1482, 1489, 1490 *Holtzerspach*. – Grundform mhd. **Holzerbach*? Kompositum mit dem Grundwort *-bach* und vermutlich mit mhd. *holzer* 'Holzhauer' als Bestimmungswort, später mit Fugen-*s* *Holtzer-s-bach*, in der heutigen Form angelehnt an *Holder* 'Holunder'. – Geiger, *HG.A.2*, S. 60.

Hollenbach

– ¹† Hollenbach, jetzt Krebsbach, l.z. Paar (z. Donau). – 1126–1179 *Holenbach*, 1126–1179 *holinbach*, 1177, 1512 *Holenbach*; ON. Hollenbach (Gem. Aichach-Friedberg, Bayern, D), 864 *ad Holunpahc*, 887–895 *ad Holanpah*. – Snyder, *HG.A.3*, S. 38.

– ²Hollenbach, z. Rissbach (z. Jagst z. Neckar z. Rhein). – ON. Hollenbach (Gem. Mulfingen, Hohenlohekreis, B.-W., D), 1219 *Holenbach* (und weitere zahlreiche Belege), 1345–1350 *Holnbach*. – Schmid, *HG.A.1*, S. 53.

Deutung ↗Hohl-.

Hollenbek r.z. Stecknitz (z. Trave z. Ostsee). – 1299–1300 *in ... riuo Holenbeke*, 1829 *Hollenbeck*; ON. Hollenbek (Kreis Herzogtum Lauenburg, S.-H., D), 1308–1328 *in villa Holenbeke* (und zahlreiche weitere Belege). – Udolph, *HG.A.16*, S. 166. – Deutung ↗Hohl-.

Hollenzbach r.z. Ahr (z. Rienz z. Eisack z. Etsch), in einem Nebental des Ahrntals, das hinauf zur Alm Hollenz führt und am Hollenzkees unter dem Hollenzkopf endet (Prov. Bozen, Südtirol, I.). – /höllenz, höllenzpåch/, HofN. 1406 *der (nider) holczner*, 1422 *Holnczen*, um 1770 *Holends Ba.*, um 1900 *Hollenz* (Bach). – Ausgangsform FlurN. gm. **hulatja-* n., > ahd. **holezze*, mhd. **holenze*, **holnze*, abgeleitet von gm. Adj. **hula-* 'hohl', zur Bildung ↗Milz ↗Schernetz; Bedeutung 'wo es hohle Stelle (Höhlen) gibt'.

Hollersbach r.z. Salzach (z. Inn z. Donau). – ON. Hollersbach im Pinzgau (PB Zell am See, Salzburg, A), 1147–67 *de Holrespach*, 1348 *gen Holrespach*, ca.1350 *in Holerspach*, ca.1400–ca.1500, 1436 *in Holerspach*, 1462 *zu Hollerspach*. – Grundform FlN./ON. (ahd.) **Holarāresbach* > **Holaresbach* > mhd. **Holers-*/**Holresbach*, Kompositum mit dem Grundwort -*bach* und dem Genitiv des PN. ahd. *Holarāri?, abgeleitet von ahd. *holar* 'Holunder' als Bestimmungswort. – Straberger, *HG.A.8*, S. 51; Hausner/Schuster, *Namenbuch*, S. 532.

Hollerwettern, die r.z. Elbe, entwässert den zwischen Wewelsfleth und Brokdorf (Kreis Steinburg, S.-H., D) gelegenen Teil der Wilstermarsch. – 1390 (Kopie 15. Jh.) *by der Holner* (lies *Holmer*?) *wetteringhe*, 1674 *bey der Hollerwetterung*, 1751 *Holler Wetterung*, 1855 *Hollerwettern*; ON. Hollerwettern (Gem. Wewelsfleth), 1534 *de Hollerwetterynge*. – Da die Wettern ↗ Wetter vermutlich im Verlauf der Hollerkolonisation angelegt wurde, ist das Bestimmungswort wohl *Holler* 'Holländer'. – Udolph, *HG.A.16*, S. 167; Laur, *Schleswig-Holstein*, S. 342.

Hollsteine r.z. Wehre (z. Werra z. Weser), mündet oberhalb von Küchen (Stadt Hessisch Lichtenau, Werra-Meißner-Kreis, Hessen, D). – ON. Hollstein (Stadt Hessisch Lichtenau), 1195 *Holsten*, 1322, 1323 *Holnsteyn*, *Holensteyn*, 1502 *Holnsteyn*, *Holnstein*. – Grundform FlN. (as.) *Holenstēn-aha > mndd. *Holnstēna > **Holstene/Hollsteine*, das Bestimmungswort ist der ON. Hollstein, der nach zwei Zechstein-Dolomit-Felsen am südlichen Ortsausgang benannt ist. – Sperber, *HG.A.5*, S. 48.

Holmbach r.z. Emmer (z. Weser). – 1483 (Kopie 1725) *up der Hollenbeke, by der Hollenbeke, beneden der Hollenbeke*; FlurN. Holmberg, 1496 (Kopie 1725) *umme den Hollenberg*. – Deutung ↗ Hollenbek. – Kramer, *HG.A.10*, S. 33.

Holper Bach (auch *Holpe*, im Oberlauf *Bruchhauser Bach*), r.z. Sieg (z. Rhein), entsteht bei Hermesdorf (Stadt Waldbröl, Oberbergischer Kreis, NRW, D) in 364m Höhe, mündet bei Etzbach (Lkr. Altenkirchen/Westerwald, Rh.-Pf.). – 1575 (Mercator-Karte) *die Hölffe* (lies *Hoelffe*?), *die Hölffebach*, 1580 *in der Holpen*; ON. Holpe, Oberholpe (Gem. Morsbach, Oberbergischer Kreis), 1346 (Kopie 1570) *von Hulpe*, 1391 (Kopie 1570) *van Hoilpe*, 1575 (Mercator-Karte) *Merrien Hölffe, Ouer Hölffe*. – Grundform *Holepe (neben *Holeffe) < (as.) *Holapa < *Hulapa, Kompositum mit den Grundwort ↗ *apa* und gm. *hula- 'hohl, Höhle', ahd., as. *hol*; Benennungsmotiv: die metaphorisch als 'hohl' gedeutete Landschaft, durch die der Bach fließt, oder weil der Bach aus einer Höhle entspringt? – Faust, *HG.A.4*, S. 36f.; Barth, *Sieg und Ruhr*, S. 89.

Holstenau, die z. Wilster Au (z. Stör z. Elbe). – 1568 *beth Inn der Ouw*, 1736 *Holsten Aue*, Mitte 18. Jh. *Hollsten Aue*, 1829 *von der Holstenaue, längs der Holstenaue*. – 'Au, welche Holstein und Dithmarschen scheidet', ↗ au(e). – Udolph, *HG.A.16*, S. 167; Laur, *Schleswig-Holstein*, S. 345.

Holstengraben zwischen Kudensee (Kreis Dithmarschen, S.-H., D) und Elbe. – 1568 *in den Holstengraven, den Holstengraven entlanck*, 1736 *Holsten Graben*, 1803 *der Holstengraben*. – Deutung ↗ Holstenau. – Udolph, *HG.A.16*, S. 167.

Holt-/-en- -*bach*/-*be(c)ke*, -*pfuhl*, -*ride*, -*see* ↗ Holz-.

Holtemme, die l.z. Bode (z. Thüringische Saale z. Elbe), entspringt am östlichen Hang des Brockenmassivs, fließt durch Halberstadt (Lkr. Harz, S.-A., D), mündet oberhalb Oschersleben (Lkr. Börde, S.-A.). – Ca.1050, 1184 *Holtemna*, ca.1150, 1230, 1241, 1277 *Holtempna*, 1373, 1378 *Holtemne*, 1451 *Holtempne*. – Kompositum aus dem Bestimmungswort as. *holt* 'Holz, Wald' und einem Grundwort -*emna* > -*empna*, spät assimiliert > -*emme*. Das Grundwort as. -*emna* ist selbst ein Flussname, voras. *Amina, eine *n*-Ableitung von gm. *ami- 'natürlicher Wasserlauf' ↗ Ems; Parallelname ↗ Ohm (< *Amana). Ebenfalls auf (gm.) *Aminō gehen zurück: ON. † Emne bei Gronau (Lkr. Hildesheim, Niedersachsen, D), 1173 (1174) *de Emne*, 1298 *Empne*; ON. Emmen bei Moisburg (Lkr. Harburg, Niedersachsen) mit WaldN. *die Emme*; ON. Emmen (Prov. Drente, NL), 1039 (Kopie 16. Jh.) *in Emne, de curte nostra Emne*; vielleicht auch FlN. Emel, alter Name d. River Mole (Grafschaft Surrey, GB) mit ON. *Emeley Bridge, Elmbridge*, 983 (Kopie 1260) *Emenan*, 1005 (Kopie 1200) *Æmenan, Emenan*, ca.1200 (Kopie 1200) *Emene*. – Blume, *Holtemme*; Möller, *Nasalsuffixe*, S. 78f.; Künzel/Blok/Verhoeff, *Lexicon*, S. 130; Watts, *EPN*, S. 418.

Holz-/-en- -*ape*, -*bach*, -*beck*, -*brook*, -*brunngraben*, -*graben*, -*grube*, -*lach(e)*, -*riehe*, -*riese*, -*riet*, -*see*, -*siek*, -*teich*, -*weiher*, -*wiesenbach*, -*wiesengraben*. Nhd. Holz, ndd. holt in der Bedeutung 'Wald', Adj. hölzern, hölzen ↗ Hölz-, z. B. Holzbach, l.z. Mühlwalder Bach (z. Ahr z. Rienz z. Eisack) in den Katastralgemeinden Mühlwald und Lappach (Prov. Bozen/Südtirol, I.), um 1775 *Holzbach*. – Fischer, *BNB 10*, S. 115; Kühebacher, *Ortsnamen 2*, S. 136.

Holzminde, die r.z. Weser, entspringt im Solling in ca. 450m Höhe, mündet auf 83m Höhe in Holzminden (Lkr. Holzminden, Niedersachsen, D), Dürre Holzminde, r.z. Holzminde in Holzminden. – 1410 *an de Holtesmynne*, 1587 *die Holzminden*, 1588 *Holtzmunde*, 1637 *Holzminne*, 1745–1746 *Holzminne*; 1587 *Die dorre Holtzminde*, 1603 *Die Dürre Holtzminden*, 1746–1747 *Dürre Holzminde*; ON. Holzminden, 826–876 (Kopie 15. Jh.) *Holtesmeni, Holtesmynne*, 1036 (Kopie 12. Jh.) *Holtisminni duo*, 1196 (Kopie

13. Jh.) in *Holtesminnen*, 1197 (Kopie 13. Jh.) *de Holtesminne*, um 1200 *Holltesminne*, 1232 *Holtesminne* (und zahlreiche weitere Belege), 1285 in *Holtesminde*, 1418 *Holtesmunde*. – Ausgangsform ON. as. *Holtesmeni*, *Holtesminne*, Kompositum mit dem Grundwort gm. **manja-* 'Feuchtgebiet' (> as. **meni*, **minne*)? ↗ Mandling und dem Genitiv des PN. as. **Holt* (**Holtes-*) als Bestimmungswort, ursprünglich wohl Name des Gebiets am Unterlauf der Holzminde, der auf beide Flüsse übertragen wurde. Die Namensformen *Holtesminde*/*Holzminde* und *Holtesmunde* sind hyperkorrekt. – Kramer, *HG.A.10*, S. 34f.; Casemir/Ohainski, *Holzminden*, S. 119–122; Pokorny, *IEW*, S. 700; Kaufmann, *Ergänzungsband*, S. 206.

Hombach
- ¹Hombach, r.z. Waldwiesbach (z. Freisbach z. Nahe z. Rhein). – 1507 (Kopie 16. Jh.) *in die Hanbach*, *die Hanbach*, 1600 *in die Hanbach*. – Greule, *HG.A.15*, S. 46.
- ²Hombach, die, l.z. Mühlbach (z. Lahn z. Rhein), mündet bei Bergnassau (Verbandsgem. Nassau, Rh.-Pf., D). – 1509 *Hanbach*, 1775 *die Hombach*; WaldN. 1774 *die Hombach*. – Faust, *HG.A.4*, S. 37. Deutung ↗ Hambach mit mundartlicher Hebung des /a/ > /o/.

Honig- -au, -bach, -fleth, -graben, -see. Ahd. *honag*, *honig*, *honagbluoma*, as. *honeg*, mhd. *honec*, *honic*, mndd. *hōnich* 'Honig', ahd. *honagbluoma* 'Zaunwinde, Deutsches Geißblatt', z. B. Honigau z. Honigsee (z. Postsee z. Schwentine z. Kieler Hafen), 1224 *a riuo Honechov*, *honechov*, 1232 *a riuo honechov*, mit ON. Honigau (Kreis Plön, S.-H., D). Das Benennungsmotiv ist nicht klar, es kann aus den an dem Gewässer wachsenden Pflanzen, aus dem Vorhandensein eines Bienenstocks oder aus der Farbe des Wassers bezogen sein. – Kvaran, *HG.A.12*, S. 89; Ulbricht, *Saale*, S. 69.

Hopf-/-en-/Hoppen- -bach, -gartengraben, -gartensee, -gartenthal, -graben, -pfuhl, -riehe, -see, -teich, -weiher. Ahd. *hopho* swM., as. *hoppo*, mhd. *hopfe*, mndd. *hoppe* 'Hopfen', Benennung nach der wild wachsenden Hopfenpflanze oder nach dem Anbau des zur Bierbereitung verwendeten Hopfen, z. B. Hopfgraben, Hopfgrabenbach, l.z. Mühlwalder Bach (Prov. Bozen/Südtirol, I.), benannt nach dem Hof, bei dem sich eine Hopfenpflanzung befand, 1325 *Hophegarten*, um 1775 *Hopfgartenbach*. – Fischer, *BNB 10*, S. 115; Keinath, *Württemberg*, S. 96; Kühebacher, *Ortsamen 2*, S. 136.

Hoppecke, die l.z. Diemel (z. Weser), entspringt südlich von Willingen (Lkr. Waldeck-Frankenberg, Hessen, D) auf etwa 780m Höhe, fließt durch das Rothaargebirge, mündet nach 34,7 km unterhalb von Bredelar (Stadt Marsberg, Hochsauerlandkreis, NRW). – 1525, 1580 *Hoppeke*; ON. Hoppecke (Stadt Brilon, Hochsauerlandkreis), 1113 (Kopie) *de Hotepe*, 1155, 1204, 1217 *Hottepe*, 1255 *Hothepe*, 1282 *Hotthepe*, 1299, 1300 *Hottepe*, 1302 *Hattepe*, 1309 (Kopie 14. Jh.) *Hottope*, (um 1350) *Hottepe*. – Ausgangsform (as.) **Hōtapa* > mndd. **Hōtepe* synkopiert > **Hōtpe* mit Assimilation /-tp-/ > -pp-/ > **Hoppe*, über **Hoppbeke* > *Hoppecke*, Kompositum mit dem Grundwort ↗ apa und Adj. as. *hōti* 'unwillig, feindselig'; die Benennung nimmt möglicherweise Bezug auf die durch den Höhenunterschied von 514m verursachte „Wildheit" des Flusses. – Kramer, *HG.A.10*, S. 35.

Hor-/Horb-/Horren- -bach, -beck (>-mecke), -graben, -lache. Bestimmungswort ahd. *horo*, Gen. *horwes* stN. 'Schlamm, Brei, Schmutz, Kot, Erde', as., ae. *horu*, nhd. mundartlich und in Flurnamen *Horb* < gm. **hurhwa-* '(feuchte) Erde, (Erd-)brei, Schlamm, Morast, Schmutz, Matsch', ahd. *horolahha* swF. 'Morast, (Mist-)Lache, Pfuhl', z. B. Horbach z. Steinfelsbach (z. Erlenbach z. Michelsbach z. Altrhein) mit ON. Niederhorbach (Lkr. Südliche Weinstraße, Rh.-Pf., D), 10. Jh. (Kopie um 1280) *Horabach*, 1379 *Horbach*; Horbach, r.z. Henne-Talsperre (z. Ruhr z. Rhein), um 1314 *in Horbeke*, 14. Jh. in *Horbecke*, ↗ Haarbach ↗ Horpe-Bach. – Greule, *HG.A.15*, S. 47, Dolch/Greule, *Pfalz*, S. 338f.; Schmidt, *HG.A.6*, S. 34.

Horgen- -bach, -beck. Bestimmungswort ist das flektierte Adj. ahd. *horuuag*, *-īg*, mhd. *horwec*, *-ic*, *horec* (*horgen-*), mndd. *horich*, ae. *horig* 'schlammig, schmutzig, kotig', z. B. 890 *ex Rota ad Horginpach* (unbestimmter ON.); Horgenbach r.z. Zipfelbach (z. Lindach z. Lauter z. Neckar z. Rhein), um 1350 *in dem Horgenbach*. – Dotter/Dotter, *HG.A.14*, S. 171; Schmid, *HG.A.1*, S. 54.

Horle
- ¹Horle, r.z. Alten Wipper (z. Thüringische Saale z. Elbe). – ON. Horla, Horlehagen (Stadt Sangerhausen, Lkr. Mansfeld-Südharz, S.-A., D), 1400 *Horle*, 1436 *Herlohain* (lies **Horlehain*?). – Ausgangsform vielleicht FlN. (mhd., mndd.) **Horele* 'Sumpfbach' < **Horala*, ↗ Horrel. – Ulbricht, *Saale*, S. 220.
- ²Horle, polnisch *Orla*, r.z. Bartsch/Barycz (z. Oder, P). – Ausgangsform vorslaw. **Orlā* oder **Arlā* ↗ Arlbach. – Udolph, *Gewässernamen Polens*, S. 222ff.

Horloff, die r.z. Nidda (z. Main z. Rhein), entspringt in ca. 525m Höhe im Vogelsberg nördlich von Schotten (Vogelsbergkreis, Hessen, D), mündet nach ca. 44,5 km bei Ober-Florstadt (Wetteraukreis, Hessen). – 951 *in fluvium Hurnufa*, 1183 *inter ... Hornipha*, 1263 (Druck 18. Jh.) *aqua ... Hurlyphe*, 1306 *aqua ... Hurlefe*; ON. † Horloff, 780(?) (Kopie 12. Jh.) *in uilla Hurnaffa*, 790(?) (Kopie 12. Jh.) *in uilla Hornaffa*, 1340 *Hurlfe*, 1362 *von Hornfe*, 1497 *zů Horloff*; ON. Trais-Horloff (Stadt Hungen, Lkr. Gießen, Hessen). – Grundform ahd. **Hornaffa*, Kompositum mit dem Grundwort ↗aff(a) und ahd. *horn* stN. (< **hurna-*) in der Bedeutung 'Vorgebirge, Landspitze' (hier zu beziehen auf den Vogelsberg?) als Bestimmungswort; **Hornaffa* > mhd. **Hornefe*, dissimiliert > **Horlefe, Horloff*. – Sperber, *HG.A.7*, S. 72; Reichardt, *Gießen*, S. 193 f (< **hurwīn affa*).

Hormig-Bach l.z. Geiersgrund-Bach (z. Werthen-Bach z. Sieg z. Rhein). 1471 *in der Wyngen* ('wenigen, kleinen') *Hornbach, in der Großen Hornbach*. – Deutung ↗Horn-. Faust, *HG.A.4*, S. 37.

Horn- -bach/-bächle, -graben, -see, -weiher. Bestimmungswort entweder ahd. *horn* stN., mhd., mndd. *horn* 'Vorgebirge, Landspitze' ↗Horloff oder ahd. *horo* 'Schlamm, Brei, Schmutz, Kot, Erde' ↗Hor-/↗Horgen-, z.B. Horbach, ursprünglich Abschnittsname der Trualb, l.z. Schwarzbach (z. Blies z. Saar z. Mosel z. Rhein), 1150 *Hornbach*, mit ON. Hornbach (Lkr. Südwestpfalz, Rh.-Pf., D), 771 (Kopie 12. Jh.) *Horinbach*, 794–813 (Kopie 10. Jh.) *Horbach* (und zahlreiche weitere Belege). – Greule, *HG.A.15*, S. 35; Dolch/Greule, *Pfalz*, S. 228 f.

Hornbek (auch *Hornbeker Mühlenbach*) z. Stecknitz/Delvenau (z. Elbe). – Um 1075 *in Horchenbici*, 1855 *Hornbek*; ON. Hornbek (Kreis Herzogtum Lauenburg, S.-H., D), 1230 *Horgenbeke*, 1391 *to Horghenbeke*, 1414 *to Harghenbeke*, 1543 *Hornigbecke*, 1783 *Hornebeck*, 1855 *Hornbek*. – Ausgangsform as. **Horgenbeki* > mndd. **Horchenbeke/Horgenbeke*, Kompositum mit dem Grundwort *beki* 'Bach' und dem flektierten Adj. mndd. *horich*, ae. *horig* 'schlammig, schmutzig, kotig' ↗Horgen-; *Horgenbeke* verkürzt > *Hornbek*. – Udolph, *HG.A.16*, S. 169; Laur, *Schleswig-Holstein*, S. 347 f.

Horne-Bach (auch *die Horn*), r.z. Lippe (z. Rhein). – 1478 *over de horne*, 1617 *die alte horne*, 1799 *die altehorn*; ON. Horn (Stadt Horn-Bad Meinberg, Kreis Lippe, NRW, D), 9./10. Jh. *In Hornun*, 1323 *to Horne*. – Grundform ON. as. *in Hornun, to Horne* 'an der Landspitze' (as. *horn* stNM., *horna* swF. 'Landspitze') nach der Lage von Horne(-Bad Meinberg), wo das Eggegebirge mit seinem nördlichen Ende auf das östliche Ende des Teutoburger Waldes stößt. Der Ortsname ist entweder auf den Fluss übertragen worden oder *Horne* ist ein ursprüngliches, verkürztes Kompositum mit dem Grundwort as. *aha* 'Fließgewässer' (<*Horn-aha* 'Fluss an der Landspitze'?). – Schmidt, *HG.A.6*, S. 34.

† Hornester, die (auch *Hornister*) vielleicht identisch mit Enspeler Bach, l.z. Große Nister (z. Nister z. Sieg z. Rhein). – 1525 *die Hornester*, 1537 *bis in die Hornister*. – Kompositum aus Bestimmungswort ↗Hor- und Grundwort ↗Nister 'Schlamm führende Nister'. – Faust, *HG.A.4*, S. 58 f.

Horpe-Bach r.z. Agger (z. Sieg z. Rhein), mündet bei Engelskirchen (Oberbergischer Kreis, NRW, D). – ON. Horpe (Gem. Lindlar, Oberbergischer Kreis), 1413 *Harphaen*, 1470 *Horpe*. – Ausgangsform (gm.) **Hur(wa)pa* > **Horpa* > *Horpe*, Kompositum mit dem Grundwort ↗apa und ahd. *horo*, as. *horu* (< **horwa-*) 'Dreck, Matsch' ↗Hor- als Bestimmungswort. – Faust, *HG.A.4*, S. 37; Barth, *Sieg und Ruhr*, S. 89 f.

Horrel
– ¹Horrel, l.z. Leine (z. Aller z. Weser), mündet nördlich von Seboldshausen (Bad Gandersheim, Lkr. Northeim, Niedersachsen, D). – Um 1400 (Kopie 15. Jh.) *uppe de horle*, 1588 *auf die Harle*, 1671 *auff den Horlgraben*, 1700 *über den Horrelsbach, an den Horell Graben*, 1772 *die Horrel*, FlurN. Horrelfeld, 1784 *Hörl Feld*. – Kettner, *HG.A.8*, S. 52 f. ²Horrel, l.z. Moore (z. Leine z. Aller z. Weser), mündet westlich von Berwartshausen (Stadt Northeim, Niedersachsen, D). – 1675 *in der horle, hinter der horll*, 1854/55 *hinter der Horrel*, 20. Jh. *hinter der Harrel, hinter der Horrel*; FlurN. Horrelwiese, 1691 *in der Horrellwiesen*. – Kettner, *HG.A.8*, S. 53.
Ausgangsform FlN. as. **Horala* (< gm. **Hurhwalō*), mit *l*-Suffix abgeleitet von gm. **hurhwa-* (as., ae. *horu*, ahd. *horo*) '(feuchte) Erde, (Erd-)brei, Schlamm, Morast, Schmutz, Matsch', ↗Horle. – Kettner, *Leine*, S. 125 f.

Horschbach r.z. Glan (z. Nahe z. Rhein). – ON. Horschbach (Lkr. Kusel, Rh.-Pf., D), 1336 (Kopie) *Horgesbach*, 1393 *Hargessbach*, 2. Hälfte 14. Jh. *Horginsbach*, Ende 14. Jh. *Horiß-, Harißbach*, 1460 *Hargeßbach*, 1480 *Harßpach, Harspach*, 1528 *Horsspach*, 1573 *Horßpach*, 1614 *Horspach*, 1824 *Horschpach*. – Ausgangsform ON./FlN. ahd. **Hargunesbach*, Kompositum mit dem Grundwort -*bach* und dem Genitiv des PN. ahd. **Hargun* (**Hargunes-*) als Bestimmungswort, **Hargunesbach* > mhd. **Hargensbach*, mit Hebung /-a- > -o-/ > **Horgens-/Horgesbach*, verkürzt > *Horsbach*, mit mundartlicher Palatalisierung > *Horschbach*. – Greule, *HG.A.15*, S. 46 f.; Dolch/Greule, *Pfalz*, S. 229.

Horst- -bach, -becke, -graben, -teich. Bestimmungswort ahd. *hurst* 'Gebüsch, Gestrüpp', mndd. *horst* 'Gestrüpp, Buschwerk, stehen gebliebenes Unterholz', ndd. (Brandenburg) *horst* 'trockene Erhebungen in nassem, sumpfigem Gelände', z.B. Horstbecke r.z. Riepenbach (z. Ilme z. Leine z. Aller z. Weser), 1603 *Horst Beke*, 1643 *auff die Horstbeke*. – Fischer, BNB 10, S. 116; Kettner, *Leine*, S. 126; Kettner, *HG.A.8*, S. 53.

Horterbach, die r.z. Odenbach (z. Glan z. Nahe z. Rhein). – 1609 *die Horter*; ON. † Hortten südlich von Heiligenmoschel (Lkr. Kaiserslautern, Rh.-Pf., D), 1195 (Kopie um 1360) *Honwarten*, um 1215 (Kopie um 1360) *Honwartden*, 1255/56 *Hoenwarte*, 1601 *hof Hortten*, BergN. Horterkopf. – Grundform *Hohenwarter Bach, Wortgruppe mit dem Adjektiv des Ortsnamens *Hohenwart, verkürzt > Horterbach, elliptisch 1609 *die Horter* (ergänze *Bach*). – Greule, *HG.A.15*, S. 47; Dolch/Greule, *Pfalz*, S. 230.

Hosbach r.z. Wehre (z. Werra z. Weser), entspringt im Stölzinger Gebirge, fließt durch Thurnhosbach (Stadt Sontra, Werra-Meißner-Kreis, Hessen, D), Stadthosbach (Stadt Sontra), Kirchhosbach (Stadt Waldkappel, Werra-Meißner-Kreis), mündet in Bischhausen (Stadt Waldkappel). – ON. Thurnhosbach (< *Dürren Hosbach?), ON. Stadthosbach, ON. Kirchhosbach, ON. † Lerchenhosbach, 1140/41 *Hassbach*, 1292 *Haspach*, 1340 *Lerchenhaspach*, 1353 *von hospagh*, 1375–1426 *haspach, stathaspach, Kirchhoßpach, Dornhospach*, 1480–1527 *Lerchenhospach, Lerchenhaspach*. – Deutung ↗ Hasbach, mit mundartlicher Hebung /a/ > /o/. – Sperber, *HG.A.5*, S. 49.

Hosen- -graben, -loch, -pfuhl, -siek. Bestimmungswort ↗ Hasen-. Für Hosengraben, r.z. Leine im Stadtgebiet von Göttingen (Niedersachsen, D) ist das Bestimmungswort der FlurN. *Hose*. – Kettner, *Leine*, S. 127.

Hosenbach, die l.z. Fischbach (z. Nahe z. Rhein). – 1514 *ghen der Hoßenbach*, ca.1549 (Kopie 1551) *in die halb Hosenbach*; ON. Niederhosenbach (Lkr. Birkenfeld, Rh.-Pf., D), 961 *in Husonbachero marca* (in der Mark der Hosenbacher), 966 *Husonbahc*, 1417 *Hosenbach*, 1515 *zu Nieder Hoisenbach, Niederhosenbach*; ON. Oberhosenbach (Lkr. Birkenfeld), 1514 *Oberhosenbach*. – Grundform ON. ahd. *Husonbach, Kompositum mit dem Grundwort *-bach* und vielleicht mit dem Genitiv des FrauenN. ahd. *Hosa/ *Husa (ahd. *hosa* swF. 'Beinkleid') als Bestimmungswort (ahd. *Huson-* neben *Husūn-). *Husūnbach > mhd. mundartlich *Hosenbach*, später in offener Tonsilbe gedehnt > *Hōsenbach (1515 *Hoisenbach*). – Greule, *HG.A.15*, S. 47f.; Kaufmann, *Ergänzungsband*, S. 210.

Hottenbach, die r.z. Nahe (z. Rhein). – 1427 (Kopie 1429–1469) *in der Hottenbach*; ON. Hottenmühle (Gem. Bärweiler, Lkr. Bad Kreuznach, Rh.-Pf., D), 1558 *zu Hottenbach*. – Kompositum mit dem Grundwort *-bach* und dem Genitiv des PN. (ahd.) *Hōtto (Genitiv *Hōtten-) als Bestimmungswort. – Greule, *HG.A.15*, S. 48.

Hotzenplotz, die tschechisch *Osoblaha*, polnisch *Osobłoga*, l.z. Oder (CZ, PL). – Ausgangsform slawischer Lokativ dialektal *Osoblo(d)že 'an/in der Hotzenplotz'. – Udolph, *Gewässernamen Polens*, S. 227–233.

Hübenbach r.z. Werra (z. Weser), mündet in Gertenbach (Stadt Witzenhausen, Werra-Meißner-Kreis, Hessen, D). – ON. Hübenthal (Stadt Witzenhausen), 1032 *villa Huvinadal*, 1095 *Huibendal*, 1369 *Hubenthal*, 1400 *Hubentail*. – Ausgangsform ahd. Tal *Hubilīnatal 'Tal mit Hügeln (Hübeln)', gekürzt > *Hubiltal, dissimiliert > *Hubintal > mhd. *Hübental, das Bestimmungswort enthält ahd. *hubil*, as. *hubil*, mhd. *hübel* 'Hügel, Anhöhe'. *Hübenbach* ist Klammerform *Hüben(tal)bach*. – Sperber, *HG.A.5*, S. 49.

Hühner- -bach, -beke, -brühe, -fließ, -graben, -kampsgraben, -kolk, -moosbach, -see, -siepen, -teich. Bestimmungswort mhd. *hüener*, Plural zu mhd., ahd. *huon*, mndd. *hōn* 'Huhn', z.B. Hühnerbach z. Deisenhofer Weiher bei Überlingen/Bodensee (B.-W., D), 13. Jh. *Hůnrbach*, Benennung nach Haushühnern, Birk- oder Rebhühnern oder Wasserhühnern. – Fischer, BNB 10, S. 116; Geiger, *HG.A.2*, S. 61.

Hüls-/-e-/-en- -bach, -beck(e), -graben. Bestimmungswort mhd. *hülse* 'Walddistel, Stechpalme', mndd. *hüls* m. 'Eibe, Stechpalme' ↗ ³Hilsbach, z.B. Hülsbeck, r.z. Angerbach (z. Rhein), 875 *Hu(i)lisbeke*, mit ON. Hülsbeck, um 1150 *in Huʲlsebeke*, 1352, 1401, 1458 *Hulsbeke* – Kettner, *Leine*, S. 128; Schmidt, *HG.A.6*, S. 34.

Hülsbach r.z. Schaf-Bach (z. Elb-Bach z. Lahn z. Rhein), entspringt und mündet bei Westerburg (Westerwaldkreis, Rh.-Pf., D). – 1504 *inn die Hils, die Hils uffen*, 1525 *die Hils*; ON. † Hilche, Hilsse (Stadt Westerburg, Westerwaldkreis), 879 (1333) *Hilse, Hilß, Hils, Hilche*, (um 1330) *Hilse*, FlurN. Hilserberg (Westerburg). – Die Erklärung als Kompositum mit dem Grundwort *-bach* und ahd., as. *hulis*, mhd. *hüls* 'Hülse, Stechpalme', entrundet > *Hils*, als Bestimmungswort wird der Tatsache nicht gerecht, dass der Name nur als Simplex belegt ist. Ausgangsform FlN. (gm.) *Helisa > Hilse*, Ableitung mit s-Suffix von einer etymologisch unklaren Basis gm. *hel- 'Hügel, Berg' (?), vgl. ON. Hilbeck (Lkr. Soest, NRW), 1153 *Helebeche*, ON. Hillen (Stadt Recklinghausen,

NRW), 11. Jh. *Hilinon*, hierzu vielleicht auch l. *Helinium ostium* (Plinius, n.h. IV 14), westliche Rheinmündung (NL). – Faust, *HG.A.4*, S. 37; Metzler, *Westerwald*, S. 141; Flöer/Korsmeier, *Soest*, S. 232–234.

Hünxer Bach l.z. Lippe (z. Rhein). – ON. Hünxe (Kreis Wesel, NRW, D), 1093 *de hungese*, 14. Jh. *Hungse*, 1342 *Hunxe*, 1450 *Hunße*, FlurN. Hünxer Bachtal. – Ausgangsform FlN. (as.) **Hun-gisa* > mndd. **Hüngese*, **Hüngse*, Kompositum aus Farbadjektiv wg. **huna-* 'gelb-braun', auch 'Schlamm, Morast, Schmutz, Dreck', vgl. ae. *hunu* f. (< **hunō*) 'Eiter' (< 'die Gelbe', ergänze 'Flüssigkeit'), ndl. (veraltet) *huin* 'vuilnis, drek, mest' ↗ Hönne als Bestimmungswort und *-gisa* wie in ↗† Navigisa als Grundwort. – Schmidt, *HG.A.6*, S. 94.

Hürbe, die r.z. Brenz (z. Donau), entsteht aus dem Hürbetopf in Hürben, mündet südlich von Hermaringen (Lkr. Heidenheim, B.-W., D), bildete zusammen mit dem trocken gelegten Hürbesee ein Feuchtgebiet. – ON. Hürben (Stadt Giengen an der Brenz, Lkr. Heidenheim), /hírbə/, 1171 *de Hurwin*, 1209 *de Hurwelin*, 1216 *de Hurwin*, 1226 *de Hvrewen*, 1385 *Húrwin*, 14. Jh. *Hürwin* (mehrfach), 1463 *Hürben*, 1531 *zū Hūrbe*, 1556 *Hirben*. – Grundform ahd. **Hurwīn*, elliptisch für **hurwīn bach*, ↗ Hürmbach ↗ Hörlabach ↗Hirlenbach, mhd. **Hürwen*, fnhd. (mit /-rw-/ > /-rb-/) *Hürben*, mundartlich entrundet > *Hirbe(n)*. – Reichardt, *Heidenheim*, S. 102–104.

Hürmbach l.z. Sierning (z. Pielach z. Donau) nordöstlich von Rametzhofen (Gem. Bischofstetten, PB Melk, N.-Ö., A). – 1072–1091, um 1124 *ad rivum Huriwin*; ON. Hürm (PB Melk), 1072–1091 *apud Huriwin*, 12. Jh. (um 1099) *ad villam Huriwin*, um 1125–1136 *de Huruuen*, 1136–1140 *de Hurwen*, 1141–um 1145 *de Huriwoin* (lies: *Huriwein*) (und weitere Belege). – Grundform ahd. **Hurwīn*, elliptisch für **hurwīn bach* 'der moorige, erdige, schmutzige Bach', mhd. **hürwen* > mundartlich /hürm/. Ahd. *hurwīn* 'moorig' ist das Stoffadjektiv zu ahd. *horo*, Gen. *horwes* stN. 'Schlamm, Brei, Schmutz, Kot, Erde', ↗ Hürbe ↗Hörlabach. – Hausner/Schuster, *Namenbuch*, S. 544; Schuster, *Niederösterreichische Ortsnamen 2*, S. 314.

Hütte-/-n- -bach/-bächle, -bergswasser, -born, -graben, -grund, -grundbach, -kanal, -keilswasser, -pfuhl, -tal-Bach, -teich, -wasenbächle. Bestimmungswort *Hütte* 'kleines (ärmliches) Haus, auch als Zufluchtsort', 'Glashütte', 'Messinghütte'. – Fischer, *BNB 10*, S. 118; Kettner, *Leine*, S. 128 f.; Ulbricht, *Saale*, S. 15.

Hugsbach l.z. Gutach (z. Kinzig z. Rhein) durch Hornberg (Ortenaukreis, B.-W., D). – 1768 *das Hugspacher Bächlen*; WaldN. Hugsbach, 1716 *der Haugspach, zwischen dem Haugspachwald*, 1727 *der Haugspach*. – Kompositum mit dem Grundwort *-bach* und dem Genitiv des PN. (ahd.) *Hug/Hūg* (**Huges-/*Hūges-* > *Haugs-*) als Bestimmungswort. – Geiger, *HG.A.2*, S. 62; Kaufmann, *Ergänzungsband*, S. 205.

Humme, die

– ¹Humme, l.z. Weser, entspringt im Flecken Aerzen (Lkr. Hameln-Pyrmont, Niedersachsen, D) im Weserbergland, mündet bei Klein Berkel (Stadt Hameln, Niedersachsen). – 1443 *up der Humme*, 1466 *an de Humme*, 1561 *die Humme, uf dem ... wasser der Hummen*, 1773 *die Humme*, PN. 1316 *Bertram van der Humme*. – Grundform FlN. mndd. *Humme* f. < **Hummend-aha* (?), zu mhd. *hummen*, me. *hummen*, e. *hum* 'summen' (onomatopoetisch für den Summton der Insekten, vgl. Hummel), metaphorische Benennung nach dem Schalleindruck, den das fließende Wasser hinterlässt. – Kramer, *HG.A.10*, S. 35 f.; Pokorny, *IEW*, S. 556.

– ²Humme, r.z. Bega (z. Werre z. Weser). – HofN. (um 1614) *auffr Hummeke* (< **Humbeke*), 1653 *Hans Humbke uffr Humbke*; ON. Humfeld (Gem. Dörentrup, Kreis Lippe, NRW, D), 1284 *Honvelde*, 1310 *Luttekenhunvelde*, 1465 *Humvelde, der is twe als Overenhumveld und Nederenhumvelde*. – Ausgangsform **Hunbeke* > **Humbeke* ↗Hummecke, zu dem als Klammerform (?) mndd. **Hun(bek)eveld* 'Feld an der Hunbeke' gebildet wurde. Die heutige Form des FlN. Humme ist aus **Hum(bek)e* gekürzt. – Kramer, *HG.A.10*, S. 36; Meineke, *Lippe*, S. 257–260.

Hummecke (der), r.z. Neile (z. Innerste z. Leine) östlich Hahausen (Lkr. Goslar, Niedersachsen, D). – 1654 *Humbeck*, 1655 *den Hummeke herunterwerts*, usw. – Grundform mndd. **Humbeke* < **Hun-beke*, Kompositum mit dem Grundwort mndd. *beke* 'Bach' und dem unklaren Bestimmungswort **hun-* oder **hūn-*. Zu letzterem ↗ Haune, zu gm. **hun-* ↗ Hönne. Auf **Hun(e)beke* gehen auch die Ortsnamen *Hombeek* (Mechelen, B) und *Humbeke* (Aalst, Ostflandern, B) zurück. (1016–1047) *Hunbach* ist der alte Name von Montabaur (Westerwaldkreis, Rh.-Pf., D), ↗²Humme. – Kettner, *HG.A.8*, S. 54; Kettner, *Leine*, S. 129 f., Gysseling, *Woordenboek*, S. 506, 524 f.

Hund-/-e- -born, -graben, -kehlensee, -kolk, -pfuhl, -see, -teich, -wasser. Bestimmungswort nhd. *Hund*, Benennungsmotive: Hundehaltung am Gewässer, *Hund* als Symbol für Kleinheit und Verächtlichkeit (z.B. minderwertige Flurstücke), z.B. † Hundebek, r.z. Alster (z. Elbe), 1599 *Hundebek*, 1752 *über den Hunde-Beck*. – Fischer, *BNB 10*, S. 117; Udolph, *HG.A.16*, S. 171.

Hundembach (auch *die Hundem*), l.z. Lenne (z. Ruhr z. Rhein), entspringt im Rothaargebirge, mündet bei Altenhundem (Lennestadt, Kreis Olpe, NRW, D). – 1694 *Hundeme*; ON. Altenhundem, ON. Kirchhundem (Kreis Olpe), ON. Oberhundem (Gem. Kirchhundem), 1249, 1262, 1313 *Hundeme* (und weitere Belege), 1354 *Oeuerenhundeme(n)*, 1394 *van Aldenhunde*, 1649 *Hunne*. – Grundform (as.) FlN. *Hundama*, mit *m*-Suffix abgeleitet von gm. **hunda-* (< urig. **ku(h₁)-nt-ó-* 'anschwellend'). – Schmidt, *HG.A.6*, S. 34, 94; Barth, *Sieg und Ruhr*, S. 149; Bichlmeier, *Orts- und Gewässernamen*, S. 37 f.

Hundlbacher-Bach r.z. Strogen (z. Sempt z. Isar z. Donau). ON. Großhündlbach, Kleinhündlbach (Gem. Fraunberg, Lkr. Erding, Bayern, D), 859–864 *Huntilinpah*, ca.972–994 *Huntilipach*, 977–994 *Huntilinpah*, 1034 *Huntilipach, Huntilpah*, ca.1220–1230 *Huntelbach*. – Grundform ON./FlN. ahd. **Huntilinbach*, verkürzt > **Huntilbach* > mhd. **Hüntelbach* > bair. *Hündlbach*, Kompositum mit dem Grundwort -*bach* und dem Genitiv des PN. ahd. **Huntilo* (**Huntilin-*) als Bestimmungswort. – Snyder, *HG.A.3*, S. 39.

Hunds- (*Hundes-*) -*bach*/-*bächel*, -*brunn*, -*graben*, -*talbach*, -*teich*, -*waldgraben*. Bestimmungswort ist ↗Hund mit sekundärem Fugen-*s* oder der Genitiv des PN. ahd. *Hund* (**Hundes-*> Hunds-) als Bestimmungswort, die Entscheidung muss auf der Grundlage historischer Belege gefällt werden, z.B. Hundsbach, r.z. Aschbach (z. Wern z. Main z. Rhein) mit ON. Hundsbach (Gem. Eußenheim, Lkr. Main-Spessart, Bayern, D), 1370 *Hunczpach*, 1376 *Hůntsbach*, Hundspach, 1384 *Hunspach* < **Hundesbach*. – Sperber, *HG.A.7*, S. 73.

Hunger- -*bach*/-*bächle*, -*becke*, -*born*, -*brunnen*, -*brunnengraben*, -*graben*, -*mühlbach*, -*see*, -*siek*, -*wettern*. Bestimmungswort *Hunger* (mndd. *hunger*) bezieht sich auf Wassermangel, auf Fischarmut oder auf Gewässer, die nur zu bestimmten Zeiten (nach Regengüssen, bei Schneeschmelze usw.) Wasser führen, z.B. 1347 *by der Hungerbecke, dar de Hungerbecke dor flot* bei Brilon (Hochsauerlandkreis, NRW, D), z. Möhne (z. Ruhr z. Rhein). – Fischer, *BNB 10*, S. 118; Kettner, *Leine*, S. 129 f.; Schmidt, *HG.A.6*, S. 94.

Hunte, die l.z. Weser, entspringt im Wiehengebirge in 185 m Höhe nördlich von Melle (Lkr. Osnabrück, Niedersachsen, D), durchfließt den Dümmersee, fließt (geteilt) durch Oldenburg (Niedersachsen), mündet nach 185 km nördlich von Elsfleth (Lkr. Wesermarsch, Niedersachsen). – 788 (Kopie 11. Jh.) *in Huntam flumen*, 855 (Kopie 14. Jh.) *Hunta*, 872 (Kopie 14. Jh.) *Hunta*, 1049 *iuxta Hvntam fluvium*, 1233 *in Huntam* (und zahlreiche weitere Belege), 1294 *Hunte* (und so öfter), 1383 *Hunthe*, 1408 *uppe der Hunte*, 1530 *die Hund, der Hunden*, 1773 *Hunte Fluß*; ON. Hunteburg (Gem. Bohmte, Lkr. Osnabrück), 1510 *to Hunteborch*; ON. Huntebrück in Berne (Lkr. Wesermarsch), 1318 *Huntebrucghe*, 1408 *tor Huntebruggen*, 1530 *bisz zu der Hundsbrücken*; ON. Huntemühlen (in Melle), FlurN. Hunterbruch, Hunterbruchwiesen (Naturschutzgebiet Gem. Lembruch, Lkr. Diepholz, Niedersachsen), 1773 *Hunte Bruch*. – Grundform as. *Hunta* < gm. **Huntō* f., Parallelname: De Honte, Name der Westerschelde bei Terneuzen (Prov. Zeeland, NL) mit ON. Hontenisse, 1196 *Hontenesse*. Es gibt außer mit ae. *huntian* (schwaches Verb), me. *hunten*, e. *to hunt* 'jagen, fangen', keinen Anknüpfungspunkt. Vielleicht kann nordseegm. **hunta-*/**Huntō* 'Jagd, Jagdplatz' angesetzt werden, < vorgm. **knd-ó-/-ā*, Nomen actionis bzw. Nomen loci zu ig. ?**kend-* 'Selbstvertrauen, Stärke entwickeln' (> 'jagen'). – Borchers, *HG.A.18*, S. 61–63; Künzel/Blok/Verhoeff, *Lexicon*, S. 186 f.; Rix, *LIV*, S. 325.

Huntebalje Wattenzufluss der Elbe bei Neuwerk (Bezirk Hamburg-Mitte, D). Um 1585 *De Hondt balch*, 1594 *Hundsballye*, 1718 *Hunde-Balje* (und zahlreiche weitere Belege). – Kompositum mit dem Grundwort ndd. *balge* 'Wasserlauf, Vertiefung, in der bei Ebbe Wasser zurückbleibt, Priel' ↗†Balge und ↗Hund- ↗Hunds-. – Udolph, *HG.A.16*, S. 172.

Hurlebach (auch *Hurle*), r.z. Oker (z. Aller z. Weser), fließt durch Vienenburg (Lkr. Goslar, Niedersachsen, D). – 1548 *Hurlebeeck*; ON. †Hurla, 1174 *in Hurla*, StraßenN. Am Hurlebach (Vienenburg). Hierher auch Harly-Wald mit der Harliburg nordnordöstlich von Vienenburg? – Die wenigen Belege erlauben keine sichere Deutung, Ausgangsform vielleicht **Hur(w)ila* zu as. *horu* 'Schmutz, Matsch' ↗Hörle, ohne Vokalsenkung und Umlautung. – Borchers, *HG.A.18*, S. 63.

Huschtesee (auch †*Schulzenwasser*), südöstlich von Gräbendorf (Gem. Heidesee, Lkr. Dahme-Spreewald, Brandenburg, D). – 1698 *Wuschtzig*, 1745 *Wuschzy*, 1751 *Wuschzi*, 1772 *Wuschky*, 1841 *Huschte*. – Grundform asorb. **Vus't'e* 'Mündung' > **Wuśće* > **Huśće*, eingedeutscht als *Huschte-*. – Fischer, *BNB 10*, S. 118.

Huttlabach (auch *Huttlerbach*), r.z. Lutz (z. Ill z. Rhein) in der Gem. Sonntag (Bez. Bludenz, Vorarlberg, A). – 1433 *an Huttlanbach*, 1621 *an den Hutlenbach*; TalN. Huttlatal; AlpN. Obere~, Undere Huttlaalp, 1612 *an die alp Hutlen*. – Grundform

Huwenowsee

ON. (ahd.) *huttala 'bei den Hütten' (ahd. hutta 'Hütte'). – Geiger, HG.A.2, S. 62; Berchtold, Namenbuch, S. 215 f.

Huwenowsee z. Wutzsee (z. Rhin z. Havel z. Elbe), Gem. Sonnenberg (Lkr. Oberhavel, Brandenburg, D) zwischen Baumgarten und Meseberg. – 1348 Stagno Gouenow, 1590 Ein See der Hugenow, 1788 Hübenowsee, 1799 Der Hugenow, Huwenow oder Hügenow, 1825 Huvenow. – Grundform apolab. *Gov'nov- zu *gov'no 'Mist, Kot', wegen des unreinen schlammigen Wassers, eingedeutscht als *Huvenov/ *Hugenov. – Wauer, HG.A.17, S. 68; Fischer, BNB 10, S. 119.

Iba (auch *Ibach*), r.z. Ulfe (z. Fulda z. Weser) bei Weiterode (Stadt Bebra, Lkr. Hersfeld-Rotenburg, Hessen, D). – ON. Iba (Stadt Bebra), 1139 (Kopie Mitte 12. Jh.) *in Ywaho*, 1209 *Ywa*, 1216 *Ywaha*, 1217, 1222 *de Ywa* (und weitere Belege), 1538 *Eiba*, ON. Iburg. – Grundform FlN./ON. ahd. *Īwaha* > mhd. *Īwa* > *Ība* 'Eibenfluss', Kompositum mit dem Grundwort ahd. *aha* 'Fließgewässer' und ahd. *īwa* stswF. 'Eibe' als Bestimmungswort, ↗ Eyach ↗ Eyb. – Sperber, HG.A.5, S. 50; Andrießen, *Siedlungsnamen*, S. 159.

Ibach

– ¹Ibach, r.z. Oberen Alb (z. Rhein). – 1383, 1450 *Ybach*; ON. Ibach (Lkr. Waldshut, B.-W., D), 1272 *apud Ibach*, 1287 *de Ibach*, 1328 *Ybach*, 1351 *Ibach*. – Geiger, HG.A.2, S. 62.

– ²Ibach, r.z. Rench (z. Rhein). – ON. Ibach (Stadt Oppenau, Ortenaukreis, B.-W., D), 1313 *Ybachergut*, 14. Jh. *Ybach*. – Geiger, HG.A.2, S. 62.

– ³Ibach, l.z. Ulfe (z. Sontra z. Wehre z. Werra z. Weser). – FlurN. Ibachsmühle, 1592 *Ybachsmühle*. – Sperber, HG.A.5, S. 50.

– ⁴Ibach, r.z. Wupper (z. Rhein). – 1662 *biss vff die Ibicke*. – Schmidt, HG.A.6, S. 35.

– ⁵Ibach, l.z. Mors-Bach (z. Wupper z. Rhein), mündet bei Gründerhammer im Norden der Stadt Remscheid (NRW, D). – 1773 *auf der Ibach*; ON. Ibach, 1369 *zum Ibach*, 1692 *Ibach*.

↗ Eyach ↗ Eyb.

Ibek l.z. Jevenau (z. Nord-Ostsee-Kanal) bei Jevenstedt (Kreis Rendsburg-Eckernförde, S.-H., D). 1339 *ad Ikbeke*, 1460 *to Ybeke*, 1856 *den Ibek*. – Grundform (as.) *Īchbeki* 'Eibenbach' ↗ † Ibeke, Bestimmungswort ist as. *īch* (< gm. *īhwa-* neben *īgwa-*) 'Eibe'. – Kvaran, HG.A.12, S. 94; Laur, *Schleswig-Holstein*, S. 356.

† Ibeke alter Name des Häsebachs, r.z. Kollbach (z. Gerdau z. Ilmenau z. Elbe). – 1004 *Hibike*, 1060 (Kopie 14. Jh.) *rivulum Ibizi*, 1843 *Mipke* (< *(i)m Ibeke*); ON. † Niebeck (Lage unbekannt, < *(i)n Ibeke*), 1133–37 *Ibiksen* (>*Ibek-hūsen*), 1302 *Ybeke*, 1317, 1320 *Ybeke*, 1332 *Mybeke* (< *(i)m Ibeke*). – Grundform as. *Ī(w)-biki* > mndd. *Ībeke* 'Eibenbach', mit dem Grundwort as. *beki* 'Bach' und ahd. *īwa* stswF., mhd. *īwe*, mndd. *īve*, ae. *īw* 'Eibe' ↗ Eyb ↗ Iba ↗ Ibach als Bestimmungswort. In der Belegreihe fallen die Fälle von Agglutination (*Mibeke*), h-Prothese (1004 *Hibike*) und Zetazismus (1060 *Ibizi* statt *Ibiki*) auf. – Udolph, HG.A.16, S. 141.

Ibenbach r.z. Wagensteigbach (z. Dreisam z. Elz z. Rhein), entspringt zwischen St. Peter und St. Märgen beim Kapfenmathishof (Schwarzwald), mündet in Burg. – 1384 *die Iwa*; TalN. 1218 *in Iwa tal*; ON. Oberibental (Gem. St. Peter, Lkr. Breisgau-Hochschwarzwald, B.-W., D), Unteribental (Gem. Buchenbach, Lkr. Breisgau-Hochschwarzwald), 1344 *Nidernywa*, 1353 *ze Iwa*, 1384 *Iwa*, 1393 *Ywa*, 1395 *villa Iwa* (und weitere Belege). – Grundform (ahd.) *Īwaha* > mhd. *Īwa* 'Eibenfluss' ↗ Iba, ON. Iben-tal, Kompositum mit der schwach flektierten Form von mhd. *Īwa* > *Īwe* > *Ībe*, Genitiv *Īben-* als Bestimmungswort. Der FlN. Ibenbach ist analog zum TalN. als Kompositum mit dem Grundwort -*bach* neu gebildet. – Geiger, HG.A.2, S. 62f.

Ibichbach r.z. Wilden Gutach (z. Elz z. Rhein). – ON. Ibichhof (Gem. Simonswald, Lkr. Emmendingen, B.-W., D), 1515 *im Ybach seßhaft*, FlurN. Ibeneck, BergN. Ibichkopf. – Verdeutlichendes Kompositum mit dem Grundwort -*bach* und dem FlN. *Ībach* > *Ībich*; Deutung ↗ Ibach. – Geiger, HG.A.2, S. 63.

Ibmsee durchflossen vom Ibmerbach (z. Seeleiten See z. Moosach z. Salzach z. Inn z. Donau). – 1251 *Ydnærsê*, 1348 *Insê*; ON. Ibm (Gem. Eggelsberg, PB Braunau am Inn, O.-Ö., A), /ī(b)m/ (älter), /ī(d)n/ (jünger), 1122–1140 (Kopie 13. Jh.) *de Idine*; Dorf-Ibm (Gem. Franking, PB Braunau am Inn), 1162 *usque at villam Yden*. – Nach Vokalapokope und -synkope in der mhd. Form des Namens *Idene* entwickelte sich aus Gründen der Sprechbarkeit die Lautfolge /-dn-/ > /-bm-/. Vorausgesetzt, dass sich *Idene* ursprünglich auf Ibmsee und Ibmerbach bezog, liegt ein primärer Gewässername vor, für dessen Deutung zwei der Grundformen möglich sind: Entweder gm. *Itina* ↗ Itter, das durch Lenisierung des /-t-/ in der Salzburger Romania > *Idina* wurde (vgl. ↗ Oichten) und in der Form *Idene* in die Urkunden übernommen wurde, oder man geht von vorgm. *Idina/-ana (> abair. *Itina) aus, dann wäre die ab dem 12. Jh. durchgängige Schreibung mit <-d-> bereits ein Anzeichen der Lenisierung des /-t-/ > /-d-/. Der ves.-ig. FlN. *Idina/-ana (gm. *Itina) kann erklärt werden als n-Ableitung von der Schwundstufe der urig. Verbalwurzel *$h_2$eid- 'schwellen'. Möglicherweise handelt es sich um ein Adjektivpartizip zum Fientiv *$h_2$id-h_1-nó-/-ā > *Idanā 'die anschwillt', ↗ Idarbach. In denselben etymologischen Zusammenhang gehören die Gewässernamen, die gm. *aitra- enthalten ↗ Eiter-. – Straberger, HG.A.9, S. 52 f.; Hausner/Schuster, Namenbuch, S. 547 f.; Bertol-Raffin/Wiesinger, Braunau am Inn, S. 27 f.; Rix, LIV, S. 258.

Ibra, die   r.z. Aula (z. Fulda z. Weser), entspringt südwestlich von Ibra (Gem. Schwalm-Eder-Kreis, Hessen, D), mündet in Kirchheim (Lkr. Hersfeld-Rotenburg, Hessen). – 1347 an die Ebera, von der Ebra, 1673 uf den Ibers Fluß, in selbigem Iber Fluß; ON. Ibra 1327 Ibera, Ibra, 1419 Ebra, 1462, 1467 das dorff Ebra, 1595 Ibra, Übrischer feldmarck, 1673 ubrischen äckern; BN. Ibrakuppe (Knüllgebirge), 9. Jh. (Kopie) ad lapidem in Ybera, 1470 von der Yberkoppen, 1496 an die Iber kopffe. – Grundform FlN. *Ibraha, Kompositum mit verdeutlichendem Grundwort ahd. aha 'Fließgewässer' (wie ↗ Aula) und FlN. *Ibra f. oder *Iber m., als Bestimmungswort, teilweise mit md. Senkung /i/ > /e/, teilweise mit Rundung /i/ > /ü/. Die Etymologie von FlN. *Ibra ist nicht geklärt. Der Name kann als ig. *ib^h-ró-/-ā, Verbaladjektiv 'eindringend' zum Verb ig. *ieb^h- 'eingehen, eindringen' (mit dem Benennungsmotiv 'Weg, auf dem man in den Südteil des Knüllgebirges eindringen kann'?) gedeutet werden. Da Vergleichswörter und -namen fehlen, muss Ibra als ves.-ig. FlN. gelten. Ob Ibar m., Fluss (z. Morava z. Donau z. Schwarzes Meer) in Montenegro, Kosovo und Serbien, verglichen werden kann, ist unklar. – Sperber, HG.A.5, S. 51; Rix, LIV, S. 309.

Ickersbach   l.z. Kaltes Wasser (z. Schmalkalde z. Werra z. Weser), südwestlich von Friedrichroda (Lkr. Gotha, Thüringen, D). – 1584 Eckersbach, 1641 Uickersbach (lies Wickersbach?), Ickersbach. – Die Belege Eckersbach und Ickersbach können als Kompositum mit dem Grundwort -bach und dem Genitiv des PN. Ecker (< Eckhard) als Bestimmungswort gedeutet werden; bei Uickersbach liegt entweder Verschreibung oder die Bildung mit einem anderen PN. vor. – Sperber, HG.A.5, S. 51.

Idar, die   (auch Idarbach), l.z. Nahe (z. Rhein). – 897 (Kopie 14. Jh.) Hiedraha, 1287 die Ydra, 1336 in die Ydra, 1340 Uderbac, 1349 die Jdar, die Ider, 1437 die Idarbach; FlurN. Idarwald (der Ider), 1220 de nemore … Idere, 1330 zwuschen der Winterhoug und dem Ider, 1450 off dem Yder, 1561 Ein Waldt uff der hohen Eytter gelegen, 1600 der Idarwald; ON. Idar-Oberstein (große kreisangehörige, verbandsfreie Stadt, Lkr. Birkenfeld, Rh.-Pf., D), 1320 (Kopie 18. Jh.), Ydera. Oberstein (1323 de Oversteine, 1330 zum Obernsteyne), Burgenname mit der Bedeutung 'obere Burg', weil sie höher als die alte Burg (1075 Steyna) angelegt worden war. – Die Belege für den Fluss- und Waldnamen lassen auf ahd. *Iedr(aha) und *Iedar m. schließen. Der anlautende Diphthong wird regulär monophthongiert zu /ī/; Schreibungen mit <U-> oder <Ey-> sind hyperkorrekt. *Iedar ist ein vorgermanischer Lehnname, dem (gm.) *ē²dr- < vulgärlat. *ędrus < *Idros zugrunde liegt; zum Lautwandel rom. /ę/ > (gm.) / ē²/ > ahd. /ie/ ↗ ¹Biedebach. Der gleiche Name begegnet mehrfach im frankophonen Gebiet als FlN. Heure (z. Ourthe, B, 1008, Kop. 13. Jh., Edera); Erre (Dep. du Nord, F, 11. Jh, Kop.12. Jh. Hedera); Yères (Yerre) (z. Loire, Dep. Eure-et-Loire, F, 1045 Edera). FlN. *Idros/-ā 'der/die Anschwellende' entspricht dem mit r-Suffix abgeleiteten Verbaladjektiv *$h_2$id-ró- zum Verb idg. *$h_2$eid- 'anschwellen' ↗ Itter (< gm. *Itra-). – Greule, HG.A.15, S. 48 f.; Rix, LIV, S. 258 f.

Iexenbach   it. Rio Ix (auch Innerfeldbach), r.z. Sexten-Bach (z. Drau), Bach des Innerfeldtals, das zwischen Innichen und Sexten vom Tal Sexten südwärts abzweigt (Prov. Bozen/Südtirol, I.), im Mittellauf unterirdisch. – /i^{e}xnpắch/, 1333 an der Úchsen, um 1775 Ixenbach. – Kompositum mit dem Grundwort -bach und Bestimmungswort mhd. üechse swF. 'Achselhöhle', altmundartlich auch 'verborgener Platz', benannt nach dem Verschwinden im Mittellauf, mundartlich entrundet zu *Iechsen. Der älteste Beleg 1333 an der Úchsen bezieht sich auf die Stelle am Bach, von der die Benennung ausging. – Kühebacher, Ortsnamen 2, S. 140.

Iff, die   (auch Iffigbach, Iffbach), l.z. Breitbach (z. Main z. Rhein) bei Marktbreit (Lkr. Kitzingen, Bayern, D), entspringt bei Reusch (Weigenheim, Lkr. Neustadt a.d. Aisch-Bad Windsheim, Bayern). – GegendN. Iffgau, 816 in pago Ypfigauim, 845 Ipigouue, 889 Iphgevui, Iphigeuue, 903 Iphigouue, 1023 (Kopie 13. Jh.) Iphigewi (und weitere Belege); ON. Iffigheim an der Iff (< *Iffing- vielleicht vom FlN. abgeleitet); im Zentrum des Iffgaus (aber nicht an der Iff) liegt der ehemalige Königshof Iphofen (Stadt, Lkr. Kitzingen), 822 (zu 741–747) Ippihaoba, 845 Ipphihoua, 1178 Ippehoven, 1279 Iphoven, 1303–1313 (Kopie 1358) Iphofen. Die Schreibungen mit /-pp-/ (Ippihaoba, Ippehoven) sind einerseits vereinfachte Schreibungen, indem das erste <h> *Iphihaoba nicht geschrieben wurde, anderseits deuten Schreibungen mit /-p-/ (Iphoven) auf Sprecherleichterung von /-pf- … -f-/ >

/-p- ... -f-/ hin; zudem ist die <pp>-Schreibung beeinflusst vom ON. Ippesheim (Lkr. Neustadt a.d. Aisch-Bad Windsheim) an der Iff, 820–845 (Kopie 12. Jh.) *Ippinesheim*; für 845 *Ipigouue* dürfte **Iphigouue* zu lesen sein. – Grundform FlN. ahd. (in der Komposition) *Ipfi-* < vorahd. **Ippi* < (kelt.) **Epi̯os*. Der keltische Lehnname wird ins Althochdeutsche als *ja*-Stamm (Typus ahd. *hirti, hirtes*) integriert: Nom. (ahd.) **Iffi* (< vorahd. **Ipi*), Gen. **Ipfes* (< vorahd. **Ippes*). Deshalb tritt in der Komposition neben *Ipfi-* auch *Iffi-* auf. Zur weiteren Etymologie ↗ *Ipfbach* (< **Epi̯ā* 'Rossbach'). – Sperber, *HG.A.7*, S. 73 f.; Reitzenstein, *fränkische Ortsnamen*, S. 110.

Ifta, die l.z. Werra (z. Weser), entspringt aus dem Klingborn, der Hauptquelle, am Ortsrand von Ifta (Wartburgkreis, Thüringen, D), mündet oberhalb von Creuzburg (Wartburgkreis). – ON. Ifta, 1260 *de Yfide*, 1300 *de Yfede*, 14. Jh. *Yffede* (mehrfach), 1480 *bei Yffe*, 1515 *Iffte*, 16. Jh. *Iffte, Iffte*, 1575 *vonn Yffta*, 1652 *Iffta*. – Grundform FlurN./ON. **Iffida* > **Iffede* synkopiert > **Ifte*, von mhd. *iffa* 'Ulme, Effe' mit dem Kollektivsuffix ahd. *-ida* abgeleitet ('Ulmenwald'), mit der analogen Endung *-a* wie in vielen Ortsnamen Thüringens, vom Ortsnamen auf den Fluss übertragen. – Sperber, *HG.A.5*, S. 51.

Igel, die čech. *Jihlava*, z. Schwarzach/Svratka, l.z. Thaya/Dyje (z. March z. Donau), entspringt auf der Böhmisch-Mährischen Höhe, mündet nach 183 km in Eibis (Ivaň, Bezirk Brno-venkov, CZ), rechter Zufluss *Jihlávka*. – 1277 *Ihlaua*, 1233 *Gyglaua*; ON. *Iglau*, čech. *Jihlava* (Kraj Vysočina, CZ). – Der Flussname wird von čech. *jehla*, dialektal *jahla*, *ihla* 'Nadel' (als 'Nadelbach') abgeleitet und mit dem polnischen Bachnamen *Iglica* verglichen. Falls sich hinter **Iglava* ein vorslawischer Name (mit sekundärem Suffix *-ava*) verbirgt, wäre gm. **Īg(w)alō* f. 'Eibenbach', eine Ableitung mit *l*-Suffix von gm. **īgwa-* m. 'Eibe', denkbar. – Schwarz, *Ortsnamen der Sudetenländer*, S. 56; Orel, *Handbook*, S. 203.

Igel-Bach
– ¹Igelbach, r.z. Unteren Murg (z. Rhein), mündet in Gernsbach (Lkr. Rastatt, B.-W., D). – 1257 *rivulus ... Ugelenbach*, 1266 *Vgelenbach*. – Grundform FlN. mhd. **Ügelenbach* < ahd. **Ugilinbach* gekürzt > *Ügelbach* entrundet zu *Igelbach*. Kompositum mit dem Grundwort *-bach* und dem Genitiv des PN. ahd. *Ugilo* (**Ugilin-*) als Bestimmungswort. – Geiger, *HG.A.2*, S. 63.
– ²Igel-Bach, r.z. Wanne (z. Haune z. Fulda), mündet unterhalb Dipperz in der Rhön (Lkr. Fulda, Hessen, D). – 747 (Fälschung 12. Jh. nach echter Vorlage des 8./9. Jh.) *usque ad introitum Uhtinabacchês in alteram Hunam* (Codex Eberhardi I, S. 116); ON. Öchenbach (Danzwiesen, Hofbieber, Lkr. Fulda?), 1592 *Ockemich*, 1731 *Ochenbach*, 1807 *Egemich*. – Sowohl der Gewässername als auch der Ortsname können nur unter der Annahme gravierender Lautwandlungen aus dem ältesten Beleg, der als ahd. **ūhtīna bah* 'von Osten kommender Bach' gedeutet wird, hergeleitet werden: mhd. **iuhtenebach*, gekürzt zur **ühtenbach*, entrundet und vereinfacht zu */*ichenbach/* und */*ichelbach/*, heute Igelbach. Im Ortsmen müsste stattdessen Vokalsenkung eingetreten sein (**öhtenbach* > **öchemach* > **öchemich* > **echemich*, 1807 *Egemich*). Es gibt aber auch, weil die Bildung ohne Parallele ist, die Möglichkeit, *Uhtinabacch-* als Konstruktion und Sekundärmotivation des Fälschers zu verstehen, dem **Uhina* oder **Uhinaha* vorlag. Dann gehört der Name (als *-n*-Ableitung) in den etymologischen Zusammenhang mit dem unter ↗ *Ucha* behandelten germanischen Adjektiv **ukʷa-* (**Ukwina* > **Ukina* > ahd. **Uchina*). – Sperber, *HG.A.5*, S. 51; Walther, *Siedlungsgeschichte*, S. 230.

Igelsbach
– ¹Igelsbach, z. Starzlach (z. Wertach z. Lech z. Donau). – 1462 *Hyggelspach*, 1482 *Hüggelspach*. – Grundform ahd. **Hugilesbach* > mhd. *Hügelsbach*, Kompositum mit dem Grundwort *-bach* und dem Genitiv des PN. ahd. *Hugil* (**Hugiles-*) als Bestimmungswort. – Snyder, *HG.A.3*, S. 40.
– ²Igelsbach, z. Brombach (z. Schwäbische Rezat z. Rednitz z. Regnitz z. Main z. Rhein). – /ˈīglšbâχ/, 1326 *Nicolspach*, 18. Jh. *Iglspach*; ON. Igelsbach (Marktgem. Absberg, Lkr. Weißenburg-Gunzenhausen, Bayern, D), 1327 *Nigolsbach*, 1374 *Nygelsbach*, 1407 *Nykellsbach*, 1418 *Igelspach*. – Kompositum mit dem Grundwort *-bach* und dem Genitiv des PN. Nikol, **Nikolsbach*, mundartlich *Nigelsbach* mit Aphärese > *Igelsbach*. – Sperber, *HG.A.7*, S. 74; Beier, *Weißenburg-Gunzenhausen*, S. 90.

Igelsee bei Wandlitz (Lkr. Barnim, Brandenburg, D). 1591 *der Egell See*, 1908 *Igelsee*. ↗ *Egel*. – Fischer, *BNB 10*, S. 63.

Iggelbach l.z. Helmbach (z. Speyerbach z. Rhein), entspringt im Pfälzerwald oberhalb von Elmstein (Lkr. Bad Dürkheim, Rh.-Pf., D). – 1786 *das Igelbächlein*; ON. Iggelbach (Gem. Elmstein), /ˈichᵉlbach/, 1466 *Vgelnbach*, 1585 *Igelnbach, Igelbach*, 1824 *Iggelbach, Igelbach*. – Grundform mhd. **Ügelnbach* entrundet > *Igelnbach/Igelbach*, Kompositum mit dem Grundwort *-bach* und dem Genitiv des PN. ahd. **Ugilo* (**Ugilin-* > mhd. **Ügeln-*) als Bestimmungswort. – Greule, *HG.A.15*, S. 49; Dolch/Greule, *Pfalz*, S. 236.

Iglbach l.z. Wolfach (z. Donau). – ON. Oberiglbach, Unteriglbach (Markt Ortenburg, Lkr. Passau, Bayern, D), 1121–1138 *de Igilpach*, 1220–1240 *de Igelpach*. – Grundform ahd. **Igilinbach*? > mhd. **Igelnbach*, verkürzt zu **Igelbach*. Kompositum mit dem Grundwort -*bach* und dem Genitiv des PN. ahd. **Igilo* (**Igilin-*) ↗Iglsbach als Bestimmungswort. – Snyder, *HG.A.3*, S. 40.

Iglsbach l.z. Fritzbach (z. Salzach z. Inn z. Donau). – 1308 *in dem Idelspache*, ca.1350 *de ygeltal*, 1913 *Igelsbach*. – Unter der Voraussetzung, dass 1308 *in dem Idelspache* in **Igelspach* zu verbessern ist, handelt es sich um ein Kompositum mit dem Grundwort -*bach* und dem Genitiv des PN. ahd. **Igil* (**Igiles-* > *Igels-*) als Bestimmungswort. – Straberger, *HG.A.9*, S. 53 f.; Kaufmann, *Ergänzungsband*, S. 214.

† Igonta alter Name der Salzach (z. Inn z. Donau). – 788 (Kopie Ende 12. Jh.) *super fluvium Igonta* verschrieben für ↗Isonta. – Hausner/Schuster, *Namenbuch*, S. 904 f.

Ihl-/-en- -*bek*, -*bruch*, -*kuhle*, -*see*, -*seestrom*, -*soll*. ↗Egel-. – Fischer, *BNB 10*, S. 62 f.; Kvaran, *HG.A.12*, S. 94.

Ihlandsee westlich von Wilkendorf (Stadt Altlandsberg, Lkr. Märkisch Oderland, Brandenburg, D). – 1684 *Eilandsee*, um 1770 *der Iland*, 1843 *Ihland See*. – Grundform apolab. **Jelen'-*, abgeleitet mit dem Suffix **-ьj-* von apolab. **jelen* 'Hirsch', über **Ilen-* eingedeutscht als *Eiland/Ihland*(-See). – Fischer, *BNB 10*, S. 85.

Ihle, die z. Elbe, entsteht nördlich von Lübars (Stadt Möckern, Lkr. Jerichower Land, S.-A., D), mündet in der Stadt Burg (Lkr. Jerichower Land) in den Elbe-Havel-Kanal (auch *Ihlekanal*). Am alten Flussverlauf (z. Elbe) liegt Ihleburg (Stadt Burg). – 1114 (Kopie 16. Jh.) *Ileda*, 1161, 1186, 1188 *aquam ... Yla*, 1187 *intra Albiam et ylam*, 1190 (Kopie 16. Jh.) *Luba et Zoias quas Ila excludit*, 1217 *flumen ... Yla*, 1234 *aquam ... Yla*, 1447 *of der yle*, 1725 *die Ihle*; ON. Ihleburg, 1117 (Kopie) *Ileborch*, 1209 *Hilburch*, 1225 *de Ilborch*, 1342 *Yleburch*, 1361 *yleburch*, 1420 *zcu Ileborg*, 1459 *Ileborch*, 1745 *Ihleburg* 'Siedlung auf der Anhöhe an der Ihle' (in Anlehnung und im Reim zu *Magdeburg* gebildet). – Grundform mndd. **Īle* < as. **Īla* oder **Īlaha*. Bei dem ältesten, aber nur in später Kopie überlieferten Beleg *Ileda* handelt es sich um eine sekundäre, temporäre Erweiterung um das Suffix -*ida* ↗Espolde. Wenn der FlN. Isle (Somerset, GB) mit den Ortsnamen Ilminster, Ilford, Isle Abbots and the Isle Brewers, Ilton, 693, 725, 762, 966 (14. Jh.) *Yle* < ae. **Īl*, Genitiv **Īle* f., ein Parallelname ist, dann könnten beide Flussnamen auf gm. **Īlō* f. zurückgeführt und als Nominalisierung eines alten Adjektivs gm. **īla-*, von dem auch ahd. *īlen* (< **īljan*) 'eilen, streben, mühen' abgeleitet sein dürfte, gedeutet werden. Gm. **īljan*, das verschiedentlich mit dem Verb urig. **h₁ei̯-* 'gehen' in Verbindung gebracht wird, könnte ein vom Fientivstamm dieses Verbs, urig. **h₁i-éh₁-/*h₁i-h₁-*, abgeleitetes Adjektiv **h₁ih₁-ló-* (> **īló-*) 'strebend' zugrunde liegen. – Wauer, *HG.A.17*, S. 68 f.; Rix, *LIV*, S. 25, 232 f.

Ihlowpfuhl östlich von Herzfelde (Gem. Rüdersdorf bei Berlin, Lkr. Märkisch-Oderland, Brandenburg, D). – 1843 *Ihlow Pf.*, 1901 *Ilofspuhl*. – Bestimmungswort brandenburg. *Ilōf* m. 'gemeiner Efeu'. – Fischer, *BNB 10*, S. 119.

Ihme, die l.z. Leine (z. Aller z. Weser). – 1351 *supra aquam dictam Ymene*, usw. ON. Ihme(-Roloven, Hannover, Niedersachsen, D), 14. Jh. *in ymene*, usw. – Die Belege stehen für as. **Īmene*, zugrunde liegt gm. **eiminō*, eine *n*-Ableitung von gm. **eima-* m., dem ai. *éma-h* m., gr. *oimos* 'Gang' entsprechen und das als Flurname (der) Eime, Eimen 'tiefer liegende, in der Regel feuchte oder sumpfige Stelle im Gelände, nasse Bodensenke, besonders in Wiesen, größere Wasserpfütze, Weiher am Dorfrand' (Südhessen) weiterlebt. Vergleichbar ist lit. *eimenà* 'Bach'. Ursprüngliches Benennungsmotiv 'Fluss/Bach, an dem man entlang geht'. – Ohainski/Udolph, *Hannover*, S. 23–232; Borchers, *HG. A 18*, S. 64; Pokorny, *IEW*, S. 295; Ramge, *Flurnamenbuch*, S. 321 f.

Ihna, die poln. *Ina*, r.z. Oder in der Woiwodschaft Westpommern (PL), fließt durch Gollnow, poln. Goleniów, mündet (früher bei Ihnamünde) in den Dammschen See (Oder). – Zur Deutung ↗Eine ↗Ihne? – Udolph, *Gewässernamen Polens*, S. 122–126.

Ihne, die l.z. Bigge (z. Lenne z. Ruhr z. Rhein), entspringt im Stadtgebiet von Meinerzhagen (Märkischer Kreis, NRW, D), mündet in Attendorn (Kreis Olpe, NRW). – 1547 (Regest) (auf der) *Eene*, 1566 (Regest) (zwischen der) *Ehene und Bichen*, 1584, 1661 *Inne*; ON. Ihne (Stadt Meinerzhagen), 1461 *in der Eynne*. – Eine sichere Deutung ist nicht möglich. Ausgangsform vielleicht as. **Agin-aha > *Eina > *Ēne > Ihne*, Etymologie wie ↗Eine. – Schmid, *HG.A.6*, S. 35, 95; Schmid, *Wupper und Lippe*, S. 54; Barth, *Sieg und Ruhr*, S. 149.

Ihner Bach r.z. Nied (z. Saar z. Mosel z. Rhein) bei Niedaltdorf, ON. Ihn (Gem. Wallerfangen, Lkr. Saarlouis, Saarland, D). – ON. Ihn, 11. Jh. *Inne*, 1115 *de Hinne*, ca.1150 *de Inna*, 1222 *Inne* (und weitere Belege). – Ausgangsform kelt. **Enịā*. Parallelname

ON. Ehnen (Gem. Wormeldingen, Kanton Grevenmacher, L) an der Mündung dreier Bäche in die Mosel, 1223 *Enne*, 1244 *Innen*. Etymologie ↗Innbach, ↗Inn. – Spang, *HG.A.13*, S. 36; Buchmüller/Haubrichs/Spang, *Namenkontinuität*, S. 83, 85.

† Ilbes ↗Ilfis.

Ilfis, die entspringt am Schrattenfluh (Kanton Luzern, CH), mündet zunächst in die Hilfern, die nach Vereinigung mit dem Schonbach wieder den Namen *Ilfis* annimmt, bildet streckenweise die Grenze zwischen den Kantonen Luzern und Bern, mündet bei Emmenmatten rechts in die Große Emme (z. Aare z. Rhein). – /d'i̯u̯fis, d'i̯u̯fis/, 1337 *zúr Ilvis*, 1371 (Kopie) *hinab in die Ilfis*, 1433 *vss der ilnis* (lies *ilvis*), 1470 *in die Ylfis, der Ylfis nach*, 1543 *der Ilfis nach*; QuellN. Ilfissprung; AlpN. Ilfisli, ehemalige kleine Alp im Quellgebiet; ON. Ilfis (Gem. Langnau, Kanton Bern), 1342 *de Ilvis*, 1376 *ze Ilvis*, 1386 *von ylvis*, 1528 *ze iluis*, 1531 *ze ẏllfis*; FlurN. † Ilfisschachen, Uferstreifen entlang der Ilfis. – Kelt. FlN. *$Elu̯isā$, Ableitung mit *s*-Suffix von gall. *$elvo$- 'braun, gelb'; Benennung nach der charakteristischen Farbe des Wassers. Parallelnamen: 1. FlurN. (Am) Ilbes, alter Name des Bombach, r.z. Schwarzengraben (z. Stadtbach z. Weschnitz) bei Heppenheim/Bergstraße (Hessen, D), 1617 *Ylfuß*, 1668 *Ilfeß*, 1748 *Illflues*, 1804 *Illfluß*, FlurN. Illflusswiesen, FlurN. Ilbesacker, < *$Ilwes$ <*$Elwis$, vielleicht vorgm. Reliktname mit später Eindeutung als *Ill-fluß*. 2. ON. Elvas (Gem. Brixen, Prov. Bozen/Südtirol, I.) auf den Elvaser Köpfen, /élfis/, 985 *Elues*, 1230 *Elves*, 1397 *Elfes*, 1441 *Elves*. – Waser, *Entlebuch*, S. 484 f.; Ramge, *Flurnamenbuch*, S. 530 f.; Kühebacher, *Ortsnamen* 1, S. 96.

Ill, die

– ¹Ill, r.z. Rhein, entsteht in der Silvrettagruppe, fließt durch das Montafon und den Walgau (Vorarlberg, A), mündet unterhalb von Feldkirch (Vorarlberg) beim Illspitz. – 1319 *in die Ille, gegen der Ylle*, 1355 *in die Ylle*, 1366 *die Yll*, 1377 *an die Ill*, 1391 *in die Ill*, 1412 *in die Yll*, 1439 *in der Ill*. – Geiger, *HG.A.2*, S. 63.

– ²Ill, l.z. Rhein, Hauptfluss des Elsass, entspringt in der Gemeinde Winkel (Dep. Haut-Rhin, Elsass, F), fließt durch Straßburg, mündet in Offendorf (Dep. Bas-Rhein). – /d'i̯l/, 778 (Kopie 10. Jh.) *super fluvium Illa*, 849 (Kopie 12. Jh.) *super fluvium Hilla*, 850 (Kopie 13./14. Jh.) *super fluvium ... Illa*, 998 *super Illam fluvium*, 1004 (Kopie 13. Jh.) *flumen ... Hylla*, 1040 (Kopie 1513) *Hilla*, 12. Jh. *in insula Ille, supra locum ipsius Ille, Illam flumen, inter Illam et Rhenum, in Illa flumine, per alveum Ylle*, 1182 *super fluvium ... Ylla* (weitere zahlreiche Belege); ON. Illfurt, frz. Illfurth (Dep. Haut-Rhin, Elsass), 1231 *illefort*; ON. Illhaeusern (Dep. Haut-Rhin), 1482 *zu(e) den hu(e)seren an der Yllen*, 1553 *zu yllheüsern*; Illkirch (Stadt Illkirch-Graffenstaden, Dep. Bas-Rhin), 803 *in Illo Betabure*, 836–38 (?) *Illenkirche*, 998 *Illenchirchen*. – Greule, *Oberrhein*, S. 50–54.

– ³Ill, l.z. Theel (z. Prims z. Saar z. Mosel z. Rhein), entspringt nördlich von Urexweiler (Gem. Marpingen, Lkr. St. Wendel, Saarland, D), fließt durch Illingen (Lkr. Neunkirchen, Saarland), mündet bei Bubach-Calmesweiler (Gem. Eppelborn, Lkr. Neunkirchen). – 1745 *im Ilstrichgraben*; FlurN. 1829 *Illwies, Im Illstrich*. – Wegen der späten Überlieferung ist Rückbildung aus dem ON. Illingen (1242 *Ildingen*) nicht auszuschließen. – Spang, *HG.A.13*, S. 36; Buchmüller/Haubrichs/Spang, *Namenkontinuität*, S. 85 f.
Grundform für ¹Ill und ²Ill ist sicher, für ³Ill vermutlich, ahd. *Illa* < kelt. *$Eli̯ā$ f., als substantiviertes Adjektiv mit -$ā$ abgeleitet von einem Nomen kelt. *eli- (urig. *$pelh_2$-i- 'Antreibung'?) zur Verbalwurzel urig. *$pelh_2$- (air. *eblaid* 'wird treiben' < *$piplh_2$-$sé$-t), dem Suppletiv zur Wurzel *ag-*, ferner in air. *ad-ella* 'besucht', *di-ella* 'weicht ab' (< *-$pelh_2$-$nā$-t), mkymr. *el* 'würde gehen'. Bedeutung vielleicht 'die Antreibende, Herantreibende', ↗Illach ↗Iller. – Rix, *LIV*, S. 470 f.; Matasović, *Proto-Celtic*, S. 121.

Illach, die

– ¹Illach, *Kurze ~, Lange ~*, r.z. Mürz südlich von Langenwang (PB Mürzzuschlag, Steiermark, A). – 1354 *in der Ilawn*, 1430 *die Gerlaw, Yerlaw*, ca.1430 *in der Yelawn*. – Grundform *$Jelavъ$ 'Tannenbach', mit Suffix (slaw.) -$avъ$ abgeleitet von urslaw. *jedla*, sloven. *jela* 'Tanne'. *$Jelavъ$ entwickelte sich zu *$Jelau$/*$Ilau$, durch Hyperkorrektur wird *-au* durch das Gewässernamen-Grundwort (dt.) *-ach* ersetzt (> Illach). – Lochner v. Hüttenbach, *Steirische Hydronyme*, S. 87.

– ²Illach, die, r.z. Lech (z. Donau). – 1060 (in Kopie 1465) *in Ilaha*, 1183 *Hylahe*, 1185, 1220 *Hylache*, 1188 *Hylach*, 1189, 1238, 1309 *Illach*, 1207 *Hilahe*, 1435 *in der Ylach*, 1450 *von der Ylach*. – Ausgangsform vorahd. (kelt.) *$Elika$, mit 2. Lautverschiebung /-k-/ > /-ch-/, Hebung des /e-/ zu /i-/ vor /-i-/ > *$Ilicha$, die Endung *-icha* wurde durch das bekannte Grundwort ahd. *aha* 'Fließgewässer' ersetzt > Ilaha. *$Elika$ gehört zu der Gruppe von Gewässernamen mit dem Suffix -*ika* ↗Rench (<*$Reginika$) ↗Kinzig (<*$K^wentika$) usw. und dürfte von kelt. *eli-, Nomen zu urig. *$pelh_2$- (air. *eblaid* 'wird treiben') mit *k*-Suffix abgeleitet sein, ↗Ill ↗Iller. – Steiner, *Füssen*, S. 90; Rix, *LIV*, S. 470 f.

Illasbergsee See in der Gemeinde ↗Halblech, Seitenarm des Forggensees. Benannt nach der abgegangenen Siedlung *Illasberg* in der Gemeinde Halblech (1189 *Lullansberc*, zum Personennamen *$Lullan$). – Steiner, *Füssen*, S. 91.

Illenbach r.z. Mühlbach (z. Schwarzbach z. Rhein) bei Achern (Ortenaukreis, B.-W., D). – 1462 *uß dem Illenbach*; ON. Illenbach, 1336 *zů Illenbach*, 1347 *Illibach*, ON. (die) Illenau (Stadt Achern). – Kompositum mit dem Grundwort -*bach* und dem Genitiv des PN. ahd. **Illo (*Illen-/*Illin-)* als Bestimmungswort. – Geiger, *HG.A.2*, S. 63; Kaufmann, *Ergänzungsband*, S. 214.

Iller, die r.z. Donau, entsteht am Illerursprung bei Oberstdorf (Lkr. Oberallgäu, Bayern, D) aus Breitach, Stillach und Trettach, fließt durch Sonthofen, Immenstadt und Kempten sowie durch Oberschwaben, mündet nach 147 km südwestlich von Ulm (B.-W.). Die Bedeutung des Flusses kommt im Namen eines Mönchs ahd. *Ilarleh* aus dem niederbayerischen Kloster Niederaltaich (eingetragen im Reichenauer Verbrüderungsbuch), dessen erster Namensbestandteil mit dem Flussnamen identisch ist, zum Ausdruck. – 1059 *flumen Ilara*, 1148 (Kopie 13. Jh.) *iuxta Hylaram*, 1155 *Hillaram*, 1239 (Kopie 13./14. Jh.) *fluvium Ilaram*, 1291 *fluvium Ilr*, 1350–1361 *in die Yler vnd vss der Yler, in die Ilr vnd usz der Ilr, enot der Yler*, 1786 *Iller*; GauN. 769 (Fälschung Anfang 12. Jh.) *de pago Hilargowe*, 832 (Kopie 11. Jh.) *in pago Hilargowe*, 833 *Hilirgaoe*, 853 (Druck 1724) *Ilargovve*, 1040 *In comitatu Ilregeuue*, 1087 *Hilargouve*, 1171–1220 *in Hilargewe*, 1291 *in dem Ilrgaeu*; ON. Illerrieden (Alb-Donau-Kreis, B.-W.), 1431 *Ylrrieden* 'Siedlung bei den Mooren in der Illniederung'; ON. Illerzell und Illerberg (Gem. Vöhringen, Lkr. Neu-Ulm, Bayern), ON. Illertissen (Stadt, Lkr. Neu-Ulm), 954 *Tussa*, 1526 *Yllerthisen*; ON. Illereichen (Markt Altenstadt, Lkr. Neu-Ulm), ON. Illerbeuren (Gem. Kronburg, Lkr. Unterallgäu, Bayern), ON. Illerfeld (Stadt Memmingen, Bayern). Die Ortsnamen enthalten die Grundwörter -*berg*, -*beuren* (ahd. **būri* 'Haus, Kammer'), -*eichen* (ahd. *eih, eiha* 'Eiche'), -*tissen* (ahd. -*tussa* < gm. **dusjō* 'langsam dahin fließender stiller Wasserlauf'),-*zell* (lat. *cella* 'Mönchszelle'). – Grundform ahd. **Ilira*, unter dem Einfluss von PN. *Hilarius* auch **Hilara* und *Ilara*, mhd. *Ilre*, fnhd. *Ilr*, **Iler* < vorahd./kelt. **Elirā* 'die Antreibende', mit *r*-Suffix abgeleitet von einem Nomen kelt. **eli-*, das zur Verbalwurzel urig. **pelh₂-* (air. *eblaid* 'wird treiben') gehört, ↗ Ill ↗ ²Illach. – Snyder, *HG.A.3*, S. 40 f.; Wagner, *Ilarleh*; Reichardt, *Alb-Donau-Kreis*, S. 164–166; Berger, *Geographische Namen*, S. 141; Bichlmeier, *Orts- und Gewässernamen*, S. 26–30 (aus gm. **ellizō-*).

† Illmitzen (heute unbenannt), r.z. Suha (z. Drau), mündet östlich von Neuhaus, sloven. Suha (PB Völkermarkt, Kärnten, A). – 1189 *in rivum Ilminiz*. – Grundform slaw. **Ilmьnica* zu slaw. **ilmъ* 'Ulme' (serbo-kroat. *ilm*, sloven. *lim*). – Hausner/Schuster, *Namenbuch*, S. 549.

Ilm
– ¹Ilm, ursprünglich r.z. Donau, jetzt l.z. Abens (z. Donau) bei Bad Gögging (Stadt Neustadt a.d. Donau, Bayern, D), entspringt bei Altomünster (Lkr. Dachau, Bayern), fließt im Oberlauf durch große Hopfengärten und Wälder, im Unterlauf durch das ehemalige Überschwemmungsgebiet der Donau. – 820/821 (Kopie 11. Jh.) *Ilma*, 887–895 *ad Ilminam*, 912–932 (Kopie 11. Jh.) *Ilmim* (lies *Ilmine*?), 1322 *Ilm*; GebietsN. 765–767 (Kopie 824) *in locis ... Ilmina*; ON. Ilmendorf (Stadt Geisenfeld, Lkr. Pfaffenhofen a.d. Ilm, Bayern), 821 *ad Ilme vico*, 1223 *de Ilmerdorf*; ON. Ilmried (Ilmmünster); ON. Ilmmünster (Lkr. Pfaffenhofen a.d. Ilm), 912–932 (Kopie 11. Jh.) *ad monasterium Ilmina*, 1177 *Ilmúnster*; StraßenN. Ilmberg (Reichartshausen, Lkr. Pfaffenhofen a.d. Ilm). – Snyder, *HG.A.3*, S. 41; Hilble, *Pfaffenhofen a.d. Ilm*, S. 54–56; Reitzenstein, *Oberbayern*, S. 122.
– ²Ilm, l.z. Thüringischen Saale (z. Elbe), entspringt im Thüringer Wald bei Ilmenau (Ilm-Kreis, Thüringen, D), mündet unterhalb von Großheringen (Lkr. Weimarer Land, Thüringen). – /elm/, 968 *Ilmena*, 1029 *Ylmeum flumen*, 1186 *Ilmina*, 1266 *prope fluvium ... Hilmna*, 1269 *in fluvio Ylmina*, 1378 *Ilmena*, 1587 *Die Ilmen*, 1665 *Ilmenstrom*; ON. Dorfilm (Stadt Leutenberg, Lkr. Saalfeld-Rudolstadt, Thüringen), Stadtilm mit Oberilm (Ilm-Kreis), Ilmenau (Universitätsstadt, Ilm-Kreis); die Ortsnamen sind folgendermaßen belegt: 1114 *Ilmine*, 1234 *Ilmene*, 1274 *in opidum Ilmene*, 1279 *in Ilmen* (und weitere Belege dieser Form); WaldN. Ilm-Auwald (am Oberlauf der Ilm). – Ulbricht, *Saale*, S. 244; Fischer, *Arnstadt und Ilmenau*, S. 42.
Grundform ahd. *Ilmina* < **Elmina*, Ableitung mit dem Suffix gm. *-ina* von gm. **elma-* 'Ulme', ahd. *elm*, *elmo*, Adj. ahd. *ilmīn* (↗ Elmbach), Fluss, der aus einem Ulmenwald kommt (der Thüringer Wald bei ²Ilm?) oder durch Ulmenwälder fließt (bei ¹Ilm?). Auffällig ist die Parallele zu dem baltischen Namen ↗ Elm (1325 *Elmone*). – Bichlmeier, *Überlegungen*, S. 184–188.

Ilme, die l.z. Leine (z. Aller z. Weser), entsteht im Solling (Weserbergland), mündet bei Volksen (Stadt Rinteln, Lkr. Schaumburg, Niedersachsen, D). – 1322 *in fluuio ... Ilmede*, 1324 (Kopie) *in fluvio ... Ilmede*, 1356 (Kopie 14. Jh.) *in de Ilmede*, 1456 *ouer der ylmede*, 1460 *by der Jlmede*, 1470 *bij der ylmede, na der ylmede*, 1470 *van der jlmede*, 1473 *up der Ilmede*, 1492 *by der Ylmeden*, 1570 *die Ilme*. – Ausgangsform GegendN. as. **Ilmithi* < **Elm-ithi* 'Ulmengegend', von as., ahd. *elm* 'Ulme' mit dem Kollektivsuffix as. *-ithi* abgeleitet, auf den Fluss in der mndd. Form *Ilmede* übertragen, ↗ Ilm. – Kettner, *HG.A.8*, S. 55; Kettner, *Leine*, S. 132 f.

Ilmenau, die (auch *Au/Aue*), l.z. Elbe, größter Fluss der Lüneburger Heide, entsteht südlich von Uelzen (Lkr. Uelzen, Niedersachsen, D) aus den Quellflüssen Gerdau und Stederau, mündet, nachdem der Ilmenaukanal abgezweigt ist, bei Hoopte (Stadt Winsen/Luhe, Lkr. Harburg, Niedersachsen). – Belege in Auswahl: 10. Jh. *inde Elmanam*, 1007 (Kopie 15. Jh.) *Elmanau*, 1013 *Elmenau*, 1139 *Elmenouwe*, nach 1148 *Elmenowe*, 1368 *up der Elmenow*, 1375 *uppe der Elmenaue*, 1590 *Elmenaw*, 1654 *Illmenow*, 1669 *Elmnav*, 1743 *Elmenau oder Ilmenau*. – Grundform mndd. *Elmenouwe*, Kompositum mit dem Grundwort bzw. dem FlN. mndd. *Ouwe* (1351 *ouer der Olden Ow*) ↗ Aue und (as.) *Elmana, mit *n*-Suffix von as. *elm* 'Ulme' abgeleitet ('Fluss, an dem Ulmen wachsen') ↗ Ilm (< *Elmina), ↗ Ilme (< *Elmithi), ↗ Elmbach (< *Elmaha). Die Schreibung mit <I-> reflektiert entweder die mundartliche Aussprache oder geht auf eine Angleichung an den ON. Ilmenau (Thüringen) zurück. Parallelname ON. Bad Salzelmen (Stadt Schönebeck, Salzlandkreis, S.-A.), 1124 *Elmen*, 1221 *in Elmene*, 1334 *in salina Elmene*, 1394 *Ilmene*. – Udolph, *HG.A.16*, S. 174–176; Möller, *Nasalsuffixe*, S. 32 (alteuropäischer Name); Berger, *Geographische Namen*, S. 238.

Ilpe-Bach (auch *die Ilpe*), r.z. Wenne (z. Ruhr z. Rhein), entspringt südöstlich von Altenilpe (Stadt Schmallenberg, Hochsauerlandkreis, NRW, D), mündet zwischen Frielinghausen und Bremke (Gem. Eslohe, Hochsauerlandkreis). – ON. Altenilpe, Kirchilpe (Stadt Schmallenberg), 1297 *de Yfelpe*, 1281–1313 *Yfflepe*, 14. Jh. *Alten-yphelpe*. – Grundform ON./FlN. mndd. *Ifl-epe gekürzt < *Ifflöf-epe, Kompositum mit dem Grundwort ↗ apa und mndd. *ifflöf, iwlöf* 'Efeu' als Bestimmungswort. – Schmidt, *HG.A.6*, S. 35.

Ils, die r.z. Gehle (z. Weser), mündet bei Bierde (Stadt Petershagen, Kreis Minden-Lübbecke, NRW, D). – 1467 (Kopie) *bi der Ilse, de jlse*, 1521 (Insert) *by der Ilße, de Ilße*, 1523 (Insert) *by der Ilse, dye Ilse*, 1771 *die Ilse*; ON. Ilse, Ilserheide (Stadt Petershagen). – Deutung wie ²⁻⁴Ilse. – Borchers, *HG.A.18*, S. 64.

Ilsbach r.z. Seenbach (z. Ohm z. Lahn z. Rhein). – 1481 *das waßer, dy Ülstorff*, 1591 *der Ulßdorff … wasser* < *Üls(dorf)bach*; ON. Ilsdorf, 1481 *Oilstorff*, 1481 *Ülstorff* < *Ulistr-affa*, ↗ ¹Ilse. – Faust, *HG.A.4*, S. 38.

Ilse, die
– ¹Ilse, die (auch *Ilse-Bach*), r.z. Lahn (z. Rhein), entspringt in 608m Höhe im Süden des Rothaargebirges (Heilige Ilsequelle) bei Heiligenborn (Bad Laasphe, Kreis Siegen-Wittgenstein, NRW, D), fließt durch ein stellenweise enges Tal, mündet nach 8,4 km bei Feudingen (Bad Laasphe). – 1515 *die Ulsse*, 1569 *die Ulse*. – Ausgangsform FlN. *Ülese < *Ulisa < gm. *Wulisō, mit *s*-Suffix abgeleitet vom Verb gm. *wul-a-* 'wallen'. – Faust, *HG.A.4*, S. 38; Seebold, *starke Verben*, S. 552.
– ²Ilse (unterhalb Harderode Mühlenbach), r.z. Weser, entspringt im Weserbergland, mündet südlich von Latferde (Gem. Emmerthal, Lkr. Hameln-Pyrmont, Niedersachsen, D). – (1550–60) *biß auf die Ilse, die Ilse dael*, 1715 *die Ilse*, 1803 *der Ilsebach*; ON. † Ilisun an der Ilse (nördlich von Grohnde oberhalb Börry, Gem. Emmerthal), zum Jahr 1013 (Fälschung Anfang 12. Jh.) *Ilisun*; ON. Ilse-Mühle, 1783 *Ilsemüle*; FlurN. Ilse-Berg, 1783 *Ilseberg*. – Kramer, *HG.A.10*, S. 36; Möller, *Siedlungsnamen und Flurnamen*, S. 45–50.
– ³Ilse, r.z. Bega (z. Werre z. Weser), fließt ausschließlich auf dem Gebiet der Stadt Lemgo (Kreis Lippe, NRW, D), mündet in Lieme (Stadt Lemgo). – 1297 (Regest) *zwischen dem Wasser gen. Ilsnen*, 1426 *teghen dem Bome tor Ilse, buten der Ilse*, 1790 *Die Ilse*, † Ilsendorp, 1297 *in Ilstendorpe*, 1302 *in Ilsendorpe* (und weitere Belege). – Kramer, *HG.A.10*, S. 36; Meineke, *Lippe*, S. 275–277.
– ⁴Ilse, r.z. Oker (z. Aller z. Weser), entspringt am Nordhang des Brockens (Harz), mündet bei Börßum (Lkr. Wolfenbüttel, Niedersachsen, D). – 1108 (Kopie 16. Jh.?) *iuxta fluvium Ilisina*, 1310 *prope Ilsenam fluvium*, 1311 (Kopie 16. Jh.) *versus aquilonem Ilsenam fluvium*, 1360 *apud ripam … Ylsana*, zu 1402 (Ende 15. Jh.) *inter Ilsam et …*, (1407–29) (Kopie 16. Jh.) *von der Ilsen*, 1459 *twisschen der Ilse vnde …*, 1486 *supra Ylsynam*, 1495 *by der Ilszen*, 1784 *die Ilse*; ON. Ilsenburg (Lkr. Harz, S.-A.), 1003 *Elisenaburg*, 1018 *Hilisinneburch*, 1096 *Hilsineburg*, 1109 *Ilseneburch*, 1128 *Ilsineburg*, 1160 *Ilsineburg*; FlurN. Ilsestein. – Borchers, *HG.A.18*, S. 64f.
Ausgangsform (für ²⁻⁴Ilse) as. *Ilisina < gm. *Elis(i)nō, mit *n*-Suffix abgeleitet vom Stamm *elis-/*elus-* 'Erle, Weide' in awn. *jǫlstr* (< *elus-tr-) 'Erle', awn. *ilstri* (< *elis-tr-ja-) 'Weide', mhd. *hilster*; Bedeutung 'Fluss, an dem Erlen (oder Weiden) wachsen', ↗ Ilsnik. – Pokorny, *IEW*, S. 302; Bichlmeier, *Überlegungen*, S. 188–193.

Ilsenbach Oberlauf des Unsinnbachs, l.z. Bruchgraben (z. Innerste z. Leine z. Aller z. Weser), mündet oberhalb von Bavenstedt (Stadt Hildesheim, Lkr. Hildesheim, Niedersachsen, D). – 1501 *den Ilsenbeck up*, 1828/39 *die Ilsenbeke*, 1836 *Ilsenbach*; WaldN. 1422 *in der Ilsen*, 1437 *vor der Ilsen*, 1453, 1470 *in der Ilsen*, 1529 *in der Ilszen*; FlurN. Ilsenanger, Ilsenbruch, Ils(en)feld, Ilsenforst, Ilsenholz, Ilsenland, Bauermeister Ilse. – Kompositum mit dem verdeutlichenden Grundwort mndd. *-beke/-bach* und dem FlN. Ilsen- (< as. *Ilsina*) als Bestimmungswort, ↗ ²⁻⁴Ilse. – Kettner, *HG.A.8*, S. 55f.; Kettner, *Leine*, S. 133f.

† Ilsnik   einer der heute unbenannten Zuflüsse der Zwettl (l.z. Kamp) in Zwettl-Stadt (N.-Ö., A). – 1162 (Kopie 17. Jh.) *amnis ... Ilsnik*. – Ausgangsform **Ilsinika* (?), mit dem Suffix slaw. *-ika* erweiterter Flussname (ahd.) **Ilsina*, ↗ ²⁻⁴Ilse. – Hausner/Schuster, *Namenbuch*, S. 549.

Ilster, die   r.z. Örtze (z. Aller z. Weser). – ON. Ilster (Stadt Munster, Lkr. Soltau-Fallingbostel, Niedersachsen, D), 1360 *to ylstere*, (1. Hälfte 15. Jh.) *Elster*, 1450–1451 *Ilster*. – Ausgangsform vermutlich Kompositum (gm.) **Elistr-aha* mit dem Grundwort as. *aha* 'Fließgewässer', das bei Einsetzen der historischen Belege bereits geschwunden ist, und dem Bestimmungswort **elistr-* (awn. *ilstri* 'Weide'), ↗ ²⁻⁴Ilse. – Borchers, *HG.A.18*, S. 65.

Ilz
– ¹Ilz (auch *Ilzbach*), r.z. Feistritz nordwestlich von Maierhofen (Gem. Großwilfersdorf, PB Fürstenfeld, Steiermark, A). – 1187 (Fälschung nach 1230) *apud fluuium ... Illenz*, 1265 *Ylncz*, 1420 *Illnicz*, 1475 *Ylcz*. – Ausgangsform (ahd.) **Ilniza* < (slaw.) **Ilьnica* 'Lehmbach', mit der Suffixkombination *-ьnica* abgeleitet von urslaw. **ilъ*, sloven. *il* 'Ton, Lehm, Schlamm'. – Lochner v. Hüttenbach, *Steirische Hydronyme*, S. 88.

– ²Ilz, l.z. Donau, entspringt im Nationalpark Bayerischer Wald, mündet in Passau (Bayern, D); wegen des bräunlich bis schwärzlich gefärbten Wassers auch Schwarze Ilz genannt. – 1010 (Kopie ca.1100) *fluminis Ilzisa, Ilzise*, 1092/1121 *inter flumina Ilzes*, 1220–1240 *ultra Iltsam*, 1256 (Kopie 13. Jh.) *ab Iltsa*, 1493 *ein anderer zumal schwartzer fluss yltz genant*, 1568 *Ilz flus*, 1692 *in der Ilz*. – Grundform (kelt.) **Eltisā* mit dem Suffix *-isā* (synkopiert < **Elit-isā*) abgeleitet von (kelt.) **elito-* (< ig. **pelito-*, ai. *palitá-*, gr. *pelitnós*) 'grau', vgl. mir. *liath*, kymr. *llwyd* (< **pleito-*) 'grau'. Benannt nach der Farbe des Wassers. – Reitzenstein, *Passau*, S. 216f.; NN., *HG.A.20*; Pokorny, *IEW*, S. 804f.

Immelsbach   z. Gutach (z. Kinzig z. Rhein). – 1423 *vor dem ymelspach*, 1564 *im linken Immelspach*, 1779 *im Imelspach*, 1815 *Ihmelsbach*, FlurN. Immelsbach (Stadt Hornberg, Ortenaukreis, B.-W., D), FlurN. Immelsgrund. – Kompositum mit dem Grundwort *-bach* und dem Genitiv des PN. ahd. *Imil* (**Imiles-*) als Bestimmungswort. Parallelname ON. Imlau (Salzburgerland, A) mit FlN. Imlaubach, l.z. Salzach, 1299 *Ymelawᵒ*, ca.1304 *ze Ymelow*, ca.1350 *in der imelawᵒ*, *de Ymelowᵉ*, 1862 *Imlau*, < **Imlnau* durch Synkope < **Imilen-ouwe*, zu PN. **Imilo* (Genitiv **Imilen-*). – Geiger, *HG.A.2*, S. 63; Straberger, *HG.A.9*, S. 54.

Imsbach   r.z. Alsenz (z. Nahe z. Rhein). – 1019 *Unnesbahc* (lies *Unnesbach*); ON. Imsbach (Donnersbergkreis, Rh-Pf., D), /imschbach/, 1194–98 (Kopie um 1250) *Unnisbach*, 1334 *Vnsbach*, 1486 *Umbsbach*, 1512 *Insbach*, 1537 *Imßpach*, 1824 *Imsbach*. – Grundform **Umīnesbach* > **Ümnesbach* > *Ünnesbach* oder > *Ümensbach*, mit Entrundung und Synkope Imsbach, Kompositum mit dem Grundwort *-bach* und dem Genitiv des PN. ahd.**Umīn* (**Umīnes-*) als Bestimmungswort. – Greule, *HG.A.15*, S. 49; Dolch/Greule, *Pfalz*, S. 239.

Imsee   z. Imseebach, r.z. Mattig (z. Inn z. Donau). – ON. Imsee (Gem. Palting, PB Braunau am Inn, O.-Ö., A), um 1188–93 *de Inse*, ca.1350 *Inse*, 14. Jh. *Inzzê, Insee, Inse*, 1484 *de Innssee*, ca.1530 *Imbsee*, 1580 *Imsee*. – Grundform vielleicht **Imīnessēo* gekürzt > **Imesēo/*Inessē* > *Imsee/Insee*, Komposituum mit dem Genitiv des PN. ahd. **Imīn* (**Imīnes-*) und dem Grundwort ahd. *sēo* 'See'. – Dotter/Dotter, *HG.A.14*, S. 174; Hausner/Schuster, *Namenbuch*, S. 551 ('im See').

Inde, die   l.z. Rur (z. Maas), entsteht südöstlich von Raeren (Bez. Verviers, Provinz Lüttich, B), fließt durch Kornelimünster (Aachen, NRW, D), mündet nach 54 km in Kirchberg (Stadt Jülich, Kreis Düren, NRW). – 496/506 (Kopie 13./14. Jh. nach Kopie um 700) *Inda* (Cosmograph von Ravenna, IV 24); ON. Inden (Kreis Düren), ON. Kornelimünster, das im Indetal errichtete und 817 eingeweihte Kloster wurde zunächst nur *Inda* genannt, 821 *monasterio ... Enda*, 855 *Sancti Cornelii ad Indam*. – Grundform kelt. FlN. **Indā* f. 'die Leuchtende', Nominalisierung des Präsensstammes urkelt. **ind-o-* 'aufleuchten' < urig. **h₂i-n-dʰ-* (ved. *indhé* 'entzündet'), Präsensstamm des Verbs urig. **h₂éidʰ-* 'entzünden', zum Benennungsmotiv ↗ Argen. Parallelname ON. Innichen im Oberpustertal (Prov. Bozen/Südtirol, I.), ehemaliger Name des Sextenbachs (z. Drau), 769 *India* (lies *Indica*?), 816 (Kopie 12. Jh.) *Hinticha*, 816 (Kopie 13. Jh.) *Intica*, 822 (Kopie 9. Jh.) *Intihha*, 827, 828 *ad Intiha* (und weitere Belege) < vorahd. **Indikā*. – Holder, *Sprachschatz* 2, Sp.39; Matasović, *Proto-Celtic*, S. 171; Rix, *LIV*, S. 230; Hausner/Schuster, *Namenbuch*, S. 555f.

Ingering, die   (auch *Ingeringbach*), l.z. Mur (z. Drau), südlich von Uitzmühle (Gem. Apfelberg, PB Knittelfeld, Steiermark, A). – Um 870 (Kopie um 1200) *ad Undrimas*, 1174 (Fälschung 1262–1306) *per amnem ... Undrim, in Vndrim, amnis Vndrim*; TalN./ON., Tal des Ingeringbachs, ehemaliger Name eines Verwaltungsbezirkes im Talbecken der oberen Mur und Kirchort bei Eichfeld/Murboden (PB Knittelfeld), 860 *ad Undrimam*, 895 (Kopie 12. Jh.) *in loco Undrina, de Vndringe*, 930 *ad Undrimam*, usw., 935 *in Undrimatale*, 1130 (Fälschung um 1172–1176) *in loco*

Undringen, 1188 de Underem. – Grundformen ahd. Undrim m., Plural Undrima, latinisierter Akk. Pl. Undrimas. Undrim entwickelte sich zu mhd. *Ünderem oder *Ündering (mit Angleichung an die Ortsnamen mit -ing). Bei *Ündering fand eine interne Assimilation statt > *Üngering, später entrundet > Ingering. Die Grundlage des Namens bildet ves.-ig. *Undrimos m., eine Ableitung mit einem Suffix -imo- vom Verbaladjektiv ig. *udró-s bzw. *undró-s 'quellend, Quellfluss' (mit dem Nasalinfix des Präsens ig. und-é-ti 'quillt' des Verbs ig. *u̯ed- 'quellen'). Möglicherweise ist das Suffix -imo- ein Superlativsuffix, dann könnte der Name 'weit hinten/oben quellend, oberster Quellfluss', bezogen auf das Tal der oberen Mur, bedeutet haben. – Hausner/Schuster, Namenbuch, S. 551f., Rix, LIV, S. 658f.

Inn, der r.z. Donau bei Passau (Niederbayern, Bayern, D), entspringt aus dem Lunghinsee beim Malojapass im Engadin (Kanton Graubünden, CH), fließt durch das Ober- und Unterinntal (Tirol, A) und bildet danach streckenweise die deutsch-österreichische Landesgrenze; Länge 517 km. Bair. /īn/, /ī/ (nasaliert), räto-rom. /en/. – Die große Anzahl der historischen Belege reicht bis in die Römerzeit zurück. Die älteste Erwähnung findet sich bei Tacitus (Historien 3, 5), wonach der Inn die Grenze zwischen den Raetern und den Norikern bildete: ca.105–109 (Handschrift 11. Jh.) ripam Aeni fluminis quod Raetos Noricosque interfluit. Nachfolgende römerzeitliche Autoren (Ptolemaios, Arrianos, Itinerarium Antonini, Eugippius) erwähnen den Inn ebenfalls in der „klassischen" Form Aenus (gr. Aĩnos). Da als Variante auch Enus (gr. Énos) erscheint, ist die Annahme berechtigt, dass die Schreibung <Aenus, Aínos> Hyperkorrektur der Schreiber der Handschriften für Enos ist. Dies kann damit erklärt werden, dass l. /ae/ bereits im Vulgärlatein des 1. Jh. n. Chr. zu /ē/ monophthongiert wurde. Enus ist die mittellateinische Normalform des Namens; daneben erscheint auch Inus/Innus. Auffällig sind die Nennungen bei Fredegar: um 780 (Kopie 9./10. Jh.) ultra Igne fluvium (lies /inje/?), super ripam Igni. Als altbairische Form des Namens können aus den Belegen Nom./Akk. (ahd.) In, Gen. Innes, Dat. Inne (maskulin) (z.B. vor 954 iuxta In fluvium) erschlossen werden. TalschaftsN. das Engadin (Kanton Graubünden), 930 Vallis Eniatina; TalN. Ober- und Unterinntal (Tirol), um 976 in Inetale, 1027 in valle Eniana, 1040 in valle Enica, 1050–um 1065 in Intal, usw.; ON. Innsbruck (Tirol), 1167–1183 de Inspruk. – Die bairische Namensform ist nur unter der Voraussetzung mit (l.) Enus zu verbinden, dass auch von vorgm. *Enius ausgegangen wird. Dieser Ansatz wird gestützt durch Vallis Eniatina (Engadin), der vom Anwohnernamen (kelt.) Eniates (vgl. Likates 'Lech-Anwohner'/⁊ Lech) abgeleitet ist, und vielleicht durch die von Fredegar überlieferten Formen Igne, Igni (mit romanischer Schreibung <ng> für /nj/). Man kann vermuten, dass Enos ursprünglich für den Unterlauf, *Eni̯os für den Oberlauf des Flusses (in den Alpen) gegolten habe und dass *En-i̯- eine romanische Erweiterung des Stammes Eno- ist. Man kann auch annehmen, dass mit l. Aenus (statt Enius) eine falsche Namensform tradiert wurde, um die Homophonie mit dem römischen Dichter Ennius zu vermeiden. Weitere Gewässernamen, die den Stamm *Eno-/*Eni̯- enthalten, sind ⁊ Ihner Bach, ⁊ Innbach. – Allgemein angenommen wird, dass das Etymon von Enos, *Eni̯os in mir. en 'Wasser' (enach 'sumpf, wässerig') vorliegt und dass der Flussname Inn deshalb keltisch ist. Es kann aber die Möglichkeit nicht ausgeschlossen werden, dass der Name Enos als Appellativ ins Inselkeltische übertragen wurde (Deonymisierung wie bei ⁊ Elbe). Unter der Annahme, dass kelt. *Enos auf vorkelt. *penos zurückgeht (weil ig. /p/ über /f/ im Keltischen schwand), kann der Name an ablautendes (ig.) *poni̯o- in apreuß. pannean 'Moorbruch', gm. *fanja- 'Schlamm' (got. fani, span., italien. fango) angeschlossen werden. Eine Anbindung von (ig.) *penos an den Verbstamm ig. *pen- 'füttern, nähren' (lit. penù 'füttere, mäste', lat. penus 'Nahrung, Proviant') als Nomen actionis 'womit, woraus man füttert, nährt, tränkt' würde die Bedeutung von Enos ('das Wasser') präzisieren und einen Bedeutungswandel von 'Nahrungsstelle' (ig.) zu 'Gewässer, Wasser' (kelt.) und zur Spezialbedeutung 'Moor, Schlamm' (balt., germ.) nahelegen. – Reitzenstein, Oberbayern, S. 123f.; Hausner/Schuster, Namenbuch, S. 553f-558; Borchers, Große Flüsse, S. 26–28; Anreiter/Haslinger/Roider, Eastern Alpine Region, S. 128–130; Pokorny, Inn, S. 243–246; Matasović, Proto-Celtic, S. 127; Rix, LIV, S. 471.

Innbach (auch Kleiner Inn, Wilder Inn), r.z. Donau nördlich von Fall (Gem. Wilhering, PB Linz-Land, O.-Ö., A). – /di ī/ (nasaliert), 782 Ino aqua, 785 (?) Inone aqua, 1088 (Fälschung um 1230) circa riuuos Trahtina, Inne atque Ahsa, um 1160 iuxta fluuium Innam, 1290 bi der Inne. – Verdeutlichende Zusammensetzung von Inn- mit -bach. Ausgangsform (kelt.) *Enonā > *Enuna > ahd. *Inuna/*Inena (nach Synkope) > mhd. Inne. Der Flussname enthält den keltischen Stamm *en- 'Wasser', der mit dem Suffix -onā zum Flussnamen abgeleitet ist. Weitere Etymologie ⁊ Inn. – Wiesinger, Namentraditionen, S. 181; Hausner/Schuster, Namenbuch, S. 555.

Innerste, die r.z. Leine (z. Aller z. Weser), entspringt im Oberharz auf 650m südlich von Clausthal-Zellerfeld (Lkr. Goslar, Niedersachsen, D), fließt durch Salzgitter und Hildesheim (Niedersachsen), mündet nach 99,7 km in Ruthe (Stadt Sarstedt, Lkr. Hildesheim) auf 58m. – 1007 (Kopie 15. Jh.) *super Inderistan*, 1013 *super rivam fluvii Indrista*, 1065 *Entrista*, (1079) *in littore fluminis Inderste*, 1140 *iuxta Indistriam*, 13. und 14. Jh. *Indistria*, 1350 *by der Indersten* (und weitere Belege), 1577 *die Innerste*. – Grundform *Indrista*, vermutlich um das gm. Superlativsuffix *-ista-* erweiterter vorgm. (ves.-ig.) FlN. *Indrā̆/-os*, der genau ai. *índra-* 'stark' (auch Name einer vedischen Gottheit), aksl. *jędro* 'schnell', entspricht. – Kettner, *HG.A.8*, S. 56 f.; Möller, *Siedlungs- und Flurnamen*, S. 50 f.; Pokorny, *IEW*, S. 774.

Inster, die r.z. Pregel (früher Ostpreußen, PL). – 1340 *ubi flumina Instrůd*, 1352 *an dy Instrud, Instrut*, 1576 *Inster fl.*; ON. Insterburg (ehemaliger Kr. Tilsit, jetzt Sowetsk, Oblast Kaliningrad, Russland), 1340 *usque ad Castrum Insterburg*. – Ausgangsform: (balt.) *In-strut* (?), mit Präverb *in-* (vgl. lit. *intakà* 'Einfluss, Mündung'), *-strut* ist vermutlich identisch mit lit. *strutas* 'Jauche'. Die Belege sind teilweise durch nhd. *Strut* 'sumpfiger Buschwald' beeinflusst. – Biolik, *HE 11*, S. 75–78.

Intelbächle l.z. Reichenbach (z. Brugga z. Dreisam z. Elz z. Rhein). – 1311 *Minrenbach*. – Zusammenrückung der Wortgruppe mhd *(ze dem) minren bache* 'am kleineren Bach' (im Unterschied zum Reichenbach) > *Minrenbach*, in der Fügung *im (M)inrenbächle* Aphärese des M- und mit Assimilation *Inrenbächle* > *Inrelbächle*, mit Sprecherleichterung (oder Verschreibung) > *Intelbächle*. – Geiger, *HG.A.2*, S. 63.

† Ipf jetzt Kristeinbach, r.z. Donau nordöstlich von Enghagen (Gem. Enns, PB Linz-Land, O.-Ö., A), der östliche der beiden parallel fließenden, ursprünglich gleich benannten Flüsse. ↗ Ipfbach.

Ipfbach r.z. Donau nordöstlich von Kronau ↗ † Ipf, 789 (Fälschung 10. Jh.) *inter duo flumina ... Ipphas*, 791 (Kopie 12. Jh.) *inter duo flumina ... Ipphas* (Verfälschung 10. Jh., Kopie 13. Jh.: *inter utrasque Ipfas*), 1002 *iuxta ripam ... Íppha*, 1071 (Fälschung 1200) *iuxta riuulum ... Ypha*, um 1120 (Kopie 12. Jh.) *iuxta Iphe*; ON. Ipfdorf (Gem. Asten, PB Enns-Land, O.-Ö., A), 777 (Verfälschung 10. Jh., Kopie 13. Jh.) *in loco ... Ipfa*, 1092–1121 *de Ipphe*, usw., 1125–1147 *de Ipphi*, 1135 *de Iphie*. – Ausgangsform ahd. *Ipfa*, vorahd. *Ippja* < *Epi̯ā*, mit *i̯*-Suffix abgeleitet von gall. (kelt.) *epo-s* 'Pferd' mit der Bedeutung 'Rossbach'. Das Suffix bewirkte voralthochdeutsch sowohl Gemination (Verdoppelung) des vorausgehenden /p/ als auch Hebung des /e-/ zu /i-/. Mit der gleichen Etymologie ↗ Iff. – Hausner/Schuster, *Namenbuch*, S. 559.

Ippichenbach r.z. Kinzig (z. Rhein), mündet zwischen Halbmail und Wolfach (Ortenaukreis, B.-W., D). – ON. Ippichen, Weiler (Stadt Wolfach), 1470, 1482 *Gippichen*, 1479 *Gippich*, 1493 *im Gippichen*. – Grundform *Gippichenbach*, Kompositum mit dem Grundwort *-bach* und dem ON. Gippichen als Bestimmungswort, ON. mhd. *Gippichen* ist Genitiv des PN. ahd. *Gippicho*, mit Auslassung eines Grundworts. Zur heutigen Namensform kommt es durch dissimilatorische Aphärese des Anlauts *Gippichenbach* > Ippichenbach. – Geiger, *HG.A.2*, S. 63.

Ira, die (auch *Irabach* oder *Schwarzwasser*), fließt heute kanalisiert durch Sankt Gallen (CH) z. Steinach (z. Bodensee). – /ˈīra, ˈīrabaχ/, um 1050 *ultra Iram*, 1170 *de Ira*, 1223 *de Irah*, 1273 *von Irah*, 1378 *ennent der Yra*, 1419 *an der Irern* (lies Iren), 1492 *an die Yren*, 1492 *an die Yren*, 1500 *an der Iren*, 1573 *in der Iren*. – Grundform ahd. *Ira, Iraha* > mhd. *Ire, Ira*, mit schwacher Flexion (*an die*) *Iren*, mit Dehnung in offener Tonsilbe *Īre*. Zugrunde liegt vermutlich ein vorgm. (ves.-ig.) FlN. *Irā* (< urig. *h₁i-ró-*) mit *r*-Suffix abgeleitet vom Verb urig. *h₁ei-* 'gehen', Parallelname Ira, Fluss in Pannonien mit unbekanntem Verlauf (nach Rav. Anon., Cosmographia 4,19). Durch Agglutination *in Ira* > *in Nira* als räto-rom. *nira, nera, neira* 'schwarz' interpretiert und latinisiert als 898 *Nigra aqua* 'Schwarzwasser'. – Arnet, *St. Gallen*, S. 197 f.; Rix, *LIV*, S. 232 f.; Anreiter, *vorrömische Namen*, S. 244.

Irdning, die r.z. Enns (z. Donau), nordwestlich von Altirdning (Gem. Irdning, PB Liezen, Steiermark, A). – Um 1180 (Kopie 12. Jh.) *iuxta fluuium Iedeniche*; ON. Irdning, Altirdning (Gem. Irdning), vor 1139 (Kopie 19. Jh. nach Kopie 13. Jh.) *Idinich*, nach 1145 (Kopie 19. Jh. nach Kopie 13. Jh.) *Irdnich*. – Grundform (mhd.) *Jedeniche* < slaw. *Edьnika* 'wütender Bach' mit dem Suffix *-ьnika* abgeleitet von urslaw. *ědъ*, *jědъ*, sloven. *jad* 'Gift, Zorn'. Aus *Jedenich(e)* entwickelte sich *Idnich*, hyperkorrekt (in Anlehnung an *irden*) *Irdn-ich* und *Irdn-ing*. – Lochner v. Hüttenbach, *Steirische Hydronyme*, S. 88.

Irl- *-au, -bach, -graben*, bairische Form von ↗ Erl-/ Erle- mit regulärer Hebung von Primärumlaut /e/ > /i/ vor /r/, z.B. ON. Irl (Stadt Regensburg, Bayern, D), 1120/26 *de Erli*. – Prinz, *Regensburg*, S. 229 f.

Isar, die r.z. Donau, entspringt im Hinterautal östlich von Scharnitz im Karwendelgebirge (Tirol, A) und mündet bei Plattling unterhalb von Deggendorf (Bayern, D). – 736–748 (Kopie 9. Jh.) *super Isara*, 755 (Kopie 824) *Isura* (und weitere Belege), 769 (Kopie 12. Jh.) *Isaram* (und weitere Belege), 1003 *Ysara*, 1226 *Iser*, 1628 *Isar*; ON. 3. Jh. (Kopie 7. Jh.) *Iovisura*

(Itinerarium Antonini) (lies *Jovis Isura 'Isar des Jupiter'). – Grundform *Isara* neben *Isura* < ves.-ig. *Isərā* 'die Antreibende', Femininum zum urig. Verbaladjektiv *h_1ish_2-ró-s* (urig. *h_1eish_2-* 'kräftigen, antreiben'). Gleicher Herkunft sind ↗Iser, ↗Eisack, ferner Isère, l.z. Rhone (F; Livius 21, 31,4: *ibi Isara Rhodanusque amnes ... confluunt*); Oise, r.z. Seine, in den ON. Pontoise (Dep. Seine-et-Oise, Tabula Peutingeriana: *Briua Isarae*) und Pontoise (Dep. Oise, 1060 *Pons Isara*); Ure, z. Swale (Yorkshire, GB) mit KastellN. *Isurium*. Die Verbreitung des Gewässernamens *Isara*/*Isura* ist auf einst keltischsprachiges Gebiet beschränkt. – Hausner/Schuster, *Namenbuch*, 561 f.; Reitzenstein, *Oberbayern*, S. 125; Krahe, *UäFlNN*, S. 56; Lebel, *Principes*, S. 182; Watts, *EPN*, S. 334, 639; Rix, *LIV*, S. 234; Bichlmeier, *Orts- und Gewässernamen 2*, S. 23–29.

Isch, die   r.z. Saar (z. Mosel z. Rhein), im Krummen Elsass (F). – 712 (Kopie 9. Jh.) *super fluuio Hisca*, 712 (Kopie 9. Jh.) *super fluvio Isca*, 713 (Kopie 9. Jh.) *super Isca*, 715 (Kopie 9. Jh.) *super fluuio Isca*, 763 (Kopie 9. Jh.) *super fluuio Isca*, 1311 *zu Ischendal*; ON. †Ischen, 13. Jh. *Hischen*, ca.1540 *Ecclesia de Yschen*. – Die Ausgangsform des Namens *Iska* ist identisch mit dem bereits beim Geographen Ptolemaios für Britannien erwähnten Fluss *Ískā* (*potamū ekbolaí*), der heute *Exe* heißt und nach dem die Stadt Exeter (GB, Devon), 4. Jh. *Isca Dumnoriorum*, ca.750 *Ad escan castre*, benannt ist. Auf kelt. *iskā* gehen auch mir. *esc* 'Wasser', *esca* 'Sumpf' zurück. Kelt. *iskā* dürfte auf vorkelt. *ids-k-ā*, einer *k*-Ableitung zur Schwundstufe *id-s-* des Nomens ig. *oid-es-* n. 'Schwellung' (gr. *óidos* n. 'Geschwulst') zum Verb urig. *h_2eid-* 'schwellen' entstanden sein und als feminines Adjektiv 'die mit Wasserschwall' bedeuten. – Spang, *HG.A.13*, S. 37; Watts, *EPN*, S. 221, 334; Pokorny, *IEW*, S. 774; Rix, *LIV*, S. 258 f.

Ischert, die   l.z. Rhein im Elsass (F). – /d'iʃˢerd/, 1362 *vf der Ischern*, 1663 *der Fluß Ischer*. – Grundform ahd./vorgm. *Iskara*, die bisherigen Deutungen gehen von ig. *is-k-* aus. Einfacher ist aber (wie bei ↗Ischl) die Annahme einer *r*-Ableitung von kelt. *isko*- 'Fisch', mit der Bedeutung 'Fischbach', ↗Emscher ↗Esche ↗Ischl. – Greule, *Oberrhein*, S. 57–59.

Ischl, die   l.z. ¹Traun (z. Donau) in Bad Ischl (PB Gmunden, O.-Ö., A). – 829 (Kopie 9. Jh.) *Iscula*, 829 (Kopie 12. Jh. nach Kopie um 890) *Iscula*, 849 (Kopie 13. Jh.) *Iscola fluvius*, 984 (Kopie 13. Jh.) *Iscalam*, um 1000 (gleichzeitige Kopie) *Iscla*, um 1000 (Kopie 12. Jh.) *Iskila*, 1051 *prope Iscalam*; ON. Bad Ischl, 829 (Kopie 9. Jh.) *ad ... locum, ubi Iscula in Trunam cadit*. – Vermutlich *l*-Ableitung von kelt. *isko*-, ablautend zu air. *íasc* (urkelt. *[f]ēsko*- < vorkelt. *peisko*)

'Fisch'. *Iskola* (ahd. *Iscala*, *-ila*, *-ula*) bedeutet 'Fischbach', ↗Emscher (< *Amb-iskara*), ↗Esche (< *Iskana*), ↗Ischert (< *Iskara*); Parallelname ↗Ischler Achen. – Hausner/Schuster, *Namenbuch*, S. 562 f.; Pokorny, *IEW*, S. 796; Matasović, *Proto-Celtic*, S. 128.

Ischler Achen, die   l.z. Alz (z. Inn z. Donau). – Ca.1563 *Rivus ... Aha*, 1832 *Achen*; ON. Ischl (Gem. Seeon-Seebruck, Lkr. Traunstein, Bayern, D), 925, 984 *Iscala*, ca.1120 *ad Istcla*, ca.1195 *de Isele*, 1240 *aput Ischil*, ca.1563 *Ischl*. – Etymologie wie ↗Ischl, Übertragung des ursprünglichen Flussnamens ahd. *Iscala* auf die Siedlung, Neubenennung des Flusses mit einer aus dem Substantiv mhd. *ache* f. 'Fließgewässer' und dem Adjektiv des Ortsnamens (*Ischler*) bestehenden Wortgruppe. – Dotter/Dotter, *HG.A.14*, S. 176.

Ise, die   r.z. Aller (z. Weser), entsteht zwischen Neuekrug (Flecken Diesdorf, Altmarkkreis Salzwedel, S.-A., D) und Lüben (Stadt Wittingen, Lkr. Gifhorn, Niedersachsen), durchfließt mit schwachem Gefälle weite, flache Wiesengelände, mündet nach 43,1 km in Gifhorn. – 786 (Fälschung 12. Jh.) *in ortum Hisne*, (1007) (Kopie 15. Jh.) *Isunda*, 1340 *by de ysene*, 1352 *by der ysene*, 1377 *ouer de ysene*, 1442 *by der ysen*, 1561 *ahn der Ise, vff der Ise, disseit der Isen*; ON. Alt Isenhagen, Kloster Isenhagen (Gem. Hankensbüttel, Lkr. Gifhorn), 1243 *ysenhagen* (und zahlreiche weitere Belege) 'eingefriedeter Ort an der Ise'; FlurN. Iserbruch an der Isequelle, (1007) (Kopie 15. Jh.) *in Isumdebrok*, 1013 *per Isinnebroc* 'Sumpfland an der Ise' ↗Bruch-. – Ausgangsform *Īsunda* > *Īsunne* > *Īsen(n)e*, Ableitung mit dem Suffix gm. *-und-* ↗Delvenau von gm.*īsa-* n. (ahd., as. *īs*) 'Eis', so benannt vielleicht, weil der Fluss leicht zufriert und Eis führt. – Borchers, *HG.A.18*, S. 66 f.; Greule, *Namentypen*, S. 40.

Isebeck   l.z. ¹Ise (z. Aller z. Weser). – 1358, 1379 *by deme ysenbeke*, 1382 *by dem ysebeke*, 1679 *bey dem Isebecke, Isenbecke*. – Kompositum mit dem Grundwort mndd. *beke* 'Bach' und dem FlN. ↗Ise. – Borchers, *HG.A.18*, S. 66 f.

Isebekkanal   3 km langes Gewässer in Hamburg (D), hervorgegangen aus dem †Isebek, r.z. Alster (z. Elbe), entsprang bei Bahrenfeld (Bez. Hamburg-Altona). – 1339 *de Ysenbeke*, 1855 *Isebek*. – Grundform mndd. *Īsenbeke*, Kompositum mit dem Grundwort mndd. *beke* 'Bach' und dem Genitiv des PN. as. *Īso* (*Īsen-*) als Bestimmungswort. Die Deutung als 'Eisenbach' wegen des angeblich hohen Schwefeleisengehalts ist wohl eine Gelehrtenetymologie. – Udolph, *HG.A.16*, S. 177; Kaufmann, *Ergänzungsband*, S. 217 f.

Isel, die l.z. Drau in Lienz (Tirol, A), entspringt am Umbalkees (Umbaltal, Osttirol, A), mündet nach 57 km bei Lienz, überwindet bis zur Mündung 1730m. – 1247 *Insula*, 1312 *Isel*, *Ysel*, 1500 *Ysell*, RaumN. Iseltal, um 1065–1077 *in regione Isala*? – Vielleicht analog zu *Isara* ↗ Isar herleitbar aus ves.-ig. *Isəlā*, Femininum eines urig. Verbaladjektivs *h₁ish₂-ló-s*. – Hausner/Schuster, *Namenbuch*, S. 563; Anreiter/Chapman/Rampl, *Gemeindenamen*, S. 427.

Isen, die l.z. Inn (z. Donau), entspringt bei Lacken (Gem. Maitenbeth, Lkr. Mühldorf am Inn, Bayern, D), mündet bei Winhöring (Lkr. Altötting, Bayern). – 748–760 (Kopie 824) *infra flumine ... Isana*, 772 (Kopie 824) *iuxta ripam flumini(s) ... Isna* (zahlreiche weitere Belege), 1275 *Ysen*, 1314 *bei der Isen*, 1743 *Isenfluß*, 1868 *Isen*; ON. Isen, Markt und ehemalige Benediktinerabtei (Lkr. Erding, Bayern), 769 (Kopie 824) *Isana*, 1025 *Isona*, ca.1152 *Isene*, ca.1157 *Isen*; GauN. Isengau, 790 *Isanagaoe*, ca.790 *Isnkov*, 815 *Isincowe* (zahlreiche weitere Belege); ON. Hofisen (Gem. Mettenheim, Lkr. Mühldorf am Inn), um 1150 *de Isene*; ON. Kirchisen (Gem. Mettenheim), 821 *ad Isna*, 1251 *de Ysin*. – Grundform ahd. *Isana* < ves.-ig. *Isənā* 'die Antreibende', Femininum zum urig. Verbaladjektiv *h₁ish₂-nó-s* (urig. *h₁eish₂-* 'kräftigen, antreiben'), analog gebildet zu ↗ Isar, Parallelname ↗²Eisbach (< *Isanā*). – Dotter/Dotter, *HG.A.2*, S. 177–180; Reitzenstein, *Oberbayern*, S. 125 f.

Isenach, die l.z. Altrhein bei Frankenthal (Rh.-Pf., D). – 1141 *Nisenachen*, 1194–1198 (Kopie Mitte 13. Jh.) *Nisenacho*, 1266 *Niesenache*, 1385 *Nyselach*. – Grundform ahd. *Nisenaha*. Die heutige Namensform ist durch Deglutination (der vermeintlichen Präposition *in*) entstanden. Die Schreibung 1266 ist von mhd. *niez* 'Genuss, Benutzung' beeinflusst. Reduziert man den Namen um das sekundär zur Verdeutlichung angefügte Grundwort ahd. *aha* 'Fließgewässer', dann entsteht eine Namensform *Nisina*, die ursprünglich mit dem Namen des nördlichen Nachbarflusses ↗ Eisbach (< *Isina*, später *Īsina*) reimte. *Nisina* könnte den gm. Stamm *Nit-* in *Nita*, *Nitra*, *Nit-s-tra* und *Nit-isja*, ablautend *Neit-*, enthalten. Urgm. *Neit-*: *Nit-* setzt vielleicht ig. *neid-*: *nid-* 'strömen' fort, gestützt durch das gm Verb. *hneit-a-* (: *hnita-na-*) 'stoßen'. Neben der Erweiterung zu einem nominalen *s*-Stamm gm. *Nit-is-* kann auch mit einer Bildung gerechnet werden, bei der das Suffix ohne Bindevokal an den Stamm angefügt wurde: urgm. *Nit-s-(ō)* wurde regulär zu *Nissa*. Eine um das Suffix -*n*- erweiterte Bildung *Nissina* könnte vorliegen in (1269) *Nissenaka*, Abschnittsname (?) des Schwarzbachs (↗ Blies ↗ Saar) und in FlurN. (1841) *Achter die Nissen* und GewN. *Nissenbek* (↗ Rheider Au ↗ Treene ↗ Eider) nördlich Klein Rheide (S.-H.). Die im Namen *Isenach* zu erwartende Schreibung mit <-ss->, also *Nissina*, könnte in Analogie zum Nachbarfluss Eisbach oder durch Einfluss des Verbs ahd. *-nesan* 'überstehen' (3. Pers. Sing. (*gi-*)*nisit*) unterblieben sein. – Greule, *HG. A. 15*, S. 50; Seebold, *starke Verben*, S. 267, 359; Spang, *HG. A.13*, S. 70; Rohden, *Treene*, S. 365; Rix, *LIV*, S. 449.

Isensee durchflossen vom Herrenfleth, r.z. Oste (z. Elbe). – Um 1580 *Isen-see*; ON. Isensee (Gem. Osten, Lkr. Cuxhaven, Niedersachsen, D), *Hisense*, *Hizensee*, 1313 *de Hysense*, um 1580 *an den Isenseer weg*, 1675 *außm Isensen*, 1762 *Isensee*. – Grundform mndd. *Īsensē*, Kompositum mit dem Grundwort mndd. *sē* 'Binnensee' und dem Genitiv des PN. as. *Īso* (*Īsen-*) ↗ Isebekkanal als Bestimmungswort. – Udolph, *HG.A.16*, S. 177.

Iser čech *Jizera*, r.z. Elbe, entspringt im Isergebirge, mündet in Tauschin (Lázně Toušeň, Bezirk Prahavychod, CZ), Zufluss aus dem Riesengebirge: *Kleine Iser* (*Jizerka*). – 1297 *Gizera*. – Deutung ↗ Isar. – Schwarz, *Ortsnamen der Sudetenländer*, S. 25.

Iserbach

– ¹Iserbach, z. Möttbach (z. Lahn z. Rhein), kommt von Dietenhausen (Weilmünster, Lkr. Limburg-Weilburg, Hessen, D) und mündet in Möttau. – ON. 1306 *de Ysmitte*, 1317 *Isemitte*, 1326 *Isenmitte*. – ON. *Isenmitte* ist ein Kompositum aus den Namen der beiden Flüsse, die hier zusammenfließen. *Iserbach* ist Klammerform *Isen(mitt)er Bach*. Im ON. *Isenmitte* dürfte der alte, durch *Mittia* verdrängte Name des Möttbachs, vorgm. *Isana*, vorliegen, ↗ Isen. – Faust, *HG.A.4*, S. 38, 53.

– ²Iserbach, r.z. Saynbach (z. Rhein), mündet in Iserburg (Lkr. Neuwied, Rh.-Pf., D). – ON., BurgN. Isenburg, 1096 *de isinburg*, 1121 *Isemburch*, 1130 *de Isenburch*, 1141 *Ysenburch*, *Isenborch*, 1147 *Isenburg* (weitere Belege dieser Form); BergN. Iserkopf. – Da für den Fluss keine historischen Belege bekannt sind, ist der Flussname wohl aus dem Burgnamen zurückgebildet: *Is(enburg)er Bach* > *Iserbach*. Wahrscheinlich enthält der Burgname als Bestimmungswort mhd. *īsen* 'Eisen' oder den PN. (ahd.) *Īso* (Genitiv *Īsen-*), ohne dass /i:/ > nhd. /ei/ diphthongiert wurde. – Faust, *HG.A.4*, S. 38.

Isnyer Ach die l.z. Unteren Argen (z. Argen z. Bodensee), mündet bei Isny im Allgäu (Lkr. Ravensburg, B.-W., D). – 1171 *Hisinina*, 1290 *daz wasser ... Isine, in der Ahe hie ze Isine*; ON. Isny, 1100 *Isinun*, 1269 *in Isenina*, 1288 *de Isinina*, 1325 *in Isnina*, 1377 *Isnin*, 1382 *ze Isni*. – Grundform FlN. *Isanal/*Isina*, das Feminin des urig. Verbaladjektivs *h₁ish₂-nó-* (> spätidg. *isanā*) bedeutet wie der FlN. Isar 'die kräftig Antreibende', ↗Isen. Die Bildung mit dem sekundären Suffix *-inal/*-īna (Isin-ina) könnte in röm. Zeit zurückreichen und sich auf das spätröm. Kastell Vemania bei Isny beziehen, vgl. den Namen der röm. Straßenstation Abusina ↗Abens. – Geiger, HG.A.2, S. 63 f.; Krahe, UäFlNN., S. 56.

† ***Isonta** alter Name der (oberen) Salzach (z. Inn z. Donau). Ethnonym Ambisontes 'die an den Ufern der *Isonta/Salzach wohnen', ON. um 788 (Kopie Ende 12. Jh.) Bisonzio, 798–814 (Kopie Ende 12. Jh.) in Bisontio, 926, 927 in Pisontia (und weitere Belege), jetzt Zell am See (Salzburg, A). – Das Ethnonym ist eine Präfixbildung mit der Präposition urkelt. *ambi- 'um herum' und dem FlN. *Isonta (*Amb-isontes), der ON. ist von dem Ethnonym abgeleitet *Ambísontio, gekürzt zu Bisontio/Bisontio. Der FlN. *Isonta ist wie zahlreiche andere Flussnamen (↗Isar ↗Isel ↗Isen ↗Isnyer Ach) als Verbaladjektiv (kelt.) *is-ont- 'antreibend' von der Schwundstufe der Verbalwurzel urig. *h_1eish_2- 'kräftigen, antreiben' abgeleitet. – Hausner/Schuster, Namenbuch, S. 103, 1169.

Issel-Bach Fortsetzung Mött-Bach (z. Iserbach z. Lahn) bei Leun. – ON. Isselbach (Rhein-Lahn-Kreis, Rh.-Pf., D), /isəlbax/, 1314, 1358 Usselbach, 1430–1431 Uselbach, 1465–1467 Nedernuselbach, Obernuselbach, 1479 Usselbach, 1525 Vselbach. – Mit einer Ausgangsform *Üsel-bach (Bestimmungswort mhd. üsel (e) f. 'Asche', ahd. usilfar 'aschfarben, gelblich') wird die <-ss->-Schreibung der ältesten Belege nicht erklärt. Vielleicht Benennung nach der Farbe des Gewässers. – Faust, HG.A.4, S. 38; Metzler, Westerwald, S. 76.

Issig, die (auch Issigbach), r.z. Selbitz (z. Thürigische Saale z. Elbe), entspringt im Rothleitener Forst bei Berg (Lkr. Hof, Bayern, D), mündet in Naila-Hölle (Lkr. Hof). – ON. Issigau (Lkr. Hof), /nissja/, 1398 Yfiger (lies *Ysiger), 1420 Ysgir, 1440 Ysigar, 1479 Isigen, 1631 Isiga, 1801 Ißiga, 1811 Issigau. – Der Flussname Issig ist aus dem ON. Issigau rückgebildet. Die Herleitung des Ortsnamens aus slaw. *izgarъ 'Schlacke' setzt Bergbau in Issigau voraus. Vielleicht liegt ein elliptischer Ortsname *Isigers > 1398 *Ysiger, Genitiv des PN. ahd. *Issigēr/Isgēr zugrunde. – Ulbricht, Saale, S. 133; Reitzenstein, fränkische Ortsnamen, S. 111; Kaufmann, Ergänzungsband, S. 218.

† **Iton** abgegangener Name der Deutschen Nied/frz. Nied Allemande, fließt bei Condé-Northen/Konden (Lothringen, F) mit der Nied Française zusammen und bildet die Nied (z. Saar z. Mosel z. Rhein). – 1018 fluvius Iton, 1437 off den Yden; GauN. 848 (Kopie 9. Jh.) in pago Hidoninse. – Ausgangsform rom. *Idon (ahd. Iton m.) < kelt. *ītu-no-, Ableitung mit n-Suffix von kelt. *ītu- (mir. íth 'Talg') < vorkelt. *pītu- (< urig. *piH-tú-), Nomen actionis 'Anschwellung' zum Verb. *peiH- 'anschwellen', Benennungsmotiv: der starke Wasserschwall. – Puhl, Gaue, S. 148; Pokorny, IEW, S. 794; Rix, LIV, S. 464.

Itter, die
– ¹Itter (auch Itterbach), im Oberlauf Euterbach, r.z. Neckar (z. Rhein), entspringt im Odenwald am Roten Buckel in 540m Höhe (Würzberg, Stadt Michelstadt, Odenwaldkreis, Hessen, D), durchfließt die Stauseen Eutersee und Itter-Stausee, fließt parallel zum Odenwald-Limes, galt im Mittelalter als Ostgrenze des Odenwaldes, mündet bei Eberbach (Rhein-Neckar-Kreis, B.-W.). – /oider, aider, eder, ider/, 628 (Fälschung 2. Hälfte 10. Jh.) in Iutraha, 798 (Fälschung 2. Hälfte 10. Jh., Kopie Mitte 12. Jh.) in Iutraha, 831 (Kopie 1170–1195) iuxta fluuium Yutra, 970 in Iutraha, ca.1000 oder 12. Jh. (Kopie 1170–1175) Ivtra riuulus, 1012 in medium Iudram, 1012 (Kopie 1170–1175) ad Ivtram, 1170–1175 (nach Vorlage von 819?) in ripam Euterun, 1170–1175 in fluuium Euteraha, 13. Jh. (nach Vorlage 1. Hälfte 12. Jh.) in medium fluminis Evtere, 1442 Uter, 1449 bis in die Utter und von der Utter an, 1462 Ewter, 1484 die Vetere, in der Uetere, 1540 Utter, 1596 (Kopie 1642) Ütter, Ütterbach; FlurN. Eutergrund, Eiderwiese, Itterberg, Ittertal. – Grundform ahd. *Eutira, *Eutara, teils zur Verdeutlichung erweitert um das Grundwort ahd. aha 'Fließgewässer', < ves.-ig. *Eud^{h}erā oder *Eud^{h}rā, vgl. ig. *eud^{h}r n. 'Euter', Benennung nach dem Wasserreichtum. – Schmid, HG.A.1, S. 55; Greule, Studien, S. 211–215.

– ²Itter, l.z. Eder (z. Fulda z. Weser), entspringt westlich von Ober-Ense (Stadt Korbach, Lkr. Waldeck-Frankenberg, Hessen, D), mündet bei Herzhausen (Gem. Vöhl, Lkr. Waldeck-Frankenberg). – Vor 1250 Itre riuus, 1353 an der Itter; GauN. † Ittergau, 1043 in pago itterga, 1126 Itergowe; ON. Dorfitter, Thalitter (Gem. Vöhl), BurgN. Itterburg (Gem. Vöhl), 793 (Kopie?) Ihtere (lies Ithere?), 1058 Ittora, um 1120 de Ittera, 1123 Itere, 1132 de castro Itre (und zahlreiche weitere Belege), 1329 Dorfyttere. – Sperber, HG.A.5, S. 52.

– ³Itter (auch die Itterbach), r.z. Rhein, entspringt im Bergischen Land, mündet unterirdisch bei Benrath (Stadt Düsseldorf, NRW, D). – 1555 Iterbach, Itterbach, 1623 auf dem Itterbach, 1626 die Itterbach; ON. Itter (Stadt Düsseldorf), 1259 ad curiam Itre, 1263 de Itre, 1274 de Itere, 14. Jh. Ytter, 1346 Itter (und weitere Belege); StraßenN. (FlurN) Itterbruch, Mittelitter, Obenitter (Stadt Solingen, NRW), 1492 ytterbroich; FlurN. 1626 Itterer weg, auf der Itter pfad, auf der Itterkempen. – Schmidt, HG.A.6, S. 35, 95.

– ⁴Itter, l.z. Diemel/Diemelsee (z. Weser), entspringt im Nordteil des Rorhaargebirges auf rund 770m

Höhe, bildet auf 4 km die Grenze der Bundesländer Hessen und Nordrhein-Westfalen (D), mündet nach 19,3 km unterhalb von Bontkirchen (Stadt Brilon, Hochsauerlandkreis, NRW). – 1507 *auf der Itterbecke*; ON. † Ittlar, 952 *Ittirlarun*. – Kramer, *HG.A.10*, S. 37; Andrießen, *Siedlungsnamen*, S. 243.

– ⁵Itter (auch *Itterbeek*), z. Geesterse Stroomkanaal (z. IJssel). – ON. Itterbeck (Samtgem. Uelsen, Lkr. Grafschaft Bentheim, Niedersachsen, D), 1254, 1297 *Itterbeke*; GeländeN. Itterbeckerdoose, Itterbeckermoor. – Zelders, *HG.A.11*, S. 17.

Grundform für ²⁻⁴Itter ist FlN. gm. *Itrō f. > ahd./as. *Ittra, *Itara, der mit gm. *Aitrō ↗ Eiter- ablautet und ebenso 'Schwellbach' bedeutet. Während gm. *Aitrō mit r-Suffix von der o-Stufe (*h_2oid-) des urig. Verbs *h_2eid- 'schwellen' abgeleitet ist, repräsentiert gm. *Itrō die Schwundstufe (urig. *h_2id-) des Präsensstammes. Außerhalb des Germanischen entsprechen FlN. *Idrā ↗ Idarbach, mit Nasalinfix *Indrā ↗ Innerste. – ⁵Itter ist Rückbildung aus dem Ortsnamen Itterbeck. – Kein Parallelname ist ON. Itter (Bezirk Kitzbühel, Tirol, A), 1240, 1294 *Vtter*, 1357 *Ytter*, mit Weiler Itterdörfl, 902 *Uittaradorf*, < vorröm. *Udria 'Feuchtgebiet'. – Rix, *LIV*, S. 258 f.; Anreiter/Ender, *Belegsammlungen*, S. 118.

Itz, die r.z. Main (z. Rhein), entspringt am Bleßberg in Stelzen (Lkr. Hildburghausen, Thüringen, D) in 673 m Höhe, fließt durch Coburg (Bayern), mündet nach ca. 80 km unterhalb von Rattelsdorf (Lkr. Bamberg, Bayern), überschwemmt immer wieder den unteren Itzgrund. – 9. Jh. (Kopie um 1160) *Ab Ydaffa ... usque in fluvium Itesa* (Codex Eberhardi I 316, Verlesung für *Ydassa?*), 1071 (Kopie 1139) *Itisa*, 1172 *in rivum Itasam*, 1227 *prope Itysam*, 1234 *apud ... Ytese*, 1359 *an der Itszch*, 1367 *an der Itsche*, 1462 *Itzte*, 1743 *Itz, oder Itsche*, LandschaftsN. Itzgrund, 1743 *durch den Itzgrund*; ON. Itzgrund (Lkr. Coburg). – Grundform ahd. *Itisa/Itasa < vorgm. *Idisa f., Erweiterung (*Ides-ā) des Nomens urig. *h_2id-és- n., vgl. gr. *óidos* n. 'Geschwulst', Nomen zum Verb urig. *h_2eid- 'schwellen'. Benennungsmotiv die Häufigkeit von Überschwemmungen im Itzgrund. – Sperber, *HG.A.7*, S. 74 f.; Reitzenstein, *fränkische Ortsnamen*, S. 111 f.; Fastnacht, *Staffelstein*, S. 39*; Rix, *LIV*, S. 258 f.

Itzbach

– ¹Itzbach, l.z. Saar (z. Mosel z. Rhein). – 1345 *in die getzenbach*; ON. Itzbach (Gem. Rehlingen-Siersburg, Lkr. Saarlouis, Saarland, D), 1323 (Kopie 17. Jh.) *Yezbach*, 1340 (Kopie) *Itzepach*, 1442 *Ytzebach*. – Kompositum mit dem Grundwort -*bach* und dem Genitiv des PN. as. *Ietzo (*Ietzen-) als Bestimmungswort, mit Monophthongierung im Anlaut > *Ītze(n)bach gekürzt > Itzbach. – Spang, *HG.A.13*, S. 37; Kaufmann, *Ergänzungsband*, S. 219.

– ²Itzbach, l.z. Nahe (z. Rhein). – ON. † Ettigesbach, 1259 *in Ettigesbach*. – Kompositum mit dem Grundwort -*bach* und dem Genitiv des PN. ahd. *Ettig (< *Atting-) als Bestimmungswort. – Greule, *HG.A.15*, S. 50.

† Ivarus alter Name der Salzach (z. Inn z. Donau). – 746–747 (oder 774) (Kopie Ende 12. Jh nach Kopie nach 870) *iuxta fluvium Ivarum*, 798–800 (Kopie Ende 12. Jh.) *ad fluvium Iuarum*, 984 *ex utraque parte fluminis Iuaris* (so mehrfach belegt). – Die als Iu(v)arus/Iuvarus angesetzte und auf ig. *$i̯eu̯$-/*$i̯u$- 'vermischen' ('mit Sand vermischtes Wasser') zurückgeführte Grundform ergibt sich nicht aus den Belegen. Die ältesten Belege *Ivarus* können stattdessen mit Iwerne (z. Stour) 'Yew-tree river' mit ON. Iwerne Minster in North Dorset (GB) < kelt. *Iwernos verbunden ↗ Ybbs (< kelt. *$I̯uosā$) und als mit r-Suffix von urkelt. *$i̯uo$- 'Eibe' abgeleitet gedeutet werden. – Hausner/Schuster, *Namenbuch*, S. 904 f.; Watts, *EPN*, S. 335; Matasović, *Proto-Celtic*, S. 173.

J

Jachen, die l.z. Isar (z. Donau), ursprünglich Abfluss des Walchensees, mündet bei Lenggries (Lkr. Bad Tölz-Wolfratshausen, Bayern, D). – 1313 *Jachna*, 1457 *Jachenaw*, 1731 *Jachenay*, 1796 *Jachna, Jachnau, Jachenau*; ON. Jachenau (Lkr. Bad Tölz-Wolfratshausen), 1295 *Jachnawe*, 1416 *Jachnaw*, 1433 *Jachenaw*, 1558 *Jachnaw*, 1649 *Jachenau*. – Grundform FlN. mhd. **Jachenach* f., mit Vereinfachung des Grundworts durch Dissimilation > **Jachena* > *Jachen*, ON. mhd. **Jachenouwe* 'Land, Siedlung am Fluss Jachen', Kompositum mit dem Genitiv des PN. ahd. **Jacho* (**Jachen-*) als Bestimmungswort und ahd. *aha* bzw. *ouwe* als Grundwörter. – Snyder, *HG.A.3*, S. 43; Reitzenstein, *Oberbayern*, S. 127.

Jackel, die r.z. Karthane (z. Stepenitz z. Elbe), nördlich von Bad Wilsnack (Lkr. Prignitz, Brandenburg, D). – 1560 *Jackell*; WaldN. Jackel, 1682 *Auf der Jakell*. – Deutung unklar. – Fischer, *BNB 10*, S. 119.

Jade, die z. Jadebusen (z. Außenjade z. Nordsee), entsteht in Rastede (Lkr. Ammerland, Niedersachsen, D), mündet östlich von Varel (Lkr. Friesland, Niedersachsen). Der Jadebusen ist eine Meeresbucht zwischen Wesermündung und Ostfriesischer Halbinsel. – 11. Jh. *Jaden*, 13. Jh. *Jatha*; ON. Jade (Lkr. Wesermarsch, Niedersachsen), ON. Butjadingen, Halbinsel und Gemeinde an der Nordseeküste (Lkr. Wesermarsch), 1314 *Boith-Jatha*, 1410 *to Butenjaden*, 1475 *Butegadingen*, enthält mndd. *büten* 'außen, außerhalb', mit der Bedeutung 'Außen-Jade' im Unterschied zu 1314 *Bova-Jatha* 'oberhalb der Jade'. – Fr. *tjade, tjäe, tja* 'kleiner Fluss, Wasserleitung, Grenzgraben, Abwässerungsgraben', abgeleitet von afr. *tia* 'ziehen'. – Berger, *Geographische Namen*, S. 70, 145; Witt, *Flußnamen*, S. 128 f.

Jäger-/-/-s- -bach, -born, -brunnen/-brünnlein, -graben, -leitengraben, -pfuhl, -pohl, -see. Bestimmungswort nhd. *Jäger* m., die Gewässer fließen/flossen in einem Waldrevier und gehör(t)en zu einer Försterei, z.B. Jäger-Pohl im Bereich der Fürstenseer Gewässer bei Neustrelitz (Lkr. Mecklenburgische Seenplatte, M.-V., D), 1569 *Jeger Pfuell*, 1603 *Jäger Pfuhl*, 1772 *Jäger Pohl*. – Fischer, *BNB 10*, S. 119; Wauer, *HG.A.17*, S. 69 f.

Jäglitz, die (im Unterlauf auch *Schwarzwasser*), r.z. Havel (z. Elbe), mündet nördlich von Jederitz (Stadt Havelberg, Lkr. Stendal, S.-A., D), Alte Jäglitz, r.z. Alten Dosse nordwestlich von Rübehorst (Großderschau, Lkr. Havelland, Brandenburg), Neue Jäglitz z. Alte Havel. – 1259 (Kopie) *aquam ... Gugelitz*, 1472 (Kopie) *Gogelitz*, 1751 *die Gägelitz oder Jägelitz*, 1778/1786 *Jaeglitz* (und weitere Belege). – Grundform apolab. **Gogolica* 'Bach mit Wildenten' zu apolab. **gogol'* 'Wildente'. – Wauer, *HG.A.17*, S. 70; Fischer, *BNB 10*, S. 119 f.

Jäthenbach verbindet den Bullowsee mit dem Jäthensee im Gemeindegebiet von Roggentin (Lkr. Mecklenburgische Seenplatte, M.-V., D). – 1358 *Hauelwater ... Gaten*, 1582 *im Choetennschen sehe*, 1588 *im Goetenschen sehe*, 1760 *an der Jäthen Bach*, 1780 *der Jäthen*, 1797 *Jäthen See*. – Grundform **Jatno* n., identisch mit dem Namen des Sees *Jatno* (Polen), ohne dass dadurch der Umlaut geklärt würde. – Wauer, *HG.A.17*, S. 70.

Jagst, die r.z. Neckar (z. Rhein), entspringt im Ostalbkreis (B.-W., D), durchfließt Nordwürttemberg und mündet nach 203 km bei Bad Friedrichshall-Jagstfeld (Lkr. Heilbronn, B.-W.). – /jagšd/, 989 (Kopie 1150–65) *usque ad ... Iagesam*, 1024 (Kopie 1335) *ad Iagas*, 1152 *ad Iagas*, 1295 *fluvium ... Jages*; LandschaftsN. (750–779) (Kopie 1150–65) *in pago Iagesgewe*, 768–80 (Kopie 1183–95) *in pago Iagesgouue*, 923 *de pagis ... Iagasgouue*; ON. Jagstberg (Gem. Mulfingen, Hohenlohekreis, B.-W.) 1228 *de Iaghesperch*; ON. Jagstfeld (Stadt Bad Friedrichshall, Lkr. Heilbronn), 1270 *in Jagisfelt*; ON. Jagstzell (Ostalbkreis), 1170 *in cella sancti Viti*; ON. Jagsthausen (Lkr. Heilbronn), 1303 *in Husen*; ON. Jagstheim (Ostalbkreis, 7,5 km von der Jagstquelle in Walxheim entfernt), 1281 *de Jagesheim*. – Grundform ahd. **Jagasa* oder **Jagas*. Das seit dem 14. Jh. belegte <-t> (1399 *die Jagst*) ist ein Sprosskonsonant wie bei *Axt, Obst* usw. Das heutige feminine Genus des Flussnamens ist historisch nicht gesichert. Die historischen Nennungen erlauben auch den Ansatz eines Maskulinums **Jagas* (zur Unsicherheit des Genus vgl. den Nachbarfluss *Kocher*, heute der Kocher, historisch *Cochara* f.). Ahd. **Jagasa* wird gewöhnlich erklärt als ein ins Germanische übernommener ves.-ig. Gewässername, der mit *s*-Suffix von der *o*-Stufe (*$i̯og$-) der ig. Wurzel *$i̯eg$- 'Eis' gebildet ist. Es bietet sich aber auch an, den Namen mit gm. *jag- in ahd. *jagōn* 'jagen' zu verbinden, dessen Herkunft allerdings unklar ist. Vermutlich liegt ein ig. Nomen *$i̯ogʰ$-ā, gm. *$jagō$ zugrunde, von dem das ahd. Verb *jagōn* 'jagen' abgeleitet ist. Dazu muss eine Wurzel urig.*$h_1 i̯egʰ$- vorausgesetzt werden, die mit Schwebeablaut zu *$h_1 eigʰ$- gehören und wie urig. *$i̯eh_2$- 'dahin ziehen, fahren' bedeutet haben dürfte. Gm. *$Jagas$- könnte einen alten *-es/-os*-Stamm (urig. *$i̯ogʰ$-os- n.) fortsetzen und 'befahrbarer Wasserweg' bedeutet haben. Neben *$Jagasa$ gibt es mehrfach in Westdeutschland und den Niederlanden den Orts- und Gewässernamen *$Jagina$, der mit *-n*-Suffix ebenfalls von gm. *jag-i- abgeleitet sein dürfte, ↗Gaybach ↗Geybach. – Reichardt, *Ostalbkreis* 1, S. 327–331; Rix, *LIV*, S. 309.

Jahn-/-s-   -lake, -pfuhl, -see ↗Johannes.

Jahna, die   (auch *Jahnebach*), l.z. Elbe, entspringt westlich von Mehren (Gem. Käbschütztal, Lkr. Meißen, Sachsen, D), mündet in Keilbusch, fließt nördlich von Niederjahna durch tief eingeschnittene Täler. – 1012/18 *usque ad Ganam fluvium*, 1090 *prope fluvium Gana*, 1504 *bei der Ghane*; ON. Jahna (Gem. Ostrau, Lkr. Mittelsachsen, Sachsen), /gṷənə, gōnə/ (/ō/ offen), (929/930) (um 960) *urbs ... Gana*, 1203 *in Gan*, 1206 *de Gane*, 1210 *de Gan*, 1313 *in villa Gana* (und weitere Belege), 1500 *Jhan*; ON. Jahna, Nieder~ (Klein~), Ober~ (Groß~) (Gem. Käbschütztal), 1205/06 *in utroque Kanin*. – Grundform as. *Gana* > mndd. *$Gāne$, *$Gān$, vermutlich auf den Fluss übertragene Geländebezeichnung gm. *$Ganō$, die mit awn. *gan* n. 'das Gähnen', norw., schwed. *gan* 'Schlund, Rachen' (ig. *$gʰan$- 'gähnen, klaffend öffnen' oder ig. *$gʰənó$-) zusammenhängt. Die Endung /-a/ ist spät in Analogie zu anderen Ortsnamen auf *-a* sekundär angefügt. Parallelname čech. Haná, dt. Hanna (< *$Gāna$), r.z. Morava (Mähren, CZ). Der ON. Groß-/Kleinjahna hat ursprünglich nichts mit *Jahna* zu tun. – Eichler/Walther, *HONBSachsen* I, S. 449 f.; Rix, *LIV*, S. 193.

Jambach   r.z. Vermuntbach in Galtür (PB Landeck, Tirol, A). – RaumN. Jamtal, 1161 (Kopie 1365) *unam alpem in Ambiam*, 1370 *Alp Amyamm*. – Der Richtungsakkusativ des Gewässernamens (kelt.) *$Ambi̯a$ (zu gall. *ambe* 'rivo', Endlichers Glossar) dürfte fest geworden sein. Aus *$Ambi̯am$ entwickelte sich *$Am(m)jam$ (mit Assimilation); danach falsche Auflösung in *am Jam(bach)*. – Hausner/Schuster, *Namenbuch*, S. 567; Anreiter/Chapman/Rampl, *Gemeindenamen*, S. 99.

Jamelsee   z. Fließ (z. Havel-Bach/Oberhavel) bei Roggentin/Neustrelitz (M.-V., D). – 1358 *Hauelwater ... Jamele*, 1886 *Jamel-See*. – Grundform apolab. *$Jemel$- zu apolab. *$jemela$ f. 'Vogelleim, (Leim-)Mistel' 'See, an dem Leimmisteln wachsen'. Parallelname ON. Jameln (Lkr. Lüchow-Danneberg, Niedersachsen), ca.1368 *Jemelen*, 1395–1399 *Jamel*, mit Übergang von /je-/ > /ja-/ im Dravänopolabischen. – Wauer, *HG.A.17*, S. 71; Udolph, *HG.A.16*, S. 178; Schmitz, *Lüchow-Dannenberg*, S. 86 f.

Jammbach   r.z. Limbach südlich von Kapfenstein (PB Feldbach, Steiermark, A). – 1265 *Jamnen*, 1322 *Jam*. – Slaw. *Jam-ъn- 'Höhlenbach', abgeleitet von urslaw. *$jama$ 'Grube, Höhle, Vertiefung'. – Lochner von Hüttenbach, *Steirische Hydronyme*, S. 88.

Jasnitz, die   l.z. Mürz bei Allerheiligen im Mürztal (PB Mürzzuschlag, Steiermark, A). – 1224 *iuxta amnem Jaesnicz*, 1381 *Jessnik, Jessing*. Die Belege zeigen Sekundärumlaut (mhd.) *$Jäsnitz(e)$. – Slaw. *$Jasnica$, durch Silbenkürzung aus *$Jasenъnica/-ika$ 'Eschenbach', vom Adjektiv *$jasenъnъ$ 'Eschen-' mit dem substantivierenden *-ik*-Suffix abgeleitet von urslaw. *$jasenъ$ 'Esche'. – Lochner von Hüttenbach, *Steirische Hydronyme*, S. 88; Bergermayer, *Glossar*, S. 104.

Jassbach   Bach, Tal und Weiler, Gem. Linden und Röthenbach (Emmental, Kanton Bern, CH). – /jassbax, jäsbax/, um 1530 *im Jaszbach*, 1542 *Jassbach*, 1547 *in Jaszbach, im Jasbach*, 1565 *im Jassbach*, 1566 *im Jaussbach*, 1580/81 *im Jaschbach*, 1619 *Jassbach*, 1660/63 *Jasstbach*. – Die Belege ermöglichen keine eindeutige Etymologie. Einerseits wird das Bestimmungswort des Kompositums mit dem Grundwort *-bach* zu ahd. *jesan* 'gären, schäumen' ↗Gosenbach gestellt, andererseits könnte es auch dem Reliktnamen ahd. *$Jāz$- (< kelt. *$i̯ātu$- 'Furt'?) ↗Gassauer Mühlbach ↗Jossa entsprechen. – Zinsli, *BNB* 2, Sp.336 f.

Jatzen-   -graben, -teich ↗Gaatz-.

Jaufenbach   it. Rio di Giòvo, r.z. Mareiterbach (z. Eisack z. Etsch), mündet bei Gasteig (Ratschings, Wipptal, Prov. Bozen/Südtirol, I.). – Um 1840 *Jaufenbach*; TalN. *Jaufental*, 1252 *Juvental*, 1362 *Jauffenthal*, 1409 *Jawfenthal*; BN. der Jaufen, Jaufenpaß, 1186 *Juven*, 1283 *auf Joven*, 1305–1315 *Jouven, Jaufen*, 1325 *an dem Joufen*, 1341 *Jaufen*; ON. Jaufensteg (Gem. Ratschings), 1351 *von Jaufnerstege* 'kleine Brücke, über die ein Weg ins Jaufental bzw. auf den Jaufenpaß führt'. – Namengebend ist der Berg mit Pass Jaufen (2094m), rom. *$Juvu$ (l. *iugum*), entlehnt als ahd. *$Jūfo$ m. > mhd. *$Jūfe$, *ze Jūfen*, diphthongiert bair. *Jaufen*. – Kühebacher, *Ortsnamen* 1, S. 174 f., 2, S. 141.

Jaunbach frz. *la Jogne*, z. Greyerzersee (z. Saane z. Aare z. Rhein) im Kanton Freiburg (CH), entspringt im Bezirk Obersimmental (Kanton Bern). – /ds jöndli/ (/ö/ offen, lang), /jöündli/, 1397 *Youne*, 1457 *aquam ... Joun*; ON. Jaun (Kanton Freiburg), 1397, 1398 *von Joune*, 1475 *zu Yon*; FlurN. Jaun (Gem. Saanen, Obersimmental-Saanen, Kanton Bern). – Grundform *Jauna/Jaunia* < (gall.) *Jagon(i)a*, mit *n*-Suffix abgeleitet von urkelt.*jegi-* (air. *aig*) 'Eis'. – Zinsli, *BNB* 2, Sp. 367; Kristol, *LSG*, S. 468; Matasović, *Proto-Celtic*, S. 435.

Jaunitz, die r.z. Feldaist (z. Aist z. Donau), südlich von Freistadt (O.-Ö., A). – 1142 *a fluvio Iowerniz*. – Slaw. *Jaworьnica* 'Ahornbach', Feminin des Adjektivs slaw. *jaworьnikъ* 'wo die Ahorne stehen', mit dem substantivierenden Suffix -*ik*- von slaw. *jaworьnъ*, Adjektiv zu slaw. *jaworъ* 'Ahorn', abgeleitet. (Mhd.) *Jawernitz* wurde durch Synkope (*Jawrnitz* > *Jaurnitz*) zu *Jaunitz* vereinfacht. – Hausner/Schuster, *Namenbuch*, S. 568; Bergermayer, *Glossar*, S. 105 f.

Jauring, die z. Thörlbach südlich von Aflenz (PB Bruck, Steiermark, A). – 1363 *Jauernihk*, 1387 *Jawering*. – Slaw. *Jaworьnika* 'Ahornbach', Etymologie wie ↗ Jaunitz. Die Suffixkombination slaw. -*nik(a)* > bair. -*nich* wurde (im Unterschied zu *Jaunitz*) durch das bairische Suffix -*ing* ersetzt. *Jawering* wurde durch Synkope (*Jawring*) zu *Jauring* vereinfacht. – Lochner von Hüttenbach, *Steirische Hydronyme*, S. 88.

Jeckenbach, die l.z. Glan (z. Nahe z. Rhein), mündet bei Meisenheim (Lkr. Bad Kreuznach, Rh.-Pf., D). – 1363–1378 (Kopie 15: Jh.) *jenseits der Jeckenbach*, 1641 *Geckenbach*; ON. Unterjeckenbach, ON. †Oberjeckenbach (Lkr. Kusel, Rh.-Pf.), /-geⁿebach/, 1319 *beide Jeckenbach*, 1448 *Frygechenbach* ('Frei-Jeckenbach'); ON. Jeckenbach (Lkr. Bad Kreuznach), 1382 *Jeckenbach*, 14. Jh. *Geckenbach*, 1439 *Jeckenbach*, 1492 *Geckenbach*. – Kompositum mit dem Grundwort -*bach* und dem Genitiv des PN. ahd. *Gacko* (*Geckin-*) als Bestimmungswort, die Schreibung <J> reflektiert den Wandel von (pfälz.) *geck* > *jeck* 'verrückt'. – Greule, *HG.A.15*, S. 50; Dolch/Greule, *Pfalz*, S. 465.

Jedensbach r.z. Harmersbach (z. Kinzig z. Rhein). – ON. Jedensbach, Weiler (Stadt Oberharmersbach, Ortenaukreis, B.-W., D), 1. Hälfte 16. Jh. *Yetenspach*. – Grundform FlN./ON. mhd. *Üetenesbach*, mundartlich entrundet > *Ietenesbach*, Kompositum mit dem Grundwort -*bach* und dem Genitiv des PN. ahd. *Uotīn* (*Uotīnes-* > mhd. *Üetenes-*). – Geiger, *HG.A.2*, S. 64; Kaufmann, *Ergänzungsband*, S. 273.

Jeetzbach l.z. Stepenitz (z. Elbe), südlich von Perleberg (Lkr. Prignitz, Brandenburg, D). – 1540 *vf der gitzen*, 1645 *Gitzen*, 1772 *Jaetze*, 1843 *Jeetz Bach*. – Deutung vielleicht wie ↗ Jeetzel. – Fischer, *BNB* 10, S. 120 f.

Jeetzel (im Oberlauf *Jetze*), l.z. Elbe, entspringt in der Altmark (S.-A., D) beim Dorf Altferchau, passiert Salzwedel (Altmarkkreis Salzwedel, S.-A.), fließt durch das Wendland (Lkr. Lüchow-Dannenberg, Niedersachsen), mündet nach 73 km in Hitzacker (Elbe) (Lkr. Lüchow-Dannenberg). Bei Hochwasser der Elbe kommt es zu einem charakteristischen Anstau der Jeetzel, die dann „rückwärts" fließt und früher zu weiträumigen Überschwemmungen führte. – Ca. 1014 *Jesne*, 1258 (Transsumpt 14. Jh.) *ultra Yesnam*, 1268 *vltra Yesnam*, 1303 *Yhesene*, 1339 *iuxta Gysnam*, 1341 *Gisne, Gysne*, 1344 *Gysna*, 1362 *by der Iesne* (und weitere Belege), 1392 *Jetze*, 1452 *an der Yetze*, 1531 *in de Jetzen*, 1652 *Jetza*, 1702 *Jeetzel*; ON. Jeetzel (Stadt Lüchow, Lkr. Lüchow-Dannenberg), /'je:tsəl/, 1330/52 *Yesne*, 1360 *to Getzene, to Yesne, to dem Iesne*, ca. 1368 *to Jesene* (und weitere Belege). – Grundform FlN. mndd. *Jesene, Jesne*, *n*-Ableitung von gm. *jesa-/*jesō* in den ON. Niederjesa (Gem. Friedland, Lkr. Göttingen, Niedersachsen, D) und Obernjesa (Gem. Rosdorf, Lkr. Göttingen), 1022 (Fälschung 12. Jh.) *Gese*, 1142 *Gese*, 1196 *Yese*, ON. Jesuborn (Stadt Gehren, Ilm-Kreis, Thüringen, D), 1368 *geseborn*, um 1450 *Yeseborn*, 1465 *Jheseborn*, FlN. Ouseburn z. River Tyne (Northumberland, GB), 13. Jh. (Kopie) *in Jhesam*, 1253 *Yese*, 1671 *Useburn*, mit ON. Jesmond Dene (New Castle upon Tyne), 1200 (Kopie) *Jesemuthie*. Die Ableitungsbasis gm. *jesa-* gehört als Nomen actionis oder Nomen loci zum starken Verb gm. *jes-a-*, ahd. *jesan* 'gären, schäumen (vom Most oder weinhaltigen Getränken)', awn. *øsa* 'in heftige Bewegung setzen' (< gm. *jōsja-*), ig. *jes-* 'sieden, schäumen'. Wahrscheinlich wurde die Vorstellung des in heftige Bewegung geratenen Wassers auf den charakteristischen Anstau der Jeetzel übertragen und der ganze Fluss danach benannt. Parallelname (1241) *in amnem ... Gesne*, 1351 *in amnem Gesne*, Bach bei Tramm (Kreis Herzogtum Lauenburg, Niedersachsen, D), jetzt Geestbek. – Udolph, *HG.A.16*, S. 178 f.; Schmitz, *Lüchow-Dannenberg*, S. 88 f., 226; Casemir/Ohainski/Udolph, *Göttingen*, S. 225–229; Fischer, *Arnstadt und Ilmenau*, S. 43; Watts, *EPN*, S. 456; Rix, *LIV*, S. 312 f.

Jenbach z. Kaltenbach (z. Mangfall z. Inn z. Donau). – 1836 *Jenbach*; ON. Jenbach (Bad Feilnbach, Lkr. Rosenheim, Bayern, D), 1149–1155 *Ômbach*, 1292 *von U(e)npach*, 13. Jh. *Unpach*, 1445 *Ünpach*, 1480 *vmpach, yenpach*, ca. 1563 *Ad Jenpach*, 1859 *Jenbach*. – Ausgangsform ON./FlN. ahd. *Uoninbach* > mhd.

Üenenbach gekürzt > *Üenbach* (assimiliert *Üembach*), entrundet > *Ienbach* <*Jenbach*> 'am Bach gelegene Siedlung eines Mannes Namens Uono', Kompositum mit dem Grundwort *-bach* und dem Genitiv des PN. ahd. *Uono* (*Uonin-*) als Bestimmungswort. Parallelname: ON. Jenbach (PB Schwaz, Tirol, A), 1268 *Vombach*, 1312 *V̊npach*, *V̊npach*, ca.1320 *Vmpach*, 1347 *V̊mpach*, *Vnpach*, 1483 *yenpach*, 1500 *Jenpach*. – Dotter/Dotter, *HG.A.14*, S. 181; Anreiter/Chapman/Rampl, *Gemeindenamen*, S. 566 f.

Jerrisbek r.z. Treene (z. Eider z. Nordsee) bei Sollerup (Kreis Schleswig-Flensburg, S.-H., D). – /ˈjɛris̩bæg, žɛrəsbæg/, 1648 *Iirigsbeck*, 1649 *Iirrichsbeck*, *Irrig flu.*, 1650 *Irrigsbe*, 1652 *der Jürrigsbeck*, 1819 *Jerrisbeck oder Osteraue* (und weitere Belege); ON. Jerrisbeck, dn. Jersbæk (Gem. Sollerup), 1462 *Jersmarkt*, *Jersmark*, 1472 *Jerisbeke*, 1483, 1499 *Jersbeke*; ON. Jerrishoe, dn. Jerrishøj (Kreis Schleswig-Flensburg), 1196 *Erijshogh*. – Die Namen sind Komposita mit dem Genitiv des adn. PN. *Ērik* (*Ērikes-* > mundartlich *Jerkes-*), zugrunde liegt wohl die Klammerform *Jer(i)kes(-høgh-)bæk*, die als Bestimmungswort den ursprünglichen FlurN. Jerrishoe enthält. – Kvaran, *HG.A.12*, S. 96; Rohden, *Treene*, S. 314 f.

Jesargraben z. Volzine nördlich von Wilhelmsaue (Gem. Letschin, Lkr. Märkisch-Oderland, Brandenburg, D). – 1747 *Der Jeeser Graben*, 1826/27 *Der Jeesen Graben*, *Jesar-Graben*, FlurN. 1749 *Jeeser Busch*. – Grundform apolab. *Jezer(o)* 'See'. – Fischer, *BNB 10*, S. 121.

Jesergraben bei Altkietz bei Bad Freienwalde (Lkr. Märkisch-Oderland, Brandenburg, D). 1746 *Gesergraben*. – Deutung ↗ Jesargraben. – Fischer, *BNB 10*, S. 121.

Jeßnitz, die r.z. Großen Erlauf (z. Donau), mündet bei Scheibs (PB Bezirk Scheibs, N.-Ö., A.). – 14. Jh. zu 1341 *aqua Geznitz* (oder *Gezintz*), 1367 *In d(er) durren Jesnitz*, 1384 *Mül in der Gesintz*; ON. Jeßnitzreith, Jeßnitzhof (ehemaliger Rittersitz an der Jeßnitz), 1349 *datz Jeznitzrœut*, 1367 *Jesnitz(er) Reut*, 1400 *Jesnitzer Reit*; ON. St. Anton an der Jeßnitz, 1270 *de Yesenitz*, 1282 *Gesentz*, 1288 *Jesincz*, 1292 *Gesentz*, 1312 *Jesentz* (und weitere Belege). – Grundform FlN. slaw. *Jesenica* 'Eschenbach', abgeleitet von südslaw. *jesenъ*, slowen., kroat. *jesen* 'Esche' ↗ Jasnitz. Parallelnamen: Jeßnitz-Bach, r.z. Eulabach/Eula (z. Wyhra z. Pleiße z. Weiße Elster) und mehrere Ortsnamen Jeßnitz in Sachsen. – Bergermayer, *Glossar*, S. 107; Ulbricht, *Saale*, S. 120, 265; Eichler/Walther, *HONBSachsen* I, S. 456.

Jettenbach

– ¹Jettenbach, l.z. Schwarzbach (z. Saalach z. Salzach z. Inn z. Donau). – 1563 *rivus Yetenpach*, 17. Jh. *Jettenpach*; ON. Oberjettenberg, ON. Unterjettenberg (Gem. Schneizlreuth, Lkr. Berchtesgadener Land, Bayern, D), 1317 *zu Yetenperch*, 1563 *Yetenberg pagus*. – Straberger, *HG.A.9*, S. 55.

– ²Jettenbach, l.z. Schmidbach (z. Bottwar z. Murr z. Neckar z. Rhein). ON. Jettenbach (Stadt Beilstein, Lkr. Heilbronn, B.-W., D). – 1284 *in Gettembach*. – Schmid, *HG.A.1*, S. 57.

– ³Jettenbach (im Oberlauf *Rutzenbach*, *Selchenbach*), l.z. Talbach (z. Glan z. Nahe z. Rhein). – 1287 *Jettenbach*; ON. Jettenbach (Lkr. Kusel, Rh.-Pf., D), /gedeᵉbach/, 1348 *Jettenbach*, 1377 *Gyttenbach*, 1410–59 *Jettenbach*, *Gettenbach* (und weitere Belege). – Greule, *HG.A.15*, S. 50; Dolch/Greule, *Pfalz*, S. 244.
Kompositum mit dem Grundwort *-bach* und ahd. *jetto/getto* swM. 'Unkraut, Lolch' als Bestimmungswort, ParallelN. ↗ Göttenbach.

Jetzbach l.z. Urschlau Ache (z. Saalach z. Salzach z. Inn z. Donau). – ON. Jetzbach (Gem. Piesendorf, PB Zell am See, Salzburg, A), ca.1350 *in Hützenbach*, *in Hintterhützpach*, ca.1400–ca.1500 *in Hützenpach*, 1862 *Jetz Bach*, 1936 *Jetzbach*. – Grundform FlN./ON. mhd. *Hüetzenbach* < ahd. *Huotzinbach*, Kompositum mit dem Grundwort *-bach* und dem Genitiv des PN. ahd. *Huotzo* (*Huotzin-*) als Bestimmungswort, gekürzt > *Hüetzbach*, in der Mundart entrundet > *Hietzbach*, mit Aphärese des /h-/ > *Iezbach/Jetzbach*. – Straberger, *HG.A.9*, S. 53; Kaufmann, *Ergänzungsband*, S. 194.

Jevenau, die l.z. Eider bei Hörsten (Kreis Rendsburg-Eckernförde, S.-H., D), jetzt l.z. Nord-Ostsee-Kanal. – /žēvənau/, 1339 *ad Yevenam*, 1355 *apud Ievenam*, 1460 *to der Yevene*, 1649 *Ieuen fl.*, 1856 *Jevenau*; ON. Jevenstedt (Kreis Rendsburg-Eckernförde), um 1190 *in Givenstide*, 1378 (Transsumpt 1462) *in villa Ieuenstede*, 1441 *Jevenstede*, 1633/34 *Jeuenstedt* 'Stätte an der Jevenau'. – Grundform FlN as. *Gevana*, n-Ableitung vom Verb gm. *geḇ-a-* 'geben' mit der Bedeutung 'gaben-, fischreicher Fluss', spät im Kontrast zum ON. Jevestedt verdeutlichend erweitert um das Grundwort ndd. ↗ au 'Wasserlauf'. Parallelname: Fluss- und SeeN. adn. *Giofn* < *Geḇnō*, mehrfach in Dänemark. – Kvaran, *HG.A.12*, S. 96; Laur, *Schleswig-Holstein*, S. 365.

Jölle (auch *Jöllenbecker Mühlenbach*), l.z. Johannisbach (z. Aa z. Werre z. Weser), entspringt bei Jöllenbeck (Stadt Bielefeld, NRW, D), mündet bei Schildesche (Stadt Bielefeld). – ON. Jöllenbeck, 1312 *Yolenbeke*, *Jolenbeke*, 1316, 1334, 1349 *Jolenbeke*, 1349 *to Jŭlebeke*. – Jölle ist sicher eine neuzeitliche Rückbildung aus dem ON. *Jöllenbeck*, Kompositum mit dem Grundwort mndd. *beke* 'Bach' und dem Genitiv eines PN. **Jöl(l)e* (< *Jūlius*?). – Kramer, *HG.A.10*, S. 37.

† **Jößnitz** jetzt Kaltenbach, l.z. Weißen Elster (z. Thüringische Saale z. Elbe), mündet bei Plauen (Vogtland, Sachsen, D). – 1244 *fluvius ... Iezniz*; ON. Jößnitz (Stadt Plauen), /ˈgēsnids/, (1230) (Kopie 1510/13) *Gesnitz*, (um 1263) *Jezenicz*, 1282 *Jeczenicz*, 1317 *Gesniz*, 1328 *Yesnicz*, 1438 *Gessenicz*, 1720 *Jößnitz*. – Grundform FlN. slaw. **Jesenica* 'Eschenbach' ↗ Jeßnitz. – Ulbricht, *Saale*, S. 234; Eichler/Walther, *HONBSachsen* I, S. 460.

Johann-/-es-/-is- *-bach, -brack, -pfuhl*. Benennung nach einer Person mit dem Namen *Johannẹs*, Kurzform *Jon*, ndd. *Jahn, John* oder (als Klammerform) nach dem Johanneskraut. – Fischer, *BNB 10*, S. 121.

Johne-/Johns-/Jonen- *-bach, -graben, -see*, z.B. Johnsbach, r.z. Enns (z. Donau) nördlich vom Gasthof zur Bachbrücke (Gem. Admont, PB Liezen, Steiermark, A), 1139 (Kopie 13. Jh.) *in fluvium Ionspach*, 1195 (Kopie 19. Jh.) *Ionispach, Ionspach*, ON. Johnsbach (PB Liezen), 1184 (Kopie 19. Jh.) *curtes ... Ionspahc* (sic!), 1185 (Kopie 13. Jh.) *Ionispach* ↗ Johann-. – Hausner/Schuster, *Namenbuch*, S. 570.

Jona r.z. Zürichsee (z. Limmat z. Aare z. Rhein), entspringt auf dem Gemeindegebiet von Fischenthal in 950m Höhe, mündet bei Busskirch (Stadt Rapperswil-Jona, Kanton St.Gallen, CH). – ON. Jona (Stadt Rapperswil-Jona), /ˈjoːnə/, 1260 *de Ionun*, 1275 (Kopie 14. Jh.) *in Jon*, 1295 *von Jone*. – Grundform FlN. ahd. **Jōna* (Gen., Dat. **Jōnūn*) < kelt. **i̯ounā* f. zu ig. **i̯ouni-* 'richtiger Weg', Benennung des Flusses als 'Weg, an dem man entlang gehen kann'. – Greule, *Oberrhein*, S. 120–123; Kristol, *LSG*, S. 470; Matasović, *Proto-Celtic*, S. 437.

Jonenbach (auch *die Jonen*), r.z. Reuß (z. Aare z. Rhein), entspringt bei Hausen am Albis (Kanton Zürich, CH), mündet nach 17 km bei Jonen (Bez. Bremgarten, Kanton Aargau). – ON. Jonen, /ˈjoːnə/, 1243 *de Jonun*, 1247 *de Jonon*, 1256 *Ionon*, 1277 *in Ionun*, 1312 *in Jonen*. – Deutung ↗ Jona. – Greule, *Oberrhein*, S. 120–123; Kristol, *LSG*, S. 470.

Josbach l.z. Wohra (z. Ohm z. Lahn z. Rhein), entspringt in der Gemeinde Gilserberg (Schwalm-Eder-Kreis, Hessen, D), fließt durch Josbach (Stadt Rauschenberg, Lkr. Marburg-Biedenkopf, Hessen), mündet südlich von Halsdorf (Gem. Wohratal, Lkr. Marburg-Biedenkopf). – ON. Josbach, 1196 *Jazbach*, 1280 *Jazpach*, 1350 *Jaspach*, 1460 *Jospach*, 1479–80 *Jaßpach*, 1512 *Joysbach*, 1522 *Joßbach*. – Grundform FlN. mhd. **Jāzbach*, Kompositum mit dem Grundwort *-bach* und unklarem Bestimmungswort **Jāz-* ↗ Jossa. – Faust, *HG.A.4*, S. 38f.

Jossa, die r.z. Sinn (z. Fränkische Saale z. Main z. Rhein), entsteht bei Lettgenbrunn (Gem. Jossgrund, Main-Kinzig-Kreis, Hessen, D) im Spessart, mündet bei Jossa (Gem. Sinntal, Main-Kinzig-Kreis). – 1358 *die Iozza*, 1359 *Iazza*, 1376 *an der Iazza*, 1391 *Iosza*; ON. Jossa, 1734 *Jossa*; ON. Jossgrund (Main-Kinzig-Kreis), ON. Burgjoß (Gem. Jossgrund), 850 *Jazaha*, 1167 *Jazaha*, 1213 *Jazzaha*, 1239 *Iazahe*, 1240 *Jaza* (und weitere Belege), 1326 *Jaaza*, 1451 *Burgjossa*; ON. Marjoß (Stadt Steinau an der Straße, Main-Kinzig-Kreis), 1363 *Mergengossa*, 1381 *Merginiossa* ('Marien-Jossa'). – Grundform ahd. **Jāzaha* > **Jāza(h)*, *Jossa*, Kompositum mit dem Grundwort ahd. *-aha* 'Fließgewässer' und unklarem Bestimmungswort. Ahd. **Jāz-* kann ein Reliktname (< vorahd. **Jāt-*) sein, an den verdeutlichend das Grundwort *aha* angefügt wurde und der vielleicht eine Erklärung in kelt. **i̯ātu-* 'Furt' (air. *áth* m.) findet; Bedeutung 'Furtbach'? ↗ Gassau(er Mühlbach). Denkbar ist, dass vorahd. **Jāt-* auf ein Erbwort zurückgeht, das in den Zusammenhang mit ahd. *jār* 'Jahr' und mhd. *jān* 'Reihe' (zum Verb ig. **i̯ed-e-*, akslv. *jadǫ* 'ich fahre') gehört. Parallelname (mit anderem Grundwort) ↗ Josbach und vielleicht ON. Jabbeke (Prov. Westflandern, B), 1003 (Kopie 11. Jh.) *Jatbeka*. – Sperber, *HG.A.7*, S. 75; Gysseling, *Woordenboek*, S. 540; Rix, *LIV*, S. 309f.; Matasović, *Proto-Celtic*, S. 435.

Jublitzsee westlich von Fahrland (Stadt Potsdam, Brandenburg, D), vom Sacrow-Paretzer Kanal (z. Havel z. Elbe) durchflossen. – 1704 *Wublitz*, 1770 *Der Gublitz See*, 1772 *Jubelitz*, 1767/87, 1855 *Gublitz See*. – Grundform apolab. **Voblica* 'Ausfluss aus der Havel', ↗ Woblitz ↗ Wublitz. – Wauer, *HG.A.17*, S. 71; Fischer, *BNB 10*, S. 311.

Juden- *-au, -bach, -bad, -born, -brack, -brunnen, -graben, -kolk, -pfuhl, -riehe, -see, -teich, -weiher*, z.B. ON. Judenau (PB Tulln, N.-Ö., A), vor 1108–22 *aput Judinouwa*, 1135–46 *Iudenōwe*. Komposita mit dem Genitiv des PN. ahd. *Judo* (*Juden-*) oder mit dem Nomen ahd. *judo* stM., mhd. *jude* 'Jude', zum Teil handelt es sich um Ereignisnamen. – Hausner/Schuster, *Namenbuch*, S. 571; Fischer, *BNB 10*, S. 121.

Jübek, die l.z. Treene (z. Eider z. Nordsee), mündet bei Harenburg (Gem. Treia, Kreis Schleswig-Flensburg, S.-H., D). – 1854 *an der Jübek*, 1856 *Jydbæk, Jydbæk-Aa, Jydebæk*, 1872 *Jübeker Au(e)*; ON. Jübek, dn. Jydbæk (Kreis Schleswig-Flensburg), 1391 *in Judbhu*, 1439 *to Iudebeke*, 1462 *Judebeke*, 1523 *i Judebeke*, 1542

Juedebecke, 1638 *Jübecke* (und weitere Belege). – Kompositum mit dem Grundwort mndd. *beke* 'Bach' und dem StammesN. dn. *jyde* 'Jüte' als Bestimmungswort, 'Bach der Jüten'. – Kvaran, *HG.A.12*, S. 97; Rohden, *Treene*, S. 318–320.

Jüchener Bach   z. Nordkanal zwischen Niers und Rhein, entsteht südlich von Jüchen (Rhein-Kreis Neuss, NRW, D), mündet nach 18 km unterhalb vom Kleinenbroich (Stadt Korschenbroich, Rhein-Kreis Neuss). – ON. Jüchen, 866 (Kopie 10. Jh.) *Jochunda*, 893 (Kopie 1222) *Iuhggende, Iuhcgende*. – Grundform ahd. **Juchinda* (neben *Jochunda*) < gm. **Jukend-, -nd*-Ableitung vom schwundstufigen Verbalstamm gm. **juk-*, vgl. gt. *jiukan* (< gm. **jeuk-a-?*) 'kämpfen', mhd. *jöuchen* 'treiben, jagen' (< gm. **jaukjan*), urig. **i̯eu̯ĝ(H)-*: **i̯uĝ(H)-* 'unruhig werden, aufwallen', ↗ Jüchsen. – Greule, *Namentypen*, S. 40.

Jüchnitz, die   r.z. Zahmen Gera (z. Gera z. Unstrut z. Thüringische Saale z. Elbe), entspringt im Thüringer Wald, mündet bei Geraberg (Ilm-Kreis, Thüringen, D). – /jütze/, 1221 *Godenitz*, 1228 *Gedenitz*, 1587 *Judenitz*, 1642 *der Jüdenitzer Fluß*, TalN. Jüchnitzgrund. – Grundform slaw. **Godenica* > mhd. **Gödenitze*, entrundet > *Gedenitz* > **Jidnitz*, gerundet > **Jüdnitz*, Dissimilation der Dentale /dn – tz/ > /chn – tz/, Jüchnitz verkürzt > /jütze/. – Ulbricht, *Saale*, S. 224, 236.

Jüchse(n), die   (im Unterlauf auch *Part(h)e*), l.z. Werra (z. Weser), entspringt nordwestlich des Kleinen Gleichbergs (Grabfeld) bei Obendorf, mündet in Obermaßfeld-Grimmenthal (Lkr. Schmalkalden-Meiningen, Thüringen, D). – ON. Jüchsen (Gem. Grabfeld, Lkr. Schmalkalden-Meiningen), 800 *in tribus Juchisis*, nach 800 *Luchese* (lies *Juchese*), 824 *in Juchiso marcu*, 827 *Juchisa*, 838 *villa Juhhison, Juhhusa*, 852 *in Juchisono ... marcu*, 857 *villa Juchisa* (und weitere Beleg), 1349 *in dem dorf tzü Juchsin*, 1384 *tzü Jüchsen*. – Grundform FlN. oder Stellenbezeichnung ahd. *Juchisa* < gm. **Jukisō* f. '(Stelle) wo es aufwallt', Ableitung mit dem Suffix gm. *-is-* vom schwundstufigen Verbalstamm gm. **juk-*, vgl. gt. *jiukan* (< gm. **jeuk-a-?*) 'kämpfen', mhd. *jöuchen* 'treiben, jagen' (< gm. **jaukjan*), urig. **i̯eu̯ĝ(H)-*: **i̯uĝ(H)-* 'unruhig werden, aufwallen', ↗ Jüchener Bach. – Sperber, *HG.A.5*, S53; Rix, *LIV*, S. 315 f.

Jümme, die   r.z. Leda (z. Ems), entsteht aus den Quellflüssen Aper Tief (aus der Oldenburger Geest) und Soeste, mündet bei Wiltshausen, bildet zusammen mit der Leda das Leda-Jümme-Gebiet (Ostfriesland, D). – 1794 *die Jümme*, 1806 *Iümme*. – Vermutlich über **Gümme* < (gm.) **Gumbi-*, mhd. *gumpe* swM. 'Wasserwirbel', mndd. *gumme* 'wasserhaltige Bodenvertiefung, Tümpel, Wassergraben'; Vergleichsnamen: FlN. † Gumma z. Ilmenau in Lüneburg (Niedersachsen, D), 1659 *Gumma*, 1794 *Gumme*; ON. Gümmer (Stadt Seelze, Region Hannover, Niedersachsen), 1220–30 *Gummere*, 1469 *Gummer*, 1605 *Gümmer* (< **Gumbira*). – Fix, *Jümme*; Udolph, *HG.A.16*, S. 140; Ohainski/Udolph, *Hannover*, S. 176 f.

Jürse, die   (auch *Jürsenbach*), r.z. Leine (z. Aller z. Weser). – (Mitte 15. Jh.) *vp der Iursen*, 1771 *die Guerse, Guerse Bach*; ON. † Jürsenbostel (südwestlich von Mellendorf, Gem. Wedemark, Region Hannover, Niedersachsen, D), um 1360 *to deme Jursenborstle*, 1381 *Jursenborstele*, 1438 *Jursenborstel*; StraßenN. Zur Jürse (Luttmersen, Neustadt am Rübenberge, Region Hannover). – Grundform FlN. gm.(?) **Jursina* (**Jūrsina*?), *n*-Ableitung von **jurs-* (**jūrs-*) im ON. Djursdala (Småland, S), 1398 *Iwrsdal*, zu verbinden mit urig. **i̯euH-r-*, **i̯uH-r-* (> **i̯ūr-*) 'Wasser', lit. *jūra*, *jūros* 'Meer, Ostsee, große Wasserfläche'. Grundwort im ON. † Jürsenbostel ist ndd. *-bo(r)stel* 'Ansiedlungsstelle'. – Borchers, *HG.A.18*, S. 68 (Jursenbach); Udolph, '*Baltisches*', S. 325 f.; Wodtko/Irslinger/Schneider, *Nomina*, S. 404 f.; Berger, *Geographische Namen*, S. 96.

Jufersbach   r.z. Urschlau Ache (z. Saalach z. Salzach z. Inn z. Donau) bei Saalfelden am Steinernen Meer (PB Zell am See, Salzburg, A). – Ca.1350, ca.1400–ca.1500 *in Juuenspach*, BergN. der Jufen, Jufenalm (Gem. Maria Alm, PB Zell am See), vorgeschichtlicher Übergang zwischen Saalfelden und Bischofshofen, ca.1350, ca.1400–ca.1500 *auf dem Juuen*. – Grundform FlN. mhd. **Juvensbach* über mundartlich /jufasbach/ hyperkorrekt > *Jufersbach*, Kompositum mit dem Grundwort *-bach* und dem Genitiv des Bergnamens mhd. **Juve(n)*, entlehnt aus rom. **juvu* (l. *iugum*) 'Joch, Bergübergang', ↗ Jaufen. – Straberger, *HG.A.9*, S. 55.

Julbach   l.z. Mühlbach (z. Inn z. Donau). – ON. Julbach (Gem. Rottal-Inn, Bayern, D), 1110–1140 (Kopie 12. Jh.) *Jugulbach*, 1120–1160 *Jugilbach*, 1135–1160 *Jugelbach*, 1142 *Iulbach* (und zahlreiche weitere Belege). – Grundform FlN./ON. mhd. **Jugelnbach*, mit Vereinfachung der Kombination /-lnb-/ > /-lb-/ und späterer Kontraktion > **Jülbach*, Kompositum mit dem Grundwort *-bach* und dem Genitiv des PN. ahd. **Jugulo* (**Jugulen-*), Lehnname aus l. *iugulum* 'Kehle'(?), als Bestimmungswort. – Dotter/Dotter, *HG.A.14*, S. 183 f.; Reitzenstein, *Oberbayern*, S. 128 f.

Jungfer-/-n-   *-bach, -born, -floß, -loch, -see, -spring, -teich*. Das Bestimmungswort bezieht sich entweder auf die Jungfrau Maria (Benennungsmotiv: Besitz eines Nonnenklosters oder einer Marienkirche / eines Marienaltars) oder es ist identisch mit nhd. *Jungfer* 'unverheiratete junge Frau' (Benennungsmotiv: Ereignis) oder mit brandenburg. *Jungfer* f. 'Libelle'. – Fischer, *BNB 10*, S. 122.

† Juterboch Abschnitt oder Arm der Nuthe, l.z. Havel (z. Elbe) auf der Höhe von Jüterbog (Lkr. Teltow-Fläming, Brandenburg, D) am Übergang zwischen Hohem und Niederem Fläming. – 1307 (Kopie) *in fluuium … Juterboch* (einziger Beleg), LandschaftsN. 1161 *Juterbuk*, 1174 *in provincia Iutterbogk, in terra Iuterbogk*, 1185 *in terra … Iuterbok*; ON. *Jüterbog*, zum Jahr 1007 *Iutriboc*, 1161 *Juterbuk*, 1174 *Juterbuck*, 1234 *Juterbuch*, 1303 *Juterbuck*, 1406 *Juterbok*, *Jutirbok*, 1533 *Jutterbogk*, 1721 *Jüterbog*. – Einmalige Übertragung des Orts- und Landschaftsnamens auf das dortige Gewässer. Die Deutung des ON. Jüterbog < *Jutribok* ist unsicher, vermutet wird ein Kompositum aus dem Bestimmungswort *Jutri-* zu slaw. *jutro* 'Morgen (als Himmelsrichtung)' und westslaw. *-bok*, entlehnt aus gm. *baki-* 'Bach', als Grundwort, oder ein vorslaw. FlN. gm. *Utrabaki-* 'Otterbach' ↗ Otter. – Schlimpert, *BNB 7*, S. 73–75; Fischer, *BNB 10*, S. 122.

K

† Kaatz jetzt Kellensee südlich von Zühlen (Stadt Rheinsberg, Lkr. Ostprignitz-Ruppin, Brandenburg, D). 1797 *zwei kleine Seen ... der Kaats und die Kelle*, vgl. Kaatzpfuhl zu Molchow (Stadt Neuruppin, Lkr. Ostprignitz-Ruppin). – Grundform apolab. *Kač- zu apolab. *kač- 'Morast'. – Fischer, *BNB 10*, S. 123.

Kabel-/Kawel-/(Kagel-) *-bach, -graben, -lake, -pfuhl, -see.* Mndd. *kāvele* 'Los, Losanteil', brandenburg. *Kabel/Kawel/Kale*, in Flurnamen 'bestimmte Anteile an einer Flur', z. B. Kabelgraben im Havelländischen Luch (Brandenburg, D), 1725 *Kawel Graben*. Die Gewässer sind nach Flurstücken benannt. – Fischer, *BNB 10*, S. 123.

Kabelske-Bach (auch *Kaubitze*), l.z. Reide-Bach (z. Weiße Elster z. Thüringische Saale z. Elbe), mündet in Kanena/Bruckdorf (Stadt Halle an der Saale, S.-A., D). – 1358 *an der Kubelitze*, ON. Kabelsketal (Saalekreis, S.-A., D). – Unsichere Deutung, Grundform vielleicht asorb. *Kobylica* 'Ort/Fluss, an dem Stuten gehalten werden', abgeleitet von *kobyła 'Stute', vgl. die ON. Coblenz und Köblitz in Sachsen. – Ulbricht, *Saale*, S. 118; Eichler/Walther, *HONBSachsen I*, S. 147f., 502.

Käbelick-See im Gemeindegebiet von Kratzeburg (Lkr. Mecklenburgische Seenplatte, M.-V., D). – 1257 *Cobolc*, 1358 *Cabelke*, 1569 *von dem sehe Kabligk*, 1593 *Kobelke*, 1654 *der Käbelke*, 1780 *Der Käbelick* (und weitere Belege). – Grundform *Kobolk*, zu niedersorb. *kobołk* m. 'Knoblauch', unklares Benennungsmotiv. – Wauer, *HG.A.17*, S. 72.

Kägelitzsee zu Bechlin (Stadt Neuruppin, Lkr. Ostprignitz-Ruppin, Brandenburg, D). – 1654 *in den Rheinsbergischen Kelitze*, 1904 *Kegelitz*. – Grundform apolab. *Kalica 'trübes schmutziges Wasser' zu *kał 'Schlamm, Schmutz, Sumpf'. – Fischer, *BNB 10*, S. 124.

Kälbach l.z. Wiera (z. Schwalm z. Eder z. Fulda z. Weser). – 1535 *Kelnbach*. – Kompositum mit dem Grundwort *-bach* und mhd. *kele* swF. 'kleine enge Schlucht'. – Sperber, *HG.A.5*, S. 53; Springer, *Flußnamen*, S. 138.

Kälber- *-bach/-bächle, -brunnbach, -graben, -grund, -küte, -pfuhl, -wässering, -teich,* z. B. Kälber-Bach, r.z. Mühl-Graben (z. Ilse z. Oker z. Aller z. Weser), 1504 *vp dem Keluerbeck, vp den Keluerbek*. Die Gewässer waren Tränken für weidende Kälber. – Borchers, *HG.A.18*, S. 68; Fischer, *BNB 10*, S. 124.

Kärscheler(bach) schwz. *Chärscheler* m., Bach des Madranertales (Kanton Uri, CH), entspringt aus dem Hüfisee, mündet bei Amsteg r.z. Reuss (z. Aare z. Rhein). Das Flussbett ist durch große Felsblöcke charakterisiert. – 1522 *in kerselen, das kersel wasser*, 16./17. Jh. *In Kärschern*, 1609 *Kärselerbach, Kärsellerbach*, 1645 *zu khärschelen*, 17. Jh. *in kerselen*; TalN. † Kärschelen (alter Name des Madranertals): 1291 *in Cherselon*, 1321 *ze Kersellon*. – Grundform FlN.(?) mhd., alem. *Chärsele swF. < *Karsila, abgeleitet mit dem ahd. Suffix *-ila* von einem alpinen vorrom. Lehnwort *kars-, vgl. altsüdslaw. *kars, l. *carsus* 'Fels(wand)', mit kelt. Assimilation /-rs- > -rr-/ in schwz. *Charre(n)* 'Gebiet kahler ausgelaugter Kalksteinflächen in Gebirgen, Felsrippen'. – Hug/Weibel, *Uri*, 2, S. 401–405; Müller/Ginschel, *Karst*, S. 27.

Käs-/-e-/-en- *-bach, -brunnen, -brunnengraben, -rinne.* Übertragung von *Käse* auf Gewässer im Sinne von 'Schaum des Wassers, der oft am Uferrand haften bleibt', brandenburg. Käserinne 'Gestell, zum Ablaufen des Käsewassers'. – Springer, *Flussnamen*, S. 89; Fischer, *BNB 10*, S. 130.

Käserbach (auch *Käsenbach*), r.z. Mühlbach (z. Dreisam z. Rhein) in den Stadtteilen Weingarten und Rieselfeld (Freiburg/Breisgau, B.-W., D). – 1531 *kesenbach*, 1762, 1830 *Käßenbach*, 1786, 1819 *Käserbach*, 1825 *am Käserbach*; FlurN. 1423 *ober keserin*, 1450 *der guten lüt kesernen*, 1456 *der gueten lüt kaesernen*, 1621 *in der Käßerin*, 1832 *in den Käsern*. – Kompositum mit dem Grundwort *-bach* und dem FlurN. (mhd.) *Kæserin > Kesen(-bach)*, dem der PN. *Keser* zugrunde liegen dürfte. – Geiger, *HG.A.2*, 64; Roos, *Flurnamen*, S. 457.

Kagenbach l.z. Isen (z. Inn z. Donau). – Ca.1563 *rivi Kagnpach*, 1830 *Kagenbach*; ON. Kagen, Kirchkagen (Gem. Obertaufkirchen Lkr. Mühldorf am

Inn, Bayern, D), 991–1023 *in loco Chagunun*, nach 1025 *in loco Chagana*, ca.1112 *Chagina*, ca.1180 *in Chagen, Chagene, Chagana, Chirichchage*, 1257 *de Chagen*, 1485 *zu Kagen*; ON. ca.1180 *von Prukchagen*. – Kompositum mit dem Grundwort *-bach* und dem ON./FlurN. Kagen (< ahd. bair. *Chagunun* Dat. Pl. 'bei den Kohlstengeln'), nhd. mundartlich *Kag(e)* swM. 'Strunk, Kohlstengel'. – Dotter/Dotter, *HG.A.14*, S. 185; Prinz, *Regensburg*, S. 241.

Kahl, die r.z. Main, Feldkahlbach, l.z. Kahl bei Scheinborn. – /kaal/, ON. Kahl a. Main (Lkr. Aschaffenburg, Bayern, D), 1288 *Kalda*. ↗ Kalt-, ↗ Schmalkalde; ON. Feldkahl, 1398 *von Felkalden* (< *Feldkalden*). – Ahd. *Kalta* 'die Kalte' oder *Kalt-aha* 'Kaltwasser'; das Grundwort ahd. *aha*, mhd. *ahe*, *-ach* 'Fließgewässer' kann in den erst im 13. Jh. einsetzenden Belegen bereits geschwunden sein, ↗ Schmalkalde. Parallelname Caldew z. Eden at Carlisle (Cumberland, Edenside, GB), 1189–99 (Kopie 14. Jh.) *Caldeu*, 1228 *pontem de Calde* < ae. *Caldēa*. – Sperber, *HG.A.7*, S. 76; Fritz-Scheuplein/König, *Ortsnamen*, S. 73; Ekwall, *ERN*, S. 62.

Kahlbach (auch *Kahler Graben*), l.z. Ahr (z. Rienz z. Eisack z. Etsch) bei Uttenheim (Prov. Bozen/Südtirol, I.). – /kaalapåchl/, 1501 *die Kelen*, 1550 *Käler Bach*, 1551 *Kalpach*; ON. Gehöft *Kahle(r)*, /kaala/, 1531 *Khaler*. – Benannt nach dem Gehöft mhd. *Kœle* swF., bair. /kåle/ (mit Sekundärumlaut) < ahd. *quālī* swF. 'Ort der Qual'(?), abgeleitet von ahd. *quāla* 'Qual, Elend, Hölle'? – Kühebacher, *Ortsnamen*, 2, S. 144.

Kahlbächle l.z. Leimbach (z. Rhein) bei Malschenberg (Stadt Rauenberg, Rhein-Neckar-Kreis, B.-W., D). – 1820 *die Källbach, der Kalleneichgraben*, 1827 *Kahlbahchsgraben*; FlurN. 1739, 1813 *Kölleneich*, 1797 *Kelleneich*, 1820 *Kalleneichwald, Kolleneichwald*, 1824 *an der Kelleneich*. – Kompositum mit dem Grundwort *-bach/-bächle/-graben* und dem FlurN. Kelleneich(wald), der vermutlich mhd. *-kele* 'Schlucht, Rinne, Geländeeinschnitt' enthält, aber zumindest im Flussnamen nach ↗ kahl- bzw. ↗ kalt- umgedeutet wurde. – Geiger, *HG.A.2*, S. 65; Ramge, *Flurnamenbuch*, S. 561.

Kahlen-/-er-/-es- Bach, Fließ, -graben, -teich, z.B. Kahlenteich, auf dem Scharsdorfer Felde (Kirchspiel Preetz, Kreis Plön, S.-H., D), 1452 *de Kalendik*. Bestimmungswort ist mhd. *kal, kalwes* Adj., nhd. *kahl* im Sinne von 'baumlos, strauchlos' (bezogen auf das Ufer der Gewässer). – Kvaran, *HG.A.12*, S. 210; Springer, *Flußnamen*, S. 146; Fischer, *BNB 10*, S. 124.

Kahre, die Gewässer östlich von Hohenfinow (Lkr. Barnim, Brandenburg, D). – 1724 *Karre See*, 1751 *die Care*, 1778 *die Kaare*, 1844 *die Kahre*. – Wohl zu mndd. *kār* n. 'Gefäß, Geschirr; Korb, Fischkorb', metaphorische Benennung. – Fischer, *BNB 10*, S. 124.

Kainach, die

– ¹Kainach, r.z. Mur (z. Drau z. Donau) in Wildon (PB Leibnitz, Steiermark, A). – 1060–1088 (Innovation um 1177) *ad Cheinahc*, 1103 (Fälschung 1149) *flumen Cheinach*, 1147 *in Chenahc*, 1149 *fluvium Cheinach*, um 1150 *iuxta flumen ... Cheina*, 1202 *in der Kaynach*, usw.; ON. Klein-Kainach (Gem. Bärnbach, PB Voitsberg, Steiermark), 1140 (Fälschung kurz vor 1219) *de Cheinahe* (und weitere Belege). – Hausner/Schuster, *Namenbuch*, S. 572; Lochner von Hüttenbach, *Steirische Hydronyme*, S. 89.

– ²Kainach, l.z. Wiesent (z. Regnitz z. Main). – 1410 (Kopie ca.1530) *an der Keynach*, 1417 *an der Keynach*, 1434 *an der Keÿnach*, 1471 *an der Keinach*; ON. Kainach (Lkr. Bayreuth, Bayern, D), /kʰaini/, 1347 *Chunr(at) den Kaynaher, von Kaynach*, 1357 *Keyna*, 1369 *Keynach* (und weitere Belege). – Sperber, *HG.A.7*, S. 76; Eichler/Greule/Janka/Schuh, *Bayreuth*, S. 114–117.

Zwei Deutungen sind möglich: 1. Grundform FlN. ahd. *Kīnaha* 'Bach in einer schmalen Geländevertiefung', Kompositum mit dem Grundwort ahd. *aha* 'fließendes Wasser' und einem Nomen *kīn* von ahd. *kīnan* 'sich spalten, keimen, wachsen', schwz. *Chinn* 'enge Schlucht, Felsspalte', als Bestimmungswort. 2. Das Bestimmungswort ist ein Adjektiv slaw. *chojьna*, älter *chvojьna* (ergänze *rěka* 'Bach') 'Reisig-, Nadelbaum-Bach'(?), an das verdeutlichende ahd. *aha* 'Bach' angefügt wurde. – Eichler/Greule/Janka/Schuh, *Bayreuth*, S. 115–117.

Kainbach (auch *Kainsbach*), l.z. Lachte (z. Aller z. Weser). – (1669) *die Kehne hinauf bis in den Kehnteich, daß wasser die Kehne*, 1777 *die Kehme*; ON. (Wirtshaus) Großer Kain (Gem. Dedelstorf, Lkr. Gifhorn, Niedersachsen, D). – Grundform vielleicht as. *Kēn-aha* > mndd. *Kēne* f., Kompositum mit dem Grundwort as. *aha* 'Fließgewässer' und as. *kēn* 'Kienholz', 'Fluss, an dem Kienholz gewonnen wurde', ↗ Kien-. – Borchers, *HG.A.18*, S. 68.

Kainischtraun l.z. Traun (z. Donau) südlich von Bad Aussee (PB Liezen, Steiermark, A). – ON. (Pichl-)Kainisch (PB Liezen), ca.1300 *Camisch, Cammisch*, 1385 *Khanisch*, 1440 *Kainisch*. – Kompositum mit ↗ Traun als Grundwort und ON./FlN. slaw. *Kamenišče* > *Kameniše* 'Steinbach', abgeleitet von urslaw. *kamy*, sloven. *kamen* 'Stein', resemantisiert als slaw. *Ch(v)ojniš(č)a* (> bair. Kainisch), abgeleitet von *chvoja*, sloven. *h(v)oja* 'Weißtanne, Edeltanne'. – Lochner von Hüttenbach, *Steirische Hydronyme*, S. 89.

Kainsbach

– ¹Kainsbach, r.z. Gebenbach (z. Vils z. Naab z. Donau). – 1418–1437 *cis ripam keynspach*; ON. Kainsricht (Gem. Gebenbach, Lkr. Amberg-Sulzbach, Bayern, D), 1109 *Chunesriut*, 1109 *Chunesrût*, 1143 *Chûnisrût*, 1418–1437 *de keynßriet*. – Grundform (ahd.) *Kuonisbach* > mhd. *Küenesbach* > mundartlich (nordbair.) *Keinsbach*, Kompositum mit dem Grundwort *-bach* und dem Genitiv des PN. ahd. *Chuoni*, *Kuoni*, möglicherweise Klammerform *Küenes(riuti)bach* 'Bach bei der Rodung des Kuoni', ON. *Kainsricht* hyperkorrekt für mundartlich /kainsriet/. – N.N., *HG.A.20*.
– ²Kainsbach, z. Happurger Bach (z. Pegnitz z. Regnitz z. Main z. Rhein). – ON. Kainsbach (Markt Schnaittach, Lkr. Nürnberger Land, Bayern, D), 1123 *Chunesbach*, 1160 *Chonnespach*, 12. Jh. *Chonnesbac*. – Sperber, *HG.A.7*, S. 76.
– ³Kainsbach, r.z. Gersprenz (z. Main z. Rhein). – ON. Ober-Kainsbach (Gem. Reichelsheim, Odenwaldkreis, Hessen, D), ON. Nieder-Kainsbach (Gem. Brensbach, Odenwaldkreis), 1012 (Kopie 12. Jh.) *ultra Cuningesbach*, 1425 *Obernkünspach*, 1443 *Kunßpach*. – Sperber, *HG.A.7*, S. 76 f.
Grundform von ²Kainsbach und ³Kainsbach: ahd. *Kuningesbach*, Kompositum mit dem Grundwort *-bach* und dem Genitiv von ahd. *kuning* 'König', mhd. *Künings-/*Köningsbach*, gekürzt > *Künes-/*Könesbach*, entrundet und gedehnt > mundartlich *Kēns-*, hyperkorrekt *Kainsbach*.

Kaiser-/-s-

-bach, -graben, -loch, -see, z.B. Kaisergraben (z. Schwackenreuther Aach z. Stockacher Aach z. Bodensee), 1482 *in den graben, den man nempt des Keisers graben*. Benennung nach kaiserlichem Besitz wird für brandenburgische Namen ausgeschlossen; brandenburg. *Kaiser* m. 'farblich auffallendes Tier'. – Geiger, *HG.A.2*, S. 65; Fischer, *BNB 10*, S. 124.

Kaiserbach

– ¹Kaiserbach, l.z. Kohlenbach (z. Kössener Ache z. Tiroler Ache z. Chiemsee z. Alz z. Inn z. Donau). – 1774 *Kaiser Ba.*; TalN. Kaiserbachtal (Bezirk Kitzbühel, Tirol, A), GebirgsN. Kaisergebirge zwischen Kufstein und St. Johann in Tirol (A), 1400 (?) *ab dem Chaiser, am Kaiser*, 1413 *an dem Kayser*, 1416 *an dem Chayser* (und weitere Belege); HofN. 1231–37 *hinder dem Kaiser*, 1279–84 *hintercheiser*; FlurN./ON. Kaiserau, 1394 *ze chayseraw*, 1369 *ze chaiseraw*, 1454 *zw kayseraw*. – Kompositum mit dem Grundwort *-bach* und dem BergN. *Kaiser*, metaphorisch benannt nach der herausragenden Stellung der Gebirgsgruppe und der markanten Erscheinung. – Dotter/Dotter, *HG.A.14*, S. 186 f.
– ²Kaiserbach, die, z. Kappelbach (z. Elsenbach z. Klingbach z. Altrhein). – ON. Kaiserbachermühle (Klingenmünster, Lkr. Südliche Weinstraße, Rh.-Pf., D), 1238 *Geyersmühle*, 1492 *in der Geysersmühlen*, 1836 *Mühle auf der Kaisersbach*. – Grundform mhd. *Geizersbach*, Kompositum mit dem Grundwort *-bach* und mhd. *geizer* (im Genitiv) 'Ziegenhirte', 'Bach, an dessen Talhängen Ziegen gehalten werden'. – Greule, *HG.A.15*, S. 51.

Kalbach

– ¹Kalbach, r.z. Nidda (z. Main z. Rhein). – ON. (Riedberg-)Kalbach (Stadt Frankfurt a.M., Hessen, D), 796 (Kopie 12. Jh.) *Caldebach*, 797 (Kopie 12. Jh.) *Caldenbach*, 812 (Kopie 12. Jh.) *Caldebach* (und weitere Belege), 817 (Kopie) *Caltebach*, 1484 *Kalbach*. – Grundform ahd. *Kaltenbach > Kaltebach > Kaltbach > Kalbach*. Bestimmungswort ↗*Kalt-*. – Sperber, *HG.A.7*, S. 77.
– ²Kalbach, r.z. Fliede (z. Fulda z. Weser), mündet bei Neuhof (Lkr. Fulda, Hessen, D). – (1011) *in nigram Calbaha, per nigram Calbaha, in puram Calbaha*, 1012 (Kopie) *usque in Calbaho*; ON. Kalbach (Gem., Lkr. Fulda), 826 (Kopie) *in loco ... Calbaha*, 852 (Kopie) *Chalbaha*, 10. Jh. (Kopie) *in Kalbaharu marca* (und weitere Belege). – Grundform ahd. *Kalbaha*, Kompositum mit dem Grundwort ahd. *aha* 'Fließgewässer' und ahd. *kalb* stN. 'junges Rind', 'Fluss, an dem Kälber gehalten werden'. *Nigra Calbaha* 'schwarze, sumpfige Kalbach' im Unterschied zu *Pura Calbaha* 'lautere, saubere Calbach', Parallelname ↗Kollbach. – Sperber, *HG.A.5*, S. 53.
– ³Kalbach, z. Bordesholmer See (z. Eider) im Kreis Rendsburg-Eckernförde (S.-H., D). – 1336 *Kalbeke*, 1338 *a rivo Kalenbeke*, 1357 *rivum ... Kalbeke*. – Grundform mndd. *Kalenbeke*, Kompositum mit dem Grundwort mndd. *beke* 'Bach', zum Bestimmungswort ↗Kahlen-. – Kvaran, *HG.A.12*, S. 98.

Kalbe, die

r.z. Oker (z. Aller z. Weser) bei Braunlage im Harz (Lkr. Goslar, Niedersachsen, D). – 1013 *Calvera*, 1311 *Caluera*, 1529/1531 *Kalve*, 1573 *Kalbwasser*, 1784 *die Kalbe*; FlurN. Kalbkopf, ON. 1311 *De hutte tor Calvere*. – Grundform mndd. *Kalvere* < gm. *Kalwarō*, Ableitung mit *r*-Suffix von Adj. gm. *kalwa-* 'kahl', Benennung nach der Umgebung? – Borchers, *HG.A.18*, S. 68.

Kalchbach

l.z. Pfunderer Bach (z. Rienz z. Eisack z. Etsch) im Dorf Pfunders (Prov. Bozen/Südtirol, I.). – /kåı̇påch/, 1333 *Chalichpach*. – Benannt nach dem Hof *Kalch(er)*, Bestimmungswort ist ahd. *chalh* 'Kalk'. – Kühebacher, *Ortsnamen*, 2, S. 144.

† Kaldiffer Bach

heute Trudner oder Villner Bach, l.z. Etsch nördlich von Neumarkt (Prov. Bozen/Südtirol, I.). – /gåldíifᵉrpåch/, 1194 *a rivo de Caldiva, ab eo rivo de Caldiva*, 1381 *rivus Caldive*, 1775 *Kaldifer*

Kalk-

Bach; BurgN. Ruine *Kaldiff.* – Deutung unsicher, möglich ist die Annahme von ON. vorröm. *Gelduba > rom. *Galdüv, *Galdüb > bair. *Kaldíf*, Ableitung mit *b*-Suffix von ig. *gel-d^hu- zu ig. *gel-* 'frieren, kalt sein'; Parallelname: ON. Gelduba/Gellep (Krefeld, NRW, D). – Hausner/Schuster, *Namenbuch*, S. 574; Kühebacher, *Ortsnamen*, 2, S. 144 f.; Greule, *Abnoba*, S. 117 f.

Kalk- -ach, -bach, -fließ, -graben, -pfuhl, -see, z. B. Kalksee südwestlich von Rüdersdorf (Lkr. Märkisch Oderland, Brandenburg, D), 1231/58 *super ... molendino Klacksehe*, 1487 (Kopie) *vff dem Kalckseh*; in den Rüdersdorfer Kalkbergen wird seit Jahrhunderten Kalk abgebaut. Bestimmungswort ahd., mhd. *kalc*, mndd. *kalk* 'Kalk'. – Fischer, *BNB 10*, S. 125.

Kalkofen- -bach, -graben, -see, -seifen. Gewässer, an denen eine Anlage zum Brennen von Kalk, ein Kalkofen (mndd. *kaltōven*) steht. – Fischer, *BNB 10*, S. 125; Kettner, *Leine*, S. 139.

Kall, die l.z. Rur (z. Maas) ⁊ Kallbach.

Kallbach l.z. Urft (z. Rur z. Maas), mündet in Kall (Lkr. Euskirchen, NRW, D). – ON. Kall, 1238 *Call*, 1494 *Kalle*, 1707 *Caal.* – Da der Ort Kall 500 m von einer römischen Wasserleitung entfernt liegt, ist der Name vielleicht identisch mit rhein. *Kall(e)* 'Wasserrinne, Straßenrinne' (< lat. *canalis*). Parallelname: die Kall, l.z. Rur (z. Maas) in der Eifel, mündet in Zerkall (= *ze der Kall*) (Gem. Hürtgenwald, Kreis Düren, NRW), ON. Simonskall (Gem. Hürtgenwald), 1608 *op der callen*. Es ist jedoch nicht auszuschließen, dass in *Kall(bach)* der in Frankreich, England und Schottland belegte FlN. *Kalonā* 'Steinbach', abgeleitet von kelt. *kalo-* 'hart, Stein', vorliegt und sich lautlich über *Kálana > *Kalna > Kalle entwickelte. – Guthausen, *Schleiden*, S. 46; Bach, *Namenkunde*, S. 285; Dittmaier, *Flurnamen*, S. 125 f.

Kalle, die l.z. Weser, entspringt an den Ausläufern des Weserberglandes, mündet bei Kalldorf (Gem. Kalletal, Kreis Lippe, NRW, D), Quellbäche: rechts *Westerkalle*, im Oberlauf *Kallbach*, und links *Osterkalle*. – 1325 *aque dicte Kalle*, 1487 *an ... der Kalle*, FlN. Osterkalle, 1470/71 *bi der Kalle, to der Kalle*, 1487 *de beyden kallen*; ON. Kalldorf, 1232 *Callenthorp*, 1238 *de Callendorpe* (so mit unterschiedlicher Schreibung des Grundworts *-dorp* und teils mit *K-* oft im 13.–15. Jh. belegt), 1614/15 *Kalldorfe, Kalldorf, Kaldorff*; ON. † Niederkallendorf, 1320 *in Nederenkallendorpe*; ON. Kalletal (Kreis Lippe). – Grundform FlN. (gm.) *Kalnō 'kalter Fluss' > mndd. *Kalle*, in der Komposition schwach flektiert (*Kallen-*); mit *n*-Suffix abgeleitet von gm. *kal-a-* 'frieren, kalt werden', vgl. ⁊ Calder-Bach, ⁊ Kahl, ⁊ Kalt-. – Kramer, *HG.A.10*, S. 38; Meineke, *Lippe*, S. 284–286.

Kalmbach

– ¹Kalmbach, r.z. Passer (z. Etsch) südwestlich von St. Martin (Prov. Bozen/Südtirol, I.). – /kålmpåch/, TalN. Kalmtal, die Kalm, /kålwe, kålm/, 1340 *von Chalb*, 1369 *in Chalbe*, 1649 *in der Kalm*, 1910 *Kalmtal*. – Zu ahd. *chalo* (Dativ *chalwe*), mhd. *kal* 'kahl', substantiviert zum Namen *die Kalwe* 'kahle, waldlose Gegend'. Nach der Apokope zu *Kalb und *Kalm verändert. – Kühebacher, *Ortsnamen*, 1, S. 180 f., 2, S. 145.
– ²Kalmbach, l.z. Lärchbach (z. Saalach z. Salzach z. Inn z. Donau). – (o.J.) *Kaltenbach*, 1862, 1936 *Kalten B.* – Deutung ⁊ Kalt-. – Straberger, *HG.A.9*, S. 56.

Kalmke l.z. Bremeke (z. Sülígbach z. Ilme z. Leine z. Aller z. Weser), westlich von Dassel (Lkr. Northeim, Niedersachsen, D). – 1655 (Kopie 1771) *Kalmke*, 1769 *Kalmcke Bach, Kalmcke Grund*, 1834/41 *Kalmke*. – Grundform *Kalnbeke (?), mit Assimilation /-lnb-/ > /-lmb-/; vielleicht aus mndd. *(am) kallenden beke*, zu mndd. *kallen* 'schwatzen'; Benennung nach dem Schalleindruck des fließenden Wassers. Parallelname: † Kalmke bei Lochtum (Stadt Vienenburg, Lkr. Goslar, Niedersachsen), 1484 *Kalmke*. – Kettner, *HG.A.8*, S. 58; Kettner, *Leine*, S. 139; Borchers, *HG.A.18*, S. 68.

Kalt-/-e-/-en-/-er-/-es- -bach/-bächle/-beck/-beek, -brunn/-born/-brünnlein, -gang, -graben, -klinge, -wasser(l), z. B. Kaltengrabenbach, r.z. Feldaist (PB Freistadt, O.-Ö., A), 1125 (Fälschung 12./13. Jh.) *amnem, qui dicitur Chaltinpach*. Ahd. *kalt* 'kalt', vgl. ⁊ Call-Bach, ⁊ ²Kalmbach. – Hausner/Schuster, *Namenbuch*, S. 576.

Kambächle (auch *Kammbächle*), r.z. Schutter (z. Kinzig z. Rhein). – 14. Jh. *der Kambach*, 16. Jh. *ein bach ... der Kambach*; ON. Kambach (Gem. Schuttertal, Ortenaukreis, B.-W., D). – Kompositum mit dem Grundwort *-bach* und (wahrscheinlich) ahd. *kamb*, mhd. *kamp* 'Kamm', bezogen auf den Gebirgskamm des Schwarzwalds. – Geiger, *HG.A.2*, S. 65 f.

Kammbach ⁊ Kambächle.

Kammel (auch *Kammlach*), l.z. Mindel (z. Donau), fließt durch Krumbach (Schwaben) (Stadt, Lkr. Günzburg, Bayern, D). – 1351, 1357, 1404 *an der Kamlach*; ON. 1243 *de Kambeloch*. – Der Gewässername *Kammel*, der aus *Kambalā, einer *l*-Ableitung von kelt. *kambo- 'gekrümmt', hervorgegangen sein dürfte und später verdeutlichend mit ahd. *aha* 'Fließgewässer' erweitert wurde, ist nach dem gleichen Motiv wie Krumbach (ahd. *krumb*, flektiert *krumben-* 'gekrümmt') benannt. – Snyder, *HG.A.3*, S. 45.

Kammer-/-s- -bach/-bächle/-beck/-bek, -laine, z. B. Kammerbek, r.z. Aue (z. Bille z. Norderelbe), 1656 *an die Cammer bekh*, 1855 *Kammerbek*; FlurN. *Cammerbecks Wiese*. Bestimmungswort ahd. *kamara*, mhd. *kammer* 'Kammer', Benennung nach einem am Gewässer liegenden Gebäude mit einer Kammer (Vorrats-, Schatzkammer, Verließ). – Udolph, *HG.A.16*, S. 183.

Kammlach ↗Kammel.

Kamp, der l.z. Donau östlich von Grafenwörth (PB Tulln, N.-Ö., A). Großer ~, Kleiner ~. – 8./9. Jh. zu 791 (Kopie 9. Jh.) *Camp*, 890 zu 791 (Kopie Anfang 12. Jh.) *Cambus*, 1159 (Insert 1404) *Luczelchamp, Luzcelchamp, Michelkamp*; ON. (im Quellgebiet des Großen Kamp) Komau (PB Freistadt, O.-Ö.), /khã:'mãu̯/, 1400 *Camaw* (< *Kamb-au*); ON. Kamegg (Gem. Gars am Kamp, PB Horn, N.-Ö.), 1150 *de Chambecka*; Kammern (Gem. Hadersdorf-Kammern, PB Krems/Land, N.-Ö.), 1171 *in Chambâr*; ON. Kamp (Gem. Etsdorf-Haitzendorf, PB Krems/Land), 893 (Kopie 12. Jh.) *ad Campe* (hierher?). Der Ortsname *Kammern* geht vielleicht auf *Kamb-arn* 'bei den Anwohnern des Kamp' zurück. – Kelt. *Kambos* 'der Gekrümmte, Krumme (Fluss)', benannt nach den vielen Windungen im Mittel- und Unterlauf, Parallelname ↗Chamb. – Hohensinner/Wiesinger, *Perg und Freistadt*, S. 252f.; Hausner/Schuster, *Namenbuch*, S. 578f., 695.

Kamp-/-er- -bach, -graben, -see, z. B. Kampersee bei Zechlinerhütte (Stadt Rheinsberg, Lkr. Ostprignitz-Ruppin, Brandenburg, D), 1721 *an dem Kamp See*, 1788 *Kampersee*. Benannt nach einem Flurstück *Kamp*, mndd. *kamp* 'Landstück, Feld'. – Fischer, *BNB 10*, S. 126; Laur, *Schleswig-Holstein*, S. 373f.

Kampitzgraben z. Alte Oder bei Alttrebbin (Gem. Neutrebbin, Lkr. Märkisch Oderland, Brandenburg, D). – 1747 *Campitz*, 1750 *Campitzgraben*. – Grundform apolab. *Kąpica* zu apolab. *kąpa* 'aus dem Wasser/Sumpf hervorragender Hügel/Horst'. – Fischer, *BNB 10*, S. 126.

Kanal- -bach, -graben und in zahlreichen Verbindungen mit Adjektiven, Gewässernamen, Ortsnamen und Personennamen. Nhd. *Kanal* 'künstlicher schiffbarer Wasserlauf' verdrängte seit dem 18. Jh. alte Bezeichnungen wie *Flutrinne, Schiffgraben* und *Graben*. – Fischer, *BNB 10*, S. 126.

Kandelbächle r.z. Alpirsbächle (z. Elz z. Rhein). – BergN. der Kandel, Hausberg der Stadt Waldkirch (Lkr. Emmendingen, B.-W., D), 12. Jh. (zum Jahr 1111) *ad monten Kanden, ad montem Channun*, 16. Jh.

Kandell, 1662 *mons Kandel*; ON. Kandelhof (St.Peter, Lkr. Breisgau-Hochschwarzwald, B.-W.), StraßenN. Am Kandelbächle (Glottertal, Lkr. Breisgau-Hochschwarzwald). – Kompositum mit dem alemannischen Diminutiv von *-bach* als Grundwort und dem BergN. Kandel als Bestimmungswort. BergN. Kandel < kelt. *Kanden(os)* m. 'der weiße (schneebedeckte) Berg', ↗Kander. – Geiger, *HG.A.2*, S. 66; Greule, *Oberrhein*, S. 199.

Kander, die
– ¹Kander, z. Thunersee (z. Aare z. Rhein), wird vom Kanderfirn, einem Gletscher in den Berner Alpen, gespeist, durchfließt das Kandertal (Berner Oberland, CH), mündet nach 46km. – 1301 *Chandra*, 1328 *Kander* (und weitere Belege); ON. Kandergrund (Kanton Bern), 1352 *Kandergrund* 'Ort im Talgrund der Kander'; ON. Kandersteg (Kanton Bern), 1336 *Kanderstege*, 1368 *Kandersteg* 'Brücke über die Kander'. – Zinsli, *BNB 2*, Sp.411f.; Kristol, *LSG*, S. 475.
– ²Kander, r.z. Rhein, entspringt in ca. 990m Höhe am Hochblauen (Südschwarzwald, B.-W., D), mündet nach 22km bei Märkt (Stadt Weil am Rhein, Lkr. Lörrach, B.-W.). – 1295 *bi Kanderer bach*, 1381 *disend der Kander*, 1473 *die mindere Kander*; ON. Kandern (Stadt, Lkr. Lörrach), 790 *in villa Cantara*, 1102 *Chantro*, 1196 *de Candro*, 1233 *Chandra*, 1279 *Candern*, 1473 *Kandern*. Die Stadt trägt den Namen des Flusses, heute im Dativ. – Greule, *Oberrhein*, S. 199f. Grundform FlN. ahd. *Kantara*, alem. *Chantra*, Lehnname aus urkelt. *Kandrā* 'die Glänzende' < ig. *kn̥d-ró-* (ai. *candrá-* 'schimmernd, hell'), eine Ableitung mit r-Suffix von der Schwundstufe der Verbalwurzel ig. *(s)kend-* 'erglänzen, glänzen, schimmern'. Möglicherweise liegt der FlN. vorgm. *Kandra* > gm. *Kantra* auch dem ON. Kondrau (Stadt Waldsassen, Lkr. Tirschenreuth, Bayern, D – mit Mineralquellen) zugrunde: 1225 *Chantraw*, 1257 *Chantrowe*, um 1400 *Contraw* < abair. *Chantr-ouwe* 'Stelle am Gewässer *Kantra*'. – Rix, *LIV*, S. 554; Greule, *Studien*, S. 34.

Kanine, die z. Alte Oder östlich von Freienwalde (Lkr. Märkisch Oderland, Brandenburg, D). – 1735 *die Canine*, 1751 *Kanin*, 1844 *der Canin*. – Grundform apolab. *Kanina* zu VogelN. apolab. *kan'a*, sorb. *kanja* 'Weihe'. – Fischer, *BNB 10*, S. 127.

Kanker, die sloven. Kokra, l.z. Save (z. Donau), entspringt am Seebergsattel im österreichisch-slowenischen Grenzgebiet, mündet nach 41km bei Kranj (Slowenien). – 1154 *Chocher*, 1156 *Coker*, 1444 *Kanker*. – Grundform FlN. slaw. *Kokra* < vorslaw. *Kankrā*, vielleicht Ableitung mit r-Suffix von urkelt. *kankā* 'Arm', metaphorische Benennung des Zuflusses der Save? Parallelname: die Kanker, r.z. Partnach in Garmisch-Partenkirchen (Bayern, D), ohne Belege. – Kranzmayer, *Ortsnamenbuch* 2, S. 114; Matasović, *Proto-Celtic*, S. 187; Snyder, *HG.A.3*, S. 45.

Kanne, die l.z. Spree in Berlin/Treptow (D). – 1591 *Von der Kannen*, 1704, 1869 *die Kanne*. – Mndd. *kanne* f. 'Rinne', ahd., as. *kanna* 'Gefäß für Flüssigkeiten mit Henkel und Ausgussvorrichtung'. – Fischer, *BNB 10*, S. 127.

Kanner, die frz. la Canner, z. Mosel (z. Rhein), entspringt im Süden des Forêt de Villers bei Vry (Dep. Moselle, Kanton Vigy, F), mündet bei Koenigsmacker (Dep. Moselle, Kanton Metzerwisse). – 896/897 *fluvius Canera*, 1185 *riuulorum ... Canren*, 1216 *Canra*, 1362 *Caneram*, 1402 *Rivulus Canneren*, 1495 *Kanderen*, 1526 *uf der Kandern*, 1560 *Cendel*, 1574 *auf der Kandel*, 1634 *Canère*. – Grundform (kelt.) *Kanarā*, mit *r*-Suffix abgeleitet vom Verbstamm urkelt. *kan-o-* 'singen' (Benennung nach dem Geräusch des fließenden Wassers) oder die Basis *kan-* entspricht ig. *kano-* < *kəno-/*kh₂-nó- 'gegraben, Graben', ein mit *n*-Suffix von der schwundstufigen Wurzel urig. *keh₂-* 'graben' abgeleitetes Verbaladjektiv. Dann ist der Name als ves.-ig. einzustufen. – Haubrichs, *Wüstungen und Flurnamen*, S. 498; H. Hiegel (Sarreguemines), brieflich, 15. 10. 1980; Matasović, *Proto-Celtic*, S. 187 f.; Rix, *LIV*, S. 344.

Kanzach, die r.z. Donau, Ablauf des Federsees auf 578 m, mündet nach 19 km bei Daugendorf (Stadt Riedlingen, B.-W., D) auf 519 m. – 1293 *Kanzach*, 1302 *an der Kanzah*; ON. Kanzach (Lkr. Biberach, B.-W.). – Grundform FlN. vorahd. *Kantakā*, delabialisiert < kelt. *Kʷantakā*? mit *k*-Suffix abgeleitet von kelt. *kʷant-*, vgl. urkelt. *kʷant-jo-* 'flat hill' (mir. *céite* 'hill, eminence, open space, assembly', mkymr. *pant* 'Tal') und alt-räto-rom. *cant* m. 'Hügelkamm u. a.', metaphorisch im schwäbischen Reliktwort *Kanz* m. 'Rossmähne'; Bedeutung 'Hügelbach'? – Snyder, *HG.A.3*, S. 45; Matasović, *Proto-Celtic*, S. 174; Kleiber, *Ambletz(e)/Umbletze*, S. 277.

Kapellensee südwestlich von Luhme (Stadt Rheinsberg, Lkr. Ostprignitz-Ruppin, Brandenburg, D). – 1573 *Capell*, 1574 *Capelle*, 1745 *Kapellen See*, 1825 *Kapell See*. – Grundform apolab. *Kapěľ*, zum Verb apolab. *kapati*, *kapiti* 'tropfen'. – Fischer, *BNB 10*, S. 127.

Kapruner Ache r.z. Salzach (z. Inn z. Donau). – 1862 *Kapruner Ache*; ON. Kaprun (Gem., PB Zell am See, Salzburg, A), 931 *ad Chataprunnin*, 1041 *in loco Chataprunnin*, 1166 *ad Catprunnen*, 1188–93 *de Chaprunnen*. – Wortgruppe mit dem Adjektiv des ON. Kaprun < ahd. bair. (Dat.) *zi Kāt(a)brunnen*, Kompositum mit dem Grundwort ahd. *brunno* swM. 'Brunnen, Quelle' und ahd. *quāt* stN. 'Kot' als Bestimmungswort, 'Schmutzquelle'. – Straberger, *HG.A.9*, S. 57; Hausner/Schuster, *Namenbuch*, S. 581.

Karausch-/Karietsch-/Karutz-/-en- *-graben*, *-pfuhl*, *-see*, *-teich*. Bestimmungswort *Karausche* f., brandenburg. *Karū(t)sche* u. ä. ein Fisch (Carassius carasius) oder apolab. *karus* 'Karausche', wovon ein Gewässername apolab. *Karusьjь/-e (jezerъ/-o)* 'Karauschensee' abgeleitet wurde, z. B. Karutzensee nordöstlich von Hohenstaaten (Bad Freienwalde, Lkr. Märkisch-Oderland, Brandenburg, D), 1315 *in stagno, quod dicitur Caruthz*, 1844 *Karutzen See*. – Fischer, *BNB 10*, S. 128, 129.

Karbach

– ¹Karbach, mehrfach in der Prov. Bozen/Südtirol (I.). – /káar-, kár-, kóorpåch/, um 1775 *Karbach*, ↗ Karer Seen. – Kühebacher, *Ortsnamen*, 2, S. 147.

– ²Karbach, r.z. Unteren Argen (z. Argen z. Bodensee). – FlN./ON. Karbach (Stadt Wangen im Allgäu, Lkr. Ravensburg, B.-W., D), 853 *in loco ... Charbach*, 1155 *in Karebach*, 13. Jh. *Charebach*, *zem Karbach*, 1357 *Karbach*; ON. Karsee (Stadt Wangen im Allgäu). – Geiger, *HG.A.2*, S. 66.

– ³Karbach, l.z. Steinbach (z. Rauhe Ebrach z. Regnitz z. Main z. Rhein). – ON. Karbach, 1164 *Carbach*, 1230 *in Karbach*. – Sperber, *HG.A.7*, S. 77.

– ⁴Karbach, l.z. Main (z. Rhein), mündet bei Rothenfels (Lkr. Main-Spessart, Bayern, D). – 1014 *charbahc, per aquam charbahc*; ON. Karbach (Lkr. Main-Spessart), 1172 *in ... Karbach*, 1245 *in Karbahc*, 13. und 14. Jh. *Karbach* (oft belegt). – Sperber, *HG.A.7*, S. 77 f. Kompositum mit dem Grundwort *-bach* und mhd. *kar* stN. 'Talmulde im Gebirge, als Weideplatz benutzte Hochtalmulde'.

† Kardaunbach (heute *Eggentaler Bach*), l.z. Eisack in Bozen (Südtirol, I.). – Um 1100 *per rivum Cardûn*, um 1189–1196 *Kardun, secus fluvium ... Kardûn*, 1246 *iuxta aquam Garduni*, um 1500 *Gardaunpach*; ON. Kardaun (Fraktion der Gem. Karneid, östlich von Bozen), am Eingang des Eggentales, /kardáun/, 1190–1196 *Kardun*, 1237 *Cardovn*, *Cardun*, 1411 *Gurtaun*. – Zugrunde liegt vielleicht der ON. *Kardūnu* < (kelt.) *Karodūnon* wie beim ON. Karden (VG Treis-Karden, Lkr. Cochem-Zell, Rh.-Pf., D) an der Mündung des Brohlbachs (z. Mosel), 11. Jh. *Karadonum*, 1326 *an cardenrebach*, 1633 *am Carderbach*. In beiden Fällen dürfte als Bestimmungswort des Kompositums mit dem Grundwort *-dūnon* der Flussname ves.-ig. *Karā* ↗ Körsch (< *Karisa*) vorliegen. *Karā* wird gewöhnlich zu ig. *karo-s* 'hart, Stein, steinig' als 'die Steinige' gestellt. Zu bedenken ist auch die Herkunft als Feminin des Verbaladjektivs urig. *kh₂-ró-* (> *kəro-s* > *karo-s*), abgeleitet von *keh₂- 'graben'. – Kühebacher, *Ortsnamen*, 1, S. 186 (mit anderer Etymologie: lat. *corda* + *-onu*), 2, S. 147 f.; Hausner/Schuster, *Namenbuch*, S. 581 f. (mit anderer Etymologie: **Car(d)-one* oder *Cardine* 'Türangel'); Krahe, *UäFlNN*, S. 58; Rix, *LIV*, S. 344.

Karer Seen z. Karer Bach, in einer bewaldeten Bergsturzmulde zu Füßen des Latemar, am Karerpass (Prov. Bozen/Südtirol, I.). – /koorᵉr-, kaarᵉrsää-/, 1547 *Caresee, Carerpach*, um 1600 *Carner See* (Oswald v. Wolkenstein); AlmN. /auf koor/, um 1300 *Char*, um 1770 *Kor*. – Bestimmungswort ist mhd. *kar* 'als Weideplatz benutzte Hochtalmulde', ↗ Karbach. – Kühebacher, *Ortsnamen*, 2, S. 148.

Kar-Graben l.z. Moosbach (z. Fritzbach z. Salzach z. Inn z. Donau). – 1424 *auf dem Chorpach*, 1913 *Kar-Alpenbach*; FlurN. Kar A(lpen), 1424 *auf dem chor*. – Klammerform **Kar(alpen)graben*, Bestimmungswort des Flurnamens ↗ Karbach. – Straberger, *HG.A.9*, S. 57.

Karlbach Oberlauf des Eckbachs (z. Eisbach z. Rhein). – 891–914 (Kopie 16. Jh.) *Karlebach*, 1348 *vf dem Carlebach*; ON. Großkarlbach (Gem. Lkr. Bad Dürkheim, Rh.-Pf., D), um 768 (Kopie 12. Jh.) *Carlobach marca*, 771 (Kopie 12. Jh.) *Karlebach* (und weitere Belege), um 1250 *in Karlebach inferiori*, 1362 *Großkarlebach*; ON. Kleinkarlbach (Gem. Lkr. Bad Dürkheim), 788 (Kopie 12. Jh.) *Carlabach*, 1345 *minori Karlebach*, 1362 *zu der kleinen Karlebach* (und weitere Belege). – Grundform FlN. ahd. *Carlobach*, Kompositum mit dem Grundwort *-bach* und dem Genitiv Plural von ahd. *karl, karal* 'freier Mann' (**karlo-*) als Bestimmungswort. Benennungsmotiv ist vermutlich die Ansiedlung zinspflichtiger Königsfreier in der Karolingerzeit. – Greule, *HG.A.15*, S. 52 f.; Dolch/Greule, *Pfalz*, S. 175, 259 f.

Karlinbach z. Reschensee bei Graun, Bach des Vinschgauer Nebentales Langtaufers (Prov. Bozen/Südtirol, I.). – /karlíinpắch/, seit 1680 *Karlinbach*. – Das Bestimmungswort ist vermutlich rom. **Karninu* (dissimiliert zu *Karlin-*) 'kleiner Bach, der an einem Felsen vorbeifließt', mit romanischem Suffix *-inu* abgeleitet von (kelt.) **karn-* 'Steinhaufen' (air., kymr., bret. *carn* 'Steinhügel, Steingrab'), vgl. *Cerne*, Name verschiedener Lokalitäten entlang dem river *Cerne* 'the rocky or stony stream' (Dorset, GB), ON. Kahren (Lkr. Trier-Saarburg, Rh.-Pf., D), 1184 *Karne*; ON. (Mosel-)kern (Verbandsgem. Treis-Karden, Rh.-Pf., D), um 1100 *kerna* (< **Karnia*). – Kühebacher, *Ortsnamen*, 2, S. 148 f.; Pokorny, *IEW*, S. 532; Watts, *EPN*, S. 122; Buchmüller/Haubrichs/Spang, *Namenkontinuität*, S. 86.

Karpf-/-en-, Karp-/-ich- *-bach, -kuhle, -lake, -loch, -pfuhl, -see, -teich, -wehrgraben. Karpfen* m., ein großer, zur Fastenzeit beliebter Speisefisch, ahd. *karpf(o)*, mhd. *karpfe*, mndd. *karpe*, mndl. *carper*, spätlat. *carpa* 'Donaufisch'. – Fischer, *BNB 10*, S. 129.

Karpke, die z. Wiele-Bach (z. Afte z. Alme z. Lippe z. Rhein). – 1656 *dass wasser die Kehrbecke hinauf*. – Deutung ↗ Kehr-. – Schmidt, *HG.A.6*, S. 36.

Karthane, die l.z. Stepenitz (z. Elbe), Quellgebiet in der Gem. Groß Pankow (Lkr. Prignitz, Brandenburg, D), mündet nach 48km südöstlich von Wittenberge (Lkr. Prignitz). – 1274 (Kopie) *supra karthanam*, 1488 *vp die Cartane*, 1560 *vber die Carthan*, 1748 *das Fließ … Carthan*, PN. 1239 *hinricus de Cartane*. – Grundform apolab. **Kartana*, abgeleitet von **kart-*, vgl. sloven. *krat* 'Kürze'? Benennungsmotiv: Im Vergleich mit der 84km langen Stepenitz ist die Karthane die Kürzere. – Fischer, *BNB 10*, S. 129.

Karutz- ↗ Karausch-.

Karwe, die l.z. Löcknitz (z. Elde z. Elbe), mündet nordwestlich von Dallmin (Gem. Karstädt, Lkr. Prignitz, Brandenburg, D). – 1825 *die Karwe*, 1854 *die Carwe*; PN. 1289 *huno de Karwen*. – Grundform apolab. **Karv'a (rĕka)* 'Kuh-Fluss', zu apolab. **karva* 'Kuh'. – Fischer, *BNB 10*, S. 130.

Kasbach

– ¹Kasbach, l.z. Inn (z. Donau), entspringt im Rofangebirge, mündet in Jenbach (PB Schwaz, Tirol, A). – 1321 PN. *Chespecher*, 1349 *Chaespach*, 1368 *Kaspach*, 1370 *Chaezpach*, 1427 *Kespach, Käspach*. – Kompositum mit dem Grundwort *-bach* und ahd. *ches* stN., mhd. *kes*, bair. (Tirol) *Kees* 'Eis' als Bestimmungswort. – Anreiter/Chapman/Rampl, *Gemeindenamen*, S. 567.

– ²Kasbach (auch *Hauslingergraben*), r.z. Tauglbach (z. Salzach z. Inn z. Donau). – ON. Kasbach (St. Koloman, PB Hallein, Salzburg, A), 1435 *Chäspach*, 1862 *Käsbach*; PN. 1497 *Käspacher, chäspacher*. – Deutung ↗ Käs-. – Straberger, *HG.A.9*, S. 58.

– ³Kas-Bach, im Oberlauf *Käs-Bach*, r.z. Rhein, mündet bei Linz, bildet die Grenze zwischen Bistum Trier und Erzbistum Köln. – ON. Kasbach(-Ohlenberg) (Gem., Lkr. Neuwied, Rh.-Pf., D), 1076 *Kazbach*, (1116) *Kazebach*, 1418 *Kaspach*. – Kompositum mit dem Grundwort *-bach* und vermutlich gm. **kat-* 'gewinkelte Bachkrümmung' als Bestimmungswort ↗ Kötz, (vorahd.) **Katebak-* > mhd. *Kazebach* > *Kasbach*. – Faust, *HG.A.4*, S. 39.

Kasenke Große ~, Kleine ~, r.z. Dünne (z. Rhume z. Leine z. Aller z. Weser) in Langenholtensen (Stadt

Northeim, Lkr. Northeim, Niedersachsen, D). – 1663 *der kleine/große Caßmecke*, 20. Jh. *die kleine/große Kasenk*. – Ausgangsform mndd. **Karsebeke > *Kasbeke/*Kasmecke > Kasenke*, Kompositum mit dem Grundwort mndd. *beke* 'Bach' und mndd. *kerse, karse* 'Kresse' als Bestimmungswort. – Kettner, *HG.A.8*, S. 59; Kettner, *Leine*, S. 141.

Kaserbach

– ¹Kaserbach, mehrfach in der Provinz Bozen/Südtirol (I.). – /káaserpåch/ (mit Sekundärumlaut). – Kühebacher, *Ortsnamen*, 1, S. 190; 2, S. 149–151.
– ²Kaserbach, r.z. Auerbach (z. Inn z. Donau). – 1858 *Kaserbach*. – Dotter/Dotter, *HG.A.14*, S. 192.
– ³Kaserbach, auch Krimmler Ache, r.z. Salzach (z. Inn z. Donau). – Ca.1350 *Chaeserpach*. – Straberger, *HG.A.9*, S. 58.
'Bach an der Kaser', mhd. *kæser(e)* 'Sennhütte'.

Kaspaue ↗† Caspau.

Kaspersbach
l.z. Rott (z. Inn z. Donau). – 768 (Kopie 9. Jh.) *usque in Chaftorapah*, 1844 *Kasperbacher-Bach*; ON. Kaspersbach (Stadt Eggenfelden, Lkr. Rottal-Inn, Bayern, D), ca.1563 *Kasperspach*. – Grundform ahd. **Chaftera-bach*, Kompositum mit dem Grundwort *-bach* und ahd. **chaftera* stM. Plural '(Bienen-)körbe' (im BachN. vielleicht zu beziehen auf eine Fischfangvorrichtung im Bach) < l. *capisterium* als Bestimmungswort, später umgedeutet nach dem PN. Kaspar als *Kasper(s)-bach*. – Dotter/Dotter, *HG.A.14*, S. 192.

Kaspuhl, der
l.z. Ilme (z. Leine z. Aller z. Weser), mündet westlich von Markoldendorf (Stadt Dassel, Lkr. Northeim, Niedersachsen, D). – 1480 *up dem Caspol*, 1873 *im Kaspul*, 20. Jh. *Kaspuhl*. – Mndd. *kersepōl* 'zum Ausbau von Kresse angelegtes seichtes Gewässer' > FlN. **Kaspōl*. – Kettner, *HG.A.8*, S. 59; Kettner, *Leine*, S. 140 f.

Kastavensee
Großer ~ auf dem Stadtgebiet von Fürstenberg/Havel (Lkr. Uckermark, Brandenburg, D), Kleiner ~ bei Lychen (Lkr. Uckermark). – 1299 (Kopie 16. Jh.) *grote Karstavell, lutke Karstavel*, 1556 *an den Kastauel sehe ... durch den Kostauel Sehe, Den Kastofel Sehe*, 1574 *vff den Castibel ... Casthafel*, 1770 *den große Castaven*, 1825 *Obere Kastaven See*; ON. Kastaven (Stadt Lychen), 1299 (Kopie) *carstauel*. – Grundform apolab. **Karstavel* mit Suffix *-el* abgeleitet von apolab. **karstav-* 'rauh'? – Wauer, *HG.A.17*, S. 75 f.; Fischer, *BNB 10*, S. 130.

Kastenitzerbach
l.z. Reißbach (z. Lainsitz z. Moldau) nördlich von Hörmanns bei Litschau (PB Gmünd, N.-Ö., A). – 1179 (Kopie um 1290) *usque ad ortum Gestice fluminis* (lies *Gostice*), 1179 (Kopie 14. Jh.) *Gostice*, 1549 *Castainitz*, 1823 *Kastanitzabach*. – Grundform slaw. **Gostica* (und **Gostьnica*?), abgeleitet vom PN. slaw. **Gost* (slaw. *gostь* 'Gast'), eingedeutscht als **Kastenitz*. – Hausner/Schuster, *Namenbuch*, S. 585.

Kastelbach
l.z. Wolfach (z. Kinzig z. Rhein). – 1490 *im Kastelbach, in das Kastelbechlin*; ON. Kastelbach (Bad Rippoldsau-Schappach, Lkr. Freudenstadt, B.-W., D), BergN. Kastelstein (Buntsandsteinfelsen, 823m). – Grundform mhd. *Kastelbach*, vielleicht Klammerform *Kastel(stein)bach*; Bestimmungswort mhd. *kastel* 'Burg, Schloss'. – Geiger, *HG.A.2*, S. 67.

Katen-
-bäkel-beck, -teich, z. B. Katenbäke, r.z. Hunte (z. Weser), (etwa 1445, Kopie) *uppe der Katenbeke*, 1469 (Kopie) *eyn hus uppe der Katenbeke*, ON. † Katenbeke, 1224, 1242 *Kotenbeke*, 1463 *Katenbeke*. Bestimmungswort mndd. *kāte, kōte, kotte* m.f., *kot* n. 'Hütte, kleines Haus'. – Borchers, *HG.A.18*, S. 69.

Kater-/Katter-
-bach, -graben, -lake, -pfuhl, -siepen. Bestimmungswort ahd. *kataro*, mhd. *katere, kater* swstM, mndd. *kāter* 'männliche Katze', auch zur Bezeichnung des Minderwertigen, z.B. Katterbach, r.z. Zenn (z. Regnitz z. Main z. Rhein), ON. Altkatterbach (Gem. Wilhermsdorf, Lkr. Fürth, Bayern), 1164 *Katerbach*, 1432 *katerpach*, 18. Jh. *Katterbach*. – Sperber, *HG.A.7*, S. 78; Fischer, *BNB 10*, S. 130.

Katharin-a-/-en-
-bach, -fleet, -graben, -pfuhl, -see, -teich, -wasser. Benannt nach der heiligen Katharina (25. November), die Namen weisen auf kirchlichen/ klösterlichen Besitz hin. – Fischer, *BNB 10*, S. 131.

Katlenbach
l.z. Rhume (z. Leine z. Aller z. Weser), mündet unterhalb von Katlenburg (Katlenburg-Lindau, Lkr. Northeim, Niedersachsen, D). – 1525 *in der Katelen, by der Katelen, bouen de Katelen*, 1778 *Katelbach*, 1779 *die Katel*; QuellN. um 1215 *Catelenborn*; ON. Katlenburg, um 1050 *Katalanburch*, 1100 *Katelenborch*, 1103, 1139, 1146 *Katelenburch* (und weitere Belege). – Die Grundform mndd. **Katel, *Katelen* ist vielleicht ursprünglich der Name des Katelbergs, eines Bergsporns, auf dem die Katlenburg errichtet wurde, Variante as. **katal-* von as. *ketil* (gt. *katils*, gm. **katila-*) 'Kessel'? Die Benennung bezieht sich vielleicht auf die Form des Berges, der mit einem Kessel verglichen wurde. – Kettner, *HG.A.8*, S. 59; Kettner, *Leine*, S. 141 (zu gm. **kat-* 'gekrümmt').

Katte-/-n-
-bach, -beck/-bek, -gatt, -pool. 1656 *hinab bis an die Kattenbecke*, r.z. Afte (z. Alme z. Lippe z. Rhein), Bestimmungswort mndd. *katte* '(Wild)katze'. – Schmidt, *HG.A.6*, S. 36.

Kattstart-/Kattenstert-/Katzensterz- -*bach*, -*pfuhl*, -*teich*. Bestimmungswort ndd. *Kattenstert*, *Kattenstart* m. 'Acker-/Sumpfschachtelhalm'. – Fischer, *BNB 10*, S. 131 f.

Katz-/-el-/-en- -*bach*/-*bächl*/-*beck*, -*brunnen*, -*graben*, -*lanke*, -*pfuhl*, -*see*, -*tal*, -*teich*. Ahd. *kazza* 'Katze', niederdeutsch *Katte* ↗Katte-. In Einzelfällen kann das Bestimmungswort auch der PN. *Kazo* sein, ↗Katzbachbächl.

Katza, die (auch *Katz*, *Katzbach*, *Katzabach*), l.z. Werra (z. Weser), entspringt südwestlich von Oberkatz (Lkr. Schmalkalden-Meiningen, Thüringen, D) am Nordhang der Diesburg (Vorderrhön), mündet in Wasungen (Lkr. Schmalkalden-Meiningen). – 1323 *inter Katzam et Werram*, 1335 *mit dem Wasser der Katza*, 1366, 1370 *die Katza*, um 1530 *an der Katze*, *Katza*, 1535 *an der Katz*, 1664 *an der Katza, die Katz*; ON. Oberkatz, ON. Unterkatz (Lkr. Schmalkalden-Meiningen), 852 *in Kazahano marcu*, 874 *Kazaha*, 1230 *Kazzah*, 1271 *Katza*, 1271 *Kazahe*, 1273 *de Katza*, 1275 *de Kazza* (und weitere Belege); FlurN. 1664 *Katzleithen*. – Grundform FlN. ahd. **Katzaha* > mhd. **Katzahe, Katzach, Katza*. Die Deutung als Kompositum mit dem Bestimmungswort ahd. *kazza* swF. 'Katze' stößt auf morphologische Schwierigkeiten, weil ahd. *kazza*, Gen. *kazzūn*, schwach dekliniert wird (vgl. ahd. *kazzūn-zagal* 'Katzenschwanz'). Vielleicht aus vorgm.(?) **Katasa* synkopiert > **Katsa* > ahd. **Katza*, mit *s*-Suffix abgeleitet von der Namen-Basis ves.-ig. **Kat-* 'Graben' ↗Kötz, mit verdeutlichendem Grundwort ahd. **Katz-aha*. Zur Entwicklung der mit -*s*- suffigierten Namen ↗Jagst (< **Jagasa*) ↗Masse (< **Matsa*) ↗Schlitz (< **Slidasa*) ↗Walse (< **Waldasa*). – Sperber, *HG.A.5*, S. 54.

Katzbachbächl l.z. Isen (z. Inn z. Donau). – 1830 *Katzbacher-Bächel*; ON. Großkatzbach, Klein~ (ehemalige Gem. Wasentegernbach, Stadt Dorfen, Lkr. Erding, Bayern, D), 836 *Chazpah*, 9.–10. Jh. *Chazpah*, *Chacapah*, *Chazapah*, 1482 *Katzpach*. – Grundform FlN. ahd. bair. *Chazpah*, Kompositum mit dem Grundwort -*bach* und ahd. *kazza* '(Wild-)Katze', ↗Katz-. Parallelname ON. Katzbach (Stadt Linz, O.-Ö., A), 983–91 *Chatzpach*. – Dotter/Dotter, *HG.A.14*, S. 192 f.; Baumann, *Erding*, S. 102; Hausner/Schuster, *Namenbuch*, S. 586.

Katze, die r.z. Schwarza (z. Thüringische Saale z. Elbe). – 1370 *Kaczcza*; ON. Katzhütte (Gem. Saalfeld-Rudolstadt, Thüringen, D) 'Hüttenwerk am Fluss Katze'. – Grundform ahd. **Kazzaha*, Etymologie wie ↗Katza. – Ulbricht, *Saale*, S. 233; Eichler, *Ortsnamenschichten*, S. 8.

Kauer- -*alb*, -*bach*, -*lach*, auch *Kuralb* und *Kurau*. Bestimmungswort zu nhd. *kauern*, mndd. *küren* '(dem Wild) auflauern', norw. *kūra* 'sich zusammenkauern, ruhen', zu einem Adjektiv gm. **kūra-* (< ig. **gūro-s* 'rund gekrümmt'), für versteckt verlaufende, gekrümmt fließende Gewässer. – Pokorny, *IEW*, S. 393, 398.

Kaulbach l.z. Lauter (z. Glan z. Nahe z. Rhein). – ON. (Kreimbach-)Kaulbach (Lkr. Kusel, Rh.-Pf., D), 1345 *Kulbach*, 1437/38 *Kulbach*, 1446 *Kullebach*, 1500 *Kulenbach*, 1560 *Kauln-*, *Kaulenbach*, 1588 *Caulbach*. – Grundform mhd. **Külenbach* > *Kaul(en)bach*, Kompositum mit dem Grundwort -*bach* und dem Genitiv des PN. ahd. *Kugulo* (Gen. **Külen-* < ahd. **Kugelen-*) als Bestimmungswort. – Greule, *HG.A.15*, S. 54; Dolch/Greule, *Pfalz*, S. 253.

Kaulsee

– ¹Kaulsee, z. Hartsee (z. Eschenauer See z. Ischer Ache z. Alz z. Inn z. Donau), gehört zur Eggstätter-Hemhofer Seenplatte (Lkr. Rosenheim, Bayern, D). – Ca. 1563 *ad Kalsee, tertius Kalsee*, 1830 *Kauf-See* (lies *Kaul-See*). – Etymologie unklar. Wenn die Belege ca. 1563 *Kalsee* (beide nach Apian) für *Kaulsee* verschrieben sind, dann Kompositum mit dem Bestimmungswort mhd. *küle*, nhd. *Kaule* 'Grube, Loch'. – Dotter/Dotter, *HG.A.14*, S. 193.

– ²Kaulsee, Großer ~, Kleiner ~ bei Schmiedeberg (Stadt Angermünde, Lkr. Uckermark, Brandenburg, D). – 1375 *Kowil*, 1827 *Gr., Kl. Kaule*. – Übertragung eines ON. apolab. **Kovali* zu apolab. **koval* 'Schmied'. – Fischer, *BNB 10*, S. 147.

Keelbek l.z. Treene (z. Eider z. Nordsee). – ON. Keelbek (Gem. Tarp, Kreis Schleswig-Flensburg, S.-H., D), 1399–1407 *Keldebek*, 1459 *in deme dorpe Keldebeke*, 1543 *Kelbeke*. – Kompositum mit dem Grundwort mndd. *beke* 'Bach' und (dn.) *kilde* 'Quelle' 'Bach, der in einem quellenreichen Gebiet entspringt'. – Kvaran, *HG.A.12*, S. 99; Lauer, *Schleswig-Holstein*, S. 380.

Kehlbach r.z. Salzach (z. Inn z. Donau). – 1336 *zwischen des Chelpachs … mitten*, 1862 *Kelch B.*, 1913 *Kelchbach*. – Kompositum mit dem Grundwort -*bach* und ahd. *kela* swF., mhd. *kele, kel* 'Kehle, Schlund, kleine enge Schlucht' als Bestimmungswort, später eindeutet als *Kelch-bach*. – Straberger, *HG.A.9*, S. 58.

Kehr-/-en- -*bach*, -*graben*, z. B. Kehrbach, r.z. Warmen Fischa im Norden von Wiener Neustadt (A), 1198 (Kopie 13. Jh.) *ad Cherbach*. Ahd. *kēra* f. 'Kehre, Wendung', Name für Fließgewässer mit einer auffälligen Biegung. – Hausner/Schuster, *Namenbuch*, S. 194, 587.

Keilbach r.z. Ahr (z. Rienz z. Eisack z. Etsch), mündet bei Steinhaus (Prov. Bozen/Südtirol, I.). – /káilpåch/, um 1770 *Keil Ba.*; ON. Keilbach, auch Keil(e) (Höfe), 1461 *Oberkeyl*, um 1865 *Keilbach*; BergN. Keilbachspitz, Keilbachkees. – Benannt nach dem ursprünglichen Besitzer des Gehöfts *Keil(e)*, Übername für einen Holzhacker. – Kühebacher, *Ortsnamen*, 2, S. 153.

Keimbach l.z. Blies (z. Saar z. Mosel z. Rhein). – ON. Keimbacherhof (Oberlinxweiler, Stadt St.Wendel, Lkr. St.Wendel, Saarland, D), ca.1450 *Kaynbach*, 1481 *in Keymbach*; PN. 1404 *Clais von Keynbach*, 1462 *von Keymbach*, 1480 *von Keimbach*; FlurN. 1769 *An der Keimbacher Wiesen*. – Kompositum mit dem Grundwort *-bach* und vielleicht dem Genitiv des PN. ahd. **Kago (*Kegin- > *Kein-)* als Bestimmungswort. – Spang, *HG.A.13*, S. 38.

Kelbke l.z. Ruhr (z. Rhein), mündet südöstlich von Wennemen (Stadt Meschede, Hochsauerlandkreis, NRW, D). – ON. Calle (Stadt Meschede), 1042 *ecclesiam Kalle*, 13. Jh. *Calle* (mehrfach). – Ob Orts- und Flussname etymologisch zusammengehören, ist fraglich. *Kelbke* (< **Kel-beke*) kann als Kompositum mit dem Bestimmungswort zu as. **kela* 'Kehle' metaphorisch auch 'Schlucht, Hohlweg' gehören, während der ON. Calle zu einer Reihe ungeklärter, als *Kalle* usw. früh bezeugter nordwestdeutscher Ortsnamen gehört, ↗Kalle. – Schmidt, *HG.A.6*, S. 36; Bach, *Namenkunde* 1, S. 255 f.

Kell-/-e-/-en- *-beek/-beeke, -graben, -see, -spring, -wasser*, z.B. Kellwasser, r.z. Oker (z. Aller z. Weser), 1784 *Kell Wasser*, ON. 1311 *De hutte tome Kelwatere*, (1351) *to dem Kellewatere*, 1365 *to deme Kelwatere*, FlurN. 1295 *partem … silve … Kellenwater*. Bestimmungswort mndd. *kelle* 'großer Schöpflöffel'. Die stehenden Gewässer sind nach der Form benannt. – Borchers, *HG.A.18*, S. 70; Fischer, *BNB 10*, S. 132.

Keller- *-bach, -bäke, -graben, -kiete, -kuhle, -pfuhl, -see, -siepen, -teich*. *Keller* 'Raum unter einem Gebäude', für tief gelegene Gewässer oder Übertragung von einem am Gewässer liegenden Gebäude auf das Gewässer. – Fischer, *BNB 10*, S. 132.

Kelsbach l.z. Donau, entspringt nordwestlich von Kasing (Markt Kösching, Lkr. Eichstätt, Bayern, D), versickert bei Hagenstetten (Gem. Oberdolling, Lkr. Eichstätt), tritt aus der Kelsbachquelle bei Ettling wieder zu Tage, mündet in Pförring (Lkr. Eichstätt) in einen Altarm der Donau. – /die käis/, 1580 *Kels rivus*; GauN. 844 *Chelasgaue*, 887 *Chelesgowe*, 1040 *Chelsgowe*; KastellN. *Castrum Celeusum* (Tab. Peut.) nördlich von Pförring. – *Kels(bach)* ist vermutlich aus ahd. *Chelasgaue/Kelsgau* rückgebildet. – Der ON. (castrum) *Celeusum* kann vielleicht an die ig. Wurzel **kelH-* 'aufragen, hochragen' (aufgrund der exponierten Lage), vgl. gall. *celicnon* 'Turm', angeschlossen werden. Die Namenbildung selbst und die Ableitung des Gaunamens aus dem vorgm. Kastellnamen sind unklar. – N.N., *HG.A.20*; Pokorny, *IEW*, S. 544; Rix, *LIV*, S. 349.

Kembach l.z. Main (z. Rhein) mündet bei Wertheim-Urphar (Main-Tauber-Kreis, B.-W., D). – ON. Kembach (Stadt Wertheim, Main-Tauber-Kreis), 1305 *Kentebach*, 1370 *Kentebach, Kentbach*. – Grundform mhd. **Kentenbach*, Kompositum mit dem Grundwort *-bach* und dem Genitiv des PN. ahd. **Kanto* (Genitiv **Kentin- > *Kenten-*) als Bestimmungswort, nach Synkope der Mittelsilbe *Kentbach* assimiliert > *Kembach*. – Sperber, *HG.A.7*, S. 79.

Kemme, die (schwz. *Cheme*), r.z. Thur (z. Rhein), entspringt am Nordfuß des Ottenbergs bei Siegershausen (Bez. Kreuzlingen, Kanton Thurgau, CH), mündet nach 18km bei der Brücke von Pfyn (Bez. Frauenfeld, Kanton Thurgau). – /də χemə(baχχ) χemibaχχ/, 1155 *usque ad comun, per comun*, 1296 *in … flumine … Kaeme*, 1309 *aqua kemen*, 1375 *am Kemen*, 1545 *an Kemenbach* (und weitere Belege); TalN./ON. Kemmental, schwz. Chemetaal (Gem. Bez. Kreuzlingen), ON. Cheme, ON. Chememüli, 1499 *Kemenmüli*; HofN. Cheme, Chemehof. – Grundform FlN. ahd. **Kemin* m. < vorgm. **Kámin(os)*, eine **Reginos* ↗Regen vergleichbare Bildung mit dem Suffix **-ino-* und einer Basis, die unerweitert im ON. Cham am Nordufer des Zuger Sees beim Ausfluss der Lorze (Kanton Zug, CH), 858, 877 *Chama*, vorliegt. Etymologischen Anschluss finden die Namen beim Verb ig. **kamp-* 'krümmen, biegen', **Kampinos* 'Fluss mit einer oder mehreren Biegungen'. Der Verlust des ig. /-p-/ ist über Assimilation (/-mp- > -mf- > -m-/?) am ehesten im Keltischen zu erwarten. Der älteste Beleg 1155 *comun* dürfte eine vielleicht auf Fehllesung (für <cemin>) beruhende Erfindung von Kanzlisten sein. – Nyffenegger/Bandle, *Siedlungsnamen* 1, S. 377–379; Kristol, *LSG*, S. 228; Rix, *LIV*, S. 342.

Kemnitz l.z. Dömnitz (z. Stepenitz z. Elbe), östlich von Pritzwalk (Lkr. Prignitz, Brandenburg, D). – ON. Kemnitz (Stadt Pritzwalk), 1320 *in uilla Kemenitz*; PN. 1311 *Seghebode Kemenitz*. – Grundform apolab. **Kamenica* 'Steinbach' zu apolab. *kamen'* 'Stein', Parallelname ↗Chemnitz. – Fischer, *BNB 10*, S. 133.

Kemnitzbach l.z. Weißen Elster (z. Thüringische Saale z. Elbe), mündet südöstlich von Plauen. – 1122 in *Kamenizam*, 1174 *in Kamenizam fluvium*; ON. Kemnitz (bei Plauen) (Burgstein, Vogtlandkreis, Sachsen, D), /kęmnids/, 1298 *de Kemeniz*, 1419 *Kemnicz*, 1428 *czur Kempnicz*. – Deutung ↗ Chemnitz ↗ Kemnitz. – Ulbricht, *Saale*, S. 117 f.; Eichler/Walther, *HONBSachsen*, S. 479.

Kempt, die (auch *Kemptbach*, im Oberlauf ↗ Luppmen), l.z. Töss (z. Rhein), entspringt am Westhang des Stoffels, mündet bei Töss (Stadt Winterthur, Kanton Zürich, CH). – /chämt, chänt/, 1293 *an der Kemtûn*, 1316 *Kempta*, 1348 *Kemten*, 1349 *Kempt, Kempten*, 1446 *uff der kempten*, 1536 *die Kempt*, 1696 *in der Kämpten*; ON. Kemptthal bei Effretikon (Bezirk Pfäffikon, Kanton Zürich). – Grundform (mhd.) *Kemtun*, Fernübertragung des ON. Kempten (Gem. Wetzikon, Bezirk Hinwil, Kanton Zürich), 811 *Campitona*, 1229 *Kembetun*, 1230 *Kemitun* < röm. *Cambidunum*/*Cambodunum*, auf den Unterlauf des Luppmens. – Greule, *Oberrhein*, S. 124–127.

Kendel-/Kendl-/Kennel- *-ach(-Graben), -bach, -born*, z. B. 1209 *a rivo Chenlebach*, jetzt ON. Kendlbach (Salzburg, A). Bestimmungswort ahd. *kanali* stM., mhd. *kenel* 'Wasserrinne, kleiner Bach, Quelle, Graben'. – Straberger, *HG.A.9*, S. 58.

Kerker-Bach (älterer Name ↗ Finster), r.z. Lahn bei Runkel (Lkr. Limburg-Weilburg, Hessen, D). – 1591 *Kerckerbach*; ON. Kerkerbach (Stadt Runkel), /keəkə(r)bax/, 1375, 1389 *Kerker*. – Bestimmungswort des Kompositums mit *-bach* ist der ON. Kerker(bach), mhd. *kerkære* 'Gefängnis'. – Faust, *HG.A.4*, S. 39; Metzler, *Westerwald*, S. 86.

Kernbach r.z. Lahn (z, Rhein), mündet in Kernbach (Gem. Lahntal, Lkr. Marburg-Biedenkopf, Hessen, D). – ON. Kernbach, 1254, 1284, 1301, 1324 *Kerenbach*, 1270 *Kerembach*, 1282 *Keurenbach*, 1364 *Kerrenbach*, 1383 *Kerinbach*. – Grundform ahd. *Quirnbach* > *Kernbach*, Kompositum mit dem Grundwort *-bach* und as. *querna*, mhd. *kürne* 'Handmühle' ↗ Kirn- als Bestimmungswort. – Faust, *HG.A.4*, S. 39.

Kernsee bei Klokow (Gem. Karstädt, Landkreis Prignitz, Brandenburg, D). – 1591, 1670 *die Kerne*, 1908 *Kernsee*, 1936 *der Kern*. – Bestimmungswort ist mndd. *kerne* f. 'Einschnitt, Kerbe'. – Fischer, *BNB 10*, S. 133.

Kersbach l.z. Schnaittach (z. Pegnitz z. Regnitz z. Main z. Rhein). – ON. Kersbach (Stadt Forchheim, Lkr. Forchheim, Bayern. D), 1017 *Kyrsebach*, 1343 *Kersbach*, 1358 *Kerspach*. – Kompositum mit dem Grundwort *-bach* und ahd. *kirsa, kersa*, mhd. *kerse* 'Kirsche', 'Bach, an dem Kirschbäume wachsen'. – Sperber, *HG.A.7*, S. 79.

Kerschenbach r.z. Gölsen (z. Traisen z. Donau), östlich von Sankt Veit an der Gölsen (PB Lilienfeld, N.-Ö., A). – Um 1124 *in Cherspeimespach*, 1320 *Cherzpach*. – *Cherspeimespach* wohl verschrieben für *Cherspeime[-pach*, entrundet < mhd. *Kers-böümebach* 'Bach an dem Kirschbäume stehen', zu ahd.-bair. *kërsa* stF., bair. *Kersche* 'Kirsche'. Später wird der Name zur Klammerform *Kerschenbach* gekürzt. – Hausner/Schuster, *Namenbuch*, S. 589.

Kerspe, die r.z. Wipper/Wupper (z. Rhein), wird nördlich von Ohl (Stadt Wipperfürth, Oberbergischer Kreis, NRW, D) zur Kerspetalsperre aufgestaut. – 1590 *dae die Wupper vnd Kerspe zusammenfliessen*. – Der Name ist identisch mit ↗ Kierspe; die Quellen der beiden Flüsse sind benachbart. Ausgangsform ist as. *Kersapa*, ein Kompositum mit dem Grundwort ↗ *apa* und gm. *kersa-* 'Gebüsch, Busch, Wald' (?), awn. *kjarr* n. (< gm. *kerza-*) 'Gebüsch, Gesträuch', schw. mundartlich *kars, karse* 'Korb aus Weidenruten, kleiner Sack, Netzsack', awn. *kass(i)* m. (< gm. *kars-*). – Schmidt, *HG.A.6*, S. 36; Pokorny, *IEW*, S. 392 f.

Kessach, die r.z. Jagst (z. Neckar z. Rhein), entspringt im östlichen Bauland (B.-W., D), mündet nach 24 km in Widdern (Lkr. Heilbronn, B.-W.). – ON. Oberkessach (Gem. Schöntal, Hohenlohekreis, B.-W.), ON. Unterkessach (Stadt Widdern), 976 *Chessaha*, 1024–1044 *in Kessaha*, ca.1090 *zu Kessach*, ca.1100 *in Kessha*, 1237 *in Chessa*, 1244 *in Kessach*, 1286 *in superiori Kessach*, 1289 *in Niderenkessach*; GauN. 1286 *in medio pago Kessach*. – Deutung unklar, entweder handelt es sich um ein Kompositum mit dem Grundwort ahd. *aha* 'Fließgewässer' und etymologisch unklarem Bestimmungswort *Kess-* oder um Namenübertragung eines röm. Prädiennamens *Cassiacum* (> ahd. *Kessacha*, als FlN. *Kessaha*), die Kessach durchquert den Limes zwischen den Kastellen Osterburken (Neckar-Odenwald-Kreis, B.-W.) und Jagsthausen (Lkr. Heilbronn, B.-W.). – Schmid, *HG.A.1*, S. 59; Schmid, *Neckar 12*, S. 248 f.; Kaufmann, *Ortsnamen auf „aha"*, S. 37 f.; Greule, *Studien*, S. 59.

Kessel, die l.z. Donau, entspringt am Hungerberg bei Aufhausen (Forheim, Lkr. Donau-Ries, Bayern, D), mündet nach 36,5 km bei Donauwörth (Lkr. Donau-Ries). – 1283 *Chessel*, 1356, 1366, 1370 *an der Kezzel*, 1405 *enhalb der Kessel*, 1430, 1548 *an der Kessel*, 1716 *Kesluhrsprung*. – Vermutlich Übertragung eines Geländenamens mhd. *Kezzel* m., mit der Übertragung auf den Fluss wurde das Genus geändert (< *Kezzelaha* f.), vgl. † Ketel, Wald bei Nijmegen (Gelderland, NL), 1012–1018 *in silva … Ketil*, 1062 (Fälschung) *in silva Ketela*, 1157–1161 (Kopie 13. Jh.) *iuxta silvam Katela*. – N.N., *HG.A.20*; Seitz, *Dillin-*

gen, S. 103; Keller, *Donauwörth*, S. 71, 78, 105; Künzel/Blok/Verhoeff, *Lexicon*, S. 206.

Kessel-/-s- -*bach*, -*born*, -*graben*, -*kuhle*, -*kute*, -*lake*, -*pfuhl*, -*see*, -*seige*, -*teich*, z. B. Kessel-Bach r.z. Wall-Bach (z. Wörs-Bach z. Ems-Bach z. Lahn z. Rhein), ON. Kesselbach (Gem. Hünstetten, Rhein-Taunus-Kreis, Hessen, D), 1250/60 *Keszelbach*, *Kezelbach*, 1336 *Kezzelbach*. Bestimmungswort ahd. *kezzil*, mhd. *kezzel* 'Kessel, Gefäß', auch Bezeichnung für 'kesselförmige Bodensenkung, Talmulde', ↗ Ketel-. – Faust, *HG.A.4*, S. 39; Springer, *Flußnamen*, S. 142; Bach, *Namenkunde 1*, S. 282; Fischer, *BNB 10*, S. 134.

Ketel- -*see*, -*soll*, z. B. 1362 *van den groten ketele*, 1463 (Kopie) *de lutke ketell … die grothe ketel*, 1826 *Gr., Kl. Kesselsee*, bei Rheinsberg (Lkr. Ostprignitz-Ruppin, Brandenburg. D). Bestimmungswort as. *ketil*, mndd. *kētel*, ndd. *Ketel, Kätel, Kettel, Keätel* m. 'Erdvertiefung', metaphorische Benennung von Gewässern nach der Form, ↗ Kessel- ↗ Kittel-Bach. – Fischer, *BNB 10*, S. 134.

Ketschenbach r.z. Mühlgraben (z. Itz z. Main z. Rhein), entspringt bei Seidmannsdorf (Stadt Coburg, Bayern, D), mündet bei Coburg. – 1317 *Ketschenbach, Ketzenbach*; ON. Ketschendorf (Stadt Coburg), 1075 *Kezendorf*, 1220 *Kethschundorf*. – Kompositum mit dem Grundwort -*bach* und dem Genitiv des PN. ahd. *Kazo* (*Kezin*- > mhd. *Ketzen*-) als Bestimmungswort oder Klammerform *Ketzen(dorf)bach*. – Sperber, *HG.A.7*, S. 80.

Kettersbach r.z. Aurach (z. Rednitz z. Regnitz z. Main z. Rhein) oberhalb von Barthelmesaurach (Gem. Kammerstein, Lkr. Roth, Bayern, D). – ON. Kettersbach (Gem. Windsbach, Lkr. Ansbach, Bayern), (ca.1300) *Kóterspach*, 1312 *ze Chótgerzsbach*. – Ausgangsform (mhd.) *Kötgersbach*, assimiliert und entrundet > Kettersbach, Kompositum mit dem Grundwort -*bach* und dem Genitiv des PN. *Kötger* < slaw. *Chotěgorъ*. – Sperber, *HG.A.7*, S. 80; Eichler/Greule/Janka/Schuh, *Bayreuth*, S. 68.

Ketzenbek ausgetrockneter Ausfluss des Ovelgönner Teichs. – 16. Jh. *de Ketzenbeke*, 1580/81 *Ketzenbeek*, 17. Jh. *in den Ketzenbeck*, um 1820 *Ketzenbach*; ON. (Ovelgönne-)Ketzendorf (Lkr. Stade, Niedersachsen, D), 1105 (Fälschung 12. Jh.) *Keccinthorp*, 1295 *Ketsenthorpe*, 1360 *to Ketzendorpe* (und weitere zahlreiche Belege). – Klammerform mndd. *Ketzen(dorp)beke*, Bestimmungswort ist der ON. Ketzendorf, mndd. *Ketzendorp* mit dem Bestimmungswort PN. as. *Katzo* (Gen. *Ketzin*-) < *Kad-so*, Parallelname ↗ Ketschenbach. – Udolph, *HG.A.16*, S. 186.

Kibitz-/Kiebitz-/Kie(f-)/Kiewitt- -*brack*, -*graben*, -*pfuhl*, -*ritt*, -*see*, -*teich*, -*wasser*, -*zug*, z. B. Kiebitzpfuhl bei Petershagen (Gem. Petershagen/Eggersdorf, Lkr. Märkisch-Oderland, Brandenburg, D), 1683 *Kiwit-Pfuhl*, 1902 Kiebitzpfuhl, mit FlurN. Kiebitzstücken. Bestimmungswort mhd. *gībitze* m., brandenburg. *Kiewitt* 'Kiebitz, Zugvogel, der gern auf sumpfigen Wiesen brütet'. – Fischer, *BNB 10*, S. 135.

Kiedricher Bach r.z. Rhein in Eltville (Rhein-Taunus-Kreis, Hessen, D), mit ausgeprägtem Talsystem in der Südabdachung des Taunus. – ON. Kiedrich (Rhein-Taunus-Kreis), 1068, 1118, 1221 *Kitercho*, 1069, 1229 *Ketercho*, 1128 *Chitricho*, 1131 *Keterecho* (und weitere Belege), 1311 *de kyderich*. – Wortgruppe mit dem attributiven, vom ON. Kiedrich abgeleiteten Adjektiv Kiedricher, ON. Kiedrich entspricht wmd. *Kaderich, Käderich, Kadert* u.ä. 'Halde, steiler Weinberg, steile Bergschlucht, steiler Weg', über *ketircho u.ä. entlehnt aus rom. *cadaracta (< gr.-l. cataracta) 'Wasserfall'. – Faust, *HG.A.4*, S. 41; Bach, *Namenkunde 2*, S. 80; Post, *Entlehnungen*, S. 75 f.

Kiefbach r.z. Steimkerbach (z. Neile z. Innerste z. Leine z. Aller z. Weser), mündet südlich von Lutter am Barenberge (Lkr. Goslar, Niedersachsen, D), bildete teilweise die Grenze zwischen dem Herzogtum Braunschweig und dem Bistum Hildesheim. – 1567 *auff den Kiffbeeck*, 1589 *auf den Kifbach*, 1656 *biß in den Kieffbeck*, 1803 *Kiefbach, Kifbach*. – Grundform mndd. *Kīfbeke*, Kompositum mit dem Grundwort mndd. -*beke* 'Bach' und mndd. *kīf* 'Zank, Streit, Krieg'. – Kettner, *HG.A.8*, S. 60; Kettner, *Leine*, S. 143.

Kieferbach (im Oberlauf *Ache* oder *Klausbach*, im Mittellauf *Thierseer Ache*, im Unterlauf *Klausenbach*), l.z. Inn (z. Donau), entspringt beim Ursprungpass in Tirol (A), mündet in Unterkiefer (Gem. Kiefersfelden, Lkr. Rosenheim, Bayern. D). – 13. Jh. *ad locum … Chivirinis Ursprinch* 'Quelle des Kieferbachs', 1566 *Kifersahen fl.*, 1612 *Kieferachen*; ON. Kiefersfelden, ca.1135 (Kopie 12. Jh.) *Chiuerinesuelt*, 1267 *Kifrisfelt*, 1315 *Chiuersuelt*, 1359 *Chyfreysuelt*, 1424 *Khifersfeldten*, 1513 *Kifersfelden*, 1781 *Kiefersfelden*. – Grundform FlN. ahd. *Kiferīnaha* 'sandiger Bach'? Das gleiche Benennungsmotiv beim ON. ahd. bair. *Chiferīnaz feld* > mhd. *Kiferīnsfelt* > *Kifernsfelt* > *Kifersfeld(en)*, Wortgruppe mit dem von bair. *kifer* 'Gries, Sand' abgeleiteten Adjektiv ahd. *kiferīn* 'Sand führend' und dem Grundwort ahd. *feld* stN. 'Feld, Boden, Ebene'. Der älteste Beleg ist elliptisch *Chivirin(esfeldbach)es Ursprinch*. – Dotter/Dotter, *HG.A.14*, S. 195 f.; Reitzenstein, *Oberbayern*, S. 133.

Kien- -bach/-bächle, -graben, -kolk, -pfuhl, -see, z.B. Kienbach, l.z. Rott (z. Inn z. Donau) mit ON. Kienbach (Gem. Postmünster, Lkr. Rottal-Inn, Bayern, D), 890 *Cheanpach*; Kienbach r.z. Schwarza (z. Schlücht z. Wutach z. Rhein), 1123 *a fonte Chienbach, ubi Chienbach influit Swarzaha, ad fontem Chienbach*. Bestimmungswort ahd., mhd. *kien* stM., as., mndd. *kēn*, ndd. (Brandenburg) *Kiene* f. 'Kiefer', ↗ Chiene ↗ Kainbach. – Dotter/Dotter, *HG.A.14*, S. 196; Geiger, *HG.A.2*, S. 67; Fischer, *BNB 10*, S. 135.

Kierspe l.z. Volme (z. Ruhr z. Rhein). – ON. Kierspe (Märkischer Kreis, NRW, D), 11. Jh. (Kopie 12. Jh.) *de Kirsupu*, 12. Jh. *Kersepe*, 1147 *in Kirspe*, 1207 *Kirspe*, 1309 *de Kersepe*, 1435 *Keirspe*, 1477 *Kirspe*; ON. Kierspehagen, Kiersper Löh, Kiersper Oberhof, Kiersper Wöster (Ortsteile von Kierspe). – Deutung ↗ Kerspe. – Schmidt, *HG.A.6*, S. 37; Barth, *Sieg und Ruhr*, S. 151.

Killer r.z. Starzel (z. Neckar z. Rhein), mündet südlich von Killer (Stadt Burladingen, Zollernalbkreis, B.-W., D). – ON. Killer, 1255 *Kilwilar*, 1377 *Kilwar* (und weitere Belege), 1393 *Killer*. – Übertragung des Ortsnamens auf den Fluss, ON. Killer gekürzt < ahd., alem. *Kilch-wīlari 'Weiler mit Kirche' (ahd., alem. *kilcha* 'Kirche'). – Schmid, *HG.A.1*, S. 59.

Kilverbach (auch *Kollbach*), l.z. Else (z. Werre z. Weser), entspringt bei Rödinghausen (Kreis Herford, NRW, D) am Wiehengebirge, mündet in Bruchmühlen (Gem. Rödinghausen). – ON. Haus Kilver, ehemaliger Herrensitz und Wasserburg, ON. Ostkilver, ON. Westkilver (Gem. Rödinghausen), 851 *in villa ... Kelueri*, 1150 *Kelvere*, 1153 *de Kilvere*, 1195 *de Kelvere*, (12. Jh.) *Chelvere*, (Ende 12. Jh.) *Kelvere*, 1277 *Kilvere*, (Ende 13. Jh.) *Westklevere, Ostkelvere*, 1308 *in Kilvere* (und weitere Belege). – Im Kompositum mit dem Grundwort *-bach* steckt als Bestimmungswort der ON. Kilver < as. *Kelueri*, von einem FlN. gm. *Kalwirō > as. *Kelwira mit j-Suffix abgeleitet: ON. **Kalwarja-* > *Kelueri*, Parallelname ON. Kelbra (Stadt, Lkr. Mansfeld-Südharz, S.-A.) am Nordrand des Kyffhäusergebirges, 1093 *Chelvera*, Deutung ↗ Kalbe (< *Kalwarō). – Kramer, *HG.A.10*, S. 39.

Kimbach r.z. Mümling (z. Main z. Rhein) in Bad König (Odenwald). – ON. Kimbach (Stadt Bad König, Odenwaldkreis, Hessen, D), 1355 *zu Kûntpich*, 1424 *zu Kuntebuch*, 1432 *Kuntbuch, Kûntbuch*, 1551 *Kintpuch*, 1602 *Kympach*; ON. Bad König (Odenwaldkreis), 812–815 (Kopie 12. Jh.) *Chunticha*, 847, 849 *villa Quinticha*, 1012 *in Cunthichun*. 1095 *in Cunticha*, 1321 *Küntich*, 1349 *Künnich*. – Der Gewässername und die Ortsnamen gehen zurück auf einen ON. ahd. *Quinticha*, später (mit dem Lautwandel /kwi-/ > /kü-/) *Küntiche. Mhd. *Künteche entwickelte sich in der Mundart zu *Künnich* und /kinnich/, was schriftsprachlich an (*der*) *König* angelehnt wurde. Im Falle des ON. Kimbach wurde der ON. *Quinticha* auf einen Buchenwald, verdeutlicht durch das Grundwort *-büch*, mhd. *büeche* 'Buchenwald', übertragen. Die Entwicklung in der Mundart führt durch Assimilation und Entrundung zu *Kimbich und /kimich/. Später wurde der Waldname *Kimbich* auf den dort fließenden Bach übertragen (1602 *Kympach*). – Da Bad König/*Quinticha* als eine der ältesten Siedlungen im Mümlingtal gilt, die an einer Römerstraße unweit des Limes lag, kann ahd. *Quinticha* auf eine vorgermanische Ausgangsform (**Quindic-*, **Quindeci-*) zurückgehen. Es fällt nicht schwer, darin lat. *quindeci(m milia)* zu sehen, weil der vermutete Ort *Quindicha* 15 Meilen von der römischen Provinzhauptstadt Dieburg entfernt lag. – Sperber, *HG. A.7*, S. 80; Andrießen, *Siedlungsnamen*, S. 244; Metzner, *Kronzeugen*, S. 108 f.

Kindlbach l.z. Rott (z. Inn z. Donau). – 1844 *Kindelbach, Kindlbach*; ON. Kindlbach (Gem. Bayerbach, Lkr. Rottal-Inn, Bayern, D), /kʰindlbɒ/ (/ō/ offen), (1122–1133) (Kopie 12. Jh.) *Cunilbach*, (1120–1139) (Kopie 12. Jh.) *de Co^{v}nlibach*, (ca.1140) (Kopie 12. Jh.) *Cûnlebach*, (1160–1170) *de Chunilbach*, (1166–1175) *ad Kunilbach*, (1180–1190) *Kunilbach*, (1200–1220) *de Chunilbach* (und weitere Belege), 1534 *Kundlbach*, 1538 *Kindlbach*. – Grundform FlN. ahd. *Kunilin-bach > mhd. *Künlbach, entrundet > *Kinlbach, mit Sprosskonsonant > *Kindlbach*, Kompositum mit dem Grundwort *-bach* und dem Genitiv des PN. ahd. *Kunilo (**Kunilin-*) als Bestimmungswort. – Dotter/Dotter, *HG.A.14*, S. 196 f.; Egginger, *Griesbach*, S. 230; Kaufmann, *Ergänzungsband*, S. 87.

Kinsach, die l.z. Donau, entspringt bei Sattelbogen (Gem. Traitsching, Lkr. Cham, Bayern, D), fließt durch Stallwang (Lkr. Straubing-Bogen, Bayern), mündet nach Ableitung des Kinsach-Menach-Ableiters als Alte Kinsach bei Aiterhofen (Lkr. Straubing-Bogen); der Kinsach-Menach-Ableiter fließt durch Bogen (Lkr. Straubing-Bogen) und in den Bogener Donau-Altarm. Länge ca. 30km. – 1568 *Kinsach fl.*; ON. Niederkinsach (Gem. Stallwang), 1155–1180 *de Chungisa*, 1180/81–1184 (Kopie) *de Cho^{v}negesa*. – Ausgangsform FlN. ahd. *Kuninges-aha > mhd. *Küngesach, entrundet und gekürzt > *Kinsach* 'Fließgewässer des Königs', Kompositum mit dem Grundwort *aha* 'Fließgewässer' und ahd. *kuning* 'König' (im Genitiv) als Bestimmungswort, Parallelbildungen ahd. *kuningeshof* und ON. Kinsau (Lkr. Landsberg a. Lech, Bayern), 1368 *Ku^{e}ngsaw* (< ahd. *Küninges-ouwe). – N.N., *HG.A.20*; Reitzenstein, *Oberbayern*, S. 134.

Kinzbach (auch *Kiensbeeke*), l.z. Aa (z. Werre z. Weser). – (1224–56) (Handschrift 13. Jh.) *a ... rivulis ... Kikenbike*, 1495 *de Kykenbecke*, 1802 *von der Kikesbecke an.* – Grundform FlN. mndd. *Kikenbeke, später mit Fugen-*s* *Kikensbeke > *Kiensbeeke*, Kompositum mit dem Grundwort mndd. *beke* 'Bach' und dem PN. (as.) *Kiko (Genitiv *Kiken-*) als Bestimmungswort. – Kramer, *HG.A.10*, S. 39 f.

Kinzelbach r.z. Strogen (z. Sempt z. Isar z. Donau). – Ca.1563 *Kintzlpach*; ON. † Kinzelbach, 818 *Khinzinpah*, 819, 948–955 *Chinzinpah*. – Grundform FlN. ahd. *Kinzinbach > mhd. *Kinzenbach, später *Kinzelbach*, Kompositum mit dem Grundwort *-bach* und dem PN. ahd. *Kinzo (< *Kindso, Genitiv **Kinzen-*) als Bestimmungswort. – Snyder, *HG.A.3*, S. 46 f.; Kaufmann, *Ergänzungsband*, S. 81.

† Kinzelsbach l.z. Weißen Main (im ehemaligen Fürstentum Bayreuth, Bayern, D). – 1338 *biz an den Kuntzenbach*, 1398 *bey dem Künzenbach*, 1473, 1475 *Kuntzenpach*. – Grundform mhd. *Künzenbach*, entrundet und dissimiliert > *Kinzelbach (mit Fugen-*s* *Kinzelsbach*), Kompositum mit dem Grundwort *-bach* und dem PN. ahd. *Kunizo (Genitiv **Kunizen-*) als Bestimmungswort. – Sperber, *HG.A.7*, S. 80.

Kinzig, die
– ¹Kinzig, r.z. Rhein, entspringt auf der Gemarkung von Loßburg (Lkr. Freudenstadt, B.-W., D), durchfließt das Kinzigtal (mit römischer Straße), verlässt bei Offenburg (Ortenaukreis, B.-W.) den Schwarzwald, mündet nach 93km in Kehl-Auenheim (Ortenaukreis). – /ˈkinzich/, 1099 *ad Chinzechun, ad aliam Chinzichun, per descensum Chinzechun*, 1125–27 *in flumen Kinzichun, secus flumen Kinzicham*, 1139 *iuxta fluvium Kinzicha*, 1219 *Kintzicha*, 1234 *Kinzechen*, 1242 *Kinciche*, 1326 *vor der Kinzegen*, 1350 *ensit der Kinczigen* (und weitere Belege), 1837 *Kinzig*; TalN. zum Jahr 1246 *Kinzichental*, 1272 *Kinzgental*; ON. † Kinzigdorf, aufgegangen in Offenburg, 926 *in oppido ... Chinzihdorf*. – Geiger, *HG.A.2*, S. 68f; Greule, *Oberrhein*, S. 200.
– ²Kinzig, l.z. Mümling (z. Main z. Rhein), entspringt in Bad König-Gumpersberg (Odenwaldkreis, Hessen, D), mündet bei Bad König-Etzen-Gesäß. – 1012 (Kopie 1170–75) *Kincicha*; ON. Oberkinzig, Niederkinzig (Stadt Bad König, Odenwaldkreis), 9. Jh. *Chinciheru marcu* ('in der Kinziger Mark'), um 1400 *Obere Kintzege*, 1408 *Nieder-Kinczich*. – Sperber, *HG.A.7*, S. 81f.; Ramge, *Flurnamenbuch*, S. 571.
– ³Kinzig, r.z. Main (z. Rhein), entspringt auf 400m Höhe südlich von Sinntal-Sterbfritz (Gem. Sinntal, Main-Kinzig-Kreis, Hessen, D), grenzt den Vogelsberg vom Spessart ab, querte den Limes beim Kastell Rückingen (Gem. Erlensee, Main-Kinzig-Kreis), mündet nach ca. 82km in Hanau (Main-Kinzig-Kreis). – 796 *iuxta fluvium Kincihen*, 815 *prope transitum fluuii Chinzicha*, 900 *Kincicha, Kinzicha*, um 900 *in Kinzicham* (und zahlreiche weitere Belege), 1364 *an der Kinzige*; ON. † Kinzig, 796 *uillae ... Kinzicha*, 806 *Chinzicha* (und weitere Belege). – Sperber, *HG.A.7*, S. 80f.

Grundform FlN. ahd. *Kinzicha*, alem. *Chinzicha f., schwach flektiert *Kinzichūn, früh ins Germanische entlehnter Name (mit Lautverschiebung und Hebung des /e/ vor Nasalverbindung) < vorahd. *Kentika, delabialisiert (unter dem Einfluss von urkelt. **kentu-* 'der Erste'?) < *Kṷentika, Ableitung mit kelt. *k*-Suffix von Nominalstamm (schwach) urig. **ḱu(h₁)-én-t-*, urig. **ḱeuh₁-*/**ḱu̯eh₁-* 'anschwellen' bzw. 'Wölbung nach außen oder innen' ↗ Hundem, vgl. urkelt. **kṷantio-* 'flat hill, valley'. Benennung nach der Hügel-/Berglandschaft, aus der der Fluss austritt. Parallelname ON. † Kinzingen zwischen Dornach und Diedenheim (Mulhouse, Elsass, F) am Rand des Sundgauer Hügellandes, 728 *Chinzicha*, 1544 *kintzingen*. Nicht klar ist das Verhältnis des Flussnamens ahd. *Kinzicha* zu dem alem. Reliktwort *Kinz, Kinzig* f. /xints, xintsgə/, schwz. *Chinz-*, das im nördlichen Breisgau (B.-W., D) als Appellativ für 'Lösshohlweg', 'Rebweg' und 'Hohlgasse, die in die Rebberge führt' und in Flurnamen des Kantons Bern (CH) bekannt ist. Es könnte sich um frühe Deonymisierung des Flussnamens *Kinzicha* handeln. – Greule, *Oberrhein*, S. 200–202; Zinsli, *BNB* 1, Sp.457; Pokorny, *IEW*, S. 592–594; Rix, *LIV*, S. 339 f.; Matasović, *Proto-Celtic*, S. 174; Kleiber/Pfister, *römisch-germanische Kontinuität*, S. 30 f.

Kirbach (auch *Kirrbach, Kirchbach*, im Oberlauf auch *Krebsbach*), l.z. Metter (z. Enz z. Neckar z. Rhein), entspringt im Stromberg (B.-W., D), verläuft vollständig auf der Gemarkung der Gemeinde Sachsenheim (Lkr. Ludwigsburg, B.-W.), mündet westlich von Groß- und Kleinsachsenheim. – 1321 *Kirchbach*; ON. Kirbachhof (Weiler zu Ochsenbach, Gem. Sachsenheim), 1360 *Kirchenheim, Kirchheim* (und weitere Belege); FlurN. 1313 *an Kirchberg*. – Kompositum mit dem Grundwort *-bach* und *Kirchen-* ↗ Kirch-/-en- als Bestimmungswort. Möglich ist auch Klammerform **Kirch(heim)bach*. *Kirchbach* wird dissimilatorisch gekürzt > *Kirbach*. – Schmid, *HG.A.1*, S. 60.

Kirch-/-en- *-au, -bach, -beck, -berg-graben, -brunnen, -damm-graben, -fahrt, -fleet, -graben, -hofsborn, -moorwasser, -pfuhl, -schleusenfleet, -see, -seebach, -siek, -thal, -wasser, -weiher, -wettern*, z. B. ON. 836 *in loco ... Kirichbach*, 1052, 1063 *Chiricpach*, jetzt Sankt Andrä vor dem Hagenthale (Gem. Sankt Andrä-Wördern, PB Tulln, N.-Ö., A). Bestimmungswort ahd. *kirihha* stswF. 'Kirche'. Benennungsmotiv entweder Besitz einer Kirche oder Lage an einer Kirche. – Hausner/Schuster, *Namenbuch*, S. 593 f.; Fischer, *BNB 10*, S. 136.

† Kirchbach jetzt Kößlarner Bach, l.z. Inn (z. Donau), fließt durch Rotthalmünster (Markt, Lkr. Passau, Bayern, D), am Fluss bei der Einöde Bach Reste einer Villa rustica. – 1430 *auf dem Kirichpach*; ON. 789–791 (Kopie Mitte 9. Jh.) zu „vor 737" *Chirihpah*, 803–816 (Kopie 9. Jh.) *Chirihpah*; ON. Kirchham (Lkr. Passau), 748–788 (Kopie Mitte 9. Jh.) *ad Chirihheim*, vor 774 (Kopie 9. Jh.) *Chirihheim*, 1147 *de Kirheim* (und weitere Belege). – Im Bestimmungswort der Komposita ahd. *Chirihpah* und *Chirihheim*, *Chirih-*, wird, weil keine Kirche nachweisbar, der alte Name des Kößlarner Bachs, nämlich kelt. *Kirikā*, vermutet. *Kirikā* 'Schwarzbach'(?) könnte eine mit *k*-Suffix von kelt. *kiro-* 'schwarz' ↗ Kirel ↗ Kyrbach abgeleitete Bildung sein. – Dotter/Dotter, *HG.A.14*, S. 215; Egginger, *Griesbach*, S. 31, 231, 355 f.

Kirel, die (auch *Chirel*), r.z. Simme (z. Kander z. Thuner See, Berner Oberland, CH). – /χirəl/, Kirel-Alp; 1352 *an Kirle*, 1357 *enent Kilr*, 1543 *enet kyrlj*. – Die spät einsetzenden Belege lassen zwei Ausgangsformen zu: entweder *Kirla oder *Kirna. Im zweiten Fall könnte eine Assimilation /-rn-/ > /-rl-/ zu *Kirla geführt haben. Ein Parallelname könnte der Flurname 1425 *Apud kyrenbach*, 1487 *zů kirenbach*, 1533/42 *Kirbach* (Gem. Guggisberg, Amt Schwarzenberg, Kanton Bern, CH) sein. Ohne Suffix gehört vermutlich der Name des ↗ Kyr-Bachs (< *Kira*) hierher. Es dürfte sich um keltische Namen handeln, da dort die *r*-Ableitung von der ig. Farb-Wurzel *kei-* (mir. *cíar* 'dunkelbraun', *ciru* 'Pechkohle') gut vertreten ist, was auch der Name river *Keer*, z. Morecambe Bay near Carnforth, 1262 (1268) *Kere* (Westmorland, Lancashire, GB) < britisch *kēro-* 'dunky, dark' beweist. *Kirel* dürfte demnach ursprünglich 'dunkler Bach' bedeutet haben. – Zinsli, *BNB*, Sp. 460, 458; Ekwall, *ERN*, S. 223; Watts, *EPN*, S. 337.

Kirkelbach, die r.z. Saarbach (z. Eschringer Bach z. Fechinger Bach z. Saar z. Mosel z. Rhein). – 1538 *die Kirckelbach*. – Kompositum mit dem Grundwort *-bach* und dem (von der Westpfalz bis Lothringen verbreiteten) FlurN. *Kirkel*, ahd. *kirkel*, früh entlehnt aus l. *circulus* 'Kreis, Ring' als Bestimmungswort. – Spang, *HG.A13*, S. 38; Buchmüller/Haubrichs/Spang, *Namenkontinuität*, S. 74.

Kirn- *-au, -aubach, -bach/-bächle*, z. B. Kirnbach (auch *Kürnbach*), ca.1563 *ad Kirnam rivum*, 1844 *Kürnerbach*, mit ON. Kirn (Gem. Ering, Lkr. Rottal-Inn, Bayern), 1103–39 *ad Co^{v}rne*, 1163 *de Churne*, 1166 *de Chůrne*, 1170–80 *de Kurne* (und weitere Belege), 1313 *in der Chueren*. Bestimmungswort mhd. *kürne* stF. 'Handmühle, Mühle', bair. *chürne*, ahd. *quirna*, as. *querna*, ↗ Kernbach ↗ Kürn-. – Dotter/Dotter, *HG.A.14*, S. 200; Hausner/Schuster, *Namenbuch*, S. 597.

Kirschbach, die r.z. Felsalbe (z. Hornbach z. Schwarzbach z. Blies z. Saar z. Mosel z. Rhein). – 1434 (Kopie) *Kunrespach*, 1837 *Kirschbach*; ON. Kirchbacherhof (Weiler, Gem. Dietrichingen, Lkr. Südwestpfalz, Rh.-Pf., D), 1295 *Kůinrisbach*, 1337 (Kopie 1420) *Kunnersbach*, 1445 (Kopie um 1570) *Kurssbach*, 1447 (Kopie 16. Jh.) *Kirspach*, 1591 *Kerßbach*, 1616 *hoffmann zur Kirschbach*. – Grundform FlN. mhd. *Künresbach*, gekürzt > *Kürsbach*, entrundet > *Kirsbach*, palatalisiert *Kirschbach*, Kompositum mit dem Grundwort *-bach* und dem Genitiv des PN. ahd. *Kuniheri* (Genitiv *Kuniheres-* > mhd. *Künres-*) als Bestimmungswort. – Spang, *HG.A.13*, S. 38 f.; Dolch/Greule, *Pfalz*, S. 258.

Kirsenbach, die r.z. Asdorfbach (z. Sieg z. Rhein), mündet bei Plittershagen (Stadt Freudenberg, Kreis Siegen-Wittgenstein, NRW, D). – 1469, 1482 *die Kirsenbach*; FlurN. 1569 *die Kirssenichs ecke*; FlurN. Kirchen (lies *Kirschen?). – Grundform mhd. *Kirsenbach, Kompositum mit dem Grundwort *-bach* und mhd. *kerse*, ahd. *kirsa*, *kersa* swF. 'Kirsche' als Bestimmungswort. – Faust, *HG.A.6*, S. 40.

Kittel-Bach nördlichster Mündungsarm der Düssel, r.z. Rhein, in Düsseldorf (NRW, D). – ON. 1539 *Ketelbeck*, 1620 *Ketelbach*. – Kompositum mit dem Grundwort mndd. *beke*, nhd. *-bach*, Bestimmungswort ↗ Ketel. – Schmidt, *HG.A.6*, S. 95.

Kitzelsee (Gem. Markt Glonn, Lkr. Ebersberg, Bayern, D), z. Spiegelbächlein (z. Moosach z. Attel z. Inn z. Donau). – 1431 *Lüczelsee*, 1818 *Kitzel-See*. – Ausgangsform mhd. *Lützelsē*, Kompositum mit dem Bestimmungswort mhd. *lützel* 'klein', ↗ Lütz-. Nach der Entrundung > *Litzelsee umgedeutet als *Kitzelsee*. – Dotter/Dotter, *HG.A.14*, S. 205.

Klaffenbach

– [1]Klaffenbach, l.z. Teufenbach nördlich von Kollmitzberg (Gem. Ardagger, PB Amstetten, N.-Ö., A). – 1147 (Insert 1332) *in Chlaffenbach, in descensu Chlaffenbach*, 1161 (Kopie 14. Jh.) *in Chlaffenbach*. – Grundform FlN. mhd., bair. *Chlaffend-bach*, mit dem Partizip Präsens des (ahd.) Verbs *klaffōn* 'krachen, lärmen'. – Hausner/Schuster, *Namenbuch*, S. 597.

– [2]Klaffenbach, r.z. Isar (z. Donau) mündet in Klaffenbach oberhalb von Lenggries (Lkr. Bad Tölz-Wolfratshausen, Bayern, D). – 11. Jh. *Chlafintinpach*, *Chlaffintinpach*, 1085 *Chlaflutinpach* (lies *Chlafintinpach*), ca.1563 *rivus Klaffenbach*. – Grundform mhd., bair. *Chlafenten-bach, Deutung wie ¹*Klaffenbach*. – Snyder, *HG.A.3*, S. 47.

† Klah (auch *Kla*), abgegangener Name des Birlenbachs, r.z. Ferndorf (z. Sieg z. Rhein), an der Quelle liegt (Ober-/Nieder-)Holzklau, an der Mündung Klafeld. – ON. Oberholzklau, ON. Niederholzklau (Stadt Freudenberg, Kreis Siegen-Wittgenstein, NRW., D), (1079–1089, Kop.14. Jh.) *Holzeclaen*, 1306 *Holtcla*, 1329 *Holtzcla*; ON. Klafeld(-Geisweid) (Stadt Siegen, NRW), (1079–1089, Kop.14. Jh.) *Clahuelde*, um 1300 *Clafeld*, 1447 *Clafelt*. – Grundform mndd. **Klāh(e)*, identisch mit ae. *clōh*, me. *clog*, *clough* 'deep valley or ravine, a dell' < gm. *klanhō, ablautend zu ahd. *klinga* '(schnell) fließendes Gewässer, (Sturz-)Bach, Wasserlauf, Graben', ↗Klingen-. – Faust, *HG.A.6*, S. 40; Barth, *Sieg und Ruhr*, S. 68.

Klamm- *-bach, -bachl, -graben*, /klåmpåch/, mehrfach in Südtirol/Prov. Bozen (I.), in Nordtirol (A) und in Oberbayern (D), z.B. Klammbach, r.z. Ache bei Achenwald (Gem. Achenkirchen, PB Schwaz, Tirol, A), 1155–1174 (Kopie 15. Jh.) *amnes Chlampach*. Bestimmungswort ahd. *klamm* stF. 'Klamm, Felsschlucht', mhd. *klamme* 'Beklemmung, Bergschlucht, Talenge'. – Kühebacher, *Ortsnamen*, 1, S. 196; 2, S. 157, Hausner/Schuster, *Namenbuch*, S. 598.

Klappgraben z. Ruppiner See östlich von Neuruppin (Lkr. Ostprignitz-Ruppin, Brandenburg, D). – 1472 *Klappgraben*, 1772 *Klapp-Graben* (und weitere Belege). – Bestimmungswort mndd. *klappe* f. 'Klappdeckel, Fallbrücke', Benennungsmotiv die Schleuse beim Ruppiner Wall. – Wauer, *HG.A.17*, S. 79; Fischer, *BNB 10*, S. 137.

Klar-/-e-/-en-/-er-/-es- *-bach, -beek, Kessel, Pfuhl, See, Soll, Teich, Wasser*, z.B. Klarenbach, r.z. Morsbach (z. Wupper z. Rhein), 1607 *zwischen der Clarenbach ...*, 1749 *bey der Klarenbach*, mit ON. Klarenbach, 1493, 1547 *Clarenbeck*. Bestimmungswort nhd. *klar* 'durchsichtig, sauber, nicht trübe'. – Schmidt, *HG.A.6*, S. 38; Fischer, *BNB 10*, S. 138.

Klaus-/-e-/-en-/-er- *-bach, -bächle, -bek, -graben, -see, -teich*, z.B. Klausenbach, r.z. Eisack bei Franzensfeste (Prov. Bozen/Südtirol, I.), 1155–1164 *infra ... ripam Chlûse, infra ... ripam Cluse*; 1278 *Chlusinpach*, 1302 *rivus ... Klausenpach*. Bestimmungswort ahd. *klūsa* swF. 'Klause, Einsiedelei; Engpass, Felsschlucht; Schleuse zur Wasserstauung', mhd. *klûs(e)*, mundartlich *Klaus* 'Enge, Schlucht, Talsperre'. Bei Namen aus dem niederdeutschen Sprachgebiet ist das Bestimmungswort mndd. *klūse* f. 'Klause, Einsiedlerhaus' und 'kleines Haus, kleine Wohnung, enger Durchgang, Engpass', z.B. Klusbach, l.z. Lamme (z. Innerste z. Leine z. Aller z. Weser), 1578 *der Clausbach, in den Clausbeck*. – Kühebacher, *Ortsnamen*, 2, S. 158f.; Hausner/Schuster, *Namenbuch*, S. 599; Fischer, *BNB 10*, S. 138; Kettner, *HG.A.8*, S. 62.

Kleberbach, die r.z. Rohrbach (z. Scheidter Bach z. Saar z. Mosel z. Rhein). – FlurN. 1710 *In der Kleberbach*, 1772 *Kleberbach*; StraßenN. *In der Kleberbach* (Spiesen-Elversberg, Lkr. Neunkirchen, Saarland, D). – Kompositum mit dem Grundwort *-bach* und mhd. *kleber* 'Gummi, Baumharz, Schleim', ahd. Adj. *klebar* 'zäh, klebrig, fest' als Bestimmungswort, Benennungsmotiv das vermutlich (aufgrund von Erosion) schleimige Aussehen des Wassers. – Spang, *HG.A.13*, S. 39.

Kleebach ↗Cleebach.

Klein, die r.z. Ohm (z. Lahn) in Kirchhain (Hessen, D), im Oberlauf *Gleen*. – 1281 *super Glene*, 1357, 1370 *uffe, uf der Glene*, 1485 *in die Gleen*; ON. Ober-Gleen, Dorf westlich Alsfeld (Hessen), 1275 *in superiori Gleinen*, 1401 *zů Obirn Glene*; ON. Mittel-Gleen (-Kirtorf), Stadt westlich Alsfeld, kirchliches Zentrum der Gleener Mark, (780–802) (Kopie um 1160) *in villa Glene*, (917/918) (Kopie um 1160) *ad Glene*; ON. Niederklein, Dorf südöstlich Marburg (Hessen), 1366 (Kopie 15. Jh.) *Nydern Glene*, 1574 *zu Nidern Glene*. – Die schriftsprachliche Schreibung <Klein> ist hyperkorrekt für (mundartlich) /gle:n/. Ausgangsform vorahd. *Glani. Es könnte sich ausgehend vom Ortsnamen und im Unterschied zu ↗³Glan der (ahd.) Dativ eines Flussnamens (keltisch?) **Glani-* verfestigt haben. Die Parallelnamen sind: FlN. ↗Glene, ON. Glehn (Kr. Schleiden, NRW, D), 1252 *Glene*, 1421 *Gleene*, 1568 *Gleen*; ON. Geleen (Prov. Limburg, NL), 1148 *Glenę*, 1204 *Glene*. Ungeklärt muss die Frage bleiben, ob die auf *Glani rückführbare Namengruppe auch etymologisch zusammengehört, was eher unwahrscheinlich ist. Vielmehr muss die Existenz sowohl von kelt. **glani-* als auch von gm. **glani-* 'glänzend' in Ortsnamen erwogen werden. – Faust, *HG.A.4*, S. 41; Reichardt, *Gießen*, S. 136f.; Guthausen, *Schleiden*, S. 39; Gysseling, *Woordenboek*, S. 392.

Klein häufiger unterscheidender Zusatz zu einem FlN. (z.B. Kleiner ↗Regen) oder Bestimmungswort in FlN.-Komposita (z.B. Kleinaschaff ↗Aschaff). Es ist nicht immer zu entscheiden, ob dadurch die absolute Größe oder nur die relative im Verhältnis zu einem anderen Gewässer angegeben wird. – Fischer, *BNB 10*, S. 138f.

Kleinarl-Bach (auch *Klein-Arlbach*) ↗ Arlbach.

Kleinsemmeringbach ↗ Semmererbach.

Klempenitz, die (auch *Klempnitz*), r.z. ¹Dosse (z. Havel z. Elbe), mündet bei Wusterhausen/Dosse (Lkr. Prignitz-Ruppin, Brandenburg, D). – 1751 *das Fließ Klempenitz*, 1799 *die Klempenitz*, 1841 *Die Klempnitz*, 1854 *Klempenitz*. – Grundform apolab. *Klępnica 'Bach mit krummem Lauf' zu apolab. *klęp 'etwas Krummes'. Parallelname Klempenitz, poln. Klępnica, r.z. Rega, 1321 *Clempenitze*. – Wauer, *HG.A.17*, S. 83; Fischer, *BNB 10*, S. 139.

Kleppinsee bei Wollup (Gem. Steintoch, Märkisch-Oderland, Brandenburg, D). – 1691 *biß uff den Kleppien*, 1702 *beym Kleppien*, 1788 Kleppinsee. – Grundform apolab. *Klepina oder *Klep'n- zu *klep 'Schlag'. – Fischer, *BNB 10*, S. 139.

Klessike r.z. Moore (z. Leine z.Aller z. Weser), mündet westlich von Höckelheim (Stadt Northeim, Lkr. Northeim, Niedersachsen, D). – /klesseke/, 1767 *hinter dem Clesenich*, 1776 *im Klesemke*, 1847 *hinter dem Klessing*, 1858/60 *im Klessike, im Klessiek*, 20. Jh. *hinter dem Klessinge*; FlurN. Klessikesgrund, 1776 *in der Klespen Grund*, 1858/60 *die Klessikesgrund*. – Grundform wahrscheinlich *Klesenbeke > *Klesembeke Kompositum mit dem Grundwort mndd. *beke* 'Bach' und ungedeutetem Bestimmungswort. – Kettner, *HG.A.8*, S. 62; Kettner, *Leine*, S. 148.

Kletschach l.z. Mur (z. Drau) bei Niklasdorf östlich von Leoben (PB Leoben, Steiermark, A). – 1293 *vallis Chletschach*. – Der Talname ist angeblich der Lokativ (*Klečachъ) des Bewohnernamens slaw. *Klečane (Plural) 'die an der Stromschnelle wohnen', zu sloven. *kleč* '(Felsen-)Klippe, Stromschnelle'. Die Richtigkeit der Deutung ist in Anbetracht eines einzigen Belegs nicht zu beweisen. – Lochner von Hüttenbach, *Steirische Hydronyme*, S. 90.

Klettnitz, die (auch *Klettnitzbach*), r.z. Tettau (z. Haßlach z. Rodach z. Main). – /gladnids, glad(e)n(d)s/, 1194 *ad alveum fluvii ... Chleticz*; FlurN. Kleiner/Großer Klettnitzberg. – Grundform slaw. *Klětica neben *Klětnica 'Hügel-, Bergbach', abgeleitet von slaw. *klětъ 'Berg'. – Sperber, *HG.A.7*, S. 83; Pokorny, *Kleetzhöfe*, S. 13–17.

Kliest-See (auch *Kliester See*), nordwestlich von Frankfurt/Oder (Brandenburg, D). – ON. Kliestow (Stadt Frankfurt/Oder), 1320 (Kopie) *ville Clistow*. – Grundform SeeN. apolab. *Klěščov zu *klěšč- 'Blei, Brassen'. – Fischer, *BNB 10*, S. 140.

Kling-/-e-/-el-/-en-/-er- (auch *Klink-*) -bach/ -bächl(e)/-bächlein, -beek, -beke, -brunnen, -fließ, -floß, -graben, -kolk, -pfuhl, -thal, -wasser, -weiher, z.B. Klingbach, l.z. Otterbach (z. Rhein), mit ON. Klingen (Gem. Heuchelheim-Klingen, Lkr. Südliche Weinstraße, Rh.-Pf., D), 9. Jh. (Kopie um 1280) *Clingen*, ON. Klingenmünster (Lkr. Südliche Weinstraße), um 817 *de monasterio Clingone*, um 830 *Clingo*, 1080 *abbatiam Clingam*, 1238 *in Clinga* (und weitere Belege) 'Münster an der Klinge'; Klingebek zu Golzow (Lkr. Potsdam-Mittelmark, Brandenburg), 1573 *in der Klingenden Becke*. Bestimmungswort ist teils ahd. *klinga, klinka* stswF. '(schnell) fließendes Gewässer, (Sturz-)Bach, Wasserlauf, Graben', mhd. *klinge* 'Talschlucht, rauschender Bach, Wildbach', teils das verkürzte Partizip Präsens des Verbs *klingen* 'einen hellen Klang von sich geben' (*klingend*). – Greule, *HG.A.15*, S. 56; Dolch/Greule, *Pfalz*, S. 261 f.; Ulbricht, *Saale*, S. 53, 158; Fischer, *BNB 10*, S. 140 f.

Klittenpfuhl südlich von Groß Schönebeck (Gem. Schorfheide, Lkr. Barnim, Brandenburg, D). – 1766 *klein und große Klitten Pfuhl*, 1902 *Klettenpuhl*. – Wohl Klammerform *Kletten(berg)pfuhl, mit nhd. *Klette* f., brandenburg. *Klitte* 'Pflanze der Gattung Arctium L.' als Bestimmungswort. – Fischer, *BNB 10*, S. 140.

Klobich-See Großer ~, Kleiner ~, südöstlich von Buckow (Lkr. Märkisch Oderland, Brandenburg, D). – 1253 (Kopie) *super aquam Clobuk*, 1463 (Kopie) *den groten clobbick vnd den cleinen clobbik*, 1751 *Der Gr. Klobing, Der Kl. Klobing*, 1840 *Gr., Kl. Klobick See*. – Grundform apolab. *Klobuk zu *klobuk 'Hut', vermutlich ursprünglicher Flurname, benannt nach der Geländeform, übertragen auf die Seen. – Fischer, *BNB 10*, S. 141.

Klodenick Sumpf, früher Gewässer, südöstlich von Müggelheim (Bez. Treptow-Köpenick, Berlin, D). – 1451 *von ... waters wegen die Clodenick genant*, 1690 (Kopie) *auf dem Waßer die Clödenick genant*. – Grundform apolab. *Klod'nik zu *kloda 'Baumstumpf, Klotz'. – Fischer, *BNB 10*, S. 141.

Klön, die (auch *Klönbach*), zum Chlöntelersee (z. Löntsch z. Linth z. Walensee z. Zürichsee) (Kanton Glarus, CH). – /t χlö/ (/ö/ lang), 1518 *in Klön*, usw., 1714 *die Clönthal*; TalN. 1468 *Klontel*; SeeN. Chlöntelersee, 1550 *Clöntalersee*, ca.1565 *Clöntalsee*. – Ausgangsform *Klōni- < *Klouni-, urkelt. *klouni- 'Wiese, Weide' (air. *clúain* 'Wiese', kymr., korn. *clun*, bret. *klun* 'Hüfte'), ursprünglich Name für abfallendes Gelände, vom Tal auf den Fluss und die Alp übertragen. – Walch, *Glarus*, S. 259–262; Pokorny, *IEW*, S. 603, 607; Matasović, *Proto-Celtic*, S. 209.

Kloster- Bestimmungswort in zahlreichen Gewässernamen, das entweder klösterlichen Besitz anzeigt oder die Lage des Gewässers in der Nähe eines Klosters bezeichnet.

† Kludenbach Oberlauf des Kyrbachs (z. Hahnenbach z. Nahe z. Rhein). – 1601 *die Cludenbach*; ON. Kludenbach (Rhein-Hunsrück-Kreis, Rh.-Pf., D), 1173 (Kopie 18. Jh.) *de Clode(n)bach*. – Grundform **Klodenbach*, Kompositum mit dem Grundwort *-bach* und dem Genitiv des PN. ahd. **Klodo* (**Kloden-*) als Bestimmungswort. – Greule, *HG.A.15*, S. 56.

Klüpfelbach l.z. Steinbach (z. Neckar z Rhein) mündet in Neckarsteinach (Kreis Bergstraße, Hessen, D). – 1142 *Kluphelesbach*, 1270 *Clupfelspach*, 1544–1550 *Klüpfelbach* (auch *Cliffelbach*, *Clöffelbach*). – Grundform mhd. **Klüpfelesbach*, Kompositum mit dem Grundwort *-bach* und dem Genitiv des PN. ahd. **Klupfil* (Gen. **Klupfiles-* > mhd. **Klüpfeles-*). Die durch Synkope entstandene Lautfolge /-pfelsb-/ wurde erleichtert zu /-pfelb-/. – Schmid, *HG.A.1*, S. 61 f.; Kaufmann, *Ergänzungsband*, S. 83.

Klus- ↗ Klaus-.

Knakenteich See bei Blankenburg (Gem. Oberuckersee, Lkr. Uckermark, Brandenburg, D). – 1592 *der Knakenteich*. – Bestimmungswort mndd. *knōke*, *knāke* 'Knochen', ↗ Knochenbach. Benennungsmotiv: Fundort von Knochen. – Fischer, *BNB 10*, S. 142.

Knecht-/-e- *-bach, -pfuhl, -see*, z. B. Knechtbach, r.z. Gers (z. Schwalm z. Eder z. Fulda z. Weser) mit ON. † Knechtbach, 1233 *in Knechtbach*, 1241 *Knechtpach*. Grundwort ahd. *kneht* stM. 'einem Herrn unterstellter (junger) Angehöriger einer Gemeinschaft, Kriegsknecht', mhd. *kneht* 'Knecht, Fußsoldat, Knappe, Ritter'. – Sperber, *HG.A.5*, S. 56; Bach, *Namenkunde* 1, S. 360.

† Kneedener Au heute *Reuterdamm* z. Trave bei Kneeden (Stadt Bad Oldesloe, Lkr. Stormarn, S.-H., D). – 1189 *rivulum ... Knegena*, 1311 *fluminis ... Knegene*, 1323 (Transsumpt 1368) *supra Kneghenenbeke*. – Grundform apolab. FlN. **Knegyn'*- mit possessivem *j*-Suffix abgeleitet von **kněgyn'*- < urslaw. **kъněgyni* 'Herrin, Fürstin' 'Bach der Königin'(?). Parallelname ON. Knehden (Stadt Templin, Lkr. Uckermark, Brandenburg, D) am † Knehdener See, heute Gleuensee, 1825 *Knedener See*. – Kvaran, *HG.A.12*, S. 103; Laur, *Schleswig-Holstein*, S. 397; Fischer, *BNB 10*, S. 142.

† Knegene ↗ † Kneedener Au.

† Knehdener See ↗ † Kneedener Au.

Knesebach l.z. Ilse (z. Aller z. Weser). – ON. Knesebeck (Stadt Wittingen, Lkr. Gifhorn, Niedersachsen, D), 1267 *de Knesbeke* (so oft belegt), 1295 *de knesebek*, 1309 *van Knesebeke* (und zahlreiche weitere Belege). – Kompositum mit dem Grundwort ursprünglich mndd. *beke* 'Bach' und slaw. **kněž*, **kněže* 'Fürst' als Bestimmungswort. Vergleichbar ist mit anderem Grundwort der unterfränkische ON. Knetzgau (Lkr. Haßberge, Bayern), ca.750–779 (Notiz 12. Jh.) *Knezcegewe*, 903 (Kopie 12. Jh.) *Knezegowe*, 1265 *Gnezgeu*, 1481 *Knetzgaw*, der sich auf eine Kleinlandschaft unter slawischer Herrschaft bezieht. – Borchers, *HG.A.18*, S. 74; Reitzenstein, *fränkische Ortsnamen*, S. 122.

Knick- *-bach, -graben, -siepen, -teich*. Mndd. *knick* m. 'lebendige Hecke, die durch Abbrechen kurz gehalten wird', 1721 *Der Knick, Teich ... an der See im Knick* (im Amt Zechlin/Ostprignitz, Brandenburg, D). – Ulbricht, *Saale*, S. 81; Fischer, *BNB 10*, S. 142.

Kniebach l.z. Seegaddelgraben (z. Bodensee). – ON. † Kniebach bei Immenstaad (Bodenseekreis, B.-W., D), 14. Jh. *curia in Kniebach* (so öfter belegt). – Kompositum mit dem Grundwort *-bach* und mhd. *knie* 'Knie' als Bestimmungswort, weil der Bach einen auffallenden Winkel ('Knie') bildet. – Geiger, *HG.A.2*, S. 70.

Knochenbach

– ¹Knochen-Bach, l.z. Werre (z. Weser). – 1790 *Knochenbach*. – Deutung ↗ Knakenteich. – Kramer, *HG.A.10*, S. 40.

– ²Knochenbach, Ableitung der Grube (z. Weser) im Stadtgebiet von Höxter (Lkr. Höxter, NRW, D). – 1378 *uppe der Knokenhowerbeke*, (2. Hälfte 14. Jh.) *by der Knokenhowerbeke*, (Mitte 15. Jh.) *up der Knokenhowerbeke*, 1542 *Knokenbeke*. – Klammerform mndd. *Knoken(hower)beke* 'Bach der Metzger/Fleischer'. – Kramer, *HG.A.10*, S. 40.

Knodenbach (ursprünglich *die Knoden*), r.z. Ölschnitz (z. Weißer Main z. Main z. Rhein). – (Mitte 16. Jh.) *dj Knoden*, 1674 *am Knottenbach*, 1692 *die Knoden*; ON. Hohenknoden, ON. Wasserknoden (Stadt Berneck i. Fichtelgebirge, Lkr. Bayreuth, Bayern, D), /-gnūdņ/, (1285–1287, zu 1071 oder später) *de Kloden*, 1127 (Fälschung 12. Jh.) *in Cloden*, 1128 (Kopie 12. Jh.) *de Chlodene, in uilla Chlódene*, (1326–1328) *Kloden*, 1398 *czu Hacknoden* (Hohenknoden), 1399 *Knoden*, 1413 *zu Obernknoden ... Wasser Knoden* (und weitere Belege). – Ausgangsform FlN. angeblich bayernslavisch **Klod'na* < **Klodьna*, abgeleitet von bayernslavisch **kloda* < urslav. **kalda* 'Balken, Stamm,

Stock, Baumstumpf usw.'. Wird der Name aus ahd. *Klōdana < vorahd. *Klauþanō 'Bergbach', mit n-Suffix abgeleitet von (gm.) *klauþa-, ablautend zu ae. clūd m. 'a mass of rock, hill' neben mndd. klūt(e) 'Erdklumpen', ablautend gm. *klauta- (mhd. klōz 'Kloß'), hergeleitet, ergeben sich in der Lautentwicklung keine Brüche. Der Flussname wurde auf die Orte übertragen, die Assimilation Kloden- > Knoden- fand wahrscheinlich unter dem Einfluss von mhd. knote 'Knoten' statt. – Sperber, HG.A.7, S. 84; Eichler/Greule/Janka/Schuh, Bayreuth, S. 120–123; Pokorny, IEW, S. 362.

Knoglbach l.z. Mörtlbach (z. Stau-See z. Almbach z. Salzach z. Inn z. Donau). – BergN. Knoglberg, ca.1390 Knoglegk … Chnogl, 1862 Knogelwald, Knoglberg. – Klammerform *Knogl(berg)bach? Bestimmungswort ist (bair.) Knogl, dissimiliert < *Gnagen/*Knagen, Dativ zu ahd.*gnago swM. 'korrodiertes Gelände' zu ahd. gnagan, nagan 'nagen, zernagen, korrodieren', vgl. ON. †Gnage nördlich von Großweikersdorf (PB Tulln, N.-Ö.,A), 1156–66 beneficiis Gnage sitis. – Straberger, HG.A.9, S. 41; Hausner/Schuster, Namenbuch, S. 422.

† Kobach l.z. Suhl (z. Werra z. Weser), mündet oberhalb von Lindigshof (Gem. Marksuhl, Wartburgkreis, Thüringen, D). – 1512 die Kúbach, 1528 uber die Kubach, 1531 die Kubach, 1580 nach der Kobach; FlurN. (15)24 Cubachwessen. – Kompositum mit dem Grundwort -bach und mhd. kuo 'Kuh' ↗Kuh- als Bestimmungswort. – Sperber, HG.A.5, S. 56.

Koblacher Kanal l.z. Dornbirner Ach (z. Bodensee) bei Koblach (PB Feldkirch, Vorarlberg, A). – ON. Koblach, 1294 de Kobelon (< *Kobelahon?), 1369 ze Koblach, 1374, 1379 ze Kobla. – Grundform FlN. mhd. *Kobelache, Kompositum mit dem Grundwort mhd. -ache 'Fließgewässer' und mhd. kobel 'Felsschlucht' als Bestimmungswort, 'Fluss, der in der Felsschlucht fließt'. – Geiger, HG.A.2, S. 70; Keinath, Württemberg, S. 56.

Kochelsee in den Gemeinden Schlehdorf und Kochel a. See (Lkr. Bad Tölz-Wolfratshausen, Bayern, D), durchflossen von der Loisach (z. Isar z. Donau). – 11. Jh. (Kopie 12. Jh.) Chochelse; ON. Kochel a. See, zu 739 (11. Jh.) Chochalon, 1043 (Kopie 12. Jh.) Chochaln, 1052 Chochalon, 11. Jh. Chohalun, 1197 Chohel, 12. Jh. Chochelin, 1292–1301 Chocheln, 1459 Kochel. – Kompositum mit dem Grundwort ahd. sē 'See' und ON. Kochel als Bestimmungswort. Der ON. abair. Chochalon (Dat. Pl.) < *Kochalon, enthält gm. *kukala-, l-Ableitung von gm. *kuk(k)a- (mundartlich pfälzisch koch 'spitzer Hügel, Erdaufwurf'), mit anderem Suffixvokal (*kukila-) bair. die Köcheln 'bewachsene Erhöhungen in einem Moor', FlurN. Küchelberg, 1330 offe kuchelberg, rundliche Erhebung (Lkr. Mainz, Rh.-Pf.). – Snyder, HG.A.3, S. 124; Reitzenstein, Oberbayern, S. 139; Zernecke, Siedlungs- und Flurnamen, S. 302 f.

Kocher, der r.z. Neckar (z. Rhein), entsteht am Fuß der Schwäbischen Alb aus Schwarzem Kocher, der südlich von Oberkochen (Ostalbkreis, B.-W., D) entspringt, und Weißem Kocher, der östlich von Unterkochen (Stadt Aalen, Ostalbkreis) entspringt, mäandert ab Abtsgmünd (Ostalbkreis), fließt durch Schwäbisch Hall, mündet nach 168km bei Bad Friedrichshall-Kochendorf (Lkr. Heilbronn, B.-W.). – /khɔxr/, 788 (Kopie 12. Jh.) Cochen, 795 (Kopie 12. Jh.) in Cochane, 1024 (Kopie 1335) in Chochina, de Chochina, 1027 Chochinaha, 1052 in Cochena, 1283 versus Cochen, 1296 uf deme Kochen (und weitere Belege), 1544–1550 am Kochen, der Kocher; GauN. 788 (Kopie 12. Jh.) in Cochengowe (und weitere zahlreiche Belege); ON. Kochen (Unter~, Ober~, Neu~), 1147 (Kopie 12. Jh.) de Cohen, 1240 in Chochen, 1341 ze Oberkochen; Kocherstetten (Stadt Künzelsau, Hohenlohekreis, B.-W.), 1483 zu Kocherstetten; ON. Kochertürn (Neuenstadt am Kocher, Lkr. Heilbronn), 1299 Kochindurne ('mit Dornenhecke eingehegter Ort am Kocher'); ON. Kochendorf (Stadt Bad Friedrichshall, Lkr. Heilbronn), 1262 de Kochendorf; ON. Kochersteinsfeld (Gem. Hardthausen am Kocher, Lkr. Heilbronn), 1285 in Stein supra Cocum. – Ausgangsform FlN. ahd. Cochan m. (neben verdeutlichendem Kompositum Cochen-aha f.), gm. Lehnname < kelt. *Kukonos, maskulines Geschlecht in Anlehnung an Neckar (< *Nikros), ebenso der Suffixwechsel Kochen > Kocher. Kelt. *Kuko-no-s mit n-Suffix von *kuko-, Adj. zum Verb ig. *keuk- 'sich biegen' (ved. ut-kucant- 'sich krümmend'), abgeleitet, vgl. kelt. *kukro- 'krumm', ↗Kochernbach. – Schmid, HG.A.1, S. 62 f.; Reichardt, Ostalbkreis 1, S. 361–365; Rix, LIV, S. 359.

Kocherbach

– ¹Kocherbach, r.z. Ulfenbach (z. Neckar z. Rhein) im Odenwald. – 1568 Kocherbach; ON. Kocherbach (Gem. Wald-Michelbach, Lkr. Bergstraße, Hessen, D), 1320 Kochelbach, 1324 Chocelbach, 1391, 1392 Cocherbach, 1503 Kocherbach. – Kompositum mit dem Grundwort -bach und dem Bestimmungswort (mhd.) Kochel-, Kochelbach dissimiliert > Kocherbach, Deutung ↗Kochelsee. – Schmid, HG.A.1, S. 63.

– ²Kocherbach (auch Kocher), l.z. Ilm (z. Thüringische Saale z. Elbe) bei Großheringen (Lkr. Weimarer Land, Thüringen, D). – 1551 Kocherbach. – Sichere Deutung ist nicht möglich. Da ein Kochelbach, l.z.

Lißbach (z. Ilm z. Thüringische Saale) (ohne Belege) nachgewiesen ist, liegt die Vermutung nach, dass in beiden Namen eine Bildung wie bei ¹Kocherbach vorliegt. – Ulbricht, *Saale*, S. 128; Walther, *Siedlungsgeschichte*, S. 233 (< vorgm. **Kukara*?).

Kochernbach frz. R.au de Cocheren, r.z. Rossel (z. Saar z. Mosel z. Rhein), ON. Kochern, frz. Cocheren (Gem., Dep. Moselle, Region Lothringen, F), auf dem colline du Hérapel bei Cocheren befand sich eine keltische Siedlung; ca.1236 *de Cokeren*, 1255 *Kokera*, 1322 *Cocheres*, 1332 *Cocura*, 1345 *Kucheren*, 1595, 1688 *Kochern*, 1735 *Cocheren*. – Zugrunde liegt der FlN. (ahd.) **Kochara* < kelt. **Kukrā*, air. *cúar* (< **kukro-*)'krumm', Parallelname river Cocker 'winding river' (GB), ↗ Kocher. – Spang, *HG.A.13*, S. 16; Buchmüller/Haubrichs/Spang, *Namenkontinuität*, S. 80; Matasović, *Proto-Celtic*, S. 228.

† Köbelbach jetzt Krebsbach, r.z. Kinzig (z. Main z. Rhein). – /ˈvf də ˈkɛːvəl/, 1263 *ad ripam kebele*, 1378 *uff der Kebele*, 1394 *die Kebil*, 1469 (Kopie ca.1520) *uff der kebel*, 1598 *vf der Köbel*, 1663 *auf der Köbel*; ON. Marköbel (Gem. Hammersbach, Main-Kinzig-Kreis, Hessen, D), ehemals Limes-Kastell, 839 *Cavilla*, 1057 *Kebele*, 1057 (Kopie 15. Jh.) *Kebella*, 1062 *Kebilo*, 1259 *Kebele* (und weitere Belege), 1289 *Margkebel* 'Köbel an der Grenze' (mhd. *mark* 'Grenze'), ON. Bruchköbel (Stadt, Mainz-Kinzig-Kreis, D), 1392 *bii unserm droffe* (sic!) *Bruchkebil* (und weitere Belege) 'Köbel am Sumpf' (mhd. *bruoch*). – Grundform FlN. ahd. **Kevila* < gm. **Kwaƀ-ilō* f., mit *l*-Suffix abgeleitet von gm. **kwaƀa-* n. (awn. *kaf* 'Tiefe, Wasser', aschw. **kaf* 'stillstehendes Wasser') zum starken Verb gm. **kwaƀ-ja-* 'niederdrücken', awn. *kvafa* 'tauchen' (schwaches Verb), Benennung nach dem niederen Wasserstand. – Sperber, *HG.A.7*, S. 84; Vielsmeier, *Wetterau*, S. 280; Seebold, *starke Verben*, S. 311 f.; Wahlberg, *SOL*, S. 158.

Ködel, die (auch *Ködelbach*), r.z. Rodach (z. Main z. Rhein), mit den Zuflüssen Nordhalbener ~, Tschirner ~. – 1356 *piz da di Kotel in di Radach velt*; ON. Ködelberg (Markt Nordhalben, Lkr. Kronach, Bayern, D), 1323–27 *Koteln*. – Möglicherweise Übertragung des Ortsnamens 1323–27 *Koteln* (lies **Köteln*); dieser vermutlich mit *l*-Suffix abgeleitet von mhd. *kōt*, ahd. *quāt* 'Schmutz'. – Sperber, *HG.A.7*, S. 54.

Köhlbach ↗ Kohlbach.

Köhlbrand, der Mündungsarm der Süderelbe in die Norderelbe (Hamburg, D). – 1368 *Kalbrand*, 1508 *Kalebrant*, um 1555 *Kolbrandt*, 1568 *Kälebrandt*, 1620 (Kopie 17. Jh.) *Koelebrandt* (und weitere Belege). – Onymisierung von mndd. **kālebrand* 'Ort, wo Holzkohle gebrannt (und verkauft) wird' als Gewässername, mndd. *kōle, kāle*, ndd. *Kåhl* 'Kohle'. – Udolph, *HG.A.16*, S. 190.

Köhlgartenwiese, die r.z. Kleinen Wiese (z. Wiese z. Rhein). – FlurN. Köhlgarten, 1511, 1523, 1730 *kölgarten*, 1576, 1776 *keelgarten*. – Kompositum mit ↗ Wiese als Grundwort und FlurN. Köhlgarten 'Kohl-, Krautgarten'. – Geiger, *HG.A.2*, S. 71.

Köllbach l.z. Nagold (z. Enz z. Neckar z. Rhein) bei Altensteig (Lkr. Calw, B.-W., D). – 1490 *disseit dem Koellenbach, diesseits dem Koelmbach*. – Kompositum mit dem Grundwort -*bach* und vermutlich mhd. **gehäldel/*gehelde* 'Geländeabfall', mit Synkope, Rundung und Assimilation > *Köll*-, als Bestimmungswort. – Schmid, *HG.A.1*, S. 64; Keinath, *Württemberg*, S. 53.

Köllerbach r.z. Saar (z. Mosel z. Rhein), entspringt nordöstlich von Eiweiler (Gem. Heusweiler, Regionalverband Saarbrücken, Saarland, D), mündet in Völklingen (Regionalverband Saarbrücken). – 1448 *uf der Kollerbach*, 1785 *Köllerthaler Bach*, TalN. 1223 (Kopie 15. Jh.) *Colredal*, 1261 *vallis Colonie*, 1306 (Kopie 15. Jh.) *Colrendal*, 1374 *in deme Colredal*, 1426 *in dem Collerdale*; ON. Kölln (Köllerbach, Stadt Püttlingen, Regionalverband Saarbrücken), 1422 *uber Colle*, 1688 *Cöllen*. – Ausgangsform TalN. mhd.**Koleredal* 'Tal der Köhler', daraus die Klammerform *Koler(dal)bach*; der ON. Kölln ist rückgebildet aus *Köllerbach/-tal* und teilweise latinisiert als *colonia* 'Bauerngut'. – Spang, *HG.A.13*, S. 40 f.; Buchmüller/Habrichs/Spang, *Namenkontinuität*, S. 74.

Kölln-Bach

– ¹Kölln-Bach, l.z. Röhren-Bach (z. Isar z. Donau). – 731 *Colinpah*, 888–889, 975–980 *Cholinpah*, ca.1563 *Kolnpach*; ON. Oberköllnbach, ON. Unterköllnbach (Gem. Postau, Lkr. Landshut, Bayern, D), 1180 *de Colenbah*, 1230–1232 *de Cholnbach*, ca.1261 *de Choᵉlenbach*, FlurN. Köllnbacher Moos.
– ²Kölln-Bach, l.z. Moosmühlbach (z. Gänsmühlbach z. Langenmühl-Bach z. Isar). – ON. Großköllnbach (Markt Pilsting, Lkr. Dingolfing-Landau, Bayern, D), ca.1563 *Kölnpach pagus magnus*.
– ³Kölln-Bach, l.z. Moosmühlbach (z. Isar). Ohne Belege.

Grundform ahd. **Colinbach*, Kompositum mit dem Grundwort -*bach* und dem Genitiv des PN. ahd. *Colo* (**Colin*-) als Bestimmungswort. Der Name dürfte von ¹Kölln-Bach isaraufwärts auf ²Kölln-Bach und ³Kölln-Bach übertragen worden sein. – Snyder, *HG.A.3*, S. 49; Kaufmann, *Ergänzungsband*, S. 84.

Köllnsee
– ¹Köllnsee, Großer ~, Kleiner ~ (auch *Mostkelle*) bei Rutenberg (Stadt Lychen, Lkr. Uckermark, Brandenburg, D). – 1299 *grote Kelle, lutke kelle*, 1337 (Kopie) *Grotekelle, Lütkekelle*, 1574 *die grosse vnd kleine kelle*. – Mndd. *kelle* 'großer Schöpflöffel', metaphorische Benennung nach der Form des stehenden Gewässers. – Wauer, *HG.A.17*, S. 85; Fischer, *BNB 10*, S. 132.
– ²Köllnsee, Krummer ~, Langer ~, Runder ~ bei Joachimsthal (Uckermark, Brandenburg, D). – 1589 (Kopie) *Der Kleine Kellen, Der Mittel Kellen, Der Krumme Kellen*. – Grundform entweder apolab. *Kol'n-* zu *kol-* 'Pfahl, Stock' oder apolab. *Kal'n-* zu *kal-* 'Schlamm, Schmutz, Sumpf'. – Fischer, *BNB 10*, S. 144.

Kölpinsee
– ¹Kölpinsee, bei Groß Kölpin (Gem. Milmersdorf, Lkr. Uckermark, Brandenburg, D). – 1236 *stagnum … Colpin*, 1573/1618 *auff dem Cölpin*, 1751 *der Kolpin*, 1796 *Kölpin*; ON. †Kölpin, 1270 *in Colpino*, 1352 *tzu Kolpin*, 1375 *Curia Kolpyn*, 1472 *wüste velt … Kolpin*. – Wauer, *HG.A.17*, S. 85; Fischer, *BNB 10*, S. 144.
– ²Kölpinsee, bei Rheinsberg (Lkr. Ostprignitz-Ruppin, Brandenburg, D). – 1741 *der Colpinsche See*, 1772 *Colpin-See*, 1788 *Cölpin See*, 1825 *Cölpin See*. – Wauer, *HG.A.17*, S. 85f.; Fischer, *BNB 10*, S. 144. Grundform apolab. *Kolpina* 'Schwansee', abgeleitet von apolab. *kolp* 'Schwan', ↗Kolpinsee.

Königs- -au, -bach/-bachl, -bach-Graben, -born, -fließ, -graben, -quelle, -see, -spring, -thal, -wasser, z.B. Königsbach r.z. Königssee (z. Salzach z. Inn z. Donau), 1106 (Druck 1810) *ad ortum rivi … Chunispach*, 1124/25 (Kopie 13. Jh.) *ad ortum rivi … Cŏnispach/Choᵛnispach*, 1132–35 *Coᵛnispach*, 1156 *Chuningesbach*, 1194 *Cuningespach*, 1212 (Druck 1810) *ad ortum riui Kunigsbach*, 1862 *Königs-B.*, BergN. 1566 *Künigsperg*. Bestimmungswort ist das Nomen *König*, ahd. *kuning*, mhd. *künec* 'König' oder der FamilienN. *König* immer im Genitiv. Benennungsmotiv Ehrung des Königs. – Straberger, *HG.A.9*, S. 61f.

Köpernitz
– ¹†Köpernitz, die, z. Löcknitz (z. Flakensee). – 1247 *rivulus Coppernitz*, 1574 *Köpernitz*.
– ²†Köpernitz, See bei Linde, jetzt Linde-See (Gem. Löwenberger Land, Lkr. Oberhavel, Brandenburg, D). – 1270 *aquam … Copernitz*.
– ³Köpernitz, l.z. Havel (z. Elbe). – 1928 *Köpernitz*. Grundform apolab. *Kopr'nica*, abgeleitet von apolab. *kopr* 'Dill'. – Wauer, *HG.A.17*, S. 87; Fischer, *BNB 10*, S. 145f.

Köpernitzer See bei Köpernitz (Heinrichsdorf/Neuruppin, Stadt Rheinsberg, Ostprignitz-Ruppin, Brandenburg, D). – 1530 *mit dem Sehe kopernitz*, 1590 *vf dem Copernitzen Sehe*, 1767/87 *Köpernitz*; ON. Köpernitz, 1463 (Kopie) *Tho der kopernitze*, 1515 (Kopie) *feltmarck … kopernitz*, 1530 *Die feltmarcken kopernitz*, 1682 *Köpernitz*. – Deutung ↗Köpernitz. – Wauer, *HG.A.17*, S. 87; Fischer, *BNB 10*, S. 145f.

Köppach r. Oberlauf d. Schwanbachs, l.z. Ager (z. Traun z. Donau). – ON. Köppach (Gem. Atzbach, PB Vöcklabruck, O.-Ö., A), /ˈkhɛpo/ (/ō/ offen), 1122–1147 *Qotebach, Chotebach*, nach 1151 *de Chotpach*, 1371 *von Chöppach* (<ö> = e über o). – Mhd. bair. *Choetınpach*, zusammengesetzt aus dem mhd. Adjektiv *koetīn* 'kotig, erdig, lehmig' und *-bach*. Das Suffix mhd. *-īn-* wird zu *-en-* abgeschwächt (*Choetenpach*). In der Lautverbindung /-np-/ schwindet /n/ zur Sprechererleichterung (*Choetepach*). Nach der Synkope von -e- (*Koetpach*) wird /-tp-/ zur /-pp-/ assimiliert. Der Bach wurde 'erdiger, schmutziger Bach' im Gegensatz zum linken Oberlauf, der Weißbach heißt, genannt. – Reutner/Bito/Wiesinger, *Vöcklabruck*, S. 242; Hausner/Schuster, *Namenbuch*, S. 611.

Körsch, die (auch *Erbbach*), l.z. Neckar (z. Rhein), entsteht aus dem Zusammenfluss von Sindelbach und Aischbach in Stuttgart-Möhringen (B.-W., D), mündet nach 26,3km bei Esslingen unterhalb der Burgstelle Kerschdorf (Gem. Deizisau, Lkr. Esslingen, B.-W.). – 1277 *aqua Cherse, iuxta fluvium … Koerse*, 1284 *ultra fluvium Kerse*, 1291 *Kerse*, 1343 *kierse*, 1350 *in der kerse*, 1353 *der Kerseflus, diu Kerse* (und weitere Belege), 1567 *die Kersch*, 1651 *an der Kersch*; FlurN. 1268 *in Kershald*, 1567 *Kerschacker*, 1651 *Kerschwisen*, 1799 *Körschwäldle*; ON. †Kersch, um 1221 *de Kerse*, 1269 *Kersefurt*. – Grundform (ahd.) *Kerisa*, synkopiert > mhd. *Kerse*, palatalisiert > fnhd. *Kersch*, gerundet *Körsch* < vorgm. (kelt.?) *Karisā*, Ableitung mit *s*-Suffix von einem Stamm *kar-i-* 'Stein', dem im Germanischen *har-u-/*har-i-* 'mit dem Boden verwachsene Steine, Steinhaufen', mndd. *hāre* f. 'Anhöhe, Bergrücken' (↗Harste, ↗⁴Haarbach) entsprechen, ↗Kardaunbach. Parallelnamen: ON./FlN. in alter Dorsualnotiz zu Urkunde von 772 (Kopie 12. Jh.) *in caresa* (Prümer Liber aureus, fol. 86r, unermittelt) < *Karisa*, FlN. Carey, drei Flüsse in England (GB) < (brit.) *Karīsa* 'stoney stream'. – Schmid, *HG.A.1*, S. 64; Krahe, *UäFlNN*, S. 59; Haubrichs, *Prümer Scripta*, S. 51; Wattes, *EPN*, S. 115, 118.

Kössein, die r.z. Röslau (z. Eger), entspringt im Hohen Fichtelgebirge an der Kösseine beim Dorf Kössain südlich von Wunsiedel (Lkr. Wunsiedel im Fichtelgebirge, Bayern, D), mündet unterhalb von Marktredwitz (Lkr. Wunsiedel). – /kʰɛsäe/ (betont auf der 2. Silbe), 1434 *die Koßin*, 1435 *die Kosein*, 1603

Kössein. – Slaw. **Kozina* 'Ziegen-, Geißbach', abgeleitet von slaw. *koza* 'Ziege, Geiß'. Zum vorslawischen Namen der Kössein (1061 *Trewina, Trevvina*) ↗ Drann ↗ Trave. – Gütter, *Marktredwitz*, S. 47, 41–46; Pleintinger, *obere Eger*, S. 39–43.

Kößelbach (auch *Kesselbach*), r.z. Donau. – 1593 *die Kößla*; ON. Kößlau (Gem. Sankt Aegidi, PB Schärding, O.-Ö., A), 13. Jh. *Chezlah*, 1324 *de Chesla, In Chezzla*; ON. Kößldorf (Gem. Sankt Roman, PB Schärding), 13. Jh. *In Chaezeldorf, In Chaezzlaerdorf* (< **Kesselachdorf*); ON. Kösslarn (Gem. Esternberg, PB Schärding), vor 1147 (Kopie ca. 1454) von *Chezzelaren*, 1180–1200 *in Chezelahe* (< **Kezzelaren* 'bei den Leuten an der Kößelache'). – Die Namen enthalten alle einen FlN. ahd.-bair. **Chezzela(ha)* 'Bach in einem kesselförmigen Tal'. – Wiesinger/Reutner, *Schärding*, S. 150, 163, 181.

Kößnach, die l.z. Donau, entspringt bei Falkenstein im Bayerischen Wald, mündet bei Kößnach (Gem. Kirchroth, Lkr. Straubing-Bogen, Bayern, D). – Ca.1580 *Kessnaha, Kessnach*; ON. Kößnach, ca.1140–1145 *Chezinaha*, 1141–1191 *Chezna*, 1148 *Chessnah*, 1182 *Chezzinaha*, 1460 *Kessnach*. – Kompositum ahd. *Chezzinaha*, Kompositum mit ahd. *aha* 'Fließgewässer' als Grundwort und dem Genitiv des PN. ahd. **Caz(z)o/*Chaz(z)o* (**Chez(z)in-*) als Bestimmungswort. – N.N., *HG.A.20*; Reitzenstein, *Personennamen*, S. 10.

† Kösten (heute *Weiherbach*), r.z. Main (z. Rhein) bei Lichtenfels. – 1195 *flumen Quosten*; ON. Kösten (Stadt Lichtenfels, Lkr. Lichtenfels, Bayern, D), 1126 *Quostene*, 1348 *Chösten*. – Ausgangsform **Quostina* > mhd. *Kösten*, abgeleitet von slaw. **chvost-* 'Gesträuch, Wald'. – Sperber, *HG.A.7*, S. 284.

Köstenbach l.z. Wilden Rodach (z. Rodach z. Main z. Rhein), mündet bei Neumühle (Stadt Wallenfels, Lkr. Kronach, Bayern, D). – 1393 *Koestenpach*; ON. Köstenberg, Köstenhof (Markt Presseck, Lkr. Kulmbach, Bayern), FlurN. Köstenschrot. – Kompositum mit dem Grundwort *-bach* und FlN. ↗ † Kösten als Bestimmungswort. – Sperber, *HG.A.7*, S. 284.

Kötz, die l.z. Günz (z. Donau), entspringt im Stoffenrieder Forst bei Schießen (Gem. Roggenburg, Lkr. Neu-Ulm, Bayern, D), mündet nach 13km zwischen Großkötz und Kleinkötz (Lkr. Günzburg, Bayern). – ON. Großkötz (Gem., Lkr. Günzburg), ON. Kleinkötz (Gem. Kötz, Lkr. Günzburg), 1117 *Kez*, ca.1126 *Kezze*, 1312 *von Ketze*, 1469, 1470 *von Ketz*. – Grundform ON./FlN. mhd. (*ze*) **Ketze* < vorahd. **Kattja*, gm. **Katjō*. Da für den Flussnamen keine historischen Belege bekannt sind, liegt die Vermutung nahe, dass es sich um Übertragung eines ursprünglichen Siedlungsnamens handelt, der mit *j*-Suffix von gm. **kat-* 'gewinkelte Bachkrümmung' (erschlossen aus Ortsnamen wie Kettwig an der Ruhr, Katwijk an der Maas) abgeleitet ist. Benennungsmotiv: Großkötz liegt ungefähr am Mündungswinkel, den Kötz und Günz bilden. Parallelname ON. Ketsch (Rhein-Neckar-Kreis, B.-W., D) an einer alten Rheinschleife, 1153 *Keths*, 1156 *Ketz*. Da gm. **kat-* 'gewinkelte Bachkrümmung' etymologisch nicht gesichert ist, kann die Ausgangsform **Katja* auch mit nicht germanischen Flussnamen in Beziehung gesetzt werden: Caronna, r.z. Po bei Pavia (I.), 1159 *Cathrona*, lit. Flussnamen *Katrà* und *Katãrė*, *la Cátola*, Bach in den Monti della Daunia westlich von Lucera (Apulien, I.), sowie vorrom. (prov.) **kataro-* 'Bach, Wassergraben' die eine etymologisch unklare Ableitungsbasis **kat-* enthalten. Sie könnte ig. **kató-* (< urig. **kh$_2$-tó-*) 'gegraben', dem Partizip des Verbs urig. ?**k$^{(u)}$eh$_2$-* 'graben', entsprechen. – Snyder, *HG.A.3*, S. 49; Kaspers, *Kettwig*; Krahe, *Sprachbeziehungen*, S. 110; Rix, *LIV*, S. 344.

Kohl-/-en- -bach/-bächl, -bäke/-beck, -brunnbach, -brunnen, -graben, -laine, -klinge, -siek, -siepen, -wasserbach, -wiesengraben, z.B. Kohl-Graben, l.z. Sur (z. Salzach z. Inn z. Donau) mit ON. Kohlbichl, 1275 *Cholpuhel*, 1275 *Kolpichl*, 1325 *Cholpühel*; Kohlenbach, r.z. Elz (z. Rhein) mit ON. Kohlenbach (zu Kollnau, Stadt Waldkirch, B.-W., D), 1341 *Colenbach*, 1354 *Kolenbach* (und weitere Belege). Bestimmungswort ist entweder ahd. *kol* stN. '(Holz-)Kohle' (Benennungsmotiv z.B. Kohlmeiler am Gewässer oder Brandrodung) oder ahd. *kōl* stM., *kōlo* swM., mndd. *kōl* '(Gemüse-)Kohl' ↗ Kohlgraben. – Straberger, *HG.A.9*, S. 62; Geiger, *HG.A.2*, S. 71; Ulbricht, *Saale*, S. 78f., 84; Kettner, *Leine*, S. 151.

Kohlbach (fälschlich statt **Köhlbach*), l.z. Neuwoogbach (z. Mühlbach z. Glan z. Nahe z. Rhein). – 956 *Cheuilunbahc*, 1018 (Kopie 12. Jh.) *Kebelinbach*; ON. Kübelberg (Gem. Schönenberg-Kübelberg, Lkr. Kusel, Rh.-Pf., D), 1263 *apud Keyvelberch*, 1297 *in castro Keuelnberg*, 1309 *Kevelnberg*, 1312 *Kevelberg*, 1333 *Kebelinberg* (und weitere Belege), 1587 *Köbelburg*. – Ausgangsform FlN. ahd. **Kevila* < gm. **Kwab-ilō* ↗ † Köbelbach, im Dativ ahd. **Kevilūn*, verdeutlichend komponiert mit Grundwort *-bach* und Bestimmungswort im BurgN. mhd. **Kebelinberg/-burg*. Mhd. **Kebelnbach* > **Kehlbach*, gerundet > **Köhlbach*. – Greule, *HG.A.15*, S. 56f.; Dolch/Greule, *Pfalz*, S. 269f.

Kohlgraben l.z. Plane (z. Breitlingsee/Havel z. Elbe) nordöstlich von Dippmannsdorf (Stadt Bad Belzig, Lkr. Potsdam-Mittelmark, Brandenburg,

D). – 1591 *am Kohlgraben*, 1651 *Kohlgraben*, 1854 *ein Graben, der die Fredersdorfer Kohlgärten entwässert ... heißt Kohlgraben*; FlurN. Kohlgarten. – Klammerform **Kohl(garten)graben*, mndd. *kōlgarde* m. 'mit Kohl, Gemüse bebautes Landstück, Gemüsegarten'. – Wauer, *HG.A.17*, S. 87; Fischer, *BNB 10*, S. 143.

Kolchenbächlein r.z. Queich (z. Rhein). – 1786 *Kolchenbächlein*; ON. Kolchenbach (Gem. Siebeldingen, Lkr. Südliche Weinstraße, Rh.-Pf., D), 1291 *Colchenbach*, 1302 *Kolkenbecher weg*, 1307 *Kolkenbach*, 1337 *von Kolkenbach* (und weitere Belege). – Grundform mhd. *Kolchenbach, Komposition mit -*bach* (-*bächlein*) als Grundwort und dem Genitiv des PN. ahd. *Kolacho (Gen. **Kol(a)chen*-) als Bestimmungswort. Mhd. *Kolchenbach teilweise assimiliert > *Kolkenbach*. – Greule, *HG.A.15*, S. 57; Dolch/Greule, *Pfalz*, S. 265 f.; Kaufmann, *Ergänzungsband*, S. 84.

Kolk/Kolk- -*bach*, -*graben*, -*grund*, -*pfuhl*, -*riede*, -*see*, -*wasser*, -*wiesengraben*. Ndd. (brandenburg.) *Kolk* m./n. 'natürliches, tieferes Wasserloch im Gelände; kleiner tiefer Teich; durch Ausspülungen oder Strudel entstandene kesselförmige Vertiefung an Flussufern, hinter Brücken und Schleusen', 1188 *aqua ... Colc* (unbekannte Lage), afr. *kolk* (ein Wasserwort), ae. *colc* m. 'Grube, Loch' (< gm. *kulkaz 'Wasserloch'). – Fischer, *BNB 10*, S. 143 f.; Gysseling, *Woordenboek*, S. 568; Orel, *Handbook*, S. 223.

Kollau, die (im Oberlauf *Vielohau*), r.z. Tarpenbek (z. Alster z. Elbe), entspringt im Norden von Hamburg in Schnelsen (Hamburg, D), durchfließt Niendorf und Lokstedt, mündet bei Groß Borstel (Hamburg). – /kolloh/, 1558 *Kollohe, Kolohe*, 1855 *Collau*; ON. Kollauer Hof (Hamburg-Niendorf), 1341 (Kopie 1317–1429) *molendinum Coldeloghe*, 1348 (Kopie 1317–1429) *in Coldeloghe*; StraßenN. Kollaustraße (Hamburg). – Grundform vermutlich mndd. (*to der*) *Kōldenouwe*, Zusammenrückung von mndd. *kōlt* 'kalt' ↗ *kalt*- und mndd. -*ouwe* ↗ *au(e)*, in den kopierten Belegen *Coldeloghe* mit Assimilation /-ld- -n-/ > -ld- -l-/, gekürzt > *Kōldouwe, assimiliert > *Kollau*. – Udolph, *HG.A.16*, S. 192.

Kollbach, die r.z. Vils (z. Donau), entspringt auf dem Gebiet der Gem. Gangkofen (Lkr. Rottal-Inn, Bayern, D), mündet nach 32 km beim Weiler Bruckhäuser (Gem. Rossbach, Lkr. Rottal-Inn). – 818–838 *ad Chalpaha*; ON. Kollbach (Markt Gangkofen), ON. Kollbach (Gem. Malgersdorf, Lkr. Rottal-Inn), ca.1563 *fontes Kolbahae*. – Grundform FlN. ahd. *Kalb-aha f. ↗²Kalbach mit Hebung des /a/ der Stammsilbe > /o/. Die Schreibweise *Koll-Bach* (statt *Kollb-ach*) ist falsch. – Snyder, *HG.A.3*, S. 50.

Kollbacher Graben (auch *Eiberger Bach*), l.z. Steinbach (z. Grasenseer Bach z. Rott z. Inn z. Donau). – ON. Kollbach (Markt Tann, Lkr. Rottal-Inn, Bayern, D), 1300 (Dorsualnotiz 14. Jh.) *Cholbach*. – Komposition mit dem Grundwort -*bach* und ahd. *kol* stN. '(Holz-)Kohle' ↗ Kohl-. – Dotter/Dotter, *HG.A.14*, S. 218.

Kolmbach r.z. Schlierbach (z. Weschnitz z. Rhein). – ON. Kolmbach (Stadt Lindenfels, Lkr. Bergstraße, Hessen, D), 1568 *Colnbachers acker*, nach 1623 *vff die kohlenbächer Äckher*, 1771 *gegen kolmbach*, 1772 *im Collenbächer Acker*. – Ausgangsform mhd., fnhd. *Kolnbach > *Kolmbach*, Komposition mit dem Grundwort -*bach* und mhd. *kol* swM. 'Kohle' ↗ Kohl-. – Geiger, *HG.A.2*, S. 71; Ramge, *Flurnamen*, S. 592.

Kolm Seen (auch *Dirnbach Seen*), z. Kolm Wasserfall (z. Schödersee z. Schöderbach z. Großarlbach z. Salzach z. Inn z. Donau) im Großarltal (Pongau, Salzburg, A). – Ca.1350 *am cholbn*, ca.1400–ca.1500 *am Cholbn*, 1829 *Culmsee, Kulm Wasserfall*. – Ausgangsform mhd. *Kolbensē, Komposition mit dem Grundwort *See* und mhd. *kolbe* 'kolbenähnliche Pflanze', nach Synkope vereinfacht > *Kolmsee*. – Straberger, *HG.A.9*, S. 63.

Kolpinsee (auch *Colpinsee*), bei Kloster Lehnin (Lkr. Potsdam-Mittelmark, Brandenburg, D). – 1193 *ipsum colpin minus ... minus stagnum*, 1832 *Kolpin See*. – Grundform apolab. *Kolpina, abgeleitet von *kolp 'Schwan', ↗ Kölpin-See. – Fischer, *BNB 10*, S. 144.

Kombach l.z. Fulda (z. Weser), mündet bei Konnefeld. – 1562–86 *bis in den Compach*; ON. Konnefeld (Gem. Morschen, Schwalm-Eder-Kreis, Hessen, D), 1195 *Cunnefeld*, 1220 *Connevelt*, 1238 *Cunnenvelt*, 1267 *superior et inferior Cunnevelt*, 1294 *in Cunnenvelt*, 1388 *Kunfelt*, 1399 *zu Oberkunffelt*. – Klammerform mhd. **Kunnen(feld)bach*, gekürzt > *Kunbach, assimiliert > *Kumbach, mundartlich *Kombach*. Der ON. Konnefeld enthält den Genitiv des PN. ahd. *Kunno (*Kunnen-) als Bestimmungswort. – Sperber, *HG.A.5*, S. 57.

Kondbach l.z. Külzbach (z. Simmerbach z. Nahe z. Rhein). – ON. Klosterkumbd, ON. Niederkumbd, ON. Kümbdchen (Rhein-Hunsrück-Kreis, Rh.-Pf., D), 1072 *Comede*, 1150 *Cumede*, 1196 *Comeda* (und weitere Belege). – Bestimmungswort ist der Name des ehemaligen Klosters *Kumbd* (*Kombd-bach > *Kondbach*), ON. 1072 *Comede* zu l. *commenda* 'ausgesondertes Ordensland, Herrenland'. – Greule, *HG.A.15*, S. 57.

Konderbach r.z. Mosel (z. Rhein), entspringt südwestlich von Waldesch (Lkr. Mayen-Koblenz, Rh.-Pf., D), mündet gegenüber von Winningen (Lkr. Mayen-Koblenz). – 888 (Fälschung 11./12. Jh.) *Conc* (lies *Cont*?), 888 (Fälschung 11./12. Jh., Kopie 13. Jh.) *rivulus Cond*, 1405 *von der Kunden*. – Weil die Überlieferung des Erstbelegs unsicher ist und die Deutung sich nur auf 1405 *von der Kunden* stützen kann, bleiben die Etymologisierungsversuche unsicher. Vorgeschlagen wurde als Grundform **Kunda*, die mit der Bedeutung 'die Reine' als Nomen von der ig. Wurzel ?*$\hat{k}eud^h$*- 'rein werden' (ai. *śundhati* 'reinigt, putzt') abgeleitet sein kann oder über moselrom.(?) Lautentwicklungen aus ig. **ku-nt-* (< urig. *$\hat{k}uh_1$-nt-*, Wurzel *$\hat{k}ueh_1$*- 'anschwellen') mit der Bedeutung 'Schwellbach' herleitbar ist. *Konderbach* vielleicht dissimiliert < **Kondenbach*. – Greule, *Rheinlande*, S. 14; Bichlmeier, *Orts- und Gewässernamen*, S. 38; Rix, *LIV*, S. 330, 339.

Kondrau, die l.z. Wondreb (z. Eger z. Elbe). – ON. Kondrau (Stadt Waldsassen, Lkr. Tirschenreuth, Bayern, D), /koundra/, 1225 *Chantraw*, 1257 *Chantrowe*, um 1400 *Contraw*. – Vielleicht ursprünglich keltischer Flussname **Kandrā* > ahd. **Kantara* ↗ Kander, ON. ahd. **Kantr-ouwe*, Kompositum mit dem Grundwort ahd. *ouwe* 'Land am Wasser' und dem Flussnamen als Bestimmungswort. – Greule, *Studien*, S. 34.

Kopp-Bach l.z. Gilsa (z. Schwalm z. Eder z. Fulda z. Weser) oberhalb von Jesberg (Schwalm-Eder-Kreis, Hessen, D). – 1576 *der Koppach*, 1590 *Kopbach*, 1613 *die Coppesbach*. – Kompositum mit dem Grundwort *-bach*, das Bestimmungswort ist vielleicht mundartlich *Kopp* 'Kopf' mit Bezug auf einen der umgebenden Berge. – Sperber, *HG.A.57*, S. 57.

Kopperbeek l.z. Markau (z. Söse z. Rhume z. Leine z. Aller z. Weser) östlich von Gittelde (Lkr. Osterode am Harz, Niedersachsen, D). – 1577 *im Kopperbecke*, *im Kopperbeck*, *auf Kopperbecke*, 1613 *im Kopperbeck*, *im Kopperbeke*, *uſm Kopperbecke*, 1759 *Kupper Beck*, *auf dem Kopper Beck*, 1869/70 *auf dem Kopperbeeke*. – Grundform mndd. *Kopperbeke*, Kompositum mit dem Grundwort mndd. *-beke* 'Bach' und mndd. *kopper* 'Kupfer', ↗ Kupfer-. – Kettner, *HG.A.8*, S. 63.

Korn- *-bach/-bächlein*, *-bek*, *-graben*, *-pfuhl*, z.B. Kornbek (z. Schiffgraben z. Mehe z. Oste) mit ON. Kornbek, um 1500 *Kornbeck*, *de Kornebecke*. Bestimmungswort *Korn* 'Getreide, besonders Roggen', Benennungsmotiv: ein Kornfeld, das am Gewässer liegt. – Udolph, *HG.A.16*, S. 193; Fischer, *BNB 10*, S. 146.

Kornbach l.z. Lübnitz (z. Ölschnitz z. Weißer Main z. Main z. Rhein), mündet in Kornbach (Stadt Gefrees, Lkr. Bayreuth, Bayern, D), Korn-Bächlein, r.z. Kornbach. – 1317 *Kurbenbach*, 1346, 1348 *Chornpach*, 1386 *in dem Kornpach*, 1692 *Kornbach*. – Grundform mhd. *Kurbenbach*, Kompositum mit dem Grundwort *-bach* und dem Genitiv des PN. **Kurbo* (**Kurben-*, Kurzform von *Korbinian*) als Bestimmungswort. *Kurbenbach* mit mundartlicher Senkung > *Korbenbach*, Synkope > *Korbnbach*, zur Sprechererleichterung gekürzt > *Kornbach*. – Sperber, *HG.A.7*, S. 85 f.

Koser, die (auch *Koserbach*), r.z. Schorgast (z. Weißer Main z. Main z. Rhein), entsteht aus dem Zusammenfluss von Kleine ~ und Große ~ in Kupferberg-Schmölz (Lkr. Kulmbach, Bayern, D), mündet bei Wirsberg (Lkr. Kulmbach). – 1318 *die Kosser*, 1406 *die Koesz*; ON. Kosermühle (Marktleugast, Lkr. Kulmbach), 1247 *Cosere*. – Nicht sicher deutbar, vermutlich slawischer Name, abgeleitet von *kos* 'Amsel', *kosa* 'Ziege' oder *kosor* 'Sichel'. – Sperber, *HG.A.7*, S. 86.

Kostensee zwischen Döbberin (Lkr. Märkisch-Oderland, Brandenburg, D) und Neu Mahlisch (Gem. Lindendorf, Lkr. Märkisch-Oderland). – 1790 *Der See die Koste*; UmgebungsN. 1768 *Die Kosten*. – Benennung nach der Gegend Kosten, gekürzt < *Kossätenland*, brandenburg. *Kossäte* '(Klein-)Bauer'. – Fischer, *BNB 10*, S. 146.

† Kostenwasser heute Quappendorfer Kanal bei Quappendorf (Gem. Neuhardenberg, Lkr. Märkisch-Oderland, Brandenburg, D). – 1747 *Kostenwasser*. – 'Gewässer, das durch Kossäten (> Kosten) genutzt wird', ↗ Kostensee. – Fischer, *BNB 10*, S. 146.

Kosternitz z. Oberpfuhlsee bei Lychen (Lkr. Uckermark, Brandenburg, D), entspringt im Küstrinsee. – 1248 (Kopie) *influvio Costernitz*. – Grundform apolab. **Kostr'nica* zu **kostr* 'eine Pflanze, z.B. Weidegras'. – Fischer, *BNB 10*, S. 147.

Kot-/Koth-/-e- *-bach*, *-berg-graben*, *-brunn-graben*, *-graben*, *-lach-graben*, *-laine*, *-lanke*, *-see*, *-talbach*, z.B. Kothgraben, l.z. Fischbach (z. Leitzach z. Mangfall z. Inn z. Donau), 1836 *Kothgraben*, 1858 *Kothalpengraben*, mit ON. Kothalpe, 1858 *Koth-Alpe*. Bestimmungswort ahd. *quāt*, mhd. *quāt*, *quōt*, *kāt*, *kōt* 'Schmutz, Kot', ↗ Quot-. – Dotter/Dotter, *HG.14*, S. 219.

Kothebach, die r.z. Solz (z. Fulda z. Weser), mündet unterhalb von Malkomes (Gem. Schenklengsfeld, Lkr. Hersfeld-Rotenburg, Hessen, D). – 1463, 1465 *die Kottenbach*, 1597 *neben der Kodenbach*. – Kompositum mit dem Grundwort *-bach* und mndd.

kāte, kōte, kotte m.f., *kot* n. 'Hütte, kleines Haus', ↗Katen-. – Sperber, *HG.A.5*, S. 57.

Kra-/Krah-   -bach, -graben ↗Kräh-.

Kräh-/Kra(h)-/-e-/-en-   -bad-bach, -bach/-bächlein, -bruch-siepen, -kuhle, -loch, -pfuhl, -riede, -teich, z.B. Krähenriede, r.z. Fuhse (z. Aller z. Weser), 1633 *oben der Keyenriede*, mit ON. Krähenriede (Stadt Salzgitter, Niedersachsen, D); Kra-Bach, l.z. Sieg (z. Rhein), 1555 *Kraebach*. Bestimmungswort ahd. *krā, krāha, krāwa* f., as. *krāa, krāia* f., mhd. *krā, kreie*, mndd. *krā, kreye* 'Krähe, Saatkrähe', ↗†Krebeck ↗Kreimbach. – Borchers, *HG.A.18*, S. 76; Fischer, *BNB 10*, S. 147.

Krätzbach   r.z. Fulda (z. Weser), mündet in Fulda (Hessen, D). – 13. Jh. *ad torrentem … Grezzibach* (*Grezibach, Grezzebach*); ON. Krätzbach (Stadt Fulda), 927–956 (Kopie) *Grecibah*. – Kompositum ahd. *Gretzi(n)bach*, Kompositum mit dem Grundwort -bach und dem Genitiv des PN. ahd. *Gratzo* (*Gretzin-*) als Bestimmungswort. Die Schreibung mit K- in Anlehnung an ON. Krätzmühle (1465 *Kretzmölln*). – Sperber, *HG.A.5*, S. 57 f.; Kaufmann, *Ergänzungsband*, S. 152.

Kräuterbach   r.z. Traisen (z. Donau) bei Lehenrotte (PB Lilienfeld, N.-Ö., A). – ON. †Kräuterbach (Gem. Türnitz, PB Lilienfeld), 1194–95 *de Chreithepach*. – Deutung unsicher, Grundform ahd. *Krīdenbach*, Kompositum mit Grundwort -bach und Bestimmungswort ahd. *krīda* swF. 'Kreide'? – Hausner/Schuster, *Namenbuch*, S. 617.

Krag   zur Ostsee südlich von Rothenen (Ostpreußen, PL). – 1576 *Kreck fl.*, 1595 *Kreck fl.*, 1927 *Krag*. – Etymologisch identisch mit ↗Kreck (z. Rodach z. Itz z. Main). Der Name wurde aber in Anlehnung an lit. *krāgas* 'Krug' umgedeutet. – Biolik, *HE 11*, S. 99 f.

Krahn-/Kran-/-e-/-en-   ↗Kranich.

Kraichbach   (auch *die Kraich*), r.z. Rhein, entspringt bei Sternenfels (Enz-Kreis, B.-W., D), fließt durch den Lkr. Karlsruhe (B.-W.), mündet nach 60km bei Ketsch (Rhein-Neckar-Kreis, B.-W.). – 1401 *an der kreych*, 1488 *die Kraich*, 1537 *an kreich*, 1590 *die Kraich*, LandschaftsN. Kraichgau, 769 (Kop. 12. Jh.) *Kreichgau*; ON. Kraichtal (Stadt, Lkr. Karlsruhe, B.-W.). – Grundform FlN. mhd. *Kreiche* f. steht zum Namen des parallel zum Kraichbach fließenden ↗Kriegbachs (< *Kriche*) im Ablautverhältnis gm. *kraikō- – krikō-*. Mit diesen Wörtern werden Biegungen, Buchten, Krümmungen und Windungen bezeichnet, z.B. ostfr. *kreke, krike* 'gewundener Bach', e. *creek* 'Krümmung, Bucht', norw. *kreik* 'langsame Bewegung'. – Geiger, *HG.A.2*, S. 71 f.; Kleiber, *Namengut*, S. 716–718.

Krampnitzsee   verbunden mit dem Lehnitz-See (z. Jungfern-See/Havel) südöstlich von Fahrland (Stadt Potsdam, Brandenburg, D). – 1683 *Krampnitz*, 1700 *auf der Crampnitz*; ON. Krampnitz (Stadt Potsdam). – Grundform apolab. SeeN. *Krǫp'nica* zu *krǫpa* 'Gewässerbezeichnung', ↗Krams-Beek. – Wauer, *HG.A.17*, S. 89; Fischer, *BNB 10*, S. 148.

Krams-Beek   (auch *Krams-beke*), l.z. Havel (z. Elbe) mit Großer und Kleiner Krams-See bei Annenwalde (Stadt Templin, Lkr. Uckermark, Brandenburg, D). – 1574 (bei der) *Cramtschen beck*, 1667 (Kopie) *der Kramtzschen Beecken*, 1825 *Kramsche Beek*; 1307 (Kopie) *stagnum … Crampiz*, 1574 *groß vnd kleine krampitz*, 1825 *Gr., Kl. Krams S.* – Grundform GwN. apolab. *Krǫpec* oder *Krǫpica* zu *krǫpa* 'Gewässerbezeichnung', ↗Krampnitzsee. – Wauer, *HG.A.17*, S. 89; Fischer, *BNB 10*, S. 149.

Krams-See

– ¹Krams-See (auch *Krummer See, Großer Techentiner See*), z. Fließ (z. Useriner See/Oberhavel) im Westen des Stadtgebiets von Neustrelitz (Lkr. Mecklenburgische Seenplatte, M.-V., D). – 1558 *Kramptzer See*, 1569 *aus dem Kramzow*, 1780 *der Krams See*, 1872 *Kramtz-See*, 1886 *Krams-See*; ON. †Kramtze, 1502 *to Kramtze*, 1550 *de Kramtze*, 1593 *vor die Kramtze*, 1891 *Kramz*. – Deutung ↗Krams-Beek. – Wauer, *HG.A.17*, S. 89 f.

– ²Krams-See, ↗Krams-Beek.

Kranich-   (auch: Krane-/Krahne-, Kronen-/Krohns-/Krons-) -bek, -graben, -kute, -lake, -pfuhl, -ried-Bach, -riede, -see, -teich, z.B. Kranichsee westlich von Müllrose (Lkr. Oder-Spree, Brandenburg, D), um 1670 *Der Krannicht See*, 1702 *von den Kranch See*. Bestimmungswort nhd. *Kranich* m., mndd. *kran, krōn* 'Kranich', ↗Kronach. – Fischer, *BNB 10*, S. 149.

Krassach, die   r.z. Weismain (z. Main z. Rhein). – 1315 *Craza*, 1362 *an der Krasse*; ON. Krassach (Stadt Weismain, Lkr. Lichtenfels, Bayern, D), /grasi/, 1286 *Krazza*, 1303 *de Krazza*, 1339 *Krasaw*. – Grundform (ahd.) *Krazzaha* < vorahd. *Krata(ka)*? < vorgm. (kelt.?) *Krota(ka)*, abgeleitet von (ig.) *krotos* 'jedes durch Schlagen, Stampfen, Klatschen entstehende Geräusch', mir. *crothaim* 'ich schüttle', aksl. *krotъkъ* 'sanft, mild' zum Verb ig. *kret-* 'schütteln, rütteln'? – Sperber, *HG.A.7*, S. 86; George, *Altlandkreis*, S. 68 f.; Pokorny, *IEW*, S. 620 f.; Rix, *LIV*, S. 370 f.

Kraut-   -bach, -graben, -see, -zug. Ahd. *krūt* stN., 'Pflanze, Kraut, Kräuter, (Ried-)Gras', mhd. *krūt*, as.

krūd 'Unkraut', mndd. *krūt*, brandenburg. *Kruut* 'reiches, an fleischigen Stengeln wachsendes Blattwerk'. – Fischer, *BNB 10*, S. 150.

† Krebeck, der alter Name des Ellerbachs, l.z. Suhle (z. Hahle z. Rhume z. Leine z. Aller z. Weser). – 1571 *in den Chrebick*, 1571 *in den Krebigk*, *Crebeck*, 1577 *in den Krebich*, 1673 *uff den Crebeck*, 1746 *Crebeck*, 1896 *Krebeck*; ON. Krebeck (Lkr. Göttingen, Niedersachsen, D), /in kreibeck, in kreiwecke/, 1183 *de Crebike*, 1251 *Crebecke*, 1256 *Crebeke*, 1340 *Kreybeke* (und zahlreiche weitere Belege). – Ausgangsform mndd. *Kreibeke* 'Krähenbach', Kompositum mit dem Grundwort mndd. *beke* 'Bach' und mndd. *kreye* 'Krähe' ↗ Kräh- als Bestimmungswort. – Kettner, *HG.A.8*, S. 63 f.; Kettner, *Leine*, S. 152 f.

Krebs-/-en- -bach/-bächel/-bächle, -brunnen, -graben/-grabenbach, -kuhle, -kute, -lake, -pfuhl, -see; z. B. 1034–1041 *Chrebezpah*, jetzt Musterhartner Bach (Gem. Strengberg, PB Amstetten, N.-Ö., A). Ahd. *krebaz* stM. 'Krebs', ↗ Größbach ↗ Kreisbach ↗ Kressbach ↗ Kroisbach. – Hausner/Schuster, *Namenbuch*, S. 208; Fischer, *BNB 10*, S. 150.

Kreck, die r.z. Rodach (↗ Itz ↗ Main). – 1599 (Druck 1720) *Kreck*; FlurN. 1623–1634 *in der Kreckh*. – Vermutlich < ahd. *Kricke*, gm. *Krikja*, ↗ Kriegbach ↗ Krag. – Sperber, *HG.A.7*, S. 87; Fastnacht, *Staffelstein*, S. 41*f.

Kreimbach r.z. Lauter (z. Glan z. Nahe z. Rhein). – ON. Kreimbach(-Kaulbach) (Lkr. Kusel, Rh.-Pf., D), /graam-, gräämbach/, 1309 *Creynbach*, nach 1430 *Creenbecher pad*, 1436 *Kreynbach*, 1437/38 *Kreymbach* (und weitere Belege), 1643 *Crambach*, 1772 *Crämbach*, FlurN. Kreimberg. – Grundform mhd. *Kreienbach*, Kompositum mit dem Grundwort -bach und mhd. *kreie* swF. 'Krähe', *Kreienbach*, synkopiert > *Kreinbach*, assimiliert > *Kreimbach*, in der Mundart monophthongiert > *Krēm-* und *Krām-bach*. – Greule, *HG.A.15*, S. 57 f.; Dolch/Greule, *Pfalz*, S. 267 f.

Kreipau, die r.z. Saugraben (z. Laake z. Leine z. Aller z. Weser). – 1578 *biß in die Krepawen*, 1583 *in die Krepenauwe*, 1694 *nach der krepau hinauf, über die Kreipau*, 1853/56 *die Kreipau*. – Grundform mndd. *Krēpendouwe* 'kriechender (langsam fließender) Bach', Kompositum mit mndd. *ouwe* 'Wasserlauf' ↗ au(e) als Grundwort und Partizip Präsens von mndd. *krēpen* 'kriechen' als Bestimmungswort. – Kettner, *HG.A.8*, S. 64; Kettner, *Leine*, S. 153.

Kreisbach r.z. Traisen (z. Donau) in Wilhelmsburg (PB Sankt Pölten/Land, N.-Ö., A). – Um 1120 (Kopie 12. Jh.) *inter fluuium ... Chrebzinbach*, 1177 (Fälschung 13. Jh. Insert 1304) *Chrevzpach*; ON. Kreisbach (Gem. Wilhelmsburg), um 1100 *ad Chrebezbach*, 1111 *Chrebesbach*, 1125 *uilla Chrebezbach*, um 1140 *Chreuzpach*, um 1170 *Chreuizbach* (und weitere Belege). – Grundform ahd.-bair. *Chrebezbach* und (mhd.) *Chrebzenbach*, Kompositum mit dem Grundwort -bach und ahd. *krebuz*, *krebiz* stM., *krebazzo*, *krebizzo* swM. 'Krebs' ↗ Krebs-, mit der Entwicklung *Chrebez-* kontrahiert > *Chreuz-* /krois-/ jungmundartlich /graes-/. Parallelname ON. Kroisbach (Gem. Strengberg, PB Amstetten, N.-Ö., A), 1011 *Crebezbah*, 1163 (Fälschung 13. Jh.) *Creuspach*. – Hausner/Schuster, *Namenbuch*, S. 618, 626.

Kremnitz r.z. Haßlach (z. Rodach z. Main z. Rhein). – 1666 *Cremitz*; ON. Kremnitzmühle (Stadt Teuschnitz, Lkr. Kronach, Bayern, D). – Deutung ↗ Kremnitzbach. – Sperber, *HG.A.7*, S. 87.

Kremnitzbach r.z. Pielach (z. Donau), mündet in der Nähe von Hafnerbach (PB Sankt Pölten-Land, N.-Ö., A). – ON. † Kremnitz, heute Pfaffing (Gem. Hafnerbach), 1151 *Chremelize*, um 1173/6 *Chremilize*. – Grundform FlN. slaw. *Kremenica*, verkürzt aus slaw. *kremenьna rěka* 'Fluss mit Kieselsteinen', dissimiliert > mhd. *Kremelize*. – Bergermayer, *Glossar*, S. 124 f.

Krempau, die (auch *Kremper Au*), l.z. Stör (z. Elbe), entspringt südlich von Brande-Hörnerkirchen (Kreis Pinneberg, S.-H., D), mündet nach ca. 25 km unterhalb von Borsfleth (Kreis Steinburg, S.-H.). – 1237 (Kopie 14. Jh.) *in fluuio Crimpe*, 1550 *dat Water, de Krempe*, 1650 *Cremp-Fluß*, 1652 *Krempe*, LandschaftsN. Krempermarsch, 1312 (Kopie) *in palude Crimpen*, 1319 (Kopie) *in palude Crempen* (und weitere Belege), ON. Krempe (Kreis Steinburg), um 1234 *in Crimpa*, 1237 *iuxta Crimpam*, 1240 *de Crempe* (und zahlreiche weitere Belege). ON. Krempdorf (Kreis Steinburg), 1240 (Kopie 15. und 16. Jh.) *in villa Grimpensi*, 1309 *in villa Krimpdorpe*, 1344 *in Crempdorpe* (und weitere Belege). – Grundform FlN. as. *Krimpa* f. 'gekrümmter Fluss', nominalisiertes Adj. gm. *krempa-* (mhd. *krimpf* 'krumm'), ablautend Adj. gm. *krampa-* und *krumpa-* 'krumm' zum Verb gm. *kremp-a-* 'krampfen'. – Udolph, *HG.A.16*, S. 195–198; Seebold, *starke Verben*, S. 308.

Krempfließ (auch Vietmannsdorfer Gewässer), Verbindung zwischen Krempsee und Großer Wokuhl-See nördlich von Storkow (Stadt Templin, Lkr. Uckermark, Brandenburg, D). – 1574 *die becke ..., so aus dem kremmet fleust*, 1591 *in der Bäke so aus dem Krempt ... flieußt*; SeeN. Krempsee, 1335 (Kopie) *sta-*

gni ... Krempi, 1573/1618 *Der See Cremtt*, 1767/87 *Kremp See*. – Grundform apolab. **Krąpica* zu **krąpa* 'Gewässerbezeichnung', ⁊ Krampnitzsee ⁊ Krams-Beek. – Wauer, *HG.A.17*, S. 90; Fischer, *BNB 10*, S. 150 f.

Krems, die

– ¹Krems, r.z. Traun (z. Donau), entspringt in Micheldorf (PB Kirchdorf an der Krems, O.-Ö., A), fließt im Traunviertel, mündet in Ebelsberg (Stadt Linz, O.-Ö.). – 888 (Kopie 12. Jh.) *iuxta rivum ... Chremisa*; ON. Kremsmünster (Markt, PB Kirchdorf an der Krems), /grę'minßtə/, 791 (Kopie 12. Jh.) *monasterium ... Chremisa*; ON. Kremsdorf (PB Kirchdorf an der Krems), 1299 *in Chremsdorf*; ON., BurgN. Kremsegg, Dorf (PB Kirchdorf an der Krems), 1395 *Kremsegg*. – Hohensinner/Reutner/Wiesinger, *Kirchdorf an der Krems*, S. 41, 109–111; Hausner/Schuster, *Namenbuch*, S. 621.
– ²Krems, Große ~, Kleine ~, l.z. Donau, entsteht im Waldviertel (N.-Ö., A), mündet südlich von Theiß (Gem. Gedersdorf, PB Krems/Land, N.-Ö.). – /grēms/, 1096–1108 *amnem Chremisiam, a fluvio Chremisa dicto*; ON. Krems an der Donau, Stadt (N.-Ö.), 995 (Kopie Mitte 12. Jh.) *Cremisa*, 1014 *in Cremasa*. – Hausner/Schuster, *Namenbuch*, S. 618–621; Schuster, *niederösterreichische Ortsnamen*, S. 415. Beiden Gewässernamen liegt **Kremisa*, vermutlich in der Bedeutung 'eingeschnittener Fluss', zugrunde. Die Erklärung nimmt Bezug auf ig. **(s)krēm-* 'schneiden'. Da die Etymologie aber von der urig. Verbalwurzel **(s)kerH-* 'trennen, teilen' ausgehen sollte, müsste ein Adjektiv urig. **(s)kr̥H-mó-* 'getrennt, geteilt' angesetzt werden, das im Keltischen zu **krimo-* werden müsste. Unter der Annahme, dass kelt. **krimo-* (mit kurzem *-i-*) vorliegt und der Name mit *s*-Suffix davon abgeleitet wurde, könnte kelt. **Krimosā* sich im Verlauf der Eindeutigung zu **Kremasa*/**Kremisa* entwickelt haben. Einfacher wäre es, **Kremisa* als ves.-ig. Namen und als (urig.) Nominalbildung **kremH-es-* zur urig. Wurzel **kremH-* 'einen Schritt tun' zu stellen. Das Benennungsmotiv wäre wie auch in anderen Fällen der Wasser*lauf* oder dass Menschen an dem Gewässer entlang laufen konnten. – Hohensinner/Reutner/Wiesinger, *Kirchdorf an der Krems*, S. 111; Rix, *LIV*, S. 558, 368 f.

Krennach

r.z. Rittschein nordwestlich von Riegersburg (PB Feldbach, Steiermark, A). – 1297 *Chrenaw*, 1301 *Chrenow*, 1322 *Chrenaw*. – Slaw. **Chrěn-ov-*, abgeleitet von urslaw. **chrěnъ*, sloven. *hren* 'Meerrettich, Kren'. Die deutsche Endung *-au* wurde hyperkorrekt durch *-ach* ('fließendes Wasser') ersetzt. – Lochner von Hüttenbach, *Steirische Hydronyme*, S. 90.

Kressbach

l.z. Jagst (z. Neckar z. Rhein) bei Neudenau (Lkr. Heilbronn, B.-W., D). – ON. Kressbach (Stadt Neudenau), 1319 *Crebesbach*, ca.1526 *Kreßbach*. – Deutung ⁊ Krebs-. – Schmid, *HG.A.1*, S. 65.

† Kressenbach

l.z. Steinebach (z. Kinzig z. Main z. Rhein) nördlich von Steinau an der Straße (Main-Kinzig-Kreis, Hessen, D). – 900 *in Gressenbach* (oder: *Cressenbach*), um 900 *in Cresunbach* (oder *Cressunbach*); ON. Kressenbach (Stadt Schlüchtern, Main-Kinzig-Kreis), 1167 *Cressenbach*, um 1270 *de Crescenbach*, 1286, 1331 *Cressenbach*, 1350 *Cressebach*, 1356 *Kressenbach*. – Grundform ahd. **Kressenbach*, **Kressūnbach*, Kompositum mit dem Grundwort *-bach* und ahd. *kresso* swM., mhd. *kresse* 'Gründling' oder ahd. *kresso* swM., *kressa* swF. 'Gartenkresse' als Bestimmungswort, ⁊ Krössenbach. – Sperber, *HG.A.7*, S. 88.

Krettenbach

– ¹Krettenbach, z. Aalbach (z. Marbach z. Fils z. Neckar z. Rhein). – ON. Krettenbach (Gem. Fichtenau, Lkr. Schwäbisch Hall, B.-W., D), 1511 *Krettenbach*, um 1515 *Crettenbach*, *Krettenbach*; FlurN. um 1350 *uf den Krêttenbach*, *in dem Krettenbach*. – Schmid, *HG.A.1*, S. 65.
– ²Krettenbach, z. Scheine (z. Laimbach z. Ehebach z. Aisch z. Regnitz z. Main z. Rhein). – ON. Krettenbach (Markt Oberscheinfeld, Lkr. Neustadt a.d. Aisch-Bad Windsheim, Bayern, D). 1335 *Kretenbach*. – Sperber, *HG.A.7*, S. 88.
Grundform mhd. *Kretenbach*, Kompositum mit dem Grundwort *-bach* und mhd. *krete* swF. 'Kröte' als Bestimmungswort, ⁊ Kröten- ⁊ Krot(t)en-. – Schmid, *HG.A.1*, S. 65.

Kreuel

Abschnitt des Rhins bei Friesack (Lkr. Havelland, Brandenburg, D). – 1767–87 *Kreuel*. – Mndd. *krouwel* m. 'dreizinkige Gabel', brandenburg. *Kräu(e)l* 'gekrümmter Gegenstand, Haken', metaphorische Benennung einer Flusskrümmung, ⁊ Krögel ⁊ Kröwel. – Wauer, *HG.A.17*, S. 91; Fischer, *BNB 10*, S. 150.

Kreuz-/-e-

-bach/-bächle, -beke, -fleth/-fließ, -graben, -kanal, -klinge, -kolk, -kuhle, -kute, -lache/-lake, -lach-graben, -lanke, -matten-bächlein, -pfuhl, -teich, -tief, -tränke, -wasser, -weiher-bach, -weiher-graben, z.B. Kreuzbach, l.z. Rhein (Rh.-Pf., D), 1279 (Kopie) *in Crucebach*, 1334 *an der crucebach*, 1335 *di oberste crucebach*, 1499–1502 *in der Crutzbaich*; Großer Kreuzbach, l.z. Innerste (z. Leine z. Aller z. Weser) östlich von Bad Grund (Lkr. Osterode am Harz, Niedersachsen), 1680, 1758 *Creutzbach*, 1767 *Creutz Beck*, 1794 *Creutzbach*. Bestimmungswort ahd., as. *krūzi*, mhd. *kriuze*, mndd. *krūze* 'Kreuz', Benennung im Allgemeinen nach einem in der Nähe des Gewässers aufgestellten Kreuz als Wegweiser, Grenzzeichen, Gedenkstein o.Ä. – Greule, *HG.A.15*, S. 58; Kettner, *HG.A.8*, S. 64; Ulbricht, *Saale*, S. 84; Kettner, *Leine*, S. 154; Fischer, *BNB 10*, S. 151.

Krewitz-See z. Fließ (z. Schumellen-See/Lychener Gewässer). – 1375 *prope Crewitz*, 1528 *der Krevitz*, 1573 *den Crewitz*, 1578 *Der Krewitz* (und weitere Belege); ON. Krewitz (Gem. Boitzenburger Land, Lkr. Uckermark, Brandenburg, D), 1271 *Crewiz*, 1281 *Crewitz*, 1375 *Krewitz, Crewetz, Crewitz*, 1459 *Krewiz*, 1528 *Krewitz*. – Grundform apolab. *Krevica, *Krevec zu *krev'e 'Gebüsch, Gesträuch' oder Grundform *Krivica zu *kriv- 'krumm'. – Wauer, *HG.A.17*, S. 91; Fischer, *BNB 10*, S. 152.

Kriegbach r.z. Rhein, entsteht aus einer Bifurkation der Kraich bei Ubstadt-Weiher (Lkr. Karlsruhe, B.-W., D), fließt durch das Waldgebiet der Lußhardt, mündet nach 18km bei Altlußheim (Rhein-Neckar-Kreis, B.-W.). – /kri:çbax/, 1226 *Criche*, 1466 (Kop.) *Krieche*. – Grundform FlN. mhd. *Kriche f., steht im Ablaut zu ↗ Kraich. – Geiger, *HG.A.2*, S. 73; Kleiber, *Namengut*, S. 716–718.

Kriegsbach r.z. Finkenbach (z. Wiesbach z. Nahe z. Rhein), entspringt am südlichen Ortsrand von Kriegsfeld (Donnersbergkreis, Rh.-Pf., D), mündet südlich von Mörsfeld (Donnersbergkreis). – 1787 *der Kriesbach*; ON. Kriegsfeld, /griisfeld/, griigsfeld/, 900 (Fälschung 12. Jh.) *Criechesfelt*, 1325 *Krisvelt*, 1372 *Crisfelt*, 1376 *Kreysfeld*, 1429–32 *Krießfelt*, 1494 *Crießfelt*, 1504 *Kriegsfeldt*. – Klammerform mhd. *Krieches(feld)bach, Kompositum mit dem ON. Kriegsfeld als Bestimmungswort. ON. 900 (Fälschung 12. Jh.) *Criechesfelt* Kompositum mit dem Grundwort -feld und dem Genitiv des PN. ahd. *Kriech 'Grieche' als Bestimmungswort, *Kriechesfeld synkopiert > Kriechsfeld, assimiliert und monophthongiert > *Krīsfeld, umgedeutet als Kriegsfeld. – Greule, *HG.A.15*, S. 58; Dolch/Greule, *Pfalz*, S. 268 f.

Krienkowsee z. Fließ (z. Schumellen-See/Lychener Wasser) südwestlich von Boitzenburg (Gem. Boitzenburger Land, Lkr. Uckermark, Brandenburg, D). – 1685 *Klienickow*, 1704 *Krimikow*, 1767/87 *Krincker See*, 1825 *Krinkow*. – Grundform apolb. *Krinkov- zu *krinka 'kleine Muschel, kleine schüsselartige Vertiefung im Gelände'. – Wauer, *HG.A.17*, S. 92; Fischer, *BNB 10*, S. 153.

Kriensee südlich von Tassdorf bei Rüdersdorf bei Berlin (D). – 1540 *der Griebensche See*, 1574 *Gribensehe*, 1652 *Der Grieben See*, 1710/23 *Grieben*. – Grundform apolab. *Grib'n- zu *grib- 'Pilz', ↗ Griebchen ↗ Griebensee. – Fischer, *BNB 10*, S. 96.

† Kriftel, die alter Name des Schwarzbachs, r.z. Main (z. Rhein), entspringt bei Oberrod (Stadt Idstein, Rheingau-Taunus-Kreis, Hessen, D), mündet bei Hattersheim (Main-Taunus-Kreis, Hessen). – 1043 *Cruofdera* (lies *Crůfdera*), 1283 *Cruftela*, 1353 *die Cruftel, Crufftel*, 1355 *Krüftel*, 1360 *dye Crüfftel*, 1479 *die Crüftel*, 1491 *die Cruftel*; ON. Kriftel (Main-Taunus-Kreis, Hessen), 890 (Kopie 12. Jh.) *in Cruftero marcu* (gekürzt aus Gen. Pl. ahd. *Cruftelero 'der Kriftler'); ON. Okriftel (Stadt Hattersheim am Main), 1103 (Kopie 13. Jh.) *Acrůftele* (Okriftel < *Ahacruftele 'Wasserkriftel' wegen der Lage am Main). – Ausgangsform FlN. ahd. *Kruftila > mhd. *Krüftel, mundartlich entrundet > *Kriftel*, Schreibungen mit <ů> stehen entweder für den Umlaut /ü/ oder für die mundartliche Senkung /u/ > /o/ bzw. /ü/ > /ö/. *Kruftila ist l-Ableitung von gm. *krufta- bzw. *krufti- 'Ausbiegung, Hügel' (mndl. *krocht* 'Acker in den Dünen', ae. *croft* 'kleines Feld'). Möglich ist, dass die Ableitungsbasis gm. *krufti- zum Verb gm. *kreup-a- 'kriechen' gehört und das Benennungsmotiv nicht die Landschaft, sondern die Langsamkeit des Flusslaufs war. Parallelnamen ↗ † Krottelbach (< *Kruftal-), ON. Kröffelbach (Gem. Waldsolms, Lahn-Dill-Kreis, Hessen) im Solmsbachtal, 1300 *Cruftelbach*, 1401 *von Krofftel, by Krufftelbache*, ON. † Krüftel (bei Rockenberg, Wetteraukreis, Hessen), 773 (Kopie 12. Jh.), 796 (Kopie 12. Jh.) *Cruftila* (in der Wetterau). – Sperber, *HG.A.7*, S. 88; Petran, *Kriftel*; Seebold, *starke Verben*, S. 310.

Krimmler Ache r.z. Salzach (z. Inn z. Donau). – 1543/63 *in der Achen (Ahen)*; ON. Krimml (PB Zell am See, Salzburg, A), 1224 *apud Chrvmbel*, 1244 *in der Khrumbe*, *in der Chrumbe*, 1246 *in der Chrumbel*, 1338 *bei der Chrumbel*, 1347 *in der Chrůmel*, ca.1350 *in der Chrůmmel*, 1395 *in Chriml* (und weitere Belege), 1500 *in Krimel*. – Ausgangsform ahd. bair. *Chrumbila, *Krumbila > mhd. *Krümbel, *Krümmel > bair. mundartlich *Krimml*, l-Ableitung von ahd. *krumb* 'krumm, gebogen', westgm. *krumba- 'gekrümmt, verdreht, gewunden'. Parallelname ON. Krümmel (Westerwaldkreis, Rh.-Pf., D), 1022 *Crumbele*. – Straberger, *HG.A.9*, S. 64 f.; Metzler, *Westerwald*, S. 116.

Krimnicksee nordöstlich von Zeesen (Stadt Königs Wusterhausen, Lkr. Dahme-Spreewald, Brandenburg, D). – 1745 *Krienick*, 1772 *Krienick*, 1869 *Krimnick-See*. – Grundform apolab. *Krinka, *krinka 'kleine Muschel, kleine schüsselartige Vertiefung im Gelände', ↗ Krienkowsee. – Fischer, *BNB 10*, S. 152.

Krinertsee Großer~, Kleiner~, auf dem Gemeindegebiet von Temmen-Ringenwalde (Lkr. Uckermark, Brandenburg, D). – 1751 *Die Krinerts*, 1826 *der große und kleine Krinert*; ON. Krinickow, 1299 *Krine-*

kowe, 1375 *Crynekow*, 1498 *Krynekow*. – Grundform apolab. **Krinikov-* zu **krinka* 'kleine Muschel, kleine schüsselartige Vertiefung im Gelände', ↗Krienkowsee. – Fischer, *BNB 10*, S. 153.

Kripkensee südwestlich von Gandenitz (Stadt Templin, Lkr. Uckermark, D). – 1767–87 *Gripken-See*, 1825 *Kripken-See*. – Grundform apolab. **Gribky* (Plural zu **Grib(e)k-*) zu **grib-* 'Pilz', ↗Griebchen-See ↗Griebocksee. – Fischer, *BNB 10*, S. 96.

Krippach, die l.z. Weil (z. Lahn z. Rhein), mündet bei Weilmünster (Lkr. Limburg-Weilburg, Hessen, D). – 1579 *die Krippach*. – Die Grundform ist wahrscheinlich mhd. **Kripp-bach*, assimiliert (/-ppb-/ > /-pp-/) > *Krippach*, die Grundform **Kripp-ach* müsste im 16. Jh. zu **Krippa* abgeschwächt sein. Bestimmungswort mhd. *krippe, kripfe* stswF. 'in das Wasser eingebautes Holzwerk, eingeschlagenes Pfahlwerk'. – Faust, *HG.A.4*, S. 41; Ramge, *Flurnamen*, S. 605.

Kripperbach, die r.z. Obersberger Bach (z. Rhein) bei Boppard (Rhein-Hunsrück-Kreis, Rh.-Pf., D). – 1825 *die Kripperbach*; FlurN. (Rhens, hierher?) 1499–1502 *an der kribben*. – Kompositum mit dem Grundwort *-bach* und dem von mhd. *krippe* 'Futtertrog', metaphorisch 'Vertiefung', abgeleiteten Adjektiv, ↗Krippach. – Greule, *HG.A.15*, S. 58; Halfer, *Flurnamen*, S. 134.

Kröckelbach, die l.z. Weschnitz (z. Rhein). – ON. Kröckelbach (Gem. Fürth, Kreis Bergstraße, Hessen, D), ca.1100 (Kopie 12. Jh.) *Creklenbach*, 1405 *Krekelnbach*; FlurN. In der Kröckelbach, An der Kröckelbach. – Bestimmungswort vielleicht zu ahd. *krehhula* swF. 'Krähe, Elster', mundartlich (Luxemburg) *kréck*. – Geiger, *HG.A.2*, S. 73; Ramge, *Flurnamen*, S. 606.

Krögel, der Spree-Bucht in Berlin. – 1786 *Krögel oder Krewel*; StraßenN. Am Krögel (Berlin-Mitte). – Deutung ↗Kreuel. – Fischer, *BNB 10*, S. 150.

Krössenbach r.z. Salzach (z. Inn z. Donau). – ON. Krössenbach (PB Zell am See, Salzburg, A), 1390 *von chrezzenpach*, 1413 *zu Chreyzenpach*, 1417, 1436, 1437 *von Chressenpach*, 1499 *zu Kressenpach*, 1519 *Kressenbach*. – Grundform mhd., bair. *Chressenpach*, Kompositum mit dem Grundwort *-bach* und ahd. *kresso* swM., mhd. *kresse* 'Gründling' oder ahd. *kresso* swM., *kressa* swF. 'Gartenkresse' als Bestimmungswort, ↗†Kressenbach. – Straberger, *HG.A.9*, S. 65.

Kröten- *-bach/-bächel, -graben, -graben-Bach, -pfuhl, -see.* Mhd. *krete* swF. 'Kröte' brandenburg. auch 'Frosch', ↗Krettenbach ↗Krot(t)en-. – Ulbricht, *Saale*, S. 68; Fischer, *BNB 10*, S. 153.

Kröwel
– [1]† Kröwel, Havelarm südöstlich von (Berlin-)Spandau (D). – 1232 (Fälschung um 1235) *usque fluuium ... Croewel*.
– [2]† Kröwel, Abschnitt der Havel bei Hohennauen (Gem. Seeblick, Havelland, Brandenburg, D). – 1571 *von dem Krewele ... biß an dem Kroewell*, 1767–87 *Kreuel*; FlurN. 1767–87 *Kreüel, Kreüel Wiesen*.
– [3]† Kröwel, Abschnitt der Havel bei Zachow (Stadt Ketzin, Lkr. Havelland, Brandenburg, D). – Ende 14. Jh. (Kopie) *dy Krowel*.
Deutung ↗Kreuel. – Wauer, *HG.A.17*, S. 92; Fischer, *BNB 10*, S. 150.

Kroisbach l.z. Oichtenbach (z. Salzach z. Inn z. Donau). – ON. Kroisbach (Gem. Nußdorf am Haunsberg, PB Salzburg-Umgebung, Salzburg, A), 1370 *in dem Kreuspach*; PN. 1402, 1424 *Chrewspacher*. Parallelname ON. Kroisbach, Gem. Strengberg (PB Amstetten, N.-Ö.), 1011 *Crebezbah*, 1034 *Chrebezpah*, 1163 (Fälschung 13. Jh.) *Creuspach*. – Grundform mhd. **Krebezbach*, ↗Krebs-. – Straberger, *HG.A.9*, S. 65; Hausner/Schuster, *Namenbuch*, S. 626.

Krombach
– [1]Krombach, r.z. Kahl (z. Main z. Rhein), mündet unterhalb von Schöllkrippen (Lkr. Aschaffenburg, Bayern, D). – ON. Krombach (Lkr. Aschaffenburg), 1237 *de Crumbbach*, 1239 *de Crumbach*, 1240 *Crumppach*, 1380 *Krombach*. – Kompositum mit dem Grundwort *-bach* und ↗Krum- als Bestimmungswort. – Sperber, *HG.A.7*, S. 89.
– [2]Krombach, r.z. Rosoppe (z. Frieda z. Werra z. Weser) mündet in Ershausen (Gem. Schimberg, Lkr. Eichsfeld, Thüringen, D). – 1609 *den Crambach hinunder*; ON. Krombach (Lkr. Eichsfeld), 1358(?) *Crambeche*, 1367 *Krambeche*, 1407 *Craenbach*, 1548 *Cranbach*, 1599 *Crombach*, 1690 *Cronbach*. – Grundform mhd. **Kran(en)bach*, Kompositum mit dem Grundwort *-bach* und ahd. *krano*, mhd. *krane* swM. ↗Kranich als Bestimmungswort, ↗Kronach, **Kranbach* mit Assimilation > **Krambach*, mit Vokalhebung > *Krombach*. – Sperber, *HG.A.5*, S. 58.

Kronach
– [1]Kronach, l.z. Haßlach (z. Rodach z. Main z. Rhein), entsteht aus dem Zusammenfluss von Kremnitz und Grümpel südlich von Wilhelmsthal (Lkr. Kronach, Bayern, D), mündet in Kronach (Lkr. Kronach). – ON. Kronach, 1003 *urbs Crana*, ca.1100 *Chrana*, 1194 *Kranach*, 1195 *Chranach*, 1222 *Cranach* (und weitere Belege), 1379 *Kronach*. – Sperber, *HG.A.7*, S. 89f.

− ²Kronach, l.z. Weißen Main. − ON. Goldkronach (Lkr. Bayreuth, Bayern, D), /gronich/, 1317 *Kranach*, 1398 *Goltkranach*, 1408 *goltkronach* (der Zusatz *Gold-* nach dem Edelmetallvorkommen). − Sperber, *HG.A.7*, S. 90.
Grundform ahd. **Kranaha* > mhd. *Kranach*, mit Vokalhebung > *Kronach*, Kompositum mit dem Grundwort ahd. *aha* 'Fließgewässer' und ahd. *krano* swM., ↗ Kranich ↗ Krombach.

Kronen-/Krohns-/Krons ↗ Kranich.

Krop-Bach r.z. Lahn (z. Rhein), mündet bei Heuchelheim (Kreis Gießen, Hessen, D). − 1377, 1392 *die Croppach*, 18. Jh. *an den Grobach*; ON. † *Kroppach* nordöstlich von Heuchelheim, 1265 *Crupach*, 1273 *Crupbach*, 1275 *Cruppach*, *in Crofpach*, 1289 *Kropbach*, 1392 *die Croppach*; ON. Krofdorf (-Gleiberg) (Gemeinde Wettenberg, Kreis Gießen), 778 (Kopie 12. Jh.) *in Cruftorpher marca*, 817 (Kopie 1183−95) *Cruftorph*, (Kopie 1160) *Cruftorf*, 1271, 1280, 1292 *Crufdorf* (und weitere Belege). − Kompositum FlN. mhd. **Kruftbach* (neben ON. ahd. **Kruft-dorf* > **Kruftorf, Krofdorf*) mit dem Grundwort *-bach* und ahd., mhd. **kruft* < gm. **krufta-* bzw. **krufti-* 'Ausbiegung, Hügel' ↗ † Kriftel ↗ † Krottelbach als Bestimmungswort, das sich möglicherweise auf den Gleiberg (308m) bezieht. **Kruftbach* assimiliert > **Krubbach* oder **Kruppach*, gesenkt > **Kroppach* > Krop-Bach. − Faust, *HG.A.4*, S. 41; Reichardt, *Gießen*, S. 214 f.

Kropf-/-en- -bach, -brunnen, z.B. Kropfbach r.z. Stammbach (z. Perlenbach z. Schorgast z. Weißer Main z. Main z. Rhein). ON. Kropfmühle, 1692 *Kropfmühl*. Bestimmungswort ahd. *kroph* stM. 'äußere Geschwulst am Hals des Menschen, Auswuchs', Benennung einer charakteristisch vorspringenden Geländeform, auf Gewässer in deren Nähe übertragen. − Sperber, *HG.A.7*, S. 90; Ramge, *Flurnamenbuch*, S. 607.

Krossinsee südwestlich von Wernsdorf bei Erkner (Lkr. Dahme-Spreewald, Brandenburg, D). − 1487 (Kopie) *vf dem Krossin*, 1591 *an den Croßinschen See*, 1903 *Krossin-See*. − Grundform wahrscheinlich apolab. **Krasina* 'Schönsee' zu **krasa* 'Schönheit', Parallelname ↗ Grössinsee. − Fischer, *BNB 10*, S. 153.

† Krottelbach jetzt Bruchtal, r.z. Ohmbach (z. Glan z. Nahe z. Rhein), am Zusammenfluss der Quellbäche liegt Krottelbach (Lkr. Kusel, Rh.-Pf., D). − ON. Krottelbach, 1357 (Kopie 1407) *Crofftelbach*, 1458 *Kroftelbach*, 1458 *Krotelbach* (und weitere Belege). − Kompositum mit dem Grundwort *-bach* und **Kroftel-* < ahd. FlN. **Kroftala*, *l*-Ableitung von gm. **krufta-*, Deutung ↗ Kriftel (< **Kruftila*), *Kroftel-* zur Sprechererleichterung assimiliert > *Krot(t)el-*. − Greule, *HG.A.15*, S. 58; Dolch/Greule, *Pfalz*, S. 269.

Krot(t)en- -bach/-bächle, -graben, -see, -tal, z.B. Krottenbach, l.z. Mödling in Achau (PB Mödling, N.-Ö., A), 1120 *in Chrotenbach*; 1167−1188 *de Chrotentale*, jetzt vielleicht Krottentaler Hof (Gem. Weibern, PB Grieskirchen, O.-Ö., A). Bestimmungswort ist ahd. *krota*, bair. *chrota* swF. 'Kröte'. − Hausner/Schuster, *Namenbuch*, S. 210, 627.

Krückau (alter Name *Seester, Seesterau*), r.z. Elbe, mündet in Seestermühe (Kreis Pinneberg, S.-H., D). − 1650 *Krückaw*, 1652 *die Krockaw* (und weitere Belege). − Benannt nach dem Ort Kruck (Gem. Raa-Besenbek, Kreis Pinneberg) zu ndd. *Krück* 'Ecke, Winkel, Krümmung'. − Udolph, *HG.A.16*, S. 199−202; Laur, *Schleswig-Holstein*, S. 411.

Krümmecke, die (auch *Vordere Bremke*), r.z. Forstbach (z. Weser), entspringt westlich von Holenberg (Lkr. Holzminden, Niedersachsen, D). − 1395 *dorch de grymme*. − Grundform vermutlich mndd. **Krümme(lbeke)* > Krümmecke, ↗ Krümmelbach. − Kramer, *HG.A.10*, S. 41.

Krümmelbach Kompositum mit dem Grundwort *-bach* und dem Bestimmungswort **Krümmel-*, dissimilierte und assimilierte Flexionsform < ahd. **krumbin-* in **Krumbin-bach*, z.B. 1096 (Fälschung 12. Jh.) *in Chrumbilbach*, 1108 (Kopie) *in Chrumbilbach*, um 1122 *in Chrumbilbahc* (so!), abgegangener Name des Sendlbachs (r.z. Halterbach) (Gem. Bergern im Dunkelsteinerwald, PB Krems/Land, N.-Ö., A), ↗ Grimmelbach ↗ Grümpel ↗ Grümpen ↗ Krimmler Ache ↗ Krummel (< **Krumbila, *Krumbala*). − Hausner/Schuster, *Namenbuch*, S. 212.

Krünbach r.z. Schwarzleobach (z. Leoganger Ache z. Saalach z. Salzach z. Inn z. Donau) im PB Zell am See (Salzburg, A). − Ca.1350, ca.1400−ca.1500 *Chrinpach*, 1862 *Krün B.*, BergN. Krünköpfl, FlurN. Alm Krüneck, Krünböden. − Grundform mhd. **Krinn(en)bach*, Kompositum mit dem Grundwort *-bach* und ahd. *krinna* swF., mhd. *krinne* 'Kerbe, Kerbholz', nhd. *Krinne* 'Kerbe an Grenzbäumen- und -steinen' benannt nach der Existenz eines Grenzzeichens am Ufer? − Straberger, *HG.A.9*, S. 65; Schnetz, *Flurnamenkunde*, S. 73.

Krüpelsee nordöstlich von Senzig und westlich von Kablow (Stadt Königs Wusterhausen, Lkr. Dahme-Spreewald, Brandenburg, D), durchflossen von der Dahme (z. Spree z. Havel z. Elbe). − 1591 *an der Krüpell*, 1745 *Kriepel*, 1768 *Krippel*. − Grundform wahrscheinlich apolab. *Krupĕl- zu *krup- 'Gewässerbezeichnung'. – Fischer, BNB 10, S. 155.

Krug- -graben, -kolk, -pfuhl, -see. In brandenburgischen Gewässernamen Krug m. 'Dorfwirtschaft'. – Fischer, BNB 10, S. 153f.

Kruken, die l.z. Schwinge (z. Elbe) bei Stade (Lkr. Stade, Niedersachsen, D). – 1336 trans Crukam, inferius Kruken, 1343, 1364 Kruke, 1370 an de Kruken, 1414 over der Kruken. – Vermutlich mit as. krūka swF., mndd. krūke 'Kruke, größeres krug-, flaschenähnliches Gefäß aus Ton o.Ä.' identischer Name, der von der Form des Flusslaufs metaphorisch oder von einem Gelände übertragen wurde. – Udolph, HG.A.16, S. 202.

Krum-/Krumm-/-e-/-er-/-es- (auch Chrum(m)-, Crum-, Grum-) -au, -bach/-bächel/-bächle, -bach-wasser, -beck/-beek/-bek, -diek, -dobel, Fließ, -graben, -kehl, Kolk, Lache, -lake, Loch, Lanke, Pfuhl, -see, Siek, Siepen, Strom, Teich, Tief, Wasser, -weiher. Bestimmungswort ahd. krumb 'krumm, gebogen', unflektiert z. B. Krumbach, l.z. Ablach (z. Donau) mit ON. Krumbach (B.-W., D), 993 in Crumaha, 1262 Crumbach, 1274 Krumbach (< *Krumbaha); flektiert z. B. Krummebeck, r.z. Bever (z. Ilme z. Leine z. Aller z. Weser), 1596 der krumme Bach, 1601 im Krummenbecke, ↗¹Krombach. – Snyder, HG.A.3, S. 52; Kettner, HG.A.8, S. 65

† Krumbenbach Bestimmungswort ↗Krum-/Krumm-, z. B. 1048 (Kopie 12. Jh.) Crumbenbach, r.z. Großen Nister (z. Nister z. Sieg z. Rhein); 1290 prope rivum ... Krumbenbach, Bach bei Hirschlanden/Stockach (Lkr. Konstanz, B.-W., D). – Faust, HG.A.4, S. 12; Geiger, HG.A.2, S. 74.

Krumm r.z. Fils (Lkr. Göppingen), 1275 (Kopie um 1350) Krumpgowe, 1337 ze Krumpgöweldi, ↗Krum-. – Reichardt, Göppingen, S. 130 f.

Krumme, die l.z. Nette (z. Innerste z. Leine z. Aller z. Weser), mündet südwestlich von Rhüden (Stadt Seesen, Lkr. Goslar, Niedersachsen, D). – 1581 in der Krumme, bei der Krumme, 1866 an der Krumme; TeichN. 1567 Krumme Deik; FlurN. 1567 Krumme-Anger. – Grundform as. *Krumba 'die Krumme', d.h. 'Fluss mit einer oder mehreren Windungen' ↗Krum-/Krumm-. – Kettner, HG.A.8, S. 65; Kettner, Leine, S. 154 f.

Krummecke/Krummeke < *Krummbecke, ↗Krum-/Krumm-. – Kettner, HG.A.8, S. 65.

Krummel, die
– ¹Krummel, l.z. Moore (z. Leine z. Aller z. Weser) mündet östlich von Moringen (Lkr. Northeim, Niedersachsen, D). – 1301 ... riuuli qui Crummele vocatur, 1574 Krummel, 1596 an der Krummel, 1715 die Krummel. – Kettner, HG.A.8, S. 65.
– ²Krummel (auch Krummelbach), l.z. Espolde (z. Leine z. Aller z. Weser), mündet östlich von Espol (Stadt Hardegsen, Lkr. Northeim, Niedersachsen, D). – 1301 Crummele, 1409 boven der Krumeln; ON. †Crumele (nordöstlich von Espol, 1292 Krumele, 1292 Krummelen, 1306 Crumele, 1316 Crummele. – Kettner, HG.A.8, S. 66; Casemir/Menzel/Ohainski, Northeim, S. 80 f.
Grundform as. *Krumbala (neben *Krumbila?) > mndd. Krummele, Krummel, mit gm. l-Suffix, abgeleitet von as., ahd. krumb 'krumm', ↗Krum-/Krumm- ↗Krimmler Ache ↗Krümmelbach 'Fluss mit Windungen'. – Kettner, Leine, S. 155.

Krummelke, der r.z. Beber (z. Mühlenbach z. Oder z. Rhume z. Leine z. Aller z. Weser), mündet südwestlich von Barbis (Stadt Bad Lauterberg am Harz, Lkr. Osterode, Niedersachsen, D). – 997 inter duos rivulos ... Crummumbechi (unsichere Zuordnung), 1601 am Krummelcke, 1898 im Krumelke. – Falls der älteste Beleg zur Etymologie herangezogen wird, ist der Name wie ↗*Krümmelbach zu beurteilen: Grundform ahd. *zi krummūn bechi 'am Bach mit einer Biegung' (mit schwach flektiertem Adjektiv feminin); mndd. *Krummenbeke, dissimiliert > *Krummelbeke, kontrahiert > *Krummelke. – Kettner, HG.A.8, S. 66.

Krummensbach r.z. Schussen (z. Bodensee), entspringt bei Segelbach (Gem. Wolpertswende, Lkr. Ravensburg, B.-W., D). – ON. † Krummensbach, 1155 Gromoltesbach, 13. Jh. Chrumoldesbach, Crůmpelsbach, 1278 Greimoltsbach (lies Grumolts-?). – Grundform FlN. mhd. Gruomoltesbach, Kompositum mit dem Grundwort -bach und dem Genitiv des PN. ahd. *Gruomolt (< *Gruonbald) als Bestimmungswort. – Geiger, HG.A.2, S. 74.

Krusnick Großer~, Kleiner~, See bei Beeskow (Lkr. Oder-Spree, Brandenburg, D). – 1456 (Kopie) cleine Crusznig ... an dem cleine krussnigk, 1457 an dem cleynen Crüssenigk. – Grundform asorb. *Krušnik 'See, an dem Birnbäume wachsen' zu *kruša 'Birne, Birnbaum'. – Fischer, BNB 10, S. 155.

Kubach r.z. Weil (z. Lahn z. Rhein) mündet bei Weilburg (Lkr. Limburg-Weilburg, Hessen, D). – ON. Kubach (Stadt Weilburg), 1000 usque parvulam Cŭbach, 1347, 1417 Cubach, 1474, um 1500, 1520 Kubach, 1538 Grossenkubach. – Grundform FlN. ahd.

Kuobach, monophthongiert > fnhd. *Kūbach*, ⁊ Kuh-. – Faust, *HG.A.4*, S, 42.

Kublitz, die See und Bruch nördlich von Boitzenburg (Gem. Boitzenburger Land, Lkr. Uckermark, Brandenburg, D). – 1573 *biß ... an die kublitze*, 1578 *die Kublisse*, 1613 *die Cobelitz*. – Grundform apolab. *Kobylica* zu *kobyla* 'Stute'. – Fischer, *BNB 10*, S. 156.

Küchen- *-pfuhl, -see, -teich*, z.B. Küchenteich westlich von Boitzenburg (Boitzenburger Land, Lkr. Uckermark, Brandenburg, D), 1575 *Der Küchendieck*, 1617 *Der Küchen Teich*. Gewässer mit dem Bestimmungswort *Küche* wurden ursprünglich zur Küchenfischerei benutzt. – Wauer, *HG.A.17*, S. 94; Fischer, *BNB 10*, S. 156.

Küdden, der See nordöstlich von Prietzen (Gem. Havelaue, Lkr. Havelland, Brandenburg, D). – 1843, 1854 *der Küdden*, 1908 *Küdden-See*. – Etymologie unklar, vielleicht ist der Name durch slawische Siedler von der ⁊ Küddow übertragen worden. – Wauer, *HG.A.17*, S. 94; Fischer, *BNB 10*, S. 156.

Küddow, die (auch *Küdde*), poln. *Gwda*, r.z. Netze/Noteć (z. Warthe z. Oder z. Ostsee), mündet nach 145km bei Usch (Ujście), ON. Groß Küdde, Klein Küdde, poln. Gwda Wielka, Gwda Mała (Woiwodschaft Pomeranien, PL). – Grundform vorslaw. FlN. *Kvidā* < ig. *k̑u̯idā*, onymisiertes feminines Adjektiv zur Wurzel ig. *k̑u̯eid-* 'leuchten, hell, weiß' (vgl. gm.*hweita-* 'weiß'). – Udolph, *Gewässernamen Polens*, S. 117–121; Pokorny, *IEW*, S. 628 f.

Küh-/-e- *-alp(en)-bach, -bach/-bächel, -bachgraben, -berg-graben, -born, -graben, -häng-graben, -leitengraben, -moos-bach, -moosgraben, -ruh-graben, -see, -stall-weiher, -tränk-bach, -tränke, -tränkegraben, -tränkergraben, -trot-bach, -wasen-graben, -weiher, -zaglbach*, z.B. Kühbach, r.z. Silvesterbach (z. Rienz z. Eisack z. Etsch) hinter Wahlen (Prov. Bozen/Südtirol, I.), /kiᵃpåch/, 1316 *Chủpach*, um 1845 *Kühbach*. Bestimmungswort ist der Plural mhd. *küe(j)e*, bair. *chüeje* 'Kühe', benannt nach Tränken für Kühe und Fluren, die mit der Viehhaltung zu tun haben. – Kühebacher, *Ortsnamen*, 2, S. 167.

Kühnbach, die r.z. Haune (z. Fulda z. Weser), mündet südöstlich von Bad Hersfeld (Lkr. Bad Hersfeld-Rotenburg, Hessen, D). – 1422 *an der Cumbach*, 1673 *biß in den Kienbachs Graben, uber dem Kienbachs Flußlein, in den Kienbachsfluß, Künbachs Graben*, 1730 *an die Kienbach*; ON. † Hof Kühnbach, 1335 *Kunebach*, 1494 *Cönbach*, 1730 *Kienbach*; FlurN. 1422 *Kumbachswiese*, 1730 *Kienbachs Strauch, Kienbachs holtz*; StraßenN. Obere~, Untere Kühnbach, Kühnbachsgrund (Bad Hersfeld). – Ausgangsform FlN. ahd. *Kuoninbach* > mhd. *Küene(n)bach* > Küenbach monophthongiert > *Kûnbach/Kühnbach*, mundartlich gesenkt > *Könbach* oder entrundet > *Kînbach/Kienbach*, teils mit Assimilation /-nb-/ > /-mb-/ > *Kŭmbach*, Kompositum mit dem Grundwort *-bach* und dem Genitiv des PN. ahd. *Kuono* (*Kuonin-*) als Bestimmungswort. – Sperber, *HG.A.5*, S. 58.

Külz, die (auch *Külzbach*), r.z. Simmerbach (z. Nahe z. Rhein), entsteht im Hunsrück aus mehreren Quellarmen, die zwischen Kastellaun und Bell (Rhein-Hunsrück-Kreis, Rh.-Pf., D) zusammenfließen, mündet bei Simmern (Rhein-Hunsrück-Kreis). – Anfang 14. Jh. *in der Kulzen*, 1438 *in der Kültz, annen Kultz*; ON. Alterkülz (Verbandsgem. Kastellaun), ON. Külz (Verbandsgem. Simmern), 1238 *Kulze*, 1291 *in Culce*, 1443 *in der Külz*. – Der relativ spät bezeugte Name mhd. *Külze* kann über *Küleze* auf vorahd. *Kul-itja-* n. zurückgeführt werden. Es handelt sich um eine Ableitung von gm. *kul-a-* oder *kul-i-* 'kühl, kalt'; das germanische Kollektiv-Suffix *-itja-* bezeichnete auch Landstriche und Gegenden. *Külz* dürfte ursprünglich eine Gegend, in der es kühl/kalt ist, und den Bach, der aus dieser Gegend kommt, bezeichnet haben. Als Gewässername wird das Neutrum *Küleze* zum Feminin: *die Külz*. Vergleichbare Namen sind † *Kulau*, jetzt Mühlenbach (z. Oste z. Elbe) mit ON. *Kuhla*, 1317 *de Kula* (< *Kul-aha*) und schwedischer BachN. Köljan (in Medelpad, Norrland) (< *Kylja-* < *Kulja-*). – Greule, *HG.A.15*, S. 58; Seebold, *starke Verben*, S. 288; Bach, *Namenkunde 1*, S. 200 § 229; Udolph, *HG.A.16*, S. 204 f.; Neumüller, *Vattensjön*, S. 102 f.

Kümmernitz r.z. Dömnitz (z. Stepenitz z. Elbe) bei Helle (Gem. Groß Pankow, Lkr. Prignitz, Brandenburg, D). – 1745 *Kummernitz*, 1825 *Kümmernitz*. – Grundform apolab. *Komar'nica* oder *Komor'nica* 'Mückenbach' zu *komar*, *komor* 'Mücke'. – Fischer, *BNB 10*, S. 158.

Künbach l.z. Wiese (z. Rhein). – 1283 *rivus ... Kinnebach*, 1488 *der Kinnenbach*; ON. Künaberg (Gem. Fröhnd, Lkr. Lörrach, B.-W., D), 1260 *Niderchinnoberch* (lies *Niderchinneberch*), 1286 *Kinaberch*, 1352, 1374 *Kinnaberg*, 1392 *Kinnenberg*, 15. Jh. *Künnenberg*. – Grundform mhd. *Kinne(berg)bach*, Kompositum mit dem Grundwort *-bach* und dem ON. mhd. *Kinneberg* als Bestimmungswort. Der Ortsname (ursprünglich ein Flurname) enthält ahd. *kinni* stN., mhd. *kinne* 'Kinn, Kinnbacke, Gesichtsvorsprung am Unterkiefer', übertragen auf eine ähnliche Geländeformation. – Geiger, *HG.A.2*, S. 74.

Künzbach (auch *Künsbach*), l.z. Kocher (z. Neckar z. Rhein), mündet in Künzelsau (Hohenlohekreis, B.-W., D). – ON. Künsbach (Gem. Kupferzell, Hohenlohekreis), 1289 *Kunzilspach*, 1289 *Kunzylspach*, 1290 *Kunzilspach*, 1293 *Küntzelspach*; ON. Künzelsau, /ˈkɪntslsə/, 1098 *de Cůnzelshowe*, 1108 *Cůnze[l]showe*, 1149 *Kunczelsawe*, 1236 *Kunzelsowe*, *Kv°ncelsowe*, 1253 *Kuᵉntzelsowe* (und weitere Belege). – Grundform mhd. **Künzelesbach* synkopiert > **Künzelsbach*, Kompositum mit dem Grundwort *-bach* und dem Genitiv des PN. ahd. **Kunzil* (**Kunziles-* > **Künzeles-*) als Bestimmungswort. ON. Künzelsau < Klammerform **Künzels(bach)au* 'Ort am Künzelsbach'. – Schmid, *HG.A.1*, S. 67.

Kürn- *-ach, -bach*, z.B. Kürnach (auch *Kürnacher Bach*), l.z. Pleichach (z. Main z. Rhein), 779 (Kopie 10. Jh.) *in quirnaha*, ON. Kürnach (Lkr. Würzburg, Bayern, D), 823, 844 *Quirnaha*, 1103, 1182 *Curnaha*, 1233 *Curna*, 1288 *Kůrnach*, ↗ Kirn-. – Sperber, *HG.A.7*, S. 91.

Kürnegraben zu Altkietz bei Bad Freienwalde (Lkr. Märkisch Oderland, Brandenburg, D). – 1704 *an der Kührn, an der Kührne*, 1759 *Kurnegraben*. – Kompositum mit dem Grundwort *-graben* und mndd. *kerne* f. 'Einschnitt', ↗ Kernsee. – Fischer, *BNB 10*, S. 133.

Küstersoll, der in Strehlen (Gem. Karstädt, Lkr. Prignitz, Brandenburg, D). – 1547 *den Küster soll*. – Kompositum mit dem Grundwort brandenburg. *Soll* n., m. 'kleineres, meist rundes, abflussloses Gewässer eiszeitlicher Herkunft' und *Küster* 'Kirchendiener' als Bestimmungswort. Der Name verweist auf Nutzungsrechte des Küsters. – Fischer, *BNB 10*, S. 159, 266.

Kugelbach l.z. Weißbach (z. Saalach z. Salzach z. Inn z. Donau). – Ca.1563 *rivus Kuglpach*. – Bestimmungswort *Kugel-* vermutlich aus l. *cucullum* 'Kapuze, Bergkopf, Kuppe' entlehnt. – Straberger, *HG.A.9*, S. 66; Hausner/Schuster, *Namenbuch*, S. 631.

Kugeltalbach r.z. Lanzinger Bach (z. Mühlbach z. Stillbach z. Achen z. Salzach z. Inn z. Donau). – Nach 753 *Kupulpach* (hierher?); ON. 1497 *Martin von Kugltal*. – Zum Bestimmungswort *Kugel-* ↗ Kugelbach. – Straberger, *HG.A.9*, S. 66.

Kuh- *-bach/-bächle, -bachgraben, -born, -dammgraben, -damm-pfuhl, -fleet, -furt, -hagen-bach, -horst-graben, -kaser-graben, -lägers-graben, -lake, -mühlen-teich, -mattgraben, -pfad-siepen, -pfuhl, -pisse, -rieth-graben, -ruh-lache, -see, -siek, -teich, -tränke, -weiher, -weiher-graben*, z.B. Kuhbach, r.z. Kinzig (z. Rhein), 1294 *vff Kůbach*, 1314, 1334, 1358 *Kůbach*, ON., StraßenN. Vor Kuhbach (Stadt Schiltach, Lkr. Rottweil, B.-W., D), 1303 *das gůt vor Kůbach*, Bestimmungswort ahd., mhd. *kuo* 'Kuh', ↗ † *Cobach* ↗ † Kobach ↗ Kühbach. – Geiger, *HG.A.2*, S. 74.

Kuhbach z. Mühlenbach (z. Oste z. Elbe). – 1513 *thom Kudenbeke*; ON. Kuhmühlen (Gem. Sittensen, Lkr. Rotenburg/Wümme, Niedersachsen, D), /kumööln/, 1708 *Kudenmühlen*. – Grundform mndd. **Kuden(mölen)beke*, Klammerform mit dem ON. Kuhmühlen als Bestimmungswort, das vermutlich einen nicht gedeuteten ON. Kuden enthält, vgl. ON. Kuden (Kreis Dithmarschen, S.-H., D), 13./14. Jh. (Kopie 16. Jh.) *de Cuden*, 1350 *de Kuden*. – Udolph, *HG.A.16*, S. 204; Laur, *Schleswig-Holstein*, S. 414.

Kuhfließ
– ¹Kuhfließ, l.z. Pregel (Ostpreußen, Kr. Gumbinen, P). – 1595 *Kuuflies*; ON. Kuhfließ, 1780 *Kuhflies*.
– ²Kuhfließ, l.z. Gilga (z. Pregel), Kanal, der Wasser aus dem Zehlau Bruch abführt (Ostpreußen, P). – 1922 *Kuhfließ*.
– ³Kuhfließ, l.z. Pregel, entspringt in den Wäldern und Sümpfen des Forstes Tapiau östl. von Zehlau Bruch (Ostpreußen, P). – 1928 *Kuhfließ*.
Zusammensetzung mit dem Grundwort ↗ Fließ und nhd. *Kuh*. – Biolik, *HE 11*, S. 101f.

Kuhl-/-es- *-au(e), -fleth, -fließ, -see, -siek*. Bestimmungswort entweder ndd. *kuhl* 'frisch, mäßig, klar' oder mndd. *küle* f. 'Erdvertiefung, Grube' oder mndd. *kūle* 'Kaulquappe' ↗ Kulmke. – Fischer, *BNB 10*, S. 157; Kettner, *Leine*, S. 160.

Kuhpanz-See (auch *Groß Schönebecker Gewässer*) östlich von Hammer (Stadt Liebenwalde, Lkr. Oberhavel, Brandenburg, D). – 1589 *Der Kupanz*, 1772 *Kuhpantz*, 1825 *Kupantz See*. – Grundform apolab. **Kopanica* zu **kopan'*, vgl. poln. *kopan* 'Mulde', obersorb. *kopańca* 'ausgerodetes Feldstück' zu urslaw. **kopati* 'graben, hacken'. – Wauer, *HG.A.17*, S. 95; Fischer, *BNB 10*, S. 157.

Kuhwallsee Großer~, westlich von Hammelspring (Stadt Templin, Lkr. Uckermark, Brandenburg, D). – 1273 *Kuwal*, 1309 *Kuwald*, 1375 *stagnum Kubil*, 1590 *der Kuboll See*, 1745 *Kuhwald*, 1767–87 *Kuval See*, um 1800 *S. Kuhwall*. – Unklare Bildungsweise, abgeleitet von apolab. **koval'* 'Schmied'. – Fischer, *BNB 10*, S. 147.

Kule, die Teich in Eldenburg (Stadt Lenzen/Elbe, Lkr. Prignitz, Brandenburg, D). – 1588 *ein Hegewaßer die Kule ... genannt*. – Mndd. *küle* f. 'Erdvertiefung, Grube'. – Fischer, *BNB 10*, S. 157.

Kulmbach

- ¹Kulmbach, r.z. Feistritz nordwestlich von Herberstein (PB Weiz, Steiermark, A). – BergN. 1352 *Chulm*. – Lochner von Hüttenbach, *Steirische Hydronyme*, S. 91.
- ²Kulmbach, r.z. Ranten nordwestlich von Murau (PB Murau, Steiermark, A). – 15. Jh. *Kulmpach*. – Lochner von Hüttenbach, *Steirische Hydronyme*, S. 91.
- ³† Kulmbach, l.z. Weißen Main (z. Main z. Rhein). – 1338 *an dem Bach ... Kulmna*, 1531 *Culmach, Culmbach*, ON. Kulmbach (Lkr. Kulmbach, Bayern, D), 1028–1040 (Kopie 11. Jh.) *Kulma*, 1174 *Culminaha*, 1218 *Culmena*, 1255 *Culmenach* (und weitere Belege), 1409 *Kulmnach*, 1488 *Kulmbach*. – Sperber, *HG.A.7*, S. 92; Reitzenstein, *fränkische Ortsnamen*, S. 125.
- ⁴Kulm-Bach (auch *Kolm-Bach*), r.z. Piesau (z. Lichte z. Schwarza z. Thüringische Saale z. Elbe). – Ulbricht, *Saale*, S. 114.
Bestimmungswort ist slaw. *ch(ъ)lmъ* 'Hügel, Bergkuppe', čech. *chlum*, sloven. *holm*, aruss. *chъlmъ*.
³† Kulmbach beruht auf dem Kompositum *Kulmenaha*, dessen Bestimmungswort das Adj. slaw. *chъlmьn-* 'hügelig' ist und das sich über mhd. *Kulmnach > Kulmbach* entwickelte. – Bergermayer, *Glossar*, S. 99.

Kulmke, die   r.z. Sieber (z. Oder z. Rhume z. Leine z. Aller z. Weser), entsteht auf 392m Höhe durch den Zusammenfluss von Große~ und Kleine~, mündet nordöstlich von Sieber (Stadt Herzberg am Harz, Lkr. Osterode am Harz, Niedersachsen, D), Verlorene~ (z. Kleine Kulmke), Schwarze~ (z. Verlorene Kulmke, z. Kleine Kulmke). – 1773 *Kulmke, Kulmecke, Kulenbach*, 1794 *Kuhlenbach*; TalN. 1747 *Kulmcker Thal*. – Grundform mndd. *Külenbeke* synkopiert und assimiliert > *Külmbke*, vereinfacht > *Kulmeke*. Zum Grundwort *Külen- ↗ Kuhl-*. – Kettner, *HG.A.8*, S. 66f.; Kettner, *Leine*, S. 159f.

Kumpitzbach   z. Kobenz südlich von Seckau (PB Judenburg, Steiermark, A). – ON. Kumpitz (Gem. Fohnsdorf, PB Judenburg), 1148 *Chuntuz*, 12. Jh. *de Cunewiz* (lies *Cuntwiz*?), 1230 *Chumptwiz*, 1285 *Chuntwitz*, 1423 *Gumbitz*, 1774 *Kumpitzer burgfrid*. – Slaw. ON. *Chǫtovica*, mit den Suffixen *-ov-ica* abgeleitet vom PN. slaw. *Chǫtъ*. – Hausner/Schuster, *Namenbuch*, S. 634; Lochner von Hüttenbach, *Steirische Hydronyme*, S. 91.

Kunzbach, die   l.z. Ems-Bach (z. Lahn z. Rhein). – (959) *Cunesbach*, 1517 *die Kunzbach*, 1572 *in der Contzbach*, 1632 *Kuntzbach*, 1695 *durch die Cuntzbach*; FlurN. 1662 *die Kunßbacher Wiesen*, 1780 *Conzbacher Wiesen*, BergN. Kunzbacher Berg, Kunzbacher Kopf. – Grundform mhd. *Kuonesbach > *Kuonsbach*, monophthongiert > *Künsbach*, gekürzt > *Kunsbach/Kunzbach*, Kompositum mit dem Grundwort *-bach* und dem Genitiv des PN. ahd. *Kuon* als Bestimmungswort. – Faust, *HG.A.4*, S. 42 f.

Kupfer, die   l.z. Kocher (z. Neckar z. Rhein), entspringt in 405m Höhe bei Übrigshausen (Gem. Untermünkheim, Lkr. Schwäbisch Hall, B.-W., D), mündet nach 25,6km in Forchtenberg (Hohenlohekreis, B.W.). – 1335 *Kuppfer*, 1544–1550 *an der Kupffer, in der Kupffer, in die Kupfer*; ON. Kupfer (Gem. Untermünkheim), 789 *in villa Cupfere*, 1245 *Kuppher*, 1266 *apud Chupher*, um 1357 *zu Kuppfer*, 1545 *zu Kupffer*; ON. Kupferzell (Gem. Hohenlohekreis). – Grundform ahd. *Kupfara < vorahd. *Kuppra < ves.-ig. *Kuprā f., Verbaladjektiv abgeleitet von ig. *keup- '(innerlich) beben' (ai. *kupyati* 'ist zornig, bebt'), benannt nach einer Stelle, wo der Wasserschwall besonders stark war. Parallelname vielleicht ON. Köppern (Stadt Friedrichsdorf, Hochtaunuskreis, Hessen, D) im Tal des Erlenbachs (z. Nidda), 1290–1306 *Coppern*, 1310 *Cůpperne*, 1317 *Chůppern*, 1334 *Kůppern*, 14. Jh. *Cuper*, 1487 *Kopffern*, 1537 *Koeppern*, 1567 *Coiffernn < vorgm. *Kuprina/*Kupria. – Schmid, *HG.A.1*, S. 67f.; Schmid, *Neckar*, 13, S. 122 f.; Rix, *LIV*, S. 359; Bach, *Taunusgebiet*, S. 36; Petran-Belschner, *Taunusnamen*, S. 553.

Kupfer-   *-bach, -graben, -strang, -teich, -thal, -weiher*, z.B. Kupferstrang, Ableitung der Innerste in Hildesheim (Niedersachsen, D), 1480 *eyne koppermoᵉlen uppe eynen strang der Indersten*, 1819 *Kopperstrang*, 1850 *Kupferstrang*. Bestimmungswort *Kupfer*, mndd. *kopper*, unterschiedliche Benennungsmotive: *Kupferstrang* benannt nach einer Kupfermühle; Benennung nach dem kupferfarbigen Untergrund, nach einem Kupferhammer oder nach dem Transport von Kupfer, ↗ *Kopperbach*. – Kettner, *HG.A.8*, S. 67; Kettner, *Leine*, S. 160; Fischer, *BNB 10*, S. 158 f.

Kurfer Bach   (auch *Endorfer Bach*), r.z. Antworter Achen (z. Simsse z. Sims z. Inn z. Donau). – Ca.1563 *Kurfpach*, ON. Kurf (Markt Bad Endorf, Lkr. Rosenheim, Bayern, D), nach 1149 *Kurp* (lies *Kurf*?), 12. Jh. *Churue*, 1245 *Churf*, 14. und 15. Jh. *Churf*, 1665/1789 *Kurf*, ON. Kurfmühle, ca.1563 *Kurffmül villa*. – Der Ortsname geht als Lehnname zurück auf l. *curvus* 'gekrümmt' > ahd., bair. *Churf*, im Dativ *Churue* und bezieht sich vielleicht auf eine Flusskrümmung, ↗ Gürbe. – Dotter/Dotter, *HG.A.14*, S. 224 f.

Kurz-/-en-/-er-/-es-   *-ach, -bach, -graben, Kolk, See, Spring, -thal-Graben, -thal-Laine, Tief*, z.B. Kurzenbach, r.z. Rankachbach (z. Erzenbach z. Wolfach z. Kinzig z. Rhein), 1312 *in valle Kvrzenbach*, 1440 *in dem Kúrtzenbach*, 1493 *Kúrtzenbach, im Kurtzenbach*, mit ON. Kurzenbach (Gem. Oberwolfach, Ortenaukreis, B.-W., D). Bestimmungswort Adj. nhd. *kurz* 'von geringer Länge'. – Geiger, *HG.A.2*, S. 75; Fischer, *BNB 10*, S. 159.

Kuselbach, die l.z. Glan (z. Nahe z. Rhein), entsteht aus dem Zusammenfluss von Bledesbach und Pfeffelbach in Diedelkopf (Stadt Kusel, Lkr. Kusel, Rh.-Pf., D), mündet bei Altenglan (Lkr. Kusel). – 1630 (nach Weistum von 1581) *vber die Cussel bach*; ON. Kusel, /kuusᵉl/, 865/66 (Kopie 13. Jh.) *Cosla*, 952 *abbatiam … Coslam*, 965 (Kopie) *curtem Cosla*, 986 (Kopie) *Coslam*, 1044 *praedium Cosla*, 11./12. Jh. (Kopie) *Cosla*, 1124 (Kopie 1306) *Cosla*, 1127 (Kopie) *Cussla*, um 1200 *Chussela*, 1217 *Cussela*, 1305 (Kopie) *Cosla, Cosula*, 1314 *zu Cuselen*, 1316 *Kosla, Kůsla*, 1345 *Cussela*, 1377 *Kůsscheln*, 1387 *Cusscheln*, 1395 *Kuschel*, 1401 *Cusscheln*, 1428 *Cussele* (und weitere Belege), 1824 *Cusel*. – Ausgangsform FlN. (vorgm.) *Kuslā*, die in den ältesten Urkunden korrekt als ahd. *Cosla* erscheint, mhd. *Cus(s)elen* setzt vermutlich die ahd. Form des schwach flektierten Dativs *zi *Kuslūn > mhd. *Cuslen*, mit Sprossvokal *Cuselen* (im Nominativ *Cusele*) fort. Die Schreibung mit <-ss-> steht wie <-ssch-> und <-sch-> für schibilantische Aussprache von mhd. /-s-/. Hinzu kommt fnhd. Dehnung in offener Tonsilbe /ku:sel/. Der (kelt.?) Flussname *Kuslā ist eine Ableitung mit l-Suffix von der Schwundstufe der Verbalwurzel ig. *k̑u̯es- 'schnaufen, schnauben, seufzen' (ved. *śvasiti* 'schnauft, schnaubt, zischt'). Benennungsmotiv: das rauschende Wasser. Parallelname FlN. Coole, l.z. Marne (Dep. Marne, F), 896 *Cosla*. Da rom. *Cos- (< *Kus-) als Basis zahlreicher Flussnamen in Frankreich belegt ist, z.B. la Couse (z. Dordogne, 1466 *Cosa*), le Cousin (Dep. Yonne, 1148 *Cosa*), la Coise (z. Loire, ca.970 *ultra Cosiam*) kann vermutet werden, dass sie wie Kusel keltische Namen sind. – Greule, *HG.A.15*, S. 59f.; Dolch/Greule, *Pfalz*, S. 271; Buchmüller/Haubrichs/Spang, *Namenkontinuität*, S. 87; Rix, *LIV*, S. 341.

Kuttelbach (auch *Großer Kuttelbach*), r.z. Grumbach (z. Innerste z. Leine z. Aller z. Weser), mündet südwestlich von Hahnenklee (Stadt Clausthal-Zellerfeld, Lkr. Goslar, Niedersachsen, D). – 1758 *Große Kuttelbach, Kleine Kuttelbach*, 1777 *Küttelbach*, 1822 *der Kuttelbach*. – Grundform vielleicht ndd. *Kuddenbeek*, verhochdeutscht > *Kuttelbeck/-bach*, Bestimmungswort mndd. *kudde* 'Herde'. – Kettner, *HG.A.8*, S. 67; Kettner, *Leine*, S. 161.

Kuwal See bei Grünow (Lkr. Uckermark, Brandenburg, D). – 1375 *stagnum … Kuwal*, 1936 *Gr., Kl. Kuhwälle*. – Deutung ↗ Kuhwallsee. – Fischer, *BNB 10*, S. 147.

Kuwelsee bei Grimme (Stadt Brüssow, Lkr. Uckermark, Brandenburg, D). – 1591 *Ein Seheichen der Kuwelsehe genandt*. – Deutung ↗ Kuhwallsee. – Fischer, *BNB 10*, S. 147.

Kyll, die /kil/, l.z. Mosel bei Trier (Rh.-Pf., D), längster Fluss der Eifel (142km). – /kīl/, 4. Jh. (Ausonius, Mosella) *Celbis* (konjiziert), 9. Jh. (Kopie um 1103) *ad Kila springun* (für die Quelle), 9. Jh. (Kopie um 1103) *Kila*, (915–930) (Kopie 14. Jh.) *Chile*, 973 (Kopie 14. Jh.) *Kila*, (1023–1047) *ad flumen Kilam*, 1152 *in aqua Kile*; ON. Stadtkyll (Lkr. Vulkaneifel, Rh.-Pf.), 1098 *Kila*, 1138 *Kile, Kyle*; ON. Kyllburg (Eifelkreis Bitburg-Prüm, Rh.-Pf.), 800 (Kopie Anf. 12. Jh.) *Kilibergo*, 1106 *castrum Kiliburg*, 1222 *in monte qui appellatur Kileburhc*; ON. Auw an der Kyll (Eifelkreis Bitburg-Prüm), ON. Kyll an der Kyll (auch Ittelkyll, Gem. Welschbillig, Lkr. Trier-Saarburg, Rh.-Pf.), 902 *Chilana*, 1098 (Kopie 12. Jh.) *Kila*, Anf. 13. Jh. *Kyle*, 1212 *Kile*; FlurN. Kyllwald (Wald zu beiden Seiten der Kyll), (1023–1047) *Kileuualt*, 1056 (Fälschung Anf. 12. Jh.) *Kiliuualde*, 1139 *Kilewalt*. – Der Flussname vorgm. *Kelu̯ī (latinisiert *Celbis*) wurde ins Althochdeutsche integriert als *Kili-* und *Kila* f. Es handelt sich um das Feminin eines Adjektivs ig. *kelu̯ vermutlich mit der Bedeutung 'dunkel, schwarz'. Der Stamm idg. *kelu̯- (vgl. ai. *káluṣa-* 'schmutzig, schwarz') liegt auch vor im lit. FlN. *Kel̃vė*. Vielleicht rührt die Benennung des Flusses als 'dunkel, schwarz' vom Kyllwald her (vgl. Schwarzwald). – Borchers, *Große Flüsse*, S. 33; Jungandreas, *Mosselland*, S. 200–202, 1003; Gysseling, *Woordenboek 1*, S. 583f.; Puhl, *Gaue*, S. 101f.; Schmid, *keltisch-baltische Namenentsprechungen*, S. 52f.; Pokorny, *IEW*, S. 547.

Kyrbach /kir-/, Oberlauf des Hahnenbachs, l.z. Nahe (z. Rhein), entspringt als Binger Bach bei Kappel (Rhein-Hunsrück-Kreis, Rh.-Pf., D) in ca. 500m Höhe, heißt ab Hausen (Lkr. Birkenfeld, Rh.-Pf.) Hahnenbach, mündet bei Kirn (Lkr. Bad Kreuznach, Rh.-Pf.) in die Nahe. – 926 (Kopie 12./13. Jh.) *Kira*, 1359 *biz die Kyre*, 1401 *in die Bach die Kere*; ON. Kirn, 966 *in marca Kira*, 1074 (Kopie) *Cheri*, 1283 *Kyere*, 1335 *civitas Kyren*, 1420 *zu Kyrn*; ON. Kirchberg (Rhein-Hunsrück-Kreis), /kerbrich/, 1152 (Kopie 13. Jh.) *Kiriberch*, 1154 (Kopie) *Kiriberch villam*, 1165 *Kiriberch* (< *Kira-berg* 'Berg an der Kira', zu *Kirihhberg* umgedeutet). – Grundform FlN. kelt. *Kira*, r-Ableitung von der ig. Farb-Wurzel *kei-, die im Keltischen appellativisch (mir. *cíar* 'dunkelbraun', *ciru* 'Pechkohle') und onymisch (river Keer, z. Morecambe Bay near Carnforth, Westmorland, Lancshire, GB), 1262 (1268) *Kere* < britisch *kēro-* 'dunky, dark' < vorkelt. *keiro-) vertreten ist, ↗ Kirel. Vermutlich bezog sich keltisch *Kira* 'Schwarzbach' auf den die Gegend prägenden Schiefer. – Greule, *HG.A.15*, S. 60f.; Puhl, *Gaue*, S. 233f.; Pokorny, *IEW*, S. 540f.

L

Laaber (auch *Laber*). – a) *Große* ~, r.z. Donau westlich von Straubing (Bayern, D); um 790 (Kopie 1254) *secus fluenta ... Lapara*, um 790 (Kopie 11. oder 12. Jh.) *iuxta fluentum ... Labara*; ON. Laaber und Laaberberg (Marktgem. Rohr, Lkr. Kelheim, Bayern), 12. Jh. *de Labere*. – b) *Kleine* ~, r.z. Großen Laaber, parallel zur Großen Laaber bis zum Zusammenfluss kurz vor der Mündung in die Donau, ON. Laber (gegenüber von Andermannsdorf, Gem. Hohenthann, Lkr. Landshut, Bayern), ON. Laberweinting (Lkr. Straubing-Bogen, Bayern), ca.790 *Wihmvntinga*, 1292 *Laberweimpting*. Die Zusammensetzung des Ortsnamens mit dem Flussnamen erfolgte, um den Ort von (*Burg-*)*Weinting* (Stadt Regensburg) zu unterscheiden. – c) *Schwarze* ~, l.z. Donau bei Sinzing (Lkr. Regensburg, Bayern), ca.1150 (Kopie 14. Jh.) *Labere*; ON. Laaber (Gem. Pilsach, Lkr. Neumarkt i.d. Oberpfalz, Bayern), ON. Laaber (Markt, Lkr. Regensburg), ca.1040 *Labere*, 1180 *Labara*, 1186 *Laber*. – d) *Weiße* ~ (auch *Holnsteiner, Unterbürger* ~), l.z. Altmühl bei Dietfurt a.d.Altmühl (Lkr. Neumarkt i.d.Oberpfalz). – Eine Deutung des Namens *Laaber* < ahd. *Lapara, Labara*, der im weiten Umkreis von Regensburg eine Namenlandschaft bildet, mit dem Verb *labern* 'dumm daherreden', das ursprünglich 'schlabbern' bedeutete, aber nicht aus dem Bairischen stammt, scheidet aus. In Schottland und England existieren Flussnamen, die auf urkelt. **lab(a)ro-* 'eloquent, talkative' zurückgeführt werden, z.B. *River Laver* (North Yorkshire), ca.1180–1200 *Laver*; *Labhar, Uisge Labhar* (Schottland). Wie air. *labar* 'geschwätzig' und kymr. *llafar* 'Sprache' zeigen, könnte auch der bayerische FlN. *Labara* ein Relikt aus keltischer Zeit sein. Die Laaber-Flüsse wären dann nach dem Murmeln ihres Wassers benannt worden. Charakteristisch für die Laaber-Flüsse ist aber nicht ihr Murmeln, sondern ihr schwaches bzw. nicht vorhandenes Gefälle. Man muss daher überlegen, ob der Name nicht besser und näher an der Realität durch ein anderes keltisches Wort erklärt wird, nämlich durch air. *lobur, lobor* 'schwach', das zu ig. **lab-* 'schlaff herabhängen' gehört. – Snyder, *HG.A.*2, S. 54; Reitzenstein, *Oberbayern*, S. 148; Pokorny, *IEW*, S. 831, 655f.; Matasović, *Proto-Celtic*, S. 231.

Laacher See Vordereifel, größter See in Rheinland-Pfalz; KlosterN. Maria Laach (Gem. Glees, Lkr. Ahrweiler, Rh.-Pf., D), 1093 *Abbatia ad Lacum*. Der Name des Sees war ursprünglich einfach *Laach*, ↗Lach-. – Bach, *Namenkunde* 1, S. 441.

Laake ↗Lach-.

Laasenbach r.z. Katschbach bei Althofen nordöstlich von Murau (PB Murau, Steiermark, A). – 1381 *an der Lassnig, Lesnig*, 1389 *am Lazzen*. – Slaw. **Lazьnika*, Substantivierung mit *k*-Suffix des Adjektivs **lazьnъ* ' ... wo ein Weg ausgeholzt wird' zu slaw. **lazь* 'ausgeholzter Weg, Schneise', ↗Lassingbach. – Lochner von Hüttenbach, *Steirische Hydronyme*, S. 91; Bergermayer, *Glossar*, S. 129f.

Laaser Bach it. *Rio di Lasa* (auch *Valdaunbach*), r.z. Etsch bei Laas, kommt vom Laaser Ferner. – 1743 *Laserpach*; ON. Laas, it. Lasa, Gemeinde am Eingang des Lasser Tals (Obervinschgau, Prov. Bozen/Südtirol, I.), /loos/, 1143 *Las*, 1249 *Laz*, 1326 *Las*, 1340 *Laas*. – Unklar; möglicherweise < vorgm., vorrom. FlN. **Lasā* (< ig. **ləsā*) 'Gießbach' (?), schwundstufige *s*-Ableitung zu urig. **leh₂-* 'gießen, bewässern' (**lh₂-s-ó-*), vgl. ↗Lammer, ↗Leine. In mhd. **Lase* unterliegt /a/ der Dehnung in offener Tonsilbe und /-e/ wird danach apokopiert. – Kühebacher, *Ortsnamen*, 1, S. 210; 2, S. 170, 351; Rix, *LIV*, S. 401.

Laasphe /'laːsfe/, l.z. Lahn in Bad Laasphe. – ON. Bad Laasphe, Stadt (Kr. Siegen-Wittgenstein, NRW, D), 780–807 *Lassaffa* (?), von 1219–1493 oft belegt als *Lasphe*, 1275 *Lasfa*, 1277, 1332/33, 1388 *Lasfe*, 1307 *Niederlaisphe*, 1358 *Laspfe*, 1385 *Laispe*, 1437 *Laspe*, 1597 *Laasphe*. – Grundform FlN. ahd. **Lāssaffa* (mit lautverschobenem /p/ > /f/), as. **Lāssapa*. Die historischen Schreibungen geben teils die ober-, teils die niederdeutsche Aussprache wieder. Vermutlich aus älterem (gm.) **Lahs-apa* 'Lachs-Gewässer', Kompositum mit dem Grundwort ↗*apa* und dem Bestimmungswort ahd. *lahs*, ae. *leax*, awn. *lax* (< gm. **lahsa-* m.) 'Lachs', vgl. ↗Lossele (< gm. **Lahsana*). Der Lautwandel /-hs-/ > /-ss-/ (teils mit Dehnung des vorausgehenden Vokals) breitete sich vom niederländischen Sprachraum bis ins Oberdeutsche aus. – Faust, *HG.A.4*, S. 43; Schroeder, *Namenkunde*, S. 335 f.

Laber ↗Laaber.

Labus-See Großer ~ (auch *Müritz-Havel-Wasser*), Kleiner Labus-See, z. Fließ (z. Großer Labus-See). – 1358 *de Lebbus*, 1569 *in den Lebus*, 1713 *der kleine Labus*. – Apolab. *Labuz'*- oder *Labuz'e* 'Schilfsee', ↗Lebussee ↗Labüsch-/-en-, Labüske. – Wauer, *HG.A.17*, S. 97; Fischer, *BNB 10*, S. 165.

Labüsch-/-en-, Labüske -*Fließ*, -*Kanal*, -*See* (Brandenburg, D); z.B. Labüschensee, um 1700 *Labisecken See*. – Apolab. *Labuz(i)k-*, abgeleitet von *labuz-* 'Kalmus, Schilf', ↗Libbesicke-See. – Fischer, *BNB 10*, S. 160; Wauer, *HG.A.17*, S. 96 f.

Lach- -*e*, -*en*, -*er*-, **Laach**, ndd. **Lak**-, -*e*, -*en*, **Lack**, -*e*, -*en*, **Laak**, -*e*, -*er*. Selbständiger Name oder Bestimmungswort in Namenkomposita, z.B. Lache, l.z. Unstrut (z. Thüringische Saale) bei Weißensee (Lkr. Sömmerda, Thüringen), 1282 *Lache*; †Lake, GwN. bei Barum (Flussgebiet der unteren Elbe), 1366 *water vischeden, dat gheheten ist de Lake*. Zu mhd. *lache*, ahd. *lah(ha)* 'Pfütze, Lache', mndd. *lāke* 'Lache, stehendes Gewässer in einem Flussbett, Sumpf, sumpfige Wiese', ae. *lacu* f. 'Bach, Teich, See', gm. *lakō* f., wie das Adj. gm. *laka-* 'leck' mit Ablaut abgeleitet vom Verb gm. *lek-a-* 'leck sein', (ig.?) *leg-* 'tröpfeln'. – Ulbricht, *Saale*, S. 160 f; Udolph, *HG.A.16*, S. 206; Dittmaier, *Flurnamen*, S. 175 f.; Kettner, *Leine*, S. 370 f.; Seebold, *starke Verben*, S. 330; Rix, *LIV*, S. 397.

Lachte, die r.z. Aller bei Lachtehausen. – 1488 *up der lacht*, (1669) *bis in die Lachte, die Lachte entlang*; ON. Lachendorf (Samtgemeinde, Lkr. Celle, Niedersachsen, D), 847 (Nachzeichnung 12. Jh.) *Lahtnathorpe*, 1316, 1318 *Lachtendorpe*, 1477 *dat dorp to Lachendorpe*; ON. Lachtehausen (Ortsteil der Stadt Celle, Niedersachen), 1248 *in Lachtehusen*. – FlN. as. *Lahtna*, *n*-Ableitung von gm. *lahta-* (< vorgm. *lokto-*, vgl. kelt. *lekto-* 'feucht'), einer *t*-Ableitung von der *o*-Stufe des Verbs gm. *lek-a-* (vorgm. *leg-*) 'leck sein', vgl. ↗Lach-/Lak-. – Borchers, *HG.A.18*, S. 78 f.; Pokorny, *IEW*, S. 657.

Ladenbeck (?), r.z. Schwarzbach (z. Emscher Kanal). – FlurN. 1373 *Ladenbeke*, 1585 *die kleine Ladenbiecke*, 1589 *auf die Ladenbecke*, 1655 *Boven der Ladenbecke*, 1755 *die Lahmbecke*. – Grundwort ndd. *beke* 'Bach', Bestimmungswort vielleicht mndd. *lāde*, andl. *lede*, ae. *lād* 'Wasserlauf'. – Schmidt, *HG.A.6*, S. 96.

Ladenbek, die r.z. Bille (z. Alster z. Elbe) im Süden von Hamburg. – 1360 *rivi dicti Lodenbeke*, 1776 *am Ladenbek*. – Zur Deutung vgl. ↗Ladenbeck. – Udolph, *HG.A.16*, S. 206.

Läger- -*bach*, -*bächle*, -*bek*, -*brunnen*; ahd. *legar*, mhd. *leger* 'Lagerstelle auf der Weide für Rindvieh'. – Ulbricht, *Saale*, S. 79.

Längen- ↗Lang-.

Läuse- ↗Laus- (entrundet Leis-?).

Laféhn Bach l.z. Anger-Bach (z. Gasteiner Ache z. Salzach). – ON. Lafen (Bad Hofgastein, PB St. Johann i. Pongau, Salzburg, A), 1229–1237 *Leuvenie*, 1327 *Ott v. Leven*, 14. Jh. *Leven, Laven, Loofern, Leuen*, 1417 *ob Lafen*, 1913 *Lafeinbach*. – Grundform möglicherweise rom. *Lavinia* 'Lawinengegend, Lawinenbach', zu räto-rom. *lavina*, ins Bairische integriert als *Léwenje*, *Léfen*, *Laféin*, *Lafén*. – Straberger, *HG.A.9*, S. 67.

Lafnitz, die

– [1]Lafnitz, l.z. [1]Raab südlich von Neuheiligenkreuz (Gem. Heiligenkreuz im Lafnitztal, PB Jennersdorf, Burgenland, A) in Szentgotthárd (H). – 864 (Kopie 13. Jh.) *ad Labenza*, 1141 *infra terminos ... Hartberc et Lowenzen*, kurz nach 1145 *Lauenza*, 1146 *Lauenze*, 1149–1158 *inter albam Lauenz et maiorem Lauenz* (und weitere Belege); ON. Lafnitz (PB Hartberg, Steiermark, A), 1184 (Fälschung 1246–1250) *villas ... Lavenz*. – Hausner/Schuster, *Namenbuch*, S. 638 f.; Lochner von Hüttenbach, *Steirische Hydronyme*, S. 92.

– [2]Lafnitz, Schwarze~, l.z. [1]Lafnitz in Bruck an der Lafnitz (Gem. Mönichwald, PB Hartberg, Steiermark, A). – 1163 *Lavenz nigra*, 1168 *in Swarzlauenx*. – Hausner/Schuster, *Namenbuch*, S. 639.

– [3]†Lafnitz, Weiße ~ (jetzt Weißenbach), l.z. [1]Lafnitz bei Schmiedviertel (Gem. Mönichwald, PB Hartberg, Steiermark, A). – 1163 *in Lavenz albam*, 1168 *Wizilauenz*, 1179 (Kopie 15. Jh.) *Wissin Lauenz*. – Hausner/Schuster, *Namenbuch*, S. 639.

Mhd. *Lauenze*, slaw. *Labanca* < vorslaw. *Albantia*, mit slaw. *l*-Umstellung und Angleichung der Endung an andere Gewässernamen auf -*nitz*. *Albantia* ist eine keltische Bildung mit der Bedeutung 'reich an Weißwasser', gebildet aus *albā* 'Weißwasser' und dem kollektivierenden Suffix -*antia* < (urig.) *-ntih₂*. Gleich bzw. ähnlich gebildet sind ↗Alfenz und ↗Lavant.

Lahbach ↗Loh-.

Lahn, die r.z. Rhein, entspringt im Rothaargebirge (NRW, D), fließt in Hessen durch Marburg, Gießen, Wetzlar, Limburg und mündet nach 242km in Lahnstein (Rh.-Pf.). Der Fluss ist ab Wetzlar besonders windungsreich. – /lo:n, le:/, 496/506 (Kopie 13./14. Jh. nach Kopie um 700) *Logna* (Ravennatis anonymi cosmographia 4, 24), 6./7. Jh. *Laugona dum vitreis terminus esset aquis* (Venantius Fortunatus, carmen 7, 7, 58; andere Lesart, 10. oder 11. Jh. *logana*), 881 *fluuius logana*, (959) *in loganam, logana deorsum*, spätere Nennungen in Auswahl: 12. Jh. *Logana, Logena*, 13. Jh. *Logina, Logena, Loina, Loyna, Lone*, 14. Jh. *Loina, Lana, Loena, Loyne, Loyn, die Lane, Layne, Layn, Lahn, Leune, Leyne*, 15. Jh. *Lane, Lone, Lohn, Luene, Laene, Loen*, usw.; GebietsN. Lahngau, um 750–779 *Logenahegewe, Logenegowe, in pago Logenahe*, 782 *in pago Logonense* (und weitere Belege); ON. Lahnstein, 991 *Logunstein*, 9./10. Jh. *Lohinstein*, usw.; ON. Burg Lahneck (gegenüber der Lahnmündung), 1245 *Lonekke*; ON. Löhnberg (Lkr. Limburg-Weilburg, Hessen), /lęmęrk/, 1272 *Loynberg*, 1273 *Loneberg*, 1308 *Loinberg*, 1314 *Lonberch*. – Die Orts- und Burgnamen sind mit dem Flussnamen als Bestimmungswort und den Grundwörtern *-berg, -eck, -stein* zusammengesetzt. Mundartformen und historische Belege erlauben für den Flussnamen den Ansatz von ahd. *Logana* und *Logina*. Die Namensform *Logana* dürfte aus älterem *Logna* durch Entwicklung eines Sprossvokals entstanden sein. Dazu wurde eine Suffixvariante *Logina* gebildet. Da in der Mundart des Lahngebietes zwischenvokalisches /-g-/ mit Längung des vorausgehenden Vokals schwindet, ergeben sich zwei mundartliche Formen: *Logana* > /lo:na/ > /lo:n/ und *Logina* mit Umlaut > /lö:na/, entrundet und apokopiert > /le:n/ usw. – Wenn die nur bei Venantius Fortunatus belegte Namensform *Laugona* für die Etymologie nicht berücksichtigt wird, kann von einer Ausgangsform vorgm. *Lugna* ausgegangen werden. Nach Übernahme des Namens ins Germanische wird daraus durch Senkung des /u/ vor /a/ *Logna*. *Lugna* kann das Feminin des mit *n*-Suffix gebildeten Verbaladjektivs (*lug-nó-*) zum Verb ig. *leug-* 'biegen' sein. Als Benennungsmotiv kommt der Windungsreichtum der Lahn in Frage. Billigt man der bei Venantius Fortunatus überlieferten Form Echtheit zu (es könnte sich auch um dichterische Umgestaltung handeln), dann könnte sie als *n*-Ableitung von ig. *lougo-*, einem Verbalnomen ebenfalls zu ig. *leug-* 'biegen', erklärt werden, vgl. ↗Laugna. *Lougonā* (> *Laugona*) würde dann 'die Biegungsreiche, die sich Windende' bedeuten. Eine Verbindung von *Laugona* mit ahd. *Logana* ist unter der fragwürdigen Voraussetzung möglich, dass *Logana* der durch Monophthongierung entstandenen vulgärlateinisch/romanischen Form des Namens entspricht. – Faust, *HG.A.4*, S. 43–46; Jung, *Flurnamen*, S. 116f.; Metzler, *Westerwald*, S. 87, 105; Krahe, *UäFlNN.*, S. 99; Rix, *LIV*, S. 416.

Lahn-/-er-, Lane- Bestimmungswort in Gewässer- und Ortsnamen Südtirols (I.): *Lahnbach, Lahnbachl, Lahnerbach, Lanebach, Lanebachgraben*; Bedeutung: 'Bach in einer Lawine, einem Lawinenstrich, einer Erdrutschstelle, Wildbach mit starker Erosionskraft', südbair. *laane* 'Lawine, von einem Berg herabstürzende Masse von Steingeröll, Erde, besonders Schnee', mhd. *löune, laeune*, z.B. Lahnbach, r.z. Etsch, mündet in Naturns (Prov. Bozen/Südtirol) /lámpǎch/, 1297 *aput Laenpach*, 1324 *Laevnpach*, 1324 *Laeumpach*. Vergleichbar ist auch: *die Lahnen*, Name der Seitenarme der ↗Mur in den Murauen (Steiermark, A). *Lahn, Lahnbach, Lahnerbach, -brunnen, -graben* häufig im Flussgebiet des Inns. – Kühebacher, *Ortsnamen* 1, S. 214; 2, S. 171–173; Dotter/Dotter, *HG.A.14*, S. 227.

Lahr-Bach r.z. Ulster (z. Werra) in Lahrbach. – ON. Lahrbach (Region Fulda, Hessen, D), 15. Jh. *Larbach*, 1567 *Lorbach*. – Das Kompositum mit dem Grundwort *-bach* enthält vielleicht den Flussnamen *Lara* (↗Lohr) oder (wahrscheinlicher) den ursprünglichen Ortsnamen *Lar-* 'Viehhürde, Gestell'. – Sperber, *HG.A.5*, S. 59; Berger, *Geographische Namen*, S. 160, 162.

Laich- -graben, -pfuhl, -weiher. Gewässer, in denen Fische laichen. – Fischer, *BNB 10*, S. 161.

Laienbächle Fortsetzung Kaltbrunnerbach (z. Kleinen Kinzig, z. Kinzig, z. Rhein), /laibə/, FlurN. *auf der Lai*. – Zu mhd. *leie* f. 'Fels'. – Geiger, *HG.A.2*, S. 75; Springer, *Flussnamen*, S. 149.

Laim- ↗Leim-.

Lainbach (auch *Schwabelbach*), r.z. Enns (z. Donau) in Lainbach. – 1139 (Kopie 13. Jh.) *Laimpach*, 1195 (Kopie 19. Jh.) *Laimbach*; ON. Lainbach (Gem. Landl, PB Liezen, Steiermark, A), 1185 (Druck 1721) *Laimpachovve*, 1198 (Kopie 13. Jh.) *in Laimbahow*. – ↗Laim-. Im Ortsnamen ist an den Gewässernamen verdeutlichend mhd. *ouwe* 'Land am Wasser' angefügt. – Hausner/Schuster, *Namenbuch*, S. 640.

Lainsach r.z. Mur bei St. Michael (PB Leoben, Steiermark, A). – 1230 *Lonsach*, 1373 *Lansach*. – Slaw. *Lončachъ*, Lokativ Plural zu *Lončane* 'Bewohner der sumpfigen Talwiese', Bewohnername, abgeleitet von slaw. *lonka* 'Wiese', sloven. *loka* 'Au, sumpfige Talwiese'; *Lainsach* hyperkorrekt für *Lansach*. – Lochner von Hüttenbach, *Steirische Hydronyme*, S. 92.

Lainsitz, die čech. *Lužnice*, r.z. Moldau nördlich von České Budějovice/Budweis (CZ) bei Tyn nad Vltavou. – 1162 (Kopie 17. Jh.), *fluvius ... Lusnich*, 1179 (Kopie um 1290) *Lvnsenize*, 1185 (Kopie 13. Jh.) *a fluvio Lusnitz*, 1235 *Lünsnich*, 1380 *in der Luensnitz*. – Slaw. *Lunžьn-ika* bzw. -*ica* 'Wiesenbach, Sumpfbach', abgeleitet vom Adjektiv slaw. *lunžьn*- zu slaw. *lungъ* 'Wiesenaue, Sumpf, Hain, Wiese'. Ins Bairische integriert (früh) als *Lūnsnich(e)* (später) *Lūnsnitz(e)* > mhd. *Liunsnitz*, dissimiliert *Liunsitz*, diphthongiert (fnhd.) *Leunsitz*, entrundet (mundartlich) *Lainsitz*. Vgl. ↗ Lonschitz. – Hausner/ Schuster, *Namenbuch*, S. 640; Bergermayer, *Glossar*, S. 141.

Lais, die (auch *Laisbach*), l.z. Nidda (z. Main). – 1365 *biß in die Leissa*; ON. Ober-, Unter-Lais (Stadt Nidda, Wetteraukreis, Hessen, D), 1130 *Leysâ*, 1178 *Nidern-leysâ*; FlurN. *An der alten Laiß*. – Mhd. *Leisa(he)*, Kompositum mit dem Bestimmungswort mhd. *leis(e)* f. 'Spur' und dem Grundwort (ahd.) *aha* 'Fließwasser', ↗ Leisebach ↗ Leesenstrom. – Sperber, *HG.A.7*, S. 93.

Lake ↗ Lach-.

Lambach
- ¹Lambach, r.z. Mürz südlich von Mürzzuschlag (PB Mürzzuschlag, Steiermark, A). – 1331 *ripa Lonpach*, ca.1400 *im Lompach*, 1410 *Lampach*, 1422 *im Lempach*.
- ²Lambach, r.z. Saifen südwestlich von Pöllau (PB Hartberg, Steiermark, A). – 1396 *im Lampach*.
Kompositum mit dem Grundwort *-bach*, das Bestimmungswort kann slaw. *lomъ*, sloven. *lom* 'Bruch, Stein, Windbruch' sein. – Lochner von Hüttenbach, *Steirische Hydronyme*, S. 93.

Lambeck z. Heilenbecke (z. Ennepe z. Volme z. Ruhr). – ON. Lambeck, Lambeckermühle (Stadt Radevormwalde, Oberbergischer Kreis, NRW, D), (PN.) 1383 *Hillebrant Langenbecke*, 1483 *Lambech*. – Grundwort ndd. *beck* 'Bach', Bestimmungswort ↗ Lang-. – Schmidt, *HG.A.6*, S. 41.

Lametbach l.z. Simmerbach (z. Nahe) in Gemünden (VG Kirchberg, Rhein-Hunsrück-Kreis, Rh.-Pf., D), entspringt im Soonwald (Hunsrück). – 1323 *dy ... beche der Lamt*, 1333 (Kopie 1600–1612) *die Lamet*, 1438 *der ... bach die Lame vnd zuhet der Sane die Lame vffhin*, 15.–16. Jh. (Kopie) *Lamet*, 1601 *die Lamuth*. – Als Grundform kann (mhd.) *Lame(n)t* m. angesetzt werden. *Lament* ließe sich als Partizip Präsens auf ahd. *hlamōn* 'rauschen, tosen' mit der Bedeutung 'der Rauschende, Tosende' zurückführen. Auffällig ist allerdings die (zufällige?) Parallele zu *Lametus*, jetzt *Amato/Lamato*, Fluss z. Tyrrhenischen Meer (Calabria Media, I.). – Greule, *HG.A.13*, S. 61; Seebold, *starke Verben*, S. 263; Pokorny, *IEW*, S. 654.

Laming, die r.z. Mürz in Berndorf (Stadtteil von Bruck an der Mur, Steiermark, A). – 1023 *iuxta fluvium Lomnicha*, 1148 (Fälschung vor 1207) *Lomnike*. – Slaw. *Lom-ьn-ika*, mit der Suffixkombination *-ьn-ika* von slaw. *lomъ* 'Bruch' abgeleitet. Nach der Assimilation von *Lomniche* und Apokope > *Lommich* durch Suffixwechsel /-ich/ durch /-ing/ eingedeutscht. Die heutige Schreibung mit <a> steht hyperkorrekt für mundartlich /o/. – Hausner/Schuster, *Namenbuch*, S. 642; Lochner von Hüttenbach, *Steirische Hydronyme*, S. 93.

Lamitz, die r.z. Thüringischen Saale, südlich von Hof (Bayern, D). – ON. Kirchenlamitz (Stadt, Lkr. Wunsiedel, Bayern), 1324 *Kirchenlamnitz*, 1356 *Kirchen Lomnicz*; ON. Niederlamitz (Ortsteil von Kirchenlamitz), 1403 *Niderlomnitz*. – Slaw. *Lamьnica*, abgeleitet von slaw. *lamъ* 'Bruch, Einbruch ins Gelände'. – Walther, *Gewässernamenschichten*, S. 33; Eichler/Greule/Janka/Schuh, *Bayreuth*, S. 128–132 (ON. Lahm).

Lamme, die l.z. Innerste (z. Leine), die Quelle befindet sich im Klosterpark von Lamspringe. – 1065 *a flumine Lamma*, 1149 *iuxta rivum ... Lamme ...*, 1365 *super rivum Lamme*; ON. Lamspringe (Samtgemeinde, Lkr. Hildesheim, Niedersachsen, D) „wo die Lamme entspringt", 872 (Fälschung 11.–12. Jh.) *Lammespringe*, 873 (Kopie 16. Jh.) *Lammespring*, 1146 *Lamespringe* (und weitere Belege). – Die erst aus dem 11. und 12. Jh. original überlieferten Belege erschweren die Deutung. Unter der Annahme, dass in den ältesten Belegen anlautendes /h-/ vor /l/ geschwunden ist, kann der Name über as. *Hlamma* an gm. *hlammō*, ein ablautendes Verbalsubstantiv zum Verb *hlemm-a-* 'tönen' angeschlossen werden (↗ Lametbach) sowie strukturell und von der Bedeutung her mit ↗ Pram verglichen werden; *hlammō* ist Nomen loci bzw. Stellenbezeichnung 'Stelle, wo es tönt'. – Kettner, *HG.A.8*, S. 68; Kettner, *Leine*, S. 163 f.; Seebold, *starke Verben*, S. 263 f.

Lammer, die (Wildwasser), r.z. Salzach südlich von Golling an der Salzach (PB Hallein, Salzburg, A), durchfließt die Klamm *Lammeröfen*. – /loma/ (-o- offen), 1124 *iuxta fluvium qui vocatur Lâmara*, *Lamere*, um 1130–um 1135 (Kopie 13. Jh.) *Lamir*, 1130 *prope Lamere fluvium*, 1141 *iuxta fluvium ... Lamara*, 1144, 1146 *iuxta fluvium ... Lamara*, 1159 (Kopie 14. Jh.) *iuxta flumen Lamer*, 1174 (Kopie 16. Jh.) *iuxta fluvium Lamer*, 1250 *Lammer*; ON. Lammerstegen, alter Name für Engelhartsbrücke (Gem. Scheffau am

Tennengebirge, PB Hallein), 1144–1147 *de Lamerestege*: Kompositum mit dem FlN. als Bestimmungswort und (ahd.) *steg* stM. 'Steg, schmale Brücke'. – Trotz der Schreibung mit <â> im ältesten Beleg dürfte die Ausgangsform vorgm. *Lamarā (mit kurzem Wurzelvokal) sein. Es handelt sich dabei wohl – wie bei ↗Lofer – um eine altertümliche Ableitung (mit r-Suffix) zur Bildung eines Adjektivs von dem alpinen vorromanischen Reliktwort *lamā (schweizerdeutsch *Lamm, Lamme* f. 'von Wasser durchströmte und ausgehöhlte Felsenkluft, enger Durchgang eines Baches; abschüssiger, glatter Felsabhang, der in ein Gewässer abfällt'). Gleiches gilt für *Lamer* (Tirol), *Lammern* (Südtirol, Dolomiten) 'Geröllhalde'. Demnach bezieht sich der FlN. *Lammer* vermutlich auf die Klamm Lammeröfen; die Bedeutung des Namens war: 'Fluss mit Klamm'. Demgegenüber ist eine Verbindung mit (ig.) *lāmā (lat. *lāma* 'Pfütze') weniger wahrscheinlich. Die Deutung des Reliktworts *lamā ist unklar. Denkbar ist die Verbindung mit dem urig. Verb *leh_2- entweder in der Bedeutung 'sich verbergen' (vgl. lat. *latēre* 'verborgen sein') oder mit Bezug auf das in der Klamm rauschende Wasser in der Bedeutung 'bellen' (↗Bellod). In beiden Fällen läge eine Ableitung mit m-Suffix von der Schwundstufe der Wurzel (ig. *ləmā < urig. *lh_2meh_2) vor. – Straberger, *HG.A.9*, S. 67 f.; Hausner/Schuster, *Namenbuch*, S. 642; Waser, *Entlebuch*, S. 587 f.; Schneider, *Entlehnungen*, S. 443–679; Kühebacher, *Ortsnamen* 3, S. 157; Rix, *LIV*, S. 400 f.

Lammerbeck r.z. Krummes Wasser (z. Mühlenkanal z. Ilme), nordöstlich von Kohnsen (Ortsteil von Einbeck, Kr. Northeim, Niedersachsen, D). – 1582 *der Lammerbeck*, 1782 *im Lämmer Becke*. – Grundwort ist ndd. *beek, beck* m. 'Bach', Bestimmungswort mndd. *lam* (Plural) 'Lamm'; 'Bach, an dem Lämmer weiden'. – Kettner, *HG.A.8*, S. 69; Kettner, *Leine*, S. 164.

Lampertsbach r.z. Elz (z. Rhein), ON. Lampertsbach (Lkr. Emmendingen, B.-W., D), ON. 16. Jh. Lamprechtshof. – Gewässer- und Ortsname enthalten als Bestimmungswort den PN. *Lampert* < *Lamprecht* (im Genitiv) < ahd. *Land-beraht*. – Geiger, *HG.A.2*, S. 75; Springer, *Flussnamen*, S. 163.

Lampsenbach l.z. Melach nördlich von Praxmar (Gem. Sankt Sigmund im Sellrain, PB Innsbruck/Land, Tirol, A). – 1142 (Fälschung 13. Jh.) *ab interiore Lamsenpach*. – Das Grundwort entspricht bair. *lomse* f., *lomsn* f. 'Bergjoch, schwierige Wegstelle'. – Hausner/Schuster, *Namenbuch*, S. 643.

Land- -bach, -becke, -graben, -kolk, -pfuhl, -see, -wasser; ahd. *lant* n. 'Ackerland, Feld; Gegend, Landstrich', mhd. *lant, land-* n. 'Boden'. – Fischer, *BNB.10*, S. 161.

Landquart, die räto-rom.*Lángar, r.z. Rhein (Kanton Graubünden, CH), Talfluss des Prättigaus, entsteht am Silvrettamassiv. – 1050 *ad fluvium Langorum*, 1219, 1291 *a Langaro*, 1266, 1290–1298 *sub Langaro*, 1301–1311 *an dem wasser ... Langwar, in die Langwar*, 1344 *in die Lanquart*, 1349 *von der Landquart, die Lantquart, von der Lantquar*, usw.; ON. Landquart (Gem. Igis, Bez. Landquart, Kanton Graubünden), 1274 *de Lankwat*, 1277 *de Lanquat*, 1283 *de Lanchwat*, 1295 *de Lanquart*. – Die ältesten Belege erweisen den ON. Landquart als ursprünglichen Stellen- bzw. Flurnamen, ahd. *lang-wat stM. 'langgestreckte durchwatbare Stelle an einem Fluss', vgl. ON. Landquart (Kanton Thurgau, CH), 1257 *in Lancwaton*. – Die Etymologie des FlN. Landquart ist davon unabhängig. Wie die lateinischen (romanischen) Nennungen zeigen, war der Name ursprünglich ein Maskulinum: l. (rom.) *Langarus*, d. *der Langwar (mit Lautverschiebung *Lankwar). Eindeutung (> *Landquar) und Setzung eines epenthetischen /-t/ führten zur heutigen Namensform. – Die Flussnamen Landquart und ↗Glanfurt (1171, Kopie 15. Jh., *Lancquart*) gehen beide auf *Langwar zurück. Der Name ist identisch mit kelt. *$lang^uro$-s 'leicht, flink, schnell' (< urig. *$h_1lng^{uh}ró$-s), einem Verbaladjektiv zu urig. *h_1leng^{uh}- 'sich mühelos bewegen', dessen Fortsetzungen in gr. *elaphrós* 'leicht, flink' und ahd. *lungar* 'schnell' vorliegen. Während in der Schweiz und in Österreich der keltische Name *$Lang^uros$ romanisch delabialisiert (> *Langrus*, *Langarus*) wurde, im Althochdeutschen aber nach Apokope der Nominativ-Endung (*$Lang^ur$-us > *Langwr) einen Sprossvokal entwickelte (> *Langwar), ging kelt. *$Lang^uros$ in Oberitalien einen anderen Weg: *Lanbrus (/-g^ur-/ > /-br-/, Assimilation /-nbr-/ > /-mbr-/) > *Lambrus*, jetzt *Lambro*, Nebenfluss des Po in der Lombardei (I.). – Geiger, *HG.A.2*, S. 76; Schorta, *RNB*, S. 724; Geiger, *Gewässernamenschichten* 16, S. 116 f.; Nyffenegger/Bandle, *Siedlungsnamen* 2, S. 794 f.; Rix, *LIV*, S. 247 f.; Wodtko/Irslinger/Schneider, *Nomina*, S. 244.

Lang-/Läng-/Leng-, -e-, -el-, -en-, -er-, -es-, -len- -ach, -bach, -becke, -born, -graben, -see, -seifen, -siek, -siepen, -thal, usw.; z. B. ON. Alt-Lengbach (PB Sankt Pölten-Land, N.-Ö., A), um 1120 *de Lengenpach*; Längenbach, r.z. Lahn bei Naunheim, 1336 *rivulum ... Lengilbach*; ahd. Adj. *lang*, schwach flektiert *lengin-* (dissimiliert *lengil-*) 'lang'; Benennungsmotiv: die relative Länge eines Gewässers. – Faust, *HG.A.4*, S. 43; Hausner/Schuster, *Namenbuch*, S. 661; Springer, *Flussnamen*, S. 99 f.

Langete, die (z. Murg z. Aare). – 841–872 *Langatun*, 1224 *das wasser Langentun*, 1249 *aqua fluminis ... Langatun*, usw., 1354 *der Bach Langat*, 1357, 1358 *die Langatte*, 1363 *dú Langat*, 1377 *die Langeten, die Lan-*

gat, die Langata, usw.; ON. Langenthal (Stadt, Kanton Bern, CH), /láŋŋətə, láŋŋətu/, 861 (Kopie) *Langatum*, 894 (*in*) *Langatu*, 1194 *villa Langata, in Langatun*, usw., 1275 *Langental*. – Fluss- und Ortsname sind gemäß der Überlieferung ursprünglich identisch. Zugrunde liegt der ON. (kelt.) *Lango-dūnon* (vgl. *Lango-briga* in Lusitanien und *Kambo-dūnon* häufiger Ortsname im französischen Sprachgebiet). Der Ortsname wurde auf den Fluss, an dem Langental liegt, übertragen, In *Lango-* kann wie in *Murgenthal* (⁊ Murg) der ursprüngliche Name der *Langete* (z. B. *Langā*) vorliegen oder *Lango-* entspricht einem Adjektiv *langos* 'lang' (allerdings mit nicht keltischer Lautung: *Langa-* statt *Longa-* möglicherweise unter dem Einfluss von ahd. *lang*), so dass *Lango-dūnon* 'lang gestreckte Festung' bedeutete. – Zinsli, *BNB* 3, S. 38 f., 42.

Lank-/-e-/-en-/-er- -*graben*, -*kuhle*, -*see*; z. B. (Großer, Kleiner) Lanken-See, westnordwestlich von Hammelspringe (Kr. Uckermark/Templin, Brandenburg, D), 1309 *See tur Lanken*. – Brandenburg. *Lanke* f. 'Bucht in einem See, Ausbuchtung am Flussufer, Seitengewässer; häufig mit Wasser gefüllte, oft sumpfige Niederung', slawisches Reliktwort apolab. *łąka* 'Krümmung, Wiese, Bucht'. – Wauer, *HG.A.17*, S. 99; Fischer, *BNB 10*, S. 163 f.

Lankowitz, die l.z. Gößnitz südöstlich des Marktes Maria Lankowitz (PB Voitsberg, Steiermark, A). – 1415 *dorff Lankhwiz*, 1449–1452 *die Lannkawitz*, 1584 *Lankowitz*. – Slaw. *Lonkavica* 'Wiesenbach', abgeleitet von urslaw. *lunka* 'Wiese, Wiesenland', aksl. *lǫka*, sloven. *loka*. – Lochner von Hüttenbach, *Steirische Hydronyme*, S. 93; Bergermayer, *Glossar*, S. 142.

Lannenbach z. Elsbach (z. Losheimer Bach z. Dellbornbach z. Nunkircher Bach z. Prims z. Saar). – 1829 *Lannenbach*; ON. † Lannenbach bei Mitlosheim (⁊ Losheimer Bach), 1303 *Lonebach*. – Das Bestimmungswort *Lanne-/Lone-* wohl zu ndd. *Lohne* f. 'Abzugsgraben, Wasserleitung' auch 'enger Weg, Gasse', ndl. *laan* 'Allee', engl. *lane* 'Straße', gm. *lanō*. – Spang, *HG.A.13*, S. 42; Bach, *Namenkunde* 1, S. 285 und 418; Orel, *Handbook*, S. 236.

Lantschbach l.z. Breitenau bei den Schafferwerken (PB Bruck, Steiermark, A). – 1369 *Lontsch*, 1475 *La(e)ntsch*. – Slaw. *Lonče*, Lokativ Singular von *lunka* 'Wiese, Wiesenland', sloven. *loka*. – Lochner von Hüttenbach, *Steirische Hydronyme*, S. 93 f.; Bergermayer, *Glossar*, S. 142.

Lanz-See Großer ~ z. Fließ (Domjüch-See z. Stendlitz z. Großen Trebbower See/Fürstengewässer) bei Fürstensee (Lkr. Mecklenburg-Strelitz, Mecklenburg, D). – 1569 *bis an die Lansou. Von dem Lansower Sehe*, 1603 *dem Lansow*, 1712 *die Lansow*, usw. – Slaw. (apolab.). – *Lącov-*, abgeleitet von apolb. *łąč* f. 'Riedgras', apoln. *łącz* 'Segge, Riedgras', sloven. *loček* 'Binse'. – Wauer, *HG.A.17*, S. 99; Bilek, *Sprachgut*, S. 58; Frdl. Mitt.(18. 02. 2009) von W. Janka (Regensburg).

Lanzenbach l.z. Lohnsbach (z. Alsenz z. Nahe), Abfluss des Lanzenweihers; Quelle des Lanzenbachs: *Lanzenbrunnen*, 1600 *Lantzenprunnen*; TalN. Lanzental, 1731 *Lanzendäll*; ON. Lanzenbrunnerhof (bei Otterberg, Kr. Kaiserslautern, Rh.-Pf., D). – Bestimmungswort ist der PN. *Lanzo* (Genitiv *Lanzen-*). – Greule, *HG.A.15*, S. 62.

Lappach

– ¹Lappach, (auch Reschenberggraben, Thalhamer Bach, Vockinger Bach), r.z. Isen (z. Inn z. Donau). – 1868 *Lapbach* (*Labbach*); ON. Lappach (Lkr. Rosenheim, Bayern, D), 825 *ad Lauppach* (und weitere Belege); ON. Lappach (ehemalige Gem. Watzling, Stadt Dorfen, Lkr. Erding, Bayern), 1267 *Lappach*, ca.1300 *ze Lauppach* (und weitere Belege). – Dotter/Dotter, *HG.A.14*, S. 229; Baumann, *Erding*, S. 116.
– ²Lappach, l.z. Gr. Aspen (z. Maisach z. Amper z. Isar). – ON. Ober-, Unter-Lappach (Lkr. Fürstenfeldbruck, Bayern, D), 807 *in loco ... Louppach*, 823 *ad Lauppah*, nach 824 *Lauppah* (und weitere Belege). – Snyder, *HG.A.3*, S. 56.
Die Grundform beider Namen ist ahd. *Loubbach* ⁊ Laub-Bach, bair. *Lāb-*.

Lardenbach r.z. Seebach (z. Ohm z. Lahn). – ON. Lardenbach (Stadt Grünberg, Lkr. Gießen, Hessen, D), 1340, 1341 *Lartinbach*, 1481 *Lartenbach*. – Bestimmungswort ist der PN. *Lardo*, *Larto* (Genitiv *Larten-*). – Faust, *HG.A.4*, S. 46; Kaufmann, *Ergänzungsband*, S. 226.

Larg, die frz. *la Largue*, l.z. Ill (z. Rhein) bei Illfurth (Dep. Haut-Rhin, Elsass, F); Zuflüsse: Mittellarg; Niederlarg und Kleine Larg; /d'la^{r}g/, 1243 *apud Largam*, 1361 *vf der large*, 1413 *die Large*; ON. römische Station *Larga* (Tabula Peutingeriana, Itinerarium Antonini); ON. Oberlarg, 1145 *Larga*; ON. Niederlarg, 1114 (1145?) *de Larga*; ON. Largitzen (Dep. Haut-Rhin im Larg-Tal), 496/506 (Kopie 13./14. Jh. nach Kopie um 700) *Laguicion* (lies *Largitione*?), 1248 *in Larguice*, 1302 *Eccl. Largitina*, um 1306 *Largitz*. – In Analogie zu dem Flurnamen *Large Ru* (Gem. Urbeis, Orbey, Oberelsass), der eine Furt im Unterhüttenbach bezeichnete, dürfte auch Larg ursprünglich die Stelle, an der eine Römerstraße den Fluss durchquerte, mit (lat.) *larga* (*via*, *aqua*) als 'die breite Furt' bezeichnet haben. Von hieraus ging der Stellenname auf den Fluss selbst und auf die an seinen Ufern enstandenen Siedlungen über. Der ON. *Largitzen* (< *Largetione*) ist eine frühromanische Ableitung und Name der römischen Station anstelle des Flussnamens. – Greule, *Oberrhein*, S. 59 f.; Nègre, *Toponymie* I, S. 11661; Müller, *Urbeis*, S. 133.

Larosbach r.z. Berchtesgadener (Königsee) Ache (z. Salzach). – 1258 *a riuo ... Ladusen*, 1566/67 *Ladosnpach*, 1628 *Larospach*; ON. (wüst) 1387 (Kopie 1690) *in der Ladosen*, 1455 *in der Lodosen*, 1652 *in der Larosen*; AlmN. (an der Stelle der heutigen Ahornalm), ca. 790 (Kopie 12. Jh.) *duos alpes ... Ladusa, Ludusa*, 1385 (Kopie 1690) *die Albm auf der Ladosen*, 1538 *Alpis Lodosen*, 18. Jh. *Larosen Käser*. – Zugrunde liegt (rom.) FlN. *Ladusa/Ludusa/Ladosa* < (lat.) *lutósa* 'kotig, lehmig'. Der mundartliche Rhotazismus /-d-/ > /-r-/ führt zur heutigen Form des Namens. – Straberger, *HG.A.9*, S. 68; Reitzenstein, *Berchtesgaden*, S. 89 f.

Las-, Lasch-, Lass-/Laß- -bach, -bek, -kule, -rönne, z. B. *Lassbach*, Grenzbach zwischen den Gem. St. Wallburg und St. Pankraz in Ulten (Prov. Bozen/Südtirol, I.), /lås/, 1435 *Höfe Lass*, 1523 *Las*, 1557 *Lass*. Mda. *lås* 'natürliche oder künstliche Rinne zum Transport des Holzes ins Tal'. Ferner kommen für Namen besonders in mittel- oder niederdeutschen Dialektgebieten als Bestimmungwort infrage: ndd. *las* (*lasch*) 'trocken' und ahd. *lahs* 'Lachs' (↗Laasphe). – Kühebacher, *Ortsnamen* 2, S. 175; Bach, *Namenkunde* 1, S. 299 und 322.

Lasankenbach alter Name des Talbachs von Lüsen (↗Lüsner Bach), l.z. Rienz (z. Eisack z. Etsch) (Prov. Bozen/Südtirol, I.). – /las´ånggnpåch/, 1581 *Lasangkhpach*, 1659 *Lasanckhpach*, um 1770 *Lasanken Ba.*, 1793 *Lasank*; HofN. *Überlasank*, 1320 *Überlusant*, *Überlisant*, 1391 *Überlißankgütel*, *Überlusank*, *das ander Uberlusanc*, 1400 *zu Vberlasankg*. – Ausgangsform (vorbair., vorrom.) *Lusank- 'Steinbach'. Mit dem keltischen Suffix *-ko-* vom Stamm *lus-an-* (< urig. *lh₂u-s-*) 'Stein' abgeleitet. Der ON. *Lüsen* (893 *ad Lusinam*) enthält den im Suffix ablautenden Stamm *lus-en-*. – Kühebacher, *Ortsnamen* 2, S. 175; 1, S. 230; Anreiter, *Tiroler Gewässernamen*, S. 40.

Lassing, die
– ¹Lassing, l.z. Palten südlich von Selzthal (PB Liezen, Steiermark, A). – ON. Alt-Lassing, Lassing-Kirchdorf (PB Rottenmann, Steiermark), 1036 (Kopie 13. Jh.) *Laznichoue*, um 1130–um 1135 *ad Laznich*.
– ²Lassing (auch *Lassingbach*), r.z. Salza bei Fachwerk (Gem. Wildalpen, PB Liezen, Steiermark, A). – 1139 (Kopie 13. Jh.) *Laznich maior*.
– ³†Lassing, Kleine (heute *Zellerbrunnbach*), Quellbach d. ²Lassing. – 1139 (Kopie 13. Jh.) *Laznich minor*.
– ⁴†Lassing, Rote (heute Rotbach?), r.z. ²Lassing nördlich von Rothwald (PB Wildalpen, PB Liezen, Steiermark, A). – 1139 (Kopie 13. Jh.) *Laznich rufa*.
– ⁵Lassing(bach), r.z. Erlauf (z. Donau) bei Wienerbruck (Gem. Annaberg, PB Lilienfeld, N.-Ö., A). – 1074–1084 *Laznich*, 1230 *Leznich*, 1316 *Laeznich*, 1536 *auf der Läsing*.
Slaw. *Lazьnika*, Substantivierung mit *k*-Suffix des Adjektivs *lazьnъ* '..., wo ein Weg ausgeholzt wird' zu slaw. *lazъ* 'ausgeholzter Weg, Schneise'; mit Sekundärumlaut des Stammvokals /a/ und Angleichung des slawischen Suffixes -ьnik an dt. *-ing*. – Hausner/Schuster, *Namenbuch*, S. 648 f.; Lochner von Hüttenbach, *Steirische Hydronyme*, S. 94; Bergermayer, *Glossar*, S. 129 f.

Laßnitz, die
– ¹Laßnitz, l.z. Sulm in Leibnitz (Steiermark, A). – 885 (Fälschung 10. Jh.), 982 (Kopie), 984 (Kopie) *Luonzniza*, 1025–1041, 1041–1060 *iuxta Lonsniza fluvium*, 1045 *litus Lôsnicae*, 1059 *Lonsinice*, 1178 *Lŏnznik*, *Lŏnznika*, 1185 (Kopie 13. Jh.) *Losniz*, usw.; ON. Laßnitz (Gem. Frauental an der Laßnitz, PB Deutschlandsberg, Steiermark), 1152 *de Losenze*, 1168 *de Losinze*).
– ²Laßnitz, r.z. Rabnitz westlich von Gleisdorf (PB Weiz, Steiermark, A). – 1265 *Mitern Losnytz*, 1350 *Losencz*, 1406 *Losnicz*.
Slaw. *Lunžьnica* (*rěka*) 'Wiesen-, Sumpf-, Hainbach', abgeleitet vom Adjektiv slaw. *lunžьn-* zu *lungъ* 'Wiesenau, Sumpf, Hain, Wiese', sloven. *log* 'niedrig gelegener Wald, Hain'. Der Name wird ins Bairische integriert als /lonsnitsa/, dissimiliert und apokopiert als /losnitz/. – Hausner/Schuster, *Namenbuch*, S. 649; Lochner von Hüttenbach, *Steirische Hydronyme*, S. 94; Bergermayer, *Glossar*, S. 141.

Laßnitzbach l.z. Mur östlich von Murau (Steiermark, A). – 1114 (Fälschung vor 1207) ... *fluminis Laznika*, 1132 *ortum ... aquę Laznich dictę*, 1170 ... *fluvii Laeznich*; ON. Laßnitz bei Murau, 1181 (Fälschung 1232) *iuxta Lazinich, iuxta Laznich*. – Slaw. *Lazьnica*, zur Etymologie vgl. ↗Lassing. – Hausner/Schuster, *Namenbuch*, S. 649 f.; Lochner von Hüttenbach, *Steirische Hydronyme*, S. 94 f.

Lateinbach r.z. Saggau bei Großradl (PB Deutschlandsberg, Steiermark, A). – 1300 *Ladeyn*, 1380 *Ladin*, 1406 *Latein*. – Sloven. *ledina* 'Neuland, unbebautes Land, Brachfeld', als *Ladīn(a)* mit Zweisilbenbetonung, Lautverschiebung /d/ > /t/ und Diphthongierung /ī/ > /ei/ ins Bairische integriert. – Lochner von Hüttenbach, *Steirische Hydronyme*, S. 95.

Latrop, die l.z. Lenne (z. Ruhr); ON. Latrop (Stadtteil von Schmallenberg, Hochsauerlandkreis, NRW, D), 1256–1257 *de Latorph*, 1290 *in Latrop*, 1296–1297 *de Latrop*, um 1314 *in latorpe*; in der 2. Hälfte des 15. Jh. wüst, im 18. Jh. neu besiedelt. Kein Gewässername, ursprünglich ON. mit dem Grundwort -*dorf*, ndd. -*dorp* (vgl. 1256 f. *Latorph*), der im Zusammenhang mit dem Wüstwerden der Siedlung auf das Gewässer übertragen wurde. – Schmidt, *HG.A.6*, S. 42; Barth, *Sieg und Ruhr*, S. 154.

Latt-/-en-/-er- -*bach*, -*bek*, -*see*. Die Deutung, die für den *Lattsee* (nordnordöstlich von Gielsdorf, Kr. Oberbarnim, Brandenburg, D), 1669 *am Latsehe*, gegeben wird (Bestimmungswort *Latte* f. 'langes schmales Vierkantholz'), kann auch für die anderen Namen gelten. – Fischer, *BNB* 10, S. 164.

Lau- -*bach*, -*beck*, -*bek*, z. B. *Lau-Bach*, l.z. Werra, 1591 *Laupach*, *zur Laupacht*; ON. Laubach an der Werra (Stadtteil von Hann.Münden, Lkr. Göttingen, Niedersachsen, D), 1374 *zin Laupach*, 1432 *Loubach*. – Etymologie ↗ Laub-Bach mit vereinfachter Schreibung <-b-> statt <-bb->. – Sperber, *HG.A.5*, S. 60.

Lau-/-en-, Leu-/-en-, Löwen- -*graben*, -*see*. Namen, die mit dem Bestimmungswort *Lau-* usw. zusammengesetzt sind, bezeichnen (in Brandenburg) feuchtes, sumpfiges Gelände. Zum Bestimmungswort können verglichen werden: pommersch *Lauen-*, *Leu-* 'feuchtes, sumpfiges Tal', sächs. (Vogtland) *Loh* 'kleiner Talgrund mit Wasserlauf', westfäl. *lō*, *leu* 'niedrige sumpfige Waldgegend, Moorland, Sumpf', ↗ Lauchert (ahd. *Lōh-aha* 'Waldbach'). – Fischer, *BNB* 10, S. 170.

Laub- -*bach*, teils in vereinfachter Schreibweise *Laubach* (↗ Lau-). Bestimmungswort ist mhd. *loup*, ahd. *loub*, as. *lōf* 'Laub, Laubwald'; z. B. *Laub-Bach*, r.z. Ostrach, ON. Laubbach (Ortsteil der Gem. Ostrach, Lkr. Sigmaringen, B.-W., D), ca. 1129 *in villa Lōbaha*, 1173 *ecclesia Lovba*, 1227 *in Loupach*, usw. Der älteste Beleg zeigt, dass der Name ursprünglich ein Kompositum mit dem Grundwort ahd. *aha* 'Fließgewässer', das durch mhd. *bach* ersetzt wurde, war. – *Laubach*, r.z. Anger-Bach (z. Rhein), 875 *Lobeke* (< as. *Lō[f]-beki*), ON. Laubach (Kr. Mettmann, NRW, D), um 1150 *De Lobeke*, 13. Jh. *in Laubeke*. – Snyder, *HG.A.3*, S. 56; Schmidt, *HG.A.6*, S. 42; Bach, *Namenkunde* 1, S. 373 f.; Ulbricht, *Saale*, S. 57.

Laubker Bach r.z. Linne-Bach (z. Bega z. Werre z. Weser). – 1435, 1449, 1454 (*die Lobeke*); ON. Laubker Hof südlich von Lemgo (Kreis Lippe, NRW, D), FlurN. *Lohbeke*. Der Fluss hieß ursprünglich mndd. (15. Jh.) *Lobeke* < *Laubeke*. Danach der Ortsname (mit Synkope *Laubke*); die heutige Form des Flussnamens mit dem Adjektiv des Ortsnamens (Laubker ~). – Etymologie ↗ Lau- ↗ Laub-. – Kramer, *HG.A.10*, S. 42.

Lauch, die l.z. Ill bei Colmar (Dep. Haut-Rhin, Elsass, F). – /dˈlọiχə, dˈlọiχ/, 817 (Fälschung 12. Jh., Kopie) *Lorfaha* (Variante *Lovfaha*), 1259 *Lôuchach*, 1281 *Lochaha*, 1283 *Lŏcha*, 1302 *Lŏchahe*, usw. 1371 *vf Lŏcha*, 1372 *an die lŏche*, usw. 1424 *vff der Lauch*; BergN. Lauchenkopf, 1496 *jm Lauchen … in lŏchen*; HofN. Nieder-, Ober, Vorderlauchen; FlurN. Lauchen, 1427 *in den louchen* (elliptisch, ergänze z. B. *feldern*); Lauchenweg, 1592 *jm lauchenweg*; Lauchfeld, 1433 *in dem louch velde*. – Grundform ahd. *Louchaha*, mhd. *Louchach(e)*. Die ältesten Belege (aus Fälschungen) sind klosteretymologische Eindeutungen nach ahd. *louf* 'Flusslauf' (↗ Lauf-). Das Grundwort -*aha*, -*ach* ist durch Dissimilation geschwunden. Mehrere Deutungen des Bestimmungsworts sind erwogen worden: 1. ahd. *louh*, mhd. *louch* 'Lauch', mit der Bedeutung 'Fluss, an dem Lauch wächst'; der Lauch soll bei Germanen und Kelten eine vorherrschende Stellung in den Pflanzengärten eingenommen haben. 2. gm. *lauka-* 'gebogen' (< ig. *lougo-*), im Germanischen nur ablautend belegt in *lukka-* m. 'Locke' (*lukna-*), ig. *leug-* 'biegen'; Benennung des Flusses nach dem Verlauf? 3. Vorgermanische Herkunft und spätere Eindeutung mit ahd. *louh* 'Lauch', kelt. *louko-* 'schwarz glänzend' (kymr. *llug* 'schwarz'), ablautend zu *leuk-* 'leuchtend, hell, weiß'; Benennung nach der Farbe des Wassers im Mündungsgebiet; vgl. ↗ Loich (< kelt. *Leukā*), ↗ Leuk-Bach (< *Lūkia*), ↗ Litzbach, Lütz (< *Lūkia*). – Greule, *Oberrhein*, S. 60–63; Kluge/Seebold, *Wörterbuch*, S. 560; Pfeifer, *Etymologisches Wörterbuch* 2, S. 980; Pokorny, *IEW*, S. 688.

Lauch- -*bach*, -*klinge*(*nbach*), Bestimmungswort mhd. *louch* 'Lauch'. – Springer, *Flussnamen*, S. 115.

Laucha, die

– ¹Laucha, l.z. Hörsel (z. Werra) unterhalb Teutleben (Lkr. Gotha, Thüringen, D). – 1039, 1044 *super rivulum Louchaha*, 1217 *Loucha, Louchahe*, 1282 *ad fluvium Loucha*; ON. Laucha, 1225 *de Loucha*, 1271 *von Loycha*, 1276 *de Louchouwe*, 1289, 1300 *de Loucha*. – Sperber, *HG.A.5*, S. 60.

– ²Laucha, l.z. Thüringischen Saale südlich von Halle a.d. Saale (S.-A., D). – /lauch, louch/, ON. Bad Lauchstädt (Saalekreis, S.-A.), 881–899 *Lochstat*, 1062 *Lochestede, Lochtestide*, 1206 *Louchstide*, (1255) *Louchstete*, usw. Der Ortsname ist ein Kompositum mit dem Grundwort ahd. *stat*, Genitiv/Dativ *steti* 'Stätte, Stelle, Ort, Platz' und eine Klammerform *Louch[aha]stat*. – Ulbricht, *Saale*, S. 187 f.

Etymologie: Die Belege erweisen Identität mit ↗ Lauch (< *Louchaha). Für die beiden Laucha ist die Bedeutung 'Fluss, an dem Lauch wächst' die wahrscheinlichste; Bestimmungswort ahd. *louh*, mhd. *louch*, as., mndd. *lōk* 'Lauch'.

Lauche, die r.z. Murg bei Matzingen (Kanton Thurgau, CH). – /lauχᵉ/, 1361 *ennent der Lŏchnŏw*, 1366 *an die Lŏchnŏw*, 1384 *bi der Lŏchnŏw*; ON. Lauchenau (Matzingen und Stettfurt, Kanton Thurgau), 1323 *von Lochenouwe*, 1360 *Lochnow*. – Grundform (ahd.) *Louchana* (?). Der ON. *Louchen-ouwe* 'Land am Gewässer Lauche' ist im 14. Jh. auf den Fluss übertragen worden. Wegen des mäanderartigen Flusslaufs vor der Korrektion kommt als Etymon am ehesten gm. *lauka-* 'gebogen' (↗ Lauch) in Betracht, von wo der Name durch eine *n*-Ableitung gebildet wurde. – Greule, *Oberrhein*, S. 129; Nyffenegger/Bandle, *Siedlungsanmen* 2, S. 816 f.

Lauchert, die l.z. Donau in Sigmaringendorf, durchfließt den Zollernalbkreis und den Landkreis Sigmaringen (B.-W., D). – /láoχərd-/, 1248–1274 (Fälschung, Kopie 16. Jh.), 1265 (Fälschung, Kopie 16. Jh.) *Locha*, 1400 *Lŏchat*, 1494 *in der Lochart*, 1534 *an der Louchert*, 1535 *an der Louchat/Lauchat*. – Ahd. *Lōh-aha* 'Waldbach', Bestimmungswort ist ahd. *lōh*, mhd. *lōch* 'lichter Wald'; Grundwort ahd. *aha* 'fließendes Wasser'. Die Schreibung <Lauch-ert> ist hyperkorrekt für <Lauchat>, dissimiliert aus *Lauchach*, vgl. ↗ Bühlot. – Reichardt, *Reutlingen*, S. 84.

Laud-/Laut-/Leut-/Lud-/-en- -*bach*, -*bächel*, -*born*, -*graben*. Bestimmungswort ist das flektierte Adjektiv mhd. *lūt*, ahd. *hlūt*, as. *hlūd*, gm. **hlūda-* 'laut' in der elliptischen Fügung (mhd.) [*ze dem*] *lūten bache*; z.B. Laudenbach, r.z. Gelster (z. Werra), 1268 *Lutenbach*, 1348 *Ludenbach*, ↗ Leubach. Im Fall von *Leutenbach* wurde das Adjektiv mit dem Suffix -*in* gebildet, was Umlaut des /ū/ zur Folge hatte: ahd. **lūtinbache*, mhd. **liutenbach*, fnhd. *Leutenbach*. – Sperber, *HG.A.5*, S. 60 f.

Lauer, die l.z. Fränkischen Saale (z. Main), entspringt in Oberlauringen und mündet in Niederlauer. Am Fluss liegen die Orte Stadtlauringen, Poppenlauer und Burglauer. – /lauər/, 1283 *prope aquam Lure*, 1544 *Lauer*; ON. Burglauer (Lkr. Rhön-Grabfeld, Bayern, D), 1143 *Lure*, 1232 *super castro Lure*, 1303–1304 (Kopie 1358) *Burklure*; Niederlauer (Lkr. Rhön-Grabfeld), 1231 *villam inferius Luram*; Poppenlauer (Ortsteil der Marktgem. Maßbach, Lkr. Kissingen, Bayern), 999 *in popponlurun*, 1188 *Boppenlvr*; ON. Stadtlauringen (Markt, Lkr. Schweinfurt, Bayern) und ON. Oberlauringen (Gemeindeteil von Stadtlauringen), 776–796 (Kopie 12. Jh.) *Lurungen*, 800 (Kopie 12. Jh.) *Luringen*, 1172 *Lurungen*. – Grundform (ahd.) *Lūra* (Gen. **Lūrūn*?), diphthongiert fnhd. *Laur*, könnte Eindeutung (vgl. ahd. *lūra*, mhd. *lūre* 'Nachwein', entlehnt aus lat. *lōra* 'mit Wasser aufgegossener Wein') eines älteren Flussnamens (gm.?) **Lura* sein. Vom Flussnamen ist mit dem Zugehörigkeitssuffix -*ung* der Ortsname **Lūrunga*, *Lūrungun* 'bei den Leuten an der Lauer' gebildet worden. Im ON. *Poppenlauer* wird die Siedlung an der Lauer durch den PN. *Poppo* (Genitiv *Poppen*) bestimmt. – Der Flussname ist ohne Parallelen, wenn man den altschwedischen Gewässernamen **Lora* (< gm. **Lurō*?), rekonstruiert aus dem ON. *Lotorp* (Östergötland), 1364 *i Lorothorpe*, nicht heranzieht. Formal kann **Lura* an das starke Verb gm. **leus-a-* 'verlieren', mit Schwundstufe und grammatischem Wechsel **Luzō*, vgl. ahd. *far-lor* 'Verderben' (< **-luza-*) und ae. *lyre* 'Verlust' (< **luzi-*) angeschlossen werden. Dabei ergeben sich semantische Schwierigkeiten, es sei denn, man nimmt an, dass die Lauer unter dem Aspekt benannt wurde, dass sie sich von der Saale 'ablöst', d.h. dass sie als Abzweigung der Saale verstanden wurde; zum Benennungsmotiv vgl. ↗ Halblech. – Sperber, *HG.A.7*, S. 95 f.; Reitzenstein, *Fränkische Ortsnamen*, S. 45, 162, 212; Fritz-Scheuplein/König, *Ortsnamen*, S. 73; Kluge/Seebold, *Wörterbuch*, S. 560; Wahlberg, *SOL*, S. 197; Seebold, *starke Verben*, S. 339 f.

Lauerbach l.z. Marienbach (z. Main in Schweinfurt, Bayern, D). – ON. † *Lauerbach*, 1302 *Lürbach*, 1337 *Lŭrpuch*, *Lurbucher mark*, 1337 *Lürbuch*, 1425 *Larwich*, 1438 *zum Laurbach*. – Ursprünglich Ortsname **Lūr-büeche* mit dem Grundwort -*büch*, mhd. *büeche* 'Buchenwald' (umgedeutet auf -*bach*). Das Bestimmungswort dürfte mhd. *lūre*, *lūer* 'Versteck' sein. Der Ortsname scheint ein Ereignisname zu sein. – Sperber, *HG.A.7*, S. 96.

Lauf/Lauf- -*ach*, -*bach*, -*graben*, Bestimmungswort ist ahd. *louf*, ndd. *Loop*, gm. **hlaupa-* m./n. in der Bedeutung 'Bachlauf', z.B. Laufach, r.z. Aschaff bei Hösbach (Lkr. Aschaffenburg, Bayern, D), ON. /laafisch/, 1184 *in Loufaha*, *in Loufa*; 1039, 1044 *A fluviolo Louffa*, Oberlauf des Badewasser (l.z. Hörsel z. Werra); ↗ Laufenbach ↗ Laupebach. – Fischer, *BNB 10*, S. 164.; Sperber, *HG.A.7*, S. 96; Fritz-Scheuplein/König, *Ortsnamen*, S. 73; Sperber, *HG.A.5*, S. 66; Orel, *Handbook*, S. 175.

Laufenbach z. Teufenbach (z. Pram z. Inn). – ON. Laufenbach (Gem. Taufkirchen an der Pram, PB Schärding, O.-Ö., A), 1130–1160 *de Loifenbach*, um 1166 *de Lofenpach*, um 1180 *de Laufenpach*. – Bestimmungswort ist der PN. (ahd.) *Loufo* (Gen. *Loufin-*). – Dotter/Dotter, *HG.A.14*, S. 230; Hausner/Schuster, *Namenbuch*, S. 651.

Laufnitz, die (auch *Laufnitzgraben*), r.z. Mur bei Rothleiten nördlich von Frohnleiten (PB Graz-Umgebung, Steiermark, A). – Um 1130–um 1135 (Kopie 13. Jh.) *ad Lufniz*, um 1160 (Kopie 13. Jh.) *ad Lufniz*, 1185 (Kopie 13. Jh.) *Luuenz*, 1187 (Kopie 13. Jh.) *Luuenze*, ca.1300 *Lavfentz*. – Slaw. **Lubьnica (rěka)* 'Bach, an dem Bäume zur Rodung entrindet werden', mit Suffix -*ica* abgeleitet vom Adjektiv slaw. **lubьn-* 'Borken, Bast betreffend'. Ins Bairische integriert als **Lūfnitz(a)*. – Hausner/Schuster, *Namenbuch*, S. 651; Lochner von Hüttenbach, *Steirische Hydronyme*, S. 95; Bergermayer, *Glossar*, S. 138 f.

Laugna, die r.z. Zusam bei Wertingen (Lkr. Dillingen a.d. Donau, Bayern, D). – 890 (?) *Logena*, 1448 *die Laugen*; ON. Laugna (Lkr. Dillingen a.d. Donau), 1254 *in Laugeneum*, 1273 *in Laugenum*, 1323 *Lugnun*, 1409 *Lugnum*, 1410 *Lougungen, Laugnun*, 1411 *Laugna*, 1449 *Laugnen*. – Die Graphien <o> und <u> stehen für den Diphthong /au/ als Stammvokal. Die Ausgangsform dürfte ahd. **Lougana* gewesen sein. Mit Senkung des Diphthongs mhd. **Laugene*, mit Synkope *Laugne* (heute offiziell *Laugna* geschrieben), schwach flektiert: *ze Laugnun*. Ahd. **Lougana* ist vorgm. und entweder mit *Laugona* ⁊ Lahn identisch oder beruht auf ig. **lougo-*, das auch in urslaw. **loug-i̯ā* 'Pfütze, Sumpf' vorliegt. – Snyder, *HG.A.3*, S. 57.

† Laupebach (jetzt *Vogelsangs-Bach*), l.z. Ruhr. – 875 (Kopie) *Lopina*, 1417 *Mette in der Loepe*; ON. Laupendahl (Stadt Essen, NRW., D), 796 (Kopie) *uilla hlopanhelde*, 9. Jh. *Lapanheldi*, 834 (Kopie) *Lopanheldi*, usw., 1423 *Loppenheim*, 1437 *Loeppenheim*, *Lopenhem*, 1555 *Lopendal*; FlurN. 1582 *In der Loepen*. – Grundform as. **Hlōpina/*Hlōpan-*, n-Ableitung zu as. **hlōp* '(Wasser-)lauf', as. *hlōpan* 'laufen', gm. **hlaupa-* neben **hlaupi-* m. 'Sprung, Lauf'. Vergleichbar ist der ON. *Lopen*berg (Gem. Renkum bei Arnhem, Gelderland, NL), 1025 (Kopie 18. Jh.) *Lopena*, 17. Jh. *Lopen*. – Der Ortsname *Laupendahl* ist ursprünglich ein Kompositum mit dem Flussnamen als Bestimmungswort und (as.) *helda*, mndd. *helde* 'Abhang' ('Siedlung am Abhang zum Laupebach'). – Schmidt, *HG.A.6*, S. 42 f.; Derks, *Essen*, S. 91–93; Seebold, *starke Verben*, S. 259 f.; Bach, *Namenkunde* 1, S. 209; Künzel/Blok/Verhoeff, *Lexicon*, S. 232.

Laus-/-e-, Läuse- -*bach*, -*graben*, -*brunnen*, -*pfuhl*; zu nhd. *Laus* f. „Gewässer können deshalb so benannt sein, weil Pflanzen an ihren Ufern von Ungeziefer befallen sind." – Fischer, *BNB* 10, S. 164.

Lauschabach l.z. Steinach (z. Rodach z. Main). – 1545 (zu 1366) *die Lutzscha*; ON. Lauscha (Lkr. Sonneberg, Thüringen, D), 1595 *gegen der fauhlen Lauschaw*, 1601 *in der Lauscha*, 1720 *auf der Alten Lutzsche*. – Slaw. **Lužov-*, abgeleitet von slaw. **luža* 'Sumpf'. Ins Deutsche integriert als **Lūscha(u)*, ⁊ Laussa. – Berger, *Geographische Namen*, S. 163 f.; Bach, *Namenkunde* 2, S. 213.

Laussa, die (auch *Laussabach*), l.z. Enns in Kößl (Gem. Weyer Land, PB Steyr-Land, O.-Ö., A) bzw. bei Altenmarkt bei St. Gallen (PB Liezen, Steiermark). – Vor 1139 (Kopie 19. Jh. nach Kopie 13. Jh.) *decursus fluviorum in Luzach*, 1139 (Kopie 13. Jh.) *in Luzach*, 1171 (Kopie 13. Jh.) *a Luzahe*, 1184 (Kopie 19. Jh.) *a Lutzae*, 1185 (Kopie 13. Jh.) *Luzah*, 1187 (Kopie 13. Jh.) *ad Luzah*. – Slaw. **Lužachъ*, Lokativ Plural (zu BewohnerN. **Lužane*) 'bei den Leuten am Sumpf', slaw. **luža* 'Sumpf'. Ins Bairische integriert als Flussname (mhd.) **Lūsach* und an die Gewässernamen mit dem Grundwort (mhd.) -*ach*, -*ah*, -*a* 'Fließgewässer' angepasst. – Hausner/Schuster, *Namenbuch*, S. 651; Lochner von Hüttenbach, *Steirische Hydronyme*, S. 95.

Laussling, die r.z. Granitzenbach südöstlich von Obdach (PB Judenbach, Steiermark, A). – 1347 *in dem Lausnichk*, 1494 *Lausingpach*. – Slaw. **Lužьnika (rěka)* 'sumpfiger Bach', mit dem Suffix -*ika* abgeleitet vom Adjektiv slaw. **lužьn-* 'Sumpf betreffend' zu slaw. **luža* 'Sumpf' (⁊ Laussa). Ins Bairische integriert als (mhd.) **Lūsnik(a)*, die Endung -*ik* wird durch das deutsche Suffix -*ing* ersetzt, **Lausning* wird dissimiliert zu *Laussling*. – Lochner von Hüttenbach, *Steirische Hydronyme*, S. 95.

Laute, die r.z. Innerste (z. Leine z. Aller z. Weser). – 1500 *Lude*, 1822 *die Laute*; ON. Lautenthal (Stadt Langelsheim, Lkr. Goslar, Niedersachsen, D), 1302 *Ludandal*, (1355) (Kopie 16. Jh.) *Ludendal*. – Der Name gehört sicher zu ah. *hlūd* 'laut' (⁊ Laud-). Dabei gibt es mehrere Möglichkeiten, seine Bildung zu erklären. Der Flussname kann aus dem Talnamen rückgebildet sein. Der Talname *Ludandal* könnte seinerseits eine Klammerform des Kompositums **Ludan[aha]-dal* sein. Der Flussname **Lūdan-aha* enthielte dann das schwach flektierte Adjektiv aus der Fügung **(to) hlūdan ahu*. Möglich ist auch eine alte *n*-Ableitung von gm. **hlūda-* **Hlūdana*. Eine Entscheidung kann bei der spät einsetzenden Belegreihe nicht gefällt werden. – Kettner, *HG.A.8*, S. 69 f.; Kettner, *Leine*, S. 166 f.

Lauten- -*bach* ⁊ Laud-/Laut-/Lud-.

Lauter/Lautr-/Lutter -*ach*, -*bach*, -*beck*, -*born*, -*bruch*, -*brunn*, -*graben*, -*kolk*, -*see*. Sowohl als Simplex als auch als Bestimmungswort in Komposita häufiger Name bzw. Namensbestandteil. Zugrunde liegt das Adjektiv gm. **hlūtra-* 'rein, klar, sauber', dem im Althochdeutschen und Altsächsischen *lūt(t)ar* bzw. *hlūt(t)ar* entspricht (mit Apokope der gm. Endung, Sprossvokal /-a-/, fakultativer Gemination), z. B. (die) *Lutter*, l.z. Örtze (z. Aller), 1417 (Kopie) *de luttere*. Mhd. *lūter* wird diphthongiert zu *lauter*, z. B. *Lauter*, l.z. Schlitz (z. Fulda), ON. *Lauterbach*, 812 *luterenbach*. Eine Nebenform ist ahd. *lūtir*, die sich durch Assimilation des unbetonten Vokals /-a-/ an Suffixe, die /i/ enthalten (z. B. ahd. *lūteri*) herausgebildet hat, ↗Leutra. – Borchers, *HG.A.18*, S. 87; Sperber, *HG.A.5*, S. 63.

Lautersbach (auch *Leitersbach*), r.z. Gurtenbach (z. Inn). – ON. †Lautersbach, jetzt Georgen bei Obernberg am Inn (PB Ried im Innkreis, O.-Ö., A), 795–805 *in loco ... Lupuhinespah*, 1140 *de Lûichlinsbach*, um 1145 *Liuchlinesbach*, um 1200 *Leuchlinspach*, 1348 *Lauhlænspach*, 1523 *Lauerspach*, 1560 *Lautterspach*. – Bestimmungswort ist PN. (ahd.) *Liubich-īn* (Gen. *Liubichīnes-*) und *Liubich-līn*, später verkürzt zu (mhd.) *Liuchlinsbach*. – Dotter/Dotter, *HG.A.14*, S. 232; Hausner/Schuster, *Namenbuch*, S. 652.

Lavant, die sloven. *Labotnica*, l.z. Drau in Lavamünd (PB Wolfsberg, Kärnten, A), kommt aus dem Lavantsee (südöstlich des Zirbitzkogels, Steiermark), durchfließt das Lavanttal. – 991–1023 *ad Lauenta*, 1112 (Kopie 13. Jh.) *inter Trauum et Lauandum*, 1124–1138 (Kopie 13. Jh.) *iuxta fluvium Lauent*, 1184 ... *fluminis Lauenth*, 1193–1220 (Kopie 13. Jh.) *iuxta Lauent fluvium*, 1196 *fluminis Lauent*; AlpN. 1186 (Kopie 13. Jh.) *alpis ... Lavende*; RaumN. Lavanttal, 860 *curtes ad Labantam*, 885 (Fälschung 10. Jh.) *in ... Labanta valle*, 888 *in valle ... Lauentatal, in valle Lauenta*, 891 (Fälschung? 10. Jh.) *ad Lauentam*, 11. Jh. *de Laventa*, um 1130–um 1135 *ad Lauent*, 1143–1146 *de Lavent*, usw.; ON. Lavamünd, 1091 (Kopie 13. Jh.) *stabulariam curtim Lauentmundi*. – Die umfängliche, nur in Auszügen wiedergegebene Reihe der Belege zeigt, dass der Name zugleich Raum- und Gewässername war. Die um die Endung *-a* apokopierte Form (*Lauent*) dürfte durch Haplologie aus *Lauent[a]tal* entstanden sein. Spätere Schreibungen mit der Endung /-nd-/ (12. Jh. *Lauende* usw.) geben die mundartliche Lenisierung von mhd. /-nt-/ > /-nd-/ wieder. Der ON. *Lavamünde* ist aus *Lava[ntgi]mundi* 'Mündung der Lavant' gekürzt worden. Auffällig ist die zwar älteste Schreibung des Namens mit /-b-/ (860 *Labantam* in einem Diplom Ludwigs des Deutschen für die Kirche in Salzburg), die aber sonst, außer in Nachurkunden, keine Rolle spielt. Die Etymologie muss diesem Umstand Rechnung tragen. Die traditionelle Erklärung geht von vorslawischem FlN. *Albanta* 'Weißwasser' (↗Alb ↗Alfenz) aus, mit Liquidametathese > altsloven. *Labanta* > sloven. *Labǫta* > jetzt *Labotnica*. Dies setzt voraus, dass der Name vom Altslovenischen ins Bairische entlehnt und metathetisiertes /lab-/ durch bair. /-lv-/ (<lu>) ersetzt worden wäre. Dem steht eine andere Etymologie gegenüber, die von vorbair. und vorslaw. *Lavanta ausgeht. /-v-/ wird im Slawischen durch /-b-/ ersetzt (> *Labanta*). Im ältesten Beleg mit <b> dürfte eine „romanische" Schreibung für /-v-/ vorliegen, die am ehesten aus der Salzburger Kanzlei stammt. In Analogie zu den Partizipien des Präsens, die im Althochdeutschen auf *-ant(i)*, *-ent* enden (vgl. *heilant*), findet keine Verschiebung der vorbair. Endung *-anta > *-anza statt. Die vorbairische (keltische?) Form des Namens *Lavanta kann über *ləu̯-n̥t-ó- als Ableitung von urig. *leh₂u̯- 'Stein' (Schwundstufe *lh₂u̯- > *ləu̯- > *lav-) mit der Bedeutung 'Steingegend, Steinbach' erklärt werden, vgl. kelt. *Brigantia 'Berggegend, Bergfluss' (↗Bregenz), (kelt.) ON. Karnburg (Gem. Maria Saal, PB Klagenfurt Land, Kärnten) 927 *civitas Carantana*. – Hausner/Schuster, *Namenbuch*, S. 652 f.; Pokorny, *IEW*, S. 683.

Laweke (auch *Lawekebach*), l.z. Salzke (Salza) (z. Thüringische Saale). Obwohl keine historischen Belege bekannt sind, kann aus dem Vergleich mit *Launa*, Gewässer im Lkr. Schrobenhausen (Bayern, D), um 1400 *auf der Lavnaw*, 1823 *Launa-Graben*, auf eine Grundform (mndd.) *Lawen-beke* (bzw. mhd. *Lāwen-ouwe*) geschlossen werden. Das Bestimmungswort in beiden Namen ist mhd. *lā* (Stamm *lāw-*), mndd. *law* 'lau'. – Ulbricht, *Saale*, S. 249; Hible/Baumann-Oelwein, *Schrobenhausen*, S. 74.

Lawen Elbarm bei Bölow (Westprignitz, Brandenburg, D). – 1588 *die Lafe*, 1773 *der Lawen*, 1843 *der Laben*. – Apolab. *Laba 'Elbe', čech. *Labe* ↗Elbe. – Fischer, *BNB 10*, S. 164 f.

Leba polnisch Łeba, z. Ostsee bei Łeba/Leba (PL). – 1140 (Kopie Anf. 13. Jh.) *ad Lebam*; ON. Leba/ Łeba, ON. (wüst) 1357 *Lebemünde*. – Ausgangsform *Lēba oder ves.-ig. *Loibā, ablautendes Verbalnomen zum Verb ig. *leib- (gr. *leíbō* 'ich gieße aus'), einer Nebenform zu ig. *leiH- 'gießen', ↗Lübnitz. – Udolph, *Gewässernamen Polens*, S. 136–141; Rix, *LIV*, S. 405 f.

Lebebensee z. Ukleisee (z. Kellersee z. Dieksee z. Behler See). – /ləˈbẹːmzeː/, 1429 *der Lybeuen, parui stagni et aque Lybeuene*; ON. Lebebensee (Kr. Ostholstein, S.-H., D), 1440 *de Libewe*, 15. Jh. *prope libewe*. – Ursprünglich einstämmiger Seename apolab. *L'ūbovo (jezero)* '(See) des *L'ub*'. – Kvaran, *HG.A.12*, S. 113; Laur, *Schleswig-Holstein*, S. 425.

Lebenauerbach (auch *Schinderbach*), l.z. Salzach. – Vor 788 *ad Livbilinaha*, 927 *iuxta fluviolum Liv-*

pilinaha; ON. Lebenau (Ortsteil der Stadt Laufen, Lkr. Berchtesgadener Land, Bayern, D), ca.1130 *de Liubenowe*, usw. 1186–1196 *de Leubenowe*, 1333 *Lebenau*. – Bestimmungwort ist der PN. (ahd.) *Liubilo* (Gen. *Liubilin-*), Grundwort des Flussnamens ahd. *aha* 'Fließgewässer', des Ortsnamens ahd. *ouwe* 'Land am Wasser'. – Straberger, *HG.A.9*, S. 69 f.

Leber-   -ach, -bach, -see, -siek. Bestimmungwort ist mhd. *leber* 'eine Binsenart'; z.B. *die Leber* (auch *Leberach, -bach*), frz. *Lièpvre, Lièpvrette* (z. Gießen z. Ill z. Rhein), 1322 *von der Leberahe*; ON. Leberau (Kanton Sainte-Marie-aux-Mines, Dep. Haut-Rhin, Elsass, F), 853 *de monasterio Lebbraha*. – Greule, *Oberrhein*, S. 64–67.

Lebussee   zu Reichenow (Kreis Oberbarnim, Brandenburg, D). – 1485 *ohne den Lebus-See ... das Lebussche Seechen*. – Grundform apolab. *Labuz´-* oder *Labuz´e* 'Kalmus-, Schilfsee', mit *j*-Suffix abgeleitet von *labuz* 'Kalmus, Schilf'. – Fischer, *BNB 10*, S. 165.

Lech, der   r.z. Donau, kommt aus den Lechtaler Alpen (A), fließt durch Landsberg am Lech und Augsburg, mündet östlich von Donauwörth (Bayern, D). – Der Fluss wird bereits erwähnt in der „Geographie" des Ptolemaeus (2. Jh. n. Chr., Kopie 11. Jh.) als (im griechischen Genitiv) *Likíou* (2, 12, 2) und (im Akkusativ) *Likían* (2, 13, 3), beim spätrömischen Autor Venantius Fortunatus im Akkusativ *Liccam* (carm.praef.2); spätere Nennungen: 8. Jh. (Kopie 9. Jh.) *Lecha* (Paulus Diaconus), um 780 (Kopie 9./10. Jh.) *Lech* (Fredegar) und weitere Belege; StammesN. *Licates* auf einer Inschrift von 8/7 v. Chr., bei Ptolemaeus *Likátioi* (2,13,3), bedeutet 'Siedler am Lech'. LandschaftsN. *Lechfeld*, auf dem die Ungarnschlacht 955 stattfand, mit den Siedlungen Klosterlechfeld und Lagerlechfeld (Truppenübungsplatz), 1169 *Lechuelden*; ON. Lech (Gemeinde Lechbruck), 1316 *in Lech*; ON. Lechbruck (Lkr. Ostallgäu, Bayern), 1366 *Lechprug*; (zerstörte) Burg Lechgemünd (bei Marxheim, Lkr. Donauries, Bayern, über der Lechmündung gelegen), 1031 *Lechismund* (Zusammenrückung aus dem Genitiv des Flussnamens ahd. *Leches* und ahd. *(gi)mund(i)* 'Mündung'); Lechhausen (Augsburg, Bayern), ca.1156 *Lechhausen*. – In Anbetracht der ältesten Erwähnung in Form des Stammesnamens *Licates/Likátioi* wird der Flussname auf vorgm. *Likos* zurückgeführt. Der Stammesname ist davon eine (wohl keltische) Ableitung mit dem Suffix *-at-*. Die auf J. Schnetz zurückgehende Deutung durch kelt. *lika* 'Felsplatte, Steinplatte' wird vorwiegend aus semantischen Gründen (ein Fluss wird schwerlich als 'Steinplatte' bezeichnet) abgelehnt. Bevorzugt werden demgegenüber zwei neuere Etymologien, die *Likos* in ves.-ig. (alteurop.) Zusammenhänge stellen. *Likos* gehört entweder zu ig. *leik-* 'biegen' (im Sinne von 'Gebogener') oder ist aus *ulikᵘos*, ein substantiviertes Adjektiv zu urig. *uleikᵘ-* 'befeuchten', entstanden. Der letztere Ansatz setzt dissimilatorischen Schwund des ig. Labiovelars /kᵘ/ > /k/ und Schwund des anlautenden /u-/ voraus, ist aber wegen der daraus erschließbaren Bedeutung 'Befeuchter (des Landes), Wasserspender o.ä.' als Name eines Flusses vorzuziehen. Trotz der beiden keltischen Appellative air. *fliuch* 'feucht' und kymr. *gwlith* m. 'Tau' (< *ulik-*) ist *Likos* nicht sicher als keltisch zu erweisen. Mit *Likos* verwandt ist *Lika*, Gewässer- und Landschaftsname in Kroatien. – Der Name *Likos* muss, da die römische Via Claudia Augusta auf eine lange Strecke neben dem Lech verlief, den Germanen früh (noch vor der 2. Lautverschiebung) bekannt geworden sein und wurde über *Lika-* (maskulin) mit Senkung des /i/ vor /a/ zu /e/ und dem Lautwandel gm. /-k-/ zu ahd. /-ch-/ als *Lech*, Gen. *Leches* ins Althochdeutsche integriert. Die Bedeutung des Flusses kommt auch in ahd. Personennamen zum Ausdruck: als Erstglied steht der FlN. in *Lechuuart, Lehsuuind, Lehsuind* (Traditionen Freising, Salzburger Verbrüderungsbuch), als Zweitglied in ahd. *Ilarleh*, Mönch im niederbayerischen Kloster Niederaltaich (eingetragen im Reichenauer Verbrüderungsbuch), ↗ Halblech ↗ Rotlech. – Anreiter, *Tiroler Gewässernamen*, S. 45; Hausner/Schuster, *Namenbuch*, S. 655; Pokorny, *IEW*, S. 669; Reitzenstein, *Lexikon*, S. 224; Schmid, *Iranische Wortstudien*, S. 80–84; Schnetz, *Flußnamen*, S. 19–23; Snyder, *HG.A.3*, S. 58–60; Steiner, *Füssen*, S. 107 f.; Wagner, *Ilarleh*; Rix, *LIV*, S. 696 f.; Bichlmeier, *Orts- und Gewässernamen*, S. 43–46.

Lechenbach   ↗ Lehn-.

Leck-/-e-/-en-   -bach, -beke, -graben. Das Bestimmungswort ist nhd. *Lecke* 'Salzlecke für das Wild', vgl. Flurnamen wie *Hirschlecke, Schaflecke*. Die Gewässer sind nach Stellen benannt, an denen Tiere lecken konnten. – Schnetz, *Flurnamenkunde*, S. 81.

Lecker Au   z. Bongsieler Kanal (z. Nordsee). – 1650 *Leck Aw*, 1781 *Leckaae*, ON. Leck, fr. Leek (Kr. Nordfriesland, S.-H., D), 1231 *Lecky*, 1326 *in Lecky*, 1451 *to Lecke*. – Ausgangsform ist der Gewässername gm. *Lakjōn* f. (> urnord. *Lakkja* > adän.*Laekki*), *j*-Ableitung von gm. *lakō* f. 'Bach, Teich, See', vgl. ↗ Lek. Gleichen Ursprungs ist der englische GwN. *Leach* (z. Themse, Gloucestershire, Oxfordshire, GB), 741–143 (Kopie 11. Jh.) *Lec*, 1577 *Leche*, ON. 872 (Kopie 13. Jh.) *Lecche*. Zu *Au* vgl. ↗ Au. – Kvaran, *HG.A.12*, S. 113; *Untersuchungen*, S. 18 f.; Laur, *Gewässernamen*, S. 121; Ekwall, *ERN*, S. 241.

Lecker-, Licker- -*pfuhl* (Kr.Uckermark/Angermünde, Brandenburg, D). Bestimmungswort: brandenburg. *Lecker* m. 'Fettschicht auf der ungekochten sauren Milch', mecklenburg. *Licker* 'Fettschicht auf der Milch', benannt nach der fettig wirkenden Wasseroberfläche. – Fischer, *BNB* 10, S. 165.

Leda, die r.z. Ems, entspringt in Spahnharrenstätte (Emsland) und mündet in Ostfriesland bei Leerort (Stadtteil der Stadt Leer, Lkr. Leer, Niedersachsen, D). – 1. Hälfte 9. Jh. (Kopie 11. Jh.) *fluuium Lade*, Mitte 12. Jh. *flumen Lathe*; ON. Kloster Mude (gegenüber von Leerort), 10. Jh. *Lathamuthon* 'Mündung der Leda'. – Der Name ist identisch mit as. *lēda* 'Leitung', andl. *lede* 'Wasserlauf, Fennentwässerung', mndd. *leide* 'Leitung, Wasserlauf', ahd. *leita* 'Führung', ae. *lād* 'Wasserlauf', awn. *leið* 'Weg, Straße, Wasserlauf', gm. *leidō stF. 'Weg', speziell '(geleiteter) Wasserlauf', ↗Lee ↗Lehe ↗Leit-. – Gysseling, *Woordenboek* 1, S. 600, 721; Berger, *Geographische Namen*, S. 166; Remmers, *Aaltukerei*, S. 367; Seebold, *starke Verben*, S. 329.

Lee (auch *Leegraben*), Name mehrerer Gewässer im Einzugsbereich der Vecht/Vechte (z. Zwarte Water), z. B. *Lee* westlich von Duiven (Gem., Provinz Gelderland, NL), 1549 *naast de Leeden*. Entspricht andl. *lede* 'Wasserlauf, Fennentwässerung', ↗Leda ↗Lehe ↗Leit-. – Zelders, *HG.A.11*, S. 22.

Leesenstrom Abschnitt der Finow (z. Oder) südwestlich von Marienwerden (Kr. Niederbarnim, Brandenburg, D). – 1563 *uber den Lesenstrom*, 1589 *den Lesestrom*, 1595 *das Flies das Lesenstrahm*, Messtischblatt: *Lessenbrück Schleuse*. Vgl. Lesenstrom, Abschnitt des Strom östlich von Boitzenburg (Kr. Uckermark/Templin, Brandenburg). – Das Bestimmungswort *Leesen-/Lesen-* entspricht mundartlich *Leese, Leise, Leuse* 'Geleise, Fahrspur', mhd. *leis(e)* f. 'Spur', hier für die Fahrrinne des Flusses, ↗Lais ↗Leisebach. – Fischer, *BNB 10*, S. 165.

Lehe fließt aus dem Flögelner See (z. Aue, z. Hadelner Kanal z. Medem z. Elbe) (Lkr. Cuxhaven, Niedersachsen, D). – 1458 *Lede*, 1603 *Lehe*. – Etymologie ↗Leda. – Udolph, *HG.A.16*, S. 212.

Lehen-/Lehn- -*bach*, -*bächle*, -*graben*; z. B. *Lehenbach* (auch *Frauenbach*) (z. Weißbach z. Hirschbach z. Salzach), ON. *Lehen*, 1336 *am Lehen*. – Zu mhd. *lēhen* 'Lehen', 'Gewässer, das zu einem Lehen gehört'. – Straberger, *HG.A.9*, S. 70; Springer, *Flussnamen*, S. 181.

Lehm- ↗Leim-.

Lehn- -*bach*, -*graben*, z. B. Lehenbach, r.z. Mühlwalder Bach (z. Ahr/Ahrn-Bach), hinter dem Dorf Mühlwald (Prov. Bozen/Südtirol, I.), /leᵃhnpachl/, 1325 *Lechepach*, um 1775 *Lehenbach*, mhd. *lēhen* 'Lehen'. – Kühebacher, *Ortsnamen*, 2, 178.

Lehnitzsee

– ¹Lehnitzsee, nördlich Lehnitz (Kreis Niederbarnim, Brandenburg, D). – 1350 *den Lentzen*, 1429 (Kopie) *mit den sehen Lencz*.

– ²Lehnitzsee, südlicher Teil des Krampnitzsees südlich Krampnitz (Kreis Osthavelland, Brandenburg, D). – 1571/72 *uff der Lentzen*, 1683 *Liehnitz*, 1771 *die Lanze*. Das Bestimmungswort *Lehnitz-* geht auf apolab. *Lącn-* zu *ląka* 'Krümmung, Wiese in einer Flusskrümmung, Bucht' zurück, vgl. brandenburg. *Lanke* (↗Lank-) ↗Lehnssee. – Fischer, *BNB 10*, S. 166.

Lehnssee ostsüdöstlich von Sophienstädt (Kreis Niederbarnim, Brandenburg, D). – 1744 *Lehnssee*. – Etymologie wie ↗Lehnitzsee. – Fischer, *BNB* 10, S. 166.

Lehrde, die r.z. Aller (z. Weser) bei Hohenaverbergen (Gem. Kirchlinteln, Lkr. Verden, Niedersachsen, D). – 786 (Fälschung 12. Jh.) *in Lernam*, (um 1320) (Kopie 16. Jh.) *lerhna*, (um 1520) *lerne*, 1563 (Kopie 16. Jh.?) *die Lehr*, 1664 *an der lehren*, 1857 *der Lehrde-Bach*; ON. Lehrden (Ortsteil von Visselhövede, Lkr. Rotenburg (Wümme), Niedersachsen), Ende 13. Jh., Handschrift 15. Jh.) *to der lerne*, 1427 *to der Lerne*, (um 1540) *tor Lehrenn*, 1567 *tor lerne*; ON. Lehringen (Gem. Kirchlinteln), 1770/78 *Drecklehringen*. – Grundform (as.) *Lērna*, synkopiert aus älterem *Lērana*. Der Flussname ist durch *n*-Suffix von gm. *laiza-* (awn. *leir* n. 'Lehm, Schamm', *leira* f. 'schlammige Stelle') > (as.) *lēr-* abgeleitet und bedeutet 'Lehm-, Schlammbach'. Die heutige Form ist durch Dissimilation (/lērne/ > /lērde/) entstanden. – Borchers, *HG.A.18*, S. 82; Scheuermann, *Rotenburg*, S. 168, 316 f.

Lehst-/Lehesten-/Lehsten-/ -*bach*, -*see*; z. B. *Lehstsee* östlich von Küstrinchen (Kr. Uckermark/Templin, Brandenburg, D), 1299 *stagnum ... Lest*. Entlehnt aus apolab. *Lěšč*- 'Haselsee', mit -*j*-Suffix von urslaw. *lěska* 'Haselstrauch' abgeleitetes Adjektiv. *Lehsten-* entlehnt aus slaw. (asorb.) *Lěščina* 'Haselstrauchbach'; ins Deutsche integriert als *lěst(en)-*, hyperkorrekt *Lehest(en)-*. – Fischer, *BNB* 10, S. 166; Ulbricht, *Saale*, S. 124.

Lehstrom r.z. Landwehrkanal (z. Elbe). – 1594 *de lehe*, 1616 *bet an de Lehe*, 1847 *Leh-Strom*. – Etymologie wie ↗Lee ↗Lehe ↗Leda. – Udolph, *HG.A.16*, S. 213.

Lehwettern r.z. Braake (z. Elbe). – Um 1740 *Lehwettern*; ON. Lehe bei Brunsbüttel, 1563/64 *Lehe*, um 1800 *Lehde*. – Etymologie des Bestimmungswortes wie ↗Lee ↗Lehe ↗Leda; zum Grundwort *-wettern* ↗Wetter-. – Udolph, *HG.A.16*, S. 213.

Leibi, die r.z. Donau. – 1360 *enhalb der Libin*, 1377 *an der Libin*, 1478 *die Leibe*, 1562 *die Leibin*, 1880 *Leibe*; ON. Leibi, Kirchdorf (Gem. Nersingen, Lkr. Neu-Ulm, Bayern, D), 1150 (Kopie 16. Jh.) *Leibin*, 1323 (Kopie) *Lybin*, 1355 *Libin*, 1377 *Lyby*, 1432 *Leyben*, 1456 *Leibin*, 1791 *Leiben*. – Grundform (altalem.) ON. *Lībin*, entlehnt aus vulgär-lateinisch *Lībianu-*, klassisch-lateinisch (*praedium*) *Līviānum* 'Landgut eines Livius'. Der Ortsname ist auf den daran vorbei fließenden Fluss übertragen worden. – Snyder, *HG.A.3*, S. 60; Reitzenstein, *Leibi*.

Leiblach, die (auch *Laiblach*), zum Bodensee bei Lindau (Bayern, D), bildet die Grenze zwischen der Stadt Lindau und den österreichischen Gemeinden Hohenweiler und Hörbranz (Bez. Bregenz, Vorarlberg, A). – 865/66–872 *ultra fluuium ... Liubilaha*, 1312 *in der Lubelech*, 1415 *in der Lublach*, 1517 *an die Lüblach*, 1585 *die Leublach*; TalN. Leiblachtal, 1404 *in Lüblacher Tal*; ON. Leiblach (Gem. Hörbranz), 802(?) *in locis ... Liubilun aha*, 850 (Druck)1646/46 *actum in Liubilaha*, 852 *actum in uilla Liubilaha*, 857 *uilla ... Liubilaa*, 885 *in loco ... Liubilaha*; 861 *Liubilinuuang*, 878 *in Liubilinanc*. – Grundform ahd. FlN. *Liubilinaha*, ON., FlurN. *Liubilinwang*, gekürzt zu *Liubilaha*, mhd. *Liublach* /lü:blach/, fnhd. *Leublach*, entrundet *Leiblach*. Zusammenrückung aus dem PN. *Liubilo* m. (Gen. *Liubilin*) und den Grundwörtern *aha* 'fließendes Wasser' und *wang* 'Feld, Wiese, Weide'. Der Beleg 802 *Liubilun aha* enthält den Personennamen *Liubilo* mit hyperkorrekter (femininer) Genitivendung /-ūn/. – Geiger, *HG.A.2*, S. 80f.; Hausner/Schuster, *Namenbuch* (Vorarlberg).

Leim-/-el-/-en- bair. *Laim-*, mitteldt. *Lehm-*, *-bach/-bek*, *-graben*, *-kute*, *-lach*, *-loch*, *-pfuhl*, *-siepen*, z. B. *Laimbach*, r.z. Weitenbach in Laimbach am Ostrong (Gem. Münichreith-Laimbach, PB Melk, N.-Ö., A), 1144 *ad Laembach*. – Ahd. *leim* stM., as. *lēmo*, mndd. *lēm(e)* 'Lehm'. – Hausner/Schuster, *Namenbuch*, S. 640; Fischer, *BNB 10*, S. 165f.

Leimingbach Oberlauf des Paalbachs (PB Murau, Steiermark, A). – 1398 *die Leymikh*, 1445 *in Leymyng*, 1498 *Leymig*. – Vermutlich slaw. *Lipьnika* 'Bach, an dem Linden wachsen', mit dem Suffix *-ika* abgeleitet vom Adjektiv slaw. *lipьn-* 'mit Linden, aus Linden'. Ins Bairische integriert als *Līpnich(a)* > *Līm(m)ich* > *Leimich*, mit Anpassung an die *-ing*-Namen *Lei-* *ming-*. – Lochner von Hüttenbach, *Steirische Hydronyme*, S. 96; Bergermayer, *Glossar*, S. 134.

Leimitz r.z. Thüringischen Saale. – ON. Leimitz (Stadt Hof, Bayern, D), 1348 *in villa Lubenitz*, 1353 *leibnitz*, 1376 *Leubnitz*, 1492 *leibnitz*, 1601 *Leimiz*. – Slaw. *Lubьnica*, abgeleitet von slaw. *lub* 'Baumrinde'. Ins Deutsche übernommen als (mhd.) *Liubnitz(e)*, diphthongiert *Leubnitz*, entrundet *Leibnitz*, mit Assimilattion /-bn-/ > /-m(m)-/. – Ulbricht, *Saale*, S. 230; Eichler, *Nordostbayern*, S. 381.

Leimke, die drei Flüsse im Einzugsbreich der Rhume (z. Leine), verkürzt aus *Leim-beke*, zum Bestimmungswort *Leim-* ↗Leim-. – Kettner, *HG.A.8*, S. 70; Kettner, *Leine*, S. 167.

Lein

– ¹Lein, die, l.z. Kocher (z. Neckar z. Rhein) bei Abtsgmünd (Ostalbkreis, B.-W., D). – /lãẽ/ (nasaliert), 1251 (Kopie 1442) *ad ripam ... Leyn*, 1352 *in der Line*, 1379 *an der Lyn*, 1398 *die Lyn*, 1411 *die Lyne*, 1435 *an der Line*, 1441 *an der Lein*; BurgN. † Leineck östlich von Pfahlbronn (Rems-Murr-Kreis, B.-W., D), 1331 *von Lynegge*, usw.; ON. Leineksmühle, Hof östlich von Pfahlbronn (Rems-Murr-Kreis), 1579 *Leineckhmülen*; ON. Leinroden (Ostalbkreis), 1369 *vest Roden gelegen an der Leyn*, 1409 *Lynroden*. – Die Ortsnamen sind Komposita mit dem Flussnamen *Lein* als Bestimmungswort und den Grundwörtern ahd. *ecka*, *egga* 'Schneide, Spitze, Eck' und ahd. *rod* 'Rodeland'. – Grundform (ahd.) *Līna*. Wegen der Parallelnamen *Lyne Water* und *Lyn* in England (< *Līnā*) keltischer Herkunft und identisch mit kymr. *llin*, korn. *lyn*, bret. *lin* (< *līno-*) 'Eiter' (zum Bedeutungswandel ↗Eiter-). Der Flussname *Līnā/-os* wird auch im keltischen Ethnonym *Ambi-lini* (in Noricum) vermutet. Kelt. *līno-*, *Līnā/-os* < ig. *liH-nó-*, Verbaladjektiv zu ig. *leiH-* 'gießen, fließen'; ↗Laina ↗²Leine. – Reichardt, *Rems-Murr-Kreis*, S. 203–206; Reichardt, *Ostalbkreis 1*, S. 394f.; Nicolaisen, *Gewässernamen*, S. 220; Pokorny, *IEW*, S. 664; Lochner von Hüttenbach, *Ambilici und Ambilini*, S. 143; Rix, *LIV*, S. 405f.

– ²Lein, der (auch *Leinbach*), l.z. Neckar in Heilbronn-Neckargartach (B.-W., D), /d'leibax/ (/ei/ nasaliert). Ausdehnung des Namens *Leinbach*, kleiner, vom *Leinberg* kommender Zufluss des Leins bei Kleingartach. Namengebend war die Burg † Leinburg, 1283 *de Lünburg*. – Springer, *Flußnamen*, S. 84; Schmid, *HG.A.1*, S. 70.

Lein- *-ach*, *-bach*, *-graben*. Das Bestimmungswort *Lein-* entspricht ahd., as., mhd. *līn* (gm. *leina-* n.) 'Flachs, Leinwand'; z.B. ON. Leinach am Leinacher Bach (z. Main) (Lkr. Würzburg, Bayern, D), 1202 *de Linah*, 1240 *Linach*, usw. – Sperber, *HG.A.7*, S. 98.

Leina, die z. Hörsel (z. Werra). Die *Kleine Leina* ist ein Quellfluss der Hörsel. – 1141 *ad aquam ... Linaha*, 1143 *flumen Lina*, 1357 *Dy rechte Lina*, 1506 *an der lyn*, 1584 *Leina*. Trockene *Leina*, l.z. Kleinen Leina, /drockne lin/, 1139 *in Trocconlinaha*, 1216 *in Troconlinaha, usque Trochenlinaha*, 1357 *dy trokene lyna*; ON. Leinatal (Gem., Lkr. Gotha, Thüringen, D), (FlurN.) 1355 *uf den Lynentales weg*; ON. Leina, (Ortsteil der Gem. Leinatal), 9. Jh. *In Linaha*, 1109 *Linaha*, 1246 *Lina* usw. – Grundform *Līna*, ahd. *Līnaha*, zur Verdeutlichung mit ahd. *aha* 'Fließgewässer' erweitert. Der Wortgruppenname *Trockene Leina* enthält ahd. *trucchen, trokken* 'trocken'. Zur Etymologie ↗¹Lein. Möglich ist auch ein ursprünglich komponierter Name ↗Lein-. – Sperber, *HG.A.5*, S. 63.

Leine, die

– ¹Leine, l.z. Aller (z. Weser). – 9. Jh. (Kopie 1479) *de ista parte Loine*, 10. Jh. (Kopie 15. Jh.) *Lainam flumen, per Laginam, Legine, Leine*, 1001 *inter fluvios Lagenam ...*; GauN. Leinegau (um Göttingen, Niedersachsen, D), 833 *in pago Logni*; GauN. (um Neustadt am Rübenberge, Lkr. Region Hannover, Niedersachsen), um 800 *ex pago Lohingao*. – Aus der umfangreichen (auszugsweise wiedergegebenen) Belegreihe können die Ausgangsformen *Logni, Lagni*, (latinisiert) *Lagena* erschlossen werden. Sie lassen sich unter einer Grundform (gm.) *Lagnō* f. bzw. (im Falle des Gaunamens) *Lagn-ja-* n. vereinen. Die Differenzen sind durch Lautwandel erklärbar: *Logni* usw. zeigt sporadische altsächsische Vokalhebung aus *Lagni*; *Lagena* u.ä. enthält Sprossvokal. Die Annahme, dass der Lautwandel vorgm. /o/ > gm. /a/ die obere Leine nicht erreicht habe, ist überflüssig und unwahrscheinlich, weil dieser Lautwandel viel weiter im Süden z.B. den Namen *Mogontiacum/Mainz* und sogar noch *Noba* ↗Naab (in der Oberpfalz, Bayern) erreichte. – Der Name ist aus dem Germanischen erklärbar. Man kann zur Erklärung den Beleg bei Plinius, naturalis historia 4, 97: *Lagnum* (= Kattegat?), heranziehen. Mit einiger Wahrscheinlichkeit ist daraus gm. *Lagna-* n. zu erschließen. Der FlN. *Lagnō* (Lahn) dürfte dazu das Feminin sein. Er lässt sich an gm. (nur nordsee- und nordgm.) *lagu-* mit grammatischem Wechsel < ig. *lakú-* 'Wasseransammlung in einer Grube, Lache, See' (lat. *lacus*, kelt. *laku*, slaw. *lakŭ*) anschließen. In den europäischen Sprachen wurde von urig. *leh₂-* 'gießen, bewässern' (als Verb nur anatolisch) mit *k*-Suffix und Suffixbetonung ein Substantiv *lh₂-k-ú-* > *ləkú* > *laku-* abgeleitet, mit der Bedeutung 'woraus man Wasser bezieht' (See, Fluss, Teich, Zisterne, Brunnen; abschätzig: Pfütze, Sumpfwasser; generalisiert: Wasser). Vom Stamm gm. *lag-* konnte das Appellativ mit dem *n*-Suffix onymisiert werden: *Lag-na-*, *Lag-nō* f. Die Bildungsweise ohne Bindevokal ist altertüm-

lich und vor allem in skandinavischen Ortsnamen belegt, vgl. *Wigna-* > altschwed. *Vighn*, jetzt Norra/Södra *Ving*, Kirchspiel in Västergötland. – Ist diese Etymologie richtig, dann repräsentieren as. *Lagni, Logni* die Lautungen /lajn-/ und /lojn-/, während das spirantische /g/ nach der Entwicklung eines Sprossvokals in der Lautgruppe /-age-, -agi-, -ogi-/ zu /-ai-, -ei-, -oi-/ wurde. Ungeklärt ist die Frage, ob Groß-/Klein-Lehna (Leipziger Land) < *Laginō* eine Übertragung des Namens der Leine nach Sachsen darstellt. – Kettner, *HG.A.8*, S. 70–73 (Belegreihe); Kettner, *Leine*, S. 172; Reichert, *Lexikon*, S. 450; Pokorny, *IEW*, S. 653; Rix, *LIV*, S. 401.

– ²Leine, l.z. Helme (z. Thüringische Saale). – 1120, 1179 *Lina*; ON. Großleinungen (Stadt Sangerhausen, S.-A., D), ON. Kleinleinungen (Lkr. Mansfeld-Südharz, S.-A.), 1039, 1114 *Linungon*. – Grundform FlN. (ahd.) *Līna*, zur Etymologie ↗¹Lein. Auffällig ist die Parallele des vom Flussnamen abgeleiteten ON. Groß-, Kleinleinungen mit dem ON. Altleiningen (Kreis Dürkheim/Weinstraße, Rh.-Pf.), 780 (Kopie um 1190) *Linunga*. – Ulbricht, *Saale*, S. 188; Dolch/Greule, *Pfalz*, S. 41.

– ³Leine, r.z. Lober (z. Mulde) nordöstlich Delitzsch. – 1185 *fluvius Lynaw*; ON. Hohen-Leina, Dorf im Quellbereich (Gem. Krostitz, Kreis Delitzsch, Sachsen, D), 1350 *Lynow*, 1404 *Leyne*. – Asorb. *Linov-*, *Linav-*, abgeleitet von asorb. *lin/liń* 'Schleie', eingedeutscht als *Līnowe*. Der altsorbische Name könnte auch vorslaw./gm. *Linahwa* fortsetzen. Zu gm. *Lin-* ↗Lenne, ↗Linach. – Walther, *Gewässernamenschichten*, S. 20, 33; Eichler/Walther, *HONBSachsen* I, S. 575.

Leinleiter, die r.z. Wiesent (z. Regnitz z. Main z. Rhein). – /ladᵃ/, ON.Oberleinleiter (Lkr. Bamberg, Bayern, D) und Unterleinleiter (Lkr. Forchheim, Bayern), (1285–1287) *de Leinlivter, Leinluter*, (ca.1305) *de Nidernlainleutern*, (2. Hälfte 14. Jh.) *in Leinlūter*, (1367) *in Leynluter*, 1394 *zu Nidernleinlauter*, 1408 *zu Obernleynlewter*, usw. – Grundform (mhd.) *Leinliuter* neben *Leinlūter*, Zusammensetzung aus ahd. *lūtir*, einer Nebenform von ahd. *lūtar* 'rein, klar, sauber' (↗Leutra ↗Lauter/Luter) und dem Bestimmungswort *Lein-*, das nicht eindeutig geklärt ist. Es kann mit ahd. *leim* stM. 'Lehm' (↗Leim-) mit Assimilation /-ml-/ > -nl-/ und der Bedeutung 'Lehm-Leiter' identisch sein oder das im Deutschen sonst nicht belegte Wort gm. *hlainaz*, gt. *hlains* 'Hügel' fortsetzen; 'Hügel-Leiter' könnte dann ursprünglich nur Abschnittsname (für den Oberlauf?) der Leinleiter gewesen sein; Parallelname ↗Anlauter. – Fastnacht, *Ebermannstadt*, S. 157–164; Orel, *Handbook*, S. 174.

Leipesee südlich Kohlsdorf (Kr. Beeskow-Storkow, Brandenburg, D). – 1272 (Kopie 1577) *in stagno ... Lypene*, 1456 *an dem Se, gnant die lype*, 1457 *an der leype*,

1772 *Liepe See*. – Ableitung von apolab., asorb. **lipa* 'Linde' mit der Bedeutung 'Lindensee'. – Fischer, *BNB.10*, S. 168.

Leirenbach r.z. Echaz (z. Neckar z. Rhein) bei Betzingen (Stadt Reutlingen, B.-W., D). – 1484 *Lürenbach*. – Das Bestimmungswort vielleicht zu mhd. *lűre* f. 'Stelle, wo die Jäger dem Wild auflauern', Dat. Pl. **(ze den) liuren*, diphthongiert **Leuren-*, entrundet *Leiren-*. – Schmid, *HG.A.1*, S. 71.

Leisebach (auch *Läusebach, Luisebach*), l.z. Thüringischen Saale (z. Elbe). – Bestimmungswort zu mhd. *leis(e)* f. 'Spur', vgl. ↗ *Lais* ↗ *Leesenstrom*. Mhd. *leis* wurde mundartlich hyperkorrekt auch gerundet zu *Läuse-*. – Ulbricht, *Saale*, S. 36, 61, 69, 112.

Leisling, die z. Hallstätter See bei Untersee (PB Gmunden, O.-Ö., A), entspringt an der Leislingwand. – /ˈlaißtlɪŋ/, 1563 *Leyßling*, 1605 *der Leißlinngh*. – Mhd. **Lūsninge* (dissimiliert **Lūslinge*) < slaw. GwN. **Lysьnika*, übertragen von **Lysьnikъ*, vermuteter Name der Leislingwand, (abgeleitet von slaw. *lysъ* 'kahl'). – Reutner/Wiesinger, *Gmunden*, S. 26 f.

Leissing, die (auch *Leissingbach*), l.z. Mur östlich von Wilfing westlich von St. Lorenzen bei Knittelfeld (PB Knittelfeld, Steiermark, A). – 1173 (Fälschung 1277–1306) *inter fluuuios Levsnich et Gradnam*. – Slaw. **Lužьnika* 'Pfützenbach', mit *-ika*-Suffix abgeleitet vom slaw. Adjektiv **lužьn-* 'mit Pfützen versehen', ins Bairische integriert als **Lūsnik(a)* > mhd. **Liusnich*, diphthongiert *Leusnich*, mit Anpassung an die *-ing*-Namen und Entrundung des Diphthongs **Leisning*. – Hausner/Schuster, *Namenbuch*, S. 658; Lochner von Hüttenbach, *Steirische Hydronyme*, S. 96.

Leißnitzbach l.z. Mur bei Tamsweg (Salzburg, A). – Um 1130–um 1135 (Kopie 13. Jh.) *ad Lusnich*, 1171 (Kopie 13. Jh.) *Lusniz*. – Die historischen Belege deuten auf zwei Entlehnungsstufen ins Bairische hin: eine ältere aus slaw. **Lužьnika* 'Pfützenbach' (vgl. ↗ *Leissing*) und eine jüngere aus slaw. **Lužьnica* (> *Lusniz* usw.). – Hausner/Schuster, *Namenbuch*, S. 658.

¹Leit-, Leite (*Lei, Leie, Ley*) 'Bach, künstlicher Entwässerungsgraben; Ort, wo etwas geleitet wird' (in den Rheinlanden verbreitet nördlich der Ürdinger Linie) zu ahd. *leita*, as. *lēda* ↗ *Leda*. – Dittmaier, *Flurnamen*, S. 185.

²Leit-/-e-/-en- *-bach, -born, -graben*. Als Bestimmungswort in Gewässernamen des ober- und mitteldeutschen Sprachraums, teils zusammen mit Flurnamen wie *Winter-Leite, Au-Leite, Heiligenleite(n), Weigelsleite, Untere, Obere Leite, Leiten-Höhe*. Entspricht nhd. *Leite* f. 'Berghang', mhd. *līte* swF, ahd. *līta* (< gm. **leidō*). – Sperber, *HG.A.7*, S. 98; Springer, *Flussnamen*, S. 147; Ulbricht, *Saale*, S. 149; Hausner/Schuster, *Namenbuch*, S. 659.

Leiter-, -leiter ↗ *Leinleiter*, ↗ *Leutra*.

Leiterbach l.z. Main. – ON. Ober-, Unterleiterbach (Markt Zapfendorf, Lkr. Bamberg, Bayern, D), /ˈlädᵃbox/, (9. Jh., Regest um 1160) *Leiterbah*, 1221 *Leiterbach*. – Vermutlich Zusammensetzung aus ahd. *leitera* swF, mhd. *leiter* 'die Leiter' und *-bach*, wobei das Benennungsmotiv unklar bleibt. – Fastnacht, *Staffelstein*, 42*f., 215–222.

Leitersbach l.z. Biberbach (z. Massenbach z. Lein z. Neckar z. Rhein). – FlurN. 1552 *an der Leuterspach*, 1681 *An der Leutersbach*. – Das Bestimmungswort ist vermutlich der PN. (ahd.) **Liuthēr*, mhd. **Liuter*, fnhd. *Leuter* (Gen. *Leuters-*), in der Mundart entrundet > *Leiters-*. – Schmid, *HG.A.1*, S. 71.

Leitha, die ung. *Lajta*, r.z. Mosoni-Duna/Kleine Donau bei Mosonmagyaróvár/Wieselburg (H), entsteht durch den Zusammenfluss aus Schwarza und Pitten bei Lanzenkirchen (N.-Ö., A), verlässt Österreich nordöstlich von Nickelsdorf (PB Neusiedl am See, Burgenland, A); Flachlandfluss, über weite Strecken liegt das Flussbett heute trocken. – /laetᵃ/, 823 (Fälschung 971–um 977) *locum … Litaha*, 833 (Kopie 12. Jh.) *in loco … Litaha*, 1043 (Kopie 11Jh.) *ad Litaha flumen*, 1045 *infra fluuios Phiscaha et Litaha et Maraha*, *inter flumina Litaha et Fiscaha*, 1051 *inter Fiscaha et Litaha*, usw., 1122–1127 *Litah*, 1142 (Fälschung 14. Jh.) … *fluminis Leithe*, 1179 (zu 1146) *iuxta Litha*; BergN. Leithagebirge, Bergzug zwischen Leitha und Neusiedler See, 1074 *in Litahaberge*. – Die Grundform ahd. **Lītaha* (diphthongiert > fnhd. **Leit(a)*) ist vermutlich verdeutlichendes Kompositum mit dem Grundwort ahd. *aha* 'Fließgewässer' und einem ves.-ig. GwN. **Lītā*, der volksetymologisch mit ahd. *līta* 'Berghang' in Verbindung gebracht werden konnte. Der GwN. **Lītā* entspricht dem Feminin eines urig. Adjektivs **liH₂-tó-*, das unter Berücksichtigung der geographischen Eigentümlichkeiten des Flachlandflusses Leitha am ehesten zum Verb urig. **leiH₂-* 'aufhören, schwinden' (ved. *-līyate* 'löst sich auf') gehört. – Hausner/Schuster, *Namenbuch*, S. 659f. (zu ig. **lei-* 'schleimig, glitschig'); Rix, *LIV*, S. 406.

Leither Bach r.z. Ruhr (z. Rhein) bei Steele, einst Grenze zum Essener Stift, heute Kanal. – 947 *a riuulo Leatunia*, 974 *a riuulo loatunia*; ON. Leithe (Stadtteil von Essen, NRW, D), 1020 (Fälschung 12. Jh.) *Lihte*,

1158 (Kopie) *Lietha, Liehta*, ca.1155–1165 *Lichta*, 1213 *Litene*, 1220 *Liten*, 1243 *de Leten*, 1338 usw. *Lethene*, 1346 *van der Leythen*, 1414 *gut in der Leiten*, usw. – Grundform as **Leoht-unnja*, Ableitung von as. *lioht* 'Licht, hell' (< gm. **leuhta-*) mit dem as. Suffix *-unnja* (z. B. as. *wōstunnia* 'Wüste'), mit der Bedeutung 'Lichtung' o. ä., vgl. ahd. GegendN. *Buochunna* 'Buchenwald' (bei Fulda). Demnach ist **Leohtunnja* kein ursprünglicher Flussname, sondern vermutlich der Name der Gegend am Leithe-Bach, der im 10. Jh. auf den Bach übertragen wurde. **Leohtunnja* wurde (nach früher Vereinfachung der Konsonantengruppe /-ht-/ > /t/) monophthongiert zu /ē/ <ei> und /ī/ <i>, ↗Lichta (< **Liechtahe*). – Schmidt, *HG.A.6*, S. 43; Gysseling, *Woordenboek*, S. 604; Bach, *Namenkunde 1*, S. 212; Derks, *Essen*, S. 31–33.

Leitsch r.z. Rodach (z. Main z. Rhein). – ON. Leitsch bei Steinwiesen (Lkr. Kronach, Bayern, D), 1398 *Lawtsch*, 1408 *Lewtschs*, 1421 *uf dem Lewtsch*, 1429 *Lawtsch, vom Lawtsche*, 1520 *auf der Leetsch*; FlurN. Leitsch, 1398 *der Lawschz, in dem Lawsche*, 1531 *laigsch, im laizsch*, 1692 *Laitschberg, der Laitsch*. – Ursprünglich Gegendname slaw. **lovič* 'Jagdplatz' (?) über mhd. **Löutsch, *Leutsch* m. > (mundartlich entrundet) *Leitsch*. – Sperber, *HG.A.7*, S. 99; Eichler, *Nordostbayern*, S. 275, 381.

Leitzach, die r.z. Mangfall (z. Inn z. Donau) bei Feldkirchen-Westerham (Lkr. Rosenheim, Bayern, D). – 1078–1080 *usque in Liuzenaha, intra Lvcinaha*, ca.1085 *Luizzinaha*, zum 11. Jh. (Annalen 13. Jh.) *intra Liuzzanah*, 1400 *Ach*, ca.1456 *die Leiznach*; ON. Leitzach (Gemarkung Parsberg, Stadtteil der Kreisstadt Miesbach, Bayern), 1107, zum 12. Jh. (Annalen 13. Jh.) *Liuzenahese*; ON. Leizachmühle, 1559 *Leizenaw*. – Bestimmungswort ist der PN. (ahd.) *Liuzo* (Gen. *Liuzin*) <z, zz> = /ts/, Grundwort ahd. *aha* 'Fließwasser'. Der Mühlenname enthält als Grundwort mhd. *ouwe*, **Liuzenouwe* (>1559 *Leizenau*) und bedeutet 'Ort am Fließgewässer des Liuzo'. – Dotter/Dotter, *HG.A.14*, S. 236; Kaufmann, *Ortsnamen auf „aha"*, S. 51.

Lek, der 62km langer Teil des Nederijn-Lek-Stroms, einer der Hauptströme des Rheindeltas (NL). – 777 (Kopie 11. Jh.) *Lokkia* (lies **Lekkia*?), 9. Jh. (Kopie 10. Jh., Kopie 11. Jh.) *Laca*, 1108 (Kopie 12. Jh.) *inter Leccam*, usw. – Gm. **Lakjō* f., *j*-Ableitung von gm. **lakō* f. 'Bach, Teich, See' (mndl. *lake* 'stehendes Wasser'), daneben auch ohne Suffix: 9. Jh. (Kopie) *Laca*, vgl. ↗Lecker Au ↗Lach-. Der Wechsel vom femininen zum maskulinen Genus ist eine Fehlinterpretation von ndl. *de Lek* in Analogie zu *der Rhein*. – Gysseling, *Woordenboek 1*, S. 604 f.; Krahe, *UäFlNN.*, S. 97.

Lemp, die l.z. Dill (z. Lahn z. Rhein) in Ehringshausen. – 778 (Kopie 12. Jh.) *fluuium Lemphia*; ON. Niederlemp (Großgemeinde Ehringshausen, Lahn-Dill-Kreis, Hessen, D), ON. Oberlemp (Stadtteil von Aßlar, Lahn-Dill-Kreis), 781(?) (Kopie 12. Jh.) *in Lemphiu*, 845 (Kopie 12. Jh.) *Lempha*, 1213–1215 (Kopie 16. Jh.) *Limpe*, 1280 *in superiori Lempe et in inferiori Lempe*, usw. – Grundform (ahd.) **Lempia* (obd. **Lempfia*). Es gibt zwei Möglichkeiten, den Namen zu erklären: 1. Geläufig ist die Deutung als ↗*apa*-Kompositum **Lamapa*, vielleicht mit dem gm. Adj. **lama-* 'lahm' als Bestimmungswort (mit Bezug auf die geringe Fließgeschwindigkeit?), synkopiert > **Lampa*, wovon der Ortsname mit *j*-Suffix (**Lampja* > *Lempha*) abgeleitet und auf den Fluss übertragen worden sein kann. 2. Ferner kann *Lemp* direkt auf den nicht zusammengesetzten FlN. gm.**Lampjō* f. zurückgehen und von gm. **lampa-*, vgl. ndd. *lempen* 'welk niederhängen' (< **lamp-ja-n*), (ablautend e. *limp* 'schlaff herabhängend', nhd. *Lumpen*) abgeleitet sein. – Faust, *HG.A.4*, S. 47f.; Dittmaier, *apa-Problem*, S. 40; Pokorny, *IEW*, S. 656f.

Lempe, die r.z. Esse (z. Diemel z. Weser) in Hofgeismar-Gesundbrunnen (Kr. Kassel, Hessen, D). – 1551 *vff der Lempe, vff der Lemp, vff der Lempf*, 1554 *in der Lempe*, 1569 *inn der Lampe*, 1583 *die Lenff*, 1648 *bis über die Lempe*. – Grundform (mhd.) *Lempfe*, (mndd.) *Lempe*. Etymologie wie ↗Lemp. – Kramer, *HG.A.10*, S. 42.

Lempers-Bach, die r.z. Losse (z. Fulda z. Weser) bei Kaufungen (Lkr. Kassel, Hessen, D). – 1489 *gelegin in der Lempersbach*. Bestimmungswort ist der PN. *Lemper* (Genitiv *Lempers-*), entweder identisch mit dem Herkunftsnamen zum ON. ↗Lemp, ↗Lempe, oder aus PN. *Lambert* entstanden. – Sperber, *HG.A.5*, S. 64.

Lemsitz, die l.z. Stainz bei St. Stefan ob Stainz (PB Deutschlandsberg, Steiermark, A). – ON. Lemsitz (Gem. St. Stefan ob Stainz), um 1189–1190 *de Lempsniz*, 12. Jh. *de Lemsniz, Lemsnice*. – Slaw. **Lemezьnica*, abgeleitet mit dem Suffix *-ica* vom Adj. **lembn-* 'mit Balken/Stange'. Ins Bairische integriert als **Lem(p)sniz(a)*, nach dem Wegfall des auslautenden Vokals und Vereinfachung der Dreierkonsonanz /-mns-/ > /-ms-/: *Lemsitz*. – Hausner/Schuster, *Namenbuch*, S. 660; Lochner von Hüttenbach, *Steirische Hydronyme*, S. 97.

Lendersbach
– ¹Lendersbach, l.z. Neugraben (z. Durbach z. Holchenbach z. Mühlbach z. Rhein). – HofN. 1660 *Lendersbach*. – Geiger, *HG.A.2*, S. 80.
– ²Lendersbach, l.z. Mühlenbach (z. Rhein). – 1608–1609 *Lendersbach*. – Greule, *HG.A.15*, S. 66.

Bestimmungswort ist der PN. bzw. FamN. *Lender* (Gen. *Lenders-*). – Springer, *Flussnamen*, S. 162.

Leng-, Lengen- ↗Lang-.

Lengel, die r.z. Eder (z. Fulda z. Weser) oberhalb Ederbringhausen (Gem. Vöhl, Lkr. Waldeck-Frankenberg, Hessen, D). – 1486 *uber die Lengele*, um 1510 *die Lengeln*, 1571 *in der Lengeln*, *uff die Lengel*, um 1612 *uf die Lingell*, *von der Lingell*; ON. Lengelhof, Lengel-Mühle. – Die spät einsetzenden Belege erschweren eine sichere Deutung. Aufgrund von Parallelnamen wie *Längenbach*, r.z. Lahn bei Naunheim (Stadt Wetzlar, Lahn-Dill-Kreis, Hessen), 1336 *rivulum ... Lengilbach*, die das flektierte Adjektiv ↗lang (ahd. *lengin-*, dissimiliert *lengil-*) enthalten, kann angenommen werden, dass auch *Lengel* auf *lengil-* bzw. ahd. *Lengin-aha* 'langes Fließgewässer' zurückgeht. Das Grundwort *-aha* ist früh zu *-e* (1486 *Lengele*) vereinfacht und schließlich apokopiert worden. – Sperber, *HG.A.5*, S. 64.

Lenne, die

– ¹Lenne, l.z. Ruhr. – 13. Jh. (mehrfach) (*supra*, *super*) *Lenam*, 1243 *super Lennam*, 1272 *super Leynam*, 1291, 1338 (*ab illa parte*) *Lene*, 1368 *op der Lene*, 1423 *up der Lenen*, 1497 *uf der Leene*, 16. Jh. *op de Lenne*; ON. Lenne (Stadt Schmallenberg, Hochsauerlandkreis, NRW, D), 1072 *Leno*, 1101–1131 *Liene*, 1221 *Lene*, 1306 *in Lena* (und weitere Belege); ON. Lenhausen (Gem. Finnentrop, Kr. Olpe, NRW), ca.1164 *in Lennehusen*, 1313 *Lenhusen*, 1368 *Leenhuysen*; BrückenN. Lennebrücke (Stadt Plettenberg, NRW), 1250 *apud Lenebruche*, 1351–1432 *Lenebrugghen*; ON. Lennestadt (seit 1969, Kr. Olpe). – Grundform (mndd.) *Lēne* < (as.) *Lena* < gm. *Linō*. Gm. *Linō* f. ist das zur Namenbildung substantivierte Adjektiv gm. *lina-* 'sanft, mild'; zur Bildungsweise vgl. ↗Mulde, ↗Rhume, ↗Stur. Parallelnamen sind ↗³Leine und die schwedischen Gewässernamen *Lina* im ON. *Lenhovda* (Småland) und (1685) *Line rivus* im ON. *Linsell* (Härjedalen). – Schmidt, *HG.A.6*, S. 43 f.; Schmidt, *Wupper und Lippe*, S. 61 f.; Orel, *Handbook*, S. 246; Wahlberg, *SOL*, S. 193.

– ²Lenne, r.z. Weser. – (1007?) (Kopie 15. Jh.) *in Hluniam*, 1033 (Kopie 1718) *Linde rivus*, ... *influit rivum Linne*, 1489 (Kopie 16. Jh.) *vp der Lenne*, *twuschen der Lenne*, 1521 (Kopie 16. Jh.) *vppe der Lennhe*, 18. Jh. *Lenne*, *Lennebach*; ON. Lenne (Samtgemeinde Stadtoldendorf, Lkr. Holzminden, Niedersachsen, D), 1474 *Die Lenne*, 1502 *tor Lenne*, 1547 *Lente*; ON. Linnenkamp (im Quellgebiet). – Die unsichere Überlieferung erschwert die Feststellung einer Ausgangsform des Flussnamens. Obwohl in später Kopie, kann (1007?) *Hluniam* für <Hlinna> mit hyperkorrektem <H> verlesen sein. Daraus lässt sich eine Grundform (as.) *Linna*, später *Linne* und mit gesenktem Tonvokal *Lenne*, erschließen. Die Form 1033 *Linde* (in sehr später Kopie) ist hyperkorrekt. – *Linna* geht auf gm. *Linjō*, eine lokalisierende *j*-Ableitung von dem Adjektiv gm.*lina-* 'mild, lind' (↗¹Lenne) zurück. Vergleichbar ist der ON. Linne (Prov. Limburg, NL), 943 (Kopie 11. Jh.) *Linne*, 1057 (Kopie 12. Jh.) *Linna*. – Kramer, *HG.A.10*, S. 42; Casemir/Ohainski, *Holzminden*, S. 141 f.; Künzel/Blok/Verhoeff, *Lexicon*, S. 228.

Lennefer Bach (auch *die Lennef*), l.z. Sülz (z. Agger z. Sieg z. Rhein), 1555 *die Lynniphe*; ON. Halfenslennefe (Rheinisch-Bergischer Kreis, NRW, D), Kartenlennefe (Stadt Overath, Rheinisch-Bergischer Kreis), Lenneferberg (Gem. Lindlar, Oberbergischer Kreis, NRW), um 1230 *de Linnefe*, 1334 *de Lenyff*, 1413 *Lynffe*, 1550 *zur Linnffe*. – Grundform *Linnefe* (?) < *Linnapa*, zum Grundwort ↗apa. Das Bestimmungswort ist, beim Ansatz von ursprünglichem /-nn-/, gm.*Linjō* (↗²Lenne). Denkbar ist, bei der Annahme früher Assimilation /-nd-/ > /-nn-/, als Bestimmungswort auch as. *linda* stF., ahd. *linta* 'Linde' (↗Lind-). Das /-i-/ wird in der weiteren Entwicklung des Namens gesenkt > /-e-/, das Grundwort abgeschwächt zu <efe> und apokopiert zu <ef>, ↗Lenneper Bach ↗Linnefe ↗Linnep ↗Linnepe. – Faust, *HG.A.4*, S. 48, Barth, *Sieg und Ruhr*, S. 95.

Lenneper Bach l.z. Wupper (z. Rhein). – 1577 *an der Lennep*, *an der Lenneper bech*, *in der Lenpp*, 1681 *ob der Lennepp*, 1686 *in der Lennep*; ON. Lennep (Stadtbezirk von Remscheid, NRW, D), 12. Jh. *de Linnepe*, ca.1165 *de Lennefe*, 1213 *de Lynepe*, 1239 *Linnefe*, *Linnepe* usw. – Grundform *Linnepe* und *Linnefe* < *Linnapa*. Etymologie ↗Lenneper Bach. – Schmidt, *HG.A.6*, S. 44.

Lenschau z. Wakenitz (z. Ostsee). – 1238 *lentsecowe*. – Vielleicht aus (slav.) *Lącikova*, einer Ableitung von apolb. *lącz* f. 'Riedgras', mit der Bedeutung 'Gewässer mit Riedgras'. – Kvaran, *HG.A.12*, S. 114.

Leoganger Ache l.z. Saalach südöstlich Lenzing (Gem. Saalfelden am Steinernen Meer, PB Zell am See, Salzburg, A). – 930 *iuxta rivolum Liuganga*, 1248 *in dem Leugange*, 1250 *in dem Levgange*, 1247 *in der Leuganch*, 1281 *in der Levganch*, 1362 *in der Leugang*, 1363 *im leugang*, 1476 *in der Leugang ... Lewgang*, 1532 *in der Leubang*; ON. Leogang (PB Zell am See), um 1167–1193 (Kopie 13. Jh.) *de Liugange*, 1242–1264 *de Lægan(ch)*, ca.1350 *in Leuganch*, ca.1400–ca.1500 *in Leuganch*. – Der Name ist ein Kompositum mit dem Grundwort ahd. *gang* (*ahagang*) m. 'Wasserlauf, Flussbett'. Das ursprüngliche Bestimmungswort ist nicht mit Sicherheit zu rekonstruieren; es könnte *liub-* ('angenehm') oder *liuht-* ('hell, leuchtend') gewesen sein. Die inlautende Konsonantenverbindung /-bg-/ oder /-htg-/ wurde noch vor Einsetzen der schriftlichen Überlieferung assimiliert zu /-g-/. Das erwartbare maskuline Genus ist teilweise erhalten, teilweise an feminine Flussnamen angepasst (930 *Liuganga*). – Straberger, *HG.A.9*, S. 71; Hausner/Schuster, *Namenbuch*, S. 665 (zu ig. *leug-* 'schwärzlich, Sumpf'); Bach, *Namenkunde* 1, S. 277.

Leppe, die r.z. Agger (z. Sieg z. Rhein) bei Engelskirchen (Oberbergischer Kreis, NRW, D). – 1555 *die Leppe*; ON. Leppe (Ründeroth, Ortsteil von Engelskirchen), 13. Jh. *de Leppe*, 1373 *van der Leppe*, 1413 *Leepp*. – Mndd. *Leppe* < (as.) *Lippa* < gm. *Lipjō*, j-Ableitung zu gm. *lip-*, ig. *leib-* 'gießen, fließen, nass', mit „s mobile" ig. *s-leib-*, gm. *sleip-a-*, ahd. *slīfan* 'schleifen', ae. *slipor* 'glatt' (< *slipra-*). Identisch mit ↗ Lippe. Ortsnamen mit der Basis ig. *leib-* kommen konzentriert im baltisch-slawischen und im keltischen Sprachgebiet vor. – Faust, *HG.A.4*, S. 48; Barth, *Sieg und Ruhr*, S. 95; Udolph, *Gewässernamen Polens*, S. 139–141; Seebold, *starke Verben*, S. 435 f.

Leppin-See / Müritz-Havel-Wasser. – Um 1700 *Leppinsch.*, 1780 *Grosse Leppin*, 1790 *Leppin See*, 1854 *den Leppiner See*; ON. Leppin (Lkr. Mecklenburg-Neustrelitz, M.-V., D), 1396 *Leppyn*. – Der See ist nach dem Ort Leppin (< slaw. *Lěpin m.) an seinem Ufer benannt. – Wauer, *HG.A.17*, S. 101; Bilek, *Sprachgut*, S. 77.

Lerbach r.z. Söse (z. Rhume z. Leine z. Aller z. Weser). – Um 1515–1532 *in dem lerbecke*, 1524 *im Lerbike*, *im Lerpke*, 1615 *im lerbcke*, 1632–1635 *im Lerbach*, *im Lerpach*, *im Lerpke*; ON. Lerbach (Ortsteil von Osterode am Harz, Lkr. Osterode am Harz, Niedersachsen, D), 1583 *Lerpich*, 1615 *im Lerbeke*, 1642 *außm Lerbke*, 1680 *bis an dem Lerbach*. – Die Deutung des Namens ist umstritten. Das Bestimmungswort *Ler-* kann mndd. *lēr* 'Wange, Backe' (hier 'Abhang'), as. *lāri* 'leer' oder (wgm.) *hlāri* 'Hürde, abgegrenzter Bezirk' entsprechen. – Kettner, *HG.A.8*, S. 74; Kettner, *Leine*, S. 173 f.; Ohainski/Udolph, *Osterode*, S. 100–102.

Lerch-/-en- -bach, -filzgraben, -klausbach, -siek. Als Bestimmungswort kommen sowohl ahd. *lerihha* stF., mhd. *larche*, *lerche* 'Lärche' als auch ahd. *lērihha* (swstF.), mhd. *lērche* 'Lerche' in Frage. Eine Unterscheidung ist nur dort zu treffen, wo die Mundart zwischen Primärumlaut /e < a/ und der Entsprechung von ahd. /ē/ < gm. /ai/ unterscheidet. – Bach, *Namenkunde* 1, S. 309; Ulbricht, *Saale*, S. 66.

Lesnitz heute *Lietzener Fließ*, Bach bei Lietzen (Kr. Lebus, Brandenburg, D). – 1244 *villa lesnitz*, *apud lesniciam*, 1247 *Lezenitze*. – Grundform apolab. *Lěs'nica* 'Waldbach' zu *lěs* 'Wald'. – Fischer, *BNB* 10, S. 166, 169.

Leßnitzbach l.z. Griffenbach in Leßnitz. – 1157 (Fälschung 1195–1203) *Losnize rivulus*; ON. Leßnitz (Gem. Weitenfels-Flattnitz und Gem. Albeck, PB Sankt Veit an der Glan und PB Feldkirchen, Kärnten, A), 1191 (Kopie 12. Jh.) *de Losniz*. – Slaw. *Ložnica 'Wiesen-, Waldbach', mit Suffix slaw. *-ica* abgeleitet von Adj. *ložьn-* zu slaw. *logъ* 'Wiese, Au, Wald'. Ins Bairische integriert als *Lösnitz(e) entrundet > Leßnitz. – Hausner/Schuster, *Namenbuch*, S. 667.

Lesum, die r.z. Weser. – 1331 (Transsumpt 1542) *ultra Lesmoniam*, 1541 (Kopie) *in der ... Lesemen*, 1773 *Die Leesum*; ON. Lesum (Ortsteil von Burglesum, Stadtteil von Bremen/Bremen-Nord, D), 1235 *in Lesmona* usw., 1388 *to der Lesme*, 1399 *to der Lesmene*; ON. Lesumbrok (Stadtkreis Bremen), 1244, 1257, 1259 *in Lesmunderbroke*, 1299, 1314 *Lesmunderebroke*, 1384 *an den Lesmerbroke* usw. Der ON. *Lesumbrok* ist eine Zusammenrückung der Wortgruppe (mndd.) *Lēsmunder brōk* 'Marschland an der Lesum'. – Grundform (mndd.) *Lēsmen(e) (latinisiert *Lesmonia) < as. *Leo(h)smana. Der Flussname ist das Feminin zu gm. *leuhsman- m. 'Licht' (ae. *lēoma*, awn. *ljómi*), vgl. ↗ Leuchsen. Im ON. *Lēsmunder brōk ist /-d-/ hyperkorrekt eingefügt. – Borchers, *HG.A.18*, S. 83; Krahe/Meid, *Wortbildungslehre*, S. 128.

Lest, die r.z. Feldaist unterhalb von Kefermarkt (PB Freistadt, O.-Ö., A). – 1591 *die Löst*; ON. Lest (PB Freistadt), /leßt/, 1270 *in Lest*, 1338 *datz Lesten*. – Slaw. *Lěština oder slaw. (Kollektiv) *Lěščьje, abgeleitet von slaw. *lěska 'Haselnussstrauch'. – Hohensinner/Wiesinger, *Perg und Freistadt*, S. 166 f.

Lethe, die l.z. Hunte (Osternburger Kanal, z. Weser) bei Oldenburg, (Niedersachsen, D). – 1400 *upp de Lete*, 1773 *Leete Fluss*; ON. Lethe, Neulethe, Oberlethe, Zwischenlethe. – Grundform vermutlich entweder (mndd.) *Lēten(e) < as. *Liohtana, n-Ableitung von gm. *leuhta-* 'hell, Licht', oder (mndd.) *Lēt-a(he), as. *Lioht-aha, Kompositum aus dem Adjektiv gm. *leuhta-* 'hell' und dem Grundwort *aha* 'Fließgewässer'. Parallelen ↗ Leither Bach, ↗ Lichta. – Borchers, *HG.A.18*, S. 85.

Letten- -bach, -graben. Bestimmungswort ist ahd. *letto*, mhd. *lette* m. 'Lehmboden, Tonerde'. – Springer, *Flußnamen*, S. 124; Ulbricht, *Saale*, S. 124.

Lettinsee Großer ~, Kleiner ~, südwestlich Altfriedland und westlich Prötzel (Kr. Oberbarnim; Brandenburg, D), 1587 *Großen, Kleinen Leddien*, 1643 *Der Lettin*, 1751 *Lettinsee*. Der slawische Name ist nicht eindeutig erklärbar. – Fischer, *BNB* 10, S. 167.

Letze, die Name mehrerer Wasserläufe und Siedlungen in der ostfriesischen Halbinsel, z.B. ON. Leezdorf (Lkr. Aurich, Niedersachsen, D), dessen Bestimmungswort der Gewässername 1654 *die Leetze wege* ist. Etymologie: gm.*lakjō, j*-Ableitung von gm. *lakō f. 'Bach, Teich, See'. – Remmers, *Aaltukerei*, S. 140, 267.

Leuba, die
– ¹Leuba, r.z. Weida (z. Weißen Elster z. Thüringische Saale). – ON. Hohenleuben (Lkr. Greiz, Verwaltungsgemeinschaft Leubatal, Thüringen, D), 1267 *de lubene* (hierher?), 1295 *capella in Luoben*, 1312 *Lewebenn*. – Ulbricht, *Saale*, S. 229f.
– ²Leuba, r.z. Pleiße (z. Weiße Elster z. Saale) östlich von Altenburg nordwestlich von Penig. – ON. Langenleuba-Niederhain, Dorf östlich von Altenburg (Thüringen, D), 1373 *zu der Langen Lubin*; ON. Langenleuba-Oberhain, Dorf nordwestlich Penig (Altlandkreis Geithain, Sachsen), /de laewə/, 1290 *in Luben maiori*, 1436 *zu der langen Lubin*, 1528 *In der langen Lewbe*, 1548 *Lange Leube*. – Walther, *Gewässernamenschichten*, S. 27; Eichler/Walther, *HONBSachsen* 1, S. 583f.
Grundform asorb. *L'ub-ń- (*L'ubeń, *L'ubĕn) 'Gewässer/Ort eines L'uben/ L'ubĕn', mit *j*-Suffix abgeleitet von PN. *L'uben, *L'ubĕn.

Leubach r.z. Streu (z. Fränkische Saale). – ON. Leubach (Stadtteil von Faldungen, Lkr. Rhön-Grabfeld, Bayern, D), 1230 *Liutebach*, 1336 *villa Lutebach, dorf zu Lutebach*. – Über *Leu(te)bach* < (mhd.) *Liutenbach* < ahd. *(zi demo) lūtin bache*, benannt nach dem Gehörseindruck, ↗ Laud-/Laut-/Lud-. – Sperber, *HG.A.7*, S. 99.

Leubas, die r.z. Iller (z. Donau). – ON. Leubas (Stadt Kempten/Allgäu, Bayern, D), ca.1180 (Kopie ca.1600) *Luibas*, ab 1374 *Lubas*, 1411–1442 *Liubas*, ab 1428 *Luibas*, ab 1441 *Leubas*. – Grundform ahd. *Liubasa* (neben *Liubisa*) wie bei den Namen ↗ Lois, ↗ Loisach. Zugrundeliegt liegt allen drei Namen ein germanisches Nomen mit *-iz-/-az-*Stamm (**leub-iz-/-az-*, ig. *leubʰ-es-*, lit. *liaupsé* 'Lobpreisung'), das zum femininen *ā*-Stamm erweitert wurde und mit dem Adj. gm. *leuba- 'geliebt' in Beziehung steht. Benennungsmotiv ist wie bei ↗ Gutach das ruhige Fließen, oder, da die Wurzel gm. *leub- auch die Bedeutung des Erlaubens (vgl. Ur-*laub*) angenommen hat, könnte der Name auch darauf hindeuten, dass mit der Nutzung des Gewässers gewisse Freiheiten verbunden waren. – Reitzenstein, *Loisach*, S. 12; Pokorny, *IEW*, S. 683f.

Leuchsen, die (auch *Leuchsenbach*), l.z. Main in Lichtenfels (Bayern, D). – /di lɔigsn/, ca.1450 *in der Lewchsen*, ca.1530 *neber der Leuchsen*. – Grundform mhd. *Liuhsene* < ahd. *Liuhsina*, *n*-Ableitung von gm. *leuhsa- (awn. *ljós* 'Licht'), ↗ Lüssel. – Sperber, *HG.A.7*, S. 99; George, *Altlandkreis*, S. 31*f.

Leuchsengraben r.z. ↗ Leuchsenbach. – Sperber, *HG.A.7*, S. 99.

Leuengraben ↗ Löwen-.

Leugast (auch *Leugastbach*), r.z. Großen Koserbach (z. Koserbach z. Schorgast z. Weißen Main). – ON. Marktleugast und Oberleugast (Lkr. Kulmbach, Bayern, D), 1240 *in Lubegast minori*, 1247 *Lubegast*, *Oberlubegast*, 1349 *in Oberleubegast*. – Slaw. ON. *L'ubogostjь, mit toponymischem *j*-Suffix vom slaw. PN. *L'ubogostъ abgeleitet; ins Deutsche integriert als (mhd.) *Liubegast*, diphthongiert > *Leubegast*, mit Synkope (*Leubgast*) und assimiliert > *Leugast*. Der Name des Ortes ist auf den Namen des Gewässers, an dem er liegt, übertragen. – Sperber, *HG.A.7*, S. 99; Eichler, *Nordostbayern*, S. 285; Eichler/Greule/Janka/Schuh, *Bayreuth*, S. 110.

Leuggelbach Quell- und teilweise Grenzbach zwischen den Gemeinden Leuggelbach und Nidfurn (Kanton Glarus, CH). – Ende 15. Jh. *an den loegelbach*, 1708 *Leugelbach*; ON. Leuggelbach (Gemeinde, Kanton Glarus), /ts, uff léükkəlbàx/, 1350 *Löckelbach*, Ende 15. Jh. *ze Lögelbach*, 1528 *Leukelbach*, 1670 *Leuggel- und Adlenbach*; FlurN. Leuggelen, Sommerweide oberhalb von Nidfurn, Schwanden und Schwändi, /its läükkələ/, 1350 *uffen Loegellen*; FlurN. Leuggelenberg, Teil des Leuggelen, 1801/1802 *Leückeleberg*; FlurN. Leuggelenstogg (oberhalb von Leuggelbach), 1682 *Leüggelnstock*. – Grundform (ahd.) *Lougil-, mhd. *Löüggel-. Der Name dürfte weitgehend mit ↗ Löigene (< ahd. *Lougina) identisch sein. Falls *Lougina die Grundform von *Leuggel-* war, liegt Fernassimilation /L … n/ > /L … l/ vor. – Walch, *Glarus*, S. 214 (mit anderer Etymologie: gallorom. *loukella).

Leuk-Bach l.z. Saar (z. Mosel z. Rhein). – Ca.1250 *fluminis … Luca*, 1346 *iuxta ripam … Luke*; ON. Kollesleuken (Ortsteil von Freudenburg, Lkr. Trier-Saarburg, Rh.-Pf., D), 1343 *Colynslücken, Kolmeschlucken*, 1382 (Kopie 15. Jh.) *Colinslücke*, 1396 *Colinsleucken* usw.; Niederleuken (Stadtteil von Saarburg, Lkr. Trier-Saarburg), 994 (Original?) *in villa … Luica*, ca.1200 *luca*, 1231 *de Lucche*, ca.1250 *de inferiori Luca* usw.; Oberleuken (Ortsteil der Gem. Perl, Lkr. Merzig-Wadern, Saarland), 994 (Original?) *in villa ... Odouuinesluica*, 1126 *Luca* usw. – Im ON. Kollesleuken liegt der Genitiv des PN. *Kolman* (*Kolmanes- > *Kollens-*), im ON. (994) *Odouuinesluica* der PN. (ahd.) *Odowin* vor. – Der FlN. *Leuk*, mit dem die Ortsnamen zusammengesetzt sind, ist durch Diphthongierung von (mhd.) *Liuke* (<iu> = /yː/) und Umlaut aus (vorgm.) *Lūkja* hervorgegangen. *Lūkja* ist mit *j*-Suffix vom (kelt.) Stamm *louko-* '(schwarz) leuchtend' (⌐Lauch) abgeleitet. Vergleichbar ist der Name *Leukental* für das Tal der Großache von Sankt Johann in Tirol bis Erpfendorf (A), 1102–1104 (Kopie 13. Jh.) *Liuchental*; der ursprüngliche Name der Großache dürfte (mhd.) *Liuche* gewesen sein. – Spang, *HG.A.13*, S. 43 f.; Buchmüller/Haubrichs/Spang, *Namenkontinuität*, S. 87 f.; Hausner/Schuster, *Namenbuch*, S. 668.

Leutasch die (auch *Leutascher Ache*), l.z. Isar südlich von Mittenwald (Oberbayern, Bayern, D). – 1166 (Fälschung 19. Jh.) *juxta fluviolum Luitaske*, 1177 *aqua ... Livtaske*, 1195 *circa fluuium Luitaske*; ON. Leutasch (PB Innsbruck-Land, Tirol, A), 1180 *Liutasche*; RaumN. Leutaschtal. – Zugrunde liegt das Adjektiv ahd. *liutiska (aha)* 'das den Leuten (=*liuti*) gehörende Gewässer', mit an der Endung assimiliertem Mittelsilbenvokal: *Liutaska*, mhd. *Liutesche* > /lyːtesch/ > *Leutesch/Leutasch*. Zum Benennungsmotiv vgl. ⌐Pulkau, ⌐Volkach. – Snyder, *HG.A.3*, S. 60 f.; Hausner/Schuster, *Namenbuch*, S. 668; Anreiter/Chapman/Rampl, *Gemeindenamen*, S. 150–153 (<*leutasciā* 'Sumpfgegend').

Leutenbach ⌐Laud-/Laut-/Leut-/Lud-.

Leutra, die (auch *Leutra-Bach*), l.z. Thüringischen Saale bei Jena (Thüringen, D). – 1665 *des Wassers ... die Leuter*; ON. †Leutra, /litter/, 830–850 (Kopie 880–899) *Liutdraha*, 1328 *Lutra*, 1349 *Lutera*, 1360 *Lutram*; StraßenN. (18. Jh.) *Leitergasse, Leiter-Straße*. – Kompositum mit dem Bestimmungswort ahd. *lūtir-* 'klar, rein, sauber' (⌐Lauter/Luter), vgl. ⌐Leinleiter, und dem Grundwort ahd. *aha* 'fließendes Gewässer'. – Ulbricht, *Saale*, S. 35, 181; Walther, *Gewässernamenschichten*, S. 27; Nail/Göschel, *Jena*, S. 20.

†Levensau jetzt im Bett des Nord-Ostsee-Kanals (S.-H., D). – 1225 *ad aquam Leuoldesowe*, 1232 *Levoldesov* usw., 1424 *a flumine Leuingsowe* usw., 1498 *uppe der Levenszouwe*, 1551 *vp der Lebensawe*, 1650 *Levens aw*. – Zusammensetzung mit dem Genitiv des PN. (as.) *Lēwold(-es)*, später *Lēwing(-s)*, und dem Grundwort ndd. -*au(e)*, mndd. *ouw(e), ow(e)* 'Land am Wasser, Wasserlauf' mit der Bedeutung 'Au des Lewold'. – Kvaran, *HG.A.12*, S. 114 f.; Laur, *Schleswig-Holstein*, S. 429.

Ley ⌐¹Leit-, Leite.

Libbesicke-See nordnordwestlich von Libbesicke (Kr. Uckermark/Templin, Brandenburg, D). – 1719 *Lebusskesche See*, 1826 *Libesike S.*; ON. Libbesicke, 1416 *zu Lybeseck*. – Apolab. *Labuzik-* 'Schilfsee', ⌐Labüsch-, -en-, Labüske. – Fischer, *BNB 10*, S. 160.

Lichta, die (auch *Lichte*), r.z. Schwarza (z. Thüringische Saale). – 1497 *an der Leichte* (lies *Liehte*), 1515 *an der Lichta*, 1516 *in der Lichte*, 1522 *die Lichta*; ON. Lichta (Stadtteil von Königssee, Lkr. Saalfeld-Rudolstadt, Thüringen, D), /liχdə/, 1342 *Lychta*, 1370 *Lichta* (und weitere Belege). – Grundform (mhd.) *Liechtah(e)*, Kompositum aus ahd. *lioht*, mhd. *lieht* 'hell, leuchtend, glänzend' und ahd. *aha* 'Fließgewässer'; Benennung nach der Klarheit des Wassers, vgl. ⌐Leither Bach. – Ulbricht, *Saale*, S. 200; Fischer/Elbracht, *Rudolstadt*, S. 35.

Liebe, die poln. *Liwa*, r.z. Nogat (als ein Mündungsarm der Weichsel z. Frischen Haff, Ostsee, PL). – 1250 *Lyua*, < *Līwā* (ig. *līu̯ā*), adjektivische *u̯*-Ableitung von der Schwundstufe der Wurzel *leiH-* 'gießen' (*liH-u̯ó-*), die verbal nur im Baltischen und Slawischen vertreten ist. – Udolph, *Gewässernamen Polens*, S. 141–145; Rix, *LIV*, S. 405 f.

Liebersbach, die r.z. Weschnitz (z. Rhein). – /liːvərʃbax/, 1593 *an der Lieberspach*; ON. Nieder-Liebersbach (Gem. Birkenau, Kr. Bergstraße, Hessen, D), ON. Ober-Liebersbach (Gem. Mörlenbach, Kr. Bergstraße), 877 (Kopie 12. Jh.), 897 (Kopie 12. Jh.) *Lieberesbach*. – Zusammensetzung mit dem Genitiv des PN. (ahd.) *Liobheri*, mhd. *Lieb(h)er* und Grundwort -*bach*. – Geiger, *HG.A.2*, S. 81; Ramge, *Flurnamenbuch*, S. 644.

Liebnitz, die Bach bei Bardenitz (Kr. Jüterbog-Luckenwalde, Brandenburg, D). – 1300/1370 (*flumen*) *Levenitz*, 1331 *fluvium ... Lewenitz*, 1452 *unter die Leweniz*. – Apolab. *Lav'nica*, abgeleitet von *lava* 'Bank', oder apolab. *Lěv'nica*, abgeleitet von *lěv-* 'linker'. – Fischer, *BNB 10*, S. 168.

Liebochbach l.z. Kainach bei Lieboch. – ON. Lieboch (PB Graz-Umgebung, Steiermark, A), 1140 (Fälschung vor 1219) *de Liboche*, usw. – Slaw. *Libochy*, Plural zu slaw. PN. *Libochъ* (slaw. *lib-* 'schwach, mager'). – Hausner/Schuster, *Namenbuch*, S. 670; Lochner von Hüttenbach, *Steirische Hydronyme*, S. 97.

Liederbach r.z. Main (z. Rhein) bei Frankfurt (Hessen, D). – ON. Liederbach (Main-Taunus-Kreis, Hessen), 780–802 *Liderbach*, 839 (Kopie 12. Jh.) *in villa Leoderbach*, 1191 *Liderbach* usw. – Bestimmungswort ist ahd. (*h*)*liodar* stN. 'Gräusch, Getöse' (Tatian 145,15 *liodar seuues inti uuazzaro fliozentero* 'das Getöse des Meeres und der fließenden Wasser'). – Sperber, *HG.A.7*, S. 100; Petran-Belschner, *Gewässernamen*, S. 7; Karg-Gasterstädt/Frings, *Wörterbuch* V, 12./13. Lfg., Sp.1036.

Liem-/Lienbach Oberlauf des Aubachs, r.z. Lammer (z. Salzach) bei Pichl (Gem. Abtenau, PB Hallein, Salzburg, A). – 1130 (flumen) *Lŷmbach*, 1243 *in Limpach*, 1250 *Linbach*, 1265 *Liennepach*, 1565 *Lienpach*. – Vermutlich aus **Lind*(*e*)-*bach* assimilierter Name, ↗Lind-/-e-/-en-. – Straberger, *HG.A.9*, S. 72; Hausner/Schuster, *Namenbuch*, S. 672.

Lien-/Liehen -bach, -see, z.B. Lienbach, r.z. Sexter Bach (z. Drau) zwischen Sexten und Moos (Pustertal, Prov. Bozen/Südtirol, I.), /liᵃnpachl/, um 1770 *Lien Ba*; oder Liehenbach, Ortsteil der Gem. Bühlertal (Lkr. Rastatt, B.-W., D), 1299 *Lienbach*, 1376 *im Liehenbach* usw. Als Bestimmungswort wird eine Kurzform des PN. *Leonhard*, mundartlich /liᵃnhart/, aus **Lien*(*harts*)-*bach* und (wahrscheinlicher) mhd. *liene, liehe* f. 'wilde Sau, Bache' vermutet. – Kühebacher, *Ortsnamen*, S. 179, Geiger, *HG.A.2*, S. 81; Springer, *Flussnamen*, S. 119.

Lienewitz-See Großer ~, zum Fließ (z. Caputher See z. Havel) östlich von Ferch (Kreis Zauch-Belzig, Brandenburg, D). – 1317 *stagnum … Lynewitzersee*, 1745 *Lienewitzsche See*; ON. Lienewitz, 1435, 1444 *die lynewicze*, 1445 *dat Holt Lynewitz* usw.; Kleiner ~, zum Fließ (z. Großer Lienewitz-See z. Caputher See z. Havel), 1745 *Kleiner See.* – Apolab. **Linovica*, abgeleitet von **lin* 'Schlei(e)', mit der Bedeutung 'See, in dem Schleien vorkommen'. – Wauer, *HG.A.17*, S. 102; Fischer, *BNB* 10, S. 168.

Liese, die

– ¹Liese, l.z. Nuhne (z. Eder z. Fulda z.Weser) in Liesen. – ON. Liesen (Ortsteil von Hallenberg, Hochsauerlandkreis, NRW, D), 1291 *de Lyssena*, 1313 *in Lisne, Lysne*, 1338 *in oueren leisen, in Leysnen, oueren Leysnen, in Nideren Leysen, in Lysen*, 1368 *in Ouerenleysen*, 1391 *in Lyssene*. – Die Grundform ist **Līsana* neben **Līsna*. Sie kann auf urig. **liHsó-, s-*Ableitung zu den Verben urig. **leiH-* 'gießen' oder **leih₂-* 'aufhören, schwinden', wovon der Name mit *n*-Suffix abgeleitet ist, zurückgeführt werden. Möglich ist auch die Herleitung aus (ahd.) **Līsin-a*(*ha*) 'leises Wasser', eine Gegensatz-Bildung zu (ae.) **Hlūdan-ēa* (↗Laute, Lude). – Sperber, *HG.A.5*, S. 64.

– ²† Liese, alter Name der Markau (r.z. Söse z. Rhume z. Leine z. Aller z. Weser). – 1536 *lissa*, 1659 *das waßer Liese*; GauN. Lisgau, 889 (Kopie 15. Jh.) *Hlisgo*, 965 (Kopie 11. Jh.) *Lisgo*, 978 (Kopie 1549) *in pago Lisgo*, 990 *in pago Lisgouue* (und weitere Belege); FlurN. Liesenbrink, 1577 *ufm liesenbrinck, aufm lisenbringk, uf dem Grossen lisebringk*. – Die Grundform **Līsa* kann als substantiviertes Adjektiv zu ahd. *līso* (Adverb) 'leise' in der Bedeutung 'die Leise' gestellt werden, ↗¹Liese. – Kettner, *Leine*, S. 174f.; Kettner, *HG.A.8*, S. 74.

– ³Liese, Name für verschiedene Abschnitte des ↗Liesenbachs.

Lieseckengraben bei Altbliesdorf (Kreis Oberbarnim, Brandenburg, D). – 1765 *die sog. Liesicke.* – Grundform apolab. **Luž-k-* zu apolab. **lug* neben **lǫg* 'sumpfiger Boden', ↗Lusike. – Fischer *BNB* 10, S. 174.

Liesenbach (auch: *die Liese*), r.z. Glenne (z. Lippe z. Rhein) zwischen Wadersloh und Lippstadt. – ON. Liesborn (Gem. Wadersloh, Kr. Warendorf, NRW, D), 1019 *Liesbern* (lies: *Liesborn*?), 1131, 1134 *Lisbarn*, 1134 *Leisborn*, 1142 *de Lesberne*, 1166 *Lisburnensis abbas*, 1387 *Leesbern*; ON. Bad Waldliesborn (Kr. Lippstadt, NRW). – Der FlN. *Liese/Liesenbach* ist wahrscheinlich eine Rückbildung aus dem ON. Liesborn, einem Kompositum mit dem Grundwort *born* 'Quelle' und mhd. *liesche*, mndd. *lēsch*, mndl. *lies(c)* 'Riedgras'. – Schmidt, *HG.A.6*, S. 44; Schmidt, *Wupper und Lippe*, S. 63 f.; Bach, *Namenkunde* 1, S. 314.

Lieser, die

– ¹Lieser, l.z. Drau in Spittal an der Drau (Kärnten, A). – 1072 (Kopie 12. Jh.) *ubi Lisara influit fluvium Tra*, 1142 (Kopie 15. Jh.) *a fluvio Lisara*, 1150–1164 (Kopie 14./15. Jh.) *in aqua Lisera*, 1188 *iuxta Lyseram*; ON. Liseregg (Gem. Seeboden, PB Spittal an der Drau), 977–981 *in … locis … Lisara*, 1138 *Liserę*, 1177, 1187 *Lisere*, 1188 *de Lysereke*; ON. Lieserhofen (Gem. Seeboden), um 1065–um 1075 *actum Lisrahovun*, 1070–um 1080 *locis Lisirahôvvn, Lisirahovvn, Lisrahovun* (und weitere Belege). – Ahd. *Lisara* > *Lisere* > **Liser* > *Lieser*. Falls aus vorbair. **Lesurā*, könnte *Lieser* mit den unter ↗²Lieser behandelten Namen zusammengestellt und wie diese gedeutet werden. Falls *Lisara* die Ausgangsform ist, kann der Name als Ableitung mit *r*-Suffix eines Stammes **liso-*, feminin **lisā*, der auch in anderen Gewässernamen (↗Liese) vorkommt, gedeutet werden; **lisā* dürfte im Ablaut stehen zu lat. *līra* (<**leisā*) 'Furche im Ackerbeet' und mhd. *leise* 'Spur, Geleise', abulg. *lěcha* 'Ackerbeet' (<**loisā*). Den Stamm **liso-* könnte auch der heutige FlurN. *auf der Lisa* (/liːsə/), 1547 *vff der Lyesse* (< **Lisja*?) im Bereich unbenannter Zuflüsse der Gersprenz (Gem. Brensberg, Hessen, D) enthalten. Falls ahd. *lesa* 'Runzel' ebenfalls aus **lisa* entstanden ist, kommt germanische Herkunft der Namen infrage. – Hausner/Schuster, *Namenbuch*, S. 672 (aus **l'Isara*); Pokorny, *IEW*, S. 671; Ramge, *Flurnamenbuch*, S. 649.

– ²Lieser, l.z. Mosel bei Lieser. – 370 (Kopie 10. Jh.) *Lesuram* (Ausonius, Mosella), 634 (Kopie 10. Jh.) *Lesuram*, (785–797) (Kopie 1191) *Lisera, Lisara*, 952 (Kopie 14. Jh.) *Lysure* (Genitiv), 973 (Kopie 14. Jh.) *Lysera* (und weitere Belege); ON. Lieser (Lkr. Bernkastel-Wittlich, Rh.-Pf., D), 817 (Kopien 12., 13. Jh.) *Lisira*, 1098 *Lisera* (Kopie 12. Jh.), 1157 *Lesere*. Falls die älteste Erwähnung des Flusses im Moselgedicht des Ausonius die vorromanische Lautung des Namens mit /-e-/ bietet, kann man ihn mit ¹Lieser (< **Lesura*) und dem Gewässernamen *Lésuros* an der spanischen Ostküste (Hekataios, fragment 16) zusammenstellen. Fraglich bleibt, ob damit auch der bei Sidonius (carmen 24,44; Plinius, naturalis historia XI 240) erwähnte Name *Lesura* (der Berg *Lozère* der Cevennen, Südfrankreich) zusammenhängt. *Lesura* kann, mit r-Suffix von dem Nominalstamm **les-u-* abgeleitet, auf das ig. Verb **les-* 'sammeln, auflesen' zurückgeführt werden. Dazu gehört auch das Nomen (kelt.) **les-tro-* 'Gefäß' (kymr. *llestr*). Der derartigen Benennung liegt die Metapher zugrunde, dass der Fluss das Wasser wie in einem Gefäß sammelt. – Falls die Schreibung *Lesura* die romanische Lautung des Namens (< vorrom. **Lisura*) bietet, gehört sie zu dem unter ↗¹Lieser aufgeführten Stamm **liso-* (bzw. **lisu-*). – Gysseling, *Woordenboek* 1, S. 615; Rix, *LIV*, S. 413.

Liesing, die

– ¹Liesing, l.z. Schwechat in Schwechat (PB Wien Umgebung, A) mit dem Quellfluss *Dürre Liesing*, 1002 *inter Durran Liezniccham ...*, 1033 (Kopie 1735) *Lesnic*, 1120 (Kopie um 1200 *Liesnikhe*; ON. Liesing (23. Wiener Gemeindebezirk), 1166 *aput Liesnich*, 1177–1185 *de Liestniche*. – Slaw. **Lěsьnika* 'Waldbach', vom slaw. Adj. **lěsьn-* zu slaw. **lěsъ* 'Wald', zum Namen abgeleitet mit Suffix *-ika*. Ins Bairische integriert als **Liesnich(a)*, später angeglichen an die Namen auf *-ing*. – Hausner/Schuster, *Namenbuch*, S. 673; Bergermayer, *Glossar*, S. 132 f.

– ²Liesing, l.z. Mur in Sankt Michael in der Obersteiermark (PB Leoben, Steiermark, A). – 860 *ad Liestinicham*, 925 *ad Lieznicham* usw., um 1160 *de Liesnich* usw., 1187/88 *Lisnik*, 12. Jh. *de Liestnich* usw., 1410–1428 *Liesing*. – Slaw. **Lěščьnika*, vom Adjektiv slaw. **lěščьn-* 'mit Haselnusssträuchern' (slaw. **lěska* 'Haselnussstrauch') mit Suffix *-ika* zum Namen abgeleitet. Ins Bairische früh integriert als **Liestnich(a)*, später angeglichen an Namen auf *-ing*. – Hausner/Schuster, *Namenbuch*, S. 673; Lochner von Hüttenbach, *Steirische Hydronyme*, S. 99.

Ligistbach

r.z. Kainach in Krottendorf bei Ligist (Gem. Krottendorf-Gaisfeld, PB Voitsberg, Steiermark, A). – 1173 (Fälschung gegen 1220) *... riuorum ... Lubgast*; ON. Ligistmarkt (Gem. Ligist, PB Voitsberg), 1173 (Fälschung gegen 1220) *siluam ... Lubgast nuncupatam*, 1245 *de Liubegast*, 1400–1414 *Lugaster pharr*, 1624 *Ligist*. – Slaw. ON. und GwN. **L'ubogoščь*, vom PN. **L'ubogostъ* mit *j*-Suffix abgeleitet. Ins Bairische integriert als **Lübgast*, nach Assimilation /-bg-/ > /-g(g)-/ > **Lügast*, mit Entrundung des /-ü-/ und Abschwächung der unbetonten Silbe > *Ligist*. – Hausner/Schuster, *Namenbuch*, S. 674; Lochner von Hüttenbach, *Steirische Hydronyme*, S. 99.

Lignitzbach

l.z. Taurach in Lintsching (Gem. Sankt Andrä im Lungau, PB Tamsweg, Salzburg, A). – Um 1130–um 1135 (Kopie 13. Jh.) *in amne Lunniz, sursum ad Lunnize*; ON. Lignitz (Gem. Mariapfarr, PB Tamsweg), um 1130–um 1135 (Kopie 13. Jh.) *alpem Lunniz*. – Grundform **Lügnitze* (**Lünnize*), mit Entrundung (/-ü-/ > /-i-/) > *Lignitz*. Mit dem Suffix gm. **-itja-* abgeleitet von gm. Adj. **lugna-*, **lugni-* 'ruhig, still' (awn. *lygn* 'still, ruhig', *lón* 'ruhige Stelle in einem Fluss'), ahd. **Lugnitzi* n. 'Gegend mit ruhigem Wasser', vgl. ↗Luppmen. – Hausner/Schuster, *Namenbuch*, S. 674 (andere Etymologie: FlN. **Luna* + slaw. *-ica*); Pokorny, *IEW*, S. 689.

Lim-

(auch *Lem-*) *-bach*, *-becke*, *-mecke*. Das Bestimmungswort ist (durch sprechererleichternde Assimilation /-ndb-/ > /-nb-/ > /mb-/) aus der Zusammensetzung **Lind-bach* (↗Lind-/-e-/-en-/-el-) hervorgegangen, z. B. ON. Limbach (Ortsteil von Kirkel, Saar-Pfalz-Kreis, Saarland), 1244 *Lintpach*, 1289 *Limbach*; Limmecke-Bach (z. Mühlenwasser z. Erpe z. Twiste z. Diemel), 1396 *die Lynbecke*. Durch mundartliche Senkung (/i/ > /e/) entstand *Lembach*, z. B. Lem-Bach, r.z. Schwalm (z. Eder z. Fulda), 1287 *Lempach*, 1300 *Lympach*. – Greule, *HG.A.13*, S. 44; Kramer, *HG.A.10*, S. 43; Sperber, *HG.A.5*, S. 63; Springer, *Flußnamen*, S. 109; Ulbricht, *Saale*, S. 71 f.

Limmat, die

Abfluss des Zürichsees, unterhalb Turgi (Kanton Aargau, CH), r.z. Aare (z. Rhein); der Name galt einst auch für den Linth-Maag-Kanal (aus dem Walensee zum Zürichsee). – /limaˑ/, älter /limig/, 771 *ad fluvium Lindimacum*, 820 *de ripa Lindimagi fluvii*, 870 *cis Lindimacum*, 9. Jh. *fluuium lindomaci*, 976 *litus Lindimagi fluminis*, 11. Jh. *Lindemacus fluuius*, um 1089 *in fluvio ... lindimacus, in ... flumine Lindimaco*, 1146 *Lindemach*, 1153–1155 *flumen Lindemaga*, 13. Jh. *Lindemage fluvius* usw., 1351 *die lindtmag nider*, 1530 *die Lindmagt*, ca.1565 *Limmat fl.* – Ausgangsform (kelt.) **Lindomagos*, vermutlich Kopulativkompositum aus den Flussnamen ↗Linth und

⟶ Maag, die sich vor der Kanalisierung der Linth bei Ziegelbrücke (Kanton Glarus) vereinigten. *Lindomagos* entwickelte sich zu ahd. *Lindimac*, latinisiert *Lindimacus*. Später setzte sich das Femininum mhd. *Lindemage* durch. Nach der Synkope (>*Lindmage*) und Apokope (>*Lindmag*) entwickelte sich ein epenthetisches /-t/ (*Lindmagt*). Nach der Assimilation im Inlaut (/-ndm-/ > /-mm-/) entstand die heute amtliche Form *Limmat*. Zu bedenken ist demgegenüber, ob kelt. *Lindomagos (Kompositum mit dem Grundwort kelt. *magos, -es- n. 'Feld, Ebene') ursprünglich ein Gegendname mit der Bedeutung 'Linth-Ebene' war, aus dem sich allmählich der FlN. *Limmat* entwickelte. – Greule, *Oberrhein*, S. 129–132; Walch, *Glarus*, S. 110 f.

Limmeren, die   Stausee z. Limmerenbach (z. Linth z. Walensee z. Zürichsee) in der Gemeinde Linthal (Kanton Glarus, CH). – /límmərə/, (1003 oder 1063, Fälschung) *torrentis ... limerta* (lies: <limerra>?), 1548 *biß inn die Limeren, in die Limmeren*, 1707 *Limerenbach*. – Ursprünglicher Geländenamen, vermutlich Ableitung von schweizerdeutsch *Limmi* 'kesselförmige Vertiefung, kleine Ebene zwischen mit Gras bewachsenen Bergen, Einsenkung des Bodens, usw.' mit dem Suffix -*aria* (> -*erre*, -*ere*). – Walch, *Glarus*, S. 105–107.

Limnitzgraben   Oberlauf d. Ragöse (z. Finow-Kanal) bei Golzow (Kr.Uckermark/Angermünde, Brandenburg, D). – 1258 *in riuulum Lupaniz*, 1277 *in fluuio Lupaniz*, 1589 *den Lebbenitz*. – Apolab. *Lupanica, abgeleitet vom Verb *lupiti/*lupati 'schinden, schälen, reißen', Parallelname: 1300 *stagnum Lupenitz* (in der ehemaligen Neumark). Verdeutlichendes Kompositum mit dem Grundwort -*graben*. – Fischer, *BNB 10*, S. 169 f.

Limpig, der   Großer ~ (r.z. Söse z. Rhume z. Leine) bei Osterrode am Harz (Niedersachsen, D), Kleiner ~, r.z. Großer ~; Mittlerer ~, r.z. Großer ~. 1500 *den Lindenbeck nedder*, 1509 *von dem Lindenbach, an dem Lindenbecke*, 1543 *lindimk*, 1664 *Lintenke*; gekürzt aus *Linden-beke (⟶ Lind-/-e-/-en-). – Kettner, *HG.A.8*, S. 75; Kettner, *Leine*, S. 175–177.

Linach   r.z. Breg (z. Donau). – ON. Linach (Stadtteil von Furtwangen im Schwarzwald, Schwarzwald-Baar-Kreis, B.-W., D), 1197 *Linaha*, 1357 *us der Linna*, 1400 *von der Linach* usw.; TalN. 1300 *vallis dicte Lina*, 1326 *Linach daz tal*, 1443 *das tale Linach*, 1491 *Linach das tal*. – Kompositum mit dem Grundwort ahd. *aha* 'Fließwasser' und Bestimmungswort gm. *lina- 'mild, lind' ⟶ ¹Lenne. – Snyder, *HG.A.3*, S. 61.

Lind-/-e-/-en-   -*ach*, -*bach*, -*bächle*, -*brunnen*, -*graben*, -*pfuhl*, -*see*, -*weiher*. Das Grundwort ist ahd. *linta* swF. 'Linde', z.B. Lindach, l.z. Lauter (z. Neckar), 1356 *ienant Lindachen*; ON. Limbach (Gem. Schweiggers, PB Zwettl, N.-Ö., A), 1163(?) (Kopie um 1173/74–1180) *de Lintbach*. Durch Lautwandel (vorwiegend Assimilation) sind Nebenformen entstanden, ⟶ Lim- ⟶ Lingel- ⟶ Linne-/-en-. – Schmid, *HG.A.1*, S. 71; Hausner/Schuster, *Namenbuch*, S. 675; Springer, *Flussnamen*, S. 109; Fischer, *BNB 10*, S. 170.

Linde   ursprünglich zur Kuinder (z. Bijlinde z. Nieuwe Kanaal z. IJselmeer), später abgedämmt (NL). – 1165 *inter Lennam antiquam et Kunren*, 1232 *Lenna*, 1401 *tuschen der Weser ende der Lennen*, 1580 *de Linde*. – Vorgm. (kelt.) *Lindā, urkelt. *lendā 'Wasser, See', ⟶ Linth. – Zelders, *HG.A.11*, S. 23.

Lingel-   -*bach*, -*graben*, z.B. Lingel-Bach, l.z. Berfa (z. Schwalm z. Eder z. Fulda). – 9. Jh. *Lintelbah*, 1580 *Lingelbach*. – Das Bestimmungswort ist durch sprechsprachliche Dissimilation und Assimilation (/l-nd-n/ > /l-nd-l/ < /l-ng-l/) aus *Lindenbach* entstanden, ⟶ Lind-/-e-/-en-. – Sperber, *HG.A.5*, S. 64 f.

Linne-/-en-   -*bach*, -*becke*, z.B. Linne-Bach (z. Osten-Bach z. Rüpingsbach z. Emscher), 1374 *to Lynnebike*. In der niederdeutschen Mundart assimiliert < *Lindebeke (⟶ Lind-/-e-/-en-). – Schmidt, *HG.A.6*, S. 45; Kramer, *HG.A.10*, S. 43.

Linnefe, die   r.z. Dhünn (z. Wupper) bei Dabringhausen (Stadtteil von Wermelskirchen, Rheinisch-Bergischer Kreis, NRW, D). – 1610 *Lennep*, 1674 *Linnep*. – Grundform *Linnepe < *Linnapa, Etymologie ⟶ Lenneper Bach. – Schmidt, *HG.A.6*, S. 45.

Linnep   r.z. Dickels-Bach (z. Rhein). – ON. Schloss Linnep (in Breitscheid, Stadtteil von Ratingen, Kr. Mettmann, NRW), 11. Jh., 1166 *in Linepo*, 1093, 1150 *Linepe*, (1142–1156), 1218 *Linnefe*, (1165–1169) *Lennefe*, (1172–1178) *Lennepe*, 12. Jh. *Linnepe*, (1205–1214) *Linephe, Lynnephe*, 1218 *Linepa, Linefe*. (Fraglich ist, ob alle Belege zu Linnep gehören, oder einige zu ⟶ Linnepe). – Grundform *Linnepe und *Linnefe < *Linnapa. Etymologie ⟶ Lenneper Bach. – Gysseling, *Woordenboek*, S. 621 f.; Schmidt, *HG.A.6*, S. 45.

Linnepe   r.z. Röhr (z. Ruhr z. Rhein). – ON. Linnepe und Linneperhütte (Ortsteile von Sundern, Hochsauerlandkreis, NRW, D), 1106–1128 *Linnipha*, 1313, 1338 *Linnepe*, 1368 *Lynepe, Lynpe*, 15. Jh. *Lynnipe*. – Grundform *Linnepe < *Linnapa. Etymologie ⟶ Lenneper Bach. – Schmidt, *HG.A.6*, S. 45.

Linow-
– ¹Linowsee, südöstlich von Streganz (Kr. Beeskow-Storkow, Brandenburg, D). – 1514 (Kopie) *der lein See*.
– ²Linow-See, Großer ~, Kleiner ~, (z. Fließ z. Rheinsberger See/Rheinsberger Gewässer) östlich von Linow, westlich von Rheinsberg (Kr. Ruppin, Brandenburg, D). – 1589 *den See Lynow*; ON. Linow, 1320 *in Linow*. – Wauer, *HG.A.17*, S. 104; Fischer, *BNB 10*, S. 170. Grundform apolab. *Linov-, abgeleitet von *lin 'Schlei'.
– ³Linow-See (auch *Thymen-Gewässer*), nordwestlich von Rutenberg (Kr. Uckermark/Templin, Brandenburg, D). – 1299 *Lyniczere*, 1300 *stagnum apud Lynyczere*, 1480 (Kopie) *dy sehe Lynow*, 1556 *den Linower sehe* usw.; ON. † Linow, 1300 *uillam Lyneiezere* usw. – Apolab. *Lin'e jezero* 'Schleisee' zu *lin 'Schlei'. *-ow* ist in Analogie zu anderen Namen mit der Endung *-ow* angefügt. – Wauer, *HG.A.17*, S. 103; Fischer, *BNB 10*, S. 170.

Linsen- *-bach, -graben, -tal* ↗ Linspher Bach.

Linspher Bach (auch *Lenz, Lensbach*), l.z. Eder (z. Fulda z. Weser). – ON. † Linsphe (Bromskirchen, Lkr. Waldeck-Frankenberg, Hessen, D), 1296 *Lysen* (lies *Lynsen*), 1329 *Linsepe*, 1394 *Linffe*, 1395 *Leynffe*, 1514 *Linsze*, 1539 *Linßfhe*; FlurN. 1484 *an den Lynnser Walt*, 16. Jh. *nach dem Linsper Vorberge*. – Grundform (ahd.) *Linsaffa/(andd.) *Linsapa, Grundwort ↗ apa; Bestimmungswort ahd. *linsa, lins(ī)* stF., as. *linsi(n)*, mhd. *linse, lins* swstF. 'Linse (Hülsenfrucht)'. Parallelname ON. † Linsope, 1099/1101/1131 *de Linsope*, in der Umgebung von Soest (Kreis Soest, NRW). Mit *Linse* werden auch Flussnamen mit dem Grundwort *-bach* gebildet, z.B. *Linsenbach*, ferner *Linsengraben, Linsental*, ON. Linsberg (Gem. Erlach, PB Wiener Neustadt, N.-Ö., A), 1130–1144 *de Linsperge*. – Sperber, *HG.A.5*, S. 65; Flöer/Korsmeier, *Soest*, S. 296; Springer, *Flußnamen*, S. 114f.; Hausner/Schuster, *Namenbuch*, S. 677.

Linth, die entsteht aus Limmerenbach und Sandbach, fließt durch das Grosstal und das Glarner Mittel- und Unterland und wird in den Walensee (z. Zürichsee) kanalisiert (Kanton Glarus, CH); auch Name für den Linth-Maag-Kanal (z. Zürichsee). – /t linnt/, 1003 (oder 1063) (Fälschung) *usque ad medium fluminis linte* (lies *Lintae*), 1303–1307 *in der Linte, diu Lintte*, 1345 *ennethalb dem wasser die Lint genant*, 1388 *in der Lint*, 1411 *enent der Lint, an die Lint*; ON. Linthal, hinterste Ortschaft im Grosstal (Kanton Glarus), /ts líntl/, 1274 *in Lintale*, 1283 *uss Lintal*, 1289 *von Lintal*, usw. – Grundform (ahd.) *Linta. Der Ortsname *Lintal* wurde entweder von dem bereits apokopierten Flussnamen (*Lint-*) abgeleitet und in Lautung und Schrift ohne die erwartbare Geminate /-tt-/ wiedergegeben, oder das Kompositum *Linta-tale* wurde haplologisch gekürzt zu *Lintale*. Ahd. *Linta* < vorgm. (kelt.) *Lindā, urkelt. *lendā 'Wasser, See', air. *lind* 'Flüssigkeit, Trank', ON. *Lindon colonia* (heute Lincoln), kymr. *llyn* (< *lindo-) 'a lake', ON. *Dubolindon* (heute Dublin) 'black pool'. Urkelt. *lendā geht auf das Nomen ig. *lendʰā zurück, das seinerseits zum Verb ig. *lendʰ-e- 'sich senken, nach unten geraten' gehört, so dass die Ursprungsbedeutung des Gewässernamens *Linth* 'von oben (aus den Bergen) nach unten abfließendes Gewässer' war. – Walch, *Glarus*, S. 107, 142; Holder, *Sprachschatz* II, Sp. 228f.; Pokorny, *IEW*, S. 675; Watts, *EPN*, S. 373; Rix, *LIV*, S. 412f.

Lipbach z. Bodensee westlich von Friedrichshafen (Bodenseekreis, B.-W., D). – 1427 *in den Lippach, den Lippach ab*, 1436 *in Lippach, der Lyppach, in den Lyppach*, 1465 *die Lippach* usw.; ON. Lipbach (Ortsteil von Kluftern, Stadt Friedrichshafen, Bodenseekreis), 1263, 1268 *in Littebach*, 1269 *Litebach, Littenbach* usw., 1427 *Lippach* usw. – Grundform (mhd.) *Litenbach mit dem Genitiv (*Liten-) des PN. *Lito (< *Liuto, Kurzform z.B. von *Liutfrid*), 'Bach des Lito'. Parallelname Lippach (Ortsteil von Westhausen, Ostalbkreis, B.-W.), 1153 *de Litebach*, 1239 *Litbach*. Die heutigen Namensformen Lipbach und Lippach kamen durch Synkope (*Litenbach > Litebach > Litbach*) und Assimilation (*Litbach > Lippach* bzw. *Lipbach*) zustande. – Reichardt, *Ostalbkreis I*, S. 408.

Lippe, die
– ¹Lippe, r.z. Rhein, entspringt im Eggegebirge, passiert Paderborn und mündet nach 220km bei Wesel (NRW, D). – Die römischen Autoren (Strabon, Velleius, Mela, Tacitus, Ptolemaios und Cassius Dio) überliefern die Namensform *Lupia*. 496/506 (Kopie 13./14. Jh. nach Kopie um 700) *Lippa* (Geograph von Ravenna IV,17) usw., 11., 12., 13. Jh. *Lippia*, 1256 *Lippe* usw.; ON. Bad Lippspringe (Kr. Paderborn, NRW), 780 *Lippiogyspringiae curte*, 1235 *Lipsrike*, 1240 *Lipesspringe* (und weitere Belege); ON. Lippborg (Gem. Lippstadt, Kr. Soest, NRW), 1189 *Lippeborch*; ON. Lipperode (Gem. Lippstadt), 1248 *de Lipperothe*; ON. Lippstadt (Kr. Soest), 1129 *de Lippia* usw., 1231 *in civitate Lippensi*, 1480 *borger tor Lyppe*, 1611 *stadt Lippe*, 1624 *Lipstatt*; ON. Lippetal (Kr. Soest). Der ON. *Lippspringe* enthält as. (*aha-)spring* 'Quelle', der ON. *Lipperode* das Grundwort *rode* 'Rodungsland'. – Grundform gm. *Lipjō, mit Gemination *Lipp(i)a*. Die Namensform *Lupia* wird gern als amtliche Anpassung des germanischen Namens *Lipjō an lat. *lupus* 'Wolf' („Volksetymologie") durch die Römer gesehen. Es ist aber nicht auszuschließen, dass *Lupia* eine auf ein Gebiet (vielleicht auf den Unterlauf) beschränkte Variante des germanischen Namens *Lippe*

(< *Lipjō) war. Sowohl (gm.) *Lupjō als auch *Lipjō können als schwundstufige j-Ableitungen auf Verben bezogen werden, die den Fluss durch den sanften Lauf, auf dem ein Schiff dahingleitet, charakterisieren: gm. (*s)leup-a-, ae. slūpan, mndd. slūpen 'schlüpfen, schleichen', ahd. sliofan 'schlüfen' (lat. lūbricus 'glatt, schlüpfrig') und gm. *(s)leip-a- 'schleifen, gleiten', ae. slipor 'glatt', ahd. slīfan 'schleifen' (gr. olibrós 'schlüpfrig') ⇗ Leppe. Der Schwund des anlautenden /s-/ im Namen kann durch Sprechererleichterung /sl- -pj-/ > /l- -pj-/ (Vermeidung zweier Konsonantengruppen) erklärt werden. – Schmidt, HG.A.6, S. 46–48; Reichert, Lexikon, S. 481; Flöer/Korsmeier, Soest, S. 297–300; Seebold, starke Verben, S. 430, 435f.

– ²Lippe, l.z. Ahse (z. Lippe). – Übertragung des Namens des Hauptflusses auf einen untergeordneten Nebenfluss. – Schmidt, HG.A.6, S. 48.

– ³Lippe, (auch Lippebach), r.z. Niese (z. Emmer z. Weser). – 1358 (Regest: bis an die Lippe, die Lippe hinauf), 1790 Die Lippe. – Vermutlich Übertragung des Namens ¹Lippe. – Kramer, HG.A 10, S. 43.

Lippisbach r.z. Kander (z. Rhein) in Kandern (Lkr. Lörrach, B.-W., D). – 1348 lüpsbach, Lüpesbach, 1511 Lippsbach; ON. Lippisbacher Hof. – Das Kompositum mit dem Grundwort -bach enthält als Bestimmungswort vermutlich den Genitiv von Lip(pe), einer Kurzform des PN. Philipp(us). – Geiger, HG.A.2, S. 82.

Listen- -bach, z.B. Listen-Bach, r.z. Kaltes Wasser (z. Nemphe z. Eder z. Fulda), 1470 vor dem Lystinbach. Bestimmungswort ist der Genitiv des PN. (ahd.) *Listo, vgl. ahd. listāri 'Handwerker'. – Sperber, HG.A.5, S. 65.

Lister, die (ältere Schreibweise Liester, Liesterbach), z. Listertalsperre (z. Biggesee/Bigge z. Lenne z. Ruhr) in Meinerzhagen (Märkischer Kreis, NRW, D). – 1553 die Lijster hinaff, 1592 uff der Lyster, 1661 Lister; ON. †Listernohl (im mittleren Biggetal zwischen Olpe und Attendorn), 1256 Listernole, 1334 Lysternol, 15. Jh. Lysternole, Listernole, 1435 Liisternole, 1497 Liisternoile. – Der Ortsname ist ein Kompositum mit dem Flussnamen als Bestimmungswort und ahd. nol stM. (Dat. nole)'Hügel' ('Siedlung am/auf einem Hügel an der Lister'). – Ausgangsform des Flussnamens: (as.) *Līstara (mit Sprossvokal) < (gm.) *Līstrō < (vorgm.) *līsrā, r-Ableitung von der unter ⇗ ¹Liese behandelten Basis *līs- (< urig. *liHs-). Zur Bildungsweise und Lautentwicklung vgl. norw. FlN. Istra swF. (< vorgm./ig. *isrā) und anorw. Vistr, Fjord und Siedlung (< gm. *Wistraz < vorgm./ig. *u̯isras). – Schmidt, HG.A.6, S. 48, 97; Schmidt, Wupper und Lippe, S. 67–69 (weitere Etymologie: Ausgangsform *Legistra); Andersson, Istre; Bandle, Fjordnamen, S. 159.

Litschbach

– ¹Litschbach, r.z. Rienz (Prov. Bozen/Südtirol, I.). – Um 1775 Litschabach; ON. Litschbach, Weiler der Fraktion Nasen der Gem. Percha (Prov. Bozen/Südtirol), /lítschpâch/. – Ausgangsform ist rom. *lutes[-inu- 'kleiner Schmutzbach' > *Lütsenbach > *Lütsabach > Litschbach. Zur Erklärung von kelt. *lut- 'Schmutz' ⇗ Lutz. – Kühebacher, Ortsnamen 1, S. 227, 2. S. 180.

– ²Litschbach, r.z. (Wies-)lauter (z. Rhein). – 1348 (Kopie 15. Jh.) Lützbach; ⇗ Lütz-. – Greule, HG.A.15, S. 66.

Littfeld, die (auch Littfeld-Bach, Littfe), r.z. Ferndorf-Bach (z. Sieg z. Rhein) in Kreuztal. – /litfe/, 1686 die Litpheen, die Litphen, die Litphe, die Lipfen; ON. Littfeld (Stadtteil von Kreuztal, Kr. Siegen-Wittgenstein, NRW, D), um 1300 Litphe, 1447 Lytphe, 1461, 1470, 1482 Lietphe, Lietphe, 1500 Leitphe, 18. Jh. Lithfeldt, 1818 Littfeld. – Der Flussname Litfe wurde zum Ortsnamen Littfeld eingedeutet, ist also kein echter feld-Name, und als solcher wieder auf den Fluss übertragen. – Ausgangsform (ahd.) *Lītaffa, Kompositum mit dem Grundwort gm. ⇗ apa und gm. *hlītō 'Berghang' als Bestimmungswort; die Littfeld fließt am Kindelsberg (618m) entlang. Nach der Vereinfachung von *Lītaffa (durch Synkope) zu *Lītfe wurde vor /-ft-/ auch /-ī-/ zu /-i-/ gekürzt. – Faust, HG.A.4, S. 49; Barth, Sieg und Ruhr, S. 96.

Litz- ⇗ Lütz-.

Litzbach l.z. Ueßbach (z. Mosel) durch Gillenbeuren (Kr. Cochem-Zell, Rh.-Pf., D). – 1515 (Kopie 16. Jh.) die Lutz uß, … inn die Lutz, 1598 (Kopie 18. Jh.) die Luz, die Luz auß, in die Luz, 1671 (Kopie 1720) bis in die Lutzs, die Lutz auff. – Grundform *Lütze (mundartlich entrundet Litz) < moselrom. *Lutsja; Etymologie ⇗ Lütz, ⇗ Leuk.

Lobach, die r.z. Wertach (z. Lech z. Donau). – Zu 1311 in fluvio Laubach; ON. Lobach (Gem. Seeg, ehemaliger Lkr. Füssen, Bayern, D), 1312 In Lobach. – Kompositum aus ahd. loub 'Laub' und -ach 'Fließgewässer'. Die Lobach wurde auf längere Strecken von Laubwald oder Gebüsch begleitet. – Snyder, HG.A.3, S. 61; Steiner, Füssen, S. 111.

† Lobeck, die r.z. Ruhr. – 1440 an der Lobeck … yn der Lobeck gelegen, 1454 tuyssechen der Loebeick. – Kompositum mit dem Grundwort ndd. beck 'Bach'; das Bestimmungswort ist entweder mndd. lō, ahd. lōh 'lichter Wald' (⇗ Lauchert) oder mndd. lō(we), mhd. lō (Genitiv lōwes), ahd. lō, nhd. Lohe 'Gerbemittel'. – Schmidt, HG.A.6, S. 48.

Lober, der (auch *die*), l.z. (Vereinigten) Mulde (z. Elbe) bei Löbnitz (Lkr. Nordsachsen, Direktionsbezirk Leipzig, Sachsen, D). – 1663 *Lover, die Lober*; ON. (wüst, im Quellgebiet) *Hollober*, 1350 *Holaber, Hohenlaber*, < (mhd.) *(ze) hōh(en) Laber* 'Siedlung in erhöhter Lage (d.i. an der Quelle) des Lober'. – Grundform FlN. *Labar-*, slawisiert aus gm. *Albar-* m., mit *r*-Suffix abgeleitet von gm. *alba-* m. 'Kies', awn. *alfr* 'Kies, Kiesboden'; Bedeutung: 'Fluss mit kieshaltigem Bett'. – Eichler/Walther, *HONBSachsen* I, S. 437; Walther, *Gewässernamenschichten*, S. 27.

Lobming, die
– ¹Lobming, r.z. Mur nördlich von Großlobming (PB Knittelfeld, Steiermark, A). – ON. Groß-, Klein-Lobming, 1041–1060 *in villa … Lomnicha*, 1066 *in … locis … Lômnicha, ecclesias Lónicha*, um 1149 (Kopie 12. Jh.) *de Lobnic*, 1171 (Kopie 13. Jh.) *apud … Lobenich*, nach 1192–1194 *de Lobnich* usw.
– ²Lobming, l.z. Kainach bei Krems südwestlich von Voitsberg (PB Voitsberg, Steiermark, A). – 1208 *Lobnich*, ca.1400 *im Lobmig*; 1425 *in dem Lobming*.
Slaw. *Lomьnika*, mit Suffix *-ika* abgeleitet von Adj. slaw. *lomьn-* (zu slaw. *lomъ*, sloven. *lom* 'Bruch, Stein-, Windbruch'). Ins Bairische integriert als *Lomnich(a)* und in der Endung assimiliert an die -ing-Namen (> *Lomning*), mit Sprechererleichterung > *Lobming*. – Lochner von Hüttenbach, *Steirische Hydronyme*, S. 99; Hausner/Schuster, *Namenbuch*, S. 680.

Loch- -au, -bach, -bächle, -wasser. Bestimmungswort in der Bedeutung 'Vertiefung kleineren Umfangs im Gelände, kleineres Gewässer', ndd. (brandenburg.) *lock*, mhd. *loch*, ahd. *loh* 'Loch, Öffnung, Höhle'; z.B. *Loch-Bach*, l.z. Breitach (z. Iller z. Donau), 1497 *Lochbach*. Loch- kann auch durch Spirantisierung des auslautenden /-h/ mit ↗*Loh* identisch sein. – Springer, *Flussnamen*, S. 143 f.; Fischer, *BNB 10*, S. 171; Snyder, *HG.A.3*, S. 61.

Loddenke r.z. Ilse (z. Oker z. Aller z. Weser) im Harz. – 16.–17. Jh. *Lod(d)emke, Lodemg, Lodemp, Lotmeke, dat Loddeke*. – Trotz später Überlieferung dürfte die Ausgangsform des Namens mndd. *Lōdenbeke* sein, zur Etymologie ↗Lohbach (< *Lōdebeke*). – Borchers, *HG.A.18*, S. 85.

Löbitz, die Abschnitt der Alten Elde vor der Mündung in die Elbe westlich von Seedorf (Kr. Westprignitz, Brandenburg, D). – 1491 (Kopie) *biss vff die alte Leybitze*, 1502 (Kopie) *die alte lobitz*, 1508 *die alde leptze*. – Grundform apolab. *Lobica*, mit Suffix *-ica* aus dem Flussnamen *Lob-* < *Lab-* (↗Elbe) abgeleitet, mit der Bedeutung 'Arm der Elbe'. Ins Deutsche integriert über *Löbitze* > *Lebitz* und *Leptze*. – Fischer, *BNB 10*, S. 171.

Löcher-Bach, die r.z. Asdorf (z. Sieg z. Rhein). – 1569 *zwischen der Löherbach*, 1611 *obigt der Löcherbach*; ON. Locherhof (Gem. Harbach, Verbandsgem. Kirchen/Sieg, Lkr. Altenkirchen/Westerwald, Rh.-Pf., D). – Zugrunde liegt der Waldname *Lohe* (1535 *der waldt genant daß Lohe*), *Löher* ist das zugehörige Adjektiv; *Löcher-Bach* bedeutet 'Bach im/aus dem Lohe', ↗Loch-. – Faust, *HG.A.4*, S. 49; Barth, *Sieg und Ruhr*, S. 96.

Löcknitz, die
– ¹†Löcknitz, heute Randow, r.z. Ucker, nordwestlich von Eggesin (Lkr. Vorpommern-Greifswald, M.-V., D). – 1216 *fluuius Lockniza … et Locnizam*, 1250 *fluminis … Lokeniza*; ON. Löcknitz (Lkr. Uecker-Randow, M.-V.).
– ²Löcknitz, z. Flakensee nordnordöstlich von Erkner (Lkr. Oder-Spree, Brandenburg, D). – 1247 *Lokenitz*, 1249 *Lecnici*, 1471 *lokenitz*, 1652 *Löcknitz*.
– ³Löcknitz, l.z. Elde (z. Elbe) westlich von Seedorf (Gem. Lenzen, Lkr. Prignitz, Brandenburg, D). – 1508 (Kopie) *die lokenits*, 1518 *Löckenitze*.
– ⁴†Löcknitz, heute Mühlenbecker See östlich von Mühlenbeck (Gem. Mühlenbecker Land, Lkr. Oberhavel, Brandenburg, D). – 1472 (Kopie) *vf dem See, die Locknitz genannt*, 1591 *Ein See die Löckenitze*.
– ⁵Löcknitz, See östlich von Kloster Lehnin (Lkr. Potsdam-Mittelmark, Brandenburg, D). – 1662 *Von der Löcknitz*.
Apolab. *Loknica* 'Gewässer mit Seerosen', abgeleitet von *lokno* 'Seerose', ins Deutsche integriert als *Lök(e)nitze* usw. – Fischer, *BNB 10*, S. 171; Wauer, *HG.A.17*, S. 116.

Löhnersbach r.z. Saalach (z. Salzach z. Inn z. Donau). – Ca.1350 *in Lenspach, in Lengspach*, ca.1400–ca.1500 *Länerspach*, 1425 *im Ledenspach*, 1862 *Läns pach*. – Die Belege deuten auf einen Personennamen (*Lendens-*) als Bestimmungswort hin. Der Personenname dürfte eine Kurzform eines Vollnamens mit dem Erstglied (ahd.) *Land-*, etwa *Landin* o. ä., gewesen und durch die Kurzform *Lens, Lenz* (zu *Lorenz*) beeinflusst sein. – Straberger, *HG.A.9*, S. 73.

Löigene, die Bach in den Gemeinden Lengnau und Pieterlen (Amtsbezirk Büren, Kanton Bern, CH). – /d'lœᵞgənə/ 1357 *die Loiginen*, 1370 *zer Lôgnen bruck*, 1381 *uf die Logenne*, 1474 *uff die loegenen, enenthalb der loegnen*, 1531 *enenthalb der lôgenen, vff die lôŷginen*, 1532 *vff der leugnen*, 1553 *vff die Lôuginen*. – Die diversen Graphien für den Stammvokal deuten auf umgelautetes ahd. /ou/ = mhd. /öü/ hin; es liegt ahd. *Lougina* zugrunde. *Lougina* geht auf vorahd. *Lauginā* < (kelt.?) *Lougenā* zurück. Der Name dürfte als *n*-Ableitung von dem unter ↗Lahn und ↗Laugna behandelten (ig.) Nomen *lougo- 'Biegung' oder zu ig. *lougo- 'Sumpf' (↗Laugna) gebildet sein. – Zinsli, *BNB*, 3. Teil, Sp.138f. (mit anderer Etymologie: gall. *leukā*); Kully, *Lengnau*, S. 145–147.

Löntsch, der Abfluss des Klöntalersees (z. Linth z. Walensee z. Zürichsee). – /am, i lünntš/, 1414 *zuo der* (!) *Lönschen*, 1438 *Loentsch fl.*, 1460 *der Löuntsch, in … dem Löuntsch*, 1550 *inn dem Löntsch*, 1560 *dem Löntschen nach*; ON. Löntschen, alter Dorfteil (Gem. Netstal, Kanton Glarus, CH), /im, its löntšə/, vor 1330 *von Lönsche*, um 1350 *Lóneschen*, 1414 *gen Lönschen*, 1425 *von Lömtschen*, 1543 *von Löntschen*. – Grundform (mhd.) *Löunsche* < (ahd.) *Louniska*. Der Name war ursprünglich feminin und hat vermutlich unter dem Einfluss von *der Bach* das maskuline Genus angenommen. *Louniska* dürfte keltischer Herkunft sein und ist mit dem Suffix -*iskā*- abgeleitet von kelt. *louno-* (air. *loan, loon* 'Schmalz, Fett' <*plou̯eno-*, vgl. mit anderem Suffix ahd. *floum* 'Zusammenfluss von allerlei Unrat' <*ploumo-*, ablautend zu idg. *pleu̯-* 'schwimmen, schweben'). – Walch, *Glarus*, S. 231–233 (mit anderer Etymologie: < *leunicia/*leunaceu*); Pokorny, *IEW*, S. 836.

Lörmecke l.z. Glenne (z. Möhne z. Ruhr z. Rhein). – 1500 *Lörbecke*. – Ursprünglich Kompositum mit Grundwort ndd. *beke* 'Bach'; Bestimmungswort (mit Vokalsenkung) vielleicht identisch mit ↗Lür- in *Lürbecke*, *Lürbke*-Bach, *Lürmke*-Siepen. – Schmidt, *HG.A.6*, S. 49.

Lösegraben Arm der Ilmenau in Lüneburg (Niedersachsen, D). – 1229 *per fossatum*, 1669 *Lösegraben*, um 1820 *Lösegraben*. – Zum nhd. *lösen* im Sinne von 'abzweigen'. – Udolph, *HG.A.16*, S. 215 f.

Löster, die r.z. Prims (z. Saar z. Mosel z. Rhein). – 1312 (Kopie 1550) *ab ista parte ripe … Lustra*; TalN. Löstertal, 1426 *das Lostertale*, 1432 (Kopie 15./17. Jh.) *den Losterdal*, 1575 *loßtertahll*, 1598 *Listerthal*; ON. Niederlöstern (nördlich von Wadern, Kr. Merzig-Wadern, Saarland, D), 1523 (Kopie 17. Jh.) *Niederloester*, 1690 *Niederleustern*; Oberlöstern (nördlich von Wadern), 1335 (Kopie 1488) *Loisteren*, 1496 (Kopie ca.1500) *Loysteren*, 1690 *Oberleustern*. – Ausgangsform FlN. *Lustira* < vorgm. *Lus-ter-ā*. Da das Suffix -*tero-* in den ig. Sprachen als Komparativsuffix bekannt ist und die Löster wie die *Lusama* (↗Losheimer Bach) aus dem Schwarzwälder Hochwald kommt und in die Prims mündet, liegt es nahe, beide Namen auf ig. *luso-* zurückzuführen. *Lusamā* ist dann wie (kelt.) *Tragisama* (↗Dreisam, ↗Traisen 'die sehr Schnelle') als 'die sehr Schmutzige' und *Lusterā* als 'die Schmutzigere' zu beurteilen. Das Adjektiv *luso-* 'zur Verschmutzung neigend' ist vom Desi-

derativ-Stamm des Verbs ig. *leu-* 'beschmutzen' (*lu-s-*) abgeleitet. – Spang, *HG.A.13*, S. 45; Rix, *LIV*, S. 414.

Löwen- -*au*, -*see*, z. B. *Löwensee* südwestlich von Marwitz (Lkr. Osthavelland, Brandenburg, D), 1595 *der Lewen See*, 1868 *Löwen See*. – Namen mit dem Bestimmungswort *Löwen-, Lauen-, Leuen-, Lau-, Leu-* bezeichnen feuchtes, sumpfiges Gelände. – Fischer, *BNB 10*, S. 170.

† Löwens (auch *Löwensbek*) zum Trittauer Mühlenbach (z. Bille z. Norderelbe). – 1167 (Fälschung 13. Jh.) *in aquas … Lovenze*, 1358 *prope Lovensou* (?), 1727 *Die Löwensbeck*, 1781 *Löwensbach*, 1931 *Lowentz*; FlurN. (bei Schiphorst, Kr. Herzogtum Lauenburg, S.-H., D) Löwens, um 1770 *Loewentz*, 1781 *an der Löwenitz*. – Grundform apolab. *Lov'nica* oder *Lov'nec* zu apolab. *lovъ* 'Fang, Beute' (auf den Fischfang bezogen) 'Fluss, in dem es viel Beute gibt'. – Udolph, *HG.A.16*, S. 216; Laur, *Schleswig-Holstein*, S. 433 f.

Lofer, die

– [1]Lofer (auch *Loferbach*), r.z. Kössener Ache (z. Tiroler Ache z. Chiemsee z. Alz z. Inn), entsteht aus Schwarzlofer und Weißer Lofer. – 17. Jh. *yber den lofer graben*, 1774 *Lover Ba.*; ON. Lofer bei Kössen (PB Kitzbühel, Tirol, A), 1344 *in der Lover*, 1380 *ab der Louer*; TalN. Schwarzlofertal bei Reit im Winkel (Lkr. Traunstein, Bayern, D). – Dotter/Dotter, *HG.A.14*, S. 240.

– [2]Lofer Bach, l.z. Saalach in Lofer (PB Zell am See, Salzburg, A). – 1190 *prope Loueram fluvium*, ON. Lofer, um 1171–1178 *de Louer*, 1188 *ad Lovir*, 1281 *Louer* usw., 1331 *Lofer* usw.; PN., Adj. 1284 *der Loferaer*, 1363 *in lofrer pfarr*; BergN. Loferer Steinberge. – Straberger, *HG.A.9*, S. 73; Hausner/Schuster, *Namenbuch*, S. 681.

Der Name [1]Lofer (l.z. Kössener Ache) dürfte von [2]Lofer (l.z. Saalach) her übertragen sein. Die Grundform (rom.) *Lovera* wird mit italienischen Ortsnamen wie *Lovere* am Iseo-See (Provincia di Bergamo, Lombardei, I.) zusammengestellt. *Lovera* ist sicher vorromanischer Herkunft; verschiedene Erklärungen sind möglich: 1. *r*-Ableitung von kelt. *lou̯ā* (↗Luhe) mit der Bedeutung 'Schwemmfluss' (?), 2. *r*-Ableitung von urig. *leh₁u̯-* 'Stein' über ein *o*-stufiges Nomen *lōu̯ā* (< *loh₁u̯-*), mit der Bedeutung 'Steinbach' (oder *Lovera* bezeichnete ursprünglich die Berggegend, aus der beide Lofer-Flüsse kommen), vgl. alb. *lérë, -a* 'Steinhalde, Geröllhalde, Felssturz' (< *leh₁u̯r*), 3. *r*-Ableitung von ig. *o*-stufigem *leu-* 'beschmutzen', mit der Bedeutung 'Schmutzbach'. Rom. /-v-/ in *Lovera* wird mit dem mhd. Lenisfrikativ /v/ identifiziert und fällt später mit dem Fortisfrikativ /f/ zusammen. – Hörburger, *Ortsnamenbuch*,

S. 54f.; Hausner/Schuster, *Namenbuch*, S. 681 (zu **leu-* 'Schmutz' oder < **Lupara*); Pokorny, *IEW*, S. 683.

Loh- (auch *Loch-*), ndd. **Lah-** *-bach, -bächle, -bächlein, -becke/-beck/-bek/-beke/-ke, -graben, -siek, -weiher*; als Bestimmungswort zu ahd., as. *lōh*, mhd. *lōh*, *lōch*, mndd. *lō(ch)*, ndd. *lō*, *lā* 'Hain, Busch, (lichter) Wald'; z.B. Lohbach, l.z. Rhein, 1614 *biß an die Lohbach*; Lahbach, l.z. Wambach (z. Leine), 1663 *zwischen ... dem Lahbache*, ⇗Lauchert. Nicht in allen Fällen ist das Bestimmungswort klar von ahd. *lō*, mhd. *lō* (Genitiv *lōwes*), mndd. *lō(we)*, nhd. *Lohe* 'Gerbemittel' zu trennen, ⇗Lohmühl-. – Springer, *Flussnamen*, S. 144; Ulricht, *Saale*, S. 57, 204; Kettner, *Leine*, S. 177f.; Greule *HG.A.15*, S. 67.

Lohbach r.z. Bever-Bach (z. Weser). – 1802 *Lohbach*, 1803 *der laue Bach*; ON. Lobach (Ortsteil d. Samtgemeinde Bevern, Lkr. Holzminden, Niedersachsen, D), 1202 *de lotbike*, 1303 (Kopie 15. Jh.) *Lotbeke*, 1304 *Lodbeke*, usw., 1555 *Lopke*, 1573, 1584 *Laubiche*, 1603 *Loubke*. – Grundform (mndd.) **Lōdebeke*, Bestimmungswort ist mndd. *lōde* 'Jahresschößling, Sproß, Zweig' (⇗Lonau), Grundwort ndd. *beke* 'Bach'. – Kramer, *HG.A.10*, S. 43f.

Lohmühl- (auch *Lohmühlen-/Lohmühls-*) *-bach, -graben, -teich*; *Lohmühle* 'Mühle, in der Baumrinde zerkleinert und zu Gerbstoff verarbeitet wird'; *Lohe* f. 'zum Gerben verwendete, zerkleinerte Rinde, Gerberlohe', ⇗Loh-. – Fischer, *BNB 10*, S. 172.

Lohne, die r.z. Hunte im Lkr. Diepholz (Niedersachsen, D), Ende des 16. Jahrhunderts angelegter Abzugskanal. Etymologie ⇗Lannenbach. – Borchers, *HG.A.18*, S. 86.

Lohnsbach l.z. Alsenz (z. Nahe z. Rhein). – 1518 *Lontzenbach*; ON. Lohnsfeld (Verbandsgem. Winnweiler, Lkr. Kirchheim-Bolanden, Rh.-Pf., D), /loonsfeld/, 1190 *de Loginsfelt*, 1257 (Kopie 1420) *Lonesvelt*, 1276 *Loensuelt*, 1277 (Kopie um 1360) *Lonsvelt*, 1457 *zu Lansfelt*, 1538 *Lonßfelt*. – Grundform des Ortsnamens ist (mhd.) **Logenes-felt* 'Feld-Siedlung eines Mannes namens **Logen*'; nach Kürzung der Lautgruppe /-ogen-/ > /-ōn-/: **Lōnesfelt*. Der Flussname ist durch Klammerbildung (**Lohns[feld]bach* > Lohnsbach) aus dem Ortsnamen hervorgegangen. Im Beleg von 1518 ist /-en-/ hyperkorrekt eingefügt: **Lōns-en-bach*. – Greule, *HG.A.15*, S. 67; Dolch/Greule, *Pfalz*, S. 292.

Lohr, die r.z. Main, entspringt in *Lohrhaupten* (Gem. Flörsbachtal, Main-Kinzig-Kreis, Hessen, D) im Spessart, nimmt von rechts die Heinrichsthaler Lohr auf, die bei *Oberlohrgrund* entspringt und durch Unterlohrgrund läuft, und mündet in Lohr a. Main (Lkr. Main-Spessart, Bayern). – /looəbach, -booch/, 1057 *inde super Laram ... inde Birclara* (=Birkenlohr); ON. Lohr, um 800 *Lara* (hierher?), 1295 *Lare*, 1333 *stat ze obern Lore*; ON. Lohrhaupten, 1057 *in loco qui vocatur Larahobedun* ('am Haupt der Lohr'). – Die Ausgangsform des Namens ist der Flussname **Lara*, der sich lautlich regelhaft über mhd. *Lare*, fnhd. **Lāre* (Dehnung in offener Tonsilbe) und *Lōre* (Hebung des /ā/ > /ō/) zu Lohr entwickelte. Die Herkunft des Flussnamens **Lara*, der auch in ⇗Hafenlohr vorliegt, ist nicht klar. Denkbar ist, dass es sich um ein mit dem Suffix **-ro-* vom Verb ig. **leh₂-* (> **lā-*) abgeleitetes Adjektiv **lə-ró-*, feminin **lərā > Lara* handelt. Da das ig. Verb **leh₂-* eine „Schallwurzel" ist, die das Bedeutungsspektrum 'tönen, schreien, beweinen, bellen' umfasst, dürfte **Lara* 'die Tönende' bedeutet haben, vgl. ⇗Pöllat (ahd. *bellōd* 'das Bellen'). Auch die Herkunftssprache des Namens ist nicht eindeutig zu bestimmen; er kann frühgermanisch, aber auch keltisch sein. Vergleichbare Namen sind, außer vielleicht 976 *super fluuium Laraha* (in den Niederlanden), nicht bekannt. – Sperber, *HG.A.7*, S. 103; Ruf, *Lohr*; Fritz-Scheuplein/König, *Ortsnamen*, S. 73; Rix, *LIV*, S. 400f.; Künzel/Blok/Verhoeff, *Lexicon*, S. 219.

Lohr-Bach r.z. Lahn (z. Rhein) bei Wißmar (Gem. Wettenberg, Lkr.Gießen, Hessen, D). – FlurN. 1591 *beim Lohr*. – Etymologie ⇗Lahr-Bach. – Faust, *HG.A.4*, S. 49.

Loich, die r.z. Pielach (z. Donau). – ON. Loich (Gerichtsbezirk St.Pölten (Land), N.-Ö., A), /loex/, 1307 *Levch*, 1531 *Loych*. – Ausgangsform (ahd.) **Liuhha* < vorslaw. (kelt.) **Leukā* 'die Weiße', ⇗Lauch ⇗Leuk-Bach (< **Lūkia*) ⇗Litzbach, Lütz (< **Lūkia*). – Wiesinger, *Namenkontinuität*, S. 169–170; Schuster, *niederösterreichische Ortsnamen 2*, S. 491.

Lois, die (auch *Loisbach*), r.z. Kamp (z. Donau) bei Langenlois. – ON. Langenlois (PB Krems, N.-Ö., A), 1072–1091 *ad Lûbisa, Liubisa*, 1136 (?) *de Leubis*, 1141 *in villa ... Livbes*, 1159 (Insert 1404) *de Lewbse*, 1180 *de Leûbs*. – Grundform ahd. *Liubisa* < gm. **Leubisō*, abgeleitet von gm. **leuba-* 'lieb, angenehm', vgl. ⇗Leubas; zur Lautentwicklung ⇗Loisach. Angenommen wird auch eine slawische Etymologie: aus slaw. **L'ubĕšь, *L'ubišь*, j-Ableitung zu einem PN. mit dem Stamm slaw. **l'ub-* 'lieb'. Wie für den ON. (Langen-)lois wird auch für den ON. Leups an der Fichtenohe (r.z. Pegnitz) (Lkr. Pegnitz, Bayern, D), (ca.1285) *Leubs villa*, 1326 *Liubs villa*, übertragen von einem FlN. **Liubisa*, dem alten Namen der Fichtenohe (?), angenommen, dass er eine germanische oder eine slawische Bildung ist. – Hausner/Schuster, *Namenbuch*, S. 683; Eichler/Greule/Janka/Schuh, *Bayreuth*, S. 147–149.

Loisach, die l.z. Isar (z. Donau) nordöstlich von Wolfratshausen (Lkr. Bad Tölz-Wolfratshausen, Bayern, D), entsteht bei Lermoos (PB Reutte, Tirol, A), passiert Garmisch-Partenkirchen und durchfließt den ↗Kochelsee. – 1003 *inter duos fluvios ... Liubasa*, 1052 *iuxta fluvium ... Lyubasa*, 1148–1155 *zu* 8. Jh. *circa fluvium Liubisaha*, 12. Jh. *iuxta Livbisaha*, 1258 *Liubsaha*, 1301 *Levbsach*, 1332 *Leusach*, 1553 *Loisach*. – Grundform ahd. *Liubasa/-isa*, im Schrifttum des Klosters Benediktbeuern zur Verdeutlichung mit ahd. *aha* 'Fluss' zusammengesetzt. Über mhd. *Liubesach*, synkopiert *Liubsach*, assimiliert (-bs- > -s-) und diphthongiert > *Leusach/Loisach*. Zugrunde liegt wie bei ↗Leubas und ↗Lois ein gm. Nomen mit *-iz/-az*-Stamm (*leub-iz-/-az-*), vgl. gm. Adj. *leuba*- 'geliebt'. Benennungsmotiv ist wie bei ↗Gutach das ruhige Fließen nach dem Austritt des Flusses aus dem Gebirge. – Hausner/Schuster, *Namenbuch*, S. 683; Reitzenstein, *Oberbayern*, S. 156.

Lombach r.z. Thunersee, kommt von der Alp Lombach und fließt durch die Gemeinden Habkern, Interlaken und Unterseen (Amtsbezirk Interlaken, Kanton Bern, CH). – /lombax/, 1320 *in Lonbach*, 1324 *trans torrentem Lonbach*, 1333 *zwischent der Ara und dem Lonbache*, 1365 *Lombach*, usw. – Das Bestimmungswort ist wahrscheinlich identisch mit schwz. *Lauwene(n)* f. 'Erdrutsch' (1302 *an der Lowinon*, 1493 *an die louwen*). Mhd. *Louwenbach*, synkopiert > *Lounbach*, assimiliert >*Loumbach*, monophthongiert und gekürzt >*Lombach*. – Zinsli, *BNB*, 3. Teil, Sp.142,161–169.

Lonau
– ¹Lonau, die (auch *Große Lonau*), r.z. Sieber (z. Oder z. Rhume z. Leine), Kleine ~, r.z. Große Lonau. – 1700 *nach der Lonaw, die Loenau*; 1773 *Große-Lonau, Kleine-Lonau*; ON. Lonau (Ortsteil der Stadt Herzberg am Harz, Lkr. Osterode am Harz, Niedersachsen, D). – 1260 (Manuskript 1705) *silvam nostram Lodenowe*, 1670 *Lonau*. – Ausgangsform (mndd.) *Lōden-aue*, Bestimmungswort mndd. *lōde* 'Jahres-Schössling, Spross, Zweig', Grundwort mndd. *aue* 'Land am Wasser, Wasserlauf'. – Kettner, *HG.A.8*, S. 76; Kettner, *Leine*, S. 178; Ohainski/Udolph, *Osterode*, S. 103–15.
– ²Lonau ↗Lonaubach.

Lonaubach l.z. Weser. – 1463 (Kopie, Regest) „die Luna", 1527 (Regest) „die Luna", 1532 *biss ... für die Luhna*, 1783 *die Lunau*, 1790 *die Luna*; FlN. Blanke Lonau (z. Lonaubach), 1532 *die blanke Luhne*, 1790 *weisse Luna (silberne Luna)*; FlN. Fahle Lonau (z. Lonaubach), 1518 *vp der Valelune, vordan dusse Valenlune, vp de Valluyne*, 1532 *zwischen dem Wasser Blanke vnd Phallüne*, 1790 *schwarze Lune (goldene oder fale Luna)*. – Nach den Belegen liegt der gleiche Name wie ↗Luhnau (< as. *Lūna) vor. Die heutige Namensform ist an ndd. *Lohne* f. 'Abzugsgraben, Wasserleitung' (↗Lannenbach) angelehnt. – Kramer, *HG.A.10*, S. 44.

Lone, die r.z. Hürbe (z. Brenz z. Donau). – /dr lāōdl/ (/āō/ nasaliert), 1723 *der Lonthalbach*, 1786 *an dem Lonthel*; ON. (römisches Kastell 250m östlich des Quelltopfs der Lone bei Urspring, Gem. Lonsee, Alb-Donau-Kreis, B.-W., D), 3./4. Jh. (Kopie 12./13. Jh.) *ad Lunam* (Tabula Peutingeriana); ON. Lonsee, /lāōsə/, 1288 *de Lunse*, 1356 *Lunse*, 14. Jh. *ze/von Lunse*, 1470 *Lonße*, 1544 *Losen*, 1741 *Lonßee* 'Siedlung an der Verbreiterung der Lone'; ON. Lontal (Weiler nördlich von Stetten ob Lontal, Lkr. Heidenheim, B.-W.), /lāōdl/, 1431 *inn dem Laůtal*, 1580 *gein Lonthall/Lonthal*. – Die Belege zeigen eine Entwicklung, die von (voralem.) *Luna* über die Zusammensetzungen mhd. *Lun-sē, -tal* zu den mundartlichen Lautungen /lāōsə/ und /lāōdl/ führt, die auf Senkung des /-u-/ > /-o-/ (*Lonsē, -tal*), Ausfall des Nasals (/-n-/) und nachfolgender Dehnung und Diphthongierung des /-ō-/ > /āō/ (nasaliert) zurückgehen. Der ursprüngliche Name des Flusses *Luna* ist in der Mundart ersetzt durch die Neubildung *Lontal(bach)*. – *Luna* entspricht dem femininen Verbaladjektiv (ig.) *lu-nó-* 'verschmutzt' (ig. *leṷ-* 'beschmutzen'). Die Annahme der Bedeutung 'Schmutzwasser' wird gesichert durch den Namen der ↗Hürbe (< *Hurwīn- zu ahd. *horo* 'Schmutz'), in die die Lone fließt. Der FlN. *Luna* 'die Sumpfige' ist auch Bestimmungswort in den LandschaftsN. *Lungau* (Salzburg, A), 923 *ad Lungoue*, einer Zusammensetzung mit dem Grundwort ahd. *gouwi* 'Gau, Land, Flur'. Bei *Luna* handelt es sich also um einen vorgermanischen Namen, der dem Keltischen zugewiesen werden kann, wenn das regional-frz. Wort (Südwestfrankreich) *lona* 'bras mort d'une rivière, eau stagnante' auf (gall.) *lunā* zurückgeführt wird. – Reichardt, *Alb-Donau-Kreis*, S. 190f.; Reichardt, *Heidenheim*, S. 123f.; Rix, *LIV*, S. 414; Hausner/Schuster, *Namenbuch*, S. 691f.; Lebel, *Principes*, S. 220f.

Lonschitz, die r.z. Oisching bei Etmißl westlich von Thörl (PB Bruck, Steiermark, A). – Ca.1280/1295 bzw. 1297–1315 *in der Losnitz*, 1311 *in der Lonsitz*, 1342 *Lunsitz*, 1353 *Lanschitz*, 1382 *Lonschitz*. – Slaw. *Lunžьnica* 'Sumpfbach', mit dem Suffix *-ica* abgeleitet von Adjektiv slaw. *lonžьn-* 'Wiesenau, Sumpfland betreffend' zu slaw. *lungъ*, sloven. *log* 'niedrig gelegener Wald, Hain'. Ins Bairische integriert als

Lonsnitz(e), dissimiliert *Losnitze*, palatalisiert *Loschnitz* bzw. *Lonschitz*. Vgl. ⁊*Lainschitz*. – Lochner von Hüttenbach, *Steirische Hydronyme*, S. 100.

Loope   (amtlich *Loope-Bach*), l.z. Agger (z. Sieg z. Rhein), ON. Loope (Ortsteil der Gem. Engelskirchen im Oberbergischen Kreis, NRW, D.), 1554 *Loipe*; ⁊*Laupebach* ⁊*Lauf-*. – Faust, *HG.A.4*, S. 50; Barth, *Sieg und Ruhr*, S. 96.

Loosebeeke   (auch *Losebach*), r.z. Innerste (z. Leine) in Hildesheim (Niedersachsen, D). – ON. (wüst) 1141 *de Lusbike*, 1146 *Luisbike*, 1237 *Lusbeke*, 1252 *Losbeke* usw., 1449 *Losebecke*. – Mndd. **Lus-beke*, dessen Bestimmungswort im Zusammenhang mit awn. *los* 'Auflösung', ae. *los*, ahd. *far-los* 'Verlust' (< **lusa-*), ae. *losian* 'verloren gehen', awn. *losa* 'lösen' stehen dürfte. – Kettner, *HG.A.10*, S. 76; Kettner, *Leine*, S. 179; Seebold, *starke Verben*, S. 339f.

Lopau, die   r.z. Luhe (z. Ilmenau z. Elbe) in der Lüneburger Heide. – 1458 *von de Lopebrugge an*, 1570 *die Lopaw* usw., 1743 *Lopau*; ON. Lopau (Stadt Munster, Lkr. Soltau-Fallingbostel, Niedersachsen, D; seit 1968 wüst), 1291 *Lopow*, 1293 *Lopowe* usw., 1593 *Lopaw*, 1776 *Lopau*. – Mnd. **Lōp-ouwe*, Zusammensetzung aus dem Bestimmungswort **Lōpe* 'Wasserlauf' (⁊*Loope*) und dem verdeutlichenden Grundwort mnd. *ouwe* 'Land am Wasser, Wasserlauf'. Im Namen der Brücke (1458 *Lopebrugge*) liegt der einfache Flussname **Lope* vor. – Udolph, *HG.A.16*, S. 216f.

Loper Bach   r.z. Agger (z. Sieg z. Rhein). – ON. Lope (Ortsteil von Strombach, Ortsteil von Gummersbach, Oberbergischer Kreis, NRW, D), ON. Lobscheid (Ortsteil von Gummersbach), 1363–1373 *Lovenschede*, 1451 *Lauffenscheid*. – Kompositum mit dem Flussnamen ndd. *Lope*, md. **Lofe*, **Laufe* (⁊*Loope*, ⁊*Lauf-*) und dem Grundwort *-scheid*, das Grenzlagen, Wasserscheiden oder durch Rodung ausgeschiedene Siedlungen bezeichnet. – Faust, *HG.A.4*, S. 50; Berger, *Geographische Namen*, S. 235.

Loquitz, die   l.z. Thüringischen Saale (z. Elbe). – /die lucks/, 1417 *Loquwitz*; ON. Ober-, Unterloquitz (Probstzella, Lkr. Saalfeld-Rudolstadt, Thüringen, D), 1284/88 *Ober Lockwitz*, 1414 *Oberloquitz*. – Slaw. **Lukavica* 'Wiesenbach' (aksl. *ḷka* 'Wiese'), ⁊*Lankowitz*. – Ulbricht, *Saale*, S. 231f.

Lorfe, die   (auch *Lorfe-Bach*), r.z. Eder (z. Fulda z. Weser), am Oberlauf liegt Frankenau (Lkr. Waldeck-Frankenberg, Hessen, D). – 1541 *die Lorff*, 1570 *die Lorffe, die Lurff*, 1572 *die Lurffe*, um 1587 *die Loruff*, 1648 *die Lorphe*, 1650 *in die Lorffe*, 1651 *die Lurffe*, *Lorffe*, 1669 *ahn die Lorphe*. – Kompositum mit dem Grundwort ⁊*apa*. Das Bestimmungswort dürfte wie im Namen ⁊*Lohr* **Lara* sein; **Larapa*, obd. **Laraffa*, mit Dehnung in offener Tonsilbe und Abschwächung der unbetonten Silben **Lāreffe*, nach Synkope und Senkung des /ā/ > /ō/ *Lorffe*. Das Bestimmungswort kann auch (wgm.) **lāra*, mhd. *lār(e)* '(bebuschte) Wiese, Weideland', ndl. *laar* 'offener, leerer Platz im Wald', ahd. *gilāri* stN. 'Wohnung, Gemach' sein, ⁊*Lahr-Bach* ⁊*Lohr-Bach* ⁊*Luhrbach*. – Sperber, *HG.A.5*, S. 65f.

Lorze, die   r.z. Reuß (z. Aare z. Rhein), Hauptfluss des Kantons Zug (CH), der bei Reußspitz mündet. – /lörtsæ/, 1287 (Kopie 18. Jh.) *in dem Wasser der Lornzon*, 1361 *in die Lorentzen, die Lorentzen ab*, 1370 *die Lorentz* usw., 1453 *inderhalb ... und der Loretzen* usw., 1501 *an der Lortzen*. – Die älteste aus den urkundlichen Belegen erreichbare Form ist der schwach flektierte Genitiv/Dativ des Namens, mhd. **Lōrenzen*. Aus ihr entwickelte sich durch dissimilatorischen Schwund des /-n-/ **Lōretzen* und durch Synkope **Lörtzen* bzw. durch Verstummen des auslautenden /-n/ die heutige Mundartform. Der Nominativ mhd. **Lōrenze* kann auf vorgm. (rom.) **Laurantsja* (mit Monophthongierung von /au/ > ahd. /ō/ und Umlaut von /a/ > ahd. /e/) zurückgeführt werden. Die romanische Form geht auf eine keltische Bildung **Laurantia* zurück, in das Appellativ **laurā* die Basis bildete. **laurā* liegt auch dem schweizerdeutschen Reliktwort *Loore* f. 'Haufen zusammengelesener Steine, mit Steinen und Steingeschiebe verschüttetes Gelände' sowie gr. (attisch) *laúra* 'in Fels gehauener Weg, Gasse' und alb. *lerë*, *-a* 'Gestein, Felssturz' zugrunde. **laurā* kann als schwundstufige r-Ableitung von urig. **leh₁u-* 'Stein' (**lh₁u-ró-* > **ləuro-* > **lauro-* ursprünglich 'steinig') erklärt werden. Die Bedeutung von *Lorze* ist demnach 'Geröll und Geschiebe führender Fluss'; die Benennung erfolgte aufgrund dieser im Namen steckenden Information am Ausgang des Lorzentobels, wo die Erosionskraft des Flusses am deutlichsten sichtbar war. – Dittli, *Zug*, S. 47–50.

Loseke   See oder Garnzug bei Plaue (Kr. Westhavelland, Brandenburg, D). – 1294 *iuxta stagnum Loseke*. – Wahrscheinlich apolab. **Loz(e)k-* zu **loza* 'Weide, Rute'. – Fischer, *BNB 10*, S. 172.

Losen-   *-bach*, *-graben*, *-teich*. Das Bestimmungswort wahrscheinlich zu einem Verb **losen* 'das Wasser abführen'. – Bach, *Namenkunde 1*, S. 285; Fischer, *BNB 10*, S. 172.

Losheimer Bach   z. Stausee Losheim (r.z. Prims z. Saar z. Mosel z. Rhein). – 897 (Kop. 14. Jh.) *ab ... losma*; ON. Losheim am See (Lkr. Merzig-Wadern,

Saarland, D), 896 (Kop. 14. Jh.) *a villa ... Losma*, 1098, 1154 *Losema*, 1211–1217 *in Loisme*, 1222, 1228 *Losma*, 1243 *Losmen*, usw., 1307–1354 *de Loissem*, 1413 *van Loessem*, 1460 *in Loißheim*; ON. Mitlosheim (Ortsteil von Losheim am See), 1329 (Kopie 1488) *in Medelosma*; ON. Niederlosheim (Ortsteil von Losheim am See), 1332 *de Nyderlosem*; ON. Überlosheim (Lkr. Merzig-Wadern). – Grundform FlN. **Losama*, mit Synkope *Losma*. Der ON. *Losheim* ist hyperkorrekt aus **Losem* geneuert. Mit Senkung des ursprünglichen Vokals /u/ > /o/ geht **Losama* auf älteres vorgm. und vorrom. **Lusamā* 'die sehr Schmutzige' zurück und kann mit ↗Löster (< **Lusterā*) verglichen werden. Dort die weitere Etymologie. – Spang, *HG.A.13*, S. 46; Buchmüller/Haubrichs/Spang, *Namenkontinuität*, S. 88 f.

Lossa, die

– ¹Lossa, r.z. Unstrut (z. Thüringische Saale), entspringt oberhalb von Lossa und mündet bei Leubingen (Thüringen, D). – 1140 *Laz*, 1157 *ad rivulum Laz*, 1180 *circa rivum Lazses*, 1255 *Lazs*, 1270 *Laze*, 1280 *aquam dictam Lazs*, 1288 *Lazs*; ON. Lossa (Gemeinde, Verwaltungsgemeinschaft An der Finne, Burgenlandkreis, Sachsen-Anhalt), 1347 *Lazan* (lies *Lazau*?). – An den historischen Belegen ist kein festes Genus des Flussnamens erkennbar; möglich sind Genus masculinum und Genus neutrum. Der Name ist identisch mit dem Adjektiv ahd., mhd. *laz* 'lasch, träge' (gm. **lata-*) 'das träge Gewässer' und charakterisiert dadurch den typischen Lauf. Die heutige amtliche Form ist durch die mundartliche Rundung von /a/ > /o/ geprägt. Die Endung -*a* dürfte spät in Analogie zu anderen Ortsnamen der Umgebung angefügt worden sein. – Ulbricht, *Saale*, S. 203.

– ²Lossa (auch *Lossabach*), r.z. Mulde (z. Elbe) bei Thallwitz (Lkr. Leipzig, Sachsen, D). – 1500 *an der Losse*, 1548 *Lossa: uf der Loße*; ON. Lossa (Ortsteil von Thalwitz), /losə, lusə/, 1504 *das forberg an der Lossa*. – Slaw. **Losov-* 'Bach, Siedlung, wo es Elche gibt' zu slaw. **los* (sorb.) 'Elch' (?). – Eichler/Walther, *HONBSachsen* 1, S. 618.

Losse, die

r.z. Fulda (z. Weser) in Kassel-Ost (Hessen, D). – 1246 *Lotzmane* (lies: **Lozemane*?), 1339 *Lozemane*, 1360 *Losmanen*, 1361 *die Losmanne*, 1378 *andersyd der Losman*, 1384 *an der Losman*, 1422, 1458 *Loszeman*, 1507 *zwischen der Loßeman ...*, 1508 *noch der Loßemon*, 1600 *in die Loßen*, 1614 *zur der Lossa*; ON. †Lossmühle, 1490 *gensijt der Loßmoelen*, 1514 *Losmole*, 1594 *Loßmuhlen(n)*. – Grundform **Losemane*, in der Komposition mit dem Grundwort *-mühle* (**Los[man]e-mühle*) gekürzt zu **Lose*. **Losemane* dürfte mit Senkung des /u/ vor /a/ > /o/ und Sprossvokal *-a-* (?) auf (gm.) **Lus(a)mana* zurückgehen. Diese Rekonstruktion ist nahezu identisch mit *Lusomana*, dem Namen einer Station in der römischen Provinz Pannonia Inferior (östlich von Komárom-Szőny, H). Zwar wird *Lusomana* in Pannonien auf ig. **lūs-* 'Stein' zurückgeführt, aber eine Verbindung mit dem altgriechischen Wort *lýma* (< **lusmṇ*) 'Schmutzwasser' (↗Losheimer Bach < **Lusma*) liegt näher. Der voreinzelsprachliche-indogermanische Gewässername **Lusmana* könnte dann als vorgm. **Lus-man-ā* gedeutet und an den Desiderativ-Stamm des Verbs ig. **leu-* 'beschmutzen' (**lu-s-*) mit der Bedeutung 'Fluss, der zur Verschmutzung neigt' angeschlossen werden (vgl. auch ↗Losheimer Bach, ↗Löster). – Sperber, *HG.A.5*, S. 66; Anreiter, *Pannonien*, S. 78–80.

Lossele, die

Arm der Glotter, der bei Buchholz (Stadt Waldkirch, Lkr. Emmendingen, B.-W., D) in die Elz (z. Rhein) mündet. – /d'lōsə, d'lōsələ, s'lōsərli/, 1350 *uber die lossen*, *über die lassen*, 1490 *die lassen*, *uff der lässen*, 1517 *die laußen*, 1567 *uff die Losanen*, 1570 ff. *die Lassen, Losa, Lassele, Losola, Lassane*; Stellenbezeichnung (in Denzlingen) 1350 *über den losen steg*, 1480 *by der lossene steg*, 1499 *by der losenyn steg*, *uff der losene steg*. – Die Deutung hängt davon ab, ob die Belege auf eine Ausgangsform (mhd.) **Lās(s)ene* oder **Lōs(s)ene* zu beziehen sind. Da es in der Belegreihe Hinweise auf die Diphthongierung <au> (< /ā/) gibt, liegt die Lautentwicklung *Lās(s)ene* > *Lōsen* (Verdumpfung von /ā/) bzw. mit partieller Diphthongierung (> *Lausen*) näher. *Lōsen(e)* wird (mundartlich) assimiliert (> *Lossele*). Eine mögliche Erklärung von **Lās(s)ene* ist die Rückführung auf (ahd.) **Lahsana* 'Lachs-Bach'. Diese Namensform ist entweder eine *n*-Ableitung zu ahd. *lahs* (gm. **lahsa-*) 'Lachs' oder eine früh (vor dem Lautwandel /hs/ > /ss/) dissimilierte Form von (ahd.) **Lahsaha* > **Lahsana*, vgl. **Lahs-apa*, ↗Laasphe. – Roos, *Flurnamen*, S. 462 f.; Kleiber, *Glotter*, S. 301.

Lossow

See bei Lossow (Kr. Lebus, Brandenburg, D). – 1354 *eynen Sehe, der lossow*, 1438 *vf dem See, lossow genant*; ON. Lossow, 1290 *de Lossowe*. – Apolab. **Los'ov-* zu **los* 'Elch', Bedeutung 'Elchsee, Elchort'. – Fischer, *BNB 10*, S. 172.

Lotsekanal

zum Harburger Verkehrshafen (z. Süderelbe) (Hamburg, D). – 1488 *aver de Lotze*, um 1550 *de lotze*, um 1555 *de loitze flu*, um 1569 *De Loze*, 1577 *Lotze*, nach 1628 *Loetze*, 1647–1651 *de löts*, 1649 *Letze*, um 1654 *Lötze, die Lotze*, usw. BrückenN. 1457 *Lotzebrugge*. Vergleichbar ist *Lotziene*, Bach in den Vierlanden wohl bei Billwerder (Hamburg), zum Teil im heutigen (Bergedorfer) Schleusengraben aufgegangen, 1180 *inter Bruneslake et Luzinam*, 1249 *super aquam Lotziene*. – Vielleicht slawisch wie ↗Lotzin-See. – Udolph, *HG.A.16*, S. 217, 218.

Lottbek, die l.z. Bredenbek (z. Alster, in Hamburg, D), bildet Grenzen zwischen Hamburg und Schleswig-Holstein. – 1866 *Lottbek*; ON. Lottbek (um 1500 aufgegeben), 1305 *de Lotbeke*, um 1314 *Lodbeke*, 1320 (Dorsalnotiz) *De Lotbeke* usw., 1334 *Lodbeken*, 1396 *to dem Lotbeke*, 1869 *Lotbeek*. – Grundwort mndd. *-beke* 'Bach', Bestimmungswort ndd. *lott, loot* 'Stück Land, das man durch Los bekommt, Stück Land, Ackerstück, Weidestück, fruchtbares Feld'? – Udolph, *HG.A.16*, S. 217 f.; Lauer, *Schleswig-Holstein*, S. 436.

Lotte, die (auch *Lottenbach*), l.z. Ilm (z. Thüringische Saale). – /də lodə/, 1378 *an der Lutten*, 1489 *An dem Flise der luthe*, 1634 *vf die Lotten*. – Mhd. *Lūte* (*Lūta[he]*?) 'die Laute', ↗*Laud-*, mit mundartlicher Kürzung und Senkung des /ū/. – Hänse, *Weimar*, S. 108 f.

Lotz-Bach l.z. Amper (z. Isar). – ON. Lotzbach (Ortsteil der Gem. Hebertshausen, Lkr. Dachau, Bayern, D), 845 *Lozespach*, ca.887–895 *Lozespah*, 887–895 *Lotespah, Locespah*, 957–972 *Lozspah* (oder *Lozpah*). – Ahd. *Lotes-bach*, Bestimmungswort ist der PN. *Lot* (Gen. *Lotes-*). – Snyder, *HG.A.3*, S. 62.

† Lotziene ↗Lotsekanal.

Lotzin-See Großer ~/Kleiner ~, nördlich von Groß Schönebeck (Kr. Niederbarnim, Brandenburg, D). – 1528/1650 (Kop. 18. Jh.) *Der große Luzien*, 1589 *nach dem Lotzin*, 1590 *der Luzin*, 1622 *Der Lotzin*. – Slawisch, entweder apolab. *Losina (zu *los 'Elch') oder apolab. *Lozina (zu *loza 'Rute, Weide'). – Wauer, *HG.A.17*, S. 104; Fischer, *BNB 10*, S. 172.

Luben-Bach z. Lichtenau (z. Schwarza z. Hasel z. Werra) bei Zella-Mehlis (Lkr. Schmalkalden-Meiningen, Thüringen, D). – 1503 *Lugenbach, Lügenbach*, 1557 *Lugenbach*, 1580 *Lubenbach*, 1665 *Lobenbach*, 17. Jh. *Lubenbachfluß*; FlurN. 1557 *Lugenbachsgrund*. – Grundwort mhd. *-bach*, Bestimmungswort mhd. *luoge* stF. 'Höhle'? *Lubenbach* durch Assimilation aus *Lugenbach*. – Sperber, *HG.A.5*, S. 66.

Lubis ↗Lubst.

Lubitzsee Großer ~, nordöstlich von Criewen (Kr. Uckermark/Angermünde, Brandenburg, D). – 1826 *Lubitz See*. – Apolab. *Lubica (zu apolab.*lub 'Borke, Bast'). – Fischer, *BNB 10*, S. 173.

Lubowsee
– ¹Lubowsee, Großer ~, Kleiner ~, südöstlich von Joachimsthal (Kr. Uckermark/Angermünde, Brandenburg, D). – 1589 *die große vnd Kleine Lubow*, 1649 *in den Lobow, Großen Lubow*.

– ²Lubow-See (z. Briese z. Havel) nördlich von Zühlsdorf (Kr. Niederbarnim, Brandenburg, D). – 1745 *die See der Liebow*, 1772 *Liebowsche See*, 1840 *Lubow See*, 1854 *Lübow See*. – Grundform apolab. *Lubov- (zu apolab. *lub 'Borke, Bast'). – Fischer, *BNB 10*, S. 173; Wauer, *HG.A.17*, S. 105.

Lubst, die (auch *Lubis*), poln. *Lubsza*, r.z. Lausitzer Neiße (z. Oder), mündet nach 66,4km in Guben/Gubin (Woiwodschaft Lebus, PL). – Grundform asorb. *L'ubuša, mit j-Suffix aus dem PN. *L'ub-š abgeleitet. – Eichler/Zschieschang, *Niederlausitz*, S. 76.

Luch- -graben, -pfuhl, -see. Bestimmungwort brandenburg. *Luch, Lüch* n., älter m. 'Sumpf, Bruch'. – Fischer, *BNB 10*, S. 173; Wauer, *HG.A.17*, S. 105.

Lucin (auch *Luzin*) Breiter ~, Schmaler ~ / Feldberger Seen bei Feldberg (Gem. Feldberger Seelandschaft, Lkr. Mecklenburg-Neustrelitz, M.-V., D). – 1578 *die Loczin*, *an der Lotzin*, 1640 *im Lutzin*, aus dem *Loitzin*, 1780 *Der Breite Lucin See*. – Slawisch, ↗Lotzin-See. – Wauer, *HG.A.17*, S. 105; Bilek, *Sprachgut*, S. 80.

Luckbach z. Wallenshamer Bach (z. Eggershamerbach z. Doblbach z. Pram z. Inn). – ON. Luck (Gem. Schardenberg, PB Schärding, O.-Ö., A), um 1150 *ad Wolfeslůcha*, 1188 *Luche*. – Bestimmungwort des *-bach*-Kompositums der ON. ahd. *Lucka* 'Loch, Lücke, Zaundurchlass'. – Dotter/Dotter, *HG.A.14*, S. 241 f.; Hausner/Schuster, *Namenbuch*, S. 689.

Lude, die z. Thyra (z. Helme z. Unstrut); Schmale Lude, l.z. Lude (Sangerhausen, Lkr. Mansfeld-Südharz, S.-A., D). – Grundform mhd. *Lūda[he]? ↗*Laud-*. – Ulbricht, *Saale*, S. 202.

Luder- -bach, -graben, -siep. Bestimmungwort zu mhd. *luoder* (nhd. *Luder*) 'Lockspeise, Köder, verwesender Tierleichnam, Aas'. – Fischer, *BNB 10*, S. 174.

Lübnitzbach l.z. Ölschnitz (z. Weißen Main z. Main z. Rhein). – 1465 *an der Libnitz*, (1536 oder später) *die Liebnitz*; ON. Lübnitz (Stadt Gefrees, Lkr. Bayreuth, Bayern, D), /lámeds/, (1332–1340) *zu Libnitz*. – Grundform ist (slaw.) *Lъbьnica, slawisiert aus vorslaw. (vorgm.) FlN. *Lib(i)na, der dem Femininum des Verbaladjektivs (*lib-nó-) des ig. Verbs *leib- (gr. *leíbō* 'ich gieße aus'), einer Nebenform zu ig. *leiH- 'gießen', entspricht. – Sperber, *HG.A.7*, S. 104; Eichler/Greule/Janka/Schuh, *Bayreuth*, S. 154–156; Rix, *LIV*, S. 405 f.

Lückenbach r.z. Clee-Bach (z. Lahn z. Rhein) bei Leihgestern (Stadt Linden, Kr. Gießen, Hessen, D). –

/legəbax/, 1334 *Lickene*, 1356 *hiesit der Licken*, 1497 *vff der Lucke, vff dem wasser der Lucken*; FlurN.: 1491 *die Licken*, 1532 *in der Locken, am lickenberge, am licker stege*, 1590 *in der Lucken*, 1607 *in der Lücken*. – Grundform gm. **Lekinō > *Likina/*Likna > *Likkna >* (mhd.) *Lickene*; mit *n*-Suffix abgeleitet von Adj. gm. **leka-* 'leck', vgl. ablautend gm. **lakō* f. 'Fluss' (⁊ *Lach-*). Der Stammvokal /i/ wurde gerundet (> *Lück-*) und gesenkt (> *Löck-*). – Faust, *HG.A.4*, S. 50; Jung, *Flurnamen*, S. 127f.

Lüder

– ¹Lüder, l.z. Fulda (z. Weser), aus dem Vogelsberg, mündet in Lüdermünd (Stadt Fulda, Hessen, D). – Um 820 (Kop.13. Jh.) *flumen … luder*, 822 *in Lutera*, (822–824) *flumen Lutire, per litus Lutirę*, 11. Jh. *in Lut(t)erenbrunnen*; Kalte Lüder (zur Lüder) in Kleinlüder; ON. Großenlüder (Lkr. Fulda), 822 *Lutera, Ludera*, 850 *Luteraha*, 1137 *de Luthero*, 1197 *Lutere*; ON. Kleinlüder (Ortsteil von Großenlüder), 1574 *Clein Lyder*, 1625 *Klein Lutter*; ON. Lüdermünd, 1429 *Lutermunde*, 1498 *Lüttermunde*, 1510 *Luttermunde*, 1551 *Lüdermönge*, 1790 *Lüdermünd*; ON. Lütterz (Ortsteil von Großenlüder). – Grundform FlN. ahd. **(H)lutiral/*(H)ludira*, umgelautet (mhd., md.) **Lüdere*; etymologisch identisch mit ⁊ *Lütter*. – Sperber, *HG.A.5*, S. 66.
– ²Lüder (auch *Lüder Bach*), Teilabschnittsname der Ilmenau (z. Elbe). – 1743 *Lüder Bach*; ON. Lüder (Samtgemeinde Bodenteich, Lkr. Uelzen, Niedersachsen, D), 1304 *Ludere*, 1318 *in villa Ludhere*, 1330–1332 *to Ludhere*, 1743 *Lüder*; FlurN. Lüderer Brook, 1347 *in deme Lůdere Broke*. – Vielleicht zu erklären wie ¹Lüder. – Udolph, *HG.A.16*, S. 219.

Lüderbach

z. Ifta (z. Werra z. Weser). – ON. Lüderbach (Ortsteil der Gem. Ringgau im Werra-Meißner-Kreis, Hessen, D), 1195 *Luderbeche*, 1300 *de Luderbeche*, 1329 *villa Liderbeche* usw. – Vielleicht mit ⁊ Lüder (822 *Lutera*) und ⁊ Lütter-Bach (826 *Lutraha*) zu vergleichen. – Sperber, *HG.A.*, S. 67.

Lüdge See

Oderarm südöstlich von Criewen (Kr. Uckermark/Angermünde, Brandenburg, D), 1826 *Lütke See*; ⁊ *Lütt(e)-*. – Fischer, *BNB 10*, S. 175.

Lühe, die

l.z. Elbe. – 786 (Fälschung 11. Jh.) *Liam*, 788 (Fälschung 11. Jh., Kopie 13. Jh.) *Liam*, um 1075 (Adam v. Bremen) *Liam*, 1255 *super fluvium Lu* (und weitere Belege), 1550 *super Luhe*, um 1600 *von der Lühe*; ON. Lühe (Samtgemeinde, Lkr. Stade, Niedersachsen, D), seit dem 12. Jh. auch Name des Kolonisationsgebietes *an der Lühe*: 1208 (nach Kopie) *de Lu*, 1221 *Lu* und so oft, 1256 *in uilla Liu*, 1312 *Luw*, 1358 *Lů*, Ende 14. Jh. *Media Lue*. – Wenn die frühesten Erwähnungen nicht einen erfundenen Namen belegen, dann hat man es mit zwei etymologisch unterschiedlichen Namen zu tun. **Liam* (Akkusativ) könnte auf **Līwa* zurückgehen und wäre mit ⁊ Liebe identisch. Die heutige Namensform *Lühe* (1255 usw. *Lu*) lässt sich auf as. **Lūwia* zurückführen und direkt mit ³*Luhe* vergleichen. Diese Bildung hat als Basis spätig. **lūu̯o-* (< **luH-u̯ó-* abgeleitet von ig. **leu̯-* 'beschmutzen' neben **leu̯H-* ⁊ *Luhnau*). Im Unterschied zu ³*Luhe* ist *Lūwia* mit einem gm. *j*-Suffix, das eine bestimmte Stelle bezeichnete, erweitert. – Udolph, *HG.A.16*, S. 219–221; Möller, *Siedlungsnamen*, S. 133.

Lühlingsbach

l.z. Nette (z. Alme z. Lippe z. Rhein) im Lkr. Paderborn (NRW, D). Der Bach bildet streckenweise die Grenze der Regierungsbezirke Detmold und Arnsberg. – 1656 *in die Lünings-becke*. – Zusammensetzung mit dem PN. *Lüning* (im Genitiv) und dem Grundwort mndd. *beke* 'Bach'. *Lünings-* wurde zu **Lülings-* dissimiliert. – Schmid, *HG.A.6*, S. 49.

Lühmengraben

in Altlewin (Kr. Oberbranim, Brandenburg, D). – 1737 *Lühmengraben*. – Bestimmungswort brandenburg. *Lüm* m. 'das Trübe einer Flüssigkeit.' – Fischer, *BNB 10*, S. 174.

Lülsbach

l.z. Blauenbach (z. Hohlebach z. Rhein) in Obereggenen (Gem. Schliengen, Lkr. Lörrach, B.-W., D). – 1347 *lüllinspach*, um 1380 *lüllenspach*, 1511 *lüllispach bachli*, 1523 *vff lullispaches bechli*, 1563 *lülespach*, 1818 *Lielsbach*. – Kompositum mit dem Grundwort *-bach* und dem PN. (Gen. ahd.) **Lullīnes-* 'Bach des **Lullīn*'; über *Lüllensbach* durch Synkope verkürzt zu *Lülsbach*. – Geiger, *HG.A.2*, S. 83.

Lür-

(⁊ *Löhrbach*) in Lürbecke, Lürbke-Bach (< **Lürbeke*, 1096 *Liure*, Hochsauerlandkreis, NRW), Lürmke/Lurmke, identisch mit dem nordwestdeutschen FlurN. *Lür/Lüre*, z.B. *tor Lür* (im Kirchspiel Engter), *in der Lüre* (1190–1205 *Liuri*, Kreis Höxter, NRW), *Lüren* (Sothel, Kreis Rotenburg (Wümme), Niedersachsen), *Lühr Trift* (Dorumer Altendeich, Lkr. Cuxhaven, Niedersachsen). – Etymologie unklar, vielleicht < (gm.?) **luri-/*lüri-* zu der auch in Gewässernamen wie ⁊ *Luhnau* vorliegenden Wurzel idg. **leu̯-* 'beschmutzen'. – Schmidt, *HG.A.6*, S. 49; Hessmann, *Sumpfbezeichnungen*, S. 195.

Lüsner Bach

(älterer Name *Lasankenbach*), l.z. Rienz (z. Eisack z. Etsch) unterhalb von Natz (Prov. Bozen/Südtirol, I.). – /liisnᵉrpåch/, TalN. *Lüsen/Lüsener Tal*, 1179–96 *in valle Lusen*; RaumN. Lüsener Forst, 893 *forestis ad Lusina*; ON. Lüsen (Gem. nordöstlich von Brixen, Prov. Bozen/Südtirol), ladin. /lusón/, deutsch /liisn/, 993–um 1100 *in loco Lusina*, 1050–um 1065 *actum Lusinun* usw. – Die Grundform *Lusina* steht mit dem älteren Namen ⁊ *Lasankenbach*

(< *Lusan-ko- 'Steinbach') in Verbindung. *Lusanko- ist die durch k-Suffix erweiterte und im Suffix (-an-/-en-) ablautende Form des Namens Lusina (< *Lusen-ā). Die Grundlage der Bildungen ist urig. *lh̥u-s- 'Stein'. Möglich ist, wenn der Flussname primär ist, auch eine Verbindung mit dem Desiderativ-Stamm des Verbs ig. leu̯- 'beschmutzen' (*lu-s-), vgl. ⁊ Losse. – Hausner/Schuster, Namenbuch, S. 693 f.; Kühebacher, Ortsnamen 1, S. 230, 2, S. 182 f., Pokorny, IEW, S. 683; Rix, LIV, S. 414.

Lüssel, die r.z. Birs (z. Rhein) bei Zwingen (Kanton Basselland, CH). – /lysːəl, lysːlə/, 1406 an der lússelen, 1417 uff der lúßel, 1418 Super fluuio ... lúchsel, 1427 lüsselen (und weitere Belege). Die Belege mit der Schreibung <chs> weisen auf eine ursprüngliche Form mhd. *Liuhsele, ahd. *Liuhsila hin. Die große Zahl der anderen Belege ist durch den häufigen Lautwandel /-hs-/ > /-ss-/ erklärbar. Der aus mhd. <iu> (=/yː/) erwartbare Langvokal /yː/ wurde in der Mundart südlich von Basel vor /-ss-/ zu /y/ (= <ú, ü>) gekürzt. – Für *Liuhsila gibt es zwei Deutungsmöglichkeiten: entweder aus gm. *Leuh-s-inō (mit Assimilation /l-... -n/ > /l-... -l/), vgl. ⁊ Leuchsen, oder vorgm. *Lūksila, eine frühromanische Form des Namens, die (über die Zwischenstufe *Louksela) aus kelt. *Leuksela̅ hervorgegangen ist (vgl. ⁊ Leuk-Bach, ⁊ Lütz). *Leukse-l-ā ist eine Ableitung von gall. *leukso-s 'hell'. In beiden Fällen liegt die ig. Wurzel *leuk- 'leuchten, licht' vor, so dass der Name in jedem Fall 'Weißwasser' o.Ä. bedeutet. – Kully, Lützel und Lüssel, S. 265–272 (mit kelt. Etymologie); Pokorny, IEW, S. 687 f.

Lütge/-n, Lütjen-, Lüt(t)ke/-r Aabach, -Bach, -moor, Siek, -see, -teich, -streek; mndd. lüttik 'klein' ⁊ Lütt/-e; z.B. SeeN., ON. Lütjensee (Kr. Stormarn, Schleswig-Holstein, D), /lüttensee/, 1339 stagni ville Lüttekense, < ndd. *tom lüttjen See 'zum kleinen See'. – Laur, Schleswig-Holstein, S. 440.

Lütsche, die (auch Lützsche), l.z. Wilden Gera (z. Gera z. Unstrut z. Thüringische Saale z. Elbe) im Ilm-Kreis (Thüringen, D). Grasige Lütsche (rechter Quellbach) und Steinige Lütsche (linker Quellbach) vereinen sich in der Lütschetalsperre. – 1378 Lüttzsche, Lutscha, 1503 Luschze, 1557 Luschka, 1587 Luschkau, Lautsche, 1648 Lützsche; ON. †Lütsche, im 19. Jh. entsiedeltes Dorf an der Lütsche, /litsch/, 1378 lut(z)scha, 1665 Lutzsch. – Slaw. *Luč'a, *Lučina, abgeleitet von slaw. *luka 'Wiese' (mit der Bedeutung 'Wiesenbach'). – Ulbricht, Saale, S. 232.

Lütschen- -bach, -tal ⁊ Lütschine.

Lütschine (Weiße und Schwarze), die z. Brienzersee (Kanton Bern, CH), /ˈlütʃinɑ, ˈlitʃinɑ/, 1252 fluvius ... Lischina, 1257 aqua ... Lyzhena, 1356 Lútschinen, 1363 die Lútschinin, 1364 die Lútschinon usw., 1535 die schwartz lütschinen, Wisslütschinen; ON. Lütschental, Gem. und Talabschnitt (Kanton Bern), 1238 in Liscinthal, 1242 vallis ... Lischental, 1275 in Lyzental, 1303–1307 ze Lutzschental, Lutschental, usw. – In Übereinstimmung mit den ältesten Belegen lautet der Name für das heute weit verzweigte System der Lütschine (ahd.) *Liskīn[a und *Liskīntal. Diese Namensform entwickelte sich über mhd. *Lischine, mit Affrizierung (*Litschine) und Rundung zu Lütschine. Ahd. *lisk-īn- dürfte das Stoffadjektiv zu ahd. lisca 'geringeres, gröberes, auf nassem Boden wachsendes Gras, Riedgras' sein, das im weiteren Gebiet zwischen Thuner- und Brienzersee häufig in Flurnamen vorkommt. Vermutlich geht die Benennung vom Talnamen aus: ahd. *Liskīntal 'Tal mit Riedgras', zu dem der vermeintlich einstämmige FlN. Lütschine als Klammerform aus *Liskīn[tal]aha > *Liskīna gebildet wurde. Auffällig sind die Namenparallelen im Schwarzwald, für die jedoch nur späte Belege vorliegen: Lütschenbach, z. Kander (B.-W., D), 1352 Lutschenbach, 1572 Lütschenbach, und Lütschenbach (-tal, Litschental), l.z. Schutter, 16. Jh. im Lütschentall, 1522 im Lutschetale. – Zinsli, BNB, 3. Teil, Sp.199–201; Kleiber/Pfister, römisch-germanische Kontinuität, S. 20 f. (mit anderer Etymologie).

Lütt/-e-/-en-/-er-/-es- -See, -au, -Bach, -born, -Loch; niederdeutsch für oberdeutsch ⁊ Lütz-.

Lütter, die (auch Lütter-Bach), entspringt in der Rhön, r.z. Fulda (z. Weser) bei Lütter (Gem. Eichenzell, Lkr. Fulda, Hessen, D). – 826 Lutraha, (1011) in Luthram, super Luthram; ON. Lütter, 816 (Fälschung 12. Jh.) Lutra, 833 in uilla Hlutra, 856 in Lutturu marcu, um 951 in Lutteru, 1303 Lutter, 1454 Lütter; ON. Oberlütter (Lkr. Fulda), um 951 in superiore Lutturu, in Lutteru, 1353 Obirn Litter, 1367 Oberluter. – Auszugehen ist von dem Adjektiv gm. *hluða- (< ig.*k̂lutó- 'gehört', gr. klytós 'berühmt'). Die ursprüngliche Bedeutung der ig. Wurzel 'hören' wurde auch zur Benennung von Flüssen genutzt. Von gm. *hluða- wurde mit r-Suffix der Flussname (gm.) *Hludra, ahd. *Hlutra(ha) (mit sekundärem Grundwort -aha 'Gewässer'), später auch *(H)lutira, *(H)lutura, abgeleitet. Aus den möglichen Fortsetzungen Lutter, Lüter, Luter hat sich heute die Kompromissform Lütter schriftsprachlich durchgesetzt. Von ⁊ Lüder, dem ursprünglich mit Lütter identischen Namen des Flusses, der unterhalb von Fulda in die Fulda mündet, unterscheidet sich Lütter dadurch, dass in der Schreibung <-tt-> sowohl die Kürze des /ü/ als auch das Ergebnis der Lautverschiebung (/-d-/ > /-t-/) fixiert sind. – Sperber, HG.A.5, S. 67; Pokorny, IEW, S. 606; Rix, LIV, S. 334 f.

Lütz, die (auch *die Lützbach*), r.z. Mosel (z. Rhein) gegenüber von Müden (Lkr. Cochem-Zell, Rh.-Pf., D). – Ca. 1170 *rivulum ... Luzze*, 1674 *von der Lütz*; ON. Lütz (VG Treis-Karden, Lkr. Cochem-Zell). – Grundform moselrom. *Lutsja < vorrom. (kelt.) *Lūkịa, zu (ig.) *leuk- 'hell werden' (ablautend *louk-), vgl. ↗ Leuk ↗ Litzbach. – Pier, *Moselkern*, S. 75.

Lütz-, Lütz-/-en-, Lützel-/-n- entrundet *Litz-, Litzel-, Litzen- -bach, -fleth, -see.* – Ahd. *luz(z)il*, mhd. *lützel*, as. *luttil* 'klein'. So benannte Gewässer haben ihren Namen gemäß ihrer relativen Kleinheit und Bedeutungslosigkeit, z.B. (mit Grundwort ahd. *aha* 'Fließgewässer') 812 *luzelaha* (l.z. Schwalm z. Eder z. Fulda) mit ON. Leusel (Stadt Alsfeld, Vogelsbergkreis, Hessen, D), 1107 *Liuzziliha*, 1338 *Lutzela*, 1349 *Lußela*, 1681 *Leysell*. – Bach, *Namenkunde 1*, S. 281; Sperber, *HG.A.5*, S. 68.

Lützel, die frz. *Lucelle*, l.z. Birs (z. Rhein) oberhalb von Laufen (Kanton Basellland, CH), bildet auf etwa 12km die Grenze zwischen der Schweiz und Frankreich. – 1290 *hin wider die lutzela, ennent der Lvtzela*, um 1392 *ennent dem wasser Lútzel* (und weitere Belege); ON. (Groß)Lützel/Lucelle, alte Zisterzienserabtei, 1136 *Luzela*, Kleinlützel (Gem., Bezirk Thierstein, Kanton Solothurn, CH), 1253 *in Minori Luzela*, vor 1290 *Klein Lůtzela*. – Grundform ahd *Lutzila* 'die Kleine', mhd. *Lützele*, latinisiert *Lutzela*, ↗ Lütz-. Der Ansatz eines Kompositum *Lutzil-aha* ist möglich, aber nicht notwendig, da außer in den Belegen von 1290 keinerlei Hinweise auf -*aha*/-*ach* vorhanden sind. – Kully, *Ortsnamen*, S. 417–421; Kully, *Lützel und Lüssel*, S. 263–265, 269f.

Lützel- ↗ Lütz-.

Luh-/Luhe- -*bach, -born.* – As. *hlūd-* 'laut, helltönend', mit Ausfall des zwischenvokalischen /-d-/, ↗ Laud-. – Kettner, *HG.A.8*, S. 77; Kettner, *Leine*, S. 180–182.

Luhe, die
– ¹Luhe, l.z. Naab (z. Donau) bei Luhe. – /loṷ/, 905 (Kopie 12. Jh.) *aquam que dicitur Loua*; ON. Luhe-Wildenau (Markt, Lkr. Neustadt a.d. Waldnaab, Bayern, D), 11. Jh. (zu 950) *Luo*, 11. Jh. (Kopie 16. Jh.) (zu 949) *Lŏa*, 1180 *Lůge*, 1212 *Lve*, 1251 *Lv̌e*, 1280 *Lue*, 1355 *Luh*. – Ausgangsform FlN. vorahd. *Lōwa*, mit Ausfall des intervokalischen /-w-/ > *Lōa, Lōe* zugrunde. Der Langvokal wird diphthongiert (> *Luo(e)*), schreibsprachlich monophthongiert (> *Lū*), in der nordbairischen Mundart aber „gestürzt" zu /loṷ/. Vorahd. *Lōwa* geht als keltischer Name mit typisch keltischem Ausfall des /p-/ auf vorkelt. *plōwā zurück. Urkelt. *lōwā ist das mit Dehnstufe gebildete feminine Nomen zum kausativen Verbstamm ig. *ploṷ-éịe- 'schwimmen machen, schwemmen', von dem auch andere Flussnamen des Typs *ploṷ-ịo-s/-ā (↗ Flöha) abgeleitet sind. Letztendlich liegt das urig. Verb *pleṷ-e- 'schwimmen, schweben' (ved. *plávate* 'schwimmt, schwebt', gr. *pléō* 'segle, schwimme', akslav. *plovǫ* 'segle, schwimme') zugrunde. Das zum d-Präsens der Wurzel *pleṷ- (= *pleud-'schwimmen, fließen') gehörende Kausativ ig. *ploud-éịe- (> air. -*lúaidi* 'bewegt') ist im Keltischen belegt. – Reitzenstein, *Oberbayern*, S. 156; Rix, *LIV*, S. 485, 487f., 488.
– ²Luhe, l.z. Ilse (z. Bega z. Werra z. Oberweser). – 1614/15 *in die Luhe, die Luhrbach nieder, in der Luhe*; ON. Niederluhe, Oberluhe (Stadt Lemgo, Kreis Lippe, NRW, D), 1347 *to der Lude*, 1351 *in Luden* (und weitere Belege), 1577 *uth der Lue*, 1581 *in der Luhe*; < gm. *Hlūdō ↗ Laud-. – Kramer, *HG.A.10*, S. 45; Meineke, *Lippe*, S. 339f.
– ³Luhe, l.z. Ilmenau (z. Elbe) bei Winsen an der Luhe (Lkr. Harburg, Niedersachsen, D). – 1318 *fluvium ... Lu*, 1333 *Lv*, 1344 *uppe der Lu* (so oft), 1372 *Luw*, 1381 *Lů*, 1420 *upper Luw*, um 1500 *uppe der Luhe*; Lunekanal, Abzweigung l.d. Luhe; Luhekanal, Abzweigung r.d. Luhe, ON. Luhdorf (Stadtteil von Winsen a.d. Luhe), 1383–1385 *Ludorpe*; ON. Luhmühlen (Ortsteil von Salzhausen, Lkr. Harburg), 14. Jh. *in Lu*, 1577 *Luemühlen*. – Ausgangsform mndd. *Lūwe (?) < vorgm. *lūu̯o- (urig. *luH-u̯ó-), mit u̯-Suffix abgeleitetes Adjektiv von der Nebenform *leu̯H- des Verbs *leu- 'beschmutzen', ↗ Lühe. – Udolph, *HG.A.16*, S. 222f.; Rix, *LIV*, S. 414.

Luhnau l.z. Eider (z. Nordsee). – 1339 *de Lunowe*, 1460 *in de Lunowe, van der Lunowe*, 1649 *Luenow*; ON. Luhnstedt (Amt Jevenstedt, Lkr. Rendsburg. S.-H., D), 1467 *to Lundstede*, 1487 *Lunsteden*, 1600 *Luhnstede*, 1633/34 *Lunstedt, Luhnstedt* 'Wohnstätte an der Luhnau'. – Grundform (as.) *Lūna*, mndd. *Lūne* 'Sumpf-, Moorfluss', sekundär erweitert durch das verdeutlichende Grundwort mndd.↗ *aue* 'Land am Wasser, Wasserlauf'. Entsprechende Fluss- und Flurnamen sind auf niederdeutschem Gebiet verbreitet (↗ Lonaubach). Auch afr. *lüne* ist mehrfach als Gewässername bezeugt. Der Fluss- (und Flur-)name *Lūna findet jedoch keine überzeugende Anbindung im Germanischen. Die nahe liegende Erklärung als (ig.) Verbaladjektiv *lu-nó- zum Verb (ig.) *leu̯- 'beschmutzen' (lat. *lutum* 'Dreck', air. *loth* 'Schmutz') scheitert am Langvokal /ū/. Möglicherweise liegt Vermischung mit dem Verb *leu̯H- 'abschneiden, lösen' (*luh-nó-, ai. *lūná-* 'abgeschnitten') vor. – Kvaran, *HG.A.12*, S. 119; Laur, *Schleswig-Holstein*, S. 440f.; Pokorny, *IEW*, S. 681f.; Rix, *LIV*, S. 414, 417.

Luhrbach l.z. Speyerbach (z. Rhein) in Lambrecht (Lkr. Bad Dürkheim, Rh.-Pf., D). – 977 oder 987

(Kopie 1311) in larbach, Anfang 16. Jh. lorbach, 1528 (Kopie) Loerbach, um 1530 (Kopie) Lornbach, 1563 (Kopie) Loerbach, 1573 (Kopie) Lohrbach. – Ahd. *Lār-bach; das Bestimmungswort ist identisch mit (mhd.) lār(e) '(bebuschte) Wiese, Weideland', ↗Lorfe. – Greule, HG.A.15, S. 67.

Lumda, die l.z. Lahn (z. Rhein) bei Lollar (Lkr. Gießen, Hessen, D). – 1339 apud Lumme, 1358 an der Lummen, 1373, Anfang 16. Jh. uf, an der Lombe, 1512 uf der Lumbe, (1573) an der Lomb, 1591 die Lumb, 1591 in der alten Lome, die alte Lom, die alte Lomme; ON. (Ober-)Lumda (Stadtteil von Grünberg/Hessen, Lkr. Gießen), ON. † Nider-Lumda, (780–802) (Kopie um 1160) in Lunhane marca, 1267 juxta Lůnam, (um 1300) (Kopie 1400–1425) Lumme, (14. Jh.) obirlume, NydderLomme, 1502 zcu Lume, 1589 Lumb, Klein Lumb; ON. Londorf (nordöstlich von Gießen), (um 750–779) (Kopie um 1160) Lundorf, in Luntdorfe, (780–802) (Kopie um 1160) Lantorfere marca, 1306 Lundorp, 1368 Londorf; ON. Lollar, 1242 Lollar, 1277 Lollayr, 1288 Lollor, 1315 Luller, 1495 zcu Loller. – Grundform vorahd. (gm.) *Lumna > (mhd.) Lumme, apokopiert und mit mundartlich gesenktem Stammvokal > *Lom, hyperkorrekt Lumb, Lomb. Die Ortsnamen Londorf und Lollar sind Komposita mit dem Flussnamen als Bestimmungswort und -dorf bzw. -lār (↗Lorfe) als Grundwörtern. Im Kompositum *Lum(m)-dorf werden /-md-/ > /-nd-/ und in Lum(m)-lār /-ml-/ > /-ll-/ assimiliert. Im Beleg 1267 juxta Lůnam wurde *Lun- fälschlich aus Lundorf abgetrennt. Gm. *Lumna liegt ebenfalls vor in Lomme (z. Lesse z. Maas, in den Ardennen, B), 12. Jh. Lumnam, und im ON. Lummen (Prov. Limburg, B), 1200 Lumne. Obwohl appellativisch nicht gesichert, kann gm. *lum- 'Schlamm, Sumpf' (m-Ableitung von ig. *leu̯- 'beschmutzen') in den Gewässernamen Lum und Lumbach (1555 in der Lum) im Tiroler Inntal, adän. FlN. Luma (12. Jh. Lumaby), vorliegen sowie, mit n-Suffix in *Lumina, jetzt Liemehna (Dorf, Gem. Jesewitz, Lkr. Nordsachsen), 1238 (Kopie 15. Jh.) Lumene, 1378 Lümen abgeleitet sein. – Faust, HG.A.4, S. 50 f.; Reichardt, Gießen, S. 29–2412, 242 f.; Hessmann, Sumpfbezeichnungen, S. 197; Pokorny, IEW, S. 681; Rix, LIV, S. 414; Eichler/Walther, HONBSachsen I, S. 598.

Lummerke, die r.z. Ilme (z. Leine z. Aller z. Weser) südlich von Relliehausen (Stadt Dassel, Lkr. Northeim, Niedersachsen, D). – 1596 die Lumbach, 1629 die Lumerke beke, 1644 die Lummerkerbeke, 1697 die Lummerbeke, 1769 Lummercke. – Ausgangsform ist (mndd.) *Lumbeke; das Bestimmungswort ist vielleicht (gm.) *lum- 'Schlamm, Sumpf' (↗Lumda). – Kettner, HG.A.8, S. 77 f.; Kettner, Leine, S. 182 (< *Hlūdenbeke?).

Lump/-e/-en- -see, -bach; Gewässer in Brandenburg; die Lumpe ist eine Bucht des Bötzsees südwestlich von Strausberg (Lkr. Oberbarnim, Brandenburg, D). Brandenburg. Lump- steht (mit Schwundstufe) vielleicht im Ablaut zu ↗Lemp (<*Lampjō). Vermutlich ist Lump- auch mit e. slump 'Moor, Sumpf', mhd. slump 'schlumpig' (↗Schlumper), die ein „s mobile" aufweisen, verwandt. – Fischer, BNB 10, S. 174; Wauer, HG.A.17, S. 106.

Lumplgraben in der Gem. Großraming (PB Steyr-Land, O.-Ö., A). – Ca.1530 die Lumpen, 1575 Auf die Lumpl, vonn der Lumpl, 1599 in der Lumpell. – Das Bestimmungswort dürfte (gm.) *lum- 'Schlamm, Sumpf' (↗Lumda) sein. Der älteste Beleg steht für die schwach flektierte Form (mhd.) *ze der Lum(p)en, in den anderen Belegen steht <l> entweder als bair. Diminutivsuffix oder ist Ergebnis einer Nasal-Dissimilation von Lumpen > Lumpel. – Hohensinner/Reutner/Wiesinger, Kirchdorf an der Krems, S. 119; Wiesinger, Probleme, S. 207.

Lunau, die
– ¹Lunau, l.z. Schöttelbach (z. Espolde z. Leine z. Aller z. Weser) westlich von Hardegsen (Lkr. Northeim, Niedersachsen. D). – 1622 in der Lunaw, bei der Lunaw, 1876/77 die Lonau, an der Lonau. – Vielleicht aus mndd. *(in der) lūden ouwe (↗Laud-). – Kettner, HG.A.8, S. 78; Kettner, Leine, S. 182.
– ²Lunau, l.z. Ahle (z. Schwülme z. Weser) bei Uslar (Lkr. Northeim, Niedersachsen, D). – 1784 Lunau Bache, (19. Jh.) in der (kleinen) Lunau, an der Lunau; FlurN. Lunaborn („Quelle der Lunau"), 1603 Luna born, 1784 Obere und untere Lunau Brunn, (19. Jh.) Lunauborn. – Etymologie vielleicht wie ¹Lunau. – Kramer, HG.A.10, S. 45.

Lune r.z. Alte Weser (z. Weser). – 1768 Lune Flus; ON. Lunestedt (seit 1968) (Samtgem. Beverstadt, Lkr. Cuxhaven, Niedersachsen, D), FlurN. Luneort, 1768 Lune Ort. – Unsichere Etymologie, vielleicht wie ↗Luhnau. – Borchers, HG.A.18, S. 86.

Lungitz, die (auch Lungitzbach), r.z. Lafnitz nördlich von Wörth an der Lafnitz (PB Hartberg, Steiermark, A). – 1146 inter duo flumina ... minorem Loncwitz, (um 1128) (Fälschung 1164–1189, Kopie 1450) per lungwiz ... riuum, 1542 Lungewitz. – Slaw. *Lunkovica 'Wiesenbach', mit dem kombinierten Suffix -ovica abgeleitet von slaw. *lunka 'Wiese, Wiesenland'. Ins Bairische integriert als *Lunk(e)witz(e), *Lungwitz(e), später vereinfacht zu Lungitz. – Hausner/Schuster, Namenbuch, S. 692; Lochner von Hüttenbach, Steirische Hydronyme, S. 100; Bergermayer, Glossar, S. 142.

Lupegraben nordöstlich von Havelberg (Kr. West-prignitz, Brandenburg, D). – 1748 *der Lupe-Graben*; FlurN. *Lupe*, 1667 *die Lupe*, 1748 *um die gantze Lupe herum*. – Bestimmungswort ist der Flurname, zu apolab. *lup-* (*lupiti* 'schinden, schälen, reißen'), poln. *łupa* 'Scheit, Holz, Schale'. – Fischer, *BNB 10*, S. 174.

Lupow, die polnisch *Łupawa*, z. Ostsee in Pommern (PL). – 1282 *Lupav*; ON. Lupow/Łupawa. – Zur Ableitungsbasis vorslaw.(?) *lup-* vgl. ⁊Lippe, ⁊Luppe. – Udolph, *Gewässernamen Polens*, S. 152–157.

Luppach ⁊Marluppbach.

Luppbode ⁊Bode.

Luppe Alte ~, r.z. Thüringischen Saale (z. Elbe) nordöstlich von Merseburg (Saalekreis, S.-A., D), 1216 *in Luppa fluvio*; Neue~ (auch *Luppekanal*), Abzweigung aus dem Elsterbecken, z. Weißen Elster südwestlich von Schkeuditz (Lkr. Nordsachsen, Sachsen); Morluppe, Arm d. Luppe (?) bei Merseburg, 1216 *Morluppa*. – Grundform FlN. gm. *Luppō* f., eine Nebenform zu gm. *sluppa-* (⁊Lippe), ein mit *n*-Suffix von der Schwundstufe des Verbs gm. *sleup-a-* 'gleiten, schlüpfen' (got. *sliupan*, ae. *slūpan*, ahd. *sliofan*) abgeleitetes Adj. (vorgm. *slubʰ-nó-*), benannt vielleicht nach der für die Schiffe wichtigen Gleitfähigkeit des Flusses. Auffällig ist das Fehlen des /s-/, das durch Dissimilation erklärt werden kann. *Mor-* in *Morluppe* entspricht as. *mōr* 'Moor, Sumpf'. Mit dem Flussnamen identisch sein dürfte der ON. *Luppa* (Alt-, Deutsch-, Wendisch-), Doppeldorf südwestlich von Dahlen (Gem. Wermsdorf, Lkr. Torgau-Oschatz, Sachsen) an einem Fluss (r.z. Dahle z. Elbe), 1213, 1215 *Luppe, Luppa*. – Ulbricht, *Saale*, S. 244; Walther, *Gewässernamenschichten*, S. 20; Rix, *LIV*, S. 567; Seebold, *starke Verben*, S. 435f.; Eichler/Walther, *HONBSachsen* I, S. 630.

Luppmen, der Oberlauf der Kempt (z. Töss z. Rhein) bis Fehraltorf (Kanton Zürich, CH), /luggme/, ältere Nennungen: *Luggmen, luppnau, luppnen, lupmen*; ON. Luppmen bei Fehraltorf (Gem., Bez. Pfäffikon, Kanton Zürich); ON. Luppmen bei Hittnau (Gem., Bez. Pfäffikon). – Grundform (gm.) *Lugna-* m., schwach flektiert (mhd.) *(ze dem) Lugnen*, entspricht dem Adj. gm.*lugna-*, *lugni-* 'ruhig, still' in awn. *lygn* 'still, ruhig, *logn* 'Windstille', *lón* 'ruhige Stelle in einem Fluss', dn. mundartlich *lune* 'Wasserloch', norw. FlN. *Lygna*, ⁊Lignitzbach. – Greule, *Oberrhein*, S. 135f.; Pokorny, *IEW*, S. 689.

Lusike (mehrere?) Gewässer in der Gegend südöstlich von Wriezen (Kr. Oberbarnim, Brandenburg, D). – 1751 *Lüsecke*, 1753 *zwischen den kleinen Flüssen ... Lusike*, 1814 *Lüsike*. – Etymologie wie ⁊Lieseckengraben. – Fischer, *BNB 10*, S. 174.

Lustsee zum Brahmsee (z. Wardersee z. Mühlenau z. Wehrau z. Nord-Ostsee-Kanal). – 1799 *Lustsee*; ON. Lustsee bei Langwedel (Amt Nortorf-Land, Kr. Rendsburg-Eckernförde, S.-H., D), 1418 *to dem watere geheeten de Luszee*. – Wohl „Schilfsee" zu mndd. *lūs, lūsch* 'Schilf'. – Kvaran, *HG.A.12*, S. 120; Laur, *Schleswig-Holstein*, S. 443.

Lutowsee zum Großen Fürstenseer See bei Gammertin und Herzwolde (Kr. Neustrelitz, M.-V., D). – 1780 *Lutow See* usw. – Vielleicht abgeleitet von slaw. *lut*, asorb. *łut* 'Lindenbast, Bast, Gerte', ačech. *lútie* 'junger Lindenwald', čech. mundartlich *lut* 'Bast', vgl. ON. *Lauta* (Kr. Kamenz, Sachsen, D). – Wauer, *HG.A.17*, S. 106; Eichler/Walther, *HONBSachsen* I, S. 566.

Lutter ⁊Lauter/Lutter.

Lutz, die r.z. Ill (z. Rhein), Hauptfluss des Großen Walsertals (Vorarlberg, A), entspringt oberhalb von Buchboden, mündet bei Thüringen (Bezirk Bludenz, Vorarlberg). – /d'lūt/ (/ū/ geschlossen) (talintern), /d'luts/ (talextern), 1395/1695 *zu der Lud, in die Lutz*, 1412, 1417 *in die Lutz*, ca.1501 *zů der Lutz*, 1621 *an die Lauz*; ON. Überlut, Under~, Ober~ (Gem. Sonntag, Bez. Bludenz), 1399 *Überlutz*, 1621 *Überlauth*; ON. Ludesch (Gem. im Walgau, Vorarlberg), 11. Jh.(?) *in Lodasco*, 1290–1298 *de Lvdasch*. – Grundform FlN. (kelt.) *Lutā* (> rom. *Luda*), identisch mit air. *loth* f. 'Schmutz'. Der Stamm *lut-* begegnet auch in anderen keltischen Ortsnamen, z.B. 1025 *Lodena*, jetzt Luynes(s) (Dep. Bouche-du-Rhône, F); nach 1212 *Lodena*, jetzt river Loddon (Berkshire-Hampshire, GB), und im Namen *Lutetia* (für Paris). Wie beim Parallelnamen ⁊Frutz (<*Frude-s*) wird auch in *Lutz* (<*Lude-s*) an den aus dem Romanischen als /lūt/ ins Alemannische entlehnten Namen teilweis das toponymische *-s* angefügt. Der ON. *Ludesch* ist aus dem Gewässernamen mit Hilfe des vorgermanischen Suffixes *-asko-* abgeleitet: *Lut-asko-* > rom. (11. Jh.?) *Lodasco*, alem. (Ende 13. Jh.) *Lvdasch*. – Geiger, *HG.A.2*, S. 83; Geiger, *Gewässernamen-Schichten*, 16, S. 137; Berchtold, *Namenbuch*, S. 254f., 415f., 544.

† Lutzbek l.z. Stör (z. Elbe), jetzt Hörner Au/Hörnerau (in den Kreisen Pinneberg und Steinburg/Itzehoe, S.-H., D). – 1139 (Kopie 14. Jh.) *a fluuio Lutesou*, 1141 (Fälschung um 1180, Kopie nach 1200) *a fluuio Lvtesou, inter Lutesov*, Ende 12. Jh. *Lutesou*, um 1200

(Kopie) *inter Lutesov*, 1223 *inter Lutesov*, 1233 *in ter Lutesow*, 1588 *Horner Ow*, 1650 *Lutzbeck*, 1743 *Lutzbek*; ON. Lutzhorn (Streusiedlung, Amt Rantzau, Kr. Pinneberg), 1255 (Kopie 1341) *Luteshorne*, 1564 *Lutzhorn*. – Zugrunde liegt der einfache FlN. (mndd.) *Lütese* (apokopiert und synkopiert > *Luts-/Lutz-*), der durch das Grundwort *-au*, später *-bek/-beck* 'Bach' als Flussname und durch das Grundwort *-horn* 'Vorsprung' als Ortsname verdeutlicht wurde. *Lütese* ist eine Namenbildung, die mit *s*-Suffix vom Adjektiv gm. *lūta-* 'geneigt' (awn. *lútr*) abgeleitet ist. Der Bildung nach sind vergleichbar ↗Hunse/Hunze, ↗Jagst, ↗Leubas, ↗Loisach, ↗Schipsegraben, ↗Schobse, ↗Walse. – Udolph, *HG.A.16*, S. 163; Laur, *Schleswig-Holstein*, S. 443; Seebold, *starke Verben*, S. 340f.

Lychen-/-er *-Bach, Gewässer, Kanal, -See*; mehrere Gewässer in Brandenburg (D), z.B. Abschnitt der Woblitz bei Lychen (Kr.Uckermark/Templin, Brandenburg), 1307 *aquam siue fluuium qui Lychen dicitur*. – Entweder ursprünglicher Gewässername apolab. *Lichyn'-* 'schlechter (fischarmer) See' oder Übertragung eines ON. apolab. *Lichon'-* oder ähnlich. – Fischer, *BNB 10*, S. 175.

Lyck poln. *Ełk*, l.z. Biebrza (↗Narew), durchfließt den Lyck See, poln. *Jezioro Łeckie* (Ostpreußen, PL). – 1314–1335 (Kopie 15. Jh.) *Lika*; ON. Lyck/Ełk. – Etymologie wie ↗Lech (< *Likos*). – Udolph, *Gewässernamen Polens*, S. 113–117.

Lyssach (auch *Lyssachbach*) ↗Lyssbach.

Lyssbach r.z. Aare (z. Rhein). – /līssbax/ (mit geschlossenem /ī/), 1275 *Lissa fluit*, 1528 *abhin vff die lyß*; ON. Lyss (Gem., Amtsbezirk Aarberg, Kanton Bern, CH), /līss/, 1009 *Lissa*, um 1131 (Fälschung?) *de Lisso*, 1146 *de Lisas, de Lixa, de Lissa*, 1152 *de Lixi* usw. – Der Ortsname bewahrt die ursprünglich einfache Form des Flussnamens, der auf vorgm./vorrom. *Liksā* beruht. Diese Namensform setzen die (frankoprovenzalischen) Belege 1152 *Lixi* u.ä. fort, während der früh ins Alemannische übernommene Name über (ahd.) *Lihsa* lautgesetzlich zu mhd. *Līsse*, später /līss/ wurde. Bei dieser Erklärung kann auch der ON. Lyssach (Dorf und Gem., Amtsbez. Burgdorf, Kanton Bern), /līssəx/, 894 *in Lihsacho*, 1255 *Lissacho*, 1275 *Lissache*, verglichen werden. Er wurde möglicherweise von Lyss durch die Anfügung des Grundworts ahd. *aha* 'fließendes Gewässer' unterschieden. Das vorgermanische Hydronym *Liksā* gehört als *s*-Erweiterung zu dem unter ↗Lech behandelten Stamm *lik-*. – Zinsli, *BNB*, 3. Teil, S. 203.

M

Maag, die (auch *Weeser Linth*), ursprünglich (vor der Linthkorrektion) Abfluss des Walensees bei Weesen (Kanton Glarus, CH) in die Linth; durch die Linthkorrektion durch den *Maagkanal* (z. Linthkanal z. Zürichsee) ersetzt; 16. Jh. *die Mag*. Der Name wird auch in dem Kompositum ↗Limmat (< kelt. **Lindomagos*) vermutet. – *Maag* wird für keltisch gehalten (kelt. **magā* 'die Große'). In Anbetracht der sehr dürftigen Überlieferung und der Unklarheit, worauf sich der Name bezieht, muss eine späte Rückbildung aus dem FlN. (12. Jh.) *Lindemaga* (↗Limmat) erwogen werden. Der FlN. *Limmat* seinerseits kann durch eine Namenübertragung des Ortsnamens kelt. **Lindomagos* 'Linth-Ebene' auf das dort fließende Gewässer entstanden sein. – Greule, *Oberrhein*, S. 136 f.

Maar

– ¹**Maar, die/das** (Diminutiv *Märchen*) im mosel- und mittelfränkischen Dialektgebiet 'größere Wasseransammlung auf der Ebene in einer kleinen kesselartigen Vertiefung; ein mit dünner Rasenschicht überwachsenes Moorloch in sumpfigen Wiesen' u. Ä. – (gm.) **mari-* n. neben **marīn* f. 'größeres stehendes Gewässer, Binnengewässer, feuchte, sumpfige Stelle'; ON. z. B. *Mehren* bei Daun (Eifel, Rh.-Pf., D), *Mähren* (Verbandsgem. Wallmerod, Westerwaldkreis, Rh.-Pf.), *Mehren* (Verbandsgem. Altenkirchen/Westerwald, Rh.-Pf.). Gm. **mar(i)-* 'stehendes (oder versumpftes) Gewässer' liegt auch in den Ortsnamen, die als zweiten Bestandteil *-mar* (Weimar, Hadamar, Lohmar, Geismar usw.) aufweisen, vor; ↗Meer-/Mehr-. – Dittmaier, *Flurnamen*, S. 192 ff.; Orel, *Handbook*, S. 261; Udolph, *Germanenproblem*, S. 330.

– ²**Maar**, l.z. Brenderwasser (z. Lauter z. Schlitz z. Fulda). – ON. Maar (Stadtteil von Lauterbach, Vogelsbergkreis, Hessen, D), 1252 *Maraha*, 1278 *Mora*, 1341 *Mara*, 1713 *Maar*. – Etymologie wie ↗March. – Sperber, *HG.A.5*, S. 68.

Maarbach l.z. Theel (z. Prims z. Saar). – 1550 *ahn die marckbach, von der marckbach*. – Zusammensetzung mit dem Grundwort *-bach* und dem Bestimmungswort (fnhd.) *mark* 'Grenze, Grenzgebiet', ↗Mar- ↗March-. – Spang, *HG.A.13*, S. 46.

Maas, die frz. *la Meuse*, fließt durch Nordfrankreich, Belgien und die Niederlande und mündet in die ehemalige Nordseebucht Hollands Diep; ursprünglich Zufluss zum Waal, dem Hauptarm des Rheindeltas. Seit Caesar (Bellum Gallicum IV 9, 3) *Mosa*, ahd. *Masa*, ae. *Masu*. Von Germanen in der Form **Masō* früh entlehnter vorgermanischer Name. – Etymologie unklar, vgl. ↗Mosel (< *Mosella*), sicher ves.-ig.; *Mosa* dürfte aus ig. **modsā* > **motsā* > **mossā*, mit vereinfachter Schreibung der Geminata (*Mosa*), hervorgegangen sein. Es könnte sich um ein Nomen loci mit der Bedeutung 'wo man (mit Flüssigkeit) sich sättigt' handeln, das nach einem altertümlichen Bildungsmuster mit *s*-Suffix vom *o*-stufigen Stamm des Verbs ig. **med-* (ved. *mádati* 'erfreut sich, berauscht sich, sättigt sich', gr. *mestós* 'voll', awn. *mettr* 'satt', Partizip des Verbs gm. **matja-* 'sättigen') abgeleitet ist, ↗Mindel. – Berger, *Geographische Namen*, S. 188; Rix, *LIV*, S. 423 f.

Made, die See zum Fließ (z. Krüselin-See z. Kleiner/Großer Mechow-See z. Mühl-Teich z. Küstrin-See/Lychner Gewässer) (Lkr. Uckermark, Brandenburg, D). – Deutung unklar, vielleicht slaw. **Mada* f. oder **Mad* m. wie der slovak. ON. *Mad*, oder wie der ON. Maade (Kr. Nordfriesland, S.-H.) 'zu mähende Wiese' durch Übertragung eines Flurnamens auf den See. – Wauer, *HG.A.17*, S. 108; Bilek, *Sprachgut*, S. 80; Laur, *Schleswig-Holstein*, S. 443 f.

Madel, die r.z. Werra bei Creuzburg, ON. Madelungen (Ortsteil von Eisenach, Thüringen, D). – ON. Madelungen, um 1076 *in Madelungen*, 1330 *villam Madelungen*. – Der Flussname ist vermutlich eine Rückbildung aus dem ON. Madelungen, welcher mit dem *-ung*/*-ing*-Suffix entweder von ahd. **madal* 'Versammlungsort, Gerichtsversammlung' (mit der Bedeutung 'die am Versammlungsort Wohnenden') oder vom PN. **Madal* (mit der Bedeutung 'die Leute des Madal') abgeleitet ist. Vergleichbar ist der Flussname 1125 (Kopie ca.1420) *inter fluvium Mathlinge et …*, 1083 (Fälschung 1125–ca.1150) *fluvium Matlinge*, 1162 *fluvium Madlinge*, in der Umgebung von Ketel (Zuidholland, NL); der ursprüngliche Ortsname (wüst) **Mathlinge* wurde auf den Fluss übertragen, ↗Magdel. – Sperber, *HG.A.5*, S. 68; Kaufmann, *Ergänzungsband*, S. 254; Künzel/Blok/Verhoeff, *Lexicon*, S. 237.

Madlitzer Fließ, ~ See bei Alt Madlitz (Kr. Lebus, Brandenburg, D). – 1373 *stagna Modelitz*, 1606 *Auff dem Madelitschen Sehe*, 1745 *Madellitzsche See*, 1768 *bis an das Madelitzische fließ*; ON. Maddelitz (nach dem See benannt) 1405 *Modelitz*. – Grundform apolab. *Modlica zu *modl-* 'schwach, kraftlos' oder zu *modla* 'Götzenbild'. – Fischer, *BNB 10*, S. 175 f.

Mäckersee nördlich von Finow (Kr. Oberbarnim, Brandenburg, D). – 1509 (Kopie) *dem Sehe, die Mocker genannt*, 1598 *Mackern*, 1644 *die Macker*, 1840 *die Mäker See*. – Zu apolab. *mokr-* 'nass, feucht', ↗ Möckern-See. – Fischer, *BNB 10*, S. 184.

Mählerssiek gehört zum Einzugsgebiet des Westerfelder Bachs (z. Alm z. Riehe z. Lamme z. Innerste z. Leine) nordöstlich von Westfeld (Niedersachen) (Kr. Hildesheim, Niedersachsen, D). – 1827 *am Malern-Sieke*, 1833–1839 *am Melern Sieke*. – Bestimmungswort ist der FamilienN. Mähler, ↗ Siek. – Kettner, *HG.A.8*, S. 80; Kettner, *Leine*, S. 187.

Mäus-/-e-, Mäuschen-, Mäus(e)l- *-bach, -graben, -pfuhl, -see, -tränke*. Zu *Maus*, Deminutiv *Mäuschen, Mäusel/Mäusl*. Benennungsmotiv: das Vorkommen von Mäusen, ↗ Maisbach. Bei einigen Namen kann es sich auch um die Bezeichnung kleiner, schlechter Tränken handeln. – Springer, *Flussnamen*, S. 120; Fischer, *BNB 10*, S. 179.

Magdel, die (auch *Madel*), r.z. Ilm (z. Thüringische Saale) in Mellingen zwischen Weimar und Jena. – /də mådl/ (/å/ lang), 1512 *yn der Magdala*, 1525 *In der Madla*, 1534 *Madel, Madala*; ON. Magdala (Verwaltungsgemeinschaft Mellingen, Lkr. Weimarer Land, Thüringen, D), 876 *Madalahe*, 1184, 1193 *Madela*, 1203 *Madala*, 1301 *Madla* usw. Die amtlichen Schreibungen Magdel bzw. Magdala sind späte Eindeutungen (vgl. biblischer ON. *Magdala* oder *Magdeburg*). – Magdel/Magdala wird aufgrund der ältesten Belege mit ahd. *madal*, einer Variante von *mahal* stN. 'Gerichtsstätte' (< gm. *maþla-* 'Versammlung, Marktplatz'), vgl. ON. *Malberg* bei Bitburg (Eifel), 1169 *Madalberch*, in Verbindung gebracht. Ahd. *Madalahe* würde dann bedeuten: 'Fluss am/zum Versammlungsort', vgl. ↗ Madel. – Ulbricht, *Saale*, S. 190; Hänse, *Weimar*, S. 110; Bach, *Namenkunde 1*, S. 406.

Magdener Bach l.z. Rhein. – 1558 *ob Magter bach*; ON. Magden (Bezirk Rheinfelden, Kanton Aargau, CH) /magtə/, 301–400 [mu]*rum Magid(unensem)*, 804 *in curte Magadunise*, 1036 *in Mageton*, 1212 *Magthen*, 1381 *Magden*. Die Entwicklung des Namens ist durch ahd. *magad* 'Jungfrau' beeinflusst. – Der Bach ist nach der Siedlung Magden benannt, deren Name sicher auf (kelt.) *Magidūnon* zurückgeht. Umstritten ist das Bestimmungswort des keltischen *dunum*-Kompositums (↗ Langete ↗ Murg): Man kann darin den vorgermanischen Namen des Magdener Bachs (*Magā* ↗ Maag) sehen, oder eher kelt. *magio-* 'groß' (*Magiodūnon* 'große Festung') oder einen PN. wie in gall. *Magio-rix*. – Greule, *Oberrhein*, S. 137 f.; Kristol, *LSG*, S. 560 f.

Magel, die r.z. Breusch (z. Ill z. Rhein), durchfließt das Bergland am Odilienberg (Elsass, F). – /d'möj^el/ (/ö/ offen und lang), 1228 *alveus Magel*, 1433 *Mager*, 1548 *über die Magel*, (in Kopie 1550) *die Mogel usz, zwischen Preusch und Mogel*. – Grundform *Magela*. Da das Lexem *maglo-* und *magalo-* 'groß, edel' sowohl in der keltischen Personen- und Götternamengebung vorhanden ist, als auch in Ortsnamen (z.B. *Magalona*, jetzt ON. *Maguelonne*, Dep. Hérault, F), dürfte *Magel* ein keltischer Reliktname im Elsass sein. Offen bleibt die Begründung, warum die *Magel* einst als 'der große (Fluss)' bezeichnet wurde. Man kann in Erwägung ziehen, dass es sich um eine Namenübertragung vom Odilienberg, der 'der Erhabene' genannt worden sein konnte, handelt. Mit typisch keltischem -*ika*-Suffix ist (860) *ad Magalicham*, ein anderer Name für das Stift Melk (N.-Ö., A) (< vorgerm. *Magal-ika*), gebildet. In romanischer Tradition steht der ON. Maglern (Gem. Arnoldstein, PB Villach, Kärnten, A), 1136 *in Maglar*, < *Maglaria*. – Greule, *Oberrhein*, S. 67–69; Hausner/Schuster, *Namenbuch*, S. 725, 698.

Mahd-/-en-/-er-, Mähder- *-bach, -graben, (-leit)-graben*. Zu mhd. *māt*, nhd. *Mahd* 'das Mähen, das gemähte Gras; Wiesboden, wo das Gras einmal gemäht und gedörrt wird'. *Mahden* und *Mähder* sind Pluralformen. – Springer, *Flussnamen*, S. 187.

Mahlbach Kompositum mit dem Stamm des Verbs *mahlen* als Bestimmungswort und Grundwort -*bach*; z.B. Mahl-Bach, l.z. Streu (z. Fränkische Saale), 1031 *Mahelbac, Mahelbah*, 1031 *Mohelbach*. – Sperber, *HG.A.7*, S. 105; Springer, *Flussnamen*, S. 153.

Mahlgast-See Großer ~, Kleiner ~, westlich von Röddelin (Kr. Uckermark/Templin, Brandenburg, D). – 1573/1618 *der große Mahlegast, der Kleine Mahlegast*, 1769 *Mahlgast*. – Apolab. Grundform *Malogošč-*, mit possessivischem *j*-Suffix abgeleitet vom PN. *Malogost*. Ursprünglich identisch mit ↗ Aalgastsee. – Wauer, *HG.A.17*, S. 198; Fischer, *BNB 10*, S. 176.

Mahmilch, die (auch *Heckenbecker Bach*), r.z. Gande (z. Leine) westlich von Bad Gandersheim

(Lkr. Northeim, Niedersachsen, D). – 1425 *twisschen der mamelk und …*, 1447 *uppe de mamemelk*, 1486 *by der mamelck belegen*, 1580 *die Mahmilch*. – Grundform *Mamelk* früh mit mndd. *melk* 'Milch' identifiziert. Unsichere Deutung, vielleicht gebildet mit *k*-Suffix (*Mamalka) und im Stamm verwandt mit Orts- und Flussnamen *Mamer* (Luxemburg), 960 (Kopie ca.1225) *Mambra* < **Mam(a)ra*. Der Sekundärstamm *Mam- kann durch regressive Assimilation aus *Nam- entstanden sein, vgl. den antiken ON. *Namare* (*Namarae, Tabula Peutingeriana) bei Melk (N.-Ö., A), ↗*Nahmer*. – Kettner, *HG.A.*8, S. 81; Kettner, *Leine*, S. 188.

Mai-/-en- -*bach*, -*graben*, z.B. *Maienbach* z. Weilersbach (z. Osterbach z. Krummbach z. Dreisam z. Rhein), 1252 *Meienbach*, 1308 *Meigenbach*. Zu mhd. *meie* 'Mai'; der Name bezieht sich auf den Bach, an dem Vieh (im Mai) weidet (vgl. Meiengesäß). – Geiger, *HG.A.*2, S. 84.

Maienpfuhl nordwestlich von Oderberg (Kr.Uckermark/Angermünde, Brandenburg, D). – 1316 *Mewenpul*, 1767 *Meyen Phul*. – Kompositum mit dem Grundwort Pfuhl, brandenburg. *Puel* 'Tümpel, Teich' und dem Bestimmungswort nhd. *Möwe*, mndd. *mēwe*, ↗Meewenpfuhl. – Fischer, *BNB 10*, S. 188.

Maibach l.z. Wern (z. Main z. Rhein). – ON. Maibach (Gem. Poppenhausen, Lkr. Schweinfurt, Bayern, D), 791, 822 *Madibah*, später *Medebach*, 1332 *Meydebach*, 1563 *Maidbach*. – Grundform ahd. *Madinbach, Kompositum mit dem Grundwort -*bach* und dem PN. *Mado* (Gen. *Madin), mit Ausfall des /n/ in der Verbindung /-nb-/ und Primärumlaut /-a-/ > /-e-/. In der Form (mhd.) *Medebach* wird der Name nach mhd. *meit* 'Jungfrau, Mädchen' umgedeutet. Nach der Synkope des zweiten Vokals (> 1563 *Maidbach*) wird die Lautverbindung /-db-/ in der gesprochenen Sprache zu /-b-/ vereinfacht (> Maibach). – Sperber, *HG. A.*7, S. 105; Kaufmann, *Ergänzungsband*, S. 253.

Maier-/Mair- ↗Meier-.

Main, der čech. *Mohan*, mit 524km längster rechter Nebenfluss des Rheins, in den deutschen Bundesländern Bayern und Hessen, Mündung gegenüber von Mainz; Quellflüsse: (rechts) Weißer Main (aus dem Fichtelgebirge), (links) Roter Main (aus der Fränkischen Alb), Vereinigung der Quellflüsse bei Kulmbach. – 43/44 n. Chr. (Kopie 10. Jh.) *in Rhenum Moenis* (lies: *Moenus*) (Mela 3, 3, 30), 1. Jh. n. Chr. (Kopie 9./10. Jh.) *in Moeno Germaniae amne* (Plinius, naturalis historia 9, 45), 1. Jh. n. Chr. (Kopie 15. Jh.) *Rhenumque et Moenum amnes* (Tacitus, Germania 28), 4. Jh. *trans Menum* (lies *Moenum*?) (Ammian 17, 1, 6), 4. Jh. *Moenus* (Eumenius, panegyr. ad Const. 13,2), 779 (Kopie 9. Jh.) *Moin* (Würzburger Markbeschreibung), 794 *Moin*, ca.1070 (Kopie 12. Jh.) *Mogus vel Moenus Moin* (Summarium Heinrici), 1169 *iuxta Mogum*, ca.1200 *gegen dem Meune* (lies /moine/), andere Lesart: *Möune* (Nibelungenlied 25. Aventiure V.1524), 1314 *uf dem Meine*, 1333 *Main*, 1448 *an dem Meyne*, ca.1450 *an dem Mayn*, 1573 *Main*; GauN. 766 *Moinigaugio*, 766ff.-868 (Kopie 12. Jh.) *Moynachgouue*. – Der Flussname wurde zweimal entlehnt: (1) früh aus dem Keltischen *Moinos ins Germanische als **Main(az)*, (2) später (beeinflusst von lat. *Moenus*) als (ahd.) *Moin*, vgl. PN. ahd. *Moinrat* (Fulda). Im 14. Jh. geben die Belege zu erkennen, dass neben (ahd., mhd.) *Moin* außerhalb der Kanzleien auch (mhd.) *Mein existierte, das die früh entlehnte Form gm. *Main fortsetzt. Die heutige Schreibung mit <ai>, seit 1333 belegt, ist bairisch und gehört in eine Reihe mit der <ai>-Schreibung in *Kaiser, Laie, Mai*. – Neben lat. *Moenus*, ahd., mhd. *Moin*, scheint durch Abstraktion aus *Moguntia*, dem lateinischen Namen von Mainz, eine weitere gelehrte Namensform l. *Mogus* gewonnen worden zu sein. Auf einer Erweiterung (1240 *Moganus*) beruht auch čech. *Mohan*. – *Moinos ist ein ves.-ig. Name; er entspricht einer Bildung, die mit *n*-Suffix von der *o*-Stufe des indogermanischen Verbs *mei- 'wechseln, tauschen, ändern; den Ort wechseln > gehen' abgeleitet ist. Grundbedeutung vermutlich 'Fluss, auf dem man den Ort wechseln kann' oder 'Fluss, an dem man entlang gehen kann'. Keltische Herkunft des Namens ist trotz der mkymr. Verbalformen *mynet* 'gehen' und *tre-myn-* 'vorüber gehen' nicht gesichert. Sie wird mit dem Parallelnamen (mir.) *Maín, Maoin*, Fluss in der Grafschaft Kerry (Irland), begründet, der (wie ↗Möhne und ↗Mönbach) auf das Feminin ig. *Moinā zurückgeht. Zudem sind baltische Parallelen vorhanden: lit. SeeN. *Máinia* und lett. *maiņa* 'Sumpf' (mit Verengung der ursprünglichen Bedeutung). – Holder, *Sprachschatz*, Sp.606f.; Sperber, *HG.A.*7, S. 105–109; Rowley, *Main*; Schatz, *Personennamen*, S. 137; Reitzenstein, *Lexikon*, S. 233; Fastnacht, *Staffelstein*, S. 36*-39*; Krahe, *UäFlNN.*, S. 93, 98; Rix, *LIV*, S. 426.

Mainbach

– ¹Mainbach (auch *Furtbach*), r.z. Goldach (z. Isen z. Inn). – 1830 *Mainbach*; ON. Mainbach (südlich von Schwindegg, Lkr. Mühldorf am Inn, Bayern, D), 780 *maganpah*, 1121 *Maginpachi*, 1127 *Maginpach*, ca.1180 *Mainpach* usw. – Kompositum mit dem Grundwort -*bach* und dem PN. *Mago (Gen. *Megin > *Main*-). – Dotter/Dotter, *HG.A.*14, S. 244f.; Kaufmann, *Ergänzungsband*, S. 241f.

– ²Mainbach, l.z. Rednitz (z. Regnitz z. Main). – 1255 *am Fluss Mewn*; ON. Obermainbach (Stadtteil von Schwabach, Bayern, D), ON. Untermainbach (Gem. Rednitzhembach, Lkr. Roth, Bayern). – Der Name dürfte vom Namen des Hauptflusses (↗Main) übertragen sein. – Sperber, *HG.A.7*, S. 109.

– ³Mainbach, r.z. Leine bei Ballenhausen (Kr. Göttingen, Niedersachsen, D). – 1700 *Main*; FlurN. *auf dem Maineberge*, 1856/57 *das Mainebergsfeld*. – Übertragung und Rückbildung eines Flurnamens (*die Meine*, mndd. *meine* 'allgemein, gemeinschaftlich') auf den Bach. – Kettner, *HG.A.8*, S. 81; Kettner, *Leine*, S. 192.

Mainbächlein l.z. Rott (z. Inn). – 1844 *Mainbacher Bach*; ON. Mainbach bei Eggenfelden (Bayern, D), 1328, 1393, ca.1563 *Mainpach*. – Deutung ↗¹Mainbach. – Dotter/Dotter, *HG.A.14*, S. 245.

Mais-/-en- *-ach, -bach, -graben*, z.B. *Maisach*, l.z. Amper (z. Isar), ON. Maisach (Lkr. Fürstenfeldbruck, Bayern, D), 793–806 *in vico Meisaha*. Das Bestimmungswort ist ahd. *meisa* 'Meise'. Bei später Überlieferung des Namens (mit Zusammenfall <z> und <s> in <s>) kann das Bestimmungswort auch mhd. *meiz* 'Holzschlag sein'. – Reitzenstein, *Oberbayern*, S. 158; Springer, *Flussnamen*, S. 81, 121, 146.

Maisbach r.z. Angelbach (z. Leimbach z. Rhein), ON. Maisbach (Ortsteil von Nußloch, Rhein-Neckar-Kreis, B.-W., D), 1259, 1369, 1389 usw. *Musebach*, 1504 *Mußbach der hof*. – Das Bestimmungswort des Kompositums mit dem Grundwort *-bach* geht auf (ahd.) *mūsi*, Plural zu ahd., mhd. *mūs* 'Maus' zurück. Ahd. *mūsi* entwickelte sich über mhd. *miuse*, fnhd. *meus(e)* durch mundartliche Entrundung zu *Mais-(bach)*; ↗ Mäus-/-e-. – Geiger, *HG.A.2*, S. 84.

Malch-See Großer ~, verbunden mit dem Tegeler See (z. Havel), westlich von Berlin-Tegel (Kr. Niederbarnim, Brandenburg, D). – 1590 *Den großen Malcho*, 1591 *vff dem Malch*, 1780 *Am Tegel- und Malch-See*. – Apolab. ON. *Malchy* oder *Malchov-* (PN. *Malech*)? – Wauer, *HG.A.17*, S. 108; Fischer, *BNB* 10, S. 176.

Malche Kleine ~, Ausbuchtung im südlichen Tegeler See (z. Havel), 1590 *Lüttke Malcho*, ↗Malch-See. – Wauer, *HG.A.17*, S. 108.

Mallendarer Bach (auch *Mallerbach*), r.z. Rhein in Mallendar nördlich von Koblenz. – (959) *in malandram*, um 1220 *malderbac, molenderbac, molenderbach*, 1343 *in der Malinderbach*, 1359 (Kop.) *malinderrebach*, 1482 *in der Malenderbach*; ON. Mallendar (Verbandsgem. Vallendar, Lkr. Mayen-Koblenz, Rh.-Pf., D), 1110, 1265 *Malendre*, 14 Jh. *de Malinder*, 1365 *Malender*. – Ausgangsform FlN. gm. *Malandra*; Ableitung vom Partizip gm. *malandi* 'mahlend' mit sekundärem *r*-Suffix. Mit dem Kombinationssuffix *-andra/-indra* sind weitere Flussnamen gebildet ↗Calder-Bach ↗Ferndorfbach ↗Vahrentrappe. Die Verbreitung der Ortsnamen mit diesem Suffix ist auf Belgien, die Niederlande, Luxemburg, Nordfrankreich und Westdeutschland beschränkt. Dazu gehört auch der Mallendar benachbarte Ort Vallendar (1171 *Ualendre* < gm. *Fal-andra*, ↗Felda), so dass sich ein reimendes Namenpaar *Vallendar-Mallendar* ergibt. – Faust, *HG.A. 4*, S. 51; Jungandreas, *Moselland*, S. 640; Gysseling, *Woordenboek*, S. 655; Greule, *Namentypen*, S. 45 f.

Mallin See nördlich von Freienwalde (Kr. Oberbarnim, Brandenburg, D). – 1704 *Der Mallinische See*; FlN. Mallingraben (Freienwalde), FlurN. 1563 *auf den Malinschen Eichwerder*, 1704 *aufm Mallin*. – Apolab. *Maliny* 'Ort, wo es Himbeeren gibt' zu apolab. *malina* 'Himbeere'. – Fischer, *BNB* 10, S. 177.

Mallmerbach z. Kunzbach (z. Ems-Bach z. Lahn z. Rhein) im Taunus (D). – /móllmerbach/, 1646 *Mollmebach*, 1650 *Malmenbach*, 1695 *nebst der Malbenbach*, 1731 *die Mahlmenbach*, 1780 *Malmerborn*, 1796 *Mallerbach*; FlurN. 15. Jh. *Malbergeshecke*, 1586 *Molberhecken*, 1646 *Malemer Hecken, Mallmer-Heck*, /mollmerschkée/. – Aus den späten, von der gesprochenen Mundart beeinflussten Belegen ist eine Grundform *Mahlberger Bach* (neben *Mahlberger Hecke*) erkennbar. Der Flussname ist aus einer Zusammenrückung, die den ON. *Mahlberg* 'Gerichtsstätte' (ahd. *mahal* 'Versammlung') als Adjektiv enthält, entstanden. *Mahlberger Bach* wurde gekürzt > *Malberbach* und /-lb-/ an den Anlaut assimiliert > /-lm-/ > *Malmerbach, Mallerbach*. – Faust, *HG.A.4*, S. 51; Bach, *Studien*, S. 99, 116, 124.

Malta, die r.z. Lieser (z. Drau), entspringt in den Hohen Tauern und mündet in Gmünd (PB Spittal an der Drau, Kärnten, A). – 1142 (Kopie 15. Jh.) *iuxta Malatin fluvium*; TalN. Maltatal (Kärnten), 1126 (Druck 19. Jh.) *in valle Malentina*; BurgenN. (Ruine) Malta, Malenthein (PB Spittal an der Drau), 972–976 *in loco Malontina*, 1006–1039 (Kopie 12. Jh.) *in loco Malantina*, um 1075–1090 *Malantin*, 1123–1130 (Kopie 13. Jh.) *de Malentin*, 1125–1147 *de Malantin*, 1135 (Kopie um 1217) *de Mallintin*, 1147 *de Malentin*, usw., 1195 *de Maltîne*, 12./13. Jh. *de Malntin*. – Zugrunde liegt der wahrscheinlich von einem Gegendnamen *Malunt-* 'Bergland' abgeleitete Name für das Hochalpental (rom.) *Malontîna* (vallis), ahd. *Málantîn*, (1147) *Malentin*; über *Malatin* und *Malntin* zu bair. *Maltei(n)* bzw. *Malta* gekürzt. Der Talname ahd. *Málantîn* wurde auch als Name des Flusses verwendet. *Malunt- ist identisch mit dem ON. kroat. *Molunat* (südlich von Dubrovnik, 1167 *a Malonta*, 1190 *a Malonto*). Beide Namen werden mit (vorrom.) **malā* 'Erhebung, Berg'(?), vgl. gr. *pro-molē* 'Auslauf eines Berges, Flusses', lett. *mala* f. 'Rand, Ufer, Gegend', ig. **melh₃-* 'hervorkommen', in Verbindung gebracht. – Hausner/Schuster, *Namenbuch*, S. 703; Anreiter, *Pannonien*, S. 82–84; Pokorny, *IEW*, S. 721; Rix, *LIV*, S. 433f.

Maltsch, die   čech. *Malše*, z. Moldau, entspringt bei Sandl (O.-Ö., A), bildet von Hacklbrunn bis Wullowitz die Grenze zwischen Österreich und Tschechien und mündet bei České Budějovice/Budweis (CZ). – /môádš/, 1265 ... *fluuiorum Wltawe et Malche*, 1335 *in fluvio Males*, 1343 *super flumine Malcze*. – Slaw. **Malъčja/*Malъčja* 'Bach des **Malъkъ/*Malъkъ*'. – Hohensinner/Wiesinger, *Perg und Freistadt*, S. 206f.

Mandel-/Mantel-   *-bach, -beck*, z.B. Mandelbach, r.z. Blies (z. Saar), ON. Mandelbachtal (Saarpfalz-Kreis, Saarland, D), 1239 (Kopie 1420) *Mandelbach*, 1370 *Mandelbach*; ON. Forstgehöft (wüst) Mandelbeck (Ortsteil von Lagershausen, Stadt Northeim, Lkr. Northeim, Niedersachsen, D), 1016 *Mandelbiki*. – Bestimmungswort ist ahd. *mantala* 'Gabelföhre'. – Spang, *HG.A.13*, S. 47; Kettner, *Leine*, S. 188; Bach, *Namenkunde* 1, S. 309; Springer, *Flußnamen*, S. 108.

Mandel-Bach   l.z. Dietzhölz (z. Dill z. Lahn). – ON. Mandeln (Ortsteil von Dietzhöltal, Lahn-Dill-Kreis, Hessen, D), 800 (Codex Laureshamensis) *Mauuentelina*, 1710 *Mandelen*. – Der Ortsname ist vermutlich von ahd. *mantala* 'Gabelföhre' (↗ Mandel-) abgeleitet. Der Erstbeleg *Mauuentelina* wäre dann Verschreibung für **Mantelīna* (Feminin des Adjektivs **mantalīn* 'zur Föhre gehörig'). – Faust, *HG.A.4*, S. 51

Mandling, die   l.z. Enns (z. Donau) in Mandling (Gem. Radstadt, PB St. Johann im Pongau, Salzburg, A). – 885 (Fälschung 10. Jh.) *usque in rivolum ... et maiorem Mendicham*; ON. Mandling, 1125–1147 *curtem unam apud Manlicha*, 1188–1193 *de Mænlich*, um 1190 *de Mænlic*. – Grundform ahd. *Manlicha* > mhd. **Mændliche* (mit Sekundärumlaut und Sproßkonsonant). Der älteste Beleg (*Mendicham*), der in einer Urkundenfälschung steht, gibt den Namen in vereinfachter Form (statt **Mændlicham*) wieder. Ahd. *Manlicha* kann auf vorahd. **Manlika*, älter **Manilikā*, zurückgehen. Verschiedene Indizien deuten auf keltische Herkunft des Namens, insofern als eine *l*-Ableitung von (ig.) **mən-i-* 'feucht' (> **manilo-*), das im Ablaut steht zu kelt. (brit.) **mōni-* 'Torf', lat. *mānāre* 'fließen', gm. **manja-* (in Ortsnamen ↗ Holz-

minde), mit dem Suffix *-ika* (vgl. ↗ Rench < **Reginika*) zum Namen erweitert wurde. – Hausner/Schuster, *Namenbuch*, S. 703; Lochner von Hüttenbach, *Steirische Hydronyme*, S. 101; Pokorny, *IEW*, S. 699f.

Mangfall, die   l.z. Inn (z. Donau), fließt aus dem Tegernsee und mündet bei Rosenheim (Bayern, D). – 1078–1080 *Manachfialta, Manachvalta*, ca.1168 *Manicvalt*, 1433 *Manckfalt*, 1470 *Mangfallt*. – Ahd. elliptisch **Managfalta (aha)* 'Fluss mit vielen Armen und Windungen'. Der Name ist identisch mit *River Manifold* (Staffordshire, GB) 'the river with many turns', zu ae. *manigfald*. Vergleichbar sind † *Manigfaltbach* (so 1044, 1111) im Einzugsbereich der Werra bei Friedrichroda (Lkr. Gotha, Thüringen, D), und der ON. Zwiefalten (Lkr. Reutlingen, B.-W., D) < ahd. **Zwifalt-aha* 'Zweifachfluss'. – Dotter/Dotter, *HG.A.14*, S. 246; Reitzenstein, *Oberbayern*, S. 160; Watts, *EPN*, S. 396; Sperber, *HG.A.5*, S. 68.

† Manigfaltbach   ↗ Mangfall.

Mank, die   r.z. Melk (z. Donau). – ON. Mank (PB Melk, N.-Ö., A), 12. Jh. *de Mouniche*, um 1140 *de Mounich*, 1141–um 1145, 1166 *de Möiniche* 1168–1169 *de Múnich*, 1176 *de Movnich*, Ende 12. Jh. *Mounich*, 1324 *Mench*, 1357 *Mänich*. – Die Grundform (mhd.) *Moiniche*, **Möüniche* kann auf vorgm. **Moinikā* zurückgeführt werden. Das Verhältnis dieses Namens zu ↗ Main, ↗ Möhne (<ves.-ig. **Moinos, *Moinā*) ist dasselbe wie das von ↗ Rench (< **Reginikā*) zu ↗ Regen (< **Reginos*). Die Bildung mit dem Suffix *-ikā* kann wegen der Beliebtheit dieses Suffixes in der keltischen Hydronymie für keltisch gehalten werden. – Schuster, *Überlegungen*, S. 138 (ves.-ig. **Moinā* + slaw. Suffix *-ika*).

Manksee   bei Falkenberg (Kr. Obernarnim, Brandenburg, D). – 1564 *Munken*, 1751 *Mancksee*, 1778 *Manksee*. – Vielleicht apolab. **Mąkov-*, abgeleitet von **mąka* 'Mehl'. – Fischer, *BNB 10*, S. 177.

Mannabächle   ↗ ¹Mannenbach.

Mannenbach
– ¹Mannenbach, Oberlauf des Mannabächle, l.z. Eyach (z. Enz z. Neckar). – 1149/52 *ad fluvium Mannenbach*. – Schmidt, *HG.A.1*, S. 74.
– ²Mannenbach, l.z. Waldbröl-Bach (z. Bröl-Bach z. Sieg z. Rhein) bei Waldbröl (Oberbergischer Kreis, NRW, D). – 1575 *die mannenbich*, 1604 *von der Mannenbach*. – Faust, *HG.A.4*, S. 51. Bestimmungswort des Kompositums mit Grundwort *-bach* ist der PN. (ahd.) *Manno* (Gen. *Mannen-*). *Manna-* ist die schriftsprachliche Wiedergabe von mundartlich /manə-/.

Mannsiek, der l.z. Allerbach (z. Bewer z. Ilme z. Leine) südlich von Amelsen (Stadt Dassel, Lkr. Northeim, Niedersachsen, D). – 1709 *an den Meinsiek*, 1858 *Manssîk*, 1865 *der Mannsiek*. – Bestimmungswort des Kompositums mit dem Grundwort ↗siek ist mndd. *meine* 'gemeinschaftlich, allgemein'. – Kettner, *HG.A.8*, S. 81; Kettner, *Leine*, S. 189.

Mansbach l.z. Ulster (z. Werra z. Weser) unterhalb von Wenigentaft (Gem. Buttlar, Wartburgkreis, Thüringen, D). – 1330 *in Mansbach*, 1352 *Manspach*; ON. Mansbach (Gem. Hohenroda, Kr. Hersfeld-Rotenburg, Hessen), 1232, 1239, 1315 *Mannesbach*, 1334 *von Mansbach, Manesbach* usw. – Bestimmungswort des Kompositums mit dem Grundwort -*bach* ist entweder (mhd.) *man, mannes* 'Lehensmann' oder der PN. (ahd.) **Man* (Gen. *Mannes*-). – Sperber, *HG.A.5*, S. 68f.

Mantelbach ↗Mandel-/Mantel-.

Mappbächle r.z. Feuerbach (z. Rhein). – ON. Mappach (Ortsteil von Efringen-Kirchen, Lkr. Lörrach, B.-W., D), 874 *in Madebach*, 890–920 *Madabach*, 1246 *Madebach*, 1256 *de Madbach* usw. Madbach durch Assimilation zu Mappach. Der Flussname ist eine Klammerform **Mapp[ach]bächle*. – Bestimmungswort des Kompositums mit dem Grundwort -*bach* ist der PN. (ahd.) *Mado* (Gen. *Maden*-). In der Zusammensetzung **Madenbach* wurde zur Sprecherleichterung in der Mundart /-n-/ ausgespart. – Geiger, *HG.A.2*, S. 84; Kaufmann, *Ergänzungsband*, S. 253.

Mar- -*bach*, -*bächle*, -*bächlein*, ahd. *marcha* stF. 'Grenze', z.B. Marbach, r.z. Mödling nordwestlich von Gaaden (PB Mödling, N.-Ö., A), 1136 (Fälschung um 1236) *rivulus ... Marchbach*, ↗Maarbach. – Hausner/Schuster, *Namenbuch*, S. 705.

Marauer Bach r.z. Kleine Erlauf (z. Donau) bei Steinakirchen am Forst, HofN. Die Morau (Reitering, Verwaltungsbezirk Scheibbs, N.-Ö., A), 1469, 1496, 1497 *in der Morau*. – Slaw. **morawa* 'feuchte Wiese', ↗Mohra. – Bergermayer, *Glossar*, S. 164.

Marbach z. Burgerbach (z. Rienz z. Eisack z. Etsch) in Ehrenburg (Gem. Kiens bei Bruneck, Prov. Bozen/Südtirol, I.). – /móʳpåch/, 1316 *Marbach*, um 1775 *Mareinbach*. – Bestimmungswort vorröm. **marra* 'Geröll, Mure'? – Kühebacher, *Ortsnamen 2*, S. 188.

Marbke, die r.z. Blögge (z. Soest-Bach z. Ahse z. Lippe). – 1422 *achter der Marbeke*, 1501 *by der Marbicke*, 1504 *geensyt der Marbecke*; ON. Marbke (Stadtteil von Soest, Kr. Soest, NRW, D), 1251 *Marbeke*. – Zusammensetzung aus mndd. -*beke* 'Bach' und dem Bestimmungswort (gm.) **mar-* 'größeres stehendes Gewässer, Binnengewässer, feuchte, sumpfige Stelle'. – Schmidt, *HG.A.6*, S. 50; Flöer/Korsmeier, *Soest*, S. 306f.

March- -*bach*, ahd. *marcha* stF. 'Grenze', z.B. Marchbach, l.z. Passer (z. Etsch), Grenzbach in Passeier (Prov. Bozen/Südtirol, I.), um 1775 *Marchbach*, ↗Mark-. – Kühebacher, *Ortsnamen 2*, S. 189.

March, die čech., slovak. *Morava*, l.z. Donau nordöstlich von Hainburg an der Donau (PB Bruck an der Leitha, N.-Ö., A), Hauptfluss Mährens (čech. Morava), Grenzfluss zwischen Niederösterreich und der Slowakei. – 1002 *inter Chambam et Maraaho*, 1025 *Maraha*, usw., 12. Jh. zu 1176 *usque ad ... Marcham*; RaumN. Marchfeld, Ebene nördlich der Donau (N.-Ö.), 1058 *Marahafelt*. – Ausgangsform FlN. ahd. *Maraha* < gm. **Marahwō*. Bei der Übernahme des Namens ins Slawische wurde (wie oft) gm. **-ahwō* 'Fluss' durch die Endung -*ava* ersetzt (↗Moldau) und gm. /a/ zu slaw. /o/ gehoben. **Marahwō* ist ein Kompositum mit dem Bestimmungswort gm. **mar(i)-* 'größeres stehendes Gewässer, Binnengewässer, feuchte, sumpfige Stelle' als Grundwort, so dass die Ursprungsbedeutung von March sich auf die zahllosen Krümmungen, Inseln und Überschwemmungen, die die Schiffbarkeit des Flusses einschränken, bezieht. – Falls der bei Tacitus (Annalen 2, 63) genannte FlN. *Marus* sich auf die March bezieht, ist **Marahwō* eine germanische Eindeutung von vorgm. **Mar(-az)*, dem ein (ves.-ig.?) Name **Maros* vorausging, vgl. *Marà* (Fluss im Bezirk Lazdìjai, Litauen). In diesem Fall ist **Mar-ahwō* ein verdeutlichendes Kompositum. Grundlage sowohl für gm. **mar-* als auch für den FlN. *Marus* ist ig. **mari* n. 'See, Meer'. – Hausner/Schuster, *Namenbuch*, S. 706.

† Marclaha heute Pointbach, l.z. Regen (z. Donau) im Lkr. Cham (Bayern, D). – 819 (Kopie 10. Jh.) *vbi Marclaha in Regan fluuium cadit*. – Ahd. *Marc-laha*, Kompositum mit dem Grundwort ahd. **laha*, mhd. *lā* stF. 'Wasserlache, Sumpfwiese' und ahd. *marka* 'Grenze' ↗Mark- als Bestimmungswort. – Prinz, *Regensburg*, S. 257.

Mark- -*au*, -*bach*, -*bächl*, -*bächlein*, -*bek*, -*graben*, -*see*, -*seige*, -*weiher*, ahd. *marka*, *marcha*, as. *marka* 'Grenze', ↗March- ↗Mar-.

Markels-Bach r.z. Wahnbach (z. Sieg z. Rhein). – ON. Markelsbach (Ortsteil von Much, Rhein-Sieg-Kreis, NRW, D), 1295 *de Markolsbeg*, 14. Jh. *Marckelsbech*, 1385 *Merkilspech*. – Bestimmungswort des Kompositums vermutlich mit dem Grundwort -*bach* (ndd. *-bek*) ist der PN. *Markol(t)* oder *Markol(f)* (Genitiv **Markoldes-*/**Markolfes-*). – Faust, *HG.A.4*, S. 51.

Marluppbach (auch *St. Veiter Bach*), l.z. Mühlheimer Ache (z. Inn z. Donau). – *904 prope hostium aquae quę dicitur Marhluppa, 1055 iuxta Marchluppam fluvium*; ON. Marlup, Rotte (Gem. St. Veit im Innkreis, PB Braunau am Inn, O.-Ö., A), *748–829 (?) (Kopie 9. Jh.) in villa ... Marhcluppa, de Marhluppa, 771 (Kopie 9. Jh.) ad Marchluppa, 1100–1144 de Marchluppe*. – Grundform Kompositum *Marh-luppa* mit dem Bestimmungswort ahd. *marah* 'Pferd' oder ahd. *marahha* 'Grenze' und dem Grundwort *-luppa*, /-ch-/ ist innerhalb der Dreierkonsonanz /-rchl-/ geschwunden. Schwierigkeiten bereitet die Etymologie des Grundworts *-luppa* (< vorgm. **luppia*?), das zwar mit *Lup-*, der Basis verschiedener europäischer Gewässernamen, identisch sein könnte und sowohl der althochdeutschen Lautverschiebung als auch der Umlautung entgangen wäre, aber letztlich unklar bleibt. Eine mögliche deutsche Etymologie ergibt sich, wenn gm. **lubja-* n. (gt. *lubja-leis* 'giftkundig', awn. *lyf* f. 'Heilkraut', ags. *lybb* n. 'Gift, Zauber', as. *lubbi* 'Pflanzensaft, Gift, Zauber'), dem ahd. *luppi* 'sucus lethiferus', mhd. *lüppe, luppe* stFN. 'Salbe, zusammenziehender Saft; Vergiftung, Zauber, Zauberei' und in der Komposition ahd. *chesiluppa*, mhd. *kaeseluppe* stF. 'coagulum' entsprechen, herangezogen wird. Ahd. *luppi* oder *luppa* müsste dann im ON. *Marlupp* eine Stellenbezeichnung (im Sinne von 'wo es Heilkräuter [für das Pferd?] gibt') und keine primäre Gewässerbezeichnung gewesen sein. *Luppach* ('Giftwasser'?) war ferner der abgegangene Name eines Gewässers in den Gemeinden Amsoldingen (Amtsbezirk Thun, Kanton Bern, CH) und Oberstocken (Amtsbezirk Niedersimmental, Kanton Bern), *1530 Jn den Luppach, 1543 an die Luppen, an die Luppachen, 1633 an der Luppachen*. – Hausner/Schuster, *Namenbuch*, S. 713; Dotter, *HG.A.14*, S. 346; Bertol-Raffin/Wiesinger, *Braunau am Inn*, S. 149; Pokorny, *IEW*, S. 690; Zinsli, *BNB*, 3. Teil, Sp.185f.

Marner Fleth z. Altes Fleth (z. Elbe). – ON. Marne (Stadt, Kr. Dithmarschen, S.-H., D.), *ca.1140 (Transsumpt 1204–1207) Myrne, 1281 in ... Merna, 1316 in Merne, 1421 to Roden Merne, 1496 to Rode Marren, 1508 Marne*. – Marne ist der ursprüngliche Name des Marner Fleths (⁊ Fließ); zugrunde liegt gm. **Marinō*, eine *n*-Ableitung von gm. **mari* 'feuchte, sumpfige Stelle', as. *meri* 'Meer, Binnengewässer', ⁊ Möhrenbach ⁊ Mörn. – Udolph, *HG.A.16*, S. 225; Laur, *Schleswig-Holstein*, S. 449f.

Marpe z. Mühlen-Bach (z. Passade z. Bega z. Werre z. Weser). ON. Großenmarpe, Kleinenmarpe (Stadt Blomberg, Kreis Lippe, NRW, D), *1250 de Marpa, 1324–1360 in Groten Marpe*, nach *1361 Lütteken Marpe* (und weitere zahlreiche Belege). – Deutung ⁊ Marpe-Bach. – Kramer, *HG.A.10*, S. 46; Meineke, *Lippe*, S. 346–348.

Marpe-Bach r.z. Salwey-Bach (z. Wenne z. Ruhr z. Rhein), ON. Niedermarpe, Obermarpe (Gem. Eslohe/Sauerland, Hochsauerlandkreis, NRW, D), *1223 de Marpe* usw. – Grundform FlN. **Marapa*, Kompositum mit dem Grundwort ⁊ apa und gm. **mar(i)-* ⁊⁾Maar-. Schmidt, *HG.A.6*, S. 50; Barth, *Sieg und Ruhr*, S. 158.

Marrbach r.z. Fils bei Gingen an der Fils (Lkr. Göppingen, B.-W., D). – ON. (wüst) 10./11. Jh. (?) *Marchbach*. – Deutung ⁊ Mar-. – Schmid, *HG.A.1*, S. 74.

Martenssiek, das l.z. Mahmilch (z. Gande z. Leine) nördlich von Heckenbeck (Stadtteil von Bad Gandersheim, Lkr. Northeim, Niedersachsen, D). – *1707 bey dem Marttensieke*, 18. Jh. *Martins Sieck, 1863/1864 das Martenssiek*. – Kompositum mit dem Grundwort ⁊ siek und dem Familiennamen *Marten(s)*. – Kettner, *HG.A.8*, S. 82; Kettner, *Leine*, S. 190.

Martinsgraben r.z. Leine südlich von Northeim (Lkr. Northeim, Niedersachsen, D). – *Um 1650 yff dem Martenßgraben, 1780 Martins-Graben*. – Kompositum mit dem Grundwort *-bach* und dem Familiennamen *Marten(s)*, ⁊ Martenssiek. – Kettner, *HG.A.8*, S. 82; Kettner, *Leine*, S. 190.

Maschpfuhl bei Gusow (Kr. Lebus, Brandenburg, D). – *1521 Maßpful, 1644 Maschpuhl, 1696 Maschpfuhl*. – Kompositum mit dem Grundwort *Pfuhl* und dem Bestimmungswort *Marsch*; das Gewässer liegt auf einem Flurstück *Marsch*. – Fischer, *BNB 10*, S. 178.

Maßbach l.z. Lauer (z. Fränkische Saale z. Main z. Rhein). – /(die) måås/, ON. Maßbach (Lkr. Bad Kissingen, Bayern, D), *776–796 (Kopie 12. Jh.), 842 (Kopie 12. Jh.) Mahesbach, 1135–1155 Maspahc, 1198 Masbach* usw. – Bestimmungswort des Kompositums mit dem Grundwort *-bach* ist der PN. (ahd.) *Mah/Mach* (Gen. *Mahes-*). Die inlautende Lautgruppe /-hsb-/, die durch Synkope des /-e-/ entstand, wurde zu /-sb-/ bzw. /-sp-/ mit Dehnung des vorausgehenden Vokals vereinfacht. – Sperber, *HG.A.7*, S. 110; Fritz-Scheuplein/König, *Ortsnamen*, S. 74; Reitzenstein, *Fränkische Ortsnamen*, S. 145.

Masse, die l.z. Schwarza (z. Thüringische Saale) in Oelze (Ortsteil von Katzhütte, Lkr. Saalfeld-Rudolstadt, Thüringen, D). – *1370 dy Massa, 1490 die Nid-*

dern *Masßa*, 1512 *an der nidern Masse*; ON. Massethal, /ˈmasaˈdoːl/, ON. Masserberg am Rennsteig, ON. Masserbrück, /ˈmasaˈbrig/, ON. Masserhammer, ON. Massermühle; FlurN. Masserwand. – Trotz der dünnen Belegreihe wird der Flussname auf das Feminin eines Adjektivs gm. **massa-*, ein Synonym zu gm. **nata-* 'nass', zurückgeführt. Gm. **massa-* < ig. **mad-so-*, ist wie ahd. *muos* 'Mus' (< gm. **mōsa-*) eine s-Ableitung von dem Verbstamm ig. **mad-* 'nass sein/werden', ↗Mattig ↗Mödling. – Greule, *Flurnamenforschung*, S. 196 f.; Rix, *LIV*, S. 421.

Massel-Bach
r.z. Brexbach (z. Saynbach z. Rhein). – 1478 *bey der Masselbach*; FlurN. Masselberg. – Grundform **Massenbach*, Kompositum mit Grundwort *-bach*, das Bestimmungswort ist der PN. *Masso* (Gen. *Massen-*) 'Siedlung am Bach des Masso', ↗Massenbach. **Massenbach* durch Nasal-Dissimilation (/m- -n-/ > /m- -l-/ zu *Masselbach*. – Faust, *HG.A.4*, S. 51; Kaufmann, *Ergänzungsband*, S. 252.

Massenbach
l.z. Lein (z. Neckar) bei Schluchtern (Gem. Leingarten, Lkr. Heilbronn, B.-W., D). – 1499 *uff den Massenbach*; ON. Massenbach (Ortsteil von Schwaigern, Lkr. Heilbronn), 773 *in Massubach* (lies: *Massenbach*), um 800 (Kopie 12. Jh.) *in Massenbach* usw. – Etymologie wie ↗Massel-Bach. – Schmid, *HG.A.1*, S. 74.

Massener-Bach
r.z. Körne-Bach (z. Seseke z. Lippe). – ON. Massen (Stadtteil der Stadt Unna, Lkr. Unna, NRW, D), 1186 *situm in Massen*, 1281–1313 *apud superius Massen*, 1361, 1362 *tho Massen*, 1469 *tuschen Overmassen und Nedermassen*. – Ausgangsform ist der FlN. **Masse* ↗Masse. Der ON. *Massen* entspricht dem schwach flektierten Flussnamen (*to der Massen* 'an der Masse'). – Schmidt, *HG.A.6*, S. 50.

Massholder-/Maßholder-
-bach, -graben, z.B. Massholderbach, r.z. Ohrn (z. Kocher z. Neckar) bei Öhringen, ON. Ober-, Untermassholderbach (zu Büttelbronn, Stadtteil von Öhringen, B.-W., D), 1037 *Mazzalterbach*, 1253 *von deme nidern Mazzalterbach*, 1312 *Massolderbach*, 1344 *in Masselterbach inferiori* usw. – Kompositum mit dem Grundwort *-bach* und mhd. *mazzalter* 'Bergahorn, gemeiner Feldahorn, Heckenahorn'; 'Bach, an dem Berg-/Feldahorn-Bäume stehen'. – Schmid, *HG.A.1*, S. 74; Keinath, *Württemberg*, S. 76.

Masulbach
l.z. Passer (z. Etsch), durchfließt das Masultal und die Masulschlucht, bildet teilweise die Grenze zwischen dem Passeier und dem Meraner Raum (Prov. Bozen/Südtirol, I.). – /maˈsúlpåch, maˈsúltoᵘl/, 1305 *riuulus … Masul*, 1328 *rivus Masúlle*, 1369 *riuus d. Masull*, 1426, 1451 *auf Masull*, 16. Jh. *Sullpach*, 1754 *Masulpach*. Der Name ist spät (nicht vor 1200) ins Bairische integriert worden. – Etymologie unklar; vielleicht aus vorrom. **Marsula* (mit Schwund des /r/ vor /l/ der Folgesilbe). **Marsula* könnte als (deminutive) *l*-Ableitung von dem in gall. *Marsus*, jetzt le Matz, r.z. Oise (F) (693 *super fluvium Marso*, 723 *Masso*, 870 *Mastum*) vorliegenden Flussnamen abgeleitet sein. Der Stamm (kelt.?) **mar(i)so-* kann aus ig. **mari* 'See, Meer' (↗March) erweitert sein, vgl. FlN. **Maris-* (z. Theiß in Rumänien), jetzt ung. *Maros*, rum. *Mureș*, oder er gehört als Desiderativstamm **mer(h₂)-s-/*mr̥(h₂)-s-* zu urig. **merh₂-* 'zerdrücken, zermalmen' (mhd. *mürsen* 'zerstoßen'). – Kühebacher, *Ortsnamen 2*, S. 193 f.; Rix, *LIV*, S. 440.

Matt-/-en-, Mättle(n)-
-bach, -graben. Bestimmungswort ist *Matte* 'Wiese' (besonders im südlichen Baden), Diminutiv *Mättle*. – Springer, *Flussnamen*, S. 188.

Mattig, die
r.z. Donau, entspringt im Flachgau (Salzburg, A), durchfließt dort den Mattsee, fließt durch Mattighofen und mündet bei Braunau am Inn (O.-Ö.). – 796 *super fluvio Matucha*, 1040 (verfälscht vor 1195, gedruckt 1764) *in flumen Maeticha*; SeeN. Mattsee oder Niedertrumer See, 989 (verfälscht Anf.11. Jh.) *iuxta lacum Matheseo*; ON. Mattich (Gem. Obertrum am See, PB Salzburg-Umgebung, Salzburg), 12. Jh. *de Maticha*, 1122–1147 *de Matechen*; ON. Mattsee (PB Salzburg-Umgebung), 9. Jh. *Matuchseo, Matachseo*, 817 (Druck 1629) *monasterium Mathaseo*, 860 (Kopie 12. Jh. *Matāhse*, 877 (Kopie 12. Jh.) *abbatiam … Mataseo*; ehemaliger RaumN. Mattiggau mit dem Zentrum (ON.) Mattighofen (PB Braunau am Inn), /māragˈhövm, mādágˈhövm/ (ältere Mundart), 736/37–748 (Kopie 9. Jh.) *intra Matahgauui*, 759 *in villa nuncupante Matahcauui*, 860 *actum Mattahhoua villa regia*; ON. Ober-, Unter-Maggau (Gem. Natternbach, PB Grieskirchen, O.-Ö.), 1110–1130 *de Mathgau*, um 1150 *ad Mathigau*; RaumN. Maggauer Wald (Gem. Natternbach), 1140–1150 *in Matheovverwalde*. – Die Mundart setzt Sekundärumlaut, also ahd. *Maticha* > mhd. **Mäteche*, voraus. *Maticha* dürfte aus älterem *Matucha* entstanden sein, wie *Filisa* aus älterem *Filusa* (↗Vils). Die historischen Schreibungen für *Mattsee* geben eine Lautentwicklung des Kompositums *Matich-seo* (mit Ausfall von /-ch-/ vor /-s-/) > *Mataseo* und mit Synkope **Matsee* zu erkennen. Die vorahd. Ausgangsform **Maduka* ist eine *k*-Ableitung der ig. Wurzel **mad-* 'nass sein/werden'. Es handelt sich wohl eher um einen ves.-ig. Namen als um einen keltischen. Mit derselben Wurzel sind mit anderen Suffixen gebildet ↗Melk und ↗Mödling. – Hausner/Schuster, *Namenbuch*, S. 698, 715–718, und Nach-

träge; Dotter, *HG.A.14*, S. 24–257; Bertol-Raffin/Wiesinger, *Braunau am Inn*, S. 75 f.; Rix, *LIV*, S. 412.

Matzbach l.z. Geislbach (z. Isen z. Inn z. Donau). – Ca.1563 *influxum rivi Matzpach*; ON. Matzbach (Gem. Lengdorf, Lkr. Erding, Bayern, D), ca.887–895, 926–937 *Mazpah*, 1006–1022 *Mazapabach*, 1068–1091 *Mazebach*, 1158–1180 *Mazzibach*, 1291 *Mazpach*, 1308 *Matzbach*. – Bestimmungswort des Kompositums mit dem Grundwort -*bach* ist der PN. (ahd.) *Matzo* (Gen. *Matzen*-). Das Suffix des Genitivs -*en*- schwindet im Wortinnern früh: *Matzenbach > Matzbach. – Dotter/Dotter, *HG.A.14*, S. 258.

Matzoff l.z. Ems-Bach (z. Eder z. Fulda z. Weser) in Niedenstein-Kirchberg. – ON. Metze (Ortsteil von Niedenstein, Schwalm-Eder-Kreis, Hessen, D), 1074 *Mezehe*, 1060–1084 *Metzihe*, 1151 *Mezzehe*, 1334 *villa Metze*. – *Matzoff* ist ein ↗ apa-Name (*Matz-affa*), für den allerdings keine älteren Belege vorliegen. Eine Verbindung mit dem ON. Metze, der lautlich auf dem bei Tacitus (Annalen 1, 56) überlieferten Gebietsnamen *Mattium (Mattio incenso)* beruhen kann, ergibt sich nur, wenn *Matzoff* für älteres *Metzoff* steht. *Mattium* entspricht gm. *matja- n., mit wgm. Gemination *mattja- > ahd. *Metze. Der ON. Metze setzt den Gegendnamen, der durch das Suffix ahd. *-ahi* erweitert wurde (ahd. *Metz-ahi*, 1074 *Mezehe* usw.), fort. Dem Gegendnamen steht der FlN. *Metz-affa* 'Fluss, der durch das Mattium genannte Gebiet fließt' gegenüber. Gm. *matja- ist als Kollektivbildung mit dem Suffix -*ja*- entweder von der *o*-Stufe des Verbs gm. *met-a- 'messen' (als 'abgemessenes Gebiet') oder von gm. *mata-, got. *mats* 'Essen, Speise' (als 'Gebiet, wo es Fleisch? zu essen gibt') abgeleitet. – Sperber, *HG.A.5*, S. 69 f.; Pokorny, *IEW*, S. 694, 7095 f.

Maubach l.z. Murr (z. Neckar z. Rhein). – ON. Maubach (Stadtteil von Backnang, Rems-Murr-Kreis, B.-W., D), /məúbə/, 1245 (Druck 1595) *Mubach*, 1366 *ze Mupach*, 1377 *Muppach* usw. – Grundform *Mūh-bach*. Das Bestimmungswort *Mūh-* entspricht gm. *mūha- m. (awn. *mór* 'Moor, Heide') < vorgm. *mūko-, lat. *mūcus* 'Schleim', kymr. *mign* (<*mūkino-*) 'Sumpf'. Vielleicht gehört hierher auch ↗ Mauch. In der Komposition *Mūh-bach* ist /-h-/ verstummt. – Schmid, *HG.A.75*, S. 75; Reichardt, *Rems-Murr-Kreis*, S. 219 f., Pokorny, *IEW*, S. 744; Orel, *Handbook*, S. 278.

Mauch, die l.z. Eger (z. Wörnitz z. Donau) unterhalb Maihingen (Lkr. Donau-Ries, Bayern, D). – 1293, 1300 *Muche*. – Grundform (mhd.) *Mūche, ↗ Mauchach ↗ Mauchenbach.

Mauchach, die r.z. Gauchach (z. Wutach z. Rhein). – /ˈmūxə/ f.; ON. Mauchach, Wüstung bei Unadingen (Lkr. Breisgau-Hochschwarzwald, B.-W., D), 1316, 1364 *Muchan*, 1320, 1360–1370 *Muchain*, 1352 *Muchein*, 1439 *Muchen*, usw. – Die Grundform des Ortsnamens ist *Mūch-heim (↗ Mauchenbach); Bestimmungswort dieses Kompositums ist der Flussname (mhd.) *Mūche (↗ Mauch), an den in Analogie zu den Flussnamen Gauchach und Wutach (mhd.) -*ach* angefügt wurde. *Mūche ist das Feminin eines Adjektivs gm. *mūka- 'weich, sanft, modrig' (vgl. gt. *mūka-mōdei* 'Sanftmut'). Das Benennungsmotiv dürfte sich auf die Bodenbeschaffenheit des Bachbetts bezogen haben. – Geiger, *HG.A.2*, S. 85; Greule, *Oberrhein*, S. 202 f.; Orel, *Handbook*, S. 278.

Mauchenbach r.z. Wutach (z. Rhein). – /ˈmūxə, bax/; ON. Mauchen (Stadt Stühlingen, Lkr. Waltshut, B.-W., D), /ˈmūxə/, 1157 *Muocheim*, 1170, 1184 *Mucheim*, 1347 *Muchain*, 1356 *Muchheim*, 1381 *Muchain*, 1413 *ze Muchach*. – Mauchenbach steht für *Mauchener Bach. Die Grundform des ON. Mauchen ist *Mūch-heim, dessen Grundwort dem FlN. (mhd.) *Mūche (↗ Mauch, ↗ Mauchach) entspricht. – Greule, *Oberrhein*, S. 202 f.

Mauerbach

– ¹Mauerbach, l.z. Aschauer Ache (z. Rainache z. Reither Ache z. Kössener Acher z. Tiroler Ache z. Chiemsee z. Alz z. Inn), ON. Mauer (Tirol) – Deutung ↗ ²Mauerbach. – Dotter/Dotter, *HG.A.14*, S. 258.
– ²Mauerbach, z. Bodensee. – ON. Maurach (Gem. Uhldingen-Mühlhofen, Bodenseekreis, B.-W., D), Obermaurach (Gem. Uhldingen-Mühlhofen), ON. Untermaurach (Bodenseekreis), ON. (Schloss) Maurach am Bodensee bei Uhldingen-Mühlhofen, 1158 *Muron*, 1165 *in Muron*, 1178 *Mure*, 1184 *Muron*, 1347 *Muren*. – Mauerbach enthält wie der FlurN. *Mauerholz* und der ON. *Maur-ach* als Bestimmungswort einen ON. *Mauer(n)*, der aus (ahd.) *zi mūron* 'zu den Mauern' entstand; gemeint sein dürften die „Schloss Maurach" genannten Wirtschaftsgebäude des Klosters Salem. – Ebenso sind zu deuten ↗ Maurachbach ↗ Mauerner-Bach. – Geiger, *HG.A.2*, S. 85.

Mauerner-Bach l.z. Amper (z. Isar z. Inn). – Ca.1563 *rivus Maurpach*; ON. Mauern (Lkr. Freising, Bayern, D), 899 *ad Murun*, 977–984 *Mura*, 1109–1122 *Muren*, 1315 *Mavren*. – Deutung ↗ Mauerbach. – Snyder, *HG.A3*, S. 65; Reitzenstein, *Oberbayern*, S. 163 f.

Maulach, die l.z. Jagst (z. Neckar z. Rhein). – 1366 *an der Mulach*; GebietsN. † Maulachgau, 846 *in pago Mulahgouue*, 848, 856 *in Mulahgovue*, 889 *Mulachgouue* usw.; ON. Mulach (Weiler der Stadt Crailsheim, Lkr. Schwäbisch Hall, B.-W., D), um 1357 *ze Mulach*, 1. Hälfte d. 15. Jh. *Maulach*. – Grundform ist das Kompositum (ahd.) **Mūl-aha* mit dem Grundwort *aha* 'Fließgewässer'. Die Herkunft des Bestimmungsworts, dessen /-ū-/ im Spätmittelalter zu /-au-/ diphthongiert wurde, kann nicht eindeutig bestimmt werden. Wegen der Analogie zu dem Adjektiv ahd. *fūl*, nhd. *faul* 'faulend, stinkend' (↗Faul-↗Ful-) kann für **Mūl-* die gleiche Bildungsweise und vielleicht ebenfalls germanische Herkunft angenommen werden: Adjektiv **mūla-* < *ig. *muHló-*, *l*-Ableitung von der Wurzel ig. **meu̯H-* 'feucht, modrig, unreine Flüssigkeit, Schlamm, Sumpf', vgl. poln. *muł* 'Schlamm' (< **moulo-*). Die Benennung kann damit zusammenhängen, dass einer der Quellbäche der Maulach aus dem Gebiet des Reußenbergs, einer bewaldeten Hügellandschaft, die von sumpfigen Kuhlen und mit Tümpeln gefüllten Dolineneinbrüchen geprägt ist, kommt. Vermutlich gehört auch das Bestimmungswort des ON. *Mauloff* (Weiler d. Gem. Weilrod, Hochtaunuskreis, Hessen), 1156 *Mulefo*, 1370 *Mulffe*, 1428 *Maulff*, 1551 *Mauluff*, 1579 *Mauloff*, der aus (ahd.) **Mūl-affa*, einem ursprünglichen Flussnamen mit dem Grundwort *-affa* (↗apa), hervorging, hierher. – Schmid, *HG.A.1*, S. 75; Pokorny, *IEW*, S. 741; Bach, *Taunusgebiet*, S. 151.

† Mauloff ↗Maulach.

Maurachbach r.z. Großarl Bach (z. Salzach). – ON. Maurach, ca.1350 *de Mauraw*. – Deutung ↗Mauerbach. – Straberger, *HG.A.9*, S. 75.

Maus- -*bach*, -*graben*, ↗Mäus-/-e-; z.B. (die) *Mausbach*, r.z. Neckar bei Stift/Kloster Neuburg (bei Heidelberg, B.-W., D), 1534, 1535 *Maysenbach*, 1607 *Meüspach*, 1687 *maußbach*, 1755 *in der Maußbach*, 1790/92 *Der Maus Bronnen*. – Maus kann auch ein Reflex der Nebenform (**mūs-*) von gm. **musa-* 'Moos usw.' (↗Moos-) sein. – Springer, *Flußnamen*, S. 120; Schmid, *HG.A.1*, S. 75.

Mechesee nördlich von Ladeburg (Kr. Oberbarnim, Brandenburg, D). – 1595 *denn Mechow*, 1668 *die Mechow*, 1704 *auß der Mecho*, 1840 *Miche See*, 1870/71 *Meche See*. – Grundform apolab. **Mechov-* zu **mech* 'Moos'. – Fischer, *BNB 10*, S. 180.

Mechow-See Großer ~, Kleiner ~, z. Fließ (z. Mühlteich z. Küstrin-See/Lychener Gewässer z. Havel) im Lkr. Mecklenburg-Strelitz (M.-V., D). – 1537 *durch den grossen Mechouen sehe, den Sehe Lutke Mechow*, 1556 *Die beiden Sehe, als der Lütke vnd grosse Mechow*; ON. Mechow (Ortsteil d. Gem. Feldberger Seelandschaft, Lkr. Mecklenburg-Strelitz). – Deutung ↗Mechesee. – Wauer, *HG.A.17*, S. 109.

Meck-Bach r.z. Fulda (z. Weser) unterhalb von Mecklar (Gem. Ludwigsau, Lkr. Hersfeld-Rotenburg, Hessen, D). – ON. Meckbach, 1233 *in Mekebach* usw., 1538 *Meckbach*; ON. Mecklar (Gem. Ludwigsau), 1252 *Mekelar*, 1254 *Mechelar*, 1305 *Meckelar* usw. – Grundform ist **Mecken-/Mechenbach*. Bestimmungswort der Zusammensetzungen mit dem Grundwort *-bach* bzw. *-lar* (↗Lahr-Bach) ist der PN. (ahd.) *Macko/Macho* (im Genitiv **Meckin-/*Mechin-*), ↗Meckenbach. – Sperber, *HG.A.5*, S. 70.

-mecke Pseudogrundwort, aus dem Assimilationsergebnis ndd. /-m-beke/ > /-mecke/ verselbständigt, z B. *Landmecke*. – Kettner, *Leine*, S. 359–363.

Meckenbach r.z. Achtelsbach (z. Traunbach z. Nahe z. Rhein). – ON. Meckenbach (Verbandsgem. Kirn-Land, Lkr. Bad Kreuznach, Rh.-Pf., D), 1128 (Kopie 14. Jh.) *Meckenbach*, 1148 (Vidimus 1268) *in Mecgenbach*, (Kopie 15. Jh. des Vidimus von 1268) *in Meckinbach*, 1337 *von Meckinbach*, 1480 *Meckenbach*. – Bestimmungswort des Kompositums mit dem Grundwort *-bach* ist der PN. (ahd.) *Macko* (Gen. **Meckin-*), ↗Meck-Bach. – Greule, *HG.A.15*, S. 67f.

Mede-Bach l.z. Orke (z. Eder z. Fulda z. Weser) oberhalb Münden. – 1293–1300 *iuxta medebeke*, 1326, 1405 *Medebeke*; ON. Medebach (Stadt, Hochsauerlandkreis, NRW, D), 973 *Medabeki*, 1144 *uillam … Medebeke*, 1165 *in Madebach*, 1172 *Medebach* usw. – Grundform (mndd.) **Medenbeke*, mit dem Grundwort mndd. *-beke* 'Bach'. Deutung ↗Medenbach. – Sperber, *HG.A.5*, S. 70.

Medebek (Lübeck), z. Trave (z. Ostsee). – /meedbek/, 1426 (Kopie 18. Jh.) *in Meghedebeke*, 1428 *versus … Meghedebeke*. – Bestimmungswort des Kompositums mit mndd. *-beke* 'Bach' ist mndd. *māget*, *mēget* 'Mädchen, junge Frau' (zu beziehen auf die Jungfrau Maria?). – Kvaran, *HG.A.12*, S. 121, 122; Laur, *Schleswig-Holstein*, S. 452.

Medem, die l.z. Elbe bei Otterndorf (Lkr. Cuxhaven, Niedersachsen, D). – /mäme, me'm/, zum Jahr 860 (Kopie 10. Jh.) *Medemahem* (verschrieben für **Medemahe*, hierher?), 1373 *de Medeme*, 1400 *to der Medem word*, 1505 *by dem Medeme damme*, 1682 *voor de Medeme*, 1721 *Die Meme*; ON. Medemstade (Gem. Ihlienworth, Lkr. Cuxhaven), 1628 *Medemstade*; PN. Von Medem, in Neunkirchen (Samtgemeinde Hadeln, Lkr. Cuxhaven) ansässiges Adelsgeschlecht, 1273 *de medeem*, 1315 *von Medhem* usw. – Grundform dürfte as. **Medem[en]-aha* '(an/in) dem mittleren Fluss' sein, eine Zusammenrückung aus (as.) **medamo*, ahd. *metamo* 'mittlerer' und as. *aha* 'Fluss', entspricht genau den oberdeutschen FlN. ↗Mettma ↗Mettmach ↗Mettenbach. Im Unterschied zu den oberdeutschen Namen ist -aha in *Medemaha über *-ahe, *-ah und -e geschwunden. – Udolph, HG.A.16, S. 226 f.

Medenbach
– ¹Medenbach, l.z. Wickerbach (z. Main z. Rhein). – ON. Medenbach (Stadtteil von Wiesbaden, Hessen, D), 1107 *Medenbach*. – Sperber, HG.A.7, S. 111.
– ²Meden-Bach, l.z. Amdorf-Bach (z. Dill z. Lahn z. Rhein). – 9./10. Jh. *in Medinesbehe*; ON. Medenbach (Ortsteil der Gem. Breitscheid, Lahn-Dill-Kreis, Hessen, D), /mērəbax/ (/ē/ geschlossen), 1065, 1275 *Medinbach*, 1107, 1275, 1397 *Medenbach*. – Faust, HG.A.4, S. 51 f.; Metzler, *Westerwald*, S. 68. Deutung: Kompositum mit dem Grundwort -bach und dem Genitiv eines PN. (ahd.) *Mado (*Medin, Meden-). Im Beleg 9./10. Jh. *Medinesbehe* liegt eine Koseform des PN. (*Madīn*) im Genitiv vor. – Kaufmann, *Ergänzungsband*, S. 253 f.

Meede ↗Mehe.

Meer-/Mehr-/Mer-
-bach, -graben, -kanal, -kolk, -siek, -teich, -wasser. Das Bestimmungswort geht auf ahd. *meri*, mhd. *mere*, *mer* 'stehendes, eingeschlossenes Gewässer, Sumpf' zurück, ↗¹Maar-. Als Simplex liegt es z. B. vor in: † Meer (f., n.), alter Ruhrarm bei Saarn, 1387 *dat meyr*, 1399 *tusschen der meren und ...*, 1433 *oppe die meer*. Beispiel: Meerbach, r.z. Weser, 1249 *riuum quendam effluentem de Stagno quod vocatur mare*, 1250 *mari*, 1771 *(die) Meer*; ON. Mehre (Stadtteil von Uelzen, Lkr. Uelzen, Niedersachsen, D), 1304 *in vico ... Mare*, 1308 *Mere*. – Schmidt, HG.A.6, S. 51; Borchers, HG.A.18, S. 89; Udolph, HG.A.16, S. 228 f.

Meerchen
r.z. Pleiße (z. Weiße Elster z. Thüringische Saale z. Elbe). – 1488 *im Merichen*; ON. Meerane (Kr. Chemnitzer Land, Sachsen, D), zum Jahr 1175 (um 1200) *Mer*, 1189/90 (Überarbeitung um 1300) *von dem Mer*, 1270 *in Mari*, 1332 *de Mehren*, 1344 *in Mari*, 1361 *oppidum dictum Mare*, 1369 *zcu dem Mer*, 1413 *das Stetlein zum Mere*, 1418 *das Mehr*, 1511 *Merania*. – Der Gewässername ist das Deminutiv zu ahd. *meri*, mhd. *mere*, *mer* 'stehendes, eingeschlossenes Gewässer, Sumpf', das im ON. Meerane ursprünglich vorliegt, latinisiert als *Mari*, *Mare*, später *Merania*; ↗Meer ↗Maar. – Ulbricht, *Saale*, S. 210 f.; Hengst, *Südwestsachsen*, S. 74–76.

Meewenpfuhl
Großer ~, Kleiner ~, südwestlich von Joachimsthal (Kr. Uckermark/Angermünde, Brandenburg, D). – 1593 *Die beyden Miewen Pfuele*. – Deutung ↗Maienpfuhl, ↗Mövensee. – Fischer, BNB 10, S. 188.

† Megger See
z. Alte Sorge (z. Große Schlote z. Eider z. Nordsee), im 16. Jh. trocken gelegter See (Gem. Meggerdorf). – Nach 1427 (zeitgenössische Kopie) *mid ... Eggersee* (lies: *Meggersee*); 1624 *des Meggersehes*; ON. Meggerdorf (Amt Kropp, Kr. Schleswig-Flensburg, S.-H., D), /meggerdörp/, 1509 ff. *vam dorpe Meggerse*, 1643 *Meggersehe*. – Bestimmungswort des Kompositums mit dem Grundwort *See* ist mndd. *meier*, *meiger* 'Mäher (von Schilf und Reth im flachen See)'. Der Ortsname ist eine Klammerform *Megger[see]dorp*. – Kvaran, HG.A.12, S. 122; Laur, *Schleswig-Holstein*, S. 453 f.

Meglitz, die
r.z. Oder südlich von Oderberg und östlich von Schwedt (Kr. Uckermark/Angermünde, Brandenburg, D). – 1288 *Motheliz* (lies *Mogeliz*), 1299 *ad fluvium Moegelitz*, 1390 *Muglitz*, 1564 *die Moglitz*, 1747 *Die Mehlitze*, 1799 *Die Meglitze*, 1768 *Die Megelitze* usw. – Grundform apolab. *Mogylica*, abgeleitet von apolab. *mogyla* 'Erdhügel, Grabhügel', mit der Bedeutung 'Bach an Erd-Grabhügeln'. Die Integration ins Deutsche setzt Umlaut des /o/ > /ö/ und Entrundung /ö/ > /e/ sowie Synkope des aus /y/ abgeschwächten inlautenden /-e-/ voraus. – Fischer, BNB 10, S. 180.

Mehe, die
(auch *Meede*), l.z. Oste (z. Elbe). – 786 (Kopie Anfang 11. Jh.) *Motam*, 788 (Fälschung 12. Jh.) *Motam*, um 1075 *Motam*, 1225 *fluuium mede*, um 1500 *Mede*, *Meda*, 1764/66 *Mehe*; ON. (Alfstedt-)Bredemehe (Lkr. Rotenburg/Wümme, Niedersachsen, D), /bremeh/, 1459 *zu Mehe*; ON. Mehedorf (Stadt Bremervörde, Lkr. Rotenburg/Wümme). – Unter der Voraussetzung, dass die ältesten Belege (as.) *Mōta* repräsentieren, ist der Name als dehnstufige Bildung zu gm. *mat-* (*matja-* 'sättigen', *mata-* m. 'Speise, Mahl', ig. *mad-* 'nass sein/werden' und *med-* 'voll werden, satt werden') erklärbar. In den späteren Belegen steht <e> entweder für den Umlaut in einer Nebenform (as.) *Mōtja* und zwischenvokalischer Schwächung von /-t-/ > /-d-/ > *Mede*, *Mehe* oder es liegt Umdeutung (z. B. nach as. *mēda* 'Lohn') vor. – Udolph, HG.A.16, S. 227 f.; Pokorny, IEW, S. 694 f.; Rix, LIV, S. 421, 423 f.

Mehl(e), Mehl-
-pfuhl, -tümpel. Name kleiner Seen in Brandenburg (D), apolab. asorb. *měl, poln. (alt) *miel* f. 'Untiefe, Sandbank', čech. *měl* f. 'Untiefe'. – Fischer, BNB 10, S. 180.

Mehla-Bach
– ¹Mehla-Bach, r.z. Triebes-Bach (z. Weida z. Weiße Elster z. Thüringische Saale).
– ²Mehla-Bach, z. Leuba (r.z. Weida). Bestimmungswort ↗Mehl, erweitert mit -a (< ahd. *aha* 'fließendes Wasser'). – Ulbricht, *Saale*, S. 135.

Mehlbach r.z. Lauter (z. Glan z. Nahe z. Rhein). – ON. Mehlbach (Verbandsgem. Otterbach, Kreis Kaiserslautern, Rh.-Pf., D), 1255–1256 *Melbach*, nach 1430 *Melbach*, 1590 *Meelbach*. Bestimmungswort des Kompositums mit dem Grundwort *-bach* ist mhd. *mel* 'Staub, feiner Sand, mehlige Erde'. Der Bach ist benannt nach dem Sand, den er mit sich führt. – Greule, *HG.A.15*, S. 68; Dolch/Greule, *Pfalz*, S. 303.

Mehlemer Bach l.z. Rhein. – 798 (Kopie 10. Jh.) *Melanbach*, (Kopie 12. Jh.) *Milenbach*; ON. Mehlem (Ortsteil von Bonn im Stadtbezirk Bad Godesberg, NRW, D), 812 (Kopie 10. Jh.) *Melenhem*, 873 (Kopie 13. Jh.) *Melina*. – Zugrunde liegt der FlN. *Melina*; er ist das Bestimmungswort des mit dem Grundwort *-heim* gebildeten Ortsnamens *Melinheim* (> Mehlem). Zur Unterscheidung vom Ortsnamen wird an den Flussnamen das Grundwort *-bach* angefügt: *Melinbach*. Zur Deutung von *Melina* vgl. ↗Miele, ↗Mehlenbach. Wenig wahrscheinlich ist eine Verbindung von *Melina* als keltischer Name mit kymr. *melyn*, bret. *melen* 'gelblich'. – Gysseling, *Woordenboek*, S. 679; Bursch, *Bonn*, S. 102 f.

Mehlenbach r.z. Prüm (z. Sauer z. Mosel). – 720 (Kopie) *Melina*, *Milina*, 816 *Melana*; ON. Niedermehlen, Obermehlen (Gem. Gondenbrett, Eifelkreis Bitburg-Prüm, Rh.-Pf., D), ON. Steinmehlen (Stadt Prüm, Eifelkreis Bitburg-Prüm). – Ausgangsform ist der FlN. *Milina/*Melana. Zur Deutung vgl. ↗Miele (< gm. *Melina/*Melana). – Jungandreas, *Mosselland*, S. 660; Gysseling, *Woordenboek*, S. 679.

Mehlgraben Abzweigung aus dem Landgraben (z. Weschnitz z. Rhein); Bestimmungswort ↗Mehlbach. – Geiger, *HG.A.2*, S. 85.

Mehlitz-See (Rheinsberger Gewässer z. Müritz-Havel-Straße) nordnordwestlich von Rheinsberg (Lkr. Ostprignitz-Ruppin, Brandenburg, D). – 1530 *die Meliz*, 1780 *Melitz See*. – Grundform apolab. *Mĕlica*, abgeleitet von apolab. *mĕl* 'flache Stelle', Name für flache Gewässer, vgl. ↗Melitz-See ↗Militz(-See). – Wauer, *HG.A.17*, S. 109; Fischer, *BNB 10*, S. 182 f.

Mehnach (auch *Menach*), r.z. Kinsach (z. Donau). – 1568 *Mennach*, ca.1580 *Mennaha*, *Mennach*; ON. Niedermenach (Bogen, Lkr. Straubing-Bogen, Bayern, D), 1105 *de Mennaha*, 1126–1132 *Menna*, um 1184–1188 *de Mennach*, 1217 *in Mennah*; ON. Kleinmenach, Menhaupten (an der Mehnach-Quelle) und Waldmenach (Ortsteile von Konzell, Lkr. Straubing-Bogen). – Bestimmungswort des Kompositums mit dem Grundwort *-aha* ist der PN. (ahd.) *Manno* (Gen. *Men(n)in-*); *Menninaha* verkürzt zu *Mennaha* (> *Menna* und *Mennach*), ↗Mehnbach. – N.N., *HG.A.20*.

Mehnbach l.z. Isen (z. Inn z. Donau). – Ca.1563 *Menpach*, 1830 *Mänbach*, 1858 *Mehnbächl*; ON. Mehnbach (Lengdorf, Lkr. Erding, Bayern, D), 972–976 *Meninpah* usw., 1053–1078 *Menipahc*, 1267 *Menpach*. – Bestimmungswort des Kompositums mit dem Grundwort *-pach/-bach* ist der PN. (ahd.) *Manno* (Gen. *Men(n)in-*), ↗Mehnach. – Dotter/Dotter, *HG.A.14*, S. 260 f.; Kaufmann, *Ergänzungsband*, S. 246.

Mehrnbach (auch *Kretschbach*), l.z. Antiesen (z. Inn z. Donau). – 1472 *der Mernpach*, ca.1563 *Merenpach*, 1602 *Mernpach*, 17. Jh. *Mehrnbächl*; ON. Mehrnbach (PB Ried im Innkreis, O.-Ö., A), 1130–1150 *de Merenbach* usw. – Bestimmungswort des Kompositums mit dem Grundwort *-bach* ist der PN. *Maro* (Gen. *Merin->Meren-*). – Dotter/Dotter, *HG.A.14*, S. 220 f.; Hausner/Schuster, *Namenbuch*, S. 723.

Meier-, süddeutsch auch **Maier-/Mair-/Mayr-** *-bach*, *-graben*, *-siek*, *-teich*, *-tümpel*; z.B. *Meierbach*, r.z. Meiße (z. Aller z. Weser), 1587 *den Meigerfluß entlang*, 1777 *Meier Beck*. Das Bestimmungswort entspricht nhd. *Meier* 'Gutsverwalter'. In einigen Fällen liegt möglicherweise eine Klammerform mit dem Bestimmungswort *Meierei*, *Meierhof* 'von einem Meier verwaltetes Gut' vor. – Borchers, *HG.A.18*, S. 89; Fischer, *BNB 10*, S. 180.

Meine l.z. Gande (z. Leine z. Aller z. Weser) nördlich von Wolperode (Bad Gandersheim, Lkr. Northeim, Niedersachsen, D). – 1706 *auff die Meine*, *bey der Meine*, 1756 *die Meine* usw.; FlurN. *Meinefeld*. – Vermutlich Übertragung eines FlurN. *Meine* (mndd. *meine* 'allgemein, gemeinschaftlich'), vgl. FlurN. *Meinefeld*, auf den Fluss. – Kettner, *HG.A.8*, S. 83; Kettner, *Leine*, S. 192.

Meinerbeek r.z. Gande (z. Leine z. Aller z. Weser) nordwestlich von Altgandersheim (Bad Gandersheim, Lkr. Northeim, Niedersachsen, D). – 1706 *beim Meinebecke*, *auf den Meinebeck(e)*, 1756 *der Meinebek*, *am Meinerbeck*. – Bestimmungswort des Kompositums mit dem Grundwort (mndd.) *-beke* 'Bach' ist ursprünglich mndd. *meine* 'allgemein, gemeinschaftlich' mit der Bedeutung 'Bach in der Allmende, gemeinschaftlich genutzter Bach'. – Kettner, *HG.A.8*, S. 83; Kettner, *Leine*, S. 192.

Meisa (auch *Meisabach*), l.z. Elbe. – 1150 *rivulus ... Misne*; ON. Nieder-, Mittel-, Ober-Meisa, Häusergruppen am Meisabach nordwestlich von Meißen (Sachsen, D), 1921 als *Meisatal* zusammengefasst und

1928 nach Meißen eingemeindet, /in dər maesχə/, 1392 *yn der Mysen*, 1428 *in der obern und mitteln Meissen*; ON. Meißen, Stadt nordwestlich von Dresden (Sachsen), (929) 1012/18 *Misni*, (967) (11. Jh.) *Misni*, (968, Transsumpt 1250) *in civitate Misna, Misina*, 1046 *actum Missene*, 1068 *Misina* (und weitere Belege). – Zugrunde liegt der vorslawische FlN. (gm.) **Mih-sni-*. Er unterlag dem germanischen Lautwandel /-ihsn-/ > /-īsn-/: vorslaw. **Mīsni-*, latinisiert *Mīs(i)na*, wird slawisiert als **Misni* und eingedeutscht als *Meissen*. Der Name gm. **Mih-sni-* entspricht dem germanischen Appellativ **mihsna-* n. (ahd. *mixin*) 'Mist', einer Ableitung vom starken Verb gm. **meig-a-* 'harnen'. Vergleichsname ist der Ortsname *Mijzen*, Polder bei Avenkorn (Nordholland, NL), 11. Jh. *Misna*. – Eichler/Walther, *HONBSachsen* II, S. 25 f.; Künzel/Blok/Verhoeff, *Lexicon*, S. 257.

Meise-Bach, die im Unterlauf *Das Wilde Wasser*, l.z. Fulda (z. Weser) in Bad Hersfeld (Kr. Hersfeld-Rotenburg, Hessen, D). – 1673 *das Meyßebacher Flußgen, herunter nach der Meyßebach, gegen der Meyßenbach, nach der Meyßenbach*, 1730 *bey die Meyßebach*; ON. Hof Meisebach (Bad Hersfeld), 1429 *Meysenbach*, 1452 *in dem Meisenbach*, 1501 *Gut und Vorwerk die Meisenbach*. – Bestimmungswort des Kompositums mit dem Grundwort *-bach* ist ahd. *meisa*, mhd. *meise* swstF. 'Meise', ↗Mais-/-en-. – Sperber, *HG.A.5*, S. 70 f.

Meisen-Bach r.z. Lichtenau (z. Schwarza z. Hasel z. Werra z. Weser) unterhalb von Zella-Mehlis (Lkr. Schmalkalden-Meiningen, Thüringen, D). – 1503 *Meisenbach*, 1580 *Meißbach*, 1612 *Meusenbach*, 1642 *Meisbach*. – Unsichere Deutung: entweder zu erklären wie ↗Meise-Bach oder wie ↗Maisbach (< **Mäusebach* mit Entrundung **Meisebach*?). – Sperber, *HG.A.5*, S. 71.

Meiße, die r.z. Aller (z. Elbe) nördlich von Celle (Niedersachsen, D). – 1296 *site inter ... mesnam*, 1661 *nach der Meiße, in die große Meiße*; ON. Meißendorf (Winsen/Aller, Lkr. Celle), 1315 *in meysne*, 1371 (Kopie) *to der Mesne*, 1777 *Meissendorff*. – Grundform (as.) **Mēsn-aha* > (mndd.) **Mēsne*; Bestimmungswort des ursprünglichen Kompositums mit dem Grundwort *-aha* 'Fließgewässer' ist as. *mēsa*, mndd. *mēse* 'Meise' (< gm. **maisōn*); ↗Meise-Bach. – Borchers, *HG.A.18*, S. 89 f.

Melangsee östlich von Kehrigk (Kreis Beeskow-Storkow, Brandenburg, D). – 1721, 1747 *Melang*, 1751 *Der Melang*, 1846 *Melang See*. – Grundform sorb. **Měl'anka*, abgeleitet von **měl'* 'flache Stelle'; der Name bezeichnet einen flachen See, ↗Mehl(e). – Fischer, *BNB 10*, S. 181.

Melbecker Bach l.z. Ilmenau (z. Elbe). – Um 1820 *die Mellbeke*; ON. Melbeck (Samtgemeinde Ilmenau, Lkr. Lüneburg, Niedersachsen, D), 1265 *de melbeke* usw.; FlurN. Melbecker Heide. – Ausgangsform: FlN. (mndd.) *Melbeke*; Bestimmungswort des mit dem Grundwort mndd. *-beke* gebildeten Kompositums ist vermutlich as. *melo* 'Mehl', hier im Sinne von 'Staub, feiner Sand, mehlige Erde', ↗Mehlbach. Udolph, *HG.A.16*, S. 229–230.

Melitz-See Großer ~, Kleiner ~ (z. Lübbe-See/Vietmannsdorfer Gewässer z. Templiner Wasser z. Havel), an der Melitz. Deutung wie ↗Mehlitz-See.

Melk, die r.z. Donau in Melk (N.-Ö., A). – Vor 1177 (Kopie 12. Jh.) *mons Medelich, a quo fluvius preterfluens denominatus est*; ON. Melk, 831 (Kopie 18. Jh.) *Medilica*, 892 (Kopie 13. Jh.) *Medelicha*, usw. – Die (vorahd.) Ausgangsform **Madilika* dürfte aus **Magalika*, 860 *ad Magalicham*, 984 (Kopie 13. Jh.) *ad Magalicham* dissimiliert sein. Da auch im Fall der ↗Magel (Elsass, F) an die Übertragung eines Bergnamens auf den Fluss erwogen wird, könnte der keltische BergN. **Magala* (entsprechend der Etymologie des 12. Jh.) der ursprüngliche Name von Melk gewesen sein, von dem mit Hilfe des (keltischen oder slawischen?) Suffixes *-ika* der FlN. **Magalika* (durch Dissimilation > **Madalika*) gebildet wurde. – Hausner/Schuster, *Namenbuch*, S. 694 f.

Mell(e)n-/Möllen- *-see*. Name mehrerer Seen in Brandenburg (D). Grundform apolab. **Měl'n-* zu **měl'* 'flache Stelle' (↗Mehl(e), ↗Melangsee). Alle Namen bezeichnen flache Seen, lautlich teilweise zusammengefallen mit brandenburg. *Mölle/Melle* 'Mühle', z.B. Mellensee südwestlich von Mellenau (Uckermark/Templin), 1375 *stagnum nomine Mellen*, 1557–1584 *vom Möln, Vom Möllen* usw. – Fischer, *BNB 10*, S. 181.

Mellenbach

– ¹Mellenbach, l.z. Bregenzer Ache (z. Bodensee). – ON. Mellau (PB Bregenz, Vorarlberg, A), ON. (Alpen) Vorder-, Hinter-, Über-Mellen (im Tal des Mellenbachs), 1252 *Mellin*, 1324 *die alpe Mellen*. *Mellau* < **Mellen-au?* – Das Bestimmungswort geht vermutlich auf räto-rom. *mellen* 'gelb' zurück. – Geiger, *HG.A.2*, S. 85 f.; Schorta, *RNB*, S. 203.

– ²Mellenbach, r.z. Schwarza (z. Thüringische Saale), ON. Mellenbach(-Glasbach) (Lkr. Saalfeld-Rudolstadt, Thüringen, D), 1370 *Melnbach*, 1418 *Mollenbach* (lies **Mellenbach?*), 1436 *Millinbach*, 1469 *Melinbach*. – Zum Bestimmungswort vgl. ↗Mell(e)n-/Möllen- oder ↗Mehlenbach (< gm. **Melana*). – Ulbricht, *Saale*, S. 113.

Melsbach

- **¹Melsbach**, it. *Rio Mels*, r.z. Etsch zwischen Plaus und Rabland (Prov. Bozen/Südtirol, I.). – /mélspåch/ (offenes /e/), 1511 *Melsbach*; ON. Obermels(bach), Untermels (Gehöfte), 1394 *in Mells*, 1580 *Mül und Sag in der Mels*, 1770 *Melsmül*; PN. 1418 *Ulr. Melser*, 1532 *Sigmund Obermelser*.
- **²Melsbach**, it. *Rio Mels*, Nebenbach des Sagbachs (z. Etsch) bei Algund (Prov. Bozen/Südtirol, I.). – /melspåch/ (/e/ geschlossen).
Deutung: Grundform *Malines (?), vielleicht identisch mit (vorrom.) *Malina 'Bergbach' über (bair.) *Melines > *Mells (mit Synkope von /i/ und Assimilation von /-lns/ > /-lls/). Zur weiteren Etymologie ↗Möll. – Kühebacher, *Ortsnamen* 2, S. 196.

Membach r.z. Seebach (z. Regnitz z. Main). – ON. Ober-, Mittel-, Unter-Membach (Gem. Heßdorf, Lkr. Erlangen-Höchstadt, Bayern, D), 1048/51 *Mennenbach*. – PN. *Manno* (↗Mannenbach) (Gen. *Mennin- > Mennen-), nach Synkope > *Menbach assimiliert > Membach. – Sperber, *HG.A.7*, S. 111.

Memel, die lit. *Nēmunas*, poln. *Niemen*, russ. *Neman*, Fluss, der ins Kurische Haff (Ostsee) fließt und die Grenze zwischen Litauen und der russischen Oblast Kaliningrad bildet. Die deutsche Form des Namens dürfte (mit dissimilatorischen und assimilatorischen Lautwandlungen) auf eine (balt.-slaw.) Ausgangsform *Nemen- zurückgehen. Er wird als ves.-ig. Name (*Nemenos o. ä.) zur ig. Wurzel *nem- 'biegen' gestellt, ↗Nahmer ↗Nims ↗Mahmilch. – Pokorny, *IEW*, S. 764.

Mendlingbach, die r.z. Salza östlich von Obere Palfau (Gem. Palfau, PB Liezen, Steiermark, A). – 1139 (Kopie 13. Jh.) *Monlich fluvius*, 1195 (Kopie 19. Jh.) *Monlich fluvius*, 1340 *fluu. Monlik*, 1434 *Mondling*; ON. Mendling (Gem. Palfau) und ON. Mendling (Gem. Göstling an der Ybbs, PB Scheibbs, Niederösterreich), 1139 (Kopie 13. Jh.) *in ... Monlich*, 1195 (Kopie 19. Jh.) *in ... Monlich*. – Die Belege dürften den später zu /e/ entrundeten Umlaut /ö/ enthalten. Der nahe liegende Vergleich mit ↗Mandling (< *Manilikā) setzt voraus, dass der vorslaw./kelt.(?) FlN. *Manilikā zunächst ins Slawische als *Monlika integriert wurde und die Übernahme ins Bairische über *Mönlich, *Möndling (mit Suffixersatz und Sprosskonsonant -d-) und schließlich *Mendling* erfolgte. – Hausner/Schuster, *Namenbuch*, S. 727; Lochner von Hüttenbach, *Steirische Hydronyme*, S. 102.

Meng, die (auch *Mengbach*), l.z. Ill (z. Rhein) in Nenzing (PB Bludenz, Vorarlberg, A), Bach des Gamperdonatals. – 1391 *den bach ... genant der mång*, dem *Mången*, 1391 *in den bach genant der Mäng*. – Vermutlich aus (*an, in, zu*) (*de*)*m Engebach* (↗Engebach). Das Bestimmungswort ist ahd. *engī*, mhd. *enge* stF. 'enge Stelle in Bächen'. – Geiger, *HG.A.2*, S. 86.

Menkiner See östlich von Menkin (Kreis Uckermark/Prenzlau, Brandenburg, D). – ON. Menkin, 1260 *Menthin*. – Grundform FlN. apolab. *Ma̧tina, abgeleitet von apolab. *ma̧t etwa 'Bodensatz'. – Fischer, *BNB 10*, S. 182.

Menterbach frz. Menter R.au, r.z. R.au de Vigneulles (z. Deutschen Nied z. Saar). – ON. †Menter (Gem. Bambiderstroff, Kanton Faulquemont, Dep. Moselle, F), 848 *Menturis*, 9. Jh. *ad Meenterum*; FlurN. Menter Guerten. – Grundlage ist der ON. Menter < (l.) *mentarium 'Ort, wo Gartenminze wächst'. – Spang, *HG.A.13*, S. 48; Buchmüller/Haubrichs/Spang, *Namenkontinuität*, S. 70.

Merbbach l.z. Ahr (z. Rienz z. Eisack z. Etsch) in Prettau (Prov. Bozen/Südtirol, I.). – /mérppåch/ (/e/ offen), 1728 *Mehrpach*, 1772 *Merbbach*, *Merbach*; ON. Merbalm, it. Alpe Merbe; BergN. Merbjoch, it. Passo Merbe; BN. Merbspitz, it. Punta Merbe. – Bestimmungswort ist bair. (mundartlich) *Marwe, Marwa* (mit Sekundärumlaut) 'feines Gebirgsgras, stark riechende Almkräuter', als *märwe mit *j*-Suffix abgeleitet (?) von mhd. *marw-* 'mürbe, zart'. – Kühebacher, *Ortsnamen* 2, S. 197.

Merbelwasser l.z. Markau (z. Söse z. Rhume z. Leien z. Aller z. Weser) nordöstlich von Gittelde (Lkr. Osterode am Harz, Niedersachsen, D). – 1577 *im Mergelwasser*, 1613 *im Mergelwasser, am Mermelwasser*. – Grundform *Mergelwasser* (↗Mergel-), assimiliert zu *Mermel-* und *Merbel-*. – Kettner, *HG.A.8*, S. 83; Kettner, *Leine*, S. 192.

Mergel- -graben, -kuhle, -loch, -pfuhl, -see. Mndd., mhd. *mergel* m. 'ton- und kalkhaltige Bodenart'. – Fischer, *BNB 10*, S. 182.

Merle, die (auch *Merlebach*), frz. Merle R.au, l.z. Rossel (z. Saar). – 1697 *Jenseits der Merrel*, 1778 *Merdelbach*; ON. †Merle, jetzt L'Hôpital/Spittel (Dep. Moselle, Arrondissement Forbach, F), 12. Jh. *curtem ... Merle*, ca.1210 *Merla*; ON. Merlebach (Arrondissement Forbach), 1629 *Merlebach*. – Ausgangsform FlN. oder ON. (ahd.) *Marila*, mhd. *Merle* < gm. *Marilō*, mit *l*-Suffix von gm. *mari-* 'größeres stehendes Gewässer, Binnengewässer, feuchte, sumpfige Stelle' abgeleitet. Bedeutung: 'Gewässer mit oder Siedlung an sumpfiger Stelle'. Parallelnamen: Merl (Stadt Luxemburg, L), 1088 *villa Merlae, am Merler-*

baach; Merles (Dep. Meuse, F), 915/917 *Merlam*, 1049 *Merla*, 1198 *apud Merulam*; Merl an der Mündung des Merler Bachs in die Mosel (Stadtteil von Zell, Kr. Cochem-Zell, Rh.-Pf., D), 782 *Merila*, 912 (Kopie) *Mairla*, 1051 *Meirle, Merle*; Merelbeke (Gent, B), 1101 (Kopie 11. Jh.) *Merlebeke*; Mörla nordwestlich von Rudolstadt (Thüringen, D), 1417 *Merla*, 1446 *Merle*. – Spang, *HG.A.13*, S. 49; Buchmüller/Haubrichs/Spang, *Namenkontinuität*, S. 89 f.; Gysseling, *Woordenboek* 1, S. 687, 689; Fischer/Elbracht, *Rudolstadt*, S. 37.

Mers- -*bach*, -*sypen*. Da historische Belege fehlen (vgl. nur 1306 *van dem merssypen*), ist die Deutung des Bestimmungsworts unsicher. Vielleicht besteht ein Zusammenhang mit dem Bestimmungswort *Mersa*(?) im ON. Merseburg (Saalekreis, S.-A., D), 992 *Mersaburg*, und ON. Maarsbergen bei Maarn (Utrecht, NL), 1134 *Merseberch*, 1189 *in Merseberge*. *Mersa* dürfte dem aus dem norwegischen Seenamen Mjøsa (awn. *Mjǫrs* f.) rekonstruierten urnord. *mersu* (< gm.*mersō*, vgl. nhd. *morsch*, ig. *merh₂-* 'zerdrücken') entsprechen. – Schmidt, *HG.A.6*, S. 51; Bjorvand, *Mjær*, S. 64; Künzel/Blok/Verhoeff, *Lexicon*, S. 235; Rix, *LIV*, S. 440.

Mersch- -*bach*, -*graben*. Das Bestimmungswort dürfte mit mndd. *mersch, marsch* (< gm. *mariska-*, ⁊Maar ⁊Meer-/Mehr-/Mer-) identisch sein. Ndd. *marsch* 'Niederung' wurde im 17. Jh. ins Hochdeutsche übernommen.

Mertsee (auch *Mertseebach*), l.z. Rott (z. Inn z. Donau). – 863/85 *Murcilashaha* (lies *Murcilesaha*), 1011/12 *Murzilisaha*, 1416 *auf der Merzee*, 1439 *auf der Mürcze*, 1477 *enhalb der Mürszee, enhalb der Mürtzse* usw., 1543, 1556, 1561 *Mörtze*, ca.1563 *Mertznpach*, 1566 *an der Mörzel*, 1571 *bei der Merze*; der Mertsee ist ein Stausee am Mertseebach in Eggenfelden (Lkr. Rottal-Inn, Bayern, D); ON. Mertsee (Lkr. Rottal-Inn) und PN. 1300 *Ulreich der Miurzel*, 1347 *Heinrich Mürtzaher*, 1420 *von Murtze*, 1462 *von Mirttsee*; FlurN. 1537 *in den Muertze Wiesen*. – Ausgangsform ist der FlN. ahd. *Murziles-aha*, der als Bestimmungswort der Zusammensetzung mit dem Grundwort ahd. *aha* 'Fließgewässer' den Genitiv eines PN. *Murzil* (vgl. PN. 1300 *Miurzel*) enthält. Ab dem 14. Jh. wird eine Kurzform des Flussnamens *Mürzahe* und *Mürze* erkennbar. *Mürze* wurde gegen die Mundart, wo der Name *Mirze* lautete, hyperkorrekt als *Merze* verschriftet und dieses erneut hyperkorrekt gerundet zu *Mörze*. Späte Eindeutung als *Mert-see*. Der PN. (ahd.) *Murzil* ist verwandt mit mhd. *murz* stM. 'kurzes abgeschnittenes Stück, Stummel', *murzes* 'gänzlich, bis aufs letzte Stück', ahd. (Glosse) *murzilingūn* 'absolute'; die Benennung bezog sich wohl auf die Körpergestalt. – Dotter/Dotter, *HG.A.14*, S. 261 f.

Merzalbe r.z. Rodalbe (z. Schwarzbach z. Blies z. Saar z. Mosel z. Rhein). – 1539 *die Merxalb*, 1837 *die Mertzalbe*; ON. Merzalben (Verbandsgemeinde Rodalben, Lkr. Pirmasens, Rh.-Pf., D), /meʳdsalwᵉ/, 1237 *villa Merichishalbin, Merchishalbin*, 1346, 1362 *Merkeshalben*, 1539 *Merxalben*, 1542 *Mertzalben*. – Grundform (ahd.) *Meriches-alba*; Bestimmungswort des Kompositums mit dem Grundwort ⁊alb ist der PN. (ahd.) *Merich* (<*Marich*) (Gen. *Meriches-*). Durch Schwund der unbetonten Vokale entstand (mit vereinfachter Lautung statt /-rchs/) *Merks-alb*, worin /-rks-/ zu /-rts-/ sprechbarer gemacht wurde. Das Grundwort *alba* wurde zeitweise mit mhd. -*halbe(n)* 'Seite(n)-' (⁊Halbammer ⁊Halblech) identifiziert. – Spang, *HG.A.13*, S. 49; Dolch/Greule, *Pfalz*, S. 306.

Merzbach

– ¹Merzbach, r.z. Mettenbach (z. Mühlbach z. Zenn z. Regnitz z. Main) bei Trautskirchen. – ON. Merzbach (Ortsteil d. Gem. Trautskirchen, Lkr. Neustadt a.d. Aisch-Bad Windsheim, Bayern, D), 1294 *Merczpach*, 1297 *Merzebach*. – Grundform (mhd.) *Merzenbach*; Bestimmungswort des Kompositums mit dem Grundwort -*bach* ist vielleicht der PN. (ahd.) *Merizo* (Gen. *Merizen-* > *Merzen-*) oder (ahd.) *Mōrizo* (Genitiv *Mōrizen-*, mhd. *Mœrzen-* > *Merzen-*). – Sperber, *HG.A.7*, S. 111.

– ²Merzbach, l.z. Rur (z. Maas). – ON. †Obermerz (wüst seit 1972), ON. Niedermerz (Ortsteil von Aldenhoven, Kr. Düren, NRW, D), 1149, 1158 *Mercene*; ON. Merzenhausen; ON. Gut Merzbrück (Eschweiler, Städteregion Aachen, NRW). – Der Flussname geht, als Kompositum mit -*bach*, auf den ON. (lat.) *Marcian(um)*, vermutlich der Name der am Merzbach bei Röhe (Eschweiler) ausgegrabenen römischen Anlage, zurück. Der Prädienname *Marcianum* entspricht mit anderem Suffix dem Prädiennamen *Marciacum*, jetzt Merzig (Lkr. Merzig-Wadern, Saarland), 1052 *Merceche*. Beide Namen sind vom PN. lat. *Marcius* abgeleitet. – Gysseling, *Woordenboek*, S. 691; Buchmüller-Pfaff, *Siedlungsnamen*, S. 340–142.

Messenbach (auch *Mühlbach*), l.z. Pram (z. Inn z. Donau). – Ca.1563 *rivi Messenpach*; ON. Messenbach (Gem. Lambrechten, PB Ried im Innkreis, O.-Ö., A), 764 *Mazzinpah*, 1175–1200 *de Mezenbac*, um 1180 *Mezenbach*, 1180–1200 *de Mezzenpach*, um 1200 *in Mezcenpach*, 1433 *Messenpach*. – Bestimmungswort des Kompositums mit dem Grundwort -*bach* ist der PN. *Mazzo* (Gen. *Mazzin-* > *Mezzen-*). – Dotter/Dotter, *HG.A.14*, S. 262; Hausner/Schuster, *Namenbuch*, S. 730.

Metebach, die z. Arzbach (z. Nesse z. Hörsel z. Werra z. Weser). – 1368 *by dem metebächer forthe*,

1467 *in den metebecher bach*, 1513 *die metbach*, 1533 *die Metebach*; ON. Metebach (Gem. d. Verwaltungsgemeinschaft Hörsel, Lkr. Gotha, Thüringen, D), 1317 *zu Metebach* usw. – Grundform *Metenbach. Die Lautfolge /-enb-/ wurde zu /-eb-/ vereinfacht. *Metenbach dürfte gekürzt sein aus *Metemen bach. – Sperber, *HG.A.5*, S. 71.

Metnitz, die l.z. Gurk (z. Drau) in Hohenfeld (Gem. Straßburg, PB St. Veit an der Glan, Kärnten, A). – 898 (Fälschung 12. Jh.) *in Motniz*, (Fälschung 12. Jh., Kopie 12. Jh.) *Motnizh*, 1043 (Fälschung um 1172–76) *in Motniz*, 1124 (Kopie 19. Jh. nach Kopie 13. Jh.) *aqua ... Mutniz*, 1130 (Fälschung um 1172–76) *in Motniz, ultra Motniz*, 1140 (Fälschung um 1172–76) *in Motniz*, 1189 *in ripa ... Motenyz*; RaumN. Metnitztal (PB St. Veit an der Glan), 1144 *in valle Motniz*, 1184 *in Motniztal*. – Grundform (altsloven.) *Motnica*, < slaw. *Mǫtьnica, von slaw. *mǫt- 'trüb' mit der Suffixkombination -nica. Als *Mötniz (mit Entrundung *Metnitz*) ins Bairische integriert. – Hausner/Schuster, *Namenbuch*, S. 731.

Metschitz, die l.z. Enns bei Ardning (PB Liezen, Steiermark, A), FlurN. 1434 *Motschnitz pewnt*. – Grundform (slaw.) *Močьnica o. ä., sloven. *močnica* 'Dungwasser', als *Mötschniz, und mit Entrundung des /-ö-/ und n-Ausfall als *Metschitz* integriert. – Lochner von Hüttenbach, *Steirische Hydronyme*, S. 102.

Mettau, die čech. *Metuje*, l.z. Elbe, mündet in Jermer (Jaroměř, Královéhradecký kraj, CZ). – 1186 *Methugia*, 13. Jh. *Methuge, Methugen*; ON. Böhmisch Matha (Česká Metuje, Královéhradecký kraj), /mātə/, 1406 *Metuge*. – Grundform FlN. (slaw.) *Metauja (?), vielleicht aus gm. *Met-a(g)wjō, nhd. Mettau, Kompositum mit dem Grundwort gm. *a(g)wjō f. 'Land am Wasser' und Bestimmungswort gm. *meta- 'Maß, abgemessen'? – Schwarz, *Ortsnamen der Sudetenländer*, S. 24; Seebold, *starke Verben*, S. 353.

† **Mettelbach** Name des Gänsbachs (r.z. Murr z. Neckar). – 1576 *der Mettelbach*; ON. Mettelbach (Weiler, Rems-Murr-Kreis, B.-W., D), 1575 *Mettelbach*; ON. Mettelberg, Weiler oberhalb von Mettelbach, (um 1410) (Kopie um 1499) *Mettelberg*. – Bestimmungswort ist mhd. *mittel, mettel* 'der mittlere'; Bedeutung: 'der mittlere Bach', d.h. der mittlere Quellarm der Murr. – Schmid, *HG.A.1*, S. 75; Reichardt, *Rems-Murr-Kreis*, S. 222–224.

Metten-Bach
– [1]Metten-Bach, l.z. Ablach (z. Donau).
– [2]Metten-Bach, r.z. Ilm (z. Donau), ON. Ober-, Unter-Mettenbach, ca.1130–1135 *de Metenpah*.

– [3]Metten-Bach, l.z. Isar (z. Donau), 1143–1149 *de Metenpach*.
Deutung wie ↗Metebach, vermutlich gekürzt aus *Met[em]en-bach '(am, zum) mittleren Bach'. Snyder, *HG.A.3*, S. 65.

Mettenbach (auch *Mettener Bach*), l.z. Donau. – 1519 *rivus Metena*; ON. Metten (Markt mit Kloster, Lkr. Deggendorf, Bayern, D), 817 (Druck 1629) *Methema*, 830 *Metama*, 837 *Medema*, 850 *Mettemum*, 886 (Kopie 1305) *Metmum*, 976 *Metama*, 1051 *Methemen*, ca.1180 *Metme*, 1252 *Metmen*, nach 1301 *Meten*. – Der Name ist aus (ahd.) *Metem[en]aha '(an/in) dem mitten im (Bayerischen) Wald fließenden Gewässer', auf den Klosterort bezogen, gekürzt und latinisiert als *Metama*. In der Form *Metem wird auslautendes /m/ > /n/, vgl. mhd. *bodem* > nhd. *Boden*. – Reitzenstein, *Oberbayern*, S. 165.

Metter, die l.z. Enz (z. Neckar z. Rhein), entsteht in der Gem. Sternenfels (Enzkreis, B.-W., D), mündet nach 28,2km in Bietigheim (Lkr. Ludwigsburg, B.-W.). – ON. Metterzimmern (Bietigheim-Bissingen, Lkr. Ludwigsburg), 1428 *Zymmern gelegen an der Metern*; TalN. Mettenbachertal, ON. Mettenbacher Mühle, FlurN. Mettenberg. – Ohne ausreichende ältere Belege ist eine sichere Deutung nicht möglich. Vermutlich handelt es sich bei *Metter* um eine Rückbildung durch Kürzung aus *Mettenerbach > *Metterbach > *Metter. Die verschiedentlich vorgebrachte Verbindung mit der bei Bietigheim gefundenen römischen Inschrift *Collegio Matisonensium* (CIL XIII 11749) ist lautlich nicht möglich. Dennoch könnte *Matisona der vorgermanische Name der Metter gewesen sein, vgl. 915 *super fluvium Maticum*, jetzt Rupt-de-Mad bei Metz (F); vielleicht setzt (vorgm.) *Mat- ig. *mətó- (ai. *mitá-*) 'abgemessen' fort. – Schmid, *HG.A.1*, S. 76; Pokorny, *IEW*, S. 703.

Mettma, die r.z. Schlücht (z. Wutach z. Rhein) in den Landkreisen Breisgau-Hochschwarzwald und Waldshut (B.-W., D). – /'mędmᵉ/, 1111, 1149 *ortus fluvii Metimé*, 1125 *in aquam Mettema, de Mettema superius*, 1349 *die Mettum*, 1373 *das wasser Metma, Mettma*; TalN. Mettmatal (Hotzenwald). – Die Namenbildung entspricht derjenigen von ↗Mettenbach und ↗Mettmach. Das Grundwort (ahd.) -aha ist bis auf <-a> bzw. /-ᵉ/ gekürzt. Wie bei Mettenbach, der aus dem Bayerischen Wald kommt, könnte auch der Flussverlauf der Mettma mitten im südlichen Schwarzwald das Benennungsmotiv gewesen sein. – Geiger, *HG.A.2*, S. 86; Greule, *Oberrhein*, S. 204.

Mettmach, die (auch *Mettmacher Ache*), l.z. Ach (z. Inn). – 1439 *an der Mettmach, in Mettmacher ursprung*, ca.1563 *Metmach rivi*; ON. Mettmach (PB

Ried im Innkreis, O.-Ö., A), 1039 *in loco Metemenhaa* (lies *Metemen-aha), um 1150 (Kopie 17. Jh., Druck 18. Jh.) *de Metemah*, ca.1313 *Metmach*, usw., 1448 *Mettmach*. – Grundform *Metemen aha '(an/in) dem mittleren Fluss' (↗*Medem*), Benennungsmotiv kann wie bei ↗ Mettenbach und ↗ Mettma der Flussverlauf mitten in einem Waldgebirge oder das Hervortreten des Flusses aus einem Wald (die Mettmach kommt aus dem Kobernaußer Wald) sein. Die Entwicklung von *Metemenaha zu *Mettmach* verläuft bis auf die Bewahrung des Grundworts *-aha/-ach* in gleicher Weise wie bei ↗ Medem und ↗ Mettma. – Dotter/Dotter, *HG.A.14*, S. 262f.; Hausner/Schuster, *Namenbuch*, S. 731; Bertol-Raffin/Wiesinger, *Ried im Innkreis*, S. 5.

Mettmann-Bach r.z. Düssel (z. Rhein). – ON. Mettmann (Kr. Mettmann, NRW, D), 904 *in Medamana*, 1071 *Medemeno*, 1198 *Medeme* usw., 1265 *Medemen* usw., 1361 *Medman* (und weitere Belege), 1451 *Metman*. – Grundform (as.) *Medaman-aha '(an/in) dem mittleren Fluss'. Der Name hat, abgesehen von der späten Anlehnung des Suffixes an *Mann*, die gleiche Etymologie wie ↗*Medem*. – Schmidt, *HG.A.6*, S. 51, 98; Schmidt, *Wupper und Lippe*, S. 73f. (mit anderer Etymologie).

Metzbach alter Name für den Unterlauf des Schliniger Bachs, r.z. Etsch, von der Einmündung des Arundabachs an (Prov.Bozen/Südtirol, I.). – /mätzpåch/, 1362 *Wasser Metz*, 1368 *Metz*, 1475 *inter ambo aqualia de Metz*, 19. Jh. *Metz Bach*. – Enthält wohl den PN. *Metz* bzw. mhd. *metze*, ein Hohlmaß. – Kühebacher, *Ortsnamen 2*, S. 197 (< rom. *mediu* 'mitten').

Metzensee z. Bütlinger See (z. Ilau z. Ilmenau z. Elbe) im Lkr. Harburg (Niedersachsen, D). – 1462 *an dem Metzen See*, 1776 *Metzen See*. – Bestimmungswort vielleicht mndd. *metze* f. 'leichfertiges Mädchen' (Benennungsmotiv unklar). – Udolph, *HG.A.16*, S. 231.

Meyen- *-bach, -bek* ↗ Mai-/-en-.

Meyn- *-bach/-fließ/-graben*, l.z. Elde (z. Elbe) nördlich von Krinitz (Kreis Westprignitz, Brandenburg, D), 1421(Kopie) *czwischen dem Moyne*, 1508 *die Mohne*, 1700 *Moyengraben*, 1843 *Mein Fliess, der Meyn*. – Der Name ist von der ↗ Möhne übertragen. – Fischer, *BNB 10*, S. 182.

Meynau z. Schafflunger Mühlenstrom (z. Soholmer Au z. Bongsieler Kanal). – 1648 *Meyne* fl., 1854 *Meynaue*; ON. Meyn (Amt Schafflund, Kreis Schleswig-Flensburg, S.-H., D), /mein/, dn. mundartlich /mæjn/, 1433 (Kopie) *to Medhem*, 1483 *Meyne*. – Ausgangsform FlN. adän. *Mæthn < **Math(w)inō*, abgeleitet von adän. *math* 'Wiese', mit der Bedeutung 'Bach, der durch Wiesen(gelände) fließt'. – Kvaran, *HG.A.12*, S. 124; Laur, *Schleswig-Holstein*, S. 456f.

Michaelnbach r.z. Aschach nördlich von Moospolling (Gem. Waizenkirchen, PB Grieskirchen, O.-Ö., A). – Um 1130 *iuxta Michilpach*; ON. Michaelnbach (PB Grieskirchen), 1161 *de Michelenbach*. ↗ Michel-, eingedeutet nach dem PN./HeiligenN. *Michael*. – Hausner/Schuster, *Namenbuch*, S. 732.

Mich(e)l- *-bach, -graben*. Bestimmungswort ist das Adjektiv ahd. *mihhil*, mhd. *michel* 'groß'; z.B. Michelbach, r.z. Perschling östlich von Weisching (Gem. Böheimkirchen, PB Sankt Pölten/Land, N.-Ö., A), um 1124 *Michilpach fluvius*. Michel(s)- kann auch dem PN. (Heiligennamen) *Michael* entsprechen. – Hausner/Schuster, *Namenbuch*, S. 732.

Midden-, Middel- ndd., entspricht ↗ Mitten-, ↗ Mittel-.

Miele, die Norder-Miele und Süder-Miele vereinen sich bei Meldorf und fließen über die Meldorfer Bucht zur Nordsee. – /de miel/, 1539 *vpp der Myle*, 1579 *na dem Mylestrome*, 1590 *Mile* usw.; ON. Meldorf (Kr. Dithmarschen, S.-H., D) Ende 11. Jh. *in Milindorp*, *in Melindorp*, ca.1140 (Transsumpt 1204–1207) *Milethorp*, um 11241 (Fälschung um 1180) *Melethorp*, *Melenthorp*, Ende 12. Jh. *Milethorp*, 1196 *de Melthorpe*, 1248–1274 *de Meldorp* usw. Ende 11. Jh. *Melindorp* ist die spätaltsächsische Form des Ortsnamens mit der Bedeutung 'Dorf an der Miele'. – Grundform FlN. as. *Milina (< *Melina) neben *Melana. Der Name ist mit *n*-Suffix abgeleitet von gm. **mel-* (urig. **melh$_2$-*) 'zerreiben, mahlen', vgl. gm. *mel-ma-z 'Staub', *mel-wa-m 'Mehl', *mel-dra-z 'Mahlgut'. Er steht der Bildung nach am nächsten schw. dialektal *mjäl(l)a* (< *melna) 'feine Sanderde'. Der Suffixvokal schwankt zwischen *-ina* und *-ana*. Das Benennungsmotiv ist die Beschaffenheit des Flussbetts oder dass der Fluss Sand mit sich führt. – Kvaran, *HG.A.12*, S. 124; Laur, *Schleswig-Holstein*, S. 455, 457; Seebold, *starke Verben*, S. 345; Pokorny, *IEW*, S. 717.

Mies

– [1]Mies- *-ach, -bach*. Bestimmungswort ist mhd. *mies* stNM. 'Moos', ahd. *mios*, ae. *méos*, gm. **meusa-*. – Springer, *Flußnamen*, S. 82.

– [2]Mies, die, čech. *Mže*, entspringt im Oberpfälzer Wald (Bayern, D), bildet nach 103km in Pilsen (Plzeň, CZ) zusammen mit Angel (Úhlava) und Radbusa (Radbuza) die Berounka (z. Moldau). – 1125

(Kosmas von Prag I, 4) *Msa, Mzya*; ON. Mies, čech. Stříbro (Bez. Tachov, Region Pilsen, CZ), alte Bergbaustadt (Silberbergbau), vor 1188 *de Argentaria super Mzea*, 1252 *Misa*, 13. Jh. (Fälschung) *ad Argentariam*. – Der tschechische Name lässt sich auf (vorslaw., gm.?) FlN. *Migja zurückführen und wie ↗ Mieß deuten. Der deutsche Name scheint der Versuch einer Eindeutung des slawischen Namens mit mhd. *mies* 'Moos' zu sein, das auch in Gewässernamen vorkommt, ↗ ¹Mies-. – Schwarz, *Ortsnamen der Sudetenländer*, S. 32.

Miesenbach r.z. Mohrbach (z. Glan z. Nahe z. Rhein). – ON. Miesenbach (Verbandsgem. Ramstein-Miesenbach, Lkr. Kaiserslautern, Rh.-Pf., D), /miisᵉbach/, 1194–1198 (Kopie um 1250) *Mensebach*, 1255 *Mensinbach*, 1269 *de Mensenbach* usw., 1350 *Minsenbach*, 1588 *Miszenbach*, 1592 *Miessenbach*. – Bestimmungswort des Kompositums mit dem Grundwort *-bach* ist der PN. (ahd.)*Manso (Gen. *Mensin). *Mensinbach* > mundartlich *Minsenbach*, mit Schwund des ersten Nasals und Dehnung des Stammvokals: *Miesenbach*. – Greule, *HG.A.15*, S. 68; Dolch/Greule, *Pfalz*, S. 308.

Mieslingbach l.z. Donau östlich von Spitz (PB Krems/Land, N.-Ö., A). – 830 (Kopie 11. Jh.), *a fonte rivoli ... Mustrica*, 1493 *Müstlingpach*; ON. (wüst) 1231 *curia Möstinkch*, 1256 /60 *Möstenich*, 1332 *Mustinch*, 1385 *Mustnikch*. – Grundform *Mostъnika (ergänze *potokъ) 'Bach mit Brücke', mit der Suffixkombination *-nika* abgeleitet von slaw. *mostъ 'Brücke'. Ins Bairische wird *Mostъnika integriert als *Möstinkch*/*Müstinkch und (mit Suffixersatz) > *Müstning, (mit Dissimilation /-ning/ > /-ling/) > *Müstling-*, (mit Vereinfachung der Dreierkonsonanz /-stl-/ > /-sl-/ und Entrundung /ü/ > /i/) > **Misling-* entwickelt. Zur Verdeutlichung ist das Grundwort *-bach* angefügt. Der älteste Beleg deutet auf eine Nebenform slaw. *Mostarika 'Bach mit Brücke', vgl. serbo-kr. *mostarina* 'Brückenzoll', hin. – Hausner/Schuster, *Namenbuch*, S. 734; Bergermayer, *Glossar*, S. 165.

Mieß, die sloven. *Meža*, r.z. Drau bei Dravograd (Region Koroška, Slowenien). – 1361 *Miß*; FlN. Mißling, sloven. *Mislinja*, r.z. Mieß; ON. Miesburg, sloven. *Mežica*. – Grundform vermutlich vorslaw. FlN. *Migja. Die Grundform entspricht genau (gm.) **mig-ja-* n. (as. *migge*) 'Harn' und **mig-jōn-* m./f. (ae *micga* m., *micge* f.) 'Harn', vgl. ↗ Meisa ↗ Müggel.

Mietnach z. Perlbach, l.z. Regen (z. Donau). – 1298 (Kopie 1402) *Müthnach*, 1455 *Mittnach*; ON. Mietnach (Lkr. Cham, Bayern, D), ca.1132 *Motinaha*, ca.1184/85 *in Mŭtinha*, 1201–1210 *Mŭhtenah*, 1601 *Mietnach*. – Grundform ahd. *Muotin-aha, Bestimmungswort des Kompositums mit (ahd.) *aha* 'Fließgewässer' ist der PN. (ahd.) *Muoto (Gen. *Muotin-*). *Muotinaha > (mhd.) *Müetenach > (entrundet und synkopiert) *Mietnach*. – Reitzenstein, *Personennamen*, S. 11.

Mietzel, die poln. *Myśla*, r.z. Oder (PL). – 1232 *mizla, super mizzla*. – Grundform wahrscheinlich vorslaw., gm. *Mūsila, ↗ Muse. – Udolph, *Gewässernamen Polens*, S. 167–170; Schmid, *keltisch-baltische Namenentsprechungen*, S. 50.

Milasee Großer ~, Kleiner ~, südöstlich von Kehrigk (Kr. Besskow-Storkow, Brandenburg, D), 1729 *Grosse Miele, Klein Miele*, ↗ Mehl.

Mildau l.z. Husumer Au bei Rödemis (Stadt, Husum, Kreis Nordfriesland, S.-H., D), floss ursprünglich durch die Südermarsch und mündete in die Treene. – 12. Jh. *propter Mildam*, 13. Jh. *ána Mild á, Mildin*, 1462 *in der Milde* usw.; ON. † Mildeburg (bei Groß und Klein Mittelburg, Gem. Ramstadt, Kreis Nordfriesland), 13. Jh. *Mildenborg, castrum Mildeborg*, 1462 *ad castrum videlicet Mylde* 'Burg an der Mildau'; ON. Mildstedt (Kreis Nordfriesland), 1304 *de Mildesect*, 1352 *Mildeset* < adän. *Mildesæt 'Niederlassung an der Mildau', umgedeutet als **Mil(d)stede*. – Grundform (gm.) FlN. *Meldjō 'die Fischreiche'. Der ursprünglich einstämmige Name wurde spät durch das Grundwort (ndd.) *-au(e)* 'Wasserlauf' verdeutlicht, ↗ Miltach. – Kvaran, *HG.A.12*, S. 124; Rohden, *Treene*, S. 348–351; Laur, *Schleswig-Holstein*, S. 458.

Milde Fortsetzung (Mittellauf) Biese, Fortsetzung Aland, l.z. Elbe, entspringt südlich von Gardelegen (Altmarkkreis Salzwedel, S.-A., D). – 1007 *Mildanhovede* 'Quelle der Milde', 1121 *iuxta Mildenam*, 1450 *milde*. – Grundform (gm.) *Meldjanō, mit *n*-Suffix abgeleitet von gm. Adj. **meldja-* 'freigebig' (im Sinne von 'fischreich'?), ↗ Mildau. – Schlimpert, *Überlieferung*, S. 26, 28; Berger, *Geographische Namen*, S. 33.

Militz, Mi(e)litz- *-see*, Name dreier Seen in Brandenburg (D). – Deutung wie ↗ Mehlitz-See. – Fischer, *BNB 10*, S. 182 f.

Milmich r.z. Fulda (z. Weser) bei Eichenzelle (Lkr. Fulda, Hessen, D). – 822–824 *in caput rivi ... Sudromilbach* (Urkundenbuch Fulda I, 10, nr. 6). – Der erste Bestandteil des Namens *Sudromilbach* entspricht as. *sūðar* 'nach Süden'; zu *-milbach* ↗ Mehlbach. *Milbach* wird in der Mundart durch Abschwächung der zweiten Silbe und Fernassimilation /m –

lb/ > /m – lm/ zu *Milmich*. – Sperber, *HG.A.5*, S. 71; Bach, *Namenkunde* 1, S. 301.

† Milspe, die l.z. Ennepe (z. Volme z. Ruhr z. Rhein), ersetzt durch *Heilenbecke*, ursprünglich Name eines Nebenbaches. – Um 1307 *ripam ... de Milzpe*, 1325 *vischerie ... bit an dat gud thu der Milsepe*, 1412 *ut der Mylspe*, 1486 *dey Mylspe*; ON. Milspe (Stadt Radevormwalde, Oberbergischer Kreis, NRW, D), ON. Milspe (Ortsteil d. Stadt Ennepetal, Eneppe-Ruhr-Kreis, NRW). – Grundform *Mils-apa*, ein Kompositum mit dem Grundwort ↗ *apa*. Das Bestimmungswort ist *Mils(i)-* wie in Flussname 1059 *Milsibach* (Heinrich IV. für Fulda), wie in 980 *Milsiburg*, jetzt BergN. Milseburg, frühgeschichtliche Höhensiedlung (Lkr. Fulda, Hessen) und wie in Millstatt (PB Spittal an der Drau, Kärnten, A), 1060–1088 (Kopie um 1766) *ad Milstat*, < *Milse-stat* 'Stätte an der *Milse*' (*Milse* vermutlich abgegangener Name des Riegerbachs, an dem Millstatt liegt). *Mils(i)-* dürfte ein Nomen gm. *mel-si-* (↗Mülsenbach) fortsetzen, abgeleitet vom Stamm (gm.) *mel-* 'zerreiben, mahlen' (im Ablaut zum starken Verb gm. *mal-a-* 'mahlen'), vgl. ↗Miele. – Schmidt, *HG.A.6*, S. 52; Barth, *Sieg und Ruhr*, S. 159 f.; Hausner/Schuster, *Namenbuch*, S. 735 f. (ves.-ig. *Melisā* zu ig. *mel-* 'Erhöhung').

Milstenau-Bach l.z. Bigge (z. Lenne z. Ruhr z. Rhein). – ON. Milstenau (Stadt Attendorn, Kr. Olpe, NRW, D), 1395 *to Mildestena*, 15. Jh. *Middestenae*, 1494 *Myddelstena*, 1536 *Milstena*, 1539 *Myldelsteynna*. – Grundform (mndd.) *(to) Middelsten a(he)* 'am mittelsten Fluss' ↗Mittel-, später mundartlich kontrahiert zu (1536) *Milstena* und an Ortsnamen auf *-au* angeglichen. – Schmidt, *HG.A.6*, S. 52, 98.

Miltach l.z. Amper (z. Isar z. Inn z. Donau). – 1304 *in der Miltach*, ca.1536 *ad rivum Miltach*; ON. Grandlmiltach, Zinklmiltach (Ortsteile von Kranzberg, Lkr. Freising, Bayern, D), 816 *Militaha*, 859–875 *Miltaha* usw., 1053–1058 *Miltahe*, nach 1123 *Miltah*. Identischer Ortsname: Miltach (Lkr. Cham, Bayern), 1086–1104 *Miltaha*. – Ahd. *Miltaha* 'fischreiche Ache', Bestimmungswort ist ahd. *milti* 'gnädig, freigebig', ↗Mildau ↗Milde. – Snyder, *HG.A.3*, S. 66; Reitzenstein, *Oberbayern*, S. 166.

Milz, die r.z. Fränkischen Saale (z. Main z. Rhein) in Saal an der Saale (Markt, Lkr. Rhön-Grabfeld, Bayern, D), entspringt in den thüringischen Gleichbergen. – 1374 *an der Milcz*, 1445 *an der Miltz*; ON. Milz (Gem. Lkr. Hildburghausen, Thüringen), 800 (Kopie 9. Jh., Druck 1607) *Milize*, 907 *Militiz*, 944 *Milizza*, 1177 *Milze*, 1313 *de Miltze* usw. – Grundform Gebietsname gm. *Melitja-* n., abgeleitet von gm. *mel-* 'mahlen' (im Ablaut zu gm. *mal-a-* 'mahlen', ↗Miele) mit der Bedeutung 'Gegend, wo Gemahlenes (Sand?) herkommt'(?), ↗Hollenzbach ↗Schernetz. Mit der Übertragung des Gebietsnamens auf den Fluss ändert sich auch das Genus. – Sperber, *HG.A.7*, S. 112 f.

† Milzisa ↗Mülmisch.

Minbach r.z. Oberen Roth (z. Roth z. Rednitz z. Regnitz z. Main) bei Hofstetten. – 1341 *bei dem Münnebach*; ON. Mindorf (Stadt Hilpoltstein, Lkr. Roth, Bayern, D.). – Grundform (ahd.) *Mundin-bach*, Bestimmungswort des Kompositums ist der PN. *Mundo* (Gen. *Mundin-*) > *Mündenbach*, mundartlich (1341) *Münnebach* > *Minbach*. – Sperber, *HG.A.7*, S. 113; Kaufmann, *Ergänzungsband*, S. 262.

Mindel, die r.z. Donau bei Gundremmingen (Lkr. Günzburg, Bayern, D), entspringt an der Mindelmühle bei Ronsberg westlich von Kaufbeuren (Lkr. Ostallgäu, Bayern). – Zum 10. Jh. (12. Jh.) *Mintela*, zum Jahr 1076 *circa flumen Mindulam*, 1292 *apud fluuium Mindelam*; ON. Mindelheim (Stadt, Lkr. Unterallgäu, Bayern), 1046 (Kopie 13. Jh.) *Mindelheim* 'Wohnort an der Mindel'. – Die Ausgangsform ahd. *Mintula*, die auf vorahd. *Mendula* zurückgehen dürfte, hat mehrere Deutungen erfahren, von denen jene am wahrscheinlichsten ist, die den Namen mit ig. *mend-* 'säugen, saugen' (< 'satt machen') verbindet. Diese Wurzel ist aus dem kausativ gebrauchten Perfekt ig. *memd-* und aus dem Nasalpräsens (*mn̥d-*) des Verbs (ig.) *med-* 'voll werden, satt werden' hervorgegangen, wodurch der vereinzelte Name *Mindel* an andere Gewässernamen mit dem Stamm *mad-* oder *med-* angeschlossen werden kann. Das Benennungsmotiv ist die Möglichkeit der Sättigung von Mensch und Tier durch das Wasser des Flusses. Setzt man als Grundform *Mendólā* an, was soviel wie 'die satt Machende' bedeutet, dann ist folgende lautliche Entwicklung denkbar: *Mendólā* > (frührom.) *Mendula*. Zwar bildet das Mittelirische mit *menn* (< *mendo-*) 'junges Tier, Kalb, Füllen' morphologisch die Grundlage für die *l*-Ableitung *Mendólā*, nicht aber semantisch. Der Name *Mindel* muss deshalb als ves.-ig. gelten. – Snyder, *HG. A.3*, S. 66; Reitzenstein, *Lexikon*, S. 252; Pokorny, *IEW*, S. 729; Rix, *LIV*, S. 423 f.

Mirgraben l.z. Sauer (z. Rhein) im Elsass (F). – 1310 *bicze für das Mer, des Meres, daz Mer*, 1602 *biß ans Mehr, den Mehrgraben*. – Deutung ↗Meer-. – Greule, *HG.A.15*, S. 68.

Mischebach l.z. Heller (z. Sieg z. Rhein). – ON. (wüst), FlurN. 1342 *zŭ Mŭskynbach*, 1357 *zŭ Mussinbach*, 1471 *zu Muschenbach*. – Ausgangsform *Mŭs-*

chenbach, Bestimmungswort des Kompositums mit *-bach* als Grundwort ist rheinisch *Müsche* 'Sperling'. – Faust, *HG.A.4*, S. 52; Barth, *Sieg und Ruhr*, S. 98.

Mistelbach

– ¹Mistel-Bach, r.z. Aitrach (z. Donau) bei Tunzenberg (Gem. Mengkofen, Lkr. Dingolfing-Landau, Bayern, D). – Ca.1563 *Mistelbach rivus*; ON. 1174 *de Mistelbach*. – Snyder, *HG.A.3*, S. 67.
– ²Mistelbach, l.z. Roten Main bei Bayreuth; ON. Mistelbach (Lkr. Bayreuth, Bayern, D), 1125, 1398 *Mistelbach*, 1458 *Mistelwach*, 1462 *Mistelwag*; ON. Mistelgau (Lkr. Bayreuth), 1360 *Mistelgow*, 1367 *Mistelgowe*, 1398 *Mistelgew*. – Sperber, *HG.A.7*, S. 113; Reitzenstein, *fränkische Ortsnamen*, S. 148.
Bestimmungswort des Kompositums mit *-bach* als Grundwort ist mhd. *mistel*, ahd. *mistil* 'Mistel'; Bedeutung 'Bach (oder Stelle an einem Bach), wo Misteln vorkommen'. Der ON. *Mistelgau* ist eine Klammerform *Mistel(bach)gau*.

Mittel-
-a, -au, -bach, -bächle, -beek(e)/-beke, -graben, -kanal, -kolk, -pfuhl, -riede, -see, -siek, -teich, -wettern, -wetterung. Bestimmungswort ahd. *mittil*, mhd. *mittel* 'mittler-', z.B. † Mittela, Birkigs-Bach, l.z. Kinzig (z. Main), 1395 *uff der Mittela*, ON. Alten-, Niedermittlau (Stadt Hasselroth, Main-Kinzig-Kreis, Hessen, D), 1151 *in Mitlaw*, 1191 *in villa Mittilaha*, *in Mittila*. – Sperber, *HG.7*, S. 113.

Mitter-
-bach, -see, -weiher. Bestimmungswort ahd. *mittar* 'der mittlere, in der Mitte befindlich', z.B. ON. Mitterbach (Gem. Neuhofen an der Ybbs, PB Amstetten, N.-Ö., A), 1060 *apud Mitterbach*; SeeN. Mittersee, entwässert zum Königssee (z. Königssee Ache z. Salzach), 1862 *Mitter See*. – Hausner/Schuster, *Namenbuch*, S. 739; Straberger, *HG.A.9*, S. 77.

Mitterstiller Seen
it. *Lago di Mezzodí*, in einer Waldmulde südwestlich des Wolfsgrubensees am Ritten (Prov.Bozen/Südtirol, I.). – HofN. Mitterstieler, 1190 *Stil*, 1235, 1242 *de Stil*, 1406 *ze Stil*, 1468 PN. *Michel von Stil*, 1524 *Understiler*, 1568 *Stiller*, 1604 *Unterstiller*, 1633 *Mitterstiller*, 1778 *Stillerhof*. – Da es mundartlich bair. (Südtirol) *Stillwasser* 'Tümpel ohne sichtbaren Zu- und Abfluss' gibt, sind die Belege 1190 *Stil* usw. wohl elliptisch als (*Hof am*) *Still(wasser*) zu verstehen und gehören zu mhd. *stille* 'still'. Die späteren Belege enthalten den HofN. *Still in adjektiver Form: *Stillerhof*, *Stiller*, *Unter-*, *Mitterstiller*; ↗ Stille, ↗ Mitter-. – Kühebacher, *Ortsnamen* 2, S. 200.

Mixnitz, die
l.z. Mur (z. Drau) bei Mixnitz südlich von Bruck (PB Bruck, Steiermark, A). – ON. Mixnitz, ca.1170 *de Muhsnitz* (?), 1393 *Muchsentz*, 1396 *Mochsinicz*, *Müchnitz*, *Müxnicz*, *Muxnicz*, *Muchsnicz*, 1644 *Mixniz*. – Slaw. *Mъšьnica* 'Moos-, Moorbach', abgeleitet mit dem Suffix *-ica* vom Adjektiv *mъšьn-* (zu *mъchъ* 'Moos, Moor, Morast'). Der gleiche Name liegt vor in ON. Ober-, Unter-Mixnitz (Gem. Weitersfeld, PB Horn, N.-Ö.), 1136–1140 *de Muchsnice*, 1150 *de Muhsiz*, um 1170 (Kopie 19.Jh. nach Kopie 13. Jh.) *de Muhsnitz*. Der slawische Name wurde vermutlich ins Bairische integriert als *Mussnitz*, worin /-ss-/ durch /-hs-/ substituiert wurde. Die Annahme von Lautsubstitution wird überflüssig, wenn (mhd.) *Muhsnitz* gedeutet wird als Erweiterung einer germanischen Basis *muh-sni-* 'modriges Wasser' (↗ Müh(e)l ↗ Meisa) um das slawische Suffix *-ica* (> *-itz*). *Muhsnitz* entwickelte sich im Dialekt weiter über *Mühsnitz* und *Müksnitz* > *Miksnitz*/Mixnitz. – Lochner von Hüttenbach, *Steirische Hydronyme*, S. 102; Bergermayer, *Glossar*, 167.

Mochgraben
Kanal zwischen Schweriner See und Zemminsee nördlich von Schwerin/Teltow (Brandenburg, D). – 1841 *der Mochgraben in der Mochheide*, 1855 *Mochhaidegraben*. – Die heutige Namenform beruht auf einer Klammerform *Moch(heide)graben*. In *Mochheide* liegt brandenburg. *Moch* m. 'Moos' vor. – Fischer, *BNB* 10, S. 184.

Modau, die
r.z. Rhein südlich von Darmstadt (Hessen, D). – /mo:dau/, 804 (Kopie 1170–1175) *iuxta fluvium Mŭtdaha*, 1338 *in die Mŭda*, 1423 (Kopie 19. Jh.) *die Modach*, 1495 *uff der modach*, 1558 *von der Modau an*, 1560 *in der Modawerbach*, *in die mudaw*, 1681 *die Modauerbach*; ON. Modau (Ober-, Niedermodau, Stadtteil von Ober-Ramstadt, Lkr. Darmstadt-Dieburg, Hessen), 1382 *zu den zwein Mudau*, 1567 *vf dem Mudawer weg*, 1697 *auf dem Mudauer rech*. – Grundform FlN. (ahd.) *Mudaha* neben ON. *Mudouwe*, mit mitteldeutscher Senkung /u/ > /o/ (mhd.) *Modach*, *Modau*. Das Grundwort des Kompositums entspricht mhd. *mot* stN. 'schwarze torfartige Erde, Moor, Schlamm', e. *mud* 'Schlamm', finn. (gm. Lehnwort) *muta* 'Moor, Schlick, Schlamm' (< gm. *muđa-* < vorgm. *mutó-* zu ig. *meu̯-* 'beschmutzen'), ↗ Mudbach. – Geiger, *HG.A.2*, S. 67; Ramge, *Flurnamenbuch*, S. 682; Pokorny, *IEW*, S. 741–743.

Moddenbach
l.z. Bega (z. Werre z. Weser), ON. Modden-Mühle. – Bestimmungswort ist mndd., mndl. *modde* f. 'Schlamm, Dreck', schw. *modd* 'Schneeschmutz, Matsch' (< gm. *muđđa-*). – Kramer, *HG.A.10*, S. 47.

Modder, die
Mündungsstück der Nieplitz zwischen Schiaßer See und Nuthe (Brandenburg, D), 1842 *die Modder*, ↗ Modder-. – Wauer, *HG.A.17*, S. 112.

Modder- -*bach,* -*beek,* -*fließ,* -*graben,* -*kolk,* -*kuhle,* -*lanke,* -*loch,* -*pfuhl,* -*see,* -*stieg,* -*veen.* Bestimmungswort ist ndl. *modder,* brandenburg. *Modder* m. 'Morast, Schlamm, Matsch'. – Zelders, *HG.A.11,* S. 25, 51; Fischer, *BNB 10,* S. 184.

Moder, die l.z. Rhein, entspringt im Moderfeld (Gem. Zittersheim, Arrondissement Saverne/ Zabern, Dep. Bas-Rhin, F), fließt durch Hagenau (Dep. Bas-Rhin, Elsass) und mündet im Altrheinbett bei der Iffezheimer Staustufe. – /d'mōdr/ (/ō/ geschlossen), 702 *fluuius matra,* 784 *super fluuio matra,* usw., 1310 *die Mâtre,* 1380 *gensit der Moter,* 1494 *am Moderbach;* ON. Obermodern(-Zutzendorf) (Arrondissement Saverne/Zabern, Dep. Bas-Rhin), 1346 *Obernmatre;* ON. Niedermodern (Communauté de communes du Val de Moder, Dep. Bas-Rhin), 742 *ad matra* usw., 1316 *In Matere inferiori,* 1317 *Nidermatre;* ON. Mothern (Dep. Bas-Rhin, im ursprünglichen Mündungsgebiet gelegen), 960 *Matra,* 1468 *in Matern,* 1576 *Motern.* – Die Grundform FlN. **Mātra* wurde in der Mundart zur heutigen amtlichen Namensform umgeformt durch Hebung des /ā/ > /ō/, durch Abschwächung der Endsilbe (/mātre/ > /mōter/ und durch Konsonantenschwächung (/mōter/ > /mōder/). Der keltische Stamm der Mediomatrici (Caesar, Bellum Gallicum, IV 10: *Rhenus … per fines … Mediomatricorum … citatus fertur*) dürfte seinen Namen nach dem Fluss Matra haben ('die in der Mitte, d.h. zu beiden Seiten, der Moder wohnen'). *Mātra/Moder* ist mit der Bedeutung 'Mutterfluss' im Sinne von 'Hauptfluss (des Unterelsasses)' eine thematische feminine Erweiterung von kelt. **mātr-* 'Mutter' (vgl. gall. *matrebo* Dat. Pl. 'den Mutter-Gottheiten'). – Greule, *Oberrhein,* S. 69–74.

Moderbach
– [1]Moderbach, r.z. Raab bei Arzberg südlich von Passail (PB Waiz, Steiermark, A). – 1295 *in der Modrach.* – Bestimmungswort *Modr-* zu slaw. **modr-* 'blau', vgl. ↗ Muhre. Benannt nach der Farbe des Gewässers oder nach dem Pflanzenbewuchs, ↗ Moderitz. – Lochner von Hüttenbach, *Steirische Hydronyme,* S. 103.
– [2]Moderbach, Oberlauf des Mühlenbachs (z. Kuckucksbach) südlich von Rossow (Kreis Uckermark/Prenzlau, Brandenburg, D). – 1827 *Fahrenwalder Mohder B.,* ↗ Modder-. – Fischer, *BNB 10,* S. 184.

Moderfitzsee verbunden mit dem Haus-See/Lychener Gewässer, nördlich von Himmelspfort (Kreis Uckermark/Templin, Brandenburg, D). – 1299 (Kopie) *stagnum … Westwitz,* 1331 (Kopie) *Wusteruiz,* 1574 *Wutenitz,* 1580 *Moderfitz,* 1751 *Moderwitz,* 1780 *Moder Vietz See,* 1788 *Moderwitzsee,* 1796 *Moderfitz S.,* um 1800 *Medewitz,* 1825 *Moderfitz See.* – Grundform apolab. **Vostrovica* zu **vostrov* 'Insel'. Die heutige Namensform ist durch falsche Lesung an *Moder* angeglichen worden. – Wauer, *HG.A.17,* S. 113; Fischer, *BNB 10,* S. 310.

Moderitz Gewässer zu Hohensaaten (Kreis Uckermark/Angermünde, Brandenburg, D). – 1593 *die Moderitz.* – Grundform apolab. **Modrica* zu **modr-* 'blau', benannt nach der Farbe des Gewässers oder nach dem Pflanzenbewuchs. – Fischer, *BNB 10,* S. 185.

Möckern-See nördlich von Möckern (Ortsteil von Rheinsberg, Lkr. Ostprignitz-Ruppin, Brandenburg, D). – 1767 *Meckör See,* 1767/87 *Macher S.,* 1780 *Machersche See,* 1799 *Der Möckernsche See;* ON. Möckern, 1541 *Claus Makern,* 1574 *ufm Makerischen Luge,* 1699 *Mäckern,* 1775 *Mäckern oder Möckern.* – Zu apolab. **mokr-* 'nass, feucht', ↗ Mäckersee. – Wauer, *HG.A.17,* S. 113; Fischer, *BNB 10,* S. 184.

Möderbach z. Pöls bei Oberzeiring (PB Judenburg, Steiermark, A). – 1244 *Morbrukke,* 1338 *Mo(e)derpach.* – Bestimmungswort slaw. **modr-* 'blau', ↗ Moderbach ↗ Moderitz. – Lochner von Hüttenbach, *Steirische Hydronyme,* S. 103.

Mödling, die l.z. Schwechat (z. Donau) südlich von Achau (PB Mödling, N.-Ö., A). – 1188 *Medelich;* ON. Mödling (PB Mödling), 903 (Kopie 13. Jh.) *ad Medelihha.* – Grundform **Madilika* mit slaw. Suffix *-ika.* Die vorslawische Basis der Ableitung ist **Madila* < (vorslaw., vorgm.) **Madelā,* mit *l-*Suffix von der ig. Wurzel **mad-* 'nass sein/werden' abgeleiteter Name. Ähnlich gebildet ist ↗ Mattig < **Maduka,* eine *k*-Ableitung von der ig. Wurzel **mad-* 'nass sein/werden'. – Hausner/Schuster, *Namenbuch,* S. 743 f.

Möggelinsee Großer ~, Kleiner ~, östlich und nordöstlich von Lindenbrück (Ortsteil von Zossen, Lkr. Teltow-Fläming, Brandenburg, D). – 1541 *der Moglin,* 1583 *Gros Mogelin, Der kleine Mogelinn,* 1655 (Kopie 1693) *Der große Mögelin. Der Kleine Mögelin.* – Grundform apolab./asorb. **Mogyl'n-* oder **Mogylina* zu **mogyla* 'Erdhügel, Grabhügel'. Bedeutung: 'See an/mit einem Erdhügel'. – Fischer, *BNB 10,* S. 185.

Möhla-Bach r.z. Göstra (z. Thüringische Saale); ↗ Mehla-Bach mit Rundung des /e/ vor /l/. – Ulbricht, *Saale,* S. 135.

Möhlin, die r.z. Rhein, auf dem Gebiet des Landkreises Breisgau-Hochschwarzwald (B.-W, D), entspringt am Schauinsland-Massiv, mündet südlich von Breisach. – /d'mę̄lin/ (/ę/ lang), 868 *iuxta fluvium Melia,* 1299 *die Mely, von der Mely, dise site der Mely,* 1317–1341 *ennent der meli, uf die meli,* 1327 *vf der Meli* (und weitere Belege). – Ausgangsform (vorahd.) *Malina, ahd. *Melīn(a), *Melī(a), später wird /e/ zwischen /m/ und /l/ gerundet und in offener Tonsilbe gedehnt zu Möhlin. *Malina kann entweder von vorgm./vorrom. *mal- 'Berg' wie ↗Möll mit der Bedeutung 'Bergbach' oder von gm. *malō 'Sand' mit der Bedeutung 'Sandbach' (ahd. malan 'mahlen') abgeleitet sein. Möglich ist auch, dass vorgm. *Malina als ahd. Adj. *malīn/*melīn 'mit Sand' eingedeutet wurde. Die Identifikation des Flussnamens mit l. (gall.?) malina 'Flut' wird wegen der unsicheren Etymologie dieses Wortes besser beiseite gelassen, ↗Möhlinbach. – Geiger, HG.A.2, S. 87; Greule, Oberrhein, S. 205f.; Seebold, starke Verben, S. 344f.

Möhlinbach l.z. Rhein im Kanton Aargau (CH), entspringt auf ca. 550m Höhe im Tafeljura, mündet in Möhlin (Bez. Rheinfelden, Kanton Aargau, CH). – /mɛlr bax/ (/ẹ/ lang), 1319 vff den Melibach (und weitere Belege); ON. Möhlin, /'mø:lin/, älter /'me:li/, 794 ad villam Melina, 1048, 1222 Melin, 1227 de Meli (und weitere Belege). – An der etymologischen Identität mit ↗Möhlin besteht kein Zweifel. – Kristol, LSG, S. 600f. (mit anderer Etymologie).

Möhne, die r.z. Ruhr (z. Rhein), entspringt bei Brilon (Hochsauerlandkreis, NRW, D), wird zum Möhnesee aufgestaut, mündet bei Neheim-Hüsten. – 1226 super fluvium Moyne, 1263 super Moynam, 1296 usw. Moyne, 1281–1313 Meyne (lies Moyne?), 1306–1331 apud Moynam, 1368 supra Moene, 1517 op der Moine; ON. Möhnetal (gegenüber Rüthen). – Grundform ves.-ig. *Moinā. Etymologie ↗Main, vgl. auch ↗Meyn-. – Schmidt, HG.A.6, S. 52; Barth, Sieg und Ruhr, S. 160f.

Möhrenbach r.z. Altmühl bei Treuchtlingen (Lkr. Weißenburg-Gunzenhausen, Bayern, D). – /mɛᵊnbɔχ/, früher /miᵊnbôχ/, 1281 fluvium ... Mern, 1354 Meren, 1504 die Mern, 1516 Mörn, 1833 Möhrn; ON. Möhren (Stadt Treuchtlingen), 12. Jh. Merne, ca.1200 Merin; ON. Möhrenberg (Stadt Treuchtlingen). – Zur lautlichen Entwicklung und Etymologie ↗Mörn (< gm. *Marinō 'Fluss mit sumpfigen Stellen'), ↗Marner Fleth. – Beier, Weißenburg-Gunzenhausen, S. 92f.

Möll, die l.z. Drau, entspringt am Großglockner und mündet bei Möllbrücke Markt (Gem. Lurnfeld, PB Spittal an der Drau, Kärnten, A). – 1072 (Kopie 12. Jh.) ab utraque ripa fluminis Molna. – Ausgangsform ist vermutlich (vorrom.) *Malina 'Bergbach' > slaw. *Molbna > bair. *Mölne, mit Apokope und Assimilation /-ln/ > /-ll/ > Möll. Zum Stamm *mal- 'Berg' ↗Malta. – Hausner/Schuster, Namenbuch, S. 745.

Möllen- -beck, -pfuhl, -strom. Bestimmunsgwort: mndd. möle, mölle f. 'Mühle', ↗Mölmke-Bach. – Fischer, BNB 10, S. 189.

Möllensee nordnordöstlich von Potzlow (Ortsteil der Gem. Uckersee, Lkr. Uckermark, Brandenburg, D). – 1251 (Kopie) mediatem stagni, quod Meln dicitur, 1375 Melne, 1592 vf den Möllen, 1682 Eine See der Mellen ... biß in Mellen See, 1827 Der Moellen See. – Grundform, apolab. *Měl'n- zu *měl- 'Mehl', Name für einen flachen See, ↗Mehl(e). – Fischer, BNB 10, S. 181.

Mölmke-Bach l.z. Weser. – 1551 in der Molnbecke, vorm Molnbecke, im Molnbach, vor dem Mollnbach. Vgl. FlurN. Mölmke westlich von Wolfshagen im Harz (Stadt Langelsheim, Lkr. Goslar, Niedersachsen, D), 1678 der Mölmke. – Ausgangsform *Mölenbecke 'Mühlenbach', ↗Möllen-. – Kramer, HG.A.10, S. 47; Kettner, HG.A.8, S. 83.

Mölschbach l.z. Blies (z. Saar). – 1837 die Mölschbach; ON. Mölschbacherhof (Stadt Zweibrücken, Rh.-Pf., D), 1304 (Kopie um 1350) Mellespach, 1307 Mellensbach, 1307 (Kopie um 1350) Millespach, 1309 (Kopie 1588) von Mellespach, 1326 (Kopie um 1570) Melspach, 1410–1459 Melsbach. – Grundform *Mellīnesbach, Bestimmungswort ist der PN. *Mellīn (Gen. *Mellīnes). – Spang, HG.A.13; Dolch/Greule, Pfalz, S. 304f.

Mömling ↗Mümling.

Mönbach r.z. Prüm (z. Sauer z. Mosel) unterhalb Prüm (Eifelkreis Bitburg-Prüm, Rh.-Pf., D). – 1282 Meune. – Der Name ist ursprünglich identisch mit ↗Möhne (< ves.-ig. *Moinā) und verwandt mit ↗Main. – Jungandreas, Moselland, S. 663, 681.

Mönch-/-en-/-s- -bach, -beck, -graben, -grube, -lanke, -pfuhl, -see, -teich, -weiher. Bestimmungswort ist Mönch (Gen. Mönchs-) 'Mitglied eines Männerordens', vgl. Mönchalp-, Möchenteichs-, Mönchsholz-, Mönchswiesen-bach, Mönchberg-graben. Die Namen deuten darauf, dass das Gewässer im Besitz eines Klosters war oder an einem Kloster liegt. In Einzelfällen kann das Bestimmungswort auch mit Mönch 'Vorrichtung zum Ablassen, Regulieren des Wassers bei Teichen, Becken o.Ä.' identisch sein, ↗Münch-. – Fischer, BNB 10, S. 185f.

Mönnicksee zu Groß Schönebeck (Gem. Schorfheide, Lkr. Barnim, Brandenburg, D). – 1745 bey dem Monickschen See, 1901 der Mönnicksee oder die Möneke. – Mndd. mönnik 'Mönch', ↗Mönnigsee ↗Mönch-. – Fischer, BNB 10, S. 185f.

Mönnigsee südsüdwestlich von Fernneuendorf (Region Teltow-Fläming, Brandenburg, D). – 1541 *der kleine munch*, 1655 *dem Seechen der Mönch genandt … Daß Mönch Seeichen*, 1772 *Moench-see*, 1841 *Mönchs See*. – Bestimmungswort des Kompositums mit dem Grundwort *See* ist nhd. *Mönch*, mndd. *mönnik* 'Mönch', ⁊Mönnicksee ⁊Mönch-. – Fischer, *BNB 10*, S. 186.

Mörl r.z. Kleinen Nister (z. Nister z. Sieg z. Rhein). – 1048 (Kopie 12. Jh.) … *ubi nigra Morla influit, inde sursum Morla … deorsum Morla*; ON. Mörlen (Westerwaldkreis, Rh.-Pf., D), /mũələ/, 1415 *Morelen*, 1449 *Morle*, 1476 *Moirle*. – Grundform gm. **Mōrila*, *l*-Ableitung von gm. **mōri-* (awn. *mœrr* 'Sumpfland') neben gm. **mōra-* 'Morast, sumpfartiges Land'. Dass es sich bei *Mörl* ursprünglich um einen 'Bach aus dem Sumpf(land)' handelt, darauf deutet 1048 (Kopie 12. Jh.) *nigra Morla* 'schwarze Mörl' hin. Die gleiche Etymologie beim ON. Ober-Mörlen (Wetteraukreis, Hessen, D), Nieder-Mörlen (Stadt Nauheim, Wetteraukreis), um 750–802 (Kopie 12. Jh.) *Morile*. – Faust, *HG.A.4*, S. 52 f.; Metzler, *Westerwald*, S. 151; Barth, *Sieg und Ruhr*, S. 99; Pokorny, *IEW*, S. 748; Andriessen, *Siedlungsnamen*, S. 246.

Mörn, die (auch *Mörnbach*), r.z. Inn (z. Donau) bei Altötting (Bayern, D). – 1027, 1049 *aqua Merina*, 1844 *Mörn-Bach*; TalN. Mörntal, 931 *Merinatal, ad Merinuntale*; ON. 1285 *in Mern*; ON. Mörmoosen (Markt Tüßling, Lkr. Altötting), 748–788, ca.927 *Merinunmos*, 930 *Merinamos*, ca.1100 *Merimos*, 1100–1139 *de Mermos* usw., 1849 *Mehrmoosen*. – Grundform FlN. ahd. *Merina* (Gen. **Merinūn*), im ON. Mörmoosen zusammengesetzt mit dem Grundwort ahd. *mos* 'Moos, Moor, Sumpf'. Ahd. *Merina* > **Merene* wird synkopiert und apokopiert (> mhd. *Mern*) und hyperkorrekt gerundet (> *Mörn*). – FlN. (gm.) **Marinō*, von **mari-* 'feuchte, sumpfige Stelle' mit *n*-Suffix abgeleitet (⁊Möhrenbach, ⁊Marner Fleth). Auf das Sumpfgebiet, auf das sich der Name bezieht, wird auch im Grundwort des ON. Mörmoosen Bezug genommen. Vorgermanische Herkunft des Flussnamens **Marina*, abgeleitet von ig. **mari* n. 'See, Meer' (⁊March), ist nicht auszuschließen. – Dotter/Dotter, *HG.A.14*, S. 268–270.

Moersbach l.z. Rheinberger Altrhein. – ON. Moers (Kr. Wesel, NRW, D), 9./10. Jh. *Murse*, 1147 *Mursa*, 1287 *Morse*, 1487 *Morse*, 1480 *Moerse*, 1515 *Moers*. – Einer Deutung als (gm.) **Mōrisa* 'Sumpfbach' stehen die ältesten Schreibungen des Namens *Moers* mit /u/ entgegen. Eine Ausgangsform (gm.) ON. **Mursjō* f. hat dagegen eine Parallele im norw. FlN. *Mors* f. (< urnord. **morsu* < gm. **mursō*), vgl. nhd. *morsch*. Der Name *Moers* (< **Mursia*) könnte auch von der niederpannonischen Stadt *Mursa* (heute Osijek, Esseg) mit der Bedeutung 'Ort beim Sumpfgebiet' von den Römern an den Rhein übertragen worden sein. – Kaufmann, *rheinische Städte*, S. 38 f.; Bjorvand, *Mjœr*; Anreiter, *vorrömische Namen*, S. 88–92.

Mörtel-/Mürtel- -graben, -pfuhl, -see. Brandenburg. *Mörtel* m. 'Kleiner (Dorf-)Teich, durch Entnahme von Erde enstandenes Loch im Gelände, Bodensenke'. – Fischer, *BNB 10*, S. 187.

Mörtling Teich zu Cammer (Brandenburg, D), ⁊Mörtel-. – Fischer, *BNB 10*, S. 187.

Mörtlbach l.z. Wiestalstausee (z. Almbach z. Salzach). – Vor 1233 *in ripa Irchelbah*, 1245 *Yrchelpach*, 1266 *Irchelbach*, ca.1390 *Ertlbach*, 1522 *Ertelbach, Ertlbach*, 1862 *Mörtl B.* – Grundform: **Erchinbach* > (mit Assimilation /r-n/ > /r-l/) **Erchelbach*, mit mundartlicher Hebung des /e/ vor /rch/ (bair.-mhd.) *Irchelbach* bzw. mit Vereinfachung der Konsonantengruppe /-rchl-/ > /-rtl-/ (fnhd.) *Ertlbach*; Bestimmungswort des Kompositums mit -*bach* als Grundwort ist der PN. (ahd.) *Ercho* (Gen. **Erchin*). In der heutigen offiziellen Namensform ist das /-m/ der Präpositionen *im, am* angefügt. – Straberger, *HG.A.9*, S. 77; Kaufmann, *Ergänzungsband*, S. 107.

Möschitz, die r.z. Mur (z. Drau) bei St. Peter ob Judenburg (PB Judenburg, Steiermark, A). – Ca.1220/30 *Muchsnitz*, 1400 *Moschnitz bey der Mur*, 1427 *Möschnicz ob Judenburg*, 1782 *Möschitz*; vgl. Möschitz, l.z. Thüringische Saale (< **Mъšьnica*?). – Zur Etymologie ⁊Mixnitz. – Lochner von Hüttenbach, *Steirische Hydronyme*, S. 103; Ulbricht, *Saale*, S. 234.

Möseke l.z. Süd-Aue (z. Aue z. Leine z. Aller z. Weser). – 1655 *die Mäseke entlangk, die Moseken hinunter, die Möseken entlangk* usw., FlurN. 1421 *de Mozeken hove*. Vgl. Mösiken-See (z. Kling-Graben z. Klietzer See/Trüben-Graben z. Havel). – Grundform (mndd.) *Möseke* f., Diminutiv zu ⁊Moos-, vgl. nhd. *Mös/chen*-Graben (z. Ach z. Ammer/Amper z. Isar). – Borchers, *HG.A.18*, S. 91; Wauer, *HG.A.17*, S. 114; Snyder, *HG.A.3*, S. 67.

Mösel-/Mösle-/Möslein(s)- -bach, -graben. Diminutiv zu ⁊Moos-. – Snyder, *HG.A.3*, S. 67.

Mössel, die / Mössensee Müritz-Havel-Wasser, in der Mecklenburgischen Seenplatte südlich von Mirow (M.-V., D). – 1593 *die Mossen*, 1654 *der Mosen*, 1778/80 *Der Mössen See*. – Ausgangsform slaw. **Mъšьna* (?) 'die Moosige, Moorige, Morastige', adjektivische Ableitung von slaw. **mъchъ* 'Moos,

Moder, Morast'. Möglich ist auch eine Verbindungs mit dem FlurN. *Müsse(n)* (in Niedersachsen und Westfalen), der feuchtes mooriges Land (Wiesen) bezeichnet. – Wauer, *HG.A.17*, S. 114; Möller, *Nasalsuffixe*, S. 111.

Möstling, die   r.z. Murr bei Kindlberg (PB Mürzzuschlag, Steiermark, A). – Ca.1300 *Mossnich*, 1404 *die Mostnikch*, 1478 *Mo(e)stning*. – Slaw. **Mostьnika* 'Brückenbach', Etymologie ↗*Mieslingbach*. – Lochner von Hüttenbach, *Steirische Hydronyme*, S. 103.

Möttbach   l.z. Lahn (z. Rhein). – 1317 *juxta ripam Mitte*, 1507 *uff der Mit<te>*; ON. Möttau (Weilmünster, Lkr. Limburg-Weilburg, Hessen, D); die Fuldischen Quellen belegen den Namen zahlreich: *in loco qui dicitur Mitte, in uilla Mitte, in mittaha, in mitti, in uilla Mittiû, in uilla … Mittea, in uilla Mîtie*, 860 (Kopie 12. Jh.) *Mitte, Mitti*, usw., ON. †*Lahnmitt*, 1286 *Loynmitte*, 1311, 14. Jh. *Lonmitte*. Der Ortsname †*Lahnmitt* ist ein Kompositum, das der Lage des Ortes an der Mündung des Möttbachs in die Lahn entspricht. – Grundform ist der ON. (ahd.) **Mitt(i)a* 'die in der Mitte liegende (Siedlung)' (gemeint ist die tief im Taunus liegende Siedlung), ↗*Mettenbach*. Der Ortsname wurde zunächst in der Form **Mitt-aha* auf den in Möttau entspringenden Bach übertragen. Der Vokal /-i-/ wurde in der Mundart unter dem Einfluss des vorausgehenden Labials /m-/ gerundet > /ü/ und gesenkt > /ö/. Dem so entstandenen Bestimmungswort *Mött-* wurde zur Verdeutlichung und Unterscheidung vom Ortsnamen *Mött-au* das Grundwort *-bach* angefügt. – Faust, *HG.A.4*, S. 53; Greule, *Studien*, S. 39.

Mövensee   südwestlich von Alt Thymen (Kr. Uckermark/Templin, Brandenburg, D). – 1574 *Meuensehe*. – Bestimmungswort ist nhd. *Möwe*, mndd. *mēwe*, ↗*Meewenpfuhl*. – Fischer, *BNB 10*, S. 188.

Mogge, die   l.z. Blögge (z. Soestbach z. Ahse z. Lippe z. Rhein). – 1266 *inter rivum … Mowe et … Blewe*; ON. †Mowe (nördlich von Ampen, Stadt Soest, Lkr. Soest, NRW, D), 1278 *bona in Mouwen*, 1278 *Mowen*, 1322 *Mowe*, 1685 *oben der Mauen*, 1933 *Mogge*. – Mit mndd. *mouwe, mowe, mawe* 'Ärmel' benannt nach der Form Bachlaufs. – Schmidt, *HG.A.6*, S. 52; Flöer/Korsmeier, *Soest*, S. 329 f.

Mohl-Bach   l.z. Wiehl (z. Agger z. Sieg z. Rhein) bei Wiehlmünden (Engelskirchen, Oberbergischer Kreis, NRW, D). – ON. (wüst) 1166, 1172, 1217 *de Molbach*, 1218 *de Moilbach*. – Das Bestimmungswort entspricht vielleicht mhd. *māl, mōl* stN. 'Zeitpunkt, Merkmal'; das Benennungsmotiv ist unklar. – Faust, *HG.A.4*, S. 53.

Mohnbach   z. Ahne (z. Fulda z. Weser) in Kassel (Hessen, D). – 1354 *an der manbach*, 1433 *auf der mônbach*, 1440 *auf der manbach*, 1470 *an der mombach*, 1660 *den Monbach hinan*. – Grundform (mhd.) **Mānen-bach*? Zu mhd. *māne* 'Mond' (vgl. ↗*Mondsee*). Das Benennungsmotiv ist unklar. – Sperber, *HG.A.5*, S. 72.

Mohra   čech. *Moravice*, r.z. Opava, mündet gegenüber von Malé Hoštice (CZ). – 1260 *flumen … Moraua, fluuius Moraua*, 1289 *Fluuium … Morauiczam*. – Slaw. FlN. **Morava*, čech. *morava* 'feuchte Wiese'. – Belege nach frdl. Mitteilung v. Rainer Vogel, München (29. 07. 2009); Bergermayer, *Glossar*, S. 164.

Mohrbach   ↗Moor-.

Mohr-Bach   z. Fisch-Graben (z. Werra z. Weser) bei Witzelroda (Gem. Moorgrund, Wartburgkreis, Thüringen, D). – ON. Möhra (Gem. Moorgrund), 1323 *in villa More*, 1334, 1337 *in Môre, ville Môre* usw., 1456 *czu Môr*, 1472 *an dem More gelegen*, 1499 *Zcu More*, 1512 *im Morer velde*, um 1536 *Moer*. – Das Nebeneinander von umgelauteter und nicht umgelauteter Namensform geht auf die Deklination des femininen langsilbigen *i*-Stammes as. **mōr*, Dat. Sg. **mōri* (<gm. **mōri-*, awn. *mœrr* 'Sumpfland') zurück, ↗*Mörl*. Im ON. Möhra wurde in Analogie zu anderen Namen die Endung *-a* angefügt. – Sperber, *HG.A.5*, S. 72.

Moldau, die   čech. *Vltava*. Bei Kosmas von Prag (I 2) wird der Fluss a.1125 *Wlitawa*, in den Fuldaer Annalen zum Jahre 872 *Fuldaha* und zum Jahre 1113 *Wultha* (lies: *Wultaha*) genannt. An der Moldau liegt der Ort Unter Moldau, čech. Dolní Vltavice, a.1337 als *in curia Wuldau* genannt. In der Mundart des Böhmerwaldes wird der Fluss /vuida/ genannt. Die gängige von Ernst Schwarz entworfene und von den tschechischen Namenforschern übernommene Deutung des Namens geht von germanisch **Wilþahwa* aus. Daran stört, dass der germanische Ansatz **Welþ-ahwa* lauten müsste und dass das germanische Adjektiv **welþa-* 'wild' in der altgermanischen Hydronymie nicht vorkommt. Geht man dagegen von gm. **Wult-a(h)wa* aus, lösen sich diese Schwierigkeiten auf. Das Kompositum **Wultahwa* enthält als Bestimmungswort die ablautende schwundstufige Form des starken Verbums germ. **welt-a-* 'sich wälzen (vom Wasser)'. Die Moldau ist demnach nach dem Eindruck einer sich dahinwälzenden Wassermasse benannt worden. Der germanische Name wird als **Vъltava* ins (Alt)Slawische integriert, woraus sich alttschechisch **Wltawa* entwickelte; das silbische /-l-/ wird bei Kosmas durch <li> wiedergegeben. In den deutschen Mundarten wird slaw.

*Vъltava in der Form *Wultawe, mit Lenisierung von /-lt-/ zu /-ld-/ und Apokope zu Wuldau usw. (Der vermeintlich älteste Beleg von a.872 vertauscht bei der Wiedergabe des Namens den autochthonen Namen, also *Wultah(w)a, mit dem ähnlich klingenden Namen des Klosters Fulda und so erscheint Fuldaha.) Schon im 13. Jh. ist in der mhd. Form *Wultawe die in der Mitte Tschechiens eingetretene Dissimilation der beiden /w/ (w- ... -w- > m- ... -w-) in Verbindung mit der mitteldeutschen Senkung /u/ > /o/ in der Stammsilbe zu beobachten: Das erstmals a.1253 belegte Moltaua zeigt beide Lautwandlungen. Nachdem auch hier die Lenisierung von /-lt-/ zu /-ld-/ eingetreten ist und der Endvokal apokopiert wurde, kommen wir zur standardsprachlichen deutschen Namensform Moldau. – Schwarz, Ortsnamen d. Sudetenländer, S. 48f.; R. Fischer, Bohemistische Namenforschung, S. 359; Hengst, Vergangenheit, S. 127.

Molen- -bek(e), -graben, -wetering, z.B. Molenbecker Beke, l.z. Hauptgraben (z. Herrengraben z. Weser) mit ON. Möllenbeck (Kr. Schaumburg, Niedersachsen, D), 896 in loco Mulinpeche usw., 1250 de Molenbece, 1266 de Molenbeke. Mndd. mole, as. mulina 'Mühle', ↗ Mühl- ↗ Möllen-. – Kramer, HG.A.10, S. 47f.

Moll-/-en- -bach, mhd. mol, molle m., ahd. mol, molm, molt, as. mol 'Molch'. – Schmidt, HG.A.1, S. 77; Geiger, HG.A.2, S. 88.

Molle, die l.z. Leine (z. Aller z. Weser). – Um 1750 die Molle; ON. Mollenfelde (Ortsteil von Friedland, Lkr. Göttingen, Niedersachsen, D), 1270 Moldingfeld, 1276 Moldungeuelt, 1354 Moldingeelde. – Der Flussname ist vermutlich eine Rückbildung aus dem ON. Mollenfeld. Dieser ist ein Kompositum mit dem Grundwort Feld; im Bestimmungswort wird der FlN. (as.) *Moldunga/*Moldinga vermutet. Es handelt sich vielleicht aber auch um eine mit dem -inga/-unga-Suffix von gm. *muldō (gt. mulda, ae. molda, afr. molde, mndl. moude 'Staub, Erde') abgeleitete ursprüngliche Stellenbezeichnung. – Kettner, HG.A.8, S. 83f.; Kettner, Leine, S. 195.

Momm-Bach r.z. Rhein oberhalb von Ork (Stadt Voerde, Kr. Wesel, NRW, D), LandschaftsN. die Momm, Auenlandschaft in einer trocken gefallenen Rheinschlinge westlich von Voerde (Niederrhein). – 1335 utter munnen. Vgl. FlurN. Munne in den Kreisen Mörs und Kleve. – Die Etymologie auf der Grundlage nur eines Belegs ist unsicher; die Gemminate <nn> könnte auf eine Grundform (gm.) *musna-, eine n-Ableitung vom Wurzelnomen *mus- 'Moos, Schimmel' (↗Moos-) hindeuten; zur Lautentwicklung vgl. ↗Gonna, ↗Gunne (< *gusna-). Munne(n) entwickelte sich mit Senkung von /u/ > /o/ durch progressive Assimilation /m ... n/ > /m ... m/ über *Mon > *Mom(m). – Schmidt, HG.A.6, S. 53; Udolph, Gewässernamen Deutschlands, S. 49f.

Mondsee See und Markt, ehemals 748 vom bayerischen Herzog Odilo gegründetes Kloster (PB Vöcklabruck, O.-Ö., A). – /'mā(n)sē/ (/ā/ nasal, /ē/ offen/), 736/737 (Kopie 9. Jh.) ad Lunelaco, vor 748–784 (Kopie 9. Jh.) locum ... Maninseo, 748 (Kopie 9. Jh.) monasterium ... Maninseo, 771 (Kopie 9. Jh.) ad monasterium ... qui situs est ad Maninsee. – Zusammenrückung aus ahd. māno (Genitiv mānin) 'Mond' und ahd. sēo 'See' in der Bedeutung 'des Mondes See', l. lunae lacus. Im 18. Jh. wird die Namengebung mit der Form des Sees begründet. Die Benennung kann auch mythologische oder kirchliche Ursachen haben. – Hausner/Schuster, Namenbuch, S. 747–751; Reutner/Bito/Wiesinger, Vöcklabruck, S. 23–28.

Monbach r.z. Nagold (z. Enz z. Neckar z. Rhein). – ON. Monakam (Ortsteil von Bad Liebenzell, Lkr. Calw, B.-W., D), 1453 [M]unnenkamp; FlurN. Monbachhalde. – Der Flussname ist eine Klammerform aus *Mon(nenkam)bach 'Bach von Monakam'. Im ON. Monakam liegt als Grundwort mhd. kambe, kamp, kam 'Bergkamm, -rücken' (entsprechend der Lage auf 350m am Nagoldabhang) vor; Bestimmungswort ist der PN. (ahd.) Mundo (Gen. Munden- > Munnen- > *Monnen-/Mon-). – Schmid, HG.A.1, S. 77; Springer, Flussnamen, S. 172; Kaufmann, Ergänzungsband, S. 262.

Monna r.z. Lossa (z. Unstrut z. Thüringische Saale). – ON. Großmonra (Lkr. Sömmerda, Thüringen, D), 1157 Munro, 1182, 1185, 1224, 1245 Munre, 1264 Monre; ON. Ostramondra (Gem., Lkr. Sömmerda). – Grundform FlN. *Munra, mit mitteldeutscher Senkung /u/ > /o/ (und Assimilation /nr/ > /nn/ nur im Flussnamen). Die Endung -a im Fluss- und in den Ortsnamen ist spät und analog zu anderen Ortsnamen in Thüringen angefügt worden. Die Basis (*mun-), von der mit r-Suffix der Name abgeleitet wurde, ist sicher das Verbaladjektiv zu ig. *meu̯- 'beschmutzen, waschen, reinigen'; der Flussname bedeutete also vermutlich ursprünglich 'Schmutzwasser'. Unklar ist die Sprache, in der der Name gebildet wurde. – Ulbricht, Saale, S. 249; Udolph, Gewässernamen Deutschlands, S. 49f., Pokorny, IEW, S. 741.

Moor- (auch **Mohr-, Mor-**) -aue, -bach, -bäke/-bek(e), -fleet, -graben, -kanal, -kolk, -kuhle, -lake, -leide(n), -pfuhl, -reye, -riede, -rönne, -see, -seebach, -siek, -teich, -wasser, -weiher, -wettern; z.B. ON. Waldmohr (Lkr. Kusel, Rh.-Pf., D), 9. Jh. (Kopie um

1190) *uilla ... Moraha*, 1257 *zu More*, 1313 (Kopie um 1440) *Moir*. – Bestimmungswort mndd. *mōr*, as. *mōr*, ahd. *muor* 'Moor', vgl. auch ↗Morluppe, ↗Muhr. – Dolch/Greule, *Pfalz*, S. 473f.

Moore, die l.z. Leine (z. Aller z. Weser), /mōr(e)/. – 1574 *die Mohr, die Moer*, 1583 *die Möhre*; ON. Moringen (Kr. Northeim, Niedersachsen, D), /mauringen/, 1002–1003 (Kopie 15. Jh.) *Marungun*, 1013 *curtem Moronga*, 1125 *in villa Mŏrungun*. Da die Lautverhältnisse beim Stammvokal unklar sind, ist die Deutung des Namens unsicher. Als Ausgangsformen werden vorgeschlagen as. *Mōra mit gm. **mōra-* stN. 'sumpfartiges Land' als Basis (vgl. ↗Mur) oder (gm.) *maurō f., weitgehend identisch mit ON. 1108 (Kopie) *Mŏraha*, 1096 (Fälschung 12. Jh.) *Mauraha*, 1183 (Fälschung nach 1164) *Maurach*, jetzt Marbach (Gem. Kirchberg an der Pielach, PB Sankt Pölten/Land, N.-Ö., A), eine germanische Entsprechung von lit. *máuras* 'Schlamm'. – Kettner, *HG.A.8*, S. 84f.; Kettner, *Leine*, S. 195–197; Casemir/Menzel/Ohainski, *Northeim*, S. 267–269.

Moos-/Mos-/Moß-/Most-, -e-, -en- -ach, -bach, -bachel/-bächel/-bächle/-bächlein, -becke, -brunnen, -graben, -kanal, -kuhle, -pfuhl, -see, -spring, -teich, -tiegel, -weiher; z.B. Moosbach, l.z. Lochbach südlich von Wenig im Innkreis (PB Braunau am Inn, O.-Ö., A), um 1160 *iuxta flumen Mosbach*. Bestimmungswort ist ahd. *mos* stN. 'Moor, Sumpf; Moos' (< gm.**musa-*). – Springer, *Flußnamen*, S. 128f.; Hausner/Schuster, *Namenbuch*, S. 756; Fischer, *BNB 10*, S. 186f.

Moosalb, die

– ¹Moosalb (auch *Moosalbe*), r.z. Schwarzbach (z. Blies z. Saar z. Mosel z. Rhein), entspringt im Pfälzer Wald, mündet bei Waldfischbach-Burgalben (Lkr. Pirmasens, Rh.-Pf., D). – 1180 *Mosalbe*, 1369 (Kopie) *die Muschalbe*, 1537 (Kopie) *Moßalber spring*, 1965 *Moosalbe*; ON. Moschelmühle (Ortsteil von Waldfischbach-Burgalben), /moschᵉlmiil/, 1583 *die Dirren Muschlen, Dyrmuschel*, 1718 *Moschelmühle*; FlurN. 1775 *MuschelBerg*, 1843 *Muschelberg*. – Grundform FlN. (gm.) *Musala > ahd. *Mosala, eine *l*-Ableitung von gm. **musa-* 'Moor, Sumpf' wie ↗Mossel, der früh an die *alb*-Namen der Umgebung angepasst wurde (↗alb); aus *Mosalalba entstand gekürzt (1180) *Mosalbe*. Die Entwicklung des Namens ist durch die Eindeutung von pfälz. *Mu(u)sch(t)/Mo(o)sch(t)* 'Moos' beeinflusst. Auf gm./ahd. *Musala dürften auch *Mos(s)el(bach)* (r.z. Zorn z. Moder z. Rhein) im nördlichen Elsass (F), /d'mǫsl/, und der FlurN. /d'mūslᵉ/, 1320 *bi der museln*, 1341 *uff der muselun*, 1401 *uff der musel*, 1454 *uff der Moßeln*, 1467 *uff die musel* (Opfingen, Stadt Freiburg, B.-W., D) zurück-

gehen. – Dolch/Greule, *Pfalz*, S. 319; Greule, *Oberrhein*, S. 74f.

– ²Moosalb ↗²Alb.

Mor- ↗Moor-.

Morgenbach, die l.z. Rhein, entsteht im Binger Wald (Hunsrück) und mündet bei Trechtingshausen (Lkr. Mainz-Bingen, Rh.-Pf., D). – 966 (Kopie 13. Jh.) *in rivolum, qui dicitur Murga*, 1296 *in ripa, que dicitur morghen*, 1502 *in der morgenbach*, 1812 *in der Morgenbach*. – Zugrunde liegt der Flussname ↗Murg (<*Morgiā 'Grenzgewässer'), der mit mundartlicher Senkung von /u/ > /o/ und in der Form der schwachen Deklination (mhd. *ze Morgen) zum Kompositum mit dem Grundwort *-bach* verdeutlicht wurde. – Greule, *HG.A.15*, S. 70.

Morluppe ↗Luppe.

Morre (im Unterlauf: *Saubach*), r.z. Mudau (z. Main z. Rhein), mündet bei Amorbach (Lkr. Miltenberg, Bayern, D). – Frühes 19. Jh. *Morre* (Gemarkungskarten), 1867 *über die Morbach* (Stadtarchiv Buchen). – Da mittelalterliche Belege fehlen, sind nur Vermutungen zur Etymologie des Namens möglich. Vorgermanische (keltische) Herkunft ist im Vergleich mit ↗²Murr möglich, aber nicht beweisbar. Eine Deutung als frühgermanischer Name kann ebenfalls erwogen werden: Vorausgesetzt die seit dem 19. Jh. überlieferte Namensform *Morre* geht über *Moraha (mit Senkung /-u-/ > /-o-/) auf ahd. *Mur-aha zurück und die Schreibung <-rr-> markiert lediglich die Kürze des vorausgehenden Vokals, könnte der Name an gm. **mura-* 'Sand', das in nordgermanischen Gewässernamen vorliegt (vgl. altschw. SeeN. *Morsne, jetzt *Måsnaren*) angeschlossen und als „Sandbach" gedeutet werden. – Sperber, *HG.A.7*, S. 115; Springer, *Flußnamen*, S. 56; Nyman, *Mjær*, S. 141; Gerlinde Trunk, Stadtarchiv Buchen, briefl. 06. 11. 2006.

Mors-, Morsch- -bach, häufiger Fluss- (und Orts-)name, z.B. Morsbach r.z. Rossel (z. Saar), ON. Morsbach (Lothringen, F), ca.1200 *Morsbach*, 1365 *Moresbach*, 1735 *Morschbach*. – Bestimmungswort ist der PN. *Mōr m. (Genitiv **Mōres-*), lat. *Maurus*. In *Mōresbach wurde /-e-/ in der Mundart synkopiert, und /s/ zu /š/ <sch> palatalisiert. – Spang, *HG.A.13*, S. 51; Barth, *Sieg und Ruhr*, S. 99; Dolch/Greule, *Pfalz*, S. 318.

Mosbach

– ¹Mosbach ↗Moos-/Mos-.

– ²Mosbach, r.z. Rhein in Wiesbaden-Biebrich (Hessen, D). – ON. Mosbach (nach Wiesbaden einge-

meindet), 991 (Kopie 13. Jh.) *Moskebach*, 1085, 1286 *Müssebach*, 1098, 1185, 1265 *Muschebach*, 1275 *Moskenbach*, 1385 *Moschebach*; BurgN. Mosburg (Wiesbaden). – Zugrunde liegt als Bestimmungswort des Kompositums mit dem Grundwort *-bach* gm. **muska-* (neben gm. **musa-*) 'Moos', mndl. *mosch*, *mosse* 'Schimmel', wahrscheinlich in schwacher Flexion **muschen-*, mit mndd. Senkung */u/ > /o/ Moschen-*, später *Mosche-*, hyperkorrekt *Mos-(bach)*, ↗ Moschel. – Faust, *HG.A.4*, S. 53.
– ³Mosbach, Alte ~, l.z. Elbstrom (z. Hörsel z. Werra z. Weser) südlich von Wutha (Wartburgkreis, Thüringen, D). – 1445 *jn der alden Muszbach*, ON. Mosbach (Gem. Wutha-Farnroda, Wartburgkreis), 1197 *Muosbach*, 1292 *czu Musbach*. – Bestimmungswort ist ahd. *muos* 'Mus' (< gm. **mōsa-*), ↗ Masse. – Sperber, *HG.A.5*, S. 73.

Moschel, die l.z. Alsenz (z. Nahe z. Rhein). – /moschᵉl/, um 1350 *Müsselerbach*, 1387 (Kopie) *die Moschelerbach*; ON. Dörrmoschel (Verbandsgem. Rockenhausen, Lkr. Kirchheim-Bolanden, Rh.-Pf., D), 1212 (Kopie um 1360) *Siccamushela, -muschela*, 1233 (Kopie um 1360) *Seckemusseln*, 1275 (Kopie 16. Jh.) *Durre-Musseln*, 1407 *Dormoscheln daz dorf*, 1560 *Dörrmoscheln*; ON. Teschenmoschel (Verbandsgem. Rockenhausen), 1456 *Teschenmoschel*, 1560 *Teschenmusel*; ON. Obermoschel (Verbandsgem. Alsenz-Obermoschel, Lkr. Kirchheim-Bolanden), 1127 *de Musscelo, Muscilo*, 1280 *Mussela*, 1298 *Obirmuschele*, 1323 *zu Müszelen imme dorfe*, 1339 *in Mosselen iuxta Landisburch*, 1343 *zu Obirmosscheln* (und weitere zahlreiche Belege); ON. Niedermoschel (Verbandsgem. Alsenz-Obermoschel), Mitte 13. Jh. (gleichzeitige Kopie) *in Musshela inferiori*, 1347 *Niedermosseln*, um 1350 *Nyder Mosseln* (und weitere zahlreiche Belege). – Grundform ist FlN. (vorahd.) **Muskala*, eine *l*-Ableitung von gm. **muska-* 'Moos', pfälz. *Muusch(t)/Moosch(t)* (↗ Moschelbach, ↗ Müsche, ↗ Müschen-Bach). Lautentwicklung: **Muskala* wurde durch Vokalassimilation > **Muskula* und *Muschela*, mit mundartlicher Vokalsenkung und Apokope > *Moschel*. Die Schreibungen <-sh-, -ss-, -ssc-, -sc-> sind Varianten der sch-Schreibung. – Der ON. Teschenmoschel enthält mhd. *tesche* 'Talmulde'; der ON. Dörrmoschel enthält ahd. *durri* 'trocken, wasserarm', lat. *sicca* f. – Greule, *HG.A.15*, S. 70 f.; Dolch/Greule, *Pfalz*, S. 350 f., 340 f., 106, 457.

Moschelbach l.z. Alsenz (z. Nahe z. Rhein). – 891 (Kopie 17. Jh.) *ad Musculam*, 1574 *die Moschelbach*; ON. Heiligenmoschel (Verbandsgem. Otterberg, Lkr. Kaiserlautern, Rh.-Pf., D), /heljᵉmoschᵉl/, 1396 *aller heiligen Mosseln*, 1400 *daz dorf aller heilgin Mosseln*, 1408 *zu allerheilige Mocheln*, 1410–1459 *Heyligenmosseln*, 1497 *Allerheiligenmoschel*, 1588 *Heiligen Moscheln*. – Grundform wie ↗ Moschel zur Unterscheidung der weiter nördlich in die Alsenz mündenden Moschel mit dem Grundwort *-bach* versehen. Der Ortsname enthält das Kirchenpatrozinium Allerheiligen (gekürzt zu *Heiligen-*) als Bestimmungswort. – Greule, *HG.A.15*, S. 71 f.; Dolch/Greule, *Pfalz*, S. 198.

Mosel, die frz. *la Moselle*, lux. *Musel*, /müsel/; längster Nebenfluss des Rheins, entspringt in den Südvogesen, fließt durch Frankreich, Luxemburg, das Saarland und Rheinland-Pfalz, mündet in Koblenz. – Die römischen Autoren (als erster Tacitus, Annalen 13,53 und Historien 4,71,77) nennen den Fluss *Mosella*; andere Quellen (Tabula Peutingeriana, Venantius Fortunatus, Gregor von Tours) haben *Musalla* oder *Musella*; röm. Inschrift (aus Metz) *nautae Mosallici* (CIL XIII, 4335), 752 *ripas mosollę*, 774/5 *super fluvio Muselle*, 802 *in Mosellam* (und zahlreiche weitere Belege). – Dass *Mosella* (mit *l*-Suffix) vom ves.-ig. Namen der ↗ Maas (*Mosa*) abgeleitet ist und als „kleine Maas" gedeutet wurde, wird kaum bezweifelt. Schreibungen mit <u> in der ersten Silbe deuten auf einen vulgärlat./moselrom. Lautwandel /o/ > /u/ hin. – Jungandreas, *Moselland*, S. 698 f.; Buchmüller/Haubrichs/Spang, *Namenkontinuität*, S. 90 f.

Mossaubach l.z. Marbach (z. Mömling z. Main z. Rhein). – Nach 819 (Kopie 1170–75) *in fluuium Mosaha*; ON. Mossautal (Odenwaldkreis, Hessen, D), ON. Ober-, Untermossau (Ortsteile von Mossautal), 10. Jh. (Kopie 12. Jh.) *Musaha*, 1390 *Mossauwe*, 1397 *zu Mosauwe*, 1424 *zu Mossau*, 1426 *zu Nyddern Moßauwe*; FlurN. um 800 (Kop.12. Jh.) *Mosehart, Mosahart*. – Ausgangsform ahd. *Mosaha*, ein Kompositum mit dem Bestimmungswort *mos* (↗ Moos-) und dem Grundwort *aha* 'Fließgewässer'. Der heutige Name des Flusses enthält den Ortsnamen (**Mos-ouwe*), der ursprünglich als Kompositum mit dem Grundwort *ouwe* 'Land am Wasser' neben dem Flussnamen existierte. – Sperber, *HG.A.7*, S. 116.

Mossel (auch *Mos(s)el-, Kreuzbach*) ↗ Moosalb.

Mossig, die l.z. Breusch (z. Ill z. Rhein) im Departement Bas-Rhin (Elsass, F), entspringt im Gebiet von Wangenbourg-Engenthal, mündet bei Avolsheim östlich von Straßburg. – /d'mósⁱg/, 1285 *ienhalb mosichen bi der bruken*, 1521 *Mossa torrens, absorpto mossa*, 1589 *hieseit der Mossigbach*, 1751 *Mossa, vulgo Mossig, Mosig*. – Grundform (ahd.) **Mosaha* (↗ Moos-, ↗ Mossaubach). Die Belege 613 (Fälschung 13. Jh., Kopie 1554) *ad rivulum Mosellum*, 14. Jh. *die Musel*, sind Übertragungen des Namens der ↗ Mosel (< *Mosella*) auf die Mossig. – Greule, *Oberrhein*, S. 76 f.

Motschenbach l.z. Main (z. Rhein) bei Mainleus. – ON. Motschenbach (Gem. Mainleus, Lkr. Kulmbach, Bayern, D), /mudšəbåx/, (1326–1328) *Motschenpach*, 1348 *Motzenbach* ... *Maschenbach*, 1403 *Moschenbach*, 1438 *Motschenbach*, usw. – Das Bestimmungswort ist slaw. *Moč-n-*, abgeleitet von slaw. *moč-* 'Nässe, Feuchtigkeit'. – Sperber, *HG.A.7*, S. 116; George, *Altlandkreis*, S. 99f.

Motzbach, die r.z. Solz (z. Fulda z. Weser). – 1597 *nach dem Mutsbach Grundt*, 1673 *in die Motzbach*; ON. Motzfeld (Ortsteil von Friedewald, Lkr. Hersfeld-Rotenburg, Hessen, D), um 1150 *Mūtesfelt*, 1394 *Mutzfelt*, 1416 *Mottesfeld*, 1673 *von/nach Motzfeld*, *uber dem Motzfeld*. – Zugrunde liegt der ON. Motzfeld, ein Kompositum mit dem Grundwort ahd. *feld* 'Feld' und dem PN. ahd. *Muot* (Gen. *Muotes-*) als Bestimmungswort. Der Flussname ist eine Klammerform *Muotes(felt)bach*. – Sperber, *HG.A.5*, S. 73.

Mudbach (auch *Mudau*), l.z. Main bei Miltenberg. – /mūdi(χ)/, 1271 *Mudahe*, 1395 *Mudawe*, 1413 *Mudach*, 1474 *Mudach*. – ON. Mudau (Neckar-Odenwald-Kreis, B.-W., D). – Grundform FlN. (ahd.) *Mudaha* neben ON. *Mudouwe*. Das Grundwort *mud-* setzt gm. *muda-* (e. mud 'earth wet', mhd. *mot* stN. 'torfartige Erde, Moor, Schlamm') fort. – Sperber, *HG.A.7*, S. 116.

Mudrowsee Großer ~, Kleiner ~, südöstlich von Angermünde (Lkr. Uckermark, Brandenburg, D). – 1313 *stagnum Mudere*, 1796 *in der Muderow*. – Grundform apolab. *Modr-* zu *modr-* 'blau'; *-ow* ist sekundär im Deutschen angefügt worden. – Fischer, *BNB 10*, S. 188.

Müchel Oberlauf der Geisel (z. Thüringische Saale z. Elbe) westlich von Merseburg. – ON. Müchel (Geiseltal) (Saalekreis, S.-A., D), 9. Jh. *Muchilidi*, vgl. ON. Micheln, Dorf nördlich von Köthen (Lkr. Bitterfeld, S.-A.), 1162 *de Mochile*. – Grundform (ahd.) *Muchila*. Vermutlich gehört der Name als *l*-Ableitung zu germ. *muk-* (neben *muh-*/*mug-* mit grammatischem Wechsel), expressiv gedehnt: *mūk-* in got. *mūka-modei* 'Sanftmut', vgl. mhd. *mucheln*, *mücheln* 'schimmelig riechen', schwz. *mauch* 'morsch, matt, hungrig' (↗Mauchach). Das Benennungsmotiv gehört in den Bereich 'modriges Wasser', ↗Mühl. – Walther, *Siedlungsgeschichte*, S. 229; Bily, *Mittelelbegebiet*, S. 268f. 272 (slawisch?); Pokorny, *IEW*, S. 752.

Mückenbach l.z. Mors-Bach (z. Wupper z. Rhein) bei Remscheid (NRW, D). – 1607 *vff der Muckenbeck*, 1733 *auf der Mückenbach*, 1749 *bey der Muggenbach*. – Bestimmungswort des Kompositums mit dem Grundwort *-bach* (mndd. *-beke*) ist *Mücke*, mhd. *mücke*, *mucke*, *mügge*, *mugge*. – Schmid, *HG.A.6*, S. 53.

Müggelsee (älter *die Müggel*), Großer ~, Kleiner ~, Bez. Treptow-Köpenick (Berlin, D). – 1394 *in der Miggel*, 1487 (Kopie) *von der Miggelseh*, 1516 (Kopie) *aus der Mickel*, 1556 *bis an die kleyne Mickel*, 1574 *In die Mickhell*, 1591 *bis an die Miggel*, 1649 *von der Miggel See*, 1702 *Müggel*, 1704 *bis an die Miggel*, 1780 *die große Müggel*, *die kleine Müggel*. – Ausgangsform (mndd.) *Miggel* f., mit später Rundung /i/ > /ü/ nach Labial; /-gg-/ kann durch Gemination vor /l/ erklärt werden; Grundform *Migla* f., nach der Bildung identisch mit lit. *miglà*, akslav. *mьgla* 'Nebel' (< ig. *migʰ-l-ā*). Demnach wäre der Name ein baltoslawisches Relikt und das Gewässer nach der Neigung zur Nebelbildung benannt. Nicht auszuschließen ist, dass *Miggel* auf eine Übertragung aus den Niederlanden zurückgeht, wegen *Michelbeke* (Oudenaarde, Ostflandern), (1150–1154) *Mighelbeca, apud Migelbecam*, um 1185 *Michelbeca*, 1196 *Megelbeke*, der als Bestimmungswort *migel-* enthält, das zum starken Verb gm. *meig-a-*, *mig-* 'harnen' und gm. *mih-s-tu-z* 'Mist' gestellt wird. – Fischer, *BNB 10*, S. 189; Gysseling, *Woordenboek*, S. 696; Pokorny, *IEW*, S. 712f.; Seebold, *starke Verben*, S. 347f.

Müggen- *-graben*, *-pfuhl*. Gewässer im Kreis Osthavelland (Brandenburg, D). Bestimmungswort ist brandenburg. *Mügge* f. 'Mücke', wegen des Vorkommens von Stechmücken, ↗Mückenbach – Wauer, *HG.A.17*, S. 115; Fischer, *BNB 10*, S. 188.

Mühe, die l.z. Mooraue (z. Gösche z. Medem). – 1609 *Muhe*; ON. Mühedeich (Lkr. Cuxhaven, Niedersachsen, D). – Unsichere Deutung, vielleicht besteht ein Zusammenhang mit ↗Maubach (< gm. *Mūh-*). Mögliche Ausgangsform (gm.) *Mūhja*, eine *j*-Ableitung von (gm.) *mūha-z* (awn. *mór* 'Moor, Heide'). Der Name bedeutet 'Moorfluss'; die Mühe ist einer der Abflüsse aus dem Langen Moor. – Udolph, *HG.A.16*, S. 236.

Mühl-/Mül(l)-/-e-/-en- *-au(e)*, *-bach*, *-bächl(e)*, *-bächlein*, *-beck/-be(e)k*, *-brünndl*, *-fleet/-fleth*, *-fliess*, *-graben*, *-kanal*, *-kolk*, *-lanke*, *-loch*, *-mecke*, *-pfuhl*, *-rhin*, *-rie(de)*, *-schloot*, *-see*, *-siek*, *-siepen*, *-strang*, *-strom*, *-teich*, *-tief*, *-wasser*, *-wettern*, *-weiher*. – Bestimmungswort ist ahd. *mulī*, *mulin*, as. *muli*, *mulin*, mhd. *mül(e)* 'die mit Wasserkraft betriebene Mühle', früh entlehnt aus lat. *molīnae*.

Mühl, die a) Große ~ l.z. Donau in Untermühl (Gem. Sankt Martin im Mühlkreis, PB Rohrbach, O.-Ö., A). – /michel/, 1111 (Interpolation, Kopie) *ad*

Möhile, 1142 *iuxta Möhele* (lies <Möhele> oder <Mǔhele>; b) Kleine ~ l.z. Donau bei Obermühl (Gem. Kirchberg ob der Donau, O.-Ö.); c) Steinerne ~ z. Großen Mühl in Haslach an der Mühl (PB Rohrbach), 1149 (Kopie 14. Jh.) *per aquam Rvzischenmuchel*; ON. Michlegg (O.-Ö.), LandschaftsN. Mühlviertel. – Grundform (ahd.) **Muchila* > mhd. **Mǔchele*, mit Apokope und mundartlicher Entrundung des /ü/ *Michel*. Etymologie wie ↗ Müchel. Wird demgegenüber das Benennungsmotiv 'Bach mit einer Menge von Klumpen' für ausschlaggebend gehalten, kann **Muchila* (< vorgm. **Mukila*) auch mit dem Reliktwort vorröm. **mukina* 'Steinhaufen', räto-rom. *muschna* 'Haufe zusammengetragener Steine, Lesesteine, Schutthaufen' in Verbindung gebracht werden. – Hausner/Schuster, *Namenbuch*, S. 762, 897 (< gm. **Muhila*).

Mühlbach l.z. Lahn. – 1344 *die Mielen*, 1369 *die Myl*, 16. Jh. *die Mihlbach*, 1509 *de Melebach*, 1614 *die Muhlbach*, 1646 *die Mihl*, 1775 *die Mühlbach*; <ie> in *Mielen* ist Kompromiss-Schreibung für mundartlich zu /e/ gesenktes /i/; ON. Miehlen (Verbandsgem. Nastätten, Rhein-Lahn-Kreis, Rh.-Pf., D), 1132 *Millene*, 1228 *de Milne* usw., 1247 *de Milene* usw., 1274, 1309 *de Mylin*, 1278 *de Milinne*, 1318 *de Myline*, 1329 *von Melene*, 1344 *van Milne*, 1344 *von Milen* usw., 1610 *Miehlen*; FlurN. 1568 *Meler walt*, 1614 *Mihlnerwaldt*, 1775 *Miehlener wießen*, *Miehler weg*. – Grundform **Milina* (< gm. **Melina*). Etymologie wie ↗ Mehlemer Bach, ↗ Mehlenbach, ↗ Miele. Im 17. Jh. ist der Flussname eingedeutet worden als *Mühl-bach*. – Faust, *HG.A.4*, S. 54.

Müller-/-s- -bach, -beck, -brünnl, -graben, -lohe, -pfuhl. Bestimmungswort ist nhd. *Müller*.

Mülmisch, die r.z. Fulda (z. Weser), entspringt im Söhrewald (Nordhessen) und mündet südöstlich von Körle (Schwalm-Eder-Kreis, Hessen, D); Trockene Mülmisch, r.z. Fulda in Körle; FlurN. Mülmisch-Berg. – 1450 *Mülmische*, 1553 *Melwetsche* (lies: *Melmesche*?), 1615 *in die bach, die Milmisch genandt*; *eck des Milmischen Berges*. – Grundform (fnhd.) *Milmische*. Die späte Überlieferung des Namens *Mülmisch* und der Umstand, dass der Beleg (786?) (Fälschung 11. Jh.) *usque in Milzisa* auf die Mülmisch bezogen wird, lassen vermuten, dass es sich ursprünglich um zwei Namen (*Milzisa* und **Milmiska*) für die beiden parallel fließenden Gewässer handelt. *Milmische* < ahd. **milmiska* (ergänze *aha*), von ahd., as. *melm* 'Staub' (< gm. **melma-z* zu ahd. *malan* 'mahlen') abgeleitetes Adjektiv (vgl. ↗ Miele). Das Adjektiv bezog sich (wie *trocken* in *Trockene Mülmisch*) ursprünglich auf eine Besonderheit des Flusses, der Sand oder ähnliches feines Mahlgut mit sich führte. – (ahd.) *Milzisa* (< gm. **Meltisa*) kann als Nominalisierung des Verbs gm. **(s)melt-a-* 'schmelzen' mit *s*-Suffix erklärt werden; die Benennung dürfte mit einem Anschwellen des Flusses bei der Schneeschmelze zusammenhängen. – Sperber, *HG.A.5*, S. 74; Seebold, *starke Verben*, S. 344, 351.

Mülsenbach r.z. (Zwickauer) Mulde südlich von Glauchau. – /in də milsn/, 1118 *rivulus Milsena*; ON. Mülsen St. Jacob (Kreis Zwickauer Land, Sachsen, D), 1316 *zu Mulsin*, 1328 (Kopie 14. Jh.) *de Milsin*, 1334 *von der Milsin*, 1343/46 *in Milssein*, 1460 *Milsen*, 1509 *de Milsna*, 1540 *Mülsen*; ON. Mülsen St. Michaln, Mülsen St. Niclas, Nieder-Mülsen, alle Orte im Kreis Zwickauer Land. – Zugrunde liegt der ursprünglich einstämmige, vorslaw. FlN. **Milsina*. Die heutige Namensform entstand durch mundartliche Rundung von /i/ nach /m/ und vor /l/. **Milsina* dürfte als *n*-Ableitung von gm. **melsi-* (mit fraglicher Bedeutung) ein germanischer Name sein, vgl. ↗ † Milspe (< **Mils-apa*). Gleichen Ursprungs ist der ON. Hohenmölsen nordwestlich von Zeitz (1150 *Milsin*). – Hengst, *Südwestsachsen*, S. 77–80.

Mümling, die (auch *Mömling*), l.z. Main (z. Rhein), entspringt im hessischen Odenwald, durchfließt das Mümlingtal im Hinteren Odenwald und mündet bei Obernburg am Main (Lkr. Miltenberg, Bayern, D). – 798 (Kopie 1183–1195) *super fluuio Mimelinga*, 819 (Kopie 1170–1175) *super fluuium Mimilingun*, nach 1012 (Kopie 1170–1175) *ultra fluuium Minimingaha*, 1352 *Momle*, 1382 *off der bach Momle*, 1395 *die Momelingen*, 1424 *an der Momgelinge*, 1710 *ahn der Mümblingbach*; ON. Mömlingen (Lkr. Miltenberg), nach 819 (Kopie 1170–1175) *in Mimelingen*, 1128 *Mimilingen*, 1156 *Mimininga*, 1338 *Mimlingen*, 1360 *zǔ Mumelingun*, 1367 *Mümling*, 1449 *Momlingen*; Mümling-Grumbach (Ortsteil von Höchst im Odenwald, Odenwaldkreis, Hessen). – Auszugehen ist von dem Ortsnamen (ahd.) *Mimilinga/Mimilingun*, der auch für den Fluss verwendet wurde. Aus dem Beleg: *ultra fluuium Minimingaha* kann geschlossen werden, dass zur Unterscheidung von Siedlung und Fluss verdeutlichend ahd. *aha* 'Fließgewässer' angefügt wurde. Der ON. *Mimilinga/Mimilingun* ist mit dem Suffix *-ing-* als Personengruppenname vom PN. (ahd.) **Mimil(o)* abgeleitet. Im Namen *Mimilinga/Mimilingun* (> *Mimelingen* usw.) wird das erste /i/ in der Umgebung der Nasallaute /m/ zu **Mümeling(en)* gerundet und später teilweise zu **Mömlingen* gesenkt. *Mimilinga* könnte eine Eindeutung des auf einem in Aschaffenburg gefundenen, auf 178 n. Chr. datierten Votivaltar angebrachten Namens der EXPLORAT(ores) NEMANING(enses) sein. Im römischen Personengruppennamen **Nemaningenses* könnte der ursprüngliche (vorgm.) Name der Mümling in der Form *Nemana vorliegen. Er kann mit ig. *nem- 'biegen' zusammenhängen und nach dem Verlauf der Mümling, die mehrere charakteristische Biegungen aufweist, benannt gewesen sein, ↗Nims. – Ramge, *Flurnamenbuch*, S. 692; Sperber, *HG.A.7*, S. 114; Kaufmann, *Ergänzungsband*, S,259; Petran, *Kriftel*, S. 345; Pokorny, *IEW*, S. 764.

Münch-/-/-s- -bach, -bächlein, -graben. Bestimmungswort ist mhd. *münech, münich, münch* 'Mönch', ↗Mönch-.

Münde-See ↗Tanger.

Münders-Bach l.z. Fulda (z. Weser). – 1451 *Mundersbach*; ON. Mündershausen (Stadtteil von Rotenburg an der Fulda, Lkr. Hersfeld-Rotenburg, Hessen, D), 1322 *Munderichishusen*, 1481 *Mundershausen*, 1579 *Mungershausen*. – Bestimmungswort des Kompositums mit dem Grundwort -bach (bzw. -hausen) ist der PN. (ahd.) *Munderīch (Gen. *Munderīches-), gekürzt > *Münders-bach/-hausen*. – Sperber, *HG.A.5*, S. 75; Kaufmann, *Ergänzungsband*, S. 262.

Münster- -bach, -graben. Bestimmungswort ist mhd. *münster* 'Klosterkirche'. – Springer, *Flussnamen*, S. 200.

Mürebach r.z. Großen Emme, kommt von der Alp *Mürenegg* (Kanton Bern, CH) und bildet streckenweise die Kantonsgrenze (Kanton Bern, Kanton Luzern). – /mürəbax/, 1472 (Kopie) *den Muren graben hinab*, 1683–1686 *den Muren graben hinab*, 1686 *der Bach genambt die Muren graben*, 1782 *Murren Graben*. Die ältesten Schreibungen weisen auf eine (ahd.) Ausgangsform *Murin-. Gm. *Muri- wird auch im schwedischen SeeN. *Mörsebro*, 1290 *de ... Myrisbodom*, aus altschw. *Myri-sæ-, vermutet. *Mur- (< gm. *muz-) ist die grammatische Wechselform zu gm. *musa-, altschw. *mysi* 'Moos'. – Waser, *Entlebuch*, S. 707; Wahlberg, *SOL*, S. 230.

Mürsbach r.z. Itz (z. Main z.Rhein) bei Mürsbach (Markt Rattelsdorf, Lkr. Bamberg, Bayern, D). – ON. Mürsbach /míəšbåx, miəš/, (ca.1160) *Mirespach*, 1169 *de Mirspach*, 1179 *Mierspach*, (ca.1205) *de Mierspach*, 1216 *de Mirsbach* (und zahlreiche weitere Belege dieser Form), 1590 *von Mirschbach*, 1804 *Mûrsbach*. – Grundform (mhd.) *Mierespach, mit Monophthongierung und Synkope > (fnhd.) *Mīrsbach, mundartlich /míəšbåx/, mit Vokalisierung des /r/ und Palatalisierung /s/ > /š/. Bestimmungswort des Kompositums mit dem Grundwort -bach ist der PN. (ahd.) *Mieri (Gen. *Mieres-). – Eichler/Greule/Janka/Schuh, *Bamberg*, S. 130–132.

Mürz, die l.z. Mur in Bruck an der Mur (Steiermark, A). – 925 *ad ... Muorizam*; TalN. Mürztal, 1023 *in pago ... Mûriza*; ON. Mürzhofen (PB Mürzzuschlag, Steiermark), 1110–1144 *de Mörzehoven*; ON. Mürzzuschlag, um 1150 *ad Mŭrzze*, 1227 *Murzuslage*. – Slaw. Ableitung mit Diminutivsuffix -ica von ↗Mur. – Hausner/Schuster, *Namenbuch*, S. 773f.

Müsche, die während der Gürbetal-Korrektion (1855–1860) kanalisiertes Gewässer r.z. Gürbe (Gem. Toffen, Amtsbezirk Seftigen, Kanton Bern, CH). – /müšə, müššə/, /müšə/ auch mit langem /ü/, 1344 *in der Muschen*, 1360 *zwischent der Bernstrasse und der Mûschen*, 1498 *obertthalb der müschen*, 1500 *oberthalb der mŭschen*, 1531 *an die müße*, usw. – Gewässername aus der ursprünglichen Stellenbezeichnung gm. *Muskjō(n-) f. ('Moosgebiet'), vgl. den FlurN. *Müsch* (Gem. Hardesby/Sörup, Kreis Schleswig-Flensburg, S.-H., D), SeeN. schw. *Myssjö* (Jämtland), ca.1370 *Myskio*, altschw. *Myskia*, HofN. norw. *Myskja*. Ableitung mit dem Suffix gm. -jō von dem Stamm gm. *muska- (neben *musa-) 'Moos'. – Zinsli, *BNB*, 3. Teil, Sp.398f.; Rohden, *Treene*, S. 362; Wahlberg, *SOL*, S. 216.

Müschen-Bach l.z. Enspeler Bach (z. Große Nister z. Nister z. Sieg z. Rhein). – ON. Müschenbach (Verbandsgem. Hachenburg, Westerwaldkreis, Rh.-Pf., D), /möšəmiχ/, 1348 *Muskinbach*. – Bestimmungswort ist das Adjektiv (ahd.) *muskīn- 'moosig' zu (gm.) *muska- (neben *musa-) 'Moos'. – Faust, *HG.A.4*, S. 55; Metzler, *Westerwald*, S. 151.

Müselbach mehrfach in Vorarlberg (A) vorkommender Gewässer- und Ortsname, z.B. Müselbach am Sulzberg (Bregenzerwald), 15. Jh. *ab dem Muselbach*, 1485 *gelegen in dem Mús(e)lbach*, 1587, 1605 *Mieselbach*, 1783 *Mislbach*. – Grundform (ahd.) *Musila, Ableitung mit l-Suffix von gm. *mus- 'Moorboden, Sumpf', später nach mhd. *mies* 'Moos' (↗Mies-) eingedeutet; Bedeutung: 'Bach, der aus einem Gebiet mit Mooswuchs kommt' oder 'Bach aus einem Moorgebiet'. – Geiger, *HG.A.2*, S. 93; Steiner, *Sulzberg 2*, S. 295f.

Mützel Teich westlich von Alt Golm (Kreis Beeskow-Storkow, Brandenburg, D). – Um 1700 *dießeits dem Mürtzel Pfuhl belegen*, 1734 *Mützel-Pfuhl*. – Niedersorb. *mocydło* 'Röstlache, Flachs-, Hanfröste', entspricht brandenburg. Rötepfuhl (Wasser, in dem der Flachs mürbe gemacht wird). – Fischer, *BNB 10*, S. 191.

Muggenaubach, die l.z. Sulm nordöstlich von Großheimschuh (Gem. Heimschuh, PB Leibnitz, Steiermark, A). – ON. Muggenau (Gem. Sankt Nikolai im Sausal, PB Leibnitz), 1145 *Mocrinowe*, vor 1147 *de Mocrnowe*, 1160 *Mukkernowe*, 1197 *Mukernouwe* (und zahlreiche weitere Belege); RaumN. Muggenau, abgekommener Name des Muggenaubach-Tals. – Grundform slaw. **Mokr-ov-* (zu slaw. **mokrъ* 'nass'), eingedeutet als **Mokr-ouwa* (ahd. *ouwa* 'Au, feuchte Wiese'), später an mhd. *mugge* 'Mücke' angelehnt. – Hausner/Schuster, *Namenbuch*, S. 761f.

Muhmiken, das See bei Biesenthal (Kreis Oberbarnim, Brandenburg, D). – 1595 *Das Muhmicken*, 1607 *das Muhmichen*. – Vielleicht zu brandenburg. (Niederlausitz) *Muhme* 'Feldgeist, der die Kinder ängstigt', Benennung nach einer sagenhaften Gestalt. – Fischer, *BNB 10*, S. 190.

Muhr-/Mur- -*bach*, -*graben*; mehrfach Name von Gewässern r.z. Rhein in der mittelbadischen Rheinebene (B.-W., D), dort auch FlurN. Muhr, Muhrberg. Ahd., mhd. *muor* 'Moor', ↗ Moor-. – Geiger, *HG.A.2*, S. 93f.; Springer, *Flussnamen*, S. 129.

Muhre, die (auch *Muhr-Graben*, *Moor-Graben*), r.z. Niederneuendorfer Kanal (südlicher Arm der Dosse) südöstlich von Schönwalde (Kr. Osthavelland, Brandenburg, D). – Zu 1298 (Fälschung 16. Jh.) *sylvam sive lacum ... Moder*, 1595 *in die Moder*, 1704, 1709 *Muhr*, 1713 *an der Muhre*, 1725 *an der Muhr*. – Apolab. **Modr-* zu **modr-* 'blau'. /d/ ist in der Mundart getilgt worden. – Wauer, *HG.A.17*, S. 120; Fischer, *BNB 10*, S. 188f.

Mulde, die (auch *Vereinte/Vereinigte Mulde*), entsteht aus der Vereinigung von Zwickauer ~ und Freiburger ~ südöstlich von Leipzig (Sachsen, D), l.z. Elbe bei Dessau (S.-A.). – (948) (Fälschung, 12. Jh.) *Milda*, 968 *caput Milde*, *Milta*, 981 *Multha*, 991 *Moldaha*, 1065 *Mulda*; ON. Mulda/Sa., Dorf (Lkr. Mittelsachsen, Sachsen), /muldə/, 1331 *de Mulda*, 1350 *Mulda*, 1445 *zur Moldaw*; Mulde, Häusergruppe (Ortsteil von Muldenberg, Gem. Höhenluftkurort Grünbach, Vogtlandkreis, Sachsen), 1603 *de Mulda*; ON. Muldenberg, Dorf (Gem. Höhenluftkurort Grünbach), 1789 *unten an der Mulde*; ON. Muldenhammer, Hammerwerk an der Zwickauer Mulde (Stadt Eibenstock, Lkr. Aue-Schwarzenberg, Sachsen), 1791 *Muldenhammer*; ON. Muldenhammer (Gem. Morgenröthe-Rautenkranz, Vogtlandkreis), (um 1600) *der Neue Hammer an der Mulde*; ON. Mildensee (Stadtteil von Dessau-Roßlau, S.-H.), der Mildensee ist ein Altarm der Mulde. – Entsprechend den geographischen Gegebenheiten liegen ursprünglich zwei Flussnamen vor, nämlich (ahd.) *Milda/Milta* (die Freiberger Mulde?) und (ahd.) *Mold-aha* (die Zwickauer Mulde), zur Deutung von *Milda/Milta* ↗ Milde, in der Bedeutung 'wasserreich'. *Mold-aha*, ein Kompositum mit dem Grundwort ahd. *aha* 'Fließgewässer', enthält gm. **muldō* f. 'Staub, Erde' (got. *mulda*, awn. *mold*, ae. *molde*, ahd. *molta*) als Bestimmungswort, vgl. ON. Mold (Gem. Rosenburg-Mold, PB Horn, N.-Ö., A), 1122–1125 *de Molti*, um 1130 *de Molte*, um 1130–1140 *de Molten*. – Eichler/Walther, *HONBSachsen*, 2, S. 64f.; Hausner/Schuster, *Namenbuch*, S. 745.

Mulden- -*bach*, -*klamm*. FlurN. Mulden, WaldN. Mulde, zu mhd. *mulde* ursprünglich 'Melkgefäß, Bachtrog', übertragen auf 'Vertiefung in Flözen' und 'Talabsenkung, Vertiefung', ↗ Multergraben. – Geiger, *HG.A.2*, S. 93; Spang, *HG.A.13*, S. 53; Springer, *Flussnamen*, S. 142.

Multergraben l.z. Klingengraben (z. Tambach z. Rodach z. Itz z. Main), *Multernbach*, l z. Strahlbach (z. Aisch z. Regnitz z. Main). Mhd. *multer* 'Mehltrog', später 'Talabsenkung, Vertiefung', ↗ Mulden-. – Sperber, *HG.A.7*, S. 121.

Mumbach l.z. Weschnitz (z. Rhein). – 1568 *die Munbach*, 1613 *an die Munbach*, 1654 *bei der Mundbach*; ON. Ober-Mumbach (Gem. Mörlenbach, Kreis Bergstraße, Hessen, D), 1130 *Munnebach*, 1357 *zu Munnbach*, 1369 *zu Mŭmenbach*, 1398–1400 *zu Monnenbach*, 1566 *Mombach*, 1815 *Nieder-Mumbach*. – Grundform **Munnenbach*, Bestimmungswort des Kompositums mit dem Grundwort -*bach* ist der PN. (ahd.) **Munno* (Gen. **Munnen-*). Nach der Synkope der Genitivendung /-en-/ wird /-nb-/ in der Form *Munbach* zu *Mumbach* assimiliert. – Geiger, *HG.A.2*, S. 93; Kaufmann, *Rheinhessische Ortsnamen*, S. 144.

Mummel- -*kolk*, -*loch*, -*pfuhl*, -*see*. In den Gewässernamen Brandenburgs entspricht das Bestimmungswort brandenburg. *Mummel* f. 'gelbe Teichrose, weiße Seerose'. – Fischer, *BNB 10*, S. 190.

Mur, die l.z. Drau bei Legrad (Kroatien), fließt durch Salzburg (Land) und die Steiermark (A). – 904 *in flumen Muora*, 982 *de Muora*, 984 (Kopie Ende 13. Jh.) *a Mŭra*, um 1200 (Kopie um 1300) *unz an die Muore*; ON. Mureck (PB Radkersburg, Steiermark), 1164–80 (Kopie Anfang 13. Jh.) *de Mŭreke*; Murberg (Gem. Triebendorf, PB Murau, Steiermark), um 1170 *de Morberch*. – Die Siedlungsnamen sind jeweils Komposita mit mhd. -*ecke* 'Spitze, Ecke, Winkel' und -*berg*. Der Gewässername ahd. *Muora* f. ist nicht direkt identisch mit ahd. *muor* st.N. 'Moor' (< gm. **mōra-*). Gm. **mōra-* in der Bedeutung 'Morast, sumpfartiges Land' ist eine Dehnstufenableitung von gm. **mari-* 'größeres stehendes Gewässer' (↗ March). Denkbar ist, dass mit dem Namen gm. **Mōra-* ursprünglich eine auffällig sumpfige Gegend an der

Mur benannt wurde, der dann auf den Fluss übertragen wurde, wobei das Genus neutrum in das bei Flussnamen häufige Genus femininum geändert wurde, ↗Moore ↗Murach. – Hausner/Schuster, *Namenbuch*, S. 770–772; Darms, *Schwäher*, S. 164.

Murach r.z. Schwarzach (z. Naab z. Donau). – ON. Niedermurach, Obermurach (Lkr. Schwandorf, Bayern, D), ca.1132–1134 *Mŏraha, Mŭraha*, ca.1135–1141 (Kopie 12. Jh.) *Mŭrah*, 1173 *Mura*. – Gewässer- und Siedlungsnamen beruhen auf ahd. **Muor-aha*, einem Kompositum aus ahd. *muor* stN. 'Moor' (↗Mur) und *aha* 'Fließgewässer'. – Reitzenstein, *Oberbayern*, S. 186.

Murbke l.z. Schledde (z. Rosen-Aue z. Ahse z. Lippe z. Rhein) in der Soester Börde (Westfalen, D). – 1434, 1451 *op der Morbeke*, 1438 *op der Murbike*, 1558 *up der Morbecke*, 1662 *auf der Marbeker Graven*, 1692 *auf der Morbeke Graven*. – Grundform (mndd.) **Mōrbeke*, ↗Moor-. – Schmidt, *HG.A.6*, S. 55.

Murg, die
– ¹Murg, (auch *Murgbach*) zum Walensee bei Murg. – 1404 *an dem Murgbach*; ON. Murg (Kanton St.Gallen, Bez. Sargans, Gem. Quarten, CH), 1045 *Murga*.
– ²Murg, r.z. Aare, entsteht aus dem Zusammenfluss von Langete und Rot 2km vor der Mündung bei Murgenthal (Bez. Zofingen, Kanton Aargau, CH). – 1263 *situm super rivum ... Murgathun*, 1365 *untz an die Murg*, 1409, 1425 *untz in die Murgoten, die Murgoten ab*, 1511 *Múrgetten*; ON. Murgenthal, /óbər mùrgətə/, 1254f. *Murgatun*, 1255 *iuxta Murgatun* (und weitere Belege dieser Form), 1456 *Murgental*, 1622 *Murgetten*. Der ON. *Murgatun* (< vorgm. **Morgio-dūnum*) wurde mehrfach auf den primär **Murga* (<**Morgiā*) genannten Fluss übertragen; *Murgatun* wurde in *Murgental* umgedeutet.
– ³Murg, l.z. Thur (z. Rhein) nördlich von Frauenfeld (Kanton Thurgau, CH). – 839 *super fluvium Murgha*, 1383 *an die Múrg*, 1387 *ennethalben der Murg*, 1389 *gen der Murg* (und weitere Nennungen dieser Form); Gegendname: 797 *Murchingo marca* ('Mark der Murg-Anwohner'); FlurN. Murkart, 1102 *de Murchart*, 1222 *v. Murghard* ('Wald an der Murg').
– ⁴† Murg, alter Name der Radolfzeller Aach (z. Bodensee). – 1155 *orsum fluminis Murgę*.
– ⁵Murg, Obere ~, r.z. Rhein östlich von Säckingen, entspringt aus einem Hochmoor im Hotzenwald (D). – 1329 *von der oberen Murge*, 1340 *von der obern Murg*, um 1342 *bi der murge* (und weitere Belege dieser Form); ON. Murg/Hochrhein (Lkr. Waldshut, B.-W., D), 1291 *in Murga*, 1315 *in Múrgen*, 1347 *ze Murg*.
– ⁶Murg, Untere ~, r.z. Rhein unterhalb Rastatt (Lkr. Rastatt, B.-W., D), entsteht im Nordschwarzwald aus Rechtmurg und Rotmurg bei Baiersbronn (Lkr. Freudenstadt, B.-W.). – 712 (Druck 1772) *usque ad fluvium Murga*, 1082 ... *Murgam influit*, 11./12. Jh. *ultra Murgam, in medietatem Murgę* (und weitere Nennungen dieser Form), 1448 *die Murg*.
– ⁷† Murga, alter Name für den Unterlauf der Lauter/Wieslauter, l.z. Rhein bei Neuburg am Rhein (Verbandsgem. Hagenbach, Lkr. Germersheim, Rh.-Pf., D). – 737 (Kopie 855–860) *super fluuio Murga seu Lutra, super fluuio Murga* (in 2 Weißenburger Urkunden).

Grundform aller *Murg*-Namen (einschließlich ↗Morgenbach) ist *Murga* (teilweise mit Anzeichen von Umlaut, der sich jedoch nicht durchsetzte) < (kelt.) **Morgiā*, Ableitung von (gall.) **morga* 'Grenze, Steinhaufen'. **Morgiā* hatte vermutlich den Bedeutungsumfang 'Land/Gegend/Gewässer an einer Grenze'; da dies auch unwegsame Gewässer wie Sümpfe usw. waren, konnte **Morgiā* als Reliktname auch 'Sümpfe, feuchte Wiesen u.ä.' bezeichnen; so im Falle des FlurN. *Mürg* f. im Kanton Uri. Kelt. **Morgiā* ist in den Formen *Morge, Morges, Merje, Mörel* mehrfach als Orts- und Gewässername in der Suisse romande und Frankreich nachgewiesen. – Geiger, *HG.A.2*, S. 93f.; Greule, *HG.A.15*, S. 73; Greule, *Oberrhein*, S. 139–141, 206–208; Zinsli, *BNB* 3, Sp.386f.; Nyffenegger/Bandle, *Siedlungsnamen* 2, S. 917f.; Hug/Weibel, *Uri* II, Sp.822–825; Grzęga, *Romania*, S. 209f.; Müller, *Parallèles*.

Murmel- -bach, zu mhd. *murmeln*, ahd. *murmulōn* 'murren', Benennung nach dem Schalleindruck, den der Bach vermittelt. Hierher auch *Murmecke* (z. Aabach z. Afte z. Alme z. Lippe), falls aus **Murm[elb]ecke* gekürzt. – Ulbricht, *Saale*, S. 106; Schmidt, *HG.A.6*, S. 99.

Murn, die r.z. Inn (z. Donau), mündet bei Obermühl (Gem. Griesstätt, Lkr. Rosenheim, Bayern, D) zwischen Rosenheim und Wasserburg a. Inn. – 1326 *in der Mouren* (lies *Mŭren*, ursprünglich <e> über <u>?), 1365 *auf der Müren*, ca.1563 *in Muram*, 1743 *Murafluß*, 1830 *Murn*; ON. Murn, ca.1180 *de Mvri*, 1326 *Murn*; ON. Baumurn; FlurN. Murner Holz, Murner Filz, Murnholz. – Ausgangsform (ahd.) **Murina*, mit *n*-Suffix abgeleitet von gm. **mura-* 'Sand' (finn. *mura* 'Schlamm, Torfmoder, Kies, Kiessand, Staub'), bair. *Mur* 'Sand'; **Murina* > mhd. **Mürene, Müren, Murn*. Der Umlaut /ü/ ist in der Mundart nicht durchgedrungen, ↗Morre. Wegen ON. Griesstätt (924 *Griesteti*, ahd. *griez* 'Sand') im Mündungsgebiet der Murn ist die Deutung von **Murina* als 'Sandbach' wahrscheinlicher als die lautlich mögliche Deutung aus (kelt.) **Morina* zu kelt. **mori-* 'Meer'. – Dotter/Dotter, *HG.A.14*, S. 280; Reitzenstein, *Oberbayern*, S. 172; Pokorny, *IEW*, S. 748.

Murnau-Bach Fortsetzung Stein-Bach, r.z. Loisach (z. Isar) bei Langau (Bad Heilbrunn, Lkr. Bad Tölz-Wolfratshausen, Bayern, D). – 1332 *in die Murnaw*, *von der Murnaw*, 1393, 1454 *in Murnau*, *von der Murnau*. – Vielleicht Übertragung des ON. *Murnau* (Lkr. Garmisch-Partenkirchen, Bayern), ca.1150 *Murnowe*, zu bair. *Mur* 'Sand'. – Snyder, *HG.A.3*, S. 71; Reitzenstein, *Oberbayern*, S. 172 f.

Murr, die
- ¹Murr, Name für den Riedkanal (z. Mühlbach z. Alten Dreisam z. Elz z. Rhein) und für eine Abzweigung des Riedkanals, zwischen Wasenweiler am Kaiserstuhl und Bötzingen (Lkr. Hochschwarzwald-Breisgau, B.-W., D), FlurN. zwischen Wasenweiler und Gottenheim. – 1317–1341 *ze múrra*, 1318 *ze murre brugge*, 1344 *ze murren weg*, 1348 *ze murre brugge, ze morre brugge*, 1371 *von der muren*, 1881 *die Murr*. – Grundform (gm.) *Murjō* 'Sandbach', abgeleitet mit *j*-Suffix von gm. *mura-* 'Sand' (nisl. *mor* n.'Staub, Schmutz, Bodensatz'); der Umlaut /ü/ setzte sich außer im Beleg 1315–1341 *múrra* (?) nicht durch, ↗Murn ↗Morre. – Greule, *Oberrhein*, S. 209–211 (< kelt. *Moriā*).
- ²Murr, r.z. Neckar (z. Rhein) im Rems-Murr-Kreis und im Lkr. Ludwigsburg (B.-W., D). – /d'mur/, 817 (Fälschung 12. Jh.) *iuxta rivum ... Murra*, (um 1260) *aquam ... Murra*, 1304 ff. *an de Murr*, *versus Murre*, (um 1350) *jenent der Murre*, 1442 *an der Murr*; GauN. Murrgau, 790–820 (Kopie 1183–1195) *in pago Murrachgowe* (und weitere zahlreiche Nennungen), ON. Murrhardt (Rems-Murr-Kreis), römisches Kohortenkastell, fränkischer Königshof und Kloster, (180–192, Inschrift) VICANI MVRRENSES 'Bewohner des vicus an der Murr', 788 (Fälschung 11./12. Jh., Kopie 13. Jh.) *Murrahart*, 873 *monasterium Murrahart*, 999 *Murrehart* (und zahlreiche weitere Nennungen dieser Form), 1295 *Murrhart* 'Weidewald an der Murr'; ON. Vorder-, Hintermurrhärle (Rems-Murr-Kreis), 1504(?) *Murrhärdlin*, 1575 *Murrhörlin*, 1600(?) *Murrhärlin* 'der kleine Murrhardt'. – Ausgangsform (gall.) *Murra* < *Mursā*, mit *s*-Suffix abgeleitet vom Verbaladjektiv (ig.) *muró-* 'schmutzig' (?) zu ig. *meu̯-* 'beschmutzen, waschen, reinigen' (↗Monna). Zum Lautwandel vorkelt. /-rs-/ > gall. /-rr-/ vgl. ig. *k̑r̥sos* > gall. *carrus*. Der vorkelt. FlN. *Mursā* hat eine genaue Parallele im antiken Namen der bedeutenden niederpannonischen Stadt *Mursa* an der Drau, heute Osijek, d. Esseg (Kroatien), für den die ausgedehnten Sümpfe entlang der Drau Namen gebend gewesen sein sollen. *Murre* (<*Mursā*) wird (als ehemaliger Name der Perschling) auch im ON. Murstetten (Gem. Weißkirchen an der Perschling, PB Sankt Pölten/Land, N.-Ö., A), um 1176–1182 *de Murristetin*, 1180–1190 *Murresteten*, um 1200–1208 *de Murrstetin*, vermutet. *Mursā* kann als ves.-ig. (alteuropäischer) Name gelten. – Schmid, *HG.A.1*, S. 79 f.; Reichardt, *Rems-Murr-Kreis*, S. 232–236; Pokorny, *IEW*, S. 741 f.; Anreiter, *Pannonien*, S. 88–93.

Musau (auch *Musaubach*), r.z. Suffel (z. Ill z. Rhein) bei Dingsheim (Communauté de communes de Kochersberg, Dep. Bas-Rhin, Elsass, F). – 1321–1331 *vf die musach, in der Mvsohe, nebent der músaha, uf musach bach*. – Etymologie wie ↗Mossaubach, ↗Mossig. – Greule, *Oberrhein*, S. 77.

Musbach
- ¹Musbach, (auch Riedbach) r.z. Ach (z. Schussen z. Bodensee).
- ²Musbach, r.z. Ramsbächle/Rammisbächle (z. Klemmnbach z. Mühlbach z. Rhein) bei Badenweiler (Lkr. Freiburg-Hochschwarzwald, B.-W., D).
- ³† Musbach, Bach auf der Gemarkung von Freiburg/Breisgau (B.-W., D). Lkr. Freiburg-Hochschwarzwald, B.-W., D 1316, 1346, 1360 *Muospach*, 1368 *Musbach*. – Bestimmungswort des Kompositums mit dem Grundwort *-bach* ist ahd. *muos* 'Mus', unter dem Einfluss von ahd. *muor* (↗Moor-) übertragen auf moor-, moosartige Gewässer, ↗Masse. – Geiger, *HG.A.2*, S. 94.

Mußbach, die l.z. Rehbach/Speyerbach (z. Rhein). – 1442 *die Muspach*, 1534 *ober der Muspach*; ON. Mußbach (eingemeindet in Neustadt an der Weinstraße, Lkr. Neustadt an der Weinstraße, Rh.-Pf., D), /muschbach/, 780–802 (Kopie 828) *Mŏ(s)bah*, 10. Jh. (Kopie um 1280) *Mŭsbach*, 1141 *Musbach*, 1203 *de Mŭsbahc*, 1346 *Mŭspach*, 1468–1470 *Mußbach*. – Grundform ahd. *Muosbah*, Bestimmungswort des Kompositums mit dem Grundwort *-bach* ist ahd. *muos* (↗Musbach). – Greule, *HG.A.15*, S. 73; Dolch/Greule, *Pfalz*, S. 325.

Mußbeck im Einzugsbereich des Leverster Bachs (z. Süd-Aue z. Aue z. Leine z. Aller). – 1359 *over de Musbeke*, 1681 *In der Mußbeck*. – Etymologie unklar, denkbar ist ein Zusammenhang des Bestimmungswortes *Mus-*, *Muß-* mit dem unter ↗Muse genannten Appellativ gm. *mūs(a)-* 'Moor, Sumpf, Moos'. – Borchers, *HG.A.18*, S. 97.

Muse, die l.z. Hahle (z. Rhume z. Leine z. Aller z. Weser) bei Duderstadt (Lkr. Göttingen, Niedersachsen, D). – 1397 *von der Musen*, 1452 *in der Musen*, 1512 *bi der Musen*, 1564 *in der mausen*, 1855 *die Muse*. – Ausgangsform (mndd.) *Müsene* < gm. *Mūsanō*, *n*-Ableitung von gm. *mūs(a)-* (neben *musa-* ↗Mussenbach) 'Moor, Sumpf, Moos' (↗Moos-), afr. *mūzel* 'natürlicher Strom'. Zugrunde liegt ein Wurzelnomen ig. *mūs*, Genitiv *musós*. – Kettner, *HG.A.8*, S. 87; Kettner, *Leine*, S. 204 f.; Pokorny, *IEW*, S. 742.

Mussekenbeek, der r.z. Grane (z. Innerste z. Leine z. Aller z. Weser) südwestlich von Goslar (Lkr. Goslar, Niedersachsen, D). – Um 1700 *der Mussecken Beeck*, 1714 *am Musekenbeke* (so und ähnlich ist der Name im 18. Jh. mehrfach belegt). – Bestimmungswort des Kompositums mit dem Grundwort ndd. *-beke* 'Bach' ist vielleicht ndd. Musken, Mösseken 'Waldmeister'. – Kettner, *HG.A.8*, S. 87; Kettner, *Leine*, S. 205.

Mussenbach l.z. Ems bei Müssingen (Stadt Warendorf, Kreis Warendorf, NRW, D). – ON. Schulze Zurmussen bei Müssingen, 11. Jh. *van thero Musna*, Ende 11. Jh. *de Musne*, 12. Jh. *Musne*, 1265 *Musnen* (und weitere Belege), Ende 14. Jh. *tor Musen*, 18. Jh. *Zurmussen*; ON. †Musenhorst, ehemaliges Bauerschaftsgebiet zwischen Everswinkel, Müssingen und Freckenhorst (Warendorf), 9./10. Jh. *Musanahurst*, 10. Jh. *Musnohorst*, 11. Jh. *Musnahurst*, 14. Jh. *Musnehorst* (und weitere Belege) 'Gehölz an der *Musna'. – Ausgangsform FlN as. *Musana* ↗ Muse. – Korsmeier, *Münster und Warendorf*, S. 287–289.

Mutter- *-bach, Alte ~*, Bestimmungswort entspricht vielleicht nhd. *-mutter* in *Essig-*, *Weinmutter*, mndd. *modere* 'Schlamm', (e.) *mother* 'Hefen' < (gm.) *muþrō* oder *mudrō*, idg. *mu-tr-ā*. – Sperber, *HG.A.7*, S. 121; Spang, *HG.A.13*, S. 53; Pokorny, *IEW*, S. 742.

Muttling, die Bach im PB Kirchdorf an der Krems, Gemeinde Rosenau am Hengstpaß (O.-Ö., A), der in den Dambach mündet. – /ˈmüədlɩŋ/, 1278 *fluuius Muetnich*, 1467 *auf der Muechting*, 1492 *Muetting*, 17. Jh. *Muetling*. – Über ahd. *Muotinicha aus slaw. *Motьnika, abgeleitet von slaw. *motati* 'winden, haspeln, sich hin und her bewegen'. – Hohensinner/Reutner/Wiesinger, *Kirchdorf an der Krems*, S. 23 f.

†Mylen (jetzt *Raumbach*), r.z. Göltzsch (z. Weißen Elster z. Thüringische Saale), Bach bei Reichenbach im Vogtland (Sachsen, D). – (1140, Transsumpt 1283, Fälschung um 1460) *in ripa Mylen, Milen*; LandschaftsN. 1212 *provincia que Milin dicitur*; ON. Mylau, Stadt im Vogtlandkreis (Sachsen), /ˈmīlə/, 1214 *de Milen*, 1321 *von Milein*, 1323 *castrum Mylin*, 1393 *sloz Melyn*, 1470 *Milau*, 1538 *Mylaw*; ON. Ober-Mylau (Stadt Mylau), 1431 *Obermelin*, 1440 *Obermilen*, 1464 *zcu Ubirn Milan*. – Grundform FlN. *Milin-, Etymologie wie ↗ Miele. – Ulbricht, *Saale*, S. 249; Eichler/Walther, *HONBSachsen* II, S. 70 f.

N

Naab, die l.z. Donau, entsteht bei Luhe-Wildenau (Lkr. Neustadt a.d. Waldnaab, Bayern, D) aus der Vereinigung von Heidenaab (auch *Haidenaab*) von rechts und Waldnaab von links, mündet nach 165km bei Regensburg (Mariaort). Weitere Quellbäche: Fichtelnaab (aus dem Fichtelgebirge), r.z. Waldnaab; Schweinnaab, r.z. Waldnaab; Dürrschweinnaab, indirekt zur Schweinnaab. – 883–887 *Napa*, ca.1006 *Naba*, 1199 *Nabe*, 1245 *Nab*, ca.1400 *pey der Nab*, 1546 *Naab*; ON. Nabburg (Lkr. Schwandorf, Bayern), 798 (Fälschung 11. Jh.) *Nappurch*, 929 *Nabepurg*, 1040 (Fälschung ca.1100) *Nabburg*, 1115–1126 *Nappurch*; AnwohnerN. (ahd.) *Nabauuinida* 'Wenden (Slawen) an der Naab', jetzt ON. Nabin (Gem. Grattersdorf, Lkr. Deggendorf, Bayern), 863 *villam ... Nabauuinida*, (1254 oder später) *Nawinden*, (1270–1272) *Nabinden*; ON. Nahwinden (Gem. Ilmtal, Ilm-Kreis, Thüringen), vor 1106 *Nabewinden*. Die Ortsnamen sind durch Umsiedlung von Naab-Wenden nach Niederbayern und Thüringen entstanden. – Grundform **Naba* < ig. **nobʰā*, ein vom ig. Verb **nebʰ-* 'feucht werden, bewölkt werden' abgeleitetes Nomen loci 'Ort, wo es feucht wird', der Lautwandel von ig. /vorgm. /-o-/ > /-a-/ könnte auf frühe Übernahme des Namens durch Germanen hindeuten. Bei Naab handelt es sich um einen ves.-ig. Namen, Parallelname *Naba*, Verbindung zwischen Jägel- und Stintsee (Lettland). *Naba* wird als Bestimmungswort auch im ON. †Nabau (Malzhausen, Gem. Langenmosen, Lkr. Neuburg-Schrobenhausen, Bayern), 12. Jh. (Kopie 16. Jh.) *iuxta Naba*, 1214–1218 (Kopie 1444) *Nabowe*, 1266 *Nabow* < mhd. **Nab-ouwe*, vermutet. – N.N., *HG.A.20*; Reitzenstein, *Oberbayern*, S. 111; Borchers, *Große Flüsse*, S. 41f.; Fischer, *Arnstadt und Ilmenau*, S. 48f.; Rix, *LIV*, S. 448; Hilble/Baumann-Oelwein, *Schrobenhausen*, S. 82; freundliche Hinweise von W.Janka (Regensburg/München) vom 20. 1. 2012.

Naaf, die (amtlich *Naafbach*), l.z. Agger (z. Sieg z. Rhein), entspringt aus zwei Quellbächen im Waldgebiet Heck (Bergisches Land) bei Siebelsnaaf und Abelsnaaf (Stadt Overath, Rheinisch-Bergischer Kreis, NRW, D), fließt durch Schommelsnaaf und Bixnaaf, mündet nach 22,7km unterhalb von Kreuznaaf (Stadt Lohmar, Rhein-Sieg-Kreis, NRW). – 1440 *in der Naaf*, 1555 *die Nave*; ON. Naafmühle (Stadt Lohmar), 13. Jh. *de Nafe*, 1582 *Nave*; ON. Blindenaaf (Stadt Overath), 13. Jh. *Blindenafe*; ON. Kreuznaaf (Stadt Lohmar), ON. Naaferberg (Stadt Lohmar). – Ausgangsform FlN. vorgm./alteurop. **Nau̯ā* ↗Nahe > **Nāfe*. Die lautliche Entwicklung entspricht der der Orts- und Flurnamen *Nāf*, *Nōf*, *Nēf* 'feuchte Mulde, nasses Wiesengelände' im Moselgebiet. – Faust, *HG.A.4*, S. 55; Barth, *Sieg und Ruhr*, S. 100; Kleiber, *Substrat*, S. 160–162.

Naarn, die l.z. Donau südlich von Baumgartenberg (O.-Ö., A). – /nā(d)n/ (mit Sekundärumlaut), 853 *inter Agastam et Nardinam*, um 900 *iuxta aquam ... Nardina*, 1139–41 (Kopie um 1335) *per aquam Naerden*, 1142 *inter Nerden et Tabra*. Das delta-artig verzweigte Mündungsgebiet heißt Machland (< **(i)m Achland*) 'von Flüssen durchzogenes Land'. ON. Markt Naarn (PB Perg, O.-Ö.), 823 (Fälschung 971-um 977) *Nardinum*, 983–91 (Kopie 1140–50) *ad Nardinam*, 1114 (Kopie um 1370) *Naerdin*, 1139 *de Narden*, 1147 (Insert 1234) *de Naerden*. – Ausgangsform **Nardina*, in der 2. Hälfte des 8. Jh. über urslaw. **Nardьnā* ins Bairische entlehnt. Der Name hat keine Parallelen und wird als ves.-ig. Name mit Bezug auf das lit. Verb *nárdyti* 'waten, wiederholt untertauchen' erklärt. Der Stamm **nard-* gehört vermutlich zum -d-Präsens (urig.**nérH-de-*) der Wurzel urig. **nerH-* 'untertauchen'. Die Bedeutung soll 'die wiederholt zu Durchwatende' (mit Bezug auf die im Machland zu durchquerenden Flussarme) sein. – Hausner/Schuster, *Namenbuch*, S. 777; Hohensinner/Wiesinger, *Perg und Freistadt*, S. 36f.; Rix, *LIV*, S. 454.

†Nablis bei Venantius Fortunatus VI 1, 75 (6./7. Jh. n.Chr.) genannter nicht genau lokalisierbarer Fluss, vielleicht alter Name der Unstrut (z. Thüringische Saale). Vergleichbar ist ON. l. Nabalia (Tacitus, hist. 5, 26,1), Fluss oder Siedlung im Stammesgebiet der Bataver (NL). – Grundform **Nabli-/*Nabali-* vermutlich gm. *l*-Ableitung von FlN. **Naba* (< ig. **nobʰā*, ↗Naab. – Ulbricht, *Saale*, S. 245; Walther, *Siedlungsgeschichte*, S. 229f, 311.

Nadernachbach l.z. Salzach (z. Inn z. Donau), entsteht am Nadernachjoch, entwässert den Nadernachgraben (Seitental des Oberpinzgauer Salzachtals), mündet in Krimml (PB Pinzgau, Salzburg, A). – 1318 *Nadernach*, ca.1350 *de Nadernach*, ca.1400–ca.1500 *De (N)Adernach*, 1495 *zu Nadernach*, 1570 *Nachdernnach*. – Grundform vielleicht FlN. **Nädeln-ach*, Kompositum mit dem Grundwort *-ach* 'Fließgewässer' und mhd. *nādel, nādle* stswF. 'Nadel, Bergspitze' als Bestimmungswort. – Straberger, *HG.A.9*, S. 81.

Nächstenbach   l.z. Sulzbächle (z. Schwalbenzahl z. Neue Weschnitz). ON. Weiler Nächstenbach (Stadt Weinheim, Rhein-Neckar-Kreis, B.-W, D), FlurN. Wüstnächstenbach, 12. Jh. *Nehestenbach*, 1381 *in der Nestenbach*, 1514 *Nenstenbach* (lies *Nehstenbach*?). – Grundform Zusammenrückung von mhd. *(in der) nehesten bach* 'der (von der Siedlung aus gesehen) am nahesten gelegene Bach' ↗Neesbach. – Geiger, *HG.A.2*, S. 94; Ramge, *Flurnamenbuch*, S. 694.

Näßlichbach   Oberlauf d. Birkigsbachs, l.z. Kinzig (z. Main z. Rhein), entspringt südöstlich von Linsengericht-Walsrode (Main-Kinzig-Kreis, Hessen, D). – 1496 *an das*(!) *Nesselbach, von dem Nesselbach an*; FlurN. Näßlichgrund. – *Näßlichbach* ist eine Klammerform **Näßlich(grund)bach*, die als Bestimmungswort den FlurN. Näßlichgrund enthält, der selbst ein Kompositum ist: Grundwort *Näßlich* n. < **Nessel-ich* 'Gegend, wo Nesseln vorkommen', von ↗Nessel- mit dem Suffix ahd. *-ahi* > *-ich*/*-ig* abgeleitet, vgl. die Flurnamen *Birkig, Weidich, Ehrlich, Sälich* usw. – Sperber, *HG.A.7*, S. 121; Bach, *Namenkunde* 1, S. 160 f.

Nafla, die   (auch *Nawlabach*), z. Ehbach (z. Rhein), entspringt in Göfis (PB Feldkirch, Vorarlberg, A), mündet bei Meiningen (PB Feldkirch). – 1393 *ze Nauenen, an die Nauen*, 1405 *in der Naffnen*, 1513 *in Naflen*. – Grundform (rom.) **Navena?*, mit *n*-Suffix abgeleitet vom vorromanischen Reliktwort rätorom. *náva* 'Mulde, Taleinschnitt', ↗Navisbach. – Geiger, *HG.A.2*, S. 94; Geiger, *Gewässernamenschichten*, 16, S. 239–243, 259.

Nagelbach   l.z. Hasselbach (z. Dürre Holzminde z. Holzminde) im Lkr. Holzminden (Niedersachsen, D). – 1587 *die Negelbecke*, 1603 *Am grossen Negelbeke*, 1745/46 (Kopie) *Grosse Nagelbach*; FlurN. 1587 *Negelbruch*. – Klammerform **Negel(bruch)beke*, das Bestimmungswort ist der FlurN. Negelbruch, der als Bestimmungswort mndd. *negel, negelken* '(Gewürz-) Nelke' enthält, ↗Nalbach. – Kramer, *HG.A.10*, S. 50.

Nagelgraben   l.z. Aurachgraben (z. Aurach z. Leitzach z. Mangfall z. Inn z. Donau) in Oberbayern, BergN. Nagelschneid, Nagelspitz. – Um 1456 *das egk auf in den Nagel*, 1559 *auf Naᵉgel*, 1575 *Nagl*, ca.1778 *auf den Nagel*. – Kompositum mit dem Grundwort *-graben* und BergN. *Nagel* als Bestimmungswort. – Dotter/Dotter, *HG.A.14*, S. 280.

Nagold, die   r.z. Enz (z. Neckar z. Rhein), entspringt im Schwarzwald bei Urnagold (Gem. Seewald, Lkr. Freudenstadt, B.-W., D), mündet nach 90km in Pforzheim (B.-W.). – 1075 *iuxta fluvium ... Nagaltha*, 1252 *in ripa ... Nagilte*, 1342 *uf der Nagelt*; LandschaftsN. 770 *Naglachgouue*, 1007 *Nagalgouue*, 1048 *Naglegowe*; ON. Nagold (Kr. Calw, B.-W.), 786 *in villa Nagaltuna*, 881 (Kopie 12. Jh.) *Nagalta*, 1005 *Nagelta* (und weitere Belege); BurgN. Hohennagold (Stadt Nagold). – Die älteste Form des Flussnamens ist (ahd.) **Nagla*, später mit Sprossvokal **Nagala*. Sie ist verbaut im LandschaftsN. 770 *Nagl-[achgouwe]*. Die Erwähnungen des Flusses in der Form *Nagaltha, Nagilte, Nagelt* gehen auf Übertragung des Ortsnamens auf den Fluss zurück. Der ON. *Nagalta* ist als Nominativ neu entwickelt worden zu dem vermeintlichen Gen./Dat./Akk. f. ahd. **Nagaltūn* (vgl. ahd. *zunga, zungūn*). Wenn *Nagaltuna* aus vorgm./kelt. **Naglo-dūnon* entstanden ist, dann könnte sich der Name auf die frühkeltische Fürstenburg auf dem Schlossberg in Nagold beziehen; kelt. **dūnon* bedeutet 'Hügel, Festung, Burg', also 'Festung an der Nagold'. Da aber das Bildungsmuster „vorgm. FlN. + -*tūn*" in der Alemannia (vor allem in der Schweiz) öfter vorkommt (vgl. *Langatun* ↗Langeten, *Murgatun* ↗Murg, *Mortun*(*-augia*) > Ortenau, *Oltun* > Olten, *Turbatun* > Turbenthal) muss auch die Möglichkeit einer Entlehnung von kelt. **dūnon* neutrum (über **dūna* > alem. **tūna*, umgedeutet als Femininum) durch die Alemannen erwogen werden. Sie könnten das Wort entlehnt haben, um die Herrensitze auf Anhöhen, die schon zu vorgeschichtlicher Zeit besiedelt waren, zu benennen, was auch auf **Naglatūna/Nagold* zutrifft. – Der FlN. **Nagla* ist voreinzelsprachlich-indogermanisch. Er lässt sich am besten erklären als Verbaladjektiv, das von der schwundstufigen Wurzel mit *l*-Suffix abgeleitet wurde: urig. *nh₂gʰ-ló-* > (vorgm.) **naglo-*, fem. **naglā*. Die Vollstufe des Verbs liegt vor in gr. *nḗchō* 'ich schwimme' (< ig. **nāgʰō*, urig.**neh₂gʰ-*). Die Grundbedeutung des FlN. *Nagold* war demnach wohl 'Gewässer, auf dem etwas schwimmen kann'. Der gleiche Name wie *Nagold* (< **Nagla*) liegt vor in: (966) 968 (Kopie Ende 10. Jh.) *ultra amnem Nakala*, 1138 (zu 1101) *apud Nagel*, 1082–1121 (Kopie 15.–16. Jh.) *ad Nagelo*, 1138 (zu 1101) *apud Nagel*, ehemals Gewässer und Eiland in der Umgebung von Urk (Overijsel, NL). In diesen Zusammenhang gehört auch der Name ↗Neile (< **Nagila*). – Schmid, *HG.A.1*, S. 80 f.; Köpf, *Nagold*, S. 20 f.; Greule, *Bewahrung*, S. 100–103; Rix, *LIV*, S. 572; Künzel/Blok/Verhoeff, *Lexicon*, S. 258.

Nahe, die
- ¹Nahe, l.z. Rhein, entspringt bei Nohfelden (Lkr. St. Wendel, Saarland, D), mündet nach etwa 125km in Bingen (Lkr. Mainz-Bingen, Rh.-Pf.). – /nō/, 104–110 (Kopie 11. Jh.) *pontem Navas* (lies *Navae*) (Tacitus), 370 (Kopie Ende 9. Jh.) *Nauam* (Ausonius), 763 (Kopie nach 1150) *super fluvium Naba*, 771 (Kopie 12. Jh.) *Nauua*, 1108 (Kopie 1268) *Naa*, 1152 *Nâ* (und weitere Belege), 1250 *Naha*, 1336 *in die Nahe*; GauN. 754 (Kopie 9. Jh.) *in pago Nafinsie*, 766/67 (Kopie 12. Jh.) *in pago Nachgowe* (und zahlreiche weitere Belege), 790 (Kopie 9. Jh.) *in pago Nauinse*, 835 (Kopie um 900 oder 10. Jh.) *in pago nauuinse*; ON. Nohfelden, 1285 *Navelden*, 1286 *Nauelden*, 1372 *Nafelden*. – Grundform (vorgm.) *$N\bar{a}u\bar{a}$ > ahd. *$N\bar{a}wa$, mit Ausfall des zwischenvokalischen /-w-/ und Abschwächung der Endsilbe > mhd. *$N\bar{a}e$, *$N\bar{a}$, *$N\bar{a}he$, amtlich Nahe. Der GauN. ahd. *Nachgowe* ist gekürzt aus *$N\bar{a}w$-achgowe*. Der ON. Nohfelden mit dem Grundwort -feld (im Dat. Pl.) hat als Bestimmungswort den Flussnamen in der mhd. Form *$N\bar{a}$. Die Grundform *$N\bar{a}u\bar{a}$ ist das Feminin des Adjektivs ig. *$n\bar{a}uo$- < urig. *$néh_2$-uo- vielleicht in der Bedeutung 'worin geschwommen werden kann', 'schiffbar', mit dem Suffix -uo- abgeleitet vom Verb urig. *neh_2- neben *$sneh_2$- 'baden, schwimmen'. *$N\bar{a}u\bar{a}$ ist wegen der Vernetzung mit den Namen ↗ Naaf ↗ Nau, River Noe (Derby, GB), vor 1300 *Noue*, mit ON. Broughon-Noe, römisch *Navium*, 1330 *Nowe*, und *Nóva* (zur Memel, Litauen) ein alteuropäischer Name, ↗ Nuhne ↗ Nagold. – Greule, *HG.A.15*, S. 73–77; Rix, *LIV*, S. 572f.; Watts, *EPN*, S. 439f.
- ²Nahe, r.z. Schleuse (z. Werra z. Weser), entspringt am Großen Finsterberg (Thüringer Wald), mündet in Schleusingen (Lkr. Hildburghausen, Thüringen, D). – 1587 *Die Hinternah*; ON. Hinternah (Gem. Nahetal-Waldau, Lkr. Hildburghausen), (1189) *Hindirnahe*, 1212 *Hindirnah*. – Mhd. *(ze der) hinteren ahe*, mit falscher Abtrennung: Nahe. – Sperber, *HG.A.5*, S. 75.

Nahmerbach (auch *die Nahmer*), l.z. Lenne (z. Ruhr z. Rhein), entspringt bei Nachrodt-Wiblingswerde (Märkischer Kreis, NRW, D), mündet in Hohenlimburg (Stadt Hagen, NRW), ON. Nahmer, StraßenN. Obernahmer (Hohenlimburg). – Die Rückführung auf eine Ausgangsform *$Namara$ ist ohne historische Belege spekulativ, ebenso die Verbindung mit dem Stationsnamen l. *Namare* in Noricum (Tabula Peutingeriana). – Schmidt, *HG.A.6*, S. 55; Schmidt, *Wupper und Lippe*, S. 79; Barth, *Sieg und Ruhr*, S. 161.

Naifbach it. Rio di Nòva (im Unterlauf auch *Rametzbach*), l.z. Etsch, entspringt am Ifinger (2581m) im Haflinger Gebiet, fließt durch die Talschlucht *die Naif*, mündet unterhalb von Meran (Prov. Bozen/Südtirol, I.). – /nåafpach/, ON. (in Obermais, Stadt Meran), 857 (Kopie) *vineam unam in loco ... Aniues*, um 1770 *Naif Thal u. Ba.*, um 1845 *Naifthal, Naiferbach*. – Die Deutung des Namens ist unsicher. Falls der Beleg 857 (Kopie) *Aniues* als lat. *ad níves* (mit agglutinierter Präposition) 'im Schneegebiet' (gemeint ist der Ifinger) gelesen werden kann, gibt die Schreibung <Naif> die räto-rom. Form (*naif* < *$neive$ 'Schnee') wieder; in der bairischen Mundart wurde /ai/ durch /åa/ ersetzt. – Kühebacher, *Ortsnamen* 2, S. 210; Hausner/Schuster, *Namenbuch*, S. 777 (mit anderer Deutung: vorröm. *$niv\bar{a}$ 'Feld, Flur').

Nalbach r.z. Prims (z. Saar z. Mosel z. Rhein). – ON. Nahlbach (Lkr. Saarlouis, Saarland, D), 1036 (Fälschung 13. Jh.) *Nagalbach*, 1048 (Kopie 14. Jh.) *Nagelbach*, 1071 *Nagelbahc*, 1098 *in Nagelbach*, 1154 *Nalbach*, 1170 *Nahelbach*, 1335 (Kopie 14. Jh.) *Naylbach*, 1336 *Nailbach*. – Grundform mhd. *Nagelbach*, Kompositum mit dem Grundwort -bach und mhd. *nagel* 'Gewürznelke' als Bestimmungswort, ↗ Nagelbach. *Nagelbach* wurde durch Kontraktion der Lautgruppe /-age-/ > /-ā-/ zu Nalbach /nālbax/ gekürzt. – Spang, *HG.A.13*, S. 53.

Nandelsbach l.z. Pfettrach (z. Isar z. Donau). – 815 *ubi Nandolvespach cadit*. – Kompositum mit dem Grundwort ahd. *aha* 'Fließgewässer' und dem Genitiv des PN. ahd. *Nandolf* (*$Nandolfes$-) als Bestimmungswort 'Bach des Nandolf'. – Snyder, *HG.A.3*, S. 72.

Napte, die (auch *Napke, Natte*) l.z. Emmer (z. Weser), entspringt in Horn-Bad Meinberg (Kreis Lippe, NRW, D), mündet in Wöbbel (Stadt Schieder-Schwalenberg, Kreis Lippe). – 1535 (Regest) *an der Napte*, 1539 (Regest) *auf der Napte*, 1678 (Kopie, Regest) *an der Napte*, 1776 (Regest) *an der Nappe*, 1790 *Die Napte*. – Die fast ausschließlich aus Regesten stammenden Belege ermöglichen keine sichere Deutung, vielleicht liegt mndd. *Nat-beke* (> *Napke, Natte* usw.) ↗ Nathe zugrunde. – Kramer, *HG.A.10*, S. 50.

Nassach, die
- ¹Nassach (auch *Nassenbach*), r.z. Fils (z. Neckar z. Rhein), mündet östlich von Ebersbach (Lkr. Göppingen, B.-W., D). – 1476 *an der Nassach*, ON. Nassach/Unterhütt (Stadt Uhingen, Lkr. Göppingen), /násiχ, násax/, 1245 *in Naszach*, 1504 *in der Nassach*, 1523 *im Nassach*; ON. Nassachmühle (Stadt Uhingen), 1561 *Nassenmilin*, 1615 *Nassenmühlin*; FlurN. 1264 *Nazzach*, 1496–1523 *in Naßach*. – Schmid, *HG.A.1*, S. 81; Reichardt, *Göppingen*, S. 154f.
- ²Nassach, l.z. Winterlauter (z. Lauter z. Murr z. Neckar z. Rhein). – ON. Nassach (Gem. Spiegelberg,

Rems-Murr-Kreis, B.-W., D), /násiχ/, 1555 *Nassach*, *Nasach*, 1633 (Kopie 18. Jh.) *Naßach*, 1776 *Nassach*. – Schmid, *HG.A.1*, S. 81; Reichardt, *Rems-Murr-Kreis*, S. 237 f.

– ³Nassach, r.z. Main (z. Rhein), entspringt bei Nassach (Gem. Aidhausen, Lkr. Haßberge, Bayern, D), mündet bei Haßfurt (Lkr. Haßberge). – ON. Nassach, 1317 *Nazza*, 1367 *zu Nazzach*, 1369 *Nidern Nazzawe*, 1400 *Nassach*. – Sperber, *HG.A.7*, S. 121. Grundform *Nazzach* 'Nesselbach', Kompositum mit dem Grundwort ahd. *aha* 'Fließgewässer' und ahd. *nazza* (neben *nezzila*), norw. *nata* '(Brenn)nessel' als Bestimmungswort.

Nassauer Bach r.z. Tauber (z. Main z. Rhein), wird im Nassauer See zwischen Bad Mergentheim (Main-Tauber-Kreis, B.-W., D) und Rotenburg ob der Tauber (Lkr. Ansbach, Bayern) aufgestaut, mündet in Schäftersheim (Stadt Weikersheim, Main-Tauber-Kreis). – Wortgruppe mit dem Adjektiv des ON. Nassau (Stadt Weikersheim), 1103 *Nassaha*, 1218 *de Nazza*, 1265 *apud Nazza*. Auszugehen ist vom FlN. ahd. *Nazzaha*, wozu der ON. ahd. *Nazzouwe* > *Nassau* 'Siedlung an der Nassach' gebildet wurde; Deutung ↗ Nassach. – Sperber, *HG.A.7*, S. 121.

Nasse, die

– ¹Nasse, Feuchtgebiet an der Ahr bei Kematen (Gem. Sand in Taufers, Prov. Bozen/Südtirol, I.). – /di nå̊se aue/, /di nå̊se/, 1660, um 1770 *Nass*. – Kurzform für *Nasse Aue*, vgl. ON. Nassau (Rhein-Lahn-Kreis, Rh.-Pf., D), 915 *Nassouwa*, 1158 *Nassoue*, 1197 *de Nassowen* (und weitere Belege) für ahd. *Nazzouwe*? – Kühebacher, *Ortsnamen*, 2, S. 48; Faust, *HG.A.4*, S. 55 f.

– ²Nasse, r.z. Leine (z. Helme z. Unstrut z. Thüringische Saale z. Elbe). – 1341 *Nassa*. – Keine sichere Deutung möglich, vielleicht < gm. *Natō* ↗ Notte. – Ulbricht, *Saale*, S. 181, 202; Walther, *Siedlungsgeschichte 1971*, S. 257.

Nate Name des Mühlbachs (z. Ilmenau z. Elme) in Natendorf in der Lüneburger Heide (Lkr. Uelzen, Niedersachsen, D). – /natbǣk/, ON. Natendorf, /notndörp/, 1192 (Kopie 14. Jh.) *in notendorpe*, 1367 *Notendorpe* (und weitere Belege), Ende 14. Jh. *Natendorp*, 1564 *Natendorppf*, ON. Rockenmühle (Gem. Jelmsdorf, Lkr. Uelzen), 1330 *Natenemole*, 1330/52 *nathe mole*. – Ausgangsform FlN. (as.) *Natana* ↗ Nathe als Bestimmungswort in den ON. Natenemole und *Natendorp*. – Udolph, *HG.A.16*, S. 244.

Nathe, die l.z. Hahle (z. Rhume z. Leine z. Aller z. Weser), mündet bei Duderstadt (Lkr. Göttingen, Niedersachsen, D). – /noatn/, 1477 *twuschen der Nathe unde ...*, 1490 *twischen der nathen und der haale*, 1512 *an der nate, an der naten, up der Nathen*, 1519 *up der nathen, jesyth der nathe* (und weitere Belege); FlurN. Nathenfeld, Nathenwiese. – Grundform (as.) *Natana*, *-n-*Ableitung von gm. *nata-*, as., mndd. *nat* 'nass, wasserreich', ↗ Notter. Parallelnamen (*Natana* neben *Natina* > *Netene*): ON. Nateln (Gem. Rosche, Lkr. Uelzen, Niedersachsen, D), 1131 *Natene*; FlN. la Nethen, z. Dyle, mit ON. Nethen (Région wallonne, Prov. Brabant Wallon, B), 1147 (Kopie 13. Jh.) *Netines*; FlN. Natagne, r.z. Obrion (Dep. Meurthe-et-Moselle, F) < *Natania*; ON. (nicht lokalisierbar) 968–969 (Kopie 15. Jh.) *Natinun*. – Kettner, *HG.A.8*, S. 87 f.; Udolph, *HG.A.16*, S. 245; Herbillon, *Wallonie*, S. 114; Casemir/Ohainski, *Niedersächsische Orte*, S. 125.

Natters (auch *Nattersbach*), l. Quellfluss d. Pielach (z. Donau) (N.-Ö., A). – /ˈnādɐs/, 1388 *Nåters*, 1449 *Nåters*. – Ausgangsform ves.-ig. *Natira* > slaw. *Natьr-ica* > ahd. *Natiriza* > mhd. *Näterz*, *r-*Ableitung von einem Stamm *nati-* ↗ Netze. Vergleichbar sind die ON. Natters (südwestlich von Innsbruck, Tirol, A), 1133–48 *de Naters*, 1148–56 *Nåters*, *Natris*, ca.1150 *in pago Nateres*; ON. Naters (Kanton Wallis, CH), 1018 *Nares*, 1079 *Natres* (< *Natro-*), und ON. Naturns, nordwestlich von Meran (Prov. Bozen/Südtirol, I.), 1188 (Transsumt 1218) *in Naturnis* (< *Natur-no-*). – Wiesinger, *Kontinuität*, S. 284 f.; Anreiter, *Breonen*, S. 52 f.; Hausner/Schuster, *Namenbuch*, S. 779 f.; Kristol, *LSG*, S. 636.

Nau, die l.z. Donau, entspringt im Nordwesten von Langenau (Alb-Donau-Kreis, B.-W., D), mündet im Günzburger Donauwald (Lkr. Günzburg, Bayern, D). – 367 *die Nauw*; ON. Langenau, /laŋə nɑ́o/, 1003 *Nâvua* (dorsual: *Nawae*), (1143) *in Nawe*, 1150 *de Nawa*, 1158 *villam Nawin*, 13. Jh. *Na^uwe*, *Nauwe*, *Navve*, *Naw*, 1576/85 *Lanngenaw*, 1710 *Langenau*. – Grundform FlN. (vorgm., alteurop.) *Nāu̯a*, ↗ Nahe ↗ Naaf. – N.N., *HG.A.20*; Reichardt, *Alb-Donau-Kreis*, S. 182–184.

† Navigisa alter Name des Hardenberger Bachs, l.z. Deilbach (z. Baldeney-See z. Ruhr z. Rhein), mündet in Langenberg (Stadt Velbert, Kreis Mettman, NRW, D). – 875 (Kopie 12. oder 13. Jh.) *Neuigisa*, 10./11. Jh. (Kopie 12. Jh.) *iuxta rivulum Navigisa*, 11. Jh. (Kopie 12. Jh.) *Thithelam ... et Nauegisam*; ON. Neviges (Stadt Velbert), 12. Jh. *Nauagis*, 1345 *van Nevegijs*, 1355 *Neuegheis*, *Neuegeis*, 1362 *Neuegeis*, 15. Jh. *Nevijs*, 1402 *Neveges*, 1409, um 1412 *Nevegis*, 1434 *Neviges*, 1474–77 *Neves*, um 1500 *Neviges* (und weitere Belege); WaldN. 1383 *Nevegisser Walt*. – Vermutlich Kompositum mit *-gīs-/*-gis*- wie in 904 *Humilgise*, jetzt ON. Himmelgeist bei Düsseldorf (NRW), 8. Jh. *Widergisa*, jetzt ON. Würges (Lkr. Limburg-Weilburg,

Hessen), 959 *Widhergis*, jetzt Wirges bei Montabaur (Westerwaldkreis, Rh.-Pf.), 1081 *Wirigis*, jetzt Würgassen (Stadt Beverungen, Kreis Höxter, NRW), als Grundwort, ablautend zu gm. **gais-* 'antreiben, lebhaft bewegen, bewegt sein', ↗Geisa ↗Giesel ↗† Nitigis. Das Bestimmungswort ist **Nav-* wie in ↗Navisbach ↗Nafla. – Schmidt, *HG.A.6*, S. 55; Bach, *Namenkunde* 1, S. 277; Barth, *Sieg und Ruhr*, S. 37, 142f.

Navisbach r.z. Sill (z. Inn z. Donau), entspringt in den Tuxer Alpen (Tirol, A), bildet das Navistal, mündet bei Steinach am Brenner (Bez. Innsbruck Land, Tirol), ON. Navis (Bez. Innsbruck-Land). – ON. /nafís/, 1288, 1300 *Navisse*, ca.1400 *Nauisse*, *Nauiss*. – Grundform **Navisi̯a*, abgeleitet von vorröm. **nava* 'Ebene, die von Geländeerhebungen gesäumt ist', räto-rom. *náva* 'Mulde, Taleinschnitt', span. *nava* 'Talebene', vgl. ON. Nafen (Gem. Villnöß, Prov. Bozen/ Südtirol, I.), 1281 *de Naven*, mundartlich /noofn/. Unklar ist, ob auch das moselrom. Reliktwort Naaf/ Noof/Neef (< **nava*) hierher gehört, womit die Klärung der Etymologie zusammenhängt. Wenn das vorrom. Reliktwort ebenfalls auf **nāva* zurückgeht, könnte der alteuropäische Name **Nāu̯ā* ↗Nahe zur Klärung beitragen. – Anreiter/Chapman/Rampl, *Gemeindenamen*, S. 165 (< ig. **novā* 'Neuland, neu bestelltes Ackerland'), Kühebacher, *Ortsnamen*, 1, S. 270; Stricker/Banzer/Hilbe, *Liechtensteiner Namenbuch*, 5, S. 374; Kleiber, *Substrat*, S. 160–162.

Nebel, die r.z. Warnow (z. Ostsee), entspringt dem Malkwitzer See (Gem. Hohen Wangelin, Lkr. Mecklenburgische Seenplatte, M.-V., D), verläuft durch waldreiche Landschaft und durch moorig-sumpfige Gebiete, mündet in Bützow (Lkr. Rostock, M.-V.). – 1189 *aquae ... Nebula*. – Grundform gm. **Nebulō* f. > slaw. **Nebъla* > *Nebel*, Benennung nach der trüben, nebelartigen Färbung der Gewässer, gm. **nebula-* m. bedeutet sowohl 'Nebel' als auch 'Dunkelheit', awn. *njól(a)* f. (< **niuwul*) 'Nebel, Nacht', ae. *neowol*, *nifol* u.ä. 'dunkel', ↗Niebel. – Schlimpert, *Überlieferung*, S. 28.

Nebelbach l.z. Klosterbach (z. Donau) bei Gremheim (Gem. Schwenningen, Lkr. Dillingen an der Donau, Bayern, D). – 1493 *die Ebel*, *Ebelbrugk*, 1515 *Eblen*, 1560 *Ebel*, 1599 *Ebelfl.*, 1642 *Eble*. – Grundform **Abila* < kelt. **Abela*, *l*-Ableitung von kelt. **ab-* 'Wasser', ↗Ablach ↗† Abelica. Spät wird *Ebel* zu *Nebel-* verdeutlicht; das prothetische N- kann auch sprechsprachlich aus der Fügung */an Ebel/* hervorgegangen sein. – N.N., *HG.A.20*; Seitz, *Dillingen*, S. 140.

Neckar, der lat. *Nicer*. – 765 (Kopie 12. Jh.) *Neckar*, 856 *Neckar*, 1087–1091 *Nekker*, 1296 *Necker*, 1311 *Negger*. – *Neckar* wird auf ig. **Nikros* zurückgeführt, ein mit *r*-Suffix von der Schwundstufe des ig. Verbs **neik-* 'sich erheben' abgeleitetes Verbaladjektiv (ig. **nik-ró-s*) mit der vermutlichen Bedeutung 'der vorwärts drängende/sich erhebende (Fluss)'. ON. Neckargemünd (Stadt, Rhein-Neckar-Kreis, B.-W., D), 988 (Kopie ca.1150) *Gemundi*, 1237–1254 *Gamundia*, 1286 (Kopie) *Gamundie iuxta fluvium Neckarum*, 1346 *Neckargemünden*, 1410 *Gemunde off dem Necker*, 1496 *Neckhergmindt*; Kompositum mit dem Grundwort ahd. *gimundi*, mhd. *gemünde* und dem FlN. (der) *Neckar*; ↗Necker. – Schmid, *HG.A.1*, S. 81–84; Krahe, *UäFlNN*, S. 97f.; Rix, *LIV*, S. 451.

Necker, der r.z. Thur (z. Rhein), entspringt in der Nähe der Schlucht Ofenloch (zwischen Toggenburg und Appenzell Ausserrhoden, CH), mündet nach 31km bei Lütisburg (Kanton St. Gallen, CH). – /nɛkχər/, 14./15. Jh. *in den Neker*, 1409 *vom Neker*, 1435 *an den Neker*, 1451 *uff dem Nëcker*, *an den Nëcker*, 1452, 1456 *an den Neker*, 1457 *untz an Neker*, 1686, 1714 *Necar*, 1784 *Neccar*; ON. Neckertal (Kanton St. Gallen), 1222 *in Nekartal*, 1399 *daz Näkkertal*, 1423 *in dem Näkertal*, 1431 *in dem Nekkertal*, 1437 *im Näkertal*, 1440 *im Neckertal* (und weitere Belege). – Frühe Übertragung des Namens ↗Neckar oder Parallelname (< vorgm.**Nikros*) zu Neckar. – Greule, *Oberrhein*, S. 141–143.

Neerdar, die l.z. Wilde Aa (Aar) (z. Orke z. Eder z. Fulda z. Weser), entspringt im Hochsauerlandkreis (NRW, D), mündet unterhalb von Alleringhausen (Stadt Korbach, Lkr. Waldeck-Frankenberg, Hessen). – ON. Neerdar (Stadt Willingen, Lkr. Waldeck-Frankenberg), 1244 *Neyrthere*, 1530 *Nerdera*. – Grundform mndd. **Nërthere* < gm. **NerÞarō?*, mit *r*-Suffix abgeleitet von gm. **nerÞa-* 'stark, Stärke', vgl. den Namen der germanischen Gottheit *Nerthus* (Tacitus, Germania 40); gm. **nerÞa-* entspricht genau urkelt. **nerto-* 'Stärke, Macht', keltiberischer ON. *Nerto-briga* (Zaragoza, E). Das Benennungsmotiv des Flussnamens dürfte die Wassergewalt gewesen sein, was aber nur Sinn macht, wenn es sich bei *Neerdar* um den verdrängten ursprünglichen Namen der Wilden Aa/Aar handelt. – Sperber, *HG.A.5*, S. 75; Pokorny, *IEW*, S. 765; Matasović, *Proto-Celtic*, S. 289.

Neesbach, die l.z. Wörsbach (z. Emsbach z. Lahn z. Rhein). – (1380–81) *Nestebechir baich*, 1482 *die Neeste wider*; ON. Neesbach (Gem. Hünfelden, Lkr. Limburg-Weilburg, Hessen, D), um 750–79 (Kopie) *Neistinbach*, 1235 *Nestebach* (und weitere Belege), 1323, 1329 *Neystebach*, 1370 *Neistebach*, 1388 *Neestenbach*, 1409 *Neistbach*, 1452 *Neßbach*, 1575 *Nesbach*. – Grundform mhd. **Nēstenbach* kontrahiert < **Nehestenbach*, ↗Nächstenbach. **Nēstenbach* wurde durch Synkope > **Nēsbach* gekürzt. – Faust, *HG.A.4*, S. 57.

Neetze, die r.z. Ilmenau (z. Elbe), entspringt im Staatsforst Göhrde südöstlich von Dahlenburg (Lkr. Lüneburg, Niedersachsen, D), mündet nach 53km östlich von Winsen (Luhe) (Lkr. Harburg, Niedersachsen). – 1271, 1275 *Necessen* (lies *Netessen*?), 1288 *Netze* (und weitere Belege); ON. Neetze (Lkr. Lüneburg), 1205 *Netisse*, 1282 *Netesse*, 1289 *de Netze*, 1289 *de Netze* (und weitere Belege). – Grundform as. **Netisse, Netesse* < gm. *Natisjō, Ableitung mit dem Suffix gm. *-*isjō* vom Adjektiv gm. **nata-* 'nass' mit der Bedeutung 'nasse Stelle, Gegend'; mndd. *Netesse* wird nach Synkope > **Netse, Netze* gekürzt. – Udolph, *HG.A.16*, S. 245.

Neger, die

– ¹Neger, l.z. Ruhr (z. Rhein), entspringt im Rothaargebirge auf 722m nordöstlich von Rehsiepen (Stadt Schmallenberg, Hochsauerlandkreis, NRW, D), mündet bei Steinhelle (Stadt Olsberg, Hochsauerlandkreis). – 1694 *fl. Neger*; ON. †Neger, um 1310 *Negere*, 1313 *in Neyere*, 1380 *uff der Neyger*, 14. Jh. *Neghere*, 1441 *neger*, 1566 *Negerkerchen*. – Schmid, *HG.A.6*, S. 55; Barth, *Sieg und Ruhr*, S. 161.

– ²Neger (auch *Negerbach*), r.z. Bieke (z. Bigge z. Lenne z. Ruhr z. Rhein), entspringt im Ebbegebirge nahe Olpe-Neger (Kreis Olpe, NRW, D), mündet westlich von Olpe-Neger. – 1555 *di Neger*; ON. (Ober-, Mittel-, Unter-)Neger (Stadt Olpe), (9. Jh.) *Nagiri*, 1338 *in neghere*, 16. Jh. *Neger*. – Schmid, *HG.A.6*, S. 99; Barth, *Sieg und Ruhr*, S. 161.

Grundform (as.) *Negira, mndd. *Nēger, *r*-Ableitung von gm.(?) **nag-i-* < ig. **nagʰ-*, urig. **nh₂gʰ-*, durch Suffixbetonung herbeigeführte Schwundstufe des Verbstamms urig. **néh₂gʰ-* 'baden, schwimmen', ⁊ Nagold. Wie bei ⁊ Neile (< *Nagila) ist die weitere Etymologie unklar.

Nehmitzsee nordöstlich von Rheinsberg im Lkr. Oberhavel (Brandenburg, D). – 1530 *der Neimitz*, 1590 *Nemitz*, 1786–87 *die Seen Neemitz ... den großen Nemiz, den kleinen Nemiz*, 1788 *Nehmitzsee*; ON. Nehmitz (Stadt Rheinsberg, Lkr. Ostprignitz-Ruppin, Brandenburg). – Grundform apolab. *Němica, abgeleitet von **něm-* 'stumm', Benennungsmotiv: ein besonders ruhiger See. – Wauer, *HG.A.17*, S. 121; Fischer, *BNB 10*, S. 191.

Neide, die poln. *Nida*, r.z. Weichsel. – 1343 *Nyda*, 1381 *Nide*, 1420 *Neyde*; ON. Neidenburg, poln. Nidzica (Woiwodschaft Ermland-Masuren, PL). – Grundform vorslaw. (alteurop.) FlN. *Nidā, ⁊ Nidda ⁊ Nied. – Krahe, *UäFlNN*, S. 48.

Neiding l.z. Elsoff (z. Eder z. Fulda z. Weser), mündet unterhalb von Diedenshausen (Stadt Bad Berleburg, Kreis Siegen-Wittgenstein, NRW, D). 1665, 1718 *über das bächlein Neiding*, FlurN. 1561 *in den Neidingsgrundt, dem Neidingsgrunde*, 1785 *über den Grund im Neuding, über der Neudingswiese*. – Rückbildung aus dem FlurN. *Neidingsgrund*, der als Bestimmungswort den Genitiv des PN. *Neiding* enthält. – Sperber, *HG.A.5*, S. 75.

Neidernach, die l.z. Loisach (z. Isar z. Donau). – 1446 *in der Nydernach*. – Grundform mhd. *Nīderenach, Kompositum mit dem Grundwort mhd. *ache* 'Fließgewässer' und dem Genitiv des PN. ahd. *Nīdaro (Gen. **Nīdaren-*) als Bestimmungswort, 'Fluss des *Nīdaro'. – Snyder, *HG.A.3*, S. 72.

Neile l.z. Innerste (z. Leine z. Aller z. Weser), entspringt im Harz westlich der Innerstetalsperre, mündet bei Alt Wallmoden (Gem. Wallmoden, Lkr. Goslar, Niedersachsen, D). – (1355) (Kopie 16. Jh.) *over de Neyle*, 1458 *de neyle*, 1510 *de nele*, 1548 *de Neile* (und weitere Belege), 1756 *die Neule*; BergN. Neilenberg, 1181 *Neilenberch*. – Grundform *Nagila > (as.) *Neila, mndd. *Nēle, schriftsprachlich *Neile*, zur Etymologie ⁊ Nagold. – Kettner, *HG.A.8*, S. 88; Kettner, *Leine*, S. 207.

Neiße, die poln. *Nysa*: a) Lausitzer/Görlitzer Neiße, l.z. Oder (CZ, PL), 1241 *Niza, Nizza*; b) Wütende Neiße, r.z. Kaczawa (z. Oder), 1423 *iuxta Nyssam* (bezieht sich auf die Kaczawa); c) Kleine Neiße, l.z. Wütende Neiße in deren Mittellauf; d) Glatzer Neiße, l.z. Oder, 981 *iuxta flumen nomine Nizzam*; ON. Neisse/Nysa (Woiwodschaft Opole, PL), 1018 *provinciam Nice*, 1217 *de Niza*. – Zugrunde liegt ves.-ig. *Neidsā, das nach typisch germanischen Lautwandlungen (/-ei-/ > /- ī-/, /-ts-/ > /-ss-/, nach Langvokal > /-s-/) als *Nīsa von slawisch sprechenden Siedlern als <Nizza, Niza> übernommen und in deutscher Sprache mit Diphthongierung zu *Neiße* wurde. *Neid-sā ist eine nominale *s*-Ableitung zum Präsensstamm der Verbalwurzel ig. **neid-* 'strömen' mit der vermutlichen Bedeutung 'Gewässer mit Strömung'; vergleichbar ist ig. **ueid-s-o-* > gm. **wīsa-* 'weise' (< 'sehend'). – Udolph, *Gewässernamen Polens*, S. 193–198; Rix, *LIV*, S. 449.

Nemphe, die r.z. Eder (z. Fulda z. Weser), entspringt im Burgwald, mündet in Frankenberg (Lkr. Waldeck-Frankenberg, Hessen, D). – ON. †Nedeffe, 1243 *Netphe*, 1336 *Nedeffe*. – Grundform vermutlich (ahd.) *Nidaffa > *Nedeffe*, mit Synkope *Nedfe, assimiliert *Nemfe, Kompositum mit dem Grundwort ⁊ affa (< gm. *apa) und ahd. *nida* 'unterhalb' als Bestimmungswort. – Sperber, *HG.A.5*, S. 75.

Nesenbach l.z. Neckar (z. Rhein), entspringt in Vaihingen, mündet in Stuttgart (B.-W., D), heute kanalisiert. Für den Nesenbach sind außer *Nesenbach* (zuerst diminuiert 1503 *am Nesenbechlin*), /ˈnêsəbaχ/ (/ê/ lang), mehrere andere teils wechselnde Abschnittsnamen bezeugt. Als Bestimmungswort für das Kompositum *Nesen-bach* wurde der Genitiv des Namens einer Anwohnerin *Nēs (gekürzt < *Agnes*) vorgeschlagen. – Schmid, *HG.A.1*, S. 84; Dölker, *Stuttgart*, S. 82–87.

Nessa (auch *Nesse*), l.z. Rippach (z. Thüringische Saale). – 1068 *fluuium ... Nezza*; ON. Nessa (Stadt Teuchern, Burgenlandkreis, S.-A., D), /nasə/, 1171, 1174 *de Nezze*. – Deutung wie ↗¹Nesse mit sekundärer Ortsnamenendung -*a*. – Ulbricht, *Saale*, S. 202; Eichler/Walther, *Untersuchungen*, S. 95, 231 f.

Nesse, die
– ¹Nesse, r.z. Hörsel (z. Werra z. Weser), ein typischer Flachlandfluss mit geringem Gefälle, entsteht westlich von Erfurt (Thüringen, D) durch den Zusammenfluss von Entwässerungs- und Quellgräben, fließt durch die Landkreise Gotha und Wartburgkreis, mündet nach 54,5 km bei Eisenach (Thüringen). – 1351 *in den agang der Nezze*, 1379 *die nezze, die necze, die necza*, 1388 *Dye neße*, 1411 *uf dy neße*, 1430 *by der neße*, 1432 *an der nesze gelegen*, 1451 *an der Nesse gelegen* (und weitere Belege); ON. Nesse-Mühle (Eisenach), 1310 *de Nezze*, 1317 *de Nezse*, 1342 *de Nezze* (und weitere Belege). – Grundform mhd. *Nezze* mit der Bedeutung 'Feuchtgebiet'< ahd. *nazi* 'Feuchtigkeit, Nässe, Wasser', Kollektivbildung mit dem Suffix gm. -*ī* von gm. Adj. *nata-* 'nass'. – Sperber, *HG.A.5*, S. 75 f.
– ²† Nesse, jetzt Brüggenesse, l.z. Königsbach (z. Diestel z. Emmer z. Weser), fließt bei Istrup (Stadt Blomberg, Kreis Lippe, NRW, D). – 1790 *Die Brüggenesse*; ON. † Nesse, ehemalige Wasserburg vermutlich südöstlich von Istrup, 1375 (Kopie Ende 15. Jh.) *to Nesse*, um 1409 *van Nesse*, 1411 *uan Nesse*, 1482 *dat Water to Nesse*, 1499 *to Nesse*, 1502 *to Nessen*, 1506 *tom Nesse*, 1561 *tho Nesse*. – Übertragung des Geländenamens *Nesse* (< gm. *nasja-* m., n., mndl. *nesse*, *nes* f., ostfries. *nesse*, ae. *næs(s)*, awn. *nes* 'steile Küste, Halbinsel, Landzunge') auf den Fluss. – Kramer, *HG.A.10*, S. 10; Meineke, *Lippe*, S. 362; Orel, *Handbook*, S. 281.

Nessel-/Neßl- -*ach*, -*bach*, -*brunnen*, -*graben*, -*pfuhl*, -*tal-graben*, z. B. Nesselbach, l.z. Aisch (z. Regnitz z. Main z. Rhein) mit ON. Obernesselbach, Unternessselbach (Stadt Neustadt a.d. Aisch, Lkr. Neustadt a.d. Aisch-Bad Windsheim, Bayern, D), 8./9. Jh. (Kopie) *Nezzelbach*, 1243 *Nescelbach*, 1328 *Nezzelbach*, 1349 *Unternesselbach*. Bestimmungswort ist ahd. *nezzila*, as. *netila*, mhd. *nezzel*, mndd. *nettele*, nhd. *die Nessel* 'Brennnessel', ↗ Näßlichbach ↗ Nettel-. – Sperber, *HG.A.7*, S. 121.

Nessenbach l.z. Pegnitz (z. Regnitz z. Main z. Rhein), mündet bei Lauf a.d. Pegnitz (Lkr. Nürnberger Land, Bayern, D). – 1. Hälfte 15. Jh. *am Nessenbach*; StraßenN. Am Nessenbach, ON. Nessenmühle, ON. Schönberger Nässenau, Laufer Nässenau (Lauf a.d. Pegnitz). 1. Hälfte 15. Jh. *Nesenaw, dy Nassenawᵉ*. – Klammerform *Nessen(au)bach*, das Bestimmungswort *Nässenau* < mhd. *Nezzenouwe* < (ahd.) *zi nezzin ouwe* 'an der nassen Au'. – Sperber, *HG.A.7*, S. 122.

Nethe, die l.z. Weser, entspringt am Osthang des Eggegebirges in Neuenheerse (Stadt Bad Driburg, Kreis Höxter, NRW, D), mündet nach 50 km bei Godelheim (Stadt Höxter). – 1326 *in fluviis sive rivis Nethe ...*, 1460 *in de Nete, de Nete*, 1490 *by der Nete*; GauN. † Nethegau, 940 (Kopie Mitte 10. Jh.) *in pago Netga*, 965 (Fälschung?) *in pago Nithega*, 1021 *Netga*, 1032 *Netega*, 1033 *Netgo*; ON. Im Nethefelde (Stadt Brakel, Kreis Höxter). – Grundform as. *Neta* < gm. *Nitō f. mit Senkung von gm. /i/ > /e/ vor /a/ bzw. /ō/. *Nitō ist germanisches Pendant des alteuropäischen Namens ig. *Nidā ↗⁵Nette. Germanische Parallelnamen: Nete, frz. la Nèthe, entsteht aus Großer und Kleiner Nete, z. Rupel bei Rumpst (Prov. Antwerpen, B), 726 *Hnita*, 1008 *ambo Nitae*; Neta, Fluss in Norwegen. – Kramer, *HG.A.10*, S. 51.

Netphe, die /netfə/ (auch *Netphebach*), r.z. Sieg (z. Rhein), entspringt im Rothaargebirge südöstlich von Sohlbach (Stadt Netphen, Kreis Siegen-Wittgenstein, NRW, D), mündet in der Stadt Netphen. – 1461 *uff der Netphe*, 1687 *die alte Netfe*; ON. Netphen, 1239 *in Neppe*, 1257 *de Netphe*, 1294, 1303 *in Netphe*, 1319 *zu Netphe*, 1337 *Neitphe*, 1397 *ůff der Netphe*; FlurN. Hohenetphe. – Grundform *Netfe, synkopiert < (mhd.) *Neteffe < (ahd.) *Netaffa < gm. *Nit-apa, Etymologie wie ↗¹Nette. – Faust, *HG.A.4*, S. 57; Barth, *Sieg und Ruhr*, S. 101.

Netra, die r.z. Sontra (z. Wehre z. Werra z. Weser), mündet unterhalb von Wichmannshausen (Stadt Sontra, Werra-Meißner-Kreis, Hessen, D). – 1140/41 *in pago Nedere circa flumen Nederaha*; ON. Netra (Gem. Ringgau, Werra-Meißner-Kreis), 1025 *Nederne in Reinicgowe*, 1075 *de Neddere*, 1140/41 *Nettere*, 1195, 1255 *Netre*, 1260 *in Netere situm*, 1264 *de Nethre* (und weitere Belege); FlurN. 1613 *vfm Neterberge, in das Neterthall*. – Grundform (ahd.) *Nidaraha, Kompositum mit dem Grundwort ahd. *aha* 'Fließgewässer' und ahd. *nidar* Adv. 'unten, nieder', *Nidaraha > *Nedera > Nedere, synkopiert und verhochdeutscht > Netre, analog mit dem sekundären Suffix -*a* versehen. Vermutlich ist der Name, dem eine Ausgangsform vorgm. *Nidra oder gm. *Nitra ↗ Neutra (< *Nitra) zugrunde liegen könnte, in Korrespondenz

Nette

zu ↗Sontra (< *Suntr-aha* 'aus dem Süden kommender Fluss') als 'der untere Bach' verstanden worden. – Sperber, *HG.A.6*, S. 76.

Nette, die

– ¹Nette, l.z. Rhein, entspringt in der Eifel in Hohenleimbach (Lkr. Ahrweiler, Rh.-Pf., D), durchfließt die Pellenz, fließt durch Mayen, mündet bei Weißenthurm (Lkr. Mayen-Koblenz, Rh.-Pf.). – /nēt/, 1167 *Netthe*, 1194–1198 (Kopie 13. Jh.) *fluvium Nepha*, 1248 *Nethe*, 1249 *Nectha*, 1256 *Nechta*, 1360 *uf der Netten*, 1498 *in der Netten molen*, 16. Jh. *die Neidt*. – Ausgangsform vermutlich (ahd.) **Netaffa* (< gm. **Nit-apa*), synkopiert **Netfe* (hyperkorrekt **Nechte*), assimiliert > Nette. Gm. **Nit-apa* ist Kompositum mit dem Grundwort ↗*apa* und gm. **Nit-* als Bestimmungswort, ↗Nethe ↗Netphe ↗⁴Nette ↗Nister. – Jungandreas, *Moselland*, S. 724f.; Jungandreas, *Treverica*, S. 272.

– ²Nette, l.z. Niers z. Maas, entspringt in Dülken (Stadt Viersen, NRW, D), durchfließt die Nette-Seen, mündet bei Wachtendonk (Kreis Kleve, NRW), ON. Nettetal (Kreis Viersen). – Grundform vielleicht **Nette* < gm. **Natjō*, ↗¹Netze.

– ³Nette, r.z. Lenne (z. Ruhr z. Rhein). – ON. Nettenscheid (Stadt Altena, MärkischerKreis, NRW, D), 1392–93 *to dem Nettenschiede*, 1413 *an den Nettenscheide*, nach 1480 *dat Netenscheede* ('durch Rodung ausgeschiedenes Land an der Nette'). – Ausgangsform FlN. **Nette*, schwach flektiert Gen., Dat. **Netten* < gm. **Natjō*, ↗¹Netze. – Schmid, *HG.A.6*, S. 55, 99; Barth, *Sieg und Ruhr*, S. 161f.

– ⁴Nette, r.z. Alme (z. Lippe z. Rhein). – 1656 *die Vette hinab* (lies *Nette*). – Trotz ungünstiger Beleglage wird als Ausgangsform wie bei ↗³Nette gm. **Natjō* vermutet. – Schmid, *HG.A.6*, S. 55; Schmidt, *Wupper und Lippe*, S. 81f.

– ⁵Nette, l.z. Innerste (z. Leine z. Aller z. Weser), entspringt am Ortsrand von Herrhausen am Harz (Stadt Seesen, Lkr. Goslar, Niedersachsen, D), mündet nach ca. 43km bei Derneburg (Gem. Holle, Lkr. Hildesheim, Niedersachsen). – 1149 *iuxta Netham*, 1162 *secus flumen Nyte*, 1280, 1283, 1297 *Nete*, 1289 *Nethe*, 1458 *up der Nette*, 1465 *upper Nette* (und zahlreiche weitere Belege), QuellN. 1756/57 *Nettespring*; BergN. 1756/57 *der Nete-Berg, hinter dem Nette-Berg*; FlurN. 1759 *Nette-Wiese*. – Grundform gm. **Nitō* > as. **Neta* > mndd. **Nēte*; **Nitō* ist die germanische Entsprechung von (ig.) **Nidā*, dem femininen Verbalsubstantiv zu ig. **neid-* 'fließen, strömen', wegen der Parallelnamen in Europa (↗Nidda ↗Nied) ein alteuropäischer Name. – Kettner, *HG.A.8*, S. 88f.; Kettner, *Leine*, S. 207–209; Krahe, *UäFlNN*, S. 48.

– ⁶Nette, älterer Name der Altenau, r.z. Oker (z. Aller z. Weser), entspringt im Harz. – 997 *... sursum usque Net*, 1278 *Net*, 1575 *Netteflus*. – Grundform as. *Net* m.

< gm. **Neta-z* oder **Nita-z*. Da die feminine Entsprechung FlN. gm. **Nitō* in ↗⁵Nette in der Nähe belegt ist, verdient die Variante **Nita-z* den Vorzug. – Borchers, *HG.A.18*, S. 97.

Nettebach

l.z. Emscher (z. Rhein), entspringt in Merklinde (Stadt Castrop-Rauxel, NRW, D), mündet bei Nette (Stadt Dortmund, Bez. Dortmund-Mengede, NRW). – ON. Nette, 1123, 1126, 1153 *Nette*, 1126 *Nethe*, 1274–93 *Nithe, Nitthe* (und weitere Belege). – Grundform mndd. **Nēte* < (gm.) **Nitō* f. ↗⁵Nette neben **Nitte* < (gm.) **Nitjō*, Ableitung mit -*j*-Suffix, ursprünglich Stellenbezeichnung 'am Fluss **Nitō*'. – Schmidt, *HG.A.6*, S. 56.

Nettel-

-*au*, -*bach*, -*graben*, -*grund*, -*pfuhl*, -*see*, z. B. 1455 *bij dem Nettelbegke*, jetzt Nesselbach, l.z. Esse (z. Diemel z. Weser), mündet unterhalb von Grebenstein (Lkr. Kassel, Hessen, D) mit ON. †*Netelbek*, 1272 *de Nitelbeke*, 1280 *de Nettelbeke*, 1288 *de Netelbeke*. Bestimmungswort as. *netila*, mndd. *nettele*, ndd. (brandenburg.) *Nätel, Neätel, Nettel* 'Brennnessel', ↗Nessel-. – Kramer, *HG.A.10*, S. 50; Fischer, *BNB 10*, S. 191f.

Netz-

-*bach*, -*bächlein*, -*brunnen*, z. B. Netzbach, r.z. Fischbach (z. Saar z. Mosel z. Rhein), 1757 *die Netzbach*. Bestimmungswort vielleicht zu mhd. *netzen* 'nass machen, benetzen'. – Spang, *HG.A.13*, S. 54; Springer, *Flußnamen*, S. 157.

Netze, die

– ¹Netze, l.z. Eder (z. Fulda z. Weser), entspringt bei Netze (Stadt Waldeck, Lkr. Waldeck-Frankenberg, Hessen, D), mündet bei Mehlen-Lieschensruh (Gem. Edertal, Lkr. Waldeck-Frankenberg). – ON. Netze, 1216 *Nezze*, 1219 *Nezzehe*, 1227 *Necehe*, 1237 *Nezehe*, 1299 *Nezte*, 1339 *Netze* (und weitere Belege). – Grundform FlN. **Netze* > gm. **Natjō*, -*j*-Ableitung von gm. **nata-* 'nass, wasserreich', ↗²⁻⁴Nette ↗Nathe ↗Notter; ursprünglich Stellenbezeichnung von FlN. **Netze* ist der ON. Nezzehe < **Netzahi* n. mit dem Kollektivsuffix ahd. -*ahi* abgeleitet, vgl. GauN. **Ardahi* ↗²Aar, GauN. *Logenahe* ↗Lahn. – Sperber, *HG.A.5*, S. 76; Bach, *Namenkunde* 1, S. 160f.

– ²Netze, poln. *Noteć*, r.z. Warthe bei Landsberg an der Warthe/Gorzów Wielkopolski (PL). – 1234 *Nothes*. – Grundform **Notusis* f. < vorslaw. **Natusis*, zum Stamm **Natu-*, ig. **nətu-* urig. **nh₂-tú-* etwa 'Ort zum Baden, Schwimmen', Verbalsubstantiv zum Verb **(s)neh₂-* 'baden, schwimmen', ↗Natters. – Udolph, *Gewässernamen Polens*, S. 185–193; Rix, *LIV*, S. 572.

Netzebach

r.z. Klein (z. Ohm z. Lahn z. Rhein), mündet bei Langenstein (Stadt Kirchhain, Lkr. Marburg-Biedenkopf, Hessen, D). – ON. Hof Netz (Stadt Kirchhain), um 750–779 *Neᵃzzaha* (Urkundenbuch Fulda), 1238 *Nezehe*, 13. Jh. *Nethtphe*, 1358 *Nefterweg*. – Ungeklärt ist das Nebeneinander der Namensformen ahd. **Nezzaha* ↗¹Netze und **Netphe* ↗Netphe. – Faust, *HG.A.4*, S. 57.

Neu- in der Komposition als Bestimmungswort oder (flektiert) in Wortgruppen als erste Konstituente; bezeichnet im Gegensatz zu ↗Alt- Wasserläufe, die in einem neu geschaffenen Flussbett verlaufen, z. B. Neugraben, eine Abzweigung aus dem Mühlbach (z. Dreisam z. Elz z. Rhein), 1466 *underhalb des Nuwengraben*, 1471 *am Nuwengraben*. – Geiger, *HG.A.2*, S. 95.

Neufnach, die l.z. Schmutter (z. Donau), entspringt östlich von Tussenhausen (Lkr. Unterallgäu, Bayern), mündet in Fischach (Lkr. Augsburg, Bayern). – 1496 *uff die Neyffnach*; Ortsnamen entlang der Neufnach: Oberneufnach (Ortsteil von Markt Wald, Lkr. Unterallgäu), Mittelneufnach (Lkr. Augsburg), Langenneufnach (Lkr. Augsburg): 981 (Fälschung 12. Jh.) *Nifenaha*, um 1150 *in (de) Nifena*, 13. Jh. *in Nifenaha*, 1237 *de Niffenach*, 1238 *de Nifenache*, 1292 *de Nifenach*, 1424 *ze Neifnach*, 1309 *datz Mittelnnifnach*, 1371 *von Mitteln Neifnach*. – Grundform (ahd.) **Nīfin-aha*, Kompositum mit dem Grundwort ahd. *aha*, mhd. *-ache*, *-ach* 'Fließgewässer' und altalem. **nīfo*, Genitiv **nīfin*. Das Wort entspricht schw./norw. (mundartlich) *nipa*, *nipe*, *nip* 'steiler Berg, hohe Bergspitze, steiler Abbruch eines Flussufers (und ähnliches)'. Altalem. **nīfo* ist aus gm. **hneip-an-* m., abgeleitet vom Verb **hneip-a-* '(sich) biegen', entstanden. Die Neufnach ist also benannt nach der Beschaffenheit ihres durch steile Böschung charakterisierten Ufers. Die lautliche Entwicklung des Namens ist gekennzeichnet durch Diphthongierung des /ī/ > /ei/ > /ai/ und hyperkorrekte Rundung (/ai/ > /eu/) sowie durch Synkope des mittleren /-e-/, die in den Ortsnamen mit unterschiedlichem Zusatz (vgl. Mittelneufnach) zuerst auftritt. Altalem. **nīfo* ist als Name bewahrt in dem Berg- und Burgnamen Hoher Neuffen (Lkr. Esslingen, B.-W.), 1122–1132 (Kopie 13. Jh.) *de Niphan*; im Bergnamen (Hoher) Ifen (Allgäuer Alpen), 1451 *am Nyffen*, und im Flurnamen Ifen/Eifen (Gem. Beuren, Stadt Tengen, Lkr. Konstanz, B.-W.), 15. Jh. *an dem Niffen*. – Snyder, *HG.A.3*, S. 72; Steiner, *Neuffen*, S. 63–67; Seebold, *starke Verben*, S. 267.

Neumagen, der l.z. Möhlin (z. Rhein), entspringt beim Weiler Stohren (Gem. Münstertal/Schwarzwald, Lkr. Breisgau-Hochschwarzwald, B.-W., D), fließt durch das Münstertal, erreicht bei Staufen im Breisgau die Rheinebene, mündet zwischen Biengen und Hausen an der Möhlin (Stadt Bad Krozingen, Lkr. Breisgau-Hochschwarzwald). – /dr nęⁱmōgᵉ/ (/ō/ offen), 10. Jh. *prope fluvium Niumaga*, 902 (gefälschtes Insert in einer im 13. Jh. gefälschten Urkunde) *a preterfluente Nvmaga, vbi oritur Nvmaga, a fonte … Nvmaga*, 12. Jh. *Nuwemâga*, 14. Jh. *uf (uber) die Niumagun*, 1451 *ein bach genant der Nwmag*, 1478 *der bach genant Númag*. – Grundform FlN. ahd. *Niumaga* f., Gen., Dat., Akk. **Niumagūn* > mhd. **Niumage(n)* (<iu> = /y:/). Ahd. *Niumaga* dürfte auf **Noviomaga* zurückgehen und letztlich mit dem kelt.-lat. ON. *Noviomagus* m. 'Neufeld' (z. B. um 170, Kopie 13. Jh., *Noiomagus*, um 300, Kopie 7.–10. Jh. *Noviomago*, der römische Name von Speyer) identisch sein. In diesem wurde das Bestimmungswort *Novio-* mit ahd. *niuwi* 'neu' übersetzt, vgl. auch ON. Neumagen (Lkr. Bernkastel-Wittlich, Rh.-Pf.), römerzeitlich *Noviomagus*. Als Flussname wird der ursprüngliche Ortsname als Femininum ins Deutsche integriert. Erst später erfolgt die Eindeutung als Maskulinum 'neuer Magen'. Als Siedlungsraum, von dem aus der Name **Noviomagus* auf den durch diesen Raum fließenden Neumagen übertragen wurde, kommt die Gegend um die Stadt Bad Krozingen, wo Spuren römischer Gebäude gefunden wurden, infrage. – Geiger, *HG.A.2*, S. 95f.; Greule, *Markgräflerland*, S. 200; Dolch/Greule, *Pfalz*, S. 439.

Neußenbach r.z. Nesse (z. Hörsel z. Werra z. Weser) (auch Gerstbach, Gernsbach), mündet unterhalb von Friemar (Lkr. Gotha, Thüringen, D). – 1361 *beneben der nuzeßen Kerchin, In dem nuzessen felde*, 1367 *gein dem nuwessesin anger, gein der nuwesessin Kerchen*, 1372 *An deme nusezen wege, Der nusezzen angere, Der nusezzin höuge* (und weitere Belege). – Übertragung des Ortsnamens mhd. **niu(we)sezze* 'Neusitz' auf den Fluss: **Neusessenbach* durch Haplologie gekürzt > *Neußenbach*. – Sperber, *HG.A.5*, S. 77.

Neutra slovak. *Nitra*, ung. *Nyitra*, l.z. Kleinen Donau (z. Waag). – ON. Nitra (Südwestslowakei), 826 *Nitrava*, um 1006 (Fälschung 1. Hälfte 10. Jh.) *castrum Nitra a flumen Nittra*, 1075/1124 *Nitra, Nittra* (und weitere Belege). – *Neutra* ist aus nhd. **Neitra* gerundet. **Neitra* dürfte seinerseits einen vorslawischen Gewässernamen **Nitra* fortsetzen. Dass vorslaw. /i/ im Deutschen als /ī/, diphthongiert > /ei/, übernommen wurde, zeigen Fälle wie ↗Meisa(bach) ↗Leina(bach) ↗Pleiße oder ON. † Eythra im Altlandkreis Leipzig nordwestlich von Zwenkau (Sachsen, D), 976 *Itera*. Die Form (826) *Nitrava* deutet auf germanische Herkunft des Namens. Aus dem Kompositum gm. **Nitrahwō* entstand slaw. *Nitrava*, ↗Moldau. Daneben scheint eine Namensform ohne das Suffix *-ava* existiert zu haben. Gm. **Nitr-* könnte eine *r*-Ableitung von der Schwundstufe des germanischen starken Verbs *hneit-a- 'stoßen' sein, oder im Germanischen sind Reste des ig. Verbs *neid- 'strömen' in der schwundstufigen Form gm. *nit- vorhanden, vgl. norw. dial. nita 'gleiten, vorschießen'. Nicht auszuschließen ist auch die Möglichkeit, dass *Nitra nicht germanischer Herkunft ist, sondern auf dem Partizip ig. *nitó- 'lebhaft bewegt' beruht. Allerdings spricht die Tatsache, dass die Neutra in den Waag, der einen germanischen Namen hat, mündet, für die germanische Herkunft auch dieses Namens. – Udolph, Nitra; Greule/Janka, Rezension, S. 178; Eichler/Walther, HONBSachsen 1, S. 257; Rix, LIV, S. 449; Pokorny, IEW, S. 760.

Neye, die r.z. Wupper (z. Rhein), entspringt bei Dornbach (Stadt Halver, Märkischer Kreis, NRW, D), wird in der Neyetalsperre gestaut, mündet in Wipperfürth (Oberbergischer Kreis, NRW). – 1773 an der Ney; ON. Neye (Stadt Wipperfürth), 1353 de Neyden (hierher?). – Die wenigen Belege erlauben keine sichere Etymologie. Vorgeschlagen wird unter anderem die Ausgangsform FlN. mndd. *Nīde (< *Nitha-?). Sie könnte mit Flussnamen wie altnorw. Nið f., jetzt Nid-elv-a, mit ON. Nidaros (< Niðar-óss 'Mündung der Nið'), alter Name von Trondheim (N), und altschw. Nidh verwandt sein, was zu isl. niður m. 'Gebrause (eines Flusses)' gestellt wird und mit gm. *neiþa-, as. nīth 'Kampfeslust, Angriff, Feindschaft, Hass, Neid' (vgl. ↗Wutach) verwandt sein dürfte. – Schmidt, HG.A.6, S. 56, 86; Schmidt, Wupper und Lippe, S. 84 f.; Nyman, Nidaros.

Nibel ↗Niebel.

Nickel-/-s- Nicolas-, Nikolai-, Nikolas-, Nikolaus--fleet, -graben, -lanke, -pfuhl, -see, z. B. 1394 upp eyme Lanke, dy heyt Sunte Niclaws Lanke. Bestimmungswort ist der PN. Nikolaus. – Fischer, BNB 10, S. 194.

Nidda, die r.z. Main (z. Rhein), entspringt am Taufstein (Vogelsberg), durchfließt die Wetterau (Hessen, D), mündet nach 89,7 km in Nied (Stadt Frankfurt am Main, Hessen). – /di nīd/, 782 (Kopie 12. Jh.) iuxta fluuium Nitta, 800 (Kopie 12. Jh.) super fluvium Nidda, 804 (Kopie 12. Jh.) super fluuio Nitta, 817 (Codex Diplomaticus Fuldensis) super fluuium Nita, 951 (Codex Diplomaticus Fuldensis) in amnem Nita, 1271 die Nidde, 1294 Nyde, 1296 flumen ... Nyede, 14. Jh. super Nide, 1307 ůf die Nyda, 1322 (Kopie 1342) vff der nyde, 1397 dy nydde, 1420 uff die nidde, 1436 die nydda, 1453 yensyt der nydde, 1475 Jnn die nydda, 1483 ghein der Nidde, 1. Hälfte 16. Jh. off die Nidda, 1569 An die Nieda, 1577 gegen der Niedt, 1589 vff der Nidt, 1657 gegen der Nidda, 1658 auf die Nied, 1754 An der Nied, 1774 Die Nied, 1811 auf die Nidda; Römische Stadt Nida, Hauptort der Civitas Taunensium (Gemarkung Frankfurt-Heddernheim), römerzeitlich inschriftlich NID(am), NIDA, ON. Nied (Frankfurt), ON. Nidda (Stadt im Wetteraukreis, Hessen), 1036 in Nide, 1120 Nitehe, 1150 de Nitahe, de Nitha (und zahlreiche weitere Belege); ON. Niddatal (Wetteraukreis), GauN. 8. Jh. Nitachgowe (und zahlreiche weitere Belege); FlurN. Niedstaden, 1460 uffe dem Nydestaden. – Die Belege lassen für den Fluss und die an seinen Ufern liegenden Siedlungen diverse Namensformen erkennen: die älteste erreichbare Namensform ist vorgm. Nida (mit Lautverschiebung ahd. Nita), davon wurde zur Bezeichnung des Flusses oder der Siedlung mit j-Suffix gm. *Nidja > ahd. Nidda, mit Lautverschiebung ahd. Nitta, abgeleitet. Daneben existierte das Kompositum ahd. *Nit-aha, mit dem Grundwort ahd. aha 'Fließgewässer'. Die Formen Nida/Nidda führen über mhd. Nide/Nidde mit Dehnung des Tonvokals in offener Tonsilbe und Apokope zur heutigen Mundartform /nīd/. Ab dem 16. Jh. macht sich die Tendenz bemerkbar, in den Kanzleien die historische Form Nidda zu standardisieren. Vorgm. Nida entspricht ig. *nidā 'Fluss, Strom', dem femininen Verbalsubstantiv zu ig. *neid- 'fließen, strömen', wegen der Parallelnamen in Europa ↗Nied ↗↘Nette ist Nida ein alteuropäischer Name. – Sperber, HG.A.7, S. 122 f.; Vielsmeier, Wetterau, S. 350 f.; Rix, LIV, S. 449.

Nidder, die l.z. Nidda (z. Main z. Rhein), entspringt im Vogelsberg (Hessen, D), mündet in Gronau (Stadt Bad Vilbel, Wetteraukreis, Hessen). – /di nīdər, 9. Jh. (Kopie 12. Jh.) iuxta fluuium Nitorn, 1016 in nitorn, 1090 (Fälschung 1195–1286 in Kopie 1286) Nithorne, 1331 geyme Nidorne, 1333 uf den Nydoᵉrn, uf dem Nidoren, 1340 of den niedorn, 1348 vffe den nydorn, 1371 vff dem Nydorn, 1385 vff den nyddorn, 1406 vff dem nyddorn, 1410 uff den nyddorne, 1415 der nyddorn, 1427 vff dem Nydern, 1429 uff den Niddern, 1439 der Nyddern, 2. Hälfte 14. Jh. of den nidorn, 1454 (Kopie 1683) dieset des Niddern, 1464 uff dem nyddern, 1482 (Kopie 16. Jh.) uff der nyddern, 1598 vf die Niddern, die Nidder, 1696 übern niedern, 1698 die Nieder, 1718 der Nieder, 1751 auff der Nieder, 1782 Auf der Nidder; ON. Nidderau (Main-Kinzig-Kreis, Hessen), ON. Wüstung 1195/1286 Nithorne, 1266 Nidehornes; FlurN. Nidderauen (Glauburg, Wetteraukreis). – Ausgangsform vorgm./gm. *Nidurna-z m. > ahd. (mit Lautverschiebung) Nitorn > mhd. Nidorn/Nidern m., in Anlehnung an den Hauptfluss auch <Niddern> geschrieben, mit Dehnung in offener Tonsilbe und Apokope des /-n/ > mundartlich /nīdər/. Wohl ebenfalls in Anlehnung an Nidda wird der ursprünglich maskuline Name Nidder ab dem 16. Jh. als Femininum behandelt. Zweifellos ist *Nidurnaz als Nebenfluss der Nidda von deren Namen *Nida* (allerdings mit dem ungewöhnlichen Suffix **-urno-*) abgeleitet, vgl. die Ortsnamen Feldthurns (um 985–93 *Velturnes*), Naturns (1188, Transsumpt 1218 *in Naturnis*) und Salurn (vor 799, Kopie 9. Jh. *Salurnis*) in Südtirol (Prov. Bozen, I.). – Sperber, *HG.A.7*, S. 123 f.; Vielsmeier, *Wetterau*, S. 351 f.: Hausner/Schuster, *Namenbuch*, S. 349, 780, 904.

Niebeck ↗ † Ibeke.

Niebel (auch *Nibel*), erster kurzer Abschnitt d. Eschach (z. Aitrach z. Iller z. Donau), entspringt im Buchenberger Wald (Lkr. Oberallgäu, Bayern, D), mündet bei Leutkirch-Mailand (Lkr. Ravensburg, B.-W., D). – LandschaftsN. Ni(e)belgau, das Tal der Aitrach um Leutkirch, und ON. 766 *Nibalgaunensi*, *Nibalgauuia villa publica*, 797 *Nibalcoge*, 802 *in villa Nibulgauua* (und zahlreiche weitere Belege), 1111–1116 *in pago Nibilgouwe*. – Grundform WaldN. ahd. **Nibul-* < gm. **nebula-* 'Nebel, Dunkelheit', Benennung des Waldes nach dem dunklen Farbeindruck, vgl. Schwarzwald. Der Flussname ist eine Rückbildung aus dem Waldnamen. Parallelnamen: WaldN. Nibelgau, kleiner Bereich des Welzheimer Waldes (Rems-Murr-Kreis, B.-W.) mit ON. † Altennibelgau, 1271 *in Nibelgôv*, 1278 *Nibelgou^e*, 1305 *in Nibelgo^ew* (und weitere Belege), ON. (1090, um 1150) *Nible antiquitus*, jetzt Alten-Groitzsch, Stadt Groitzsch (Kreis Leipziger Land, Sachsen). – Snyder, *HG.A.3*, S. 72 f.; Reichardt, *Rems-Murr-Kreis*, S. 225 f.; Eichler/Walther, *HONBSachsen* I, S. 361.

Nied, die l.z. Saar (z. Mosel z. Rhein), entsteht aus dem Zusammenfluss von Deutscher Nied (Nied Allemande, ↗ † Iton) und Französischer Nied (Nied Française) bei Condé-Northen (Dep. Moselle, Lothringen, F), erreicht das Saarland (D) bei Niedaltdorf, mündet nach 55km bei Rehlingen-Siersburg (Lkr. Saarlouis, Saarland). – Ca. 800 (Kopie 13. Jh.) *Nida*, 1018 *ad fluvium Nita*, 1121 (Kopie 17. Jh.), 1180 (Kopie 17./18. Jh.) *in Neda*, 1185 *rivulum Nidden*, ca. 1300 *von der Nyeder* (lies *Nyeden*?), 1360 *supra Nydam*, 1364 *rivulus Nithen*, 1404 *la Niet*, 1495 *le Nied*, 1581 *biß in dem … Niedt Strom*, 1594 *la Nied allemande*, *Nied la Romande*, 1614 *la Nied*; GauN. 840 *in pago Netensi*, 870 (Kopie 11. Jh.) *Nitachouua*, 877/78 (Kopie 1192–1222) *in pago Nedensi*, *Nitihgouue*, 909 *in pago Nedensi*, 911 *in pago Nidensi*, Ende 12. Jh. *in Neddinsi pago*; ON. Niedaltdorf (Gem. Rehlingen-Siersburg), 950 *Altdorf*, 1300 *Niedaltorff*; ON. Niedbrücke, frz. Pontigny, bei Siersburg, 1165 *Niedebrucken*, 1241 *Pont de Nied*, 16. Jh. *Nydbruck*. – Grundform FlN. ig. (alteurop.) **Nidā* ↗ Nidda ↗⁵Nette, teils mit rom. Senkung /i/ > /e/, teils mit ahd. Lautverschiebung *Nita*, teils schwach flektiert Gen., Dat., Akk. mhd. **Niden*, mit Dehnung des Tonvokals in offener Tonsilbe > /nīde/, mit Apokope > *Nied*. – Spang, *HG.A.13*, S. 54 f.; Puhl, *Gaue*, S. 148.

Nieder- (auch *Nieden-*)/**-er-/-es-/-n-** *-achen, -au, -bach, -beck/-beke, -brunn, -fließ, -siek, -teich, -wettern*, z. B. Niederbeke bei Gramzow (Lkr. Uckermark, Brandenburg, D), 1592 *an die Niederbeke*. Bestimmungswort ist ahd. *nidar*, *nidana* 'unten', as. *nithar*, *nithana* 'unten', in Gewässernamen mit der Bedeutung 'niedrig gelegen' im Gegensatz zu einem höher gelegenen Gewässer. – Fischer, *BNB 10*, S. 193; Ulbricht, *Saale*, S. 31.

Nieme, die r.z. Weser, entsteht durch den Zusammenfluss dreier Quellbäche bei Varlosen (Gem. Niemetal, Lkr. Göttingen, Niedersachsen, D), mündet in Bursfelde (Stadt Hann. Münden, Lkr. Göttingen). – 1303 *ultra riuum … Mimede*, 1310, 1326 *Mymede*, 1367 *vppe der Mymede*, 1459 *a flumine Mimede*, 1446/47 *in der Myme*, 1574 *in der Mime*, *vf Mime*, *in die Mymede*, 1585 *die Mihme*, 1602 *vff der Nihme*, 1617 *in der Niembde*, 1642 *in der Nihme*, 1644 *in der Nieme*; ON. † Miminde, Benediktinerabtei, jetzt Bursfelde, 1093 (Fälschung 2. Hälfte 12. Jh.), 1144 *in villa … Miminde*; ON. Niemetal. – Die Deutung des Namens ist umstritten. Legt man *Miminda* als Grundform fest, dann dürfte der Name mit dem gm. Suffix *-ind-* von einem Stamm **Mim-* abgeleitet sein. **Mim-* ist ein vielleicht aus gm. **mig-ma-* 'Mist'(?) (vgl. Simoa, Fluss in Norwegen, < gm. **Sigma*) durch Ableitung mit *m*-Suffix vom starken Verb gm. **meig-a-* (< urig. **h₃meiǵʰ-e-*), von dem auch andere Gewässernamen abgeleitet sind ↗ Meisa ↗ Müggelsee, entstandender Sekundärstamm. – Kramer, *HG.A.10*, S. 51; Casemir/Ohainski/Udolph, *Göttingen*, S. 280–283; Seebold, *starke Verben*, S. 347 f.; Rix, *LIV*, S. 301 f.

Nieplitz l.z. Nuthe (z. Havel z. Elbe), entspringt im Fläming bei Fronsdorf, mündet nach ca. 48km bei Gröben-Kietz (Stadt Ludwigsfelde, Lkr. Teltow-Fläming, Brandenburg, D). – 1233–35 (oder 1295–1305) *Niplitz*, 1267–1308 *fluvii Nipeliz*, 1303 *Nipliz*, 1841 *Nieplitz*. – Grundform apolab. **Neblica* < apolab. **Nebъl-* mit Suffix *-ica* < gm. **Nebul-* wie ↗ Nebel. – Wauer, *HG.A.17*, S. 124; Fischer, *BNB 10*, S. 193 f.

Niers, die r.z. Maas, Quellgebiet in Kuckum (Stadt Erkelenz, Kreis Heinsberg, NRW, D), quert westlich von Goch (Kreis Kleve, NRW) die deutsch-niederländische Grenze, mündet nach 117km bei Gennep (Provinz Limburg, NL). – 855 (Kopie 12. Jh.) *super fluvium Nerse*, 866 (Kopie um 1170) *Nersa*, 868 (Kopie 18. Jh.) *Mersia* (lies *Nersia*), 875 (Kopie um 1191) *Nersiam*, 1139 *iuxta Nersan*, um 1200 *Nersa*, 1369 *in der Nyersen*; MatronenN. *Nersihenae*; ON. Neersen

(Stadt Willich, Kreis Viersen, NRW), 1250 *de Nersa*, 1263 *van der Nersin*. – Grundform andd. *Nersa* > mndd. *Nerse*, schwach flektiert Gen., Dat. *Nersen. *Nersa* wird als alteuropäischer Name gewöhnlich zu der urig. Wurzel ?**nerH-* 'untertauchen' (lit. *nérti*) gestellt. Es könnte sich aber auch um den Desiderativstamm **ner-s-* zu der ablautenden Wurzel gm. **ner-* (nhd. *Nehrung* 'schmale Landzunge' < **nerwa-*, norw. FlN. *Nera*?), **nar-* (as. *naru* 'eng bedrückend' < **narwa-*), **nōra-* (awn. *nór* 'enge Bucht, Sund'), ig. **(s)ner-* 'drehen, winden, zusammenschnüren, einschrumpfen' handeln, wodurch sich die Bedeutung des Flussnamens gm. *Nersō f. als 'die sich gerne Windende' besser erklären lässt. – Borchers, *Große Flüsse*, S. 43; Rix, *LIV*, S. 454; Pokorny, *IEW*, S. 975.

Niese, die r.z. Emmer (z. Oberweser). – 1005 *Nisa*, 1516 *yn de Nyse*, 1517 *up de Nyse*; ON. Niese (Stadt Lügde, NRW), 1031 (Kopie 13. Jh.) *Nisa*. – Zugrunde liegt (wie bei ↗Neiße) der ves.-ig. Name *Neidsā > gm. *Nīsō, später *Nīsa. Zur weiteren Etymologie siehe ↗Neiße. Kramer, *HG.A.10*, S. 52; Meineke, *Lippe*, S. 365f.

Nieste, die r.z. Fulda (z. Weser) bei Kassel. – 1340, 1366 *Nyeste*, 1382 *an die Nießt*, 1448 *Nyest*, 1536 *die Nyst, Niest*, um 1600 *bis in die Nieste, die Nieste hinuf*; Dürre Nieste, r.z. Nieste; ON. Nieste (Lkr. Kassel, Hessen, D), 1293 *de Nyste*, 1340 *Nyest*, 1508 *bie dem Nyhester phadt*; ON. Niestetal (Gem. seit 1972). – Grundform (ahd.) *Niosta < gm. *Neus-t-ō, nominale *t*-Ableitung vom Desiderativstamm ig. **sneu-s-*, vgl. gm.**snew-a-* 'eilen' (ig. **sneu̯-* '(Flüssigkeit) hervorquellen lassen, tropfen') mit dissimilatorischem Schwund des anlautenden /s-/ (↗Nüst). Bedeutung: 'Gewässer, das zur schnellen Strömung neigt'. – Sperber, *HG.A.5*, S. 77; Seebold, *starke Verben*, S. 446; Rix, *LIV*, S. 574.

Nietze, die r.z. Gülper Havel (Brandenburg, D). – 1792 *Nitze*, 18. Jh. *Nitze*, 1843 *die Nitze*. – Deutung ↗Nietz Graben. – Fischer, *BNB 10*, S. 194; Wauer, *HG.A.17*, S. 124.

Nietz Graben l.z. Havel nordwestlich Havelberg (Brandenburg, D). – 1520 (Kopie) *den Nietzgraben*, 1748 *Nietz-Graben*; FlurN. Nietze, 1581 *acker, die nietze genandt*, 1600 *die krumme nietze*. – Nietze wird wie ↗Neiße und ↗Niese auf die Grundform ves.-ig. *Neidsā > gm. *Nīsa > slaw. *Nisa > ndd. *Nītze (slaw. /-s-/ wurde durch /-ts-/, slaw. /i/ durch /ī/ substituiert) zurückgeführt. – Fischer, *BNB 10*, S. 194; Wauer, *HG.A.17*, S. 124.

Nims, die l.z. Prüm (z. Sauer z. Mosel), entspringt in Weinsheim (Eifelkreis Bitburg-Prüm, Rh.-Pf., D), mündet bei Irrel. – 4. Jh. n. Chr. *Nemesae(que)* ... *meatu* (Ausonius, Mosella 354), 792 *Nimisa*, 798/799 *super fluvio Nimisa*, 893 (Kopie 1222) *in nimisa, in nimiza*, 1271 *Nymese*, 1353 *die Nymetze*, um 1375 *van der Nyemesin*. – Ausgangsform (kelt.?) *Nemesa* > ahd. *Nimisa* > mhd. *Nimese* mit Synkope und Apokope > *Nims*. *Nemesa* ist eine Ableitung von der vermutlich keltischen Entsprechung von lat. *nemus* (< ig. **nem-es-* n.) 'Hain'. Zur Bildung des Namens wurde der ig. *s*-Stamm (**nem-es-*) zum *ā*-Stamm thematisiert. Das Benennungsmotiv liegt in der abgeschiedenen Tallandschaft, durch die die Nims fließt. Für keltische Herkunft des Namens spricht die Existenz von gall. *neméton* 'heiliger Hain', air. *nemed* 'Heiligtum', ↗Mümling. – Jungandreas, *Moselland*, S. 745; Schmid, *keltisch-baltische Namenentsprechungen*, S. 53f.; Pokorny, *IEW*, S. 764.

† Nippenbach jetzt Zellersbach, l.z. Werra (z. Weser) bei Hohenroda (Lkr. Hersfeld-Rotenburg, Hessen, D). – 1597 *den Nippenbach*, ON. Nippe (Röhrigshof, Gem. Philippstal, Lkr. Hersfeld-Rotenburg), 1368 *Nyppin*, FlurN. Nippezippel. – Kompositum mit dem Grundwort -*bach* und dem Genitiv des PN. ahd. *Nippo* (*Nippen-*) als Bestimmungswort. – Sperber, *HG.A.5*, S. 77; Kaufmann, *Ergänzungsband*, S. 266.

Nister, die (auch *Große Nister*), l.z. Sieg (z. Rhein), entspringt im Westerwald bei Willingen (Westerwaldkreis, Rh.-Pf., D), mündet nach 63 km zwischen Etzbach und Wissen-Nisterbrück (Lkr. Altenkirchen, Rh.-Pf.), Nebenflüsse Schwarze Nister und Kleine Nister. – 879 (Kopien 16. Jh.) *Nister, Nisthere, Nystriae, Nistriae, Nisthre*, 1048 (Kopie 12. Jh.) *ad ultimam nistram, deorsum Nistram*, 1222 *iuxta Nistriam rivulum*, 1222 (1223?), 1234 *apud, iuxta Nistriam, de Nistria*, 1500 *von der Nister*, 1528 *uff der Nyster*, 1537 *die Nister*; ON. Nister (Westerwaldkreis), 1075, 1109 *Nistera*, 1076, 1174 *Nistra*, 1166 *de Nestra*, 1176 *de Nestere*, 1190 *de Nester* (und zahlreiche weitere Belege), 1048 (Kopie 12. Jh.) *usque ad Hovenistram et sursum Hovenistram* (= Kleine Nister); ON. Nisterau (Westerwaldkreis), ON. Nisterberg (Lkr. Altenkirchen), 1422 *Nysterberge*; ON. Nistermühle nördlich von Hachenburg (Westerwaldkreis), StraßenN. Nisterstein (Stadt Wissen, Lkr. Altenkirchen), ↗Hornester. – Ausgangsform ahd. *Nistra < gm. *Nitstrō, mit dem Suffix gm. *-*stra-* ↗Alster abgeleitet von gm.? **Nit-* < ig. **nid-*: **neid-* 'strömen' ↗Nidda mit der Bedeutung 'Strömung, Fluss mit besonderer Strömung'? Ahd. *Nistra mit Sprossvokal *Nistara > mhd. *Nistere*, mit Apokope und westmitteldeutscher Senkung /i/ > /e/ mundartlich *Nester*. – Faust, *HG.A.4*, S. 58; Metzler, *Westerwald*, S. 154.

† Nitigis   jetzt Eichelbach, l.z. Nidda (z. Main z. Rhein). – 1016 *ubi Nitigis deorsum fluit, in fluuium Nitigis, deorsum in nitigis*. – Kompositum mit *-gīs-/ *-gis-* ↗†Navigisa als Grundwort und FlN. Nita ↗Nidda als Bestimmungswort. – Sperber, *HG.A.7*, S. 124.

Nitz, die   r.z. Nette (z. Rhein), kommt von Virneburg in der Vulkaneifel (Lkr. Mayen-Koblenz, Rh.-Pf., D), mündet bei Schloss Bürresheim (Gem. Sankt Johann bei Mayen, Lkr. Mayen-Koblenz). – (931–956) *Nitissa*, 1110 *Niteshe*, 1336 *Nytze*. – Grundform ahd. *Nitissa* > mhd. **Nitesse*, mit Synkope > **Nitse, Nitze*, apokopiert *Nitz*, mit dem kombinierten Suffix gm. **-is-jō* von gm.? **Nit-* ↗¹Nette (< **Nitapa*) abgeleitet. – Gysseling, *Woordenboek*, S. 743.

Nöbach   l.z.Ilm (z. Donau), mündet bei Ilmmüster (Lkr. Pfaffenhofen a.d. Ilm, Bayern, D). – ON. Nöbach (Gem. Scheyern, Lkr. Pfaffenhofen a.d. Ilm), 972–976, 1024–1031 *Neninpah*, 1078–1098 *de Nenenpach*, 1082–1097 *de Nenipah*, StraßenN. Am Nöbach (Reichertshausen, Lkr. Pfaffenhofen a.d. Ilm). – Kompositum mit dem Grundwort *-bach* und dem Genitiv des PN. ahd. **Nano* (*Nenin-*) als Bestimmungswort, **Neninbach* verkürzt > **Nebach*, gerundet > *Nöbach*. – Snyder, *HG.A.3*, S. 73.

Nöhre, die   l.z. Havel (z. Elbe), mündet westlich von Havelberg (Lkr. Stendal, S.-A., D). – 1729/31 *Nöhregraben*, 1780 *Nöhre*. – Deutung unklar, vermutlich abgeleitet von apolab. **nora* 'Höhle', 'Quelle'? – Wauer, *HG.A.17*, S. 125; Fischer, *BNB 10*, S. 194.

Nörbach   (auch *Nörrbach*), einer der Quellbäche der Gramme (z. Unstrut z. Thüringische Saale z.Elbe) bei Hopfgarten (Lkr. Weimarer Land, Thüringen, D). – /nērbax, nūrbax/ (/ē/ offen), ON. Nohra (Lkr. Weimarer Land), 1217 *Nore*, 1271 *Nora*. – Nach den Belegen existieren zwei Formen des Namens, eine umgelautete (**Nör(r)-*) und eine umlautlose (**Nör-*). **Nör(r)-* könnte mit dem wmd. *Nörr* 'kahler, nackter Fels; felsiger Ackerboden, unfruchtbare, besonders nasse Stelle im Acker' (und *Norr, Norre*, nasse Stelle im Acker; Gemarkungsteile, die wegen Nässe unfruchtbar sind) identisch sein, während **Nōr-* awn. *nór* n. 'Landzunge, schmale Bucht' (< gm. **nōra-* n-) ↗Niers fortsetzen könnte, vgl. schw. ON. Nora (Västmanland), 1336 *in Noree*, mit SeeN. Norasjön. – Ulbricht, *Saale*, S. 136; Hänse, *Weimar*, S. 120; Ramge, *Flurnamenbuch*, S. 705; Wahlberg, *SOL*, S. 223.

Nörning, die   r.z. Saifen (z. Lafnitz z. Raab z. Donau) bei Neustift bei Sebersdorf (PB Hartberg, Steiermark, A). – 1255 *in nurdinch*, 1330 *Nuernickh*, *die Nüring*, 1331 *die Nornich*, 1346 *Nörnik*, 1355 *die Nurnich*, 1782 *Nörning*. – Grundform slaw. **Norьnikъ* 'Bach, der das Erdreich untergräbt oder gelegentlich unter der Erde verschwindet', zu urslaw. **nurati, norati* 'eintauchen, untertauchen unter der Erde verschwinden', sloven. *nora* 'Höhle, Grube', ins Bairische integriert als **Nörnich*, mit Suffixersatz *Nörn-ing*. – Lochner von Hüttenbach, *Steirische Hydronyme*, S. 105.

Nöstlbach   (z. Krems z. Traun z. Donau), versickert bei Nöstlbach (Gem. Sankt Marien, PB Linz-Land, O.-Ö., A). – Um 1140 (Kopie 12. Jh.) *iuxta Nezzilpach*, um 1145 (Kopie 12. Jh.) *adiacentem Nezzilpach riuo*, ON. Nöstlbach, 888 (Kopie 12. Jh.) *in loco Nezzilapach*, 888 (Kopie 12. Jh.) *de Nezzilpach* (und weitere Belege). – Kompositum mit dem Grundwort *-bach* und ahd. *nezzila*, mhd. *nezzel* 'Nessel', mit mundartlicher Rundung /-e-/ > /-ö-/. – Hausner/Schuster, *Namenbuch*, S. 796 f.

Nogat, die   östlicher Mündungsarm der Weichsel/Wisła (z. Danziger Bucht, Ostsee, PL). – 1236 *fluvium Nogatum*, 1250 *trans Nogatam*. – Ausgangsform vorslaw. **Nagat-* oder **Nogot-*. Am nächsten verwandt dürfte der lit. Gewässername *Nagà* sein, von dem *Nogat* mit dem Suffix *-at-* abgeleitet ist. Der Stamm *Nag-* wird im Zusammenhang mit den Namen ↗Nagold ↗Neile ↗Neger gesehen. **Nag-* beruht auf der Schwundstufe urig. **nh₂gʰ-* (> **nəgʰ-* > *nag-*) zum Verb **nehₐgʰ-e-* 'schwimmen'. – Udolph, *Pomesanien*, S. 430; Górnowicz, *HE 1*, S. 21 f.

Nolbeke   z. Bega (z. Werre z. Weser). – Um 1547 *Nolbke*, 1721 *uf der Nolbke*; ON. Nolbeck (Stadt Bad Salzuflen, Kreis Lippe, NRW, D). – Kompositum mit dem Grundwort mndd. *-beke* 'Bach' und *nol* 'runder Hügel'. – Kramer, *HG.A.10*, S. 52; Meineke, *Lippe*, S. 367 f.

Nonne-/-n-   (auch *Nunnen-*) *-bach, -fließ, -graben, -spring, -teich*, z.B. Nonnenbach (z. Bodensee) bei Friedrichshafen (Bodenseekreis, B.-W., D), 1545 *am Nunnenbach*, 1586 *Nunnenbach*. Das Bestimmungswort mhd., mndd. *nunne* 'Nonne' weist darauf hin, dass das Gewässer im Besitz eines Frauenklosters ist. – Geiger, *HG.A.2*, S. 96; Fischer, *BNB 10*, S. 194.

Nonsbach   l.z. Gurtenbach (z. Inn z. Donau). – Um 1130 (Kopie 17. Jh., Druck 18. Jh.) *iuxta Nospach*, um 1150 (Kopie 17. Jh., Druck 18. Jh.) *secus Nosbach situm*; ON. Nosbach (Gem. Geinberg, PB Ried im Innkreis, O.-Ö., A), /ˈlåsbō/ (/å/ lang und nasaliert), 1137 (12., 17. Jh.) *in Nospach, de Nospach*, 1195 (1262, 14. Jh.) *in capella Nosbach*, 1278 *de, In Nonspach*, 1359 *Nonspach*, 1521 *Nanspach*, 1532 *Lanspach*, 1619 *Lonspach*;

ON. Nonsbach (Gem. Sankt Georgen bei Obernberg, PB Ried im Innkreis), /ˈlåsbō/ (/å/ lang und nasaliert), 1100–20 *apud Nospach*, um 1170 (Kopie 17. Jh., Druck 18. Jh.) *de Nospach* (und weitere Belege), 1278 *Nonspach*, 1438 *Nanspach*, 1532 *Lannspach*. – Grundform mhd. *Nōzbach, Kompositum mit dem Grundwort *-bach* und ahd. *nōz* stN. 'Vieh, Nutztiere' als Bestimmungswort. *Nōzbach mit regressiver Nasalierung > *Nōnsbach und Dissimilation von /N – n/ > /L – n/. – Dotter/Dotter, *HG.A.14*, S. 283 f.; Bertol-Raffin/Wiesinger, *Ried im Innkreis*, S. 126, 147; Hausner/Schuster, *Namenbuch*, S. 795.

Norbek   r.z. Luhe (z. Ilmenau z. Elbe). – 1776 *Norbeck*. – Kompositum mit Grundwort mndd. *-beke* und vielleicht *Nor(r)-* ↗Nörbach als Bestimmungswort. – Udolph, *HG.A.16*, S. 253.

Nord-/-en-/-er-/-n-/-r-   -ach, -aue, -bach, -fleth, -graben, -kanal, -kolk, -lake, -loch, -mar, -riede, -see, -teich, -tief, -wasser, z.B. Nordrach r.z. Harmersbach (z. Kinzig z. Rhein), 1. Hälfte 16. Jh. *in der Norderach*, mit ON. Nordrach (Ortenaukreis, B.-W., D), 1139 *Norderaha*, 1289 *vallis Norderahe*, 1372 *Nordrach*. Bestimmungswort ist ahd. *nord*, as. *north* 'Nord, Norden', ahd. *nordana*, as. *northan* 'von Norden', mhd. *norden* stN. 'Norden', *norder* 'im Norden'. Gewässer, die vom Standpunkt der Benennenden im Norden liegen. – Geiger, *HG.A.2*, S. 96 f.

Norde, die   l.z. Gilsa (z. Schwalm z. Eder z. Fulda z. Weser), entspringt im Hohen Lohr südlich von Battenhausen (Gem. Haina, Lkr. Waldeck-Frankenberg, Hessen, D), mündet am Fuß des Hembergs (Naturpark Kellerwald-Edersee). – 1535 *Northe*, 1576 *bis in den(!) Norden fort*, 1613 *an der Norde*. – Ausgangsform vermutlich (ahd.) *Nordaha > mhd. *Norda > Norde, Kompositum mit dem Grundwort ahd. *aha* 'Fließgewässer' und ahd. *nord*, as. *north* 'Nord, Norden', ↗Nord-. – Sperber, *HG.A.5*, S. 77.

Norggenbach   l.z. Talfer (z. Eisack z. Etsch), fließt von Wangen am Ritten herab, mündet in die Sarner Schlucht (Prov. Bozen/Südtirol, I.). – /norggnpåch/, 1779 *Norggenbach*, *Norggenloch*, bair. *Norggen* 'Bergunholde'. – Kühebacher, *Ortsnamen 2*, S. 214.

Norksee   zu Neuensund (Stadt Strasburg, Lkr. Vorpommern-Greifswald, M.-V., D). – 1693 *Die Nörk*, 1936 *Norksee*. – Bestimmungswort ist brandenburg. *Nörke* f. 'Bless-, Wasserhuhn'. – Fischer, *BNB 10*, S. 195.

Nortenke, die   r.z. Uh-Bach (z. Dünne z. Rhume z. Leine z. Aller z. Weser), mündet nördlich von Imbshausen (Stadt Northeim, Lkr. Northeim, Niedersachsen, D). – 1678 *das Nohrtemcke genant*, 1754 *im Nordke*, 1860/62 *der Nortenke*. – Grundform mndd. *Northenbeke, gekürzt > *Northemke und *Nortenke*, Kompositum mit dem Grundwort mndd. *-beke* 'Bach' und mndd. *norden* 'Norden' als Bestimmungswort. – Kettner, *HG.A.8*, S. 90; Kettner, *Leine*, S. 211.

Nothsiek   r.z. Leine (z. Aller z. Weser), mündet nordöstlich von Olxheim (Gem. Kreiensen, Lkr. Northeim, Niedersachsen, D). – 1580 *im Nordt Sicke*, 1707 *auff den Nohtsiek*. – Grundform *Nordsiek ↗Nord-. – Kettner, *HG.A.8*, S. 90; Kettner, *Leine*, S. 211.

† Notreff, die   jetzt Wedemann, r.z. Losse (z. Fulda z. Weser) in Helsa (Lkr. Kassel, Hessen, D). – 1580 *Notref*, um 1600 *in die Noitref, die Noitref hinunter*. – Grundform vermutlich (ahd.) *Natraffa mundartlich > *Notreffe, vielleicht Kompositum mit dem Grundwort gm. ↗apa und FlN. gm. *Natra- ↗Notter als Bestimmungswort. – Sperber, *HG.A.5*, S. 78.

Notte, die   (auch *Nottefließ*, *Nottekanal*), l.z. Dahme (z. Spree z. Havel z. Elbe), entspringt südlich von Sperenberg (Gem. Am Mellensee, Lkr. Teltow-Fläming, Brandenburg, D), mündet in Königs Wusterausen (Lkr. Dahme-Spreewald, Brandenburg). – 1748 *das Notte Flies*, 1772 *Notte*, 1788 *Nottefließ*, 1840 *die Notte*. – Grundform slaw. *Not(a) < vorslaw., germ. *Natō, das zum Namen gewordene Feminin des Adjektivs gm. *nata- 'nass'. Parallelnamen in Skandinavien: FlN. schw. *Nat-ån* mit SeeN. *Naten*, awn. FlN. *Nǫt* (Edda). – Fischer, *BNB 10*, S. 195; Strandberg, *Hydronymie*, S. 29–31.

Notter, die   l.z. Unstrut (z. Thüringische Saale z. Elbe), entspringt bei Menteroda-Pöthen und im Südosten der Mühlhäuser Hardt (Unstrut-Hainichen-Kreis, Thüringen, D), mündet bei Bollstedt (Gem. Weinbergen, Unstrut-Hainichen-Kreis). – 1337 *Nathra*; GauN. 997 *Natergowe*. – Ausgangsform (ahd.) *Natara, r-Ableitung von gm. *nata-, as., mndd. *nat* 'nass, wasserreich' ↗Nathe, mit mundartlicher Hebung /a/ > /o/. Parallelname altschw. *Nætr f., jetzt Nätra-ån mit ON. Nätra (Ångermanland, S), 1344 *(De) Netru* < (gm.) *Natriōn- 'die Nasse, das Wasser, der Fluss'. – Ulbricht, *Saale*, S. 208 f.; Walther, *Siedlungsgeschichte*, S. 233; Wahlberg, *SOL*, S. 241 f.

Nudow-Fließ   ↗Nuthe.

Nüst   r.z. Haune (z. Fulda) bei Nüst, ON. Nüst (Stadtteil von Hünfeld, Lkr. Fulda, Hessen, D). – 980 *in Niusta*, 1093 *in smalun Nusti*; ON. Obernüst (Ortsteil von Hofbieber, Lkr. Fulda), 1266 *de Nusthe*, 1268 *de Nuste*, 1486 *Wenigenust die Wustenung*, 1535

Mittelnüest. – Ausgangsform (mhd.) *Nüste < gm. *Nusti, nominale Ableitung mit dem Suffix -ti- von der Schwundstufe des Desiderativstamms ig. *sneu-s-, ↗Niest. – Sperber, HG.A.5, S. 78.

Nüstenbach, die r.z. Elz (z. Neckar z. Rhein). – 1415 *an der Nůstenbach*; ON. Nüstenbach (Stadt Mosbach, Neckar-Odenwald-Kreis, B.-W., D), 1305 *Nustenbach*, 1346 *Nuᵉstenbacher marck*, 1423 *Nunstenbach*, 1489 *Nůnstenbach*, 1549 *das weiler Nuenstenbach*. – Grundform mhd. *Nüstenbach, Kompositum mit dem Grundwort -bach, das Bestimmungswort *Nüsten < (ahd.) *Nustin- entspricht vielleicht dem FlN.↗Nüst. – Schmid, HG.A.1, S. 85.

Nuhne, die l.z. Eder (z. Fulda z. Weser), mündet nördlich von Frankenberg/Eder (Lkr. Waldeck-Frankenberg, Hessen, D) beim Stadtteil Schreufa. – 1453 *die None*, 1468, 1497 *None*, 16. Jh. *Nune*, 1513 *Nüene*, 1526 *Nüne*, 1542 *Nunze*, 1556 *Neuntze*, 1571 *die Nun*, *Nhune*; ON. † Nuhnhof, 1250 (und öfter) *Nona*, 1272 *Nůna*, 1308 ff. *Nuene, Nona, None, Nune*. – Ausgangsform (mhd.) *Nuone, (mndd.) *Nōne. Die Belege 1542 *Nunze*, 1556 *Neuntze* sind nur schwer zu beurteilen (vielleicht < andd. *Nōn[e-b]iki mit Zetazismus *Nunize). *Nuone/*Nōne < gm. *Nōnō < ig. *nānā f., n-Ableitung von urig. *(s)neh₂- 'baden, schwimmen'. Bedeutung: 'Gewässer, in dem man baden und schwimmen kann', ↗Nagold. – Sperber, HG.A.5, S. 78; Rix, LIV, S. 572.

Nußbach r.z. Odenbach (z. Glan z. Nahe z. Rhein). – ON. Nußbach (Lkr. Kusel, Rh.-Pf., D), /nusbach/, 1309 (Kopie um 1360) *Nußbach*, 1391 *Noßbach*, 1426 (Kopie) *Noßbach*, 1580 *Noßbach, Nußbach*. – Klammerform mhd. *nuz(boum)bach 'Fluss, an dem Walnussbäume stehen'. – Greule, HG.A.15, S. 78; Dolch/Greule, Pfalz, S. 344.

Nuthe, die
– ¹Nuthe (Oberlauf auch *Agerbach*), l.z. Havel (z. Elbe), entspringt in Niedergörsdorf (Lkr. Teltow-Fläming, Brandenburg, D), fließt großenteils durch den Naturpark Nuthe-Nieplitz, mündet nach 65 km in Potsdam (Brandenburg), nördlich von Woltersdorf (Gem. Nuthe-Urstromtal, Lkr. Teltow-Fläming) heißt die Nuthe *Nudow-Fließ*. – 1228 *super aquam nute*, 1387 *cum fluvio ... Nwet*, 1440 (Kopie) *an die Nuth*, 1497 *dy Nut*, 1541 *an der Nuthe*, WaldN. 1317 (Kopie) *in vsu lignorum nemoris ... Nutha*, 1537 *In dem Holz ... Nutte*; ON. Nudow (Gem. Nuthetal, Lkr. Potsdam-Mittelmark, Brandenburg), 1359 *zu Nudow* (und weitere Belege). – Wauer, HG.A.17, S. 125; Fischer, BNB 10, S. 195 f.
– ²Nuthe, r.z. Elbe, entsteht im Lkr. Anhalt-Bitterfeld (S.-A., D) aus drei Quellbächen, mündet nach 39 km gegenüber von Barby (Salzlandkreis, S.-A.). – 1009 *Nud*; ON. Nutha (Stadt Zerbst/Anhalt, Lkr. Anhalt-Bitterfeld), 1378 *thu der Nudt*; ON. † Werchnuth, Groß~, Klein~ bei Roßlau, Stadt Dessau-Roßlau, S.-A.), 1214 *de Werchnuti*, 1307/52 *Werchnůt*, 1353 *Lůtkenwerchenut* (< asorb. *Veŕchnut- 'Ort oberhalb der Nuthe, am Oberlauf der Nuthe'). – Bily, Einleitung, S. 20.
Beide Flüsse entstehen am Rande des Flämings, einer Hügellandschaft im südwestlichen Brandenburg und östlichen Sachsen-Anhalt, die im 12. Jh. von Flamen in großer Zahl besiedelt wurde. Deshalb liegt es nahe, dass der FlN. Nuthe aus den Niederlanden übertragen wurde, zumal eine „Strecke längs des nördlichen Rheinufers" von Rhenen (Provinz Utrecht, NL) bis Wageningen (Provinz Gelderland, NL) De Nude, 855 (Kopie 9./10. Jh.) *in Hnodi*, 1165 *terra ... Nodá*, (1165) (13. Jh.) *in Nuda*, 1200 *in Noda*, andl. *noda 'sumpfige Niederung', heißt; FlN. andl. *Nōdi/-a < gm. *naudi-/-a, vermutlich mit dem Suffix gm. *-da-/*-di- abgeleitet von der o-Stufe (*nau-) des im Gm. nicht belegten Verbs (ig.) *(s)neu- 'hervorquellen lassen, tropfen', in Analogie zu gm. *flōda-/-i-/-u- 'Flut'. Hierzu auch FlN. Nadder (in Salisbury, GB), 705 (12. Jh.) *Noodr*, 860 *Nodre*, und ON. Nöda (Lkr. Sömmerda, Thüringen, D), 1061 *Noᵉthe*, 1256 *de Nothe, de Nodin* (< gm. *Naudja-). Das zur Erklärung von ¹,²Nuthe angeführte vorslaw., westgm. *Hnōd- beruht auf dem ältesten Beleg *Hnodi* für den niederländischen Namen, der aber in einer Kopie steht und dessen <H-> hyperkorrekt hinzugefügt ist. – Künzel/Blok/Verhoeff, Lexicon, S. 264; Rix, LIV, S. 574; Watts, EPN, S. 428; Walther, Siedlungsgeschichte, S. 244.

Nutz- -bach, -graben, -weiher, -wasser-graben, z.B. Nutzbach, r.z. Schandlbach (z. Bina z. Rott z. Inn z. Donau) mit ON. Nutzbach (Markt Gangkofen, Lkr. Rottal-Inn, Bayern, D), ca. 1200 (Kopie 13. Jh.) *Nuzpach*, 1491 *zu Utzpach* (mit Aphärese des N-). Bestimmungswort mhd. *nutz* stM. 'Nutzen, Gewinn, Ertrag, Nutzung'. – Dotter/Dotter, HG.A.14, S. 285.

O

Obbornbach, die z. Flutgraben/Quotbach/Lochgraben/Kreielsbach, l.z. Rhein, Quelle bei Nieder-Flörsheim (Gem. Flörsheim-Dalheim, Lkr. Alzey-Worms, Rh.-Pf., D). – FlurN. An der Obbornbach, 1308 *in der opperenbach*, 1421/1584 *in der opperbeche*, 1483 *in der oppernbach*, 1504 *in der opperbach, oppernbach*, 17. Jh. *in oppenbach*; FlurN. Im Opporn, 1504 *im opporn*. – Grundform mhd. *(die) obere bach, (ze der) oberenbach* 'Bach der oberhalb (von Nieder-Flörsheim) fließt' ↗Ober-, verkürzt > **Obbernbach* (auch *Obbornbach*), hyperkorrekt *Oppernbach*. – Greule, *HG.A.15*, S. 78.

Ober, die poln. *Obra*, l.z. Warthe/Warta (Westpolen, PL), mündet nach 253km in Schwerin an der Warthe/Skwierzyna (Woiwodschaft Lebus, PL). – 1231 *Obra*, ON. Obra, Stara Obra. – Grundform (ves.-ig.?) **Abrā*. Der nominale Stamm ig. **ab-* (< urig. **h₂eb-*) 'Wasser' ist appellativisch und in Namen besonders im Keltischen belegt, vgl. air. *ab* (< **abā*, Gen. *abae*) 'Fluss', gall. **abinkos* 'Wasserquelle', gall. **abankos* 'Weide', kymr. *afanc* 'Biber, Wasserdämon, Zwerg', ↗Ablach ↗Albe ↗Abens ↗Abläsch ↗Nebelbach ↗Raab (< **ar-abōn*). – Udolph, *Gewässernamen Polens*, S. 198–204; Matasović, *Proto-Celtic*, S. 23f.

Ober-/-e-/-er-/-es-/-n-/-ster- -ach, -au, -brunn, -graben, -lochsee, -moos-graben, -pfuhl, -see, -teich, -wald-graben, -weiher, z.B. Obernau, l.z. Sieg (z. Rhein) mit Obernautalsperre und ON. Obernau (Kreis Siegen-Wittgenstein, NRW, D), jetzt wüst, 1311 *Overnha*, 15. Jh. *Obirna*, 1417–19 *Obernna*, 1461 *Obernae* < ahd. **Obern-aha*. Ahd. *obaro* 'der Obere', as. Präposition *ovar* 'über, über … hin, über … hinaus, jenseits', im Gegensatz zu ↗Nieder- für höher oder oben liegende Gewässer bzw. Orte. – Faust, *HG.A.4*, S. 59; Fischer, *BNB 10*, S. 196.

Oberpfuhl ↗Bavenpfuhl.

†Och jetzt Sendelbach, l.z. Isar (z. Donau). – Ca.1563 *in Oham influent*; ON. Ohu (Gem. Essenbach, Lkr. Landshut, Bayern, D), 822 (Kopie 9. Jh.) *Ahu*, 1168 *Aha*, 1268 *Ah*, vor 1300 *Och*, 1693 *Ohu*. – Grundform ahd. *Aha* 'Fließgewässer' ↗Aach, ON. (zi) *Ahu* (präpositionale Fügung mit Dativ), *Aha* > mhd. **Ahe*, apokopiert > **Ach*, mit mundartlicher Hebung /a/ > /o/ > *Och*, im Ortsnamen ist der ahd. Dativ *Ahu*, mit Hebung > *Ohu*, bewahrt. – Snyder, *HG.A.3*, S. 74; Reitzenstein, *Oberbayern*, S. 198.

Ocherbach (auch *Ofenbach*?), l.z. Antrift (z. Antreff z. Schwalm z. Eder z. Fulda z. Weser), entsteht bei Nieder- und Oberbreidenbach (Stadt Romrod, Vogelsbergkreis, Hessen, D), mündete bei Romrod. – 812 (Druck 1850) *in vchenbahc*, 825 *Ůchenbach*. – Grundform ahd. **Uochenbach*, Kompositum mit dem Grundwort *-bach* und dem Genitiv des PN. ahd. **Uocho*. – Sperber, *HG.A.5*, S. 79 (Ofenbach); Kaufmann, *Ergänzungsband*, S. 272.

Ochsen- ndd. *Ossen-* -bach/-bächle, -beck/-bek, -brunnbach, -floß, -graben, -grund, -loch, -moosgraben, -pfuhl, -pfuhlbach, -priel, -riete, -talbach, -talswasser, -teich, -weiher, z.B. Ochsenbach, l.z. Winterbach (z. Aue z. Warme Aue z. Weser), 1029 *inter flumina Ossenbeke et …*, 1609 *Die Ossenbeke*. Bestimmungswort ist entweder ahd. *ohso* swM., mhd. *ohse*, mndd. *osse* (< gm. **uhsōn* m.) 'Ochse' oder der entsprechende PN. ahd. **Ohso*. – Borchers, *HG.A.18*, S. 100; Hausner/Schuster, *Namenbuch*, S. 805.

Ochtum, die entsteht bei Weyhe (Lkr. Diepholz, Niedersachsen, D), fließt durch Bremen, mündet nach 26km zwischen Lemwerder (Lkr. Wesermarsch, Niedersachsen) und Seehausen (Bremen), bis ins 20. Jh. für den Gütertransport genutzt. – 1158 *inter Othmundam* (lies *Ohtmundam*) *et Wisaram*, 1171 *usque in Ohtmundam*, 1297 (Kopie) *im watere Ochtmunde, de Ochtmunde*, 15. Jh. (dorsal) *up de Ochtmunde*, 1489 *upp der Ochme*, 1531 *up der Ochtmen*, 1531 *up der Ochtmunde*, 1533 *up der Ochtmen*, 1540 *up der Ochtmen, in der Ochtmen*, 1541 (Kopie) *in der Ochtemen*, 1773 *Ochte Fl. Ochte-Flus, die Ochte*, ON. Ochtum (Gem. Lemwerder, Lkr. Wesermarsch), 1142 *Ochtmunde*, 1238 *ochtum*, 1243, 1261, 1301, 1349 *Ochtmunde*, 1408 *to der Ochtmunde*, 1465 *tor Ochtume*, 1477 *thor Ochmunde*, 1773 *Zur Ochte*. – Grundform as. **Ohtmunda*. Der Name scheint eine von gm. **ohta-* (< vorgm. **uktó-* 'feucht gemacht, feucht', *-to-*Partizip des Verbs ig. **ueg*ᵘ-/*ug*ᵘ- 'feucht machen') als

Basis ausgehende Bildung mit dem kombinierten Suffix *-mund-* (*Ohtmund-a* f.) zu sein, vgl. auch (um 1075) *in fluvium Delvundam* ↗ Delvenau. – Borchers, *HG.A.18*, S. 101; Rix, *LIV*, S. 662f.

Ockfener Bach r.z. Saar (z. Mosel z. Rhein). – ON. Ockfen (Lkr. Trier-Saarburg, Rh.-Pf., D), 975 (Kopie) *uilla Ocaua*, 1037 (Fälschung 13. Jh.) *villam ... Occheven*, 1168 *uilla Ockefa*, 1274 (Kopie 18. Jh.) *Oukave*. – Ausgangsform FlN.? kelt.? *$Oko\mu\bar{a}$, ablautend zu gall. *acaunum* (< *akou-no-) 'Fels' zu ig. *h_2ek- (> *$a\hat{k}$-), ablautend *$h_2o\hat{k}$- 'scharf, spitz', vgl. urkelt. *akro- 'hoch'. Der Name kann auch ursprünglich ein Flur-/ BergN. gewesen sein, der auf die Siedlung überging. – Spang, *HG.A.13*, S. 56; Pokorny, *IEW*, S. 19; Rix, *LIV*, S. 261; Buchmüller/Haubrichs/Spang, *Namenkontinuität*, S. 92 (ig. *$\bar{O}ka\mu\bar{a}$ zu *$\bar{o}ku$- 'schnell').

Odeborn, die l.z. Eder (z. Fulda z. Weser), entspringt am Kahlen Asten nordöstlich von Neuastenberg (Stadt Winterberg, Hochsauerlandkreis, NRW, D), mündet in Raumland (Stadt Bad Berleburg, Kreis Siegen-Wittgenstein, NRW). – 1569 *die Odenborn*, 1783 *über den Odebornsfluß*, *Adebornfluß*; ON. † Odeborn, 1258 *Adenborn(e)*, 1318 *Adinburne(n)*, 1334 *Adenburn*, 1501 *Odenborn*. – Übertragung des ON. mndd. *Adenburnen auf den Fluss; der Ortsname ist ein Kompositum mit dem Grundwort ↗ Born und dem Genitiv des PN. *Ado*, ↗ Aden-Bach ↗ Adenauer Bach ↗ Adener Bach. – Sperber, *HG.A.5*, S. 78f.

Odenbach r.z. Glan (z. Nahe z. Rhein), entspringt im Nordpfälzer Bergland nördlich von Kaiserslautern (Rh.-Pf., D), mündet in Odenbach (Lkr. Kusel, Rh.-Pf.). – ON. Odenbach (auch Glanodenbach), /oorᵉbach/, 841 (Kopie 10. Jh.) *Uotenbach*, 893 (Kopie 1222) *de Odenbahc* (!), 1194–98 (Kopie um 1250) *de Ottenbach*, 1222 (Kopie um 1360) *de Odenbach*, 1410–59 *Glan Odenbach*, 1454 *zu Odenbach off dem Glane*; ON. Schallodenbach (Lkr. Kaiserslautern), 1202 *de Odembach*, um 1250 *von Odenbach*, 1347 *von Odinbach*, 1371 *Schelodenbach*, 1393 *Schel-, Scheleodenbach*, 1555 *Schallodenbach* (zu mhd. *schelch* 'schief, schräg' wegen der Lage, später mhd. *schalc* 'Knecht, Diener' nach dem Sitz einer Herrschaft); ON. Bösodenbacherhof bei Rathskirchen (Donnersbergkreis, Rh.-Pf.), nach 1573, 1652 *Bößodenbach* (zu mhd. *bœse* 'schlecht, gering, wertlos'). – Grundform ahd. *Ōdenbach, Kompositum mit dem Grundwort *-bach* und dem Genitiv des PN. ahd. *Ōdo (*Ōden-) als Bestimmungswort. – Greule, *HG.A.15*, S. 78–80; Dolch/Greule, *Pfalz*, S. 73, 356, 416f.

Oder, die

– ¹Oder (im Unterlauf auch *Steinlake*), r.z. Rhume (z. Leine z. Aller z. Weser), entspringt im Harz nördlich der Achtermannshöhe in ca. 810m Höhe aus dem Odersprung, wird zweimal aufgestaut (Oderteich, Odertalsperre), mündet nach 56km in Katlenburg (Gem. Kaltenburg-Lindau, Lkr. Northeim, Niedersachsen, D). – /uhre, uhren/, 1287 *inter Oderam et Sevenam*, 1321 *partem unam aque ... Odera*, 1464 (Kopie) *vp der Odere*, 1470 *upp der Ader*, um 1515–1532 *up der oder*, 1516 *Oder*, 1525 *up der Oderen*, 16. Jh. *Oder*; ON. Oderbrück (Sankt Andreasberg, Stadt Braunlage, Lkr. Goslar, Niedersachsen). – Grundform mndd. *Ōdere < gm. *Odrō f. 'Reichenbach' (wegen der Wassermenge) zu (erschlossenem) Adj. gm. *udra-, vgl. awn. *auðr* 'Reichtum, Besitz', ↗ ²Oder. – Kettner, *HG.A.8*, S. 91; Kettner, *Leine*, S. 214.

– ²Oder, čech., poln. *Odra*, entspringt im mährischen Odergebirge (CZ), fließt durch Ostrava, überquert bei Bohumín die Grenze nach Polen, fließt durch Oppeln, Breslau, Frankfurt/Oder und Stettin, mündet über das Stettiner Haff nach 866km in die Ostsee. – 948/49 *ad flumen Odera*, 965 *Odera, in Oderam*, 985–992 *Oddere (Oddore, Odere)*, *Odera*, um 1015 *ad Oderam*, um 1075 *trans Oddoram, Oddara*, um 1150 *Oderam, Odore* (Genitiv), 1175 *Odri, Odre, Odram*. – Ausgangsform vorslaw. *Odra neben *Oddra bzw. *Adrā. *Odra (Nebenform *Oddra mit wgm. Konsonantengemination) < vorgm. *Udra, mit gm. Senkung /u/ > /o/ vor /a/, dem Feminin des Verbaladjektivs ig. *udró-, mit r-Suffix vom Verb ig. *ued- 'quellen' (die altindischen Entsprechungen bedeuten 'befeuchten' und 'überschwemmen'). Auf ig. *udro- gehen mehrere Flussnamen zurück, z.B. ↗ Uder(bach), r.z. Mosel, auf vorrom. *udria 'Feuchtgebiet' beruht z.B. der ON. Itter (Tirol, A), 1240, 1294 *Vtter*, 1357 *Ytter*, ferner ist *udro- Bestimmungswort in dem MatronenN. *Udra-varinehis* (CIL XIII, Köln). Die Rekonstruktion *Odra*, germanisiert aus ig. *Udrā, setzt voraus, dass der Name von Germanen erst nach Abschluss der Lautverschiebung ig. /d/ > gm. /t/ übernommen wurde. Diese Hypothese wird vermieden, wenn der Name ganz aus dem Germanischen erklärt wird. Dort ist die urig. Wurzel *$h_1eudʰ$-, die die Tatsache, dass etwas in Hülle und Fülle vorhanden ist, bezeichnete (vgl. l. *uber* 'reich, reichlich fruchtbar' und urig. *$h_1eudʰr$ 'Euter'), etwa in awn. *auðr* 'Reichtum, Besitz' usw. nachweisbar, ↗ ¹Itter/Euterbach ↗ ¹Oder. Dass sich *$h_1eudʰ$- ursprünglich auch zur Bezeichnung von Wassermassen eignete, geht aus Flussnamen wie *Aufidus/Ofanto* in Apulien hervor. Die r-Ableitung von der Schwundstufe dieser Wurzel, ig. *$h_1udʰ$-ró-, müsste germanisch *udra-, später despirantisiert *udra-, mit Senkung des /u/ vor /a/ *odra- bzw. als Femininum und als Name *Odra ergeben. Die Senkung (der „a-Umlaut") wird für die ersten Jahrhunderte n. Chr. angesetzt. Es ist denkbar, dass der Name der Oder mit Bezug auf den Wasserreichtum ihres Mündungsgebietes von der Mündung her gegeben wurde. Die Etymologie von *Adrā kann dadurch erhellt werden, dass eine Verbindung mit ig. *h_2et- (> *at-) 'gehen, wandern' erwogen wird. Von dieser Wurzel sind mehrere „alteuropäische" Flussnamen abgeleitet; der prominenteste ist ⁊ Etsch (< *Atisa). Der Wechsel -t-/-d- (*ad- neben *at-) erinnert an das Nebeneinander von ig. *ap- und *ab- 'Wasser'. Hier wird *ab- als Sekundärstamm erklärt, der aus Flexionsformen hervorgegangen ist, in denen die Endung mit stimmhaftem Laut beginnt und der Auslaut assimiliert wurde, z.B. *ap-b^hi > *ab-b^hi. Eine andere Möglichkeit, *ad- neben *at- als Gewässernamenbasis zu erklären, ist die Annahme einer Vermischung der Wurzel *h_2et- 'gehen, wandern' mit der Wurzel *h_2ed- 'vertrocknen'. Die korrekten Verbaladjektive mit r-Suffix dazu sind *$h_2tró$- (> *atro-) bzw. *$h_2dró$- (> *adro-). – Fischer, BNB 10, S. 196; Udolph, Oder; Greule, Exonyme, S. 70 f.

Oderitz, die

– ¹† Oderitz, heute Bardaune, l.z. Oder südlich von Frankfurt/Oder (Brandenburg, D). – 1370 (Kopie) *bys in dy Adricz*, 1370 *penes oderitzam*, 1480 *bisz jn die adritz*, 1492 *jn dy oderitze*, 1528 *an der oderitze*.
– ²† Oderitz, Oderarm bei Gusow-Platkow (Lkr. Märkisch Oderland, Brandenburg, D). – 1249 *in Odrizam*, 1405 *aqua ... Oderittze*, 1936 *Oderitze*.
– ³Oderitz, Gewässer bei Altfriedland (Lkr. Märkisch Oderland, Brandenburg, D). – 1749 *an der Oderitze*.
– ⁴Oderitz, Gewässer in Kleinbarnim (Gem. Neutrebbin, Lkr. Märkisch Oderland, Brandenburg, D). – 1749 *an der Oderitze*.
– ⁵Oderitz (auch Kleine Oder), Gewässer südlich von Oderberg (Lkr. Barnim, Brandenburg, D). – 1751 *Oderitze*.
Grundform apolab./asorb. *Odrica 'kleine Oder', mit dem Suffix slaw. -ica zur Benennung von Seitenarmen der Oder abgeleitet von slaw. Odra, dem Namen des Hauptflusses. – Fischer, BNB 10, S. 197.

Oders-Bach r.z. Lahn (z. Rhein) in Odersbach (Stadt Weilburg, Lkr. Limburg-Weilburg, Hessen, D). – 881 *Odinesbach*; ON. Odersbach, /urəsbax/, 1324 *Odenspach*, 1341 *Odensbach*, 1365 *Odinsbach*, 1395 *Oderspach*, 1606 *Odersbach*. – Bestimmungswort ist der PN. (ahd.) *$Ōdīn$/*$Ōdin$ (Gen. *$Ōdīnes$-) 'Bach des $Ōdīn$'. Aus Odinesbach/Odenesbach entstand nach der Synkope Odensbach und mit Dentaldissimilation /-ns-/ > /-rs-/ Odersbach. – Faust, HG.A.4, S. 59; Metzler, Westerwald, S. 89.

Oechse, die (auch Öchse), l.z. Werra (z. Weser), entspringt am Westhang des Baier, umfließt den Öchsenberg, mündet in Vacha (Wartburgkreis, Thüringen, D). – ON. Oechsen (Wartburgkreis), 977 Uchsino, 1166 Uhsino, (1190) Ussine, 121(4) Uhsena, (1422–39) von Ochsen, BergN. Öchsen/Öchsenberg (627m) nördlich von Vacha in der Rhön (mit keltischem Oppidum), 786 *montes ... Uhsineberga*. – Ausgangsform BergN. kelt. *Uksenos/-ā (> ahd. *Uhsina), zur Benennung des Öchsenberges mit n-Suffix abgeleitet von urkelt. *uks- (ablautend zu *ouks-) 'hoch', vgl. die gall. Ortsnamen Uxello-dunum, Uxama, Uxisama; zur Bildung vgl. ⁊ Erden-Bach (<*Arduina), abgeleitet von kelt. *ardu̯o- 'hoch', Übertragung des BN. kelt. Arduenna. Vom Öchsenberg wurde der Name sowohl auf den Fluss Öchse als auch auf die Siedlung Oechsen übertragen. – Sperber, HG.A.5, S. 79; Matasović, Proto-Celtic, S. 303.

Öd-/-en-/-er- -bach/-bächl, -graben, -kar-bach, -weiher, -weiher-graben, -wiesengraben. Bestimmungswort ist ahd. ōdi, mhd. œde 'leer', in Flurnamen auch 'entfernt gelegen, abgelegen', Gewässer, die durch Ödland fließen oder im Ödland liegen. – Springer, Flußnamen, S. 126; Ramge, Flurnamenbuch, S. 713.

† Oedeme heute Hasenburger (Mühlen)bach, l.z. Ilmenau (z. Elbe), entspringt westlich von Embsen (Lkr. Lüneburg, Niedersachsen, D), mündet in Lüneburg-Häcklingen. – 1341 *over de Odeme*, 1347 *to der Odeme*, 1355 *tho der odeme*, 1368 *uppe der Odem*, 1368 *to der Odem*, 1401 *to der Odeme*; ON. Oedeme (Stadt Lüneburg), /oeme/, 1228 *de Odem*, 1236 *de o^{e}dem*, 1247 *de Odeme*, 1248 *de Odem* (und zahlreiche weitere Belege), 1292, 1299, 1304, 1315 *Odhem*. – Deutung unklar, vielleicht ursprünglich ein Flussname mit der Grundform as. *Ōthima > mndd. *Ödeme (mit langen /Ö/), einer m-Ableitung von gm. *auþja-, ahd. ōdi 'leer', als Benennung eines durch unbestelltes Land fließenden Gewässers. – Udolph, HG.A.16, S. 152–154.

Oedenbach l.z. Ravenna (z. Rothbach z. Dreisam z. Elz z. Rhein). – ON. Ödenbach (Lkr. Breisgau-Hochschwarzwald, B.-W., D), 1446 *O^{e}tenbach*, 1554 *Ötthenbach*. – Kompositum mit dem Grundwort -bach und dem Genitiv des PN. ahd. Ōto (*Ōtin-) als Bestimmungswort, > mhd. *Œtenbach. – Geiger, HG.A.2, S. 98.

Oedsbächle l.z. Rench (z. Rhein). – ON. Ödsbach (Stadt Oberkirch, Ortenaukreis, B.-W., D), 1347 *Otesbach*, 1350 *Otensbach*, *Ödensbach*, 1360 *O^{e}tenbach*, 1381 *Ottensbach*, *O^{e}tenspach*, 1386 *O^{e}tspach*, *O^{e}tespach*, 1405 *Otensbach*, 1499 *Oedspach*. – Grundform (ahd.) *Ōtīnesbach > mhd. *Œtensbach > *Œtesbach, mit binnendeutscher Konsonantenschwächung > *Ödesbach, Ödsbach, Kompositum mit dem Grundwort -bach und dem Genitiv des PN. ahd. *Ōtīn als Bestimmungswort. – Geiger, HG.A.2, S. 98.

Oehlikensee (auch *Frökensee*) südlich von Thomsdorf (Gem. Boizenburger Land, Lkr. Uckermark, Brandenburg, D). – 1574 *durch den Alicken sehe*, 1936 *Aelekensee, Oelekensee*. – Bestimmungswort brandenburg. *Aaleken* n. 'kleiner Aal'. – Fischer, *BNB 10*, S. 16.

Öhrbach r.z. Ilme südöstlich von Hullersen. – 1601 *am Ordebecke*, 1662 *der ... ährbeck*, 1858/59 *Öhrbeck*. – Deutung ↗Ar-/Ohr-/Ort-. – Kettner, *Leine*, S. 216.

Öl-
– ¹Öl- *-bach, -bachgraben, -berg(s)graben, -brunnbach, -gassen-Bach, -graben, -graben-Bach, -moos-Graben, -mühl-Bach, -mühlenteich, -wiesengraben*. Bestimmungswort ist ahd. *oli*, mhd. *öle, öl* 'Öl'. Die Gewässernamen sind Klammerformen z.B. von *Ölmühlbach* oder sie sind Komposita mit einem Flurnamen als Bestimmungswort; als Benennungsmotiv kommt auch infrage, dass ölhaltige Pflanzen am Gewässer wachsen. – Ulbricht, *Saale*, S. 16; Ramge, *Flurnamenbuch*, S. 716.

– ²Öl- *-kute, -pfuhl, -teich*. In den brandenburgischen Gewässernamen ist das Bestimmungswort brandenburg. *Eäle* 'Egel', ↗Egel-/Egl-. – Fischer, *BNB 10*, S. 62f.

Ölbach l.z. Eisack (z. Etsch), fließt von Steinegg herab, mündet unterhalb von Blumau (Gem. Kameid, Prov. Bozen/Südtirol, I.). – /elpåch/, HofN. Ober-/Unterölgartner, /élgårtnᵉr/, 1295, 1397 *de Ellengarten, Ellengart*, 1489 PN. *Oberellengartner*, 1441 *Oberölgart, Unterölgart, Oberelgart, Unterelgart*. – Klammerform *El(gart)bach*, gerundet > *Ölbach*, mit dem ON. Elgart als Bestimmungswort, benannt nach einer Besitzerin namens *Ellengart*. – Kühebacher, *Ortsnamen 2*, S. 221.

Ölschnitz, die
– ¹Ölschnitz, r.z. Weißen Main (z. Main z. Rhein), Quelle in Solg (Stadt Münchberg, Lkr. Hof, Bayern, D), fließt im Fichtelgebirge, mündet bei Bad Berneck (Lkr. Bayreuth, Bayern). – 1398 *die Olssnitz*, 1409 *an der Ölsnitz*; ON. Ölschnitz (Markt Stammbach, Lkr. Hof), 1332 *ze Grozzen vnd ze Wenigem Oᵉltsnitz*, 1361 *zu Olsnicz*, 1369 *Ölsnitz*, 1376 *Olsnitze, Olsnicze*, 1421 *Oelßnitz, Olßniz*, 1429 *Ölschnitz*. – Sperber, *HG.A.7*, S. 125.

– ²Ölschnitz, r.z. Roten Main (z. Main z. Rhein), entsteht bei Emtmannsberg-Unterölschnitz (Lkr. Bayreuth, Bayern, D) aus dem Zusammenfluss von Laimbach und Biebersöhrbach, mündet bei Markt Weidenberg (Lkr. Bayreuth), Oberölschnitzer Bach, l.z. Ölschnitz. – 1391 *Ölsnicz*, (ca. 1398) *daz wasser Olsnitz*, 1413 *in die Olßnicz*, 1428 *an der Olschnicz*, ON. Oberölschnitz, ON. Unterölschnitz (Gem. Emtmannsberg, Lkr. Bayreuth), /-ęsnəds/, 1320 *ze Nidern Oelsnitz ... ze Obern Oelsnitz*, 1398 *zu Olsnitz* (und weitere Belege); ON. † Klein-Ölschnitz, 1416 *czu Wenigen Oᵉlsnicz*, 1421 *zcü Klein Olßnÿczen*. – Sperber, *HG.A.7*, S. 125f.; Eichler/Greule/Janka/Schuh, *Bayreuth*, S. 171f.

– ³Ölschnitz, l.z. Haslach (z. Rodach z. Main z. Rhein). – Keine Belege. – Sperber, *HG.A.7*, S. 126. Grundform slaw. *Olьšьnica* 'Erlenbach', Ableitung mit dem Suffix -ica vom Adj. slaw. *olьšьn-* 'Erlen betreffend', ↗Oisnitz. – Eichler/Greule/Janka/Schuh, *Bayreuth*, S. 172f.

Ölse, die (im Unterlauf *Ögel-Fließ*), r.z. Spree (z. Havel z. Elbe), entspringt dem Möschensee bei Groß Muckrow (Stadt Friedland, Lkr. Oder-Spree, Brandenburg, D), durchfließt den Oelsener See, mündet bei Beeskow (Lkr. Oder-Spree). – 1344 *daz vliesz zer Olsen*, 1453 *dy olsze*, 1456 *dy Olsze*, ON. Ölsen (zu Groß Briesen, Stadt Friedland), 1368 *Olzyn*. – Grundform FlN. asorb. *Ol'šina* 'Fluss, an dem Erlen wachsen', Onymisierung des Adjektivs slaw. *olьšьna* f. 'Erlen betreffend', ↗Oisching. – Fischer, *BNB 10*, S. 197.

Ölsnitz ↗Ölschnitz.

Ölze, die l.z. Schwarza (z. Thüringische Saale). – /elsə/, 1229 *Ůlsna*, 1370 *dy Ölsin*, 1492 *die Olße*, 1512 *an der Olßenn*, 15. Jh. *die Ultze*; ON. Ölze (Gem. Katzhütte, Lkr. Saalfeld-Rudolstadt, Thüringen, D). – Grundform FlN. (slaw.) *Olešna* 'Erlenbach', möglicherweise slawisiert < vorslaw./gm.*Alisina*, einer n-Ableitung von gm. *alisō* 'Erle', ↗²Else ↗Els-/Else-. – Ulbricht, *Saale*, S. 234; Eichler, *Ortsnamenschichten*, S. 72.

Önz, die r.z. Aare (z. Rhein), entspringt im Önzelgraben, fließt in den Amtsbezirken Burgdorf und Wangen (Kanton Bern, CH). – /öːnts, önts/ (/ö/ geschlossen), 1432 (Vidimus 1447) *in der Óntz*, 1530 *die ónntz*, 1879 *Oenz*; ON. Oberönz (Gem. Herzogenbuchsee, Bezirk Wangen), ON. Niederönz (Verwaltungskreis Oberaargau, Kanton Bern), 1139 (Kopie 15. Jh.) *Oentze*, um 1166, 1246 *de Onza*, 1248 *de Onze*, 1249 *de Oenzo* (lies *Oenze*?), 1256 *de Onze*, 1257 *de Onzce*, 1258 *de Honzen*, 1260 *de Onze*, 1262, 1263 1264 *de Oenza*, 1264 *Onze*, 1267 *de Oenze*, 1350 *ze Nidern-Oentz*. – Grundform (mhd.) *Œnze* < ahd. *Ônitze/-a*, eine ↗Schernetz vergleichbare Bildung, bei der eine Raumbezeichnung mit dem Suffix (gm.) -itja- von dem FlN. gm. *Aun-* ↗Ohne (< gm. *Agw-n-*) abgeleitet (gm. *Aunitja-* > ahd. *Ônitze*) und auf die Siedlungen und den Fluss übertragen wurde. – Zinsli, *BNB 4*, S. 95 (<*Aunantia*).

Oereler Kanal l.z. Oste (z. Elbe). – ON. Oerel (Lkr. Rotenburg/Wümme, Niedersachsen, D), 937 *Urlaha*, um 1300 *Orle* (so oft belegt), 1340 *Oerle*, 1647 *Oerel*, 1684 *Öhrel*. – Grundform FlN. as. *$Ūrilaha$ > mndd. *$Örle$ (mit langem Ö), verdeutlichendes Kompositum mit dem Grundwort as. *aha* 'Fließgewässer' (das auf /-e/ reduziert und schließlich apokopiert wurde). Das Bestimmungswort *$Ūril$- ist, wie das Adj. gm. *$ūriga$- 'feucht', von gm. *$ūra$-, awn. *úr* n. 'feiner Regen' (< urig. *uh_1-*ro*-) abgeleitet. – Udolph, *HG.A.16*, S. 256; Pokorny, *IEW*, S. 80.

Oersch-Graben l.z. Eselsbach (z. Düsselbach z. Rhein) bei Eller (Stadt Düsseldorf, NRW, D). – 1420 *op dy Urssche*, 1426 *by der Ursen*, 1505 *up der Ursel*, 16. Jh. *von der Urß*, ca.1600 *uf der ... Urß*, 1604 *uf der Urs*, 1723 *an die Kellersursch langs die grosse Ursch*; ON. Oerscherhof, ca.1600 *uf der Uhrß*. – Ausgangsform (as.) *$Ūrisa$ > mndd. *$Ūrse$, schwach flektiert *$Ūrsen$, (mit langem Ü) > Oersch. Wegen des Parallelnamens ↗ Eyrser Bach (< ves.-ig. *$Ūrisa$) dürfte der Name vorgermanisch sein. – Schmidt, *HG.A.6*, S. 56.

Örtze r.z. Aller (z. Weser), entspringt nördlich von Munster (Lkr. Heidekreis, Niedersachsen, D), mündet nach 62km im Osten von Winsen (Lkr. Celle, Niedersachsen), Kleine Örtze, l.z. Örtze. – 786 (Fälschung 12. Jh.) *in Ursenam, in ascensu Ursenę*, 1384 (Kopie 15. Jh.) *by der Ortzene*, 1417 *in de orsne*, 1462 *by der Ortzen*, 1775, 1778 *Oertze*, 1777 *die Oertze*. – Grundform (as.) *$Ursina$ > mndd. *$Örsne$, *n*-Ableitung von einem Stamm gm. *$ursa$- (< urig. *h_2rs-*ó*- 'Fluss'? zum Verb urig. *h_1ers- 'fließen'). Parallelname vielleicht ON. Markt Irsee (Lkr. Ostallgäu, Bayern), ca.1055 (Kopie 13. Jh.) *Vrsinun*, ca.1063 *Ursina*, ca.1182 *Ursin*, 1317 *Vŕsin*, 1453 *Yrsin*. Eine andere Deutung setzt in as. *$Ūrsina$ einen (später gekürzten?) Langvokal voraus, so dass Örtze mit ↗ Oersch-Graben in Verbindung gebracht werden kann: Ausgangsform gm. *$Ūris$-*nō* > as. *$Ūrisna$/*$Ūrsina$. – Borchers, *HG.A.18*, S. 101f.; Möller, *Nasalsuffixe*, S. 116; Rix, *LIV*, S. 241; Reitzenstein, *Lexikon*, S. 194f.

Ösch, die r.z. Aare durch Deitingen (Kanton Solothurn, CH). – /d ö:š/, 15. Jh. (mehrfach) *vff die ǒfch*, 1577 *Oeschbach*; ON. Oberösch, Niederösch (Kanton Bern), 886 *in Osse*, 1309 *Oescho*, 1310 *Oeschge*, 1320 *von Oesch*, 1360 *ze Oesch* (und weitere Belege). – Grundform FlN./ON. ahd. *$Ōsja$ > mhd. *Oes(se)*, mit mundartlicher Auslaut-Lateralisierung > Oesch, Etymologie ↗ Öse. – Grossenbacher Künzler, *Wasseramt*, S. 58–63; Zinsli, *BNB 4*, S. 106.

Oesau
– ¹† Oesau, heute Vierstieg-Hufener-Wettern (z. Elbe) bei Nortdorf in der Wilstermarsch (Kreis Rendsburg-Eckernförde, S.-H., D). – 1221 *molendino ... Osov*, 1351 *ad pontem Oysebrukke*, 1518 *thor Oßouwe*. – Udolph, *HG.A.16*, S. 258.
– ²† Oesau, heute Große Au, z. Stör (z. Elbe) bei Winseldorf und Kollmoor (Kreis Steinburg, S.-H., D). – 1442 *de Ozowe*, ON. (Groß-)Oesau (Steinburg), 1315 PN. *Marquardus Osouwen*, 1491 *de Oßuwe*, 1554 *thor Oßouw*, ca.1580 *tzur Osaw*.
Grundform mndd. *$Oese$ < as. *$Ōsia$ < gm. *$Ausjō$ f. ↗ Öse. Mndd. *$Oes(e)$, zur Verdeutlichung komponiert mit dem Grundwort mndd. *ouw(e)* 'Wasserlauf' ↗ au(e). – Laur, *Schleswig-Holstein*, S. 495.

Öse, die
– ¹Öse, l.z. Hönne (z. Ruhr z. Rhein), entspringt nordöstlich von Dahle (Stadt Altena, Märkischer Kreis, NRW, D), wechselt mehrfach den Namen, mündet im Süden von Menden (Märkischer Kreis). – 1607 *Ose flu*, vor 1757 *Ose fl.*; ON. Oese (Stadt Hemer, Märkischer Kreis). – Schmidt, *HG.A.6*, S. 56; Barth, *Sieg und Ruhr*, S. 163.
– ²Öse (auch *Oese*), l.z. Nethe (z. Weser), entspringt im Eggegebirge nordöstlich von Neuenheerse (Stadt Bad Driburg, Kreis Höxter, NRW, D), mündet bei Siddessen (Stadt Brakel, Kreis Höxter). – 1323 (älterer Druck) *ab utraque parte fluvii Ose*. – Kramer, *HG.A.10*, S. 52.
Grundform (ahd.) *$Ōsia$ < gm. *Aus-*jō* f., mit *j*-Suffix von gm. *aus-*a*- 'schöpfen' (awn. *ausa* stV. 'gießen, schöpfen, überschütten') abgeleitet, ursprüngliche Stellenbezeichnung 'wo gegossen, geschöpft wird', vgl. den norw. FlN. *Ausunda*, der das Partizip Präsens des Verbs awn. *ausa* enthält, sowie awn. *aust-skota* 'Schöpfkelle', *austr* (<*$austraz$ m.) 'Wasser, das sich am Boden des Fahrzeugs sammelt'. Die gleiche Grundform haben ↗ Esse-Bach ↗ Ösch ↗ Oesau. – Seebold, *starke Verben*, S. 85f.; Nyman, *Ortnamn*, S. 207f.

Öster, die (auch *Österbach*), r.z. Else (z. Lenne z. Ruhr z. Rhein) im Märkischen Kreis (Sauerland, NRW, D). – 1607 *Ooster flu*, vor 1757 *Oister fl*; ON. Österau (Stadt Plettenberg, Märkischer Kreis). – Wegen der wenigen späten Belege unsichere Deutung; möglich ist die Grundform FlN. (gm.) *$Aust$-*ira*, mit *r*-Suffix abgeleitet von gm. *$austa$- (in awn. *aust-skota* 'Schöpfkelle'), ↗ FlN. Oste. – Schmidt, *HG.A.6*, S. 57; Barth, *Sieg und Ruhr*, S. 163.

Öttenbach it. Rio d'Ottone, r.z. Talfer (z. Eisack z. Etsch), fließt vom Kreuzjoch herab, mündet nördlich von Sarnthein (Prov. Bozen/ Südtirol, I.). – 1237 *Oetenpach*, 1367 *in Otenpach*, 1401, 1402 *Oettenpach*; ON. Öttenbach, Fraktion der Gem. Sarntal (Prov. Bozen/ Südtirol), /ętnpåch/, 1237 *mansus Oetenpach*, 1394 *Ottenpach*, 1624 *Etenpach*. – Grundform (ahd.) *$Ot(t)inbach$, Kompositum mit dem Grundwort

-bach und dem Genitiv des PN. *Ot(t)o* (**Ot(t)in*-) als Bestimmungswort. – Kühebacher, *Ortsnamen* 1, S. 300; 2, S. 222.

Ötternbach l.z. Bega (z. Werre z. Weser). – 1613 *Otterbeke*, 1758 *die Ötter*, 1790 *Otterbach*; ON. Oettern(-Bremke) (Stadt Detmold, Kreis Lippe, NRW, D), 1360 *de Oeteren*, 1365 *thor Ottern*, 1402 *Otterne*, *Óttorne*, 1408 *van der Otteren* (und weitere Belege). – Ausgangsform FlN. (as.) **Utrina*/**Utirna* > mndd. **Öterne*, als verdeutlichendes Kompositum *Öttern-Bach*, Parallelbildung zu ↗²*Otter* (< *Uterna*). – Kramer, *HG.A.10*, S. 52; Meineke, *Lippe*, S. 378 f.

Ötzbach l.z. Spitzer Bach in Mühldorf (PB Krems-Land, N.-Ö., A). – 1096–1108 *a fluvio … Obizinpach*; ON. Ötz (Gem. Mühldorf), 1072–91 *ad Obizi*, 1108 *Obizi*; ON. Ötzbach (Gem. Mühldorf), 1096 (Fälschung 12. Jh.) *usque in Obizarnbach*, 1121–22, um 1124 *Obizarbach*, 1141–47 *Auzârpach molendinum*, 1302/22 *Obtzpach*, *Otzpach*, 1395 *Oetzpach*. – Kompositum mit dem Grundwort ahd. *bach* und slaw. (substantiviertes Adj.) **Obьcь* 'gemeinsam, allgemein; Gemeinde; Gemeindegrund' als Bestimmungswort, über **Övetzbach* > Ötzbach ins Bairische integriert. Im ON. *Obizarnbach* liegt der BewohnerN. **ze Obizarn* 'bei den in Obizi Wohnenden' als Bestimmungswort vor. – Hausner/Schuster, *Namenbuch*, S. 821; Bergermayer, *Glossar*, S. 173 f.

Ofenbach ↗ Ocherbach.

Offenau, die r.z. Krückau (z. Elbe). – 1652 *Offenbeck*, 1743 *Offenbek*, 1822 *durch die … Offenaue*; ON. Offenau (Gem. Bokholt-Hanredder, Kreis Pinneberg, S.-H., D), 1650 *Offenow*, 1760 *auf der Offenau*; ON. Groß-, Klein-Offenseth, 1588 *Grot, Klen Offenset* ('Sitz, Niederlassung des Offe'). – Kompositum mit dem Grundwort ndd. -*aue* 'Wasserlauf' und dem Genitiv des PN. (as.) *Offo/Uffo* (**Offen-*) als Bestimmungswort. – Udolph, *HG.A.16*, S. 257.

Offenbach l.z. Gutach (z. Kinzig z. Rhein). – 1423, 1491, 1517 *Vischwasser der Woffenbach*, 1716 *Wolfenbach*, 1734/35 *Hoffenbach*, 1839 *am Offenbach*; ON. Offenbach (Stadt Hornberg, Ortenaukreis, B.-W., D). – Grundform *Wolfenbach*, Kompositum mit dem Grunwort -*bach* und dem Genitiv des PN. ahd. *Wolfo* (*Wolfen-*) als Bestimmunsgwort, durch Assimilation /-lf-/ > /-ff-/ > **Woffenbach* > *Am (W)offenbach* durch Assimilation im Anlaut /-m-W-/ > /-m(m)-/ und Deglutination > *(am) Offenbach*. – Geiger, *HG.A.2*, S. 98.

Oh(e), Oh-/-e- -*bach*, z. B. Ohe, l.z. Haller (z. Leine z. Aller z. Weser), 1378 *by der O*, 1669 *ober der Ohe*, 20. Jh. *Ohe*, ahd., as. *aha* 'Fließgewässer' ↗ Aach, mit mundartlicher Hebung von /a-/ > /o-/. – Kettner, *HG.A.8*, S. 91.

Ohle, die poln. *Oława*, l.z. Oder bei Wrocław/Breslau (PL). – 1150 *Olaua*, 1250 *Olauia*; ON. Ohlau, poln. Oława, 1149 *Olauam*, 1193 *Olouam*, 1201 *Oleua*. – Ausgangsform vorslaw. **Alavā*. Da mehrere gleich lautende Namen sowohl im Bereich der baltischen Sprachen als auch in Großbritannien vorkommen, darf **Alavā* als alteuropäischer Name gelten, der mittels des Suffixes -*avā* von der in Gewässernamen häufigen Basis **Al-* abgeleitet ist. In dieser Basis sind zwei urig. Verbalwurzeln zusammengefallen: $*h_2el$- 'nähren, aufziehen' und $*h_2elh_2$- 'ziellos gehen'. Wegen der späteren Entwicklung von $*h_2elh_2$- über **alə-* zu **alā-* liegt bei **Alavā* eher eine Ableitung von dieser Wurzel mit dem Suffix -$µo$-/-$µā$ vor. – Udolph, *Gewässernamen Polens*, S. 212–214; Rix, *LIV*, S. 262, 264.

Ohlsbach r.z. Kinzig (z. Rhein). – ON. Ohlsbach (Ortenaukreis, B.-W., D), ca.1235 *Olsbach* (und weitere Belege), 1275 *Olesbach*, 1398 *Olespach*, 1410, 1422 *zu Olspach*, 1421 *ym Olspach*, 1581 *in dem hindern Olspach*. – Kompositum mit dem Grundwort -*bach* und dem Genitiv des PN. ahd. **Ōl* (**Ōles-*) als Bestimmungswort. – Geiger, *HG.A.2*, S. 98.

Ohm, die
– ¹Ohm, l.z. Lahn (z. Rhein), entspringt im Vogelsberg östlich von Ulrichstein (Vogelsbergkreis, Hessen, D), mündet nach 60km bei Cölbe (Lkr. Marburg-Biedenkopf, Hessen); Alte Ohm, Abzweig der Ohm in Schweinsberg (Stadtallendorf, Lkr. Marburg-Biedenkopf). – (Um 750–779, Kopie um 1160) *super ripam fluminis Amana*, 13./14. Jh. *Amene* (mehrfach), 1370 *uf der Amen*, 1485 *uff die Ome*, 1553 *uf der Ohme*, 1591 *an der Ohm*; ON. Ober-Ohmen und Nieder-Ohmen (Ortsteile der Gemeinde Mücke, Vogelsbergkreis): (9. Jh.) (Kopie um 1150) *in Amana*, 1008 *in loco Amena*, 1241 *in superiori Amene*, 1308 *in inferiori Amena*, 1457 *zu Oberhomen, zu Kirchhomen*, 1469 *Ubbirn Oemen*, 1491 (Kopie um 1600) *Obernohmen*; ON. Amöneburg (Lkr. Marburg-Biedenkopf), (754–768, Kopie um 800) *Amanaburg*, 12./13. Jh. *de Ameneburc* (und so oft belegt), 1515 *Omenburg*, 1564 *Amaeneburgk* (die heutige Form ist an lat. *amoenus* 'angenehm' angelehnt). – Faust, *HG.A.4*, S. 60 f.
– ²Ohm, Zwester ~, l.z. Lahn (z. Rhein), entspringt im Gebiet von Ebsdorfergrund (Vogelsberg, Lkr. Marburg-Biedenkopf, Hessen, D), mündet bei Sichertshausen (Gem. Fronhausen, Lkr. Marburg-Biedenkopf). – Zwester ist entweder der ursprüngliche Name der Zwester Ohm (< **Zwistra*) zu mndd. *twist* 'Zwist', me. *twist(e)* 'Astgabel, Zweig', awn. *twistra* 'trennen', oder mundartlich Zwester ist ein „Zusatz",

um die beiden Ohm-Flüsse zu unterscheiden, und mit *Zwister*, einer Berufsbezeichnung in der Textilindustrie, vgl. ↗Hafenlohr, identisch. – Faust, *HG.A.4*, S. 61.
Grundform FlN. ahd. *Amana* mit lautgesetzlicher Entwicklung über mhd. *Amene* zu *Ohmen/Ohm*. Der Name kann sowohl als germanischer Name als auch als keltischer Reliktname (< kelt. **Amonā* ↗Emme, ↗¹Ems-Bach) erklärt werden. Jedoch ist die Verwandtschaft mit germanischen Namen, vor allem mit ↗Holtemme (< **Amina*) ausgeprägter, so dass die Erklärung als Ableitung mit *n*-Suffix von gm. **ama-*, **ami-* 'natürlicher Wasserlauf' näher liegt. Auch der aus Flurnamen erschlossene Gewässername **Ohm*, 1365 *gein der ame herabe*, 1391 *jm omsgrunde*, 1736 *auf der Ohm* (Gem. Otzberg, Lkr. Darmstadt-Dieburg, Hessen) kann auf **Amana* zurückgeführt werden. – Reichardt, *Gießen*, S. 280 f.; Ramge, *Flurnamenbuch*, S. 715.

Ohmbach, die l.z. Glan (z. Nahe z. Rhein), entspringt im Nordpfälzer Bergland nordwestlich von Langenbach (Lkr. Kusel, Rh.-Pf., D), bildet den Ohmbachsee, mündet östlich von Gries (Lkr. Kusel). – 1541 *die Obenbach*, 1985 *Ohm-Bach*, ON. Ohmbach (Lkr. Kusel), 977 *Ouenbach*, 1108 (Kopie) *Ouenbach*, 1128 (Kopie 14. Jh.) *Ovenbach*, 1292 (Kopie) *Ouembach*, 1437/38 *Obenbach*, 1545 *Ombach*, 1629 *Ohmbach*. – Grundform ahd. *Ovenbach*, Kompositum mit dem Grundwort *-bach* und dem Genitiv des PN. ahd. *Ovo* (*Oven-*) als Bestimmungswort. *Ovenbach* assimiliert > *Ovembach*, synkopiert > **Ōmbach/Ohmbach*. – Greule, *HG.A.15*, S. 80; Dolch/Greule, *Pfalz*, S. 359.

Ohne, die r.z. Wipper (z. Unstrut z. Thüringische Saale) bei Niederorschel (Lkr. Eichsfeld, Thüringen, D). – ON. (Kirch)Ohmfeld, (Kalt)Ohmfeld (Stadt Leinefeld-Worbis, Lkr. Eichsfeld), 9. Jh. *Onfelt*. – Die Erklärung des Namens ist wegen fehlender historischer Formen unsicher. Nahe liegt der Vergleich mit dem ON. Ohne (Gemeinde und Bauerschaft, Lkr. Bentheim, Niedersachsen, D), unweit des Vechte-Übergangs einer alten Straße, 1188, 1213 *On*, 1313 *Oon*. Unter der Annahme, dass Ohne ein primärer Gewässername ist, kann *Ohne* auf **Ōna* zurückgeführt und aus wgm. **Auna* bzw. gm. **A(g)wnō* erklärt werden, ↗Önz. Zu gm. **a(g)w-*, der grammatischen Wechselform von gm. **ahw-* 'Wasser' ↗Auma. – Ulbricht, *Saale*, S. 250; Walther, *Siedlungsgeschichte*, S. 231; Kaufmann, *Genetivische Ortsnamen*, S. 95.

Ohra, die r.z. Apfelstädt (z. Gera z. Unstrut z. Thüringische Saale), das Quellgebiet liegt am Rand eines Hochmoors (Thüringer Wald). – 1276 *Hora*, 1378 *Ora*; ON. Ohrdruf (Lkr. Gotha, Thüringen, D), 961 *Ordorff*, *Ordorp*, (1005–1012), 1168 *Ordorf*; EinwohnerN. 1228 *Orderfenses*. – Falls <o> im Anlaut ursprünglich lang war, liegt der Flussname (ahd.) **Ōra* (< gm. **Aurō*) vor, der mit ae. *ēar* 'Woge, Meer', awn. *aurr* 'wet clay, mud, wet soil' (<**aura-* m.) zusammenhängen dürfte, ↗Auer. Die heutige Schreibform ist an nhd. *Ohr* angelehnt und sekundär mit dem für die Gegend typischen Ortsnamensuffix *-a* verdeutlicht. *Ohrdruf* 'Dorf an der Ohra' ist ein Kompositum mit *-dorf* als Grundwort und *Or(a)* als Bestimmungswort. – Ulbricht, *Saale*, S. 193 f.; Riese, *Gotha*, S. 120 f.; Walther, *Siedlungsgeschichte*, S. 233; Orel, *Handbook*, S. 29.

Ohre l.z. Elbe, bildet teilweise die natürliche Grenze zwischen den Bundesländern Niedersachsen und Sachsen-Anhalt (D), mündet südlich von Rogätz (Lkr. Börde, S.-A.). – (Zu 780, Annalen) *Ora*, Anfang 11. Jh. (zu 780) *inter Arae et Albiae confluentiam*, (zu 781, Annalen) *fluvios ... Aram*, 786 (Fälschung 12. Jh.) *in Horam fluvium, in ortum Horę*, 937 *Horaha*, 973 *ex ... parte Orae*, (um 1012) *inter Aram et Albiam* (Thietmar), 1363 *ober der Oren*, 1364 *up der Öre*, 1432 (Kopie) *inter flumina Or et Bode, infra flumina Or et Bode*; ON. 1068 *ultra Ara Slaovnica villa*; ON. Ohrdorf (Stadt Wittingen, Lkr. Gifhorn, Niedersachsen), ehemals an der Quelle der Ohre, 11. Jh. *Ordorp*; ON. Wolmirstedt (Lkr. Börde), ehemals Reichsburg am Flussübergang der Straße Magdeburg-Stendal: 1012–1018 *Ustiure* (neben *Walmerstidi*) wird als asorb. *Usti ure* 'Mündung der Ohre' gedeutet. – Grundform vorslaw. FlN. **Ara*, gm.**arō* (?) < ig. **orā* 'Wasserlauf' (urig. **h₃er-* 'sich in (Fort-)bewegung setzen') ↗²Ahr, slaw. *Ora*. Unwahrscheinlich ist die Deutung des Namens aus vorslaw. **Aura*, nur weil der Flussname im ON. *Ustiure* (in der Komposition) als **ure* erscheint. – Borchers, *Große Flüsse*, S. 43; Berger, *Geographische Namen*, S. 280; Eichler, *Alte Gewässernamen*, S. 51; Greule, *Bode, Saale, Elbe*, S. 252; Rix, *LIV*, S. 299 f.

Ohrenbach l.z. Mudau/Mudach (z. Main z. Rhein), entspringt bei Vielbrunn (Stadt Michelstadt, Hessen, D), mündet bei Weilbach (Lkr. Miltenberg, Bayern). – 1012 (Kopie 12. Jh.) *in Aranbach*, 1128 *Orenbach*; ON. Ohrenbach (Vielbrunn und Markt Weilbach, Lkr. Miltenberg), 1432 *von Ornbach*. – Unsichere Deutung, Kompositum mit dem Grundwort *-bach* und dem Genitiv des PN. ahd. **Ōro* (*Ōren-*) oder PN. ahd. **Āro* (**Āran-*) als Bestimmungswort. – Sperber, *HG.A.7*, S. 126.

Ohrn, die l.z. Kocher (z. Neckar z. Rhein), entspringt im Lkr. Schwäbisch Hall (B.-W., D), mündet in Ohrnberg (Stadt Öhringen). – 795 (Kop. 12. Jh.) *Oorana fluvius*, 1315 *in der Oren*, um 1357 *in der Oᵉren*,

1544–1550 *die Ore*; ON. Öhringen (Große Kreisstadt, Hohenlohekreis, B.-W.), in römischer Zeit zwei Kastelle sowie eine Siedlung (*vicus Aurelianus*) aufgrund der Lage am Limes, 1037 *in villa Oringowe*, 1157 *Orengovve*, 1230 *in Orengowe*, 1351–1375 *Orenge, Orengeu*, 1525 *Oringen, Öringen*; FlurN. Ohrnwald, 1286 *in terminis Ornbalde*, 1338 *uf dem Orenwalde*. – Der Ortsname *Öhringen* ist identisch mit dem Landschaftsnamen, dessen Gundwort ahd. *gouwi* 'Gau' und dessen Bestimmungswort der FlN. *Ohrn* ist. Der Flussname kann über ahd. **Ōrana/*Ōrina* auf gm. **Aurana/-ina* zurückgeführt und als Ableitung mit dem Suffix *-ana/-ina* von germ. **aura-* m. (awn. *aurr* 'sandiger Boden, Kies im Sand', ae. *ear* 'See, Ozean') ⟶ Ohra ⟶ Orisbach erklärt werden. Es ist möglich, dass gm. **Aurina* eine Eindeutung des römischen Namens der Siedlung ist, deren Name auf Inschriften als AVRE und AVREL erscheint und als Civitas **Aurelia* (*Aurelianensis*) ergänzt wird. – Schmid, *HG.A.1*, S. 86 f.; Schmid, *Neckar*, S. 100–102.

Ohrnbach r.z. Kupfer (z. Neckar z. Rhein), mündet südlich von Kupferzell (Hohenlohekreis, B.-W., D). – ON. † Orenbach, 1252, 1266 *in Orenbach*, 1331 *Orenbach*, 1356 *von Orenbach*. – Grundform vermutlich FlN. mhd. **Örenbach* ⟶ Ohrenbach. – Schmid, *HG.A.1*, S. 87.

Oichten, die (auch *Oichtenbach*), r.z. Salzach in Oberndorf bei Salzburg (PB Salzburg-Umgebung, Salzburg, A). – /oáχtn/ (hyperkorrekt statt /oitn/ wie in mhd. *pferht* statt *pfert*, *sintflucht* statt *sinvluot*), vor 1023 *fluvium … Ogata*, 1040 (Fälschung 14. Jh.) *flumen … Ogete*, 1041–60 *ad Ogtna*, um 1150 (Kopie Mitte 13. Jh.) *iuxta Oiten, iuxta fluvium Oitan*, 12. Jh. (13. Jh.) *de Oyten*, 1199–1231 *Heinr. de Oyten*. – Die vorgeschlagenen Deutungen setzen eine „antike" Namensform **Ogata* oder **Ocata* voraus, erklären aber nicht, wie die Schreibungen der frühen aus dem Salzburger Urkundenbuch stammenden Belege mit den späteren Belegen, die ⟨Oi-, Oy-⟩ aufweisen, in Einklang zu bringen sind. Man geht daher besser von (vorbair., rom.) **Ogeda* aus, das mit ahd. Lautverschiebung /-d-/ > /-t-/ und späterer Kontraktion von /-oge-/ > /oi/ (analog zu mhd. *voget* > *voit*) als **Oita/Oiten* ins Bairische übernommen wurde. Die Formen ⟨Ogata, Ogtna⟩ sind in der Kanzlei bewahrte Schreibungen, die den volkssprachlichen Lautwandel nicht reflektieren. ⟨Ogtna⟩ ist vermutlich verschrieben für ⟨Ogtan⟩ (= /oiten/). Die Ausgangsform **Ogeda* geht auf (vorrom./kelt.) **Ogeta* zurück; sie kann an die urig. Verbalwurzel **h₂eg-* 'treiben' (> kelt. **ag-*, mit o-Ablaut **h₂og-*, vgl. griech. *ógmos* 'Ackerfurche usw.'), von zahlreiche Gewässernamen ausgehen (⟶ Ager ⟶ Aist ⟶ Eger), angeschlossen werden. Der Name ist mittels des Suffixes *-t-* von **og-* abgeleitet. – Hausner/Schuster, *Namenbuch*, S. 808; Bertol-Raffin/Wiesinger, *Braunau am Inn*, S. 63 f.; Pokorny, *IEW*, S. 5; Rix, *LIV*, S. 255 f.

Oisching, die l.z. Lonschitz im Thörlgraben (PB Bruck, Steiermark, A). – 1382 *Olschün*, 1494 *in der Olschen*, 1880 *Olschen, Olsching, Olschin*. – Grundform slaw. **Olьšьna* 'Erlenbach', Onymisierung des Adjektivs slaw. **olьšьna* f. 'Erlen betreffend'; spät an die Ortsnamen auf *-ing* angelehnt. – Lochner von Hüttenbach, *Steirische Hydronyme*, S. 106; Bergermayer, *Glossar*, S. 175 f.

Oisnitz, die l.z. Stainz bei Sankt Josef (PB Deutschlandsberg, Steiermark, A). – ON. Oisnitz (Gem. Sankt Josef), 1142 *de Olsniz*, 1186 (Kopie 13. Jh.) *Olsinize*. – Grundform slaw. **Olьšьnica* 'Erlenbach', mit Suffix *-ica* abgeleitet vom Adjektiv slaw. **olьšьn-* 'Erlen betreffend', /-l-/ in der Lautverbindung /ols-/ mundartlich vokalisiert > /ois-/. Parallelnamen FlN./ON. Ölsitz(mühle) (Gem. Sankt Georgen am Ybbsfeld, N.-Ö., A), 1380 *an der Elzniz*, 1491 *Olsinzmul*, ⟶ Ölschnitz ⟶ † Olsniz. – Lochner von Hüttenbach, *Steirische Hydronyme*, S. 106; Hausner/Schuster, *Namenbuch*, S. 808 f.; Bergermayer, *Glossar*, S. 175 f.

Oker, die l.z. Aller (z. Weser), kommt aus dem Harz und mündet in Braunschweig (Niedersachsen, D). – /auker/, Ende 8. Jh. *Obacro, Obacerum, Ovacra, Ovaccrum, Obacra*, 888 *ultra fluvium Ouaccram*, 994 *usque Oueccaram*, 997 *Ouacra*, 1128 *Ovakara*, 1142 *Ovakare*, 1157 *Ovekare*, 1222 *de Ovakara*, 1246 *cis Ovacram*, 1351 *in de Ovecre*, 1389 *Oveker*, 1583 *an der Oucker*, 1630 *an der Ocker*; ON. Oker (Stadt Goslar, Niedersachsen) am Ausgang des Okertals. – Ausgangsform as. **Ov-akra*, **Ov-akkra*, **Ov-akara*, mndd.*Ovakare, Ovekere, Oveker*, kontrahiert zu *Oker*; Bedeutung 'die obere Akara/Ecker'. Das Präfix (as.) **ov-* entspricht dem Adverb ahd. *oba* 'oben'; es bezieht sich möglicherweise auf den Ursprung der Oker im Harz auf einer Höhe von ca. 900m. *Oker* beruht auf gm. **Akra/*Akara*, einer Ableitung mit *r*-Suffix von dem starken Verb gm. **ak-a-* 'treiben, fahren'; Bedeutung 'die Treibende' mit Bezug auf die Schnelligkeit und Antriebskraft des Wassers, ⟶ Acher ⟶ Agger. – Borchers, *HG.A.18*, S. 102–104; Blume, *Oker*, S. 13–20.

Olbe, die

¹Olbe, l.z. Weser. – 1551 *in der Olwe, in der Vlm*, (1583–85) *Die ulm*, 1617 *die Olfe*, 1664 *die Ölfe*; ON. (Forstort) (1583–85) *Die Ulwe*; BergN. *Olben-Berg* oberhalb von Veckerhagen (Gem. Reinhardshagen, Lkr. Kassel, Hessen, D), 1570 *vnder dem Olmberg*, (1583–85) *Der Ulwenbergk*. – Kramer, *HG.A.10*, S. 52.

– ²Olbe, r.z. Beber (z. Ohre z. Elbe) bei Hundisburg (Haldensleben, Lkr. Börde, S.-A., D). – 1012/1023 *Alva*.
Grundform (as.) *Alva* < gm. *Albō f., gehört mit der Bedeutung 'Weißwasser' zu der Gruppe von Wörtern, die auf ig. *alb^h o- (urig. *h₂elb^h-) 'weiß' beruhen; dazu auch gm. *alba- m. (awn. *alfr 'Kies, Kiesboden'), *alb-it-/-ut- (ahd. *albiz*, *elbiz* 'Schwan', ndl. *alft*, *elft* 'Weißfisch'). *Alva*, *Alba mit Hebung des /a-/ vor /lb/ > /o/ > mndd. *Olbe*, mundartlich *Ulwe*, *Ulm*. – Greule, *Bode*, *Saale*, *Elbe*, S. 252; Nyman, *Ortnamn*, S. 499–501; Pokorny, *IEW*, S. 30.

Olebeke, die l.z. Akebeke (z. Aale z. Leine z. Aller z. Weser), mündet östlich von Deilmissen (Gem. Eime, Lkr. Hildesheim, Niedersachsen, D). – 1744 *Oelebeck*, *Ohlebeke*, 1858 *an der Olebeke*. – Grundform (mndd.) *Ōlde bēke 'Alter Bach' ↗ Alt-. – Kettner, *HG.A.8*, S. 92; Kettner, *Leine*, S. 14.

Ollen, die fließt von der Ochtum r.z. Hunte nahe der Mündung der Hunte in die Weser, durch Berne (Lkr. Wesermarsch, Niedersachsen, D). – 1049 *in alveum fluvii Aldena, per decursum, ubi Aldena Wiseram influit*, 1063 (Kopie 14. Jh.) *inter … Aldenam*, 1149 *Aldena*, 1158 (Kopie 14.Jh.) *Aldenam*, 1247 *iuxta Aldenem*, 1388 *by beyden syden der Oldene*, 1487 *by der Olne*, 1518 *by der Ollen*; ON. Ollen (Gem. Berne), 1302 *apud Oldenen*, 1462 *tor Olne*, 1488 *tor Ollen*; ON. Ollenermoor (Gem. Berne). Die Belege lassen folgende lautliche Entwicklung des Namens (as.) *Aldena* erkennen: Hebung des A- > O-, Synkope des /-e-/ und Sprecherleichterung der Gruppe /-ldn-/ > /-ln-/ als Assimilation > *Olle, im Nominativ geneuert als *Ollen*. – (as.) *Aldena* kann als *Alden-aha '(zum) alten Wasser' gedeutet werden, gemeint ist die Abzweigung aus der Ochtum zur Hunte (z. Weser), entspricht ↗ Allna und (mit anderem Grundwort) † Aldenau, 1148 (Fälschung um 1180, Kopie 12. Jh.) *Aldenov*, um 1200 (Kopie 13. Jh.) *Aldenov*, jetzt Schmiedau (z. Stör z. Elbe). Möglich ist auch die Herleitung von *Aldena* als germanischer Name *Aldanō, ein Parallelname von ↗ Elde (< *Aldinō) mit anderem Suffixvokal. – Borchers, *HG.A.18*, S. 104 f.; Laur, *Schleswig-Holstein*, S. 119.

Olmes, die (alt *Ulmsbach*, *Ulms*), r.z. Schwalm (z. Eder z. Fulda z. Weser), entspringt im Südosten der Gem. Neuental (Schwalm-Eder-Kreis, Hessen, D), mündet bei Gombeth (Stadt Borken, Schwalm-Eder-Kreis). – ON. † Ulmes, um 1080 *villam … Olbezo*, 1264–91 *von Olbeze*, *Olmeze*, 1271 *Olbeze*, 1342 *Olmiz*, 1363 *tzo Almeza*, 1368 *zu Olbizse*, 1387 *Olmße*, 1537 *Ulmes*. – Grundform GebietsN. (ahd.) *Albatjan. > mhd. *Albetze, vielleicht mit dem Kollektivsuffix gm. -atja- ↗ Milz ↗ Schernetz von gm. *alba- 'Kiesboden' abgeleitet und auf den Fluss, der in diesem Gebiet fließt, übertragen; mhd. *Albetze Hebung des /A-/ > /O-/ vor /-lb-/ und mit Synkope > *Olmtze, mit Apokope und Sprecherleichterung *Olms/Olmes*. – Sperber, *HG.A.5*, S. 79.

Olpe, die (im Oberlauf Rahrbach), l.z. Hundembach (z. Lenne z. Ruhr z. Rhein). – ON. Benolpe, ON. Hofolpe (Gem. Kirchhundem, Kreis Olpe, NRW, D), 1314, 1368 *in Olepe*, 1649 *Olepe*. – Deutung ↗ Olpe-Bach ↗† Olperbach ↗ Olpke. – Schmidt, *HG.A.6*, S. 57; Barth, *Sieg und Ruhr*, S. 162 f.

Olpe-Bach
– ¹Olpe-Bach, l.z. Sülz-Bach (z. Agger z. Sieg z. Rhein), mündet bei Hausgrund (Gem. Lindlar, Oberbergischer Kreis, NRW, D). – 1555 *die Oilpe*; ON. Olpe (Gem. Kürten, Rheinisch-Bergischer Kreis, NRW), 1171 *de Olpe*, 1264 *Olipe*, 15. Jh. *Olepe*, 1582 *zu Oilpe*, 1583 (und oft) *Olpe*, 1594 *von Olep*. – Faust, *HG.A.4*, S. 61; Barth, *Sieg und Ruhr*, S. 103.
– ²Olpe-Bach (im Oberlauf *Altenkleusheimer Bach*), r.z. Bigge (z. Lenne z. Ruhr z. Rhein), entspringt im Naturpark Ebbegebirge beim Dorf Altenkleusheim (Stadt Olpe, NRW, D), mündet in der Stadt Olpe. – ON. Olpe, 1120 (und öfter) *Olepe*, 1280 (und oft) *Olpe*, 1289 *Oylfe*, 1454 *Oelpe*. – Schmidt, *HG.A.6*, S. 57, 99; Barth, *Sieg und Ruhr*, S. 162.
Grundform (as.) *Alapa ↗ Alpe, mit Hebung /a-/ > /o/ vor /-l(p)-/ und Abschwächung der unbetonten Vokale > mndd. *Olepe*, mit Dehung in offener Silbe > *Ōlepe, mit Synkope > *Ōlpe <Oilpe>.

† Olperbach, die l.z. Wupper (z. Rhein). – (15. Jh.) *in die Oleper Beke, die Oleper Bek, in die Olperbecke*, 1555 *die Olperbech*, 1749 *auf der olperbach*; ON. Olpe (Hebringhausen, Wuppertal, NRW, D), 1363 *Oylpe*, 1471 *in der Olpe*, 1582–1615 *von der oversten Oelpe*. – Deutung ↗ Olpe-Bach. – Schmidt, *HG.A.6*, S. 57.

Olpke, die (amtlich *Olpke-Bach*), l.z. Schondelle (z. Emscher z. Rhein) im Stadtkreis Dortmund (NRW, D). – 1360 *op der Alepe*, 1549 *over der Alepe*. – Grundform (as.) *Alapa, ↗ Alpe; die heutige Form weist Hebung des /a-/ > /o-/ vor /-lb-/ auf; verdeutlichend wurde mndd. *beke* 'Bach' als Grundwort angefügt (*Olp-beke > Olpke). – Schmidt, *HG.A.6*, S. 57; Schmidt, *Wupper und Lippe*, S. 149 f.; Barth, *Sieg und Ruhr*, S. 162.

Olsa, die čech. *Olše*, poln. *Olza*, r.z. Oder. – 1290 *Olzam*, 1457 *Olza*, *Olsam*; ON. Olsau/Olza (PL), 1435 *Olse*, *Olza*. – Die Grundform *Oligā wird erklärt als ein mit g-Suffix abgeleitetes Derivat von der ig. Wurzel *ol- 'fließen, strömen'. Hinter dieser Wurzel steckt entweder die o-Stufe der urig. Verbalwurzel *h₂el-

'nähren, aufziehen' oder die o-Stufe der Wurzel *$h_2$elh$_2$- 'ziellos gehen' oder die Wurzel *$h_3$elh$_1$- 'zugrunde gehen, zerstören'. – Udolph, *Gewässernamen Polens*, S. 215–219; Rix, *LIV*, S. 262, 264.

† **Olsniz** heute Langwiesenbach, l.z. Gurk in Straßburg (PB Sankt Veit an der Glan, Kärnten, A). – 1175 (Fälschung 1192–1200) *usque in ripam Olsniz*. – Grundform slaw. *Olbšьnica, abgeleitet von slaw. *olьša 'Erle', ↗Ölschnitz ↗Oisnitz. – Hausner/Schuster, *Namenbuch*, S. 811.

Omerbach r.z. Inde (z. Rur z. Maas), entspringt im Hürtgenwald (Nordeifel), mündet in Eschweiler (Städteregion Aachen, NRW, D). – Deutung wie ↗Ommer-Bach?

Ommer-Bach r.z. Sülze (z. Sülz z. Agger z. Sieg z. Rhein), mündet bei Hommerich (Gem. Lindlar, Oberbergischer Kreis, NRW, D). – ON. Ommerborn (Stadt Wipperfürth, Oberbergischer Kreis), ON. Kaufmannsommer, ON. Müllersommer, ON. Rölenommer, ON. Unterommer (Gem. Lindlar), 1244 *Omera*, 1266 *Ommere*, 1270 *de Omere*, um 1470 *Groißoemer, Cleyne Oemer*, 1481 *Ommer*. – Die wenigen Belege ermöglichen keine eindeutige Erklärung; Grundform vielleicht idg. *Omere, entweder mit Hebung /a-/ > /o-/ < (ahd.) *Amara oder als vorgm. Lehnname < kelt. *Omorā. Die Grundform ahd. *Amara könnte wie ↗¹Ohm (< gm. *Amana) mit r-Suffix gebildet sein; *Omorā kann als r-Ableitung von urkelt. *omo- 'roh, bitter' (Benennung nach dem Geschmackseindruck des Wassers) erklärt werden. Parallelname ON. Ommeren (Gem. Buren, Prov. Gelderland, NL), 1230 *de Homere*? – Faust, *HG.A.4*, S. 61; Barth, *Sieg und Ruhr*, S. 104; Matasović, *Proto-Celtic*, S. 299.

Onoldsbach r.z. Fränkischen Rezat (z. Rednitz z. Regnitz z. Main z. Rhein). – 786 (Kopie 1614) *Onoldisbach*; ON. Ansbach (Mittelfranken, Bayern, D), 786–794 (Kopie ca.1600) *Onoltesbach*, 837 *Onoltespah*, 1141 *Onoldesbach*, 1230 *Onolsbach*, 1338 *Onelspach*, 1508 *Onsbach*, 1732 *Onolzbach oder Ansbach*. – Grundform ahd. *Ōnoldesbach, Kompositum mit dem Grundwort *-bach* und dem Genitiv des PN.*Ōnold (*Ōnoldes-) als Bestimmungswort. Während der Name der Stadt Ansbach (über /ōnsbach/) die lautgerechte Veränderung des Namens festhält, erscheint der Flussname in historischer Schreibung. – Sperber, *HG.A.7*, S. 126; Reitzenstein, *fränkische Ortsnamen*, S. 25.

Oos, die

– ¹Oos, l.z. Unteren Murg (z. Rhein) im Kreis Rastatt (B.-W., D). – /dˈōs/, 9.–14. Jh. *ab Osa fluvio*, 1281 *inter Osam et ...*, 1288 *daz wasser ... die Ose*, 1318 *von der Osen*, 1347 *untz uf die Ose*, 1362 *dem waszer ... die Ôse*, ca.1400 *Oß*, 15. Jh. *disset der Öss*; LandschaftsN. 712 (Kopie von 1580 einer Fälschung nach echter Vorlage) *trans Rhenum in pago Auciacinse* (= Oosgau?)[1]; ON. Oos, Stadtteil von Baden-Baden (B.-W.), 1245, 1246 *in Ose*, 1338 *zů Ose*, 1346 *Oese*. – Ausgangsform (ahd.) *Ōsa. Wenn der in verschiedenen Schreibungen sowohl des Fluss- als auch des Ortsnamens erkennbare Index über dem initialen <O> als Schreibung eines Umlauts (und nicht als Index für die Länge des Vokals) gewertet wird, muss mit einer Nebenform *Ōsja, die sich gegen die unumgelautete Form des Namens nicht durchsetzen konnte, gerechnet werden. Dafür spricht auch 712 *Auciacinse*, eine Schreibung, die wegen der fehlenden Monophthongierung /au/ > ahd. /ō/ vor das 8. Jh. zu datieren ist und für die Lautung /-sia-/ die (merowingerzeitliche) Schreibung <-cia-> zeigt. Wahrscheinlich geht ahd. *Ōsa bzw. *Ōsja eine voralthochdeutsche Form *Ausa bzw. *Ausja voraus, wobei ursprünglich *Ausa den Fluss und *Ausja die Landschaft oder Siedlung am Fluss bezeichnete. Der FlN. *Ausa hat eine Parallele in ↗Usa und mehrfach in Gewässernamen in Frankreich und Italien. Er ist daher sicherlich vorgermanisch, in Anbetracht der französischen Parallelen vielleicht auch keltisch. Für eine keltische Etymologie spricht bret. *aoz* (< *ausā) 'Flussbett'. *Ausā dürfte als Nomen loci vom Verb urig. *$h_2$eus- 'schöpfen' (*$h_2$eus-[ā > *ausā ursprünglich 'Stelle, wo man [Wasser] schöpft') abgeleitet sein. Vgl. ↗Öse (mit gm. Etymologie). – [1] Die Urkunden der Merowinger, hg. v. Theo Kölzer 1. Teil, 2001, S. 402–405. – Geiger, *HG.A.2*, S. 99; Greule, *Oberrhein*, S. 213; Braune, *Grammatik*, § 45, § 168 Anm.4; Hubschmid, *Ortsnamenkunde Belgiens*, S. 373–375; Rix, *LIV*, S. 275 f.

– ²Oos (auch Oosbach), r.z. Kyll (z. Mosel). – ON. Oos (Stadtteil von Gerolstein, Lkr. Daun, Rheinland-Pfalz, D), um 300 (Kopien 7., 8., 10. Jh. – Itinerarium Antonini 372) *Ausua*, um 365 (Kopie 13. Jh. – Tabula Peutingeriana) *Ausaua*, 772 (Kopie um 1103) *Osa*, 831 (Kopie um 920) *in uilla ... Huosa*, 1222 *Use*. – Aus vorgm. *Ausova = Ausóba, Fluss an der Westküste von Irland (Ptolemaios II 2,3), vgl. 1136 *rivum ... Auseva*, Fluss bei Covadonga in Asturien (Spanien). Aus dem römerzeitlichen *Ausaua* dürfte sich ahd. *Ōsowa entwickelt haben, was als Kompositum mit ahd. *ouwa* 'Land am Wasser' verstanden und in der weiteren Überlieferung des Namens getilgt wurde. – Gysseling, *Woordenboek*, S. 765; Hubschmid, *Ortsnamenkunde Belgiens*, S. 374.

Opfenbach r.z. Haggenbach (z. Leiblach z. Bodensee). – 1509 *Opfenbach*; ON. Opfenbach (Kr. Lindau, Bayern, D), 872 *in marcu villulę ... Offinbach*, 1567 *Opfenbach*. – Kompositum mit dem Grundwort

-*bach* und dem Genitiv des PN. ahd. *Opfo* (**Opfen-*) als Bestimmungswort. – Geiger, *HG.A.2*, S. 99.

Opfersiek, das   Fortsetzung als Bremke, l.z. Aue (z. Leine z. Aller z. Weser) westlich von Sebexen (Gem. Kalefeld, Lkr. Northeim, Niedersachsen, D). – 1580 *im Opper Siecke*, 1707 *auff das Oppersieck, nach dem Oppersieke hin*, 1757 *Opfer-Sieke*. – Klammerform **Opper(mans)siek*, Kompositum mit dem Grundwort ↗ *siek* und mndd. *opperman* 'Messner, Küster' als Bestimmungswort, weil das Gewässer im Besitz des Küsters war. – Kettner, *HG.A.8*, S. 92; Kettner, *Leine*, S. 215 f.

Oppa, die   čech. *Opava*, mundartlich /opa/, poln. *Opawa*, l.z. Oder in Mährisch Schlesien (CZ), Quellflüsse: Bílá ~, Střední ~, Černá Opava, Zufluss bei Krnov: Goldoppa. – 1031 *Vpa*, 1062 *fluuius Opa*; ON. Troppau (< *(*zu*) *der Oppau*), čech. Opava (Stadt, Moravskoslezky kraj, CZ), 1195 *Opavia*. – Grundform gm. *Apa ↗ apa, slawisiert als *Ap-ava > *Opava*. – Schwarz, *Ortsnamen der Sudetenländer*, S. 23; Niemeyer, *DONB*, S. 638 (R. Šrámek).

Orb, die   l.z. Kinzig (z. Main z. Rhein), entspringt südlich von Bad Orb (Main-Kinzig-Kreis, Hessen, D), mündet bei Wächtersbach (Main-Kinzig-Kreis). – 1059 *in Orbaha, per litus Orbaha*, 1361 *in die Orba*; ON. Bad Orb, 1167 *in Orbaha*. – Wahrscheinlich liegt gm. *Urb-aha, verdeutlichendes Kompositum mit ahd. *aha* 'fließendes Wasser', zugrunde. Gm. **urb-* (gm. /u-/ vor /a/ der Folgesilbe > /o/ gesenkt) kann aus älterem **wurb-* entstanden sein, **wurb-* (< ig. **u̯r̥bʰ-*) gehört zu einem sonst nicht nachweisbaren Verbstamm gm. **werb-* 'drehen, biegen' (zu gm.**hwerb-a-* 'sich wenden'?). Der Name dürfte also 'Fluss mit Windungen' bedeuten. Eine Verbindung mit l'Orbe, Zufluss des Neuenburger Sees (CH), besteht nicht. – Sperber, *HG.A.7*, S. 126 f.; Pokorny, *IEW*, S. 1153.

Orisbach   l.z. Ergolz (z. Rhein), entspringt im Tafeljura im Grenzgebiet zwischen den Kantonen Solothurn und Basel-Landschaft (CH), mündet nach 7 km in Liestal (Basel-Landschaft). – 1436 *des wassers ... die Orusz*; TalN. Oristal. – Grundform (gm.) *Aurasa, *s*-Ableitung von gm. **aura-* m. (awn. *aurr* 'sandiger Boden, Kies im Sand'), ↗ Ohrn. – Boesch, *Frühmittelalter*, S. 167.

Orke, die   l.z. Eder (z. Fulda z.Weser), entspringt am Ortsrand von Küstelberg (Stadt Medeberg, Hochsauerlandkreis, NRW, D), mündet nach 38 km in Ederbringhausen (Gem. Vöhl, Lkr. Waldeck-Frankenberg, Hessen). – 1486 *die Orcken*, um 1530 *Orca*, 1650 *die Orke*, 1669 *die Orka*; ON. Oberorke, Niederorke (Gem. Vöhl), 1016 *Orcana*, 1242 *Orchnen*, 1252 *Orkene* (und oft), 1266 *Orchen*, um 1510 *geyn Orcken*, 1577 *Obernorcka*, 1587 *Niederorken*. – Ausgangsform FlN. gm. *Wurkana > as. *Urkana/*Orkana > mndd. *Orkene, Orken, Orke*, *n*-Ableitung von gm. **wurka-* (mit unklarer Bedeutung) in folgenden Namen: ON./WaldN. † Ork bei Apeldoorn (Prov. Gelderland, NL), 855 (Kopie 9. oder 10. Jh.) *in siluis ... Orclo*; ON. Orcq (Bezirk Tournai, Prov. Hainaut, B), 12. Jh. *Orca, Orcha, Horca*; ON. Urk (Gem., Prov. Flevoland, NL), ehemals Insel im Ijsselmeer, 966 (968) (Kopie 10. Jh.) *Urch*, 968 (Kopie 1472) *Vrck*, 996 (Kopie 1480) *Urck*, 118 *Orc*; FlN. Orque mit ON. Orchies (Dep. Nord, F) < *Urciacas. Gm. **wurka-* kann zu dem Komplex germanischer Appellative um die ablautende Wurzel **werk-*/**wurk-* (ig. **u̯erĝ-*) 'machen, wirken' gehören und sich ursprünglich auf Wassereinbauten zum Fischfang oder zur Flussregulierung bezogen haben (vgl. die homonyme Wurzel ig. **u̯erĝ-* 'einschließen, absperren'). – Sperber, *HG.A.5*, S. 79 f.; Gysseling, *Woordenboek*, S. 770; Künzel/Blok/Verhoeff, *Lexicon*, S. 278, 356; Rix, *LIV*, S. 686 f.; Pokorny, *IEW*, S. 1168 f.

Orla, die   r.z. Thüringischen Saale (z. Elbe), entspringt östlich von Triptis (Saale-Orla-Kreis, Thüringen, D), mündet nach 35 km bei Orlamünde (Saale-Holzland-Kreis, Thüringen). – 1192 *Orlah*; LandschaftsN. 1002 *in Orle*; ON. Orlamünde, 1137 *Orlahemunde* 'Mündung der Orla'. – Ausgangsform FlN. vorgm. *Orula, adjektivische *l*-Ableitung von ig. **or-u-*, zur Verbalwurzel urig. **h₃er-* (> **(h)or-*) 'sich in (Fort-)Bewegung setzen'. Der Name *Orula wurde von Germanen übernommen und zu *Arula gewandelt; nachfolgende Slawen übernahmen ihn in der Form *Orъla; daraus entstand ahd. *Orle*, an das zur Verdeutlichung ahd. *aha*, mhd. *ahe* (> *-ah, -a*) 'Wasserlauf' angefügt wurde, ↗ Arlbach. – Ulbricht, *Saale*, S. 192 f.; Hengst, *Frühgeschichte des Orla-Gaues*, S. 54; Rix, *LIV*, S. 291.

Ornaubach   (Oberlauf und Teilstück auch *Mühlbach*), r.z. Goldach (z. Isen z. Inn). – 790 *Ad Aharnouua*, 1281 *iuxta aguam Arnōwe*, ca.1563 *Ornaw rivus, ad confl.Ornaw*, 1830 *Ornauer-Bach*; ON. Oberornau und ON. Frauenornau (Gem. Obertaufkirchen, Kr. Mühldorf am Inn, Bayern, D), ca.922 *ad Aharnauuam*, 924 *ad Aharnouuam*, ca.935, ca.1050 *de Arnowa*, 1077 *Arnawe*, 1127 *de Arnow*, 1147 *Arnowe*, ca.1180 *zu Ornaw*. – Ausgangsform ON. (ahd.) *Aharn-ouwe 'Land an dem mit Ahornbäumen bestandenen Bach', später gekürzt zu (mhd.) *Arnouwe und *Ornau*. Der Ortsname wurde auf den Ornaubach übertragen; der Ortsname hat vermutlich den ursprünglichen Flussnamen *Aharn-aha verdrängt. – Dotter/Dotter, *HG.A.14*, S. 289 f.

Orpe, die r.z. Diemel (z. Weser), entspringt aus mehreren Quellen südöstlich von Marsberg-Canstein (Hochsauerlandkreis, NRW, D), mündet bei Wrexen (Stadt Diemelstadt, Lkr. Waldeck-Frankenberg, Hessen). Die Wasserkraft der Orpe wurde im Mittelalter durch 15 Hammer- und Wassermühlen genutzt. – 1344 *Urppe*, (um 1350) *juxta rivulum ... Orpe*; ON.Orpethal (Stadt Diemelstadt). – Ausgangsform (as.) *$\bar{U}rapa$ > mndd. *Urpe, Orpe, Kompositum mit dem Grundwort ↗apa und gm. *$\bar{u}ra$- 'Feuchtigkeit', awn. *úr* n. 'feiner Regen' (< urig. *uh_1-ro-) ↗Oereler Kanal als Bestimmungswort. Als Bestimmungswort kommt auch gm. *$\bar{u}ra$- m. 'Auer(-ochse, -hahn)' infrage. – Kramer, *HG.A.10*, S. 53.

Ohr-/Ort(h)- ↗Ar-/Ohr-/Ort(h)-.

Osau ↗Oesau.

Ospenke, die l.z. Söse (z. Rhume z. Leine z. Aller z. Weser), entspringt östlich von Osterode am Harz (Niedersachsen, D), mündet bei Scheerenberg (Osterode). – Um 1515–1532 *in dem ossemcke, in dem ossemke*, 1624 *fürm Oßemke, im Osemke*, 1632–35 *im Oßembke, im Oßemke*, 1664 *an den Oßenck*, 20. Jh. *Ossenke*. – Grundform mndd. *Ossenbeke 'Ochsenbach', assimiliert > *Ossembeke, synkopiert > (1632–35) *Oßembke*, vereinfacht > (1664) *Ossemke*, assimiliert > *Ossenke*, in Analogie zu den Nachbarflüssen Apenke und Eipenke > *Ospenke* verballhornt. – Kettner, *HG.A.8*, S. 92f.; Kettner, *Leine*, S. 213.

Ossa, die (auch *Ossabach*), poln. *Osa*, r.z. Weichsel nördlich von Graudenz/Grudziądz (PL), 1222 *Ossam*, 1230 *ad Osam*. – Grundform FlN. ves.-ig. *$Ass\bar{a}$ oder *$Oss\bar{a}$. Vergleichbar ist *Osa*, fiumana in den Maremma Orbetellana (Toscana, Italien) zum Golf von Telamon, Ptolemaios, Geographie III 1,4: *Osa potamu ekbolai* (Varianten: *Ossa, Hosa, Hossa*). Diese Namen lassen sich am besten mit der urig. Wurzel *h_2ed- (> *ad-) 'vertrocknen' verbinden, von der durch ein s-Suffix Appellative oder Namen gebildet worden sein können: *ad-s-$\bar{a}$ (> *$ats\bar{a}$ > *$ass\bar{a}$) oder von der o-Stufe der Wurzel (*h_2od-): *$ods\bar{a}$ (> *$ots\bar{a}$ > *$oss\bar{a}$). Das Benennungsmotiv war das leichte Austrocknen der Gewässer. – Udolph, *Gewässernamen Polens*, S. 227–233; Hubschmid, *Ortsnamenkunde Belgiens*, S. 375; Rix, *LIV*, S. 255.

Ossen- ↗Ochsen-.

Oste, die l.z. Elbe, entspringt bei Tostedt (Lkr. Harburg, Niedersachsen, D) am Rand der Lüneburer Heide, fließt durch Bremervörde (Lkr. Rotenburg/Wümme, Niedersachsen), mündet nach 153km bei Otterndorf (Lkr. Cuxhaven, Niedersachsen) in den Elbetrichter. – /o:st/, 786 (Fälschung 12. Jh.) *ad Hostam ... iterum Ostam*, 788 (Fälschung 11. Jh., Kopie 11./12. Jh.) *ab Osta ... Ostam*, um 1075 *Ostam, ab Osta*, 1184 (Kopie 13. Jh.) *Hostia flumen*, 1230 *Oste*, 1305 *juxta Oestam*, 14. Jh. *over der Osten* (und zahlreiche weitere Belege dieser Form); GauN. 9. Jh. *in Hostingabi*, 1004, 1017 (Kopie 15. Jh.), 1025, 1039 (Kopie 15. Jh.) *Hogtrunga* (lies *Hostinga*?); ON. Osten (Lkr. Cuxhaven), Zentrum der Ostemarsch, /Oosten/, 1219 *de Oste*, 1257 *de Ost*, 1264 *de Osta* (und so oft belegt). – Die umfängliche Belegreihe erlaubt den Schluss auf den FlN. (as.) *$\bar{O}sta$, mndd. *$\bar{O}ste$, schwach flektiert (1378) *to der Osten*. Schreibungen mit <H> sind hyperkorrekt. Im Gaunamen scheint primär der vom Flussnamen mit dem Suffix *-ing* abgeleitete BewohnerN. *$\bar{O}stinga$ 'die an der Oste Wohnenden' vorzuliegen, der von Kanzleischreibern mit as. *-$g\bar{a}wi$ (<gabi>), -*g\bar{a}* 'Gau' zur Verdeutlichung erweitert wurde (*$\bar{O}sting[g]\bar{a}[wi]$). Der FlN. *$\bar{O}sta$ geht zurück auf gm. *$Aust\bar{o}$ f. und ist wie gm. *austa- (in awn. *aust-skota* 'Schöpfkelle') eine t-Ableitung vom starken Verb gm. *aus-a- 'schöpfen', vgl. ↗Öster (< *$Austira$?). Möglicherweise bezog sich die Benennung mit gm. *aus- auf die Befahrbarkeit der Oste, die heute von Bremervörde an schiffbar ist, mit Schiffen besonderen Tiefgangs, weshalb der Fluss metaphorisch als „ausgeschöpft" bezeichnet wurde. – Udolph, *HG.A.16*, S. 259–262; Seebold, *starke Verben*, S. 85f.

Ostenau, die dn. Øster Å, r.z. Arlau, beginnt nordöstlich von Löwenstedt (Kreis Nordfriesland, S.-H., D), mündet nach 22km zwischen Bohmstedt und Almdorf (Kreis Nordfriesland). – 1512 *na de Owe*, 1649 *Oste fl.*, 1650 *Oste aw*; ON. Ostenau (Gem. Löwenstedt), 1357 *in ... Østena*, 1483 (Regest) *Ostena*, 1592 *tho Ostenow*. – Grundform ON. mndd. *osten de ouwe* 'östlich der Au (=Ostenau)'; der ON. wurde auf den Fluss übertragen. – Kvaran, *HG.A.12*, S. 142; Laur, *Schleswig-Holstein*, S. 504.

Oster-/Ostern-/Ostr- -ach, -au, -bach/-bächlein, -beck/-beek/-bek/-beke, -berg-graben, -graben, -holzteich, -meer, -moor-strom, -riede, -see, -siechen/-siek, -tal, -wald-bach, -weiher, -weiher-bach, -wies-graben, z.B. Osternach r.z. Antiesen (z. Inn), 903 (Kopie 12. Jh.) *Osterunaha*; ON. Nieder-/Oberostern an der Oster, l.z. Blies (z. Saar), 880 *in Osternaha*; Ostrach r.z. Donau, mit ON. Ostrach, 851 *in Hostrahun* (lies: Ostr-ahun); Osterau, Quellfluss oder Oberlaufname d. Bramau, l.z. Stör (z. Elbe), 1637 *bei der Osterowe*; Osterbach, l.z. Einbach (z. Kinzig z. Rhein), 1328 *in dem Osterbach*; Osterbek, r.z. Harschflether Wettern (z. Schwinge z. Elbe), 1204 *Osterbeke*; Lankersee (z. Schwentine z. Kieler Hafen), 1266 *stagnum Ostersee*; Ostersiek im Einzugsgebiet des Wam-Bachs

(z. Leine), 1577 *im ostersike*. Bestimmungswort ahd., as. *ōstar*, mhd. *ōster* 'östlich'. In den ältesten Belegen für die Zusammensetzungen mit *-aha* 'fließendes Wasser' erscheint das Adjektiv flektiert, ahd. Dativ *ōstarūn ahu* '(am) östlich gelegenen Fließgewässer'. Daraus entstand durch Zusammenrückung der Name (ahd. Nom.) *Ōstarūnaha > Osternach*. Unflektiert ist das Adjektiv in *Ostrach*, 851 *Hostrahun* < (ahd. Dat.) *ōstar -ahūn*, mit schwacher Flexion des Grundworts. – Spang, *HG.A.13*, S. 56; Hausner/Schuster, *Namenbuch*, S. 816 f.; Snyder, *HG.A.3*, S. 75; Udolph, *HG.A.16*, S. 262; Sperber, *HG.A.5*, S. 80; Geiger, *HG.A.2*, S. 99; Kvaran, *HG.A.12*, S. 142; Kettner, *HG. A.8*, S. 93; Bertol-Raffin, *Ried im Innkreis*, S. 101 f.

Othe, die (auch Othebach), l.z. Dörspe (z. Stein-Agger z. Agger z. Sieg z. Rhein), mündet in Bergneustadt (Oberbergischer Kreis, NRW, D). – 1575 *die Oite*; ON. Altenothe, Neuenothe (Stadt Bergneustadt), 1237, 1247 *de Uthe*, 1265 *in der Oyten*, 1511 *in der Otten* (lies *Oiten*), 1546 *ynder Oithen*, 1575 *Nider Oite*. – Grundform FlN. (as.) *Uta/*Ota, mit Senkung und Dehnung des Tonvokals > mndd. *Ōte, schwach flektiert *Ōten. *Uta*Ota < gm. *Utō f. ist wie ↗ Wottawa von der Schwundstufe des Stamms gm. *wat-/*wet- 'Wasser' (ig. *u̯ed- 'quellen', *u̯ed-/*u̯od-: *ud- 'Wasser') als Nomen loci ('wo es quellt'?) abgeleitet. – Faust, *HG.A.4*, S. 61 f.

Otter, die

– ¹Otter, l.z. Grenf (z. Schwalm z. Eder z. Fulda z. Weser). – ON. Ottrau (Schwalm-Eder-Kreis, Hessen, D), 9. Jh. *in Otraho*, 1057 *Oteraha*, 1232 *Ottar* (und weitere Belege), um 1600 *Ottrauw*. – Grundform ahd. *Otraha ↗ Otter-. – Sperber, *HG.A.5*, S. 80.

– ²Otter, r.z. Bever (z. Oste z. Elbe), fließt westlich von Malstedt (Gem. Deinstedt, Lkr. Rotenburg/Wümme, Niedersachsen, D) zumeist durch sumpfiges Gelände. – 786 (Kopie 11. Jh.) *Uternam*, 788 (Fälschung 12. Jh.) *Uternam*, um 1075 *Uternam*, 1769 *die Otter*; FlurN. 1578 *uth dem Otterenbroke*, 1594 *im Otternbroke*. – Grundform as. *Uterna, mit Liquida-Umstellung im Suffix (↗ Bever ↗ Ecker ↗ Ötternbach) < gm. *Utrana 'Otterbach', n-Ableitung von gm. *utra- (ahd. *ottar*) 'Wassertier, Otter', parallele Bildung zu Bever (< gm. *Bebrunō 'Biberbach'). – Udolph, *HG.A.16*, S. 263 f.; Möller, *Nasalsuffixe*, S. 119.

Otter-/-n- *-bach, -bach(s)-graben, -bachs-teich, -beck, -graben, -loch, -meer, -teich, -tief*, z.B. Otter-Bach, Fortsetzung Steiner-Bach, l.z. Kleinen Laaber, mit ON. Unterotterbach, Oberotterbach (Stadt Rottenburg an der Laaber, Lkr. Landshut; Bayern), 871, ca.871–876, 942–972 *Ottarpah*, 992 *Oterbach*, 1180 *Ottirbach*. Bestimmungswort ahd. *ottar*, mhd. *otter* 'Fischotter'; die Gewässer sind nach dem Vorkommen von Fischottern oder Nattern benannt. – Snyder, *HG.A.3*, S. 75 f.; Fischer, *BNB 10*, S. 198.

Otternitz, die l.z. Sulm bei Sankt Martin (PB Deutschlandsberg, Steiermark, A). – ON. Otternitz (Gem. Sankt Martin im Sulmtal, PB Deutschlandsberg), 1050–um 1065 *in loco Hoternitz*, um 1066 *Ôtarniza*, 1363 *Oternitz*, 1443 *Otternitz*. – Grundform FlN. (?) slaw. *Otorъnica, mit Präfix slaw. *o-* 'an, gegen, um' und Suffix *-nica* von slaw. *torъ 'gebahnter Weg' abgeleitet, als *Oternitze ins Bairische integriert; der Name könnte auch vom Ort Otternitz auf den Fluss übertragen sein. – Lochner von Hüttenbach, *Steirische Hydronyme*, S. 107; Hausner/Schuster, *Namenbuch*, S. 820 f.

Ottersbach, die l.z. Jossa (z. Fulda z. Weser), mündet in Niederjossa (Markt Niederaula, Lkr. Hersfeld-Rotenburg, Hessen, D). – 9. Jh. (Druck 1850) *in Otenebah* (hierher?), 1673 *nach der Odersbach*, 1752 *die Ottersbach*; ON. †Ottersbach, 1434 *Oderspach*, 1595 *Odersbach*, 1747 *Ottersbach*. – Grundform mhd. *Oteresbach, Kompositum mit dem Grundwort *-bach* und dem Genitiv des PN. *Otter (< ahd. *Ōtheri*) als Bestimmungswort. – Sperber, *HG.A.5*, S. 80 f.

Ottersbek, die l.z. Isebek (z. Alster z. Elbe), fließt im Hamburger Stadtteil Eimsbüttel, StraßenN. Ottersbekallee. – 1339 *de Ottersbeke*, 1607 *auff die Ottersbecke, an der Ottersbeck*, 1855 *Ottersbek*. – Kompositum mit dem Grundwort mndd. *-beke* 'Bach' und dem Genitiv des PN. *Otter als Bestimmungswort wie ↗ Ottersbach. – Udolph, *HG.A.16*, S. 264.

P

Paalbach r.z. Mur bei Steindorf (Gem. Stadl an der Mur, PB Murau, Steiermark, A). – 1131 (Fälschung 1216/18) *aqua ... Powolla.* – Vermutlich slaw. **Povola*, zu *po-* 'an' und *vol-* 'fließend', ursprünglich ein Ortsname 'am Fluss'? – Hausner/Schuster, *Namenbuch*, S. 56.

Paar, die

– ¹Paar, r.z. Donau, entspringt bei Schloss Kaltenberg (Gem. Geltendorf, Lkr. Landsberg am Lech, Bayern, D), mündete nach 134km ursprünglich gegenüber von Großmehring (Lkr. Eichstätt, Bayern); durch Regulierungen wurde die Mündung 6km unterhalb der ursprünglichen Mündung verlegt. An der Mündung lag das Oppidum Manching (3. Jh. bis 50–30 v. Chr.), der Hauptort der keltischen Vindeliker und das bedeutendste Wirtschafts- und Handelszentrum der späten Latènezeit nördlich der Alpen. – /bōr/ (/ō/ offen), 1171–1203 (Kopie 13. Jh.) *apud Parram*, ca.1279–1284 *aput fluvium Parram*, 1295 *Parr*, 1310 *ze iener seiten der Parre*, 1451 *an der Paar*; ON. Baar(-Ebenhausen) (Lkr. Paffenhofen an der Ilm, Bayern), 11. Jh. *Parra*, ca.1135–1140 (Kopie 1281) *Parre*, 1276 *Parr*, 1277 *Barre*, 1867 *Baar (Paar)*, ON. Parr(-Harthausen) (Stadt Friedberg, Lkr. Aichach-Friedberg, Bayern), (um 1100) (Kopie 12. Jh.) *de Parra*, (1133–1146) (Kopie 13. Jh.) *de Parre*; ON. Parr (Markt Kühbach, Lkr. Aichach-Friedberg), 11. Jh. (Kopie 16. Jh.) *Parra*. – Snyder, *HG.A.3*, S. 76; Reitzenstein, *Oberbayern*, S. 16, 203.

– ²Paar, Kleine ~ (älter *Holzheimerbach*), r.z. Friedberger Ach (z. Donau), entspringt bei Ebenried (Markt Pöttmes, Lkr. Aichach-Friedberg, Bayern, D), mündet gegenüber von Stepperg (Markt Rennertshofen, Lkr. Neuburg-Schrobenhausen, Bayern). Die Kleine Paar verläuft 20km westlich von der ¹Paar. – 1832 *Paar*, 1898 *längs der Kleinen Paar oder Ach*, ON. Baar (Lkr. Aichach-Friedberg), (vor 1173) (Kopie 1164–1327) *de Parre* (hierher?), 13. Jh. *in Barre*, 1266 *Barre*, 1334 *Nyderbarr, Barr*. – Snyder, *HG.A.3*, S. 76. Grundform FlN. ahd.-bair. **Parra* < vorahd. (kelt.) **Barrā* f. Ahd. *Parra* > mhd. *Parre*, apokopiert > *Par*, gedehnt > *Paar*, mit Hebung des Vokals (> /ō/) und binnendeutscher Konsonantenschwächung im Anlaut > /bōr/. **Barrā* f. lässt sich nicht von kelt. **barro-* m. (air., abret. *barr* 'point, top', mkymr. *barr* 'top, crest'), das in mehreren Ortsnamen in Frankreich, der Schweiz, Oberitalien, Großbritannien und Irland in der Bedeutung 'Gipfel, Hügel' vorkommt, trennen. **Barros* dürfte ein Name des Oppidums Manching (metaphorisch im Sinn von 'Hauptstadt') gewesen sein, der wie bei ↗Altmühl auf den Fluss Paar mit femininem Genus übertragen wurde. Die Hintergründe der Übertragung des Namens *Parra* auf Unter- und Oberbaar (Baar/Schwaben) sind unbekannt. Von hier wurde der Name spät auch auf die Kleine Paar ausgedehnt. – Greule, *Römisch-germanische Namenkontinuität*, S. 50–59; Matasović, *Proto-Celtic*, S. 58.

Padden- -*kute*, -*lanke*, -*pfuhl*, -*see*, -*teich*, z.B. Paddenpfuhl bei Leuenberg (Gem. Höhenland, Lkr. Märkisch-Oderland, Brandenburg, D), 1610 *Paddenpfuhl*, Bestimmungswort brandenburg. *Padde* f. 'Frosch. Kröte'. – Fischer, *BNB 10*, S. 198.

Pader, die l.z. Lippe (z. Rhein), entspringt aus über 200 Quellen im Paderquellgebiet in der Innenstadt von Paderborn (NRW, D), mündet nach nur 4km auf dem Gebiet dieser Stadt. Die Pader ist zwar der kürzeste Fluss Deutschlands, das Quellgebiet dagegen das stärkste deutsche Quellgebiet. – Nach 799 (Kopie 9./10. Jh.) *quo Patra et Lippa fluentant*, 2. Hälfte 9. Jh. *de fonte Patris*, 12. Jh. *ex utraque parte Patherae*, 1189, 1197 *de Padra*, 1239 *iuxta Padheram*, 1247 *supra ripam Padhre*, 1250 *supra Padhera*, 1279, 1291, 1294 *(apud, iuxta, prope) Paderam*, 1281 *Padre fluxum ... Padram*, 1288 *iuxta Padram*; GauN. 9. Jh. *Pathergo*, 1001, 1003 *Paterga*, 1011, 1016, 1043 *Patherga*, 1031 *Paderga*, 12. Jh. *in pago Padargao*; ON. Paderborn, 777 *ad Patrisbrunna*, zum Jahr 777 (Annalen) *Padrabrunno, Paderbrunnen, Padresbrunnen, Patresbrunna*, 822, 859, 881 *in loco ... Paderbrunno*, 840 *Patherbrunnen*, 871 *Paderbornensis*, 887 *Padrabrunnensis*, 917–35 *Padarbrunnensis*, 935 *Paderbrunno*, um 1015 *in Paterbrunnen*, 1025 *Actum Paderbornę* (und zahlreiche weitere Belege). – Die Deutung des Namens hängt von der lauthistorischen Interpretation des nach <a> stehenden Konsonanten ab. Da die <d/dh>-Schreibung überwiegt, kann als Ausgangsform der FlN as. **Padra*, mit Sprossvokal **Padara, Padera* (in der Komposition *Padar-, Pader-*), angenommen werden. Aus der Schreibung mit <d> können die anderen Schreibungen erklärt werden: *Pathera als Hyperkorrektur von Padera, während Schreibungen mit <t> (fonte Patris, Patrisbrunno) wohl einer gelehrten Etymologie, die in den Namen l. pater 'Vater' hineininterpretierte, zu verdanken sind. Der ON. as. (Nom.) Paderbrunno, (Dat.) Paderbrunnen ist mit dem Grundwort as. brunno swM. 'Brunnen, Quellwasser' zusammengesetzt. Der as. FlN. Padra entspricht dem unter ↗Pfatter aus der Kollektivbildung vorahd. *Padria (> ahd. *Pfatira-/*Pfatria > Pfatter) rekonstruierten Wort oder Namen gm. *paðrō, dessen Bedeutung 'Graben' gewesen zu sein scheint. Gegenüber einer Deutung von Pader, die von der Grundform *Paþarō ausgeht und darin eine Ableitung mit r-Suffix von gm. *paþa- 'Pfad' sieht, hat jene, die von as. Padra ausgeht, den Vorteil, dass die geographischen Gegebenheiten bei Pfatter und Pader (hier die durch den Quellenreichtum bedingten feuchten, sumpfigen Bodenverhältnisse) sich gleichen. – Schmidt, HG.A.6, S. 58 f.; Udolph, Paderborn; Meineke, Lippe, S. 388 f.

Pälitzsee Kleiner ~, auf dem Gemeindegebiet von Wustrow (Lkr. Mecklenburgische Seenplatte, M.-V., D), entwässert zum Großen Pälitzsee/Müritz-Havel-Wasser. – 1274 stagna Palitz maior et minor, 1530 mit einem Sehe, pelecz genant, um 1700 Gr. Pälitz, L. Pälitz; ON. †Pälitz, ON. Pälitzhof (Gem. Wustrow), 1274 Pelicz, 1530 hoenn Pelicz, 1593 Belitz. – Deutung ↗Pehlitz-See. – Wauer, HG.A.17, S. 128.

Pätschsee

– ¹Pätschsee bei Luhme (Lkr. Ostprignitz-Ruppin, Brandenburg, D). 1574 der Päetzer See, 1575 Petzke, 1788 Petschsee.
– ²Pätschsee, Großer ~, Kleiner ~ /Rheinsberger Gewässer nordwestlich von Rheinsberg (Lkr. Ostprignitz-Ruppin, Brandenburg, D). 1767 Große Petsch See, Kleine Petsch See. – Wauer, HG.A.17, S. 128. Grundform apolab. *Pěsek oder (Plural) *Pěsky zu *pěsek 'Sand', 'Sandsee', ↗Peetsch-See ↗Peetzigsee ↗Peetzsee ↗Petschsee. – Fischer, BNB 10, S. 199 f.

Pagel l.z. Haller (z. Leine z. Aller z. Weser), mündet bei Mittelrode (Stadt Springe, Region Hannover, Niedersachsen, D). 1659 die Paulsbeke, 2. Hälfte 17. Jh. in die Pauls beke, 1710 die pauls Be(e)cke, 20. Jh. Pagel. – Kompositum mit dem Grundwort mndd. -beke 'Bach' und dem Genitiv des PN. Paul. In der heutigen Form ist der Name auf ndd. Pagel (für Paul) gekürzt, ↗Pagelsee ↗Paulsee. – Kettner, HG.A.8, S. 94.

Pagelsee

– ¹Pagelsee, nordöstlich von Flemsdorf (Gem. Schöneberg, Lkr. Uckermark, Brandenburg, D). – 1719 Paulssee, 1826 Pagels See. – Fischer, BNB 10, S. 200.
– ²Pagelsee/Oberhavel, im Gemeindegebiet von Kratzeburg (Lkr. Mecklenburgische Seenplatte, M.-V., D). – 1257 ad stagnum Paule, 1358 Pawel, um 1750 Pagel See, 1778/80 der Pagel (und weitere Belege). – Wauer, HG.A.17, S. 128 f.
Kompositum mit dem Grundwort -see und dem Genitiv des PN. Paul (slaw. Pawel), ndd. Pagel, teilweise um das Grundwort gekürzt, ↗Pagel ↗Paulsee.

Palfner See z. Palfnerbach, r.z. Gasteiner Ache (z. Salzach z. Inn z. Donau), ↗Palfner Bach. – Straberger, HG.A.9, S. 86.

Palfner Bach (auch Schlach Graben), l.z. Salzach (z. Inn z. Donau). – 1913 Balfnerbach; BergN. 1368 auf dem Palfen, 1400 auf dem Pallfen, 1410 Palff, 1862 Palfen. – 'Bach, der von einem Palfen kommt', österreichisch Palfen m. 'aus steilem Gelände herausragender Fels, überhängender Fels, Felsblock'. – Straberger, HG.A.9, S. 86.

Palten, die r.z. Enns nordöstlich von Selzthal (PB Liezen, Steiermark, A). – 1090–1101 (Kopie Mitte 13. Jh.) in Palta, um 1130–um 1135 (Kopie Mitte 13. Jh.) iuxta flumen Palta; RaumN. Paltental, Talschaft östlich Treglwand bei Selzthal, 1041 in uallibus Ensetal et Baltal, 1048 in valle pagoque Palta. – Urslaw. *balta 'Sumpf, sumpfiger Wald'. – Hausner/Schuster, Namenbuch, S. 61; Bergermayer, Glossar, S. 22 f.

Paltenbach Bach im PB Kirchdorf an der Krems (O.-Ö., A), an dem die Höfe Oberpaltner und Unterpaltner liegen, mündet indirekt von rechts in die Steyr. – 1336 in der Palten; ON. Palten, Rotte von Ramsau (PB Kirchdorf an der Krems), /-boitnə/, 1313 Hainreich an der Palten. – Slaw. *Baltina, Ableitung von urslaw. *balta 'Sumpf'. – Hohensinner/Reutner/Wiesinger, Kirchdorf an der Krems, S. 74.

Pandelbach r.z. Markau (z. Nette z. Innerste z. Leine z. Aller z. Weser), mündet in Münchehof (Stadt Seesen, Lkr. Goslar, Niedersachsen, D). – 1224 (Kopie 14. Jh.) Pandelbeke, 1224/25 Pandelbeke (und weitere Belege), 1572 am Pfannenbach oder Pfandelbach, 1758 Pandelbach. – Grundform mndd. *Pandenbeke, Kompositum mit dem Grundwort mndd. -beke 'Bach' und mndd. pant 'Netz'. – Kettner, HG.A.8, S. 94; Kettner, Leine, S. 219 f.

Panke, die

– ¹Panke, r.z. Spree (z. Havel z. Elbe) in Berlin-Mitte (D). – 1251 in riuo ... Pankowe, 1591 in der Pancke; ON. Panketal (Lkr. Barnim, Brandenburg), BezirksN. Pankow (Berlin), 1311 Pankow.

– ²**Panke**, l.z. Stepenitz (z. Elbe). – 1825 *Die Pancke*; ON. Groß Panckow (Lkr. Prignitz, Brandenburg, D), 1355 (Kopie) *zcu der pangkow*. – Grundform apolab. **Pąkov-*, abgeleitet von apolab. **pąk* 'Knospe', Benennungsmotiv metaphorisch das Anschwellen des Wassers? – Fischer, *BNB 10*, S. 198 f.

Panzenbach l.z. Piesting bei Panzenbach. – Um 1180–um 1190 *der Panzinbach*; HofN. Panzenbach (Gem. Gutenstein, PB Wiener Neustadt, N.-Ö., A), um 1160–1166 *predium ... Panzenbag*, 1166 *den Panzenbach*. – Kompositum mit dem Genitiv des PN. *Panzo* (*Panzin*) als Bestimmungswort und mhd. *bach* als Grundwort. – Hausner/Schuster, *Namenbuch*, S. 62.

Papen- -*au*, -*bach*/-*beck*/-*beek*/-*bek*, -*brack*, -*diek*, -*fließ*, -*graben*, -*kuhle*, -*meer*, -*pfuhl*, -*quell-Bach*, -*reyel-rie*, -*riet*, -*see*, -*siek*, -*spring*, -*teich*, -*wässerung*. Bestimmungswort mndd. *pape* 'Geistlicher' ↗ Pfaff-. – Fischer, *BNB 10*, S. 203.

Parmen-See Großer~, Kleiner~, bei Parmen (Großgemeinde Nordwestuckermark) südlich von Fürstenwerder (Lkr. Uckermark, Brandenburg, D). – 1578 *Vnter dem lütken Parmschen See ligt der grosse Parmsche See*, 1745 *Parmen See*; ON. Parmen, 1302 *de Parmen*. – Grundform SeeN. apolab. **Parm'n-*, abgeleitet von **parm* 'Fähre', 'Ort/See mit Fähre'. – Fischer, *BNB 10*, S. 199.

Parstseechen bei Zehdenick (Lkr. Oberhavel, Brandenburg, D). – 1528 *Das Parsth Seichen*. – Kompositum mit dem Grundwort (diminuiert) -*see-chen* und *Porst* m. 'Sumpf-Porst' als Bestimmungswort. – Fischer, *BNB 10*, S. 212.

Parthe, die r.z. Pleiße (z. Weiße Elster z. Thüringische Saale z. Elbe), entspringt im Glastener Forst zwischen Colditz und Bad Lausick (Lkr. Leipzig, Sachsen, D), mündet in Leipzig; *Faule Parthe*, l.z. Parthe. – 1021 *inter ... Pardam fluvios*, 1156/70 *in medio Parde*; ON. Groß-Bardau (Stadt Grimma, Lkr. Leipzig), /də gröᵘsə bårə/ (/å/ lang), 1218 *Parde*, 1243 *maior Parda*, 1355 *zu der groyzin Parde*, 1791 *Groß Pardau*; ON. Klein-Bardau (Stadt Grimma), 1243 *Parde minorem*, 1350 *in minori Pardowe*; ON. Waldbardau, ON. Parthenstein (Lkr. Leipzig). – Grundform FlN. *Parda*, slawisiert aus gm. **FarÞō* zu got. *us-farÞo* f. 'Ausfahrt' neben gm. **fardi-* f. 'Fahrt' (awn. *ferđ* 'Weg, Gefolge', as. *fard* 'Weg', ahd. *fart*). Gm. /f-/ > slaw. /p-/ auch im Namen ↗ Pleiße; Benennungsmotiv war vielleicht, dass der Fluss mit dem Schiff befahrbar war und sein Ufer als Weg diente. Parallelname adän. FlN. **Fartha* (Gen. **Farthu*) mit ON. Faurås (Halland, S), 1177 (Kopie) *Farthusa*. – Ulbricht, *Saale*, S. 238 f.; Eichler/Walther, *HONBSachsen* I, S. 36; Seebold, *starke Verben*, S. 187; Wahlberg, *SOL*, S. 72.

Partnach, die r.z. Loisach (z. Isar z. Donau), entspringt auf 1440m im Zugspitzmassiv, fließt durch das Reintal, bildet die Partnachklamm, mündet am Ortsrand von Garmisch-Partenkirchen (Lkr. Garmisch-Partenkirchen, Bayern, D). – 1476 *Partnachen*, 1536 *Parthne, Parthnach*; ON. Partenkirchen (ehemals römische Straßenstation), 3. Jh. (Kopie 7./8. Jh.) *Part(h)ano*, 1156/57 (Kopie 1521) *Barthinchirche*, ca.1180 *Partinchirchen*, 1204 *Barthenchirchen*, 1237 *Partenchirchen*, 1406 *Partenkirchen*. – *Partnach* vermutlich Klammerform < **Part[enkirch]nach* 'Ache bei Partenkirchen' mit dem Grundwort -*ach* und ON. *Partenkirchen* als Bestimmungswort. *Partenkirchen* < **Barthen-kirchen* enthält den Namen der römischen Station *Partanum* als Bestimmungswort; dass das anlautende *P*- des vorbairischen Namens nicht, wie zu erwarten, zu abair. *Pf-* verschoben wurde, hängt mit der Eindeutung durch den PN. *Barthel* (< *Bartholomäus*) zusammen: *Partenkirchen*/**Barthenkirchen* wurde als **Barthelkirche* 'Kirche des hl. Bartholomäus' eingedeutet. – Snyder, *HG.A.3*, S. 76; Reitzenstein, *Oberbayern*, S. 93.

Pasenbach r.z. Glonn (z. Isar z. Donau). – 823 *Pasinpah*; ON. Pasenbach (Lkr. Dachau, Bayern, D), 819 *Pasinpah*, 826 *Basinpah, Pasinpach*, 1223 (Kopie 15. Jh.) *Pesenpah*, 1360 *Paesenpach*. – Kompositum mit dem Grundwort -*bach* und dem Genitiv des PN. ahd. **Bāso* (Gen. **Bāsin-* > mhd. **Bœsenbach*). – Reitzenstein, *Personennamen*, S. 9 f.

Passade, die (im Oberlauf *Dorla*), r.z. Bega (z. Werre z. Weser), entspringt in Fissenknick (Stadt Horn-Bad Meinberg, Kreis Lippe, NRW, D), mündet in Voßheide (Stadt Lemgo, Kreis Lippe). – 1533 *die Bessae*, 1644 *die Besage*, 1790 *die Passade (Bessade)*. – Unsichere Deutung, Grundform vielleicht **Bessahe*, falls < **Bessnahe*, könnte der PN. *Basso* (Genitiv **Bessin-*) ↗ Bessenbach als Bestimmungswort einer Komposition mit dem Grundwort -*ahe* 'fließendes Wasser' vorliegen. Die Parallelität mit dem ON. Passade (Kreis Plön, S.-H., D), nach 1286 *Pussade*, ist wohl Zufall. – Kramer, *HG.A.10*, S. 53.

Passau r.z. Spolsau (z. Schwentine z. Kieler Hafen) (S.-H., D). – 1258 *partzowe*. – Übertragung des ON. (Rastorfer) Passau (Gem. Rastorf, Kreis Plön), 1264–1289 *de Parshov*, 1433 *Wendesche Partzowe* < apolab. **Paršov-*, abgeleitet vom PN. **Parš*. – Kvaran, *HG.A.12*, S. 143; Laur, *Schleswig-Holstein*, S. 534.

Passer, die it. *Passírio*, l.z. Etsch bei Meran, Hauptbach des Tales Passeier (Prov. Bozen/Südtirol, I.). – FlN. /pássᵉr/, TalN. /psair/, 769 (Kopie 11.–15. Jh.) *Passeris amnis*, um 770 (Kopie 9. Jh.) *Passires amnis*, 1078 *pagus Passir*, 1116 (Kopie 14. Jh.) *in Passiria, in valle … Passyra*, 1289 *Passeier*. – Gemäß der wahrscheinlichsten Deutung liegt rom. **passíra (vallis)* 'Durchgangstal' zugrunde, was auf die alte Verbindung des Meraner Raumes über den Jaufen ins Wipptal und über das Timmelsjoch ins Ötztal Bezug nimmt. Wegen des Unterschieds in der Betonung muss zuerst der FlN. *Passer* mit Initialbetonung (und mit Sekundärumlaut?) und später der TalN. /psair/ mit Zweitsilbenbetonung, Längung des /-i-/ und Diphthongierung ins Bairische entlehnt worden sein. – Hausner/Schuster, *Namenbuch*, S. 64 (und Nachträge); Kühebacher, *Ortsnamen*, 2, S. 225, 226.

Paulsee südwestlich von Altthymen (Stadt Fürstenberg/Havel, Lkr. Oberhavel, Brandenburg, D). – 1728 *Paulssee*, 1770 *der Pauls See*, 1796 *Der Paul-See*. – Deutung ↗*Pagelsee*. – Wauer, *HG.A.17*, S. 130; Fischer, *BNB 10*, S. 200.

Paulwasser (älter *Griesbach*), l.z. Innerste (z. Leine z. Aller z. Weser), mündet westlich von Clausthal (Stadt Clausthal-Zellerfeld, Lkr. Goslar, Niedersachsen, D). – 1767 *Paulwasser* (und weitere Belege), 18. Jh. *Polwasser*. – Kompositum mit dem Bestimmungswort mndd. *pōl* 'Pfuhl'. – Kettner, *HG.A.8*, S. 94f.; Kettner, *Leine*, S. 221.

Paußnitz, die (früher auch *Schwarze Lache*), l.z. Pleiße (z. Weiße Elster z. Thüringische Saale z. Elbe), fließt ausschließlich im Leipziger Stadtgebiet (Sachsen, D). – 1349 *fluvius … Pustenicz*. – Grundform asorb. **Pustnica* oder **Pustenica*, abgeleitet von slaw. **pusty* 'öde, wild'. – Ulbricht, *Saale*, S. 226.

† Pazarich heute Silberbach, l.z. Gurk in Passering (Gem. Kappel am Krappfeld, PB Sankt Veit a.d. Glan, Kärnten, A). – 1125–47 *iuxta fluviolum Pazarich*, 1144 *usque ad Bascerich*. – Vermutlich temporäre Übertragung des ON. Passering auf den Silberbach, vgl. ON. † Pazricheswang bei Sankt Blasien (Gem. Adlwang, PB Steyr-Land, O.-Ö.), 1145 *de Pazricheswanc*, und BergN. vor 1174 *Pazerichesperge* (Lokalisierung unklar), Bestimmungswort ist der PN. ahd. *Batzurīch*. – Hausner/Schuster, *Namenbuch*, S. 68, und Nachträge.

Pech- -bach, -fließ, -graben, -grund, -lanke, -ofenbach, -pfuhl, -see, -seifen-bach, -teich, -teich-see, -thal, -tiegel, -weiher. Bestimmungswort ahd. *peh*, as. *pik*, mhd. *pech*, *bech*, ndd. *Peck*, *Pich* n. 'Pech, Rückstand bei der Destillation von Teer', die Gewässer sind nach der Teer- und Pechgewinnung aus Holz in ihrer Nähe benannt, ↗*Picher*. – Fischer, *BNB 10*, S. 200.

Peckpool häufiger Name in Brandenburg, ↗*Pech-* (Pechpfuhl).

Peene z. Peenestrom (z. Oder z. Ostsee), entspringt südlich von Gnoien (Lkr. Rostock, M.-V., D), mündet nach 136km mit einem Höhenunterschied von nur 28m bei der Hansestadt Anklam (Lkr. Vorpommern-Greifswald, M.-V.), Zuflüsse im Oberlauf: Kleine (Teterower) Peene, Westpeene, Ostpeene. – 786 (Fälschung 12. Jh.) *Pene fluvius*, zum Jahr 798 (Annalen) *Pana*, 912–13 (Fälschung 12. Jh.) *a flumine Pene*, 920 (Fälschung 12. Jh.) *a flumine Pene*, 946 (Fälschung 12. Jh.) *Pene*, 989 *a flumine Pene* (und zahlreiche weitere Belege); ON. Peenemünde (Insel Usedom, Lkr. Vorpommern-Greifswald). – Ausgangsform apolab. **Pěna* < ves.-ig. **Poinā*, mit *n*-Suffix abgeleitet vielleicht von der urig. Verbalwurzel **pei(H)-* 'anschwellen'. Die Benennung dürfte vom Peenestrom ausgegangen sein, auf dem zeitweise starke Strömungen herrschen. – Udolph, *Peene*; Rix, *LIV*, S. 464f.

Peetsch-See Großer ~, Kleiner ~ / Müritz-Havel-Wasser (Lkr. Mecklenburgische Seenplatte, M.-V., D). – 1593 *Große Petzke, Luttken Petzke*. – Deutung ↗*Pätschsee*. – Wauer, *HG.A.17*, S. 130.

Peetzigsee Großer ~, Kleiner ~, im Stadtgebiet von Angermünde (Lkr. Uckermark, Brandenburg, D). – 1826 *Der Grosse, Kl. Peetz See*. – Deutung ↗*Pätschsee*. – Fischer, *BNB 10*, S. 200.

Peetzsee gehört zur Grünheider Seenkette östlich von Grünheide (Lkr. Oder-Spree, Brandenburg, D). – 1784/85 *Peetz See*. – Deutung ↗*Pätschsee*. – Fischer, *BNB 10*, S. 200.

Pegnitz, die r.z. Regnitz bei Nürnberg. – /bɛŋəds/, 889 (Kopie 16. Jh.) *Pagniza*, 912 (Druck 1813) *Paginza*, 1021 *inter Suabaha et Pagenza fluvios*, 1119 (Fälschung 12. Jh.) *Begenz*, usw., 1331 *zwischen … der Pegnizen*; ON. Pegnitz, Stadt (Lkr. Bayreuth, Bayern, D), 1119 (Fälschung 12. Jh.) *uilla Begenz*, (um 1140) *uilla Begenze*, 1179 *de Paichinze*, 1269 *Pægenz*, 1329 *Pægnitz*, 1355 *Begnitz*, 1363 *Pegnicz*. – Ausgangsform FlN. (ahd.) **Bagenza/Paginza* > mhd. **Bägenze* (mit Sekundärumlaut des Stammsilbenvokals), später **Begnez*, mit mundartlichem „Nasalumsprung" **Bengez* /bɛŋəds/. Ahd. **Bagenza* geht auf vorahd. **Bagantia* < vorgm./kelt. **Bogantjā* mit germanischem Lautwandel kelt. /o/ > /a/ zurück. Vergleichbar ist (mit anderem Suffix) mir. *búal* (<**bog-lā*) 'fließendes

Wasser'. Das keltische Lexem *bog- 'fließendes Wasser' gehört (mit o-Stufe) – wie gm. *baki- (<*bʰogi-) 'Bach'- zum Verb ig. *bʰeg- 'brechen', vgl. (mit Nasalinfix) ai. banga- 'Bruch, Welle', lit. bangà 'Welle'. Die Ursprungsbedeutung von Pegnitz ist demnach 'die Wellenreiche'. Demgegenüber ist der FlN. Baganza, Nebenfluss der Parma (z. Po), ON. Sala Baganza (Emilia-Romagna, I.), der meist mit Pegnitz gleich gesetzt wird, eher von kelt. *bāgo- 'Buche' abgeleitet. – Sperber, HG.A.7, S. 128; Reitzenstein, Lexikon, S. 299; Niemeyer, DONB, S. 487 (Wolfgang Janka); Pokorny, IEW, S. 161; Rix, LIV, S. 66.

Pehlitz-See nordwestlich von Pehlitz (Gem. Chorin, Lkr. Barnim, Brandenburg, D). – 1573 Pälitz, 1826 Pählitzer See; ON. (die) Pehlitz, 1258 Paliz. – Grundform apolab.*Palica, abgeleitet von apolab. *pal- 'Stock, Knüppel', ⁊ Pälitzsee. – Fischer, BNB 10, S. 201.

Peitzkute in Berlin-Schöneberg. – 1591 bey der Peitz Kuhten. – Kompositum mit dem Grundwort brandenburg. Kute f. 'Erdvertiefung, Grube' und brandenburg. Pietze f. 'Schlammbeißer, Quappe, Neunauge, Wurm'. – Fischer, BNB 10, S. 201.

Peper-/Pepper-/-s- -bach, -becke/-bek, -diek, -möhlen-bek, -see, z.B. Peperbecke, l.z. Ruhr (z. Rhein), 1474–77 by der Pipersbeycke, Anfang 16. Jh. tuschen … der Pypersbecke, 1545 vor der Pipersbecke, mit FlurN. 1591 in der Peperbeeck. Bestimmungswort ist mndd. peper 'Pfeffer' ⁊ Pfeffer-. – Schmidt, HG.A.6, S. 60.

Perf, die r.z. Lahn (z. Rhein), entspringt am Schweinskopf südlich von Bottenhorn (Bad Endbach, Lkr. Marburg-Biedenkopf, Hessen, D), fließt im nördlichen Gladenbacher Bergland, mündet in Wallau (Stadt Biedenkopf). – GauN. Perfgau, 800, 913 (Kopie 12. Jh.) in pago Pernaffa, 804–13 in Bernaher marca; ON. Steinperf (Gem. Steffenberg, Lkr. Marburg-Biedenkopf), /steprof/, 1103 Steinpernepho, Steinpernfo, 1352 PN. Steynperffin, 1363 Steinperfe, 1726 Steinproff; benannt nach dem Abbau von Diabas (Grünstein). – Ausgangsform FlN. ahd. *Pernaffa > Perneffe, gekürzt > Perfe, Kompositum mit dem Grundwort ahd. -affa (⁊ apa) und einem bislang ungeklärten Bestimmungswort *pern-, das vielleicht als (gm.) *parin- < urkelt. *barinā 'Fels, felsiges Gelände' (mir. bairenn) entlehnt wurde, wofür auch das Bestimmungswort Stein im ON. Steinperf spricht. – Faust, HG.A.4, S. 62; Matasović, Proto-Celtic, S. 57.

Perle, die r.z. Stepenitz (z. Elbe), nördlich von Perleberg (Lkr. Prignitz, Brandenburg, D). – 1753, 1772 Perle; ON. Perleberg („Hauptstadt" der Prignitz), 1239 Perleberge. – Der Flussname ist eine Rückbildung aus dem ON. Perleberg, Kompositum mit mndd. perle 'Perle'. – Fischer, BNB 10, S. 202.

Persante, die poln. Parsęta, z. Ostsee in Kolberg/Kołobrzeg (PL). – 1159 per fluuium parsandi, um 1182 prope Parzand; ON. Persanzig/Parsęcko, 1268 Persantika. – Die Ausgangsform des Flussnamens ves.-ig. *Pers-antā gehört entweder zu einer s-Erweiterung der ig. Wurzel *per(-s)- 'hindurchkommen, durchqueren (besonders vom Überqueren des Wassers)' oder zur Vollstufe I der ig. Wurzel *pers- (neben *pres-) 'spritzen'. – Udolph, Gewässernamen Polens, S. 234–242; Rix, LIV, S. 472, 492.

Perschling, die r.z. Donau bei Kleinschönbichl (Gem. Zwentendorf an der Donau, PB Tulln, N.-Ö., A). – 893 (Kopie 12. Jh.) ad … Persiniccham, 1072/91 inter duas Persnicchas, versus orientem Persinicham, Persnicham und weitere Nennungen; ON. Perschling (Gem. Weißenkirchen an der Perschling, PB Sankt Pölten/Land, N.-Ö.), 1045 actum … Persinich, actum Bersnich, 1083–1097 predio apud Persniche. – Slaw. *Bȇrzьnika 'Birkenbach' (slaw. *berza 'Birke'). Der Name wurde spätestens in der 2. Hälfte des 8. Jahrhunderts (mit Lautverschiebung) ins Althochdeutsche übernommen. In ahd. Persinicha wurde die zweite Silbe früh synkopiert (> mhd. Persniche); ferner tritt Palatalisierung ein und das Suffix -ich(e) wird durch -ing ersetzt (> *Perschning). Schließlich wird die Lautkombination /-rschning/ durch Dissimilation zu /-rschling/ in der Aussprache erleichtert. – Hausner/Schuster, Namenbuch, S. 83f.; Bergermayer, Glossar, S. 23f.

Perstepfuhl zu Altmädewitz (Lkr. Märkisch-Oderland, Brandenburg, D). – 1751 Perste-Puhl. – Deutung ⁊ Berst(e)-. – Fischer, BNB 10, S. 30.

Pesenbach l.z. Donau. – Anfang 12. Jh. Povsinpach; ON. Pesenbach (PB Urfahr-Umgebung, O.-Ö., A), /'bēsm,bō/, 1111 (Fälschung Ende 12. Jh.) Bosinpach. – Durch Zusammenrückung entstanden aus mhd. (ze dem) boesen bache im Sinne von 'bösartiger, schädigender Bach' mit Bezug auf verheerende Auswirkungen bei Hochwasser. – Hohensinner/Wiesinger, Urfahr-Umgebung, S. 15; Hausner/Schuster, Lexikon, S. 85.

Pessenbach r.z. Loisach (z. Isar z. Donau). – ON. Pessenbach (Kochel am See, Lkr. Bad Tölz-Wolfratshausen, Bayern, D), 825 Pezinpah, 9. Jh. Pezinpach, 1180 Pezenpach. – Grundform ahd. Pezinbach, Kompositum mit dem Grundwort -bach und dem Genitiv des PN. *Baz(z)o (*Bezin > bair. Pezin-). – Snyder, HG.A.3, S. 77; Kaufmann, Ergänzungsband, S. 55f.

Peter-/-s- -bach/-bächel, -brunnen-graben, -graben, -moor, -pfuhl, -see, -weiher, -wurz-graben. Bestimmungswort PN. Peter. – Fischer, BNB 10, S. 202.

Petmecke, die l.z. Lenne (z. Ruhr z. Rhein) im Sauerland. – FlurN. 1457 *in der Petebeck*, 1459 *in der Pettenbicke*, 1474 *in der Pytbecke*, 1497 *in der Petmecke*; ON. Petmecke (Stadt Lennestadt-Grevenbrück, Kreis Olpe, NRW, D), StraßenN. In der Petmecke (Lennestadt). – Grundform FlN. mndd. **Petenbeke > *Petem[b]eke > *Petmeke*, Kompositum mit Grundwort mndd. -beke 'Bach' und unklarem Bestimmungswort. Vielleicht liegt eine Klammerform **Pete[rkerke]nbeke* 'Peterskirchenbach' zugrunde. – Schmidt, HG.A.6, S. 100.

Petschsee (auch *Bauernsee*), in der Nähe von Crusow (Lkr. Uckermark, Brandenburg, D) und Dobberzin (Stadt Angermünde, Lkr. Uckermark). – Um 1780 *die Petsche*. – Deutung ↗Pätschsee. – Fischer, BNB 10, S. 200.

Petzien Havelsee nördlich von Caputh (Gem. Schwielowsee, Lkr. Potsdam-Mittelmark, Brandenburg, D). 1317 (Kopie) *cum stagno Heyde-Botzin*, 1452 (Kopie) *See genant Heyde-Butzin*, 1462 (Kopie) *Heyde-Butzin*, 1702 *Heydepetzin*, 1867 *Petzien*. – Übertragung des Waldnamens apolab. **Bučina* 'Rotbuchengehölz' > mndd. **Bötzin > *Betzin*, anlautend P- statt B- in Analogie zum benachbarten Ort Petzow (Stadt Werder/Havel, Lkr. Potsdam-Mittelmark). – Wauer, HG.A.17, S. 130f.; Fischer, BNB 10, S. 202.

Petznick-See
– ¹Petznick-See, Großer ~, Kleiner ~, südöstlich von Weggun (Großgemeinde Nordwestuckermark, Lkr. Uckermark, Brandenburg, D). – 1375 *stagna ... Petzenke ... Grosze (Grote) Petzenke*, 1573 *vor dem Sehe Pezenick*, 1575 *der grosse Petzenick ... am Kleinen Petznick*; ON. † Petznick, 1321 *Petzenic*, 1349 *Petzenick* (und weitere Belege). – Wauer, HG.A.17, S. 131; Fischer, BNB 10, S. 203.
– ²Petznick-See, südwestlich von Petznick (Stadt Templin, Lkr. Uckermark, Brandenburg, D). – 1573/1618 *Der See Pezenick*; ON. Petznick, 1375 *Petzenik prope Templyn*, 1442 *to peczenick*, 1472 *czu petzenik*, 1775 *Petznick*. – Wauer, HG.A.17, S. 131; Fischer, BNB 10, S. 203.
Grundform apolab. **Pěsečnik* 'Sandsee', abgeleitet von Adj. **pěsečn-* 'sandig'. – Fischer, BNB 10, S. 203.

Pfählingsee östlich von Dabbendorf (Stadt Zossen, Lkr. Teltow-Fläming, Brandenburg, D). – 1462 *ein Sehe genant dy velem*, 1472 *der velem*, 1483 *an dem velen*, *up dem felenn*, 1583 *Der Fehelangk*, 1598 *de Fehlen*, 1599 *auf den Fehlen*, 1655 *den Vehlingk*, 1745 *Fehlungs See*, 1840 *Der Pfählings See*. – Übertragung eines ON. apolab. **Velim'-*, abgeleitet vom PN. **Velim*. Sowohl An- als auch Auslaut haben im Deutschen mit *Pf-* und *-ing* (statt **Fehlin-*) hyperkorrekte Form angenommen. – Fischer, BNB 10, S. 203 f.

Pfaff-/-en- -bach/-bächlein, -born/-brunnen, -graben, -grund, -lach, -loh-bach, -pfuhl, -see, -teich, -thal, -weiher, z.B. Pfaffenbach, r.z. Altaubach nördlich Hundertleiten (Gem. Ardagger, PB Amstetten, N.-Ö., A), um 1140 (Kopie 13. Jh.) *rursum in Pfaffenbach*. Bestimmungswort mhd. pfaffe swM. 'Weltpriester', im Genitiv Pfaffen-, ↗Papen-. – Hausner/ Schuster, Namenbuch, S. 90; Fischer, BNB 10, S. 203.

Pfatter, die r.z. Donau, entsteht durch die Vereinigung von Espergraben und Dürrnpointner Graben südlich von Dünzling (Markt Bad Abbach, Lkr. Kelheim, Bayern, D), fließt durch Thalmassing, Köfering und Mangolding, mündet mit einem Höhenunterschied von nur 52m bei Pfatter (Lkr. Regensburg, Bayern). – /pfaːdɐ/ (mit Sekundärumlaut), 822 *Phatriu*, 1394 *Pfäter*; Name des Mündungsgebiets und ON. Pfatter, 863–882 *ad Fatiragimundi*, 894–930 *in uilla ... Phatragimundi*, 1115–1126 *Phater*, 1193 *Pfeter*, 1197–1200 *Phaeter*, 1210–1217 *Pfaeter*, 1405 *Pfhatter*, 1569 *Pfatter*. – Grundformen ahd. **Pfatira-/*Pfatria* < vorahd. **Padr-ia*, Kollektivbildung zu FlN.? **Padra* (< gm. **padrō* f.). Gm. **padrō* hat unter den ig. Sprachen in gr. *bóthros* 'Grube' eine direkte Parallele; beide Wörter können auf ig. **bodʰ-ro-* zurückgeführt werden, denen letztlich die o-Ablautstufe des Verb ig. **bʰedʰh₂-* 'stechen, graben' (mit Hauchdissimilation und Verlust des Laryngals) zugrunde liegt. Die Kollektivbildung ahd. **Pfatria* bezog sich demnach wahrscheinlich auf die von Entwässerungsgräben durchzogene Auenlandschaft, vgl. Espergraben, Dürrnpointner Graben, Leuterkofener Graben (z. Pfatter). – Snyder, HG.A.3, S. 77; Reitzenstein, Oberbayern, S. 210; Rix, LIV, S. 66.

Pfedelbach, die l.z. Windischenbach (z. Ohrn z. Kocher z. Neckar z. Rhein). – Um 1357 *gen der Pfedelbach*; ON. Pfedelbach (Hohenlohekreis, B.-W., D), 1037 *Phadelbach*, 1270, 1319 *Phedelbach*, 1353 *zu Windischnphedelbach*, um 1357 *Pfedelbach*. – Kompositum mit dem Grundwort -bach und obd. pfedel 'Fenn-, Bruchland usw.', FlurN. nl. Peel, 1192 *Pedela*, < wgm. **paþila-*. – Schmid, HG.A.1, S. 88; Schmid, Neckar, 12, S. 244 f.

Pfeffelbach r. Quellbach des Kuselbachs (z. Glan z. Nahe z. Rhein), entspringt unterhalb von Schwarzerden (Gem. Freisen, Lkr. St. Wendel, Saarland, D) und mündet in Diedelkopf (Stadt Kusel, Lkr. Kusel, Rh.-Pf.). – ON. /pefᵉlbach/, 1124 (Kopie 1306) *Peflem-*

bach, 1138 *Peffellembach*, 1154 *Perferelenbac*, 1305 *de Peffebach*, 1385 *Peffelbach*, 1445 *Peffelnbach*, 1553 *Pfeffelnbach*. – Grundform mhd. **Peffelenbach*, assimiliert > **Peffelembach*, synkopiert > (1124, Kopie) *Peflembach*, durch Synkope gekürzt > (1385) *Peffelbach*, Kompositum mit dem Grundwort *-bach* und dem Genitiv des PN. ahd. **Paffilo* (**Peffilen-*) als Bestimmungswort. – Greule, *HG.A.15*, S. 83; Dolch/Greule, *Pfalz*, S. 368.

Pfeffer- *-bach*, *-graben*, *-fließ*, *-mühl-bach/-mühlen-bek*, *-mühlen-fließ*, *-pfuhl*, *-teich*. Bestimmungswort ahd. *pheffur*, mhd. *pfeffer*, mndd. *peper* (entlehnt < lat. *piper*) 'Pfeffer', teils können Klammerformen zugrunde liegen: **Pfeffer[minz]bach*, **Pfeffer[kraut]bach*. – Fischer, *BNB 10*, S. 204 f.

Pfenningbach Oberlauf des Vornbacher Bachs (z. Inn z. Donau). – 1865 *Fenningbach*; ON. Pfenningbach (Gem. Neuburg am Inn, Lkr. Passau, Bayern, D), 1110–1130 *Salman de Uennenpach*. – Grundform ON./FlN. mhd. **Fen(n)enbach* umgedeutet > **Pfenningbach*, Kompositum mit dem Grundwort *-bach* und dem Genitiv des PN. ahd. **Fano* (**Fenin-*) als Bestimmungswort, vgl. ON. Venningen (Lkr. Südliche Weinstraße, Rh.-Pf., D), 1100 *Veningon*. – Dotter/Dotter, *HG.A14*, S. 295; Dolch/Greule, *Pfalz*, S. 466.

Pferde- *-bach*, *-beek*, *-born*, *-graben*, *-kolk*, *-lanke*, *-pfuhl*, *-schwemme*, *-see*, *-siek*, *-wasser*, *-weiher*, z.B. Pferdebach, l.z. Geislede (z. Leine z. Aller z. Weser), 1554 *im Pferdebach*, Bestimmungswort der Plural von mhd. *pfert*, mndd. *pert* 'Pferd, bes. Hengst'. Die Gewässer sind nach ihrer Funktion als Pferdetränke oder -schwemme benannt, oder dass an dem Gewässer Pferde geweidet wurden. – Kettner, *HG.A.8*, S. 95; Kettner, *Leine*, S. 223; Fischer, *BNB 10*, S. 205.

Pferdsbach r.z. Elsoff (z. Eder z. Fulda z. Weser) in Diedenshausen (Stadt Bad Berleburg, Lkr. Siegen-Wittgenstein, NRW, D). – 1570 *Pferdtsbache*. Parallelname ON. † Pferdsbach (Stadt Büdingen, Wetteraukreis, Hessen), ehemaliger Name des Kälberbachs (z. Seemenbach z. Nidder z. Nidda z. Main), 1301 *Persbach*, 1570 *Pfersbach*, um 1580 *Pferdtsbach*. – Vielleicht wie ↗ Pfersbach zu beurteilen (**Pferchsbach > Pfersbach > Pferdsbach?*). – Sperber, *HG.A.5*, S. 81; Faust, *HG.A.4*, S. 62.

Pfersbach l.z. Haselbach (z. Waldauerbach z. Schweizerbach z. Rems z. Neckar z. Rhein). – ON. Pfersbach (Gem. Mutlangen, Ostalbkreis, B.-W., D), /'pfĕršbaχ/ (/ĕ/ offen), 1364 *ze Pfärisbach*, 1370 *ze Pferisbach*, 1397 *Pherispach*, 1431 *Pfärispach*, 1557 *Pferisbach*. – Kompositum mit dem Grundwort *-bach* und sekundärem Fugen-*s*, das Bestimmungswort enthält ahd. **pfarrich* (< ml. *parricus*) 'Einfriedung, Pferch', mhd. *pfärrich* (mit Sekundärumlaut), **Pfär(r)ich-s-bach*, zur Sprechererleichterung > **Pfärisbach > Pferschbach*. – Schmid, *HG.A.1*, S. 88; Reichardt, *Ostalbkreis*, 2, S. 69 f.

Pfettrach, die

– ¹Pfettrach, l.z. Kleinen Isar (z. Isar z. Donau), entspringt in dem Waldgebiet Gschwandholz nördlich von Obersüßbach (Lkr. Landshut, Bayern, D), mündet nach 21km in Landshut. – Ca.1563 *ad Pfetrach rivum*; ON. Pfettrach (Markt Altdorf, Lkr. Landshut), /bfĕdᵃrᵃ/, um 790 (Kopie 1254) *in uilla Phetarah* (Breviarius Urolfi), 822 (Kopie 11. Jh.) *Phetarah*, 889–891 (Kopie 11. Jh.) *ad Fetarah*, 901 (Kopie 11. Jh.) *in loco Phetarahc* (und weitere Belege). – Snyder, *HG.A.3*, S. 77 f.

– ²† Pfettrach, heute Mauernerbach, l.z. Amper (z. Isar z. Donau), mündet bei Wang (Lkr. Freising, Bayern, D), im Entstehungsgebiet des Mauernerbachs liegt Pfettrach (Gem. Attenkirchen, Lkr. Freising). – 755 *Pfetarahha flumen*, 815, 818 *iuxta fluvium ... Phetarach*, 850–851 *prope rivolum Phetarach*, 957–972 *iuxta ripam aquae Phetarah*; ON. Pfettrach, 764 *in loco ... Pheterach*, 773 *Feteraha*, 773 *Phetaraha*, 776 *Phetarah*, *Phetaracho*, 9. Jh. *Phetarach*, *Phetaraha*, *Phetarah* (und zahlreiche weitere Belege). – Snyder, *HG.A.3*, S. 78 f.

Die Namen der beiden nur im Abstand von wenigen Kilometern nahezu parallel direkt bzw. indirekt in die Isar mündenden Flüsse sind identisch, Ausgangsform ahd. **Pfetarach* bzw. **Pfetaraha*. Die Frage ist, wie die Gleichnamigkeit zustande kam. Ferner ist nicht sicher, dass der Flussname primär ist. Es könnte sich auch um Übertragung eines alten Gebietsnamens für die südliche Hallertau handeln, der auf die zwei Flüsse und von dort auf die Siedlungen übertragen wurde. Bei der Annahme eines ursprünglichen Kompositums mit ahd. *aha* 'Fluss' als Bestimmungswort oder einer Ableitung mit dem Suffix ahd. *-ah* (zur Stellenbezeichnung) bleibt das Bestimmungswort ahd. **pfetr-* unklar (vielleicht ablautend zu ↗ Pfatter). Am einfachsten wäre die Annahme eines gallo-römischen zum Gebiets- bzw. Flussnamen gewordenen Siedlungsnamens **Patriac(um)* (gekürzt < **Patri[ni]acum?*).

Pfieffe, die r.z. Fulda (z. Weser), entspringt im Stölzinger Gebirge (Nordhessen), mündet bei Melsungen (Schwalm-Eder-Kreis, Hessen, D), Dürre Pfieffe, l.z. Pfieffe. – Ohne Jahr (Druck 1844) *iuxta fluvium ... Phipfe*, 1615 *uber die Pfiffa*; ON. Pfieffe (Stadt Spangenberg, Schwalm-Eder-Kreis), 1037 *Phiopha*, 1243 *de Pfefe*, 1354 *Phife*, 1368 *Pfefe*, (1366–88) *Pheffe*, (1425–28) *in Phiffa*, 1483 *Pfyffe*, 1585

Pfeiffa, um 1620 *Pfeiff*, 1747 *Pfeiffa*. – Grundform FlN. ahd. ahd. *Pfīf(f)a* f. (ahd. *pfīf(f)a* 'Pfeife') > mhd. *Pfīfe*, diphthongiert > nhd. *Pfeiff(-a)*, metaphorisch auf Wasserläufe übertragen, vgl. ndd. *piep* f. 'schmaler Abzugsgraben zwischen Acker-, Weide- und Wiesenstücken', ⁊ Datterpfeife. – Sperber, *HG.A.5*, S. 81.

Pfingst-   -bach, -becke, -graben, -pfuhl, -tal-bach.
Bestimmungswort nhd. *Pfingst(en)*, zu Pfingsten wurde das Vieh zum ersten Mal ausgetrieben; zugrundeliegen können auch Klammerformen z.B. *Pfingst[anger]bach*. – Fischer, *BNB 10*, S. 205; Kettner, *Leine*, S. 223.

Pfinz, die   r.z. Rhein, entspringt bei Straubenhardt-Pfinzweiler (Enz-Kreis, B.-W., D), kreuzt in der Rheinebene eine alte Römer-Straße, mündet nach 60km bei Rußheim (Gem. Dettenheim, Lkr. Karlsruhe, B.-W.). – 1381 (Kopie) *Pfüntz*, 1397 (Kopie) *die Pfincze*, 1448 *die Pfuntz*, 1482 *an der Pfüntz* ; LandschaftsN. *Pfinzgau*, 769 (Kop.12. Jh.) *Phuntzingouue*, 779 (Kopie 12. Jh.), 785 (Kopie 12. Jh.), 791 (Kopie 12. Jh.) *Phunzingouue*, 10./11. Jh. (Kopie um 1280) *Punzinagouue*; ON. Pfinztal (Lkr. Karlsruhe), ON. Pfinzweiler (Enz-Kreis), 1328 *vf der Phúnz*, 1335 *vf der Phúntze*, 1442 *vff der Pfuncz*, 1550 *Vff der Pfintz*, 1720 *Pfintzweiler*. – Grundform ahd. *Pfunzina* < vorgm./lat. *Pontīna* 'Brückenort, -fluss' (die Pfinz überqueren zwei Römerstraßen), ⁊ Pfünzer Bach. – Geiger, *HG.A.2*, S. 100; Hackl, *Pfinzweiler*.

Pfirschbach   l.z. Annelsbach (z. Mömling z. Main z. Rhein). – ON. Pfirschbach (Gem. Höchst, Odenwaldkreis, Hessen, D), 1314 *Phirdisbach*. – Grundform vermutlich *Pferdsbach* mit Hebung des /e/ vor /-rd-/ > *Pfirdsbach*, mit Sprechererleichterung > *Pfirsbach*, mit Palatalisierung > Pfirschbach, ⁊ Pferdsbach ⁊ Pfersbach. – Sperber, *HG.A.7*, S. 129.

Pflaumbach   Name des Welzbachs, l.z. Main (z. Rhein), in Pflaumheim (Markt Großostheim, Lkr. Aschaffenburg, Bayern, D). – GauN. Plumgau, 794 (Kopie 12. Jh.) *Phlumgouue*, 819 (Kopie 12. Jh.) *Plûmgouue*, 847 (Kopie 12. Jh.) *Phlumgouue* (und weitere Belege); ON. Pflaumheim, 1267 *Plumheim* (und weitere Belege). – Klammerform *Pflaum[heim]bach*, der ON. Pflaumheim enthält als Bestimmungswort ahd. *phlūma*, mhd. *pflūme*, mndd. *plūme*, 'Pflaume', entlehnt aus vulgärlat. *prūma*, l. *prūnum*, Benennungsmotiv: das Vorkommen von Pflaumenbäumen, vgl. ON. Pflummern (Stadt Riedlingen, Lkr. Biberach, B.-W.), (1137/38, Kopie 16. Jh.) *in ... Plumare*, 1227 *de Phlumarin*, 14. Jh. *Pflumern* < ahd. *Pflumāri* 'Gegend mit Pflaumenbäumen'. – Sperber, *HG.A.7*, S. 129; Reichardt, *Reutlingen*, S. 104 f.

Pfreimd, die   l.z. Naab (z. Donau), entspringt im Oberpfälzer Wald (Český les) in Tschechien unter dem Namen Kateřinský potok, erhält auf bayerischem Gebiet den Namen Pfreimd, mündet bei Pfreimd (Lkr. Schwandorf, Bayern, D). – /bfræmᵖt, pfræmᵖt/, (nach 1311) *fluuio Pfreimd*, (1313–1318) *fluuio Pfreimd*, 1347 *auf vnserm wazzer der Pfreimde*, 1347 *in der Pfreyn*, 1356 *Pfrimde*, 1362 *an der Pfrimde*, 1407 *an der Pfreimd*; ON. Pfreimd, (1022–1023) (Kopie 11. Jh.) *Frimida*, (1021–1031) (Kopie 11. Jh., Kopie vor 1088/1091) *Phrima*, (1024–1031) (Kopie 11. Jh.) *ad Frima*, 1216 *ecclesia Pfrime*, 1224 *de Pfrin*, 1244 *de Phreimde*, 1280 *von Pfreimd* (und weitere zahlreiche Belege). – Ausgangsform FlN. vorslaw./gm. *Frīma*. Einen direkten etymologischen Anknüpfungspunkt im Germanischen gibt es dafür nicht. Jedoch bietet es sich an, den Namen mit der im Germanischen gut vertretenen Wurzel urig. *preiH-, ablautend *priH- > *prī- 'vertraut, lieb sein/werden', vgl. nhd. *frei, Freund, Fried, Friedhof, Friedel* zu verbinden. Es liegt dann eine altertümliche m-Ableitung zu dieser Verbalwurzel vor: Adj. urig. *priH-mó- > gm. *frīma- 'vertraut, geliebt'. Man kann auch daran denken, dass in *frīma- eine kontrahierte Kombination aus dem gm. Präfix (got.) *fra-* 'fort, weg' und *īma- (< *eima-) mit der Bedeutung 'fortgehend' vorliegt; gm. *eima- entspricht ai. *éma-h* m., gr. *oimos* 'Gang' und lebt als Flurname (*der*) *Eime, Eimen* 'tiefer liegende, in der Regel feuchte oder sumpfige Stelle im Gelände, nasse Bodensenke, besonders in Wiesen, größere Wasserpfütze, Weiher am Dorfrand' weiter (Südhessen) ⁊ Ihme (< *Īmina*). Das postulierte Adj. gm. *frīma- dürfte von dem Synonym gm. *leuba- 'geliebt', mit dem ebenfalls Gewässernamen gebildet wurden, verdrängt worden sein, oder es liegt eine ursprünglich sprachgeographische Verteilung vor, weil die etymologisch eindeutig germanischen *Liub*-Namen nur im Bairischen nachgewiesen sind. Der FlN. *Frīma* wurde bei der Übertragung auf eine Stelle oder Siedlung am Fluss mit dem Suffix gm. *-iþō- f. (ahd. -*ida*) erweitert: ahd. *Frīmida* 'Ort an der Frima' (oder mit der ursprünglichen Bedeutung von germ. *frīma 'angenehmer Ort'). Im Fall von Pfreimd wurde die Namensform *Frīmida* zurück auf den Fluss übertragen. Sie setzte sich auch als Gewässername, der zeitweilig in zwei Formen verwendet wurde (vgl. 1347 *in der Pfreyn* neben 1347 *wasser der Pfreimde*), durch, was zur heutigen Identität von Fluss- und Siedlungsnamen Pfreimd führte. Der in den späteren Belegen aufscheinende Lautwandel /fr-/ > /pfr-/ ist aus der Sprechsprache zu erklären, und zwar durch die Kombination mit einer Präposition und dem im Vorton syn-/apokopierten Artikel: /in d(ie) Frīmida/ führte zu /intfrīmida/ und mit „Erleichterung" der Konsonantengruppe /-ntfr-/ zu /impfrīmida/. In der sprechsprachlichen Form

wurde der Name dann falsch deglutiniert als *Pfrīm(ida)* und so in die Schreibsprache übernommen. Weitere Lautwandlungen: /ī/ wird diphthongiert zu /ei/, später /ai/, die unbetonten Silben werden abgeschwächt: /-ida/ zu /-ede/ und dann synkopiert /Pfreimde/ und apokopiert /Pfreimd/. – N.N., *HG.A.20*; Greule/Janka, *Pfreimd*.

Pfrimm, die l.z. Rhein, entspringt südöstlich von Sippersfeld (Donnersbergkreis, Rh.-Pf., D), mündet nach 42km in der Stadt Worms (Rh.-Pf.). – Um 823 (Kopie 12. Jh.) *super fluvium Primma*, 1156 *ad ripam Primme*, 1363 *dy Primme*, 1401 *off der Pfrymmen*, 1574 *naher der Pfremen*, 1686 (Kopie 1731) *an der Premme*, *Primm*, 1984 *Pfrimm*; ON. † Pfrimm, heute Pfrimmerhof (Gem. Sippersfeld), 1250 *Primm*, 1456 *zu Prymmen*, 1549 (Kopie) *gegen der Pfrimmen rodt* (und weitere Belege). – Grundform ahd. (rheinfrk.) *Primma* f. < vorahd. *Primi̯a*, in einer *p*-keltischen Sprache abgeleitet von urkelt. *kʷrimi-* 'Wurm' (air. *cruim*, akymr. *prem*). Das Benennungsmotiv ist unklar: es kann metaphorisch vom gewundenen Lauf des Flusses oder vom Vorkommen von „Würmern" vielleicht im Mündungsgebiet genommen sein. Es fällt auf, dass der römerzeitliche Name von Worms *Borbētómagos* 'Schmutzgegend' über *Bormetia* als gm. *wórmati̯a-* 'Gegend mit Würmern' eingedeutet wurde. – Greule, *HG.A.15*, S. 83f.; Dolch/Greule, *Pfalz*, S. 370; Matasović, *Proto-Celtic*, S. 181f.

Pfudabach r.z. Pram (z. Inn z. Donau) bei Leoprechting (PB Schärding, O.-Ö., A). – 788 *ad Futuruna*, 1130–60 *de phutrun, de Phutrunen*, 1568 *Pfuter Fluß*, 1787 *Pfuter Bach*. – Grundform ahd., bair. *Pfutrūn* (latinisiert: *Futuruna*), Dativ oder Akkusativ von ahd. *Pfutra*, einer Ableitung mit dem Suffix gm. *-ra-* von dem Stamm wgm. *pud-* in mundartlichen Wörtern wie *Pudel*, *Pfudel* 'Pfütze, Jauche', e. *puddle* 'Pfütze', 'Bach, der wegen seines mäandrierenden Laufes viele *Pfudeln* (Pfützen, Lachen) aufweist'. – Dotter/Dotter, *HG.A.14*, S. 296; Wiesinger, *Probleme*, S. 200–205.

Pfünzer Bach r.z. Altmühl (z. Donau) bei Pfünz (Gem. Walting, Lkr. Eichstätt, Bayern, D). – ON. Pfünz, 889 *Phuncina*, 1166 (Kopie 1527) *Phonzen*, 1180 *Phônze*, 1186 *Phunze*, 1189 *Phunzen*, 1189 (Kopie) *Phv́nzcen*, 1197 *Phv̂nze*, 1282 *Pfv́nzen*, 1351 *Pfûntz*, 1832 *Pfinz, Pfünz*; TalN. Pfünzer Tal, WaldN. Pfünzer Forst. – Wortgruppe mit dem Adjektiv *Pfünzer* zum ON. Pfünz < mhd. *Pfünzen*, ahd. *Pfunzina* < l. *Pontīna* 'Brückenort' beim römischen Kastell Vetoniana, das zwischen Altmühl und Pfünzer Bach errichtet wurde, ↗ Pfinz. – N.N., *HG.A.20*; Reitzenstein, *Oberbayern*, S. 211.

Pfuhlgraben Bestimmungswort nhd. *Pfuhl*, ndd. *Pool, Puhl, Paul, Puel* 'Tümpel, (Dorf-)teich; Lache, Pfütze', im 18. Jh. wurden mit *Pfuhl* auch größere Gewässer bezeichnet, 1704 *einen See, den Pfühl genannt*. – Fischer, *BNB 10*, S. 205–207.

Piansee bei Himmelpfort (Fürstenberg/Havel, Lkr. Oberhavel, Brandenburg, D). – 1299 *stagnum ... Pyan*, 1574 *gross vnd kleine Byan*, 1770 *den Pian*, 1825 *Piahn See*; ON. Pian (Fürstenberg/Havel), 1825 *der Piahn*. – Grundform apolab. *Pijan-*, abgeleitet von *pijan-* 'betrunken', unklare, vermutlich metaphorische Benennung. – Wauer, *HG.A.17*, S. 132, Fischer, *BNB 10*, S. 207.

Pichelssee Havelsee südlich von Pichelsdorf (Berlin-Wilhelmsdorf, Bez. Spandau, D). – 1590, 1704 *Pichelß See*, 1835 *Pichelssee*. – Klammerform *Pichels[dorfer]see*. – Wauer, *HG.A.17*, S. 132; Fischer, *BNB 10*, S. 207.

Picher- -graben, -see. Bestimmungswort in brandenburgischen Gewässernamen *Pecher* m. 'Hersteller von Pech'. – Fischer, *BNB 10*, S. 200.

Pichesee Großer ~, Kleiner ~, bei Prötzel (Lkr. Märkisch Oderland, Brandenburg, D). – 1724 *kleine und große Piche*, ↗ Pech-. – Fischer, *BNB 10*, S. 200.

Pidig Bach r.z. Rienz bei Welsberg, durch das Gsieser Tal (Prov. Bozen/Südtirol, I.). – 816 (Vidimus 12. Jh.) *in confinio ... Pudigin*, 974 (Fälschung 12. Jh.) *fluvius Pudio*, 1048 *de flumine ... Pvdia*. – Vorgm. FlN. *Budia*, woraus vermutlich der ON. ahd. *Pudingon*, mit Dissimilation (confinium) *Pudigin*, mit dem germanischen Suffix *-inga* (als Bezeichnung der Talbewohner) abgeleitet ist. Der Flussname ves.-ig. *Budia* ist von *bud-* 'Boden des Flusses' (↗ Pitten < *Budina*, † *Businca*) abgeleitet. – Hausner/Schuster, *Lexikon*, S. 97 f. (mit anderer Etymologie).

Pielach, die r.z. Donau, entspringt nördlich von Annaberg (PB Lilienfeld, N.-Ö., A), mündet nach 70km nordöstlich von Melk bei Pielamund (PB Melk, N.-Ö.). – 811 (Kopie Anfang 11. Jh.) *Bielaha fluvius*, 1072–1091 *usque ad Pilam*, 1096 (Fälschung 12. Jh.) *in Pielaha*, um 1099 (Fälschung 12. Jh.) *in Pielaha*, 1108–1116 *molendinum ... apud Piela*, *Pielaha* (und weitere Belege); RaumN. Pielachgau, Kleingau der Karolingerzeit an der Pielach, 1043 (Kopie) *in pago Pielaha*; ON. Pielach (PB Melk), 831 (Kopie 18. Jh.) *loca ... Belaa*, 1072–1091 *ad Pilahi, Pielaha*, 1147 (Kopie 13. Jh.) *de Pila*; ON. Pielachgemünd, ehemalige Örtlichkeit an der Pielachmündung, 1135 *Pilahegemundie*. – Grundform slaw. *Bĕlā* 'die Weiße', ins Althochdeutsche übernommen mit verdeutlichender

Anfügung von ahd. *-aha* 'Fließgewässer' und mit Lautverschiebung in der 2. Hälfte des 8. Jahrhunderts als (ahd.) *Pielaha (und *Pilaha?) (slaw. /-ě-/ wird durch gm. /-ē²-/ > ahd. /-ie-/ substituiert). Falls kein Schreibfehler vorliegt, scheint slaw. /-ě-/ teilweise auch durch ahd. <-i-> (/ī-/?), vgl. 1072–1091 *usque ad Pilam*, ersetzt worden zu sein. – Hausner/Schuster, *Namenbuch*, S. 98, und Nachträge; Bergermayer, *Glossar*, S. 25–27.

Piep, die, Piep-/-en-/-er- *-bach, -graben, -pfuhl/ -puhl,* Süder-/Norder-Piep, zwei Arme des Wattstroms vor der Dithmarschen Küste (S.-H., D), ↗Pfieffe. – Kvaran, *HG.A.12*, S. 144.

Pierengraben l.z. Havel (z. Elbe) südöstlich von Havelberg (Lkr. Stendal, S.-A., D). – 1843 *der Pieren Graben.* – Kompositum mit dem Bestimmungswort brandenburg. *Pier* m., f. 'Regenwurm'. – Wauer, *HG.A.17*, S. 132.

Piesbach r.z. Prims (z. Saar z. Mosel z. Rhein). – ON. Piesbach (Gem. Nalbach, Lkr. Saarlouis, Saarland, D), 1322 *de Pedensbach*, 1331 (Kopie 14. Jh.) *Pedensbach*, 1618 *Piesbach.* – Grundform ON. mhd. *Pēdenesbach (?) gekürzt > *Pēnsbach > mundartlich *Piesbach,* Kompositum mit dem Grundwort *-bach* und dem Genitiv des PN. **Pēden?* – Spang, *HG.A.13*, S. 58; Kaufmann, *Ergänzungsband*, S. 52.

Pießling, die (auch *Piesslingbach*), l.z. Teichl bei Pießling (Gem. Roßleithen, PB Kirchdorf an der Krems, O.-Ö., A). – /ˈbīəslīŋ/, 1190 (F.?) *fluuium Piznic,* 1190 *pieznich.* – Entweder über slaw. *Pěščьnika aus *Pěskьnika zu slaw. *pěskъ 'Sand' mit der Bedeutung 'Sandbach' oder über ahd. *Piezinicha, *Pēzinicha aus slaw. *Běsinika zu slaw. *běsъ* 'Teufel' als 'Teufelsbach'. Wegen des starken Gefälles liegt die zweite Bedeutung als Gegensatz zum Namen des Hauptflusses (↗Teichl) näher. – Hohensinner/Reutner/Wiesinger, *Kirchdorf an der Krems*, S. 18.

Piesting, die l.z. Fischa bei Gramatneusiedl (PB Wien Umgebung, N.-Ö., A). – 1020 *inter duos fluviolos ... Pistnicha,* 1035 *inter flumina ... Biesnicka,* vor 1108 *Piestniche,* 1120 *Piesnikhe, Piesnikke,* um 1180– um 1190 *in den Piesnic,* um 1200 (zu 1120) *Piesnikhe,* usw.; ON. Markt Piesting (PB Wiener Neustadt/Land, N.-Ö.), um 1155–1158 *apud Pisinich, de Piesnich,* um 1160–1166 *de Piesnich,* 1166 *aput Piseniche, Pisnich, apud Pisinich,* usw. – Slaw. *Pěsъčьnika 'Sandbach', mit Suffix -*ika* abgeleitet von slaw. *pěsučinu 'sandig, Sand-'. Über *Pěščinika spätestens zu Beginn des 9. Jh. eingedeutscht als **Pē²stinicha,* ahd. **Piestinicha,* teils auch als **Pīstinicha.* Die Endung -*nich(e)* wurde ersetzt durch das geläufige Suffix

-*ing.* – Hausner/Schuster, *Namenbuch*, S. 100 f.; Bergermayer, *Glossar*, S. 181 f.

Pietz-/-ke-/-ken- *-graben, -kuhle, -kute, -kutengraben, -pfuhl.* Brandenburg. *Pietze* f., *Pietzker* m. 'Schlammpeitzker, -beißer'. – Fischer, *BNB 10*, S. 201 f.

Pillersee See südlich Waidring (PB Kitzbühel, Tirol, A), Abfluss z. Haselbach/Grieselbach (z. Lofer Bach z. Saalach z. Salzach z. Inn z. Donau). – 1073 (Fälschung vor 1226, Transsumpt 1226) *Billeresse,* 1151 *Bileresse,* 1179 *Bileresse,*. – Die Belege sind zu lesen als mhd. *Bileres sê* 'See des Biler', PN. *Biler* < ahd. **Biliheri.* – Straberger, *HG.A.9*, S. 88; Dotter/Dotter, *HG.A.14*, S. 299 f.; Hausner/Schuster, *Namenbuch*, S. 101 (mit anderer Etymologie); Kaufmann, *Ergänzungsband*, S. 61.

Pilsach r.z. Schwarzach (z. Rednitz z. Regnitz z. Main z. Rhein), mündet nördlich von Neumarkt in der Oberpfalz (Lkr. Neumarkt, Bayern, D). – ON. Pilsach, 1112 *de Pilwisa* (hierher? lies *Pilwiz-aha*?), 1148–1156 *Bilbesahe,* 1282 *Bibesach,* 1286 *Pilbsach,* 1349 *Pylbsach,* 1352 *Pilzach,* 1437 *Pillsach,* 1444 *Pilsach.* – Kompositum mit dem Grundwort ahd. *aha,* mhd. *ahe, -ach, -a* 'Fließgewässer' und mhd., bair. *pilbez < mhd. *bilwiz* 'Kobold' als Bestimmungswort, Benennung nach dem Vorkommen sagenhafter Gestalten im Quellgebiet? – Sperber, *HG.A.7*, S. 130; Reitzenstein, *Oberbayern*, S. 213.

Pilsenbach l.z. Selingsbach (z. Neuselingsbach z. Zenn z. Regnitz z. Main z. Rhein). – ON. 1164 *Bulzesheim;* ON. Pilsenmühle (Markt Erlbach, Lkr. Neustadt an der Aisch-Bad Windsheim, Bayern, D), 1464 *pulsamül, pwlsamül.* – Klammerform mhd. **Bülzes[heim]bach* > *Bülsenbach > *Pilsenbach,* Kompositum mit dem ON.**Bülzesheim,* dessen Deutung unklar ist, als Bestimmungswort. – Sperber, *HG.A.7*, S. 130.

Pimbach r.z. Frankergerbach bei Pimbach (Gem. Geretsberg, PB Braunau am Inn, O.-Ö., A). – 1162 *a rivulo Bibenbach;* ON. Pimbach, um 1110 (Kopie 17. Jh., Druck 18. Jh.) *de Piubenpach, Pinbenbach,* vor 1147 *de Pibinbach,* um 1150 (Kopie 17. Jh., Druck 18. Jh.) *de Pibenbach,* 1040 (verfälscht 1195, Kopie 14. Jh.) *Pirenpach, Pirembach,* 1195 (Vidimus 1262) *Bibenbach, Bibenpach.* – Trotz der teils schlechten Überlieferung kann der Name auf mhd. *Biben-bach/ Piben-pach* 'Bach des Bibo' zurückgeführt werden. – Straberger, *HG.A.9*, S. 88; Hausner/Schuster, *Namenbuch*, S. 101.

Pinka, die Fluss im südöstlichen Burgenland, teilweise Grenzfluss zwischen Österreich und Ungarn, l.z. Raab bei Körmend (H). – 1151–1159 (Kopie 19. Jh. nach Kopie 13. Jh.) *inter Pincam* …, 1158 (Druck 1611) *iuxta fluvium Pinca*, 1159 (Kopie 19. Jh.) *inter Pincam*, 1161 *fluvium … Pincáh*, 1171 (Kopie 13. Jh.) *inter Pincha* …, 1185 (Kopie 13. Jh.) *inter Pincha* …, 1187 (Kopie 13. Jh.) *inter Pincha* …; ON. Pinkafeld (PB Oberwart, Burgenland, A), 860 *Peinihhaa* (lies: *Peinihaha*), 860 *ad Peinicahu*, 860 (Fälschung 13. Jh.) *ad Peinichu*, 885 (Fälschung 10. Jh.) *ad Peininchaha*, 885 (Fälschung 10. Jh., Kopie 12. Jh.) *Painnichahe*, 891 (Fälschung? Kopie 14. Jh.) *ad Peiniccaham*, 891 (Fälschung? Kopie 13. Jh.) *Pennichaham*, 984 (Kopie 13. Jh.) *ad Penninchaha*, 1051 *ad Peninchaha*, 1057 *ad Peninchaha*, 1178 *Penninkaha*, 1199 *Pennichaha*. – Aus den Belegen für Pinkafeld lässt sich der Gewässername (ahd.) *Peinicha erschließen, an den verdeutlichend ahd. *-aha* 'Fließgewässer' angefügt wurde. Dieser scheint ins Slawische als *Pěnika entlehnt worden zu sein, was zu Pinka führte. Ahd. *Peinicha lässt sich auf vorahd. *Baginika zurückführen. Unter der Voraussetzung, dass das Suffix *-ika* slawischer Herkunft ist (vgl. ↗ Pießling ↗ Piesting), geht (pannonisch?) *Bagina voraus. Dieser Name ist identisch mit dem ON. Bayen (948 *Beina*), jetzt Bayenthal (Stadt Köln, NRW, D) und ON. (Hohen-/Sieden-)Bögen (Kr. Vechta, Niedersachsen), um 1000 (Kopie 11. Jh.) *Bagini, Baginne* (< *Bagin-ja-). Den Lautwandel /-a-/ < /-o-/ weist der ansonsten gleich gebildete ON. Poinstein (1035/36 *apud Bogicam*) (Gerichtsbezirk Sankt Nikola an der Donau, O.-Ö., A) < kelt. *Bogina nicht auf. Sowohl *Bagina als auch *Bogina sind mit *n*-Suffix von ig. *$b^h og$-i-, das gm. *baki- 'Bach' entspricht, abgeleitet. Ig. *$b^h og$-i- kann zu dem Verb urig. *$b^h eg$- 'brechen' gehören; das Nomen loci zu diesem Verb, *$b^h og$-[ā '(Stelle,) wo (die Wellen) gebrochen werden' dürfte als 'Fließgewässer' verallgemeinert worden sein. – Hausner/Schuster, *Namenbuch*, S. 102; Hohensinner/Wiesinger, *Perg und Freistadt*, S. 88–90; Pokorny, *IEW*, S. 161; Rix, *LIV*, S. 66 f.

Pinnau

– ¹Pinnau, die, r.z. Elbe, entspringt in Henstedt-Ulzburg (Kreis Segeberg, S.-H., D), mündet im Gemeindegebiet von Haselau (Kreis Pinneberg, S.-H.). – 1520 *an der Owe tho Uterßen*, 1650 *Pinnaw*, 1652 *die Pinnenberger Awe, Pinnow, Pinnenfluß*, 1717 *an der Pinn-Au*; ON. Pinneberg (Kreis Pinneberg), um 1330 *Pinneberch, in Pinnenberghe*, 1351 *Pinnenberghe* (und weitere Belege), 1553 *Pinneberge*. – Pinnau ist Kurzform der Wortgruppe *Pinneberger Au*; ON. Pinneberg 'Berg wie ein Pinn (Flock)'. – Udolph, *HG.A.16*, S. 267–270; Laur, *Schleswig-Holstein*, S. 518.

– ²Pinnau verbindet Schmalsee und Möllner See, ON. † Pinnau zwischen Pinnsee und Mölln (Kreis Herzogtum Lauenburg, S.-H., D). – 1890 *Pinn-See*; ON. 1194 *Pinnowe*, 1212 *de pinnow*, 1228 *de pinnou*, um 1230 *Pinnowe*, 1254 *pinnow*, 1265 *Pinnowe*, 1302 *villam Pinnowe*. – Das Gewässer ist nach dem Ort benannt; dessen Grundform ist apolab. *Pin'ov*- 'Ort, an dem es Baumstämme gibt', abgeleitet von *pen'/*pin' 'Baumstamm, Baumstumpf', ↗ Pinnowsee. – Udolph, *HG.A.16*, S. 270; Laur, *Schleswig-Holstein*, S. 517 f.

Pinnowsee Großer ~, Kleiner ~, bei Groß Schönebeck (Gem. Schorfheide, Lkr. Barnim, Brandenburg, D). – 1451 (Kopie) *dy pynnow*, 1589 *Der große Pinnow, Der Kleine Pinnow*. – Deutung wie ↗ ²Pinnau; Parallelnamen: ON. Pinnow (Lkr. Uckermark, Brandenburg) mit Pinnower See, 1284 *villam Pinnow … cum duobis stagnis Pinnow et alteram Pinnow*, 1592 *in den See Pinnow*; SeeN. Pinnower See nördlich von Pinnow (Stadt Hohen Neuendorf, Lkr. Oberhavel, Brandenburg), 1350 *den pinnow*, 1429 (Kopie) *met den sehen pynnow*, 1595 *Ein See der Pinnow genandt*. – Fischer, *BNB 10*, S. 208.

† Pirra ehemaliger Name der Rienz im Unterpustertal und des Tauferer Baches (r.z. Rienz bei Bruneck, Prov. Bozen/Südtirol, I.). – 787/88–vor 796/99 (Kopie 9. Jh.) *Dravum et Byrrum fluvios*, 893 (Kopie) *ad fluvium Pirra*, 1002–1004 *supra fluvium Pirram*, 1048 *usque ad flumen … Pirra*; FlurN. Birnfeld (*Pirreveld, Pirrnveld*), FlurN. Birnlücke. – Ausgangsform vorgm./vorröm. *Beriā oder *Bersiā ↗ Birs. – Kühebacher, *Ortsnamen 2*, S. 17, 264 f.; Hausner/Schuster, *Namenbuch*, S. 106, und Nachträge.

Pissebach (auch *Bizzenbach*), l.z. Erlenbach (z. Nidder z. Nidda z. Main z. Rhein), entspringt im Vogelberg (Taunus), mündet bei Wehrheim (Hochtaunuskreis, Hessen, D). – ON. † Bizzenbach (im Bizzenbachtal), 1310 *Pissinbach*, 1336 *Bizzenbach*, 1370 *Pissenbach*. – Grundform *Pissent-bach? ↗ Pisser – Sperber, *HG.A.7*, S. 130.

Pisser, die (auch *Pisser-Bach*) mit Pissergraben, r.z. Fuhse (z. Aller z. Weser), fließt durch das früher schlecht entwässerte Dengelbecker Gebiet (Stadt Peine), mündet südlich von Peine (Lkr. Peine, Niedersachsen, D). – 1347 (Regest) *to der pesere*, 1802 *am kleinen Bache Pisser*. – Vermutlich abschätzige Benennung, abgeleitet von mndd. *pissen* 'Wasser lassen', *pisse*. – Borchers, *HG.A.18*, S. 107.

Pitten, die r.z. Leitha nördlich von Erlach (PB Wiener Neustadt [Land], N.-Ö., A). – 1189 (Kopie 18. Jh.) *inter Schlat et Puten fluvios*; TalN. † Pittenau zwischen Aspang-Markt und Pitten (PB Neunkirchen, N.-Ö.), 1144 *Pŭtinovve*, 1149–1165 *Botenowe*, 12. Jh. *de Butenowe* (und weitere Belege); ON. Pitten (PB Neunkirchen), 869 *ad Putinnun*, 1096–1109 *sub castello Butino*, 1108 *de Bŭtine*, 1110–1140 *de Butine* (und weitere Belege), 1120–1122 *de Putine*; ON. Pittenberg, bis 1848 Name der Herrschaft Pitten, 1108 *de Butinberge*, 1149 *in pede montis Putinensis*, 1180–1190 *de Piůtenperge*; WaldN. † Pittnerwald, Stiftungsgut des Klosters Reichersberg in der Grafschaft Pitten, 1144 *silva Putinensi* (so oft im 12. Jh. belegt). – Zugrunde liegt der Flussname mhd. *Pütene, *Bütene < ahd. *Putina < vorahd./vorgm. *Budina, aus dem der Siedlungsname mittels eines (gm.) *j*-Suffixes (*Budinja) abgeleitet ist. Mhd. *Pütene wurde in der Mundart apokopiert (> *Püten) und entrundet (> *Piten, Pitten). Die gängige Deutung geht von einer Ableitung mit *n*-Suffix von vulgärlateinisch *buda* 'Schilfgras' aus. Da inzwischen nachgewiesen ist, dass *buda* ein afrikanisches Wort (berber. *tabuda*) ist, kommt es als Basis für einen Flussnamen in Mitteleuropa nicht mehr in Frage. Stattdessen liegt eine Ableitung von ig. *$bʰudʰ$-*i*- (neben *$bʰud$- und *$bʰundʰ$-) 'Boden', auch 'Boden des Meeres, Boden des Flusses' vor, vgl. ai. *budhná*- 'Grund, Boden', maked. ON. *Pýdna* (< *$bʰudʰ$-*no*-), lat. *fundus*, gall. *bunda* 'Boden, Sohle' (< *$bʰundʰ$-*o*-/-*ā*), awn. *botn*, ae. *botm* 'Boden' (< gm. *but-ma*- < *$bʰud$-*mo*-), gr. *pythmḗn* 'Boden, Fuß eines Gefäßes' (< *bhudhmén*-). Der Fluss liegt demnach mit einem ves.-ig. Namen benannt, der die Besonderheit des Flussbetts hervorhebt. Auf vorgm. *Budina lassen sich auch zurückführen ⇗ Büttenerbach ⇗ Salzböde und kroat. *Bednja* (< *$Bъdьn'a$*), Nebenfluss der Drau unterhalb Varasdin. Hingegen beruht ⇗ Bos(bach) auf gall. *Bund-s-ona. In diese Zusammenhänge gehört auch der antik überlieferte ON. *Budalia* (Pannonien). – Hausner/Schuster, *Namenbuch*, S. 109–111; Pokorny, *IEW*, S. 174; Wiesinger, *Kontinuität*, S. 289 f.; Anreiter, *vorrömische Namen*, S. 39 f.

Pittenbach r.z. Ache bei Kaiserwacht (Gem. Achenkirch, PB Schwaz, Tirol, A). – 1112(?) *in torrentem Putenbach*. – Als Bestimmungswort des Kompositums (mhd. *Pütenbach) mit dem Grundwort -*bach* wird das Bergbauwort *Pütte* 'senkrechter Schacht, in welchem das Wasser der Schächte durch ein Schöpfwerk herausgehoben wird' vermutet. – Hausner/Schuster, *Namenbuch*, S. 111.

Pitze, die (auch *Pitzbach, Pitztaler Ache*), r.z. Inn (z. Donau), entspringt am Mittelbergferner, mündet nach ca. 39km zwischen Karres und Arzl im Pitztal (PB Imst, Tirol, A). – TalN. 1276 *Bvzental*, 1288 *Puᵉtzental*, 1289 *Puetzental*, 1294 *Butzental*, 1296 *Puzental* (und weitere Belege). – Bair. (im Tiroler Oberland) *Pītze* 'kleine Teichanlage zum Auffangen des Bodenwassers in den Wiesen', mhd. *bütze* 'Brunnen, Pfütze', ahd. *puzza* 'Brunnen, Lache, Pfütze'. – Anreiter/Chapman/Rampl, *Gemeindenamen*, S. 66.

Pitzeneke See bei Reitwein (Lkr. Märkisch-Oderland, Brandenburg, D). – 1316 *cum stagno Pithzeneken*, 1336 *lacum Piscenige*, 1536 *von der piscenen, der piscen*. – Grundform apolab. *Pěsečnik 'Sandsee', ⇗ Petznick-See. – Fischer, *BNB 10*, S. 203.

Plabach l.z. Rienz (z. Eisack z. Etsch). – ON. Plabach, Fraktion der Gem. Brixen (Provinz Bozen/Südtirol, I.), /plaapâch/, 1217–35 *Plebach*, 1340 *Plaepach*, 1354–1400 *Plaw*, 1454 *Plepach, Plapach*, 1540 *Plabach*, 1635 *Pläpach*. – Kompositum mit dem Grundwort -*bach* und mit mhd. *Blæ(w)-, vielleicht bair. Fortsetzung von FlN. ahd. *Blāwia < gm. *Blē¹wjō f. ⇗ Blögge, als Bestimmungswort. – Kühebacher, *Ortsnamen* 1, S. 323 f., 2, S. 238.

Plätlinsee südöstlich von Mirow und südlich von Neustrelitz (Lkr. Mecklenburgische Seenplatte, M.-V., D), Abfluss: die Schwaanhavel. – 1654 *am Plätlin See*. – Grundform slaw. *Platlin m., abgeleitet vom PN. slaw. *Platla m. – Wauer, *HG.A.17*, S. 133; Bilek, *Sprachgut*, S. 73.

Plage-/-n- -*fließ*, -*see* (nur in Brandenburg). Apolab. *Plav 'Schwemme, Floßstelle; überschwemmtes, sumpfiges Gelände', ⇗ Plagge. – Fischer, *BNB 10*, S. 209.

Plagge, die See westlich von Rägelsdorf (Alt Ruppin, Lkr. Ostprignitz-Ruppin, Brandenburg, D). – 1525 (Kopie) *die Plawe*, 1590 *bis in die Plawe*, 1654 *an die Plawe*; FlurN. *In der Plagge*. – Deutung wie ⇗ Plage-. – Fischer, *BNB 10*, S. 209.

Planbach ⇗ † Blandbach.

Plane, die z. Breitlingsee, l.z. Havel (z. Elbe), entspringt in der Gem. Rabenstein (Lkr. Potsdam-Mittelmark, Brandenburg, D), mündet südwestlich von Brandenburg an der Havel (Brandenburg). – 1205 (Kopie 1443) *ad riuum plane*, 1234 (Kopie) *in riuum planam*, 1251 *aquam … plana*; GauN. 948 (Kopie 15. Jh.) *in pagis … Plonim*, 973 *Ploni*; ON. † Planow, 1293 *villa Planowe*. – Grundform apolab. *Plona 'Fluss, der in der Ebene (das relativ flache Urstromtal) fließt' zu *plon- 'eben, flach; unfruchtbar'. – Wauer, *HG.A.17*, S. 133; Fischer, *BNB 10*, S. 208 f.

Planken- -*bach*, -*tal*, -*teich*. Mhd. *blanke, planke*, mndd. *planke* 'Abzäunung mit Brettern'. – Kühebacher, *Ortsnamen* 2, S. 240.

Plansee z. Kleinen Plansee z. Archbach (z. Lech z. Donau) in den Ammergauer Alpen im Bezirk Reutte (Tirol, A). – 1060 *ad Planse*. – Grundform mhd. *Plānsē, Kompositum mit dem Grundwort mhd. -*sē*

'See' und *plān* stM. 'Ebene' (< l. *plānus* 'eben, flach'). – Snyder, *HG.A.3*, S. 125.

Plasterin-See   auf dem Gebiet der Gem. Wokuhl-Dabelow (Lkr. Mecklenburgische Seenplatte, M.-V., D). – 1780 *Plasterin See*, 1790 *Plasterien See*, 1804 *der Plasterriehn*, 1886 *Plasterin-See*. – Grundform slaw. **Plasterino* n., abgeleitet von PN. slaw. **Plastora* m. – Wauer, *HG.A.17*, S. 133; Bilek, *Sprachgut*, S. 73.

Platkowsee   südöstlich von Lychen (Lkr. Uckermark, Brandenburg, D). – 1299 (Kopie) *stagnum Platekouu*, 1330 (Kopie) *stagni … Platekow*, 1788 *Platko*. – Grundform ON. apolab. **Plat(i)kov-*, abgeleitet von PN. **Plat(i)k*. – Wauer, *HG.A.17*, S. 209 f.; Fischer, *BNB 10*, S. 209.

Platz-/-en-   -bach, -riede, -pfuhl, -tal, -weiher. Mhd. *blatz, platz* 'freie, waldlose Stelle'. – Kühebacher, *Ortsnamen 2*, S. 241 f.

Plaubach   r.z. Villnösser Bach (z. Eisack z. Etsch), mündet bei St. Magdalena im Villnösser Tal (Prov. Bozen/Südtirol, I.). – /plau(ᵉr)påch/, um 1900 *Blau Bach*; ON. Hof Plau(er), 1408 *in … Palaug*, 1458 *zu Plaug*, 1563 *Plauer*, 1590 *hof Plaw*. – Übertragung des Hofnamens, entlehnt aus ladinisch *palúg* (< l. *palūdem*) 'Feuchtgelände, Sumpf, Moos', auf den Bach; ins Bair. integriert über **Pa´lūg* > (1408) *Paláug* > *Plaug* > *Plau*. – Kühebacher, *Ortsnamen 2*, S. 242.

Plauer See   (alter Name *Plauer Wasser*), durchflossen von der Havel, an deren Ausfluss Plaue an der Havel (Stadt Brandenburg a.d. Havel, Brandenburg, D) liegt. – 1287 *in aquis Plawe*, 1294 *in principio aque Plaue*, 1308 *aque Plawe*, 1324 *Plauerwater*, 1420 *plawer water*, um 1785 *Plauer See*; ON. Plaue, 1197 *de Plawe*, 1216 *Plaw*, 1294 *a castro Plaue*, 1334 *zu Plawe*, (und weitere Belege). – Deutung ↗Plage-. – Wauer, *HG.A.17*, S. 134; Fischer, *BNB 10*, S. 209.

Pleis-Bach (die)   l.z. Sieg (z. Rhein), entsteht aus dem Zusammenfluss von Logebach und Quirrenbach bei Hüscheid (Stadt Königswinter, Rhein-Sieg-Kreis, NRW, D), mündet in Niederpleis (Sankt Augustin, Rhein-Sieg-Kreis). – 948 (Kopie 12. Jh.) *pleisa*, 1555 *die Pleessbach*, 1642 *die gantze pleiserbach*; ON. Oberpleis (Stadt Königswinter), ON. Niederpleis (Sankt Augustin), 859 (Kopie 16. Jh.) *Pleis*, 948 (Kopie 12. Jh.) *Pleisa*, (1064) *Bleysa*, 1071 *Bleisa*, 1309 *Overplese*, 1555 *Overpleeß, Niderpleeß*. – Die heutige offizielle Namensform *Pleis-Bach* ist ein spät gebildetes Kompositum. Der Gewässername war ursprünglich ein Simplex, das auf gm. **Blaisa* 'die Schwellende' zurückgeführt wird, was voraussetzt, dass die ältesten Belege eine Kanzlei-Form des Namens mit oberdeutscher Lautverschiebung (gm. /b-/ > ahd. /p-/) bieten. Der Name gm. **Blaisō* bezeichnete einen Bach, der unter bestimmten Umständen auffällig anschwillt. **Blaisō* ist erklärbar als eine -s- Ableitung von gm. **blait-* (vgl. englisch *bloat* 'anschwellen' < gm. **blaitōn*); **blait-s-a-* entwickelte sich lautgesetzlich zu **blaisa-* 'anschwellend'. Zugrunde liegt wahrscheinlich das ig. Verb **bʰleid-* 'aufschwellen, überfließen' (in der o-Stufe: **bʰloid-*, vgl. gr. *phloidúmenos* 'sprudelnd, siedend'). Gm. **Blaisō* scheint ein Synonym/Heteronym zu dem in Gewässernamen weit verbreiteten Adjektiv gm. **aitra-* (↗Aiter-, ↗Eiter-) gewesen zu sein. – Faust, *HG.A.4*, S. 62 f.; Kaspers, *Pleis*, S. 263 f.; Rix, *LIV*, S. 88.

Pleiße, die   r.z. Weißen Elster (z. Thüringische Saale z. Elbe) in Leipzig. – /blaes/, 1021, 1118 *Plisna*; GauN. 976 *pagus Plisina*, 1012/18 *Plisni*; ON. Steinpleis (Nieder-, Ober-, Unter-), Dorf südöstlich Werdau (Zwickauer Land, Sachsen, D), 1350 *de Steinplissen*, 1461 *zur Steinpleisse*. – Der Flussname wird allgemein für vorslawisch gehalten. Einerseits könnte er als slaw. **Plisьna* von lit. *pìlti, pilù* 'gießen, schütten' abgeleitet sein; andererseits kann er aus gm. **Flīsina* erklärt werden. **Flīsina* ist eine *n*-Ableitung von (awn.) *flís* 'Splitter, Fliese'. Ebenso zu erklären ist ↗Fleißen. Für die zweite Deutung (als 'Steinbach') spricht der ON. Steinpleis. – Ulbricht, *Saale*, S. 239; Eichler/Walther, *HONBSachsen*, II, S. 459.

Pleißenbach   (älter *die Pleiße*), l.z. Chemnitz (z. Zwickauer Mulde z. Elbe). – 1402 *daz waßer dy Plyßen*; ON. Pleißa, Dorf westlich Chemnitz (Stadt Limbach-Oberfrohna, Lkr. Zwickau, Sachsen, D), (1375) Kopie (16. Jh.) *villa Steinplißen*, (1396) Kopie (16. Jh.) *Steynpleyß*, (nach 1450) *zcu der Pleisße*, 1493 *bey der Bleysenn*, 1821 *Pleißa, vom gemeinen Manne die Pleiß genannt*. – Der Name ist identisch mit ↗Pleiße. – Eichler/Walther, *HONBSachsen* II, S. 184.

Plessur, die   r.z. Rhein, entspringt in 2400m Höhe auf dem Gebiet der Gem. Arosa (Kreis Schanfigg, Kanton Graubünden CH), durchfließt das Schanfigg, mündet in Chur (Kanton Graubünden). – /plessúr/, Ende 12. Jh. *Plassura, Plaussura, Plessura*, 1281 *Plassur*, 1312 *prope Plassuram*, 1314 *Plassura*, 1349 *die brugg der plassur*, 1371 *ußrenthalb der Bruggen der plasur*, 1800–103 *Distrikt der Plessur*. – Ausgangsform FlN. vorrom. **Plaussura*, ein von dem Verbalabstraktum (ig.) **ploud-tu-* f. (zu ig. **pleud-* 'schwimmen, fließen') mit *r*-Suffix abgeleitetes Hydronym; **ploud-tu-* > **ploussu-* > **plaussu-*, FlN. **Plaussúra* > rom. *Plassúra* und *Plussúra*. Obwohl ig. **pleud-* 'schwimmen, fließen' als Kausativ **ploud-éi̯e-* (> air. *-lúaidi* 'bewegt') ↗¹Luhe im Keltischen gut belegt ist, scheidet das Keltische wegen des anlautenden /p-/ in

Plessur als Herkunftssprache aus. – Geiger, *HG.A.*2, S. 101; Schorta, *RNB*, S. 260, 789 f.; Rix, *LIV*, S. 488.

Pleutersbach l.z. Neckar (z. Rhein) im Odenwald. – ON. Pleutersbach (Stadt Eberbach, Rhein-Neckar-Kreis, B.-W., D), 1369 *Blickerspach*, 1494 *Blitterspach*, 1538 *Bleytherspach*, 1786 *Bleikersbach*, *Pleitersbach*. – Grundform ON. mhd. **Blīckeresbach*, Kompositum mit dem Grundwort *-bach* und dem Genitiv des PN. **Blīcker* (< **Blīd-gēr*) als Bestimmungswort; **Blīckeresbach* > **Blītersbach* > **Bleitersbach*, hyperkorrekt *Pleutersbach*. – Schmidt, *HG.A.1*, S. 88.

Plima, die (auch *Plimbach*), it. Rio Plima, r.z. Etsch, mündet bei Morter (Gem. Latsch im Vinschgau, Prov. Bozen/Trentino-Südtirol, I.), Hauptfluss des Tales Martell (Vinschgau). – 1332 *das Wasser Plumian*, 1382 *Plumianer*, 1410 *flumen Plumige*, 1644 *Plumel*, 1487 *Plima*. – Grundform FlN. **Plumia* > (mhd.) **Plümie* > *Plime/Plima*, steht vielleicht im Zusammenhang mit bair. mundartlich *Plumme* 'Haufen aufgeschichteter Baumstämme' (< l. *pilumen*), oder aus vorrom. (kelt.?) *Plumi̯ā*, abgeleitet von **plu-m-* (vgl. gr. *plýma* n. 'Spülicht') zu ig. **pleu̯-* 'schwimmen'. – Kühebacher, *Ortsnamen* 2, S. 243; Pokorny, *IEW*, S. 836 f.

Plötze/Plötz-/-en- *-graben, -loch, -pfuhl, -see*. Bestimmungswort entweder nhd. *Plötze* f. 'ein Fisch (Rutilus rutilus)', entlehnt aus westslaw. **plotica*, oder apolab. Gewässername **Plotica*, abgeleitet von **plot*, **plota* 'Plötze'. – Fischer, *BNB 10*, S. 210.

Plohn-Bach r.z. Göltzsch (z. Weiße Elster z. Thüringische Saale z. Elbe). – ON. Plohn (Stadt Lengenfeld, Vogtlandkreis, Sachsen, D), /də blå/ (/å/ lang), (1140) (Transsumpt 1283, Fälschung) *Plona*, 1279 *de Plone*, 1410 *von der Plon*, 1445 *dy Plone*, 1640 *zur Plohn*; StraßenN. Am Plohnbach (Lengenfeld). – Grundform asorb. **płoń* 'Ebene, Fläche' ↗ Plane. – Ulbricht, *Saale*, S. 109; Eichler/Walther, *HONBSachsen* 2, S. 185 f.

Plothenbach r.z. Thüringischen Saale (z. Elbe) bei Ziegenrück (Saale-Orla-Kreis, Thüringen, D), Plothener Teiche. – 1264 *in aqua ... Plota*, 1278 *ad aquam ... Blote*, 1497 *an der Ploten*, 1518, 1525 *an der Bloten*; ON. Plothen (Saale-Orla-Kreis), 1378 *villa Plote*. – Grundform mhd. *Blote*, schwach flektiert **Bloten*, asorb. **błoto* 'Kot, Morast'. – Ulbricht, *Saale*, S. 117, 231.

Plückvogelsee bei Groß Fredenwalde (Gem. Gerswalde, Lkr. Uckermark, Brandenburg, D). – 1375 *stagnum ... Pluckenogel (Pluckenagel)*, 1751 *der Plikvogel*, 1936 *Plückvogelsee*. – Kompositum mit dem Grundwort *See* und dem metaphorischen Namen mndd. **Pluggenāgel* 'Holznagel', eingedeutet in Analogie zu brandenburg. *Plückvögel* 'Pellkartoffeln'. – Fischer, *BNB 10*, S. 211.

Plunzsee Großer~, Kleiner~, bei Schmargendorf/Uckermark (Stadt Angermünde, Lkr. Uckermark, Brandenburg, D). – 1589 *der grosse Pluntz, der kleine Pluntz*, 1704 *der Kleine Pluntzen*, 1826 *kl., gr. Plunz S.* – Grundform apolab. **Plonica*, abgeleitet von **plon* 'eben, flach; unfruchtbar' oder von **plon'/*plon'a* 'Ebene' ↗ Plane, ins Niederdeutsche integriert als **Plunize* > *Plunz(see)*. – Fischer, *BNB 10*, S. 211.

Pockaubach l.z. Gamingbach (z. Erlauf z. Donau) im Mostviertel (N.-Ö., A). – 12. Jh. *in Paca*, 1352 *aqua Poka*, 14. Jh. (zu 1341) *ad riuulum Pokaw*, 14. Jh. (zu 1352) *Poka*, 1367 *In der Pokka, poka*, um 1400 *Aqua Pokaw, In der Pokha*, 1436 *In der Pokha*, 1697 *Bokhauerpach*; ON. Pockau (Gem. Gaming, PB Scheibs, N.-Ö.). – Grundform slaw. **Paka* 'umgekehrt fließendes Wasser, hinter einem Pass von diesem herab in die Gegenrichtung fließendes Wasser', sloven. *paka* 'Anhöhe' < **paka (voda)* 'umgekehrtes, verkehrtes Wasser', ins Bairische integriert als *Poka*, später hyperkorrekt *Pockau*. – Bergermayer, *Glossar*, S. 179.

Pöllat, der l.z. Mühlberger Ach (z. Forggensee/Lech z. Donau). – /béllat, böllat/, 1321 *genhalp des Bellodes gelegen*. – Ahd. *bellōd* stM., Ableitung vom Verb ahd. *bellōn* 'schreien, brüllen'. Benennung nach dem Wasserfall, der „brüllt". – Snyder, *HG.A.3*, S. 10, 79; Steiner, *Füssen*, S. 132.

Pöllnitz-Bach l.z. Auma (z. Weida z. Weiße Elster z. Thüringische Saale z. Elbe). – ON. (Harth-)Pöllnitz (Lkr. Greiz, Thüringen, D), 1300, 1310 *Polnicz*, 1378 *Mittelnpalnicz, -polnicz*, 1404 *Nydirn Polnicz*. – Grundform slaw. **Pol'nica* 'Feldbach', abgeleitet von **pol'e* 'Feld'. – Ulbricht, *Saale*, S. 125.

Pöls, die l.z. Mur bei Zeltweg (PB Judenburg, Steiermark, A). – Um 1130–um 1135 (Kopie 13. Jh.) *a ponte fluminis Pels*, um 1140 (Kopie 19. Jh. nach Kopie 13. Jh.) *iuxta fluuium Pelsa*, 1147–1164 (Kopie 19. Jh. nach Kopie 13. Jh.) *ultra flumen Pelse*, usw.; ON. Pöls (PB Judenburg), 860 *curtes ad Pelisam*, 885 (Fälschung 10. Jh.) *Pelissa*, 982 *Pelissa*, 984 (Kopie 13. Jh.) *Pelissa*, 1051 *Pelisa*, 1057 *Pelisa*, 1123–1130 (Kopie 13. Jh.) *Pelse*. – Die althochdeutschen Namensformen erlauben die Rückführung auf einen Gewässernamen vorahd. **Balisa*; die Form *Pelissa* mit /-ss-/ ist an die althochdeutschen Nomina auf *-issa/-ussa* angepasst. *Pelisa* weist Primärumlaut auf und entwickelt sich durch Synkope und Apokope zu *Pels*, worin /-e-/ vor /-l-/ zu /-ö-/ mundartlich gerundet wurde. Parallelnamen sind *Aquae Balissae*, Station in der Provinz Pannonia Superior, ferner: 980 *Belisię* jetzt Munster*bilzen* (Tongeren, Limburg, B), aus *Balisia; mit anderem Suffix ↗ Polsenz (< *Balsantia). Im Unterschied zur verbreiteten Auffassung, dass in diesen Namen die o-Stufe der indogermanischen Wurzel *b^hel- 'gänzend, weiß' vorliegt, überzeugt die Auffassung von P. Anreiter, der ig. *b^holH-esjo- als s-Ableitung von der o-Stufe der Wurzel ig. *b^helH- 'aufschwellen, sprudeln' ansetzt. Der a-Vokal der Stammsilbe ist unklar; er müsste in jedem einzelnen Namen eigens geklärt werden. Bei *Pöls* könnte er wie bei *Balissa* durch das Pannonische, im Fall von (Munster)*bilzen* durch das Germanische bedingt sein. Es ist zu vermuten, dass *b^holH-es-jo- von einem ig. *-es*-Stamm (*b^hol-es- n. 'Wasserschwall, das Sprudeln') abgeleitet ist, weil die Schwundstufe des Suffixes (*b^hol-s-) in Ortsnamen mit dem Stamm *Bals*- belegt ist: bulg. *Balša*, Ort nördlich von Sofia, lit. *Bálsė*, Name eines Baches, *Balsione* (Station auf der Iberischen Halbinsel); *Balsa*, ein in der Chorographie des Pomponius Mela (Mitte 1. Jh. n. Chr.) überlieferter Name auf der Iberischen Halbinsel. Angeblich gibt es im Spanischen auch ein Reliktwort *balsa* 'Teich, Pfuhl, Pfütze'. Auf der Wurzel ig. *b^helH- 'aufschwellen, sprudeln' beruhen weitere germanische Ortsnamen, ↗ Bölle < gm. *Bul-jō(-n-). – Hausner/Schuster, *Namenbuch*, S. 128 f.; Anreiter, *vorrömische Namen*, S. 208 f.; Krahe, *UäFlNN*, S. 54; Gysseling, *Woordenboek* 1, S. 724.

Pöltsch-Bach r.z. Weißen Elster (z. Thüringische Saale z. Elbe). – ON. Pöltschen (Stadt Berga/Elster, Lkr. Greiz, Thüringen, D), 1378 *Polczschen*. – Grundform vielleicht FlN. slaw. *Polica* 'Feldbach', abgeleitet von *pol'e* 'Feld'. – Ulbricht, *Saale*, S. 116.

Pönegg, die r.z. Mürz (z. Mur z. Drau), mündet bei Parschlag nördlich von Kapfenberg (PB Bruck, Steiermark, A). – 1388 *Pönig*, 1392 *in der Ponik*, 1681–1689 *Penegg*. – Grundform slaw. *Ponikva*, sloven. *ponikva* 'Talkessel, Schlundfluss, Stelle, wo sich Wasser in der Erde verliert' ↗ Poniglbach, ins Bairische integriert als (mhd.) *Pönike > Pönig/Pönegg*, entrundet *Penegg*. – Lochner von Hüttenbach, *Steirische Hydronyme*, S. 109.

Pörtschach, die z. St. Veiter Bach bei Mühlen/Neumarkt (PB Murau, Steiermark, A). – 1412 *Porczach*, 1425 *Purtschach*, 1442 *Portschach*, 1461 *Po(e)rtschach*. – Grundform Bewohnername slaw. (Lokativ Plural) *Porěčachъ* 'bei den Leuten am Fluss', ins Bairische integriert als *Pöretschach*. – Lochner von Hüttenbach, *Steirische Hydronyme*, S. 109.

Pößnitz, die sloven. *Pesnica*, l.z. Drau, entspringt bei Kreuzwirt (Gem. Glanz, PB Leibnitz, Steiermark, A) und mündet östlich Ormož (Slowenien). – 1139 (Kopie 13. Jh.) *usque in Pesnich*. – Slaw. *Pěsъnika 'Sandbach', abgeleitet von slaw. *pěs*- 'Sand'. Die heutige Form des Namens beruht im Unterschied zum Beleg 1139 *Pesnich* auf neuer Entlehnung aus dem Slovenischen. – Hausner/Schuster, *Namenbuch*, S. 135.

Poggen- -bek, -pfuhl, -pohlsbach, -reyn, -see, -teich, z.B. Poggensee z. Poggenbek (z. Trave z. Ostsee), 15. Jh. *den pogghensee*, 1571 *Poggensehe*, mit ON. Poggensee (Bad Oldesloe, Kreis Stormarn, S.-H., D), 1263 *Pogense*, 1294 *Pocgense*, 1380 *Pogghenzee*, 1391 *Pogghense*. Bestimmungswort mndd. *pogge* f. 'Frosch, Kröte'. – Kvaran, *HG.A.12*, S. 145; Fischer, *BNB 10*, S. 211.

Pohlsee (auch *Großer Pohlsee*), nördlich von Langwedel (Kreis Rendsburg-Eckernförde, S.-H., D). – 1799 *Pohlsee*; ON. Pohlsee (Deutsch-Nienhof, Gem. Westensee, Kreis Rendsburg-Eckernförde), 1418 *Pulzee*, 1442 *in Puelsee*, 1465 *Polzee*. – Kompositum mit dem Grundwort -*see* und ndd. *Pohl* 'Pfuhl' als Bestimmungswort. – Kvaran, *HG.A.12*, S. 145.

Polenzgraben r.z. Nuthe (z. Havel z. Elbe), nördlich von Märtensmühle (Gem. Nuthe-Urstromtal, Lkr. Teltow-Fläming, Brandenburg, D), geht durch die Polenzlake. – 1841 *Polenz Graben*, FlurN. 1776 *Polentz Lacke*, 1936 *Polenze, Polenzlaake*. – Kompositum mit dem Grundwort -*graben* und FlurN. slaw. *Pol'nica*, abgeleitet von *pol'e* 'Feld'. – Wauer, *HG.A.17*, S. 136; Fischer, *BNB 10*, S. 211.

Polenzsee südlich von Berlin bei Mellensee (Gem. Am Mellensee, Lkr. Teltow-Fläming, Brandenburg, D). – 1655 (Kopie 1693) *der Polentz See*; FlurN. 1655 (Kopie 1693) *ein Stück Acker ... der Polentz*, 1745 *Polentz Seechen*, 1772 *Polentz-See*. – Kompositum mit dem Grundwort -*see* und FlurN. slaw. *Pol'nica*, ↗ Polenzgraben. – Fischer, *BNB 10*, S. 211.

Polsensee (auch *Dargersdorfer See*) bei Dargersdorf (Vietmannsdorf, Stadt Templin, Lkr. Uckermark, Brandenburg, D). – 1375 *stagnum ... Poltzen*, 1767–87 *Polsen See*, 1826 *Polsen S*. – Kompositum mit dem Grundwort -*see* und apolab. *polz'n*- 'schlüpfriger, glitschiger Boden' als Bestimmungswort. – Fischer, *BNB 10*, S. 212.

Polsenz, die l.z. Innbach südlich von Breitenaich (Gem. Scharten, PB Eferding, O.-Ö., A). – /'bōisents/, 1151 (in Fälschung um 1200) *Palsentze*; ON. Polsenz (Gem. Sankt Marienkirchen an der Polsenz,

PB Eferding), ON. Polsenz (Gem. Hinzenbach, PB Eferding), 901–1023 *in loco ... Palasenza.* – Grundform vorahd. **Balsantia* > ahd. (bair.) **Palsenza* (mit Sprossvokal zwischen /l/ und /s/ *Palasenza*). Mit dem (kelt.) Suffix *-antia* abgeleitet von einer Basis **balsa* oder **balisa*, die auch in ↗ Pöls (< vorahd. **Balisa*) vorliegt. – Hausner/Schuster, *Namenbuch*, S. 129; Wiesinger, *Probleme*, S. 195.

Polßensee südwestlich von Polßen (Lkr. Uckermark, Brandenburg, D). – 1827 *Polssensche See*; ON. Polßen, 1319 (Kopie) *pelsene* (lies *polsene*). – Deutung wie ↗ Polsensee. – Fischer, *BNB 10*, S. 212.

Poniglbach r.z. Mur (z. Drau), mündet östlich von Wundschuh nördlich von Wildon (PB Graz-Umgebung, Steiermark, A). – ON. Ponigl (Gem. Wundschuh) um 1150 (Kopie 19. Jh. nach Kopie 13. Jh.) *apud Ponich*, 1265 *Ponykl*, 1395 *Po(e)nichk*. – Grundform slaw. **Ponikva* ↗ Pönegg, ins Bairische mit diminuierendem *l*-Suffix integriert. – Lochner von Hüttenbach, *Steirische Hydronyme*, S. 110; Hausner/Schuster, *Namenbuch*, S. 132.

Poratzsee (auch *Kleiner Stadtsee*), nördlich von Eberswalde (Lkr. Barnim, Brandenburg, D). – 1300 (Kopie) *stagnum Poratz*, 1786 *der Poratz*, 1840 *der kl. Oder Poratz S.* – Grundform ON. apolab. **Poradz'-*, abgeleitet vom PN. **Porad.* – Fischer, *BNB 10*, S. 212.

† Porbeck heute Feldersbach, r.z. Deilbach (z. Ruhr z. Rhein). – 837 (Kopie 10. Jh.) *duo flumina ... Podrebeci*; ON. Porbecker Hof, StraßenN. In der Porbecke (Bredenscheid-Stüter, Stadt Hattingen, Ennepe-Ruhr-Kreis, NRW, D), um 1412 *in Poderbeke*. – Kompositum mit dem Grundwort as. *beki* 'Bach' und (gm.) **pŏdra-*, einer ablautenden Variante zu gm. **padra-* 'Graben'(?) ↗ Pader ↗ Pfatter, als Bestimmungswort. – Schmidt, *HG.A.6*, S. 60, 100; Gysseling, *Woordenboek*, S. 805.

Portzbach, die l.z. Wieslauter/Lauter (z. Rhein), entspringt im Annweiler Wald (Wasgau, Rh.-Pf., D), mündet südöstlich von Niederschlettenbach (Lkr. Südwestpfalz, Rh.-Pf.). – 1348 (Kopie), 1613 (Kopie) *Pfortzbach*, 1836 *die ... Pfortzbach.* – Kompositum mit dem Grundwort *-bach* und dem Bestimmungswort *Pforz-/Porz-*. Bei *Pforz-/Porz-* kann es sich um eine Übertragung des römerzeitlichen Namens der Siedlung *Pfortz*, aufgegangen in Maximiliansau (Wörth am Rhein, Lkr. Germersheim, Rh.-Pf.), 496/506 (Kopie 13./14. Jh.) *Porza*, um 830 (Kopie 9. Jh.) *apud locum ... Portus*, 9. Jh. (Kopie um 1280) *de/ad Porza*, 1309 *Phorz* (< l. *portus* 'Furt, Fährstelle, Hafen'), handeln, ähnlich wie (Rhein-)zabern (Lkr. Germersheim) (< l. *taberna*) auf Bad Bergzabern (Lkr. Südliche Weinstraße) übertragen wurde, ↗ Zaber. Unklar bleibt der Grund für die Übertragung auf den Portzbach. – Greule, *HG.A.15*, S. 84; Dolch/Greule, *Pfalz*, S. 48 f., 369, 388.

Postsee (früher auch *Pastsee*), westlich von Preetz (Kreis Plön, S.-H., D). – 1226 *stagnum Porsee*, 1232 *stagunum porse*, 1267 *porse*, 1457 *van deme Porsse*, 1618 *vor dem Porssee*; ON. Postfeld (Kreis Plön), 1224 *Porsuelde*, 1306 *ville Porsvelde*, 1513 *Porsvelde*, 1652 *Postfeldt*. – Kompositum mit dem Grundwort *-see* (bzw. *-feld*) und *Porst* m. ndd. auch *Pos(t)* 'Gagel, Sumpfporst'. – Kvaran, *HG.A.12*, S. 146; Laur, *Schleswig-Holstein*, S. 523; Fischer, *BNB 10*, S. 212.

Potzbach, die r.z. Vorbach (z. Lohnsbach z. Alsenz z. Nahe z. Rhein). – 1427 (Kopie 1429–1469) *an der Boitsbach*; ON. Potzbach (Gem. Winnweiler, Donnersbergkreis, Rh.-Pf., D), /poodspach/, 1292 (Kopie um 1360) *Potzbach*, 1366 (Kopie) *gein Putzebach*, 1428 (Kopie um 1430) *Potzbach*, 1457 *Potzbacher wegk*, um 1530 *Putzbach*, 1574 *Botzbach*, 1584/85 *Potzbach*, 1631 *Putzbach*, 1797 *Butzbach*, 1824 *Potzbach.* – Grundform ON. mhd. **Putzebach* > mundartlich *Potzbach*, Kompositum mit dem Grundwort *-bach* und mhd. **putze*, ahd., rheinfränk. *puzzi* 'Lache' (< l. *puteus* 'Brunnen') als Bestimmungswort. – Greule, *HG.A.15*, S. 84; Dolch/Greule, *Pfalz*, S. 372.

Poviest-See bei Boitzenburg (Gem. Boitzenburger Land, Lkr. Uckermark, Brandenburg, D). – 1324 *bobetze*, 1330 *bopist*, 1575 *Der Puvist*, 1578 *Den Povist.* – (Slaw.) Ausgangsform unklar, volksetymologisch an Pilznamen *Bofist*, *Bovist* m. angelehnt. – Wauer, *HG.A.17*, S. 137 f.; Fischer, *BNB 10*, S. 213.

Prägbach l.z. Wiese (z. Rhein), entspringt am Herzogenhorn, der dritthöchsten Erhebung des Schwarzwaldes, mündet oberhalb Schönau im Schwarzwald (Lkr. Lörrach, B.-W., D). – 1374 *an die Bregga*, 1488 *die Bregg*, 1546 *Bregg*; ON. Präg (Stadt Todtnau, Lkr. Lörrach), /brēg/ (/ē/ überoffen), 1352 *von Bregga*, 1374 *ze Bregga.* – Grundform (ahd.) **Breg(a)n-aha*, verdeutlichendes Kompositum mit dem Grundwort ahd. *aha* 'Fließgewässer' und FlN. **Bregana* (< kelt. **Brigonā*) 'Fluss, der vom Berg kommt' (mit Berg ist das Herzogenhorn gemeint), Etymologie wie ↗ Breg. **Bregna(ha)* wurde zu *Bregga* assimiliert; dieses nach der Synkope gedehnt (/brēg/). – Geiger, *HG.A.2*, S. 101; Greule, *Oberrhein*, S. 182–185.

Prähnssee (korrekt *Pähnssee*), Großer ~, Kleiner ~, nordöstlich von Bietikow (Gem. Uckerfelde, Lkr. Uckermark, Brandenburg, D). – 1375 *Pentz*, 1527 *den großen und kleinen Peinz*, 1827, 1842 *Gr. Kl Paehns S.* –

Grundform apolab. *Pěnica 'Schlammsee', abgeleitet von *pěna 'Schlamm'. – Fischer, BNB 10, S. 213f.

Präßnicksee ↗ Prüßnicksee.

Prahmsee nordöstlich von Neuendorf (Stadt Beeskow, Lkr. Oder-Spree, Brandenburg, D). – 1518 (Kopie) *Die Pram See*, 1680 *Pram See*, 1846 *Neuendorfer od. Prahm See*. – Kompositum mit dem Grundwort -*see* und brandenburg. *Prahm* m. 'Lastkahn mit flachem Boden ohne Kiel': 'See, auf dem Prahme fahren (können)'. – Fischer, BNB 10, S. 213.

Pram
– ¹Pram, die, r.z. Inn (z. Donau), entspringt südlich von Haag am Hausruck (PB Grieskirchen, O.-Ö., A), mündet nach 56km bei Schärding (PB Schärding, O.-Ö.). – /brãm/ (/å/ lang und nasaliert), 792 *Prama*, 819 *de fluuio qui dicitur Braama*; ON. Pram (Dorf, Gerichtsbezirk und PB Schärding), ca. 1150 *Ernest de brame*; ON. Pram (Rotte von Wildhag-Pram, PB Schärding), ca.1150 *in loco qui dicitur prahm*; ON. Pram (Gerichtsbezirk Raab, PB Schärding), 1120 *Wilbirga de prama*; ON. Ober-/Unter-Pramau (PB Schärding), *G. de Pramöe*; ON. Pramerdorf (PB Schärding), 1120–1130 *bramedorf*; ON. Pramerdorf (Gerichtsbezirk Geiersberg, PB Ried im Innkreis), 1373 *zu Pramerdorf*; ON. Pramhof (Gem. Sankt Florian am Inn, PB Schärding), 1146 *Pramarhowen*; ON. Herbertspram (PB Schärding), ca. 1505 *Heberczpromb* (< *Herbert ze pram*). – Der vereinzelte Beleg 819 *Braama* beruht auf einer Umdeutung nach ahd., bair. *prāmo* 'Brombeerstaude, Dorngestrüpp'. Die voralthochdeutsche Form des Namens ist *Brama, die als Nomen loci (gm. *bramō f. 'Stelle, wo es brüllt, tost') zum starken Verb gm. *brem(m)a- 'brüllen' (ahd. *pram* 'rugiebam') erklärt werden kann. Damit stimmt die Geographie des Flusses überein, der am Gesteinet im Unterlauf mit relativ starkem Gefälle zum Rauschen gebracht wird. Für eine vorgermanische Deutung besteht keine Veranlassung. Mit dem Partizip Präsens des gleichen germanischen Verbs (*Bremund* f.) wird in Skandinavien der FlN. norw. *Brumund*, schw. *Brommö* f. 'die Brummende' gebildet. – Dotter/Dotter, HG.A.14, S. 303–306; Hausner/Schuster, *Namenbuch*, S. 142–144; Wiesinger/Reutner, *Schärding*, S. 19, 27, 84, 98, 102; Bertol-Raffin/Wiesinger, *Ried im Innkreis*, S. 85; Wiesinger, *Probleme*, S. 198 f.; Seebold, *starke Verben*, S. 135 f.; Nyman, *Ortnamn*, S. 256–260.
– ²Pram, See westlich von Groß Machnow (Gem. Rangsdorf, Lkr. Teltow-Fläming, Brandenburg, D). – 1598 *auf dem Sehe der Praden genant*, 1599 *Sehe der Prahm*, 1644 *auf dem Sehe, der Pram genannt*; ON. Pramsdorf (Gem. Rangsdorf), 1375 (Kopie 14. Jh.) *Prodensdunk, Prodenstorff, Prodensdunck*, 1598 *Pransdorf*, 1644 *Prambstorff*. – Rückbildung aus dem ON. *Pram[sdorf]* < *Prānsdorf* < *Pradensdorf*, dessen Deutung unklar ist. – Fischer, BNB 10, S. 214.

Pramabach l.z. Goinger Bach (z. Reither Ache z. Kitzbüheler Ache z. Kössener Ache z. Tiroler Ache z. Chiemsee z. Alz z. Inn z. Donau). – ON. Prama (Gem. Going am Wilden Kaiser, PB Kitzbühel, Tirol, A), 1416 *Prämaw*, 1574 *ob der Präma*, 1774 *Brama*. – Kompositum mit dem Grundwort -*bach* und dem ON. Prama (< *Brām-au 'Gelände am Wasser mit Brombeersträuchern'?) als Bestimmungswort. – Dotter/Dotter, HG.A.14, S. 306.

Prebergraben l.z. Rautenbach, östlich von Krakauebene (PB Murau, Steiermark, A). – 1321 *auf dem Prebarn*, 1414 *Prewar*, ca.1450 *Prebar*. – Grundform slaw. *Prěrovъ, sloven. *prerov* 'Graben, Rinne, Vertiefung', ins Bairische integriert als *Prebar > Preber-. – Lochner von Hüttenbach, *Steirische Hydronyme*, S. 110; Bergermayer, *Glossar*, S. 196.

Pregel, der poln. *Pregoła*, Zufluss z. Frischen Haff im nördlichen Ostpreußen, jetzt Oblast Kaliningrad (Russland). – 1243 *flumen Pregore* usw., 1302 *über dem Pregel*. – Ausgangsform *Pregora, im Deutschen mit Dissimilation /r .. r/ > /r .. l/, vielleicht zu verbinden mit dem Adjektiv gm. *freka- (nhd. *frech*) 'gierig' (< vorgm. *prego-). Die weitere Etymologie ist unklar. – Biolik, HE 11, S. 145–147.

Prein, die (auch *Preiner Bach*), r.z. Schwarza südlich Haaberg (Gem. Reichenau an der Rax, PB Neunkirchen, N.-Ö., A). – 1096–1109 *iuxta fluuium Bruna*, um 1150 *iuxta fluvium Bruna*; ON. Stadt Prein an der Rax, Preinrotte (N.-Ö.), 1230–1240 *de Prun*, 1260–1280 *Preuna*, 1540 *Prein*. – Grundform gm. *Brūnjō, -j-Ableitung von ahd. *brūn* 'braun', identisch mit ↗Breun. *Brūnjō wurde umgelautet zu (mhd.) *Briune/*Priune, diphthongiert zu *Preune und mundartlich entrundet zu *Prein(e); der Anlaut zeigt aus /b-/ verschobenes /p-/. Zur Bildungsweise vgl. ↗Blögge (< *Blāwjō). – Hausner/Schuster, *Namenbuch*, S. 148; Schuster, *niederösterreichische Ortsnamen*, 1, 1989, S. 328 f.

Preisdorf l.z. Eder (z. Fulda z. Weser), mündet unterhalb von Aue (Stadt Bad Berleburg, Kreis Siegen-Wittgenstein, NRW, D). – ON. †Preisdorf, 1447 *Briesdorff*, 1466 *Brusdorf*, 1478 *Bryhezdorf*, 1782 *Preisdorff*. – Grundform FlN.(?) *Briestraffa, verdeutlichendes Kompositum mit dem Grundwort ↗*affa* und (gm.) FlN. *Breustarō, mit r-Suffix abgeleitet von gm. *breusta- n. 'Brust' (awn. *brjóst*, ae. *breost*, as. *briost, breost*), aber in der Ursprungsbedeutung 'schwellen', vgl. mhd. *briustern* 'aufschwellen'. – Sperber, *HG.A.5*, S. 81f.; Pokorny, *IEW*, S. 171.

Prembach l.z. Grödnerbach (z. Eisack z. Etsch), mündet beim Weiler Prembach (Gem. Lajen, Prov. Bozen/Südtirol, I.). – /ˈprēmpåch/, um 1770 *Prem Ba.*, Geländenamen † Premach, 1179–1196 *Premich*, 1179, 1196, 1288 *Premay*, 1328 *Premig*, 1575 *Premacher*, 1650 *Premach*. – Benannt nach dem Geländenamen Premach 'Gelände mit Dornenbewuchs', mit Kollektivuffix *-ach* > *-ich* von mhd. *breme* 'Dornstrauch' abgeleitet, und als *-bach*-Name umgedeutet. – Kühebacher, *Ortsnamen 2*, S. 249.

Prenden-See Mittel~, (früher auch Pregbitzsee) bei Prenden (Gem. Wandlitz, Lkr. Barnim, Brandenburg, D). – 1571 *die Midelprende*, 1595 *Eine See, der Mittel Prendenn*; ON. Prenden, 1306 *tu Pranden*. – Grundform SeeN. apolab. *Prǫd'n-*, abgeleitet von *prǫd* 'Strömung', ↗Prendenitz. – Fischer, *BNB 10*, S. 214.

Prendenitz, die (früher auch *Eiserbuder Fließ*), Oberlauf d. Pregnitzfließes, l.z. Alten Finow östlich von Marienwerder (Lkr. Barnim, Brandenburg, D). – 1595 *Die Prendenitz*, 1702 *den Prendenitz*. – Grundform FlN. apolab. *Prǫd'nica*, abgeleitet vom SeeN. apolab. *Prǫd'n-* ↗Prenden-See. – Fischer, *BNB 10*, S. 215.

Preppach r.z. Baunach (z. Main z. Rhein). – ON. Preppach (Markt Leuchtenberg, Lkr. Neustadt a.d. Waldnaab, Bayern, D), 1244, 1281 *in superiori Breitebach*. – Grundform mhd. *(ze deme) breiten bache* > Zusammenrückung *Breite(n)bach*, synkopiert > *Breitbach*, assimiliert > *Breibbach*, mundartlich *Brēbach*, hyperkorrekt geschrieben *Preppach*. – Sperber, *HG.A.7*, S. 131.

Pressnitz, die l.z. Mur (z. Drau), bei St. Stefan ob Leoben (PB Leoben, Steiermark, A). – ON. Preßnitz (Gem. Sankt Stefan ob Leoben), um 1200 *de Presniz*. – Grundform FlN. slaw. *Brezьnica* 'Birkenbach' (> bair., mhd. *Presnitze*), mit dem Suffix *-ica* abgeleitet von slaw. Adj. *brezьn-* 'auf Birken bezogen'. – Lochner von Hüttenbach, *Steirische Hydronyme*, S. 111; Hausner/Schuster, *Namenbuch*, S. 152.

Preuschwitzerin, die l.z. Roten Main (z. Main z. Rhein), entspringt bei Oberpreuschwitz, mündet bei Bayreuth (Bayern, D). – /bräešwedsərᵃ/, 1447 *auser der Preyschwicz*, 1680 *am Preuschwitz Wäßerlein*, 1692 *die Preuschwitz*; ON. Oberpreuschwitz (Stadt Bayreuth), /bräešweds/, 1149 *de Briscvvize*, (ca.1398) *Nydernpreyßwicz ... Obernpreyßwicz ... zwischen Nydernpreischwitz ...*, 1404 *Preiswicz* (und weitere Belege), 1577 *zu Breuschwitz*, 1680 *Untern Preuschwitz*. – Grundform FlN. slaw. *Pryskovica*, mit dem kombinierten Suffix *-ov-ica* von slaw. *prysk-* 'spritzen, sprudeln' abgeleitet, ins Deutsche übernommen als *Prīskwitze* > *Preischwitz*, gerundet > *Preuschwitz*. Der Flussname wurde sekundär um das kombinierte Suffix nhd. *-er-in* erweitert, um ihn vom ON. Preuschwitz zu unterscheiden; möglich ist auch humorvolle Eindeutung auf der Grundlage der Mundart als *Brei-schwitz-er-in*. – Sperber, *HG.A.7*, S. 131; Eichler/Greule/Janka/Schuh, *Bayreuth*, S. 188–190.

Prex, die ↗Brexbach.

Priebschsee ↗Triebschsee.

Prien, die l.z. Chiemsee (z. Alz z. Inn z. Donau), entspringt am Spitzstein (Chiemgauer Alpen) in 1150m Höhe, mündet nach 32km bei Prien am Chiemsee (Markt, Lkr. Rosenheim, D), einer der längsten Wildbäche der bayerischen Alpen. – Ca.1130–ca.1150 *iuxta Briennam riuolum*, 1135 *brienna rivulus*, um 1198 *super fluvium ... Priena*, 2. Hälfte 15. Jh. *bei dem Wasser genannt die Brienn*, 1491 *bei der Prien*, Ende 15. Jh. *die Brienn*, Anfang 16. Jh. *ein vischwasser genant die Prien*; ON. Prien, 1177–ca.1200 *de Priene*, 1184–1200 *Prienne*, vor 1189 *Priene*, ca.1196–1226 *Prien*, ca.1200 *Brienne*. – Die Ausgangsform *Brienna*, mit Lautverschiebung im Anlaut (bair.) *Prien(n)a*, wird auf *Brigennā* 'die vom Berg/ aus den Bergen kommende' zurückgeführt. Die Deutung setzt Palatalisierung des inlautendem /-g-/ und Kontraktion /-ige-/ > /-ije-/ > mhd. /-ie-/ voraus: *Brigennā* > *Brijena* > *Priena*. *Brigennā* ist eine Ableitung von kelt. *brig-* f. (air. *brí*, kymr. *bre*, korn., bret. *bre*) 'Berg, Hügel'; das Suffix *-enna* dürfte aus kelt. *-esna* (*Brig-es-nā*) assimiliert und wie der ON. *Brig-s-enā* (> Brixen in Nord- und in Südtirol) von einem *s*-Stamm kelt. *brig-es-/*brig-s-* abgeleitet sein; ↗Brigach ↗Breg ↗Brettenbach. – Dotter/Dotter, *HG.A.14*, S. 306f.; Reitzenstein, *Oberbayern*, S. 218.

Prienbach l.z. Inn (z. Donau). – 1339 *Mühl in dem Prienbach*, 1563 *Prienbach rivus*; ON. Prienbach (Gem. Stubenberg, Lkr. Rottal-Inn, Bayern, D), /breawᵃ/, 748–788 *ad Preonpah*, 1074–1088 *Priempach*, 1374 *Prienpach*. – Das Bestimmungswort ahd./bair. *Preon-*, mhd. *Prien-, Priem-* kann als vorgm. (kelt.) Gewässername *Brigón(a)* erklärt werden. Durch frühromanische Lautwandlungen (/-i-/ > /-e-/, Ausfall von zwischenvokalischem /-g-/) entstand *Breon-*, was als *Preon-/Prien-*, mit verdeutlichendem Grundwort *-pach/-bach* ins Bairische integriert wurde, ↗Breg. – Dotter/Dotter, *HG.A.14*, S. 307; J. Egginger, briefl. Dez. 2008.

Priepert-See Großer ~, Kleiner ~, südlich von Neustrelitz im Lkr. Mecklenburgische Seenplatte (M.-V., D), durchflossen von der Havel (z. Elbe). – 1570 *von den Priepert*, 1654 *der Priepert*; ON. Priepert (Lkr. Mecklenburgische Seenplatte), 1351 *Pripart*. – Grundform vielleicht ON./SeeN. **Prepart'*, mit *j*-Suffix abgeleitet vom PN. **Prepart* m.? – Wauer, *HG.A.17*, S. 138 f.; Bilek, *Sprachgut*, S. 78.

Prierowsee östlich von Dabendorf (Stadt Zossen, Lkr. Teltow-Fläming, Brandenburg, D). – 1583 *Der große unnd Kleine Priero*, 1655 (Kopie 1693) *Der große undt kleine Prierow*, 1772 *Prierow*, 1840 *Der Prierowsee*. – Grundform asorb. **Prirov/*Prerov* < **pri* 'bei' oder **pre* 'durch' und **rov* 'Graben'. – Fischer, *BNB 10*, S. 216.

Priester- *-bach, -beek, -born, -graben, -havel, -kuhle, -kute, -loch, -pfuhl, -see, -teich, -tümpel.* Bestimmungswort *Priester* besonders in Brandenburg Bezeichnung für den evangelischen Geistlichen, Benennung nach der Nutzung des Gewässers durch einen Geistlichen. – Fischer, *BNB 10*, S. 216.

Prim, die r.z. Neckar (z. Rhein), entspringt in Balgheim (Lkr. Tuttlingen, B.-W., D) am Dreifaltigkeitsberg (983m), durchläuft ein steigungsarmes Tal, mündet bei Rottweil (Lkr. Rottweil, B.-W.). – 1288 *iuxta aquam ... Prime*, 1295 *enet der Prim*, 1316 *an der Prime*, *an die Prime*, 1316 *an der Prime*, 1429 *an die Prime*, 15. Jh. *die Prim*, 16. Jh. *ienet der Brim*. – Ausgangsform FlN. gm. **Brimō* f. neben gm. **brima-* n. 'Flut' (awn. *brim* 'Brandung', ae. *brim* 'Meer, See'). – Schmid, *HG.A.1*, S. 89; Schmid, *Neckar*, BNF.12, S. 235 f.; Orel, *Handbook*, S. 57.

Prims, die r.z. Saar (z. Mosel z. Rhein), entspringt in Malborn (Lkr. Bernkastel-Wittlich, Rh.-Pf., D), mündet bei Dillingen/Saar (Lkr. Saarlouis, Saarland). – 802 (Fälschung 10. Jh.) *ubi Primantia oritur ... ad ortum fluminis Primantiae* (Beschreibung des Trierer Bannforstes), 949 (Original) *ubi Primantia oritur*, 1215–1217 *per aquam ... bremze*, 1248 *Bryemtz*, 1341 *uf der Briemesen*, 1354 *a dicto fluvio Bremze*, 1429 *auf der Bryms*, 1484 *die Brims*, 1501 *Bremz*, 1594 *La Brims*, 1791 *mit der Bremse*; ON. Primsweiler (Gem. Schmelz, Lkr. Saarlouis), 1634 *Brimsweiller*, 1690 *Brimbsweiller*, 1720 *Primbsweyller*; ON. Primstal (Gem. Nonnweiler, Saarland). – Grundform (ahd.) **Brimenze* oder **Bremenze*. Aufgrund der ältesten Nennung (10. Jh.) *Primantia* wird der Name auf (ig.) **bʰrimantiā* zurückgeführt und mit gr. *phrimáō* 'bewege mich unruhig, springe' in Verbindung gebracht. Möglich ist auch eine Ausgangsform kelt. **Bremantia*, die in der Trierer Kanzlei nach ahd. **primman* (mhd. *brimman*) 'brüllen' (↗Prim) umgestaltet wurde. **Bremantia* entwickelte sich unabhängig davon > **Bremenze* > *Bremze* mit mundartlicher Hebung des /e/ > /i/ vor /mts/ > *Brims*. **Bremantia* kann angeschlossen werden an (kelt.) FlN. **Bremiā* 'the roaring one' im ON. *Bremenium* (Northumberland, GB) und an FlN. **Bremetona* 'roaring river' im Namen des römischen Kastells *Bremetonacum* (Lancashire, GB). Zugrunde liegt kelt. **brem-* (kymr. *bref-* 'blöken, brüllen'), ig. **bʰrem-* (lat. *fremere* 'brummen, brüllen', gm. **brem-* 'brüllen'). Das Benennungsmotiv war das Rauschen des Flusses. – Spang, *HG.A.13*, S. 58 f.; Spang, *Gewässernamen*, S. 139; Buchmüller/Haubrichs/Spang, *Kontinuität*, S. 93 f.; Watts, *EPN*, S. 83, 498; Rix, *LIV*, S. 94; Seebold, *starke Verben*, S. 135; Matasović, *Proto-Celtic*, S. 76.

Prinschbach r.z. Schutter (z. Kinzig z. Rhein). – ON./StraßenN. Prinschbach (Gem. Schuttertal, Ortenaukreis, B.-W., D), 1343 *von Brúnsbach* – Grundform mhd. **Brüns(t)bach* ↗Prinzbach. – Geiger, *HG.A.2*, S. 101.

Prinzbach l.z. Kinzig (z. Rhein). – 16. Jh. *ein bach ... der Brinspach*; ON. Prinzbach (Gem. Biberach/Baden, Ortenaukreis, B.-W., D), 1091–1544 *zů Brúmzerbach*, 1270, 1291 *Brunsebach*, 1367 *Brunspach*, 1368 *Brúnsebach*, 1453, 1464 *Brúnßbach*, 1493 *Printzbach*, 1699 *Prinzbach*. – Grundform mhd. **Brünstebach*, synkopiert > **Brüns(t)bach*, entrundet > **Brinsbach*, eingedeutet > *Prinzbach*, Kompositum mit dem Grundwort *-bach* und mhd. *brunst* stMF., ahd. *brunst* 'Glut, Hitze, Feuersbrunst, Verbrennung' (< gm. **brunsti-* zu ahd. *brennen*) im Plural mhd. **brünste* als Bestimmungswort. Benennung nach durch Brandrodung gewonnenem Gelände. – Geiger, *HG.A.2*, S. 101.

Pritschingsee (auch *die Pritze*), nördlich von Gusow-Platkow (Lkr. Märkisch-Oderland, Brandenburg, D). – 1448 (Kopie) *mit dem Sehe, pritz gnannt*, 1826 *Pritsching*. – Grundform vielleicht apolab. **Prěčn-* zu **prěk* 'quer', Benennung nach der Lage. – Fischer, *BNB 10*, S. 217.

Prittlbach l.z. Amper (z. Isar z. Donau). – ON. Prittlbach (Gem. Hebertshausen, Lkr. Dachau, Bayern, D), 804–807 *de Pritilinpah, in loco ... Pritilinpach*, 818 *in loco nominato ad Pritilinpach* (und weitere Belege), 1159 *Brittelnpach*. – Grundform ahd., bair. **Pritilinpach*, Kompositum mit dem Grundwort *-bach* und dem Genitiv des ahd., bair. PN. Pritilo (**Pritilin-*) als Bestimmungswort, über **Prittelnbach* gekürzt > **Prittelbach/Prittlbach*. – Snyder, *HG.A.3*, S. 79 f.; Kaufmann, *Ergänzungsband*, S. 71.

Priwaldbach Oberlauf der Laßnitz, r.z. Mur (z. Drau) bei Steirisch-Laßnitz (PB Murau, Steiermark, A). – 1251 *Priewalt*, 1494 *der Priewaltpach*. – Grundform FlN. slaw. **Prival*, sloven. *prival* 'Zustrom', ins Bair. integriert als **Priwald-*. – Lochner von Hüttenbach, *Steirische Hydronyme*, S. 111.

Prötschenbach r.z. Weiherbach (z. Main z. Rhein) bei Mainleus. – ON. Prötschenbach (Markt Mainleus, Lkr. Kulmbach, Bayern, D), 1422 *Pretschenbach*. – Kompositum mit dem Grundwort *-bach* und slaw. **preč-ny* 'quer' ↗Pritschingsee als Bestimmungswort. – Sperber, *HG.A.7*, S. 131.

Prüm, die l.z. Sauer (z. Mosel z. Rhein), entspringt in 600m Höhe im Arenberger Forst (Eifel), mündet in Minden (Eifelkreis Bitburg-Prüm, Rh.-Pf., D), bekannt durch Stromschnellen zwischen Prümzurlay und Irrel („Prümer Wasserfälle"). – 4. Jh. (Kopie 10. und 12. Jh., Ausonius, Mosella) *Proneę* (lies *Prómeae*), 762 (Kopie 10. Jh.) ... *ingreditur in Prumiam*, 777 (Kopie 11.–12. Jh.) *in fluuio Prumia*, 778 (Kopie 11.–12. Jh.) *in Brumia fluuio*; ON. Prüm (Eifelkreis Bitburg-Prüm), ehemalige Abtei: 720 *Prumia*, 1195 *Prume*, 1428 *Proeme*, 16. Jh. *Prümb*, 1747 *Prumm*; ON. Pronsfeld (Eifelkreis Bitburg-Prüm), 1046 *prumizvelt* < **Prōmitu-* (?) zur Bildung vgl. 737? (Kopie 855–860) *in uilari ad Tanitius* (gall. *Tannéton* 'Eichenhain'); ON. Prümzurlay (Eifelkreis Bitburg-Prüm). – Grundform FlN. (ves.-ig.) **Prōmjā*, vermutlich Ableitung mit *m*-Suffix von der *o*-Stufe des Verbs urig. **preh₁-* 'anblasen, anfachen' (gr. *prē-* 'aussprühen, ausspritzen, ausströmen lassen; aufblasen, anfachen, schwellen', *prēmaínō* 'ich blase heftig'). Wegen des anlautenden /p/ kein keltischer Name. Benennungsanlass ('spritzendes Gewässer') könnten die Wasserfälle gewesen sein. Die Bedeutung 'spritzendes Wasser' ist von der Grundbedeutung ('durch Anblasen Funken sprühenden Feuers') übertragen. – Puhl, *Gaue*, S. 110; Gysseling, *Woordenboek*, S. 810; Pokorny, *IEW*, S. 809; Rix, *LIV*, S. 489.

Prüßnicksee (auch Präßnicksee), Großer ~, Kleiner ~, bei Friedrichswalde (Lkr. Barnim, Brandenburg, D). – 1505 *Prutzenick*, 1589 *der große Preussenick, der Trinde Preussenick*, 1649 *Beide Preußnigke*, 1826 *Der Gr. Pruesnick, Der Kl. Prüsnick*. – Grundform apolab. **Prus'nik* 'Pferdesee' zu **prus* 'Pferd', wahrscheinlich wurden die Seen als Pferdetränken benutzt. – Fischer, *BNB 10*, S. 217f.

Puderbach l.z. Lahn (z. Rhein). – ON. Puderbach (Stadt Bad Laasphe, NRW, D), 1307 *Puderbach*, 1343 *Poderbach*, 1344 *Pudirbach*, 1347 *Pŭderbach*, 1362 *Poiderbach*; BergN. Puderburg 1484 *Puderborg*. – Kompositum wie ↗†Porbeck mit dem Grundwort *-bach* und (gm.) **pŏdra-* als Bestimmungswort. – Faust, *HG.A.4*, S. 63.

Pürzlbach l.z. Weißbach (z. Saalach z. Salzach z. Inn z. Donau). – 1913 *Pürzelbach*; ON. Pürzlbach (Gem. Weißbach bei Lofer, PB Zell am See, Salzburg, A), 1296 *in Purzelbach*, 1892 *Pirzbach*. – Grundform ON. mhd., bair. **Pürzelnbach*, Kompositum mit dem Grundwort *-bach* und dem Genitiv des PN. ahd. **Burzilo* (**Burzilin-* > mhd. **Bürzeln-*, bair. **Pürzeln-*). – Straberger, *HG.A.9*, S. 89.

Pütt-/-en- *-furt, -grund, -loch, -pfuhl, -wisch.* Bestimmungswort brandenburg. *Pütt(en)*, *Pütte* m. '(Zieh-)Brunnen', d. *Pfütze*. – Fischer, *BNB 10*, S. 219.

Püttlach, die l.z. Wiesent (z. Regnitz z. Main z. Rhein), entspringt in der Fränkischen Schweiz bei Hummeltal-Bärnreuth (Lkr. Bayreuth, Bayern, D), durchfließt den Püttlach-Weiher, mündet nach 24km bei Behringersmühle (Markt Gößweinstein, Lkr. Forchheim, Bayern). – ON. Püttlach (Gem. Pottenstein, Lkr. Bayreuth), 1184 *Buotelahe*, 14. Jh. *Pytla*, 1422 *pütlach*, 1439 *in Pütlach*, 1453 *Butlach*, 1456 *Püttlach*, 1493 *zu Buttlach*, 1520 *Pütlach*, 1692 *Püttlach*. – Grundform FlN. ahd. **Butilinaha* > mhd. **Bütelahe* > **Bütelach* > **Bütlach*, hyperkorrekt *Pütlach/Püttlach*, Kompositum mit dem Grundwort ahd. *aha* 'Fließgewässer' und dem Genitiv des PN. ahd. **Butilo* (**Butilin-*) zu ahd. *butil* 'Gerichtsdiener', nhd. *Büttel*, als Bestimmungswort. Dem Beleg 1184 *Buotelahe* dürfte als Originalform **Bútelahe* zugrundeliegen. – Sperber, *HG.A.7*, S. 131.

Pulkau, die r.z. Thaya nordwestlich von Laa an der Thaya (PB Mistelbach, N.-Ö., A). – 1055 *fluvium Bulka*; ON. Pulkau (PB Hollabrunn, N.-Ö.), um 1125–1130 *de Bulka*, vor 1126 *de Pulcaha*, 1135 *Maior Pulca*, 1136 (Kopie um 1265) *due ville apud Pulchauen*, 1136 (Kopie 1545) *Pulchka*, 1139–1141 *de Bulka*, 1154–1171 (Kopie 12. Jh.?) *de Pulca* (und weitere Belege). – Den Belegen liegt der FlN. ahd. **Pulkaha* (bzw. der ON. ahd. **Pulkouwe*), entlehnt aus slaw. **Pъlkava* zugrunde. Slaw. **Pъlkava* setzt gm. **Fulkahwa*, ein Kompositum aus gm. **fulka-* n. 'Volk, Kriegsvolk' und dem Grundwort **ahwō* 'Fließgewässer' mit der Bedeutung 'Fluss, an dem Kriegsvolk wohnt' fort; gm. /F-/ wird durch slaw. /P-/ ersetzt; ↗Volkach. – Hausner/Schuster, *Namenbuch*, S. 177.

Pulschnitz, die l.z. Thüringischen Saale (z. Elbe). – 1476 *Pülsnitz*; ON. Pulschnitz, Pulschnitzberg (Stadt Münchberg, Lkr. Hof, Bayern, D), 1402, 1421 *Pulsnitz*. – Grundform slaw. **Polznica* 'kriechendes, langsam fließendes Wasser', abgeleitet von slaw. **polz-* 'kriechen', ↗Pulsnitz. – Ulbricht, *Saale*, S. 125.

Pulsnitz, die l.z. Schwarzen Elster (z. Elbe), entspringt in Ohorn (Lkr. Bautzen, Sachsen, D), mündet nach 60km bei Elsterwerda (Lkr. Elbe-Elster, Brandenburg). – (1230) 1241 *maior, minor Polsniza*, 1384 *die Polsenicz*; ON. Pulsnitz, sorb. *Połčnica* (Lkr. Bautzen), /bolds, boldsns/, 1225 *de Polsnicz* (und weitere Belege), 1416 *Pulsenicz*, 1549 *Pulsnitz*. – Grundform asorb. **Połżnica* ↗Pulschnitz. – Eichler/Walther, *HONBSachsen* 2, S. 230.

Pulver- -*bach*/-*bächle*, -*beck*, -*born*, -*graben*, -*see*, -*teich*. Bestimmungswort mhd. *pulver* 'Staub'. Die meisten Namen dürften *Pulvermühle*, in der Klammerform gekürzt auf *Pulver*, vgl. Pulvermühl(en)bach, als Bestimmungswort enthalten. – Ulbricht, *Saale*, S. 85; Dotter/Dotter, *HG.A.14*, S. 309.

Pump-/-el-/-en- -*born*, -*pfuhl*, -*ride*, -*schloot*, -*tief*. Bestimmungswort ndd. *pump* 'Tümpel, Pfütze', 1785 *Die Pumpen sind ... vormals aber Teiche*. – Fischer, *BNB 10*, S. 218; Kettner, *Leine*, S. 224.

Punibach l.z. Etsch, entspringt am Weißkugelkamm, fließt durch das Planeiltal, mündet unterhalb von Glurns (Vinschgau, Prov. Bozen/Südtirol, I.). – /ˈpūnipâch/, 1299 *flumen Punige*, 1321 *aqua Ponegi*, 1390, 1425 *Punig*, um 1510 *Puni, Puny*, 1768 *Puni*; Hof (bei Mals), 1258 *bonica*, 1360 *Punge*. – Vermutlich Übertragung des ON. (kelt.) **Bonikā* > rom. **Bonega*, entlehnt als bair. **Punege*, mit *k*-Suffix abgeleitet von gall. **bonā* 'Siedlung' (in *Vindo-bona*/Wien), urkelt. **bonu-* (air. *bun*, mkymr. *bon*) 'Gründung, Grundlage'. – Kühebacher, *Ortsnamen* 2, S. 250f.; Matasović, *Proto-Celtic*, S. 71.

Pupow Bach in der Herrschaft Teupitz (Lkr. Dahme-Spreewald, Brandenburg, D). – 1317 *Pupaw*. – Grundform asorb. **Pupov-*, abgeleitet von **pup* 'Nabel, Knospe', Benennungsmotiv das Anschwellen des Wassers? ↗Pupowsee. – Fischer, *BNB 10*, S. 218.

† Pupowsee heute Schweriner See nördlich von Schwerin (Lkr. Dahme-Spreewald, Brandenburg, D). – 1775 *Pupau See*, 1841 *Pupow See*. – Kompositum mit dem Grundwort -*see* und dem GwN.↗Pupow als Bestimmungswort. – Fischer, *BNB 10*, S. 218.

Purbach l.z. Schwechat südöstlich Siegenfeld (Gem. Heiligenkreuz, PB Baden, N.-Ö., A). – Um 1156 (Kopie 17. Jh.) *rivulus ... Buchbach*, gegen 1177 (Fälschung um 1236, Kopie 16. Jh.) *rivulus ... Puechbach*, gegen 1177 (Fälschung um 1236, Kopie 17. Jh.) *Purbach*. ↗Buch-, mit dialektalem Wandel der Lautgruppe /-uech-/ > /-ur-/. – Hausner/Schuster, *Namenbuch*, S. 179.

Putterersee westlich Aigen im Ennstal (PB Liezen, Steiermark, A). – Um 1130–um 1135 (Kopie 13. Jh.) *ad Sewen*. – Mhd. (*ze*) *sêwen*, Dativ Plural von mhd. *sê* 'See'. Der späte Zusatz nach dem FamilienN. *Putterer*. – Hausner/Schuster, *Namenbuch*, S. 184f.

Putzbach r.z. Sindernbach (z. Sieg z. Rhein). – 1484 *bie der Potzen*. ↗Potzbach ↗Putzenbach. – Faust, *HG.A.4*, S. 63.

Putzenbach it. Rio Pozzo, r.z. Mühlwalder Bach (z. Ahr z. Rienz z. Eisack z. Etsch), fließt von der Putzenhöhe (2438m) und der Putzenalm herab, mündet in Mühlwald (Gem. Sand in Taufers, Südtirol/Prov. Bozen, I.). – /ˈpúznpâch/, 1182–88 *usque Bucenbach*, um 1770 *Puzen Ba.*, um 1775 *Putzen Bach*. – Grundform mhd. **Butzenbach*/**Putzenbach* 'Tränkbach', Kompositum mit dem Grundwort -*bach* und ahd. *buzza, puzza* 'Teich, Viehtränke'. – Kühebacher, *Ortsnamen* 2, S. 253; Hausner/Schuster, *Namenbuch*/ *Nachträge*.

Pyhrnbach l.z. Enns (z. Donau) bei Liezen (PB Liezen, Steiermark, A). – BergN. Pyhrn, Pass an der Straße von Spital am Pyhrn (PB Kirchdorf an der Krems, O.-Ö.) nach Liezen, 1146 *infra Pirdina*, 1197 *infra Pirdin*, um 1200 *in Pirn* (und weitere Belege). – Kompositum mit dem Grundwort -*bach* und dem BergN. der Pyhrn < slaw. **Bьrdьno*, abgeleitet von slaw. **bьrdo* 'Berg, Hügel', ins Bairische integriert als **Pirdin-*. – Lochner von Hüttenbach, *Steirische Hydronyme*, S. 112; Hausner/Schuster, *Namenbuch*, S. 186.

Q

Quadbach ⁊Quotbach.

Quarmbach
- ¹Quarmbach, r.z. Bode (z. Thüringische Saale z. Elbe). – 936 *Quernbetsi*, 1137 *Querembike*, 1147–1149 *Querenbeke*, 1149 *Quernbeche*, 1245 *Querembeke*, 1247 *Quermbeke*; ON. Quarmbeck (Stadt Quedlinburg, Lkr. Harz, S.-A., D). – Grundform as. *Quernbeki 'Mühlbach', mndd. *Quernbeke*, assimiliert > *Quermbeke*, mit Senkung des /e/ vor /r/ > /a/ > *Quarmbeck*, Kompositum mit dem Grundwort as. *beki* 'Bach' und as. *querna*, *quirn* 'Handmühle', später auch 'Wassermühle', ⁊Quern-. – Ulbricht, *Saale*, S. 145.
- ²Quarmbach, r.z. Aschau (z. Lachte z. Aller z. Weser) mit ON. Quarmühle (Samtgemeinde Eschede, Lkr. Celle, Niedersachsen, D). – Deutung wie ⁊¹Quarmbach. – Borchers, *HG.A.18*, S. 108.

Quarmke l.z. Weser, gekürzt < *Quarmbeke, ⁊Quarmbach. – Kramer, *HG.A.10*, S. 54.

Queich, die l.z. Rhein, entspringt im Pfälzerwald am Winterberg (463m), fließt durch Landau in der Pfalz (Rh.-Pf., D), mündet im Norden der Stadt Germersheim (Lkr. Germersheim, Rh.-Pf.). – 828 (Kopie 1430) *Queicha*, 1194–98 (Kopie um 1250) *ad fluvium Queich*, 1378 *czwischen der Queychen ...*, 1382 *die Queiche*, 1401 *uff der Queiche*, 1663 *Queicha*, *Queich*; ON. Queichhambach (Stadt Annweiler am Trifels, Lkr. Südliche Weinstraße, Rh.-Pf.), 1274 *in Hanenbach*, 1297 *Qveichhanebach*, 1553 *Quaichhambach*; ON. Queichheim (Stadt Landau in der Pfalz), /gwääch^{r}m/, 1135 (Fälschung um 1225) *Queichem*, 1204 *de Queih*, 1220 (Kopie um 1282) *de Queicheim*, 1235 *de Queichen*. – Grundform ahd. *Queicha* < gm. **K^{w}aik$^{(w)}$ō* f. 'die Frische, Muntere', substantiviertes Adjektiv, mit awn. *kveikja* 'beleben, anzünden' ablautend zu awn. *kvikr*, ahd., mhd. *quec/kec*, nhd. *keck/quick-*, as. *quik* 'lebend, lebendig' (< gm.**k^{w}ika-*, dissimiliert < gm.**k^{w}ik^{w}a-*), Parallelname ON. Queck, Dorf an der Einmündung eines Baches in die Fulda (Stadt Schlitz, Vogelsbergkreis, Hessen, D), 852 (Fälschung um 1160) *In Quekkaha*, (um 1090–1150, Kopie um 1160) *Quekaha*, 1486 *Qweck*. – Greule, *HG.A.15*, S. 84f.; Dolch/Greule, *Pfalz*, S. 373f.; Heidermanns, *Primäradjektive*, S. 352f.; Reichardt, *Gießen*, S. 289.

Queidersbach, die (auch Steinalbe), r.z. Moosalbe (z. Schwarzbach z. Blies z. Saar z. Mosel z. Rhein). – 1555 (Kopie) *der Quaiderspach nach*; ON. Queidersbach (Lkr. Kaiserslautern, Rh.-Pf., D), /gwaire^{r}schbach/, 976 (Kopie um 1278) *Quideredesbach*, um 981 (Kopie 1430) *Quideredesbach*, 1334 *Quidersbach*, 1360 PN. *Quidersbecher*, 1363 (Kopie 15. Jh.) *Quidersbach*, 1364 (Kopie) *Quiderspach* (und weitere Belege), 1535 *Queiderschbacher hoyff*. – Ausgangsform FlN./ON. ahd. *Gwīderēdesbach, mit Substitution des Anlauts durch /kw-/ <Qu>, Synkope und Haplologie > *Quīdersbach, diphthongiert > *Queidersbach*, mit mundartlichem Rhotazismus /-d- > -r-/ und Palatalisierung /-rs- > -rsch-/ > /gwaire^{r}schbach/; Kompositum mit dem Grundwort *-bach* und dem Genitiv des PN. rom. *Gwīderēd (< ahd. *Wīde-rād) als Bestimmungswort. – Spang, *HG.A.13*, S. 59; Dolch/Greule, *Pfalz*, S. 374.

Queis, der poln. *Kwisa*, l.z. Bober/Bóbr (z. Oder), entspringt im Isergebirge (Sudeten), mündet nach 127km in Mallmitz/Małomice (Woiwodschaft Lebus, PL). – 1241 *in rivum Quiz*, *Qviz*. – Der Name wird auf vorslaw. **Kvīs(os)* zurückgeführt und als gm. *Kwīsaz mit einer Gruppe germanischer Wörter (awn. *kveisa* f. 'Beule, Geschwulst', mndd. *quēse*, norw. *kvisa*, schw. *kvissla* 'Blutblase') zusammengestellt. Der Fluss wurde vermutlich auch nach dem typischen Anschwellen des Wassers bei Hochwasser benannt. Die germanische Wurzel **kwīs-*, ablautend **kwis-*, kann als Desiderativstamm (**g^{u}ei-s-:*^{u}i-s-$) des ig. Verbs **g^{u}ei-* 'überwältigen' mit der Spezialbedeutung 'durch Wassergewalt beschädigen' erklärt werden, wozu als *-ti-*Ableitung (gm. **kwis-ti-* f.) ahd. *quist* f. 'Vernichtung' und gt. *qistjan*, *qistnan* 'verderben, zugrunde gehen' gehören. – Udolph, *Gewässernamen Polens*, S. 133–136; Pokorny, *IEW*, S. 469f.

Quell-/-en- -bach, -graben, -teich. Jüngere hochsprachliche Bildungen mit dem Bestimmungswort nhd. *Quelle*, spätmhd. *quel* m. 'Quelle'. – Ulbricht, *Saale*, S. 6; Fischer, *BNB 10*, S. 219.

Quenzsee in der Stadt Brandenburg an der Havel (Brandenburg, D), Bestandteil der Bundeswasserstraße Untere Havel. – 1249 *stagnum Quentz*, 1348 *an* *den Quenz*, 1434 (Kopie) *by den Quentz*, um 1785 *Quäntz See*, 1842 *Quenz See*; ON. Der Quenz (Stadt Brandenburg), FlurN. 1842 *Quenz Laake*. – Grundform vielleicht apolab. *Květ'n-ic-*, abgeleitet vom Adj. apolab. *květ'n-* zu *květ* 'Blume', ins Mittelniederdeutsche über **Quentnitz* früh mit Vereinfachung der Lautgruppe /-ntn-/ > **Quenitz* und Synkope > *Quentz* integriert. Benennungsmotiv: das Vorkommen von Blumen im See. – Wauer, *HG.A.17*, S. 140; Fischer, *BNB 10*, S. 219.

Quer- *-bach, -fahrt, -graben, -kanal, -matten-pfuhl, -pfuhl, -wettern.* Bestimmungswort Adverb mndd. *dwēr*, ndd. *dwer, twer*, nhd., md. *quer*, nhd., obd. *zwerch-*, mhd. *twerch*, ahd. *dwerah* 'rechtwinklig zu einer als Länge angenommenen Linie, der Breite nach', Benennung nach der relativen Lage. – Fischer, *BNB 10*, S. 220.

Quern-/Queren- *-au, -bach, -bek, -fleth, -graben*, z. B. 1536 *von dem Querngraben herabe nach der Fulda*, r.z. Fulda unterhalb von Sandershausen (Gem. Niestetal, Lkr. Kassel, Hessen, D), Bestimmungswort as. *querna, quirn* 'Handmühle', ↗ Kirn- ↗ Kürn-. – Sperber, *HG.A.5*, S. 82; Ulbricht, *Saale*, S. 85.

Querne, die Oberlauf der Weida (z. Salza z. Thüringische Saale z. Elbe) bis Querfurt, entsteht nördlich von Ziegelroda (Stadt Querfurt, Saalekreis, S.-A., D). – ON. Querfurt (Saalekreis), 9. Jh. *Curnfurt, Curnfurdeburg*, 979 *Quernuordiburch*, 1120 *Querenvorde*, 1499 *Quernfurdt* '(Siedlung, Burg) an der Furt durch die Querne'. – Grundform FlN. (ahd.) **Quirnaha* > md. **Querna* > *Querne*, Kompositum mit dem Grundwort ahd., as. *aha* 'Fließgewässer' und ahd. *quirna*, mhd. *kürne*, as. *querna* 'Mühle' ↗ Quern- als Bestimmungswort. – Berger, *Geographische Namen*, S. 216.

Querne-Bach z. Kriebusch-Bach (z. Weida z. Thüringische Saale z. Elbe) ↗ Quern- (< ahd. **Quirnaha*). – Ulbricht, *Saale*, S. 189 f., 256.

Quillow l.z. Ucker nördlich von Prenzlau (Lkr. Uckermark, Brandenburg, D). – Um 1780 *Quillow Fluss*, 1824 *Quillow Bach*. – Grundform apolab. **Kvilov-*, abgeleitet von **kvil-* 'jammern, weinen, winseln', Benennung nach dem Schalleindruck. – Fischer, *BNB 10*, S. 220.

Quirrenbach r.z Pleis-Bach (z. Sieg z. Rhein), mündet bei Ittenbach (Stadt Königswinter, Rhein-Sieg-Kreis, NRW, D). – 948 (Kopie 12. Jh.) *usque in Quirbeichi gespringun* (lies **Quirnbeche*) 'bis zur Quelle des Quirrenbachs'; ON. Quirrenbach (Stadt Königswinter), 1218 *de Quirinbach*, 1487 *van querrenbach*; MühlenN. Quirnbacher Mühle (Stadt Bad Honnef, Rhein-Sieg-Kreis). – Grundform FlN. (ahd.) **Quirnbach*, mit Sprossvokal (mhd.) **Quirenbach*, Kompositum mit dem Grundwort *-bach* und ahd. *quirn* 'Mühle'. – Faust, *HG.A.4*, S. 63.

Quotbach

– ¹Quotbach, die, Fortsetzung als Lochgraben (z. Kreielsbach z. Rhein), im alten Landkreis Worms (Rh.-Pf., D). – FlurN. An der (vorderen/hinteren) Quotbach, 1286 *in quatbach*, 1490 *an der koithbach*, 1508 *an der kothbach*, 1626 *in der Quotbach*. – Greule, *HG.A.15*, S. 85 f.

– ²Quotbach, die (auch AbschnittsN. Kinderbach), z. Pfrimm (z. Rhein) im alten Landkreis Worms (Rh.-Pf., D). – FlurN. 1307 *in Quatbach*, 1367 *in der qwatbeche*, 1403/1584 *in der quatbach*, 1629 *inn der Quotbach*. – Greule, *HG.A.15*, S. 85 f.

Grundform mhd. **Quātbach*, mit Hebung des /-ā-/ > **Quōtbach*, Bestimmungswort ↗ Kot-.

R

Raab, die

– ¹Raab, ung. *Rába*, r.z. Mosoni-Duna (Wieselburger Donau), entspringt am Fuß des Ossers in der Steiermark (A), mündet nach 250km in Raab/Győr (H). – /rō(w)/, in antiken griechischen und lateinischen Quellen: *Arrabōn (Arábōn)*, *Arrabo fl.*, zu 791 (8. Jh., Kopie 9. Jh.) *flumen Rafa*, zu 791 (8./9. Jh., Kopie 9./11. Jh.) *fluvium ... Raba*, zu 791 (Kopie 9./11. Jh.) *ad Arrabonis fluenta*, 859 (Kopie 12. Jh.) *inter Raba ...*, 860 *ad Rapam, ultra fluvium ... Hrapa*, 876–880 *iuxta amnem ... Raba*, 883 *iuxta fluvium ... Raba*, zu 884 (9. Jh., Kopie 9./10. Jh.) *in flumine ... Hrapa*, zu 884 (9. Jh., Kopie 9./10. Jh.) *de Hraba flumine*, 982 *iuxta Rapam* (und weitere Belege), zu 1042 (1078–79, Druck nach Kopie 11./12. Jh.) *usque ad fluvium Raban*, 1135 (Kopie 12. Jh.) *fluuium Raban*, 1190 *iuxta Raban fluvium*; ON. Raab/Győr, in antiken lateinischen Quellen *Arrabona*. – Grundform vermutlich FlN. (kelt.?) **Rabón(ā)* > gm. **Rabūn* neben *Raban* mit geneuertem Nominativ ahd. *Raba/Hraba* f., bair. *Rapa/Hrapa*, mit <H-> in Anlehnung an ahd. *hraban* 'Rabe'. Der Name der römischen Siedlung bei der Mündung der Raab (**Rabonā*) in die Donau wurde in Anlehnung an l.-gr. *arrabōn-* m. 'Handgeld, Unterpfand' (< hebräisch *ērābōn*) als *Arrabona* eingedeutet und in den antiken Quellen auf den Fluss übertragen. Der FlN. **Rabónā* kann als *n*-Ableitung von der Reduktionsstufe **rab-* (< ig. **r̥ebʰ-*) des ig. Verbs **rebʰ-* 'sich (heftig) bewegen' (l. *rabere* 'rasen, toben', mir. *reb* 'Spiel, Tücke') erklärt werden. – Hausner/Schuster, *Namenbuch*, S. 824f. (Ableitung von ig. **ereb[h]-/orob[h]-* 'braun'); Anreiter, *Pannonien*, S. 220–222 (< kelt. **ar(e)abōn* 'Fluss im Osten'); Wiesinger, *bairische Frühzeit*, S. 332f.; Pokorny, *IEW*, S. 854f.; Rix, *LIV*, S. 496.

– ²Raab, r.z. Pram (z. Inn z. Donau). – /rāb/, 1120–1138 *iuxta Ruripe*, 1150 *ad Riurippe*, 1247 *apud Ripam Rurippe*; ON. um 1150 *in loco, qui dicitur Rŭripmŭnht* 'Mündung der Raab'; ON. Raab (Markt, PB Schärding, O.-Ö., A), 1070–1100 *de Riurippe*, 1120–1138 *Revrippe* (und weitere Belege). – Ausgangsform vorahd. **Rūribja*, die Belege lassen folgende lautliche Entwicklung erkennen: mhd. /rŭrippe/, diphthongiert und apokopiert > /reurip/, synkopiert zu /reub/, mundartlich monophthongiert > /rāb/. Vorahd. **Rūribja* ist eine Ableitung von dem ves.-ig. Gewässernamen **Rūrā*, Femininum des Verbaladjektivs urig. **ruH-ró-s* (zum Verb **reuH-* 'aufreißen') ↗ Ruhr, mit der Bedeutung 'reißendes Wasser'. Vom Flussnamen könnte mit Hilfe des seltenen Suffixes **-ibja* der Gegendname **Rūribja* abgeleitet und auf die Siedlung und den Fluss übertragen worden sein. – Dotter/Dotter, *HG.A.14*, S. 309–311; Wiesinger/Reutner, *Schärding*, S. 114f.; Hausner/Schuster, *Namenbuch*, S. 823; Wiesinger, *Probleme*, S. 199f.; Rix, *LIV*, S. 510.

Raben-

-bach, -siek, -soll, -talswasser, -thalsbächlein, z.B. Rabensiek, nicht genau lokalisierbar, r.z. Leine bei Röllinghausen (Alfeld, Lkr. Hildesheim, Niedersachsen, D), 1578 *in das Rabenseich*, 1694 *Rabensiek*. Bestimmungswort mhd. *rabe* stswM. 'Rabe', mndd. *räven*, *räve* 'Rabe, Saatkrähe', ↗ Rahmbeeke. – Kettner, *HG.A.8*, S. 96; Kettner, *Leine*, S. 225; Fischer, *BNB 10*, S. 220.

Rabnitz, die

– ¹Rabnitz, ung. *Répce*, r.z. Mosoni-Duna (Wieselburger Donau), entsteht bei Blumau in der Bucklingen Welt (N.-Ö., A), durchfließt das Burgenland (A), mündet westlich von Raab/Győr (H). – Zu 1043 (1073, Kopie 16. Jh.) *fluvium Rapiniza*, zu 1044 (1073, Kopie 16. Jh.) *Rabaniza fluvium*, zu 1051 (nach Mitte 11. Jh, Kopie Ende 11. Jh.) *ad pontem Rabaniza fluminis*, um 1156 (Transsumpt 1412) *iuxta Rabazan*, 1171 (Transsumpt 1392) *iuxta Rabcham*, 1220 *Rabucha/Rebucha*, 1271 *in aquam ... Rebnitz, circa fluvium Rebnic*; ON. Unterrabnitz(-Schwendgraben), ON. Oberrabnitz (PB Oberpullendorf, Burgenland). – Hausner/Schuster, *Namenbuch*, S. 828; Wiesinger, *bairische Frühzeit*, S. 333; Bergermayer, *Glossar*, S. 213.

– ²Rabnitz (auch *Rabnitzbach*), r.z. Raab (z. Donau), einer der Quellflüsse der Raab, entspringt nahe dem Berg Schöckl (Grazer Bergland), mündet südwestlich von Gleisdorf (PB Weiz, Steiermark, A). – 1186 (Kopie 13. Jh.) *iuxta Rabniz*; ON. Rabnitz (Gem. Kumberg, PB Graz-Umgebung, Steiermark), vor 1137 (Kopie 19. Jh. nach Kopie 13. Jh.) *Reuenize*. – Hausner/Schuster, *Namenbuch*, S. 828; Lochner von Hüttenbach, *Steirische Hydronyme*, S. 112.

Grundform (ahd.) **Rabanitza* > **Rab(e)nitza* > mhd. **Räbnitz*, von (ahd.) **Raban* ↗ ¹Raab mit dem slaw. Verkleinerungssuffix -ica abgeleitet; ung. *Répce* < *Rab-ica.

Rad-/-e-/-en- -*bach*, -*beck*/-*beke*, -*siek*, z. B. zu 1247 (Kopie Anfang 16. Jh.) *uppe deme Rade Syke*, 1464 *das Radsiek*, 1535 *Raethsi*ᵉ*ck* (so!), 1545 *Raethsick*, jetzt Ratsiek (Stadt Lügde, Kreis Lippe, NRW, D). Bestimmungswort mndd. *Rad*-(?) wie in ↗Radau. – Meineke, *Lippe*, S. 397 f.

Radau, die /rádau/, r.z. Oker (z. Aller z. Weser), entspringt im Oberharz im Torfhausmoor (Radaubornmoor) östlich von Torfhaus (Bergstadt Altenau, Lkr. Goslar, Niedersachsen, D), fließt durch das Radautal, mündet nach 21km mit einem Höhenunterschied von 670m nordöstlich von Vienenburg (Lkr. Goslar), im Mittelalter zum Flößen benutzt. – 1308 *juxta aquam ... Radowe*, 1325 *uppe der Radowe*, 1570 *bis uff die Radow, in die Radow*, 1578 *die Radaw*, 1578 *uf der Radau*; ON. Radau-Wasserfall, Radau-Mühle (Bad Harzburg, Lkr. Goslar), FlurN. Radaubruch, Radau-Berg, StraßenN. Radauanger (Bad Harzburg). – Grundform mndd. *Radouwe, Kompositum mit dem Grundwort ↗*au(e)*; das Bestimmungswort führt das Adjektiv gm. **raþa-* 'gerade verlaufend', ahd. *rado* Adv. 'schnell, gewandt' fort, ↗Rodach ↗Wankrat. Benennung nach herabschießendem Wasser; in der Bildungsweise entspricht mndd. *Rad-ouwe ahd. *Rad-aha* ↗Rodach. – Borchers, *HG.A.18*, S. 108 f.; Heidermanns, *Primäradjektive*, S. 437 f.

Raderangsee nordwestlich von Flecken Zechlin (Stadt Rheinsberg, Lkr. Ostprignitz-Ruppin, Brandenburg, D). – 1244 *a stagno ... rideranke*, 1575 *Raderankch luch*, 1825 *Raderang See*; ON. Raderang, 1296 *in Roderanc*. – Unklare Bildung, Kompositum aus slaw. Wurzel **rod-* und apolab. Wasserwort *rǫka? – Fischer, *BNB 10*, S. 221.

Radlsee it. Lago Rodella, Bergsee (2196m) in den Sarntaler Alpen (Prov. Bozen/Südtirol, I.). – /radl´säa/, 1640 *Radlsee*, um 1770 *Radel See*, 1803 *Radlsee*. – Benennung nach der Form eines Rades (bair. *Radl*) oder nach dem Besitzer mit Namen *Radl* (< *Konrad*). – Kühebacher, *Ortsnamen 2*, S. 257.

Radmer, die
– ¹Radmer, l.z. Erzbach (z. Enns z. Donau), mündet südlich von Hieflau (PB Leoben, Steiermark, A). – 1426 *die Redmir*, 1471 *die Ra(e)dmer, Radmar*.
– ²Radmer, r.z. Salza (z. Enns z. Donau), mündet bei Weichselboden (Gem. Gußwerk, PB Bruck an der Mur, Steiermark, A). – 1310 *Radme(a)r, nider bei der Salzach ... vor Radmier*.

Grundform slaw. *Radomirъ, abgeleitet von PN. *Radomirъ. – Lochner von Hüttenbach, *Steirische Hydronyme*, S. 113.

Rätz-See z. Drosedower Bach (Gobnow-See z. Dollbeck z. Labus-See/Müritz-Havel-Wasser), südöstlich von Mirow (Lkr. Mecklenburgische Seenplatte, M.-V., D). – 1241 inter *stagna ... Radatze*, um 1700 *Retz-See*, 1780 *Der Rätz See*. – Grundform apolab. *Radače (Plural), abgeleitet vom PN. *Radač, ins Deutsche integriert als *Raditze > *Rätze? – Wauer, *HG.A.17*, S. 140; Bilek, *Sprachgut*, S. 74.

Ragnitz, die l.z. Mur (z. Drau) in Graz (Steiermark, A). – Ca.1300 *Recknitz*, 1442 *Reknitz*, 1468 *der Rakgnitzpach*; ON. Ragnitz (Gem. Kainbach bei Graz, PB Graz-Umgebung). – Grundform slaw. *Rakovьnica, mit dem komplexen Suffix *-*ov-ьn-ica* abgeleitet von slaw. *rakъ 'Krebs'. Parallelname ON. Ragnitz bei Wildon (PB Leibnitz, Steiermark), um 1126 *Rakkaniz*, 1146 *Rakaniche* (oder *Rakanizhe*), um 1150 (Kopie 19. Jh. nach Kopie 13. Jh.) *apud Rachiniz*, um 1155 (Kopie 19. Jh. nach Kopie 13. Jh.) *apud Racniz*. – Lochner von Hüttenbach, *Steirische Hydronyme*, S. 113.

Ragöse
– ¹Ragöse, die (auch *Ragöser Fließ*), l.z. Finowkanal, wird aus zwei Quellarmen westlich von Golzow (Gem. Chorin, Lkr. Barnim, Brandenburg, D) gebildet, mündet im Stadtgebiet von Eberswalde (Lkr. Barnim). – 1277 *riuulum Rogosene*, 1300 (Kopie) *in rivum Rogösen*, 1317 (Kopie) *supra aquam Rogose*, 1540 *über die Rogose*, 1772 *Rogoeser Fließ*; ON. †Ragösen, jetzt Ragöser Mühle, 1258 *Rogosene*. – Fischer, *BNB 10*, S. 221.
– ²†Ragöse, See verbunden mit dem Beutel-See. Gallen-Beek (z. Havel z. Elbe) bei Beutel (Stadt Templin, Lkr. Uckermark, Brandenburg, D). – 1573/1618 *in einem kleinen See, Ragöese genant*, 1580 *Raggößel*, 1736 *Rogösel*. – Wauer, *HG.A.17*, S. 141; Fischer, *BNB 10*, S. 221 f.

Grundform apolab. **Rogoz'na*, abgeleitet von apolab. *rogoz 'Rohrkolben, Schilf', ins Deutsche integriert als *Rogösene, apokopiert > *Rogösen, dissimiliert > *Rogösel/*Ragösel*, hyperkorrekt > *Rogöse/*Ragöse*.

Ragöser See (auch *Ragösesee*), westlich von Vietmannsdorf (Stadt Templin, Lkr. Uckermark, Brandenburg, D). – 1375 *stagnum ... Ragoyse*, 1719 *ragese See*, 1854 *Ragöser See*. – Grundform apolab. **Rogoz'n-* 'Schilfsee', ↗Ragöse. – Wauer, *HG.A.17*, S. 141; Fischer, *BNB 10*, S. 221 f.

Ragollin-See nordwestlich von Kreuzkrug (Templin, Lkr. Uckermark, Brandenburg, D). – 1573 *das kleine Gollinichen*, zu 1637 (1863–1932) *Rohr-Gallinchen*, 1771 *Gollincken-See*, 1825 *Ragolinscher See*. – Ausgangsform apolab. **golina* 'mit Bäumen bewachsene Stelle im Wald', mit dem deutschen Diminutivsuffix *-chen* erweitert > **Gollinchen*, der Zusatz nhd. *Rohr* 'Schilfrohr' wird zu *Ra-* verkürzt mit dem Namen verbunden: **Rohr-Gollinchen* > **Ragollin(-chen)*. – Wauer, *HG.A.17*, S. 140f.; Fischer, *BNB 10*, S. 221.

Ragun-See in Mirow (Lkr. Mecklenburgische Seenplatte, M.-V., D). – 1654 *Rachun*, 1714 *beim Raguhn*, 1780, 1825 *Rechun See*, 1886 *der Ragun … See*; FlurN. 1780 *Rechunsche Brink*, *Das Rechunsche Bruch*. – Grundform apolab. **Raguń m.*, abgeleitet mit *j*-Suffix vom PN. **Ragun m.* – Wauer, *HG.A.17*, S. 141; Bilek, *Sprachgut*, S. 74.

Rahm, der ↗Rahmede, Rems.

Rahmbeek r.z. Bruchgraben (z. Innerste z. Leine z. Aller z. Weser), mündet südlich von Algermissen (Lkr. Hildesheim, Niedersachsen, D). – 1852 /53 *der Rahmbeek*, 20. Jh. *Rahmbecke*; FlurN. *Rambecks Feld*. – Ausgangsform (mndd.) **Rävenbeke* nach Synkope der Silbe /-ve-/ und Assimilation /-nb-/ > -mb-/ > **Rämbeke*, ↗Raben-. – Kettner, *HG.A.8*, S. 96; Kettner, *Leine*, S. 225.

Rahmede, die l.z. Lenne (z. Ruhr z. Rhein), entspringt in Lüdenscheid (Märkischer Kreis, NRW, D), mündet bei Altena (Märkischer Kreis). – 1413 *op der Raem*; ON. Oberrahmede (Lüdenscheid), ON. Mühlenrahmede (Altena), 11. Jh. (Kopie 12. Jh.) *De Rammuthe*, 1414 *in der moelen ramede*. – Der ursprüngliche Flussname **Rāma* wurde durch den ON. Rahmede < **Rām-muthi* verdrängt. Der ON. **Rāmmuthi* enthält als Grundwort as. *muthi* 'Mündung'. Der FlN. as. **Rāma* ist das Femininum zu dem rheinischen Geländewort (der) *Rām* 'feuchte, stellenweise versumpfte oder von einem trägen Wasser durchflossene Niederung'. Mit *Rahm* werden auch Altwässer des Rheins und seiner Bei- und Nebenflüsse benannt, die meist versumpft oder verlandet sind. Eigentlich beziehen sie sich auf die torfähnliche Substanz des Bodens. In diesen Zusammenhang gehört der ON. Rahm, 14. Jh. *in rome*, um 1430 *in deme Rame*, 1555 *das dorf Raem*, nach dem *Rahmer-Bach*, r. Seitenzweig d. Angerbachs r.z. Rhein, 1520 *an dem Raeme gelegen*, 1555 *die Ramerbach* (Duisburg), benannt ist. Etymologisch sind *Rahm*, as. **rām m.* und FlN. **Rāma* identisch mit ahd., mhd. *rām* 'Schmutz', nhd. *Rahm* 'Ruß'. Sie beruhen auf dem Adjektiv wgm. **rē₁ma-*, das seinerseits identisch ist mit ai. *rāmá-* 'dunkel, schwarz', ↗Rems (<**Rāmisa*). – Schmidt, *HG.A.6*, S. 60f.; Barth, *Sieg und Ruhr*, S. 165; Dittmaier, *Flurnamen*, S. 238; Pokorny, *IEW*, S. 853.

Rahmer See z. Briese (z. Havel z. Elbe) in Wandlitz (Lkr. Barnim, Brandenburg, D). – 1244 *Stagnum … Rademer*, 1476 *des sehes haluen, die Rademer*, 1591 *der Rahmer See*, Ende 16. Jh. See die Rahdemer, 1767/87 *Ramer See*. – Ausgangsform apolab. ON. **Radomer'-*, abgeleitet vom PN. slaw. **Radomer*. – Wauer, *HG.A.17*, S. 141; Fischer, *BNB 10*, S. 222.

Rahmkebach l.z. Eller (z. Rhume z. Leine z. Aller z. Weser), mündet bei Breitenberg (Duderstadt, Lkr. Göttingen, Niedersachsen, D). – 1512 *Rodenbeck, in dem roden beck*, 1516 *rodemke*, 1518 *in dem rodenbeke*, 1519 *im rameke, im ramcke*, 1531 *Rodenbeck*, 1545 *in dem Roedenbecke*, 1579 *im Ramke*, 20. Jh. *Rahmkebach*. – Verdeutlichendes Kompositum mit dem Grundwort *-bach*, das Bestimmungswort *Rahmke* ist aus mndd. **to deme rōden beke* 'Bach mit rötlich schimmerndem Wasser' entstanden; *rōdenbeke* > **Römke*/**Rämke* (*Rahmke*) gekürzt. – Kettner, *HG.A.8*, S. 96; Kettner, *Leine*, S. 245.

Rahrbach Fortsetzung Olpe (z. Hundem-Bach z. Lenne z. Ruhr z. Rhein) an den Südsauerländischen Rothaarvorhöhen. – ON. Rahrbach (Gem. Kirchhundem, Kreis Olpe, NRW, D), 1368 *Raerbeke*, 1441 *Rarbeke*, 1455–56 *von Roirbach*, 1592 *Rarbach*; FlurN. 1482 *uff den Rorbacher berch*. – Grundform mndd. **Rōrbeke* > **Rārbeke*, Kompositum mit dem Grundwort mndd. *beke* 'Bach' und *rōr* 'Rohr, Schilf'. – Schmidt, *HG.A.6*, S. 61.

Rain- *-bach/-bächle, -bachsee, -graben, -see, -talgraben*, z.B. Rainbach, r.z. Pram (z. Inn z. Donau) mit ON. Rainbach (PB Schärding, O.-Ö., A), 11. Jh. *Reinbach*, 1120–40 *de Reinpach* (und weitere Belege). Bestimmungswort ahd., mhd. *rein* 'Ackergrenze, begrenzende Bodenerhebung', ↗Rein-. – Dotter/Dotter, *HG.A.14*, S. 312; Hausner/Schuster, *Namenbuch*, S. 834.

Rambach r.z. Etsch, entspringt in den Münstertaler Alpen, mündet oberhalb von Glurns (Vinschgau, Prov. Bozen/Südtirol, I.). – /râmpâch/, 1298 *flumen Rami*, seit 1300 *Aqua Ram, Rampach*, 1301 *a flumine Rami*, 1322 *Ram*, 1394–1416 *Ramm*, 1471–1550 *Ram*, 1689 *Rom*, um 1770 *Ram Ba.*, um 1840 *Rambach*; FlurN. 1547 *Rampitschen*. – Grundform FlN. Ram m. < rom. **ramu* 'Fluss-, Bacharm' (< l. *rāmus* 'Ast, Zweig'), vgl. trentin. *ramón, rimón*. – Kühebacher, *Ortsnamen 2*, S. 257f.

Rambeck r.z. Neuen Gehlenbach (z. Haller z. Leine z. Aller z. Weser), mündet südlich von Eldagsen (Stadt Springe, Region Hannover, Niedersachsen, D). – 1744 *der Rambach*, 1839/40 *der Rambeck*. – Kompositum mit dem Grundwort *-bach/-beck* und vielleicht mndd. *ram* 'Widder, Schafbock' als Bestimmungswort, ↗Ramke. – Kettner, *HG.A.8*, S. 96; Kettner, *Leine*, S. 226.

Raming, die r.z. Enns (z. Donau). – /'rāmin, 'rāmiŋ/, 1092–1121 (Insert vor 1177) *ubi Rubiniccha labitur in Anesum*, um 1130 (Kopie Ende 12. Jh.) *Rubinich*, 1243 *ubi Rŭmnich in Anasum fluuium labitur*; ON. Groß-/Klein-Raming, Reichraming (PB Steyr-Land, O.-Ö., A), 1092–1121 (Insert vor 1177) *inter Rubinich inferius ... et Rubiniccham superiorem*, 1200 (Fälschung 1240–43) *de Rvbnich*, ca.1270 *Ruennich*. – Grundform urslaw. *Rŭbьnika (> slaw. *Rybьnika) 'Fischbach', abgeleitet von slaw. *ryba* 'Fisch', eingedeutscht über (ahd.) *Rūpinicha, Rŭmnich ↗Reifling. – Hausner/Schuster, *Namenbuch*, S. 836f.; Hohensinner/Reutner/Wiesinger, *Kirchdorf an der Krems*, S. 117, 121, 158; Bergermayer, *Glossar*, S. 225f.

Ramke, die l.z. Haller (z. Leine z. Aller z. Weser) östlich von Springe (Region Hannover, Niedersachsen, D). – 1659 *für der Rammeke, bey der Rammeke*, 2. Hälfte 17. Jh. *oben der Rampke*, 1753 *die Rambke*, 18. Jh. *die Ramcke*, 1856 *die Ramke*. – Grundform mndd. *Rambeke, durch Synkope > Ramke, Deutung wie ↗Rambeck. – Kettner, *HG.A.8*, S. 96; Kettner, *Leine*, S. 226.

Ramkerbach r.z. Düsedieks-Bach (z. Werre z. Weser) bei Herford (Kreis Herford, NRW, D). – 1407 *uppe der Roden beke*, 1412 *by der Rodenbeke*, 1429 *apud Rodenbeke*. – Grundform mndd. *Rōdenbeke 'Bach mit rötlich schimmerndem Wasser', zur Lautgeschichte ↗Rahmkebach, im Unterschied zu jenem Namen enthält *Ramkerbach* einen Sprosskonsonant *Ramke-r-bach*. – Kramer, *HG.A.10*, S. 54.

Rammerke, die r.z. Moore (z. Leine z. Aller z. Weser), mündet südlich von Berwartshausen (Stadt Northeim, Lkr. Northeim, Niedersachsen, D). – /rammecke/, 1854/55 *der ... Rammerk*, 20. Jh. *die Rammercke, der ... Rammeck*; FlurN.Rammeckenfeld, 1744 (Kopie 1751) *das Rammecken Feldt*; FlurN. 1854/55 *die Rammerkwiesen*. – Grundform mndd. *Rambeke, durch Assimilation /-mb-/ > /-m(m)-/ > *Rameke, mit Sprosskonsonant > *Rame-r-ke*, Deutung wie ↗Rambeck. – Kettner, *HG.A.8*, S. 96; Kettner, *Leine*, S. 226.

Rammels-Bach r.z. Ilse (z. Oker z. Aller z. Weser), durch Darlingerode (Stadt Ilseburg, Lkr. Harz, S.-A., D). – 1479 *an dem Rammesbeke*, 1480 *by dem Rammesbeke, up de Rammesbeyke*, 1482 *vp der Ramsbeke*, 1505 (Kopie) *an dem Rammesbechke*, 1516 *vp dem Rammesbeke, am Rambeke*, 1516 *vp dem Rammesbeke*, 1565 (Kopie) *am ... Ramßbache*. – Grundform mndd. *Rammesbēke, Kompositum mit dem Grundwort mndd. *beke* und dem Genitiv des PN. *Ram(m) (< ahd. *hraban* 'Rabe', gm. *hrabna- m.) als Bestimmungswort. – Borchers, *HG.A.18*, S. 110.

Rams- -*au, -aubach, -bach/-bächle, -graben, -lach, -see-graben*, z.B. Ramsbach, l.z. Körsch (z. Neckar z. Rhein), 1329 *Ramesbach*, 1353 *Ramspach*, mit FlurN. 1335 *Ramsbach*; Ramsbach r.z. Schaich (z. Aich z. Neckar z. Rhein), 1309 *ob dem Rammesbache*. Bestimmungswort entweder ahd. *rams* stM. 'Bärlauch' oder Genitiv (*Rammes-*) des PN. *Ram(m) ↗Rammelsbach. – Schmid, *HG.A.1*, S. 89; Ulbricht, *Saale*, S. 76; Hausner/Schuster, *Namenbuch*, S. 838.

Rand- -*bach, -kanal*, Bestimmungswort nhd. *Rand* 'äußere Begrenzung einer Fläche, eines Gebiets', z.B. Randgraben, der am östlichen Rand eines Sumpfgebietes bei Rüthnick (Lkr. Ostprignitz-Ruppin, Brandenburg, D) liegende Graben. – Fischer, *BNB 10*, S. 222.

Randow, die (ehemals *Löcknitz*), mit zwei Mündungen: im Norden r.z. Uecker/Ucker in Eggesin (Lkr. Vorpommern-Greifswald, M.-V., D), im Süden z. Welse (z. Oder) nördlich von Passow (Lkr. Uckermark, Brandenburg), ursprünglich Name eines Bruches südlich der Löcknitz, das sich bis zur Welse erstreckte. – 1250 *per medium paludis ... Randowa*, 1288 *an der Randow*, 1469 *Randow*, 1494 (Kopie) *auff der Randow*, 1872 *Die Randow*. – Ausgangsform apolab. *Radov-, abgeleitet von *rad- (< urslaw. *rod-) vermutlich 'fruchtbarer Boden'. – Fischer, *BNB 10*, S. 223.

Ranitz, die Gewässer in der Gemeinde Gramastetten (PB Urfahr-Umgebung, O.-Ö., A). – /'rānitß/, 1499 (Kopie 1564) *Regnitz*; ON. Ranitz-, Ragnitzmühle, 1287 *De Regenz*. – Grundform slaw. *Rakьnica, abgeleitet von slaw. *rakъ* 'Krebs', ins Bairische integriert als ahd. *Rakinitza > mhd. *Räknitz* mit Sekundärumlaut. – Hohensinner/Wiesinger, *Urfahr-Umgebung*, S. 31.

Rank- -*achbach, -bach/-bächle*, Bestimmungswort mhd. *ranc* (*rang-*) stM. 'Bewegung, Lauf, Drehung', vgl. 1493 *die vyschwasser mit dem Rangen*, in der Bedeutung 'Biegung'. – Geiger, *HG.A.2*, S. 102; Keinath, *Württemberg*, S. 63.

Ranna, die l.z. Donau, entspringt im Bayerischen Wald südöstlich von Sonnen (Lkr. Passau, Bayern,

D), bildet den Rannasee bei Wegscheid, mündet bei Niederranna (Gem. Hofkirchen im Mühlkreis, Bezirk Rohrbach, O.-Ö., A). – ON. Wildenranna (Markt Wegscheid, Lkr. Passau), /in der ranna/ (mit Sekundärumlaut), Burg Rannariedl, Rannamühle, Oberranna (Bez. Schärding, O.-Ö., A), 1120–40 de Rahna, de Ranna, 1121–38 de Ranaha, 1122–38 de Rennahe, 1200–20 de Ranne, de Raennah; ON. Niederranna. – Grundform FlN. ahd. *Rahinaha > mhd. *Rähena(he) > *Rän(n)a, Kompositum mit dem Grundwort ahd. aha 'Fließgewässer' und dem Genitiv des PN. ahd. Raho (*Rahin-) als Bestimmungswort. – Hausner/Schuster, Namenbuch, S. 839; Scheuringer, Ranna, S. 185.

Rannach, die

– ¹Rannach, l.z. Liesing (z. Mur z. Drau), mündet bei Mautern (PB Leoben, Steiermark, A). – 1373 Rennach, 1378 Remach, 1381 Renech, 1393 Rainach. – Grundform slaw. *Ravъnachъ, Lokativ des BewohnerN. slaw. *Ravъnjane 'Bewohner der Ebene', abgeleitet von slaw. *ravъna '(kleine) Ebene', über *Rannjach als mhd. Rennach ins Bairische integriert. – Lochner von Hüttenbach, Steirische Hydronyme, S. 113; Bergermayer, Glossar, S. 216.
– ²Rannach, l.z. Aisch (z. Regnitz z. Main z. Rhein), entspringt westlich von Ermetzhofen (Gem. Ergersheim, Lkr. Neustadt a.d. Aisch-Bad Windsheim, Bayern, D), mündet bei Bad Windsheim (Lkr. Neustadt a.d. Aisch-Bad Windsheim). – LandschaftsN. Rangau zwischen Nürnberg und Frankenhöhe (Lkr. Fürth und Lkr. Ansbach, Bayern), 774 bis 791 (Kopie 12. Jh.) in pago Rangouue, 837 (Druck 1829) Hrangaui, 1000 (Druck 1829) Rangowi, später Rangowe, Rangewe; ON. Rannachmühle (Stadt Burgbernheim, Lkr. Neustadt a.d. Aisch-Bad Windsheim). – Die Grundform des Flussnamens wird aus den Nennungen des Landschaftsnamens Rangau erschlossen als (ahd.) *Ran(n)-aha, wobei das Grundwort aha angefügt wurde, um Fluss- und Landschaftsnamen zu unterscheiden. Das Bestimmungswort *Ran(n)- kann zu gm. *ranna- m. (ahd. ana-ran 'Angriff') im Sinne von 'Wasserschwall (der aus dem Zusammenfließen vieler Quellbäche entsteht)' zum Verb gm. *renn-a- 'rinnen, laufen' gehören, vgl. Rannbach, r.z. Pfinz (z. Rhein). – Sperber, HG.A.7, S. 132; Seebold, starke Verben, S. 375 f.; Geiger, HG.A.2, S. 102.

Ransbach

r.z. Blies (z. Saar z. Mosel z. Rhein). – ON. Bliesransbach (Gem. Kleinblittersdorf, Regionalverband Saarbrücken, Saarland, D), 796 (Kopie 15. Jh.) villas meas ... Ramesbach, 11. Jh. Ramesbach, 1186 Ramespach, 1348 Ransbach, 1547 Ranspach, 1594 zu Ranschbach. – Grundform ahd. *Ram(m)esbach, Kompositum mit dem Grundwort -bach und dem Genitiv des PN. *Ram(m) < ahd. hraban 'Rabe' (*Ram(m)es- < ahd. hrabnes) als Bestimmungswort, ↗ Ranschbach. – Spang, HG.A.13, S. 59 f.

Ranschbach

r.z. Queich (z. Rhein). – ON. Ranschbach (Lkr. Südliche Weinstraße, Rh.-Pf., D), 1299 Ramesbach (und weitere Belege des 14. Jh.), 1355 Ramsbach, 1383 Ramspach, 1412 Ranspach, 1424 Ranschbach. – Deutung ↗ Ransbach. – Greule, HG.A.15, S. 86; Dolch/Greule, Pfalz, S. 378 f.

Ranschelbach

l.z. Triebborn (z. Rimbach z. Queich z. Rhein). – 1836 Ranschelbach; ON. † Ranschelbach (Gem. Spirkelbach, Lkr. Südwestpfalz, Rh.-Pf., D), Mitte 18. Jh. Ramselbach, 1760, 1787 Ranschelbach. – Kompositum mit dem Grundwort -bach und ramsel 'Bärlauch' als Bestimmungswort. – Greule, HG.A.15, S. 86; Dolch/Greule, Pfalz, S. 379.

Ransenbach

r.z. Teufelsbach (z. Moschel/Moschelbach z. Alsenz z. Nahe z. Rhein). – ON. Ransweiler (Donnersbergkreis, Rh.-Pf., D), 1194–98 (Kopie um 1250) Rameswilre, 1401 Ramswilre, 1482 Ranßwiler, 1592 Ranssweiler. – Klammerform Rans(weiler)bach mit analogem Fugenelement /-en-/. ON. Ransweiler < (ahd.) *Ram(m)eswīlāri mit dem Grundwort ahd. wīlāri und dem Genitiv des PN. ahd. *Ram(m) als Bestimmungwort. – Greule, HG.A.15, S. 86; Dolch/Greule, Pfalz, S. 379.

Ranzenbach

l.z. Sierning (z. Pielach z. Donau), mündet östlich von Sierning (Gem. Bischofstetten, PB Melk, N.-Ö., A). – 1072–91 usque ad Raduuanaspach, Radwanasbach, 1083 (Fälschung nach 1164) ad Radwanesbach, 1096 (Fälschung 12. Jh.) ad Radwanesbach, 1099 (Fälschung 12. Jh.) ad Radwanasbach, um 1124 ad Radwanasbach; ON. Ranzenbach (Gem. Kilb, PB Melk). – Grundform FlN. ahd. Radwanesbach, Kompositum mit dem Grundwort -bach und dem Genitiv des PN. (slaw.) *Radovan; ahd. Radwanesbach gekürzt > *Randsbach/*Ranzbach, mit analogem Fugenelement -en- > Ranzenbach. – Hausner/Schuster, Namenbuch, S. 843; Bergermayer, Glossar, S. 207–209.

Rappbode ↗ Bode.

Rarangsee

Großer~, Kleiner~, bei Groß Schönebeck (Gem. Schorfheide, Lkr. Barnim, Brandenburg, D). – 1589 Drey Raderancken, 1745 Rahrancke, 1766 Die Rahr Ranken, 1772 Rahranke, 1825 Die Rahrancken. – Deutung ↗ Raderangsee. – Fischer, BNB 10, S. 221.

Rase, die

l.z. Leine (z. Aller z. Weser), mündet östlich von Rosdorf (Lkr. Göttingen, Niedersachsen, D), Rasequelle in Tiefenbrunn (Gem. Rosdorf). – 1308 aque ... Rosa, 1369 ad aquam Rose, 1460 an der Rosen, 1588 auf die rase, jenseit der Rase zwischen der raese, 1622 die Rose, 1677 die Rase, 1715 die Raase, die Rase, 1784 die Rase; MühlenN. Rasenmühle, 1355 ute der Roysenmolen, 1420–22 beneden der Rosenmolen, 1460 an der Rosen Molen, 1491 de Rosenmolen; ON. Rosdorf, /rosdörp/, 1004 Rasthorp, 1015–1036 (Kopie 12. Jh.) Rastherpe, um 1120 villa ... Rasthorp, 1144 Rostorp, 1153 Rôsthorp, 1189 Rostorpe, 1196 Rostorph (und weitere Belege). – Grundform FlN. mndd. *Rôsa(he) > *Râse, Kompositum mit dem Grundwort as. aha 'Fließgewässer' und mndd. *rôs, mndl. rôs, gt. raus 'Rohr, Schilf' (< gm. *rausa- n.) als Bestimmungswort. Der ON. Rosdorf < Klammerform mndd. *Rôs(ahe)dorp 'Dorf an der Rase'. – Kettner, HG.A.8, S. 96 f.; Kettner, Leine, S. 226–228; Casemir/Ohainski/Udolph, Göttingen, S. 348–352.

Raseke, der l.z. Rode (z. Leine z. Aller z. Weser), mündet westlich von Unterbillingshausen (Gem. Bovenden, Lkr. Göttingen, Niedersachsen, D). – (1348) an den rasebeke, 1571 (Kopie 1814) im Rosembeek, bey dem Rosennke, under dem Rasemcke, 1597 Rasecke, 1889 Rasek. – Grundform mndd. *Rôsenbeke, verkürzt > *Râsemke > *Râseke, Kompositum mit dem Grundwort mndd. beke und mndd. *rôs (mit schwacher Flexion?) 'Rohr, Schilf' ⁊ Rase als Bestimmungswort. – Kettner, HG.A.8, S. 97; Kettner, Leine, S. 228.

Rassach, die (auch Rassachbach), l.z. Laßnitz (z. Sulm z. Mur z. Drau z. Donau), mündet bei Frauental (PB Deutschlandsberg, Steiermark, A). – ON. Rassach (PB Deutschlandsberg), 1285 Rassowe, 1318 Rassaw, Raschawe, 1340 Rassauwe, Rassawe, 1363 Rossaw. – Grundform vielleicht FlN. (mhd.) *Razzach mit ON. *Razzouwe, Kompositum mit dem Grundwort -ach und *razz- (< gm. *wrat-) zu mhd. ræze 'wild, kühn' ⁊ ²Retz-Bach als Bestimmungswort. – Lochner von Hüttenbach, Steirische Hydronyme, S. 114 (mit slaw. Etymologie).

Rassel, die l.z. Scherkonde (z. Lossa z. Unstrut z. Thüringische Saale z. Elbe). – /də rasl/, trotz fehlender Belege wohl zu mittelrheinisch Rassel f. 'Vertiefung in einem Berghang, durch den Wasser fließt; steiler Felshang mit Steingeröll, felsiger Acker' < gm. *wratalô zu *wrat- in got. wratôn 'wandern, reisen', ⁊ ²Retz-Bach oder zu mhd. razzeln 'toben, lärmen'. – Ulbricht, Saale, S. 221; Hänse, Weimar, S. 130; Krahe, UäFlNN., S. 27 f.

Rath-/Rat- -lanke, -see, -teich, z. B. Rathsee, Großer ~, Kleiner~, bei Sternhagen (Gem. Nordwestuckermark, Lkr. Uckermark, Brandenburg, D) im Prenzlauer Stadtforst, 1374 stagnum ... Radesse, Radessee, 1751 Die Radenseen, 1826 Raths See. Bestimmungswort mndd. rât 'Rat der Stadt', Benennungsmotiv: Besitz- oder Nutzungsrechte der Stadt. – Fischer, BNB 10, S. 223.

Rathenow-See Fließ zwischen Haus-See und Kleinem Baberow-See/Lychener Gewässer nordwestlich von Warthe (Gem. Boitzenburger Land, Lkr. Uckermark, Brandenburg, D). – 1575 Der Ratheno, 1617 Der Rathenow, 1685 Rohtenow, 1751 Der Ratenow. – Apolab. ON. *Rat(e)nov-, abgeleitet von der Kurzform eines Personennamen *Rat(e)n. Auf den See übertragener Name einer heute abgegangenen Siedlung. – Wauer, HG.A.17, S. 141 f.; Fischer, BNB 10, S. 223.

Ratschachbach l.z. Gurk (z. Drau), mündet nordöstlich von Mellach (Gem. Straßburg, PB St. Veit a.d. Glan, Kärnten, A). – 1187 iuxta ripam ... Razach. – Grundform ON. slaw. (Lokativ Plural) *Račachъ 'bei den Leuten des *Rakъ'. – Hausner/Schuster, Namenbuch, S. 847.

Ratte, die r.z. Wyhra (z. Pleiße z. Weiße Elster z. Thüringische Saale z. Elbe). – ON. Rathendorf (Gem. Narsdorf, Lkr. Leipziger Land, Sachsen, D), 1378 Rapatendorf, 1405 Ropotendorf, 1501 Rattendorf. – Rückbildung aus dem ON. Rathendorf, der als Bestimmungswort den Genitiv des PN. ahd. Radeboto enthält. – Ulbricht, Saale, S. 203; Eichler/Walther, HONBSachsen II, S. 256.

Ratzenbach l.z. Hackinger Bach (z. Pfudabach z. Pram z. Inn z. Donau). – ON. Ratzenbach (Gem. Enzenkirchen, PB Schärding, O.-Ö., A), 818 in loco ... Rezunpah, Anfang 12. Jh. (de) Razinpahc (so!), 1190–1204 de Raizenbach, 1338 Razenpach, 1433 Raczenpach, 1535 Rätzennpach. – Kompositum mit dem Grundwort -bach und dem Genitiv des PN. ahd. Râtzo/Ratzo (*Retzin- oder *Rätzin- > mhd. *Rætzen- mit Sekundärumlaut) als Bestimmungswort. – Dotter/Dotter, HG.A.14, S. 315; Hausner/Schuster, Namenbuch, S. 847.

Rauda, die (auch Raudenbach), l.z. Weißen Elster (z. Thüringische Saale z. Elbe), entsteht bei Hermsdorf (Saale-Holzland-Kreis, Thüringen, D), mündet östlich von Crossen an der Elster (Saale-Holzland-Kreis). – 1266, 1281 Ruda, 1285 molendinum situm iuxta flumen ... Ruda; ON. Rauda (Saale-Holzland-Kreis), 1219 Ruda. – Grundform FlN. asorb. *Rûda 'die Rote', substantiviertes Feminin des Adjektivs slaw. *rudy 'rot, rotbraun', ins Deutsche integriert als *Rûd(ah)a > Rauda. – Ulbricht, Saale, S. 225.

Rauh- (auch Rauch-) **/-e-/-en-/-er-/-es-** -bach, -graben, -hornbach, -pfuhl, -see, -soll. Bestimmungswort Adj. mhd. *rûch* (*rûh-*) 'rau, grob, struppig, dicht belaubt, wild', in brandenburgischen Gewässernamen 'mit niederem Gebüsch bewachsen'. – Fischer, *BNB 10*, S. 224.

Raum- *-bach, -bek, -graben, -teich*, z.B. Raumbach, l.z. Glan (z. Nahe z. Rhein) mit Quellbach Westerraumbach und ON. Raumbach (Lkr. Bad Kreuznach, Rh.-Pf., D), 1293, 1335, 1367 *Rumbach*; FlurN. Raumberg, 1367 *am Rumberge*. Bestimunsgwort mhd. *rûm* Adj. 'geräumig', *rûm* stMN. 'Platz, (freier) Raum', Benennung nach der Lage des Gewässers im freien Feld. – Greule, *HG.A.15*, S. 86; Fischer, *BNB 10*, S. 224.

Raunelbach (auch *Rhaunelbach, die Raunel*), r.z. Idarbach (z. Hahnenbach z. Nahe z. Rhein), entsteht durch mehrere Quellbäche im Idarwald bei Stipshausen (Lkr. Birkenfeld, Rh.-Pf., D), mündet in Rhaunen (Lkr. Birkenfeld). – ON. Rhaunen, 8.–9. Jh. (Kop. 12. Jh.) *De Runu, in Runu*, 841 (Kop. um 1160) *ad Hruna*, 1271 *de Rune, in Rune*, 1460 *Runen*, 1515 *Raunen*. – Grundform FlN. ahd. **Rūna*, heute *Raunelbach* (< **Raunenbach*). **Rūna* entspricht dem Feminin des vom ig. Verb **reu̯H-* 'aufreißen' abgeleiteten Adjektivs ig. **ruH-nó-s* > **rūnos* bzw. **rūnā* 'reißend'. Der Flussname ist nicht aus einer ig. Einzelsprache erklärbar, vgl. den reimenden Namen ↗Traunbach. – Greule, *HG.A.15*, S. 96 f.

Rauriser Ache r.z. Salzach (z. Donau) östlich von Taxenbach (PB Zell am See, Salzburg, A). – 1862 *Rauriser Ache*; TalN. Rauriser Tal (auch: die Rauris), ON. Rauris (PB Zell am See), vor 1122 *utrumque Rûrese* (Plural), 1180–90 *Ruhenrîs, Ruhenris*, 1208 oder 1218 *in Rvrese*, 1231–42 *Rurês*, 1241 *Râuris*, ca.1250 *in Ravres*, 1284 *in der Raures*, 1299 *Ravrize*, 1300 *Rauris* (und zahlreiche weitere Belege). – Grundform mhd. **Rūres(e)*, diphthongiert und apokopiert (?) > *Raures, Rauris*, ein vorgm. Lehnname, der als Talname auf **Rūrasa*, einer *s*-Ableitung vom FlN. **Rūrā* ↗Ruhr, beruhen dürfte. – Straberger, *HG.A.9*, S. 91; Hausner/Schuster, *Namenbuch*, S. 848 f. (< ves.-ig. **Rauris̩iā*).

Rausch-/-e-/-el-/-en- *-bach, -wasser*, z.B. Rauschenwasser, r.z. Weende (z. Leine z. Aller z. Weser), 1571 (Kopie 1814) *auf dem rauschenden Wasser*, um 1720 *am Rauschen Waßer*, 1858 *Rúschenwâter*. Bestimmungswort mhd. *rûsch* Adj. 'rauschend', *rûschend* Partizip zu mhd., mndd. *rûschen* 'rauschen'. – Kettner, *HG.A.8*, S. 97; Ulbricht, *Saale*, S. 106 f.; Kettner, *Leine*, S. 228 f.

Raus, die (auch *Rauss*), frz. la Raus, r.z. Birs (z. Rhein), entspringt auf 775m Höhe bei Gänsbrunnen (Bez. Thal, Kanton Solothurn, CH), mündet nach 9,7km in der Klus von Moutier (Kanton Bern). – /rauz/, 1506 *versus aquam Rauussez*, 1673/1683 *la riviere de la Rause*, 1741 (Kopie 1767) *la Raûs*, 1851 *sur la Raouze, sur la Rauss*. – Wegen der spät einsetzenden Belege ist eine sichere Deutung nicht möglich. Wahrscheinlich ist die Ausgangsform ahd. *runs* stM., *runsa* stF., mhd. *runs* stswM. 'Wasserlauf', nach dem Staubschen Gesetz (Nasalausfall, Ersatzdehnung und Diphthongierung) > alem. *Raus*. – Frdl. Mitteilung von W. Müller (Boudry) vom 2. 12. 2011; frdl. Mitteilung R.M.Kully (Solothurn) vom 12. 12. 2011.

Ravenna, die r.z. Rothbach (z. Dreisam z. Elz z. Rhein), bildet die Ravennaschlucht mit Wasserfall (Höllental, Gem. Breitnau, Lkr. Breisgau-Hochschwarzwald, B.-W., D), mündet bei Höllsteig (Gem. Breitnau). – /rové:na/ (/o/ offen), 1560 *Ravenne*. – Grundform vorgm. **Rovína*, mit *n*-Suffix abgeleitet von vorröm. (kelt.) **rovā* 'Erdschlipf, Riss, Sturz' auch 'Geröllhalde, durch die ein Wildbach stürzt'. – Geiger, *HG.A.2*, S. 103; Kleiber/Pfister, *römisch-germanische Kontinuität*, S. 36; Schorta, *RNB*, S. 289.

Rechbach

– [1]Rechbach, l.z. Langenbach (z. Waldstettenbach z. Rems z. Neckar z. Rhein). – ON. Rechberg (Schwäbisch Gmünd, Ostalbkreis, B.-W., D), 1355 *by Rechberg wýler* (und weitere Belege); BergN./BurgN. Rechberg (Hohenrechberg), 1235 *miles de Rehperc* (und zahlreiche weitere Belege). – Klammerform **Rech(berg)bach*, das ursprüngliche Bestimmungswort ist der ON. Rechberg, übertragen von der Burg †Rechberg bei Rechbergsreuten (Lkr. Günzburg, Bayern); Kompositum mit dem Grundwort *-berg* und mhd. *rêch, rê* 'Reh', ↗Reh-. – Schmidt, *HG.A.1*, S. 90; Reichardt, *Ostalbkreis 2*, S. 86–92.

– [2]Rechbach, r.z. Kupfer (z. Kocher z. Neckar z. Rhein) mündet bei Ulrichsberg. – ON. Rechbach, Weiler (Gem. Kupferzell, Hohenlohekreis, B.-W., D), 1312 *Rechbach*, 1322 *Rechebach*, 1356 *Rechbach*. – Kompositum mit dem Grundwort *-bach* und mhd. *rêch, rê* 'Reh' als Bestimmungswort, ↗[1]Rechbach. – Schmidt, *HG.A.1*, S. 90.

Recht-/-e-/-en- *-ach, -bach*, z.B. Rechtebach, l.z. Walluf (z. Rhein), 1304 (Kopie 16. Jh.) *die rechte bach*. Bestimmungswort mhd. *reht* 'gerade', Benennung nach der Art des Wasserlaufs. – Faust, *HG.A.4*, S. 64; Springer, *Flußnamen*, S. 100.

Reckgraben bei Havelberg (Lkr. Stendal, S.-A., D). – 1748 *am Reck-Graben … am Reeck-Graben*, 1936 *vor der Reek*. – Kompositum mit dem Grundwort *-graben* und **Reek-* (entlehnt < apolab. **rěka* 'Fluss') als Bestimmungswort. – Fischer, *BNB 10*, S. 226.

Reckowsee bei Brüssow (Lkr. Uckermark, Brandenburg, D). – 1726–75 *Der Beckow See* (lies *Reckow*), 1738 *Der Recco ... die Reckow*, 1827 *Reckow S.* – Grundform apolab. **Rakov-* > mundartlich (pomoranisch) > **Rekov-*, abgeleitet von apolab. **rak* 'Krebs'. – Fischer, *BNB 10*, S. 222.

Recksee südwestlich von Rosenthal (Stadt Strasburg, Lkr. Vorpommern-Greifswald, M.-V., D). – 1536 *ut dem Reichsee*, 1551 *Reek-See*, 1690 *Röck-See*, 1787 *Reck See*, 18. Jh. *der Reeck See.* – Kompositum mit dem Grundwort *-see* und brandenburg. Adj. *rieke* 'reich' oder mndd. *rek, rik* n. 'lange, dünne Stange'. – Fischer, *BNB 10*, S. 225.

Redder- *-bach, -bek, -teich*. Bestimmungswort ndd. *Redder* 'schmaler Weg zwischen Hecken', z.B. ON. Redder (Gem. Osterrade, Kreis Dithmarschen, S.-H., D), ca.1756 *Redders Krug*, 1875 *Reller.* – Laur, *Schleswig-Holstein*, S. 536.

Redlbach
- ¹Redlbach, Fornacher ~, l.z. Vöckla (z. Ager z. Traun z. Donau), mündet bei Vöcklamarkt (Bezirk Vöcklabruck, O.-Ö., A). – 1480 *Rótlpach*.
- ²Redlbach, Frankenburger ~, l.z. Vöckla, mündet in Redl (Gem. Vöcklamarkt, PB Vöcklabruck, O.-Ö., A). – ON. Redl (Gem. Neukirchen an der Vöckla, PB Vöcklabruck), /rẹ(d)l/, 1449 *Rotl*, 1480 *an der Rotl*, 1561 *an der Rotl, an der Retl.* – Reutner/Bito/Wiesinger, *Vöcklabruck*, S. 202.
- ³Redlbach, Ottnanger ~, l.z. Ager, mündet kurz vor Schwanenstadt (PB Vöcklabruck, O.-Ö., A). – 13. Jh. *Rótel rivulus*; ON. Redl (Gem. Ottnang am Hausruck, PB Vöcklabruck), /rẹ(d)l/, 13. Jh. *Rotl, in Rotel*, 1270 *in Rotla*, 1399 *Rotel*, ca.1500 *Ratl, Rettl*, ca.1570 *Rätl, Röttl, Rettl*; ON. Redlberg (Gem. Pilsbach, PB Vöcklabruck), 1110–30 *de Rótilinberge*, 1147–67 *de Rotilperge*, 1335 *Rotelperig* (und weitere Belege); ON. Redlham (PB Vöcklabruck), ca.1300 *Roetelhaim*, ca.1380 *Rötelsheim, Rotelhaim*, 1450 *Ratlhaim*, ca.1570 *Redlhaim.* – Reutner/Bito/Wiesinger, *Vöcklabruck*, S. 213f., 225f. 253; Hausner/Schuster, *Namenbuch*, S. 850.
Gemeinsame Grundform mhd. **Rœtelbach* < ahd. **Rōtil(īn)bach*, Kompositum mit dem Grundwort *-bach* und dem Adjektiv ahd. *rōtilīn* 'rötlich' als Bestimmungswort, ↗Rodl. In der Mundart mit Konsonantenschwächung und Entrundung > **Red(e)lbach*. – Wiesinger, *Gewässer- und Siedlungsnamen*, S. 277.

Redlitz r.z. Dosse (z. Havel z. Elbe), mündet bei Wulfersdorf (Stadt Wittstock/Dosse, Lkr. Ostprignitz-Ruppin, Brandenburg, D). – 1287 (Kopie 17. Jh.) *Redelitz*, 1623 *Regelitze Fluuius*, 1825 *Rödelitz.* – Grundform apolab. **Rad(e)lica*, abgeleitet von **rad(e)l-*, *l*-Ableitung von der Wurzel **rod-/*rad-* (mit unklarer Bedeutung), vgl. Raderangsee. – Wauer, *HG.A.17*, S. 142; Fischer, *BNB 10*, S. 224.

Rednitz, die entsteht durch den Zusammenfluss von Fränkischer und Schwäbischer Rezat bei Georgensgmünd (Lkr. Roth, Bayern, D), Fortsetzung nach Einmündung der Pegnitz als Regnitz, l.z. Main (z. Rhein). – 845 *inter ... Radantiam*, 1012–1018 (zu 1007) *Radincza*, 1303–1313 (Kopie 1358) *Redentz*, 1304, 1350 *Rednitz*. Damit identisch war bis in die frühe Neuzeit der Name der beiden ↗Rezat. – Ausgangsform ahd. **Radanza*, mit Lautverschiebung **Ratanza* und mit Umlaut im Suffix **Ratenza*, mhd. **Rätenze* (mit Sekundärumlaut der Stammsilbe). Wenn man annimmt, dass **Radanza* über **Radantia* auf vorgm. (kelt.) **Rodantįā* beruht – mit dem Lautwandel vorgm. /o/ > gm. /a/ wie bei Pegnitz (< **Bogantia*), dann liegt eine Ableitung mit dem Suffix *-antia* von dem (kelt.) Substantiv **rodo-* vor, das wohl Verbalsubstantiv zum Verb ig. **red-e-* (vedisch *rádati* 'schürft, nagt'), einem Synonym für 'graben', ist. **Rodantįā* bezeichnet demnach ein Gewässer, das sich an vielen Stellen in die Landschaft „gräbt". Eine wichtige andere Ableitung von **rodo-* ist der FlN **Rodanos*/Rhône ↗Rotten. Eine neuere Deutung versteht **Radantia* als ig. *nt*-Ableitung von einer Wurzel **radʰ-* 'strahlen, glänzen' (< **radʰ-ņt-įā*) 'die Glänzende' mit einem in der Gewässernamengebung geläufigen Benennungsmotiv. – Reitzenstein, *Lexikon*, S. 312f.; Rix, *LIV*, S. 497; Schaffner, *radius*, S. 135–13.

Reest ↗Riest.

Rega, die z. Ostsee (PL), entspringt in der Pommerschen Seenplatte (Woiwodschaft Westpommern), mündet nach 168km bei Kolberger Deep/Dźwirzyno und Treptower Deep/Mrzeżyno (PL). – 1185 *in Rega*; ON. Regenwalde, poln. Resko (Woiwodschaft Westpommern), 1288 *in Regenwolde*; ON. † Regamünde, 1287 *Reghemunde*. – Als Ausgangsform wird ves.-ig. **Regā* vermutet. Der Name gehört wahrscheinlich zusammen mit ↗Reglitz ↗Regen ↗Rench zur urig. Wurzel **h₃reǵ-* 'gerade richten, ausstrecken' (gr. *orégō* 'ich strecke') und dürfte sich auf die Länge bzw. das ausgedehnte Mündungsgebiet des Flusses beziehen und im Sinne von 'Richtung' darauf abheben, dass Wasserläufe auch der Orientierung im Raum dienten. – Udolph, *Gewässernamen Polens*, S. 259; Rix, *LIV*, S. 304f.

Regelsbach l.z. Nordrach (z. Harmersbach z. Kinzig z. Rhein). – 16. Jh. *ein bach ... Regelspach*; ON. Regelsbach (Stadt Nordrach, Ortenaukreis, B.-W., D). – Kompositum mit dem Grundwort *-bach* und dem Genitiv des PN. (ahd.) *Regil* (*Regiles-* > mhd. *Regels-*) als Bestimmungswort. – Geiger, *HG.A.2*, S. 103.

Regen, der čech. *Řezen*, entsteht im Bayerischen Wald bei Zwiesel aus Großem ~ und Kleinem ~, nimmt als Schwarzer ~ rechts den Weißen ~ auf, mündet in Regensburg links in die Donau. Länge 165km. Siedlungen am Regen: Regen (Lkr. Regen, Bayern, D), Regenstauf (Lkr. Regensburg, Bayern), Regendorf, Reinhausen (Stadt Regensburg), Regensburg. – Die ältesten Erwähnungen des Namens sind römerzeitlich *Regino* (Lokativ) 'am Regen' /am reng/. Sie beziehen sich auf das Legionslager gegenüber der Mündung des Regens in die Donau in Regensburg. Daraus ist ein Nominativ *Reginos* zu erschließen, der von germanischen Siedlern in den Formen *Regn-* (mit Sprossvokal ahd. *Regan*) und *Regin* entlehnt wurde. Letztere Namensform wurde auch von Slawen entlehnt und zu čech. *Řezen* lautgesetzlich weiterentwickelt. *Regin* wurde zu ahd. *Rein* kontrahiert, was dem Kompositum *Reinhausen* (Stadt Regensburg) zugrundeliegt. Ahd. *Regan* ergibt sich aus der Erwähnung des Flusses beim Geographen von Ravenna (ca.700 n. Chr.) als (latinisiert) *Reganum* und aus altbairischen Nennungen der Stadt Regensburg als *Reganespurg*, in denen der Genitiv des Gewässernamens vorliegt. Der FlN. *Reginos* ist gebildet wie urkelt. *regini-* 'stretched', air. *rigin* 'tough, hard, slow', ein mit *n*-Suffix vom Verb urkelt. *reg-o-* 'extend, stretch, straighten (sich dehnen, ausbreiten)' abgeleitetes Adjektiv, ⁊Rega ⁊Rench ⁊Rienz, Rye (in England und Schottland, < *Regia*). Die Benennung als 'der ausgedehnte Fluss' bezog sich vermutlich auf das ausgedehnte Mündungsgebiet des Regens und auf seine Länge. – Krahe, *UäFlNN* 1964, S. 104 (mit anderer Deutung); Schwarz, *Naristenfrage*, S. 439f.; Reitzenstein, *Lexikon*, S. 313–318; Matasović, *Proto-Celtic*, S. 307f.

Regenbach l.z. Jagst (z. Neckar z. Rhein), mündet in Unterregenbach (Stadt Langenburg, Lkr. Schwäbisch Hall, B.-W., D). – ON. Unterregenbach, Oberregenbach (Stadt Langenburg), 1033 *Regenbach*, 1226 *Reinbach*, 1297 *Regenbach*. – Kompositum mit dem Grundwort *-bach* und dem Genitiv des PN. ahd. *Rago* (*Regin-* > mhd. *Regen-/Rein-*) als Bestimmungswort. – Schmid, *HG.A.1*, S. 90.

Regesesee im Stadtgebiet von Biesenthal (Lkr. Barnim, Brandenburg, D). – 1595, 1704 *Die Ragöse*, 1840 *Regese See*. – Ausgangsform apolab. *Rogoz'n-* 'Schilfsee', ⁊Ragöse. – Fischer, *BNB 10*, S. 222.

Regge, die l.z. Vechte (z. Zwarte Water z. Zwarte Meer z. IJsselmeer), entspringt bei Goor (Hof van Twente, Prov. Overijssel, NL), mündet in der Nähe von Ommen (Prov. Overijssel). – Um 1232 *prope ... Recclam* (lies *Recdam* oder *Recedam*?), 1404 *die Regde*, 1471 *de Regge*. – Grundform *Rēkida*, mit dem Suffix gm. *-ida-* vielleicht abgeleitet von gm. *reki-*, ⁊Richerbach. – Zelders, *HG.A.11*, S. 32; Schönfeld, *NW*, S. 106f.

Reglitz poln. *Regalica*, ein (ursprünglich zwei) Oder-Arm(e) bei Stettin/Szczecin (PL). – 1212 *Regala*, um 1220 *in Regata*, 1254 *Regelitz*. – Die beiden Varianten *Regala* (später erweitert durch das slawische Suffix *-ica*) und *Regata* deuten auf das Vorhandensein von ursprünglich zwei Oder-Armen hin. Beide Namensformen sind Ableitungen von dem unter ⁊ *Rega* erläuterten ves.-ig. Namen *Regā* mit dem Suffix *-l-* bzw. *-t-*. – Udolph, *Gewässernamen Polens*, S. 260–264.

Regnitz, die
– ¹Regnitz, l.z. Main nordwestlich von Bamberg (Bayern, D), entsteht in Fürth aus dem Zusammenfluss von Rednitz und Pegnitz, streckenweise vom Main-Donau-Kanal überbaut; 1312 *Regentze*, 1348 *Regnitz*. – Der Name ist eine Mischung ("blending") aus *Rednitz* und *Pegnitz*. – Reitzenstein, *Lexikon*, S. 318.
– ²Regnitz, Südliche ~/Obere ~, r.z. Thüringischen Saale in Hof (Bayern, D). – ON. Hof (ursprünglich *Hof Regnitz*), ca.1160 *Rekinzi*, ca.1194 *Regenzi ... Regenzi*, 1268 *in Curia Regnitz*, 1281 *in Recheniz*, 1318 *daz Lant ze Regenitz*, 1323 *Rægentzhof*, 1352 *zum Hof Reknitz*, 1357 *daz Lant zcu Regnicz*, 1393 *Regnitzhofe*.
– ³Regnitz, Nördliche ~/Untere ~, r.z. Thüringischen Saale unterhalb von Hof (Bayern, D).
– ²Regnitz und ³Regnitz gehen zurück auf slaw. *Rakonica/*Rakonici* > mhd. *Räkenitze* und *Rächnitze*, später *Recheniz*, vermutlich wie ON. *Räcknitz* (Dorf südlich von Dresden, 1305 *von Rekenicz*) und elbostslaw. FlN. *die Reknitz* (1276 *Rekenitze*), Ableitung von PN. *Rakon* oder sekundäre Bildung zu *rak* 'Krebs' (mit der Bedeutung 'Krebsbach'). – Ulbricht, *Saale*, S. 234; Reitzenstein, *Lexikon*, S. 184; Eichler/Walther, *HONBSachsen II*, S. 243.

Reh- *-bach, -beck/-beek, -graben/-gräble, -kute, -lach, -pfuhl, -spring, -teich, -siepen*, z.B. Reh-Bach, r.z. Dill (z. Lahn z. Rhein), 1378 *dij Rye*, 1383, 1431 *of der Rý, dye Rý*, mit dem ON. Rehe, 1537 *Rehe, an den Reers kirchpat* (< *Rēh-ahe*?), Bestimmungswort mhd. *rēch, rē*, mndd. *rē* 'Reh' ⁊Rechbach. – Faust, *HG.A.4*, S. 64; Metzler, *Westerwald*, S. 157; Ulbricht, *Saale*, S. 64.

Rehbach, die l.z. Rhein nördlich von Nierstein (Lkr. Mainz-Bingen, Rh.-Pf., D). – ON. †*Rode(n)bach* an der Mündung des Rehbachs, 782

(Kopie 12. Jh.) *in Rodenbachir marca*, 1194–98, 1300 *Rodebach*, 1336 *zu Rodebach*, 1400 *zu Rodbach*; FlurN. Rehbach, 1336 *zu Rodebach*, 1343/15. Jh. *gen Rodebach*, 1569/18. Jh. *bey Roydenbach, bey Reydenbach.* – Grundform ON. ahd. **Rōdinbach* > mhd. **Rœdenbach*, entrundet zu **Rēdenbach*, gekürzt > **Rēbach* <Rehbach>, benannt nach dem Rotliegenden, durch das der Bach fließt. – Greule, *HG.A.15*, S. 87; Zernecke, *Siedlungs- und Flurnamen*, S. 413 f.

Reich-/-e-/-en-/-er- -bach/-bächle/-bächlein, -graben, -seige, -strom, z. B. Reichenbach, r. z. Fils (z. Neckar z. Rhein), 1367 *in Richenbach*, mit ON. Reichenbach an der Fils (Lkr. Esslingen, B.-W., D), ca.1150 *Richenbach*, 1268 *de Richenbach*, Bestimmungswort mhd. *rīch* 'reich, reichlich, mächtig', Benennung nach temporärem Wasserreichtum oder Fischreichtum. – Schmid, *HG.A.1*, S. 81; Reichardt, *Esslingen*, S. 88 f.; Springer, *Flußnamen*, S. 94–96; Fischer, *BNB.10*, S. 225.

Reide, die (auch *Reidebach*), r. z. Weißen Elster (z. Thüringische Saale z. Elbe), entspringt zwischen Zöberitz und Peißen (Stadt Landsberg, Saalekreis, S.-A., D), mündet südlich von Radewell/Osendorf (Stadt Halle/Saale, S.-A.), früher mit sehr sumpfigem Ufergelände. – ON. Reideburg (Stadt Halle), 1287 *Rideborch*. – Mndd. *rīde* f. 'Bach, Graben, Rinnsal'. – Ulbricht, *Saale*, S. 16.

Reidelbach r. z. Wadrill (z. Prims z. Saar z. Mosel z. Rhein). – ON. Reidelbach (Stadt Wadern, Lkr. Merzig-Wadern, Saarland, D), 1332 *Reydelbach*, 1600 *Reddelbach*, 1720 *Redelbach*, 1765 *Roedelbach*, 1829 *Reidelbacher Hof*. – Kompositum mit dem Grundwort -*bach* und dem Genitiv des PN. ahd. **Hreidilo* (> mhd. **Reidelen-bach* > **Reidelnbach*, vereinfacht > *Reidelbach*) als Bestimmungswort. – Spang, *HG.A.13*, S. 60; Kaufmann, *Ergänzungsband*, S. 196.

Reidenbach, die (im Oberlauf *Thalsbach*), r. z. Nahe (z. Rhein). – 1497 *bis in Reidenbacher bach*, 1514 *bis in die Reydenbach, und die Reydenbach ußen*, 1601 *Reidenbacher bach, in die Reidenbach*; ON. Mittelreidenbach, Oberreidenbach (Lkr. Birkenfeld, Rh.-Pf., D), 1340 *in Reidenbach*, 1514 *zu Ober Reydenbach*. – Kompositum mit dem Grundwort -*bach* und dem Genitiv des PN. ahd. **Hreido* (mhd. **Reiden-*) als Bestimmungswort. – Greule, *HG.A.15*, S. 88; Kaufmann, *Ergänzungsband*, S. 196.

Reiffelbach r. z. Glan (z. Nahe z. Rhein). – ON. Reiffelbach (Lkr. Bad Kreuznach, Rh.-Pf., D), 1293 *Rifelbach*, 1383 *Ryffelbach*, 1401 *Rifelbach*, 1485 *Ryffelnbach*, 1510 *Ryffelbach*, 1667 *Reyffelbach*, 1824 *Reifelbach*. – Kompositum mit dem Grundwort -*bach* und dem Genitiv des PN. ahd. **Rīfilo* (**Rīfilen*) als Bestimmungswort; mhd. **Rīfelenbach* synkopiert > **Rīfelnbach*, gekürzt > *Rīfelbach*, diphthongiert > *Reifelbach*. – Greule, *HG.A.15*, S. 88; Dolch/Greule, *Pfalz*, S. 384.

Reifling, die l. z. Weyerbach, mündet südöstlich von Judenburg (PB Judenburg, Steiermark, A). – 1285 *Riuinik, in Reivnich*, 1420 *Reifling*; ON. Reifling (PB Murtal, Steiermark). – Grundform FlN. slaw. **Rybьnika* 'Fischbach', mit Suffix -*ika* abgeleitet vom Adj. slaw. **rybьn-* 'Fische betreffend' (zu slaw. **ryba* 'Fisch') ↗ Raming, eingedeutscht als (mhd.) **Rīvinik* f. > **Reifnich* > **Reiflich*, das Suffix -*lich* wurde durch -*ling* ersetzt > *Reifling*. – Lochner von Hüttenbach, *Steirische Hydronyme*, S. 115; Bergermayer, *Glossar*, S. 225 f.

Reiger- ↗ Reiher-.

Reiher-/Reiger- -bach, -beck, -see, -tief, z. B. Reiherbach (auch *Winnefeldischer Bach*), r. z. Reiherbach (z. Weser), 1588 *der Reherbach*, 1603 *Die Reiger Beke*, 1708 *Reyerbach*, Bestimmungswort mhd. *reiger, reier*, mndd. *reiger, rēger* 'Reiher'. – Kramer, *HG.A.10*, S. 55.

Reiherstieg Abzweigung rechts aus der Süderelbe z. Norderelbe in Hamburg (D). – 1460 *in der Reygherstich*, 1468 *Reigerstich*, 1494 *Reygerstyech*, 16. Jh. *Reigersteich*, 1568 *Reierstieg* (und weitere Belege); ON. Reiherstieg, 1468 *Reyerstige* (und weitere Belege). – Kompositum mit dem Grundwort ndd. *steich* 'Fußweg, erhöhter Wegrand', (im Oderbruch) *stieg*, *steig* 'enger Graben, der nur mit einem Kahn befahren werden kann' und mndd. *reiger* 'Reiher' ↗ Reiher-/Reiger-, vielleicht in der metaphorischen Bedeutung 'langes schmales Gewässer (wie ein Reiherhals)'. – Udolph, *HG.A.16*, S. 278; Fischer, *BNB.10*, S. 225, 272.

Reikersbach l. z. Doblbach (z. Pram z. Inn z. Donau). – ON. Reikersberg (Gem. Brunnenthal, PB Schärding, O.-Ö., A), 1433 *Reickersperig*, 1518 *Reickersperg*, 1532 *Reigkersperg*, 1669 *Reickersberg*; MühlenN. 1669 *Reickersmühl*. – Vermutlich Klammerform **Reikers(berg)bach*, mit dem ON. Reikersberg als Bestimmungswort, Kompositum mit dem Grundwort -*berg* und dem Genitiv des PN. ahd. **Rīchgēr* (**Rīchgēres-*) > **Rīckersbach* > *Reickersbach* als Bestimmungswort. – Dotter/Dotter, *HG.A.14*, S. 315 f.

Reimer, Alter l. z. Havel (Abschnittsname *Neuer Reimer*) bei Jederitz (Hansestadt Havelberg, S.-A., D). – 1748 *in der alten Havel und dem Reimer*, 1780 *Reimer*. – Deutung wegen der späten Belege unsicher. Möglicherweise vorslawischer Name, der gm. **Rai-*

ma-ra- m. (> as. **Rēmer*) mit neuhochdeutscher Lautung fortsetzt, vgl. 1843 *Rehm-Graben* (z. Holzgraben) und *Rehm Wiesen* südlich Uenze (Westprignitz, Brandenburg). Mit gm. **Raima-ra-* können awn. *reimir* 'Schlange', *reimuðr* 'Umherstreifen', ags. *ā-]rǣman* '(sich) erheben' (< gm. **raim-eja-*), engl. *roam* 'umherstreifen' verglichen werden. Der Ausgangspunkt ist eine nominale *m*-Ableitung von der *o*-Stufe der Wurzel urig. **h₁rei-* 'sich erheben' (**h₁roi-mo-*). Benennungsmotiv dürfte das „Umherstreifen" des Gewässers gewesen sein. – Wauer, *HG.A.17*, S. 142; Fischer, *BNB.10*, S. 225f.; Pokorny, *IEW*, S. 330; Rix, *LIV*, S. 252.

Rein, der   l.z. Wendebach (z. Leine z. Aller z. Weser), mündet südöstlich von Reinhausen (Gem. Gleichen, Lkr. Göttingen, Niedersachsen, D). – 1599 *im Rein*, 1700 *im Reingraben*, 1715 *die Reine*, 1778 *der Reinbach*, 1786/87 *beim Rhein*, 1800 *der Rhein*, 1889 *der Rein*; ON. Reinhausen, 1103 *Reinehusen*, 1135 *Reinehuson*, 1247 *Reinhusen*, 1550 *Reinhausen*. – Rückbildung aus dem ON. Reinhausen (mit mndd. *rein*, *rēn* m. 'begrenzende Bodenerhöhung' als Bestimmungswort) oder Übertragung vom Fluss Rhein (< **Rīn* m.). – Kettner, *HG.A.8*, S. 98; Kettner, *Leine*, S. 230; Casemir/Ohainski/Udolph, *Göttingen*, S. 328f.

Rein-   -bach, -graben, -tal-bach, z.B. Reingraben, r.z. Kothbach (z. Salzach z. Inn z. Donau), 1880 *Raingraben*, Bestimmungswort ↗Rain-. – Straberger, *HG.A.9*, S. 92.

Rein-/-e-   -beck/-bek, -wasser, z.B. ON. Reinbek (Kreis Stormarn, S.-H., D), 1238 *Reinebec*; Bestimmungswort mndd. *rein* 'klar, rein'. – Udolph, *HG.A.16*, S. 279–281; Laur, *Schleswig-Holstein*, S. 538.

† Reinanke, die   abgegangener Name des Mittelabschnitts der Reither Ache, l.z. Kitzbüheler Ache (z. Kössener Ache z. Tiroler Ache z. Chiemsee z. Alz z. Inn z. Donau). – Ca.1600 *die Reinanckhen*, 1604/5 *Reinaenken fl.*, 1768 *die reinanken*; Bergbaugebiet um 1550 *in der Reinanken*; ON. Hof Reinache (Gem. Oberndorf in Tirol, A), 1464 *von der Reinanken*. – Ausgangsform FlN. vorgm. **Rīnanka*, Ableitung mit dem (wohl kelt.) Suffix *-anko-* vom Adjektiv **rīno-* (urig. < **h₃riH-nó-*) zum Verb urig. **h₃reiH-* 'wallen, wirbeln; fließen'. – Dotter/Dotter, *HG.A.14*, S. 319; Anreiter, *Tiroler Gewässernamen*, S. 40, Anm.11.

Reinbach   ↗Rhin-.

Reiner Bach   it. Rio di Riva, l.z. Ahr (z. Rienz z. Eisack z. Etsch), bildet am Talausgang Wasserfälle, mündet am Tauferer Boden (Prov. Bozen/Südtirol, I.). – /rái/ (nasaliert), 1600 *Reinerpach*, um 1770 *im Rein*, um 1900; ON. Rein (Gem. Sand in Taufers), /ins rain/ (nasaliert), 1225 *Rivne*, 1328 *Raeun*, 1329 *in Ruenne*, 1346 *Raüne*, 1418 *Rawn*, 1459–1496 *Rewn*, 1483 *Rein*. – Grundform mhd. *Riune*, diphthongiert > *Reun*, entrundet > *Rein*; mhd. *Riune* < ahd./vorgm. **Rūnia*, ein vom FlN. ves.-ig. **Rūnā* 'reißender Wildbach' ↗Raunelbach abgeleiteter Gegendname. Parallelname ON. (Stift) Rein (Gem. Eisbach, PB Graz-Umgebung, Steiermark, A) an einem Zufluss zur Mur, 1041–60 *Runa* (und weitere Belege), um 1075–90 *in Riuna* (und weitere Belege), 1147 *in Rune*, 12./13. Jh. *Reuna* < ahd./vorgm. **Rūnia*. – Kühebacher, *Ortsnamen* 1, S. 356; 2, S. 261; Hausner/Schuster, *Namenbuch*, S. 860–861.

Reinsbek   r.z. Heilsau (z. Trave). – ON. Reinsbek (Gem. Pronstorf, Kreis Segeberg, S.-H., D), 1351 *de Reynesbeke*, 1433 *Reynsueldesbeke*, 1634/35 *Reinsbeke*. – Klammerform **Reins(feld)beke* 'Bach von Reinsfeld'; † Reinsfeld, unbekannter Orts- oder Flurname mit dem Genitiv des PN. *Reinhard* oder *Reinhold* als Bestimmungswort. – Kvaran, *HG.A.12*, S. 149; Laur, *Schleswig-Holstein*, S. 538.

Reinsgraben   z. Leine (z. Aller z. Weser) im Stadtgebiet von Göttingen (Niedersachsen, D). – 1588 *auf den Reindes graben*, 1700 *in den Reins Graben*, 1736 *Reinsbrunnengraben*, 20. Jh. *Reinsbach*, *Reinsgraben*. – Klammerform *Reins(brunnen)graben*, Bestimmungswort ist der Name der Quelle **Reinbrunnen/-born*, zum Bestimmungswort *Reins-* ↗Reinsbek. – Kettner, *HG.A.8*, S. 98; Kettner, *Leine*, S. 231.

Reisbach

– ¹Reisbach, r.z. Vils (z. Donau). – Ca.1563 *Reischbach*; ON. Reisbach, Markt (Lkr. Dingolfing-Landau, Bayern, D), ON. Niederreisbach (Markt Reisbach), ca.775–ca.785 (Kopie 1521) *Rispach*, 800 (Kopie 824) *Rispah*, 1139 *Risbach*, 1267 *Reispach*, 1795 *Reisbach*. – Kompositum mit dem Grundwort *-bach* und ahd., mhd. *rīs* 'Zweig, Ast', hier 'Strauchwerk' als Bestimmungswort. – Snyder, *HG.A.3*, S. 82; Reitzenstein, *Oberbayern*, S. 228.

– ²Reisbach, l.z. Wieslauter (z. Rhein). – 1786 *Reisbach*; ON. Reisdorf (Gem. Böllenborn, Lkr. Südliche Weinstraße, Rh.-Pf., D), 1345 (Regest) *Reychelsdorf*, 1576 *Reistorf*, 1766, 1824 *Reichsdorf*, 1836 *Reißdorf*; FlurN. Reisberg, Reishalde, Reisbachwald; ON. Reichsdorf. – Klammerform **Reis(dorf)bach*, Kompositum mit dem ON. *Reisdorf* als Bestimmungswort, der den Genitiv des PN. **Regich* (> **Reichs-*) und **Regichil* (> **Reichels-*) enthält; ON. Reichsdorf vereinfacht > *Reisdorf*. – Greule, *HG.A.15*, S. 88; Dolch/Greule, *Pfalz*, S. 385.

Reischachbach l.z. Inn (z. Donau). – Ca.1563 *Reischpach*, 1844 *Reischach-Bach*; ON. Reischach (Lkr. Altötting, Bayern, D), 930 *Riskah*, 1011 oder 1012 *Riscah*, 1125 *Rischah*, ca.1180 *Rischach*, 1295 *Reischach*. – Kompositum mit dem Grundwort *-bach* und dem ON. Reischach als Bestimmungswort. *Reischach* < ahd. **Rīsk-ah* n. von ahd. *risc* (**rīsk*) 'Binse', mndd. *risch* 'Schilf, Sumpfbinse' mit dem Kollektivuffix ahd. *-ah(i)* in der Bedeutung 'Ort, wo viele Binsen wachsen' abgeleitet. – Dotter/Dotter, *HG.A.14*, S. 316f.; Reitzenstein, *Oberbayern*, S,229; Bach, *Namenkunde* 1, S. 160, 314.

Reisenbach l.z. Itter (z. Neckar z. Rhein). – ON. Reisenbach (Gem. Mudau, Neckar-Odenwald-Kreis, B.-W., D), 1292 *Rysenbach*, 1369 *Rysenbůch*, 1468 *Rysembuch*, 1550 *Reysennbach, Reysenbach*, 1585 *Reysenbach*. – Kompositum mit dem Grundwort *-bach* (und *-bůch* 'Buchenwald') und mhd. *rīs* 'Zweig, Ast', hier 'Strauchwerk' ↗¹Reisbach als Bestimmungswort. – Schmid, *HG.A.1*, S. 91.

Reislingbach r.z. Kamp (z. Donau) bei Krumau am Kamp (PB Krems-Land, N.-Ö., A). – /roᵃtsliŋ/, 1157 *usque ad Resiche ... ab rivo Resiche*, 1264 *Raysnich*, 1396 *Raisnick*, 1455 *Rayslinkh*. – Deutung unklar, Grundform vielleicht slaw. **Rěčit'a* 'kleiner Fluss', ins Bairische entlehnt als (ahd.) **Resicha* und **Resnicha* > *Resnich*, in hyperkorrekter Schreibung <Reisnich> und später auch Lautung /reisnich/, mit Substitution der Endung durch bair. *-ing* > **Reisning*, dissimiliert > **Reisling*. – Hausner/Schuster, *Namenbuch*, S. 863; Bergermayer, *Glossar*, S. 222f.

Reit- *-bach, -bach-see, -berg-graben, -graben, -steingraben*, z.B. Reitbach, r.z. Weissach (z. Tegernsee z. Mangfall z. Inn z. Donau), 1774 *Reitt Ba.*, 1859 *Reitbach*, mit BergN. Reitberg, 1348 *Reuttenperch*, nach 1348 *in den Reyttperg*; ON. Reitbergalp bei Kreuth (Lkr. Miesbach, Bayern, D), 1474 *in Reuttperg*; Bestimmungswort ↗Reut-. – Dotter/Dotter, *HG.A.14*, S. 317.

Reitbeck, die r.z. Lippe (z. Rhein). – 1545 *by der Reitbecke*, 1583 *bei der Reitbecke*, 1589 *bei der Reidtbecke*, 1617 *bei der Rheibecke her*, 1661 *ufr Reittbecke*, 1799 *die Reitbache hinauf*. – Da die Belege aus 1918 gemeinsam abgedruckten Quellen stammen und voneinander abhängen, kann erwogen werden, dass <ei> für mndd. /ē/ geschrieben wurde, dann ist der Name ein Kompositum mit dem Grundwort mndd. *-beke* und mndd. *rēt, reit* 'Schilfrohr, Röhricht' ↗Ret als Bestimmungswort. – Schmidt, *HG.A.6*, S. 61f.

Reke, die Abschnitt des Rhins zwischen Rheinsberger See und Grienericksee nordöstlich von Rheinsberg (Lkr. Ostprignitz-Ruppin, Brandenburg, D). – 1780 *die Reck*, 1778/86 *die Recke*, 1799 *die Reke*, 1854 *die Räke*. – Apolab. **rěka* 'Fluss'. – Wauer, *HG.A.17*, S. 143; Fischer, *BNB 10*, S. 226.

Rems, die r.z. Neckar (z. Rhein), entspringt bei Essingen (Ostalbkreis, B.-W., D), mündet nach 78km bei Neckarrems (Lkr. Ludwigsburg, B.-W.). – /rēms/ (geschlossenes /ē/), 1274 *... fluvii, qui dicitur Raemse*, 1292 *zwishun der Rámse vnd Vildern*, 1298 *iuxta fluvium Rames*, usw.; BezirksN. 1080 *in ... pago Ramesdal*, 1327 *in dem Ramstal*, 1425 *im Ramßtale*; ON. Neckarrems an der Einmündung der Rems in den Neckar (Rems-Murr-Kreis, B.-W.), 1269 *de Raemsa, in castro Remmese*, 1270 *de Raems* (und weitere Belege); ON. Remseck am Neckar (Lkr. Ludwigsburg), 1850 *Remseck*, ursprünglich BurgenN. mit Grundwort *-eck*; ON. Remshalden (Rems-Murr-Kreis) im Remstal, 1444 *an der Ramßhalden*; ursprünglich FlurN. mit dem Grundwort (im Dativ Plural) ahd. *halda* 'Abhang, Anhöhe, Abgrund', mhd. *halde* 'Bergabhang'. – Ausgangsform ahd. **Rāmisa* > mhd. *Ræmse*, Ableitung mit dem Suffix gm. *-isō* f. von ahd. *rām*, mhd. *râm* 'Schmutz', nhd. *Rahm* 'Ruß', ↗Rahmede. Auf mhd. *Ræmse* könnte auch der ON. (Hof) *Rembs* (Unterwesterwaldkreis, Rh.-Pf.), /'rēmsə'hof/ (/ē/ geschlossen/), 1356 *Remsse*, 1376 *Remse*, zurückgehen. – Schmid, *HG.A.1*, S. 92; Reichardt, *Rems-Murr-Kreis*, S. 262–265; Reichardt, *Stuttgart*, S. 123f.; Metzler, *Westerwald*, S. 122.

Remsbach it. Rio Rémes, l.z. Saldurbach (z. Etsch), mündet bei Tumpaschin (Gem. Mals, Vinschgau, Prov. Bozen/Südtirol, I.). – /rémpspåch/, 1462 *Remspach*, 1523 *Rembpach*, 1543 *Rembs*, um 1770 *Rem(m)s Ba.*, um 1775 *Remschbach*. – Grundform *Remps-bach*, Kompositum mit dem Grundwort *-bach* und Genitiv des PN. *Remp* (Kurzform von *Remprecht*) als Bestimmungswort. – Kühebacher, *Ortsnamen* 2, S. 262.

Remschlitz, die l.z. Kronach (z. Haßlach z. Rodach z. Main), mündet bei Friesen (Stadt Kronach, Lkr. Kronach, Bayern, D). – 1391 *in der Remsnycz*; ON. Remschlitz (Gem. Wilhelmsthal, Lkr. Kronach). – Vergleichbar ist der ON. Remschütz (nördlich Saalfeld, Thüringen), 1074 *Remischzi*, 1378 *Remschicz* < asorb. **Remiš-ici*, abgeleitet von einem PN., der auf westslaw. **remes-* beruht und mit russ. *remeza* 'geschäftiger Mensch' verwandt ist. Remschlitz (< asorb. **Remišnici*) weist demgegenüber ein anderes Suffix auf. – Sperber, *HG.A.7*, S. 135; Hengst, *Westsachsen*, S. 42–45.

Remte, die l.z. Hamel (z. Weser), entsteht im Ith (Weser-Leine-Bergland, Niedersachsen, D). – 1405 (Kopie) *aver de Renpe, an de Renpe*, 1759 *Remte*, 1773 *die Remte*, 1782 *Über die Remte*, 1802, 1803 *Die Rempe*. – Grundform **Renepe* < **Ren(n)apa*, vermutlich Kompositum mit dem Grundwort ↗ apa und mndd. *renne* 'Rinne, Gosse' als Bestimmungswort. – Kramer, *HG.A.10*, S. 55.

Renaubach r.z. Neger (z. Ruhr z. Rhein) bei Rehsiepen (Stadt Schmallenberg, Hochsauerlandkreis, NRW, D). – 16. Jh. *in den grunt Renau*. – Vermutlich Übertragung des Namens der Flur Renau, Kompositum mit dem Grundwort mndd. *ouwe* 'vom Wasser umflossenes Land; wasserreiches, grasiges, fruchtbares Land' und mndd. *renne* 'Rinne, Gosse' als Bestimmungswort. – Schmidt, *HG.A.6*, S. 62.

Rench, die r.z. Rhein, entspringt am Kniebis bei Bad Griesbach (Bad Peterstal-Griesbach, Ortenaukreis, B.-W., D), mündet nach 57km zwischen Helmlingen (Stadt Rheinau, Ortenaukreis) und Lichtenau (Lkr. Rastatt, B.-W.). – /dˈrɛnɪχ/, 1196 *ad Renicham*, 1281 *Réniche*, 1291 *rivus … Reineche*, 1303 *super flumen Reinicham*, 1330 *Westereiniche*, um 1346 (Kopie um 1405) *uf der Renichen, an die Reiniche*, 1347 *die renche, an der Renchen*, ca.1381 *zů der wusten Reynchen*, 15. Jh. *in der Rench*; TalN. 1234 *Renchental*; ON. Renchen (Ortenaukreis), /ˈrɛnχɛ/, zum Jahr 1115 *von Reinecheim*, ca.1150 *de Reinecheim* (und weitere Belege), 1263 *in Regnicheim*, 1304 *Renchen* (und weitere Belege), 1347 *Reinchein, Renichen, in renchen*; ON. Renchenloch (Memprechtshofen, Stadt Rheinau, Ortenaukreis), 1279 *Renichen loche*, 1390 *Reinicheloch*, 1492 *Renchenloch* ('Niederwald im Mündungsgebiet der Rench'). – Ausgangsform (kelt.) **Reginikā* > ahd. **Reginich* > *Reinich* > **Rēnch*, gekürzt > *Rench*, bis auf das Suffix *-ikā* etymologisch identisch mit ↗ Regen (< ahd. *Regin/Regan*). Das Suffix *-ikā* diente der Markierung der Nachbarschaft des Flusses und Tales zur im Süden benachbarten ↗ Kinzig (< **Kʷentikā*). Wie beim ↗ Regen dürfte sich der Name auf die Ausbreitung des Gewässers in der Rheinebene beziehen. – Greule, *Oberrhein*, S. 214f.

Rendl-/Renl-/Rennel- *-bach, -brunnen, -graben*. Bestimmungswort vielleicht Diminutiv zu mhd. *rinne* 'Rinnsal' ↗ Rindlbach.

Renn-/-e- *-bach, -born, -riehe*, z.B. Renneborn, r.z. Rotes Wasser (z. Diesse z. Ilme z. Leine z. Aller z. Weser), 1696 *in den Renneborn*; Bestimmungswort mndd. *renne* f. 'Rinne, Gosse, Wasserrohr'. – Kettner, *HG.A.8*, S. 98; Kettner, *Leine*, S. 231; Rohden, *Treene*, S. 56.

Rennbach z. Unteren Alb (z. Rhein). – 1149–52 *Rintbach*. – Kompositum mit dem Grundwort alem. *-bach* und ahd. *(h)rind*, mhd. *rint* 'Rind' ↗ Rind- als Bestimmungswort. – Geiger, *HG.A.2*, S. 106.

Rennbächle l.z. Großen Enz (z. Neckar z. Rhein), mündet in Bad Wildbad (Lkr. Calw, B.-W., D). – 1149 *Rintbach*; BergN. 1148 *Rintberc*. – Kompositum mit dem Grundwort alem. *-bächle* 'kleiner Bach' und ahd. *(h)rind*, mhd. *rint* 'Rind' ↗ Rindbach als Bestimmungswort. – Schmidt, *HG.A.1*, S. 92.

Repe, die l.z. Lenne (z. Ruhr z. Rhein), entspringt oberhalb von Rieflinghausen (Stadt Attendorn, Kreis Olpe, NRW, D), mündet bei Borghausen (Attendorn). – Vor 1757 *Repe*; ON. Repe (Stadt Attendorn), 1555 *von Reppe*, 1596 *Reppe*; StraßenN. Am Repscheid (Attendorn). – Ausgangsform (gm.) **(H)rapjō* f., *j*-Ableitung von mndd. *rap* 'schnell', *rāpen*, mhd. *raffen* 'eilig an sich reißen' < gm. **hrap-*, Benennung als 'rascher, reißender Fluss'. – Schmidt, *HG.A.6*, S. 62; Barth, *Sieg und Ruhr*, S. 167.

Repkebach (auch *Siffridshäusischer Bach*), l.z. Ilme (z. Leine z. Aller z. Weser), mündet südwestlich von Relliehausen (Stadt Dassel, Lkr. Northeim, Niedersachsen, D). – 1655 (Kopie 1771) *Röbbecke*, 1698, 1717 *oben der röpke*, 1769 *Röbbecke*, 20. Jh. *Repkbach*; ON. † Repke, 1551 *zu Rautpke*, 1596 *Rekpe*. – Grundform wahrscheinlich mndd. **Rötbeke*, Kompositum mit dem Grundwort mndd. *-beke* 'Bach' und mndd. *röte* 'das Verrotten, Flachsrotte', *rōten, röten* 'verrotten, verfaulen', **Rötbeke* assimiliert > **Rötpke*, synkopiert **Rötpke* (neben mundartlich *Rautpke*), gekürzt > **Ropke* neben *Röpke*, entrundet > *Repke*. – Kettner, *HG.A.8*, S. 98; Casemir/Menzel/Ohainski, *Northeim*, S. 318f.

Reppisch, die l.z. Limmat (z. Aare z. Rhein), entspringt im Türlersee (Säuliamt, Kanton Zürich, CH), bildet das Reppischtal, mündet bei Dietikon (Kanton Zürich). – 1333 *disent dem bache … dú Rebtisch*, 1347 *by der Reptisch*, 1359 *an den Reptisch, an die Reptisch*, 1412 *nider in die Reptisch vnd von der Reptisch vff, vntz in die Reptisch*, 1423 *des wassers … Repptischen (wegen)*, 1442 *reptisch*; TalN. 1173 *Rebistal*, (1184–1190) *De Rebistal*, 1309 *rebstal*, 1359 *in Repstal*. – Grundform FlN. (ahd.) *Rebis-* < gm. **Rabis-*, *s*-Ableitung von ablautend gm. **reb-* 'in heftiger Bewegung sein' (mhd. *reben* 'sich bewegen, rühren'), nhd. bair. *rebisch, rebig* 'rührig, munter', ig. **rebʰ-* 'sich (heftig) bewegen'. *Reppisch*, assimiliert < *Reptisch/Rebtisch*, eine Rückbildung aus dem TalN. **Rebtisch-tal*, der durch Dittologie < **Rebischtal* < *Rebistal* entstanden ist. – Greule, *Oberrhein*, S. 143–145; Rix, *LIV*, S. 496.

Ressenbach Zufluss d. Gossaubachs (z. Hallstätter See z. ¹Traun z. Donau). – 1231 *usque ad montes, ubi oritur torrens Riezze*, 1686 *am Ressenbach*; Alm Ressen (Gem. Gosau, PB Gmunden, O.-Ö., A), /á dᵃ ˊrɛʂn̩/ (/e̜/ überoffen), 14. Jh. *Ressen novale*, 1324 *apud Res-*

sen. – Zu bair. *Reß* f. 'Fall, Abhang, Wassergraben', vielleicht als gm. **wrati-* anzuschließen an gm. **wrat-in* awn. *rǫst* (<**wrat-stō*) 'Wasserwirbel', ↗Rassel ↗Retzbach. – Reutner/Wiesinger, *Gmunden*, S. 4.

Ret- -*lake*, -*pfuhl*, -*see*, z.B. Retlake, r.z. Ellerbach (z. Suhle z. Hahle z. Rhume z. Leine z. Aller z. Weser) bei Wollbrandshausen (Lkr. Göttingen, Niedersachsen, D), 1664 *bey der retlacke*, *an der Rettlacke*, 1673 *an der rittlacke*. Bestimmungswort mndd. *rēt*, mhd. *riet* 'Schilfrohr', ↗Reitbeck. – Kettner, *HG.A.8*, S. 98f.; Kettner, *Leine*, S. 231f.; Fischer, *BNB 10*, S. 229.

Retschbach Oberlauf d. Stanz (z. Mürz z. Mur z. Drau) südöstlich von Stanz im Mürztal (PB Mürzzuschlag, Steiermark, A). – Ca.1500 *die Retsch*. – Deutung ↗Retzbach. – Lochner von Hüttenbach, *Steirische Hydronyme*, S. 115 (< sloven. *rečica* 'kleiner Bach').

Retten- -*bach*, -*bach-Graben*, -*brunn*, -*egg-Bach*, -*eggraben*, -*wand-graben*, z.B. Hinterer Rettenbach, r.z. Teichl (z. Steyr z. Enns z. Donau) bei Lengau (Gem. Roßleithen, PB Kirchdorf an der Krems, O.-Ö., A), 1092–1121 (Insert um 1177, Kopie 12./13. Jh.) *usque Rǫttinbach*, 1107–22 (Fälschung 1180–90) *usque Rottinpach*, um 1110 (Insert vor 1177) *usque Rottinbach*, 1179 (Kopie 12. Jh.) *usque in Rotenbach* (und weitere Belege). Der im bairischen Mundartgebiet (bes. in Österreich) häufige Name *Rettenbach* ist aus ahd. **(zi demo) rōtin bache* 'durch eisenhaltiges Gestein rötlich gefärbten Bach' > mhd. **Rœtenbach*, mundartlich entrundet > **Rētenbach* entstanden, ↗Rot-. – Hausner/Schuster, *Namenbuch*, S. 867; Hohensinner/Reutner/Wiesinger, *Kirchdorf an der Krems*, S. 20.

Rettersbach (auch *Rettershofer Bach*), l.z. Krebsbach (z. Fischbach z. Schwarzbach z. Goldbach z. Main z. Rhein) im Taunus. – ON. Rettershof, ehemals Kloster Retters bei Fischbach (Stadt Kelkheim, Main-Taunus-Kreis, Hessen, D), 1146 *Reteresse*; WaldN. Retterswald. – Grundform FlN. (ahd.) **Retrissa* (?), vielleicht Stellenbezeichnung mit dem Suffix ahd. -*issa* abgeleitet von FlN. gm. **Wrat-r-ō* f. zu gm. **wrat-*, ↗Rassach ↗Rassel ↗²Retz-Bach. – Petran-Belschner, *Gewässernamen*, S. 8.

Retzbach

– ¹Retzbach (auch *Retzer Altbach*), l.z. Pulkau (z. Thaya z. March z. Donau). – ON. Retzbach (PB Hollabrunn, N.-Ö., A), 1167–77 (Kopie um 1235) *de Rezze*, um 1170 *Rezpach*, 1195–97 *Recepach*, 1200 *de Retze*. – Grundform ON. slaw. **Rěče* 'am Bach, Fluss', Lokativ zu slaw. **rěka* 'Bach, Fluss'. – Hausner/Schuster, *Namenbuch*, S. 868; Bergermayer, *Glossar*, S. 221f.

– ²Retz-Bach (auch *die Retz*), r.z. Main (z. Rhein). – 1360 *ad ripam que dicitur retzbach*, 1385 *die rechz*; ON. Markt Retzbach (Gem. Zellingen, Lkr. Main-Spessart, Bayern, D), 744–747 (Fälschung 12. Jh.) *Recibah*, 815 (Fälschung 12. Jh.) *Rezzibah*, 815 (Kopie 9. Jh.) *Rezzibah*, 1167 *Rezebach*, 1317 *Retzebach*; ON. Retzstadt (Lkr. Main-Spessart), 948 *Rizzestat* (lies **Rezzistat*), 1160 *Recistat*, 1183 *Retzstat*. – Ausgangsform FlN. gm. **Wratjō*, ursprünglich Bezeichnung einer markanten Stelle am Fluss mit besonders starker Strömung (?), abgeleitet von gm. **wrat-*, das erschlossen wird aus got. *wratōn* 'wandern, reisen', ahd. *rāzi* 'wild, reißend', awn. *rǫst* (< **wrat-stō*) 'Wasserwirbel', ↗Rassel ↗Ressenbach. ON. Retzstadt bedeutet 'Stelle an der Retz'; Retzbach ist ein verdeutlichendes Kompositum mit dem Grundwort -*bach*. – Sperber, *HG.A.7*, S. 136; Reitzenstein, *fränkische Ortsnamen*, S. 142; Heiler, *gefälschte Urkunden*, S. 82.

Reuschbach r.z. Mohrbach (z. Glan z. Nahe z. Rhein). – 1600 *Reichsbach, Reuschbach*, 1985 *Reusch-Bach*; ON. Reuschbach (Gem. Niedermohr, Lkr. Kaiserslautern, Rh.-Pf., D), kurz vor 1694 durch eingewanderte Tiroler gegründet, /reischbach/, 1694 *Reisbach*, 1699 *Reichsbach*, 1721 *Reuschsbach, Reuschbach*, 1797 *Raischbach*, 1824 *Reischbach*; FlurN. 1600 *Reischbacher Wiesengrund*. – Grundform *Reichsbach* 'Bach, der durch Reichsland fließt'. – Greule, *HG.A.15*, S. 88f.; Dolch/Greule, *Pfalz*, S. 387.

Reuschenbach, die l.z. Lahn (z. Rhein) bei Weilburg (Lkr. Limburg-Weilburg, Hessen, D). – FlurN.1481, 1487, 1513 *in der Rußenbach*, 1513 *in der Reuschenbach*, 1529 *in der Reußhenbach*, 1541 *Reuschenbach*. – Grundform (mhd.) **Rūschend-bach/ *Riuschend-bach* 'der rauschende Bach', Kompositum mit dem Partizip Präsens des Verbs mhd. *rūschen/riuschen* 'rauschen'. – Faust, *HG.A.4*, S. 64.

Reuss, die r.z. Aare (z. Rhein), viertgrößter Fluss der Schweiz, entspringt im Gotthardmassiv, im Urserental (Kanton Uri, CH) vereinigen sich Gotthardreuß und Furkareuß, mündet bei Flüelen (Kanton Uri) in den Vierwaldstättersee, den sie in Luzern verlässt, mündet nach 164km unterhalb von Windisch (Kanton Aargau). – /a dər rūfs/, vor 840 *iuxta flumen … Rusa*, 840 *super fluvium Riusa*, um 1261 *citra flumen Rusa* (und weitere Belege); TalN. 1259 *Riusital*; ON. Reussegg (Gem. Sins, Kanton Aargau), 1236 *de Rusecke* ('Burg über der Reuss'). – Die Grundform (gm.) **Rūsi* mit dem Obliquus **Rūsjō-* kann als germanische Bildung zu **rūs-* (schw. *rūsa* 'daherstürmen, eilen', mndd. *rūsen* 'rasen, toben, lärmen') gestellt werden, oder der Name war ursprünglich (weil als germanische Bildung ohne Parallele) vorgermanisch und mit **Rusia* (↗Riß ↗Rissbach) identisch, wobei das kurze /-u-/ unter dem Einfluss von altalemannischen Wörtern wie *rūschen, brüschen* sekundär gedehnt wurde. Die vorgermanische Benennung beruht auf der ig. Wurzel **reus-* 'graben, wühlen', wozu auch vorrom. (gall.?) **rusia* 'Gletscher' gestellt wird. – Greule, *Oberrhein*, S. 145 f.; Hug/Weibel, *Uri*, II, Sp.1047–1061; Dittli, *Zug*, S. 50–52; Pokorny, *IEW*, S. 332.

Reut(h)-/-e-/-en- -*bach*/-*bächle*, -*graben*, -*weiher*, z.B. Reutebach in Zähringen (Stadt Freiburg/Breisgau, B.-W., D), 1317, 1327 (*uf, in*) *den rútibach*, 1318 *Rütibach*, 1584 *Reitenbach*. Bestimmungswort ahd. *riuti* stN. 'Rodung', nhd. ON. *Reute*, im bairischen Mundartgebiet entrundet ↗ Reit-. – Geiger, *HG.A.2*, S. 106.

Reyen l.z. Gräpeler Mühlenbach (z. Oste z. Elbe) bei Gräpel (Gem. Estorf, Lkr. Stade, Niedersachsen, D). – FlurN. *In den Reyen*, 1755 *Bei der Riehe*, 1823 *Moor-Rehn*, 1847 *In den Rehen*. – Übertragung des Flurnamens auf das Gewässer; zugrunde liegt mndd. *rīde, rīe, rīge* f. 'Bach, kleiner Wasserlauf, Graben', ↗ ²Riede. – Udolph, *HG.A.16*, S. 282.

Rezat, die die *Fränkische Rezat* entspringt auf der Frankenhöhe, vereinigt sich mit der im Lkr. Weißenburg-Gunzenhausen (Bayern, D) entspringenden *Schwäbischen Rezat* bei Georgensgmünd (Lkr. Roth, Bayern) zur Rednitz. – Fränkische Rezat: 786 (Kopie 1614) *Rethratenza* (lies *Reht-*), 792–816 (Kopie 9. Jh.) *Rehtratanze*, 9. Jh., Annalen zu 793 (Kopie 10. Jh.) *Radentia*, 1228 *Radanciam fluvium*, 1286 *Raedentz*, 1335–1345 (Kopie 1358) *Redentz*, ca.1434 *Rednitz*, ca.1503 *Retzach*, 1801 *Retzat*; Schwäbische Rezat: 1377 *Redentz*, 1387 *Retzend* (lies **Redentz*), ca.1503 *Rednitz*, 1571 *Retzet*, 16. Jh. *Bairisch oder Ober Retzach*, 1642 *Rezet*, 1801 *Retzat*. – Der FlN. *Rezat* ist ursprünglich identisch mit ↗ Rednitz, ahd. **Ratenza*, mhd. **Rätenze* bzw. **Rädenze* (mit Sekundärumlaut). Die Fränkische Rezat war ursprünglich die „rechte Rednitz". Zur Unterscheidung von **Rädenze/Rednitz* wird die apokopierte Form des Namens kontrahiert (**Redenz > *Rētz*) und zur Verdeutlichung mit dem Grundwort -*ach* 'fließendes Wasser' versehen; aus **Rētz-ach* entsteht *Rezat* ↗ Bühlot. – Sperber, *HG.A.7*, S. 46, 155; Reitzenstein, *Lexikon*, S. 322f.; Beier, *Weißenburg-Gunzenhausen*, S. 94f.

Rhaunelbach ↗ Raunelbach.

Rhein, der frz. *le Rhin*, ndl. *Rijn*, räto-rom. *Rain, Rein, Rogn, Ragn*; siebtgrößter Fluss Europas, entspringt im Schweizer Kanton Graubünden und mündet in den Niederlanden in die Nordsee. – Erstbeleg angeblich 4. Jh. v. Chr. (eher 1. Jh. n. Chr.) griechischer Genitiv *Rhḗnu* (angeblich bei Pytheas von Massalia, eher Strabon), 57–52 v. Chr. (lat. Akkusativ) *Rhenum* (Catull 11, 11; Caesar, *Bellum Gallicum* 1, 1, 3), 762 (Kopie 12. Jh.) *fluvium Hrin*, 763 (Kopie 12. Jh.) *fluvius Rin*, 1295 *von dem Reine* usw. – Zugrunde liegt der ves.-ig. FlN. **Reinos*, der aus l. *Rēnus* und germanisch **Reinaz* (ahd. *Rīn*) rekonstruiert werden kann. **Reinos* entspricht einem urig. Nomen **(h₃)réi(H)-no-s* 'wallender, wirbelnder (Fluss)', das von der Verbalwurzel urig. **h₃reiH-* 'wallen, wirbeln; fließen' abgeleitet ist. Diese Deutung des Namens lässt vermuten, dass die Benennung vom Oberlauf des Flusses in den Alpen und dem Alpenvorland ausging. Vielleicht war der Rheinfall bei Schaffhausen am Hochrhein der geographische Anlass zur Benennung. Das Appellativ ir. *rían* 'Meer' dürfte deonymisch, also aus dem Namen kelt. **Rēnos* abstrahiert sein. – Borchers, *Große Flüsse*, S. 46–61; Reitzenstein, *Rezension Liechtenstein*, S. 115; Krahe, *UäFlNN*, S. 95f.; Rix, *LIV*, S. 305.

Rheinbach, die
– ¹Rheinbach, r.z. Reichenbach (z. Simmerbach z. Nahe z. Rhein). – 1006 (Kopie 18. Jh.) *usque in Rigenbach, an Rigenbach deorsum*, 15./16. Jh. (Kopie) *in die Rheinbach*. – Grundform vermutlich (ahd.) **Reginbach*, kontrahiert zu mhd. **Reinbach*, Kompositum mit dem Grundwort -*bach* und dem Genitiv des PN. ahd. **Rago* (**Regin-*) als Bestimmungswort. – Greule, *HG.A.15*, S. 89; Kaufmann, *Ergänzungsband*, S. 284.
– ²Rheinbach, r.z. Morsbach (z. Wupper z. Rhein). – 1773 *auf der ... Reenbach*. – Kompositum mit dem Grundwort -*bach* und einem Bestimmungswort (mndd. **rēn*?), das vielleicht zu deuten ist wie ↗ Rein ↗ Rhena. – Schmidt, *HG.A.6*, S. 62.

Rhena, die l.z. Neerdar (z. Aar z. Orke z. Eder z. Fulda z. Weser), entspringt im Naturpark Diemelsee (Rothaargebirge), mündet zwischen Böminghausen (Gem. Willingen, Lkr. Waldeck-Frankenberg, Hessen, D) und Alleringhausen (Stadt Korbach, Lkr. Waldeck-Frankenberg). – ON. *Rhena* (Stadt Korbach), um 1530 *de Reyn, in Reyn*, 1552 *Rhenensis pastor*. – Übertragung des Ortsnamens *Rhena*, der mndd. *rein, rēn* m. 'begrenzende Bodenerhöhung' enthalten dürfte ↗ Rein, sekundär um /-a/ (zur Unterscheidung von Rhene) erweitert und in der Schreibung an l. *Rhenus* angeglichen wurde. Ob der Name der in der Nähe fließenden Rhene, r.z. Diemel (z. Weser), ebenso zu deuten ist, ist unklar, weil historische Belege fehlen. – Sperber, *HG.A.5*, S. 83; Kramer, *HG.A.10*, S. 55.

Rhienbach

– ¹Rhienbach, l.z. Mainbach (z. Leine z. Aller z. Weser), mündet bei Ballenhausen, (Lkr. Göttingen, Niedersachsen, D). – 1588 *auf dem Rein*, 1592 *uff dem Riene, uff dem Reine*, 1785 *Rie Bach*, 20. Jh. *Rein-Bach, Rhien-Bach*; FlurN. Rhienfeld, 1785 *Rie Feld*, 1835 *das Rheinfeld*, 1856/57 *das Rhienfeld*, 20. Jh. *Rheinfeld, Rhinfeld*. – Bestimmungswort ist mndd. *rīn ↗Rhin-. – Kettner, *HG.A.8*, S. 99; Kettner, *Leine*, S. 230.

– ²Rhienbach ↗Rien.

Rhin, der

– ¹Rhin, r.z. Elbe in der Kremper Marsch (Kreis Steinburg, S.-H., D), entsteht in Glückstadt (Kreis Steinburg) aus Kremper ~ und Herzhorner ~, mündet im Glückstädter Außenhafen. – 1568 *Der Rien*, 1588 *Rin*, 1616 *den Rhein*. – Übertragung des Namens des ↗Rheins wohl vermittels des deonymisierten Nomens mndd. *rīn m. ↗Rhin-. – Udolph, *HG.A.16*, S. 282; Laur, *Schleswig-Holstein*, S. 543.

– ²Rhin, r.z. Havel in zwei Armen bei Gülpe bzw. Hohennauen (Brandenburg, D), 1238 *in Renum ... Renus*, 1298 *usque ad ... Rhyn*, 1336 *tussen deme rine*, usw.; LandschaftsN. Rhinow, 1257/1266 *terra Rynowensis*, 1376 *das land Rynow*; ON. Rheinsberg, (Lkr. Ostprignitz-Ruppin, Brandenburg), 1291 *de Rynesberge*; ON. Rheinshagen (Lkr. Ostprignitz-Ruppin), 1530 *Rinshagen*; ON. Rhinow (Lkr. Havelland, Brandenburg), 1216 *Rinowe*. – Der älteste Beleg zeigt den Namen in latinisierter Form. Wahrscheinlich ist der Name im Verlauf der Ostkolonisation vom Rhein übertragen worden. Hinzukommt die Vermutung, dass die niederdeutsche Form des Namens Rheins (*rīn m.) zum Appellativ deonymisiert und als solche nach Brandenburg übertragen wurde. Ferner dürfte der Ortsname *Rinow* eine slawische Bildung (mit der Wurzel *rin-* 'strömen, fließen' und dem Suffix *-ovъ*) sein. – Wauer, *HG.A.17*, S. 143 f.; Fischer, *BNB 11*, S. 227 f.

Rhin-

(auch *Rien-*) *-fließ, -graben, -kanal, -schlot, -see*. Bestimmungswort ist mndd. *rīn m., ndd. rien 'Graben, Wasserlauf', vgl. 1893 *der Rhien* 'kleiner bei Lage in die Werre mündender Bach', vermutlich deonymisiert vom niederdeutschen Namen des Rheins *Rhīn ↗Rhein ↗Rhienbach ↗Rhin. – Kramer, *HG.A.10*, S. 56; Fischer, *BNB 10*, S. 227 f.; Kettner, *Leine*, S. 230.

Rhineke, der

Abschnitt des ²Rhins (z. Havel) bei Witzke (Gem. Seeblick, Lkr. Havelland, Brandenburg, D). – 1496 (Kopie) *vff dem Rynecke*. – Deminutiv des Namens ↗Rhin 'kleiner Rhin'. – Fischer, *BNB 10*, S. 228.

Rhone, die ↗Rotten.

Rhünda

z. Rhünder Bach, r.z. Schwalm (z. Eder z. Fulda z. Weser), mündet bei Altenburg (Stadt Felsberg, Schwalm-Eder-Kreis, Hessen. D). – 1521 *Rühne*; ON. Rhünda (Stadt Felsberg), um 1250 *Růhende*, 1356 *in villa Runden*, 1397 *Ronde*, 1555 *Ruenne*, 1570 *Rhuende*, 1585 *Ruende*, 1747 *Ründe*. – Ausgangsform FlurN./ON. (ahd.) *Run(n)ida* > mhd. *Rǖnde*, wmd. *Rönde*, mit dem Suffix gm. *-iÞō- f.* (ahd. *-ida*) abgeleitet von gm. *run(n)i-* m. (gt. *runs*) 'Wasserlauf' mit der Bedeutung 'Stelle am Wasserlauf', vom Ort auf den Fluss übertragen. – Sperber, *HG.A.5*, S. 83; Seebold, *starke Verben*, S. 376.

Rhume, die

r.z. Leine (z. Aller z. Weser), die Quelle, eine ergiebige Karstquelle, befindet sich am Ortsrand von Rhumspringe (Lkr. Göttingen, Niedersachsen, D), nach 48km Mündung nordwestlich von Northeim (Lkr. Northeim, Niedersachsen). – 1105 (Fälschung 12. Jh.) *in aqua ... ruma*, 1141 (verunechtet, Kopie 16. Jh.) *aqua ... Ruma*, 1154 *de rivo ... Ruma*, 1265 *aqua ... ruma* (und weitere zahlreiche Belege), 1323 *van der Rume*, 1358 *uppe der Rume*, 1372 *Rŭme*, 1525 *up der Rumen, up der Rume*, 1545 *der Raum fluß*, 1554 *up der Rum*, 1578 *an der Raum*, 1579 *zwischen der Ruhme und Leina*, 1598 *ahn der Ruhme*, 1602 *über die Rhume*; ON. Rhumspringe ('Ort, wo die Rhume entspringt'), um 1200 (Kopie 16. Jh.) *Rumispringe*, um 1250 (Kopie 16. Jh.) *Rumespringe*, 1286 *Rumspringe* (und weitere Belege), 1615 *auff den Raume Springk*, 1664 *vorm Ruhmspring*. – Ausgangsform FlN. gm. *Rūmō f.* 'die Geräumige, Große', nominalisiertes Feminin zum Adj. gt. *rūms* 'geräumig', mndd. *rūm* 'geräumig, weit, offen; weitläufig, groß'; Motiv der Benennung: die Rhume ist der größte Fluss der Gegend, sie führt bei der Mündung mehr Wasser als der Hauptfluss Leine. Parallelname ON. Rumes (Prov. Hennegau, Wallonien, B), 899 (Kopie ca.1300) *Ruma* (< gm. *Rūma*). – Kettner, *HG.A.8*, S. 99 f.; Kettner, *Leine*, 232 f.; Casemir/Ohainski/Udolph, *Göttingen*, S. 337–340 (< alteurop. *Rūmā*); Herbillon, *Wallonie*, S. 137.

Richerbach, die

l.z. Flurgraben (z. Uhlebach z. Gersprenz z. Main z. Rhein), kommt aus dem Odenwald, mündet bei Sickenhofen (Stadt Babenhausen, Lkr. Darmstadt-Dieburg). – 766 (Original) *super fluuio Ricchina*, 1466 *by dem Rychen born*, 1495 *in der alten rieche?n* (sic!), 1580 *bey der richen*; ON. Richen (Groß-Umstadt, Lkr. Darmstadt-Dieburg, Hessen, D). – Grundform FlN. gm. *Rekinō* > ahd. *Richina*, n-Ableitung von gm. *reki-/*reka-*, wmd. *Rech m.* '(grasbewachsener) Abhang, steiler Rain, Böschung, abschüssiges Stück Land, Weg', norwegischer Gewässername *Reka*, ablautend gm. *raku-* 'Spur, Weg,

Flussbett' (ndd. *Rack, Raak* 'gerade Strecke in einem Wasserlauf', ae. *racu* 'Flussbett, Lauf'), afr. *rek/rak* in Wasserbezeichnungen; der Stamm gm. **rek-/*rak-* < ig. **h₃reǵ-* 'gerade richten, ausstrecken', Benennung des Flusses nach seinem Ursprung im Odenwald. Die heutige Form (*Richerbach*) ist eine Verkürzung der Wortgruppe (*Richener Bach*) mit dem Adjektiv des Ortsnamens. – Sperber, *HG.A.7*, S. 137; Ramge, *Flurnamenbuch*, S. 756 f., 765; Udolph, *Germanenproblem*, S. 254; Gildemacher, *Waternamen*, S. 435–440; Pokorny, *IEW*, S. 856 f.; Rix, *LIV*, S. 304 f.

Richtgraben

– ¹Richtgraben, r.z. Fulda (z. Weser), mündet unterhalb von Queck (Stadt Schlitz, Vogelsbergkreis, Hessen, D). – 1538 *am Rech Graben*, 1584 *am Rechgraben*, 1642 *nach dem Rehe Graben*, 1673 *an das Rehe Graben Flußlein, den Rehe Graben*; ON. Richthof, FlurN. Rechberg. – Kompositum mit dem Grundwort *-graben* und mhd. *rēch, rē* 'Reh' als Bestimmungswort ↗ Rechbach ↗ Reh-, umgedeutet als ↗ ²Richtgraben. – Sperber, *HG.A.5*, S. 83.
– ²Richtgraben, zum Amt Zehdenick (Lkr. Oberhavel, Brandenburg, D). – 1590 *an denn richte graben*. – Bestimmungswort ist das Verb nhd. *richten* 'gerade machen'. – Fischer, *BNB 10*, S. 228.

Rickenbach

– ¹Rickenbach, l.z. Schwackenreuther Aach (z. Stockacher Aach z. Bodensee). – ON. Rickenbach (Gem. Salem, Bodenseekreis, B.-W., D), 1040, 1170 *Richinbach*, 1347 *Rikkenbach*, 1454 *Rickenbach* (und weitere Belege). – Geiger, *HG.A.2*, S. 107 f.
– ²Rickenbach, l.z. Oberen Alb (z. Rhein). – ON. Rickenbach (Lkr. Waldshut, B.-W., D), 1257 *Rickinbach*, 1315 *Rykenbach*, 1321 *Rickenbach* (und weitere Belege). – Geiger, *HG.A.2*, S. 108.
Kompositum mit dem Grundwort *-bach* und dem Genitiv des PN. ahd. **Rīkko* neben **Rīcho* (**Rīkken-/*Rīchen-*) als Bestimmungswort. – Kaufmann, *Ergänzungsband*, S. 290.

Riecksee

südöstlich von Seelübbe (Stadt Prenzlau, Lkr. Uckermark, Brandenburg, D). – 1751 *Der Reichensee*, 1936 *Rieksee*. – Kompositum mit dem Grundwort *-see* und brandenburg. *rieke* 'reich', ↗ Reich-. – Fischer, *BNB 10*, S. 225.

Ried

– ¹Ried- (auch *Riet-, Rieth-*) *-bach/-bächle, -brunnen, -brunnenbach, -graben, -kanal, -wiesen-Bach, -wies(en)graben*, Namen von Gewässern im oberdeutschen Sprachgebiet, z.B. Riedbach, r.z. Eselsbach (z. Ette z. Jagst z. Neckar z. Rhein) mit ON. Riedbach (Stadt Schrozberg, Lkr. Schwäbisch Hall, B.-W., D), 1054 *Rietbach*, 1339 *riepach*, 15. Jh. *Rippach*. Bestimmungswort ahd. *riot* stN. 'Ried, Schilf, Moor, mit Sumpfgras bewachsener Ort', mhd. *riet*, mndd. *rēt*, ndd. *Reet* (< gm. **hreuda-*). – Ramge, *Flurnamenbuch*, S. 766 f.
– ²Ried/Riede/Riede- (auch *Riehe, Riet-*) *-bach, -graben*, Namen von Gewässern im niederdeutschen Sprachgebiet, Bestimmungswort mndd. *rīde, rīe, rīge* f. 'Rinne, Gosse', ae. *rīðe* 'Strom, Bach'. – Kettner, *Leine*, S. 372–374.

Riedelbach

l.z. Weil (z. Lahn z. Rhein) bei Neuweilnau (Gem. Weilrod, Hochtaunuskreis, Hessen, D). – ON. Riedelbach (Gem. Weilrod), 1399, 1457, 1464 *Rodelnbach*, 1540 *von Rodelnbach*, 1585 *von Ridelbach*, 1710 *Ridelbach*. – Kompositum mit dem Grundwort *-bach* und dem Genitiv des PN. ahd. **Rōdilo* (mhd. **Rœdeln-* > **Rœdelbach*) als Bestimmungswort, im 16. Jh. umgedeutet als *Rödel/Riedel* 'kleine Rodung'. – Faust, *HG.A.4*, S. 64 f.; Ramge, *Flurnamenbuch*, S. 767.

Riedel-/Riedl-/Riedle-

-bach, -graben, -moosgraben, -seige, Bestimmungswort ist das Diminutiv zu ¹Ried ↗ Riedelbach.

Riedersbach

r.z. Salzach (z. Inn z. Donau). – ON. Riedersbach (Gem. Sankt Pantaleon, PB Braunau, O.-Ö., A), 13. Jh. *Rutherspach*, ca.1313 *ze Rvtherspach*, 1342 *Ruterspach*, 1402 *Rueterspach*, 1532 *Riedersbach*, 1538 *Ruerderspach*, 1581 *Riederspach*. – Kompositum mit dem Grundwort *-bach* und dem Genitiv des PN. ahd. **Ruodir* (mhd. **Rüeders-*) als Bestimmungwort. **Rüeders-bach* entrundet > *Rietersbach*. – Straberger, *HG.A.9*, S. 94.

Riefenbach

l.z. Radau (z. Oker z. Aller z. Weser) bei Bad Harzburg (Lkr. Goslar, Niedersachsen, D). – 1548 *Reiffenbeck*, 1578 *Riffenbeck, de riffenbach*, 1666 *Reiffen Beeck*, (1689) *im Rieffenbeeke*, 1784 *Riefen Bach*. – Grundform (mndd.) **Rīfen-beke*, Kompositum mit dem Grundwort *beke* 'Bach' und ndd. *rīfe* 'Einschnitt' als Bestimmungswort. – Borchers, *HG.A.18*, S. 112; Kettner, *Leine*, S. 234 f.

Riefensbeek

(heute *Alte Riefensbeek*), r.z. Söse (z. Rhume z. Leine z. Aller z. Weser). – ON. Riefensbeek(-Kamschlacken) (Stadt Osterode am Harz, Lkr. Osterode am Harz, Niedersachsen, D), 1298 (Kopie) *casam Riffenebecke*, 1455 *to dem Richesmesbeke*, 1462 *Richensbeke*, 1500 *an den Riffenbeck*, 1616 *auffm Reifensbeke*, 1618 *uffm Riuenßbeke, die Riemsbecker*, 1621 *Riefensbeeke*, 1632–35 *aufm Reifensbeck*, 1750 *Riefensbeck*, 1770 *Riefensbeeck*. – Grundform mndd. **Rīfen-beke* ↗ Riefenbach, teils mit Umdeutungen des Bestimmungswortes und hyperkorrektem Fugen-s. – Kettner, *HG.A.8*, S. 100; Kettner, *Leine*, S. 234 f.

Riegel-/Riegl- -bach, -brunnen-Graben, -graben, -weiher. Bestimmungswort FlurN. Riegel für Vorsprünge am Berghang.

Riehe/Riehe-/-n- -bach, -fleet, -moor ↗ ²Riede.

Riem-Bach (auch *Rhin Fließ*), r.z. Buckau (z. Havel z. Elbe). – 1569 *Reinbecke, Reinbeeke*, 1842 *Rhin Fl.* – Grundform (mndd.) *Rīn-beke*, assimiliert > *Rīmbeck/Riem-Bach* ↗ Rhin-. – Wauer, *HG.A.17*, S. 145.

Riemeistersee nördlich von Berlin-Zehlendorf (D). – 1540 *Reittmeister, Reitmeister*, 1572 *uf den Riedemeister*, 1591 *der Reinmeister*, 1745 *Riedemeister Heyde*, um 1770 *Rienmeister See*, 1780 *Riemeistersee*. – Bestimmungswort mndd. *rīdemēster* 'Reitmeister' (ein Klosteramt). – Fischer, *BNB 10*, S. 226.

Rien, der (auch *Rhienbach*), r.z. Bega (z. Werre z. Weser). – 1721 *der Reen*; ON. Rhiene (Stadt Lemgo, Kreis Lippe, NRW, D), um 1440 PN. *Rine Hermen*, 1515 *im Ryne*, 1538 *im Rynhe, im Rhyn*, 1590 *vffm Reine* (und weitere Belege). – Deutung wie ↗ ¹Rhin. – Kramer, *HG.A.10*, S. 56; Meineke, *Lippe*, S. 404f.

Rienz, die it. *Rienza*, l.z. Eisack (z. Etsch), entspringt am Fuß der Drei Zinnen (Dolomiten), durchfließt das westliche Pustertal, mündet nach 90km bei Brixen (Prov. Bozen/Südtirol, I.). – 974 (Fälschung 12. Jh.) *ubi ingreditur fluvius Pudio Rionzum*, 1050–um 1065 *apud Rienza*, 1147–um 1160 *iuxta fluvium ... Rienza*, 1296 *Rienz*, 1331 *Rientz*, um 1510 *Riencz*; ON. Rienz, ital. Rienza (Rotte, Fraktion Toblach, Gem. Toblach, Prov. Bozen/Südtirol, /in der rianz/, 1414 *auf der Rienczen*. – Grundform mhd. *Rienze* f. über ahd. *Rionza* < rom. *Reonza* (mit Schwund des intervokalischen /-g-/) < vorrom./kelt. *Regontịā*, Femininum des Verbaladjektivs kelt. *rego-nt-* zum Verb urkelt. *reg-o-* 'sich ausbreiten'. Die Benennung bezieht sich vermutlich auf das weit verzweigte Quellgebiet der Rienz, ↗ Regen. – Kühebacher, *Ortsnamen 1*, S. 362, *2*, S. 264f.; Hausner/Schuster, *Namenbuch*, S. 873; Matasović, *Proto-Celtic*, S. 308.

Riepenbach, die r.z. Ilme (z. Leine z. Aller z. Weser), mündet südlich von Relliehausen (Stadt Dassel, Lkr. Northeim, Niedersachsen, D). – 1643 *die Riepenbecke, auf die Ripenbecke, uf die Rypenbeeke* (und weitere Belege), 1696 *in der Riepenbache*, 1769 *Riepenbach*; BergN. der Riepen, 1356 (Kopie 15. Jh.) *an dem Rypen*. – Kompositum mit dem Grundwort mndd. *beke* 'Bach' und dem BergN. Riepen, (ndd. *riepe* 'Rand, Hügelrand') als Bestimmungswort; der Riepenbach fließt am westlichen Abhang des Riepen. – Kettner, *HG.A.8*, S. 101; Kettner, *Leine*, S. 235.

† Riepischzesee (heute *Langer See*), nordöstlich von Kehrigk (Stadt Storkow, Lkr. Oder-Spree, Brandenburg, D). – 1518 (Kopie) *vf dem Reipssken See*, 1745 *Lange See Sonst Ripischze genandt*, 1751 *Der Lange See Riepischze*, 1772 *Riepischzesee*. – Übertragung des Flurnamens asorb. *Řepišče* 'Rübenacker, -feld' auf den See. – Fischer, *BNB 10*, S. 229.

Riersbach l.z. Harmersbach (z. Kinzig z. Rhein). – ON. Riersbach Dörfle, Vor Riersbach (Gem. Oberharmersbach, Ortenaukreis, B.-W., D), 15. Jh. *Richersbach*. – Kompositum mit dem Grundwort -*bach* und dem Genitiv des PN. (mhd.) *Rīcher* (*Rīchers*-) als Bestimmungswort; *Rīchers-bach* verkürzt > *Riersbach*. – Geiger, *HG.A.2*, S. 109.

Ries-

– ¹Ries-/-en- -bach, -graben, -leitenbach, in Gewässernamen des oberdeutschen Sprachgebiets, Bestimmungswort mhd. *rise* 'Wasser-, Stein-, Holzrinne an einem Berg', ON. Rieß, Riesen. – Keinath, *Württemberg*, S. 56.

– ²Ries-/Rieß-/-e-/-en- -bach/-beck/-beek, -laken-graben, -pfuhl, in Gewässernamem des niederdeutschen Sprachgebiets, z.B. Ries-Bach, l.z. Beber-Bach (z. Leine z. Aller z. Weser), mit ON. † Riesbach, 1548 *Reyspach*, 1610 *Rießbach*; Bestimmungswort ndd. *rīs* n. 'Reisig, Buschwerk, -wald', teils volksetymologisch umgedeutet als Riese 'Wesen von übermenschlich großer Gestalt'. – Kettner, *HG.A.8*, S. 101; Kettner, *Leine*, S. 235f.; Fischer, *BNB 10*, S. 226.

† Riesel abgegangener Name d. Aa, l.z. Nethe (z. Weser), entspringt im Eggegebirge, mündet südwestlich von Brakel (Kreis Höxter, NRW, D). – 1326 *in fluvius ... Rysele*; ON. Riesel (Stadt Brakel), (918–935) *Hrisal*, 1299 (Kopie 1480) *de Rysele*, 1321 *in ... Rysele*, 1331 *Risele*, 1336 *in campis ville Rysele* (und weitere Belege), 1451 *to Risele*, 1461 *to Rysel*. – Grundform ON. as. *Risal*- > mndd. *to Rīsele* (Dat. Sg.), mit *l*-Suffix abgeleitet von mhd. *rise* stF. 'Wasser-, Stein-, Holzrinne an einem Berg; abschüssige Stelle an einem Bergabhang, über die Wasser, Geröll oder Holz herabgleitet oder -rollt' (Nomen zum Verb gm. *reis-a*- 'aufgehen, untergehen'), vgl. FlurN. (Gottenheim, Lkr. Breisgau-Hochschwarzwald, B.-W., D), 1362 *under der Risellun* (mit Suffix ahd. *-ilja*). Der Ortsname ist 1326 auf den Fluss übertragen. – Kramer, *HG.A.10*, S. 56; Roos, *Flurnamen*, S. 92f.; Seebold, *starke Verben*, S. 371f.

Riest ndl. *Reest*, l.z. Meppelerdiep (z. Zwarte Water z. Zwarte Meer z. IJsselmeer) in der Provinz Drenthe (NL). – 1176 (Kopie 15. Jh.) *iuxta amnem Reste*, 1181 (Kopie 15. Jh.) *Resta*, 1428 *tusschen den Reestenstrom*, 1432 *by den Reesten*, 1469 *die Reeste*; ON. Reest 1217 *in*

Resta, 1263 *in Resten*, 1283 *in parrochia Resten*, 1287 *de Restene inferiori*, 1360 *van der Overreesten*, 1381/3 *Overreysten*, 1386 *toe Overreest*, 1391 *de Overresten*, 1421 *ter Averreesten*. – Grundform FlN. **Rēst-* < gm. **rais-t-*, mit *t*-Suffix abgeleitet vom Verb gm. **reis-a-* 'auf-, untergehen', as. *rīsan* 'sich erheben', ndl. *rijzen*. – Zelders, *HG.A.11*, S. 32; Blok, *Drentse Waternamen*, S. 11 f.; Seebold, *starke Verben*, S. 371.

Rietsche, die Oberlauf d. Dall-Bachs (z. Belziger Bach z. Plane z. Breitlingsee z. Havel z. Elbe). – 1842 *die Rietsche*; FlurN. 1854 *Schlucht die Rietsche*. – Grundform apolab./asorb. **rěčica* 'kleiner Fluss'. – Wauer, *HG.A.17*, S. 145; Fischer, *BNB 10*, S. 229.

Rietschke/Ritschke vier Flüsse im Gebiet d. Thüringischen Saale (z. Elbe). – Grundform asorb. **Rěčica* 'kleiner Fluss', Diminutiv zu **rěka* 'Fluss, Bach', ↗ Rietz- ↗ Ritz. – Ulbricht, *Saale*, S. 226.

Rietz-/-e/-en-/-er- *-graben, -see*, z. B. Rietzer Bach, l.z. Nieplitz (z. Nuthe z. Havel z. Elbe), 1303 *cum aqua … Retyz*. Bestimmungswort apolab./asorb. **rěčica* 'kleiner Fluss'. – Fischer, *BNB 10*, S. 229.

Riewendsee in Päwesin (Lkr. Potsdam-Mittelmark, Brandenburg, D). – 1204 *Rewensee*, 1383 *in den Riwensey*, 1454 *in den Rywent*, 1462 (Kopie) *de Rywendt*, 1463 *die Rywant, den Riven*, 1467 *vp dem Rewant … vp dem Rewend*, 1663 *Der Riewendt*; ON. Riewend (Gem. Päwesin), 1324 (Kopie) *Rewant*, 1375 *Rywin*, 1420 *tu Rewen*, 1450 *Ryewen*, 1452 *tho Rywent*. – Grundform apolab. **Revǫt-*, Partizip Präsens aktiv zu **revti* 'brüllen, tosen'. – Wauer, *HG.A.17*, S. 146; Fischer, *BNB 10*, S. 230.

Rimbach

- ¹Rimbach, r.z. Goldach (z. Isen z. Inn z. Donau). – Ca.1563 *Ad Rimpach rivum*; ON. Friedlrimbach. Mitterrimbach, Oberrimbach, Rimbachau (Gem. Obertaufkirchen, Lkr. Mühldorf am Inn, Bayern, D), 1123 *de Rintpach*, ca.1180 *Rinbach, Rimpach* (und weitere Belege). – Dotter/Dotter, *HG.A.14*, S. 326 f.
- ²Rimbach, die, r.z. Haslach (z. Reiche Ebrach z. Regnitz z. Main z. Rhein). – 1413 *die Rympach hinabe*; ON. Ober~, Unter~, Kirchrimbach (Markt Burghaslach, Lkr. Neustadt a.d. Aisch-Bad Windsheim, Bayern, D), 1268 *de Rintpach*, 1287 *de Rimpach* (und weitere Belege). – Sperber, *HG.A.7*, S. 138.
- ³Rimbach, l.z. Weidachbach (z. Volkach z. Main z. Rhein). – ON. Rimbach (Stadt Volkach, Lkr. Kitzingen, Bayern, D), 1135 *Rintpach*. – Sperber, *HG.A.7*, S. 138.
- ¹⁻³Rimbach: Kompositum mit dem Grundwort *-bach* und mhd. *rint* 'Rind' als Bestimmungswort, ↗ Rindbach.
- ⁴Rimbach, r.z. Queich (z. Rhein). – 1349 *Rimbach*, 1836 *Rinnbach*; BergN. Rindsberg, 828 (Kopie 1430) *in cacumen Rintbergess*; ON. Rinnthal (Lkr. Südliche Weinstraße, Rh.-Pf., D), 1163 *de Rintdale*, 1310 *in Rintdale*, 1337 *von Rindal* (und weitere Belege). – Klammerform **Rint(berg)bach > *Rintbach > Rimbach*, mit dem BergN. als Bestimmungswort, BergN. Rindsberg mit dem Bestimmungswort ahd. *rind*, mhd. *rint* 'Rind'. – Greule, *HG. A.15*, S. 89; Dolch, Greule, *Pfalz*, S. 391 f.

† Rinaha l.z. Haune (z. Fulda z. Weser). – 801(Kopie) *Rinacha haubit*; ON. Rhina (Gem. Haunetal, Lkr. Hersfeld-Rotenburg, Hessen, D), 980 *in Rinaha inferius*, 1003 *Rinaha*, 1415 *Ryna*, 1494 *Ryen*, 1501 *Reyn*, 1746 *Rhiena*. – Grundform ahd. **Rīn-aha*, Kompositum mit dem Grundwort *aha* 'Fließgewässer' und (ahd.) *rīn*, deonymisiert vom Namen des Rheins ahd. *Rīn* ↗ Rhin- ↗ Rhein ↗ † Ryna. – Sperber, *HG.A.5*, S. 84.

Rinchnacher Ohe l.z. Schwarzen Regen (z. Regen z. Donau), entsteht durch Vereinigung von Hackenbach und Kühbach auf dem Gebiet der Gem. Kirchberg i. Wald (Lkr. Regen, Bayern, D). – 1029 *Rimminaha*; ON. Rinchnach (Lkr. Regen), 1040 *Rimichinaha*, 1148 *Rumchenahe*, 1249 (Druck 1620) *Rinichna*, 1254 *Rimchna*, 1277 *Rimichna*, 1295 *Rimchnach*, nach 1301 *Rinchnach*. – Grundform FlN. *Rimichin-aha*, Kompositum mit dem Grundwort ahd. *aha* 'Fließgewässer' und dem Genitiv des PN. ahd. **Rimicho (Rimichin-)* als Bestimmungswort. Zur heutigen Form Rinchnach führt folgender Lautwandel: ahd. *Rimichinaha* > mhd. **Rimchenach*, mit Assimilation von /-mchn-/ > /-nchn/ > *Rinchnach*. – N.N., *HG.A.20*; Reitzenstein, *Oberbayern*, S. 232.

Rindbach l.z. Tauber (z. Main z. Rhein), mündet bei Creglingen (Main-Tauber-Kreis, B.-W., D). – ON. Niederrimbach, Oberrimbach (Stadt Creglingen), 1045 *Rintbach*, 1125 *apud Rintpach*. – Kompositum mit dem Grundwort *-bach* und ahd. *rind*, mhd. *rint* 'Rind' als Bestimmungswort, ↗ Rimbach. – Sperber, *HG.A.7*, S. 138.

Rindelloh-Bach l.z. Alders-Bach (z. Vils z. Donau) im Lkr. Passau (Bayern, D). – Ca.1563 *ad rivulum Rintlach … rivulo Rintlachio*. – Grundform vielleicht (mhd.) **Rinnel-ach > *Rindlach*, mundartlich **Rindlo(ch)*, Kompositum mit dem verdeutlichenden Grundwort mhd. *ache* 'Fließgewässer' und mhd. *rinnel* 'kleine Rinne' als Bestimmungswort, ↗ Rinderbach ↗ Rindlbach. – Snyder, *HG.A.3*, S. 84.

Rinderbach l.z. Lasankenbach (z. Lüsner Bach z. Rienz z. Eisack z. Etsch) (Prov. Bozen, Südtirol, I.). –

Altmundartl. /rindlpåch/, um 1770 *Rinder Ba.* – Kompositum mit dem Grundwort *-bach* und mhd. *rinnel*, bair. mundartl. *rindl* 'Rinne, eingearchter Bach, Bachschlucht', ↗Rindlbach. – Kühebacher, *Ortsnamen* 2, S. 267.

Rindlbach l.z. Rienz (z. Eisack z. Etsch), mündet nordöstlich von Brixen (Prov. Bozen/Südtirol, I.). – /rindlpåch/, 1390 *Rindelpach*, 1454 *Rindelbach*, 1780 *Rindbach*, um 1900 *Rinder Bach.* – Das Bestimmungswort entspricht dem Diminitiv von mhd. *rinne* 'Rinnsal', bair. **rindl*, ↗Rinderbach. – Kühebacher, *Ortsnamen* 2, S. 267.

Ringbach (auch *Rimbach*), l.z. Fulda (z. Weser), mündet in Braach (Stadt Rotenburg an der Fulda, Lkr. Hersfeld-Rotenburg, Hessen, D), vgl. † Ring z. Solz (z. Fulda z. Weser) bei Schenklengsfeld (Lkr. Hersfeld-Rotenburg), 1003 *Rindaha* > **Rinde* > **Rind/Ring.* – Kompositum mit dem verdeutlichenden Grundwort *-bach* und ahd. *rind*, mhd. *rint* 'Rind' als Bestimmungswort, **Rint(-bach)* > *Ring(-bach)* bzw. *Rimbach* ↗Rimbach. – Sperber, *HG.A.5*, S. 84.

Ringel-/Ringl- *-bach, -graben, -brunnen-bach, -see*, z. B. Ringelbach z. Reichenbächle (z. Rench z. Rhein), 1225 (Kopie) *in dem Ringelbach*, 1313 *Ringelbach*. Bestimmungswort ahd. *ringila*, *ringel* f., mhd. *ringel(e)* 'kleiner Ring' (vgl. Ringelblume, Ringelnatter), metaphorisch auf ein Gewässer mit auffälliger Biegung/ Rundung übertragen. – Geiger, *HG.A.2*, S. 109; Springer, *Flußnamen*, S. 101.

Ringsee z. Ammersee (z. Amper z. Isar z. Donau). – 1431 *Rinckßee*, 1441 *Rinksee.* – Grundform vielleicht **Rinken-see*, Kompositum mit dem Grundwort *-see* und dem Genitiv des PN. ahd. **Rinko* (**Rinken-*) als Bestimmungswort. – Snyder, *HG.A.3*, S. 125; Kaufmann, *Ergänzungsband*, S. 198.

Rinkenbächle r.z. Kinzig (z. Rhein). – ON. Rinkenbach (Gem. Schenkenzell, Lkr. Rottweil, B.-W., D), 1493 *Ringenbach.* – Kompositum mit dem Grundwort *-bach/-bächle* und dem Genitiv des PN. ahd. **Rinko/*Ringo* (**Rinken-/Ringen-*) als Bestimmungswort, ↗Ringsee. – Geiger, *HG.A.3*, S. 109 f.

Rinnbach Hinterer ~, Vorderer ~, l.z. Alm (z. ¹Traun) in Peham bzw. Auhäusel (Gem. Grünau im Almtal, PB Gmunden, O.-Ö., A). – (1061?) *in Rintbach*, 1162 (Fälschung nach 12. Jh.) in *Rinthbach.* – Kompositum mit dem Grundwort *-bach* und ahd. *rind* stN. 'Rind' ↗Rindbach als Bestimmungswort. – Hausner/Schuster, *Namenbuch*, S. 875.

Rinne-/-n- *-bach, -graben*. Bestimmungswort im oberdeutschen Sprachgebiet mhd. *rinne* swF. 'Rinnsal', ahd. *(himil-)rinna* 'Schleuse des Himmels', gt. *rinno* 'Gießbach'; Bestimmungswort im niederdeutschen Sprachgebiet mndd. *renne* f. 'Rinne, Gosse, Wasserrohr', ↗Renne-. – Ulbricht, *Saale*, S. 162; Fischer, *BNB 10*, S. 230.

Rinnebach (alt *die Ronne*), r.z. Ohe-Bach (z. Efze z. Schwalm z. Eder z. Fulda z. Weser), entspringt im Nordteil des Knüllgebirges, mündet unterhalb von Lützelwig (Stadt Homberg/Efze, Schwalm-Eder-Kreis, Hessen, D). – 1508 *Rune*, 1647 *die Rühne*; FlurN. Ronneberg, 1647 *gegen den Rueneberg, am Runneberg*. – Grundform (mhd.) **Rüne*, wmd. **Röne*, ndd. *rönn(e)*, *rünn(e)* 'künstliche Abflussrinne, Graben, Rinnsal' ↗Rönne, gt. *runs* (gm. **run(n)i-, *runjō* f.) 'Wasserlauf'; das verdeutlichende Kompositum **Rünnebach* mundartlich entrundet > *Rinnebach*. Parallelname ON. Rinn (PB Innsbruck-Land, Tirol, A), um 981 *in loco Runna* (< **runjō*). – Sperber, *HG.A.5*, S. 84; Seebold, *starke Verben*, S. 376; Hausner/Schuster, *Namenbuch*, S. 875.

Rinsbach l.z. Mühlwalder Bach (z. Ahr z. Rienz z. Eisack z. Etsch), mündet unterhalb von Oberlappach (Pustertal, Prov. Bozen/Südtirol, I.). – /ringspachl/ (/i/ nasaliert), 1296 *Rúnspach*, *Runspach*, um 1775 *Rinnsbach*. – Bestimmungswort ist mhd. **rünse* (zu mhd. *runs* stF.) 'Wasserlauf', verdeutlichend mit dem Grundwort *-bach* komponiert und entrundet > *Rinsbach*. – Kühebacher, *Ortsnamen* 2, S. 268.

Rinssee (auch *Rinser See*) in der Gem. Prutting (Lkr. Rosenheim, Bayern, D). – 1326 *Runssee*, 1326/43 *Runse*, 1336 *Runsse*, 1858 *Rinss-See*, 1868 *Rinsse*; ON. † *Rünse* (> *Rinse*), 1307 *ze Runs*, 14. und 15. Jh. *Rünse*, 1589 PN. *Hans Runser*. – Kompositum mit dem Grundwort mhd. *sē* 'See' und dem ON. *Runs/Rünse* als Bestimmungswort, der ON. entspricht mhd. *runs* 'Wasserlauf' (Dativ *ze rünse* 'am Wasserlauf'), in der Mundart entrundet und apokopiert > *Rins.* – Dotter/ Dotter, *HG.A.14*, S. 328.

Rinther Bach r.z. Eder (z. Fulda z. Weser), im Rothaargebirge, mündet oberhalb von Raumland (Stadt Bad Berleburg, Kreis Siegen-Wittgenstein, NRW, D). – 1570 *in die Renffte*, 1590 *in die Rentte* (lies *Renffe*); ON. Rinthe (Stadt Bad Berleburg), 1338 *Rynthene*, 1514 *Rynthenn*, 1538 *Rinte*, 1576 *Rinthe.* – Grundform FlN. (ahd.) **Rintaffa*? Kompositum mit dem Grundwort *-affa* (< ↗*apa*) und ahd. *rind*, mhd. *rint* 'Rind', FlN. **Rintaffa* > *Rintfe* > *Renffe*, dem vermutlich der ON. (ahd.) **Rint-aha* > **Rinta* > *Rinte*, schwach flektiert **Rinten*, zur Seite steht. – Sperber, *HG.A.5*, S. 84.

Rippach r.z. Thüringischen Saale (z. Elbe), entspringt in Kistritz (Gem. Krauschwitz, Stadt Teuchern, Burgenlandkreis, S.-A., D), mündet bei Dehlitz (Stadt Lützen, Burgenlandkreis). – 976 *in utroque litore Ripę*, 1004 *Ridebach*; ON. Rippach (Stadt Lützen), 1192 *Ribechowe*, 1150 *Ritebeche*; TalN. Rippachtal. – Grundform FlN. mndd. **Rīdebeke*, verhochdeutscht **Rītebach*, Kompositum mit dem Grundwort -*beke* 'Bach' und mndd. *rīde*, *rīe* f. 'Rinne, Gosse' als Bestimmungswort; synkopiert, assimiliert, mit gekürztem Stammvokal > **Ribbek/Rippach*. – Ulbricht, *Saale*, S. 76.

Risch- -*bach*, -*beek*, -*siek*, -*werder-graben*, Bestimmungswort mndd. *risch* 'Schilf, Sumpfbinse'. – Kettner, *Leine*, S. 237.

Riß, die r.z. Donau bei Rißtissen (Ortsteil von Ehingen, Alb-Donau-Kreis, B.-W., D), 1293–1295 *Rússaigie*, *Russagie*, *Rússaiam*, 1399 *an der Rúß*; ON. (römisches Kohortenkastell bei Rißtissen) Mitte 2. Jh. n.Chr. (polis) *R[i]usiava* (Ptolemaios 2,11); ON. Rißtissen (Alb-Donau-Kreis), 838 *in villa ... Tussa, in Tussin* usw., 1399 *ze Túßen an der Rúß*, 1475 *Rißtüssen*. Der ON. Rißtissen ist eine späte Zusammensetzung aus dem Namen *Riß* und altalem. *Tussa*, mhd. *Tüsse* '(Wasser-)Schwall' mit der Bedeutung '(Siedlung) am Wasserschwall der Riß'. – Der Name des Kastells (**Rusiava*) scheint vom FlN. **Rusiā* (> mhd. **Rüsse* > *Riß*) abgeleitet zu sein. **Rusjā* ist identisch mit (gall.?) **rusia* 'Gletscher'. Beide Nomina sind von der Schwundstufe des ig. Verbs **reus-* 'wühlen, graben' abgeleitet. Dies trifft möglicherweise auch auf den russischen Gewässernamen Orša (z.B. linker Nebenfluss der Wolga im Gouv. Pskov und Petersburg) (< **Rusjā*) und auf russ. Ros', rechter Zufluss des Dnjepr, altruss. *Rъsь* (< **Rusos*) zu. Vgl. ⁊ Reuß, ⁊ Rissbach. – Snyder, *HG.A.3*, S. 84; Greule, *Riusiava*; Reichardt, *Alb-Donau-Kreis*, S. 242–245; Udolph, *Ruhr*, S. 109–112; Grzęga, *Romania*, S. 224; Rix, *LIV*, S. 511.

Rissbach (auch *Rißbach*), Wildwasser, r.z. Isar (z. Donau) aus dem Karwendel (Tirol, A), mündet in Vorderriß (Gem. Lenggries, Lkr. Bad Tölz-Wolfratshausen, Bayern, D). – 1434, 1435, 1476, 1500 *Rüss*, ca.1563 *Rissa*; ON. Vorderriß. – Es besteht kein Grund, Rissbach (< **Rüsse* < **Rusja*) anders zu deuten als ⁊ Riß. – Snyder, *HG.A.3*, S. 84; Anreiter, *Tiroler Gewässernamen*, S. 41 (< **l'Arusia*).

Rithe (l.?) z. Leine (z. Aller z. Weser) bei Seelze (Stadt, Region Hannover, Niedersachsen, D). – 1294 *aque ... Rithe*. – Deutung ⁊²Ried/Riede/Riede-. – Borchers, *HG.A.18*, S. 113.

Ritter- -*bach/-bächle/-bächlein*, -*graben*, -*gut-see*, -*pfuhl*, Bestimmungswort nhd. *Ritter*, benannt nach der Lage des Gewässers bei Flurstücken, die einem Ritter gehörten. Lautet das Bestimmungswort Ritters-, dann handelt es sich um den Genitiv des FamilienN. Ritter. – Fischer, *BNB 10*, S. 230; Kettner, *Leine*, S. 237.

Ritterbach, die l.z. Seegraben bei Osthofen (Lkr. Alzey-Worms, Rh.-Pf., D). – Flurnamen ca.1500 *zu dem riderweg, zu der reder weg*, 1500 *ym rider garten, ym reder gartten*, 1600 *im Riederweg*, ca.1650 *auf der Riderbach, Röderbach, in dem Riedergarten*. – Kompositum mit dem Grundwort -*bach* und mhd. *riet* 'mit Riedgras bewachsenes Gelände', ⁊ ¹Ried-. – Greule, *HG.A.15*, S. 89.

Rittschein, die r.z. Lafnitz (z. Raab z. Donau), entsteht im Markt Hartmannsdorf (PB Weiz, Steiermark, A), mündet südöstlich Fürstenfeld (PB Fürstenfeld, Steiermark). – 1322 *Retschein*; TalN. 1428 *Ritscheintal*. – Grundform slaw. **Rěčina* (sloven. *rečina* 'Flusswasser'), mit *n*-Suffix von slaw. *rěka* 'Fluss' abgeleitet, eingedeutscht als mhd. **Retschīn* f. > Ritschein-. – Lochner von Hüttenbach, *Steirische Hydronyme*, S. 115.

Ritz/-a-/-e- -*graben*, apolab./asorb. **rěcica* 'kleiner Fluss' ⁊ Rietz-.

Rivelaunbach (auch *Katzenbach*), it. Ruinone, Rivellone, r.z. Eisack (z. Etsch), entspringt bei Oberbozen (Gem. Ritten, Prov. Bozen/Südtirol, I.), mündet unterhalb von Rentsch (Stadt Bozen). – /ríflpách, rifláun(pách)/, 1100–1010 *in loco ... Riuula*, 1242 *rivus de Riveloun*, 1295 *aqua de Rifelaun*, 1306 *ripa Rivelauni*, 1314 *Rivelaunbach* (und weitere Belege). – Grundform rom. **Rivelu*-'Bächlein' (ins Bair. entlehnt als *Rifl*-) neben rom. **Rivel-óne-* > **Rivelún* > bair. *Riflaun*. – Kühebacher, *Ortsnamen 2*, S. 269; Hausner/Schuster, *Namenbuch*, S. 877.

Riveris, die r.z. Ruwer (z. Mosel), aufgestaut zur Riveristalsperre, mündet bei Waldrach (Lkr. Trier-Saarburg, Rh.-Pf., D). – Um 1200 *Rŭverisene* (hyperkorrekt für *Ruverisen?*), 1271 *in ... Ruverisse*, um 1220 *apud Ruverisse*; ON. Riveris (Verbandsgem. Ruwer, Lkr. Trier-Saarburg), /rivərəs/, um 1250 *in roverisa, in roverisse*, 1413 *Roveris*, 1428 *Rüverisse*, 1479 *Roveris*, 1546 *Riweres*. – Mit Suffix -*isa* vom FlN. ⁊ Ruwer zur Bezeichnung des Nebenflusses abgeleitet; Grundform **Ruverisa* (mit Anlehnung an das ahd. Suffix -*issa*: **Ruverissa*). Möglicherweise liegt in *(E)rubris* m., dem von Ausonius verwendeten Namen für die Ruwer, ein Reflex vom Namen des Nebenflusses vor. **Ruverisa* entwickelte sich über **Rüverese* mit Entrundung /-ü-/ > /-i-/ und Apokope zu /rivərəs/. – Jungandreas, *Moselland*, S. 876.

Rochnitz, die See südlich von Neumädewitz (Gem. Oderau, Lkr. Märkisch-Oderland, Brandenburg, D). – 1472 *die Ruckenitze*, 1744 *Ruckenitze*, 1751 *die Rocknitze*, 1844 *Rochnitze*. – Grundform apolab. *Rokyt'nica* 'mit Weiden bestandenes Gewässer', abgeleitet vom Adj. *rokyt'n-* zu *rokyta* 'Weide, Salix'. – Fischer, *BNB 10*, S. 230.

Rochowsee nordwestlich von Luhme (Stadt Rheinsberg, Lkr. Ostprignitz-Ruppin, Brandenburg, D). – 1525 (Kopie) *Rockow*, 1908 *Rockow-See*. – Grundform apolab. *Rakov-* 'Krebs-See', abgeleitet von apolab. *rak* 'Krebs'. – Fischer, *BNB 10*, S. 222.

Rockersbach r.z. Reischachbach (z. Inn z. Donau). – 1844 *Rockers-Bach*; ON. Rockersbach (Gem. Reischach, Lkr. Altötting, Bayern, D), 1495 *zu Rogkerspach*, ca.1563 *Rockerspach*, 1849 *Rockersbach*. – Kompositum mit dem Grundwort *-bach* und dem Genitiv des PN. Rocker (< ahd. *Rōdgēr*) als Bestimmungswort. – Dotter/Dotter, *HG. A.14*, S. 329.

Rod-/-e-/-n- *-bach*, *-beck/-bek(e)*, *-graben*, *-siek*, z.B. Rodenbach, l.z. Eisbach (z. Rhein), 769 (Kopie 12. Jh.) *super fluuio Rodenbach*, mit ON. Rodenbach (Gem. Ebertsheim, Lkr. Bad Dürkheim, Rh.-Pf., D), 770 (Kopie 12. Jh.) *Rodenbach*, 815 *Rodunbach* (< *zi rōdūn bach* 'an der roten Bach'). Als Bestimmungswort für die Namen des nieder- und mitteldeutschen Sprachgebiets kommen infrage: a) mndd., mhd. *rōt*, as. *rōd* 'rot' ↗ Rot, b) mndd. *rot*, as. *roth* 'Rodung', c) mndd. *röte* 'das Verrotten, Flachsrotte'. – Greule, *HG.A.15*, S. 90; Dolch/Greule, *Pfalz*, S. 395; Kettner, *Leine*, S. 245 f.

Roda r.z. Thüringischen Saale (z. Elbe), entspringt bei Rodaborn (Autobahnraststätte bei Triptis, Saale-Orla-Kreis, Thüringen, D), mündet in Jena (Thüringen). – ON. Stadtroda (Saale-Holzland-Kreis, Thüringen), 1224 *Roda*, 1247 *Rode*, 1333 *stad zcu Rode*. – Ausgangsform ON. mhd. *Rode* < (ahd.) *zi rode* 'zu der Rodung', später latinisiert > *Roda*, welches die kanzleisprachliche Form des Orts- und Flussnamens wurde. – Ulbricht, *Saale*, S. 208, Niemeyer, *DONB*, S. 604 (K. Hengst).

Rodach, die

– ¹Rodach, r.z. Main, mündet unterhalb von Marktzeuln (Lkr. Lichtenfels, Bayern, D). – /rọdiχ/, (9. Jh.) (Kopie um 1160) *Radaha* (Codex Eberhardi, I, 316); ON. Marktrodach (früher Ober-/Unterrodach, Lkr. Kronach, Bayern), 1139 (Kopie 13. Jh.) *Rotaha*, 1140 *Rotahe*, ca.1196 *Rōtha*, 1245 *Rota*, 1323–1328 *Rada*, 1361 *Radach*, 1435 *Obern-Rodach* (und weitere Belege). – Sperber, *HG.A.7*, S. 139; Reitzenstein, *Lexikon*, S. 243; George, *Lichtenfels*, S. 66; George, *Altlandkreis*, S. 26*.

– ²Rodach, r.z. Itz (z. Main). – ON. Rodach bei Coburg (Lkr. Coburg, Bayern, D), /rådich/, 899 (Kopie 18. Jh.) *Radaha*, 1135 *Rotaha*, 1151 *Rota*, 1182 *Rothah*, 1234 *Rotach*. – Sperber, *HG.A.7*, S. 139; Reitzenstein, *Lexikon*, S. 325; Fastnacht, *Staffelstein*, S. 40*.

Dem Namen beider Flüsse liegt das Kompositum ahd. *Rad-aha* zugrunde. Aufgrund der Hebung des betonten /-a-/ > /-å-/, verschriftet als <o>, und mit Bezug auf rötliche Böden wird der Name als 'Rotbach' umgedeutet und entsprechend schriftlich als <Rotaha> usw. wiedergegeben. Im Bestimmungswort liegt allerdings nicht ahd. *rōt* 'rot' vor, sondern (wie in nhd. *ge-rade*) das Adjektiv gm. *raþa-* 'gerade verlaufend, schnell', ahd. *rado* 'schnell, gewandt', ↗ Radau ↗ Wankrat. – Heidermanns, *Primäradjektive*, S. 437 f.

Rodau, die

– ¹Rodau, l.z. Main (z. Rhein), entsteht nordöstlich von Rödermark-Urberach (Lkr. Offenbach, Hessen, D), mündet bei Mühlheim am Main (Lkr. Offenbach). – /rodau/, 786 (Kopie 12. Jh.) *super fluuium Rodaha*, 1385 *in die Roda*, 1394 *an der Rodin*, 1436 *die bach ... Rodaw*, 16. Jh. *die Roden die bach*; ON. Ober-Roden (Stadt Rödermark), ON. Rodgau (Stadt, Lkr. Offenbach), ON. Nieder-Roden (Stadt Rodgau), 786 (Kopie 12. Jh.) *marcha Raodara* (lies *Raodaha*), 790 (Kopie 12. Jh.) *in uilla Rotaha*, 791 (Kopie 12. Jh.) *in ... Rotahen superiore et inferiore*, 792 (Kopie 12. Jh.) *in Rotaha* (und weitere Belege). – Grundform FlN. ahd. *Rōdaha* > *Rōt-aha*, Kompositum mit dem Grundwort ahd. *aha* 'Fließgewässer' und ahd. *rōt* 'rot' als Bestimmungswort, benannt nach den Raseneisenerzeinlagerungen bei der Rodauquelle, die bei Starkregen rot auswaschen. – Sperber, *HG.A.7*, S. 139; Ramge, *Flurnamen*, S. 773 f.

– ²Rodau, l.z. Wiedau (z. Wümme z. Lesum z. Weser), entspringt bei Hissingen (Stadt Visselhövede, Lkr. Rotenburg/Wümme, Niedersachsen, D), mündet bei Rotenburg (Lkr. Rotenburg/Wümme). – 1491 *Rodawe*, Anfang 17. Jh. *in die Rodauwe*, 1694 *Rodaw*; ON. Rotenburg, 1226 *Rodenburg*, 1231 *Rodenborg*. – Vermutlich Klammerform *Rod(enborg)aue*, Kompositum mit dem Grundwort ndd. ↗ au(e) und dem BurgN. *Rodenborg* < mndd. *to der röden borg* 'zu der mit roten Ziegeln erbauten Burg'. – Borchers, *HG.A.18*, S. 113; Niemeyer, *DONB*, S. 535 (J. Udolph).

Rodbach, die r.z. Zaber (z. Neckar z. Rhein), mündet in Pfaffenhofen (Lkr. Heilbronn, B.-W., D). – ON. Weiler Rodbachhof (Gem. Pfaffenhofen), 793 *in Rodenbach*, 1380 *ad villam Rodbach*, 1450 *in Rorbacher marckt*, 1456 *in der Rodbach*. – Kompositum mit dem Grundwort -*bach* und dem flektierten Adj. ahd. *rōt* 'rot' (mitteldeutsch *rōd) ↗ Rod-. – Schmid, *HG.A.1*, S. 94.

Roddau, die
– ¹Roddau, l.z. Ilmenau (z. Elbe). – 1404 *vppe der Rodoůwe*, 1568 *Rodauw*, 1776 *die Roddau*, um 1820 *Radau*; ON. Rottorf (Stadt Winsen/Luhe, Lkr. Harburg, Niedersachsen, D), 1330 *Rotdorpe*, 1392 *Rottorpe*, 1538 *Rottorfft*, 16. Jh. *Rottorpe*, 1568 *Rottorff*; FlurN. um 1820 *am Radbruche*. – Möglicherweise Klammerform **Rot(dorp)ouwe*, sofern das Bestimmungswort im ON. Rottorf zu ndd. *rotten* 'faulen lassen, den Flachs röten' gehört. – Udolph, *HG.A.16*, S. 286.
– ²Roddau, Arm d. Jeetzel, l.z. Elbe, zwischen Klötze (Altmarkkreis Salzwedel, S.-A., D) und Altensalzwedel (Apenburg-Winterfeld, Altmarkkreis Salzwedel). – 786 (Fälschung 12. Jh.) *in Rodouue*, ca.1014 *ad ortum fluvii Rodowe*, 1444 *by der Roddauwe, by der Roddow*. – Kompositum mit dem Grundwort mndd. ↗ *ouwe*, Bestimmungswort ist entweder mndd. *rot*, as. *rod* 'Rodung' oder mndd. *rōt*, as. *rōd* 'rot', mit späterer Kürzung des /ō/. – Udolph, *HG.A.16*, S. 286.

Rode
– ¹Rode, die, r.z. Frieda (z. Werra z. Weser), mündet oberhalb von Großtöpfer (Gem. Geismar, Lkr. Eichsfeld, Thüringen, D). – /rōdə/, ON. Sickerode (Lkr. Eichsfeld), 1178 *Siegenroth* (hierher?), 1541–54 *Siekenrode*, 1558 *Sickenroda*, 1610 *Sickenroda*; ON. Misserode (Gem. Schimberg, Lkr. Eichsfeld), 1561 *Misseroda*, 1609 *Meissenroda*, 1610 *zu Mieseroda*, 1649 *Miszenrod*. – Vermutlich Rückbildung aus dem ON. Sickerode, der als Grundwort ahd. *rod* (Dativ *zi rode*) 'Rodung' ↗ Roda und als Bestimmungswort den Genitiv des PN. *Sikko* enthält. – Sperber, *HG.A.5*, S. 85; Müller, *Heiligenstadt*, S. 80, 101, 80.
– ²Rode, r.z. Leine (z. Aller z. Weser), mündet bei Reyershausen (Gem. Flecken Bovenden, Lkr. Göttingen, Niedersachsen, D). – 1055 (Kopie 16. Jh.) *ad rivum … Rode, Ruode*, 1409 *to der Rode, up dey Rode*, 1437 *in der Rode*, 1558 *in der rode*, 1571 *das Wasser die Rode, die Rode hinab, in der Roden, die Roda hinab* (und weitere Belege); MühlenN. 1573 *in der Rodemolen*, 1680 *über der Rodemühl*; StraßenN. Rodetal (Flecken Bovenden). – Grundform entweder mndd. *Rōda f. 'die Rote' oder Kompositum *Rōd-aha, mit dem Adj. mndd. *rōt* 'rot' ↗ Rot-. – Kettner, *HG.A.8*, S. 102; Kettner, *Leine*, S. 238.

Rodenbach
l.z. Eder (z. Fulda z. Weser), mündet oberhalb von Frankenberg (Lkr. Waldeck-Frankenberg, Hessen, D). – 1383 *Radinbach*; ON. Rodenbach (Stadt Frankenberg), 1297 *Radenbach*, 1325 *Radinbac*, 1577 *Rodenbach*, 1588 *Roidenbach*. – Kompositum mit dem Grundwort -*bach* und dem Adj. gm. *raþa- 'gerade verlaufend, schnell', ↗ Radau ↗ ²Rodach. – Sperber, *HG.A.5*, S. 85.

Rodener Bach
r.z. Saar (z. Mosel z. Rhein). – ON. Roden (Saarlouis, Lkr. Saarlouis, Saarland. D), 995 (Kopie 17. Jh.) *in villa Rodena*, 11. Jh. *Rodena*, 1154 *ad Rodanam*, 1180 *apud Rodanam*, 1222 *Rodena* (und weitere Belege). – Ausgangsform FlN. kelt.(?) *Rodanā zur weiteren Etymologie ↗ Rotten/Rhone. – Spang, *HG.A.13*, S. 61f.

Rodl, Große, die
l.z. Donau, entspringt am Sternstein nördlich von Bad Leonfelden (PB Urfahr-Umgebung, O.-Ö., A), mündet im Westen von Ottensheim (PB Urfahr-Umgebung); Kleine Rodl, r.z. Großen Rodl, mündet nördlich von Rottenegg (Gem. Sankt Gotthard im Mühlkreis, PB Urfahr-Umgebung). – 1110 *Rotilam influit*, um 1110–1130 *ad fontem fluvii … Rotala, descursus … Rotilę*, 1198 (Fälschung um 1254–65) *in flumen … Rótil* 1212 *ad riuulum … Roetel*, 13. Jh. *in flumen … Rôtel, ad fluvium Rotil*, ca.1220 *Rotel*, 1287 *ex altera parte fluvii Rotile*, 1435 *die Rötel*, 1446 *auf der klein Rotel*, 1456 *auf der grossen Rötl*, 1565 *die Redtl*, 1571 *auf der grossen Rettl, die khlain Rettl*; Kleine Rodl: 1110 *a capite Rotilich* (< slawisiert *Rotьlika); ON. Rodl (Gem. Walding, PB Urfahr-Umgebung), /rēo(d)l/ (/ēo/ offen), 1378 *in Rotel*, 1526 *zu Rodl*; ON. † Rodl, 777 (Verfälschung 10. Jh., Kopie 1302) *ad Raotula*, 789 (Fälschung 10. Jh.) *in Rotala*, 791 (Kopie 12. Jh.) *Raotola*, 1155 *de Rotel*, 1161 *Rotele* (und weitere Belege). – Grundform ahd., bair. **Rōtila/-ula* neben *Rōtala > mhd. **Rœtele/Rötele*, *l*-Ableitung von ahd. *rōt* (< gm. *rauda-) 'rot', ↗ Redlbach. Benennung nach der rötlichen Färbung des Gesteins im Flussbett und Flusstal. Das Schwanken des Suffixvokals dürfte der Unterscheidung in Kleine und Große Rodl gedient haben. – Hausner/ Schuster, *Namenbuch*, S. 879; Hohensinner/Wiesinger, *Urfahr-Umgebung*, S. 21–23.

Röbeck, der
r.z. Leine (z. Aller z. Weser), mündet westlich von Bühle (Stadt Northeim, Lkr. Northeim, Niedersachsen, D). – 1409 *in dem Rodebeke, in dem Radebecke, by dem Radebeke, an dem Radebeke*, 1778 *Rote B.*, 1861/62 *im Röbig, hinterm Röbig*, 1868 *der Röbeck*. – Grundform mndd. *Rōdenbeke, Kompositum mit dem Grundwort mndd. *beke* 'Bach' und dem flektierten Adj. as. *rōd* 'rot' ↗ Rot-, *Rōdenbeke* mit Synkope der Mittelsilbe > *Rōdbeke, assimiliert > **Rob(b)eke*, der Umlaut der modernen Formen stammt aus der mundartlichen Form *Röbig*. – Kettner, *HG.A.8*, S. 103; Kettner, *Leine*, S. 243f.

Röden, die
(in Thüringen *Röthen*), l.z. Itz (z. Main z. Rhein), entspringt in der Nähe der Wiefelsburg bei

Steinach (Lkr. Sonneberg, Thüringen, D), mündet in Rödental (Lkr. Coburg, Bayern). – /rüədn/, ON. Mönchröden (Stadt Rödental, Lkr. Coburg), 1108 (Kopie 12. Jh.) *Rotina*, 1171 *Rotene*. – Grundform (ahd.) **Rōtina* > mhd. **Rœten(e)* 'Rot-bach', Ableitung mit *n*-Suffix von ahd. *rōt* 'rot', Motiv der Benennung war vielleicht das Thüringische Schiefergebirge, wo die Röden entspringt. Parallelname mit anderem Suffix ↗ Rodl (<**Rōtila*). – Sperber, *HG.A.7*, S. 110; Reitzenstein, *fränkische Ortsnamen*, S. 190.

Rödelbach Fortsetzung Mühlbach (z. Main z. Rhein). – ON. Rödelsee (Lkr. Kitzingen, Bayern, D), 1119 (Kopie 12. Jh.) *Rŏtilse*, 1183–1195 *Rotelsee*, 1220–1233 *Rotilse*, 1233–1248 *Rodelse* (und weitere Belege), 1479 *Rötelsee*. – Klammerform **Rödel(see)bach*, der ON. Rödelsee ist ein Kompositum mit dem Grundwort mhd. *sē* 'See'; als Bestimmungswort wird mhd. *rœtel* 'Rötel' (Fisch) oder der Genitiv des PN. ahd. *Rodilo* oder wegen der Lage am Schwanberg mhd. *rœtel* 'Roteisenstein' angegeben. – Sperber, *HG.A.7*, S. 140; Reitzenstein, *fränkische Ortsnamen*, S. 190.

Röder, Große l.z. Schwarzen Elster (z. Elbe), entspringt bei Röderbrunn (Gem. Rammenau, Lkr. Bautzen, Sachsen, D), mündet nach 103km westlich von Elsterwerda (Lkr. Elbe-Elster, Brandenburg), Zuflüsse: Schwarze Röder, Kleine/Wilde Röder. – 1140 *Redera fluvium*, 1241 *usque in Rederam*; ON. Röderbrunn, 1836 *Röderbrunn*; ON. Rödern (Gem. Ebersbach/Großenhain, Lkr. Meißen, Sachsen), /-rēdərn/ (/ē/ offen), 1262 *de Redere*, 1313 *de Rederin*, 1350 *in Redern, in Nidern-Redern*, 1361 *zcu den obirn Redirn* (und weitere Belege); ON. Röderau(-Bobersen) (Gem. Zeithain, Lkr. Meißen), /rẹdərn/, 1186/90 *de Retherowe*, 1299 *Rederowe*, 1308 *Rethrowe*, 1324 *Rederowe*, 1406 *Rederow*, 1501 *Rederaw*. – Grundform FlN. mndd. **Rēdere* f., schwach flektiert **Rēderen*, < gm. **Hreudarō*, Ableitung mit *r*-Suffix von gm. **hreuda-* n. 'Ried, Schilfrohr, Schilfgebiet', ahd. *hriot*, mhd. *riet*, mndd. *rēt*, Plural *rēdir*. Hyperkorrekte Rundung führt von **Rēder* zu *Röder*. – Eichler/Walther, *HONBSachsen*, II, S. 294f.

Röhlin-Bach r.z. Brigach (z. Donau) bei Mönchweiler (Schwarzwald-Baar-Kreis, B.-W., D). – 1290 *rivum Rúlibach* – Unsichere Deutung, Grundform mhd. **Rœlinbach* neben **Rūlinbach*?, Kompositum mit dem Grundwort *-bach* und dem Genitiv des PN. ahd. **Rōlo* (**Rōlin-*) als Bestimmungswort. – Snyder, *HG.A.3*, S. 85.

Röhr, die l.z. Ruhr (z. Rhein), entspringt am südlichen Ortsrand von Röhrenspring (Stadt Sundern, Hochsauerlandkreis, NRW, D), mündet nach einem Höhenunterschied von 433m bei Hüsten (Stadt Arnsberg, Hochsauerlandkreis). – 1264 *ouer der Roiren*, 1370 *in der Roren*, 1607 *Ruere*, 1649 *Rhur*, vor 1757 *Rohr fl.*; ON. Röhrenspring (Stadt Sundern) 'Quelle der Röhre', ON. Ober-Röhre, Nieder-Röhre (Sundern), 14. Jh. *in Ruhren*, 16. Jh. *to Roeren*. – Grundform **Rūrjō* f., vom FlN. ↗ Ruhr mit *j*-Suffix im Sinn von 'zur Ruhr gehörig' abgeleitet. – Schmidt, *HG.A.6*, S. 63; Barth, *Sieg und Ruhr*, S. 168.

Röhr-/-en- *-ach, -bach/-bächel, -beck, -wasen-graben*. Bestimmungswort mhd. *rœre* stswF., ahd. *rōra* 'Sumpfgras, Schilfstengel, Röhre'. – Ulbricht, *Saale*, S. 144.

Röhrbach (auch *Rottenbach*), z. Suhle (z. Hahle z. Rhume z. Leine z. Aller z. Weser), mündet südlich von Mackenrode (Gem. Landolfshausen, Lkr. Göttingen, Niedersachsen, D). – 1602 *die rohrbecke*, 1700 *an den … röhderbach*, 1709 *Roder bach*, 1832/42 *Röhr Bach*. – Ausgangsform **Röder Bach* mit dem vom ON. **Rode* abgeleiteten Adjektiv **Röder* > *Röhr-*; der Bach fließt durch die ehemaligen Ortsteile der Wüstung Nedernrode. – Kettner, *HG.A.8*, S. 103; Kettner, *Leine*, S. 239.

Röllbach r.z. Main (z. Rhein) bei Klingenberg (Lkr. Miltenberg, Bayern, D). – 1868 *Röllbach*; ON. Röllbach (Lkr. Miltenberg), 1107 (Fälschung 13./14. Jh., Kopie 14./15. Jh.) *Rólebach*, 1181 *Rolebach*, 1260 *Rollebach*, 1283 *Rolbach*, 1291 *Roelbach*, *Röllbach*. – Kompositum mit dem Grundwort *-bach* und dem Genitiv des PN. ahd. **Rōlo* neben **Rollo* (**Rollin-* > mhd. *Röllen-*), mhd. **Röllenbach* gekürzt > **Röllebach* und *Röllbach*, vgl. ↗ Röhlin-Bach. – Sperber, *HG.A.7*, S. 140; Reitzenstein, *fränkische Ortsnamen*, S. 190.

Rönn-e-/-n-/-r- *-au, -beck/-bek/-beke, -kanal, -see, -teich*, z.B. Große Rönne, r.z. Oste (z. Elbe), um 1580 *aver der halben Ronnen, by der Ronnen, aver de Ronne, by der Rönnen, an der Rönnen, de Rönne*. Bestimmungswort mndd. *rönne*, *rünne* 'künstliche Abflussrinne, kleines Rinnsal', ↗ Rhünda ↗ Rinnebach. – Udolph, *HG.A.16*, S. 288f.; Rohden, *Treene*, S. 56f.

Röslau, die r.z. Eger bei Fischern unweit des deutsch-tschechischen Grenzübergangs Schirnding, entspringt im Fichtelgebirge, vorbei an Wunsiedel (Lkr. Wunsiedel, Bayern, D). – /rīəzlə/, 1403 *Roszlin*, 1430 *Rößlin*, 1461 *Roßlen*, 1485 *an der rosla*, 1490 (Kopie 1499) *an der Roßlein*, 1499 *inn die Röslein, an der Röslein*, 1542 *Reßlau, Reslau*. – Den historischen Belegen und der Mundartform liegt frühmhd. **Rösela* < ahd. **Rosilaha* zugrunde. Der Name wird zeitweilig, möglicherweise unter dem Einfluss des

Namens des nahen Pfarrdorfs (Ober-/Unter-)Röslau (1398 *zum Rossleins*), als *Röslein* eingedeutet, später wird die Mundartform hyperkorrekt als *Röslau* verschriftlicht. Die althochdeutsche Form enthält bereits das verdeutlichende Grundwort *aha* 'Fließgewässer'. Die Grundform ist demnach vorahd./vorgm. *Rosila*, eine *l*-Ableitung von ig. *rosa* 'Wildbach, Sturzbach' (zur urig. Wurzel *h_1res-* 'fließen, sich stürzen', im Schwebe-Ablaut zu urig. *h_1ers-* 'fließen'). Ig. *rosā* liegt nicht nur ⁊ Rossel (< *Rosla*) zugrunde, sondern ist auch in dem alpinen Reliktwort *rosa* 'Wildbach, Gletscher, Rinne, Erdrutsch, Felsgeklüft' sowie in ai. *rása-* m. 'Saft, Flüssigkeit', lit. *rasà*, akslav. *rosa* 'Tau' präsent. Neben dem Reliktwort und den Flussnamen mit ig. /o/ existieren in Kärnten (A) und Südirol (I.) auch Namen, die /a/ anstelle von ig. /o/ enthalten: um 876–880 *Rasa*, jetzt (Ruine) Rasburg im Rosental, sloven. *Rôž* (Kärnten); 1050-um 1065 *actum Resinę*, jetzt (Ober-/Nieder-)Rasen, Burg Altrasen (Südirol); vermutlich aus ig. *rəsā* (urig. *rh_1s-ā* mit Laryngal-Metathese und Schwundstufe zu *h_1res-* 'sich stürzen', ablautend awn. *rás* f. 'Lauf', ae. *ræs* m. 'Lauf, Anfall', mndd. *rās* n. 'heftige Strömung' < *$rēs$-*, und gr. *eroē* 'Schwung, Andrang' < *h_1roh_1sā*). – Gütter, *Röslau*, S. 85; Pleintinger, *obere Eger*, S. 59–65; Pokorny, *IEW*, S. 336; Rix, *LIV*, S. 501, 241; Schorta, *RNB*, 2, S. 286; Hausner/Schuster, *Namenbuch*, S. 844f.

Röspe, die l.z. Eder (z. Fulda z. Weser), mündet bei Röspe (Gem. Erndtebrück, Siegen-Wittgenstein, NRW, D). – 1562 *Rospe*, 1570 *die Rospe*, 1590 *bober der Rospe*, 1642 *in das Rösper Waßer*, 1668 *Ruispe*, 1694 *nach der Rüespe*; ON. Röspe, ON. Rüspe (Gem. Kirchhundem, Kreis Olpe, NRW). – Ausgangsform mndd. *Rósapa* 'Rossbach', abgeschwächt > *Rosipe* > *Rösepe*, synkopiert > *Röspe*, mundartlich *Rüespe*, Parallelname ⁊ Rosoppe. – Sperber, *HG.A.5*, S. 86.

Röst-/-e-/-en- -bach, -graben, -teich. Bestimmungswort ndd. *röste* f. 'Wassergrube zur Flachsbereitung'. – Ulbricht, *Saale*, S. 85.

Rötelbach
- ¹Rötelbach, r.z. Saalach (z. Salzach z. Inn z. Donau). – 1326 *bei dem Rotelbach*, ca.1563 *Röttlpach*; FlurN. *Rötel*. – Straberger, *HG.A.8*, S. 95.
- ²Rötel Bach, l.z. Augustinerbach (z. Weißbach z. Saalach z. Salzach z. Inn z. Donau). – 1563 *Retlpach*, 1862 *Röthel B.*; BergN. Rotofen, 1435 *von dem Röttell an den Rotofen*, 1449 *Rotofen*, *Rotl*, 1454 *von dem Rotofen auf das Rotell*. – Straberger, *HG.A.8*, S. 95. Klammerform *Rötel(stein)bach*? Kompositum mit dem BergN. *Rötel(stein)*, benannt nach dem rötlich schimmernden Gestein (mhd. *rœtel*), ⁊ Rödelbach.

Röt(h)-/-e-/-en- -bach/-bek, -graben, -kuhle, -kute, -lanke, -pfuhl, -puhl, -see. In Namen des niederdeutschen Sprachgebiets Bestimmungswort mndd. *röte* (/ö/ lang) 'das Mürbewerden des Flachses im Wasser', mhd. *rœze* 'Wasserstelle zum Rösten von Hanf und Flachs'. – Fischer, *BNB 10*, S. 234f.

Röt(h)en- (auch *Rötten-*) -bach/-bächle, -bachgraben, -graben, -stein-graben, z.B. Rötenbach, l.z. Etsch (Prov.Bozen/Südtirol, I.), mit ON. Rötenbach, /rǟatnpåch/, 1394 *Rötenpach*, 1780 *Rettenpachgüetl*; Röthenbach, l.z. Schlücht (z. Wutach z. Rhein), 1095, 1111 *Rotinbach*, 1120–24 *Rötenbach*; Röttenbach, r.z. Schwäbischen Rezat (z. Rednitz z. Regnitz z. Main z. Rhein), 1384 *der Rötenbach*. In Namen des oberdeutschen Sprachgebiets ist das Bestimmungswort das flektierte Adj. ahd. *rōt* 'rot' (*zi rōtin bach* 'am roten Bach' > mhd. *Rœtenbach*), benannt nach mitgeführtem kupferhaltigem Gestein, rötlichem Granit. Der lange Vokal der Stammsilbe mhd. /-œ-/ kann mundartlich vor /-t-/ gekürzt und entrundet sein (> *Rötten-/Retten-*). – Kühebacher, *Ortsnamen* 2, S. 272; Geiger, *HG.A.2*, S. 110; Sperber, *HG.A.7*, S. 141; Ulbricht, *Saale*, S. 34.

Rötz-Bach r.z. Schwarzach (z. Naab z. Donau), mündet bei Rötz (Lkr. Cham, Bayern, D). – 1385 *daz wazzer … die Rechz*; ON. Stadt Rötz, 1167–1170 *Rehkece*, 12. Jh. *Rehsce*, 1255 *Rehze*, 1326 *Rehtz*, nach 1339 *Retz*, 1369 *Rötz*, 1698 *Rötz*. – Grundform FlN. slaw. *Rěkica* > mhd. *Reketz(e)*, kontrahiert *Rētz*, gerundet *Rötz*. *Rěkica* ist von slaw. *rěka* 'Bach, Fluss' mit dem Suffix *-ica* abgeleitet. – N.N., *HG.A.20*; Reitzenstein, *Oberbayern*, S. 233.

Rötzerbach l.z. Schwarzach (z. Naab z. Donau). – ON. Wenigrötz (Stadt Neunburg vorm Wald, Lkr. Schwandorf, Bayern, D), 1017 *Rétsiz inferior* 'Unter-Rötz', ⁊ Rötz-Bach. – N.N., *HG.A.20*.

Roffenke, der r.z. Dünne (z. Rhume z. Leine z. Aller z. Weser), mündet nordwestlich von Langenholtensen (Stadt Northeim, Lkr. Northeim, Niedersachen, D). – 1548 *boüen dem roffencke*, 1663 *der … Roffmeke*, *Roffmecke*, 20. Jh. *Roffenke*. – Kompositum (mndd.) *Roffenbeke*, mit dem Grundwort mndd. *-beke* 'Bach' und dem Genitiv des PN. *Roffo* (< *Rolfo*?) als Bestimmungswort. *Roffenbeke* gekürzt > *Roffemke/Roffenke*. – Kettner, *HG.A.8*, S. 103; Kettner, *Leine*, S. 240.

Rohnbach

- ¹Rohnbach, l.z. Leitzach (z. Mangfall z. Inn z. Donau). – Um 1456, 1480 *bey dem Ranpach*, 1559 *Ronpach*, 1560 *Rampach*, ca.1563 *Ranpach*, ca.1578 *in den Rompach*, 1836 *Rohnbach*; BergN./ON. *Rohnberg* (auch *Schliersberg*) (Gem. Schliersee, Lkr. Miesbach, Bayern, D), 1078, 1096 *Ramperch*, 1478 *Ramberg*, 15. Jh. (1756) *Ramberg*. – Klammerform **Ram(berg)bach*, mit dem ON. Ramberg als Bestimmungswort; *Ramberg* ist Kompositum mit dem Bestimmungswort mhd. *ram* stM. 'Widder', *Rambach* mit mundartlicher Hebung des /a/ > /o/ > *Rombach*, vielleicht unter dem Einfluss von nhd. *Rahne* 'rote Rübe' > *Rohnbach*. – Dotter/Dotter, *HG.A.14*, S. 330 f.

– ²Rohnbach, l.z. Großen Enz (z. Neckar z. Rhein), mündet in Enzklösterle (Lkr. Calw, B.-W., D). – Nach 1082 *usque in Ronibach*; ON. Rohnbach (Gem. Enzklösterle). – Kompositum mit dem Grundwort *-bach* und mhd. *rone* stswM. 'Baumstamm, Baumstumpf' als Bestimmungswort. – Schmid, *HG.A.1*, S. 94.

Rohr-/-en- *-ach*, *-achbach*, *-bach/-bächle*, *-beek/-beke*, *-bruch-graben*, *-brunngraben*, *-brunnengraben*, *-diek*, *-fahrt*, *-horst-see*, *-kuhle*, *-kute*, *-laakspfuhl*, *-lachgraben*, *-lake*, *-moosgraben*, *-mühl-bach*, *-pfuhl*, *-pump-fließ*, *-see*, *-seegraben*, *-sieb-graben*, *-tal-bach*, *-teich*, *-tränke*, *-tümpel*, *-weiher*, *-weiherbach*, *-wiesbach*, *-wiesen-graben*; z.B. Östliche Rohrach, r.z. Altmühl (z. Donau), mit ON. Rohrach (Lkr. Weißenburg-Gunzenhausen, Bayern, D), /rouri(χ)/, 1282 *Rorach*, 1801 *Rohrach*; Westliche Rohrach, l.z. Wörnitz (z. Donau), /rōraχ/, 1053 *Roraha*, 1681 *Rohrach*. Bestimmungswort ahd., mhd., mndd. *rōr* 'gemeines Schilf, Schilfrohr', auch 'Schilfdickicht'. – Beier, Weißenburg-Gunzenhausen, S. 93 f.; Fischer, *BNB 10*, S. 231 f.; Bach, *Namenkunde 1*, S. 314.

Rohrbach r.z. Ahr (z. Rienz z. Eisack z. Etsch), mündet bei St. Martin (Prov. Bozen/Südtirol, I.). – /röepåch/, 1521 *Rotenpach*, um 1770 *Rohr Ba.*, um 1900 *Rohr Bach rectius Rothbach*; GegendN. Rohr(bach)berg, ON. (im Mündungsgebiet) 1063 *Rora*. – Grundform mhd. **Rōrbach* ↗ Rohr-; im Beleg 1521 *Rotenpach* (< **Rotbach* ↗ Rot) umgedeutet, weil Rohrbach und Rotbach mundartlich gleich lauten. 1063 *Rora* < mhd. **rōrach* 'Gegend mit Schilf'. – Kühebacher, *Ortsnamen 2*, S. 270 f.

Rohrmannsbach r.z. Söse (z. Rhume z. Leine z. Aller z. Weser), mündet westlich von Riefensbeek(-Kamschlacken) (Stadt Osterode am Harz, Lkr. Osterode am Harz, Niedersachsen, D). – 1543 *bis auf den rories bech*, 16. Jh. *rorisbech*, 20. Jh. *Rohrmannsbach*; FlurN. Rohrmannshöhe. – Klammerform **Rohrmanns(höhen)bach*. Die Form *rori(e)s(-bech)* ist angeblich ein alter Name der Rohrmannshöhe. – Kettner, *HG.A.8*, S. 104; Kettner, *Leine*, S. 241.

Rolla, die ↗ † Ruhla.

Rombach

– ¹Rombach, die, l.z. Blies (z. Saar z. Mosel z. Rhein). – ON. Rombach (Stadt Neunkirchen/Saar, Lkr. Neunkirchen, Saarland, D), 1347 (Kopie) *Rodenbach*, 1441 *im Rodenbacher Banne*; FlurN. 1770 *In der Rombach*. – Grundform (mhd.) **Rōdenbach*, Kompositum mit dem Grundwort *-bach* und dem Adjektiv ↗ Rod- 'rot', **Rōdenbach*, kontrahiert und assimiliert > **Rōmbach/Rombach*. – Spang, *HG.A.13*, S. 63.

– ²Rombach, r.z. Fulda (z. Weser), mündet bei Frauenrombach (Stadt Schlitz, Vogelsbergkreis, Hessen, D). – 801 *in Ruhunbach* (Urkundenbuch Fulda), 980 (Druck 1850) *in Ruhunbach, de Ruhunbach*; ON. Fraurombach, ON. Michelsrombach, ON. Oberrombach (Stadt Hünfeld, Lkr. Fulda, Hessen), 852, 1178 *Ruhenbach*, 1332 *Rumbach*, 1404 *zcu nydern Rombach*, 1506 *Rombach*, 1607 *Michlsrombach*. – Grundform ahd. **(zi) ruhūn bach*, Wortgruppe mit dem flektierten Adjektiv ahd. *ruh/rūh* 'rauh' ↗ Rauh-, nach dem Schwinden des /-h-/ kontrahiert > **Runbach*, assimiliert > *Rumbach*, mit mundartlicher Senkung > *Rombach*. – Sperber, *HG.A.5*, S. 86.

Ronach Bach l.z. Salzach (z. Inn z. Donau). – ON. Ronach (Königsleiten, Gem. Wald im Pinzgau, Salzburg, A), 1338 *ein gut datz Rōnel*, 1343 *Ronach*; WaldN. Ronach Wald, BergN. Ronachgeier. – Kompositum mit dem Grundwort *Bach* und mhd. *ronach* n. 'Windbruch, Menge von Baumstümpfen'. – Straberger, *HG.A.9*, S. 96; Bach, *Namenkunde 1*, S. 375.

Ronne, die ↗ Rinne-Bach.

Roofen-See (auch *Menzer See*) nordwestlich von Menz (Gem. Stechlin, Lkr. Oberhavel, Brandenburg, D) im Naturpark Stechlin-Ruppiner-Land. – 1530 *mit dem Sehe die Roue genant*, 1556 *Ruwen*, 1572 *Roue*, 1767/87 *Rowen S.*, 1772 *Rohffsee*, 1799 *Der Rohf, Roff oder Röwen*, 1854 *Rofen, Rohff, Roff, Roven, Roewen, Ruwen*; ON. Roofen (Gem. Stechlin), 1422 *to Ruue, to Roue*, 1530 *zw Ruwen*, 1771 *Rofen*, 1861 *Roofen*. – Grundform apolab. **Rov* 'langer grabenförmiger See', apolab. **rov* 'Graben'. – Wauer, *HG.A.17*, S. 147 f.; Fischer, *BNB 10*, S. 232 f.

Rorbach l.z. Warme (z. Diemel z. Weser). – ON. † Rorbach, (963–1037) (Kopie 15. Jh.) *in Rarbeke*, 1074 *Rorbach*. – Grundform (as.) **Rōrbeke*, Kompositum mit dem Grundwort *-beke* 'Bach' und as. **rōr* 'gemeines Schilf, Schilfrohr' ↗ Rohr- als Bestimmungswort. – Kramer, *HG.A.10*, S. 57.

Ros-/Ross-/Roß- *-bach/-bachl*, *-bachgraben*, *-bergbach*, *-feld-bach*, *-graben*, *-grub-bach*, *-gumpenbach*, *-mühl-graben*, *(-berg)-pfuhl*, *-weide-bach*, *-weid-graben*, *-wies(en)-graben*, *-wurm-teich*, z.B. Ros-Bach, r.z. Sieg (z. Rhein), 1575 *die Rospach*, mit ON. *Rosbach*, 1191 *de Rosbach*, 1487 *Roispe*, 1591 *Roispach*; Rossbach, Nebenfluter d. Donau westlich von Hagenau (Gem. Goldwörth, PB Urfahr-Umgebung, O.-Ö., A), um 1190 *in riuo Rosbach*; ON. Rossbach (Lkr. Rottal-Inn, Bayern, D), 817–829 (Kopie 9. Jh.) *Rossopah*, 1146–1148 *Rossebach*, vor 1300 *Rosspach*. Bestimmungswort ahd. *ros* stN., as. *hross* (< gm. **hrussa-*) 'Ross, Pferd'; wie der Beleg 817–829 (Kopie 9. Jh.) *Rossopah* zeigt, steht das Bestimmungswort auch in der Form des Genitivs Plural ahd. *rosso*, oder es handelt sich um die alte Stammform des Bestimmungsworts ahd. **rossa-*, vgl. 957–972 *Rossapah*, jetzt Ross-Bach, l.z. Glonn (z. Amper z. Isar z. Donau). – Faust, *HG.A.4*, S. 65f.; Hausner/Schuster, *Namenbuch*, S. 885; Reitzenstein, *Oberbayern*, S. 134f.; Snyder, *HG.A.3*, S. 87.

Rosabach l.z. Werra (z. Weser), entspringt in der Vorderrhön nördlich von Roßdorf (Lkr. Schmalkalden-Meiningen, Thüringen, D), mündet in Wernshausen (Stadt Schmalkalden). – 933 *per ripam rosaha sursum*, 1183 *per ripam Rosahe sursum*, 1249 *Rose*, 1329 *bis an die Rosa*, 1360 *die Rosa*, 1445 *des Wassers der Rosa*; ON. Rosa (Lkr. Schmalkalden-Meiningen), (1155–65) *Rosaha*, 1185 *Rosa*, 1330, 1352 *Windisschinrosa*, 1350 *Rosa* (und weitere Belege); ON. Roßdorf, (796) *Rosthorphe*, 825 *Rosdorf*, 837 *in Hrosdorpfero marcu*, (vor 891) *Rosthorff*, *Rostorp*, 1016 *Roosdorffono marca*, 1183 *in Rosdorf* (und weitere Belege). – Grundform FlN. ahd. *Rosaha*, Kompositum mit dem Grundwort ahd. *aha* 'Fließgewässer' und ahd. *hros* (< gm. **hrusa-* n.) 'Pferd, Ross' ↗ Ross-/Roß- als Bestimmungswort. ON. Roßdorf < Klammerform *Ros(aha)dorf*. – Sperber, *HG.A.5*, S. 87.

Rosanna, die ↗ Trisanna.

Rosen- -aue, -bach/-bächle/-bächlein, -beke, -bichlgraben, -brunnengraben, -pfuhl, -quell, -see, -siek, -talbach, -teich, -thal-Siepen, -weiher. Bestimmungswort nhd. *Rose* f., mndd. *röse* 'wilde Rose, Heckenrose'. – Fischer, *BNB 10*, S. 233; Kettner, *Leine*, S. 242.

Rosenbach r.z. Vils (z. Naab z. Donau). – Vermutlich Klammerform **Rosen(berg)bach* nach *Rosenberg* (Ortsteil von Sulzbach-Rosenberg, Bayern, D), ursprünglich Burgenname, 1253 *castrum Rosenberch*. Der Bach soll ursprünglich *Sulzbach* (↗ Sulz-) geheißen haben. – Frank/Oelwein/Schuh, *Sulzbach-Rosenberg*, S. 17*, 131.

Rosen-Bach l.z. Weißen Elster (z. Thüringische Saale z. Elbe). – 1298 (Kopie 18. Jh.) *usque ad ... rivulum ... Crosenicz, iuxta aquam ... Grosene*; ON. Rößnitz (Leubnitz, Gem. Rosenbach/Vogtl., Vogtlandkreis, Sachsen, D), /rɛsnids/, 1297 *Rosnicz*, 1328 *Rozenicz*, 1418 *Roßnicz*, 1428 *Rösenicz*, 1506 *Rossenitz*, *Rössnitz*, 1720 *Reßnitz*. – Ausgangsform FlN. asorb. **Groźnica* (neben **Groźna*) 'Bach, der durch eine schreckliche Gegend fließt, Wildbach', abgeleitet von **groźny* 'schrecklich', **Groźna* wird ins Deutsche als **Grosen* integriert und als *Rosen-Bach* eingedeutet. – Ulbricht, *Saale*, S. 112; Eichler/Walther, *HONBSachsen II*, S. 310.

Rosinsee

– [1]Rosinsee, nördlich von Liepe (Lkr. Barnim, Brandenburg, D). – 1258 *Rosin*, 1375 *Rossin, Rossyn*, 1573 *Rosin*, 1577 (Kopie) *den Rosinn*, 1767 *Der Rosin*, 1772 *Rosien-See*, 1827 *Der Rossin See*.

– [2]Rosinsee, östlich von Klein Ziethen (Gem. Ziethen Lkr. Barnim, Brandenburg, D). – 1466 *den Rosszin*, 1577 *denn Rosinn*, 1751 *Der Rosiensee*, 1845 *Der Rosin See*.

Grundform apolab. **Rosina*, abgeleitet von **rosa* 'Tau', als Rosinen-See eingedeutet. – Fischer, *BNB 10*, S. 233.

Rosoppe, die r.z. Frieda (z. Werra z. Weser), fließt durch Schimberg (Lkr. Eichsfeld, Thüringen, D), mündet unterhalb von Geismar (Lkr. Eichsfeld). – /rosˈɔpə/, 1609 *die Rosopsse*, 19. Jh. *Die Rosapp oder Rosoppe*. – Grundform FlN. mndd. **Rosapa* (< gm. **Hrusapa*), Kompositum mit dem Grundwort ↗ *apa* und gm. **hrusa-* 'Ross' als Bestimmungswort, ↗ Rosa-Bach ↗ Röspe. – Sperber, *HG.A.5*, S. 88.

Rospe-Bach r.z. Agger (z. Sieg z. Rhein), entspringt am Südhang der Arzhöhe südöstlich von Herreshagen (Stadt Gummersbach, Oberbergischer Kreis, NRW, D), mündet bei Vollmershausen (Oberbergischer Kreis). – 1575 *die Rooßbach*; ON. Rospe (Stadt Gummersbach), ca.1150 *Rosepe*, 1215 *de Rospe*, 1457 *van Roispe*. – Deutung wie ↗ Rosoppe. – Faust, *HG.A.4*, S. 66.

Ross-/Roß- ↗ Ros-.

Rossel, die

– [1]Rossel, l.z. Saar (z. Mosel z. Rhein), entspringt in Lothringen (F), wechselt mehrfach über die deutsch-französische Grenze, mündet bei Völklingen-Wehrden (Saarland, D). – 1268 *Rousella*, 1337 (auf der) *Russelen*, 1346 (an der) *Růsselin*, 1544 *Russella, Rusella*, 1581 *hinder der Rossel*; GauN. Rosselgau, 777 *in ... Rosalinse*, 888 (Kopie 1430) *Roslohgouue*, 952, 953 *in pago Roslinse*; ON. Großrosseln (Kr. Saarbrücken, Saarland), 1290 (Kopie) *Roussella*, 1302 *apud Rossele*, 1304 *Russele*, 1345 *Russeln*, usw.; ON. Petite Rosselle/Kleinrosseln (Dep. Moselle, Kanton Forbach, F), 1326 (Kopie) *Huberossel* (Oberrossel?), 1365 *Rosseln*,

Rot

1594 *Klain-Rosselin*. – Wegen der häufigen Graphie <-ss-> liegt dem Flussnamen **Rosla* (> ahd. mit Gemination **Rossla* und mit Sprossvokal **Rossala*) zugrunde. Die späteren Belege lassen eine Mundartform /rusel/ erkennen. Direkt vergleichbar ist ON. Reuzel (Nordbrabant, NL), 1179 (Kopie Ende 13. Jh.) *Rosule*, 1173-Ende 13. Jh. *de Rosole, de Roselo* (< **Rosula*). Es handelt sich um eine (keltische?) Ableitung mit *l*-Suffix von ig. **rosā* 'Wildbach, Sturzbach'. Zur weiteren Etymologie ↗Röslau. – Spang, *HG. A.13*, S. 63; Buchmüller/Haubrichs/Spang, *Namenkontinuität*, S. 94f.; Puhl, *Gaue*, S. 256; Künzel/Blok/Verhoeff, *Lexicon*, S. 301.

– ²Rossel, r.z. Elbe, entspringt zwischen Köselitz und Grochewitz (Stadt Coswig, Lkr. Wittenberg, S.-A., D), mündet nach 25km in Roßlau (Stadt Dessau-Roßlau, S.-A., D). – 1541 *bey der Roßlaw*, 1557 *bß zu der Roßlaw* (und weitere Belege); ON. Roßlau/Elbe, 1215 *de Rozelowe*, 1315 *Roslowe*, 1336 *de Roslaw*, 1379 *Roszlow*, 1396 *Rosla* (und weitere Belege). – Die heutige Namensform ist eine Kürzung des vom ON. Roßlau 'Aue an der Rossel' übertragenen Flussnamens. Die vermutliche Ausgangsform FlN. Rossel ist wahrscheinlich eine Übertragung aus Flandern, ↗¹Rossel. Die Annahme eines ursprünglich vorgm. (kelt.?) Namens **Rosala* ist unwahrscheinlich. – Bily, *Mittelelbegebiet*, S. 329.

Rot

– ¹Rot, l.z. Lein (z. Kocher z. Neckar z. Rhein), mündet in Täferrot (Ostalbkreis, B.-W., D). – 1445 *die vischentz an der Rott*, 1480 *an der Rott*; ON. Täferrot, /dēfərráǫd/ (/ē/ offen), 1293 *in Rott*, 1298 (Kopie 1348) *Afrenrot*, 1329 *ze Rote* (und weitere Belege), 1503 *Teffenrot*, 1526 *Täfenrot/Täfenrott*, 1555 *Teferroth*, 1820 *Täferroth* (< **d'äfrenrot* 'der Afra Rot'); FlurN. Rotholz, Rothalde. – Grundform (ahd.) **Rōta* 'die Rote'. – Schmid, *HG.A.1*, S. 96; Reichardt, *Ostalbkreis* 2, S. 231f.

– ²Rot (auch *Fichtenberger Rot*), l.z. Kocher (z. Neckar z. Rhein), entsteht auf dem Gemeindegebiet von Wüstenrot (Lkr. Heilbronn, B.-W., D), mündet bei Unterrot (Stadt Gaildorf, Lkr. Schwäbisch Hall, B.-W.). – 1027 *usque ad fontem Scamnirote* (lies **Scaminrote* 'kleine, kurze Rot'), 1544–1550 *Rott, von der rothen erden die Roth genandt*, ca.1545 *an der Rott*; ON. Wüstenrot, ON. Finsterrot (Gem. Wüstenrot), ON. Oberrot (Lkr. Schwäbisch Hall), ON. Mittelrot (Gem. Fichtenberg, Lkr. Schwäbisch Hall), (die ON.-Belege werden undifferenziert angeführt): 787 *in loco … Raodhaha*, 848, 856, 996 *Rotaha*, 1101 *de Rote* (und weitere Belege), 1108, 1230, 1299, 1300 *de Rode*. – Grundform ahd. **Rōtaha*, Kompositum mit dem Grundwort ahd. *aha* 'Fließgewässer' und ahd. *rōt* 'rot' (das Benennungsmotiv ist die rote Erde, s. Beleg 1544–1550) als Bestimmungswort. Bei den Belegen, die ab 1108 *Rode* belegen, liegt Verwechslung mit ahd. *rod* (Dativ Sg. *rode*) 'Rodung' nahe. – Schmid, *HG.A.1*, S. 96.

– ³Rot, Ellenberger ~, r.z. Röhlinger Sechta (z. Jagst z. Neckar), mündet unterhalb von Erpfental (Stadt Ellwangen, Ostalbkreis, B.-W., D). – 1024 (Kopie 1335) *ad Rota*, *de Rota*, 1152 *ad Rota*; ON. Rötlen, Weiler mit abgegangenem Schloss (Stadt Ellwangen), /rędlə/, (um 1337), 1381 *ze Rot*, 1471 *Rott*, 1485 *Röttlin*, 1733 *Röthlen*. – Deutung ↗¹Rot, ON. Rötlen mit später Diminuierung > **Rötlein*. – Schmid, *HG.A.1*, S. 96; Reichardt, *Ostalbkreis*, S. 128.

Rot-/-e-/-en-/-er/-es

(auch *Roth-*, *Rott-*), ahd. *rōt*, as. *rōd* 'rot' (< gm. **rauda-*) in zahlreichen Gewässernamen als Bestimmungswort oder als Adjektiv-Attribut einer Wortgruppe. Die Schreibung <-tt-> geht auf mundartliche Kürzung von /ō/ > /o/ zurück. Unterschiedliche Benennungsmotive: eisen-, kupferhaltiges Wasser, rötliches Gestein im Wasser, Bachbett oder an den Ufern ↗Röthen-. – Springer, *Flußnamen*, S. 76; Ulbricht, *Saale*, S. 34; Kettner, *Leine*, S. 247f.; Kühebacher, *Ortsnamen* 2, S. 273, Fischer, *BNB 10*, S. 234.

Rotach, die

– ¹Rotach (auch *Rothach*), r.z. Bregenzer Ache (z. Bodensee), entspringt westlich von Lindenberg im Allgäu (Lkr. Lindau, Bayern, D), mündet in Doren (PB Bregenz, Vorarlberg, A). – 1406 *in der Rotach*, 1456, 1471, 1482 *in der Rotach*, 1569 *uf der Rottach*; ON. Rothach (Gem. Weiler-Simmerberg, Lkr. Lindau). – Geiger, *HG.A.2*, S. 112.

– ²Rotach, z. Bodensee, entsteht bei Wilhelmsdorf (Lkr. Ravensburg, B.-W., D), mündet östlich von Friedrichshafen (Bodenseekreis, B.-W.). – 1294 *du Ahe*, 1427 *in die Rotach*, 1436 *in die Rottach*, 1436 *Rotten Ach, die Rottach* (und weitere Belege); ON. Rotreis (Gem. Deggenhausertal, Bodenseekreis). – Geiger, *HG.A.2*, S. 112.

Kompositum mit dem Grundwort -ach, ahd. *aha* 'Fließgewässer' und dem Adj. mhd. *rōt* 'rot' ↗Rot-.

Roth, die

– ¹Roth, r.z. Donau, entspringt nördlich von Eisenburg (Stadt Memmingen, Bayern, D), mündet nach 52km nördlich von Oberfahlheim (Gem. Nersingen, Lkr. Neu-Ulm, Bayern), Zufluss Kleine Roth. – ON. Oberroth (Lkr. Neu-Ulm), ON.Unterroth (Lkr. Neu-Ulm), 865 *Roto*, 1100 *vicus Rota*, 1152 *Rothe*, 1357 *ze Rot*. – Snyder, *HG.A.3*, S. 87.

– ²Roth, r.z. Rednitz (z. Regnitz z. Main z. Rhein), entspringt bei Thalmässing-Stauf (Lkr. Roth, Bayern, D), mündet bei Roth (Lkr. Roth). – 15. Jh. *rot*, *Rute*, *Rote*, 1656 *Wässerlein Rot*; ON. Roth (Lkr. Roth, Bayern, D), 1057–1075 *Rote*, 1251 *Rot*, 1363 *Roth*. – Sperber,

HG.A.7, S. 144; Reitzenstein, *fränkische Ortsnamen*, S. 193. Grundform FlN. ahd. **Rōta* 'die Rote'. Benennung nach Eisenvorkommen im Quellgebiet ist nur für ¹Roth gesichert.

Roth- ↗ Rot-.

Rott, die

– ¹Rott, l.z. Chiemsee (z. Alz z. Inn z. Donau). – 1303–1318 *Rott*, ca.1563 *ad rivum Rotam*, 1832 *Roth*, 1857, 1868 *Rott*; ON. Rottau (Markt Grassau, Lkr. Traunstein, Bayern, D), ca.1180 *de Rōtowe*, 12. Jh. *Rota* (und weitere Belege). – Dotter/Dotter, *HG.A.14*, S. 335.
– ²Rott, l.z. Ammer (z. Ammersee z. Amper z. Isar z. Donau), entspringt westlich von Polling-Kugelsbühl (Lkr. Weilheim-Schongau, Bayern, D), mündet in der Nähe von Dießen (Lkr. Landsberg a. Lech, Bayern). – 1431 *zwischen des Rincksee und der Rot*, ca.1563 *Rot amnis*; ON. Rott 1090, 1100 *Rota*. – Snyder, *HG.A.3*, S. 88.
– ³Rott, l.z. Inn (z. Donau). – 771 *Rotę fluminis*, 773 *fluminis ... Rota*, 806 *Rota* (und weitere Belege); ON. Rott a. Inn (Lkr. Rosenheim, Bayern, D), ca.1010–1020 *Rota*, 1126/27 *Rōte*, 1180 *Rote*, 12./13. Jh. *Rott*, 1226 *Roth*, 1232 *Rot*, 1484 *Rott*. – Dotter/Dotter, *HG.A.14*, S. 340–342; Reitzenstein, *Oberbayern*, S. 235.
– ⁴Rott, l.z. Inn (z. Donau), entspringt im Lkr. Landshut (Bayern, D), mündet nach ca. 109km gegenüber von Schärding (O.-Ö., A). – 788–800 (Kopie 9. Jh.) *Rota*, 795–803 (Kopie 9. Jh.) *Raota*, 12. Jh. *Rote*, 1246 *Rôt*, 1270 *Roth*, 1395 *Rott*. – Dotter/Dotter, *HG.A.14*, S. 335–340; Reitzenstein, *Oberbayern*, S. 235. Grundform ahd. **Rōta* (< vorahd. **Rauda*) 'die Rote', ↗ Rot ↗ Roth.

Rott- ↗ Rot-.

Rotte, die r.z. Französischen Nied (z. Nied z. Saar z. Mosel z. Rhein), entspringt am östlichen Ortsrand von Morhange (Dep. Moselle, Region Lothringen, F), mündet in Vatimont (Dep. Moselle). – 1018 *ad fluvium Rottena*, 18. Jh. *la Rothen*. – Grundform **Rottana*, mit *n*-Suffix abgeleitet vom Adj. gm. **rotta-* < **rut-na-* 'verfault' (< ig. **rud-nó-*), vgl. mndd., mnl. *rotten* '(ver)faulen' neben as. *roton* 'zerfressen werden', ahd. *rozzēn* 'verwesen, faulen', ae. *rotian* 'faulen, verrotten, verwesen', awn. *rotinn* 'verfault' (< gm. **rut-*). Mit dem Stamm gm. **rotta-* ↗ Rottmünde sind ferner gebildet: FlN. die Rotte (< **Rottaha*?), z. Nieuwe Maas, 1028 *Rotta*, in Rotterdam (NL); ON. Rottum (Gem. Eemsmond, Prov. Groningen, NL), 10.–11. Jh. *de Rotton*, 11. Jh. *in Rotton*, 12. Jh.(?) *in Rotono*. – Spang, *HG.A.13*, S. 64; Pokorny, *IEW*, S. 869; Blok, *Flußnamenforschung*, S. 217; Künzel/Blok/Verhoeff, *Lexicon*, S. 307.

Rotten, der Name der Rhone, frz. le Rhône, im deutschsprachigen Teil des Kantons Wallis (CH), entspringt am Rhonegletscher (Kanton Wallis), mündet unterhalb von Arles (Dep. Bouches-du-Rhône, F) ins Mittelmeer. – Lateinisch *Rhodanus*, die Verbreitung der zahlreichen Parallelnamen **Rodanos/*Rodanā* lässt auf keltische Herkunft schließen. Es handelt sich um die Bildung eines Flussnamens mittels Ableitung mit *n*-Suffix von einer Basis kelt. **roda-*, deren Herkunft unklar ist. Man könnte zur Erklärung der Basis auf das Nomen urkelt. **roto-* 'Wagen' (in gall. ON. *Roto-magus*/Rouen, air. *roth*) zum Verb **ret-o-* 'laufen' zurückgreifen. Unter dem Einfluss verwandter Basen wie urkelt. **rēdo-* 'Wagen' und urkelt. **roudo-* 'rot' könnte ein neues Nomen **rodo-*/**rodā* 'Wasserlauf'(?) entstanden sein. – Müller, *Rhône*; Bach, *Namenkunde* 2, S. 506; Matasović, *Proto-Celtic*, S. 307, 314, 315.

Rottmünde, die r.z. Weser, entspringt im Rutenbruch im Solling (Weserbergland), mündet in Boffzen (Lkr. Holzminden, Niedersachsen, D). – 1587 *Rottmunde*, 1588 *vff der Rottmunde, die Rottmunde*, 1603 *Rotmunder Beke*, 1668 *Rottmünde*, 1759 *Die Rothmunde, Rottmünde*, 1803 *die Rothmünde*; ON. Rottmünde (Gem. Boffzen), 1854 *Glashütte im Rothmindetale*; StraßenN. Rottmündetal (Boffzen), FlurN. 1602 *In der Rottmünde*. – Grundform FlurN. **Rott(e)münde*, entweder Kompositum mit dem FlN. ↗ Rotte als Bestimmungswort und mndd. *mund*, Dativ Singular *-münde* 'Mündung' als Grundwort, oder analog zur benachbarten ↗ Holzminde mit gm. **manja-* 'Feuchtgebiet' (> as. **meni, *minne*?) als Grundwort, **Rott(e)minne*, nach Labial gerundet > **Rott(e)münne/Rottmünde*. Der Flurname wurde auf den durch das Gebiet fließenden Bach übertragen. – Kramer, *HG.A.10*, S. 58; Casemir/Ohainski, *Holzminden*, S. 183f.

Rottum, die entsteht aus Bellamonter ~ und Steinhauser ~ im Stadtgebiet von Ochsenhausen (Lkr. Biberach, B.-W., D), vereinigt sich nördlich von Laupheim (Lkr. Biberach) mit der Dürnach zur Westernach (r.z. Donau). – ON. Rottum (Gem. Steinhausen an der Rottum, Lkr. Biberach), 1152 *Rothemun*. – Grundform FlN./ON. ahd. **Rothema*, im schwach flektierten Dativ **(zi) Rothemūn*. Falls die Graphie <th> im einzigen Beleg für ahd. /-t-/ steht, ist der Name nicht von ahd. (Notker) *rotemo* swM. 'Schamröte' und ahd. (Notker) *rutem(-hafte)* 'rötlich schimmernd' zu trennen. Benennung nach der rötlichen Färbung des Gesteins im Flussbett oder des Wassers. – Snyder, *HG.A.3*, S. 89.

Rubersbach r.z. Gutach (z. Kinzig z. Rhein). – ON. Rubersbach, StraßenN. Am Rubersbach (Stadt

Hornberg, Ortenaukreis, B.-W., D), 1564 *der Rupperspach*, 1781 *vorm Ruppersbach*, 1821 *vor dem Rup(p)ersbach*, 1828 *im alten Rupertsbach*. – Kompositum mit dem Grundwort -*bach* und dem Genitiv des PN. *Rupper(t)*. – Geiger, *HG.A.2*, S. 113.

Rudmannsbach (auch *Kernreiterbach*, *Zaglauerbach*), r.z. Mörtlbach (z. Stausee z. Almbach z. Salzach z. Inn z. Donau). – Ca.1240–1250 *Rv̇dmanspach*, 1245 *Rv̇dmanspach*, ca.1390 *Rudmanspach*; FlurN. Rudmannsau, FlurN. 1348 *Rv̇dmanspuhel*, 1366 *Ruodmanspv̇hel* 'Rudmannsbühl'. – Kompositum mit dem Grundwort -*bach* und dem Genitiv des PN. (ahd.) *Ruodman*. – Straberger, *HG.A.9*, S. 97.

Rückersbach, die r.z. Haupt Graben (z. Häg Graben z. Forchbach z. Main z. Rhein). – 1394 *bis in die Ruckerspach, und uzs der Ruckerspach*; ON. Rückersbach (Gem. Johannesberg, Lkr. Aschaffenburg, Bayern, D), 1380 *zu Ruckerßbach*; FlurN./ON. Rückersbacher Schlucht. – Kompositum mit dem Grundwort -*bach* und dem Genitiv des PN. mhd. *Rücker* (< *Rüediger*) als Bestimmungswort. – Sperber, *HG.A.7*, S. 145.

Ruetz, die l.z. Sill (z. Inn z. Donau), entsteht aus dem Zusammenfluss von Fernaubach und Mutterbergbach, fließt im Stubaital, mündet nördlich von Unterberg (Gem. Schönberg im Stubaital, PB Innsbruck-Land, Tirol, A), vor der Verbauung ein gefürchteter Wildwasserfluss. – 1141 (Fälschung Mitte 13. Jh.) *usque ad fluvium Rutzam*. – Auf der Grundlage nur eines Belegs ist eine sichere Deutung nicht möglich. Vorgeschlagene Deutungen: *t*-Erweiterung zu ig. **sru*- 'fließen', vgl. vorrom.-kelt. **frutā* 'Sturzbach, Felseinschnitt' ↗ *Frutz*, oder zum Verb urig. **preuth₂*- 'schnauben, schäumen', **pruth₂ú*- > kelt. **rutu*-, vgl. ON. *Rutunio* (Itinerarium Antonini), jetzt River Roden (Shropshire, GB). Vergleichbar sind auch: ca.1563 *Ruetznpach*, jetzt Reissinger-Bach, l.z. Isar; Rutzenbach, l.z. Silz (z. Mühlbach z. Schwarzbach z. Rhein) bei Darmstadt; (959) *ruzenbach*, r.z. Lahn bei Bad Ems oder Montabaur. Diese Namen dürften den Genitiv des PN. *Rutzo* als Bestimmungswort enthalten. – Hausner/Schuster, *Namenbuch*, S. 891; Watts, *EPN*, S. 514f.; Snyder, *HG.A.3*, S. 89; Geiger, *HG.A.2*, S. 114; Faust, *HG.A.4*, S. 67.

Rümlig, der z. Kleinen Emme, kommt aus dem Pilatusgebiet und mündet bei Schachen (Kanton Luzern, CH), früher ein gefürchtetes Wildwasser. – /də rümlig/, 9. Jh. (Kopie um 1200) *ad Rimulcum* (hierher?), 1. Hälfte 14. Jh. *in den Rümliken, von dem Rümliken*, 1. Hälfte 14. Jh. (Kopie 15. Jh.) *jn den rümmelken, den rümelken ab*, um 1380 *vntz in Rimmelti* (< **Rimlet-li* < **Rimlekli?*), *den rimliken ab, vber den Rimlikin*, 1411 (Kopie 1433) *am Rümliken, in Rümlikon*, 1416 *in den rümlikon, den Rümlikon vf*, 1580 *by dem Rümling, der Rümlig*, usw.; ON. †Rümlikon (Gem. Malters) am rechten Rümligufer, 1509 *Ze rimlikon, růmlikon, von růmlikon, rümlikon*. – Ausgangsform FlN. (ahd.) **Rimil*, mehrfach eingedeutet z.B. als *Rimling/Rümling* (dissimiliert > *Rimlig/Rümlig*). Beeinflusst ist die Überlieferung des Gewässernamens vom Namen der Siedlung Rümlikon, einer Zusammensetzung mit -*hofen*: **Rimling-hofun* (> *Rümlikon*), in Anlehnung an schwz. *rümele(n)* 'donnern, lärmen, rumoren' auch *Rümlikon*. Entsprechend seiner Natur als Wildwasser kann der Flussname in den Zusammenhang mit dem schwedischen Gewässernamen **Rima* bei Römelanda (1388 *Rimalanda*), das zu altschw. *rimi* 'langgestreckter Höhenzug' gestellt wird, gehören. Die indogermanische Grundlage dieser germanischen Wörter ist eine nominale *m*-Ableitung von der Schwundstufe der Wurzel urig. **h₁rei*- 'sich erheben' (**h₁ri-mo-*). – Waser, *Entlebuch*, S. 830–832; Wahlberg, *SOL*, S. 257 f.; Rix, *LIV*, S. 252.

Rümmelbach l.z. Saubach (z. Theel z. Prims z. Saar). – ON. Rümmelbach (Stadt Lebach, Lkr. Saarlouis, Saarland, D), 11. Jh. *in Rumesbach*, 1791 *Rimmelsbach*. – Ausgangsform ON. (mhd.) **Rüemensbach* > **Rümensbach/*Rümelsbach* > *Rimmelsbach*, Kompositum mit dem Grundwort -*bach* und dem PN. ahd. **Ruomīn* (> mhd. **Rüemens*-) als Bestimmungswort. – Spang, *HG.A.13*, S. 64.

† Rüssel alter Namen des Till- oder Hastelbachs, l.z. Rhein. – 1344 *vf rüsel*, Mitte 14. Jh. *in ritzolin*, 1438 *an der ritzolen*, 1499–1502 *in d(er) ritzollen*, 1584 *vff Rösell*, 1824 *auf Rüssel*. – Ausgangsform vulgärlateinisch **rivuscellus* 'Bächlein', verkürzt > **ritzel*. – Greule, *HG.A.15*, S. 91; Halfer, *Flurnamen*, S. 44.

Rüsselbach l.z. Schwabach (z. Regnitz z. Main z. Rhein). – ON. Rüsselbach (Markt Igensdorf, Lkr. Forchheim, Bayern, D), 1011 *Ristilibach*. – Vorausgesetzt der einzige Beleg ist verschrieben für **Rustilibach*, dann ist die Grundform vielleicht ON. (ahd.) **Rustilinbach* > mhd. **Rüstelnbach*, mit Vereinfachung der Lautgruppe /-lnb-/ > **Rüstelbach/Rüsselbach*. – Sperber, *HG.A.7*, S. 145.

† Ruhla, die (auch *die Rolla*), Oberlauf des Erbstroms, l.z. Hörsel (z. Werra z. Weser), entspringt in ca. 645m Höhe südöstlich von Ruhla (Wartburgkreis, Thüringen, D) am Rennsteig, mündet bei Wutha-Farnroda (Wartburgkreis). – 1409 *yn der Rula*, 1584, 1587 *Ruhla*; ON. Ruhla, 1378 *villa Rula*, 1612 *das dorf rull*. – Grundform FlN. vorgm. **Rula* > mhd. **Rule/*Rul*, mit dem sekundären (thüringischen) Suffix -*a*

> *Rula*, mit mundartlicher Senkung (/u/ > /o/) > *Rolla*, wegen des Parallelnamens (s. u.) wohl dissimiliert aus vorgm. (ves.-ig.) *Rurā, ein von der laryngallosen Wurzel (ig. *reu- 'aufreißen') gebildetes Verbaladjektiv (ig. *ru-ró-) mit der Bedeutung 'Wildwasser'. Parallelname *Rulles*, z. Semois (z. Maas), mit ON. *Rulles* (Gem. Habay, Arrondissement Virton, Prov. Limburg, B), 1097 *Ruris*, 1193 *Rure* (< *Rūrā) ↗ Ruhr. – Sperber, *HG.A.5*, S. 89; Herbillon, *Wallonie*, S. 137.

Ruhm- -*bach*, -*beck*, -*teich*, z. B. Ruhm-Bach r. z. Ruhr (z. Rhein) mit ON. Ruhmbeck (Stadt Arnsberg, Hochsauerlandkreis, NRW, D), 1031, 1138, 1186, 1190, 1208 *Rumbeke*, 1438 *Rumbeicke*, 1483, 1489 *Rumbeke*. Bestimmungswort mndd. *rūm* 'geräumig, weit, offen; weiläufig, groß' ↗ Rhume. – Schmidt, *HG.A.6*, S. 6; Barth, *Sieg und Ruhr*, S. 169.

Ruhr, die   r. z. Rhein, entspringt im Rothaargebirge am Ruhrkopf in 666,5m Höhe nordöstlich von Winterberg (Hochsauerlandkreis, NRW, D), fließt durch das Ruhrgebiet, mündet nach 219km bei Ruhrort (Stadt Duisburg, NRW). – As. (latinisiert) *flumen rura, ripa fluuii rurae, ruram* (sehr oft im 8.–11. Jh. belegt), 1036 *iuxta Rurinna*, 1179 *super fluuium Rurenna*, 1314 (Regest) *inter Roram et ...*, 1321, 1347 *op die Rure, de Rure dar neder* (und zahlreiche weitere Belege), 1342 *up der Ruren*, 1368 *op der Ruer* (und weitere Belege), 1378 *in der Ruyr*, 1408 *over de Rŭŭr*, 1414 *Royr*, 1443 *Roir*, 1463 *in der Rouren*, 1494 *Rhur*, 1598 *Ruhr*; GauN. 802 *in pago Ruricho*, 811 *in pago ruracgauua*, 819 *in pago ruricgoo ... ruricgoa* (und weitere Belege); ON. Ruhrort ('Landspitze an der Mündung der Ruhr in den Rhein'), 14. Jh. *Rueroirt*, 1379 *in Rureort*. – Ausgangsform (ves.-ig.) *Rurā 'die Reißende', Feminin zum Verbaladjektiv ig. *ruro- (< **ru(H)ró*-) 'reißend' mit *r*-Suffix abgeleitet vom Verb urig. **reu̯(H)*- 'aufreißen'. Die Belege legen eine Grundform mit /u/ (nicht mit /ū/) nahe: *Rurā > mndd. *Rure (schwach flektiert *Ruren*), mit Senkung des Stammvokals *Rore, mit Dehnung in offener Tonsilbe > *Rūre bzw. *Rōre, mit Apokope *Ruhr*. – Schmidt, *HG.A.6*, S. 64f.; Barth, *Sieg und Ruhr*, S. 169; Rix, *LIV*, S. 510.

Ruibach   r. z. Etsch, mündet bei Marling (Meran, Prov. Bozen/Südtirol, I.). – /rúipåch/, 1328 *Riŭpach*, 1311 *Riupach*, 1352 *enunt dem Riupach*, 1369 *rivus d. Riupach*, 1613 *Rewpach*. – Kompositum mit dem Grundwort -*bach* und (mhd.) *riu-, entlehnt aus l. *rīvus* 'Bach' ↗ Rivelaunbach als Bestimmungswort. Mhd. *Riupach* > mundartlich *Ruipåch*. – Kühebacher, *Ortsnamen 2*, S. 274.

Rumbach   r. z. Wies-Lauter (z. Rhein). – 1836 *Rumbacher-Bächelchen*; ON. Rumbach (Lkr. Südwestpfalz, Rh.-Pf., D), 1371 *Roenebach*, 1460 *Runbach*, um 1500 *Ronebach*, 1704 *Rombach*, 1824 *Rumbach*. – Grundform ON. (mhd.) *Ronebach*, Kompositum mit dem Grundwort -*bach* und mhd. *rone* 'umgestürzter Baumstamm, Klotz' als Bestimmungswort. *Ronebach* mit Synkope und Assimilation > *Rombach*, mundartlich gehoben > *Rumbach*. – Greule, *HG.A.15*, S. 91; Dolch/Greule, *Pfalz*, S. 406.

Runz-/-en-   (auch *Rungs*-, *Runs*, *Runst*-) -*bach*/ -*bächle*, -*graben*, z. B. Runzenbach, l. z. Schutter (z. Kinzig z. Rhein), 16. Jh. *der Rüntzenbach*. Bestimmungswort mhd. *runs*, *runst* stswM. 'Fluss, Wasserlauf' (< gm. *runsi-), ↗ Rinnebach ↗ Rinsbach ↗ Rinssee. – Geiger, *HG.A.2*, S. 114; Springer, *Flußnamen*, S. 139.

Rupbach, die   l. z. Lahn (z. Rhein). – 1361, 1513, 1668 *die Rupach*, 1411, 1509 *die, de Ropach*, 1643 *Ruppach*; ON. Rupbach (Gem. Steinsberg, Rhein-Lahn-Kreis, Rh.-Pf., D), 1234 *de rupach*, 1643 *Ruppacher mühl*, *Rubbacher mühl*. – Kompositum mit dem Grundwort -*bach* und vermutlich mit dem Genitiv des PN. (ahd.) **Rūp(p)o*, *Rūppen-bach gekürzt > *Rupbach*. – Faust, *HG.A.4*, S. 66f.; Kaufmann, *Ergänzungsband*, S. 295f.

Rur, die   (auch *Eifel-Rur*), frz., ndl. *Roer* (in Wallonien auch *Rour*, *Roule*) r. z. Maas, entspringt im Naturpark Hohes Venn (B), durchquert den Nationalpark Eifel (D), wird zum Rurstausee aufgestaut, mündet nach 164,5km bei Roermond (Prov. Limburg, NL) in zwei Mündungsarmen. – 200 n. Chr. *rurae v.s.l.m.* (Altarinschrift, gefunden in Roermond), 496–506 (Kop. um 700, Kop. 13./14. Jh.) *Rura* (Cosmographia des Geographus Ravennas), 858 (Kopie 11. Jh.) *super fluvium Rure*, 858 (Kopie 11. Jh.) *iuxta fluvium Rura*, 868 (Kopie 18. Jh.) *Rura*, zu 923 *super fluvium Ruram*, 973 (Kopie 14. Jh.) *trans Ruram*, 1069 *influit Rvram, sursum Rvram*; ON. (FlN.) Erkensruhr (Gem. Simmerath, Städteregion Aachen, NRW, D), 1069 *usque in Orcuntrvram, sursum autem Orcuntrvram*, ca. 1075 *Orkentrure*; ON. Einruhr (Gem. Simmerath), ON. Roermond, 1130 (Kopie 1157) *Ruregemunde* 'Mündung der Rur'. – Ausgangsform (ves.-ig.) *Rūrā, Deutung ↗ Ruhr. Im ON. Erkensruhr wird ein Kompositum aus den Flussnamen *Rūrā und *Orcunt*- ↗ Orke (< gm. *Wurkana), als Name eines rechten Zuflusses der Rur bei Einruhr, vermutet. – Borchers, *Große Flüsse*, S. 61.

Rußbach   r. z. Lammer (z. Salzach z. Inn z. Donau). – ON. Rußbach (PB Hallein, Salzburg, A), ON. Rußegg (Salzburg), ca. 1180 *de Ruspach*, 1336 *an dem Rŭsekk, ein gŭt genannt Rŭspach* – Grundform mhd. *Ruostbach, Kompositum mit dem Grundwort ahd.

ruost f. 'Ulme, Rüster', vgl. ON. Groß-Rußbach (PB Korneuburg, Niederösterreich), um 1130–40 *Rustpach*. Die Lautgruppe /-stb-/ wurde zu /-sb-/-sp-/ vereinfacht. – Straberger, *HG.A.9*, S. 97; Hausner/Schuster, *Namenbuch*, S. 895.

Rustebach r.z. Leine (z. Aller z. Weser). – *1676 ahn den fluß Rustebach, im Rustenbach, der Rostenbach*, 1866 *Rustebach*; ON. Rustenfelde (Lkr. Eichsfeld, Thüringen, D), 1318 *Rusteueld*, 1407 *Rustenfelden*, 1464 *Rustefeld* (und weitere Belege), BurgN. Rusteberg (Gem. Rustenfelde), 1123 *in Rusteberge*, 1128 *Rosteberche*, 1135 *in Rusteberg* (und weitere Belege). – Grundform (mhd.) **Ruostenbach*, Kompositum mit dem Grundwort *-bach* und mhd. *ruost* swF.(?) 'Ulme, Rüster' als Bestimmungswort, monophthongiert > **Rüstenbach*, vereinfacht > **Rüstebach*. **Ruostenbach* ist vielleicht eine Klammerform **Ruosten(berg)bach* und ON. *Ruste-felde* wurde im Gegensatz zu *Ruste-berg* gebildet. – Kettner, *HG.A.8*, S. 106 f.; Kettner, *Leine*, S. 249.

Rute, die r.z. Weser, entspringt wie die Rottemünde im Feuchtgebiet Rutenbruch (Solling). – 1410 *vp dusse sijden der Ruten*, 1416 (Kopie 15. Jh.) *de Rute*, 1587 *zwischen der Rutte …, in der Ruette*, 1588 *die … Raute*; FlurN. Rutengrund, 1745/46 (Kopie) *Ruthen Grund*; Rutenkopf, Rutenhai, Rutenbruch, 1587 *Ruttenbruch*, 1745/46 (Kopie) *Das Ruthen bruch*. – Vermutlich Übertragung eines Flurnamens **Rüte-*, der *Rute* f. als Feldmaß oder mndd. *rute*, nhd. *Raute*, 'eine ölhaltige Pflanze' oder mndd. *rūte*, nhd. *Raute* 'geometrische Figur' als Bestimmungswort enthält. – Kramer, *HG.A.10*, S. 58; Fischer, *BNB 10*, S. 237 (zu *Rutenpfuhl*).

Rutenbeck, die (auch *Ruthenbeck, Rutenbecker Bach*), l.z. Wupper (z. Rhein), entspringt westlich von Küllenhahn (Cronenberg, Stadt Wuppertal, NRW, D), mündet nach ca. 2,5km beim Ortsteil Untere Rutenbeck. – ON. Rutenbeck, Zur Rutenbeck (Wuppertal), 1358 PN. *Thidemanno Rutenbeke*, 1579 *in der Rutenbeck*. Grundform mndd. **Rütenbeke*, Kompositum mit dem Grundwort mndd. *-beke* 'Bach', zum Bestimmungswort ↗Rute. – Schmidt, *HG.A.6*, S. 66.

Ruthe, die r.z. Lenne (z. Weser) bei Eschershausen (Lkr. Holzminden, Niedersachsen, D). – 1745/46 (Kopie 1768) *Die Ruthe*, 1802 *den Rutebach (Rothbeeke)*, 1803 *der Rutebach, von dem Rutebache*; FlurN. 1760 *Rute Wiese*. – Deutung ↗Rutherbach – Kramer, *HG.A.10*, S. 58.

Rutherbach r.z. Ruhr (z. Rhein). – Ende 14. Jh. *ind (so!) der Ruten, iuxta Rŭte*, 1443/44 *by der Rŭten*, 1519 *by der Ruten*, 16. Jh. *up der Ruthen*; ON. Landhaus Rutherbach (Essen, NRW, D), ON. Ruthermühle (Essen-Schuir), Mitte 14. Jh., um 1412 *in der Rute*, 1431, 1454/55 *in der Ruten*; StraßenN. Ruthertal, Rutherweg (Essen). – Deutung wie ↗Rute? – Schmidt, *HG.A.6*, S. 66.

Ruthmecke l.z. Hönne (z. Ruhr z. Rhein). – ON. Ruthmecke (Volkringhausen, Stadt Balve, Märkischer Kreis, NRW, D), 1247 *Ruthbeke*. – Grundform mndd. **Rütenbeke*, assimiliert > **Rütembeke*, gekürzt > **Rütmeke/Ruthmecke*, Deutung ↗Rutenbeck. – Schmidt, *HG.A.6*, S. 66.

Rutschbach, die l.z. Hegbach (z. Schwarzbach z. Rhein). – 833–840 (Kopie 12. Jh.) *Rodesbach*, 13. Jh. *in der rodisbeche*; FlurN. An der Rutschbach (Urberach, Stadt Rödermark, Lkr. Offenbach, Hessen, D). – Grundform ahd. **Rōdesbach*, Kompositum mit dem Grundwort *-bach* und dem Genitiv des PN. **Rōd* als Bestimmungswort. **Rōdesbach* synkopiert > **Rōdsbach/*Rotschbach*, umgedeutet als *Rutsch-bach*. – Geiger, *HG.A.2*, S. 114; Ramge, *Flurnamen*, S. 790.

Ruwer, die r.z. Mosel (z. Rhein), entspringt am Rösterkopf (Hunsrück) in 650m Höhe, mündet nach 48km und einem Höhenunterschied von ca. 527m in Trier (Rh.-Pf., D), wasserreichster Hunsrücknebenfluss der Mosel. – 4. Jh. (Kopie 10. und 12. Jh., Ausonius, Mosella) *marmore clarus Erubris* (lies <E>*rubris* < **Ruberis*), 633 (Fälschung) *a fluvio … Ruvera*, 923 *inter Ruveram …*, 953 *in Rŭvera fluvio*, 1038 *in fluvio Rovora dicto*, 1106 *in Rovera*, 1140 *Piscationem … Ruvere fluvii*, 1152 *in fluvio Rovora*, um 1153 *in fluvio rovora*, 1253 *apud Ruvere*, um 1314 *pontes lapideos … supra ripam Rovere*, 1325 *super fluvio Rovera*; ON. Ruwer (Lkr. Trier-Saarburg, Rh.-Pf.), 946 *villis Ruobera*, 962 *Rubera*, 1135 *Ruvere*, 1200 *apud rovere, in Ruvera*, um 1220 *de Ruvara, apud villam Rovere*, 1. Hälfte 13. Jh. *in Rovero*, 1227 *versus Rovere*, 1241 *in Ruvere*, 1265 *in Rovere*, 1277 *Rŭvere, de Roevere*, 1284 *Ruvere* (und weitere Belege dieser Art), 1784 *Ruver*. – Aus den Belegen ist eine Ausgangsform (ahd.) *Ruvera* erschließbar, mit mitteldeutscher Senkung /-u-/ > /-o-/ *Rovera, Rovere*, später *Ruvere*, mit Dehnung in offener Tonsilbe und Apokope /ˈruːver/. Die Nennung des Flusses bei Ausonius ist nur durch Emendation mit den späteren Bezeugungen in Einklang zu bringen; sie scheint unter dem Einfluss von lat. *ruber* 'rot' zu stehen und in der Form **Ruberis* (<**Ruveris*) den Namen des Nebenflusses ↗Riveris wiederzugeben. Ahd. *Ruvera* kann über moselrom. /rμvera/ auf (ig.) **Rūu̯arā* f., zurückgeführt werden, ein mit dem Suffix *-rā* von ig. **rūu̯o-* abgeleiteter Name; ig. **rūu̯o-* ist ein mit dem Suffix *-u̯o-* von der Schwundstufe des Verbs urig. **réu̯H-/*ruH-* (> **rū-*) 'aufreißen' abgeleitetes Adjektiv. Vom Verb *réu̯H-/*ruH- sind mehrere Flussnamen abgeleitet, ↗Ruhr; das Benennungsmotiv war die aufreißende, aufwühlende Kraft der wasserreichen Ruwer. – Jungandreas, *Moselland*, S. 904f.; Buchmüller/Haubrichs/Spang, *Namenkontinuität*, S. 95; Schmid, *keltisch-baltische Namenentsprechungen*, S. 55f.; Rix, *LIV*, S. 510.

† **Ryna, die**   (heute *Hauptgraben*), l.z. Suhl (z. Werra z. Weser). – 1494 *Horsladt* (= Horschlitt) *gelegen an der Ryna*; ON. (Auenheim-)Rienau (Horschlitt, Stadt Berka, Wartburgkreis, Thüringen, D), 1231 *in Rinowe*, 1499 *zcu Rinauwe*. – Grundform FlN. (as.) *Rīnaha* neben ON. *Rīnouwe*, Kompositum mit dem Grundwort *-aha* 'Fließgewässer' (neben *-ouwe* 'Land am Fluss') und *rīn* ↗† Rinaha ↗Rhienbach ↗Rhin- ↗Rien als Bestimmungswort, vgl. ca.1340 *ad rivum qui dicitur Rynbeke* (bei Soest, NRW). – Sperber, *HG.A.5*, S. 89; Schmidt, *HG.A.6*, S. 66.

S

† Saal ↗ Sall.

Saalach, die l.z. Salzach (z. Inn z. Donau), entspringt am Hochtorsee bei Saalbach-Hinterglemm (PB Zell am See, Salzburg, A) in den Kitzbühler Alpen, bildet abschnittsweise die deutsch-österreichische Grenze, durchfließt den Saalachsee, mündet nach 103km am Saalachspitz in Liefering (Stadt Salzburg). − 788 (Kopie 12. Jh.) *iuxta fluvium Sala, iuxta fluvio Sala, in fluvio … Sala*, 798–800 (Kopie 12. Jh.) *super fluvium Sala, super Sala fluvium*, 908 (Kopie 13. Jh.) *circa fluvios Sala et Salzaha*, um 923 *in … ripa Salae*, 925 *de fluvio Sala*, 927 *iuxta flumen Sala*, 940 *cum omnibus censibus in salina et extra salinam circa fluvios Sala et Salzaha*, 1025 *supra fluvium Sála*, wohl 1121/22 *iuxta flumen … Sâla*, 1125 *medium fluminis … Sala*, 1170, 1199 *fluvius Sala*, 1178, 1212 *Sala*, 1218 *in fluvio Sâle versus Hall*, 1219 *versus Salam, in fluvio Sal versus Hall, a flumine Sâl* (und zahlreiche weitere Belege), 1862 *Saalache Fluss*; ON. Saalbach(-Hinterglemm), ca.1350 *de Salpach, de Durrensalpach, in Salpach, prope Salpach*, 1411 *Dürrensalpach, bei Thürn Salbach*, 1417 *zu Salpach*, 1862 *Saal Bach*; ON. Saalfelden am Steinernen Meer (PB Zell am See), 788 (Kopie 12. Jh.) *Salafelda*, 798–800 (Kopie 12. Jh.) *ad Saluelt* (und weitere Belege); BurgN. Saaleck (Ruine, Gem. Sankt Martin bei Lofer, PB Zell am See), 1147–67 *de Sale*, um 1171–78 *de Salekke*, 1189 *Salecka* (und weitere Belege). − Grundform ahd. (in lateinischem Kontext) *Sala* f. > mhd. *Sale* (mit Dehnung in offener Tonsilbe) > *Sâle*, apokopiert *Sâl*, spät in Analogie zu ↗ Salzach mit dem Grundwort *-ach* komponiert. *Salâ ist ein ves.-ig. (alteurop.) Hydronym, abgeleitet von ig. *sal- 'Salz', dessen Benennungsmotiv das Vorkommen von Salz bzw. Salzhandel ist, ↗ Saale. − Hausner/Schuster, *Namenbuch*, S. 897f.; Straberger, *HG.A.9*, S. 97f.

Saalbach, die r.z. Rhein, entsteht aus der Vereinigung von Salzach und Weissach auf der Gemarkung der Stadt Bretten (Lkr. Karlsruhe, B.-W., D), mündet bei Rußheim (Gem. Dettenheim, Lkr. Karlsruhe). − /d'sālbāch/, 1829 *oben die Saalbach*, 1830 *einseit die Saalbach*, 1878 *Saalbach*. − Der Name dürfte unter Anlehnung an den Namen der Stadt Bruchsal, durch die die Saalbach fließt, aus *Salzbach* (älter *Salzach*) entstanden sein, ↗²Salzach. − Schneider, *Bretten*, S. 111.

Saale, die
− ¹Fränkische Saale, r.z. Main (z. Rhein), entsteht südöstlich von Bad Königshofen (Lkr. Rhön-Grabfeld, Bayern, D) aus einem nördlichen Quellbach, der im Saalbrunnen entspringt, und einem südlichen, Salzloch, Saalegraben oder Dagigbach genannten Quellbach, fließt durch Bad Neustadt a.d. Saale (mit der Salzburg), Bad Kissingen und Hammelburg, mündet nach ca. 135km in Gemünden a.Main (Lkr. Main-Spessart, Bayern). − /sōl/, 716 (Kopie 1191), 777 *super fluvio Sala*, 9. Jh. (Annalen zu 803) *super fluvium Sala*, 1328/29 (Kopie 14. Jh.) *an der Sale*, 1350 *an der Sal*, 1743 *Saale*; GauN. Saalegau, 716 (Kopie 1191) *in pago Salvense*, 777 *in pago Salecgauio*, 796 *Salageuue*; ON. Saal a.d. Saale (Markt, Lkr. Rhön-Grabfeld), nach 793 (Kopie 9. Jh., Druck 1607) *Sala*, 796 (Kopie 9. Jh., Druck 1607) *in villa Salu*, 806 (Notiz 12. Jh.) *Salaha*, 1318 *Sal*, 1598 *Saal*; SchlossN. Saaleck (Hammelburg, Lkr. Bad Kissingen, Bayern), 1428 *Salecke*. − Der durch fuldische Überlieferung gut bezeugte Name geht auf ahd. *Sala* f., Dat. *Salu*, mhd. *Sale*, fnhd. mit Dehnung in offener Tonsilbe *Saale*, zurück, ist aber nicht aus dem Germanischen zu erklären. Vielmehr gibt es mehrere über Europa verstreute Parallelnamen indogermanischen Ursprungs (alteuropäischer Namentyp *Salâ). Im Fall der Fränkischen Saale wurde der Flussname als exozentrische Ableitung mit dem Suffix *-â* von dem Wurzelnomen ig. *sal-* m. 'Salz' gebildet, d.h. der Flussname nimmt Bezug auf frühgeschichtliche Salzgewinnung und Salztransport an seinen Ufern, vgl. ON. Salz (Lkr. Rhön-Grabfeld) mit der ältesten Pfalz auf ostfränkischem Boden, 9. Jh. (Annalen zu 803) *in loco, qui dicitur Salz, super fluvium Sala*. GauN. 716 (Kopie 1191) *in pago Salvense* ist möglicherweise im Anschluss an lat. *salvus* 'heil' gebildet. − Sperber, *HG.A.7*, S. 145f.; Reitzenstein, *fränkische Ortsnamen*, S. 196; Greule, *Studien*, S. 191–197; Wodtko/Irslinger/Schneider, *Nomina*, S. 586–590.
− ²Thüringische Saale (in Bayern *Sächsische Saale*), l.z. Elbe, entspringt im Fichtelgebirge zwischen Zell (Lkr. Hof, Bayern, D) und Weißenstadt (Lkr. Wunsiedel, Bayern), verläuft durch das Thüringer Schiefergebirge, vorbei an Saalfeld/Saale (Lkr. Saalfeld/Rudolstadt; Thüringen), Jena, Naumburg (Burgen-

landkreis, S.-A.), durch Halle/Saale, mündet nach 413km bei Barby (Salzlandkreis, S.-A.). – 1. Jh. n. Chr. (Handschrift 12. Jh.) *Sálas potamós* (Strabon, Geographika), ca.800 (Kopie 9. Jh.) *inter ... Salam fluvium*, 945 *trans Salam* (zahlreiche weitere Belege), 1109 *Sale*, 1325 *in Sala flumine*, 1365 *von der Sal*, 1433 *by der Sale, van der Sale*, 1484 (Kopie) *vp der salen*, 1520 *Saale*; ON. Saalfeld/Saale, 899, 942 *Salauelda* 'Feld, Landschaft an der Saale'; ON./BurgN. Saaleck bei Bad Kösen (Burgenlandkreis), 1140 *Salek*, 1165 *Saleck*. – Zur Deutung ↗ Fränkische Saale. Im Fall der Thüringischen Saale dürfte die Benennung nach Salzgewinnung und -transport von Halle (Saale), einem Ort alter Salzgewinnung, ausgegangen sein. – Ulbricht, *Saale*, S. 205–208; Borchers, *Große Flüsse*, S. 61–64; Reitzenstein, *fränkische Ortsnamen*, S. 196.
– ³Saale, l.z. Leine (z. Aller z. Weser), entspringt bei Duingen (Lkr. Hildesheim, Niedersachsen, D), fließt durch Salzhemmendorf (Lkr. Hameln-Pyrmont, Niedersachsen), mündet nach 25km bei Elze (Lkr. Hildesheim). – Um 1150 *Sala fluvius parvus sed piscosus*, 1272, 1273 *Sale*, 1486 *uppe der Sale*, 1578 *die Sale*, 1593 *die Saale* (und weitere Belege). – Als 'Salzfluss' ↗ ²Thüringische Saale benannt nach den Salzquellen bei Salzhemmendorf. – Kettner, *HG.A.8*, S. 107; Kettner, *Leine*, S. 250f.

Saane, die frz. *la Sarine*, l.z. Aare (z.Rhein), entspringt in 2344m Höhe auf der Alp Sanetsch (frz. Senin) im Kanton Wallis (CH), fließt durch das Berner Oberland und den Kanton Freiburg (CH). – Ca.1000, 1039 *Sanona*, 1079 *Sanvna*, 1145 *Sanuna*, 1275 *a Serona, in Seronam*, 1283 (Kopie) *Senonam*, dialektal /ʃˈarna/, /serna/; Alp Sanetsch, 1243/69 *monte de Senenz*, 1379 *Senens*. – Die eine Grundform *Sanonā wird mit vorgall. *sania (s.u.) in Verbindung gebracht; für die Grundform *Senonā muss eine zu *san(ia) ablautende Basis *sen- erwogen werden. Sanetsch/Senin geht auf *Senincus zurück. Der Name *Saane* ist vermutlich in der Gegend der Quelle des Flusses entstanden, da für den Unterlauf alte Abschnittsnamen (*Ausa, *Okata) erschlossen werden. Die Gewässernamen mit der Basis *San-* repräsentieren das mit dem Suffix *-no-/-nā* vom Verb urig. *seh₂(i)- 'satt werden/toben, wüten' abgeleitete Adjektiv *sh₂nó- > *sǝno- > *sano-. Wenn, wie vermutet, der Name *Saane* in der Gegend der Quelle entstand, darf als ursprüngliche Bedeutung 'tobend, wütend' angenommen werden. Für die Nebenformen mit *Sen-* kann erwogen werden, dass das Adjektiv von der *e*-Stufe gebildet wurde (*seh₂-no-) und der Laryngal (h₂) ausgefallen ist (> *seno-). Auf diese Weise ließen sich auch Flussnamen erklären, die die Basis *Son-* (<*soh₁no-) aufweisen. Dass vorrom. *sania/*senia 'Sumpf, Sumpfland, Torf, Röhricht' dieselbe Etymologie wie die Flussnamen hat, ist in Anbetracht des Bedeutungsunterschiedes schwer vorstellbar. Deshalb kann man erwägen, dass *sania/*senia eine andere indogermanische Grundlage hat. Infrage kommen die keltischen Wurzeln *san- 'abgesondert' (air. *sain* Adj. 'verschieden, besonders') und *seno- 'alt' (gall. PN. *Seno-gnatus*, air. *sen*). – Müller, *Suisse romande I*, S. 5f.; Kristol, *LSG*, S. 775f.; Rix, *LIV*, S. 520f.; Pokorny, *IEW*, S. 907f.

Saar, die
– ¹Saar, l.z. Rhein, entspringt in der Mittelsäss (Gem. Bad Ragaz, Kanton St. Gallen, CH), durchfließt das Saartobel, bildet den Saarfall, mündet über den Vilterser-Wangser-Kanal östlich von Vilters (Kanton St. Gallen). – 1050 (Fälschung Ende 15. Jh., Transsumt 1656) *ex hac parte fluvioli Sarun* (Vorlage: *ex nostra parte aque dicte Sar*), 1161 (Fälschung, Transsumt 1656) *prope fluviolum Sara* (lies: *Sare*?), 1288 *iuxta pontem dictum Sarbrugge*. – Der älteste Beleg *Sarun* kann ein Dativ der schwachen Deklination sein: (ahd.) *Sara, in Sarūn*. Der Name hat wohl den gleichen Ursprung wie das alpine Reliktwort schwz. *Sar(r)* n. 'Geröllfläche', *Sar, Sarre(n)* 'Flussgeschiebe, Schlamm'. Dieses wird zu kelt. *saro- (Ablautform von ig. *ser- 'fließen') gestellt. Da weder *saro- noch die Wurzel *ser- 'fließen' für das Keltische nachgewiesen sind, ist eine Erklärung des Flussnamens und des Reliktworts als ves.-ig. *Sarā f., *Saro- m., n. über *sǝro-s (< urig. *sh₂-ró-s, Verbaladjektiv mit *r*-Suffix zum Verb *seh₂(i)- 'toben, wüten') glaubwürdiger. Das zum Namen gewordene Adjektiv ist synonym zu *Nikro-s (↗ Necker, r.z. Thur im Kanton St. Gallen). Für beide Namen dürfte das Benennungsmotiv des herabstürzenden Baches ausschlaggebend gewesen sein. Daraus ist auch das Reliktwort *Sar(r)* n. 'Geröllfläche' zu erklären, während beim Reliktwort *Sar, Sarre(n)* 'Flussgeschiebe, Schlamm' ein Bedeutungswandel (vom 'Wildwasser' zur Gewässerbezeichnung allgemein zur speziellen Bedeutung 'Flussgeschiebe, Schlamm') zu beobachten ist. – Perret, *UB südliche Teile St.Gallen*, 1, S. 128f., 170f., 2, S. 19; Zinsli, *Grund und Grat*, S. 335; Rix, *LIV*, S. 521.
– ²Saar, frz. *la Sarre*, r.z. Mosel (z. Rhein), Rote~ und Weiße~ entspringen am Donon in den Vogesen (Elsass, F) und vereinigen sich bei Hermelange (Dep. Moselle, Lothringen, F), ab Saargemünd ist die Saar schiffbar, bildet bei Mettlach (Lkr. Merzig-Wadern, Saarland, D) die Saarschleife, mündet nach 227km bei Konz (Lkr. Trier-Saarburg, Rh.-Pf., D). – Ca.370 (Kopie) *Sarávus* (Ausonius, *Mosella*), 496/506 (Kopie 13./14. Jh. nach Kopie um 700) *Saruba* (Cosmograph von Ravenna), 6. Jh. (Kopien 9.–11. Jh.) *Ad Saram* (Venantius Fortunatus), 717 (Kopie 9. Jh.) *super fluuio Saroa*, 765 (Kopie 12. Jh.) *ad flumen Sare*, 802 (Kopie) *Sarouua*, 911 *super fluvium ... Saregna* (lies *Sareuua*), ca.950 (Kopie 11./12. Jh.) *prope flu-*

vium Saroam, 994 *super fluvium Sarouue*, 1161 *inter Saroam et Rhenum*, 1215–17 *descensum sare*, ca.1220 *ad fluuium Saram*, 1284 *Sare*, ca.1300 *von der Saire*, 1333 *biz an die Sare*, 1492 *Sarre*, 1740 *Saar*; Gau-/LandschaftsN. Saargau/Saarland: romanisch 699 (Kopie 855–860) *in Saruinse* (und zahlreiche weitere Belege), ahd. 785 *Sarahgauue* (und weitere Belege); ON. Sarre-Union (Dep. Bas-Rhin, F), ON. Sarrewerden (Dep. Bas-Rhin), 1131 *Sarwerden*; ON. Sarrebourg (Dep. Moselle), /salabo/, 7. Jh. SAREBURGO (Aufschrift auf merowingischer Münze), 713 *Saraburgo*; ON. Sarraltroff (Dep. Moselle), 1307 *Altorf super Saram*; ON. Sarralbe/Saaralben (Dep. Moselle), 1091/92 *Alba*; ON. Saargemünd, frz. Sarreguemines (Dep. Moselle), 777 *Gamundiis*; ON. Saarbrücken (Hauptstadt des Saarlandes, D), 999 (Nachzeichnung Ende 11. Jh.) *Sarabruca*, 1126 *Sarebrugga*; ON. Sauerlouis (Saarland), 1680 *Sarrelouis*; ON. Saarwellingen (Lkr. Saarlouis), 1131/53 *Wellinga*; ON. Saarhölzbach (Lkr. Gem. Mettlach), ca.1220 *Sarhulsbach*; ON. Saarburg (Lkr. Trier-Saarburg), 964 (Kopie 14. Jh.) *Sarbŭrch*. – Ausgangsform FlN. kelt. *Saraṷos über *Seraṷos < urig. *sérh₃-ṷo-s, als Adjektiv abgeleitet vom Verb urig. *serh₃- '(in feindlicher Absicht) losgehen auf' (heth. *sarhieddu* 'soll angreifen/überfallen'), Benennungsmotiv ähnlich wie ↗Neckar (< ig. *nikrós*). *Saravus* wird ins Althochdeutsche als Feminin integriert: *Sarouua* (↗Donau), als Kompositum mit ahd. *ouua* 'Land am Wasser' identifiziert und gekürzt > ahd. *Sara*, mhd. *Sare*, apokopiert und gedehnt > *Saar*. – Spang, *HG.A.13*, S. 64–66; Puhl, *Gaue*, S. 261–263, 287–289; Niemeyer, *DONB*, S. 543–545; Rix, *LIV*, S. 535.

– ³Saar, die (auch *Saare*), westlicher Arm d. Nuthe (z. Havel z. Elbe) bei Saarmund (Gem. Nuthetal, Lkr. Potsdam-Mittelmark, Brandenburg, D). – 1683 *Saar*, um 1700 *Sar*, 1748 *Die Saare*, 1772 *die Saare*; ON. Saarmund, 1216 *Sarmunt*, 1349 *zu Saremunt*, 1359 *Sarmunt* (und weitere Belege). – Wegen der späten Überlieferung des Gewässernamens liegt eine Rückbildung aus dem ON. 1216 *Sarmunt*, der wohl nicht vom Namen der mittelalterlichen Gaugrafschaft *Serimunt* (Sachsen-Anhalt, zum PN. ahd. *Saramund*) zu trennen ist, nahe. – Wauer, *HG.A.17*, S. 150; Fischer, *BNB 10*, S. 237 (< ig. *ser-/*sor-); Kaufmann, *Ergänzungsband*, S. 303.

Saarbach, die im Unterlauf im Elsass (F) die **Sauer**, l.z. Rhein, entsteht aus der Vereinigung von Grünbach und Steinigem Bach, der Grünbach entspringt im westlichen Wasgau zwischen Eppenbrunn und Ludwigswinkel (Lkr. Südwestpfalz, Rh.-Pf., D), überquert bei Hirschtal die deutsch-französische Grenze, mündet bei Seltz (Dep. Bas-Rhin, F). – /d'sŭr/ (/ŭ/) geschlossen) im Elsass, 695 (Kopie 855–860) *supra fluuio Sura* (so mehrfach in den Weißenburger Traditionen des 8. Jh.), im Oberlauf 1196 *ripam ... Sora*, 1688 *Sorbach*, 1704 *Sorbach, Sarbach, Saarbach*, 1736 *Surrbach, Sarbach, Saarbach*, 1748 *in die Saarbach*, 1828 *an der Surbach*, 1837 *Sauerbach*; ON. Surbourg (Dep. Bas-Rhin), /'sŭrburi/ (/ŭ/ geschlossen), 749 *actum Suraburgo*, 766 *actum surraburgo*, um 1100 *Surubur(c)*, 1230 *Surburc* (und zahlreiche Belege). – Ausgangsform ahd. *Sura*, mit wmd. Senkung > *Sora/Sor(bach)*, mit Dehnung und Öffnung /ō/ > /ā/ > *Saarbach*, in der Mundart des Elsass wird ahd. *Sura* > *Sure/Sur* mit Palatalisierung und Dehnung > *Sŭr*, hyperkorrekt > nhd. *Sauer*. *Sura* ist ein ves.-ig. FlN. (*Surā*) wie ↗Suhre und die Basis von ↗Sorne und ↗Zorn (< *Surona*). – Greule, *HG.A.15*, S. 91f.; Greule, *Oberrhein*, S. 79–81; Greule, *Namenwechsel*, S. 321f.

Saarhölzbach r.z. Saar (z. Mosel z. Rhein), ON. Saarhölzbach ↗Hölzbach (Waldhölzbach).

Sabelbach r.z. Stepenitz (z. Elbe), mündet südöstlich von Nettelbeck (Stadt Putlitz, Lkr. Prignitz, Brandenburg, D). – 1552 (Kopie) *Zabell*, 1825 *Sabel Bach*. – Grundform wahrscheinlich apolab. *Žab'n- 'Froschbach', abgeleitet von *žaba 'Frosch', ins Deutsche integriert als *Sabenbach > Sabelbach. – Fischer, *BNB 10*, S. 238.

Sabenzsee nördlich von Freidorf (Gem. Halbe, Lkr. Dahme-Streewald, Brandenburg, D). – 1799 *Der Sabenz*, 1841 *Sabenz See*. – Grundform asorb. *Žabinec 'Stelle, wo Frösche vorkommen', abgeleitet von *žaba 'Frosch', ↗Sabelbach. – Fischer, *BNB 10*, S. 238.

Sabinensee südöstlich von Groß Fredenwalde (Gem. Gerswalde, Lkr. Uckermark, Brandenburg, D). – 1269 *stagnum ... savin*, 1751 *Der Sabin*, 1828 *Sabinensee*. – Grundform apolab. *Žabina oder *Žab'n- 'See, in dem Frösche vorkommen', abgeleitet von *žaba 'Frosch', in der heutigen Form an den PN. Sabine angeglichen. – Wauer, *HG.A.17*, S. 150; Fischer, *BNB 10*, S. 238.

Sachsengraben r.z. Wieda (z. Zorge z. Helme z. Unstrut z. Thüringische Saale z. Elbe). – ON. Bad Sachsa (Lkr. Osterode am Harz, Niedersachsen, D), 1219 *de Saxa*, 1232, 1248 *de Sassa* (und weitere Belege); ON. Obersachswerfen (Gem. Hohenstein, Lkr. Nordhausen, Thüringen), Niedersachswerfen (Gem. Harztor, Lkr. Nordhausen), 9. Jh. *Sahswirphen*, 1131 *Saswerpe*, 1209 *Saswerf*, 1240 *Saxwerpen*; BurgN. Sachsenstein bei Bad Sachsa. – Grundform FlN. as. *Sahsaha, Kompositum mit dem Grundwort -aha 'Fließgewässer' und as. *sahs* 'Messer', hier in der Bedeutung 'Stein, Fels'(?), als Bestimmungswort. Später wurde in die Ortsnamen der Name der Sachsen hineingedeutet. Der ON. (Ober-/Nieder)*sachswerfen* ist Klammerform < *Sahs(aha)werpen*, mit ndd. *werf*, *warf* 'Aufwurf, Damm, Ufer, Schiffslandeplatz' als Grundwort. – Ulbricht, *Saale*, S. 22; Walther, *Siedlungsgeschichte*, S. 245, 257; Bach, *Namenkunde* 1, S. 146; Ohainski/Udolph, *Osterode*, S. 11–13.

Sack- -*bächle*, -*graben*, -*riede*, -*see*, -*seegraben*, -*siepen*. Benannt nach einem wie ein Sack geformten Flurstück. – Fischer, *BNB 10*, S. 238f.

Säg-/-e-/-en- -*bach*/-*bächle*, -*brunngraben*, -*dobel*, -*graben*, -*kanal*, -*lochbach*, -*mattbächle*, -*mühle(n)bach*, -*mühlweiher*, -*wasser*. Bestimmungswort nhd. *Säge*, aus nhd. *Sägemühle*, mndd. *sagemöle* 'Sägewerk, Sägemühle' gekürzt. – Springer, *Flußnamen*, S. 153; Kettner, *Leine*, S. 252.

Säge- (auch *Sech-*, *Seck-*, *Seege-/-n-*, *Sege-*, *Segge-*) -*graben*, -*kute*, -*pfuhl*, -*pol*, -*riede*, in Gewässernamen Brandenburgs (D), Bestimmungswort *Segge* f., brandenburg. auch *Sejje*, *Sech*, *Seie* 'Riedgras'. – Fischer, *BNB 10*, S. 263.

Säusenbach l.z. Salza (z. Enns z. Donau), nordöstlich von Säusenbach (Gem. Wildalpen, PB Liezen, Steiermark, A). – 1139 (Kopie 13. Jh.) *Susinpach*, 1195 (Kopie 19. Jh.) *Susinpach*, *a Susenbach*. – Grundform FlN. mhd. *Siusendbach* > *Säusenbach*, Kompositum mit dem Grundwort -*bach* und dem Partizip Präsens des Verbs mhd. *siusen* 'sausen, brausen, zischen' als Bestimmungswort. – Hausner/Schuster, *Namenbuch*, S. 968.

Sagitz (der), Oderarm bei Vierraden (Stadt Schwedt, Lkr.Uckermark, Brandenburg, D). – 1749 *Der Sabitz*, 1825 *Sagitz See*, 1853 *Sagitz See*. – Grundform apolab. *Žabica* 'Gewässer, in dem Frösche vorkommen', abgeleitet von *žaba* 'Frosch', mit unklarem Wandel /-b-/ > /-g-/. – Fischer, *BNB 10*, S. 239.

Safen, die r.z. Lafnitz (z. Raab z. Donau), entsteht durch den Zusammenfluss von Hartberger~ und Pöllauer~ bei Sebersdorf (PB Hartberg, Steiermark, A), mündet bei Deutsch Kaltenbrunn (PB Jennersdorf, Burgenland, A). – 860 *ad Sabnizam*, 885 (Fälschung 10. Jh.) *ad Sabnizam*, 977 (Fälschung 11. Jh.) *ad Sabnizam*, 982 *ad Sabnizam*, 984 (Kopie 13. Jh.) *ab Sabnizam*, 1051, 1057 *ad Sabnizam*, um 1128 (Fälschung 1164–89, Kopie 1450) *a riuo Sauen*, 1178, 1199 *ad Sabnizam*; ON. Obersafen, Untersafen (Gem. Grafendorf bei Hartberg, PB Hartberg), um 1128 (Fälschung 1164–89, Kopie 1450) *de Sauen*, 1170 *de Sauen*, Ende 12. Jh. *de Sauen*; ON. Safenau (Stadt Hartberg). – Ausgangsform ON. slaw. *Žabьna*, femininies Adj. zu slaw. *žaba* 'Frosch', davon ist mit Suffix slaw. -*ica* der ursprüngliche Name des Flusses ahd. *Sabniza* < slaw. *Žabьnica* abgeleitet, ↗ Sabenzsee ↗ Saffenbach ↗ Sarmingbach. – Hausner/Schuster, *Namenbuch*, S. 901.

Saffenbach l.z. Erlauf (z. Donau), mündet nördlich von Scheibbs (PB Scheibbs, N.-Ö., A). – 1352 *aqua Sefen*, 14. Jh. (zu 1352) *aqua Sæfen*, 1867/81 *Safa*, *Safagraben*, *Saffen*; ON. Saffen (Stadt Scheibbs), ON. Safen (ehemaliger Rittersitz), 1277 *de Saeven*, 14. Jh. (zu 1353) PN. *d(er) Sæfner*, *Daz Guet in d(er) Sæfen*, *ob Sæfen*, 1367 *In der Seffen*, *In d(er) Sæfen*, um 1400 *In der Safen*, 1436 *in d(er) Sauen*, 1491 *Sauen*; ON. Klein-Safen bei Brandstatt (Stadt Scheibbs). – Grundform ON. mhd. *Säfen(e)* f., bair. *Saf(f)en* (mit Sekundärumlaut) < slaw. *Žabin-* 'Frosch-/Kröten-Ort' ↗ Safen, auf den Bach übertragen und erweitert um das Grundwort -*bach*, ↗ Safen ↗ Sarmingbach ↗ † Sarmingbach. – Bergermayer, *Glossar*, S. 294.

Sag- -*bach*, -*waldbach*. Bestimmungswort mhd. *sage*, bair. *Soog(e)* 'Säge' ↗ Säg-. – Kühebacher, *Ortsnamen 2*, S. 278f.

Sahrbach l.z. Ahr (z. Rhein), mündet bei Kreuzberg (Gem. Altenahr, Lkr. Ahrweiler, Rh.-Pf., D). – ON. Kirchsahr (Lkr. Ahrweiler), 959–70 *Sarna*, 1105 *in Sarno inferior*, 1302 *Sarne*; ON. Burgsahr (Gem. Kirchsahr). – Grundform FlN. *Sarna*, entweder Weiterbildung von dem Verbaladjektiv *saro-* < ig. *sərō-* 'tobend, wütend' (< urig. *shṛó-* zum Verb *seh₂-* 'toben, wüten') ↗ Sernf oder als Femininum identisch mit kelt. *sarno-* < urig. *sṛh₃-nó-*, Verbaladj. zu urig. *serh₃-* '(in feindlicher Absicht) losgehen auf', ↗ Sarner Aa. – Jungandreas, *Moselland*, S. 207.

Saidenbach l.z. Freiberger Mulde (z. Elbe), wird durch die Talsperre Saidenbach (Mittleres Erzgebirge, Sachsen, D) gestaut. – ON. Obersaida, ON. Mittelsaida, ON. Niedersaida (Gem. Großhartmannsdorf, Lkr. Mittelsachsen, Sachsen), /saed(ə)/, 1254ff. *de Siden*, *Sidin*, 1271 *de Syden*, 1378 *Syde*, 1434 *die Mittel Seide*, *die Nydder Seide*, *die Obir Seide*, 1488 *Mittelseyda*, *Nidder Seda*, *Ober Seyda* (und weitere Belege). – Grundform FlN. (mhd.) *Sīden(e)*, Deutung ↗ Siede. – Eichler/Walther, *HONBSachsen* II, S. 333.

Saifen, die r.z. Safen (z. Lafnitz), mündet bei Bad Waltersdorf (PB Hartberg, Steiermark, A). – 1318 *in den Durrensaeve*, 1384 *die Safen*. – Deutung wie ↗ Saffenbach und ↗ Safen. Die heutige Schreibung ist angelehnt an ↗ Seifen. – Lochner von Hüttenbach, *Steirische Hydronyme*, S. 116.

Salchowsee westlich von Baumgarten (Gem. Sonnenberg, Lkr. Oberhavel, Brandenburg, D). – 1348 *Selchow*, 1590 *Ein See der Selchow*, 1778–86 *Salchow-See*, 1799 *Der Salchow- oder Salchowsche See*, 1825 *Salchow S.* – Grundform ON. apolab. *Žel(e)chov-* oder *Žal(e)chov-*, abgeleitet vom PN. apolab. *Žel(e)ch*/*Žal(e)ch*. – Wauer, *HG.A.17*, S. 151; Fischer, *BNB 10*, S. 239.

Saldurbach it. Saldùra, l.z. Etsch, Bach des Matschertals (Prov. Bozen/Südtirol, I.), entspringt am vergletscherten Saldurkamm, mündet bei Schluderns/Sluderno (Vinschgau, Prov. Bozen), westlich des Saldurkamms liegen die Saldurseen. – /sǝldúur(pâch)/, 1301 *flumen Sulduri*, 1337 *Saldurbach*, 1360, 1525, 1536 *Saldur*, um 1770 *Saldurbach*. – Grundform (ves.-ig.) *Saldúros* m., *r*-Ableitung von (ig.) *saldu-* (lit. *saldùs* 'süß' < 'gesalzen'?), ig. *sal-d-* auch im antiken ON. *Saldae* (*Saldis*) 'Salzgruben' (Pannonia Inferior), gm. *salta-* n. 'Salz'; die Benennung vielleicht mit Bezug auf den Geschmack des vom Saldur(bach) mitgeführten Wassers, das von einem Gletscher kommt. – Kühebacher, *Ortsnamen 2*, S. 280; Pokorny, *IEW*, S. 879; Anreiter, *vorrömische Namen*, S. 117 f.

Sall, die l.z. Kocher (z. Neckar z. Rhein), entspringt südlich von Kupferzell-Belzhag (Hohenlohekreis, B.-W., D), mündet nach 20,6 km bei Sindringen (Stadt Forchtenberg, Hohenlohekreis). – 1544–1550 *waszer der Saahl*; ON. Mangoldsall (Gem. Kupferzell), ON. Langensall (Stadt Neuenstein, Hohenlohekreis), ON. Kirchensall (Stadt Neuenstein), ON. Mainhardtsall (Stadt Neuenstein), ON. Hohensall (Stadt Forchtenberg), ON. Orendelsall (Gem. Zweiflingen, Hohenlohekreis), 1239 *Salle*, 1246 *de Salle*, 1257 *Salle*, 1266 *in Chirchensalle*, 1268 *de Sallen*, 1285 *Langensall, in Wisensall*, ca. 1290 *in Meinhartes salle*, 1298 *von Salle*, 1312 *Orendelsall* (und weitere Belege); WaldN. Sallbusch, FlurN. Sallberg. Parallelname FlN. ahd. *Salla*, um 1580 *ad Salaa*, jetzt Feckinger Bach, r.z. Donau mit den ON. Obersaal, Untersaal, Herrnsaal (Lkr. Kelheim, Bayern), um 790 (Kopie 1254) *ad Salla*, um 790 (Kopie Mitte 12. Jh.) *Salle*, 1002, 1025 *Salla*, nach 1133/35 *de Salla*, um 1142/58 *in villa Salle*, 1177 *de Salle*, 1321 *von Sall*. – Ahd. *Salla* wird auf (assimiliertes) *Salna* zurückgeführt, was ein Lehnname < vorgm. (kelt.) *Sálōnā*, mit Synkope (> *Salnā*) wie bei ↗ Sorne ↗ Zorn sein kann, vgl. FlN. la Salonne r.z. Seille (z. Mosel), 781 *Salona*, mit ON. Salonnes (Dep. Moselle, F), 777 *Salona* < *Sálōnā*; es handelt sich um eine Ableitung von ig. *sal-* 'Salz' ↗ Saalach ↗ Saale. Während Salonne nach Salinen benannt ist, ist dieses Benennungsmotiv für die Sall und den Feckinger Bach (*Salla*) nicht erkennbar; *Sálōnā* kann auch eine Ableitung von urkelt. *salā*

'Schmutz' sein. – Schmid, *HG.A.1*, S. 98; Prinz, *Regensburg*, S. 351 f.; Puhl, *Gaue*, S. 346; Matasović, *Proto-Celtic*, S. 319.

Salm, die

– ¹Salm, l.z. Mosel (z. Rhein), entspringt im Salmwald südlich von Gerolstein (Lkr. Vulkaneifel, Rh.-Pf., D) bei Salm (Lkr. Vulkaneifel), mündet nach 63,4 km bei Klüsserath (Lkr. Trier-Saarburg, Rh.-Pf.). – 4. Jh. (Kopie 10. und 12. Jh., Ausonius, Mosella) *Salmónae … fluores*, 776/7 *super fluvio salmonnae*, 780 *Salmana*, 1139 *super fluvium salmanam*, 1169 *in Salmanam*, 1222 *fluvio … salmene* (und weitere Belege), 1423 *uff der Salman*, 1449 *uff der salmen*, 1474 *uff die Salme*; ON. Salm, 893 (Kopie 1222) *De salmene, in salmena*, 1036 *von Salmana*; ON. Salmtal (Lkr. Bernkastel-Wittlich, Rh.-Pf.), ON. Salmrohr (Gem. Salmtal), 1294 *apud Salmen Rore*. – Jungandreas, *Moselland*, S. 912 f.

– ²Salm, r.z. Amel (z. Ourthe z. Maas), entspringt im Hohen Venn in der Nähe der deutsch-belgischen Grenze, mündet nach 34,3 km bei Trois-Ponts (Prov. Lüttich, B). – ON. Vielsalm, deutsch Altsalm (Prov. Luxemburg, B), 1052 *Salmana*, 1084 (Fälschung 12. Jh.) *Salma*. – Herbillon, *Wallonie*, S. 162.

Grundform vorgm. *Salmónā* > ahd. *Salmana* wird einerseits mit gallisch-lateinisch *salmo* 'Salm, Lachs' (< ig. *sḷmón-* m. Nomen agentis zu ig. *sel-* 'sich losschnellen, springen') mit der Bedeutung 'wo es Lachse gibt' in Beziehung gesetzt, kann andererseits auch als Partizipialbildung ig. *sḷmano-* 'losschnellend, springend' > kelt. *salmano-* (vgl. urkelt. *saltro-* 'trampling'), onymisiert > Flussnamen *Salmona*, gedeutet werden. – Greule, *Lachs und Salm*, S. 90–92; Matasović, *Proto-Celtic*, S. 320.

Salmensbach z. Hofstetterbach (z. Kinzig z. Rhein). – ON. Salmensbach (Stadt Haslach im Kinzigtal, Ortenaukreis, B.-W., D), 1493, 1502 *Salmenspach*, 1507 *Obersalmenspach*. – Kompositum mit dem Grundwort -*bach* und dem Genitiv des PN. ahd. *Salman* (*Salmanes-* > mhd. *Salmens-*) als Bestimmungswort. – Geiger, *HG.A.2*, S. 115.

† Salmsach ehemaliger Name der Romanshorner Aach (z. Bodensee). – 1155 *flumen salmasa, predictum fluvium salmasa*, um 1565 *Salmsach fl.*; ON. Salmsach (Bezirk Arbon, Kanton Thurgau, CH), 1159 *in curtibus … salmasa*, 1201 *salmsaha*, 1275 *Salmsa*, 1380 *Salmensa*, 1498 *Salmsach*. – Grundform ahd. *Salmasa* f., mit Grundwort *aha* 'Fließgewässer' verdeutlicht > *Salmasaha*; eine vielleicht gm. Weiterbildung eines vorgm. Namens *Salmā*, vgl. gr. *hálmē* 'Meerwasser, Salzigkeit, Schärfe' mit *s*-Suffix (zu ig. *sal-* 'Salz, Schmutz'). – Kristol, *LSG*, S. 788 (< ahd. *Salamannes aha*); Greule, *Studien*, S. 196.

Salwien, der großer Elbarm südlich von Bälow (Gem. Rühstädt, Lkr. Prignitz, Brandenburg, D). – 1588 *der Salbien*, 1843 *Salvin*, 1935 *Salvien*. – Grundform apolab. **Želvina* abgeleitet von apolab. **želv-* 'Schildkröte', ↗Selbitz. – Fischer, *BNB 10*, S. 240.

Salz, die r.z. Kinzig (z. Main z. Rhein), entspringt in Hartmannshain (Gem. Grebenhain, Vogelsbergkreis, Hessen, D), mündet in Salmünster (Stadt Bad Soden, Main-Kinzig-Kreis, Hessen). – FlN./ON. Salz (Gem. Freiensteinau, Vogelsbergkreis) 810 *in Salzaha*, 900 *Salzaha*, 1380 *dy Saltza* (und weitere Belege); ON. † Korbsalza, 810 *in Hurewinasalzaha* 'morastiges Salz', 1380 *gein Korbsaltza*. – Deutung ↗Salzach. – Sperber, *HG.A.7*, S. 147.

Salz- -a, -au, -bach, -born/-brunnen, -brunnenbächle, -graben, -grundbächle, -moosbach, -pfuhl, -platten-See, -see, z.B. *Mariazeller Salza*, r.z. Enns (z. Donau), entspringt am Traisenberg (N.-Ö., A), nordwestlich von Salzabauer (Gem. Landl, PB Liezen, Steiermark), 1139 (Kopie 13. Jh.) *decursus in Salzah*, ↗Salzach. Die Namen weisen auf salzige Gewässer bzw. auf Salzgewinnung in ihrer Nähe hin. – Hausner/Schuster, *Namenbuch*, S. 904; Fischer, *BNB 10*, S. 240.

Salzach, die

– ¹Salzach (alter Name ↗Ivarus), r.z. Inn (z. Donau), einer der größten Alpenflüsse, entspringt in den Kitzbüheler Alpen (Tirol, Salzburg, A), durchfließt Pinzgau, Pongau und Flachgau (Salzburg), bildet die deutsch-österreichische Grenze, mündet nach 225km bei Haiming (Lkr. Altötting, Bayern, D). – 788 (Kopie 12. Jh.) *Salzaha*, 798–800 (Kopie 12. Jh.) *ad fluvium Iuvarum, qui alio nomine dicitur Salzaha*, 899–903 *iuxta fluvium … Salzaha* (und zahlreiche weitere Belege), um 1020 (Kopie 12. Jh.) *Salza*, 1139 *a medio fundo Salzę fluminis*; ON. Salzburg, (fränkische?) Neubenennung der antiken Stadt Juvavum, erstmals belegt 744–47 (Kopie Mitte 12. Jh.) *Salzburgensis ecclesia*, 765 (Kopie Anfang 9. Jh.) *Salzburch* (Vita Bonifatii), 788 *Salzpurc* (und zahlreiche weitere Belege), 1212 *in flumen Salzache*, 1289 *prope fluvium Saltzach*, 1345 *auf der Saltzach*, 1393 *an der Salzach*; GauN. † *Salzburggau*, 736/37–48 (Kopie 9. Jh.) *intra Salcpurhgauui* (und weitere Belege). – Grundform ahd. *Salzaha*, Kompositum mit dem Grundwort ahd. *aha* 'Fluss' und ahd. *salz* stN. 'Salz', benannt nach der Salzschifffahrt, die auf dem Fluss betrieben wurde. – Straberger, *HG.A.9*, S. 98–100; Hausner/Schuster, *Namenbuch*, S. 904f., 905–937, 937f.

– ²Salzach, Oberlauf d. Saalbachs (von Maulbronn bis Bretten, Lkr. Karlsruhe, B.-W., D). – /saldsbach/, zum Jahr 769 *fluvius Salzaha*, 1244 *ad rivum … Salzah*, 1540 *die Saltzach*, 1691, 1717 *die Saltzbach*, 1743 *die Salzbach*, 1874 *Salzach*. – Kompositum mit dem Grundwort *-ach* und *-bach* und ahd. *salz* 'Salz' als Bestimmungswort. Der Name bezieht sich auf eine alte Salzgewinnungsstätte bei Bretten, vgl. ON. Salzhofen (Stadt Bretten), 1317 *in Saltzhoven*, 1346 *zu Saltzhofen*, 1347 *ze Salzhoven*, 1359 *zů Saltzchofen*. – Schneider, *Bretten*, S. 111f., 290.

Salzböde r.z. Lahn (z. Rhein), entsteht aus mehreren Quellen in der Salzwiese in der Gemeinde Bad Endbach (Lkr. Marburg-Biedenkopf, Hessen, D), mündet bei Odenhausen (Stadt Lollar, Lkr. Gießen, Hessen), entlang des Flusslaufs finden sich Salzlagerstätten. – 1265 *ad aquam … Salzbuide, Salzbyde*, 1354 *die Salczbüden, die Salczbuden*, 1359 *die Salczbudin*; ON. Salzböden (Stadt Lollar), um 750–79 (Kopie) *Salzbutine*, 1196 *Salzbuden*, 1247 *de Salsbůde*, (1282–83) *zu den Salzbuden, de Salbuden*, 1317 *Salczbodel*. – Ausgangsform FlN. (ves.-ig.) **Budina* (↗Pitten ↗Büttenerbach). Aufgrund der Salzvorkommen und des angeblich salzigen Geschmacks des Wassers der Salzböde wurde ein Kompositum mit *Salz* als Bestimmungswort gebildet. – Faust, *HG.A.4*, S. 67.

Salze, die r.z. Bega (z. Werra z. Weser), entspringt in Exter (Stadt Vlotho, Kreis Herford, NRW, D) auf dem Gebiet der Bauerschaft Solterwisch, mündet in Bad Salzuflen (Kreis Lippe, NRW), einem Ort früher Salzgewinnung. – 1386 *bi der Solte*, 1745 *auf der … Salte, bey der Saltze*, 1790 *Die Salze*; GebietsN. † Solte (Bezirk zwischen Exter und Vlotho), (Ende 12. Jh.) *Salto, Saltou*, (Ende 13. Jh.) *in Solte, de Solte*, 1333 *Solte*, 1361 *in Zolte*, 1495 *gnant de Sollte*; FlurN. Solterberg (Stadt Vlotho), 1556 *vorm Solterberge, am Solterberge*, 1614 *zwischen dem Salter Berge …*; ON. Solterwisch ('Wiese an der Solte'). – Grundform as. **Saltaha* > mndd. Solte, nhd. Salze, Kompositum mit dem Grundwort as. *-aha* 'Fließgewässer' und as. *salt* n. 'Salz', ↗Salzach. – Kramer, *HG.A.10*, S. 58f.

Salzke anderer Name d. Salza, l.z. Thüringischen Saale, mündet in Salzmünde (Gem. Salzatal, Saalekreis, S.-A., D), < **Saltbeke* ↗Salz-. – Ulbricht, *Saale*, S. 141.

Sambach l.z. Reichen Ebrach (z. Regnitz z. Main z. Rhein). – 1400 *bis in die Santbach*; ON. Ziegelsambach (Stadt Schlüsselfeld, Lkr. Bamberg, Bayern, D), 1078–1102 *Sampach*, 1387 *Santbach*. – Kompositum mit dem Grundwort *-bach* und mhd. *sant* 'Sand' als Bestimmungswort ↗Sand-, *Santbach* mit Vereinfachung der Lautgruppe /-ntb-/ > *Sambach*. – Sperber, *HG.A.7*, S. 147.

Samina, die (auch *Saminabach*), l.z. Ill (z. Rhein), Wildwasserfluss, entsteht in der Gemeinde Triesenberg (Liechtenstein), fließt durch den Ostteil Liechtensteins, mündet unterhalb von Frastanz (PB Feldkirch, Vorarlberg, A). – /sa′mūnɑ/ f., 1355 *bach ... Samiun*, 1371 *samunen, an den Sammünen*, 1378 *wasser genant der Samünn*, 1423 *bach Samunnen*, ca.1500 *Samünenbach*, 1515 *aus Saminenpach*, 1515/16 *Samina, Samynenpach*, 1643 *Samünen*; TalN. 1378 *das Samünental*, 1442 *Samünnental*, ca.1610 *Saminathal*. – Ausgangsform vorrom. *Samūnos > räto-rom. *Sam′ün m., modernisiert > Samina. *Samūnos, n-Ableitung von dem bei ↗Sempt behandelten Nominalstamm kelt. *sam-(i-), verbal urkelt. *sem- 'gießen'. – Geiger, HG.A.2, S. 116; Tiefenthaler, *Frastanz und Nenzing*, S. 121f., 195f.

Samit/Samith- *-fließ, -see*, Gewässer in Brandenburg (D), z.B. Samithfließ, r.z. Vino, 1315 (Kopie 16. Jh.) *Samitesche vlieth*, 1772 *ein Fließ ... Sammit*. Apolab. *Somit- 'Gewässer mit Welsen', Adj. zu *som 'Wels'. – Fischer, BNB 10, S. 240.

Sand- *-au, -bach/-bächlein, -beek/-bek, -born, -brunnen-Bach, -buckgraben, -fleth, -fließ, -fortsgrabe, -furt, -furt-Bach, -graben, -kuhle, -mühl-Bach, -pfuhl, -see, -seebach/-seezopf, -seige, -talbach/-talgraben, -teich, -tümpel, -wasser, -weiher, -wiesenbach*. Bestimmungswort ahd., mhd. *sant* m., as. *sand* n. 'Sand', mndd. *sant* 'Sand, sandige Fläche, kleinkörnige Kieselerde', ↗Sambach. – Ulbricht, *Saale*, S. 61.

Sandelbeck r.z. Brehme (z. Hahle z. Rhume z. Leine z. Aller z. Weser), mündet östlich von Duderstadt (Lkr. Göttingen, Niedersachsen, D). – 1512 *in deme ... sandelbecke* (und weitere Belege), 1830/42 *Sandelbeck*. – Grundform mndd. *Sandenbeke, dissimiliert > Sandelbeck, Kompositum mit dem Grundwort mndd. *beke* 'Bach' und mndd. *sanden* 'sandig'. – Kettner, HG.A.8, S. 108; Kettner, *Leine*, S. 254.

Sane, die l.z. Dahme, Unterlauf d. Nottefließ. – 1745 *die San*, 1788 *Sahne (Sühne)*, 1805 *von der Sahne. Die Sahne oder Sühne*, 1855 *die Sane*. – Die späten Belege erlauben keine verlässliche Deutung, vielleicht vergleichbar mit ↗Saane (< *Sanona). – Fischer, BNB 10, S. 241.

Sangebach l.z. Flothe (z. Fuhse z. Aller z. Weser) bei Salzgitter (Niedersachsen, D). – 1548 *Sanghen*, 1802 (die) *Sange, der Bach Sange, am Bache Sange*. – Unsichere Deutung, vielleicht ursprünglich Kompositum mit dem Grundwort ahd. *aha* 'Fließgewässer' und der Fortsetzung von gm. *sankwa-* m. (awn. *sǫkk* 'Versenkung, Tiefe'), vgl. Sankenbach, l.z. Forbach (z. Untere Murg z. Rhein), oder mit as. *sang* 'Gesang' (benannt nach dem Gehörseindruck) als Bestimmungswort. – Borchers, HG.A.18, S. 117.

Sann, die sloven. *Savinja*, l.z. Save in Slowenien.

Sanna, die ↗Trisanna.

Sanzenbach r.z. Bibers (z. Kocher z. Neckar z. Rhein), entspringt westlich von Schwäbisch Hall (Lkr. Schwäbisch Hall, B.-W., D), mündet oberhalb von Rosengarten (Lkr. Schwäbisch Hall). – ON. Sanzenbach (Gem. Rosengarten), 1360, 1544–1550, ca.1545 *Santzenbach*. – Kompositum mit dem Grundwort *-bach* und dem Genitiv des PN. ahd. *Sanzo* (*Sanzen-*) als Bestimmungswort. – Schmid, HG.A.1, S. 98; Kaufmann, *Ergänzungsband*, S. 302.

Sarlbach l.z. Rienz (z. Eisack z. Etsch), entspringt in der Alm Sarl, fließt durch den Sarlgraben herab, mündet hinter dem Toblacher See (Pustertal, Prov. Bozen/Südtirol, I.). – /sáarlpachl/, 1187 *Serila*, 1770 *Sarl Ba.*; AlmN. /saarl/, 8. und 10. Jh. (Fälschungen 12. Jh.) *Serula, Serila, Serla*, 1384 *Wiese auf Serlen*, um 1770 *Sarl*, 1775 *Särl*. – Grundform FlN. (ahd.) *Sarila (<Serila>) > mhd. *Sär(e)le (<Serla>) > nhd. bair. *Särl (mit Sekundärumlaut, zur Verdeutlichung mit dem Grundwort *-bach* komponiert > Sarlbach. *Sarila ist ein mit *l-*Suffix von dem alpinen Reliktwort *Sar(r)* n. 'Geröllfläche', *Sar, Sarre(n)* 'Flussgeschiebe, Schlamm' (< ig. *sərο-) ↗¹Saar gebildeter Flussname. – Kühebacher, *Ortsnamen* 2, S. 282f.

Sarmingbach (auch *Sarmingerbach*), l.z. Donau, entspringt in der Gemeinde St.Georgen am Walde (PB Perg, O.-Ö., A), mündet in Sarmingstein (Gem. Sankt Nikola an der Donau, PB Perg). – Belege für den Fluss, die ehemalige Burg und das ursprünglich darin eingerichtete Kloster: 998 *inter fluviis ... et Sabinicha*, 1037 *Sabinicha*, 1049 *intra geminas fluminum Sabinichi et ...*, 1147 (Insert 1498) *in ascensu fluvii Sabenegge*, 1147 (Vidimus 1194) *iuxta rivum Sabenikhe*, 1147 (Fälschung gegen 1229) *iuxta rivum Sæbinich*, 1147 (Fälschung 13./14. Jh.) *iuxta rivum Sæbnich*, 1148 (Kopie um 1335) *de Sebenich*, 1151 *de Sabenich* (und weitere Belege), 1351 *gegen Serbnich, gen Sedmich, ze Sedmich*, 1385 *an der Sedmich*, 1386 *pey der Sedmikh*, 1451 *Serming*; ca.1500 *bey der Sermig* (und weitere Belege); ON./BurgN. Sarmingstein, 1488 *Zum Sermyngstein*. – Ausgangsform FlN. slaw. *Žabьnika* 'Krötenbach' ↗Safen, eingedeutscht als ahd. *Sabinicha > mhd. *Säbenich (mit Sekundärumlaut) > *Säbnich > *Sädmich > *Särmich/Sermich/Serming > Sarming, verdeutlicht durch das Grundwort *-bach* im Unterschied zum BurgN. *Sarmingstein, ↗Safen ↗Saffenbach ↗†Sarningbach. – Hohensinner/Wiesinger, *Perg*, S. 90f.

Sarner Aa, die (im Oberlauf *Lauibach*), durchfließt den Sarnersee (Kanton Obwalden, CH), mündet nach 28km östlich von Alpnachstad (Gem. Alpnach, Kanton Obwalden) in den Alpnachersee / Vierwaldstättersee (z. Reuss z. Aare z. Rhein). – ON. Sarnen, Hauptort des Kantons Obwalden, am Nordende des Sarnersees, vor 840 (Kopie 11. Jh.), *Sarnono*, 1032 (Kopie 14. Jh.) *in Sarnuna*, 1045 (Kopie 14. Jh.) *Sarnuna*, 1173 *in Sarnuna*, 1190 *De Sarnon*, ca.1213 *in … Sarnen*, 1239 *de Sarnon*, 1320 *von Sarne*, 1320 *ze Sarnen*. – Grundform FlN. **Sarnonā*, Ableitung von kelt. **sarno-* < urig. **sr̥h₃-nó-*, Verbaladj. zu urig. **serh₃-* '(in feindlicher Absicht) losgehen auf' ↗²Saar. Möglich ist auch ein Zusammenhang mit dem alpinen Reliktwort *Sar(r)* n. 'Geröllfläche', *Sar, Sarre(n)* 'Flussgeschiebe, Schlamm' (< ig. **sərо-*), ↗¹Saar. – Kristol, *LSG*, S. 797.

Sarningbach

– ¹Sarningbach, r.z. Thaya (z. March z. Donau), mündet südwestlich von Thaya (PB Waidhofen an der Thaya, N.-Ö., A). – ON. Sarning (Gem. Waidhofen an der Thaya), 1260/80 *Schernich*, 1357 *Sarnik*, 1499 *Särnning*, 1503 *Sarning*. – Ausgangsform FlN. slaw. **šarъnъ (potok)* 'Binsenbach' zu slaw. **šarъ* 'Binse', sloven. *šar* 'Riedgras', ↗Scharnitz. – Bergermayer, *Glossar*, S. 260f.
– ²† Sarningbach, heute *Teufelsbach*, r.z. Steyr (z. Enns z. Donau). – 1107–22 (Fälschung 1180–90, Kopie Ende 12. Jh.) *in Rjiuulo Sabiniche*, 1143 (Fälschung ca.1220/35) *in Rjuulo Sabiniche*, ca.1300 *in der Sebnich*; ON. Sarning (Gem. Garsten, PB Steyr-Land, O.-Ö., A), /ˈsānɑŋ/, ca.985 (Kopie 1050) *Sapinihca* (so!), ca.1313 *datz Saebnich*, 1344 *datz Seadmich, pei Sedmich*, ca.1415 *in Sermich*, ca.1425 *zu Sämigk*, 1547 *Sarmingdorff*, 1601 *Särmingdorf*. – Grundform FlN. ahd. **Sapinicha* > mhd. **Säbeniche*, Deutung ↗Sarmingbach. – Hausner/Schuster, *Namenbuch*, S. 966f.; Hohensinner/Reutner/Wiesinger, *Kirchdorf an der Krems*, S. 155f.

Sarnow Großer ~, Kleiner ~, See östlich von Groß Schönebeck (Gem. Schorfheide, Lkr. Barnim, Brandenburg, D). – 1589 *Der Sarnow*, 1766 *Gr., Kl. Sarnow See*, 1908 *Sano-See*, 1936 *Sarnow*. – Grundform apolab. **Žarnov-* abgeleitet von **žarn-* 'Mühlstein', ↗Sernow. – Fischer, *BNB 10*, S. 264.

Sarre l.z. Bode (z. Thüringische Saale z. Elbe), entsteht aus dem Zusammenfluss von Dremse und Geesgraben im Großen Teich bei Remkersleben (Stadt Wanzleben-Börde, Lkr. Börde, S.-A., D), fließt durch Wanzleben, mündet südlich von Groß Germersleben (Stadt Oschersleben/Bode, Lkr. Börde). – (1012–1023) *in Sceram* (hierher?), weitere (undatierte) Belege *Serre, Sara, Sare, Sarre, Sohre*. – Wegen der undifferenzierten Belegreihe ist eine sichere Deutung nicht möglich; Ausgangsform vielleicht (as.) **Serra* > mndd. *Sarre*. Parallelnamen vielleicht ON. Sarre (Kent, GB), 13. Jh. *ad Serrae, Seorre*, 1279 *Serra*, ca.1260 *Serres aqua salsa* < ae.**Serre*(?), ON. Serres (Dep. Meurthe-et-Moselle, F), 699 (Kopie 9. Jh.) *Bobuniuillare ad Serra*. **Serra* kann auf gm. **Serjō*, abgeleitet von gm. **sera-* (> finn. *hera* 'Molke'), zurückgeführt werden, Benennungsmotiv könnte trübes Wasser gewesen sein. – Ulbricht, *Saale*, S. 184; Walther, *Siedlungsgeschichte*, S. 228; Burghardt, *Flurnamen*, S. 223; Watts, *EPN*, S. 528; Pitz, *Siedlungsnamen*, S. 120.

Sasbach l.z. Laufbach (z. Abbach z. Sulzbach z. Schwarzbach z. Rhein). – 1316 *ripa Sahspach*; ON. Sasbach (Ortenaukreis, B.-W., D), /ˈsāsbax/, 1136 *ecclesiam Sacspach*, 1155 *in Sahspach*, 13. Jh. *Sachsbach, in Satzbach*, 1311 *Sahsbach* (und weitere Belege); ON. Sasbachried (Stadt Achern, Ortenaukreis), ON. Sasbachwalden (Ortenaukreis), 14. Jh. *Sahsbach walhen*. – Grundform mhd. **Sachsenbach*, Kompositum mit dem Grundwort *-bach* und dem Genitiv des PN. ahd. *Sahso* (**Sachsen-*) als Bestimmungswort, gekürzt > *Sachsbach* > **Säsbach*. – Geiger, *HG.A.2*, S. 116.

Sasselbach

– ¹Sasselbach, fließt durch Uelversheim (Lkr. Mainz-Bingen, Rh.-Pf., D), mündet westlich von Ludwigshöhe (Lkr. Mainz-Bingen) in einen Teich. – FlurN. In der Sasselbach, 1307 *Sasselbach* (und weitere Belege), 1476 *in der Sansselbach* (und weitere Belege). – Unklare Grundform, vielleicht ursprünglich **Sässelbach* < **Sachselbach* mit **sachsel*, abgeleitet von as., ahd. *sahs* 'Messer'(?) ↗Sachsengraben, als Bestimmungswort. – Greule, *HG.A.13*, S. 92; Zernecke, *Siedlungs- und Flurnamen*, S. 441.
– ²Sasselbach, r.z. Wesebach (z. Eder z. Fulda z. Weser), mündet östlich von Frankenau (Lkr. Waldeck-Frankenberg, Hessen, D). – 1576 *den Saßelbach hinab*, 1579 *Saßelbach, Sasselbach*. – Sperber, *HG.A.5*, S. 90.
– ³Sasselbach, l.z. Orke (z. Eder z. Fulda z. Weser), mündet bei Ederbringhausen (Gem. Vöhl, Lkr. Waldeck-Frankenberg, Hessen, D). – 1650 *uber die Saßelbach*, 1669 *nacher Saßelbach*. – Sperber, *HG.A.5*, S. 90.

Deutung von ²Sasselbach und ³Sasselbach ↗¹Sasselbach.

Sassen- -graben, -pfuhl, Gewässer in Brandenburg, zu *Sachse* m., mndd. *sasse* 'jemand aus Sachsen'. – Fischer, *BNB 10*, S. 238.

Sattel-/Sattl- -*bach*, -*brunnbach*, -*graben*. Bestimmungswort ahd. *satul* stM. 'Sattel, Bergübergang, Senke zwischen zwei Bergen'. – Hausner/Schuster, *Namenbuch*, S. 967.

Sau- -*bach*/-*bächle*, -*beck*, -*borngraben*, -*brandgraben*, -*brunnenbach*/-*bächle*, -*gartensee*, -*graben*, -*grabenbach*, -*kaserbach*, -*grund*, -*lach*, -*lanke*, -*lochbach*/-*graben*, -*moosgraben*, -*pfuhl*, -*spring*, -*stallgraben*, -*steig*, -*weiher*, z. B. Saubach, r.z. Theel (z. Prims z. Saar z. Mosel z. Rhein), 1565 *Saubach*, mit ON. Niedersaubach (Stadt Lebach, Lkr. Saarlouis, Saarland, D), 1282 (Kopie) *Subach*, 1328 (Kopie 14. Jh.) *Subach*, 1357 *Subach*, 1618 *Seubach*, 1791 *Niedersaubach*, ON. Gresaubach (< *Großsaubach, Stadt Lebach), ca. 1215 *in Subach*. Bestimmungswort ahd. *sū* stF. 'Sau' bezieht sich sowohl auf Wild- als auch auf Hausschweine und auf die Nutzung der Bachänger als Schweineweide. – Spang, *HG.A.13*, S. 67; Hausner/Schuster, *Namenbuch*, S. 968; Kühebacher, *Ortsnamen* 1, S. 413, 2, S. 284; Kettner, *Leine*, S. 256.

Sauer, die
- ¹Sauer ↗ Saarbach.
- ²Sauer, frz. *la Sûre*, l.z. Mosel (z. Rhein), entspringt in den Ardennen (Prov. Luxemburg, B), fließt durch Luxemburg (L), mündet nach 173 km zwischen Oberbillig und Wasserbillig (Lkr. Trier-Saarburg, Rh.-Pf., D). – 4. Jh. (Kopie 10. und 12. Jh., Ausonius, Mosella) *Sura*, um 570 (Venantius Fortunatus) *Sura*, 704 (Kopie 13. Jh.) *super fluuio Sura*, 715–716 (Kopie 13. Jh.) *super fluuio Suram*, 1023 *in fluvium Suram*, 1023 (Fälschung 1116) *inter Mosellam et Sûram*, 1380 *in der Sure*, 1447 *vff der Súren* – Grundform FlN. (kelt.) *Sūrā*, Feminin zu *sūro- < urig. *suh₁-ró-*, Verbaladjektiv zu urig. *seu̯h₁-* 'antreiben, (durch fließendes Wasser) in Bewegung halten', Parallelname ↗ Sur, FlN. Sure (Dep. Ardèche, F), 1254 *Sura*; FlN. Suran (Dep. Ain), 1191 *super Suram*. – Borchers, *Große Flüsse*, S. 64 f.; Rix, *LIV*, S. 538 f.

Sauer- -*bach*, -*bachgraben*, -*bornbach*, -*borngraben*, -*brunnenbach*, -*graben*, -*quellen-Bach*, Bestimmungswort ahd., mhd., mndd. *sūr* 'sauer, salzig' ↗ Sühre oder Sauerborn.

Sauerbach
- ¹Sauerbach ↗ † Sorbach.
- ²Sauerbach, l.z. Ilse (z. Aller z. Weser). – 1583 (Kopie 1670) *den Suderbeck, die Sauerbecke*, 1670 *in den Suerbeck, bis an den Sauerbeck, den Saurbeck, an dem Suerbecke, Vffm Suerbeke*; 1779 *Sauer Bach*. – Grundform mndd. *Sūderbeke*, Kompositum mit dem Grundwort mndd. *beke* 'Bach' und mndd. *sūder* 'von Süden, südlich', nach Schwund des intervokalischen /-d-/ hyperkorrekt > nhd. *Sauer-*. – Borchers, *HG.A.18*, S. 117.

Saugbach l.z. Plima (z. Etsch), fließt von der Alm Saugberg (it. Alpe del Succhio) herab, mündet unter Gand (Gem. Martell, Prov. Bozen/Südtirol, I.). – /ságpåch/, 1518, 1523 *Sawg Pach*, 1540 *Saugpach* (und weitere Belege). – Benannt nach dem Gelände, das viel Wasser aufnimmt (einsaugt) und speichert. – Kühebacher, *Ortsnamen* 2, S. 284 f.

Saurode, die l.z. Giesel (z. Fulda z. Weser), mündet in Zirkenbach (Stadt Fulda, Lkr. Fulda, Hessen, D). – ON. Oberrode, ON. Mittelrode, ON. Niederrode (Stadt Fulda), 927–956 (Druck 1850) *Rotaha* (und weitere Belege), 1337 *inferior Rotha, Obernrotha*, 1510 *Myttel Rotha Nider Rota*. – Kompositum mit dem ON. Rode (< ahd. *Rōtaha ↗ Rot-) als Grundwort und ↗ Sau- als Bestimmungswort zur Differenzierung von den Ortsnamen. – Sperber, *HG.A.5*, S. 90.

Save, die (auch *Sau*) sloven., kroat., serb. Sava, entspringt in den Julischen Alpen (Slowenien), fließt durch Ljubljana, Zagreb und mündet bei Belgrad r.z. Donau. – Antike Belege: *Sáos, Sábos, Saúos, Saus, Savus*; frühmittelalterlich: *Sawa, Saus, Savus, Zauam, Soa, Zave, Zawa, Zoua, Zaw*. Der antik überlieferte Name *Savos/-us* m. wurde mit neuem Genus als *Sāwa* slavisiert. Vorslaw. *Savos* geht über *Soṷos auf urig. *soṷh₁o-s*, Verbalnomen (Nomen agentis oder actionis) zum urig. Verb *seu̯h₁-* 'antreiben, in Bewegung halten' entweder in der Bedeutung 'Antreiber' oder 'Antrieb' zurück. Da der Name in ein über Europa gespanntes Netz weiterer teils identischer, teils von derselben Wurzel abgeleiteter Gewässernamen gehört, wird er als alteuropäisch bezeichnet. Auffällig ist, dass *Savos* und *Dravos* (↗ Drau) reimen. – Anreiter, *vorrömische Namen*, S. 252–257; Udolph, *Alteuropa in Kroatien*, S. 542 f.; Rix, *LIV*, S. 538 f.; Bichlmeier, *Moderne Indogermanistik*, S. 65–78.

Sayn, die (auch *Saynbach*), r.z. Rhein, entspringt bei Himburg (Gem. Rothenbach, Westerwaldkreis, Rh.-Pf., D), mündet nach 43 km in Bendorf (Lkr. Mayen-Koblenz, Rh.-Pf.), Kleiner Saynbach, z. Sayn, mündet in Ellenhausen (Westerwaldkreis). – (959) *usque in seinam, seina sursum*, um 1220, 1266 *in antiquam seinam, per seinam, Seina*, 1232 *super Seynam*, 1256, 1474, 1503 *iuxta rivum Seyne, uff der Seyne*, 1457 *off der langen Sayn*, 1525 *uff der Seyn*, 1550 *uf der Sayn*, 1618 *auf der Langensayen*, vor 1630 *die Saine, Longasena, Langesaine*; TalN. Sayntal, 1202 *in ualle Seine*; ON. Sayn (Stadt Bendorf), 1145 *de seine* (und zahlreiche weitere Belege); ON. Obersayn (Gem. Rothenbach), /ēwəš'hā/ (/ā/ nasal), 1356 *Ubersain*; ON. Maxsayn (Westerwaldkreis), 1194–98 *Machseine*, 1455 *Maxsein*; ON. Niedersayn (Westerwaldkreis) am Kleinen Saynbach, /nirə'sān/, 1490 *Niedernseyne*;

BurgN. Sayneck (Großmaischeid, Lkr. Neuwied, Rh.-Pf.), ON. 1277 *Langen Seine*; ON. um 1330 *Sengescheyt*, 1519 *Seynscheidt*; Flur-/WaldN. 1363 *Seynrehultz* (Sayner Holz). – Grundform FlN. mhd. *Seine*, mundartlich monophthongiert > *Sēne* und apokopiert > *Sēn*; *Seine* < vorahd. *Sagina* < kelt.(?) *Saginā*, mit *n*-Suffix abgeleitet vom Verbalnomen (?) *sagi-* zum Verb urkelt. *sag-* 'suchen', air. *-saig* 'geht (einer Sache) nach, sucht' (< ig. *səg-é-*, Wurzel *seh₂g-* 'einer Fährte nachgehen'), vgl. gall. Ethnonym *Tecto-sagi*, PN. *Curmi-sagius*, ferner FlN. la Saimaz genevoise (CH), 1227 *Saima*, 1301 *Sayma*, < *Sagima*. Benennungsmotiv: das Flussufer als Weg (Fährte). – Faust, *HG.A.4*, S. 68; Metzler, *Westerwald*, S. 153, 155; Matasović, *Proto-Celtic*, S. 318; Rix, *LIV*, S. 520; Müller, *Suisse romande*, S. 6.

† Scamfulda (auch *Schöne Fulda*), jetzt Döllbach r.z. Fliede (z. Fulda z. Weser). – (776–796) *Scamfulda*, *Scammunfulda*, *Scammun*, (822–24) *Scamunfuldę*, 822 *Scanfulta*, *Scamfulda*, 1011 *in Scanfuldam, per Scanfuldam*. – Kompositum mit dem FlN. ↗ Fulda als Grundwort und ahd. *scam* 'schändlich, schmählich, kurz, klein' als Bestimmungswort, ↗ Scham(m)-. – Sperber, *HG.A.5*, S. 90.

Schaalbach l.z. Thüringischen Saale (z. Elbe). – Ca.1199 *uf der Schala, in schala montis sitas*; ON. Schaala (Stadt Rudolstadt, Lkr. Saalfeld-Rudolstadt, Thüringen, D), /šalə/, StraßenN. Am Schaalbach (Stadt Rudolstadt), 1350, 1417 *Schala*, 1462 *Schale*. – Ausgangsform (ahd.) *Scalh-aha*, dissimiliert > (mhd.) *Schalach/Schala*, Kompositum mit dem Grundwort ahd. *aha* und ↗ Schalk als Bestimmungswort, nach lautlicher Abschwächung des Grundworts zur Verdeutlichung mit *-bach* komponiert. – Ulbricht, *Saale*, S. 115; Fischer/Elbracht, *Rudolstadt*, S. 44f. (< slaw. *skała* 'Fels').

Schach-/-en-/-er-/-ener -bach/-bächle, -graben, -pach, -see, z.B. 1362 *an me schachgraben nyde*, 1704 *neben dem Schachgraben*, Name der Darmbach (z. Landgraben z. Schwarzbach z. Rhein) nach Verlassen von Darmstadt (Hessen, D). Bestimmungswort mhd. *schache* swM. 'einzeln stehendes Waldstück, Vorsaum eines Waldes'. – Geiger, *HG.A.2*, S. 117; Ramge, *Flurnamenbuch*, S. 801f.

Schacht-/-e-/-en- -bach, -beck/-beek, -graben, -weiher-Graben, -wies-Bach, z.B. Schachtenbeck, l.z. Eterna (z. Gande z. Leine z. Aller z. Weser), 1580 *Schachtenbeck, nach dem Schachtenbecke*. Bestimmungswort mndd. *schacht, schaft* 'Schaft, Holzstange, Gerte, Rute, Pflanzenstengel', brandenburg. *Schacht* m. 'Quadratrute' (Flächenmaß) auch als FlurN. – Kettner, *HG.A.8*, S. 109; Kettner, *Leine*, S. 257.

Schadebach r.z. Thüringischen Saale (z. Elbe). – 1317 *Schatbach*; ON. Langenschade (Gem. Unterwellenborn, Lkr. Saalfeld-Rudolstadt, Thüringen, D), 1071 *Schada*, 1074 *Scathaha*, 1387 *Schadon*. – Grundform FlN. (ahd.) *Skadaha* < gm. *Skađ(w)-aha*, Kompositum mit dem Grundwort ahd. *aha* 'Fließgewässer' und gm. *skadwa-* m., gt. *skadus*, ahd. *scato* 'Schatten' als Bestimmungswort; benannt nach der Tallage. – Ulbricht, *Saale*, S. 184; Walther *Siedlungsgeschichte*, S. 257; Orel, *Handbook*, S. 331.

Schadenbeek, die r.z. Krummen Lutter (z. Lutter z. Oder z. Rhume z. Leine z. Aller z. Weser), mündet nördlich von Bad Lauterberg (Lkr. Osterode am Harz, Niedersachsen, D). – 1747 *Schaden Beek*; FlurN. Schadenbeeksecke, 1747 *Schadenbeecks-Ecke*, 1785 *Schadenbecks-Ecke*, 1794 *Schadenbeck Ecke*. – Kompositum mit den Genitiv des PN. as. *Skado* (*Schaden-*) als Bestimmungswort. – Kettner, *HG.A.8*, S. 109; Kettner, *Leine*, 258f. (< mndd. *de schadende Beek*).

Schadenbek l.z. Bille (z. Norderelbe). – 1777 *die Schadenbache*; FlurN. Schadenbek, 1664 *Schaven Beck*, 1856 *Schadenbek*. – Deutung ↗ Schadenbeek. – Udolph, *HG.A.16*, S. 296.

Schäfer-/-s- -bach, -blassen-Graben, -fließ, -graben, -pfuhl, -quelle, -see, -teich, -tränke, -wäsche, -wies-Graben. Bestimmungswort nhd. *Schäfer*, PN. *Schäfer* (im Genitiv), bezieht sich auf bevorzugte Aufenthaltsorte von Schäfern. – Ramge, *Flurnamenbuch*, S. 804.

Schäferei-/-en- -pfuhl, -Pöhle, -see, -tümpel. Gewässernamen in Brandenburg (D) und im Bereich der Havel, Bestimmungswort nhd. *Schäferei* f. – Wauer, *HG.A.17*, S. 152; Fischer, *BNB 10*, S. 243.

Schäffernbach l.z. Pinka (z. Raab z. Donau) südöstlich von Pinggau (PB Hartberg, Steiermark, A). – 1163 *a capite rivuli Zelver Skevere, a capite etiam ... Lenger Skevere*, 1168 *Zespherkeuere, a capite etiam rivuli ... Lengerskeuere*, 1171 (Kopie 17. Jh.) *Zelpherskevere, Lengeskeuere*. – Grundform FlN. mhd. *Schevere* < gm. *Skaƀirō*, mit *r*-Suffix abgeleitet von einem Stamm gm. *skaƀi-* zum Verb gm. *skab-a-* 'schaben'; Benennungsmotiv war die Korrosion des Gesteins durch den Fluss, vgl. ON. Scheven (Kreis Euskirchen, NRW, D), 1182 *Scheuene*, 1247 *Schevene*, 1351 *Scheyunn* (< gm. *Skaƀinō*). Der Name ist mit den teils missverstandenen unterscheidenden Adjektiven mhd. *zesw̌e* 'rechts' und *lenge* 'lang' überliefert. – Hausner/Schuster, *Namenbuch*, S. 971; Guthausen, *Schleiden*, S. 62.

Schaf-/-s- (auch *Schaaf-*, ndd. *Schap-*) *-au, -bach/ -bächlein, -bek, -berggraben, -bichllacke, -brunnengraben, -dammgraben, -graben, -kar-Bach, -kesselgraben, -pfuhl, -schwemme, -see/-seewl, -spring, -teich, -tränke, -weiher, -woog-Weiher*. Benannt nach Weide- und Lagerplätzen von Schafen. – Ramge, *Flurnamenbuch*, S. 803f.

Schafwasch-/Schafwäsch-/-e-/-er- (ndd. *Schapwäsche*) *-bruch, -kute, -luch, -pfuhl, -teich*. Bestimmungswort *Schafwasch, Schafwäsche* 'Gewässer, in dem die Schafe vor der Schur gewaschen werden'. – Fischer, *BNB 10*, S. 243; Udolph, *HG.A.16*, S. 296.

Schaich, die r.z. Aich (z. Neckar z. Rhein), entspringt im Schönbuch südwestlich von Stuttgart (B.-W., D), mündet in Neuenhaus (Stadt Aichtal, Lkr. Esslingen, B.-W.). – 1310 *dirrehalb deme bache Schaiach*, 1592 *Schaich*, 1710 *Schaych*; ON. Domaine Schaichhof (Stadt Holzgerlingen, Lkr. Böblingen, B.-W.), /šáɛχhōf/, (nach 1304) *de Schaiach*, 1597–98 *Schaichof*. – Grundform (ahd.) *Skegi-aha* > mhd. *Scheiach* > mundartlich /šáɛχ/, Kompositum mit dem Grundwort ahd. *aha* und ahd. *skagi-* m., ae. *sceaga* 'kleiner Wald, Dickicht', awn. *skagi* 'Landzunge' als Bestimmungswort, benannt nach der Entstehung im Waldgebiet des Schönbuchs. – Schmid, *HG.A.1*, S. 99; Reichardt, *Böblingen*, S. 201f.

Schalbach ↗Schalk-.

Schalchenbach ↗Schalk-.

Schalk-/-en-/-(e)s- (auch *Schal-, Schalchen-*) *-ach, -bach*, z.B. 888 (Kopie 13. Jh.) *iuxta rivum Scalaha*, heute Seilerbach, r.z. Krems nördlich von Weißenberg (Gem. Neuhofen an der Krems, PB Linz-Land, O.-Ö., A); FlN. † Schalkesbach, 822–824 *caput rivi ... Scalkesbah*, l.z. Fliede (z. Fulda z. Weser); FlN. 863(?) *Scalcobah*, unermittelt in N.-Ö. – Bestimmungswort ahd. *skalk* stM. 'Knecht, Diener, Leibeigener' (Genitiv Singular *skalkes*, Genitiv Plural *skalko*), as. *skalk* 'Knecht, Sklave'. – Hausner/Schuster, *Namenbuch*, S. 970; Sperber, *HG.A.5*, S. 91.

Schalke, die l.z. Weißen Wasser (z. Oker z. Aller z. Weser). – 1784 *gr. Schalke, über der Schalke*; TeichN. 1784 *Schalker Teich*. – Ausgangsform nicht mit Sicherheit zu ermitteln, vielleicht mndd. *Schal-beke* mit mndd. *schal* 'ohne Geschmack, trübe; trocken, dürr' als Bestimmungswort ↗Schaller oder < as. *Skalk-aha*, Bestimmungswort ↗Schalk-. – Borchers, *HG.A.18*, S. 118.

Schaller, die r.z. Schildau (z. Nette z. Innerste z. Leine z. Aller z. Weser). – 1496 *upper der Schalren*, 1575 *bey der Schallern*, 1576 *uff der Schallern*, 1582 *ahn dem Schallerbeck*, 1699 *auff der ... Schaller* (und weitere Belege); QuellN. Schallerborn, StraßenN. Am Schallerborn (Gem. Hahausen, Lkr. Goslar, Niedersachsen, D), 1501 *by dem Schallerborne*, 1510 *by deme schallerborne*, 1647 *Schallerborn*. – Grundform (as.) *Skalara* > mndd. *Schalre*, mit *r*-Suffix abgeleitet von mndd. *schal* 'ohne Geschmack, trübe; trocken, dürr' (< gm. *skala-*, urig. *skel(h₁)-* 'austrocknen, verdorren'). – Kettner, *HG.A.8*, S. 109f.; Kettner, *Leine*, S. 259; Rix, *LIV*, S. 553.

Scham(m)- *-ach, -bach*, z.B. ON. Schammach (Stadt Grafing bei München, Lkr. Ebersberg, Bayern, D), 814, um 970 *Scammaha*, 14. Jh. *Schmabach*; FlN. Schambach, l.z. Altmühl (z. Donau) mit ON. Schambach (Stadt Treuchtlingen, Lkr. Weißenburg-Gunzenhausen, Bayern, D), 1057–75 *Scammaba*, 1214 *Schammach*, 1341 *Schambach*. Bestimmungswort ahd. *skam* 'kurz' ↗† Scamfulda. – Dotter/Dotter, *HG.A.14*, S. 349; Beier, *Weißenburg-Gunzenhausen*, S. 94.

Schamlah, die (auch *Schamlah-Bach*), l.z. Ecker (z. Oker z. Aller z. Weser) bei Vienenburg (Lkr. Goslar, Niedersachsen, D). – 1484 *vp dem Schemelowen*, (Ende 15. Jh.) *vp der Schamlaw, van der Schamlaw, in der Schamlaw*, 1578 *Schamlau*, 1666 *Schamlauw*. – Kompositum mit dem Grundwort ↗au(e) und vielleicht as. *scamal* m. 'Drehschemel, Drehgestell', mndd. *schemel* 'Schemel' als Bestimmungswort, vielleicht benannt nach Wassereinbauten zur Regulierung des Wassers. – Borchers, *HG.A.18*, S. 118.

Schampsee in der Gem. Kloster Lehnin (Lkr. Potsdam-Mittelmark, Brandenburg, D). – Um 1663 *Der Schampf*, 1748 *Schumke See*, 1771 *Schamke*, 1772 *Schamp*, 1839 *Schamp See*, FlurN. Schamp Fenn. – Grundform apolab. *Skǫp-* zu *skǫp-* 'spärlich, knapp', ins Deutsche integriert als *Schamp*, Benennungsmotiv Fischarmut. – Wauer, *HG.A.17*, S. 153; Fischer, *BNB 10*, S. 243f.

Schapfensee (Schapfenweiher) in der Gemeinde Halblech (Lkr. Ostallgäu, Bayern, D). – 1567 *die Wasserschaffen*, 1574 *in der Waßersschapfen*. – Mhd. *schaffe* swM., obd. *Schapfe, Schaff* '(Schöpf) Gefäß'. Metonymische Benennung 'wo man Wasser schöpfen kann, Wasserschöpfplatz'. – Steiner, *Füssen*, S. 152.

Schappach
– ¹Schappach, l.z. Schobbach (z. Glotter z. Elz z. Rhein). – 1493, 1530 *Schoppach*, 1506 *Scheppach*, 1567 *in den Schapbach*, 1572 *Schapach*.
– ²Schappach, l.z. Rodach (z. Itz z. Main z. Rhein), mündet südlich von Bad Colberg-Heldburg (Lkr.

Hildburghausen, Thüringen, D). – ON. † Schappach, 1290 in *Scappach*, 1291 *Schachbach*, 1317 *Scatbach*. Ausgangsform vielleicht *Schat(e)bach, Kompositum mit dem Grundwort -bach und mhd. *schate* stM. 'Schatten' als Bestimmungswort, mit Assimilation *Schatbach > *Schatpach > Schappach. – Geiger, *HG.A.2*, S. 117.

† Scharbach, die heute Bensheimer Klingen an der Grenze zwischen Bensheim und Heppenheim (Kreis Bergstraße, Hessen, D). – 12. Jh. In *Scartbach*, 1360 *in der scharpbach, in der scharpach*, 1420, 1460 *Schartbach*, 1479 *by der Scharpach*, 1577 *an der Scharbach*, 1617 *Scharbacher Klinge*, nach 1623 *vff die Schorbach*. – Kompositum mit dem Grundwort -bach und mhd. *schart* 'zerhauen, schartig' als Bestimmungswort, benannt nach schartigen Ausbuchtungen des Baches. – Ramge, *Flurnamenbuch*, S. 806 f.

Scharenbeke r.z. Innerste (z. Leine z. Aller z. Weser), mündet südöstlich von Hasede (Gem. Giesen, Lkr. Hildesheim, Niedersachsen, D). – 20. Jh. *im Scharenbieke*; FlurN. *Scharenbeeksfeld*, 1827/39 *Scharenbeeks Feld*, 1853/54 *Scharenbeeksfeld*. – Kompositum mit dem Grundwort mndd. *-beke* 'Bach' und vermutlich mndd. *scharn* 'Mist, Dreck' als Bestimmungswort. – Kettner, *HG.A.8*, S. 110; Kettner, *Leine*, S. 259 f.

Scharfe Lanke
– ¹Scharfe Lanke, Havelsee in Berlin (D). – Um 1235 *stagnum ... Scarplanke*, 1590 *an die Scharpe Lancke*.
– ²Scharfe Lanke, Havelabschnitt oder -arm südlich von Zachow (Lkr. Havelland, Brandenburg, D). – Ende 14. Jh. *dy scharpe lanke*.
Mndd. *scharp* 'scharf' hier in der Bedeutung 'in eine Spitze auslaufend'. – Fischer, *BNB 10*, S. 244.

Scharmützelsee südlich von Fürstenwalde/Spree (Lkr. Oder-Spree, Brandenburg, D). – 1316–19 *in stagno Tschermizel*, 1436 *uff dem czermussel*, 1556 *Scharmützel*, 1643 *des Scharmützels*, 1768 *auf dem Scharmützel*. – Grundform apolab./asorb. *Čermušn- zu *čermuch* 'Faulbaum (Prunus padus)', ins Deutsche integriert als *Tschermüssel und an mndd. *scharmüssel* 'Scharmützel' angepasst. – Fischer, *BNB 10*, S. 244.

Scharnitz, die r.z. Pusterwaldbach, mündet nordöstlich von Pusterwald (PB Judenburg, Steiermark, A). – Ca.1310 *in der Schernitz*, ca.1400 *im Scherncz*. – Ausgangsform slaw. *Šarnica 'Graben mit Riedgras', ⁊ Sarningbach. – Lochner von Hüttenbach, *Steirische Hydronyme*, S. 116.

Schatt Bach r.z. Fritzbach (z. Salzach z. Inn z. Donau). – Ca.1350 *de schatpach, In dem Schattpache, in Schatpach*; ON. Schattau (Gem. Goldegg, PB St. Johann im Pongau, Salzburg, A), FlurN. Schattbach. – Deutung ⁊ Schappach. – Straberger, *HG.A.9*, 101.

Schede, die r.z. Weser, entspringt bei Bühren (Lkr. Göttingen, Niedersachsen, D), verläuft im Naturpark Münden (Lkr. Göttingen), mündet westlich von Volkmarshausen (Stadt Hannoversch Münden, Lkr. Göttingen). – 1715 *die Scheede*, 1785 *Schede Bach*; ON. Scheden (Lkr. Göttingen), 1046 *Schitvn*, 1203 *in Sceden*, 1205 *in Scheden*; ON. Niederscheden (Gem. Scheden), 1317 *in Nederen Scheden*; ON. Oberscheden (Gem. Scheden), 1322 *Superiori Scheden*; ON. Schedetal (Stadt Hannoversch Münden). – Rückbildung aus dem ON. Scheden < as. *Skēdun, Dat. Pl. zu as. *skēdia, skēthia* 'Scheide', hier in der Bedeutung 'Berg-, Wasserscheide'; im Beleg 1046 *Schitvn* ist der Name verhochdeutscht. – Kramer, *HG.A.10*, S. 59; Casemir/Ohainski/Udolph, *Göttingen*, S. 236–358.

Scheer, die r.z. Andlau (z. Ill z. Rhein), südlich von Straßburg (Elsass, F). – /dʼšēr/ (/ē/ sehr offen), 1095 oder 1105 (Fälschung 13. Jh.) *usque ad aquam, que Chera nominatur*, 12. Jh. *ex utraque parte fluvii, qui dicitur Scere*, 1135 *iuxta flumen Scheram*, 1285 *vf dv scher, nebent der schere* (und weitere Belege); ON. Scherweiler (nordöstlich von Sélestat/Schlettstadt, Dep. Bas-Rhin, Elsass), 770 (Fälschung 12. Jh. Kopie 18. Jh.) *Scerenwilere*, 817 (Fälschung 12. Jh.) *Scerewilre*, 1017 *de Scerauuilare* (und weitere Belege). – Die ahd. Form des Flussnamens, der ursprünglich einen größeren, bis in die Vogesen reichenden Geltungsbereich hatte, war *Scera, mhd. *Scher, dt. *Schere. Davon ist bereits in ahd. Zeit der ON. Scherweiler durch Komposition mit dem Grundwort ahd. *wīlāri* 'Weiler' gebildet worden. Ahd. *Scera ist aus vorgm. *Skarja, einer Ableitung von (kelt.) *skar-, das auch im ON. Scharnitz (mehrfach in den Alpenländern) < *Skarantia 'Felsengegend'?, im französischen (vorrömischen) Alpenwort *skarena (> *escherena, escharena, écharena, écharène, escareno* 'torrents, qui coulent dans des ravines; endroit rocheux, ravin ou pente rocheuse, ravin rocailleux') und in venezianisch *scaranto* (neben *caranto*) 'nackter Fels, unfruchtbarer Boden, steiniger Bergbach' vorliegt. Die indogermanische Basis von (kelt.) *skar- 'Fels' (?) ist nicht klar, infrage kommen die urig. Verben *(s)ker- 'scheren, kratzen, abschneiden' oder *(s)kerH- 'trennen, teilen'. – Greule, *Oberrhein*, S. 82–84; Rix, *LIV*, S. 556, 558.

Schefflenz, die r.z. Jagst (z. Neckar z. Rhein), entspringt in der Gem. Seckach (Neckar-Odenwald-Kreis, B.-W., D) am Ostrand des Odenwalds, mündet nördlich von Untergriesheim (Bad Friedrichshall, Lkr. Heilbronn, B.-W.). – 1338 *Schevelintz*, 1384 *Sche-*

felentz; ON. Schefflenz (Neckar-Odenwald-Kreis), 774 (Kop. 12. Jh.) *Scaflenze*, 788 (Kopie 12. Jh.) *in Scaflenzen*, 823 *Scaflenza*, 1241 *Scheflinze*, 1344 *Scheflenze*, 1416 *Schefflentz*. – Grundform FlN. ahd. *Scaflenze* (neben *Scefelenze*) < vorahd. *Skap(i)lanti-*, unter Anlehnung an gm. *skapila-* 'Scheffel' aus dem vorgm. (ves.-ig.) FlN. *Skoplo-nt-*. Es dürfte sich dabei um eine *nt*-Ableitung handeln, durch die das Vorhandensein von dem in der Basis (*skoplo-*) Bezeichneten angedeutet wird. Da idg. *skoplo-* (gr. *skópelos* 'Fels, Klippe') eine Ableitung von ig. *(s)kep-/ *(s)kop-* 'hacken, hauen, schneiden, spalten' ist, könnte das Benennungsmotiv sich aus der Geländeformation, durch die die Schefflenz fließt, ableiten. – Schmid, *HG.A.1*, S. 99 f.; Rix, *LIV*, S. 555.

Scheiberbach (auch *Wehrbach*), r.z. Feistritz südlich von Pfaffenhofen (Gem. Raxendorf, PB Melk, N.-Ö., A). – 1096 (Fälschung 12. Jh.) *in amnem ... Scyi*, 1121–22 *in amnem ... Schyi*, um 1124 *in amnem ... Scyi*, ca.1395 *Scheybz*; ON. Scheib (Gem. Kirchschlag, PB Zwettl, N.-Ö.). – Ausgangsform StellenN. slaw. *Šija*, slaw. *šija* 'Hals', metaphorisch für 'Verengung des Wasserlaufs, Engstelle' übertragen auf den Fluss. *Šija* > mhd. *Schīj(e)* > fnhd. *Schei/Scheib*. Der heutige Name ist komponiert mit dem Grundwort *-bach* und dem Adjektiv des Ortsnamens > *Scheiberbach*. – Hausner/Schuster, *Namenbuch*, S. 976; Bergermayer, *Glossar*, S. 261.

Scheid-/-e-/-en- (auch *Scheit-*) *-au*, *-bach*, *-beck/ -bek*, *-fleth*, *-graben*, *-moosbach*, *-pfuhl*, z.B. Scheidbach, l.z. Vils (z. Lech z. Donau) in der Gem. Pfronten (Lkr. Ostallgäu, Bayern, D), 1450 *Scheidbach*, Bach, der scheidet, d.h. die Grenze zwischen Pfronten und Jungholz (Tirol) bildet. Bestimmungswort mhd. *sceide* stswF. 'Trennung', ndd. (Brandenburg) *Scheid* n., m., *Scheide* f. '(Acker-, Flur-)grenze'. – Steiner, *Füssen*, S. 152; Ulbricht, *Saale*, S. 82; Fischer, *BNB 10*, S. 245.

Scheine z. Laimbach (z. Ehebach z. Aisch z. Regnitz z. Main z. Rhein). – 1481 *biss in die Scheinfelt, die Scheinfelt hinuff*; ON. Scheinfeld (Lkr. Neustadt a.d. Aisch-Bad Windsheim, Bayern, D), 776–796 (Kopie 12. Jh.) *in Scegifeldum*, 816 (Verfälschung 9. Jh., Kopie 14. Jh.) *Scheifelt*, 1111–1125 *Sgegeuelt*, ca.1258 *Scheievelt*, 1345 *Scheinfelt*. – Die amtliche Namensform ist eine Rückbildung aus dem ON. Scheinfeld, der seinerseits auf den FlurN. *Skeginfeld* 'Feld des *Skago*' zurückgeht. – Sperber, *HG.A.7*, S. 149; Reitzenstein, *fränkische Ortsnamen*, S. 198.

Schelde, die

– ¹Schelde, l.z. Dill (z. Lahn z. Rhein), fließt durch den Schelder Wald, mündet in Niederscheld (Stadt Dillenburg, Lahn-Dillkreis, Rh.-Pf., D). – ON. Oberscheld, ON. Niederscheld (Stadt Dillenburg), /ˈnirərˈʃeld/, 1274 *Shelte*, 1285, 1313 *von Schelte*, 1402 *Niederscheltt, Schelte*; WaldN. 1265 *usque ad silvam ... Schelterwalt*, um 1330 ... *des Scheltirwaldis*. – Faust, *HG.A.4*, S. 69; Metzler, *Westerwald*, S. 69.

– ²† Schelde ↗ Buschelde. Ausgangsform gm. *Skaldjō* f., Stellenbezeichnung wie das im Rheinland verbreitete *Schelle* f. 'Kiesablagerungen im Strombett, über die seichteres Wasser abflutet', 1447 *in der Schild*, 1549 *die overste Schelde*, 1555 *die Overschelde* zu ae. *sceald* 'seicht' (< gm. *skalda-*). Parallelname: die Schelde, frz. Escaut (z. Nordsee) in Frankreich, Belgien und den Niederlanden, l. *Scaldis* m., mit InselN. Schouwen (Prov. Zeeland, NL), 976 *in pago Scaldis*, ca.1138 *in Scalde*, 1147–48 (Kopie 13. Jh.) *in Schalda*, 1156 *insula Scollden*. – Dittmaier, *Flurnamen*, S. 263; Barth, *Sieg und Ruhr*, S. 109; Künzel/Blok/Verhoeff, *Lexicon*, S. 320 f.

Schelpe, die l.z. Weser, entspringt südöstlich von Hohehaus (Stadt Marienmünster, Kreis Höxter, NRW, D), fließt durch Höxter (Kreis Höxter), mündet am Kloster Corvey (Stadt Höxter). – 1281 *super aquam ... Schilipe*, (13. Jh.?) *Juxta rivum Scelepe*, (um 1350) *ouer dem water ... de Scelpede*, 1382 *bi der Schelpe* (und weitere Belege); BrückenN. (um 1350) *juxta pontem ... scylpruge*, 1356 *in dem Schelepbrugerwech*. – Grundform mndd. *Schelepe* (neben *Schilipe*) < as. *Skelapa*, Kompositum mit dem Grundwort gm. ↗ *apa* und mndd. *schel(e)* (as. *skelu*) 'schielend', in der lokalisierenden Bedeutung 'schief, von der Seite her', als Bestimmungswort, ↗ Schiel-. – Kramer, *HG.A.10*, S. 59.

Schempbach (im Oberlauf *Schömbach*), l.z. Wildschapbach (z. Wolfach z. Kinzig z. Rhein). – 1493, 1499 *der Schómbach*. – Ausgangsfom mhd. *schœn(en)bach* 'schöner Bach', assimiliert > *schœmbach*, in der Mundart entrundet > *Schembach*, hyperkorrekte Schreibung in Anlehnung an <Schapbach> <Schempbach>. – Geiger, *HG.A.2*, S. 118, 121.

Schemmerbach (auch *die Schemmer*), r.z. Wehre (z. Werra z. Weser), entspringt auf dem Stadtgebiet von Waldkappel (Werra-Meißner-Kreis, Hessen, D), mündet nach dem Durchfließen des Stadtkerns von Waldkappel. – (1562–86) *die Schemmer*; ON. Schemmern (Stadt Waldkappel), 985 (Druck 1850) *predium ... Scamberaha*, um 1000 *De ... Scembro*, (1262) *de Schemere*, 1267 *de Schemmere*, 1281 *Szemerde*, 1317 *in Schemere*; ON. † Trockenschemmern, FlurN. † Schemmerfeld, 1490 *uff dem Schemmerfelde*. – Grundform *Skammira* > mhd. *Schembre/Schemmere*, vielleicht Komparativ ('die Kürzere') mit Synkope des /i/ zu ahd. *scammi, scemmi* 'kurz'

↗ Scham(m)-, im ältesten Beleg verdeutlichend komponiert mit dem Grundwort ahd. *aha* 'Fließgewässer'. – Sperber, *HG.A.5*, S. 91.

Schenk-/-en- -*bach*, -*fahrt*, -*graben*, -*see*, z. B. Schenkfahrt, Havelarm westlich von Göttin (Töplitz, Stadt Weder, Lkr. Potsdam-Mittelmark, Brandenburg, D), 1452 (Kopie) *Schenckfarth*, heute Schenkengraben. Das Bestimmungswort ist der PN. *Schenk(e)* im Genitiv. – Wauer, *HG.A.17*, S. 154; Fischer, *BNB 10*, S. 245.

Scheppau, die (im Oberlauf *Mühlenbach*), l.z. Schunter (z. Oker z. Aller z. Weser). – 1384 (Kopie) *de Schepowe*, 1781 *die Scheppau*, 1802 *die Scheppau, die kleine Scheppau*; ON. Scheppau (Stadt Königslutter am Elm, Lkr. Helmstedt, Niedersachsen, D), 1348 (gleichzeitige Kopie) *to der scepouwe*, 1358 (gleichzeitige Kopie) *to der schepowe*, (1359–65) *juxta schepowe*, 1368 (gleichzeitige Kopie) *schepowe*, 1399 (gleichzeitige Kopie) *to der scheppoŵ*. – Ausgangsform mndd. **Sc(h)eppouwe*, entspricht weitgehend obd. ↗ Schüpfbach (< ahd. *Skipfaha), Komposition mit dem Grundwort ↗ au(e) und ndd. *schepp* 'schief', mhd. Adv. *schipfes* 'quer' (< gm. *skippa-) als Bestimmungswort, ↗ Schief- ↗ Scheppenbach. – Borchers, *HG.A.18*, S. 119; Sperber, *HG.A.5*, S. 91.

Scheppenbach l.z. Ulser (z. Werra z. Weser) ↗ Scheppau.

Scherfbach l.z. Dhünn (z. Wupper z. Rhein). – 1555 *Die Schorf* (lies *Scherf*); ON. Scherf, Hochscherf (Gem. Odenthal, Rheinisch-Bergischer Kreis, NRW, D), 1216 *de Scherve* (und weitere Belege), 1259 *de Scerve*, 1264 *de Scherue*, 1294, 1312 *de Hoscherve*, *Hoynscherve*, 1347 *Overinscherve*, *Hochscherfe*, 1499–1502 *Hoescherf*. – Grundform FlN. (as.) *Skerfia f. > mndd. *Scherve/Scherf*, Stellenbezeichnung mit *j*-Suffix abgeleitet von gm. *skarfa- m. (awn. *skarfr* 'Brettstück') zum Verb gm. **skerf-a-* 'abnagen' (ae. *sceorfan*), wahrscheinlich benannt nach einem Schaltbrett im Fluss, zur Unterscheidung vom ON. Scherf komponiert mit dem Grundwort -*bach*. – Schmidt, *HG.A.6*, S. 67; Seebold, *starke Verben*, S. 414.

Schermützelsee im Zentrum des Naturparks Märkische Schweiz, westlich von Buckow (Lkr. Märkisch-Oderland, Brandenburg, D). – 1300 *schermitzel*, 1751 *Scharmützelsee*, 1840 *Schermützel See*. – Deutung ↗ Scharmützelsee. – Fischer, *BNB 10*, S. 244.

Schernetz, die (auch *Scheernetz*), l.z. Scheer (z. Andlau z. Ill z. Rhein), unbedeutender Bach im Elsass südlich von Straßburg (F). – /dˈṣɛʳnᵉds/. Obwohl keine alten Nennungen bekannt sind, wurde der Name wegen seiner Ähnlichkeit zum ON. *Scharnitz* (mehrfach in den Alpenländern, < *Skarantia) ebenfalls auf vorgm. (alteurop.) *Skarantia zurückgeführt und mit dem Namen der ↗ Scheer (< *Skarja) in Verbindung gebracht. Eine einfachere Erklärung bietet sich an, wenn *Schernetz* auf mhd. *Schernetze zurückgeführt wird, was vorahd. *Skarnitja- voraussetzt. *Skarnitja- n. erklärt sich als Gebietsname, der gm. *skarna- (awn. *skarn*, ae. *scearn*, mnd. *scharn*, niederländischer ON. *Scharn*) 'Mist, Dünger' und das germanische Kollektivsuffix *-itja*- (↗ Hollenbach ↗ Milz) enthält. Der Gebietsname dürfte auf den Bach in der Bedeutung 'Mistbach' übertragen worden sein und dabei das Genus geändert haben. Dass gm. *skarna- zur Bildung von Ortsnamen verwendet wurde, geht aus dem Namen *Scarniunga*, der einen nicht lokalisierbaren Fluss in Pannonien benennt, hervor. – Greule, *Oberrhein*, S. 84f.; Anreiter, *vorrömische Namen*, S. 257; Kleiber, *Flurnamenparallelen*, S. 262–264.

Schiebecksbach r.z. Selke (z. Bode z. Thüringische Saale z. Elbe), entspringt im Stadtgebiet von Harzgerode (Lkr. Harz, S.-A., D), mündet bei Mägdesprung (Stadt Harzgerode). – ON. † Schibeck, 1467 *Schibbek*, 1511 *Schiebeck*, 1514 *schibig*, 1539 *Schibegk*, 1566 *Schibeck*. – Ausgangsform (mndd.) *Schiech-beke, Komposition mit dem Grundwort mndd. -*beke* und mhd. *schiech*, *schie* 'verzagt, schwach'? – Ulbricht, *Saale*, S. 91f. (zu mhd. *schie* f. 'Zaunpfahl').

Schiebenitz, die l.z. Bille (z. Elbe) bei Schretstaken (Kreis Herzogtum Lauenburg, S.-H., D). – 1829, 1856 *Schiebenitz*. – Ausgangsform apolab. **Šib'nica* oder **Šip'nica*, abgeleitet von *šib oder *šip 'eine Art Stör (Acipenser schypa)'. – Udolph, *HG.A.16*, S. 300; Laur, *Schleswig-Holstein*, S. 572.

Schief-/-en-/-er-/-es -*bach*, *Fleet*, -*graben*, -*graben-Bach*, Bestimmungswort nhd. *schief* 'sich nicht parallel zu etwas befindend', ↗ Scheppau. – Fischer, *BNB 10*, S. 246.

Schiel-/-en-/-er *Kolk*, -*see*, Gewässer in Brandenburg, Bestimmungswort brandenburg. Schiel, scheel 'schielend', hier 'schief, schräg', ↗ Schelpe. – Fischer, *BNB 10*, S. 246.

Schier-/-es -*bach*, -*beeke/-bek*, -*see*, *Wasser*, z. B. Schier-Bach, r.z. Lutter (z. Leine z. Aller z. Weser), 1554 *im Schierenbache*, 1676 *ahm Schirmbach*, *durch den Schirbach*, 1857 *im Schierbache*. Bestimmungswort mndd. *schīr* 'rein, klar, hell, durchsichtig'. – Kettner, *HG.A.8*, S. 110; Kettner, *Leine*, S. 261.

Schierbach r.z. Asbach (z. Leine z. Aller z. Weser) durch Uder (Lkr. Eichsfeld, Thüringen, D). – /šīʳbǫx/, 1610 *bis in den Scherbach.* – Bestimmungswort ndd. *schiere* f. 'Grenze, Scheide', mndd. *schier* 'rein, klar' oder mhd. *schier* 'schnell' oder ndd. *schür* 'Scheune'. – Müller, *Heiligenstadt*, S. 101.

Schießbach l.z. Esse (z. Diemel z. Weser). – 1554 *in den Scheithbeck,* 1569 *Scheidebeck.* – Kompositum mit dem Grundwort mndd. *beke* und einem nicht genau deutbaren, vermutlich verhochdeutschen Bestimmungswort ↗Schießsiek ↗Scheid-. – Kramer, *HG.A.10*, S. 59f.

Schießsiek im Einzugsgebiet d. Kreuzbeeks, l.z. Stroiter Bach (z. Mühlenbeck z. Krummes Wasser z. Mühlenkanal z. Ilme z. Leine z. Aller z. Weser). – 1702 *der Schieß Sieck, am Schieß Sieke, am Schieß Siege,* 1758 *Schieß-Sieck.* – Kompositum mit dem Grundwort ↗Siek und einem verhochdeutschten Bestimmungswort, das zu mndd. *schēten* 'Abgabe zahlen' oder zu mndd. *schīte* 'Kot, Dreck jeder Art' gehören kann. – Kettner, *HG.A.8*, S. 110; Kettner, *Leine,* S. 261.

Schiff-/-er-/-s- -bach, -bek, -graben, -kanal, -lache, -weggraben, z.B. ON. Schiffbek (zu Hamburg-Billstedt, D), 1212 *in Scibeke,* 1256 *Scipbeke,* 1275 *Scibbeke,* 1341 *Schibbeke,* 1508 *Schipbeke,* 1731 *Schiffbek.* Grundwort mhd. *schif, schef,* as. *skip,* mndd. *schip, schep* 'Schiff', mndd. *schipgrave, schepgrave* 'schiffbarer Kanal', mndd. *schipper* 'Schiffer'. Bei Schiff-Bach, r.z. Weser, mit FlurN. 1549 *nach dem Scheperge,* 1617 *der Schiffberg,* liegen Klammerform *Schep(berg)bach* und Verhochdeutschung vor. – Udolph, *HG.A.16,* S. 300; Fischer, *BNB 10,* S. 246; Kramer, *HG.A.10,* S. 60.

Schiffelbach l.z. Wohra (z. Ohm z. Lahn z. Rhein). – ON. Schiffelbach (Stadt Gemünden, Lkr. Waldeck-Frankenberg, Hessen, D) 1263 *de Scufelbach,* 1268 *Schuphelbach,* 1308 *Schufilbach,* 1549 *Schauffelbach,* 1619 *Scheffelbach,* 1747 *Schiffelbach.* – Grundform (mndd.) *Schüfelbach,* entrundet > *Schifel-/Schefelbach,* Kompositum mit dem Grundwort -*bach* und mndd. *schüffel(e),* mndl. *schuffel,* ae. *scofl* 'Schaufel' (neben ahd. *scūfla,* mhd. *schüvel*), metaphorische Benennung nach der Form des Bachbetts. – Faust, *HG.A.4,* S. 70.

Schildau, die r.z. Nette (z. Innerste z. Leine z. Aller z. Weser), mündet in Seesen (Lkr. Goslar, Niedersachsen, D). – (1355) (Kopie 16. Jh.) *uppe de Schildow,* 1365 *Scildauwe, bi der Scildouwe,* 1512 *upp der Schiltauwe,* 1540 *Schildaw* (und weitere Belege), um 1750 *die Schildau.* – Klammerform *Schild(berg)au* mit dem Grundwort ↗au(e) und dem BergN. *Schildberg* als Bestimmungswort. – Kettner, *HG.A.8,* S. 110f; Kettner, *Leine,* S. 261f.

Schildbach ↗Schiltach.

Schille, die z. Fuchsbach (z. Alte Leine z. Leine z. Aller z. Weser). – 1315 *iuxta Ryuum qui Schulle dicitur* (Calenberger Urkundenbuch), 1783 *die Schille.* – Eine sichere Deutung ist nicht möglich, vielleicht aus (wgm.) *Skulljō f. > *Schülle > Schille, j*-Ableitung zu *skul-,* ablautend zu mndd. *schal* 'ohne Geschmack, trübe; trocken, dürr'? – Borchers, *HG.A.18,* S. 121.

Schiltach, die l.z. Kinzig (z. Rhein), entspringt auf der Gemarkung von Langenschiltach (Stadt Sankt Georgen im Schwarzwald, Schwarzwald-Baar-Kreis, B.-W., D), mündet in Schiltach (Lkr. Rottweil, B.-W.). – 1330 *in der Schiltach,* 15. Jh. *in der Schilta,* 1491 *in der Schiltach;* ON. Schiltach, 1293 *in Schiltahe,* 1315 *Schiltha,* 1333 *Schiltache,* 1352 *Schiltah,* 1358 *Schiltach* (und weitere Belege); ON. Langenschiltach, 1352 *usser der langen Schilta,* 1360 *in der Langenschiltta,* 1360 *die lang Schilta, in der Langenschiltach.* – Grundform ahd. *Skiltaha > mhd. Schiltahe > Schiltach (Schilta),* Kompositum mit dem Grundwort ahd. *aha* 'Fließgewässer' und ahd. *skilt* stM. '(Horn-)Schild, Scheibe', mhd. *schilt* als Bestimmungswort, metaphorische Benennung des Flusses nach der schildbuckelartigen Landschaft, durch die er fließt. Parallelname ON. Schildbach (Gem. Bischofstetten, PB Melk, N.-Ö., A), 1122–25 *de Sciltah,* um 1125–36 *apud Sciltahe.* – Geiger, *HG.A.2,* S. 118f.; Hausner/Schuster, *Namenbuch,* S. 978.

Schilterbächel r.z. Goldach (z. Isen z. Inn z. Donau). – ON. Oberschiltern, ON. Mitterschiltern, Unterschiltern (Stadt Dorfen, Lkr. Erding, Bayern, D), 1006–22 *in loco Sciltara, Sciltarun,* 1162 *Schiltarn.* – Grundform *Schilternbächel,* Kompositum mit ON. Schiltern, ahd. *Sciltarun* 'bei den Schildermachern' als Bestimmungswort. – Dotter/Dotter, *HG.A.14,* S. 352.

Schindel-/Schindl-/-n- -bach, -bach-graben, -bächle, -brunnen, -graben, -grund, z.B. Schindelgraben, l.z. Wehra (z. Rhein), 1256 *in Schindilbach.* Bestimmungswort mhd. *schindel,* mndd. *schindele* 'Schindel zum Dachdecken', das Benennungsmotiv ist unklar, könnte sich bei den Bächen im Schwarzwald (B.-W., D) auf das Flößen von Schindelholz bezogen haben. – Geiger, *HG.A.2,* S. 119; Springer, *Flußnamen,* S. 155; Kettner, *Leine,* S. 262.

Schinder-/-s- -bach/-bächl, -graben, -kuhle, -kute, Lache, -pfuhl, See. Bestimmungswort nhd. *Schinder* m. 'Abdecker'. – Fischer, *BNB 10,* S. 247.

Schipbeek ↗ Schiff-.

Schipsegraben l.z. Aller (z. Weser). – 788 (Fälschung 10. Jh., Kopie 11. Jh.) *Scebassam*, 1316 *stipse* (lies *scipse*), (1584) *auf die Schipse, von der Schipse*, 1767 *Die Schipse*, 1771 *Schipse Bach*, 1780 *Die Schip See.* – Ausgangsform (gm.) *Skippasō* f. > *Schippese* > *Schipse*, mit *s*-Suffix abgeleitet von (gm.) *skippa-* 'schief', zum Benennungsmotiv ↗ Schüpfbach. Dem Beleg von 788 scheint *Sceppasam* zugrunde zu liegen. Zur Verdeutlichung mit dem Grundwort *-graben* komponiert. – Borchers, *HG.A.18*, S. 122; Möller, *Siedlungsnamen und Flurnamen*, S. 61.

Schirnau, die (auch *Schirnauer Au*), Abfluss des Wittensees im Naturpark Hüttener Berge bei Eckernförde (Kreis Rendsburg-Eckernförde, S.-H., D), verläuft im Gemeindegebiet von Bünsdorf (Kreis Rendsburg-Eckernförde), mündete unterhalb des Guts Schirnau (Gem. Bünsdorf) in die Eider, jetzt in den Nord-Ostsee-Kanal. – 1854 *an der Schirnaue*; ON. Schirnau, 1450 *tor Schirnawe*, 1554, 1651 *Schirnow*. – Grundform ON. mndd. **tor schieren Au* 'zur reinen, klaren Au', ↗ Schier- ↗ Au(e). – Kvaran, *HG.A.12*, S. 158; Laur, *Schleswig-Holstein*, S. 158.

Schirning, die
– ¹Schirning, r.z. Mur bei Gratwein (PB Graz-Umgebung, Steiermark, A). – 1140 *Tsirnowe*, 1147 *Sirnowel*, 1214 *Schirnowel*. – Ausgangsform slaw. **Čьrnovlьje*, abgeleitet von slaw. **čьrnъ* 'schwarz', ersetzt durch den Namen ↗ ²Schirning.
– ²Schirning, l.z. Stanz westlich von Stanz im Mürztal (PB Mürzzuschlag, Steiermark, A). – 1366 *im Schirnich*, 1472 *am Schirnik*, 1473 *an dem Schirring*, 1498 *im Schirning*. – Ausgangsform slaw. **Čьrnikъ*, abgeleitet von slaw. **čьrnъ* 'schwarz', ins Bairische integriert als *Schirnik* und an Namen mit dem Suffix *-ing* angepasst, ↗ Schirnitzbach.
Lochner von Hüttenbach, *Steirische Hydronyme*, S. 117.

Schirnitz, die l.z. Ilz (z. Feistritz) südöstlich von Weiz bei Pressguts (PB Weiz, Steiermark, A). – 1265–1267 *Schyrmdinetz*, 1295 *Schirmze, Schirnitz*, 1390 *die Schirmentz*, 1403, 1475 *die Schirnitz*. – Ausgangsform **Čьrmьnьcь* 'Rotbach', mit dem Suffix slaw. *-ьcь* abgeleitet von slaw. *čьrmьnьcь* 'rot', vgl. sloven. FlN. *Čermenica*, ins Bair. integriert als *Schirminitz*, gekürzt > *Schirnitz*. – Lochner von Hüttenbach, *Steirische Hydronyme*, S. 117.

Schirnitzbach
– ¹Schirnitzbach, l.z. Sommeraubach östlich von Zöhrerkeusche (Gem. Reichenfels, PB Wolfsberg, Kärnten, A). – 1184 (Kopie 19. Jh. nach Kopie 13. Jh.) *in minorem Sirniz, in magnum Sirniz et a Zirniz*. – Ausgangsform FlN. slaw. **Čьrnica* 'Schwarz(en)bach', mit Suffix slaw. *-ica* abgeleitet von slaw.**čьrna (rěka)* 'schwarzer Fluss'. – Hausner/Schuster, *Namenbuch*, S. 979; Bergermayer, *Glossar*, S. 54.
– ²Schirnitzbach, l.z. Fallbach (z. Heidenaab z. Naab z. Donau). Ohne Belege; Deutung wie ¹Schirnitzbach? – N.N., *HG.A.20*.

Schlachtensee z. Fließ (z. Krumme Lanke z. Nikolasee z. Wannsee/Havel). – 1242 *stagnis Slatse* ..., 1591 *an den Schlachten See*, 1704 *Schlachten und Nicolaus Seen*, 1755 *Schlachten See*; ON. (Berlin-)Schlachtensee, 1805 *Schlachtensee*; ON. (wüst) 1242 *Slatdorf*. – Kompositum mit dem Grundwort *-see* und mndd. *slaht, slat* 'Pfahlwerk als Uferbefestigung, quer durch das Flussbett als Fisch- oder Mühlenwehr aufgeführtes Stauwerk aus Holz oder Steinen'. – Wauer, *HG.A.17*, S. 154 f.; Fischer, *BNB 10*, S. 247.

Schlacken- *-beek, -mühlbach, -siek, -talswasser*. Bestimmungswort mndd. *slagge* 'Metall-, Eisenschlacke', nhd. *Schlacke* f. – Kettner, *Leine*, S. 262 f.

Schlading, die r.z. Stübming nordöstlich von Turnau (PB Bruck, Steiermark, A). – 1384 *im Slattanig*, 1494 *am Slattaningkh*. – Ausgangsform slaw. **Zlatanikъ*, mit Suffix *-ikъ* abgeleitet von PN. slaw. *Zaltan*, ins Bairische integriert als **Slatanik*, mit Synkope und Angleichung an andere *ing*-Namen > **Slatning* > *Schladning*. – Lochner von Hüttenbach, *Steirische Hydronyme*, S. 117.

Schladnitz, die r.z. Mur südwestlich von Leoben (PB Leoben, Steiermark, A). – 904 *in loco Zlatina dicto, ubi riuus eiusdem nominis Zlatina in flumen Muora ... intrat*. – Ausgangsform FlN. slaw. **Slatьnica*, mit Suffix *-ica* abgeleitet von slaw. **slatina*, sloven. *slatina* 'Sauerwasser, Säuerling' ins Bairische integriert als **Slatnitz(e)* > *Schladnitz*. Im Beleg von 904 wird **Slatina* sowohl für den Ort als auch für den Fluss benutzt, ↗ Schladnitzbach. – Lochner von Hüttenbach, *Steirische Hydronyme*, S. 118.

Schladnitzbach r.z. Mur (z. Drau). – 904 *rivus ... Zlâtina*; ON. Schladnitzdorf (Gem. und PB Leoben, Steiermark, A) an der Mündung des Schladnitzbachs, 904 *in loco Zlâtina*, 1148 (Papsturkunde) *de Sclatetiz* (lies **Slateniz*). – Ausgangsform ist slaw. **slatina* 'Sauerbrunn', als FlN. und ON. mit dem Suffix slaw. *-ica* erweitert: **Slatinica*. – Hausner/Schuster, *Namenbuch*, S. 979, und Nachträge.

Schlänitzsee Ausbuchtung der Wublitz (z. Havel) im Nordwesten von Potsdam (Brandenburg, D). – 1602 *die Schleinitze*, 1680 *Schleinitz*, 1787 *Der Schlae-*

nitz, 1839 *Der Schlänitz See*; Sumpfgebiet Schlänitz an der Wublitz, 1354 (Kopie) *vff dem Bruche zu Schlemz* (lies *Schleniz*), 1799 *Der Schlaenitz*. – Ausgangsform SumpfN. apolab. **Slonica* abgeleitet von **slon* 'salzig'; das Bruch Schlänitz war besonders salzhaltig, ins Deutsche übernommen als **Slönitz* > **Schlenitz*, später *Schlänitz*. – Wauer, *HG.A.17*, S. 155; Fischer, *BNB 10*, S. 248f.

Schlag-/-e-/-en- -*bach*, -*bek*, -*bruch*, -*graben*, -*holzgraben*, -*mühl-Bach*, -*pfuhl*, -*stieg*, -*thal*, -*wasser*, -*weiher*. – Bestimmungswort ahd. *slag*, stM., mhd. *slac* stM. 'Schlag, Weg, Bahn', *slage* stF. 'Spur, Bahn, Weg', nhd. *Schlag*, ndd. *Schlach* 'Waldstück, in dem Bäume gefällt werden'. – Ulbricht, *Saale*, S. 79; Fischer, *BNB 10*, S. 248.

Schlamme, die l.z. Salzbach (z. Ahse z. Lippe z. Rhein). – 1493 *op der Slammede*, 1526 *up der Slammede*, 1940 *An der Schlamme*; ON. † Slammede (bei Büderich, Stadt Werl, Lkr. Soest, NRW, D), 1203 *Slammene* (lies *Slammede*), nach 1237 (Kopie 14. Jh.) *Slanmode*, 1268 *de Slammede*. – Rückbildung aus einer spät gebildeten, auf das Gewässer übertragenen Stellenbezeichnung mndd. **Slamm-ede* 'Schlamm-Stelle', abgeleitet von mndd. *slam* 'Schlamm, Kot, Abfall beim Mahlen des Getreides', spätmhd. *slam* (Genitiv *slammes*), selten als Bestimmungswort *Schlammbach*, *Schlammteich*. – Schmidt, *HG.A.6*, S. 67; Flöer/Korsmeier, *Soest*, S. 408f.

Schlandrauner Bach l.z. Etsch im Vinschgau (Prov. Bozen/Südtirol, I.), kommt vom Saldurkamm, mündet unterhalb von Schlanders (it. Silandro). – 1334 *fluvius Slandruni*, 1359 *aqua Slandraun*, 1390 *aqua Slandrun*, 1429 *das wazzer … Slandrawnn*, um 1845 *Schlandrauner Bach*; TalN. /schlandráun/ f., 1250, 1280, 1291–1300 *Slandrun*, 1390 *in Slandraun*, 1446 *Schlandraun*, 1529 *aus der Slandraú*, um 1770 *Schlandernaun*, um 1900 *Schlandrauner Bach*; ON. Schlanders, /schlánderscht/, 1077 *Slanderes*, 1170 *Slanders* (und weitere Belge), 1518 *Schlanders*; BurgN. Schlandersberg (über Schlanders), 1260 *Slandersperch*, 1276 *Slandersberc*. – Ausgangsform FlN. (rom.) **Salándra* 'großer schmutzig grauer Fluss' < vorrom. **Salant-r-ā*; vom Flussnamen ist der Gegend-/TalN. (rom.) **Salandr-ōne* synkopiert > **Slandrūn* > bair. *Schlandraun* abgeleitet. Grundlage der Ableitungen ist **sal-ant-* 'voll Schmutz' (urkelt. **salā* 'Schmutz'). Der Ort Schlanders bewahrt den ursprünglichen Flussnamen. – Kühebacher, *Ortsnamen 1*, S. 417f., *2*, S. 289; Matasović, *Proto-Celtic*, S. 319.

Schlangen- -*bach*, -*beek*, -*brunnen*, -*graben*, -*grundgraben*, -*kolk*, -*pfuhl*, -*teich*, z.B. Schlangen-

beek, Quellbach des Dungbachs (z. Leine z. Aller z. Weser), 1751 *bis uff die Schlangenbecke*, *Schlanngelbeck*, *Schlangenbeg*. Bestimmungswort mhd. *slange* stswF., swM., mndd. *slange* 'Kriechtier', auch metaphorisch nach der geschlängelten Form des Bachlaufs. – Kettner, *HG.A.8*, S. 111; Kettner, *Leine*, S. 263; Fischer, *BNB 10*, S. 248.

Schlatbach r.z. Stepenitz (z. Elbe), entspringt westlich von Putlitz (Lkr. Prignitz, Brandenburg, D), mündet bei Groß Linde (Stadt Perleberg, Lkr. Prignitz). – 1843 *Salat Bach*, 1854 *Schlath*, *Schlacht*, *Salat-Bach*, 1936 *Slatbach* (*Sloat*). – Kompositum mit dem Grundwort -*bach* und vermutlich mndd. *slāt* 'moorige Vertiefung, sumpfiger Ort' oder mndd. *slōt* 'zwischen zwei Grundstücken gezogener Wassergraben, Entwässerungskanal, Abzugsgraben, Deichgraben an der Sohle des Deiches' als Bestimmungswort. – Fischer, *BNB 10*, S. 249.

Schlattenbach r.z. Pitten (z. Leitha), mündet nördlich von Scheiblingskirchen (Gem. Scheiblingskirchen-Thernberg, PB Neunkirchen, N.-Ö., A). – 1189 (Kopie 18. Jh.) *inter Schlat et Puten fluvios*; ON. Schlatten (Gem. Bromberg, PB Wiener Neustadt Land, N.-Ö.), 1236 *de Slaeten*, 1529 *auf der Schlaytten*. – Grundform FlN. slaw. **slatъ* 'Sumpf, Morast; Sauerbrunnen'. Die Belege für den Orts- oder Flurnamen gehen dagegen auf das Nomen slaw. **slatina* 'Sumpfgegend' ↗ Schladnitz ↗ Schlattein oder das Adjektiv slaw. **slatъnъ-* 'sumpfig' zurück. – Hausner/Schuster, *Namenbuch*, S. 980; Bergermayer, *Glossar*, S. 235f.

Schlattein l.z. Waldnaab (z. Naab z. Donau). – /šlạ´däɪ/, ON. Schlattein (im Quellbereich des Baches) nordwestlich von Weiden/Oberpfalz (Bayern, D), 1261 *Slattin*, 1366–68 (*Obern*)*Sletein*, 1580 *Schlettein*. – Slaw. **Slatina* 'Sumpfgegend', ↗ Schlattenbach. – Gütter, *Marktredwitz*, S. 48.

Schlaube, die niedersorb. Žłobja, z. Kleinen Müllroser See (z. Oder-Spree-Kanal z. Oder z. Stettiner Haff z. Ostsee), entsteht östlich von Groß Muckrow (Stadt Friedland, Lkr. Oder-Spree, Brandenburg, D), windet sich im Oberlauf auf einer Länge von 14km durch enge tiefe Schluchten, durchfließt mehrere Seen, mündet im Müllroser Kiez. – 1275 *daz wazzer Slube*, 1388 *Slubbe*, 1416 *obir dy Slube*, 1516 *an der schlaube*, um 1650 *Schlaube*, *Die Schlube*, 1751 *die Schlaube oder Schlube flus*; ON. Schlaubetal (Lkr. Oder-Spree). – Grundform gm. **Slubō* f. entlehnt > slaw. **Sluba*, entlehnt > mndd. **Slūbe*, nhd. *Schlaube*; gm. **Slubō* ist Nomen actionis, abgeleitet von der Schwundstufe des Verbs gm. **sleub-* (neben gm. **sleup-* 'schleichen', ig. **sleubʰ-*) 'gleiten, schlüp-

Schlecht-/-en- -bach, -graben, z.B. ON. Schlechtbach (an einem Bachabschnitt der Wieslauf, Rems-Murr-Kreis, B.-W., D), 1181 *de Slechbach*, 1245 *Slethbach*, 1298 *Minnerslecbach* (= Oberschlechtbach), 1301 *Slehtbach*, 1407–75 *Schlechtbach*. Bestimmungswort mhd. *sleht, sliht* 'in gerader Fläche oder Linie, eben, gerade, glatt'. – Reichardt, *Rems-Murr-Kreis*, S. 293.

Schledde, die Name von Temporärgewässern (im Umland von Soest und im Sauerland), die nur zeitweise Wasser führen, z.B. Schledde, l.z. Ahse (z. Lippe), 1685 *an der Schledde*; FlurN. 1418 *an dem Sledberge*, 1436 *an dem Sleddeberge*; Schledde, l.z. Rosenaue (z. Ahse z. Lippe), ca.1340 *apud Sledde*, 1357 *per Sleddam*, 1418 *opper Sledde*, 1466 *von disser sit der Sledde*, 1682 *oben der Schledde*. – Mndd. *sledde* f. kann auf gm. **slidjō* f. (zu gm. **sleid-a-* 'gleiten') ↗ Schlitz, mit Gemination /-dd-/ und Senkung von /-i-/ > /-e-/ oder auf gm.**sladjō* f., abgeleitet von gm. **slada-* (ahd. **slat* 'Abhang, Bodensenke', fr. *slāt* 'Grenzgraben', ae. *slæd* 'flaches Sumpfland, Tal') mit Umlaut und Gemination zurückgeführt werden. – Schmidt, *HG.A.6*, S. 67 f.; Schmidt, *Wupper und Lippe*, S. 158; Orel, *Handbook*, S. 348.

Schlei, die ndd. *Slie, Schlie*, dn. *Slien*, Meeresarm der Ostsee, erstreckt sich über 42km von Schleswig (Kreis Schleswig-Flensburg, S.-H., D) bis zur Lotsenhalbinsel Schleimünde (Kreis Schleswig-Flensburg). – Ende 11. Jh. *ad Sliam lacum*, um 1120 *portum fluminis ... Sleh*, 1325 *twischen Sly*; ON. Schleswig, Anfang 9. Jh. *Sliesthorp*, 9. Jh. *Sliaswich*, Anfang 11. Jh. *Sleswic*, 12. Jh. *i Slésvík*, 1146–1157 *Sleswyk*, 13. Jh. *Slesvic*, 1231 *Slæswich*, 1253 *de Sleswich*, 1484 *to Sleswig* 'Platz an der Schlei'; ON. Schleimünde, um 1200 *Sløsmynna*, 13. Jh. *Slesmynni*, 1231 *Slæs mynnæ*, 1480 *Sleszmunde* 'Mündung der Schlei'. – Ausgangsform as. **Slia*, altdän. **Slæ* < gm. **Slaiwō, *Slīwō* f. 'schlammiges Gewässer' oder 'Gewässer mit schleimigen Wasserpflanzen' (im inneren Schleibecken), awn. *slý* n. 'schleimige Wasserpflanze' (< **slīwa-*), gm. Adj. **slaiwa-* 'stumpf, matt'; in den komponierten Ortsnamen liegt der Genitiv von ndd. *Schlei* m. 'Schleie, schleimiger Karpfenfisch' vor. Parallelname: River Slea (Lincolnshire, GB), Rückbildung aus ON. Sleaford, 852 (Kopie ca.1200) *æt Slioforda*, 1121 *Sliowa forda*, ca.1200 *Sliforde*, 1379 *Sleford*, Bestimmungswort FlN. ae. **Slīwō* 'muddy, slimy water'. – Laur, *Schleswig-Holstein*, S. 575; Heidermanns, *Primäradjektive*, S. 505; Watts, *EPN*, S. 555.

Schlei-/-n- -bach, -kolk, -kute, -lanke, -loch, -luch, -pfuhl, -pohl, -see, z.B. ON. Schleinbach (Gem. Ulrichskirchen-Schleinbach, PB Mistelbach, N.-Ö., A), 1139 *de Slienpach*, 1192–94 *de Sleinbach*. Bestimmungswort ahd. *slīo* swM. 'Schleie', mhd. *slīe*, mndd. *slī* m., nhd. *Schleie* f., ndd. *Schlei* m. 'Schleie, Karpfenfisch'. – Hausner/Schuster, *Namenbuch*, S. 980; Fischer, *BNB 10*, S. 249 f.; Wauer, *HG.A.17*, S. 155 f.

Schleierbach

– ¹Schleierbach, r.z. Leine (z. Aller z. Weser), mündet bei Reiffenhausen (Gem. Friedland, Lkr. Göttingen, Niedersachsen, D). – 1785 *Schleir Bache*, 20. Jh. *des Schlier- oder Schleier-Baches, Schlierbach, Schleier-Bach*. – Kettner, *HG.A.8*, S. 111 f.

– ²Schleierbach, anderer Name des Büntebachs, r.z. Lamme (z. Innerste z. Leine z. Aller z. Weser). – 1830/40 *Schleier Bek*, 1843/44 *im Schleierbeeck*, 1857/59 *der Schleierbach*. – Kettner, *HG.A.8*, S. 111 f. Ausgangsform (as.) **Slīđerbeke*, Kompositum mit dem Grundwort mndd. *-beke* und as. **slīđar* 'schlüpfrig' als Bestimmungswort, **Slīđerbeke* > mndd. **Slēderbēke* > **Slēr-/*Slīrbēk*, verhochdeutscht Schleierbach. – Kettner, *Leine*, S. 264.

Schlenke ↗ Schlenze.

Schlenze, die

– ¹Schlenze, l.z. Thüringischen Saale (z. Elbe), entsteht südlich von Polleben (Lutherstadt Eisleben, Lkr. Mansfeld-Südharz, S.-A., D), mündet bei Friedeburg (Stadt Gerbstedt, Lkr. Mansfeld-Südharz). – 1780 *Die Schlenze*. – Ulbricht, *Saale*, S. 240.

– ²† Schlenze, l.z. Elbe bei Dommitzsch (Lkr. Nordsachsen, Sachsen, D), woran † Schlenzfurt lag. – Auf älteren Karten *Schleußbach* (lies *Schlenßbach*), ON. † Schlenzfurt, 1012/18 (1015) *ad locum ... Sclancisvordi*, 1926 *Schlenzfurt*. – Eichler/Walther, *HONBSachsen 2*, S. 361.

– ³Schlenze, Schleife der Elbe. – 1655 *Slenz*, 1667 *Schlentze*. – Udolph, *HG.A.16*, S. 302. Ausgangsform (gm.) **slank-i-* 'Flusskrümmung, Flussbiegung', abgeleitet vom Adj. mndd. *slank*, mhd. (md.) *slanc* 'biegsam, mager' zum Verb gm. **slenk-a-* 'kriechen, sich krümmen', vgl. fr.-ndd. *slenke* 'Biegung, Krümmung', mundartlich *Slenke* 'sich schlängelnder Bach', ndl. *slenk* 'Wasserrinne', ndd. (Brandenburg) *Schlenke* f. 'schmale, in der Regel gekrümmte oft mit Wasser gefüllte Senke im Acker und auf Wiesen'. **Slanki-* > as. **slenki*, mit Zetazismus > mndd. **Slenze* > Schlenze. – Seebold, *starke Verben*, S. 433; Remmers, *Aaltukerei*, S. 196 f.; Fischer, *BNB 10*, S. 250.

Schlerrbach r.z. Rhume (z. Leine z. Aller z. Weser), mündet westlich von Elvershausen (Gem. Katlenburg-Lindau, Lkr. Northeim, Niedersachsen, D). – 1663 *die Schlerbecke, die Schlerpke, vom Schlerpke, uff dem Schlerpkerbeeck*, 1697 *am Schlerbache*, 1754 *im Schleerbach*; FlurN. Schlerrbachsgrund. – Grundform mndd. **Schlērbēke*, Deutung wie ↗Schleierbach. – Kettner, *HG.A.8*, S. 112; Kettner, *Leine*, S. 264.

Schlettenbach, die anderer Name des Erlenbachs, l.z. (Wies-)Lauter (z. Rhein). – 1836 *die ... Schlettenbach*; ON. Oberschlettenbach (Lkr. Südliche Weinstraße, Rh.-Pf., D), 1313 *Slethenbach*, 1329 *Slettinbach*, 1386 *Slettenbach*, 1522 *Schlettenbach*; ON. Niederschlettenbach (Lkr. Südwestpfalz, Rh.-Pf.), 1068 (Kopie um 1280) *Slettenbach*. – Kompositum mit dem Grundwort *-bach* und ahd. **slettia*, Ableitung von gm. **slada-* 'Schilf, Sumpfgras, Sumpfgelände' mit Suffix **-jō* zur Bezeichnung eines Geländes, als Bestimmungswort. Bedeutung 'Bach am mit Schilf bewachsenen Gelände'. – Greule, *HG.A.15*, S. 95; Dolch/Greule, *Pfalz*, S. 340, 352.

Schleuer(graben) r.z. Elbe bzw. l.z. Schwarzwasser (z. Rhin z. Elbe). – 1561 *by dem Sloyer, de Sloyer, ... des Slaiers*, 1565 *Sloyer*, um 1588 *in dem Schloier*, 1590 *des Schloyers, der Schloyer*, 1593 *in den Schloier*, 1822 *Schleuergraben*; ON. Schleuer (Gem. Kollmar, Kreis Steinburg, S.-H., D), 1753 *auf dem Schloyer*, 1856 *Schleuer*. – *Schleuer* ist vermutlich abgeleitet von mndd. *slūren* 'schlaff und welk herabhängen' (für ein meist trockenes Gewässer). – Udolph, *HG.A.16*, S. 302; Laur, *Schleswig-Holstein*, S. 576.

Schleuse, die r.z. Werra (z. Weser), entspringt am Großen Dreiherrenstein im Thüringer Wald bei Frauenwald (Ilm-Kreis, Thüringen, D), mündet nach 34km bei Kloster Veßra (Lkr. Hildburghausen, Thüringen), Hauptquelle: die Böse Schleuse. – 1545 *Schleuse*, ON. Schleusegrund (Lkr. Hildburghausen); ON. Schleusingen (Stadt, Lkr. Hildburghausen), 1232, 1235 *Slusungen*, 1287 *de Slusungin*, 1315 *von Slevsungen*, 1317 *Sleussugen, Slusungen* (und weitere Belege). – Rückbildung aus dem ON. Schleusingen < **Slüsungen* (<ü> lang), ein von mndd. *slüse* 'Anlage zum Stauen von Wasser' in Anlehnung an andere Ortsnamen auf *-ungen* gebildeter Bewohnername. – Sperber, *HG.A.5*, S. 92; Bach, *Namenkunde 1*, S. 285; Walther, *Siedlungsgeschichte*, S. 228.

Schleusen- *-bach, -brack, -fleet/-fleth, -graben, -haken, -Kanal, -see, -teich, -wettern*, z.B. † Schleusengraben, Teil d. Rethestiegs in Hamburg-Wilhelmsburg (D), 1395 *to der Schlüssgrove*, mit StraßenN. (in Hamburg) Schluisgrove, 1457 *Slusgroven*, Bestimmungswort mndd. *slüse* 'Anlage zum Stauen von Wasser' entlehnt > nhd. *Schleuse* f. – Udolph, *HG.A.16*, S. 303; Ulbricht, *Saale*, S. 14; Fischer, *BNB 10*, S. 250.

Schlichbach ↗Schlifbach.

Schlichem, die r.z. Neckar (z. Rhein), entspringt nördlich von Tieringen (Stadt Meßstetten, Zollernalbkreis, B.-W., D), wird östlich von Schömberg (Zollernalbkreis) gestaut, mündet nach 33,5km hinter der Schlichemklamm bei Epfendorf (Lkr. Rottweil, B.-W.). – 1334 *in der Schlichinn*, 1400 *die schlichen uff*. – Deutung wie ↗Schlichenbach; das Benennungsmotiv kann aber bei einem Fluss, der einen Höhenunterschied von 396m überwindet, nicht die langsame Fließgeschwindigkeit gewesen sein, vielmehr dürfte die Benennung von der Schlichemklamm (auch *Schlichem-Gumpen*), also von der charakteristischen Formation des Flussbetts (ahd. *slih* 'Furche'), ausgegangen sein. – Schmid, *HG.A.1*, S. 101.

Schlichenbach l.z. Glaitenbach (z. Däfernbach z. Weissach z. Murr z. Neckar z. Rhein). – ON. Schlichenweiler südlich von Sechselberg (Gem. Althütte, Rems-Murr-Kreis, B.-W., D), /ˈʃlíχəwəilr/, 1518 *SchlichenHoff*, 1528 *Schlichenwyler*, 1569 *Schlichenweiller* 'Weiler am Fluss **Schlichen*'. – Zugrunde liegt der einstämmige FlN. (mhd.) **Schlichen(e)* < gm. **Slikinō* f., mit *n*-Suffix abgeleitet von gm. **sliki-* (ahd. *slih* 'Furche') zum Verb gm. **sleik-a-* 'schleichen' (ahd. *slīhhan* 'langsam gehen'), mit der Bedeutung 'wie in einer Furche fließender Bach' oder 'gleichsam schleichender, langsam fließender Bach' ↗Schlichem, verdeutlichend komponiert mit dem Grundwort *-bach*. – Schmid, *HG.A.1*, S. 101; Reichardt, *Rems-Murr-Kreis*, S. 295–297; Seebold, *starke Verben*, S. 428f.

Schliebeck r.z. Mühlengraben (Ableitung aus d. Leine), mündet bei Edesheim (Stadt Northeim, Lkr. Northeim, Niedersachsen, D). – 1599 *den Schlibbeck*, 1612 *auf der Slibbeck*, 1623 *Schlibbeck*, 1634 *am Schlibeck, am Schlibbeck, vom Schliebeck*, 1661 *vom Schlibeck*, 1663 *der Schlie beke*, 1864/65 *der Schliebek*, 20. Jh. *Schliebeck*. – Ausgangsform mndd. **Slīp-beke* > **Slībbeck* > **Slībeck/Schliebeck* 'langsam fließender Bach', Kompositum mit dem Grundwort mndd. *beke* 'Bach' und mndd. *slīp-(en)* 'sich gleitend bewegen'. – Kettner, *HG.A.8*, S. 112; Kettner, *Leine*, S. 265.

Schlier-/-e-/-er *-ach, -bach, -graben, -see*, z.B. Schlierach r.z. Mangfall (z. Inn z. Donau), 1078–1080 *Slieraha*, mit ON. Schliersee (Lkr. Miesbach, Bayern, D), 779 (Kopie 12. Jh.) *Slierseo*, 1147 *Slierse*; Schlierbach, l.z. Schwalm (z. Eder z. Fulda z. Weser), 1682–85 *biß uf die Schlierbach*, mit ON. Schlierbach (Gem. Neuental, Schwalm-Eder-Kreis, Hessen), um 1151 *Slierbach*, 1255 *Slerbach*, 1359 *Sclirbach*; Schlierbach, r.z. Aue (z. Leine z. Aller z. Weser), 1414 *uppe deme Slerbecke*. Bestimmungswort mhd. *slier* 'Lehm,

Schlamm', *slieren* 'mit Schlamm untermengen, beschmutzen', nhd. *Schliere* ↗Schlirf. – Dotter/Dotter, *HG.A.14*, S. 353–355; Sperber, *HG.A.5*, S. 92f.; Borchers, *HG.A.18*, S. 122; Bach, *Namenkunde 1*, S. 297; Kühebacher, *Ortsnamen 2*, S. 290.

Schlie-See kleiner Waldsee (Mecklenburgische Seenplatte) mit großem Fischbestand. – 1573 *Schleysehe*, 1780 *Schliepohl*, 1803 *die Schlie See*. – Bestimmungswort mndd. *slī* m. 'Schleie, Karpfenfisch', ↗Schlei-. – Wauer, *HG.A.17*, S. 156.

Schlifbach
- ¹Schlifbach, Waldgraben r.z. Sältebach (Amt Entlebuch, Kanton Luzern, CH). – /šlifbax, šlipax/, 1752 *im schlich bach*, 1758 *Im schiffbach* (so!).
- ²Schlifbach (auch *Schlichbach*), l.z. Entle (z. Kleine Emme) (Amt Entlebuch, Kanton Luzern, CH). – /šlifbax, šlixbax/, 1591 *an den Schlichbach*.

Kompositum mit dem Grundwort *-bach* und mhd. *schlif* m. 'das Gleiten, die Abgeschliffenheit, schlüpfrige Stelle, Schnee-, Erdrutsch' als Bestimmungswort; der Name löst älteres *Schlichbach* (zu mhd. *slich* 'Schlammablagerung in Bächen') ab. – Waser, *Entlebuch*, S. 893–895.

Schlinge, die ndl. *Slinge*, z. Issel (z. Oude IJssel z. IJssel), entspringt bei Gescher (Kreis Borken, NRW, D), mündet nach 55,4km zwischen Gaanderen und Doentinchem (Prov. Gelderland, NL), bildet aufgrund des geringen Gefälles viele Windungen. – 1642 *de Slinge, de Slynge*. – Afr. *slinge* 'Schleife', ahd. *slinga* 'Schlinge' (< gm. *slengwō f.) zu gm. *slengw-a- 'gleiten'. – Zelders, *HG.A.11*, S. 36; Seebold, *starke Verben*, S. 432f.

† Schlirf alter Name des Altefeldbachs, r.z. Schlitz (z. Fulda z. Weser), entspringt im Vogelsberg, mündet in Bad Salzschlirf (Lkr. Fulda, Hessen, D). – (1011) *in/per (ueterem) Slyrepham*, 1012 *Slierefa*, (12. Jh.) *in Slirefam fluvium*, 1535 *Schlirf*; ON. Altenschlirf (Stadt Herbstein, Vogelsbergkreis, Hessen), ON. Bad Salzschlirf, 768 (Kopie 12. Jh.) *Sleraffa*, 812 (BewohnerN. im Genitiv) *in Slierofero marca*, 885 *Slierefa*, 1067 *Slierapha*, 1277 *in Slirffe*, 1377 *Aldenslirff*, 1417 *Slirff* (und weitere Belge), 1458 *Schlierff*, 1506 (Kopie 1748) *salzsclirf*. – Grundform FlN. ahd. *Slioraffa > mhd. *Siereffe/Slieref > Schlierf/Schlirf, Kompositum mit dem Grundwort ahd. *-affa ↗*apa* und ahd. *slior, mhd. *slier* 'Lehm, Schlamm', nhd. *Schliere* ↗Schlier-. – Sperber, *HG.A.5*, S. 93.

Schlitz, die r.z. Fulda (z. Weser), entsteht bei Bad Salzschlirf (Lkr. Fulda, Hessen, D) durch den Zusammenfluss von Lauter und Altefeld, mündet in Fulda. – 812 *Slitese fluv.*, 822 *in Slitesa*, 1012 *deorsum in Slidesa*; ON. Schlitz (Stadt, Vogelsbergkreis, Hessen), 812 (Kopie um 1160) *in slitisa*, 1137 (Kopie um 1160) *in Slidese*, 1344 *von Slitse*, 1440 (Kopie 15. Jh.) *von Slitz*, 1613 *Schlitz*. – Grundform ahd. *Slītisa*, Ableitung mit s-Suffix vom Stamm des Verbs ahd. *slītan*, mhd. *slīten*, ae. *slīdan* 'gleiten', benannt vermutlich nach der geringen Fließgeschwindigkeit (Höhenunterschied 20,7m). – Sperber, *HG.A.5*, S. 93f.; Reichardt, *Gießen*, S. 333f.

Schlörbach l.z. Nette (z. Innerste z. Leine z. Aller z. Weser), mündet nördlich von Rhüden (Stadt Seesen, Lkr. Goslar, Niedersachsen, D). – 1312 *ad aquam ... Slerbeke*, 1555 *by dem Slederbecke*, 1567 *Sleerbach*, *Sler Beck*, 1574 *Schlederbeck*, 1578 *uf den Schleiderbach*, 1581 *Schleerbeck*, 1830 *Schlürbache*, 20. Jh. *Schlörbach*. – Grundform mndd. *Slederbēke > *Slērbeke, mit Palatalisierung und Rundung, verhochdeutscht > *Schlörbach*, Deutung ↗Schleierbach. – Kettner, *HG.A.8*, S. 112; Kettner, *Leine*, S. 264f.

Schloss-/Schloß- *-bach/-bächel, -garten-wasser, -graben, -hof-Bach, -leite, -see, -teich, -thal, -wandgraben, -weiher, -weiherbach*. Bestimmungswort nhd. *Schloss* 'Wohngebäude des Adels'. – Fischer, *BNB 10*, S. 250.

Schluchsee Stausee bei St. Blasien (Lkr. Breisgau-Hochschwarzwald, B.-W., D), z. Schwarza (z. Schlücht z. Wutach z. Rhein). – 1065 *lacus Slůhse*, 1373 *vsß dem Schlůchse*; ON. Schluchsee (Lkr. Breisgau-Hochschwarzwald), 1095 *in Loco Scluische*, 1365 *Slůsche*. – Kompositum mit dem Grundwort mhd. *sē* 'See' und mhd. *(wazzer-)sluoht* ↗Schlücht. – Geiger, *HG.A.2*, S. 120.

Schlücht, die r.z. Wutach (z. Rhein), entspringt bei Rothaus (Gem. Grafenhausen, Lkr. Waldshut, B.-W., D), mündet in Waldshut-Tiengen; der Flusslauf ist gekennzeichnet durch zwei markante Taleinschnitte. – 1272 *infra aquas Slůht*, 1359, 1393 *Schlůcht*, 1361 *flumen Schlucht, Slůht*, 1365 *in Slůhti*, 1471 *an der Slůcht*, 1480, 1538 *an der Schliecht*, 1483 *in die Slůcht*; SeeN. Schlüchtsee. – Grundform ahd. *Sluohti, Gen., Dat. zu *sluoht f. > mhd. *Slüeht(e) > fnhd. *Schlüecht/Schlücht*, mundartlich *Schliecht*, *sluoht liegt vor in mhd. *wazzer-sluoht* 'Wassergraben', vgl. ON. Schlüchtern (Main-Kinzig-Kreis, Hessen, D) im Tal der Kinzig, 993 *Sluohterin* 'bei den Bewohnern eines Taleinschnitts'. – Geiger, *HG.A.2*, S. 120; Bach, *Namenkunde 1*, S. 255.

† Schlüpfersgraben (auch *Franzosengraben*), r.z. Roten Main (z. Main z. Rhein) mündet bei Heinersreuth (Lkr. Bayreuth, Bayern, D). – 1398 *der slupfenbach*, 1406 *an dem slupfengraben*, 1418 *Schlupfenbach*, um 1420 *Sluffenbach*, 1423 *Sluffenbach*, 1438 *Slupffenbach*, 1446 *Sluffersgraben*, 1499 *Schlupffersgraben*. – Grundform mhd. *Slüpfendbach, mit Vereinfachung der Lautgruppe /-ndb-/ > /-nb-/ > *Slüpfenbach, Kompositum mit dem Grundwort *-bach*, später *-graben*, und dem Bestimmungswort mhd. *slüpfend*, Partizip Präsens des Verbs *slüpfen*, Intensivum zu mhd. *sliefen* 'kriechen, gleiten, schlüpfen' (< gm. **sleup-a-* 'schleichen'), Benennungsmotiv das langsam fließende Wasser. Mit dem Wechsel des Grundworts wurde auch die „Fuge" anders geschrieben: *Schlüpfen-bach > **Schlüpf-ers-bach/-graben*. – Sperber, *HG.A.7*, S. 151; Seebold, *starke Verben*, S. 435 f.

Schlumper, die mehrere Flussläufe (bzw. Abflussgräben) in den ehemaligen Kreisen Borna und Geithain (jetzt Lkr. Leipzig, Sachsen, D). – Obwohl historische Belege fehlen, sicherlich zu deuten als Feminin des Adjektivs (gm.) **slump-ra-*, von der Schwundstufe des Verbs gm. **slemp-a-* 'gleiten' mit *r*-Suffix abgeleitet, vgl. mhd. *slump* 'schlumpig', engl. *slump* 'Moor, Sumpf'. – Ulbrich, *Saale*, S. 137; Göschel, *Borna und Geithain*, S. 232; Seebold, *starke Verben*, S. 431 f.

Schlungwasser (im Unterlauf auch *Grünseesgraben*), l.z. Markau (z. Söse z. Rhume z. Leine z. Aller z. Weser), mündet in Windhausen (Lkr. Osterode am Harz, Niedersachsen, D). – 1763 *Schlunk-Wasser*, 1863 *Schlunckwasser*, 20. Jh. *Schlungwasser*. – Kompositum mit dem Grundwort *-wasser* und mndd. *slunk* 'Schlund, Kehle', hier 'Schlucht'. – Kettner, *HG.A.8*, S. 113; Kettner, *Leine*, S. 266.

Schmäl(l)ing Gewässer in Brandenburg, ndd. (brandenburg.) *Schmäling* f. 'enges Gewässer, ins Wasser ragender Landvorsprung'. – Fischer, *BNB 10*, S. 251.

Schmal-/-e-/-en-/-er-/-es-/-n- -au, -bach, -bek/-beck/Becke/-beek, -graben, Hals, Lake, -see, -wasser. Mhd., mndd. *smal* 'schmal, eng, dünn, wenig' in der Komposition als Bestimmungswort oder (flektiert) in Wortgruppen als erste Konstituente ↗Schmalkalde. – Kettner, *Leine*, S. 266 f.; Fischer, *BNB 10*, S. 251.

Schmalkalde, die r.z. Werra (z. Weser), entspringt auf 720 m Höhe am Osthang der Kalten Haide (Thüringer Wald), mündet bei Niederschmalkalden (Stadt Schmalkalden, Lkr. Schmalkalden-Meiningen, Thüringen, D). – 1039 *super fluviolum Smalachaldon*; ON. Schmalkalden, 874 *Smalacalta*, 1057 *Smalekaldun* (und weitere Belege); ON. Kleinschmalkalden (Gem. Floh-Seligenthal, Lkr. Schmalkalden-Meiningen). – Ahd. *Kalta* 'die Kalte, Kaltwasser' ↗Kalt-, ↗Kahl mit Zusatz ↗Schmal-. – Sperber, *HG.A.5*, S. 94; Walther, *Siedlungsgeschichte*, S. 227.

Schmarbeck
– ¹Schmarbeck, r.z. Oder (z. Rhume z. Leine z. Aller z. Weser), mündet westlich von Scharzfeld (Stadt Herzberg am Harz, Lkr. Osterode am Harz, Niedersachsen, D). – 1601 *im Schmerbecke*, *Schmerbegk*, 1888 *im Schmarbeck*; ON. † Smerbeke, 1288 *in Smerbeke*, 1337 *den smerbeke*. – Kettner, *HG.A.8*, S. 113.
– ²Schmarbeck, z. Landwehrbach (z. Örtze z. Aller z. Weser). – ON. Schmarbeck (Gem. Faßberg, Lkr. Celle, Niedersachsen, D), 1360 (Kopie Ende 14. Jh.) *to smerbeke*, (1. Hälfte 15. Jh.) *Smerbeke*, 1450–51 *Smerbeke*. – Borchers, *HG.A.18*, S. 123.
Grundform mndd. *Smerbeke, Kompositum mit dem Grundwort mndd. *beke* 'Bach' und mndd. *smer*, *smēr* 'Fett, Dreck, Kot' als Bestimmungswort, mit mundartlicher Senkung /-er-/ > /-ar-/. – Kettner, *Leine*, S. 267 f.

Schmeie ↗Schmie (Schmiecha).

Schmellbach r.z. Reichenbach (z. Aich z. Neckar z. Rhein). – 1583 *Im Schmelbach*, 1651 *Schmelbach*. – Ausgangsform (ahd.) **(zi dero) smalinbache* > mhd. **Smel(e)nbach* > Schmelbach, Bestimmungswort ist das schwach flektierte Adjektiv ahd. *smal* 'schmal, klein, dünn, gering' ↗Schmal-. – Schmid, *HG.A.1*, S. 102.

Schmer- -ach, -bach, -graben, -pfuhl, -pfuhlgraben, -winkelgraben, z. B. Schmerach, r.z. Bühler (z. Kocher z. Neckar z. Rhein). – /šmeriχ/ (/ẹ/ lang), 1554–61 *an der Schmerach*, *uff der Schmerach*; ON. Oberschmerach, Unterschmerach (Stadt Ilshofen, Lkr. Schwäbisch Hall, B.-W., D), 1502 *von der smere*, 1545 *bey Schmerach*. – Grundform mhd. *Smerah, *Smera, Kompositum mit dem Grundwort ahd. *aha* 'Fließgewässer' und ahd. *smero* 'Fett, Speck', mhd. *smer* stN. 'Fett, Schmiere' als Bestimmungswort, Gewässer, die durch Gebiete mit schmierigem Boden fließen. – Schmid, *HG.A.1*, S. 102; Fischer, *BNB 10*, S. 252.

Schmerl-/-e-/-en- -bach, -teich, z. B. Schmerlenbach, z. Nonnenbach (z. Aschaff z. Main z. Rhein), mit ON. Kloster Schmerlenbach (Markt Hösbach, Lkr. Aschaffenburg, Bayern, D), 1248 *Smerlenbach*, *Smerlbach*, *Smerlebach*, *Smirlbach*. Bestimmungswort ahd. *smirle*, *smerle*, mhd. *smirl*, *smirle*, nhd. *Schmerle* f. 'ein Fisch (Cobitis barbatula), Gründling'. – Sperber, *HG.A.7*, S. 151; Ulbrich, *Saale*, S. 68; Fischer, *BNB 10*, S. 252.

Schmid-/Schmidt-/Schmied-/-(e)s-/Schmitt-

-*a*, -*bach*, -*graben*, -*see*, -*waldgraben*, -*wasser*, -*weiher*, z. B. die Schmida, l.z. Krumpenwasser südlich von Unterzögersdorf (Gem. Stockerau, PB Korneuburg, N.-Ö., A), 1019 *rivulum ... Smidaha*, 1110 *in torrentem ... Smidah*, um 1145 *in ripa fluminis Smidaha*. Bestimmungswort ahd. *smid* stM. 'Schmied'. – Hausner/Schuster, *Namenbuch*, S. 983.

Schmie/Schmiech/-a/-en

– ¹Schmie, die (auch *Schmiebach*), l.z. Enz (z. Neckar z. Rhein), entspringt südwestlich von Schmie (Stadt Maulbronn, Enzkreis, B.-W., D), mündet bei Vaihingen an der Enz (Lkr. Ludwigsburg, B.-W.), versiegt im Oberlauf bei Trockenzeiten fast völlig. – GauN. 771 (Kopie 12. Jh.) *Smecgouue* (und weitere Belege), 788 (Kopie 12. Jh.) *in pago Smegowe*; ON. Schmie, /šmīə/, 1308, 1368 *ze Smiehe*, 1357 *ze Schmiehe*, (1435–1437) *Schmiech*. – Schmid, *HG.A.1*, S. 102; Hackl, *Studien*, S. 223–226.

– ²Schmiech, die, l.z. Donau, entspringt oberhalb von Springen (Gundershofen, Stadt Schelklingen, Alb-Donau-Kreis, B.-W., D) aus einer ergiebigen Karstquelle, mündet südlich von Ehingen (Alb-Donau-Kreis). – 1298 *fluvium ... Smiehe*, (1488/89) *Schmiecha*; ON. Schmiechen (Stadt Schelklingen), /šmiəχə/, um 1230/60 *in villa Smiechain*, 1270 *villam Smiecham*, 1345 (Kopie 14. Jh.) *Smiechen*, 14./15. Jh. *Schmiechen*. – Reichardt, *Alb-Donau-Kreis*, S. 263f.

– ³Schmiecha, die, l.z. Donau, entspringt nordwestlich von Onstmettingen (Stadt Albstadt, Zollernalbkreis, B.-W., D), nach Verlassen von Albstadt *Schmeie* genannt, mündet östlich von Inzighofen (Lkr. Sigmaringen, B.-W.). – ON. Oberschmeien, Unterschmeien, Burg Schmeien (Stadt Sigmaringen), 1137 *de Smiehun*, 1334 *Smyehen*, 1339 *Schmiehen*, 1385 *Unter Smiche*.

– ⁴Schmiechen (im Oberlauf auch *Sau*), r.z. (Baierze) Rot (z. Donau), mündet bei Dellmensingen (Stadt Erbach/Donau, Alb-Donau-Kreis, B.-W., D). – Ohne Belege. – Snyder, *HG.A.3*, S. 93.

– ⁵Schmiechener Bach, l.z. Paar (z. Donau). – Ca.1563 *rivulo smiha, rivulus Schmihela*; ON. Schmiechen (Lkr. Aichach-Friedberg, Bayern, D), 784–810 *Smeoha*, 804–906 *de smeohun, ad Smeoha*, nach 824 *ad Smeohun*, 829 *locum Smeoha*, 12. Jh. *de Smiehon*, 1200 *Smiehen* (und weitere Belege). – Snyder, *HG.A.3*, S. 93.

Grundform gm. **Smeuhō* f. > ahd. *Smeoha*, **Smioha* (schwach flektiert **Smeohūn*, **Smiohūn*) > mhd. *Smiehe* > frühnhd. **Schmie(h)*, *Schmiech*. Gm. **Smeuhō* ist das Nomen agentis oder Nomen actionis zu dem Verbstamm germ. **smeuh-*, ablautend mit grammatischem Wechsel **smug-* in: ae. *smūgan* 'kriechen, schmiegen', awn. *smiúga* 'hineinschlüpfen' (Kausativ awn. *smeyja* < **smaug-ja-*), ig. (nur gm. bsl.) **smeuk-* 'gleiten', zur Bezeichnung eines langsam gleitenden Gewässers (?). – Seebold, *starke Verben*, S. 439f.; Rix, *LIV*, S. 571.

Schmiede-

-*au*, -*bach*/-*bächle*, -*grundsee*, -*kolk*, -*kute*, -*pfuhl*, -*see*, -*teich*, z. B. Schmiedebach, l.z. Jagst (z. Neckar z. Rhein), 1345 *Smidebach*. Nhd. *Schmiede* f. – Schmid, *HG.A.1*, S. 103; Fischer, *BNB 10*, S. 252.

Schmielensee

südöstlich von Falkenhagen (Lkr. Märkisch-Oderland, Brandenburg, D). – 1745 *Schmehlen*, 1751 *Schmelen ... 2 Seen*, 1828/29 *Schmerlen See*. – Bestimmungswort nhd. *Schmiele* f., brandenburg. *Schmäl(e)*, *Schmel(e)* 'zierliches, hohes Gras', auf den Karten als ↗ Schmerl- eingedeutet. – Fischer, *BNB 10*, S. 252f.

Schmier-

-*bach*, -*brunnen*, -*grund*, -*ofengraben*, zu ↗ Schmer- vermischt mit dem Verb nhd. *schmieren*. – Ulbricht, *Saale*, S. 156.

Schmölzbach

r.z. Wertach (z. Lech z. Donau) bei Marktoberdorf (Lkr. Ostallgäu, Bayern, D). – Ca.1500 *Schmöltzbach*, 1621 *Schmeltzbach*. – Benannt nach einer ehemaligen Metallschmelzhütte. – Snyder, *HG.A.3*, S. 94.

Schmolke

l.z. Holtenser Bach (z. Dungbach z. Leine z. Aller z. Weser) nordwestlich von Holtensen (Stadt Göttingen, Niedersachsen, D). – /smolke/, 1784 *der Schmolk*, 1878/79 *der ... Schmalig*, 20. Jh. *hinterm Schmalig*. – Ausgangsform **Schmalenbeke* ↗ Schmal-, gekürzt > mundartlich *Schmolke*. – Kettner, *HG.A.8*, S. 113; Kettner, *Leine*, S. 267.

Schmutter, die

– ¹Schmutter, r.z. Geltnach (z. Wertach z. Lech z. Donau), in der Nähe des ↗ Schmutterweihers. – 1314, 1339 *an der Schmutter*, 1349 *bei der Schmutter*, 1362 *dishalb der Schmutter*, 1496 *die Schmutter*. – Snyder, *HG.A.3*, S. 94.

– ²Schmutter, r.z. Donau, entspringt westlich von Siebnach (Gem. Ettringen, Lkr. Unterallgäu, Bayern, D), mündet nach 76km gegenüber von Donauwörth (Lkr. Donau-Ries, Bayern). – 10. Jh. *Smuttura*, 1348 *bei der Schmutter*, 1569, ca.1750, 1802 *die Schmutter*. – Snyder, *HG.A.3*, S. 94; Heimrath, *Mindelheim*, S. 102.

Grundform FlN. ahd. **Smuttra* < wgm. **Smuddrō*, entspricht westfläm. *smodder* 'Morast', ndl. *smodderen* 'schmutzen', ohne anlautendes /s/ mndd. *modder* 'Schlamm' (> nhd. *Moder*), mit *r*-Suffix abgeleitet von gm. **(s)mudda-* (schw. *modd* 'Schneeschmutz', mndd. *mudde* 'dicker Schlamm'). Dass sich der Name auf den Zusammenhang des Gewässers mit Moorgebieten bezieht, wird aus dem Namen *Schmuttera*, 1605 *die Schmutterach*, 1666 *in der Schmutere* (Plural feminin), ein Hochmoorgebiet, Gem. Rieden (ehemaliger Lkr. Füssen, Bayern, D), deutlich. – Pokorny, *IEW*, S. 742; Steiner, *Füssen*, S. 156.

Schmutterweiher in der Gemeinde Roßhaupten (Lkr. Ostallgäu, Bayern, D), entwässert zum Gruberbach (l.z. Lech). – 1486 *Schmutter*. – Kompositum mit dem Grundwort *weiher*, Bestimmungswort ist der Flussname ↗Schmutter, obwohl keine Verbindung zur nahen ¹Schmutter besteht. – Steiner, *Füssen*, S. 156f.

Schnaittach, die r.z. Pegnitz (z. Main z. Rhein), entsteht aus dem Zusammenfluss von Naifer Bach und Ittlinger Bach nordöstlich von Diepoltsdorf (Gem. Simmelsdorf, Lkr. Nürnberger Land, Bayern, D), mündet bei Neunkirchen am Sand (Lkr. Nürnberger Land). – 1350 *an der Snaitach*, 1743 *Schnaitach oder Schneidebach*; ON. Schnaittach (Markt Schnaittach, Lkr. Nürnberger Land), 1011 *Sneitâha*, 1366–1368 *Sneittach*, 1406 *Snayttach*, 1504 *Schnatach*, *Schnatag*, *Snaitach*. – Kompositum mit dem Grundwort ahd. *aha* 'Fließgewässer' und mhd. *sneite* stF. 'durch den Wald gehauener Weg, Durchstich' als Bestimmungswort, vgl. ON. Schnaitsee (Lkr. Traunstein, Bayern), 927 *Sneitsee*, 950 *Sneideseo*, ca.1140–1146 *Snaitse*, 1546 *Schnaitsee*, ↗Schneitbach. – Sperber, *HG.A.7*, S. 152; Reitzenstein, *fränkische Ortsnamen*, S. 199f.; Reitzenstein, *Oberbayern*, S. 248f.

Schnaken- -bek, -pfuhl, -siek, -winkelbrunngraben, z.B. Schnakenbeck, r.z. Elbe, mit ON. Schnakenbek (Kreis Herzogtum Lauenburg, S.-H., D), 1230 *Snakenbeke*. Bestimmungswort mndd. *snāke* 'Schlange, Ringelnatter' oder nhd. *Schnake* 'Stechmücke'. – Udolph, *HG.A.16*, S. 305f.; Kettner, *Leine*, S. 268.

Schnauder, die r.z. Weißen Elster (z. Thüringische Saale z. Elbe), entspringt im Altenburg-Zeitzer Hügelland in Hirschfeld (Lkr. Greiz, Thüringen, D), mündet nach rund 55km bei Groitzsch (Lkr. Leipzig, Sachsen). – /šnaodᵉr/, 1150 (zum Jahr 1104) *infra Wiram et Snudram fluvios*, 1105 *inter fluvios Wira et Snudra*, 1706 *Schnauder*. – Grundform as. *Snūdra*, mit r-Suffix abgeleitet von Adj. gm. *snūda-* 'schnell, plötzlich' (ae. *snūd*, awn. *snúðr* 'Drehung, Schlinge') zum Verb gm. *snew-a-* 'eilen' (urig. *sneu̯H-* 'drehen, winden'). – Göschel, *Borna und Geithain*, S. 232f.; Seebold, *starke Verben*, S. 446; Orel, *Handbook*, S. 360; Rix, *LIV*, S. 575.

Schnecken- -bach/-bächle, -bruchgraben, -graben, -hausgraben, -klinge, -lacke, -pfuhl, -weiher. Bestimmungswort nhd. *Schnecke*.

Schnee- -bach, -becke, -graben, -loch, -loch-Graben, -see, -wiesengraben. Bestimmungswort nhd. *Schnee*, mhd., mndd. *snē*, vielleicht Gewässer, bei denen der Schnee im Frühling später taut, ↗Schneybach. – Fischer, *BNB 10*, S. 252.

Schneibecke, die r.z. Ilse (z. Oker z. Aller z. Weser), mündet in Wasserleben (Gem. Nordharz, Lkr. Harz, S.-A., D). – 1482 *yn deme Snebeke*, 1486 *up dem Snebicke*. – Kompositum FlN. mndd. *Snēbeke* 'Schneebach', Bestimmungswort ↗Schnee-. – Borchers, *HG.A.18*, S. 124.

Schneitbach l.z. Paar (z. Donau). – ON. Oberschneitbach, Unterschneitbach (Stadt Aichach, Lkr. Aichach-Friedberg, Bayern, D), 1127–1179 *Snaitpach*. – Kompositum mit dem Grundwort -*bach* und mhd. *sneite* stF. 'durch den Wald gehauener Weg, Durchstich' als Bestimmungswort, ↗Schnaittach. – Snyder, *HG.A.3*, S. 94.

Schnell-/-e-/-er- -bach, Brunnen, -graben, -kute, Pfuhl, See, -strom, -wettern. Bestimmungswort nhd. *schnell* 'mit relativ großer Geschwindigkeit fließend', bei stehenden Gewässern ist das Benennungsmotiv unklar. – Fischer, *BNB 10*, S. 254.

†Schnelle, die linker Arm d. Ruhr (z. Rhein) bei Duisburg (NRW, D). – 1485 *op dye Snelle*, 1506 *anger Snellen*, 1530 *der Snellen*, 1577 *Snelle fluvius*. – Vermutlich elliptisch für mndd. *Snelle Rure* wie Schnelle Havel, Arm d. Havel zwischen Zehdenick und Liebenwalde (Brandenburg), 1840 *die schnelle Havel*, ↗Schnell-. – Schmidt, *HG.A.6*, S. 69, 101; Fischer, *BNB 10*, S. 254.

Schnepfen-/Schneppen- -bach, -graben, -pfuhl, z.B. Schnepfenbach, r.z. Main (z. Rhein), mit ON. Schnepfenbach (Stadt Dettelbach, Lkr. Kitzingen, Bayern, D), 1357 *Snepfenbach*, 1475 *Snepffenbach*. Bestimmungswort mhd. *snepfe*, mndd. *sneppe*, *snippe* 'Schnepfe, Waldschnepfe'. – Sperber, *HG.A.7*, S. 152; Fischer, *BNB 10*, S. 254.

Schneybach r.z. Main (z. Rhein) bei Schney (Stadtteil von Lichtenfels, Lkr. Lichtenfels, Bayern, D). – (9. Jh., Kopie ca.1160) *in fluvium Zenuve*, 1195 *in amne Sniwa*, 1573 *am Schneÿbach*; ON. Schney, (9. Jh., Kopie ca.1160) *in Znvina*, *Cenewe*, 1288 *Shnie*, 1371 *von der Sneye*, 1378 *Sneÿ*, 1472 *zu der Schney*; ON. † Schnei (wüst am Oberlauf des Schneybachs), (9. Jh., Kopie Mitte 12. Jh.) *alia Znnuuia ... Cenewa*, 1225 (Kopie) *Snie*, 1264 *Schnien*, 1297 *Snige*, 1317 *Schnyegen*, 1335 *in der Sney*, 1410 *Schney*. – Ausgangsform FlN. (ahd.) *Snīwa*. Die Deutungen des Namens, die ihn für slawisch halten, stützen sich auf die frühesten, aber nur kopial überlieferten Namensformen aus dem Banzer Reichsurbar. Diese Formen machen jedoch den Eindruck eines Versuchs der Adaptation des germanischen Namens an das Slawische. *Snīwa steht im Zusammenhang mit dem Verb gm.*sneigw-a- 'schneien', ahd. snīwit 'es schneit' (ig. *sneig^{uh}-), das ursprünglich das Bedeutungsspektrum 'kleben bleiben; feucht werden, regnen, tropfen, schneien' abdeckte. Morphologisch handelt es sich um ein von der e-Stufe des Verbs abgeleitetes Nomen (gm. *snei(g)wō f.), vgl. ahd. stīgan 'steigen'/ stīg 'Pfad', ahd. sīhan 'seihen' / sīha 'Sieb', ahd. strītan 'streiten' / strīt 'Streit', ahd. klīban 'haften' / clīpa 'Klette', eine Bildungsweise, die noch im Germanischen möglich war und auch zur Bildung von Flussnamen (↗Schlei, ↗Spree, ↗Siep-) verwendet wurde. Das Benennungsmotiv bei Schney- kann mit 'Schnee' ('Fluss, der aus der Schneegegend kommt') oder mit der geringen Fließgeschwindigkeit des Baches zusammenhängen. – Sperber, HG.A.7, S. 152; George, Altlandkreis, S. 132–134, 141; Seebold, starke Verben, S. 442f.; Rix, LIV, S. 573.

Schnorbach Oberlauf d. Wahlbachs, l.z. Benzweiler Bach (z. Simmerbach z. Nahe z. Rhein). – ON. Schnorbach (Rhein-Hunsrück-Kreis, Rh.-Pf., D), 1147–1270 in snarbach. – Kompositum mit dem Grundwort -bach und dem Verbstamm *snarr-, mhd., mndd. snarren 'schnarren' als Bestimmungswort, vgl. Schnorrenbach, r.z. Nahe, vielleicht < mhd. *Snarrendenbach, mit dem Partizip Präsens von mhd. snarren als Bestimmungswort. Benennung nach dem Gehörseindruck. – Greule, HG.A.15, S. 95.

Schobbach l.z.Glotter (z. Elz z. Rhein). – 1308 der schabach, in schappach, 15. Jh. Schobach, 1423 Schopach, 1440, 1471, 1607 Schoppach. – Deutung ↗Schappach. – Geiger, HG.A.2, S. 121.

† Schobeke, die im Einzugsbereich der Werre (z. Weser), durch Herford (Kreis Herford, NRW, D). – (1224–56) (Kopie 13. Jh.) a duobus rivulis ... Scobike et Kikenbike (jetzt Kinzbach, l.z. Aa), 1399, 1412 prope Schobeke, 1488, 1494 up der Schobeke, 1518 van de Schobecke; StraßenN. Schobeke in Herford. – Kompositum mit dem Grundwort mndd. beke 'Bach' und vielleicht as. skōh 'Schuh' als Bestimmungswort, Klammerform eines ursprünglichen Flurnamens? – Kramer, HG.A.10, S. 60.

Schobse, die l.z. Wohlrose (z. Ilm z. Thüringische Saale z. Elbe), entspringt im Thüringerwald bei Frauenwald (Ilm-Kreis, Thüringen, D), mündet in der Stadt Gehren (Ilm-Kreis). Im Schobsetal wurde Flussspat abgebaut. – 15. Jh. (und später) Schobisse, Schobiss. – Trotz der mangelhaften Belegreihe dürfte die Grundform FlN. mhd. *Schubese < gm. *Skubasō f. sein, mit s-Suffix abgeleitet von gm. *skub- (ae. gescyfe < gm. *skub-ja- m. 'Geschiebe') ablautend zum Verb gm. *skeub-a- 'schieben', vielleicht benannt nach dem Abbau von Flussspat. – Ulbricht, Saale, S. 250; Eichler, Ortsnamenschichten, S. 9; Seebold, starke Verben, S. 416f.

Schöfbach-Graben r.z. Neuburger-Graben (z. Kleinen Laber z. Große Laber z. Donau). – ON. Schöfbach (Markt Mallersdorf-Pfaffenberg, Lkr. Straubing-Bogen, Bayern, D), 1200–1220, 1217–1227 de Scefbach. – Kompositum mit dem Grundwort -bach und mhd. schef, schif 'Schiff' als Bestimmungswort. *Schefbach, /e/ gerundet > Schöfbach. Das Benennungsmotiv ist unklar, vielleicht war das Gewässer ursprünglich schiffbar. – Snyder, HG.A.3, S. 94.

Schölke l.z. Mühlengraben (z. Oker z. Aller z. Weser). – 1386 scholeke. – Grundform *Schölendbeke? Partizip Präsens von mndd. schölen ↗Schöllbach als Bestimmungswort. – Borchers, HG.A.18, S. 124.

Schöllbach l.z. Geislede (z. Leine z. Aller z. Weser), mündet in Heiligenstadt (Lkr. Eichsfeld, Thüringen, D). – /šę'lbǫx/, 1619–1655 Schöllbach; FlurN. 1671 Schölbachsgasse. – Kompositum mit dem Grundwort -bach und mndd. schölen 'strömen, Wellen schlagen; spülen, eine Flüssigkeit hin und her bewegen, gurgeln', ndd. schöllen 'auswaschen'. – Kettner, HG.A.8, S. 114; Kettner, Leine, S. 269.

Schöllenbach r.z. Itter-Bach (z. Neckar z. Rhein). – 1395 Schelenbach, ze dem schellentin bach; ON. Schöllenbach (Gem. Hesseneck, Odenwaldkreis, Hessen, D), 1344 Schellinbuch (sic!), 1366 Schellenbuch, 1398 Schelnbuch, 1462 Schelmbach, 1487 Schelnbach, 1553 Schelnbach. – Grundform FlN. mhd. (ze dem) *Schellentenbache, Zusammenrückung aus dem Partizip Präsens von mhd. schellen 'schallen' und mhd. bach 'Bach', mit später Rundung > Schöllenbach, Benennung nach dem Gehörseindruck. Der Ortsname war ursprünglich ein Waldname *Schellen(bach)buch mit mhd. buoche 'Buche, Buchenwald' als Grundwort und FlN. Schellenbach als Bestimmungswort. – Schmid, HG.A.1, S. 103.

Schöllnach anderer Name der Kleinen Ohe, l.z. Donau, entspringt am Brotjacklriegel (Bayerischer Wald), mündet nach einem Höhenunterschied von ca. 490m bei Unterschöllnach (Markt Hofkirchen, Lkr. Passau, Bayern, D). – ON. Markt Schöllnach (Lkr. Deggendorf, Bayern), 864(?) Scellinaha, 1179–1190 Scellenahe, 1300 Schelnach, Anfang 14. Jh. Schelnachirchen (lies Schelnach-kirchen), 1323 Schellnach, ca.1579 Schölnach, 1737 Schöllnach; ON.

Schöllnstein (Gem. Iggensbach, Lkr. Deggendorf). – Grundform FlN. ahd. *Skellinaha*, Kompositum mit dem Grundwort ahd. *aha* 'Fließgewässer' und schwach flektiertem Adj. ahd. *skelli* < gm *skall-i- 'laut scharf klingend' als Bestimmungswort, Benennung nach dem Gehörseindruck, den der Fluss vermittelt. – N.N., *HG.A.20*; Reitzenstein, *Oberbayern*, S. 249; Seebold, *starke Verben*, S. 413.

Schön-/-e-/-en-/-er-/-es- *-ach, -ach-Bach, -alpen-Bach, -au, -au-Graben, -bach/ -bächle, -beck/ bek, -bichel-Bach, -brunn, -eckgraben/ -eggraben, -eichelsbach, -feldgraben, -grundbächle, -holzwasser, -leiten-Graben, -rain-Bach, -see, -talbach, -wasser*, z.B. †Schönbrunn, ehemaliger Name d. Quelle d. Altabaches, l.z. Schwarza in Hadersworth (Gem. Lanzenkirchen, N.-Ö., A), 823 (Fälschung um 971–um 977) *iuxta fontem … Sconibrunno*, 833 (Kopie 12. Jh.) *super fontem … Schonibrunno*. Bestimmungswort Adj. nhd. *schön*, ahd. *skōni*, mhd. *schœne*, zur Bezeichnung der Reinheit und Klarheit des Wassers oder der freundlichen, sonnigen, fruchtbaren Umgebung. – Hausner/Schuster, *Namenbuch*, S. 987; Springer, *Flußnamen*, S. 72f.

Schöppengraben zwischen Mittelgraben und Wublitz-See, Teil des Havelkanals. – 1442 (Kopie) *der Schepgraben*, 1725 *Von dem Schöpf-Graben*, 1839 *Schöppen Graben*. – Bestimmungswort ndd. *schepp* 'schief' ↗ Scheppau, mit Rundung > *Schöppengraben*, verneuhochdeutscht > *Schöpfgraben*. – Wauer, *HG.A.17*, S. 158.

Schöttel(bääke) (amtlich *Schüsselbach*), z. Berkel (z. IJssel) in der Gem. Vreden (Kreis Borken, NRW, D). – 1763 *Schultel Beek*, 1846 *Schüttel B(ach)*, 1858 *Schöttelbach*, 1867 *Schüssel Bache*. – Deutung ↗ Schöttelbach. – Piirainen, *Vreden*, S. 360f.

Schöttelbach r.z. Espolde (z. Leine z. Aller z. Weser), mündet in Ellierode (Bad Gandersheim, Lkr. Northeim, Niedersachen, D). – 1714 *Schusselbach*, 1777 *Schöttelbecks Fluß*, 1784 *Schöttel Bache*, 20. Jh. *Schöttelbach*; FlurN. *Schöttelberg*, 1539 *im Schöttelberge*, 1714 *Schusselberg*; FlurN. *Schöttelholz*, 1622 *im schottel Holtze*; FlurN. 1891 *Schettelbachwiesen*; StraßenN. *Zum Schöttelbach* (Stadt Hardegsen, Lkr. Northeim). – Grundform mndd. *Schöttelbeck*, Kompositum mit dem Grundwort mndd. *-beck* 'Bach' und FlN. *Schöttel* < (as.) *Skutila* 'die schnell Fließende', vgl. awn. *skutill* m. 'Harpune' (< gm.*skutila- 'Geschoss'), als Bestimmungswort. – Kettner, *HG.A.8*, S. 114; Kettner, *Leine*, S. 269f.

Schollach, die l.z. Eisenbach (z. Breg z. Donau). – ON. Schollach (Gem. Eisenbach, Hochschwarzwald, Lkr. Breisgau- Hochschwarzwald, B.-W., D), 1280 *Scholach*, 1316, 1373, 1385 *Schala*, 1413 *Schalach* (und weitere Belege). – Grundform FlN. mhd. *Schalach* Kompositum mit dem Grundwort mhd. *-ach* 'Fließgewässer' und mhd. *schal* 'schal, trocken' ↗ Schollbach als Bestimmungswort, mit mundartlicher Hebung des /a/ > /o/. – Snyder, *HG.A.3*, S. 95.

Schollbach l.z. Strogen (z. Sempt z. Isar z. Donau). – ON. Schollbach (Stadt Erding, Lkr. Erding, Bayern, D), /šoibâx/, 1053–78 *Scalpach*, 1401, 1571 *Scholbach*, 1752 *Schollbach*. – Kompositum mit dem Grundwort *-bach* und mhd. *schal* 'schal, trocken' ↗ Schollach als Bestimmungswort. – Snyder, *HG.A.3*, S. 95; Baumann, *Erding*, S. 171.

Schonachbächle r.z. Reichenbach (z. Gutach z. Kinzig z. Rhein). – ON. Schonach (Schwarzwald-Baar-Kreis, B.-W., D), 1275 *Schonach*, 1326 *Schona*, 1327 *Schōna*, 1335 *Schonau*, 1482 *Schonach*. – Ausgangsform FlN. mhd. *Schōnach*, Kompositum mit dem Grundwort *-ach* 'Fließgewässer' und mhd. (unflektiertes) Adj. *schōn-* 'schön' ↗ Schön-, verdeutlichend komponiert mit dem Grundwort *-bächle*. – Geiger, *HG.A.2*, S. 122.

Schondra, die r.z. Fränkischen Saale (z. Main z. Rhein), entspringt in der Brückenauer Kuppenrhön nördlich von Schondra (Markt, Lkr. Bad Kissingen, Bayern, D), mündet bei Gräfendorf (Lkr. Main-Spessart, Bayern). – 777 (Kopie 9. Jh.) *Scuntra*; ON. Schondra, 802–817 (Kopie 9. Jh., Druck 1607) *in villa Scuntru*, 812 (Kopie 12. Jh.) *Scuntra*, 839 (Kopie 12. Jh.) *Scundera*, 840 (Kopie 9. Jh., Druck 1607) *Schundra*, 1303 /04 (Kopie 1358) *Schunter*, 1326 *Schŭntern*, 1466 (Kopie 15. Jh.) *Schontra*, 1555 *Schondra*. – Grundform FlN. ahd. *Scundra*, mit Lautverschiebung *Scuntra*, eine germanische Ableitung mit *r*-Suffix vom Präsensstamm germ. *skund-* in awn. *skynda* 'schnell vorwärts treiben', ae. *scyndan* 'eilen, beschleunigen' (<*skund-ija-*), awn. *skunda* 'schnell fortschaffen' (<*skund-ō-*). Der nicht nasalierte Präsensstamm germ. *skud-* liegt in ahd. *scutten* 'schütten' (<*skud-ija-*) vor, urig. *skụeh₁t-* 'durchschütteln, aufrütteln'. Der Fluss ist demnach nach der starken Strömung benannt. – Sperber, *HG.A.7*, S. 153; Reitzenstein, *fränkische Ortsnamen*, S. 202; Rix, *LIV*, S. 563f.

Schorbach

– ¹Schorbach, r.z. Schwarzbach (z. Blies z. Saar z. Rhein). – 1744 *Schorrbach*; ON. (wüst) 1295 *Scorpach*; FlurN. 1775 *Schorberg*. – Kompositum mit dem Grundwort *-bach* und mhd. *schor, schorre* 'schroffer Fels, Felszacke'. – Spang, *HG.A.13*, S. 69; Dolch/Greule, *Pfalz*, S. 426f.

– ²Schorbach, r.z. Grenff (z. Schwalm z. Eder z. Fulda z. Weser), entspringt am Knüll (Nordhessen, D). – ON. Schorbach (Gem. Ottrau, Schwalm-Eder-Kreis, Hessen), 1223 *Scorpach*, 1356 *von Schůrbpach*, 1364, 1366 *Scorpach*, 1418 *Schorpach*; ON. † Niederschorbach, 1352 *Nieder Schorpach*, 1366 *Nydernscorpach*, 1418 *Nidernschorpach*, 1462, 1467 *Nidder Schorpach*. – Kompositum mit dem Bestimmungswort mndd. *schore, schare*, ae *score* 'Ufer, Küste, sanfter Abfall', Benennung nach dem Ursprung des Schorbachs im Knüllgebirge. – Sperber, *HG.A.5*, S. 95; Bach, *Namenkunde* 1, S. 270.

– ³Schorbach (auch Gillersheimer Bach), l.z. Rhume (z. Leine z. Aller z. Weser), mündet bei Gillersheim (Gem. Katlenburg-Lindau, Lkr. Northeim, Niedersachsen, D). – /schuhr/, 1571 *benedden der schor*, 1581 *vor der schore*, 1583 *beneden der Schor*, 1664 *bey der schor*, 1881/82 *des Schorbaches*, 20. Jh. *Schore, Schorbach*; FlurN. Schorberg, 1525 *Schorberch*, 1664 *am schorberge*, 1882 *Schorberg*. – Ausgangsform mndd. *Schōra(ha)* > *Schōre* f., vielleicht mit mndd. *schōr(e)* 'Sperre, Verhau, Fischzaun' als Bestimmungswort eines alten Kompositums mit dem Grundwort as. *aha* 'Fließgewässer'. – Kettner, *HG.A.8*, S. 114; Kettner, *Leine*, S. 270.

Schorgast, die r.z. Weißen Main (z. Main z. Rhein), entspringt im Gemeindegebiet von Marktschorgast (Lkr. Kulmbach, Bayern, D), mündet bei Kauerndorf (Ködnitz, Lkr. Kulmbach). – ON. Marktschorgast, 1109 (Kopie 12. Jh.) *Scoregast*, ca.1140–1160 *Scorgaste*, 1170 *Schorgast*, 1293 *Schurgast*, 1326–1328 *Marchtschorgast*, 1481 *Marckschorgast*, 1532 *Marckschorgast, Marschorgast*, 1631 *Marktschorgast*; ON. Ludwigschorgast (Lkr. Kulmbach), 1326–1328 *Ludwigschorgast*. – Ausgangsform FlN./ON. slaw. *Skorogostjь* ('Bach/Ort des *Skorogost'), mit *j*-Suffix vom PN. slaw. *Skorogost*, im Zweitglied angelehnt an ahd. Personennamen mit *-gast*, abgeleitet. – Sperber, *HG.A.7*, S. 153; Reitzenstein, *fränkische Ortsnamen*, S. 133, 143.

Schornbach

– ¹Schornbach, r.z. Nordrach (z. Harmersbach z. Kinzig z. Rhein). – 1. Hälfte 16. Jh. *Schornenbach*. – Kompositum mit dem Grundwort *-bach* und dem Genitiv mhd. *Schornen-* des PN. ahd. *Scorano* ↗²Schornbach als Bestimmungswort. – Geiger, *HG.A.2*, S. 122.

– ²Schornbach, r.z. Rems (z. Neckar z. Rhein), mündet in Schorndorf (Rems-Murr-Kreis, B.-W., D), 1235 *de Shorendorf*, 1236 *Sordorf* (sic!), 1264 *Schorndorf* (und weitere Belege); ON. Schornbach (Stadt Schorndorf), 1264 *Schorembach*, 1293 *Schornbach* (und weitere Belege). – Klammerform *Schorn(dorf)bach*, Bestimmungswort war der ON. Schorndorf, Kompositum mit dem Grundworr *-dorf* und dem Genitiv des PN. ahd. *Scorano* (*Scoranen-*) als Bestimmungswort, gekürzt > *Scorandorf*, mhd. *Schorndorf*. – Schmid, *HG.A.1*, S. 103; Reichardt, *Rems-Murr-Kreis*, S. 309–312.

– ³Schornbach, l.z. Sandbach (z. Butzbach z. Rhein). – 1555 *die Schurenbach* (hierher?); WaldN. Schornwald. – Bestimmungswort der Komposita vielleicht Genitiv des PN. ahd. *Scorano* ↗²Schornbach. – Faust, *HG.A.4*, S. 70.

Schorte, die r.z. Ilm (z. Thüringische Saale z. Elbe), entspringt bei Stützerbach (Ilm-Kreis, Thüringen, D), mündet nach 8,56km am Grenzhammer (Stadt Ilmenau, Ilm-Kreis). – /schurt/, 1503 *Schortte*, 1527 *Schortte, Schorttenwasser*, 1534 *die große Schorte*, 1587 *die Schörten*. – Ausgangsform ahd. *Skurt-aha*, Kompositum mit dem Grundwort ahd. *aha* 'Fließgewässer' und Adj. ahd. *scurc, scurt* (< gm. *skurta-*) 'kurz' als Bestimmungswort. *Skurt-aha* > mhd. (md.) *Schorta* > Schorte. – Ulbricht, *Saale*, S. 202.

Schoßbach

– ¹Schoßbach, l.z. Isen (z. Inn z. Donau), mündet in Erharting (Lkr. Mühldorf am Inn, Bayern, D). – Ca.1563 *Schospach*; ON. Schoßbach (Gem. Erharting) 1294 *Schozpach*, 14. Jh. *Schozpach, Schospach, Schoßbach*, 1346, ca.1563 *Schospach*. – Mhd. *Schozbach*, Kompositum mit dem Grundwort *-bach* und mhd. *schoz* stN. 'junger Trieb, Schössling' oder mhd. *schoz* stM. 'Geldabgabe, Steuer'. – Dotter/Dotter, *HG.A.14*, S. 360.

– ²Schoßbach, l.z. Prien (z. Chiemsee z. Alz z. Inn z. Donau). – Ca.1563 *Schosrinnen duo rivi*, ca.1580 *Schossrinnen*; ON. Schoßrinn (Gem. Aschau im Chiemgau, Lkr. Rosenheim, Bayern, D), AlpN. Schoßrinnalpe, ca.1580 *Albm Schos Rynn*. – Klammerform *Schoß(rinn)bach*, Bestimmungswort Gewässername *die Schoßrinn* (mit Wasserfall) 'Einschnitt/Schlucht am Berggipfel' zu mhd. *Schoß* 'Spitze, Winke, Ende, Gipfel'. – Dotter/Dotter, *HG.A.14*, S. 360 f.; Bach, *Namenkunde* 1, S. 263.

Schoßrinn ↗²Schoßbach.

Schozach, die r.z. Neckar (z. Rhein), entspringt am Westrand der Löwensteiner Berge, mündet zwischen Horkheim und Sontheim (Stadt Heilbronn, B.-W., D). – ON. Schozach (Gem. Ilsfeld, Lkr. Heilbronn, B.-W.), 1275 *aput Schozam*, 1312 *von Schothzach*. – Grundform (ahd.) *Skozaha* < vorahd. *Skutt-aha*, Kompositum mit dem Bestimmungswort wgm. *skutta-*, ndd. Schott n. 'wasserdichte, mit wasserdicht schließenden Türen versehene Wand im Innern eines Schiffes', mndd. *schot* 'Falltür bei Schleusen und Sielen', abgeleitet vom Intensivstamm (gm. *skutt-*) von gm. *skeut-* 'schießen', und ahd. *-aha*

'Fließgewässer' als Grundwort. Benennung nach einer in die Schozach eingebauten Wasserabsperrung. – Schmid, *HG.A.1*, S. 104.

Schräg-Bach l.z. Liegfeist-Bach (z. Rotlech z. Lech z. Donau) ↗Schreisee.

Schrambach l.z. Salzach (z. Inn z. Donau), südlich von Seeleiten (Gem. Kuchl, PB Hallein, Salzburg, A). – 1125 *ad superius Schrainpach*, 1156 (verfälscht 1156–60) *ad superiorem Skreinbahc* (so!), 1194 *ad superiorem Skareinpach*, 1212 *ad superiorem Schrenbach*, 1628 *Oberschranpach*, 1862 *Schrann B.* – Ausgangsform mhd. **Schrǣjendbach*, Kompositum mit dem Grundwort *-bach* und dem Partizip Präsens des Verbs mhd. *schrǣjen* 'spritzen, stieben'. – Straberger, *HG.A.9*, S. 105; Hausner/Schuster, *Namenbuch*, S. 990.

Schrappachsbach r.z. Mittel Ebrach (z. Rauhe Ebrach z. Regnitz z. Main z. Rhein), mündet bei Schrappach (Markt Burgwindheim, Lkr. Bamberg, Bayern, D). – ON. Schrappach, 1174 *Schrappach*, 1278 *Scrappach*, 1340 *Schrappach*, 1343 *Niederschrappach*. – Kompositum mit dem Grundwort *-bach* und einem nicht genau gedeuteten Bestimmungswort, z. B. dem Genitiv des PN. ahd. **Skrato*, ahd. **Skratenbach* > **Skratbach*, assimiliert > mhd. *Schrappach*, vgl. BergN. Schratte mit zerklüftetem Kalkgestein (Entlebuch, Kanton Luzern, CH). Die amtliche Form enthält den Genitiv des ON. Schrappach als Bestimmungswort eines verdeutlichenden Kompositums. – Sperber, *HG.A.7*, S. 154; Waser, *Entlebuch*, S. 925.

Schreisee z. Fließ (z. Drewen-See z. Finow-See/Oberhavel) bei Ahrensberg (Stadt Wesenberg (Lkr. Mecklenburgische Seenplatte, M.V., D). – 1780, 1790 *Schrey See*, 1780/83 *Schrei See*; FlurN. 1780 *Schrey Br.*, 1780/83 *Schrei Bruch*, 1886 *das grosse Schrei-Bruch*. – Klammerform **Schrei(bruch)see?* wie Schreipfuhl bei Priort (Lkr. Havelland, Brandenburg, D) mit FlurN. Schrei Berge, < **Schrei(berg)pfuhl*. Das Bestimmungswort *Schrei-* vielleicht aus ahd. *skregi-* 'schräg, seitlich geneigt', ↗Schräg-Bach. – Wauer, *HG.A.17*, S. 158; Fischer, *BNB 10*, S. 255; Snyder, *HG.A.3*, S. 95.

† Schremme heute Rockstädter Bach, l.z. Dosse nordwestlich von Klein Haßlow (Stadt Wittstock/Dosse, Lkr. Ostprignitz-Ruppin, Brandenburg, D). – 1274 *(rivus), qui vulgariter Schremme dicitur*. – Grundform FlN. vorslaw. **Serma*, mit Liquidametathese > slaw. **Srema*, eine Ableitung mit *m*-Suffix vermutlich von urig. **serh₃-* '(in feindlicher Absicht) losgehen auf', metaphorisch auf die schnelle Bewegung des Flusswassers übertragen, urig. **ser(h₃)-*

meh₂ > **Sermā* wie gr. *hormē* 'Anlauf, Angriff' (< **sor(h₃)-meh₂*), ↗²Saar. Wegen der Verbreitung von ig. **sermā/-os* als Fluss- oder Ortsname handelt es sich um einen alteuropäischen Namen: ON. Śrem, d. Schrimm an der Warthe südlich von Posen (PL) < urslaw. **Sermъ*; FlN. *Sérmas* (Litauen); ON. *Sirmium*, Stadt in der Provinz Pannonia Inferior, jetzt Sremska Mitrovica (Provinz Vojvodina, Serbien) < **Sermii̯o-*; FlN. (gr.) *Sérmē*, jetzt bulg. Strjama, l.z. Mariza (Oblast Plowdiw, Bulgarien). – Wauer, *HG.A.17*, S. 146; Fischer, *BNB 10*, S. 255; Rix, *LIV*, S. 535; Anreiter, *vorrömische Namen*, S. 129–133.

Schrems, die

– ¹Schrems, l.z. Tulwitz südlich von Fladnitz an der Teichalpe (PB Weiz, Steiermark, A). – 1295 *die Schremze*, 1390 *Schremcz*, 1401 *Schrembcz*, 1403 *die Schrems*, 1484 *die Schremiz*. – Lochner von Hüttenbach, *Steirische Hydronyme*, S. 118.

– ²† Schrems, heute *Romaubach*, r.z. Schwarzabach, mündet westlich von Anderlfabrik (Gem. Schrems, PB Gmünd, N.-Ö., A). – 1179 (Kopie um 1290) *concursus duorum rivulorum … Schremelize*, ON. Schrems, 14. Jh. *Schremptz*, 1417 *Nydern Schrembcz*, 1475 *Obern-Schrembz*. – Hausner/Schuster, *Namenbuch*, S. 991; Bergermayer, *Glossar*, S. 235. Ausgangsform FlN. slaw. **Skremenica* 'Fluss mit Kieselsteinen', mit Suffix slaw. **-ica* abgeleitet vom Adj. slaw. **skremenьna* 'mit Kieseln' und gekürzt > **Skremenica* > mhd. **Schremenitze*, dissimiliert > *Schremelize*, gekürzt > **Schremtz*. – Bergermayer, *Glossar*, S. 235.

Schrollbach l.z. Mohrbach (z. Glan z. Nahe z. Rhein), mündet in Schrollbach (Gem. Niedermohr, Lkr. Kaiserslautern, Rh.-Pf., D). – ON. Schrollbach, 1423 *zu Schrodelbache*, 1480, 1510 *Schrodelbach*, 1585 *von Schrolbach*, 1588 *Schrottelbach*, 1601 *Schrollbach*. – Kompositum mit dem Grundwort *-bach* und dem Verbstamm mhd. **schrötel-*, Intensivbildung zu mhd. *schröten* 'zerkleinern, zerschneiden, zerstückeln' (bezogen auf Gestein). Mhd. **Schrötelbach* gekürzt > Schrollbach. – Greule, *HG.A.15*, S. 95 f.; Dolch/Greule, *Pfalz*, S. 427.

Schronbach l.z. Isar (z. Donau) mit Schronbach-Wasserfall bei Lenggries (Lkr. Bad Tölz-Wolfratshausen, Bayern, D). – 1332 *Schranpach*, 1393 *Schrampach*, 1454 *Schranpach*. – Kompositum mit dem Grundwort *-bach* und mhd. *schrane* stM. 'Schranke, Windung' mhd. **Schranebach*, synkopiert und mit mundartlicher Hebung /a/ > /o/ > *Schronbach*. – Snyder, *HG.A.3*, S. 95.

Schrote, die r.z. Ohre (z. Elbe), entspringt in Hemsdorf (Groß Rodenleben, Stadt Wanzleben-

Börde, Lkr. Börde, S.-A., D), fließt durch Magdeburg (S.-A.), mündet bei Wolmirstedt (Lkr. Börde). – 1264 *aquam ... Stroda* (lies *Scroda*?), 1266 *supra Scrodam*. – Grundform (as.) **Skrōda(ha)* zu as. *skrōd* 'abgeschnittenes Stück', ahd. *scrōtan*, mndd. *schroden* 'schneiden', vermutlich benannt nach dem Talabschnitt mit steil aufragenden Hängen. – Burghardt, *Flurnamen*, S. 39, 226; Seebold, *starke Verben*, S. 418.

† Schüdt, die jetzt Ober-Weiher z. Unt. Weiher (z. Weiher-Bach z. Ilm z. Donau) bei Ilmendorf (Stadt Geisenfeld in der Hallertau, Lkr. Pfaffenhofen an der Ilm, Bayern, D). – 1478 *die Schudt*, ca.1563 *di Schütdt*. – Entspricht dem Substantiv mhd. **schütte* ↗ Schüttachgraben. – Snyder, *HG.A.3*, S. 95 f.

Schüpfbach l.z. Umpfer (z. Tauber z. Main z. Rhein). – 807 *super fluuium ... Sciffa*; ON. Oberschüpf, Unterschüpf (Stadt Boxberg, Main-Tauber-Kreis, B.-W., D), 807 *In uilla ... Sciffa*, 1144 *de Schippa*, 1146 *de Skipht*, 1153 *de Schipph*, 1156 *de scipphe* (und weitere Belege), 1252 *Scipfa*, 1351 *de Schippfe*, 1352 *von Schipfe*; GebietsN. Schüpfer Grund. – Grundform ahd. **Skipfa(ha)* 'Fluss mit Stützbauten' zu schwz. *Schipf*, *Schipfi* f. 'Uferverbauung, Stütze, Landfeste einer Brücke', ON. Schüpfheim (Kanton Luzern, CH), mundartlich *Schüpfe*, um 1160 (Kopie 14. Jh.) *ad Schipfen*, mhd. Adverb *schipfes* 'quer', ndd. *schepp*, *scheps* 'schief', mit Rundung /i/ > /ü/ vor Labial. – Sperber, *HG.A.7*, S. 154; Waser, *Entlebuch*, S. 930 f.

† Schürbek z. Eilbek/Wandse (z. Alster z. Elbe), jetzt StraßenN. Schürbeker Straße, Schürbeker Bogen (Hamburg-Uhlenhorst). – 1258 *ad riuulum ... Scorbeke*, 1744 *Schür-Beek*, 1771 *Schorbeck*, 1855 *Schürbek*. – Kompositum mit dem Grundwort mndd. *-beke* 'Bach' und mndd. *schüre* (mit langem /ü/) 'Scheuer, Scheune'. Bedeutung 'Bach, an dem eine Scheune steht/stand'. – Udolph, *HG.A.16*, S. 308.

Schüren- *-bach, -siepen*, z.B. Schürensiepen, r.z. Eschbach (z. Wupper z. Rhein). – 1675 *der schire Siepen*, Bestimmungswort ↗ Schier-. – Schmidt, *HG.A.6*, S. 69, 101.

Schüss, die frz. *la Suze*, z. Bieler See (z. Aare z. Rhein) südlich von Biel/Bienne (Kanton Bern, CH), entspringt im Vallon de Saint-Imier (Kanton Bern). – 9. Jh.? (Kopie 15. Jh.) *Susingum* (Variante *Secusiam*), 1161 *Susinch*, 1281 *fluminis ... Sushe*, 1300 *die ussir Suzse*, 1301 *usser schuse*, 1305 *dú ússer Súchse*, 1362 *in der Súschen* ú, 1373/95 *la suse*, 1401 *en Suisi, en Suisy*, 1434 *enent der Súsche*, 1438/39 *untz an die Súsch* ú, 1480 *in der Súsch*, 1499 *en Suze, en Suysa, Suyse*, 1543 *in der Tschüß*, 1545 *en Suyse*, 1546 *en Suze*, 1561 *uff der Scheuss*, 1727 *in der Schüß*. – Ausgangsform FlN. kelt.*Segusiā*, zur Benennung der Wasserkraft des Flusses abgeleitet von ig. **seĝʰ-us-ī*, dem Feminin des Partizips Perfekt Aktiv zum Verb ig. **seĝʰ-* 'überwältigen, in den Griff bekommen' ↗ Sieg. Die ältesten Nennungen lassen die Existenz einer zum ON. erweiterten Form **Segusincum* vermuten. – Belegsammlung durch Wulf Müller (Neuchâtel) brieflich am 28./29. 07. 2012; Lebel, *Principes*, S. 299 f.

Schüssel- *-bach/-bächle, -graben*. Bestimmungswort nhd. *Schüssel*, Benennung nach der Form des Gewässers oder der Umgebung. – Ulbricht, *Saale*, S. 52; Fischer, *BNB. 10*, S. 257.

Schüttachgraben l.z. Saalach (z. Salzach z. Inn z. Donau) nördlich von Schieder (Gem. Sankt Martin bei Lofer, PB Zell a. See, Salzburg, A). – 927 *fluuiolum Scutticho*, ca.1400–ca.1500 *in Schütt*, 1862 *Schütt*; FlurN. (Hoch)Schüttach, 17. Jh. *aufn hohen Schüttach*. – Zugrunde liegt ein zum Verb mhd. *schüt(t)en*, ahd. *scutten*, as. *scuddian* 'mit Schwung ausschütten u. ä.' gehörendes Substantiv mhd./bair. **schütte* 'Ausschüttung' (?) ↗ † Schüdt. Davon wurde mit dem Kollektivsuffix ahd. *-ahi* der Flurname (ahd.) **Scutt(j)ahi* n., latinisiert *Scutticho*, 17. Jh. *Schüttach*, mit der Bedeutung 'wo es mehrere *schütte* gibt' abgeleitet. An den Flurnamen *Schüttach* wird zur Verdeutlichung das Grundwort *-graben* angefügt, um das Gewässer zu bezeichnen. – Straberger, *HG.A.9*, S. 106; Hausner/Schuster, *Namenbuch*, S. 991.

Schütterle Kanal an der Schutter bei Kehl (Ortenaukreis, B.-W., D), 'kleine Schutter' ↗ ²Schutter. – Geiger, *HG.A.2*, S. 122.

Schuffenbeck, der r.z. Eterna (z. Gande z. Leine z. Aller z. Weser), mündet nördlich von Harriehausen (Stadt Bad Gandersheim, Lkr. Northeim, Niedersachsen, D). – 1580 (Kopie 1695) *in den Schuckerbeck*, 1655 *in den Schuckenbeck*, 1663 *biß in den Schuckenbeck*, 1700 *im Schuffenbecke*, 1711 *im Schieff Becke*, *Schuffenbeck*, 1729 *Schuckenbeck*, 1757 *Schuftenbeck*, *Schufftenbeek*, 1775 *die Schuftenbeck*, 1784 *im Schuftenbekke*. – Kompositum mit dem Grundwort mndd. *-beke* 'Bach' und wechselndem unklaren Bestimmungswort, möglicherweise zu mndd. *schok* 'Garbenhaufen', umgedeutet nach mndd. *schūvūt* 'Uhu' (> nhd. *Schuft*). – Kettner, *HG.A.8*, S. 114; Kettner, *Leine*, S. 271.

Schulensee z. Schulen-Eider (z. Eider z. Nordsee) am Stadtrand von Kiel (S.-H., D). – ON. Schulensee (Gem. Molfsee, Kreis Rendsburg-Eckernförde, S.-H.), 1581 *des Schulensehes*, 1856 *des Schulen-Sees*. – Klammerform **Schulen(dorf)see*, mit dem ON.

Schulendorf < mndd. *to dem schūlenden dorpe* 'zu dem sich verbergenden Dorf' als Bestimmungswort. – Kvaran, *HG.A.12*, S. 161; Laur, *Schleswig-Holstein*, S. 588.

Schulzen- -*bek*, -*brack*, -*fließ*, -*graben*, -*kolk*, -*kuhle*, -*lanke*, -*pfuhl*, -*see*, -*stieg*, -*teich*, -*wasser*, z. B. Schulzensee nordöstlich von Bredereiche (Stadt Fürstenberg/Havel, Brandenburg, D), 1580 *Schulzen See von Bedereich, gehöret dem Schultzen daßelbsten*. Bestimmungswort nhd. *Schulze*, brandenburg. *Schulte* 'Gemeindevorsteher'. – Fischer, *BNB 10*, S. 256.

Schumkesee südöstlich von Kummersdorf-Gut (Gem. Am Mellensee, Lkr.Teltow-Fläming, Brandenburg, D). – 1583 *Der Sommottkow*, 1655 (Kopie 1693) *Der Sammetkow, See im Sammit*, 1745 *Schaumke See*, 1770 *Schumcke See*, 1841 *Schumke*. – Ausgangsform vermutlich ON. asorb. *Somitkov-, abgeleitet von PN. *Somit(e)k, mehrfach umgedeutet. – Fischer, *BNB 10*, S. 256.f.

Schunter, die r.z. Oker (z. Aller z. Weser), entspringt im Elm oberhalb von Räbke (Lkr. Helmstedt, Niedersachsen, D) aus einer Quelle mit starker Schüttung (ON. Zur Schunterquelle), mündet nach 58km nördlich von Braunschweig (Niedersachsen). – 781 *Schuntra* (Kopie?), 803 *Scuntra*, 972, 997 *Scuntera*, 1013 *Scuntere*, 1205 *Scuntre*, (1669) *an der Schunter*, 1755 *Die Schunter*; BezirksN. Schunteraue (Braunschweig). – Grundform gm. *Skuntrō f., mit r-Suffix von Verb gm. *skeut-a-/*skut- 'schießen' (< ig. *skeud- '(vor)antreiben') abgeleitet, im Unterschied zu ↗Schutter (< *Skutrō) nasaliert (gm. *Sku-n-trō f.) in Analogie zu ↗Schondra (< gm. *Skundrō). Benennungsmotiv wahrscheinlich die stark schüttende Quelle. – Borchers, *HG.A.18*, S. 125; Rix, *LIV*, S. 560.

Schupbach r.z. Ohrn (z. Kocher z. Neckar), ON. Schuppach (Schwäbisch Hall, B.-W., D), 1544–1550 *der Schuppach, durch den Schuppach*, 1544–1550 *in der Schuppachcappellen, kirche die Schuppach genandt*. Vgl. *Schupbach*, Dorf am Schupbach (Ortsteil d. Gem. Beselich, Lkr. Limburg – Weilburg, Rh.-Pf., D), 1235–1242 *Scuppach*, 1264 *Schopach*, 1302 *Schubach*. – Bestimmungswort ist obd. *der Schopf, die Schupfe*, md., ndd. *Schuppen* 'Holzhäuschen zur Aufbewahrung von Geräten usw.' *Schuppach* durch Sprechererleichterung < *Schupfbach. – Schmid, *HG.A.1*, S. 104; Metzler, *Westerwald*, S. 91.

Schussen, die z. Bodensee (z. Rhein), entspringt nördlich von Bad Schussenried (Lkr. Biberach, B.-W., D), fließt vorbei an Weingarten und Ravensburg, mündet nach 62km in Eriskirch (Bodenseekreis, B.-W.). – 771, 816 *Scuzna*, um 1150 *Scuscina*, 1155 *Schuzen*, 1251 *Schuzzen*, 1294 *Schussen*; GauN. 815 *Scuzingauue*, 1087 *Suscengouve*, 1101 *in pago Scuzingowi*, 1157 *in pago Scuzengouve*; ON. Bad Schussenried (1170 Errichtung der Burg Schussenried, 1183 Reichsabtei), 1205 *Shuzinret*, 1220 *Shvzzinrêit*, 1233 *de schuzinrit*, 1241 *Shuzzinriet*, 1293 *Schuzzenriet*. – Grundform FlN. ahd. *Skuzzuna, mit n-Suffix und Bezug auf schnell fließendes Wasser von gm. *skutu- (Nebenform von gm. *skuta-, *skuti-) 'Schuss' abgeleitet. – Geiger, *HG.A.2*, S. 122f.; Schmid, *Neckar*, 13, S. 103f.

Schuster- -*au*, -*bach*, -*bek*, -*graben*, -*öd-Graben*, -*pfuhl*, -*teich*, -*wallgraben*, Bestimmungswort nhd. *Schuster*. Benennung nach einem Nutzungsrecht des Handwerkers. – Fischer, *BNB 10*, S. 257.

Schutter, die
– ¹Schutter, l.z. Donau, entspringt im Fränkischen Jura bei Wellheim und mündet bei Ingolstadt (Bayern, D). – 918 *Scutara*, 1002 *Scutura*, 1392 *an der Schutter*. Der Name ist in gekürzter Form früh überliefert auf einer Inschrift des 2. Jh. n. Chr., worin die *VIK(ani) SCU[T]T(arenses)*, die Einwohner des römischen Vicus, der samt einem Kastell an der Stelle von Nassenfels (Lkr. Eichstätt, Bayern) ausgegraben wurde, erwähnt werden. – Trotz der in römische Zeit zurückreichenden Überlieferung wird der Flussname als frühgermanischer Name mit der Ausgangsform gm. *Skutrō erklärt. *Skutrō ist das substantivierte Feminin eines mit dem Suffix -ra- von der Schwundstufe des starken Verbs gm. *skeut-a- 'schießen' abgeleiteten Verbaladjektiv (*skutra-) und bezeichnet relativ schnell fließendes („schießendes") Wasser. Wenn die Lesung der Inschrift mit -TT- richtig ist, liegt die erwartbare westgermanische Gemination des /t/ vor /r/ vor. Die mittelalterlichen Belege weisen demgegenüber einen Sprossvokal zwischen /-tr-/ auf, ↗Schussen ↗Schunter. – Reitzenstein, *Oberbayern*, S. 174; Krahe, *Flussnamen-Schichten*, S. 193.
– ²Schutter, l.z. Kinzig (z. Rhein), entspringt am Hünersedel oberhalb von Schweighausen (Gem. Schuttertal, Ortenaukreis, B.-W., D) in 680m Höhe, fließt durch die Stadt Lahr, mündet nach 55km, bei Kehl (Ortenaukreis). – /d'šud'/, 975 *Schutteram*, 1007 *fluvius Schuttera*, 1009 *super fluvium Schuttera*, (nach 1129) *Schuttura* (auch *Schuttera*), 1178 *juxta Scutero*, nach 1349 *by der Schutter* (und weitere Belege); ON. Schuttern, ehemalige Reichsabtei (Gem. Friesenheim, Ortenaukreis), 724–54, Anfang 9. Jh. *Scutura*, 1025 *abbatiam Schuttara*, 1136 *monasterium Scuturense, abbas Schutterensis* (und weitere Belege); ON. Schuttertal, 1270 *Schutertal*; ON. Schutterwald (Ortenaukreis), 1293 *Scuterwalt*; ON. Schutterzell (Gem. Neuried, Ortenaukreis), 1478 *zell by Schuttern*. – Grundform FlN. ahd. *Skuttra, mit Sprossvo-

kal *Scuttura*, < gm. *Skutrō* f., Deutung ↗ ¹Schutter. – Geiger, *HG.A.2*, S. 123f.; Greule, *Oberrhein*, S. 215f.

Schwabach

– ¹Schwabach, l.z. Rednitz (z. Regnitz z. Main z. Rhein), entspringt in Heilsbronn (Lkr. Ansbach, Bayern, D). – 11. Jh. *in Suapaha*, 1002 *per flumen ... suabaha*, 1007 *Suaba*; ON. Schwabach, Stadt (Bayern), 12. Jh. (Druck 1775) *Suabach*, 1138 (Druck 1775) *Swaba*, 1153–1167 (Kopie 1200) *Suabach*, 1182 *Suaba*, 1348 *Swabach*, 1464 *Schwabach*; FlurN. Schwabenbuck. – Der Flurname bedeutet, ausgehend von *Schwab-(ach)en-buck*, 'Hügel an der Schwabach'. – Sperber, *HG.A.7*, S. 154; Reitzenstein, *Lexikon*, S. 349.

– ²Schwabach, r.z. Regnitz (z. Main z. Rhein) in Erlangen (Bayern, D). – 1021 *inter suuabaha et pagenza fluuios*, 1069 *in Svabam, iuxta Svabam*. – Sperber, *HG.A.7*, S. 154.

Dass der Name *Schwabach* (wie ursprünglich auch ↗ Schwabbach) das Grundwort ahd. *aha* 'Fließgewässer' (im Auslaut abgeschwächt zu -*a*) enthält, steht außer Zweifel. Für die Erklärung des Grundworts *Schwab-* gibt es mehrere Vorschläge: Beliebt ist der Bezug auf den Stammesnamen *Schwab/en* (ahd. Singular *Swāb*, Plural *Swāba*). Die Deutung als 'Gewässer, an dem Schwaben (=Alemannen) wohnen' scheitert an der Phonetik, an der Morphologie und an der Geschichte (insofern Wohnsitze von Schwaben/Alemannen an beiden Flüssen nachgewiesen sein müssten). Morphologisch wäre eine Bildung mit Genitiv (ahd.) *Swāb[o]-aha* oder *Swābōn[o]-aha* (↗ Frankenohe) zu erwarten. Ferner ist die Länge des /a/ in *Schwabach* nicht gesichert. Eine andere Deutungsmöglichkeit bietet sich an, wenn *Schwab-* mit dem gm. Stamm *swab-*, expressiv *swabb-* (ndd. *swabbeln*, nhd. *schwappen*) mit der Bedeutung '(vom Wasser) hin- und herschlagen, wogen' identifiziert wird. – Krahe, *UäFlNN.*, S. 23; Reitzenstein, *Lexikon*, S. 349; Pokorny, *IEW*, S. 1049.

Schwabbach

– ¹Schwabbach, r.z. Wern (z. Main z. Rhein) durch Schwebenried (Stadt Arnstein, Lkr. Main-Spessart, Bayern, D). – 779 (Kopie) *Suabaha*, 874 *Suabah*. – Sperber, *HG.A.7*, S. 155.

– ²Schwabbach, l.z. Aschbach (z. Wern z. Main z. Rhein) bei Hundsbach (Gem. Eußenheim, Lkr. Main-Spessart, Bayern, D). – Sperber, *HG.A.7*, S. 155.

– ³Schwabbach l.z. Brettach (z. Kocher z. Neckar z. Rhein). – ON. Schwabbach (Bretzfeld, Hohenlohekreis, B.-W., D). – 1037 *in Suabbach*, 1254 *Suapach*, 1268 *de Swapach*, 1367 *zů Swapach*, 1481 *Swapach*, 1504 *Schwabbach*. – Geiger, *HG.A.2*, S. 104.

Bei ²Schwabbach (ohne Belege) dürfte es sich um Übertragung von ¹Schwabbach handeln. Die Mehrzahl der Belege für ³Schwabbach und die Belege für ¹Schwabbach sprechen für eine Grundform (ahd.) *Suab-aha* (mit Lautverschiebung *Suap-aha*) aller drei Namen. Die weitere Etymologie unter ↗ Schwabach. Später wird -*ach* verdeutlichend durch -*bach* ersetzt.

Schwaberow-See Großer ~ im Stadtgebiet von Fürstenberg/Havel (Lkr. Oberhavel, Brandenburg, D), Kleiner ~ bei Düsterförde (Gem. Godendorf, Lkr. Mecklenburgische Seenplatte, M.-V., D). – 1299 (Kopie) *stagnum Grote Zwagerou*, 1300 (Kopie) *stagnum Zwagherouu*, 1305 *stagnum Zuuagerouu*, 1574 *Schwaggeraw*, um 1700 *Gr. Schwabero*, 1780 *Gr. Schwaberow See*. – Wahrscheinlich als *Swāger-ouwe* mit mndd. *swāger* 'Schwager' als Bestimmungswort umgedeuteter, ursprünglich slawischer (unklarer) Name. – Wauer, *HG.A.17*, S. 160; Fischer, *BNB 10*, S. 257.

Schwärze, die r.z. Finowkanal (z. Oder), entspringt im *Schwärzesee* (Lkr. Barnim, Brandenburg, D), fließt durch Eberswalde (Lkr. Barnim), mündet oberhalb der Stadtschleuse. – 1300 *apud Swertzam*, 1496 *an die Swertz*, 1542 *Schwerze*, 1704 *die Schwertze*, 1772 *Schwärtze*. – Grundform apolab. *Svirča* f., mit *j*-Suffix *svirč* 'Grille' abgeleitetes Beziehungsadjektiv. – Fischer, *BNB 10*, S. 258.

Schwärzenbach

– ¹Schwärzenbach, z. Schwarzen Graben (z. Rott z. Inn z. Donau). – 1844 *Schwärzenbach*; ON. Oberschwärzenbach, Unterschwärzenbach (Gem. Tettenweis, Lkr. Passau, Bayern, D), 1155–66 *de Swenzenbach*, 1160 *de Swezenbach*, 1160–70 *de Swenzenbach*, ca.1165 *de Swezenbach* (und weitere Belege), um 1170 *de Swerzenbach*, 1313 *datz nidern Swertzenpach*, um 1342 *Swertzenpach Superior, Inferiori*, 1385 *zu Oberschwerzenpach*. – Ausgangsform FlN. (ahd.) *Swenzinbach*, Kompositum mit dem Grundwort -*bach* und dem Genitiv des PN. ahd. *Swanzo* (*Swenzin-*) als Bestimmungswort. Die schwierige Lautkombination /-nzenb-/ wird sprechbar gemacht entweder durch Ausfall des 1. /n/ (> *Swezenbach*) oder durch Dissimilation /-n..n-/ > /r..n/ (> *Swerzenbach*), in der Schreibung heute angelehnt an nhd. *schwarz*. – Dotter/Dotter, *HG.A.14*, S. 362f.

– ²Schwärzenbach, r.z. Reichenbach (z. Kinzig z. Rhein). – 1399 *vor dem Swertzenbach*; ON. Schwärzenbach (Reichenbach, Stadt Gegenbach, Ortenaukreis, B.-W., D), 1343 *Swerzenbach*, 1377 *Swertzembach*, ca.1381 *Swertzenbach*, 1512 *Schwertzenbach*. – Grundform ahd. *zi dem swerzin bache* 'am schwarzen Bach', mit dem schwach flektierten Adj. ahd. *swarz* ↗ Schwarz-. – Geiger, *HG.A.2*, S. 124.

Schwalb, die

– ¹Schwalb (auch *Schwalbach*), l.z. Wörnitz (z. Donau), entspringt aus einer Karstquelle bei Gosheim (Gem. Huisheim, Lkr. Donau-Ries, Bayern, D), mündet bei Brühl im Ries (Gem. Alerheim, Lkr. Donau-Ries). – 793 *super fluvio Suualauua*; GauN. Swalafeld 795/804 (Kopie 12. Jh.) *Sualeuelden*, 802 *Sualafeld*, ca.802, 810 *Swalafelda*, 814 *Swalaveldun*, 823 *Sualofeld*, nach 824 *Suualafedun*, 867 *Swalafeld* (und weitere Belege). – Grundform FlN. ahd. *Swalwa* f. (mit Sprossvokal *Swalawa*), GauN. ahd. *Swalafeld* (dissimiliert) < *Swalwafeld*, ahd. *Swalwa* ist vermutlich ein als ō-Stamm onymisiertes Adjektiv gm. *swal(l)-wa- zum Verb gm. *swell-a-* 'schwellen'; ahd. *Swalwa* > mhd. *Swalwe*, nach Apokope > *Schwalb*. Parallelnamen: RaumN. die Küh-Schwalb (Gem. Kuchl, PB Hallein, Salzburg, A) mit HofN. Schwalber, 1125 *usque Swalwen*, 1144–47 *particulam silve, que vulgo Swalewe vocatur*, 1156 (verfälscht 1156–60) *usque Swalwen*, 1194 *usque Swalwen*; 1290 *die Swaluwe, Zwalewen*, Gewässer, an dem Lage und Hooge Zwaluwe (Gem. Drimmelen, Prov. Noord-Brabant, NL), 1291 *van der Zwaluwe*, liegen; River Swale (Yorkshire, GB), ca.731 (8. Jh.) *Sualua, Swalwa*, ca.890 (ca.1000) *Swal(e)wan* < ae. *Swalwe*. – N.N., *HG.A.20*; Hausner/Schuster, *Namenbuch*, S. 992; Schönfeld, *NW*, S. 99; Watts, *EPN*, S. 593.

– ²Schwalb, l.z. Hornbach (z. Schwarzbach z. Blies z. Saar z. Mosel z. Rhein), entsteht aus drei Quellgräben am Ortsrand von Lemberg (Dep. Moselle, F), bildet ab Loutzviller (Dep. Moselle) die deutsch-französische Staatsgrenze, mündet in Hornbach (Lkr. Südwestpfalz, D). – Um 742 (Neufassung um 815) *Suuabalba*, 796 (Kopie, Regest) *Sualba*, um 1150 *ad fluvium ... Sualba*, 1445 (Kopie, Regest) *die Swalbe*, 1563/64 (Kopie 1738) *die Swolb*, 1822 *die Schwolb*, 1983 *Schwalb*; ON. † Schwalben (südlich von Hornbach), 1286 *de Sualba*, 1400 *gen Swalben*, 1456 *Schwalben*, 1500 *hoff Swalbenn*, 1563/64 (Kopie 1738) *der hoff zu Schwalbach*. – Grundform FlN. ahd. *Swābalba*, Kompositum mit dem Grundwort ↗ alb und dem StammesN. ahd. *Swāba* 'die Schwaben, Alemannen', mit der siedlungsgeschichtlich begründeten Bedeutung 'Schwaben-Alb'. – Spang, *HG.A.13*, S. 70; Dolch/Greule, *Pfalz*, S. 427 f.

Schwalbach

l.z. Sulzbach (z. Nidda z. Main z. Rhein), entsteht in Schwalbach am Taunus aus dem Zusammenfluss von Waldbach und Sauerbornsbach, einem silikatischen Mittelgebirgsbach, mündet in Sulzbach (Taunus) (Main-Taunus-Kreis, Hessen, D). – ON. Schwalbach am Taunus (Main-Taunus-Kreis), 781 (Kopie 12. Jh.) *in uilla Sualbach*, 782 (Kopie 12. Jh.) *in Sulbacher marca* (lies *Sualbacher*), 783 (Kopie 12. Jh.) *in Sualbach* (und weitere Belege). – Der mehrfach, vor allem im Taunus vorkommende Name *Schwalbach* tritt dort auf, wo eine Mineralquelle an dem Bach oder in seiner Nähe liegt, 'Bach am Schwall (an der sprudelnden Mineralquelle)', ↗ Schwollbach. – Sperber, *HG.A.7*, S. 155; Bach, *Mineralquellen*, S. 225–227.

Schwalben-

-bach, -graben, -grund, -pfuhl, -weiher, Bestimmungswort nhd. *Schwalbe* f. – Fischer, *BNB 10*, S. 257.

Schwale, die

r.z. Stör (z. Elbe), entspringt bei Gönnebek (Kreis Segeberg, S.-H., D), fließt durch die Stadt Neumünster (S.-H.), mündet südlich der Wittorfer Burg (Neumünster). – */de Schwål/*, Ende 12. Jh. *ad rivulum ... Suale*, 1314 *ad fluvium Suale*, um 1450 *des bekes der Swalen*, 1632 *am Schwalenbeck*, 1640 *in der Schwale* (und weitere Belege). – Grundform gm. *Swalō*, Feminin des Adj. nordgm. *swala-* 'kühl', Parallelnamen awn. *Svǫl*, in der Edda genannter Fluss; *Svalė, Svalià*, Flüsse in Litauen. – Udolph, *HG.A.16*, S. 309 f.; Heidermanns, *Primäradjektive*, S. 572.

Schwall, die

(auch Klausbach) r.z. Mühlbach (z. Lahn z. Rhein), mündet bei Nastätten (Rhein-Lahn-Kreis, Rh.-Pf., D). – 1614 *das waßer die Schwall, vonn der Schwall*; ON. Hof Schwall (Stadt Nastätten), 1361 *in dem Swalle*; ON. Schwallschied (Grebenroth, Gem. Heidenrod, Rheingau-Taunus-Kreis, Rh.-Pf.), um 1250 *Swalscheid*, um 1520 *Schwalsett* 'an der Wasserscheide, wo die Schwall entspringt'. – Grundform mhd. *(ze dem) Swalle* 'am Wasserschwall' ↗ Schwalbach ↗ Schwollbach, später mit femininem Genus durch Analogie zu *Schwalbe*. – Faust, *HG.A.4*, S. 70.

Schwalm, die

– ¹Schwalm, r.z. Eder (z. Fulda z. Weser), entspringt bei Storndorf (Gem. Schwaltal, Vogelsbergkreis, Hessen, D), fließt durch die Niederungslandschaft Schwalm, mündet nach 97 km zwischen Rhünda und Altenburg (Gem. Felsberg, Schwalm-Eder-Kreis, Hessen). – 1290 *in aqua ... Svalmene*, 1368 *biz uf dy Swalme*, 1413 *Swalme*, 1446 *die Swalma, uff der Swalme*, um 1530 *Sualma*, 1572 *uber die Schwalma*, 1574 *Schwalm*; ON. † Nieder-, Oberschwalmen, 782 (Fälschung 1057) *in Sualmanaha*, 812 (Kopie) *Sualmana*, 825 *Sualmenaha*, 1013 *Sualmanaha*, 1450 *Swalme*, 1490 *Obernschwalmen*; ON. Schwalmtal, ON. Schwalmstadt (Schwalm-Eder-Kreis). – Ausgangsform ahd. *Swalmana* f., zur Verdeutlichung teilweise komponiert als *Swalmanaha*, > mhd. *Swalme(n)*, gekürzt > *Schwalm*, entspricht gm. *swal-man-* (fnhd. *swalm* '(Wasser)schwall, Strudel'), ablautend zu gm. *swul-man-* n. 'Wasserschwall' ↗ ²Sulm. Parallelname ↗ Schwelme. – Sperber, *HG.A.5*, S. 95; Berger, *Geographische Namen*, S. 240.

– ²Schwalm, ndl. Swalm, r.z. Maas, entspringt südlich von Tüschenbroich (Stadt Wegberg, Kreis Heinsberg, NRW, D), fließt durch den Naturpark Maas-Schwalm-Nette, ON. Schwalmtal (Kreis Viersen, NRW), mündet nach 45km bei Swalmen (Gem. Roermond, Prov. Limburg, NL). – ON. Swalmen, Ende 12. Jh. (Kopie ca.1192) *de Sualmo*, 1293 *de Zwalmen*. – Grundform entweder *Swalmana* ↗¹Schwalm oder gm. *Swalmō*, Ableitung mit *m*-Suffix von gm. *swell-a-* 'schwellen'. – Schönfeld, *NW*, S. 98; Künzel/Blok/Verhoeff, *Lexicon*, S. 419.

Schwalmke, der r.z. Holtenser Bach (z. Moore z. Leine z. Aller z. Weser), mündet südlich von Moringen (Lkr. Northeim, Niedersachsen, D). – 1622 *ober dem Schwolmiche*, Anfang 18. Jh. *uf die Schwalmbke*, um 1750 *auf den Schwalmcke, beym Schwalmke*. – Grundform mndd. *Swalm-beke* oder mndd. *Swālen-beke* > *Swālmb(e)ke*, Kompositum mit dem Grundwort mndd. *beke* 'Bach' und mndd. *swalm* 'Qualm, Dunst' ↗Schwalm oder mndd. *swāle* 'Schwalbe' als Bestimmungswort. – Kettner, *HG.A.8*, S. 114f.; Kettner, *Leine*, S. 272.

Schwanditz-Bach z. Deutschen Bach (z. Blaue Flut z. Gersten-Bach z. Pleiße z. Weiße Elster z. Thüringische Saale z. Elbe). – ON. Schwanditz (bei Altenburg, Lkr. Altenburger Land, Thüringen, D), /švanc/, 1140 *Zvenz*, 1349 PN. *Swencz*, 1388 *Swencz*, 1545 *Schwentz*, Adelsgeschlecht *von Schwenz*. – Ausgangsform slaw. (asorb.?) *Svętc, -a* zu urslaw. *svętъ* 'stark, heilig' ↗Schwanzsee ↗Schwenze, ins Deutsche übernommen als *Zwenz > Schwenz*, in Anlehnung an Ortsnamen wie *Schwand* hyperkorrekt erweitert > *Schwand-itz*. – Ulbricht, *Saale*, S. 111.

Schwane-/-n- -*bach*, -*graben*, -*pfuhl*, -*see*, -*teich*, -*zug*, z.B. Schwanenbach, l.z. Reichenbach (z. Gutach z. Kinzig z. Rhein) mit ON. Schwanenbach (Reichenbach, Stadt Hornberg, Ortenaukreis, B.-W., D). Bestimmungswort mhd. *swane* swM., as. *swan* 'Schwan', ↗Schwansee. – Geiger, *HG.A.2*, S. 124; Fischer, *BNB 10*, S. 257.

Schwansee in der Gem. Schwangau (Lkr. Ostallgäu, Bayern, D). – 1332 *sê ze Swansê*; ON. Schwangau, (ca.1146–1147) *de Swanegow*. – Kompositum, dessen erster Bestandteil mit mhd. *swan* 'Schwan' ↗Schwane identisch ist, nach dem Vorkommen von Schwänen benannt. ON. Schwangau, Kompositum mit dem Grundwort -*gau* 'offenes Land' und mhd. *swane* 'Schwan'. Die Landschaft, in der Schwangau Ende des 6. Jh. entstand, ist von Seen und Flüssen geprägt, das Vorkommen von Schwänen dürfte landschaftsbestimmend gewesen sein. – Steiner, *Füssen*, S. 162–164, 165.

Schwansener See Binnensee an der schleswig-holsteinischen Ostsee (Kreis Rendsburg-Eckernförde, S.-H., D). – 1462 *circa stagnum Swantze*, 1509 *by Swantzssee*, 1649 *Swansersee*; LandschaftsN. Schwansen, dn. Svans, Halbinsel zwischen Eckernförder Bucht und Schlei (S.-H.), 1231 *in Swansø*, 1260 *Svansio*, 1268 *in Suansøe*, 1421 *in Swantzen*. – Grundform SeeN. adän. *Svansio, Swansø* 'Schwanensee' ↗Schwane-, auf den LandschaftsN. übertragen und an andere Ortsnamen als *Schwans-en* angepasst. – Kvaran, *HG.A.12*, S. 161; Laur, *Schleswig-Holstein*, S. 589f.

Schwanzsee östlich von Küstrinchen (Stadt Lychen, Lkr. Uckermark, Brandenburg, D). – 1375 *stagnum ... Swantyke*, 1511 *ut deme Swante*, 1536 *vppe dheme szuanthe*, 1575 *Der Schwantz*, 1576 *den Schwand*, 1578 *Den Schwandt*, 1685 *Schwanz*, 1735/61 *Schwanzsee*. – Ausgangsform apolab. *Svęt-* zu apolab.*svętъ* 'heilig', urslaw.*svętъ* 'stark, heilig' ↗Schwanditz ↗Schwenze, vielleicht mit mythologischer Motivation. – Wauer, *HG.A.17*, S. 160; Fischer, *BNB 10*, S. 257f.

Schwartau die l.z. Trave (z. Ostsee), entpringt aus dem Dodauer See zwischen Plön und Eutin (Kreis Ostholstein, S.-H., D), fließt durch (das Moorheilbad) Bad Schwartau (Kreis Ostholstein), mündet nach 39km gegenüber dem Schellbruch (Stadt Lübeck, S.-H.), vor der Begradigung stark mäandrierend. – Um 1200 *ad amem ... Zwartowe*, 1215 *in szartowe*, 1216 (Kopie 14. Jh.) *Stwartowe* (lies *Szwartowe*), 1234 *zwartowe*, 1250 *in Zuartowe*, 1287 *suartowe*, 1298 *Zwartowe* (und weitere Belege), 1650 *Swartaw*; ON. Bad Schwartau, 1215 *molendini Zwartowe*, 1258 *in hospitali apud Zvartovwe*. – Ausgangsform apolab. *Svartova, *Svartava* 'die Windungsreiche', abgeleitet von apolab. *svart* (< urslaw. *sъvortъ*) 'Krümmung, Windung, Biegung', möglich ist auch die Grundform mndd. *Swart-ouwe* 'Schwarzwasser' (mit Bezug auf den Schellbruch) ↗Schwarz-. – Kvaran, *HG.A.12*, S. 161f.; Laur, *Schleswig-Holstein*, S. 590.

Schwarz, die (auch *die Schwarzbach*, im Oberlauf *Bruchgraben*), r.z. Fulda (z. Weser), mündet bei Unter-Schwarz (Stadt Schlitz, Vogelsbergkreis, Hessen, D). – 801 (Kopie um 1160) *in Suuarzaehafurt*, 1584 *in der Schwarz*; ON. Unter-Schwarz, 1559 *Niddernschwartz*, 1613 *Unnternn Schwartz*; ON. Langenschwarz (Markt Burghaun, Lkr. Fulda, Hessen), (um 1404) (Kopie) *tcu alden Swartza*, 1498 (Kopie um 1500) *Alden Swartz*, 1617 *Langenschwartz*, 1677? *Schwartza vulgo Langenswart*. – Grundform FlN. ahd. *Swarzaha* > mhd. *Swarza* > *Schwarze/Schwarz*, Kompositum mit dem Grundwort ahd. *aha* 'fließendes Gewässer' und ahd. *swarz* ↗Schwarz-. – Sperber, *HG.A.5*, S. 96; Reichardt, *Gießen*, S. 338–340.

Schwarz-/-e-/-en-/-er -a, -ach(en), -achbach, -achgraben, -au, -aubach, -bach/-bächle/-bächlein, -bachgraben, -beeckel-beeke/-bek/, -berggraben, -born, -brunn(en), -brunnbach, -brunngraben, -fluß, -graben/-gräble, -holz-Graben, Kolk, -lache/Lache/La(c)ke, -lachenbach, -lanke, -moos-Bach, -mühlbach, Pfuhl, Pohl, Rie/Riede, -riedgraben, -see, Seifen, Siepen, -steinbach, -strang, Tränke, -waldwasser, -wasser/-wässerle, -wasserseen, -weiher, -wiesenbach. Das Adjektiv schwarz, ahd., mhd. swarz, as., mndd. swart 'dunkelfarbig, schwarz' ist häufiges Bestimmungswort in Komposita oder beschreibendes Attribut in Wortgruppen und Zusammenrückungen, das sich auf durch Moor dunkel gefärbte Gewässer bezieht oder auf Gewässer, in deren Umgebung schwarzes Gestein oder dunkle Wälder vorkommen. – Ulbricht, *Saale*, S. 181; Hausner/Schuster, *Namenbuch*, S. 992–996; Kühebacher, *Ortsnamen* 2, S. 299.

Schwechat, die r.z. Donau, entspringt am Schöpfl im Wienerwald (N.-Ö., A), fließt durch das Helenental, bei Baden münden schwefelhaltige Quellen, mündet bei Schwechat (PB Wien-Umgebung, N.-Ö.). – 1034–41 *iuxta flumen Svechant*, 1058 (Kopie 13. Jh.) *infra Scvechant*, 1072–91 *ad Suechant*, 1136 (Fälschung um 1236) *Swechant*, um 1155–77 (Kopie 17. Jh.) *Schwechandt*, 1156 (Kopie 17. Jh.) *Schwechand*, *Schwechandt*, 1162 *Sweckanth*, gegen 1177 (Fälschung um 1236) *Swechant*; ON. Schwechat, 1114 *de Svechanta*, 1115–20 *de Suehchanti*, 1120–30 *de Suehchant*, 1136 *Swechant*, 1186–92 *Suechan*, *de Swechint*, 1200 *in Swechent*. – Grundform FlN. ahd. *Swechant(i/a)*, Partizip Präsens des Verbs ahd. *swehhan* 'stinken, riechen'. – Hausner/Schuster, *Namenbuch*, S. 996.

Schwedtsee nordöstlich von Ravensbrück (Stadt Fürstenberg/Havel, Lkr. Osthavel, Brandenburg, D). – 1299 (Kopie) *stagnum … Zwett*, 1574 *der Schwedt*, 1667 *See Schweet*, 1719 *Schwed See*, um 1800 *Schwedt S*. – Ausgangsform apolab. *Svět* (apolab. *svět* 'Licht'). – Wauer, *HG.A.17*, S. 162; Fischer, *BNB 10*, S. 259.

Schweimke heute Große Schweimke, l.z. Kleinen Steinau (z. Sieber z. Oder z. Rhume z. Leine z. Aller z. Weser), Kleine Schweimke, r.z. Großen Schweimke. – 1773 *Schweinecke*, 1794 *Große Schweinecke*, *Kleine Schweinecke*, 20. Jh. *große Schweimke*, *Kleine Schweimke*. – Grundform mndd. *Swēnbeke* bzw. *Swīnbeke*, Kompositum mit dem Grundwort mndd. *beke* 'Bach' und mndd. *swēn* 'Schweinehirt' bzw. mndd. *swīn* 'Schwein', assimiliert, gekürzt und verhochdeutscht > Schweimke. – Kettner, *HG.A.8*, S. 115f.; Kettner, *Leine*, S. 273f.

Schwein-/-e-/-s- -ach, -bach/-bächle, -eggerweiher, -fleth, -fließ, -garten-See, -graben, -grabenweiher, -kolk, -kuhle, -kutengraben, -pfuhl, -siep, -teich, -waldbach, -woog, -zuchtbach, z. B. † Schweinbach, heute unbenannter Zubringer z. Münichbach westlich von Gföhler (Gem. Wienerwald, PB Mödling, N.-Ö., A), 1168–77 *Swinbach*; Schweinbach, r.z. Isar (z. Donau), mit ON. Schweinbach (Stadt Landshut, Bayern, D), 822 *ad Suueinpach*. Bestimmungswort a) ahd., as., mhd. *swīn*, nhd. Schwein (< gm. *swīna-* n.), Benennung nach Wild- oder Hausschweinen, die zur Eichelmast ausgetrieben wurden, b) ahd., mhd. *swein* 'Knecht, Hirt', as. *swēn* m. 'Schweinhirt' (< gm. *swaina-* m.), c) Genitiv des PN. ahd. *Sweino* (*Sweinen-*); ↗ Schweimke ↗ Schweina ↗ Schweinfe. – Hausner/Schuster, *Namenbuch*, S. 997; Snyder, *HG.A.3*, S. 98; Ulbricht, *Saale*, S. 64; Fischer, *BNB 10*, S. 259; Kaufmann, *Ergänzungsband*, S. 334.

Schweina, die r.z. Werra (z. Weser), entspringt am Rennsteig (Thüringerwald) in 625m Höhe, mündet bei Barchfeld (Wartburgkreis, Thüringen, D). – 933 *sueinaha*, 1183 *Sueinaha*; ON. Schweina (Wartburgkreis), 1330 *Hohinsweina*, *Sweina*, *Minussweina* (= Wenigensweina), 1350 *zu Sveyna*, 1352 *Wenigen Sweyna*, 1402 *zu Sweina*. – Grundform ahd. *Sweinaha* 'Bach des/der Schweinehirten', Kompositum mit dem Grundwort ahd. *aha* 'Fließgewässer' und ahd. *swein* m. 'Knecht, Hirt' bzw. mit dem Genitiv des PN. ahd. *Sweino* (*Sweinen-*) als Bestimmungswort, *Sweinenaha* haplologisch gekürzt > *Sweinaha*, ↗ Schwein-. – Sperber, *HG.A.5*, S. 97.

Schweinfe, die r.z. Wohra (z. Ohm z. Lahn z. Rhein), entspringt im Kellerwald bei Löhlbach (Gem. Haina, Lkr. Waldeck-Frankenberg, Hessen, D), mündet in der Stadt Gemünden/Wohra (Lkr. Waldeck-Frankenberg). – 1571 *die Schweinffe*, 1648 *das waßer die Schwei(n)ffe*; ON. † Oberschweinfe (Gem. Haina), † Niederschweinfe (Lage unbekannt), 1196 *Suinephe*, um 1200 *Swinefo*, 1215 *Svinefe*, 1255 *Suinefa*, 1530 *Schwinpfe*. – Ausgangsform FlN. ahd. *Swīnaffa* > mhd. *Swīneffe*, synkopiert > *Swīnfe* > nhd. Schweinfe, Kompositum mit dem Grundwort ahd.↗ affa und ahd. *swīn* n. '(Wild-)Schwein' ↗ Schwein-, benannt nach Wildschwein-Vorkommen im Kellerwald. – Faust, *HG.A.4*, S. 70f.

Schweinzbach l.z. Melk (z. Donau), mündet südlich von Schachau (Gem. Oberndorf an der Melk, PB Scheibbs, N.-Ö., A). – 1263 *aqua Sweinze*, 1289/93 *in der Sweinz*; ON. Ober-Schweinz, ON. Unter-Schweinz (Gem. Oberndorf an der Melk), um 1165 (Kopie 13. Jh.) *de Swinze*, um 1165 *de Swinzze*, 1186/92 *de Swinze*, 1289/93 *Sweinz*, 1300 *Sweinz*, 1449 *Nider Sweincz*. – Ausgangsform FlN. slaw. *Swinica*/

*Swinъcь 'Bach, wo Schweine sind', abgeleitet von slaw. *swina/*swinъ 'Schwein', ins Bairische integriert als (mhd.) *Swīntze, diphthongiert, apokopiert und palatalisiert > Schweinz-, zur Verdeutlichung komponiert mit Grundwort -bach. – Hausner/Schuster, Namenbuch, S. 997; Bergermayer, Glossar, S. 259 f.

Schwelk, die r.z. Westlichen Günz (z. Günz z. Donau), mündet bei Ottobeuren (Lkr. Unterallgäu, Bayern, D). – 1572 Schwelk. – Onymisierung des Adj. mhd. swelc 'welk, mürbe', mhd. swelken 'welken', Benennung des Wasserlaufs nach seiner Neigung auszutrocknen. – Snyder, HG.A.3, S. 98.

Schwelme, die r.z. Wupper (z. Rhein), entspringt in Schwelm (Ennepe-Ruhr-Kreis, NRW, D), fließt streckenweise unterirdisch und verrohrt, mündet bei Wuppertal-Oberbarmen (NRW). – ON. Schwelm, 9./10. Jh. In uilla Suelmin (hierher?), 10. Jh. De Swelme, 11. Jh. de Suelmiu, 1085 in uilla Suelme, 1121, 1189 Swelme, 1186 Svelme (und weitere Belege), 1236 apud Swelmin, 1252 Swilme, 1337 Swelme (und weitere Belege), 1466 von Schwelme, 1499 Swelm. – Grundform as. *Swelmin-, gekürzt > Swelme/Schwelme; *Swelmin-, repräsentiert entweder gm. *swel-man- oder eher gm. *swalmin- > as. *Swelmin-) wie gm. *swalman- ↗ Schwalm und *swulman- ↗ Sulm; Nominalisierung des Verbs gm. *swell-a- 'schwellen' mit der Grundbedeutung 'Wasserschwall'. – Schmidt, HG.A.6, S. 70.

Schwemm- -bach, -fließ, -graben, -kiete, -kolk, -kute, -pfuhl, -see, -wasser. Bestimmungswort Schwemme f. 'flache Stelle eines Gewässers, an der Pferde und Schafe ins Wasser getrieben werden, um sie zu waschen'. – Ulbricht, Saale, S. 107; Fischer, BNB 10, S. 259 f.

† Schwendenbach jetzt Ruhebächle, l.z. (oberen) Alb (z. Rhein). – 983 Svvendenbach, 1065 (Kopie) Suendenbach, 1123 Svvendenbach, 1467 Schwendbach, 1780 Schwembach. – Grundform FlN. ahd. *Swendendbach, vereinfacht > Swendenbach, Kompositum mit dem Partizip Präsens des Verbs mhd. swenden 'verschwinden lassen, roden', Benennungsmotiv ist vermutlich, dass der Bach durch Rodungsgebiet floss. – Geiger, HG.A.2, S. 128.

Schwentine, die z. Kieler Förde (Ostsee), entspringt am Bungsberg (Gem. Schönwalde am Bungsberg, Kreis Ostholstein, S.-H., D), fließt durch die Holsteinische Schweiz, mündet nach 62km. Alte Schwentine, l.z. Schwentine in Preetz (Kreis Plön, S.-H.). – /de schwen´tien/, Ende 11. Jh. in ... flumen Zuentinam, 1222 Zwentine (und weitere Belege), 1281 Swentinam, 1461 vppe der Swentyne, 1485 up der Swentin; GebietsN. † Schwentinefeld, 9. Jh. locus ... Suentana; ON. Schwentinemünde, heute Neumühlen (Kiel, S.-H.), 1224 a Zwentinemunde, ON. Schwentinental (Kreis Plön). – Ausgangsform apolab. *Svętina, mit dem Suffix -in- abgeleitet von urslaw. *svętъ 'stark, heilig'; Benennung nach der Größe der Schwentine, die einer der längsten Flüsse Schleswig-Holsteins ist. – Kvaran, HG.A.12, S. 162; Laur, Schleswig-Holstein, S. 162.

Schwenze, die l.z. Dosse (z. Havel z. Elbe), mündet bei Neustadt/Dosse (Lkr. Ostprignitz/Ruppin, Brandenburg, D). – 1736 Die Schwentz, 1772 Schwantze, 1788, 1799, 1841 Schwänze. – Ausgangsform apolab. *Svętica, abgeleitet von apolab.*svęt 'heilig' ↗ Schwentine, ins Deutsche über *Schwantize, mit Umlaut und Synkope, integriert als *Schwäntze/ Schwenze. – Wauer, HG.A.17, S. 163; Fischer, BNB 10, S. 260.

Schwielowsee im Flusslauf d. mittleren Havel (Gem. Schwielowsee, Lkr. Potsdam-Mittelmark, Brandenburg, D). – 1190 (Kopie) in lacu Surlou (lies Suilou = Svilov), 1205 (Kopie 14. Jh.) in Stagno Zwilowe, 1207 (Kopie) in stagno Szvilov, 1623 ufm Schwielow, 1851 Der Schielow See. – Deutung unklar. Vielleicht liegt vorslaw. *Sųīlo-/-ā < urig. *suiH-ló-, Verbaladj. zu dem nur im Germanischen belegten Verb urig.? *sueiH- 'schwinden' zugrunde, mit Bezug auf ein temporäres Absinken des Wasserstandes. – Wauer, HG.A.17, S. 163; Fischer, BNB 10, S. 260; Rix, LIV, S. 609.

Schwienau, die l.z. Gerdau (z. Ilmenau z. Elbe), entspringt in der Lüneburger Heide nördlich von Brockhöfe bei Wriedel (Lkr. Uelzen, Niedersachsen, D), mündet bei Groß Süstedt (Gem. Gerdau, Lkr. Uelzen). – 1320 Svinouwe, 1473 uppe der Swinouwe, 1477 uppe der Swynouwe, 1484 prope Swynouwe, Swinawe, 1559–79 in die Schweinau, 1775 Schwinau, um 1820 Schwienau, ON. Schwienau (Lkr. Uelzen). – Grundform mndd. *Swīnouwe, Kompositum mit dem Grundwort mndd. ↗ ouwe und mndd. swīn 'Schwein' als Bestimmungswort, ↗ Schwein-. – Udolph, HG.A.16, S. 311 f.

Schwillach r.z. Sempt (z. Isar z. Donau), entspringt nördlich von Pastetten (Lkr. Erding, Bayern, D). – /šwuja/, ca.1100 iuxta Svilnaha, 1543 an der Schwillach, 1579/89 Schwillaha; ON. Oberschwillach (Gem. Pastetten), ON. Unterschwillach (Gem. Ottenhofen, Lkr. Erding, Bayern), ca.1075–1115 Svilnaha, Suilnaha, ca.1165 de Swilnahe. – Grundform FlN. ahd. *Swilinaha, Kompositum mit dem Grundwort ahd. aha 'Fließgewässer' und FlN. *Swilina <

gm. *Swelinō f., mit n-Suffix vom Stamm *swel-/ swal- 'anschwellen' bzw. 'Schwelle (Vorrichtung, durch die das Wasser gestaut und abgelassen werden kann)' abgeleiteter Name mit der Bedeutung 'die von Zeit zu Zeit anschwellende Ache'; ahd.*Swilinaha mit Synkope und Apokope > mhd. *Swilnach, mit Palatalisierung des Anlauts (sw- > schw-) und Assimilation (-ln- > -ll-) > Schwillach. Parallelname FlN. (vorslaw., gm.?) Swelina, z. Danziger Bucht (Ostsee, PL), 1235 rivulum Swelina. – Snyder, HG.A.3, S. 98; Baumann, Erding, S. 175; Rzetelska-Feleszko, HE.2, S. 113.

Schwimmbach r.z. Vils (z. Donau). – Ca.1563 duos Schwindbach rivi fontes; ON. Ulrichswimmbach (Gem. Marklkofen, Lkr. Dingolfing-Landau, Bayern, D), ON. Georgenschwimmbach (Markt Frontenhausen, Lkr. Dingolfing-Landau), 883–887 loco suuindpah, 889–891 Suuindpah. – Grundform ahd. *Swindbach, Kompositum mit dem Grundwort -bach und (mhd.) (ge)swinde 'stark, ungestüm, rasch', ↗ † Schwindach. Schwindbach mit Vereinfachung von /-ndb-/ > /mb/ > Schwimmbach. – Snyder, HG.A.3, S. 98.

† Schwindach, die alter Name der Goldach, r.z. Isen (z. Donau), mündet in Schwindegg (Lkr. Mühldorf am Inn, Bayern, D). – 857–864 prope fluvio … Suindaha, 1560 am Wasser Schwindach; ON. Großschwindau, Kleinschwindau (St. Wolfgang, Lkr. Erding, Bayern), 865 Suin<d>aha; ON. Schwindkirchen (Stadt Dorfen, Lkr. Erding), 806–810 (Kopie 824) Suuindkhiricha, 1166–1172 Svvîntkirchen, 1196 Svintchirchen (Klammerform < ahd. *Swint(aha)kiricha); ON. (BurgN.) Schwindegg, 1315 (Kopie 1557) Swindeckh, 1407 Swindekk, 1507 Swindegkh. – Grundform FlN. ahd. *Swindaha, Kompositum mit dem Grundwort ahd. aha 'Fließgewässer' und (mhd.) (ge)swinde, as. swīth, ae. swīd, awn. svinnr, gt. swinþs < gm. *swenþa- 'stark, ungestüm, rasch' als Bestimmungswort. – Wagner, Suuindaha; Reitzenstein, Oberbayern, S. 255f.

Schwindebach, die l.z. Luhe (z. Ilmenau z. Elbe), entspringt aus der zweitgrößten, unter Naturschutz stehenden Quelle in Niedersachsen (Gem. Amelinghausen, Lkr. Lüneburg, Niedersachsen, D), mündet in Schwindebeck (Gem. Sodersdorf, Lkr. Lüneburg). – 1476 de Swenebecke, 1559–79 die Schwennebeck, um 1820 die Schwindebeke; ON. Schwindebeck, 1295 de Swenoldebeke, 1302 de Svenoldebeke, 1325 Swendelbeke, 1365, 1392 Swenebeke, 1365 van Svembeke, 1387, 1432 Swendebeke (und weitere Belege), 1593 Schwindebeck. – Grundform FlN. mndd. *Swenoldenbeke, Kompositum mit dem Grundwort mndd. beke 'Bach' und dem Genitiv des PN. mndd. *Swenolde (*Swenolden-) als Bestimmungswort. Swenoldebeke > *Swenelebedeke (mit l-Metathese 1325 Swendelbeke) verkürzt > Swendebeke, palatalisiert > Schwendebeck (assimiliert > Schwennebeck), verhochdeutscht zu Schwinde-bach, mit ironischer Anspielung auf die wasserreiche Quelle? – Udolph, HG.A.16, S. 312.

Schwinge, die
– ¹Schwinge, l.z. Elbe, entspringt im Hohen Moor bei Mulsum (Gem. Kutenholz, Lkr. Stade, Niedersachsen, D), in Stade wird der Oberlauf durch ein Siel vom Tidefluss getrennt, im Unterlauf schiffbar, mündet nach 28,7km bei Stadersand (Stade). – 13. Jh. (zum Jahr 1216) super Swenge, 1263 ad portum, que Swinge uocatur, 1285 uor der Swynghen, 1314 swingha, 1314 aquam Svingam, 1318, 1323, 1338 Svingham, 1339 Svinghe, Svingam, 1364 swingge (und weitere Belege), 1568 Schwinge; ON. Schwinge (Gem. Fredenbeck, Lkr. Stade), 1219 de Swinghe, 1299 de Swinga, 1320 de Swinghe, um 1500 van Schwinge; FlurN. 1310 Svingerlant. – Udolph, HG.A.16, S. 312f.
– ²Schwinge, l.z. Peene, entspringt westlich von Behrenhoff (Lkr. Vorpommern-Greifswald, M.-V., D), mündet nach 24km östlich von Loitz (Lkr. Vorpommern-Greifswald). – 1248 Zwinga; ON. Schwinge (Stadt Loitz). Grundform FlN. as. *Swinga, Nomen loci zum Verb as. swingan 'sich ausbreiten' (< gm. *swengw-a- 'schwingen'), tiswingan 'auflösen'; die Benennung nimmt Bezug auf den Unterlauf des Flusses, der von den Gezeiten (zunehmender und abnehmender Wasserstand) betroffen ist. – Seebold, starke Verben, S. 493.

Schwobbach
– ¹Schwobbach, l.z. Saarbach (z. Sauer z. Rhein), entspringt im westlichen Wasgau (Rh.-Pf., D) im Staatsforst Schönau, mündet nördlich von Schönau (Lkr. Südwestpfalz, Rh.-Pf.). – 1788 Schwobbach, 1606 Schwabbachswögle; TalN. Schwob-Tal, 1159 Svaptal. – Klammerform *Schwab(tal)bach, mundartlich > Schwob(b)ach, Kompositum mit dem Grundwort -tal und dem Genitiv des Ethnonyms ahd. Swāba 'die Schwaben' (*Swābo-) ↗ ²Schwobbach. – Greule, HG.A.15, S. 96f.
– ²Schwobbach (auch Schwobach), r.z. Leine (z. Aller z. Weser), mündet südlich von Schönau (Gem. Uder, Lkr. Eichsfeld, Thüringen, D). – /šwˈōbx/, 1323 molendinum in Schwabbach, 1676 Uff den Schwobach, uf dem Schwobbach, 1853/54 Schwobbach; ON. Schwobfeld (Lkr. Eichsfeld, Thüringen, D), /šwòbfald/, 1323 in Schwabfelde, 1358(?) in Swapueld, 1364 Schwobfeld, 1534 zu Swopfeld, Swopfeld, 1605 Schwabfelt. – Möglicherweise Klammerform *Schwāb(feld)bach, der ON. Schwabfeld kann auf ahd. *Swābofeld 'Feld der Schwaben' zurückgeführt werden. – Kettner, HG.A.8,

S. 116; Müller, *Heiligenstadt*, S. 78f., 102; Kettner, *Leine*, S. 274.

Schwollbach l.z. Nahe (z. Rhein), entspringt in der Nähe des Erbeskopfs im Idarwald bei Schwollen (Lkr. Birkenfeld, Rh.-Pf., D), mündet in Kronweiler (Lkr. Birkenfeld). – ON. Schwollen (bekannt durch Mineralquellen), 1438 *Swallen.* – Grundform *Schwalbach*, Deutung ↗Schwall ↗Schwalbach. – Greule, *HG.A.15*, S. 97.

Schwülme, die r.z. Weser, entsteht im Solling aus mehreren Quellbächen (Lkr. Northeim, Niedersachsen, D), mündet nach 29km und einem Höhenunterschied von 233m bei Lippolsberg (Gem. Wahlsburg, Lkr. Kassel, Hessen). – 1089–93 (Fälschung 1125–51) *in flumine Suulmusa*, 1212, 1240 *Suilmosa*, 1299 *Swulmosa*, 1314 *Swilmosa*, 1491 *Swulmeßen*, 1513 (Kopie) *in der Swulmeße*, 1537 *Swulmesße*, 1554 *an die Swollmisse*, 1569 *Schwölmß*, 1576 *vber die Schwulms*, 1587 *die Schwulm*, 1588 *mit der Schwolms*, 1591 *die Schwulme*, 1592 *Schwülmbs*, 1593 *an der Schwulms* (und weitere Belege), 1784 *die Schwülme.* – Grundform as. *Swulmisa* > mndd. *Swölmese/*Swülmese* > ndd. *Schwülms/Schwülme*, mit dem Suffix gm. -*is*-ō f. zum Flussnamen abgeleitet von gm. *swulma-* 'Wasserschwall'(?) ↗Solmsbach, zum Verb gm. *swell-a-* 'schwellen' (ae. *swyle* 'Geschwulst' < gm. *swuli-*). – Kramer, *HG.A.10*, S. 61f.; Seebold, *starke Verben*, S. 489f.

Schyrne, die Quelle der Sormitz (z. Loquitz z. Thüringische Saale z. Elbe) bei Bad Lobenstein (Saale-Orla-Kreis, Thüringen, D). – 1071 *ad fontem … Schyrne.* – Ausgangsform asorb. *Čiŕna* 'die Schwarze', urslaw. *čьrnъ* 'schwarz', ↗Sierning. – Hengst, *Südwestsachsen*, S. 132.

Sechta, die

– ¹Röhlinger Sechta, r.z. Jagst (z. Neckar z. Rhein), entsteht aus dem Zusammenfluss von Sonnenbach und Weiherbach bei Pfahlheim (Ostalbkreis, B.-W., D), mündet oberhalb von Rainau-Schwabsberg (Ostalbkreis). – 1024 *ad Sehtam, de Sehtan*, 1152 *ad Segtan.* – Schmid, *HG.A.1*, S. 105.

– ²Schneidheimer Sechta, l.z. Eger (z. Wörnitz z. Donau), entspringt nordöstlich von Tannhausen (Ostalbkreis, B.-W., D), mündet in Bopfingen (Ostalbkreis). – /sɛχdə/, 1298 *apud fluvium Sehtan*, 1299 *inter fluvium Sehtan*, 1312 *fluuium … Sehtan*, 1335 *ienhalp Saehtan*, 1339 *an der Sehtan*, 1347 (Kopie um 1447) *bey der Sechtach* (und weitere Belege), 1863 *Sechta*; ON. Sechtenhausen, Weiler (Gem. Unterschneidheim, Ostalbkreis), 1279 *in Sechtenhusen*, 1313 *Sehtanhusen*, 1408 *Sechtachusen.* – Reichardt, *Ostalbkreis* 2, S. 190–192.

Grundform FlN. ahd. *Sechta*, schwach flektiert *Sechten* <Sehtan-> < gm. *Sihtō* f., vgl. FlurN. der Sicht (sumpfige Niederung, Gem. Buttelstedt, Lkr. Weimar, Thüringen, D), 1610 *Auf dem Sichte*, FlurN. Gesicht (Wiese und Gehölz mit einer Quelle, Gem. Großobringen, Lkr. Weimar), 1654 *im Sichte*, FlN. Sichtgraben z. Niedenbach (l.z. Scherkonde z. Lossa z. Unstrut z. Thüringische Saale). Die Etymologie ergibt sich durch die Bezugnahme der Namen auf ae. *seohtre* f., mndd. *sichter, sechter*, FlN. Sichter, l.z. Wiebelsaat (z. Volme z. Ruhr z. Rhein) < gm. *sihtrōn-* 'Abzugsgraben' als alte *t*-Ableitung von gm. *seihw-* (ahd. *sīhan* 'seihen'), gm. *sih(w)ta-*. In den Flussnamen, die von gm. *seihw-* abgeleitet sind, liegt die ursprünglich allgemeinere Bedeutung des Verbs, ig. *seikᵘ-* 'ausgießen', ved. *sécate* 'ergießt sich', Verbaladjektiv *sikᵘ-tó-*, ('Gießbach'?) noch vor. – Hänse, *Weimar*, S. 151; Ulbricht, *Saale*, S. 25; Remmers, *Aaltukerei*, S. 202; Schmidt, *HG.A.6*, S. 71; Barth, *Sieg und Ruhr*, S. 172; Seebold, *starke Verben*, S. 389–391; Rix, *LIV*, 523.

Seckach, die r.z. Jagst (z. Neckar z. Rhein), 1303 *die bach genant Seckach*; ON. Seckach, (Neckar-Odenwald-Kreis, B.-W., D), 802 (Kop. 12. Jh.) *in Secheimer marca*, 805–813 (Kop. 12. Jh.) in *Seccaher*, 835 (Kop. 12. Jh.) *Seggaha*, 996 *Sekaha*, 1387 *Secka*, ca. 1526 *Seckach.* – Ausgangsform FlN. ahd. *Seck-aha* (<*Sikk-aha*), Kompositum mit dem Grundwort ahd. *aha* und einem zu *sickern* 'langsam und anhaltend tröpfeln' gehörenden Bestimmungswort *sikk-*, vgl. ripuarisch-niederfrk. *sicken, secken* 'urinieren', rhein. FlN. Secke f. 'Stelle, wo Wasser hervortritt und träge abfließt'; *sikk-* ist mit Intensivgemination zu germ. *seig-* 'sinken' gebildet. Der Beleg 802 (Kopie 12. Jh.) *in Secheimer marca* enthält mit dem Adjektiv *Secheimer* eine hyperkorrekte Klammerform *Seck(ach)heimer.* – Schmid, *HG.A.1*, S. 105.

Seckau, die r.z. Nette (z. Innerste z. Leine z. Aller z. Weser), mündet bei Engelade (Stadt Seesen, Lkr. Goslar, Niedersachsen, D). – 1578 *Seckaw*, Mitte 17. Jh. *auf der Sekauwen*, 1699 *die Seckauw*, 1757 *Seckau.* – Kompositum mit dem Grundwort ↗ouwe und gm. *sikk-* ↗Seckach als Bestimmungswort. – Kettner, *HG.A.8*, S. 116.

Seckbach r.z. Holzbach (z. Elbbach z. Lahn z. Rhein). –(1480–1500), um 1520 *von, jhenseith der Seckbach*; ON. Seck (Westerwaldkreis, Rh.-Pf., D), 1059, nach 1139 *Seckaha*, 1270 *zu Secken*, 1292, 1338, 1447, 1488 *Secke, de Secke*, 1347, 1352 *Sekke*, 1483–84 *Seck.* – Grundform FlN. ahd. *Seckaha* > mhd. *Secka* > *Secke*, apokopiert *Seck*, neuerdings verdeutlichend komponiert mit dem Grundwort -*bach*. Deutung wie ↗Seckach. – Faust, *HG. A.4*, S. 71; Metzler, *Westerwald*, S. 169.

See, -see Diminutiv *Seechen* (ndd. *Seeken, Seiken*), *Seelein-, Seele-,* ahd. *sēo,* mhd. *sē* (Genitiv *sēwes*), mndd. *sē* < gm. **saiwi-* m. 'See, Meer' (< gm. **saigwi-* zu gm. **seihw-a-* 'seihen'?), appellative und propriale Bezeichnung für ein größeres stehendes Binnengewässer, auch für große Ausbuchtungen von Flüssen. – Fischer, *BNB 10,* S. 261–263.

Seeberbach it. Rio di Lago, z. Passer (z. Etsch), fließt im Passeier (Prov. Bozen/Südtirol, I.). – /sääwᵉrpåch/, 1288 *ze Sewe,* um 1770 *Seeber Ba.,* 1840 *Seeberbach*; AlmN. Seeberalm, /af sääwᵉ/. – Zusammenrückung aus **sēwer bach* > *Seeberbach* 'Bach, der im Tal mit meist versumpften Wasseransammlungen (Seen) fließt'. – Kühebacher, *Ortsnamen* 2, S. 306.

Seege, die Fortsetzung als Garte, l.z. Elbe, durchfließt den Laascher See. – Der Name entspricht mndd. *sēge* m. 'langgestreckte, sumpfige Stelle, Flussniederung'. – Udolph, *HG.A.16,* S. 315; Schmitz, *Lüchow-Dannenberg,* S. 234.

Seelbach

– ¹Seelbach, r.z. Würzbach (z. Blies z. Saar z. Mosel z. Rhein). – ON. † Seelbach (Saarland, D), 1180 *de Selebach,* 1360 *de Seilbach,* 1485 *Seylbach,* 1504 *Seylbach,* 1553 *Selbach,* 1698 *Sehlbach.* – Spang, *HG.A.13,* S. 71.
– ²Seelbach, r.z. Palmbach (z. Aar z. Lahn z. Rhein). – ON. † Seelbach (Rheingau-Taunus-Kreis, Hessen, D) 1378 *Selebach.* – Faust, *HG.A.4,* S. 71.
– ³Seelbach, r.z. Dörsbach (z. Lahn z. Rhein). – 1668 *das Selbacher bächlein*; ON. Seelbach (Rhein-Lahn-Kreis, Rh.-Pf., D). 1142 *Selebach* (und weitere Belege), 1144–45 *Selbach.* – Faust, *HG.A.4,* S. 71.
– ⁴Seelbach, l.z. Sieg (z. Rhein). – ON. Seelbach (Lkr. Altenkirchen, Rh.-Pf., D), 1352 *de Seylbach,* 1409 *van Selbach,* 1412 *van Seelbach* (und weitere Belege). – Faust, *HG.A.4,* S. 71.
Kompositum mit dem Grundwort *-bach* und dem Adj. ahd. **selhīn* 'mit Saalweiden (bestanden)' (ahd. *salacha,* mhd. *salche* 'Salweide') > mhd. **selhen/ *selen* als Bestimmungswort; Grundform mhd. **Selhenbach* > **Selenbach,* mit Dehnung in der Tonsilbe > **Sēlebach,* apokopiert **Sēlbach/Seelbach.* – Bach, *Namenkunde* 1, S. 308; Barth, *Sieg und Ruhr,* S. 110 f.

Seel-/-en- *-bach, -kolk, -pfuhl,* z.B. Seelenbach, l.z. Rhein (Gem. Heimbach, Lkr. Mainz-Bingen, Rh.-Pf., D), 1548 *in der selenbach,* 1608–1609 *Im Sehlbach,* 1812 *die Seelbach.* Bestimmungswort wie in ↗ Seelbach? – Greule, *HG.A.15,* S. 97; Fischer, *BNB 10,* S. 263; Halfer, *Flurnamen,* S. 507 (zu mhd. *sal*).

Seemenbach l.z. Nidder (z. Nidda z. Main z. Rhein), entspringt im Vogelsberg nördlich von Ober-Seemen (Stadt Gedern, Wetteraukreis, Hessen, D), mündet nach 37 km bei Lindheim (Gem. Altenstadt, Wetteraukreis). – ON. Ober-Seemen, Mittel-Seemen, Nieder-Seemen (Stadt Gedern), um 1000 *Siemina,* 1264 *Symene,* 1421 *an den zwenen Dorffern … Symen,* 1422 *Mittelseemen, Nyderseemen, Nydersemen,* 1441 *czu Ober Symen.* – Grundform (ahd.) **Simina, n-*Ableitung von gm. **sim-,* awn. *simi* swM. (< gm. **sim-en-*) 'Meer' ↗ Simmerbach. Nicht ausgeschlossen ist, dass ahd. **Simina* auf kelt. **Seminā* ↗ Simme zurückgeht. **Simina* > mhd. **Simene,* mundartlich gesenkt > **Semene,* gedehnt und apokopiert > *Seemen,* verdeutlichend komponiert mit dem Grundwort *-bach.* – Sperber, *HG.A.7,* S. 159; Andrießen, *Siedlungsnamen,* S. 249.

Seenbach l.z. Ohm (z. Lahn z. Rhein), entspringt an der Feldkrückener Höhe südwestlich von Kölzenhain (Gem. Ulrichstein, Vogelsbergkreis, Hessen, D), mündet bei Merlau (Gem. Mücke, Vogelsbergkreis). – 1336 *uf der Sende,* 1513 *uf der Sene,* 1591 *die Sehn*; ON. Freiensehn (Stadt Laubach, Kr. Gießen, Hessen), 1340 *Fryensehen,* 1362 *Vriensehen*; ON. Bäumenseen (später † Baumkirchen), 1322 *Bayymminsehinde,* 1340 *Boumensehen*; ON. † Kreuzseen, 1324 *in Crucesehende*; ON. † Oberseen, jetzt Oberseener Hof, 1340 *Obirnsehen,* 1363 *czů Åbirnsehinde.* – Zugrunde liegt der FlN. **Sēnde* f. < mhd. **Segende* < ahd. **Sigand-.* In den Schreibungen mit <-h-> wurde hyperkorrekt das aus der Kontraktion von /-ege-/ entstandene /-ē-/ in /-ehe-/ aufgelöst. Die weitere Entwicklung des Namens > *Seen* ist durch Apokope zu erklären. **Segende* entstand durch mitteldeutsche Vokalsenkung aus **Sigand-.* **Sigand-* ist als Partizipialbildung (Suffix *-nd-*) zum Verb gm. **seig-a-* (ablautend **sig-*) 'sinken' erklärbar. Zum gleichen Stamm ↗ Sieg ↗ Siggern. Vgl. die Flurnamen (in Südhessen) *Sechen* (1331 neben *Sigen*) und *Siegel* (1360 *am sygelgraben*) und (in Thüringen) *Segel, Siegel.* – Reichardt, *Gießen,* S. 340–343; Ramge, *Wüstungsnamen,* S. 469–471; Greule, *Namentypen,* S. 42; Ramge, *Flurnamenbuch,* S. 854f., 865f.; Hänse, *Weimar,* S. 150.

Seeoner Bach l.z. Attel (z. Inn z. Donau), verbindet die sechs Seeoner Seen, entspringt dem Griessee, verlässt die Seen über den Klostersee. – Ca.1563 *Seunpach,* 1831 *Seoner-Bach*; ON. Seeon (Lkr. Traunstein, Bayern, D), 999 (Kopie 12. Jh.) *Xeuua, Seuua,* 1026 *Seuue,* 1155–1186 *Sewen,* vor 1300 *Sewn,* 1570 *Seon,* 1797 *Seeon, Seon.* – Wortgruppe mit dem Adjektiv des Ortsnamens als bestimmendes Element, ON. ahd. Nom. Pl. **sēwa* 'die Seen', mhd. Dat.Pl. **(ze den) sēwen.* – Dotter/Dotter, *HG.A.14,* S. 369; Reitzenstein, *Oberbayern,* S. 257.

† Seester, die (auch *Seesterau*), alter Name der Krückau, r.z. Elbe (Pagensander Nebenelbe), mündet in Seestermühe (Kreis Pinneberg, S.-H., D). Der Wasserstand der Krückau ist bis Elmshorn (Kreis Pinneberg) gezeitenabhängig. – 1141 (Fälschung um 1180, Kopie nach 1200) *iuxta fluuium Ciestere*, 1141 (Transsumpt 1424) *Zeistere*, 1143 *iuxta Ciesteram*, 1144 (Fälschung 1180) *iuxta Ciestram fluuium, in Ciestram*, 1197 *iuxta Szasteram*, Ende 12. Jh. *Ciestra*, um 1200 *Ciestre*, 1223 *iuxta Ksestera*, 1223 (Kopie 1341) *de Xesterowe, de Zesterowe*, 1642 *die Zeester Owe*, 1652 *an dem Flüßlein Gester oder Cester anitzo die Krockaw genanndt, Kröck-Aw oder Ceester*, 1681 *die Seester Aue* (und weitere Belege); ON. Seester (Gem., Kreis Pinneberg), 1266 *de Ziestere*, 1279 *Zestere* (und weitere Belege); ON. Seestermühe, 1141 (Fälschung um 1180, Kopie 17. Jh.) *Szestermuthe*, 1222–23 *in Xestermudhe, Xestermude* (und weitere Belege) 'Mündung der Seester'. – Ausgangsform FlN. as. **Kiwestra*, Dehnung des /i/ in offener Tonsilbe > mndd. **Kīwestre*, Schwund des /-w-/ > **Kiestre* mit Palatalisierung/Zetazismus **Ziestre*. Ableitung mit dem Suffix gm. *-str-* ↗ Alster von Adj. gm. **kʷiwa-* > **kiwa-* 'lebendig', 'Stelle, wo das Wasser lebendig ist'. Benennungsmotiv war die Tatsache, dass der Fluss dem Wechsel der Gezeiten (dafür metaphorisch **kʷiwa-* 'lebendig') unterworfen ist. Der Name existiert auch als Bestimmungswort im ON. † Zeesterfleth auf einer Elbinsel an der Stelle von Hahnöfer Sand (Gem. Jork, Lkr. Stade, Niedersachsen), 1221 *Sestervlete*, 1237 *Cest(ers)flet*, ca.1260 *Zestervlete*, 1288 *de Cestersvlethe* (und zahlreiche weitere Belege). – Udolph, *HG.A.16*, S. 199–202, 371.

Seeve, die l.z. Elbe, entspringt in der Lüneburger Heide südöstlich von Undeloh (Gem. Undeloh, Lkr. Harburg, Niedersachsen, D), mündet nach 41km durch das Seevesiel zwischen Rosenweide (Gem. Stelle, Lkr. Harburg) und Over (Gem. Seevetal, Lkr. Harburg). – 1202 *sevinam*, 1203 *vsque Sevinam*, 13. Jh. *per Sevenam*, 1371 *vor der Sevene*, 1377 *bi der sevene*, 15. Jh. *a flumine Tzevena*, 1451 *to … de Sevene, up der Sevene*, 1469 *de halven Seven*, 1471 *mit der Sevenne*, 1478 *der Sevene uppe, der Seven uppe*, 1480 *uppe der Seven*, 1511, 1526 *mit der Sevene*, 1542 *Seeve, in der Seeven* (und weitere Belege), 1654 *Seefe*; ON. Seevetal. – Grundform mndd. **Sēvene* (latinisiert *Sevina, Sevena*) < gm. **Sibinō* f., mit *n*-Suffix zum Flussnamen abgeleitet von gm. **sibi-* (mndd. *seve*, ndl. *zeef*, ae. *sife*, ahd. *sib* 'Sieb'), wahrscheinlich benannt nach der Eigenheit des Flusses zu sickern bzw. spärlich zu fließen ↗ Sieber. Parallelnamen: ON. † Sevene nordwestlich von Vorwohle (Gem. Eimen, Lkr. Holzminden, Niedersachsen), 1360 *to der Sevene*, 1580 *uff der Seven*, 1768 *die Seeve*; Zever, Gewässer in der Gem. Kaag en Brassem, Prov. Südholland, NL) 1343 *Zevenaerbroec*, 1543, 1595 *die Zeven*, 1610–1615 *Sever*. – Udolph, *HG.A.16*, S. 315–317; Pokorny, *IEW*, S. 894; Seebold, *starke Verben*, S. 390; Casemir/Ohainski, *Holzminden*, S. 189f.; Rentenaar, *Zever en Kever*, S. 81–86.

Seffersbach, die (auch *die Seffers*), r.z. Saar (z. Mosel z. Rhein), mündet in Merzig (Lkr. Merzig-Wadern, Saarland, D). – 1215–1217 *ad riuum … seferne*, 1617 (kartographisch) *Die Seffers*. – Die wenigen Belege erlauben keine sichere Deutung. Parallelname ON. Seffern (Eifelkreis Bitburg-Prüm, Rh.-Pf.) an der Mündung des Balesfelderbachs in die Nims, 893 *Sefferne*, 1063 *Seferna*. Unter der Voraussetzung, dass bei der Integration des Namens vorgm. /-v-/ durch ahd. /-f-/ ersetzt wurde, wird als Ausgangsform vorgm. **Savirnā* (zu ig. **səu̯o-* < **sh₂u-ó-* zum Verb urig. **sh₂eu̯-* 'schütten, regnen') vorgeschlagen. Möglich ist auch, dass (ahd.) **Seferna* f. von ahd. **sefar* < gm. **sipa-ra-* zu gm. **seip-a-* 'tropfen' (vgl. wmd. Seifen 'kleiner Bach' ↗ Seifbach) mit *n*-Suffix > **Sefarna* > mhd. *Sef(f)erne*, abgeleitet ist. Im Kompositum **Seffernbach* wurde der besseren Sprechbarkeit halber /-rnb-/ durch /-rsb-/ ersetzt. – Spang, *HG.A.13*, S. 71; Buchmüller/Haubrichs/Spang, *Namenkontinuität*, S. 97; Rix, *LIV*, S. 545; Seebold, *starke Verben*, S. 391.

Seibeck, der r.z. Saale (z. Leine z. Aller z. Weser), mündet südlich von Benstorf (Gem. Salzhemmendorf, Lkr. Hameln-Pyrmont, Niedersachsen, D). – 1827 *der Seibeck*, 1850 *im Seibeck*, 1859/60 *der Seibeek*, 1863 *im Seibecke*. – Grundform mndd. **Sībeke* ↗ Siebig. – Kettner, *HG.A.8*, S. 116; Kettner, *Leine*, S. 277f.

Seibersbach r.z. Guldenbach (z. Nahe z. Rhein). – 1481 *Sifferßbach*; ON. Seibersbach (Lkr. Bad Kreuznach, Rh.-Pf., D), 1401 *zu Syfersbach*. – Grundform mhd. **Sīfretsbach*, Kompositum mit dem Grundwort *-bach* und dem Genitiv des PN. mhd. **Sīfret* (< ahd. *Sigifrid*) als Bestimmungswort, **Sīfretsbach* mit Sprechererleichterung > **Sīfersbach*, diphthongiert > *Seifersbach*, mit regressiver Assimilation /f … b/ > /b … b/ > *Seibersbach*. – Greule, *HG.A.15*, S. 98.

Seibig r.z. Schleierbach (z. Leine z. Aller z. Weser), mündet nördlich von Reiffenhausen (Gem. Friedland, Lkr. Göttingen, Niedersachsen, D). – 1698 *am Seibig, uff der Seibig, im Seibig, vorm Seibig*, 1766 *am … Seiwik, vor dem Seibig*, 20. Jh. *im Seibig*; FlurN. Seibigfeld, 1698 *am Seibig Feld*, 1785 *Seibig Feld*, 1876/78 *das Seibigfeld*. – Grundform mndd. **Sībeke* ↗ Siebig. – Kettner, *HG.A.8*, S. 116; Kettner, *Leine*, S. 277f.

Seifbach ↗ Siepen.

Selb, die (auch *Selbbach*), l.z. Eger (Fortsetzung in der Tschechischen Republik als Rači potok), die Quelle (Selber Brünnerl) befindet sich südwestlich von Asch, čech. Aš (Bezirk Cheb, CZ), mündet östlich von Schwarzenhammer (Markt Thierstein, Lkr. Wunsiedel, Bayern, D). – /söl/, um 1360–1365 *an der Selbe*, (Ende 14. Jh.), 1426 *an der Selb*, 1499–1586 *Selb, Selbe*; Steinselb, l.z. Selb, /šdąsöl/ (/a/ lang), 1413 *die Steinselbe*, (1421–1440) *an der Steinsselben*, 1499–1586 *Steinselb, Stainselb*; ON. Selb (Lkr. Wunsiedel im Fichtelgebirge), (1189) *de Selewen* (hierher?), 1326, 1331, 1340 *Selben*, 1342 *Selb* (und weitere Belege); ON. Steinselb (Stadtteil der Stadt Selb), 1356 *Steinselbin*, 1363 *Steinselben*, 1412 *Steinselbe*, 1414 *Staynselb*, 1499 *Steinselb*. – Ausgangsform FlN. (gm.) *Salwina*, eine Ableitung mit dem Suffix *-ina* vom Adjektiv gm. *salwa-* 'dunkelfarbig', ahd. *salo, salwes* 'dunkel, schwärzlich, trübe'. *Salwina > ahd. *Selwina (mit Primärumlaut). *Selwina > mhd. *Selwen bzw. *Selwe, später *Selbe, mit Apokope *Selb*. Auf die gleiche Ausgangsform geht der ON. Sölb (Gem. Raisting, Lkr. Weilheim-Schongau, Bayern), südlich des Ammersees, ca.1122–1127 (Kopie vor 1173) *de Selwen*, zurück, vgl. ferner BergN. Hochsalm (Gem. Scharnstein, PB Gmunden, O.-Ö., A), 1584 *Hoch Salbm*, ca.1580 *der Salben, Salbm, Salbn* < mhd. *(der) salwen (berg)*. – Pleintinger, *obere Eger*, S. 69–77; Niemeyer, *DONB*, S. 584; Reutner/Wiesinger, *Gmunden*, S. 121.

Selbach l.z. (unteren) Murg (z. Rhein). – ON. Selbach (Stadt Gaggenau, Lkr. Rastatt, B.-W., D), 1179 *Seelebach*, 1217–31 *Salbach*, 1243 *Seelbach* (und weitere Belege), 1288 *Selbach* (und weitere Belege), 1308 *Seilbach* (lies *Selibach*), 1329 *Selibach* (und weitere Belege). – Grundform FlN. mhd. *Selhenbach ↗ Seelbach. – Geiger, *HG.A.2*, S. 130.

Selbecke, ~Siepen im Flussgebiet der Ruhr ↗ Selbke. – Schmidt, *HG.A.6*, S. 70.

Selbitz, die l.z. Thüringischen Saale (z. Elbe), entspringt nordwestlich von Wüstenselbitz (Stadt Helmbrechts, Lkr. Hof, Bayern, D), durchfließt das Höllental, mündet bei Blankenstein (Saale-Orla-Kreis, Thüringen, D). – 1414 (Lehenbuch 1398–1420) *an der Selwicz*, 1423 (Lehenbuch 1420–1440) *die Selbicz*; ON. Selbitz (Lkr. Hof, Bayern), 1367 *in Selbitz*, 1374 *in Selwitz*; ON. Wüstenselbitz, 1417 *Wüstenselwitz*. – Ausgangsform wahrscheinlich FlN. (slaw.) *Želьvica*, mit dem Suffix *-ica* abgeleitet von slaw.*žely, -ъve* 'Schildkröte', möglicherweise metaphorisch für die Geländeformation, ins Deutsche integriert als *Selwitz > Selbitz*. Parallelnamen ON. Selbitz (Gem. Speichersdorf, Lkr. Bayreuth, Bayern), ON. Selbitz (Stadt Kemberg, Lkr. Wittenberg, S.-A.), ON. Selbitz (Gem. Rappottenstein, PB Zwettl, N.-Ö., A). – Ulbricht, *Saale*, S. 240 f.; Eichler/Greule/Janka/Schuh, *Bayreuth*, S. 207; Hausner/Schuster, *Namenbuch*, S. 1005.

Selbke, die l.z. Begga (z. Werre z. Weser). – 1790 *Die Selbekke*; ON. Selbeck (Stadt Barntrup, Kreis Lippe, NRW, D), /selbke/, 1357 *to Zelbeke*, 1396 *Selbeke*, 1497 *Selbecke*, 1600 *Selbeck*. – Kompositum mit dem Grundwort mndd. *beke* 'Bach' und mndd. *sēle (zeyle, seile)* 'Feuchtwiese, Niederung' als Bestimmungswort. – Kramer, *HG.A.10*, S. 62; Meineke, *Lippe*, S. 442.

Selgenbach (/selchenbach/), l.z. Oster (z. Blies z. Saar z. Mosel z. Rhein). – ON. Selchenbach (Lkr. Kusel, Rh.-Pf., D), /selchᵉbach/, 1436 *Selchenbach*, 1456 *Selchembach*, 1458 *tail von Selkinbach*, 1487 *Selkenbach*, 1564 *Selchenbach*, 1565 *Selgenbach*. – Kompositum mit dem Grundwort *-bach* und dem Genitiv des PN. ahd. *Selicho (*Selichen-) als Bestimmungswort. – Spang, *HG.A.13*, S. 71; Dolch/Greule, *Pfalz*, S. 433f.

Selingsbach z. Neuselingsbach (z. Zenn z. Regnitz z. Main z. Rhein), ON. Altselingsbach (Markt Erlbach, Lkr. Neustadt a.d. Aisch-Bad Windsheim, Bayern, D), ON. Neuselingsbach (Markt Neuhof an der Zenn, Lkr. Neustadt a.d. Aisch-Bad Windsheim, 1150 *Selhesbach*, 1432 *Selbspach*, 1476 *Selßbach*. – Grundform FlN./ON. mhd. *Selchesbach, Kompositum mit dem Grundwort *-bach* und dem Genitiv des PN. ahd. *Selich (*Selches-) ↗ Selgenbach als Bestimmungswort, über *Selchsbach vereinfacht > *Sel(b)sbach, hyperkorrekt geneuert > Selingsbach. – Sperber, *HG.A.7*, S. 159.

Selke, die r.z. Bode (z. Thüringische Saale z. Elbe), entspringt in den Quellwiesen auf der Stieger Höhe bei Stiege (Stadt Oberharz am Brocken, Lkr. Harz, S.-A., D), mündet nach 69km bei Rodersdorf (Stadt Wegeleben, Lkr. Harz). – 1057 *Salicam*, 11./12. Jh. *Salica*, 1526 *Selgke*, 1653 *Salcke, Selcke*; ON.† Selkenfelde (nahe der Selkequelle), 961 *Silicanvelth*, (1123) *Selikenvelde*, 1275 *Selckenvelde*; ON. Selkemühle (Mägdesprung, Stadt Harzgerode, Lkr. Harz). – Trotz der Parallele zu ↗ Sölkbach ist Grundform *Salika* am einfachsten als 'kleine Saale', mit Diminutiv-Suffix gm./ndd. *-ika* abgeleitet von *Sala*, erklärlich, was aber nur Sinn macht, wenn *Salika* auch für den Unterlauf der Bode nach der Vereinigung mit der Selke galt. Im ON. 961 *Silicanvelth* dürfte als Bestimmungswort eine Umdeutung des Flussnamens *Salica* als ein an spätas. *sēla* 'Seele' angelehntes Adjektiv *sēlik* (im schwach flektierten Dativ as. *silican-*) vorliegen. – Ulbricht, *Saale*, S. 222.

Sell-/-e-/-en- -bach/-beck, -born, z.B. Sellenborn, r.z. Radau (z. Oker z. Aller z. Weser), 1548 *Soldenbrunn* (lies *Seldenbrunn*), 1578 *de Sellen*, 1699 *der Selden Born*. Bestimmungswort Adj. mndd. *selden* 'selten', assimiliert > *sellen-/selle-/sell-*, vgl. Seldebach (im Einzugsgebiet d. Rhume z. Leine), 1778 *Selle*, 1779 *Selde*, 1780 *Selde-Bach*, ↗ Seltenbach für nur zeitweilig fließende Bäche. – Borchers, *HG.A.18*, S. 127; Kettner, *HG.A.8*, S. 117.

Selten- -bach/-bächle, -graben, -wuhr, z.B. die Seltenbach, r.z. Eisbach (z. Altbach z. Rhein), 1281 *Seldenbach*, 1604 *vff der Selttenbach*, mit ON. Seltenbach (Stadt Eisenberg, Donnersbergkreis, Rh.-Pf., D), 1941 *Seltenbach*. Bestimmungswort mhd. *selten*, mndd. *selden* 'selten' in Namen für nur zeitweilig fließende Gewässer, weil sie leicht austrocknen. – Greule, *HG.A.15*, S. 98; Springer, *Flußnamen*, S. 98.

Seltzbach, die l.z. Sauer (z. Rhein), entspringt in den Nordvogesen bei Mitschdorf (Gem. Gœrsdorf, Dep. Bas-Rhin, F), mündet nach 33,1km bei Seltz (Dep. Bas-Rhin). – /sálᵈsbɔx/, 742 (Kopie 855–860) *in Saluxsia*, 1301 *von der Selse*, 1310 *von der Selsen*, 1310 *in die Selse*, 1326 *uffe die Selsze*, 1335 *uf die Selse*, 1338 *von der Sels of* (und weitere Belege), 1365 *uf die Selsz*, 1602 *die Seltzbach*; ON. Seltz, ehemals römische Etappenstation an der Straße Mainz-Straßburg, in spätrömischen Ortsverzeichnissen *Saletione*, um 390 (Kopie 6. Jh., Kopie 9. Jh.) *Salisonem possidentes* (Ammianus Marcellinus), 642–658 (zum Jahr 609/610) (Kopie 7.–8. Jh.) *Salossia, Saloissa castra* (Fredegar), zum Jahr 770 (Annalen, Handschrift 10. Jh.) *apud Salusiam, Salossa, Salussa*, 968 *Salise*, 992 *ad monasterium Salsi*, 993 *in loco Salsa* (und weitere Belege), 1143 *Selse*, 12. Jh. *Sels* (und weitere Belege), 16. Jh. *Seltz*. – Ausgangsform FlN. *Salisa/*Salusa*, davon mit gm. *j*-Suffix abgeleitet der ON. frühahd. *Saluss(i)a*, rom. *Salossia*; der Flussname ist mit *s*-Suffix abgeleitet von ig. **sal-i-/*sal-u-* 'Salz', Benennungsmotiv waren vermutlich Salztransport und Salzhandel, auf den auch der (kelt.) ON. *Saletione* hindeutet, der aber eine andere Bildungsweise als der Flussname aufweist. Parallelnamen ↗ Selz, FlN. (Nant) Heli in Montgomeryshire (Wales, GB) < **Salīsa*. – Greule, *HG.A.15*, S. 98–100; Greule, *Studien*, S. 194–196, 199–202.

Selz, die l.z. Rhein, entspringt im Nordpfälzer Bergland bei Orbis (Donnersbergkreis, Rh.-Pf., D), fließt unterirdisch durch Alzey (Lkr. Alzey-Worms, Rh.-Pf.), mündet nach 63km in Frei-Weinheim (Stadt Ingelheim am Rhein, Lkr. Mainz-Bingen, Rh.-Pf.). – /selds/, 764 (Kopie 12. Jh.) *super fluuium Salusiam*, 983 (Kopie 13. Jh.) *super Salisum rivum*, vor 1141 (Kopie 1211) *Selsa*, 1171–1197 (Kopie 1211) *super fluvium Selsen*, 1194–1198 (Kopie 13. Jh.) *Selsa*, 1198–1212 *An der Selsun*, 1210–1220 *an di selse* (und weitere Belege), 1716 *auf die Seltz*; ON. Selzen (Lkr. Mainz-Bingen), /séldsə/, 782 (Kopie 12. Jh.) *in Salsen marca*, 863/64 (Kopie 1145) *in villa Seleza*, 1144 *in villa Seleza*, 1158 *de Selsvn*, 1198–1212 *de selsun*, 1281 *in Selsin*, 1285 *in Selsen* (und weitere Belege), 1564 *Sels*; FlurN. Auf dem Selzenböhl (Dolgesheim, Lkr. Mainz-Bingen), ca.1210–1220 *offe selse bohele* 'auf dem Hügel an der Selz'. – Grundform ahd. *Salusia* (> *Salse*) neben ahd. **Salisa* > mhd. **Selese/Selse*, schwach flektiert *Selsen*. Parallelname ↗ Seltzbach; da am Lauf der Selz keine Salzgewinnung, -handel oder -transport nachgewiesen sind, geht der Name von einer allgemeineren Bedeutung aus, die sich auf die Farbe des Flusswassers ('schmutzig, dunkel wie Salz', urkelt. **salā* 'Schmutz', ahd. *salo* 'dunkel'< **salwa-*) bezogen haben dürfte. – Greule, *HG.A.15*, S. 100f.; Zernecke, *Siedlungs- und Flurnamen*, S. 482–484; Greule, *Studien*, S. 201f.

Semme, die (auch *Semd*, *Semder Bach*), r.z. Gersprenz (z. Main z. Rhein), kommt vom Otzberg (Gem. Otzberg, Lkr. Darmstadt-Dieburg, Hessen, D), mündet bei Hergershausen (Stadt Babenhausen, Lkr. Darmstadt-Dieburg); mit Zufluss die Taubensemd, r.z. Semme. – /ˈsɛmbeʃ/, 1399 *an der Semde*, 1495 *uff der Semde*; BrückenN. 1527 *ahn die Semerebrücke*, Taubensemd, 1365 *gein der Tauben Semme*, 1391 *gein der dauben semde*, 1495 *uff der dauben Semde*, ca.1580 *vff der Dauben Sempt*; ON. Semd (Stadt Groß-Umstadt, Lkr. Darmstadt-Dieburg), 1391 *zu Semde*, 1424 *by Semde*, 1495 *zu Semde*; FlurN. 1495 *Jme Semder pade, Ime Semder wege*. – Grundform FlN./ON. (spätmhd.) **Semde* f. < ahd. **Semida*? Trotz der Homonymie ist der Flussname nicht mit ahd. *semida*, mhd. *semede, semde* 'Schilf, Binse, Ried' identisch; möglich ist aber eine Ausgangsform ahd. **Semidaha*, Kompositum mit dem Grundwort ahd. *aha* 'Fließgewässer' und *semida* 'Schilf, Binse, Ried' als Bestimmungswort. Das Grundwort wurde bis auf /-e/ abgeschwächt, **Semidaha* > mhd. **Semeda*, synkopiert > **Semda* > abgeschwächt > *Semde*, assimiliert > *Semme*. – Sperber, *HG.A.7*, S. 172; Ramge, *Flurnamen*, S. 861, 918.

Semmererbach (auch *Kleinsemmeringbach*), r.z. Raab südwestlich von Weiz (PB Weiz, Steiermark, A). – 1223 *Semernic*, 1265 *Sebernich*. – Slaw. **Čemerьnikъ* 'wo Schneerosen sind, … wo Gift ist', abgeleitet von slaw. **čemerъ* 'Gift', wohl auch 'Seerose'. Mit dem substantivierenden -*ik*-Suffix. – Lochner von Hüttenbach, *Steirische Hydronyme*, S. 89; Bergermayer, *Glossar*, S. 52f.

Sempt r.z. Isar (z. Donau), entsteht aus dem Zusammenfluss von Anzinger~ und Forstinninger~ bei Ottenhofen (Lkr. Erding, Bayern, D), mündet nach knapp 40km bei Haselfurth (Gem. Eching, Lkr. Freising, Bayern). – 788 (Kopie 9. Jh.) *ad Samitun*, 811 (Kopie 824) *super fluvio Semita*, 817 (Kopie 824) *prope fluvio Semita*, 821 (Kopie 824) *ad Semitun, Semitun*, 891 *Semita*, 934 *ad Semitaha*, 1078–1091 *super flumen Semetum*, ca.1563 *ad Semptam fluvium* (und weitere Belege), ON. Sempt (Gem. Forstinning, Lkr. Ebersberg, Bayern), ON. Sempt (Stadt Moosburg an der Isar, Lkr. Freising). – Grundform FlN. ahd., bair. **Semita*, schwach flektiert Gen., Dat. **Semitūn* < vorgm. **Samida*, vermutlich Ableitung mit *d*-Suffix von einem Namen kelt. **sam-i-* (< ig. **sm̥H-í-*) ↗ *Samina*, ablautend zum Verb urkelt. **sem-* 'gießen' (air. *sem-* 'gießen, schöpfen, erzeugen', urig. **semH-* 'schöpfen'). – Snyder, *HG.A.3*, S. 99; Baumann, *Erding*, S. 177; Matasović, *Proto-Celtic*, S. 330; Rix, *LIV*, S. 531.

Sendelbach (heute *Sandbach*), l.z. Pegnitz (z. Regnitz z. Main z. Rhein). – ON. Sendelbach (Gem. Engelthal, Lkr. Nürnberger Land, Bayern, D), 804 (Druck 1850) *Sentinabach*, 903 *sentilapah*, 1062 *Sentelbach*, 1267 *Sendelbach*. – Grundform FlN. ahd. **sentīna bach* f. 'der Sand führende Bach' mit dem Stoffadjektiv ahd. **sentīn* 'aus Sand, mit Sand', **Sentīnabach*, dissimiliert > **Sentīlabach* > mhd. *Sentelbach/Sendelbach*. – Sperber, *HG.A.7*, S. 159.

Sendelbächle l.z. Rench (z. Rhein). – ON. Sendelbach (Gem. Lautenbach, Ortenaukreis, B.-W., D), ca.1150 *in Sendelinbach*, 1320 *ze Sendelbach, in dem Sendelnbach*, 1387 *in dem Sendelbach*. – Grundform (ahd.) **(in) Sendīnenbach* 'an dem Sand führenden Bach', dissimiliert > mhd. *Sendelnbach* > *Sendelbach/-bächle*, ↗ *Sendelbach*. – Geiger, *HG.A.2*, S. 130.

Senftenbach z. Hartbach (z. Inn z. Donau) und z. Antiesen (z. Inn z. Donau) in Sankt Martin im Innkreis (PB Ried im Innkreis, O.-Ö., A). – /'sempfmbõ/, 1151 *riuus ... Semftinbach*; ON. Senftenbach (PB Ried im Innkreis), 1035 *ad Semphtinpah*. – Der Name ist durch Zusammenrückung der Wortgruppe (ahd.) **zi senftin bache* 'zum/am langsam fließenden Bach' entstanden, in der das ahd. Adjektiv *senfti* flektiert vorliegt. – Dotter/Dotter, *HG.A.14*, S. 371; Hausner/Schuster, *Namenbuch*, S. 1005f.; Bertol-Raffin/Wiesinger, *Ried im Innkreis*, S. 137.

Sennebach r.z. Nette (z. Innerste z. Leine z. Aller z. Weser), mündet bei Sillium (Gem. Holle, Lkr. Hildesheim, Niedersachsen, D). – (1578?) *Senne beke*, 1825/26 *Senholds Fluß*, 1829/30 *der Senne Bach*, 1829/40 *die Sennbek*, 1847/49 *der Sennholds Bach*. – Klammerform **Senne(holts)bach* mit dem FlurN. Senneholt als Bestimmungswort. – Kettner, *HG.A.8*, S. 117; Kettner, *Leine*, S. 277.

Sensbach, die r.z. Itter (z. Neckar z. Rhein). – 1462 *Sentzelspacher bach*, 1484 *in der Senßpach*; ON. Ober-Sensbach, Unter-Sensbach (Gem. Sensbachtal, Odenwaldkreis, Hessen, D), 1364 *Senczelspach*, 1364, 1372 *Sentzelspach*, 1377 *Nidern Sentzelspach*, 1457 *Nidern Senszspach, Obern Senszspach*; FlurN. Sensberg, 1484 *am Sensberg*. – Grundform mhd. **Senzelsbach*, nach Synkope > **Senzlsbach*, vereinfacht > **Senzbach/Sensbach*, Kompositum mit dem Grundwort *-bach* und dem Genitiv des PN. ahd. **Senzil* (**Senziles-* > mhd. *Senzels-*) als Bestimmungswort. – Schmid, *HG.A.1*, S. 107; Ramge, *Flurnamen*, S. 862.

Sense, die frz. *Singine*, r.z. Saane (z. Aare z. Rhein), entsteht aus Kalter Sense (Kanton Bern, CH) und Warmer Sense (Kanton Freiburg) und mündet bei Laupen (CH). – 1076, 1107 *Sensuna*, 1238 *Sensun*, 1268 *ab alia parte fluvii Sensun*, 1298 *Sensa*, 1312 *Seniona*, deutsche Mundart /seisa, selsa/, romanische Mundart (Kanton Freiburg und Waadt) /sindzəna/. – Wenn die Nennung von 1312 *Seniona* als die Ausgangsform für die romanische Mundartform gelten darf (/-i-/ steht darin für den Zischlaut /dz/), dann wird man von vorgm. **Seniona*, einer wohl keltischen Ableitung mit dem Suffix *-ona* zu vorrom. **senia* (neben **sania*) 'Sumpf, Sumpfland, Torf, Röhricht' ↗ *Saane* ↗ *Sinn* ausgehen können. Unklar bleibt das Verhältnis von *Seniona* zu den ältesten Nennungen *Sensuna* und *Sensun*. Möglicherweise repräsentiert die Schreibung <-ns-> die romanische Lautung [-ndz-]. Die apokopierte Form *Sensun* wird als Casus obliquus der schwachen Deklination verstanden, zu dem ein neuer Nominativ *Sensa* gebildet wurde, der sich zu den heutigen Mundartformen /seisa, selsa/ entwickelte. – Bruckner, *Ortsnamenkunde*, S. 73; Wulf Müller, brieflich vom 29. 08. 2007.

† Serena jetzt Heder, l.z. Lippe (z. Rhein) bei Salzkotten (Kreis Paderborn, NRW, D). – 836–840 (Kopie 15. Jh.) *iuxta fluvium Serena vel Hedera*, ca.860 (Kopie 9. Jh.) *prope fluvium nomine Serena*. – Der Name steht in einer Reihe mit frz. Flussnamen wie Sarenne(s) (Dep. Isère, F), 11. Jh. *Serene*, 13. Jh. *Serena*; Sereine (Dep. Ain), 1380 *Serene*, 1396 *de Serenayn*; und *Serenae*, Name einer Straßenstation an der Grenze der römischen Provinzen Pannonia Superior und Inferior, jetzt Sveti Djuradj (Kroation). Die ves.-ig. Namen sind mit *n*-Suffix von ig. **sero-* 'Flüssigkeit' abgeleitet. – Menke, *Gewässernamen*, S. 193; Anreiter, *Pannonien*, S. 127.

Sernf, der (auch *Sernft*), r.z. Linth (z. Walensee z. Zürichsee), mündet bei Schwanden (Kanton Glarus,

CH). – /særft/ (/æ/ lang), 1411 *an den Serif*, ca.1450 *den sernff, der serneff, den serff*, 1538 *Sernf fl.*; TalN. Sernftal, 13., 14. Jh. *Serniftal*, vor 1339 *von Sernenftal*, um 1350 *Serneftal*, 1413 *vss Sernftal*, 1496 *Sernetal*, 1528 *im Serbtal* (und weitere Belege). – Grundform (mhd.) *Särnif (mit Sekundärumlaut), als Flussname entlehnt aus vorgm. *Sarniu̯os, älter *Sarnéu̯os. *Sarniu̯(os) wurde als *Sárnif, *Särnif ins Alemannische integriert. Der ves.-ig. Name *Sarnéu̯os scheint von einer nominalen Basis ig. *sərnu- gebildet zu sein, die ihrerseits eine Weiterbildung des Verbaladjektivs (ig.) *sərə- 'tobend, wütend' (< urig. *sh₂rózum Verb *seh₂- 'toben, wüten') darstellt. Die Bedeutung war ursprünglich 'tobender wütender Bach', was dem Charakter des Sernfs als wildes Bergwasser, der vor seiner Mündung durch eine tiefe Schlucht fließt, genau entspricht. – Walch, *Glarus*, S. 199–203; Rix, *IEW*, S. 521.

Sernitz, die   l.z. Welse (z. Oder) mündet bei Biesenbrow (Stadt Angermünde, Lkr. Uckermark, Brandenburg, D). – 1719 *Sernitz fluss*, 1768 *die Sarnitz*, 1772 *Sarnitz*, 1827 *Die Sernitz*. – Ausgangsform apolab. *Žarnica 'Mühl(stein)bach', abgeleitet von apolab. *žarn- 'Mühlstein'. – Fischer, *BNB 10*, S. 264.

Sernow-Fließ   r.z. Nieplitz (z. Nuthe z.Havel z. Elbe). – 1303 *cum aqua Sernow*, 1360 *otz der Sernow*, 1772 *Sernow-Flies*; ON. Sernow (Gem. Niederer Fläming, Brandenburg, D), 1300 *nach Serrnow*, 1301 *villam Sernow, Zarnow, Sarnowe*, 1330 *Sernow*. – Grundform apolab. *Žarnov- 'Mühlsee', abgeleitet von *žarn- 'Mühlstein', ↗Sarnow. – Wauer, *HG.A.17*, S. 164; Fischer, *BNB 10*, S. 264.

Seseke, die   l.z. Lippe (z. Rhein), entsteht aus mehreren Bächen und Gräben im Raum Werl-Holtum (Kreis Soest, NRW, D) und Unna-Hemmerde (Kreis Unna, NRW), mündet südöstlich von Lünen (Kreis Unna). – 10./11. Jh. *Sisilbeke* (hierher?), um 1412 *opper Zeseke*, 1512, 16. Jh. *Seseke*, 1519 *upter Zeseke*, 1567 *vp der Seiseken*. – Unsichere Deutung: Grundform *Sīsilenbeke? Kompositum mit dem Grundwort mndd. *beke* 'Bach' und dem Genitiv des PN. (as.) *Sīsilo, Sīsilenbeke > mndd. *Sēsenbeke > *Sēseke. – Schmidt, *HG.A.6*, S. 71; Kaufmann, *Ergänzungsband*, S. 317.

Seßmarbach   (im Oberlauf *Thalbecke* und *Becke*), r.z. Agger (z. Sieg z. Rhein), entspringt südöstlich von Dannenberg (Gem. Marienheide, Oberbergischer Kreis, NRW, D), mündet bei Niederseßmar (Stadt Gummersbach, Oberbergischer Kreis). – ON. Niederseßmar, 1550 *Sessmar*, 1586 *in der Seyßmar*; FlurN. 18. Jh.(?) *in der Seßmer Hardt*. – Vermutlich Übertragung des Ortsnamens Seßmar, Kompositum mit dem Grundwort -mar 'stehendes Gewässer, Lache, Sumpf' ↗¹Maar, auf den Fluss. – Faust, *HG.A.4*, S. 72; Barth, *Sieg und Ruhr*, S. 111.

Setzelbach   l.z. Geisa (z. Ulster z. Werra z. Weser), mündet unterhalb von Geismar (Lkr. Eichsfeld, Thüringen, D). – ON. Setzelbach (Gem. Rasdorf, Lkr. Fulda, Hessen), nach 1150 *Sezelbach*, 1258 *Secilbach*, 1362 *Setzilbach*; ON. † Bösensetzelbach, 1457 *Bosen Setzelbach*. – Grundform FlN./ON. mhd. *Setzelnbach > Setzelbach, Kompositum mit dem Grundwort -bach und dem PN. mhd. *Setzele (Gen. *Setzelen-) als Bestimmungswort. – Sperber, *HG.A.5*, S. 99; Kaufmann, *Ergänzungsband*, S. 309.

Sichel-/Sickel-/Siggel-   -bach, -kolk, -pfuhl, z.B. Siggelhavel, Name d. Havel zwischen Schwedt-See und Stolp-See (Brandenburg, D), /sichhoagl/, 1580 *Segehauel*, 1667 *wegen der Sickckel*, um 1700 *Sigge-Havel*, 1908 *Siggelhavel*, 1936/37 *Sichelhavel*, mit FlurN. Siegel Wiese, 1654 *auf dem Siggel Kamph*. Bestimmungswort nhd. *Sichel* f., ndd. *Sickel, Sekel* 'Krebsschere, Wasserschere' (die Pflanze Stratoides aloides). – Wauer, *HG.A.17*, S. 165; Fischer, *BNB 10*, S. 264.

Sichter   ↗Sechta.

Sichtersbach, die   l.z. Heller (z. Sieg z. Rhein), mündet in der Stadt Herdorf (Lkr. Altenkirchen/Westerwald, Rh.-Pf., D). – 1350 *bys ain dy Sichtersbach*. – Kompositum mit dem Grundwort -bach und mndd. *sichter, sechter* 'hölzerne Wasserrinne, bedeckter Ableitungskanal' ↗Sechta als Bestimmungswort, mit hyperkorrektem Fugen-s. – Faust, *HG.A.2*, S. 72.

Sichtgraben   ↗Sechta.

Sidowsee   nordwestlich von Himmelpfort (Stadt Fürstenberg/Havel, Lkr. Oberhavel, Brandenburg, D). – 1299 (Kopie) *stagnum … Sidouu*, 1331 (Kopie) *Stagnum Sydow*, 1574 *Sydaw*, 1580 *Den Siedow*, 1719 *Sidow See*. – Ausgangsform apolab. *Židov-?, abgeleitet von apolab. *žid- 'flüssig'. – Wauer, *HG.A17*, S. 164f.; Fischer, *BNB 10*, S. 264.

Sieb-   ↗Siep-.

Sieben-   -bach, -bornsbach, -brunngraben, -brunnen-Bach/-graben, -grün-Bach, -morgenpfuhl, -rutenpfuhl. Bestimmungswort Zahlwort *sieben*, das meist auf einen Flurnamen (z.B. Siebenmorgenpfuhl) als Bestimmungswort eines Geswässernamen-Kompositums zurückgeht. – Fischer, *BNB 10*, S. 265.

Sieber, die r.z. Oder (z. Rhume z. Leine z. Aller z. Weser), entspringt auf 900m Höhe im Bruchbergmassiv (Harz), mündet in Hattorf am Harz (Lkr. Osterode am Harz, Niedersachsen, D), zwischen Herzberg und Hattorf versickert ein Drittel der Wassermenge. – 1287 *inter ... duas aquas ... Oderam et Sevenam*, 1303 *ad aquam ... Sevena*, 1. Hälfte 16. Jh. *die Seben*, 1615 *an der Seebe*, 1685 *Seve*, 1687 *Sieber*, 1700 *die Seve oder Siebe*, 1715 *die Sieber*; ON. Sieber (Stadt Herzberg am Harz, Lkr. Osterode am Harz), 1670 *die Eisenhütte die Sieber, nach der Sieber wird der Pastor ... geholt*, 1687 *Sieber*. – Grundform mndd. *Sēvene 'Sickerfluss' ↗Seeve, in Anlehnung an nhd. *Sieb* (?) und mit Anpassung der Endung an *Oder* > *Sieber*. – Kettner, *HG.A.8*, S. 117; Kettner, *Leine*, S. 279 (< *Savina*).

Siebig, der r.z. Mühlgraben, Ableitung d.Hahle (z. Rhume z. Leine z. Aller z. Weser), mündet südöstlich von Duderstadt (Lkr. Göttingen, Niedersachsen, D). – 1469 *boven dem Sibeke*, 1480 *in den Sybeck*, 1498 *in dem Syffich*, um 1500 *up den sibich*, 1511 *in deme Sivecke*, 1512 *ahn den sibeck, jensydt deme Sibeke, in deme Sivecke*, 1610 *im siebeke*, 1724 *auf den Siebig*, 1880 *der Siebig*; FlurN. Siebeckstun 'Garten am Siebig', 1379 *to deme Sybeckesthune*; FlurN. Siebigsberg, 1512 *an dem Sivikenberge*; FlurN. Siebigsfeld, 1460 *(in deme) Sybegkeßfelde*. – Grundform mndd. *Sībeke, Kompositum mit mndd. *beke* 'Bach' und dem Stamm des Verbs mndd. *sī-(en)* 'tropfen lassen, rinnen lassen, seihen', ahd. *sīha* 'Sieb, Seihe' als Bestimmungswort, ↗Seibeck, das Grundwort wurde umgedeutet und nhd. Adjektive mit der Endung -ig (/ich/) angelehnt. – Kettner, *HG.A.8*, S. 118; Kettner, *Leine*, S. 278; Seebold, *starke Verben*, S. 389 f.

Siechen- -bach, -graben, -lache. Bestimmungswort in oberdeutschen Namen mhd. *siech* 'krank', ursprünglich Klammerform *Siechen(haus)bach* 'Gewässer, an dem das Siechenhaus liegt', vgl. *Siechhausbach*, Fortsetzung Sickersbach z. Main bei Kitzingen (Lkr. Kitzingen, Bayern, D). In niederdeutschen Namen, z.B. Siechenpfuhl bei Jüterbog (Lkr. Teltow-Fläming, Brandenburg), ist das Bestimmungswort ↗Siek. – Springer, *Flußnamen*, S. 191; Ulbricht, *Saale*, S. 108; Fischer, *BNB 10*, S. 265.

Siede, die l.z. Aue (z. Warme Aue z. Weser), entspringt bei Reihausen (Ortsteil Engeln, Gem. Bruchhausen-Vilsen, Lkr. Diepholz, Niedersachsen, D), fließt durch die Samtgemeinde Siedenburg (Lkr. Diepholz), mündet im Lkr. Nienburg/Weser (Niedersachsen). – 1241 (Druck 1775) *a fluvio ... Sydene*; ON. Sieden, Siedenburg. – Grundform vermutlich mndd. *Sīdene, mit *n*-Suffix abgeleitet von gm. *sīda- 'weit, breit', afr. *sīde* 'niedrig', ae. *sīd* 'lang, weit, breit', ahd. Adverb *sīto* 'laxe', awn. *sīða* f. 'Seite (des Körpers)', Parallelname ON. † Sedemünde, StraßenN. Sedemünder (Stadt Springe, Region Hannover, Niedersachsen), vor 1007 (Kopie 15. Jh.) *Sidenun*, 1013 *Sidemni*, 1311–24 *Sedemunde*, alter Name des Sedemünder Mühlbachs; ↗Saidenbach. – Borchers, *HG.A.18*, S. 127; Pokorny, *IEW*, S. 891; Orel, *Handbook*, S. 329; Ohainski/Udolph, *Hannover*, S. 400–402.

Siedelbach l.z. Ulsenbach (z. Zenn z. Regnitz z. Main z. Rhein). – ON. Siedelbach (Markt Erlbach, Lkr. Neustadt a.d. Aisch-Bad Windsheim, Bayern, D), 1414 *zu Sydelbach*, 1432 *Sytelbach*, 1476 *Siedelbach*, 18. Jh. Siedelbach. – Kompositum mit dem Grundwort -bach und mhd. *sidel* 'Sitz, Sessel, Bank', 'Bach mit einer Wohnstätte geringen Umfangs'. – Sperber, *HG.A.7*, S. 160; Keinath, *Württemberg*, S. 120.

Sieg, die r.z. Rhein, entspringt im Rothaargebirge zwischen Ederkopf und Lahnquelle, durchfließt in starken Krümmungen das Rheinische Schiefergebirge, mündet nach 155km zwischen Bonn und Troisdorf (Rhein-Sieg-Kreis, NRW, D). Im Unterlauf kommt es häufig zu Hochwasser. – 927 *secus fluvium Sigina*, 1048 (Kopie 12. Jh.) *in Sigin, sursum Sigin*, 1071 (verfälscht) *loco quo acchera sigam influit, trans sigam*, 1144 *per fluvium Sigam*, (1182) *aqua Sega, cursum Sege*, 1202 *a flumine quod Sege dicitur*, 1310 *iuxta Seygam*, 1343 *dy Syge*, 1345 *dy Seynghe*, 1357 *die Sieghe*; die Sieg-Quellen: 1515 *die Siegenputz*; ON. Siegen (Kreisstadt an der oberen Sieg, NRW), 1079–1089 (Kopie 14. Jh.) *in Sigina*, 12. Jh. *de urbe Sigeni*, 1224 *opidi Sige*, 1238 *de Syegen*; ON. Siegburg (Kreisstadt an der Mündung der Agger in die Sieg, NRW), 1065 *Sigeburch*, 1069 *in monte Sigeberge*, 1218 *Siberg*; ON. Sieglar (Siegkreis, NRW), 1398 *Lare supra Segam*. – Grundform FlN. ahd. *Sigin*, latinisiert *Sigina*. Ahd. *Sigin* repräsentiert den endungslosen Nominativ, *Sigina* möglicherweise den Akkusativ eines gm. ō-Stamms *Siginō-. Die Namensform *Sigin* > mhd. *Sigen* wird frühzeitig unter dem Einfluss des Kompositums *Sigeburch, Sigeberg* (< *Siginberg, *Siginburg) zu mhd. *Sige* (latinisiert *Siga*) gekürzt. In Belegen wie *Sege* (latinisiert *Sega*) findet die wmd. Senkung /i/ > /e/ auch in der Schreibung ihren Niederschlag; Schreibungen wie 1345 *Seeghe* und 1310 *Seygam* deuten die Dehnung in offener Tonsilbe /se:ge/ an. Die Dehnung in offener Silbe betrifft auch die Namensform *Sige* /siːɡe/ (1357 *Sieghe*). Die heutige amtliche Form wird erreicht durch die Apokope des auslautenden /e/. Die Ausgangsform *Siginō kann aus dem Germanischen erklärt werden. Sie stellt eine *n*-Ableitung zur Schwundstufe des starken Verbs *seig-a- (:*sig-) 'sinken' dar, dessen Bedeutung auch 'sich leise, sanft bewegen, herabkommen', vgl. ahd. *gesic*

'Sumpf', mhd. *sîge* stswF. 'Rinnsal' war und von dem weitere germanische Gewässernamen abgeleitet wurden ↗Siggern (< *Sigra-) ↗Seenbach (< *Sigand-), norw. *Simoa* (< *Sigm-). Die Sieg wäre nach dieser Etymologie als 'die langsam und sanft (wegen der Krümmungen) aus den Bergen Herabkommende' benannt worden. Nicht auszuschließen ist aber, dass gm. *Siginō* ein älterer vorgermanischer Name, nämlich *Segina*, vorausliegt. *Segi-n-a* gehört in die Reihe der Gewässernamen, denen ig. *seg^h-* 'überwältigen, in den Griff bekommen', urkelt. *sego-* 'Kraft, Macht' zugrunde liegt. Dazu gehören auch die Namen *Sée* (< *Segia*), *Seyon* (< *Segione*), *Segonna* (Name der Saône im Mittellauf), *Sionge* (< *Segónisa*), *Saint* (< *Segonta*) und ↗Schüß/Suze (<*Segusia*). Auch die Verbreitung der Namen (in Frankreich, Schweiz, Wales) lässt eine Deutung als keltische Namen zu. Das Benennungsmotiv ist die Macht und Kraft des fließenden Wassers. – Faust, *HG.A.4*, S. 72f.; Barth, *Sieg und Ruhr*, S. 111f.; Seebold, *starke Verben*, S. 389; Krahe, *UäFlNN.*, S. 98; Rix, *LIV*, S. 515f.; Matasović, *Proto-Celtic*, S. 327.

Siegelbach

– ¹Siegelbach, r.z. Elz (z. Rhein). – 1518 *Sigelbach*, 1565 *der Sigelbach*; ON. Siegelau (Gem. Gutach im Breisgau, Lkr. Emmendingen, B.-W., D), 1251 *Sigilnowe*. – Geiger, *HG.A.2*, S. 131.

– ²Siegelbach, l.z. Mohrbach (z. Glan z. Nahe z. Rhein). – ON. Siegelbach (Stadt Kaiserslautern, Rh.-Pf., D), /si̅ilbach/, 1233 *Sigelinbach*, 1278 *Sigelnbach*, 1393 *Sygelnbach*, 1399 *Sigelnbach*, 1438 *Siegelnbach*, 1601 *Siegelbach*. – Greule, *HG.A.15*, S. 101.

– ³Siegelbach, r.z. Selbitz (z. Thüringische Saale z. Elbe). – 1111 *Sigilbach*. – Ulbricht, *Saale*, S. 103, 107f. Grundform FlN./ON. mhd. *Sigelenbach*, Kompositum mit dem Grundwort *-bach* und dem Genitiv des PN. ahd. *Sigilo* (*Sigilen-*) als Bestimmungswort, *Sigelenbach*, synkopiert > *Sigelnbach*, mit Sprechererleichterung > *Sigelbach*, Dehnung in offener Tonsilbe > fnhd. *Siegelbach*. – Dolch/Greule, *Pfalz*, S. 436.

Siek
(auch *Sieck*, *Siech-*) *-bach/-beeke*, *-graben*, *-pfuhl*. Bestimmungswort ndd. *sīk* m., n., md. *sīch(en)* 'Wasserlauf, Rinnsal', brandenburg. *Siek(e)* m., f. 'feuchte, tief gelegene Stelle auf dem Feld', mndd. *sīk* 'sumpfige Niederung', ae. *sīc* 'dünner Strom, schmales Rinnsal', awn. *sīk* n. 'still stehender oder langsam fließender Wasserlauf' < gm. * *sīka-* (weitere Etymologie unklar). – Kettner, *HG.A.8*, S. 118–120; Kettner, *Leine*, S. 374–378; Fischer, *BNB 10*, S. 265; Pokorny, *IEW*, S. 893; Udolph, *Germanenproblem*, S. 401–412.

Siel-
-balje, *-bek*, *-brack*, *-fleet*, *-graben*, *-kanal*, *-ritt*, *-strom*, *-teich*, *-tief*, *-wettern/-wetterung*. Bestimmungswort fr. *Siel* m., n. 'verschließbarer Durchlass im Deich zum selbsttätigen, durch Ebbe und Flut geregelten Abfluss des Binnenwassers ins Meer und zum Schutz des Binnenlandes vor dem Eindringen des Salzwassers', afr. *sīl* (um 1300 *Sile* 'aquaeductus'), brandenburg. *Siel* n. 'Wasserdurchlass in einen Teich', mndd. *sīl* 'Schleuse, Abflusskanal', 1508 *upteme Sylvlete* bei Hannöver (Gem. Berne, Lkr. Wesermarsch, Niedersachsen, D) < *sīhil-* < gm. *seih(w)ila-*, mit *l*-Suffix vom Verb gm. *seihw-* 'seihen' abgeleitetes Nomen instrumenti ('Vorrichtung zum Seihen'). – Udolph, *HG.A.16*, S. 318; Remmers, *Aaltuukerei*, S. 273; Fischer, *BNB 10*, S. 265; Borchers, *HG.A.18*, S. 137; Pokorny, *IEW*, S. 893.

Siep-/Sieb-/-en-
(obd. *Seif-*) *-bach/-beck*, *-graben*, *-pfuhl*, *-rinne*, *-see*, Diminutiv *Sipchen*, z.B. 1428 *da die Sype nider vellet*, 1371 *juxta rivulum … Sype*, Fluss r.z. Ruhr (z. Rhein), mndd. *sīpe(n)*, ndd. (brandenburg.) *Siep* m., n., *Siepe* f., md. *sīfe* swM., mhd. *sīfe* (< gm. *seip-ōn* f., abgeleitet von gm. *seip-a-* 'tropfen') mit unterschiedlichen Bedeutungen, z.B. 'feuchte sumpfige vom abfließenden Quellwasser durchzogene Bodenstelle; langsam fließender, sumpfartiger Bach'. – Schmidt, *HG.A.6*, S. 76; Ulbricht, *Saale*, S. 90; Metzler, *Westerwald*, S. 124; Fischer, *BNB 10*, S. 265; Bach, *Namenkunde 2*, S. 385f.; Seebold, *starke Verben*, S. 521.

Sierning, die
(auch *Sierningbach*) mehrfach in Niederösterreich und in der Steiermark (A), z.B. Sierning, l.z. Pielach westlich von Eibelsau (Gem. Haunoldstein, N.-Ö.), 1072–91 *usque ad Sirnicha*, 1096 (Fälschung 12. Jh.) *usque ad Syrniccha*, 1099 (Fälschung 12. Jh.) *ad Sirnicham*, 1108–16 *apud Sirnikka*, um 1124 *Sirnicha*, mit ON. Groß-Sierning (Gem. Haunoldstein, PB Sankt Pölten/Land, N.-Ö.), um 1120, 1151, um 1173 *Sirniche*, 1591 *Grosen Sirning*. – FlN. slaw. *Črnika*, verkürzt aus slaw. *črna rěka* 'schwarzer Bach' ↗Schyrne. – Bergermayer, *Glossar*, S. 55f.; Hausner/Schuster, *Namenbuch*, S. 1009; Lochner von Hüttenbach, *Steirische Hydronyme*, S. 119.

Siesbach, die
(im Quellgebiet *Aubach*), l.z. Nahe (z. Rhein). – Um 1220 *ubi Sinisbach fluit in Na*, 1349 *die Singesbach*, 1437 *in die Sinsbach*, *die Sinssbach*, 1569 (Kopie 1747) *die Sinßbach*; ON. Siesbach (Lkr. Birkenfeld, Rh.-Pf., D), 1332 *Seinsbach*, 1688 *Seesbach*, *Siesbach*. – Ausgangsform (ahd.) *Siginesbach*, Kompositum mit dem Grundwort *-bach* und dem Genitiv des PN. *Sigin* (*Sigines-*) als Bestimmungswort. *Siginesbach* wird einerseits über *Sigenesbach* mit Synkope > *Signesbach*, mit Nasalmetathese > 1349 *Singesbach*, andererseits mit Schwund des zwischenvokalischen /-g-/ und Längung des vorausgehenden Vokals > *Sīnesbach* ↗Lahn, synkopiert > *Sīnsbach*

(diphthongiert > 1332 *Seinsbach*), mit Nasalschwund in der Kombination /-nsb-/ > *Siesbach*, *Seesbach*. – Greule, *HG.A.15*, S. 101, Kaufmann, *Ergänzungsband*, S. 315.

Siggelhavel   ↗ Sichel-.

Siggern, die   l.z. Aare (z. Rhein), fließt in den Kantonen Solothurn und Bern (Schweiz) und bildete bis 1814 die Grenze zwischen den Bistümern Lausanne und Basel. Ursprünglich hatte der Name maskulines Geschlecht; als Femininum (die Siggern) wird er erst 1460, 1550 und seit 1628 verwendet. – /síkᵉrᵉ/, 1323 *an dem Siggeren*, 1363 *an dem Siggeron*, 1379 *von dem Sigger heruf*. – Grundform (ahd., alem.) **Siggar*, Gen. **Siggres* < Adj. gm. **sigra-z* m., *r*-Ableitung zur Schwundstufe des starken Verbs gm. **seig-a-* (: **sig-*) 'sinken', dessen Bedeutung auch 'sich leise, sanft bewegen, herabkommen', vgl. ahd. *gesic* 'Sumpf', mhd. *sige* stswF. 'Rinnsal' war und von dem weitere germanische Gewässernamen abgeleitet wurden, vgl. ↗ *Sieg* (< **Siginō*), ↗ *Seenbach* (< **Sigand-*). Auf gm. **sigra-* beruhen auch *Sira*, eine Insel in Rogaland und ein Fluss in *Sir-dal* (Vest-Agder) in Norwegen sowie der ON. slovak. *Žehra*, deutsch *Schigra* (in der Ostslowakei), 1245 *fluv. Sigra*, 1293 *fluv. Sygra*. Die für **Sigra-/-ō* anzusetzende ursprüngliche Bedeutung 'sanft herabkommendes Gewässer (oder ähnlich)' trifft auf die Siggern, einen Jurabach mit zeitweise spärlicher Wasserführung, genau zu. – Greule, *Oberrhein*, S. 149f.; Kully, *Günsberger Namenlandschaft*, S. 124; Seebold, *starke Verben*, S. 389; Særheim, *Toponymy and teaching*, S. 236; Šmilauer, *Vodopis*, S. 204f.

Sihl, die   (im Oberlauf *Altsihl*), l.z. Limmat (z. Aare z. Rhein), entspringt in 1800m Höhe am Nordosthang des Drusbergs (Kanton Schwyz, CH), wird zum Sihlsee gestaut, fließt durch das Sihltal (Kanton Zürich), mündet nach 68km in Zürich. – /sīl/ f., 1018 *Sylaha*, 1217 *Altsila*, *Altsyla*, vor 1218 *Sila fluvius*, 1221 *apud fluvium Sylam*, 1254 *an der Sile*, 1256 *inter Silam et …*, 1257 *dú Sile nider*, 1259/60 *in Sila*, 1263 *bi Sile*, 1331 *in die Sil*; ON. Sihlbrugg Dorf (Kanton Zug), ON. Sihlfeld, Quartier d. Stadt Zürich, AlpN. Sihlalp bei der Quelle, 1018 *alpem Syla*; FurtN. bei Wädenswil (Bez. Horgen, Kanton Zürich), 1330 *am Silenfûr*, 1332 *ze Sylfurt*; WaldN. Sihlwald (Kanton Zürich). – Grundform FlN. ahd. *Sila* (verdeutlichend **Silaha*), auf die auch der alte Name für den Oberlauf der Reuß bis zur Einmündung in den Vierwaldstättersee zurückgeht. Dies wird aus dem ON. Silenen (Kanton Uri), 857, 952 *Silana*, 1243 *Silenon* < (vallis) **Silāna* 'Tal der **Sila*' deutlich. Der Stamm *Sil-*, der vorwiegend in Gewässernamen Italiens und Spaniens vorkommt, darf nicht mit ↗ Siel- identifiziert werden; ferner ist der Zusammenhang mit dem Reliktwort gall. **silia* 'lange Ackerstreifen' vor allem semantisch nicht geklärt. Für Gebirgsbäche wie die Sihl und die obere Reuß scheint eine Rückführung auf ves.-ig. **Silā* Feminin des Verbaladj. urig. **sh₂i-ló-* 'tobend, wütend' (zu urig. **seh₂(i̯)-* 'toben, wüten', heth. *sāit* 'zürnte') ↗ Saane sinnvoll. Auf kelt. **sil-* wird der FlN. *river Hyle*, 958 (12. Jh.) *Hile*, ca.1250 (15. Jh.) *Hyle*, mit ON. Ilford (Greater London, GB) 1086 *Ileford*, zurückgeführt. – Greule, *Oberrhein*, S. 147f., 150–152; Dittli, *Zug*, S. 52–54; Hug/Weibel, *Uri 3*, S. 226–233; Kristol, *LSG*, S. 833f.; Rix, *LIV*, S. 521; Watts, *EPN*, S. 329.

Silbach

– ¹Silbach, l.z. Horloff (z. Nidda z. Main z. Rhein). – 1183 *inter duos Hornipha et Selebach*; ON. † Selbach, FlurN. Silbach. – Bestimmungswort ↗ Seelbach, mit mundartlicher Hebung des /e/ > /i/? – Sperber, *HG.A.7*, S. 160.

– ²Silbach, r.z. Nahe (z. Rhein), mündet in Hinternah (Gem. Nahetal-Waldau, Lkr. Hildburghausen, Thüringen, D). – ON. Silbach (Gem. Nahetal-Waldau), 1318 *Sylbach*, 1352, 1357 *Silbach*. – Grundform FlN./ON. (ahd.) **Sigilenbach*, gekürzt > **Sīlenbach* synkopiert > **Sīlnbach* > **Sīlbach*, Kompositum mit dem Grundwort *-bach* und dem Genitiv des PN. ahd. *Sigil* (**Sigilen-*) ↗ Siegelbach als Bestimmungswort. – Sperber, *HG.A.5*, S. 99.

– ³Silbach, l.z. Hasel (z. Werra z. Weser), mündet unterhalb von Dietzhausen (Stadt Suhl, Thüringen, D). – 1111 *usque quo influit Sigilbach*. – Deutung wie ↗ ²Silbach. – Sperber, *HG.A.5*, S. 99.

Silber-   -bach/-bächle/-bächlein, -beck(e), -born, -bründl-Bach, -brunnen, -fließ, -graben, -loch-Bach, -pfuhl, -quell, -see, -siek, -spring, -talsperre, -teich, z.B. Silberbach, l.z. Schwarzbach (z. Goldbach z. Main z. Rhein), 1556 *bis inn die Silbernbach*; Silbersee bei Potzlow (Gem. Oberuckersee, Lkr. Uckermark, Brandenburg, D), 1592 *Das Suluer sehichen*, 1903 *Silber-See*. Bestimmungswort nhd. Silber bzw. Adj. *silbern* 'wie Silber (gänzend)', benannt nach der silbrig glänzenden Oberfläche des Gewässers. – Sperber, *HG.A.7*, S. 160; Fischer, *BNB 10*, S. 266; Ulbricht, *Saale*, S. 10.

Sill, die   r.z. Inn (z. Donau), entspringt östlich vom Brennerpass, fließt durch das Wipptal (Nordtirol, A) und die Sillschlucht, mündet beim Sillzwickel in Innsbruck (Tirol, A). – 1188 (Fälschung?) *super ripam fluminis … Sulle, confluentia aquarum Sulle et Aeni*. – Ausgangsform vorahd. **Sulja* > mhd. **Sülle*, entrundet > *Sill*, mit *j*-Suffix abgeleitet von gm. **sula-* (ahd. *sol* stN. 'sumpfige Stelle, Suhle, Lache'), ↗ Suhl. – Hausner/Schuster, *Namenbuch*, S. 1012 und Nachträge (breon. **suli̯ā*).

Silz- -bach, -graben. Bestimmungswort mhd. *sülze* 'Salzwasser', mundartlich entrundet > **silze* ↗ Sulz-. – Springer, *Flußnamen*, S. 90f.; Ulbricht, *Saale*, S. 46.

Simbach

– ¹Simbach, l.z. Inn (z. Donau). – Ca.1563 *Sympach rivum*; ON. Simbach am Inn (Lkr. Rottal-Inn, Bayern, D), 927 *Sunninpach*, ca.1120 *Sónenpach*, 1179 (Kopie 13. Jh.) *Sunnebach*, kurz vor 1300 *Svnnpach*, 1566/67 *Sympach*, 1676 *Sibmpach*, 1797 *Simbach*, ON. Obersimbach (Stadt Simbach am Inn), 1474 *im Obern Simbach*. – Dotter/Dotter, *HG.A.14*, S. 373, Reitzenstein, *Oberbayern*, S. 259.

– ²Simbach, l.z. Kollbach (z. Vils z. Donau). – Ca.1563 *Sympach, ad Simpach*; ON. Simbach (Lkr. Dingolfing, Bayern), 1082–1099 *Sunninpah*, 1121–1126 *Sunnanphac* (so!), 1135–1160 *Sunnebach*, nach 1301 *Suennpach ... Sunnpach*, 1378 *Simpach*, 1652 *Simbach*. – Snyder, *HG.A.3*, S. 100; Reitzenstein, *Oberbayern*, S. 259.
Ausgangsform FlN./ON. ahd. **Sunninbach* > mhd. **Sünnenbach*, synkopiert > **Sün(n)bach*, assimiliert > **Sümbach*, entrundet > *Simbach*, Kompositum mit dem Grundwort -*bach* und dem Genitiv des PN. ahd. **Sunno* (**Sunnin-*) < **Sundjo* als Bestimmungswort.

– ³Simbach, die, frz. Ruisseau le Simbach, l.z. Saar (z. Mosel z. Rhein), entspringt östlich von Spicheren (Dep. Moselle, F), mündet bei Grosbliederstroff (Dep. Moselle). – 1756 *die Seenbach*, 1762 *an der alten Sembach*; ON. † Alt-Sembach (bei Saarbrücken), 1566 *Simbach*. – Keine sichere Deutung möglich, enthält vielleicht den Genitiv des PN. **Sīno* < **Sigino* ↗ Siesbach (**Sīnenbach* > **Sīmbach*). – Spang, *HG.A.13*, S. 72.

† Similesaha

jetzt Stockacher Aach z. Überlinger See/Bodensee. – 902 *ubi Similesaha in lacum defluit*, 1155 *in fluvium Simelse*. – Kompositum mit dem Grundwort ahd. *aha* 'Fließgewässer' und dem Genitiv des PN. ahd. **Sīmil* als Bestimmungswort. – Geiger, *HG.A.2*, S. 135; Kaufmann, *Ergänzungsband*, S. 315.

Simme, die

l.z. Kander (z. Thuner See z. Aare z. Rhein), entspringt aus der *Siebenbrunnen* (schwz. *Bi de Siebe Brünne*) genannten Karstquelle am Fuß des Wildstrubels zwischen Lenk und Adelboden (Kanton Bern, CH), bildet die Simmenfälle, fließt durch das Ober- und Untersimmental, mündet nach 55km bei Wimmis (Kanton Bern). Kleine Simme, l.z. (Großen) Simme, mündet bei Zweisimmen (Kanton Bern). – ON. Zweisimmen, 1228 *Duessimenes*, 1246 *de duabus Sibanis*, 1250 *de duabus Sebonis*, 1285 *de duabus Seminis*, 1304 *de duabus Similis*, ca.1320 *in Zweyensymnun*, 1322 *de Duabus-Siminis*, 1325 *ville de Zweinsimmnon*, 1338 *ecclesie de Duobus Simynis*, 1357 *Zweinsymmen*, 1361 *de Duabus Seminis*, 1364 *von Zweinsimenen*, 1367 *ze Zweinsimnon*, 1368 *ze Zweinsimlen*. – Die Grundform des Flussnamens muss aus den Belegen für den (pluralischen) ON. Zweisimmen erschlossen werden. Geht man vom ältesten Beleg (im Singular frankoprov. **Simena*) aus, lautete sie rom. **Simóna* oder **Simína* f., entlehnt > mhd. **Símene* > *Simne*, schwach flektiert mhd. **Simnūn* (ca.1320 *Zweyen-symnun*, 1325 *Zwein-simmnon*), mit Dissimilation der Nasale und unter Einfluss von mhd. *siben* 'sieben' > **Sibene/*Sibne* (latinisiert *Sibanis*), mit totaler Assimilation > *Simme*. **Simóna/*Simína* dürfte auf kelt. FlN.**Semóná* (vgl. ↗ Seemenbach) zurückgehen, der mit *n*-Suffix vom Verb urkelt. **sem-o-* 'gießen' (air. *sem-* 'gießen, schöpfen, erzeugen') abgeleitet ist. – Kristol, *LSG*, S. 995; Matasović, *Proto-Celtic*, S. 330; Rix, *LIV*, S. 531; freundliche Mitteilung von W.Müller (6. 6. 2012).

Simmerbach

(im Unterlauf *Kellenbach*), l.z. Nahe (z. Rhein), entspringt im Hunsrück bei Laudert und Wiebelsheim (Rhein-Hunsrück-Kreis, Rh.-Pf., D), mündet nach 57km bei Simmertal (Lkr. Bad Kreuznach, Rh.-Pf.). – 1072 *in alium rivum ... Simeram, praenotatum Simerum*, 12. Jh. (Kop.16. Jh.) *ad Simeram amnem*, 1281 *ex alia parte riui Simeren*, 1294 (Kopie 1685) *die Simmer*, 1331 (Kopie 14. Jh.) *die Symere*, 1334 *super fluvium Symern*, 15.–16. Jh. (Kopie) *die Bach Simmer genannt*; ON. Simmern/Hunsrück (Kreisstadt, Rhein-Hunsrück-Kreis), 1006 (Kopie 18. Jh.) *in Simera, a Simera*, 1072 *in ... Simeru*, 1215 *Aldensimmeren*, 1283 *Aldensymera*, 1308 *de Symern*, 1311 *de Symera*, 1601 *Stadt Simmern*; ON. Simmern unter Dhaun, seit 1971 Simmertal, 841 (Kopie 10. Jh.) *in Simera*, 856–869 (Kopie 9. Jh.) *ad Simera*, 912 (verunechtet um 950) *Simera* (und weitere Belege). – Die Belege mit der ältesten Form *Simera* lassen mehrere Deutungen zu. Nahe liegt eine *r*-Ableitung von gm. **sim-* (awn. *simi* swM. 'Meer', norw. FlN. *Simoa*), ablautend **saim-* 'klebrige Flüssigkeit' (nhd. *Seim*). Bei der Annahme einer vorgm. Ausgangsform **Semirā* könnte man den Namen auch an air. *sem-* 'gießen, schöpfen, erzeugen' (idg. **semH-* 'schöpfen') anschließen und ihn als keltisch erklären. – Greule, *HG.A.15*, S. 101–103.

Simmersbächle

l.z. Acher (z. Rhein). – TalN. 1285 *in valle ... Sygemoresbach, in valle ... Sygemeresbach*, 1291 *in valle ... Sigemarsbach*; ON. Simmersbach (Gem. Ottenhöfen, Ortenaukreis, B.-W., D), 1299 *zů Sigemarsbach*, 1406 *Simmersbach*, 1479 *Symmerspach*, 1558 *Symerßbach*. – Grundform FlN. (ahd.) **Sigimaresbach*, Kompositum mit dem Grundwort -*bach* und dem Genitiv des PN. ahd. **Sigimār* als Bestimmungswort, *Sigimaresbach*, synkopiert > *Sigmersbach* assimiliert > Simmersbach/-bächle. – Geiger, *HG.A.2*, S. 131.

Simmi, die l.z. Werdenberger Binnenkanal (z. Rhein), entspringt aus dem Schönenbodensee in Wildhaus (Kanton St. Gallen, CH), durchquert das Simmitobel und das Gamser Riet, mündet östlich von Gams (Kanton St.Gallen). – 1412 *ab in die kalten Symien*, 1463 *in die Sûmgen, an die Sûmgen, Sûmgen halb*. – Grundform (ahd., alem.) *Simī* f., flektiert *Simien*, gerundet *Sümien*, ursprünglich Name des Simmitobels, abgeleitet von gm. *sim-* in awn. *simi* swM. 'Meer', ↗Seemenbach ↗Simmerbach. – Hilty, *Toggenburg*, S. 688f.

Sims, die r.z. Inn (z. Donau), Abfluss des Simssees, mündet bei Rosenheim (Bayern, D). – 1522 *an der Simbß*, 1818 *Sims*; SeeN. Simssee, ca.1090 *prope lacum Sinse*, 15. Jh. *auf dem Sinssee*, 1552 *Symbssee*, 1818 *Sims-See*; ON. Sims (Gem. Stephanskirchen, Lkr. Rosenheim), 790 *Ad Sinsa*, 1042–1046 (de) *Sinsa*, 1138–1158 *de Sinsen*, 1155–1164 *Sinnes, Sins*, 1160 *Sinse*, ca.1180 *de Sins*, 1190 *de Sinisse*, ca.1500 *Symbs*; ON. Simserfilze (Gem. Stephanskirchen), Simssee (Gem. Stephanskirchen). – Grundform FlN. ahd. *Sinsa* (SeeN. ahd. *Sinssēo*). Die vereinzelten Belege 1155–1164 *Sinnes* und 1190 *Sinisse* legen die Vermutung nahe, dass ahd. *Sinsa* aus *Sinisa* synkopiert und aus älterem *Senisa* entstanden ist. Damit steht der Name im Zusammenhang mit einer wohl keltischen Gruppe, zu der neben ↗Sinn (<*Senịā*), ↗Sense (<*Senịonā*) und Sanetsch (<*Senincus* ↗Saane) auch frz. Sélune, Küstenfluss beim Mont-Saint-Michel (Dep. Manche, F) (gegen 850 *Senuna*), frz. Senoge (<*Senubia*), Bach im Waadtland (CH) und das vorrom. Reliktwort *senia* (neben *sania*) 'Sumpf, Sumpfland, Torf, Röhricht' gehören. Vermutlich geht der Name *Senisa* von den Simser Filzen, ursprünglich ein Moorgebiet zwischen Simssee und Sims-Mündung, aus. Die weitere Etymologie der von *sen-* ausgehenden Wortgruppe ist unklar; vielleicht gehört *sen-* zu kelt. (ig.) *seno-* 'alt'. Das Suffix des FlN. *Senisa* liegt in zahlreichen vorgermanischen Flussnamen vor ↗Alz ↗Enns ↗Ilz. – Dotter/Dotter, *HG.A.14*, S. 374; Beaurepaire, *Manche*, S. 218; Müller, *Suisse romande*, S. 6; Pokorny, *IEW*, S. 908.

Sindersbach r.z. Main (z. Rhein), mündet bei Langenprozelten (Stadt Gemünden am Main, Lkr. Main-Spessart, Bayern, D). – 1522 *inn der Sinterßbach*; SeeN. Sindersbachsee, ON. Sindersbachermühlen. – Grundform *Sintheresbach*, Kompositum mit dem Grundwort *-bach* und dem Genitiv des PN. ahd. *Sintheri* (*Sintheres-*) als Bestimmungswort. – Sperber, *HG.A.7*, S. 161.

Singold, die r.z. Wertachkanal/Wertach (z. Lech z. Donau), entspringt im Ortskern von Waal (Lkr. Ostallgäu, Bayern, D), mündet nach 45km in Göggingen (Stadt Augsburg, Bayern). – 1059 *ad flumen Sinckalta*, 1323 *zewiscant der Sinbalt und …*, 1348 *die Sinchhalt*, 1479 *auf der zynkallt*, 1542 *die Singelt*, ca.1563 *Sinckel, ad Sinkelium amnem*. – Grundform ahd. *Sin-kalta*, Kompositum mit ahd. *sin-* 'andauernd, beständig, immerwährend' und ahd. *kalta* 'die Kalte' ↗Kalt-. *Sinkalta* wird über mhd. *Sinkalt* einerseits durch mundartliche Hebung (/a/ > /o/) > *Sinkolt*, umgedeutet als *Sin-gold*, andererseits durch Abschwächung der zweiten Silbe > *Sinkelt*/*Sinkel* an das Verb *sinken* angelehnt. – Snyder, *HG.A.3*, S. 100; Prinz, *Simpliccha*, S. 487.

Sinn, die r.z. Fränkischen Saale (z. Main z. Rhein) in Bayern (Unterfranken) und Hessen, entspringt in der fränkischen Rhön am Fuß des Kreuzbergs, mündet in Gemünden am Main; FlN. Schmale Sinn (auch *Kleine Sinn*), r.z. Sinn (in der Rhön). – 780–796 (Kopie 12. Jh.) *Sinna*, 1328 (Kopie 14. Jh.) *Sinne*, 1372 *an der Synne*; FlN. Schmale Sinn, 1059 *in Smalensinna*; TalN. Sinngrund, 1619 *auf dem Sinngrundt*; die an der Sinn liegenden Siedlungen werden durch die Zusätze *Burg-*/*Nieder-, Mittel-, Ober-* unterschieden: ON. Burgsinn (Lkr. Main-Spessart, Bayern, D), 1001 *villam Sinnam*, 1062 *de Sinna*, 1317 (*castrum*) *Sinne*, 1319/20 *Burgsinne*, 1339 *Borgsinn*, 1346 *zu Nydern Sinne*; ON. Mittelsinn (Lkr. Main-Spessart), 1319 *Metelnsinne*, 1346 *in Miltelsynne* (lies *Mitelsynne*), 1542 *Mittelsynn*; Obersinn (Lkr. Main-Spessart), 1317/18 *in superiori Sinne*, ca.1319 *in Obersinne*, 1695 *Obersinn*. – Die Grundform FlN. (ahd.) *Sinna* ist aus (vorgm./kelt.?) *Senịā* entstanden (mit Hebung des /e/ vor /j/ und Gemination des /n/ vor /j/). Der Name kann in die unter ↗Saane und ↗Sense (vgl. auch ↗Sims) geführte Diskussion einbezogen werden, worin *senia*, eine Variante des vorrom. Reliktworts *sania* 'Sumpf, Sumpfland, Torf, Röhricht' eine Rolle spielt. Da in der Vita Sancti Galli ca.820 (Kopie 9. Jh.) ein einsames Waldgebiet *Sennius*/*Sennia* („in silvam vocatam Sennius, in heremum quae Sennia nominatur"), jetzt ON. Sennwald (Kanton St.Gallen, CH), erwähnt wird, kann *Sinna* (<*Senịā*) ursprünglich sowohl den Fluss Sinn als auch den Teil der Rhön, in dem Sinn und Schmale Sinn fließen, benannt haben. Das Benennungsmotiv könnte das vielleicht bei der Mündung einst vorhandene Sumpfland gewesen sein. – Sperber, *HG.A.7*, S. 161; Reitzenstein, *fränkische Ortsnamen*, S. 29, 46, 149, 171; Kristol, *LSG*, S. 828.

Sinnerbach, die (auch *Sennerbach*), r.z. Blies (z. Saar z. Mosel z. Rhein), entsteht durch die Vereinigung von Rombach und Fahrbach, mündet in

Neunkirchen (Lkr. Neunkirchen, Saarland, D). – /sɪnna/, 1827 *Die Sinna, an der Sinnerbach*; ON. †Niedersindern, ca.1200 (Kopie 17. Jh.) *in Sindern*, 1270 (Kopie 17. Jh.) *Sindern*, 1276 (Kopie) *Synde*, 1306 (Kopie 17. Jh.) *Zyndern*, 1441 *Niedersundern, uf Nedersinder Bann*; ON. Sinnerthal (Stadt Neunkirchen), 1376 *im Zinderdale*, 1435 (Kopie 1565) *Sinderthal*, 1457 *das Sinderdal*, 1496 (Kopie 1565) *Sinderthal*. – Grundform ON. mhd. *(ze den) Sindern*, Dativ Plural von mhd. *sinder* stM. 'Metallschlacke', ahd. *sintar*, awn. *sindr* (< gm. **sendra-*), benannt nach dem dort gefundenen Eisenerz. *Sinnerbach* ist Klammerform **Sinder(tal)bach > Sinnerbach*. Parallelnamen ↗Synderbach, ON. Zenderen (Borne, Prov. Overijssel, NL), 10. Jh. *in Sindron*, 12. Jh. *in Sinderon*. – Spang, HG.A.13, S. 72; Pokorny, IEW, S. 906; Künzel/Blok/Verhoeff, Lexicon, S. 416.

Sintersbach r.z. Jochberger Ache (z. Kitzbüheler Ache z. Kössener Ache z. Tiroler Ache z. Chiemsee z. Alz z. Inn z. Donau). – 1416 *in dem Sinterpach*, 1774 *Sinters Ba.*; AlmN. Sinterbach Grundalm, Sinterbach Hochalm, 1774 *Ober-, Unter- Sinterbach*. – Grundform mhd. **Sünderbach*, Kompositum mit dem Grundwort *-bach* und dem Adj. mhd., bair. *sünter* < ahd. *sundir* 'südlich' ↗Sunder- als Bestimmungswort, in der Mundart entrundet > *Sinterbach* mit hyperkorrektem Fugen-*s* > *Sintersbach*, vgl. HofN. Sintershofer (Gem. Sankt Stefan am Walde, O.-Ö., A), 1125–47 *de Sundrinhouin*, FlN. Sönderbek, r.z. Stör (z. Elbe), 1856 *Sünderbek*. – Dotter/Dotter, HG.A.14, S. 375; Hausner/Schuster, Namenbuch, S. 1015.

Sipbach r.z. Traun (z. Donau), mündet nordwestlich von Rapperswinkel (Gem. Ansfelden, PB Linz-Land, O.-Ö., A). – 992–93 (Kopie 11. Jh.) *a capite recti Sippiunpahchi, inter Sippinpah et ...*, 992–93 (Kopie 1302) *de ortu amnis Syppenpach*; ON. Sipbachzell (PB Wels-Land, O.-Ö.), 777 (verfälscht 10. Jh.) *Sihpach*, 789 (Fälschung 10. Jh.) *Sicbah*, 791 (Kopie 12. Jh.) *Sicbah*. – Ausgangsform FlN. ahd. **Sigg-/*Sick-pach*, Kompositum mit dem Grundwort *-bach* und (gm.) **sig-jō* f. 'Stelle, wo das Wasser absinkt', abgeleitet vom Verb gm. **seig-a-* (**sig-*) 'sinken' ↗Seckach; **Sickpach* assimiliert > **Sippach/Sipbach* und an den Genitiv des ahd. PN. *Sippo* angelehnt > **Sippenbach*. – Hausner/Schuster, Namenbuch, S. 1015; Seebold, starke Verben, S. 388f.

†Sirnitz, die jetzt Sirnitzer Graben, l.z. Klemmbach (z. Mühlbach z. Rhein) im südlichen Markgräflerland (B.-W., D). – Ca.1350 *zwischend ... dem wasser der Sirnitz*, 1514 *von der Sirnitz*; HofN. Sirnitz (Gem. Badenweiler-Schweighof, Lkr. Breisgau-Hochschwarzwald, B.-W., D), BergN. Sirnitz, Sirnitzkopf, Sirnitzpass, FlurN. Sirnitzgrund. – Ausgangsform FlN. vorgm. **Serent- >* ahd. **Serinz-, *Sirinz >* mhd. **Sirn(i)z*, Ableitung mit *nt*-Suffix von ig. **sero-* 'Flüssigkeit' (l. *serum* 'Molke'). Sirnitz war der ursprüngliche Name des Klemmbachs, der in Neuenburg in den Rhein mündet. Der vorgm. Name wurde früh ins Germanische als **Serint-*, mit Lautverschiebung > **Serinz-* integriert, aus der Rheinebene verdrängt und auf das Quellgebiet des Klemmbachs begrenzt. Parallelname ON. Sierentz (Dep. Haut-Rhin, Elsass, F), ca.570–670 *SERENCIA* (auf merowingischer Münze), 835 (Kopie 15. Jh.) *Actum Serencia villa*, 916 *Sierenz*, 1146 *Sierentze*, 1284 PN. *Siernzer*, 1290 *Siernz*. Das Hydronym **Serent(ia)* ist ein ves.-ig. Name, der im Zusammenhang mit ↗†Serena steht. – Geiger, HG.A.2, S. 131; Greule, Oberrhein, S. 216f.

Sirschbach r.z. Rindelbach (z. Borbach z. Münzbach z. Rhein). – 1813 *Sirschbach*, FlurN./ON. †Siersborn (Steeg, Stadt Bacharach, Lkr. Mainz-Bingen, Rh.-Pf., D), 1407 *Sorsbronne*, 1415 (Kopie 15. Jh.) *in sursborn*. – Grundform **Sürs*, mit dem QuellN. **Sürs-/*Sörsborn*, **Sürs(-bach)* in der Mundart entrundet > **Sirsbach*, palatalisiert > *Sirschbach*, zum FlN. **Sürs* ↗Sürstbach. – Greule, HG.A.15, S. 103.

Sissle, die l.z. Rhein, entspringt auf dem Gebiet der Gemeinden Schinznach-Dorf und Thalheim (Bez. Brugg, Kanton Aargau, CH), mündet nach 16km bei Sisseln (Bez. Laufenburg, Kanton Aargau), mäandriert auf den letzten 2,5 Kilometern in der Rheinebene stark. – 1328 *in der Sislen*; ON. Sisseln, /sislə/, 1327 *in der Sisellen*. – Ausgangsform vielleicht FlN. kelt. **Siskulā > *Sískla > *Sisla*, schwach flektiert 1328 *in der Sislen*, mit *l*-Suffix abgeleitet von ig. **sisku-* 'trocken', air. *sesc, seisc* (< urkelt. **sisk^wo-*). Das Benennungsmotiv bezieht sich vermutlich auf den Unterlauf. Parallelname ON. Siselen (Verwaltungskreis Seeland, Kanton Bern, CH), liegt im Grossen Moos, nach 1202 *sisili*, 1202 *Sisilli* < ahd. **Sisilja-* n. mit Sprossvokal < **Sisl-ja-*, eine Kollektivbildung, Name für das Grosse Moos. – Greule, Oberrhein, S. 152f.; Matasović, Proto-Celtic, S. 227.

Sittenbach r.z. Pegnitz (z. Regnitz z. Main z. Rhein), entspringt in Steinensittenbach (Gem. Kirchensittenbach, Lkr. Nürnberger Land, Bayern, D), mündet in Altensittenbach (Stadt Hersbruck, Lkr. Nürnberger Land). – ON. Steinensittenbach, Kirchensittenbach, Altensittenbach, 1324 *in alten Sikkenpach*, 1326 *Sickembach*, 1327 *Sikkenbach, Sikkenpach*, 2. Hälfte 14. Jh. *Nidernsikenbach, Steinensikenbach*, 1. Hälfte 15. Jh. *Steinensitenbach, Altensitenbach*. – Grundform mhd. **Sikkenbach*, Kompositum mit dem Grundwort *-bach* und dem Genitiv des PN. ahd.

Sikko (**Sikken-*) als Bestimmungswort. Zum Lautwandel *Sikkenbach* > *Sittenbach* vgl. die österreichischen Ortsnamen Sittendorf (Gem. Wienerwald, N.-Ö., A), 1120 *Sickendorf*, Sittenthal (Gem. Offenhausen, O.-Ö.), um 1180–90 *de Sikkental*; Sittling (PB Ried im Innkreis und PB Grieskirchen, O.-Ö.), um 1150 *Sikelingen*, 1160–80 *Sikelingen*. – Sperber, *HG.A.7*, S. 161f.; Hausner/Schuster, *Namenbuch*, S. 1016f.

Sitter, die r.z. Thur (z. Rhein), die drei Quellbäche entspringen am Alpstein (Appenzeller Alpen, CH) und vereinigen sich bei Weissbad (Kanton Appenzell Innerrhoden, CH), mündet nach 49km bei Bischofszell (Kanton Thurgau, CH). – /sétᵉrᵉ/, 854 *in Sitteruna*, Ende 9. Jh. *Tres fluvios confluentes sanctus Gallus Sitterunam nominavit*, 1030 *Sint-tria-unum*, 1071 *Siterun*, 1155 *ad fluuium Sydronam, ad albam Sidronam*, um 1200 *juxta Sintriam, usque Sintriam*, 1323 *in die Sitrun*, 1325 *in fluvio ... Sytter*, 1335 *das wasser ... Zitter*, 1397 *an der Sittern* (und weitere Belege), 1459 *in die Sitter*; ON. Sitterbrugg, ON. Sitterdorf (Gem. Zihlschlacht-Sitterdorf, Bez. Weinfelden, Kanton Thurgau), 787 *in loco ... Sidruna, in villa Sidrona*, 869 *Situruna*, 896 *in Siteruno*, 898 *curtem ... Siteruna*, 899 *ad Siterunam*, 1167 *de Sitrundorf* (und weitere Belege); †ON. Sitterbrugg, 1500 *an der Sitterbrugg*. – Ausgangsform vorahd. (ves.-ig.) **Sidrōna* > ahd. **Sit(t)rūna* > mhd. *Sit(t)rūn*, mit geneuertem Nominativ **Sittre* > *Sitter*, mit *n*-Suffix abgeleitet von (kelt.?) **sidro-* 'wegtreibend', Verbaladj. ig. **sidʰ-ró-* zum Verb ig. **seidʰ-* 'wegtreiben' (ai. *sédhati* 'treibt weg, hält ab'), Benennung nach der (zum Flößen) wichtigen Strömung. – Greule, *Oberrhein*, S. 153–156; Nyffenegger/Bandle, *Siedlungsnamen 2*, S. 1175–1177; Rix, *LIV*, S. 522.

Sittersbach r.z. Klausbach (z. Ramsauer Achen z. Königssee Ache z. Salzach z. Inn z. Donau). – 17. Jh. *Sithartspach*. – Kompositum mit dem Grundwort *-bach* und dem Genitiv des PN. (ahd.) **Sitihart* (mhd. **Sithartes-*) als Bestimmungswort. – Straberger, *HG.A.9*, S. 111.

†Sladen seeartige Erweiterung der Wilsterau (z. Stör z. Elbe) nahe Ecklak (Kreis Steinburg, S.-H., D). – 1139 (Fälschung um 1180, Kopie nach 1200) *a lacu ... Sladen*, 1141 *a lacu ... Sladen*, 1149, um 1200 *inter Sladen et ...*, 1274 *lacum ... sladen*. – Entspricht Dativ Singular von mndd. *slāt* 'moorige Vertiefung, sumpfiger Ort'. – Udolph, *HG.A.16*, S. 320.

Söchtenau, die (auch *Mühldorfer Bach*), z. Gunzenhamer Achen (z. Murn z. Inn z. Donau). – 1326 *in der Sechtnach*, 1563 *Sechtnaw rivus*; ON. Söchtenau, Pfarrdorf (Lkr. Rosenheim, Bayern, D) 924 *Sehtinaha*, 1031 (Kopie 12. Jh.) *Sechtanaha*, 1130–1147 *Setinahe*. – Zugrunde liegt der FlN. *Sehtan-aha* (verdeutlichendes Kompositum mit ahd. *aha* 'Wasser'), der sich von dem später gebildeten ON. **Sehten-ouwe* nur durch das Grundwort mhd. *ouwe* 'Land am Wasser, Aue' unterscheidet. *Sehtanaha* dürfte kaum im Erstglied den PN. **Sahto* enthalten, weil Sekundärumlaut zu erwarten wäre. Die Belege legen aber nahe, von gm. /e/ auszugehen. Einfacher ist die Herleitung von einem germanischen Gewässernamen **Sehtana* (< **Sihtanō*), einer *n*-Erweiterung von germ. **sihta-*, *t*-Ableitung zum Verb germ. **seihw-a-* 'seihen'. Auf gm. **Sehtana* dürfte auch der ON. Zetten bei Valburg (Gelderland, NL), 1005 (verfälscht ca.1160, Kopie 14. Jh.) *villa ... Sectene, Settene*, zurückgehen. – Dotter/Dotter, *HG.A.14*, S. 278; Reitzenstein, *Oberbayern*, S. 260; Künzel/Blok/Verhoeff, *Lexicon*, S. 416.

Södingbach l.z. Kainach (z. Mur z. Drau z. Donau), mündet östlich von Mooskirchen (PB Voitsberg, Steiermark, A). – 1146 *inter flumina ... Sedingam*, 12. Jh. *inter flumina ... Settingam*; ON. Söding (PB Voitsberg), 1103 *Sedinge*, um 1126 (Druck 19. Jh.) *Sedingen*, 1146 *Sedingen* (und weitere Belege). – Übertragung des ON. ahd. **Sedinga* (Plural) 'die Leute des **Sedi*' auf den Fluss (**Sedinger Bach*). – Hausner/Schuster, *Namenbuch*, S. 1019.

Söhlbach r.z. Bottwar (z. Murr z. Neckar z. Rhein), entspringt unterhalb der Burg Wildeck (Abstatt, Lkr. Heilbronn, B.-W., D), mündet in Oberstenfeld (Lkr. Ludwigsburg, B-W.). – ON. Söhlbach (Gem. Beilstein, Lkr. Heilbronn), 1498 *Selbach*. – Kompositum mit dem Grundwort *-bach* und Bestimmungswort wie in ↗Seelbach?, mit Rundung /e/ > /ö/ vor /l/. – Schmid, *HG.A.1*, S. 107.

Sölkbach r.z. Enns (z. Donau) fließt in den Schladminger Tauern durch den Naturpark Sölktäler, mündet bei Stein an der Enns (Gem. Großsölk, PB Liezen, Steiermark, A), Kleinsölkbach, l.z. Sölkbach/Großsölkbach. – ON. Großsölk (PB Liezen), um 1130–um 1135 (Kopie 13. Jh.) *ad Selicham*, um 1150 (Kopie 19. Jh. nach Kopie 13. Jh.) *curtis apud Selch*, 1152(?) (Kopie 19. Jh. nach Kopie 13. Jh.) *ad Selich*, 1185 (Kopie 13. Jh.) *ad ... Selica*; ON. Kleinsölk (PB Liezen). – Obwohl alte Belege nur für den Ortsnamen vorliegen, wird als Grundform FlN. vorgm. **Salikā* angesetzt > ahd. *Selicha* > mhd. **Selche*, mit Rundung vor /-lch/ > **Sölch/Sölk-*. **Salikā* 'der schmutzige (Fluss)' wird am besten erklärt als keltische Ableitung mit *k*-Suffix von kelt. **salā* 'Schmutz', einer Variante zu kelt. **salāko-* (air. *salach*, kymr. *halog*) 'schmutzig'. Die Benennung dürfte vom Unterlauf her nach der Mündung des Kleinsölkbachs erfolgt sein. – Hausner/

Söllbach

Schuster, *Namenbuch*, S. 1020; Matasović, *Proto-Celtic*, S. 319.

Söllbach r.z. Ohrn (z. Kocher z. Neckar z. Rhein), mündet bei Cappel (Stadt Öhringen, Hohenlohekreis, B.-W., D). – ON. Obersöllbach (Stadt Neuenstein, Hohenlohekreis, B.-W.), ON. Untersöllbach (Stadt Öhringen), 1037 *in Selebach*, 1319 *Obernselbach*, um 1357 *Nidern Selbach*, 1371 *in Selbach*. – Deutung wie ↗Söhlbach. – Schmid, *HG.A.1*, S. 107.

Sölsnitz, die l.z. Mürz südwestlich von Allerheiligen (PB Mürzzuschlag, Steiermark, A). – Ca.1150, 1184 *apud Selsniz*, 1185 *Selniz*, 1277 *Selznicz*, 1295, 1343, 1396 *Selsnicz*. – Ausgangsform *Železьnica, abgeleitet mit dem Suffix slaw.-*ica* von PN. slaw. *Železo*, ins Bairische integriert als *Selsnitz, vor /l/ gerundet > *Sölsnitz*. – Lochner von Hüttenbach, *Steirische Hydronyme*, S. 119.

Sönderbek ↗Sintersbach.

Söse, die r.z. Rhume (z. Leine z. Aller z. Weser), entsteht durch den Zusammenfluss von Kleiner ~ und Großer ~ in Kamschlacken (Riefensbeek-Kamschlaken, Stadt Osterode am Harz, Lkr. Osterode am Harz, Niedersachsen, D), wird in der Sösetalsperre aufgestaut, mündet nach 38km (mit einem Höhenunterschied von ca. 670m) zwischen Berka und Elvershausen (Gem. Katlenburg-Lindau, Lkr. Northeim, Niedersachsen). – 1321 *… partem aque … Sŭse*, 1321 (Kopie 15. Jh.) *in rivo Zose*, 1375 (Kopie 15. Jh.) *vppe de zoze*, 1391 (Kopie 16. Jh.) *up der Soyse*, 1438 *mit der sose*, 1455 *dussehalf der Sosse*, 1458 *uppe der Zoze*, 1460 *uppe der Soze*, 1462 *up dusse halve der Sose* (und weitere Belege), 1512 *supra Sösam*, 1613, 1617 *die Söese*, 1624 *an der Söehse*, 1700 *in die Söse*; ON. † Sose (nordöstlich von Berka), 1213 *de Sosa*, 1222 *de Suse*, nach 1226 *Sŭsa*, 1250, 1270, 1281 *de Susa*, 1283 *de Sosa*, 1310 *villa Sose*, 1315 *van der Sŭse*, 1323 *van der Sŏse*, 1329 *Susa* (und weitere Belege); BergN. Sösestein, Sösekopf, FlurN. Sösefeld. – Grundform FlN. as. *Süsi(a)* f. mit Senkung > mndd. *Söse* (mit langem /ö/), *j*-Ableitung zum (onomatopoetischen) Verb mhd., mndd. *sūsen* 'sausen'; Benennung nach dem Schalleindruck an einer bestimmten Stelle des Flusslaufs. – Kettner, *HG.A.8*, S. 120–122; Casemir/Menzel/Ohainski, *Northeim*, S. 351–353.

Soest-Bach l.z. Ahse (z. Lippe z. Rhein), entspringt südlich von Soest (Kr. Soest, NRW, D), mündet bei Berwicke (Gem. Welver, Kreis Soest). – 1417 *oppe dey Soestbeke*, 1576 *tuschen … der Sostbecke*; ON. Soest, /zo:st/, mundartlich /saust/, zum Jahr 836 (Kopie 17. Jh.) *Sosat*, um 864 (Kopie 10. Jh.) *Sosat*. – Zusammensetzung mit dem Grundwort mndd. *beke* 'Bach' und dem ON. *Soest*. Die Deutung von *Soest* ist umstritten. Akzeptabel ist ein neuerer Vorschlag, wonach in (as.) *Sōsat*- eine Ableitung mit *t*-Suffix eines nicht bezeugten Nomens gm. *sōs(s)a*- 'Sitz' (lit. *sóstas* m., ig. *sōd-to*-) vorliegt. Parallelname vielleicht ↗Soeste, wenn aus gm. FlN.? *Sōsita* entstanden. – Schmidt, *HG.A.6*, S. 72; Flöer/Korsmeier, *Soest*, S. 411–417.

Soeste, die /söhste/ l. Quellfluss d. Jümme (z. Leda z. Ems), fließt durch Cloppenburg (Lkr. Cloppenburg, Niedersachsen, D) ↗Soest-Bach. Keine Belege.

Söterbach, die (auch *die Söter*), l.z. Nahe (z. Rhein), entspringt im Schwarzwälder Hochwald bei Neuhütten (Lkr. Trier-Saarburg, Rh-Pf., D), mündet bei Türkismühle (Gem. Nohfelden, Saarland). – 1507 *bisz in die Soter, die Soter uszen*, 1547 *bis in die Söterbach*, ca.1600 *Sojter*, 1607 *am Söterbach, mit der Söter*, 1653 *die Söter hinauf*; ON. Sötern (Gem. Nohfelden, Lkr. St. Wendel, Saarland), 1231, 1296 *de Sothere*, 1274 *de Sotra*, 1299 *Sovtre*, Anfang 14. Jh. *Soteria*, nach 1306 *Soeteren*, 1318 *Sutra*, 1323 *von Suteren*, 1342 *de Sŭtre, de Sotern*, 1342 *de Sotra*, 1345 *in der Soetteren wege den Soetteren wert heruß*, 1346 *von Sotern*, 1349 *Soethern*, 1363/64 *van Sutrin, van Suetrin*, 1368 *de Sueteren*, 1372 *Sotern*, um 1375 *de Sutern*, ca.1389 *Suyteren*, 1390 *Suteryn*, 1392 *van Suteren*, 1396 *von Söttern*, 1401 *von Sotern*, 1413 *von Soteren*, 1431 *Sötern* (und zahlreiche weitere Belege; die Belegreihe führt keine kopialen Belege auf). – Grundform entweder mhd., moselfrk. *Sœthere* (< gm. *SauÞirō f.) oder ahd. *Suthira*, mit Umlaut, Senkung /u/ > /o/ und Dehnung in offener Tonsilbe > *Söthere* (mit langem /ö/). Wegen der Parallele ON. Söhre (Gem. Diekholzen, Lkr. Hildesheim, Niedersachsen), 1022 (Fälschung 12. Jh.) *Suthre*, 1129 *Suthere*, wegen der rheinischen Flurnamen *Sutter* m. (*Soter, Söter, Soder, Söder*) für sumpfige Stellen und wegen schwz. ON. *Sŭdere* f., 1732 *Süderen*, ist die Grundform ahd. *Suthira*, *r*-Ableitung von gm. *suÞi*- (neben gm. *suÞa*- n.) 'Brühe' vorzuziehen. Der Fluss ist wahrscheinlich nach einer auffälligen sumpfigen Stelle benannt. Die jüngeren Schreibungen mit <t> sind hyperkorrekt für mundartlich /sö:deren/, Schreibungen mit <u>, <ue>, <uy> spiegeln die mundartliche Hebung von /o/ > /u/ wieder. Beiden möglichen Grundformen liegen Ablautvarianten des Verbs gm. *seuÞ-a*- 'sieden' (urig. ?*h₂seut*- 'aufwallen') zugrunde. Eine außergermanische Parallele bilden die lit. Gewässername *Sùtre* und lit. (dialektal, lett. *sutrà, sùtros* 'schmutziger Grund in einem See, Bodensatz'. – Greule, *HG.A.15*, S. 104 f.; Seebold, *starke Verben*, S. 400 f.; Dittmaier, *Flurnamen*, S. 310; Waser, *Entlebuch*, S. 1055; Udolph, *Germanenproblem*, S. 192; Rix, *LIV*, S. 285.

Sohlke, der r.z. Schliebeck (z. Mühlengraben z. Leine z. Aller z. Weser), mündet östlich von Edesheim (Stadt Northeim, Lkr. Northeim, Niedersachsen, D). – 1626 *bouen dem Solmecke*, 1634 *auf dem Sollmke*, 1654 *offen an dem Solemke*, 1661 *uf den Solemk*, *im Solemke*, 1663 *der Solmke*, 1864/65 *über den Sohlken*. – Grundform mndd. *Sōlenbeke* assimiliert > *Sōlembeke* gekürzt > *Sōlmeke*, Kompositum mit dem Grundwort mndd. *-beke* 'Bach' und mndd. *sōl* 'morastige Stelle, Kotlache' als Bestimmungswort. – Kettner, *HG.A.8*, S. 122; Kettner, *Leine*, S. 287.

Sohrbach (im Oberlauf *Grundbach*, im Mittellauf *Dillerbach*), r.z. Kyrbach/Hahnbach (z. Nahe z. Rhein), mündet südlich von Dillendorf (Rhein-Hunsrück-Kreis, Rh.-Pf., D). – 1461 *die Sore her inne*, 1601 *die Sorr*; ON. Sohren (Rhein-Hunsrück-Kreis), 840 oder 847 (Fälschung 18./19.Jh.) *in Sororo marca*, 981 *Sora* (hierher?), 1183 (Vidimus in Kopie 18. Jh.) *de Sorene*, 1207 *Sorn*, 1276 *Soren*, 1283 *in Sorne*, 1292 *Soren*, 1372 *de soren*, *von Sorin*, 1397 *von Soren*, 1426 *von soren*; ON. Niedersohren (Rhein-Hunsrück-Kreis), 1316 (Kopie 14. Jh.) *an Nidersoren*; ON. Sohrschied (Rhein-Hunsrück-Kreis), 1460 *Soirscheydt*, *Sorscheyt*, 1514 *Sorschyt*. – Die Belege erlauben keine eindeutige Rekonstruktion einer Ausgangsform. Wahrscheinlich handelt es sich um einen FlN. (ahd.) *Sora* (< ves.-ig. *Surā*) ↗ Suhre, der in den Ortsnamen in schwach flektierter Form vorliegt: mhd. *(ze) Soren* und später apokopiert wurde > *Sor*, mit Dehnung > *Sohr*, so in 1460 *Soir(scheydt)*, und heute zur Verdeutlichung mit dem Grundwort *-bach* komponiert ist. – Greule, *HG.A.15*, S. 105f.

Solbach, die l.z. Wisserbach (z. Sieg z. Rhein). – 1575 *die Sailbach*; ON. Obersolbach, Mittelsolbach, Niedersolbach (Gem. Friesenhagen, Lkr. Altenkirchen/Westerwald, Rh.-Pf., D), 11. Jh. *Salubeki*, 1482 *bover Soilbach*; WaldN. 1559 *an den Solbachswalt*. – Kompositum mit dem Grundwort *-bach*, as. *beki* 'Bach' und ahd. *salo*, *salwes* 'dunkel, schwärzlich, trübe' als Bestimmungswort, mundartlich /a/ > /o/ gehoben und gedehnt (1482 *bover Soilbach*). – Faust, *HG.A.4*, S. 74; Barth, *Sieg und Ruhr*, S. 113.

Solmsbach l.z. Lahn (z. Rhein), entspringt im Taunus zwischen Weiperfelden (Gem. Waldsolms, Lahn-Dill-Kreis, Hessen, D) und Espa (Gem. Langgöns, Lkr. Gießen, Hessen), mündet nach 24,6km und einem Höhenunterschied von 288m bei Burgsolms (Stadt Solms, Lahn-Dill-Kreis). – 788 (Kopie 12.Jh.) *fluuio Sulmissa*, *fluuium Sulmissam*, vor 1603 *Solmetz*; ON. Kraftsolms (Gem. Waldsolms), ON. Waldsolms, ON. Burgsolms, ON. Hohensolms (Gem. Hohenahr, Lahn-Dill-Kreis), ON. Solms, 794 (Kopie 12. Jh.) *in Sulmisser marca*, 802, 803, 811–12 (alle Kopie 12. Jh.) *in Sulmissere marca*, 817, 855 (Kopie 12. Jh.) *in Sulmissa*, 1128 *Solmesso*, 1129 *de Sulmese*, 1156 *Solms* (und zahlreiche weitere Belege), 1332 *Burgsolmße*, 1349 *Hohensolmße*. – Da der Name keinen Umlaut aufweist, kann das Suffix *(-issa)* der aus dem Codex Laureshamensis exzerpierten Belege nicht ursprünglich sein; Ausgangsform ahd. *Sulmasa* (neben *Sulmusa*?) > mhd. *Sulmese*, mit mitteldeutscher Senkung /u/ > /o/, Synkope und Apokope > *Solms*. Die Schreibung mit *-issa* dürfte kanzlistisch hyperkorrekt an ahd. Wörter mit dem beliebten Suffix *-issa* (< *-isjō*) angelehnt sein. Die Basis ahd. *sulm-* ist aus gm. *swulm-* ↗ ²Sulm mit Schwund des /w/ in der Verbindung /sw-/ vor /u/ entstanden; sie gehört ablautend zum Verb gm. *swell-a-* 'schwellen' (urig. Nomen *su̯l(H)-mó-* neben Verb *su̯elH-e-*). – Faust, *HG.A.4*, S. 74f.

Solt-/-en- *-au*, *-beeke/-bek*, *-born*, z.B. ON. Soltau (Heidekreis, Niedersachsen, D), 1304 *Soltowe*. Bestimmungswort mndd. *solt* 'Salz, salzig' ↗ Salz-. – Borchers, *HG.A.18*, S. 129f.; Ulbricht, *Saale*, S. 196; Kettner, *Leine*, S. 253.

Solz, die

– ¹Solz (südliche), r.z. Fulda (z. Weser), entspringt in der Kuppenrhön, Gem. Eiterfeld (Lkr. Fulda, Hessen D), mündet in Bad Hersfeld (Lkr. Hersfeld-Rotenburg, Hessen). – 1313 *in terminis fluuii Sulza*, 1495 *in und uff der Sultz*, 1531 *nach der Sultz*, *Soltz*, *uf der Soltza*, 1578 *die Soltz*; ON. Schenksolz (Gem. Schenklengsfeld, Lkr. Hersfeld-Rotenburg), 1312 *Schenken Sulza*, 1597 *Schencksoltza*. – Sperber, *HG.A.5*, S. 100.

– ²Solz r.z. Fulda (z. Weser), entspringt in Solz (Stadt Bebra), mündet südwestlich von Bebra (Lkr. Hersfeld-Rotenburg, Hessen, D). – ON. Solz, 960 *Sulzaha*, 1146 *de Sulzaha*, 1252 *Solza*, 1333 *Sulza*; AdelsN. Trott zu Solz, 1482 *Drottensolcz*. – Sperber, *HG.A.5*, S. 100.

Grundform FlN. ahd. *Sulzaha*, Kompositum mit dem Grundwort *aha* 'Fließgewässer' und ahd. *sulza* 'Salzwasser, Sole' ↗ Sülz- als Bestimmungswort, mit mitteldeutscher Vokal-Senkung /u/ > /o/.

Solz-Bach r.z. Katz (z. Werra z. Weser), mündet unterhalb von Wahns (Lkr. Schmalkalden-Meiningen, Thüringen, D). – ON. Solz (Gem. Rippershausen, Lkr. Schmalkalden-Meiningen), 82(8) *Sulzaha*, (um 914) *in … Sulahu*, (um 1183?) *Sulzaha*, 1274 *Sulza*, 1450 *Solcza*, 1524 *Soltz*, ON. Dörrensolz (Gem. Unterkatz, Lkr. Schmalkalden-Meiningen), 1343 *tzü Durren Sulcza*, 1373 *tzü Durensülcza*. – Deutung wie ↗ Solz, mit dem Grundwort *-bach* verdeutlichend komponiert. – Sperber, *HG.A.5*, S. 100.

Sommer-/s- -ach, -ackerbach, -au, -au-Bach, -bach, -bachs-Graben, -beck/-beek, -beckfeld, -berg-Bach, -fleck-Bach, -grundbach, -haldenbach, -hofenbach. Bestimmungswort nhd. *Sommer*, benannt nach einem dem Süden, der Sonne, zugekehrten Gewässer oder Flurstück, z. B. Sommerhaldenbach. – Kettner, *Leine*, S. 288.

Sommerbach l. z. Eder (z. Fulda z. Weser), mündet unterhalb von Wolfershausen (Stadt Felsberg, Schwalm-Eder-Kreis, Hessen, D). – 1612 *uf den Sonderbach*. – Kompositum mit dem Grundwort -bach und dem umgedeuteten Bestimmungswort ahd. *suntar* 'nach Süden' ↗ Sunder-. – Sperber, *HG.A.5*, S. 100.

Sonder-Bach r. z. Eder (z. Fulda z. Weser), mündet in Gensungen (Stadt Felsberg, Schwalm-Eder-Kreis, Hessen, D). – ON. Sundhof (Beuern, Stadt Felsberg, Schwalm-Eder-Kreis, Hessen, D), 1360 *Sundheim*, 1525 *Sonthoeb*, 1580 *Sunthof*. – Klammerform *Sond(hof)erbach*, Bestimmungswort des Ortsnamens ist mhd. *sunt* 'Süden'. – Sperber, *HG.A.5*, S. 100 f.

Sondersbach l. z. Reichenbach (z. Kinzig z. Rhein). – ON. Sondersbach (Stadt Gengenbach, Ortenaukreis, B.-W., D), 15. Jh. *Sundirstonbach*, 1515 *Súnderstenpach* – Grundform mhd. *(ze) Sunderstenbach*, Kompositum mit dem Grundwort -bach und dem Superlativ von *sunder-* 'südlich' ↗ Sontra. – Geiger, *HG.A.2*, S. 132.

Sonne-/-n- -bach, -born, -glanztalswasser, -graben, -kappe, -leitenbach, -see, -siek, z. B. ON. Sonneborn an unbenanntem Bach r. z. Öster-Bach (z. Else z. Lenne z. Ruhr), 1532 *biß up dat Sunnenborn, van demme Sunnenborn*. Bestimmungswort mhd., mndd. *sunne* swF. 'Sonne', im Süden aus der Sicht der Benennenden liegendes Gewässer bzw. Gelände. – Schmidt, *HG.A.6*, S. 102; Kettner, *Leine*, S. 288.

Sontra, die r. z. Wehre (z. Werra z. Weser), entspringt im Stölzinger Gebirge (Lkr. Hersfeld-Rotenburg, Hessen, D), mündet von Süden heranfließend bei Oetmannshausen (Wehretal, Gem. Wehretal, Werra-Meißner-Kreis, Hessen). – ON. Sontra (Werra-Meißner-Kreis), 1232 *Suntraha*, 1269 *Suntrahe*, 1271 *Sunthra*, 1273 *Suntra* (und weitere Belege), 14. Jh. *Sontra* (und weitere Belege). – Grundform ahd. *Suntraha*, Kompositum mit dem Grundwort ahd. *aha* 'Fließgewässer' und ahd. *suntar* 'nach Süden' (hier in der Bedeutung 'von Süden kommender Fluss'), mhd. *sunder* 'südlich', mit abgeschwächtem Grundwort > *Suntra* und mit mitteldeutscher Senkung /u/ > /o/ > *Sontra*. – Sperber, *HG.A.5*, S. 100.

Soode, die l. z. Lempe (z. Esse z. Diemel z. Weser), entspringt im Stadtgebiet von Immenhausen (Lkr. Kassel, Hessen, D), mündet in Hombressen (Stadt Hofgeismar, Lkr. Kassel). – 1551 *vff der Sode*, (1583–85) *Die Soden*; ON. Soodehöfe (Stadt Hofgeismar). – Ausgangsform *Sōdaha*? Kompositum mit dem (heute abgeschwächten) Grundwort ahd., as. *aha* 'Fließgewässer' und ahd. *sōd*, mhd. *sōt* 'das Wallen, Sieden, siedende Flüssigkeit, Brühe, Brunnen', mndd. *sōde* 'das Sieden, (Auf)wallen, Aufgekochtes, Brühe, Brunnen' als Bestimmungswort, oder Ausgangsform *Sodaha* mit dem Bestimmungswort gm. *suþa-* n. 'Brühe' ↗ ²Sude. – Kramer, *HG.A.10*, S. 63.

Soolbach, die l. z. Eder (z. Rhume z. Leine z. Aller z. Weser), mündet bei Brochthausen (Stadt Duderstadt, Lkr. Göttingen, Niedersachsen, D). – 1391 *in der Solbach*, 1395 *die Solbach*, 1512 *an der Solbach*, 1564, 1573, 1579 *in der Solbach*, 1744 *Sohl Bach*, 20. Jh. *Sool-Bach*; ON. † Soolbach, 1143, 1262 *Solebach*, 1268 *Solbach*. – Kompositum mit dem Grundwort -bach und mndd. *sōle* 'salzhaltiges Quellwasser, Salzwasser' als Bestimmungswort. – Kettner, *HG.A.8*, S. 122; Kettner, *Leine*, S. 287.

Soppenbach r. z. Biberbach (z. Donau), mündet bei Andelfingen (Gem. Langenenslingen, Lkr. Biberach, B.-W., D). – 1267 *rivo ... Souppe* (lies *Súppe*?); FlurN. In dem Soppen, 1370 *an dem Soppen*. – Kompositum mit dem Grundwort -bach und dem FlurN. Soppe m., Suppe f., mhd. *soppe, suppe* 'sumpfig mooriger Boden mit zähem Gras' als Bestimmungswort. – Snyder, *HG.A.3*, S. 101; Keinath, *Württemberg*, S. 45.

† Sorbach jetzt Sauerbach, l. z. Taft (z. Ulster z. Werra z. Weser), mündet bei Soisdorf (Gem. Eiterfeld, Lkr. Fulda, Hessen, D). – 780–781 *ad introitum Rataha in Soraha*, ON. Soisdorf, 780?-781 *Soresdorf*, (815) *Soresdorf*, 922 *Soresdorf*, 1343 *Sosdorf*, 1424 *Soisdorf*; ON. Soislieden (Gem. Hohenroda, Lkr. Hersfeld-Rotenburg, Hessen), 1631 *Soislieden*, 1655 *Sosleiden*; BergN. Soisberg (Kuppenrhön, Hessen). – Der Flussname enthält als Bestimmungswort mhd. *sōr* 'trocken', in der Mundart diphthongiert > *Sauer(bach)*, die Ortsnamen den Genitiv des PN. *Sor/ *Sōr (Sores-/*Sōres-) mit unklarer Etymologie, *Soresdorf*, synkopiert > *Sorsdorf*, vereinfacht > *Sōsdorf*. – Sperber, *HG.A.5*, S. 90.

Sorbitz, die r. z. Schwarza (z. Thüringische Saale z. Elbe) entsteht aus den Quellbächen Weiße ~ (Gem. Saalfelder Höhe, Lkr. Saalfeld-Rudolstadt, Thüringen, D) und Schwarze ~ bei Meura (Lkr. Saalfeld-Rudolstadt), die sich bei Döschnitz (Lkr. Saalfeld-Rudolstadt) vereinigen, mündet bei Sitzendorf (Lkr. Saalfeld-Rudolstadt). – 1417 *die Sorowitz*. – Ausgangsform slaw. *Žarovica? vgl. ON. Serbitz (Gem. Neukyhna, Lkr. Nordsachsen, Sachsen), 1222 *de Zarewitz.* – Ulbricht, *Saale,* S. 241; Eichler/Walther, *HONBSachsen* 2, S. 415.

Sorge, die   r.z. Eider, entspringt südwestlich von Eckernförde, fließt durch den Bistensee und durch das Naturschutzgebiet Sorgwohld (Kreis Rendsburg-Eckernförde, S.-H., D), mündet bei Hohnerfähre westlich von Rendsburg. – /de sorch/, 1323 *Sorka, Zorka,* 1470 *tor Zorke,* 1495 *thor Sorke,* ca.1500 *de Sorg,* 1536 *tho Sorke,* 1595 *Sorg fl.* – Ausgangsform FlN. gm. *Swurkō f. 'die Dunkle', ablautend zum Verb gm. *swerk-a-, as. *swerkan* 'finster werden, sich verdüstern', mit Schwund des /w/ in der Verbindung /swu-/ und Senkung von /u/ > /o/, Benennung nach der Färbung des Wassers. Die heutige Form des Namens ist an nhd. *die Sorge* angelehnt. Parallelnamen *Sorka, Svorka* Flüsse in Norwegen. – Kvaran, *HG.A.12,* S. 176 f.; Laur, *Gewässernamen,* S. 117.

Sorne, die   frz. la Sorne, l.z. Birs (z. Rhein), entspringt im Berner Jura bei Bellelay (Gem. Saicourt, Kanton Bern, CH), macht unterhalb von Sornetan (Kanton Bern) einen scharfen Knick nach Norden, durchfließt in zahlreichen Windungen das Delsberger Becken, mündet nach 29km nordöstlich von Delémont/Delsberg (Kanton Jura, CH). – 1746 *sur la rive de la Sorne,* 1751 *Sornam … recepit;* GauN. 7. Jh. *Sornegaudia Vico;* ON. Sornetan, 1179 *curtem de Sornetan.* – Die Ausgangsform *Sorna als ursprünglicher FlN. ist nur aus dem GauN. Sornegau und dem ON. Sornetan (über *Sorneta, Sornetan) erschließbar. Gewöhnlich wird *Sorna als n-Ableitung von angeblichen ig. Wurzel *ser-/*sor- 'fließen, strömen' gedeutet, was aber mit mehreren Schwierigkeiten verbunden ist. Vorgeschlagen wird stattdessen eine vorrom. Grundform *Suronā > rom. *Sórona, synkopiert > *Sorna*, sekundäre (kelt.?) Ableitung von *suro- '(ausgepresste) Flüssigkeit' < ig. *su-ró-, dem Verbaladjektiv zum Verb ig. *seu- 'auspressen'. Die Ausgangsform *Suronā liegt (mit anderer Lautentwicklung) auch ↗Zorn (8. Jh. *Sorna*) zugrunde. Ig. *suro- liegt als Femininum (ves.-ig.) *Surā vor in ↗Suhre. – Greule, *Oberrhein,* S. 156f.; Rix, *LIV,* S. 537f.; Zehnder, *Aargau,* S. 414–416; Greule, *Namenwechsel,* S. 321f.

Sorpe, die

– ¹Sorpe, l.z. Röhr (z. Ruhr z. Rhein), entpringt in Wildewiese (Stadt Sundern, Sauerlandkreis, NRW, D), durchfließt den Sorpesee (Sorpetalsperre), mündet bei Sundern-Hachen. – 1307 *iuxta rivum … Sorpe.* – Schmidt, *HG.A.6,* S. 72.
– ²Sorpe, r.z. Lenne (z. Ruhr z. Rhein), entspringt östlich von Rehsiepen (Stadt Schmallenberg, Hochsauerlandkreis, NRW), mündet in Winkhausen (Stadt Schmallenberg). – ON. Obersorpe, Mittelsorpe, Niedersorpe (Stadt Schmallenberg), 1072, 1101–31 *Suropo,* 1122 *Sorbece,* 1281–1313, 14. Jh. *Sorpe,* 14. Jh. *Sorp superior, Sorp inferior,* 1514 *zu obirn unnd neddern Sorpe.* – Schmidt, *HG.A.6,* S. 72f.
Grundform (as.) *Surapa, Kompositum mit dem Grundwort ↗apa und vielleicht FlN. (ves.-ig.) *Surā ↗Suhre als Bestimmungswort, im Reim mit dem Namen des Hauptflusses Ruhr < ves.-ig. *Rurā. – Schmidt, *Wupper und Lippe,* S. 151 f. (< ig. *Sor-).

Sothriet(h), die   l.z. Landwehrbach (z. Örtze z. Aller z. Weser). – 1778 *die Sotriet;* ON. Altensothrieth, Neusothenrieth (Gem. Unterlüß, Lkr. Celle, Niedersachsen, D), 1778 *Sotriet, Neu Sotriet.* – Kompositum mit dem Grundwort mndd. *rīde* f. 'Bach, Graben, Rinnsal' ↗²Ried- und as. *soth* '(Fleisch-)brühe' ↗²Sude als Bestimmungswort. – Borchers, *HG.A.18,* S. 130.

Sotzbach   r.z. Struth (z. Krötenbach z. Reichenbach z. Bracht z. Kinzig z. Main z. Rhein). – Um 810 *Sottesbah,* 860 (Druck 1844) *sotesbach,* um 900 *Sotdesbach;* ON. Obersotzbach, Untersotzbach (Gem. Birstein, Main-Kinzig-Kreis, Hessen, D), 1326 *Sotsbach superiori,* 1356 *in Sotzbach,* 1443 *von Sotzbach,* 15. Jh. *tzu Sotzbach.* – Kompositum mit dem Grundwort -bach und unklarem Bestimmungswort: vielleicht Genitiv eines PN. ahd. *Sot(t) zu ahd. *siodan* 'sieden', *salz-suti* 'Saline', vgl. PN. ahd. *Suto,* oder FlN. (gm.) *Suđasō f. > ahd. *Sotesa,* apokopiert *Sotes-, s-Ableitung von gm. *suđa-, grammatische Wechselform zu gm. *suPa- n. 'Brühe' ↗²Sude, die Gemination (810 *Sottesbah*) unter dem Einfluss von mhd. *sutte* 'Lache, Pfütze'. – Sperber, *HG.A.7,* S. 162; Kaufmann, *Ergänzungsband,* S. 330 f.

Souffel, die   (auch *Suffelbach*), frz. Rivière la Souffel, l.z. Ill (z. Rhein), entspringt nordwestlich von Kuttolsheim (Dep. Bas-Rhin, F), mündet nach 25,5km nordöstlich von Bischheim (Dep. Bas-Rhin). – /d'süfl/, 1147 *Suvela,* 1285 *vf dv suvele,* 1320–45 *zů suvele,* 1321–31 *sufele, ginehalp der suvel,* 1343–44 *Sufele, Svuele, uff Suuele,* 1528 *in der Süffel,* 1751 *Suvela, Sauvel, Suvel;* ON. Souffelweyersheim nördlich von Straßburg (Dep. Bas-Rhin), (1224–28) *in Suvelwiersheim,* 13. Jh. (mehrfach) *Suvelwihersheim;* ON. Soufflenheim (Dep. Bas-Rhin), /süflum/ (/ü/ lang) 1147 (und oft) *Suvelnheim,* 1281 *Suvelheim;* FlurN. 1240, 1360 *das Sufelvelt;* FlurN. 1333 *uffe den Sufelrein.* – Ausgangsform ahd. *Sūfala f. > mhd. *Sūfele,* in der Mundart gerundet und gekürzt > (1528) *Süffl;* *Sūfala ist mit l-Suffix abgeleitet von ahd. *sūf* 'Brühe, Suppe' (zu ahd. *sūfan* 'saufen'); es handelt sich um eine metaphorische Benennung des trüben Flusswassers. – Greule, *Oberrhein,* S. 90.

Soyensee (auch *Kitzsee*), z. Soyener Seebach (z. Nasenbach z. Inn z. Donau). – 1832 *Soyen-See*, ON. Soyen (Lkr. Rosenheim, Bayern, D), 816 (Kopie 824) *in loco ad Seun*, 1098–1137 *Sêwan*, 1185 *Sewen*, 14. Jh. *Sewn*, ca.1585 *Seun*. – Kompositum mit dem Grundwort *See* und dem ON. Soyen als Bestimmungswort, der dem ON. Seeon ↗Seeoner Bach entspricht. Die offizielle Schreibweise <Soyen> statt <Seuen>. – Dotter/Dotter, *HG.A.14*, S. 376; Reitzenstein, *Oberbayern*, S. 260.

Spar-/-en-/-n- -bach/-bächle, -graben, -Siepen, z.B. ON. Sparbach (Gem. Hinterbrühl, PB Mödling, N.-Ö., A), um 1125 *Sparewarspach*, um 1136–40 *Sparuuerespach*, 1186–92 *Sparwerspach*, um 1196 *Sparwarbach*. Bestimmungswort ahd. *sparwāri*, mhd. *sparwære*, *sperwære* 'Sperber'. – Hausner/Schuster, *Namenbuch*, S. 1022.

Spechbach r.z. Erpfenbach (z. Schwarzbach z. Elsenz z. Neckar z. Rhein). – ON. Spechbach (Rhein-Neckar-Kreis, B.-W., D), 1325 *Spechbach*, 1336–1363 *de Spehbach*, 1337 *Spechbach*, 1349 *Spehsbach*, 1496 *Spechtbach*, 1504 *Spechbach*; FlurN. Kleine Spechbach, 1510 *zu clein Spechbach*. – Grundform *Spechtbach* mit Sprecherleichterung der Lautgruppe /-chtb-/ > /-chb-/, Deutung wie ↗Spechtbach. – Schmid, *HG.A.1*, S. 108.

Spechtbach, die r.z. Ulfenbach (z. Laxbach z. Neckar z. Rhein). – /ʃbéːçbox/, 1568 *Spechtbach*, 1613 *die Spechtbach*; FlurN. 1613 *In der Spechtbach*. – 'Bach, an dessen Ufer Spechte vorkommen'. – Schmid, *HG.A.1*, S. 108; Ramge, *Flurnamenbuch*, S. 872.

Speck-/-e-/-en- -bach, -bronnenbach, -graben, -kute, -leitenbach, -moor-Graben, -moosbach, -pfuhl, -saalgraben, -siek, -wiesgraben, z.B. Specksiek, r.z. Hillbach (z. Krummes Wasser z. Mühlenkanal z. Ilme z. Leine z. Aller z. Weser), um 1590 *im Specksieke*. Bestimmungswort mhd. *specke* swF. 'Knüppelbrücke, Damm', mndd. *specke*, *speke* f. 'Knüppeldamm, Knüppelbrücke', in Einzelfällen auch mhd. *spec* stM. 'Speck, ertragreicher Boden'. – Kettner, *HG.A.8*, S. 123; Fischer, *BNB 10*, S. 267; Ramge, *Flurnamenbuch*, S. 872.

Speckteflieβ r.z. Havel nördlich von Berlin-Spandau (D). – FlurN. 1674/75 *an der Speckte*. – Kompositum mit dem Grundwort ↗Flieβ und dem FlurN. *Speckede, abgeleitet von ↗Speck-. – Fischer, *BNB 10*, S. 267.

Speltach, die r.z. Jagst (z. Neckar z. Rhein), entsteht aus dem Zusammenfluss von Lanzenbach und Buchbach bei Oberspeltach (Gem. Frankenhardt, Lkr. Schwäbisch Hall, B.-W., D), mündet bei Jagstheim (Stadt Crailsheim, Lkr. Schwäbisch Hall). – ON. Oberspeltach, Unterspeltach (Gem. Frankenhardt), 1162 *Spelte*, 1308 *Speltach*, um 1357 *Niderspeltach*, 1. Hälfte 15. Jh. *Obern-Speltach*. – Kompositum mit dem Grundwort ahd. *aha* 'Fließgewässer' und gm. *spelđa-* n. (awn. *spjald*, *speld* 'Brett', gt. *spilda* 'Tafel', mhd. *spelte(r)* 'Splitter') als Bestimmungswort, vermutlich benannt nach einer das Wasser lenkenden Einrichtung. – Schmid, *HG.A.1*, S. 108; Orel, *Handbook*, S. 363.

Sperber-/-s- -bach, -graben, -see, z.B. Sperberbach, l.z. Tettau (z. Haßlach z. Rodach z. Main z. Rhein), 1323–1328 *prope fluvium Sperwerspach*. Bestimmungswort mhd. *sparwære*, *sperwære* 'Sperber', ↗Spar-. – Sperber, *HG.A.7*, S. 162.

Sperten(bach) ursprünglich Name des Unterlaufs d. Reither Ache, l.z. Kitzbüheler Ache (z. Kössener Ache z. Tiroler Ache z. Chiemsee z. Alz z. Inn z. Donau). – Ca.1400 *Sperten*, 1416 *auf der Sperten*, ca.1600 *Spertnerbach*; TalN. Spertental, 1774 *Spertner Grund*, *Spertner Thal*; ON. Sperten (an der Mündung), 1240, 1253, 1297 *Sperten* (und weitere Belege); ON. Spertendorf, 1536 *Spertendorf*. – Grundform FlN.? (ahd.) *Spertina < gm. *Spartinō f., mit *n*-Suffix abgeleitet von gm. *sparđ-, ablautend zu mhd. *sporte, awn. *sporđr* m. 'Schwanz', vielleicht benannt nach der Randlage des Gewässers. – Dotter/Dotter, *HG.A.14*, S. 319; Pokorny, *IEW*, S. 995 f.

Speyerbach, die l.z. Rhein, entspringt bei Speyerbrunn (Gem. Elmstein, Lkr. Bad Dürkheim, Rh.-Pf., D) im Pfälzerwald, mündet nach 60km in Speyer (Rh.-Pf.), Hochspeyerbach, l.z. Speyerbach, entspringt in Hochspeyer (Lkr. Kaiserslautern, Rh.-Pf.), mündet bei Frankeneck (Lkr. Bad Dürkheim) ↗Hoch-. – 12. Jh. (zum Jahr 987, Kopie 15. Jh.) *super litus fluuii Spire, Hohspira et Spira torrentes, ultra fluuium Spiram*, 1251 *aquam ... Spirbach*, 1336 *uf der Spyerbach*, 1343/47 *Spierbach*, 1401 *die Spirerbach*; GauN. Speyergau, 653 (Kopie) *infra pago Spirense*, 795 (Kopie um 1190) *Spirgowe*, 841 *Spirahgeuue*, 12. Jh. (Kopie 15. Jh.) *Spirigowe*, 1285 *Spirgov*, 1349 *Spiregauwe*; ON. Speyer, 496/506 (Kopie 13./14. Jh. nach Kopie um 700) *Sphira*, 614 (Kopie 9. Jh.) *Spira*, um 650 *Spira*, 661 *ab urbe Nemetensi, quae usitato nomine Spira nunc dicitur*, 858 *in civitate Nemeta et Spira* (und zahlreiche weitere Belege); ON. Speyerbrunn, 1824 *Speyerbrunnhof*; ON. Speyerdorf (Stadt Neustadt a.d. Weinstraße, Rh.-Pf., 774 (Kopie um 860) *Spiradorpf*, 966 *Spirdorf*, 973 *Spirthorp*, um 1250 *Spiredorf* (und weitere Belege). – Ausgangsform FlN. ahd. *Spīra (< gm. *Spīwrō f.), vermutlich mit *r*-Suffix gebildetes, altertümliches Verbaladjektiv zu gm.

*spīw-a- (urig. *sptieu̯H-) 'speien' (nominal auch 'Schaum, Gischt') < vorgm. *sp(t)īu̯-ró- < urig. *sptiHu̯-ró- 'speiend', *Spīwrō mit Schwund des /-w-/ nach Langvokal > *Spīra, Parallelname ↗ Spierenbach. – Greule, HG.A.15, S. 106–109; Dolch/Greule, Pfalz, S. 439–441; Greule, Speyer; Rix, LIV, S. 583 f.

Spielbach l.z. Warmen Bode (z. Bode z. Thüringische Saale z. Elbe). – Klammerform *Spiel(berg)bach mit dem FlurN. *Spielberg als Bestimmungswort 'Bach, der an einer Spiel- (oder Gerichts-)stätte vorbeifließt'. – Ulbricht, Saale, S. 86.

Spierenbach (auch Spiera), l.z. Helbe (z. Thüringische Saale z. Elbe). – ON. Niederspier (Gem. Großenehrich, Kyffhäuserkreis, Thüringen, D), ca. 840 Spera, 1075 Spiraha, 1277 Spira inferiori. – Grundform as. *Spīraha, entweder Kompositum mit dem Grundwort aha 'Fließgewässer' und mndd. spīr 'Gras- und Kornspitze, Ähre', ae. spīr 'Schössling' als Bestimmungswort oder ursprünglich einstämmiger Name *Spīra ↗ Speyerbach. – Ulbricht, Saale, S. 188 f.; Walther, Siedlungsgeschichte, S. 228.

Spirkelbach l.z. Rimbach (z. Queich z. Rhein). – 828 (Kopie 1430) in fluviolum Spurchinebach, 1836 Spirkelbach; ON. Spirkelbach (Lkr. Südwestpfalz, Rh.-Pf., D), 1303, 1337 Spurkelbach, 1361 (Kopie) Sporkelbach, 1519 Sperckelbach, 1758 Spirckelbach, 1824 Spirkelbach. – Grundform ahd. *(zi) Spurchīnenbach, gekürzt > mhd. *Spürkenbach, mit Liquidenassimilation /r ... n/ > /r ... l/ > *Spürkelbach, mundartlich entrundet > Spirkelbach, ursprünglich Zusammenrückung mit dem flektierten Adj. ahd. *spurchīn 'mit Wacholder bewachsen' (ahd. spurch, sporah 'Wacholder'), vgl. Sprockhövel-Bach, l.z. Ruhr (z. Rhein) mit ON. Sprockhövel (Ennepe-Ruhr-Kreis, NRW), 10./11. Jh. in Spurkinhuvelo, 11. Jh. Spurghuuili, Spurghufila, 12. Jh. Spurchufile, 1294 Sporchúvele, 1352 Sprochoevel, 1365 Sprockhovele, mit dem Grundwort as. *huvil 'Hügel'. – Greule, HG.A.15, S. 109; Dolch/Greule, Pfalz, S. 442 f.; Schmid, HG.A.6, S. 73; Niemeyer, DONB, S. 599 f.

Spital-/Spittel- -bach, -Graben, -pfuhl, -see, -Weiher, -weiherbach, -Weiher-Graben. Bestimmungswort nhd. Spital, ndd. Spittel 'Hospital, Altersheim'. – Fischer, BNB 10, S. 267.

Spitter, die l.z. Apfelstädt (z. Gera z. Unstrut z. Thüringische Saale z. Elbe), entspringt in der Ebertswiese am Rennsteig (Thüringer Wald) aus mehreren Sumpfquellen, durchfließt den Spittergrund, bildet den Spitterfall, mündet bei Tambach-Dietharz (Lkr. Gotha, Thüringen, D). – 1251 Splitere, Splitera, an der Splitter, (1265) fluvius ... Splitera, 1557 Spliter, Spiter, 1665 Nasse und trockene Splitter. – Grundform FlN. (ahd.) *Splitara/Splitaraha < *Split(t)ra, mit r-Suffix von der Schwundstufe des starken Verbs gm. *spleit-a- 'spalten' abgeleitet, mit der Bedeutung 'sich (durch Bifurkation) spaltender Fluss', Splitere mit dissimilatorischem Schwund des /l/ > Spitter. – Ulbricht, Saale, S. 137; Walther, Siedlungsgeschichte, S. 258; Seebold, starke Verben, S. 454 f.

Spitz-/-el-/-en-/-er- -bach/-bächle, -graben, -raingraben, -see, -tränk, -weihergraben, -wiesengraben, z.B. Spitzenbach, r.z. Elz (z. Rhein) mit ON. Ober-Spitzenbach (Gem. Gutach im Breisgau, B.-W., D), ON. Unter-Spitzenbach (Stadt Elzach, Lkr. Emmendingen, B.-W.), 1215 Spicenbach, 1293 Spizzenbach, 1518 Spitzenbach. Bestimmungswort mhd. spitze stswF. 'Spitze, Ende' für Gewässer an spitz zulaufendem Gelände, vgl. Spitzwiesengraben. – Geiger, HG.A.2, S. 132.

Spleth, die z. Herzhorner Rhin (früher z. Elbe), östlich von Herzhorn (Kreis Steinburg, S.-H., D). – 1511 die Splet, dat Brack ... de Splete, 1577 an de Splethe, vth der Splete (und weitere Belege); DeichN. Splethendamm, 1610 vp dem Spleten Dick. – Entspricht mndd. splēte 'Spliss, Riss, Spalte'. – Udolph, HG.A.16, S. 232; Laur, Schleswig-Holstein, S. 611.

Spraitbach l.z. Lein (z. Kocher z. Neckar z. Rhein), westlich von Durlangen (Ostalbkreis, B.-W., D). – ON. Spraitbach, /šbróebax/, 1296 Spraippach, 1360 Spraitbach, 1363 Spraibach, 1425 Spraitbach (und weitere Belege). – Kompositum mit dem Grundwort -bach und mhd. spreide 'Strauch, Busch' als Bestimmungswort. – Schmid, HG.A.1, S. 108.; Reichardt, Ostalbkreis, S. 204 f.

Spratzbach l.z. Rabnitz südlich von Blumau (Gem. Markt Sankt Martin, PB Oberpullendorf, N.-Ö., A). – 829 (Fälschung? Kopie 13. Jh.) fluvii ... Spraza, in aliam Sprazam, 860 (Kopie 14. Jh.) inter Sprazam et ..., 877 (Kopie 12. Jh.) iuxta fluvium ... Spraza, inter duas Sprazas, due Spraze. – Grundform ahd. *Spratza oder *Spratzaha zu bair. spratzeln 'spritzen, sprühen' (< gm. *spratt-), zur Verdeutlichung komponiert mit Grundwort -bach. – Hausner/Schuster, Namenbuch, S. 1025; Pokorny, IEW, S. 996.

Spree, die čech. Spřeva, sorb. Sprjewja/Sprewja, l.z. Havel (z. Elbe), entspringt im Oberlausitzer Bergland an der Grenze zu Tschechien, fließt durch Sachsen, Brandenburg und Berlin, mündet nach rund 400 km in Berlin-Spandau (D). – 965 (Kopie 15. Jh.) fluminis parte ... Sprewa, zum Jahr 1004 in Sprewa, 1238 ultra Zspream, 1268 (Kopie) zprewa, 1373

Spreewitz

in Sprewa, 1481 (Kopie) *uff der Spree*, 1606 *an der Sprewe*; ON. Spree (Altlandkreis Niesky, Sachsen), /šbrēə/ (/ē/ offen), 1403 *zur Spreh*, 1422 *zur Sprehe*, 1423 *de Spreu, von der Sprey*, 1447 *villa Sprewe*, 1448 *zur Spree*; ON. Spreehammer (Altlandkreis Niesky), 1577 *Hammer zur Sprähe*; ON. Spreewitz (Altlandkreis Hoyerswerda, Sachsen) am Zusammenfluss von Spree und Sprewitz, 1419 *Sprewitz*; ON. Sprey (Altlandkreis Weißwasser), 1597 *Dorf Sprey*; ON. Spremberg (Altlandkreis Löbau, Sachsen), 1242 *de Sprewemberch*, 1272 *Sprewenberc*, 1397 *Spremberk*, 1408 *Spremberg* 'Siedlung im Bergland an der Spree'; StammesN. Sprewanen, 948 *Zpriauuani*, 965 (Kopie) *in pagis ... Sprewa*, 1161 *Zpriawani*, 1188 *Zpriavani* < asorb. *Sprěv'ane* 'Anwohner der Spree'. – Ausgangsform gm. *Sprēwō* f., entlehnt > slaw. *Sprěva*, *Sprěvja*, Nomen zum Verb gm. *sprēw-ja-* 'spritzen, sprengen' (mhd. *spræjen*, *spræwen*, mndd. *spraeien* 'stieben', norw. *spraa* 'spritzen, sprengen'). – Fischer, *BNB* 10, S. 268; Wauer, *BNB* 12, S. 42; Eichler/Walther, *HONBSachsen* II, S. 443–445; Pokorny, *IEW*, S. 993f.

Spreewitz, die Nebenarm der Spree südwestlich von Erkner (Lkr. Oder-Spree, Brandenburg, D). – 1591 *die Sprewitz*. – Grundform slaw. *Sprěvica*, mit dem Suffix slaw. *-ica* abgeleitet von slaw. *Sprěva*/ Spree. – Fischer, *BNB* 10, S. 268.

Sprenzl, Dürre, die r.z. Vöckla (z. Ager z. Traun z. Donau), mündet in Frankenmarkt (PB Vöcklabruck, O.-Ö., A). – 748 (Fälschung 12. Jh.) *usque Sprenzala*, um 1000 (Kopie 12. Jh.) *Sprenzlaha*, 12. Jh. *usque Sprenzlaha*. – Grundform (ahd.) *Sprenzala*, sekundär erweitert mit ahd. *aha* 'Fließgewässer' > mhd. *Sprenzlache*, mit *l*-Suffix abgeleitet vom Stamm ahd., mhd. *sprenz-* (< *sprantj-*), mhd. *sprenzen* 'sprengen, spritzen, sprenkeln', awn. *spretta* (< *sprantjan*) 'aufspringen, öffnen', ↗Gersprenz. – Hausner/Schuster, *Namenbuch*, S. 1025f.; Pokorny, *IEW*, S. 996.

Spring/Spring-/-e- (auch *Sprint-*) *-bach, -born, -graben, -grund, -kute, -moor, -pfuhl, -riehe, -see, -seekanal, -wasser*. Bestimmungswort ahd. *spring* stMN. 'Quelle' as. *gispring* 'Quelle', ndd. *Spring* 'Quelle', brandenburg. auch *Sprint*, bezeichnet selten auch kleineren Bach, feuchte Stelle im Gelände oder größeres Wasserloch. – Ulbricht, *Saale*, S. 211; Kettner, *Leine*, S. 290; Fischer, *BNB* 10, S. 268f.

Sprockhövel-Bach ↗Spirkelbach.

Sprögnitz z. Schönauer Teich/Rudmannser Teich, entspringt in Sprögnitz (Gem. Großgöttfritz, PB Zwettl, N.-Ö., A). – ON. Sprögnitz, 1194 (Kopie 14. Jh.) *uillam ... Sprezze*, 1290 (Kopie 14. Jh.) *Spretnitz*, 1296 *Spretnitz*, 1329 *villa Sprencz*, 1346 *Sprednitz*. – Ausgangsform FlN. slaw. *Spretьnica (rěka)* 'schneller Fluss', mit dem Suffix *-ica* abgeleitet vom denasalierten Adj. slaw *spre(n)tьnъ* 'schnell, geschickt', ins Bairische integriert als *Spretnitz*, gekürzt (1194/14. Jh.) *Spretze*, mit Rundung nach /r/ und Lautwandel /-tn-, -dn-/ > /-gn-/ > *Sprögnitz*. – Hausner/Schuster, *Namenbuch*, S. 1026; Bergermayer, *Glossar*, S. 242f.

Spülbeek r.z. Leine (z. Aller z. Weser), mündet westlich von Hilprechtshausen (Heckenbeck, Stadt Bad Gandersheim (Lkr. Northeim, Niedersachsen, D). – 1707 *am Spuelbecke*, 1768 *im Spülbeck*, 1847 *im Spülbeek*. – Kompositum mit dem Grundwort mndd. *beke* 'Bach' und mndd. *spöl* 'Spülwasser' als Bestimmungswort. – Kettner, *HG.A.8*, S. 123; Kettner, *Leine*, S. 291.

Spüligbach
– ¹Spüligbach (auch *Mühlenbach*), l.z. Ilme (z. Leine z. Aller z. Weser), mündet nördlich von Dassel (Lkr. Northeim, Niedersachsen, D). – 1596 *die Spoeling*, *Spoelinge, an der Spoling*, 1601 *die Spoling*, 2. Hälfte 17. Jh. *Spoling*, 1770 *Spüli*, 1798 *Spülie*, 1803 *Spülig*, 1834/41 *Spühlie*, 1954 *Spolie* (und weitere Belege), 20. Jh. *Spüligbach*. – Kettner, *HG.A.8*, S. 123.
– ²Spüligbach (auch *Dohnser Bach*, alter Name *Luzilinhove rivus*), r.z. Lenne (z. Weser). – 1802 *die Spülie*, 1803 *die Spülig, am Bache Spülig*. – Kramer, *HG.A.10*, S. 64.
Die Namen sind identisch mit mndd. *spölinge* 'Spülwasser', verdeutlichend komponiert mit dem Grundwort *-bach*. – Kettner, *Leine*, S. 291.

† Stabelsee heute Bauernsee, bei Dobbrikow (Gem. Nuthe-Urstrom-Tal, Lkr. Teltow-Fläming, Brandenburg, D). – 1480 *auf unserm Stovensehe (Stoveseh)*, 1642 *der große Stefesee, der kleine Stefe*, 1745 *Stafe See*, 1841 *Stabel See*. – Ausgangsform vielleicht apolab./asorb. *Stav'n-*, abgeleitet von *stav* 'Teich, Wehr', oder Bestimmungswort mndd. *stove* f. 'Badestube'. – Fischer, *BNB* 10, S. 270.

Stadel-/Stadl-/-er- *-au, -bach, -bachgraben, -weiher*, z.B. ON. Stadlau, Teil des 22. Bezirkes von Wien (A), 1147–67 *de Stadalowe*, 1186–92 *Stadlov*. Bestimmungswort ahd. *stadal* stM. 'Scheune, Stall, Stadel'. – Hausner/Schuster, *Namenbuch*, S. 1027.

Stadt- *-bach, -fließ, -furtgraben, -graben, -kanal, -mühlbach, -pfuhl, -see, -teich*, z.B. Stadtfließ, Bach in der Stadt Templin (Lkr. Uckermark, Brandenburg, D), 1574 *das Stadtflitt nach Templin*. Bestimmungswort nhd. *Stadt, Stadtgraben* ist meist appellativisch 'der um die Stadtmauer führende Graben' zu verstehen. – Fischer, *BNB* 10, S. 270f.

Staersbek (auch *Starkenbach*), l.z. Este (z. Elbe). – 1451, 1471 *up dem Starkenbeke*, 1769 *Startse Bache*, um 1820 *die Starkbeke*, 1936 *Staarbek*, 1971 *Staersbeck*, ON. Staersbeck (Gem. Hollenstedt, Lkr. Harburg, Niedersachsen, D). – Zusammenrückung mit dem flektierten Adj. mndd. *stark* und mndd. *beke* 'Bach'. – Udolph, *HG.A.16*, S. 326.

Stärkelsbach, die (auch *Neuröder Bach*), l.z. Werra (z. Weser), fließt durch Lautenhausen (Gem. Friedewald, Lkr. Hersfeld-Rotenburg, Hessen, D), mündet in Heimboldshausen (Marktgem. Philippsthal, Lkr. Hersfeld-Rotenburg). – 1613 *die Sterckleß Bach*, FlurN. 1597 *biß bei Störckels Grundt*, ON. † Starkols (Heimboldshausen), 1355 *Starkols* (lies *Starkels*?), um 1495 *das Sterckels*, 1522 *Storckels*; ON. † Stärkelsmühle (Lautenhausen, Gem. Friedewald). – Kompositum mit dem Grundwort -*bach* und dem ON. *Starkols* als Bestimmungwort. *Starkols* ist ein genitivischer Ortsname der mit dem Genitiv des PN. (ahd.) *Starkil* identisch ist: *Starkiles* > *Sterkels* (auch *Starkels*) > *Stärkels*/*Störkels*. – Sperber, *HG.A.5*, S. 101.

Staffelsee nur flach ausgeschürfter See mit zahlreichen Inseln (Gem. Seehausen a. Staffelsee, Lkr. Garmisch-Partenkirchen, Bayern, D). – 11. Jh. (Kopie 12. Jh.) *stagnum Staphala*, 1322 *uf dem Staffelnse*, 1359 *Staffelse*, 1362 *Staffelsee* (und weitere Belege); ON. zu 800 (9. Jh., Regest) *Stafnensis aecclesiae*, ca.810 (Kopie 9. Jh., Regest) *Staphinse*, 1186 *Staphense*, 1200 *Staffelse*, 1302 *Stafelse*. – Grundform ahd. *Staffalsēo*, Kompositum mit dem Grundwort -*see* und ahd. *staffal* stM. 'Sockel, Stufenabsatz', mhd. *staffel* 'Stufe, Grad' als Bestimmungswort; das Bestimmungswort bezieht sich auf die durch Molasserippen der Murnauer Mulde charakterisierte Landschaft, in der der Staffelsee liegt, vgl. Staffelgraben, Mittellauf d. Wilfetsbachs, l.z. Isar, mit FlurN. Staffel, ca.1563 *Stoffel*. – Snyder, *HG.A.3*, S. 101,126; Reitzenstein, *Oberbayern*, S. 261f. (Bestimmungswort < l. *stabulum* 'Stall', rätorom. *stavel* 'Alpgebäude').

Stainz, die
– ¹Stainz, l.z. Laßnitz (z. Mur z. Drau), mündet südwestlich von Pöllmühle (Gem. Preding, PB Deutschlandsberg, Steiermark, D). – 1160 *circa rivum Stauwenz*, 1249 *aqua Stainz*; ON. Stainz (PB Deutschlandsberg), 1177 *predium Stawiz*, 1229 *Stanz*.
– ²Stainz, z. Sulzbach nordöstlich von Straden (PB Feldbach, Steiermark, A). – 1382 *Stencz*, 1445 *Steincz*, ca.1500 *Staencz*.
Ausgangsform FlN. slaw. *Ščavьnica*, abgeleitet vom Adj. *ščavьn-* zu slaw. *ščava* 'saures Wasser; Sauerampfer, Sauerklee', ins Bairische integriert als mhd. *Stawi(n)z(e)*. – Hausner/Schuster, *Namenbuch*, S. 1029; Lochner von Hüttenbach, *Steirische Hydronyme*, S. 119.

Stambach r.z. Schwarzbach (z. Blies z. Saar z. Mosel z. Rhein). – TalN. 1547 (Kopie 16. Jh.) *Stampacher thall*; ON. Stambach (Gem. Contwig, Lkr. Südwestpfalz, Rh.-Pf., D), (1307) *Stampach*, 1349 (Kopie 1420) PN. *Stampecher*, 1358 *Stampach*. – Kompositum mit dem Grundwort -*bach* und mhd., wmd. *stamp* 'Stampfmühle' als Bestimmungsort, *Stampbach* vereinfacht > *Stampach/Stambach*. – Spang, *HG.A.13*, S. 73; Dolch/Greule, *Pfalz*, S. 443.

Stammbach Fortsetzung Perlenbach (z. Schorgast z. Weißer Main z. Main z. Rhein). – ON. Stammbach (Lkr. Hof, Bayern, D), 1333 *Steinpach*,1352 *Stampach*, 1384 *Steimbach*, 1406 *Stambach, Steymbach*, 1421 *Stanbach*. – Kompositum mit dem Grundwort -*bach* und ⁊Stein-, mundartlich monophthongiert > *Stānbach*, assimiliert > *Stāmbach*, gekürzt > Stammbach. – Sperber, *HG.A.7*, S. 103.

Stangenbach l.z. Lauter (z. Murr z. Neckar z. Rhein), entsteht am Stangenberg (Gem. Wüstenrot, Lkr. Heilbronn, B.-W., D) im Mainhardter Wald, mündet bei der Wüstenroter Lohmühle. – ON. Stangenbach (Gem. Wüstenrot), 779 *Stangbach*, ohne Datierung: *Stangebach, Stangebah*. – Kompositum mit dem Grundwort -*bach* und ahd. *stanga*, mhd. *stange* 'Stange, langes Holzstück', das sich auf den Wald, aus dem der Bach kommt und in dem Stangen geschlagen wurden, bezogen haben dürfte. – Schmid, *HG.A.1*, S. 109; Keinath, *Württemberg*, S. 102.

Stanz, die l.z. Mürz, östlich von Allerheiligen (PB Mürzzuschlag, Steiermark, A). – Ca.1150 *apud Stawenz*, 1290 *fluuius Stowencz*, 1313 *die Stevncz*, 1339 *die Stewncz*, 1351 *die Staenncz*, 1492 *die Staincz*. – Ausgangsform FlN. slaw. *Ščavьnica* ⁊ Stainz, ins Bairische integriert als *Stäwintz(e)* (mit Sekundärumlaut) gekürzt > Stanz. – Lochner von Hüttenbach, *Steirische Hydronyme*, S. 120.

Staritschbach z. Saggau bei Oberhaag, nordwestlich von Eibiswald (PB Deutschlandsberg, Steiermark, A). – 1406 *Saeritzsch*, 1498 *Starisch*. – Ausgangsform slaw. *Starica* 'Altbach', mit Suffix -*ica*, abgeleitet von slaw. *starъ* 'alt', ins Bairische integriert als *Stäritsch(e)* mit Sekundärumlaut. Bildet mit Altbach, r.z. Saggau, ein slaw.-deutsches Namenpaar. – Lochner von Hüttenbach, *Steirische Hydronyme*, S. 120.

† Starjesar See westlich von Plessow (Stadt Werder/Havel, Lkr. Potsdam-Mittelmark, Brandenburg, D), heute Kleiner Plessower See. – ON. †1264 *Star-*

gezere. – Grundform apolab. **Star(e) jezer(o)* 'alter See'. – Fischer, *BNB 10*, S. 271.

Starnberger See ↗¹Würm.

Starzel/Starzlach/Starzlen, die Name mehrerer Flüsse im alemannischen Dialektgebiet, z. B. Starzel, r.z. Neckar (z. Rhein), 1336 *die vischenze an der Starzel*, mit ON. Starzeln (Stadt Burladingen, Zollernalbkreis, B.-W., D), 1090 *Starzila* (hierher?), 1253 *Starzlen*, 1318 *zu Starzeln*; die Starzlen, r.z. Muota (Kanton Schwyz, CH), 1557 *an der Startzlen gelegen*. – Ausgangsform gm. **Startalō* f. 'die rasch Fließende' > ahd. **Starzala* > mhd. **Starzele*, synkopiert oder apokopiert > *Starzle/Starzel*, schwach flektiert *Starzlen*, teils verdeutlichend komponiert mit dem Grundwort *-ach* oder *-bach*; **Startalō* ist wie das schwache Verb gm. **startalō-* (ae. *steartlian* 'stolpern', e. *startle* 'vor Schreck auffahren'), mit *l*-Suffix von der *o*-Stufe eines Stammes gm. **stert-*, ablautend wgm. **sturt-ija-* (mhd. *stürzen*) abgeleitet. – Schmid, *HG.A.1*, S. 109; Snyder, *HG.A.3*, S. 101f.; Weibel, *Dräckloch*, S. 494f.

Staud-/-en- *-bach/-bächle*, *-see*, z. B. Staudensee bei Bernau (Lkr. Barnim, Brandenburg, D), 1434 (Kopie) *bis an den stauden sehe*. Bestimmungswort mhd., mndd. *stūde* swF. 'Gestrüpp, Gebüsch', vgl. FlurN. Staudach, mhd. *stūdach* 'Gesträuch', bair. 1490 *in dem Staudach*. – Fischer, *BNB 10*, S. 272; Straberger, *HG.A.9*, S. 113; Bach, *Namenkunde 1*, S. 311.

Stechlinsee Großer ~, †Kleiner ~, im Naturpark Stechlin-Ruppiner Land (Brandenburg, D). – 1530 *die grosse und lutke Stechelin*, 1556 *zwe Steggelins*, 1799 *der große Sztechlin, der kleine Stechlin*; ON. Stechlin (Lkr. Oberhavel, Brandenburg), 1422 *to Stechelin*. – Grundform apolab. **Stekl'n–*, abgeleitet von apolab. **steklo* 'Glas', benannt nach dem glasklaren Wasser. – Wauer, *HG.A.17*, S. 167; Fischer, *BNB 10*, S. 272.

Steckenbach z. Gußgraben (z. Fillmannsbach z. Enknach z. Inn z. Donau). – ON. Steckenbach (Gem. Sankt Georgen am Fillmannsbach, PB Braunau am Inn, O.-Ö., A), 1139 *ad Teccinpach*, 1151–67 *Tekenbach*, 1299 *Teckenbach, Tekenpach* (und weitere Belege), 1498 *Steckenbach*. – Grundform FlN./ON. **Tekkinbach*, Kompositum mit dem Grundwort *-bach* und dem Genitiv des PN. ahd. **Takko* (**Tekkin-*) als Bestimmungswort, in der Fügung mhd. **ze Teckenbach* eingedeutet als *Stecken-bach*. – Dotter/Dotter, *HG.A.14*, S. 379f.; Hausner/Schuster, *Namenbuch*, S. 1033.

Stecknitz, die r.z. Trave (z. Ostsee), entspringt aus dem Ziegelsee bei Mölln (Kreis Herzogtum Lauenburg, S.-H., D), mündet bei Lübeck, bereits im Mittelalter als Stecknitzkanal reguliert und mit der Delvenau (z. Elbe) in Verbindung gesetzt. Die Verbindung zwischen Elbe und Trave heißt Elbe-Lübeck-Kanal. – 1188, 1204 *flumen cikinize*, 1335 *ultra Stekenitze*, 1350 *iuxta rivum ... Stekenitze* (und weitere Belege), 1377 *up der anderen zyte der Steknysse*, 1390 *Stekenisse*, 1405 *ouer der stekenysse*, 1409 *bi der Stekenisse* (und weitere Belege), 1771 *Stecknitz*. – Ausgangsform apolab. **Stek'nica*, abgeleitet von **stek* 'Zusammenfluss, Kanal'. – Kvaran, *HG.A.12*, S. 178; Udolph, *HG.A.16*, S. 74–76; Laur, *Schleswig-Holstein*, S. 615.

† Stegelin Kleiner ~, See südöstlich von Dobberzin (Stadt Angermünde, Lkr. Uckermark, Brandenburg, D), heute Dobberziner See. – 1577 *denn kleinen Stegelinn*, 1602 *den kleinen Stegelin*, 1751 *Der Kl. Stegelin*. – Deutung ↗Stechlinsee. – Fischer, *BNB 10*, S. 272.

Stehbach (auch *die Stehen, Stehenbach*), r.z. Donau, mündet bei Rottenacker (Alb-Donau-Kreis, B.-W., D). – ON. Oberstadion, Unterstadion (Alb-Donau-Kreis), /šdēə/ (/ē/ offen), (um 1129) (Kopie 12. Jh.) *in Stadigun*, 1270 *de Stadegun*, 1275 (Kopie um 1350) *Stadgun* (und weitere Belege), 1399 *ze Oberstadgon*, 1469 *Stadion*. – Ausgangsform FlN. ahd. **Stātīga* 'die Beständige (ständiger Wasserlauf)', schwach flektiert Gen., Dat. **Stātīgūn* > mhd. **Stætegen*, synkopiert > mhd. **Stēdgen* gekürzt > **Stēen* /šdēə/. Die konservativen Schreibungen des Ortsnamens und die Fixierung auf <Stadion> sind den Kanzlisten zu verdanken. – Snyder, *HG.A.3*, S. 102; Reichardt, *Alb-Donau-Kreis*, S. 280f.

Steimke auch *Steimkerbach*, mehrfach im Stromgebiet von Leine und Oberweser, z. B. Steimkerbach, r.z. Neile (z. Innerste z. Leine), (1136) (Kopie 16. Jh.) *up den Steinbek, uppe den Steinbeke*, 1756 *Steimecke*, 1803 *Steimke*. Grundform mndd. **Steinbeke*, Kompositum mit dem Grundwort mndd. *beke* 'Bach' und ↗Stein- als Bestimmungswort, nach Assimilation > Steimbeke und Synkope gekürzt > Steimke. – Kettner, *HG.A.8*, S. 124f.; Kramer, *HG.A.10*, S. 64; Kettner, *Leine*, S. 293–295.

Stein-/-en- (auch *Stain-*), ndd. *Steen-*, Bestimmungswort in zahlreichen Gewässer-, Flur- und Siedlungsnamen wie Steinach, Steinau, Steinbach, Steinbeck(e), z. B. Steinach r.z. Neckar (z. Rhein) in Neckarsteinach, 773 (Kopie 12. Jh.) *Steinhaha riuulus*, 975 *Steinaha*. Außer dem Substantiv ahd. *stein* kommt das Adjektiv ahd. *steinīn*, mhd. *steinen*, mndd. *stēnen* 'mit Steinen, steinig', meist gekürzt > *stein-*, als Bestimmungswort vor. Benennungsmotiv ist meist steiniger Boden. Die Gewässernamen bedeuten 'Bach mit steinigem Bett' oder 'Bach in steinigem Gelände', die Siedlungsnamen 'Siedlung am Steinbach'. – Schmid, *HG.A.1*, S. 112; Hausner/Schuster, *Namenbuch*, S. 1037 f.; Kühebacher, *Ortsnamen 2*, S. 318; Kettner, *Leine*, S. 295; Fischer, *BNB 10 10*, S. 272.

Steinagger, die l.z. Agger (z. Sieg z. Rhein) bei Derschlag (Gummersbach, Oberbergischer Kreis, NRW). – 1575 *die Stein Aicher*; ON. Oberagger, Mittelagger. – Etymologie ↗ Agger. – Faust, *HG.A.4*, S. 2.

Steindöbra ↗ Döbra.

Steinselb ↗ Selb.

Stell-/e-/-en- -*bach*/-*bächle*, -*bachs-Graben*, -*born*, -*fleth*, -*graben*, -*pfuhl*, -*teich*, z. B. ON. Stellenfleth (Gem. Krummendeich, Kreis Stade, Niedersachsen, D), 1365 *Stellenvlete*, 1382 *to deme Stellenvlete*. Bestimmungswort *Stelle* f. in unterschiedlicher Bedeutung: 'kleines umzäuntes Weidestück', 'Erhöhung, Ufer', brandenburg. *Stell* n. 'zum Fischen gesetzte Netze', nhd. *Stellbrett* 'Verschluss zur Stauung des Wassers'. – Udolph, *HG.A.16*, S. 332; Keinath, *Württemberg*, S. 104, 138; Fischer, *BNB 10*, S. 273.

Stellau, die
– ¹Stellau, Unterlauf d. Bramau (z. Stör z. Elbe). – 1223 *Stillenow*, um 1245 *stilnow*, 1526 *uppe de Steelnouwe, aver der Stelnouwe*, 1566 *Stellenow*, 1574 *ahn die Stellnouw*, 1597 *Stelnow*, 1855 *Stellau*; ON. Stellau (Gem. Wrist, Kreis Steinburg, S.-H., D), 1230 *coloni ville Stilnowe*, 1347 *Stilnowe* (und weitere Belege), 1538 *Stellaw*, 1558 *Stellenouwe*, 1638 *Stellau*. – Grundform Zusammenrückung der Wortgruppe mndd. *(to dere) stillen ouwe* 'zu der stillen Au' > *Stillenow*, mit Senkung und Assimilation > *Stelnow, Stellau*, ↗ au(e) ↗ Still-. – Udolph, *HG.A.16*, S. 331; Laur, *Schleswig-Holstein*, S. 619 f.
– ²Stellau, l.z. Wandse (z. Außenalster z. Binnenalster z. Elbe), entspringt in der Nähe von Stellau (Gem. Barsbüttel, Kreis Stormarn, S.-H., D), mündet in Rahlstedt (Bezirk Wandsbek, Hamburg). – 1652 *Stellow*, 1743 *Stellau*; ON. Stellau, 1303–1307 *Stenloghe*, um 1320 (Kopie 14.Jh.) *Stenloghe*, 1350 *Stenloghe*, 1492 *tor Stello*, 1527 (Kopie) *Stellow*, 1649 *Stellow*. – Übertragung des zu *Stellau* umgedeuteten Flur-/Ortsnamens mndd. **Stēnlōge* 'lichter Wald mit Steinen' auf den Fluss. – Udolph, *HG.A.16*, S. 331 f.; Laur, *Schleswig-Holstein*, S. 620.

Stelterke, der r.z. Bölle (z. Leine z. Aller z. Weser), mündet nördlich von Moringen (Lkr. Northeim, Niedersachsen, D). – Um 1509 *zwischen dem Steltremcke vnd …*, 1632 *vfm steltermke, beym Steltermke*, 17. Jh. *auffm Steltermcke*, um 1835 *auf dem Stelterke*; FlurN. Stelterkeshöhe, 1620 (Kopie 1764) *auf der Stelternkes Höhe*, 1632 *vff der Steltermkes hohe*. – Grundform angeblich mndd. **Stelterenbeke*, mit dem Grundwort mndd. *beke* 'Bach' und unklarem Bestimmungswort (< **steltenen-* Adj. zu *stelte* ↗ Stelzen-?). – Kettner, *HG.A.8*, S. 127; Kettner, *Leine*, S. 296 f.

Stelzen- (ndd. *Stelten-*) -*bach*, -*beke*, z. B. † Steltenbeke, r.z. Emscher (z. Rhein) bei Dortmund, 16. Jh. *byt an dey Steltenbeke*. Bestimmungswort ahd. *stelza* swF. (metaphorisch) 'vorspringende Geländeform', mndd. *stelte*. – Schmidt, *HG.A.6*, S. 74; Ulbricht, *Saale*, S. 54.

Stendenitzer See bei Stendenitz (Stadt Neuruppin, Lkr. Ostprignitz-Ruppin, Brandenburg, D). – 1590 *nach dem Stendenizschen See*; ON. Stendenitz, 1525 (Kopie) *zu Stengenitz, zu Stegnitz*, 1526 *zw Stendenitz*. – Ausgangsform SeeN. apolab. **Stąganica*, abgeleitet von apolab. **stąga* 'Band', ins Deutsche integriert als *Stengenitz*, assimiliert > *Stendenitz*. Name für einen langgezogenen See. – Fischer, *BNB 10*, S. 274.

Stendlitz, die z. Tiefen Trebbower See (z. Floßgraben z. Woblitz-See z. Havel z. Elbe), entspringt in Neustrelitz (Lkr. Mecklenburgische Seenplatte, M.-V., D), † Stendlitz-See z. Stendlitz. – SeeN. 1569 *in die Stendelisse*; FlN. 1603 *in die Stendelitz* (und weitere Belege), 1782 *bey der Stendlitz*. – Ausgangsform SeeN. apolab. **Stąganica* ↗ Stendenitzer See, ins Deutsche über **Stengenitz* integriert als **Stendelitz*, der ursprüngliche SeeN. wurde auf den Fluss übertragen. – Wauer, *HG.A.17*, S. 169.

Stepenitz, die r.z. Elbe, entspringt südöstlich von Meyenburg (Lkr. Prignitz, Brandenburg, D), fließt durch Perleberg (Lkr. Prignitz), mündet nach 84km bei Wittenberge (Lkr. Prignitz). – 1231 *bey dem Fluss stepnitz*, 1264 (Kopie 1570) *fluuii Stepenitz*, 1337 *uppe der Stepenitze*, 1552 (Kopie) *Stepenitz*; ON. Stepenitz (Gem. Marienfließ, Lkr. Prignitz). – Ausgangsform apolab. **Ščep'nica*, abgeleitet von apolab. **ščepa* 'Holzscheit, Ast, Reis', ↗ Stiepensee. – Fischer, *BNB 10*, S. 274.

Steppach
– ¹Steppach, Fortsetzung Stettbach (z. Bittenbach z. Tränkebach z. Gauchach z. Wutach z. Rhein). – 1145 *in Stedebach*, 1383 *Stetbach*, 1405 *Steppach*, 1409–13, 1482 *Stettbach*. – Geiger, *HG.A.2*, S. 135.
– ²Steppach, l.z. Brigach (z. Donau) bei Villingen (Schwarzwald-Baar-Kreis, B.-W., D). – 1122 *Stettibach*, 1145 *Stedebach*. – Snyder, *HG.A.3*, S. 103.

Grundform mhd. *Stetebach, synkopiert > Stetbach/ *Stetpach, assimiliert > Steppach, Kompositum mit dem Grundwort -bach und mhd. stette stswF. 'Stelle, Ort' besonders 'Stand von Viehherden'. – Keinath, Württemberg, S. 105.

Stettbach

– ¹Stett-Bach, l.z. Bahra (z. Streu z. Fränkische Saale z. Main z. Rhein), mündet bei Nordheim v.d. Rhön (Lkr. Rhön-Grabfeld, Bayern, D). – ON. Stetten (Gem. Sondheim v.d. Rhön, Lkr. Rhön-Grabfeld), 838 (Druck 1850) *in uilla ... Stetihaha*. – Grundform FlN. ahd. *Stetibach? Deutung ↗ Steppach. – Sperber, *HG.A.7*, S. 168.
– ²Stettbach ↗ Steppach.

Steutzensee

nordöstlich von Beerenbusch (Stadt Rheinsberg, Lkr. Ostprignitz-Ruppin, Brandenburg, D). – 1530 *die Stossen*, 1773 *Steutzen See*, 1788 *Steuzen*, 1799 *Der Steutzen-See*. – Ausgangsform apolab. *Ščučn- 'Hechtsee', mit dem Suffix -ьn- abgeleitet von apolab. *ščuka 'Hecht'. – Fischer, *BNB 10*, S. 274.

Stever, die

r.z. Lippe (z. Rhein), entspringt nordwestlich der Bauerschaft Stevern (Gem. Nottuln, Kreis Coesfeld, NRW, D) im Naturschutzgebiet Steverquelle, unterquert den Dortmund-Ems-Kanal, mündet nach 58km bei Haltern am See (Kreis Recklinghausen, NRW). – 800 *iuxta fluuium Stibirne*, nach 890 *iuxta Stibarna*, 1314 *in de Stevere*, 1480 *up der Stiberen*, ca.1560 *upper Steberen*, 1588 *up der Steveren, Stiberen*; ON. Stevern, um 830/890 *Stiuarnun*, um 890 *In Stibarnon*, 1252 *in Stiveren*, nach 1252 *in Steferen*, 1270 *Steveren* (und weitere Belege), nach 1336 *Steveren, Steverene, Steverne*, 1500 *to Stever*; ON. Stevermür (auch *Stevermüer*) (Stadt Haltern), um 830/890 *Stiuarna muthi*, 1257 *Steverenmudhe, Stiverenmuthe*, 1288 *Steverenmuthe*, 1319 *Stevernemude* ('an der Mündung der Stever'); GebietsN. Stevergau, um 830/890 *Stiuarnafilidi*; BergN. 1270 *Steverenberch*; FlurN. 1484 *in den Steveren essche*. – Grundform FlN. as. *Stibarna* mit Liquida-Metathese < gm. *Stibran-ō, mit n-Suffix zum Flussnamen abgeleitet von einem (nicht belegten) gm. Adj. *stibra- 'steif'? < ig. *stip-ró- (zum Verb ig. *steip- 'steif werden'). Das Benennungsmotiv ergibt sich besser aus der Parallele lit. *stiprùs* 'stark, kräftig' und bezieht sich auf die Wasserkraft der Stever, an der zahlreiche Mühlen lagen; zu einem andereren Benennungsmotiv ('Rückstau des Wassers bei der Mündung') ↗ Steyr. Lautentwicklung as. *Stibarna* > mndd. **Steverne, Steveren, Stevere > Stever*. – Schmidt, *HG.A.6*, S. 74f.; Tiefenbach, *Werdener Urbar A*, S. 265; Schmidt, *Wupper und Lippe*, S. 104.

Stewensee

Großer ~, Kleiner ~ nordöstlich von Felchow (Gem. Schöneberg, Lkr. Uckermark, Brandenburg, D). – 1486 (Kopie) *an dem grossen Stewen, an dem lutken stewen*, 1501 *czwey Seen ... die Steuen*, 1573 *Stauensee*, 1745 *Steven*, um 1780 *Gr., Kl. Stawe See*, 1826 *Gr. Kl. Stewen See*. – Ausgangsform apolab. *Stav'n-, abgeleitet von apolab. *stav 'Teich, Wehr', ins Deutsche integriert als *Stäven-/Stewen-. – Fischer, *BNB 10*, S. 270.

Steyr, die

l.z. Enns (z. Donau) in Steyr (O.-Ö., A), entspringt in Hinterstoder (PB Kirchdorf an der Krems, O.-Ö., A), mündet nach 68km in der Stadt Steyr (O.-Ö.). – 1092–1121 (Kopie Ende 12. Jh.) *infra ... fluuium Styram*, 1088 (Fälschung um 1230) *fluvius Stire* (und weitere Belege); ON. Steyr, /šdāā/, 983/91 *Stirapurch*, 1240 *de Steir* (und weitere Belege); ON. Steyrdorf (Steyr-Stadt), ca.1310 *Steierdorf*; ON. Steyregg (PB Urfahr-Umgebung, O.-Ö.), vor Mitte 12. Jh. (Kopie 13. Jh.) *Steyrheke*; ON. Steyerleithen, Rotte von Obergrünburg (PB Kirchdorf an der Krems), bedeutet 'Abhang zur Steyr'. StammesN. 4. Jh. *Stiriate(s)* (Tab. Peut.). – Der antike (keltische?) Stammesnamens *Stiriates* und die Entwicklung des Flussnamens mit Diphthongierung deuten auf eine Ausgangsform *Stīrịā (Variante *Stīrā) hin. Das /-ị-/ ist nach der Übernahme des Namens ins Althochdeutsche nach langer Silbe regelrecht geschwunden. *Stīrịā ist eine ị-Ableitung von ig. *stīro- (< *stiH-ró-) 'steif, starr', einem Verbaladjektiv zum urig. Verb *stịeH- oder *steịH- 'steif werden'. Es handelt sich um einen ves.-ig. Namen, der im Zusammenhang mit lat. *stīria* 'Eiszapfen', gm. *stīra- 'steif', lit. *stýrti* 'erstarren' steht. Da zu der ig. Wurzel auch gr. *stéar* 'gerinnendes Fett' gestellt wird, könnte sich die Bedeutung von ig. *stīro- auf „fest" gewordene Flüssigkeiten beziehen, im Falle der Steyr auf deren Rückstau bei hohem Wasserstand der Enns. – Hausner/Schuster, *Namenbuch*, S. 1043f.; Hohensinner/Reutner/Wiesinger, *Kirchdorf an der Krems*, S. 89, 214f., Rix, *LIV*, S. 603; Pokorny, *IEW*, S. 1010f.; Bichlmeier, *Orts- und Gewässernamen*, S. 46f.; Bichlmeier, *Orts- und Gewässernamen 2*, S. 22f.

Steyrling, die

l.z. Steyr (z. Enns). – /ˈštäiliŋ/, 1160 *versus Stirnich*, 1283 *super fluuium Steyrnich*; ON. Steyerling (Gem. Klaus an der Pyhrnbahn, PB Kirchdorf an der Krems, O.-Ö., A). – Ausgangsform slaw. *Stirьnika 'kleine Steyr', mit Diminutivsuffix abgeleitet vom FlN. *Stīrịā ↗ Steyr. – Hausner/Schuster, *Namenbuch*, S. 1044; Hohensinner/Reutner/Wiesinger, *Kirchdorf an der Krems*, S. 29.

Stiefernbach

r.z. Kamp (z. Donau), mündet in Stiefern (Gem. Schönberg am Kamp, PB Krems-Land, N.-Ö., A). – 902–903 *in flumen ... Stiuinna*;

ON. Stiefern, 902–903 *ad Stiuinnam*, um 1102–30 *de Stiuene* (und weitere Belege), 1149–56 *de Stiuen, de Stieuen*, 1487 *Stiffen*, 1540 *Stiffern*, 1628 *Stiffing*. – Ausgangsform FlN./ON. gm. *Stibīnō f., *n*-Ableitung von gm. **stib-*, im grammatischen Wechsel zu gm. **stīfa-*, ahd. *stīf* 'steif' (ig.**steip-* 'steif machen'), Benennungsmotiv vielleicht ein Bauwerk, ↗ Stever (< *Stibarna*), oder Ausgangsform slaw. FlN. **Stъbьna (rěka)*, zu slaw. **stъba/**stъbъ 'Rute', ins Bairische integriert als ahd. **Stifina > Stifen(e)* mit Dehnung in offener Tonsilbe > **Stīfen/Stieuen*, mit hyperkorrekter Endung *Stief-ern*. – Hausner/Schuster, *Namenbuch*, S. 1044f.; Bergermayer, *Glossar*, S. 245f.; Pokorny, *IEW*, S. 1016; Rix, *LIV*, S. 594.

Stiefing, die l.z. Mur südlich von Leibnitz (PB Leibnitz, Steiermark, A). – 1318 *die Styuen*; ON. Stiefing (Marktgem. Sankt Georgen an der Stiefing, PB Leibnitz), 1190 *Stivin*, 1218 *Styuen*. – Ausgangsform mhd. *Stifene, synkopiert > *Stifing, Deutung ↗ Stiefernbach. – Lochner von Hüttenbach, *Steirische Hydronyme*, S. 120.

Stienitzsee bei Hennickendorf (Gem. Rüdersdorf, Lkr. Märkisch-Oderland, Brandenburg, D). – 1231/58 (Kopie) *Studenitz*, 1247 *Studenitz*, 1471 *auf dem sehe zu studenitz*, 1574 *Die Kleine Stunitz*, 1683 *die große Stünitz … Kleine Stünitz*, 1845 *Stienitz See*. – Ausgangsform apolab. *Studenica, abgeleitet von *studen 'kalt' oder identisch mit dem Appellativ apolab. **Studenec/**Studenica 'Quelle', ins Deutsche integriert als **Stüdenitz > ***Stüdnitz > Stünitz*, entrundet > *Stienitz*. – Fischer, *BNB 10*, S. 275.

Stiepensee bei Rutenberg (Stadt Lychen, Lkr. Uckermark, Brandenburg, D). – 1299 (Kopie) *Stipense*, 1574 *Stypensehe*, 1580 *Stiepen See*. – Ausgangsform apolab. **Ščep'n-*, abgeleitet von apolab. *ščepa 'Holzscheit, Ast, Reis', ↗ Stepenitz. – Fischer, *BNB 10*, S. 275.

Stiernsee z. Stierngraben (z. Kleine Lanke des Ober-Uckersees) südlich von Fergitz (Gem. Gerswalde, Lkr. Uckermark, Brandenburg, D). – 1375 *stagnum … Styder*, um 1720 *Stirn See*, 1752 *Stier-See*, 1796 *Stiergraben*. – Ausgangsform apolab. **Ščedr-* zum Adj. **ščedr-* 'freigebig', Benennung nach dem Fischreichtum. – Fischer, *BNB 10*, S. 275.

Still-/-e-/-er- -bach, -graben, ~ Musel, ~ Oder. Mit *still*, ahd. *stilli* 'still, ruhig, gelassen, unveränderlich', werden Fließgewässer mit sehr geringer Strömung, die gleichsam bewegungslos sind, benannt, ↗ Stille (< *Stillaha*). – Springer, *Flußnamen*, S. 101; Fischer, *BNB 10*, S. 275.

Stille, die r.z. Schmalkalde (z. Werra z. Weser), entspringt in Springstille (Lkr. Schmalkalden-Meiningen, Thüringen, D), mündet in Schmalkalden (Lkr. Schmalkalden-Meiningen). – ON. Springstille ('Ort an der Quelle der Stille'), ON. Mittelstille (Stadt Schmalkalden), ON. Näherstille (Stadt Schmalkalden), 948 *Stillaha*, 1210 *in Stilla medio*, 1269 *Stilla*, 1289 *in villa Stilla* (und weitere Belege), 1384 *in Stillerspringen*, 1585 *Stilspringen*, Gegendname Stillergrund. – Grundform ahd. *Stillaha*, Kompositum mit dem Grundwort ahd. *aha* 'Fließgewässer' und ahd. *stilli* 'still, ruhig, gelassen, unveränderlich' ↗ Still-, ↗ Mitterstiller Seen. – Sperber, *HG.A.5*, S. 103.

Stilluppbach (auch *die Stilluppe*), l.z. Zemmbach (z. Iller z. Inn z. Donau), entspringt in den Zillertaler Alpen, mündet mit einem Höhenunterschied von 1300m nach 15km zwischen Finkenberg und Mayrhofen (PB Schwaz, Tirol, A). – /ˈštilup/, ca.1350 *Stilupp*, 1400 *Stilǔpp*; TalN. Stilluppe, Stillup(p)tal, Stillup(p)grund. – Ausgangsform TalN. vorgm. **Stelubia-* > ahd.*Stiluppe, mhd. *Stilüppe, abgeleitet von ig. **(s)tel-* 'fließen lassen' (gr. *télma* 'Pfütze, Sumpf, Schlamm, Mörtel'). – Anreiter, *Breonen*, S. 81–83; Pokorny, *IEW*, S. 1018; Rix, *LIV*, S. 595.

Stimmecke, der l.z. Ilse (z. Oker z. Aller z. Weser) bei Abbenrode (Gem. Nordharz, Lkr. Harz, S.-A., D). – 1486 *Stimbeke*, 1506 *Stymeke*. – Grundform mndd. **Stintbeke?* > *Stimbeke*, gekürzt zu **Stimeke/Stimmecke*, Kompositum mit dem Grundwort mndd. *beke* 'Bach' und ndd. *Stint* m. 'kleiner Lachsfisch' ↗ Stint- als Bestimmungswort. – Borchers, *HG.A.18*, S. 133.

† Stimpfach alter Name des Reiglersbachs, r.z. Jagst (z. Neckar z. Rhein). – 1024 *Stimphah deorsum ad Jagas*, 1152 *ad Stinphaha*; ON. Stimpfach (Lkr. Schwäbisch Hall, B.-W., D), 1170 *Stimphah*, 1261 *in Stinpfach, de Stinpfach*, um 1357 *Stimpfach*. – Grundform ahd. FlN./ON. *Stimpf-aha*, Kompositum mit dem Grundwort ahd. *aha* 'Fließgewässer' und (ahd.) **stimpf-* (< gm. **stemp-*) als Bestimmungswort, vielleicht ablautend zu ahd., mhd. *stumpf*, mndd. *stump* 'verstümmelt'; das Benennungsmotiv bleibt unklar. – Schmidt, *HG.A.1*, S. 112f.

Stink-/-e-/-els-/-en-/-ende/-er- -bach, -Borns-Bach, -brunn, -graben, -Riede, z.B. ON. Unter-Stinkenbrunn (Gem. Gartenbrunn, PB Mistelbach, N.-Ö., A), vor 12. Jh. (Kopie 13. Jh.) *Stinchundenprunne*, 1130 *de Stinctundendorf*. Bestimmungswort das Partizip Präsens *stinkanti* von ahd. *stinkan* 'riechen, stinken', Synonym zu ↗ Schwechat. – Hausner/Schuster, *Namenbuch*, S. 1045f.

Stint- -graben, -kuhle, Bestimmungswort ndd. *Stint* m. 'kleiner Lachsfisch' ↗Stimmecke. – Fischer, *BNB 10*, S. 276.

Stobber, der/Stobberow, die (auch *Stöbber*), sowohl l.z. Alten Oder (z. Ostsee) bei Neufriedland/Altfriedland (Neuhardenberg, Lkr. Märkisch-Oderland, Brandenburg, D) als auch r.z. Löcknitz (z. Spree z. Havel z. Elbe) bei Kienbaum (Gem. Grünheide, Lkr. Oder-Spree, Brandenburg), entspringt im Roten Luch (Naturpark Märkische Schweiz, Brandenburg) auf der Nordsee-Ostsee-Scheide. – 1245 (Kopie) *fluuium Stoberov*, 1253 (Kopie) *super Stobravam*, 1305 *Stobero*, 1472 *die grote Stobberow*, 1541 *auff der Stobberau*, 1689 *aufm Staberow*, 1788 *Stobberow-Fließ*, 1843 *Stobberow, Stöber Bach*. – Ausgangsform apolab. *Stoborov-, abgeleitet von apolab. *stobor- 'Säule'?, metaphorische Benennung. – Fischer, *BNB 10*, S. 276.

Stock- (Plural *Stöck-*, *Stöcker-*, Diminutiv *Stöcklein-*, *Stöckle-*) -ach, -achbach, -au, -bach, -born, -brunnenbach, -bühlbach, -fleth, -graben, -mühlebach, -pfuhl, -see, -weiher, -weiher-Bach, z.B. ON. Stockach (Lkr. Konstanz, B.-W., D), ca.1150 *Stocka*, 13. Jh. *Stokah*, 1222 *Stocah*, 1413 *Stockach*; ON. † Stockfleth bei Stade (Lkr. Stade, Niedersachsen, D), 1313 *de Stocvlet*, 1321 *van Stocflete*. Bestimmungswort ahd., mhd. *stoc*, mndd. *stok* 'Baumstumpf', bezieht sich auf die Baumstümpfe im Rodungsland. – Geiger, *HG.A.2*, S. 135; Udolph, *HG.A.16*, S. 334; Springer, *Flußnamen*, S. 185; Ulbricht, *Saale*, S. 79; Kettner, *Leine*, S. 297; Fischer, *BNB 10*, S. 276.

Stöbber ↗Stobber.

Stöckel-/-en-/-len- -bach, -graben, -teich. Bestimmungswort Adj. mhd. *stöcken 'mit Baumstümpfen (umstanden)' ↗Stock-?

Stöckich-/Stöckig-/-s-/-t- -bach, -graben. Bestimmungswort (mhd.) *stöckich n. 'Gegend mit Baumstümpfen', von mhd. *stoc* 'Baumstumpf' mit dem Suffix *-ich(t)* (< ahd. *-ahi*), abgeleitet, vgl. Kieferich, Eichicht. – Bach, *Namenkunde* 1, S. 161f.

Stör, die r.z. Elbe, entsteht bei Willingrade (Kreis Segeberg, S.-H., D), mündet nach ca. 87km nordwestlich von Glückstadt (Kreis Steinburg, S.-H., D), von Itzhoe bis zur Mündung schiffbar, auf mehr als der Hälfte von Ebbe und Flut beeinflusst. – 9. Jh. *super ripam Sturiae fluminis*, Ende 11. Jh. *Sturia*, 1225 *de Store*, 1260 *Sturiam sursam*, 1351 *ad flumen Støre*, 1405 *an den stroom der Store*, 1468 *tor Stōr*, 1510 *up der Stöer*, 1576 *bey der Stoer* (und zahlreiche weitere Belege); ON. Stördorf (Kreis Steinburg, 1518 *vthem Stoerdorppe*; ON. † Störort (Gem. Wewelsfleth, Kreis Steinburg), 1438 *an Stör Orde* 'Landvorsprung an der Stör'. – Grundform as. *Stūria > mndd. *Störe (mit langem /ö/), mit *j*-Suffix abgeleitet von mndd., altschw. *stūr* 'groß, stark, schwer', gm. *stūra- in der Bedeutung 'stehend' ↗Stuhr-Graben mit Bezug auf den starken Rückstau bei Flut. – Udolph, *HG.A.16*, S. 335–337; Laur, *Schleswig-Holstein*, S. 623.

Störitzsee nördlich von Spreeau (Gem. Grünheide/Mark, Lkr. Oder-Spree, Brandenburg, D). – 1606 *Die Störitz*, 1702 *Die Storitz*, 1756/62 *am Staeritz See*, 1784/85, 1841 *Störitz See*. – Ausgangsform apolab. *Starica, abgeleitet von apolab. *star- 'alt', ins Deutsche integriert als *Steritz, mit Rundung > Störitz. – Fischer, *BNB 10*, S. 277.

Stößensee Havelausbuchtung zwischen Pichelswerder und Grunewald südwestlich von Berlin-Spandau. – 1590 *Der Steßel*, 1835 *Stössensee*. – Bestimmungswort nhd. *Stößel* 'Werkzeug zum Zerkleinern', metaphorische Benennung nach der Form. – Wauer, *HG.A.17*, S. 170; Fischer, *BNB 10*, S. 278.

Stollense, die r.z. Havel (z. Elbe), westlich von Hohennauen (Gem. Seeblick, Lkr. Havelland, Brandenburg, D). – 1541 *hinter der stollentze*, 1724 *Stollense*, 1745 *Stallen See*, 1843 *die Stollense*. – Ausgangsform slaw. *Stolęža (ins Deutsche integriert als *Stollenze) < vorslaw./gm. *Stalingja f., mit *-ing*-Suffix abgeleitet von mndd. *stal* 'Harn der Pferde', e. *stale* 'Harn' (ig. *stol-: *stel- 'fließen lassen'?), ursprüngliche Stellenbezeichnung 'wo (Pferde) harnen'? – Wauer, *HG.A.17*, S. 170; Fischer, *BNB 10*, S. 276 (< *Stolingiā?); Pokorny, *IEW*, S. 1018.

Stolp-/-e/-er-/-sches- (Diminutiv *Stölpchen-*) -bach, -Kanal, -Loch, -see, -strom, z.B. Stolp-See westlich von Himmelpfort (Stadt Fürstenberg, Lkr. Oberhavel, Brandenburg, D), 1299 (Kopie) *stagnum Stolp*, 1483 (Kopie) *vpp denn … Stolppersehe*, 1719 *Stolp See*, mit ON. Stolp am See, 1299 (Kopie) *Stolp*. Bestimmungswort ON. apolab. *Stolp 'mit Pfosten, Pfählen befestigte Anlage', ↗Stülper See. – Fischer, *BNB 10*, S. 277.

Storenbach r.z. Offenbach (z. Gutach z. Kinzig z. Rhein). – FlurN. (Hornberg, Ortenaukreis, B.-W., D), 1590 *Matten im Storrenbach*, 1716 *im Storenbach*, 1789 *in Stohrenbach*; StraßenN. Am Storenwald (Stadt Hornberg), BergN. Storenkopf. – Bestimmungswort mhd. *storre* swM. 'Baumstamm', nhd. *Storren* m. 'Baumstumpf, Strunk eines Baumes' (als Ergebnis des Holzschlags), ↗Storrbach. – Geiger, *HG.A.2*, S. 136; Keinath, *Württemberg*, S. 87.

Storrbach r. Quellbach d. Salzbachs (z. Lauter z. Rhein). – ON. Storrwoog (bei Lemberg, Lkr. Südwestpfalz, Rh.-Pf., D), 1740 *am Storrwoog*; FlurN. Storrwiesen, FlurN. Storreck. – Bestimmungswort mhd. *storre* swM. 'Baumstumpf, Klotz', ↗Storenbach. – Greule, *HG.A.15*, S. 111.

Strang-/-en- (auch *Sträng, Streng-/-e, Strenk-*) *-bach, -fließ, -graben*, z. B. Der Sträng, Verbindung zwischen Beetz-See/Havel und Lünower See, 1453 (Kopie) *yn dem Strenge*, 1767/87 *der Streng*; Strangfließ, heute Stranggraben, z. Stienitzsee (bei Hennickendorf, Gem. Rüdersdorf, Lkr. Märkisch-Oderland, Brandenburg, D), 1574 *Strangfliß*. Bestimmungswort mndd. *stranc, strenc* m., n. 'Flussarm, Nebenfluss, Abfluss eines Brunnens, Verbindung zwischen Seen, Meeresarm'. – Wauer, *HG.A.17*, S. 171; Fischer, *BNB 10*, S. 278.

Stranzenbach l.z. Brölbach (z. Sieg z. Rhein), mündet bei Alefeld (Gem. Much, Rhein-Siegkreis, NRW, D). – 1575 *Stronsenbach*; ON. Stranzenbach (Gem. Nümbrecht, Oberbergischer Kreis, NRW), 1464 *Straentzenbach*, 1575 *Stronsenbach*. – Kompositum mit dem Grundwort *-bach* und dem Genitiv des PN. *Stranzo (*Stranzen-) als Bestimmungswort. – Faust, *HG.A.4*, S. 76; Barth, *Sieg und Ruhr*, S. 115.

Straßgraben r.z. Pfefferfließ (z. Blankensee/Nieplitz), südlich von Stangenhagen (Stadt Trebbin, Lkr. Teltow-Fläming, Brandenburg, D). – ON. † Strassow, 1233 *uillam strazzovve*; FlurN. Straß, Straßbruch, 1233 *nemus strash*, 1305 *nemoris Straz*, 1307 *paludem ... strazbruch*; FlurN. Straßdam, 1307 *Strazdam*. – Benennung nach dem Sumpfgebiet *Straß(bruch)* < apolab. *straš, *strach zu urslaw. *strachъ 'Angst, Furcht, Schrecken'. – Wauer, *HG.A.17*, S. 171; Fischer, *BNB 10*, S. 278.

Straussee westlich von Strausberg (Lkr. Märkisch Oderland, Brandenburg, D). – 1284 *aquam ... Struz*, 1321 *biss in dem Strausse*, 1367 *in deme struze wart*, 1845 *Strauss See*; ON, Strausberg, 1240 *Strutzberch*, 1247 *Struceberch*, 1268/84 *Strucesberge*, 1775 *Strausberg*. – Ausgangsform apolab. *Stružec, abgeleitet von *struga 'Bach', ins Deutsche integriert als *Strütz, zur Differenzierung komponiert mit den Grundwörtern *-see* und *-berg*. – Fischer, *BNB 10*, S. 279; Niemeyer, *DONB*, S. 616.

Strautsiek l.z. Schachtenbeck (z. Eterna z. Gande z. Leine z. Aller z. Weser), mündet südöstlich von Wrescherode (Stadt Bad Gandersheim, Lkr. Northeim, Niedersachsen, D). – 1768 *Straut-Siek*, 1844/45 *im Strautsiek*. – Kompositum mit dem Grundwort ↗Siek und dem Bestimmungswort ↗Strot. – Kettner, *HG.A.8*, S. 128; Kettner, *Leine*, S. 298.

† Strecknitz Teil d. Landgrabens (z. Wakenitz). – 1167 (Fälschung 13. Jh.) *in aquam S(tr)icniziam*, 1199 *super rivum Strioneze* (lies *Stricneze*), 1248 (Kopie 14. Jh.) *flumen ... Strekenytze*, 1300–1320 *super streknisses*, 1316–1338 *Strekenitze*, 15. Jh. *an de Strebenisse*; ON. Gut Strecknitz (Lübeck, S.-H., D). – Ausgangsform apolab. *Stregnica, abgeleitet von PN. *Streg. – Kvaran, *HG.A.12*, S. 181; Laur, *Schleswig-Holstein*, S. 626.

Strehlesee südlich von Prenden (Gem. Wandlitz, Lkr. Barnim, Brandenburg, D). – 1598, 1668 *die Strelow*, 1840 *Der Strele See*. – Ausgangsform apolab. **Strelov-*, abgeleitet von apolab. *strěla 'Pfeil', metaphorisch benannt nach der langgestreckten Form. – Fischer, *BNB 10*, S. 279.

Strem, die ung. Strém, kroat. Štrim, r.z. Pinka, entspringt westlich von Oberwart (Burgenland, A), mündet nach 56km bei Madyarnádalja bei Körmend (H). – 1157 (Fälschung? Kopie 1230) *fluvius Ezturmen*. – Ausgangsform vielleicht (ves.-ig.) **Srumen-* > slaw. *Strъmьna, ig. **sru-men-* 'Fluss' ist Nomen zum Verb **sreu-* 'fließen, strömen'. – Hausner/Schuster, *Namenbuch*, S. 1054.

Streit- *-bach, -graben, -mühl-Bach, -pfuhl, -schlaggraben, -see, -weiher, -wiesengraben*. Bestimmungswort nhd. *Streit*, Benennung nach Streit um Besitz oder Nutzung des Gewässers, häufig als Bestimmungswort in Flurnamen. – Fischer, *BNB 10*, S. 279.

Streu, die r.z. Fränkischen Saale (z. Main z. Rhein), entspringt in der Rhön südöstlich vom Berg Ellenbogen (Lkr. Schmalkalden-Meiningen, Thüringen, D), mündet bei Heustreu (Lkr. Rhön-Grabfeld, Bayern, D). – 778 (Kopie 12. Jh.) *Streuue*, 976–1249 *Strowe*, 1031 *Strouua*, (1035) (Druck 1850) *Strouua*, 1059 *Strouuua*, 1040–1100 *Strowe*; ON. Heustreu, 1058 (Kopie 14. Jh.) *Houstrowe*, 1143 *Hovvestrovve*, vor 1144 (Kopie 14. Jh.) *Heustrew*, 1157 *Hoistrowe*, 1180 *Nidernstrowen*, 1183 (Kopie 13. Jh.) *Heustrew*, 1199 *Houstrov*, 1234 (Druck 1808) *Houstrov*, 1252 *in Inferiori Strowe*, 1279 *Heustrouue*, 1317/18 *Houstrou*, 1319/20 *Heustrev*, 1330 *Heustreu*. – Grundform FlN. ahd. *Strouwa > mhd. *Ströüwe mit Ausfall des intervokalischen /-w-/ > *Ströü <Streu>. Der erst ab dem 12. Jh. mit <ew, eu>, sonst mit <ou> geschriebene Umlautdiphthong /öü/ verlangt den Ansatz von vorahd. *Strawja < (ig.) **Srou̯i̯ā*, abgeleitet vom Verbalnomen ig. **srou̯o-* 'das Fließen' (ai. *srava-*, gr. *rhóos*, lit. *sravà*, akslav. *o-strovъ*, ig. **sreu̯-* 'fließen, strömen' ↗Strogen). – Sperber, *HG.A.7*, S. 169; Reitzenstein, *fränkische Ortsnamen*, S. 102f.; Pokorny, *IEW*, S. 1003.

Striegis, die (im Oberlauf *Große Striegis*), entsteht aus mehreren Quellbächen bei Langenau (Stadt Brand-Erbisdorf, Lkr. Mittelsachsen, Sachsen, D), mündet bei Niederstriegis (Lkr. Mittelsachsen) l.z. Freiberger Mulde (z. Elbe). Kleine Striegis, l.z. Großen Striegis. – /šdrīχds/, 1185 *rivulus … Striguz*, 1278 *fluvius Strigucz*, 1292 *maior Striguz fluvius*, 1378 *maior Strigus fluvius*; ON. Langenstriegis (Stadt Frankenberg/Sachsen, Lkr. Mittelsachsen), 1282 *Striguz*; ON. Niederstriegis, 1338 *de Streguz*, 1350 *Strigús*; ON. Striegistal (Lkr. Mittelsachsen). – Ausgangsform vorslaw.**Strig-ont-i̯ā*? Partizipialbildung zu ig. **streig-* 'eindringen, stecken bleiben' (lit. *stringù* 'dringe ein, bleibe stecken'), Benennungsmotiv unklar. – Eichler/Walther, *HONBSachsen* II, S. 475f.; Rix, *LIV*, S. 604.

† Strinz (nicht sicher lokalisierbar) z. Aubach (z. Aar z. Lahn z. Rhein). – 812? (975–1011) *usque in Strintzepham*; ON. Strinz-Margarethä (Gem. Hohenstein, Rheingau-Taunus-Kreis, Hessen, D), ON. Strinz-Trinitatis (Gem. Hünstetten, Rheingau-Taunus-Kreis), 1184 (Kopie 17. Jh.) *Strentzge*, um 1250–60 *Strinzepho*, 14. Jh. *in minore Strinziphi*, 1332 *Strinziche*, 1348 *von Strintzege*, 1358, 1475 *Grozen Strinzge*, *Strintzge*, 1360 *Strinzche*, 1381 *Obirnstrintzige*, 14. Jh. *Hinderstrenze*, 1401 *Strinz* (und weitere Belege). – Ausgangsform FlN. ahd. *Strinzaffa > mhd. *Strinzeffe, Kompositum mit dem Grundwort ↗aff(a) und einem unklaren Bestimmungswort. Vielleicht ist ahd. *Strinz-* durch Assimiliation der Dentale (/sp – ts > st – ts/) aus **Sprinz-* (gm. **sprent-a-* 'springen') ↗Sprenzl entstanden. Das ursprüngliche Grundwort wird in *Strinzeffe zunächst ersetzt durch das regionale Diminutivsuffix *-che*/*-je* <*-ge*> (1360 *Strinche*, 1358 *Strinzge*) und später ganz aufgegeben (*Strinz*). – Faust, *HG.A.4*, S. 76; Seebold, *starke Verben*, S. 458.

Strogen, die r.z. Sempt (z. Isar z. Donau), mündet nach knapp 30km kurz vor Moosburg (Lkr. Freising, Bayern. D). – 819 (Kopie 824) *iuxta fluvium Strogam*, 1006/39 *iuxta fluvium Strogam*, 1065/80 *prope flumen Strogan*, 12. Jh. *prope fluvium Stroge*, 1579/89 *fluvius Stroga*, *Strogena amnis*; ON. Ober-, Unterstrogn (Gem. Bockhorn, Lkr. Erding), Holzstrogn (Gem. Walpertskirchen, Lkr. Erding), /šdrou̯n/, 776/83 (Kopie 824) *Stroaga*, *Stroagun*, 9./11. Jh. *Strogun*, *Stroga*, *Stroagun*, *Stroagon*, *Strogum*, 11./12. Jh. *Stroga*, ab Mitte 12. Jh. *Stroge*, *Strogen*. – Grundform ahd. *Stroga* neben *Stroaga*, kontrahiert > mhd. *Ströge, schwach flektiert Gen., Dat. *Strögūn, *Strögen. Altertümliche Bildung, die auf ein vorgm. Adj. **sru-kó-* 'strömend; Strom, Fluss' > gm. **struga-* > **stroga-* zurückgeht; **sru-kó-* ist eine Ableitung mit *k*-Suffix von der Schwundstufe des Verbs ig. **sreu̯-* 'fließen, strömen', gm. **strew-*, ↗Streu. Der Name wurde früh an die häufigen mit dem Suffix ahd. *-ag* (z.B. ahd. *steinag* 'steinig') gebildeten Adjektive angepasst und als ahd. *Strō-aga* 'die Strohige' eingedeutet. – Snyder, *HG.A.3*, S. 104; Baumann, *Erding*, S. 188f.; Krahe/Meid, *Wortbildungslehre*, S. 188–193; Pokorny, *IEW*, S. 1003.

Strohbach l.z. Kinzig (z. Rhein). – ON. Strohbach (Bermersbach, Stadt Gengenbach, Ortenaukreis, B.-W., D), 1314, 1487 *Strobach*, 1421 *ym Stróbach*, 1487 *im Strobach*, 1502 *des tals Strobach*. – Kompositum mit dem Grundwort *-bach* und mhd. *strō* 'Stroh, Strohhalm, Strohlager' als Bestimmungswort. In Flurnamen weist Stroh auf guten Ertrag und günstige Lage (besonders auf Lößboden) hin. – Geiger, *HG.A.2*, S. 136; Keinath, *Württemberg*, S. 94.

Stroh-Siek r.z. Nette (z. Innerste z. Leine z. Aller z. Weser), nordwestlich von Herrhausen (Lkr. Northeim, Niedersachsen, D). – 1756/57 *Stroh-sieck*, 1864/65 *Stroh-Siek*. – Kompositum mit dem Grundwort ↗Siek und mndd. *strō* 'Stroh' ↗Strohbach. – Kettner, *HG.A.8*, S. 128; Kettner, *Leine*, S. 298.

Strom- (Diminutiv *Strömchen*, *Strömken*) *-bach*, *-lanke*, *-loch*, z.B. Strom-Bach, r.z. Agger (z. Sieg z. Rhein), 1575 *die Stroimbich*, mit ON. Strombach (Stadt Gummersbach, Oberbergischer Kreis, NRW, D), 1381 *Strombeke*, 1450 *yn der Stronbicke*. Bestimmungswort mhd., mndd. *ström* 'Strom, Fluss, Wasserlauf', in Brandenburg meist in Namen für Abschnitte oder Arme größerer Flüsse. – Faust, *HG.A.4*, S. 76f.; Barth, *Sieg und Ruhr*, S. 115; Fischer, *BNB 10*, S. 280.

† Stronus ↗Strunder Bach.

Strositz, die r.z. Thörlgraben nordöstlich von Etmißl (PB Bruck, Steiermark, A). – 1290 *Stositz*, *Stozitz*, 1350 *in dem Sto(e)sitz*, 1404 *die Stoznitz*, *im Sto(e)nitz*, 1415 *die Strosicz*. – Ausgangsform FlN. slaw. *Stožьca 'Bach, an dem eine Scheune steht', abgeleitet von slaw. *stogъ, sloven. *stog*, *stoga* 'Schober, Heuhaufen, Scheune', ins Bairische integriert als mhd. **Stositz(e)*, umgedeutet als 'Stroh-sitz'. – Lochner von Hüttenbach, *Steirische Hydronyme*, S. 120.

Strot-/Stroth- (auch Strut-/Struth, Straut-) *-bach*, *-graben*, *-kanal*. Bestimmungswort ahd. *struot* stF. 'sumpfiges Gebüsch, Sumpfdickicht', mndd. *strōt* m. 'Gebüsch, Dickicht' (< gm. **strōdu-*). – Ulbricht, *Saale*, S. 47; Udolph, *Flurnamen*.

Strothe, die (auch *Strote*), z. Lippe (z. Rhein). – 1644 *die Struth*. – Flurname ↗Strot-/Stroth- auf das Gewässer übertragen. – Schmidt, *HG.A.6*, S. 75; Schmidt, *Wupper und Lippe*, S. 105f.

Strub-Bach Fortsetzung Almbach (z. Salzach z. Inn z. Donau). – GeländeN. Strubklamm, 1348–1400 *auf dem Strúblein, in Inferiori Strubenperch*. – Bestimmungswort ist bair. *strub* bzw. das Diminutiv *strúblein* 'von Wasser durchbrochene Bergschlucht'. – Straberger, *HG.A.9*, S. 115; Hausner/Schuster, *Namenbuch*, S. 1056.

Strubensee Großer ~, Kleiner ~ bei Strubensee (Gem. Vielitzsee, Lkr. Ostprignitz-Ruppin, Brandenburg, D). – 1799 *in dem Struvensee*, 1825 *Struben S.*, 1908 *Struben-See*; ON. Strubensee, 1494 PN. *Henning Struuensee*, 1525 (Kopie 16. Jh.) *Strubensee*, 1530 *Struuensehe*, 1625 *Struffensee*, 1775 *Strubensee*. – Kompositum mit dem Grundwort *See* und dem flektierten Adj. mndd. *strúf* 'rau, uneben' als Bestimmungswort. – Wauer, *HG.A.17*, S. 172f.; Fischer, *BNB 10*, S. 280.

Strümpfelbach mehrfach im Einzugsbereich d. Rems (z. Neckar z. Rhein), z.B. Strümpfelbach, r.z. Haldenbach (z. Rems), mit ON. Strümpfelbach (Stadt Weinstadt, Rems-Murr-Kreis, B.-W., D), 1265 (Kopie 13./14. Jh.) *Strivmphilbach*, 1279 *Strumpelbach*, 1287 *Strumphelbach*, 1343 *Strümphelbach*, 1343 *Strümpfelbach* (und weitere Belege). – Bestimmungswort mhd. *strümpfel* m. 'Ablasszapfen an Wasserbehältern und Wehren', Benennung nach Wehren im Lauf eines Baches. Hierzu auch *Strümpfelbach*, z. Rohr-See (z. Loisach z. Isar z. Donau). – Schmidt, *HG.A.1*, S. 113; Snyder, *HG.A.3*, S. 104; Reichardt, *Rems-Murr-Kreis*, S. 347–349.

Strumpf See bei Kienbaum (Gem. Grünheide/Mark, Lkr. Oder-Spree, Brandenburg, D). – 1574 *Der Strumpf*. – Elliptisch zu mndd. *strump* m. 'verstümmeltes Glied, (Baum)stumpf'? – Fischer, *BNB 10*, S. 281.

Strull-/-e (Diminutiv *Strüllke*, *Strüllichen*-) *-bach*, *-born*. Ndd. *strulle* 'Wasserstrahl einer Röhre, Rinne, Quelle'. – Kettner, *Leine*, S. 298f.

Strunder Bach (auch *die Strunde*), r.z. Rhein, entspringt in Herrenstrunden (Stadt Bergisch Gladbach, NRW, D), fließt streckenweise verrohrt, versickerte ursprünglich in einem Sumpfgebiet, mündet in Holweide (Stadt Köln, NRW). – 1258 *super Ripam ... Strune*, 1322–24 *super Strunam*, 1413 *up der Struynen*, 1519 *up der Stronden*, 1555 *die Strund*; ON. Strunden (Dellbrück, Stadt Köln), um 1225, 1251 *Strune*, 1300 *Strŭne*, 1303 *Strunne*, 1304 *Strona*, 1322–24 *Struna*, 1361 *zu Strunen*, ON. Herrenstrunden, 1413 *an der molen zor Herrenstruyne*, 1452 *Struendorp*, 1579 *zur Herren Strung*, 1689 *Herrn Stronden*, 1706 *Herrenstrunden*. – Ausgangsform FlN. gm. *Strunō f. < Verbaladjektiv ig. *sru-nó- zu ig. *sreu- 'fließen, strömen' ↗Streu ↗Strogen. Parallelname ON. Strohn (Lkr. Vulkaneifel, Rh.-Pf.) am Alfbach, 1193 *In Struna*, 1299 *Stroin*, 1304 *strone*; vielleicht hierher 1301 *rivum Stronum*, Fluss zur Ostsee. Mhd. *Strune* mit Dehnung in Offener Tonsilbe 1413 *Struynen* /strūnen/, nach Apokope > *Strūn, mit Velarisierung des auslautenden /-n/ > /-ng/ (1579 *Strung*), geschrieben <Strund>, mit Senkung > *Strond. – Faust, *HG.A.4*, S. 77; Kvaran, *HG.A.12*, S. 182.

Strut-/Struth- ↗Strot-/Stroth-.

Stubach (auch *die Stub-Ache*), r.z. Salzach (z. Inn z. Donau), entsteht in ca. 1000m Höhe aus dem Zusammenfluss von Ödbach und Wurfbach in der Schneiderau (Gem. Uttendorf, PB Pinzgau, Salzburg, A), mündet in Uttendorf (PB Pinzgau). – ON. Stubach (Gem. Uttendorf), 12. Jh. *de Stóbach*, 1272 *de Stubach*, ca.1350 *in Stubach* (und weitere Belege), 1351 PN. *des Stubechen* (Witib), 1355 PN. *dew* (sic!) *Stubechin*. – Kompositum mit dem Grundwort mhd. *-ach(e)* 'Bach' und gm. *stub-* (in gt. *stubjus*, ahd. *stuppi*) 'Staub', ablautend zu gm. *steub-a-*, ahd. *stioban* 'stieben'. – Straberger, *HG.A.9*, S. 115; Hausner/Schuster, *Namenbuch*, S. 1057; Seebold, *starke Verben*, S. 474.

Stübing, die r.z. Mur bei Kleinstübing südlich von Kleinfeistritz (PB Graz-Umgebung, Steiermark, A). – 1265 *fluuius Stubnich*, 1410 *die Stvming*, 1414 *in der Stubing*; ON. Großstübing, Kleinstübing (Gem. Deutschfeistritz, PB Graz-Umgebung), 1147 *de Stŭbenic*, 1179 *de Stubenich*, 1185 (Kopie 13. Jh.) *Stubenich*. – Ausgangsform *Stubьnikъ 'Brunnbach', mit Suffix *-ikъ*, abgeleitet von slaw. *stubьn-, Adj. zu slaw. *stub-* 'Brunnen'(?), ins Bairische integriert als mhd. *Stübenich, synkopiert und an -*ing*-Namen angeglichen > Stübing. – Lochner von Hüttenbach, *Steirische Hydronyme*, S. 121.

Stübming, die z. Thörlbach bei Thörl südlich von Aflenz (PB Bruck, Steiermark, A). – 1307 *die Stv(e)bnik*, 1359 *Stubnig*, 1396 *die Stubnynge*, 1396 *Stübing*, 1401 *Stubming*, 1458 *in der Stübming*. – Ausgangsform *Stubьnikъ 'Brunnbach' ↗Stübing, ins Bairische integriert als *Stübenik, synkopiert und mit Suffixersatz > *Stübn-ing(e), dissimiliert > Stübing oder assimiliert > Stübming. – Lochner von Hüttenbach, *Steirische Hydronyme*, S. 121f.

Stübnitzsee bei Tangersdorf (Stadt Lychen, Lkr. Uckermark, Brandenburg, D). – 1574 *vp den Stepenitze … Stipenitz*, 1580 *Stiepenitz*, 1765 *Stiebnitz See*, 1825 *Stübnitz S*. – Ausgangsform apolab. **Ščep'nica* ↗ Stepnitz, ins Deutsche integriert als *Stipenitz*, synkopiert > **Stiebnitz*, gerundet vor /b/ > Stübnitz-. – Fischer, *BNB 10*, S. 274.

Stülper See bei Stülpe (Gem. Nuthe-Urstromtal, Lkr. Teltow-Fläming, Brandenburg, D). – Vor 1192 *Stolp*, 1221 *cum stagnis Stolp*, 1225 *aqua … Stolp*, 1841 *Stülper See*; ON. Stülpe, 1342 *tzů stůlpe*, 1449 *das … Slos die Stolpe*, um 1500 *Stülpe*. – Deutung ↗ Stolp-, angelehnt an (ndd.) *Stülpe*, *stülpen*. – Wauer, *HG.A.17*, S. 173; Fischer, *BNB 10*, S. 277.

Stuhr-Graben l.z. Ochtum (z. Weser). – 1171 *per descensum fluvii … Sture*, 1773 *Stuer-Grabe*, 1866 *vom Stuhrgraben*; ON. Stuhr (Lkr. Diepholz, Niedersachsen, D), 1252 *in stura*, 1404 *im dorpe to der Sture*, 1436 *zu Sture*, 1528 *tor Sture*, Straßennamen (in Stuhr): Am Stuhrgraben, Stuhrbaum, Stuhrreihe. – Grundform aschs. **Stūra* f., mndd., altschw. *stūr* 'groß, stark, schwer', gm. **stūra-* < urig. **stuh₂-ró-* (mit Metathese zu urig. **steh₂-u-*) in Flussnamen mit der Bedeutung 'stehend', Parallelname River Stour (mehrfach in England, GB), ae. **Stūre*, ↗ Stör. – Borchers, *HG.A.18*, S. 135; Müller, *Zum Germanischen*, S. 299; Watts, *EPN*, S. 582.

Stullneggbach r.z. Leibenbach, mündet nördlich von Schwanberg (PB Deutschlandsberg, Steiermark, A). – 1050–um 1065 *inter duo flumina Sulpa et Stulpnic*, 1443 *Stulbenickch*. – Ausgangsform slaw. FlN. **Stъlpьnika*, mit Suffix -ika abgeleitet vom Adj. slaw. **stъlpьn-* zu slaw. **stъlpъ* 'Pfahl, Säule', hier wohl 'Einrichtung zum Fischfang', **Stъlpьnika* ins Bairische integriert als **Stulbenik* > **Stullneck*, hyperkorrekt > *Stullnegg*, mit verdeutlichendem Grundwort -bach. – Lochner von Hüttenbach, *Steirische Hydronyme*, S. 122.

Stumbeck, der l.z. Rode (z. Leine z. Aller z. Weser), mündet westlich von Reyershausen (Flecken Bovenden, Lkr. Göttingen, Niedersachsen, D). – 1767 *der Stumbeke*, 1831/42 *Stumbeck*; ON. † Stumbeke (westlich von Reyershausen), 1315 *villa Stumbeke*, 1344 *to dem Stůmbeke*, 15. Jh. *tom Studmeke*, 1568 *Stummeck*, 1571 *Stumbegk*, 1588 *Stumbeck*. – Grundform mndd. **Stüdenbeke*, assimiliert > **Stüdembeke*, nach Ausfall des /-d-/ > **Stümbeke/Stumbeck*, Kompositum mit dem Grundwort mndd. -beke 'Bach' und mndd. *stüde* 'Staudicht, Gesträuch, Gebüsch, abgeholzter, wild aufgeschossener Wald'. – Kettner, *HG.A.8*, S. 128; Kettner, *Leine*, S. 299; Casemir/Ohainski/Udolph, *Göttingen*, S. 383.

Stumpfenbach l.z. Zeitelbach (z. Gloss z. Isar z. Donau). – Ca.1563 *Stumpfnpach, Stumpflpach*; ON. Stumpfenbach (Markt Altomünster, Lkr. Dachau, Bayern, D), 10. Jh *Stumphinbach*. – Kompositum mit dem Grundwort -bach und entweder mit mhd. *stumpf* swM. 'Baumstumpf' oder Genitiv des PN. (ahd.) **Stumpfo* (**Stumpfen-*) als Bestimmungswort. – Snyder, *HG.A.3*, S. 105.

Subersach, die (auch *Vorderwälder Ach*), r.z. Bregenzer Ach (z. Bodensee), entspringt auf 1700m Höhe südwestlich vom Hählekopf (Vorarlberg, A), mündet unterhalb von Egg (PB Bregenz, Vorarlberg). – 11. Jh.? *in Subere*, 1335, 1338 *die Subers*, 1407 *ze dem Bach Sufers*, 1783 *Seubers*. – Kompositum mit dem verdeutlichenden Grundwort -ach 'Bach' und *Subers-* als Bestimmungswort. Die gängige Deutung als 'sauberes Flüsschen' (zu ahd. *sūbar* 'sauber') ist sekundär. Vermutlich steht hinter *Subers* ein von urkelt. **suṷ-* 'drehen, winden' mit r-Suffix abgeleiteter FlN. vorrom. **Suvara* (> *Sufer-s*), der über ahd. *sūbar* > *Sūbers* eingedeutet wurde. – Geiger, *HG.A.2*, S. 136; Matasović, *Proto-Celtic*, S. 360.

† Subner Bach jetzt Etzelshofener Bach, r.z. Inn (z. Donau) in Suben (PB Schärding, O.-Ö., A). – vor 1097 *Subenensis fluuiolus*; ON. Suben, vor 1097 *Subenense monasterium*, *in Subene*, 1100–1144 *de Subene*, *de Subena*, um 1150 *de Subene*, vor 1161 *prepositus Subnensis* 1165 oder 1166 *de Suben* (und zahlreiche weitere Belege). – Grundform ON. mhd. *Subene* < ahd. **Subuna*? Vermutlich Ableitung mit n-Suffix von gm. **sub-*, ablautend zu gm. **sweb-* (ahd. *swebōn* 'wogen, bewegen, rollen'), **swab-* (↗ Schwabach); verwandt dürfte gm. **swamba-* (ahd. *swamp, swambes*) 'Schwamm' (mit Nasalinfix) (ig. **s-u̯ebʰ-*) sein. Benennung des Ortes vermutlich nach der sumpfigen, schwammigen Bodenbeschaffenheit im Mündungsgebiet des Subner Bachs. – Dotter/Dotter, *HG.A.14*, S. 388 f.; Hausner/Schuster, *Namenbuch*, S. 1060.

Subeck mehrfach im Flussgebiet d. Leine (z. Aller z. Weser), z.B. Subeck, r.z. Nette (z. Innerste z. Leine z. Aller z. Weser), 1537 *in dem Suetbecke*, 1579 *im Suetbecke*, 1581 *an dem Subecke*. Grundform mndd. **Südbeke* 'südlich fließender Bach', mit Vereinfachung der Konsonantengruppe /-db-/ > /b-/, Kompositum mit dem Grundwort mndd. -beke und mndd. *süd(er)* 'südlich' ↗ Sunder- als Bestimmungswort, weil die Bäche südlich des jeweiligen Ortes fließen. – Kettner, *HG.A.8*, S. 128; Kettner, *Leine*, S. 300.

Suckowsee Großer ~, Mittlerer ~, Kleiner ~ bei Boitzenburg (Gem. Boitzenburger Land, Lkr. Uckermark, Brandenburg, D). – 1375 *2 stagna … Sukow*,

1575 *Der grosse Sucko*, 1575 *der Mittelsten Sucko*, 1578 *Der Kleine Suckow*. – Ausgangsform apolab. **Žukov-* 'Käfersee', abgeleitet von apolab. *žuk* 'Käfer'. – Wauer, *HG.A.17*, S. 173 f.; Fischer, *BNB 10*, S. 281.

Sud-/Suth-/-er- -*aue*, -*bach*, -*bruchgraben*, -*see*, -*teich*, -*wicher-Bach*, ↗ Süd-.

Sude, die
– ¹Sude, l.z. Stepenitz (z. Trave). – 1780 *Sade Bach*, 1795 *Saade Bach*, 1825 *Saade Beck*, 1854 *Saade Bäcke*, 1903 *Sudegraben*. – Katasterform in Angleichung an die benachbarte ²Sude anstelle von *Saade(beck)*, mndd. **Sādenbeke*, Kompositum mit mndd. *beke* 'Bach' und mndd. *sāde/sōde* f. 'Rasen, abgestochene Erde, Torfscholle', Parallelname ON. Sadenbeck (Stadt Pritzwalk, Lkr. Prignitz, Brandenburg, D). – Fischer, *BNB 10*, S. 239.
– ²Sude, r.z. Elbe, entspringt nahe dem Schwarzen Moor bei Renzo (Gem. Schildetal, Lkr. Nordwestmecklenburg, M.-V., D), durchquert den Dümmersee (Lkr. Diepholz, Niedersachsen), mündet nach 85 km bei Boizenburg/Elbe (Lkr. Ludwigslust-Parchim, M.-V.). – 1176 *Zuda fluvius*, 1186 *Zuden*, 1291 *Szvdena*. – Grundform (slaw.) **Suda* < gm. **SuÞō* f. zu gm. **suÞa-* n. 'Brühe' (awn. *soð* 'Fleischbrühe', ae. *ge-sod* 'Gericht', as. *soth* 'Fleischbrühe', afr. *soth* 'Brühe', ahd. *ki-sod* 'Gericht'), metaphorische Benennung von trübem moorhaltigem Wasser als 'Brühe'. – Schlimpert, *Überlieferung*, S. 28; Seebold, *starke Verben*, S. 400 f.

Süd-/-en-/-er- (auch *Sud-*) -*au*, -*bach*/-*bäkel*/-*beekel*/-*bek*, -*balge*, -*fleth*, -*gatt*, -*kanal*, -*kolk*, -*moorsbek*, -*moorstrom*, -*piep*, -*radde*, -*riede*, -*schloot*, -*see*, -*tief*, -*wiesenbach*, -*feld-Bach*, 'südlich', auch Attribut zu Flussnamen wie *Süder Eider*, *Süder Elbe*, *Süder Hever*, *Süder Beste*. Antonym zu ↗ Nord-. As. *sūth*/*sūthar* 'nach Süden', *sūthan* 'von Süden', mndd. *sūd(er)* 'südlich', ndl. *sūd* entlehnt > nhd. *Süd(en)*, ↗ Sud-.

Sühre, die r.z. Havel (z. Elbe) bei Nitzow (Stadt Havelberg, Lkr. Stendal, S.-A., D). – 1225 *fluvio ... Sure*, 1667 *mit der Werbischen Sühre*, um 1750 *Sühre*, 1780 *Kleiner Sür Graben*, 1843 *der Sühre Graben*, 1893/1927 *Sühre*; FlurN. Sühre, 1392 *vppe der Zure*, 1546 *ein ort an der Suren*, um 1750 *Süere eine große wiese beim ausfluß der Havel in die Elbe*, 1771 *Wiesen die Siere genannt*, 1780 *Süür Wiesen*, 1843 *die Sühre*. – Vermutlich ursprünglicher Gebiets-/FlurN. (gm.) **Sūr-ja-* 'saures Gelände' an der Havelmündung ↗ Sauer- > *Sühre*, übertragen auf das dort fließende Gewässer. – Fischer, *BNB 10*, S. 281; Wauer, *HG.A.17*, S. 174.

Sül- -*bach*/-*beck(e)*/-*beek*/-*beke*, z.B. Sülbeke, r.z. Weser, 1802 *Sülbeke*, mit ON. † Sülbeck, (822–72, Kopie 15. Jh.) *in Sulbeke*, 834 *Sulbichi*, (um 1350) *to Zulbeke*, 1386 *Sulbeke*. Bestimmungswort ist entweder (mndd.) **sül-* (< gm. **suli-*), Nebenform zu gm. **sula-* ↗ Suhl, oder mndd. *sulte* (*sülte*) 'Saline, Salzquelle, Salzwerk' (**Sültebeke*, synkopiert > **Sültbeke*, mit Kürzung /-ltb-/ > /-lb-/ *Sülbeke*, oder **süd-* 'südlich' mit Assimiltation *Südbeke* > *Sülbeke* ↗ Süd-. Kramer, *HG.A.10*, S. 66; Kettner, *Leine*, S. 301–303.

Süllbeck l.z. Mühlenbeck (z. Krummes Wasser z. Mühlenkanal z. Ilme z. Leine z. Aller z. Weser), mündet südlich von Naensen (Stadt Einbeck, Lkr. Northeim, Niedersachsen, D). – 1758 *im Südbeck*, 1863/64 *im Südbeek*, 20. Jh. Süllbeck. – Kompositum mit dem Grundwort mndd. -*beke* 'Bach' und ↗ Süd- als Bestimmungswort, mit ungewöhnlicher Assimilation /-db-/ > /-lb-/ ↗ Sül-. – Kettner, *HG.A.8*, S. 130; Kettner, *Leine*, S. 300 f.

Sülpke/Sülpkebach < **Sülbekel-bach* ↗ Sül-.

Sülz, die r.z. Agger (z. Sieg z. Rhein), entsteht durch den Zusammenfluss von Kürtener ~ und Lindlarer ~ bei Hommerich (Rheinisch-Bergischer Kreis, NRW, D). – ON. Sülze (Stadt Rösrath, Rheinisch-Bergischer Kreis), mündet nach 24,7 km bei Lohmar (Rhein-Sieg-Kreis, NRW). – 1182 *molendina in Sulza*, 1555 *die Sultz*, 1595 *Sultz fl.*, ON. Sülze, (1064), 1076 *Sulsa* (und weitere Belege), 1109 *Sulse*, (1516–31) *zor Sultzen*. – Ausgangsform FlN. gm. **Sulisa* > **Sülese*, synkopiert **Sülse*/*Sülze*, mit *s*-Suffix abgeleitet von gm. **suli-*, Nebenform zu gm. **sula-* (ahd. *sol* stN. 'sumpfige Stelle, Suhle, Lache') ↗ Suhl. – Faust, *HG.A.4*, S. 77; Barth, *Sieg und Ruhr*, S. 115.

Sülz-/-en- (ndd. *Sülte-*) -*bach*/-*beck*, -*brack*, -*graben*; z.B. Sülzbach r.z. Sulm (z. Neckar z. Rhein) mit ON. Sülzbach (Gem. Obersulm, Lkr. Heilbronn, B.-W., D), 1037 *Sulcibach*, 1243 *Sulzbach*, 1285 *Sülzebach*, 1504 *Sültzbach*; Sültebeck, r.z. Leine (z. Aller z. Weser) bei Göttingen (Niedersachsen, D), 1377 *an deme Sultebeke*, 1588 *up den Sultebeck*. Bestimmungswort ahd. *sulza*, mhd. *sülze* 'Salzwasser, Sole', mndd. *sulte* 'Saline, Salzquelle, Salzwerk' (< gm. **sultjō* f., 'Salzwasser') ↗ Sülze. – Schmid, *HG.A.1*, S. 113; Kettner, *HG.A.8*, S. 131; Kettner, *Leine*, S. 303 f.

Sülze, die
– ¹Sülze, l.z. Werra (z. Weser), entspringt in der Gem. Rhönblick (Lkr. Schmalkalden-Meiningen, Thüringen, D), wird aus dem Petersee-Moor gespeist, mündet unterhalb von Maßfeld (Lkr. Schmalkalden-Meiningen). – 1407 *dy Sultza*, 1437 *an der Sulcza*; ON. Sülzfeld (Lkr. Schmalkalden-Meiningen), 788,

795 *Sulzifelde* (und weitere Belege), 1141 *Sulcevelt*, 1407 *zu Sültzfeld*; ON. † Niedersülzfeld, 1251 *villam inferiorem Sulzvelt*; FlurN. 1422, 1424 *an der Solzaswiesen*, 1439 *Sultzachswiesen*. – Sperber, *HG.A.5*, S. 104.

– ²**Sülze**, l.z. Elbe, entsteht aus dem Zusammenfluss zweier Quellbäche bei Sülldorf (Gem. Sülzetal, Lkr. Börde, S.-A., D), fließt entlang der Sohlener Berge, mündet bei Salbke (Stadt Magdeburg, S.-A.), weist erhöhten Salzgehalt auf. – Burghardt, *Flurnamen*, S. 262.
Identisch mit gm. **sultjō* f. 'Salzwasser' (< vorgm. **sl̥d-*), mndd. *sulte* 'Saline, Salzquelle, Salzwerk', ahd. *sulza*, mhd. *sülze* 'Salzwasser, Sole', ↗ Sulz-. – Ulbricht, *Saale*, S. 211; Orel, *Handbook*, S. 386.

Sünna l.z. Öchse (z. Werra z. Weser), entspringt in der Kuppenrhön am südlichen Hang des Dietrichsberges, fließt am Öchsenberg entlang, mündet bei Vacha (Wartburgkreis, Thüringen, D). – ON. Sünna (Gem. Unterbreizbach, Wartburgkreis), 1001 *Sinna*, 1517 *von Sun*, (1520) *Sunen*, 1531 *von Syn*. – Grundform ahd. *Sinna* oder **Sinnaha*, Etymologie wie der Parallelname ↗ Sinn? *Sinna* > mhd. **Sinne*, apokopiert und gerundet > **Sün(n)*. – Sperber, *HG.A.5*, S. 104f.

Sürlingsee bei Mirow (Lkr. Mecklenburgische Seenplatte, M.-V., D). – 1593 *die Seurling*, 1654 *der Sauring*, 1778/80 *Der Sörling*, 1825 *Sührlings See*, 1886 *Sürling-See*; FlurN. 1825 *Sührlings Bruch*. – Zur Bildung des Seenamens mit dem Sekundärsuffix *-ling* abgeleitet von mndd. *sūr* 'sauer, salzig', vielleicht benannt nach einem in den See fließenden Sauerbrunnen, ↗ Sühre. – Wauer, *HG.A.17*, S. 174.

Sürstbach z. Jungbach, l.z. Swistbach (z. Erft z. Rhein). – 865 (um 920) *Sursa*, 1629 *aus der Surs*; StraßenN. Sürst (Stadt Rheinbach, Rhein-Sieg-Kreis, NRW), StraßenN. In der Sürst (Bonn). – Ausgangsform (ahd.) **Surisa* oder **Sursia*?, vielleicht mit *s*-Suffix abgeleitet von ig. **suro-* ↗ Sohrbach ↗ Suhre ↗ Sirschbach. ParallelN. die Soers, ursprünglich Feuchtgebiet (Stadt Aachen, NRW). – Dittmaier, *Flurnamen*, S. 309; Greule, *Rheinlande*, S. 17.

Süss-/Süß-/-en-/-er-/-es- Bach/-bach/-bächle, Pfuhl/Pfülchen, Spring, z.B. ON. Süßenbach (Gem. Kirchberg am Walde, PB Gmünd, N.-Ö., A), 1163(?) (Kopie um 1173/74–um 80) *de Súzenbach*. Das Bestimmungswort ahd. *suozi* 'süß, wohlschmeckend', mhd. *süeze*, nhd. *süß* bezieht sich auf gute Wasserqualität, falls Namen von Wiesen zugrunde liegen, sind gute Futtergräser gemeint. – Hausner/Schuster, *Namenbuch*, S. 1065; Springer, *Flußnamen*, S. 90; Fischer, *BNB 10*, S. 282.

Süssbach l.z. Further-Bach (z. Pfettrach z. Kleine Isar z. Isar z. Donau), fließt in der Hallertau. – Ca.1563 ... *rivi Siesbach*; ON. Obersüßbach (Lkr. Landshut, Bayern, D), ON. Niedersüßbach (Gem. Obersüßbach), 814 *Sezpach*, 1077 *Siezenpach*. – Kompositum mit dem Grundwort *-bach* und ahd. *sioza*, *siaza*, nhd. *Sieße* 'Wald- und Weideland' als Bestimmungswort, die offizielle Schreibweise ist an <süß> angelehnt. – Bach, *Namenkunde 1*, S. 381; Keinath, *Württemberg*, S. 103f.

Süßmilchbach r.z. Rhume (z. Leine z. Aller z. Weser), mündet südöstlich von Langenholtensen (Stadt Northeim, Lkr. Northeim, Niedersachsen, D). – 1488 *de Zoethmeck*, 1519 *an dem Sothmeke*, 1544 *an den Sotmeke*, 1543–72 *Sotmeke, Sotmecke, Soitmeke* (und weitere Belege), 1634 *an Sotmelke*, 1663 *die Süßemilchsbach* (und weitere Belege). – Ausgangsform mndd. **Sötenbeke* (/ö/ lang), Kompositum mit dem flektierten Adj. mndd. *söte* (/ö/ lang) und Grundwort mndd. *beke* 'Bach', durch mehrfache Kürzung > **Sötmelke*, verhochdeutscht > *Süßmilch-* mit verdeutlichendem Grundwort *-bach*. – Kettner, *HG.A.8*, S. 131; Kettner, *Leine*, S. 304f.

Süsterbek, die z. Schwarze Au (z. Bille z. Elbe), mündet südlich von Friedrichsruh (Gem. Aumühle, Kreis Herzogtum Lauenburg, S.-H., D). – 1656 *biß an den Zesterbeck, von der Zesterbeck*, 18. Jh. *Süster-, Sosterbek*, 1855 *Süsterbek*, 1867 *Süsterbeck*, 1884 *Sesterbeke*, 1931 *Systerbek*. – Kompositum mit dem Grundwort mndd. *beke* 'Bach' und vielleicht mhd. *sester* 'Hohlmaß' (ursprünglich Klammerform **Sester(möl)beke*?) als Bestimmungswort, eingedeutet nach mndd. *süster* 'Schwester'. – Udolph, *HG.A.16*, S. 340; Schmitz, *Lauenburg*, S. 427.

Suffel ↗ Souffel.

Suhl, die

– ¹**Suhl**, l.z. Werra (z. Weser), entspringt in Moorgrund (Wartburgkreis, Thüringen, D), mündet zwischen Berka/Werra und Gerstungen (Wartburgkreis). – 1016 *in fluvium Sulaha*, 1580, 1612, 1673 *die Suhl*; ON. Kupfersuhl, ON. Marksuhl (Wartburgkreis), ON. Wünschensuhl (Stadt Berka/Werra, Wartburgkreis), (708–802) *in Sulaha*, (vor 900) *Sulaha*, (1155–65) *in Sulaha*, 1268 *Kupersula*, 1284 *Windischensvla*, 1317 (und folgende) *Süla, Süle, Chüfpirsule, Martsula, Margkschula, Mareksuhla*. – Grundform ahd. *Sulaha*, Kompositum mit dem Grundwort ahd. *-aha* 'Fließgewässer' und gm. **sula-* (ahd. *sol* stN. 'sumpfige Stelle, Suhle, Lache') ↗ Sill (< **Sulja*). Der Name bezieht sich auf die Herkunft des Flusses aus dem Moorgrund und die entsprechende Verschmutzung. – Sperber, *HG.A.5*, S. 105; Orel, *Handbook*, S. 385.

– ²Suhl (im Unterlauf auch *Rhedengraben*), l.z. Weihe (z. Werra z. Weser), entsteht im Richelsdorfer Gebirge (Lkr. Hersfeld-Rotenburg, Hessen, D), durchfließt das Wildecker Tal, mündet zwischen Obersuhl (Gem. Wildeck, Lkr. Hersfeld-Rotenburg) und Untersuhl (Stadt Gerstungen, Wartburgkreis, Thüringen, D). – ON. Obersuhl, ON. Untersuhl, 1261–1311 *Sula*, 1422 *von Süla*, (1439) *zcü Süla*. – Übertragung von ↗¹Suhl? ↗Sül-. – Sperber, *HG.A.5*, S. 105.

Suhle, die l.z. Hahle (z. Rhume z. Leine z. Aller z. Weser), mündet in Gieboldehausen (Lkr. Göttingen, Niedersachsen, D). – 1664 *fur die suhle*, 1673 *vor der sule, vor suele*, 1700 *auff der Suhlaw*, 1830 *die Suhle*; ON. Seulingen (Lkr. Göttingen), 973 (Kopie 15. Jh.) *Sulliggi*, 1055 (Kopie 16. Jh.) *Sulingen*, 1258 *de Sulinge*, 1275 *Sulighen*, 1424 *Seulingen* (und weitere Belege). – Grundform (as.) *Süla (neben *Sülaha?) 'die Morastige', davon der ON. *Sül-ing- (> Seulingen), zu einem Stamm (gm.) *sul- in mhd. *süln* 'besudeln', ahd. *sulag* 'Schweinesuhle'. – Kettner, *HG.A.8*, S. 131 f.; Kettner, *Leine*, S. 305 f.

Suhre, die (auch *Sure*), z. Aare (z. Rhein), kommt aus dem Sempachersee (Gem. Oberkirch, Kanton Luzern, CH), mündet nach 34km bei Aarau (Kanton Aargau). – /d'sōrə/ (/o/ geschlossen), 1292 *fluvium ... Sur*, 1323 *aqua ... Súr*, 1341 *bi der Suren*, 1390 *uff die Sur*, 1396 *in dem bach ... die Sur*, 1404 *an der Surren*, 1420 *nåbent der Suren, an der Suren*, 1441 *in der Sure*, 1450 *die Sur*, 1471 *zwuschent ... der Suren*, 1501 *an der Suren*, 1607 *by der Suren*, 1618 *biß an die Suren*; ON. Suhr (Kanton Aargau), 1045 *in Sura*, 1173 *Suro*, 1241 *in villa Sure*, 1249 *curtem in Suron*, 1273 *Sur*; ON. Sursee (Kanton Luzern), /sōrsi/, 1036 (Kopie) *in Sursee*, 1045 *in Surse*, 1173 *Surse* (und weitere Belege). – Grundform mhd. *Sur f. (mit Dehnung *Sūr), Dat. *Sure, schwach flektiert *Suren* (mit Dehnung *Sūre/*Sūren), < vorgm. (ves.-ig.) *Surā, Feminin des Verbaladj. ig. *su-ró- zum Verb *seu̯- 'auspressen', metaphorische Benennung des Flusses als '(ausgepresste, trübe) Flüssigkeit', Parallelname ↗Saarbach. *Sura war auch der ursprüngliche Name des Aawassers (Engelberger Aa) z. Vierwaldstättersee bei Buochs (Kanton Nidwalden), was aus dem Alp- und TalN. Surenen, 1210 *inter flumen Suranun*, nach 1210 *inter limites Surannon et ...*, 1213 *ex utraque parte fluminis Surannun*, 1218 *ex una parte fluvii Surannun*, 1309 *ze Svrennon, von Svrennon*, nach 1309 *Svrennen* (und weitere Belege) < *alpis/vallis *Surāna* 'Alp/Tal der *Sura' geschlossen wird. – Greule, *Oberrhein*, S. 157 f.; Kristol, *LSG*, S. 858, 861; Zehnder, *Aargau*, S. 414, 416; Rix, *LIV*, S. 537 f.; Hug/Weibel, *Uri* 3, Sp.551–555; Hug/Weibel, *Nidwaldner* 3, Sp.2335–2340.

Sulbig, der r.z. Hahle (z. Rhume z. Leine z. Aller z. Weser), mündet nördlich von Duderstadt (Lkr. Göttingen, Niedersachsen, D). – 1397 *in deme Sulbecke*, um 1400 *in den Sulbek* (und weitere Belege), 1564 *vff dem sulbich*, 1569 *nach dem Sulbicke*, 1710 *im Sulbig*; StraßenN. Im Sulbig (Duderstadt). – Kompositum mit dem Grundwort mndd. *-beke* 'Bach' und gm. *sūl- ↗Suhle als Bestimmungswort. – Kettner, *HG.A.8*, S132.

Suldenbach r.z. Etsch im Vinschgau (Prov. Bozen/Südtirol, I.), mündet bei Spondinig (Gem. Schluderns, Vinschgau). – /súldnpåch/, 1304 *zwischen zweien Flussen und Bachen, der ein Sulden ... genannt*, 1434 *da die Sulden entspringt*, 16. Jh. *Suldenpach*, 1768, um 1845 *Suldenpach*; TalN. /súldn/ 1525 *ain tal genannt Sulden*, 1550 *Gmain des Thals Sulden*, um 1845 *Suldenthal*; ON. Sulden (Gem. Stilfs), 1304, 1352, 1434 *Sulden*. – Grundform TalN. (rom.) *Suleda < vorrom. *Sul-ētā, abgeleitet mit dem kelt. Kollektivsuffix *-ēto- von (kelt.?) *sūlā neben *sulā (urig. *suh₂-ló-, Adj. zu urig. *sh₂eu̯- 'schütten, regnen'). *Suleda synkopiert > *Sulda, im Bairischen schwach flektiert *in der Sulden*. – Kühebacher, *Ortsnamen* 1, S. 456, 2, S. 321; Rix, *LIV*, S. 545; Pokorny, *IEW*, S. 912 f.

Sule, die z. Großen Aue (z. Weser), entspringt nördlich von Scholen (Lkr. Diepholz, Niedersachsen, D), mündet bei Barenburg (Lkr. Diepholz). – ON. Sulingen (Lkr. Diepholz), (963–1037) (Kopie 15. Jh.) *in Sulugun*, 1029 *Sulegen*, 1239 (Kopie 16. Jh.) *Sulegen*. – Der FlN. ist vermutlich aus dem ON. Sulingen rückgebildet, Sulingen < as. *Sūlagun, Dat. Pl. zu (ahd.) *sūlag* 'Schweinepferch'. – Borchers, *HG.A.18*, S. 136; Niemeyer, *DONB*, S. 619.

Sulm, die

– ¹Sulm, r.z. Mur (z. Drau z. Donau), Schwarze ~ und Weiße ~ vereinigen sich bei Prarath (Marktgem. Gleinstätten, PB Leibnitz, Steiermark, A), mündet nach 83km bei Retznei (PB Leibnitz). – 885 (Fälschung 10. Jh.) 982, 984 *Sulpa*, 1041–60 *iuxta Sulpam, prope Sulpam*, 1050–um 1065 *inter ... flumina Sulpa ... et ...*, 1051, 1057 *Sulpa*, 1170 *Sulbe*, 1178 *Sulpa*; TalN. 991–1023 (Innovation um 1075) *Sulpa* (und weitere Belege); ON. (Besitz der Salzburger Kirche) 860, 982, 984, 1051 *ad Sulpam* (und weitere Belege); römerzeitliches Municipium *Flavia Solva* (mit kelt. Vorgängersiedlung) im Leibnitzer Feld bei Leibnitz. – Der Flussname ist vom römischen Flavia Solva in der Kurzform *Solvia* übertragen und über *Sulvja und *Sulva als *Sulba/bair. *Sulpa ins Althochdeutsche integriert worden, weiter > mhd. *Sulbel/*Sulb > Sulm. Der vermutlich keltische ON. *Solu̯ā gehört zu dem Nomen ig. *solo- m. (l. *solum* 'Grund, Boden', ahd. *sal* 'Wohnung, Saal', ig.*sel-* 'wohnen, verweilen') und dürfte bei seiner Bildung von urkelt. *seluā f. 'Besitzung' beeinflusst sein. Parallelname ON. (Ober)wesel (Rhein-Hunsrück-Kreis, Rh.-Pf., D), 3. Jh. (Inschrift) VOSOLVIA, 820 (Kopie) *infra uuasaliam* (und weitere Belege) < kelt. *vo-solvia* mit dem Präfix kelt. *vo-* 'unten, unterhalb, an, bei'. – Hausner/ Schuster, *Namenbuch*, S. 1061f.; Rix, *LIV*, S. 528: Matasović, *Proto-Celtic*, S. 329; Halfer, *Flurnamen*, S. 33 f.

– ²Sulm, r.z. Neckar (z. Rhein), entspringt südlich von Löwenstein (Lkr. Heilbronn, B.-W., D), mündet bei Bad Friedrichshall (Lkr. Heilbronn). – GauN. Sulmgau, 771, 774, 778, 782 *Sulmanachgowe*; ON. Neckarsulm (Große Kreisstadt, Lkr. Heilbronn), 8. Jh. *Sulmana* (mehrfach), 1212 *Sulmo*, 1248 *Sulmen*, 1297 *Sulme*, 1322 *Neckersulm* (Kompositum 'Sulm am Neckar'), ON. Obersulm (Lkr. Heilbronn). – FlN. *Sulmana*, früh nur im GauN. 771 *Sulman[achgowe]* belegt, zugrunde liegt gm. *swul-man- n. 'Wasserschwall', von der Schwundstufe des Verbs germ. *swella- 'schwellen' abgeleitet und zum FlN./ON. *Sulmana* f. umgebildet. Parallelnamen: ON. Sülm (Eifelkreis Bitburg-Prüm, Rh.-Pf., D), 981 (Kopie 1215) *Sulmana*; FlN./ON. Soumagne (Prov. Lüttich, B), 915 (Kopie 13. Jh.) *Solmania*. – Schmid, *HG.A.1*, S. 114; Gysseling, *Woordenboek*, S. 947; Herbillon, *Wallonie*, S. 148.

Sulz, die l.z. Altmühl (z. Donau), entspringt am Tyrolsberg im Westen von Neumarkt in der Oberpfalz (Bayern, D), wird in den Rhein-Donau-Kanal ein- und vor Beilngries (Lkr. Eichstätt, Bayern) ausgeleitet, mündet in Beilngries. – 900 *Solanza*, 1080 (Kopie 11. Jh.) *Solenze*, 1517 *Sultz*; ON. Sulzbürg, Markt (Gem. Mühlhausen, Lkr. Neumarkt i.d. Oberpfalz), 1230 *Solzpurch*, 1247 *Sulzbürg*. – Ausgangsform vorahd. *Sulantia. Das /u/ ist vor dem /a/ lautgesetzlich gesenkt > ahd. /o/. Durch Aus- und Wegfall der unbetonten /e/ wurde *Solenze* zu *Solnz und zu *Solz* gekürzt und in dieser Form an das bekannte Wort *die Sulz* (⁊ Sulz-) angelehnt. *Sulantia ist gemäß seiner Bildung durchsichtig: Ableitung mit dem Suffix -nt-, wie sie auch in der weiteren Umgebung als *Bagantia ⁊ Pegnitz und *Radantia ⁊ Rednitz ⁊ Rezat vorkommt. Die Ableitungsbasis ist *sulo-, -ā, das in griech. *hýlē* 'Kot, Schlamm', gm. *sula- n. in ae. *sol* 'mud, slough, a wallowing place', ahd. *sol, sul* 'Schlamm, Kotlache u.ä.' ⁊ Suhl vorliegt. Aus dem englischen FlN. *river Hull* (Humberside), 11. Jh. *eá Húl, eá Hull*, wird auf kelt. *sul- 'mud' geschlossen. Unklar ist der Zusammenhang des gr.-kelt.-gm. *sulo-, -ā mit urig. *sulā 'Saft'. Es ist nicht auszuschließen, dass *Sulantia (mit der Bedeutung 'Gewässer mit Schlammstellen') eine keltische Bildung darstellt. – Reitzenstein, *Oberbayern*, S. 268; Pokorny, *IEW*, S. 912f.; Watts, *EPN*, S. 322.

Sulz-/Sultz-/-en- -a, -ach, -au, -bach/-bächel/-bächle, -berg-Graben, -graben, -grabenbach, -moosbach, -moosgraben, -talbach, z.B. 777 *salinam que ad Sulzibach est* (Bad Hall am Sulzbach, PB Steyr-Land, O.-Ö., A). Bestimmungswort ahd. *sulza* (< gm. *sultjō) 'Salzwasser, Sumpf' ⁊ Sülz-. – Hohensinner/ Reutner/Wiesinger, *Kirchdorf an der Krems*, S. 204f.; Hausner/Schuster, *Namenbuch*, S. 1062f.

Sulze ⁊ Sulz-.

Sumpfen Oberlauf d.Wohlbachs (z. Ill z. Rhein) in der Gemeinde Raedersheim (Région de Guebwiller, Dep. Haut-Rhin, F). – 786(?) (Kopie 2. Hälfte 15. Jh.) *fluviolum Sumphone*. – Grundform ahd. *Sumpfanm., abgeleitet von ahd. *sumpf* 'Sumpf' < gm. *swumpa- m. – Bach, *Namenkunde* 1, S. 210.

Sunder- ⁊ Sontra.

Supke, die (im Oberlauf *Steinbach*), im Einzugsbereich d. Ilme (z. Leine z. Aller z. Weser) südlich von Dassel (Lkr. Northeim, Niedersachsen, D). – 1596 *die Subkenbach*, 1601 *die Supke*, 1769 *Sübecke*, 1879 *die Supke*. – Grundform mndd. *Sübeke mit Grundwort mndd. *beke* 'Bach' und mndd. *sū* 'Sau, Mutterschwein', Benennungsmotiv war die Nutzung der Bachänger als Schweineweide. – Kettner, *HG.A.8*, S. 132; Kettner, *Leine*, S. 256.

Sur, die l.z. Salzach (z. Inn z. Donau), entspringt bei Surberg (Lkr. Traunstein, Bayern, D), mündet bei Laufen (Lkr. Berchtesgadener Land, Bayern), Kleine Sur, r.z. Sur. – Ca.790 (Kopie 12. Jh.) *super rivolum Surâ*, 1048 *usque in fluvium Sura dictum*, ca.1193 *Sur*, Anfang 13. Jh. *Sûr*, nach 1242 *Sŭre*; ON. (Saaldorf-)Surheim (Lkr. Berchtesgadener Land), 825 (Kopie 9. Jh.) *in loco nuncupante ad Sura*, 1134 *Surheim*; ON. Surberg, ca.790 (Kopie 12. Jh.) *Sureberch*, 1122–1147 *Surberg*; ON. Sur, nach 747 *in loco, qui vocatur Sura*, 837 *villa nuncupata Sura*, ca.970 *de Sura*; ON. Surtal (Gem. Surberg). – Die Belege weisen auf eine Ausgangsform *Sura* mit kurzem /u/, weil die Diphthongierung fehlt. Der FlN. *Sura* ist auf den ersten Blick nicht aus einer historischen Einzelsprache herleitbar. Aber es liegt ihm das Femininum des mit r-Suffix von der Schwundstufe des urig. Verbs *seuh₁- 'antreiben, in Bewegung halten' abgeleiteten Adjektivs *suh₁-ro- > FlN. kelt. *Sūrā > rom. *Sura* (im Bair. in offener Tonsilbe gedehnt > *Sūre/*Sūr) zugrunde. Da das ig. Verb im Altirischen in der Bedeutung 'sich drehen' belegt ist, kann *Sūrā als kelt. FlN. mit der Bedeutung 'sich drehend' (mit Bezug auf Flusswindungen) gedeutet werden, ⁊ Sauer. – Straberger, *HG.A.9*, S. 117; Reitzenstein, *Oberbayern*, S. 239f., 268f.; Rix, *LIV*, S. 538f.

† Suranun ↗Suhre.

Surb, die r.z. Aare (z. Rhein), entspringt unterhalb der Hochwacht der Lägern auf dem Gebiet der Gem. Schöfflisdorf (Kanton Zürich, CH), fließt durch das Surbtal, mündet bei Döttingen (Kanton Aargau). – /sūrb/, 1357 *ennund Surbe, zwúschend der surb …, In Surb, bi der Surb, in der surben,* 1359 *in der Surbe, vuntz in dú Surbe, die Surbe,* 15. Jh. *an der Surb.* – Grundform mhd. *Surbe* < *Surwe, synkopiert < älter *Surawa, eine sekundäre Weiterbildung von ves.-ig. *Surā ↗Suhre mit dem Suffix ig. *-*u̯o*-. – Greule, *Oberrhein,* S. 158 f.

Sutt-/-en- -bach/-bächlein, -bieke, -graben. Bestimmungswort nhd. *Sutte* f. 'Sumpf, sumpfige Stelle, Lache, Pfütze, Pfuhl'. – Ulbricht, *Saale,* S. 58.

Swine, die poln. *Oświna,* r.z. Alle/ Łyna (z. Pregel) (Kr. Gerdauen und Wehlau, Ostpreußen, PL). – 1326 *asswene* usw., 1595 *Schwena,* 1629 *Swena,* um 1790 *Schweine,* 1899 *Swine.* – Grundform preuß. *Aswēne 'Stutenbach', abgeleitet von balt. *ašva 'Stute'. Die deutschen Formen sind im Anlaut unter dem Einfluss von nhd. *Schwein* gekürzt. – Biolik, *HE 11,* S. 134.

Swist, die (auch *Swistbach*), r.z. Erft (z. Rhein), entspringt nördlich von Kalenborn (Lkr. Ahrweiler, Rh.-Pf., D), mündet nach 43,6 km in Bliesheim (Erftstadt, Rhein-Erft-Kreis, NRW). – ON. Swisttal (Rhein-Sieg-Kreis, NRW), 1185 *Zeuestheym*; ON. Weilerswist (Kreis Euskirchen, NRW). – Ausgangsform vielleicht (gm.) *Twista > *Zwistel/**Zweste,* mit Sprechererleichterung > **Swiste.* Deutung ↗Twiste. – Greule, *Rheinlande,* S. 17; Niemeyer, *DONB,* S. 621.

Syhrnbach r.z. Schwarza, mündet nördlich von Enzenreith (PB Neunkirchen, N.-Ö., A). – 1134/44 *fluens Syrna*; ON. Syhrntal (Gem. Enzenreith), 1110–1134 *Syrnicke,* 1134 *Syrnike,* 1150–85 *Sirnihc,* 1173–85 *Sirnich.* – Ausgangsform FlN. slaw. *Čьrna 'die Schwarze', bildet mit dem Namen des Hauptflusses *Schwarza* ein Übersetzungspaar, vgl. čech. *Černá,* nhd. *Schwarzbach,* sloven. *Črna,* 1424 *die Schwarz.* Der Ortsname geht auf die Vollform des Flussnamens zurück: slaw. *čьrna rěka 'schwarzer Fluss', gekürzt zu **Čьrnica.* – Hausner/Schuster, *Namenbuch,* S. 1066; Bergermayer, *Glossar,* S. 53 f.

Sylbeke (auch *Sülbeke*), l.z. Öttern-Bach (z. Bega z. Werre z. Weser) bei Jerxen-Orbke (Stadt Detmold, Kreis Lippe, NRW, D). – 1491 *Suttbeke,* 1790 *Der Sudbach.* – Vielleicht zu deuten wie ↗Süllbeck < **Südbeke.* – Kramer, *HG.A.10,* S. 66.

Synderbach (auch *Singerbach*) l.z. Scherkonde (z. Lossa z. Unstrut z. Thüringische Saale z. Elbe) bei Ottmarshausen (Berlstedt, Lkr. Weimar, Thüringen, D). – /sɛŋᵣbax/, 1514 *Im singerbach,* 1515 *im sinderbach,* 1545 *Im singerbach.* – Kompositum mit dem Grundwort -*bach* und mhd. *sinder* 'Schlacke', hier in der Bedeutung 'kalkartiges Gestein, das sich aus kalkhaltigem Wasser absetzt' als Bestimmungswort, ↗Sinnerbach. – Ulbricht, *Saale,* S. 55; Hänse, *Weimar,* S. 153.

Syrabach l.z. Weißen Elster (z. Thüringische Saale z. Elbe), entspringt im Mehltheurer Forst (Vogtland, Sachsen, D), fließt teils unterirdisch durch die Stadt Plauen (Vogtlandkreis, Sachsen), mündet in Plauen. – 1122 *Sirouue,* 1244 *Sirowe,* 1542 *Sira*; ON. Syhra (Stadt Geithain, Lkr. Leipziger Land, Sachsen), /sīrə/, 1308 *de Sirowe, Syrowe,* 1378 *Schirow,* 1445 *Syraw,* 1474 *Syra,* 1518 *Syraw*; ON. Syrau (Gem. Rosenbach, Vogtlandkreis), /siərə, sīrə/, 1266, 1270 *in Siren,* 1282 *Syraw,* 1418 *zu Syren,* 1506 *Syrawe, Sirawe, Syra,* 1557 *Syrau.* – Ausgangsform asorb. **Žirava,* abgeleitet von asorb. *žir 'Mast, Futter, Weide'. – Ulbricht, *Saale,* S. 109 f.; Eichler/Walther, *HONBSachsen* II, S. 482 f.

T

Taake, die l.z. Elvershausener Bach (z. Rhume z. Leine z. Aller z. Weser), mündet nordöstlich von Elvershausen (Gem. Katlenburg-Lindau, Lkr. Northeim, Niedersachsen, D). – 1663, 1667, 1700 *in den Tackenbeck*, 1700 *takenbach*, 1754 *auf die Take, an der Taaken, an der Taake*, 1878/79 *die Taake*; FlurN. Taakegrund. – Aus mndd. *Tackenbeck*, Kompositum mit dem Grundwort *-beke* 'Bach' und mndd. *tacke* 'Ast, Zweig, Gestrüpp' als Bestimmungswort rückgebildet, mit dem Grundwort *-siek* ↗Tackensiek. – Kettner, *HG.A.8*, S. 132; Kettner, *Leine*, S. 307.

Tachbach r.z. Werra (z. Weser), mündet unterhalb von Themar (Lkr. Hildburghausen, Thüringen, D). – ON. Tachbach (Stadt Themar), 838 *in Dahhedorfero marcu*, 914 *in Dahbeche*, 973 (Druck 1850) *in Thachebechi*, (vor 981) *in Dahbehhu*, 1040 *Dabbehhu*, 1147 *de Dachebeche*, 1408 *Dachbach* (und weitere Belege). – Grundform ON. ahd. Dat. *Dāhabechi* 'am Lehmbach' (neben ON. *Dāhadorf*, BewohnerN. *Dāhadorfera*, Gen. Pl. 838 *Dahhedorfero*), Kompositum mit dem Grundwort ahd. *bach* und ahd. *dāha, thāha* f. 'Lehm, Ton, Tontopf'. – Sperber, *HG.A.5*, S. 105.

Tackensiek östlich von Kirchberg (Gem. Seesen, Lkr. Goslar, Niedersachsen, D). – 1577 *im tackensike, tackensieke* ↗Taake. – Kettner, *HG.A.8*, S. 132.

Taffa, die l.z. Kamp (z. Donau), entsteht aus der Vereinigung von Großer ~ und Kleiner ~ bei St. Bernhard-Frauenhofen (PB Horn, N.-Ö., A), mündet in Rosenburg (PB Horn), Taffabach, z. Kleinen Taffa. – /dấfə/, um 1300 *Tefenbach*, 1318/20 *Teven(hof)*, 1327 *Taven(hof)*, 1346 *bei der Tefen*. – Grundform ahd. *Tavina* über slaw. *Dabьna* < *Daubina*, mit *n*-Suffix abgeleitet von ig. *dʰoubʰ-* 'tief', im Sinne von „Tiefenbach". Ahd. *Tavina* ist vielleicht auch eine Ableitung von gm. *dab-* (*daf-*) in schw., norw. dial. *dave* m. 'Lache, Pfütze', awn. *dafla* 'plätschern'. – Wiesinger, *Bairische Frühzeit*, S. 329 f.

Taft l.z. Ulster (z. Werra z. Weser), entspringt auf der Gemarkung Eiterfeld (Lkr. Fulda, Hessen, D), mündet bei Wenigentaft (Gem. Buttlar, Wartburgkreis, Thüringen, D). – ON. Großentaft (Marktgem. Eiterfeld, Lkr. Fulda), ON. Wenigentaft, 815 *duae Taftaha*, 922 *Berahtolfestafta*, 977 (Fälschung 11. Jh.) *Dafdaho*. – Grundform ahd. *Taftaha*, Kompositum mit dem Grundwort ahd. *aha* 'Fließgewässer' und dem gm. Adj. *dafta-* (> ahd. *taft-*) 'freundlich'(?), einer Ableitung vom starken Verb gm. *-dab-a-* '(zutreffen)'. Die beiden Orte werden erst später durch die Zusätze *Wenig-* 'klein' und *Groß-* unterschieden. – Sperber, *HG.A.5*, S. 105; Andrießen, *Siedlungsnamen*, S. 163; Seebold, *starke Verben*, S. 146.

Tal-/Thal- (Diminutiv *Tälchen-*) *-acker-bach, -bach, -bach-graben, -becke, -gosse, -graben, -mühlbach, -teich, -waldgraben, -wasser*. Bestimmungswort nhd. *Tal* bezieht sich auf die Laufrichtung des Gewässers, nämlich ins Tal hinab, oder auf seine Lage im Tal. – Kühebacher, *Ortsnamen 2*, S. 324.

Talfer, die it. Talvera (im Oberlauf auch *Steinwandbach, Penserbach*), r.z. Eisack (z. Etsch), Fluss des Sarntales (Prov. Bozen/Südtirol, I.), entspringt auf der nördlichen Seite des Penserjochs in 2350m Höhe, durchquert die Sarner Schlucht, mündet in Bozen. – /tålfᵉr/, 1080 *ultra fluvium Talauerna*, 1230 *supra Talavernam*, 1237 *Talwernae*, 1279 *aqua Talverna*, 1280 *Talinverna, in leto Talauerne*, 1282 *fluxus … Talinuerne*, 1284 *Talinuerna*, 1295 *Talauerna*, 1296 *Taluer*, 1330 *auf der Taluerne*, 1333 *arena Talverne, de Talverna*, 1345 *Taluere*, 1372 *Taluera*, 1396 *hiedissalb der Talueren, enhalb der Talueren, dishalb der Taluer*, 1405 *Tallver*, 1440 *Taluer*, 1493 *Talfer* (und weitere Belege). – Ausgangsform FlN./TalN. vorrom./vorbair. *Talau̯ernā*, eine Ableitung mit dem Kombinationssuffix *-r-no-* vom FlN. ves.-ig. *Talau̯ā* ↗Thalfanger Bach. – Hausner/Schuster, *Namenbuch*, S. 222; Kühebacher, *Ortsnamen 2*, S. 325 f.

Talle, die (auch *Tallen-Bach*), l.z. Ilse (z. Bega z. Werra z. Weser). – 1324–1360 *to der Talle*, 1404 *tor Talle*, 1614/15 *zwischen der Talla und Brede*, 1790 *Die Talle*; ON. Talle (Gem. Kalletal, Kreis Lippe, NRW, D), 1221 *in Talle*, 1274 *de Tallis*, 1323 *Talle* (und weitere Belege); ON. Niedertalle (Gem. Kalletal), 1446 *to Nederen Talle*. – Ausgangsform gm. *Talanō*, synkopiert > *Talna*, assimiliert > mndd. *Talle*, mit *n*-Suffix abgeleitet von gm. Adj. *tala-* (gt. *un-tals* 'ungehorsam, widersätzlich, unverständig', ae. *getæl* 'behende, eifrig, schnell, bereit', as. *gital* 'schnell', ahd. *zal* 'schnell'). – Kramer, *HG.A.10*, S. 66 f.; Meineke, *Lippe*, S. 472 f.

Talmannsbach l.z. Pfudabach (z. Pram z. Inn z. Donau). – ON. Thalmannsbach (Gem. Sigharting, PB Schärding, O.-Ö., A), 1135–60 *de Tagamaresbach*, 1145 *de Talmaresbach, Talmarsbach*, 1160 *Thalmôtsbach*. – Grundform (ahd.) **Tagamāresbach* > mhd. **Tagmaresbach* (zur Sprecherleichterung) > *Talmaresbach*, Kompositum mit dem Grundwort *-bach* und dem Genitiv des PN. ahd. *Tagamār* als Bestimmungswort. – Dotter/Dotter, *HG.A.14*, S. 392; Hausner/Schuster, *Namenbuch*, S. 224.

Tambach
- ¹Tambach, l.z. Rodach (z. Itz z. Main). – ON. † Klein-Tambach, jetzt FlurN. (Gemarkung Neundorf, Altlkr. Staffelstein), /-tåbich, -dambâx/, 874 (Druck 1607 nach Vorlage 9. Jh.) *Tanbach* (Beleg hierher?), 1158 *villam … Tampach*, 1470 *Cleintampach*, 1578 *Klein Dambach*.
- ²Tambach, l.z. Pfalzbach (z. Große Sormitz z. Loquitz z. Thüringische Saale z. Elbe).
- ³Tambach, Rechte~ /Linke~, l.z. Apfelstädt (z. Gera z. Unstrut z. Thüringische Saale). – /Damm'ch, Dammich/, 1214 *Thanbach*, 1251 *Tambach*, 1512 *Tampach*.
Deutung ↗Tann-. – Sperber, *HG.A.7*, S. 172; Fastnacht, *Staffelstein*, S. 376–378; Ulbricht, *Saale*, S. 72.

Tambacher Wasser l.z. Schmalkalde (z. Werra z. Weser), mündet bei Floh-Seligenthal (Lkr. Schmalkalden-Meiningen, Thüringen, D). – 1039 (Fälschung 12. Jh.) *Dambahc* (so!), 1044 (Fälschung 12. Jh.) *Tambach*; ON. Tambach-Dietharz (Lkr. Gotha, Thüringen, D), 1214 (Fälschung 13. Jh.) *villam Thanbach*, 1290 *in Tambach* (und weitere Belege). – Wortgruppenname mit dem Adjektiv des Ortsnamens *Tambach* als Attribut zu Wasser, Grundform ON. **Tannebach* ↗Tann-. – Sperber, *HG.A.5*, S. 106; Riese, *Gotha*, S. 145 f.

Tamina l.z. Rhein bei Bad Ragaz (Kanton St. Gallen, CH). – 1050 (Kopie 1456/62) *Tuminga*, 1161 (Fälschung, Transsumt 1656) *ab ortu fontis Tumingae*, Ende 12. Jh. *iuxta fluvium Tumeingia*, vor 1329 *Tumeingia*, 1336 *ex ista parte fluvii … Tvmin*, 1405 *Tumin*. – Vergleichbar ist der ON. Tamins (Kanton Graubünden), bündner-rom. (alt) *Tumegn*, (neu) *Tumein*, 1224 (Kopie) *de Tuminne*, 1225 *Tvminnis*, 1302 *ze Tûmins*, < **tumb-īnu* Adjektiv zu (altrom.) *tumba* 'Hügel'. Möglich ist auch eine Erklärung als Flussname (vorrom., kelt.) **Tumīnia*, abgeleitet von ig. **tūmo-* (< urig. **tuh₂-mó-*), Adjektiv zum Verb urig. **teuh₂-* 'schwellen, stark werden'; in der Bedeutung 'Schwellbach', vgl. kymr. *twf* (< **tum-*) 'Kraft, Stärke', mbret. *tiñva* (< **tūm-*) 'gedeihen'. – Perret, *UB südliche Teile St. Gallen* 1, S. 127, 171, 2, S. 476, 542, 546; Kristol, *LSG*, S. 864; Rix, *LIV*, S. 639 f.; Pokorny, *IEW*, S. 1082.

Tanger, der l.z. Elbe, entsteht aus mehreren Quellbächen in der Umgebung von Angern (Lkr. Börde, S.-A., D) nahe Tangerhütte (Lkr. Stendal, S.-A.), mündet nach 33km in Tangermünde (Lkr. Stendal); südlich von Demker (Stadt Tangermünde) mündet der Lüderitzer Tanger. – Nach 1012/18 *Tongera*; ON. Tangermünde, 1012/18 *Tongeremuthi*, 1151 *Taggeremunde*, 1196 *Tangermunde* ('Mündung des Tangers'). – Grundform (gm.) **Tangra-* m. (?), slawisiert *Tongera*, mit *r*-Suffix abgeleitet vom Stamm gm. **tang-* in awn. *tengja* 'verbinden', ae. *tengan* 'eilen, vorwärtsdrängen' (< gm. **tang-ija-* 'zusammenkneifen, zusammendrücken') und as. *tanga*, ahd. *zanga* 'Zange, Gerät zum Zusammenbeißen'. Die metaphorische Benennung bezieht sich vielleicht auf die Tatsache, dass der Tanger zahlreiche kleinere Nebenflüsse zusammenführt oder auf das Mündungsdelta bei Tangermünde. – Berger, *Geographische Namen*, S. 254 (< mndd. Adj. *tanger* 'beißend, kräftig, frisch'); Rix, *LIV*, S. 118.

Tann/Thann-/-e-/-en- (auch *Tan*-) *-bach, -brünnle, -brunnen-bach/-bächle, -bühl-graben, -graben, -holzbach, -matt-bächle, -pfuhl, -wald-bach/-graben*, z.B. ON. Tanebach (Gem. Gutau, PB Freistadt, O.-Ö., A). – Mhd. *tan* stM. 'Tannenwald', *tanne* swF. 'Tanne'. Im Kompositum mhd. **tan-bach* wird der Nasal /-n-/ an den folgenden Labial /b-/ zu ↗Dam- ↗Tambach assimiliert. Das Zugehörigkeitsadjektiv ist **tann-īn-* 'mit/aus Tanne(n)' > ahd., mhd. *tennīn*. – Hausner/Schuster, *Namenbuch*, S. 227.

Tanzbach it. Rio Danza, l.z. Talfer (z. Eisack z. Etsch), fließt von der Scheibenalm herab an Windlahn vorbei, fällt in die Sarner Schlucht (Prov. Bozen/Südtirol, I.). – /tånzpåch/, 1726 *Tanzbach*, um 1770 *Danzbach*, 1788, 1840 *Tanzbachl*, um 1840 *Danzbach*, um 1900 *Tanz Bach*. – Das Bestimmungswort des Kompositums nhd. *Tanz* bezieht sich metaphorisch auf das Toben des Wildbachs. – Kühebacher, *Ortsnamen 2*, S. 326.

Tarnitz, die r.z. Löcknitz (z. Elbe), entspringt zwischen Muchow und Stolpe (Lkr. Ludwigsburg-Parchim, M.-V., D), mündet südöstlich von Reckenzin (Gem. Karstädt, Lkr. Prignitz, Brandenburg). – 1742 *Dernitz, Darnitz*, 1825 *Tarnitz*, 1854 *Tarnitz*, 1936 *Dernitz, Darnitz, Darnzt, Dörnitz*. – Ausgangsform apolab. **Darnica*, abgeleitet von apolab. *darn* (< urslaw. **dьrnъ*) 'Rasen'. – Fischer, *BNB 10*, S. 283.

Tarpenbek, die r.z. Alster (z. Elbe), entsteht aus dem Zusammenfluss von Tarpenbek Ost und Tarpenbek West in Norderstedt (Kreis Segeberg, S.-H., D), mündet in Hamburg-Eppendorf. – 1245, 1263 *in Terueke*, 1266 *in Terveke*, 1325 (Kopie 16. Jh.) *apud rivulum Terweke*, 1341 (Kopie 1317–1429) *Derveke*, 1397 *over de groten Terueken*, 1410 (Kopie um 1500) *der groten Teru(e)cken*, 1588 *Tarck*, 1732 *Tarve oder Tarpe*, 1733 *Tarpe*, 1755 *an der Tarwe*, 1767 *an der Tarcke*, 1855 *Tarpenbek*. – Kompositum mit dem verdeutlichenden Grundwort *-beke* 'Bach' und dem FlN. mndd. *Terweke* > ndd. *Tarke*/*Tarpe*; mndd. *Terweke* < gm. *Terwika*, mit *k*-Suffix abgeleitet von gm. *terwja-* 'Teer', vermutlich Übertragung einer Stellenbezeichnung 'wo Teer hergestellt wird' auf den Fluss. – Udolph, *HG.A.16*, S. 341 f.; Laur, *Schleswig-Holstein*, S. 639.

Taschlseen it. *Laghi Tasca*, drei Seen im innersten Teil des Vinschgauer Nebentals Schlandraun im Gebiet des Taschljochs (Prov. Bozen/Südtirol, I.). – /taschlsää/, um 1600 *Daschlseen*, 1655 *Taschlsee*, 1768 *Taschlsee* um 1770 *Daschl See*, um 1845 *Daschlseen*, um 1900 *Taschel See*. – Kompositum mit dem Grundwort *-see* (Plural *-seen*) und *Taschl*, Diminutiv von bair. (Westtirol) *Tasch(e)* (auch *Taas(e)*) 'Nadelholzbaum, Nadelholzzweig' < mhd. *tähse* < vorrom. *daksia*, als Bestimmungswort. – Kühebacher, *Ortsnamen* 2, S. 327.

Tattenbach l.z. Rott (z. Inn z. Donau). – 1844 *Tattenbach*; ON. Obertattenbach, ON. Unter~ (Markt Bad Birnbach, Lkr. Rottal-Inn, Bayern, D), /dāmbō/ (/ā/, /ō/ offen), (ca.1140) (Kopie 12. Jh.) *de Tekenbach*, (1140–1160) *ad Teckenbach*, *de Techenbach*, (Anfang 13. Jh.) *de Taechenbach*, (13. Jh.) *de Taekenpach*, (kurz vor 1300) *ze nidern Tætenpach*, 1359 *von Taetenpach*, 1381 *auz dem Taetenpach*, 1474 *Tätenpach*, 1482 *Tattenpach*, 1531 *Tätnpach*, 1603 *Tätenpach*, 1802 *zu Tattenbach*. – Grundform ON. mhd. *Täkenbach*, Kompositum mit dem Grundwort *-bach* und dem Genitiv des PN. *Tako*/*Takko* (*Tekin-*/*Tekkin-*) als Bestimmungswort. – Dotter/Dotter, *HG.A.14*, S. 393 f.; Egginger, *Griesbach*, S. 413–415.

Tatzenbach z. Karbach (z. Gsieser Talbach) in Südtirol (Prov. Bozen, I.). – /'tåznpåch/, um 1770 *Tatzenbacher Thal*, um 1840 *Tazenbach*. – Bestimmungswort nhd. *Tatze*, weil sich in dem Gelände bis ins 18. Jh. Bären aufhielten. Namenbildung durch die Jäger. – Kühebacher, *Ortsnamen* 2, S. 327.

Taub-/-e/-en/-er *-bach, -brunnen, -see, Taube Aland, Taube Herfa, Taubensemd*, mhd. *toup, toub-* 'taub, leer, träge', ndl. *doof* 'traag, dood lopend', awn. *daufr* 'taub, träge' (< gm. *dauba-*). Das Adjektiv charakterisiert träge fließende oder ausgetrocknete Gewässer ↗Dove. – Ulbricht, *Saale*, S. 203; Bach, *Namenkunde* 1, S. 282, 299, 389.

Taubensemd ↗Semme.

Tauber, die l.z. Main (z. Rhein), Quelle bei Weikersholz (Gem. Rot am See, Lkr. Schwäbisch Hall, B.-W., D), mündet in Wertheim (Main-Tauber-Kreis, B.-W.), Schandtauber, l.z. Tauber, mündet südlich von Rothenburg ob der Tauber („kleine, unbedeutende Tauber"). – 496–506 (Kop. um 700, Kop.13./14. Jh.) *Dubra* (Cosmographia des Geographus Ravennas), 1060 *in tuberam fluuium*, 1103 (Kopie 16. Jh.) *Tubara*, 1327 *Tuber*, 1374 *Taber* (lies *Tauber?*), 1379 *Tawber*, 1386 *uff der Tauber*; LandschaftsN. Taubergau, 750–779 (Kopie 12. Jh.) *de Tuberecgewe*, ca.750–802 (Kopie 12. Jh.) *in pago Tubergowe*, 772 (Kopie 12. Jh.) *in Tubrigowe*, 800 (Kopie 12. Jh.) *Tubargevvi*, 807 *Dubragaoe*, 923 *Tubargouue*, ca.997 (Kopie 13. Jh.) *Tubercouue*; ON. Tauberzell (Gem. Adelshofen, Lkr. Ansbach, Bayern), ON. Tauberrettersheim (Lkr. Würzburg, Bayern), 1245 *Retirsheim apud Tuberam*; ON. Tauberbischofsheim (Kreisstadt, Main-Tauber-Kreis, B.-W.). – Grundform ahd. *Tubra* < kelt. *Dubrā*, Femininum zu kelt. *dubro-* 'Wasser', das im ehemals keltischen Sprachgebiet in Fluss- und Ortsnamen häufig vorkommt, z.B. Tauferberg, GebietsN., Gem. Umhausen (Imst, Tirol, A), 1163 *loco ... Tubris*; Orts- und TalN. Taufers (Südtirol), 1050–1065 *de Tvfres*; ON. Dover (Kent, GB), *ad portum Dubris*. Der Diphthong /au/ in *Tauber* könnte durch Eindeutung des Namens (↗Taub-) erklärt werden. – Sperber, *HG.A.7*, S. 172 f., 148; Neumann, *Dubra*; Reitzenstein, *fränkische Ortsnamen*, S. 219; Anreiter, *Breonen*, S. 132–135; Hausner/Schuster, *Namenbuch*, S. 229 f.

Tauchenbach (auch *die Tauchen*), ung. *Tava*, l.z. Pinka (z. Raab z. Donau), entspringt bei Hochneukirchen (Marktgem. Hochneukirchen-Gschaidt, PB Wiener Neustadt-Land, N.-Ö., A), mündet nach ca. 40 km südöstlich von Pinggau (PB Hartberg, Steiermark, A). – 1161 *inter Lauenze et Tŭchne*, 1163 *Lauenz et Tŭcham minorem*, 1168 *inter Lauenz et Tucha minoris*, 1171 (Kopie 17. Jh.) *aquam ... Tucha* (lies *Touchna?*), 1219 *Tuhna, Tucha*, 1316 *die Tauchen*; ON. Tauchen am Wechsel (Gem. Mönichkirchen, PB Neukirchen, N.-Ö. und Gem. Pinggau, PB Hartberg, Steiermark). – Ausgangsform FlN. slaw. *Tuchyńa*, mit der Ableitungsbasis slaw. *tuchy* 'faulig, stinkend', ins Bair. integriert als mhd. *Tüchne* > *Tauchen*. – Hausner/Schuster, *Namenbuch*, S. 229; Bergermayer, *Glossar*, S. 279 f.; Lochner von Hüttenbach, *Steirische Hydronyme*, S. 123.

Tauern- -alpen-Bach, -bach, -moosbach, -moossee, -see, Gewässer im Einzugsbereich der Salzach, Bestimmungswort Tauern, ursprünglich Bezeichnung für Saumpfade und Pässe, welche die Seitentäler der Salzach in das Gebirge schnitten, auch Name für Gebirgszüge (Hohe Tauern, Niedere Tauern), 1072 (Kopie 12. Jh.) acumen montis qui dicitur Tūro, um 1130–um 1135 ultra Taurum montem, 1141 infra terminos Duri, 1143 sub Thuro monte, 1207 monte Duro, ahd., bair. *Tūr(o) m., latinisiert *Tūrus/*Dūrus/ Taurus, vielleicht Parallelbildung mit unterschiedlichem Suffix zu wgm. *dūnō f., ahd. dūna 'Vorgebirge, Düne', mndl. dune, duun, ae. dūn 'Hügel' < vorgm. *dʰū-no- neben *dʰū-ro- (weitere Etymologie unklar). – Straberger, HG.A.9, S. 119; Hausner/Schuster, Namenbuch, S. 229; Pokorny, IEW, S. 263.

Tauglbach (auch die Taugl), r.z. Salzach (z. Inn z. Donau), entspringt im Tauglboden bei St. Koloman (PB Hallein, Salzburg, A), fließt durch das Naturschutzgebiet Taugl (Tennengau), mündet zwischen Kuchl und Vigaun (Salzburg), ausgezeichnet durch Schluchten und Wasserhöhlen. – 1235 ripam in Taukil, 1412 in der engen Taukkel, 1434 in der Weyten Tawgkel, 1435 In der engen taukel, 1465 herdishalb der Tawkel, 1490 auf der Taugkel, 1570 Taŭckl fl., 1596 in der Taugl; ON.(?) 1242 aput Tōkel, 1325 ein gůt datz Taukel, vltra Taŭkel, 1425 von der Taukel, 1506 unterhalb der taugkl, 1555 vndter der Tauggl; MühlenN. 1405 Tawchelmül, FlurN. 1422 Tawkellholcz, 1444 Taugkelholcz, 1460 das Tauklholtz, 1489 Inn dem Taugkel Podem, 1497 Tawgkel(poden), 1570 Taucklpoden. – Grundform GeländeN.(?) mhd. *Tougel, ahd. *tougal (daughal) Adj. 'verborgen', FlN. *Tougele f. 'die Verborgene', benannt nach den Schluchten. – Straberger, HG.A.9, S. 119f.

Taurach, die
– ¹Taurach, l.z. Mur bei Tamsweg (Salzburg, A). – Um 1130–um 1135 (Kopie 13. Jh.) iuxta Tůrah sursum.
– ²Taurach, r.z. Enns östlich Radstadt (Salzburg, A). – 1090–1101 (Kopie 13. Jh.) in flumine Turah, 1090–1101 (Kopie 13./14. Jh.) Turach.
Ahd. *Tūraha enthält als Bestimmungswort vermutlich den BergN. ahd., bair. *Tūr(o) m. ↗ Tauern- oder (kelt.) *Dūra, urig. *dʰuHró-, Adjektiv abgeleitet von urig. *dʰeuH- 'rasch hin und her bewegen, schütteln', vgl. gall. duria 'Wasser'. Die Namen können unter slawischem Einfluss auch nach slaw. *turъ 'Auerochs' ↗ Auer- eingedeutet worden sein. – Hausner/Schuster, Namenbuch, S. 231; Rix, LIV, S. 149f.; Grzęga, Romania, S. 168; Bergermayer, Glossar, S. 281f.

Tauritzbach (im Oberlauf Heinersbach), r.z. Heidenaab (z. Naab z. Donau), entspringt am Kreuzstein im Fichtelgebirge, mündet in Göppmannsbühl (Gem. Speichersdorf, Lkr.Bayreuth, Bayern, D). /dãᵘds/, 1497 im Tawraspach, 1531 ein pach ... der Taurets, 1692 die Tauriz; ON. Tauritzmühle (Gem. Speichersdorf), 1373 zu dem Dawres, 1414 zum Tawrez, 1435 zum Tawres (und weitere Belege), 1492 zu Thawras (und weitere Beleg), 1557 Thaunrats, 1621 Thauratz Müller, 1622 Tauretz, 1636 sampt einer Mühel auffm Dauriz, 1692 zur Tauritzmühl. – Kompositum mit dem Grundwort -bach und dem ON. mhd. *Tūrenes > *Tūrens > Tauras > fnhd. *Taures > Tauretz/Tauritz als Bestimmungswort. *Tūrenes ist entweder genitivischer (elliptischer) Ortsname zum PN. (slaw.?) *Turan oder ein BergN. (gm.) *Dūrenes m. ↗ Tauern- (1072 (Kopie 12. Jh.) acumen montis qui dicitur Tūro). – Eichler/Greule/Janka/Schuh, Bayreuth, S. 214f.

Taxbach l.z. Salzach (z. Inn z. Donau). – ON. Taxbach (Salzburg, A), 1328 Daxpach, 1334 Dachspach, Tachspach, 1336 dachspach, 1351 Taxpach, Tachspach. – Kompositum mit dem Grundwort -bach und ahd. dahs stM. 'Dachs' ↗ Dachs- als Bestimmungswort. – Straberger, HG.A.9, S. 120.

Tebrinbach r.z. Mürz (z. Mur z. Drau z. Donau), mündet südöstlich von Mürzsteg (PB Mürzzuschlag, Steiermark, A). – 1243 Dobryn, 1250 Dobrin, 1314 Tobringe, 1335 Tóbring, 1342 Tobrin, Dobrin, 1345 in der Tobrin, Tal Tobrin. – Ausgangsform slaw. *Dъbrьna, mit n-Suffix abgeleitet von urslaw. *dъbrъ 'Schlucht', ins Bair. integriert als mhd. *Töbrin, in der Mundart entrundet > Tebrin- mit verdeutlichendem Grundwort -bach. – Lochner von Hüttenbach, Steirische Hydronyme, S. 123.

Techentin-See z. Fließ (z. Krams-See z. Useriner See/Oberhavel) (M.-V., D). – 1257 stagnum ... Techentin (und weitere Belege). – Ausgangsform apolab. *Těchatin m., abgeleitet vom PN. *Těchata m. – Wauer, HG.A.17, S. 175; Bilek, Sprachgut, S. 74.

Tegern- -bach, -see, -seebach; z.B. ON. Tegernbach (Gem. Schlüßlberg, PB Grieskirchen, O.-Ö., A), 825–831 ad Tegerinpah, vor 1097 in Tegrenbach, usw.; SeeN. und ON. Tegernsee (Lkr. Miesbach, Bayern, D), 804 (Kopie 824) Tegarinseo, 994–1005 Tegaranseo, usw. – Das Bestimmungswort ahd. tegaran-/tegarin- ist das in den Namen schwach flektierte Adjektiv ahd. tegar 'groß, dick', awn. digr 'dick', gt. digrei f. 'Fülle'. Es wird auf gm. *digra-, r-Ableitung vom starken Verb gm. *diga- 'kneten', zurückgeführt. Möglicherweise ist das Benennungsmotiv nicht die Größe oder Breite des Gewässers, sondern der Fischreichtum, ↗ Degern-. – Hausner/Schuster, Namenbuch, S. 232; Reitzenstein, Oberbayern, S. 272; Bammesberger, Tegernsee, S. 62f.; Seebold, starke Verben, S. 151.

Teich- (ndd. *Dieck, Diek* m.) *-bach/-bächel, -graben, -klinge, -pfuhl, -see.* Mhd. *tīch*, mndd. *dīk* 'natürlich oder künstlich angelegtes kleineres stehendes Gewässer', z.B. Mühlenteich bei Kiel (S.-H., D), 1317 *cum stagno dicto dik*. – Kettner, *Leine*, S. 308; Fischer, *BNB 10*, S. 284; Kvaran, *HG.A.12*, S. 209.

Teichen, die Kurze ~, Lange ~, Oberlauf d. Liesing (z. Mur z. Drau z. Donau) nördlich von Kalwang (PB Leoben, Steiermark, A). – 1434 *die kurz Teychen, die Lang Teychen*, 1477 *die Teychen*, ca.1495 *die Teichen*. – Ausgangsform FlN. slaw. **Ticha* 'die Ruhige, Stille', Feminin zu Adj. slaw. **tichъ* 'still, leise, ruhig', ins Bair. integriert als **Tīche*, mit schwacher Flexion **Tīchen* f. > *Teichen*. – Lochner von Hüttenbach, *Steirische Hydronyme*, S. 123.

Teichl, die r.z. Steyr (z. Enns z. Donau) bei Hinterstoder (PB Kirchdorf an der Krems, O.-Ö., A). – 1223 (F. 1264) *a fluvio Tyecha*, 1259 *ab ortu fluminis Tycha*, 1476 *an der Teyhel*. – Slaw. **Ticha* 'die Ruhige, Stille, Leise', Feminin des Adjektivs slaw. **tichъ*. Slaw. /i/ wurde diphthongiert zu /ei/; später wurde der Name mit dem bairischen Diminutivsuffix *-el* erweitert. – Hausner/Schuster, *Namenbuch*, S. 233; Hohensinner/Reutner/Wiesinger, *Kirchdorf an der Krems*, S. 1f.

Teigitsch, die r.z. Kainach (z. Mur z. Drau z. Donau) bei Gaisfeld (Gem. Krottendorf-Gaisfeld, PB Voitsberg, Steiermark, A). – 1114 (Fälschung von 1207) *flumen Tvikwiz* (lies: mhd. *Tiukwiz*). – Ausgangsform FlN. slaw. **Tykovica*, abgeleitet von slaw. **tyk-* 'Stange, Balken', ins Bairische integriert als mhd. **Tiukwitz*, diphthongiert > **Teukitz*, entrundet > **Teigitz/Teigitsch*. – Hausner/Schuster, *Namenbuch*, S. 233; Lochner von Hüttenbach, *Steirische Hydronyme*, S. 123.

Teilbach l.z. Tauber (z. Main z. Rhein), mündet südlich von Wertheim (Main-Tauber-Kreis, B.-W., D). – ON. Teilbacher Mühle (Reicholzheim, Stadt Wertheim), 1235 *molendinum in Delebach*, 1285 *in Teilbach*, 1330 *bi Teilbachs mulen*, 1662 *zu Theilbach*. – Kompositum mit dem Grundwort *-bach* und mhd. *teil* 'Abgeteiltes, Parzelle des Gemeindelandes' als Bestimmungswort. – Sperber, *HG.A.7*, S. 174; Ramge, *Flurnamenbuch*, S. 919.

Teilungssee südöstlich von Petershagen (Gem. Petershagen/Eggersdorf, Lkr. Märkisch-Oderland, Brandenburg, D). – 1683 *Die Deling See*, 1696 *Deling See*, 1838 *Theilungs See*. – Gundform mndd. **Dēlingsē*, Kompositum mit dem Grudwort *-see* und FlurN. *Deling/Teilung*, mndd. *dēlinge* f. 'Teilung, Erbteilung, Anteil' ↗ Teilbach als Bestimmungswort. – Fischer, *BNB 10*, S. 284.

Teinach, die l.z. Nagold (z. Enz z. Neckar), entspringt im Nordschwarzwald auf etwa 670m bei Neuweiler (Lkr. Calw, B.-W., D), fließt durch ein tief eingeschnittenes Tal, mündet beim Bahnhof Bad Teinach. – ON. Bad Teinach (Stadt Bad Teinach-Zavelstein, Lkr. Calw), 12. Jh. *Deinaha*, 14. Jh. *Tainach*, 15. Jh. (Kopie) *Deinaha*, 1649 *acidulas Deinachienses*. – Ausgangsform FlN. ahd. *Deinaha*, Kompositum mit dem Grundwort ahd. *aha* 'Fließgewässer' und der ahd. Entsprechung des Adjektivs wgm. **þaina-*, ae. *þān* 'feucht', als Bestimmungswort. Wgm. **þaina-* gehört ablautend zu (gm.) **þein-a-*, ae. *þīnan* 'befeuchten' (< urig. **tinh₁-*, Präsens der Wurzel **teiḣ₁-*). Da im Germanischen die Bedeutung des ig. Verbs auf das Schmelzen von Eis und Schnee eingeschränkt war, ist anzunehmen, dass der FlN. *Deinaha* ursprünglich 'Schmelzwasser' bedeutete. – Schmid, *HG.A.1*, S. 116; Seebold, *starke Verben*, S. 511; Rix, *LIV*, S. 617f.

Teipl, die l.z. Stainz (z. Laßnitz z. Mur z. Drau), mündet nordöstlich von Markt Stainz (PB Deutschlandsberg, Steiermark, A). – 1429 *der pach Tewpel*; ON. Teipl (Markt Lannach, PB Deutschlandsberg), 14. Jh. *Ober, Nyder Deupel*, 1367 *Teupel*, 1387 *Nyder Tewppel*, 1423 *Ober Dewpel*, 1433 *Nider Taupel*. – Ausgangsform slaw. **Dupli-*, sloven. *duplo, dupla, duplina* 'Höhlung, Baumhöhle, Erdkluft'; über **Tūpil* ins Bair. integriert als mhd. **Tiupel* f., diphthongiert > *Teupel*, in der Mundart entrundet > **Teipel/Teipl*. – Lochner von Hüttenbach, *Steirische Hydronyme*, S. 124.

Teisbach r.z. Isar (z. Donau). – ON. Teisbach (Stadt Dingolfing, Lkr. Dingolfing-Landau, Bayern, D), Mitte 8. Jh. (Kopie 18. Jh.) *Tispach*, vor 1180 *Tysbach*, 1182/82 *Tispach*, Ende 12. Jh. *Tisbach*, 1229 *Teyspach*, 1251 *Teysbach*, 1295 *Teispach*, 1797 *Teisbach*, *Teisenbach*. – Grundform mhd. **Tīsbach* < **Tīsnbach* synkopiert < **Tīsenbach*, Kompositum mit dem Grundwort *-bach* und dem Genitiv des PN. ahd. **Tīso (Tīsen-)* als Bestimmungswort, die Genitiv-Endung *-en-* ist in der Kompositionsfuge getilgt worden ↗ Teisnach. – Snyder, *HG.A.3*, S. 106; Reitzenstein, *Oberbayern*, S. 272.

Teisnach, die l.z. Schwarzen Regen (z. Regen z. Donau), mündet bei Markt Teisnach (Lkr. Regen, Bayern, D). – 1577 *Das Wasser die Teißnach*; ON. Teisnach, 1367 *Teiznach*, 1385 *Teisnach*, 1527 *Teyßnach*. – Grundform (mhd.) **Tīsn-ach*, synkopiert < **Tīsenach*, Kompositum mit dem Grundwort *-ach* 'Fließgewässer' und dem Genitiv des PN. ahd. **Tīso (Tīsen-)* als Bestimmungswort, ↗ Aitnach. – N.N., *HG.A.20*; Reitzenstein, *Oberbayern*, S. 272;

Teitz, die r.z. Gasen (z. Feistritz), mündet bei Haslau bei Birkfeld (PB Weiz, Steiermark, A). – 1406 *die Deycz*, ca.1430 *die Dewcz*. – Ausgangsform slaw. **Děvica*, abgeleitet von PN. **Děva* (*děva* 'Jungfrau')? – Lochner von Hüttenbach, *Steirische Hydronyme*, S. 124.

† **Telte, die** (auch *die Bäke*, *das Teltefließ*), z. Griebnitzsee (z. Havel z. Elbe) bei Potsdam (Brandenburg, D), weitgehend im 1900 und 1906 erbauten Teltowkanal aufgegangen. – 1772 *Telte*, 1779 *die Bache oder … Telte*, 1805 *an der Beke oder dem Teltowfließ*, 1854 *Telte Bäke oder das Teltowsche Fließ*; LandschaftsN. der Teltow, Kerngebiet der Mark Brandenburg südlich von Berlin, 1232 *Terra Teltowe*; ON. Teltow (Stadt Lkr. Potsdam-Mittelmark, Brandenburg), 1232, 1265 *Teltowe*. – Deutung unklar. *Telte* ist wahrscheinlich eine Katasterform und ein Geometername (für *Teltower Bäke*). Der LandschaftsN. Teltow wurde auf die Stadt Teltow übertragen. Ein etymologischer Zusammenhang mit dem Gaunamen 955 *Tilithi* im Raum Leine/Oberweser-Schauenburg ist ebenso spekulativ wie ein Zusammenhang mit gm. **telt-* (ablautend **talt-*, **tult-*) 'schwanken, wackeln', ae. *tealt* 'unsicher, schwankend' (< FlN. mndd. **Teltouwe* 'Land am Fluss mit unsicherem Verlauf'?). – Fischer, *BNB 10*, S. 285; Niemeyer, *DONB*, S. 626 f.; Pokorny, *IEW*, S. 193.

Temmensee Schmaler ~, östlich von Temmen (Gem. Temmen-Ringenwalde, Lkr. Uckermark, Brandenburg, D). – 1605 *nach dem Schmalen Temmen*, 1745 *Temmen der schmale*, 1826 *Schmalle Temmen*, ON. Temmen, 1375 *Tempne*, 1384 (Kopie) *tu Temmen*. – Ausgangsform SeeN. apolab. **Temn-* zu **temn-* 'dunkel'. – Fischer, *BNB 10*, S. 285.

Temnitz, die
– ¹Temnitz, r.z. Rhin (z. Havel z. Elbe), entspringt bei Rägelin (Gem. Temnitzquell, Lkr. Ostprignitz-Ruppin, Brandenburg, D) mündet bei Damm (Zootzen, Stadt Friesack, Lkr. Havelland, Brandenburg). – 1232 *super Tymanize fluuium*, 1525 *vf der Temniz*, *demnitz*, 1590 *ein Wasser … die demnitz*, 1772 *Temnitz* (und weitere Belege); ON. Temnitzquell, ON. Temnitztal (Lkr. Ostprignitz-Ruppin). – Wauer, *HG.A.17*, S. 176 f.
– ²Temnitz (Oberlauf *Hellfließ*, Unterlauf *Sandfortsgraben*), l.z. Plane (z. Havel z. Elbe), fließt durch ein Sumpfgebiet (*Moorbach*), mündet westlich von Neustadt Brandenburg (Brandenburg, D). – 1525, 1591 *Temnitz* (und weitere Belege). – Wauer, *HG.A.17*, S. 177.
Ausgangsform apolab. **Tymenice*, abgeleitet von apolab. **tymen-* 'Sumpf, Morast'. – Fischer, *BNB 10*, S. 285.

Temnitzsee bei Milmersdorf (Lkr. Uckermark, Brandenburg, D). – 1573/1618 *Der Temnitz*, 1825 *Temnitz*, 1854 *des Temitz Sees*. – Kompositum mit dem verdeutlichenden Grundwort *-see* und FlN. ↗ Temnitz als Bestimmungswort. – Wauer, *HG.A.17*, S. 177; Fischer, *BNB 10*, S. 285.

Tempusbach l.z. Rhein bei Hirzenach (Stadt Boppard, Rhein-Hunsrück-Kreis, Rh.-Pf., D). – /ˈtɛmbes,bax/, 1630 (Kopie 1723) *die timpts-bach*, 1631 (Kopie 1773) *Tümpesbach*, 1825 *Tembesbach*; FlurN. † Tempesort, 1570 (Kopie 18. Jh.) *vf dem Timpeßortten*, 1576 *oben an Tympesort*, 1584 *am Tempesortt*. – Vermutlich Klammerform (mhd.) **Timpes(ort)bach*, Kompositum mit dem Grundwort *-bach* und dem FlurN. Timpesort, der als Grundwort mhd. *ort* 'Landspitze bei Gewässermündungen' und mhd. *timp* m. 'höchste Spitze, Zipfel, Ecke, Bergvorsprung' enthält, vermutlich ein verdeutlichendes Kompositum. Die Mundartform /ˈtɛmbes,bax/ wurde mit l. *tempus* 'Zeit' eingedeutet. – Greule, *HA.15*, S. 112; Halfer, *Flurnamen*, S. 57.

Tenn-/-en- *-bach* ↗ Tann-.

Tettau, die r.z. Haßlach (z. Rodach z. Main z. Rhein), mündet bei Pressig (Lkr. Kronach, Bayern, D), Kleine Tettau, l.z. Tettau. – 1194 *Taetin*, 1326–1328 *Thetin*, 1355 *an der Teiten*, 1692 *Deta*; ON. Tettau (Lkr. Kronach), Kleintettau (Markt Tettau), 1269 *Theten*, 1381 *Tettaw*, 1488 *Tetaw*, 1502 *Tettaw*, 1653 *Dettau*, 1670 *Tettau*; FlurN. Tettaugrund. – Ausgangsform FlN./ON. slaw. **Tetina*, mit possessivischem *-in-*Suffix abgeleitet von PN. slaw. *Teta*. Vermutlich wurde im 14. Jh. für den Ortsnamen verdeutlichend die Form **Tetenaue*, über **Tetnau* gekürzt > *Tettau*, gebildet und diese auf den Fluss übertragen. – Sperber, *HG.A.7*, S. 174; Reitzenstein, *fränkische Ortsnamen*, S. 219.

Teufels- *-bach/-bächle*, *-beek*, *-berg-Graben*, *-brunnen*, *-dümpfel*, *-graben*, *-grund*, *-krug*, *-lanke*, *-kute*, *-loch-Graben*, *-pfuhl*, *-see/-seechen*, *-seekanal*, *-seifen*, *-siepen*, *-tal-Bach*, *-talswasser*. Die zahlreichen Namen mit Teufel (Genitiv *(des) Teufels-*) als Bestimmungswort bezeichnen Orte, die als unheimlich galten. – Fischer, *BNB 10*, S. 286.

Teufenbach ↗ Tief-.

Teuschnitz, die r.z. Kremnitz (z. Kronach z. Haßlach z. Rodach z. Main z. Rhein), entspringt im Frankenwald nördlich von Teuschnitz (Stadt, Lkr. Kronach, Bayern, D), mündet in Wilhelmstal-Gifting (Lkr. Kronach). – ON. Teuschnitz, 1187 *Tuschice*, 1192 *Thuschiz*, 1269 *Tussitz*, 1279 *Teuschnitz*, 1294

Thueschitz, 1303 *Teuschitz*, 1364 *Teuschnitz*. – Ausgangsform slaw. *Tušica neben **Tuš(i)nica*, abgeleitet von slaw. **tuch-* 'muffig', ins Deutsche integriert als mhd. **Tiusch(n)itz* > *Teuschnitz*. – Sperber, *HG.A.7*, S. 175; Reitzenstein, *fränkische Ortsnamen*, S. 219f.; Eichler, *Nordostbayern*, S. 286.

Teutzensee bei Groß Schönebeck (Gem. Schorfheide, Lkr. Barnim, Brandenburg, D). – 1528/1650 *Der Deutzen*, 1581 *vf allen Seen, Ausgenommen den ... Deutzschen*, 1590 *nach dem Teutzen*, 1788 *Teutzen-See*. – Ausgangsform apolab./asorb. **Tučnin-* zum Adj. **tučn-* 'fett, nahrhaft', Benennungsmotiv war der Fischreichtum des Gewässers, eingedeutscht als (mndd.) *Tützen (mit langem /ü/) > *Teutzen*, ↗ Tütschensee. – Wauer, *HG.A.17*, S. 179; Fischer, *BNB 10*, S. 287.

Thairnbächle l.z. Angelbach (z. Leimbach z. Rhein). – ON. Tairnbach (Gem. Mühlhausen, Rhein-Neckar-Kreis, B.-W., D), 1401 *Deyernbach*, 1496 *Dierbach*, 1531 *Dyerbach* (lies *Deyrbach*). – Grundform (mhd.) **(ze) tiuren bach* > fnhd. *Teuernbach, mundartlich entrundet > *Daiernbach (1401 *Deyernbach*) > **Dair(n)bach* (Thairnbach/Tairnbach). Benennungsmotiv war die Wasserarmut des Baches, vgl. Theuerbach, l.z. Ablach (z. Donau) bei Meßkirch (Lkr. Sigmaringen, B.-W.). – Geiger, *HG.A.2*, S. 139; Keinath, *Württemberg*, S. 34; Snyder, *HG.A.3*, S. 107.

Thajabach r.z. Mur (z. Drau z. Donau), mündet bei Teufenbach (PB Murau, Steiermark, A). – 1109 (Papsturkunde, Kopie 15. Jh.) *iuxta fluvium Theodosiam* (so mehrfach belegt), 1170 *iuxta aquam Theodosiam* (so mehrfach belegt). – Ahd. *Theodosia* < gm. *Theudōsjō 'Volksbach' ↗ Volkach, *s*-Ableitung von gm.*theudō f., ahd. *diot* stN. 'Volk'. – Hausner/Schuster, *Namenbuch*, S. 221.

Thal- ↗ Tal-.

Thalach, die r.z. Schwarzach (z. Altmühl z. Donau), fließt durch Thalmässing (Lkr. Roth, Bayern, D). – 1080 (Kopie 11. Jh.) *in fluvium Dolaha*, 1306 *Dolach*. – Ausgangsform ahd. *Dolaha* (<*Dulaha), Kompositum mit dem Grundwort *aha* 'Fließgewässer' und dem Adj. gm. **dwula-* > **dula-*, ahd. *tol* 'toll' (im Sinne von 'reißend') als Bestimmungswort, ↗ Doller. – N.N., *HG.A.20*; Prinz, *Regensburg*, S. 405; Reitzenstein, *fränkische Ortsnamen*, S. 220.

Thalfanger Bach (im Oberlauf auch *Langemer Bach*), r.z. Kleinen Dhron (z. Mosel z. Rhein), entspringt auf der Gemarkung von Thalfang (Lkr. Bernkastel-Wittlich, Rh.-Pf., D) unweit vom Erbeskopf, der höchsten Erhebung in Rheinland-Pfalz, in ca. 500m Höhe, mündet in Dhronecken (Lkr. Bernkastel-Wittlich). – ON. Thalfang, 633 (Fälschung) *Talevanc*, 928 *villam Talevang*, 1140 *Talvanch*, 1277 *Talwanch*, 1307–54 *Talfanck*, 1740 *Thalfang*. – Ausgangsform FlN. **Talau̯ā* rekonstruiert < ON. *Talavancum (Thalfang), **Talau̯a* kann entweder als Erweiterung des Adjektivs (kelt.?) **talo-* (< **təlo-* < urig. **th₂-ló-*) zum Verb idg. **teh₂-* 'tauen, schmelzen' (mit der Bedeutung 'Schmelzwasser') gestellt werden oder als Feminin zu keltisch **talau̯o-* (< urig. **télh₂-u̯o-*), vgl. ↗ Saar/Saravus (< urig. **sérh₃-u̯o-s*), neben urkelt. **talamon-* 'Erde, Boden' (gall. ON. *Talamone*); im zweiten Fall bezog sich der Name auf die Beschaffenheit des Flussbetts oder auf die den Fluss umgebende Landschaft. – Jungandreas, *Moselland*, S. 1028f.; Rix, *LIV*, S. 616; Matasović, *Proto-Celtic*, S. 366.

Thann- ↗ Tann-.

Thaya, die čech. *Dyje*, r.z. March bei Hohenau an der March (N.-Ö., A). – 1046 (Fälschung 12. Jh.) *in flumine ... Dyga*, um 1125 (zu 1082) *rivulus ... Dia*, 12./13. Jh. (zu 1082) *Dyia*; ON. Thaya (PB Waidhofen an der Thaya, N.-Ö.), 1175 *in Tiahe*; ON. Allentsteig (PB Zwettl, N.-Ö.), 12. Jh. (Kopie 12. Jh.) (*in loco*) *Tigia*, 1150 *Tyegen*, um 1150 *Tig*, 1159 (Insert 1404) *de Tya*, um 1180 *de Tigin*, 1194/1200 (Kopie 17. Jh.) *Aldtsteie*, 1212 (Kopie 14. Jh.) *Alestige*, 1257 *Aloldstey*. – Der Flussname slaw. *Dyja wurde vor ca.750 n. Chr. als *Tīja (*Tīga)/ *Tīa ins Bairische übernommen und später zu *Teie usw. diphthongiert. Beim ON. Allentsteig (= *Adaloltes Tīge) wurde ab Ende 12. Jh. der PN. *Adalolt* (im Genitiv) hinzugefügt. Beim ON. Thaya liegt ein Kompositum mit verdeutlichendem Grundwort ahd. *aha* 'Fließwasser' vor. Slaw. *Dyja ist seinerseits entlehnt aus gm. *Dūhja (< *Dunhjō). Der Flussname entspricht als Femininum genau awn. *dý* (< **dunhja-*) 'Schlamm, Kot, Morast'. – Bergermayer, *Glossar*, S. 74; Hausner/Schuster, *Namenbuch*, S. 25, 231; Pokorny, *IEW*, S. 248.

Theel, die l.z. Prims (z. Saar z. Mosel z. Rhein), entspringt in Theley (Gem. Tholey, Lkr. St.Wendel, Saarland, D), mündet nach kapp 24km bei Körprich (Gem. Nalbach, Lkr. Saarlouis; Saarland), Theelbach, l.z. Theel. – 1550 *biß in die Thöel*, 1791 *die Thel, der Thelbach*; ON. Theley, 1235 *Toila*, 1276 *Theoila*, 1291 (frz.) *Tuelley*, 1292 *Thoille*, 1327 *Thülen*, 1334 (Kopie 15. Jh.) *Toyle*, 1391 *van thoellen*, 1418 (Kop. 15. Jh.) *Tolie*, 1454 *Thelen*, 1569 *Tholen*, 1791 *Thelen oder Theley*; FlN. Theelbach, 1791 *Tholeyer Bächlein*. – Grundform FlN. (mhd.) Nominativ *Töl, Dat. (*ze*) *Töle (auch *Tölen), mit Dehnung und entrundet > *Tēl <Theel>. Der ON. Theley wird spät an den Namen des Nachbarortes Tholey, 634 (Kopie 10. Jh.) *Teulegio, Taulegius, Toleio*, 853 *ad Toleiam* (< rom.

Teguleio) als (1791) *Theley* (bei Tholey), angeglichen. Mhd. *Töl/*Töle über ahd. *Tolia < vorgm./kelt. *Tolī-i̯-ā, vom Verb urkelt. *tol-ī-i̯o- 'schlafen' (air. -*tuilid*, urig. *telH- 'still werden'), vgl. FlN. *Tolīkā > Touques, z. Ärmelkanal (Region Basse-Normandie, F), 1021 *Tolca*. Zum Benennungsmotiv ↗ Still-. – Spang, *HG.A.13*, S. 75; Buchmüller/Haubrichs/Spang, *Namenkontinuität*, S. 99; Niemeyer, *DONB*, S. 631; Matasović, *Proto-Celtic*, S. 382 f.

Theenbeck   l.z. Oder (Odertalsperre) (z. Rhume z. Leine z. Aller z. Weser), mündet bei Bad Lauterberg im Harz (Lkr. Osterode am Harz, Niedersachsen, D). – 1625–27 *im Dembeck, im Thenbeek*, 1689 *im Dene Beck, im Thenbeek*, 1695 *in Dehnbecke, im theenbek*, 1747 *Dehnbeeck*, 1794 *Dehnbeck*. – Kompositum mit dem Grundwort mndd. *beke* 'Bach' und mndd. *dēn/dēne* 'Bodenvertiefung, kleines Tal'. – Kettner, *HG.A.8*, S. 133; Kettner, *Leine*, S. 309.

Theilenbach, die   r.z. Ems-Bach (z. Lahn z. Rhein). – 1695 *die Deulenbach hinauf*, 1731 *zu dem Deulenbächlein*; FlurN. 1540 *uff der Dellenbach* (lies Deilenbach?), 1570 *in der Dulenbach*, um 1650 *Deullenbach*, 1712 *Thaulenbach, Deilenbach*. – Das Bestimmungswort könnte ein einfacher Name (ahd.) *Thūlia > mhd. *Diule > fnhd. *Deule-, entrundet *Deile- gewesen sein. *Thūlia dürfte mit awn. *fimbul-Pul* (ein mythischer Fluss) und dem Inselnamen *Thule* verwandt sein und auf ig. *tuh₂ló- (> *tūlo- > gm. *Pūla-) 'schwellend, stark werdend' beruhen. – Faust, *HG.A.4*, S. 78; Pokorny, *IEW*, S. 1081; Rix, *IEW*, S. 639 f.

Thiele-/-n-/Tielen-   -*au, -bach, -lanke, -see*, z. B. Thielebach r.z. Weser, 1450 *vppe deme Tylebeke*, 1549 *vom Tilbeck*, 1574 *die Tilbeck*, mit FlurN. Thielenbeck, 1715 *Thielebecks-Wald*. Bestimmungswort ist der PN. Thiele (Genitiv Thielen-). – Kramer, *HG.A.10*, S. 67; Fischer, *BNB 10*, S. 288.

Thiemitz   r.z. Wilden Rodach (z. Rodach z. Main z. Rhein), mündet bei Kleinthiemitz (Stadt Wallenfels, Lkr. Kronach, Bayern, D). – 1017 *Timiza*; ON. Thiemietz (Stadt Wallenfels), ON. † Thiemitzhammer, 1692 *Thiemnitzhammer*. – Ausgangsform vielleicht slaw. *Tьmьnica, abgeleitet von slaw. *tьmьnу* 'dunkel', ins Deutsche integriert als *Timnitz > *Timitz. – Sperber, *HG.A.7*, S. 175.

Thier-   ↗ Tier-.

Tholmannsee   südwestlich von Lindow/Mark (Lkr. Ostprignitz-Ruppin, Brandenburg, D). – 1525 (Kopie) *Tuckmantell*, 1590 *Die See Tuckmantell*, 1654 *Ein See der Tückmantel*, 1797 *der Tuck Mantel*, 1799 *der Toolmann oder Toulmann*, 1825 *Tholmann See*. – Vermutlich ein Imperativname *Tuck/Tück (den) Mantel*. Die Benennung bezog sich wahrscheinlich auf Stellen, die so mit Dornengestrüpp bewachsen waren, dass man beim Durchqueren den Mantel raffen (mndd. *tucken* 'rasch ziehen', *tücken* 'ziehen, schnell ergreifen') musste. – Wauer, *HG.A.17*, S. 179; Fischer, *BNB 10*, S. 320.

Thonbächlein   r.z. Schinderbach (z. Isen z. Inn z. Donau). – ON. Thonbach (Markt Isen, Lkr. Erding, Bayern, D), 994–1005 *in loco Tanpach*, ca.1154/55–57 *de Tambach*, 1857 *Thonbach*. – Kompositum mit dem Grundwort -*bach* und ↗ Tan- als Bestimmungswort, in der heutigen Namensform wird die mundartliche Hebung des Haupttonvokals /a/ > /o/ geschrieben. – Dotter/Dotter, *HG.A.14*, S. 407.

Threne, die   l.z. Parthe (z. Pleiße z. Weiße Elster z. Thüringische Saale z. Elbe). – 1447 *Trennaw*, 1514 *die Trene*, (um 1535) *Trene*, 1549 *die Threne*; ON. Threna (Gem. Belgershain, Lkr. Leipzig, Sachsen, D), /drɛnə/ (/ę/ lang), 1205, 1285 *de Drenowe*, 1287 *Trenowe*, 1413 *Trenaw*, 1824 *Threna, Thräna*. – Ausgangsform ON. asorb. *Drenov- oder FlN. asorb. *Drenova, abgeleitet von asorb. *dren- 'Hartriegel, Kornelkirche', mit der Bedeutung 'Ort, wo es Kornelkirschen gibt'. – Ulbricht, *Saale*, S. 241 f.; Eichler/Walther, *HONBSachsen II*, S. 505.

Thronbach   l.z. Selbitz (z. Thüringische Saale z. Elbe) bei Uschertsgrün (Stadt Schauenstein, Lkr. Hof, Bayern, D). – 1386 *Tran*, 1533 *die Tran*, 1692 *Dranbächlein*. – Grundform (mhd.) *Trän(e), gekürzt aus mhd. *wazzers träne* 'Wassertropfen', benannt wohl nach der spärlichen Wasserführung. – Ulbricht, *Saale*, S. 47.

Thue, die   poln. *Tywa*, r.z. Oder östlich von Gryfino/Greifenhagen (Westpommern, PL). – 1212 *Tywa* (und weitere Belege); ON. Tywina (Tywica). – Ausgangsform *Tūu̯ā < urig. *tuh₂-u̯eh₂ f., mit Suffix *-u̯o- abgeleitet von der Schwundstufe des Verbstamms urig. *teuh₂- 'schwellen', ↗ Tiege. Die deutsche Form des Namens entsteht über (mhd.) *Tūwe mit Schwund des /-w-/ nach Langvokal > *Tūe <Thue>. – Udolph, *Pomesanien*, S. 431 f.; Rix, *LIV*, S. 639 f.

Thüngbach   l.z. Reichen Ebrach (z. Regnitz z. Rhein z. Main). – ON. Thüngbach, ON. Thüngfeld (Stadt Schlüsselfeld, Lkr. Bamberg, Bayern, D), 1421 *Tunpach*. – Grundform vielleicht (mhd.) *Tüngebach*, Kompositum mit dem Grundwort -*bach* und mhd. *tünge < *tungi- (neben mhd. *tunge*) 'Dünger', vergleichbar vielleicht ON. Thüngen (Lkr. Main-Spessart, Bayern), 788 (Kopie 9. Jh.) *Tungidi*. – Sperber, *HG.A.7*, S. 175; Reitzenstein, *fränkische Ortsnamen*, S. 221.

Thuisbrunn-Bach l.z. Tru-Bach (z. Wiesent z. Regnitz z. Main z. Rhein). – ON. Thuisbrunn (Gem. Gräfenberg, Lkr. Forchheim, Bayern, D), /di:s'brun, dis'brun/, 1007 *Tuosibrunne* 1300 *Tusbrunn*, 1403 *Tüsprunne*, 1504 *Diesprun*, 1532 *Düsbrun*. – Übertragung des Ortsnamens ahd. **Tuosinbrunno* '(Siedlung) des *Tuoso (bei einer) Quelle' > mhd. **Tüesenbrunne* > **Tüesbrunne*, monophthongiert > /ty:sbrun, dy:sbrun/, mundartlich entrundet > /di:s'brun/. – Sperber, *HG.A.7*, S. 176; Belege und Mundartform nach freundlicher Mitteilung (4. 9. 2012) von Dieter George (Forchheim).

Thulba, die (im Mittellauf auch *Öhrbach*), r.z. Fränkischen Saale (z. Main z. Rhein), entspringt in der Rhön nördlich von Geroda (Lkr. Bad Kissingen, Bayern, D), fließt durch das tief eingegrabene Oehrbachtal, mündet westlich von Hammelburg (Lkr. Bad Kissingen). – 780–802 (Kopie 12.Jh.) *iuxta Tulbam*, 837, 1059 *Dulba*, 1395 *an der Tulbe*; ON. Oberthulba (Markt, Lkr. Bad Kissingen), 1234 *Obertulbe*, 1277 *Oberntulbe*, 1575 *Oberdulba*, 1657 *Oberthulb*, 1700 *Oberdull*; ON. Thulba (Markt Oberthulba), 776–796 (Kopie 12. Jh.) *Tulba*, 819 (Kopie 9. Jh., Druck 1607) *Tulba*. – Grundform ahd. *Tulba* (< gm. **dulbō* f., fr. *dulve* 'Wassergraben') ist ein deverbales Nomen, von der Schwundstufe des Verbs gm. **delb-a-* 'graben', ahd. *-telpan*, *-tulpun*, *-tolpan* ⁊ Delvenau ⁊ Dölbe abgeleitet. Die Endung *-a* ist sekundär angefügt. Mit der Bedeutung 'Graben' bezieht sich der Flussname auf zwei tief eingegrabene Strecken im Flussverlauf der Thulba. – Sperber, *HG.A.7*, S. 176; Reitzenstein, *fränkische Ortsnamen*, S. 171; Gildemacher, *Waternamen*, S. 177; Seebold, *starke Verben*, S. 153.

Thumbach r.z. Creußen (z. Haidennaab z. Naab z. Donau). – ON. Markt Kirchenthumbach (Lkr. Neustadt a.d. Waldnaab, Bayern, D), ca.1144 *Tumbach*, 1181 *in Dumbac, in superiori Dumbac*, ca.1285 *Chirchen Tumpach*, 1348 *Kirchtumpach*, 1363 *Kirchentumpach*; ON. Stegenthumbach (Stadt Eschenbach i.d.Oberpfalz, Lkr. Neustadt a.d. Waldnaab) 'Brücke über den Thumbach', 1423 (Kopie 15. Jh.) *Stegentumpach*. – Grundform mhd. **Tumb(b)ach*, Kompositum mit dem Grumdwort *-bach* und mhd. *tumb* in der ursprünglichen Bedeutung 'stumm', Benennung nach dem Gehörseindruck, ⁊ Dumme. – N.N., *HG.A.20*; Reitzenstein, *Oberbayern*, S. 137.

Thumersbach z. Zellersee (z. Zeller Seebach z. Salzach z. Inn z. Donau). – ON. Thumersbach (Stadt Zell am See, Salzburg, A), 1141 *ad Tômheresbah*, vor 1144 *Tŭmheresbach*, 1177–1216 (Kopie um 1250) *Tv̂mersbach*, 1299 *Domerspach*, ca.1350 *Tumerspach*, 1480 *zu Thumersbach*. – Grundform (mhd.) **Tuomheresbach*, Kompositum mit dem Grundwort *-bach* und dem Genitiv des PN. ahd. *Tuomheri*. – Straberger, *HG.A.* 9, S. 121; Hausner/Schuster, *Namenbuch*, S. 292.

Thumeritzbach r.z. Thaya (z. March) im Waldviertel (N.-Ö., A). – 1242 *apud aquam Tumbraz*; ON. Ober-, Unterthumeritz (Gem. Japons, Gerichtsbez. Horn, N.-Ö.), 1260/80 *Tum(e)ratz*, 1291 *Dumpratz*, 1339 *Tumbracz*, 1368 *Nydern Tumracz*, 1379 *Dumbritze*, 1459 *Nider Dumrads*, 1496 *Ober, Nider Tumeritz*. – Slaw. FlN./ON. **Domarazъ*, Ableitung mit possessivischem *j*-Suffix vom slaw. PN. **Domaradъ*. – Bergermayer, *Glossar*, S. 65 f.

Thumsee über das Seemösl z. Seerosensee (z. Hosewasch z. Saalach z. Salzach z. Inn z. Donau), westlich von Bad Reichenhall (Lkr. Berchtesgadener Land, Bayern, D). – Ca.1563 *Dumbsee*, 1570 *Tumsee*; ON. Thumsee (Stadt Bad Reichenhall). – Grundform (mhd.) **Tumbsē*? Kompositum mit dem Bestimmungswort mhd. *tumb* ⁊ Thumbach, das sich vielleicht auf das Seemösl bezog. – Straberger, *HG.A.9*, S. 122.

Thur, die

– ¹Thur, l.z. Rhein, entsteht durch die Vereinigung der Säntisthur und der Wildhauser Thur bei Unterwasser (Kanton Sankt Gallen, CH), fließt durch das Toggenburg und den Thurgau, mündet unterhalb Schaffhausen bei Flaach (Bez. Andelfingen, Kanton Zürich). – /tür/, 886 *Dura*, 12.Jh. *Tura*, 1200 *prope Duram*, 1210 *iuxta fluuium ... turia*, 1262 *ex altera parte fluvii Ture*, 1282 *Thure*, 1306 *ultra Thuram*, 1309 *ennet Thur*, 1353 *ennent der Thûr*, 1361 *in der Tur*, und zahlreiche weitere Belege in der Form *Tur/Thur*; GauN. Thurgau (Kanton der Schweiz) 724 *in pago Durgaugense*, 745 *in pago Durgauginse, in sito Durgaunense*, 779 *in sito Durgogensi*, 791, 792 *Durgauia*, 827 *Durgauge*, 1027 *Turgöwe*, 1040 *tûrgeuue*, 1094 *Turgowa* und zahlreiche weitere Belege; BewohnerN. (die Alemannen des Thurgaus): zum Jahr 610 *Turenses* (Fredegar, Chronik IV 37); ON. Alt St. Johann (Kanton Sankt Gallen), 1178 *monasterium sancti Johannis B. de Turtal*; FlurN. Thurau(en) bei Will/Rickenbach, 1335 *in der owe bi der Tur*. – Grundform FlN. ahd. *Dura, Tura*, mhd. *Tur*, mit Dehnung des /u/ vor /r/ > /tu:r/. – Nyffenegger/Bandle, *Siedlungsnamen*, S. 1260–1262.

– ²Thur, l.z. Ill (z. Rhein), entspringt in den Vogesen bei Wildenstein (Dep. Haut-Rhin, Elsass, F), fließt durch das Thurtal (Vallée de la Thur), mündet bei Ensisheim (Dep. Haut-Rhin, Elsass); Alte Thur (auch *Thurbach*), Abzweigung der Thur, z. Lauch (z. Ill); † Thurgießen bei Colmar (Dep. Haut-Rhin, Elsass). – /dy:r/, 1250 *dis sit der tur*, 1361 *dem wasser ...*

die *Tůr*, 1394 *auf der tur*, Anfang 15. Jh. *über der Thur*, 1492 *die Twr*, 1450 *Thür*, 1506 *disit der thur*, 1521 (Kopie 18. Jh.) *die Dür, an der Thur*, 1580 *auf der Thauer*, 1663 *an der Thur*; Alte Thur/Thurbach: 1318 *bi der Tvr*, 1334 *dishalp der ture, an der tur, bi der tur*, 1562 *vff die klein thur*; † Thurgießen: 1471 *am Turgieszelin, so von der Ture wider Colmar zu louffet, die Turgiesze*, 1481 *der Turgiesse*; ON. † Thurwangen, jetzt Saint-Amarin (Arrondissement Than, Dep. Haut-Rhin), 7. Jh. *locum … Doroangus* (ahd. **Durwang* 'Abhang an der Thur'); FlurN. Thurfeld, 13. Jh. *in obern turvelde*; FlurN. Thurwald. – Grundform FlN. (ahd.) **Dur-*, mhd. *Tur*, mit Dehnung des /u/ vor /r/ und mundartlicher Palatalisierung /dy:r/. † Thurgießen enthält als Grundwort mhd. *gieze* swM. 'Flussarm' (⁊ Gießen-). – Greule, *Oberrhein*, S. 91–93. Beiden Namen liegt kelt. (gall.) **durā, *duriā* 'Flusslauf' zugrunde, ursprünglich das Femininum des Verbaladjektivs (ig.) **dʰu-ró-* zu ig. **dʰeu̯-* 'laufen, eilen', ⁊ Durach ⁊ Durbach ⁊ † Duria ⁊ † Türnitz. – Schmid, *Duria*; Grzęga, *Romania*, S. 168; Rix, *LIV*, S. 147 f.

Thymensee z. Thymenbach (Hegensteiner Fließ, Hegensteinbach z. Schwedtsee/Oberhavel) im Stadtgebiet von Fürstenberg/Havel (Brandenburg, D), Zufluss von Norden **Thymenfließ**. – 1299 (Kopie) *stagnum Thymen*, 1483 *denn Tymenn*, 1574 *Thimen*, 1825 *Thymen See*; ON. Altthymen (Stadt Fürstenberg/Havel), 1299 (Kopie) *Magnam Thymen*, 1300 (Kopie) *Magnam Thymen*, 1342 *magne thymen*, 1430 *tho oldenn Thimenn*, 1459 *Tymen maior*, 1528 *alte Tymen*. – Ausgangsform apolab. **Tymę* zu **tymę*, Genitiv **tymene* 'Sumpf, Morast' ⁊ Temnitz ⁊ Temnitzsee, ins Deutsche integriert als **Timen*. – Wauer, *HG.A.17*, S. 179 f.; Fischer, *BNB 10*, S. 287.

Thyra, die l.z. Helme (z. Unstrut z. Thüringische Saale z. Elbe), entspringt im Harz bei Stolberg, mündet unterhalb Berga (Verbandsgem. Goldene Aue, Lkr. Mansfeld-Südharz, S.-A., D). – 1357 *Tyra, Thira*; ON. Thürungen (Stadt Kelbra, Verbandsgem. Goldene Aue), um 1050 *Dierungun*, um 1208 *Dieringen*, 1289 *Tyrungen*; ON. Uftrungen (Gem. Südharz, Lkr. Mansfeld-Südharz), 1275 *Uftierungen* ('Ober Thürungen'). – Der Flussname kann Rückbildung aus dem ON. (um 1050) *Dierungun* sein. Dieser kann von dem Appellativ ahd. *tior*, as. *dior* (< gm. **deuza-*) 'wildes Tier' oder von dem PN. **Dior* abgeleitet sein. Eine weitere Möglichkeit der Deutung besteht in der Annahme, dass der Flussname primär ist (**Dior-aha* 'Fluss, in dessen Bereich wilde Tiere leben') und von ihm als Klammerform (**Dior[aha]ungun*) der Insassenname 'bei den Leuten, die an der **Dioraha* wohnen' gebildet ist. Die zweite Erklärung hat als Stütze den schw. FlN. *Djur-å(n)*, ⁊ Thier-/Tier-. Die heutige Standardform *Thürungen* ist eine in Analogie zum Landesnamen Thüringen gebildete Hyperkorrektur für die aus *Dieringen* korrekt entstandene Sprechform /di:ringen/. – Ulbricht, *Saale*, S. 245; Walther, *Siedlungsgeschichte*, S. 234, 252; Kaufmann, *Ergänzungsband*, S. 94; Wahlberg, *SOL*, S. 60.

Tief-/-e-/-en-/-er- (auch *Teufen-/Toifen-*), **Diefen-, Diep-/-en-** -au, -bach, -beek, -bruch, -graben, -see, -weiher, -tal, -talbach, häufiges Bestimmungswort in Namen-Komposita und erster Bestandteil von Wortgruppen-Namen. Ahd. *tiof* 'tief', mhd. *tief*, as. *diop*, mndd. *dēp*, ndl. *diep*, gm. **deupa-*. Im alemannischen und bairischen Dialekt entwickelte sich (im Unterschied zum fränkischen Althochdeutsch) aus gm. **deupa-* regulär (ahd.) **tiuf*, mhd. *tiuf* über /ty:f/ diphthongiert > *teuf-* (in Tirol westlich *tuif*, östlich *toif*), z.B. *Teufenbach*, ON. (PB Murau, Steiermark, A), 982 (Kopie) *Tiufinpach*, um 1200 (Kopie 14. Jh.) *Teufenpach*. Beispiel: † Diepenbeck, l.z. Ruhr (z. Rhein), 799 *inter duos riuulos … unus uocatur diapanbeci*. – Hausner/Schuster, *Namenbuch*, S. 239; Kühebacher, *Ortsnamen 2*, S. 328 f.; Schmidt, *HG.A.6*, S. 14; Fischer, *BNB 10*, S. 287.

Tiefernitz, die

– ¹Tiefernitz, r.z. Raab bei Kirchberg an der Raab (PB Feldbach, Steiermark, A).

– ²Tiefernitz, r.z. Ferbesbach nördlich von Breitenhilm (Gem. Vasoldsberg, PB Graz-Umgebung, Steiermark, A). – 1329 *Duᵉrren Voᵉrntz*, 1406 *Dŭrren Fŏrnicz*, 1416 *Fornycz*. – Deutung ⁊ Fernitz mit agglutiniertem Artikel **die Fernitz > Tiefernitz?* – Lochner von Hüttenbach, *Steirische Hydronyme*, S. 124.

Tiege, die poln. *Tuga, Tuja*, entwässert den großen Marienburger Werder (Frisches Haff) im Südwesten (PL). – 1247 *Tvia, Tuia*, 1248 *Tuia*, 1570 *Tygą*. – Die Ausgangsform (vorslaw.) **Tūjā* f. ist von dem Verbstamm **tūj-* (vgl. russ.-kslav., aruss. Verb *tyju* 'werde fett') < urig. **tuh₂-i̯e-* 'schwellen, stark werden' abgeleitet und hat ungefähr die Bedeutung 'Schwell-Wasser'. Die deutsche Form entstand mit Umlaut aus (mhd.) **Tiuje*, entrundet > **Tieje > Tiege*. – Udolph, *Pomesanien*, S. 431 f.; Rix, *LIV*, S. 639 f.

Tielen- ⁊ Thiele-.

Tier-/Thier-/Dier- -bach, -garten-Bach, -gartengraben, -pfuhl. Bestimmungswort ahd. *tior*, *dior* 'wildes Tier, speziell Reh- und Damwild', z.B. Dierbach (auch Mühlbach), r.z. Otterbach (z. Michelsbach z. Altrhein), 15. Jh. *uff die Dierbach*, 1422 *bis in die Dyerbach*, 1658 *in der Thierbach*, ON. Dierbach (Lkr. Südliche Weinstraße, Rh.-Pf., D), 1084 *Dierbach*. – Greule, *HG.A.15*, S. 21 f.; Dolch/Greule, *Pfalz*, S. 103; Fischer, *BNB 10*, S. 288.

Tietzen See bei Boitzenburg (Gem. Boitzenburger Land, Lkr. Uckermark, Brandenburg, D). – 1285 *stagnum Tytzen*, 1375 *stagnum Tytzen*. – Ausgangsform apolab. **Tis'n-* 'See, an dem Eiben wachsen', abgeleitet von apolab. **tis* 'Eibe'. – Fischer, *BNB 10*, S. 288.

Tietzensee Großer ~, Kleiner ~, verbunden mit dem Zechow-See (z. Döllnitz z. Rhin z. Havel z. Elbe) östlich von Rheinsberg (Lkr. Ostprignitz-Ruppin, Brandenburg, D). – 1575 *Grossen Teuzen*, 1707 *an dem großen Tützen*, 1721 *Großen Tietzen, Kleinen Tietzen*; ON. † *Tützen*, 1533 *Tütz*, 1556 *zu Thutzen*. – Ausgangsform apolab./asorb. **Tučnin-* zum Adj. **tučn-* 'fett, nahrhaft', Benennungsmotiv war der Fischreichtum des Gewässers, eingedeutscht als (mndd.) **Tützen* (/ü/ lang) > *Teutzen*, entrundet > *Tietzen*, ↗ Teutzensee. – Wauer, *HG.A.17*, S. 180 f.; Fischer, *BNB 10*, S. 287.

Tietzowsee Teil d. Rheinsberger Seenplatte nördlich von Zechlinerhütte (Stadt Rheinsberg, Lkr. Ostprignitz-Ruppin, Brandenburg, D). – 1525 (Kopie) *Titzow*, 1745 *Titzower See*, 1767/77 *Der See Tietzow*, 1825 *Der Titzow See*. – Grundform apolab. **Tisov-* 'See, an dem Eiben wachsen', abgeleitet von apolab. **tis* 'Eibe'. – Wauer, *HG.A.17*, S. 181; Fischer, *BNB 10*, S. 288.

Tilbecker Bach r.z. Hamer-Bach (z. Helmer Bach z. Stever z. Lippe z. Rhein). – ON. Tilbeck (Gem. Havixbeck, Kreis Coesfeld, NRW, D), 9./10. Jh., 10. Jh. *In Tilbeke*, 10./11. Jh., 1243, 1274 *Tilbeke* (und weitere Belege). – Kompositum mit dem Grundwort as. *beke* 'Bach' und vermutlich mit dem Adj. **tila-* (afr., ae. *til*, awn. *tilr*) 'tauglich, gut, passend' als Bestimmungswort. – Schmidt, *HG.A.6*, S. 76.

Tillbach l.z. Rhein, bei Brey (Lkr. Mayen-Koblenz, Rh.-Pf., D). – 1356 *an den thillebach*, FlurN. † *Till*, 1824 *auf Till*; BergN. Tillkopf, 1824 *auf dem Tillkopf*. – Grundform **Tilenbach*, Kompositum mit dem Grundwort *-bach* und dem Genitiv des PN. **Tile* (**Tilen-*), Kurzform von PN. *Tilman*, als Bestimmungswort, ↗ Tillbeck. – Greule, *HG.A.15*, S. 113; Halfer, *Flurnamen*, S. 57.

Tillbeck im Oberlauf Tillsiek, r.z. Meine (z. Gande z. Leine z. Aller z. Weser), mündet nordwestlich von Ackenhausen (Bad Gandersheim, Lkr. Northeim, Niedersachsen, D). – 1580 *Tillebeck*, 1663 *bei dem Tilbecke*, 1706 *dörch den Tillbeck, bey dem Tillbecke, im Tillenbecke*, um 1750 *Till Beck*; 1706 *hinter den Tillsieke, hinterm Thillsieke, bey den Tillsieke*; FlurN. im Till, Tillbecksanger. – Komposita mit dem Grundwort mndd. *beke* 'Bach' bzw. ↗ siek und Genitiv des PN. **Tille* (**Tillen-*) als Bestimmungswort, ↗ Tillbach. – Kettner, *HG.A.8*, S. 134; Kettner, *Leine*, S. 310 f.

Tilmke, der l.z. Sundergraben (z. Ümmelbach z. Espolde z. Leine z. Aller z. Weser), südöstlich von Thüdinghausen (Stadt Moringen, Lkr. Northeim, Niedersachsen, D). – 1622 *am Tilmeke*, Anfang 18. Jh. *beym Tielke*; FlurN. Tilmkesbreite, 1784 *Telmker Breite*, 1855/56 *die Tilmkesbreite*; FlurN. Tilmkesfeld, um 1750 *im Tilmkes Felde*. – Grundform **Tilenbeke* > **Tilmbeke* > *Tilmeke* > *Tilmke*, Kompositum mit dem Grundwort mndd. *beke* 'Bach' und mit vermutlich dem Genitiv des PN. **Tile* (**Tilen-*) als Bestimmungswort, ↗ Tillbach ↗ Tillbeck. – Kettner, *HG.A.8*, S. 134; Kettner, *Leine*, S. 311 (Bestimmungswort spätmndd. *tel, til* 'Ende, Grenze, Ziel'?).

† Timbach l.z. Haune (z. Fulda z. Weser) bei Burghaun (Lkr. Fulda, Hessen, D). – 801 *a Tunibach sursum vel sursum Tunibach*; FlurN. Timbach. – Kompositum mit dem Grundwort *-bach* und ahd. *tuni* 'Dröhnen, Getöse' ↗ Dhünn (< **Duni*) als Bestimmungswort. – Sperber, *HG.A.5*, S. 106.

Timlingbach (auch *Tafelpflasterbach*), l.z. Donau nordöstlich Loja (Gem. Persenbeug-Gottsdorf, PB Melk, N.-Ö., A). – 1192–1194 (Kopie 14. Jh.) *ab amne Tumenich*. – Der eine Beleg erlaubt nur Vermutungen zur Deutung des Namens. Möglicherweise < slaw. **Dumbьnika* über ein Adjektiv **dumbьnъ* 'aus Eiche' zu slaw. **dumbu* 'Eiche'. **Dumbьnika* könnte als **Tum(b)inicha* ins Bairische übernommen worden sein. Nach Ersetzung des Suffixes *-ich(a)* durch *-ing*: **Tumining* > **Tümeling* > *Timling-*. – Hausner/Schuster, *Namenbuch*, S. 247; Bergermayer, *Glossar*, S. 72.

Tinnebach it. *Tina*, r.z. Eisack (z. Etsch), mündet nördlich von Klausen (Prov. Bozen/Südtirol, I.), die Wassermassen des Tinnebachs stellen für Klausen eine ernsthafte Bedrohung dar. – /tinepåch/, 1027 (Kopie 1280) *in Tinna fluvio*, 1277 *fluvius Tynne*, 1296 *iuxta aquam Tynnam*, 1483 *an der Tynnen*, 1551 *Thynnenpach*, 1545, 1554 *Thinen*, um 1770 *Thinner Bach*; FlurN. *auf der Tine*. – Die Etymologie ist unklar. Ausgangsform vielleicht (kelt.) **Tinịā*, abgeleitet vom Verbstamm kelt. **tini-* 'schmelzen' (air. *tinaid* 'schmilzt, verschwindet' (< urig. **tinh₁-*, Nasalpräsens von **teih₁-* 'heiß werden'). Der Name bezog sich vielleicht auf die Zerstörungskraft des Wassers bei der Schneeschmelze. – Kühebacher, *Ortsnamen 2*, S. 331; Hausner/Schuster, *Namenbuch*, S. 248; Matasović, *Proto-Celtic*, S. 379; Rix, *LIV*, S. 617 f.

Tinsbach (auch *Schinderbach*) l.z. Bina (z. Rott z. Inn z. Donau). – Ca.1563 *ad ortum Disspach rivi*; ON. Obertinsbach, Untertinsbach (Gem. Schalkham, Lkr. Landshut, Bayern, D), 1011/12 *Tuntunispah*, ca.1148/49 *Tunsbach*, 15. Jh. *Tunspach*. – Grundform ahd. *Tuntīnesbach* > mhd. *Tüntensbach*, gekürzt > *Tünsbach* in der Mundart entrundet > *Tinsbach*, Kompositum mit dem Grundwort *-bach* und dem Genitiv des PN. *Tuntīn* (< *Dundīn*) als Bestimmungswort. – Dotter/Dotter, *HG.A.14*, S. 409.

Tirschnitz-Bach   r.z. Tirschenreuther Waldnaab (z. Naab z. Donau). – ON. Tirschnitz (Markt Wiesau, Lkr. Tirschenreuth, Bayern, D), 1348 *Türsnitz*. – Ausgangsform slaw. ON./FlN. *Tъrsьnica*, abgeleitet mit der Suffixkombination *-n-ica-* von slaw. *tъrsъ*, čech. *trs* 'Busch, Bündel, Staude, Stock', ins Bair. integriert als mhd. *Türsnitz* > fnhd. *Türschnitz*, mundartlich entrundet > *Tirschnitz*. – N.N., *HG.A.20*; Eichler/Greule/Janka/Schuh, *Bayreuth*, S. 97.

Tissenbach   r.z. Alm (z. ¹Traun). – Um 1160 (Kopie 1302) *inter duo flumina, superiori et inferiori Dizenpach positum*; ON. Tissenbach (Siedlung von Scharnstein, Gem. Gmunden, O.-Ö., A), /'diᵃßembō/ (ō offen), 1449 *Diessnpach*, 1467 *Tiessenpach*, 1492 *Diessenpach*. – Mhd. *Diezent-bach* 'rauschender Bach'; das Bestimmungswort ist das Partizip Präsens des Verbs mhd. *diezen* 'laut schallen, rauschen'. – Hausner/Schuster, *Namenbuch*, S. 250; Reutner/Wiesinger, *Gmunden*, S. 120.

Titisee   z. Gutach/Wutach (z. Rhein) im Südschwarzwald (B.-W., D). – 1111, 1120, 1152–1186, 1179 *Titunse*, ca.1150 (Kopie ca.1550) *Titinsee*, 1316 *Tittense*, 1326 *Tittensê*, 1365 *Titisę*; ON. Titisee-Neustadt (Lkr. Breisgau-Hochschwarzwald, B.-W.) am Nordufer des Titisees, 1275 *Nova Civitas*, 1296 *Núwenstatt* < mhd. *(ze der) niuwen stete*, im Nom. *niuwe stat*. – Die ältesten Belege deuten auf ahd. *Titūn-sēo*, abgeschwächt (mhd.) *Titensē*, 'See, an dem eine *Tita wohnt oder Besitz hat'; *Tita* ist die weibliche Form des PN. *Tito* m. – Geiger, *HG.A.2*, S. 128f.

Titschenbach   it. Tigia, l.z. Etsch, durchfließt das Kaltental, bildet beim Eintritt ins Etschtal einen Wasserfall (Prov. Bozen/Südtirol, I.). – /titschpååch/, 1342 *Tütschenpach*, 1342 *Titschental*, um 1845 *Titschbach*. – Kompositum mit dem Grundwort *-bach* und vermutlich mhd. *tiutsch* 'deutsch', gekürzt > *tütschen-* als Bestimmungswort. – Kühebacher, *Ortsnamen 2*, S. 332.

Tobelbach   im alemannischen Sprachgebiet, besonders am Bodensee häufiger Gewässername, ↗Dobel. – Schmid, *HG.A.1*, S. 118; Geiger, *HG.A.2*, S. 140; Snyder, *HG.A.3*, S. 108.

Toberbach   z. Griesbach bei Passail (PB Weiz, Steiermark, A). – 1240 *in der Dobre*, 1322 *in der Tober*. – Ausgangsform slaw. *Dobra* 'die Gute', ↗Daber. – Lochner von Hüttenbach, *Steirische Hydronyme*, S. 125.

Tobersbach   l.z. Salzach (z. Inn z. Donau). – 1338 *inn der Toberspach*, 1862 *Tobers B.*; ON. Tobersbach (Gem. Uttendorf, PB Zell am See, Salzburg, A), 1353 *von Toberspach*, 1363 *Toberspach*. – Vielleicht zu deuten wie ↗Dobersbach. – Straberger, *HG.A.9*, S. 122.

Tobrabach   als Tobrakanal r.z. Starzenbach bei Baumgartenberg (PB Perg, O.-Ö., A). – /'dōwərə/, 1114 (Kopie 1370) *Tabaraha*; ON. Tobra (PB Perg), 1273 (Kopie 1840) *in Tabra*. – Slaw. *Dobra* (*rěka* 'Fluss') 'die Gute' ist Feminin des Adjektivs slaw. *dobrъ* 'gut'. Ist der Name slawisch, dann wurde er spätestens um die Mitte des 8. Jh. mit ahd. Lautverschiebung /d-/ > /t-/ und mit ahd. /a/, das im 9. Jh. zu /o/ gehoben wurde, übernommen. Zur Verdeutlichung wurde ahd. *aha* 'Ache, Fluss' angefügt. Wahrscheinlicher ist aber die Herleitung des Namens aus gm.*Dabrō*, *r*-Ableitung von der gm. Wurzel *dab-* ↗Taffa, altschw. *dæver* 'feucht', mit ungebrochener Tradition des Namens im Bairischen. – Hausner/Schuster, *Namenbuch*, S. 253; Hohensinner/Wiesinger, *Perg und Freistadt*, S. 55f.

Tod-/Todt-/Tot-/-e-/-en-/-er   *-arm*, *-bach*/*-bächle*, *-bocks-Graben*, *-born*, *-graben*, *-kuhle*, *-lache*, *-meergraben*, *-pfuhl*, *-See*, *-Strang*, *-Strom*, *-talswasser*. Das Bestimmungswort *tot* 'nicht mehr lebend' bezieht sich auf Gewässer, die zugewachsen sind, nicht mehr genutzt werden oder versiegen. – Fischer, *BNB 10*, S. 290.

Töllebach   l.z. Grane (z. Innerste z. Leine z. Aller z. Weser) bei Wolfshagen im Harz (Stadt Langelsheim, Lkr. Goslar, Niedersachsen, D). – (1355) (Kopie 16. Jh.) *uppe de Tollen*, 1394 *Tolbeke*, 1500 *de Tollen*, 1578 *in der ... Tolle* (und weitere Belege), 1822 *die Tölle*. – Grundform vielleicht mndd. *Töllen* f. < *Toljena* < *Tolgina*, as. *Tulgina*, Ableitung mit n-Suffix von gm. *tulg-* (< vorgm. *dl̥ghó-* 'lang'), gt. *tulgus* 'fest, standhaft', as. *tulgo* 'sehr'; benannt danach, dass der aus dem Harz kommende Bach beständig Wasser führt. – Kettner, *HG.A.8*, S. 134f.; Kettner, *Leine*, S. 311f.; Pokorny, *IEW*, S. 197.

Töllgraben   (auch *Töllgrabenbach*, *Töllbach*), l.z. Etsch bei Algund (Prov.Bozen/Südtirol, I.). – /tel, tel̯pắch/, 1188 (Transsumpt 1218) *a flumine Telli*, 1297 *der Tellpach*, 1308 *Tellbach*, 16. Jh. *Tehlpach*, *Töllpach*; ON. (die) Töll (Gem. Partschins, Prov. Bozen/Südtirol), römische Zollstation und Zollstation der Tiroler Grafen, 1158 (Kopie um 1200) *subtus Telli*, 1160 *subtus Tellis*, 1164 (Kopie 14. Jh.) *a Tellis*, 1164–1167 (Kopie 14. Jh.) *infra Telles*, 1249 *Telle*, 1478 *auf der*

Töll. – Vom Ort auf das Gewässer übertragen. Zugrunde liegt vulgärlateinisch *tel[on]iu* (lat. *telōnīum*) 'Zollstation' > *Telli*. Die Eindeutschung vollzog sich um 1000 n. Chr. – Kühebacher, *Ortsnamen* 1, S. 478, 2, S. 334; Hausner/Schuster, *Namenbuch*, S. 256.

Törnsee z. Aldrovandagraben (z. Kleinen Rhin z. Rhin z. Havel z. Elbe) bei Dollgow (Gem. Stechlin, Lkr. Oberhavel, Brandenburg, D), Kleiner Törnsee, z. Törnsee. – 1530 *die thorne*, 1743 *Theeren See*, 1767/87 *Torren S.*, 1825 *Toern*, 1854 *Thoren, Töre oder Terren*, 1908 *Törnsee = Töhrensee, Kleiner Törn-See*. – Ausgangsform apolab. *Torn*-, Beziehungsadjektiv mit dem Suffix -*jь* abgeleitet von apolab. *torn* 'Dorn, Dornengestrüpp', ins Deutsche integriert als *Törne*, teils mundartlich entrundet > *Terne*/*Teren*. – Wauer, *HG.A.17*, S. 181; Fischer, *BNB 10*, S. 289.

Töss, die l.z. Rhein, entspringt in zwei Quellarmen (Hintere ~, Vordere ~) am Tössstock in 800m Höhe, durchquert den Kanton Zürich (CH), mündet an der Tössegg (Gem. Freienstein-Teufen, Kanton Zürich). – /töös/, 853 *Toissa*, 869 *Tossa*, 886 *Thossa*, sehr oft belegt ab dem 13. Jh., ON. Kloster Tössbrücke, 1234 *claustrum in Tóssebrucge*; ON. Tössriedern (Gem. Eglisau, Bez. Bülach, Kanton Zürich), (1333–34) *von Tósriedern, Tóssriedern*, ON. Tössegg: 952 *de Tossegk*, 1266 *Tossegge*. – Grundform ahd. *Tōssa*, mhd. *Tœsse* < gm. *Dausjō* f., *j*-Ableitung von gm. *daus*- (mhd. *tausen* 'klatschen'), das im Ablautsverhältnis zu gm. *dūs*- (norw. mundartl. *dūsa* 'lärmen', westfäl. *dūsen* 'einen Schall hervorbringen', mhd. *tūsen* 'schallen, sausen') steht. Bedeutung 'Ort, wo es lärmt, schallt'. Ebenfalls auf gm. *Dausjō*, as. *Dōsia*, dürfte der ON. Döse (Stadt Cuxhaven, Niedersachsen, D), wo die Elbe in die Nordsee mündet, zurückgehen, /in de Döös/, 1219 *de Dose*, 1442 *uppe de Dose*, um 1500 *van der Doese, Dosen an der Dösse, Döse*. – Greule, *Oberrhein*, S. 161f.; Wagner, *Töss und Tissen*, S. 6f.; Udolph, *HG.A.16*, S. 78.

Toffringbach r.z. Pflerer Bach (z. Eisack z. Etsch), kommt von der Alm Toffring, Pflerschtal (Prov. Bozen/Südtirol, I.). – /tofríngpǎch/, um 1770 *Doffring Ba.*; AlmN. /tofríng/, 1592 *Tafferinckh*. – Kompositum mit dem Grundwort -*bach* und GeländeN. *Tofering*, entlehnt aus rom. *Tofarína* 'Tuffsteingelände', als Bestimmungswort. – Kühebacher, *Ortsnamen* 2, S. 333.

Toifenbach ↗Tief-.

Tollense, die r.z. Peene (z. Ostsee), entspringt dem Tollensesee (Stadt Neubrandenburg, Lkr. Mecklenburgische Seenplatte, M.-V., D), mündet nach 68km bei Demmin (Lkr. Mecklenburgische Seenplatte). – 1236 *flumen Tholenze*; GebietsN. 946 *provincia Tholenz*; BewohnerN. Tollenser/Tolensanen, 965 *Tolensane*. – Der BewohnerN. 965 *Tolensane* wird auf slaw. Pl. *Tolęžane* 'Tollense-Anwohner' und der FlN. auf *Tolęža* zurückgeführt, dieser kann über *Tolingja* auf gm.*Talingja* zurückgehen. Wegen des Suffixes -*ing*- liegt dem gm. Namen vermutlich ein von gm. Adj. *tala*- 'schnell' (gt. *un-tals*, as. *gi-tal*, ahd. *zal*) abgeleitetes Ethnonym *Talingōz* 'die Schnellen'(?) zugrunde. Das Ethnonym ist sowohl auf die Landschaft als auch auf den Fluss übertragen worden. – Fischer, *germanisch-slawische Kontakte*, S. 85.

Tonbach l.z. Unteren Murg (z. Rhein). – ON. Tonbach (Gem. Baiersbronn, Lkr. Freudenstadt, B.-W., D), 11./12. Jh. *Tŏnbach, iuxta Tŏmbac*, 12. Jh. *iuxta Dŏmbach, inter Dŏmbach, Tŏmbach*. – Grundform mhd. *Toumbach*, Kompositum mit dem Grundwort -*bach* und mhd. *toum, doum* stM. 'Dunst, Hauch, Qualm' als Bestimmungswort, Benennung im Zusammenhang mit Brandrodung? – Geiger, *HG.A.2*, S. 140f.

Tonna, die r.z. Unstrut (z. Thüringische Saale z. Elbe), entspringt bei Ballstädt (Lkr. Gotha, Thüringen, D), mündet in Nägelstedt (Stadt Bad Salza, Unstrut-Hainich-Kreis, Thüringen). – /tonn, tonne/, 1222 *Thunna*, 1290 *Tunna*; ON. Gräfentonna, ON. Burgtonna (Gem. Tonna, Lkr. Gotha), 780/802 *Tunnaho*, 845 *Tunnaha*, 876 *Tonnaha, in Donnahu* (weitere zahlreiche Belege). – Grundform FlN. ahd. *Dunnaha, Tunnaha*, Kompositum mit dem Grundwort *aha* 'Fließgewässer' und dem Adj. (gm.) *dunna*- (< *duzna*-/*dusna*-), awn. *dunna* '(braungraue) Stockente', ae. *dunn* 'schwarzbraun', ahd. *tusin(faro)* 'blassgelb', as. *dosan* 'myrtenfarbig' als Bestimmungswort. Benennung nach der Farbe des durch das Auftreten von Kalksteinbraunlehm gefärbten Wassers. Mit omd. Senkung /u/ vor Nasal > /o/: *Tunna > Tonna*. – Ulbricht, *Saale*, S. 182f.; Riese, *Gotha*, S. 147–152.

Toplitzsee östlich vom Grundlsee im Steirischen Salzkammergut (PB Liezen, Steiermark, A). – 1480 *Toplitz, Toplich*. – Ausgangsform slaw. *Toplica*, abgeleitet mit dem Suffix -*ica* von urslaw. *toplъ* 'warm'. – Lochner von Hüttenbach, *Steirische Hydronyme*, S. 125.

Torf- *Abzugsgraben, -bach, -graben, -kanal, -loch, -pfuhl, -see, -venn-Teich, -werksgraben.* Bestimmungswort nhd./ndd. *Torf*, as. *turf* m. 'Rasenstück, Erdscholle', auf den Torfgräben und -kanälen wurde der Torf transportiert. – Fischer, *BNB 10*, S. 289.

Torggelbachl r.z. Eisack (z. Etsch), mündet oberhalb von Atzwang (Prov. Bozen/Südtirol, I.). – /tórgglpachl/, 1292. – Kompositum mit dem Grundwort *-bach* (Diminutiv bair. *-bachl*) und bair. *Torggel* 'Kelter' (entlehnt < l. *torculum*) als Bestimmungswort. – Kühebacher, *Ortsnamen 2*, S. 334.

Tornow-/-er *-fließ*, *-see*, z.B. Tornowsee, Großer ~, Kleiner ~ südlich von Pritzhagen (Bollersdorf, Gem. Oberbarnim, Lkr. Märkisch-Oderland, Brandenburg, D), 1300 *stagna ... magnum Tornow et paruum Tornow*, mit ON. Tornow (Pritzhagen), Bestimmungswort ON. apolab. *Tornov-* 'Ort, wo Dornengestrüpp wächst'. – Fischer, *BNB 10*, S. 289f.

Torren, die (auch *Torrener Bach*), l.z. Salzach (z. Inn z. Donau) gegenüber Golling an der Salzach (PB Hallein, Salzburg, A). – 1139 *torrentes duo, unus eiusdem vocabuli Torenne*, 1299 *in der Dorenne*, ca.1304 *in der Tarenn*, 1566 *Taren fl.*, 1862 *Torrener Bach*; ON. Torren (Gem. Golling an der Salzach), 1139 *silvulam ... Torenne dictam*, ca.1350 *in Tharenn*, 1570 *in Tareim*. – Zugrunde liegt *Torrente(m)*, Akk. zu lat. *torrens* 'trockenes Gerinne', vgl. Terenten, Gemeinde im Pustertal (Prov. Bozen/Südtirol, I.), 827 *Torrentes*, und Trens, Fraktion der Gem. Freienfeld bei Sterzing (Südtirol, I.). – Straberger, *HG.A.9*, S. 123; Hausner/Schuster, *Namenbuch*, S. 267f.; Kühebacher, *Ortsnamen 1*, S. 470, 481.

Tot- ↗Tod-.

Totenalb, die r.z. Steinalp (z. Glan z. Nahe z. Rhein), überwindet von der Quelle bei Baumholder (Lkr. Birkenfeld, Rh.-Pf., D) bis zur Mündung bei Niederalben (Lkr. Kusel, Rh.-Pf.) einen Höhenunterschied von 282m und entwässert ein Einzugsgebiet von mehr als 50km². – 1570/71 *die Dottenalbe*; ON. † Dodenalben, 1353, 1430 *Dadenhalben*, 1570/71 *zu Dodenalben*. – Grundform FlN. mhd. *Dadenalbe*, mit mundartlicher Hebung /a/ > /o/. Kompositum mit dem Grundwort ↗alb, das in der Schrift teilweise an mhd. *halbe* 'Seite' angeglichen wurde, und dem FlN. *Daden-* ↗Daaden als Bestimmungswort. – Greule, *HG.A.15*, S. 113.

Tradigistbach r.z. Pielach (z. Donau) nördlich von Warth (Gem. Rabenstein an der Pielach, PB Sankt Pölten/Land, N.-Ö., A). – 1108–1114 *descendit per maiorem Rategast, de minore Rathegast ascendit*; ON. Tradigist (Gem. Rabenstein an der Pielach), 1108–vor 1125 *possessiones Rategasth*. – Grundform ON. slaw. *Rādīgastji* 'Ort des *Rādīgasti*', mit *j-*Suffix vom slaw. PN. *Rādīgasti* abgeleitet und auf den Fluss übertragen; seit 1250/1260 mit agglutiniertem bestimmtem Artikel der Sprechsprache: *d'Radigast* > *Tradigast/Tradigist*. – Hausner/Schuster, *Namenbuch*, S. 269; Bergermayer, *Glossar*, S. 203f.

Trämmer-See z. Trämmer-Fließ (z. Faule Fließ z. Dölln-Fließ z. Voß-Kanal z. Havel z. Elbe) westlich von Schluft (Gem. Schorfheide, Lkr. Barnim, Brandenburg, D). – 1491 (Kopie) *aus dem Tramer sehe*, 1589 *Das große Traden Fließ*, *Der Tremmer*, 1767–87 *Tramer Graben*, 1772 *Trammer-See*, 1825 *Trämmer See*; ON. 1451 *dy Trameschen Dorffstete*. – Grundform SeeN. apolab. *Trạb'n-*, abgeleitet von apolab. *trạba* 'Röhre, Rohr'. Ins Deutsche integriert über *Träbn-* > *Träbm-* > *Trämm(er)*. – Wauer, *HG.A.17*, S. 182f.; Fischer, *BNB 10*, S. 290.

Tränk-/-e-/-en- *-bach/-bächlein*, *-graben*, *-pfuhl*, *-see*, *-teich*, *-tümpel*, *-weiher*. Bestimmungswort *die Tränke*, mhd. *trenke* 'Viehtränke; Stelle, an der Tiere trinken (können)'. – Fischer, *BNB 10*, S. 290f.

Traföß, die r.z. Mur (z. Drau z. Donau), mündet südlich von Pernegg (PB Bruck an der Mur, Steiermark, A). – ON. Traföß (Gem. Pernegg an der Mur), 12. Jh. *Treuesse*, 1103 (Fälschung 1149, gleichzeitige Kopie) *de Treuesse*, 1160 (Kopie 19. Jh. nach Kopie 13. Jh.) *ad Treuesse*, 1347 *Traues*, 1379 *Trafezz*, 1569 *Traföß*. – Ausgangsform slaw. *Trebežь*, abgeleitet von urslaw. *trěbiti* 'roden'? – Hausner/Schuster, *Namenbuch*, S. 269f.; Lochner von Hüttenbach, *Steirische Hydronyme*, S. 124.

Trainsgraben l.z. Thierseer Ache (z. Klausenbach z. Kieferbach z. Inn z. Donau). – ON. Trainsalm (Gem. Thiersee, PB Kufstein, Tirol, A), 1224 *ze Traian zwo Swaige*, 1269–71 *Traian*, 1373 *Troyen*, 1396 *auf den zwaynen Trayan*, 1440 *ab dem Trayen*, 1478 *auf dem Trajen* (und weitere Belege), 1774 *Trains A.* – Enthält als Bestimmungswort den Genitiv des Orts-/Flurnamens *Traje* m., tirol. Troje (< vorrom. *trogio-*) 'Viehweg'. – Dotter/Dotter, *HG.A.14*, S. 410f.; Greule, *Reliktwörter*, S. 133f.

Trais-/Treisbach Name mehrerer Bäche im Einzugsbereich von Lahn und Fulda, z.B. Traisbach, r.z. Bieber (z. Haune z. Fulda z. Weser), (822–24) *Treisbach*, mit ON. Traisbach (Gem. Hofbieber, Lkr. Fulda, Hessen, D), 821 (Druck 1850) *partem Treisbaches*, 1273 *Treysbach*, 14. Jh. *Dreyspach*, 1510 *Treyschbach*. – Deutung ↗Dreis-. – Sperber, *HG.A.5*, S. 106.

Traisen, die r.z. Donau, entsteht aus den Quellflüssen Türnitzer Traisen und Unrechttraisen im Bezirk Lilienfeld (N.-Ö., A), mündet nordöstlich von Maria Ponsee (Gem. Zwentendorf an der Donau, PB Tulln, N.-Ö.). – /dröasn/ (/ö/ offen), 2. Hälfte

3. Jh. n. Chr. [in] TRAGISA[mum] RIVUM, 828 (Kopie 12. Jh.) *in Dreisma*, 885 (Fälschung 10. Jh.), 1051, 1057 *parte fluminis Treisima*, nach 895 *per medium fundum Treismæ*, 984 (Kopie 13. Jh.) *in ... parte fluminis Treisime*, 1072–1091 *ad Treisim*, 1209 *Treisin*, usw.; RaumN. (abgegangen) nördlich Herzogenburg (PB Sankt Pölten/Land, N.-Ö.), 868 (Fälschung 9./10. Jh.) *in pago Treismafeld*; ON. † Traisenburg östlich der Mündung der Traisen (PB Tulln), 1112 *parrochiam ... Treisinpurhc*, 1191 *Traisimpurch*; ON. Traismauer (PB Sankt Pölten/Land), 2. Hälfte 4. Jh. (Kopie 12. Jh.) *Trigisamo* (Tabula Peutingeriana, lies *Tragisamo*), 799 *actum ad Treisma* (hierher?), 860 *ad Trigisimam*, 871 (Kopie um 1200) *loco Treisma nuncupato*, 1057 *ad Tresimam civitatem*, 1112 *ecclesiam Treisinmure*, usw. – Der ON. Traismauer enthält, um Siedlung und Fluss zu unterscheiden, als Grundwort ahd. *mûra* stF. 'Mauer', das ein Hinweis auf Reste römischer Mauerwerke sein könnte. Der Flussname ahd. *Treisma*, (mit Sprossvokal) *Treisima*, geht zurück auf vulgärlateinisch/rom. *Traisma*, (l. Lokativ *Tragisamo*) < kelt. *Tragesamā*. Parallelname ↗ Dreisam (dort die weitere Etymologie) ↗ Trisanna. – Hausner/Schuster, *Namenbuch*, S. 270; Wiesinger, *Kontinuitäten*, S. 285.

Trame, die   frz. *la Trame* l.z. Birs (z. Rhein), entspringt auf 1000m im Berner Jura, durchquert den Talkessel der Gem. Tramelan (Kanton Bern, CH), mündet nach rund 10km östlich von Reconvilier (Verwaltungskreis Berner Jura, Kanton Bern). – 1789, 1796 *la Trame*; ON. Tramlingen, frz. Tramelan (Verwaltungskreis Berner Jura), /tramˈlo:/ (/o:/ offen), gegen 1179 *Tramléns*, 1310 *de Tremlingen*, 1343 *de Tromelans*, 1358 (Kopie 1413/14) *Tremolans*, 1379 *de Tramelan*, 1384 (Kopie 15. Jh.) *Tremmelein*, 15. Jh. (Dorsualnotiz) *Tramolat*, *Tramelat*, 1489 *Trömlingen*, 1609 *Trammolat*. – Die spät einsetzende Nennung des Flussnamens legt Rückbildung aus dem alt überlieferten ON. *Tramelan* nahe, der aus dem FlN. *Treméla*, im Vorton > *Tramél-* + rom. Gewässernamensuffix *-an* > *Tramelan* gebildet ist. *Treméla* war ursprünglich der Name eines kleinen Zuflusses der Trame. Die Basis der Bildung *Treméla* dürfte der FlN. *Trême*, l.z. Saane (Kanton Freiburg, CH), 1195/96 *ab aqua ... Trema*, sein, der auf kelt. *Treg-s-mā*, vgl. air. *trén* (< ig. *tregsno-*) 'tapfer, stark', zurückgeht, zum Suffix ↗ Zusam. – Kristol, *LSG*, S. 870 f., Müller, *Doppelnamen*, S. 159–161; Müller, *Suisse romande I*, S. 7–10; Matasović, *Proto-Celtic*, S. 389 f.

† Tramentanbach   (heute *Schmiedbach*), it. Rio Tramontàn, l.z. Suldenbach (z. Etsch), fließt von der Stilfser Alm herab, mündet unterhalb von Stilfs (Prov. Bozen/Südtirol, I.). – /tramˈnttáanpǻch/ (aus der Amtssprache), 1516 *Tramentanpach*, 1544 *Tramentpach*, 1782 *Dermentpach*, um 1900 *Tramentan Bach*. – Kompositum mit dem Grundwort *-bach* und *Trament-/Tarment-* (< l. *inter montana* 'zwischen den Gebirgen') als Bestimmungswort. – Kühebacher, *Ortsnamen 2*, S. 335.

Trassnitz, die   l.z. Stanz (z. Mur z. Drau z. Donau), mündet südlich von Stanz im Mürztal (PB Mürzzuschlag, Steiermark, A). – ON. † Dräsenbach, 1493 *im Drásenpach*, 1498 *Drasenpach*. – Ausgangsform FlN. slaw. *Dražьn-*, abgeleitet von PN. *Dražь*? Ins Bairische integriert als mhd. *Träsen-* > *Trasen-* (mit Sekundärumlaut), verdeutlichend komponiert mit dem Grundwort *-bach* bzw. analog erweitert zu *Trasenitz* > *Trassnitz*; Parallelname ON. Draßnitz (Kärnten, 1267 *Draesnitz*). – Lochner von Hüttenbach, *Steirische Hydronyme*, S. 125 f.

Trattenbach

– [1]Trattenbach, z. Jochberger Ache (z. Kitzbüheler Ache z. Tiroler Ache z. Chiemsee z. Alz z. Inn). – 1416 *auf dem Drattenpach*, 17. Jh. *an Trätenbach*, 1774 *Draten Bach*, *Drattenbach*. – Dotter/Dotter, *HG.A.14*, S. 411.

– [2]Trattenbach, l.z. Pillerseeache (z. Kössener Ache z. Tiroler Ache z. Chiemsee z. Alz z. Inn). – 1774 *Draten Thal*; AlmN. Trattalm, 1400 *Trattperch*. – Dotter/Dotter, *HG.A.14*, S. 411.

– [3]Trattenbach, l.z. Salzach (z. Inn). – ON. 1338 *Drettenbach*, ca.1350 *drætenpecho*, ca.1400-ca.1500 *Trätenpach*, 1570 *Draienpach* (lies *Dratenpach*?). – Straberger, *HG.A.9*, S. 123.

– [4]Trattenbach, l.z. Salzach. – Ca.1350 *in den Drátenpach ... Drætenpach*, 1862 *Tratten Bach*. – Straberger, *HG.A.9*, S. 123.
Kompositum mit dem Grundwort *-bach* und wie ↗ Trattnach mit dem Adjektiv mhd. *dræte*, bair. *træte* 'schnell, ungestüm, wild' als Bestimmungswort.

Trattnach, die   l.z. Innbach (z. Donau), entspringt im Gemeindegebiet von Geboltskirchen (PB Grieskirchen, O.-Ö., A), mündet nach ca. 40km in Parzham (Gem. Wallern an der Trattnach, PB Grieskirchen). – 815 *iuxta aquam ... Dratihaha*, 1088 (Fälschung um 1230) *circa ... riuuos Trahtina*; ON. (Lage unbestimmt, an der Trattnach), 785, 825-831 *in loco nuncupante Dratihaha*, 1120–1140 *de Tratnahe*, *Tratneha*, 1185 (Kopie 19. Jh.nach Kopie 13. Jh.) *ad Draetenach*, 1186 (Kopie 13. Jh.) *Dratina*, 12. Jh. *de Dratenah*. – Grundform FlN. ahd. *Drâtin-aha* (mit Lautverschiebung *Trâtinaha*) > mhd. *Drǽtenahe/-ach* > (nach Synkope) fnhd. *Drǽtnach*, *Tratnach*, Kompositum mit dem Grundwort ahd. *aha* 'Fließgewässer' und dem flektierten Adjektiv ahd. *drâti* 'schnell' als Bestimmungswort. – Hausner /Schuster, *Namenbuch*, S. 273.

Traubach z. Grafentraubach, l.z. Kleinen Laber (z. Donau). – ON. Grafentraubach, ON. Holztraubach (Gem. Mallersdorf-Pfaffenberg, Lkr. Straubing-Bogen, Bayern, D). – /drạobōx/, (765–791) (Kopie 9. Jh.) *in uico ... Druhpach*, (875–885) (Kopie 10. Jh.) *ad Drudpah*, (1010–1035) (Kopie 12. Jh.) *Druhpah* (und weitere Belege). – Grundform ahd. **Thrūhbach/*Drūhbach*, Kompositum mit dem Grundwort *-bach* und ahd. *thrūh, thrūha* f. 'Fußfessel' (hier vielleicht Vorrichtung des Wild-/Fischfangs), ↗Trauchach. – Snyder, *HG.A.3*, S. 108; Plomer, *Mallersdorf*, S. 246–248.

† **Trauchach** jetzt *Ach*, r.z. Halblech (z. Lech z. Donau). – 1331 *Truchach*; BergN. Trauchberg, /traoxbẹrg/, 1060 (Kopie 1465) *Druchperich*; ON. Trauchgau (Gem. Halblech, Lkr. Ostallgäu, Bayern, D), /ts trauggə/, 1257 *de Druhgě*, 1287 *Druchgo*. – Zugrunde liegt ein RaumN. ahd **Drūch-gouwi*, Kompositum mit dem Grundwort ahd. *gouwi* 'Gegend, Landschaft' und (mhd.) *drūch* stMF. 'Tierfalle', da der Raum nördlich des Halblechs nur für Jagdzwecke genutzt wurde. *Trauchach* und *Trauchberg* dürften von dem RaumN. als Klammerformen mit den Grundwörtern *-ach* und *-berg* abgeleitet sein: **Drūch-(gouw-)aha* und *Drūch-(gouw-)berg*. – Steiner, *HONB Füssen*, S. 186–188.

Traun, die

– ¹Traun, r.z. Donau östlich von Linz (O.-Ö., A). – 798–814 (Kopie Ende 12. Jh.) *super Trūnam fluvium*, 829 (Kopie 9. Jh.) *ubi Iscula in Trunam cadit*; LandschaftsN. Traungau (zwischen Hausruck und der Enns, O.-Ö.), 788–790 (Kopie Mitte 12. Jh.) *in pago ... Drunense, in pago Drungaoe*; LandschaftsN. Traunfeld (bei Traun, O.-Ö.), 1088 (Fälschung um 1230) *super Trunvelde*; ON. Traun (PB Linz-Land, O.-Ö.), 819 (oder 824) *domum ... ad Truna*; Obertraun (PB Gmunden, O.-Ö.), ca.1325 *von Obern Traun* 'oberhalb der Traun gelegene Ansiedlung'; Traundorf, Stadtteil von Linz, 1159 (Kopie nach 1356) *Trunaerdorf*; Traunfall, Rotte von Roitham (PB Gmunden), 1061 *de superiori casu Trunae*, ca. 1380 *an dem vall ob der Trawn* „Wasserfall der Traun"; Traunkirchen (PB Gmunden), 1060–1065 *de Trunchirch*; Traunstein, Stadtteil von Gmunden, 1175–1185 *de Trūnestein*; Traunwang (Gem. Dresselbrunn, PB Vöcklabruck, O.-Ö.), /ˈdrạu̯wåŋ/ (/ą̊u̯/ nasaliert/), 1370 *Trawnbanch*, 1414 *Traunwanch*. ↗Traunsee. – Hausner/Schuster, *Namenbuch*, S. 275–278; Reutner/Bito/Wiesinger, *Vöcklabruck*, S. 227; Reutner/Wiesinger, *Gmunden*, S. 11, 92–94, 148.

– ²Traun r.z. Alz (z. Inn z. Donau) in Oberbayern (D). – Ca.790 (Kopie 12. Jh.) *Trūn*, 790 (Kopie 12. Jh.) *Druna*, 959 *Truna*, nach 1025 *fluminis Trūne*, 1285 *in di Trovn*; ON. Traunreut (Stadt, Lkr. Traunstein, Bayern), 1950 *Traunreut*; Traunstein (Große Kreisstadt, Lkr. Traunstein), 1110–1130 *Truna*, 1130–1135 *Trūna*, 12. Jh. *Trŭn*, 1245 *Trauwenstain*. – Der Flussname liegt auch als erster Teil in den Personennamen ahd. *Truunheri* (Traditionen Freising) und *Trunolt* (Kloster Metten) vor. – Reitzenstein, *Oberbayern*, S. 277 f.; Schatz, *Personennamen*, S. 137.

– ³Traun (auch *Traunbach*), l.z. Nahe (z. Rhein). – 1345 *ober die Draune, in die Drawne*, 1374 *uff der Draunen*; ON. Traunen (Kr. Birkenfeld, Rh.-Pf., D), 1256 *in Drunen*, 1359 *zu ... Draune*. – Greule, *HG.A.15*, S. 113; Buchmüller/Haubrichs/Spang, *Namenkontinuität*, S. 99 f.

Die Ausgangsform aller drei Gewässernamen ist vorgm. **Drūnā*. Der Ansatz von /ū/ ist durch den Diphthong /au/ (< /ū/) gesichert. Im bairischen Sprachgebiet (¹Traun, ²Traun) ist der Name zudem von der zweiten Lautverschiebung (/D-/ > /T-/) betroffen; in ³Traun ist anlautendes /T-/ schriftsprachlich hyperkorrekt. – **Drūnā* wird allgemein als ves.-ig. (alteuropäischer) Name, der nicht aus einer Einzelsprache erklärt werden kann, mit ig. **dreu̯-e-* 'laufen' (ai. *drávati* 'läuft') verbunden. Da auf diese Weise die Länge des Vokals /ū/ nicht erklärt werden kann, ist ein Anschluss an die urig. Verbalwurzel **dreu̯H-* 'zerreißen, (das Land) umbrechen, aufreißen, schädigen' notwendig, und zwar als Feminin des Verbaladj. urig. **druH-nó-* (> **drūno-, drūnā*) 'aufreißend, schädigend'. Oder es liegt eine frühe Dehnung des /u/ im Verbaladj. ig. **druno-* 'laufend' in Analogie zu dem reimenden Gewässernamen **Rūnā* (↗Raunelbach in der Nähe von ³Traun) vor, zumal **Rūnā* das (synonyme) Adjektiv zu urig. **reuH-* 'aufreißen' darstellt. – Rix, *LIV*, S. 129, 510; Pokorny, *IEW*, S. 208 f.

Traunsee von der ¹Traun durchflossener See südöstlich Gmunden (O.-Ö., A). – 909 *Trûnseo, Trunsee*, 12. Jh. *De Trvnsê*; ON. † Traunsee, 909 *abbatiam ... Trûnseo*, jetzt Altmünster, Markt (PB Gmunden). – Zusammensetzung mit dem Grundwort ahd. *sēo* 'See' und dem Flussnamen ↗Traun. – Hausner/Schuster, *Namenbuch*, S. 278; Reutner/Wiesinger, *Gmunden*, S. 62.

Trauzenbach r.z. Murr (z. Neckar z. Rhein), entspringt südöstlich von Großerlach-Grab (Rems-Murr-Kreis, B.-W., D), mündet in Murrhardt (Rems-Murr-Kreis). – ON. Trauzenbach (Rems-Murr-Kreis), /ˈdrau̯dsəbax/, 1300 (um 1499) *Trūtenbach* (lies *Trūzenbach?*), 1441 (Kopie um 1499) *Drŭtzenbach*, 1466 *Trutzenbach*, 1544 *Trautzennbach*, 1871 *Trauzenbach*. – Grundform **Trūzenbach*, Kompositum mit dem Grundwort *-bach* und dem Genitiv des PN. **Trūzo* (**Trūzen-*) als Bestimmungswort. – Schmid, *HG.A.1*, S. 118; Reichardt, *Rems-Murr-Kreis*, S. 357.

Trave, die z. Ostsee bei Travemünde (Südostholstein, S.-H., D). – /trâf/ (/å/ lang), 786 (Fälschung Mitte 12. Jh.) *Trauena*, 11. Jh. *flumen Travenam*, 1139 *ad fluvium Trauenam, Trauena*, 1188 ... *fluvii Trauene*, 1189 *Travena*, Ende 12. Jh. *Travena, Trabena*, 1226 *Traune*, 1250 *Trawna*, 1260 *to dem ... watere der Traune*, 1312 *des waters na der Trauen*, 1441 *by der Traven*, 1649 *Trauw fl.*, 1856 *Trave*; ON. Travemünde (Stadtteil von Lübeck) an der Mündung der Trave, 1230 *in Treuenemunde*, Ende 12. Jh. *Travenemunde*. – Der vermutlich vorgermanische Name der Trave, *Drouonā* (*n*-Ableitung von ig. *drouo-s* 'Lauf'), wurde germanisiert als *Trawanō*, 11. Jh. *Travena*. Mit Suffixablaut (*-ana/-ina*) entsprechen der vorslawische Name der ↗Kössein, gm. *Trawina*, 1061 *Trewina, Trevvina*, und der Name der ↗Drann (sloven. *Dravinja*). – Schmitz, *Lauenburg*, S. 427–429; Gütter, *Marktredwitz*, S. 41–46.

Trebehnsee nördlich von Templin (Lkr. Uckermark, Brandenburg, D). – 1375 *stagnum ... Trebenyke*, 1575 *Der Trebbenecke*, 1576 *Das Trebiniken*, 1685 *Trebenichen*, 1735 *Trebenke See*. – Ausgangsform apolab. *Treb'nik-*, abgeleitet von *treb-* 'roden'; *Trebehn-* ist auf der Karte verschrieben. – Wauer, *HG.A.17*, S. 183 f.; Fischer, *BNB 10*, S. 291.

Trebelsee Havelsee bei Schmergow (Gem. Groß Kreutz/Havel, Lkr. Potsdam-Mittelmark, Brandenburg, D). – 1305 *in aquas ... Trebowe*, 1351 *Trebower See*, 1394 *Seen Trebow*, 1483 (Kopie) *dye Trebbesehe*, 1663 *Der Trebell Sehe*, 1839 *Der Trebel See*. – Ausgangsform ON. *Trebov-*, abgeleitet von *treb-* 'roden', ↗Trebowsee. – Wauer, *HG.A.17*, S. 184; Fischer, *BNB 10*, S. 291.

Trebgast, die l.z. Weißen Main (z. Main z. Rhein), entsteht aus dem Zusammenfluss von Furtbach und Flußgraben bei Bindlach-Stöckig (Lkr. Bayreuth, Bayern, D), mündet bei Trebgast (Lkr. Kulmbach, Bayern). – 1398–1420 *an der Trebgast*, 1466 *die Trebgast*, 1531 *dj Trebgast*, 1692 *die Trebgast*; ON. † Alten-Trebgast (Stadt Bayreuth), 1149 *Uetus Trebegast* (und weitere Belege); ON. Trebgast (Lkr. Kulmbach), /dre̍χəds/, (1028–40) *Trebegast*, 1151 *Treuegast* (und weitere Belege). – Grundform FlN./ON./LandschaftsN. slaw. *Trebgošč'ь*, mit possessivischem Suffix *-j-* abgeleitet vom PN. *Trebgostъ*. – Sperber, *HG.A.7*, S. 178; Eichler/Greule/Janka/Schuh, *Bayreuth*, S. 220–222.

Trebnitz, die (auch *Trebnitzbächlein*), l.z. Kössein (z. Röslau z. Eger) bei Marktredwitz (Lkr. Wunsiedel, Bayern, D). – 1495, 1612, 1716 *Trebnitz*. – Ausgangsform FlN. slaw. *Trebьnica* 'Rodungsbach', abgeleitet von slaw. *treb-* 'roden', ↗Trebehnsee. – Gütter, *Marktredwitz*, S. 43, 45; Pleintinger, *obere Eger*, S. 84–88.

Trebowsee und Kleiner ~, östlich von Jakobshagen (Gem. Boitzenburger Land, Lkr. Uckermark, Brandenburg, D). – 1340 *stagni Trebbowe*, 1375 *stagnum ... Trebele*, 1528 *der Trebbow*, 1576 *Den Trebow*, 1825 *Trebo See*. – Ausgangsform (ON.?) *Trebov-*, abgeleitet von *treb-* 'roden', ↗Trebelsee. – Wauer, *HG.A.17*, S. 184; Fischer, *BNB 10*, S. 291.

Trebuser Graben r.z. Spree (z. Havel z. Elbe) bei Hangelsberg (Gem. Grünheide/Mark, Lkr. Oder-Spree, Brandenburg, D), Trebuser See. – 1285 *de lacu Trybuss*, 1448 *Trewusz*, 1843 *Trebuser S.*, ON. Trebus (Stadt Fürstenwalde/Spree, Lkr. Oder-Spree, Brandenburg, D). – Ausgangsform GewN. apolab. *Trebuž*, mit Suffix *-už* abgeleitet von *treb-* 'roden'. – Fischer, *BNB 10*, S. 291.

Treene, die r.z. Eider (z. Nordsee), dn. *Trenen*, kommt aus dem Treßsee bei Großsolt (Kr. Schleswig-Flensburg, S.-H., D), fließt bei Treia durch ein waldreiches Gebiet, mündet bei Friedrichstadt (Kr. Nordfriesland). – /de 'trēn/, 1422 *die Treia*, 1443 *to der Treya*, 1448 *prope flumen Treya* (zahlreiche weitere Belege dieser Form), 1544 *Jnn die Treene*; ON. Treia, dn. Treja (Kreis Schleswig-Flensburg), /'traia/, 1262 *Træœ*, 13. Jh. *castrum Træan*, 1323 *Trea*, 1404 *de Trea*, 1436 *circa Treyam*, 1447 *de ... Treia*, 1448 *in ... Treya*, 1500 *de Treen*; † Treenstade, Dorf bei Wohlde (Kreis Schleswig-Flensburg), 1462 *Trenstad* 'Ort am Ufer (mndd. *stade* n.) der Treene'. – Grundform (awn.) *Tréa* (< gm. *trew-ahwō) 'Baumfluss' > mndd. *træja*; Grundwort awn. *á* (< gm. *ahwō 'fließendes Wasser, Fluss'), Bestimmungswort awn. *tré* n. 'Holz, Baum' (< gm. *trewa-). Der Einschub eines /-n-/, der in den Belegen seit dem 16. Jh. greifbar wird, dürfte aus der schwachen Flexion stammen (vgl. 1462 *Boven Tren*). Der Name nimmt Bezug auf die Tatsache, dass der Oberlauf der Treene früher am Rand ausgedehnter Waldungen (im Unterschied zum waldarmen Unterlauf) lag. – Kvaran, *HG.A.12*, S. 191; Rohden, *Treene*, S. 456–463.

Trefflingbach r.z. Erlauf (z. Donau), bildet den Trefflingfall (Gem. Puchenstuben, PB Scheibbs, N.-Ö., A). – 1629 *Trefnickpach*; TalN. 1338, 1367 *Trefnichtal*; HofN. Treffling (PB Scheibbs), 1367 *In der Trefnich, In d(er) Trefnik*, um 1400 *oberhalb der Trefning*, 1436 *In der Trefnig*, 1449 *in der Trefning, Wenign Trefnikh*, 1515 *In der Treffing*, 1629 *oberhalb Treffning*. – Ausgangsform FlN. slaw. *Trěbьnikъ* 'Fluss, der durch gerodetes Gelände fließt', abgeleitet von *trěbьn-*, Adjektiv zum Verb slaw. *trěb-* 'roden (reinigen)', ins Bairische entlehnt als *Trefnich/*Trefnig

> *Trefning*, dissimiliert > *Tref(f)ling*, ↗Trenneggerbachl ↗Treffningbach ↗Trebnitz. – Bergermayer, *Glossar*, S. 273.

Treffningbach l.z. Rötz (z. Vorderbergerbach z. Mur z. Drau z. Donau), mündet nordöstlich von Trofaiach (PB Leoben, Steiermark, A). – ON. Treffning (Gem. Hafning, PB Leoben), ca.1300 *in der Trevench*, 1434 *Treffling*, 1477 *Treffing*. – Deutung ↗ Trefflingbach (< slaw. *Trěbьnikъ). – Lochner von Hüttenbach, *Steirische Hydronyme*, S. 126.

Tregist, die l.z. Kainach (z. Mur z. Drau z. Donau) bei Voitsberg (PB Voitsberg, Steiermark, A). – ON. Tregist (Stadt Voitsberg), 1268/69 *Tregusse*, ca.1300 *am Trebost*, 1318–1338 *Trebgost*, 1349 *Tregast*, ca.1790 *im Tregist*. – Ausgangsform Hof-/BesitzN. slaw. *Trebigostь, ins Bair. integriert als *Trebgost*/*Trebgast* > *Tregest*/*Tregist*. – Lochner von Hüttenbach, *Steirische Hydronyme*, S. 126; Bergermayer, *Glossar*, S. 270 f.

Treibe, die r.z. Mühlengraben (z. Innerste z. Leine z. Aller z. Weser), Hauptwasserader der Stadt Hildesheim (Lkr. Hildesheim, Niedersachsen, D). – 1381 *an der Driven* (in dieser Form sehr oft im 15. und 16. Jh. genannt), 20. Jh. *Treibe*. – Ausgangsform mndd. *Drive* swF. 'Bach, der (Mühlen) treibt', zum Verb as. *drīban* 'treiben', gm. *dreib-a-. Parallelnamen FlN. *Driva* (Norwegen), *Driv-ån* (Schweden). – Kettner, *HG.A.8*, S. 135 f.; Kettner, *Leine*, S. 314; Seebold, *starke Verben*, S. 162 f.; Strandberg, *Hydronymie*, S. 18.

Treisbach ↗Traisbach.

Tremser Teich z. Mühlenbach/Tremser Mühlenau (z. Trave) im Westen der Hansestadt Lübeck (S.-H., D). – 1177 *riuo Pramice*, 1177 *trans rivum … Pramece*, 1233 *ad aquam … Premeze*, 1296 *in Riuulo Premezen*, 1298 *Premezen*, 1299–1300 *in Premze*, 1319 *Premescen*, 1908 *von der Trems*; ON. Trems (Stadt Lübeck), /trems, trēms/, 1856 *Trems* (vorm. *Pramesse*, *Premesse*, *Tremesse*). – Ausgangsform FlN. apolab. *Parmica* > mndd. *Premica*, abgeleitet von apolab. *parm* m. 'Fähre', später umgedeutet nach ndd. *Trems* f. 'blaue Kornblume'. – Kvaran, *HG.A.12*, S. 191; Schmitz, *Lauenburg*, S. 310 f., 430.

Trenneggerbachl (im Unterlauf *Losauerbachl*), l.z. Donau bei Eberdsdorf (Gem Leiben, PB Melk, N.-Ö., A). – Um 1130–35 *iuxta Treuinize*; ON. Trennegg (Gem. Artstetten-Pöbring, PB Melk), ca.1380 *Trěnnikch*, 1391 *Trebnitz*. – Ausgangsform FlN. slaw. *Trěbьnica 'Fluss, der durch gerodetes Gelände fließt', abgeleitet von *trěbьn-, Adj. zum Verb slaw. *trěb- 'roden (reinigen)', ↗Trefflingbach. – Hausner/Schuster, *Namenbuch*, S. 281; Bergermayer, *Glossar*, S. 272.

Trenneke, die r.z. Nette (z. Innerste z. Leine z. Aller z. Weser). – Um 1550 *vonn der Treneke*, 1578 *an den Trennebeck*, *den Trenneke*, *die Trenneke*, 1699 *die Trenneke*, 1757 *in der Trenecke*, *über die Trenke*, *Trenneckenbach*, 1758 *die Träncke*, 1875/76 *die Trennecke*, 20. Jh. *Trenneke*. – Grundform mndd. *Trend-e-beke*, synkopiert und assimiliert > *Trenneke*, Kompositum mit dem Grundwort mndd. *beke* 'Bach' und mndd. *trend(en)* 'rund umwälzen, drehen' als Bestimmungswort. – Kettner, *HG.A.8*, S. 136; Kettner, *Leine*, S. 314.

Treßsee ↗Treene.

Treubach (Herrnthalerbach z. Altbach z. Ach z. Inn z. Donau). – 1312 *in aquis Treubach*; ON. Treubach (PB Braunau, O.-Ö., A), 777 (Kopie 9. Jh.) *de Triupah*, 803 (Kopie 9. Jh.) *Triupah*, um 1136 *de Trŏpach*, um 1136 *de Triupach*, 1180 *in Triupach*, um 1190 *de Trivbach*, 1278 *Treubach* (und weitere Belege). – Grundform ahd. *Triubach 'gleichmäßig Wasser führender Bach' > mhd. *Treubach*, Kompositum mit dem Grundwort *-bach* und ahd. *triuwa* 'Treue, Beständigkeit' als Bestimmungswort. – Dotter/Dotter, *HG.A.14*, S. 414 f.; Hausner/Schuster, *Namenbuch*, S. 282.

Trieben, die

– ¹Trieben (auch *Triebenbach*), r.z. Palten (z. Enns z. Donau), mündet nördlich von Schwarzenbach (Stadt Trieben, PB Liezen, Steiermark, A). – 1174 (Fälschung 1262–1306) *ad ortum amnis … Trieba*; TalN. um 1130–um 1135 (Kopie 13. Jh.) *in valle Trieben*; ON. Trieben, 1150 (Kopie 19. Jh. nach Kopie 12. Jh.) *apud Trieben*, 1150 (Kopie 19. Jh. nach Kopie 13. Jh.) *ad Triebin*.

– ²Trieben, l.z. Pöls (z. Mur z. Drau z. Donau) nordwestlich von Pöls ob Judenburg (PB Judenburg, Steiermark, A).
Ausgangsform FlN. slaw. *Trebьna, Feminin des Adjektivs slaw. *trebьnъ 'die Rodung betreffend', vgl. ↗Trübensee. – Hausner/Schuster, *Namenbuch*; S. 283; Lochner von Hüttenbach, *Steirische Hydronyme*, S. 126; Bergermayer, *Glossar*, S. 271 f.

† Triebenbach ↗Trüb-.

Triebschsee z. Müggelspree (Lkr. Oder-Spree, Brandenburg, D). – 1722 *See Tribisch*. – FlurN. asorb. *Trebež 'Rodeland'. – Fischer, *BNB 10*, S. 292.

Triensee Großer ~, Kleiner ~ bei Melzow (Gem. Oberuckersee, Lkr. Uckermark, Brandenburg, D). – 1592 *Zwe kleine See die Trinne*, 1767 *Trien-See*, 1827 *Gr., Kl. Trin S.* – Kompositum mit mndd. Adj. *trint* '(kreis-, ei- oder scheibenförmig) rund' als Bestimmungswort ↗Trintsee. – Fischer, *BNB 10*, S. 292.

Trienzbach r.z. Elz (z. Neckar z. Rhein), mündet oberhalb von Neckarburken. – 1416 *die wasser Ellentz und Drintze*, 1554 *die Trientz*; ON. Trienz (Gem. Fahrenbach, Neckar-Odenwald-Kreis, B.-W., D) an der Stelle eines spätrömischen Kleinkastells auf einem Bergsporn oberhalb einer Schleife des Trienzbachs, 1395 *Tryncze*, 1549 *Trientz*, 1613 *trientz*; ON. Im Trienzgrund. – Grundform FlN./ON. mhd. **Trienze > *Drīnz <Trienz>*, vermutlich wurde der Name des römischen Kastells auf den Fluss übertragen. **Trienze* ist entweder aus rom. **Triente (<*Tridente*, vgl. ON. *Tridentum*, jetzt Trient, I.) entstanden oder entspricht l. *triens, trientis* 'Drittel', auch eine Münze, vgl. ON. Bad König (< l. **Quindeci-* '15') ↗Kimbach. Der Name könnte auch übertragen sein von Drente, Provinz der Niederlande, 820 (Kopie 10. Jh.) *Threant*, 9.Jh. (Kopie 11.–12. Jh.) *Thrianta*, germanisiert < kelt. **Triont-*. – Schmid, *HG. A.1*, S. 118; Krahe, *UäFlNN.*, S. 61 (<**Triantia*); Künzel/Blok/Verhoeff, *Lexicon*, S. 358.

Triesenegger Bach r.z. Blindbach (z. Ybbs z. Donau), mündet in Blindenmarkt (PB Melk, N.-Ö., A). – 1147 (Insert 1332) *in aridam Trisnich, per descensum Maioris Trisnich*, 1161 (Kopie 14. Jh.) *in aridam Trisnich, … Maioris Trisinich*; ON. Triesenegg (St. Georgen am Ybbsfelde, PB Amstetten, N.-Ö.), 1060 *apud Trîsnîcham*, um 1108/20 *Tristnich*, 1151 *Dtristnichench* (sic!), 1598 *Trisenegg*. – Deutung wie ↗Triesting. – Hausner/Schuster, *Namenbuch*, S. 283; Bergermayer, *Glossar*, S. 277.

Triesting, die r.z. Schwechat (z. Donau), entsteht im Wienerwald, fließt durch das Wiener Becken, mündet nach 60km bei Achau (PB Mödling, N.-Ö., A). – 1002 *inter … Triezniccham*, 1020 *inter duos fluviolos … Tristnicha*, 1035 *inter flumina … Triesnicka*, vor 1108 *in medio duorum fluminum Triestniche et Piestniche, Triestnich*; ON. Obertriesting, Untertriesting (Gem. Kaumberg, PB Lilienfeld, N.-Ö.), 1176 *de Dristniche*, um 1182–1189 *de Tristnich*. – Ausgangsform entweder slaw. **Třesnīťa* 'Fransenfluss, … wo (Pflanzen mit) Fransen sind', abgeleitet vom Adjektiv **trěsnin-* 'Fransen-' oder slaw. **Třeščinīťa* 'Fluss, in den häufig der Blitz einschlägt', abgeleitet von **třesku* 'Blitzschlag'. In beiden Fällen wurden die Konsonantenverbindungen /-sn-/ bzw. /-ščin-/ durch deutsch /-stn-/ bzw. /-stin-/ und das Suffix -*ich(a)* durch das geläufige Suffix -*ing* ersetzt. – Hausner/Schuster, *Namenbuch*, S. 283; Bergermayer, *Glossar*, S. 276.

Trift- -*bach*, -*graben*, -*kanal*, -*pfuhl*, -*see*. Bestimmungswort nhd. *die Trift* 'Weg, auf dem das Vieh zur Weide getrieben wird'. – Fischer, *BNB 10*, S. 292.

Trillkebach (auch *Trillke*), l.z. Kupferstrang (z. Innerste z. Leine z. Aller z. Weser), entspringt südwestlich von Hildesheim (Lkr. Hildesheim, Niedersachsen, D), mündet in Hildesheim. – Ca.1288 *Trildane*, 1380 *de Tryldan*, ca.1400–1420 (Kopie) *ute der Trildanen*, 1442 *de Trilla*, 1443 *de Tryldan*, 1445 *an de Trildanen*, 1446 *de Trydane*, 1451 *Trildeke*, 1451 *by der Trylden*, 1456 *bii der Trilda*, 1501 *by der Trilken*, 1712 *Trilcke*, 1870/71 *Trillkebach*. – Unklare Deutung, Grundform vielleicht FlurN. as. **Tril-dane*, Kompositum mit mndd. *dan(n)e* 'Niederung (am Wasser)' als Grundwort; das Bestimmungswort ist unklar, es gehört vielleicht als Adj. **trigil* zu gm. **treg-* 'betrüben'(?). – Kettner, *HG.A.8*, S. 136; Kettner, *Leine*, S. 314f.; Seebold, *starke Verben*, S. 506.

Trintsee bei Herzsprung (Stadt Angermünde, Lkr. Uckermark, Brandenburg, D). – 1470 *die trynde see*, 1556 *den Trinden Sehe*. – Kompositum mit mndd. Adj. *trint* '(kreis-, ei- oder scheibenförmig) rund' als Bestimmungswort, ↗Triensee ↗Tröndel See. – Fischer, *BNB 10*, S. 292.

Trisanna, die /dR´sa:nə/, Fluss, der das Paznauntal entwässert, sich westlich von Landeck (Tirol, A) mit der Rosanna vereinigt und als Sanna in den Inn mündet. Sanna /´sa:nə/ und Rosanna /Ro´sa:nə/ sind eigentlich *ein* Fluss, in welchen die Trisanna mündet. Früher hatte das ganze System offenbar nur den einen Namen *Trisanna*. Aus diesem wurden sekundär *Sanna* und *Rosanna* durch Deglutination gebildet. – 1449 *di Traesen*, 1471 *in das Wasser Trusana*, 1500 *Tresanapach, Trysanna*, 1506 *Trasena*, 1511 *ab an Drisana*, 1519 *abwerts an Trasena*, 1529 *abwerz in die Sena*, 1533 *die Trisainen*, 1536 *abwerz an dem Pach Trasana*, 1539 *abwerz an Drißana*, 1551 *an Drasana*, 1576 *Drysänen*, 17. Jh. *die Raßänen*. – Flussname kelt. **Trages-ēnā* (↗Dreisam) > frührom. **trajeséna* > rom. **trasáina* > walserisch /trs´anə/. – Finsterwalder, *Trisanna*; Anreiter, *Tiroler Gewässernamen*, S. 37f.

Trittsee z. Fließ (z. Steckelsdorfer See z. Havel z. Elbe) bei Rathenow (Lkr. Havelland, Brandenburg, D). – 1446 *auf den Seen … Tritzik*, 1725 *Tritz See*, 1772 *Driest-See*, 1767/87 *Tritz See*; FlurN. Tritz, 1785 *der Tritz*. – Kompositum mit dem FlurN. Tritz (< apolab. **Trest'-/*Trist'-* 'mit Schilf bewachsener Sumpf') als Bestimmungswort, ↗Tritzsee. – Wauer, *HG.A.17*, S. 184f.; Fischer, *BNB 10*, S. 292.

Tritzsee bei Rhinow (Lkr. Havelland, Brandenburg, D). – 1772 *Driest-See*, 1833 *Tritzsee*. – Kompositum mit dem Bestimmungswort apolab. **Trest'-/*Trist'-* 'mit Schilf bewachsener Sumpf'. – Fischer, *BNB 10*, S. 292.

Trocken-/-e/-er/-es -*bach, -pfuhl, Teich, See/Seechen*, z. B. Trockenbach, r.z. Inn (z. Donau), 1555 *gegen dem Truckhenpach*, 1774 *Trocken Ba*. Nhd. *trocken* als Bestimmungswort und als Attribut in Wortgruppen bezeichnet ausgetrocknete Gewässer. – Dotter/Dotter, *HG.A.14*, S. 415; Fischer, *BNB 10*, S. 293.

Tröndel See südlich von Wellingdorf (Stadt Kiel, S.-H., D). – 1460 *Trunthensee*. – Kompositum mit dem Bestimmungswort mndd. *trunt* 'rund', ndd. *Tründel* 'Holzscheibe' ↗Trintsee. – Kvaran, *HG.A.12*, S. 192; Laur, *Schleswig-Holstein*, S. 658.

Trofengbach Oberlauf d. Erbachs östlich von Eisenerz (PB Leoben, Steiermark, A). – 1426 *Traueng*. – Ausgangsform FlN. slaw. *Travьnikъ (?), abgeleitet von urslaw. *trava, sloven. *trava* 'Gras, Wiese'. – Lochner von Hüttenbach, *Steirische Hydronyme*, S. 126.

Trogenbach (auch *Drehabach, Otterbach*), l.z. Thüringischen Saale (z. Elbe) bei Ziegenrück (Saale-Orla-Kreis, Thüringen, D). – 1258 *Trogebach*. – Grundform *Drogenbach mit dem Genitiv des PN. (slaw.) *Drogo* (*Drogen-) als Bestimmungswort? – Ulbricht, *Saale*, S. 103 f.; Kaufmann, *Ergänzungsband*, S. 98.

Trombach
– ¹Trombach, r.z. Lauterbach (z. Schiltach z. Kinzig z. Rhein). – FlurN., ON. Trombach (Stadt Schramberg, Lkr. Rottweil, B.-W., D), 1551 *auf dem Thrumbach*, 1590 *Trombach*. – Geiger, *HG.A.2*, S. 141.
– ²Trombach, die, r.z. Nahe (z. Rhein). – ON. Trombacherhof (Bad Münster am Stein-Ebernburg, Lkr. Bad Kreuznach, Rh.-Pf., D) 1614 *in der Thrumbach*, 1788 *Trumbach*, 1836 *Trombach*. – Greule, *HG.A.15*, S. 114.
– ³Trombach, z. Holzgraben (z. Fulda z. Weser) bei Oberellenbach (Gem. Alheim, Lkr. Hersfeld-Rotenburg, Hessen, D). – Keine Belege. – Sperber, *HG.A.5*, S. 107.
Kompositum mit dem Grundwort -*bach* und mhd. *drum, trum* stN. 'Ende, Spitze, Klotz, Splitter' als Bestimmungswort, ↗Trumer See.

Trosselbach l.z. Prim (z. Neckar z. Rhein). – ON. Trossingen (Lkr. Tuttlingen, B.-W., D), 797 *Trosinga*, 843 *in Trossinga*, 949 *villa Drossinga*, 1211 *de Trossingen*. – Kompositum mit dem Grundwort -*bach* und einem aus dem ON. Trossingen unter dem Einfluss von *Drossel* 'ein Vogel' rückgebildeten Bestimmungswort (*Tross), ↗Aid. – Schmid, *HG.A.1*, S. 118 f.

Trossiek, das Großes ~, Kleines ~, l.z. Wispe (z. Leine z. Aller z. Weser) südlich von Kaierde (Flecken Delligsen, Lkr. Holzminden, Niedersachsen, D). – 1761 *auf dem gr. Troß-Siek, der kl. Troß-Siek*, 1864 *auf dem großen Troß-Sieke, der kleine Troß-Siek*; FlurN. 1715 *der Troßieck*, 1761 *der Troß Siek*, 20. Jh. *Trossiek*. – Grundform (as.) *Trogsīk > *Trossīk, Kompositum mit dem Grundwort ↗siek und as. *trog* 'Trog, Wasserrinne' als Bestimmungswort. – Kettner, *HG.A.8*, S. 136.

Trualb ↗Trulbe.

Trubach, die l.z. Wiesent (z. Regnitz z. Main), entspringt in Obertrubach, fließt durch die Fränkische Schweiz, mündet bei Pretzfeld (Lkr. Forchheim, Bayern, D). – 16. Jh. *an der Trubach*, 1747 *Trupach*; ON. Obertrubach (Lkr. Forchheim), /trouwª, truwi, trubi, truwª/, 1007 *Truobaha*, 1062 *Trobaha*, 1109 (Kopie 12. Jh.) *Trubaha, Tröbaha, Trubaa*, ca.1217 *Trubah*, ca.1227 *Trubach*; ON. Untertrubach (Gem. Obertrubach). – Ausgangsform ahd. *Truob-aha*, monophthongiert zu fnhd. *Trūbach* 'Fluss mit trübem Wasser', Kompositum mit ahd. *truob(i) 'trüb' als Bestimmungswort und *aha* 'Fließgewässer' als Grundwort; bei starken Regenfällen entsteht eine rasche Trübung des sonst klaren Wassers. – Sperber, *HG.A.7*, S. 178; Reitzenstein, *fränkische Ortsnamen*, S. 172.

Trub-Bach l.z. Wiesent (z. Regnitz z. Main), mündet bei Forchheim (Lkr. Forchheim, Bayern, D). – 1007 *Truobaha*, 1062 *Trobaha*, 1069 *in Trvobam, circa Trvobam*. – Etymologie wie ↗Trubach, das ursprüngliche Grundwort ahd. *aha* wurde zur Differenzierung durch -*bach* ersetzt. – Sperber, *HG.A.7*, S. 178.

Trueb, die (auch *Trubbach*), r.z. Ilfis (z. Aare z. Rhein). – ON. Trub (Gem., Verwaltungskreis Emmental, Kanton Bern, CH) /truəb/, 1139 (Fälschung?) *de Trōba*, 1157 *de Trouba*, 1227 *de Troba, Trueba*, 1229 *de Trūba*. – Grundform ahd. *Truoba 'die Trübe', Deutung siehe Parallelname ↗Droverbach. – Kristol, *LSG*, S. 886.

Trüben- (auch *Trieben-*) -*bach, -graben*, z.B. 1437, 1457, 1476 *Trübenbach*, 1533 *Triebenbach*, Bach bei Bregenz (Vorarlberg, A). Zusammenrückung der Wortgruppe mhd. *ze dem trüeben bach* mit dem Adj. mhd. *trüebe* 'trüb, dunkel, schmutzig', mundartlich entrundet > *trieb-*. – Geiger, *HG.A.2*, S. 141.

Trübensee Gem. und PB Tulln, N.-Ö., A. – 823 (Fälschung um 971–um 977) *ad Trebinse*, 985–991 *Trepinse, Trebinse*, 1058 (Kopie 12. Jh.) *Trebense*, vor 1108 *Trebinse*, 1120 *de Treuense*. – Kompositum mit dem Grundwort ahd. *sēo* stM. 'See' und PN. (slaw.) *Trěbъ im deutschen Genitiv *Trebin, 'See (=Augeländer der Donau) des *Trěbъ'. – Hausner/Schuster, *Namenbuch*, S. 287; Bergermayer, *Glossar*, S. 271 f.

Trüber See   bei Gussow (Gem. Heidesee, Lkr. Dahme-Spreewald, Brandenburg, D). – 1436 *den trebin*, 1518 *vf dem Treben Sehe*, 1698 *die Triebe*, 1702 *Die Trübe*, 1751 *Triebesee*, um 1900 *Trüber oder Dolgen See*. – Ausgangsform apolab. *Treb'n-* abgeleitet von *treb-* 'roden' oder wie ↗ Trübensee. Bei der Übernahme ins Deutsche an *trüb* ↗ Trüben- angelehnt. – Fischer, *BNB 10*, S. 293.

Trulbe, die   (auch *Trualbe*, im Oberlauf *Willerbach*), r.z. Hornbach (z. Schwarzbach z. Blies z. Saar z. Mosel z. Rhein). – Um 742 (Neufassung um 815) *Trobulba* (lies *Trobalba*), 1258 *Drualba*, 1445 (Kopie) *Druwe* (lies *Drulbe* oder *Drulwe*), 1745 *Trulber Bächelein*; ON. Trulben (Lkr. Südwestpfalz, Rh.-Pf., D), /drulwᵉ/, PN. 1307 *Druhalber*, 1313 (Kopie) *de Drulben*, 1533 *Trulbheim*, 1606 *Trulben*. – Grundform (ahd.) *Trobalba/*Drobalba < *Drowalba, Kompositum mit dem Grundwort ↗ alb und ig. *$dro\underline{u}a$ 'Lauf, Flusslauf' ↗ Drau. <Trobulba> mit oberdeutscher Schreibung des Anlauts. In *Drowalba wurden die beiden Labiale assimiliert > *Drobalba, /-o-/ > /-u-/ (*Drubalba) gehoben und haplologisch gekürzt > *Drulbe* /drulwᵉ/. – Spang, *HG.A.13*, S. 76; Dolch/Greule, *Pfalz*, S. 461.

Trumer Seen   Obertrumer See z. Grabensee z. Mattsee (auch *Niedertrumer See*) z. Mattig (z. Inn z. Donau) im Flachgau (Salzburg, A). – ON. Obertrum am See (PB Salzburg-Umgebung, Salzburg), 1143 (Insert 1305) *Druma*, 1143 (Kopie 14. Jh.) *Druma*, 1145–46 (Insert 1295) *de Drum*, 1173 *Druma*, 1316 *Druma*, 1407 *zu Oberntrumb*; ON. Niedertrum (Gem. Lochen, PB Braunau am Inn, O.-Ö.). – Wortgruppe mit dem Adj. des ON. (Ober-/Nieder-)Trum, *Trum* wird als ehemaliger Flurname 'Endstück eines Feldes' zu bair. *Trumm* '(großes) Stück, Endstück', mhd. *drum, trum* 'Endstück, Splitter', ahd. *thrum, drum* stN. 'Ende, Grenze' gestellt; das feminine Genus der ältesten Belege *Druma* muss dann als durch Latinisierung bedingte Änderung des neutralen Genus erklärt werden. Eine andere Möglichkeit der Erklärung bietet der Ansatz eines vorgm. (ves.-ig.?) Gewässernamens **Drumā* f., einer Ableitung mit *m*-Suffix von der Schwundstufe der Wurzel ig. *$dre\underline{u}$- 'laufen' mit der Bedeutung 'Flusslauf', der auf die Siedlungen übertragen wurde. – Dotter/Dotter, *HG.A.14*, S. 286 f.; Hausner/Schuster, *Namenbuch*, S. 288; Rix, *LIV*, S. 129.

Truppach, die   l.z. Wiesent (z. Regnitz z. Main), mündet bei Plankenfels-Kaupersberg (Lkr. Bayreuth, Bayern, D). – ON. Truppach (Gem. Mistelgau, Lkr. Bayreuth), 1059, 1143 *Trubaha*, 1217 *Truopach*, 1231 *Trowpach*, 1380 *Truppach*. – Etymologie wie ↗ Trubach. – Sperber, *HG.A.7*, S. 179.

Truse   (im Oberlauf auch *Inselswasser, Inselbach, Laudenbach*), r.z. Werra (z. Weser), entspringt am Rennsteig, fließt durch Trusetal (Lkr. Schmalkalden-Leiningen, Thüringen, D), mündet bei Herrenbreitungen (Gem. Breitungen/Werra, Lkr. Schmalkalden-Leiningen). – 933 *in fluviolum drusandam que nominatur candida* (Weiße Truse) *et ex ea in aliam drusandam quae dicitur nigra* (Schwarze Truse), 1183 *in fluviolum Drusandam*, (um 1249) *In Drusa*, 1438 *by der Drusen*; ON. Trusen (Gem. Trusetal), 1185, 1348 *Drusen*, 1436 *Drüsen, Drusen*, um 1490 *an der Drausen molln*, 1511 *Trusen*, 1536 *Drausen*. – Grundform FlN. (as.?) *Drūsanda* > mhd. *Drūsende*, dissimiliert > *Drūsene* > fnhd. (mit Diphthongierung) *Drausen* bzw. (ohne Diphthongierung) mit hyperkorrekter Schreibung <tr> *Truse*; nd-Ableitung zum Stamm gm. *drūs-* in ae. *drūsian* 'träge sein (vom Alter)', e. *drowse* 'schläfern', Benennung nach der Trägheit des Wassers, vgl. ↗ Drausensee (<gm. *Drūsina?*). – Sperber, *HG.A.5*, S. 107.

Trutenbeek, die   l.z. Oder (z. Rhume z. Leine z. Aller z. Weser), entspringt südwestlich von Braunlage (Lkr. Goslar, Niedersachsen, D), mündet bei Oderhaus (Sankt Andreasberg, Stadt Braunlage). – 1747 *Truten-Beeck*, 1794 *Truten Beeck*, 20. Jh. *Trutenbeek*; ON. Trutenbeeks Haus, 1785 *Trutenbecks Haus*. – Kompositum mit dem Grundwort mndd. *beke* 'Bach' und dem Genitiv des PN. Trute als Bestimmungswort. – Kettner, *HG.A.8*, S. 136; Kettner, *Leine*, S. 315.

Tschinkasee   Nordzipfel d. Neuendorfer Sees bei Alt Schadow (Gem. Märkische Heide, Lkr. Dahme-Spreewald, Brandenburg, D). – 1736 *an der Tschinicka*, 1744 *Schinka*, 1745 *Schimcka*, 1762 *an der Tschincka*, 1773 *Tzchinka See*, 1830 *Tschinka See*. – Grundform sorb. *Ščinka, ščinka* 'Schilf(rohr)'. – Fischer, *BNB 10*, S. 293.

Tümpel-   auch *Dümpel-* (obd. *Tümpfel-*) *-pfuhl, -see*. Nhd., ndd. *Tümpel* bezeichnet kleine, flache stehende Gewässer. – Fischer, *BNB 10*, S. 293 f.

Türkenbach   l.z. Inn (z. Donau), entwässert das Isar-Inn-Hügelland, mündet bei Stammham (Lkr. Altötting, Bayern, D). – /'diakŋbō/, 1180 *in Turtenaha*, ca. 1579 *Türcknpach, amnem ... Türckn vel Türckenpach*; ON. Obertürken, Gemeinde (Lkr. Altötting), 790 (Kopie 12. Jh.) *ad Turtin*, 12. Jh. *de Turten*, ca. 1140 *de Tiurten*, 1151–1167 *in loco Turten*, 1300 *aus der Turten, auf der Tvrten*, 1551 *zu Turckhen* (und zahlreiche weitere Belege); ON. Untertürken (Gem. Obertürken), 1413 *nider Turten*, 1435 *in der türten*, 1507 *auß der Turckhn*. – Obwohl der Ortsname (790, Kopie 12. Jh.) *Turtin* im Salzburger Indiculus Arnonis früh überliefert ist, dürfte dennoch der Name des Türkenbachs, in verdeutlichender Komposition (1180) *Turten-aha*, zugrunde liegen. Das feminine Genus, das in den Belegen aufscheint, dürfte von *Turtinaha f. übernommen sein. Der FlN. abair. *Turtin kann auf vorbair. *Dordinos m. (mit Lautverschiebung, Hebung des /-o-/ vor /-i-/ > /u/ und Wegfall der Endung) zurückgeführt werden. Das ungewöhnliche Genus masculinum des Flussnamens dürfte der Angleichung an den Hauptstrom ↗ Inn (< *Enios) zu verdanken sein. Der FlN. *Dordinos findet in den inselkeltischen Sprachen Anschluss an ir. *dord* 'Bass', *fo-dord* 'Brummen, Bass', kymr. *dwrdd* 'Lärm', air. *dordaid* 'brüllt (vom Hirsch)', FlN. *Dordunus rivulus* bei Conches (Dep. Saône-et-Loire, F), zum Suffix *-*ino*- vgl. *Abusina* (↗ Abens), *Antinos (↗ Enz), *Bogina (*Poienstein*, Pain, O.-Ö., A). Das Benennungsmotiv geht von einer Stelle am Fluss 'wo das Wasser dumpf lärmt' aus, vgl. das gleiche Benennungsmotiv bei ↗ Pram (< gm. *bramō 'Stelle, wo es brüllt, tost'). – Dotter/Dotter, *HG.A.14*, S. 417f.; Wiesinger, *Türk und Türken* (Praediname vorahd. *Durdinum < *Durdenānum); Josef Egginger (Altötting), brieflich vom 6. 5. 2010; Pokorny, *IEW*, S. 204; Holder, *Sprachschatz* 1, Sp.1308.

Türnitz, die z. Türnitzer Traisen (z. Traisen z. Donau). – 1209 *Durntze torrens*, 1217 *Durnitz*, 1265 *Durnitze*, 1366 *Durntz*. – Ausgangsform slawisch *Dъrbnica, slawisierter ehemaliger Name der Unrechttraisen (z. Traisen z. Donau), (ahd.) *Durina, erhalten und umgedeutet im Namen *Dürrental*, 1421 *Dúrntal*, 1536 *Durnntal*, Tal r.z. Unrechttraisen. *Durina ist vermutlich als TalN. *vallis Durina von kelt. *durā, *duriā 'Flusslauf' ↗ Thur abgeleitet. Parallelname: ON. Düren (Gem. Wallerfangen, Lkr. Saarlouis, Saarland, D), 1069 (Kopie), 1121 (Kopie 17. Jh.) *Durna*, 1158 *Durnen*, 1180 *Durna*, 1258 (Kopie) *Durna*, 1363 *de Durin*, 1581 *die von Düren*. – Wiesinger, *Namenkontinuität*, S. 173f.; Wiesinger, *Kontinuitäten*, S. 285; Wiesinger, *Namentraditionen*, S. 183; Buchmüller/Haubrichs/Spang, *Siedlungsnamen*, S. 81; Spang, *HG.A.13*, S. 19.

Türz See z. Fließ (z. Leppin-See/Müritz-Havel-Wasser) bei Roggentin/Neustrelitz (Lkr. Mecklenburgische Seenplatte, M.-V., D). – Um 1700 *Turitz See*, 1778/80 *See der Tiertz*, 1780 *Tierzer See*, 1780 *Türzer See*, 1886 *Türz-See*; FlurN. *Türzer Bruch*, 1768 *das Türzer Bruch*; FlurN. *Türzer Wiesen*, 1805 *die Türzer Wiesen*. – Ausgangsform apolab. *Turica, abgeleitet von slaw. *turъ 'Auerochse' oder von PN. *Tur, vgl. ON. Teuritz (Thüringen), 1487 *Turitz*, 1548 *Teurietz*. – Wauer, *HG.A.17*, S. 185; Eichler/Walther, *HONBSachsen* II, S. 497.

Tütschensee nördlich von Tornow (Stadt Fürstenberg, Lkr. Oberhavel, Brandenburg, D). – 1654 *Die See Deutschen genant*, 1664 *Tizschen See*, 1754 *Titsche See*, 1841 *Tütschen See*. – Deutung ↗ Teutzensee. – Fischer, *BNB 10*, S. 287.

Tulln, die Große ~, r.z. Donau (N.-Ö., A). Die Große Tulln entspringt am Schöpfl, dem höchsten Berg des Wienerwaldes, mündet bei Tulln (N.-Ö.), Kleine Tulln, z. Großen Tulln, in Judenau (PB Tulln, N.-Ö.). – /düin/, 9. Jh. (zu 884) (Kopie 9./10. Jh.) *prope flumen Tullinam*, 998 *inter rivos Dullona et ….*; ON. Tulln, 837 *ad Tullinam*, 859 *Tullina*, 985–991 *iuxta Tullonam, Tullonenses*, 823 (Fälschung 971–um 977) *inter Tullanam*, 1014 *Tulna*, um 1099–1102 *apud Tulne, Tulnam*, 936–973 (Fälschung nach 1125) *episcoporum … Tullensis*, um 1130 (Kopie 12. Jh.) *in villa, quae Tulna dicitur*, 1136 *apud Thullen*, um 1140 *de Tulna* (und weitere Belege). – Grundform FlN./ON. ahd. *Tullina, -ana, -ona* > mhd. *Tullene/**Dul(l)ene*, mit Synkope > *Tul(l)ne*/*Dulne, mit Apokope > **Duln, Tulln*. Die etymologische Erklärung des Namens geht von dem bei dem griechischen Geographen Strabon (etwa 63 v. Chr.-19 n. Chr.) genannten Berg *Tullon* aus, der mit keltischem Lautwandel (/-ln-/ > /-ll-/) aus vorkelt./ig. **tūl-no-*, einer *n*-Ableitung von urig. **tuh₂-ló-* (ai. *tūla-m* 'Rispe, Wedel, Büschel, Baumwolle', apreuß. *tūlan* 'viel') entstanden ist. Urig. **tuh₂-ló-* ist ein Verbaladjektiv zu urig. **teuh₂-* 'schwellen, stark werden'. Die gängige Meinung ist, dass der Flussname *Tulln*, nach dem die Stadt benannt ist, mit dem Suffix -*ona* (später -*ana*/-*ina*) von *Tullon* (= Schöpfl) abgeleitet wurde. Es ist auf Grund des bei Gewässernamen häufigen Benennungsmotivs des Schwellens auch denkbar, dass der Flussname eine direkte Fortsetzung von kelt. **tūllo-* (< ig. **tūlno-*) > *Tūllo-n-ā ist. Kürzung des /ū/ und Ausbleiben der Lautverschiebung (T- > Z-) werden auf späte Übernahme des Namens von der keltoromanischen Bevölkerung ins Bairische zurückgeführt. Einfluss von gm. **dul-* (ahd. *tol*) in Gewässernamen ↗ Doller ist nicht auszuschließen. – Hausner/Schuster, *Namenbuch*, S. 291; Wiesinger, *Kontinuitäten*, S. 286; Pokorny, *IEW*, S. 1081; Rix, *LIV*, S. 639f.

Tulwitz, die Oberlauf d. Moderbachs südlich von Fladnitz an der Teichalpe (PB Weiz, Steriermark, A). – ON. Tulwitz (PB Graz-Umgebung, Steiermark), 1406 *Tulbicz*, 1420 *Sulbicz*, 1484 *Dulbicz*. – Ausgangsform FlN. slaw. *Dolovica 'Talbach', abgeleitet von urslaw. *dolъ 'Tal'. – Lochner von Hüttenbach, *Steirische Hydronyme*, S. 127.

† Tumbach bei Kirchenlandl (Gem. Landl, PB Liezen, Steiermark, A). – 1195 (Kopie 19. Jh.) *in Tumpow*. – Ausgangsform slaw. **Dǫbov-*, abgeleitet von slaw. *dǫbъ 'Eiche', mit verdeutlichendem Grundwort -bach. – Hausner/Schuster, Namenbuch, S. 292.

Tupf- -bach, in Südtirol häufiger Bachname in tuffreichen Geländen, z.B. Tupfbachl, r.z. Drau (z. Donau) bei Innichen (Prov. Bozen/Südtirol, I.), 1775 Dupfbach. – Kühebacher, Ortsnamen 2, S. 344.

Turngraben l.z. Euzenauer Graben (z. Inn z. Donau). – 1552 In den Thurngraben, 1553/54, 1555 in den Turngraben; ON. (Ruine) Turn (auch Katzenstein), ca.1580 Turn, 1612 am Thurm. – Kompositum mit dem Grundwort -graben und mhd. turn 'Turm, Verlies' als Bestimmungswort. – Dotter/Dotter, HG.A.14, S. 419.

Twer- ↗quer-.

Twernsee nördlich von Repente (Stadt Rheinsberg, Lkr. Ostprignitz-Ruppin, Brandenburg, D). – 1745 Twerre See, 1766/67 der Twern See, 1772 Twerrow-See, 1825 Großer, Kleiner Twern See. – Kompositum mit dem Grundwort -see und mndd. dwēr, brandenburg. dwer, twer 'rechtwinklig' ↗quer-. – Wauer, HG.A.17, S. 185; Fischer, BNB 10, S. 220.

Twillbäke, die r.z. Aue (z. Hunte z. Weser) bei Visbek (Lkr. Vechta, Niedersachsen, D). – 1523 to der twilleden beke. – Enthält vermutlich as. twili 'zweifach', mndl. twilinc 'Zwilling', um einen sich teilenden Bach zu benennen. – Borchers, HG.A.18, S. 139.

Twisselwettern z. Pinnau (z. Elbe) westlich von Haselau (Kreis Pinneberg, S.-H., D). – ON. Twissel (Gem. Haselau), 1303 in der twislen, 1379 mit der Twyselen, 1384 in der Tviselen, 1388 terra dicta Twysel, 1392 in der groten und lütken Twiselen, 1474 in der Twitzel, 1474 große und kleine Herrn Twißel, 1568 im Twisell (und weitere Belege). – Kompositum mit dem Grundwort ↗Wetter- und ON. (Flur) ndd. Twissel, Twiesel, ae. twisla 'Flussteilung'. – Udolph, HG.A.16, S. 348.

Twiste, die

– ¹Twiste, r.z. Diemel (z. Weser), entspringt im Rothaargebirge nordwestlich von Korbach (Lkr. Waldeck-Frankenberg, Hessen, D), durchfließt den Twistesee, mündet nach 40,8km bei Warburg (Kreis Höxter, NRW); das Quellgebiet liegt auf der Diemel-Eder/Fulda/Weser-Wasserscheide, einer der wichtigsten Wasserscheiden Deutschlands. – 1310 (Kopie 16. Jh.) prope Twistam, 1403 uf der Twiste (und weitere Belege), 1537 uf dessit der Tweste; ON. Twiste (Gem. Twistetal, Lkr. Waldeck-Frankenberg), (822–72, Kopie 15. Jh.) in Tuistai, (963–1037, Kopie 15. Jh.) in Tuistina, 1058 (Nachbildung eines Originals 12. Jh.) in Tuista, 1127 in Tviste, 1235 (Kopie) de Twiste, 1240 (Kopie 14./15. Jh.) de Tuiste, 1251 in Thuiste, de Thuiste, 1257 de Twiste (und weitere Belege), 1310 in Duiste, (um 1350) prope tuisten; ON. Twistemühle (Stadt Warburg), 1316 de Twistemulen, 1321 de Tvistemolen (und weitere Belege). – Grundform FlN. as. *Twista entspricht mndd. twist 'Zank, Streit', me. twist(e) 'Astgabel, Zweig', awn. tvistr 'zwiespältig, traurig' (< ig. *du̯is-, *du̯isto- 'entzwei, auseinander') und bezieht sich wohl auf die Wasserscheide, an der die Twiste entspringt. – Kramer, HG.A.10, S. 68; Pokorny, IEW, S. 232.

– ²Twiste, r.z. Oste (z. Elbe), entspringt südwestlich von Harsefeld (Lkr. Stade, Niedersachsen, D), fließt als Moor- und Wiesenfluss, mündet nordwestlich von Zeven (Lkr. Rotenburg/Wümme, Niedersachsen). – Zum Jahr 786 (Fälschung 12. Jh.) Quistinam, zum Jahr 788 (Fälschung 11. Jh.) Quistinam, um 1075 Quistinam, 1796 Twiste; ON. Twistenbostel, 1782 Twistenbostel; MoorN. Twistermoor bei Winderswohlde (Gem. Anderlingen, Lkr. Rotenburg/Wümme), zum Jahr 788 (Fälschung 12. Jh.) Chissenmor. – Grundform FlN. (as.) *Twistina, mit n-Suffix abgeleitet von mndd. twist 'Zweig' ↗¹Twiste, hier in der Bedeutung 'Flussarm' (der Oste?). Die frühen, gefälschten Belege Quistina sind von dem Lautwandel mhd. /tw-/ > mitteldeutsch /qu-/ beeinflusst. – Udolph, HG.A.16, S. 348f.; Möller, Nasalsuffixe, S. 123–124.

U

Ucha-Bach l.z. Pfreimd (z. Naab) bei Böhmischbruck (Stadt Vohenstrauß, Lkr. Neustadt a.d. Waldnaab, Bayern, D). – /'uchəbōx/ (/ō/ geschlossen)/, 1336 *iuxta fluuium Ocha*; ON. Uchamühle (Gem. Moosbach, Lkr. Neustadt a.d. Waldnaab), 1267 *in Zoha*, 1336 *in Ocha, ad Ocham, apud Ocham*, 1355 *ze Ocha*. – Grundform ahd. *Ochaha*. Der Name enthält ahd. *aha* 'Wasser, Fluss', das angefügt wurde, um zu verdeutlichen, dass es sich um einen Gewässernamen handelt. Eine ähnliche Bildung liegt in *river Okement* (Devon, GB), 1281 *Okemund* 'Mündung des Flusses Oke', vor. Zugrunde liegt in beiden Fällen ein Adjektiv gm. *ukʷa-*, das mit gm. *wakʷa-* 'feucht' (< ig. *ugʷo-* : *wogʷo-*) ablautet. Auffällig ist die Parallele zu schw. Ockerån (Dalarna, S), das auf ein primäres Hydronym altschw. *Ukri* m. oder *Ukr(a)* f. zurückgeführt wird. Gm. *Ukra-* entspricht genau gr. *hygrós* (< *ugros*) 'feucht'. Letztendlich gehen alle Bildungen auf das urig. Verb *u̯egᵘ-* 'feucht machen' zurück. Die lautliche Entwicklung von gm. *Ukʷa-* verläuft über Delabialisierung > *Uka-* und Senkung von /u/ > /o/ vor /a/ > *Oka*, ahd. Lautverschiebung > *Ocha* und Komposition mit *-aha* > *Ochaha*, Abschwächung der auslautenden Silben > /-a/ bzw. /-ə/ und nordbairische Hebung des /o-/ > /u-/ (>*Ucha*). – Historische Belege und Mundartform nach freundlicher Mitteilung von Wolfgang Janka; Greule, *Gewässernamenbuch Bayern*, S. 169 (mit anderer Etymologie); Watts, *EPN*, S. 450; Heidermanns, *Primäradjektive*, S. 646; Strandberg, *avledningstyper*, S. 121; Pokorny, *IEW*, S. 1118; Rix, *LIV*, S. 662f.

Ucker, die (in Brandenburg), **Uecker** (in Mecklenburg-Vorpommern), entspringt bei Alt Temmen (Gem. Temmen-Ringenwalde, Lkr. Uckermark, Brandenburg, D), durchfließt den Oberuckersee, fließt als Uckerkanal bis zum Unteruckersee bei Prenzlau, mündet nach 98km in Ueckermünde in den kleinen Haff (Stettiner Haff, Ostsee). – 1168 *fluminis vcrensis*, 1235 (Kopie) *parte aque ... ukera, trans ukeram*, 1250 (Kopie) *vkera*, 1270 *ab vkara fluuio*, 1282 (Kopie) *sursum Ukeram*, 1320 *ouer de Ukere*, 1355 *prope vkram*, 1422 *by der Vker*, 1445 (Kopie) *den vkerstrom*, 1592 *an die Uker*, 1745 *Ücker*, 1827 *Ucker*; SeeN. 1251 *Ukerse*, 1354 *de nostro censu vkure stagni*; StammesN. Ukranen, zu 934 *Vukrani, Uchri*; LandschaftsN. Uckermark (Brandenburg, M.-V.), ON. Ueckermünde, Hafenstadt (Lkr. Vorpommern-Greifswald, M.-V.), 1223 *Ucramund*, 1242 *in Ukeremunde*, 1276 *Ucremunde*, 1335 *Ückermünde* 'Mündung der Uecker'. – Grundform FlN. apolab. *Vьkra* < vorslaw./gm. *Wikrō*, Deutung ↗Wicker ↗Wickerbach. – Fischer, *BNB 10*, S. 294; Eichler/Mühlner, *Mecklenburg-Vorpommern*, S. 134f.

Uder
– ¹Uder (auch *Uderbach*), frz. Oudrenne, r.z. Mosel (z. Rhein). – 1184 *rivulos ... Oderen*, 1384 *Oderen rivulus*; ON. Oudrenne, d. Udern (Dep. Moselle, Lothringen, F), 759 (Fälschung) *Uderam*, 10. Jh. *In Vdera*, um 950 (Kopie Ende 11. Jh.) *Udera, V̌dera*, nach 995 *ad V̌dera*, 12. Jh. *de V̌dera*, 1222 *Vdera*. – Grundform FlN. ahd. *Udera*, mit mundartlicher Senkung (/u/ > /o/) > mhd. *Odere*; zugrunde liegt ig. (kelt.?) *Udrā*, weitere Etymologie ↗²Oder. – Buchmüller/Haubrichs/Spang, *Namenkontinuität*, S. 92f.

– ²†Uder, jetzt Aßbach, l.z. Leine (z. Aller z. Weser). – ON. Uder (Lkr. Eichsfeld, Thüringen, D), /ūdə/, 1089/1109 *Udra*, (1137–58) *de Othera*, um 1162 *Udera*, 1186 *de Udra*, 1189 *de Othera*, 1201 *de Udera, de Udra*, 1204 *Othra*, 1228 *Udra*, nach 1263, 1294 *Odera*, 1297 *Vdra*. – Grundform (FlN.) mhd. *Uthere/*Udere*, mit mitteldeutscher Senkung und Dehnung in offener Tonsilbe *Ōthere/*Ōdere*. *Uthere* (> *Udere*) dürfte eine Ableitung mit *r*-Suffix von gm *uÞa-* (> as. *Uthara*) sein; der Stamm gm. *uÞa-* ist eine Nebenform von gm. *ut-* (in Gewässernamen wie ↗Othe und altschw. *Ytra* f., jetzt *Yttre*) und gm. *unÞ-* (as. *ūthia* f. 'Welle, Woge'), ig. *ud-* (*ut-*) neben ig. *und-* (*unt-*). Der Name des Flusses wurde früh auf den Ort Uder übertragen. Parallelname ON. Rittergut Ohr an der Weser (Gem. Emmerthal, Lkr. Hameln-Pyrmont, Niedersachsen, D), 1004 *Othere*. – Kettner, *HG.A.8*, S. 136f.

Uebelbach r.z. Langenbach (z. Schwanenbach z. Reichenbach z. Gutach z. Kinzig z. Rhein). – ON. Übelbach (Kinzigtal) (Stadt Wolfach, Ortenaukreis, B.-W., D), 1328 *in V̌bbach*, 14. Jh. *in dem V̌belnbach*, 1460 *Vbelbach*, 1488 *im Ybelbach*. – Zusammenrückung aus mhd. *(ze dem) übelen bache* 'am bösen

Uecker, die ↗Ucker.

Uelfe, die (auch *Ülfe*), r.z. Wupper (z. Rhein), entspringt bei Rädereichen, mündet in Dahlhausen (Stadt Radevormwald, Oberbergischer Kreis, NRW, D). – /ülve/, 1555 *die Vlue*; ON. Uelfe I–IV (Stadt Radevormwald), 1582 *von Ulfft*, 1670 *in der Ulve.* – Grundform FlN./ON. mndd. *Ülfe < (as.) *(W)ulfia vermutlich als Stellenbezeichnung abgeleitet von gm. *wulfa- 'Wolf', ↗Ulfe ↗Ulfenbach. – Schmidt, *HG.A.6*, S. 77.

Uerke, die (auch *Ürke*), l.z. Suhre (z. Aare z. Rhein), entspringt zwischen Reiden und Winikon (Kanton Luzern, CH) auf 690m Höhe, durchfließt das schmale Uerketal (Kanton Aargau), mündet nach 17km in Unterentfelden (Bezirk Aarau, Kanton Aargau). – /ˈjərkχə/, 1526 *an die Ürken*, 1618 *an den Ürckenbach, der Ürckhen nach, durch die Ürcken, nebent der Ürcken*; ON. Uerkheim (Bezirk Zofingen, Kanton Aargau), 924 *de Urtihun, … de Urticha*, 1101–50 *in Uirticho*, 1159 *de Urtechun*, 1189 *Urtichon*, 1259–60 *apud Vrtchon*, 1303–1308 *ze Urtkon*, 1325 *prope Úrtkon.* – Grundform FlN. ahd. *Urticha, schwach flektiert Dat. *Urtichūn > mhd. *Ürtechen, synkopiert *Ürtken > *Ürke(n)*, mundartlich *Ürkche. ON. Uerkheim ist ein sekundärer -heim-Name, der an die -heim-Namen der Umgebung angepasst wurde. Ahd. *Urticha geht auf vorgm. *Urdikā zurück, einen wegen des Suffixes -ika vielleicht keltischen Namen, dessen Basis *urd- dem (urig.?) *uh₁r-d(ʰ)- (in alb. *hurdhë* f. 'Teich, Sumpf; Wasserloch', ON. Urda, Gem. Tschiertschen-Praden, Kanton Graubünden, CH, mit Urdasee, 1451 *alp Urdan*, 1473 *gut Urdana*) ↗Urtenen ↗Urtella mit Ausfall des Laryngals (> *urd(ʰ)-) entsprechen dürfte. – Kristol, *LSG*, S. 894; Wodtko/Irslinger/Schneider, *Nomina*, S. 715.

Übel-/-s- -bach, -graben, -thal-Bach ↗Uebelbach.

Ückerbach Oberlauf des Mühlengrabens, l.z. Neue Jäglitz (z. Havel z. Elbe) bei Kümmernitz (Stadt Havelberg, Lkr. Stendal, S.-A., D). – 1957 *Ückernbach*; FlurN. Ückerberg, 1843 *Der Ückerberg.* – Klammerform *Ücker(berg)bach, das Bestimmungswort des Flurnamens Ückerberg ist apolob. *Uker < *u 'bei' und *ker/*kyr 'Strauch, Gebüsch'. – Fischer, *BNB 10*, S. 294 f.

Üdersee westlich von Lichterfelde (Gem. Schorfheide, Lkr. Barnim, Brandenburg, D). – 1589 *bis in den Vder*, 1702 *Die Üder*, 1825 *Uder See*, 1840 *Der Ueder See.* – Ausgangsform apolob. *Uder'e < *u 'bei' und *der- 'Dorniges; etwas, was zerreißt', Bedeutung 'See mit Dorngestrüpp'? – Fischer, *BNB 10*, S. 295.

Ümmelbach l.z. Espolde (z. Leine z. Aller z. Weser), mündet westlich von Nörten-Hardenberg (Lkr. Northeim, Niedersachsen, D). – 1409 *to der vmeln*, 1700 *auf der ömel, auf die ömellen*, 1720 *die umelnbach*, 1740 *die Ümmel*, 1764 *in der Oemmel*, 1778 *Ümmel bach*; BergN. Ümmelberg, 1740 *am Ümmelnberge.* – Verdeutlichendes Kompositum mit Grundwort -bach, Grundform mndd. *Ümel/Ömel, die späten Belege erlauben lediglich die sichere Annahme einer mit dem gm. Suffix -ila gebildeten Grundform *Umila, deren Basis *um-i- nicht sicher zu deuten ist. Vielleicht liegt die germanische Entsprechung der Schwundstufe *h₂m̥(H)- (zum Verb urig. *h₂em(H)- 'gießen, begießen') vor. – Kettner, *HG.A.8*, S. 137; Kettner, *Leine*, S. 317 (< *Umbila); Rix, *LIV*, S. 265.

Üßbach, die (auch *Ueßbach, Üssbach*), l.z. Alfbach (z. Mosel z. Rhein), entspringt in der Eifel bei Moosbruch (Lkr. Vulkaneifel, Rh.-Pf., D), fließt durch Bad Bertrich (Lkr. Cochem-Zell, Rh.-Pf.), mündet nach 49km bei Alf (Lkr. Cochem-Zell). – 1144 *Hussa* (hierher?), 1295 *super aquam Huse*, 1330 *supra flumen Uße*, 1446 (Kopie 18. Jh.) *dusschen der Us …*, 1507 *tuysschen der Oiss …* (auch *Oysß*), 1515 (Kopie 16. Jh.) *in der Uyß, inn die Uyß unnd die Uyß heruß*, 1598 (Kopie 18. Jh.) *in dieUßbach, in die Oeß* (auch *Uiß*) und weitere Belege. – Ausgangsform vermutlich FlN. (kelt.?) *Us(s)i̯ā (< *utso-, ig. *ud-s-o-) zum schwachen Stamm von ig. *u̯edōr 'Wasser', wird verglichen mit FlN. Ouse /uːsə/ (Buckinghamshire, GB), (880) Kopie, 1125 *(andlang) Usan*, 1575 *Owse magna* < ae. *Ūse < kelt. *Usso- < ig. *udso-. Möglich ist auch der Ansatz urig. *h₂us-i̯éh₂ > ON. *Usi̯ā 'Stelle, an der man schöpfen kann', abgeleitet vom Verb urig. *h₂eus- 'schöpfen', vielleicht mit Bezug auf die schon römerzeitlich genutzte Heilquelle in Bad Bertrich. In Anbetracht der unsicheren ältesten Belege kann man ferner eine Ausgangsform ahd. *Ōsa und deren Deutung wie ↗Usa in Erwägung ziehen. – Jungandreas, *Moselland*, S. 1077 f.; Watts, *EPN*, S. 456; Rix, *LIV*, S. 275 f.

Uferbach r.z. Söse (z. Rhume z. Leine z. Aller z. Weser) bei Badenhausen (Lkr. Osterode am Harz, Niedersachsen, D) mit Großer~, Kleiner~. – 1577 *in der Ubern, uf der Ubern, Große Üfer, die Lütke Ufer, in der lütken Ubern*, 1613 *in der Ubern*, 1763 *die Übere Bache*, 1854/55 *Ufernbach.* – Grundform vermutlich Wortgruppe mndd. *(to der) Übernbeke, teils elliptisch *Übern, mit dem flektierten Adj. (as.) *ubiro 'der Obere' ↗Ober- ('der oben, im Harz, fließende

Bach'?), später angelehnt an nhd. *Ufer* > *Uferbach*. – Kettner, *HG.A.8*, S. 137; Kettner, *Leine*, S. 318.

Uffel-Bach l.z. Mühl-Bach (z. Salz-Bach z. Ahse z. Lippe z. Rhein). – ON. Ost-, West-Ufflen (Stadt Werl, Kr. Soest, NRW, D), 1271 *molendino ... Ufflen* (und weitere Belege). – Kompositum mit dem Grundwort *-bach* und dem ON. *Ufflen* als Bestimmungswort. *Ufflen* enthält vermutlich das Grundwort *loh* 'Wald', die Grundform könnte (as.) *Ub-loh 'unterhalb (oder oben bei) den Wäldern' gelautet haben. – Schmidt, *HG.A.6*, S. 77; Flöer/Korsmeier, *Soest*, S. 436–438.

Uhbach r.z. Dünne (z. Rhume z. Leine z. Aller z. Weser), fließt um den Uhberg herum, mündet südwestlich von Imbshausen (Stadt Northeim, Lkr. Northeim, Niedersachsen, D). – 1663 *in den Uhbach* (und weitere Belege); BergN. Uh-Berg, 1678 *vom Uheberge*. – Klammerform **Uh(berg)bach*. – Kettner, *HG.A.8*, S. 138; Kettner, *Leine*, S. 319.

Uhlbach r.z. Neckar (z. Rhein). – ON. Uhlbach (Stadt Stuttgart, Stadtbezirk Obertürkheim, B.-W., D), 1269 *in Ůlbach* (und weitere Belege), 1347 *Ůhlbach*, um 1350 *Ulbach*; FlurN. † Uhlberg, 1247 *in Ůlberch*. – Grundform mhd. *Uolnbach > *Uolbach, Kompositum mit dem Grundwort *-bach* und dem Genitiv des PN. *Uolo (Kurzform von *Uodalrīch*) als Bestimmungswort. – Schmid, *HG.A.1*, S. 119.

Uhlen- *-bach, -becke, -graben, -horstgraben, -lochsgraben, Meer, -pfuhl, -wehl* ↗ Eulen-.

Ukelei-/Uklei- *-fließ, -graben, -see*. Bestimmungswort mndd. *uk(e)lei*, aus dem Slawischen entlehnte Fischbezeichnung. – Fischer, *BNB 10*, S. 295.

† Ulfa r.z. Nidda (z. Main z. Rhein), entspringt südlich von Einartshausen (Stadt Schotten, Vogelsbergkreis, Hessen, D), mündet am Nordrand von Nidda-Unter-Schmitten (Wetteraukreis, Hessen). – 1537 *das wasser vilf*; ON. Ulfa (Stadt Nidda), (um 750–802) *in villa Olôffe* (Urkundenbuch Fulda), 1278 *de Olpha*, 1379 *von Olffe*, 1380 *von Ulffe*, 1389 *von Oelff*. – Grundform FlN. ahd. *Olaffa > mhd. *Oleffe > *Olffe*, mundartlich *Ōlf/*Ūlf <*Ulfa*>. Kompositum mit dem Grundwort *-affa* ↗ *apa* und einem nicht eindeutig geklärten Bestimmungswort, das vielleicht zum Verbstamm gm. **wul-* (gt. *wulan* 'wallen') gehört: gm. **(W)ulapa* > ahd. *Olaffa. – Sperber, *HG.A.7*, S. 179.

Ulfe, die

– ¹Ulfe, r.z. Fulda (z. Weser), entsteht aus zwei Quellbächen bei Wildeck (Lkr. Hersfeld-Rotenburg, Hessen, D), mündet bei Weiterode (Stadt Bebra, Lkr. Hersfeld-Rotenburg). – 1484 *Vlffe*; ON. Ulfen-Mühle, 1592 *Olffenmúl*. – Sperber, *HG.A.5*, S. 108.

– ²Ulfe, r.z. Sontra (z. Wehre z. Werra z. Weser), entspringt im Richelsdorfer Gebirge bei Nentershausen (Lkr. Hersfeld-Rotenburg, Hessen, D), mündet in Wichmannshausen (Stadt Sontra, Werra-Meißner-Kreis, Hessen). – ON. Ulfen (Stadt Sontra), 117(5) (Regest) *von Olfe*, 1258 (Regest) *von Olfena*, 1260 *Olfna*, 13. Jh. *Olvena*, um 1300 *de Olfena*, 1307 (Regest) *Ulfe*, *Olfna*, 1338 *Olfenahe*, 1585 *Olffen*. – Sperber, *HG.A.5*, S. 108.
Grundform FlN. (ahd.) *Ulfana, verdeutlichend komponiert mit *-aha*, *Ulfanaha, > mhd. *Olfene/*Olfne/*Olfe*, latinisiert *Olfena*. Deutung ↗ Ulfenbach.

Ulfenbach

– ¹Ulfenbach, Fortsetzung Laxbach (z. Neckar z. Rhein), entspringt im Odenwald bei Hammelbach (Gem. Grasellenbach, Lkr. Bergstraße, Hessen, D) auf 500m Höhe, vereinigt sich nach 30km in Hirschhorn (Lkr. Bergstraße) mit dem Finkenbach zum Laxbach. – 795 (Kopie 12. Jh.) *Vluena*, ca.1000 (Kopie 12. Jh.) *iuxta Vluenam*, 1568 *in die Olfenbach*, 1613 *die Olffenbach*.

– ²† Ulfenbach, jetzt Finkenbach, Fortsetzung Laxbach (z. Neckar z. Rhein). – 772 (Kopie 12. Jh.) *Vluina*, 1613 *auff die Olffenbach*; FlurN. 1568 *die Olffenwieß*, 1613 *die Olffen wieß*; ON. Olfen (Gem. Beerfelden, Odenwaldkreis, Hessen, D).

– ³† Ulfenbach, jetzt Laxbach (z. Neckar z. Rhein). – 1829 *Ulvenbach*.
Die drei Flüsse Ulfenbach, Finkenbach und Laxbach wurden einst mit dem einen Namen *Ulfana > *Ulfena <*Vluina*> > *Olfen* (verdeutlichend mit *-bach* komponiert) benannt. Der Beleg 772 (Kopie 12. Jh.) *Vluina* muss eine kanzleisprachliche Bildung sein, da andernfalls Umlaut in den Belegen zu erwarten wäre. – Der Flussname wurde durch Ableitung mit n-Suffix von gm. **wulfa-* 'Wolf' > gm. *Wulfanō f. gebildet, mit /w/-Schwund im Anlaut vor /u/ > *Ulfana mit der Bedeutung 'Wolfbach' (nach dem Vorkommen von Wölfen?), Parallelnamen ↗ Ulfe ↗ † Ulvana. – Schmid, *HG.A.1*, S. 119 f.; Ramge, *Flurnamen*, S. 933.

Ulmbach

– ¹Ulmbach, r.z. Kinzig/Kinzigstausee (z. Main), entspringt in Freiensteinau (Vogelsbergkreis, Hessen, D), mündet südlich von Steinau-Marborn (Main-Kinzig-Kreis, Hessen). – 900 *in Volenbach*; ON. Ulmbach (Stadt Steinau an der Straße, Main-Kinzig-Kreis), 1324 *de Ulenbach*, 1369 *von Ulenbach*, 1415 *Ulnbach*. – Kompositum mit dem Grundwort *-bach* und dem Genitiv des PN. *Uolo (**Uolen-* > **Ūlen-*) als Bestimmungswort. – Sperber. *HG. A.7*, S. 179.

– ²Ulmbach, r.z. Lahn (z. Rhein), entspringt im Westerwald südlich von Mademühlen (Gem. Driedorf, Lahn-Dill-Kreis, Hessen, D), wird durch die Ulmbachtalsperre zu einem See aufgestaut, mündet bei Biskirchen (Stadt Leun, Lahn-Dill-Kreis). – 1000 (Kopie 12. Jh.) *flumen Ovmena* (lies *Olmena*), 1313 *mitten in de Ulmen*, 1325 *uff der Ulmene*, 1341 *zuschin ... der Olmene*, 1486 (Kopie 18. Jh.) *uff der Vlme*; ON. Ulm (Gem. Greifenstein, Lahn-Dill-Kreis), 1286 *de Olmene* (und weitere Belege), 1308, 1328 *de Ulmene*, 1314 *de Olmena* (und weitere Belege), 1321 *de Ulmina*, 1495 *Olmen*. – Grundform FlN. ahd. *Ulmana* > mhd. *Ulmene/Olmene*, mit *n*-Suffix abgeleitet von (nord)gm. Adj. *wulma-* 'tobend' (awn. *olmr* 'wütend') zum Verb gm. *wul-a-* 'wallen'; FlN. gm. *Wulmanō* mit Verlust des anlautenden /w-/ vor /u/ > *Ulmana*. Mit dem Fluss- und Ortsnamen ist eine Reihe von Ortsnamen, die heute *Olm/Ulm* lauten, identisch. – Faust, *HG.A.4*, S. 79; Greule, *Nieder-Olm*, S. 280–282.

Ulms(bach) ↗Olmes.

Ulpe-Bach
(auch *Ulpe, Ulper Bach*), l.z. Wiehl (z. Agger z. Sieg z. Rhein), mündet bei Bielstein (Stadt Wiehl, Oberbergischer Kreis, NRW, D). – 1575 *die Vlpebach*. – Wenn trotz der schlechten Beleglage als Grundform *Ulapa angesetzt werden darf, handelt es sich wie ↗† Ulfa um ein Kompositum mit dem Grundwort ↗apa und gm. *wul-a-* 'wallen' als Bestimmungswort. – Faust, *HG.A.4*, S. 80; Barth, *Sieg und Ruhr*, S. 116.

Ulsenbach
l.z. Stelzenbach (z. Zenn z. Regnitz z. Main z. Rhein). – ON. Oberulsenbach (Markt Erlenbach, Lkr. Miltenberg, Bayern, D), Unterulsenbach (Markt Wilhermsdorf, Lkr. Fürth, Bayern, D), 1136 *Ulsinbach*, 1421 *zu obern vlßenbach*. – Kompositum mit dem Grundwort -*bach* und dem Genitiv des PN. mhd. *Ulse* (*Ulsen-*) als Bestimmungswort. – Sperber, *HG.A.7*, S. 179.

Ulster, die
l.z. Werra (z. Weser), entspringt in der Hohen Rhön (Lkr. Fulda, Hessen, D), zentraler Fluss im Innern der Rhön, mündet nach 57,2 km bei Philippsthal (Lkr. Hersfeld-Rotenburg, Hessen). – 819 *Ulstra*, 836 *in Ulstra(m)*, (vor 915) *in Ulstram*, 1016 *ad fluuium Hulstraha*, 1059 *in fluuium Ulstra*, *sursum Ulstra*, 1330 *ad fluuium ... die Wlstere*, 1352 *dy Wůlstere*, 1673 *die Olster*. – Ausgangsform Stellenbezeichnung gm. *Wulstrō f., mit Schwund des /W-/ vor /u/ > ahd. *Ulstra*, Ableitung von gm. *wul-(a-)* 'wallen' mit dem Suffix gm. *-stra- ↗Alster. – Sperber, *HG.A.5*, S. 108.

† Ulter
(auch *Ulterbach*), r.z. Rhein bei Hammerstein (Lkr. Neuwied, Rh.-Pf., D). – 1350, 1410 *die Ulterbach, an die bach ... die Ulter*; FlurN. Olterberg, 1379 *in den Olteren*. – Grundform vielleicht einstämmiger FlN. *Ultra < gm. *Wultrō f., mit *r*-Suffix von der Schwundstufe des starken Verbs gm. *welt-a-*, awn. *velta* 'sich wälzen (vom Wasser)' abgeleitet ↗Moldau. – Faust, *HG.A.4*, S. 80.

† Ulvana
jetzt Rombach, l.z. Loosgraben (z. Kanzel/Kandelbach z. Neckar z. Rhein) bei Ladenburg (Rhein-Neckar-Kreis, B.-W., D). – 778 (Kopie 12. Jh.) *super fluuio Uluana*, 782? (Kopie 12. Jh.) *super fluuium Vluana*, ON. (abgegangen) 772 (Kopie 12. Jh.) *in Uluinouua*, 778 (Kopie 12. Jh.) *in loco ... Uluanowa* 'Aue an der Uluana'. – Grundform FlN. ahd. *Ulvana (< gm. *Wulfanō), Deutung ↗Ulfenbach. – Schmid, *HG.A.1*, S. 119.

Umbach, die
l.z. Rhein in Mainz (Rh.-Pf., D), kanalisiert. – 1259 *iuxta ripam que dicitur Ambach*, 1305 *an der Ambach* (und zahlreiche weitere Belege), 1689 *Die Ohmbach*, 1829 *die Ohmbach und Umbach*; StraßenN. Umbach. – Kompositum mit dem Grundwort -*bach*, dessen Bestimmungswort *Am*- mehrdeutig ist. Es kann (mit späterer Assimilation (/an-b- > am-b-/) den Präfixen ahd. *ana-, ant-* oder dem Genitiv des PN. *Anno* (*Annen-* synkopiert > *An-*) entsprechen. Wenig wahrscheinlich ist, dass in *Ambach* kelt. *amb- 'Fluss', verdeutlichend kombiniert mit -*bach* > *Amb(b)ach, vorliegt. Umbach entstand durch späte Umdeutung (**um die Bach*) der Mundartform /ombach/. – Greule, *HG.A.15*, S. 114.

Umpfer, die
l.z. Tauber (z. Main z. Rhein), entsteht nordwestlich von Gräffingen (Stadt Boxberg, Main-Tauber-Kreis, B.-W., D), mündet nach 21,5 km in Königshofen (Stadt Lauda-Königshofen, Main-Tauber-Kreis). – 1285 *Vmphinbach* (hierher?). – Obwohl keine sicheren historischen Belege für den Namen vorliegen, wurde er auf gm. *Umpra (< vorgm. *m̥brā, vgl. gr. *ómbros* 'Regen') zurückgeführt. – Sperber, *HG.A.7*, S. 179; Krahe, *UäFlNN*, S. 90 f.

† Unditz, die
alter Name des Ettenbachs, r.z. Elz (z. Rhein), jetzt z. Schutter östlich von Dundenheim (Gem. Neuried/Baden, Ortenaukreis, B.-W., D). – /únits, úndits/, 762 (Kopie 17. Jh. von Vidimus 1471 des Originals 1121) *super fluviolo Undussa*, 1325–30 *bi deme vnduz graben, nidewendig des vnduz graben, bi deme vndus graben*, 1368 *an (bi) der unduz, uf die undus*, 1557 *daz Undeliz*, 1780 *Unditz*; FlurN. Unditzlach, 1368 *die vntz lache, in der (die) vntzlach(en), uf die vntzlach(e)*. – Grundform FlN. ahd. *Undussa/*Undusa > mhd. *Undus > *Undes, in der Komposition synkopiert > *Unds-/*Unz-*, als Simplex hyper-

korrekt geneuert als *Unetz/*Unitz und *Unditz. *Undussa ist eine Ableitung mit dem Suffix ahd. -ussa von ahd. unda stswF. 'Welle, Wasser' (< gm. *unþi-z, *unþjō). – Geiger, HG.A.2, S. 142; Greule, Oberrhein, S. 218 f.

† Undrima ↗ Ingering.

Unkenbach
– ¹Unken-Bach, l.z. Saalach (z. Salzach z. Inn z. Donau). – ON. Unken (PB Zell am See, Salzburg, A), 1137 in silvestribus Vnchen (Unchen), 1144 predium ... Vnchine, 1151–67 de Uncna, 1157, 1169 predium ... Unchen, 1177 in Vncn, 1210 in predio suo Hunche, 1281 dazz Vnkken, 1296 in Vnchen (und weitere Belege). – Grundform FlN./ON. ahd. *Unkana/*Unchana 'gekrümmt', Onymisierung des femininen Partizips zu gm. *wenk- (ig. *u̯eng-ʿ(sich) krümmen'), das im Germanischen auf die Augenbewegung spezialisiert ist, ahd. wenken 'wanken'; vergleichbar ist der ON. Unkel (Lkr. Neuwied, Rh.-Pf., D), 886 Oncale, < Adj. ahd. *wunkal 'unbeständig'. – Straberger, HG.A.9, S. 124; Hausner/Schuster, Namenbuch, S. 1071; Rix, LIV, S. 1071.
– ²Unkenbach, die, l.z. Moschel/Moschelbach (z. Alsenz z. Nahe z. Rhein). – 1387 (Kopie) die Unckebach; ON. Unkenbach (Donnersbergkreis, Rh.-Pf., D), um 1350 Vnkenbach, 1387 Vnckenbach, 1389 Vncken-, Onckenbach, 1410–59 Vnckenbach (und weitere Belege). – Kompositum mit dem Grundwort -bach und mhd. unke swM. 'Schlange' (Benennung nach der Form des Flusslaufs?) oder Genitiv des PN. Unko (*Unken-) als Bestimmungswort. Wenn Unkenbach aus älterem *Unkelbach durch Assimilation (/n – l/ > /n – n) entstanden ist, gäbe es im ON. Unkelbach (Stadt Remagen, Lkr. Ahrweiler, Rh.-Pf.), 854 Unchabechi, 1090 Unkelebahc, 1117 Unkelbach, einen Parallelnamen, der als Bestimmungswort vermutlich das Adj. ahd. *wunkal 'unbeständig'(?) enthält. – Dolch/ Greule, Pfalz, S. 464 f.

Unnerbach (im Mittel- und Oberlauf Hirschbach), l.z. Heimbach (z. Nahe z. Rhein), entspringt bei Breitsesterhof (Stadt Baumholder, Lkr. Birkenfeld, Rh.-Pf., D), mündet in Heimbach/Nahe (Lkr. Birkenfeld). – 1570 die Under, in den Bach Under genannt, 1581 die Under herauss. – Die wenigen und späten Belege erlauben keine sichere Deutung. Entweder handelt es sich um ein ursprüngliches Kompositum die *Underbach mit ↗ Unter- als Bestimmungswort oder (weniger wahrscheinlich) um ein Simplex *Undra, das auf gm. *Unþarō f. ↗ Unditz oder auf vorgm. *Undara ↗ Ingering zurückgehen kann. – Greule, HG.A.15, S. 115.

Unsinnbach (im Oberlauf Ilsenbach), l.z. Bruchgraben (z. Innerste z. Leine z. Aller z. Weser) nordöstlich von Hildesheim (Niedersachsen, D). – 1798, 1822 die Unsinne, 1827/39 die Unsinn, 1851/52 Unsinnbach. – Kompositum mit dem Grundwort -bach und dem FlurN. *Unsinne (zu ahd. un-sinithi 'Weideplatz'). – Kettner, HG.A.8, S. 138; Kettner, Leine, S. 319.

Unstrut, die l.z. Thüringischen Saale (z. Elbe), entsteht im Eichsfeld (Thüringen, D), mündet gegenüber von Naumburg (S.-A.). – /ˈunstrued, ounstrúet/, 6. Jh. (Gregor von Tours) ad Onestrudem fluvium, zu 781 (Anf. 11. Jh.) fluvios ... Unstradam, 979 Unstroda, 991 Vnstrut, 994 Vnstrod, 1002 ripa fluminis Unstrodae. – Der Name wird meistens als eine Bildung zu gm. *strōdu- (ahd. struot stF.) 'sumpfiges Gebüsch, Sumpfdickicht' mit dem verstärkenden Präfix un- (wie in Un-tiefe, Un-tier, Un-wetter) erklärt und es wird angenommen, dass es sich dabei um eine Stellenbezeichnung handelt, die auf den ganzen Fluss ausgedehnt wurde. Damit wäre Unstrut kein originärer, sondern ein übertragener Gewässername. Eine andere Etymologie geht von gm. *unstra- über *unt-s-tro- < vorgm. *und-tro-, einer Ableitung vom Präsensstamm *und- des Verbs ig. *u̯ed- 'quellen', aus. Gm. *unstra- ist möglicherweise eine fnhd. heister 'Niederwaldbaum', mhd. sluchter 'wilde Baumschösslinge' und anderen vergleichbare Baumbezeichnungen, mit Hilfe des Suffixes ahd. *-ōda- ein Gebietsname gebildet wurde (vgl. ahd. hoferōt 'bucklig' zu hovar 'Buckel', ↗ Pöllat), der seinerseits auf die Fluss (weil dort anno 531 die „Schlacht an der Unstrut" stattfand) übertragen wurde: *Unstrōd m. (994 Vnstrod) bzw. *Unstrōdō f. (979 Unstroda). Die latinisierte Erwähnung von *Unstrōd bei Gregor von Tours als Onestrud(em) zeigt Spuren von Romanisierung des Namens (U- > O-, Auflösung der Konsonantengruppe -nstr- durch Sprossvokal -e-). *Unstrōd m. entwickelte sich regulär zu omd. *Unstrūt > Unstrut. Das bereits in den alten Quellen erkennbare feminine Genus setzte sich in Anlehnung an andere Flussnamen (vgl. Sala, die ↗ Saale) schließlich durch. – Borchers, Große Flüsse, S. 67; Ulbricht, Saale, S. 214 f., S. 80; Rix, LIV, S. 658 f., Krahe/Meid, Wortbildungslehre, S. 143, 183 f.

Unter-/-e-/-er/-es/-ster -bach/-bächle, Brunn, -fließ, -graben, -pfuhl, -see, -teich, -wasserkanal, -weiher. Ahd. untar, as. undar, mhd. under 'unter' ist sowohl Bestimmungswort in Namenkomposita (z.B. Unterbach) als auch Attribut in Nominalgruppen mit einem Flussnamen als Kern (z.B. Untere Havel), um die relative Lage des Gewässers bzw. den der Mündung am nächsten liegenden Abschnitt eines Flusses zu bezeichnen. Teils ist unter- Komponente eines

Flur- oder Ortsnamens, der Bestimmungswort eines komponierten Flussnamens ist (z.B. *Unterrain-graben*). – Fischer, *BNB 10*, S. 295f.

Unterwasser l.z. Acher (z. Rhein), entspringt bei Allerheiligen, mündet von Süden kommend in Ottenhöfen. – 1491 *den bach ... Sunderwasser*; ON. Unterwasser (Gem. Ottenhöfen, Ortenaukreis, B.-W., D), 1287 *Sunderwasser(e)*, 1311 *zu Sunderwasser* (und weitere Belege), 1479 *Sunderwasser, Underwasser*, 1660 *Sonder- oder Underwaßer*. – Kompositum mit dem Grundwort mhd. *wazzer* 'Gewässer, Fluss' und Adj. mhd. *sunder* 'südlich' ↗Sontra als Bestimmungswort. Die Bedeutung 'von Süden kommender Bach zur Acher' wurde nicht mehr verstanden und als *Unter-wasser* ↗Unter umgedeutet. – Geiger, *HG.A.2*, S. 143.

Unvalme ↗Valme.

Upibach (auch *Upiabachl*), l.z. Saldurbach (z. Etsch) im Matschertal (Prov. Bozen, Südtirol, I.), Abfluss der beiden Upiaseen im Upital, it. Valle Upia. – 1543 *Upi*, um 1760 *Upia, Uppiatal, Uppiaweg, Upiabächl*, um 1770 *Oppia*, um 1845 *Oppiathälchen, Oppiabach*; BergN. Upiakopf (3175m), AlmN. Upialm. – Die Annahme, dass *Upi*- als Flussname zusammen mit lit. *upė* 'Fluss' (< *upi̯ā*) eine Parallele bildet, ist nur zu rechtfertigen, wenn die spärliche Belegreihe die bairische Form (mit Lautverschiebung) eines romanischen Namens *Ubja* (< vorrom. *Upi̯ā*) wiedergibt. In Anbetracht der geographischen Gegebenheiten (Upi ist ein Hochtal) kann *Upi*- als TalN. auch von ig. *up*- 'von unten hinauf' (gall. *vo*- 'unten' < *upo*) abgeleitet und von hier auf das Gewässer übertragen worden sein. – Kühebacher, *Ortsnamen* 2, S. 347f.

Upstall- -graben, -kute, -pfuhl, -teiche. Ndd. (brandenburg.) *Upstall* m. 'in Dorfnähe (oft an einem fließenden Gewässer) gelegene erhöhte Flur, die als Gemeindeweide benutzt wurde'. – Fischer, *BNB 10*, S. 21.

Ur- -ach, -bach, -seebach, z.B. Urbach, r.z. Rems (z. Neckar z. Rhein) mit ON. Urbach (Rems-Murr-Kreis, B.-W., D), /ˈʊrbax/, 1182 *de Ůrbach*, 1234 *Vrbach* (und weitere Belege), 1236 *de Urebach*, 1487 *von Aurbach*, 1555 *Ober- vnnd Vnnder Aurbach*, 1699 *Ober- und UnderUrbach*. Bestimmungswort mhd. *ūr* 'Ur, Auerochse' ↗Auer-/Aur-; die lautgeschichtlich reguläre Diphthongierung > *Aurbach* hat sich wie im ON. Urach nicht erhalten. – Schmid, *HG.A.1*, S. 120; Reichardt, *Rems-Murr-Kreis*, S. 360–363.

Urbach l.z. Aubach (z. Wied z. Rhein). – ON. Urbach (Lkr. Neuwied, Rh.-Pf., D), 1204 *urbach* (und weitere Belege), 1480 *Oerbach*. – Die Nennung 1480 *Oerbach* und der Umstand, dass der Name nur als Ortsname historisch belegt ist, legen die Möglichkeit nahe, dass im Bestimmungswort nicht ↗Ur- 'Auer(ochse)', sondern das im Vorton kontrahierte Adverb ndd. *uver/over* > *ūr-/*ōr- 'jenseits liegend' vorliegt, mit der Bedeutung 'jenseits des Baches liegende Siedlung'. – Faust, *HG.A.4*, S. 80; Kaufmann, *Westdeutsche Ortsnamen*, S. 31.

† Urenfleet jetzt Moorenfleeter Kanal (z. Holzhafen z. Norderelbe). – 1308 *aqua urenflete*, um 1330 *circa aquam Morenflet*, 1338 *Urenvlete*, 1341 *rivulum ... Urenvlet*, 1508 *circa aquam Morenflete*, 1624 *Moorenvliete*; ON. Moorfleet (Hamburg, D), im feuchten Marschland gelegen, 1162 *Vrenflet*, 1248–74 *de Urenvlete*, 1252 *in Vrenulete* (so!), 1337 *Orenvlet*, 1368 *in Vrenflete*, 1396 *von Orvlete*, 1397 *to Murenflete*, vor 1400 *to Murenflete, Muorenflete, Morenflete*, 1400 *to Můrenvlete*, 1450 *Murenflet, Morenflet* (und weitere Belege), 1649 *Mohrenfleth*. – Grundform Gewässername mndd. *Ūrenvleet* n., Kompositum mit dem Grundwort mndd. *vleet* ↗Fließ und dem Genitiv des PN. *Ūro* (*Ūren*-). Aus der Wortgruppe *tom Ūrenvleet* (mit Senkung *tom Ōrenvleet*) entstand durch falsche Abtrennung *Mūrenvleet* und *Mōrenvleet* <Moorenfleet>. – Udolph, *HG.A.16*, S. 234f.; Kaufmann, *Ergänzungsband*, S. 370.

Urfe (auch *Urff*), l.z. Schwalm (z. Eder z. Fulda z. Weser), entspringt im Kellerwald westlich von Hundsdorf (Bad Wildungen, Lkr. Waldeck-Frankenberg, Hessen. D), mündet nach 20,1km unterhalb von Niederurff. – 1534 *das wasser der Urffa, auf der Urffa, uff beiden seiten der Urffe*; ON. Oberurff(-Schliffborn), ON. Niederurff (Gem. Bad Zwesten, Schwalm-Eder-Kreis, Hessen), 1085 *Urpha*, 1160 *de Urfe*, 1184 *Orpha*, 1193 *Urfa*, 1240 *Urphe*, 1247 *Orfe*, 1260 *Orepha* (und zahlreiche weitere Belege). – Grundform FlN. vorahd. *Ūrapa* > ahd. *Ūraffa*, mit Synkope des Mittelsilbenvokals *Ūrfa*, mit mundartlicher Senkung > *Orfe*; Kompositum mit dem Grundwort ↗apa und gm. *ūra-*, mhd. *ūr* 'Ur, Auerochse' ↗Auer-/Aur- als Bestimmungswort. – Sperber, *HG.A.5*, S. 109.

Urft, die r.z. Rur (z. Maas), entspringt in der Nordeifel bei Schmidtheim (Gem. Dahlem, Kreis Euskirchen, NRW, D), mündet nach 50,2km bei Rurberg (Gem. Simmerath, Städteregion Aachen, NRW) in die Rurtalsperre. – 1075 *Urdefa*, 1419 *Orfft*, 1503 *Oyrfft*; ON. Urft (Gem Kall, Kreis Euskirchen). – Ausgangsform (ahd.) *(W)urdaffa*, Kompositum mit dem Grundwort ↗apa und gm. *wurdi-*, ahd. *wurt* 'Schicksal', hier im ursprünglichen Sinn von 'Wendung'. – Greule, *Rheinlande*, S. 17; Pokorny, *IEW*, S. 1156.

Url, die   l.z. Ybbs (z. Donau), fließt durch das Mostviertel (N.-Ö., A), mündet nach 35km kurz vor Amstetten (PB Amstetten, N.-Ö.). – 863 *atque Hurulam*, 885 (Fälschung 10. Jh.) *Vrala*, 885 (Fälschung 10. Jh., Kopie 12. Jh.) *Urula*, 903 (Kopie 13. Jh.) *in fluvium Urulam*, um 906 (Kopie 13. Jh.) *Urulam*, 977 (Fälschung 11. Jh.) *Urula*, 984 *Urula*, 1034 *iuxta fluvium Urula*, um 1094–1100 *iuxta fluvium Urla*, um 1094–1100 *iuxta fluvium Urla*, 1051, 1057 *Urula*, 1100–30 (Kopie 12. Jh.) *iuxta Hurla*, 1138–47 (Kopie 13. Jh.) *usque Vrle*, 1151 (Vidimus 1292 *iuxta flumen Vrla*, 1178 *Vrla*, 1186 *circa Vrla fluuium*, 1199 *Urula*; AdelsN. vor 1121 *de Urle* (und weitere Belege). – Ausgangsform vorahd. *Urlā*, mit Sprossvokal > ahd. *Urula* (mit hyperkorrekter h-Prothese *Hurula*), *Urlā* ist wahrscheinlich die feminine Nominalisierung des Verbaladjektivs urig. *$h_2$ur-ló-* (zu urig. *h_2u̯er-* 'feucht sein'), es handelt sich um einen ves.-ig. Namen. – Hausner/Schuster, *Namenbuch*, S. 1073f.; Wodtko/Irslinger/Schneider, *Nomina*, S. 715.

Urnäsch, die   l.z. Sitter (z. Thur z. Rhein), entspringt auf der Schwägalp am Fuß des Säntis, mündet nach ca.20km im Weiler Kubel (Gem. Stein, Kanton Appenzell Ausserrhoden, CH) unweit von St.Gallen. – Ende 9. Jh. *Tres fluvios ... Urnascam*, um 1200 *ad fluvium Urnaska*, 1335ff. *das wasser ... Urneschen*; ON. Urnäsch (Kanton Appenzell Ausserrhoden), /urnɛːš/, 1255 (Kopie14. Jh.) *Urnäschen*, 1345 *Vrnaschen*, 1356 *zu Urnäschen*, 1373 *ze Urnäsch*. – Mit (rom.) Suffix *-asca* vom Namen der Schwägalp, rom. *(alpis) *Ōrana* 'am Rande gelegene Alp', abgeleiteter FlN. *Ōrnasca* > ahd. *Ūrnasca*. – Kristol, *LSG*, S. 904.

Urnbach   r.z. Ybbs (z. Donau) in Unterzell (Gem. Waidhofen an der Ybbs, PB Waidhofen an der Ybbs, Stadt, N.-Ö., A). – 1184 *ad amnem ... Ugenbach*, 1185 *ad ... riuum ... Ogenbach*. – Kompositum mit dem Grundwort *-bach* und dem Genitiv des PN. *Uogo* (*Uogen-*) als Bestimmungswort. – Hausner/Schuster, *Namenbuch*, S. 1074.

Urscha, die   l.z. Rabnitz (z. Raab z. Donau) südlich von Gleisdorf (PB Weiz, Steiermark, D). – ON. Urscha (Gem. Labuch, PB Weiz), 1265 *Vrsowe*, *Vrsȯwe*, *Vrsau*, ca.1300 *Vrsaw*. – Vielleicht Kompositum mit dem Grundwort mhd. *ouwe* 'Land am Wasser' und sloven. *vrša* 'Fischreuse' als Bestimmungswort. – Lochner von Hüttenbach, *Steirische Hydronyme*, S. 127.

Urschlaubach   (auch *Urslau*), r.z. Saalach (z. Salzach z. Inn z. Donau) in Salzburg (A). – 1260 *in Vrslaw̌*, 1261 *in Vrslav̌e*, 13. Jh. *in Vrslov*, ca.1350 *in der vrslaw*, *in der vrselow*, 1362 *in der Urslau*, ca.1400–ca.1500 *in der urslaw*, 1487 *in der Urslaw*, 1862 *Urslauer Bach*. – Kompositum mit dem (verdeutlichenden) Grundwort *-bach* und einem FlurN./ON. *Urschlau* als Bestimmungswort. *Urschl-au* geht auf den FlN. (ahd.) *Ursala* zurück, *l*-Ableitung von einem Stamm gm. *ursa-* ⁊ Örtze. Parallelnamen ⁊ Urselbach ⁊ Ussel. – Straberger, *HG.A.9*, S. 125; Lindner, *Namengut*, S. 120 (< ig. *Urselā* 'Fließwasser').

Urschlauer Ache, die   (im Oberlauf *Längaubach*), l.z. Weißen Traun (z. Alz z. Inn z. Donau), mündet in Ruhpolding (Lkr. Traunstein, Bayern, D). – ON. Urschlau (Gem. Ruhpolding), 1261 *in Urslave*, ca. 1563 *Urschlaw*. – Wortgruppe mit dem Adjektiv des Ortsnamens *Urschlau* der wie ⁊ Urschlaubach den FlN. (ahd.) *Ursala* als Bestimmungswort enthält. – Dotter/Dotter, *HG.A.14*, S. 421.

Urselbach   r.z. Nidda (z. Main z. Rhein), mündet in Frankfurt-Heddernheim. – /orschel/, 1331 (Kopie 14. Jh.) *uff die Urßel*; ON. Oberursel (Hochtaunuskreis, Hessen, D), ON. Niederursel (Stadt Frankfurt am Main, Hessen), ON. † Mittelursel, die folgenden Belege sind Kopien 12. Jh. (im Codex Laureshamensis): 791, 796 *in uilla Vrsella*, 797 *in uilla Vrselle*, 800 *in Ursalla*, 821 *In ... Vresla*, 849 *in Vrsellere marca*, 880, 882 *ad Ursella*, 977 *ad Ursellam*, 1132 *in Urselo*, 1222 *in inferiori Ursela, de Ursele*, 1273 *de Ursula*, 1351 *in campo Urṡule*, 1587 *Ursel*. – Grundform ON. ahd. *Ursella* < *Ursalja*, mit *j*-Suffix als Stellenbezeichnung vom ursprünglichen Flussnamen (ahd.) *Ursala* abgeleitet. *Ursala* ist eine Ableitung mit *l*-Suffix von einer ig. Basis *urs-*, für die es keine Erklärung aus einer Einzelsprache gibt. Es dürfte sich um ein von der schwundstufigen Wurzel urig. *h_2u̯er-* 'feucht sein' abgeleitetes Nomen (urig.) * $h_2$ur-só- > *$h_2$ursó-* > *urso-* 'feucht, Feuchtigkeit' handeln. Parallelnamen ⁊ Ussel ⁊ Urschlaubach ⁊ Urschlauer Achen. – Faust, *HG.A.7*, S. 180; Petran-Belschner, *Urselbach*, S. 36–38; Wodtko/Irslinger/Schneider, *Nomina*, S. 725f.

Urspringbach   (auch *Ursprungbach*), Bestimmungswort ahd. *urspring* 'Quelle', entweder als Name auf das Fließgewässer übertragen oder Benennung des Gewässers nach dem Ort Ursprung, z.B. ON. Ursprung (Gem. Dunkelsteinerwald, PB Melk, N.-Ö., A), um 1124 *ad Vrsprinc*. – Hausner/Schuster, *Namenbuch*, S. 1074f.

Urtel-/-s-   *-bach, -graben*, z.B. Urtelbach (z. Attel z. Inn z. Donau), 14. Jh. *an der Úrteil*, 1554 (2 Seen genannt) *die Urtl*, ca. 1563 *rivus Örtl*, 1831 *Urtelbach*, mit FlurN. Urtelfeld. Bestimmungswort mhd. *urteil* stFN. 'Urteil, Gericht', hier 'Stelle, wo Urteile gesprochen und vollzogen wurden', Benennung von Grundstücken, die durch einen Urteilsspruch übereignet wurden. – Dotter/Dotter, *HG.A.14*, S. 421f.; Keinath, *Württemberg*, S. 153.

† Urtella heute Sensbach, r.z. Itter (z. Neckar z. Rhein) im Odenwald. – Nach 819 (Kopie 1170–75) *in flumen Vrtella* (in der Michelstädter Grenzbeschreibung, Codex Laureshamensis Nr.12). – Kann wie der in derselben Quelle belegte ON. *Vrsella* ↗ Urselbach als Name mit dem Suffix (rom.) *-ella* von einer Basis *Urt-* (< vorahd. *Urd-* ↗ Uerke) abgeleitet sein. Als Deutung des nur ein Mal belegten Namens wird auch ein Kompositum *ūr-telle* 'Talschlucht mit Auerochsen' vorgeschlagen. Denkbar ist ferner, dass in der Vorlage der Kopie ahd. *Urteil-a(ha)* 'Urteilsbach' ↗ Urtel- stand, das von den Kopisten als <Vrtella> wiedergegeben wurde. – Ramge, *Flurnamenbuch*, S. 937.

Urtenen, die (auch *Urtenenbach*), l.z. Emme (z. Aare z. Rhein), mehrere Bäche vereinigen sich im Moosseetal auf 525m Höhe zur Urtenen (Kanton Bern, CH), die früher ausgedehnte Sumpfgebiete durchfloss, mündet nach 18km und geringem Höhenunterschied zwischen Bätterkinden und Schalunen (Kanton Bern). – 1264 *in aqua dicta Urtina*; ON. Urtenen (-Schönbühl) (Kanton Bern), 1249 *apud Urtinum*, 1253 *apud Hurtinun*, 1256 *in Urtinon*, 1257 *ze Urtinun*, 1262 *apud Uertinon*, 1264 *Uirtinun*, 1270 *de Urthinun*, 1303 *de Urtene*. – Grundform ahd. *Urtina*, schwach flektiert Dat. *Urtinūn* > mhd. *Urtenen*, der in den Belegen 1262 und 1264 angedeutete Umlaut wurde in der Lautkombination /urt-/ verhindert. Ahd. *Urtina* geht auf vorgm. *Urdinā/*Urdenā* zurück, eine Ableitung mit *n*-Suffix von ig. *urd-* mit der vermuteten Bedeutung 'Sumpf, Teich' ↗ Uerke. – Kristol, *LSG*, S. 906.

Usa, die (auch *Usbach*, *Us*), r.z. Wetter (z. Nidda z. Main), entsteht westlich von Neu-Anspach (Hochtaunuskreis, Hessen, D), mündet nach 34km südöstlich von Friedberg (Wetteraukreis, Hessen). - /uːs/, 14. Jh. *apud Usam*, *uf der Use*; ON. Usingen (Hochtaunuskreis), 750–802 *Oasunga*, *Osinga*, *Osanga*, *Osingen* (und weitere Belege). – Grundform ahd. *Ōsa* < vorgm. *Ausā*, zur weiteren Etymologie ↗ ¹Oos. Der Ortsname ist mit Hilfe des germanischen Suffixes *-inga/-unga* aus dem Flussnamen abgeleitet; er bedeutet 'die Leute an der *Ōsa*'. – Sperber, *HG.A.7*, S. 180f.; Petran-Belschner, *Taunusnamen*, S. 554f.

Ussel, die l.z. Donau, fließt in den Landkreisen Donau-Ries (Bayern, D) und Neuburg-Schrobenhausen (Bayern), mündet bei Stepperg (Markt Rennertshofen, Lkr. Neuburg-Schrobenhausen). – 1290 *apud Vrssulam*, 1345 *an der Vrsel*, 1367 *bei der Vrsel*, 1370 *auf der Vsel*, 1386 *an der Vrsel*, 1463 *enhalb der Ussel*, 1493/94 *Usel*, 1518 *die Vsl*, 1743 *Usel*, 1808 *Ussel*. – Grundform mhd. *Ursele*, mit bairischer *r*-Tilgung vor /s/ und Apokope > *Usel*. Etymologie wie ↗ Urselbach. – N.N., *HG.A.20*; Belege nach freundlicher Mitteilung (18. 08. 2010) von W.A.v.Reitzenstein (München).

Utsch, die (auch *Utschgraben*), r.z. Mur (z. Drau) westlich von Bruck an der Mur (PB Bruck, Steiermark, A). – RaumN. Utschtal (Gem. Oberaich, PB Bruck an der Mur), 1148 *Zeittes* (lies *ze Ittes*), 1170 (Kopie 19. Jh. nach Kopie 13. Jh.) *de Vts*, 1172 (Kopie 19. Jh. nach Kopie 13. Jh.) *de Vts*, 1187–88 (Kopie 19. Jh. nach Kopie 13. Jh.) *de Vttis*, 1188 *de Utes*, *de Uttes*, nach 1190 (Kopie 19. Jh. nach Kopie 13. Jh.) *de Vites*, 1197 (Kopie 14. Jh.) *de Vtsch*, 2. Jh. *de Utse*. – Ausgangsform FlN. slaw. *Utěšь*, mit *j*-Suffix abgeleitet von PN. slaw. *Utěša*. Parallelname ON. Utissenbach (Gem. Zwettl, N.-Ö., A), 1391 *Utissenpach*. – Lochner von Hüttenbach, *Steirische Hydronyme*, S. 127; Bergermayer, *Glossar*, S. 282; Hausner/Schuster, *Namenbuch*, S. 1075f.

Utzenbach l.z. Wiedenbach (z. Wiese z. Rhein). – 1487 *V̇tzenbach* (hierher?); ON. Utzenfeld (Lkr. Lörrach, B.-W., D), 1301–1308 *Uzinvelt*. – Vermutlich Klammerform *Utzen(feld)bach* mit dem Genitiv des PN. mhd. *Utze* (*Utzen-*) als Bestimmungswort. – Geiger, *HG.A.2*, S. 143.

V

Vätersee Großer~, Kleiner~ südlich von Groß Väter (Groß Dölln, Stadt Templin, Lkr. Uckermark, Brandenburg, D). – 1590 *Ein See die große feder ... die Lütcke feder*, 1622 *der grosse Feder ... Der kleine Feder*, 1747/50 *Der Grosse Väter, Der kl. Väter*; ON. Groß Väter, Klein Väter (Groß Dölln). – Deutung unklar, Ausgangsform wahrscheinlich apolab. *Vedr-* zu *vedr-* 'hell, klar (vom Wetter)', oder wie ↗Federsee zu as. *fethar-*, ahd. *fedara* in der übertragenen Bedeutung 'Gras mit federähnlichem Blütenstand'. – Fischer, *BNB* 10, S. 296.

Vahrentrappe ↗† Fahrentrappe.

Vahrner See nördlich von Vahrn nördlich von Brixen (Prov. Bozen/Südtirol, I.). – /faarne^rsäa/, 1354 *beim See zu Faern, der se zu Farn*, 1472, 1590 *See zu Vahrn*, 1640 *Ober See, Unter See zu Vahrn*; ON. Vahrn, it. Varna, /faarn/ (mit Sekundärumlaut), um 1005 *in loco Uarna*, 1050–um 1065 *in pago ... Varna (Uarna)*, um 1060–1070 *in loco Varina*, um 1085–1097 *pago Varina, in campo pagi Varna*, um 1140 *ortum Varne*, 1140–47 *de Varne*, 1142–um 1147 *apud Fairne*, um 1147–55 *Verne, Varne*, um 1164–78 *de Uerne* (und weitere Belege), 1184–um 1189 *de Vaerne*. – Ausgangsform FlN. kelt. **ŭarinā*, mit *n*-Suffix abgeleitet von kelt. **ŭar-* (gall. **var-/*ver-*) 'Wasser, Regen' ↗Wehre. Der Name wurde ins Bairische mit Lautsubstitution rom. /v-/ > bair /f-/ integriert über mhd. **Värene* (mit Sekundärumlaut <Varina>), synkopiert > **Värne* (geschrieben <Varne, Verne, Fairne, Uaerne>) > /faarn/. Der Gewässername wird zum Gebiets- und Ortsnamen und von hier aus auch auf den See übertragen, ↗Vernaggenbach – Kühebacher, *Ortsnamen* 1, S. 510, 2, S. 350; Hausner/Schuster, *Namenbuch*, S. 340; Grzęga, *Romania*, S. 253.

Valgarolabach Unterlauf d. Avignabaches (z. Rambach z. Etsch) im Münstertal (Prov. Bozen/Südtirol, I.). – /wålgaróolapåch/, 1394, 1532 *Vallarola*, 1416 *Vallerola*, 1671 *Vallerolas*, um 1770 *Valerola Ba.*, um 1900 *Valgarola Bach*. – Grundform TalN. rom. **vallarola* 'sanft ansteigendes Tälchen', auf den Bach übertragen und spät ins Bairische mit hyperkorrekter Aussprache integriert. – Kühebacher, *Ortsnamen* 2, S. 351.

Valmainabach r.z. Etsch, mündet bei der Fürstenburg in Burgeis (Prov. Bozen/Südtirol, I.). – /falmáinpachl/, 1342 *rivus Almena*, 1357 *in valle nostra, ubi Almeine decurrit*, 1368 *zwischen den zwai wazzern Almeina und Metz*, 1501 *Falmmeinipach*, 1532 *der pach Valmeina*, 1776 *Pach Falmeina, Vallmeina Bachl*. – Ausgangsform FlurN. mhd. *almeinde/almende* stF. 'in Gemeindebesitz befindliches Land', als FlN. latinisiert > *Almena*, als TalN. latinisiert > *vallis Almeina* > rom. *Valméina*, auf den Bach des Tales übertragen, mit Lautersatz rom. /v-/ > bair. /f-/. – Kühebacher, *Ortsnamen* 2, S. 352.

Valme, die /falme/ l.z. Ruhr (z. Rhein), entspringt an der Hunau (Rothaargebirge) in 775m Höhe, mündet in Bestwig (Hochsauerlandkreis, NRW, D); Unvalme, l.z. Gellinghauser Bach (z. Brabeckebach z. Valme) 'kleine Valme'. – 1315 *Valme*, 1694 *flumen Valme*; ON. Obervalme, 1315 *Valme*. – Grundform FlN. mndd. *Valme* < gm. **Falmō* f., Ableitung mit gm. *m*-Suffix von gm. **Fal-* ↗Felda. – Schmidt, *HG.A.6*, S. 77; Barth, *Sieg und Ruhr*, S. 135, 176; Udolph, *Velmeden*, S. 7f.

Valtmaunbach r.z. Passer in Riffian (Prov. Bozen/Südtirol, I.). – 769 (Kopie 11.–15. Jh.) *inter duos rivulos Timone et ...* – Ausgangsform TalN. rom. **Val Timūn* > bair. **Valtmáun*, verdeutlicht durch das Grundwort *-bach*. *Timone* hat zumindest im Stamm eine Parallele im FlN. Timavo, z. Golf von Triest (I.), antik *Timāvus*, fließt unterirdisch durch ein Karstgebiet. Der Stamm rom. **Tim-* < **Tīm-* gehört wahrscheinlich zum Verb urig. **teih₁-* 'warm werden, schmelzen, feucht werden' und ist mit *m*-Suffix abgeleitet von der Schwundstufe **tih₁-mó-* > **tīmo-* 'Feuchtgebiet' bzw. 'Schmelzwasser'? – Hausner/Schuster, *Namenbuch*, Nachträge; Rix, *LIV*, S. 617f.

Varleybach l.z. Grane (z. Innerste z. Leine z. Aller z. Weser), mündet südlich von Langelsheim (Lkr. Goslar, Niedersachsen, D). – (1355) (Kopie 16. Jh.) *de Ferley, an den Ferley, upper der Ferley*, 1608 *uff die Varley*, 1699 *farley*, 1758, 1784 *die Varley*, 1822 *die Fahrleih*, 20. Jh. *Varleybach*. – Grundform FlN. *Ferley*, verdeutlichend komponiert mit *-bach*. *Ferley* dürfte ein ursprünglicher Flur-/BergN. mit Grundwort as.

Varresbeck (auch *Varresbach*), r.z. Wupper (z. Rhein) im Wuppertaler Stadtbezirk Elberfeld-West. – 1453 *tho der Varresbach*; ON. Varresbeck (Elberfeld-West, Wuppertal, NRW, D), 1229 *der Varnestbeke*, 1241 *Varinsbach*, 1305 *Varensbeg*, 1314 *Varisbech*, 1372 *van Varesbech*, 1435 *varensbeeke*. – Grundform mndd. **Fernestbeke* > **Farnestbeke* > **Farnes-/*Farns-/Farres-beke* 'der weit entfernt liegende Bach'. – Schmidt, *HG.A.6*, S. 77.

Vechte, die /fechte/ ndl. Overijsselse Vecht, r.z. Zwarte Water (z. Zwolse diep z. Zwarte Meer), entsteht im westlichen Münsterland aus dem Zusammenfluss zweier Bäche bei Eggerode (Gem. Schöppingen, Kreis Borken, NRW, D), erreicht in Laar (Lkr. Grafschaft Bentheim, Niedersachsen, D) die deutsch-niederländische Grenze, mündet nach 182 km bei Zwolle (Prov. Overijssel, NL). Die Vechte spielte bis ins 19. Jh. eine bedeutende Rolle für die Schifffahrt. – 1240, 1245 *Vechta*, 1336 *de Veecht*, 1483 *bij der Vechten*, 1548 *de Vechte*, 1655 *de Vecht*. – Der Name ist mit folgenden Ortsnamen identisch: FlN. ndl. Utrechtse Vecht z. IJsselmeer bei Muiden (Prov. Noord-Holland, NL), ca. 786 (Kopie 16. Jh.) *fluvium Fehta*, mit ON. Vechten (Gem. Bunnik, Prov. Utrecht, NL, ehemals römisches Kastell), 2. Jh. (inschriftlich) *FECTIONE*, ca. 365 (Kopie 13. Jh.) *Fletione* (Tabula Peutingeriana), 8. Jh. (Kop. 13. Jh.) *Fictione*; ON. Vechta (Lkr. Vechta, Niedersachsen, D), ehemals Burg an einer Furt über den Moorbach, 1188 *Vechte*, 1189 *Vechte*, 1231 *tor Vegte*; ON. Vichten (Kanton Redingen, L), 1182 *Uhethe* (lies *Uehte*?), 1241 *Vichten*, mit FlN. Vichtbach, l.z. Attert (z. Alzette z. Sauer z. Mosel z. Rhein), ↗Vethbach. Die gemeinsame Grundform ist gm. **Fehtō* f. oder **Fahtjō*. **Fehtō* könnte identisch sein mit gm. **fehtō*, **fehtōn* 'Kampf' (gm. **feht-a-* 'fechten'), wofür es aber keine semantisch plausible Erklärung gibt. Deshalb muss eine andere Erklärung in Betracht gezogen werden, wonach bereits die spätrömischen Nennungen Primärumlaut von **Fahtjō* zeigen. **Fahtjō* kann von gm. **fah-ti-*, vielleicht Bezeichnung einer technischen Einrichtung im Wasser (zur Wasserlenkung oder zum Fischfang), abgeleitet sein, ↗Fecht; **fah-ti-* ist eine Variante des nasalierten Nomens gm. **fanh-ti-*, zum Verb gm. **fanh-a-* 'fangen' (urig. **peh₂k̂-* 'festmachen'). – Zelders, *HG.A.11*, S. 39; Künzel/Blok/Verhoeff, *Lexicon*, S. 363f.; Berger, *Geographische Namen*, S. 264; Seebold, *starke Verben*, S. 185f., 190; Rix, *LIV*, S. 461.

Veddelkanal r.z. Reiherstieg (z. Elbe) in Hamburg (D). – 1770–80 *Feddel Elbe*, ehemalige Elbinseln Große Veddel, Kleine ~, 1473 *de insula Veddele*, 1473 *de insula Veddele*, 1477 *in insula Veddelen*; ON. Hamburg-Veddel (Hamburg-Mitte), 1308 *inter locum, qui Vedele dicitur*, 1345 *uppe der Vedelen*, 1431 *up der Vedelen*, 1473 *up der Veddelen*, *Veddele* (weitere Belege dieser Form). – Grundform FlN., InselN. mndd. *Vedele* swF. < as. **Fedila*, gm. **Faþilō/*Fađilō*, abgesehen vom *l*-Suffix gebildet wie ↗Faden (< **Fatina*). – Udolph, *HG.A.16*, S. 350.

Veerse, die l.z. Wümme (z. Lesum z. Weser), Quellgebiet im Pietzmoor südlich von Schneverdingen (Lkr. Soltau-Fallingbostel, Niedersachsen, D), mündet bei Veersebrück zwischen Rotenburg und Scheeßel (Lkr. Rotenburg/Wümme, Niedersachsen). – 1768 *die Verse*; ON. Veerse (südlich von Scheeßel), ca. 1290 *in Versene*; ON. Veersebrück (südlich von Scheeßel). – Grundform FlN. mndd. *Versene* < as. **Fersana*, vermutlich eine Ableitung mit dem Suffix gm. *-na-/-nō* von der Stellenbezeichnung (ON.) **Fersa* f. ↗Vers ↗Verse zur Benennung eines Flusses, an dem es infolge der Strömungsverhältnisse außergewöhnlich spritzt(?). Auf as. **Fersana* gehen auch die Ortsnamen Veerßen (Stadt Ülzen, Lkr. Ülzen, Niedersachsen), 1296 *Versene*, 1330 *Versne*, Versen (Stadt Meppen, Lkr. Emsland, Niedersachsen) an der Ems, um 900 *in Firsni*, um 1000 (Kopie 1479) *Fersne*, 12. Jh. *in Versnen* (< **Fersn-j-*), Viersen (Kreis Viersen, NRW), 1182 *Versene*, 1213 *Virsene* zurück. – Borchers, *HG.A.18*, S. 140; Hessmann, *Gewässernamen*, S. 197; Udolph, *HG.A.16*, S. 350; Möller, *Nasalsuffix*, S. 86f.; Kaufmann, *rheinische Städte*, S. 63; Udolph, *Germanenproblem*, S. 34–39.

Veischede, die (auch *Veischedebach*), l.z. Lenne (z. Ruhr z. Rhein), entspringt auf dem Gelände einer Mülldeponie nahe dem Feldberg (Ebbegebirge, Kreis Olpe, NRW, D) in circa 510 m Höhe, mündet unterhalb der Ruine Peperburg (Grevenbrück, Lennestadt, Kreis Olpe). – Um 1310 *Veske*, vor 1757 *Feisched fl.*; ON. Oberveischede (Stadt Olpe, Kreis Olpe), 1338 *Overeneveische*, 1468 *Obernveischedt*, 1555 *van Overenveischen*; ON. Kirchveischede (Stadt Lennestadt), 1019 *Viesch*, 1045 *in (uilla) Viesce*, 1313 *Vesche*, 1338 *in Veisce*, 1378 *in Veische*, 1420 *in Veesch*, 1435 *Veysschede*, 1468 *Kerckveischede*, um 1610 *Feisched*, 1642 PN. Caspar Feisched. – Grundform FlN. mndd. **Vēsche*, ab dem 15. Jh. tritt an die Stelle des einfachen Namens der mit dem Kollektiva bildenden Suffix gm. **-iþja-* erweiterte (ursprüngliche) ON. **Vēschede* ↗Velmede. Die weitere Etymologie ist unklar, der FlN. **Vēsche* ohne Parallele; vielleicht < (as.) **Feiska* < gm. **Fait-ska*, abgeleitet von gm. **faita-* 'fett', mndl. *feit* 'wohlgeformt, schön', und benannt nach dem Fischreichtum? – Schmidt, *HG.A.6*, S. 77f., 102f.; Schmidt, *Wupper und Lippe*, S. 109f.; Barth, *Sieg und Ruhr*, S. 135; Pokorny, *IEW*, S. 794.

Veitsch, die r.z. Mürz (z. Mur z. Drau) bei Lutschaun östlich von Wartberg (PB Mürzzuschlag, Steiermark, A). – 1243 *in Vitscha*, 1250 *in Vischa*, 13. Jh. *Veitse*, 1307 *Veits*, 1328 *Veitsch*. – Ausgangsform slaw. FlN. **Byčъja*, mit *j*-Suffix abgeleitet von slaw. **bykъ* 'Stier' (PN. **Bykъ*), ins Bairische integriert als (mhd.) **Vītsche* > fnhd. *Veitsch*. – Lochner von Hüttenbach, *Steirische Hydronyme*, S. 128.

Veldenzer Bach r.z. Mosel (z. Rhein) in Brauneberg (Lkr. Bernkastel-Wittlich, Rh.-Pf., D). – ON. Veldenz (Lkr. Bernkastel-Wittlich), 1025 *Uualdentie*, 1086 *Valdentia*, 1130 *von Feldenzun*, 1136 *de veldenz*, 1147 *de Ueldence*, 1157 *de Veldenze*, 1163 *de Veldenche*, 1171 *de Ueldence*. – Ausgangsform FlN. **u̯aldantii̯ā*, keltische Namenbildung, feminine Ableitung mit dem Suffix ig. **-n̥t-* ↗ Ahringsbach von **u̯al-d-*, einer Nebenform zu urkelt. **u̯al-na-* 'herrschen', urig. **u̯elH-*, **u̯élHdʰe-* 'stark sein, Gewalt haben'. Moselrom. **Valdantia* wurde mit Lautsubstitution /v-/ > /f/ (mhd. *Veldenze*) ins Moselfränkische integriert. – Greule, *Rheinlande*, S. 17; Jungandreas, *Moselland*, S. 375; Matasović, *Proto-Celtic*, S. 402; Rix, *LIV*, S. 676f.

Vellach, die r.z. Drau westlich Goritschach (Gem. Gallizien, PB Völkermarkt, Kärnten, A). – Um 1100 (Transsumpt 1164) *fluvium Welach*, 1193–1220 (Kopie 13. Jh.) *aput Velach fluvium*; ON. Vellach (Gem. Eisenkappel-Vellach, PB Völkermarkt), um 1075–1090 *in villa Velah*. – Slaw. **Bělā (rěkā)* 'weißer Fluss', nach der Übernahme ins Bairische zur Verdeutlichung erweitert mit ahd. *-aha*, mhd. *-ach* 'Fluss'. Mit gleicher Etymologie ↗ Pielach. – Hausner/Schuster, *Namenbuch*, S. 350.

Velmede, die l.z. Wehre (z. Werra z. Weser). – 1553 *Velmede*; ON. Velmeden (Stadt Hessisch Lichtenau, Werra-Meißner-Kreis, Hessen, D), 9. Jh. *in Felmide*, 1300 *Velmede* (und weitere Belege). – Übertragung des ON. *Felmide* < as. **Felmithi* 'Stelle mit schwankendem, nachgiebigem Untergrund'?, abgeleitet mit dem Suffix gm. **-iÞja-* von gm. **felma-* in gt. *us-filma* 'erschrocken, entsetzt' (urig. **pelh₁-* 'in Schwung bringen'). – Sperber, *HG.A.5*, *S. 109*; Udolph, *Velmeden*, S. 1–7,14; Rix, *LIV*, S. 469f.

Venn-/-e- *-bach, -gosse* ↗ Fenn-.

Verloren-/Verlorn-/-e-/-er-/-es *-Bach, Spring, -wasser*, bezeichnet Gewässer, die (zeitweilig) versiegen oder versickern. – Fischer, *BNB 10*, S. 516.

† Vernaggenbach jetzt Schalderer Bach, r.z. Eisack (z. Etsch), entspringt auf circa 2200m Höhe unterhalb der Schalderer Scharte, durchfließt das Schalderer Tal, mündet bei Vahrn (bei Brixen, Prov. Bozen/Südtirol, I.). – /fᵉrnåggngpåch/ (altmundartlich), 1376 *rippa ... Varnake*, 1396 *iuxta rippam ... Vernak*, 1400 *an dem Vernakgen*, 1479 *Vornaggenbach, der Vornagken pach*, 1484 *das Vernagken wasser runst*, 1533 *Vornackh*, um 1550 *Vornakenpach, Vernaggen Pach*, 1767 *Vernaggenpach*. – Ausgangsform rom. GeländeN. **Varnáge/*Vernáge* < **Varnáku-* (?), mit dem Suffix *-ako-* abgeleitet vom FlN. kelt. **u̯arinā* ↗ Vahrner See. Die ursprüngliche Verteilung der Namen könnte folgendermaßen gewesen sein: FlN. **u̯arinā* (jetzt ON. Vahrn), davon abgeleitet Gelände-/OrtsN. **Var(i)náku-*, der ab dem 14. Jh. als *Varnake* usw. auf den Bach der Schalderer Tales übertragen wurde. – Kühebacher, *Ortsnamen 2*, S. 355.

Verrenbach r.z. Brettach (z. Kocher z. Neckar z. Rhein). – ON. Verrenberg (Stadt Öhringen, Hohenlohekreis, B.-W., D), 1350 *Fferherberg*, um 1357 *Verherberg*, 1410 *von Verherberg*; FlurN. Verrenberg. – Klammerform **Verren(berg)bach*, das Bestimmungswort des Ortsnamens Verrenberg dürfte (mhd.) **Förchech* (< **forhahi* 'Föhrenwald'), entrundet und vereinfacht > **Fercher-/Ferchenberg* > **Ferrenberg* <Verrenberg> sein. – Schmid, *HG.A.1*, S. 120; Bach, *Namenkunde 1*, S. 309.

Vers, die /fers/ r.z. Salzböde (z. Lahn z. Rhein), entspringt im Lahn-Dill-Kreis (Hessen, D), mündet unterhalb von Reimershausen (Gem. Lohra, Lkr. Marburg-Biedenkopf, Hessen). – ON. Altenvers, ON. Kirchvers (Gem. Lohra), 1130 *Ferse*, 1196 *Verse*, 13. und 14. Jh. (mehrfach) *de/von Virse, de/von Verse*, 1374 *Aldenverse, Kirchferse*, 1393, 1416 *Ferse*, 1460 *Kirchferße*, 1577 *Altenfersa*. – Trotz eindeutiger Grundform FlN. ahd. **Fersa*, mhd. *Verse* ist die Etymologie nicht ganz klar. Vielleicht steht gm. **fers-* im Ablautverhältnis zu **fursa-* (awn. *fors, foss* m. 'Stromschnelle, Wasserfall') als Stellenbezeichnung 'wo es spritzt' und geht auf ig. **pers-* 'spritzen' (neben ig. **pres-* 'spritzen') zurück, ↗ Veerse ↗ Verse. – Faust, *HG.A.4*, S. 80; Udolph, *Germanenproblem*, S. 34–39; Rix, *LIV*, S. 492f.

Verse, die l.z. Lenne (z. Ruhr z. Rhein), entspringt im Ebbegebirge nordöstlich von Meinerzhagen (Märkischer Kreis, NRW, D), durchfließt die Versetalsperre südöstlich von Lüdenscheid, mündet in Versevörde (Stadt Werdohl, Märkischer Kreis). – 1592 *up der Vese*; ON. Verse (Gem. Herscheid, Märkischer Kreis), 1255 *Verse*, 1284 *de Verse*; ON. Versevörde, 1254 *in Versevurdhe*, 1420 *Vesevörde, Veßevoerde*, 1698/99 *Wesewöerde* 'Furt an der Mündung der Verse'. – Deutung wie ↗ Vers? In der Mundart zur Sprechererleichterung /-rs-/ > /-s-/. – Schmidt, *HG.A.6*, S. 78, 103; Barth, *Sieg und Ruhr*, S. 135 (< **Farisa*); Udolph, *Germanenproblem*, S. 34–39.

† Vertrunken Daber jetzt Kleiner Dabersee ost-südöstlich von Grumsin/Angermünde (Lkr. Uckermark, Brandenburg, D). – 1589 *bis vf den Vordruncken Daber*. – Mndd. *vordrinken* (Partizip *vordrunken*) 'überschwemmt werden, absaufen', für ehemalige, versumpfte Seen. – Fischer, *BNB 10*, S. 69.

Vesser, die /fesser/ l.z. Breitenbach (z. Erle z. Nahe z. Schleuse z. Werra z. Weser). – 1015 *Vescera*, 1138 *Vessera*, 1406 *in der Veszer*; TalN. *Vessertal* (östlich von Suhl, Thüringen, D). ON. Kloster *Veßra* am Unterlauf der Schleuse (nordwestlich von Hildburghausen, Thüringen), Ende 8. Jh. *Uescera*, 900 *Uezzerun*; ON. *Vesser* am Oberlauf. *Vesser* muss ursprünglich für den ganzen Flusslauf zwischen Vesser und Veßra, das jetzt an der ↗ Schleuse liegt, gegolten haben. Die Deutung des Namens (*Fezzeraha zu ahd. *fezzera* 'Fußfessel, Schlinge') ist kaum haltbar. Zugrunde liegt ahd. *Fezzara < gm. *Fetarō, r-Ableitung zu dem starken Verb gm. **fet-a-* 'fallen'. Die Bedeutung '(Fluss) mit (starkem) Gefälle' passt zu dem vom Rennsteig kommenden Fluss. Ein FlN. *Feta liegt dem schw. Namen *Fjätan* zugrunde. – Sperber, *HG.A.5*, S. 109 f.; Walter, *Siedlungsgeschichte*, S. 258; Seebold, *starke Verben*, S. 195 f.; Nyman, *Ortnamn*, S. 285–287.

Vethbach l.z. Lehrde (z. Aller z. Weser), entspringt bei Vethem (Stadt Walsrode, Lkr. Heidekreis, Niedersachsen, D), mündet nördlich von Wittlohe (Gem. Kirchlinteln, Lkr. Verden, Niedersachsen), ON. Vethem. – 1767 *Vethe*, 1770/1778 *die Vieth*, *viht Bach*. – Falls die Belege für eine ältere Namenform *Vechtel/*Vehte (mit dem Lautwandel /-cht-/ > /-t-/) stehen, gehört der Name zur Gruppe um ↗ Vechte. – Borchers, *HG.A.18*, S. 140.

Veybach, die (auch *Feybach*), l.z. Erft (z. Rhein), entspringt in der Eifel bei Kallmuth (Stadt Mechernich, Kreis Euskirchen, NRW, D), mündet nach 22,9 km in den Erftauen bei Euskirchen. – ON. Urfey, ON. Eiserfey, 867 (Kopie) *uilla feia*; ON. Burgfey, ON. Katzvey, ON. Satzvey (Stadt Mechernich), BurgN. Veynau bei Wißkirchen (Stadt Euskirchen, Kreis Euskirchen). – Grundform ON. l. *villa fagia 'Landgut am Buchenwald' > rom. *Faia > ahd. *Feia* > *Feie/*Fey*, der ON. wurde auf den Fluss übertragen. – Greule, *Rheinlande*, S. 17.

Vieh- -*bach*, -*berggraben*, -*graben*, -*hof-Graben*, -*riehe*, -*teich*, -*triebbach*, -*triebgraben*, -*triftsee*, -*weid-Graben*, -*weidsee-Bach*, z. B. ON. Viehbach, Gem. Sankt Johann am Wimberg, PB Rohrbach, O.-Ö., A), um 1150 *de Vihebach*, um 1151 *in uilla ... Viechpach*, 1166 *Uihepach*, um 1200 *in Viehpach*. – Hausner/Schuster, *Namenbuch*, S. 354.

Viehbach r.z. Isar (z. Donau). – 1582 *rivus Viepach*; ON. Niederviehbach (Lkr. Dingolfing-Landau, Bayern, D), ON. Oberviehbach (Gem. Niederviehbach), ca. 917 (Kopie 11. Jh. *Uiohbach*, ca. 1040 *Viehtpach*, 1050 (Fälschung 12. Jh.) *Uiehpah*, 1281 *in Viehpach inferiori*, 1337 *zu Nidern Viechpach*. – Grundform ahd. *Fiohtbach 'Bach im Fichtenwald' > mhd. *Viehtbach*, mit Sprecherleichterung > *Viehbach*, Kompositum mit dem Grundwort -*bach* und ahd. *fioht 'Fichtenwald'. – Snyder, *HG.A.3*, S. 109; Reitzenstein, *Oberbayern*, S. 187.

Viehe ↗ Fie.

Vielitz-See nordwestlich von Vielitz/Vielitzsee (Lkr. Ostprignitz-Ruppin, Brandenburg, D), Vielitzkanal zwischen Vielitz-See und Gudelack-See. – 1530 *Vilitz*, 1767/87 *Fielitz See*, 1799 *Der Vilitz*, 1825 *Vielitzsche See*, 1908 *Vielitz-See*; ON. Vielitz, 1362 *Johann Vilitz*, 1530 *Das Dorff vilitz*, 1542 *In Vilitze*, 1652 *In Filitz*, 1799 *Vielitz am See*, 1861 *Vielitz*. – Ausgangsform vielleicht apolab. *Velica, abgeleitet von apolab. *vel- 'groß', ins Deutsche integriert als mndd. *Vīlitz mit Dehnung in der offenen Tonsilbe. – Wauer, *HG.A.17*, S. 187; Fischer, *BNB 10*, S. 296.

Vielser Bach r.z. Heder (z. Lippe z. Rhein). – ON. † Vielsen, Vielser Hof, Vielser Straße (Stadt Salzkotten, Kreis Paderborn, NRW, D), 1015–24 *Vilisi*, 1036, 1216, 1252 *Vilese*, 1240 *de Villese*, 1250 *Vilse*, 1335 *in campo Vilse* (und öfter belegt). – Ausgangsform ON. **Filis-ja-*, abgeleitet von FlN. *Filisa < gm. *Felusō f. ↗ ²Vils. – Schmidt, *HG.A.6*, S. 103.

Vier-Bach, die l.z. Wehre (z. Werra z. Weser), entspringt am Hohen Meißner westlich von Germerode (Gem. Meißner, Werra-Meißner-Kreis, Hessen, D) auf etwa 430m Höhe, mündet bei Reichensachsen (Gem. Wehretal, Werra-Meißner-Kreis). – Um 1613 *vber der Fierbach hin*; ON. Vierbach (Gem. Wehretal), 1073 *Virbeche* (und weitere Belege), 1283 *Virbach* (und weitere Belege), 1297 *Vierbach*. – Grundform *Vīrtbach? Kompositum mit dem Grundwort -*bach* und vielleicht mndd. *vīride*, *vīrde*, *vīrt* 'wilder Wald, Buschwald; mit Wald, mit Busch bewachsenes Wildland, Heide mit Holzbestand' ↗ Vierenbach ↗ Vierer See als Bestimmungswort. – Sperber, *HG.A.5*, S. 110.

Vierenbach r.z. Ilmenau (z. Elbe), entspringt nordöstlich von Vastorf (Lkr. Lüneburg, Niedersachsen, D), mündet in Bienenbüttel mitten in der Lüneburger Heide. – 1774 *Vihr Beck*, 1936 *Vierenbach*; ON. † *Virle*, 1341 *Campo Virle*, 1371 *zu dem Virle*; FlurN. 1774 *Vehren Bach Vehren Berg*, *Vier Brock*, 1961 *Vieren Berg*. – Bestimmungswort der Komposita ist sicherlich mndd. *vīride*, *vīrde*, *vīrt* 'wilder Wald, Buschwald; mit Wald, mit Busch bewachsenes Wildland Heide mit Holzbestand', ndd. *vier(t)*. – Udolph, *HG.A.16*, S. 351.

Vierer See z. Großen Plöner See, in der Gem. Bösdorf (Kreis Plön, S.-H., D). – (1490) *Virder See*, 1501 *von deme Virderße*. – Zusammenrückung der Wortgruppe mit dem von einem ON. † *Vierth* abgeleiteten Adjektiv und *See*. Der ON. *Vierth* entspricht mndd. *vīride*, *vīrde*, *vīrt* 'wilder Wald, Buschwald; mit Wald, mit Busch bewachsenes Wildland, Heide mit Holzbestand', ndd. *viert* 'Heidefläche, Hölzung', teils zu ndd. *veer* 'vier' umgedeutet. – Kvaran, *HG.A.12*, S. 199; Laur, *Schleswig-Holstein*, S. 667.

Viesel-Bach l.z. Gramme (z. Unstrut z. Thüringische Saale z. Elbe), wird in der Talsperre Vieselbach aufgestaut. – ON. Vieselbach (Stadt Erfurt, Thüringen, D), (um 1193) *Visilbecke*, 1297 *Visilbeche*, 1331 *Viselbach*. – Kompositum mit dem Grundwort mndd. *-beke* 'Bach' und dem Stamm *fisil-* (ndd. *fisseln* 'fein regnen') als Bestimmungswort; möglicherweise auch verdeutlichendes Kompositum mit dem ursprünglich einstämmigen FlN. as. *Fisila* ↗ Vissel als Bestimmungswort. – Ulbricht, *Saale*, S. 108.

Vils, die
– ¹Vils, l.z. Lech (z. Donau), entspringt in den Allgäuer Alpen, Abfluss des Vilsalpsees, mündet unterhalb von Vils. – 1324 (Insert 1441) *uff der Vilse*, 1423 *in der Fills*; ON. Vils (PB Reutte, Tirol, A) 1200 *in Filîs*; ON. Vilsen (Gem. Hopfen, Stadt Füssen, Lkr. Ostallgäu, Bayern, D), FamN. /im filsar/, 1574 *zum Vilser*; ON. An der Vils (heute Bläsimühle, Wohnplatz in Pfronten, Lkr. Ostallgäu), 1587 *an der Vilß*. – Die öfter vorgeschlagene Deutung *Filîs* < ig. *bʰeliso-* 'glänzend' mit „venetischer" Lautentwicklung */bʰ-/ > /f-/* berücksichtigt nicht den Zusammenhang der Tiroler Vils mit dem beider Vils in Bayern und der ↗ Fils in Württemberg, für die keine „venetische" Lautentwicklung angenommen werden kann, die daher abzulehnen ist. Deutung ↗ ²Vils. – Snyder, *HG.A.3*, S. 110, 126; Anreiter, *Breonen*, S. 142–144; Hausner/Schuster, *Namenbuch*, S. 359; Steiner, *HONB Füssen*, S. 192.
– ²Vils, r.z. Donau, die Große Vils entspringt im Lkr. Erding (Bayern, D), vereinigt sich bei Gerzen (Lkr. Landshut, Bayern) mit der Kleinen Vils, mündet in Vilshofen (Lkr. Passau). – /fuis/, 748 (Kopie 9. Jh.) *secus Uilusam*, ca. 769 (Kopie 12. Jh.) *Filse*, 863–885 (Kopie des 9.Jh.) *Filisa*; ON. Frauenvils (Gem. Taufkirchen/Vils, Lkr. Erding), 770/53–819 (Kopie 824) *Filusa*, 859/64–887/95 *Uilisa*; ON. Vilsbiburg (Lkr. Landshut), 990–1000 *Piburch*; ON. Vilsheim (Lkr. Landshut), 926–937 *Filzheim*; ON. Vilshofen, 748–829? (Kopie 9. Jh.) *Uilusa*. Die Ortsnamen sind Komposita mit den Grundwörtern ahd. *bîburg* 'Umwallung', *-heim* und *-hofen* und dem Flussnamen als Bestimmungswort bzw. mit dem Bestimmungswort *Frauen-* nach dem Marienpatrozinium der Ortskirche. – Grundform ahd. *Filusa* < gm. *Felusō* f., durch Assimilation des Mittelsilbenvokals an den Stammvokal ahd. *Filisa*. Gm. *Felusō* ist eine *s*-Ableitung von (erschlossenem) wgm. *felu-* 'Sumpfwald' (?), vgl. ahd. *fel(a)wa*, nhd. *Felbe*, *Felber* 'Weide' (= 'Sumpfbaum'?) und *die Ville*, ein Höhenzug zwischen Bonn und Bergheim/Erft (ursprünglich ein Sumpfwaldgebiet). *Felusō* könnte also ursprünglich 'Flusslauf mit/im Sumpfwald' bedeutet haben. Eine weitere Deutung ist morphologisch möglich, aber semantisch weniger einsichtig, nämlich die Herleitung aus gm. *felu-* 'viel' (gt. *filusna* 'Vielheit, Menge'). Gm. *Felusō* könnte in diesem Fall auf die relativ große Wassermenge hindeuten, die die so benannten Flüsse führen. – Snyder, *HG.A.3*, S. 110f.; Reitzenstein, *Oberbayern*, S. 288; Baumann, *Erding*, S. 200f.; Mauch, *Vils und Fils*, S. 152f.; Bammesberger, *Vils/Fils*, S. 20f.; Bichlmeier, *Überlegungen*, S. 193–196.
– ³Vils, r.z. Naab (z. Donau), entspringt in Kleinschönbrunn (Gem. Freihung, Lkr. Amberg-Sulzbach, Bayern, D), mündet in Kallmünz (Lkr. Regensburg, Bayern). – 777 (Kopie 13. Jh.) *Nord Filusa*, 1010–1020 *Vilisa*; ON. Vilseck (Lkr. Amberg-Sulzbach). – Der Ortsname ist ein ursprünglicher Burgenname, der aus dem Flussnamen und dem Grundwort *-eck* 'Ecke, Kante' zusammengesetzt ist. Deutung ↗ ²Vils. – N.N., *HG.A.20*; Reitzenstein, *Oberbayern*, S. 288f.

† Vilz(bach), die l.z. Rhein in Mainz (Rh.-Pf., D). – 16. Jh. *Viltz*; ON. die Vilzbach, Stadtviertel in Mainz, 1179 (Kopie 1410) *de Vilzbach*, 1262 (Kopie) *Viltzpach*, 1266 *Vilzbach*, 1294 *Viltzbach*. – Kompositum mit dem Grundwort *-bach* und ↗ Filz- als Bestimmungswort. Parallelname ON. Vilzbach (Gem. Eschenau im Hausruckkreis, PB Grieskirchen, O.-Ö., A), 1110–30 *apud Filcpach*, *Filzpach*. – Greule, *HG.A.15*, S. 115; Zernecke, *Siedlungs- und Flurnamen*, S. 541.

Vilzsee in der Mecklenburgischen Seenplatte südlich von Mirow (Lkr. Mecklenburg-Strelitz, M.-V., D). – 1241 *inter stagna Viltz*, 1274 *in stagnum Vilis*, 1772 *Filtzer See*, 1780 *Vilze See*, 1825 *Vils See*, 1908 *Vilz-See*. – Grundform mndd. *Vilis* > *Viltz*, vielleicht zu deuten wie ↗ Vielser Bach ↗ Vils. – Wauer, *HG.A.17*, S. 188; Bilek, *Sprachgut*, S. 71 (zu slaw. *vila* 'Waldnymphe, Nixe, Elfe').

Vinxtbach l.z. Rhein bei der Burg Rheineck zwischen Brohl-Lützing und Bad Breisig (Rh.-Pf., D). – ON. (im Oberlauf) Vinxt, 1556 *Fintz*. – Das Bestimmungswort *Vinxt-* entspricht angeblich lat. *Fines* 'Grenzgötter', weil hier die Grenze zwischen den römischen Provinzen Germania superior und Germania inferior lag. – Greule, *Rheinlande*, S. 17; Bach, *Ortsnamen 2*, S. 75.

Violenbach

– ¹Violenbach ↗ Fielenbach.
– ²Violenbach, r.z. Else (z. Werre z. Weser). – *1788 die Violen bache* – Kompositum mit dem Grundwort *-bach* und mndd. *viōle*, ndl. *viool* 'Veilchen' als Bestimmungswort. – Kramer, *HG.A.10*, S. 19.

Vippach

r.z. Gramme (z. Unstrut z. Thüringische Saale z. Elbe), entspringt östlich von Neumark (Lkr. Weimarer Land, Thüringen, D), mündet nach 17km bei Alperstedt (Lkr. Sömmerda, Thüringen). – *1267 Vippeche*; ON. Vippachedelhausen (Lkr. Weimarer Land), ON. Markvippach (Lkr. Sömmerda), ON. Schloßvippach (Lkr. Sömmerda), *874 Bitbahe*, ca. (900)? *Gutenbîtbach*, *1051 Pipecha*, *1128 Vibeche*, *1140 Vigbeche*, *1143 Vipeche*, *1193 Uicbeche*, *1215 Wippeche*, *1219 Vibeche*, *1221 Martvipech*, *1234 Vichbeke*, *1250 Marc Vipeche*, *1257 Vichbeche*, *1267 Vippeche*, *1325 Vipech*, *1327 Vicpeche*, *1346 Vypech*, *1347 Wippache*, *1391 Vypeche*, *1394 Vipech*. – Grundform ahd. **Witubach*, synkopiert > **Witbach*, mit Fern- und Kontaktassimilation > **Wikbach*, **Wichbach*, **Wippach*, Grundwort *-bach* neben mndd. *-beke* (*-beche*). Der älteste Beleg 874 (in Kopie?) *Bitbahe* zeigt den Lautwandel des 12./13. Jh. /w-/ > bair. /b-/. – Ulbricht, *Saale*, S. 146.

Vischelbach

l.z. Ahr (z. Rhein). – ON. Vischel (Gem. Berg, Lkr. Ahrweiler, Rh.-Pf., D), (949–70) (Kopie um 1103) *Uiscala*, (um 1086) *in Viskelo*, *1105 in Vischelo*, *1222* (Quelle 893) *Wihsselle*, *Wizsele*. – Der Ortsname ahd. **Viskala* ist auf den Fluss übertragen worden. Die Belege 1222 (Quelle 893) *Wihsselle*, *Wizsele* aus dem Prümer Urbar sind Eindeutungsversuche mit ahd. **wīhs* 'Dorf' und ahd. *wīz* 'weiß'. Der ON. **Viskala* kann auf l. (*bona*) *fiscalia* 'Staatsland, Königsgut' zurückgeführt und mit dem ON. Fisch (Kreis Trier-Saarburg, Rh.-Pf., D), um 1150 *Vische* (< l. *fiscus*) verglichen werden, ↗ Fischleinbach. – Gysseling, *Woordenboek*, S. 1017; Jungandreas, *Moselland*, S. 394; Buchmüller/Haubrichs/Spang, *Namenkontinuität*, S. 78.

Visbecker Bach

(auch *Kirchholz-Siepen*), l.z. Arpe (z. Wenne z. Ruhr z. Rhein). – ON. Visbeck (Stadt Meschede, Hochsauerlandkreis, NRW, D), Mitte 12. Jh. *de Visbeke* (und weitere Belege), *1241 de Visbike* (und weitere Belege). – Kompositum mit dem Grundwort mndd. *-beke* und mndd. *vis*, as. *fisc* 'Fisch' ↗ Fisch- als Bestimmungswort. – Schmidt, *HG.A.6*, S. 103; Barth, *Sieg und Ruhr*, S. 135.

† Vischbache, die

jetzt Nährenbach, r.z. Weser. – *1602 in der Fißbeck*, *1622 die Vißbach*, *1636 die Vießbache*, *1638 die Vischbache*, *die Fischbäche*; ON. Fischbeck (Gem. Hessisch Oldendorf, Lkr. Hameln-Pyrmont, Niedersachsen, D), *892 in ... Uisbecchae*, *955 in villa ... Viscbiki*, *1025 in Uiscbiki*, *1147 Visbike Visbeke* (und weitere Belege). – Grundform FlN. as. **Fiskbiki* > mndd. Visbeke, Kompositum mit Grundwort as. *-beki* 'Bach' und as. *fisk* 'Fisch' ↗ Fisch- als Bestimmungswort. – Kramer, *HG.A.10*, S. 19 f.

Visnitz, die

l.z. Gusen (z. Donau) im Mühlviertel (O.-Ö., A). – /fīsnis/, *1125* (Fälschung 12./13. Jh.) *ubi Visinissa influit in Gvsin*, 13. Jh. *Visnissa*, später *Visnis*; ON. Ober-, Unter-Visnitz (Gem. Wartberg ob der Aist, PB Freistadt, O.-Ö.), *1125* (Fälschung 12./13. Jh.) *predium Uisinisse*, ca.*1300 Visnisse*, *1351 von Visnis*, *1376 von visnyzz*, *1378 In Viznitz* (und weitere Belege). – Ahd. **Fisinissa* < gm. **Fisinisjō*, mit der Suffix-Kombination *-inisjō* abgleitet von gm. **fis-* in ndd. *fisseln* 'fein regnen'. Vermutlich liegt in **Fisinis-jō* eine Stellenbezeichnung vor, die von einem Gewässernamen gm. **Fisinisa* abgeleitet ist. **Fisin-isa* kann mit ↗ Vissel (< **Fisila*) verglichen werden. Visnitz ist in der Endung früh an slawische Flussnamen wie ↗ Feistritz und ↗ Flanitz angeglichen worden. – Hausner/Schuster, *Namenbuch*, S. 364; Hohensinner/Wiesinger, *Perg und Freistadt*, S. 115 f.

Vissel, die

(auch *Visselbach*), l.z. Rodau (z. Wiedau z. Wümme z. Lesum z. Weser), entspringt bei Visselhövede am Rand der Lüneburger Heide, mündet südwestlich von Bothel (Lkr. Rotenburg/Wümme, Niedersachsen, D). – FlurN. *bey dem Vißel Vörde*; ON. Visselhövede (Stadt, Lkr. Rotenburg/Wümme). – Ausgangsform as. **Fisila* zu ndd. *fisseln* 'fein regnen' ↗ Viesel-Bach ↗ Visnitz; Parallelname: der ursprüngliche Flussabschnittsname ON. Fislis (Dep. Haut-Rhin, Ferette, F), am Oberlauf der ↗ Ill (*1243 Visilis*, *1283 Viselis*, *1470 Fiszlis*, *1576 Fislitz*). – Borchers, *HG.A.18*, S. 141; Scheuermann, *Rotenburg*, S. 81, 316; Clauss, *Elsass*, S. 346.

Viver, der

/fiewer/ Stadtgraben in Buxtehude (Lkr. Stade, Niedersachsen, D). – *1375 van dem Viever*, *1420 ouer deme vyere*, *1448 ouer deme vyuer*, *ouer deme vyuere* (und weitere Belege), *1718 Viver*. – Entlehnt aus mndl. *vīvere*, *vīver*, afrz. *vivier* 'Fischteich, Fischkasten'. – Udolph, *HG.A.16*, S. 351 f.

Vocke-Bach

r.z. Pfieffe (z. Fulda z. Weser), entspringt im Norden des Stölzinger Gebirges (Nordhessen) auf rund 505m Höhe, mündet südlich von Vockerode-Dinkelberg (Stadt Spangenberg, Schwalm-Eder-Kreis, Hessen, D). – *1325 Vockenbach*, *1490 Fogkenau*; ON. Vockerode, *1266*, *1294 Vockenrode*, *1383*

Fakenrode, 1454 *Vogkenrode*. – Vermutlich Klammerform **Focken(rode)bach*, mit dem ON. Fockenrode 'Rodung des Focko', mit dem Genitiv des PN. *Focko* als Bestimmungswort. – Sperber, *HG.A.5*, S. 110.

Vöckla, die l.z. Ager (z. Traun z. Donau), um 788–790 (Kopie Mitte 12. Jh.) *secus torrentem Fecchilesaha*, 798–800 (Kopie Mitte 12. Jh.) *Fechilaha*, 1134 *pontem Uekkelahe*; ON. Vöcklabruck (PB Vöcklabruck, O.-Ö., A), ca. 1125–1136 *de Ueckla*, 1143 (Kopie 13. Jh.) *Ueclabrukke*. – Grundform FlN. ahd. *Feckilesaha bzw. *Feckiln-aha (> *Feckilaha), eine Zusammenrückung mit dem starken bzw. schwachen Genitiv des PN. *Feckil* bzw. *Feckilo*, vgl. ON. Vöcklamarkt (PB Vöcklabruck), um 1100 *Uechelsdorf* (< *Feckilesdorf). – Reutner/Bito/Wiesinger, *Vöcklabruck*, S. 192, 120 f.; Hausner/Schuster, *Namenbuch*, S. 367–369.

Vöhler-Bach (auch *Fohler-Bach*, *Vohler Bach*), r.z. Kallen-Bach (z. Lahn z. Rhein), entspringt im Oberwesterwälder Kuppenland. – ON. †Vöhl (Gem. Merenberg, Lkr. Limburg-Weilburg, Rh.-Pf., D), 1296 *Volene*, 1341 *Volne*, 1486 *Volen*, 1778 *Valin*; ON. Vöhlermühle am Vöhlerweiher (Gem. Merenberg), FlurN. /fēlə grund/ (/ē/ geschlossen). – Ausgangsform FlN. mhd. *Völene < (ahd.) *Fulina, *n*-Ableitung zu gm. **ful(i)-*, vgl. gm. **fulla-* (< **fulna-*) 'voll' (Schwundstufe der Wurzel urig.**pleh₁-* 'sich füllen, voll werden'), ⁊ Volme. – Faust, *HG.A.4*, S. 80 f.; Metzler, *Westerwald*, S. 83 f.; Rix, *LIV*, S. 482 f.

Vörbächle l.z. Waldbach (z. Nagold z. Enz z. Neckar z. Rhein), mündet bei Neu-Nuifra (Gem. Pfalzgrafenweiler, Lkr. Freudenstadt, B.-W., D). – ON. Ruine Vörbach (Lkr. Freudenstadt), 1140 *Verherbach*. – Grundform *Förchechach > **För(ch)bach*/ Vörbächle ⁊ Verrenbach. – Schmid, *HG.A.1*, S. 120.

Vogel-/-/-s- -bach/-beck, -fangbach, -graben, -herdbach, -phul/-pohl, -ried-Bach, -sangsbach, -see, -stätt-Bach, -tränkbach, -venn-Teich. Bestimmungswort mhd. *vogel*, *vugel* stM. 'Vogel' oder Genitiv des PN. ahd. *Fogal 'Vogel'.

Vogt-/-s- (auch *Voigt-/-s-*) -bächle, -graben, -seechen, -Teich, -wiesensee. Bestimmungswort mhd. *voget*, *vogt* 'Vogt'. – Ulbricht, *Saale*, S. 83, 104; Fischer, *BNB 10*, S. 297.

Vohler-Bach ⁊ Vöhler-Bach.

Volkach l.z. Main (z. Rhein), entsteht aus dem Zusammenfluss dreier Quellflüsse in Michelau im Steigerwald (Lkr. Schweinfurt, Bayern, D), mündet südlich von Volkach-Astheim. – GegendN. Volkfeld, belegt von 786 (*Folcfeld*) bis 1068 (*Volchfeld*); ON. Volkach, Stadt (Lkr. Kitzingen, Bayern), 906 *Folchaa*, 11. Jh. (Kopie 12. Jh.) *in Folchaho*, 1127 *Volkaha*, 1158 (Kopie) *Volkach* (und weitere Belege). – Zugrunde liegt der Flussname ahd. *Folkaha (bzw. *Folchaha), der möglicherweise eine Klammerform (aus **Folk[feld]-aha*) ist. In jedem Fall handelt es sich um ein Kompositum mit dem Grundwort gm. **fulka-* n. 'Volk, Kriegsvolk' ⁊ Pulkau. 786 *Folcfeld* deutet vielleicht daraufhin, dass sich an der Volkach im Volkfeld das Kriegsvolk versammelte. – Sperber, *HG.A.7*, S. 181 f.; Reitzenstein, *Lexikon*, S. 392.

Volme, die l.z. Ruhr (z. Rhein), entspringt bei Meinerzhagen (Märkischer Kreis, NRW, D) in 460m Höhe, mündet in Hagen-Eckesey (Kreisstadt Hagen, NRW) nach 50,5km. – 1155–65 *supra fluuium Voleminna*, 1296 (Kopie) *piscariam in Voleminne*, 1396 *op der Volmen*, 1397 *by der Volmebruggen*, 14./15. Jh. *(op, in) der Volmede* (mehrfach); ON. Vollme (Stadt Kierspe, Märkischer Kreis), 11. Jh. (Kopie) *De Volumanniu*, 13. Jh. *super Volemunde*, nach 1480 *Rutger tor Volmen*; ON., BurgN. Volmarstein (Wetter, Ennepe-Ruhr-Kreis, NRW), 11. Jh. *iuxta Folmudestede*, 1100 *Volmestene*, 1134 *de volmůdisteine*, 1139 *de uolmotstain*, *de Volmodisten*, 1151 *de Volmuntsteine*, 1166 *de Volmesteyne*, *de Folmůdestene*, 1169 *de Volmestein*, 1174 *Volmuthsten*, 1200 ... *castri in Volmodosteyne* (und weitere Belege), 1614 *Volmarstein*; ON. Volmeburg (Hagen-Delstern), ON. Volmehof (Stadt Meinerzhagen). – Grundform FlN. gm. *Ful-man-ō, die diversen Belege (sei es als Simplex sei es in der Komposition) legen folgende Entwicklung des Namens nahe: gm. *Fulmanō > as. *Folmana, mit Sprossvokal vor dem Labial /m/: as. *Folumana, nach Abschwächung der „vollen" Vokale (> *Folemene) und Synkope: mndd. *Folmene bzw. *Volmen*, *Volme*; in den mit *j*-Suffix erweiterten Formen, die ursprünglich einen Ort am Fluss benannten, erscheint das Suffix mit Ablaut und mit Gemination /-nn-/: as. **Fol(u)manni-*, umgelautet **Fol(e)menni* (1155–65 *Voleminne*) bzw. als *Folmunni, worin das Suffix -*munni* als -*mund* 'Mündung' umgedeutet wurde, mit Ausfall des /-n-/: *Volmude > *Volmede*, in der Komposition *Volmudestein, mit später Dissimilation *Volmenstein > *Volmerstein/ *Volmarstein*. Der FlN. gm. *Ful-man-ō ist eine analoge Bildung zu gm. **fulla-*, gt. *fulls* 'voll' (< urig. **pḷh₁-nó-*), nämlich ein moviertes Nomen neutrum **ful-man-* (urig. **pḷh₁-mén-*) im Sinne von 'Füllung' für einen beständig viel Wasser führenden Fluss. – Schmidt, *HG.A.6*, S. 78 f., 103; Barth, *Sieg und Ruhr*, S. 136; Krahe/Meid, *Wortbildungslehre*, S. 127–130.

Vollmersbach, die l.z. Idarbach (z. Nahe z. Rhein). – 1438 (FlurN.) *in der Volmersbach*, 1641 *an der Vollmersbach*; ON. Vollmersbach (Lkr. Birkenfeld, Rh.-Pf., D), 962 (Fälschung um 1116) *Folemares-*

bach, 1023 *Folemaresbah* (und weitere Belege), 1125 *Folmarsbach*, 1268 *in Volmersbach*, 1340 *Volmerspach*. – Grundform (ahd.) **Follamāresbach*, mit dem Grundwort *-bach* und dem Genitiv des PN. **Follamār*, der als Erstglied ahd. *folla-/fola-/fol-* 'voll' enthält. – Greule, *HG.A.15*, S. 116.

† Vollradsbek z. Förde (Ostsee), entspringt bei Krusenrott (bei Kiel), mündet bei Gaarden (Stadt Kiel, S.-H., D). – 1264–1289 *penes Volradesbeke* (und weitere Belege), 1385 *dessyd der Volredesbeke*, 1429 *up den Vollersbek*, 1469 *uppe deme Volradsbeke*, 1503 *Vollersbeke*, 1529 *uppe deme Follersbeke*, 1554 *am Vollertzbeke*, 1604 *ufn Follersbeke*. – Grundform mndd. **Folradesbeke > *Folredesbeke*, mit Synkope und Liquida-Metathese > **Foler(d)sbeke/Vollersbeke*, Kompositum mit dem Grundwort mndd. *-beke* 'Bach' und dem Genitiv des PN. *Folrat* (< **Folk-rāt*?) als Bestimmungswort. – Kvaran, *HG.A.12*, S. 201; Laur, *Schleswig-Holstein*, S. 670.

Volzine, die l.z. Alten Oder, mündet bei Wriezen (Lkr. Märkisch-Oderland, Brandenburg, D). – 1737 *in der volzine*, 1746 *Volziene*. – Ausgangsform apolab. **Volčina* 'Wolfsbach', abgeleitet von apolab. **volk* 'Wolf'. – Fischer, *BNB 10*, S. 297.

Voraubach r.z. Lafnitz nördlich Rohrbach an der Lafnitz (PB Hartberg, Steiermark, A). – nach 1145 *riuis, qui uulgo Forauua et Lauuenza dicuntur*, 1163 *ab aqua ... quę Vorowe dicitur*, 1168 *ab aqua ... quę Vorôwe dicitur*, 1171 *ab aqua que Vorowe dicitur*; ON. Vorau (PB Hartberg, Steiermark, A), 1139 (Kopie um 1300) *Voraugia*, nach 1145 *ad Forauwa*, 12. Jh. *Vorhowe*, 1163 *Vorowe*, usw. – Siedlungsname mhd. **Forouwe*, ahd. **Forh-ouwa* 'mit Föhren bestandene Stelle am Wasser' (zu ahd. *forha* swF. 'Föhre'). Der Siedlungsname wurde auf den Fluss, an dem die Siedlung liegt, übertragen. Möglicherweise geht ein Flussname ahd. **Forh-aha* voraus. – Hausner/Schuster, *Namenbuch*, S. 373 (< slaw. **Borova* zu slaw. **borъ* 'Nadelwald').

Vorder-/-e-/-er-/-ste-/-ster-/-stes -au, -bach, Fließ, Graben, Kolk, Kute, Moorkanal, -See, Seige, Teich. Häufiger Bestandteil in Wortgruppen und Zusammenrückungen, um die Lage eines Gewässers vor einer anderen Örtlichkeit zu bezeichnen, oder unterscheidender Zusatz im Unterschied zu ↗hinter, z.B. Vorderrhein – Hinterrhein. – Fischer, *BNB 10*, S. 297.

Vorlachgraben Unterlauf d. Schmerbachs, l.z. Altrhein. – 1455 *die Vorlach*, 1836 *Vorlach-Graben*; ON. † Forlach, heute Wörth am Rhein (Lkr. Germersheim, Rh.-Pf., D), 1282 *Forhenloh*, 1284 *Forhenlach*, 1308 *Vorhenlach*, 1309 *Vorloch*, 1401 *Forlebach*, 1410 *Furlach*, 1495/96, 1576 *Forlach*, 1636 *Vorlach*, 1739 *Alt-Fohrlach*. – Grundform ON. **Vorhenlōch* '(am) Föhren-, Kiefernwald'; das Grundwort mhd. *lōch* 'Gebüsch, Wald, Gehölz' wurde in Anbetracht der Lage der Siedlung im feuchten Bienwald zu mhd. *lache* 'nasse Stelle, mit Schilfrohr bestandener Bruch' zu (1284) *Forhenlach* umgedeutet und dieses als Flussname spät zur Verdeutlichung mit dem Grundwort *-graben* komponiert. – Greule, *HG.A.15*, S. 116; Dolch/Greule, *Pfalz*, S. 145 f.

Vornbacher Bach l.z. Inn (z. Donau). – 1122 *inter ... rivum Formbach*, 1841 *Varmbacherbach*, 1856 *dem Formbache*; ON. Vornbach (Gem. Neuhaus am Inn, Lkr. Passau, Bayern, D), 1028 *Formbach*, vor 1140 *Forinbah*, 1181 *Formbach*, 13. Jh. *Varenpach*, 1320 *Vormbach*, 1502 *Fornpach*, 1811 *Vornbach*. – Grundform (ahd.) **Fornabach* 'Forellenbach' > mhd. **Fornebach*, mit Synkope > **Fornbach/Vornbach*, mit Assimilation > (1122) *Formbach*, Kompositum mit dem Grundwort *-bach* und ahd. *forahana, forhna, forna* stF. 'Forelle' als Bestimmungswort. – Dotter/Dotter, *HG.A.14*, S. 423–426; Reitzenstein, *Oberbayern*, S. 291.

Vorwitz, die l.z. Ingering (z. Mur z. Drau) südlich von Bischoffeld westlich von Seckau (PB Knittelfeld, Steiermark, A). – ON. Forwitzhof (Gem. Flatschach, PB Knittelfeld), 1159 (Kopie 14. J.) *curtis Forwiz*, 1171 (Papsturkunde) *Forwich*, 1174 (Fälschung 1262–1306) *curia pascuali in Worwiz*, 1197 *Forwiz*, 12. Jh. *de Voruwiz, de Forwize*, 1202 *Vorwiz*. – Ausgangsform FlN. slaw. **Borovьcь/*Borovica* 'Bach durch Nadelwald', mit dem kombinierten Suffix slaw. **-ov-ic-* abgeleitet von slaw. **borъ* 'Nadelwald', ins Bairische integriert als mhd. **Vorwitze*. – Hausner/Schuster, *Namenbuch*, S. 375; Lochner von Hüttenbach, *Steirische Hydronyme*, S. 128.

Voss-/Voß- -bach, -bäke/-beck/-bek, -born, -graben, -kanal, -pfuhl, -siepen, -see, -teich, z.B. Voßsiepen, l.z. Dumicker-Bach (z. Bigge z. Lenne z. Ruhr z. Rhein), 1532 *biß up den Ffossipen*, mit ON. Voßsiepen (Stadt Attendorn, Kreis Olpe, NRW, D), 15. Jh. *vossypen*. Bestimmungswort mndd. *vos*, ndd. *voß* 'Fuchs' ↗Fuchs-. – Schmidt, *HG.A.6*, S. 103; Fischer, *BNB 10*, S. 80 f.

Voßenke r.z. Söse (z. Rhume z. Leine z. Aller z. Weser) bei Riefensbeek(-Kamschlacken) (Stadt Osterode am Harz, Niedersachsen, D). – 1460 *vor dem vosmeke*, 1632–35 *im Voßemke*, 1664 *am Foßenke, in dem Voßemk*, 1670 *der Vossemcke*, 20. Jh. *Voßenke*. – Grundform mndd. **Vosbeke*, dissimiliert > (1460) *vosmeke*, mit Umstellung des /m/ > (1632) *Voßemke*, assimiliert /-mk-/ > /-nk-/ > *Voßenke*; Kompositum mit dem Grundwort mndd. *beke* 'Bach' und mndd. *vos* 'Fuchs' ↗Voss-/Voß-. – Kettner, *HG.A.8*, S. 139.

W

Waag, die slovak. *Váh*, ung. *Vág*, l.z. Donau (SK), entsteht aus Weißer ~ (aus der Hohen Tatra) und Schwarzer ~ (aus der Niederen Tatra), vereinigt sich bei Kolárovo mit der Kleinen Donau zur Waagdonau und mündet nach 375 km bei Komárno. – 496/506 (Kopie 13./14. Jh. nach Kopie um 700) *(flumen)Bac* (Geograph von Ravenna IV 25), 1086 *Wag*. – Die vorslaw. Grundform des Namens ist *Wāg* mit maskulinem Genus. Die Bezugnahme von *Bac* auf die Waag beim Geographen von Ravenna ist unter der Bedingung möglich, dass *Bac* romanischen Betacismus (<Bac> statt <Vac>) und die altoberdeutsche Schreibung <c> statt <g> im Auslaut aufweist. Eine Verbindung von *Wāg* mit ahd. *wāg* 'Wasser, Flut, See', mhd. *wāc* stM. 'Wasser, Flut, Meer, See, Fluss, Strom', awn. *vágr* 'Meer, See, Bucht, Flüssigkeit, Eiter', gt. *wēgs* 'Wogenschlag' (Plural 'Wogen'), urgm. *wē^{i}gaz* m., mit Dehnstufe abgeleitet vom Verb gm. *weg-a-* 'bewegen', liegt nahe. Das Nomen dürfte sich ursprünglich auf das bewegte Wasser, dann auch auf stagnierende (große und kleinere) Gewässer bezogen haben, vgl. *Woog* < mhd. *wāc* als Name von Fischteichen und Stauweihern in Südhessen. Auffällig ist die Erwähnung eines Flusses *Vagus*, der in Skandinavien aus einem großen Sumpf entsteht und in den Okeanos fließt, bei Jordanes, dem Verfasser einer Geschichte der Goten (Getica 3,17) im 6. Jh. Weder Waag noch Vagus zeigen allerdings gotischen Lautstand; in gotischer Sprache müssten die Namen *Wēgs* lauten. Der Name der Wagrier, eines Teilstamms der slawischen Abodriten, wird auf den Bewohnernamen gm. *Wāg-warijōz* 'Buchtanwohner' zurückgeführt. Vermutlich ging der Name der Waag von ihrer seeartigen Vereinigung mit der Donau aus und breitete sich von dort flussaufwärts aus. Das heutige feminine Genus des deutschen Namens ist eine späte Angleichung an *die Donau*, ↗Waagbach ↗Woogbach. – Schwarz, *Namenforschung* II, S. 89; Springer, *Thüringer*, S. 528; Reichert, *Lexikon*, S. 747; Schroeder, *Namenkunde*, S. 374; Ramge, *Flurnamenbuch*, S. 1000 f.; Udolph, *Wagrier*.

Waagbach r.z. Rhein bei Waghäusel (Lkr. Karlsruhe, B.-W., D). – Kompositum aus mhd. *wāc* stM. in der Bedeutung 'stehendes Wasser' und dem Grundwort *-bach*: 'Bach mit einem *wāc* oder aus einem *wāc*', ↗Waag ↗Woogbach. – Geiger, *HG.A.2*, S. 147; Springer, *Flußnamen*, S. 131.

Waal, die südlicher und größter Rheinarm im Flussdelta des Rheins (NL). – l. *Vacalus* (Caesar), *Vahalis* (Tacitus, Annalen). – Unsichere Etymologie, der FlN. wird auf kelt. *Vokalos* > gm. *Wahal-* zurückgeführt und mit ON. *Vocario* (Tabula Peutingeriana), römische Poststation (Gem. Pfarrwerfen, St. Johann im Pongau, Salzburg, A), ON. Wochern (Gem. Perl, Lkr. Merzig-Wadern, Saarland, D), 1084 *Wochera*, und FlN. 8. Jh. (Kopie 8. Jh.) *fluviolus Wocara*, (Kopie 12. Jh.) *fluviolus Wochara*, 839 (Kopie 10. Jh.) *Woccaram*, 9. Jh. (Kopie 10./11. Jh.) *Wocara*, jetzt Lohbach, l.z. Rhein, verglichen. Die Basis *uok-* (ablautend zu *uek-*) könnte aus der Verbalwurzel ig. *ueǵ^h-* 'schweben, fahren', vgl. l. *vec-tus*, gm. *weh-ti-* 'Gewicht' ↗Waag, abstrahiert sein. – Buchmüller/Haubrichs/Spang, *Namenkontinuität*, S. 103; Pokorny, *IEW*, S. 1118–1120.

Wabach, die l.z. Lenne (z. Weser). – 1033 (Kopie 1718) *ad Wabeche fluvium*, 1745/46 (Kopie) *die Wabach*, 1760/61 *Wah-Bach, An der Wabach*; ON. †Wabeke (Lkr. Holzminden, Niedersachsen. D), /wåbīkə/, (1007) (Kopie 15. Jh.) *usque Wabiki*, 1260 (Kopie 15. Jh.) *Wabeke*, 1270 (Kopie 15. Jh.) *curia Wabeke*, 1282 *in Wabeke*. – Grundform as. *Wāh-beki*? Kompositum mit dem Grundwort as. *beki* 'Bach' und as. *wāh* 'Böses, Schlechtes' (< gm. *wanha-* 'krumm') als Bestimmungswort; Ursprungsbedeutung 'Bach mit Krümmung'? vgl. Wachau, Tal der Donau zwischen Melk und Krems (N.-Ö., A) < ahd. *Wāhouwe*. – Kramer, *HG.A.10*, S. 69; Casemir/Ohainski, *Holzminden*, S. 211; Hausner/Schuster, *Namenbuch*, S. 1079.

Wabe, die l.z. Schunter (z. Oker z. Aller z. Weser), bildet sich im Gebiet eines Quellsumpfes ('Hölle') im Elm südlich von Braunschweig (Niedersachsen, D), fließt durch Braunschweig, mündet bei Querum (Braunschweig, Stadtbezirk Wabe-Schunter-Beberbach). – /wåbe/, 1211 *iuxta aquam ... vulgo ... Wevene*, 1345 *an de Wavene*, 1349 (Kopie 1349–69) *vppe der wauene*, 1349 (Kopie 1380–95) *vp der wauene*, 1630 *an der Wafe*, 1802 *die Wabe, an der Wabe*. – Grundform (as.) *Wabana > mndd. *Wavene, mit n-Suffix abgeleitet vom Stamm gm. *waƀ- (ae. wafian 'hin und her bewegen') 'wabern, wimmeln' (metaphorisch 'weben'), vgl. die Ableitungen mit r-Suffix FlurN./WaldN. Waver 'schwankender Wiesenboden, Morast', ON. Wabern (Schwalm-Eder-Kreis, Hessen, D), FlN. Waver z. Morecambe Bay (Cumberland, GB), ca.1060 (Kopie 13. Jh.) Wafyr, 12. Jh. (Kopie 14. Jh.) Waura, Wavera, Waver. Motiv der Benennung der Wabe war der Quellsumpf. – Borchers, *HG.A.18*, S. 141; Blume, *Oker*, S. 54 f.; Bach, *Namenkunde 1*, S. 297; Watts, *EPN*, S. 656; Seebold, *starke Verben*, S. 540 f.; Pokorny, *IEW*, S. 1114 f.

Wachbach l.z. Tauber (z. Main z. Rhein), entspringt in Rot (Stadt Bad Mergentheim, Main-Tauber-Kreis, B.-W., D), mündet in Bad Mergentheim. – ON. Wachbach (Stadt Bad Mergentheim), (910) (Druck 1850) *Wachenbach*, 1045 *Wachenbach*, 1222 *Wacchebach*, 1300 *Wachebach*, 1362 *Wachbach*. – Grundform ahd. *Wachenbach*, gekürzt > *Wachbach*, Kompositum mit dem Grundwort -bach und dem Genitiv des PN. Wacho (*Wachen-*) als Bestimmungswort. – Sperber, *HG.A.7*, S. 182; Kaufmann, *Ergänzungsband*, S. 372 f.

Wachenbach
- ¹Wachenbach (auch *Wagenbach*), r.z. Hafenlohr (z. Main z. Rhein). – 786 oder 794 (Fälschung 12. Jh.) *Vuachenbach*, 1000 *Wachenbach*; ON. (alte, neue) Wagenmühle (Gem. Esselbach, Lkr. Main-Spessart, Bayern, D). – Deutung ↗Wachbach. – Sperber, *HG.A.7*, S. 182.
- ²Wachen-Bach, die, r.z. Sulz-Bach (z. Main z. Rhein). – 1354 *biß in die Wachenbach und die Wachenbach herein*. – Deutung ↗Wachbach. – Sperber, *HG.A.7*, S. 182.

Wadelbach r.z. Sexterbach (z. Drau), mündet in Sexten im Osten von Südtirol (Prov. Bozen, I.). – /wáadlpachl/, um 1770 *Wadel B.* – Kompositum mit dem Grundwort -bach und mundartlich (Hochpustertal) *Waadl*, Diminutiv von *Waade* 'Weide', als Bestimmungswort. – Kühebacher, *Ortsnamen*, 2, S. 362.

Wadrill, die (auch *Wadrillbach*), r.z. Prims (z. Saar z. Mosel z. Rhein), entspringt im Osburger Hochwald (Hunsrück, Rh.-Pf., D), fließt durch Wadrill (Stadt Wadern, Lkr. Merzig-Wadern, Saarland, D) und Wedern (Stadt Wadern), mündet nach 17km bei Dagstuhl (Stadt Wadern). – ON. Wadern, /ˈvaːdrən/, 10. Jh. (Kopie 11. Jh.) *in villa Waderella*, 1289 *in Uuadre*, 1299 (Kopie 1488) *de Waedrella*, 1301 (Kopie) *de Wadrelle, in Waderen*, ca.1450 *zu Waderen*, 1486 *Wadern*, 1496 *Waedern* (lies /vaːdern/?); ON. Wadrill, /watriːl/, 981 (Fälschung 1215) *Waderola*, 1047–66 (Kopie 12. Jh.) *Waderola*, 1196 *in Wadrelle* (und weitere Belege), 1249 *de Wadrella*, 1332 *de Wadrela*, 1569 *Wadereyl*, 1598 *Waderel*, 1612 *Wadrill*; ON. Wedern, 1447 *Weddern*, 1612 *Wedern*. – Grundform FlN. *Wadra, zugrunde liegt ig. *u̯odrā f., eine r-Ableitung von ig. *u̯od- (akslav. voda 'Wasser', lit. GewässerN. Vadà, ig. *u̯ód-r̥ n. 'Wasser'), Parallelnamen: *Wadra- in ON. Waalre (Prov. Nordbrabant, NL), 704 (Kopie 1191) *villa Waetriloe*, 712 (Kopie 1191) *Waderloe*, 726–27 (Kopie 13. Jh.) *Wadradoch*, 914 (Kopie 13. Jh.) *Waderlo* (Kompositum mit dem Grundwort -lo(e) 'Wald'), lit. GewässerN. *Vãdrè*, ↗Wetter. Der Lautwandel ig. /o/ > /a/ in *Wadra dürfte dem Einfluss von gm. *waða- 'Furt' zu verdanken sein. Wohl unter dem Einfluss der Kanzlei steht die Verwendung des gallorom. Suffix -ella (10. Jh. *Wadrella*), das ursprünglich einen Abschnitt der Wadrill, vielleicht den Oberlauf, benannt haben dürfte und auf den ganzen Fluss ausgedehnt und teils auf die Stadt Wadern übertragen wurde. Für den ON. Wedern wird *Wadrina, eine Ableitung vom Flussnamen, als Ausgangsform erwogen. – Spang, *HG.A.13*, S. 78; Niemeyer, *DONB*, S. 660 (Maria Besse); Buchmüller/Haubrichs/Spang, *Namenkontinuität*, S. 102 f.; Künzel/Blok/Verhoeff, *Lexicon*, S. 378 f.; Rix, *LIV*, S. 658 f.

Wälze-Bach r.z. Eder (z. Fulda z. Weser) bei Ederbringhausen (Gem. Völh, Lkr. Waldeck-Frankenberg, Hessen, D). – 1571 *nach dem Weltzbach*, um 1612 *nacher dem Weltzbach*, 1651 *in Weltzebach*. – Kompositum mit dem Grundwort -bach und nhd. *Wälze* f. 'Stelle, wo sich Tiere wälzen' als Bestimmungswort. – Sperber, *HG.A.5*, S. 110; Keinath, *Württemberg*, S. 45.

Wäsch-/-e- -bach, -graben, -pfuhl, z.B. Wäschbach (z. Rup-Bach z. Lahn z. Rhein), 1411 *die Wesschebach*, 1513 *die Weßebach*. Bestimmungswort nhd. *Wäsche* 'Ort, wo die Schafe gewaschen werden'. – Faust, *HG.A.4*, S. 81; Fischer, *BNB 10*, S. 299 f.

Wässering ↗Wätering.

Wätering-/-e -pfuhl, z.B. Wätering, Abfluss aus dem Dümmer (z. Hunte z. Weser), 1616 *bet an die Lehe oder Wetterung*, jetzt ↗Lehstrom; mndd. (1339) *ad aquaeductum, qui dicitur Weteringhe*, (1405) *up der wetteringhe*; ndd. *Weteringe* 'Wasserlauf, Abwässerungsgraben in den Marschen'; brandenburg. *wäteringe* f. 'Tränkstelle auf dem Feld' und Name für kleinere Gewässer (in Brandenburg entlehnt aus den Niederlanden). – Borchers, *HG.A.18*, S. 141; Udolph, *HG.A.16*, S. 213, 360; Borchers, *HG.A.18*, S. 147; Fischer, *BNB 10*, S. 300; Bach, *Namenkunde 1*, S. 285 (§ 299: Künstliche Wasserläufe).

Wätern ↗ Wetter-.

Wagensteigbach (im Oberlauf Erlenbach, Holzschlagbach, r.z. Dreisam (z. Elz z. Rhein), entspringt bei St.Märgen (Lkr. Breisgau-Hochschwarzwald, B.-W., D) in ca. 1015m Höhe, vereinigt sich bei Kirchzarten (Lkr. Breisgau-Hochschwarzwald) mit dem Rotbach zur Dreisam. – TalN. Wagensteigtal, 1350 *an der Steige in valle* ..., 1352 *Steige vallis* ..., 1379 *die Wagensteige*, 1397 *vntz an Wagensteig*; ON. Wagensteig (Gem. Buchenbach, Lkr. Breisgau-Hochschwarzwald). – Benannt nach der Wagensteige, einem wichtigen Übergang im Schwarzwald. – Geiger, *HG.A.2*, S. 147.

Wahlbach
– ¹Wahlbach, l.z. Unteren Murg (z. Rhein). – /wālbaχ/, 1367, 1423 *die Walbach*. – Geiger, *HG.A.2*, S. 147.
– ²Wahlbach, l.z. Schwarzbach (z. Blies z. Saar z. Mosel z. Rhein). – 1547 *Walbach*, 1707, 1757 *Wallbach*; ON. Wahlbacherhof (Gem. Contwig, Lkr. Südwestpfalz, Rh.-Pf., D), 1325 *Walbach*. – Spang, *HG.A.13*, S. 79.
– ³Wahlbach (im Oberlauf *Schnorbach*), l.z. Benzweiler Bach (z. Simmerbach z. Nahe z. Rhein). – ON. Wahlbach (Rhein-Hunsrück-Kreis, Rh.-Pf., D), 1135 *de Walebach*, 1183 (Kopie 18. Jh.) *de Wallebach*, 1234 (Kopie) *de Walebach*. – Greule, *HG.A.15*, S. 117. Grundform *Walenbach, Kompositum mit dem Grundwort -*bach* und dem Genitiv des PN. *Wal(h)o* (*Walen-) als Bestimmungswort, mit Dehung in offener Tonsilbe > *Wālenbach, gekürzt > *Wālbach* < Wahlbach>.

Wahle-Bach (auch *die Wahle*, im Oberlauf auch *Fahrenbach*), r.z. Fulda (z. Weser), entspringt in der Söhre östlich von Wellerode (Gem. Söhrewald, Lkr. Kassel, Hessen, D), mündet in Kassel-Unterneustadt. – ON. Waldau (Stadt Kassel), 1292 *Walda*, 1295 *Waldahe*, 1324 *de Walda*, 1377 *in Walda*, 1392 *zu der Walda*, 1452 *in Walde*. – Grundform mhd. *Waldahe*, Kompositum mit dem Grundwort ahd. *aha* 'Fließgewässer' und mhd. *walt* 'Wald' (gemeint ist der Söhrewald) als Bestimmungswort. *Waldahe* abgeschwächt > *Walde*, mit Assimilation /-ld-/ > /-ll-/ und Dehnung des Tonvokals > *Wahle*, verdeutlichend komponiert mit -*bach*. – Sperber, *HG.A.5*, S. 111.

Wahlenbach r.z. Fischbach (z. Nahe z. Rhein). – 1479 (Kopie 18. Jh.) *in die Walbach*, 1491 *die Wailbach*, 1558 *die Wahlbach*, 1560 *die Walbach*, 1641 *in der Wahlbach*. – Deutung ↗ Wahlbach. – Greule, *HG.A.15*, S. 117.

Wahnbach r.z. Sieg (z. Rhein), entspringt im Bergischen Land südwestlich von Pfaffenscheid (Drabenderhöhe, Stadt Wiehl, Oberbergischer Kreis, NRW, D), wird in der Wahnbachtalsperre aufgestaut, mündet nach 29,4km bei Seligenthal (Stadt Siegburg, Rhein-Sieg-Kreis, NRW). – 1440–1602 *in der Wande*, 1555 *Wandbach*, *die Wand*; ON. Oberwahn, Niederwahn, Amtsknechtswahn (Gem. Much, Rhein-Sieg-Kreis), um 1100 *in Wande*, 1187 *de Wanda*, 12. Jh. *villa Wande*, 1297 *Wande*, 1316 *de Wande*, 1487 *van Wande*. – Grundform as. *Wanda* ↗ Wande ↗ Wanne. – Faust, *HG.A.4*, S. 81; Barth, *Sieg und Ruhr*, S. 117.

† Wahrensee heute Großer See, westlich von Fürstenwerder (Gem. Nordwestuckermark, Lkr. Uckermark, Brandenburg, D). – Um 1700 *Der Große Wahren See*, 1745 *Wahren See, der große*, 18. Jh. *Wahrensoder Großer See*. – Ausgangsform vermutlich apolab. *Varn*'- oder *Varny, Plural zu *varn* 'Rabe' oder *varna* 'Krähe'. – Fischer, *BNB 10*, S. 298.

Waid- -*achbach*, -*bach*, -*graben*, -*moosbach*. Bestimmungswort ahd. *weida* 'Jagd, Beute', mhd. *weid(e)* 'Jagd, Fischerei', nhd. *Weidmann* 'Jäger'. – Springer, *Flußnamen*, S. 188.

Waiderbach r.z. Weißenbach (z. Ahr z. Rienz z. Eisack z. Etsch). – /woadapåch/, um 1770 *Weider Ba.*, GeländeN. Weidach, /wóada/, HofN. Waidacher (Prov. Bozen/Südtirol, I.), 1296–1320 *Weidach*. – Kompositum mit dem Grundwort -*bach* und HofN. Weidach als Bestimmungswort. *Weidach* ist Kollektivbildung mit dem Suffix -*ach* zu mundartlich *Woade* 'Weide'. – Kühebacher, *Ortsnamen 2*, S. 362.

Wakenitz, die r.z. Trave (z. Ostsee), Abfluss des Ratzeburger Sees bei Rothenhusen, umfloss bis zum Bau des Elbe-Lübeck-Kanals (1896–1900) den Stadthügel von Lübeck (S.-H., D) und mündete südlich von Lübeck in die Trave. Nach dem Kanalbau wurde die Wakenitz durch einen Damm abgesperrt und entwässert z.B. über den Düker in den Krähenteich/ Mühlenteich. Der Fluss bildet über weite Strecken die Grenze zwischen den Bundesländern Schleswig-Holstein und Mecklenburg-Vorpommern (D). – /vågnits/ (/å/ lang) 1158 (Fälschung 13. Jh.) *Wocnitziam*, 1167 *Wocniziam*, 1177 *Wocnice*, 1199 (Papsturkunde) *Wakenize*, 1209 *Wokenize*, 1353 *Wokenitza*, Anfang 15. Jh. *twysschen den twen vleten* ... *Wakenisse*, 1428 *Wokenitz*, 1503 *vor der Wakenysse*, 1547 *an der Wackenitz*, 1649 *Wakeniß*, *Wakenitz*, 1856 *Wakenitz*. – Ausgangsform apolab. *Vok(u)nica*, die als Ableitung mit dem Suffix slaw. -*ica* von apolab. *vokun'* m. 'Barsch, Flussbarsch' gedeutet wird. Dies könnte die Slawisierung (w-Vorschlag, /a/ > /o/, Sekundärsuffix -*ica*) eines vorslaw./gm. Namens *Akanō, mit Suffixgleichheit zum Namen des Hauptflusses ↗ Trave (< gm. *Trawanō) sein; gm. *Akanō ist eine Ableitung mit *n*-Suffix von dem in Flussnamen

⌕ Eckbach ⌕ Ecker ⌕ Oker als Ableitungsbasis belegten Verbs gm. *ak-a- (awn. *aka* 'fahren') < urig. *$h_2 eĝ$- 'treiben, dahinziehen'. – Kvaran, *HG.A.12*, S. 203; Schmitz, *Lauenburg*, S. 431–433; Rix, *LIV*, S. 255f.

Wal-Bach r.z. Agger (z. Sieg z. Rhein) bei Ründeroth (Gem. Engelskirchen, Oberbergischer Kreis, NRW, D). – ON. Walbach (Ründeroth), 1413 *Waelbech*; ON. Wallefeld (Gem. Engelskirchen), 1180 *Walevelt*, 15. Jh. *Valvelde*; ON. Wahlscheid (Gem. Engelskirchen), 1492 *Walscheydt*. – Vermutlich Klammerform *Wale(feld)bach*, Kompositum mit dem ON. Wallefeld als Bestimmungswort, dessen Grundform *Walenfelt* < *Walhenfeld* (mit dem Genitiv des PN. *Walho* als Bestimmungswort) sein könnte. – Faust, *HG.A.4*, S. 81; Barth, *Sieg und Ruhr*, S. 117.

Walchsee bei Walchsee (PB Kufstein, Tirol, A). – ON. Walchsee, 1073 (Fälschung, Transsumpt 1226) *Walhese*, um 1165–66 *de Walhse*, 1179 *apud … Walhse*, um 1200 *prope villam Walhse*. – Grundform mhd. *Walhes-sē*, vereinfacht geschrieben *Walhese*, Kompositum mit dem Grundwort mhd. *sē* und dem Genitiv des PN. ahd. *Wal(a)h* 'Welscher, Fremder, Romane' als Bestimmungswort. – Dotter/Dotter, *HG.A.14*, S. 426f.; Hausner/Schuster, *Namenbuch*, S. 1084.

Walchen, der (im Oberlauf *Ache*, *Achen*, *Seeache*), r.z. Isar (z. Donau), entwässert das nördliche Achental bei Achenkirch (PB Schwaz, Tirol, A), fließt durch die Walchenklamm und den Sylvenstein-Stausee (Lkr. Bad Tölz-Wolfratshausen, Bayern, D). – 1002 *Walchenesbah*, 11. Jh. *Walchenesbach*, ca.1563 *inter Dürham et Walham fluvios*. – Unsichere Deutung. Grundform vielleicht ahd. *Walhenesbach*, gekürzt > *Walchen(s)bach*, elliptisch *der Walchen*, ursprünglich Kompositum mit dem Grundwort *-bach* und dem Genitiv des PN. *Walchen* (*Walchenes-*). – Snyder, *HG.A.3*, S. 112.

Walchensee z. Jachen (z. Isar z. Donau). – 11. Jh. (Kopie 13. Jh.) *Walhense*, 12. Jh. *Walihinse* (lies *Walchinse*?), 1446 *wegen des Walchensee*, 1514 *an dem Walchensee*; ON. Walchensee (Gem. Kochel am See, Lkr. Bad Tölz-Wolfratshausen, Bayern, D), 1294 *Walhense*, 1441 *Walchensee*. – Grundform mhd. *Walhen-sē*, Kompositum mit dem Grundwort mhd. *sē* 'See' und dem Genitiv des PN. ahd. *Walho* (Gen. *Walhin-/*Walhen-*) als Bestimmungswort. – Snyder, *HG.A.3*, S. 126; Reitzenstein, *Oberbayern*, S. 293 ('See, an dem Romanen wohnten').

Walcherbach r.z. Ahr (z. Rienz z. Eisack z. Etsch), mündet beim Ortsteil In der Marche (St. Peter i.A., Prov. Bozen/Südtirol, I.), über dem Talschluss des Walchertals liegt der Walcherbachsee. – /wålcha-`påch/, 1350 *ze Walpach*, um 1770 *Walcher Ba.*, um 1900 *Walcher Thal*. – Benennung mit dem Grundwort *-bach* nach dem Hof Walcher (*Walcher/Walker* 'Betreiber einer Lodenwalke'), vgl. Walchers Bach, r.z. Schwarzleobach (z. Leoganger Ache z. Saalach z. Salzach), 1862 *Walkers B.* – Kühebacher, *Ortsnamen 2*, S. 362f.; Straberger, *HG.A.9*, S. 128.

Wald- -ach, -au, -bach/-bächle, -brunnen, -friedensee, -graben, -grundbächle, -hofbächle, -hüttenbach, -riehe, -seifen, -see, -weiher, -wies-Bach, z.B. Waldach, r.z. Nagold (z. Enz z. Neckar z. Rhein), 1388–1152 *iuxta Waldaha*, mit ON. Oberwaldach, Unterwaldach (Gem. Waldachtal, Lkr. Freudenstadt, B.-W., D), 779 *in Waldowe*, 1138–1152 *de Waldaha*, 1284 *Waldach*. Bestimmungswort ahd. *wald*, mhd. *walt* 'Wald, Wildnis, bewaldetes Gelände'. – Schmid, *HG.A.1*, S. 121.

Waldaist ⌕ Aist.

Wald-Brölbach l.z. Bröl-Bach (z. Sieg z. Rhein). – 1464 *die Waltprulle*; ON. Waldbröl (Oberbergischer Kreis, NRW, D), 1131 *Waltprugele*. ⌕ Brühl-. – Faust, *HG.A.4*, S. 81f.

Walder-Bach

– ¹Walderbach, r.z. Lahn (z. Rhein) bei Weilburg (Lkr. Limburg-Weilburg, Hessen, D). – ON. Waldhausen (Stadt Weilburg), 881 *Walthusa*, 1292 *Walthusen*. – Kürzung der Wortgruppe *Wald(hausen)er Bach*. – Faust, *HG.A.4*, S. 82.

– ²Walder-Bach, l.z. Ferndorf-Bach (z. Sieg z. Rhein) bei Hilchenbach (Lkr. Siegen-Wittgenstein, NRW, D). – ON. Vormwald (Stadt Hilchenbach), 1417 *vur dem Walde*, 1550 *vorm Walde*. – Kürzung der Wortgruppe *(Vorm)walder Bach*, *Wald* bezieht sich auf das Rothaargebirge. – Faust, *HG.A.4*, S. 82.

Waldis-Bach (im Oberlauf *die Walse*), r.z. Werra (z. Weser), mündet in Wahlhausen (Lkr. Eichsfeld, Thüringen, D). – /w´ōlzə/ (/ō offen/), 1366 *… des Wassers Waldesa*, 1595 *die Wahl*; ON. Wahlhausen, 1272, 1291 *de Waldesa*, 1291 *Woldesha*, 1349 *Waldesa*, 1347 *Waldese*, 1461 *Waldesa*, 1580 *Walhausen*. – Grundform FlN. mhd. *Waldese* < ahd. *Waldusa* mit *s*-Suffix von gm. *walÞu-* 'Wald' abgeleitetes Hydronym, ⌕ Wald-. – Sperber, *HG.A.5*, S. 111; Müller, *Heiligenstadt*, S. 89f., 102.

Waldlauter ⌕ Lauter-.

Waldnaab ⌕ Naab.

Walensee räto-rom. Lag/Lac Rivaun (z. Linth-Kanal z. Zürichsee). – 843 *in lacu riuano*, 1249 *Lacus Romanorum*, 1259 *Walase*, 1388 *Walensew*, 1392 *Walasew* usw., 1547 *des Walhensees*; ON. Walenstadt, räto-rom. *Riva* (Kanton Sankt Gallen, CH), 801–850 (Kopie) *Vualahastad*, 1045 (Kopie) *Vualastade*, 1178 *in Walestatte*, 1253 *Walastade*. – Mit (ahd.) **Wal(a)hostad* 'Ufer der Romanen' wird dem romanischen Ortsnamen *Riva* (l. *ripa* 'Ufer') entsprochen; mit (ahd.) **Walhosēo* (später **Wal(h)ensē*) dem l. (1249) *lacus Romanorum*. – Walch, *Glarus*, S. 266–268; Kristol, *LSG*, S. 950.

Walkenbach z. Lutz (z. Ill z. Rhein) in der Gem. Blons (Bezirk Bludenz, Vorarlberg, A). – 1420 *zwuschen … dem Walkenbach*; FlurN. Ussere Walka, 1514 *an die Walckhen*, 1548 *an die Walcken*. – Kompositum mit *Walke* f. 'Walkmühle zur Verfilzung von Tuch' als Bestimmungswort und *-bach* als Grundwort. – Berchtold, *Namenbuch*, S. 427 f.

Walkersbach r.z. Rems (z. Neckar z. Rhein), entspringt bei Welzheim (Rems-Murr-Kreis, B.-W., D), mündet unterhalb von Lorch (Ostalbkreis, B.-W.). – ON. Walkersbach (Gem. Plüderhausen, Rems-Murr-Kreis, /wålgeršbax/, 1508 *im Walckerspach*, 1537 *Walckersbach*, 1845 *Walkersbach*; ON. Walkersmühle (Stadt Lorch), 1511 *Walkmarsmülin*, um 1515 *Walkermülin*, *Walckersmülin*, 1538 *Walkersmilin*. – Grundform **Walkmāresbach*, Kompositum mit dem Grundwort *-bach* und dem Genitiv des PN. ahd. **Walkmār* als Bestimmungswort; MühlenN. Walkersmühle, Klammerform < **Walkmars(bach)mühle*. – Schmid, *HG.A.1*, S. 122; Reichardt, *Rems-Murr-Kreis*, S. 379 (zu mhd. *walker* 'Tuchwalker').

Walkmühlen- -*fließ*, -*graben*, -*teich* (alle Gewässer) in Brandenburg, Bestimmungswort nhd. *Walkmühle* 'Stampf- oder Hammermühlen zum Walken'. – Fischer, *BNB 10*, S. 298.

Wall-Bach
– ¹Wall-Bach, l.z. Wörs-Bach (z. Ems-Bach z. Lahn z. Rhein) bei Wallrabenstein (Gem. Hünstetten, Rheingau-Taunus-Kreis, Hessen, D). – ON. Wallbach (Gem. Hünstetten), 909 *Wahalebach* (lies **Walahe-?*), 1017–79 *Walbache*, 1128 *Walbebacho* (lies *Walhebacho*?), 1163 *de Walebach*, 1363 *von Walebach*, 1425–26 *Walbach* (und weitere Belege). – Grundform vermutlich (ahd.) **Wal(a)hen-bach* > mhd. **Wal(h)ebach* > *Walbach/Wallbach*, Kompositum mit dem Grundwort *-bach* und dem Genitiv des PN. ahd. *Walho* (*Walhen-*) als Bestimmungswort. – Faust, *HG.A.4*, S. 82.
– ²Wall-Bach, r.z. Werra (z. Weser) bei Walldorf (Lkr. Schmalkalden-Meiningen, Thüringen, D). – ON. Wallbach (Lkr. Schmalkalden-Meiningen), 1230 *Walpahc* (so!), 1252 *Wolpah*, 1317 *Oberwallbach*, *Unter Walpach*, 1336 *Niederwallbach*, 1350 *tzu Nidernwalpach*, 1394 *tzü Obernwaltbach*, 1415 *zu Walpach*, 1416, 1431 *zu Walbach*; ON. Walldorf. – Kompositum mit dem Grundwort *-bach* und mhd. *walt* 'Wald' (?) als Bestimmungswort; **Waldbach* mit Sprecherleichterung > *Walbach/Wallbach*. – Sperber, *HG.A.5*, S. 111.

Walle, die r.z. Wümme (z. Lesum z. Weser). – 1235, 1243 *inter Walle et Wemenam*, 1257 *inter Walle et Wemne*, ON. Wallbrücke. – Onymisierung von gm. **wallōn* f. (afr. *walla* 'Brunnen') zu gm. **wall-a-* 'wallen'. – Borchers, *HG.A.18*, S. 142; Seebold, *starke Verben*, S. 538.

Walle-Bach l.z. Grenff (z. Schwalm z. Eder z. Fulda z. Weser) bei Neukirchen (Schwalm-Eder-Kreis, Hessen, D). – 1580 *die Waldenbach hinauf*. – Kompositum mit dem Grundwort *-bach* und dem Genitiv des PN. (ahd.) *Waldo* (*Walden-*) als Bestimmungswort. *Waldenbach* mit Sprecherleichterung > fnhd. **Wallenbach* > *Wallebach*. – Sperber, *HG.A.5*, S. 111.

Wallerbach z. Wallersee (z. Fischach z. Salzach z. Inn z. Donau), entspringt im Gemeindegebiet von Neumarkt am Wallersee (Flachgau), mündet bei Weng (Gem. Köstendorf, PB Salzburg-Land, Salzburg, A). – 788 (Kopie 12. Jh.) *stagnum Walarsaeo*, 798 (Kopie 9. Jh.) *lacum … Wallarium*, 798–800 (Kopie 12. Jh.) *iuxta lacum … Walarsê*, *super lacum Walrse*, 822 (Kopie 9. Jh.) *ad Uualarpach*, 12. Jh. *de Uualrse*; ON. Wallerbach, 1199 *de Walerbach*, 1336 *in dem Wallerspach*, 1454 PN. *Walerpacher von Walerpach*. – Komposita mit den Grundwörtern *-bach* und *-see* und ON. rom. **vallar-* 'Talhof, Talgut' als Bestimmungswort. – Straberger, *HG.A.9*, S. 128; Hausner/Schuster, *Namenbuch*, S. 1088.

Wallhalb, die (auch *Wallhalbe*, *Wallalbe*, *Walalb*), r.z. Schwarzbach (z. Blies z. Saar z. Mosel z. Rhein), entsteht aus der Vereinigung von Stuhlbach und Arnbach bei Wallhalben (Lkr. Südwestpfalz, Rh.-Pf., D), mündet östlich von Thaleischweiler-Fröschen (Lkr. Südwestpfalz). – 1535 *in der Walhalbenn*, 1564 *Walhalbe*, *Walalbe*, 1837 *Wahlalbe*, 1980 *Wallhalbe*; ON. 1270 *Walhalben*, 1271 *Walhalbin*, 1287 *de Walhalben*, 13. Jh. *de Walhalbe*. – Kompositum mit dem Grundwort ↗alb, umgedeutet zu mhd. *-halb* 'Seite' ↗Halblech und VölkerN. *Wala(a)ha* Plural 'die Walchen'. – Spang, *HG.A.13*, S. 80; Dolch/Greule, *Pfalz*, S. 475.

Wallmenacher Bach r.z. Stößbach (?) (z. Niedergrundbach z. Forstbach z. Rhein). – 1392 *in Walmelacher bach*; ON. Niederwallmenach, ON. Oberwallmenach (Rhein-Lahn-Kreis, Rh.-Pf., D), 1138, 1321 *Walmelach*, 1379 *Walmelache*, 1414 *Walmenach*, vor 1500 *Nyderwalmenach*. – Grundform FlN. ahd. **Walman-aha* > mhd. *Walmenach*, assimiliert > *Walmelach*, Kompositum mit dem Grundwort ahd. *aha* 'Fließgewässer' und FlN. **Walmana* als Bestimmungswort, mit *n*-Suffix abgeleitet von gm. **walma-* (zu ahd. *wallan* 'aufwallen'), ahd. *walm* m. 'Eifer, Glut'. – Faust, *HG.A.4*, S. 52; Seebold, *starke Verben*, S. 538.

Walluf, die (auch *Wallufbach*), r.z. Rhein, entspringt oberhalb von Bärstadt (Gem. Schlangenbad, Rheingau-Taunus-Kreis, Hessen, D), mündet bei Niederwalluf (Gem. Walluf, Rheingau-Taunus-Kreis). – 881, 1151, 1156 *Waldaffa*, Anfang 13. Jh. *infra Waldaphen*, nach 1211 *Waldaffe* (und weitere Belege), 1355 *zur Waldaff*, 1489 *die Waldoff*, 1521 *die Bach Walloff*; ON. Oberwalluf, ON. Niederwalluf (Gem. Walluf), 960 *in villa Uualdhoffa*, 960 (dorsual) *Waldhuoffa*, Mitte 12. Jh. *Wáldoffa*, 1142–1153 (Kopie 1211) *de Waldaffo, in termino Waldaffen, in superiori Waldaffa* (und weitere Belege), 1548–49 *Waluff*. – Grundform ahd. *Waldaffa* > mhd. *Waldaffe(n)*, Kompositum mit dem Grundwort ahd. *affa* ↗ *apa* und ahd. *wald* 'Wald' ↗ Wald- als Bestimmungswort; mhd. *Waldaffe*, mit mundartlicher Assimilation /-ld-/ > /-ll-/ und Abschwächung des unbetonten Vokals > **Walluf(f)*. – Faust, *HG.A.4*, S. 82f.

Walmersbach l.z. Salzbach (z. Wieslauter z. Rhein) bei Hinterweidenthal (Südwestpfalz, Rh.-Pf., D). – Um 1500 *Balmesbach*, 1698 *das Balmeßbechelin*, 1698 *Palmsbach, Palmsbächel, Palmsborn*, 1714 *Palms Bächel*, 1843 *In der Wamersbach*; QuellN. Walmersbrunnen, FlurN. 1657 *Palmesbacher Acker*. – Unsichere Deutung. Das Bestimmungswort *Balm(e)s-* (Variante *Palm(e)s-*) kann auf den Genitiv eines PN. **Balmund* zurückgehen: **Balmundes-bach*, gekürzt > *Balmesbach*. Dieser wird im 19. Jh. amtlich hyperkorrekt als *Walmersbach* wiedergegeben. – Greule, *HG.A.15*, S. 117.

Walpke, die (auch *Walpke-Bach*), l.z. Ruhr (z. Rhein). – ON. †Walpe (bei Arnsberg, Hochsauerlandkreis, NRW, D), 1295 *de Walp*, 1368 *in der Walpe, in der Walepe*. – Grundform ON./FlN. (as.) **Walapa* > mndd. *Walepe*, synkopiert > *Walpe*, umgedeutet als **Walbeke* > **Walbke/Walpke*, Kompositum mit dem Grundwort ↗ *apa*, das Bestimmungswort ist vielleicht gm. **walw-* (gt. *walwjan* 'wälzen') mit dissimilatorischem Schwund von /-w-/ (**Walwapa* > **Walapa*). – Schmidt, *HG.A.6*, S. 79; Barth, *Sieg und Ruhr*, S. 176; Rix, *LIV*, S. 675.

Walse ↗ Waldis-Bach.

Walsenbach r.z. Kitzbüheler Ache (z. Kössener Ache z. Tiroler Ache z. Chiemsee z. Alz z. Inn) in Kitzbühel (Tirol, A). – 1321 *Rapot von Walsenpach*, 1330 *bei dem walsenbache, Walsenbach*, 1460 *ze Walsenpach*, 1464 *Walsenbach, der wallsenpekh*, 1480 *Wallsenbach*, 1774 *Walchen Bach* (so!). – Kompositum mit dem Grundwort -*bach* und dem Genitiv des PN. **Walso* (< **Walhso*?) (*Walsen-*) als Bestimmungswort. – Dotter/Dotter, *HG.A.14*, S. 429.

Wambach
- ¹Wambach, Wambeck, Wamecke ↗ Wan-.
- ²Wambach, r.z. Leine (z. Aller z. Weser) östlich von Rittierode (Gem. Kreiensen, Lkr. Northeim, Niedersachsen, D). – 1580, 1613 *Wammeke*, 1656 *Wambeck*, 1663 *in den Wannekenbach, Wannekebach*, 1758 *die Wambcke* (so!) 1768 *Wamke*. – Kompositum mit dem Grundwort mndd. -*beke* und Bestimmungswort wahrscheinlich mndd. *wande* 'Kehre, Wende, Grenze' und nicht ↗ Wan-. – Kettner, *HG.A.8*, S. 140; Kettner, *Leine*, S. 322.

Wambacherbächle r.z. Köhlgartenwiese (z. Kleinen Wiese z. Wiese z. Rhein). – ON. Wambach(-Wies) (Gem. Kleines Wiesental, Lkr. Lörrach, B.-W., D), 1352 *Wandbach*, 1572 *Wampach*. – Kompositum mit dem Grundwort -*bach*/-*bächle* und mhd. *want* 'Wand' im Sinne von 'steiler, oft bewaldeter und felsengekrönter Berghang'. – Geiger, *HG.A.2*, S. 148; Keinath, *Württemberg*, S. 53.

Wan- an folgendes *b*- assimiliert als *Wam-*, z.B. Wam-Bach, r.z. Dickelsbach (z. Rhein), mit ON. Wambeckshof (Mülheim an der Ruhr, NRW, D), 1281–31 *wanbeke*, 1348 *de Wambeke*, 1354 *de Waembecke*, um 1400 *van Wambeke*. Bestimmungswort as. *wan* 'fehlend' (< gm. **wana-* 'mangelnd, leer'), vgl. ON. Wanfried ↗ Frieda, Benennung nach zeitweise geringem Wassergehalt. – Schmidt, *HG.A.6*, S. 79; Meineke, *Lippe*, S. 500f.

Wande, die l.z. Twiste (z. Diemel z. Weser), entspringt bei Rhoden (Stadt Diemelstadt, Lkr. Waldeck-Frankenberg, Hessen, D), mündet östlich von Herbsen (Volkmarsen, Lkr. Waldeck-Frankenberg). – 1595 *Wanne*, 1663 *die Wande, die Wanne*. – Deutung ↗ Wanne ↗ Wahnbach. – Kramer, *HG.A.10*, S. 69f.

†Wanderau jetzt Johannisbek, Randkanal des Oldenburger Grabens, bei Johannisdorf (Kreis Ostholstein, S.-H., D). – 1220 *in aqua ... Wandraw*, 1222/23 (Kopie 14. Jh.) *ultra flumen Wanderave*, 1597 *Wanderanam* (lies **Wanderauam*); ON. †Wanderoh bei Weißenhaus (Gem. Wangels, Kreis Ostholstein), 1433 *Wandera*, 1557 *na der Wanderae, tho Wandera*; ON. Wandrerruh (Gem. Harmsdorf, Kreis Ostholstein), 1433 *in Wandera*, 1649 *Wandero*, 1856 *Wanderohe*. – Ausgangsform FlN. gm. **Wandarō* f., *r*-Ableitung zu gm. Adj. **wanda-* 'sich hin und her wendend' ↗Wanne, verdeulichend komponiert mit mndd. *ouwe* 'langsam fließender Wasserlauf' ↗au(e). Der Ansatz einer Ausgangsform apolab. **Vądrava* ist problematisch. – Kvaran, *HG.A.12*, S. 204; Laur, *Schleswig-Holstein*, S. 676; Greule/Janka/Schuh, *Wondreb*, S. 78 f.

Wandlitz-See (auch *Wandlitzer See*), nördlich von Wandlitz (Lkr. Barnim, Brandenburg, D). – 1244 *stagnum wandeliz*, 1512 *auff dem See zur Wanndelitz*; ON. Wandlitz, 1242 (Kopie) *villam ... Wandelitz*. – Grundform SeeN./ON. apolab. **Vądolica* '(See, Siedlung) im Tal', abgeleitet von **vądol* 'Tal, Schlucht'. – Wauer, *HG.A.17*, S. 188; Fischer, *BNB 10*, S. 298.

Wandse z. Außenalster (z. Binnenalster z. Elbe). – 1843 *Wands*, 1937 *Wandse*; ON. Wandsbek (Hamburg, D), 1296 *Wantesbeke* (und weitere Belege), 1664 *Wanßbeck*. – Rückbildung aus dem ON. Wandsbek, ein Kompositum, das als Grundwort mndd. *-beke* und als Bestimmungswort den Genitiv des PN. **Want-* (**Wantes-*) enthalten dürfte. **Want-* ist entweder durch *t*-Suffigierung des PN-Stammes gm. **wana-* oder durch Verkürzung von Personennamen wie **Wanther* hervorgegangen. – Udolph, *HG.A.16*, S. 354 f.; Kaufmann, *Ergänzungsband*, S. 384 f.

Wangenbacher Bach r.z. Abens (z. Donau). – Ca.1563 *Wangenbach*; ON. Oberwangenbach (Gem. Attenhofen, Lkr. Kelheim, Bayern, D), ON. Unterwangenbach (Stadt Mainburg, Lkr. Kelheim), 937–957, 957–972 *Vuangapah*, (ca. 1147–1155/56) (Kopie 1190) *de Wangenbach*, Mitte 12. Jh. (Kopie 15. Jh.) *apud Wangenbach*, (vor 1173) (Kopie 1218/1220) *de Wangenbach*. – Wortgruppe mit dem Adjektiv des ON. Wangenbach als bestimmendem Element. Grundform FlN./ON. ahd. *Wangabach* 'Bach, der in geneigtem Gelände fließt', Kompositum mit dem Grundwort *-bach* und ahd. *wang* stM. als Flurbezeichnung 'geneigtes Gelände' (< gm. **wanga-*). – Snyder, *HG.A.3*, S. 112; Belege nach freundlicher Mitteilung von Sabina Buchner (Regensburg).

Wangnitz-See auf dem Gebiet der Gem. Priepert (Lkr. Mecklenburgische Seenplatte, M.-V., D). – 1542 *die Wangelitz* (und weitere Belege), 1780 *Wagnitz See*, 1790 *Wangnitz See*. – Ausgangsform slaw. **Vągońica* 'Aal-See', abgeleitet von slaw. **vągoŕ* m. 'Aal'. – Wauer, *HG.A.17*, S. 288 f.; Bilek, *Sprachgut*, S. 68.

Wankrat die (auch *Wankratbach*, *Wankratzbach*), z. Achensee bei Egg (Gem. Eben am Achensee, PB Schwaz, Tirol, A). – Kurz vor 1141 (Kopie um 1200) *a torrente Wanchradio*, *a torrente Wanchrat*. – Mhd. **Wanc-rat*, Kompositum mit dem Grundwort mhd. *rat* 'schnell' im Sinn von l. *torrens* 'Bergbach' ↗Radau ↗Rodach und mhd. *wanc* 'Wendung' oder ahd. *wang* 'Feld, Wiese, Hang' als Bestimmungswort. – Hausner/Schuster, *Namenbuch*, S. 1092.

Wanne, Wanne-Bach Name mehrerer Flüsse im Flussgebiet der Ruhr, z.B. Wannebach, r.z. Ruhr (z. Rhein), mit ON. Wanne, 1263 *in Wande*, entspricht ahd. *wanda* 'Wirbelbewegung, Drehung', mndd. *wande* 'Kehre, Wende, Grenze' (< gm. **wandō* f.) bzw. dem substantivierten Feminin des Adj. gm. **wanda-* 'sich hin und her wendend', ↗Wande. Benennungsmotiv war entweder der gewundene Lauf des Flusses oder eine extreme Krümmung bzw. seine Funktion als Grenze. – Schmidt, *HG.A.6*, S. 79 f.; Barth, *Sieg und Ruhr*, S. 177; Kettner, *Leine*, S. 322; Seebold, *starke Verben*, S. 555; Heidermanns, *Primäradjektive*, S. 654 f.

Wanne-/-n- *-bach*, *-bächle*, *-graben*, Bestimmungswort nhd. *Wanne* metaphorisch für 'Talsenke'. – Springer, *Flußnamen*, S. 142.

Wannsee Großer~, Bucht d. Havel (z. Elbe). – 1328 *Stagna ... Wansa*, 1591 *auf dem Wanse*, 1700 *bey der Wanse*, 1683, 1745 *Wan See*, 1775 *in den Wansee*; ON. Wannsee (Berlin, Bez. Steglitz-Zehlendorf, D), 1797 *am Wannsee*. – Ausgangsform apolab. **Vąž-*, mit dem Suffix *-bj-* abgeleitet von apolab. **vąž* 'Natter'. – Wauer, *HG.A.17*, S. 189; Fischer, *BNB 10*, S. 298 f.

Warche, die r.z. Amel/Amblève (z. Ourthe z. Maas), entspringt in der Gem. Büllingen/Bullange (Prov. Lüttich, B), Warche und Holzwarche fließen in der Talsperre Bütgenbach (Prov. Lüttich) zusammen, mündet nach 40,9 km bei Malmedy (Prov. Lüttich); linker Nebenfluss die/la Warchenne. – 915 (Kopie 13. Jh.) *VVarica*; Warchenne: 670 (Kopie 10. Jh.) *UUarcina*, 670 (Kopie 13. Jh.) *Warchinna*, 814 (Kopie 10. Jh.) *UUarchinna*, 814 (Kopie 13. Jh.) *Warginna*, 950 (Kopie 13. Jh.) *Warchina*, vor 980 (Kopie 12. Jh.) *UUarchinne riuulum*, 11. Jh. *UUarkinnae riuulum*, ca.1210 *juxta Warchinnam*; ON. Warche (Bellevaux-Lineuville, Malmedy), (ca.1140, Kopie 13. Jh.) *apud Warcham*. – Die Deutung der Namen *Warche* und *Warchenne* ist problematisch; *Warchenne* ist sicher als Name des Nebenflusses über **Warikina* mit *n*-Suffix und Synkope von *Warica* abgeleitet. Für *Warche* gibt es mehrere Erklärungsmöglichkeiten: 1. Grundform **u̯ári-k-ā* mit *k*-Suffix von urkelt. **u̯ári-* 'Osten' ('Fluss aus dem/im Osten') abgeleitet, aber ohne onomastische Parallelen. 2. **u̯arikā*, als Feminin des Adj. urig. *$h_2u̯erh_1$-ko- zum Verb *$h_2u̯erh_1$-'besprengen' mit einer dem Namen *Sarau̯os (< *Serau̯os < urig. *$serh_3$-u̯o-s) ⁊ ²Saar vergleichbaren Lautentwicklung: *$h_2u̯erh_1$-ko- > urkelt. *u̯erako-/*u̯arako-, Feminin *u̯arakā, und mit Suffixwechsel *u̯arikā /Warika. 3. *Warika ist eine gm. Bildung mit k-Suffix parallel zu *Warina ⁊ Werne und *Warisa ⁊ Werse. – Gysseling, Woordenboek, S. 1044; Lebel, Principes, S. 229; Matasović, Proto-Celtic, S. 403; Rix, LIV, S. 291.

Warlitz, die z. Trave bei Lübeck (S.-H., D). – 1829 die Warlitz. – Grundform vermutlich apolab. *Varlica 'Quellfluss', abgeleitet von apolab. *var m. '(heiße) Quelle'. – Schmitz, Lauenburg, S. 433.

Warm-/-e-/-er Aue, Bach/-bach, Pfuhl, -wasserbach, z. B. Warme Aue, l.z. Weser, bei Liebenau (Lkr. Nienburg/Weser, Niedersachsen, D), 987 (Kopie 1335) ad fluuium Warmenow, 1029 flumen Wermonou, 1063 (Kopie 14. Jh.) Warmanou, 1158 (Kopie 14. Jh.) Warmanoue, 1293 Warmenowe, 1431 by der Warmenowe. Bestimmungswort ahd., as. warm (schwach flektiert warmen-) 'warm', charakterisiert Flüsse, die nicht zufrieren, ⁊ Warme ⁊ Warmenau. – Borchers, HG.A.18, S. 142 f.

Warmbach r.z. Rhein bei Grenzach-Wyhlen (Lkr. Lörrach, B.-W., D). – ON. Warmbach (Stadt Rheinfelden, Lkr. Lörrach), 754 in villa … Warbinbach, 820 Warminbach, 1270 Warinbach, 1270 Warenbach (und weitere Belege), 1270,1275 Warmbach (und weitere Belege). – Grundform ahd. FlN./ON. *Warbīnbach, Kompositum mit dem Grundwort -bach und dem Adj. ahd. *warbīn 'windungsreich' (?) (zu ahd. warb stM. 'Wechsel', warba stF. 'Drehung, Lauf, Bewegung') als Bestimmungswort, mit Assimilation > Warminbach, durch Dissimilation > Warinbach > Warenbach, synkopiert > Warmbach. – Geiger, HG.A.2, S. 148 f.

Warme, die (auch Warmebach), r.z. Diemel (z. Weser), entspringt am Wattenberg in der Gem. Schauenburg (Lkr. Kassel, Hessen, D), mündet nach 33,1 km nordöstlich von Liebenau (Lkr. Kassel). – 1350 dy Warme, 1376 an der Warme, 1429 nidder uff die Warme und die Warme uff, (1583–85) die Warme, uffer Warme; TalN. 1429 in daz Warmetael, das Warmetael uff; ON. Warmemühle (Stadt Zierenberg, Lkr. Kassel). – Entweder als mhd. diu Warme 'die Warme' ⁊ Warm- und vergleichbar mit norwegischen Flussnamen wie Vorma, Varma und lit. FlN. Varmė, oder die Grundform ist ahd. *Warmaha, Kompositum mit dem Grundwort ahd. aha 'Fließgewässer' und ahd. warm 'warm' als Bestimmungswort, wobei das Grundwort im mitteldeutschen Sprachgebiet > /-e/ abgeschwächt wurde. – Kramer, HG.A.10, S. 70; Hovda, elvenamn, S. 140; Krahe, UäFlNN, S. 39.

Warmenau, die r.z. Else (z. Werre z. Weser), entspringt am Südrand des Teutoburger Waldes bei Werther (Kreis Gütersloh, NRW, D), mündet bei Ahle (Stadt Bünde, Kreis Herford, NRW). – 1745, 1788 die Warmenau; ON. Gut Warmenau (Melle-Schiplage Sankt Annen, Niedersachsen), 1328 de Warmina, (14. Jh.) de Warmena. – Ausgehend von den ON.-Belegen liegt eine Grundform FlN./ON. (as.) *Warmana, n-Ableitung von gm. *warma-, as. warm 'warm' nahe, später umgedeutet als FlN. Warmen-au ⁊ Warm- ⁊ Warme. – Kramer, HG.A.10, S. 70.

Warnau, die r.z. Böhme (z. Aller z. Weser). 1661 in die Warnau. – Etymologie ⁊ Wern. Verdeutlichendes Kompositum mit mndd. ouwe 'Land am Wasser'. – Borchers, HG.A.18, S. 143.

Warne, die
– ¹Warne, r.z. Leine (z. Aller z. Weser) bei Alfeld (Lkr. Hildesheim, Niedersachsen, D). – 1462 aldernegest der Werne, 1475 twisschen der Warne, 1578 die Warne (und weitere Belege). – Kettner, HG.A.8, S. 140; Kettner, Leine, S. 323
– ²Warne, l.z. Oker (z. Aller z. Weser). – 1370 iuxta rivum … Werne, 1380 an de Werne, 1391 up der Werne, 1623 Werna. – Borchers, HG.A.18, S. 143.
– ³Warne, poln. Warna, r.z. Wałszka (z. Pasłęka z. Frischen Haff) (PL). – 1354 Warne. – Biolik, HE. 5, S. 51. Etymologie wie ⁊ Warnau ⁊ Warnow ⁊ Wern.

Warnitzsee südwestlich von Steinhöfel (Lkr. Oder-Spree, Brandenburg, D). – 1375 stagnum … Warnitz, 1745 Warnitz See, 1826 Warnitz. – Ausgangsform apolab *Varnica 'Ort, wo es Raben oder Krähen gibt' ⁊ † Fernitzbach. – Fischer, BNB 10, S. 299.

Warnow, die z. Ostsee bei Warnemünde (M.-V., D). – 1171, 1186 in Warnowe, latinisiert 1294 Warnouia; ON. Warnemünde (Stadt Rostock), 1252 Warnemunde. – Verdeutlichendes Kompositum aus FlN. *Warne (< *Werne) ⁊ Wern und mndd. ouwe 'Land am Wasser'. Der Ortsname ist zusammengesetzt aus dem unkomponierten Flussnamen *Warne und -münde 'Mündung', vgl. Travemünde. – Borchers, Große Flüsse, S. 69 f.

Warsbach, die (auch Warschbach), l.z. Seltzbach (z. Sauer z. Rhein), entspringt bei Oberseebach, mündet bei Niederroedern (Dep. Bas-Rhin, Elsass, F). – 633 (Fälschung) super Warspach, 967 (Kopie 1580) super Warahesbach, um 1050 ad Uuarehesbahc (so!), 1067 (Kopie 1491) super Vuarahesbach, 1303 *super Warnspach* (lies **Warhspach*?), 1310 *die Warresbach*, 1602 *die Warschbach, Warsenbach*, 1901–1903 *Warschbach*. – Grundform ahd. *Warahesbach*, Kompositum mit dem Grundwort *-bach* und dem Genitiv des PN. ahd. **Warach* (*Warahes-*), ahd. *warch* 'Feind, Böser, Teufel', als Bestimmungswort. – Greule, *HG.A.15*, S. 118.

Warthe, die poln. *Warta*, r.z. Oder, mündet bei Küstrin/Kostrzyn nad Odrą (Woiwodschaft Lebus, PL). – 972 (1012–18, Thietmar) *in Vurta*, 1140–46 *iuxta fluvium Wurtam*, 1145 *Vartam*, um 1150 *in Vurta*, 1225 *Varta*; ON. Warta, 1255 (Kopie 1579) *Vartha, Liebewarde, Vartham*. – Die ältesten Belege (mit dem Vokal /-u-/) legen die Vermutung nahe, dass es eine germanische Namensform **Wurta* gab. Aus ihr könnte sich über slaw. **vъrta* poln. *Varta* entwickelt haben. **Wurta* hätte im Namen der *Ourthe*, r.z. Maas (B), 634 (Kopie 10. Jh.) *Orto fluviolo*, wenn er aus **Wurta* mit Ausfall des anlautenden /w/ vor /-u-/ zu erklären ist, eine Parallele. Gm. **Wurta* kann als Nomen mit der Schwundstufe zum ig. Präsensstamm **u̯erH-d-* (lett. *vérdu* 'koche, siede') gehören und den Fluss nach der relativen Wärme seines Wassers bezeichnet haben. Eine andere Möglichkeit ist die germanische Fortführung eines ves.-ig. Namens **u̯r̥tā*, eines Verbaladjektivs zu ig. ?**u̯er-* 'laufen' (nur baltoslawisch belegt), womit die Warthe als 'angetriebenes', flinkes Gewässer charakterisiert worden wäre. – Udolph, *Gewässernamen Polens*, S. 282–289; Rix, *LIV*, S. 685, 689.

Warthe-See Großer~, Kleiner~ bei Warthe (Lkr. Boitzenburger Land, Lkr. Uckermark, Brandenburg, D). – 1324 *super stagnum … groten warten*, 1575 *Lutken Wartte, Der grosse Warth*, 1767–87 *Warthe-See, Kl. Warthe See*; ON. Warthe, 1295 *in villa nostra Warthe*. – Übertragung des FlN. ⇗ Warthe durch slawische Siedler. – Wauer, *HG.A.17*, S. 189f.; Fischer, *BNB 10*, S. 299.

Warzabach r.z. Wilden Leina (z. Nesse z. Hörsel z. Werra z. Weser), entspringt bei Warza (Lkr. Gotha, Thüringen, D). – 1378 *Wartzinbach*, 1434 *warczbach*, 1456 *uf den wartzbach*, 1498 *wartzerpach*; ON. Warza, (vor 900) *Urze*, 9. Jh. (Kopie um 1160) *in villa Vrezaha*, 1117 (Kopie um 1160) *in Warzaha*, 1183 *de Wartha*, 1272 *de Warza* (und weitere Belege), 1290 (Kopie 15. Jh.) *in Warzca*. – Grundform Klammerform **Warz(ach)bach*, verdeutlichend komponiert mit dem Grundwort *-bach* und dem ursprünglichen FlN. ahd. **Warzaha*, der als Bestimmungswort gm. **warta-* (ahd. *warza* 'Warze', as. *warta* '(Brust-)Warze') in übertragener Bedeutung 'erhöhte Stelle im Gelände' ⇗ Warzenbach enthält. – Sperber, *HG.A.5*, S. 112; Riese, *Gotha*, S. 162.f.

Warzenbach l.z. Lahn (z. Rhein). – ON. Warzenbach (Stadt Wetter, Lkr. Marburg-Biedenkopf, Hessen, D), 1279 *Warzenbach, Warzebach*, 1325 *Warcebach*, 1362 *Warczebach*, 1460 *Wartzebach*. – Grundform mhd. *Warzebach, Warzenbach*, Kompositum mit dem Grundwort *-bach* und mhd. *warze* stswF., ahd. *warza* 'Warze' in übertragener Bedeutung 'erhöhte Stelle im Gelände' ⇗ Warzabach; Benennungsmotiv: Warzenbach liegt auf einer Hochfläche. – Faust, *HG.A.4*, S. 83.

Wasch, die gekürzt < *die Waschbach* ⇗ Wasch-.

Wasch- *-bach, -beck, -grundbach, -pfuhl, -teich, -weiher*. Bestimmungswort *die Wasch* 'Waschung, Wäsche, Waschtag', bezogen auf Stellen, an denen Wäsche zumeist an fließendem Wasser gewaschen wurde. – Ramge, *Flurnamenbuch*, S. 958f.

Waschbanksee bei Müncheberg (Lkr. Märkisch-Oderland, Brandenburg, D). – 1724 *Kirch oder Waschbancksee*, 1840 *die Waschbanke*. – Bestimmungswort *Waschbank* f. 'Bank, auf der gewaschen wird'. – Fischer, *BNB 10*, S. 300.

Waschenbach l.z. Modau (z. Rhein) im Vorderen Odenwald. – ON. Waschenbach (Gem. Mühltal, Lkr. Darmstadt-Dieburg, Hessen, D), 1352 *von Wassinbach*, 1392 *zu Waßenbach*, 1398 *zu Wasenbach*, 1560 *Waschenbach*. – Grundform mhd. **Wazzenbach > Wassenbach*, mundartlich > *Waschenbach*, Kompositum mit dem Grundwort *-bach* und dem Genitiv des PN. ahd. **Wazzo* (Genitiv **Wazzen-*) zu gm. **hwata-* 'scharf'(?) als Bestimmungswort, ⇗ ²Wasenbach. – Geiger, *HG.A.2*, S. 149; Kaufmann, *Ergänzungsband*, S. 391.

Wasenbach

– ¹Wasenbach, Oberlauf d. Wiesenbachs (z. Wiesbach z. Nahe z. Rhein). – ON. †Wasenbach bei Kriegsfeld (Donnersbergkreis, Rh.-Pf., D), 1306 *Wasenbach*, 1554 *Wassebach*, 1837 *Wasenbacher Hof*. – Kompositum mit dem Grundwort *-bach* und mhd. *wase* swM. 'grasbewachsener Boden' als Bestimmungswort. – Greule, *HG.A.15*, S. 118; Dolch/Greule, *Pfalz*, S. 477.

– ²Wasenbach, r.z. Rupbach (z. Lahn z. Rhein). – 1668 *Waßenbacher bächlein*; ON. Wasenbach (Rhein-Lahn-Kreis, Rh.-Pf., D), 1350 *Wassinbach*, 1454 *Wasenbach*, 1480 *Wassenbach*, 1668 *Waßenbach*. – Deutung wie ⇗ Waschenbach. – Faust, *HG.A.4*, S. 84.

Wasen- *-bäk, -teich, -weiher, -weihergraben*. Bestimmungswort ahd. *waso*, mhd. *wase* swM. 'Rasen', as. *waso* 'Erdklumpen, Scholle, Boden, Reisigbündel'. – Fischer, *BNB 10*, S. 300.

Wasser- -gassengraben, -graben, -kargraben, -kuhle, -kump, -loch, -löse, -pfuhl, -renne, -tal, -tal-Graben, -teich. Nhd. *Wasser*, ndd. *water* bezeichnet in Namen fließende und stehende Gewässer. – Fischer, *BNB 10*, S. 300.

Wasserbach l.z. Glema (z. Enz z. Neckar z. Rhein) bei Eltingen (Stadt Leonberg, B.-W., D). – ON. † Wasserbach, FlurN. Wasserbach (auch Wasserbuch), um 1350 *Wassenbacher wege, in Wassenbach, ze Wassenbach, ze Wassenpach*, 1383 *Wassenpacher phat, Wassebacher phat*. – Grundform mhd. *Wassenbach*, umgedeutet als *Wasserbach*, Deutung wie ↗ Waschenbach. – Schmid, *HG.A.1*, S. 122.

Wasserbreche Name mehrerer Gewässer in der Uckermark (Brandenburg, D), ndd. (Brandenburg) *Woaterbreak*, nhd. *Wasserbreche* f. 'vom Regenwasser ausgewaschenes Land'. – Fischer, *BNB 10*, S. 300.

Wasserlauf Name kleinerer fließender Gewässer in Brandenburg und Mecklenburg (D), ndd. *Wasserloop*. – Fischer, *BNB 10*, S. 301.

Wattenbach
– ¹Wattenbach (im Oberlauf Zandtbach), r.z. Fränkischen Rezat (z. Rednitz z. Regnitz z. Main). – ON. Wattenbach (Markt Lichtenau, Lkr. Ansbach, Bayern, D), 1260 *Wattenbach*, 1314 *Waitenbach*. – Sperber, *HG.A.7*, S. 183.
– ²Wattenbach, r.z. Mülmisch (z. Fulda z. Weser) in Eiterhagen (Gem. Söhrewald, Lkr. Kassel, Hessen, D). – (786) (Fälschung um 1050) *in Uuatdenbahc* (so!); ON. Wattenbach (Gem. Söhrewald), 1323 *Wattenbach*, 1539 *Wattepach*. – Sperber, *HG.A.5*, S. 112 f. Grundform (ahd.) *Wattenbach*, Kompositum mit dem Grundwort *-bach* und dem Genitiv des PN. ahd. *Watto* (*Watten-*) als Bestimmungswort. – Reichardt, *Rems-Murr-Kreis*, S. 382.

Wattenbacher Graben l.z. Moos-Graben (z. Mühlbach z. Isar z. Donau). – ON. Oberwattenbach, Unterwattenbach (Gem. Essenbach, Lkr. Landshut, Bayern, D), ca.1120 *Watenbach*, 1139 *Watinpach*, ca.1174–1180 *De Watenbach*, 1220–1226 *de Watnpach*, 1230–1232 *de Watnbach*. – Wortgruppe mit dem Adjektiv des ON. (Ober-, Unter-)Wattenbach als bestimmendem Element. Grundform mhd. *Watenbach*, Kompositum mit dem Grundwort *-bach* und dem Genitiv des PN. ahd. *Wato* (*Waten-*) als Bestimmungswort. – Snyder, *HG.A.3*, S. 112 f.

Watter, die r.z. Twiste (z. Diemel z. Weser), entspringt im Langen Wald südwestlich von Freienhagen (Stadt Waldeck, Lkr. Waldeck-Frankenberg, Hessen, D), mündet nach 21,9 km zwischen Külte und Volkmarsen; das Quellgebiet liegt auf einer Wasserscheide, von der aus die Watter nach Norden fließt. – 1278 *Wetterbache* (hierher?), 1663 *negst dem flüßlein Watter*. – Die spärliche Beleglage erlaubt keine sichere Deutung, Ausgangsform vermutlich gm. *Wat(a)r-ō* f., eine Onymisierung von gm. *watar* n. 'Wasser'. – Kramer, *HG.A.10*, S. 70.

Waupach ↗ Wupla.

Weber- -bach, -bachl, -pfuhl, z.B. Weber-Bach, l.z. Wickriede (z. Aue z. Warme Aue z. Weser), 1381 *Weuerbach*. Bestimmungswort nhd. *Weber* 'Garnweber', weil am Gewässer Weber wohnten oder das Gewässer für ihr Handwerk nutzten. – Borchers, *HG.A.18*, S. 144; Fischer, *BNB 10*, S. 301.

Weddebach (auch *die Wedde*), l.z. Oker (z. Aller z. Weser), mündet in Schladen (Lkr. Wolfenbüttel, Niedersachsen, D). – 1394 (Kopie 15. Jh.) *vppe der weddene*, 1395 *vppe der wedene*, 1398 *vppe der wedenne*; ON. Weddingen (Stadt Vienenburg, Lkr. Goslar, Niedersachsen), 1265 *in villa Wedingen*, 1287 *Weddinghen*, 1294 *in Wedinge*, 1295 *Weddinge*, 1297 *Wedige*, 1318 *Weddingen* (und weitere Belege). – Vermutlich bilden FlN. Wedde und ON. Weddingen ein Namenpaar in der Weise, dass sowohl FlN. *Wedde* < (as.) *Weđina* < *Wađinō* mit *n*-Suffix als auch ON. *Weddingen* < (as.) *Wedingon* 'zu den Leuten an der Furt' (< *wađ-inga-*) von gm. *wađa-* n. 'Furt' abgeleitet sind. – Borchers, *HG.A.18*, S. 144 f.

Wedelbach (auch *Bechtheimer Kanal*), l.z. Rhein bei Guntersblum (Lkr. Mainz-Bingen, Rh.-Pf., D). – /wēlgrāwə/, 1586 *dem Wedelgraben*, ca.1640 *auff den wedel graben*, 1668 *Wedelgrabe*, 1682 *Wedelgraben*. – Kompositum mit dem Grundwort *-graben* und (mhd.) *wedel* < gm. *wađila-*, awn. *vađull, vađill* 'durchwatbare Stelle', ON. Wedel (Kreis Pinneberg, S.-H., D), *l*-Ableitung von gm. *wađa-* n. 'Furt' ↗ Weddebach. – Zernecke, *Siedlungs- und Flurnamen*, S. 552 f.; Bach, *Namenkunde 1*, S. 423; Seebold, *starke Verben*, S. 530 f.

Weende, die (im Unterlauf auch *Kleine Leine*), r.z. Leine (z. Aller z. Weser). – 1634 *uff ... die Weende*, 17. Jh. *die Weende, die Wehnde*, 1700 *die Wende*, 1752 *Weende Bach*; ON. Weende (Stadt Göttingen, Niedersachsen, D), 966 *Winide*, 973 *Winithi*, 1064, 1180 *Winethe*, 1184 *Winethen*; FlurN. Weendeberg, 1263 *wendeberch*, 1542 *der Wende bergk*. – Übertragung des ON. as. *Winithi* 'Wiesen-, Weideplatz' auf den Fluss. – Kettner, *HG.A.8*, S. 140 f.; Kettner, *Leine*, S. 324 f.

Wehe, die (auch *Wehebach*), r.z. Inde (z. Maas), entspringt bei Hürtgenwald (Kreis Düren, NRW, D), mündet östlich von Lamersdorf (Kreis Düren). – Ende 13. Jh. *dye Wye*, 1373 *Wey*, 1548/49 (Kopie 1553) *in die Wehebach*; ON. Langerwehe (Kreis Düren), 1715 *Langerwehe*; ON. Wenau (Gem. Langerwehe), 1215 *Winouwe*. – Unsichere Deutung, Ausgangsform FlN. *Wina(ha)*? gekürzt > *Wīe*, gesenkt > *Wē*, schriftsprachlich *Wehe*, wie mhd. *ē* > nhd. *Ehe*. Deutung wie ↗Wyna? – Niemeyer, *DONB*, S. 350.

Wehr- -*au*, -*bach*/-*bächle*, -*beek*, -*graben*, -*lache*. Bestimmungswort spätmhd. *wer*, *were*, nhd. *Wehr* n., ein ndd. Wort, das sich seit dem 13. Jh. nach Süden ausbreitete, as. *weri*/*werr* stN. 'Wehr, Stauwerk' (germ. *warja-* n., ae. *wer*, awn. *ver*), Gewässer, in das ein Wehr eingebaut ist. – Ulbricht, *Saale*, S. 80.

Wehra, die r.z. Rhein, entspringt in etwa 1080m Höhe östlich von Todtmoos (Lkr. Waldshut, B.-W., D), mündet bei Brennet (Stadt Wehr, Lkr. Waldshut). – /wēre/ (/ē/ geschlossen), 1256 *Werra*, 1259 *Werraha*, 1483 *Werr*, 1535 *an der Werren*; TalN. 1284 *in Werretal*; FlurN. 1260 *silva Werra* (jetzt Todtmoos); ON. Wehr, 1092, 1112, 1114, vor 1132, 1256 *Werra*, 1257 *in Werrun*, 1262, 1265 *Werrach*, 1319 *Wer*, 1397 *Werr*, 1405 *Werrâh*, 1535 *Wehrr*. – Grundform FlN. ahd. *Werra* < gm.*Warjō* (< vorgm. *u̯or-*, ablautend zu urig. *h₂u̯er-* 'feucht sein'). Parallelname ON. Wehre (Lkr. Wolfenbüttel, Niedersachsen), 1146 *Werre*. Das Kompositum mit Grundwort -*ach*, 1262, 1265 *Werrach*, heute *Wehra*, ist eine Eindeutung mit as. *werr* 'Fischwehr' ↗Wehr-. – Geiger, *HG.A.2*, S. 149; Greule, *Oberrhein*, S. 219 f., Casemir, *Wolfenbüttel*, S. 347–349.

Wehre, die l.z. Werra (z. Weser), entspringt in 438m Höhe im Kaufunger Wald, mündet nördlich von Niederhone (Stadt Eschwege, Werra-Meißner-Kreis, Hessen, D). – 1300 *Were*, 1308 *zwischen der Wera…*, 1436 *uber die Wehre*, 1470 *Were*, 1484 *uber die Weehre*, vor 1538 *an dy Were*, *von der Were*, um 1613 *vber die Wehra*; ON. †Were, 1140/41 *Were*, 1337 *de Wera*, 1480–1527 *Were*, *Werre*; ON. Wehretal (Werra-Meißner-Kreis). – Ausgangsform FlN. mhd. *Were*, gedehnt in offener Tonsilbe > fnhd. *Wēre*. FlN. mhd. *Were* < vorgm. *u̯erā* f., Nomen loci zu urig. *h₂u̯er-* 'feucht sein', Parallelnamen in Frankreich und Oberitalien, aus denen auf gall. *ver-*/*var-* 'Wasser, Regen' ↗Wörnitz geschlossen wird. – Sperber, *HG.A.5*, S. 113; Grzęga, *Romania*, S. 253.

Weichsel, die poln. *Wisła*, z. Danziger Bucht (Ostsee, PL). Dialektal *Witsel*, *Wiessel*. Die bereits in römischen Quellen einsetzende Erwähnung des Flusses gibt drei Formen des Namens zu erkennen, die sich durch folgende Lautfolgen unterscheiden: (1) *Wis-l-* (z.B. 9. Jh. *Wisle*), (2) *Wis-t-l-* (z.B. 15 n.Chr. *Vistla*), (3) *Wis-k-l-* (3. Jh. *Viscla*), wobei die beiden letzteren Formen als sekundäre Entwicklungen einer Form *Wislā* erklärt werden. *Wislā* kann als substantiviertes Femininum des Verbaladjektivs *u̯is-ló-s* zum idg. Verb *u̯eis-* 'fließen', das von der Schwundstufe der Wurzel *u̯is-* ausgeht, erklärt werden und bedeutet letztlich nichts anderes als 'Fluss'. Die heutige schriftsprachliche Namensform *Weichsel* ist durch Hyperkorrektur aus niederdeutsch *Wissel* nach dem Muster niederdeutsch *Foss*: hochdeutsch *Fuchs* mit Diphthongierung des /ī/ > /ei/ geneuert. – Udolph, *Weichsel*.

Weichsel-/Weichsl- -*bach*, -*brunn*, -*brunnweiher*, -*graben*, z.B. ON. Groß-, Klein-Weichselbach (Gem. Sankt Leonhard am Forst, PB Melk, N.-Ö., A), vor 1180 *de Wīhselbach*, 1183–88 *de Vihsselbach*. Bestimmungswort ahd. *wīhsila*, mhd. *wīhsel* 'Weichselkirsche, Sauerkirsche'. – Hausner/Schuster, *Namenbuch*, S. 1098.

Weid, die (auch *Weidbach*), r.z. Ulster (z. Werra z. Weser), entspringt am Westhang des Ellenbogen (Hohe Rhön, Lkr. Schmalkalden-Meiningen, Thüringen, D), mündet in Wendershausen (Stadt Witzenhausen, Werra-Meißner-Kreis, Hessen). – 836 *Uueitaha*; ON. Oberweid (Gem., Lkr. Schmalkalden-Meiningen), ON. Unterweid (Lkr. Schmalkalden-Meiningen), 795 *ad Uueitaha*, 824 *Uueitaha*, 827, 914 *Uueitahu*, 842, 914 *Uueitaha*, (1155/65) *Weitaha*. – Grundform (ahd.) *Weitaha* 'Fluss, an dem die Färbepflanze Waid wächst', Kompositum mit dem Grundwort ahd. *aha* 'Fließgewässer' und ahd., mhd. *weit*, as. *wēd* stM. 'Waid, blaue Farbpflanze', ahd. *weitīn* 'bläulich', mhd. *weiten*, *weiden* 'blau, bläulich, dunkel', *weitkrūt* 'Waidpflanze', gekürzt > *Weit*, hyperkorrekt <Weid> geschrieben. – Sperber, *HG.A.5*, S. 113; Ulbricht, *Saale*, S. 255.

Weid-/-en- -*a*, -*beck*, -*bruch*, -*brunnengraben*, -*buschgraben*, -*graben*, -*kute*, -*loch*, -*pfuhl*, -*see*, -*staudengraben*, -*tümpel*, z.B. Weida, l.z. Weißen Elster (z. Thüringische Saale z. Elbe), 1320 *an der Wida*, mit ON. Weida (Lkr. Greiz, Thüringen, D), 1122 *Withaa*, 1143 *Wida*, 1194 *Wide* < *Wīdaha*; Weidenbach r.z. Isen (z. Inn z. Donau), mit ON. Weidenbach (Gem. Heldenstein, Lkr. Mühldorf, Bayern, D), ca.925 *ad Uuidinapach*; Weidensee, abgegangener Name zweier Seen im Flussgebiet von Werra und Fulda, 780–781 *in Uuidinonseo*, 786 *ad paludem … Uuidinsio*. Bestimmungswort ahd. *wīda*, mhd. *wīde* f. 'Weide(nbaum)' bzw. ahd. *wīdīn* 'mit Weiden bestanden'. Andere Bestimmungswörter nhd. *Weide* ↗Waid- ↗Weidbach. – Ulbricht, *Saale*, S. 186; Fischer, *BNB 10*, S. 301; Dotter/Dotter, *HG.A.14*, S. 434f.; Sperber, *HG.A.5*, S. 125.

Weidach-/Weidig- -bach, -graben. Bestimmungswort FlurN. mhd. *wīdach* stN. 'Ort, wo Weiden stehen'. – Ramge, *Flurnamenbuch*, S. 970.

Weidbach r.z. Aar (z. Dill z. Lahn z. Rhein). – ON. Niederweidbach, Oberweidbach (Gem. Bischoffen, Lahn-Dill-Kreis, Hessen, D), (780–802) (Fälschung 1150–1160) *Weidenbach*, 1261 *Wedebach*, 1300 *de Weydebach*, 1349 *von Weidebach* (und weitere Belege). – Grundform (ahd.) *Weidebach*? Kompositum mit dem Grundwort -bach und ahd. *weida* 'Jagd, Beute', mhd. *weid(e)* 'Jagd, Fischerei' als Bestimmungswort ↗Waid-. – Faust, *HG.A.4*, S. 84.

Weide, die poln. *Widawa*, l.z. Oder, durchfließt Teile von Breslau/Wrocław (PL). – 1175 (Fälschung) *iuxta Vidaue*, 1203 (Fälschung) *super fluvium Widauam*; ON. Weidenhof, ON. Weide/Widawa, 1155 *iuxta Vidav*, 1175 *ponte iuxta Withaue*. – Der Name ist vorslawisch und kann gm. *Wīda(h)wō (Kompositum mit Bestimmungswort gm. *wīda- 'weit' und Grundwort gm. *ahwō 'fließendes Wasser') fortsetzen, Parallelname dn. FlN. *Vidå* ↗Wiedau. Nicht auszuschließen ist, dass der germanischen Bildung ein ves.-ig. Name *u̯eidā, ein Verbalnomen zu urig. Präsensstamm *u̯eih₁-d- 'gehen, gerade Richtung nehmen', vorausliegt. Dieser hätte die ursprüngliche Bedeutung 'Gang, gerade Richtung' oder ähnlich. – Udolph, *Gewässernamen Polens*, S. 290–296; Kvaran Yngvason, *Untersuchungen*, S. 29; Rix, *LIV*, S. 668; Pokorny, *IEW*, S. 1123.

Weidelbach z. Vocke-Bach (z. Pfieffe z. Fulda z. Weser). – ON. Weidelbach (Stadt Spangenberg, Schwalm-Eder-Kreis, Hessen, D), 1335 *Widilbach*, 1394 *Widelbach*, 1504–17 *Wydelbach*, 1540 *Weydelpach*, 1585 *Weidelbach*. – Grundform FlN./ON. mhd. *Wīdenenbach, dissimiliert > *Wīdelenbach, synkopiert > *Wīdelnbach > *Wīdelbach, Kompositum mit dem Grundwort -bach und dem (flektierten) Adj. mhd. *wīden* 'mit Weiden bestanden' als Bestimmungswort. – Sperber, *HG.A.5*, S. 113.

Weidenau, die (auch *Weidenauer Wasser*), čech. Vidnávka, poln. Widna/Widnawka, r.z. Glatzer Neiße (z. Oder), entspringt im Reichensteiner Gebirge (Tschechien), mündet nach 32km im Jeziero Nyskie (Niederschlesien, Polen). – 1202 (Fälschung) *super Wydnam*; ON. Weidenau, čech. Vidnava (Olomoucký kraj, CZ), 1235 *Weidenau*. – Es handelt sich um einen vorslawischen Namen, der wie ↗Weitenbach aus gm. *Wīdina, einer Ableitung mit *n*-Suffix vom gm. Adjektiv *wīda- 'weit', gebildet wurde. Möglich ist auch, dass der Namen ves.-ig. ist und der urig. Präsensstamm *u̯eih₁-d- (Schwundstufe *u̯ih₁-d- > *wīd-) 'auf etwas losgehen, gerade Richtung nehmen' ↗Weide zugrunde liegt. – Udolph, *Gewässernamen Polens*, S. 291–296; Rix, *LIV*, S. 668; Pokorny, *IEW*, S. 1123.

Weier-/Weiher- -bach/-bächl/-bächle, -brunnenbach, -espengraben, -graben, -mühlbach, -pfuhl, -wasengraben, -wiesengraben. Bestimmungswort ahd. *wīwāri* 'Tiergehege, Fischteich, Fischkasten', mhd. *wīwære, wīwer, wīher, wīger*, as. *wīweri* 'Wasserbecken'. – Kühebacher, *Ortsnamen 2*, S. 366.

Weihung, die r.z. Donau, entspringt südlich von Wain (Lkr. Biberach, B.-W., D), mündet nach 30km bei Ulm (B.-W.). – 1517 *dye wyhůng*, 1543 *die Weyhung*, (um 1700) *Weyhung*; ON. Wain, /woi/, ca.1260 *ẘne*, 1275 *Wiewen*, 1279 *Wůwe*, 1281 *Wiuwen*, (ohne Datierung) *Weien*; ON. Weihungszell (Sießen im Wald, Gem. Schwendi, Lkr. Biberach), ON. Weinstetten (Gem. Staig, Alb-Donau-Kreis, B.-W.), Römisches Kastell Unterkirchberg (Gem. Illerkirchberg, Alb-Donau-Kreis), um 170 (Kopie 13. Jh.) (gr.) *Ouiána* – l. *Viāna* (Ptolemaios, Geographie 2,12,3, hierher?). – Unter der Annahme, dass sich der Name des römischen Kastells Unterkirchberg *Viāna, abgeleitet von l. *via* (vgl. aprov. *vianar* 'reisen') durch Übertragung auf den Fluss (vgl. ↗Altmühl) erhalten hat, ist folgende Entwicklung feststellbar: ahd. *Wīana (Längung > /ī/ durch Betonung des /i/) > mhd. *Wīene, mit Hiatustilgung und Apokope > *Wīwen, *Wīhen, diphthongiert *Weien*, *Wein, *Weihen. Der FlN. *die Weihen wird schließlich mit Bezug auf nhd. *weihen* eingedeutet als *Weihung*. – Snyder, *HG.A.3*, S. 114; Greule, *Studien*, S. 59.

Weil, die

– ¹Weil (auch *Krummgraben*) l.z. Lachterbach/Mühlbach (z. Rhein), entsteht westlich von Herbsheim (Kanton Benfeld, Dep. Bas-Rhin, Elsass, F), mündet südlich von Gerstheim (Kanton Erstein, Dep. Bas-Rhin). – /d'wail/, 1321–31 *in die wegel, vf die wegel* (hierher?), 1398 *in die Wegel, in die Wegele*, 1751 *Weyel rivulus*. – Grundform (ahd.) *Wegala f., mit *l*-Suffix abgeleitet von gm. *weg-a- (ahd. *wegan* 'bewegen') ↗Waag. Vielleicht metaphorisch benannt, weil der Fluss öfter seinen Lauf ändert. – Greule, *Oberrhein*, S. 93.

– ²Weil, l.z. Lahn (z. Rhein) bei Weilburg (Oberlahnkreis, Hessen, D). – 821 (9. Jh.) *in litore Huuilinu*, 824 *in litore Uuilinu*; ON. Weilburg, 772 *in Wilina*, 912 *Wilinaburg*; ON. Weilmünster (Oberlahnkreis), 1217 *de Wilmunstre*; ON. Altweilnau (Großgemeinde Weilrod, Hochtaunuskreis, Hessen), 1243 *de Wilnauwen*. – Da die Quelle der Weil im Taunus oberhalb des Feldbergkastells liegt, handelt es sich wahrscheinlich um eine germanische Bildung mit dem Adjektiv-Suffix *-īn-* zu dem Lehnwort ahd. *wīla* (< l. *vīlla* 'Landhaus, Landgut'), ahd. *wīlīna (aha) 'Gewässer, an dem eine Villa liegt', vgl. ahd. haganīn 'mit Dornengebüsch umstanden', lintīn 'von Linden umstanden'. Nicht auszuschließen ist eine bereits vorgermanische Bildung l. *vīllina, vgl. l. *pontina ↗Pfinz. Der älteste Beleg Huuilinu zeigt gelehrtenetymologische Anlehnung an ahd. hwīla 'Weile'. – Faust, HG.A.4, S. 84 f.; Petran-Belschner, Taunusnamen, S. 554; Bach, Namenkunde 1, S. 209.

Weil- -ach, -bach, z.B. Weilach, r.z. Paar (z. Donau), 12. Jh. Wilaha; ON. Weilbach (PB Ried im Innkreis, O.-Ö., A), um 790 (Kopie 11./12. Jh.) Wilpach. Bestimmungswort Weil-, ahd. *wīla, im Westen und Süden des deutschen Sprachgebiets aus lat. vīlla 'Landhaus, Landgut' entlehnt ↗Weil. – Hilble/Baumann-Oelwein, Schrobenhausen, S. 116 f.; Snyder, HG.A 3, S. 114; Hausner/Schuster, Namenbuch, S. 1102; Sperber, HG.A.7, S. 186; Bach, Namenkunde, 2, S. 76 f.

Weilbach
– ¹Weilbach, r.z. Mümling (z. Main z. Rhein). – 1012 (Kopie 12. Jh.) Widelabach, 1450 Wydelebach, 1529 Wydelbach, Weidelbach. – Grundform (ahd.) *Wīdīnenbach 'von Weiden umstandener Bach' ↗Weid-, dissimiliert > mhd. *Wīdīlenbach > *Wīdelebach > Weidelbach, gekürzt > Weilbach. – Sperber, HG.A.7, S. 186.
– ²Weilbach, r.z. Ardelgraben (z. Main z. Rhein), entspringt oberhalb von Langenhain (Stadt Hofheim am Taunus, Main-Taunus-Kreis, Hessen, D) im Vortaunus, mündet bei Flörsheim am Main (Main-Taunus-Kreis). – ON. Weilbach (Stadt Flörsheim am Main), 1091 Wilebach (und weitere Belege), 1112 in villa Wilibach, 1222 in inferiori Wilebach, 1287 in Wylebach, 1287 villam Wilbach (und weitere Belege), 1535 Weilbach. – Grundform ahd. *Wīlebach, Kompositum mit dem Grundwort -bach und ahd. *wīla (< l. vīlla 'Landhaus, Landgut') als Bestimmungswort, ↗²Weil. – Sperber, HG.A.7, S. 186.

Weiler- -bach, -graben, z.B. Weilerbach, l.z. Rhein, mit ON. Weiler, Weilerbach (Stadt Boppard, Rhein-Hunsrück-Kreis, Rh.-Pf., D), 1149 Wilre, 1206 in Vilari, (1290) in Wilre. Bestimunsgwort ahd. wīlāri, mhd. wīler (entlehnt < vulgärlateinisch villare 'Gehöft, Vorwerk'). – Greule, HG.A.15, S. 119; Halfer, Flurnamen, S. 41; Niemeyer, DONB, S. 676 (Friedhelm Debus).

Weilersbächle l.z. Osterbach (z. Krummbach z. Dreisam z. Elz z. Rhein). – ON. Weilersbach (Gem. Oberried/Schwarzwald, Lkr. Breisgau-Hochschwarzwald, B.-W., D), 1244 Wilarsbach, 1263 Villchersbach, 1325 Wilersbachwerweg, 1344 Willersbach, 1394 Wilisbacher Weg, 1395 von Wilersbach, 1405, 1413 Wilerspach, 1481 Willerspach, ca.1525 Wilerspach. – Grundform mhd. *Willaresbach > Willersbach, Kompositum mit dem Grundwort -bach/-bächle und dem Genitiv des PN. *Willar (*Willers-) als Bestimmungswort; hyperkorrekt > Weilersbach. – Geiger, HG.A.2, S. 159.

Wein- -bach, -gartenbach, -gartengraben, -heck-Graben, -leitenbach, z.B. Weinbach, l.z. Weil (z. Lahn z. Rhein), ON. Weinbach (Lkr. Limburg-Weilburg, Hessen, D), 1383, 1445 Wynbach, (1482–87) Winbach, 1495 Wenichen Wynbach († Kleinweinbach), 1630 Weinbach. Bestimmungswort mhd. wīn 'Wein', FlN. Weinbach ist Klammerform *Wein(garten)bach ↗Weinberg-. – Faust, HG.A.4, S. 86.

Weinberg-/-s- -bach, -graben, -pfuhl, -see. Gewässer an einem Weinberg. – Fischer, BNB 10, S. 301.

Weisach l.z. Aisch (z. Regnitz z. Main z. Rhein), mündet bei Uehlfeld (Lkr. Neustadt an der Aisch-Bad Windsheim, Bayern, D). – 1413 biss an die Vererweysach; ON. Schornweisach (Markt Uehlfeld), 1413 Schornweysach, 1506–16 schornsweisach. Kleine Weisach, l.z. Aisch, mündet bei Höchstadt an der Aisch, ON. Burgweisach, Kleinweisach (Markt Vestenbergsgreuth, Kreis Erlangen-Höchstadt, Bayern), 1118 Wisaha, 1348 Weisach. – Ausgangsform (ahd.) *Wīsaha, vielleicht aus *Wīhs-aha dissimiliert, Kompositum mit dem Grundwort ahd. aha 'Fließgewässer' und ahd. *wīhs 'Dorf'. Die unterscheidenden Zusätze Verrer- zu mhd. verre 'fern, entfernt' und Schorn- vielleicht zu mhd. schor swM. 'Klippe'. – Sperber, HG.A.7, S. 187.

Weisbach
– ¹Weisbach, r.z. Seebach (z. Neckar z. Rhein), mündet bei Neckargerach (Neckar-Odenwald-Kreis, B.-W., D). – ON. Weisbach (Neckar-Odenwald-Kreis), 1326 Wizzelsbach, 1423 Wyspech, 1474 Weißbach, 1507 Weyspach. – Grundform mhd. *Wīzelesbach, gekürzt > *Wīzbach > Weißbach/Weisbach, Kompositum mit dem Grundwort -bach und dem Genitiv des PN. ahd. *Wīzil (*Wīziles- > *Wīzeles-) als Bestimmungswort. – Schmid, HG.A.1, S. 123; Kaufmann, Ergänzungsband, S. 211.
– ²Weisbach, l.z. Brend (z. Fränkische Saale z. Main z. Rhein), mündet bei Wegfurt (Stadt Bischofsheim a.d. Rhön, Lkr. Rhön-Grabfeld, Bayern, D). – ON. Weisbach (Markt Oberelsbach, Lkr. Rhön-Grabfeld), 1234, 1242 in Wizbach, 1334 in villa Wyspach, 1351 ze Wispach. – Grundform FlN./ON. mhd. *Wīzbach, Kompositum mit dem Grundwort -bach und mhd. wīz 'weiß' ↗Weiß als Bestimmungswort. – Sperber, HG.A.7, S. 187.
– ³Weis-Bach ↗Weiß.

Weismain, der l.z. Main bei Burkunstadt. – 1180 *Wizmoin*; ON. Weismain (Lkr. Lichtenfels, Bayern, D), 799 (Fälschung 12. Jh.) *Wizmone*, 799/800 (Fälschung 12. Jh.) *Wizmovne*, 1229 *Wizmouen*, 1252 *Wizmoin*. – Zusammensetzung mit dem Namen ⁊ Main und dem Adjektiv ahd. *(h)wīz* 'weiß'. – Reitzenstein, *Lexikon*, S. 405f.; George, *Altlandkreis*, S. 170f.; Heiler, *gefälschte Urkunden*, S. 83.

Weismichsbach r.z. Birkigs-Bach (z. Kinzig z. Main z. Rhein), mündet bei Altenmittlau (Gem. Freigericht, Main-Kinzig-Kreis, Hessen, D). – 1372 *an der Wyszenbach*, 1390 *uff der Wiesenbach*, *off der Wiszenbach*. – Grundform (mhd.) **an der Wīzenbach*, Kompositum mit dem Grundwort *-bach* und dem (flektierten) Adj. mhd. **wīz* 'weiß' ⁊ Weiß- als Bestimmungswort. **Wīzenbach* assimiliert > *Wīzembach*, synkopiert und in der unbetonten Silbe abgeschwächt > **Wīzmech*, diphthongiert > **Weißmech*, hyperkorrekt mit verdeutlichendem Grundwort *-bach* und Fugen-*s* > Weismich-s-bach. – Sperber, *HG.A.7*, S. 187.

Weiß, die (auch *Weißbach*), entspringt im Rothaargebirge südlich von Wilgersdorf (Gem. Wilnsdorf, Kreis Siegen-Wittgenstein, NRW, D), fließt durch ein enges waldreiches Tal, mündet nach 18,1km in Siegen (Kreis Siegen-Wittgenstein). – 1311 *vf der Weste*, 1343 *zu der Weysten*, *up dy Weyste*, 1467 *uff der Weiste*, 1497 *bii der Weyster brocken*. – Grundform (ahd.) **Weistaha?* > wmd. **Wēste*, über *Weist* > nhd. Weis-/Weißbach. Das Kompositum **Weistaha* enthält als Bestimmungswort vielleicht gm. **waistu-*, eine *t*-Ableitung von der *o*-Stufe (gm. **wais-*) der Wurzel gm. **wis-* (ig. **u̯eis-* 'fließen') wie in gm. **waisōn* f. (awn. *veisa* 'Schlamm, Sumpf'), vgl. auch Weistebach, l.z. Hundem-Bach (z. Lenne z. Ruhr z. Rhein). – Faust, *HG.A.4*, S. 86; Barth, *Sieg und Ruhr*, S. 118; Schmidt, *HG.A.6*, S. 80.

Weiß-/Weiss-/-en-/-er-/-es- -ach, -achbach, -au, -bach/-bachl, -bachgraben, -born, -bronnbach, -brunnbach/-brunngraben/-brunnsee, -eckbach, -grund-Graben, -hornsee, -hubenbach, -moorstrom, -pfuhl, -see, -seegraben, -wasser, -wasserbach, z.B. Weißensee im ehemaligen Lkr. Füssen, entwässert über die Füssener Ach, früher *Weißenach*, l.z. Lech, 1291 *apud Wizenahe*, ON. Weißensee, (zu 1160–1167) *de Wicense*, 1229 *Wizzensee*. Weißensee und Weißenach enthalten das flektierte Adj. mhd. *wīz* 'weiß', womit auf das klare Seewasser und auf den verschwemmten Seeton Bezug genommen wurde. *Weißach* ist das Antonym zu *Schwarzach* (benannt nach dem moorigen Untergrund). Das Bestimmungswort ist differenzierendes Adjektiv in zahlreichen als Wortgruppe gebildeten Flussnamen, z.B. *Weisse Elster*, *Weisser Kocher*, *Weißer Main*. – Steiner, *Füssen*, S. 197f., Hausner/Schuster, *Namenbuch*, S. 1106–1108.

Weißbach r.z. Thüringischen Saale (z. Elbe). – 1498, 1503 *Weissbach*; ON. Weißen (Gem. Uhlstädt-Kirchhasel, Lkr. Saalfeld-Rudolstadt, Thüringen, D), /wisn/, 1083 *Wizne*, 1194 *Wizzne*, *Wizne*, 1278 *Wizene*, 1350 *Wissene*, 1596 *Weißene*; ON. Weißbach (Gem. Uhlstädt-Kirchhasel). – Grundform FlN. mhd. **Wīzene* f. < gm. **Hweitanō*, Ableitung mit *n*-Suffix von gm. Adj. **hweita-*, ahd. *(h)wīz* 'weiß', Benennung nach dem Eindruck der 'glänzend weißen' Oberfläche des Wassers. – Ulbricht, *Saale*, S. 34f.; Fischer/Elbracht, *Rudolstadt*, S. 52.

Weiße, die (auch *Wilde Weiße*), l.z. Gera (z. Unstrut z. Thüringische Saale z. Elbe), durchfließt das Jonastal, mündet bei Arnstadt (Ilm-Kreis, Thüringen, D). – 704 (Kopie 1190er Jahre) *in loco ... Arnestati super fluvio Huitteo* (latinisiert auf der Grundlage des Dativs ahd. **Hwīzziu*), 726 (Kopie) *Witheo*. – Ausgangsform FlN. vorahd. **Hwīti* f., Dat. **Hwītju*, Ableitung mit *j*-Suffix von gm. **hweita-* 'weiß', ahd. *(h)wīz*, die Benennung ging von einer Stelle aus, wo das Wasser der Weiße besonders schäumt (vgl. Wilde Weiße). – Ulbricht, *Saale*, S. 200; Wagner, *Huitteo und Virteburch*, S. 517f.

Weiste-Bach ⁊ Weiß.

Weistrachbach r.z. Url (z. Ybbs z. Donau), östlich von Haurasen (Gem. Weistrach, PB Amstetten, N.-Ö., A). – Um 1120 (Kopie Ende 12. Jh.) *iuxta Wiztrahe fluuivm*, um 1140 (Kopie Ende 12. Jh.) *iuxta fluuivm Wittraha* (lies **Wiztraha?*), *iuxta fluuivm ... Wiztrah*, um 1145 (Kopie Ende 12. Jh.) *Wittra* (lies **Wiztra?*); ON. Weistrach, 1175 *G. de Wihtrahe*, im 12. Jh. oft als *Wiztrah*, *Wiztraha*, *Wiztrahe*, *Witra* im Traditionsbuch des Stifts Garsten (Kopie Ende 12. Jh.) belegt, aus anderer Überlieferung stammen 1125 (Fälschung 1296) *G. de Wiestra*, 1151 (Vidimus 1292) *G. de Wiztra*, 1154 (Kopie 19. Jh. nach Kopie 13. Jh.) *in Wiztraha*. – Die Grundform mhd. (12. Jh.) FlN./ON. **Wiztrach*, latinisiert *Wiztraha*, scheint eine an mhd. *wīz* 'weiß' angelehnte Kanzleibildung zu sein. Grundlage der Eindeutung war vermutlich der FlN. (ahd.) **Wistra*, verdeutlichend komponiert mit ahd. *aha* 'Fließgewässer' > **Wistraha*. **Wistra* (< **u̯is-t-rā*) ist ein Hydronym, das dem Feminin des Adjektivs ig. **u̯is-ró-* zu ig. **u̯eis-* 'fließen' entspricht. Einige ig. Sprachen erweitern die Lautgruppe /-sr-/ > /-str-/; es ist unklar, welche Sprache dafür im Fall von Weistrach verantwortlich ist. – Hausner/Schuster, *Namenbuch*, S. 1109; Rix, *LIV*, S. 672.

Weitenbach l.z. Donau, mündet bei Weitenegg (Gem. Leiben, PB Melk, N.-Ö., A). – /die waetn/, vor 1121 *fluit … in Witen*, 1140–41 (Kopie um 1302) *iuxta riuum Witen*, 1170–1200 *aput flumen … Weinzenbach*; ON. Weiten (PB Melk), 1096 (Fälschung 12. Jh.) *Witin*, 1121–22 *Witin*, um 1124 *Witin*, 1140 (Kopie 1302) *de Witen*, 1155 (Fälschung?) *de Witen*, 1159 (Insert 1404) *de Weiten*; ON./BurgN. Weitenegg, 1175–81 *de Witenekke*. – Grundform FlN. mhd. *Witene f., apokopiert und diphthongiert > fnhd. *Weiten*, verdeutlichend komponiert > *Weiten-bach*. Zugrunde liegt gm. *Widinō, wie ↗Weidenau mit *n*-Suffix abgeleitet von gm. Adjektiv *wida- 'weit, groß, breit' > ahd. *Witina > mhd. *Witene. – Hausner/Schuster, *Namenbuch*, S. 1109 (< ves.-ig. *Veidhnā).

Weitersbach
– ¹Weitersbach, l.z. Simmerbach (z. Nahe z. Rhein). – ON. Weitersborn (Lkr. Bad Kreuznach, Rh.-Pf., D), 1484 *Witersburen*, 15. Jh.(?) *zo Wyttersburen*, 1515 *Witersborn*, 1555 *Weitersborn*. – Grundform Klammerform *Weiters(born)bach* mit dem ON. Weitersborn (< mhd. *Witheres-būren* 'bei den Häusern des *Wither') als Bestimmungswort. – Greule, *HG.A.15*, S. 119.
– ²Weitersbach, r.z. Ohmbach (z. Glan z. Nahe z. Rhein). – 1585/88 *Weittersbechelgen*, 1768 *die Weitersbach*; ON. Weitersbach (Gem. Ohmbach, Lkr. Kusel, Rh.-Pf., D), 1585/88 *Weittersbach*, 1587 *in Weitersbach*. – Grundform FlN./ON. (mhd.) *Witheresbach, Kompositum mit dem Grundwort *-bach* und dem Genitiv des PN. *Wit(h)er (*Witeres-) als Bestimmungswort; *Witersbach diphthongiert > Weitersbach. – Greule, *HG.A.15*, S. 119; Dolch/Greule, *Pfalz*, S. 485.

† Weitrager Bach heute Mirellenbach, r.z. Großen Gusen (z. Donau), östlich von Oberndorf (Gem. Gallneukirchen, PB Urfahr-Umgebung, O.-Ö., A). – 1544 *Weitrachpach*, 1857 *Weitrgb.*; ON. Hof Weitra, Oberweitrag, Unterweitrag (Gem. Altenberg bei Linz, PB Urfahr-Umgebung), /ˈwaitrɡ̥/, 1125 *molendinum ad Witro, Uvitrach*, 1171 (Kopie 12. Jh.) *Witrach*, 1171 (Fälschung vor 1235) *Witrach*, 1288 *in der weytra*, 1378 *De Weytra*, 1441 *datz weytra, zu weitra*, 1499 *Weittrach*, 1545 *Weitrag* (und weitere Belege). – Grundform FlN. ahd. *Witra, verdeutlichend komponiert *Witraha, mit *r*-Suffix abgeleitet (< vorgm. *u̯id-ró-) vom gm. Verb *weit-a- 'laufen', ahd. (Hildebrandslied) *giweit* 'er fuhr'. Parallelname ON. Weitra (PB Gmünd, N.-Ö., A), 1186–93 *aput Witrah*, 1197 *Witrahe*, 1200 *Witrah*. – Hohensinner/Wiesinger, *Urfahr-Umgebung*, S. 41 (< ves.-ig. *u̯eidrā, ig. *u̯eid- 'drehen, biegen'); Hausner/Schuster, *Namenbuch*, S. 1110 f.; Seebold, *starke Verben*, S. 548–550.

Weizbach r.z. Raab (z. Donau), entspringt auf dem Gebiet der Gem. Sankt Kathrein am Offenegg (PB Weiz, Steiermark, A), fließt durch die Weizklamm (Gem. Naas, PB Weiz), mündet nach 30,57km in Sankt Ruprecht an der Raab (PB Weiz). – 1187 (Fälschung nach 1230) *apud fluvium Wides*, 1197 *iuxta Wides amnem*; ON. Weiz (PB Weiz), 1147 *de Wides*, 1152 *duo castra Wides …*, 1188 *in uilla … Uuides, de Widis*, 1197 *Wides* (und weitere Belege). – Grundform FlN./ON. mhd. *Wides (maskulin?), synkopiert > *Wids, diphthongiert > Weiz, verdeutlichend komponiert mit *-bach* > Weizbach. *Wides wird auf ves.-ig./vorslaw. *Widis- zurückgeführt, eine Ableitung mit *s*-Suffix von ig. *u̯id-ā 'Biegung' ↗Wied mit der Bedeutung 'Fluss mit Biegung(en)', aus dem Slawischen mit /ī/ entlehnt als *Wides. – Hausner/Schuster, *Namenbuch*, S. 1111.

Well-/-e-/-en- -bach, -beek, -born, -bruch-Bach, z.B. Wellbach, r.z. Quarm-Bach (z. Bode z. Thüringische Saale z. Elbe), mit ON. † Welbeke, 964 *Welbeke*, 1207 *Wellebeke*. Bestimmungswort ahd. *wella*, mhd. *welle* f. 'Welle'. – Ulbricht, *Saale*, S. 48.

Wellbach
– ¹Wellbach, l.z. Hassel-Bach (z. Häßler-Bach z. Kinzig z. Main). – 1359 *uf die bach, die da heiszet dye Welde*; FlurN. Wellfeld. – Unsichere Deutung, 1359 *Welde* vielleicht gekürzt < *We(llbachfe)lde ↗Well-. – Sperber, *HG.A.7*, S. 188.
– ²Wellbach, l.z. Queich (z. Rhein), entspringt am Eschkopf (Pfälzerwald), mündet bei Wilgartswiesen (Lkr. Südwestpfalz, Rh.-Pf., D). – 828 (Kopie 1430) *Myltbach*, 1313 *Milebach*, 1349 *Melbach*, 1538 *Mulbach*, 1591 *Melpach*, 1836 *Wellbach*. – Grundform *Milenbach, Kompositum mit dem Grundwort *-bach* und dem Genitiv des PN. ahd. *Milo (*Milen-) als Bestimmungswort; nach Synkope und mundartlicher Senkung /i/ > /e/ > Melbach, in Anlehnung an *Welle* > *Wellbach* umgedeutet. – Greule, *HG.A.15*, S. 119; Kaufmann, *Ergänzungsband*, S. 258.

Welle r.z. Dornbach (z. Wispe z. Leine z. Aller z. Weser), mündet westlich von Kaierde (Flecken Delligsen, Lkr. Holzminden, Niedersachsen, D). – 1715 *der Wellenspring*, 1803 *am Wellenwasser*, 1864 *Wellenspringbach*, 20. Jh. *Welle*. – Kartographisch gekürzt für *Welle(nspring)(-bach). – Kettner, *HG.A.8*, S. 142; Kettner, *Leine*, S. 327.

Wellsee in Kiel (S.-H., D), Abfluss: die Wellsau (*Wilsau, Neuwührener Au*) z. Schwentine (z. Ostsee). – SeeN. 1281 *stagnum Wilse*, 1471 *in stagnum Wilsse*, 1649 *Wellsee*; FlN. 1226 *rivum … Wilsov*, 1232 *rivum Wilsowe*, 1240–50 *juxta Wilsowe*; ON. Wellsee (Stadt Kiel), 1264–1289 *in Wilse, de Welse*, 1460 *dat* *dorp Wiltzee*, 1461 *tome Wiltzee*. – Ausgangsform FlN./SeeN. apolab. **Vil'šova*, abgeleitet von apolab. **vil'ša* 'Erle', ins Deutsche integriert als mndd. **Wilsowe* und Klammerform **Wil(sowe)sē*, 1281 *Wilse*, später *Wellsau/Wellsee*. – Kvaran, *HG.A.12*, S. 205, 206; Schmitz, *Plön*, S. 250 f.; Laur, *Schleswig-Holstein*, S. 685, 699.

Welschenordnach, die (auch *Jostal*), r.z. Langenordnach (z. Gutach z. Wutach z. Rhein). – 1340 *dú Wâlschenordra*, 1391 *Wâlschen Nordera*, 1419 *Welschen Nordra*, 1439 *aus der Welschenordena*. – Grundform TalN. mhd. **ze der welschen Nordera(he)*, Wortgruppe mit dem Adj. mhd. *welsch* 'welsch, romanisch, französisch, italienisch' und FlN. **Norderahe* ↗ Nord-. – Geiger, *HG.A.2*, S. 151f.

Welse, die

– ¹*Welse*, l.z. Delme (z. Ochtum z. Weser), entspringt bei der Welsburg (Gem. Dötlingen, Lkr. Oldenburg, Niedersachsen, D) im Naturpark Wildeshauser Geest, fließt durch Delmenhorst (Metropolregion Bremen/Oldenburg), mündet nach 16km bei Bungerhof/Donneresch. – 1536 (Kopie) *uppe der Welse*, 1537 *aver der Welse*, 1540 *up de Welse*, 1547 *na der Welse*; ON. Welsburg, 1359 *Welzeborch*, 1374 *de Welzeborch*, 1420 *myt der Welseborch*, 1530 (Kopie) *de Welsborch*. – Grundform mndd. **Welze* f. (=**Weltse*) > *Welse*, möglicherweise Parallelname zu ↗ Walse; während *Walse* auf ahd. **Waldusa* zurückgeht, könnte **Welze*, synkopiert < **Weldese*, aus (as.) **Waldisa* (as. *wald* 'Wald, Wildnis') entstanden sein. – Borchers, *HG.A.18*, S. 146.

– ²*Welse*, l.z. Oder bei Gatow (Stadt Schwedt/Oder, Lkr. Uckermark, Brandenburg, D), Welsensee, Nebenarm der Welse bei Gatow. – 1250 (Kopie) *wilsna*, 1265 *super Welsnam*, 1267 *supra Wilsnam*, 1288 *Wilzenitz* (ein Nebenarm der Welse?), 1347 *bit der groten welsen*, 1375 *super Welsnam*, 1589 *die Welß*, 1768 *der Welße Strohm*, 1827 *Die Welse*. – Ausgangsform apolab. **Vil´sna* 'Gewässer, an dem Erlen wachsen', abgeleitet von apolab. **vil´ša* 'Erle', 1288 *Wilzenitz* < apolab. **Vil´šnica* 'kleine Welse'? – Fischer, *BNB 10*, S. 302.

Welsengraben r.z. Havel nördlich von Zehdenick (Lkr. Oberhavel, Brandenburg, D). – 1536 *der welsenen*, 1574 *den Welsen graben*, 1628 *dass Fließ … die Welse*, 1736 *der wels Fluß*, 1770 *in der Welse*, um 1800 *Welse graben*. – Verdeutlichendes Kompositum mit dem Grundwort *-graben* und **Welsene* ↗ ²Welse als Bestimmungswort. – Fischer, *BNB 10*, S. 302.

Weltersbach

– ¹*Weltersbach, die* l.z. Wupper (z. Rhein), entspringt im Norden von Witzhelden (Stadt Leichlingen, Rheinisch-Bergischer Kreis, NRW, D), mündet bei Leichlingen. – ON. Weltersbach, 1590, 1597 *auf der Weltersbach*, 1626 *in der Weltersbach*. – Schmidt, *HG.A.6*, S. 104.

– ²*Weltersbach*, l.z. Speyerbach (z. Rhein). – Ohne Belege. – Greule, *HG.A.15*, S. 119. Kompositum mit dem Grundwort *-bach* und dem Genitiv des PN. ahd. **Welt(h)er* (**Welteres-* > *Welters-*). – Kaufmann, *Ergänzungsband*, S. 379.

Welzbach, die z. Totermann-See (im Mittellauf Landgraben) bei Aschaffenburg (Lkr. Aschaffenburg, Bayern, D). – 1409 *hinter … der Weltzbach*. – Deutung wie ↗ Wälze-Bach. – Sperber, *HG.A.7*, S. 188.

Wendbach (auch *die Wende*), l.z. Wahnbach (z. Sieg z. Rhein), entspringt bei Wohlfahrt (Gem. Much, Rhein-Sieg-Kreis, NRW, D), mündet westlich von Neunkirchen (Gem. Neunkirchen-Seelscheid, Rhein-Sieg-Kreis). – 1296 (späte Kopie) *bach die wendt genannt*; BergN. Wennerscheid (Gem. Neunkirchen-Seelscheid), ON. Niederwennerscheid, Oberwennerscheid (Gem. Neunkirchen-Seelscheid), 1462 *Wendescheyt*, 1481 *Wenderschijt, Wynderscheit*. – Ausgangsform FlN. (gm.) **Wandjō* > **Wende*, j-Ableitung zur Benennung des Zuflusses des Wahnbachs (< **Wanda*). – Faust, *HG.A.4*, S. 86; Barth, *Sieg und Ruhr*, S. 118f.

Wende r.z. Bigge (z. Lenne z. Ruhr z. Rhein), im Sauerland (NRW, D). – ON. Wenden (Kreis Olpe, NRW), Altenwenden (Gem. Wenden), 1027 *Wendon*, 1151, ca.1200 *(in) Wendene*, 13. Jh. *Vendene*, um 1310 *Wendene*, 1339 *in … Wenden*, 1362 *zu Wenden*, 1402 *van Wendene*, 1409 *zu Wenden*, ca. 1480–1500 *to Wenden*. – Grundform (as.) **Wendina*, mit *n*-Suffix von gm. Adj. **wanda-* 'sich hin und her wendend' oder von gm. **wandō* f. (ahd. *wanda* 'Wirbelbewegung, Drehung', mndd. *wande* 'Kehre, Wende, Grenze') ↗ Wanne abgeleitet. – Schmidt, *HG.A.6*, S. 88, 104; Barth, *Sieg und Ruhr*, S. 178.

Wend-/-e-/Wendt- *-born, -pfuhl, -see, -steig, -wasser*. Bestimmungswort entweder ndd. *wende, wenne* 'Grenze' in auf Fluren bezogenen Gewässernamen oder nhd. *Wende* m. 'Slawe, Sorbe', Adj. *wendisch*, als Hinweis auf slawische Bevölkerung. – Kettner, *Leine*, S. 329; Fischer, *BNB 10*, S. 302f.

Wendebach (auch *Bremke*), r.z. Leine (z. Aller z. Weser) mündet unterhalb von Bremke (Gem. Gleichen, Lkr. Göttingen, Niedersachsen, D). – 1387 *van dem Wanebeke*, 1445 *umme den wanebeke*, 1449 *den wenebeck, von deme wenebecke*, 1575 *von dem Wanebeke*, *von der Wanebeke*, 1585 *am Wennebeck*, *auf den Wenneback*, 1588 *auf den Wenbeck*, 1634 *uff den Wen-*

debeck, 1667 *uff den Wendebache*, 1667 *uff die Wendebache*, 1671 *baim wennebeke, auf den wennebeke* (und weitere Belege). – Grundform mndd. *Wanebeke*, Kompositum mit dem Grundwort mndd. *beke* 'Bach' und as. *wan* 'fehlend' (< gm. **wana-* 'mangelnd, leer') schwach flektiert als Bestimmungswort, vgl. ON. Wahmbeck (Kreis Lippe, NRW), 1447 *tor Wanbeke*, benannt nach vergleichsweise geringem Wassergehalt. Weil der Wendebach verschiedentlich eine Grenze bildete, wurde *Wanebeke* umgedeutet als *Wande-, Wanne-, Wenne-, Wendebeke*, nhd. *Wendebach*, mit mndd. *wande, wanne*, ndd. *wende, wenne* 'Grenze'. – Kettner, *HG.A.8*, S. 142; Kettner, *Leine*, S. 328 f.; Meineke, *Lippe*, S. 500 f.

Wendekessel (amtlich *Wendebach*), Oberlauf d. Mannengrabens, r.z. Moore (z. Leine z. Aller z. Weser) bei Moringen (Kr. Northeim, Niedersachsen, D). – 1632 *im Wendt Köttel, im Went Köttel, bouen dem Wendt Köttel*, 1729 *im Wendeköttel, überm Wendekeßel*, 1779 *Wendekessel*, 1863/64 *im Wendekessel*; QuellN. Wendekettelsborn, 1784 *Wendekettelsborn*. – Übertragung des Geländenamens **Wendekettel*, mit dem Bestimmungwort *wende* 'Gemarkungsgrenze' und Grundwort spätmndd. *kettel* 'Kessel, tiefliegende Örtlichkeit' auf das Gewässer; *Wendebach* ist Klammerform **Wende(kessels)bach*. – Kettner, *HG.A.8*, S. 143; Kettner, *Leine*, S. 329 f.

Wengebach, die r.z. Nieste (z. Fulda z. Weser), mündet oberhalb von Nieste (Lkr. Kassel, Hessen, D). – 1536 *bis auf die Wendebach, jenseit der Wendebach*, 1592 *Wendebach*. – Grundform *Wendebach*, Kompositum mit dem Grundwort *-bach* und ↗ *Wend-* als Bestimmungswort, mundartlich > *Wengebach*. – Sperber, *HG.A.5*, S. 114.

Wengelsbach r.z. Saarbach/Sauer (z. Rhein). – ON. Wengelsbach (Gem. Niedersteinbach, Dep. Bas-Rhin, Elsass, F), 1196 *Wendelesloch*. – Klammerform **Wendels(loch)bach*, mit dem ON. (ahd.) **Wendilīneslōh* als Bestimmungswort, Kompositum mit dem Grundwort ahd. *lōh* '(kleiner) Wald' und dem Genitiv des PN. ahd. **Wendilīn*, gekürzt > **Wendelsloch* und *Wendelsbach*, mundartlich zu > *Wengelsbach*. – Greule, *HG.A.15*, S. 119.

Wenichbach ↗ Wenig-.

Wenig-/-en-/-er- *-bach, -geis*. Bestimmungswort ahd. *wēnac* 'schwach, klein', mhd. *wēnic* 'schwach, gering, klein', mndd. *wēnich*, 'klein'.

Wenne, die l.z. Ruhr (z. Rhein), entspringt auf einer Höhe von 487m nordwestlich von Schmallenberg (Hochsauerlandkreis, NRW, D), mündet nach 31,1km bei Wennemen (Stadt Meschede, Hochsauerlandkreis). – Um 1610 *Wene flu*, 1652, 1694 *Wenne*; ON. Haus Wenne (bei Eslohe, Hochsauerlandkreis), 11. Jh., 12. Jh., 13. Jh. *in Wene* (und weitere Belege), ON. Wenholthausen (Gem. Eslohe), 1288 *Wineholthusen*, 1298–1304 *Weneholthusen*, 1368 *Wennholthusen, Weneholthuysen, Wanehoalthusen*; ON. Wennemen, 1281 *Weneme* (und weitere Belege), 14. Jh. *Weynheim*, 1438 *vf Wennemer Marckhe*. – Unsichere Deutung, falls als Grundform FlN. **Wīne* > mndd. **Wēne* angesetzt werden kann, könnte der Name mit ↗ Wehe und ↗ Wyna verwandt sein. Der ON. Wennemen (< 1281 *Weneme*) muss nicht aus dem FlN. *Wenne* abgeleitet werden; ihm könnte auch ein Abschnittsname für den Unterlauf der Wenne, gm. **Wanima*, mit *m*-Suffix abgeleitet von gm. **wana-* 'leer' (as. *wan* 'fehlend'), vgl. ON. Wanfried ↗ Frieda, zugrundeliegen. Die heutige schriftsprachliche Form des Flussnamens mit <nn> ist vom ON. Wennemen beeinflusst. ON. Wenholthusen setzt einen WaldN. **Wenholt* 'Wald an der Wenne' voraus, zum ON. erweitert durch mndd. *hūsen* 'bei den Häusern'. – Schmidt, *HG.A.6*, S. 81; Barth, *Sieg und Ruhr*, S. 178.

Wensegraben r.z. Quappendorfer Kanal (Alte Oder) nördlich von Quappendorf (Gem. Neuhardenberg, Lkr. Märkisch Oderland, Brandenburg, D). – 1737 *Die Wense*, 1826, 1828/29 *Wense Graben*. – Deutung ↗ Wannsee. – Fischer, *BNB 10*, S. 298.

Wenzenbach l.z. Regen (z. Donau). – 1363 *Mentzenbach*, 1559 *Wentzenbach*; ON. Wenzenbach (Lkr. Regensburg, Bayern, D), /ˈvɛndsəbɔ/, 863–882 *Menzipah*, 1190–1200 *Menzinbach*, 1326 *Mentzenpach*, 1526 *Wentzenbach*, ca.1600 *Wenzebach*. – Grundform ahd. **Menzinbach*, Kompositum mit dem Grundwort *-bach* und dem Genitiv des PN. ahd. *Manzo* (**Menzin-*) als Bestimmungswort. – N.N., *HG.20*; Reitzenstein, *Oberbayern*, S. 302.

Weppach r.z. Lauter (z. Neckar z. Rhein) bei Brucken (Gem. Lenningen, Lkr. Esslingen, B.-W., D). – 1513 *am Weppach*, 1560 *in Weppach, im Wep-Pach*. – Die Schreibung <pp> ist mehrdeutig, vgl. Weppachbach (< **Wegbach*). – Schmid, *HG.A.1*, S. 124.

Weppachbach l.z. Bermatinger Bach (z. Hintere Aach z. Uhldinger Aach z. Bodensee). – ON. Weppach (Gem. Bermatingen, Bodenseekreis, B.-W., D), zum Jahr 1424 *in Weppach*, 1443 *zu Wegpach*, 1451 (im) *Wepbach*, 1607 *in Weppach*. – Grundform **Wegpach*, Kompositum mit dem Grundwort *-bach/-pach* und mhd. *wec, weges* 'Weg' als Bestimmungswort, mit Assimilation /-gp-/ > /-pp-/, jetzt verdeutlichend erneut komponiert mit dem Grundwort *-bach*. – Geiger, *HG.A.2*, S. 152.

Werbe, die   l.z. Eder (z. Fulda z. Weser), entspringt bei Strothe (Stadt Korbach, Lkr. Waldeck-Frankenberg, Hessen, D) in ca. 358m Höhe, mündet südlich von Niederwerbe in den Edersee. – 1226 *Werbe*; ON. Oberwerbe, Niederwerbe (Stadt Waldeck, Lkr. Waldeck-Frankenberg), 1125–29, 1155 *de Werbe*, 1196 *in inferiori Werve*, 1206 *villa Werbe, inferior Werbe*, 1266 *de Werbe*, 1299 *Werve*, 1386 *in Werbe* (und weitere Belege). – Ausgangsform FlN. gm. **Hwerbō* f., Substantivierung des femininen Adjektivs gm. **hwerba-*, gt. *ga-ƕairbs* 'fügsam, gehorsam', awn. *hverfr* 'beweglich, unbeständig', ae. *gehwerf* 'umgewandelt', ahd. *vierwerba* 'viermal', zum starken Verb gm. **hwerb-a-* 'sich wenden', als Name für einen Fluss, der öfter die Richtung wechselt ('sich wendet'), oder mit derselben Bedeutung (as.) **Hwerbaha*, Kompositum mit dem Grundwort *-aha* 'Fließgewässer' und gm. **hwerba-* 'sich wendend' als Bestimmungswort; bei diesem Ansatz müsste das Grundwort jedoch bereits im 12. Jh. auf /-e/ reduziert worden sein. – Sperber, HG.A.5, S. 114; Seebold, *starke Verben*, S. 282f.

Werbellin-See   im Lkr. Barnim (Brandenburg, D). – 1247 *apud Warbellinum*, 1275 *apud Werbellinum*; Waldgebiet am See, 1307 (Kopie) *magna merica Werbelin*. – Grundform apolab. **Varblin-* 'Ort, wo es Sperlinge gibt', abgeleitet von **varbl'-* 'Sperling'. – Wauer, HG.A.17, S. 192; Fischer, BNB 10, S. 303.

Werder-   *-graben, -pfuhl, -steig*. Bestimmungswort nhd. *Werder* m. 'Flussinsel, Niederung zwischen Flüssen und Seen'. – Fischer, BNB 10, S. 304.

Werft-   (auch *Warft-*) *-beek, -bruch, -graben, -kolk, -kute, -pfuhl*. Bestimmungswort mndd. *werft* 'Salweide'. – Fischer, BNB 10, S. 304.

Werker-Bach   r.z. Wisper (z. Rhein). – 1489 *die Wirck, uß der Wirck*, 16. Jh. *an die Werck, aus der Wirck*, 1668 *das bächlein ... die Wirck*, 1694 *langs der Würckbach*; ON. Werkermühle, 1668 *Würckmühl*; ON. Werkerbrunnen. – Grundform FlN. (gm.) **Werkjō* f. > mhd. **Wircke*, apokopiert *Wirck*, mit mundartlicher Senkung > *Werck* oder mit Rundung > *Würck-*. **Werkjō* ist eine auf das Gewässer übertragene Stellenbezeichnung 'wo (am Bach) gewirkt/gearbeitet wird', mit *j*-Suffix abgeleitet von gm. **werka-* 'Werk, Arbeit'. Werker-Bach ist Kompositum mit dem verdeutlichenden Grundwort *-bach* und dem vom Fluss- oder Ortsnamen abgeleiteten Adj. *Werker* als Bestimmungswort. – Faust, HG.A.4, S. 86f.

† Werla   vermutlich Name eines Abschnitts der Oker (z. Aller z. Weser), über dem sich in ca. 17m Höhe die Königspfalz Werla (Gem. Werlaburgdorf, Lkr. Wolfenbüttel, Niedersachsen, D) erhob. – 931 (Kopie Anfang 11. Jh.) *Uuerlaha*, 936 *Uuerla*, 937 *Uuerlaha*, um 967 *Werlaon, Werla*, 975 *Uuerla*, 993 *Vuérela*, 1013 *Werla*, 1086 *Werla*, 12. Jh. (zu 920) *Werlahon*, 1174 *Werle*. – Grundform (as.) *Uuerlaha*, Dativ Plural *Werlahon/Werlaon*, Kompositum mit dem (verdeutlichenden) Grundwort as. *aha* 'Fluss, Wasser'. Aus der Namensform (993) *Vuérela* kann auf einen alten, vor Erbauung der Pfalz vorhandenen Gewässernamen gm. **Warilō* f. > as. **Werila* (für den Unterlauf der Oker), mit Synkope des Mittelsilbenvokals > *Werla*, geschlossen werden; gm. **war-* (< vorgm. **u̯or-*, ablautend zu urig. **h₂u̯er-* 'feucht sein') ↗ Wern (< **Werina*) wurde mit dem Suffix *-ila-* onymisiert, vielleicht im Sinne der Diminution ('kleines Meer'). – Casemir, *Wolfenbüttel*, S. 352f. (Belege).

Werlsee   in der Gem. Grünheide (Lkr. Oder-Spree, Brandenburg, D). – 1574 *eine sehe Die Werle genandt*, 1702 *Werle*, 1784/85 *Werll See*. – Grundform apolab. **Vorl'-* 'Ort, wo es Adler gibt' zu **vorel-* 'Adler'. – Fischer, BNB 10, S. 304.

Wermelinsee   bei Vierlinden (Lkr. Märkisch-Oderland, Brandenburg, D). – 1413 *Wormelin, Wermelin*, 1422 *wormellyn*, 1492 *Wormelein*, 1745 *Wermelin*, 1826 *Wermelin-See*. – Grundform apolab. **Varblin-* 'Ort, wo es Sperlinge gibt' ↗ Werbellinsee, ins Deutsche integriert als **Worbelin-/*Wörbelin-*, mit Assimilation /b – n/ > /m – n/ > **Wörmelin*, mundartlich entrundert > *Wermelin(see)*. – Fischer, BNB 10, S. 302.

Wern   r.z. Main (z. Rhein), fließt in den Landkreisen Schweinfurt und Main-Spessart (Bayern, D), mündet nach ca. 63,5km in Wernfeld (Stadt Gemünden, Lkr. Main-Spessart). – 782/783 (Kopie 13. Jh.) *Werma* (lies *Werina*), 833 (Kopie 13. Jh.) *iuxta fluuium Werine*, 1014 *usque Uerinam ... Werina*, 1060 *Werna*, 1140 *Werna*, 1330 *Werne*, 1391 *an der Wern*; RaumN. † *Werngau*, 770 (Kopie 12. Jh.) *in pago Uuerangeuue*, 779 *Werngowa*, 788 *Uueringauue*; ON. Niederwerrn, Gemeinde mit dem Ortsteil Oberwerrn, 1236 *de Werne*, 1336 *in villa superiori Wern, in inferiori Werne*; Markt Werneck (BurgN.), 1223 *castrum in Wernecke*; Wernfeld (Kleinwernfeld), 1358 *zu Werenfelt*. – Grundform (ahd.) *Werina* > mhd. *Werne* (mit Abschwächung des /-i-/ zu /-e-/ und Synkope des /-e-/) < vorahd. **Warina*? Namen mit der Grundform **Warina* bilden sowohl zahlenmäßig als auch nach der Verbreitung eine größere Gruppe, die von Jütland bis an den Main reicht. Es handelt sich neben *Wern* um Ortsnamen, die wahrscheinlich einen Gewässernamen fortsetzen: Werne an der Lippe westlich Hamm (NRW, D), 834 *Werina*, 890 *Wirino*, 1088 *Werna*; Werne, Stadtteil von Bochum (NRW), 890 *Werinun*, † Werina (im System der Vecht? NL),

840–849 (Kopien 11. Jh.) *secus mare in loco ... Werina*. Hinzukommt † Var, alter Name der Tvis Å (z. Storå in Jütland, DK), jetzt Hofname, 1495 *Verne*, und GauN. *Varhede*, 1494 *Wernhie*, 1495 *Vernhee*, < adän. *Wærn* (< *Warina*). Verbreitung und Morphologie legen eine Deutung von *Warinō aus dem Germanischen nahe: Es dürfte sich um eine Ableitung mit dem Suffix gm. -ina- von gm. *war- (< vorgm. *u̯or-, ablautend zu urig. *$h_2u̯er$- 'feucht sein') handeln. Bei Namen, für die kein Mittelsilbenvokal nachweisbar ist ↗ Werre ↗ Warnau ↗ Warne ↗ Warnow, kann auch eine Grundform (gm.?) *Werna, mit n-Suffix abgeleitet von urig. *$h_2u̯er$- 'feucht sein' ↗ Werse, erwogen werden. – Sperber, *HG.A.7*, S. 188f.; Reitzenstein, *fränkische Ortsnamen*, S. 24; Berger, *Geographische Namen*, S. 273; Künzel/Blok/Verhoeff, *Lexicon*, S. 390; Kvaran Yngvason, *Untersuchungen*, S. 11f.; Pokorny, *IEW*, S. 80; Krahe, *UäFlNN.*, S. 38–40; Wodtko/Irslinger/Schneider, *Nomina*, S. 716.

Werra, die   r.z. Weser bei Hannoversch Münden (Lkr. Göttingen, Niedersachsen, D). – 775 *Uuisera*, 786 *Uuisora*, 811 *Wiseraa*, 933 *Wiseraha*, 1016 *Wirraha*, 1141 *Werrahe*. – Werra und Weser trugen ursprünglich einen Namen, nämlich *Wisura ↗ Weser bzw. *Wisera*. Eine Differenzierung wurde dadurch erreicht, dass sich für den Oberlauf das Kompositum altnieder-/althochdeutsch *Wiser-aha* verfestigte. Durch Synkope der zweiten Silbe entstand *Wisraha, assimiliert zu *Wirraha*, später *Werrahe* und *Werra*. – Sperber, *HG.A.5*, S. 115–117; Udolph, *Weser*, S. 493f.

Werre, die

– ¹Werre, r.z. Schwarza (z. Thüringische Saale z. Elbe) bei Bad Blankenburg (Lkr. Saalfeld-Rudolstadt, Thüringen, D). – 1072 *Werna*; ON. Oberwirbach (Stadt Bad Blankenburg), ON. Unterwirbach (Gem. Saalfelder Höhe, Lkr. Saalfeld-Rudolstadt) < *Wirnbach*? – Etymologie wie ↗ ²Werre. – Ulbricht, *Saale*, S. 194; Walther, *Siedlungsgeschichte*, S. 234.
– ²Werre, l.z. Weser in Ostwestfalen (NRW, D), entspringt im Lippischen Bergland in Wehren, fließt durch Detmold, Lage, Bad Salzuflen, Herford, Löhne und mündet in Bad Oeynhausen-Rehme. – Zum Jahr 784 (Annalen, Handschriften 9., 11., 12. Jh.) *ad locum ... in quo Wisura et Waharna confluunt*, zum Jahr 785 (Annalen, Handschriften 9., 10., 11. Jh.) *super fluvium Wisora, ubi confluit Waharna*, 868 (Kopie 980) *inter fluvios Uuerna et Hardna*, 9. Jh. *ad hostia Warnae* (Poeta Saxo, Handschriften 11. oder 12. Jh.), (1224–1256) (Handschrift 13. Jh.) *in utroque flumine tam in Hartna quam Werna*, usw., 1399 *bi der Werne*, usw., 1721 *die Wehrde*, *(Die) Were*; ON. Wehren (Stadt Horn-Bad Meinberg, Kreis Lippe, NRW), 1380, um 1390, um 1409 *in der Werne* (und weitere Belege), um 1758 *Nieder Wehren, Ober Wehren*. – Ausgangsform (as.) *Werina > Warna (mit Synkope des zweiten Vokals), zur Etymologie ↗ Wern. Eine gesonderte Erklärung verlangt *Waharna* in den ältesten Belegen. Es handelt sich um ein Kopulativkompositum *Warnahardna für den Unterlauf der Werre ab Herford, wo die Aa (einst ↗ Hartna) mündet. Das Kompositum *Warnahardna (statt *Wernahardna) wurde haplologisch gekürzt zu *Waharna*. Kopulative Zusammensetzungen sind in der Gewässernamengebung selten. – Kramer, *HG.A.10*, S. 71f.; Meineke, *Lippe*, S. 505–508.

Wersbach   r.z. Wietsche (z. Wupper z. Rhein). – 1809 *Werschbach*; ON. Wersbach (Stadt Leichlingen, Rheinisch-Bergischer Kreis, NRW, D), 1311 *de Wersburg, de Wernsberg*, 1803 *die Wersbacher Mühl*. – Klammerform *Werns(berg)bach > Wersbach/Werschbach; der ON. Wernsberg ist etymologisch mit dem FlN./ON. ↗¹Wörs-Bach vergleichbar. – Schmidt, *HG.A.6*, S. 81.

Wersch-Bach   (auch *Wersch*), r.z. Brölbach (z. Sieg z. Rhein), entspringt bei Vogelsangen (Gem. Much, Rhein-Sieg-Kreis, NRW, D), mündet bei Höfferhof (Gem. Much). – ON. Wersch, Werschberg (Gem. Much), 1351 *von Werze*, 1432 *v. Weersse*, 1467 *van Wersse*, 1487 *vam werssberg*, 1506 *v. Werse*, 1555 *Werß*, 1601 *v. Wersch*. – Grundform FlN. *Werse > mundartlich *Wersche/Wersch(-Bach/-berg)*, Etymologie ↗ Werse. – Faust, *HG.A.4*, S. 87; Barth, *Sieg und Ruhr*, S. 119.

Werse, die   l.z. Ems, entsteht aus drei Quellbächen in den Beckumer Bergen bei Beckum (Kreis Warendorf, NRW, D), mündet nach 67km bei Münster-Gelmer (Stadt Münster, NRW). – 1189 *Werse*, 1609 *prope Wersam*; ON. Werse (Stadt Beckum), 12. Jh. *de Wersa*, 1279 *de Wersa*, 1316 *molendino dicto Wersa*, 1456 *to Werze*, 1498 *up der Werse*; ON. † Wersedrup, 11. Jh. *van Wersetharpa, Wersitharpa*, 14. Jh. *Versedorpe, Wersedorpe* (und weitere Belege). – Es gibt zwei Erklärungsmöglichkeiten: entweder geht der Name auf die Ausgangsform gm. FlN. *War-is-ō, s-Ableitung zu gm. *war- (< vorgm. *u̯or- zu urig. *$h_2u̯er$- 'feucht sein') zurück, oder auf (gm.?) *Wer-s-ō f., mit s-Suffix von urig. *$h_2u̯er$- 'feucht sein' (vgl. urig. *$h_2u̯er-h_1$- 'besprengen', *$h_2u̯er-s$- 'regnen') abgeleitet. – Korsmeier, *Münster und Warendorf*, S. 422–424; Rix, *LIV*, S. 291; Wodtko/Irslinger/Schneider, *Nomina*, S. 715f.

Wertach, die   größter (l.) Nebenfluss des Lechs, der bei Augsburg (Bayern, D) mündet. – Erwähnt bei Venantius Fortunatus, Vita S. Martini (6. Jh., Handschrift 9. Jh.) *qua Virdo et Licca fluentant* und bei Paulus Diaconus, Historia Langobardorum (8. Jh., Kopie 9. Jh.) *quam Virdo et Lecha fluentant*; ferner:

804 (Kopie 1472) *Wertache*, vor 956 (Druck 1607) *Wertaho*, 1059 *Wertaha*; ON. Wertach (Lkr. Oberallgäu, Bayern), ca.1162–1170 (Kopie 1175) *Wertaha*. – Die althochdeutsche Form des Namens ist *Wert-aha*, Zusammensetzung mit dem verdeutlichenden Grundwort -*aha* 'fließendes Wasser'. Eine Verbindung mit der aus der Spätantike stammenden Form des Namens *Virdo* ist unter der Annahme möglich, dass ahd. *Wertaha* eine einfache (vorgm.) Form *Werda vorausging, welche vermutlich von Venantius Fortunatus mit *verde*, der volkssprachlichen Form des Adjektivs l. *viridis* 'grün', identifiziert und als *Virdo* literarisiert wurde. Auch die korrekte lateinische Form des Namens ↗Lech wurde von Venantius in *Licca* geändert. Paulus Diaconus dürfte den Namen der Wertach aus Venantius Fortunatus übernommen haben. Die weitere Etymologie von vorgm. *Werda ist unklar. Als Parallelnamen kommen vielleicht in Frage: 838 (Kopie Ende 11. Jh.) *villa UUerdupa* (Gelderland, NL); *le Verdon*, l.z. Durance (Dep. Basses-Alpes, F), 739 *ad Verdone*, und vielleicht französisch *le Gardon*, r.z. Rhone (Dep. Gard, F) bei Sidonius Apollinaris (2. Hälfte 5. Jh.) *Vardo* (oder *Wardo*) *fluvius*. An eine Deutung mit Hilfe des lit. Verbs *vérdu* 'ich koche, siede' ist nicht zu denken, da dieses Verb zu urig. **u̯erH-* 'heiß sein' gehört. Vielleicht kann *Werda als feminines Substantiv zu urig. **H̥u̯erdʰ-* 'groß/stark werden' mit Bezug auf das anschwellende Wasser der aus den Allgäuer Alpen kommenden Wertach gestellt werden. Der Name ist jedenfalls wie der des Hauptflusses Lech ves.-ig. – Snyder, *HG.A.3*, S. 115 f.; Reitzenstein, *Lexikon*, S. 411; Rix, *LIV*, S. 689, 228.

Werthenbach (im Oberlauf auch Lützelbach), l.z. Sieg (z. Rhein), entspringt im Rothaargebirge, mündet bei Deuz (Stadt Netphen, Kreis Siegen-Wittgenstein, NRW, D). – ON. Werthenbach (Stadt Netphen), 1343 *Wertinbracht*, 1358 *Werdenbracht*, 1447 *Wertenbrecht*, *Werdenberch*. – Übertragung des zum -*bach*-Namen umgedeuteten ON. *Wertinbracht*, ein ursprünglicher Bergname, Kompositum mit dem Grundwort *-*bracht* (für Erhöhungen an alten Fernwegen) und dem Genitiv des PN. *Werto*. – Faust, *HG.A.4*, S. 87; Barth, *Sieg und Ruhr*, S. 119 f.; Ramge, *Flurnamenbuch*, S. 249.

Wesche See oder Teil eines Sees im Amt Badingen (Stadt Zehdenick, Lkr. Oberhavel, Brandenburg, D). – 1595 *die Wesche*. – Deutung ↗Wäsch-. – Fischer, *BNB 10*, S. 299.

Weschnitz, die r.z. Rhein, entspringt im Odenwald in Hammelbach (Gem. Grasellenbach, Kreis Bergstraße, Hessen, D), tritt in Weinheim in die Oberrheinische Tiefebene ein, teilt sich in Alte und Neue Weschnitz, die die Weschnitzinsel bei Lorsch (Kreis Bergstraße) bilden, mündet nach 58,9km bei Biblis (Kreis Bergstraße). – Mehrfach genannt in Urkunden des 8. Jh., die in dem Ende des 12. Jh. kopierten Codex Lauresham ensis vorliegen: *fluuium Wisgoz*, *Wisscoz*, *Wischoz*, *Wisoz*, 1340 *Wyschoz*, 1405 *Weschnße*, 1463 *an der Wessecze*, 1493 *Wessentze*, 1539 *Weschentz*, 1579 *Weschnitz*, /ˈvɛːʃəds, ˈvɛːʃids/; ON. Weschnitz (Gem. Fürth im Odenwald, Kreis Bergstraße), MühlenN. 1488 *Die Weschencz mulle, von der Weschentzmolen*. – Unsichere Deutung, die ältesten Belege lassen sich vereinen unter einer Grundform vorahd./vorgm. *Wiskot m.? > mhd. *Wischez, wmd. *Weschez, umgedeutet in Anlehnung an Namen wie ↗Schernetz zu *Weschetz*/*Weschentz*, geneuert *Weschnitz*. Grundlage der (ves.-ig.) FlN.-Bildung (**u̯isko-t-*) kann ig. **u̯is-kó-* gewesen sein, mit (diminuierendem?) *k*-Suffix in der Bedeutung 'Neben-, Seitenfluss', abgeleitet von ig. **u̯eis-* 'fließen'. – Geiger, *HG.A.2*, S. 152 f.; Ramge, *Flurnamenbuch*, S. 982 f.; Greule, *Studien*, S. 145.

Wesebach r.z. Eder (z. Fulda) im Lkr. Waldeck-Frankenberg (Hessen, D), mündet in Edertal-Bergheim. – 1299 *Wesede*, 1533 *die Wees*, 1572 *die Wesen*, 1579 *an … der Wese*, um 1670 *dießeits der Wehßen*; ON. † Wesende, 1252 *Wesende*, 1305 *Wisende*, 1311 *Wesende*, 1343 *Wysinde*, 1426 *Wesen*, 1507 *zu der Wesen*. – Ausgangsform vermutlich (ahd.) *Wisunde, mit Abschwächung des /u/ in der Nebensilbe und mitteldeutscher Senkung des /i/ > /e/ > (mhd.) *Wesende*. *Wesende* entwickelte sich auf zwei Wegen weiter: einmal durch Schwund des Nasals /n/ zu (1299) *Wesede* oder nach der Apokope des auslautenden /-e/ und Wegfall des /-d/ zu (1426) *Wesen* (mit Dehnung in offener Silbe: /We:sen/). Diese Form wird als Kasus obliquus verstanden, zu der ein neuer Nominativ (1533) *Wees* gebildet wurde. – Die Ausgangsform *Wisunde hat dieselbe Etymologie wie ↗Wiesent. – Sperber, *HG.A 5*, S. 117.

Wesensee östlich von Brodowin (Gem. Chorin, Lkr. Barnim, Brandenburg, D). – Um 1780 *Wese See*, 1826 *die Waesen Seen*, 1827 *Die Wese*. – Deutung Bestimmungswort ↗Wies-. – Fischer, *BNB 10*, S. 305.

Weser, die z. Nordsee, entsteht aus dem Zusammenfluss von Werra und Fulda bei Hann. Münden (Lkr. Göttingen, Niedersachsen, D), mündet nach 452km bei Bremerhaven (Bremen, D). – Die bereits römerzeitlichen Erwähnungen des Flusses lauten einhellig l. *Visurgis*. Die aus nicht gefälschten Urkunden der Karolinger (8. und 9. Jh.) stammenden Belege haben nahezu einhellig die altniederdeutsche Form *Wisera*, ab dem 13. Jh. mit Senkung des Stammsilbenvokals > *Wesera*. Lateinisch *Visurgis* reflektiert das Deklinationsparadigma der gm. femininen jō-Stämme: Nom. *Wisuri, Gen. *Wisurjōs, das nach Schärfung des /-j-/ zu Visurgi(s) nach der lateinischen i-Deklination ausgeglichen wurde. Lateinisch Visurgis und altniederdeutsch Wisera lassen sich unter den Formen *Wisurā neben *Wisurjā vereinigen. *Wisurjā ist auch die Ausgangsform des englischen Flussnamens Wear (z. Nordsee bei Sunderland, Grafschaft County Durham, GB), 8. Jh. Uuirus, der von der Mündung der Weser nach England übertragen worden sein könnte. Die voreinzelsprachliche-indogermanische Bildung des Namens geht von einem Adjektiv *u̯isu-, abgeleitet vom ig. Verb *u̯eis- 'fließen', aus. Von *u̯isu- wurde *Wisu-r-ā bzw. *Wisur-jā mit Hilfe des r-Suffixes zum Flussnamen abgeleitet, ↗Werra. – Borchers, Große Flüsse, S. 71–75; Udolph, Weser; Watts, EPN, S. 657; Rix, LIV, S. 672.

West, West-/-en-/-er-/-ern- (auch Westliche/-er/-es) -ach, -aue, -bach, -beck/-beek/-beke, -fleth/-flett, -gate, -graben, -moor, -moorgraben, -moorstrom, -riet, -see, -siek, -stroom, -watt, z. B. Westerbach, r.z. Sinn (z. Fränkische Saale z. Main z. Rhein), 1358 in der Westerna, 1379 dy Westerna (< *Western-ahe/-ach). Bestimmungswort mhd. west m. 'Westen', ahd. westen 'Westen', westar 'westlich, nach Westen', benannt nach der Lage der Gewässer in Bezug zum jeweiligen Ortspunkt. – Sperber, HG.A.7, S. 189; Ramge, Flurnamenbuch, S. 983f.

Westertbach r.z. Sieg (z. Rhein), mündet bei Schladern (Gem. Windeck, Rhein-Sieg-Kreis, NRW, D). – 1464 die Wester, den Westersyffen, 1575 die Westert. – Grundform *Wester-ach/-bach ↗West, dann gekürzt > Wester, mit epenthetischem -t > Westert. – Faust, HG.A.4, S. 87; Barth, Sieg und Ruhr, S. 120.

Westerze, die (auch Westerzebach), mit Österze (auch Osterzebach) und Mittelste, andere Namen der Trüfte, l.z. Eder (z. Fulda z. Weser), entspringt im Rothaargebirge (Lkr. Siegen-Wittgenstein, NRW, D). – 1642 uber die Westertze. – Grundform mhd. *westerze (bach), hyperkorrekt < mhd. Adv. westert 'im Westen, nach Westen'. – Sperber, HG.A.5, S. 117.

Weteringe ↗Wätering-.

Wethau, die r.z. Thüringischen Saale (z. Elbe), entspringt in Hohendorf (Stadt Bürgel, Saale-Holzlandkreis, Thüringen, D), fließt durch das Wethautal, Wettaburg (Stadt Naumburg/Saale, Burgenlandkreis, S.-A., D), Wethau (Burgenlandkreis), mündet nach ca. 30km südlich von Schönburg (Burgenlandkreis). – 1030 Wetaa, 1178 in fluvio Wetha, (1250) (Kopie um 1300) in ripa fluminis Wetha, (1278) (um 1380) ad aquam ... Wythawe, 1292 supra Wetam, fluvius Wetha; GauN. 976 in pago Uueta, zu 981 (1012/1018) pagus Vedu, 1039 in pago Vveitao, 1040 in pago ... Weita, 1046 in pago Weytaha; ON. Wethau, /wiːdə, weːdə/, 1146–1222 de Weta, Wetah, Wetha, Weda, 1228 in Weta (und weitere Belege), 1310 in Weitha, 1345, 1458 Wetha, 1532 Wettaw, um 1570 Wethau; ON. Wettaburg, 13. Jh. (nach älterer Vorlage?) Wetaburc, 1350 in villa Weteburg, in Witeburg, 1453 (Kopie) Wetenberg, 1458 Wetheburg. – Grundform FlN. (as.) *Wētaha > *Wēta (latiniert Veda) neben ON. (as.) *Wētouwe, Kompositum mit dem verdeutlichenden Grundwort ahd. aha 'Fließgewässer' und dem FlN. *Wēta, monophthongiert < gm. *Waitō f., Nomen loci 'woran man gehen kann, worauf man fahren kann' zum Verb gm. *(ga-)weit-a- (as. giwītan 'gehen, den Weg fortsetzen, sich begeben', ahd. (Hildebrandslied) giweit 'fuhr'). Das gm. Verb dürfte mit air. -foídi (Kausativ) 'schickt' als (kelt.-gm.) -d-Erweiterung (*h₂u̯eid-, kausativ *h₂u̯oid-) des Verbs urig. *h₂u̯ei- 'laufen' zu verstehen sein, vgl. lit. FlN. Vaidys (< *u̯oidi̯os). Die Schreibungen mit <h> (Wetah, Wetha) sind Reflexe des früh auf /-a/ reduzierten Grundworts aha. – Ulbricht, Saale, S. 189; Eichler/Walther, Untersuchungen, S. 328f.; Seebold, starke Verben, S. 548–550; Rix, LIV, S. 287, 666; Schmid, VIDIVARII, S. 353.

Wetschaft, die l.z. Lahn (z. Rhein), entspringt im Burgwald an der Südostflanke des Wasserbergs südöstlich von Roda (Stadt Rosenthal, Lkr. Waldeck-Frankenberg, Hessen, D), mündet nach 29km bei Lahntal-Göttingen (Lkr. Marburg-Biedenkopf, Hessen). – ON. Wetter (Stadt, Lkr. Marburg-Biedenkopf), ON. Niederwetter (Stadt Wetter), um 850 (Kopie 12. Jh.) Wetrehen, 1107/1235 Wettera, 1211/1216 Wetere, 1318 Wettre, 1371 Wetter. – Wetter dürfte der ursprüngliche Name der Wetschaft, zumindest nach dem Zusammenfluss von Wetschaft und Treisbach, gewesen sein: Grundform *Wetera/*Wetra > *Wettra, abgeleitet von einer Nebenform gm. *wetar von gm. *watar 'Wasser', vgl. ON. castra Vetera (bei Xanten) und MatronenN. Veteranehis, Veteranehabus. Die Deutung des Namens Wetschaft, der ursprünglich nur für den Oberlauf der Wetschaft gegolten haben würde, als *Wetis-affa (< *Watisaffa?), Kompositum mit dem Grundwort -affa < ↗apa, ist, weil historische Belege fehlen, spekulativ. – Faust, HG.A.4, S. 87; Niemeyer, DONB, S. 687 (Friedhelm Debus); Schmidt, Matronennamen, S. 144; Dittmaier, apa-Problem, S. 42.

Wetter, die r.z. Nidda (z. Main z. Rhein), entspringt am Rand des Vogelsbergs (Hessen, D), mündet nach knapp 69km in Assenheim (Stadt Niddatal, Wetteraukreis, Hessen). – 772 (Kopie Ende 12. Jh.) iuxta fluuium Wetteraha; ON. †Wetter, 772 (Kopie

Ende 12. Jh.) *in uilla Wetera*; ON. Wetterfeld (Stadt Laubach, Lkr. Gießen, Hessen), 1239 *in Weddervelden*; LandschaftsN. Wetterau, 772 (Kopie Ende 12. Jh.) *in pago Wettereiba*. – Ausgangsform FlN. vorahd. **Wedra*, mit wgm. Gemination **Weddra*, ahd. **Wettra*, oder mit Sprossvokal **Wedara*, ahd. *Wetera*; verdeutlichend wurde *-aha* angefügt, um den Fluss von der Landschaft, die mit *-eiba* gekennzeichnet wurde, zu unterscheiden. Die rekonstruierte Form **Wedra* ist identisch mit *Védra*, einem in der Geographie des Ptolemaios (3, 3, 4) überlieferten Namen des Flusses Wear (z. Nordsee, Durham, GB) ↗ *Weser*, kymr. *Gweir*. Aufgrund der geographischen Verteilung könnte man **Wedra* für keltisch halten. Es gibt aber keinen direkten appellativischen Anknüpfungspunkt in den keltischen Sprachen, so dass der Name als voreinzelsprachliche Onymisierung von ig. **u̯edr-* 'Wasser' durch Umbildung zum femininen *ā*-Stamm angesehen werden muss. – Für *Wetterau* können als ahd. Formen *Wetreiba*, *Wetareiba*, (mit Gemination) *Wettaraiba*, (ohne Lautverschiebung) *Wedereiba* und weitere Schreibvarianten festgestellt werden. Es handelt sich um eine Zusammensetzung mit dem FlN. *Wetter*, der die Landschaft der Wetterau durchfließt, und mit (ahd.) *-eiba*, einem Wort, das im deutschen Wortschatz sonst nicht belegt ist, aber mit großer Wahrscheinlichkeit ein germanisches Raumnamen-Grundwort mit einer ähnlichen Bedeutung wie *-land*, *-feld* oder *-gau* ist. *Wettereiba* ist eine altertümliche, in die Wanderungszeit zurückreichende Namenbildung, was auch daraus hervorgeht, dass das unverstandene Grundwort *-eiba* später durch *-au*, die übliche Bezeichnung für Gegenden an Gewässern, ersetzt wurde. – Sperber, *HG.A.7*, S. 189f.; Reichardt, *Gießen*, S. 394–396; Greule, *Wetterau*; Watts, *EPN*, S. 657.

Wetter-/-n- *-bach*, *-fluß*, *-pfuhl*, z.B. *Wettern* (z. Elbe) bei Brokdorf, 1803 *Wettern*; ON. (wüst) 1651 *Wetterndorp*. Auch Grundwort in Zusammensetzungen wie Harrwetter, Moorwettern, Neuwetter und in Wortgruppen wie Grönländer ~, Harschflether ~. Ndd. *wätern* 'Wasserlauf, Abwässerungsgraben, besonders in den Elbmarschen'. In der Form *wättern* Dativ Plural zu afr. *water*, *weter*, *wetir* 'Wasser'. Diminutiv: *Wetterken* (Lemweder Wetterken im Einzugsgebiet der Weser). – Udolph, *HG.A.16*, S. 360f.; Bach, *Namenkunde* 1, S. 285 (§ 299: Künstliche Wasserläufe); Borchers, *HG.A.18*, S. 83.

Wetter-Bach (auch *Wettera*, *Wetterau*, *Ehrlichbach*), r.z. Thüringischen Saale (z. Elbe) in Hirschberg/Saale (Saale-Orla-Kreis, Thüringen, D). – 1333 *Weterow*, 1361 *Wetheraw*, 1365 *Wethera*, 1372 *Wetra*, 1392 *Wettra*; ON. † Wetterau, 1297, 1303 *Wederowe*. – Grundform ON. mhd. **Weterouwe*, Kompositum mit dem Grundwort mhd. *ouwe* 'Land am Wasser' und ndd. *wätern* 'Wasserlauf, Abwässerungsgraben' ↗ Wetter-/-n- als Bestimmungswort, der Ortsname ist auf den Fluss übertragen worden. – Ulbricht, *Saale*, S. 197.

Wettersbach z. Bachgraben (z. Liesgraben z. Stein-Kanal z. Landgraben z. Untere Alb z. Rhein). – ON. Grünwettersbach (Stadt Karlsruhe, B.-W.), 13. Jh. *Wedersbach*, *Weterspach*, 1298 *Grünenweterpach*, ON. Hohenwettersbach (Stadt Karlsruhe, B.-W.), 1262 *Dvrrenweterspach*, 1527 *Dirrenwetterspach*. – Grundform FlN. mhd. **Wetersbach*, Kompositum mit dem Grundwort *-bach* und dem Genitiv des PN. **Weter* < ahd. **Witar* (**Witares-* > mhd. *Weters-*) als Bestimmungswort. – Geiger, *HG.A.2*, S. 153.

Wetzbach

– [1]Wetzbach, verschiedene Gewässer in Südhessen, z.B. FlurN. In der Wezzbach (Stadt Zwingenberg, Lkr. Bergstraße, Hessen), 12. Jh. *im Uuecebach*, 1401 *der Weczbache*, die als Bestimmungswort (mhd.) **wetze* (< gm. **watjō* 'Wasserstelle') oder mhd. **wetze* 'Stelle am Wasser, wo gewetzt wird'(?) enthalten, vgl. FlurN. 12. Jh. *Zuecelinge*, 1495 *im czweczclingen*, 1531 *Im Zwetzklingen* < mhd. **z(e) Wetze-klinge*, jetzt Im Wotzklingen (Auerbach-Bensheim, Lkr. Bergstraße) ↗ Kling-. – Ramge, *Flurnamenbuch*, S. 984f.

– [2]Wetz-Bach, l.z. Lahn (z. Rhein), entspringt im östlichen Hintertaunus am Rande von Oberwetz (Gem. Schöffengrund, Lahn-Dill-Kreis, Hessen, D), mündet in Wetzlar (Lahn-Dill-Kreis). – 819 (Kopie 12. Jh.) *fluuium Wetuffa*, 819 (Kopie 12. Jh.) *fluuio Wettiffa*, 1250, 1268 *supra Wetfam*, 1271 *Wetfhe* (oder *Wetfe*), 1271 *Wetfe* (und zahlreiche weitere Belege), 1281 *Wettfe*, 1335 *of der Wetzfe*, *de Wetzfe*, 1347 *dy Weczfe*; ON. Oberwetz, ON. Niederwetz (Gem. Schöffengrund), 1322 *Niderinwetfe*, *Oberin Wetfe*; ON. Wetzlar, 832 (Kopie 12. Jh.) *in Wettiffa*, 1141 *Witflaria*, 1150 *Weitflaria*, 1180 *Weteflare*, 1225 *Wetflaria*, 1228 *Wetzlar*, 1255 *Wetflare*. – Grundform ahd. **Wetaffa*, Kompositum mit dem Grundwort ↗ apa > *-affa* und gm. **wet-* (< ig. **u̯ed-* 'quellen') als Bestimmungswort; **Wetaffa* in den unbetonten Silben abgeschwächt > mhd. **Weteffe*, synkopiert > *Wetfe* mit Sprechererleichterung > Wetze/Wetz-(bach). Für Wetzlar sind historisch zwei Namen im Gebrauch: 1. der Flussname 832 (Kopie 12. Jh.) *in Wettiffa*, 2. der mit dem Grundwort ahd. **-(h)lār(i)* 'Hürde, Lattenwerk, Gerüst' komponierte Flussname **Wetef-lār*, synkopiert > *Wetflār*, mit Sprechererleichterung /-tfl- > -tsl-/ > *Wetz-lar*. – Faust, *HG.A.4*, S. 87f.; Rix, *LIV*, S. 658.

Weutsch-See bei Feldberg (Gem. Feldberger Seenlandschaft, Lkr. Mecklenburgische Seenplatte,

M.-V., D). – 1556 *den Wosekow*, 1578 *der Woiczker See*, 1780 *Weutsch See*. – Unklare Deutung. Der Beleg 1556 *Wosekow* ist mit dem zur Deutung vorgeschlagenen PN. apolab. *Vojča nicht vereinbar. – Wauer, *HG.A.17*, S. 193, Bilek, *Sprachgut*, S. 75.

Wichte l.z. Fulda (z. Weser), mündet bei Neumorschen (Gem. Morschen, Schwalm-Eder-Kreis, Hessen, D). – ON. Wichte (Gem. Morschen), 1196 *Wichten*, 1219–25 *Wigthe*, 1234 *Wihte* (und weitere Belege), 1263 *Withe*, (1425–28) *in Wichte* (und weitere Belege). – Grundform FlN. ahd. *Wihta > mhd. *Wichte*, der Ansatz eines Flussnamens ergibt sich aus dem ON. Wichmond (Gem. Bronckhorst, Prov. Gelderland, NL), 794 (Kopie 10. Jh.) *uilla … UUithmundi*, 840–849 (Kopie ca.1000) *in UUihtmundi* 'an der Mündung der Wicht'? vgl. auch ON. (unermittelt) um 1150 *de Wihten* (in O.-Ö., A). Ahd. *Wihta ist vielleicht mit *t*-Suffix (< vorgm. **u̯ik-tó-* 'in Bewegung geraten') abgeleitet vom Verb gm. **weik-a-* 'weichen' (ahd. *wīchōn* 'sich schnell bewegen') ⁊ Wicker. – Sperber, *HG.A.5*, S. 117; Künzel/Blok/Verhoeff, *Lexicon*, S. 398f.; Hausner/Schuster, *Namenbuch*, S. 1130.

Wicker, die poln. *Wkra*, entsteht aus den Quellflüssen Große Wicker/Wielka Wkra und Kleine Wicker/Mała Wkra in Ostpreußen, floss ursprünglich in die Neide/Nida, jetzt in die Welle/Wel (PL). – 1303 *Wykara*, 1314–35 *aquam Wickere, Wickeram*, 14. Jh. *die Wicker, in die Wickere*. – Der Name geht auf vorslaw. *Wikara (mit Sprossvokal < *Wikra) zurück. *Wikra ist auch die Ausgangsform von ⁊ Wickerbach und ⁊ Ucker. Es handelt sich um eine germanische Bildung, bei der das Adjektiv **wik-ra-* m. zum starken Verb gm. **weik-a-* 'weichen' (auch 'vorwärts bewegen', ig. **u̯eig-* 'in Bewegung geraten, sich entfernen') mit *r*-Suffix abgeleitet wurde und das Feminin *Wikrō 'die sich Vorwärtsbewegende' zum Namen wurde. – Udolph, *Gewässernamen Polens*, S. 311–316; Seebold, *starke Verben*, S. 545; Rix, *LIV*, S. 667f.

Wickerbach r.z. Main (z. Rhein), entspringt nordöstlich von Naurod (Stadt Wiesbaden, Hessen, D), mündet nach 23,8km gegenüber von Rüsselsheim (Lkr. Groß-Gerau, Hessen). – ON. Wicker (Stadt Flörsheim am Main, Main-Taunus-Kreis, Hessen), 910 *Wiccrino marca*, 922 *in Wikeron*, 927 *Uuichara*, 970 *Wikara*, 1163 *Wicker* (und weitere Belege). – Ausgangsform gm. *Wikrō > ahd. *Wikara*, **Wikk(a)ra* > mhd. *Wickere, Deutung ⁊ Wicker. – Sperber, *HG.A.7*, S. 190.

Wiebach, die r.z. Wuppertalsperre (z. Rhein), fließt größtenteils durch ein Waldgebiet. – 1773 *auf der Wiedbach*; ON. †Wiebachmühle (Radevormwald, Oberbergischer Kreis, NRW, D) an der Mündung. – Kompositum, das als Bestimmungswort as. *widu* 'Wald' enthält, as. *Widu-beki > mndd. *Wīdebeke, synkopiert > *Wīdbeke, assimiliert > *Wībbeke > nhd. *Wiebach*, ⁊ Wiebecke. – Schmidt, *HG.A.6*, S. 81.

Wiebecke, die r.z. Lenne (z. Ruhr z. Rhein). – ON. Wiebecke, Hohenwibbecke (Stadt Sundern, Hochsauerlandkreis, NRW, D), 1486 *van Wybbeke*. – Deutung ⁊ Wiebach. – Schmidt, *HG.A.6*, S. 81; Barth, *Sieg und Ruhr*, S. 179.

Wied, die r.z. Rhein, entspringt im Westerwald und mündet nach 102km nordwestlich von Neuwied (Lkr. Neuwied, Rh.-Pf., D). – /wit/, (857) *in Uuida et per Vuida sursum*, 1250 *super Wiedam*, 1263 *super Widam*, 1300 *wasser … de Weide*, 1344 *uber die Bach oder wasser der Wyde*, 1449, 1553 *de, die Wiede*, †Holzwied, jetzt Holzbach, l.z. Wied, 1255 *super aquam … Holzwide*; ON. Wied (Westerwaldkreis, Rh.-Pf.), /wit/, 1300 *Wyde*, 1549 *Widde*; Altwied (Stadtteil von Neuwied) mit Burg Altwied, 1092 *Uuida*, 12. Jh. *de Wide, de Widhe*, 1145 *Wetha*, 1153 *de Weda*; 13.Jh. *Wiede, de Wieden, de Wede*, 1201 *de Witha*, 1216 *Withe*, 14., 15. Jh. *de Wede, van Wede* usw., 1306 *Nederwede, Aldewede, Altenwede*, 1533 *Alten Widde*, 1603 *Aldenwied*; ON. Stadt Neuwied. – Trotz der Kompromissschreibungen <Wiede> bzw. <Weide> für mundartlich /wede/ und der hyperkorrekten <th>-Schreibung ist die Grundform des FlN. (ahd.) *Uuida* (*Wida*), später mit wmd. Senkung des /i/ > *Wede*. Der Name ist vorgm. und kann als (ig.) **u̯id-ā* 'Biegung' zur Schwundstufe der ig. Wurzel **u̯ei̯d-* 'drehen, biegen' (lat. *vīdulus* 'geflochtener Korb', gr. **(w)id-nó-s* 'gebogen') gestellt werden. Der Ausgangspunkt der Benennung dürfte die Rheinbiegung, in die der Fluss mündet, oder eine auffällige Krümmung des Flusses selbst, z.B. bei Altwied, gewesen sein. Durch die Parallele zum poln. FlN. *Wda* (l.z. Weichsel) (< vorslaw. **u̯idā*) und zu Namen wie *Widros (nach Ptolemaios Fluss in Friesland), *Vidrona, jetzt Ober-, Unter-, Mühl- Straß*witraun* (O.-Ö., A), *Widána (nach Ptolemaios Hafen in der Gallia Lugdunensis) gehört die Namengruppe mit der Basis **u̯idā* zur „alteuropäischen Hydronymie". – Faust, *HG.A.4*, S. 89; Metzler, *Westerwald*, S. 165; Pokorny, *IEW*, S. 1124; Schmid, *VIDIVARII*, S. 351–354; Wiesinger, *Probleme*, S. 200f.

Wieda r.z. Zorge (z. Helme z. Unstrut z. Thüringische Saale z. Elbe), entspringt oberhalb von Wieda (Lkr. Osterode am Harz, Niedersachsen, D), mündet bei Woffleben (Stadt Ellrich, Lkr. Nordhausen, Thüringen). – 1249 *aqua Wida*, 1268 *silva inter aquas Wida et Steina*; ON. Wieda, 1243 *Wida*. – Die Ausgangsform ist nicht genau zu bestimmen; vermutet wird ein Kompositum mit dem Grundwort ahd., as. *aha* 'Fließgewässer' und ahd. *wīda*, mndd. *wīde* 'Weide' ↗ Weid- mit der Bedeutung 'Weidenwasser, -bach'. – Ulbricht, *Saale*, S. 187.

Wiedau

– ¹Wiedau, die (im Oberlauf *Mehlandsbach*), l.z. Wümme (z. Lesum z. Weser), durchfließt im Gebiet der Samtgemeinde Bothel (Lkr. Rotenburg/Wümme, Niedersachsen, D) eine waldreiche Niederung, mündet nach 28,5 km bei Rotenburg/Wümme. – Anfang 17. Jh. *auf die Widdawe*, *Auß der Widdowe*. – Kompositum mit dem Grundwort mndd. *ouwe* ↗ au(e) und vielleicht gm. *widu* 'Wald' (ahd. *witu* 'Holz') als Bestimmungswort. – Borchers, *HG.A.17*, S. 148.

– ²Wiedau, dn. *Vidå* (jütisch æ *Virå*), fr. *Widuu*, z. Nordsee, mündet nach 69 km westlich von Højer (Nordschleswig, D). – 1648 *Wiedau fl.*, 1781 *Widaae*, *Hvidaae*; ON. † Wiedau (Propstei, die das nördliche Nordfriesland umfasste), 1240 *de Withæ a*, 1352 *in ... Withaa*; GebietsN. Wiedingharde (Nordfriesland, Herzogtum Schleswig), 1511 *Wyding herde* 'Harde/Verwaltungsbezirk der Leute an der Wiedau'. – Deutung ↗ Weide. – Kvaran, *HG.A.12*, 199; Kvaran Yngvason, *Untersuchungen*, S. 29; Laur, *Schleswig-Holstein*, S. 694 f.

Wiedersbach

l.z. Schleuse (z. Werra z. Weser). – ON. Wiedersbach (Gem. Auengrund, Lkr. Hildburghausen, Thüringen, D), 1388 *tzü Widerspach*, 1406, 1425 *Widerspach*. – Grundform (mhd.) *Wideresbach*, Kompositum mit dem Grundwort *-bach* und dem Genitiv des PN. ahd. *Widar* (*Widares-* > mhd. *Wideres-* > *Widers-*) als Bestimmungswort, in offener Tonsilbe gedehnt > *Wieders-*. – Sperber, *HG.A.5*, S. 117; Kaufmann, *Ergänzungsband*, S. 410.

Wiehl, die

l.z. Agger (z. Sieg z. Rhein), entspringt in der Gem. Reichshofen (Oberbergischer Kreis, NRW, D) am Südhang der Silberkuhle in 446 m Höhe, wird zur Wiehltalsperre aufgestaut, mündet nach 33,6 km auf einer Höhe von 145 m bei Wiehlmünden (Gem. Engelkirchen, Oberbergischer Kreis). – 1464 *die Weel*, 1555 *in die Wiel*, 1575 *die Wiell*; ON. Wiehl (Stadt, Oberbergischer Kreis), 1131, 1147 *Wila*, 1138 *Wiel*, 1175, 1190 *Wile*, 1177 *Wele*, 1262 *van Wiele*, 1265 *de Wyle*, 1308, 1322 *Wele*, 1422 *Weel*, 1550 *Wele*, *Wiel*; ON. Oberwiehl (Stadt Wiehl), 1316 *zo de wele*, 1575 *An der ouer Wielen*; ON. Wiehlmünden, 1535 *tzo Wylmon*. – Grundform FlN. *Wila*, mit Dehung in offener Tonsilbe *Wīla/*Wīle*, mit Senkung *Wēle*, mit Apokope *Wīl/*Wēl*; FlN. *Wila* ist vermutlich das onymisierte feminine Verbaladj. urig. *h_2ui-ló-* '(Fluss-)lauf' zum Verb urig. *h_2uei-* 'laufen' ↗ Filzbach. Die ebenfalls mögliche Grundform FlN. *Wīla* könnte als Verbaladj. urig. *$ueih_1$-ló-* > gm.(?) *wīla-* zu urig. *$ueih_1$-* 'auf etwas losgehen' erklärt werden, wozu auch ahd. *weida* 'Futter, Waidwerk, Fischerei; Fahrt, Reise' (< gm. *waidō*) gehört. Der Gleichklang von *Wiehl* mit ndl. *wiel*, mndd. *wēl* 'Rad' (< gm. *$h^w eh^w la$-*) ist Zufall. – Faust, *HG.A.4*, S. 89 f.; Barth, *Sieg und Ruhr*, S. 120 f.; Rix, *LIV*, S. 287 f., 668 f.; Pokorny, *IEW*, S. 1123 f.

Wiehoff, die

l.z. Ems (z. Ems-Bach z. Eder z. Fulda z. Weser), entspringt bei Elmshagen (Gem. Schauenburg, Kreis Kassel, Hessen, D), mündet unterhalb von Merxhausen (Gem. Bad Emstal, Lkr. Kassel, Hessen, D). – 1580 *Wiehofft*, ON. Wichdorf (Stadt Niedenstein, Lkr. Kassel), 957 *in finibus Uuihdorpforum*, 1074 *Wichthorf*, *Wightorph*, 1145 *Wichdorf*, 1585 *Weichdorf*. – Der Flussname ist vermutlich aus dem durch verschiedene Lautwandlungen entstellten ON. Wichdorf, ahd. *Wīhdorf* (mit ahd. *wīh* 'heilig' als Bestimmungswort), hervorgegangen. – Sperber, *HG.A.5*, S. 117.

Wielenbach

– ¹Wielenbach, it. Rio di Vila, r.z. Rienz (z. Eisack z. Etsch), mündet in Unterwielenbach (Pustertal, Prov. Bozen/Südtirol, I.). – /wielepâch/, 1501 *Wuelenpach* (das Tal), um 1770 *Willen Ba.*, um 1840 *Wielenpach*; ON. Oberwielenbach, ON. Unterwielenbach (Gem. Percha, Prov. Bozen/Südtirol), 995–1070 *Uvolinpach*, 1080 *Wuolinbach*, 1090 *Woulinpach* (lies *Wuolinpach*), 1170–80 *Wölenpach*, 1229 *Wuolenpach*, 1307 *Wuelenpach*, 1421 *Wülenpach*, 1475 *Oberwielenbach*, 1523 *in obern Wülenbach*. – Kühebacher, *Ortsnamen* 1, S. 297, 506, 2, S. 371 f.

– ²Wielenbach, r.z. Lech (z. Donau) im Lechrain (D). – Ca. 1060 *Uuolinpach*, *Wolinpach*. – Snyder, *HG.A.3*, S. 116.

Grundform mhd. *Wüelentbach* 'der wühlende Bach', Kompositum mit dem Grundwort mhd. *-bach*, bair. *-pach* und dem Partizip Präsens *wüelent* des Verbs mhd. *wüelen*, ahd. *wuolen* 'wühlen', benannt nach der starken Erosionstätigkeit des Flusses; die spätahd. Schreibungen mit <uo> stehen für den umgelauteten Diphthong mhd. /üe/, der mundartlich entrundet wurde > /ie/, /-t-/ wurde bereits in den ältesten Belegen als Folge der Sprecherleichterung (/-ntp-/ > /-np-/) nicht mehr geschrieben.

Wiembeke

l.z. Passade (z. Bega z. Werre z. Weser). – (1409) *in der Wygenbeke*, *ute der Wygenbeke*, 1506 (Regest) *in der Wymeke*, (um 1614) *in der Wimeke*; ON. Wiembeck (Stadt Lemgo, Kreis Lippe, NRW, D), 1319 *Wigenbeke*, 1403 *(nebst der) Wygenbecke*, 1465 *vor der Wynbecke*, 1470/71 *to Wimeke* (und weitere Belege). – Grundform mndd. *Wīgenbeke*, Kompositum mit dem Grundwort mndd. *beke* 'Bach'. Das Bestimmungswort ist nicht eindeutig festzulegen, am ehesten handelt es sich um den Genitiv des PN. as. *Wīgo (*Wīgen-). – Kramer, HG.A.10, S. 72; Meineke, Lippe, S. 519–521.

Wien, die (auch *Wienfluss*), r.z. Donaukanal, entspringt als *Dürre Wien* in 520m Höhe im Wienerwald am Kaiserbrunnberg bei Rekawinkel (Gem. Pressbaum, PB Wien-Umgebung, N.-Ö., A), fließt teils kanalisiert, teils überbaut durch Wien, mündet östlich der Aspernbrücke (Wien, 3. Bezirk). – ON. Wien, /veanˈ/, um 1073 zu 1030 (Kopie 16. Jh.) *Vienni*, 12. Jh. zu 881 *ad Weniam*, 1120–30 *de Wine*, 1120–36 *de Wienna*, 1137 *in Wiennensi loco*, 1161 *data Wienne*, 1177–85 *in Wienne* (und weitere Belege). – Ausgangsform GebietsN. (der Wienerwald) kelt. *Vēdunia/ *Vēdinia* 'Wald-Wildnis', mit Synkope > *Vēdnia*, assimiliert > *Vēnnia*, entlehnt als gm. *Wē²nnia > ahd.-bair. *Wienna*. Kelt. *Vēdunia* ist von urkelt. *u̯ēdu-* 'wild', ablautend zu *u̯idu-* 'Wald', gebildet wie urkelt. *(H)erkūnia* 'Eichenwald' (l. *Hercynia silva* bei Tacitus das Waldgebiet von den Alpen bis zum Harz) zu ig. *perkᵘu-* 'Eiche'. Der Gebietsname wurde auf den Fluss und die Stadt übertragen. – Hausner/Schuster, *Namenbuch*, S. 1124–1126; Niemeyer, *DONB*, S. 690 (Peter Wiesinger); Matasović, *Proto-Celtic*, S. 408; Pokorny, *IEW*, S. 822.

Wieneke, die l.z. Krümmel (z. Moore z. Leine z. Aller z. Weser), mündet bei Höckelheim (Stadt Northeim, Lkr. Northeim, Niedersachsen, D). – 1301 *riuum ... Winke*, 1574/75 *an der Wincke* (oder *Wineke*), 1767 *die Wien Ecke*, 1854/55 *die Wieneke*. – Grundform *Wīneke*, Ableitung mit *k*-Suffix ⁊ Wieseck von einem (gm.?) Stamm *wīn-* ⁊ Wyna. – Kettner, *HG.A.8*, S. 144; Kettner, *Leine*, S. 332f. (zu ahd. *winni* 'Weideland').

Wiera

– ¹Wiera, r.z. Schwalm (z. Eder z. Fulda z. Weser), entspringt auf der Gemarkung von Stadtallendorf (Lkr. Marburg-Biedenkopf, Hessen, D), mündet in Treysa (Stadt Schwalmstadt, Schwalm-Eder-Kreis, Hessen). – ON. Wiera (Stadt Schwalmstadt), 1196 *Wirahin*, 1316 *Kirchwirahe*, 1366–68 *Wira*, 1367 *Wyra*. – Grundform mhd. *Wīrahe* > *Wīra*, <Wiera> (ohne nhd. Diphthongierung), Kompositum mit dem Grundwort ahd. *aha* 'Fließgewässer' und gm. *wīr-*, grammatische Wechselform von gm. *wis-* als Bestimmungswort ⁊ Wyhra oder Lehnwort/-name aus dem Keltischen (urkelt. *u̯īro-* 'Wasser, Milch' < ig. *u̯ero-*). – Sperber, *HG.A.5*, S. 118; Matasović, *Proto-Celtic*, S. 424.

– ²Wiera ⁊ Wyhra.

Wies-/-e-/-en- -achbächle, -au, -bach/ -bachl/ -bächel, -beek, -born, -graben, -hofgraben, -holz-Graben, -lohbach, -mahd-Graben, -mühl-bach, -pfuhl, -see, -t(h)albach, -wasser, z.B. Wiesau, r.z. Waldnaab (z. Naab z. Donau), mit ON. Wiesau, 1281 *Wisa*, 1459 *Wisach* < ahd. *Wisaha*. Bestimmungswort ahd. *wisa*, mndd. *wese* 'Grasland, Wiese', altschw. *visa* 'feuchte Wiese, sumpfiger Boden'. – Gütter, *-aha-Namen*, S. 96f.; Fischer, *BNB 10*, S. 305 f.

Wiesaz, die z. Steinlach (z. Neckar z. Rhein), entspringt auf der Schwäbischen Alb auf ca. 760m Höhe unterhalb von Genkingen (Gem. Sonnenbühl, Lkr. Reutlingen, B.-W., D), mündet bei Pulvermühle (Gem. Dußlingen, Lkr. Tübingen, B.-W.). – 1484 *in witzentzbach, ze wysentzbach, in wizwiler*. – Unsichere Deutung. Aus den wenigen Belegen wird auf einen vorgm. FlN. *Visantia* geschlossen, der mit *-nt-*Suffix von ig. *u̯eis-/*u̯is-* 'fließen' abgeleitet sein soll. – Schmid, *HG.A.1*, S. 125; Krahe, *UäFlNN*, S. 15, 51.

Wiesbach (im Oberlauf Winkelbach), r.z. Nahe (z. Rhein), entspringt im Nordpfälzer Bergland westlich von Haide (Kirchheimbolanden, Donnersbergkreis, Rh.-Pf., D), mündet nach 44,4km bei Grolsheim (Lkr. Mainz-Bingen, Rh.-Pf.). – ON. Nieder-Wiesen (Lkr. Alzey-Worms, Rh.-Pf.), ON. Oberwiesen (Donnersbergkreis), /owᵉrwesᵉ/, 791–792 (Kopie 12. Jh.) *in Wisia marca*, 1142 *Wize*, 1145 *Wezze*, 1156 *in villa Wisze*, um 1220 *de Wissa*, 1276 *de Wissa, Wisse*, 1304 *de Wizzen*, 1306 *in Wissen*, 1308 *in Wiszen*, 1309 *de Wizzen* (und weitere Belege), 1351 *zu Oberwizzen*, 1494 *Nydder Wissen*; FlurN. Wißberg. – Ausgangsform ahd. *Wisjō* > ahd. *Wisia, Wissa*, eine mit *j*-Suffix von gm. *wis-* ⁊ Wiesent abgeleitete Stellenbezeichnung. Die Basis der Ableitung dürfte (ig.) *u̯isā* 'Fluss' als ursprünglicher Name des Wiesbachs gewesen sein ⁊ Wiese. Wiesbach ist verdeutlichend mit *-bach* komponiert und in der Schreibung an nhd. *Wiese* angelehnt. Die Ortsnamen erscheinen seit spätmhd. Zeit im schwach flektierten Dativ 1306 *Wiss-en*. – Greule, *HG.A.15*, S. 119f.; Dolch/Greule, *Pfalz*, S. 355.

Wiese, die r.z. Rhein, entspringt auf 1200m Höhe am Feldberg (Schwarzwald), fließt durch das Wiesental und Lörrach (Lkr. Lörrach, B.-W., D), mündet nach 55km in Kleinbasel (CH). Westlich von Schopfheim (Lkr. Lörrach) mündet von rechts die Kleine Wiese in die Wiese. – /wēsᵉ/ (/ē/ geschlossen), 1234 *hiis fluminibus ... Wissen*, 1262 *de fluvio Wise*, 1270 *fluvio ... Wisa*, 1273 *an der Wise*, 1279 *by dem wasser zer Wise*, 1283 *an der Wise*, 1291 *flumen Wise* (und weitere Belege), 1483 *an den wassern der Wissen, an die Wissen*; TalN. 1249 *in Wisetal*, 1257 *in valle Wizana*, 1275 *Wisental*; FlN. Kleine Wiese, 1488 *an das klein Wiszlin*, 1524 *das clein Wißly*; ON. Wies (Gem. Kleines Wiesental, Lkr. Lörrach), 1278, 1316 *Wise*, 1428 *Wiß*; ON. Wieslet (Gem. Kleines Wiesental), 1157, 1278 *Wiselat*, 1278 *ze Wiselate, ze nidern Wiselat*, 1344, 1392 *Wislat* (< *Wisl-ach*? ↗ Bühlott). – Grundform *Wisana (Große Wiese), *Wisala (Kleine Wiese) < ig. *u̯isnā versus ig. *u̯islā. Das ganze Flusssystem der Wiese könnte einfach (ig.) *u̯isā 'Fluss' genannt worden sein, wobei die Kleine Wiese durch die Suffixbildung ig. *u̯islā (> ahd. *Wisala), der Oberlauf der (Großen) Wiese durch die Suffixbildung ig. *u̯isnā (> ahd. *Wisana) unterschieden wurden. Die Namengruppe gehört zu ig. *u̯eis- 'fließen', *u̯isnā, *u̯islā sind die onymisierten femininen Verbaladjektive zu *u̯is-nó- und *u̯is-ló- 'fließend'. Zumindest *Wisila darf wegen der Parallelnamen ↗ Weichsel und ↗ Wieslauf als „alteuropäisch" gelten, vgl. auch ↗ Fisetenbach. – Geiger, *HG.A.2*, S. 154; Greule, *Oberrhein*, S. 220 f.; Rix, *LIV*, S. 672.

Wieseck, die r.z. Lahn (z. Rhein), entspringt in Saasen (Gem. Reiskirchen, Lkr. Gießen, Hessen, D), mündet nach 24,3 km in Gießen. – 1330 *super ripam Wiske*, ON. Wieseck (Stadt Gießen), /visiç/, 775 (Kopie 12. Jh.) *in Wisicher marca, in Wisicheim*, (778) (Kopie) *in curte … Wisicha*, 1148 (Kopie um 1160) *de Wiseche*, 1285 *de Wiseke*, 1318 *de Wyseche*. – Grundform FlN./ON. ahd. *Wisicha* < vorahd. *Wisi-k-a*, vermutlich zur Raumbezeichnung (oder zur Diminuierung) mit Suffix gm. *-k-* gebildete Ableitung von gm. *wis-* (< ig. *u̯is-ā* 'Fluss') ↗ Wiesent, vgl. Wisichgau zwischen Lossa, mittlerer Unstrut und Gramme (Thüringen), 974 *in pago Wisichgaw*, 1051 *in pago Visichgoven*. Übertragung des an Ortsnamen auf *-eck* angelehnten Ortsnamens Wieseck auf den Fluss. – Faust, *HG.A.4*, S. 90; Reichardt, *Gießen*, S. 398 f.; Walther, *Siedlungsgeschichte*, S. 312.

Wiesent, die
– ¹Wiesent, r.z. Regnitz (z. Main z. Rhein), Hauptfluss der Fränkischen Schweiz, der bei Forchheim (Lkr. Forchheim, Bayern, D) mündet. – 1372 *an der Wisent*, 1390–1406 *an der Wysent*, ca. 1503 *an die Wisendt*, 1601 *die Wiesendt*, 1804 *die forellenreiche Wiesent*, 1822 *Wiesend fluß*; ON. Wiesentfels (Stadt Hollfeld, Lkr. Bayreuth, Bayern), /wisnt^h/, 1333 (14. Jh.) *Wysentuels*, 1408 *in Wisentfels*, 1443 *Wiesent*, 1444 *Wysint*; ON. Wisenthau (Lkr. Forchheim, Bayern), 1062 *Wisentōuua*, 1174 *de wisendowa*, 1325 *de Wyssentauwe*. Das Bestimmungswort der Komposita *Wiesent-fels* und *Wiesenth-au* ist der Flussname *Wiesent*, älter *Wisent*, der auch für den Ort Wiesentfels verwendet wurde. – Sperber, *HG.A.7*, S. 191; Fastnacht, *Ebermannstadt*, S. 358–361; Reitzenstein, *Tiere*, S. 44.
– ²Wiesent (heute teils *Schrollenbach, Höllbach, Wildbach*), l.z. Donau. – /wīsnt/, ON. Wiesent (Lkr. Regensburg, Bayern, D), um 750 (Kopie 1254) *In uilla Uuisvnte, in loco qui dicitur Uuisunte*, um 1120/40 *de Wisinte*; ON. Wiesenfelden (Lkr. Straubing-Bogen, Bayern), 1105 *de Wisintfeld[e]*. – Prinz, *Regensburg*, S. 428–430.

²Wiesent geht sicherlich auf gm. *Wisund-jō f. zurück. Für ¹Wiesent ist dies wegen der späten Überlieferung zwar nicht zu beweisen, der Ansatz von ahd. *Wisunt-aha 'Wasser, wo es Wisente gibt' (↗ Wiesenthal-Bach) ist jedoch überflüssig. Auch für die oberfränkische Wiesent kann von gm. *Wisund-jō ausgegangen werden. *Wisund- hat eine genaue Parallele im schwedischen ON. Visnaholmen, 1466 *wisunda holm*. *Wisund- ist eine germanische Bildung mit dem Suffix *-und* zu gm. *wis-* (mit grammatischem Wechsel *wiz- > *wir-*, vgl. ↗ Wiera) '(stinkende) Flüssigkeit', vgl. avest. *viš-* n., gr. *iós*, l. *urus* n. 'Gift' ↗ Wesebach, ↗ Wiesenta, ↗ Wieseth. – Nyman, *Ortnamn*, S. 544–546; Greule, *Namentypen*, S. 41 f., Rix, *LIV*, S. 672.

Wiesenta, die (auch *die Wiesenthal*), r.z. Thüringischen Saale (z. Elbe) bei Schleiz (Saale-Orla-Kreis, Thüringen, D). – 1071 *Wisinta*, 1122 *Wisinta*, 1270 *wisinta*, 1280 *Wisenta*, 1378 *aqua Wysintow*. – Der alternative Name *Wiesenthal* geht aus der Übertragung des Talnamens *Wisent-tal* und Umdeutung als 'Tal der Wiesen' hervor. Als Grundform kann (ahd.) *Wisunta*, mhd. *Wisinte* angesetzt werden, zur weiteren Etymologie ↗ Wiesent. Nicht auszuschließen ist eine Grundform (ahd.) *Wisuntaha mit der Bedeutung 'Bach, an dem es Wisente gibt (gab)', ↗ Wiesenthal-Bach. – Ulbricht, *Saale*, S. 166, 167, 186; Walther, *Siedlungsgeschichte*, S. 259.

Wiesenthal-Bach r.z. Felda (z. Werra z. Weser), mündet oberhalb von Weilar (Wartburgkreis, Thüringen, D). – ON. Wiesenthal westlich von Dermbach (Wartburgkreis), 795(?) *in villa Uuisuntaha* (Urkundenbuch Fulda), 1147 (?) *in Wisentaha*. – Ahd. *Wisunt-aha* kann als 'Bach, an dem es Wisente gibt (gab)' gedeutet werden. Das Wort *Wisent*, ahd. *wisunt*, scheint die gleiche Etymologie wie der Gewässername ↗ Wiesent zu haben, mit dem Unterschied, dass das Tier nach seinem moschusähnlichen Geruch in der Brunstzeit als 'Stinkender' bezeichnet wurde. Die zugrunde liegende Wurzel (ig.) *u̯eis- scheint nicht nur die Bedeutung 'fließen', sondern auch die Bedeutung 'stinken' gehabt zu haben. – Sperber, *HG.A.5*, S. 118.

Wieseth r.z. Altmühl (z. Donau). – 1311 *Wisent*, 1402 *an der Wisat*, 1420 *enhalbe der Wisend*; ON. Wieseth (Lkr. Ansbach, Bayern, D), 1183–1185 *Wisente*. – Die Annahme einer Grundform *Wisuntaha wird durch die Belege nicht gestützt. Die historischen Nennungen belegen früh den Nasalschwund /Wisent/

> /Wiset, Wisat/. Es handelt sich um den einstämmigen Gewässernamen gm. *Wisund-jō f., ahd. *Wisunte. Weitere Etymologie ⁊ Wiesent. – Reitzenstein, *Tiere*, S. 44; Reitzenstein, *fränkische Ortsnamen*, S. 243.

Wieslauf, die r.z. Rems (z. Neckar z. Rhein), entspringt im Welzheimer Wald bei Kaisersbach (Rems-Murr-Kreis, B.-W., D), wird zum Ebnisee aufgestaut, mündet nach 23,7km in Schorndorf (Rems-Murr-Kreis) in zwei Armen. – /'wīslaọf/, 1027 *Wisilaffa*, 1269 *Wislaf*, 1346 *div Wislaf*, 1400 *in der Wißlaff*, 1411 *in der Wislaff*, 1507 (Kopie um 1480–1525) *in der Wiszlaff*, 1555 *die Wißlauff*; TalN. 1411 *Wyslafftal*, 1527 *im Wyßlaffer tal*. – Grundform ahd. *Wislaffa, Kompositum mit dem Grundwort ahd. *-affa* ⁊ *apa* ⁊ Aschaff und gm. *wisla- im altdän. FlN. *Wisl(a), jetzt Lillån bei Visseltofta (Skåne, S), 1372 *Vislætoftæ*, als Bestimmungswort. Gm. *wisla- entspricht dem Verbaladj. ig. *u̯eis-ló- zu ig. *u̯eis- 'fließen' ⁊ Weichsel ⁊ Wiese. – Schmid, *HG.A.1*, S. 125; Reichardt, *Rems-Murr-Kreis*, S. 30f.; Wahlberg, *SOL*, S. 361.

Wieslauter ⁊ Lauter.

Wietsche l.z. Wupper (z. Rhein). – 1803 *bis auf die Wietscher*, 1809 *in der Wietsches Bach*, ON. Unterwietsche (Stadt Burscheid, Rheinisch-Bergischer Kreis, NRW, D), Wietsche Mühle (Stadt Leichlingen, Rheinisch-Bergischer Kreis), 1287 *von Wiethse*, 1457 *wytzghe*, 1590, 1629 *in der Wietschen*; ON. Witzhelden (Stadt Leichlingen), 1184 *Withseleden* (lies *Withseseleden*), 1235 *Witzselde*, 1324 *Witsselde*, *Wisselde* ('Haus an der Wietsche', ahd. *selida* 'Haus, Wohnung, Herberge'). – Ausgangsform vielleicht FlN. as. *Hwītasa > mndd. *Wītese, *Wītse, Ableitung mit s-Suffix von as. *hwīt* 'weiß, hell leuchtend, glänzend' (gm. *hweita-), Benennung nach dem Eindruck der „glänzenden" Oberfläche des Wassers. – Schmidt, *HG.A.6*, S. 82.

Wietze, die
– ¹Wietze, l.z. Aller (z. Weser), entsteht nordöstlich von Hannover, mündet 30km bei Wietze (Lkr. Celle, Niedersachsen. D). – 1669 *die Wietzen*, 1779 *Wietze*; ON. Wietze, um 1226 (Kopie 14. Jh.) *Witzene*; ON. Wieckenberg (Gem. Wietze), 1360, 1417 *den wikenberg*, 1438 *to dem Wikenberge*; FlurN./ON. Wietzenbruch (Stadt Celle), (um 990, Aufzeichnung 11. Jh.) *in Wikanbroke*, 1007 (Kopie 15. Jh.) *in Wiggena paludem*, 1013 *in Uuikinabroc*, 1360 *in dem wisenen broke*, 1372 *dat Witzenebrůk*, 1473 *im Witzenbroke*; MühlenN. 1417 *tor wisnemolen*, 1438 *Tor Witzenmolen*. – Borchers, *HG.A.18*, S. 149f.
– ²Wietze, r.z. Örtze (z. Aller z. Weser), entspringt östlich von Moide (Stadt Soltau, Heidekreis, Niedersachsen, D), mündet nach 27km in Müden (Gem. Faßberg, Lkr. Celle, Niedersachsen). – 786 (Fälschung 12. Jh.) *in Wizenam*, 1775, 1778 *Wietze*; ON. Wietzendorf (Heidekreis), 1360 *to witzendorpe*, 1438 *to Witzendorppe*, 1524 *Wytzendorp*. – Borchers, *HG.A.18*, S. 150.
Grundform (as.) *Wīkina/*Wīkana (< gm. *Weikanō), mit n-Suffix gebildete Ableitung von Adj. *weika- (neben gm. *waika-) 'schwach, nachgiebig, weich' mit Bezug auf das geringe Gefälle beider Flüsse oder von gm. *wīkō f., mndd., afr. *wīk*, schw. *vik* 'Bucht', was auf einen buchten-, windungsreichen Flusslauf hindeutet. Die Grundform *Wīkina unterliegt dem Zetazismus > mndd. *Wītzen(e) > Wietze. – Möller, *Nasalsuffixe*, S. 129f.; Seebold, *starke Verben*, S. 545f.; Orel, *Handbook*, S. 466.

Wigger, die r.z. Aare (z. Rhein), entspringt als Enziwigger in 1300m Höhe am Nordhang des Napfs (Kanton Bern, CH), unterhalb von Willisau (Kanton Luzern) vereinigen sich Enziwigger und Buchwigger zur Wigger, mündet nach 41km bei Aarburg (Kanton Aargau). – /'wịgᵉrᵉ/, 1302 *enent wigerren*, 1337 *bi der Wigerren*, 1339 *envnt Wigerren*, 1345 *zwischent der Wigerren*, 1346 *vber die Wigerren*, 1359 *enend der Wigerron*, 1367 *enent Wigerren*, 1369 *dishalb der Wigerren*, 1375 *enant der Wigerren*, 1385 *an der Wigern*, *vber die Wiggeren*, 1393 *enend Wiggerren*, 1394 *ennet der Wiggeren*, 1408 *die zwo Wiggeren*, 1410 *enet der Wigern* (und zahlreiche weitere Belege). – Grundform ahd. *Wigara/*Wigg(a)ra > mhd. schwach flektiert *Wigeren, mit Anlehnung der Endung an das in Flurnamen der Schweiz häufige Lehnsuffix *-erre* (< l. *-āria*), *Wigerren*/*Wiggerren*. Zugrunde liegt gm. Adj. *wigra-, feminin *wigrō > ahd. mit Gemination *Wiggra, mit Sprossvokal *Wigara, vermutlich mit grammatischem Wechsel (< vorgm. *u̯ik-ró-) abgeleitet vom Verb gm. *weih-a- 'kämpfen' (ig. *u̯eik- 'überwinden, besiegen'). Das Benennungsmotiv findet sich in den historischen Quellen, wo mehrmals von merklichem Schaden durch die Wasserflut der Wigger berichtet wird. Parallelnamen: altschw. SeeN. *Vighre im ON. Vegred (Södermanland, S), 1379 *i Weghrede*; norw. InselN. *Vigra*. – Greule, *Oberrhein*, S. 169–171; Seebold, *starke Verben*, S. 544f.; Rix, *LIV*, S. 670f.; Wahlberg, *SOL*, S. 201.

† Wikflet See, Ort und Flur in der Gemeinde Kurzenmoor (Kreis Pinneberg, S.-H., D). – SeeN./ON. 1143 *lacus Wicflet*, 1164 *(pa)ludem Wichflete*, um 1200 *Wicflete*, 1428 *to Wikulete*, 1542 *dat gudtt ... Wickfleett*, 1666 *in Wickfleeth*, *in Wichfleth*, 1743 *Wickfleet*. – Kompositum mit dem Grundwort mndd. *vleet* ⁊ Fließ- und mndd. *wīk* 'Bucht', Bedeutung 'seeartige Ausbuchtung eines Fleet'. – Udolph, *HG.A.16*, S. 363; Laur, *Schleswig-Holstein*, S. 698.

Wild-/-e-/-en-/-er-/-es- -almbach, -alp(en)bach, -bach, -bodenbächle, -graben, -grund-Graben, -karbach, -moos-Bach/-moos-Graben, -see, -teich, -wassergang, -weiher-Bach, -winkel-Bach. Häufiges Bestimmungswort (nhd. *wild* 'im natürlichen Zustand befindlich, vom Menschen nicht verändert', ahd., as. *wildi* oder nhd. *Wild* n. 'jagdbare wild lebende Tiere') in FlN.-Komposita und als differenzierendes Adjektiv in Namen-Wortgruppen, z.B. Wilde Saale, Wilde Rotach. – Fischer, *BNB 10*, S. 306; Hausner/Schuster, *Namenbuch*, S. 1132f.; *Kühebacher 2*, S. 373f.

Wilde, die (im Oberlauf *Wölfte*), r.z. Eder (z. Fulda z. Weser), entspringt im Kellerwald, fließt auf dem Gebiet der Stadt Bad Wildungen (Lkr. Waldeck-Frankenberg, Hessen, D), mündet nach 17,1km bei Wega (Bad Wildungen). – ON. Bad Wildungen, 12. Jh. *in Wildungun*, 1254 *Wildungen* (und weitere Belege). – Rückbildung aus dem ON. ahd. *Wildungun* 'bei den Leuten in der Wildnis'. – Sperber, *HG.A.5*, S. 118; Berger, *Geographische Namen*, S. 277.

Wilkensee Großer~, Kleiner~ westlich von Lenzen/Elbe (Lkr. Prignitz, Brandenburg, D). – 1576/1600 *der Wilkersehe*, 1601/1626 *Der Wilckersche Sehe*, 1800 *Wilckensee*, 1936 *Wilkensee, der große und kleine*. – Kompositum mit dem Grundwort -*see* und dem in Brandenburg häufig belegten PN. *Wilke*. – Fischer, *BNB 10*, S. 306.

Wilsau ↗Wellsee.

Wilsterau, die (auch *Wilster Au*), r.z. Stör (z. Elbe), die Quelle lag vor dem Bau des Nord-Ost-Kanals westlich des Kanals bei Burg (Kreis Dithmarschen, S.-H., D), mündet nach 19km bei Kasenort (Kreis Steinburg, S.-H.). – 1139 (Kopie 14. Jh.) *juxta Wilstram*, 1141 *iuxta Wilsteram* (und weitere Belege), 1164 *Wilstere*, 1260 *Wilstria*, 1390 *up der Wilster* (und zahlreiche weitere Belege), 1651 *Welsterauw*, 1652 *Welster*, 1736 *Wilster-Aue*; LandschaftN. Wilstermarsch, 1350 *a paludensis terre Wylstere*, 1397 *de Wilstermarsch* 'Marsch an der Wilsterau'; ON. Wilster (Stadt Kreis Steinburg), /de welster/, 1221 *de Wilstria* (zahlreiche weitere Belege), ON. †Wilstermünde, um 1220 *in Wilsterenmunde* 'Mündung der Wilsterau'. – Grundform FlN. gm. *Wilströ* f., wie ↗Alster mit dem Suffix gm. -*stra*- von gm.(?) *wil-* ↗Wiehl ↗Wölpe abgeleitet. – Udolph, *HG.A.16*, S. 364–367; Laur, *Schleswig-Holstein*, S. 699f.

Wiltz, die lux. *Wolz*, l.z. Sauer (z. Mosel z. Rhein), entspringt bei Bastogne (B), mündet nach 45km bei Goebelsmühle (Gem. Burscheid, Luxemburg). – 790 (Kopie 1183–95) *Viltis*, 1334 *le Welthe*; ON. Wiltz (Luxemburg), (768–69) (Kopie um 1222) *Wiltae*, 790 (Kopie 1183–95) *Viltis*, (792–93) (Kopie um 1222) *Wilz*, (775–97) (Kopie um 1222) *Wiltz*, 1282 *de Welch*, 1284 (frz. Original) *de Wes*, 1288 *de Wilch*, 1310 *de Wilsz*. – Die Mehrzahl der Belege findet eine Erklärung durch den Ansatz einer Grundform FlN. gm. *Welti*- f. > *Wilti*-, ein Nomen zum Verb gm. *welt-a-* 'wälzen', gt. *waltjan* 'sich wälzen (von Wogen)' ↗Moldau. – Greule, *Rheinlande*, S. 18 (< *Welkia*); Gysseling, *Woordenboek*, S. 1079; Seebold, *starke Verben*, S. 554.

Wimbach
– ¹Wimbach, r.z. Leogang (z. Saalach z. Salzach z. Inn z. Donau). – Ca.1350 *in dem Wintpach*, ca.1400–ca.1500 *in dem wintpach*, 1862 *Wimm B.*; ON. Wimbach, 1500 *von Wynbach*. – Straberger, *HG.A.9*, S. 136.
– ²Wimbach, l.z. Mühlbach (z. Tiroler Ache z. Alz z. Inn z. Donau). – 1836 *Wimmbach*; FlurN. *Wibmpach*, 1735 *Wimbach*, 1748/49 *Bergwiesen im Wimbbach*, um 1840 *Windbach*, *Windbachwald*. – Dotter/Dotter, *HG.A.14*, S. 445.
Grundform mhd., bair. *Wintpach*, Kompositum mit dem Grundwort -*bach* und dem Bestimmungswort ↗Wind-, die Lautgruppe /-ntp-/ wurde zur Sprecherleichterung verkürzt > *Winbach*, assimiliert > *Wimbach*.

Wimitz, die (auch *Wimitzbach*, im Oberlauf *Innere Wimitz*), l.z. Glan (z. Gurk z. Drau), entspringt dem Goggausee in Steuerberg (PB Feldkirchen, Kärnten, A), mündet in Sankt Veith an der Glan (Kärnten). – 1194 *iuxta fluvium … Wonwiz*. – Ausgangsform slaw. *Voňovica*, mit dem kombinierten Suffix *-ov-ica* abgeleitet von slaw. *voňa* 'Geruch', ins Bairische integriert als *Wönewitz*, synkopiert > *Wönwitz*, assimiliert > *Wömitz*, entrundet > *Wemitz*/*Wimitz*. – Hausner/Schuster, *Namenbuch*, S. 1138.

Wimmelbach r.z. Zenn (z. Regnitz z. Main z. Rhein), mündet bei Unteraltenbernheim (Markt Oberzenn, Lkr. Neustadt a.d. Aisch-Bad Windsheim, Bayern, D). – ON. Wimmelbach (Markt Oberzenn), 1294 *zu Wymelbach*. – Kompositum mit dem Grundwort -*bach* und dem Partizip Präsens *wimelend-*? des Verbs spmhd. *wimelen* (zu mhd. *wimmen* 'sich regen, bewegen') als Bestimmungswort. – Sperber, *HG.A.7*, S. 191.

Wimmer- -bach/-bächel, -graben, -see. Bestimmungswort vielleicht fnhd., obd. (15. Jh.) *wim(m)er* 'Knorren im Holz'.

Wind- -ach, -bach/-bächle, z.B. Windach, l.z. Amper (z. Isar z. Donau), 1346 *pei der Windah*, mit ON. Windach (Lkr. Landsberg a. Lech, Bayern, D), 1158 *Windahe*, 1180–1193 *Wintahe*, 12. Jh. *Wintaha*, 1358

Windach. Bestimmungswort ist ahd. **wind-* < gm. **wenda-* 'Windung, gewunden' (ahd. *ubar-wint* 'Überwindung', awn. *vindr* 'gewunden'), teils nach ahd., mhd. *wint* 'Wind' umgedeutet. – Snyder, *HG.A.*3, S. 117; Reitzenstein, *Oberbayern*, S. 305; Seebold, *starke Verben*, S. 555.

Windebach l.z. Arzbach (z. Nesse z. Hörsel z. Werra z. Weser), mündet oberhalb von Sonneborn (Lkr. Gotha, Thüringen, D). – 1467 *in deme windebach*, 1484 *geyn dem wyndebache*, 1731 *der … Wiedebach*; FlurN. um 1400 *Windebachsrasen*, 1465 *der windebachsthumpfel*. – Grundform (mhd.) **Windenbach*, Kompositum mit dem Grundwort *-bach* und dem Genitiv des PN. *Win(i)do* (**Winden-*). Möglich ist auch die Grundform **Windendbach* mit dem Partizip Präsens des Verbs *(sich) winden.* – Sperber, *HG.A.*5, S. 119.

Windisch-/-e-/-en- *-bach, Lache.* Bestimmungswort Adj. nhd. *windisch* 'von Wenden/Slawen besiedelt'. – Ulbricht, *Saale*, S. 161.

Winkel-/Winkl- *-bach/-bächle, -graben, -holzgraben, -moosgraben, -pfuhl, -riede, -see, -teich, -weiher.* Bestimmungswort ahd. *winkil*, mhd., mndd. *winkel* m. 'Winkel, Ecke, abseits gelegener Raum', auch 'von einer Flussbiegung begrenztes Flurstück'. – Ramge, *Flurnamenbuch*, S. 993 f.

Winnebach
– ¹†Winnebach, jetzt Mitteregger Bach (z. Drau), mündet bei Winnebach (Gem. Innichen, Prov. Bozen/Südtirol, I.). – /wimpåch/, 1278 *Winnenbach*, 1300 *Winnenpach*, um 1845 *Winnpach*; ON. Winnebach, 1242 *Windebach*, 1255 *Winnebach*, um 1900 *Winnenbach*. – Grundform FlN./ON. mhd. **Winnendbach*, gekürzt > *Winnenbach/Winnebach*, Kompositum mit dem Grundwort *-bach* und dem (flektierten) Partizip Präsens des Verbs mhd. *winnen* 'wüten, toben, heulen, rasen' als Bestimmungswort. – Kühebacher, *Ortsnamen* 1, S. 543 f., 2, S. 374.
– ²Winnebach, it. Rio Vena, r.z. Rienz (z. Eisack z. Etsch), mündet östlich von Obervintl (Pustertal, Prov. Bozen/Südtirol, I.). – /winipåch/, um 1770 *Wine Ba.*, um 1845 *Winnebach*, um 1900 *Winnebach*. – Grundform mhd. **Wünnebach*, entrundet > *Winnebach*, Kompositum mit dem Grundwort *-bach* und mhd. *wünne* 'guter Weidegrund'. – Kühebacher, *Ortsnamen* 2, S. 374 f.

Winter- *-bach/-bächle, -born, -graben, -grundbrunnen, -haldenbach, -see, -siepen, -stellgraben, -wies-Graben*, z.B. Winterbach, l.z. Wiesbach (z. Auerbach z. Schwarzbach z. Blies z. Saar z. Mosel), 1564 *die Wüste Winterbach*, 1590 *die wüste Winterbach*, mit ON. Winterbach (Lkr. Südwestpfalz, Rh.-Pf., D), 1284 *Vinterbach*, 1286 *Winthirbach*, 1362 *Winterbach* (und weitere Belege). Bestimmungswort ahd. *wintar*, mhd. *winter* 'Winter' auch 'Nordseite', teilweise kann es sich um Klammerformen mit dem Grundwort Berg-/FlurN. Winter(berg)- handeln. – Spang, *HG.A.*13, S. 82; Dolch/Greule, *Pfalz*, S. 486; Springer, *Flußnamen*, S. 104; Ramge, *Flurnamen*, S. 995.

Winterbach r.z. Ferndorf-Bach (z. Sieg z. Rhein), mündet in Dahlbruch (Stadt Hilchenbach, Kreis Siegen-Wittgenstein, NRW, D). – ON. Winterbach (Stadt Netphen, Kreis Siegen-Wittgenstein), 1345 *von der Vinterbrecht*, 1461 *zur Winterbrecht*, 1562 *in der Winterbach*, 1566–1718 *Winterbach*. – Ausgangsform ON. *Winterbrech(t)*, Kompositum mit dem Grundwort *-breche* 'Hanfbreche' und Bestimmungswort *Winter-* 'Nordseite' ↗Winter-, *Winterbrech* mit Dissimilation > **Winterbech*, umgedeutet > *Winterbach*. – Faust, *HG.A.*4, S. 91; Barth, *Sieg und Ruhr*, S. 121; Ramge, *Flurnamen*, S. 253.

Winzbach, die l.z. Rhein. – 1303 *aput Windisbach*, 1335 *in der windesbach*, 1383 *in der windesbach*, 1813 *die Winzbach*; ON. Winzberg (Gem. Oberdiebach, Lkr. Mainz-Bingen, Rh.-Pf., D), 1269 *de windisberc*, 1302 *de Windisberch*, 1316 *in Windesbach*, 1361 *zů Windesberg*, 14. Jh. *de Winzberg*. – Grundform FlN. mhd. *Windesbach* (neben ON. *Windesberg*), Kompositum mit dem Grundwort *-bach* und dem Genitiv des PN. *Wind* (< **Winith*, vgl. ↗Windebach) als Bestimmungswort; *Windesbach* nach Synkope > *Winds-/Wints-/Winzbach*. – Greule, *HG.A.*15, S. 121.

Wipfra, die r.z. Gera (z. Unstrut z. Thüringische Saale z. Elbe), entspringt westlich von Oberpörlitz (Stadt Ilmenau, Ilm-Kreis, Thüringen, D), durchfließt die Talsperre Heyda, mündet nach 40 km westlich von Eischleben (Gem. Ichtershausen, Ilm-Kreis); Alte Wipfra, r.z. Wipfra. – 1481 *an der Wipfera*, *in der Wypffra*, 1839 *Wipfra*; ON. Wipfratal (Ilm-Kreis, Thüringen), ON. Wipfra (Gem. Wipfratal), /wipfər, wepfər/, 1348 *Wipphere*, 1430 *Wypphera*, um 1450, 1473 *Wipfera*, 1577 *Wipffer*, 1839 *Wipfra*; FlurN. Altwipfergrund. – Deutung ↗Wipper, Grundform wgm. **Wippra*, mit Lautverschiebung /-pp-/ > /-pf-/; schriftsprachlich mit /-a/ wie bei anderen Ortsnamen Thüringens erweitert. – Ulbricht, *Saale*, S. 191; Fischer, *Arnstadt und Ilmenau*, S. 66.

Wippachgraben r.z. Itz (z. Main). – ON. †Widbach (Lkr. Coburg, Bayern, D), 1319 *Widebach*, 1390, 1495 *Widbach*. – Grundform FlN. mhd. **Widenbach*, Kompositum mit dem Grundwort *-bach* und dem Genitiv des PN. ahd. **Wido* (**Widen-*) als Bestimmungswort; **Widenbach* nach Synkope > **Widbach*, assimiliert > *Wippach*, verdeutlichend komponiert mit *-graben*. – Sperber, *HG.A.7*, S. 192.

Wippe, die r.z. Wupper (z. Rhein). – ON./StraßenN. Wippe (Stadt Solingen, NRW, D), 1395 *van der Wippe*, 1488 *zor Wyppen*, 1715 *Wiepen*. – Unsichere Deutung, Grundform vielleicht (as.) **Wippa* < gm. **Wipjō* f., mit *j*-Suffix abgeleitet vom starken Verb gm. **weip-a-*, **wip-* 'winden', ↗*Wipper*. – Schmidt, *HG.A.6*, S. 92.

Wipper, die
– ¹Wipper, l.z. Thüringischen Saale (z. Elbe), entspringt in 460m Höhe am Auerberg im Harz (Lkr. Mansfeld-Südharz, S.-A., D), mündet nach ca. 85km bei Bernburg (Salzlandkreis, S.-A.). – (881–99) *Vuipparacha*, 979 *Uippera*, (1012–23) *Wippere* (und weitere Belege), 1134 *Uuippṛe*, 1369 *Wyppere*; ON. Wippra (Stadt Sangerhausen, Lkr. Mansfeld-Südharz), 1135 *Wippera*, 1138 *Wipfere*, 1145 *Wipera*, 1159 *Wipphera*. – Ulbricht, *Saale*, S. 191.
– ²Wipper, Oberlauf der Wupper (z. Rhein). – 973–74 *Wippera* (und zahlreiche weitere Belege), 1166 *iuxta fluvium Wippere* (und weitere Belege), 1243 *up dir Wipperin*, 1323 *contra fluvium Wypperen*, 1383 *entusschen der Wyppern und …*, 1399 *op der wyppere*, 1466 *bey der Wipper, by der Wupper*; 1488 *beneden der Wypper*; ON. Wipperfürth (Stadt, Oberbergischer Kreis, NRW, D), 1127–31 *Weperevorthe*, 1189 *Wippereuorde*, 1222 *Wipperfurde* '(Siedlung an der) Furt durch die Wupper'; ON. Wipperfeld (Stadt Wipperfürth), 1361 *de Wipperfelde* (und weitere Belege). – Schmidt, *HG.A.6*, S. 83f.
– ³Wipper, poln. *Wieprza*, z. Ostsee bei Rügenwaldermühle/Darłówko (PL), 1205 *Wipperam*, 1312 *Vipperam*, *Wippera*. – Udolph, *Gewässernamen Polens*, S. 296–300.
Die Ausgangsform aller drei Namen ist **Wipra* f., mit wgm. Gemination (as.) **Wippra*, mit Sprossvokal **Wippara* ↗*Wipfra*. Dabei handelt es sich um eine germanische Bildung, bei der ein Adjektiv **wipra-* m. zum starken Verb gm. **weip-a-* 'winden' mit *r*-Suffix abgeleitet wurde und das Femininum **wiprō* 'die sich Windende, Windungsreiche' zum Namen wurde. *Wipper* ist ein Synonym zu ↗*Wondreb* (< **Wundra*). – Seebold, *starke Verben*, S. 546f.

Wipperau, die r.z. Ilmenau (z. Elbe), entspringt im Großen Moor westlich von Suhlendorf (Lkr. Uelzen, Niedersachsen, D), mündet nach ca. 35km nördlich von Uelzen. – 1353, 1358 *Wipperowe*, 1384 *Wipperow*, 1414, um 1450, 1473 *by der Wypperouwe*, 1669 *Wipperau*, 1704 *Wipperaha*, 1743 *Wipperau*. – Kompositum mit dem verdeutlichenden Grundwort mndd. *ouwe* ↗*au(e)* und FlN. ↗*Wipper* als Bestimmungswort. – Udolph, *HG.A.16*, S. 367.

Wipper-Bach (auch *Wippe*) r.z. Brölbach (z. Wisser-Bach z. Sieg z. Rhein), mündet bei Wissen (Lkr. Altenkirchen, Rh.-Pf., D). – 1572 *die Wiepe*, 1575 *die Weype*, Anfang 17. Jh. *Weiper Bach*; ON. Wippe, ON. Wippermühle (Gem. Friesenhagen, Lkr. Altenkirchen), 1570 *Wippe*, 1575 *Die Kleine Weype*, 1619 *Weip*. – Unsichere Deutung, Grundform vielleicht **Wīpa* (< gm. **weipō* f.) zu gm. **weip-a-* 'winden'; Wortgruppe mit dem attributiven Adjektiv des ON. Wippe (*Wipper*). – Faust, *HG.A.4*, S. 91; Barth, *Sieg und Ruhr*, S. 121f.

Wirbach r.z. Schwarza (z. Thüringische Saale z. Elbe). – 1419 *by dem Wirbachssbache*, 1510 *an dem Wirbach*; ON. Oberwirbach (Gem. Bad Blankenburg, Lkr. Saalfeld-Rudolstadt, Thüringen, D), ON. Unterwirbach (Gem. Saalfelder Höhe, Lkr. Saalfeld-Rudolstadt), /werwich/, 1305 *Wirbach*, 1375 *Niederwirbach*. – Kompositum mit dem Grundwort *-bach* und asorb. **vir* 'Wasserwirbel, Strudel'(?) als Bestimmungswort ↗*Wyhra*. – Ulbricht, *Saale*, S. 121.

Wirmbach l.z. Saalach (z. Salzach z. Inn z. Donau), entspringt auf der Loferer Alm und stürzt als Wasserfall nach Lofer (PB Zell am See, Salzburg, A). – 1219 *Dwirhenbach*, 1536 *Twirchenpach*, 1862 *Wirmbach*. – Grundform mhd. **(an deme) dwerchen bache* 'an dem schiefen (quer liegenden) Bach', Zusammenrückung der Wortgruppe aus mhd. Adj. *dwerch/twerch* 'schief, schräg, quer' (vgl. nhd. *Zwerch-fell*) und mhd. *bach*, mit bair. Hebung (/er/ > /ir/) > *Dwirhenbach*, mit Synkope > **Dwirnbach*, mit Assimilation > **Dwirmbach* und Sprechererleichterung im Anlaut > *Wirmbach*. – Straberger, *HG.A.9*, S. 136.

Wisch- *-bek, -see*. Bestimmungswort ndd. *Wisch(e)* 'Wiese'. – Fischer, *BNB 10*, S. 307; Laur, *Schleswig-Holstein*, S. 703.

Wispe, die l.z. Leine (z. Aller z. Weser), fließt durch die Stadt Alfeld (Lkr. Hildesheim, Niedersachsen, D). – 1178 (Kopie 16. Jh.) *iuxta rivum Wispam*, 1451 *in einem Eck der Wespe*, 1578 *die Wispe* (und zahlreiche weitere Belege); QuellN. Wispenborn, (1780–90) *Wispe Sprung*, 1802 *Wispe spring*, 20. Jh. *Wispenborn*; ON. Wispenstein (Alfeld), 1488 *Wispenstein*. – Grundform (as.) **Wisapa*, Kompositum mit dem Grundwort ↗*apa* und gm. **wis-* '(stinkende) Flüssigkeit' (ig. **u̯eis-* 'fließen') ↗*Wiesent*. Parallelnamen: FlN. Wiseppe, z. Maas, mit ON. Wiseppe (Dep. Meuse, Lothringen, F), 1248 *Wiseppe* (< **Wisapia*); ON. Weesp (Prov. Nordholland, NL), 1131 *Wesepa*, 1156 *Wisepe*, 1200 *Wesepe*. – Kettner, *HG.A.8*, S. 144f.; Kettner, *Leine*, S. 335f.; Lebel, *Principes*, S. 238; Künzel/Blok/Verhoeff, *Lexicon*, S. 387.

Wisper, die r.z. Rhein, entspringt im westlichen Taunus auf dem Gebiet von Heidenrot (Rheingau-Taunus-Kreis, Hessen, D), fließt im Wispertal (nördliche Grenze des Rheingaus), mündet nach 29,7km in Lorch (Rheingau-Taunus-Kreis). – 13. Jh., 1306 *Wissebura*, *Wissebure*, 1265 *aquam ... Wieschebure*, 1324 *die Wischbar*, 1361 *die Wispur*, 1367 *Wůschebůr*, 1401 *Wischebur*, *Wissebur*, 1489 *die Wiesper*, 1525 *die Wysper*, 1668 *die Wißbar*; ON. Wisper (Gem. Heidenrod), 1259 (Kopie) *de Wisbure*, 1260 *Wissehebure*, 14. Jh. *Wischebure*, 1306 *Wissebure*. – Übertragung des ON. mhd. *Wissebūr* auf den Fluss ('der von *Wissebūr/ Wisper herabfließt'); *Wissebūr ist Kompositum mit dem Grundwort ahd. *būr* 'einräumiges Haus' und dem FlN. *Wisse ↗Wiesbach als Bestimmungswort, nach Synkope mundartlich > *Wischber. – Faust, *HG.A.4*, S. 91 f.

Wisser-Bach r.z. Sieg (z. Rhein), entspringt im Wildenburger Land bei Friesenhagen (Lkr. Altenkirchen, Rh.-Pf., D), mündet nach 25,9km bei Wissen (Lkr. Altenkirchen). – 1464 *die Wyssen*, 1575 *die Wiße*, 17. Jh. *ein Bach die Wisse genant*; ON. Wissen, 1048 *Wisnerofanc* ('der eingehegte Raum der Wissener'), 1299 *Wissene*, 1550 *Wissen*. – Der Ortsname *Wissen* ist identisch mit dem ursprünglichen Namen des heute Wisser-Bach genannten Flusses. Die Grundform *Wisna (> *Wissne > *Wissen) ist eine n-Ableitung von germ. *wis- (in Flussnamen) ↗Wiese, ablautend *waisōn (awn. *veisa* 'Schlamm, Sumpf'), ig. *u̯eis-* 'fließen', vgl. adän. SeeN. *Visni. – Faust, *HG.A.4*, S. 92; Barth, *Sieg und Ruhr*, S. 122; Rix, *LIV*, S. 672; Nyman, *Ortnamn*, S. 543.

Wißmar-Bach r.z. Lahn (z. Rhein), mündet bei Wißmar (Gem. Wettenberg, Lkr. Gießen, Hessen, D). – 1193 *Wismerbach*, 1310 *Wissemarbach*; ON.Wißmar, (780–82) *in villa ... Wisumera*, *in Wisomaren*, 788–789 (Kopie 12. Jh.) *in Wisemare marca*, 1129 *de Wisemar*, 1302 *de Wisemor*, 1453–54 *Wesmar*, 1459 *Wesemar*, 1591 *Wiesamar*, *Wiesemar*. – Grundform ON./ GewässerN. ahd. *Wisumar, *Wisumeri, Kompositum mit dem Grundwort -*mar*, *meri ↗Maar ↗Meer und gm. *wesu-* (ahd. *wisu-) 'gut' als Bestimmungswort. – Faust, *HG.A.4*, S. 93; Kaufmann, *Ergänzungsband*, S. 408 f.

Witt-/-e-/-en-/-er- -beck, -born, -geeste, -graben, -lake, -moorgraben, -see, -water, z.B. Wittenbeck, r.z. Luhe (z. Ilmenau z. Elbe), 1743 *Wittenbek* (und weitere Belege); † Wittersee, heute Lienewitzsee (Lkr. Potsdam-Mittelmark, Brandenburg, D), 1317 *stagnum ... Wittersee*. Bestimmungswort in Namen des niederdeutschen Sprachraums entweder mndd. *wit*, ndd. *witt* 'weiß' (vgl. MärchenN. Schnee-*wittchen*), bezogen auf helles, glänzendes Wasser, flektiert *wit(t)er-*, *wit(t)en-*, oder Genitiv des PN. as. *Wito (*Wit(t)en-). – Fischer, *BNB 10*, S. 302.

Wittbach r.z. Main (z. Rhein), mündet bei Wertheim (Main-Tauber-Kreis, B.-W., D). – ON. Oberwittbach (Stadt Marktheidenfeld, Lkr. Main-Spessart, Bayern), ON. Unterwittbach (Markt Kreuzwertheim, Lkr. Main-Spessart), 1305 *Wittibach*, *Wittbach*, *Widbach inferior*, 1393 *zu Nydern-Wytbach*, 1480, 16. Jh. *Underwypbach*, *Unternweetbach*, *Underwitbach*, *Oberweybbach*, *Obernwitpach*. – Grundform FlN. mhd. *Witenbach, mit Kürzung der Mittelsilbe > *Witebach, Witbach/Witpach, mit mundartlicher Senkung > *Wetbach bzw. mit Assimilation > *Wippach, Kompositum mit dem Grundwort -*bach* und dem Genitiv des PN. (ahd.) *Wito (*Witen-) als Bestimmungswort. – Sperber, *HG.A.7*, S. 192; Kaufmann, *Ergänzungsband*, S. 397.

Witten-Bach r.z. Stubache (z. Salzach z. Inn z. Donau) (Salzburg, A). – Ca.1350, ca.1400–ca.1500 *de Wütenpach*. – Grundform mhd. *Wüetendbach, vereinfacht > *Wüetenpach, Kompositum mit dem Grundwort -*bach*, bair. -*pach* und dem Partizip Präsens des Verbs mhd. *wüeten* 'wüten' als Bestimmungswort, vgl. ↗Wutach. Die heutige Schreibung des Namens ist aus der Etymologie nicht erklärbar. – Straberger, *HG.A.9*, S. 136.

Wittwe-See bei Rheinsberg (Lkr. Ostprignitz-Ruppin, Brandenburg, D), Kleiner Wittwe-See (auch *Haus-See*). – 1773 *Wittwen See*, 1799 *Der Wittwen-See oder die Wittwe*, 1825 *Der Wittwe See*; ON. Wittwien (Stadt Rheinsberg), 1463 (Kopie) *tho witwynnen*, 1525 *tho Witwen*, 1861 *Wittwien*, *Wittwen*. – Grundform ON./SeeN. apolab. *Vitvina, abgeleitet von *vitva 'Zweig, Gerte'. – Wauer, *HG.A.17*, S. 193; Fischer, *BNB 10*, S. 307.

Woblitz, die l.z. Havel (z. Elbe), durchfließt den Großen Lychen-See, mündet über den Stolpsee in die Havel bei Himmelpfort (Stadt Fürstenberg, Lkr. Oberhavel, Brandenburg, D). – 1556 *die Wobelitz*, 1580 *bey der Wobelitzschenbeck*, 1825 *Die Woblitz*. – Ausgangsform apolab. *Voblica 'kleine Havel', abgeleitet von apolab. *Vobla ↗Havel, ↗Woblitz-See ↗Wublitz. – Wauer, *HG.A.17*, S. 194; Fischer, *BNB 10*, S. 311.

Woblitz-See (auch *die Woblitz*), nordöstlich von Wesenberg (Lkr. Mecklenburgische Seenplatte, M.-V., D), von der Havel (z. Elbe) durchflossen. – 1170 *in stagnum Woblesko*, 1244 *in stagnum Wobelescu*, 1299 (Kopie) *Wublitz*, 1344 *den see ... Wobelitze*, 1355 *Wobelitz* (und weitere Belege), 1357 *Wubelitze*,

1569 *Wublitz*. – Deutung ↗*Woblitz*. – Wauer, *HG.A.17*, S. 194.

† Wocara ↗Waal.

Wölf r.z. Eitra (z. Haune z. Fulda z. Weser), mündet in Eiterfeld (Lkr. Fulda, Hessen, D). – 780?-781 (Druck 1958) *in Huulpegimundi*, 1003 *in Uuilpaha*, 1070 *in Wilpaha*; ON. Wölf (Gem. Eiterfeld), 1381 *Wilppfe*, 1433 *Wulpfe*, 1487 *Wolpf*, 1511 *Welpf*, 1701 *Wöllef*. – Unsichere Deutung, Grundform vielleicht (gm.) **Wulpjō* > ahd. **Wulpe/*Wulpfe*, mhd. **Wül(p)fe*, mundartlich gesenkt > *Wölf*, vielleicht zu verbinden mit ↗Ulfenbach (< gm. **Wulfana*), aber mit anderem Suffix abgeleitet (**Wulp-jō* neben **Wulpa-na*). Die Belege mit <Uuilp-, Wilp-> sind vielleicht Verschreibungen/Verlesungen für <Uulp->, 1003 *Uuilpaha* (statt **Uuulpaha*) ist verdeutlichend komponiert mit ahd. *aha* 'Fließgewässer'. – Sperber, *HG.A.5*, S. 119.

Wölfte, die Oberlauf d. Wilde, r.z. Eder (z. Fulda z. Weser), entspringt im Kellerwald an der Westflanke des Wölftekopfs auf ca. 500m Höhe, wird nordöstlich von Hundsdorf (Stadt Bad Wildungen, Lkr. Waldeck-Frankenberg, Hessen, D) Wilde genannt. – 1533 *in der Welffte*, 1561 *in der Welff*. – Unsichere Deutung, Grundform BergN. (Wölftekopf) **Wulf-ti-*(?), abgeleitet von gm. **hwelb-* 'wölben', awn. *holfinn* 'gewölbt', vom Berg oder dem Gelände am Oberlauf der Wilde auf den Fluss übertragen. – Sperber, *HG.A.5*, S. 119; Seebold, *starke Verben*, S. 281.

Wöll, die r.z. Mur (z. Drau), mündet bei St. Georgen ob Judenburg (PB Judenburg, Steiermark, A). – 13. Jh. *an der Wol*, 1367 *die Well*, 1774 *Wöll*. – Vielleicht Ableitung vom PN. slaw. **Vol'a*. – Lochner von Hüttenbach, *Steirische Hydronyme*, S. 129.

Wöllmißbach r.z. Gößnitz (z. Teigitsch z. Kainach z. Mur z. Drau z. Donau), mündet südlich von Voitsberg (PB Voitsberg, Steiermark, A). – Ab 1382 *Welwizz*, vor 1437 *an der Welbis*, 1574 *Welmis*, 1971 *Wöllmiß*; BergN. Wöllmißberg, ON. Großwöllmiß, Kleinwöllmiß (St. Martin am Wöllmißberg, PB Voitsberg). – Grundform FlN. (mhd.) *Welbis-*, vielleicht als Bergname (< **hwalbis-*) abgeleitet von gm. **hwalba-* (awn. *hvalf* 'Wölbung'), ahd. *giwelbe* 'Gewölbe' und auf den Fluss übertragen. **Welbis-* durch regressive Assimilation > **Welwis-* oder > *Welmi-*, mit mundartlicher Rundung des Tonvokals > *Wöllmiß*. – Lochner von Hüttenbach, *Steirische Hydronyme*, S. 129; Seebold, *starke Verben*, S. 281.

Wölpe, die l.z. Aller (z. Weser), entspringt südöstlich von Erichshagen-Wölpe (Stadt Nienburg/Weser, Lkr. Nienburg/Weser, Niedersachsen, D), mündet nach 22km bei Wohlendorf (Stadt Rethem, Lkr. Heidekreis, Niedersachsen). – (1330–1352) *bi der welpe*, 1767 *die Wölpe*, 1771 *Wölpe*; ON. Burg Wölpe (bei Erichshagen-Wölpe), 1201 *de Wilepa*, (1202?) *de Wilipia*, 1203 *de Wilepa*, 1209 *de Wilippia*, 1228 *de Wilpa*, 1239 *de Wilipa*, 1242 (Kopie) *de Welpa*, 1255 *de Welipa*, 1256 *Wilipa* (und weitere Belege), 1259 *in Welpia*, 1265 *Wilpia*, 1272 *Welepa* (und weitere Belege), 1274 *Welepe*, 1278 *Welpa* (und weitere Belege), 1302 (Kopie 15. Jh.) *van der welpe*, 1320 *to der welpe*. – Grundform (gm.) **Wilapa* > mndd. *Wilepe, Welepe, Welpe*, mit gerundetem Tonvokal *Wölpe*, Kompositum mit dem Grundwort ↗*apa* und dem Bestimmungswort (gm.?) **wil-*, ↗Wiehl ↗Wilsterau. – Borchers, *HG.A.18*, S. 151–153.

Wörbke, die (auch *Worbke*), r.z. Werre (z. Weser). – 1721 *die Wörbke*, 1790 *die Worbecke* (*Wormbecke*); FlurN. Wörmke. – Unsichere Deutung, Grundform vielleicht (mndd.) **Wertbeke* > **Werbeke*, gerundet > **Wörbeke*, synkopiert > *Wörbke*, Kompositum mit dem Grundwort mndd. *-beke* und mndd. **werd*, mndl. *wert*, mhd. *wert*, ahd. *werid* 'Flussinsel' als Bestimmungswort, ↗Wörth-. – Kramer, *HG.A.10*, S. 73.

Wörgler Bach (auch *Wörgl-Bach, Griesbach*, im Oberlauf *Wildenbach*) r.z. Inn (z. Donau), entspringt in den Kitzbüheler Alpen in Niederau (Gem. Wildschönau, PB Kufstein, Tirol, A), stürzt in die enge Wörgler Klamm, wird aufgestaut und in das Kraftwerk Müllnertal (Wörgl) geleitet, mündet nach 6,3km bei Wörgl (PB Kufstein); Überschwemmungen durch den Wörgler Bach sind bis ins 16. Jh. nachweisbar. – 1318 *ad fluvium Wergel*, 1324 *oberhalb der Wergel*, 1360 *pei der Wergel* (und weitere Belege), 1538 *Steg über die Wergel*, 1567 *das Wasser die Wergl*; ON. Wörgl, /wörgl/, ca.1120 *Uuergile*, vor 1141 (Kopie ca.1200) *Wergel*, um 1155 *Wergelen, Wergilin*, 1196–1241 *de Wergel* (und weitere Belege), 1390 *Twergel*, 1500 *Wórgl*. – Ausgangsform FlN. (ahd.) **Wergila* ist entweder – mit Bezug auf die enge Wörgler Klamm – aus gm. **Wargilō* f. entstanden und mit *l*-Suffix abgeleitet von gm. **warga-* m. 'Würger', ablautend gm. **wergila-* (> awn. *virgill* m. 'Strick'), gm. **wurgila-* (> as. *wurgil* m. 'Schlinge'), ig.**u̯erĝʰ-* 'drehen, einengen, würgen, pressen', oder entspricht kelt.**u̯ergilā* f., als Name abgeleitet von urkelt. **u̯ergā* 'Ärger, Wut, Zorn' (air. *ferg*), ig. **u̯erĝ-* 'strotzen, schwellen, vor Saft und Kraft oder Zorn', mit Bezug auf die durch den Wörgler Bach angerichteten Überschwemmungen. – Hausner/Schuster, *Namenbuch*, S. 1158; Pokorny, *IEW*, S. 1154, 1169; Matasović, *Proto-Celtic*, S. 414; Belege nach Mitteilung von Wolfgang Janka (Regensburg).

Wörmke (auch *Wörmke-Bach*), r.z. Emmer (z. Weser) in Lügde (Kreis Lippe, NRW, D). – 1005 *Vvermana*, 1446 *over der Wermode, over der wermoden*, 1463 (Kopie 17. Jh.) *uth dem Wermede*, 1463 (Kopie, Regest) *die Warmolde*, 1482 (Kopie 17. Jh.) *Warmend*, 1516 *die Werande*, 1527 (Regest) *in die Wörmte*, 1790 *Die Wermode (Wermke), mit der Wermode*. – Grundform as. *Wermana* > mndd. **Wermen*, erweitert > **Wermende/Wermede* bzw. > **Warmen(d)*; *Wermede* synkopiert > **Wermte*, gerundet > *Wörmte* und an andere Namen mit der Endung *-ke* angeglichen als *Wörmke*. *Wermana* ist mit *n*-Suffix von gm. **werma-* 'warm' ↗Würm abgeleitet. – Kramer, *HG.A.10*, S. 73; Krahe, *UäFlNN*, S. 39.

Wörnitz, die l.z. Donau, entspringt in Schillingsfürst (Lkr. Ansbach, Bayern, D) auf der Frankenhöhe, fließt durch Wassertrüdingen (Lkr. Ansbach), durch das Nördlinger Ries, mündet nach ca. 132km in Donauwörth (Lkr. Donau-Ries, Bayern); Zwergwörnitz, r.z. Wörnitz bei Dinkelsbühl (Lkr. Ansbach). – 1053 (Kopie 16. Jh.) *Werinza*, 12. Jh. (Annalen zu 841) *Warinza*, 1242 *Wernze*, 1282 *Wernzza*, 13. Jh. *Waranze*, 1324 *Werntz*, 1426 *Wernitz*, 1832 *Wörnitz*; PN. 802 *Uueranza*, eine Hörige in den Traditionen Freising; ON. Wörnitz (Lkr. Ansbach), 1352 *Obern Werntz*, 1357 *Nydern Werntzze*, 1393 *Werentz*, 1461 *Wernitz*; ON. Wörnitzmühle (Gem. Wittelshofen, Lkr. Ansbach), ON. Wörnitzostheim (Gem. Alerheim, Lkr. Donau-Ries), ON. Wörnitzstein (Stadt Donauwörth), 1455 *an der Wernicz*, 1534 *in Wörnitzstain*, 1593 *Wörnitzstein*. – Grundform FlN. ahd. **Wārenza*, mit Sekundärumlaut > mhd. **Wärenze/ *Werenze*, synkopiert > *Wernze*, apokopiert *Wernz*, mit Sprossvokal > **Wernetz/Wernitz*, mit Rundung des Tonvokals nach /w-/ > *Wörnitz*, zur Lautentwicklung ↗Pegnitz ↗Rednitz ↗¹Regnitz. Ahd.**Wārenza* (mit Primärumlaut im Suffix **-entia-*) geht auf vorahd. **Warantiā* zurück; diese Namensform kann in zwei Richtungen gedeutet werden: 1) in Anbetracht der Größe des Flusses wurde ein vorgm. Name **u̯orantiā* ins Germanische als **Warantiā* entlehnt; 2) **Warantiā* ist der keltische FlN. **u̯arantia* (< ig. **(h₂)u̯erə-nt-ih*, 'die Benetzende', aus vorkelt. **u̯erantia* musste durch Joseph's Rule **u̯arantia* werden. In Fall 1 wird eine (kelt.) *-nt-*Ableitung von einem urig. Nomen **h₂u̯orā* etwa 'Feuchtigkeit' (urig. **h₂u̯er-* 'feucht sein') ↗Werse mit der Bedeutung 'Feuchtigkeit/Wasser in Hülle und Fülle', in Fall 2 eine partizipiale *-nt-*Bildung zu urig. **h₂u̯erh₁-* 'benetzen' angenommen. – N.N., *HG.A.20*; Reitzenstein, *fränkische Ortsnamen*, S. 247; Wagner, *Frauennamen*, S. 184 f.; Keller, *Donauwörth*, S. 286–288; Rix, *LIV*, S. 291.

Wörpe, die r.z. Wümme (z. Lesum z. Weser), Quellgebiet bei Steinfeld (Gem. Bülstedt, Lkr. Rotenburg/Wümme, Niedersachsen, D), mündet bei Lilienthal (Lkr. Osterholz, Niedersachsen). – 1324 *Worpena*, 1481 *by der Worppen*, 1770 *die Wörpe*. ON. Wörpedorf (Gem. Grasberg, Lkr. Osterholz), 1770 *Wörpedorf*; ON. Worpswede (Lkr. Osterholz), 1218 (Kopie 16. Jh.) *Worpensweede*. – Ausgangsform FlN. as. **Wurpina* (neben **Wurpana*?) > mndd. **Wörpene* (**Worpen*), mit *n*-Suffix abgeleitet vielleicht von gm.**wurpi-*, ablautend zu gm.**werp-* (ig. **u̯erb-*) in der Ursprungsbedeutung 'drehen, biegen', Benennung nach dem sich windenden Flusslauf. – Borchers, *HG.A.18*, S. 153; Niemeyer, *DONB*, S. 705; Pokorny, *IEW*, S. 1153.

Wörs-Bach

– ¹Wörs-Bach, l.z. Odenbach (z. Glan z. Nahe z. Rhein). – ON. Wörsbach (Gem. Niederkirchen, Lkr. Kaiserslautern, Rh.-Pf., D), /weʳschbach/, 1400 *Werisbach*, 1406 (Kopie 15. Jh.) *Wurßbach*, 1437 *Wirnsbach*, 1514 *Wirspach*, 1564 *Wirschbach*, 1588 *Werspach*, 1606 *Wiersbach*, 1617 *Würßbach*, 1684 *Wierspach*, 1802 *Wersbach*. – Grundform **Werinesbach*, Kompositum mit dem Grundwort *-bach* und dem Genitiv des PN. *Werin* (*Werines-*), gekürzt > *Wernsbach, Weresbach, Wirnsbach* > *Wirsbach*, mit mundartlicher Senkung /i > e/ > *Wersbach*, palatalisiert > *Werschbach*. – Greule, *HG.A.15*, S. 122; Dolch/Greule, *Pfalz*, S. 498.

– ²Wörs-Bach, l.z. Emsbach (z. Lahn z. Rhein), entspringt bei Idstein (Rheingau-Taunus-Kreis, Hessen, D), mündet nach 24,5km in Niederbrechen (Gem. Brechen, Lkr. Limburg-Weilburg, Hessen). – 791 (Kopie 12. Jh.) *Werisaha*, 1318, 1400 *Werse, an der/ off dii (so!) Werse*, (1380–81) *üf die Wersir baych*, 1408 *die Werße*; ON. Wörsdorf (Stadt Idstein), 8. Jh. (Kopie 12. Jh.) (mehrfach) *in uilla Werstorph, in Wertorpher marca*, 791 (Kopie 12. Jh.) *Wertorp*, 792 (Kopie 12. Jh.) *Wertdorpher marca*, 795 (Kopie) *Weristorpher marca*, (1230/31) *Wersdorph* (und weitere Belege), 1235 *Werse* (und weitere Belege), 1299 *Wirse* (und weitere Belege), 1334 *Weyrse*, 1394 *Weirsdorf*; ON. Werschau (Gem. Brechen), 1518 *Wersaw*. – Grundform ahd. **Werisa*, verdeutlichend komponiert ahd. *Werisaha* im Unterschied zu **Weris-torpf/ Wörsdorf*. Der Name der Siedlung Wörsdorf ist einerseits identisch mit dem Flussnamen, andererseits auch verdeutlichend komponiert mit ahd. *dorf*, *-torph* 'Dorf', ahd. *Werstorph* teils mit Sprechererleichterung > *Wertorph*. Etymologie wie ↗Werse, mhd. *Werse* wird apokopiert und gedehnt > **Wērs*, mit Hebung > **Wīrs*, schriftsprachlich gerundet > *Wörs* und verdeutlichend komponiert > *Wörs-Bach*. – Faust, *HG.A.4*, S. 92 f.

Wörth-
Wörth- -graben, -see. Bestimmungswort mhd. *wert*, ahd. *werid* stM. 'Insel' ↗Wörther See. – Ulbricht, *Saale*, S. 10.

Wörther See westlich von Klagenfurt (Kärnten, A). – 1072 (Kopie 12. Jh.) *apud Wertse*, 1168 *iuxta lacum Werthse* (und weitere Belege). – Grundform mhd. **Wert-sē* 'See mit einer Insel', mit Rundung *Wörthsee*, Kompositum mit dem Grundwort mhd. *sē* 'See' und mhd. *wert*, ahd. *werid* stM.'Insel', jetzt Wortgruppe mit dem Adjektiv *Wörther* in Anlehnung an andere *Wörth*-Namen. – Hausner/Schuster, *Namenbuch*, S. 1158.

Wöseke, die l.z. Rehbach (z. Ahle z. Schwülme z. Weser) bei Uslar (Lkr. Northeim, Niedersachsen, D). – ON. † Wöseke, 1349 *Wosebeke, to der wosebeke*, 1591 *die Wosemke*, 1603 *Wüste Woüseke*; FlurN. 1603 *In der Woüseke*, 1779–83 *in der Woesecke*, 1784 *In der Woseke, Woeseker Sommerhalbe, Woeseker Winterhalbe*. – Grundform mndd. **Woestebeke*, über **Wöstbeke* gekürzt > **Woesbeke/Wöseke*, Kompositum mit dem Grundwort mndd. *-beke* 'Bach' und mndd. *woeste*, as. *wōsti* 'öde, wüst' als Bestimmungswort, vgl. FlurN./HofN. 1590 *uffer Woistenbeke*, (um 1616/17) *vff der Wostenbeck* im Einzugsbereich des Glickenbaches z. Salze z. Bega z. Werre. – Kramer, *HG.A.10*, S. 73 f.

Wohlbach
– ¹Wohlbach, r.z. Lauter (z. Glan z. Nahe z. Rhein). – ON. Wölhof (Gem. Hirschhorn, Lkr. Kaiserslautern, Rh.-Pf., D), /weelhof/, 1430 *by Wiltbach*, 1565 *Wieldtpach*, 1600 (Kopie 1730) *Wildbach*; FlurN. *Am Wöhlhof*. – Grundform mhd. **Wiltbach* > **Wīlbach*, mundartlich gesenkt > /weelbach/, hyperkorrekt gerundet > Klammerform **Wöhl(bach)hof*, kartographisch falsch ohne Umlautschreibung *Wohlbach*, Kompositum mit dem Grundwort *-bach* und mhd. Adj. *wilt* 'wild' ↗Wild- als Bestimmungswort. – Greule, *HG.A.15*, S. 122.

– ²Wohlbach, r.z. Itz (z. Main z. Rhein). – ON. Wohlbach (Gem. Ahorn, Lkr. Coburg, Bayern, D), 11. Jh. *Wolbach*. – Deutung wie ↗Wollbach (< **Waldbach*). – Sperber, *HG.A.7*, S. 192.

Wohl(d)-/Wol(d)-/Wolt-
-bach, -becke/-bek/-beke, -graben, z.B. Wohldgraben z. Sommerlander Au/ Wetter (z. Spleth z. Rhin z. Elbe), 1237 *Woltwater*, 1362 *water ... de Wolt*, um 1588 *Woltgraben*, 1822 *Wohldgraben*; † Woldbeke, 1357 *riuulum dictum Woldbeke*. Bestimmungswort mndd. *wolt*, as. *wald* 'Wald' ↗Wald-. – Udolph, *HG.A.16*, S. 369; Kvaran, *HG.A.12*, S. 206.

Wohra, die
r.z. Ohm (z. Lahn z. Rhein), entspringt im Kellerwald nördlich von Battenhausen (Gem. Haina, Lkr. Waldeck-Frankenberg, Hessen, D), mündet nach 33,8km unterhalb von Kirchhain (Lkr. Marburg-Biedenkopf, Hessen). – 1274 *super Wara*, 1297 *Waraha*, 1354, 1356, 1370 *(an, uf) der Wara, ubir die nuwin Wara*, 1359 *an der Wora*, 1492 *Wåre*, 1514 *Woerr*; ON. Wohratal (Lkr. Marburg-Biedenkopf), 1015, 11. Jh. *Waraha*, 1289 *Warhaa* (so!), 1317 *Wara* (und weitere Belege), 1387 *Wora*, 1457–58 *Ware*, 1514 *Waere*, 1577 *Wohra*. – Grundform entweder ahd. *Wara*, in verdeutlichender Komposition *Waraha*, oder ahd. **Wāra* (**Wāraha*). Der (lange) Stammsilbenvokal kann ursprünglich lang (< gm. **Wārō* f.) und mundartlich gerundet (> **Wōr-a-*) sein oder ursprünglich kurzes /a/ wurde in offener Tonsilbe gedehnt. Ahd. **Wara* (< gm. **Warō* f.) repräsentiert vorgm. **u̯orā* 'Feuchtigkeit' (urig. **h₂u̯er-* 'feucht sein') ↗Wehre ↗Wern ↗Werse, ParallelN. lit. *Vārè*; ahd. **Wāra* repräsentiert das Feminin zu gm. **wē¹ra-* (ae. *wær* 'Meer', urig. **u̯eh₁ro-* 'Flüssigkeit'). – Faust, *HG.A.4*, S. 93; Krahe, *UäFlNN*, S. 39.

Wokuhlsee
Großer~, Kleiner~ bei Storkow (Lkr. Oder-Spree, Brandenburg, D). – 1324 *wokule*, 1590 *die große Wuhkule, die Luttke Wuhkule*, 1608 *in die wokaulen*, 1749 *Wohkuhl*, 1825 *Grosse, Kleine Wokuhl See*. – Ausgangsform apolab. **Vokol* 'runder See'. – Wauer, *HG.A.17*, S. 195; Fischer, *BNB 10*, S. 307.

Wolbeek/-bek
↗Wohl(d)-.

Woldbeke
↗Wohl(d)-.

Wolf-/-es-/-s-
(ndd. auch *Wulfes-*) -ach, -au-Bach, -bach, -bachergraben, -beckel-beke, -born, -brunn, -brunn-Teich, -graben, -gruben-Graben, -grubenteich, -grundbach, -kling(en)bach, -kolk, -kuhle, -lanke, -loch, -loch-Graben, -lohbach, -pfuhl, -see, -tals-Graben, -thal, z.B. Wolfach r.z. Donau, 749 (Kopie 9. Jh.) *Uuolfaha*, (800–804) (Kopie 9. Jh.) *iuxta aquam ... Uuolfaha*, 1396 *Wolfach*, mit ON. Wolfa (Markt Ortenburg, Lkr. Passau, Bayern, D), (ca.790) (Kopie 1254) *In uillula Wolfaha*, mit ON. Wolfakirchen (Gem. Haarbach, Lkr. Passau), (ca.1250) *In Wolfachirchen*; Wolfsbach, r.z. Ruhr (z. Rhein), Ende 14. Jh. *up der Wulvesbeke, opper Wolfsbeke*, mit ON. 1396 *Wulfsbeke*. Bestimmungswort ahd. *wolf*, as. *wulf* stM. 'Wolf', lautet das Bestimmungswort *Wolfes-/Wolfs-* liegt der PN. *Wolf* vor. – Egginger, *Griesbach*, S. 468 f.; Schmidt, *HG.A.6*, S. 82 f.; Fischer, *BNB 10*, S. 308.

Wollbach
– ¹Wollbach, it. Rio di Valle, r.z. Ahr (z. Rienz z. Eisack z. Etsch), fließt durch stark bewaldetes Tal, mündet in St. Jakob im Ahrntal (Prov. Bozen/Südtirol, I.). –

/wöllpåch/, 1315–1325 *Walpach*, 1406 *von Walpach*, 1452 *Waldtpacher, Waldpache*, 1577 *Walpacher*, um 1770 *Woll Ba.*, um 1845 *Wollbach*. Der Wald wird mit einem wolligen Pelz verglichen: 'wolliges Tal'. – Grundform mhd. *Waldbach > *Walbach*, mundartlich *Wollbach*, Kompositum mit dem Grundwort *-bach* und mhd. *walt* 'Wald' ↗Wald- als Bestimmungswort. – Kühebacher, *Ortsnamen 2*, S. 376.
– ²Wollbach, l.z. Kander (z. Rhein). – ON. Wollbach (Stadt Kandern, Lkr. Lörrach, B.-W., D), 764 *Vvalahpah*, 1215 *Wolpach* (und weitere Belege), 1345 *von Walpach*, 1366, 1407, 1514 *Woltpach*, 1493 *Wolspach*. – Grundform ahd. **Wal(a)h(o)bach*, Kompositum mit dem Grundwort ahd., alem. *-pach* 'Bach' und dem Genitiv Plural von ahd. *Walah* 'Romane' ↗Walchsee als Bestimmungswort '(Siedlung) der Romanen am Bach'. – Geiger, *HG.A.2*, S. 156.
– ³Wollbach, r.z. Streu (z. Fränkische Saale z. Main z. Rhein). – ON. Wollbach (Lkr. Rhön-Grabfeld, Bayern, D), 1220, 1283 *Wolpach*, 1346 *in inferiori Waltpach*, 1348 *Wolpach*, 1354 *in Nidernwalpach*, 1375 *Wollbach*. – Grundform mhd. *Waldbach > *Walbach*, mundartlich *Wollbach*, Deutung wie ↗¹Wollbach. – Sperber, *HG.A.7*, S. 193; Reitzenstein, *fränkische Ortsnamen*, S. 247.
– ⁴Wollbach, l.z. Aschach (z. Fränkische Saale z. Main z. Rhein). – ON. Wollbach (Markt Burkardroth, Lkr. Bad Kissingen, Bayern, D), 1047 *Wolenbach*. – Kompositum mit dem Grundwort *-bach* und dem Genitiv des PN. ahd. *Wolo (Wolen-)* als Bestimmungswort. – Sperber, *HG.A.7*, S. 193; Kaufmann, *Ergänzungsband*, S. 414.

Wollenbach l.z. Schwarzbach (z. Elsenz z. Neckar z. Rhein), entsteht bei Hüffenhardt (Rhein-Neckar-Kreis, B.-W., D), mündet bei Helmstadt (Gem. Helmstadt-Bargen, Rhein-Neckar-Kreis). – ON. Wollenberg (Stadt Bad-Rappenau, Lkr. Heilbronn, B.-W.), 856 *Wollenberge*. – Klammerform **Wollen(berg)bach*, mit dem ON. Wollenberg als Bestimmungswort, der als Bestimmungswort den Genitiv des PN. ahd. *Wolo enthält. – Schmid, *HG.A.1*, S. 126.

Wollmar r.z. Wetschaft (z. Lahn z. Rhein), mündet bei Münchhausen (Lkr. Marburg-Biedenkopf, Hessen, D). – ON. Wollmar (Gem. Münchhausen), (um 750) *in villa Wolemare*, 1271, 1287, 1309 *Wolmere*, 1374, 1521 *Wolmar*, 1747 *Wollmer*. – Grundform GwN./ON. ahd. *Wolamari, Kompositum mit dem Grundwort *-mar, meri* ↗Maar ↗Meer- und ahd. *wola* Adv. 'gut' als Bestimmungswort, vgl. ↗Wißmar (< *Wisumari). – Faust, *HG.A.4*, S. 93.

Wolnzach, die r.z. Ilm (z. Abens z. Donau). – 870 *fluvio Uuolamuotesaha*; ON. Wolnzach (Lkr. Pfaffenhofen a.d. Ilm, Bayern, D), 814 (Kop. 824) *Uuolamotesaha*, vor 1089 *Wolmötesaha*, 1157 *Wolmutsa*, 1225 *Wolndsa*, 1237 *Wolntsahe*, 1310 *Wollentsach*. – Grundform FlN. ahd. *Wolamuotes-aha, Kompositum mit dem Grundwort ahd. *aha* 'Fluss' und dem Genitiv des PN. ahd. *Wolamuot* 'wohlgemut' als Bestimmungswort. Zur heutigen Namensform führen eine Reihe von Lautwandlungen, vor allem die Tilgung der unbetonten Vokale: mhd. *Wolmuotsach > *Wolmtsach, mit Assimilation von /-mts-/ > /-nts-/ > **Wolntsach/Wolnzach*. – Snyder, *HG.A.3*, S. 118; Reitzenstein, *Oberbayern*, S. 310.

Woltbecke ↗Wohl(d)-.

†Wolwitz heute Mühlenbach, z. Braminsee nordwestlich von Kagar (Stadt Rheinsberg, Lkr. Ostprignitz-Ruppin, Brandenburg, D). – 1249 *Wolevitz*. – Ausgangsform apolab. *Volovica 'Ochsenbach', abgeleitet von apolab. *vol 'Ochse' (Adj. **volov-*). – Fischer, *BNB 10*, S. 308.

Wolzensee auf der Gemarkung der Stadt Rathenow (Lkr. Havelland, Brandenburg, D). – 1375 (Kopie) *in stagno wolse*, 1429 (Kopie) *die wolcze, dy wolczsee*, 1447 (Kopie) *dy woltcze*, 1745 *Woltzen See*. – Ausgangsform apolab. **Volč-*, mit dem Adjektivsuffix **-bj-* abgeleitet von apolab. *volk 'Wolf'. – Fischer, *BNB 10*, S. 309.

†Wolzitze, die z. Alten Oder im Oberbarnim (Lkr. Barnim und Märkisch-Oderland, Brandenburg, D). – 1744 *Falzeze*, 1748 *an der Woltzitze*, 1754 *Fallsitze*, 1760 *Wolzitze*, 1769 *die Wollzitze*. – Ausgangsform apolab. *Volčica, abgeleitet von apolab. *volk 'Wolf'. – Fischer, *BNB 10*, S. 309.

Wondreb, die čech. Odrava, r.z. Eger (z. Elbe), entsteht im Stiftland (Lkr. Tirschenreuth, Bayern, D), fließt durch Waldsassen (Lkr. Tirschenreuth), speist in der Nähe von Cheb/Eger (CZ) den Stausee Jesenice, mündet nach 58,4km bei Mostov/Mostau (Karlovarský kraj, CZ). – /woundere/, (14. Jh.) *Wondrewe, Wundrewe*; ON. Wondreb (Stadt Tirschenreuth, Lkr. Tirschenreuth, Bayern), (um 1135) *de Gŭndreben*, (um 1224) *de Wundreb* (und weitere Belege). – Als Ausgangsform wird ahd. *Wundr-aha 'windungsreicher Fluss' angesetzt. Das Bestimmungswort Adj. gm. **wundra-* ist eine r-Ableitung zur Schwundstufe (*wund-*) des starken Verbs gm. **wend-a-* 'winden' (weitere Gewässernamen dieses Typs ↗Schutter ↗Gotter). Aus *Wúndraha entwickelte sich durch die Abschwächung von *-aha* > *-a* > *-e* die mundartliche Form *Wundre, später *Woundere*. Sie wurde in der Kanzlei des Klosters Waldsassen durch Anlehnung an die Pflanze Gundelrebe in *Wundrebe, Wondreb*, der offiziellen Form des Namens, umgedeutet. – Greule, *Flußnamen mit r-Suffix*; Greule/Janka/Schuh, *Wondreb*.

† Wonsfleth (z. Stör?), bei Brokreihe (Gem. Bahrenfleth, Kreis Steinburg, S.-H., D). – ON. Wonsfleth (Gem. Ecklak, Kreis Steinburg), 1324 *de Wunsflete*, 1340 *van Wonsflete*, 1341 *de Wunsvlethe*, 1347 *van Wonsvlete* (und weitere Belege). – Grundform mndd. *Wunesflete, Kompositum mit dem Grundwort mndd. *vleet* ↗ Fließ und dem Genitiv des PN. *Wuni (**Wunes-*) als Bestimmungswort. – Udolph, *HG.A.16*, S. 370; Laur, *Schleswig-Holstein*, S. 710.

Woogbach l.z. Speyerbach (z. Rhein). – 1836 *Wogbach*. – Kompositum aus *Woog*, mhd. *wāc* stM. hier in der Bedeutung 'stehendes Wasser' und dem Grundwort -*bach* 'Bach mit einem *Woog* oder aus einem *Woog*', ↗ Waag ↗ Waagbach. – Greule, *HG.A.15*, S. 122.

Wootzensee bei Fürstenhagen (Gem. Feldberger Seenlandschaft, M.-V., D). – 1518 (Kopie 1578) *den Wutzen*, 1578 *Der woczen, der Wutzen*, 1640 *an den See Wuetzen*, 1780 *der Wootzen See*. – Deutung wie ↗ Wotzensee. – Wauer, *HG.A.17*, S. 195.

Wopachsee ↗ Wupla.

Wormsa, die (auch *Wolmsa, Wurmsa*), l.z. Fecht (z. Ill z. Rhein), entspringt am Hohneck, mündet bei Metzeral (Dep. Haut-Rhin, Elsass, F). – /wórmsabàxl^e/, 1871 *vallée … la Wolmsa*, 1853–55 *Der Wolmsahrunz*; ON. Wormsa (Gem. Metzeral). – Unsichere Deutung. Grundform vielleicht FlN. mhd. *Wolmsach (abgeschwächt > *Wolmsa*) in *Wolmsach-runz, assimiliert > *Wormsa(runz)*, ursprünglich Simplex *Wolmsa < gm. *Wulmasa, mit *s*-Suffix abgeleitet von (nord-)gm. Adj. **wulma-* 'tobend', ↗ Ulmbach. – Greule, *Oberrhein*, S. 93f.

Wosterwitz See bei Dobbrikow (Gem. Nuthe-Urstromtal, Lkr. Teltow-Fläming, Brandenburg, D). – 1221 (Kopie Ende 13. Jh.) *Stagna … Woterfige*, 1225 (Kopie um 1540) *Wostervitze*. – Ausgangsform apolab. *Vostrovica, abgeleitet von *vostrov 'Insel', ↗ Moderfitzsee. – Fischer, *BNB 10*, S. 310.

Woterfitz-See (alte Namenvariante *Zartwitzer See*) im Nordosten des Gemeindegebiets von Rechlin (Lkr. Mecklenburgische Seenplatte, M.-V., D). – Um 1700 *Wotewitzer See*, 1768 *der Woterwitz*, 1780 *Die Woterfitz*, 1886 *Woterfitz-See*. – Ausgangsform apolab. *Vostrovica, Deutung wie ↗ Wosterwitz, ins Deutsche integriert über *Wosterwitz, dissimiliert > *Woterwitz*. – Wauer, *HG.A.17*, S. 195f.

Wottawa, die čech. *Otava*, l.z. Moldau, mündet bei Klingenberg (Burg Zvíkov, Okres Písek, Jihočeský kraj, CZ). – 1045 (Fälschung 13. Jh.) *Otava*, 1130 *Na Otaue*. – Etymologie nicht geklärt. Vielleicht bewahrt die tschechische Form einen mit dem Suffix -*ava* verdeutlichten Flussnamen gm. *Ota (< *Utō), der in ↗ Othe vorliegt. *Utō enthält den zu gm. **wat-*, **wet-* 'Wasser' ablautenden Stamm. Die deutsche Form bewahrt den tschechischen dialektalen *v*-Vorschlag. – Schwarz, *Ortsnamen der Sudentenländer*, S. 50.

Wotzensee bei Rheinsberg (Lkr. Ostprignitz-Ruppin, Brandenburg, D). – 1575 *Wutz*, 1782–1804 *Wootzer See*, *Wootz-See*, 1788 *Wootz-See*, 1799 *Der Wootz-See*, mit ON. † Steinforde, 1530 *Wutzsteinforde*. – Ausgangsform apolab. **Vos´-*, mit dem Adjektivsuffix **-ьj-* abgeleitet von apolab. *vosa 'Espe', ins Deutsche integriert als *Wotze, Wutz*. – Wauer, *HG.A.17*, S. 196; Fischer, *Brandenburg*, S. 309.

Wrietzensee bei Fergitz (Gem. Gerswalde, Lkr. Uckermark, Brandenburg, D). – 1375 *stagnum … Britze*, 1752 *auf dem Wrietzen-See*, 1826 *Wrietzen See*. – Ausgangsform apolab. **Vres´n-*, abgeleitet von *vres 'Heidekraut'. – Fischer, *BNB 10*, S. 310f.

Wröthsee bei Fredersdorf (Gem. Zichow, Lkr. Uckermark, Brandenburg, D). – 1592 *Ein Sehe die Wrute genannt*, 1823 *Der große Wröth See*, 1827 *Wröt See*. – Grundform vielleicht mndd. **Wrüte(nd)sē*, Kompositum mit dem Partizip Präsens des Verbs ndd., brandenburg. *wrüten* 'wühlen'. **Wrüte(nd)sē* mit mundartlicher Senkung /-ü- > -ö-/ > **Wrötse/Wröthsee*. – Fischer, *BNB 10*, S. 311.

Wublitz, die

– ¹Wublitz, linker Seitenarm d. Havel (z. Elbe) südlich von Döberitz (Stadt Premnitz, Lkr. Havelland, Brandenburg, D). – 1491 *Wobelitz*, 1840 *Die Wieblitz*, 1935/36 *Wublitz*. – Wauer, *HG.A.17*, S. 196.

– ²Wublitz, r.z. Havel (z. Elbe), hat ihren Ursprung im teils verlandeten Wublitz-See bei Falkenrehde (Stadt Kezin, Lkr. Havelland, Brandenburg, D), mündet in die Potsdamer Havel (Großer Zernsee). – 1358 *Wublitze*, 1372 (Kopie) *von dem watere … Wubelitz*, 1391 (Kopie) *upper Wubelitze*, 1571 *neben der Wubelitz*, 1602 *In die Wubelitz*, 1663 *Wublitz* (und weitere Belege); SeeN. Wublitz-See, 1364 (Kopie) *up dem Sey tu Wubelitz*, 1768 *Wubeltzsche See*, 1767/87 *Wublitz See*. – Wauer, *HG.A.17*, S. 196. Deutung wie ↗ Woblitz.

Wucksee Großer~, östlich von Bugk (Stadt Storkow, Lkr. Oder-Spree, Brandenburg, D), Kleiner~ (Stadt Storkow). – 1518 (Kopie) *auf dem Woken See*,

1736 *den großen Wockun*, 1737 *Die kleine Wokinge See*, 1745 *Wockeney, Groß, Klein*, 1836 *Gr., Kl. Woochen S.* – Ausgangsform apolab. **Vokun'*- 'Barsch(see)', apolab, **vokun'* 'Barsch'. – Fischer, *BNB 10*, S. 312.

Wuckersee bei Groß Dölln (Stadt Templin, Lkr. Uckermark, Brandenburg, D). – 1749 *Der Wocker*, 1785 *am Woecker See*, 1793 *zu Wucker, auf dem Wocker*, 1826 *Wucker S.* – Ausgangsform apolab. **Voker'e* 'mit Gebüsch umgebener See', mit Präfix **vo-* 'um, herum' abgeleitet von apolab. **ker'*- 'Strauch, Busch'. – Wauer, *HG.A.17*, S. 197; Fischer, *BNB 10*, S. 311.

Wühr-/-en- (auch *Wühl, Wuhr*) *-bach/-bächle, -graben*. Bestimmungswort mhd. *wuor/wuore, wüer/wüere* stMNF. 'schräg im Fluss stehender Querdamm, so dass das Wasser abgeleitet wird'. – Keinath, *Württemberg*, S. 138.

Wümme, die l.z. Lesum (z. Weser), entspringt in der Lüneburger Heide südlich von Niederhaverbeck (Gem. Bispingen, Heidekreis, Niedersachsen, D), fließt durch die Moor-, Geest- und Waldlandschaft Wümmeniederung, verästelt sich in den Wümmewiesen zu einem Binnendelta, unterhalb von Borgfeld (Stadt Bremen) von der Tide beeinflusst, vereinigt sich nach 118km bei Wasserhorst mit der Hamme zur Lesum. – Zu 786 (Fälschung 12. Jh.) *in Wiemenam, a Wiemena*, zu 788 (Kopie 11. Jh.) *usque in Wemmam fluvium, a Wemma*, 1235, 1243 *inter ... Wemenam*, 1257 *Wemne*, 1373 *van der Grote Womene*, 1396 *van der Wŭmme*, 1411 *van der enen Wŭmmene*, 1416 *van der Wŭmne*, 1418 *an de Grote Wummene, an de Wumne*, 1329 *Wummene* (und weitere Belege), 1444 *van der enen Wumne*, 1461 *uthe der Groten Wummen*, 1462 *van der Groten Wommene*, 1487 *van der Lutken Wommen*, 17. Jh. *die Wimme, auf die Jeger wische der Wimmen*, 1764/66 *die Wümme*; ON. (ursprünglich FlurN.) Wummensiede (Gem. Blockland, Bremen, D), 1257 *In Wemne*, 1376 *in der Winzide*, 1393 *in der Wŭmzide*, 1394 *in der Wŭmzyde*, 1421 *in der Wüm syde*, 1434 *in der Wumsyden*, 1495 *yn der Wummensiidt* 'Wümmeniederung'. – Grundform as. **Wimina*, mit Senkung > mndd. *Wemene, Wemne, Wemme*, mit gerundetem Tonvokal **Wümene/Wümme* bzw. **Wömene*, mit *n*-Suffix abgeleitet von gm. **wim-* in ahd. *wimi* 'scatebras (fluviorum)', ahd. *wimmen* 'hervorsprudeln, quellen, voll sein, sich lebhaft bewegen', ahd. *wimidōn* 'hervorsprudeln, voll sein, wimmeln', mhd. *wimelen*, ndl. *wemelen* 'wimmeln'; das Benennungsmotiv war wahrscheinlich die Tide. Parallelnamen: ON. Wimmenum (Prov. Nordholland, NL), 10. oder 11. Jh. (Kopie ca.1420) *in Wymnam*; FlN. la Visme (z. Bresle), 876 *Vimina* mit ON. Vismes (Dep. Somme, F), 1227 *Vimina*; FlN. 1275 *Wymenhe, Wymene*, a river at Wroxham (z. Bure, Norfolk, GB). – Borchers, *HG.A.18*, S. 154f.; Künzel/Blok/Verhoeff, *Lexicon*, S. 402f.; Lebel, *Principes*, S. 236; Ekwall, *ERN*, S. 461.

Würgebach, die r.z. Kinzig (z. Main z. Rhein), mündet in Haitz (Stadt Gelnhausen; Main-Kinzig-Kreis, Hessen, D). – 1377 *dý Wýrgenbach*. – Grundform vielleicht mhd. **Wergendbach > *Wergenbach*, mit /e/ > /i/ vor /r/ > **Wirgenbach*, mit Rundung /i/ > /ü/ *Würge(n)bach*, Kompositum mit dem Grundwort *-bach* und dem Partizip Präsens des Verbs mhd. *wergen* 'sich wehren, sich sträuben, den Zugang verwehren'. – Sperber, *HG.A.7*, S. 193.

Würm, die

– ¹Würm, Abfluss des Starnberger Sees, r.z. Amper (z. Isar z. Donau), mündet nach 35km bei Herbertshausen (Lkr. Dachau, Bayern, D). – 8./9. und 10. Jh. *Uuirma*, 956 *Vuirama*, 1056 *Wirmine*. Der Starnberger See hieß ursprünglich *Würmsee*, 9. Jh. *Uuirmseo*. Der Flussname ist auch Erstglied im Namen der Nonne *Uirminhilt* (genannt im Verbrüderungsbuch der Abtei St. Peter, Salzburg, 8./9. Jh.). – Snyder, *HG. A. 3*, S. 119; Reitzenstein, *Lexikon*, S. 421; Wagner, *Uirminhilt*.

– ²Würm, r.z. Nagold (z. Enz z. Neckar), entspringt im Schönbuch südlich von Hildrizhausen (Lkr. Böblingen, B.-W., D), mündet nach 54km in Pforzheim (Enzkreis, B.-W.). – 1342 *uf der Wirme*, (um 1363) *an der Wirme*, 1439 *an der Wirm*, 1535 *an der Würm*, 1592 *ann der Würmb*; ON. Würm (Stadt Pforzheim), /wirᵊm/, 1263 (Druck 1763–1766) *in villa Wirme*, 1345 *von Wúrme*, 1372 *von Wirme*, 1404 *zu Wirme*, 1458 (Kopie 16. Jh.) *Würm*, 1499 *Wurm*, 1501 *Wúrm*, 1559 *zu Würm*. – Reichardt, *Böblingen*, S. 251; Hackl, *Studien*, S. 258f.

Der Name wird gewöhnlich auf vorgm. **Wermina* zurückgeführt und als erweiterte *m*-Ableitung von der ig. Wurzel **u̯er-* 'feucht, nass' gestellt. Damit sind jedoch nicht alle historischen Belege einwandfrei geklärt. Geht man stattdessen von einer vorahd. Grundform **Wermjō* aus, dann entstand aus dieser Form als germanischer *jō*-Stamm regulär ahd. *Uuirma* (956 *Vuirama* mit Sprossvokal *-a-*). Da die *jō*-Stämme im Althochdeutschen Nebenformen mit schwacher Deklination aufweisen, kann neben *Uirma* auch *Uirmīn-* (wie im PN. *Uirmin-hilt*) erwartet werden. Darüber hinaus scheint der Flussname an Nomina appellativa wie ahd. *kuniginne* angelehnt worden zu sein, 1056 *Wirmine*. Vorahd. **Wermjō* kann als germanische *j*-Bildung zum Adjektiv (ablautend) **werma-* 'warm' (im Sinne einer Stellenbezeichnung 'wo es warm ist') oder als ves.-ig. Bildung **u̯ermi̯ā* (s.o.) verstanden werden. Die gleiche Grundform wird auch für den ON. Viemme (Arrondissement Waremme, B), 1202 (Kopie) *Vierma*, vorausgesetzt. – Braune/Reiffenstein, *Grammatik*, §§ 210, 211, 231; Heidermanns, *Primäradjektive*, S. 660; Herbillon, *Wallonie*, S. 162.

Würmla l.z. Großen Tulln (z. Donau). – ON. Würmla (PB Tulln, N.-Ö., A), um 1060–70 *de Wirmilo*, um 1075 *de Wirmla*, 1096/7–1109 *de Wirmilaha*, 1130/45 *Wirmila, Wirmilaha*, 1301 *Wiermla*, 1322 *de Würmlach*. – Grundform (gm.) *Wermilō f. > ahd. *Wirmila*, teils verdeutlichend komponiert mit ahd. *aha* 'Fließgewässer', mit Rundung des Tonvokals nach /w/ und vor /r/ > *Würmla(ch)*; *Wermilō ist mit *l*-Suffix abgeleitet von gm. Adj. **werma-* 'warm', ebenso SeeN. schw. *Värmeln* (< urnord. *WermilaR m.) in Värmland (S) 'warmer, nicht zufrierender See'. – Hausner/Schuster, *Namenbuch*, S. 1161f.; Wiesinger, *Namenkontinuität*, S. 171f.; Wahlberg, *SOL*, S. 366.

Würmling r.z. Kremnitz (z. Pielach z. Donau) in Niederösterreich (A). – 1323 *de Wiermlech*, 1366 *Wiermla*, 1388 *Wyrmbla*, 1449 *Wirmla*. – Deutung wie ↗Würmla. – Wiesinger, *Namenkontinuität*, S. 171f.

Würschnitz, die
– ¹Würschnitz(-Bach), r.z. Weißen Elster (z. Thüringische Saale, z. Elbe), mündet bei Adorf (Vogtlandkreis, Sachsen, D). – 1378 *in Wirsenicz, Wersnicz*, 1498 *Wirssnitz*; ON. Oberwürschnitz, ON. Unterwürschnitz (Gem. Mühlental, Vogtlandkreis), /wĩršnids/, 1328 *Wirseniz*, 1378 *Nydern Byrsenicz, Ubern-Birsenicz*, 1383 *Wirsnitz* (und weitere Belege). – Ausgangsform asorb. *Viŕšnica, abgeleitet von asorb. *viŕša 'Fischreuse'. – Ulbricht, *Saale*, S. 115; Eichler/Walther, *HONBSachsen* II, S. 623f.
– ²Würschnitz (im Oberlauf Beuthenbach), entspringt bei Grüna (Stadt Lößnitz, Erzgebirgskreis, Sachsen, D), vereinigt sich nach 29km im Süden von Chemnitz mit der Zwönitz zur Chemnitz (z. Zwickauer Mulde z. Mulde z. Elbe). – 1226 (Fälschung 14. Jh.) *Wirsniz*, 1541 *die Wirßnitz*; ON. Niederwürschnitz (Erzgebirgskreis), /weršdnds, weršnds/, (um 1460) *Niderwirsnicz, Niderwürsnicz*, 1466 *Nydirwersenitz* (und weitere Belege). – Ausgangsform asorb. *Viŕšnica, über *viŕšny mit Suffix *-ica* abgeleitet von asorb. *viŕch/*veŕch 'Hügel, oberhalb'. – Eichler/Walther, *HONBSachsen* II, S. 623.

Würzbach
– ¹Würzbach, r.z. Kleinen Enz (z. Enz z. Neckar z. Rhein). – ON. Würzbach (Gem. Oberreichenbach/Schwarzwald, Lkr. Calw, B.-W., D). – Ca.1075 *Wirtzbach*, 1084 *Wirspach*. – Schmid, *HG.A.1*, S. 127.
– ²Würzbach, r.z. Blies (z. Saar z. Mosel z. Rhein), entspringt in Reichenbrunn (Gem. Oberwürzbach, Stadt St. Ingbert, Saarpfalz-Kreis, Saarland, D), mündet in Leutzkirchen (Blieskastel, Saarpfalz-Kreis). – ON. Niederwürzbach (Stadt Blieskastel), ON. Oberwürzbach, 1181 *in Wercebach*, 1310–20 *Wircenbach*, 1342 *Wirzebach*, 1430 *Wurtzebach*, 1535 *Nidderwürtzbach*, 1566 *Ober-Wurtzbach*. – Spang, *HG.A.13*, S. 83.
– ³Würzbach, r.z. Orla (z. Thüringische Saale z. Elbe). – 1081 *Winzebach* (lies *Wirzebach*), 1486 *Wirtzebach*, 1497 *Wirzpach*, ON. † Wirzbach, 1497 *Wirtzpach*, 1498 *Wirzbach*. – Ulbricht, *Saale*, S. 50.
Kompositum mit dem Grundwort *-bach* und mhd. *wirz* stswF. 'Pflanze, Bierwürze' als Bestimmungswort, Bedeutung 'Gewässer, an dem die Bierwürze wächst'.

Wüspe, die r.z. Eschbach (z. Wupper z. Rhein) bei Remscheid (NRW, D). – 1675 *Wüspe*, FlurN. 1675 *in der Wüspe*, 1736 *im Woeßbach*, 1885 *Wuessbach*. – Grundform (mndd.) *Woestepe > *Woestpe, mit Sprechererleichterung *Woespe bzw. *Wüspe*, verdeutlichend komponiert mit dem Grundwort *-bach* > *Woespebach > **Woes-/*Wüsbach*. Die Grundform ist bis auf das ursprüngliche Grundwort ↗*apa* identisch mit ↗Wöseke (<*Woestbeke). – Schmidt, *HG.A.6*, S. 104.

Wüst-/-e-/-en-/-er- *-bach/-bächle*, *Pfuhl*, *Teich*. Bestimmungswort mhd. *wüese* 'öde, unbebaut, leer', nhd. *wüst* bezeichnet in Brandenburg zugewachsene Gewässer, vgl. ↗Wöseke. – Ulbricht, *Saale*, S. 39; Fischer, *BNB* 10, S. 314.

Wuggitz, die r.z. Saggau (z. Sulm z. Mur z. Drau), mündet bei Udelsdorf westlich von Arnfels (PB Deutschlandsberg, Steiermark, A). – 1408 *in der Wukawiz*, 1436 *in der Wulkawicz*. – Ausgangsform slaw. *Bukovica '(Rot-)Buchenbach', abgeleitet von slaw. Adj. **bukov-* (zu *bukъ, *buky '(Rot-)Buche'), nach 1100 ins Bairische integriert als **Wukawitz(e)*, gekürzt > **Wukawitz/Wuggitz*, ↗Fugnitz. – Lochner von Hüttenbach, *Steirische Hydronyme*, S. 130; Bergermayer, *Glossar*, S. 46.

Wuhle, die r.z. Spree (z. Havel z. Elbe), entspringt bei Ahrensfeld (Lkr. Barnim, Brandenburg, D), fließt im Berliner Bezirk Marzahn-Hellersdorf, mündet gegenüber von Spindlersfeld (Berlin-Köpenick). – 1704 *in die Wuhle, Wuhlgraben, Wuhlfließ*, 1745 *Wuhle*, 1839 *die Wuhle*; FlurN. Wuhlheide (Berlin-Oberschönweide), 1559 *auf der Wulischen Heide*, 1577 *uff der wolowische Heide*, 1700 *Wuhlheyde*. – Ausgangsform FlN(?) apolab. **Volov-*, abgeleitet von apolab. *vol 'Ochse', ↗† Wolwitz ↗Wulwitzsee. – Fischer, *BNB* 10, S. 311f.

Wuhr- ↗Wühr-.

Wukensee Großer~, Kleiner~ bei Biesenthal (Lkr. Barnim, Brandenburg, D). – 1595 *Der große ... Der Lütke Wukenn*, 1704 *Der Große Wuken ... der lüttke Wuhken*, 1786 *große, kleine Wuken*, 1840 *kl., gr. Wuken See*. – Ausgangsform apolab. **Vokun'*-, Deutung wie ↗Wucksee. – Fischer, *BNB 10*, S. 312.

Wulbeck z. Großen Graben (z. Himmelreichsgraben z. Kuhlägers-Graben z. Wietze z. Aller z. Weser). – 1669 *uf den Wollbecke, Der Wulbeck, das Wulbeck*, 1780 *Wold Bache*. – Grundform FlN. (mndd.) *Woltbeke ↗Wohl(d)-. – Borchers, *HG.A.18*, S. 155 f.

Wulfes- ↗Wolf-.

Wulfenau (auch *Wulfena*), r.z. Wierau (z. Hase z. Ems). – ON. Bauerschaft Wulfenau (Stadt Dinklage, Lkr. Vechta, Niedersachsen, D), 1197 (Kopie 14. Jh.) *de Wlvena*, 1350 *Wulvena*, 1442 *Vulvena*. – Ausgangsform gm. *Wulfanō f. ↗Ulfenbach, Parallelname ON. Wulven (Gem. Houten, Prov. Utracht, NL), 1196 *Wluinne*, 1200 *Wlfinnen*, *Woluenne*, 1225 *Wlwen, Wlfen*. – Möller, *Nasalsuffixe*, S. 130 f.; Gysseling, *Woordenboek*, S. 1093.

Wulwitzsee nordöstlich von Rheinsberg (Lkr. Ostprignitz-Ruppin, Brandenburg, D). – 1530 *Wulwitz*, 1741 *Die Kleine Woelwitz*, 1799 *der Wolwitz*, 1825 *Wilwitz See*. – Ausgangsform apolab. *Volovica, Deutung wie ↗†Wolwitz. – Fischer, *BNB 10*, S. 308.

Wummsee Großer~, Kleiner~, nordöstlich von Flecken Zechlin (Stadt Rheinsberg, Lkr. Ostprignitz-Ruppin, Brandenburg, D). – 1274 *stagnum Womazowe*, 1321 *Womozowe*, 1574 *Der Wumsow*, 1645 *Wumsee*, 1767/79 *Kleine Wumm See, Die grosse Wumm-See*; ON. 1320 *Wumzowe*. – Ausgangsform SeeN. apolab. **Vomazov-*, abgeleitet von apolab. **vomaz-* 'Schmiere, Schlamm'. – Fischer, *BNB 10*, S. 312.

Wupatzsee südöstlich von Erkner (Lkr. Oder-Spree, Brandenburg, D). – ON. 1702 *Wuhpatz*, 1784/85 *Wupatz See*, 1839 *Wupatz See*. – Ausgangsform apolab. **Vopoč-*, mit dem *-bj-*Suffix abgeleitet von apolab. *vopoka 'Felsen, Kalkstein, Mergel'. – Fischer, *BNB 10*, S. 312 f.

Wupla in den Formen *Waupach, Wupach, Wupla, Wuplage, Wopagslage, Wopachsee* Name von Flussarmen in Brandenburg. – Grundform apolab. *Voplav 'Umfluss, Ausfluss'. – Fischer, *BNB 10*, S. 313.

Wupper, die (im Oberlauf, früher für den ganzen Flusslauf, *Wipper*), r.z. Rhein, entspringt in ca. 444m Höhe bei Börlinghausen (Gem. Marienheide, Oberbergischer Kreis, NRW, D), mündet nach 116,5km in Leverkusen (NRW), überwindet ca. 407m Höhenunterschied. – Frühe Belege ↗²Wipper, 1390 *up der Wupperen*, 1466 *by der Wupper*, 1550 *Wopper*, 1556 *die Wupper*, 1662 *Wupperstrom*, 1705 *auf der Wopper*; ON. Wuppertal (Zentrum des Bergischen Landes, NRW), 1930 neu gebildeter Name. – Ausgangsform as. *Wippra*, die ab dem 14. Jh. belegte Schreibung mit <u> könnte durch hyperkorrekte Rundung (*Wipper* > *Wüpper > *Wupper*) entstanden sein. – Schmidt, *HG.A.6*, S. 83 f., 104; Niemeyer, *DONB*, S. 708 (Heinrich Tiefenbach).

Wurlsee nordwestlich von Lychen (Lkr. Uckermark, Brandenburg, D). – 1299 (Kopie) *stagnum ... Tiepe Worll*, 1331 *inter Stagnum Dipen Worle et Stagnum Vlacken Worle*, 1767–87 *der Wurdell See*, im letzten Beleg eingedeutet nach *Wurdel* 'vom Wasser umflossenes Land'. – Deutung wie ↗Werlsee. – Wauer, *HG.A.17*, S. 197; Fischer, *BNB 10*, S. 304, 313.

Wurm, die ndl. *Worm*, l.z. Rur (z. Maas), entspringt südlich von Aachen, mündet nach 53km nördlich von Heinsberg (Kreis Heinsberg, NRW, D). – 830 (Kopie 10. Jh.) *Vurmius*, 973 (Kopie um 1370) *Wurm*, 1018 *Wrm*, 1191 *Wurme, Worme*; ON. Würselen (Städteregion Aachen, NRW), 870 (Kopie um 920) *UUormsalt* (lies *Worm-sali*) 'einräumiges Haus an der Wurm', 1242 *Worsolida*, 1440 *Wurseln*. – Grundform (gm.) **Wurma-* m.? Onymisierung des Adj. gm.**wurma-* ablautend zu ahd. *warm* 'warm', ahd. *wirma* 'Wärme' ↗Warme ↗Würm; Parallelnamen FlN. *Worm Brook* (GB), *Orma* (Norwegen). – Gysseling, *Woordenboek*, S. 1093; Niemeyer, *DONB*, S. 706 f. (G.Breuer); Pokorny, *IEW*, S. 1166; Krahe, *UäFlNN*, S. 39.

Wurm- -*bach*, -*graben*, Bestimmungswort ahd., mhd. *wurm* stM. 'Wurm, Schlange', Benennungsmotiv vermutlich das Vorkommen von Schlangen und Nattern im feuchten Ufergelände. – Ramge, *Flurnamenbuch*, S. 1002; Ulbricht, *Saale*, S. 49.

Wurzbach l.z. Steinach (z. Roter Main z. Main z. Rhein). – 1692 *Wurtzbach*; ON. Burgruine Wurstein im südlichen Fichtelgebirge, FlurN. Wurzbachsteig. – Kompositum mit dem Grundwort -*bach* und mhd. *wurz* 'Heilkraut, Pflanze, Würze'. – Sperber, *HG.A.7*, S. 194.

Wurzel- (bair. *Wurzen-*) -*bach*, -*graben*, -*teich*, -*wooggraben*. Bestimmungswort mhd. *wurzel* 'Wurzel', Benennung nach beim Roden im Boden verbliebenen Wurzeln?

Wußnatz- -*graben*, -*see*, beide Gewässer östlich von Langewahl (Lkr. Oder-Spree, Brandenburg, D). Bestimmungswort vielleicht sorb. *Vos'nač/*Vosinač, abgeleitet von *vosa/*vosina 'Espe'. – Fischer, BNB 10, S. 313f.

Wustrowsee

– ¹Wustrowsee, nördlich von Flemsdorf (Gem. Schöneberg, Lkr. Uckermark, Brandenburg, D), in den See ragt eine große Halbinsel. – 1796 *Wustrow S.*, 1826 *Wüster Rohr See*. – Fischer, BNB 10, S. 314.
– ²Wustrowsee, westlich von Sternberg (Lkr. Ludwigslust-Parchim, M.-V., D), mitten im See liegt eine Möweninsel. – 1309 *stagnum Wustrowe*. – Bilek, *Sprachgut*, S. 52.
Ausgangsform apolab. *vostrov 'Insel', im Deutschen verdeutlichend komponiert mit dem Grundwort -see.

Wutach, die

(im Oberlauf *Seebach*, ab Titisee *Gutach*), r.z. Rhein, entspringt am Feldberg (Schwarzwald), schneidet eine 30km lange Folge von Schluchten (Wutachschlucht), bildet in Unterlauchringen (Gem. Lauchringen, Lkr. Waldshut, B.-W., D) einen der größten Flusswasserfälle Deutschlands, mündet nach 91km bei Waldshut (Stadt Waldshut-Tiengen, Lkr. Waldshut). – 796–954/73 *an der Wůttach*, 1122 *Vutahe*, 1266 *Wuta*, 1316 *in die Wůta* (und weitere Belege); ON. Wutöschingen (Lkr. Waldshut), Klammerform *Wut(ach)öschingen* 'Öschingen an der Wutach'. – Grundform ahd. *Wuotaha, Kompositum mit dem Grundwort ahd. *aha* 'Fließgewässer' und ahd. *wuot* 'Raserei, Wahnsinn', metaphorisch bezogen auf Wutachschlucht und Wutachwasserfall, als Bestimmungswort. – Geiger, HG.A.2, S. 157; Niemeyer, DONB, S. 798f. (Sabina Buchner).

Wutzsee

– ¹Wutzsee westlich von Hammer (Stadt Liebenwalde, Lkr. Oberhavel, Brandenburg, D). – 1546 *dem Wutz*, 1589 *vp dem See Wotz*, 1767/87 *Wuhts See*, 1772 *Wutz*, 1840 *Der Wutz See*. – Wauer, HG.A.17, S. 197f.; Fischer, BNB 10, S. 309.
– ²Wutzsee bei Lindow/Mark (Lkr. Ostprignitz-Ruppin, Brandenburg, D). – 1530 *Wust*, 1741 *Die Wutz*, 1799 *Wutzsee*, 1854 *Abfluß des Wootz oder Wutz Sees*. – Wauer, HG.A.17, S. 198; Fischer, BNB 10, S. 309. Deutung wie ↗Wotzensee.

Wyhra, die

(im Oberlauf oberhalb der Talsperre Schömbach *Wiera*), r.z. Pleiße (z. Weiße Elster z. Thüringische Saale z. Elbe), entspringt bei Oberwiera (Lkr. Zwickau, Sachsen, D), durchfließt die Talsperre Schömbach bei Altmörbitz (Gem. Kohren-Sahlis, Lkr. Leipzig, Sachsen), mündet nach ca. 47km bei Lobstädt (Lkr. Leipzig). – 1105 *inter fluvios Wira et Snudra* (↗Schnauder), 114(3) *ad rivulum ... minor Wyraw*, 1150 (zu 1001) *Wira*, 1233 (Kopie 15. Jh.) *Wyre*; ON. Oberwiera, ON. Niederwiera (Lkr. Zwickau), /-wīrə/, 1279 *Wira* (und weitere Belege), 1336 *Wyra*, 1378 *Wyrow, Wyraw, Wyra*, 1497 *Wyra*. – Grundform FlN. *Wīra*, durch slawische Vermittlung (vgl. asorb. *vir* 'Wasserwirbel, Strudel') < vorslaw. *Wira < gm. *Wizō f., grammatische Wechselform (< vorgm. *u̯is-ó-, ai. viṣám, gr. īós, l. uīrus n. 'Gift') zu gm.*wis- in Flussnamen ↗Wiesent ↗¹Wiera. Anders als bei ¹Wiera wird man den Namen Wyhra nicht als keltischen Lehnnamen (zu urkelt. *u̯īro- 'Wasser, Milch') ansehen können. – Ulbricht, *Saale*, S. 226f.; Hengst, *Südwestsachsen*, S. 121f.

Wyna, die

(auch *Wina, Winen*), z. Suhr (z. Aare z. Rhein), entsteht nördlich von Neudorf aus dem Zusammenfluss mehrerer Quellbäche auf einer Höhe von 660m bei Neudorf (Amt Sursee, Kanton Luzern, CH), mündet nach 32km nördlich von Suhr (Bezirk Aarau, Kanton Aargau). – /d'wīnə/, 1420 (Kopie) *in der Winnen, die klein vnd die grosz Winan, die mindren Winnan, an die grossen Winon, die selben Winen nider*, 1501 *an der Wynen*, 1522 *nider der Winen*, 1592 *an der Wynen*, 1607 *zwüschen ... vnd der Wynen*, 1640 *vber die Wynen den bach; an die Wynen*. – Grundform FlN. mhd. *Wīne*, schwach flektiert *Wīnen* < vorgm. (kelt.?) *u̯īnā, Feminin zum mit *n*-Suffix abgeleiteten Verbaladj. *u̯īno- (< urig. *u̯ih₁-nó- 'gebogen', urig. *u̯ei̯h₁- 'biegen', urkelt. *u̯ina- 'binden, einschließen') ↗Finow, Benennungsmotiv: der kurvenreiche Verlauf der Wyna. – Greule, *Oberrhein*, S. 171f.; Matasović, *Proto-Celtic*, S. 422.

Y

Yachbach /īach/ l.z. Elz (z. Rhein). – ON. Yach (Stadt Elzach, Lkr. Emmendingen, B.-W., D), /eiç/, 14. Jh. *in der Ya*, 1480 *Ygach*, 1511 *Yach*. – Grundform mhd. *Īwach* f. > *Īach* 'Eibenfluss' ↗ Eyach, mundartlich diphthongiert > /eiç/, verdeutlichend komponiert mit dem Grundwort *-bach*, um Ort und Fluss zu unterscheiden. – Geiger, *HG.A.*2, S. 157.

Ybach l.z. Grobbach (z. Oos z. Unteren Murg z. Rhein). – BurgN. Yburg auf dem Yberg (bei Baden-Baden, B.-W., D), 1246 *Iberc*, 1368, 1388 *die burg zu Iberg*, 1453 *Iberg das schloss*. – Klammerform *Y(berg)bach*, Kompositum mit dem Berg-/BurgN. mhd. *Īb(b)erc*, assimiliert < *Īw-berg* 'Berg oder Burg im Eibenwald' als Bestimmungswort, das seinerseits mhd. *īwe* 'Eibe' ↗ Iba ↗ Ibach als Bestimmungswort enthält. – Geiger, *HG.A.*2, S. 157.

Ybbs, die /ips/ r.z. Donau in Unterhaus (Gem. Ybbs an der Donau, PB Melk, N.-Ö., A). – /ipß/, 837 (Kopie Ende 13. Jh.) *iuxta Ipusa flumen*, 863 (?) *inter Danubium et Ibisam*, 1185 *fluuium Ibise*; RaumN. Ybbsfeld, 829 (Kopie 9. Jh.) zu 788 *in campo Ibose*, 1056 *Ibisivelde*; ON. Ybbs an der Donau, † Ybbsburg (PB Melk), 1073 (Kopie 12. Jh.) *Ibseburch*. Eine slawische Diminutivbildung *Ibbsica* mit Diminutivsuffix *-ica* liegt vor in dem Kompositum 1185 *usque Ibisize-gemunde*, Name der Mündung des Arzberggrabens in die Ybbs südöstlich von Schwarzenberg (Gem. Ybbsitz, PB Amstetten, N.-Ö.) und im ON. Ybbsitz (PB Amstetten), /ˈuisits, ˈibsits/, um 1100 (Kopie Anfang 12. Jh.) *in Ibsici*. – Die Herleitung von Ybbs aus ves.-ig. *Iu̯osā* als 'rasch fließendes Wasser' (u̯-Ableitung von urig. *h₁ei-* 'gehen') scheitert daran, dass zwar ai. *éva-* 'Lauf, Gang, Gewohnheit, Sitte' und ahd. *ēwa* (< gm. *aiwa-*) 'Gesetz, Norm, Bündnis, Ehe' belegt sind, nicht jedoch die Schwundstufe ig. *iu̯ó-*; zudem kommt ig. *iu̯ó-* sonst in der Gewässernamengebung nicht vor. Näher liegt eine Herleitung aus dem Keltischen: *Iu̯osā* ist eine s-Ableitung von der Baumbezeichnung kelt. *iu̯o-* 'Eibe' mit der Bedeutung 'Bach mit Eiben', vgl. *Iwerne* < brit. *Iwernos* 'Yew-tree river' (Dorset, England), und vergleichbar mit deutschen Gewässernamen ↗ Eifa, ↗ Eyb, die auf ahd. *Īw-affa* und *Īw-aha* zurückgehen und gm.*īw-* 'Eibe' (< ig. *eiwō*) enthalten. Aus kelt. *Iu̯osā* entstand vulgärlateinisch *Ibosa*, später *Ibusa*, mit Lautverschiebung > ahd., bair. *Ipusa*. Im Althochdeutschen wird das Suffix *-usa* ersetzt durch *-isa*, ↗ Vils. – Hausner/Schuster, *Namenbuch*, S. 546f.; Schwarz, *Namenforschung*, S. 106; Schuster, *niederösterreichische Ortsnamen*, S. 317f.; Bergermayer, *Glossar*, S. 101; Matasović, *Proto-Celtic*, S. 173.

Ysper, die /isper/ (im Oberlauf *Große Ysper*), l.z. Donau in Ispersdorf (Gem. Hofamt Priel, PB Melk, N.-Ö., A). – 998 *Ispera*, 1144 *Ispira*. – Der Name ist am ehesten als Kompositum vorgm. *Is(o)bera* (mit Lautverschiebung > bair. *Isper*) zu erklären. Ähnliche Bildungen sind aus den keltischen Sprachen bekannt, z.B. *kom-bero-* (> mir. *commar*, kymr. *cymmer*) 'Zusammenfluss', *upo-bero-* (> gall. *vobero-* 'Bach, feuchte Mulde', mir. *fobar* 'Quelle, unterirdischer Bach', kymr. *gofer* 'Bach'). Während in *-bera/-bero-* (< urig. *bʰerh₂-* 'sich heftig bewegen') ein Wort für 'fließendes Wasser' vorliegen dürfte, ist die Herkunft von *Iso-* fraglich. Denkbar ist, dass es sich um einen FlN. *Isa* ↗ Isen ↗ Isar oder um ig. *isu-* 'kalt' handelt. Ob *Esbrem* (Akk.), Name einer Insel, belegt in den Acta Sanctorum (16. ian. II p. 46), vergleichbar ist, bleibt auch wegen der unsicheren Lokalisierung der Insel fraglich. (Kelt.) *Isobera* gelangte ohne slawische Vermittlung ins Bairische. – Hausner/Schuster, *Namenbuch*, S. 563; Rix, *LIV*, S. 81; Pokorny, *IEW*, S. 301; Holder, *Sprachschatz* 1, Sp.1467; Matasović, *Proto-Celtic*, S-214.

Z

Zaar-/Zahr-/-n-/en- -See, mehrere Seen in Brandenburg und Mecklenburg-Vorpommern (D). Bestimmungswort *Zarn- entlehnt < apolab. *carn- 'schwarz'. – Wauer, *HG.A.17*, S. 198; Bilek, *Sprachgut*, S. 55.

Zaber, die l.z. Neckar (z. Rhein), entsteht am Nordhang des Strombergs bei Zaberfeld (Lkr. Heilbronn, B.-W., D), fließt durch Weiler an der Zaber (Gem. Pfaffenhofen, Lkr. Heilbronn), mündet nach 22,4km unterhalb von Lauffen am Neckar. Auf der Lauffener Gemarkung sind 12 villae rusticae aus römischer Zeit nachgewiesen. – 1443 *vff der Zabern*, 1472 *an der Zaber*; RaumN. Zabergäu, 793 (Kopie 12. Jh.) *in pago Zabernahgouwe* (und zahlreiche weitere Belege im Codex Laureshamensis), 1003 *Zabernogouui*, 1188 *Zaberenkowe*, 1246 *in valle ... Zaberkou*, 1519 *Zabergew*, 1525 *im Zabergöw*; ON. Zaberfeld, 1321 *Zabernvelt*. – Aufgrund der römischen Besiedelung bei Lauffen am Neckar sowie der Vermutung, dass bei Meimsheim (Stadt Brackenheim, Lkr. Heilbronn) an der Zaber ein römischer Verkehrsmittelpunkt lag, wird der FlN. Zaber über ahd. *Zaberna auf l. *taberna* 'Schenke' zurückgeführt; der ON. *Taberna (jetzt Meimsheim?) wurde auf den Fluss, an dem der Ort lag, übertragen. Parallelname z.B. ON. Zabern, frz. Saverne, 4. Jh. *Tabernis*, zu 841 *ad Zabarnam*. – Schmid, *HG.A 1*, S. 128; Greule, *Kontinuität durch Wechsel*, S. 119f.; Niemeyer, *DONB*, S. 713 (Wulf Müller).

Zahlbach ↗ † Zaybach.

Zaibach it. Rio di Zai, r.z. Suldenbach (z. Etsch) im Vinschgau, mündet in Innersulden (Prov. Bozen/Südtirol, I.). – /záipåch/, 1434 *Vitzayerpach*, um 1770 *Zey Bach*, 1845 *Zaibach*. – Klammerform *Wizaier(tal)bach*, zugrunde liegen könnte l. *vicín(us)* 'benachbartes Tal' > bair. *Wizáin-tal*, gekürzt > *Zai(tal)*. – Kühebacher, *Ortsnamen* 2, S. 380.

Zaine, die poln. *Sajna*, l.z. Guber (z. Łyna z. Pregel) in Ostpreußen (PL), 1254 *an das Zainfliess*, 1326 *Sayn*, 1339 *Saynsflis*, 1576, 1629 *Zain fl.* – Preuß. *Saina wie der lit. Gewässername *Sainas* mit *n*-Suffix abgeleitet von ig. *sei-, *soi-* 'tröpfeln, rinnen, feucht'. Die deutschen Formen zeigen im Anlaut Substitution von /s-/ durch /z-/. – Biolik, *HE 11*, S. 168.

Zanse, der See in der Feldberger Seenlandschaft (M.-V., D). – 1537 *Der Sehe Zantes genant*, 1578 *Der Xantes oder Santz*, *See Samtes, In den See Xantes oder Santes*, 1589/90 *außem Zandtes*, 1640 *den Zantzen See*, *Zentes See*, 1780 *Zansen*, 1872 *der Zantes*, 1886 *den Zansen*. – Deutung wie ↗ Zenssee. – Wauer, *HG.A.17*, S. 200.

Zargenbach it. Rio degli Orli, r.z. Eisack (z. Etsch), mündet oberhalb von Waidbruck/Ponte Gardena (Prov. Bozen/Südtirol, I.), bildet die Grenze der Gemeinden von Villanders und Barbian. – /zårgngpåch/, 1343 *fossatura Razarge*, 1380 *Razarge*, 1500 *Rosarg, Rosarig*, 1750 *über die Rosarg*, um 1770 *Zargen Ba.*, um 1845 *Zargenbach*; FlurN. die /zårge/, 1750 *in der Zarge, Wald in Roszarg, in der Zargen*, 1783 *in der Zarg*. – Deutung unklar. Ausgangsform vielleicht FlN. (rom.) *Rasárga < vorrom. *Rasarkā/*Rosarkā, eine Ableitung mit *k*-Suffix, zur Ableitungsbasis vorrom. *ras-ar-/*ros-ar-* vgl. die ON. Alten-, Nieder- und Oberrasen (Pustertal, Prov.Bozen/Südtirol) ↗ Röslau. Die Übernahme des Namens ins Bairische als Zargenbach ist beeinflusst worden durch den FlurN. In der Zargen 'Rand, Waldsaum' zu ahd. *zarga* 'Seitenwand, Rand', mhd. *zarge* 'Seiteneinfassung, Mauer, Umwallung'. – Kühebacher, *Ortsnamen 2*, S. 380f. (< *rivus sarcus* 'wühlender Bach'?); Schnetz, *Flurnamenkunde*, S. 72.

Zartenbach Fortsetzung als Löffeltalbach, Höllenbach und Rotbach (l. Quellfluss d. Dreisam z. Elz z. Rhein), entsteht aus mehreren Quellbächen im Gemeindegebiet von Hinterzarten (Lkr. Breisgau-Hochschwarzwald, B.-W., D) auf ca. 1085m. – ON. Zarten (Gem. Kirchzarten, Lkr. Breisgau-Hochschwarzwald), 972, 976 *Zarda*, 13. Jh. *villa Zartun*, 1317 *iuxta Zarten*; ON. Hinterzarten, 1350 *inn der Zartenn*, 1402 *an der Zarten*, 1422 *in der Zarta*, 1437 *in der Zarten*, 1525 *yn der Zarten*, heute umgedeutet zu *Hinterzarten*; ON. Kirchzarten, 765 (Kopie 9. Jh.) *in villa ... Zarduna, in marcha Zardunense*, ca.802 *Zartuna*, 816 *ecclesia in Zartunu*, 854 *Zartuna*, 972 *Zarda* (und weitere Belege), 1325 *Kilchzarten*; ON. † Mettenzarten (Gem. Kirchzarten), 1344 *Mettenzarten*, 1357 *Mettelzarton*; ON. Tarodunum, spätkeltische Befestigung im durch den Zusammenfluss von Höllenbach und Wagensteigbach gebildeten Dreieck westlich von Kirchzarten, die in der Geographie des Ptolemaios (2. Jh., Kopie 11. Jh.) genannte *Polis Taródūnon* vgl. ↗Altmühl. – Kompositum mit dem Grundwort *-bach* und dem ON. Zarten als Bestimmungswort. Die Grundform des ON. Zarten, ahd. **Zartūna*, Dat. (816) *(in) Zartunu*, ist über vorahd. (synkopiert) **Tardūn-* die direkte Fortsetzung von spätkelt. *Tarodūnon*, einem Kompositum mit dem Grundwort kelt. **dūn-* 'Befestigung' und unklarem Bestimmungswort, ↗Nagold. Der Ortsname **Zartūna* wurde früh auf den Fluss des Höllentals bis in sein Quellgebiet (Hinterzarten) übertragen. – Geiger, *HG.A.2*, S. 157f.; Greule, *Oberrhein*, S. 221–223.

Zaubach

– ¹Zaubach, r.z. Steinbach (z. Schorgast z. Weißer Main z. Main z. Rhein), mündet bei Stadtsteinach (Lkr. Kulmbach, Bayern, D). – 979 *in rivum ... Zucha*, 1034 *in fluvium Zuchaha*, 1146 *Zucha*; ON. Oberzaubach, ON. Unterzaubach (Stadt Stadtsteinach), 1323–27 *Obernzucha*, 1434 *zu Nidern Zaüchawch* (so!). – Grundform FlN ahd. **Zūchaha*, Kompositum mit dem Grundwort ahd. *aha* 'Fließgewässer' und **Zūch-*, entlehnt aus slaw. **Such-* ↗Zauch-, als Bestimmungswort. In **Zūchbach* dissimilatorischer Schwund des ersten /-ch-/ > **Zūbach*. – Sperber, *HG.A.7*, S. 194.

– ²Zaubach, die, l.z. Reidenbach (z. Nahe z. Rhein). – 1497 *in die Zaubach, von der Zaubach*, 1514 *in Zubecher Drickborn*, 1601 *in die Zaubach*; ON. † Zaubach (Lkr. Birkenfeld, Rh.-Pf., D), 1366 *Zubach*. – Grundform mhd. **Zūnbach*, Kompositum mit dem Grundwort *-bach* und mhd. *zūn* 'Umzäunung, Hecke, Gehege' ↗Zaun- als Bestimmungswort. **Zūnbach* mit Sprechererleichterung /-nb-/ > -b-/ > **Zūbach* > Zaubach. – Greule, *HG.A.15*, S. 123.

Zauch-

-a, -abach, -bach, -graben, z.B. Zauchbach, r.z. Ybbs (PB Amstetten, N.-Ö., A), 979 *in rivum ... Zúcha*, 1034 *fluvium Zúchaha*, 1305 *in der Zauch*. Bestimmungswort slaw. **Such-*, aksl. *suchъ* 'trocken', ins Deutsche integriert als mhd. **Zūch-* > nhd. *Zauch-*. – Hausner/Schuster, *Namenbuch*, S. 1165; Bergermayer, *Glossar*, S. 254f.; Ulbricht, *Saale*, S. 23.

Zauchenbach

(auch *die Zauchen*), l.z. Salza (z. Enns z. Donau) mündet südlich von Bad Mitterndorf (PB Liezen, Steiermark, A). – Ca.1300 *an der Zavch*, 1417 *Zauchen*. – Deutung ↗Zauch-. – Lochner von Hüttenbach, *Steirische Hydronyme*, S. 130.

Zaun-

-born, -graben, ↗²Zaubach, z.B. Zaungraben, Oderarm bei Lunow (Gem. Lunow-Stolzenhagen, Lkr. Barnim, Brandenburg, D) 1826 *Zaun Gr.*, 1936 *Thunjrave*. Bestimmungswort ahd., mhd. *zūn* 'Umzäunung, Hecke, Gehege', mndd. *tūn* 'Flechtzaun, Gehege, Garten'. – Fischer, *BNB 10*, S. 315; Ramge, *Flurnamenbuch*, S. 1006f.

Zaunfließ

poln. *Suńka*, l.z. Alle/Łyna (z. Pregel), fließt aus dem See *Sunia* aus (Ostpreußen, PL). – 1318 *in aqua ... Suna*, 1336 *in Riuo Süne*, um 1940 *Zaunfliess*. – Grundform **Sūna*, gleich zu setzen mit lit. *sūnas* 'Moos'. Im Deutschen wird anlautendes /s-/ durch /z-/ substituiert. Poln. *Suńka* ist Ableitung mit dem Suffix *-ka* vom SeeN. *Sunia*. – Biolik, *HE 11*, S. 191f.

Zauselbach

poln. *Suszyca*, r.z. Alle/Łyna (z. Pregel) bei Bartenstein/Bartoszyce (Ostpreußen, PL). – 1576, 1595, 1629 *Sausel*, um 1790 *Zausel*, 1880 *Zausel Bach*. – Ausgangsform preuß. **Sausel-*, abgeleitet von preuß. *saus(an)*, lit. *saūsas* 'trocken, dürr'. Anlautendes /s-/ wurde im Deutschen durch /z-/ substituiert. – Biolik, *HE 11*, S. 192.

Zaya, die

slovak. *Sajava*, r.z. March (z. Donau), entspringt in den Leiserbergen (Weinviertel, N.-Ö., A), mündet nach 58km bei Drösing (PB Gänserndorf, N.-Ö.), wegen der immer wiederkehrenden Hochwässer stark verbaut. – 1045 *circa flumen Zaiove, infra Maraham et Zaiam*, 1048 *in circuiti duorum fluminum ... Zaiouua*; ON. † Zaya, heute Niederabsdorf (Marktgem. Ringelsdorf-Niederabsdorf, PB Gänserndorf), 1148 *de Zaia*, 1160 *in Zaia*. – Grundform ahd. **Zāj-aha*, mit einer Nebenform ON. **Zājouwa*, mit Lautsubstitution slaw. /s-/ > ahd. /z-/ aus slaw. *Sajava*, mit FlN.-Suffix slaw. *-ava* entlehnt < gm. FlN **Saujō* f., onymisiertes Adjektiv gm. **sauja-* (> isl. *söggr* 'feucht'). – Hausner/Schuster, *Namenbuch*, S. 1165; Wiesinger, *Bairische Frühzeit*, S. 345.

† Zaybach

(auch *Zahlbach*), z. Umbach (z. Rhein), entsteht in Mainz-Bretzenheim in der Gewann Im Klauer, kanalisiert durch die Stadt Mainz (Rh.-Pf., D). – 1426 *die bach ... die Czia*, 1477 *dye tzyhe*, 1531 *die Zyhe*, 1829 *Der Ceybach*, 1844 *die Ceibach*, 1865 *am Zeybach, vom Zeybach durchflossen*; StraßenN. Zaybachstraße (Mainz-Bretzenheim). – Grundform FlN. mhd. **Zīhe* f. < ahd. **Zīh-aha*, Kompositum mit dem Grundwort ahd. *aha* 'Fließgewässer' und ahd. *zīh* 'forum', mndd. *tī(g)* m. 'Sammelplatz eines Dorfes', ae. *tīg*, *tīh* 'Anger, Weide', awn. *teigr* m. 'gradliniges Wiesenstück' als Bestimmungswort; mhd. **Zīhe*, diphthongiert > fnhd. **Zei* und verdeutlichend komponiert mit dem Grundwort *-bach* > **Zeibach/Zeybach*. Damit nicht verwandt ist ON.

die *Zahlbach*, ehemals Stadtteil von Mainz, ca.1100 *de Zagelbach*, 1312 *in Zailbach*, 14. Jh. *zalbach*. Das Bestimmungswort des Kompositums ist mhd. *zagel* 'Schwanz, Schweif', das Benennungsmotiv waren die dort sichtbaren Mauerstümpfe des römischen Aquädukts. – Greule, *HG.A.15*, S. 123; Kleiber, *Mainzer Namen*, S. 150–152; Pokorny, *IEW*, S. 188.

Zech-/-e-/-en- -*bach*/-*bächl*, -*born*, -*graben*, -*weiher*. Bestimmungswort vermutlich nhd. *Zeche* 'bergmännische Anlage', Benennungsmotiv: Gewässer in der Nähe einer Zeche. – Bach, *Namenkunde* 1, S. 392.

Zegast r.z. Wilden Rodach (z. Rodach z. Main z. Rhein). – ON. Zegast (Markt Grafengehaig, Lkr. Kulmbach, Bayern, D), 1017 (Fälschung Mitte 12. Jh.) *in Zetegast*, 1369 *Cegast*, 1388 *zum Czegast*. – Ausgangsform ON. slaw. **Cĕtogošč̆ъ*, mit Suffix slaw. -*j*- abgeleitet von PN. slaw. PN. **Cĕtogost*. – Sperber, *HG.A.7*, S. 194; Eichler/Greule/Janka/Schuh, *Bamberg*, S. 199.

Zehent-/Zehn-/Zehnt-/Zent- -*bach*, z. B. Zehnbach, l.z. Weil (z. Lahn z. Rhein), 1579 *dasz Zihennbacher flosz, die Zihenbach*. Bestimmungswort mhd. *zehende* 'der Zehnt, Abgabe an den Grundherrn'. – Faust, *HG.A.4*, S. 94; Ramge, *Flurnamenbuch*, S. 1007 f.

Zehnpfuhl östlich von Prötzel (Lkr. Märkisch-Oderland, Brandenburg, D). – 1663 *der Zegenpfuhl*, 1827 *Zehnpfühle*. – Bestimmungswort ndd., brandenburg. *Zeege* 'Ziege'. – Fischer, *BNB 10*, S. 317.

Zehn(t)- Bestimmungswort in auf Gewässer übertragenen Flurnamen, z.B. Zehnhufen-, Zehnrutengraben, Zehntgerenbach, ↗ Zehent-. – Fischer, *BNB 10*, S. 315; Ramge, *Flurnamenbuch*, S. 1007 f.

Zeilbach l.z. Werra (z. Weser), entspringt bei Zeilfeld (Gem. Gleichamberg, Lkr. Hildburghausen, Thüringen, D), mündet in Reutrieth (Lkr. Hildburghausen). – ON. Zeilfeld, 1210 *Ziluelḍ*, 1317 *Zilfelt*, 1340 *Zylvelt*; GebietsN. Zeilgrund. – Klammerform **Zeil(feld)bach*, Kompositum mit dem ON. Zeilfeld < mhd. *zīlfelt*, Kompositum mit dem Grundwort mhd. -*felt* und mhd. *zīl* stMN. 'Dornbusch, Hecke' als Bestimmungswort. – Sperber, *HG.A.5*, S. 120; Ramge, *Flurnamenbuch*, S. 1008 f.

Zeiten-See bei Leussow (Lkr. Ludwigslust-Parchim, M.-V., D). – 1593 *Die Zeiten*, 1654 *der Ziethen*, 1760 *der Zeiten See*. – Ausgangsform slaw. **Štitno* n. 'schildförmiger See', abgeleitet von slaw. **štit* m. 'Schild', ins Deutsche integriert als **Tsīten*. – Wauer, *HG.A.17*, S. 199; Bilek, *Sprachgut*, S. 49.

Zeitlbach r.z. Glon (z. Amper z. Isar z. Donau), entspringt in der Gemarkung von Wollomoos (Markt Altomünster, Lkr. Dachau, Bayern, D), mündet bei Erdweg (Lkr. Dachau). – Ca.1563 *ad Zeidlpach*; ON. Oberzeitlbach, Unterzeitlbach (Markt Altomünster), 772 *Zidalpach* (und weitere Belege). – Grundform ON./FlN. ahd. **Zīdalbach*, Kompositum mit dem Grundwort -*bach* und ahd. *zīdal* stM. 'Honig', vielleicht Klammerform ahd. **Zīdal(weida)bach* 'Bachstelle, an der Bienenzucht betrieben wird', vgl. ON. Zeitlbach (Gem. Ardagger, PB Amstetten, N.-Ö., A), 863? *in locum ... Cidalaribah*, mit ahd. *zīdlāri* 'Zeitler' als Bestimmungswort. – Snyder, *HG.A.3*, S. 128 f.; Bach, *Namenkunde* 1, S. 376; Hausner/Schuster, *Namenbuch*, S. 1167.

Zelebersbach (auch *St. Cyriaxbach*), l.z. Werra (z. Weser) in Eschwege (Werra-Meißner-Kreis, Hessen, D). – 1299 *Celgerbach*, 1386 *an den Czelugersbach*, 1426 *Zellingerbach*, 1433 *Tzelgirsbache*, 1497 *in deme czellingersbache*. – Unsichere Deutung, vielleicht ist das Bestimmungswort **Zellinger-/*Zellunger-* das Adjektiv des Namens einer abgegangenen Ortschaft † Zellingen, vgl. ON. Markt Zellingen (Lkr. Main-Spessart, Bayern), 1014 *Cellingun*. – Sperber, *HG.A.5*, S. 120; Reitzenstein, *fränkische Ortsnamen*, S. 253.

Zell-/-er(s)- -*bach*, -*brünnl*, -*Graben*, -*grundbach*, -*Kanal*, -*See*, -*Seebach*. Bestimmungswort ahd. *zella* 'Zelle, Vorratskammer, Wirtschaftshof' oder das von dem häufigen ON. Zell/Zella abgeleitete Adjektiv *Zeller-*. – Hausner/Schuster, *Namenbuch*, S. 1168.

† Zellbach (*Horbach*) älterer Name d. Zellerfeldertalswassers, r.z. Innerste (z. Leine z. Aller z. Weser). – 1340 (Kopie 16. Jh.) *inter Cellam et ...*, 1355 (Kopie 16. Jh.) *inter Cellam et ...*, 1529 *die tzelle, dat tzellewater*, 1531 *das Wasser ... die Zcell*, 1548 *gegen der Zelle*, um 1550 *inn der Zelle, der Zellebach* (und weitere Belege), 1577 *Zellwaßer*, 1578 *Zelbeck*, 1613 *Zellbach*; ON. Kloster to der Zelle, jetzt Stadt Clausthal-Zellerfeld (Lkr. Goslar, Niedersachsen, D), 1174 (Kopie 12./13. Jh.) *ecclesia de Cella*, 1223 *monasterium de Cella* (und weitere Belege). – Weil die ältesten Belege für den Flussnamen (in Kopien des 16. Jh.!) keinen Hinweis auf ein Gewässer enthalten, wird auf die Grundform **Zell-aha* (?) geschlossen, die mit Zetazismus aus **Kellaha* entstanden sein und als Bestimmungswort mhd. *kelle* 'Tümpel in einem Fluss zum Fischfang' enthalten soll. Einfacher ist die Erklärung, dass es sich um eine verkürzte Übertragung von l. *cella* als Name des Klosters oder eines klösterlichen Verwaltungshofs ↗ Zell- handelt: **dat Celle water* > *die *Zelle*, verdeutlichend erweitert > Klammerform **Zell(wasser)bach*. – Kettner, *HG.A.8*, S. 146; Kettner, *Leine*, S. 338 f.

Zembs, die r.z. Hochwasserkanal (Canal de Décharge de l'Ill) entsteht nordwestlich von Hilsenheim (Elsass/Dep. Bas-Rhin, F), mündet bei Erstein südlich von Straßburg. – /dsæms/, 1362 *nebent dem Zemße*, 1576 *Zemss flu*, 1751 *Cebus vulgo Zembs*. – Ausgangsform vorgm./kelt. *Tamis- m./f., mit s-Suffix abgeleitet von kelt. *tamo- (< ig. *təmó-, urig. *teh₂-'tauen, schmelzen, benetzen', kymr. *tawdd* 'schmilzt') > FlN. Taff, kymr. Afon Taf (Südwales, GB), ca.1075 *Taam, Taaph*, ca.1100 *Tamius*, ca.1140 *Tam, Taf*. – Greule, *Oberrhein*, S. 94f.; Rix, *LIV*, S. 616.

Zenn, die l.z. Regnitz (z. Main z. Rhein), entspringt im Norden der Frankenhöhe, mündet nach 43,5km bei Vach (Stadt Fürth, Bayern, D), besitzt nur geringes Gefälle. – 1308 *Zenne*, 1333 (Regest) *an der Zenn*, 1414 *an der Zenne, Tzenne, Czenne*, 1509 *Zenn*; ON. Langenzenn (Stadt Fürth); ON. Markt Obernzenn (Lkr. Neustadt a.d. Aisch-Bad Windsheim, Bayern), ON. Unterzenn (Lkr. Neustadt a.d. Aisch-Bad Windsheim), ca.900 (Kopie 12. Jh.) *Cenne*, 10. Jh. (Kopie 12. Jh.) zu 954 *apud Cinnam*, 1021 *Cenna*, 1024–1040 *Zenni*, 1191 *Cenne*, 1268 *Zenne*, 1331 *Langencenne*, 1358 *Langenzenn*. – Grundform ahd. *Zenna* < vorahd./kelt. *Tanjā, Parallelnamen: FlN. Tean, z. Dove, 1577 *Tayne*, mit ON. Tean (Staffordshire, England), 1086 *Tene*; FlN. Tain, z. Dornoch Firth (Rosshire, Schottland), mit ON. Tain (1227 *Tene*). *Tanjā ist abgeleitet vom Stamm kelt. *tan-, den auch folgende Namen als Basis enthalten: Tone, z. Parret (Somerset, England), 682 *Tan* (< *Tanā), mit ON. Taunton (Somerset, England); Tanaro, r.z. Po (Piemont, I.); Water of Tanar, z. Dee (Aberdeenshire, Schottland) mit LandschaftsN. Glen Tanar (1450 *Glentanyr*). Kelt. *tan- ist mehrdeutig, es kann sich handeln um den Verbstamm Präsens urkelt. *tan-nu- (mkymr. *tannu* 'ausbreiten'), Partizip urkelt. *tantā 'Schnur, Kabel' (< vorkelt. *tn̥-tó-), Nomen urkelt. *tanā 'Zeit', ig. *ten- 'sich spannen, sich dehnen', mit dem Benennungsmotiv 'sich in der Landschaft ausdehnender Fluss', oder um das Verbaladjektiv (< ig. *təno- < *th₂nó-) zum Verb urig. *teh₂- 'tauen, schmelzen, benetzen' (kymr. *tawdd* 'schmilzt'). – Sperber, *HG.A.7*, S. 195; Reitzenstein, *fränkische Ortsnamen*, S. 127f.; Watts, *EPN*, S. 602; Matasović, *Proto-Celtic*, S. 367, 369f.; Rix, *LIV*, S. 616.

Zense l.z. Bullergraben östlich von Wuhden (Gem. Podelzig, Lkr. Märkisch-Oderland, Brandenburg, D). – 1745 *Zensee*, 1844 *Zense*. – Ausgangsform vielleicht apolab. *Sěnica, abgeleitet von apolab. *sěno 'Heu', beeinflusst von ↗Zenssee? – Fischer, *BNB 10*, S. 316.

Zenssee bei Lychen (Lkr. Uckermark, Brandenburg, D). – 1299 (Kopie) *stagnum ... Santis*, 1331 *in Stagno Santis*, 1574 *Sentze*, 1580 *der Zents*, 1719 *Zentz See*, 1751 *der Zens*; ON. Zenshaus (Stadt Lychen), 1788/89 *Haus am Zenst*, 1796 *Zenz*, 1861 *Zenzhaus*. – Ausgangsform apolab. *Svątica, abgeleitet von *svąt 'heilig', wurde über mndd. *sante* 'heilig' und unter Einfluss von ON. Xanten (Kreis Wesel, NRW, D), mhd. *ze Santen* < l. *Sanctis*, angeglichen. Benennungsmotiv: der Zenssee gehörte zu den Besitzungen des Klosters Himmelpfort (Lkr. Oberhavel, Brandenburg). – Wauer, *HG.A.17*, S. 200; Fischer, *BNB 10*, S. 316; Niemeyer, *DONB*, S. 711 (Heinrich Tiefenbach).

Zepernicksee nordöstlich von Falkenberg (Märkisch-Oderland, Brandenburg, D). – 1778, 1844 *Ziepernick-See*, 1908 *Zepernick See*. – Ausgangsform apolab. *Čep(e)r'nik, abgeleitet von apolab. *čep(e)r 'Gebüsch'. – Fischer, *BNB 10*, S. 316.

Zerlach, die Oberlauf d. Schwarzau (z. Raab), mündet nordwestlich von Kirchbach (PB Feldbach, Steiermark, A). – ON. Zerlach (PB Feldbach), 1265 *Cedlach*, ca.1300 *Cedlaech*. – Ausgangsform FlN./ON. slaw. *Sedl'achъ 'bei den Dörflern', Lokativ Plural zu *Sedl'ane, abgeleitet von urslaw. *sedlo 'Siedlung, Dorf, Weiler', ins Bair. integriert als mhd. *Zedlach mit Substitution slaw. /s-/ > mhd. /z-/, interpretiert als mhd. *zer lache 'zu der Lache'. – Lochner von Hüttenbach, *Steirische Hydronyme*, S. 131.

Zerlingsee in der Gem. Priepert (Lkr. Mecklenburgische Seenplatte, M.-V., D), verbunden mit dem Ziernsee/Oberhavel. – 1561 *auf dem Scherlinge*, 1564 *ime Scherling*, 1654 *der Zerlingk*, 1886 *Zerling-See*; FlurN. Zarling Bruch, das Zerlingische Bruch, die Zerlingische Wiese. – Vermutlich mit dem deutschen Suffix -ing über ndd. *Scherning/*Zerning > Scherling/Zerling/Zarling zu deuten wie ↗Ziern-See. – Wauer, *HG.A.17*, S. 200.

Zermittensee Großer~, Kleiner~ bei Kagar (Stadt Rheinsberg, Lkr. Ostprignitz-Ruppin, Brandenburg, D). – 1575 *Grosse, Kleine Sammit*, 1654 *die große und kleine Sammit seen*, 1724 *Groß ... Klein Zermitten*. – Katasterform beeinflusst von ↗Zermützelsee anstelle von *Sammitsee 'See, in dem Welse vorkommen', Deutung ↗Samit. – Wauer, *HG.A.17*, S. 200; Fischer, *BNB 10*, S. 240.

Zermützelsee südlich von Zühlen (Stadt Rheinsberg, Lkr. Ostprignitz-Ruppin, Brandenburg, D). – 1525 (Kopie) *vf dem Zermutzell See*, 1590 *der Zermützell Se*, 1799 *mit dem Zermützelschen See*; ON. Zermützel (Stadt Neuruppin, Lkr. Ostprignitz-Ruppin), 1490 (Kopie) *Scharmützel*, 1525 (Kopie) *zu Zermützell*. – Deutung wie ↗Scharmützelsee. – Wauer, *HG.A.17*, S. 200f.; Fischer, *BNB 10*, S. 244.

Zernitz Gewässer bei Bliesdorf (Lkr. Märkisch-Oderland, Brandenburg, D). – 1737 *Zernitz*, 1751 *Zernitze*, 1766 *Hasen-Zernitze*. – Ausgangsform apolab. **Č(e)rnica*, abgeleitet von apolab. **č(e)rn-* 'schwarz', Parallelname ON. Zernitz(-Lohm) (Lkr. Ostprignitz-Ruppin, Brandenburg). – Fischer, *BNB 10*, S. 317.

† **Zester** ↗ † Seester.

Zettlitz r.z. Steinach (z. Schorgast z. Weißer Main). – ON. Zettlitz (Gem. Rugendorf, Lkr. Kronach, Bayern, D), 1317 *Zedeltz*. – Ausgangsform ON. slaw. **Sedlьce* n. oder **Sedlьcь* m., abgeleitet von slaw. **sedlo* 'Sitz, Wohnung, Siedlung', mit Lautersatz slaw. /s-/ > d. /ts-/. Parallelname Zettlitz für mehrere Siedlungen in Nordbayern. – Sperber, *HG.A.7*, S. 195; Eichler/Greule/Janka/Schuh, *Bayreuth*, S. 242.

Zeubach l.z. Wiesent (z. Regnitz z. Main z. Rhein), mündet bei Waischenfeld (Lkr. Bayreuth, Bayern, D). – ON. Zeubach (Gem. Waischenfeld), 1348 *Zeibach*, 1520 *Zeubach*, 1692 *Zeibach*. – Grundform mhd. **Zī(h)-bach*, diphthongiert > *Zeibach*, gerundet > *Zeubach*, Deutung wie ↗ † Zaybach, oder Grundform mhd. **Zīlbach* > **Zībach*, Deutung wie ↗ Zeilbach. – Sperber, *HG.A.7*, S. 195.

Zeyern, die l.z. Rodach (z. Main z. Rhein), entspringt bei Geuser (Stadt Wallenfels, Lkr. Kronach, Bayern, D), mündet in Zeyern (Marktrodach, Lkr. Kronach). – ON. Zeyern, 1288 *Zirn*, 1313 *Zeirne*. – Ausgangsform FlN. slaw. **Čiŕ-n-*, entweder abgeleitet von slaw. **čir-* in *čirikati* 'schnattern' oder von slaw. **čir-* in poln. *czyrak*, serbo-kr. *čir* 'Geschwür'. – Sperber, *HG.A.7*, S. 195.

Zickenbach (im Oberlauf *Rohrer Bach*), r.z. Strem (z. Pinka), entspringt bei Halmheu (Gem. Burgauberg-Neudauberg, PB Güssing, Burgenland, A), mündet nach 22km westlich von Güssing; das Zickentaler Moor ist das größte Niedermoorgebiet in Österreich. – 1157 (Fälschung um 1230, Transsumpt um 1230) *fluvius Zec*. – Entspricht, mit dem Grundwort *-bach* verdeutlicht, ung. *szik* 'Sumpf'. – Hausner/Schuster, *Namenbuch*, S. 1172.

Ziebach l.z. Ulfe (z. Fulda z. Weser), mündet oberhalb von Ronshausen (Lkr. Hersfeld-Rotenburg, Hessen, D). – Vermutlich 1003 *sursum per Yubach*, 1070 *per Rubach*; ON. † Ziebach (Gem. Ronshausen), 1592 *Tcybach*. – Die älteste Überlieferung beruht vermutlich auf Verschreibungen einer nicht mehr erschließbaren Grundform; ON. (mhd.) **Zībach* ist vielleicht kontrahiert aus **z(e) Ībach* ↗ Ibach. – Sperber, *HG.A.5*, S. 120.

Ziegel-/Ziegelei-/Ziegler- *-bach, -graben, -pfuhl, -see, -weiher, -wiesen-Graben, -teich*. Benennung nach der Lage des Gewässers an einer Ziegelei oder nach einem Ziegelhersteller. – Fischer, *BNB 10*, S. 317.

Ziegen- *-bach/-beek, -Brunnen, -graben, -loch, -pfuhl, -siek*, z.B. Ziegen-Bach, r.z. Berka (z. Werra z. Weser) unterhalb von Frankershausen (Gem. Berkatal, Werra-Meißner-Kreis, Hessen, D), mit ON. † Ziegenbach, 1258 *Cigenbach*, 1369 *Ceginbach*, 1480 *desertum Czegenbach*. Bestimmungswort entweder PN. Zigo (Genitiv Zigen-) oder mhd. *zige* swF., mnndd. *tzēge*, ndd. *Zeege* 'Ziege'. – Sperber, *HG.A.5*, S. 121; Kaufmann, *Ergänzungsband*, S. 421 f.; Fischer, *BNB 10*, S. 317; Kettner, *Leine*, S. 339.

Ziehbach, die l.z. Rhein bei Bad Salzig (Stadt Boppard, Rhein-Hunsrück-Kreis, Rh.-Pf., D). – /ɛn də 'tsi:,bax/, um 1200 *in zygenrebach*, 1315 *in zigenrebach*, 1719 *in der zehebach*, 1825 *an der Ziehbach*. – Grundform (mhd.) **Zīgen(er)bach*, kontrahiert > **Zīnbach*, vereinfacht > *Ziehbach*, enthält als Bestimmungswort das von einem FlurN. *ze *Sīgen* (mhd. *sīge* stswF. 'Rinnsal') > **Zīgen* abgeleitete Adj. **Zīgener (bach)*. – Greule, *HG.A.15*, S. 124; Halfer, *Flurnamen*, S. 108 f.

Ziems-See im Rheinsberger Seengebiet bei Zechlinerhütte (Stadt Rheinsberg, Lkr. Ostprignitz-Ruppin, Brandenburg, D). – 1574 *Simonis Sehe*, 1751 *Der Ziemssee*. – Bestimmungswort ist der Genitiv des PN. Simon; nach wem der See benannt wurde, ist unbekannt. – Wauer, *HG.A.17*, S. 202; Fischer, *BNB 10*, S. 318.

Ziern-See Oberhavel, Gem. Priepert (Lkr. Mecklenburgische Seenplatte, M.-V., D). – Zu slaw. **ceraǹ*, **cereň* m. 'Senkgarn zum Aalfang' oder zu apolab. **č(e)rn-* 'schwarz' ↗ Zernitz? – Wauer, *HG.A.17*, S. 202; Bilek, *Sprachgut*, S. 68.

Zierz-See westlich von Neustrelitz (Lkr. Mecklenburgische Seenplatte, M.-V., D), verbunden mit dem Useriner See/Oberhavel. – 1358 (Kopie) *Hauelwater ... Sicic*, 19. Jh. Zieren See, 1854 *Zierke-See*, 1872 *in die Zierer Bucht*, 1883 *die Zirze (Zierze)*, 1886 *Zierz S*. – Ausgangsform BewohnerN. slaw. Plural **Sirśici* zum PN. slaw. **Sirich*. – Wauer, *HG.A.17*, S. 303; Bilek, *Sprachgut*, S. 75.

Zieskenbach l.z. Stepenitz (z. Elbe) südlich von Putlitz (Lkr. Prignitz, Brandenburg, D). – Um 1750 *Zieskenbeeke*, 1825 *Ziesken Beck*. – Kompositum mit dem Gundwort mndd. *beke* 'Bach' und ndd. *Zisk(en)* m. 'Zeisig'. – Fischer, *BNB 10*, S. 315.

Ziestsee

- ¹Ziest-See, östlich von Rosenow (Gem. Boitzenburger Land, Lkr. Uckermark, Brandenburg, D). – 1320 *Cyist*, 1326 *Cyste*, 1333 *Tzist*, 1575 *Zyest, der Ziest*, 1617 *Der Zieß*, 1685 *Ziest*, 1751 *der Ziestsee*. – Wauer, *HG.A.17*, S. 203; Fischer, *BNB 10*, S. 318.
- ²Ziest-See, östlich von Prieros (Gem. Heidesee, Lkr. Dahme-Spreewald, Brandenburg, D). – 1436 *czyest*, 1712 *Ziest*, 1745 *Ziest der kleine*. – Fischer, *BNB 10*, S. 318.
- ³Ziestsee, im Siedlungsgebiet Bindow-Süd (Gem. Heidesee, Lkr. Dahme-Spreewald, Brandenburg, D). – 1514 (Kopie) *in dem groszenn Jiesz See* (lies *Zies*?), 1745 *Ziest der große*, 1751 *Der Gr. Ziest*. – Fischer, *BNB 10*, S. 318.

Ausgangsform apolab./asorb. *Čist- (jezer-) 'klarer See', apolab./asorb. *čist- 'sauber, rein'.

Ziethe, die

r.z. Fuhne (z. Thüringische Saale z. Elbe), Quellgebiet am Ortsrand von Scheuder (Stadt Südliches Anhalt, S.-A., D), mündet nach 25km bei Plömnitz (Preußlitz, Stadt Bernburg/Saale, Salzlandkreis, S.-A.). – 1361 *Cythowe*, 1372 *Tzitowe*; ON. † *Zitowe*, heute Wohlsdorf an der Ziethe (Stadt Bernburg/Saale). – Ausgangsform FlN. slaw. *Sitova*, abgeleitet von *sit 'Binse'. – Ulbricht, *Saale*, S. 235.

Zietzenow

z. Zietzenow-Graben, z. Ruppiner See/ Rheinsberger Gewässer bei Alt Ruppin (Stadt Neuruppin, Lkr. Ostprignitz-Ruppin, Brandenburg, D). – 1590 *Ein Teich der Zizenow*, 1654 *der Zitzenow*, 1825 *Zietzenow Graben*. – Ausgangsform (abgegangener) ON. apolab. *Cicenov-, abgeleitet vom PN. *Cicen. – Wauer, *HG.A.17*, S. 203; Fischer, *BNB 10*, S. 318.

Zihl, die

frz. *la Thielle*, entsteht aus Orbe und Talent (Kanton Waadt, CH), verbindet als Zihlkanal den Neuenburger See mit dem Bieler See (z. Aare). – Frz. /tjɛl/, frankoprov. /tiːl/, 1090/1125 *Tela* (und weitere Belege), 1265 *in Teyla flumine*, 1390 *Tielle*. Der rechte Quellfluss *le Talent* entsteht in einer Höhe von 900m im Bois du Jorat, 1147 *Thele*, 1465 *Tellin*, 1556 *Talan* (< *Telane*); ON. Zielbrücke, frz. Pont-de-Thielle (Kanton Neuenburg, CH), 1225–1229 *ad pontem Thele*, 1228–1229 *super pontem de Tela*, 1311 *pont de Tele*. – Ausgangsform (kelt.) *Tila*, Verbaladjektiv urig. *tih₁ló- > *tīlos- (gr. *tīlos* 'dünner Stuhlgang'), mit *l*-Suffix abgeleitet vom Verb urig. *teih₁-' 'warm werden, schmelzen', mit dem Präsensstamm urig. *tinh₁-' > air. *tinaid* 'schmilzt, verschwindet'. Der Kurzvokal /i/ in *tilos* statt /ī/ in Analogie zum Präsens. Bedeutung: 'Schmelzwasser'(?). Parallelnamen mit der Basis *tilo-/*tīlo-: Tille, z. Saône (F), 7. Jh. *Tyla*, 830 *Tila* (< *Tīla*); Till, Fluss in Lincolnshire und Fluss in Northumberland (GB), ↗ Ziller ↗ Zillerbach. – Müller, *Hydronymes*, S. 74; Müller, *stratificatio*, S. 617f.; Kristol, *LSG*, S. 872; Rix, *LIV*, S. 617f.

Zillbach

- ¹Zill-Bach, die, z. einem Teich, der durch ein Sumpfgebiet abfließt, links an der Werra (z. Weser). – 1384 *in der Tsilbach*, 1400 *an der Czylbach*, 1563 *in die Zilpach*; ON. Zillbach (Gem. Schwallungen, Lkr. Schmalkalden-Meiningen, Thüringen, D). – 1185 *Czylbach*, 1356 *Czilbach*, 1504 *in der Zilbach*. – Sperber, *HG.A.5*, S. 121.
- ²Zillbach, l.z. Döllbach (z. Fliede z. Fulda z. Weser). – ON. Zillbach (Gem. Eichenzell, Lkr. Fulda, Hessen, D), 852 (Fälschung) *Cilbach*, 12. Jh. *Cilebach*, 1376 *Czylbach*, 1454 *Tcilbach*, *Zcilbach*, *Zilbach*, 1553 *Zillpach*, um 1560 *Zielbach*. – Sperber, *HG.A.5*, S. 121.
- ³†Zillbach, l.z. Fulda (z. Weser) bei Üllershausen (Stadt Schlitz, Vogelbergkreis, Hessen, D). – 822 *in Cilbach*. – Sperber, *HG.A.5*, S. 121.
- ⁴Zill-Bach, r.z. Haune (z. Fulda z. Weser) unterhalb von Margretenhaun (Gem. Petersberg, Lkr. Fulda, D). – Ohne Belege. – Sperber, *HG.A.5*, S. 121.

Kompositum mit dem Grundwort -*bach* und ahd. *zil* 'Grenze', mhd. *zil* 'Grenze, Ende, Endpunkt' als Bestimmungswort.

Ziller, der

r.z. Inn (z. Donau), entspringt im Zillergrund (Gem. Brandberg/Tirol, PB Schwaz, Tirol, A) auf 2460m Höhe, mündet nach 47km bei Strass im Zillertal (PB Schwaz). – /tsīlər/, 925 *ad Zilare*, zu 1106–47 (12. Jh., Kopie 13./14. Jh.) *a fluvio Cilarn*; TalN. Zillertal, 889 (verfälscht) *in pago ... Cilarestale*, 927 *ad Zilarem*, 931 *in Cilari valle*, 1078 (Kopie um 1201) *in Cylaristal*, 1102 (Kopie um 1210) *in Cylarestale*, um 1150 *in Zilarstale*, um 1160 *apud Cilaristal*, *Cilrstal*, 1166 *Zilrstal* (und weitere Belege). – Grundform FlN. ahd. *Zilar* m. < vorgm./kelt. *Tilaros*, Ableitung mit *r*-Suffix von kelt. *tilā* 'Schmelzwasser'(?) ↗ Zihl. Das maskuline Genus nach dem Hauptfluss ↗ Inn, *Tilaros* war ursprünglich vielleicht ein differenzierendes Attribut zu *Enjos/Inn*: (*Enjos*) *Tilaros* 'der Schmelzwasser führende Inn' – Hausner/Schuster, *Namenbuch*, S. 1173.

Zillerbach

r.z. Salzach (z. Inn z. Donau). – (Ohne Jahresangabe) *rivulus Czylarn*, 1494 *der Cilern*, 1498 *Czilorn*, 1644 *Ziclorn* (lies *Zcilorn*), 17. Jh. *Zillern*, 1862 *Ziller B.*, 1871 *Zillbächlein*; WaldN. Zillertratten. – Unsichere Deutung, der Name ist entweder von ↗ Ziller (zu 1106–47, 12. Jh., Kopie 13./14. Jh. *a fluvio Cilarn*) übertragen oder es handelt sich um einen ursprünglichen Bewohnernamen ahd. *Zilaren* 'die an der Grenze (wohnen)', abgeleitet von ahd., mhd. *zil* 'Grenze, Ende, Endpunkt'? – Straberger, *HG.A.9*, S. 138.

Zimmer-

-*augraben*, -*bach*, -*Graben*, -*see*, -*seegraben*, -*waldbach*, z.B. Zimmerbach, l.z. Lein (z. Kocher z. Neckar z. Rhein) mit ON. Zimmerbach

(Gem. Durlangen, Ostalbkreis, B.-W., D), 1327 *in Zimmerbach*, 1360 *ze Zimmerbach*, 1410 *zū Zimerbach*, 1418 *Czimberbach*. Bestimmungswort mhd. *zimber, zimmer, zimer* 'Bauholz', wobei es sich um einen hölzernen Flusseinbau gehandelt haben kann, oder *Zimmer* bezieht sich auf ein in Blockbauweise errichtetes Gebäude am Gewässer. – Schmid, *HG.A.1*, S. 128 f.; Reichardt, *Ostalbkreis* II, S. 316 f.; Ulbricht, *Saale*, S. 92.

Zimnitz, die z. Ischl (z. ¹Traun z. Donau). – ON. Zimnitz, Jagdhaus von Haiden (Gem. Bad Ischl, PB Gmunden, O.-Ö., A), /ˈdsīmids/ (ī nasaliert), 1530 *der Zibnitz*, 1605 *die Zimitz*. – Slaw. **Zimьnica* 'Kaltenbach', abgeleitet von slaw. *zima* 'Kälte'. – Reutner/Wiesinger, *Gmunden*, S. 54.

Zinkenbach l.z. Wolfgangsee östlich von Reith (Gem. Sankt Gilgen, PB Salzburg-Umgebung, Salzburg, A). – 798–800 (Kopie 12. Jh.) *ad Zinkinpach*, 829 (9. Jh.) *a rivo … Zinchinpah*, 829 (Fälschung 12. Jh., Kopie 15. Jh.) *ab ortu fluminis Zinkenbach*, um 843 (Kopie 12. Jh.) *de Zinkinpah*, um 1000 (gleichzeitige Kopie) *Cinkinpah*; BergN. Hoher Zinken (1764m), 748 (Fälschung 12. Jh.) *ad Cinkin*, um 1000 (gleichzeitige Kopie) *ad Cinchun*, 1191 *Zynke, Zinke*. – Kompositum mit dem Grundwort ahd. *-bach/-pach* und dem BergN. ahd. *Zinko*, Dat. *Zinkin* 'Zinken, Zacke' als Bestimmungswort. – Straberger, *HG.A.9*, S. 138; Hausner/Schuster, *Namenbuch*, S. 1174 und Nachträge.

Zinse, die r.z. Röspe (z. Eder z. Fulda z. Weser), mündet nordwestlich von Birkelbach (Gem. Erndtebrück, Lkr. Siegen-Wittgenstein, NRW, D). – 1484 *uf der Zoynntze* (lies *Zeynntze*?), 1515 *die Zynth*, 1569 *die Zinse*, 1590 *in die Zintze*, 1630 *in der Zintze*, 1697 *in der Zehnte*, um 1690 *in die Zindt*, 1724 *in die Zinße*; ON. Zinse (Gem. Erndtebrück), FlurN. Zinser Rücken, 1515 *uff den Zynten ruck*, 1569 *uf den Zinsenrück*, 1590 *uf den Zintzerrücken*, 1630 *ufm Zintzenrück*. – Grundform FlN. **Zinze/Zintse* (mit Synkope) < **Zindese* < gm. **Tendasō*, Ableitung mit *s*-Suffix von gm. **tenda-z* (ahd. *zint*, mhd. *zind*- 'Zacken, Zinke', mndd. *tind* 'Zahn, Zinke', awn. *tindr* 'Spitze, Zahn') ↗ Zinkenbach, vgl. ON. Zingst (Stadt Querfurt, Saalekreis, S.-A.), 1203 *Cindest*, 1206 *Zindesti*; daneben existierte wohl der einfache Name **Zint* für den Zinser Rücken, der auch für den Fluss Zinse verwendet wurde. Zu anderen mit *s*-Suffix abgeleiteten Namen ↗ Katza ↗ Neetze. – Sperber, *HG.A.5*, S. 122.

Zinsel (Zinzel), die
– ¹Südliche (auch *Zaberner*) Zinzel, l.z. Zorn (z. Moder z. Rhein), entspringt nördlich von Vintersbourg/Wintersburg bei Phalsbourg/Pfalzburg (Dep. Moselle, F), mündet bei Steinbourg/Steinburg (Dep. Bas-Rhin). – 1126 *per alveum fluminis Zinzilae*, 1158 *cursum fluvii … Seinzele* (Verschreibung für *Zcinsele*?), ON. Zinzel bei Ernolsheim-lès-Saverne (Dep. Bas-Rhin), 803 *Actum ad Zinzila*, 828 *in loco … Zinzila*, (888–906) *ad Zincila*. – Grundform FlN. ahd. *Zinzila*, mit (diminuierendem?) *l*-Suffix abgeleitet von FlN. **Zinza* (< **Zindsa*) ↗ Zinse, vielleicht nach Namenübertragung von der Zinse im Lkr. Siegen-Wittgenstein (NRW). – Greule, *Oberrhein*, S. 96.

– ²Nördliche Zinsel, l.z. Moder (z. Rhein), entsteht aus der Vereinigung von Moderbach und Breitenbach in Mouterhouse/Mutterhausen (Dep. Moselle, F), fließt durch Zinswiller/Zinsweiler (Dep. Bas-Rhin), mündet nach 43km nördlich von Schweighouse-sur-Moder/Schweighausen (Dep. Bas-Rhin). – /dsịnsl/, 1196 *Cinzele*; ON. Zinswiller, 742 *cincionesuuilare*, 746 *zinzinuilare*. – Wahrscheinlich besteht Identität mit dem Namen der benachbarten Südlichen Zinsel, was davon abhängt, wie der ON. Zinswiller zu beurteilen ist. Falls sein Bestimmungswort nicht ein Personenname, sondern der Flussname ist, kann 746 *zinzinuilare* aus **Zinzil-wilare* > **Zinzinwilare* dissimiliert worden sein. – Greule, *Oberrhein*, S. 95 f.

Zirkenitz l.z. Stainz (z. Laßnitz z. Mur z. Drau), mündet nordwestlich von Markt Stainz (PB Deutschlandsberg, Steiermark, A). – 1425 *Zirchnitz*; ON. 1265 *Zirkenst*, 1344 *Zirkhnitz*. – Ausgangsform slaw. **Cьrkъvьnica* 'Kirchbach', abgeleitet von urslaw. **cьrky* 'Kirche', Parallelname sloven. *Cerknica*; ins Bair. integriert als mhd. **Zirchnitz(e)*. – Lochner von Hüttenbach, *Steirische Hydronyme*, S. 131.

Zlatten, die r.z. Mur (z. Drau), mündet südlich von Bruck bei Kirchdorf (PB Bruck, Steiermark, A). – 904 *rivus Zlatina*, 1372 *in der Zleten*. – Ausgangsform slaw. **Slatina* 'Sauerbrunn'. – Lochner von Hüttenbach, *Steirische Hydronyme*, S. 131 f.

Zochegraben (im Oberlauf auch Teichgraben), r.z. Stienitz östlich von Dahlwitz(-Hoppegarten) (Gem. Hoppegarten, Lkr. Märkisch-Oderland, Brandenburg, B). – 1839 *der Zoche*, 1901 *der Zochegraben*; FlurN./GebietsN. 1704 *in der Zoche*. – Ausgangsform apolab. **such*- 'trocken', ins Deutsche integriert als *Zoche/Zauche* 'trockenes Land'. – Fischer, *BNB 10*, S. 319.

Zöbernbach (im Unterlauf *Güns*) l.z. Raab (z. Donau), entspringt bei Zöbern (Gem. Aspang, Burgenland, A). – Der Fluss wird erwähnt bei Ptolemaios (2, 16, 1) als (pannonisch) *Savarías/Sabarías*; ON. Zöbern, 1255 *capella Zober* (und weitere Belege), 1407 *Czöber*. – Ausgangsform slaw. **Soboťa*, entlehnt aus vorslaw. **Sabarja*, ves.-ig. **Savaria*, mit *r*-Suffix abgeleitet von *Sava* ↗Save. – Bergermayer, *Glossar*, S. 241; Anreiter, *vorrömische Namen*, S. 252; Udolph, *Alteuropa in Kroatien*, S. 535 f.

Zogelsbach r.z. Schwarzen Ois/Kleine Ybbs (z. Ybbs z. Donau), mündet gegenüber von Rechen (Gem. Ybbsitz, PB Amstetten, N.-Ö., A). – 1185 *Zogelesbach*. – Kompositum mit dem Grundwort *-bach* und dem Genitiv des PN. ahd. *Zogal (mhd. *Zogeles- > *Zogels-*) als Bestimmungswort. – Hausner/Schuster, *Namenbuch*, S. 1176.

Zoglau Bach
- ¹Zoglau Bach (auch *Zaglau Bach*), l.z. Wengerbach (z. Salzach z. Inn z. Donau). – FlurN. Zaglau, 1428 *Tzaglaw*, 1478 *in der Zaglaw*; ON. Zaglerwinkl. – Straberger, *HG.A.9*, S. 138.
- ²Zoglau Bach, r.z. Schwarzaubach (z. Schwarzbach z. Salzach z. Inn z. Donau) (ohne Belege). – Straberger, *HG.A.9*, S. 138.
Grundform ON. (mhd.) *Zagelouwe*, Kompositum mit dem Grundwort mhd. *ouwe* 'Land am Wasser' und ahd. *zagil*, mhd. *zagel* 'Schwanz, schmales Flurstück' ↗Zahlbach.

Zolchow-See nördlicher Teil d. Großen Plessower Sees, bei Kemnitz (Stadt Werder/Havel, Lkr. Potsdam-Mittelmark, Brandenburg, D). – 1450 *von der sehe ... Czolchow*, 1528 (Kopie) *Die Zcolchowsche Sehe*; ON. (Ruine) Burg Zolchow bei Kemnitz, 1528 (Kopie) *czu Zcolchow*. – Kompositum mit dem Grundwort *See* und dem ON. *Zolchow*, abgeleitet von einem slaw. PN. als Bestimmungswort. – Fischer, *BNB 10*, S. 319.

Zootzen-/Zotzen-
- ¹Zootzen Rhin, Name des Abschnitts des Alten Rhins nordöstlich von Friesack (Lkr. Havelland, Brandenburg, D). – 1767/87 *Zohzen*, 1854 *Zotzen-Rhin*; WaldN. der Zootzen, 1315 (Kopie) *Zuzen*, 1335 (Kopie) *mit der zuzen*, 1352 (Kopie) *mit der Sutzen*, 1388 (Kopie) *in der Czotzen*, 1392 (1352) *tusschen ... der Czutzen*, 1541 *auf der Zotzen*; ON. Zootzen (Stadt Friesack). – Wauer, *HG.A.17*, S. 204.
- ²Zootzen-See, Teil d. Rheinsberger Seenplatte bei Zechlinerhütte (Stadt Rheinsberg, Lkr. Ostprignitz-Ruppin, Brandenburg, D). – 1574 *Zotzen*, 1721 *der Zohzen*, 1722 *Der Große Zohtzen*, 1772 *Zotzen-See*; ON.† Zootzen. – Wauer, *HG.A.17*, S. 204; Fischer, *BNB 10*, S. 320 f.
- ³Zotzen-See, im Gemeindegebiet von Roggentin (Lkr. Mecklenburgische Seenplatte, M.-V., D), durchflossen von der Havel (z. Elbe). – 1358 (Kopie) *de Hauelwater ... Sczozen*, 1778/80 *Der Zuzen See*, 1780 *der Zutzen See*, 1886 *Zotzen-See*. – Wauer, *HG.A.17*, S. 204.
- ⁴Zotzen-See, Teil der Mecklenburgischen Seenplatte und der Müritz-Havel-Wasserstraße südlich von Mirow (Lkr. Mecklenburgische Seeplatte, M.-V., D). – 1593 (Kopie) *die Zoetze*, 1654 *der Zoese*, 1780 *Zootzen See*, 1790 *Zotzen See*. – Wauer, *HG.A.17*, S. 204. Übertragung des Orts- und Gebietsnamens ('wo Kiefern wachsen') apolab. *Sosny (Plural), *Sosn'e (Kollektivum) oder *Sosn'- (Beziehungsadjektiv), abgeleitet von apolab. *sosna* 'Kiefer', ins Deutsche integriert als (1315) *Zuzen* f. > *Zotzen*, der Wechsel zum maskulinen Genus unter dem Einfluss von *See* m., ↗† Zuzen. – Fischer, *BNB 10*, S. 320 f.

Zopf Diminutiv *Zöpfchen*, ndd. *Zopp* 'sackgassenförmiger Seitenarm eines Gewässers' in Brandenburg, z.B. Zöpfchen, Gewässer bei Wriezen (Lkr. Märkisch-Oderland, Brandenburg, D), 1744 *Zöpken*, vgl. auch Zopflakengraben 'Graben im Flurstück Zopflake'. – Fischer, *BNB 10*, S. 320.

Zoppatenbach l.z. Weißen Main (z. Main z. Rhein). – 1406 *ob der Zotpoden*, 1412 *an der Zopoten*, 1421 *zwischen der Czopotne und ...*, 1692 *die Zoppaten*; ON. Zoppaten (Stadt Goldkronach, Lkr. Bayreuth, Bayern, D), /dsǫbədn/, 1437 *von Zoppoten* (und weitere Belege), 1468 *Zoppaten* (und weitere Belege), 1561 *vff der Zopeten*. – Ausgangsform FlN. slaw. *Sopotьna*, mit dem Suffix slaw. *-ьn- abgeleitet von slaw. *sopotъ 'Quelle, Dampf, Wasserfall', ins Deutsche integriert als (spätmhd.) *Zopoten/Zoppaten* f. ↗Zopte, verdeutlichend komponiert mit Grundwort *-bach*. – Sperber, *HG.A.7*, 196; Eichler/Greule/Janka/Schuh, *Bayreuth*, S. 248 f.

Zopte, die l.z. Loquitz (z. Thüringische Saale z. Elbe), mündet östlich von Zopten (Gem. Probstzella, Lkr. Saalfeld-Rudolstadt, Thüringen, D). – 1446 *an der Czopten*; ON. Zopten, 1304 *Czoppotten*, *Zcoptenn*. – Ausgangsform FlN. slaw. *Sopotьna > fnhd. *Zopte*, Deutung wie ↗Zoppatenbach. – Ulbricht, *Saale*, S. 236; Eichler/Greule/Janka/Schuh, *Bayreuth*, S. 249.

Zorge, die l.z. Helme (z. Unstrut z. Thüringische Saale z. Elbe), entsteht in Zorge (Lkr. Osterode im Harz, Niedersachsen, D), mündet nordöstlich von Heringen/Helme (Lkr. Nordhausen, Thüringen, D). – /dsęrgə/, 1254 *aqua Zoringe*, 1309 *aqua ... Zorgenge*, 1373 *in die Zorgenga, die Zorgenga nedder*, 1456 *Zorgenge*, 1533 *die Zorge*, 1672 *Zörga Fl.*; ON. Zorge, 1249 (Kopie 15. Jh.) *Szurgenge*, 1466 (Kopie 15. Jh.) *die Zcorgenge*, 1507 *in der Zorgenge*, 1528 *Zorge*, 1597 *Zorga*, um 1616 *Zörge*; RaumN. 927 (Kopie 17. Jh.) *pagus Zurrega* (lies *Zurgenga*?). – Grundform vermutlich FlN. *Zurga, Zorge. Von ihm wurde mit dem Suffix *-ing-*/*-ung-* ein Bewohner- oder RaumN.

Zurginga abgeleitet, eine in Thüringen häufige Bildungsweise. Der Örtlichkeitsname wurde teilweise auf den Fluss übertragen. Aus *Zurginga* musste *Zorginge* bzw. *Zörginge* entstehen, woraus durch Entrundung des /ö/ und Verkürzung die Mundartform /dsȩrgə/ hervorging. Der FlN. *Zurga* gehört in den Zusammenhang von nhd. mundartlich *zergen* 'zerren', mndd. *tergen* 'zerren, reizen', ae. *tiergan* 'quälen' (< gm. *targjan*). Es handelt sich um eine schwundstufige ā-Ableitung (*dr̥Hgʰ-ā) zur urig. Verbalwurzel *derHgʰ-* 'ziehen, zerren', vermutlich mit der Bedeutung 'Ort, wo gezogen wird'. Es könnte sich um einen Namen handeln, der auf das Treideln Bezug nimmt. – Ulbricht, *Saale*, S. 251; Ohainski/Udolph, *Osterode*, S. 189 f.; Walther, *Siedlungsgeschichte*, S. 253, 145–148; Rix, *LIV*, S. 121.

Zorn, die frz. la Zorn, r.z. Moder (z. Rhein), entsteht aus dem Zusammenfluss von Gelber Zorn und Weißer Zorn bei Enteneck westlich von Dabo (Dep. Moselle, F), fließt durch Saverne (Dep. Bas-Rhin), mündet nach 97km bei Rohrwiller (Dep. Bas-Rhin). - /dsɔrᵉn/, 713 *ripa de sorna*, 725 *super fluuio sorna*, 820 *super fluuium ... sorna*, 994 *in flumine Sorna*, 1017 *ultra Sornam fluvium*, um 1146 *citra Sornam*, Ende 13. Jh. *uf die sorne*, 1301 *an die Sorne* (und weitere Belege), 1368 *nidewendig der Sorren*, 1474 (Kopie 1675) *vff die Sorre*, 1576 *Sorr flu*, 1663 *Sorr oder Sorn*, 1751 *Sorr*; ON. Zornhof, 1421 *Sornen hoffen*. – Grundform ahd. *Sorna*, synkopiert < *Sorana, mit Senkung von /u/ vor /a/ < vorgm. (kelt.?) *Suronā. – Deutung wie ↗Sorne. – Greule, *Oberrhein*, S. 96 f.

Zotzen- ↗Zootzen-.

Zotzenbach l.z. Weschnitz (z. Rhein). – ON. Zotzenbach (Gem. Rimbach, Lkr. Bergstraße, Hessen, D), 877 (Kopie 12. Jh.) *Zozunbach*, 1290 *Zuzembach*, 1387 *Zutzenbach*, 1613 *Zuzenbachenheimer gemarckung*. – Kompositum mit dem Grundwort *-bach* und dem Genitiv des PN. *Zutza* f. (*Zutzūn-) als Bestimmungswort. – Geiger, *HG.A.2*, S. 158; Ramge, *Flurnamenbuch*, S. 1018; Kaufmann, *Ergänzungsband*, S. 424.

Zschopau, die l.z. Freiberger Mulde (z. Elbe), entspringt am Nordhang des Fichtelbergs (Erzgebirge) in der Höhe von 1070m, fließt durch das enge, windungsreiche und felsige Zschopautal, mündet nach 130km bei Döbeln (Lkr. Mittelsachsen, Sachsen, D). – (Um 1150) *Scapha*, (1226) (Fälschung? 14. Jh.) *Scapa*, 1292 *usque Schapam*, 1293 *Zschape, Zcopa*; ON. Zschopau (Erzgebirgskreis, Sachsen), /də dšōb, šōb, šōbə/, 1291 *de Schapa*, 1292 *civitas Schape* (und weitere Belege), 1392 *zcu der Czappe*, 1406 *Czschope*, 1414 *Tsczhope*, 1429 *zcur Czschape*, 1452 *Zcshope*, 1485 *Zschapaw*. – Unsichere Deutung. Grundform vielleicht gm. *Skapō f. > mhd. *Schape*, unter slawischem Einfluss > *Ščapa(va) 'eingeschnittener, eingegrabener Fluss' umgestaltet, mit Dehnung in offener Tonsilbe und mundartlicher Hebung > *Schöpe*, *Tschöpe* > /šōbə, šōb, dšōb/. Gm. *Skapō ist die feminine Entsprechung zu ahd. *scaf*, mhd. *schaf*, as. *scaf* n. 'Gefäß für Flüssigkeiten, Bottich, Schöpfgefäß' (< gm. *skapa- n.) mit der Ausgangsbedeutung 'Ausgehöhltes, Ausgeschabtes', im Fall des Flussnamens vermutlich bezogen auf das Tal, das die Zschopau durchfließt. – Eichler/Walther, *HONBSachsen* II, S. 669; Seebold, *starke Verben*, S. 407.

Zühlen-See z. Fließ (z. Woblitz-See/Oberhavel) bei Wesenberg (Stadt, Lkr. Mecklenburgische Seenplatte, M.-V., D). – 1713, 1780, 1780/83 *Zühlen See*, 1883 *der Zülen*. – Ausgangsform slaw. *Sulin m., abgeleitet von PN. slaw. *Sula m., ins Deutsche integriert als *Zülin > *Zülen/Zühlen. – Wauer, *HG.A.17*, S. 204 f.; Bilek, *Sprachgut*, S. 75.

Zürichsee z. Limmat (z. Aare z. Rhein), ON. Zürich, räto-rom. *Turitg* (Kanton Zürich, CH). – /tsˊyri/, 185–200 (inschriftlich) *TURICEN(sis)*, 496/506 (Kopie 13./14. Jh. nach Kopie um 700) *Ziurichi* (Geograph von Ravenna), 807 *in vico ... Turigo*, 810–820 *ad Zurih*, 857 *in villa Zurih*, 858 *in vico Turegum*, 876 *in castro Turego* (und weitere Belege). – Ausgangsform ist der Ortsname vorgm. *Tūriko-, der sowohl mit romanischer Lautentwicklung (/i/ > /e/ und /-k-/ > /-g-/) als *Turigo, Turego*, als auch ins Altalemannische integriert (ahd.) *Zūrih, (mhd.) Ziurich erscheint. Der Name ist mit (kelt.) *-iko-Suffix abgeleitet von *tūro- (< urig. *tuh₂-ró-) 'anschwellend' zu urig. *teuh₂- 'schwellen, stark werden'. Da Reste einer keltischen Siedlung in der Nähe der wilden Sihl, eines Überlaufs der ↗Sihl in Zürich, gefunden wurden, liegt die Vermutung nahe, dass *Tūro-s der Name der wilden Sihl war und die Siedlung in ihrer Nähe kelt. *Tūrikon genannt wurde. – Kristol, *LSG*, S. 992 f. (andere Etymologie); Müller, *Turegum*; Wulf Müller brieflich (21. 03. 2009); Rix, *LIV*, S. 639 f.

Zug- -bach, -brunnen, -graben, -schlo(o)t, -wasser. Bestimmungswort mhd. *zuc, zuges* 'Fischereigerechtigkeit, ufernaher Gewässerteil mit rechtlich geregelter Nutzung', mndd. *toch* 'Fischzug', vgl. ON. Zug (CH), 1240 *Zuge*, z.B. Zugwasser, See bei Jeserig (Lkr. Potsdam-Mittelmark, Brandenburg, D), 1367 *tochwater*. – Fischer, *BNB 10*, S. 321; Niemeyer, *DONB*, S. 720 (Beat Dittli).

Zummel, der nördlicher, verlandeter Teil d. Gördensees (z. Quenzsee z. Havel z. Elbe) bei Görden (Brandenburg an der Havel, Brandenburg, D). – 1179

Zumit, 1187 *stagnum Zumit*, 1209 *Zumith*, 1415 *Summolt*, 1842 *Zummel*, 1918 *der Zummel*. – Deutung ↗ *Samit/Samith-*. – Wauer, *HG.A.17*, S. 205; Fischer, *BNB 10*, S. 240.

Zundelbach r.z. Scherzach (z. Runs z. Schussen z. Bodensee). – ON. Zundelbach (Gem. Schlier, Lkr. Ravensburg, B.-W., D), 1155 *Zunderbach*, 13. Jh. *Zundirbach*, 1268 *in Zvndernbach*. – Grundform mhd. **Zunderenbach*, Kompositum mit dem Grundwort *-bach* und Genitiv des PN. (ahd.) **Zundaro* (**Zundaren-* > **Zunderen-*), wie ahd. *zuntāri* 'Anzünder' ursprünglich BerufsN. als Bestimmungswort. **Zunderenbach*, synkopiert > *Zundernbach* mit Sprechererleichterung > *Zundelbach*. – Geiger, *HG.A.2*, 158.

Zusam, die (anderer Name *Duria*?), r.z. Donau, entspringt südwestlich von Markt Wald (Lkr. Unterallgäu, Bayern, D), nimmt im Quellgebiet links die Mittelzusam und die Dürre Zusam auf, mündet nach 81km im Donauries gegenüber von Donauwörth (Lkr. Donau-Ries, Bayern). – 1219 *in flumine … Zusma*, 1263 *Zusma*, 1268 *Zvsma*, 1269 *trans fluvium Zvsem*, 1274 *Zuesime*, 1282 *aput Zusam*, 1284 *iuxta fluvium Zuᵉsme*, 1311 *Zusme* (und weitere Belege), 1320 *Zuosme*; ON. Zusum (Stadt Donauwörth), /dsūsum/, (ca.1214) (Kopie 1444) *von der Zusm*, (Mitte 13. Jh.) *in Zuseme*, (ca.1280) *de Zvsmriede*, 1347 *bei Zusem*, 1386 *Zusem Hof*; ON. Zusamzell (Gem. Altenmünster, Lkr. Augsburg, Bayern), 1422 *zů Zelle an der Zusm*, 1451 *Zusmzell*, 1478 *Zusemzell*, 1575 *zu Zusam Zell*; ON. Zusmarshausen (Lkr. Augsburg), 892 *Zusemarohuson*, 1239 *Zusemeshusen*, 1246 *Zvsmarhvsen*, 1345 *Zusmershausen*, BurgN. Zusameck (Markt Dinkelscherben, Lkr. Ausgburg), 1270 *de Zusenecke*, 1333 *Zusemegge*, 1334 *Zusmekk*, 1368 *Zuosemegg*. – Die älteste Form des Flussnamens enthält der ON.-Beleg 892 *Zusemarohuson* 'bei den Häusern der **Zusemāra*' (ahd. Pl. **Zusemāra* 'die an der Zusam wohnen'): ahd. FlN. **Zusema* (mit Sprossvokal) < vorahd. **Tusma*. Die Schreibungen mit <ue> und <uo> sind Eindeutungen nach mhd. *zuo/zue* 'zu'. Eine Erklärung des Namens aus dem Deutschen (*m*-Ableitung vom Stamm *zūs*-, ahd. *zirzūsōn*, mhd. *erzūsen, zerzūsen* 'zausen, rupfen', mhd. *zūse* 'Gestrüpp, Haarlocke') scheitert sowohl am Vokal /ū/ (*Zusam/Zusum* mit etymologisch kurzem /u/) als auch am Benennungsmotiv. Geht man von vorgm. **Tusma* aus, ist eine Verbindung mit urig. **teu̯h₂-* 'schwellen, stark werden' und dem in der Flussnamengebung häufigen Benennungsmotiv des Wasserschwalls ↗ Eiter- möglich. Ein ig. Nomen (loci?) neutrum **tuh₂-s-mén-* 'Anschwellung' > **tūsmén-* > kelt. (nach Dybos Gesetz) gekürzt > **tusmen*, könnte als Name zum femininen *ā*-Stamm vorahd. **Tusmā* um-

geformt worden sein, zum Suffix ↗ Trame. – Snyder, *HG.A.3*, S. 120f; Reitzenstein, *Lexikon*, S. 428; Reitzenstein, *Zell*, S. 134; Keller, *Donauwörth*, S. 296f.; Rix, *LIV*, S. 639f.

† Zuzen Flacher ~ (jetzt Oberpfuhl), Tiefer ~ (Stadtsee), Seen bei Lychen (Lkr. Uckermark, Brandenburg, D). – 1299 *Vlake Zuzen*, 1320 *Dipe zuzene*. – Deutung wie ↗ Zootzen-/Zotzen-. – Fischer, *BNB 10*, S. 319.

Zwerch-/Zwerg- -bach, -bach-Weiher, -pfuhl. Bestimmungswort ↗ quer-. – Fischer, *BNB 10*, S. 321.

Zweren-/Zwern- -bach/-bächlein, -graben, -moos-Graben, z.B. Zwerenbach, l.z. Wutach (z. Rhein), 1498 *Zwerenbach*. Bestimmungswort mhd. *twer(h)en-* > *zwer(ch)en-* ↗ quer-. – Geiger, *HG.A.2*, S. 158.

Zwerg- ↗ Zwerch-.

Zweribach
– ¹Zweribach, l.z. Wilden Gutach (z. Elz z. Rhein), Zweribachwasserfälle im Simonswäldertal (Lkr. Emmendingen, B.-W., D). – Zum Jahr 1111 *Twerenbach*, *Werispach*, zum Jahr 1112 *Twerinbach*, 1162 *Zwerenbach*; ON. Zweribachwerk. – Geiger, *HG.A.2*, S. 158.
– ²Zweribach, l.z. Fuhrt (z. Volkenbach z. Rhein) nördlich von Schaffhausen (CH). Ohne Belege. – Geiger, *HG.A.2*, S. 158.
Grundform mhd. **(ze) Twer(h)enbach*, Kompositum mit dem Grundwort *-bach* und mhd. flektiert *twerh-* ↗ quer- als Bestimmungswort. – Geiger, *HG.A.2*, S. 158.

Zwester ↗ ²Ohm.

Zwet See bei Stülpe (Gem. Nuthe-Urstromtal, Lkr. Teltow-Fläming, Brandenburg, D). – Vor 1192 *Zuwet*, 1221 *stagnum Zuete*, 1225 *Zuwet*. – Deutung wie ↗ Schwedtsee. – Fischer, *BNB 10*, S. 259.

Zwettl, die (auch *Zwettlbach*), l.z. Kamp (z. Donau), entspringt zwischen Karlstift (Bad Großpertholz, PB Gmund, N.-Ö., A) und Langschlag (PB Zwettl, N.-Ö.), mündet nach 55km in der Stadt Zwettl-Niederösterreich. – 1138 *fluvium … Zwetel*; ON. Zwettl, um 1137 (Kopie 14. Jh.) *fundator Zwetlensis monasterij*, 1139 *predium Zwetel*, 1140 *de Zwetla*, 1147 *in Zwetl* (und zahlreiche weitere Belege). – Ausgangsform FlN. slaw. **Světla* 'die Helle, Glänzende', entspricht dem Feminin des Adj. slaw. **světly* 'hell, licht', ins Bairische integriert mit Lautsubstitution slaw. /s-/ > ahd./mhd. /z-/, **Světla* > mhd. **Zwetle/Zwetel*. – Hausner/Schuster, *Namenbuch*, S. 1180f.

Zwettling, die l.z. Stollinggraben, mündet nördlich von St. Lorenzen im Mürztal (PB Mürzzuschlag, Steiermark, A). – 1372 *im Zwettel*, 1498 *der Zwetlgraben*. – Deutung wie ↗Zwettl, teils verdeutlichend mit dem Grundwort *-graben* komponiert oder mit dem Suffix nhd. *-ing* (> *Zwettl-ing*) erweitert. – Lochner von Hüttenbach, *Steirische Hydronyme*, S. 132.

Zwiesel/Zwiesel- *-bach*, *-egg-Bach/-Graben*, *-graben*. Bestimmungswort mhd. *zwisel* 'Gabel' metaphorisch für das Flurstück, das durch die Vereinigung zweier Flüsse oder Straßen begrenzt wird, vgl. ON. Zwiesel (Lkr. Regen, Bayern, D), 1242/43 *Zwisel*. – Reitzenstein, *Oberbayern*, S. 313 f.

Zwing- *-bach*, *-graben*, *-see*. Bestimmungswort *Zwing (und Bann)* 'das einer Gemeinde unterstehende Gebiet und das Recht darüber'. – Keinath, *Württemberg*, S. 150.

Zwirn-See im Osten des Stadtgebiets von Neustrelitz (Lkr. Mecklenburgische Seenplatte, M.-V., D). – 1780, 1790 *Twern See*, 1884 *Zwirn-See*. – Bestimmungswort ndd. *twer*, flektiert *twern-* ↗quer-. – Wauer, *HG.A.17*, S. 205; Fischer, *BNB 10*, S. 220.

Zwota, die (auch *Zwotau*, *Zwodau*), čech. *Svatava*, l.z. Eger (z. Elbe), entspringt als Wolfsbach bei Schöneck (Vogtlandkreis, Sachsen, D), fließt durch das böhmische Erzgebirge, mündet nach 41km in Sokolov/Falkenberg a.d.Eger (Karlovarský kraj, CZ). – /dswō⁽ᵘ⁾də/, 1122 *Zvatova*, 1576 *ahn der Zwodta*, 1577 *an der Zwotta*; ON. Zwota (Vogtlandkreis), 1747 *Zwota*; ON. Oberzwota (Gem. Zwota), 1876 *Oberzwota*; ON. Zwotental (Stadt Schöneck, Vogtlandkreis), 1908 *Zwotenthal*; ON. Svatava/Zwodau (Karlovarský kraj, CZ). – Grundform FlN. čech. *Svatava*, mit dem Suffix *-ava* abgeleitet von čech. *svatý* 'heilig' (< slaw. *svęt-*), ins Deutsche integriert als *Zwatau. Die Benennung nimmt vielleicht Bezug auf die Besiedelung des oberen Zwotatals durch das Kloster Waldsassen. – Eichler/Walther, *HONBSachsen* II, S. 680; Eichler, *Saale und Neiße*, S. 151 f. (zu slaw. *svęt-* in der Bedeutung 'stark').

Abgekürzt zitierte Literatur

Andersson, Th.: *Istre*, Istrehågan (Namenkundliches). In: RGA 15, 2000, S. 539f.
Andersson, Th.: Al- *i ortnamn*. In: Namn och Bygd 95, 2007, S. 5–13.
Andrießen, K.: *Siedlungsnamen* in Hessen. Verbreitung und Entfaltung bis 1200. Marburg 1990.
Anreiter, P.: *Keltische Ortsnamen* in Nordtirol, Innsbruck 1996.
Anreiter, P.: Die *Besiedelung* Nordtirols im Spiegel der Namen. In: Onoma 33, 1996/7, S. 98–113.
Anreiter, P.: *Breonen*, Genaunen und Fokunaten, Innsbruck 1997.
Anreiter, P.: Der *Ablaut* in ostalpenindogermanischen Namen. In: Studia Celtica et Indogermanica. Festschrift für Wolfgang Meid zum 70. Geburtstag. Budapest 1999, S. 23–38.
Anreiter, P.: Die *vorrömischen Namen* Pannoniens, Budapest 2001.
Anreiter, P.: Die Schichtung der *Tiroler Gewässernamen*, In: A. Greule / W. Janka / M. Prinz (Hrsg.), Gewässernamen in Bayern und Österreich. Regensburg 2005, S. 35–49.
Anreiter, P. / Ender, A.: Vom Nutzen umfangreicher onymischer *Belegsammlungen*. Wien 2006.
Anreiter, P. / Chapman, Ch. / Rampl, G.: Die *Gemeindenamen* Tirols. Innsbruck 2009.
Anreiter, P. / Haslinger, M. / U. Roider: The Names of the *Eastern Alpine Region* mentioned in Ptolemy. In: PTOLEMY. Towards a linguistic atlas of the earliest Celtic place-Names of Europe, edited by D. N. Parsons & P. Sims-Williams. Aberystwyth 2000, S. 113–142.
Arnet, M.: Die Orts- und Flurnamen der Stadt *St. Gallen*. St. Gallen 1990.
Bach, A.: Die Siedlungsnamen des *Taunusgebiets*. Bonn 1927.
Bach, A.: Deutsche *Namenkunde*. Band II. Die deutschen Ortsnamen. Heidelberg 1953 und 1954.
Bach, A.: Theodissa > Diez, Saltrissa > Selters und andere Ortsnamen nach *Mineralquellen* in Hessen und Nassau. In: BzN. 6, 1955, S. 209–236.
Bach, A.: Der Ortsname *Bad Ems*. In: BNF 13, 1962, 194–198.
Bach, A.: Germanistisch-historische *Studien*. Gesammelte Abhandlungen. Bonn 1964.
Bammesberger, A.: Die Herleitung des Gewässernamens *Tegernsee*. In: Blätter für oberdeutsche Namenforschung 34/35, 1997/1998, S. 61–66.
Bammesberger, A.: Der Name der *Amper*: Eine Nachlese. In: Blätter für oberdeutsche Namenforschung 38/39, 2001/2002, S. 47–51.
Bammesberger, A.: Zum Namen der *Aisch*. In: Blätter für oberdeutsche Namenforschung 40/41, 2003/2004, S. 144–147.
Bammesberger, A.: Zur Etymologie von *Vils/Fils*. In: Blätter für oberdeutsche Namenforschung 42/43, 2005/2006, S. 18–22.
Bandle, O.: *Fjordnamen*. In: RGA 9, 1994, S. 156–161.
Barth, E.: Die Gewässernamen im Flussgebiet von *Sieg und Ruhr*. Giessen 1968.
Bathe, M.: *Elbe* und Verwandtes. In: ONOMA 13, 1968, S. 281–299.
Bauer, R.: Die ältesten *Grenzbeschreibungen* in Bayern und ihre Aussagen für Namenkunde und Geschichte. München 1988.
Baumann, C.: Altlandkreis *Erding*. Historisches Ortsnamenbuch von Bayern. Oberbayern, Band 3. München 1989.
Beaurepaire, F. de: Les noms de communes et anciennes paroisses de la *Manche*. Paris 1986.
Beck, Ch.: Die Ortsnamen des *Aischtales* und der Nachbartäler. Neustadt an der Aisch 1926.
Beck, H.: *Bodman*. Namenkundliches. In: RGA 3, 1978, S. 125f.
Beier, U.: Gewässernamen im Landkreis *Weißenburg-Gunzenhausen*, Mfr. In: Blätter für oberdeutschen Namenforschung 44, 2007, S. 83–95.
Berchtold, S. M.: *Namenbuch* des Grossen Walsertals. Graz, Feldkirch 2008.
Berger, D.: *Geographische Namen* in Deutschland. Herkunft und Bedeutung der Namen von Ländern, Städten, Bergen und Gewässern. Mannheim, Leipzig, Wien, Zürich 1983.
Bergermayer, A.: *Glossar* der Etyma der eingedeutschten Namen slavischer Herkunft in Niederösterreich. (Ös-

terreichische Akademie der Wissenschaften, Phil.-hist. Klasse, Schriften der Balkan-Kommission 44). Wien 2005.

Bertol-Raffin, E. / Wiesinger, P.: Die Ortsnamen des Politischen Bezirkes *Braunau am Inn* (Südliches Innviertel). Wien 1989.

Bertol-Raffin, E. / Wiesinger, P.: Die Ortsnamen des Politischen Bezirkes *Ried im Innkreis* (Mittleres Innviertel). Wien 1991.

Bichlmeier, H.: Bairisch-österreichische *Orts- und Gewässernamen* aus indogermanistischer Sicht. In: BONF 46, 2009, S. 3–63.

Bichlmeier, H.: Bairisch-österreichische *Orts- und Gewässernamen* aus indogermanistischer Sicht. Teil 2. In: BONF 47, 2010, S. 21–33.

Bichlmeier, H.: Einige grundsätzliche *Überlegungen* zum Verhältnis von Indogermanistik und voreinzelsprachlicher resp. alteuropäischer Namenkunde mit einigen Fallbeispielen. In: Namenkundliche Informationen 95/96, 2009, S. 173–208.

Bichlmeier, H.: *Moderne Indogermanistik* vs. traditionelle Namenkunde. Teil 2. In: A. Ziegler / E. Windberger-Heidenkummer (Hg.), Methoden der Namenforschung, Berlin 2011, S. 63–87.

Bickert, H. G.: Das *Aula-Problem*. Überlegungen zur Deutung eines umstrittenen Hydronyms und Toponyms. In: BNF. N.F. 42, 2007, S. 173–194.

Bilek, J.: Slawisches *Sprachgut* im Spiegel der Seenamen Mecklenburgs. In: Lětopis instituta za serbski ludospyt, A.4, 1956/57, S. 42–88.

Bily, I.: Ortsnamenbuch des *Mittelelbegebiets*. Berlin 1996.

Bily, I.: *Einleitung*. In: E. Eichler (Hg.): Atlas altsorbischer Ortsnamentypen. Heft 1, Stuttgart 2000, S. 9–43.

Biolik, M.: Zuflüsse zur Ostsee zwischen unterer Weichsel und Pregel (=HE. 5). Stuttgart 1989.

Biolik, M.: Die Namen der fließenden Gewässer im Flussgebiet des Pregel (=HE. 11). Stuttgart 1996.

Bjorvand, H.: *Mjær*. In: Namn och Bygd 96, 2008, S. 61–65.

Blok, D. P.: Probleme der *Flußnamenforschung* in den alluvialen Gebieten der Niederlande. In: Namenforschung. Festschrift für Adolf Bach, hrsg. v. R. Schützeichel und M. Zender, Heidelberg 1965, S. 212–227.

Blok, D. P.: *Probleme* der zeitlichen Schichtung niederländischer Flussnamen. In: BNF. N.F.2, 1967, S. 13–20.

Blok, D. P.: *Drentse Waternamen*. In: P. L. M. Tummers en D. P. Blok, Waternamen in Limburg en Drente. Amsterdam 1968, S. 5–21.

Blume, H.: Der Name der *Holtemme*. In: Harz-Zeitschrift 56, 2004, S. 47–57.

Blume, H.: *Oker*, Schunter, Wabe und weitere Flußnamen im Braunschweiger Stadtgebiet. In: Braunschweigisches Jahrbuch für Landesgeschichte 86, 2005, S. 11–36.

Blume, H.: Der Flussname *Getel*, die Ortsnamen Geitelde, Gittelde, Geislede und Verwandtes. In: A. Burkhardt, U. Föllner, S. Luther (Hrsg.), Magdeburger Namenlandschaft, Frankfurt am Main 2005, S. 259–272.

Boesch, B.: Das *Frühmittelalter* im Ortsnamenbild der Basler Region. In: Onoma 20, 1976, S. 164–193.

Borchers, U.: Das Flussgebiet der Unterweser und der mittleren Weser (=HG.A.18). Stuttgart 2005.

Borchers, U.: *Große Flüsse* auf dem Gebiet der Bundesrepublik Deutschland. Supplementband zur Reihe Hydronymia Germaniae. Stuttgart 2006.

Braun, J.: Landkreis *Königshofen im Grabfeld*. Historisches Ortsnamenbuch von Bayern. Unterfranken, Band 1. München 1663.

Braune, W.: Althochdeutsche *Grammatik* I. Laut- und Formenlehre. 15. Auflage bearbeitet von Ingo Reiffenstein. Tübingen 2004.

Bruckner, W.: Schweizerische *Ortsnamenkunde*. Eine Einführung. Basel 1945.

Buchmüller, M. / Haubrichs, W. / Spang, R.: *Namenkontinuität* im frühen Mittelalter. Die nichtgermanischen Siedlungs- und Gewässernamen des Landes an der Saar. In: Zeitschrift für die Geschichte der Saargegend 34/35, 1986/87, S. 24–163.

Buchmüller-Pfaff, M.: *Siedlungsnamen* zwischen Spätantike und frühem Mittelalter. Die -(i)acum-Namen in der römischen Provinz Belgica Prima. Tübingen 1990.

Burghardt, W.: Die *Flurnamen* Magdeburgs und des Kreises Wanzleben. Köln, Graz 1967.

Bursch, H.: Die Siedlungsnamen der Stadt *Bonn*. Bonn 1987.

Casemir, K.: Die Ortsnamen des Landkreises *Wolfenbüttel* und der Stadt Salzgitter. Bielefeld 2003.

Casemir, K. / Menzel, F. / Ohainski, U.: Die Ortsnamen des Landkreises *Northeim* (Niedersächsisches Ortsnamenbuch, Teil V), Bielefeld 2005.

Casemir, K. / Ohainski, U.: *Niedersächsische Orte* bis zum Ende des ersten Jahrtausends in schriftlichen Quellen. Hannover 1995.

Casemir, K. / Ohainski, U.: Die Ortsnamen des Landkreises *Holzminden* (Niedersächsisches Ortsnamenbuch, Teil VI), Bielefeld 2007.
Casemir, K. / Ohainski, U. / Udolph, J.: Die Ortsnamen des Landkreises *Göttingen*. Bielefeld 2003.
Chambon, J.-P.: Sur quelques toponymes de la region de *Luxeuil* (Haute-Saône). In: Bulletin de la Société d'histoire et d'archéologie de l'arrondissement de Lure 20, 2001, S. 9–18.
Christmann, E.: Die Siedlungsnamen der *Pfalz*. Teil *II*. Die Namen der kleineren Siedlungen. Speyer 1964.
Clauss, Josef M. B.: Historisch-topographisches Wörterbuch des *Elsass*. Zabern 1895–1914.
Codex Eberhardi des Klosters Fulda, 2 Bände, Hg. von Heinrich Meyer zu Ermgassen. Marburg 1995, 1996.
Cramer, F.: *Rheinische Ortsnamen* in römischer und vorrömischer Zeit, Düsseldorf 1901.
Darms, G.: *Schwäher und Schwager*, Hahn und Huhn. Die Vrddhi-Ableitung im Germanischen. München 1978.
Debus, F.: Ortsname – Hausnamen – Flurnamen von *Friedensdorf*. In: Dorfchronik Friedensdorf. Ein Dorf und seine Geschichte. Dietzhölztal-Ewersbach 2003, S. 35–69, 443 f.
Derks, P.: Die Siedlungsnamen der Stadt *Essen*, Essen 1985.
Dertsch, R.: Landkreis *Marktoberdorf*. Historisches Ortsnamenbuch von Bayern, Schwaben, Band 1, München 1953.
Dertsch, R.: Stadt- und Landkreis *Kaufbeuren*. Historisches Ortsnamenbuch von Bayern, Schwaben, Band 3, München 1960.
Dittli, B.: Orts- und Flurnamen im Kanton *Zug*. Altdorf 1992.
Dittmaier, H.: Das *apa-Problem*. Untersuchung eines westeuropäischen Flussnamentypus. Louvain 1955.
Dittmaier, H.: Rheinische *Flurnamen*. Bonn 1963.
Dölker, Helmut: Flurnamen der Stadt *Stuttgart*. Stuttgart 1982.
Dolch, M./ Greule, A.: Die *Westricher Hochfläche* als galloromanische Reliktzone. In: Jahrbuch zur Geschichte von Stadt und Landkreis Kaiserslautern, Band 24/25, 1986/87, S. 9–51.
Dolch, M./ Greule, A.: Historisches Siedlungsnamenbuch der *Pfalz*. Speyer 1991.
Doornkaat Koolman, J. ten: *Wörterbuch* der ostfriesischen Sprache. 1879, Reprint Wiesbaden 1965.
Dotter, F. und M.: Der Inn und seine Zuflüsse (= HG. A.14). Stuttgart 1987.
Egginger, J.: *Griesbach* im Rottal. Der ehemalige Landkreis. Historisches Ortsnamenbuch von Bayern. Niederbayern, Band 1. München 2011.
Eichler, E.: Zur Etymologie und Struktur der slawischen Orts- und Flußnamen in *Nordostbayer*n. In: E. Eichler, Beiträge zur deutsch-slawischen Namenforschung (1955–1981), S. 269–299.
Eichler, E.: *Alte Gewässernamen* zwischen Ostsee und Erzgebirge. In: BNF.N.F. 16, 1981, S. 40–54.
Eichler, E.: Slawische Ortsnamen zwischen *Saale und Neiße*. Ein Kompendium. Bd. 4: T–Z, Nachträge. Unter Mitarbeit von Erika Weber. Bautzen 2009.
Eichler, E.: Über *Ortsnamenschichten* und Siedlungsentwicklung im Gebiet der DDR. In: Studia Onomastica III (Namenkundliche Informationen, Beiheft 4), Leipzig 1982, S. 5–13.
Eichler, E. / Walther, H.: *Untersuchungen* zur Ortsnamenkunde und Sprach- und Siedlungsgeschichte des Gebietes zwischen mittlerer Saale und Weißer Elster. Berlin 1984.
Eichler, E. / Walther, H.: Historisches Ortsnamenbuch von Sachsen (= HONBSachsen). Band I–III. Berlin 2001.
Eichler, E. / Greule A. / Janka, W. / Schuh, R.: Beiträge zur slavisch-deutschen Sprachkontaktforschung. Band 1: Siedlungsnamen im oberfränkischen Stadt- und Landkreis *Bamberg*, Heidelberg 2001.
Eichler, E. / Greule A. / Janka, W. / Schuh, R.: Beiträge zur slavisch-deutschen Sprachkontaktforschung. Band 2: Siedlungsnamen im oberfränkischen Stadt- und Landkreis *Bayreuth*, Heidelberg 2006.
Eichler, E./Mühlner, W.: Die Namen der Städte in *Mecklenburg-Vorpommern*. Rostock, 2002.
Eichler, E./Zschieschang, Ch.: Die Ortsnamen der *Niederlausitz* östlich der Neiße. Stuttgart/Leipzig 2011.
Ekwall, E.: English River-names (=*ERN*). Oxford 1928.
Elsenbast, K.: Vor- und frühgermanische *Siedlungsnamen* am Mittelrhein. In: Nassauische Annalen 94, 1983, S. 1–24.
Fastnacht, D.: *Ebermannstadt*. Ehemaliger Landkreis Ebermannstadt. Historisches Ortsnamenbuch von Bayern, Oberfranken, Band 4. München 2000.
Fastnacht, D.: *Staffelstein*. Ehemaliger Landkreis Staffelstein. Historisches Ortsnamenbuch von Bayern, Oberfranken, Band 5. München 2007.
Faust, M.: Rechtsrheinische Zuflüsse zwischen den Mündungen von Main und Wupper (= HG. A. 4). Wiesbaden 1965.
Finsterwalder, K.: Die Flußnamen *Trisanna*, Rosanna (Tirol) und die Sprachelemente *trag-, *trog- in Ortsnamen und Appellativen des Alpenraums. In: BNF. N.F.4, 1969, S. 380–390.
Fischer, R.: Die Ortsnamen der Kreise *Arnstadt und Ilmenau*. Halle/Saale 1956.

Fischer, R.: *Bohemistische Namenforschung.* In: Namenforschung. Festschrift für Adolf Bach zum 75. Geburtstag, hrsg. von R. Schützeichel und M. Zender, Heidelberg 1965, S. 359–364.

Fischer, R. E.: Namen als Beweise für *germanisch-slawische Kontakte* zwischen Oder und Elbe. In: Zeitschrift für Slawistik 39, 194, S. 82–94.

Fischer, R. E.: Die Gewässernamen Brandenburgs (=*BNB 10*). Weimar 1996.

Fischer, R. / Elbracht, K.: Die Ortsnamen des Kreises *Rudolstadt*, Halle 1959.

Fix, N.: Wie die *Jümme* zu ihrem Namen kam. MaYa-Ebook 2010.

Flöer, M. / Korsmeier, C. M.: Die Ortsnamen des Kreises *Soest*. Bielefeld 2009.

Foerstemann, E.: Altdeutsches Namenbuch. I. Band: *Personennamen*, 2. Auflage 1900. – II. Band: *Orts- und sonstige geographische Namen*, 3. völlig neu bearbeitete und um 100 Jahre erweiterte Auflage, hrsg. von H. Jellinghaus, 2 Hälften, 1913, 1916.

Frank, H./Oelwein, C./Schuh, R.: *Sulzbach-Rosenberg*. Ehemaliger Landkreis Sulzbach-Rosenberg. Historisches Ortsnamenbuch von Bayern. Oberpfalz 2. München 2002.

Fritz-Scheuplein, M./König, A.: *Ortsnamen*, Bach- und Flussnamen im Sprachatlas von Unterfranken. In: Blätter für oberdeutsche Namenforschung 47, 2010, S. 39–76.

Fuchshuber, E.: *Uffenheim*. Ehemaliger Landkreis Uffenheim. Historisches Ortsnamenbuch von Bayern. Mittelfranken 6. München 1984.

Gabriel, E.: Die alemannisch-bairische *Sprachgrenze* am Lech. In: Alemannisches Jahrbuch 1971/72, Bühl/Baden 1973, S. 239–260.

Geiger, Th.: Die rechten Nebenflüsse des Rheins – von der Quelle bis zur Einmündung des Mains (ohne Neckar) (= *HG.A.2*). Wiesbaden 1963.

Geiger, Th.: Die ältesten *Gewässernamen-Schichten* im Gebiet des Hoch- und Oberrheins. In: BNF. 14, 1963, S. 213–229; 15 (1964) S. 26–54, 123–141; 16 (1965) S. 113–136, 233–263.

George, D.: Zur Diskussion über Gewässernamen des Altlandkreises *Lichtenfels*. In: A. Greule / W. Janka / M. Prinz (Hrsg.), Gewässernamen in Bayern und Österreich. Regensburg 2005, S. 65–74.

George, D.: Lichtenfels. Der *Altlandkreis*. Historisches Ortsnamenbuch von Bayern, Oberfranken, Bd. 6. München 2008.

Gildemacher, K. F.: *Waternamen* in Friesland. Ljouwert 1993.

Górnowicz, H.: Gewässernamen im Flussgebiet der unteren Weichsel (= *HE 1*). Wiesbaden, Stuttgart 1985.

Göschel, J.: Die Orts-, Flur- und Flussnamen der Kreise *Borna und Geithain*. Namenkundliche Untersuchungen zur Sprach- und Siedlungsgeschichte Nordwestsachsens. Köln, Graz 1964.

Greule, A.: Deutsche *Flußnamen mit r-Suffix*. In: Indogermanische Forschungen 76, 1971, S. 37–53.

Greule, A.: Neumagen und andere alte Flußnamen im *Markgräflerland*. In: Das Markgräflerland 34, 1972, S. 200–206.

Greule, A.: Vor- und frühgermanische Flußnamen am *Oberrhein*. Heidelberg 1973.

Greule, A.: Anmerkungen zu *Lachs* und *Salm*. In: Alemannica. Festschrift für Bruno Boesch, Bühl/Baden 1976, S. 86–94.

Greule, A.: Zur Herkunft des Namens *Alsenz*. In: 1200 Jahre Alsenz 775–1975, hrsg. von der Ortsgemeinde Alsenz, 1976, S. 331–334.

Greule, A.: *Riusiava*, Riß und Reuß. In: Blätter für oberdeutsche Namenforschung 19, 1982, S. 6–7.

Greule, A.: Die Ortsnamen der Verbandsgemeinde Nieder-Olm. In: K.-H. Spieß (Hrsg.), *Nieder-Olm*. Der Raum der Verbandsgemeinde in Geschichte und Gegenwart, 1983, S. 280–287.

Greule, A.: Gewässernamen im Landkreis *Waldshut*. In: Heimat am Hochrhein X. Jahrbuch des Landkreises Waldshut 1985, S. 86–98.

Greule, A.: Der hydronymische *Namenwechsel*. In: Ortsnamenwechsel. Bamberger Symposion 1.–4. Oktober 1986, hrsg. von R. Schützeichel, Heidelberg 1986, S. 312–322.

Greule, A.: Die linken Zuflüsse des Rheins zwischen Moder und Mosel (=*HG.A.15*). Stuttgart 1989.

Greule, A.: Geschichtlicher Atlas der *Rheinlande*, Beiheft X/3: Gewässernamen. Köln 1992.

Greule, A.: *Federsee*. § 1. Sprachliches. In: RGA 8, 1993, S. 267f.

Greule, A.: Zur *Bewahrung* römischer Siedlungsnamen in heutigen Flussnamen. In: Jahrbuch des Oberaargaus 39, 1996, S. 99–104.

Greule, A.: *Kontinuität durch Wechsel*. Zur Bewahrung römischer Siedlungsnamen in heutigen Flussnamen. In: "Dauer im Wechsel". Akten des namenkundlichen Symposiums auf dem Weißenstein bei Solothurn vom 12. bis zum 23. September 1995, hrsg. von R. M. Kully. Solothurn 1996, S. 117–126.

Greule, A.: *Römisch-germanische Namenkontinuität* in Bayern. In: Namenkundliche Informationen 69, 1996, S. 42–61.

Greule, A.: *Flurnamenforschung* als Gewässernamenforschung. In: E. Meineke (Hg.), Perspektiven der thüringischen Flurnamenforschung. Frankfurt am Main usw. 2003, S. 187–201.
Greule, A.: Ein historisch-etymologisches *Gewässernamenbuch* für *Bayern*. 15 Thesen. In: Blätter für oberdeutsche Namenforschung 40/41, 2003/2004, S. 163–170.
Greule, A.: Mit *-m- suffigierte* germanische *Gewässernamen*. In: Namenwelten. Orts- und Personennamen in historischer Sicht. (Ergänzungsbände zum Reallexikon der Germanischen Altertumskunde, 44). Berlin, New York 2004, S. 93–102.
Greule, A.: Flussnamen als *Gebiets-* und als Personengruppen*namen*. In: Völkernamen, Ländernamen, Landschaftsnamen. Protokoll der gleichnamigen Tagung im Herbst 2003 in Leipzig. Hrsg. von E. Eichler, H. Tiefenbach und J. Udolph. Leipzig 2004, S. 43–52.
Greule, A.: Die Rolle der *Derivation* in der altgermanischen Hydronymie. In: Suffixbildungen in alten Ortsnamen. Akten eines Internationalen Symposiums in Uppsala 14.–16. Mai 2004. Hrsg. von Th. Andersson und E. Nyman (Acta Academiae Regiae Gustavi Adolphi 88). Uppsala 2004, S. 199–213.
Greule, A.: *Kontinuität und Diskontinuität* vorgermanischer Namen im Umfeld des Donau-Limes. In: Regensburger Beiträge zur Regionalgeographie und Raumplanung Band 10, 2005, S. 27–42.
Greule, A.: *Namentypen* und Namenräume. Das Suffix *-nd-* und seine Varianten in germanischen Ortsnamen. In: Proceedings of the 21st International Congress of Onomastic Sciences, Uppsala 19–24 August 2002. Volume I, Eva Brylla & Mats Wahlberg (ed.), Uppsala 2005, S. 34–49.
Greule, A.: *Bode, Saale, Elbe*. Vorüberlegungen zu einem historisch-etymologischen Gewässernamenbuch für Sachsen-Anhalt. In: A. Burkhardt, U. Föllner, S. Luther (Hrsg.), Magdeburger Namenlandschaft, Frankfurt am Main 2005, S. 237–257.
Greule, A.: *Speyer* Namenkundlich. In: RGA 29, 2005, S. 344f.
Greule, A.: *Wetterau* Namenkundlich. In: RGA 33, 2006, S. 546.
Greule, A.: *Ortsnameninterferenzen* im römischen Bayern. Die *-(i)anum*-Namen. In: W. Haubrichs / H. Tiefenbach (Hrsg.), Interferenz-Onomastik. Namen in Grenz- und Begegnungsräumen in Geschichte und Gegenwart. Saarbrücker Kolloquium des Arbeitskreises für Namenforschung vom 5.–7. Oktober 2006, Saarbrücken 2011, S. 247–257.
Greule, A.: Etymologische *Studien* zu geographischen Namen in Europa. Ausgewählte Beiträge, hrsg. von W. Janka und M. Prinz, Regensburg 2007.
Greule, A.: *Abnoba* und Konsorten. Gibt es ein toponymisches *-b*-Suffix? In: Zeitschrift für Romanisch-Germanische Philologie (Wissenschaftliche Zeitschrift der Metschnikow-Universität Odessa. Festschrift für Valentin G. Taranets zum 70. Geburtstag) Band 22, Odessa 2008, S. 114–119.
Greule, A.: *Exonyme* im etymologischen Wörterbuch der deutschen Gewässernamen. In: Studia Etymologica Cracoviensia 13, 2008, S. 67–74.
Greule, A.: *Reliktwörter* und Gewässernamen. In: BNF. N.F. 44, 2009, S. 129–139.
Greule, A. / Janka, W.: (*Rezension* zu) Eichler, Ernst; Walther, Hans (Hrsg.). Historisches Ortsnamenbuch von Sachsen. In: Namenkundliche Informationen 83/84, 2003, S. 174–179.
Greule, A. / Janka, W. / Schuh, R.: Der Gewässername *Wondreb*. In: A. Greule / W. Janka / M. Prinz (Hrsg.), Gewässernamen in Bayern und Österreich. Regensburg 2005, S. 75–83.
Greule, A. /Janka, W.: Der Gewässer- und Siedlungsname *Pfreimd*. In: Acta onomastica XLVII. Věnováno sedmdesátým narozeninám PhDr. Miloslavy Knappové, Csc., Praha 2006, S. 206–214.
Greule, A. / Müller, W.: *Béhine*, ein germanisch-romanischer Bachname. In: BNF. 9, 1974, S. 83–101.
Grossenbacher Künzler, B.: Die Namenlandschaft des *Wasseramt*es. (Solothurnisches Orts- und Flurnamenbuch, Beiheft 3), Solothurn 1997.
Grzęga, J.: *Romania* Gallica Cisalpina. Tübingen 2001.
Gütter, A.: Einstämmige germanische *Gewässernamen* im Norden des einstigen bairischen Nordgaus. In: BNF. N.F. 24, 1989, S. 57–84.
Gütter, A.: Der Flußname *Röslau* (Fichtelgebirge). In: BNF. N.F. 24, 1989, S. 84–91.
Gütter, A.: Der Flur- und Ortsname "*Prex*". In: Archiv für Geschichte von Oberfranken 71, 1991, S. 99–107.
Gütter, A.: Die Gewässernamen "Trewina" und "Kössein" und die Besiedelung des Gebietes um *Marktredwitz*. In: Archiv für Geschichte von Oberfranken 80, 2000, S. 41–50.
Gütter, A.: Die *-aha-Namen* im Nordteil des einstigen bairischen Nordgaus. In: Nominum Gratia, hg. von A. Greule und A. Schmid, München 2001, S. 89–97.
Guthausen, K.: Die Siedlungsnamen des Kreises *Schleiden*, Bonn 1967.
Gysseling, M.: Toponymisch *Woordenboek* van België, Nederland, Luxemburg, Noord-Frankrijk en West-Duitsland (vóór 1226) 2 Bände, Tongeren 1960.

Hackl, St.: Die ältesten Ortsnamen im Altlandkreis *Viechtach*. Untersuchungen zu ihrer Überlieferung, Herkunft und Bedeutung. In: Beiträge zur bayerischen Ortsnamenforschung, hg. v. W. Janka und M. Prinz. Regensburg 2008, S. 9–182.

Hackl, St.: Die Ortsnamen *Pfinzweiler*, Rudmersbach, Engelsbrand, Salmbach, Grunbach und Dillstein, in: Der Enzkreis, Band 15, hg. v. Kreisarchiv des Enzkreises (erscheint 2015).

Hackl, St.: *Studien* zur Erforschung der Toponymie Baden-Württembergs auf der Basis eines historisch-philologischen Ortsnamenbuchs des Enzkreises und des Stadtkreises Pforzheim. Inauguraldissertation, Phil.Fak.III, Universität Regensburg, 2012.

Hänse, G.: Die Flurnamen des Stadt- und Landkreises *Weimar*. (Deutsch-slawische Forschungen zur Namenkunde und Siedlungsgeschichte, 24). Berlin 1970.

Halfer, M.: Die *Flurnamen* des oberen Rheinengtals. Stuttgart 1988.

Haubrichs, W.: *Wüstungen und Flurnamen*. In: R. Schützeichel (Hg.), Giessener Flurnamen-Kolloquium, 1.–4. 10. 1984, Heidelberg 1985, S. 482–527.

Haubrichs, W.: *Germania submersa*. In: Verborum Amor. Festschrift für Stefan Sonderegger zum 65. Geburtstag, Berlin/New York 1992, S. 633–666.

Haubrichs, W.: Beobachtungen zur *Prümer Scripta* im 'Liber aureus'. In: Das Prümer Urbar als Geschichtsquelle und seine Bedeutung für das Bitburger- und Luxemburger Land. Beiträge zur Geschichte des Bitburger Landes 11/12, 1993, S. 47–64.

Haubrichs, W.: *Fulrad* von St. Denis und der Frühbesitz der Cella Salonnes in Lotharingien. In: Festschrift zum 65. Geburtstag von Hans-Walter Herrmann, Saarbrücken 1995, S. 1–29.

Haubrichs, W.: *Sprachliche Differenzen* und Kongruenzen zwischen Sachsen und Franken innerhalb der Westgermania. In: H.-J. Häßler (Hg.), Sachsen und Franken in Westfalen, Oldenburg 1999, S. 123–142.

Hausner, I./Schuster, E.: Altdeutsches *Namenbuch*. Die Überlieferung der Ortsnamen in Österreich und Südtirol von den Anfängen bis 1200. Hrsg. von der Einrichtung für Österreichische Dialekt- und Namenlexika. Bearbeitet von I. Hausner und E. Schuster. Wien 1989–2004.

Hausner, I./Schuster, E.: Altdeutsches *Namenbuch*. Vorarlberg und Nachträge (2012, im Druck).

Heidermanns, F.: Etymologisches Wörterbuch der germanischen *Primäradjektive*. Berlin 1993.

Heiler, Th.: *Gefälschte Urkunden* als Quellen für die Namenforschung. Bemerkungen über die Arbeitsweise des Mönches Eberhard von Fulda. In: BONF. 46, 2009, S. 76–104.

Heimrath, R.-G.: Landkreis *Mindelheim*. Historisches Ortsnamenbuch von Bayern, Schwaben, Band 8, München 1989.

Hengst, K.: *Vergangenheit* ist Zukunft. Sprachliche Zeugen aus alter Zeit als Orientierung für die Zukunft. In: Gute Nachbarn – Schlechte Nachbarn. Deutsch-tschechisches Begegnungsseminar IV, TU Chemnitz 2001, S. 122–134.

Hengst, K.: Ortsnamen *Südwestsachsens*. Die Ortsnamen der Kreise Chemnitzer Land und Stollberg. Berlin 2003.

Hengst, K.: Zur *Frühgeschichte des Orlagaues* aus sprachhistorischer Sicht. In: Der Orlagau im frühen und hohen Mittelalter, hrsg. von P. Sachenbacher und H.-J. Beier. Langenweißbach 2007, S. 51–64.

Hengst, K.: Schwierige Ortsnamen *Westsachsens*. In: Onomastica Slavogermanica XXV, Leipzig, 2008, S. 24–50.

Herbillon, J.: Les noms des communes de *Wallonie*. Bruxelles 1986.

Hessmann, P.: *Gewässernamen* im Flussgebiet der oberen Wümme. In: Name und Geschichte. Henning Kaufmann zum 80. Geburtstag, hrsg. von F. Debus und K. Puchner. München 1978, S. 195–202.

Hessmann, P.: Bedeutung und Verbreitung einiger nordwestdeutscher *Sumpfbezeichnungen*. In: Giessener Flurnamen-Kolloqium 1984, Heidelberg 1985, S. 190–200.

Hilble, F.: Landkreis *Pfaffenhofen a. d. Ilm*. Historisches Ortsnamenbuch von Bayern, Oberbayern 4. München 1983.

Hilble, F./Baumann-Oelwein, C.: Landkreis *Schrobenhausen*. Historisches Ortsnamenbuch von Bayern, Oberbayern 5. München 1996.

Hilty, G.: Alemannisch und Romanisch im obersten *Toggenburg*. In: Verborum Amor, Festschrift für Stefan Sonderegger zum 65. Geburtstag, Berlin/New York, 1992, S. 680–700.

Hörburger, F.: Salzburger *Ortsnamenbuch*. Bearbeitet von Ingo Reiffenstein und Leopold Ziller. Salzburg 1982

Hohensinner, K. / Reutner, R. / Wiesinger, P.: Die Ortsnamen der Politischen Bezirke *Kirchdorf an der Krems*, Steyr-Land und Steyr-Stadt (Südöstliches Traunviertel). Wien 2001.

Hohensinner K. / Wiesinger, P.: Die Ortsnamen der politischen Bezirke *Perg und Freistadt* (Östliches Mühlviertel). Wien 2003.

Hohensinner K. / Wiesinger, P.: Die Ortsnamen des politischen Bezirks *Urfahr-Umgebung* (Mittleres Mühlviertel). Wien 2006.

Holder, A.: Altceltischer *Sprachschatz*, 3 Bände, Nachdruck der Ausgabe von 1896–1904, Graz 1961, 1962.

Hovda, P.: Til norske *elvenamn*. In: Namn och Bygd 59, 1971, S. 124–148.
Hubschmid, J.: Zur *Ortsnamenkunde Belgiens* und angrenzender romanisch-germanischer Gebiete. In: Zeitschrift für romanische Philologie 79, 1963, S. 343–402.
Hug, A./Weibel, V.: Urner Namenbuch. Die Orts- und Flurnamen des Kantons *Uri*, 3 Bände. Altdorf 1988–1990.
Hug, A./Weibel, V.: *Nidwaldner* Orts- und Flurnamenbuch, 5 Bände, Stans 2003.
Janka, W.: Die Siedlungsnamen des Marktes *Eschlkam* (Teil 1). In: Beiträge zur Geschichte im Landkreis Cham 19, 2002, S. 5–20.
Jung, I.: *Flurnamen* an der Mittleren Lahn. Gießen 1985.
Jungandreas, W.: Historisches Lexikon der Siedlungs- und Flurnamen des *Mosellandes*. Trier 1963.
Jungandreas, W.: *Treverica*. In: Namenforschung. Festschrift für Adolf Bach zum 75. Geburtstag, hg. von R. Schützeichel und M. Zehnder, Heidelberg 1965, S. 267–272
Karg-Gasterstädt, E. und Frings, Th.: Althochdeutsches *Wörterbuch*, Band 1ff., Berlin 1952ff.
Kaspers, W.: Der Name *Kettwig*, Katwijk; Kat(t)-, Katz- in Ortsnamen; der Tiername Katze. In: ZONF 13, 1937, S. 231–225.
Kaspers, W.: Die Ortsnamen der *Dürener Gegend* in ihrer siedlungsgeschichtlichen Bedeutung. Düren 1949.
Kaspers, W.: Der Fluß- und Ortsnamen *Pleis*. In: BNF 11, 1960, S. 263–264.
Kaufmann, H.: *Westdeutsche Ortsnamen* mit unterscheidenden Zusätzen. Heidelberg 1958.
Kaufmann, H.: *Genetivische Ortsnamen*. Tübingen 1961.
Kaufmann, H.: Ernst Förstemann, Altdeutsche Personennamen, *Ergänzungsband*, München/Hildesheim 1968.
Kaufmann, H.: Die Namen der *rheinischen Städte*, München 1973.
Kaufmann, H.: *Rheinhessische Ortsnamen*, München 1976.
Kaufmann, H.: Die mit Personennamen zusammengesetzten Fluß- und *Ortsnamen auf "aha"*. München 1977.
Keinath, W.: Orts- und Flurnamen in *Württemberg*. Stuttgart 1951.
Keller, J.: *Donauwörth*. Der ehemalige Landkreis. Historisches Ortsnamenbuch von Bayern, Schwaben, Band 10. München 2009.
Kettner, B.-U.: Flussnamen im Stromgebiet der oberen und mittleren *Leine*. Rinteln 1972.
Kettner, B.-U.: Die Leine und ihre Nebenflüsse bis unterhalb der Einmündung der Innerste (=HG.A.8). Wiesbaden 1973.
Kleiber, W.: Die *Glotter*. Ein neuer Deutungsversuch. In: ZGO 111, 1963, S. 295–302.
Kleiber, W.: Das moselromanische *Substrat* im Lichte der Toponymie und Dialektologie. In: Zwischen den Sprachen. Siedlungs- und Flurnamen in germanisch-romanischen Grenzgebieten, hg. von W. Haubrichs und H. Ramge, Saarbrücken 1983, S. 153–192.
Kleiber, W.: Oberdeutsch Klei F. 'Lehm, fetter Boden'. Zu einigen oberrheinisch-nordwestgermanischen *Flurnamenparallelen*. In: wortes anst – verbi gratia. Donum natalicium gilbert a. r. de smet. Amersfoort 1986, S. 261–268.
Kleiber, W.: *Mainzer Namen*. Ein Beitrag zum Kontinuitätsproblem. In: Festschrift für Heinz Engels zum 65. Geburtstag, Göppingen 1991, S. 148–166.
Kleiber, W.: Nordwestgermanisches (ingwäonisches) *Namengut* am nördlichen Oberrhein (Kraichgau). In: Lingua Theodisca, Jan Goossens zum 65. Geburtstag, Münster/Hamburg 1995, S. 715–723.
Kleiber, W.: *Ambletz(e)/Umbletze* f. 'Joch-Deichselbindung'. Ein galloromanisches Reliktwort im Schwarzwald. In: Studien zur deutschen Sprache und Literatur. Festschrift für Konrad Kunze zum 65. Geburtstag, Hamburg, 2004, S. 271–282.
Kleiber, W.: Zur *Galloromania* im Mittleren Schwarzwald und in der nördlichen Ortenau. In: Die Ortenau 2008, S. 423–447.
Kleiber, W./Pfister, M.: Aspekte und Probleme der *römisch-germanischen Kontinuität*. Stuttgart 1992.
Kluge/Seebold: Kluge, Etymologisches *Wörterbuch* der deutschen Sprache, bearbeitet von E. Seebold. 24., durchgesehene und erweiterte Auflage, Berlin,/New York 2002.
Köpf, H.P.: *Nagold* im frühen und hohen Mittelalter. In: Nagold. Geschichte und Geschichten aus 700 Jahren. Nagold 2007, S. 22–42.
Korsmeier, C.M.: Die Ortsnamen der Stadt *Münster und* des Kreises *Warendorf*. Bielefeld 2011.
Krahe, H.: *Sprache und Vorzeit*, Heidelberg 1954.
Krahe, H.: Vorgeschichtliche *Sprachbeziehungen* von den baltischen Ostseeländern bis zu den Gebieten um den Nordteil der Adria. Abhandlungen der geistes- und sozialwissenschaftlichen Klasse, Akademie der Wissenschaften und der Literatur Mainz, Jahrgang 1957, Nr.3, S. 103–121.
Krahe, H.: Zu einigen alten *Gewässernamen* aus idg. *bhedh-. In: BNF. 14, 1963, S. 180–186
Krahe, H.: Unsere ältesten Flußnamen (= *UäFlNN*), Wiesbaden 1964.

Krahe, H.: Vorgermanische und frühgermanische *Flussnamen-Schichten*. In: Namenforschung. Festschrift für Adolf Bach, Heidelberg 1965, S. 192–198
Krahe, H.: Vorgermanische und frühgermanische *Flussnamen-Schichten*. Mittel zu ihrer Unterscheidung. In: Namenforschung. Festschrift für Adolf Bach, hrsg. von R. Schützeichel und M. Zender, Heidelberg 1965, S. 192–211.
Krahe, H./Meid, W.: Germanische Sprachwissenschaft III. *Wortbildungslehre*, Berlin 1967.
Kramer, W.: Das Flussgebiet der Oberweser (=*HG.A.10*), Wiesbaden 1976.
Kranzmayer, E.: *Ortsnamenbuch* von Kärnten. 2 Teile, Klagenfurt 1956 und 1958.
Kristol, A.: Lexikon der schweizerischen Gemeindenamen (=*LSG*). Neuchâtel, Frauenfeld, Lausanne 2005.
Krško, J.: *Spracovanie* hydronymie slovenska. Banská Bystrica 2005.
Kühebacher, E.: Die *Ortsnamen* Südtirols und ihre Geschichte. Band 1, 2., überarbeitete Auflage, Bozen 1995; Band 2: Die geschichtlich gewachsenen Namen der Täler, Flüsse, Bäche und Seen, Bozen 1995; Band 3: Die Namen der Gebirgszüge, Gipfelgruppen und Einzelgipfel Südtirols. Gesamtregister, Bozen 2000.
Künzel, R. E./ Blok, D.P./ Verhoeff, J.M.: *Lexicon* van nederlandse toponiemen tot 1200. Amsterdam 1988.
Kully, R. M.: Solothurn und andere *duron-Namen*. In: Personenname und Ortsname. Basler Symposion 6. und 7. Oktober 1997, hrsg. von H. Tiefenbach und H. Löffler, Heidelberg 2000, S,53–80.
Kully, R. M.: Solothurnische *Ortsnamen*. Solothurn 2003.
Kully, R. M.: Die *Günsberger Namenlandschaft*. In: Günsberg. Eine Dorfchronik, hrsg. von der Gemeinde Günsberg aus Anlass der 700-Jahrfeier, Olten 2007, S. 119–141.
Kully, R. M.: Die Flussnamen *Lützel und Lüssel*. In: Atti del XXII Congresso Internazionale di Scienze Onomastiche, 2005, Pisa 2007, S. 263–278.
Kully, R. M.: *Lengnau* "an der Leugene". In: BNF.N.F. 44, 2009, S 141–149.
Kunz, R./Vòllono, M.: '*Nordwörter*' und '*Südwörter*' im Saar-Mosel-Raum. Saarbrücken 2009.
Kvaran, G.: Die Zuflüsse zur Nord- und Ostsee von der Ems bis zur Trave (=*HG.A.12*). Wiesbaden 1979.
Kvaran Yngvason, G.: *Untersuchungen* zu den Gewässernamen in Jütland und Schleswig-Holstein. Diss. Göttingen 1981.
Laur, W.: Die *Ortsnamen* in Schleswig-Holstein. Schleswig 1960.
Laur, W.: *Gewässernamen* in Schleswig-Holstein. Ein Überblick. In: BNF. N.F. 16, 1981, S. 107–124.
Laur, W.: Historisches Ortsnamenlexikon von *Schleswig-Holstein*. 2. Auflage Neumünster 1992.
Lebel, P.: *Principes* et méthodes d'hydronymie française. Paris 1956.
Lindner, Th.: Indogermanisch-alteuropäisches *Namengut* in Salzburg. In: Österreichische Namenforschung 26, 1998, S. 115–121.
Lochner von Hüttenbach, F.: *Ambilici und Ambilini*. In: Indogermanica Europaea, Festschrift für Wolfgang Meid, Graz 1989, S. 141–144.
Lochner von Hüttenbach, F.: *Steirische Hydronyme* slawischer Herkunft. In: Onomastica Slavogermanica XXV, 2008, S. 66–141.
Matasović, R.: Etymological Dictionary of *Proto-Celtic*, Leiden, Boston 2009.
Mauch, R.: Sind die Flußnamen *Vils und Fils* etymologisch gleich? Überlegungen aus südwestdeutscher Perspektive. In: BONF 40/41, 2003/2004, S. 149–162.
Meier-Brügger, M.: Indogermanische *Sprachwissenschaft*, Berlin/New York 2000.
Meineke, B.: Die Ortsnamen des Kreises *Lippe*, Bielefeld 2010.
Meineke, B.: Die Ortsnamen des Kreises *Herford*. Bielefeld 2011.
Menke, H.: Zur quellekritischen Aufarbeitung von *Gewässernamen*. In: Westfälische Forschungen 24, 1972, S. 185–194.
Menke, H.: Das *Namengut* der frühen karolingischen Königsurkunden, Heidelberg 1980.
Metzler, W.: Die Ortsnamen des nassauischen *Westerwaldes*, Marburg 1966.
Metzner, E. E.: Zum Beispiel des *Kronzeugen* Bonemesi/Frankfurt-Bonames. In: Ortsnamen und Siedlungsgeschichte, hg. von P. Ernst, I. Hausner, E. Schuster, P. Wiesinger, Heidelberg 2002, S. 107–120.
Möller, R.: Niedersächsische *Siedlungsnamen* und Flurnamen. Heidelberg 1979.
Möller, R.: *Nasalsuffixe* in niedersächsischen Siedlungsnamen und Flurnamen in Zeugnissen vor dem Jahre 1200. Heidelberg 1998.
Möller, R.: Niedersächsische *Siedlungsnamen und Flurnamen* mit *k*-Suffix und *s*-Suffix in Zeugnissen vor dem Jahr 1200. Heidelberg 2000.
Müller, E.: Die Ortsnamen des Kreises *Heiligenstadt*. (Deutsch-Slawische Forschungen zur Namenkunde und Siedlungsgeschichte 6). Halle (Saale) 1958.
Müller, St.: *Zum Germanischen* aus laryngaltheoretischer Sicht. Mit einer Einführung in die Grundlagen. Berlin, New York 2007.

Müller, W.: Die Siedlungs- und Flurnamen von *Urbeis* (Orbey) im Oberelsass. Bern 1973.
Müller, W.: Le nom du *Rhône*. In: Atti del Secondo Congresso Internazionale della "Association Internationale d'Etudes Occitanes", 13. 8.–5. 9. 1987, a cura di G. Gasca Queirazza, Vol. II, 799–805.
Müller, W.: *Hydronymes* de Suisse Romande. In: Nouvelle Revue d'Onomastique 9–10, 1987, S. 73–77.
Müller, W.: Zur Hydronymie der *Suisse romande I.* In: Namenkundliche Informationen 53, 1988, S. 1–13.
Müller, W.: La *stratification* toponymique dans le canton de Neuchâtel. In: Actes du XVIIIe Congrès International de Linguistique et de Philologie Romanes, Tome IV (1989) S. 617–625.
Müller, W.: *Parallèles* hydronymiques Suisse-Pays occitans. In: Actes du IV Congrès International de l'Association Internationale d'Etudes Occitanes, Tome II, 1995, S. 841–849
Müller, W.: *Turegum* = Zürich. In: Nouvelle Revue d'Onomastique 47/48, 2007, S. 221f.
Müller, W.: Alemannische *Doppelnamen* in der Suisse romande? In: W. Haubrichs / H. Tiefenbach (Hg.), Interferenz-Onomastik, Namen in Grenz- und Begegnungsräumen in Geschichte und Gegenwart. Saarbrücken, 2011, S. 151–162.
Müller, K./ Ginschel, G.: Zur Herkunft von *Karst*. In: Namenkundliche Informationen 48, 1985, S. 26–29.
Naert, A.: Der Fluß *Aura* und seine etymologischen Probleme. In: K. Rymut (ed.), Proceedings of the 13. International Congress of Onomastic Sciences, II, 1982, S. 201–208.
Nail, N./ Göschel, J.: Über *Jena*, Stuttgart 1999.
Nègre, E.: *Toponymie* générale de la France, I, Genève 1990.
Neumann, G.: *Bregenz*. In: RGA 3 (1978), S. 428f.
Neumann, G.: *Drahonus*. In: RGA 6 (1985), S. 139f.
Neumann, G.: *Dubra*. In: RGA 6 (1985), S. 224.
Neumann, G.: *Flevum*. In: RGA 9 (1994), S. 191.
Neumüller, K.: *Vattensjön* och Vattenån. Uppsala 2007.
Nicolaisen, W.: Die alteuropäischen *Gewässernamen* der britischen Hauptinsel. In: BNF 8, 1957, S. 209–268.
Niemeyer, M. (Hrsg.): Deutsches Ortsnamenbuch (=*DONB*), Berlin/Boston 2012.
N.N.: Die linken Zuflüsse der Donau von der Quelle bis zur Einmündung des Inn. Typoskript (=*HG.A.20*), Regensburg 2005.
Nyffenegger, E./ Bandle, O.: Die *Siedlungsnamen* des Kantons Thurgau. 2 Halbbände, Frauenfeld, Stuttgart, Wien 2003.
Nyman, E.: Nordska *Ortnamn* på -UND (Acta Academiae Regiae Gustavi Adolphi LXX) Uppsala 2000.
Nyman, E.: *Mjær* och *Mors*. In: Namn och Runor. Uppsalastudier i onomastik och runologi till Lennart Elmevik på 70-årsdagen 2 februari 2006. Uppsala 2006, S. 131–146.
Nyman, E.: *Nidaros*. Namenkundliches. In: RGA 21 (2002), S. 143.
Ohainski, U./ Udolph, J.: Die Ortsnamen des Landkreises und der Stadt *Hannover* (Niedersächsisches Ortsnamenbuch, Teil I), Bielefeld 1998.
Ohainski, U./Udolph, J.: Die Ortsnamen des Landkreises *Osterode* (Niedersächsisches Ortsnamenbuch, Teil II), Bielefeld 2000.
Orel, V.: A *Handbook* of Germanic Etymology. Leiden, Boston 2003.
Peetz, A.: Die Gewässer- und Flurnamen der Gemeinde *Beuren*. In. Heimatbuch der Gemeinde Beuren im Hochwald, 1988.
Perret, F.: Urkundenbuch (*UB*) der *südlichen Teile* des Kantons *St.Gallen* (Gaster, Sargans, Werdenberg). 2 Bände, Rorschach 1951, 1982.
Petran, M.: Der Flußname *Kriftel*. In: BNF. N.F. 16, 1981, S. 341–347.
Petran-Belschner, M.: Der *Urselbach*, eine namenkundliche Untersuchung. In: Mitteilungen des Vereins für Geschichte und Heimatkunde Oberursel (Taunus) e.V., 1972, S. 25–39.
Petran-Belschner, M.: *Taunusnamen* – zum Reden gebracht. In: Heimat Hochtaunus, hrsg. von Ingrid Berg, Frankfurt a. M. 1988, S. 553–557.
Petran-Belschner, M.: Die *Gewässernamen* des Main-Taunus-Gebietes. In: Rad und Sparren. Zeitschrift des Historischen Vereins Rhein-Main-Taunus, 18, 1990, S. 3–30.
Pfeifer, W.: *Etymologisches Wörterbuch* des Deutschen, 3 Bände. Berlin 1989.
Pfister, M.: Lessico Etimologico Italiano (= *LEI*), Wiesbaden 1979ff.
Pier, P.: Die Flurnamen von *Moselkern* und Müden. Magisterarbeit, Universität Mainz, Fachbereich 13, 1969.
Piirainen, E.: Flurnamen in *Vreden*. Vreden 1984.
Pitz, M.: *Siedlungsnamen* auf -villare (-weiler, -villers) zwischen Mosel, Hunsrück und Vogesen. Saarbrücken 1997.

Pleintinger, A.: Die Gewässernamen im Bereich der *oberen Eger*. Magisterarbeit, Regensburg 2008.

Plomer, E.: Studien zu den ältesten Namenschichten des Altlandkreises *Mallersdorf*. In: W. Janka/M. Prinz (Hg.), Beiträge zur bayerischen Ortsnamenforschung, Regensburg 2008, S. 183–259.

Pokorny, J.: Zur keltischen Namenkunde und Etymologie (14. Der Flußname *Inn*). In: Vox Romanica 10, 1948/49, S. 220–267.

Pokorny, J.: Indogermanisches etymologisches Wörterbuch I (= *IEW*). Bern, München 1959.

Pokorny, S.: Der Name der oberfränkischen Siedlung *Kleetzhöfe* unter Berücksichtigung des Bergnamens *Klĕt'* (Böhmen) und des Gewässernamens *Klettnitz* (Thüringen). In: Archiv für Geschichte von Oberfranken 85, 2005, S. 11–22.

Post, R.: Romanische *Entlehnungen* in den westmitteldeutschen Mundarten. Wiesbaden 1982.

Prinz, M.: *Regensburg – Straubing – Bogen*. Studien zur mittelalterlichen Namenüberlieferung im ostbayerischen Donauraum. Erster Teil: unkomponierte Namen. München 2007.

Prinz, M.: Ahd. *Simpliccha*, in: Zwischen Münchshöfen und Windberg. Gedenkschrift für Karl Böhm, Rahden/Westf. 2008, S. 481–491.

Puhl, R. W. L.: Die *Gaue* und Grafschaften des frühen Mittelalters im Saar-Mosel-Raum. Saarbrücken 1999.

Ramge, H.: Südhessisches *Flurnamenbuch*. Darmstadt 2002.

Ramge, H.: Bedeutende *Wüstungsnamen*. In: Studien zu Literatur, Sprache und Geschichte in Europa, hrsg. von A. Greule, H.-W. Herrmann, K. Ridder, A. Schorr. St. Ingbert 2008, S. 465–476.

Reichardt, L.: Die Siedungsnamen der Kreise *Gießen*, Alsfeld und Lauterbach in Hessen. Göppingen 1973.

Reichardt, L.: Ortsnamenbuch des Kreises *Esslingen*. Stuttgart 1982.

Reichardt, L.: Ortsnamenbuch des Stadtkreises *Stuttgart* und des Landkreises Ludwigsburg. Stuttgart 1982.

Reichardt, L.: Ortsnamenbuch des Kreises *Reutlingen*. Stuttgart 1983.

Reichardt, L.: Ortsnamenbuch des Kreises *Tübingen*. Stuttgart 1984.

Reichardt, L.: Ortsnamenbuch des *Alb-Donau-Kreises* und des Stadtkreises Ulm. Stuttgart 1986.

Reichardt, L.: Ortsnamenbuch des Kreises *Heidenheim*. Stuttgart 1987.

Reichardt, L.: Ortsnamenbuch des Kreises *Göppingen*. Stuttgart 1989.

Reichardt, L.: Ortsnamenbuch des *Rems-Murr-Kreises*. Stuttgart 1993.

Reichardt, L.: Ortsnamenbuch des *Ostalbkreis*es. 2 Bände, Stuttgart 1999.

Reichardt, L.: Ortsnamenbuch des Kreises *Böblingen*. Stuttgart 2001.

Reichert, H.: *Lexikon* der altgermanischen Namen. Wien 1987/90.

Reitzenstein, W.-A. Frhr. von: *Loisach*. In: Blätter für oberdeutsche Namenforschung 15, 1978, S. 3–13.

Reitzenstein, W.-A. Frhr. von: Der Siedlungs- und Flussname *Leibi*. In: Blätter für oberdeutsche Namenforschung 16, 1979, S. 45–46.

Reitzenstein, W.-A. Frhr. von: *Alz*. In: Blätter für oberdeutsche Namenforschung 17, 1980, S. 24–28.

Reitzenstein, W.-A. Frhr. von: Das Alter der mit *Personennamen* gebildeten Flußnamen in Bayern. In: Blätter für oberdeutsche Namenforschung 25, 1988, S. 3–14.

Reitzenstein, W.-A. Frhr. von: *Lexikon* bayerischer Ortsnamen. Herkunft und Bedeutung. 2. Aufl., München 1991.

Reitzenstein, W.-A. Frhr. von: Siedlungsnamen, Flurnamen und Lehennamen im Land *Berchtesgaden*, in: Geschichte von Berchtesgaden, Band I, Berchtesgaden 1991, S. 85–152.

Reitzenstein, W.-A. Frhr. von: Die Ortsnamen mit "*Zell*" in Bayern. In: Blätter für oberdeutsche Namenforschung 32/33, 1995/96, S. 5–144.

Reitzenstein, W.-A. Frhr. von: *Tiere* an bayerischen Gewässern – Theriophore Hydronyme in Bayern. In: A. Greule / W. Janka / M. Prinz (Hrsg.), Gewässernamen in Bayern und Österreich. Regensburg 2005, S. 137–179.

Reitzenstein, W.-A. Frhr. von: *Rezension* von Stricker, Banzer und Hilbe, Die Orts und Flurnamen des Fürstentums *Liechtenstein*. In: BONF 42./43, 2005/2006, S. 114–116.

Reitzenstein, W.-A. Frhr. von: Lexikon bayerischer Ortsnamen. Herkunft und Bedeutung. *Oberbayern*, Niederbayern, Oberpfalz. München 2006.

Reitzenstein, W.-A. Frhr. von: Besprechung von E. Boshof u. a., *Passau*. Quellen zur Stadtgeschichte. In: BONF 45, 2008, S. 215–218.

Reitzenstein, W.-A. Frhr. von: Lexikon *fränkischer Ortsnamen*. Herkunft und Bedeutung. Oberfranken, Mittelfranken, Unterfranken. München 2009.

Remmers, A.: Von *Aaltukerei* bis Zwischenmooren. Die Siedlungsnamen zwischen Dollart und Jade. Leer 2004.

Rentenaar, R.: *Zever en Kever* twee nederlandse waternamen, in: Naamkunde 5, 1973, S. 79–96.

Reutner, R./ Bito, H./ Wiesinger, P.: Die Ortsnamen des Politischen Bezirks *Vöcklabruck* (Südliches Hausruckviertel). Wien 1997.

Reutner, R./ Wiesinger, P.: Die Ortsnamen des Politischen Bezirks *Gmunden* (Südwestliches Traunviertel). Wien 1999.
Riecke, J.: Die schwachen *jan-Verben* des Althochdeutschen. Göttingen 1996.
Riecke, J.: Die *Frühgeschichte* der mittelalterlichen medizinischen Fachsprache im Deutschen, 2 Bände, Berlin 2001.
Riese, Ch.: Ortsnamen Thüringens. Landkreises *Gotha*. Hamburg 2010.
Ritter, R.-P.: *Studien* zu den ältesten germanischen Entlehnungen im Ostseefinnischen. Frankfurt am Main usw., 1993.
Rix, H.: Lexikon der indogermanischen Verben (=*LIV*), 2. Auflage, Wiesbaden 2001.
Rohden, J.-U. van: Die Gewässernamen im Einzugsbereich der *Treene*. Ein Beitrag zur Ortsnamenforschung in Schleswig-Holstein. Neumünster 1989.
Roos, K.-P.: Die *Flurnamen* der Freiburger Bucht. Phil. Diss. Freiburg i.Br. (1966).
Rowley, A. R.: Die Übernahme des Flussnamens *Main* durch die Germanen. In: BONF 30/31, 1993/1994, S. 24–28.
Rübekeil, L.: Diachrone *Studien* zur Kontaktzone zwischen Kelten und Germanen. Wien 2002.
Ruf, Th.: Lohrhaupten im Frühmittelalter. Der Name von *Lohr* und Lohrhaupten. In: Spessart 101, Juli 2007, S. 3–17, 33–36.
Rzetelska-Feleszko, E.: Die Zuflüsse zur Ostsee von der Weichselmündung bis zur Persamen (=*HE 2*), Wiesbaden/Stuttgart 1987.
Særheim, I.: *Toponymy and teaching*: cultural history and cultural experience. In: ONOMA 39, 2004, S. 217–240.
Særheim, I.: Our Oldest *Settlement Names*. In: Namenwelten, hg. von A. van Nahl, L. Elmevik, St. Brink, Berlin, New York 2004, S. 318–332.
Schaffner, St.: Lateinisch *radius* und Verwandtes. In: Glotta 86, 2011, S. 109–144.
Schatz, J.: Über die Lautform althochdeutscher *Personennamen*. In: ZfdA 72, 1935, S. 129–160.
Scheuermann, U.: Die Flurnamen des westlichen und südlichen Kreises *Rotenburg* (Wümme), Rotenburg (Wümme) 1971.
Scheuringer, H.: Die *Ranna* östlich von Passau und ihre Zuflüsse. In: A. Greule / W. Janka / M. Prinz (Hrsg.), Gewässernamen in Bayern und Österreich. Regensburg 2005, S. 181–191.
Schlimpert, G.: Zur *Überlieferung* vorslawischer Namen in der DDR. In: Veröffentlichungen des Museums für Ur- und Frühgeschichte Potsdam 20, 1986, S. 25–28.
Schlimpert, G.: Die Ortsnamen des Kreises Jüterbog-Luckenwald (=*BNB 7*), Weimar 1991.
Schmid, A.: Das Flussgebiet des Neckar (=*HG.A.1*). Wiesbaden 1962.
Schmid, A.: Die ältesten Namenschichten im Flussgebiet des *Neckar*. In: BNF. 12 (1961) S. 197–214, 225–229; 13 (1962) S. 53–69, 97–125, 209–227.
Schmid, W. P.: *Baltische Gewässernamen* und das vorgeschichtliche Europa. In: Indogermanische Forschungen 77, 1972, S. 1–18.
Schmid, W. P.: *Iranische Wortstudien*. In: Indogermanische Forschungen 80, 1975, S. 80–89.
Schmid, W. P.: *Duria*. In: RGA 6, 1986, S. 294f.
Schmid, W. P.: *Elbe* (Philologisches, Namenkundliches). In: RGA 7, 1986, S. 100f.
Schmid, W. P.: *VIDIVARII*. In: Sprach- und Kulturkontakte im Polnischen. Gesammelte Aufsätze für A. de Vincenz zum 65. Geburtstag, München 1987, S. 349–358.
Schmid, W. P.: *Hethitische Etyma* zu alteuropäischen Gewässernamen. In: Documentum Asiae minoris antiquae. Festschrift für Heinrich Otten zum 75. Geburtstag. Wiesbaden 1988, S. 307–315.
Schmid, W. P.: Zu einigen *keltisch-baltischen Namenentsprechungen*. In: Studia Indogermanica et Slavica. Festgabe für Werner Thomas, hrsg. von Peter Kosta, München 1988, S. 49–57.
Schmid, W. P.: Das *Nehrungskurische*, ein sprachhistorischer Überblick. In: W.P. Schmid (Hg.), Nehrungskurisch. Mainz/Stuttgart 1989, S. 7–41.
Schmid, W. P.: Zum Namen der *Dosse*. In: Namenkundliche Informationen 58, 1990, S. 1–6.
Schmid, W.P.: Der Name der *Havel* – ein methodologisches Problem? In: Studia Onomastica VII. Namenkundliche Informationen, Beiheft 15, Leipzig 1991, S. 53–58.
Schmidt, D.: Die rechten Nebenflüsse des Rheins von der Wupper bis zur Lippe (=*HG.A.6*). Wiesbaden 1968.
Schmidt, D.: Die Namen der rechtsrheinischen Zuflüsse zwischen *Wupper und Lippe*, unter besonderer Berücksichtigung der älteren Bildungen. Dissertation Göttingen 1970.
Schmidt, K.H.: Die keltischen *Matronennamen*. In: Matronen und verwandte Gottheiten, Köln 1987, S. 133–154.
Schmitz, A.: Die Orts- und Gewässernamen des Kreises *Plön*. Neumünster 1986.
Schmitz, A.: Die Ortsnamen des Kreises Herzogtum *Lauenburg* und der Stadt Lübeck. Neumünster 1990.
Schmitz, A.: Die Siedlungs- und Gewässernamen des Kreises *Lüchow-Dannenberg*. Kiel 1999.

Schneider, E.: Romanische *Entlehnungen* in den Mundarten Tirols. Gießen 1963.
Schneider, E.: Die Flurnamen der Stadt *Bretten*. Bretten 1985.
Schneider, St.: Die Flurnamen der Gemeinde *Bubendorf*/BL. Liestal 1990.
Schnetz, J.: *Flußnamen* des Bayerischen Schwabens in ihrer Bedeutung für die Namenkunde, Geschichte und Landschaftsforschung. Augsburg 1950.
Schnetz, J.: *Flurnamenkunde*. 3. unveränderte Auflage, München 1997.
Schönfeld, M.: Nederlandse Waternamen (=*NW*), Amsterdam 1955
Schorta, A.: Rätisches Namenbuch (=*RNB*). Band 2: Etymologien. Bern 1964.
Schroeder, Edward: Deutsche *Namenkunde*. 2. Aufl., Göttingen 1944.
Schürr, Diether: Zu drei Ortsnamen im *Unterinntal*. In: BNF.N.F. 44, 2009, S. 267–278.
Schuster, E.: Die Etymologie der *niederösterreichischen Ortsnamen*. 3 Teile (Historisches Ortsnamenbuch von Niederösterreich, Reihe B), Wien 1989, 1990, 1994.
Schuster, E.: Neue *Überlegungen* zur Herkunft und Bedeutung einiger niederösterreichischer Ortsnamen. In: Jahrbuch für Landeskunde von Niederösterreich, Neue Folge 62, 1996, S. 129–148.
Schwarz, E.: Deutsche *Namenforschung* II. Orts- und Flurnamen. Göttingen 1950.
Schwarz, E.: Die *Ortsnamen der Sudetenländer*, 2. Auflage München 1961.
Schwarz, E.: Die *Naristenfrage* in namenkundlicher Sicht. In: *ZBLG* 32, 1969, S. 397–476.
Seebold, E.: Vergleichendes und etymologisches Wörterbuch der germanischen *starken Verben*. The Hague, Paris 1970.
Seitz, R.: Land- und Stadtkreis *Dillingen* an der Donau. Historisches Ortsnamenbuch von Bayern, Schwaben, Band 4. München 1966.
Snyder, W.H.: Die rechten Nebenflüsse der Donau von der Quelle bis zur Einmündung des Inn (= HG. A. 3). Wiesbaden 1964.
Spang, R.: Die *Gewässernamen* des Saarlandes aus geographischer Sicht. Saarbrücken 1982.
Spang, R.: Das Flussgebiet der Saar (=*HG.A.13*). Stuttgart 1984.
Sperber, R.: Die Nebenflüsse von Werra und Fulda bis zum Zusammenfluss (= *HG.A.5*). Wiesbaden 1966.
Sperber, R.: Das Flussgebiet des Mains (= *HG.A.7*). Wiesbaden 1970.
Springer, M.: *Thüringer*. Historisch: Frühzeit. In: RGL 30, 2006, S. 521–530.
Springer, O.: Die *Flußnamen* Württembergs und Badens. Stuttgart 1930.
Steiner, Th.: *Neuffen*, Ifen, Neufnach. In: Blätter für oberdeutsche Namenforschung 19, 1982, S. 63–74.
Steiner, Th.: Namen und Siedlung am *Sulzberg*. Teil 2: Sonnenseite und Gemeinde Doren. In: Montfort 46, 1994, S. 282–312.
Steiner, Th.: Füssen: Ehemaliger Landkreis *Füssen*. Historisches Ortsnamenbuch von Bayern, Schwaben, Band 9. München 2005.
Straberger, M.: Das Flussgebiet der Salzach (= *HG.A.9*). Wiesbaden 1974.
Strandberg, S.: Kontinentalgermanische *Hydronymie* aus nordischer Sicht. In: Th. Andersson (Hrsg.), Probleme der Namenbildung, Uppsala 1988, S. 17–57.
Strandberg, S.: Något om sjönamn i *Närke*. In: Södermanlands-Nerikes Nation 72, 1999, S. 7–11.
Strandberg, S.: Dehydronymiska *avledningstyper*. In: Namen. Hyllningsskrift till Eva Brylla, den 1 mars 2004. Uppsala 2004, S. 119–126.
Stricker, H./ Banzer, T./ Hilbe, H.: Liechtensteiner *Namenbuch*. 6 Bände, Vaduz 1999.
Šmilauer, V.: *Vodopis* starého slovenska. Prag und Bratislava 1932.
Tiefenbach, H.: Schreibsprachliche und gentile Prägung von Personennamen im *Werdener Urbar A*. In: Nomen et gens, Berlin/New York 1997, S. 259–278.
Tiefenthaler, E.: Die rätoromanischen Flurnamen der Gemeinden *Frastanz und Nenzing*, Innsbruck 1968.
Trier, J.: *Versuch* über Flußnamen. (Arbeitgemeinschaft für Forschung des Landes Nordrhein-Westfalen. Geisteswissenschaften, Heft 88). Köln und Oplanden 1960.
Trier, J.: *Name und Technik*. In: BNF. N.F.2, 1967, S. 13–145.
Udolph, J.: *Ex oriente lux*. Zu einigen germanischen Flußnamen. In: BNF. N.F. 16, 1981, S. 84–106.
Udolph, J.: Zur Toponymie *Pomesanien*s. In: BNF. N.F. 16, 1981, S. 422–443.
Udolph, J.: Ex oriente lux – auch in deutschen *Flurnamen*. In: Giessener Flurnamen-Kolloquium 1. bis 4. Oktober 1984, Heidelberg 1985, S. 272–298.
Udolph, J.: *Elbing*. In: RGA 7, 1989, S. 115f.
Udolph, J.: Zur Stellung der *Gewässernamen Polens* innerhalb der alteuropäischen Hydronymie. Heidelberg 1990.
Udolph, J.: Zuflüsse zur Unteren Elbe (von Seege und Stecknitz bis zur Mündung) (=*HG.A.16*). Stuttgart 1990.

Udolph, J.: Namenkundliche Studien zum *Germanenproblem* (Ergänzungsbände zum Reallexikon der Germanischen Altertumskunde, Bd. 9), Berlin, New York 1994.
Udolph, J.: *Fulda*. In: RGA 10, 1996, S. 223f.
Udolph, J.: *Geismar*. Namenkundliches. In: RGA 10, 1996, S. 584–586.
Udolph, J.: *Ruhr*, Rhume, Rumia, Ruthe, Ryta und Verwandtes. In: Hydronimia slowianska II, 1996, S. 93–115.
Udolph, J.: *Peene*. In: Wort und Name im deutsch-slavischen Sprachkontakt, Köln, Weimar, Wien 1997, S. 297–309.
Udolph. J.: *Hadaloha*. Namenkundliches. In: RGA 13, 1999, S. 271–274.
Udolph, J.: *Gewässernamen Deutschlands*. In: Namenkundliche Informationen 77/78, 2000, S. 41–52.
Udolph, J.: *Nitra* (Namenkundliches). In: RGA 21 (2002), S. 222f.
Udolph, J.: *Oder* (Namenkundliches). In: RGA 21 (2002), S. 546f.
Udolph, J.: Zur Deutung des Ortsnamens *Velmeden*. In: Zeitschrift für hessische Geschichte 107, 2002, S. 1–16.
Udolph, J.: *Paderborn*. Namenkundliches. In: RGA 22 (2003), S. 433–435
Udolph, J.: *Alteuropa in Kroatien*: Der Name der Sava/Save. In: Folia onomastica Croatica 12–13, Zagreb 2003–2004, S. 523–548.
Udolph, J.: *Wagrier* (Namenkundlich). In: RGA 33, 2006, S. 79–80.
Udolph, J.: *Weichsel* (Namenkundlich). In: RGA 33, 2006, S. 356–358.
Udolph, J.: *Weser*. Namenkundlich. In: RGA 33, 2006, S. 491–494.
Udolph, J.: *Weichsel*. Namenkundlich. In: RGA 33, 2006, S. 356–358.
Udolph, J.: *Heidelberg* – ein Heidelbeerberg? In: A. Greule / St. Hackl (Hg.), Der Südwesten im Spiegel der Namen. Stuttgart 2011, S. 35–51.
Udolph, J.: 'Baltisches' und 'Slavisches' in norddeutschen Ortsnamen, In: W.Haubrichs / H. Tiefenbach (Hg.), Interferenz-Onomastik. Saarbrücken 2011, S. 313–331.
Udolph, J./ Ohainski, O.: Die Ortsnamen des Landkreises *Hannover* und der Stadt Hannover, Bielefeld 1998.
Ulbricht, E.: Das Flussgebiet der Thüringischen *Saale*. Eine namenkundliche Untersuchung. (Deutsch-Slawische Forschungen zur Namenkunde und Siedlungsgeschichte 2). Halle (Saale) 1957.
Van Lon, J.: De Antwerpse riviernaam *Schijn*. In: Naamkunde 18, 1986, S. 154–158.
Vielsmeier, B.: Flurnamen der südlichen *Wetterau*, Darmstadt und Marburg 1995.
Wagner, N.: Flußnamen als *Frauennamen*. In: BNF. N.F. 23, 1988, S. 182–185.
Wagner. N.: *Ilarleh*. In: BNF. N.F. 23, 1988, S. 241–243.
Wagner, N.: *Uirminhilt*. In: BNF. N.F. 23, 1988, S. 244–247.
Wagner, N.: Die Hydronymika *Töss und Tissen*. In: BNF. N.F. 28, 1993, S. 6–8.
Wagner, N.: *Suuindaha, Suuindpah* und mhd. *geswinde*. In: BNF. N.F.32, 1997, S. 12f.
Wagner, N.: *Huitteo und Virteburch*. Zum Eintritt der Lautverschiebung in Mainfranken und Thüringen. In: Entstehung des Deutschen. Festschrift für Heinrich Tiefenbach, hg. v. A. Greule, W. Meineke, Ch. Thim-Mabrey, Heidelberg, 2004, S. 515–521.
Wahlberg, M. (Redaktör): Svenskt ortnamnslexikon (= *SOL*). Uppsala 2003.
Walch, G.: Orts- und Flurnamen des Kantons *Glarus*, Schaffhausen 1996.
Walther, H.: Namenkundliche Beiträge zur *Siedlungsgeschichte* des Saale- und Mittelelbegebietes bis zum Ende des 9. Jahrhunderts. (Deutsch-Slawische Forschungen zur Namenkunde und Siedlungsgeschichte 26). Berlin 1971.
Walther, H.: Historische *Gewässernamenschichten* – als Zeugnisse der Sprach-, Kultur- und Siedlungsgeschichte. (Atlas zur Geschichte und Landeskunde von Sachsen, Beiheft zur Karte G II 4). Leipzig und Dresden 2004.
Waser, E.: Luzerner Namenbuch 1. *Entlebuch*. Die Orts- und Flurnamen des Amtes Entlebuch, 2 Teile. Hitzkirch 1996.
Watts, V.: The Cambridge Dictionary of English Place-Names (= *EPN*). Cambridge 2003.
Wauer, S.: Das Flussgebiet der Havel (ohne die Spree) (=*HG.A.17*). Stuttgart 1999.
Wauer, S.: Die Ortsnamen des Kreises Beeskow-Storkow (=*BNB 12*). Stuttgart 2005.
Weibel, V.: Vom *Dräckloch* i Himmel. Namenbuch des Kantons Schwyz, Schwyz 2012.
Wiesinger, P.: Die ältesten *Gewässer- und Siedlungsnamen* in Oberösterreich. In: Sprache und Name in Österreich. Festschrift für Walter Steinhauser zum 65. Geburtstag, hrsg. von Peter Wiesinger. Wien 1980, S. 255–297.
Wiesinger, P.: Probleme der *bairischen Frühzeit* in Niederösterreich aus namenkundlicher Sicht. In: Die Bayern und ihre Nachbarn, Teil 1, hrsg. von H. Wolfram u. A. Schwarcz. Wien 1985, S. 321–367.
Wiesinger, P.: *Namenkontinuität* und Namendiskontinuität im Bereich der niederösterreichischen Flüsse Pielach und Traisen. In: BNF. N.F. 22, 1987, S. 162–181.

Abgekürzt zitierte Literatur

Wiesinger, P.: Antik-Romanische *Kontinuitäten* im Donauraum von Ober- und Niederösterreich am Beispiel der Gewässer-, Berg- und Siedlungsnamen. In: Typen der Ethnogenese unter besonderer Berücksichtigung der Bayern, Teil 1, hrsg. von Herwig Wolfram und Walter Pohl, Wien 1990, S. 261–328.

Wiesinger, P.: Antik-romanische *Namentraditionen* im Donauraum von Ober- und Niederösterreich. In: Probleme der älteren Namenschichten. Leipziger Symposion 21.–22. November 1989, hg. v. E. Eichler, Heidelberg 1991, S. 173–197.

Wiesinger, P.: *Probleme* um Gewässernamen in Oberösterreich. In: A. Greule / W. Janka / M. Prinz (Hrsg.), Gewässernamen in Bayern und Österreich. Regensburg 2005, S. 193–212.

Wiesinger, P.: Vordeutsche *Flussnamen* in Oberösterreich. In: BNF. N.F. 42, 2007, S. 441–451.

Wiesinger, P.: Die Ortsnamen *Türk und Türken* in Bayern. IN. BONF. 46, 2009, S. 64–75.

Wiesinger, P.: Die Besiedelung des unteren und mittleren *Mühlviertels* in Oberösterreich aus namenkundlicher Sicht. In: Studien zu Literatur, Sprache und Geschichte in Europa, hrsg. von A. Greule / H.-W. Herrmann / K. Ridder / A. Schorr. St. Ingbert 2008, S. 569–599.

Wiesinger, P. / Reutner, R.: Die Ortsnamen des Politischen Bezirkes *Schärding* (Nördliches Innviertel). Wien 1994.

Witt, F.: Beiträge zur Kenntnis der *Flußnamen* Nordwestdeutschlands. Kiel 1912.

Wodtko, D./ Irslinger, B./ Schneider, C.: *Nomina* im Indogermanischen Lexikon. Heidelberg 2008.

Zehnder, B.: Die Gemeindenamen des Kantons *Aargau*. Aarau 1991.

Zelders, N.L.: Die rechten Nebenflüsse des Rheins zwischen Lippe und Kromme Rijn (=*HG.A.11*), Wiesbaden 1977.

Zernecke, W.-D.: Die *Siedlungs- und Flurnamen* rheinhessischer Gemeinden zwischen Mainz und Worms. Ein Namenbuch, Stuttgart 1998.

Zinsli, P.: *Grund und Grat*. Die Bergwelt im Spiegel der schweizerdeutschen Alpenmundarten. Bern 1945.

Zinsli, P.: Ortsnamenbuch des Kantons Bern (alter Kantonsteil) (= *BNB*), 4 Teile, Bern 1976, 1987, Basel/Tübingen 2008, 2011.

Abkürzungen

BNB = Brandenburgisches Namenbuch
BNF (N.F.) = Beiträge zur Namenforschung (Neue Folge)
BONF = Blätter für oberdeutsche Namenforschung
HE = Hydronymia Europaea
HG = Hydronymia Germaniae
RGA = Reallexikon der germanischen Altertumskunde
ZBGL = Zeitschrift für bayerische Landesgeschichte
ZfdA = Zeitschrift für deutsches Altertum
ZGO = Zeitschrift für die Geschichte des Oberrheins

www.ingramcontent.com/pod-product-compliance
Lightning Source LLC
Chambersburg PA
CBHW081025240426
43661CB00074B/2804